main entry
temel giriş

med.ley (med'li) *i., s.* karmakarışık şe\
potpuri; *s.* karışık, çeşitli.

pronunciation
telaffuz

meet.ing (mi'ting) *i.* toplantı; cemaat; birleş-
me, bitişme; meydan toplantısı, miting. **meet-
ing house** toplantı için kullanılan ev; Ku-
veykır kilise binası.

related phrase
ilgili deyim

me.nad *bak.* **maenad.**

cross reference
ek bilgi için
baş vurma

mé.nage (menaj') *i., Fr.* aile; ev idaresi, ev
işleri.

syllabification
heceleme

foreign word
yabancı sözcük

mend (mend) *f.* onarmak (çamaşır); ıslah et-
mek; tashih etmek, düzeltmek; daha iyi hale
koymak; iyileşmek. **Least said, soonest
mended.** Ne kadar az laf söylenirse mesele
o kadar çabuk kapanır. **mend matters** vazi-
yeti düzeltmek.

parts of speech
sözbölükleri

idiomatic use
deyimsel kullanış

irregular inflection
düzensiz çekim

Men.she.vik (men'şıvìk) *i.* (*çoğ.* **-s, -vi.ki**)
Rus Sosyal Demokrat Partisinde (1903-1917)
Bolşeviklere karşı olan tutucu üye.

accent
vurgu

mer.cer (mır'sır) *i., İng.* kumaşçı, kumaş satıcısı.

subentry, unpronounced
telaffuzsuz yan giriş

technical term
teknik terim

mes.en.ter.y (mes'ınteri) *i., anat., zool.* bağır-
sakları karın duvarına bağlayan ince zar, ince
bağırsak askısı, mesenter. **mesenter'ic** *s.*
mesentere ait. **mesenteritis** (mesentıray'tis)
i., tıb. mesenter iltihabı.

British usage
İngilizlere özgü kullanış

**subentry — pronunciation
varies from main entry**
yan giriş — temel
girişten ayrı telaffuz

me.shug.gah (mışûg'ı) *s., argo* deli, çatlak.

me.si.al (mi'ziyıl, mes'iyìl) *s.* orta, vasat; *zool.*
bedenin ortasına ait.

level of speech
kullanış düzeyi

variant pronunciation
değişebilen telaffuz

me.ton.y.my (mıtan'ımi) *i., kon. san.* bir şeyi
belirli bir özelliği ile isimlendirme usulü: **good
food** *için* **a good table. metonym'ic(al)**
s. bu usule ait.

example of a definition
tanım örneği

verb pronunciation
fiil telaffuzu

mis.match (*f.* mìsmäç'; *i.* mìs'mäç) *f., i.* bir-
birine iyi uymamak; *i.* uygunsuz birleşme,
uymama.

noun pronunciation
isim telaffuzu

variant inflections
değişik çekimler

**Semicolon indicates
separate meanings.**
Noktalı virgül anlam
değişikliğini belirler.

mod.el (mad'ıl) *f.* (**-ed, -ing** *veya* **-led, -ling**)
örneğe göre yapmak; model yapmak; biçim-
lendirmek; defile yapmak; üç boyutlu görü-
nümü vermek.

local usage
yöresel kullanış

moss (môs, mas) *i.* yosun; yosun öbeği; *İskoç.*
bataklık, turbalık.

**«Kimse» can be
omitted in usage.**
Konuşma dilinde
«kimse» kullanılmayabilir.

moun.te.bank (maun'tıbängk) *i.* şarlatanlıkla
sahte ilâç satan kimse; şarlatan kimse.

**Numbers are written
in the Turkish form.**
Sayılar Türk sistemine
göre yazılmıştır.

nail (neyl) *i.* çivi, mıh; tırnak; hayvanlarda tır-
nak yerine bulunan pençe veya toynak; 5,7
santimetrelik kumaş ölçü birimi.

pa.lav.er (pıläv'ır) *i., f.* laf. boş lakırdı, palavra;
pohpohlama, *slang* yağ çekme.

Turkish usage
Türkçe kullanış

scientific name
bilimsel ad

pep.per (pep'ır) *i., f.* biber, *bot.* Capsicum;
karabiber, *bot.* Piper nigrum; biber fidanı;
kırmızıbiber; *f.* üzerine biber ekmek, biber-
lemek, biber gibi ekmek; ... **pepper-and
-salt** *s.* tuz biber rengindeki, siyah ve beyaz
benekli.

hyphenated word
tireli kelime

İngilizce - Türkçe
REDHOUSE SÖZLÜĞÜ

R

REDHOUSE
English - Turkish Dictionary

Redhouse   Yayınevi
İstanbul,   Türkiye

ISBN 975-413-060-4 Karton kapaklı
ISBN 975-413-021-3 (Ciltli)

Redhouse İngilizce-Türkçe Sözlük
Editörler: Robert Avery, Serap Bezmez,
Anna G. Edmonds, Mehlika Yaylalı
© Copyright/Yayım Hakkı : Redhouse Yayınevi, 1974

22nd Edition Yirmiikinci Basım Nisan 1994 5000 Adet

Printing/Baskı	Yeni Alaş Ofset	Tel: (0212) 513 62 29-30
Binding/Cilt	Burçin Mücellithanesi	Tel: (0212) 550 02 35

REDHOUSE YAYINEVİ
Rızapaşa Yokuşu No: 50
Mercan 34450 İstanbul
Tel: (0212) 522 14 98-(0212) 522 39 05
Fax: (0212) 519 08 83

Yazışma Adresi:
Posta Kutusu 142
Sirkeci 34432 İstanbul

ÖNSÖZ

Eserimiz temelde iki sözlüğe dayanır. Biri 1861'de basılan ve 1922'de son baskısı çıkan J. W. Redhouse'un hazırladığı **A Lexicon, English and Turkish**'tir. İkincisi ise on beş senelik çalışma sonucu 1950'de basılan ve 1972'de son baskısı yayımlanan ve sözlüğümüze esas tutulan **Redhouse Sözlüğü, İngilizce - Türkçe**'dir. Bu eserlerdeki sağlam çalışma temel olarak alınmış ve zamanla dilde oluşan gelişmeler üzerinde durulup her iki dildeki yeni bilimsel sözlüklerden faydalanılmıştır. Bu baskıda yapılan başlıca yenilikler :

1. İngilizce girişleri zenginleştirebilmek için aşağıdaki maddelere önem verilmiştir:
   — yeni sözcük ve deyimler
   — günümüz İngiliz ve Amerikan argosu, konuşma dilindeki deyimler ve kaba sayılan sözcükler
   — çoğu kez hayvan ve bitkilerin tam Türkçe karşılıkları ile birlikte uluslararası bilimsel adları
   — İngilizce deyimler, özellikle zarf ve edattan oluşan fiil - deyimleri.

2. İngilizceyi kullanan Türkler için yeni bir telaffuz şekli verilmiştir.

3. Türkçe deyimler ise lise ve üniversiteler, gazeteler ve Türk Dil Kurumu yoluyle dilimize giren yeni terimlere dayanarak günümüz dilinde verilmiştir; hâlâ geçerli olan eski Türkçe kelimeler ise çıkartılmamıştır.

Telaffuz dahil, birçok konuda **Funk and Wagnalls Standard College Dictionary**'nin 1968 baskısı başlıca kılavuzumuz olmuştur. Türkçe tanımlar için de 1969 **Türk Dil Kurumu Türkçe Sözlük**'ü temel olarak alınmıştır. Sözlük Amerikan görüşünü yansıtmakla beraber, sözcüklerin anlam, yazım ve okunuşlarının İngiliz dilindeki kullanısları da çoğunlukla gösterilmiştir.

Sözlükte kullanılan telaffuz sistemi Türkçe alfabeye dayanmaktadır. Çoğu sözcüğün çeşitli okunuşu olmakla beraber, her biri için yaygın olan telaffuzlar gösterilmiştir. İngilizceyi öğrenen bir Türk'ün, anadili İngilizce olan birinin telaffuzuna bakarak, sesleri ayırt edebilmesi için telaffuz değişiklikleri tutarlı bir şekilde verilmiştir.

Sözlüğü hazırlarken gösterdiğimiz özenli çabaya rağmen, yanlışlar ve unutulmuş noktalar bulunabilir. İlerideki düzeltmeler için, okurlarımızın görüş ve eleştirilerini bekleriz.

Sözlüğün basımında çalışan birçok kişinin yanısıra, özellikle başlangıçta işimizin büyüklüğünü anlayıp çalışmaya önayak olan Aliye de Groot - Toker'e, çoğu düzeltmelerde yararlı öğütler veren Francesca Tonguç'a ve matbaaya hazırlama işlerinde ayrıntılı uğraşlarda bulunan Handan Cingi'ye teşekkür etmek isteriz.

Düzeltmeli yeni **İngilizce - Türkçe Redhouse Sözlüğü**'nün önceki baskısı kadar günümüz kuşağına yardımcı olmasını dileriz.

Editörler :
Robert Avery
Serap Bezmez
Anna G. Edmonds
Mehlika Yaylalı

PREFACE

Two dictionaries lie behind the present work. One is **A Lexicon, English and Turkish** by J. W. Redhouse, first published in 1861, and reprinted from the original plates as recently as 1922. The second is the **Revised Redhouse Dictionary, English-Turkish,** first published in 1950 after fifteen years of work, and most recently reprinted in 1972. The dictionary now before you relies heavily on the 1950 edition. The editors have been conscious of the sound scholarship and thorough workmanship of those who prepared those books, and have concerned themselves largely with improvements occasioned by the mere passage of time and the development in recent years of new lexical aids in both English and Turkish. The following features are to some extent new in this revision:

1. The English entries have been enriched from a number of sources to include :
   - new technical words and expressions
   - current British and American slang, colloquial expressions and vulgarisms
   - the international scientific names of animals and plants, tying together when possible an English name with a Turkish one
   - English idioms, particularly verbal idioms using adverbs and prepositions.

2. The phonetic system has been revised to suit the everyday needs of a Turkish person using the English language.

3. The Turkish definitions are cast in the language of today, taking full account of new terms introduced through the schools and universities, newspapers, and the Turkish Language Association, but retaining older words when they seem to be common in current use.

The **Funk and Wagnalls Standard College Dictionary** of 1968 has been the principal guide in many matters, including pronunciation. The 1969 **Türk Dil Kurumu Türkçe Sözlük** has set the standard for the Turkish definitions.

The dictionary reflects the American point of view of its editors; however British usages in vocabulary, meanings, spelling and pronunciation have usually been noted.

The phonetic system adopted for this dictionary is based on the Turkish alphabet. It is intended to suggest an acceptable pronunciation, or in some cases more than one acceptable pronunciation, for each word. Most words actually have a wide range of acceptable pronunciations, especially in the quality of the vowels. The variations have some uniformity, so that a Turkish student may pattern the sounds of the vowel symbols after the pronunciation of a native English speaker.

In spite of the painstaking care with which we have prepared the text it is probable that there have been errors and omissions. We will be grateful for the comments of readers as we make notes for future revisions.

We wish to thank a great many people for help in this revision. Among those we should mention are Aliye de Groot - Toker, who first realized the magnitude of the task; Francesca Tonguç, whose thoughtful advice has made possible a multitude of improvements; and Handan Cingi, who has helped with infinite details in preparing the manuscript for the press.

We hope that this new dictionary will perform for the present generation the service that its predecessor has performed for nearly a quarter of a century.

Editors :

Robert Avery
Serap Bezmez
Anna G. Edmonds
Mehlika Yaylalı

KISALTMALAR — ABBREVIATIONS

A.	Arapça	Arabic
abb.	abbreviation	Turkish abbreviation for word.
A.B.D.	Amerika Birleşik Devletleri	U. S. A., America
ahçı.	ahçılık	cooking
Al., Alm.	Almanca	German
alay		ironic
alk.	alkemi	alchemy
anat.	anatomi	anatomy
antro.	antropoloji	anthropology
argo		slang (The English usage is slang.)
ark.	arkeoloji	archeology
ask.	askerlik	military
astr.	astronomi	astronomy
astrol.	astroloji	astrology
aşağ.	aşağılatıcı	derogatory, offensive
Avustralya		Australia
bağlaç, bağ.	bağlaç	conjunction
bahç.	bahçıvanlık	gardening, horticulture, agriculture
bak.	bakınız	refer to
bakt.	bakteriyoloji	bacteriology
bayt.	baytarlık	veterinary term
baz.	bazen	sometimes
beysbol		baseball
b. h.	büyük harf ile	with a capital letter
biyokim.	biyokimya	biochemistry
biyol.	biyoloji	biology, entomology, ornithology
bot.	botanik	botany
briç		bridge
coğr.	coğrafya	geography
ç. dili	çocuk dili	child's language
colloq.	colloquial	The Turkish expression is colloquial.
çoğ.	çoğul	plural
den.	denizcilik	nautical term
dilb.	dilbilim	linguistics
dişil		feminine
dişçi.	dişçilik	dentistry
dökümcülük		foundry
d. y.	demiryolu	railroad
ecza.	eczacılık	pharmaceutical term
edat		preposition
edeb.	edebiyat	literature
ekol.	ekoloji	ecology
elek.	elektrik	electricity
emir		command

end.	endüstri	industry
eril		masculine
eski		obsolete, archaic
f.	fiil	verb
Fr.	Fransızca	French
Far.	Farsça	Persian
fels.	felsefe	philosophy, metaphysics
fig.	figurative	The Turkish is figurative.
fiz.	fizik	physics
foto.	fotoğrafçılık	photography
futbol		soccer
gazet.	gazetecilik	journalism
gen.	genellikle	usually
geom.	geometri	geometry
gram.	gramer	grammar
güz. san.	güzel sanatlar	art, painting, sculpture
hane.	hanedanlık armacılığı	heraldry
hav.	havacılık	aviation, aerodynamics
h. dili	halk dili	colloquial
huk.	hukuk	law, legal term
i.	isim	noun
İbr.	İbranice	Hebrew
ikt.	iktisat	economics
ilâh.	ilâhiyat	theology, religion
informal		informal in Turkish usage
İng.	İngilizce, İngiltere	British, English, England
İrl.	İrlanda	Ireland
iskambil		cards
İskoç.	İskoçya'ya ait	Scottish
İsp.	İspanyolca	Spanish
istatistik		statistics
İt.	İtalyanca	Italian
jeol.	jeoloji	geology
kaba		vulgar
Kan.	Kanada	Canada
karş.	karşılaştırınız	compare
kasap.	kasap terimi	butchery
Kat.	Katolik Kilisesi	Catholic Church
k. dili	konuşma dili	informal speech
k. h.	küçük harf ile	with a small letter
kıs.	kısaltma	abbreviation, contraction
kil.	kilise	ecclesiastical
kim.	kimya	chemistry
kompütör		computor
kon. san.	konuşma sanatı	rhetoric
K. M.	Kitabı Mukaddes	Bible
kriket		cricket
Lat.	Latince	Latin
leh.	lehçe	dialect
mad.	madencilik	metallurgy
mak.	makina	machinery, mechanical
mal.	maliye	finance

man.	mantık	logic
mat.	matematik	mathematics, arithmetic, trigonometry
matb.	matbaacılık	printing
mec.	mecazî	figurative
meteor.	meteoroloji	meteorology
mim.	mimarlık	architecture
min.	mineraloji	mineralogy
mist.	mistisizm	mysticism
mit.	mitoloji	mythology
msl.	meselâ	for example
müh.	mühendislik	engineering
müz.	müzik	music
nad.	nadiren	rare, rarely
oto.	otomobil ile ilgili terim	automotive term
önek		prefix
paleont.	paleontoloji	paleontology
pol.	politika	politics
Prot.	Protestan	Protestant
psik.	psikoloji	psychology
psikiy.	psikiyatri	psychiatry
radyo		radio
Ru.	Rusça	Russian
s.	sıfat	adjective
Sanskrit		Sanskrit
satranç		chess
sık sık		often
sig.	sigorta	insurance
sin.	sinema	cinema
slang		The Turkish equivalent is a slang usage.
sonek		suffix
sosyol.	sosyoloji	sociology
spor		sports
şaka		jocular, humorous
şiir		poetry, poem, prosody
T.	Türkçe	Turkish
tar.	tarih	history
tek.	tekil	singular
terz.	terzilik	dressmaking
tıb.	tıbbî terim	medical term, pathology, surgery
tic.	ticaret	commerce, merchandising
tic. mark.	ticaret markası	trade mark
tiyatro		drama, theater
topluluk ismi		collective noun
uzay		space
ünlem		interjection, exclamation
v. b.	ve benzeri	etc.
vulgar	Türkçesi kaba	The expression in Turkish is vulgar.
Yu.		Greek (ancient)
z.	zarf	adverb
zam.	zamir	pronoun
zıt		opposite
zool.	zooloji	zoology

BİBLİYOGRAFYA

Bapçum, İ. Etem : **İngilizceden - Türkçeye Denizcilere Sözlük,** İktisat Vekâleti Yüksek Deniz Ticaret Mektebi, İstanbul, 1938.

Barnhart, Clarence L., Sol Steinmetz and Robert K. Barnhart : **A Dictionary of New English 1963 - 1972,** Longman, London, 1973.

Bedevian, Armenag K. : **Illustrated Polyglottic Dictionary of Plant Names,** Argus & Papazian Presses, Cairo, 1936.

Birge, J. K., S. Huri, C. T. Riggs, and A. Tietze : **Redhouse Sözlüğü, İngilizce-Türkçe,** Redhouse Yayınevi 1972 (First edition 1950), İstanbul.

Cin, S. Recai : **Kavramlar Dizini** (İki Cilt), Ankara Üniversitesi Basımevi, 1971.

Devellioğlu, Ferit : **Osmanlıca - Türkçe Ansiklopedik Lûgat,** Doğuş Ltd. Şti. Matbaası, Ankara, 1962.

— — — — — : **Türk Argo Sözlüğü,** Bilgi Yayınevi, Ankara, 1970.

Duran, Faik Sabri : **Büyük Atlas,** Kanaat Yayınları, İstanbul, 1965.

Gazimihal, Mahmut R. : **Musiki Sözlüğü,** Milli Eğitim Basımevi, İstanbul, 1961.

Gökmen, İsmail : **Astronomi, Lise III Fen Kolu,** Kutulmuş Matbaası, İstanbul, 1972.

Hayat Büyük Türk Sözlüğü, Hayat Yayınları, İstanbul, n. d.

Hayvanlar Ansiklopedisi, Arkın Kitabevi, İstanbul, 1972 - 74.

İslâm Ansiklopedisi, Maarif Matbaası, İstanbul, 1940.

İşmen, İsmail, and Günen İpekçi : **Sivil Havacılık Lûgati, Dictionary of Civil Aviation, Dictionnaire de l'Aviation Civile,** İstanbul Teknik Üniversitesi Sivil Havacılık Enstitüsü, İstanbul, 1956.

İz, Fahir, and H. C. Hony **An English - Turkish Dictionary,** Oxford, 1952

Karol, Sevinç : **Zooloji Terimleri Sözlüğü,** Türk Dil Kurumu Yayınları, Ankara, 1963.

Macdonald, A M, ed. : **Chambers Twentieth Century Dictionary,** W & R Chambers Ltd. Edinburgh, 1972.

Özön, Nijat : **Sinema Terimleri Sözlüğü,** Türk Dil Kurumu, Ankara, 1963.

Redhouse, Sir James W.: **Kitab-ı Lehcet Ül-Maani Li-James Redhouse El-İngilizi. A Lexicon, English and Turkish,** American Mission, Constantinople 1861 - 1922.

— — — — — : **Kitab-ı Maani-i Lehce Li-James Redhouse el-İngilizi, A Turkish and English Lexicon, Shewing in English the Significations of the Turkish Terms,** American Mission, Constantinople, 1890 - 1924.

Standard College Dictionary, Funk & Wagnalls, New York, 1968.

Taşpınar, Adnan Halet : **Taşpınar's Technical Dictionary,** Başaran Printing Company, İstanbul, 1968.

Tuğlacı, Pars : **İktisadî ve Hukukî Terimler Sözlüğü,** Şömizi Karaca Ofset Matbaası, İstanbul, 1965.

— — — — — : **Okyanus, Türkçe Sözlük,** (Üç Cilt) Pars Yayınevi, İstanbul, 1971 - 1974.

— — — — — : **Tıp Lûgatı,** İsmail Akgün Matbaası, İstanbul, 1964.

Türkçe Sözlük, Türk Dil Kurumu Yayınları, Ankara, 1969.

Webster's Third New International Dictionary Unabridged, G. & C. Merriam Company Springfield, Massachusetts, 1966.

Yeni Yazım (İmlâ) Kılavuzu, Türk Dil Kurumu Yayınları, Ankara, 1970.

REDHOUSE
English - Turkish Dictionary

A

A, a (ey) *i.* İngiliz alfabesinin ilk harfi; birinci kalite veya derece; *müz.* la notası, la perdesi; *A.B.D.* en yüksek not.

a (ey, ı) *s.* bir, herhangi bir (ünsüzle başlayan kelimelerden önce kullanılır; *bak.* **an**); her bir, -de, -ne: **twice a year** senede iki defa, **two lira a dozen** düzinesine iki lira.

a- *önek* -siz, -den: **achromatic** renksiz; **amoral** ahlâk kaideleriyle ilgisi olmayan.

aa (a) *i.* pürüzlü lav.

aard.vark (ard'vark) *i.* Güney Afrika'da bulunan ve karınca yiyen bir hayvan.

Aar.on's rod (er'ınz rad) sığırkuyruğu, *bot.* Verbascum.

A.B. *kıs.* **Bachelor of Arts** üniversite diploması.

Ab (ab) *i.* temmuz ortasında başlayan Musevî takvimindeki ay.

ab- *önek* -den, uzağa: **abjure** yeminle vazgeçmek; **abdicate** feragat etmek.

a.ba (a'bı) *i.* aba.

ab.a.ca (äb'ıka) *i.* kenevir muzu, *bot.* Musa textilis.

a.back (ıbäk') *z., den.* faça. **taken aback** şaşırmış.

ab.ac.tor (äbäk'tır) *i.* davar hırsızı.

ab.a.cus (äb'ıkıs) *i.* hesap tahtası; *mim.* sütun başlığından geçen düz tabla.

a.bad.don (ıbäd'ın) *i.* ölüler diyarı; cehennem, tamu.

a.baft (ıbäft') *z., den.* kıça doğru, kıç tarafta, kıç tarafında.

ab.a.lo.ne (äbılo'ni) *i., zool.* kabuklu bir deniz hayvanı.

ab.am.pere (äbäm'pîr) *i.* on amperlik elektrik cereyan birimi.

a.ban.don (ıbän'dın) *f.* tamamıyle bırakmak, terketmek, başından atmak; kendini tamamıyle vermek; kendini kaptırmak.

a.ban.doned (ıbän'dınd) *s.* metruk, terkedilmiş; hayâsız, ahlâksız.

a.ban.don.ment (ıbän'dınmınt) *i.* terk; metrukiyet, terkedilmiş olma; tam feragat ile kendini teslim etme.

à bas (ıba') *Fr.* kahrolsun.

a.base (ıbeys') *f.* alçaltmak, gururunu kırmak. **abasement** *i.* alçaltma, alçalma.

a.bash (ıbäş') *f.* utandırmak, mahcup etmek, bozmak; gururunu kırmak.

a.bask (ıbäsk') *z.* güneşte ısınarak.

a.bate (ıbeyt') *f.* azaltmak, (fiyat, vergi v.b.'ni) indirmek; kısmen yahut tamamıyle kesmek; azalmak, eksilmek, hafiflemek, çekilmek; hükmü kalmamak. **abatement** *i.* azaltma, azaltılma, azalış, tenzil; kesilmiş yahut indirilmiş meblâğ.

ab.at-jour (abajur') *i.* tepe penceresi; pancur.

ab.at.toir (äbıtwar') *i., Fr.* mezbaha, salhane, kasaplık hayvanların kesildiği yer.

ab.ax.i.al (äbäk'siyıl) *s.* eksenden uzak.

Ab.ba (äb'ı) *i.* baba; (bazı kiliselerde) piskopos.

ab.bé (äb'ey) *i.* papaza verilen nezaket unvanı.

ab.bess (äb'îs) *i.* kadınlar manastırının baş rahibesi.

ab.bey (äb'i) *i.* manastır; manastıra ait bina veya binalar; manastır kilisesi.

ab.bot (äb'ıt) *i.* manastırın baş rahibi.

abbr. *kıs.* **abbreviated, abbreviation.**

ab.bre.vi.ate (ıbri'viyeyt) *f.* kısaltmak, özetlemek, ihtisar etmek. **abbrevia'tion** *i.* kısaltma, remiz, bir veya birtakım kelimeleri gösteren harf veya harfler; özetleme, ihtisar; kısaltılmış yazı, özet; *müz.* bir takım notaları gösteren remiz yahut işaret.

ABC's (eybisiz') alfabe; herhangi bir şeyin temel kuralları.

ab.di.cate (äb'dıkeyt) *f.* -den çekilmek, -den vazgeçmek, feragat etmek; resmen bırakmak veya feragat etmek (özellikle hükümdarlıktan); tacını ve tahtını terketmek. **abdica'tion** *i.* tacını ve tahtını terketme.

ab.do.men (äb'dımın) *i.* karın, batın; *biyol.* haşarat gövdesinin art kısmı. **abdom'inal** *s.* karna ait. **abdominal cavity** *anat.* karın boşluğu.

ab.duct (äbdʌkt') *f.* zorla almak, (kadın yahut çocuk) kaçırmak. **abduction** *i.* (çocuk) kaçırma; kız kaçırma. **abductor** *i.* kaçıran kimse; dışarı çeken kas.

a.beam (ıbim') *z., den.* omurgaya dikey olarak, bordanın tam ortası hizasında.

a.be.ce.da.ri.an (eybisider'iyın) *s., i.* çok basit; *i.* okumayı yeni öğrenen kimse.

a.bed (ıbed') *z.* yatakta, yatağın üstünde.

a.bele (ıbil') *i.* akçakavak, *bot.* Populus alba.

ab.er.glau.be (abırglau'bı) *i., Al.* batıl itikat.

ab.er.ra.tion (äbırey'şın) *i.* hata, dalâlet, doğru yoldan ayrılma, inhiraf; yarı delilik, akıl hastalığı; sapıklık; *astr.* sapınç, sapma; adese veya ayna sisteminde bütün ışınların bir noktaya toplanamaması.

a.bet (ıbet') *f.* (-ted, -ting) söz ve davranışlarla cesaret vermek veya yardım etmek (*gen.* fena anlamda). **abetter, -tor** *i.* başkasına kötülük aşılayan kimse, kışkırtan kimse, suç ortağı.

a.bey.ance (ıbey'ıns) *i.* askıda oluş, muallâkıyet. **in abeyance** kullanılmaz durumda, askıda, muallâkta.

ab.hor (äbhôr') *f.* (-red, -ring) hor görmek, iğrenmek. **abhorrence** *i.* nefret; nefret edilen veya tiksinilen herhangi bir şey. **abhorrent** *s.* nefret uyandıran, iğrenç; **to** *ile* karşı, muhalif, zıt.

A.bib (eybib') *i., İbr.* nisan ayının eski bir ismi.

a.bide (ıbayd') *f.* (**abode** *veya* **abided**) bir yerde kalmak; sabit durmak; tahammül etmek, dayanmak, çekmek; ikamet etmek, oturmak, sakin olmak, mukim olmak. **abide by** sebat etmek; itaat etmek, durmak.

a.bil.i.ty (ıbîl'ıti) *i.* iktidar, yetenek, kabiliyet; marifet, hüner; dirayet, zekâ; *huk.* ehliyet, kudret. **abilities** *i.* kabiliyetler; hassalar, melekeler.

ab in.i.ti.o (äb inîş'iyo) *Lat.* başlangıçtan, aslından.

a.bi.o.gen.e.sis (äbiyocen'ısîs) *i.* cansızdan canlı oluşumu.

ab.ject (äb'cekt, äbcekt') *s.* sefil, alçak, aşağılık; gururuz; köle gibi. **abjectly** *z.* alçakça, sefilce. **abjectness** *i.* alçaklık, adilik, sefillik.

ab.jure (äbcûr') *f.* yemin ederek vazgeçmek; kesin olarak feragat etmek, inkâr etmek, sapıklıktan dönmek. **abjura'tion** *i.* yeminle vazgeçme, feragat etme. **abjuration of religion** inkâr etme, dinden çıkma, irtidat. **abjuratory** *s.* vazgeçme kabilinden.

ab.la.tion (äbley'şın) *i., tıb.* bedenden (ur, uzuv) alma; *jeol.* (taşların) zamanla aşınması; *uzay* sürtünme ısısının zarar vermeden dağıtılması.

ab.la.tive (äb'lıtîv) *i., s.* Latince isimlerde ablatif, ismin -den hali; *s.* -den halinde olan.

ab.laut (ab'laut) *i., gram.* mana değişikliği ile sesli harfin değişmesi.

a.blaze (ıbleyz') *s., z.* alevli; hararetli, şevkli; *z.* alev alev, hararetle.

a.ble (ey'bıl) *s.* güçlü, muktedir, kadir; istidadı olan, hünerli, becerikli; yetkili. **able-bodied** *s.* vücudu sağlam olan, güçlü. **able-bodied seaman** gemici, tayfa.

a.bloom (ıblum') *s.* çiçekli, bol çiçekleri olan.

ab.lu.ent (äb'luwınt) *s., i.* temizleyici; *i.* deterjan.

a.blush (ıblʌş') *s.* kızarmış yüzlü.

ab.lu.tion (äblu'şın) *i.* yıkanma, aptes, gusül.

a.bly (ey'bli) *z.* hünerle, maharetle.

ab.ne.gate (äb'nıgeyt) *f.* inkâr etmek, reddetmek, feragat etmek. **abnega'tion** *i.* inkâr, feragat, mahrumiyete katlanma.

ab.nor.mal (äbnôr'mıl) *s.* anormal, usule veya âdete uygun olmayan; tabiî olmayan. **abnormal'ity** *i.* anormallik, usule veya âdete uygunsuzluk; bu halde olan kimse veya şey.

ab.nor.mi.ty (äbnôr'mıti) *i.* anormallik.

a.board (ıbord') *z., edat* gemi, tren v.b.'nin içine veya içinde; *den.* yan yana (gemi).

a.bode (ıbod') *i.* ev, oturulan yer, ikametgâh, mesken; kalma, ikamet.

a.bode (ıbod') *bak.* **abide.**

a.bol.ish (ıbal'îş) *f.* kaldırmak, bozmak; ilga etmek, feshetmek, iptal etmek.

ab.o.li.tion (äbılîş'ın) *i.* kaldırılma, ilga. **abolitionist** *i.* herhangi bir şeyin (özellikle eskiden Amerika'da köleliğin) kaldırılması taraftarı.

A-bomb (ey'bam) *i.* atom bombası.

a.bom.i.na.ble (ıbam'înıbıl) *s.* çok kötü, iğrenç, nefret uyandıran. **abominable snowman** *bak.* **yeti. abominably** *z.* çok fena bir şekilde, berbat olarak.

a.bom.i.nate (ıbam'ıneyt) *f.* son derece iğrenç kabul etmek, istikrah etmek, nefret etmek. **abomina'tion** *i.* iğrenme, istikrah, nefret; iğrenç veya menfur şey; kötülüğe sebep olan herhangi bir şey.

ab.o.rig.i.nal (äbırîc'ınıl) *s., i.* asıl yerli; bir yerin en eski halkından olan (kimse).

ab.o.rig.i.ne (äbırîc'ını) *i.* bir memleketin asıl yerlisi; bir memleketin asıl hayvan ve bitkilerinden biri.

a.bort (ıbôrt') *f.* çocuk düşürmek; boşa çıkmak; bitirmeden durdurmak; başarısızlıkla bitmek.

a.bor.tion (ıbôr'şın) *i.* çocuk düşürme; düşük; olgunlaşmadan kurumuş çiçek, meyva veya ekin; tam başarısızlık.

a.bor.tive (ıbôr'tîv) *s.* vaktinden evvei doğmuş; boş, beyhude, eksik, akim; *tıb.* çocuk düşürmeye sebebiyet veren. **abortively** *z.* akim kalarak.

a.bou.li.a (ıbu'liyı) *i.* irade yitimi.

a.bound (ıbaund') *f., gen.* **in** *ile* çok olmak, bol olmak, mebzul olmak.

a.bout (ıbaut') *z.* aşağı yukarı, takriben, kadar; her tarafta; etrafa, etrafına; ötede beride, şurada burada; aksi yöne, öbür tarafa; sıra ile. **about half a kilo** yarım kilo kadar. **about 7 o'clock** saat yedi sularında. **look about** etrafına bakınmak. **order one about** iş yüklemek. **put the ship about** gemiyi aksi yöne çevirmek, tiramola etmek. **Turn about is fair play.** Tam karşılığını yapmak hak icabıdır.

a.bout (ıbaut') *edat* -e dair, hakkında; çevresine, etrafında; yakında, civarında, havalisinde; ötesinde berisinde, her yerinde; ile meşgul; için. **About face!** *ask., emir* Geriye dön! **about to come** gelmek üzere. **beat about the bush** bin dereden su getirmek. **about-face** *i.* geriye dönüş; fikir veya karar değişimi. **She has a special air about her.** Kendine özgü bir havası var.

a.bove (ıbʌv') *s.* yukarıda olan; yukarıda zikredilmiş, daha önce gösterilmiş olan; semada olan, gökteki.

a.bove (ıbʌv') *z.* daha yukarıda olarak, sıraca önce olarak; rütbe veya iktidarca üstün olarak. **above-board** *s.* doğru, hilesiz, aşikâr. **above ground** yeryüzünde, toprağa gömülmemiş.

a.bove (ıbʌv') *edat* yukarısına, yukarısında, üstüne, üstünde, fevkine, fevkinde; -den yukarıya, yukarıda, üstün; daha çok.. **above all** hepsinden ziyade, bütün bunlardan başka.

ab o.vo (äb o'vo) *Lat.* başlangıçtan beri.

abr. *kıs.* **abridged, abridgement.**

ab.ra.ca.dab.ra (äb'rıkıdäb'rı) *i.* hastalıktan korunmak için üç köşeli muska üzerine yazılan manasız harfler; muska; anlamsız söz.

a.brade (ıbreyd') *f.* aşındırmak, yemek.

a.bra.sion (ıbrey'jın) *i.* aşınma, yenme, yıpranma; aşınmış veya aşındırılmış kısım yahut ondan kopan parçalar.

a.bra.sive (ıbrey'sîv) *i., s.* aşındırmak ve bilemek veya cilâ yapmak için kullanılan bir madde; aşındırıcı şey, yıprandırıcı madde; *s.* aşındıran, bileme veya cilâ işinde kullanılabilen.

a.breast (ıbrest') *z.* yan yana, beraber; aynı hizada, aynı seviyede.

a.bridge (ıbric') *f.* kısaltmak, özetlemek, kesmek; mahrum etmek. **abridgement** *i.* kısaltma, özetleme; azalma, kesilme; bir eser, demeç veya sözün kısaltılmış şekli; özet, hulâsa.

a.broad (ıbrôd') *z.* ortalıkta, halk arasında; dışarıda; dış memleketlerde, hariçte; şurada burada, her tarafta; memleket dışına.

ab.ro.gate (äb'rıgeyt) *f.* yetkisini kullanarak ilga etmek, iptal etmek, feshetmek; kaldırmak, bir tarafa koymak. **abroga'tion** *i.* ilga, iptal, yetkisini kullanarak feshetme.

a.brupt (ıbrʌpt') *s.* birdenbire olan, anî olan, acele ile olan; ters, haşin; birbirini tutmaz, kesik, pürüzlü; çok dik. **abruptly** *z.* birdenbire; terslikle. **abruptness** *i.* acele; sertlik, terslik.

ab.scess (äb'ses) *i., tıb.* çıban, apse, cerahat kesesi.

ab.scis.sa (äbsîs'ı) *i., geom.* absis, fasla.

ab.scis.sion (äbsîş'ın) *i.* kesme, kesilme, anî bitiş; *kon. san.* inkıta, ara, fasıla.

ab.scond (äbskand') *f.* kaçmak, firar etmek, kanundan kaçmak, özellikle alacaklıdan kaçmak. **absconder** *i.* kaçak, firarî, kanundan kaçan kimse.

ab.sence (äb'sıns) *i.* gaybubet, yokluk; *huk.* gaip oluş, gıyap; dalgınlık.

ab.sent (äb'sınt) *s.* nâmevcut, yok, gaip. **absent-minded** *s.* dalgın. **absent without leave** *ask.* vaktinde dönmek üzere kaçan.

ab.sent (äbsent') *f.* çekilmek, hazır bulunmamak için çekilip gitmek. **absent oneself** gitmek, bulunmamak.

ab.sen.tee (äbsıntı') *s.* vazifesi başında bulunmayan; başka bir memlekette ikamet eden (mal sahibi). **absenteeism** *i.* vazifesi başında veya malın olduğu memlekette bulunmama itiyadı.

ab.sinth(e) (äb'sînth) *i.* apsent, pelin otu ile yapılan anasonlu yeşil bir içki; *bot.* pelin otu, acı pelin.

ab.so.lute (äb'sılut) *s.* kâmil, tam; halis, sade, saf; mutlak, sonsuz, nihayetsiz, kayıtsız şartsız; *gram.* soyut, mücerret; kişisel değer ölçülerine bağlı olmayan. **absolute ceiling** *hav.* azamî yükseliş haddi. **absolute pitch** *müz.* bir notanın frekansı; bir sesin perdesini ezberden tayin etme

kabiliyeti. **absolute scale** mutlak ölçü. **absolute temperature** mutlak ısı derecesi (mutlak sıfırdan hesap ederek). **absolute vacuum** mutlak boşluk. **absolute zero** ısıda mutlak sıfır noktası (-273°C.). **absolutely** *z.* tamamen, kesin olarak, katî surette. **absoluteness** *i.* mutlakıyet.

ab.so.lu.tion (äbsılu'şın) *i.* suç, günah veya cezayı affetme; Katolik kilisesinde günahların affolunduğunu papazın ilân etmesi.

ab.so.lut.ism (äb'sılutîzm) *i.* mutlak oluş, mutlakıyet doktrini, mutlakçılık; *pol.* mutlak idare, kayıtsız şartsız kral hâkimiyeti.

ab.so.lut.ist (äb'sılutîst) *i.* kralların kayıtsız şartsız hakimiyeti taraftarı, mutlakıyetçi.

ab.solve (ıbzalv') *f.* suç, günah veya cezayı affetmek yahut bunu ilân etmek.

ab.so.nant (äb'sınınt) *s.* zıt, akla uygun olmayan.

ab.sorb (äbzôrb') *f.* içine çekmek, içmek, emmek, massetmek; yutmak; işgal etmek, zaptetmek. **absorbent** *s., i.* içe çekici, alıcı, emici (madde). **absorbent cotton** hidrofil pamuk. **absorption** *i.* içe çekme, içme, emme; zihin meşguliyeti, dalgınlık.

ab.stain (äbsteyn') *f.* çekinmek, kaçınmak, geri durmak, sakınmak, imtina etmek. **abstain from** -den imtina etmek, -den kaçınmak.

ab.ste.mi.ous (äbsti'miyıs) *s.* çok yemek ve içmekten sakınan, perhizkâr. **abstemiously** *z.* perhiz yaparak, ılımlı bir şekilde, az yiyip içerek.

ab.sten.tion (äbsten'şın) *i.* çekinme, kaçınma, sakınma, imtina; çekimser olma.

ab.sterge (äbstırc') *f.* silmek, temizlemek.

ab.sti.nence (äb'stınıns) *i.* (yiyecek, zevk v.b. şeylerden) kendini geri tutma; perhiz, imsak. **abstinent** *s.* perhizkâr.

ab.stract (äb'sträkt, äbsträkt') *s., i.* eşya veya fikirlerden soyut olan; soyut, mücerret; dalgın; ideal, nazarî, kuramsal; *i.* (äb'sträkt) özet. **abstract noun** soyut isim. **abstract number** soyut sayı, mücerret adet. **in the abstract** kuramsal olarak. **abstractiy** *z.* soyut olarak.

ab.stract (äbsträkt') *f.* çıkarmak, ayırmak veya tecrit etmek; çalmak, aşırmak; kimyasal usullerle ayırmak, çıkarmak; (äb'sträkt) özetlemek, hulâsa etmek.

ab.stract.ed.ness (äbsträkt'ídnıs) *i.* zihin meş-
guliyeti, dalgınlık.

ab.strac.tion (äbsträk'şın) *i.* soyutlama; çı-
karma, tecrit, ayırma; münzevi hayat; zihin
meşguliyeti, dalgınlık; çalma, aşırma.

ab.struse (äbstrus') *s.* anlaşılması güç, muğlak.
abstruseness *i.* muğlaklık.

ab.surd (äbzırd') *s.* anlamsız, manasız, akıl-
sızca, gülünç; birbirine karşıt düştüğü için
yanlış; imkânsız, olmayacak. **absurdity** *i.*
anlamsızlık, manasızlık; delilik, maskaralık.
absurdly *z.* esassız olarak; saçma bir
şekilde. **absurdness** *i.* anlamsızlık, mana-
sızlık, akılsızlık.

a.bun.dance (ıbʌn'dıns) *i.* bolluk, çokluk,
bereket; servet.

a.bun.dant (ıbʌn'dınt) *s.* bol, bereketli, mebzul.
abundantly *z.* bol bol.

a.buse (ıbyus') *i.* kötüye kullanma, suiistimal;
kötü muamele; zarar; fesat, suç; küfür,
sövüp sayma; ırza tecavüz.

a.buse (ıbyuz') *f.* kötüye kullanmak; suiistimal
etmek; zarar vermek, incitmek; sövüp say-
mak, küfür etmek; şerefini lekelemek; ırza
tecavüz etmek.

a.bu.sive (ıbyu'sîv) *s.* ağzı bozuk, küfürbaz;
yolsuz, bozuk; fesatçı. **abusively** *z.* yolsuz
olarak.

a.but (ıbʌt') *f.* (-ted, -ting) dayanmak,
bitişik olmak.

a.but.ment (ıbʌt'mınt) *i.* köprünün karada
olan ayağı, mesnet; *mim.* kemer veya
kubbenin ağırlığını destekleyen kısım.

a.bys.mal (ıbîz'mıl) *s.* dipsiz, derin; koyu,
kesif, çok; hudutsuz.

a.byss (ıbîs') *i.* cehennem, tamu, uçurum
olan yer; ahlâkî veya zihnî derinlik; de-
nizin dibi.

Ab.ys.sin.i.a (äbısîn'iyı) *i.* Habeşistan.
Ab.ys.sin.i.an (äbısîn'iyın) *s., i.* Habeş.

ac. *kıs.* account.

a.ca.cia (ıkey'şiyı) *i.* akasya; aksalkım ağacı.

ac.a.dem.ic (äkıdem'îk) *s.* eğitimle ilgili;
ilmî; soyut, mücerret, pratiğe dayanmayan.

a.cad.e.mi.cian (ıkädımî'şın) *i.* akademisyen,
terbiyeci.

a.cad.e.my (ıkäd'ımi) *i.* akademi, yüksek
okul; ilim adamları cemiyeti.

a.can.thus (ıkän'thıs) *i.* kenger otu, ayı
yoncası, *bot.* Acanthus; *mim.* sütun başlık-
larında kullanılan akantos yaprağı.

a cap.pel.la (akıpel'ı) *müz.* çalgı eşliği olmadan
söylenen (şarkı v.b.).

ac.a.rid (äk'ırîd) *i.* kene, sakırga.

ac.cede (äksid') *f.* iktidara gelmek, iş başına
geçmek; razı olmak, muvafakat etmek.
accede to the throne cülus etmek, tahta
çıkmak. **accede to one's wishes** birinin
isteklerine razı olmak.

ac.cel.er.an.do (äkselırän'do) *z., İt., müz.*
tedricen artan hız ile, accelerando·

ac.cel.er.ate (äksel'ıreyt) *f.* hızlandırmak, sü-
ratlendirmek, tacil etmek, hızlanmak, sürat
kazanmak. **accelera'tion** *i.* hızlandırma,
tacil etme, süratin artması. **accelerator**
i., oto. gaz pedalı; *fiz.* siklotron veya benzeri.

ac.cent (äk'sent) *i.* aksan, telâffuzda bir he-
ceye verilen kuvvet; aksan işareti, vurgu;
şive; hisleri belirtmek için cümlede belirli
kelime veya hecelerin vurgulandırılması.

ac.cent (äk'sent, äksent') *f.* aksan vermek,
telâffuzda bir heceyi vurgulu olarak oku-
mak; önemle belirtmek.

ac.cen.tu.ate (äksen'çuweyt) *f.* üzerine ba-
sarak okumak; önemle belirtmek. **accen-
tua'tion** *i.* aksan koyma, vurgulama.

ac.cept (äksept') *f.* kabul etmek, almak;
icabet etmek; onaylamak, tasdik etmek,
razı olmak; anlamak, mana vermek.

ac.cept.a.ble (äksep'tıbıl) *s.* kabul olunabilir,
makbul. **be acceptable** makbule geçmek.

ac.cep.tance (äksep'tıns) *i.* kabul; kabul edil-
me; tasdik ve imza olunmuş tahvil, poliçe
v.b. **non-acceptance** *i., huk.* ademi kabul,
ret.

ac.cep.ta.tion (äkseptey'şın) *i.* kabul; anlam,
mana.

ac.cess (äk'ses) *i.* giriş, yol, methal, geçit;
artma, çoğalma; *tıb.* nöbet. **have access**
yanına girebilmek, huzura kabul edilmek.

ac.ces.si.ble (äkses'ıbıl) *s.* yanına girilebilir,
içine girilebilir; kolay bulunur; kandırılabilir;
alınır, bulunur. **accessibil'ity** *i.* yanına
gitme imkânı, içine girilebilme imkânı, kolay
bulunma imkânı.

ac.ces.sion (äkseş'ın) *i.* vasıl olma, ulaşma,
varış; artma, çoğalma; cülus, tahta çıkma;
(müzeye, kütüphaneye) yeni gelen şey.

ac.ces.so.ry (äkses'ırı) *s., i.* yardımcı olan, muavenet eden; suç ortaklığı eden; *i.* aksesuar, yardımcı şey; suç ortağı.

ac.ci.dence (äk'sıdıns) *i.* sarf usul ve prensipleri; tasrif, çekim.

ac.ci.dent (äk'sıdınt) *i.* kaza, arıza; *gram.* sarf bölüğü; *fels.* ilinek, âraz. **accident insurance** kaza sigortası. **acciden'tal** *s., i.* kaza eseri olan, arızî; rastlantı eseri olan, tesadüfi; esası olmayan; *i., müz.* armür dö kle'den sonra tesadüfî olarak gelen bemol veya diyez. **acciden'tally** *z.* kazaen, istemeyerek, rasgele, kazara.

ac.claim (ıkleym') *f.* alkışlamak; bağırarak ilân etmek; bağırmak.

ac.cla.ma.tion (äklımey'şın) *i.* alkışlama, alkış, "bravo" deme; açık oylamada lehte oy verme. **by acclamation** oy birliği ile.

ac.cli.mate, ac.cli.ma.tize (äk'lımeyt, ıklay'mıtayz) *f.* bir yerin iklimine alıştırmak. **acclimatiza'tion** *i.* bir yerin havasına alışma veya alıştırma.

ac.cliv.i.ty (ıklîv'ıtı) *i.* yokuş, bayır.

ac.co.lade (äk'ıleyd) *i.* şövalyelik rütbesi verilirken kucaklama, öpme veya kılıç yüzü ile omuza hafifçe vurma töreni; mükâfat; övme; *müz.* rabıta.

ac.com.mo.date (ıkam'ıdeyt) *f.* birbirine uygun hale getirmek; telif etmek, uzlaştırmak; bir başkasının işini görmek; sağlamak, temin etmek; yerleştirmek, yer tedarik etmek. **accommodate oneself** uymak, intibak etmek. **accommodate oneself to circumstances** ayağını yorganına göre uzatmak, şartlara uymak. **accommodating** *s.* iltifatçı, lütufkâr.

ac.com.mo.da.tion (ıkamıdey'şın) *i.* uyma, intibak; birinin işini görmeye razı olma, lütufkârlık; düzen; yerleşme; telif etme, uzlaştırma; ödünç, istikraz. **accommodations** *i.* yatacak yer, konfor, rahatı sağlayan şartlar. **accommodation train** *A.B.D.* birçok istasyonda duran yolcu treni.

ac.com.pa.ni.ment (ıkʌm'pınîmınt) *i.* eşlik eden şey, refakat eden şey; *müz.* akompaniman.

ac.com.pa.nist (ıkʌm'pınîst) *i., müz.* piyanoda eşlik eden kimse, akompanist.

ac.com.pa.ny (ıkʌm'pını) *f.* bir kimseye arkadaş olmak, yanında bulunmak, beraberinde gitmek veya gelmek, refakat etmek, rehberlik etmek; *müz.* eşlik etmek; maiyetinde bulunmak; ilâve etmek, eklemek.

ac.com.plice (ıkam'plîs) *i.* suç ortağı.

ac.com.plish (ıkam'plîş) *f.* başarmak, becermek, üstesinden gelmek; tamamlamak, ikmal etmek. **accomplished** *s.* ikmal edilmiş; hünerli; nezaketli.

ac.com.plish.ment (ıkam'plîşmınt) *i.* başarı, muvaffakiyet; icra, tamamlama.

ac.cord (ıkôrd') *i.* anlaşma, uzlaşma, itilâf, birleşme, ittifak, ittihat; uyum, ahenk; uygunluk; istek; *huk.* mahkeme haricinde uzlaşma, sulh. **with one accord** hep birlikte. **of one's own accord** kendiliğinden, kendi rızası ile.

ac.cord (ıkôrd') *f.* uzlaştırmak, telif etmek, uyum sağlamak, ahenk vermek; teslim etmek, uymak, mutabık olmak, ahenkli olmak. **accord with** ahenkli olmak, uygun olmak.

ac.cord.ance (ıkôr'dıns) *i.* uyum, ahenk, uzlaşma. **in accordance with** -e göre, -e uygun olarak.

ac.cord.ing (ıkôr'dîng) *z.* uygun olarak, binaen, göre. **according as** göre, tıpkı, aynen. **according to** göre, nazaran. **accordingly** *z.* binaen, binaenaleyh.

ac.cor.di.on (ıkôr'diyın) *i.* akordeon.

ac.cost (ıkôst') *f.* yaklaşıp hitap etmek.

ac.couche.ment (ıkuş'mınt) *i.* loğusalık; doğum.

ac.count (ıkaunt') *i.* hesap; pusula; tarif, beyan; rivayet, hikâye, izahat; önem, ehemmiyet, kıymet, değer; sebep, cihet. **account book** hesap defteri. **accounts payable** *tic.* tediye olunacak hesaplar. **accounts receivable** *tic.* tahsil olunacak hesaplar. **account rendered** *tic.* borçlunun inceleyip ödemesi için ibraz edilen hesap. **by all accounts** herkesin dediğine göre. **call to account** cevap istemek, sorguya çekmek. **cash account** kasa hesabı. **current account** cari hesap. **give an account of** anlatmak; cevabını vermek; hesabını vermek. **give an account of oneself** nerede olduğunu ve ne yaptığını söylemek, hesap vermek. **joint account** müşterek hesap. **make no account of** saymamak, itibar etmemek. **on account of** için, hasebiyle, -den dolayı. **on no account** asla, katiyen, hiçbir suretle. **pay an account** hesabı ka-

patmak. **profit and loss account** kâr ve
zarar hesabı. **running account** açık hesap.
settle an account hesabını görmek; hesap-
laşmak. **take into account** göz önünde
tutmak, düşünmek, hesaba katmak. **turn
to account** kullanmak; zayi etmemek.
outstanding account tesviye edilmemiş
hesap.
ac.count (ıkaunt') f.· hesap vermek, sebebini
belirtmek; cevap vermek; saymak, itibar
etmek. **account for** hesap vermek, sebebini
izah etmek.
ac.count.a.ble (ıkaun'tıbıl) s. sorumlu, mesul;
tarif edilebilir, anlatılabilir. **accountabil'ity**
i. sorumluluk, mesuliyet.
ac.count.ant (ıkaun'tınt) i. muhasebeci, say-
man. **accountancy** i. muhasebecilik. **ac-
counting** i. muhasebe.
ac.cou.ter (ıku'tır) f. askerî giyecek· vermek.
ac.cou.ter.ments (ıku'tırmınts) i., çoğ. askerî
giyecekler ve teçhizat.
Ac.cra (ıkra', äk'rı) i. Akra.
ac.cred.it (ıkred'ît) f. inanmak, güvenmek,
itimat etmek, itibar etmek; itimatname vere-
rek memur etmek. **accredita'tion** i., A.B.D.
(bir okul, yüksek okul veya üniversiteye
teftişten sonra verilen) muadelet belgesi.
ac.cres.cent (ıkres'ınt) s. büyüyen, çoğalan.
ac.crete (ıkrit') f., s. birleşmek, yapışmak;
eklenip büyümek; eklemek; s. ekli; birleşmiş.
ac.cre.tion (ıkri'şın) i. ilâve, ek; gelişme, uzvî
büyüme; katılma; yapışma; ilhak.
ac.cru.al (ıkru'wıl) i. büyüme, artış; artış miktarı.
ac.crue (ıkru') f. ziyadeleşmek, çoğalmak;
hâsıl olmak, gelmek; huk. hak olarak hisse-
sine düşmek; gerçekleşmek, tahakkuk etmek.
accrued expense tahakkuk etmiş masraf.
accrued interest tahakkuk etmiş faiz.
acct. kıs. account.
ac.cul.tur.a.tion (ıkʌlçırey'şın) i. bir kültürün
başka bir kültürden aldığı tesir.
ac.cu.mu.late (ıkyum'yıleyt) f. yığmak; top-
lamak, biriktirmek; birikmek, çoğalmak, yı-
ğılmak.
ac.cu.mu.la.tion (ıkyumyıley'şın) i. yığma,
biriktirme, toplama; toplanma, yığılma; bi-
riktirilmiş veya toplanmış şeyler; biriktirilip
sermayeye eklenen faiz.
ac.cu.mu.la.tive (ıkyum'yıleytîv) s. toplayıcı,
biriktirici; toplanmış, birikmiş.

ac.cu.mu.la.tor (ıkyum'yıleytır) i. toplayıcı
şey veya kimse; su gücünü toplayan cihaz;
İng. akümülatör, akü.
ac.cu.ra.cy (äk'yırısi) i. doğruluk, dikkat, titizlik,
ihtimam, incelik.
ac.cu.rate (äk'yırît) s. doğru, sahi, tam; ince.
accurately z. doğru olarak, kusursuz bir
şekilde.
ac.cu.rate.ness (äk'yırîtnîs) bak. accuracy.
ac.curs.ed (ıkır'sîd) s. lânetlenmiş, melun,
meşum; nefret uyandıran, menfur. **accurs-
edly** z. meşum olarak, uğursuzca.
ac.cu.sa.tive (ıkyu'zıtîv) s., i., gram. -i halinde;
i. -i hali.
ac.cuse (ıkyuz') f. suçlamak, itham etmek,
cürüm isnat etmek. **accusa'tion** i. cürüm
isnadı, suçlama, itham; töhmet. **accused** s.
sanık, maznun.
ac.cus.tom (ıkʌs'tım) f. alıştırmak. **accustom
oneself** alışmak, âdet edinmek, itiyat peyda
etmek. **be accustomed to** itiyadında ol-
mak, alışkın olmak.
ace (eys) i. as, birli (iskambil oyununda); zerre;
beş düşman uçağı düşüren pilot; spor as
oyuncu. **ace in the hole** A.B.D., argo en
son koz, yedek koz. **He was within an
ace of falling.** Az daha düşecekti. Düş-
mesine ramak kaldı.
a.ce.di.a (ısı'dıyı) i. halsizlik, kaygısızlık.
a.cen.tric (eysen'trik) s. merkezsiz, merkez
dışı.
a.ceph.a.lous (eysef'ılıs) s. başsız, reissiz;
zool. asefala sınıfından; bot. başsız.
a.cerb (ısırb') s. acı, sert.
ac.er.bate (äs'ırbeyt) f. acılaştırmak; sinirlen-
dirmek.
a.cer.bi.ty (ısır'bıti) i. ekşilik, acılık; terslik,
sertlik, huysuzluk.
ac.e.tab.u.lum (äsıtäb'yılım) i., anat. hokka
çukuru.
ac.et.an.i.lide (äsıtän'ılîd) i. teskin edici ve
ateş düşürücü bir ilâç, asetanelit.
ac.e.tate (äs'ıteyt) i. bir nevi sentetik kumaş,
rayon; asetik asit tuzu.
a.ce.tic (ısı'tîk) s. sirke gibi, ekşi. **acetic acid**
asetik asit, sirke asidi.
a.cet.i.fy (ıset'ıfay) f. ekşitmek, ekşimek.
ac.et.one (äs'ıton) i. aseton.
a.cet.y.lene (ıset'ılin) i. asetilen.

A.chae.an, A.cha.ian (ıkiy'ın, ıkey'ın) s. Eski Yunanistan'a ait.

ache (eyk) i., f. ağrı, sızı, acı; f. ağrımak, sızlamak, acımak.

a.chene (eykin') i., bot. aken, kapçık meyva, tek tohumlu, açılmaz ve sert kabuklu bir meyva tipi.

a.chieve (ıçiv') f. başarmak, yapabilmek, üstesinden gelmek; kazanmak, meydana getirmek, muzaffer olmak. achievement i. başarı, muvaffakıyet; husule getirme, başarma; husule getirilmiş şey. achievement test başarı testi.

A.chil.les' ten.don (ikil'iz ten'dın) biyol. ökçe veteri, Aşil kirişi.

a.chon.dro.pla.si.a (ıkandropley'jiyı) i., tıb. cücelik, bodurluk.

ach.ro.mat.ic (äkrımät'ik) s. renksiz; renkleri tabiî haliyle gösteren; müz. perdesi değişmeyen; akromatik.

a.chro.ma.top.si.a (eykromıtap'siyı) i., tıb. renk körlüğü, akromatopsi.

a.cic.u.lar (ısîk'yılır) s. iğne ve diken şeklinde olan.

ac.id (äs'îd) i., s. asit, ekşi şey, ekşi; s. asit niteliğinde; asit fazlalığı olan. acid'ity i. ekşilik, ekşime, asidite.

a.cid.i.fy (ısîd'ıfay) f. asit etmek, ekşitmek.

ac.i.do.sis (äsîdo'sîs) i., tıb. asidoz, özellikle şeker hastalığında kanın asitli hali.

a.cid.u.late (ısîc'ûleyt) f. mayhoş etmek, biraz ekşitmek. acidulous s. mayhoş, ekşice.

ac.i.form (äs'ıfôrm) s. iğne biçiminde.

ack-ack (äk'äk) i. uçaksavar ateşi.

ac.knowl.edge (äknal'îc) f. doğruluğunu kabul etmek, teslim etmek, onaylamak, tasdik etmek; şükranla tanımak; gerçek veya kanunî olduğunu kabul etmek. acknowledgment i. teslim, onaylama, tasdik, itiraf, kabul, teşekkür; senet, tasdikname, borç ikrarı.

a.clin.ic (eyklîn'îk) s. meyilsiz. aclinic line pusula iğnesinin meyilli olmayıp kendiliğinden yatay kaldığı mıknatıslı ekvator çizgisi.

ac.me (äk'mi) i. doruk, zirve, olgunluk zirvesi; tıb. buhran, kriz.

ac.ne (äk'ni) i. sivilce; tıb. akne, bir çeşit cilt hastalığı.

a.cock (ıkak') z. küstahça; eğri.

ac.o.lyte (äk'ılayt) i. kilisede rahibe yardım eden memur; yardımcı kimse.

ac.o.nite (äk'ınayt) i. kaplan boğan, bıldırcın otu, bot. Aconitum napellus. wolfsbane aconite kurtboğan.

a.corn (ey'kôrn, ey'kırn) i. meşe palamudu.

a.cous.tic (ıkus'tîk) s. işitme duyusu ile ilgili, ses ilmine ait, işitmeye ait. akustik.

a.cous.tics (ıkus'tîks) i. akustik ilmi; akustik bina inşa etme ilmi. acoustics i., bir odanın akustik vasfı.

ac.quaint (ıkweynt') f. haberdar etmek, bilgi vermek, malumat vermek. be acquainted with tanımak, şahsen bilmek. acquaint oneself with öğrenmek, aşinalık peyda etmek.

ac.quain.tance (ıkweyn'tıns) i. tanıdık, bildik; iyi bilme; haber, bilgi, malumat; tanış.

ac.quain.tance.ship (ıkweyn'tınsşîp) i. ahbaplık, tanışıklık, aşinalık.

ac.quest (ıkwest') i. ele geçen şey; huk. verasetten başka bir şekilde ele geçen şey.

ac.qui.esce (äkwiyes') f. kabul etmek, razı olmak, muvafakat etmek. acquiescence i. uysallık, razı olma, kabul etme. acquiescently z. uysallıkla.

ac.quire (ıkway'ır) f. ele geçirmek, elde etmek, kazanmak, istihsal etmek, tedarik etmek. acquired s. kazanılmış, müktesep. acquired characteristics doğuştan olmayıp sonradan kazanılan özellikler.

ac.quire.ment (ıkway'ırmınt) i. kazanç, iktisap; ilim, marifet, hüner.

ac.qui.si.tion (äkwızîş'ın) i. kazanılan şey, iktisap; kütüphaneye yeni gelen kitap; müzeye yeni gelen eşya.

ac.quis.i.tive (ıkwiz'ıtiv) s. açgözlü; elde edilebilen. acquisitive instinct açgözlülük, kespetme eğilimi.

ac.quit (ıkwît') f. (-ted, -ting) suçsuz çıkarmak, beraet ettirmek. acquit oneself görevini yapmak; davranmak, hareket etmek. acquit oneself well vazifesini iyi yapmak. be acquitted beraet etmek, temize çıkmak.

ac.quit.tal (ıkwît'ıl) i. suçsuzluk hükmü, beraet.

ac.quit.tance (ıkwît'ıns) i. zimmetten kurtulma; ibra senedi, makbuz.

a.cre (ey'kır) i. bir arazi ölçü birimi, 0.404 hektar, 0.404 dönüm, 4.30 eski dönüm. God's acre mezarlık. acres i., çoğ. emlâk, arazi; k. dili çok miktar.

a.cre.age (ey'kırîc) *i.* dönüm miktarı, arazi alanı.

ac.rid (äk'rîd) *s.* acı, ekşi, keskin, sert; zihni kurcalayan.

ac.ri.mo.ni.ous (äkrımo'niyıs) *s.* acı, ters, haşin, sert. **ac'rimony** *i.* acılık, haşinlik, sertlik.

ac.ro.bat (äk'rıbät) *i.* akrobat, cambaz.

ac.ro.bat.ics (äkrıbät'iks) *i.* cambazlık, akrobasi.

a.cro.mi.on (ıkro'mîyın) *i., anat.* akromyon, omuz çıkıntısı.

ac.ro.nym (äk'rınîm) *i.* birkaç kelimenin baş harflerinin veya ilk hecelerinin bir araya gelmesiyle oluşan kelime: **NATO, UNESCO.**

a.crop.o.lis (ıkrap'ılîs) *i.* şehrin en yüksek noktasında bulunan iç kale veya hisar, akropol.

a.cross (ıkrôs') *z., edat* ortasından, içinden veya üstünden karşı tarafa geçerek; *edat* çaprazvari, öbür tarafa, karşı yakada. **come across** rast gelmek, tesadüf etmek; *k. dili* görünmek. **come across with** *k. dili* istemeyerek vermek.

a.cros.tic (ıkrôs'tik) *i.* akrostiş.

a.cryl.ic (ıkrîl'îk) *i.* sıcakken yumuşak olan plastik.

act (äkt) *i.* yapılan şey, iş, fiil, ameliye; kanun; resmî yazı; *tiyatro* perde. **act of God** *huk.* icbar edici sebep, insan kudretinden üstün afet (yıldırım inmesi gibi). **caught in the act** suçüstü (cürmü meşhut halinde) yakalanmış. **put on an act** poz yapmak.

act (äkt) *f.* rol yapmak, oynamak; taklit etmek; yapmak, işlemek; etkilemek, tesir etmek; hareket etmek, davranmak; temsil etmek, rolünü oynamak. **act up** yaramazlık etmek, gösteriş yapmak. **act as** başkasının vazifesini yapmak. **act on a suggestion** yapılan teklife göre davranmak.

act.ing (äk'tîng) *s.* yapan, işleyen, temsil eden; vekil olan, vekâlet eden.

ac.tin.ic (äktîn'îk) *s.* güneş v.b. ışınlarının kimyasal değişiklikler meydana getirme özelliğine ait. **actinic rays** kimyasal değişiklikler meydana getiren ışınlar.

ac.tin.ism (äk'tînîzım) *i.* güneş v.b. ışınlarının kimyasal değişiklikler meydana getirme özelliği.

ac.tin.i.um (äktîn'iyım) *i.* aktinyum.

ac.ti.nom.e.ter (äktînam'ıtır) *i.* güneş ışınlarının kuvvetini ölçen araç, aktinometre.

ac.tion (äk'şın) *i.* iş, amel, çalışma, meşguliyet, faaliyet, fiil; hukuk davası; etki, tesir, kuvvet, nüfuz; *tiyatro* bir oyundaki olaylar dizisi; harekete geçme (asker, makina v.b.). **actionable** *s.* dava edilebilir.

ac.ti.vate (äk'tıveyt) *f.* faal hale getirmek, harekete geçirmek; *fiz.* radyoaktif hale getirmek.

ac.ti.va.tion (äktıvey'şın) *i.* faal hale getirme; lağım sularının hava ve bakterilerle temas ettirilmesi sonucunda temiz su haline getirilmesi.

ac.tive (äk'tîv) *s.* hareket kuvveti olan, etkin, değiştirebilen, fail; faal, çalışkan; pratik; hareketli, canlı, yerinde duramayan, çevik; *gram.* etken, aktif; *tic.* faiz getiren, paraya çabuk çevrilebilen (sermaye). **active officer** muvazzaf subay. **active volcano** aktif durumda olan yanardağ.

ac.tiv.ism (äk'tıvîzım) *i., fels.* aktivizm, etkincilik; güneş v.b. ışınlarının kimyasal değişiklikler meydana getirme özelliği; eylemcilik.

ac.ti.vist (äk'tıvîst) *i.* etkinci; eylemci, özellikle politikada eylemciliğe meyilli olan kimse.

ac.tiv.i.ty (äktîv'ıti) *i.* faaliyet; fiil, amel; kuvvet; etki, tesir; faal oluş; tez canlılık, tetiklik.

ac.tor (äk'tır) *i.* artist, aktör, oyuncu; yapan kimse.

ac.tress (äk'trîs) *i.* artist, aktris, kadın oyuncu.

ac.tu.al (äk'çuwıl) *s.* gerçek, hakikî, aslî, asıl, fiilî; şimdiki. **actual'ity** *i.* hakikat. **ac'tualize** *f.* gerçekleştirmek, hakikî kılmak, kuvveden fiile çıkarmak. **actually** *z.* hakikatte, gerçekten; bilfiil.

ac.tu.ar.y (äk'çuweri) *i.* hayat sigortası istatistikleri uzmanı.

ac.tu.ate (äk'çuweyt) *f.* kuvveden fiile çıkarmak, harekete getirmek; olumlu bir şekilde etkilemek.

a.cu.i.ty (ıkyu'wıti) *i.* keskinlik, sivrilik.

a.cu.le.ate(d) (ıkyu'liyeyt, -ıd) *s.* sivri; iğneli.

a.cu.men (ıkyu'mın) *i.* dirayet, feraset, çabuk kavrayış.

a.cu.mi.nate (ıkyu'mıneyt) *f., s.* açmak; *s.* ucu uzun ve sivri.

ac.u.punc.ture (äk'yûpʌngkçır) *i., tıb.* iğne saplamak suretiyle teşhis ve tedavi.

a.cute (ıkyut') s. sivri, keskin, ince; zeki, zeyrek, açıkgöz; aşırı hassas; tiz, keskin (ses); tıb. akut; hâd, vahim, ağır, şiddetli. acute angle dar açı. acutely z. zekâ ile; şiddetle. acuteness i. zekâ, keskinlik.

A.D. kıs. Anno Domini milâttan sonra (M.S.). ad (äd) i. ilân, reklâm.

ad ab.sur.dum (äd ıbsır'dım) Lat. anlamsız veya saçma bir hale gelinceye kadar.

ad.age (äd'ic) i. atasözü, darbımesel, vecize.

a.da.gio (ıda'jo) z., i., müz. adagio; i. yavaş çalınan parça.

Ad.am (äd'ım) i. Âdem; bir erkek adı. Adam's apple bak. apple. not to know one from Adam tanıyamamak. the old Adam insanların günah işlemeye olan tabii eğilimi.

ad.a.mant (äd'ımınt) s., i. hoşgörüsüz; çok sert; i. çok sert efsanevi bir taş.

ad.a.man.tine (ädımän'tîn) s. sarsılmaz; delinmez; elmas gibi sert ve parlak.

a.dapt (ıdäpt') f. bir şeye uydurmak, uyarlamak; edeb. adapte etmek. adapt oneself uymak, intibak etmek, tabi olmak. adaptable s. uysal, şartlara uyan, intibak edebilen. adapter i. adaptör; intibak eden ve ettiren şey veya kimse.

a.dapt.a.bil.i.ty (ıdäptıbîl'îti) i. şartlara ve çevreye uyma yeteneği, intibak kabiliyeti, uysallık.

ad.ap.ta.tion (ädıptey'şın) i. uygunluk, imtizaç, intibak, tatbik, uyma; edeb. adaptasyon, uyarlama; ışık değişikliklerine gözü alıştırma işlemi; uydurulma, şekil değişmesi.

A.dar (ıdar') i. musevi takviminde şubat ortasında başlayan ay.

ad as.tra (äd äs'trı) Lat. yıldızlara.

add (äd) f. katmak, ilâve etmek, eklemek; zammetmek, toplamak. adder i. toplayan şey veya kimse. add up toplamak, yekûn çıkarmak; neticelenmek; k. dili anlaşılmak, belli olmak.

ad.dend (ıdend') i. katılan rakam veya miktar.

ad.den.dum (çoğ. -da) (ıden'dım, -da) i. ilâve edilecek şey veya söz.

ad.der (äd'ır) i. birkaç cins zehirli yılan; engerek, sağır yılan, zool. Vipera berus; Amerika'da bulunan birkaç cins zehirsiz yılan. adder's mouth birkaç cins salepçi otu. adder's-tongue i. yılan dili, suoku; turna-

gagası, bot. Geranium robertianum. adderwort i. kurtpençesi, yılan kökü. death adder dikenli yılan, zool. Acanthophis.

ad.dict (äd'îkt) i. tiryakî, müptelâ kimse, bir şeye düşkün kimse.

ad.dict (ıdîkt') f. alıştırmak. be addicted to alışmak, kendini vermek, tiryakîsi olmak, müptelâ olmak, düşkün olmak. addictive s. tiryaki eden, alışkanlık husule getiren.

add.ing machine (äd'îng) hesap makinası.

Ad.dis A.ba.ba (a'dîs a'bıba) Adis Ababa.

ad.di.tion (ädîş'ın) i. ilâve, ilâve edilmiş şey; mat. toplama. in addition to -e ilâveten, ayrıca, fazla olarak. additional s. biraz daha, ilâve edilen, eklenilen.

ad.di.tive (äd'ıtîv) i., s. katkı; katılan kimyasal madde; s. toplamsal, ilâve olunacak.

ad.dle (äd'ıl) f., s. bozmak, şaşırtmak; çürümek, cılk çıkmak; s. çürük, cılk (yumurta). addlebrained s. ahmak. addled egg cılk yumurta.

ad.dress (ıdres') i. adres; söylev, nutuk; konuşurken takınılan tavır, eda; hüner, sanat.

ad.dress (ıdres') f. söylev vermek, nutuk söylemek, hitap etmek; mektubun adresini yazmak.

ad.dress.ee (ädresi') i. adresine mektup gönderilen kimse.

ad.dress.er (ıdres'ır) i. hitap eden kimse; imza eden kimse; dilekçe sahibi.

Ad.dres.so.graph (ıdres'ıgräf) i. adres yazma makinası.

ad.duce (ıdyus') f. getirmek, göstermek (delil).

A.den, Gulf of (ey'dın) Aden körfezi.

ad.e.noid (äd'ınoyd) i., anat. lenf bezi.

ad.e.no.ma (ädıno'mı) i., tıb. lenf bezlerinin şişmesi veya büyümesi, adenoma, genellikle bez dokusu uru.

a.dept (ıdept') s., i. usta, mahir; i. mütehassıs, uzman.

ad.e.qua.cy (äd'ıkwısi) i. ehliyet, yetenek, kifayet, yeterlilik.

ad.e.quate (äd'ıkwît) s. uygun, ehven, elverişli, kifayetli, yeterli. adequately z. lâyıkıyle. adequateness i. yeterlilik.

a.dhar.ma (ıdar'mı) i., Sanskrit günahkârlık.

ad.here (ıdhîr') f. yapışmak, tutmak; iltihak etmek; bağlanmak, bağlı olmak, merbut olmak. adherence i. sabit durma; vefa, bağlılık, merbutiyet. **adherent** *s., i.* yapışık, bağlı, merbut; *i.* taraftar, taraf tutan kimse, bir parti veya kiliseye mensup olan kimse.

ad.he.sion (ädhi'jın) *i.* yapışma; iltihak, razı olma, bağlı olma; vefa, sabit durma; *tıb., bot.* ayrı parçaların birbirine yapışması.

ad.he.sive (ädhi'siv) *s., i.* yapışkan, yapışıcı; *i.* tutkal, zamk, çiriş. **adhesive plaster, adhesive tape** yapışkan şerit, bant, plaster. **adhesiveness** *i.* yapışkanlık.

ad.hib.it (ädhib'it) *f.* koymak, yapıştırmak, vermek (ilâç v.b.).

ad hoc (äd hak') *Lat.* bunun için, buna mahsus; bu zamana kadar. **ad hoc committee** kısa süreli ve tek bir vazife için kurulan komite.

ad hom.i.nem (äd ham'ınım) *Lat.* bir kimsenin ön yargı ve tutkularına hitap eden.

ad.i.a.ther.mic (ädiyıthır'mik) *s.* sıcaklık ışınlarını geçirmeyen.

a.dieu (ıdyu') *ünlem, i.* Allaha ısmarladık, elveda, Allaha emanet olunuz; *i., gen. çoğ.* veda, Allaha emanet etme.

ad in.fi.ni.tum (äd infinay'tım) *Lat.* sonu olmayarak, nihayetsiz bir şekilde.

ad in.ter.im (äd in'tırım) *Lat.* geçici, muvakkat.

a.di.os (adiyos') *ünlem* Allaha ısmarladık.

ad.i.pose (äd'ıpos) *s., i.* etin yağına ait; yağlı; *i.* etin yağlı tarafı.

ad.it (äd'it) *i.* maden ocağına giden yatay geçit.

adj. *kıs.* **adjective, adjacent, adjustment.**

ad.ja.cen.cy (ıcey'sınsi) *i.* bitişik olma, yakınlık.

ad.ja.cent (ıcey'sınt) *s.* bitişik, yakın, komşu.

ad.jec.ti.val (äcıktay'vıl) *s.* sıfat cinsinden.

ad.jec.tive (äc'iktiv) *i., s.* sıfat; *s.* sıfat cinsinden olan, niteleyici.

ad.join (ıcoyn') *f.* bitiştirmek, yan yana koymak; bitişik olmak, yan yana olmak. **adjoining** *s.* bitişik, yan yana.

ad.journ (ıcırn') *f.* ertelemek, tehir etmek, başka güne bırakmak; oturuma son vermek; dağılmak. **adjournment** *i.* ertelenme; oturuma son verme; iki celse arasındaki müddet.

ad.judge (ıcʌc') *f.* hüküm vermek.

ad.ju.di.cate (ıcu'dıkeyt) *f.* hüküm ve karar vermek. **adjudica'tion** *i.* hüküm ve karar verme; hüküm. **adjudicator** *i.* hüküm ve karar veren kimse, hakem.

ad.junct (äc'ʌngkt) *i.* ilâve, ek, esası teşkil etmeyen kısım; iş arkadaşı, yardımcı, muavin; *gram.* başka kelimeleri tanımlamak veya nitelemek için kullanılan kelime veya kelimeler.

ad.jure (ıcûr') *f.* Allah rızası için diye rica etmek, istirham etmek. **adjura'tion** *i.* ciddî tembih veya dilek; yemin.

ad.just (ıcʌst') *f.* düzeltmek, uydurmak, alıştırmak, ayar etmek. **adjustable** *s.* ayar edilebilir, düzeltilebilir, uydurulabilir. **adjustment** *i.* tasfiye; tanzim, düzeltme, tashih, ıslah; düzen, nizam; uyma, intibak.

ad.ju.tant (äc'ûtınt) *i.* yardımcı, muavin; emir subayı, yaver. **adjutant general** komutana bilgi veren ve emirlerini orduya tebliğ eden general. **adjutant stork** Hindistan'da bulunan bir çeşit iri leylek.

ad-lib (ädlib') *f., k.dili* irticalen söylemek.

ad lib.i.tum (äd lib'ıtım) *Lat.* istenildiği kadar, istenildiği gibi; *müz.* tempo v.b. hususunda istenildiği gibi çalınabilen notalar; *kıs.* **ad lib.**

ad-man (äd'män) *i.* ilâncılıkla meşgul olan kimse.

ad.min.is.ter (ädmin'istır) *f.* yönetmek, idare etmek; vermek, icra etmek, ifa etmek; yemin ettirmek; hizmet etmek, levazımını temin etmek, donatmak.

ad.min.is.tra.tion (ädministrey'şın) *i.* yönetim, idare, hükümet, nezaret; başkan ve yardımcıları, idareciler; bakanlar kurulu, vekiller heyeti; yemin ettirme; ilâç verme.

ad.min.is.tra.tive (ädmin'istreytiv) *s.* yönetimle ilgili, idarî.

ad.min.is.tra.tor (ädmin'istreytır) *i.* yönetmen, idareci, müdür, mütevelli; *huk.* vasi, vekil, mirası idare eden kimse.

ad.mi.ra.ble (äd'mırıbıl) *s.* takdire şayan, beğenilecek, çok güzel. **admirably** *z.* beğenilecek surette.

ad.mi.ral (äd'mırıl) *i.* amiral. **vice-admiral** *i.* tümamiral. **rear-admiral** *i.* tuğamiral. **admiral butterfly** bir cins kelebek.

ad.mi.ral.ty (äd'mırılti) *i., b.h.* bahriye mahkemesi; İngiltere'de deniz kuvvetleri kumandanlığı.

ad.mire (ädmay'ır) *f.* çok beğenmek, hayran olmak, takdir etmek. **admira'tion** *i.* hayranlık, çok beğenme. **admir'er** *i.* takdirkâr kimse; âşık. **admiringly** z. beğenerek, hayran olarak.

ad.mis.si.ble (ädmîs'ıbıl) s. kabul olunabilir, kabule şayan. **admissibil'ity** i. makul oluş, kabul olunabilme.

ad.mis.sion (ädmîş'ın) i. kabul, girme müsaadesi; teslim (hakikat); giriş ücreti, duhuliye. **admission free** duhuliyesiz, giriş ücreti olmayan.

ad.mit (ädmît') f. (**-ted, -ting**) kabul etmek, teslim etmek (hakikat); içeriye bırakmak, girmesine müsaade etmek; izin vermek, müsaade etmek. **admit of** imkân vermek. **admittance** i. içeriye kabul; girme müsaadesi, giriş hakkı. **No admittance.** Girilmez.

ad.mit.ted.ly (ädmît'îdli) z. itiraf edildiği gibi.

ad.mix.ture (ädmîks'çır) i. katıp karıştırılma, ilâve.

ad.mon.ish (ädman'îş) f. öğüt vermek, nasihat etmek, tembih etmek, ihtar etmek.

ad.mo.ni.tion (ädmınîş'ın) i. tembih, ihtar, nasihat, öğüt.

ad.mon.i.to.ry (ädman'ıtôri) s. ihtar mahiyetinde, nasihat şeklinde.

ad nau.se.am (äd nô'ziyım) Lat. kusturacak kadar, iğrenç derecede.

a.do (ıdu') i. gürültü, patırtı. **make an ado** hadise çıkarmak, kıyameti koparmak. **without any more ado** hemen, ses çıkarmadan.

a.do.be (ıdo'bi) i. kerpiç.

ad.o.les.cence (ädıles'ıns) i. gençlik, büyüme çağı.

ad.o.les.cent (ädıles'ınt) s., i. delikanlı, genç, büyümekte olan (kimse).

a.dopt (ıdapt') f. kabul etmek, edinmek, benimsemek; evlât edinmek. **adoption** i. kabul, benimseme; evlâtlığa kabul etme, evlât edinme. **adoptive** s. evlâtlığa kabul eden veya edilen.

a.dore (ıdôr') f. tapınmak, perestiş etmek, aşırı derecede sevmek. **adorable** s. tapınılacak, perestişe lâyık, çok güzel ve sevimli. **adora'tion** i. perestiş, tapınma, aşk, aşırı sevgi.

a.dorn (ıdôrn') f. süslemek, donatmak, tezyin etmek, çeki düzen vermek. **adornment** i. süs, ziynet.

ad rem (äd rem') Lat. sadede, konuya, mevzua.

ad.re.nal (ıdri'nıl) i., s. böbrek üstü bezi; s. bu bezle ilgili. **adrenal gland** böbrek üstü bezi.

ad.ren.a.line (ıdren'ılin) i. adrenalin.

A.dri.a.no.ple (eydriyıno'pıl) i. Edirne.

A.dri.at.ic (edyriyät'îk) i. Adriya Denizi.

a.drift (ıdrift') s. başıboş; kendi haline terkedilmiş, serseri; akıntı ve rüzgâr etkisiyle sürüklenmekte olan (gemi).

a.droit (ıdroyt') s. eli çabuk, usta, becerikli, mahir, hünerli. **adroitly** z. hünerle. **adroitness** i. hüner, marifet, el çabukluğu.

ad.sci.ti.tious (ädsıtîş'ıs) s. ilâve edilen, katma, ek olan, gereksiz.

ad.u.late (äc'ûleyt) f. yaltaklanmak, tabasbus etmek. **adula'tion** i. mübalâğalı bir şekilde methetme, aşırı övgü, tabasbus, yaltaklanma. **adulatory** s. aşırı övgü niteliğinde olan, yaltaklanma mahiyetinde.

a.dult (ıdʌlt', äd'ʌlt) s., i. reşit, ergin, erişkin (kimse).

a.dul.ter.ate (ıdʌl'tıreyt) f., s. karıştırmak, safiyetini bozmak; s. karışık, mahlut. **adultera'tion** i. karıştırma, karıştırılmış olma.

a.dul.ter.y (ıdʌl'tıri) i. zina, evli biriyle gayri meşru cinsî münasebet. **adulterer** i. zina yapan erkek. **adulteress** i. zina yapan kadın. **adulterine** s. gayri meşru (çocuk). **adulterous** s. zina eden; caiz olmayan, memnu.

ad.um.brate (ädʌm'breyt) f. ima etmek, anıştırmak; gölgelemek. **adumbra'tion** i. ima, kinaye; gölgeleme.

a.dust (ıdʌst') s. yanmış, kavrulmuş, kurumuş.

adv. kıs. **adverb.**

ad va.lo.rem (äd vılôr'ım) Lat. pahasına göre, kıymeti üzerinden.

ad.vance (ädväns') i. ilerleme, ileri gitme, terakki, terfi; fiyat yükselmesi; avans, öndelik. **advances** i., çoğ. ilerlemeler; k.dili açık verme, asılma. **advance guard** öncü kuvvet. **in advance** önde, ileride; peşin olarak.

ad.vance (ädväns') f. ilerletmek, ilerlemek, ileri götürmek, ileri gitmek, terakki etmek, terakki ettirmek, terfi etmek, terfi ettirmek; artmak, yükselmek (fiyat); avans vermek, ödünç vermek; teklif etmek. **advanced** s. ilerlemiş, ileri. **advancement** i. terfi; ilerleme, terakki.

ad.van.tage (ädvän'tîc) *i.*, *f.* yarar, çıkar, menfaat, fayda, üstünlük; menfaat gelebilecek bir durum; zaafından istifade; *spor* teniste düsten sonra gelen puan, avantaj; *f.* kazanmak, kazandırmak, ilerletmek. **gain an advantage over** (bir başkasından) daha kuvvetli olmak. **take advantage of** fırsattan istifade etmek; zaafından istifade etmek. **to the best advantage** en faydalı şekilde.

ad.van.ta.geous (ädvıntey'cıs) *s.* kârlı, faydalı, istifadeli. **advantageously** *z.* faydalı bir şekilde.

ad.vent (äd'vent) *i.* gelme, gelip çatma, görünme, olma, vuku. **Advent** *i., kil.* Hazreti İsa'nın dünyaya gelmesi; Noel'den evvel bir ay müddet.

ad.ven.ti.tious (ädventiş'ıs) *s.* arızî, haricî, tesadüfe bağlı.

ad.ven.ture (ädven'çır) *i.* macera, serüven, sergüzeşt; spekülasyon, vurgun sağlayan teşebbüs.

ad.ven.ture (ädven'çır) *f.* tehlikeye atmak, şansa bırakmak; cesaret etmek, göze almak, atılmak. **adventurer** *i.* maceraperest kimse. **adventurous** *s.* macera seven; cüretli; cesaret isteyen (bir iş).

ad.verb (äd'vırb) *i., gram.* zarf. **adverbial** *s.* zarfa ait. **adverbially** *z.* zarf cinsinden olarak.

ad.ver.sar.y (äd'vırseri) *i.* muhalif kimse, düşman, hasım.

ad.ver.sa.tive (ädvır'sıtîv) *s.* muhalefet belirten, karşı fikri ifade eden.

ad.verse (ädvırs', äd'vırs) *s.* zıt, muhalif, ters, karşı, aksi. **adversely** *z.* karşı olarak, muhalefet ederek. **adverseness** *i.* terslik, zıtlık, muhalefet.

ad.ver.si.ty (ädvır'sıtî) *i.* zorlu sıkıntı, üzgü, zorluk, güçlük; çapraşık durum.

ad.vert (ädvırt') *f.* zikretmek, ima etmek, dokundurmak, hissettirmek. **advert to** -dan bahsetmek.

ad.ver.tise (äd'vırtayz) *f.* ilân etmek, bildirmek; reklâmını yapmak. **advertisement** *i.* ilân, haber, bildirme, reklâm. **advertising agent** reklâm ajansı.

ad.vice (ädvays') *i.* öğüt, nasihat.

ad.vis.a.ble (ädvay'zıbıl) *s.* tavsiye edilebilir; uygun, münasip, muvafık. **advisabil'ity,**

advisableness *i.* uygunluk, muvafık olma, tavsiyeye lâyık olma.

ad.vise (ädvayz') *f.* tavsiye etmek; öğüt veya nasihat vermek, akıl öğretmek; haber veya bilgi vermek; danışmak, istişare etmek, akıl sormak. **ill-advised** *s.* akılsız, tedbirsiz. **well-advised** *s.* tedbirli, akıllı.

ad.vis.ed.ly (ädvay'zîdli) *z.* akıllıca, tedbirli olarak; bilerek, düşünerek.

ad.vise.ment (ädvayz'mınt) *i.* danışma, müşavere, düşünme. **under advisement** muallâkta; incelenmekte.

ad.vis.er (ädvay'zır) *i.* danışman, müşavir; danışman öğretmen.

ad.vi.so.ry (ädvay'zıri) *s.* tavsiye niteliğinde; akıl öğreten, öğüt veren.

ad.vo.ca.cy (äd'vıkisi) *i.* taraf tutma, taraftarlık; savunma.

ad.vo.cate (äd'vıkit) *i.* savunan kimse, müdafi kimse, taraftar. **devil's advocate** tartışma olsun diye zayıf tarafı savunan kimse.

ad.vo.cate (äd'vıkeyt) *f.* savunmak, müdafaa etmek, sahip çıkmak, korumak.

ad.y.na.mi.a (ädıney'miyı) *i., tıb.* kuvvetsizlik.

ad.y.tum (äd'ıtım) *i.* tapınağın en iç odası.

adz(e) (ädz) *i.* keser, marangoz keseri.

ae.dile eski Roma'da bayındırlık memuru.

Ae.ge.an Sea (îci'yın si) Ege Denizi, Adalar Denizi.

ae.gis (i'cîs) *i.* kalkan, siper; saye, himaye.

Ae.o.li.an (iyo'liyın) *s., Yu. mit.* rüzgâr tanrısı Aeolus'a ait; rüzgârdan hâsıl olan; rüzgârla çalınan bir çalgıya ait; eski bir Yunan ırkına mensup. **aeolian harp** rüzgâr kuvvetiyle çalınan harp.

ae.on *bak.* eon.

aer.ate (er'eyt) *f.* içine hava karıştırmak; havalandırmak, havayla temas ettirmek. **aerator** *i.* havalandırıcı.

aer.a.tion (erey'şın) *i.* hava aldırma, havalandırma; havayla temas ettirerek temizleme.

aer.i.al (er'iyıl) *i., s.* telsiz anteni; *s.* havaya ait; havada yapılan; havaî; görülmez; hava ilmine ait; *bot.* açık havada yetiştirilen (ufak kökler). **aerial car** hava hattı arabası.

aer.ie (er'i) *i.* yükseklerdeki kuş yuvası (kartal v.b.).

aer.i.form (er'ıfôrm) *s.* hava halinde, gaz halinde; hayalî.

aer.i.fy (er'ıfay) *f.* içine hava karıştırmak, havayla temas ettirmek; gaz haline getirmek.

aer.o.bat.ics (erıbät'iks) *i.* pilotun uçakla havada yaptığı marifet gösterileri.

aer.o.drome (er'ıdrom) *i.* havaalanı, hava limanı; hangar.

aer.o.dy.nam.ic (er'odaynäm'ik) *s.* hareket halinde olan hava veya gaza ait. **aerodynamics** *i.* aerodinamik.

aer.o.gram (er'ıgräm) *i.* telsiz telgraf.

aer.o.gramme (er'ıgräm) *i.* zarfsız uçak mektubu.

aer.o.lite (er'ılayt) *i.* göktaşı; aerolit.

aer.ol.o.gy (eral'ıci) *i.* hava ilmi, aeroloji.

aer.o.me.chan.ics (eromıkän'iks) *i.* hareket halinde ve sabit olan hava ve gazlar ilmi.

aer.om.e.ter (eram'ıtır) *i.* hava ölçme aracı, aerometre.

aer.o.naut (er'ınôt) *i.* balon kullanan pilot. **aeronautics** *i.* havacılık.

aer.o.plane (er'ıpleyn) *i., İng.* uçak, tayyare.

aer.o.sol (er'ısol) *i.* aerosol.

aer.o.space (er'ospeys) *i.* roket, güdümlü mermi ve uzay gemilerinin çalışması konusunda tek bir tabaka sayılan atmosfer ve onun dışındaki boşluk. **aerospace industry** uzay gemileri ve bunların teçhizatlarını imal eden sanayi kolu.

aer.o.sphere (er'ısfir) *i.* havaküre.

aer.o.stat (er'ıstät) *i.* havada sabit durabilen balon.

aer.o.stat.ics (erıstät'iks) *i.* hava kanunları ilmi.

aer.o.ther.a.peu.tics (erotherıpyu'tiks) *i., tıb.* hava veya gazlarla tedavi.

aer.y *bak.* **aerie.**

Aes.cu.la.pi.an (eskıyley'piyın) *s.* eski Roma tıp tanrısına ait; tıp mesleğine ait.

aes.thet.ic, aes.thet.i.cal *bak.* **esthetic, esthetical.**

aes.ti.val *bak.* **estival.**

aet. *kıs., Lat.* **aetatis** yaşında.

ae.ti.ol.o.gy *bak.* **etiology.**

a.far (ıfar') *z.* uzak, uzakta, uzaktan.

aff. *kıs.* **affectionate, affirmative.**

af.fa.bil.i.ty, af.fa.ble.ness (äfıbîl'ıti, äf'ıbılnıs) *i.* nezaket, tatlılık, hatırşinaslık.

af.fa.ble (äf'ıbıl) *s.* nazik, tatlı, hatırşinas, sokulgan. **affably** *z.* nezaketle.

af.fair (ıfer') *i.* iş, maslahat; vaka, olay, hadise; hal; ilişki. **an affair of honor** namus veya şeref meselesi. **Foreign Affairs** Dışişleri. **as affairs stand** şimdiki halde. **love affair** aşk macerası.

af.faire (afer') *i., Fr.* gizli ilişki; mesele, hikâye.

af.fect (ıfekt') *f.* etkilemek, tesir etmek, değiştirmek; müteessir etmek, dokunmak; taslamak. **affect ignorance** cahillik taslamak, bilmezlikten gelmek. **My arm is affected.** Hastalık koluma yayıldı.

af.fec.ta.tion (äfektey'şın) *i.* yapmacık, taklit; naz.

af.fect.ed (ıfek'tıd) *s.* taklitçi, sahte tavırlı, poz yapan; etkilenmiş, tesir altında kalmış, müteessir. **affectedly** *z.* yapmacık tavırlarla. **affectedness** *i.* yapmacık, sahte tavır.

af.fect.ing (ıfek'ting) *s.* taklitçi, sahte tavırlı; etkileyen, tesir eden, müessir. **affectingly** *z.* müessir şekilde, etkileyici bir tarzda.

af.fec.tion (ıfek'şın) *i.* sevgi, muhabbet; etkileme, tesir etme, teessür; hastalık. **play on one's affections** karşısındakinin hislerine hitap etmek. **win one's affection** bir kimsenin sevgisini kazanmak. **affectionate** *s.* seven; sevgi gösteren. **affectionately** *z.* sevgi ile.

af.fec.tive (ıfek'tiv) *s.* hissî, dokunaklı.

af.fer.ent (äf'ırınt) *s., anat.* (*zıt* efferent) içeri götüren (sinir v.b.).

af.fi.ance (ıfay'ıns) *f., i.* nişanlamak; *i.* nişan.

af.fi.da.vit (äfıdey'vit) *i., huk.* yemin ederek verilen yazılı ifade, yeminli beyan. **draw up an affidavit** yeminli beyan yazmak.

af.fil.i.ate (ıfil'iyeyt) *f., i.* yakın ilişki kurmak, sıkı münasebette bulunmak; evlât edinmek; *huk.* baba tanımak; aslını ve soyunu tayin etmek; *i.* (ıfil'iyit) bağlı şirket. **affiliate with** iltihak etmek, katılmak; üye olmak. **affilia'tion** *i.* yakın ilişki, sıkı münasebet; evlâtlığa kabul.

af.fin.i.ty (ıfin'ıti) *i.* eğilim, meyil, eğinim; *kim.* çekme; alâka, ilgi, cazibe; dünürlük, hısımlık, nikâhtan hâsıl olan akrabalık.

af.firm (ıfırm') *f.* demek, söylemek, beyan etmek, iddia etmek; *gram., man.* tasdik etmek; ispat etmek; teyit etmek; *huk.* tasvip etmek. **affirmable** *s.* iddia olunabilir.

af.fir.ma.tion (äfırmey'şın) *i.* tasvip, tasdik; müspet ifade; *huk.* yemin yerine geçen söz.

af.firm.a.tive (ıfır'mıtîv) *s., i.* olumlu, müspet, tasdik edilen; *i.* müspet iddia; tartışmada olumlu tezi savunanları tutan taraf; olumlu cevap. **a decided affirmative** kuvvetli ve olumlu karar. **in the affirmative** ispat ve tasdik anlamında, olumlu, müspet. **The affirmative has it.** Olumlu taraf kazandı. **affirmatively** *z.* teyit ederek, olumlu olarak.

af.fix (äf'îks) *i.* ek, ilâve (kelimenin başına veya sonuna).

af.fix (ıfîks') *f.* eklemek, ilâve etmek; takmak; koymak, atmak (imza).

af.fla.tus (ıfley'tıs) *i.* ilham; vahiy.

af.flict (ıflîkt') *f.* keder vermek, üzmek, mahzun etmek, müteessir etmek; müptelâ etmek, belâya düşürmek. **affliction** *i.* dert, keder, elem, belâ. **afflictive** *s.* keder veya elem verici.

af.flu.ence (äf'luwıns) *i.* bolluk, refah, servet; -e doğru akış (kan). **affluent** *s.* bol akan; bol, mebzul; zengin.

af.ford (ıfôrd') *f.* para dayandırmak; işine gelmek; hâsıl etmek, meydana getirmek, mahsul vermek. **I can't afford this.** Buna bütçem müsait değildir.

af.for.est (ıfôr'ist) *f.* orman haline getirmek, ormanlaştırmak, ağaçlamak. **afforesta'tion** *i.* ormanlaştırma, ağaç dikme.

af.fran.chise (ıfrän'çayz) *f.* azat etmek, serbest bırakmak, muaf tutmak. **affranchisement** *i.* azatlık, azat etme, af.

af.fray (ıfrey') *i.* kavga, gürültü.

af.fright (ıfrayt') *i.* ani korku.

af.front (ıfrʌnt') *i., f.* hakaret; *f.* kırmak, gücendirmek, saymamak, hakaret etmek. **give affront to** kızdırmak, gücendirmek.

af.fu.sion (ıfyu'jın) *i.* dökülme, dökme.

Af.ghan (äf'gın) *i.* Afganlı; Afganca, Peştu dili; Afgan cins köpeği; *k.h.* bir çeşit yün atkı veya battaniye.

Af.ghan.i.stan (äfgän'ıstän) *i.* Afganistan.

a.field (ıfild') *z.* kıra, kırda, evden uzak. **far afield** sadetten uzak, konu dışında.

a.fire (ıfay'ır) *s.* tutuşmuş, yanmakta, alev alev.

a.flame (ıfleym') *s.* alevler içinde, alevlenmiş, tutuşmuş.

a.float (ıflot') *s., z.* yüzmekte; su dolmuş; su basmış; havada. **Rumors are afloat.** Orta-lıkta şayialar dolaşıyor. **The firm is afloat.** Şirket masrafını çıkarıyor.

a.flut.ter (ıflʌt'ır) *s., z.* titreme halinde; *z.* titreyerek.

a.foot (ıfût') *z.* ayakta; yataktan kalkmış; hareket halinde, ilerlemekte.

a.fore (ıfôr') *z., edat* önce, evvel. **aforementioned** *s.* evvelce zikredilen, mezkûr. **as aforesaid** evvelce denildiği gibi.

a for.ti.o.ri (ey fôrşiyôr'ay) *Lat.* daha kuvvetli bir sebeple, daha ziyade; *fels.* afortiori.

a.foul (ıfaul') *s.* bir şeye takılmış, dolaşmış.

a.fraid (ıfreyd') *s.* korkan, korkmuş. **be afraid** korkmak. **be afraid of** -den korkmak.

a.fresh (ıfreş') *z.* yeniden, tekrar.

Af.ri.ca (äf'rîkı) *i.* Afrika. **African** *i., s.* Afrikalı; *s.* Afrika'ya ait.

Af.ri.kaans (äfrikans') *i.* Güney Afrika'da konuşulan Hollanda lehçesi.

Af.ri.kan.der (äfrikän'dır) *i.* Güney Afrika'da doğan Avrupalı.

af.rit (ıfrit') *i.* ifrit.

Af.ro (äf'ro) *i.* uzun ve kıvırcık saç modası.

aft (äft) *s., z., den.* kıçta, kıça doğru. **fore and aft** baştan kıça kadar.

af.ter (äf'tır) *z., edat, bağlaç* sonra; ardına, ardında; -dan sonra; ardı sıra; için; tarzında, üslûbunda. **a painting after Reubens** Rubens'in üslûbunda bir resim. **at a quarter after four** dördü çeyrek geçe. **a person after my own heart** kalbimi fetheden bir kimse. **three months after** üç ay sonra. **after all** bununla beraber, yine de, buna rağmen.

af.ter.birth (äf'tırbırth) *i., tıb.* plasenta, son, meşime.

af.ter.burn.er (äf'tırbırnır) *i., hav.* art yakıcı.

af.ter.clap (äf'tırkläp) *i.* beklenmedik olay.

af.ter.damp (äf'tırdämp) *i.* grizu patlamasından kalan zehirli gaz karması.

af.ter.deck (äf'tırdek) *i., den.* geminin kıç tarafındaki güverte.

af.ter-din.ner (äf'tırdîn'ır) *s.* yemekten sonra gelen.

af.ter.ef.fect (äf'tırıfekt) *i.* asıl tesirden sonra görülen tali tesir, tali reaksiyon.

af.ter.glow (äf'tırglo) *i.* güneş battıktan sonraki parlaklık.

af.ter.guard (äf'tırgard) *i., den.* geminin kıçında hizmet eden tayfa.

af.ter-hours (äf'tıraurz') *z.* mesai saatlerinden sonraki saatlerde.

af.ter.life (äf'tırlayf) *i.* ahret, öbür dünya.

af.ter.math (äf'tırmäth) *i.* kötü sonuç; yan tesir; çayır biçildikten sonra biten otlar.

af.ter.most (äf'tırmost) *s.* en geri, en son.

af.ter.noon (äftırnun') *i.* öğleden sonra.

af.ter.pains (äf'tırpeynz) *i., tıb.* doğumdan sonraki ağrılar. ·

af.ter.part (äf'tırpart) *i., den.* kıç taraf.

af.ter.piece (äf'tırpis) *i.* asıl piyesten sonraki oyun.

af.ter.sails (äf'tırseylz) *i.* kıç direk yelkenleri.

af.ter.taste (äf'tırteyst) *i.* ağızda kalan lezzet.

af.ter.thought (äf'tırthôt) *i.* sonradan akla gelen fikir.

af.ter.time (äf'tırtaym) *i.* gelecek, istikbal.

af.ter.ward(s) (äf'tırwırd,-z) *z.* sonra, sonradan.

a.ga (a'gı) *i.* ağa.

a.gain (ıgen') *z.* tekrar, yine, bir daha; bundan başka. **as much again** bir misli daha. **now and again** ara sıra, zaman zaman, bazen. **time and again** tekrar tekrar, defaatle.

a.gainst (ıgenst') *edat* karşı, muhalif, aleyhinde, aykırı. **He is against reforms.** O adam reform düşmanıdır. **over against** ona karşı, karşılık olarak; karşı karşıya; karşısında, mukabil.

a.gal.loch (ıgäl'ık) *i.* ödağacı, *bot.* Aquilaria agallocha.

ag.a.mous (äg'ımıs) *s., bot.* eşeysiz.

a.gape (ıgeyp') *s.* hayretten ağzı açık kalmış, şaşırmış, şaşkın.

ag.a.pe (äg'ıpi) *i.* sevgi, muhabbet.

a.gar-a.gar (ey'garey'gar) *i.* bazı deniz yosunlarından elde edilen jelatinimsi bir madde.

ag.a.ric (äg'ırîk) *i.* katranköpüğü, *bot.* Agaricus campestris.

ag.ate (äg'ît) *i.* akik taşı; bilye; *matb.* 5 1/2 puntoluk harf. **agateware** *i.* renkli emay.

a.ga.ve (ıgey'vi) *i.* agav, Amerika'da yetişen sabır otu, *bot.* Agave.

age (eyc) *i.* yaş, çağ, devir, devre. **chronological age** kronolojik yaş. **dark ages** karanlık devirler. **for ages, for an age** uzun bir zaman, senelerce, çoktan beri. **mental age** *psik.* zekâ yaşı. **of age** reşit, rüştünü ispat etmiş. **under age** reşit olmamış, rüştünü ispat etmemiş. **ageless** *s.* ihtiyarlamaz,

kocamaz, eskimez. **agelong** *s.* uzun zaman süren.

age (eyc) *f.* yaşlanmak, ihtiyarlamak, kocamak; eskitmek. **aged** (ey'cîd) *s.* yaşlı, ihtiyar. **aged** (eycd) *s.* yıllanmış, dinlendirilmiş (içki); yaşındaki.

a.gen.cy (ey'cınsi) *i.* vasıta, fail; iş, faaliyet; acentalık, vekâlet; acenta.

a.gen.da (ıcen'dı) *i.* gündem, görülecek işler.

a.gent (ey'cınt) *i.* fail, amil; etkili olan kimse veya şey; acenta, temsilci; vekil. **free agent** başkalarına karşı hesap vermek mecburiyetinde olmayan kimse, kendi kendine karar verebilen kimse.

a.gent pro.vo.ca.teur (ajan' prôvôkatör') bir kimse veya grubu suç işlemeye teşvik edip sonradan cezalandıran gizli ajan.

ag.gior.na.men.to (acôrnımen'to) *i., İt.* modernleşme, asrileşme.

ag.glom.er.ate (ıglam'ıreyt) *f., i.* toplamak, bir araya getirmek, yığmak; *i.* toplama; *jeol.* volkanik parçaların bir araya toplanması. **agglomera'tion** *i.* toplama; yığın; bir araya toplanmış şeyler.

ag.glu.ti.nant (ıglu'tınınt) *s.* tutkal gibi yapıştıran. **agglutina'tion** *i.* yapıştırma; *gram.* bitişkenlik, bitişme; *tıb.* aglütinasyon, ayrı kısımları birleştiren ameliye (yara). **agglutinative** *s.* yapıştırma işlemine ait; *gram.* bitişken.

ag.gran.dize (ıgrän'dayz) *f.* büyütmek. **aggrandizement** *i.* büyütme; itibarını yükseltme; değer veya rütbesini yükseltme.

ag.gra.vate (äg'rıveyt) *f.* ağırlaştırmak, kötüleştirmek, şiddetlendirmek; *k. dili* kızdırmak, darıltmak; tahriş etmek; abartmak, mübalâğa etmek. **aggrava'tion** *i.* kızdırma, darıltma; şiddetlendirme.

ag.gre.gate (äg'rıgît) *i., s.* mecmu, toplam, yekûn, küme; kum, çakıl; *s.* bütün.

ag.gre.gate (äg'rıgeyt) *f.* toplamak, bir araya getirmek, cemetmek. **aggrega'tion** *i.* toplanma, bir araya gelme; hepsi, bütünü.

ag.gress (ıgres') *f.* saldırmak; kavga çıkarmak.

ag.gres.sion (ıgreş'ın) *i.* tecavüz, hücum, saldırı; saldırganlık. **nonaggression** *i.* saldırmazlık, ademi tecavüz. **aggressive** *s.* saldırgan, mütecaviz. **aggressor** *i.* mütecaviz, saldırgan kimse veya memleket.

ag.grieve (ıgriv') *f.* rencide etmek, incitmek, kırmak. **aggrieved** *s.* kederli; zarar gören; *huk.* haksız hüküm yemiş olan.

a.ghast (ıgäst') *s.* şaşırmış, çok korkmuş, donakalmış.

ag.ile (äc'ıl, äc'ayl) *s.* çevik, tetik. **agility** (ıcîl'ıti) *i.* çeviklik, tetiklik.

ag.ing (ey'cîng) *i.* yaşlanma hali veya belirtileri; yıllanma, eskime.

ag.i.o (äc'iyo) *i.* para farkı, acyo.

ag.i.o.tage (äc'iyıtîc) *i.* sarraflık; borsa oyunu.

ag.i.tate (äc'ıteyt) *f.* çalkalamak, sallamak; altüst etmek; kışkırtmak, tahrik etmek. **agita'-tion** *i.* çalkalanış, sallanış, dalgalanış; sıkıntı, ıstırap, heyecan; fesat. **agitator** *i.* kışkırtan kimse, tahrikçi.

a.gi.ta.to (acita'to) *s., z., İt., müz.* acele ve heyecanlı tarzda çalınan veya söylenen.

ag.it.prop (äcîtprap') *i.* propaganda ve kışkırtma bürosu.

a.gleam (ıglim') *s.* parlak, ışıltılı.

ag.let (äg'lît) *i.* ayakkabı bağı v.b.'nin ucundaki küçük demir.

a.glow (ıglo') *s.* parlak, şaşaalı.

ag.name (äg'neym) *i., İng.* lakap.

ag.nate (äg'neyt) *s.* baba tarafından akraba, akraba. **agna'tion** *i.* yalnız erkek tarafından akrabalık.

ag.nos.tic (ägnas'tik) *i., fels.* agnostik.

ag.nos.ti.cism (ägnas'tısîzım) *i., fels.* agnostisizm, bilinemezcilik.

ag.nus cas.tus (äg'nıs käs'tıs) kara ayit, *bot.* Vitex agnus castus.

a.go (ıgo') *z.* evvel, önce.

a.gog (ıgag') *s., z.* heyecanlı, arzulu, istekli, şevkli, ümitli; *z.* heyecanla, arzulu olarak.

ag.o.nis.tic (ägınîs'tik) *s.* münakaşa yoluyla istediğini elde etmeye çalışan.

ag.o.nize (äg'ınayz) *f.* can çekişmek; fazlasıyla eziyet ve ıstırap çekmek; bütün gücüyle mücadele etmek; ıstırap vermek, işkence etmek.

ag.o.ny (äg'ıni) *i.* can çekişme; şiddetli ıstırap; şiddetli heyecan; sert mücadele.

ag.o.ra (äg'ırı) *i.* eski Yunanistan'da pazar yeri, meclis; toplanma yeri.

a.gou.ti, a.gou.ty (ıgu'ti) *i.* Güney ve Orta Amerika ile Batı Hint Adaları'na mahsus tavşana benzer kemirici bir hayvan.

a.graph.i.a (eygräf'iyı) *i., tıb.* bir beyin hastalığı nedeniyle okuma yazma kabiliyetini kaybetme.

a.grar.i.an (ıgrer'iyın) *s.* tarımsal, ziraî; tarlalara ait; *pol.* çiftçilere yardım etmeyi ve tarımsal kâr sağlamayı amaçlayan.

a.gree (ıgri') *f.* razı olmak, muvafakat etmek, kabul etmek, anlaşmak, uyuşmak; *gram.* uyuşmak. **agree to** bir konuda mutabık kalmak, anlaşmak, kabul etmek. **agree with** bir kimse ile mutabık kalmak. **agreeable** *s.* hoş, tatlı; münasip, uygun, mutabık, iyi, güzel. **agreeableness** *i.* tatlılık, hoşluk. **agreeably** *z.* hoş bir şekilde, tatlılıkla.

a.greed (ıgrid') *s.* mutabık; kararlaştırılmış olan. **Agreed.** Kabul. Tamam. Peki.

a.gree.ment (ıgri'mınt) *i.* anlaşma, muvafakat, ittifak, karar; mukavele, itilâf; mukavelename, kontrat, bağıt. **come to an agreement** bir karara varmak, uyuşmak. **gentlemen's agreement** karşılıklı anlayışa dayanan ve yazılı metni olmayan anlaşma.

ag.ri.bus.i.ness (äg'rıbîz'nîs) *i.* tarım ve tarım ticareti.

ag.ri.cul.ture (äg'rıkʌlçır) *i.* tarım; ziraat, çiftçilik. **agricul'tural** *s.* tarımsal, ziraî, çiftçiliğe ait. **agricul'turist** *i.* ziraat uzmanı; çiftçi.

ag.ri.mo.ny (äg'rımoni) *i.* kasıkotu, *bot.* Agrimonia; kızılyaprak, koyun otu, *bot.* Agrimonia eupatoria. **hemp agrimony** koyun otu, *bot.* Eupatorium cannabinum.

a.grol.o.gy (ägral'ıci) *i.* toprakları inceleyen ilim.

ag.ro.nom.ics (ägrınam'îks) *i.* bir memleketin topraklarını iktisadî yönden inceleyen ilim dalı.

a.gron.o.my (ıgran'ımi) *i.* bilimsel tarım.

a.ground (ıgraund') *s.* karaya oturmuş. **go aground** karaya oturmak.

a.gue (ey'gyu) *i.* sıtma, malarya; sıtma nöbeti. **aguish** *s.* sıtmalı, sıtma getiren, nöbetli.

A.H. *kıs., Lat.* **Anno Hegirae** hicrî, hicret senesinde.

ah (a) *ünlem* ey, oh, ah, of, vah, ya; Acayip! Hayret!

a.ha (aha') *ünlem* ya, oh; Gördün mü!

a.head (ıhed') *z.* ileri, ileride, başta, önde. **get ahead** başa geçmek.

a.hem (ıhem') *ünlem* Hım!

a.him.sa (ıhim'sa) *i.*, *Sanskrit* canlıların hayatına kıymama doktrini.

a.hoy (ıhoy') *ünlem* Hey! Hu! Yahu! **Ship ahoy!** Hey gemi!

a.i (a'i) *i.* Güney Amerika'ya mahsus ağaç üzerinde yaşayan üç parmaklı bir hayvan.

aid (eyd) *i.*, *f.* yardım, iane; *f.* yardım etmek, iane vermek. **first aid** ilk yardım.

aide (eyd) *i.* yaver; yardımcı, muavin.

aide-de-camp (eyd'dıkämp') *i.* yaver, emir subayı.

aide-mé.moire (edmeymwar') *i.* hatırlatıcı niteliği olan not.

ai.grette (ey'gret, eygret') *i.* kuş tepeliği, sorguç.

ai.ki.do (ayki'do) *i.* bir nevi Japon güreşi.

ail (eyl) *f.* rahatsız olmak, hasta olmak; sıkıntı vermek, taciz etmek, rahatsız etmek. **ailing** *s.* keyifsiz, rahatsız, hasta. **ailment** *i.* rahatsızlık, hastalık.

ai.lan.thus (eylän'thıs) *i.* aylandız ağacı.

ai.le.ron (ey'lıran) *i.*, *hav.* kanatçık, goşisman, eleron. **aileron controls** goşisman kumandaları.

aim (eym) *i.* maksat, emel, niyet, amaç, gaye; nişan alma; hedef yönü; nişan tahtası, hedef. **aimless** *s.* gayesiz, hedefsiz, maksatsız. **take aim** nişan almak.

aim (eym) *f.* hedefe doğru çevirmek (mermi, söz veya iş); *gen.* **at** *ile* kastetmek, maksadı olmak; nişan almak; niyet etmek.

ain't (eynt) *kıs.*, *h.dili* **am not, are not, is not** değil.

air (er) *i.* hava, nefes; *müz.* hava, nağme; tavır. **air base** hava üssü. **air bladder** *zool.* balıklarda hava ile dolu bir kese, hava kesesi. **airborne** *s.* havadan gelen (toz, mikrop v.b.); havadan nakledilen; uçmakta. **air brake** hava freni. **air castle** hayal edilen şey, hulya. **air chamber** hava hücresi. **air chisel** hava basınçlı kalem. **air-cooled** *s.* hava ile soğutulmuş. **air-conditioned** *s.* klima tertibatı bulunan. **air-conditioner** *i.* harareti ayar eden cihaz, klima tertibatı. **air corridor** hava koridoru. **aircraft** *i.* uçaklar; uçak; hava taşıtı. **aircraft carrier** uçak gemisi. **airdrop** *i.* havadan yapılan yiyecek v.b. yardımı. **airfield** *i.* havaalanı, iniş pisti. **air fleet** hava filosu. **airflow** *i.* hava akımı. **air force** hava kuvvet-

leri. **air gun** hava tüfeği. **air hammer** sıkıştırılmış hava ile çalışan çekiç. **air heating** hava ile ısıtma. **air intake** hava almaya mahsus tertibat. **air lane** hava geçidi. **airlift** *i.* uçaklarla taşıma. **airline** *i.* hava yolu; havada doğru çizgi. **airliner** *i.* dev uçak. **air mail** uçak postası. **airman** *i.* havacı, tayyareci. **airmanship** *i.* havacılık. **Air Marshal** Hava Mareşali. **airplane** *i.* uçak. **air plant** *bot.* başka bir bitki üzerinde büyüyen fakat gıdasını ondan almayan salep otu, liken veya yosun gibi bir bitki. **air pocket** hava boşluğu. **airport** *i.* havaalanı. **air post** uçak postası. **air power** hava kuvvetlerinin gücü. **airproof** *s.* hava geçirmez. **air pump** hava pompası. **air raid** hava hücumu. **air-raid shelter** sığınak. **air resistance** hava mukavemeti. **air rifle** tek saçma atan havalı tüfek. **air route** hava yolu. **air shaft** aydınlık, hava bacası. **airship** *i.* uçak; motorlu balon. **airsickness** *i.* uçak yolculuğunda duyulan rahatsızlık, hava tutması. **airspace** *i.* bir binanın üzerindeki boş yer, hava; bir memleketin (şehrin v.b.) üzerindeki hava. **air speed** hava sürati, havaya nazaran sürat. **air speed indicator** sürat saati. **airstrip** *i.* ufak hava meydanı. **airtight** *s.* hava geçmez. **air transport** hava ulaşımı, hava taşıtı. **air trap** hava sifonu. **air valve** hava valfı. **air warfare** hava çarpışması. **airways** *i.* hava yolları. **airworthy** *s.* uçabilir, havalanabilir. **an air of arrogance** kendini beğenmiş tavır. **compressed air** sıkıştırılmış hava. **put on airs** çalım satmak, poz takınmak. **She is on the air.** Radyoda söylüyor. **take the air** dışarıya çıkıp dolaşmak. **up in the air** karar verilmemiş, neticeye bağlanmamış. **walk on air** ayakları yere değmemek (sevincinden).

air (eyr) *f.* havalandırmak; güneşe sermek; ateşe göstermek; açmak. **air one's views** fikirlerini açmak.

Aire.dale (er'deyl) *i.* sert killi ve irice teriyer köpeği.

air.i.ly (er'ili) *z.* havaî bir şekilde, hoppaca; hafife alarak.

air.i.ness (er'ınıs) *i.* havadar olma; hafiflik.

air.ing (er'ing) *i.* havaya gösterme, hava alma, gezinti; açığa vurma.

air.y (er'i) *s.* (**airier, airiest**) havaî; havadar; hava gibi hafif; hayalî; çalım satan, kendine bir hava veren; çevik, canlı, şen; *güz. san.* şeffaf.

aisle (ayl) *i.* ara yol, yan taraf, geçit (özellikle kilise ve tiyatroda).

aitch.bone (eyç'bon) *i.* sığır budu.

a.jar (ıcar') *z.* aralık, az açık (kapı); ahenksiz.

a.kim.bo (ıkîm'bo) *z.* elleri böğründe.

a.kin (ıkîn') *s.* benzer, yakın; akraba olan, hısım olan.

à la (a' la) usulünde, tarzında.

al.a.bas.ter (äl'ıbästır) *i.* su mermeri, kaymak taşı. **Oriental alabaster** Bektaşî taşı.

à la carte (alıkart') alâkart, yemek listesine göre, her yemeğin ayrı ayrı fiyatı olan.

a.lack (ıläk') *ünlem, eski* Ah, vah! **alackaday** *ünlem* Yazık, eyvah!

a.lac.ri.ty (ıläk'rıti) *i.* neşe ve çeviklik, şevk.

à la king (alıking') beyaz sosta pişmiş.

a.la.li.a (alal'iyı) *i.* konuşma kabiliyetinin yok oluşu.

à la mode (alımod') *Fr.* modaya uygun; dondurmalı.

a.larm (ılarm') *i.* korku, dehşet; tehlike işareti; *ask.* silâh başına çağrı; tehlike işareti veya dikkati çekme tertibatı, alarm. **alarm bell** bir tehlikeyi veya haberi bildiren çan. **alarm clock** çalar saat. **burglar alarm** hırsızı haber veren tertibat, alarm tertibatı. **fire alarm** yangın işareti. **give the alarm** tehlike işareti vermek.

a.larm (ılarm') *f.* tehlikeyi haber vermek; birdenbire korkutmak. **alarmist** *i.* etrafı telâşa veren kimse. **alarmingly** *z.* korku verecek surette.

a.lar.um (ıler'ım) *i.* bir tehlikeyi veya haberi bildiren işaret veya tertibat.

a.las (ıläs') *ünlem* Eyvah, yazık!

Al.ba.ni.a (älbey'niyı) *i.* Arnavutluk.

Al.ba.ni.an (älbey'niyın) *i., s.* Arnavut; Arnavutça.

al.ba.tross (äl'bıtrôs) *i.* pek iri bir cins deniz kuşu, albatros.

al.be.do (älbi'do) *i., astr.* beyazlık derecesi.

al.be.it (ôlbi'yit) *bağlaç* gerçi, her ne kadar, ise de, fakat, yine.

al.bes.cent (älbes'ınt) *s.* beyazlaşan; akçıl, beyaza çalan.

al.bi.no (älbay'no) *i.* doğuştan beyaz saçlı, albinos, akşın hayvan veya insan. **al'binism** *i.* albinizm; abraşlık.

Al.bi.on (äl'biyın) *i., şiir* İngiltere.

al.bum (äl'bım) *i.* albüm.

al.bu.men (älbyu'mın) *i.* albümin, yumurta akı. **albuminous** *s.* albüminil.

al.bur.num (älbır'nım) *i., bot.* ağaç özü.

al.che.my (äl'kımi) *i.* simya, alşimi. **alchemist** *i.* simyager, alşimist.

al.co.hol (äl'kıhôl) *i.* alkol, ispirto; içki. **alcohol'ic** *s., i.* alkolik, ispirtoya ait; *i.* ayyaş. **alcoholism** *i.* alkolizm, içkiye düşkünlük, içkinin vücutta yaptığı tahribat. **denatured alcohol** mavi ispirto, karışık ispirto. **rubbing alcohol** tuvalet ispirtosu.

Al.co.ran (älkoran') *i., eski* Kur'an-ı kerim.

al.cove (äl'kov) *i.* odada yatak veya kitap rafları konulması için ayrı yer; kameriye; *jeol.* düz kayanın tabakaları içine nehrin açtığı çukur.

Al.deb.a.ran (äldeb'ırın) *i., astr.* Eldebaran yıldızı.

al.der (ôl'dır) *i.* kızılağaç, akçaağaç. *bot.* Alnus.

al.der.man (ôl'dırmın) *i.* belediye meclisi üyesi.

Al.der.ney (ôl'dırni) *i.* aslı Alderney adasından olan bir çeşit inek.

ale (eyl) *i.* bir çeşit bira.

a.le.a.to.ry (ey'liyıtôri) *s.* şansa bağlı.

a.lee (ıli') *z., den.* rüzgâr altında veya altına.

ale.house (eyl'haus) *i.* meyhane, birahane.

a.lem.bic (ılem'bîk) *i.* imbik.

A.lep.po (ılep'o) *i.* Halep şehri. **Aleppo button, Aleppo boil** *tıb.* Halep çıbanı, şark çıbanı, yıl çıbanı. **Aleppo pine** Halep çamı, *bot.* Pinus halepensis.

a.lert (ılırt') *s., i.* tetik, açıkgöz, atik, uyanık, zeyrek; *i.* alarm işareti (*bak.* **alarm**). **the alert** *ask.* "uyanık ol" işareti. **be on the alert** gözünü açmak, uyanık olmak, hazır olmak. **alertness** *i.* tetiklik, açıkgözlük, atiklik.

A.leu.tian Islands (ılu'şın) Aleut adaları.

Al.ex.an.dret.ta (äligzändret'ı) *i.* İskenderun.

Al.ex.an.dri.a (äligzän'driyı) *i.* İskenderiye.

Al.ex.an.drine (äligzän'drin) *i.* mısraları on ikişer heceli şiir; İskenderiyeli.

A.lex.an.drou.po.lis (äleksandru'pôlis) *i.* Dedeağaç.

a.lex.i.a (ılek'siyı) *i.* okuma kabiliyetinin kayboluşu, aleksi , okuma yitimi.

al.fal.fa (älfäl'fı) *i.* kaba yonca, alfalfa, *bot.* Medicago sativa.

al fres.co (äl fres'ko) taze sıva üzerinde yapılan; açık havada; açık hava.

al.ga (*çoğ.* **al.gae**) (äl'gı, äl'ci) *i.* deniz yosunu.

al.ge.bra (äl'cıbrı) *i.* cebir ilmi. **algebra'ic(al)** *s.* cebir ilmine ait, cebirsel.

Al.ge.ri.a (älcir'iyı) *i.* Cezayir. **Algiers** *i.* Cezayir (Cezayir'in başkenti). **Algerian** *i., s.* Cezayirli. **Algerine** (älcırin') *i., s.* Cezayirli.

al.ge.si.a (älciz'iyı) *i.* ağrıya hassasiyet.

a.li.as (ey'liyıs) *z., Lat.* namı diğer, diğer ismi.

al.i.bi (äl'ıbay) *i., huk.* suç işlendiği anda zanlının başka yerde bulunduğunu ispat etmesi; *A.B.D., k.dili* özür, mazeret.

al.ien (ey'liyın) *i., f.* yabancı, yabancı uyruklu, ecnebi; başka ırktan olan kimse; bazı hak veya imtiyazlardan mahrum olan kimse; harişte bırakılan kimse; *f.* başkasına devretmek (mal v.b.); muhabbetini soğutmak. **alienable** *s.* satılabilir, ferağı kabil. **undesirable alien** memlekette ikameti hükümetçe arzu olunmayan yabancı.

al.ien (ey'liyın) *s.* yabancı uyruklu; yabancı özellikleri olan; yerleşmemiş; uymamış, intibak etmemiş.

al.ien.ate (ey'liyıneyt) *f.* diğerine feragat ve temlik etmek, ferağ etmek; soğutmak, vazgeçirmek (aşk). **aliena'tion** *i.* aşktan vazgeçirme, soğutma; diğerine feragat ve temlik etme; dinî müesseselere ait mülkü ellere verme; aklî dengesizlik. **alienator** *i.* diğerine feragat ve temlik eden kimse; aşktan vazgeçiren, soğutan kimse.

al.ien.ist (eyl'iyınîst) *i.* akıl hastalıkları uzmanı.

al.i.form (älı'fôrm) *s.* kanat şeklinde olan.

a.light (ılayt') *f.* konmak (kuş v.b.); at veya arabadan inmek; **on** *ile* birdenbire bulmak.

a.light (ılayt') *s.* aydınlanmış, ışıl ışıl, ışıkları yanmakta olan.

a.lign (ılayn') *f.* sıraya dizmek, sıraya koymak. **alignment** *i.* sıraya dizme; hiza çizgisi; iki nokta arasında muhayyel bir doğru çizgi çekme; *müh.* aynı hizada olma.

a.like (ılayk') *s., z.* benzer, aynı; *z.* birbirinin aynı olarak, farksızca.

al.i.ment (äl'ımınt) *i.* yiyecek, gıda, beslenme; maişet, nafaka.

al.i.men.ta.ry (älımen'tri) *s.* beslenmeye ait, besleyici. **alimentary canal** hazım borusu.

al.i.men.ta.tion (älımentey'şın) *i.* beslenme, besleme.

al.i.mo.ny (äl'ımoni) *i.* nafaka.

al.i.quot (äl'ıkwıt) *s., mat.* bir sayıyı tam bölen.

a.live (ılayv') *s.* sağ, canlı, hayatta, diri; şevkli, sevinçli, faal; heyecanlı; hassas, haberdar, uyanık, farkında. **alive with bees** arı dolu. **Man alive!** *argo* Hey mübarek!

a.liz.a.rine (ılîz'ırîn) *i.* kökboyası, alizarin.

al.ka.li (äl'kılay) *i., kim.* alkali, kalevî. **alkales'cent** *s.* alkalisi biraz fazla. **alkaline** *s.* alkalik, kalevî.

al.ka.loid (äl'kıloyd) *i., kim.* striknin ve morfin gibi kuvvetli ve tehlikeli bir grup ilâçlardan her biri.

al.ka.net (äl'kınet) *i.* sığırdili; havacıva, *bot.* Alkanna tinctoria; kızıllık otu, öküzdili, *bot.* Anchusa officinalis. **mountain alkanet** öküzdili, *bot.* Arnica montana.

all (ôl) *s.* bütün, hep; her. **all clear** "tehlike geçti" işareti. **all fours** dört ayak. **all hands** *den.* herkes. **all his life** bütün ömrünce, hayatı boyunca. **all-inclusive** *s.* herşey dahil. **all night** bütün gece. **all the others** ötekilerin hepsi, diğerleri. **all the same** ne olursa olsun. **for all (that) I know** bana kalırsa. **for all the world** ne pahasına olursa olsun, dünyada; tıpkı, aynen. **I am all in.** Bitkin bir haldeyim. **with all speed** bütün hızı ile. (Not: Harf-i tarif veya iyelik veyahut da işaret zamiri "all" ile kullanıldığında "all" ile isim arasına konulur: **all the rest, all his life, all these days.**)

all (ôl) *i.* herkes, her şey. **All went well.** Her şey yolunda gitti. **above all** bilhassa, özellikle, her şeyden fazla. **after all** nihayet, velhasıl. **All aboard!** Herkes gemiye! **all in all** her şeyi hesaba katarak. **at all** hiç. **in all** hepsi, tamamı, yekûnu. **once for all** ilk ve son defa olarak.

all (ôl) *z.* tamamen, bütün bütün. **all along** her zaman; daima. **all at once** hep birden. **all but** az daha; -den başka. **all-embracing** *s.* her şeyi saran. **all-fired** *s., A.B.D., argo* aşırı. **All Fool's Day** *İng.* 1 Nisan günü. **all**

-important *s.* çok mühim. **all in** çok yorgun, bitkin. **all of...** -den az olmayan. **all of a sudden** birdenbire, anî olarak. **all out** elinden geleni yapma. **all over** tamamen; bitmiş; tekrar, baştan. **all-purpose** *s.* her işe yarar. **all right** pek iyi; şöyle böyle. **All right.** Peki. **all-round** *s.* çok meziyeti olan; çok cepheli. **All Saints' Day** *İng.* bütün ölmüş azizlerin yortusu, 1 Kasım. **all the better** daha iyi. **all the same** hepsi bir. **all there** aklı başında. **all told** yekûn olarak. **It's all up.** Her şey bitti. **all too soon** pek erken, zamansız. **not all there** *k.dili* kaçık, deli. **beat all hollow** *k.dili* tamamen yenmek; mahvetmek (oyunda).

Al.lah (al'ı) *i.* Allah.

al.lay (ıley') *f.* yatıştırmak, teskin etmek, bastırmak.

al.le.ga.tion (älıgey'şın) *i.* iddia, söz; *huk.* dava takriri; özür, bahane, mazeret.

al.lege (ılec') *f.* iddia etmek, söylemek; delil göstermek, kaynak göstermek. **allegedly** (ılec'ıdli) *z.* sözde.

al.le.giance (ıli'cıns) *i.* vatan veya hükümdara sadakat; sadakat, bağlılık, merbutiyet (gerçeğe, bir partiye v.b.).

al.le.gor.ic(al) (älıgôr'ik,-ıl) *s.* alegorik, kinayeli, remzî. **allegorically** *z.* kinaye kabilinden, mecazî olarak.

al.le.go.rize (äl'ıgırayz) *f.* remiz ve kinaye yolu ile öğüt verici hikâye haline getirmek; bir hikâyeyi remiz ve kinaye şeklinde yorumlamak. **allegorist** *i.* kinayeli hikâyeler meydana getiren kimse.

al.le.go.ry (äl'ıgôri) *i.* remiz ve kinayeli hikâye, kinaye.

al.le.gret.to (älıgret'o) *z., müz.* allegretto.

al.le.gro (ıleg'ro) *s., z., müz.* allegro.

al.le.lu.ia (älılu'yı) *i., ünlem* sevinç ifade eden bir kelime, elhamdülillâh.

al.le.mande (älımänd') *i., müz.* hızlı ve neşeli bir Alman dansı; bu dansın müziği; dansta belirli bir figür.

al.ler.gy (äl'ırci) *i., tıb.* alerji. **aller'gic** *s.* belirli bir şeye karşı aşırı derecede hassas, alerjik. **allergen** *i.* alerji meydana getiren madde.

al.le.vi.ate (ıli'viyeyt) *f.* hafifletmek, yatıştırmak, teskin etmek. **allevia'tion** *i.* hafifleme; teselli.

al.ley (äl'i) *i.* geçit, dar sokak, pasaj, ara yol; patika; "bowling" oyununa mahsus dar yol. **up his alley** tam onun işi, biçilmiş kaftan. **alley cat** sokak kedisi. **alleyway** *i.* binaları birbirine bağlayan geçit.

al.ley (äl'i) *i.* bilye.

al.li.a.ceous (äliyey'şıs) *s.* sarmısak veya soğan gibi olan yahut kokan; sarmısaklı.

al.li.ance (ılay'ıns) *i.* anlaşma, birleşme, uyuşma, ittifak; evlenme ile hâsıl olan akrabalık, dünürlük; *zool.* birbirine benzeyen bir takım familyalar.

al.lied (ılayd', äl'ayd) *s.* müttefik, aralarında anlaşma olan; hısım olan, akraba olan.

Al.lies (äl'ayz, ılayz') *i.* Müttefikler.

al.li.ga.tor (äl'ıgeytır) *i.* Amerika timsahı. **alligator pear** perse ağacı veya meyvası.

al.lit.er.ate (ılit'ıreyt) *f.* bir satır veya cümlecikte aynı sesi tekrar etmek. **allitera'tion** *i.* bir cümlecikte aynı sesi tekrar etme. **alliterative** *s.* aynı sesin tekrar edildiği parça veya cümleciğe ait.

al.li.um (äl'iyım) *i.* Allium (soğan) familyasından bir çeşit bitki.

al.lo.cate (äl'ıkeyt) *f.* tahsis etmek, yerini tayin etmek. **alloca'tion** *i.* tahsis etme, yerini tayin etme, tahsisat.

al.lo.cu.tion (älıkyu'şın) *i.* söylev, nutuk, hitabe.

al.lo.morph (äl'ımôrf) *i., dilb.* alomorf.

al.lo.path.ic (älıpäth'ik) *s.* zıt tedavi usulüne ait. **al'lopath, allop'athist** *i.* bu usulü uygulayan doktor. **allopathically** *z.* bu usule göre. **allop'athy** *i.* zıt tedavi usulü.

al.lo.phone (äl'ofon) *i., dilb.* alofon.

al.lot (ılat') *f.* (-ted, -ting) kur'a usulü ile tayin etmek; pay etmek; bölüştürmek; tahsis etmek. **allotment** *i.* hisse, pay; tayin; tahsis; bölüştürme, taksim; tevzi.

al.lo.trope (äl'ıtrop) *i.* değişik hal, alotrop.

al.low (ılau') *f.* bırakmak, izin vermek, müsaade etmek; tasvip etmek; tasdik etmek; hesaba katmak, saymak; itiraf etmek, kabul etmek, teslim etmek; razı olmak, rıza göstermek; itiraf etmek; hesaplamak. **allowable** *s.* caiz, meşru, hesaba katılabilir.

al.low.ance (ılau'wıns) *i., f.* tahsisat, harçlık, aylık, haftalık v.b.; bırakma; karşılık; müsamaha, göz yumma, müsaade, rıza; itiraf, kabul, teslim; *tic.* fiyat indirimi, tenzilât; tolerans, yedek pay; *f.* harçlık bağlamak.

al.loy(*i.* äl'oy, *f.* ıloy')*i.*, *f.* maden alaşımı, halita, alaşım; maden alaşımından olan adi maden; değerli bir şeyin kıymetini azaltan unsur; *f.* kıymetli madene kıymetsiz maden karıştırmak.

all.spice (ôl'spays) *i.* yenibahar; baş biber ağacı.

al.lude (ılud') *f.* ima etmek, kastetmek, kinaye yoluyla söylemek; zikretmek, bahsetmek. **alluded to** adı geçen, zikredilmiş olan.

al.lure (ılûr') *f.* cezbetmek, çekmek, celbetmek, aklını başından almak, meftun etmek. **allurement** *i.* meftun etme, cəzbetme, çekme; meftun eden veya cazip şey; sihir. **alluring** *s.* cazip, akıl çelici, çekici. **alluringly** *z.* cazip surette, aklını başından alarak.

al.lu.sion (ılu'jın) *i.* ima, kinaye, imleme, bahis, zikir.

al.lu.vi.al (ılu'viyıl) *s.* sel ve ırmak sularının biriktirdiği çamur gibi, aluvyonlu, lığlı.

al.lu.vi.on (ılu'viyın) *i.* ırmak veya deniz suyunun kıyıyı basması, sel; sel ve ırmak sularının biriktirdiği toprak, aluvyon, lığ; bu çeşit topraktan hâsıl olan yeni arazi.

al.lu.vi.um (ılu'viyım) *i.* sel ve ırmak sularının biriktirdiği toprak; bu çeşit topraktan hâsıl olan yeni arazi.

al.ly (äl'ay, ılay') *i.*, *f.* müttefik; dost, arkadaş; yapısı veya bileşimi itibariyle başka bir şeye benzeyen şey; *f.* birleşmek, ittifak etmek; akraba olmak. **ally oneself with** *veya* **to** ile birleşmek.

al.ma.gest (äl'mıcest) *i.* Batlamyos'un astronomi kitabı; Orta Çağda yazılmış fen kitabı.

al.ma. ma.ter (äl'mı ma'tır) bir kimsenin tahsil gördüğü okul.

al.ma.nac (ôl'mınäk) *i.* takvim, yıllık.

al.might.y (ôlmayt'i) *s.* her şeye kadir; *argo* dehşetli, müthiş, çok büyük. **the Almighty** Kadiri Mutlak, Allah, Tanrı.

al.mond (am'ınd) *i.* badem; kargadelen. **almond oil** bademyağı. **almond shaped** badem şeklinde. **almond tree** badem ağacı; acı badem ağacı, *bot.* Prunus amygdalus. **Chios almond** sakızbademi, dişbademi.

al.mon.er (äl'mınır) *i.* yardım dağıtan memur.

al.most (ôlmost') *z.* hemen hemen; az daha, takriben, yaklaşık olarak.

alms (amz) *i.*, *çoğ.*, *tek.* sadaka, zekât.

alms.giv.ing (amz'gîving) *i.* sadaka verme.

alms.house (amz'haus) *i.* darülaceze, düşkünler yurdu, yoksullar evi, imarethane.

al.oe (*çoğ.* **al.oes**) (äl'o,-z) *i.* sarısabır, ödağacı, *bot.* Aloexylon agallocum. **aloeswood** *i.* kartal ağacı, *bot.* Aquilaria agallocha. **American aloe** agave, sabır ağacı, süreyya, *bot.* Agave americana.

a.loft (ılôft') *z.* yukarı, yukarıya, yukarda; *den.* yukarda, armada.

a.log.i.a (ıloc'iyı) *i.*, *tıb.* konuşamazlık.

a.lo.ha (ılo'ha) *i.*, *Hawaii* Hoş geldiniz; Allaha ısmarladık.

a.lone (ılon') *s.*, *z.* yalnız, tek başına. **let alone** kendi haline bırakmak, meşgul olmamak, karışmamak.

a.long (ılông') *z.*, *edat* boyunca, müddetince; yanı sıra, yakın. **alongside** *z.*, *edat* yanına, yanında, bordasında, bordasına. **alongshore** *z.* kıyı boyunca. **along about** esnasında, sularında. **be along** varmak, vasıl olmak. **all along** öteden beri; hep böyle, her zaman. **Come along.** Hadi canım. **get along with** -le geçinmek, anlaşmak. **Go along.** Haydi git. Siz gidiniz. **along with** ile beraber.

a.loof (ıluf') *z.* soğuk (davranış), uzak, uzakta, ayrı, açıkta. **aloofness** *i.* uzaklık, kendini uzak tutma, araya mesafe koyma.

al.o.pe.ci.a (älıpi'şiyı) *i.* kellik.

a.loud (ılaud') *z.* yüksek sesle.

alp (älp) *i.* yüksek dağ.

al.pac.a (älpäk'ı) *i.* Güney Amerika'ya mahsus koyuna benzer bir hayvan, alpaka; alpaka yünü; alpaka yününden yapılmış kumaş.

al.pen.glow (al'pınglo) *i.* bazı günler güneşin doğuşunda ve batışında dağların tepelerine vuran pembe ışık.

al.pen.stock (äl'pınstak) *i.* dağa tırmanmaya mahsus demir uçlu uzun baston.

al.pha (äl'fı) *i.* alfa, Yunan alfabesinin ilk harfi; başlangıç. **alpha and omega** başlangıç ve bitiş, baş ve son, birinci ve sonuncu, bütün. **Alpha rays** radyumun saçtığı üç ışından pozitif elektrikli birincisi.

al.pha.bet (äl'fıbet) *i.* alfabe; unsurlar, esaslar. **alphabet'ical** *s.* alfabe sırasına göre. **alphabet'ically** *z.* alfabe sırası ile.

Al.pine (äl'payn) s. Alp dağlarına ait; yüksek dağlara ait. Alpinist (äl'pınist) i. Alp dağlarına veya yüksek dağlara tırmanan adam.

Alps (alps) i., çoğ. Alp dağları.

al.read.y (ôlred'ı) z. evvelce; şimdiden, halen; zaten.

Al.sa.tian (älsey'şın) s., i. Alsas'a ait; i. Alsas'lı; iri bir çeşit Alsas çoban köpeği.

al.so (ôl'so) z. da, dahi, hem, hem de, yine, aynı zamanda, keza.

al.so-ran (ôl'sorän) i., A.B.D., k.dili yarışı kaybeden at; başarısızlığa uğrayan politikacı.

al.tar (ôl'tır) i. kurban kesilen yahut buhur yakılan özel yüksek yer, sunak, kurban taşı, mezbah; altar, mihrap; asai rabbanı (komünyon) sofrası. altar-piece i. mihrabın arkasındaki veya üstündeki mozaik, heykel veya resim. altar rail mihrabın önündeki parmaklık. lead to the altar evlenmek.

alt.az.i.muth (ältäz'ımıth) i., astr. gökcisimlerının açı ve yüksekliklerini ölçmeye yarayan ve biri yatay diğeri dikey iki tane dereceli dairesi olan bir alet.

al.ter (ôl'tır) f. değiştirmek, tahvil etmek; hadım etmek; değişmek, başka türlü olmak. alter course den. rota değiştirmek. alterable s. değişir, değiştirilebilir. altera'tion i. değişiklik, düzeltme, başkalaşma. alterative s., i. değiştirici; i., tıb. bünyenin tabiatını değiştiren ve iyileştiren ilâç.

al.ter.cate (äl'tırkeyt) f. kavga etmek, atışmak, şiddetli münakaşa etmek. alterca'tion i. kavga, çekişme.

al.ter e.go (ôl'tır i'go) Lat. bir kimsenin ikinci şahsiyeti; çok yakın dost.

al.ter.nate (ôl'tırnit) s., i. karşılıklı, almaşık, münavebeli; bot. karşılıklı olmayan, almaşık; i. icabında başkasının yerini alabilen kimse, vekil. alternately z. münavebe ile, sıra ile.

al.ter.nate (ôl'tırneyt) f. münavebe ile birbirini takip etmek veya ettirmek; bir sıra takip etmek, birbiri ardına gelmek. alternating current elek. dalgalı akım.

al.ter.na.tion (ôltırney'şın) i. münavebe, birbirinin yerini alma; birbirini takip etme; değişim, tahavvül.

al.ter.na.tive (ôltır'nıtiv) s., i. iki şıktan birini seçme imkânını gösteren, diğer, başka; i. şık, iki şeyden biri, çare, iki şıktan biri. I had no alternative. Başka çarem kalmamıştı. Yapacak başka birşey yoktu.

al.ter.na.tor (ôl'tırneytır) i. dalgalı elektrik akımı veren üreteç, alternatör.

al.though (ôldho') bağlaç gerçi, her ne kadar, ise de, olmakla beraber, olduğu halde.

al.tim.e.ter (ältim'ıtır) i. yükseltiyi gösteren alet, altimetre.

al.ti.tude (äl'tıtud) i. yükseklik, yükselti, irtifa.

al.to (äl'to) i., müz. alto, en pes kadın veya çocuk sesi.

al.to.geth.er (ôltıgedh'ır) z. bütün bütün, tamamen. in the altogether k.dili çıplak, anadan doğma.

al.to-re.lie.vo (älto rilı'vo) i., güz. san. yüksek kabartma.

al.tru.ism (äl'truwizım) i. diğerkâmlık, başkalarını düşünme, fedakârlık. altruist i. diğerkâm, fedakâr, başkalarını düşünen kimse. altruistic s. diğerkâm, fedakâr, başkalarını düşünür.

al.um (äl'ım) i. şap.

a.lu.mi.na (ılu'mını) i. alüminyum oksit.

a.lu.mi.nous (ılum'ınıs) s. şaplı.

a.lu.mi.num, İng. a.lu.min.i.um (ılu'mınım, İng. älyımin'iyim) i. alüminyum.

a.lum.na (çoğ. -nae) (ılʌm'nı, -ni) i., A.B.D. bir okul veya üniversiteden mezun olan kız.

a.lum.nus (çoğ. -ni) (ılʌm'nıs, -nay) i., A.B.D. bir okul veya üniversite mezunu erkek; eski öğrenci.

al.ve.o.lus (çoğ -li) (älvi'yılıs, -lay) i., anat., zool. küçük çukur; diş çukuru; akciğer alveolü. alveolar s. diş yuvasına ait.

al.vine (äl'vin) s. barsaktan olan, barsağa ait.

al.ways (ôl'wiz) z. daima, her zaman, her vakit; her defa, muntazam; evvelden beri, mütemadiyen, boyuna.

a.lys.sum (ılis'ım) i. deliotu, bot. Alyssum.

A.M., M.A. kıs. Artium Magister, Master of Arts.

A.M. kıs. Anno Mundi, dünya yaratıldığı seneden.

a.m. kıs. ante meridiem, öğleden evvel.

Am. kıs. America, American.

am (äm, ım) f. -im.

am.a.dou (äm'ıdu) i. kav, mantar kavı.

a.mah (a'mı) i. Uzak Doğu'da çocuk dadısı.

a.main (ımeyn') z. şiddetle, tam kuvvetle.

a.mal.gam (ımäl'gım) i. malgama, cıva ile başka bir madenin karışımı; karışım, mahlut; iki şeyin birbirine karışması.

a.mal.ga.mate (ımäl'gımeyt) f. cıva ile başka bir madeni birbirine karıştırmak; karıştırmak; karışmak, bileşmek. amalgama'tion i. cıva ile bir madeni birbirine karıştırma; karışma; millet, firma, ırk veya ailelerin karışması; halita, karışım, alaşım, imtizaçtan hâsıl olan cisim veya toplum.

a.man.u.en.sis (çoğ. -ses) (ımänyuwen'sis, -siz) i. kâtip, yazıcı, sekreter.

a.mar.a.cus (ımar'ıkıs) i. mercanköşk otu, bot. Majorana hortensis.

am.a.ranth (äm'ıränth) i., şiir hayalî bir solmaz çiçek; horozibiği çiçeği, yabanî kadife çiçeği, bot. Amaranthus tricolor.

am.a.ran.thine (ämırän'thin) s. horozibiğine ait; solmaz, ölmez, ebedî; rengi mora çalan.

am.a.ryl.lis (ämırîl'îs) i. renkli nergis zambağı.

a.mass (ımäs') f. yığmak, toplamak, biriktirmek.

am.a.teur (äm'ıçûr) i. amatör, meraklı, hevesli kimse; spor amatör sporcu. amateur'ish s. acemi veya amatör işi gibi.

am.a.tive (äm'ıtîv) s. aşka eğilimli; aşkla ilgili. amativeness i. aşk eğilimi.

am.a.tol (äm'ıtal) i. amonyum nitrattan yapılmış patlayıcı bir madde.

am.a.to.ry (äm'ıtôri) s. âşıkane; ateşli, şehvetle ilgili.

am.au.ro.sis (ämôro'sîs) i., tıb. amoroz, haricî bir değişiklik olmadan göze arız olan körlük.

a.maze (ımeyz') f. hayran bırakmak, şaşırtmak, hayrete düşürmek. amazement i. hayret, şaşkınlık. amazing s. şaşırtıcı, hayret verici, garip, acayip. amazingly z. şaşılacak surette.

Am.a.zon (äm'ızan) i., mit. eski zamanda yalnız kadın savaşçılardan ibaret bir kabile; kadın savaşçı; erkeğe benzer kadın, kavgacı kadın; coğr. Amazon Nehri.

am.a.zo.ni.an (ämızo'niyın) s. erkek tavırlı (kadın); b.h. Amazon Nehrine ait.

am.bage (äm'bîc) i. dolambaçlı yol; dolaylı davranış.

am.ba.ry (ämba'ri) i. bir cins ebegümeci, bot. Hibiscus cannabis; bu bitkinin elyafı.

am.bas.sa.dor (ämbäs'ıdır) i. büyükelçi, sefir; büyük yetki sahibi siyasî delege; büyük bir davanın temsilci veya savunucusu. ambas-

sador plenipotentiary büyükelçi. ambassadress i. sefire. ambassador'ial s. büyükelçi ile ilgili, sefareti ilgilendiren. ambassador-at-large i. belirli bir memlekette devamlı görevli olmayan büyükelçi.

am.ber (äm'bır) i. kehribar; kehribar rengi.

am.ber.gris (äm'bırgris) i. esmeramber.

am.bi.dex.ter (ämbıdek'stır) i. iki elini aynı şekilde kullanabilen kimse; iki yüzlü kimse. ambidexter'ity i. iki elini aynı şekilde kullanabilme hüneri; iki yüzlülük. ambidextrous s. iki elini aynı şekilde kullanabilen; çok cepheli, usta; iki yüzlü.

am.bi.ence (äm'biyıns) i. muhit, çevre, ortam.

am.bi.ent (äm'biyınt) s. dolaşan; kuşatan, çevreleyen, ihata eden.

am.bi.gu.i.ty (ämbıgyu'wıtı) i. belirsizlik, muğlaklık, müphemiyet, şüpheli oluş.

am.big.u.ous (ämbîg'yuwıs) s. belirsiz, müphem, iki anlamlı, muğlak. ambiguously z. muğlak olarak. ambiguousness i. muğlaklık.

am.bit (äm'bît) i. çevre, muhit, etraf.

am.bi.tion (ämbîş'ın) i. hırs, ihtiras (iyi şeyler için olunca makbul sayılır); heves; şiddetle arzu olunan şey. ambitious s. haris, hırslı; çok istekli, tutkun; başarma isteği olan; büyük işler peşinde koşan. ambitiously z. ihtirasla, hırsla, hevesle. ambitiousness i. ihtiras, hırs, heves.

am.biv.a.lent (ämbiv'ılınt) s. kararsız, karışık hisler besleyen.

am.ble (äm'bıl) i., f. eşkin gidiş; binek hayvanlarının eşkin ve rahvan yürüyüşü; f. eşkin gitmek; avare avare gezinmek.

am.bly.o.pi.a (ämbliyo'piyı) i., tıb. göz donukluğu hastalığı, görme bozukluğu. amblyopic (ämbliyap'ik) s. görme bozukluğuna ait.

am.bro.sia (ämbro'jıyı) i., mit. Yunan tanrılarının ölümsüzlük veren yemekleri; çok lezzetli yiyecek veya içki.

ambs.ace (eymz'eys) i. hepyek (zarda); talihsizlik, şanssızlık.

am.bu.lance (äm'byılıns) i. cankurtaran, ambulans; gezici hastane.

am.bu.late (äm'byıleyt) f. gezmek, yürümek. ambulant s. seyyar, gezici; tıb. vücudun bir tarafından başka tarafına geçen; tıb. hastayı yatırmaya lüzum göstermeyen. ambula'tion *i.* gezme, gezinme, gezicilik. **am'-bulatory** *i., s., mim.* gezilecek yer; *s.* gezmeye ait, gezilebilir.

am.bus.cade (ämbıskeyd') *i.* pusu, tuzak.

am.bush (äm'bûş) *i., f.* pusu, tuzak; *f.* tuzak kurmak, pusuya düşürmek. **lay an ambush** pusu kurmak. **lie in ambush** pusuya yatmak.

a.me.ba (ımi'bı) *i., zool.* amip. **amebic** *s.* amiplerle ilgili; amiplerin sebep olduğu. **amebic dysentery** *tıb.* amipli dizanteri.

a.mel.io.rate (ımil'yıreyt) *f.* biraz ıslah etmek, iyileştirmek, düzeltmek; iyileşmek, düzelmek, biraz ıslah olmak. **ameliora'tion** *i.* iyileşme, düzelme.

a.men (a.men', ey'men') *ünlem* âmin; *argo* Haklısınız!

a.me.na.bil.i.ty (ımınıbîl'ıti) *i.* uysallık, yumuşak başlılık, boyun eğme; yükümlülük, mükellefiyet; sorumluluk, mesuliyet.

a.men.a.ble (ımi'nıbıl) *s.* uysal, yumuşak başlı; yükümlü, mükellef, sorumlu. **amenableness** *i., bak.* **amenability. amenably** *z.* uysalca, boyun eğerek, yumuşak başlılıkla.

a.mend (ımend') *f.* ıslah etmek, düzeltmek, tashih etmek; *huk.* bir tasarı v.b.'ni tadil etmek; tamir etmek; değişiklik yapmak; iyileşmek, düzelmek; iyileşmeye yüz tutmak. **amendable** *s.* tadil edilebilir, düzeltilebilir. **amendatory** *s.* ıslah edici, düzeltici.

a.mend.ment (ımend'mınt) *i.* tashih, ıslah; bir kanunu değiştirme; değişiklik; *huk.* mahkemenin rızası ile davadaki yanlışlığı düzeltme; toprağı ıslah etme.

a.mends (ımendz') *i., çoğ.* tazminat. **make amends for** özür dilemek; af dilemek; kusurunu düzeltmek.

a.men.i.ty (ımen'ıti) *i.* tatlılık, letafet; *çoğ.* hoş tavırlar; hayatın hoş ve konforlu yönleri.

a.men.or.rhe.a (eymenırı'yı) *i., tıb.* âdetin anormal zamanda kesilmesi.

a men.sa et tho.ro (ey men'sı et thor'o) *Lat., huk.* sofradan ve yataktan (boşanmanın bir çeşidi).

a.merce (ımırs') *f.* para cezasına çarptırmak, ceza vermek.

A.mer.i.ca (ımer'ıkı) *i.* Amerika; Güney ve Kuzey Amerika.

A.mer.i.can (ımer'ıkın) *s., i.* Amerika kıtalarına mensup; Amerika Birleşik Devletlerine ait; *i.* Amerika kıtalarının yerlisi; Amerika Birleşik Devletleri tebaasına ait olan kimse.

A.mer.i.can.ism (ımer'ıkınîz'ım) *i.* Amerikalılara mahsus âdet, kelime veya deyim; Amerika Birleşik Devletlerine bağlılık.

A.mer.i.can.ize (ımer'ıkınayz') *f.* Amerikalılaştırmak.

Am.er.in.di.an (ämırin'diyın) *s.* Amerikalı Kızılderili veya Eskimo'larla ilgili.

am.e.thyst (âm'ıthîst) *i.* mor renkte bir çeşit kuvars, ametist.

Am.har.ic (ämher'ık) *i.* Habeşistan'ın resmî lisanı.

a.mi.a.bil.i.ty (eymiyıbîl'îti) *i.* yumuşak huyluluk, sevimlilik, tatlılık.

a.mi.a.ble (ey'miyıbıl) *s.* hoş, sevimli, tatlı. **amiably** *z.* hoş surette, tatlılıkla.

am.i.an.thus (ämiyän'thıs) *i.* bir çeşit ince pamuk taşı, bir çeşit ince asbest, amyant.

am.i.ca.ble (äm'ıkıbıl) *s.* dostane, dostça. **amicably** *z.* dostçasına.

a.mi.cus cu.ri.ae (ımi'kıs kyûr'iyay) *Lat., huk.* mahkemenin fahri müşaviri.

a.mid(st) (ımîd', -st') *edat* ortasına, ortasında, arasına, arasında.

a.mid.ships (ımîd'şîps) *z.* geminin ortasında.

a.mi.go (ımi'go) *i.* arkadaş, dost, yoldaş,

a.mi.no acid (ımin'o ä'sîd) *kim.* amino asidi.

a.miss (ımîs') *z.* fena, yanlış; kusurlu. **come amiss** zarar vermek. **go amiss** yolunu şaşırmak, yanılmak. **not amiss** isabetli, münasip. **take amiss** gücenmek.

am.i.ty (äm'ıti) *i.* dostluk, ahbaplık, sevgi, hayırseverlik.

Am.man (am'man) *i.* Amman, Ürdün'ün başkenti.

am.me.ter (äm'mıtır) *i., elek.* elektrik akımını amperle ölçen alet, ampermetre.

am.mo.nal (äm'ınıl) *i.* alüminyumla amonyum nitrat bileşiminden meydana gelen patlayıcı bir madde.

am.mo.nia (ımon'yı) *i.* amonyak.

am.mo.ni.ac (ımo'niyäk) *s.* amonyak ile ilgili.

am.mo.ni.ac (ımo'niyäk) *i.* uşak ağacından elde edilen sakız.

am.mon.ite (äm'ınayt) *i.* bir kafadanbacaklı kabuğunun fosili.

am.mo.ni.um (ımo'niyım) *i.* amonyum. **ammonium chloride** nışadır. **ammonium nitrate** amonyum nitrat.

am.mu.ni.tion (ämyıni'şın) *i.* mühimmat, cephane.

am.ne.sia (ämni'jiyı) *i.*, *tıb.* hafıza kaybı, unutkanlık, *psik.* amnezi.

am.nes.ty (äm'nısti) *i.*, *f.* genel af; *f.* genel af yoluyla serbest bırakmak.

am.ni.on (äm'niyın) *i.* rahimde cenini çevreleyen zar, meşime.

a.moe.ba *bak.* **ameba.**

a.mok *bak.* **amuck.**

a.mo.mum (ımo'mım) *i.*, *bot.* kakule.

a.mong(st) (ımʌng', -st') *edat* arasına, arasında, içinde; sınıfında, memleketinde, zamanında. **(Among** daha çok A.B.D.'de, **amongst** ise İngiltere'de kullanılır.)

a.mor.al (eymôr'ıl) *s.* ahlâkdışı, ahlâk ile ilgisi olmayan, ahlâk çerçevesi dışında kalan.

am.o.rous (äm'ırıs) *s.* aşka meyilli, aşk izhar eden, aşktan ileri gelen; **of** *ile* âşık. **amorous disposition** aşka meyilli karakter. **amorously** *z.* âşıkane. **amorousness** *i.* âşıklık.

a.mor.phous (ımôr'fıs) *s.* şekilsiz, özelliği olmayan. **amorphism** *i.* şekilsizlik.

am.or.tize, *İng.* **-tise** (äm'ırtayz, ımôr'tayz) *f.*, *tic.* bir borcun anaparasını taksitlerle ödemek, amortize etmek. **amortiza'tion** *i.* itfa, masrafın imhası, amortisman, bir borcun anaparasını taksitlerle ödeme.

a.mount (ımaunt') *i.* meblâğ, miktar, yekûn, tutar; faizle beraber anaparanın yekûnu; hulâsa. **amount brought forward** *tic.* nakli yekûn.

a.mount (ımaunt') *f.* **to** *ile* olmak, etmek, varmak, baliğ olmak. **It doesn't amount to much.** Fazla kıymeti yoktur. **He will amount to something.** Başarılı bir adam olacak.

a.mour (ımûr') *i.*, *Fr.* aşk, aşk macerası. **amourpropre** *i.* izzetinefis, onur, haysiyet.

am.per.age (äm'piric) *i.* elektrik akımının amperle ölçülen kuvveti; amper miktarı.

am.pere (äm'pîr) *i.* elektrik akımının kuvvet birimi, amper.

am.per.sand (äm'pırsänd) *i.*, *matb.* "ve" anlamına gelen işaret: &.

am.phet.a.mine (ämfet'ımin) *i.* amfetamin.

am.phib.i.an (ämfib'iyın) *i.*, *s.* hem suda hem karada yaşayan hayvan; hem suya hem karaya inip kalkabilen uçak; *s.* böyle hayvanlarla ilgili.

am.phib.i.ous (ämfib'iyıs) *s.* hem suda hem karada yaşayabilir, iki yaşayışlı; hem su hem kara ile ilişkisi olan; iki tabiatlı, iki sınıfa mensup.

am.phi.bole (äm'fıbol) *i.*, *min.* amfibol, kimya ve fizik bakımından piroksenlerden farklı olan bir silikat familyası.

am.phi.bol.o.gy (ämfıbal'ıci) *i.* bir cümlenin iki anlama gelmesi; belirsiz anlam, belirsizlik.

am.phi.the.a.ter, *İng.* **-tre** (äm'fıthiyıtır) *i.* amfiteatr, amfiteatr şeklinde herhangi bir şey; spor sahası, arena.

am.pho.ra (äm'fırı) *i.* iki kulplu eski bir cins küp, amfor.

am.pho.ter.ic (ämfıter'ik) *s.* her iki cinsten; her iki yönden etkili.

am.ple (äm'pıl) *s.* geniş, büyük; bol, mebzul; kâfi, çok; etraflı, mufassal. **ampleness** *i.* bolluk, genişlik.

am.pli.fi.ca.tion (ämplıfikey'şın) *i.* amplifikasyon, ses hacmini artırma; genişletme, büyütme; *kon.* *san.* tafsilâtlı izahat; ilâve; abartma, mübalâğa; görülen noktayı büyütme.

am.pli.fy (äm'plıfay) *f.* bollaştırmak, genişletmek, büyütmek; sesini kuvvetlendirmek; ayrıntıları ile söylemek veya yazmak; mübalâğa etmek. **amplifier** *i.* amplifikatör; büyüten, büyültücü veya genişleten alet.

am.pli.tude (äm'plıtud) *i.* bolluk, genişlik.

am.ply (äm'pli) *z.* bol bol, kâfi miktarda, fazlasıyla.

am.pule (äm'pyul) *i.*, *tıb.* ampul.

am.pul.la (ämpʌl'ı) *i.* şişe; *biyol.* kabarcık.

am.pu.tate (äm'pyûteyt) *f.* (bir uzvu) kesmek. **amputa'tion** *i.* bir uzvun kesilmesi.

am.pu.tee (ämpyûti') *i.* bir uzvunu kaybetmiş olan kimse.

Am.ster.dam (äm'stırdäm) *i.* Amsterdam.

a.muck (ımʌk') *i.* Malayalılarda görülen ve ruhsal bir bunalımı takip ederek şiddetli öldürme arzusu şeklinde beliren hastalık. **run amuck** öldürme arzusuyla sağa sola saldırmak; cinnet getirerek etrafa hücum etmek.

am.u.let (äm'yılit) *i.* muska, nazarlık, tılsım.

a.muse (ımyuz') *f.* eğlendirmek, avutmak. **amusement** *i.* eğlence, zevk. **amusement park** luna park. **amusing** *s.* hoş, eğlendirici. **amusingly** *z.* hoş ve eğlendirici bir şekilde.

a.myg.da.late (ımig'dıleyt) *s., i.* badem gibi, bademe ait yahut bademden yapılmış; *i., tıb.* badem sütü. **amygdal'ic** *s.* bademden yapılmış. **amygdalic acid** badem asidi.

a.myg.da.line (ımig'dılîn) *s.* badem gibi, bademe ait yahut bademden yapılan.

a.myg.da.loid (ımîg'dıloyd) *i., s., jeol.* badem gibi tanelerle dolu bir çeşit taş; *s.* badem şeklinde.

am.y.la.ceous (ämıley'şıs) *s.* nişastaya benzer, nişastalı.

an (än) *(bak.* **a)** bir ünlü ile başlayan kelimelerden evvel kullanılan belgesiz sıfat; bir.

-ana *sonek* -e ait olan koleksiyon: **Americana, Shakespeareana.**

ana- *önek* yukarı; tekrar.

an.a (än'ı) *z., ecza.* her cinsten aynı miktarda (reçete).

An.a.bap.tist (änıbäp'tîst) *i., kil.* çocukların vaftizini reddeden bir Hıristiyan mezhebine mensup kimse.

a.nab.a.sis (ınäb'ısîs) *i., tar.* bir ordunun deniz kıyısından içeriye doğru girişi (özellikle Ksenofon'un katıldığı Fars seferi, M.Ö. 401); *tıb.* ateşin yükselmesi.

a.nab.o.lism (ınäb'ılîzım) *i., biyol.* yapıcı metabolizma.

a.nach.ro.nism (ınäk'rınîzım) *i.* tarih hatası, bir şahıs veya olayı gerçek devrinden başka bir tarihte gösterme.

an.a.co.lu.thon (änıkılu'than) *i. (çoğ.* **-tha)** *gram.* bir cümle içinde anlam uyuşmazlığı.

an.a.con.da (änıkan'dı) *i., zool.* Güney Amerika'ya mahsus bir çeşit büyük boa yılanı; herhangi bir çeşit boa yılanı.

A.nac.re.on (ınäk'rıyın) *i.* eski bir Yunan lirik şairi, Anakrion. **Anacreon'tic** *s., şiir* Anakrion'un lirik üslûbuyla ilgili.

a.nae.mi.a *bak.* **anemia.**

an.aer.o.bic (änero'bîk) *s., biyol.* oksijensiz yaşayabilen; oksijenin yokluğu ile ilgili veya oksijen yokluğuna ait.

an.aes.the.sia *bak.* **anesthesia.**

an.a.go.ge (änıgo'ci) *i.* bâtını tefsir.

an.a.gram (än'ıgräm) *i.* harflerin sırası değiştirilerek elde edilen yeni kelime.

a.nal (ey'nıl) *s., anat.* anusa ait, anal, makatla ilgili.

an.a.lec.tic (änılek'tîk) *s.* seçme, seçilmiş. **an'alects** *i., çoğ.* seçme eserler veya parçalar.

an.al.ge.si.a (änılcíz'iyı) *i., tıb.* analjezi, ağrı duymazlığı. **analgesic** *i., s., tıb.* ağrı kesen ilâç; *s.* analjeziye ait, analjezi hâsıl eden.

an.a.log (än'ılôg) *i.* mukayese edilebilen herhangi bir şey, benzeyen herhangi bir şey. **analog computer** aralıksız olarak, ortaya konulan problemin değerlerine benzer nicelikler (gerilim, direnç v.b.) veren elektronik hesap makinesi.

an.a.log.ic(al) (änılac'îk, -ıl) *s.* kıyaslanabilen, münasebeti olan.

a.nal.o.gy (ınäl'ıci) *i.* benzerlik, benzeşme; karşılaştırma, mukayese, kıyas; benzeyen şey. **analogous** (ınäl'ıgıs) *s.* benzer, paralel, muvazi; *biyol.* kuş ve böcek kanatları gibi aynı vazifeyi gören. **analogously** *z.* benzer şekilde.

an.al.pha.bet.ic (änälfıbet'îk) *s.* okuması yazması olmayan, ümmi.

a.nal.y.sand (ınäl'ızänd) *i., tıb.* psikanalize tabi tutulan hasta.

a.nal.y.sis (ınäl'ısîs) *i.* analiz, tahlil, çözümleme. **chemical analysis** kimyasal tahlil. **electrolytic analysis** elektrolitik tahlil. **qualitative analysis** nitel çözümleme. **quantitative analysis** nicel çözümleme. **spectrum analysis** spektral analiz.

an.a.lyst (än'ılist) *i.* tahlilci, tahlil eden, tahlil kabiliyeti olan kimse; psikoanalist.

an.a.lyt.ic(al) (änılit'îk, -ıl) *s.* çözümsel, tahlili. **analytic geometry** çözümsel geometri. **analytically** *z.* tahlil yolu ile.

an.a.lyze, *İng.* **an.a.lyse** (än'ılayz) *f.* tahlil etmek, analiz etmek; psikoanalize tabi tutmak; çözümlemek, incelemek, tetkik etmek. **analyzable** *s.* tahlil olunabilir, çözümlenebilir.

an.am.ne.sis (änämni'sîs) *i.* hatırlama, hatıra getirme; hastanın geçmişi.

an.a.mor.pho.sis (änımôr'fısîs) *i.* özel bir açıdan bakılınca muntazam görülen şekilsiz resim; bir resmin şekilsiz yapılması; bu şekilde resim yapma metodu.

an.a.pest (än'ıpest) *i., şiir* iki kısa ve bir uzun heceden meydana gelen vezin tefilesi, feilün.

an.aph.ro.dis.i.ac (änäfrıdîz'iyäk) *i., s.* şehvet teskin edici (ilâç).

an.ar.chy (än'ırki) *i.* anarşi; kargaşalık, ihtilâl. **anar'chic(al)** *s.* anarşiye ait; kanun tanımayan. **anarchist** *i.* anarşist.

an.as.tig.mat.ic (änästigmät'ik) *s.* astigmatizm bulunmayan.

a.nas.to.mose (ınäs'tımoz) *f., anat.* anastomoz vasıtasıyle birleşmek, ağızlaşmak, yekvücut olmak. **anastomo'sis** *i.* ağızlaşma, anastomoz, iki damarın birleşmesi. **anastomot'ic** *s.* damar birleşmesine ait.

a.nas.tro.phe (ınäs'trıfi) *i.* kelimelerin olağan tertibinin değiştirilmesi.

anat. *kıs.* anatomy.

a.nath.e.ma (ınäth'ımı) *i.* aforoz, lânetleme (özellikle Katoliklerde); aforoz edilmiş veya lânetlenmiş kimse; yasak edilmiş şey.

a.nath.e.ma.tize, *İng.* -**tise** (ınäth'ımıtayz) *f.* aforoz etmek, lânetlemek.

An.a.to.li.a (änıto'liyı) *i.* Anadolu. **Anatolian** *i., s.* Anadolulu.

an.a.tom.i.cal (änıtam'ikıl) *s.* anatomik, anatomi ile ilgili. **anatomically** *z.* anatomik olarak.

a.nat.o.mist (ınät'ımist) *i.* teşrihçi, anatomi bilgini.

a.nat.o.mize, *İng.* -**mise** (ınät'ımayz) *f.* teşrih etmek, açımlamak, dikkatle tahlil veya tetkik etmek.

a.nat.o.my (ınät'ımi) *i.* anatomi, hayvan (özellikle insan) yapısı, teşrih; teşrih edilecek şey; iskelet; inceden inceye tetkik.

anc. *kıs.* ancient.

an.ces.tor (än'sestır) *i.* cet, ata, soy sop, dede. **ancestor'ial, ances'tral** *s.* ecdada ait, ecdattan kalmış, geçmiş zamanlara ait. **an'cestry** *i.* ecdat, nesep; iyi aileden gelme, asalet, soyluluk.

an.chor (äng'kır) *i., den.* demir, çapa, lenger; iki duvarı birbirine tutturan demir; halat çekişme oyununda en arkada duran adam; çıkar yol, dayanak noktası. **anchor ground** gemi demirleyecek yer, demir yeri. **anchorhold** *i.* demirin tutması; emniyet. **at anchor** demirli, demir atmış. **cast anchor, drop anchor** demir atmak, demirlemek. **drag the anchor** demir taramak. **kedge anchor** tonoz demiri, ufak lenger. **sheet anchor** en büyük lenger, ocaklık demiri. **weigh anchor** demir almak.

an.chor (äng'kır) *f.* demirlemek, lenger atmak. **anchorable** *s.* demirlenebilir. **anchoring-place** *i.* demirleme yeri.

an.chor.age (äng'kıric) *i.* demirleme yeri, liman; demirleme, demirlenmiş olma; güven, emniyet; demirleme harcı.

an.cho.ret, an.cho.rite (äng'kıret, äng'kırayt) *i.* bir köşeye çekilmiş olan kimse, münzevi hayat yaşayan kimse.

an.cho.vy (än'çıvi) *i.* hamsi balığı, tirhos balığı, *zool.* Engraulis encrasicholus; ançüez. **anchovy pear** Batı Hint Adalarında yetişen bir ağacın meyvası; bu ağaç.

an.chu.sa (ançu'zı) *i.* sığırdili.

an.cient (eyn'şınt) *s., i.* eski, kadim, eski zamandan kalma; *i.* yaşlı adam, ata, baba.

an.cil.lar.y (än'sıleri) *s.* yardımcı.

an.cy.los.to.mi.a.sis (änsılostımay'ısîs) *i., tıb.* kancalı kurt hastalığı.

and (änd) *bağlaç* ve, de, ile. **And how!** *k.dili* Hem de nasıl! **and so forth** ve saire.

An.da.lu.sia (ändılu'jı) *i.* Endülüs.

An.da.man Sea (än'dımın) Andaman Denizi.

an.dan.te (ändän'ti) *z., müz.* andante.

an.dan.ti.no (ändänti'no) *s., müz.* andantino.

An.des (än'diz) *i., çoğ.* And dağları.

and.i.ron (änd'ayırn) *i.* ocağın demir ayaklığı.

and/or ve ya da, veya.

An.dor.ra (ändôr'ı) *i.* Andorra.

an.drog.y.nous (ändrac'ınıs) *s.* hem erkek hem dişi; *bot.* iki eşeyli, çifte cinsiyetli çiçek veren.

an.droid (än'droyd) *s., i.* insan şeklinde; *i.* insan şeklinde robot.

An.drom.e.da (ändram'ıdı) *i.* bir Yunan tanrıçası; *astr.* Andromeda takımyıldızı.

an.ec.dote (än'ikdot) *i.* anekdot, kısa hikâye, menkıbe, fıkra. **an'ecdotal** *s.* fıkra tarzında.

an.e.cho.ic (äneko'wîk) *s.* yankısız.

a.ne.mi.a, *İng.* **a.nae.mi.a** (ıni'miyı) *i., tıb.* kansızlık, anemi. **anemic** *s.* kansız, anemik.

an.e.mog.ra.phy (änımag'rıfi) *i., meteor.* rüzgârın şiddet ve yönünü otomatik olarak tayin etme tekniği.

an.e.mol.o.gy (änımal'ıci) *i., meteor.* rüzgâr bilgisi.

an.e.mom.e.ter (änımam'ıtır) *i.* rüzgârın şiddet ve hızını tayin eden araç.

a.nem.o.ne (ınem'ıni) *i.* anemon çiçeği, *bot.* Anemone. **garden anemone** yıldızlı numan çiçeği.

a.nem.o.scope (ınem'ıskop) *i., meteor.* yelkovan, rüzgâr pusulası, rüzgârın yönünü veya varlığını gösteren araç.

a.nent (ınent') *edat* ötürü, dair, ilgili; bitişik.

an.er.oid (än'ıroyd) *s.* sıvısız. **aneroid baro- meter** aneroid, kadranlı barometre. **aner- oid altimeter** *hav.* aneroid altimetre, ane- roid yükselti saati.

an.es.the.sia (anîsthi'jı) *i., tıb.* anestezi, hisle- rin iptal edilmesi veya ölmesi, duyum yitimi.

an.es.the.si.ol.o.gist (änîsthiziyal'ıcîst) *i.* nar- kozcu.

an.es.thet.ic (änîsthet'îk) *i., s.* anestetik, eter, kloroform v.b. gibi hissi iptal eden ilâç; *s.* uyuşturucu.

an.es.the.tize (ınes'thıtayz) *f., tıb.* uyutmak.

an.eu.rism (än'yırîzım) *i., tıb.* anevrizma, atar- damar cidarlarının (çeperlerinin) zayıflamış noktalarında meydana gelen şişlik.

a.new (ınu') *z.* yeniden, tekrar, baştan, bir daha.

an.frac.tu.ous (änfräk'çuwıs) *s.* iğribüğrü, girintili çıkıntılı. **anfractuos'ity** *i.* iğribüğ- rülük, girintili çıkıntılı olma.

an.ga.ry (äng'gırı) *i., huk.* harp halinde tarafsız bir ülkenin emlâkını kullanma ve tahrip etme hakkı; *den. huk.* bir geminin müsaderesi.

an.gel (eyn'cıl) *i.* melek; ölmüş bir kimsenin ruhu; melek gibi adam, melek huylu kimse; *k.dili* bir ɔiyes v.b.'nin masrafını üzerine alan kimse. **angelfish** *i.* maymunbalığı, *zool.* Squatina vulgaris. **angel food cake** beyaz ve hafif bir çeşit pasta. **angelic** (äncel'îk) *s.* melek gibi.

an.gel.i.ca (äncel'îkı) *i.* melekotu, *bot.* Angelica.

an.ge.lus (än'cılıs) *i.* Katoliklerin sabah, öğle ve akşam okudukları "tecessüdü İsa" duası; bu duanın okunacağı zamanı haber veren çan sesleri.

an.ger (äng'gır) *i., f.* öfke, hiddet, gazap, dar- gınlık; *f.* darıltmak, kızdırmak, öfkelendirmek.

an.gi.na (äncay'nı, än'cını) *i.* anjin, boğaz ilti- habı, boğak.

an.gi.ol.o.gy (änciyal'ıci) *i., tıb.* damarlar bil- gisi.

an.gi.o.sperm.ous (änciyıspır'mıs) *s., bot.* to- humu bir zar içinde bulunan (bitki).

an.gle (äng'gıl) *i.* açı, zaviye; sivri köşe; görüş açısı; vecih, cihet, safha; *argo* kâr. **angle of incidence** gelme açısı. **angle of reflec- tion** yansıma açısı. **angle of vision** görüş açısı. **acute angle** dar açı. **adjacent angles** bitişik açılar. **alternate angles** iç veya dış ters açılar. **critical angle** en küçük kırılma açısı; *hav.* zor iniş açısı. **drift angle** *den., hav.* akıntı açısı. **obtuse angle** geniş açı. **plane angle** düzlem açı. **right angle** dik açı. **spherical angle** küresel açı. **angled** *s.* açılı, zaviyeli, köşeli.

an.gle (äng'gıl) *f.* köşeler yaparak dönmek, viraj almak; *k.dili* ima yoluyla bir şeyi veya fikri öne sürmek; el altından soruşturmak. **angle iron** köşebent demiri.

an.gle (äng'gıl) *f.* olta ile balık avlamak. **angler** *i.* olta ile balık tutan kimse; başka balıkları yutan büyük ağızlı ve boynuzlu bir çeşit balık, fenerbalığı, *zool.* Lophius piscatorius.

An.gles (äng'gılz) *i., çoğ.* beşinci yüzyılda İngiltere'yi istilâ eden bir Cermen kabilesi, Anglo'lar (İngiliz ve İngiltere kelimeleri bu kelimeden türemiştir.)

an.gle.worm (äng'gılwırm) *i.* solucan.

An.gli.can (äng'glıkın) *i., s.* İngiliz kilisesine mensup kimse, Anglikan; *s.* İngiliz kilisesine ait.

An.gli.cism (äng'glısîzım) *i.* İngiliz diline mah- sus deyim; İngiliz özelliği.

An.gli.cize (äng'glısayz) *f.* İngilizleştirmek, İngilizleşmek.

an.gling (äng'glîng) *i.* olta ile balık avlama.

An.glo-A.mer.i.can (äng'glowımer'ıkın) *s., i.* ecdadı İngiliz ve kendisi Amerikalı olan; *i.* Anglo-Amerikan.

An.glo-Cath.o.lic (äng'glokäth'lîk) *s., i.* İngiliz kilisesine mensup olup Katolikliğe meyleden (kimse).

An.glo-In.di.an (äng'glowîn'diyın) *s., i.* Hin- distan'da oturan İngilizlere ait; *i.* anası babası İngiliz olup Hindistan'da doğan veya uzun süre ikamet eden kimse.

An.glo-I.rish (äng'gloway'riş) *i., s.* İrlanda'da oturan İngiliz.

An.glo.ma.ni.a (äng'glomey'niyı) *i.* aşırı dere- cede İngiliz ve İngiltere hayranlığı.

An.glo-Nor.man (äng'glonôr'mın) *s., i.* İngil- tere'nin Normanların egemenliğinde olduğu devreyle ilgili; *i.* aslen Normandiyalı olup İngiltere'de yaşayan kimse; Normandiyalıların İngiltere'de konuştuğu Fransızca.

An.glo.phile (äng'glıfayl) *s.* İngiliz hayranı ve taraftarı.

An.glo.phobe (äng'glıfob) *i.* İngiliz düşmanı; İngiliz aleyhtarı. **Anglopho'bia** *i.* İngiliz aleyhtarlığı, İngiliz düşmanlığı.

An.glo.phone (äng'glıfon) *s.* İngilizce konuşan (Afrika'da devlet veya şahıs).

An.glo-Sax.on (äng'glosäk'sın) *i., s.* Anglo-sakson.

An.go.ra (änggôr'ı) *i.* Ankara. **Angora cat** Ankara kedisi. **Angora goat** Ankara keçisi. **Angora wool** tiftik, moher.

an.gry (äng'gri) *s.* öfkeli, hiddetli, kızgın, gücenmiş, darılmış; *tıb.* kızarmış, kabarmış; sinirli, titiz. **angry about a thing** bir meseleden dolayı darılmış. **angry with a person** bir kimseye gücenmiş. **angrily** *z.* hiddetle, gazapla, öfkeyle.

ang.strom (äng'strım) *i., fiz., radyo* kısa dalga ölçülerinde kullanılan santimin yüz milyonda biri.

an.guish (äng'gwiş) *i.* şiddetli ıstırap, acı, keder, elem, yeis.

an.gu.lar (äng'gyılır) *s.* köşeli, zaviyeli, açısal; zaviye ile ölçülen; sivri; bir deri bir kemik (insan); davranışları rahat olmayan, zarafetten yoksun. **angular measure** açı ölçüsü. **angular motion** deveran, dönme. **angular velocity** (dönüş sırasında) açısal sürat.

an.gu.lar.i.ty (änggyılär'ıti) *i.* açılı veya köşeli olma.

an.he.la.tion (änhiley'şın) *i.* nefes darlığı.

an.hy.dride (änhay'drayd) *i., kim.* anıdrid.

an.hy.drous (änhay'drıs) *s., kim.* susuz.

an.i.con.ic (änaykan'ik) *s.* benzetmesiz.

an.il (än'il) *i.* çivitotu, *bot.* Indigofera suffruticosa.

an.ile (än'ayl) *s.* kocakarı gibi, bunamış.

an.i.line (än'ılin) *i.* anilin.

an.i.ma (än'ımı) *i.* hayat kaynağı, ruh, can.

an.i.mad.vert (änımädvırt') *f.* eleştirici bir şey söylemek, tenkit edercesine söz söylemek. **animadversion** *i.* eleştirme, tenkit, kınama, sitem.

an.i.mal (än'ımıl) *i., s.* hayvan; *s.* hayvanlara ait, hayvani, diriksel. **animal breeding** hayvan besleme. **animal heat** vücut sıcaklığı. **animal husbandry** hayvancılık. **animal kingdom** hayvanlar âlemi. **animal magnetism** çekicilik. **animal nature** insandaki hayvansal tabiat. **animal psychology** hayvan psikolojisi. **animal spirits** canlılık, hayatiyet. **animal worship** hayvana tapma, hayvanperestlik. **domestic animal** ehli hayvan, evcil hayvan. **wild animal** vahşi hayvan, yabani hayvan.

an.i.mal.cule (änimäl'kyul) *i.* mikroskopla görülebilen hayvancık.

an.i.mal.ism (än'ımılizım) *i.* hayvanilik, hayvan oluş.

an.i.mal.ize (än'ımılayz) *f.* hayvanlaştırmak; hazım yoluyla besinleri hayvani madde haline getirmek. **animaliza'tion** *i.* hayvanlaştırma.

an.i.mate (än'ımeyt) *f.* hayat vermek, hayatiyet kazandırmak, ihya etmek, canlandırmak, şevklendirmek. **animate(d)** *s.* canlı; neşeli, hayat dolu. **animated cartoon** canlı resimlerden ibaret kısa filim, miki filmi.

an.i.ma.tion (änimey'şın) *i.* canlılık, hayatiyet, şevk.

a.ni.ma.to (anima'to) *z., müz.* canlı olarak, animato.

an.i.ma.tor (än'ımeytır) *i.* canlılık veren, canlandıran, hayatiyet veren şey veya kimse.

an.i.mism (än'ımizım) *i.* animizm, bütün varlıkların ve evrenin bir ruh taşıdığına inanan doktrin; varlıkların bedenlerinden ayrı olarak ruh sahibi oldukları inancı; ruhun hayat ve sağlığın temel varlığı olduğuna inanma doktrini; ruhların varlığına inanış.

an.i.mis.tic (änımis'tik) *s.* animizmle ilgili.

an.i.mos.i.ty (änımas'ıti) *i.* husumet, kin, düşmanlık.

an.i.mus (än'ımıs) *i.* kötü niyet, ters mizaç; gaye, hedef, maksat.

an.i.on (än'ayın) *i.* negatif iyon.

an.ise (än'is) *i.* anason, *bot.* Pimpinella anisum.

an.i.sette (änızet') *i.* anasonlu içki, rakı.

An.ka.ra (an'kara) *i.* Ankara.

ankh (ängk) *i.* eski Mısır'da hayat sembolü olan tepesi halka şeklinde haç.

an.kle (ang'kıl) *i.* ayak bileği. **ankle bone** *anat.* aşık kemiği, astragalus.

an.klet (äng'klit) *i.* ayak bileğine takılan bilezik, halhal; kısa çorap.

an.ky.lo.sis (ängkılo'sis) *i., tıb.* oynakların yapışması, eklem katılaşması, ankiloz.

an.na (än'ı) *i.* Hindistan'da para birimi olan rupinin on altıda biri.

an.nal.ist (än'ılist) *i.* tarihi olayları kaydeden kimse, tarihçi.

an.nals (än'ılz) *i., çoğ.* tarihi olaylar; vakayi-
name, tarihî olayları tarih sırasıyla kaydeden
eser.

an.neal (ınil') *f.* tavlamak, kızdırdıktan sonra
yavaş yavaş soğutarak yumuşatmak; sert-
leştirmek. **annealing oven** tavlama fırını.

an.ne.lid (än'ılid) *i., s., zool.* halkalı; *s.*
halkalılara ait.

an.nex (än'eks) *i.* ilâve; ek bina, müştemilât.

an.nex (ıneks') *f.* ilhak etmek, ilâve etmek,
eklemek.

an.nex.a.tion (äneksey'şın) *i.* ilhak (arazi);
mülhak arazi; *huk.* müsadere.

an.ni.hi.late (ınay'ıleyt) *f.* imha etmek, yok
etmek; bozmak; iptal etmek, feshetmek.
annihilable *s.* imha edilebilir, fesh ve
iptal edilebilir. **annihila'tion** *i.* imha, yok
etme; iptal; tüketme; fena.

an.ni.ver.sa.ry (änıvır'sıri) *i.* yıldönümü, senei
devriye; yıldönümünü kutlama.

an.no Dom.i.ni (än'o dam'ınî) *Lat. (kıs.* **A.D.**)
(Rabbin senesinde) Milâdi sene, Milâttan
sonra, M.S.

An.no Heg.i.rae (än'o hıcay'ri) *Lat. (kıs.*
A.H.) Hicrî sene, H.

an.no mun.di (än'o mʌn'di) *Lat. (kıs.* **A.M.**)
dünyanın yaratılış tarihinden itibaren hesap
edilen yılda.

an.no.tate (än'oteyt) *f.* şerhetmek, haşiyeler
ilâve etmek, notlarla izah etmek. **annota'-
tion** *i.* not, şerh. **annotator** *i.* müfessir,
notlar ilâve eden, yorumlayan kimse.

an.nounce (ınauns') *f.* bildirmek, beyan etmek,
haber vermek, ilân etmek. **announcer** *i.*
spiker. **announcement** *i.* tebliğ, ilân, bildiri.

an.noy (ınoy') *f.* tâciz etmek, usandırmak,
sıkmak, başını ağrıtmak, canını sıkmak;
kızdırmak. **annoyance** *i.* sıkıntı, üzüntü,
rahatsızlık. **annoying** *s.* sinirlendirici, can
sıkıcı.

an.nu.al (än'yuwıl) *i., s.* yıllık, salname; *bot.*
bir yıl ömrü olan bitki; *s.* senelik, yıllık,
her sene. **annually** *z.* her sene, yılda bir.

an.nu.i.tant (ınu'wıtınt) *i.* yıllık taksit veya
tahsisat alan kimse.

an.nu.i.ty (ınu'wıti) *i.* yıllık taksit; tahsisat,
her yıl tahsil edilen belirli bir gelir; hizmete
bedel olmayarak bir yerden verilen yıllık
maaş. **contingent annuity** şarta bağlı
yıllık maaş. **deferred annuity** ilerde

belirli bir zamanda verilecek yıllık maaş.
joint annuity belirli birkaç şahsın veya
bu şahıslardan birinin yaşadığı müddetçe
aldığı maaş. **life annuity** kaydı hayat şar-
tıyla gelir. **perpetual annuity** daimî yıllık
taksit. **reversionary annuity** belirli bir
vakadan ve çoğunlukla bir şahsın ölümünden
sonra bağlanan maaş. **survivorship annuity**
belirli iki veya fazla şahıstan sağ kalana
bağlanan maaş (Bazen **reversionary annu-
ity** anlamında kullanılır.)

an.nul (ınʌl') *f.* (**-led, -ling**) bozmak, ilga
etmek, kaldırmak, iptal etmek, feshetmek.

an.nu.lar (än'yılır) *s.* halka şeklinde, yuvarlak,
dairesel. **annular eclipse** *astr.* dairesel
tutulma. **annular tube** *bot.* halkalı damar.

an.nu.late(d) (än'yuleyt, -ıd) *s.* halkalı, hal-
kalardan meydana gelmiş.

an.nu.la.tion (änyıley'şın) *i.* halka şekli, halka.

an.nu.let (än'yılit) *i.* halkacık.

an.nul.ment (ınʌl'mınt) *i.* ilga, kaldırma, iptal,
fesih, bozma; evliliğin butlanı.

an.nu.lus (än'yılıs) *i.* halka, halka şeklinde
olan şey. **annulose** *s.* halka şeklinde, halka
halka olan.

an.nun.ci.ate (ınʌn'siyeyt) *f.* ilân etmek, tebliğ
etmek, bildirmek.

an.nun.ci.a.tion (ınʌnsiyey'şın) *i.* haber, tebliğ
etme, bildirme, ilân; *b.h.* Cebrail vasıtasıyla
Hazreti Meryem'e ulaştırılan haber.

an.ode (än'od) *i., elek.* pozitif kutup (*bak.*
cathode), anot.

an.o.dyne (än'ıdayn) *i., s.* uyuşturucu, yatış-
tırıcı, müsekkin (ilâç), ağrı kesici.

a.noint (ınoynt') *f.* yağlamak, meshetmek;
sıvamak. **anointing, anointment** *i.* yağ-
lama, yağlanma.

a.nom.a.lous (ınam'ılıs) *s.* kural dışı, kaide-
lere uymayan, istisna teşkil eden; tabiî ol-
mayan, anormal.

a.nom.a.ly (ınam'ıli) *i.* kural dışı oluş, kaide
dışı olan şey, sapıklık, anomali, anormallik;
gram. kural dışı kelime. **true anomaly** *astr.*
gerçek anomali, elipste radyus vektörü ile
büyük eksen arasındaki açı.

an.o.mie (än'ımi) *i.* ümitsizlik, gayesizlik, top-
lumsal düzensizlikten ileri gelen bunalım.

a.non (ınan') *z., eski* şimdi, hemen, derhal,
çok geçmeden; başka bir zaman. **ever and
anon** arasıra, zaman zaman.

an.o.nym (än'ınîm) *i.* ismi bilinmeyen yazar; takma isim.

an.o.nym.i.ty (änınîm'ıti) *i.* yazarı bilinmeyiş, gerçek ismini saklama.

a.non.y.mous (ınan'ımıs) *s.* isimsiz, anonim, ismi meçhul. **anonymously** *z.* imza koymadan, imzasız olarak.

a.noph.e.les (ınaf'ıliz) *i.* sıtma sivrisineği, anofel.

an.o.rex.i.a (änırek'siyı) *i., tıb.* iştahsızlık.

an.os.mi.a (änaz'miyı) *i., tıb.* koku almazlık, koku duyusu eksikliği, anozmi.

an.oth.er (ınʌdh'ır) *s., zam.* başka, ayrı, diğer, sair, öbür; *zam.* (*çoğ.* **others**) bir daha, başka, aynı. **one after another** birbiri arkasından, sıra ile. **one another** birbirini, yekdiğerini. **You're another!** Sen de!

an.ox.i.a (änak'siyı) *i., tıb.* kanda oksijen azlığı.

ans. *kıs.* **answer.**

an.ser.ine (än'sırayn) *s.* kaza ait, kaz gibi; aptal.

an.swer (än'sır) *i.* cevap, karşılık, mukabele; *müz.* bir çalgının başka bir çalgıya cevap vermesi; hesabın doğru sonucu. **answerless** *s.* cevapsız.

an.swer (än'sır) *f.* cevap vermek, gelmek (çağrılınca), gitmek; halletmek; mukabele etmek, karşılamak; ihtiyacı karşılamak; ödemek, hesap görmek; **to** *ile* tekabül etmek, uymak. **answer back** karşılık vermek. **answer for that** ondan sorumlu olmak. **answer the doorbell** kapı zili çalınınca açmak. **answerable** *s.* sorumlu, mesul; cevap verilebilir.

ant (änt) *i.* karınca, *zool.* Formica. **flying ant** kanatlı karınca. **red ant** kızıl karınca, *zool.* Formica sanguinea. **stinging ant** karaiğne. **white ant** divik.

ant.ac.id (äntäs'îd) *s.* mide ekşimesini tedavi eden, asitleri giderici.

an.tag.o.nism (äntäg'ınizım) *i.* husumet, kin; zıddiyet.

an.tag.o.nist (äntäg'ınîst) *i.* muhasım, karşı çıkan, muhalif kimse. **antagonis'tic** *s.* muhasım, zıt, muhalif. **antagonis'tically** *z.* muhalefet ederek, karşı çıkarak.

an.tag.o.nize (äntäg'ınayz) *f.* zıtlık yaratmak, aleyhine çevirmek, husumeti tahrik etmek, kışkırtmak.

ant.al.gic (äntäl'cîk) *s., i.* ağrı kesici.

Ant.arc.tic (äntar'tîk) *i., s.* Güney Kutbu ve civarı; *s.* Güney Kutbuna ve o civara ait. **Antarctic Circle** Güney Kutup dairesi.

Ant.arc.ti.ca (äntar'tîkı) *i.* Antarktika.

ant.ar.thrit.ic (äntarthrît'îk) *s., tıb.* eklem ağrısını teskin eden.

ant.asth.mat.ic (äntäzmät'îk) *s., tıb.* astımı teskin eden, antiazmatik.

an.te (än'ti) *i.* pokerde oyuna başlamadan evvel her oyuncu tarafından ortaya konulan para, bop.

ante- *önek* evvel, önce.

ant.eat.er, ant bear (änt'itır, änt'ber) *i., zool.* Myrmecophaga cinsinden karınca yiyen bir takım hayvanlardan biri.

an.te-bel.lum (än'tibel'ım) *s., Lat.* harpten evvel (özellikle Amerikan iç harbinden evvel).

an.te.ce.dence (äntısid'ıns) *i.* evvellik, öncelik, takaddüm.

an.te.ce.dent (äntısid'ınt) *s., i.* önce gelen, evvel, mukaddem; *i.* önerti; geçmişte vaki olay; geçmiş, mazi; *çoğ.* ced, soy; *gram.* zamirin yerini aldığı isim veya tümleç; *mat.* bir denklemin ilk ünitesi.

an.te.cham.ber (än'tiçeymbır) *i.* başka bir odaya giriş veren oda.

an.te.date (än'tideyt) *f.* bir mektuba veya senede geçmiş bir tarih atmak; daha evvel gelmek, takaddüm etmek.

an.te.di.lu.vi.al (äntidilu'vîyıl) *s.* Tufandan evvelki. **antediluvian** *s., i.* Tufandan evvelki devre ait; *i.* eski kafalı kimse; çok yaşlı adam.

an.te.lope (än'tılop) *i.* antilop; ceylan, gazal, ahu.

an.te me.rid.i.em (än'timırîd'iyım) öğleden evvel, sabah; *kıs.* **A.M.**

an.te.na.tal (äntiney'tıl) *s.* doğumdan evvel olan.

an.ten.na (*çoğ.* **-nae**) (änten'ı, -ey) *i., zool.* anten; böcek boynuzu, duyarga; anten (radyo v.b.).

an.te.nup.tial (äntınʌp'çıl) *s.* nikâhtan evvel olan.

an.te.or.bi.tal (äntı.ôr'bıtıl) *s.* gözlerin önünde olan.

an.te.pe.nult (äntipi'nʌlt) *i.* sondan üçüncü hece.

an.te.ri.or (äntîr'iyır) *s.* evvelki, önceki, mukaddem, eski; ilerde, önde; *biyol.* ön, öndeki, ön tarafta bulunan.

an.te.room (än'tirum) *i.* bekleme odası.

ant.he.li.on (änt.hi'liyın) *i.* güneşin ışığında bulut üzerinde görülen renkli halka.

ant.hel.min.tic (änt.helmîn'tik) *s.*, *i.* solucanları bağırsaktan defeden; *i.* solucan ilâcı, solucan düşürücü ilâç.

an.them (än'thım) *i.* şükran ve sevinç ilâhisi. **national anthem** milli marş.

an.ther (än'thır) *i.*, *bot.* çiçeklerde ercik başı, anter, haşefe, başçık.

ant.hill (änt'hîl) *i.* tümsek şeklinde olan karınca yuvası.

an.thol.o.gy (änthal'ıci) *i.* seçme edebî parçalardan derlenmiş eser, antoloji. **antholog'ical** *s.* antolojiye ait. **anthologist** *i.* antoloji düzenleyen kimse.

an.tho.zo.a (änthızo'wa) *i.*, *çoğ.*, *zool.* mercan familyasından olan deniz hayvanları.

an.thra.cite (än'thrısayt) *i.* çok sert bir çeşit maden kömürü, antrasit.

an.thrax (än'thräks) *i.* koyun ve davarlara arız olan bir hastalık, antraks, şarbon; şirpençe.

an.thro.po.cen.tric (änthrıposen'trik) *s.* insanı evrenin merkezi olarak kabul eden.

an.thro.pog.ra.phy (änthrıpag'rıfi) *i.* antropolojinin bir dalı, etnoloji.

an.thro.poid (än'thrıpoyd) *s.*, *i.* insana benzeyen, insanımsı; *i.* insana benzeyen maymun.

an.thro.pol.o.gy (änthrıpal'ıci) *i.* antropoloji, beşeriyet, insanbilim. **anthropolog'ical** *s.* antropolojiye ait. **anthropologist** *i.* antropoloji bilgini veya uzmanı, antropolog.

an.thro.pom.e.try (änthrıpam'ıtri) *i.* insan vücudunun muhtelif uzuvlarını ölçme ilmi. **anthropomet'ric** *s.* bu ilme ait.

an.thro.po.mor.phism (änthrıpomôr'fizım) *i.* insanbiçimcilik, antropomorfizm. **anthropomorphous** *s.* insan şeklinde.

an.thro.poph.a.gi (änthrıpaf'ıcay) *i.*, *çoğ.* yamyamlar. **anthropophagous** *s.* insan eti yiyen. **anthropophagy** *i.* yamyamlık, insan yeme âdeti.

anti- *önek* karşı, zıt, ters, aksi.

an.ti.air.craft (äntiyer'kräft) *s.* uçaksavar. **antiaircraft gun** uçaksavar topu.

an.ti.bi.ot.ic (äntibayat'ik) *i.* antibiyotik.

an.ti.bod.y (än'tibadi) *i.* kana dışardan giren yabancı cisimlere karşı koyan madde, antikor.

an.tic (än'tik) *i.* soytarılık, maskaralık, tuhaflık.

An.ti.christ (än'tikrayst) *i.* Deccal, Sahte Mesih; Mesih düşmanı.

an.ti.chris.tian (äntikris'çın) *s.* Hıristiyan dinine karşı gelen veya çıkan; Deccal'e ait.

an.tic.i.pate (äntis'ıpeyt) *f.* beklemek, ummak; önceden tahmin etmek, sezinlemek, geleceği görmek; önce davranmak.

an.tic.i.pa.tion (äntisıpey'şın) *i.* güvenle bekleme; önceden yapma; evvelden farketme, sezinleme; evvelden yaşama; *müz.* sonra çalınacak notaların birkaçının evvelden çalınması.

an.tic.i.pa.to.ry (äntis'ıpıtôri) *s.* ilerde vaki olacak hali içine alan.

an.ti.cler.i.cal (äntikler'ikıl) *s.* papaz sınıfına muhalif, papazların siyasete karışmalarına karşı.

an.ti.cli.mac.tic (äntiklaymäk'tik) *s.*, *kon. san.* ani bir değişiklikle daha az etkili bir hale gelen ifade ile ilgili; daha önemli bir olayın etkisiyle gölgelenen vaka ile ilgili.

an.ti.cli.max (äntiklay'mäks) *i.*, *kon. san.* ifadenin anî bir değişiklikle daha az etkili bir şekil alması; daha önemli bir olayın etkisiyle gölgelenen vaka.

an.ti.cline (än'tiklayn) *i.*, *jeol.* bir eksenden zıt yönlere giden tabakaların bükülmesi veya kemeri, yukaç. **anticli'nal** *s.* yukaça ait.

an.ti.co.ag.u.lant (äntıkowäg'yulınt) *i.* kanın pıhtılaşmasına engel olan ilâç.

an.ti.con.vul.sant (äntıkınvʌl'sınt) *i.* çırpınmayı önleyen ilaç.

an.ti.cy.clone (äntisay'klon) *i.* yüksek basınç alanı, karşı- döngü.

an.ti.dote (än'tidot) *i.* panzehir, hastalık etkisini giderici madde, ilâç, deva, çare; herhangi bir (bedenî veya aklî) bozukluğun etkisini giderici madde. **antidotal** *s.* panzehire ait.

an.ti.e.met.ic (äntiyimet'ik) *s.*, *i.* kusmayı önleyen (ilâç).

an.ti.fe.brile (äntifi'brıl) *s.* ateş düşürücü.

an.ti.freeze (än'tifriz) *i.* bir sıvının donmasını önleyen alaşım, antifriz.

an.ti.fric.tion (äntifrik'şın) *s.* sürtünmeye karşı.

an.ti.gen (än'tıcın) *i.*, *tıb.* antijen.

an.ti-hero (än'tıhi'ro) *i.* kibarlık ve şereften uzak olan baş kahraman.

an.ti.his.ta.mine (äntihis'tımin) *i., tıb.* antihistamin.

an.ti.knock (äntinak') *i., oto.* vuruntu kesici yakıt ilâvesi.

An.ti-Leb.a.non (äntileb'ının) *i.* Lübnan Suriye sınırında ve Lübnan dağlarının doğrultusunda bir dağ silsilesi.

an.ti.log.a.rithm (äntilôg'ırıdhım) *i., mat.* logaritma oranında olan sayı.

an.til.o.gy (äntil'ıci) *i.* karşıtlık, tezat.

an.ti.ma.cas.sar (äntimıkäs'ır) *i.* yüksek arkalıklı sandalyede oturulunca başın geldiği kısmı örten bez parçası; koltuk örtüsü.

an.ti.ma.lar.i.al (äntımıler'iyıl) *s.* sıtmaya karşı kullanılan.

an.ti.mat.ter (än'timätır) *i., fiz.* zıt zerrelerden oluşmuş madde.

an.ti.mo.ny (än'tımoni) *i.* antimon, rastık taşı.

an.ti.na.tion.al (äntınäş'ınıl) *s.* millet veya milletçiliğe karşı.

an.ti.neph.rit.ic (äntınefrit'ik) *s.* böbrek hastalıklarına karşı faydalı.

an.ti.neu.tri.no (äntinutri'no) *i.* antinötrino.

an.ti.neu.tron (äntinu'tran) *i.* antinötron.

an.ti.no.mi.an (äntino'miyın) *s., i.* ahlâk kurallarına karşı gelen (kimse). **antinomianism** *i.* ahlâk kurallarına karşı gelme.

an.tin.o.my (äntin'ımı) *i.* iki kanun veya iki felsefe prensibi arasındaki zıtlık.

an.ti.nov.el (än'tınav'ıl) *i.* plan ve karakterlere önem vermeyip konuyu duygusal yönden ele alan roman.

An.ti.och (än'tiyak) *i.* Antakya.

an.ti.par.tic.le (äntipar'tikıl) *i., fiz.* zıt zerre.

an.ti.pas.to (antipas'to) *i.* meze.

an.tip.a.thet.ic (äntip'ıthet'ik) *s.* tabiatça zıt olan.

an.tip.a.thy (äntip'ıthi) *i.* nefret, tiksinme, istikrah, karşıt duygu, antipati, tabiat zıtlığı.

an.ti.per.son.nel (än'tipırsınel') *s.* insan öldürücü (silâhlar).

an.ti.per.spi.rant (äntipır'spırınt) *i.* ter kesici ilâç.

an.ti.phlo.gis.tic (än'tiflocis'tik) *s., i., tıb.* iltihabı azaltan (ilâç).

an.tiph.o.ny (äntif'ını) *i.* karşılıklı ilâhi okuma usulü; karşılıklı okunan ilâhi, dua v.b., antifoni. **antiphonal, antiphon'ic** *s.* karşılıklı okuma usulüne ait.

an.tiph.ra.sis (äntif'rısis) *i., kon. san.* bir kelimenin aksi anlamda kullanılması.

an.tip.o.dal, **an.tip.o.de.an** (äntip'ıdıl, äntipıdi'yın) *s.* yeryüzünün aksi tarafında olan; bir şeyin taban tabana zıddı.

an.tip.o.des (äntip'ıdiz) *i., çoğ.* yeryüzünün aksi tarafında bulunan yer; yeryüzünün aksi taraflarında oturanlar; tabiat, mizaç ve ahlâkça bir başkasına taban tabana zıt olan kimse yahut şey; birbirine zıt iki kimse yahut iki şey.

an.ti.pole (än'tıpol) *i.* zıt.

an.ti.pope (än'tipop) *i.* kanunlar gereğince seçilmiş Papaya muhalefet eden kanun dışı Papa.

an.ti.py.ret.ic (äntipayret'ik) *s., tıb.* hararetı teskin eden, ateş düşürücü.

an.ti.quar.i.an (äntikwer'iyın) *i., s.* antika meraklısı, eski eserler uzmanı; *s.* antika şeylere ait. **an'tiquary** *i.* antika meraklısı.

an.ti.quate (än'tikweyt) *f.* eskitmek.

an.ti.quat.ed (än'tikweytid) *s.* çok eski; modası geçmiş.

an.tique (äntik') *s., i.* eski zamanlara ait; eski devirlerden kalma, antika; *i.* antika; sanatta eski Yunan ve Roma üslûbu; bir çeşit matbaa harfi. **antiqueness** *i.* antikalık, eskilik, eski zaman işi.

an.tiq.ui.ty (äntik'wıtı) *i.* eskilik, antikalık; eski zamanlar, eski zaman adamları, eski zaman medeniyeti; *gen. çoğ.* eski zaman kalıntıları; çok ihtiyar kimse, çok eski şey.

an.ti.ra.chit.ic (äntirıkit'ik) *s., i.* raşitizme karşı (ilâç).

an.tir.rhi.num (äntıray'nım) *i.* sıracaotları familyası (aslanağzı, kurt ağzı v.b.).

an.ti.scor.bu.tic (äntiskôrbyu'tik) *s., i.* iskorbüt hastalığını önleyen (ilâç).

an.ti-Sem.ite (äntisem'ayt) *i.* Yahudi aleyhtarı. **anti-Semit'ic** *s.* Yahudilerin aleyhinde olan. **anti-Sem'itism** *i.* Yahudi aleyhtarlığı.

an.ti.sep.tic (äntısep'tik) *i., s.* antiseptik. **antiseptically** *z.* antiseptik suretiyle. **antisepsis** *i.* antisepsi.

an.ti.se.rum (äntisir'ım) *i.* aşı, antiserum.

an.ti.slav.er.y (äntisley'vri) *s.* köleliğe karşı, kölelik aleyhtarı.

an.ti.so.cial (äntiso'şıl) *s.* toplumsal örgüt ve yararlara karşı.

an.ti.spas.mod.ic (äntîspäzmad'îk) s., i., tıb. sinir (ıspazmoz) krizlerini teskin eden veya önleyen (ilâç), kulunç giderici, kasınç giderici (ilâç).

an.tis.tro.phe (äntis'trıfi) i. eski Yunan tiyatrosunda koronun "strophe"den sonraki dönüş hareketinde okuduğu satırlar; dansta ters hareketler yapma.

an.ti.sub.ma.rine (äntisʌb'mırin) i. denizaltı avcı gemisi.

an.ti.tank gun (äntîtängk') tanksavar top.

an.tith.e.sis (çoğ. -ses) (äntîth'ısîs, -siz) i. antitez, karşı tez, karşı sav; zıtlık.

an.ti.thet.ic (äntıthet'îk) s. karşıt olan, tezatlı; tezat mahiyetinde. antithetically z. tezat teşkil ederek.

an.ti.tox.ic (äntîtak'sîk) s., biyol. antitoksik. antitoxin i. antitoksin.

an.ti.trust (äntîtrʌst') s., ekon. tröstlerin teşekkül etmesine karşı olan.

an.ti.type (än'tîtayp) i. meydana geleceğine önceden işaret veya ima edilen olay.

ant.ler (änt'lır) i. geyik ve karaca boynuzu veya boynuzunun dalı. antlered s. boynuzlu, boynuzlarla süslenmiş.

ant lion zool. karınca aslanı.

an.to.no.ma.sia (äntınomey'jı) i., kon.san. bir kimsenin bir lakap veya unvanla teşhis edilmesi; bir özel ismin benzer nitelikteki diğer şahıslar için genel olarak kullanılması. antonomastical s. sıfatla tesmiye usulü ile yapılan.

an.to.nym (än'tınîm) i. zıt anlama gelen kelime.

an.trum (än'trım) i., anat. oyuk.

a.nus (ey'nıs) i. anus, şerç, makat.

an.vil (än'vil) i. örs.

an.vil.top (än'viltap) i. ucu sivri fırtına bulutu.

anx.i.e.ty (ängzay'ıti) i. endişe, kuruntu, vesvese, korku, huzursuzluk; büyük arzu.

anx.ious (ängk'şıs) s. endişeli, mustarip, sıkıntılı, vesveseli, üzüntülü; to veya for ile çok arzulu, istekli, hevesli. anxiously z. endişe ile, istekle. anxiousness i. endişe, ıstırap, huzursuzluk. sit in the anxious seat A.B.D., k.dili endişeli olmak, diken üzerinde oturmak.

an.y (en'i) s., z., zam. bir, herhangi, her ne kadar, her, her bir, bazı, birkaç, biraz, hiçbir, hiç; daha.

an.y.bod.y (en'ibʌdi) i., zam. kimse, herhangi bir kimse, hiç kimse, herkes, her kim. He isn't just anybody. O herhangi bir kimse değil.

an.y.how (en'ihau) z. her nasılsa, ne olursa olsun, hiç bir surette, her halde; dikkatsizce.

any more artık; daha fazla.

any more than -den daha fazla.

an.y.one (en'iwʌn) zam. herhangi bir kimse.

an.y.place (en'ipleys) z. herhangi bir yer.

an.y.thing (en'ithîng) zam. bir şey, herhangi bir şey, her şey, hiç bir şey. anything but... olmasın da ne olursa olsun.

an.y.way (en'iwey) z. zaten, her halükârda, hangi şartlar altında olursa olsun; ne ise; dikkatsizce, dalgacı bir şekilde.

an.y.where (en'ihwer) z. herhangi bir yere veya yerde, her yere, hiç bir yere.

an.y.wise (en'iwayz) z. her nasıl olursa.

An.zac (än'zäk) i. Birinci Dünya Savaşında Avustralya ve Yeni Zelanda askeri, Anzak.

A-one (ey'wʌn') s. birinci kalite olan.

a.o.rist (ey'ırîst) i. geniş zaman, muzari, bazı dillerde kesinlikle zaman bildirmeyen zaman; özellikle Yunanca'da haber kipinin geniş zamanı.

a.or.ta (eyôr'tı) i., anat. kanı yürekten vücuda nakleden şahdamar, büyük ortadamar, aort. aortal, aortic s. aortla ilgili.

Ap. kıs. April, Apostle.

AP, A.P. kıs. Associated Press.

a.pace (ıpeys') z. çabuk, süratle.

A.pach.e (ıpäç'i) i. A.B.D' nin güneybatısında bulunan kızılderili kabile gruplarından biri; k.h. (ıpaş') Paris'te gece soyguncusu; külhanbeyi, apaş.

a.part (ıpart') z., s. ayrı, bir tarafa, bir yana, bir tarafta; münferit olarak, birbirinden ayrı; bağımsız olarak, müstakil bir şekilde; parça parça; s. ayrı, farklı. drift apart sürüklenmek; uzaklaşmak; tedricen ayrı düşmek. set apart ayırmak, bir tarafa koymak, tahsis etmek. take apart sökmek, parçalara ayırmak. tell apart birbirinden ayırmak, tefrik etmek.

a.part.heid (ıpart'heyt) i. Güney Afrika'da ırk ayırımı.

a.part.ment (ıpart'mınt) i. apartman dairesi. apartment house apartman.

ap.a.thet.ic (äpıthet'îk) s. duygusuz, hissiz, lâkayt, kayıtsız, ilgisiz; soğuk, cansız.

ap.a.thy (äp'ıthi) *i.* duygusuzluk, duyumsamaz-
lık, hissizlik, kayıtsızlık; soğukluk, cansızlık.
ape (eyp) *i., f.* kuyruksuz veya kısa kuyruklu
maymun; maymun; mukallit kimse, taklitçi;
f. taklit etmek.
a.peak (ıpik') *z., den.* dikey olarak, amudî
olarak, apiko.
ape man insana benzeyen primat.
a.per.çu (apersü') *i.* bakış, nazar; özet, hulâsa,
plan.
a.pe.ri.ent (ıpir'iyınt) *s., i., tıb.* müshil, laksatif;
i. müshil tesiri yapan ilâç veya yiyecek.
a.pé.ri.tif (äperitif') *i.* aperitif, yemekten evvel
içilen iştah açıcı içki.
ap.er.ture (äp'ırçır) *i.* delik, gedik, menfez;
fotoğraf makinesinde merceklere giren ışığı
ayarlamak için genişletilip daraltılabilen delik;
geom. birbirini çapraz kesen iki doğrunun
arası.
ap.er.y (ey'pıri) *i.* taklitçilik.
a.pet.al.ous (eypet'ılıs) *s.* yapraksız (çiçek).
a.pex (*çoğ.* **ap.i.ces**) (ey'peks, ey'pısiz) *i.*
doruk, zirve, tepe, uç; *geom.* açının tepesi;
astr. apeks, güneş hareketinin hedef noktası.
a.pha.sia (ıfey'jı) *i., tıb.* afazi, söz yitimi. **audi-
tory aphasia** söz sağırlığı.
a.phe.li.on (ıfi'liyın) *i., astr.* bir gezegen veya
bir kuyruklu yıldız yörüngesinin güneşten en
uzak olan ucu, afel, evc, yeröte.
a.phid (äf'ıd, ey'fıd) *i., zool.* yaprak biti.
a.pho.ni.a (ıfo'niyı, eyfo'niyı) *i., tıb.* afoni,
ses kısılması.
aph.o.rism (äf'ırîzım) *i.* vecize, darbımesel.
aphoristic(al) *s.* darbımesel kabilinden.
a.pho.tic (eyfo'tik) *s.* ışıksız.
aph.ro.dis.i.ac (äfrıdiz'iyäk) *s., i.* cinsel arzu
uyandıran; *i.* cinsel arzu uyandıran ilâç veya
gıda maddesi.
aph.tha (äf'thı) *i., tıb.* pamukçuk.
aph.thous fever (äf'thıs) aft, aft humması.
a.phyl.lous (ıfil'ıs) *s.* yapraksız.
a.pi.an (ey'piyın) *s.* arılarla ilgili.
a.pi.a.rist (ey'piyırist) *i.* arı yetiştiren kimse.
a.pi.ar.y (ey'piyıri) *i.* arı kovanlarının bulun-
duğu yer, arı kovanı.
ap.i.ces *bak.* **apex.**
a.pi.cul.ture (ey'pikʌl'çır) *i.* arıcılık.
a.piece (ıpis') *z.* parça başına, her biri, her
birine, tane olarak.

ap.ish (ey'piş) *s.* maymun gibi, maymunumsu;
aşırı taklitçi. **apishly** *z.* maymun gibi; taklit
ederek. **apishness** *i.* taklitçilik.
ap.la.nat.ic (äplınät'ik) *s.* sapmasız (mercek).
a.pla.sia (ıpley'jı) *i., tıb.* bir uzvun tam geliş-
memesi.
a.plomb (ıplam') *i.* kendine aşırı güven, nef-
sine itimat.
ap.noe.a (äpni'yı) *i.* soluk almanın dinmesi.
a.poc.a.lypse (ıpak'ılips) *i.* vahiy; keşif;
ifşa olunma. **apoc'alyp'tic(al)** *s.* vahye
ait. **apocalyptically** *z.* vahiy şeklinde,
vahiy ifade ederek.
a.poc.o.pate (ıpak'ıpeyt) *f.* kelime sonundan
bir veya birkaç harfi kaldırmak. **apocopate(d)**
s. son harfi veya sesi kaldırılmış (kelime).
apocope (ıpak'ıpi) *i.* kelime sonundan
bir veya birkaç harfi kaldırma.
A.poc.ry.pha (ıpak'rıfı) *i.* Eski Ahit'e bağlı
olup İbranice metinleri bulunmadığı için
herkesçe Kitabı Mukaddes'in metnine dahil
edilmeyen ve bazı kiliselerce mukaddes
kabul edilen bir takım kitaplar, apokrifa.
apocryphal *s.* apokrifaya ait; doğruluğu
kabul edilmeyen; sahte, uydurma, sonradan
uydurulmuş.
ap.o.dal (äp'ıdıl) *s.* ayaksız hayvanlarla ilgili.
ap.o.dic.tic (äpıdik'tik) *s.* sabit, belli, itiraz
kaldırmaz, müsellem.
a.pod.o.sis (ıpad'ısis) *i., gram.* şart cümlesinin
ikinci kısmı, ceza.
ap.o.gee (äp'ıci) *i., astr.* bir gök cisminin
(özellikle ayın) yörüngesinin yeryüzünden
en uzak noktası, apoje; doruk, zirve.
ap.o.ge.ot.ro.pism (äpıciyat'rıpîzım) *i., bot.*
bitkinin topraktan yükseğe büyüme eğilimi.
A.pol.lo (ıpal'o) *i.* Apollo; çok yakışıklı genç
adam.
A.pol.lyon (ıpal'yın) *i.* cehennemin en derin
çukuru Gayya'nın bekçisi, zebani.
ap.o.lo.get.ic (ıpalıcet'îk) *i.* özür dileme.
apologetic(al) *s.* özür dileyen, af talep
eden, itizar beyan eden; savunma şeklinde
olan. **apologetically** *z.* özür diler gibi;
mazeret beyan ederek. **apologetics** *i.* dinî
inançları savunan ilâhiyat dalı.
ap.o.lo.gi.a (äpılo'ciyı) *i.* kendini mazur gös-
termek için yazılan yazı, savunma, müdafaa.
a.pol.o.gist (ıpal'ıcist) *i.* yazılı veya sözlü

olarak bir şahıs veya fikri savunan kimse, müdafi, apolojist.

a.pol.o.gize (ıpal'ıcayz) *f.* özür dilemek, tarziye vermek, itizar etmek, mazeret beyan etmek; yazılı veya sözlü olarak savunmak.

ap.o.logue (äp'ılôg) *i.* ahlâkî hikâye, içinden kıssadan hisse çıkarılan hikâye; alegori.

a.pol.o.gy (ıpal'ıci) *i.* özür, tarziye, itizar; mazeret; savunma, müdafaa; yetersiz bir örnek veya taklit.

ap.o.neu.ro.sis (äpınûro'sîs) *i., anat.* vücudun bazı yerlerinde bulunan mukavim bir deri, akderi, akörtü.

a.poph.a.sis (ıpaf'ısîs) *i., kon. san.* bir konu hakkında konuşmayı inkâr ederek bahsetme.

ap.o.phthegm *bak.* **apothegm.**

ap.o.plec.tic (äpıplek'tik) *s.* inme veya felce ait; felce meyilli. **an apoplectic fit** inme gelmesi, felç inmesi.

ap.o.plex.y (äp'ıpleksi) *i.* inme, nüzul, felç.

a.port (ıpôrt') *z., den.* sol tarafa, sol tarafta, iskeleye, iskelede.

ap.o.si.o.pe.sis (äp'ısayıpi'sîs) *i., kon. san.* sözünü birdenbire yarıda bırakma.

a.pos.ta.sy (ıpas'tısi) *i.* irtidat, din değiştirme; bir partiden başka bir partiye geçme; esas doktrinden cayma, prensip ve inançlarında değişiklik yapma.

a.pos.tate (ıpas'tit) *i., s.* din değiştiren kimse; siyasî parti veya inancını değiştiren kimse; *s.* din değiştiren, mürtet.

a.pos.ta.tize (ıpas'tıtayz) *f.* irtidat etmek, dininden dönmek; fikir veya prensiplerinde değişiklik yapmak.

a pos.te.ri.o.ri (ey pastiriyôr'ay) *Lat., man.* aposteriori, sonsal.

a.pos.til (ıpas'til) *i.* not, haşiye, derkenar.

a.pos.tle (ıpas'ıl) *i.* oniki havariden biri, apostol; herhangi bir ahlâkî reform hareketinin öncüsü; Mormon kilisesi idare heyeti üyelerinden biri.

a.pos.tle.ship (ıpas'ılşip) *i.* havarilik.

a.pos.to.late (ıpas'tıleyt) *i.* havarilik makamı ve görevi.

ap.os.tol.ic (äpıstal'îk) *s.* oniki havariden birine ait; havarilerin özelliğini taşıyan; Papa'ya ait. **apostolically** *z.* havarilere has bir şekilde.

a.pos.tro.phe (ıpas'trıfi) *i.* tepeden virgül, kesme, apostrof; *kon. san.* nutuk esnasında orada bulunmayan belirli bir şahsa hitaben söylenen sözler.

a.pos.tro.phize (ıpas'trıfayz) *f.* bir söylevde hazır bulunmayan bir şahsa hitap etmek.

a.poth.e.car.y (ıpath'ıkeri) *i.* eczacı. **apothecaries' measure** eczacı ölçüsü. **apothecaries' weight** eczacı tartısı.

ap.o.thegm (äp'ıthem) *i.* vecize.

ap.o.them (äp'ıthem) *i., geom.* iç yarıçap, yanal yükseklik.

a.poth.e.o.sis (ıpath'iyosis) *i.* ilâhlaştırma, tanrılaştırma; bir şahsı veya prensibi aşırı derecede yükseltme; kutsal kabul edilen fikir veya ideal.

ap.o.tro.pa.ic (äpıtropey'îk) *s.* kötülüğe karşı koruyucu.

Ap.pa.la.chi.an Mountains (äpıley'çın) Appalaş dağları.

ap.pall, İng. ·ap.pal (ıpôl') *f.* dehşete düşürmek, korkutmak, yeise düşürmek. **appalling** *s.* korkunç, müthiş. **appallingly** *z.* dehşete düşürecek kadar.

ap.pa.nage (äp'ınic) *i.* kral tarafından hanedana mensup olanlara irat ve maaş olarak tahsis olunan arazi veya para; has, tımar; bir kimsede yaradılıştan mevcut olan kabiliyetler, fıtrî istidat.

ap.pa.ra.tus (äpırät'ıs, äpırey'tıs) *i.* takım, aletler, cihaz, makina, levazım, aygıt; politik bir örgütün bir kısmı. **apparatus criticus** *Lat.* edebi çalışmalarda kullanılan kitaplar v.b.; bir eserin derkenarı.

ap.par.el (ıper'ıl) *i., f.* esvap, elbise, kıyafet, kılık, kisve; *f.* giydirmek, donatmak, teçhiz etmek.

ap.par.ent (ıper'ınt) *s.* kolay anlaşılır, idrak edilir; açık, vazıh; gözle görülebilir, meydanda olan, ortada olan; zahirî, görünüşte olan. **heir apparent** taht, ünvan v.b.'nin vârisi. **apparent time** mahalli saat. **apparently** *z.* görünüşte, galiba; güya. **apparentness** *i.* açıklık, vazıh oluş; meydanda oluş.

ap.pa.ri.tion (äpıriş'ın) *i.* hayalet, görüntü, tayf; gözle görülen şey, vaka, olay, hadise; acayip bir cismin görünmesi.

ap.peal (ıpil') *i.* münacat, yalvarış, yakarış; cazibe, çekicilik; daha yüksek bir makama baş vurma; *huk.* temyiz, davayı daha yüksek bir mahkemeye devretme.

ap.peal (ıpil') *f.* rica etmek, istirham etmek, yalvarmak; yardım talebinde bulunmak; *huk.* davayı daha yüksek bir mahkemeye devretmek; müracaat etmek, istida etmek; hoşuna gitmek, hitap etmek; baş vurmak. **appeal from the chair** meclis başkanının kararına karşı gelerek meclise baş vurmak. **appeal to the country** *İng.* halkın oyuna baş vurmak. **It appeals to the eye.** Göze güzel görünür. Göze hitap eder. Göz doldurur.

ap.peal.ing (ıpil'îng) *s.* hoş görünen, hitap eden, cazip, çekici, albenisi olan.

ap.pear (ıpir') *f.* gözükmek, görünmek; belirmek; meydana çıkmak, zuhur etmek; aşikâr olmak, belli olmak; bizzat veya vekil vasıtasıyle mahkeme huzuruna çıkmak, ispatı vücut etmek.

ap.pear.ance (ıpir'ıns) *i.* görünüş, gösteriş; dış görünüş, zevahir; meydana çıkma, zuhur etme; hadise, olay; *huk.* davalı veya davacının mahkeme huzuruna çıkması. **for the sake of appearances** ele güne karşı, gösteriş olsun diye, zevahiri kurtarmak için. **keep up appearances** zevahiri kurtarmak, durumu idare etmek. **nonappearance** *i.* ispatı vücut etmeyiş, hazır bulunmayış.

ap.pease (ıpiz') *f.* teskin etmek, yatıştırmak; tatmin etmek; bastırmak, susturmak. **appeasable** *s.* teskin olunabilir, yatıştırılabilir, bastırılabilir. **appeasement** *i.* yatıştırma; *pol.* harp tehdidinde karşı tarafa taviz verme.

ap.pel.lant (ıpel'ınt) *i., huk.* davayı daha yüksek bir mahkemeye temyiz eden kimse, davanın yeniden görülmesini talep eden taraf.

ap.pel.late (ıpel'it) *s., huk.* davaların yeniden görülmesine ait. **appellate court** temyiz mahkemesi.

ap.pel.la.tion (äpıley'şın) *i.* ad, isim, nam, lakap, unvan, mahlâs; isimlendirme, ad verme.

ap.pel.la.tive (ıpel'ıtiv) *i., s.* cins isim; lakap, mahlâs, unvan; *s.* cins isme ait; tanımlayıcı, tavsif edici.

ap.pel.lee (äpıli') *i., huk.* dava temyizinde davalı.

ap.pend (ıpend') *f.* ilâve etmek, eklemek; iliştirmek.

ap.pend.age (ıpen'dic) *i.* ilâve, katkı, ek, zeyil, mülhakat; *biyol.* uzantı.

ap.pen.dant (ıpen'dınt) *s., i.* asılı, takılı, muallâkta; ait olan, müteallik, mülhak, bağlı, merbut; *i.* eklenen veya ilâve edilen kimse veya şey.

ap.pen.dec.to.my (äpındek'tımi) *i.* apandis ameliyatı.

ap.pen.di.ci.tis (ıpendısay'tis) *i.* apandisit, körbağırsağın iltihaplanması.

ap.pen.dix (*çoğ.* **ap.pen.di.ces**) (ıpen'dîks, ıpen'dısiz) *i.* ilâve, ek, zeyil, lâhika; *tıb.* apandis, körbağırsağın solucanımsı uzantısı.

ap.per.ceive (äpırsiv') *f.* kavramak, idrak etmek.

ap.per.cep.tion (äpırsep'şın) *i.* idrak, kavrama, intikal kabiliyeti.

ap.per.tain (äpırteyn') *f.* ait olmak, bağlı olmak, merbut olmak. **appertaining** *s.* ait olan, ilgili, alâkadar, mensup, bağlı, merbut.

ap.pe.tence, -cy (äp'ıtıns, -si) *i.* iştiha, şiddetli arzu; tabii eğilim, temayül, istidat. **appetent** *s.* **after** *veya* **of** *ile* arzulu, istekli, iştahlı.

ap.pe.tite (äp'ıtayt) *i.* iştah; istek, arzu, şehvet. **lose one's appetite** iştahı kesilmek. **ravenous appetite** aç kurt iştahı, azgın istek. **sharpen one's appetite, whet one's appetite** iştah açmak.

ap.pe.tiz.er (äp'ıtayzır) *i.* iştah açan şey, çerez, meze, iştah açıcı içki, aperitif, açar.

ap.pe.tiz.ing (äp'ıtayzing) *s.* iştah verici, iştah açıcı.

ap.plaud (ıplôd') *f.* alkışlamak; takdir etmek, beğenmek, tasvip etmek. **applause** *i.* alkış.

ap.ple (äp'ıl) *i.* elma. **apple blossom** elma baharı. **apple butter** elma marmeladı. **apple green** elma yaprağı renginde. **applejack** *i.* elma rakısı. **apple juice** elma suyu. **apple of discord** *mit.* kavga tanrıçası tarafından tanrılara atılan ve Paris tarafından Venüs'e hediye edilen altın elma. **apple of the eye** gözbebeği, çok değer verilen bir şey. **in apple-pie order** çok düzenli. **apple polisher** *A.B.D., argo* dalkavuk, *slang* yağcı. **applesauce** *i.* elma püresi; *k.dili* saçma, boş laf. **Adam's apple** *anat.* Âdemelması, gırtlak çıkıntısı. **bitter apple** hanzal, ithıyarı, *bot.* Citrullus colocynthis. **upset the apple cart** pişmiş aşa soğuk su katmak, bir işi bozmak.

ap.pli.ance (ıplay'ıns) *i.* alet.

ap.pli.ca.ble (ıplik'ıbıl, äp'likıbıl) *s.* uygulana-
bilir, tatbik edilebilir; uygun, münasip. **appli-
cabil'ity** *i.* uygulanabilme, tatbik edilebilme.

ap.pli.cant (äp'likınt) *i.* başvuran kimse, müra-
caat eden kimse, talip kimse, aday, namzet.

ap.pli.ca.tion (äplikey'şın) *i.* uygulama, tatbik;
ilâç, merhem; itina, özen, dikkat; istida, di-
lekçe, müracaat, başvurma, talep.

ap.pli.ca.tor (äp'likeytır) *i.* aplikatör.

ap.plied (ıplayd') *s.* tatbikî, uygulamalı; denen-
miş.

ap.pli.qué (äplikey') *s., f.* aplike, bir kumaşın
üzerine diğer bir kumaştan tatbik edilmiş
(motif v.b.); *f.* aplike etmek.

ap.ply (ıplay') *f.* yaklaştırmak; uygulamak,
tatbik etmek; atfetmek, vermek; tahsis etmek,
hasretmek, -e ayırmak; mahsus olmak, ait
olmak, taalluk etmek; müracaat etmek, baş
vurmak. **apply a match** kibritle tutuşturmak.
apply oneself to something kendini bir
şeye vermek.

ap.pog.gia.tu.ra (ıpacıtûr'ı) *i., İt., müz.* adi
notanın yanına ilâve edilen ufak nota.

ap.point (ıpoynt') *f.* atamak, tayin etmek,
tahsis etmek, memur etmek; tesis etmek,
vaz'etmek, koymak; kararlaştırmak, tayin
etmek (zaman v.b.); donatmak, teçhiz etmek.

ap.point.ee (ıpoynti') *i.* atanan kimse, tayin
edilmiş kimse.

ap.poin.tive (ıpoyn'tiv) *s.* tayine bağlı, tayinle
doldurulan.

ap.point.ment (ıpoynt'mınt) *i.* atama, tayin;
memuriyet, hizmet, görev, iş; randevu; emir;
çoğ. donatım, teçhizat (gemi, otel v.b.).

ap.por.tion (ıpôr'şın) *f.* eşit olarak bölmek,
paylaştırmak, taksim etmek. **apportionment**
i. pay; paylaştırma, bölme, taksim, hisselere
ayırma.

ap.pos.a.ble (ıpo'zıbıl) *s.* diğer parmakların
uçlarına dokunabilen (baş parmak).

ap.pose (ıpoz') *f.* yan yana koymak; yapıştırmak.

ap.po.site (äp'ızit) *s.* uygun, münasip, yerinde.
appositely *z.* uygun bir şekilde. **apposite-
ness** *i.* uygunluk, yerinde oluş.

ap.po.si.tion (äpızîş'ın) *i., gram.* aynı şeyi
açıklayan iki kelimenin yan yana konması;
bir araya koyma, ekleme, ilâve etme.

ap.pos.i.tive (ıpaz'ıtiv) *i.* aynı şeyi açıklayan
ve yan yana bulunan kelimelerin ikincisi.

ap.prais.al (ıprey'zıl) *i.* değer biçme, kıymet
takdir etme, tahmin.

ap.praise (ıpreyz') *f.* değer biçmek, kıymet
takdir etmek, keşfini yapmak; tahmin etmek.
appraisement *i.* değer biçme, kıymet takdir
etme; tahmin. **appraiser** *i.* muhammin.

ap.pre.ci.a.ble (ıpri'şıbıl) *s.* sezilebilir, tefrik
edilebilir; değer biçilebilir, takdir edilebilir.

ap.pre.ci.ate (ıpri'şiyeyt) *f.* paha biçmek, kıy-
met takdir etmek, değerlemek; kadrini bilmek,
kıymet bilmek; fiyatı yükseltmek, değerlen-
dirmek; ayırt etmek, tefrik etmek; fiyatı yük-
selmek, kıymeti artmak, değerlenmek.

ap.pre.ci.a.tion (ıprişiyey'şın) *i.* takdir, değer-
lendirme, kıymet bilme; tenkit, özellikle lehte
tenkit; *tic.* kıymet artışı.

ap.pre.ci.a.tive (ıpri'şıtiv) *s.* kıymet bilen, tak-
dir ettiğini gösteren, takdirkâr.

ap.pre.hend (äprihend') *f.* vesayet altına al-
mak; tutuklamak, tevkif etmek; anlamak,
idrak etmek, kavramak; korkmak, endişe et-
mek.

ap.pre.hen.si.ble (äprihen'sıbıl) *s.* anlaşılabilir,
idrak olunabilir, farkolunabilir.

ap.pre.hen.sion (äprihen'şın) *i.* korku, endişe,
kuruntu, vesvese; *psik.* ilk sezi; anlayış,
kavrayış, idrak; zan, tahayyül; akıl, zihin;
tevkif, tutuklama.

ap.pre.hen.sive (äprihen'siv) *s.* endişeli, ves-
veseli; anlayışlı, müdrik; hassas, duygulu.
apprehensively *z.* vesveseli olarak. **appre-
hensiveness** *i.* endişe, vesvese.

ap.pren.tice (ıpren'tis) *i., f.* çırak; *den.* miço;
f. usta yanına çırak olarak vermek, usta
yanına koymak. **apprenticeship** *i.* çıraklık.

ap.prise, ap.prize (ıprayz') *f.* haber vermek,
bilgi vermek; paha biçmek, kıymet takdir
etmek. **apprizer** *i.* muhammin. **apprizement**
i. paha biçme; haber verme.

ap.proach (ıproç') *f., i.* yaklaştırmak, yakına
getirmek, yaklaşmak, yanaşmak, yakına gel-
mek; baş vurmak, müracaat etmek; başlamak,
işe koyulmak; *i.* yaklaşma, yanaşma; methal;
başlangıç; *spor* golf topunu yeşil meydana
sokan vuruş. **approachable** *s.* müracaat edi-
lebilir, yanına varılabilir, yaklaşılabilir, cana
yakın.

ap.pro.bate (äp'rıbeyt) *f.* resmen tasvip etmek,
onaylamak.

ap.pro.ba.tion (äprıbey'şın) *i.* beğenme, tensip, tasdik.

ap.pro.pri.a.ble (ıpro'priyıbıl) *s.* istimlâk edilebilir, mal edilmesi mümkün veya caiz olan.

ap.pro.pri.ate (ıpro'priyeyt) *f.* almak, kendine mal etmek; tahsis etmek, ayırmak.

ap.pro.pri.ate (ıpro'priyit) *s.* münasip, uygun, yerinde; mahsus, has. **appropriately** *z.* uygun bir şekilde. **appropriateness** *i.* uygunluk, yerinde oluş.

ap.pro.pri.a.tion (ıpropriyey'şın) *i.* tahsisat; ayırma, tahsis etme; mal etme.

ap.prov.al (ıpru'vıl) *i.* uygun bulma, onama, onaylama, tasvip, razı olma, resmi izin. **on approval** muhayyer olarak, beğenilmediği takdirde geri verilmek şartıyla.

ap.prove (ıpruv') *f.* uygun bulmak, tasvip etmek, onaylamak, tasdik etmek, beğenmek, münasip görmek, tensip etmek; denemek, yoklamak. **approvingly** *z.* beğenerek, tasvip ve tasdik ederek.

approx. *kıs.* approximate, -ly.

ap.prox.i.mate (ıprak'sımit) *s.* yaklaşık olarak, takribi, tahmini, yakın. **approximately** *z.* yaklaşık olarak, tahminen, takriben.

ap.prox.i.mate (ıprak'sımeyt) *f.* yaklaşmak, yaklaştırmak, yakın olmak, yakına gelmek, yakına getirmek. **approxima'tion** *i.* tahmin; yaklaşma, yakın olma.

ap.pur.te.nance (ıpır'tınıns) *i.* bağlı olan şey veya kimse; ilâve, ek, müştemilât.

ap.pur.te.nant (ıpır'tınınt) *s.* bağlı, merbut, tabi, ait.

Apr. *kıs.* April.

a.prax.i.a (ıpräk'siyı) *i., tıb.* apraksi, işlev yitimi.

a.pri.cate (äp'rıkeyt) *f.* güneşte ısınmak.

a.pri.cot (äp'rikat, ey'prikat) *i.* kayısı, zerdali, *bot.* Prunus armeniaca.

A.pril (ey'prıl) *i.* Nisan. **April fool** Nisan birde aldatılan kimse.

a pri.o.ri (ey prayo'ray, a priôr'i) *Lat.* apriori, önsel.

a.pron (ey'prın) *i.* önlük, göğüslük, önlük gibi kullanılan şey, peştamal; tiyatro sahnesinin ön kısmı; *hav.* hangarın önündeki beton saha; makinelerin üzerindeki koruyucu metal kapaklar; kayışlı taşıyıcı; buzul eteği; örtü. **tied to her apron strings** aşırı derecede annesine veya karısına bağlı. **aproned** *s.* önlüklü.

ap.ro.pos (äprıpo') *s., z.* of *veya* to *ile* vaktinde olan, yerinde olan, uygun, münasip; *z.* bu münasebetle, sırası gelmişken (söz veya fikir).

apse (äps) *i., mim.* bir binada ve bilhassa bir kilisede ekseriyetle yarım daire şeklindeki çıkıntılı kısım.

ap.sis (*çoğ.* ap.si.des) (äp'sis, äp'sıdiz) *i., astr.* gezegenin yerçekimi merkezine en uzak ve en yakın noktaları; elipsin tepeleri; *mim., bak.* apse.

apt (äpt) *s.* ... eğiliminde olan, muhtemel, mümkün; çabuk kavrayan, zeki, anlayışlı; uygun, yerinde, münasip. **apt to believe** inanmak eğiliminde. **aptly** *z.* uygun bir şekilde, yerinde. **aptness** *i.* uygun oluş, münasip oluş; çabuk kavrayış, yatkınlık.

apt. *kıs.* apartment.

ap.ter.a (äp'tırı) *i., çoğ.* kanatsız böcekler, *zool.* Apterygota. **apteral, apterous** *s.* kanatsız.

ap.ter.yx (äp'tıriks) *i., zool.* apteriks.

ap.ti.tude (äp'titud) *i.* istidat, yetenek, kabiliyet, meyil, anıklık.

aq.ua (äk'wı) *i., Lat.* su. **aqua fortis** kezzap , nitrik asit. **aqua regia** kezzap ile tuz ruhu bileşiminden meydana gelen altın eritmeye mahsus bir sıvı. **aqua vitae** alkol, ispirto, sert içki.

aq.ua.cade (äk'wıkeyd) *i.* müzik eşliğinde su revüsü.

aq.ua.lung (äk'wılʌng) *i.* su altında kullanılan oksijen tüpü, skuba.

aq.ua.ma.rine (äk'wımırin') *i.* akuamarin, mavimsi yeşil renkte olan bir ziynet taşı; mavimsi yeşil renk.

aq.ua.naut (äk'wınôt) *i.* su altında yaşayarak araştırma yapan bilgin.

aq.ua.plane (äk'wıpleyn) *i.* su kayağı, deniz sürat motorlarının arkasına takılıp üstüne binilen tahta.

aq.ua.relle (äkwırel') *i.* suluboya resim.

a.quar.i.um (ıkwer'iyım) *i.* akvaryum.

A.quar.i.us (ıkwer'iyıs) *i., astr.* Kova Burcu, Saka takımyıldızı.

a.quat.ic (ıkwät'ik) *s.* suda yaşar; suya ait.

aq.ua.tint (äk'wıtint) *i., güz. san.* bakır levhaları kezzap ile özel bir şekilde işleyip suluboya resim gibi resim yapma metodu; bu şekilde yapılmış resim.

aq.ue.duct (äk'wıdʌkt) *i.* su yolu kemeri, ke-
merli su yolu.

a.que.ous (ey'kwiyıs, äk'wiyıs) *s.* sudan mey-
dana gelen, su ile yapılan, sulu olan. **aque-
ous humor** gözde bulunan bir sıvı.

aq.ui.cul.ture (äk'wikʌlçır) *i.* madensel su-
larda bitki yetiştirme usulü.

Aq.ui.la (äk'wılı) *i., astr.* Kartal takımyıldızı.

aq.ui.line (äk'wılayn) *s.* kartal gibi; kartal ga-
gası gibi kıvrık (özellikle burun için kulla-
nılır), gaga burunlu.

ar, are (ar) *i.* ar, 100 m²'lik bir alan ölçü
birimi.

Ar.ab (er'ıb) *i.* Arap, Arabistanlı; Arap atı.
street Arab köprü altı çocuğu.

ar.a.besque (erıbesk') *i., s.* arabesk, çiçekli ve
yapraklı süsleme; *s.* arabesk tarzında olan.

A.ra.bi.a (ırey'biyı) *i.* Arabistan. **Arabia Felix**
Yemen.

A.ra.bi.an (ırey'biyın) *i., s.* Arap, Arabistanlı;
s. Arabistan'a ait. **Arabian Nights** Binbir
Gece Masalları. **Arabian Sea** Umman De-
nizi.

Ar.a.bic (er'ıbik) *i., s.* Arapça; *s.* Arabistan'a
veya Araplara ait. **Arabic League** Arap Bir-
liği. **Arabic numerals** Arap rakamları, bugün
kullandığımız rakamlar.

Ar.a.bism (er'ıbizım) *i.* Arap terimi.

Ar.a.bist (er'ıbist) *i.* Arap dil ve edebiyatı
âlimi.

ar.a.ble (er'ıbıl) *s.* sürülüp ekilebilir, işlenebilir
(toprak).

Ar.a.by (er'ıbi) *i., şiir* Arabistan.

A.rach.ni.da (ıräk'nıdı) *i., çoğ., zool.* eklem-
bacaklıların örümcek ve akrep sınıfı.

a.rach.ni.dan (ıräk'nıdın) *i., s., zool.* örüm-
cek ve akrep cinsinden hayvan; *s.* bu hayvan-
lara ait.

a.rach.noid (ıräk'noyd) *i., s., anat.* araknoid,
beyin zarlarından biri; *s., bot.* örümceksi,
ağımsı.

Ar.al Sea (er'ıl) Aral Denizi.

Ar.a.ma.ic (erımey'ik) *s., i.* Aram veya eski
Suriye'ye ait; *i.* Arami dili.

Ar.a.rat (er'ırät) *i.* Ağrı Dağı.

ar.ba.lest (ar'bılist) *i.* eski zamanda ok atmak
için kullanılan bir çeşit zemberekli yay.

ar.bi.ter (ar'bıtır) *i.* hakem, iki taraf arasındaki
bir mesele hakkında kesin karar verme yetkisi
olan tarafsız kimse; son söz sahibi.

ar.bi.trage (ar'bıtric) *i., tic.* bir borsada satın
alınan tahvilâtı aynı zamanda diğer bir bor-
sada kâr ile satma; arbitraj; hakem vasıtası
ile bir davayı halletme.

ar.bit.ra.ment (arbit'rımınt) *i.* karar verme hakkı
veya yetkisi; hakem sıfatıyla karar verme;
hüküm, karar.

ar.bi.trar.y (ar'bıtreri) *s.* indî, kendince, ihti-
yarî, keyfî. **arbitrarily** *z.* keyfî olarak. **ar-
bitrariness** *i.* keyfî hareket.

ar.bi.trate (ar'bıtreyt) *f.* hakem sıfatıyla din-
leyip karar vermek; karar vermek; hakem
kararıyla halletmek. **arbitra'tion** *i.* hakem
kararıyla halletme. **arbitration court** *huk.*
hakem mahkemesi. **arbitrator** *i.* hakem, iki
taraf arasındaki bir meselede kesin karar
verebilme yetkisi olan tarafsız kimse.

ar.bor, *İng.* **ar.bour** (ar'bır) *i.* çardak, kameriye;
mak. mil, dingil. **Arbor Day** A.B.D.'de ağaç
dikmeye tahsis edilen bir ilkbahar günü.
arborvitae *i.* ömür ağacı, dirim ağacı, mazı
ağacı, *bot.* Thuya orientalis. **arbored** *s.*
kameriyeli.

ar.bo.re.al (arbôr'iyıl) *s.* ağaca ait veya ağaç
gibi olan; ağaçsıl; ağaçlarda yaşayan veya
gezen.

ar.bo.re.ous (arbôr'ıyıs) *s.* ağaç gibi; ağaçlı,
ağaçlık.

ar.bo.res.cence (arbıres'ıns) *i.* ağaca benzeme,
ağaç şekli.

ar.bo.res.cent (arbıres'ınt) *s.* şekil ve büyük-
lük bakımından ağaca benzeyen.

ar.bo.re.tum (arbırı'tım) *i.* bilimsel amaç-
larla ağaç yetiştirilen alan.

ar.bo.ri.cul.ture (ar'borikʌl'çır) *i.* ağaç ve
fidan yetiştirme.

ar.bo.ri.form (ar'bırifôrm) *s.* ağaç şeklinde.

ar.bor.i.za.tion (arbırızey'şın) *i.* maden veya
fosillerde bulunan ağaç gibi şekil; *anat.*
dallanma.

ar.bour *bak.* **arbor.**

ar.bu.tus (arbyu'tıs) *i.* mayıs çiçeği; kocaye-
miş, *bot.* Arbutus unedo.

arc (ark) *i.* kavis; kemer, ark, yay; yay şeklinde
olan herhangi bir şey. **arc lamp, arc light**
ark lambası.

ar.cade (arkeyd') *i., mim.* sıra kemerler; kemer
altı, üstü kapalı çarşı.

Ar.ca.di.a (arkey'diyı) *i.* eski Yunanistan'da
sade ve mesut bir ırkın oturduğu rivayet

edilen dağlık bir ülke; cennet hayatı yaşatan kırlar. **Arcadian** *s.* bu ülkeye ait; sakin, asude; sade, basit; pastoral.

ar.cane (arkeyn') *s.* sırrî, gizli, saklı, herkesçe bilinmesi caiz olmayan.

ar.ca.num (*çoğ.* **-na**) (arkey'nım, -nı) *i.* sır, muamma; eski simyacıların çözmeye çalıştıkları doğal sırlar; kuvvetli ve niteliği meçhul ilâç.

arch (arç) *i.* kemer, tak; ayak kemeri; kavis. **arch stone** kemerin kilidi makamında olan taş. **arch supporter** ayak kemerine destek, kavis. **arch of triumph** zafer takı.

arch (arç) *f.* kemer yapmak veya kemerlerle kapatmak, kemer şekline koymak, kemer şeklini almak; (sırt veya kaş) kabartmak.

arch (arç) *s.* nazlı, cilveli, çapkın. **archly** *z.* cilveli bir eda ile. **archness** *i.* cilvelilik.

arch. *kıs.* **archaic, archaism, architect.**

arch- *önek* baş, en büyük.

ar.chae.ol.o.gy *bak.* **archeology.**

ar.cha.ic (arkey'ik) *s.* kadim, eski; artık kullanılmayan, modası geçmiş.

ar.cha.ism (ar'kiyizım) *i.* artık kullanılmayan söz veya terim.

arch.an.gel (arkeyn'cıl) *i.* baş melek; melek otu, *bot.* Archangelica officinalis. **archangelic** *s.* baş meleğe ait.

arch.bish.op (arçbiş'ıp) *i.* başpiskopos. **archbishopric** *i.* başpiskoposluk makamı veya bölgesi.

arch.dea.con (arçdi'kın) *i.* başdiyakoz.

arch.di.o.cese (arçday'ısis) *i.* başpiskoposun idaresi altındaki bölge.

arch.duke (arçduk') *i.* arşidük. **archducal** *s.* arşidüke ait. **archduchess** (arçdʌç'ıs) *i.* arşidüşes. **archduch'y** *i.* arşidükün idaresi altındaki bölge. **archduke'dom** *i.* arşidüklük.

arch.en.e.my (arçen'ımi) *i.* baş düşman; şeytan.

ar.che.ol.o.gy (arkiyal'ıci) *i.* arkeoloji. **archeolog'ical** *s.* arkeloji ile ilgili. **archeolog'ically** *z.* arkeoloji ile ilgili olarak. **archeol'ogist** *i.* arkeolog.

arch.er (ar'çır) *i.* okçu, kemankeş. **archery** *i.* okçuluk.

ar.che.type (ar'kitayp) *i.* asıl numune, ilk örnek, orijinal model veya numune.

arch.fiend (arç'find') *i.* şeytan.

ar.chi.man.drite (arkımän'drayt) *i.* bir veya birkaç manastırı idare eden rahip, yüksek rütbeli papaz.

Ar.chi.me.de.an (arkımi'diyın) *s.* ünlü Yunan matematikçisi Arşimed'e ait.

ar.chi.pel.a.go (arkıpel'ıgo) *i.* üzerinde irili ufaklı çok sayıda ada bulunan deniz; takımadalar; adalar grubu. **the Archipelago** Adalar Denizi, Ege Denizi.

ar.chi.tect (ar'kıtekt) *i.* mimar.

ar.chi.tec.ton.ic (arkıtektan'ik) *s.* mimarlığa ait, yapı veya plan çizmeye ait; teknik yönden mimarlığı andıran; bir sistemin organizasyon kurallarını belirten (ilim v.b.).

ar.chi.tec.ture (ar'kıtekçır) *i.* mimarlık; inşaat, yapı. **architec'tural** *s.* mimari, mimarlığa ait.

ar.chi.trave (ar'kıtreyv) *i., mim.* sütunlar üzerine konulan ve üst kiriş makamında olan taş, baş taban.

ar.chives (ar'kayvz) *i., çoğ.* arşiv, devletin evrak hazinesi. **archi'val** *s.* arşive ait. **ar'chivist** *i.* arşiv müdürü veya bu işlerle meşgul olan kimse, arşivci.

ar.chon (ar'kan) *i.* eski Atina'da dokuz hâkimden biri; hükümdar.

arch.priest (arç'prist') *i.* başpapaz.

arch.way (arç'wey) *i.* kemer altı yolu.

arc.tic (ark'tik, ar'tik) *s.* arktik, Kuzey Kutbuyla ilgili veya o bölgede bulunan; çok soğuk. **Arctic Circle** Kuzey Kutup dairesi. **Arctic Current** Kuzey Buz Denizinden gelen akıntı. **arctic fox** kutup tilkisi. **Arctic Ocean** Kuzey Buz Denizi. **Arctic Zone** Kuzey Kutbu ile Kuzey Kutup dairesi arasındaki bölge.

Arc.tu.rus (arktûr'ıs) *i., astr.* Arkturus.

ar.cu.ate (ar'kyuweyt) *s.* kavisli, bükülmüş, eğri. **arcua'tion** *i.* eğme, eğrilik, kavis; *mim.* kemerli inşaat.

ar.dent (ar'dınt) *s.* ateşli, gayretli, şevkli, hararetli. **ardently** *z.* gayretle, şevkle, istekle. **ardency** *i.* ateşlilik; şevk.

ar.dor, *İng.* **ar.dour** (ar'dır) *i.* gayret, şevk, ateş.

ar.du.ous (ar'cuwıs) *s.* güç, çetin, müşkül, gayret isteyen; dik. **arduously** *z.* gayretle, güçlükle. **arduousness** *i.* güç oluş, çetinlik.

are (ar) *f.* -sin, -iz, -siniz, -dirler.

are *bak.* **ar.**

ar.e.a (er'iyı) *i*. alan, saha, mesaha, yüzölçümü.
ar.e.a.way (er'iyıwey) *i*. bir mahzen veya bodrumun girişi; geçit.
ar.e.ca (er'ikı, ırı'kı) *i*. birkaç çeşit hurma ağacı.
a.re.na (ırı'nı) *i*. arena, oyun meydanı, amfiteatrın ortasında bulunan meydan; mücadele alanı.
ar.e.na.ceous (erıney'şıs) *s*. kumlu, kum gibi.
aren't (arnt) *kıs*. are not.
ar.e.ole, a.re.o.la (er'iyol, ırı'yılı) *i*. meme başı etrafındaki renkli halka.
Ar.e.op.a.gus (eriyap'ıgıs) *i*. eski Atina'da Akropol'ün yanında bulunan bir tepe; o tepede toplanan yüksek hukuk meclisi. Areopagite *i*. Aeropagus meclisi üyesi.
a.rête (ıreyt') *i*. dağın bir tepesinden diğerine uzanan dar ve sarp geçit.
Ar.gae.us (arci'yıs) *i*. Erciyas Dağı.
ar.ga.li (ar'gılı) *i*. helezon gibi dışarıya kıvrık boynuzları olan bir cins yabani koyun.
ar.gent (ar'cınt) *i*., *s*., *hane*. gümüş; *s*. gümüş renginde, parlak, beyaz.
ar.gen.tif.er.ous (arcıntif'ırıs) *s*. içinde gümüş bulunan.
Ar.gen.ti.na (arcınti'nı) *i*. Arjantin. Argentine (ar'cıntin) *s*., *i*. Arjantinli.
ar.gen.tine (ar'cıntayn) *i*., *s*. balık pullarından elde edilen ve sahte inci yapımında kullanılan gümüşümsü bir madde; *s*. gümüş gibi, gümüşle ilgili.
ar.gil (ar'cil) *i*. kil, balçık. argilla'ceous *s*. kil gibi; killi. argillif'erous *s*. içinde kil ve balçık bulunan, kil ve balçık hâsıl eden. argillo-arena'ceous *s*. kil ve kum karışımından meydana gelen (toprak). argil'lous *s*. kil ve balçığa ait, kil gibi.
ar.gon (ar'gan) *i*., *kim*. argon.
Ar.go.naut (ar'gınôt) *i*., *mit*. Argonot, "Altın Pösteki"yi elde etmek için Argo gemisinde Yason'un idaresi altında seyahat eden kahramanlardan biri; *k.h*. sedefli deniz helezonu.
ar.go.sy (ar'gısı) *i*. büyük gemi, bilhassa en büyük eski tip ticaret gemisi.
ar.got (ar'go) *i*. argo, herhangi bir zümrenin kullandığı özel dil, özellikle külhanbeyler veya hırsızlar arasında parola olarak kullanılan dil.
ar.gue (ar'gyu) *f*. tartışmak, münakaşa etmek; ispat etmek, delil göstermek; out of *ile*

caydırmak; for *ile* delil göstererek lehte söz söylemek; savunmak, müdafaa etmek; against *ile* itiraz etmek, karşı gelmek. argue one into going bir kimseyi gitmeye razı etmek.
ar.gu.ment (ar'gyımınt) *i*. tartışma, münakaşa; karşısındakileri ikna etmek için öne sürülen delil veya hususlar; bir kitabın savunduğu fikirlerin özeti. argumen'tal *s*. münakaşa veya delil göstermeye ait. argumenta'tion *i*. tartışma, münakaşa; yargılama, muhakeme. argumen'tative *s*. tartışmacı, münakaşacı; zıtlık ifade eden, münakaşa götürür.
ar.gu.men.tum ad ho.mi.nem (argyımen'tım äd ham'ınem) *Lat*. tartışmada karşı tarafın söz ve hareketlerini kendi görüşünü savunmada delil olarak kullanma.
Ar.gus (ar'gıs) *i*., *mit*. Zeus'un yüz gözlü oğlu; uyanık adam, açıkgöz kimse. Argus-eyed *s*. uyanık, tetikte olan, açıkgöz.
a.ri.a (a'riyı) *i*., *müz*. arya, şan solosu.
ar.id (er'id) *s*. kuru, sıcaktan çatlamış, kıraç; tatsız, yavan. arid'ity, aridness *i*. kuraklık, kıraçlık; yavanlık; kuru şey.
Ar.ies (eyr'iz) *i*., *astr*. Koç Burcu, Koç takımyıldızı.
a.right (ırayt') *z*. doğru olarak, hatasız bir şekilde.
ar.il (er'il) *i*., *bot*. bazı tohumların etrafında bulunan kese şeklinde ince zar.
a.rio.so (aryo'so) *z*., *müz*. arya tarzında.
a.rise (ırayz') *f*. (arose, arisen) kalkmak, yerinden kalkmak, doğrulmak; zuhur etmek; ortaya çıkmak, doğmak.
ar.is.toc.ra.cy (erİstak'rısı) *i*. aristokratlık, aristokrasi.
a.ris.to.crat (ıris'tıkrät) *i*. aristokrat; asılzade, kibar kimse, hâkim sınıftan biri; aristokrasi taraftarı. aristocrat'ic *s*. aristokrasiye ait, asil, çok kibar. aristocrat'ically *z*. aristokratça.
Ar.is.to.te.li.an (erİstıti'liyın) *s*., *i*. Yunan filozofu Aristo'ya ait; *i*. Aristo nazariyeleri taraftarı. Aristotelianism *i*. Aristoculuk. Aristotelic *s*. Aristo'ya veya felsefesine ait.
Ar.is.tot.le (er'İstatıl) *i*. Aristo.
a.rith.me.tic (ırith'mıtik) *i*. aritmetik, hesap, hesap ilmi. arithmet'ical *s*. aritmetikle ilgili.

arithmet'ically z. aritmetik yoluyla. **a-rithmetician** (ırithmıtiş'ın) i. aritmetikçi.

ark (ark) i. altı düz mavna, duba; sandık, kutu. **Noah's ark** Nuh'un gemisi. **Ark of the Covenant** üzerinde on emir yazılı olan taş tabletlerin bulunduğu sandık.

arm (arm) i. kol; dal; mil; şube; pazı; koy, küçük körfez; kuvvet, güç, otorite. **arm-chair** i. koltuk. **armful** i. kucak dolusu. **armhole** i., terz. kolevi. **armlet** i. kısa kol (elbise); pazıbent; haliç, koy. **arm of the law** güvenlik kuvvetleri. **armpit** i. koltuk altı. **arm's length** kol boyu. **arm's reach** elin yetişeceği mesafe. **be within arm's reach** yakın olmak, elinin altında olmak. **keep one at arm's length** bir kimseyi uzak tutmak, yüz vermemek.

arm (arm) f., i. silâhlandırmak, donatmak, teçhiz etmek, savaşa hazırlamak; silâhlanmak, silâha sarılmak; zırh giydirmek; i. silâh; askeri kuvvetlerin bir kolu. **arming** i. silâhlanma; silâhlandırma; silâh, donatım, teçhizat, teçhiz.

ar.ma.da (arma'dı) i. donanma. **the Armada** 1588'de İngiltere'ye hücum edip mağlup olan İspanyol donanması.

ar.ma.dil.lo (armıdil'o) i., zool. Güney Amerika'da bulunan ve zırh gibi kabuğu olan, kertenkele cinsinden iri hayvan.

Ar.ma.ged.don (armıged'ın) i. kıyamet gününde iyilik ve kötülük orduları arasında çıkacak savaşa sahne olacak meydan, mahşer; ölüm kalım savaşı.

ar.ma.ment (ar'mımınt) i. silâhlandırma, donatım, teçhizat.

ar.ma.men.tar.i.um (armımınter'iyım) i., tıb. tedavi usul ve araçlarının tümü.

ar.ma.ture (ar'mıçûr, İng. ar'mıtyur) i. zırh; hayvan ve bitkilerde zırh; elek. armatur, mıknatısın iki kutbu arasına yerleştirilen demir parçası; bobin endüvisi.

arm.band (arm'bänd) i. pazıbent.

armed (armd) s. silâhlı. **armed forces** silâhlı kuvvetler.

Ar.me.ni.a (armi'niyı) i. Ermenistan. **Armenian** i., s. Ermeni, Ermenice.

ar.mi.ger (çoğ. -ri) (ar'mıcır, -ray) i. eski şövalyenin silâhtarı.

ar.mil.lar.y (ar'mıleri) s. bileziğe benzer yahut bileziğe ait; halka halka olan.

ar.mi.stice (ar'mıstis) i. mütareke, ateşkes.

ar.mor, İng. **armour** (ar'mır) i. zırh; silâh. **armor-bearer** i. silâhtar. **armor-piercing** s. zırh delen. **armor plate** zırhlı levha. **armored** s. zırhlı. **armored car** zırhlı otomobil, zırhlı vagon.

ar.mor.er (ar'mırır) i. zırh ve silâh yapan veya tamir eden kimse.

ar.mo.ri.al (armôr'iyıl) s. silâh veya hanedanlık armasına ait.

ar.mor.y (ar'mıri) i. cephane ve talimhane; silâh deposu; A.B.D. silâh fabrikası, tophane.

ar.mour bak. armor.

arms (armz) i. silâhlar, cephane; arma. **To arms!** Silâh başına! **bear arms** silâhlı olmak. **under arms** silâhlanmış, harbe hazır. **up in arms** ateş püskürmeye hazır; ayaklanmış; öfkelenmiş. **lay down arms** sulh yapmak; teslim olmak.

ar.my (ar'mi) i. kara ordusu, ordu. **army commander** orgeneral. **army worm** sürü halinde yürüyen ve her şeyi yiyip bitiren bir çeşit tırtıl.

ar.ni.ca (ar'nıkı) i. arnika, dağ tütünü, öküzgözü, bot. Arnica montana; bu bitkiden elde edilen ilâç.

a.ro.ma (ıro'mı) i. koku, güzel koku, rayiha.

ar.o.mat.ic (erımät'ik) s. güzel kokulu, rayihalı, baharat gibi kokan.

a.ro.ma.tize (ıro'mıtayz) f. kokulandırmak, baharat kokusu vermek.

a.round (ıraund') z., edat etrafına, etrafında, yakında, civarda; edat etrafına, etrafında, dört bir yanına, dört bir yanında; şuraya buraya; şurada burada. **get around** ayakta ve sıhhatte olmak; atlatmak; yayılmak. **get around to** fırsat bulmak, fig. eli değmek. **to have been around** hayat tecrübesi olmak; bir yerde bulunmuş olmak.

a.rouse (ırauz') f. uyandırmak, canlandırmak, ayaklandırmak, kaldırmak, tahrik etmek, harekete geçirmek; uyanmak, canlanmak, harekete geçmek, gözünü açmak. **arousal** i. uyandırma, canlandırma.

ar.peg.gi.o (arpec'iyo) i., müz. çalgıda notaları hızlı ve kesik çalma; bu şekilde çalınan notaların toplamı; arpej.

ar.que.bus, har.que.bus (ar'kwıbıs, har'kwıbıs) i. eskiden kullanılan bir çeşit çakmaklı tüfek.

arr. *kıs.* **arranged, arrival, arrived.**

ar.rack (er'ık) *i.* rakı.

ar.raign (ıreyn') *f., huk.* mahkeme huzuruna çağırıp cürüm isnat etmek, suçlamak, itham etmek; kusur bulmak. **arraigning, arraignment** *i., huk.* mahkemede davayı resmen sanığa tebliğ etme; kusur veya kabahat yükleme.

ar.range (ıreync') *f.* düzenlemek, tertip etmek, tanzim etmek, düzeltmek, sıraya koymak, tesviye etmek, dizmek; bir konuda anlaşmaya varmak; kararlaştırmak, planlamak; ıslah etmek, bertaraf etmek, bitirmek; hazırlanmak, hazırlamak; *müz.* aranjman yapmak. **arrangement** *i.* düzenleme, tanzim, tesviye; düzen, nizam, tertip, sıra, dizme; hazırlık; anlaşma, mukavele; tertip edilmiş şey; *müz.* aranjman.

ar.rant (er'ınt) *s.* çok kötü, kötü şöhret sahibi olan, adı çıkmış. **arrantly** *z.* kötü bir şekilde; baştan aşağı.

ar.ras (er'ıs) *i.* nakışlı duvar veya kapı halısı; halı dokuması.

ar.ray (ırey') *i.* saf, sıra, tertip, tanzim, düzen, nizam; ordu; debdebe, tantana; muhteşem kıyafet.

ar.ray (ırey') *f.* dizmek, saf çekmek, tertip etmek, düzenlemek, tanzim etmek; giydirip kuşatmak, donatmak. **arrayal** *i.* dizme, tertip etme; giydirip kuşatma.

ar.rear (ırır') *i.* arka kısım; arkada kalma; *gen. çoğ.* ödenmemiş borç, bakaya. **be in arrears** borcu vaktinde ödeyememek. **arrearage** *i.* geri kalma; vaktinde ödenmemiş borcun bakıyesi.

ar.rest (ırest') *i., f.* tutuklama, tevkif, hapis; durdurma; kesme; *f.* durdurmak, kesmek; *huk.* tutuklamak, tevkif etmek, tutmak; çekmek, celbetmek (dikkat). **under arrest** tutuklu, mevkuf; durdurulmuş.

ar.rière-pen.sée (eriyerpansey') *i.* art fikir, gizli düşünce veya maksat.

ar.rive (ırayv') *f.* gelmek, vâsıl olmak, varmak, ulaşmak, yetişmek. **arrival** *i.* geliş, varış; gelen kimse.

ar.ro.gance (er'ıgıns) *i.* kibir, kendini beğenme, kibirlilik, gurur; küstahlık, haddini bilmezlik. **arrogant** *s.* kibirli, mağrur, azametli; küstah. **arrogantly** *z.* kibirle; küstahça.

ar.ro.gate (er'ıgeyt) *f.* iddia etmek, haksız yere iddia etmek veya benimsemek; bir diğerinin üzerine atmak. **arroga'tion** *i.* haksız iddia.

ar.row (er'o) *i.* ok. **arrowhead** *i.* ok başı, temren.

ar.row.root (er'orut) *i.* ararot.

ar.row.y (er'owi) *s.* ok gibi; süratli; okla dolu.

ar.roy.o (ıroy'o) *i.* kuru vadi.

ar.se.nal (ar'sınıl) *i.* tophane, askeri teçhizat deposu.

ar.se.nate (ar'sıneyt) *i., kim.* arsenik asidinden bir tuz.

ar.se.nic (ar'sınîk) *i.* arsenik, sıçanotu. **arsenic, -al** *s.* arseniğe ait, arsenikli. **white arsenic** sıçanotu, beyaz zırnık. **yellow arsenic** sarı zırnık. **arsenicated** *s.* arsenikle karışmış olan. **arsenous** *s.* arseniğe ait, arsenikli. **arsenic acid** arsenik asidi. **arsenite** *i.* bu asidin tuzu. **arsine** (arsin') *i.* renksiz ve çabuk alevlenen zehirli bir gaz.

ar.son (ar'sın) *i.* kundakçılık, kasten yangın çıkarma.

art (art) *i.* hüner, sanat, marifet, ustalık, maharet; ilim dalı, fen. **arts and crafts** el işleri. **Bachelor of Arts degree** edebiyat fakültesi diploması, başölyelik derecesi; *kıs.* **A.B., B.A. black art** sihir, sihirbazlık, büyü, büyücülük. **fine arts** güzel sanatlar. **liberal arts** edebiyat ve beşeri ilimler. **Master of Arts** edebiyat fakültesi diploması ile doktora arasında bir derece. **mechanical arts** endüstriyel sanatlar. **the arts** edebiyat, fen ve beşeri ilimler.

art (art) *f., eski* (sen) -sin.

art. *kıs.* **article.**

ar.te.fact *bak.* **artifact.**

ar.te.mis.i.a (ärtımiz'iyı) *i., bot.* Artemisia familyasından bir tür.

ar.te.ri.al (artîr'iyıl) *s., tıb.* atardamarlardaki temiz kanla ilgili; atardamarlarla ilgili; atardamarlara benzer. **arterial blood** temiz kan. **arterial highway** ana şose, anayol, büyük yol.

ar.te.ri.al.ize (artîr'iyılayz) *f., tıb.* oksijen vasıtasıyla ciğerlerdeki pis kanı temiz kan haline getirmek.

ar.te.ri.o.scle.ro.sis (artîr'iyosklıro'sîs) *i., tıb.* damar sertliği, arterioskıleroz.

ar.ter.y (ar'tıri) *i.* arter, kırmızı kan damarı, nabız damarı, atardamar; büyük cadde, anayol; büyük nehir.

ar.te.sian well (arti'jın) artezyen kuyusu.

art.ful (art'fıl) *s.* ustalıklı, sanatlı, maharet isteyen; kurnaz. **artfully** *z.* maharetle, ustaca. **artfulness** *i.* maharet, ustalık.

ar.thrit.ic (arthrit'ik) *i., s., tıb.* arterit; *s.* mafsala ait; mafsal iltihabına ait.

ar.thri.tis (arthray'tis) *i., tıb.* mafsal iltihabı, arterit.

ar.thro.di.a (arthro'dıyı) *i., anat.* düz yüzlü eklem.

Ar.throp.o.da (arthrap'odı) *i., çoğ., zool.* eklembacaklılar.

ar.thro.sis (arthro'sis) *i., anat.* eklem, mafsal.

ar.ti.choke (ar'tıçok) *i.* enginar, *bot.* Cynara scolymus. **Jerusalem artichoke** beyaz yerelması, yıldız kökü. **prickly artichoke** kenger, yaban enginarı, *bot.* Cynara cardunculus. **wild artichoke** yabani deve dikeni.

ar.ti.cle (ar'tikıl) *i.* makale, yazı; bent, madde, fıkra, fasıl, bahis; şey, nesne, madde; kısım; *gram.* harfi tarif ve harfi tenkir (the *veya* a); *zool.* boğum, bitki boğumu. **articles of apprenticeship** usta ile çırak arasında anlaşma. **articles of association** şirket mukavelesi. **articles of faith** akait, din ve iman şartları. **articles of war** harp nizamnamesi.

ar.ti.cle (ar'tikıl) *f.* maddeler halinde tertip etmek; madde madde şikâyetleri içine alan bir dilekçe vasıtasıyla bir kimseyi dava etmek; usta yanına mukavele ile çırak vermek.

ar.tic.u.lar (artik'yılır) *s.* mafsallara ait. **articularly** *z.* mafsallara ait olarak.

ar.tic.u.late (artik'yıleyt) *f.* mafsal ile birleştirmek; mafsallarla bitişmek.

ar.tic.u.late (artik'yılit) *s.* mafsallı; düzenli bir şekilde birbirine bağlı.

ar.tic.u.late (artik'yıleyt) *f.* açıkça beyan etmek, ifade etmek; telâffuz etmek, söylemek.

ar.tic.u.late (artik'yılit) *s.* düşüncelerini rahatça ifade edebilen; konuşkan. **articulately** *z.* açıkça ifade ederek, kolay anlaşılır bir şekilde. **articulateness** *i.* açıkça ifade etme kabiliyeti, belâgat.

ar.tic.u.la.tion (artikyıley'şın) *i.* mafsal, eklem, oynak yeri; bitiştirme; telâffuz; telâffuz şekli.

ar.ti.fact (ar'tıfäkt) *i.* insan eliyle yapılan şey, bilhassa ilk insanların meydana getirdiği sanat eseri; yapı; *biyol.* dokuda suni olarak meydana getirilen şey.

ar.ti.fice (ar'tıfis) *i.* oyun, hile, desise; hüner, sanat; hünerli iş; ustalık.

ar.tif.i.cer (artif'ısır) *i.* sanatkâr, sanat erbabı; icat eden kimse; askeri teknisyen.

ar.ti.fi.cial (artıfiş'ıl) *s.* yapma, suni, taklit; yalan, yalancı, sahte, zoraki. **artificially** *z.* sahte olarak, suni olarak, yapmacıkla. **artificial horizon** *hav.* suni ufuk. **artificial insemination** suni ilkah.

ar.ti.fi.ci.al.i.ty (artıfişiyäl'ıti) *i.* yapmacık tavırlar; sunilik; taklit şey.

ar.til.ler.y (artil'ırı) *i.* top gibi büyük harp silâhları, ağır silâhlar; topçu sınıfı; topçuluk. **artilleryman** *i.* topçu neferi.

ar.ti.san (ar'tızın) *i.* esnaf, zanaatçı, endüstri işçisi.

ar.tist (ar'tist) *i.* sanatçı, sanatkâr, ressam, heykeltıraş; sahne sanatçısı; *argo* düzenbaz kimse.

ar.tiste (artist') *i.* sahne sanatçısı, dansöz, şantöz, aktör.

ar.tis.tic (artis'tik) *s.* sanat yönü olan, estetik güzelliğe sahip, sanatkârane, güzel sanatlara ait. **artistically** *z.* sanatkârca, sanatkârane bir şekilde.

art.ist.ry (ar'tistri) *i.* sanatkârlık, sanat kabiliyeti, sanat eserleri; güzel sanatlarla meşgul olma.

art.less (art'lis) *s.* hilesiz, saf, açık sözlü; hünersiz, sanatsız, kaba; tabii, doğal. **artlessly** *z.* hilesizce, saflıkla. **artlessness** *i.* hilesiz oluş, saflık.

art.y (ar'ti) *s., k.dili* gösterişli, iddialı (sanat eseri).

ar.um (er'ım) *i., bot.* yılanyastığı, danaayağı.

a.run.di.na.ceous (ırʌndıney'şıs) *s.* kamış cinsinden, kamışa benzer.

a.rus.pex (ırʌs'peks) *bak.* haruspex.

Ar.y.an (er'iyın) *i., s.* Ari, Hint-Avrupalı, Hint-Avrupa dilini konuşan tarih öncesi kavim; *s.* bu kavme veya Hint-Avrupa diline ait.

as (äz, ız) *z.* gibi, veçhile, suretle; iken. **as ... so** olduğu gibi, dahi, o veçhile. **as well as** gibi. **as you were going** siz giderken.

so as gibi, suretle, veçhile; için; ki. **as ... as**
kadar. **so as to see** görecek surette, görmek
için. **This is as good as that.** Bu da diğeri
kadar iyidir. **He bought the farm as well
as the house.** Hem evi hem de çiftliği
aldı. **As we have finished, we may go.**
Mademki işimiz bitti, gidebiliriz. **It gets
better as you go along.** İş ilerledikçe
daha iyi oluyor. **Do as I do.** Sen de benim
yaptığımı yap. **Expensive as it was, I
bought it.** Çok pahalı olduğu halde aldım.
as is şimdiki durumuyla. **I'll buy it as is.**
Olduğu gibi satın alırım.

as (äz) *bağlaç* çünkü, mademki, nitekim. **as if,
as though, as it were** sanki, güya. **as to,
as for** gelince, hakkında, ... sorarsanız.

A.S. *kıs.* **Anglo-Saxon.**

as.a.fet.i.da (äsıfet'ıdı) *i.* şeytantersi, çadıruşağı
otu, kötü kokulu bir sinir ilâcı.

as.bes.tos (äsbes'tıs, *İng.* äz-) *i.* amyant, asbest,
yanmaz taş, dağ keteni, taş keten, yeşil taş
pamuğu. **asbestos packing** asbest sal-
mastrası.

ASCAP (äs'käp) *kıs.* **American Society of
Composers,•Authors and Publishers.**

as.ca.rid (äs'kırid) *i.* askarid, *zool.* Ascaris.

as.cend (ısend') *f.* çıkmak, yukarı çıkmak, yük-
selmek, müzikte pesten tize geçmek; akarsu
boyunca akıntıya karşı gitmek; artmak, ço-
ğalmak, ziyadeleşmek; üzerine çıkmak, tır-
manmak. **ascendable** *s.* çıkılır, çıkılabilir.

as.cen.dan.cy (ısen'dınsi) *i.* hüküm, nüfuz,
itibar, üstünlük, faikıyet.

as.cen.dant, -ent (ısen'dınt) *i., s.* hüküm,
nüfuz, itibar; *s.* yükselen; üstün, faik, hâkim;
ufukta görünmeye başlayan. **be in the
ascendant** galip olmak, nüfuz şahibi olmaya
başlamak.

as.cend.er (ısen'dır) *i., matb.* satırın tepesine
kadar uzantısı olan harf.

as.cen.sion (ısen'şın) *i.* yukarı çıkış, yükselme,
miraç; *astr.* ufuktan yükseklik derecesi; *bak.*
right ascension.

as.cent (ısent') *i.* çıkış, yükseliş; çıkacak yol,
yokuş, bayır.

as.cer.tain (äsırteyn') *f.* doğrusunu anlamak,
tahkik etmek, araştırmak, soruşturmak. **as-
certainable** *s.* soruşturulabilir, tahkik edile-
bilir, anlaşılabilir. **ascertainment** *i.* soruş-
turma, tahkik, anlama.

as.cet.ic (ıset'ik) *i.* din uğruna dünya zevk-
lerini feda eden kimse, zahit kimse, münzevi
kimse, riyazetçi, sofu kimse, derviş. **as-
cetic(al)** *s.* zahit, sofu; kendi zevkini çok
düşünmeyen. **asceticism** *i.* koyu sofuluk,
aşırı riyazet, çilecilik, zahitlik; sade bir hayat
sürme.

as.ci.tes (ısay'tiz) *i., tıb.* sıskalık, karında
istiska, karına su dolması, karında sıvı top-
lanması.

As.cle.pi.us (äskli'piyıs) *i.* Yunanlıların tıp
ilâhı.

a.scor.bic acid (ıskôr'bik) C vitamini.

as.cot (äs'kıt) *i.* bir çeşit enli boyunbağı.

as.cribe (ıskrayb') *f.* atfetmek, hamletmek,
vermek, yüklemek, isnat etmek. **ascribable**
s. atfolunabilir, isnat olunabilir, yüklenebilir.

as.crip.tion (ıskrip'şın) *i.* yükleme, isnat, atıf.
ascription of praise Tanrıya övgü sunma,
hamt, tesbih, tehlil.

a.se.i.ty (ısey'ıti) *i.* kendiliğinden meydana
gelme.

a.sep.sis (ısep'sis) *i., tıb.* mikropsuzluk, asepsi.
aseptic *s.* mikropsuz, aseptik.

a.sex.u.al (eysek'şuwıl, äsek'şuwıl) *s., biyol.*
cinsiyetsiz, erkekliği ve dişiliği olmayan,
eşeysiz.

ash (äş) *i.* kül. **ash can** kaloriferden alınan
küllerin konulduğu varil. **ash hole** kül yeri,
külhan. **ashpan** *i.* sobadaki ateşten düşen
külü tutan kap veya çekme, küllük. **ashpit**
i. kül veya çöp çukuru, külhan. **ash tray**
sigara tablası, kül tablası. **Ash Wednesday**
Paskalyadan evvelki perhizin ilk Çarşambası.

ash (äş) *i.* dişbudak ağacı veya kerestesi, *bot.*
Fraxinus. **mountain ash** yabanî üvez ağacı,
alıç, *bot.* Sorbus ancuparia.

a.shamed (ışeymd') *s.* utanmış, mahcup olmuş.

ash.en (äş'ın) *s.* kül gibi; kül rengi, soluk renkli;
dişbudak ağacına ait veya ondan yapılmış.

Ash.ke.naz.im (aşkına'zîm) *i., çoğ.* Polonya,
Rus ve Alman Yahudileri.

ash.lar (äş'lır) *i.* inşaatlarda kullanılan kesme
veya yontma kare taş; böyle taşlarla yapılmış
veya kaplanmış yapı.

a.shore (ışôr') *z.* karaya, karada, kıyıya, kıyıda,
karaya oturmuş (gemi).

ash.ram (aş'ram) *i.* Hindistan'da tekke.

ash.y (äş'i) *s.* küllü, kül serpilmiş, külle kaplı;
kül rengi.

A.sia (ey'jı) *i.* Asya. **Asia Minor** Anadolu.

A.sian (ey'jın) *s., i.* Asyalı.

A.si.at.ic (eyjiyät'ik) *i., s.* Asyalı; *s.* Asya kıtasına veya halkına ait.

a.side (ısayd') *z.* bir yana, bir tarafa, bir kenara, ayrı, kendi kendine. **aside from** *A.B.D.* -den başka. **call aside** bir tarafa çağırmak. **draw aside** bir tarafa almak, bir tarafa çekmek. **lay aside** bir tarafa koymak, saklamak. **stand aside** bir yana çekilmek. **turn aside** bir yana sapmak, bir yana saptırmak, baştan çıkarmak.

a.side (ısayd') *i.* bir oyuncunun sahnede kendi kendine söylediği sözler.

as.i.nine (äs'ınayn) *s.* aptal, inatçı (eşek gibi), eşeğe ait, eşekçe. **asinin'ity** *i.* eşeklik, aptallık.

ask (äsk) *f.* sormak; talep etmek; davet etmek, teklif etmek; icap ettirmek, istemek, ihtiyaç göstermek; yalvarmak, rica etmek, niyaz etmek. **ask for** sormak, aramak, talep etmek, istemek. **ask for it** hak etmek. **ask in** içeriye davet etmek. **ask one to (a gathering)** davet etmek. **ask one (to do something)** rica etmek.

a.skance, a.skant (ıskäns', ıskänt') *z.* göz ucuyla, yan yan (bakış); güvensizlikle; beğenmeyerek. **look askance** göz ucuyla bakmak, yan bakmak.

a.skew (ıskyu') *z.* eğri olarak, çarpık bir şekilde.

a.slant (ıslänt') *s., edat, z.* eğri olan, yan, meyilli; *edat* üzerinden meyilli olarak; *z.* meyilli olarak.

a.sleep (ıslip') *s., z.* uykuda olan, uyuşmuş; *z.* uyurken, uykuya. **fall asleep** uykuya dalmak. **fast asleep** derin uykuda. **My foot is asleep.** Ayağım uyuşmuş.

a.slope (ıslop') *s., z.* meyilli, yatık, eğri; *z.* meyilli olarak.

As.ma.ra (asma'rı) *i.* Asmara şehri.

a.so.cial (eyso'şıl) *s.* toplumdan kaçan, merdümgiriz; toplumun yararını düşünmeyen, egoist, menfaatperest.

asp (äsp) *i.* engerek yılanı.

as.par.a.gus (ısper'ıgıs) *i.* kuşkonmaz, *bot.* Asparagus officinalis. **asparagus fern** perçemli kuşkonmaz. **wild asparagus** dişi kuşkonmaz, *bot.* Asparagus acutifolius.

as.par.tic acid (äspar'tik) kuşkonmaz otu ve pancardan çıkarılan özel bir asit, asparagin asidi.

as.pect (äs'pect) *i.* görünüş, gösteriş, veçhe, suret; yüz, çehre, sima; bakış, görüş, nazar; safha, hal, durum, vaziyet; *astrol.* gezegenlerin birbirine oranla durumları.

asp.en (äs'pın) *i.* yaprakları çok titreyen bir çeşit kavak ağacı, toz ağacı, *bot.* Populus tremuloides.

as.per (äs'pır) *i.* akçe, pul.

as.per (äs'pır) *i.* "h" sesi.

as.per.i.ty (äsper'ıti) *i.* pürüz, sertlik; kabalık, şiddet; zorluk, güçlük.

a.sper.mous (eyspır'mıs) *s., bot.* tohumsuz, aslı tohumsuz olan.

as.perse (ıspırs') *f.* iftira etmek, lekelemek, çamur atmak; serpmek. **aspersion** *i.* iftira, leke. **cast aspersions** taş atmak, laf sokuşturmak, dokundurmak. **aspersive** *s.* iftira kabilinden.

as.phalt (äs'fôlt) *i.* maden zifti; asfalt, maden zifti ile kum veya çakıl taşını karıştırarak yol yapımında kullanılan malzeme; asfalt yol.

as.pho.del (äs'fıdel) *i.* çirişotu, *bot.* Asphodelus.

as.phyx.i.a (äsfik'sıyı) *i., tıb.* asfeksi, oksijen yokluğundan ileri gelen boğulma, nefes kesilmesi (havagazından boğulma gibi).

as.phyx.i.ate (äsfik'siyeyt) *f.* boğmak, oksijensiz bırakmak; boğulmak. **asphyxia'tion** *i.* oksijen yokluğundan boğulmaya sebep olma, boğulma, nefes kesilmesi.

as.pic (äs'pik) *i., ahçı.* et v.b.'nin yanında garnitür olarak servis yapılan iştah açıcı bir çeşit jelatin.

as.pi.dis.tra (äspıdîs'trı) *i., bot.* aspidistra, zambak familyasından çok güzel yapraklı bir salon bitkisi.

as.pir.ant (äs'pırınt, ıspayr'ınt) *s., i.* istekli, arzulu, talip (kimse).

as.pi.rate (äs'pıreyt) *i., f., s.* "h" sesi ve "h" harfi; "h" gibi ses çıkarma; *f.* "h" sesiyle telâffuz etmek; *s.* "h" sesiyle telâffuz olunan.

as.pi.ra.tion (äspırey'şın) *i.* arzu, istek, iştiyak; yüksek bir gaye edinme; teneffüs etme, nefes alıp verme; *gram.* "h" harfini telâffuz.

as.pi.ra.tor (äs'pıreytır) *i.* aspiratör, emici alet; *tıb.* emerek vücuttan sıvıları çeken alet.

as.pire (ıspayr') *f.* yüksek bir gaye edinmek, arzu etmek, talip olmak, göz dikmek.

as.pi.rin (äs'pırîn) *i.* aspirin.

as.pir.ing (ıspayr'ing) *s.* gözü ilerde olan, bir gayesi olan. **aspiringly** *z.* yüksek emeller peşinde koşarak.

a.squint (ıskwint') *s., z.* gözünün ucuyla bakan; *z.* gözünün ucuyla bakarak, yan yan bakarak.

ass (äs, as) *i.* eşek, merkep; ahmak, aptal veya budala kimse; *argo* but, kaba et. **wild ass** dağ kulanı, yaban eşeği, *zool.* Asinus onager.

as.sail (ıseyl') *f.* saldırmak, üzerine atılmak, üzerine varmak, hücum etmek, hamle etmek; tecavüz etmek, dil uzatmak. **assailable** *s.* tecavüz edilebilir. **assailant** *i.* saldırgan kimse, mütecaviz kimse.

as.sas.sin (ısäs'în) *i.* suikastçı, katil, gizlice adam öldüren kimse; *b.h.* İsmailî mezhebinin Haşşâşîn denilen koluna mensup olan kimse.

as.sas.si.nate (ısäs'ınevt) *f.* suikast yapmak, alçakçasına adam öldürmek (özellikle siyasî kişileri); bir kimsenin şöhretini mahvetmek. **assassina'tion** *i.* suikast, adam öldürme.

as.sault (ısôlt') *i., f.* saldırı, şiddetli hücum, hamle, tecavüz; *f.* saldırmak, hücum etmek, tecavüz etmek. **assault and battery** *huk.* müessir fiil.

as.say (äs'ey, ısey') *i.* tahlil; tecrübe, deneme; tartma, ayarlama; ayar için alınan madde.

as.say (ısey') *f.* denemek, tecrübe etmek, yoklamak; tahlil etmek, ayar etmek; değer biçmek, kıymet takdir etmek.

as.se.gai, as.sa.gai (äs'ıgay) *i.* Güney Afrika'da kullanılan hafif bir mızrak.

as.sem.blage (ısem'blîc) *i.* toplantı, meclis; takım, kalabalık; montaj; bir araya toplama veya toplanma.

as.sem.ble (ısem'bıl) *f.* toplamak, birleştirmek, bir araya getirmek, kısımları birbirine uydurmak; parçaları yerli yerine takmak; toplanmak, birleşmek, bir araya gelmek, toplantı yapmak, içtima etmek.

as.sem.bly (ısem'blî) *i.* toplantı, meclis, kongre. **assembly line** montaj fabrikası. **assembly room** toplantı salonu. **right of assembly** toplanma hakkı. **assemblyman** *i.* meclis üyesi, özellikle eyalet meclisi üyesi.

as.sent (ısent') *i., f.* rıza, muvafakat, tasdik, onay, kabul, teslim; *f.* razı olmak, muvafakat etmek, tasdik etmek, kabul etmek.

as.sert (ısırt') *f.* ispat ve iddia ile beyan etmek; üzerinde durmak, teyit etmek; demek, öne sürmek, söylemek, iddia etmek. **assert one's rights** hakkını öne sürmek. **assertive** *s.* iddiacı. **assertively** *z.* öne sürerek. **assertion** *i.* iddia, teyit, hakkını ispat etme. **assertory** *s.* iddia eden.

as.sess (ıses') *f.* tayin etmek (vergi, para cezası v.b.), kıymet takdir etmek, tarh etmek, -e bağlamak. **assessable** *s.* vergi tayini için kıymeti takdir olunabilen.

as.sess.ment (ıses'mınt) *i.* takdir edilen kıymet; kıymet takdir etme; vergi; ödenecek veya toplanacak meblâğ.

as.ses.sor (ıses'ır) *i.* vergi tahakkuk memuru; yargıç muavini veya müşaviri. **assessor'ial** *s.* bu memura ait.

as.set (äs'et) *i.* mal, kıymetli şey, kıymetli vasıf.

as.sets (äs'ets) *i., çoğ., tic.* emval, servet, mevcudat, aktif, varlık. **assets and liabilities** varlıklar ve borçlar. **asset and liability statement** bilanço. **current assets** döner varlıklar. **fixed assets** sabit kıymetler, duran varlıklar. **personal assets** menkul mallar. **real assets** taşınmazlar, gayri menkul mallar. **liquid assets** derhal paraya çevrilebilen kıymetler.

as.sev.er.ate (ısev'ıreyt) *f.* beyan ve iddia etmek, katiyetle bildirmek. **assevera'tion** *i.* iddia, söyleme, beyan, söz.

as.sid.u.ous (ısîc'uwıs, *İng.* ısîd'yuwıs) *s.* çalışkan, yorulmaz, yılmaz, bezmez, usanmaz; devamlı, sürekli; dikkatli. **assidu'ity, assid'uousness** *i.* çalışkanlık, gayret; devam, süreklilik. **assiduously** *z.* kendini vererek, gayretle; sürekli olarak.

as.sign (ısayn') *f.* atamak, tayin etmek; ayırmak, tahsis etmek; kararlaştırmak; atfetmek, hamletmek; *huk.* devretmek. **assignable** *s.* tayini mümkün, tahsisi mümkün; feragat edilmesi mümkün.

as.sig.na.tion (äsîgney'şın) *i.* randevu, gizli aşk randevusu.

as.sign.ee (ısayni') *i., huk.* kendisine mal, hak ve yetki devredilen kimse.

as.sign.ment (ısayn'mınt) *i.* atama, tayin etme; tayin edilen şey; *huk.* feragat etme, feragat senedi, havale senedi; davanın görülmesi için gün tayin edilmesi; müflisin malını bir vekile emaneten teslim ve havale; temlik;

okul ödevi, evde hazırlanacak ders. **assignment clause** bir sigorta poliçesinde sahibine ciro hakkını veren madde.

as.sim.i.late (ısim'ıleyt) *f.* benzetmek, uydurmak, teşbih etmek, bağdaştırmak; özümsemek, hazmetmek, emmek. **assimila'tion** *i.* benzeyiş, teşbih; benzeşme, temsil; hazım, emme, özümseme, asimilasyon. **assim'ilative** *s.* benzeten, teşbih eden; hazmedici, özümseyici.

as.sist (ısist') *f., i.* yardım etmek, muavenet etmek, iane vermek, desteklemek; *i.* yardım. **assist at** hazır bulunmak. **assistance** *i.* yardım, muavenet, imdat, iane. **assistant** *i.* muavin, yardımcı. **assistant professor** asistan.

as.size (ısayz') *i.* kurulda alınan karar, hüküm; *çoğ., İng.* geçici mahkeme celsesi.

as.so.ci.ate (ıso'şiyeyt) *i., f., s.* arkadaş, dost; şerik, ortak; üye, aza; *f.* arkadaşlık etmek; ortak etmek, birleştirmek; benzetmek, yakıştırmak, aralarında ilişki kurmak; ortaklık kurmak, şerik olmak; *s.* arkadaş olan, ortak çıkar ve ilişkileri olan; tam üyelik haklarından yararlanamayan, üye olarak tam yetki sahibi olmayan. **associate professor** doçent. **associable** *s.* bağlantısı olabilen. **associateship** *i.* arkadaşlık; şeriklik, ortaklık. **Associated Press** Associated Press haber ajansı; *kıs.* **A.P.**

as.so.ci.a.tion (ısosiyey'şın) *i.* kurum, cemiyet; arkadaşlık, birlik; şirket. **association football** *İng.* futbol. **association of ideas** çağrışım.

as.so.ci.a.tive (ıso'şiyeytiv) *s.* birliğe ait. **associative faculty** çağrışım yeteneği.

as.so.nance (äs'ınıns) *i.* telâffuz benzerliği; asonans, yarım kafiye, seci. **assonant** *s.* telâffuzu benzer olan; yarım kafiyeli.

as.sort (ısôrt') *f.* tasnif etmek, sınıflandırmak, cinslerine göre ayırmak; uymak, uygun olmak, yakışmak. **assorted** *s.* çeşitli. **assortment** *i.* tasnif, sınıflandırma; çeşitler.

asst. *kıs.* **assistant.**

as.suage (ısweyc') *f.* azaltmak, hafifletmek, yatıştırmak, teskin etmek, kesmek; tatmin etmek.

as.sua.sive (ıswey'siv) *s.* hafifletici, dindirici, teskin edici.

as.sume (ısum') *f.* üzerine almak, deruhte etmek; farzetmek, var olduğunu kabul etmek; var gibi göstermek, yakıştırmak; yetkisi olmadan bir vazifeyi üstüne almak. **assumed** *s.* farzolunan; hayali; takma, müstear (isim); gasbedilmiş. **assuming** *s.* kibirli, mağrur, amirane tavırlar takınan.

as.sump.sit (ısʌmp'sit) *i., huk.* bir vaat üzerine yapılan sözleşme; akdin bozulması halinde zarar ziyan davası.

as.sump.tion (ısʌmp'şın) *i.* farz, tahmin, zan; tavır, poz, amirlik taslama; kendine iş edinme, üstüne alma; kibir, gurur, küstahlık; semaya yükselme, uruc, bilhassa Hazreti Meryem'in semaya urucu. **Feast of the Assumption** 15 Ağustosta kutlanan Meryem'in urucu yortusu.

as.sump.tive (ısʌmp'tiv) *s.* farzolunan, zannedilen; kibirli, mağrur. **assumptively** *z.* farzederek, zannederek; kibirle, gururla..

as.sur.ance (ışûr'ıns) *i.* güven, itimat; inanç, itikat; nefsine itimat, kendine güvenme, cesaret; söz, yemin, teminat; arsızlık, yüzsüzlük; *İng.* sigorta.

as.sure (ışûr') *f.* temin etmek, temin edici söz söylemek; ikna etmek; söz vermek; sigorta etmek. **assured** *s.* önceden belli olan; kendine güvenen; sigortalı olan. **assuredly** (ışûr'idli) *z.* elbette, her halde, mutlaka, muhakkak. **assuring** *i., s.* emniyet veren, inandırıcı (şey veya kimse). **assuringly** *z.* inandırıcı bir şekilde.

as.sur.gent (ısır'cınt) *s., bot.* yükselen, yukarı doğru kıvrılan.

As.syr.i.a (ısir'ıyı) *i.* Asur. **Assyrian** *i., s.* Asuri, Asurca. **Assyriol'ogist** *i.* Asur uygarlığı bilgini. **Assyriol'ogy** *i.* Asur uygarlığı (tarih, dil ve arkeoloji) ilmi.

As.tar.te (ästar'ti) *i.* Fenikelilerin aşk ilâhesi, Kibele.

a.stat.ic (ästät'ik, eystät'ik) *s., fiz.* tesirsiz denkliği olan; sabit olmayan, belirli bir yeri veya yönü olmayan.

as.ter (äs'tır) *i.* yıldız çiçeği, pat çiçeği. **China aster** saray patı.

as.te.ri.at.ed (ästir'iyeytid) *s.* yıldız şeklinde yansıtan.

as.ter.isk (äs'tırisk) *i.* yıldız işareti.

as.ter.ism (äs'tırizım) *i., astr.* yıldız kümesi; *matb.* üç yıldız işareti; bazı kristalleşmiş madenlerin içinde yıldız şeklinin belirmesi özelliği.

a.stern (ıstırn') *z., den.* geriye, gerisinde, arkaya, geminin kıçına, kıçında. **drop astern** geri kalmak, kıç tarafa doğru gitmek. **fall astern** bir geminin gerisinde kalmak, geride bulunmak. **go astern** geri geri gitmek (gemi), tornistan etmek; geminin kıç tarafına gitmek.

as.ter.oid (äs'tıroyd) *i., s., astr.* küçük gezegen, asteroid, planetoit; *zool.* deniz yıldızı familyası; *s.* yıldız gibi. **asteroi'dal** *s.* küçük gezegene ilgili; yıldıza benzer.

as.the.ni.a (ästhi'niyı, ästhınay'ı) *i., tıb.* kuvvetsizlik, dermansızlık, kuvvetten düşme. **asthen'ic** *s., tıb.* kuvvetsizliğe ait, kuvvetsiz.

asth.ma (äz'mı) *i., tıb.* nefes darlığı, astım. **asthmat'ic** *s.* astımla ilgili, astımlı, nefes darlığına ait.

a.stig.ma.tism (ıstig'mıtizım) *i., tıb.* astigmatizm. **astigmat'ic** *s.* astigmatik. **astigmometer** *s.* astigmatın derecesini ölçmeye mahsus alet.

a.stir (ıstır') *z., s.* hareket halinde, harekette; *s.* yataktan kalkmış, etrafta dolaşan.

a.stom.a.tous, as.to.mous (eystam'ıtıs, äs'-tımıs) *s.* ağızsız.

a.ston.ish (ıstan'ış) *f.* şaşırtmak, hayrete düşürmek. **be astonished at** hayret etmek, şaşmak, şaşakalmak.

a.ston.ish.ing (ıstan'işing) *s.* şaşırtıcı, hayret verici, şaşılacak. **astonishingly** *z.* şaşılacak surette.

a.ston.ish.ment (ıstan'işmınt) *i.* hayret, şaşkınlık, şaşırma. **be filled (seized, struck) with astonishment** şaşmak, şaşakalmak, donakalmak.

a.stound (ıstaund') *f.* aşırı derecede şaşırtmak, bütün bütün hayret ettirmek. **astoundingly** *z.* hayret ettirecek surette, şaşırtıcı bir şekilde.

astr. *kıs.* **astronomy.**

a.strad.dle (ısträd'ıl) *z.* ata binmiş gibi bacakları birbirinden ayrı olarak, eyere binmiş olarak.

as.tra.gal (äs'trıgıl) *i., mim.* dışbükey pervaz.

as.trag.a.lus (ästräg'ılıs) *i.* topuk kemiği.

as.tra.khan (äs'trıkän) *i.* astragan, yeni doğmuş kuzunun postu; karagülün kürkü.

as.tral (äs'trıl) *s.* yıldızlı, yıldız gibi, yıldızlarla ilgili; *biyol.* yıldız biçiminde.

a.strand (ıstränd') *s.* kıyıda, karaya oturmuş.

as.tra.pho.bi.a (ästrıfo'bıyı) *i., Ing.* yıldırım ve gök gürültüsünden aşırı korku.

a.stray (ıstrey') *z., s.* yolundan çıkmış, yanlış yol tutmuş, sapıtmış, sapmış. **go astray** kötü yola sapmak; yanlış yere gitmek. **lead astray** ayartmak, azdırmak, baştan çıkarmak; kötü yola sevketmek.

a.stride (ıstrayd') *z.* ata binmiş gibi bacakları birbirinden ayrı olarak.

as.tringe (ıstrinc') *f.* sıkmak, sıkıştırmak, teksif etmek. **astrin'gency** *i.* sıkıştırıcılık, sıkıcılık, kabız, kasılma. **astringent** *i., s.* lokal olarak doku ve damarları buzen ilâç; *s.* sıkıştırıcı, buzucu.

as.tro.bi.ol.o.gy (ästrobayal'ıcı) *i.* astrobiyoloji.

as.tro.dome (äs'trıdom) *i.* uçağın üst kısmında gökcisimlerini gözlemek için yuvarlak pencere.

as.tro.dy.nam.ics (äs'trodaynam'iks) *i.* yıldızların hareketleriyle ilgili bilim dalı.

as.tro.gate (äs'trıgeyt) *f.* uzay aracında yon tayin etmek.

as.trog.ra.phy (ıstrag'rıfı) *i.* astrografı, yıldızların haritasını çıkarma veya yıldızları tarif etme ilmi.

astrol. *kıs.* **astrology.**

as.tro.labe (äs'trıleyb) *i.* eskiden gökcisimlerinin yüksekliğini tayin etmede kullanılan bir gözlem aracı, usturlap.

as.trol.a.try (ıstral'ıtrı) *i.* gökcisimlerine tapma.

as.trol.o.ger (ıstral'ıcır) *i.* müneccim.

as.trol.o.gy (ıstral'ıcı) *i.* astroloji, müneccimlik; yıldız falcılığı; (eski zamanda) yıldızlar ilmi. **astrolog'ical** *s.* astrolojiye ait. **astrologically** *z.* astrolojik olarak.

as.tro.naut (äs'trınôt) *i.* astronot.

as.tro.nau.tics (ästrınô'tiks) *i.* fezada yolculuk ilmi.

as.tron.o.mer (ıstran'ımır) *i.* astronom.

as.tro.nom.ic, as.tro.nom.i.cal (ästrınam'ik, -ıkıl) *s.* çok fazla, muazzam, aşırı, astronomik; astronomi ile ilgili.

as.tron.o.my (ıstran'ımı) *i.* astronomi, yıldızlar ilmi.

as.tro.pho.tog.ra.phy (ästrofıtag'rıfı) *i.* fotoğrafçılığın astronomiye uygulanması. **as'-trophotograph'ic** *s.* gökcisimlerinin fotoğraflarının alınmasına ait.

as.tro.phys.ics (ästrofiz'īks) *i.* gökcisimlerinin fiziksel ve kimyasal yapılarını inceleyen ilim, astrofizik. **astrophysical** *s.* astrofizikle ilgili.

as.tute (ıstut') *s.* dirayetli, akıllı, zeki, kurnaz, zeyrek, aldanmaz. **astutely** *z.* dirayetle; kurnazcasına. **astuteness** *i.* dirayet, feraset; kurnazlık.

A.sun.ción (asunsyôn') *i.* Asunsion, Paraguay'ın başkenti.

a.sun.der (ısʌn'dır) *z.* ayrılmış olarak, parçalanmış bir şekilde; parçalar halinde; birbirinden ayrı veya uzak.

a.sy.lum (ısay'lım) *i.* sığınak, barınak, melce; himaye, koruma, muhafaza; kimsesiz veya düşkünleri barındıran kurum, yetimhane, düşkünler evi. **give asylum to** barındırmak. **insane asylum** akıl hastanesi, şifa yurdu. **orphan asylum** yetimhane, öksüzler yurdu. **political asylum** siyasî iltica. **take asylum in** barınmak, sığınmak, iltica etmek.

a.sym.me.try (eysîm'ıtri) *i.* simetrisizlik, bakışımsızlık. **asymmetric** (äsîmet'rik, eysîmet'rik, *s.* simetrik olmayan, simetrisiz, bakışımsız.

as.ymp.tote (äs'îmtot) *i., mat.* asimptot, sonuşmaz. **asymptotic** (äsîmtat'ik) *s.* asimptotik, sonuşmazla ilgili veya ona ait.

a.syn.chro.nous (eysîng'krınıs) *s.* aynı zamanda vaki olmayan, eşzamanlı olmayan.

a.syn.de.ton (ısîn'dıtan) *i.* cümlenin bölümleri arasında bağlaç kullanmama: **I came, I saw, I conquered.**

a.syn.tac.tic (äsıntäk'tık) *s.* gramer kurallarına uymayan, biçimsiz.

a.sys.to.le (äsîs'tıli) *i., tıb.* kalp eki kasılma yetmezliği.

As you were! *ask. emir* Eski vaziyetinizi alın!

at (ät, ıt) *edat* tarafında, -de, -da; -e, -a; üzere, halinde; başına, her birine, beherine; nezdinde; yanında, evinde; ile meşgul; hususunda. **at all** hiç, hiç bir suretle. **at and from** *den. sig.* gerek limanda ve gerekse yolda (sigorta). **at best** nihayet, olsa olsa. **at call** talep edildiğinde. **at ease** rahat. **at first** önce, evvelâ. **at home** evde; kabul günü. **at large** serbest. **at last** nihayet. **at least** hiç olmazsa. **at most** en çok. **at once** derhal, hemen. **at one** aynı fikirde mutabık; saat birde. **at par** resmî değerinde. **at sight** görüldüğünde, ibrazında.

at that olduğu gibi; haliyle; hatta, bile. **all at once** hepsi birden, hep birden. **all at sea** şaşırmış, ne yapacağını bilmez bir halde. **sick at heart** kederli, üzgün, müteessir.

at.a.bal (ät'ıbıl) *i.* davul.

at.a.beg (atabeg') *i.* atabey.

at.a.brine (ät'ıbrîn) *i., tıb.* kinin gibi bir ilâç, atebrin.

at.a.man (ät'ımän) *i.* Kazak reisi, hetman.

at.a.rac.tic (ätıräk'tık) *s., tıb.* sakinleştirici, yatıştırıcı, huzur verici.

at.a.rax.i.a (ätıräk'siyı) *i.* ataraksiya; huzur, sükûn, rahat oluş.

a.tav.ic (ıtäv'ik) *s.* eski atalarla ilgili.

at.a.vism (ät'ıvizım) *i.* atacılık, atavizm, eski nesillerin bir özelliğinin birkaç kuşak sonra tekrar belirmesi. **atavis'tic** *s.* atalara ait, ataç.

a.tax.i.a (ıtäk'siyı) *i., tıb.* beden faaliyetlerinde düzensizlik, adalelerin koordinasyon bozukluğu.

ate (eyt, *İng.* et) *bak.* **eat.**

a.te (ey'ti) *i.* eski Yunan fikrine göre insanı kör edip cinayete sürükleyen kuvvet.

-ate *sonek* -miş: **desolate** terkedilmiş; ile: **caudate** kuyruklu; etken fiil: **enumerate** saymak; sonuç: **mandate** emir; *kim.* oksijenli tuz: **chlorate** klorat.

At ease! *ask. emir* Rahat!

at.el.ier (ät'ılyey) *i., Fr.* imalâthane, atölye.

a tem.po (atem'po) *İt., müz.* evvelki tempoya dönüş.

a.tem.po.ral (eytem'pırıl) *s.* zamanla ilişkisi olmayan.

a.the.ism (ey'thiyîzım) *i.* Allahın varlığını inkâr; Allahsızlık. **atheist** *i.* Tanrının varlığını kabul etmeyen kimse, ateist. **atheistic, -al** *s.* Allahsız.

ath.e.ling (äth'ıling) *i., tar.* asil kimse; kral naibi.

A.the.na, A.the.ne (ıthi'nı, ıthi'ni) *i., mit.* Atena.

ath.e.nae.um (äthıni'yım) *i.* fen ve edebiyat kulübü; genel kitaplık, okuma odası.

Ath.ens (äth'ınz) *i.* Atina şehri. **Athenian** (ıthi'niyın) *s., i.* Atinalı.

ath.er.o.scle.ro.sis (äth'ırosklıro'sis) *i., tıb.* damarların tıkanması.

a.thirst (ıthırst') *s.* hevesli; istekli; *eski* susamış, susuz.

athl. *kıs.* **athlete; athletic; athletics.**

ath.lete (äth'lit) *i.* atlet, sporcu, pehlivan. **athlete's foot** madura ayağı, *tıb.* mantar.

ath.let.ic (äthlet'ik) *s.* atletik, atletlere ait. **athletically** *z.* atletik bir şekilde. **athleticism** (-sîzım) *i.* atletizm, sporculuk. **athletics** *i.* atletizm.

at-home (ıt.hom') *i.* samimî ev toplantısı, kabul günü.

a.throb (ıthrab') *s., z.* çarpan; *z.* çarparak.

a.thwart (ıthwôrt') *z., edat* çapraz; aykırı, tersine, karşı; *edat* bir taraftan karşı tarafa; karşı, zıt. **athwartship** *z., den.* alabandadan alabandaya.

a.tilt (ıtilt') *z., s.* eğilmiş olarak, yan yatmış bir şekilde; hücuma geçme pozisyonunda; *s.* eğilmiş, yan yatmış.

a.tin.gle (ıting'gıl) *s.* sızlayan, titreyen.

at.lan.tes (ätlän'tiz) *i., çoğ., mim.* erkek heykel şeklindeki sütunlar.

At.lan.tic (ätlän'tik) *i., s.* Atlas Okyanusu; *s.* Atlas Okyanusu ile ilgili.

At.lan.tis (ätlän'tîs) *i.* eski zamanlarda Cebelitarık'ın batısında var olduğu ve sonradan zelzeleden battığı söylenen efsanevî bir ada.

At.las (ät'lıs) *i., mit.* göklere destek olduğu söylenen bir yarı-tanrı. **Atlas Mountains** Atlas Dağları.

at.las (ät'lıs) *i.* atlas (harita kitabı); *tıb.* boyun fıkra kemiklerinin birincisi, atlas, birinci omur; bir çeşit ipekli kumaş, atlas; büyük boy kâğıt.

atm. *kıs.* **atmosphere, atmospheric.**

at.man (at'mın) *i.* (Hindu dininde) can, ruh, nefes.

at.mom.e.ter (ätmam'ıtır) *i.* atmometre, buharölçer.

at.mos.phere (ät'mısfir) *i.* havaküre, atmosfer; çevre, muhit; *fiz.* havaküre (basınç birimi). **atmospher'ic, -al** *s.* havayaait, atmosferik. **atmospher'ics** *i., çoğ.* radyoda parazit.

at. no. *kıs.* **atomic number.**

at.oll (ät'ôl) *i.* atol, mercanada.

at.om (ät'ım) *i.* atom, zerre, cevher; çok küçük miktar.

a.tom.ic (ıtam'ik) *s.* atomik, atomal; çok küçük. **atomic bomb** atom bombası. **atomic energy** atom enerjisi. **atomic heat** *kim.* atomal ısı. **atomic number** *fiz.* atomal sayı. **atomic weight** atomal ağırlık. **atomics** *i.* nükleer fizik.

at.om.ism (ät'ımîzm) *i.* atomculuk. **atomist** *i.* atomculuğu kabul eden kimse.

at.om.ize, İng. -ise (ät'ımayz) *f.* atomlara ayırmak. **atomizer** *i.* sıvıyı püskürten alet, püskürgeç.

a.to.nal (eyto'nıl) *s., müz.* atonal, ton ve makam temeline dayanmayan (beste). **atonal'ity** *i., müz.* atonalite.

a.tone (ıton') *f.* telâfi etmek, (bir suç, kabahat v.b.'ni) affettirecek harekette bulunmak, kefaret etmek. **atonement** *i.* kefaret, tazminat, özür dileme, tarziye.

a.ton.ic (ıtan'ik) *s., tıb.* dermansız, takatsız, zayıf; *gram.* aksansız; vurgusuz.

at.o.ny (ät'ıni) *i., tıb.* zafiyet, dermansızlık, kuvvetsizlik.

a.top (ıtap') *z., edat, s.* üstte, üstünde, üzerine, üzerinde; *s.* üstündeki.

-ator *sonek* -ici: **narrator** hikâyeci.

-atory *sonek* netice veren, netice olan: **mandatory** zorunlu.

at.ra.bil.ious, -i.ar (atrıbil'iyıs, -iyır) *s.* kara sevdalı, hüzünlü, melankolik.

a.trem.ble (ıtrem'bıl) *s.* titreyen, korkan.

a.trip (ıtrîp') *z., den.* tırnağı denizin dibinden az yükselmiş (çapa).

a.tri.um (ey'triyım) *i., mim.* eski Roma evlerinde avlu veya giriş yeri; Orta Çağ'da kilisenin etrafı sütunlarla çevrili avlusu; *anat.* atriyum, kalpteki kulakçıklardan biri.

a.tro.cious (ıtro'şıs) *s.* çok fena, pek çirkin, iğrenç, menfur; gaddar, zalim, kalpsiz. **atrociously** *z.* zalimlikle, gaddarcasına; korkunç bir şekilde. **atrociousness** *i.* zulüm, gaddarlık, iğrençlik, menfur oluş.

a.troc.i.ty (ıtras'ıti) *i.* gaddarlık, kötülük, şenaat, canavarlık. **atrocities** *i., çoğ.* mezalim.

à trois (a trwa') *Fr.* üç kişilik.

at.ro.phy (ät'rıfi) *i., tıb.* gıdasızlıktan zayıflama, bedenin zayıflayıp kuruması; dumur, atrofi, körelme.

at.ro.pine (ät'rıpin) *i.* atropin, güzelavratotundan çıkarılan ve hekimlikte kullanılan zehirli bir madde.

att. *kıs.* **attention, for the attention of** dikkatine; **attorney.**

at.tach (ıtäç') *f.* takmak, raptetmek, iliştirmek, tutturmak; bitiştirmek, bağlamak; *huk.* haczetmek, müsadere etmek; maiyete tayin etmek; vermek, hamletmek, isnat etmek;

sevdirmek. **attached** s. bağlı, merbut, ilgili; ilişik; tutkun.

at.ta.ché (ätışey', İng. ıtäş'ey) i. ataşe. **attaché case** genellikle deriden yapılan, dik dörtgen ve menteşeli evrak koyacağı, çanta. **naval attaché** deniz ataşesi.

at.tach.ment (ıtäç'mınt) i. bağlılık, merbutiyet; ilgi, alâka; sevgi, muhabbet, dostluk; huk. zapt ve müsadere, haciz; zapt ve müsadere ilâmı; ek parça.

at.tack (ıtäk') f., i. hücum etmek, saldırmak, vurmak, basmak, tecavüz etmek; laf atmak, aleyhinde söylemek; işe koyulmak; tutmak, isabet etmek; i. saldırı, hücum; tıb. yakalanma, tutulma, nöbet; birbirinin aleyhinde söyleme; işe koyulma; muz. bir notaya başlama tarzı.

at.tain (ıteyn') f. varmak, ulaşmak, ermek, erişmek, vâsıl olmak, yetişmek; kazanmak, bulmak, kespetmek. **attainable** s. ulaşılabilir, erişilebilir, kazanılabilir, ele geçirilebilir, istihsali mümkün.

at.tain.der (ıteyn'dır) i., huk. idam hükmü verilmesi veya kanun dışı ilân edilmesi hallerinde bir kimsenin bütün vatandaşlık haklarını kaybetmesi; eski leke, şerefsizlik.

at.tain.ment (ıteyn'mınt) i. hüner, marifet; elde etme, erişme, edinme.

at.taint (ıteynt') f., i.. huk. idam hükmü verilmesi üzerine bir kimsenin vatandaşlık haklarını kaldırmak; lekelemek, rezil etmek; i. leke, ayıp; medeni hakların kaldırılması.

at.tar (ät'ır) i. ıtır. **attar of roses** gülyağı.

at.tem.per (ıtem'pır) f. mülâyimleştirmek, yumuşatmak, sertliğini gidermek; (içine bir şey katarak) ısıyı ayarlamak veya düzenli bir hale koymak; adapte etmek, uydurmak, intibakını sağlamak.

at.tempt (ıtempt') f., i. kalkışmak, yeltenmek, teşebbüs etmek; çalışmak, gayret etmek, denemek, tecrübe etmek; hayatına kastetmek, suikast teşebbüsünde bulunmak; i. teşebbüs, yeltenme, kalkışma; deneme, tecrübe. **attempt on one's life** suikast teşebbüsü.

at.tend (ıtend') f. (toplantıya) iştirak etmek, katılmak; kulak vermek, laf dinlemek; bakmak, mukayyet olmak; eşlik etmek, refakat etmek, maiyetinde bulunmak; hazır bulunmak; beklemek; **on** ile hazır bulunmak; **to** ile bakmak, üzerine almak; ilgilenmek; meşgul olmak; kulak kesilmek, dikkat etmek.

at.ten.dance (ıten'dıns) i. devam, gitme; refakat; hazır bulunanlar, maiyet. **dance in attendance on** üzerine titremek.

at.ten.dant (ıten'dınt) i. hizmetçi, hizmetkâr; refakat eden kimse, eşlik eden kimse; beraberinde olan şey; bir kimsenin maiyetinde çalışan memur; netice, akıbet.

at.ten.tion (ıten'şın) i. dikkat, ihtimam, üzerine titreme, meşgul olma; teveccüh, iltifat, nezaket; çoğ. aşığın sevgilisine gösterdiği ilgi. **Attention!** Hazır ol! **attention span** psik. bir kimsenin konu değiştirmeden aynı şeye dikkat edebildiği müddet.

at.ten.tive (ıten'tiv) s. dikkatli, hizmete hazır; kibar, ince, nazik. **attentively** z. dikkatle, hizmete hazır olarak; nezaketle. **attentiveness** i. dikkat; nezaket, incelik.

at.ten.u.ant (ıten'yuwınt) s. hafifletici, sulandırıcı.

at.ten.u.ate (ıten'yuwit) s. ince, zayıf, azalmış, dar.

at.ten.u.ate (ıten'yuweyt) f. inceltmek, hafifletmek, azaltmak, daraltmak, zayıflatmak; değerini düşürmek. **attenua'tion** i. inceltme, zayıflatma, azaltma; incelme, daralma, azalma, zayıflama.

at.test (ıtest') f., i. resmen ve açıkça söylemek, iddia etmek; şahadet etmek, tasdik etmek, ispat etmek, delil göstermek, beyan etmek; i. şahadet, tasdik.

at.tes.ta.tion (ätestey'şın) i. şahadet, tasdik; yemin.

at.tic (ät'ik) i. tavan arası; tavan arasındaki oda veya odalar; mim. klasik mimari tarzda cephe üzerindeki kat veya süslü duvar.

At.tic (ät'ik) s., i. Atinalı; ince, doğru; sade; i. Atina lehçesi.

At.ti.cism (ät'ısizım) i. Atik Yunanca'sına has dil özelliği; güzel ve ince ibare; Atinalılara bağlılık.

at.tire (ıtayr') i., f. süslü veya gösterişli elbise, esvap, kıyafet, kisve; f. giydirmek, donatmak. **attirement** i. giyim kuşam, esvap; tezyinat.

at.ti.tude (ät'ıtud) i. tutum, davranış, tavır; vaziyet alış; hav. dünya ve ufka göre meyil. **attitu'dinal** s. tutumla ilgili, vaziyete ait.

attitudinize *f.* tavır takınmak, vaziyet almak, çalım satmak.

at.torn (ıtırn') *f., huk.* başkasının kiracısı olmaya razı olmak; devretmek.

at.tor.ney (ıtır'ni) *i.* (*kıs.* **att.**, **atty.**) vekil, dava vekili. **attorney at law** avukat. **attorney general** devletin en yüksek hukuk memuru (adalet bakanı gibi); başsavcı, baş müddeiumumî. **power of attorney** vekâlet, temsil yetkisi; vekâletname. **attorneyship** *i.* vekâlet, avukatlık.

at.tract (ıträkt') *f.* çekmek, cezbetmek. **attractile** *s.* çekici, cazip. **attractive** *s.* cazibeli, cazip, çekici, alımlı. **attractively** *z.* güzel, alımlı surette. **attractiveness** *i.* çekicilik, cazibe.

at.tract.a.bil.i.ty (ıträktıbîl'iti) *i.* çekicilik, cezbetme kabiliyeti. **attractable** *s.* cezbedilir, cezbedilebilir.

at.trac.tion (ıträk'şın) *i.* cazibe, çekici oluş, alımlılık; büyüleyici şey; eğlence programı, atraksiyon; *fiz.* çekim.

attrib. *kıs.* **attribute, attributive.**

at.tri.bute (ät'rıbyut) *i.* sıfat, nitelik, vasıf; *man.* yüklem, mahmul; *gram.* yüklem; sıfat veya benzeri.

at.trib.ute (ıtrib'yut) *f.* vermek, yüklemek, isnat etmek, atfetmek, hamletmek. **attributable** *s.* isnat olunabilir, atfolunabilir. **attribu'tion** *i.* isnat, verme, hamletme, atfetme; sıfat, nitelik; özellik, hassa; yetki, salâhiyet. **attributive** *s.* verici, hamledici; *gram.* niteleyici.

at.trit.ed (ıtray'tîd) *s.* sürtünmeyle aşınmış.

at.tri.tion (ıtriş'ın) *i.* sürtüşme, yıpranma, aşınma.

at.tune (ıtun') *f.* akort etmek; ahenk kazandırmak, uyum sağlamak.

atty. *kıs.* **attorney.**

Atty. Gen. *kıs.* **Attorney General.**

a.twain (ıtweyn') *z., eski* ikiye ayrılarak.

a.twit.ter (ıtwit'ır) *s.* heyecanlı; cıvıltılı.

at. wt. *kıs.* **atomic weight.**

a.typ.i.cal (ätip'îkıl, eytîp'îkıl) *s.* tipik olmayan.

a. u. *kıs.* **angstrom units.**

au.bade (obad') *i., Fr.* sabah şarkısı.

au.ber.gine (o'bırcîn) *i.* patlıcan.

au.burn (ô'bırn) *s.* kumral.

A.U.C. *kıs.* **ab urbe condita** *Lat.* şehrin kuruluş tarihinden itibaren (hesaplanan yıl).

au con.traire (o kôntrer') *Fr.* aksine.

au cou.rant (o kuran') *Fr.* zamana uygun, çağdaş, modern.

auc.tion (ôk'şın) *i., f.* mezat, müzayede ile satış; bir çeşit iskambil oyunu; *f.* müzayede ile satmak, haraç mezat satmak. **auction bridge** okşın briç. **public auction** açık artırma. **put up to auction** mezada çıkarmak. **sell by auction** açık artırma ile satmak. **auctioneer** *i.* mezatçı, tellâl.

aud. *kıs.* **auditor.**

au.da.cious (ôdey'şıs) *s.* cüretli, cüretkâr; küstah, arsız. **audaciously** *z.* küstahça, cüretle. **audaciousness** *i.* küstahlık, cüretkârlık.

au.dac.i.ty (ôdäs'ıti) *i.* cüret; küstahlık.

au.di.ble (ô'dıbıl) *s.* işitilebilir, duyulabilir. **audibil'ity, audibleness** *i.* işitilebilme, duyulabilme. **audibly** *z.* işitilebilecek surette, duyulacak şekilde.

au.di.ence (ô'diyıns) *i.* bir toplantıda hazır bulunanlar, dinleyiciler; resmî görüşme, huzura kabul. **audience chamber** kabul salonu. **give an audience to** huzura kabul etmek. **have an audience with** huzura kabul olunmak, mülâkat yapmak, görüşmek.

au.di.ent (ô'diyınt) *s.* işiten, duyan.

au.dile (ô'dayl) *i.* ses yoluyla kafasında kavramlar oluşmuş kimse.

au.di.o (ô'diyo) *s.* kulağa hitap eden, müzik reprodüksiyonuyla ilgili. **audio frequency** ses dalgalarının frekansı.

au.di.ol.o.gy (ôdiyal'ıci) *i.* işitme duyusunu inceleyen bilim dalı.

au.di.om.e.ter (ôdiyam'ıtır) *i.* işitme kuvvetini ölçme aleti.

au.di.o.phile (ô'diyofayl') *i.* aslına uygun müzik çalan elektronik araçlar (radyo, teyp, fonograf v.b.) meraklısı kimse.

au.di.o-vis.u.al (ôdiyovij'uwıl) *i., s.* kulak ve göze aynı anda hitap eden sistem, öğretimde kullanılan yardımcı araç; *s.* kitaptan başka öğretim araçları (radyo, resim, fonograf, televizyon) ile ilgili.

au.di.phone (ô'dıfon) *i., tıb.* üst dişlere dayama suretiyle işitmeye yardım eden bir alet.

au.dit (ô'dit) *i., f.* hesapların gözden geçirilmesi, hesapların kontrolu, kesin hesap; *f.* hesapları kontrol etmek. **auditor** *i.* hesap kontrolörü. **auditorship** *i.* hesap kontrolörlüğü.

au.dit (ô'dit) *f.* dinlemek; *A.B.D.* dinleyici talebe olarak bir dersi takip etmek. **auditive** *s., i.* işitmeyle ilgili (şey). **auditory** *s.* işitme duyusu ve organları ile ilgili; *i., çoğ.* dinleyiciler. **auditory canal** *anat.* kulak yolu.

au.di.tion (ôdiş'ın) *i.* (opera, koro v.b.'ne girmek için yapılan) ses imtihanı; işitme hassası, işitme kuvveti, işitme.

au.di.to.ri.um (ôditôr'iyım) *i.* toplantı salonu.

au fait (o fe') *Fr.* usta, mahir.

Auf.klä.rung (auf'klerung) *i., Al.* irfan; 18. yüzyılda bilimsel akım.

au fond (o fôn') *Fr.* esasen, aslında.

auf Wie.der.seh.en (auf vi'derzeyn) *ünlem, Al.* Allaha ısmarladık; güle güle.

Aug. *kıs.* **August, Augustan, Augustus.**

Au.ge.an (ôci'yın) *s.* çok pis. **Augean stables** otuz sene pis kaldıktan sonra Herkül'ün bir günde temizlediği ahırlar.

au.gend (ô'cend) *i., mat.* toplama işleminde birinci rakam, ekleme ile büyüyen miktar.

au.ger (ô'gır) *i.* burgu, matkap, delgi. **shell auger** kaşık matkabı.

aught (ôt) *i., z.* şey, nesne, zerre; hiç bir şey; hiç; *z.* hiç bir şekilde. **For aught I care!** Umurumda değil. Vız gelir tırıs gider. Bana ne!

aught (ôt) *i.* sıfır.

aug.ment (ôg'ment) *i.* zam, ilâve; ilâve harf veya hece (Yunanca, Sanskritçe v.b. gibi dillerde).

aug.ment (ôgment') *f.* büyütmek, artırmak, çoğaltmak; uzatmak; büyümek, artmak, çoğalmak; uzamak. **augmentable** *s.* artırılması mümkün olan, çoğaltılabilir. **augmenta'tion** *i.* artırma, büyütme, çoğaltma, uzatma. **augmentative** *s., i.* artma yahut artırma kuvveti olan; *i., gram.* kelimenin anlamını büyüten ek. **augmented** *s.* artmış, çoğalmış. **augmented interval** *müz.* yarım ton artırılmış mesafe. **Augmented Roman** okuma öğretmek için kullanılan 43 harfli Latin alfabe: **ITA, Initial Teaching Alphabet. augmenter** *i.* artıran kimse veya şey.

au gra.tin (o grat'ın) ograten.

au.gur (ô'gır, ô'gyır) *i., f.* eski Roma'da kuşlara bakarak kehanet etmekle görevli bir çeşit falcı; kâhin; *f.* kehanet etmek, önceden haber

vermek; yormak. **augural** *s.* kâhinliğe ait. **augury** *i.* kehanet; fal, alâmet; kehanet ayini.

Au.gust (ô'gıst) *i.* Ağustos ayı.

au.gust (ôgʌst') *s.* muhterem, aziz.

Au.gus.tan (ôgʌs'tın) *s.* Roma İmparatoru Ogüst'e veya onun devrine ait; Roma İmparatorluğunun veya herhangi bir memleketin edebiyatının altın çağına ait; üstün zevke sahip, klasik nitelikte.

au.gust.ness (ôgʌst'nıs) *i.* azamet, ululuk, yücelik.

au jus (o jü') *Fr.* kendi suyuyla, kendi sosuyla.

auk (ôk) *i., zool.* soğuk memleketlerde yaşayan bir çeşit deniz kuşu.

au lait (o le') sütlü.

auld (ôld) *s., İskoç.* eski, kadim; ihtiyar. **for auld lang syne** eski günlerin hatırasına hürmeten.

au.lic (ô'lik) *s.* saraya ait, divana ait.

au na.tu.rel (o natürel') terbiye edilmeden hazırlanmış yemek; çıplak.

aunt (änt, ant) *i.* teyze, hala, yenge. **aun'tie** *i.* teyzecik v.b.

au pair (o per) *İng. (Fr.)* hizmetçi kız.

au.ra (ôr'ı) *i.* bir cismin saçtığı buhar, koku v.b.; ruh, hava, atmosfer.

au.ral (ôr'ıl) *s.* kulağa veya işitme duyusuna ait.

au.rate, au.rat.ed (ôr'eyt, -ıd) *s.* kulaklı.

au.re.âte (ôr'iyît) *s.* altın renginde, yaldızlı; parlak, mükemmel.

au.re.o.la, au.re.ole (ôri'yılı, ôr'iyol) *i.* hale, ağıl, ayla.

au re.voir (o rıvwar') *Fr.* Allaha ısmarladık; güle güle.

au.ric (ôr'îk) *s.* altınlı; *kim.* üç valanslı altınla (bileşik).

au.ri.cle (ôr'îkıl) *i., anat.* sayvan, kulak kepçesi; kulakçık; *bot., zool.* kulağa benzeyen şey, kulacık, kulakçık. **auricled** *s.* kulaklı.

au.ric.u.la (ôrik'yılı) *i.* çuha çiçeğinin bir çeşidi, ayı kulağı, *bot.* Primula auricula.

au.ric.u.lar (ôrik'yılır) *s.* kulağa ve işitme duyusuna ait; kulağa söylenmiş, mahrem olarak söylenmiş; kulaktan kulağa; *anat.* kulak kepçesine ait.

au.ric.u.late(d) (ôrik'yıleyt, -id) *s.* kulaklı veya kulak gibi kısımları olan.

au.rif.er.ous (ôrif'ırıs) *s.* içinde altın bulunan, altınlı (toprak, maden).

au.ri.form (ôr'ıfôrm) *s.* insan kulağı biçiminde olan.

Au.ri.ga (ôray'gı) *i., astr.* Arabacı takımyıldızı.

au.rist (ôr'îst) *i.* kulak uzmanı.

au.ro.ra (ôrô'rı) *i.* güneşteki fırtınalar sonucu meydana gelip kutuplarda geceleri görülen renkli ve hareket eden ışıklar; tan, doğuş, fecir, tulu, seher; *b.h., mit.* seher tanrıçası. **aurora australis** güney yarımkürede geceleri gökyüzünde görülen renkli ışıklar. **aurora borealis** kuzey yarımkürede geceleri gökyüzünde görülen renkli ışıklar. **auroral** *s.* güneşin doğuşuna ait; kutupsal ışıklara ait.

au.rous (ôr'ıs) *s.* içinde altın bulunan; *kim.* tek valanslı altından oluşmuş.

au.rum (ôr'ım) *i.* altın.

Aus. *kıs.* **Australasia, Australia, Austria.**

aus.cul.tate (ôs'kılteyt) *f., tıb.* stetoskop ile dinlemek.

aus.cul.ta.tion (ôskıltey'şın) *i., tıb.* stetoskop ile dinleme; dinleme, kulak verme.

Aus.gleich (aus'glaykh) *i., Al.* antlaşma, anlaşma, bilhassa Avusturya ile Macaristan arasında 1867'de imzalanan birleşme anlaşması

aus.pex (*çoğ.* **aus.pi.ces**) (ôs'peks, ôs'pısız) *i.* eski Roma'da kâhin.

aus.pi.cate (ôs'pikeyt) *f.* uğur getireceğine inanılan törenlerle açmak, açış töreni yapmak, başlamak.

aus.pice (ôs'pîs) *i.* kuşların hareketine bakıp kâhinlik etme; fal, alâmet. **auspices** (ôs'pısız) *i.* himaye, nezaret. **under the auspices of** himayesinde.

aus.pi.cial (ôspîş'ıl) *s.* kehanetle ilgili; uğurlu, •hayırlı.

aus.pi.cious (ôspîş'ıs) *s.* uğurlu, hayırlı. **auspiciously** *z.* hayırlı bir şekilde, uğurlu olarak. **auspiciousness** *i.* uğur, hayır.

Aust. *kıs.* **Austria, Austrian.**

aus.tere (ôstîr') *s.* sert, haşin; hoşgörüsüz; sofu, zahit; süssüz, çok sade. **austerely** *z.* sert bir şekilde, haşin olarak. **austerity** (ôster'ıti) *i.* sertlik, haşinlik; parasızlıktan dolayı masraftan kaçınma.

aus.tral (ôs'trıl) *s.* güney; sıcak.

Aus.tral.a.sia (ôstrıley'jı) *i.* Asya kıtasının güneydoğusundaki büyüklü küçüklü adaların tümü.

Aus.tral.ia (ôstreyl'yı) *i.* Avustralya. **Australian** *i., s.* Avustralyalı; *s.* Avustralya'ya ait. **Australian ballot** üzerinde bütün adayların isimleri basılmış gizli oy pusulası. **Australian crawl** kulaçlama yüzüş.

Aus.tra.loid (ôs'trıloyd) *s.* Avustralya'nın asıl yerlilerine ait veya benzeyen.

Aus.tri.a (ôs'triyı) *i.* Avusturya. **Austria-Hungary** Avusturya-Macaristan İmparatorluğu. **Austrian** *i., s.* Avusturyalı; *s.* Avusturya'ya ait.

au.ta.coid (ô'tıkoyd) *i.* hormon.

au.tar.chy (ô'tarki) *i.* mutlak hâkimiyet; muhtariyet, özerklik.

au.tar.ky (ô'tarki) *i.* bağımsız ekonomi politikası.

au.then.tic (ôthen'tik) *s.* güvenilir, inanılır, sahih, hakikî. **authentic'ity** *i.* güvenilir olma, sıhhat, salâhiyet. **authen'tically** *z.* güvenilir şekilde.

au.then.ti.cate (ôthen'tikeyt) *f.* doğru olduğunu ispat etmek, sıhhatini tevsik etmek. **authentica'tion** *i.* doğru olduğunu ispatlama, sıhhatini tevsik etme.

au.thor (ô'thır) *i., f.* yazar, müellif, muharrir; yaratıcı, müsebbip; yazarın eserleri; *f.* yazmak, eser yazmak. **authoress** *i.* kadın yazar.

au.thor.i.tar.i.an (ıthôrıter'iyın) *s., i.* serbestliğe imkân vermeden yöneten; *i.* sıkı idare taraftarı.

au.thor.i.ty (ıthôr'ıti) *i.* yetki, salâhiyet, hâkimiyet, otorite; hükümet; itibar, nüfuz; bilirkişi, ehli vukuf, erbap; şahadet, şahit; yetkili sayılan kitap veya yazar. **the authorities** yetkili olanlar; polis ve hâkimler. **author'itative** *s.* yetkili, salâhiyettar; itimada lâyık, itibar olunur, amirane. **author'itatively** *z.* yetkili olarak; güvenilebilecek şekilde. **author'itativeness** *i.* yetkili oluş, salâhiyet sahibi oluş; güvenilir olma.

au.thor.i.za.tion (ôthırızey'şın) *i.* izin, ruhsat, cevaz; tensip, uygun görme.

au.thor.ize (ô'thırayz) *f.* yetki vermek, salâhiyet vermek; yetkili olarak kurmak; izin vermek; ruhsat vermek; müsaade etmek; caiz görmek; teyit etmek, tasdik etmek. **Authorized Version** Kitabı Mukaddes'in 1611'de yapılan İngilizce tercümesi.

au.thor.ship (ô'thırşip) *i.* yazarlık, muharrirlik, müelliflik; kaynak.

au.tism (ô'tîzım) *i., tıb.* anormal derecede hayale dalma, içe kapanış. autistic *s.* hayale dalmaktan kurtulamayan.

au.to (ô'to) *i., A.B.D.* otomobil.

auto- *önek* kendi kendine, kendiliğinden hareket eden.

au.to.bahn (au'toban) *i.* Almanya'da geniş ve düzgün araba yolu, otoban.

au.to.bi.og.ra.phy (ôtıbayag'rıfi) *i.* otobiyografi, bir yazarın kendi hal tercümesi. autobiograph'ical *s.* kendi hayatından bahseden yazarın biyografisine ait. autobiographically *z.* kendi hayat hikâyesi ile ilgili olarak.

au.to.bus (ô'tobʌs) *i.* otobüs.

au.to.ceph.a.lous (ôtosef'ılıs) *s., kil.* kendi kendini idare eden, müstakil, başına buyruk.

au.toch.thon (ôtak'thın) *i.* esas yerli, bir yerin kadim insanı (hayvanı, bitkisi).

au.toch.thon.ic, au.toch.tho.nous (ôtakthan'ik, ôtak'thınıs). *s.* yerli, kadim.

au.to.clave (ô'tıkleyv) *i.* otoklav, sterilizatör.

au.toc.ra.cy (ôtak'rısı) *i.* otokrasi, bir hükümdarın mutlak hâkimiyeti, istîbdat.

au.to.crat (ô'tıkrät) *i.* diktatör, müstebit kimse, otokrat. autocratic(al) *s.* müstebit. autocratically *z.* müstebit bir şekilde.

au.to-da-fé (ô'todıfey') *i.* engizisyon devrinde ateşe atma cezası.

au.to.di.ag.no.sis (ôtodayıgno'sìs) *i., tıb.* kendi hastalığını teşhis.

au.to.dy.nam.ic (ôtodaynäm'ik) *s.* kendi kuvvetini üreten.

au.to.e.rot.i.cism (ôtowîrat'ısizım) *i.* özünerosçuluk.

au.tog.a.mous (ôtag'ımıs) *s., bot.* kendi tozu ile tozaklanan. autogamy *i.* kendi tozu ile tozaklanma; *biyol.* birbirine benzer hücre veya özlerin birleşmesi.

au.to.gen.e.sis (ôtocen'ısîs) *i., biyol.* kendiliğinden vücut bulma, kendi kendine peyda olma. autogenet'ic *s.* kendi kendine peyda olan; *jeol.* suyun tesiri ile peyda olan.

au.tog.e.nous (ôtac'ınıs) *s.* kendi kendine hâsıl olan. autogenous welding kendiliğinden ve ek maden kullanmadan kaynama (maden parçaları).

au.to.gi.ro, au.to.gy.ro (ôtocay'ro) *i.* otojir.

au.to.graft (ô'tıgräft) *i., tıb.* aynı vücuttan alınıp vücudun başka bir yerine yapıştırılan ekleme parça.

au.to.graph (ô'tıgräf) *i., f.* bir kimsenin kendi el yazısı; muharririn kendi eliyle yazılmış yazı veya müsvedde; bir kimsenin kendi el yazısı ile imzası; *f.* kendi el yazısı ile imza atmak.

au.to.harp (ô'toharp) *i., müz.* akort çalan bir çeşit kanun.

au.to.hyp.no.sis (ôtohîpno'sis) *i.* kendi kendini hipnotize etme.

au.to.im.mu.ni.za.tion (ôtowimyunizey'şın) *i.* yaradılıştan bir hastalığa karşı bağışıklığı olma.

au.to.in.fec.tion (ôtowinfek'şın) *i., tıb.* vücutta hâsıl olan mikroplarla iltihaplanma.

au.to.in.oc.u.la.tion (ôtowînakyıley'şın) *i., tıb.* kendi vücudundan alınan bir madde ile aşılanma.

au.to.in.tox.i.ca.tion (ôtowîntaksıkey'şın) *i., tıb.* kendi vücudunda hâsıl olan zehirli maddeden zehirlenme.

au.to.ki.net.ic (ôtokinet'ik) *s.* kendiliğinden hareket eden.

au.to.mat (ô'tımät) *i., A.B.D.* içinde otomatik tertibatla yemek verilen lokanta.

au.to.mate (ô'tımeyt) *f.* otomatikleştirmek, makineleştirmek.

au.to.mat.ic (ôtımät'ik) *s., i.* kendiliğinden hareket eden, otomatik; *i.* otomatik tabanca. automatic pilot uçağı idare eden otomatik tertibat. automatically *z.* otomatik olarak, otomatikman.

au.to.ma.tion (ôtımey'şın) *i.* makinelerin veya bir fabrikanın otomatik tertibatla idare edilmesi.

au.tom.a.tism (ôtam'ıtizım) *i.* otomatik oluş; isteğe bağlı olmadan yapılan hareket; *psik., fels.* otomatizm, özdevim, münsakiyet.

au.tom.a.ton (ôtam'ıtın) *i.* kendiliğinden hareket eden şey; isteğe bağlı olmadan veya mihaniki surette hareket eden kimse.

au.to.mo.bile (ôtımo'bil, ô'tımibil) *i.* otomobil.

au.to.mor.phic (ôtımôr'fik) *s.* başkalarını da kendi gibi farzeden. automorphism *i.* başkalarını da kendisi gibi farzetme.

au.to.mo.tive (ôtımo'tiv) *s.* otomobillerle ilgili; kendiliğinden hareket edebilen.

au.to.nom.ic (ôtınam'ik) *s.* özerk, muhtar, muhtariyetle idare edilen, otonom.

au.ton.o.mous (ôtan'ımıs) *s.* özerk, muhtar; özerkliğe ait; müstakil, kendi kendini idare eden.

au.ton.o.my (ôtan'ımi) *i.* özerklik, muhtariyet, kendi kendini idare etme hakkı.

au.to.path.ic (ôtıpäth'ik) *s., tıb.* sebepsiz gibi görünen hastalığa ait.

au.top.a.thy (ôtap'ıthi) *i., tıb.* sebepsiz gibi görünen hastalık.

au.to.plas.ty (ô'tıplästi) *i., tıb.* otoplasti. **auto-plastic** *s.* otoplastiye ait.

au.to.pneu.mat.ic (ôtınumät'ik) *s.* hava basıncı ile kendiliğinden hareket eden.

au.top.sy (ô'tapsi) *i.* otopsi.

au.to.sug.ges.tion (ôtosıgces'çın) *i., tıb.* kendi kendine telkin.

au.to.ther.a.py (ôtother'ıpi) *i., tıb.* kendi kendine tedavi; hastanın kendi vücudundan alınan bir madde ile tedavi edilmesi.

au.to.tox.e.mi.a (ôtotaksi'miyı) *i., tıb.* kendi vücudunda hâsıl olan mikroplarla iltihaplanma.

au.tox.i.da.tion (ôtaksıdey'şın) *i., kim.* havada oksitlenme; ikinçi bir maddenin de bulunmasıyla oksitlenme.

au.tumn (ô'tım) *i.* sonbahar, güz, hazan. **autum'nal** *s.* sonbahara ait. **autumnal equinox** *astr.* sonbahar ekinoksu.

aux.il.ia.ry (ôgzil'yıri, -zil'ıri) *i., s.* yardımcı, muavin; *gram.* yardımcı fiil; *s.* yedek; yedek motorlu (yelkenli).

av. *kıs.* average, avoirdupois.

A.V. *kıs.* Authorized Version.

a.vail (ıveyl') *i., f.* yarar, fayda, kâr; *f.* yaramak, işe yaramak, faydası olmak. **of no avail** beyhude, boşuna. **to avail oneself of** yararlanmak, -den istifade etmek.

a.vail.a.ble (ıvey'lıbıl) *s.* kullanışlı, hazır, elde mevcut; piyasada bulunan. **availabil'ity, avail'ableness** *i.* hazır bulunma; muteber olma.

av.a.lanche (äv'ılänç) *i.* çığ, dağlardan yuvarlanan kar kümesi; heyelân.

a.vant-garde (ıvant'gard') *i., s.* yenilik getirenler; *s.* yeni moda yaratan, yenilik getiren.

av.a.rice (äv'ıris) *i.* hırs, tamah. **avaricious** *s.* haris, tamahkâr. **avariciously** *z.* hırsla, ta-mahkârlıkla. **avariciousness** *i.* harislik, ta-mahkârlık.

a.vast (ıväst') *ünlem, den.* Dur! Aganta! Abosa!

av.a.tar (ävıtar') *i.* Hindu mitolojisinde bir tanrının insan veya hayvan şeklinde yeryüzüne inmesi.

a.vaunt (ıvônt') *ünlem, eski* Defol!

a.ve (a've, ey'vi) *ünlem, i., Lat.* selâm, merhaba; *i.* bir selâm duası. **Ave Maria** Selâm, ey Meryem!

ave. Ave. *kıs.* avenue, Avenue.

av.e.na.ceous (ävıney'şıs) *s.* yulaf veya yulaf cinsinden otlara benzer veya onlara ait.

a.venge (ıvenc') *f.* intikam almak, öç almak. **avenge oneself on** -den intikam almak, -den öç almak.

a.ven.tu.rine (ıven'çırin) *i.* yıldıztaşı.

av.e.nue (äv'ınyu) *i.* cadde, geniş yol, sokak; girilecek veya çıkılacak yol; iki tarafı ağaçlıklı yol.

a.ver (ıvır') *f.* (-red) iddia etmek, kuvvetle söylemek, ispat etmek, tahkik etmek.

av.er.age (äv'ric) *i., s.* vasati hesap, ortalama, vasat, orta; cari olan fiyat, derece veya miktar; adi ölçü; *den.* hasar, avarya; *s.* vasati, ortalama. **average adjuster** *den. sig.* muhammin, avarya düzenleyen eksper. **average clause** sigortada verilecek tazminatın miktarını sınırlayan madde. **above the average** vasattan yukarı. **an average family** orta derecede bir aile. **on an average** vasati olarak, ortalama olarak.

av.er.age (äv'ric) *f.* ortasını bulmak, vasatisini almak; vasati olarak yapmak veya almak; vasatî yekûn tutmak.

A.ver.rho.ës (ıver'owiz) *i.* İbni Rüşt.

a.verse (ıvırs') *s.* to *ile* karşı, aksi fikirde olan, muhalif; çekinen, içtinap eden. **averse to going** gitmek istemeyen, gitmekten çekinen. **averseness** *i.* çekingenlik, çekinme, içtinap.

a.ver.sion (ıvır'jın) *i.* nefret, iğrenme, tiksinme, istikrah; tiksinti veren şey, menfur şey. **have an aversion to** sevmemek, hoşlanmamak, tiksinmek, yıldızı barışmamak.

a.vert (ıvırt') *f.* başka tarafa çevirmek, yön değiştirtmek; önlemek, menetmek, defetmek, bırakmamak.

a.vi.an (ey'viyın) *s.* kuşlara ait.

a.vi.ar.y (ey'viyeri) *i.* kuşhane.

a.vi.ate (ey'viyeyt) *f.* uçak kullanmak.

a.vi.a.tion (eyviyey'şın) *i.* havacılık, tayyarecilik; uçuş.

a.vi.a.tor (ey'viyey'tır) *i.* pilot, tayyareci, havacı.

Av.i.cen.na (ävısen'ı) *i.* İbni Sina.

a.vi.cul.ture (ey'vîkʌlçır) *i.* kuş besleme.

av.id (äv'îd) *s.* arzulu, hırslı, haris. **be avid for** -e arzulu olmak, haris olmak. **avid'ity** *i.* istek, arzu, hırs.

a.vi.fau.na (eyvifô'nı) *i., zool.* belirli bir bölgedeki kuşlar veya kuş türleri.

av.i.ga.tion (ävıgey'şın) *i.* uçak kullanma tekniği, pilotluk.

a.vi.so (ıvay'zo) *i.* haber, bilgi, malumat; muhabere gemisi, avizo.

a.vi.ta.min.o.sis (eyvay'tımîno'sîs) *i., tıb.* vitaminsizlikten ileri gelen hastalık.

av.o.ca.do (ävıka'do) *i., avocado pear* perse ağacının meyvası.

av.o.ca.tion (ävıkey'şın) *i.* amatörce meşgale, iş, meşguliyet, hobi.

av.o.cet (äv'ıset) *i.* avoset, *zool.* Recurvirostra.

a.void (ıvoyd') *f.* sakınmak, çekinmek, kaçınmak, uzak durmak, içtinap etmek; *huk.* bertaraf etmek, feshetmek, iptal etmek. **avoidable** *s.* kaçınılır, sakınılır, içtinap olunur; bertaraf edilir, fesholunur. **avoidance** *i.* sakınma, içtinap; *huk.* iptal.

avoir. *kıs.* avoirdupois.

av.oir.du.pois (ävırdıpoyz') *i.* İngiltere ve Amerika'da kullanılan tartı usulü; *k.dili* şişmanlık.

a.vouch (ıvauç') *f.* onaylamak, teyit ve tasdik etmek, kuvvetle söylemek, iddia etmek, garanti etmek, itiraf etmek, açıkça söylemek.

a.vow (ıvau') *f.* açıkça söylemek, beyan etmek, ilân etmek, ikrar etmek, itiraf etmek, kabul ve tasdik etmek. **avowal** *i.* beyan, ilân, ikrar, itiraf, kabul, tasdik. **avowedly** *z.* açıkça, sarahaten, alenen.

a.vul.sion (ıvʌl'şın) *i.* koparma, sökme; kopmuş parça; *huk.* bir ırmağın yolunu değiştirmesi gibi tabiî bir sebepten dolayı bir mülkün başka bir mülk sahibinin tarafına geçmesi.

a.vun.cu.lar (ıvʌng'kyılır) *s.* amca veya dayı gibi veya onlara mensup.

a.wait (ıweyt') *f.* beklemek, intizar etmek, gözlemek, hazır olmak.

a.wake, a.wak.en (ıweyk', -kın) *f.* (awoke, *veya* awaked, awake(ne)d) uyandırmak; uyarmak, ikaz etmek; kışkırtmak, tahrik etmek; uyanmak; farkına varmak, gözü açılmak; harekete geçmek, canlanmak, dirilmek.

a.wake (ıweyk') *s.* uyanık, tetikte, sak. **be awake to** -e karşı uyanık olmak. **awakening** *i., s.* uykudan uyanış; *s.* uyandırıcı.

a.ward (ıwôrd') *i., f.* ödül, mükâfat; *huk.* hüküm, karar; *f.* vermek, mükâfat olarak vermek; hükmen vermek, hükmetmek, verilmesini emretmek.

a.ware (ıwer') *s.* haberdar, farkında, vâkıf, uyanık. **be aware of** farkında olmak, farkına varmak. **awareness** *i.* farkında olma.

a.wash (ıwôş') *z., s.* su seviyesi ile beraber; *s.* suyla örtülü; dalgalarla yıkanan; suda yüzen, dalgaların sağa sola attığı.

a.way (ıwey') *z.* uzağa, uzakta; bir yana; -den, -dan. **be away** bulunmamak, başka yere gitmiş olmak. **be carried away** sürüklenmek; kapılmak. **carry away** alıp götürmek, sürüklemek. **come away** bırakıp gelmek. **cut away** kesmek, kesip atmak. **do away with** yok etmek, öldürmek, ortadan kaldırmak. **drive away** uzaklaşmak; kovmak, defetmek. **eat away** aşındırmak; yiyip bitirmek. **far away** uzağa, çok uzakta, uzaklarda. **fire away** hemen ateş etmek; durmadan konuşmak. **fly away** uçup gitmek, kaçmak. **give away** bir kimseye hediye etmek; nikâhta gelini güveye vermek; ihbar etmek, ele vermek. **go away** gitmek, ayrılmak. **hide away** saklamak, saklanmak. **make away with** aşırmak, çalmak, yürütmek. **put away** kaldırmak. **right away** hemen, derhal. **send away** başka bir yere göndermek, kovmak. **send away for** mektupla ısmarlamak. **snatch away** kapmak. **take away** alıp götürmek. **waste away** erimek, sararıp solmak.

a.way (ıwey') *ünlem* Defol! Haydi!

awe (ô) *i.* korku, huşu, haşyet. **awesome** *s.* korku veren, korku veya huşu ifade eden. **awestricken, awestruck** *s.* huşu içinde, hayran kalmış.

awe (ô) *f.* korkutmak, dehşete düşürmek, huşu vermek.

a.weath.er (ıwedh'ır) *z., den.* rüzgâr üstüne, rüzgâr üstünde.

a.weigh (ıwey') z., s., den. dipten ayrılmış (çapa).

aw.ful (ô'fıl) s. korkunç, dehşet verici; müthiş, berbat, çok kötü; k.dili heybetli, iri. awfully z., k.dili çok; çok fena.

a.while (ıhwayl') z. biraz, kısa bir zaman için, bir müddet.

a.whirl (ıhwırl') s., z. telâşlı; z. telâşla.

awk.ward (ôk'wırd) s. eli işe yakışmaz, sakar, hantal, biçimsiz, yakışık almayan, münasebetsiz, kaba; idaresi güç. awkwardly z. acemicesine. awkwardness i. beceriksizlik, acemilik.

awl (ôl) i. biz, saraç ve kunduracı bizi.

awn (ôn) i., bot. diken, kılçık, sorguç. awns of barley arpa dikenleri, arpa kılçıkları. awned, awny s. dikenli, kılçıklı, sakallı. awnless s. kılçıksız, sorguçsuz.

awn.ing (ô'ning) i. tente, güneşlik, sayvan.

a.woke (ıwok') bak. awake.

A.W.O.L. (ey'wôl) kıs. absent without leave asker kaçağı.

a.wry (ıray') s., z. çarpık, yan, ters, yanlış.

ax, axe (çoğ. ax.es) (äks, -iz) i., f. balta; f. balta ile budamak; baltalamak.

ax.i.al (äk'siyıl) s. eksen ile ilgili; eksen teşkil eden, mihverî. axial pressure fiz. eksensel basınç. axial turbine mak. dik türbin.

ax.il (äk'sil) i., bot. koltuk, ağaç dalı ile sapı yahut yaprak sapı ile dal arasında olan köşe veya koltuk.

ax.il.la (çoğ. ax.il.lae) (äksil'ı, -li) i., anat. koltuk altı.

ax.il.lar.y (äk'sileri) s., anat., bot. koltuk altına ait.

ax.i.ol.o.gy (äksiyal'ıcı) i., fels. moral, estetik, din gibi değer sistemlerinin incelenmesi, değer kuramı.

ax.i.om (äk'siyım) i. aksiyom, belit, kabul edilmiş gerçek. axiomat'ic s. kendiliğinden belli; aksiyomla ilgili olan. axiomatically z. kendiliğinden belli olarak; aksiyom olarak.

ax.is (çoğ. ax.es) (äk'sîs, -iz) i. eksen, mihver, kutup; mak. dingil; tar. itilâf, anlaşma, uyuşma. axis bearing mak. dingil yatağı. axis friction mak. mihver sürtünmesi. axis pressure dingil basıncı. axis of rotation deveran mihveri; mat. dönüm ekseni. magnetic axis manyetik eksen.

ax.le (äk'sıl) i. dingil, mil. axle box dingil kutusu.

ax.le.tree (äk'sıltri) i. araba dingili.

Ax.min.ster (äks'mînstır) i. evvelce İngiltere'nin Axminster şehrinde yapılmış olan bir çeşit Türk halısı.

ax.o.lotl (äk'sılatıl) i., zool. bir çeşit salamandra.

ax.on (äk'san) i., zool. bir hayvanın vücut ekseni; akson.

ay, aye (ay, ey) z., şiir hep, daima. for aye ilelebet.

ay, aye (ay, ey) z. evet, muhakkak, hay hay. Aye, aye, Sir! Baş üstüne efendim! (gemicinin cevabı); Tamam, anlaşıldı!

ay, aye (ay, ey) i. kabul oyu, olumlu oy, evet; olumlu oy veren seçmen.

a.yah (a'yı) i. (Hindistan'da) yerli hizmetçi veya dadı.

aye-aye (ay'ay) i., zool. yalnız Madagaskar'da bulunan kedi büyüklüğünde sincaba benzer bir hayvan.

ayr.ie bak. aerie.

Ayr.shire cat.tle (er'şir kät'ıl) genellikle kahverengi ile karışık beyaz renkte bir çeşit İskoçya sığırı.

a.zal.ea (ızeyl'yı) i. Amerikan hanımeli, açalya, bot. Rhododendron.

A.zer.bai.jan (azırbaycan') i. Azerbaycan.

az.i.muth (äz'ımıth) i., astr. azimut, gök küresinin herhangi bir noktası ile güney yönü arasındaki açı. azimuth compass bir gök cisminin mıknatıssal başucunu tayin için kullanılan pusula, semt pusulası. azimuth tables semt cetvelleri.

a.zo.ic (ızo'wik) i., s., jeol. azoik devir, hayat olmayan çağ; s. azoik, hayat olmayan jeolojik devre ait.

A.zores (ızôrz', ey'zôrz) i. Asor adaları.

A.zov, Sea of (azôf') Azak Denizi.

Az.tec (äz'tek) i., s. Aztek, Meksika'da yaşayan Kızılderili kabilesi; s. bu kabileye mensup veya ait.

az.ure (äj'ır) i., s. gökyüzü, sema; gök mavisi; s. gökmavisi renkte.

az.u.rite (äj'ırayt) i., jeol. bir çeşit bakır cevheri; fazla değeri olmayan bir taş.

az.y.gous (äz'îgıs) s., zool., bot. tek, çift olmayan.

az.ym (äz'îm) i. mayasız ekmek. azymous s. mayasız.

B

B, b (bi) *i.* İngiliz alfabesinin ikinci harfi; mu-
sikide si'ye karşılık olan yedinci nota; *A.B.D.*
sınavlarda ''iyi'' karşılığı olan not.

B.A. *kıs.* **Bachelor of Arts** edebiyat fakültesi
diploması; **Buenos Aires.**

baa (ba, bä) *i., f.* koyun melemesi; *f.* melemek.

Ba.al (bey'ıl, beyl) *i.* eski Sami ırkların tanrıla-
rından biri; Fenikelilerin baş tanrısı olan
güneş ilâhı; sahte ilâh.

bab.bitt (bäb'it) *i.* vaytmetal, mil yataklarında
kullanılan bir alaşım; buna benzer herhangi
bir alaşım. **babbitt bearings** bu maden ile
yapılan mil yatağı.

bab.ble (bäb'ıl) *f., i.* anlaşılmaz sözler söylemek;
gevezelik etmek, saçmalamak; çağlamak
(nehir v.b.); manasız ve saçma bir şekilde ifade
etmek; boşboğazlık etmek, ağzından kaçır-
mak; *i.* boş laf, manasız söz; gevezelik,
mırıltı. **babbler** *i.* geveze kimse, boşboğaz
kimse, durmadan konuşan kimse; çağlayan
(ırmak).

babe (beyb) *i.* bebek; saf ve tecrübesiz kimse;
A.B.D., argo kız, *slang* piliç.

Ba.bel (bey'bıl) *i.* Babil şehri ve kulesi; yüksek
bina; *k.h.* kargaşalık, ana baba günü.

Ba.bism (ba'bizım) *i.* Babilik.

ba.boo (ba'bu) *i.* Hintli veya Bengalli efendi;
İngilizce bilen yerli kâtip; sathi bir İngiliz kül-
türüne sahip olan yerli.

ba.boon (bäbun') *i.* ağzı köpeğinkine benzeyen,
kısa kuyruklu bir maymun türü, Habeş may-
munu.

ba.bouche, ba.buche, ba.boosh (bıbuş') *i.*
pabuç.

ba.bul (babul') *i.* Hindistan ve Arabistan'a
mahsus birkaç cins ağaç, *bot.* Acacia arabica;
bu ağaçların zamkı, tohum zarfı veya ka-
bukları.

ba.bush.ka (bıbûş'kı) *i.* eşarp.

ba.by (bey'bi) *i., s., f.* bebek, çocuk; bir ailenin
en küçüğü; çocukça halleri olan kimse;
argo bir kimsenin övünmesine sebep olan
icat veya eser; *argo* kız; *s.* bebek gibi; bebeğe
ait; bebeğe yakışan; *k.dili* küçük, nispeten

küçük; *f.* küçük çocuk muamelesi yapmak;
.şımartmak. **baby blue** süt mavisi. **baby's-
breath** *i.* bir cins uzun saplı, hafif kokulu
pembe ve beyaz çiçekleri olan bitki, *bot.*
Gypsophila paniculata. **baby bottle** biberon,
emzik. **baby carriage** *A.B.D.* çocuk arabası.
baby farm çocuk ve bebekler için ücretli
bakımevi, kreş. **baby grand** kısa kuyruklu
piyano. **babyhood** *i.* bebeklik devresi. **baby-
ish** *s.* çocuksu, bebeksi, bebek gibi.

Bab.y.lon (bäb'ılın,-lan) *i.* Babil şehri; her-
hangi büyük ve tantanalı bir şehir; günah-
kârlar şehri.

Bab.y.lo.ni.a (bäbilo'niyı) *i.* Babil İmparator-
luğu.

Bab.y.lo.ni.an (bäbilo'niyın) *s., i.* Babil şeh-
rine veya İmparatorluğuna ait; günahkâr; *i.*
Babil İmparatorluğunda oturan kimse; Babil
dili.

baby-sit (bey'bisit) *f., A.B.D.* ana babanın
evde olmadığı zaman çocuğa (çoğu zaman
bir gece için) bakmak. **baby sitter** çocuk
bakıcısı.

bac.ca.lau.re.ate (bäkılôr'iyit) *i.* bakalorya;
mezuniyet törenlerinde yapılan dini ayin.

bac.ca.rat (bäkıra', bäk'ıra) *i.* iskambil kâğıdı
ile oynanan bir Fransız kumarı, bakara.

bac.cate (bäk'eyt) *s., bot.* çileğe benzeyen
etli ve çekirdeksiz meyva gibi; böyle meyva
veren.

bac.cha.nal (bäk'ınıl) *i., s.* şarap tanrısı Baküs'e
tapınan kimse; zevkine düşkün kimse;
ayyaş kimse; *çoğ.* Baküs şenliği, içki âlemi;
s. Baküs'e ait.

Bac.cha.na.li.a (bäkıney'liyı) *i.* Baküs şenliği;
k.h. içki âlemi, içki meclisi. **bacchanalian**
s. içki eğlencesi kabilinden.

bac.chant (bäk'ınt) *i.* Baküs rahibi; ayyaş
kimse.

bac.chan.te (bıkän'ti, bıkänt', bäk'ınt) *i.* Baküs
rahibesi; Baküs'e tapan kadın; içki seven
kadın.

Bac.chic (bäk'ik) *s.* Baküs'e veya Baküs ayin-
lerine ait; *k.h.* şen, neşeli, keyif ehli; sarhoş.

Bac.chus (bäk'ıs) *i.* Baküs, eski Yunan şarap tanrısı.

bac.cif.er.ous (bäksîf'ırıs) *s., bot.* çileğe benzer küçük ve etli meyva veren.

bac.ci.form (bäk'sıfôrm) *s., bot.* çileğe benzer küçük ve etli meyva şeklinde.

bac.civ.o.rous (bäksiv'ırıs) *s., zool.* çileğe benzer küçük ve etli meyva ile beslenen.

bach (bäç) *f., k. dili* bekâr hayatı yaşamak.

bach.e.lor (bäç'ılır, bäç'lır) *i.* bekâr erkek, evlenmemiş erkek; fen veya edebiyat fakültesi mezunu; bir başkasının bayrağı altında hizmet eden genç şövalye. **bachelor's-button** *i., bot.* peygamber çiçeği. **bachelor-dom, bachelorhood, bachelorship** *i.* bekârlık. **Bachelor of Arts degree** edebiyat fakültesi diploması; *kıs.* **B.A., A.B. Bachelor of Science degree** fen fakültesi diploması; *kıs.* **B.S.**

bac.il.lar.y (bäs'ıleri), **bac.cil.li.form** (bısîl'-ıfôrm) *s.* çubuk şeklinde, küçük çubuklardan ibaret; *tıb.* basile ait, sebebi basil olan.

ba.cil.lus (bısîl'ıs) *i., tıb.* çubuk şeklinde mikroskobik bakteri, basil; herhangi bir mikrop.

back (bäk) *i.* tekne, küçük havuz.

back (bäk) *i.* arka, sırt, geri; belkemiği; futbolda bek, müdafi. **back to back** arka arkaya, sırt sırta. **be at one's back** bir kimseye arka çıkmak. **behind one's back** birisinin arkasından, gıyabında. **flat on one's back** hasta, yatakta. **get one's back up** öfkeli veya dik başlı olmak. **have one's back to the wall** çıkmazda kalmak. **turn one's back on a person** *veya* **a thing** bir kimseye veya bir şeye sırt çevirmek; vazgeçmek; ihmal etmek. **back scratcher** kaşağı.

back (bäk) *s.* arkadaki, arkasında olan; arkaya doğru olan, evvelki; eski. **back country** taşra, memleketin uzak köşeleri; geri kalmış bölgeler. **back formation** *dilb.* benzetme yolu ile bir kelimeden geriye gidilerek türetilen yeni kelime. **back issue** eski tarihli mecmua. **back number** günü geçmiş gazete, eski dergi; itibardan düşmüş şey veya kimse. **back taxes** vergi borcu.

back (bäk) *f.* bir şeye destek olmak, arka olmak, yardım etmek; tarafını tutmak; üzerine bahse girmek (at v.b.); geriye sürmek; sırtına binmek; *den.* güneşin aksi yönüne dönmek,

dirise etmek (rüzgâr). **back down, back out** caymak, sözünden dönmek. **back the oars, back water** *den.* siya etmek. **back the sails** *den.* yelkenleri faça etmek. **back up** geri sürmek, geri gitmek; desteklemek.

back (bäk) *z.* geri, geriye; yine, tekrar. **back and forth** ileri geri. **fall back upon a thing** güvenmek, sığınmak. **give back** geri vermek; gerilemek, geri geri gitmek. **keep back (the facts)** saklamak, gizlemek. **look back** geçmişi düşünmek, hayal etmek. **back talk** küstahça karşılık verme. **go back on** inkâr etmek, yerine getirmemek.

back.ache (bäk'eyk) *i.* sırt ağrısı; *tıb.* bel romatizması, lumbago.

back.bench.er (bäk'bençır) *i., İng.* kıdemsiz parlamento üyesi.

back.bite (bäk'bayt) *f.* (**-bit, -bitten**) gıyabında çekiştirmek, arkasından konuşmak, iftira etmek. **backbiter** *i.* dedikoducu kimse.

back.board (bäk'bôrd) *i.* arka tahtası, arkalık; *den.* filikada kıç aynalık tahtası, aynalık; basketbolde sepetin üzerine tespit edilmiş dikey tahta.

back.bone (bäk'bon) *i., anat.* omurga, belkemiği; görünüm veya görev itibariyle belkemiğine benzeyen herhangi bir şey; karakter kuvveti, metanet.

back.break.ing (bäk'breykîng) *s.* bedenen yorucu, yıpratıcı.

back-chat (bäk'çät) *i.* küstahlık; küstahça karşılık.

back.door (bäk'dôr) *s.* gizli, el altından yapılan.

back.down (bäk'daun) *i.* cayma; *fig.* yelkenleri indirme; tam teslimiyet.

back.drop (bäk'drap) *i.* sahnede arka perde.

backed (bäkt) *s.* arkası olan, yardım edilmiş, himaye edilmiş; arkalıklı (iskemle v.b.); çifte dokunmuş.

back.er (bäk'ır) *i.* arka, yardım eden kimse, tarafını tutan kimse; yarışta bir ata para koyan kimse.

back.fire (bäk'fayır) *i., f.* orman yangınını söndürmek için aksi yönde çıkartılan yangın; *mak.* geri tepme; bunsen lambasında fitil yanmadan gazın tutuşması; *f.* aksi yönde kasten yangın çıkarmak; geri tepmek.

back.gam.mon (bäk'gämın) *i., f.* tavla oyunu; *f.* tavla oyununda yenmek, özellikle mars etmek.

back.ground (bäk 'graund) *i.* arka plan, zemin; *güz. san.* fon; bir kimsenin geçmişteki görgü, muhit ve tahsili. **in the background** gözden uzak; muğlak, belirsiz. **keep in the background** arka planda kalmak, kendini göstermemek.

back.hand (bäk'händ) *i., s., z.* elin tersi öne gelecek şekilde yapılan vuruş; geriye doğru veya sola yatık olan el yazısı; *s.* elin tersi öne doğru olarak yapılan (vuruş v.b.); *z.* dolayısıyle, dolaylı olarak.

back.hand.ed (bäk'händid) *s.* elin tersi öne doğru olduğu halde vurulan; samimi olmayan, sinsice, zıt anlamı ima eden. **backhanded compliment** tenkit niteliğinde olan kompliman.

back.house (bäk'haus) *i.* binanın dışında olan apteshane, tuvalet.

back.ing (bäk'ing) *i.* yardım, müzaheret; tasdik; arka, arkalık, destek.

back.lash (bäk'läş) *i.* şiddetli geri itme; makinede boşluk veya salgı; yeniliğe karşı umumun aksi tepkisi.

back.log (bäk'lôg,-lag) *i., A.B.D.* ocakta arka tarafa konan iri kütük; destek veya yedek vazifesi gören herhangi bir şey.

back-ped.al (bäk'pedıl) *f.* bisiklette ayak frenine basmak; sözünü geri almak, söylediğini değiştirmek.

back.rest (bäk'rest) *i.* arkalık.

back.room (bäk'rum) *s.* gizli, el altından yapılan.

back.saw (bäk'sô) *i.* sırtı madenî bir çubukla kuvvetlendirilmiş ince dişli bir çeşit testere.

back.scratch (bäk'skräç) *f.* birbirini yağlamak. **back-scratcher** *i.* sırt kaşıyıcısı; yağcılık yapan kimse. **back-scratching** *i.* birbirini yağlama.

back seat arka yer, arka iskemle; ikinci mevki veya rol.

back-seat driver (bäk'sit) şoförün hareketlerine müdahale eden kimse.

back.set (bäk'set) *i.* sekte, aksilik, işin ters gitmesi; ters akıntı.

back.side (bäk'sayd) *i.* arka taraf; insan veya hayvan kıçı.

back.slide (bäk'slayd) *f.* (-slid, -slidden) fena yola sapmak; doğru yoldan tekrar günaha dönmek. **backslider** *i.* fena yola sapan kimse; tekrar günaha dönen kimse.

back.space (bäk'speys) *f.* daktiloda geri gitmek.

back.stage (bäk'steyc) *i., s., z.* kulis, soyunma odaları, perde arkası; *s.* perde arkasında olan, kuliste bulunan; *z.* kuliste, perde arkasında.

back.stairs (bäk'sterz) *i., s.* arka merdiven; gizli yol; *s.* dolaylı, gizlice yapılan, el altından olan.

back.stay (bäk'stey) *i., den.* patrise; *mak.* bir mekanizmada destek veya kontrol vazifesi gören parça.

back.stitch (bäk'stiç) *i., f.* iğneardı dikiş; *f.* iğneardı dikiş dikmek.

back.stop (bäk'stap) *i., A.B.D.* topun kaçmasını önlemek için arka plana gerilen ağ veya parmaklık.

back.strap (bäk'sträp) *i.* kuskun, atın eyerine bağlı ve kuyruğunun altından geçirilen kayış.

back.stream (bäk'strim) *i.* ters akıntı, anafor.

back.stroke (bäk'strok) *i.* ters vuruş, geri tepme; sırt üstü yüzüş.

back.sword (bäk'sôrd) *i.* tek yüzlü kılıç; bu çeşit kılıcı kullanan eskrimci. **backswordsman** *i.* kılıç kullanan eskrimci.

back talk küstahça konuşma, karşılık verme.

back.track (bäk'träk) *f.* geriye dönüş yapmak; söylediğini değiştirmek veya sözünü geri almak.

back.ward (bäk'wırd), **back.wards** (bäk'wırdz) *z., s.* geriye doğru, tersine, geri geri; geçmiş zamanlara doğru, geri; *s.* geç kavrayan, geç ve yavaş öğrenen; isteksiz, çekingen; geç (mevsim). **backwardly** *z.* geriye doğru olarak. **backwardness** *i.* geriye doğru olma; geç kavrama.

back.wash (bäk'wôş) *i.* kayık küreklerinin veya gemi pervanesinin geriye attığı su, serpinti; kendisini yaratan olayın bitiminden sonra da devam eden durum.

back.wa.ter (bäk'wôtır) *i., f.* bir set vasıtasıyle geri çevrilen su; dümen suyu, gemi pervanesinin geriye attığı su; durgun su; durgunluk, ilgisizlik; *f., den.* siya etmek, tersine kürek çekmek.

back.woods (bäk'wûdz) *i., s., çoğ.* meskûn yerlerden uzak veya ağaçlardan yarı temizlenmiş yerler; *s.* kaba, basit, incelikten uzak. **backwoodsman** *i.* böyle bir mıntıkada yaşayan kimse; kaba ve basit adam.

back.yard (bäk'yard') *i.* evin arkasındaki bahçe. **in his own backyard** kendi çevresinde.

ba.con (bey'kın) *i.* beykin, hayvanın yan ve sırt tarafından elde edilen tuzlanmış veya tütsülenmiş domuz eti, domuz pastırması. **bring home the bacon** istediğini elde etmek, bir şeyde muvaffak olmak.

Ba.co.ni.an (beyko'niyın) *s., i.* İngiliz âlim ve filozofu Francis Bacon'a veya doktrinlerine ait; *i.* Bacon felsefesine bağlı olan kimse. **Baconian theory** Shakespeare'in eserlerini yazanın Bacon olduğunu ileri süren kuram.

bac.te.ri.a (bäktir'iyı) *i., çoğ.* bakteriler. **bacterial** *s.* bakteriye ait, ondan ibaret olan veya ondan ileri gelen. **bacterially** *z.* bakteriyle ilgili olarak.

bac.te.ri.cide (bäktir'ısayd) *i.* bakterileri yok eden bir madde, bakterisid. **bacterici'dal** *s.* bakterileri yok eden maddeye ait.

bac.te.ri.ol.o.gy (bäktiriyal'ıcı) *i.* bakteriyoloji, bakterileri tetkik ilmi, mikrop ilmi, bakteri bilgisi. **bacteriolog'ical** *s.* bakteriyoloji ilmine ait. **bacteriolog'ically** *z.* bakteriyolojiyle ilgili olarak. **bacteriol'ogist** *i.* bakteriyoloji uzmanı, bakteriyolog.

bac.te.ri.ol.y.sis (bäktiriyal'ısis) *i.* bakteriler vasıtasıyle meydana getirilen kimyasal ayrışma; bakteri hücrelerinin imhası.

bac.te.ri.o.phage (bäktir'iyıfeyc) *i.* bakterileri yok eden küçücük cisimler.

bac.te.ri.os.co.py (bäktiriyas'kıpı) *i.* bakteriyoskopi, mikroskopla bakterileri inceleme.

bac.te.ri.um (bäktir'iyım) *i.* bakteri.

bac.ter.oid (bäk'tıroyd) *s.* bakteri şeklinde, bakteribiçim, bakterimsi. **bacteroi'dal** *s.* bakteriye ait.

Bac.tri.a (bäk'triyı) *i.* Batı Asya'da Amu Derya nehri ile Hindukuş dağları arasında bulunan eski bir ülke. **Bactrian** *s.* bu ülkeye ait. **Bactrian camel** iki hörgüçlü deve.

bac.u.line (bäk'yılin) *s.* değneğe veya değnekle cezalandırmaya ait.

bad (bäd) *s.* **(worse, worst)** kötü, nahoş; değersiz; kifayetsiz; yanlış, kusurlu; geçersiz; bozuk, zararlı; keyifsiz, hasta; pişman,

müteessir; şiddetli, sert; çürük. **in bad** *k. dili* güç durumda. **be bad at something** bir şeyi becerememek. **bad debt** şüpheli alacak, tahsili mümkün olmayan alacak. **bad money** kalp para. **feel bad** kendini iyi hissetmemek. **go from bad to worse** gittikçe fenalaşmak, daha beter olmak. **go to the bad** fena yola sapmak, baştan çıkmak. **have bad blood between** arada husumet olmak.

bad.der.locks (bäd'ırlaks) *i.* denizkadayıfı, *zool.* Alaria esculenta.

bad.die, bad.dy (bäd'i) *i., argo* (filimde) kötü adam.

bade (bäd) *bak.* bid.

badge (bäc) *i.* nişan, alâmet, işaret, rozet.

badg.er (bäc'ır) *i., f.* porsuk; porsuk kürkü; porsuk kılından yapılma fırça ve olta; *f.* kızdırmak, gücendirmek; taciz etmek, canını sıkmak, *fig.* başının etini yemek.

bad.i.nage (bädınaj', bäd'ınic) *i.* takılma, latife, şaka; istihza.

bad.lands (bäd'ländz) *i.* içinde birçok vadi bulunan çorak arazi.

bad.ly (bäd'li) *z.* fena halde; *k.dili* çok.

bad.man (bäd'män) *i.* eşkıya.

bad.min.ton (bäd'mintın) *i.* tüylü toplarla ve küçük raketlerle oynanan bir çeşit oyun.

bad-tem.pered (bäd'tem'pırd) *s.* aksi, huysuz, ters.

Baf.fin Island, Baffin Land (bäf'in) Baffin arazisi.

baf.fle (bäf'ıl) *f., i.* şaşırtmak; engel olmak; boşa çıkarmak, aciz bırakmak; beyhude yere mücadele etmek, bocalamak (gemi v.b.); *i.* su, hava veya ses hareketlerini kontrol eden bir levha; hoparlör ekranı. **be baffled** şaşırmak.

baf.fling (bäf'ling) *s.* şaşırtıcı, aldatıcı, durmadan değişen. **baffling winds** *den.* kararsız rüzgârlar. **bafflingly** *z.* şaşırtıcı durumda.

baf.fy (bäf'i) *i.* golf topunu havaya atmaya mahsus kısa değnek.

bag (bäg) *i., f.* **(-ged, -ging)** torba, çanta; kese, çuval; bir çanta muhtevası, çantanın içindekiler; inek memesi; *argo* bir paket esrar; *f.* torbaya veya çuvala koymak; torba gibi şişmek, torba gibi sarkmak; şişirmek, germek; yakalamak, avlamak. **bag and baggage** pılı pırtıyı toplayarak, bütün eşya ile. **hold the bag** kabak başında patlamak;

avucunu yalamak. **in the bag** *A.B.D., argo* emin, garantili; *colloq.* çantada keklik.

ba.gasse (bıgäs') *i.* suyu çıkarılmış şeker kamışı (kâğıt v.b. imalinde kullanılır); üzüm veya pancar posası.

bag.a.telle (bägıtel') *i.* önemsiz şey; bilardoya benzer bir oyun; çoğunlukla piyano için bestelenmiş kısa ve hafif parça.

ba.gel (bey'gıl) *i.* bir cins tatlı küçük ekmek.

bag.gage (bäg'ic) *i., A.B.D.* bagaj, yolcu eşyası; ordu ağırlığı; hafifmeşrep kadın; işvebaz kız, canlı genç kadın. **baggagemaster** *i.* bagaj memuru.

bag.ging (bäg'ing) *i.* kenevir veya jütten dokunmuş olan çuval bezi.

bag.gy (bäg'i) *s.* torba gibi, gevşek, sarkık.

Bagh.dad, Bag.dad (bäg'däd, bagdad') *i.* Bağdat şehri; Irak'ın başşehri.

bagn.io (bän'yo, ban-) *i.* umumhane, genelev; hamam; *eski* doğu memleketlerinde esirlerin konduğu zindan.

bag.pipe(s) (bäg'payp,-s) *i.* gayda, İskoçların tulum çalgısı.

bah (ba, bä) *ünlem* hakaret ifadesi, Tu !

ba.ha.dur (bıhô'dûr) *i.* Hindistan'da hürmet ifade eden ve bey kelimesinin karşılığı olan unvan.

Ba.ha.i (bıha'i, bıhay') *i., s.* Bahai; *s.* Bahai mezhebine mensup olan.

Ba.ha.ism (bıhay'izım) *i.* Bahailik.

bail (beyl) *i., f., huk.* kefil; kefalet; kefalete bağlanma; kefaletle tahliye; tahliye için kefalet, teminat; *f.* bir kimseye kefalet ederek tahliyesini temin etmek; mevkufu kefile teslim etmek; emanet etmek, tevdi etmek, sorumlu olmak. **bail bond** kefaletname. **bail out** kefalet ödeyerek tahliye ettirmek. **go bail** *A.B.D., argo* kefalet etmek.

bail (beyl) *i., f.* kayıktan su boşaltmaya mahsus tas; çember kulp, halka; tente desteği; ahır bölmesi; kriket oyununda kullanılan çubuk; *f.* kayığın suyunu boşaltmak. **bail out** tayyareden paraşütle atlamak. **bailer** *i.* kayığın suyunu boşaltan kimse; *kriket* sipere vuran top; *huk.* bir kimseye emanet para veren kimse.

bail.a.ble (bey'lıbıl) *s., huk.* kefil olunabilir, teminat olarak verilmiş.

bail.ee (beyli') *i., huk.* emanetçi, kendisine saklamak için verilen malı kabul eden kimse.

bai.ley (bey'li) *i.* bir derebeyi şatosunun etrafını çeviren dış duvar; şatonun dış avlusu. **Old Bailey** Londra ağır ceza mahkemesi.

bai.lie (bey'li) *i.* İskoçya'da belediye yüksek memuru; nahiye müdürü.

bai.liff (bey'lif) *i.* mübaşir; icra memuru; muhafız; kazalarda "Sheriff" denilen baş icra memurunun vekili; çiftlik veya şato kâhyası; *İng.* sınırlı görevleri olan hâkim.

bai.li.wick (bey'lıwik) *i., huk.* "bailiff" denilen yetki bölgesi; *A.B.D.* ihtisas sahası.

bail.ment (beyl'mınt) *i., huk.* kefalet, malları teminat olarak verme.

bail.or (bey'lır, beylôr') *i., huk.* teminatı veren mudi, iade edilmek üzere mal veren kimse.

bails.man (beylz'mın) *i.* (*çoğ.* -**men**) *huk.* kefil.

bain-ma.rie (bänmäri') *i., Fr.* (*çoğ.* **bains-marie**) benmari, iki katlı tencere.

Bai.ram (bay'ram) *i.* bayram, özellikle Kurban ve Şeker bayramları.

bairn (bern) *i., İskoç.* çocuk, kız veya oğlan çocuk.

bait (beyt) *i., f.* olta veya kapan için yem; aldatma, cezbetme; mola, konak; *f.* oltaya veya kapana yem koymak; olta veya tuzak yemi ile cezbetmek; üzerine köpek saldırtmak (hayvan); eziyet etmek, taciz etmek.

baize (beyz) *i.* çoğunlukla yeşil renk olan ve özellikle bilardo masalarında kullanılan yumuşak, kaba, keçeye benzer bir kumaş; bu kumaştan yapılmış eşya.

bake (beyk) *f.* fırında pişirmek, kızartmak; ateşte kurutmak. **baking** *i.* fırında pişirme; bir pişim. **baking powder** krem tartar ve karbonat karışımı kabartıcı toz, baking powder. **baking soda** sodyum bikarbonat, karbonat.

bake.house (beyk'haus) *i.* fırın, ekmekçi dükkânı.

Ba.ke.lite (bey'kılayt) *i., tic. mark.* bakalit; telefon ahizeleri v.b. yapımında ve elektrik veya hararet tecridi için kullanılan bir çeşit plastik.

bak.er (bey'kır) *i.* ekmekçi, fırıncı; portatif fırın. **baker's dozen** on üç.

bak.er.y (bey'kırı, beyk'ri) *i.* fırın, ekmekçi dükkânı.

bak.sheesh (bäk'şiş) *i.* bahşiş.

bal. *kıs.* **balance.**

Ba.laam (bey'lım) *i.* İsraillileri lânetlemesi emrolunduğu halde, bindiği eşek tarafından azarlanınca onları takdis eden Mezopotamya'lı aziz; *k.h., argo* gazete sütunlarını icabında doldurmak için hazır bulundurulan havai yazılar.

bal.a.lai.ka (bälılay'kı) *i.* balalayka, gövdesi üç köşe olan Rus mandolini.

bal.ance (bäl'ıns) *i.* terazi; muvazene, denge; muadele, denklem; bilanço; bakıye; *b.h.* Terazi burcu. **balance brought forward** nakli yekûn. **balance due** zimmet bakıyesi, vadesi gelmiş bakıye, borç. **balance of an account** hesap bakıyesi. **balance of powers** kuvvetler dengesi (milletlerarası ilişkilerde). **balance of trade** ticaret dengesi, ithalât ve ihracat arasındaki para kıymeti farkı. **balance sheet** bilanço. **balance wheel** nâzım çark. **credit balance** alacak bakıyesi, matlup bakıyesi. **debit balance** zimmet bakıyesi, borç bakıyesi. **hang in the balance** muallâkta olmak, nazik bir vaziyette olmak. **strike a balance** uzlaşmak. **trial balance** muvakkat mizan, küçük mizan.

bal.ance (bäl'ıns) *f.* tartmak, dengelemek, muvazene sağlamak; eşit olmak, dengeli olmak; tereddüt etmek, dansta aksi istikametlerde hareket etmek.

bal.anced (bäl'ınst) *s.* dengeli, muvazeneli. **be well balanced** denk gelmek, muvazeneli olmak.

bal.as ruby (bäl'ıs) lâl yakut, açık pembe yakut.

ba.laus.tine (bılôs'tin) *i.* nar, kurutulmuş nar çiçekleri, nar ağacı kabuğu.

bal.brig.gan (bälbrig'ın) *i.* aslen İrlanda'nın Balbriggan şehrinde imal edilip çorap ve iç çamaşırları yapımında kullanılan ince pamuklu kumaş.

bal.co.ny (bäl'kını) *i.* balkon. **balconied** *s.* balkonlu.

bald (bôld) *s.* dazlak, kel, saçları kısmen veya tamamen dökülmüş; çıplak, çorak; sade, süssüz (üslûp v.b.); gizli olmayan, açık, aşikâr, besbelli; *zool.* başında ak tüyler olan (hayvan). **balding** *s.* saçları dökülen. **baldhead, baldpate** *i.* kel kimse, dazlak başlı adam. **baldly** *z.* kel olarak; aşikâr olarak. **baldness** *i.* kellik; açıklık. **baldfaced** *s.* beyaz yüzlü (hayvan); yüzsüz, küstah.

bal.da.chin (bäl'dıkin, bôl'-) *i.* tente, gölgelik, sayvan; ağır brokar, diba.

bal.der.dash (bôl'dırdäş) *i.* saçma sapan söz, boş laf.

bal.dric (bôl'drik) *i.* kılıç kayışı, omuzdan kalçaya çaprazlama tutturulan üstü fizen süslü ve kılıç taşımaya mahsus kayış.

Bald.win (bôld'win) *i.* özellikle A.B.D.'nin kuzeydoğusunda yetişen bir cins sarılı kırmızılı kış elması.

bale (beyl) *i., f.* balya, denk; *f.* balya yapmak, denk bağlamak.

Bal.e.ar.ic Islands (bäliyer'ik, bılir'ik) Balear adaları.

ba.leen (bılin') *i., zool.* balinanın ağzında oluşan elastiki bir madde, balina.

bale.fire (beyl'fayr) *i.* açık havada yakılan büyük ateş, şenlik ateşi; işaret vermek için yakılan ateş.

bale.ful (beyl'fıl) *s.* meşum, uğursuz; sahte; zararlı. **balefully** *z.* sahte ifade ile. **balefulness** *i.* sahte yüz ifadesi.

balk (bôk) *f., i.* bir engel karşısında duraklamak; yürümekte ısrar etmek, direnmek (at); mâni olmak, engel olmak, muhalefet etmek; kaçınmak, imtina etmek; *i.* mânia, engel; hata, başarısızlık; tarlada sürülmemiş kısım; kiriş; *beysbol* topu atanın zamansız olarak topa vuruyor gibi davranarak yaptığı hata; bilardo masasının bir kısmı. **balk line** bilardo masasındaki çizgi.

Bal.kan (bôl'kın) *s.* Balkan, Balkan devletlerine veya bu memleketlerde oturanlara ait; Balkan yarımadasına veya dağlarına ait. **the Balkans** Balkan Devletleri; Balkan Dağları.

Bal.kan.ize, *İng.* **-ise** (bôl'kınayz) *f.* Balkanlaştırmak; birbirlerine düşman olan muhtelif ufak devletlere bölmek.

Balkh (balkh) *i.* Belh şehri.

balk.y (bô'ki) *s., A.B.D.* yürümekte direnen, inat eden (at v.b.).

ball (bôl) *i., f.* top, küre; bilye; yumak; top oyunu; *beysbol* istenilen şekilde ve yönde atılmayan top; *ask.* gülle; *f.* yumak haline koymak; yumak haline gelmek, top top olmak. **be on the ball** *A.B.D., argo* uyanık olmak, açıkgöz olmak. **play ball** top oynamak; *A.B.D., k.dili* beraber çalışmak. **ball up** *argo* şaşırtmak, (işi) bozmak. **ball-and-**

socket joint kalça eklemi tipindeki eklem. **ball bearing** bilye; bilyeli yatak. **ball cock** yüzen top ile işleyen kapama valfı. **ball of the foot** ayak parmaklarının kökü. **ball peen hammer** bir ucu yarım küre biçiminde olan çekiç. **ball valve** toplu valf. **ball and chain** ayak kösteği, pranga. **ball-point** *i.*, **ball-point pen** tükenmez, tükenmez kalem. **balls** *i., çoğ., argo* husyeler.

ball (bôl) *i.* balo. **have a ball** *argo* eğlenmek.

bal.lad (bäl'ıd) *i.* balad, türkü, güftesi hisli olan halk şarkısı. **balladry** *i.* balad tarzında şiirler.

bal.lade (bılad', bälad') *i.* üç bentten ve bir de ağırlama mısraından meydana gelen bir nazım şekli.

bal.lad.mon.ger (bäl'ıdmʌnggır, -mang-) *i.* şarkı satan kimse; kötü şair.

bal.lan (bä'lın) *i.* kikla, *zool.* Labrus bergylta.

bal.last (bäl'ıst) *i., f., den.* safra, balast; *f.* safra koymak, muvazene temin etmek; çakıl döşemek. **in ballast** yüksüz, safralı. **ballastage** *i., huk.* safra hakkı, safra resmi.

bal.le.ri.na (bälıri'nı) *i.* balerin.

bal.let (bäl'ey, bäley') *i.* bale, danslı oyun; bale trupu.

bal.lis.ta (bılis'tı) *i.* (*çoğ.* -tae) mancınık.

bal.lis.tics (bılis'tiks) *i.* balistik ilmi, askerlikte atış ilmi. **ballistic** *s.* atılan gülleyle ilgili. **ballistic curve** bir güllenin çizdiği eğri. **ballistic missile** *ask.* roket.

bal.loon (bılun') *i., f.* balon; *kim.* balon şişe; karikatür serilerinde şahısların sözlerini içine alan balon şeklindeki çizgi; *f.* balon ile uçmak; balon gibi şişip kabarmak; şişirmek. **balloon foresail** *den.* çoğunlukla yatlarda kullanılan bir cins balon yelkeni; balon gibi şişen ve fazladan kullanılan yelken. **balloon sickness** *tıb.* çok yüksek irtifalarda hâsıl olan hastalık, dağ hastalığı. **balloon tire** otomobil veya bisiklet için büyük lastik, balon lastik. **trial balloon** kamuoyunu ve yabancı devletlerin fikirlerini yoklamak maksadıyle ortaya atılan fikir veya havadis.

bal.lot (bäl'ıt) *i., f.* oy pusulası; bir seçimde oyların toplamı; gizli oy usulü ile yapılan seçim; *f.* oy vermek; kura çekmek (yer için). **ballot box** oy sandığı. **ballot paper** oy pusulası.

ball.room (bôl'rum') *i.* dans salonu, balo salonu.

bal.ly (bäl'i) *s., z., İng., argo* yaman, çok (ifadeyi kuvvetlendirmek için iyi veya kötü anlamda kullanılan söz).

bal.ly.hoo (bäl'ihu) *i., k. dili* heyecanlı ve göze batan propaganda veya yazı; gürültü, velvele.

balm (bam) *i.* ilâç olarak kullanılan birkaç çeşit yağ; belesan yağı; *bot.* melisa, oğulotu; güzel koku, rayiha; kokulu merhem; ağrı veya sızıyı dindiren, tedavi eden merhem. **balm of Gilead** belesan, belsen, pelesenk yağı; merhem; bir cins Kuzey Amerika kavağı. **balm honey** kötü kokulu oğulotu.

Bal.mor.al (bälmôr'ıl) *i.* eskiden giyilen bir çeşit renkli yünlü kumaştan yapılmış iç etekliği; *k.h.* bir çeşit bağlı ayakkabı; bir çeşit İskoç kasketi.

balm.y (ba'mi) *s.* sakin, dinlendirici, huzur verici; ağır kokulu, rayihalı; belesan yağı veren; şifa veren; *İng., argo* deli, çatlak.

bal.ne.al (bäl'niyıl) *s.* banyoya veya banyo yapmaya ait.

bal.ne.ol.o.gy (bälniyal'ıci) *i., tıb.* banyo ile tedavi etme ilmi.

ba.lo.ney (bılo'ni) *i., argo* saçma şey; bir cins salam.

bal.sa (bôl'sı, bal'-) *i.* tahtası çok hafif olup, cankurtaran salı v.b. yapımında kullanılan bir tropikal Amerikan ağacı; bu ağacın tahtası; bu tahtadan yapılmış olan cankurtaran salı.

bal.sam (bôl'sım) *i.* belesan; pelesenkağacı, *bot.* Commiphora opobalsamum; kınaçiçeği, *bot.* Impatiens. **balsam apple** kudret narı. **balsam fir** Kuzey Amerika'ya mahsus bir cins pelesenkağacı; bu ağacın tahtası. **sweet scented balsam** yabanî nane. **balsamic** (bôlsäm'ik) *s.* belesan gibi güzel koku verici, teskin edici.

Bal.tic (bôl'tik) *s.* Baltık.

Bal.ti.more oriole (bôl'tımôr) siyah ve portakal renginde Kuzey Amerika'ya mahsus sarıasmagiller familyasından bir kuş, *zool.* Icterus galbula.

bal.us.ter (bäl'ıstır) *i.* merdiven veya taraçanın kenarındaki tırabzanı meydana getiren küçük direklerden her biri. **balustered** *s.* parmaklıklı, korkuluklu.

bal.us.trade (bälıstreyd') *i.* korkuluk, parmaklık, tırabzan parmaklığı.

Ba.ma.ko (bamako') *i.* Bamako, Mali'nin başkenti.

bam.bi.no (bämbi'no) *i.* bebek, çocuk; sanat eserlerinde İsa'yı temsil eden çocuk tasviri.

bam.boo (bämbu') *i., s.* hintkamışı, bambu, *bot.* Bambusa arundinacea; *s.* bambudan yapılmış.

bam.boo.zle (bämbu'zıl) *f., k.dili* aldatmak, dolandırmak; şaşırtmak.

ban (bän) *f.* (**-ned, -ning**) *i.* yasaklamak, menetmek; *eski* lânetlemek, aforoz etmek; *i.* yasak, aforoz.

ban (bän) *i.* beyanname, tebliğ, bildiri; ortaçağda seferberlik ilânı. **banns** *i., çoğ.* nikâh ilânı, evlenme beyannamesi. **publish the banns** nikâh kâğıtlarını asmak, nikâhı ilân etmek.

ban (bän) *i.* Hırvat ve Slovanya valisi.

ba.nal (bey'nıl, bän'ıl) *s.* adi, bayağı; umumî (fikir, ifade). **banal'ity** *i.* adilik.

ba.na.na (bınän'ı) *i.* muz, *bot.* Musa paradisiaca sapientum.

band (bänd) *i., f.* takım, zümre; bando; dans müziği çalan orkestra; *f.* toplamak, bir kamp v.b.'nde bir araya gelmek, birleşmek; bağlamak, bir araya toplamak. **beat the band** *argo* mükemmel olmak; şaşırtıcı olmak.

band (bänd) *i., f.* şerit, bant, kordele; sargı; kemer; kayış; çizgi; *f.* çizgilerle süslemek.

band.age (bän'dîc) *i., f.* sargı, bağ; *f.* sarmak, bağlamak (yara veya göz).

ban.dan.na (bändän'ı) *i.* çoğunlukla kırmızı veya mavi zemin üzerine beyaz benek veya desenleri olan büyük mendil; herhangi bir büyük mendil.

band.box (bänd'baks) *i.* şapka muhafaza etmede kullanılan mukavva veya ince tahtadan yapılmış kutu.

ban.deau (bän'do, bändo') *i.* (*çoğ.* **-deaux**) saç bağı veya şeridi, saç filesi.

ban.de.role (bän'dırol) *i.* ince ve uzun bayrak; bandrol; *den.* flandıra; *mim.* üzerine kitabe yazılan kordele şeklindeki tezyinat.

ban.di.coot (bän'dîkut) *i.* Hindistan'da bulunan bir cins büyük fare.

ban.dit (bän'dît) *i.* haydut, eşkıya, yol kesen kimse. **banditry** *i.* haydutluk. **bandits, banditti** *i., çoğ.* eşkıya takımı, haydut çetesi.

band.mas.ter (bänd'mästır) *i., müz.* bando şefi.

ban.do.lier, ban.do.leer (bändılîr') *i.* fişeklik; omuz kayışı.

ban.do.line (bän'dılin) *i.* bir çeşit saç yağı.

band saw *mak.* şerit testere.

band shell açık havada çalan müzik topluluklarını koruyan yarımküre şeklindeki önü açık duvar.

bands.man (bändz'mın) *i.* (*çoğ.* **-men**) mızıkacı, bando çalgıcısı.

band.stand (bänd'ständ) *i.* açık havada çalan müzik topluluklarına mahsus çoğu zaman üstü kapalı platform.

band.wag.on (bänd'wägın) *i.* bir geçit töreninde bandoyu taşıyan araba; A.B.D., *k.dili* gözde olan taraf.

ban.dy (bän'di) *f., s., i.* topa vurur gibi sağa sola vurmak; mukabele etmek, atışmak; *s.* çarpık, dışarı doğru meyilli (bacak); *i., İng.* hokey oyunu; hokey kulübü. **bandy-legged** *s.* çarpık bacaklı.

bane (beyn) *i.* zehir; afet, felâket, dert; ölüm.

bane.ful (beyn'fıl) *s.* öldürücü, zehirli; mahvedici, muzır. **banefully** *z.* zehirli bir şekilde. **banefulness** *i.* zehirlilik.

bang (bäng) *i., f., z.* gürültü, patlama; bir vuruş neticesinde çıkan ses; patırtı; enerji, bir şeyi yapma gayreti, şevk; A.B.D., *argo* heyecan, sevinç; *argo* uyuşturucu madde içitimi, morfin; *f.* çarpmak, gürültü ile kapatmak; hızla vurmak; gürültü yapmak; *argo* morfin yapmak; *z.* gürültülü bir şekilde, ansızın.

Bang.kok (bäng'kak) *i.* Bangkok.

Bang.la.desh (bängladeş') *i.* Bangladeş.

ban.gle (bäng'gıl) *i.* halka, bilezik, halhal.

bangs (bängz) *i., çoğ.* perçem, kâkül, kırkma.

Ban.gui (bang'gi) *i.* Bengi.

ban.ian (bän'yın) *i.* Hindistan'da giyilen bir çeşit bol gömlek, ceket veya entari; Hindistan'da et yemeyen bir tüccar sınıfı; banyan ağacı.

ban.ish (bän'îş) *f.* sürgün etmek; kovmak, uzaklaştırmak. **banisher** *i.* sürgüne gönderen kimse. **banishment** *i.* sürgün.

ban.is.ter (bän'îstır) *i., gen. çoğ.* merdiven parmaklığı, tırabzan.

ban.jo (bän'co) *i., müz.* banco, bir çeşit telli saz. **banjoist** *i.* banco çalan kimse.

bank (bängk) *i., f.* yığın, küme; bayır; kıyı, kenar (nehir, göl); kıyıdan açık kısımlarda deniz dibinin sığ olduğu bölge; *mad.* ocak ağzı; bilardo masasının kenarı; kısa kürekçi sırası; piyano veya orgda tuş sıralarından her biri; *matb.* küçük manşet; *matb.* gale yatağı; *hav.* yatış; *f.* yığmak, set yapmak; *hav.* dönerken yan yatmak; ateşin yavaş yanmasını temin için küllemek; kümelenmek, yığınlar meydana getirmek. **bank of keys** piyanoda tuşlar; orgda klavyelerden her biri. **bank of lights** *tiyatro* grup ışıkları. **banking** *i.* banket.

bank (bängk) *i., f.* banka; *iskambil* banko; *f.* banka veya bankacılık vazifesini yapmak; bankaya para yatırmak; *k.dili* dayanmak, güvenmek. **bank acceptance** banka kabulü, banka akseptansı, kabul kredisi. **bank account** banka hesabı. **bank bill** banknot; bir banka tarafından diğer bir banka üzerine çekilen poliçe. **bankbook** *i.* banka defteri, banka cüzdanı. **bank discount** banka iskontosu, bir senedin banka tarafından kırılması. **bank holiday** bankaların resmî tatil günü. **bank note** banknot, kâğıt para. **bank paper** piyasada geçerli olan tahvil ve senetler. **bank rate** banka iskonto haddi, faiz oranı. **bank statement** banka hesap durumu; müşterilere gönderilen hesap hulâsası. **blood bank** kan bankası. **savings bank** tasarruf sandığı, tasarruf bankası. **bankable** *s.* bankaca muteber. **banking** *i.* bankacılık.

bank.er (bängk'ır) *i.* bankacı; kumar oyununda bankocu; özellikle morina balığı avında Newfoundland kıyılarında kullanılan balıkçı gemisi; duvarcı veya taşçıların üzerinde çalıştıkları taş veya tahta set.

bank.rupt (bängk'rʌpt) *s., i., f.* müflis (kimse), iflâs etmiş olan (kimse); *f.* iflâs ettirmek, mahvetmek, tüketmek. **go bankrupt** iflâs etmek.

bank.rupt.cy (bängk'rʌptsi, -rıpsi) *i.* iflâs. **declare bankruptcy** iflâs etmek. **fraudulent bankruptcy** hileli iflâs.

bank.si.a (bängk'siyı) *i., bot.* Avustralya'da bulunan ve oradan Avrupa'ya getirilmiş olan sarı çiçekli bir cins çalı, banksiya.

ban.ner (bän'ır) *i.* bayrak, sancak, alem; *gazet.* manşet.

ban.nock (bän'ık) *i., İskoç.* yassı yulaf veya arpa ekmeği, pide.

banns *bak.* **ban.**

ban.quet (bäng'kwit) *i., f.* ziyafet, resmî ziyafet; *f.* ziyafet çekmek.

ban.quette (bäng'ket) *i., ask.* seğirdim yolu; yaya kaldırımı; büfe arkalığı; tek kollu sedir.

ban.shee, ban.shie (bän'şi) *i.* Galler ülkesinde haykırmasının o evden bir ölü çıkacağına işaret ettiğine inanılan hayalî bir peri.

ban.tam (bän'tım) *i., s.* ufak cins tavuk, ispenç. Çin tavuğu; ufak tefek kavgacı insan; *s.* küçük, ufak. **bantamweight** *i., spor* filiz sıklet.

ban.ter (bän'tır) *i., f.* şaka, latife, takılma, alay; *f.* şaka etmek, takılmak, latife etmek. **banterer** *i.* şaka eden kimse.

bant.ling (bänt'ling) *i.* çocuk, bebek, yumurcak.

Ban.tu (bän'tu) *i.* (*çoğ.* **Bantu, Bantus**) Orta ve Güney Afrika'da yaşayan zenci kabile grubu; Bantu; bu gruba mensup kimse; Bantu dil grubu.

ban.yan, ban.ian (bän'yın) *i.* banyan ağacı, Hint inciri, *bot.* Ficus benghalensis.

ban.zai (ban'zay) *ünlem* Japonya'ya mahsus hürmet ifade eden bir selâmlama şekli olup "uzun ömür" ve askerlikte "ileri hücum" manalarını taşır.

ba.o.bab (bey'obäb, ba'o-) *i.* baobap ağacı, *bot.* Adansonia digitata.

bap.tism (bäp'tizım) *i.* vaftiz, vaftiz ayini. **baptismal** *s.* vaftizle ilgili. **baptism of fire** bir askerin katıldığı ilk savaş; çetin bir imtihan veya tecrübe.

Bap.tist (bäp'tist) *i.* "Baptist" denilen Protestan mezhebi mensubu; vaftiz eden kimse. **John the Baptist** Yahya peygamber.

bap.tis.ter.y (bäp'tistıri) *i.* kilisenin vaftiz ayini için ayrılmış kısmı.

bap.tize (bäp'tayz) *f.* vaftiz etmek; ad koymak, vaftiz ayini ifa etmek; ilk defa kullanmak.

ba.pu (ba'pu) *i., Hintçe* mürşit kimse.

bar (bar) *i.* çubuk, sırık, kol, kol demiri; mânia, engel; bir nehir ağzında veya kıyıya paralel olan uzun kum ve çakıl seti; avukatlık mesleği, baro; mahkemede dinleyicileri hâkim, jüri ve avukatlardan ayıran parmaklık; mahkemede sanık kürsüsü; içki satılan veya içilen yer, bar, meyhane; *huk.* men'i muha-

71 bare

keme; *müz.* ölçü çizgisi; *hane.* armada birbirine paralel iki şerit. **bar line** *müz.* ölçü çizgisi. **bar of soap** sabun kalıbı. **admit to the bar** baroya kabul etmek. **behind bars** hapiste, mahpus.

bar (bar) *f.* kol demiri ile kapamak, sürgülemek; parmaklığın arkasında tutmak; mâni olmak, önlemek; hariç tutmak, dahil etmemek; kumaş üzerine çizgi veya yollar yapmak.

bar (bar) *i., fiz.* bar, basınç ölçü birimi.

bar (bar) *edat* maada, -den başka. **bar none** istisnasız, ayrıksız.

bar. *kıs.* **barometer, barometric, barrel.**

B.Ar: *kıs.* **Bachelor of Architecture** üniversite mimarlık diploması.

barb (barb) *i., f.* olta çengeli; ok ucu; kanca; kuş tüyünün bir kılı; *bot., zool.* sakala benzer kısım; kısa ve kâlın gagalı güvercin; rahibelerin kullandığı boynu ve göğsü örten keten örtü; *eski* sakal; Mağrip atı; *f.* ok, mızrak v.b.'ne uç takmak.

barb *argo, bak.* **barbiturate.**

Bar.ba.dos (barbey'doz) *i.* Barbados, Batı Hint adalarından biri.

bar.bar.i.an (barber'iyın) *i., s.* kaba kimse, vahşî kimse, medeniyet görmemiş bir kimse; barbar; *s.* zalim; gaddar; yabancı; medenî olmayan.

bar.bar.ic (barber'îk) *s.* medeniyetsiz, uygar olmayan; barbar; vahşî. **barbarically** *z.* barbarca.

bar.ba.rism (bar'bırîzım) *i.* münevverlerce makbul olmayan ifade tarzı; edebiyatta ve sanatta bazılarınca alışılmış şekil ve yazıların haricinde kalan tarzda eserler; vahşîlik, kabalık, barbarlık.

bar.bar.i.ty (barber'ıti) *i.* gaddarlık, zalimlik, medeniyetsizlik, sanat ve edebiyatta zevksizlik, kabalık.

bar.ba.rize, *İng.* **rise** (bar'bırayz) *f.* vahşîleştirmek, vahşîleşmek.

Bar.ba.ros.sa (barbıros'ı) *i.* Barbaros; Roma İmparatoru I. Frederick'in lakabı.

bar.ba.rous (bar'bırıs) *s.* medenî olmayan; haşin, kaba; klasik ölçüler dışında olan; yabancı, ecnebi. **barbarously** *z.* ilkel bir şekilde. **barbarousness** *i.* ilkellik.

Bar.ba.ry (bar'bıri) *i.* eski Berberistan. **Barbary ape** Kuzey Afrika ile Cebelitarık'ta yaşayan bir cins maymun. **Barbary Coast**

San Fransisko'nun eskiden kumarhanelerin bulunduğu sahil kısmı. **barbary ragwort** yılanbaşı, *bot.* Othonna cheirifolia.

bar.bate (bar'beyt) *s., zool., bot.* kıllı, sakallı.

bar.be.cue (bar'bıkyu) *i., f.* kuzu v.b.'nin bütün olarak çevrildiği açık hava toplantısı; bütün çevrilmiş koyun, kuzu ve oğlak gibi hayvan; bu işe mahsus portatif ızgara; baharatlı ve salçalı bir et yemeği; *f.* açık havada bütün hayvan çevirmek.

barbed (barbd) *s.* dikenli, kancalı. **barbed wire** dikenli tel.

bar.bel (bar'bıl) *i.* bir nevi sakallı tatlı su balığı; karakeçi, *zool.* Barbus fluviatilis; balığın dudağındaki sakal.

bar.bell (bar'bel) *i.* halter.

bar.ber (bar'bır) *i., f.* berber; *f.* tıraş etmek. **barber's itch** birkaç cins parazit mantarın yüzde ve boyunda meydana getirdiği bir deri hastalığı. **barbershop** *i.* berber dükkânı.

bar.ber.ry (bar'beri, -bıri) *i.* diken üzümü; kadıntuzluğu, amberbaris, sarıçalı, *bot.* Berberis vulgaris.

bar.bet (bar'bit) *i.* uzun ve kıvırcık tüylü köpek, kaniş; tropikal bölgelerde yaşayan kıllı ve kalın gagalı bir kuş, *zool.* Capito veya Bucco.

bar.bette (barbet') *i., ask.* top için hazırlanmış mahfuz yer, barbet, top kulesi; *den.* taret, top siperi.

bar.bi.can (bar'bîkın) *i.* bir hisar veya şatonun dışında bulunan müdafaa kulesi; gözleme kulesi.

bar.bit.u.rate (barbiç'ırit) *i., ecza.* bàrbiturat, uyku hapı.

bar.bule (barb'yul) *i.* büyük tüy kenarındaki küçük tüy.

bar.ca.rolle (bar'kırol) *i., müz.* Venedik gondolcularının şarkısı; bu tarzda yazılmış parça.

bard (bard) *i.* saz şairi, şair, ozan. **bard'ic** *s.* şairane.

bard (bard) *i., f.* at zırhını meydana getiren parçalardan biri; *f.* ata zırh giydirmek; donatmak.

bard (bard) *i., İng.* fırında pişerken kurumasın diye rostonun üstüne konulan yağlı et.

bare (ber) *s.* çıplak; açık, yalın; sade, süssüz; mübalâğasız, basit; havı dökülmüş, parlamış (kumaş); ancak yetecek kadar. **bareback** *s.* eyersiz (at). **bare chance** zayıf bir ihtimal. **barefaced** *s.* yüzü açık, peçesiz; yüzsüz,

arsız, hayâsız. **barefoot** *s., z.* yalınayak.
barefooted *s.* yalınayak. **barehanded** *s.*
silâhsız; elleri açıkta. **bareheaded** *s.* başı
açık. **barelegged** (ber'legid, -legd) *s.* ço-
rapsız, çıplak bacaklı. **bare living** ancak
geçinme, kıt kanaat geçinme.

bare (ber) *f.* soymak, açmak.

bare.ly (ber'li) *z.* ancak, güçbelâ; açıkça, giz-
lemeden.

Bar.ents Sea (ber'ınts, ba'rınts) Barents Denizi.

bare.sark (ber'sark) *i.* eski İskandinav kahra-
manı; zırhsız asker.

bar.fly (bar'flay) *i., argo* zamanını barda geçi-
ren kimse.

bar.gain (bar'gın) *i., f.* pazarlık, anlaşma; mua-
mele; işlem; kelepir; *f.* pazarlık etmek, pazar-
lığa girişmek, uyuşmak; kayıt ve şarta bağ-
lamak, taahhüt etmek. **bargain counter**
tenzilâtlı eşya tezgâhı. **bargain day** tenzi-
lâtlı satış günü. **bargain price** ucuz fiyat,
tenzilâtlı fiyat. **bargainer** *i.* pazarlık eden
kimse. **into the bargain** üstelik, caba.
strike a bargain uzlaşmak. **That is not
what he bargained for.** Bu, umduğu ne-
tice değildi.

barge (barc) *i., f.* mavna, salapurya; saltanat
kayığı; *f.* mavna ile taşımak; mavna gibi ağır
hareket etmek; *k.dili, gen.* **in, into** *ile* paldır
küldür girmek; işe karışmak.

barge.board (barc'bôrd) *i., mim.* saçak.

barge.man, *İng.* **bar.gee** (barc'mın, barci')
i. mavnacılardan biri; kumanda eden mav-
nacı.

bar.ic (ber'ik) *s., kim.* baryumlu; atmosfer
basıncına ait.

ba.ril.la (bırîl'ı) *i.* yanınca çok kül bırakan bir
deniz yosunu; bu yosunun küllerinden elde
edilen alkali, yosun sodası.

bar.i.tone, *İng.* **bar.y.tone** (ber'ıton) *i., müz.*
tenor ile bas arasındaki erkek sesi, bariton;
bu sese sahip olan kimse; bandolarda kulla-
nılan bir çalgı aleti, bariton.

bar.i.um (ber'iyım) *i., kim.* baryum.

bark (bark) *i., f.* havlama, köpek havlamasına
benzer ses; *k.dili* öksürük; *f.* havlamak; hav-
lamaya benzer sesler çıkarmak; yüksek sesle
konuşmak veya bağırmak; *argo* bir eğlence
yerinin kapısında çığırtkanlık etmek; öksür-
mek. **bark up the wrong tree** yanlış kapı

çalmak. **His bark is worse than his bite.**
Ne varsa dilindedir.

bark (bark) *i., f., bot.* kabuk; ağaç kabuğu;
f. kabuğunu soymak; tabaklamak.

bark, barque (bark) *i., den.* üç direkli yelkenli
gemi, barka.

bar.keep.er (bar'kipır) *i.* barmen.

bark.er (bar'kır) *i.* havlayan, bağıran insan
veya köpek; *k.dili* dükkân veya eğlence yeri
önünde bağıran adam, çığırtkan.

bark.y (bar'ki) *s.* kabuğu olan, kabuklu; kabuğa
benzeyen.

bar.ley (bar'li) *i.* arpa, *bot.* Hordeum vulgare.
barleycorn *i.* arpa, arpa tanesi. **barley
meal** arpa unu. **barley sugar** arpa özü ile
yapılan bir şekerleme. **pearl barley** frenk
arpası. **wall barley** duvar arpası, *bot.*
Hordeum murinum.

barm (barm) *i.* biranın üstündeki köpük.

bar.maid (bar'meyd) *i., İng.* meyhane tezgâ-
hında hizmet eden kız veya kadın.

bar.man (bar'mın) *i.* meyhane tezgâhında hiz-
met eden garson, barmen.

Bar.me.cide (bar'mısayd) *i.* ''Binbir Gece
Masalları''nda dilenciye boş tabaklarla
hayalî bir ziyafet çeken Bağdat'lı prens.
Barmecide feast çok kıt yemek.

bar mitz.vah (bar mîts'vı) dinî görevleri yük-
lenebilecek yaşa gelmiş Musevî erkek çocuk;
ergenlik töreni.

barm.y (bar'mi) *s.* mayalı, köpüklü; *İng., argo*
havaî, boş kafalı.

barn (barn) *i., f.* ahır, çiftlik ambarı; *f.* ambara
koymak. **barn dance** bir çiftlikte ambarda
yapılan danslı toplantı. **barn owl** peçeli
baykuş, ambarlarda fareleri yiyen baykuş.
barnful *s.* ambar dolusu. **barnyard** *i.* çift-
likte ahır veya ambarın yanındaki avlu.

bar.na.cle (bar'nıkıl) *i.* gemi diplerine veya
kayalara yapışan midyeye benzer birkaç cins
kabuklu deniz hayvanı; bir cins yabanî kaz;
mec. yapışkan huylu sırnaşık adam, *fig.*
çamsakızı. **acorn barnacle** beyaz kurt, *zool.*
Bolanus.

bar.na.cle (bar'nıkıl) *i., gen. çoğ.* at nallanır-
ken burnuna takılan kıskaç, nalbant yavaşası.

barn.storm (barn'stôrm) *f., A.B.D., k.dili* taş-
rada temsil vermek; taşra halkını uçakla
gezdirip para kazanmak.

bar.o.gram (ber'ıgräm) *i.* barograf aletinin tespit ettiği kayıtlar.

bar.o.graph (ber'ıgräf) *i.* otomatik olarak hava basıncını kaydeden barometre. **barograph'ic** *s.* otomatik barometreyle ilgili.

ba.rom.e.ter (bıram'ıtır) *i.* barometre, hava basıncını ölçen alet.

bar.on (ber'ın) *i.* (Avrupa'da bir asalet unvanı) baron; *A.B.D.* kudretli iş adamı, kral (petrol v.b.). **baroness** *i.* baronun karısı; kadın baron, barones.

bar.on.age (ber'ınic) *i.* İngiliz baronlar sınıfı; baronluk.

bar.on.et (ber'ınît) *i.* barondan bir derece aşağı olan asalet rütbesi, baronet; bu payenin sahibi. **baronetage** *i.* baronet payesi; baronet sınıfı. **baronetcy** *i.* baronet payesi.

ba.ro.ni.al (bıro'niyıl) *s.* barona ait, baronlar sınıfına ait; barona yakışan.

bar.o.ny (ber'ıni) *i.* baronun payesi veya malikânesi.

ba.roque (bırok') *i., s.* barok; *s.* bu üslûba ait, barok; şatafatlı, çok süslü.

bar.o.scope (ber'ıskop) *i.* hava basıncında meydana gelen değişiklikleri kaydeden alet, baroskop.

ba.rouche (bıruş') *i.* üstü körüklü dört kişilik at arabası, fayton.

barque *bak.* **bark.**

bar.rack (ber'ık) *f.* kışlada oturtmak.

bar.rack (ber'ık) *f., Avustralya ve İng., argo* bir takım veya oyuncu lehine veya aleyhine tezahürat yapmak; bağırarak tezahürat yapmak.

bar.racks (ber'ıks) *i.* kışla.

bar.ra.cu.da, *İng.* bar.ra.cou.ta (berıku'dı, -tı) *i.* eti yenen birkaç cins deniz balığı, *zool.* Sphyraena.

bar.rage (bıraj') *i., ask.* top ateşi ile yapılan mânia; şiddetli hücum. **barrage balloon** uçak hücumuna karşı savunmada kullanılan ve yere bağlı olan balon.

bar.rage (ber'ic) *i.* sulama işlerinde hendekteki suların yönünü veya seviyesini değiştirmek için hendeğe konulan geçici mânia.

bar.ra.try (ber'ıtri) *i., huk.* baratarya, kaptan veya mürettebat tarafından gemiye veya eşyaya kasten yapılan zarar veya kaza; sık sık kavga veya hukukî ihtilâflara sebebiyet verme suçu, dava veya kavgaları teşvik

itiyadı; kilise veya devlet dairelerinde bir mevkii satma veya satın alma. **barrator** *i.* baratarya suçunu işleyen kimse. **barratrous** *s.* baratarya cinsinden olan. **barratrously** *z.* baratarya suçunu işleyecek şekilde.

barred (bard) *s.* demir çubuklarla kapatılmış; yasaklanmış; çizgili, yollu (kumaş).

bar.rel (ber'ıl) *i., f.* varil, fıçı; bir varilin içine alacağı miktar; top veya tüfek namlusu; *f.* fıçıya koymak; *A.B.D.* arabayı hızlı kullanmak. **barrel buoy** fıçı şamandıra. **barrel organ** latarna. **barrel roll** uçuşta uçağın ekseni üzerinde tam bir devir yapması. **barrel vault** *mim.* beşik kemer, yarım silindir şeklinde kemer, tonos.

bar.ren (ber'ın) *s., i.* kısır; meyvasız; kıraç, verimsiz (toprak); yavan, anlamsız; budala, boş kafalı; *i., gen. çoğ.* düz veya hafif meyilli, toprağı kumlu, nispeten çorak arazi. **barrenly** *z.* kısır bir şekilde. **barrenness** *i.* kısırlık.

bar.ret (ber'ît) *i.* bere, küçük bir çeşit şapka.

bar.rette (bıret') *i.* saç tokası.

bar.ri.cade (berıkeyd') *i., f.* barikat, siper; mânia, engel; *f.* siper yapmak; barikatla önünü kesip müdafaa etmek. **barricader** *i.* barikat yapan kimse.

bar.ri.er (ber'ıyır) *i.* herhangi bir yolu kapamak için yapılan mânia, engel; doğal mânia (sıradağlar v.b.); çit, korkuluk. **barrier reef** sahile yakın sığ mercan kayalığı.

bar.ring (bar'îng) *edat* maada, -den gayri, olmadığı takdirde.

bar.ris.ter (ber'îstır) *i., İng.* dava vekili, mahkemede dava görebilen avukat, avukat.

bar.room (bar'rum, -rûm) *i., A.B.D.* meyhane, bar.

bar.row (ber'o) *i.* el arabası; *İng.* seyyar sebze ve meyva satıcılarının kullandığı itilerek yürütülen araba; Büyük Britanya'da tarihten evvelki devirlerde yaşamış olan kimselerin mezarlarının bulunduğu tepe; tepe (bugün özellikle yer isimlerinde kullanılır).

Bart. *kıs.* Baronet.

bar.tend.er (bar'tendır) *i.* meyhanede içki veren kimse, barmen.

bar.ter (bar'tır) *f., i.* mübadele usulü ile alışveriş etmek, trampa etmek; takas yapmak; *i.* mübadele, trampa.

bar.ti.zan (bar'tızın, bar'tızän) *i., mim.* eski zaman kale bedenlerinden dışarı çıkmalı olan kulecik.

bar.y.on (ber'iyan) *i., fiz.* (atomdan ufak) ağır tanecik.

bar.y.sphere (ber'îsfir) *i.* ağırküre.

ba.ry.ta (bıray'tı) *i., kim.* baryum monoksit.

barytic *s.* baryum monoksit ile ilgili.

bar.y.tone *bak.* baritone.

ba.sal (bey'sıl) *s.* esasa ait, temele ait; kaidevî. basal metabolism *tıb.* bazal metabolizma.

ba.salt (bısôlt', bäs'ôlt) *i.* bazalt, volkanik karataş, siyah mermer. basaltic *s.* bazalta ait.

bas.cule (bäs'kyul) *i.* icabında kaldırılacak bir ağırlığa denk ağırlık koymakla meydana gelen sistem (kalkar köprü gibi).

base (beys) *i.* kaide, temel, esas, taban, dip; *bot.* sap dibi; *zool.* bir uzvun gövdeye bitiştiği noktaya en yakın kısmı; *spor* depart; *ask.* üs; *kim.* alkali, baz. baseball *i.* beysbol. baseboard *i.* süpürgelik, döşemenin kenar tahtaları. baseburner *i.* yakıtı otomatik olarak dolan soba. base hospital askerî hastane (gezici olmayan). base line ölçmek için esas tutulan çizgi veya miktar; *spor* saha kenarı. base of a column *i., mim.* pabuç (sütun). base of operations hareket üssü. off base *A.B.D., argo* yanlış yolda.

base (beys) *f.* temel atmak, kurmak, tesis etmek; on *veya* upon *ile* bir esas üzerine bina ettirmek; dayandırmak.

base (beys) *s.* alçak, adi, rezil; korkak; değersiz; sahte, kalp. baseborn *s.* soylu aileden gelmeyen; nikâhsız doğmuş, piç; alçak, zalim. basely *z.* alçakça. baseness *i.* alçaklık.

base.less (beys'lis) *s.* asılsız, temelsiz, esası olmayan. baselessly *z.* asılsızca. baselessness *i.* asılsızlık.

base.ment (beys'mınt) *i.* bodrum katı, zemin katı; herhangi bir yapının kaidesi.

bash (bäş) *f., i., k.dili* kuvvetle vurmak, hızla vurmak; *i.* şiddetli vuruş; kuvvetli darbe; *İng., argo* cümbüş.

ba.shaw (bışô') *i.* paşa; azametli kimse.

bash.ful (bäş'fıl) *s.* utangaç, sıkılgan, mahcup, çekingen. bashfully *z.* utangaçlıkla. bashfulness *i.* utangaçlık.

bash.i-ba.zouk (bäşıbızuk') *i., T.* başıbozuk.

ba.sic (bey'sîk) *s.* esas, temel, esas teşkil eden; *kim.* bazal; *ask.* acemi. Basic English İngilizce öğretiminde kullanılan kelime bilgisi sınırlı basit İngilizce. basic slag çelik imalâtında elde edilen fosfatlı bir cins gübre.

basically *z.* temel olarak, esasında.

ba.sil (bäz'ıl) *i.* fesleğen, reyhan, *bot.* Ocimum.

ba.sil.ic(al) (bısil'ik, -ıl) *s.* bir kilise mimarîsi üslûbuna ait; *anat.* bazilik, kolun üst tarafının yüzeysel venlerinden iç yanda olanı; bilek damarıyla ilgili.

ba.sil.i.ca (bısil'îkı) *i., mim.* dik dörtgen şeklinde bina veya kilise; Roma'nın belli başlı yedi kilisesinden biri veya aynı imtiyazlara sahip diğer bir Katolik kilisesi.

bas.i.lisk (bäs'ılîsk) *i., mit.* şahmaran, nefes veya bakışında öldürme gücü olduğuna inanılan ejderha; kertenkele gibi sürüngen; bir cins tropikal Amerikan kertenkelesi.

ba.sin (bey'sın) *i.* leğen; leğen dolusu; havuz; havza.

bas.i.net (bäs'ınît, -net) *i.* çelik miğfer.

ba.sis (*çoğ.* ba.ses) (bey'sîs, -siz) *i.* kaide, temel; menşe, kaynak; ana prensip.

bask (bäsk) *f.* güneşlenmek, tatlı bir sıcaklığın karşısında uzanmak; zevk verici bir durumun tadını çıkarmak; bir şeyi güneşe veya ateşe tutmak.

bas.ket (bäs'kît) *i.* sepet, küfe, zembil; sepet dolusu; *spor* sayı, basket. basketball *i.* basketbol; basketbol topu. basket fern eğreltiotu, *bot.* Sarhasia. basket hilt eli muhafaza etmeye yarayan yarım küre şeklinde kafesli kılıç kabzası. basket weave iki veya daha fazla iplikle örülen örgü. basket woman seyyar satıcı kadın. basketwork *i.* sepet örgüsü.

bas.ket.ry (bäs'kîtri) *i.* sepetçilik, sepet örgüsü işler.

bask.ing shark (bäs'king) güneşlenmek için su yüzüne çıkan çok iri cüsseli fakat zararsız bir cins köpek balığı.

Basque (bäsk) *i., s.* Fransa ve İspanya'nın Batı Pireneler bölgesinde oturan Bask kabilesinden biri; Baskça; *k.h.* kadınların kalçaya kadar inen korsası; belden aşağı sarkan kumaş parçası veya kısa eteklik; *s.* Bask'lara veya onların diline ait.

bas-re.lief (barîlif', bäs-) *i.* heykeltıraşçılıkta yarım kabartma.

bass (bäs) *i.* levrek, *zool.* Labrax lupus; hani, *zool.* Serranus cabrilla. sea bass levrek.

bass (beys) *s., i., müz.* alçak perdeden, kalın sesli; pest; *i.* basso, bas. **bass clef** fa anahtarı. **bass drum** kalın ses veren en büyük davul. **bass horn** bir nefesli çalgı. **bass viol** kontrbas. **bass voice** bas, basso.

bas.set (bäs'ît) *i.* uzun bedenli ve kısa bacaklı bir cins av köpeği; *jeol.* arz tabakasının çıkık kenarı.

bas.si.net (bäsınet') *i.* sepet, beşik; sepet işi çocuk arabası.

bas.so (bäs'o, bas'o) *i., İt., müz.* (çoğ. **-sos, -si**) basso, bas; pes perdeli ses.

bas.soon (bäsun', bı-) *i., müz.* çifte kamışlı bir nefesli saz.

bas.so-re.lie.vo (bas'orîli'vo) *i., İt., bak.* **bas-relief.**

bass.wood (bäs'wûd) *i.* ıhlamur ağacı.

bast (bäst) *i., bot.* bazı ağaçların hasır yapmak için kullanılan iç kabuğu.

bas.tard (bäs'tırd) *i., s.* piç, nikâhsız doğan çocuk; *argo* alçak herif, kepaze kimse; *s.* gayri meşru (çocuk); sahte, hakikî olmayan, kalp; alışılmışın dışında; *matb.* normal boyda olmayan. **bastardy** *i.* piçlik. **bastardly** *s.* gayri meşru olarak doğan; hileli; bayağı.

bas.tard.ize (*İng.* **-ise**) (bäs'tırdayz) *f.* piç olduğunu ispat etmek; alçaltmak; şerefi lekelenmek, alçaltılmak; değiştirip kıymetini bozmak.

baste (beyst) *f.* teyellemek, eğreti dikmek; *ahçı.* eti pişerken tereyağı v.b. ile yağlayarak yumuşatmak; *k.dili* dayak atmak; dövmek. **basting** *i.* teyelleme; azarlama.

Bas.tille (bästil') *i.* Paris'teki Bastil hapishanesi; *k.h.* hapishane olarak kullanılan herhangi bir kale.

bas.ti.na.do (bästıney'do) *i., f.* (çoğ. **-does**) dayak, falaka; sopa, falaka değneği; *f.* falakaya yatırmak; dayak atmak, dövmek.

bas.tion (bäs'çın, -tiyın) *i.* kale burcu; tabya; sağlamlaştırılmış yer.

bat (bät) *i., spor* beysbol, kriket v.b. oyunlarda topa vurmak için kullanılan sopa; pingpong ve tenis raketi; tokmak, değnek. **go on a bat** bütün gece kafayı çekmek. **go to bat for** yardımına koşmak, müdafaa etmek.

bat (bät) *f.* (**-ted, -ting**) *spor* beysbol sopası veya diğer bir değnekle vurmak; beysbol v.b. oyunlarda sopa ile vurma sırası gelince oynamak; kırpmak (göz). **bat around** *argo* dolaşmak, gezmek; münakaşa etmek, tartışmak. **without batting an eye** şaşkınlığını belli etmeden; şaşmadan.

bat (bät) *i.* yarasa, *zool.* Chiroptera. **blind as a bat** tamamen kör. **have bats in the belfry** *A.B.D., argo* delirmiş olmak. **horseshoe bat** şeytan kuşu.

batch (bäç) *i.* bir fırın dolusu ekmek; bir defada alınan miktar; takım, alay; yığın.

bate (beyt) *f.* nefesini tutmak; azaltmak, indirmek, tenzil etmek, kesmek. **with bated breath** nefesi kesilerek, soluk soluğa.

bath (bäth, bath) *i., f.* banyo, hamam, banyo küveti, banyo dairesi, sıcak; kaplıca; fotoğraf, filim v.b. banyosu; *f., İng.* banyo etmek, yıkamak. **bathhouse** *i.* hamam. **bathrobe** *i.* bornoz. **bathroom** *i.* banyo dairesi; tuvalet. **bathtub** *i.* banyo küveti.

bath (bäth) *i.* İbranilerde eskiden kullanılan bir sıvı ölçü birimi, takriben 40 litre.

bathe (beydh) *f.* yıkamak, banyo etmek; ıslatmak, suya batırmak; banyo yapmak, yıkanmak; deniz banyosu almak; etrafı su veya diğer bir sıvıyla çevrili olmak. **bathing beach** plaj.

bath.o.lith (bäth'ılîth) *i., jeol.* derinde bulunan bir çeşit volkanik kaya.

ba.thom.e.ter (bıtham'ıtır) *i.* deniz derinlik ölçeği, iskandil aleti, batometre.

bat.horse (bät'hôrs) *i.* orduda yük beygiri.

ba.thos (bey'thas) *i.* üslûpta gülünç bir şekilde yüksekten düşme; herkesçe söylenmiş ve adi konuları işleme.

Bath.urst (bäth'ırst) *i.* Bathurst, Gambia'nın başkenti.

bath.y.sphere (bäth'ısfîr) *i.* deniz dibi tetkiklerinde kullanılan küre biçiminde dalgıç aleti.

ba.tik (bıtik') *i.* batik, kumaşı boyama işi.

ba.tiste (bıtist') *i.* batist, ince ve renkli patiska.

bat.man (bät'mın) *i.* (çoğ. **-men**) *İng.* emir eri.

ba.ton (bätan', bät'ın) *i., Fr.* rütbe veya mevki alâmeti olan asa; değnek, sopa, baston; *müz.* orkestra şefinin değneği, baton.

ba.tra.chi.an (bıtrey'kiyın) *s., i.* kurbağalara ait; *i.* kurbağa.

bats.man (bäts'mın) *i.* (çoğ. **batsmen**) krikette topa vurma sırası kendisinde olan oyuncu.

bat.tal.ion (bıtäl'yın) *i., ask.* tabur, müfreze, kıta.

bat.ten (bät'ın) *f.* semirmek, iyi beslenme sonucunda şişmanlamak; başkalarının sırtından geçinerek lüks bir hayat sürmek; semirtmek, şişmanlatmak.

bat.ten (bät'ın) *i.* ince tahta parçası, tiriz, takoz; *den.* tiriz, yelkenleri düz tutmak için içine geçirilen ince tahta parçası. **batten down** *den.* ambar muşambalarını çekip tirizini vurmak.

bat.ter (bät'ır) *f.* sert darbelerle vurmak, hırpalamak; dövmek; eskitmek, tahrip etmek; hamle yapmak. **battered baby** büyükleri tarafından hırpalanmış küçük çocuk.

bat.ter (bät'ır) *i.* sulu hamur; *matb.* bağlanmış sayfa halindeki dizilmiş harflerde bozukluk; bu bozukluğun meydana getirdiği yanlış; *spor* topa vuran oyuncu.

bat.ter (bät'ır) *f., i., mim.* temelden yukarı doğru meyletmek; *i.* bu şekilde meyilli duvar.

bat.ter.ing-ram (bät'ıring.räm) *i.* eskiden kale duvarlarını ve kapılarını yıkmak için kullanılan kalın kütük.

bat.ter.y (bät'ırı, bä'tri) *i., elek.* pil, elektrik bataryası; akümülatör, akü; *ask.* batarya; *beysbol* atıcı ve tutucu; vuruş, dövme; *huk.* kötü davranış; müessir fiil; bir şahsın haksız yere dövülmesi veya bedenî ezaya maruz bırakılması; dizi, seri, takım.

bat.ting (bät'ing) *i.* tabaka halinde pamuk (yorgan veya şiltede kullanılır); *spor* bazı top oyunlarında vuruş.

bat.tle (bät'ıl) *i., f.* muharebe, savaş; dövüş; *f.* savaşa katılmak; mücadele etmek, savaşmak. **battle array** harp safı. **battle-ax** *i.* cenk baltası, teber; *argo* huysuz kocakarı. **battle cruiser** ağır kruvazör. **battle cry** savaş narası; herhangi bir kampanyada kullanılan mücadele sloganı. **battle fatigue** harp görmüş kimselerde görülen ruhsal çöküntü. **battlefield** *i.* savaş meydanı. **battle royal** birkaç kişinin katıldığı kavga; büyük ve hararetli münakaşa. **battleship** *i.* zırhlı harp gemisi. **join battle** savaşmak, savaşa başlamak. **offer battle** savaşa meydan vermek; meydan okumak. **pitched battle** iki tarafın da bütün güçlerini seferber ettiği savaş. **battle-scarred** *s.* savaşta alınmış yara izleri taşıyan.

bat.tle.dore (bät'ıldôr) *i.* ucuna tüy takılmış mantarla oynanan bir oyun; bu oyunda kullanılan raket.

bat.tle.ment (bät'ılmınt) *i.* kale burcundaki mazgallı siper.

bat.tue (bätu', -tyu') *i., İng.* sürgün avı, sürek avı; katliam.

bat.ty (bät'i) *s., argo* çatlak, kaçık.

bau.ble (bô'bıl) *i.* ucuz ve adi süs eşyası, biblo.

baulk *bak.* **balk.**

baux.ite (bôk'sayt, bo'zayt) *i.* bir çeşit alüminyum oksit veya hidroksit.

bawd (bôd) *i., eski* genelev patronu.

bawd.ry (bô'dri) *i.* müstehcen söz veya davranış.

bawd.y (bô'di) *s., i.* açık saçık, müstehcen; *i.* müstehcen söz. **bawdily** *z.* açık saçık bir şekilde. **bawdiness** *i.* açık saçık oluş.

bawd.y.house (bô'dihaus) *i.* genelev.

bawl (bôl) *f., i.* haykırmak, bağırmak, feryat etmek; bağırarak satış yapmak (işportacı); yüksek sesle ağlamak; *i.* haykırış, feryat. **bawl out** *A.B.D., argo* azarlamak, haşlamak.

bay (bey) *i.* koy, küçük körfez; pencere çıkması, cumba; duvar bölmesi; bölüm. **bay window** cumba.

bay (bey) *i., f.* uzun havlama sesi, uluma; *f.* havlamak, ulumak. **at bay** av köpekleri tarafından kıstırılmış; sıkışık durumda.

bay (bey) *i.* defne, defneye benzer birkaç cins ağaç; zafer nişanesi olarak verilen defneden yapılmış taç; *çoğ.* şöhret, ün. **bay leaf** defne yaprağı. **bay rum** bir çeşit güzel kokulu losyon, defne ispirtosu. **bay tree** defne ağacı. **wild bay tree** fil burnu, yaban defnesi, *bot.* Viburnum tinus.

bay (bey) *i., s.* doru rengi; doru at; *s.* doru, kızıl doru, kızıl kahverengi. **bay horse** doru at.

Bay.ard (bey'ırd) *i.* ortaçağ kahramanlık destanlarında adı geçen efsanevî at; kahramanlık göstermiş herhangi bir ata verilen isim; *k.h.* doru at.

Bay.ard (bey'ırd) *i.* cesur ve namuslu adam (15. ve 16. yüzyıllarda yaşamış kahraman bir Fransız şövalyesinin ismi).

bay.ber.ry (bey'beri) *i.* defne v.b. ağaçların meyvası; mum ağacı, *bot.* Myrica cerifera.

bay.o.net (beyınet') *i., f.* süngü, kasatura; *f.* süngülemek. **bayonet clutch** bayonet kavramı. **spade bayonet** kazma şeklinde süngü. **trowel bayonet** mala şeklinde ufak süngü.

bay.ou (bay'u) *i., A.B.D.* bir nehir veya gölün bataklıklı kolu veya çıkış noktası.

ba.zaar (bızar') *i.* pazar, çarşı, içinde çeşitli malların satıldığı çarşı; kermes.

ba.zoo.ka (bızu'kı) *i., ask.* bazuka, bir çeşit tanksavar top.

B B (bi'bi) *i.* hava tüfeğinin saçması.

B B gun hava tüfeği.

B.B.C. *kıs.* **British Broadcasting Corporation.**

B.C. *kıs.* **before Christ** milâttan önce, M.Ö.

B.D. *kıs.* **Bachelor of Divinity** ilâhiyat fakültesi mezunu.

bd. *kıs.* **band, board, bond, bound, bundle.**

bdel.li.um (del'iyım) *i.* bir çeşit kokulu reçine; bu reçinenin elde edildiği ağaç; Mekke pelesenk ağacı.

B.D.S. *kıs.* **Bachelor of Dental Surgery.**

be (bi) *f.* **(been, being)** *(kural dışı çekimleri: şimdiki zaman* **I am**; **he, she, it is**; **we, you, they are**; *eski* **thou art.** *geçmiş zaman* **I, he, she, it was**; *eski* **thou wast**; **we, you, they were**; *eski* **thou wert.** *miş'li geçmiş zaman* **I have been)** olmak, vaki olmak; varlığını göstermek, mevcut olmak. *yardımcı fiil* -dır. *edilgen fiil yapmaya yarayan yardımcı fiil (msl.* **to see** görmek; **to be seen** görünmek). **be at** bulunmak, olmak. **be about** üzere olmak; meşgul olmak. **be after** peşinde olmak. **be from** -den gelmek, -li olmak. **be oneself** kendisi gibi davranmak, normal bir şekilde hareket etmek. **Let it be.** Bırak. Öyle olsun. **as it were** gibi, sanki, güya. **So be it.** Olsun. Öyle olsun. **to be sure** muhakkak.

be- *önek* hakkında, etrafında veya tamamen anlamlarını veren ve çoğu zaman geçişsiz fiillerden, isimlerden ve bazen de sıfatlardan geçişli fiiler yapan bir ek: **begrudge, befriend, belittle.**

Be *kıs., kim.* **beryllium** berilyum.

B.E. *kıs.* **Bachelor of Education, Bachelor of Engineering, bill of exchange.**

beach (biç) *i., f.* kumsal, plaj, sahil; *f., den.* karaya çekmek, sahile çekmek (gemiyi). **beach buggy** *A.B.D.* kum üzerinde sürül-

meye elverişli çok büyük lastikli spor araba. **beachcomber** *i.* hayatını sahillerden topladığı enkaz ile kazanan kimse; okyanustan sahile vuran büyük dalga. **beach flea** kumsallarda rastlanan birkaç çeşit sıçrayan yengeç cinsi küçük hayvan. **beachhead** *i., ask.* çıkarma yapılan sahil. **beach wagon** *A.B.D., bak.* **station wagon. on the beach** işsiz; karada vazifeli (denizci); kızağa çekilmiş.

bea.con (bi'kın) *i., f.* fener; işaret vermek için yüksek yerlerde yakılan ateş; işaret kulesi; *hav.* yol ve mevkii gösteren ışık veya radyo sinyali, ikaz edici veya yol gösterici herhangi bir şey; *f.* yol göstermek; işaret koymak; işaret vermek.

bead (bid) *i., f.* boncuk, tane (tespih); *çoğ.* tespih, kolye; hava kabarcığı; arpacık; *f.* boncukla süslemek; boncuk dizmek. **bead tree** tespihağacı, *bot.* Melia azedarach. **say, tell** *veya* **count one's beads** tespih çekmek, dua etmek. **draw a bead on** nişan almak. **beading** *i.,* **bead work** boncuktan yapılmış kenar süsü. **beaded** *s.* boncuklu.

bea.dle (bid'ıl) *i., İng.* mübaşir; bir kilise görevlisi.

bead.roll (bid'rol) *i.* ruhlarına dua edilecek ölülerin listesi; liste, katalog.

beads.man, bedes.man (bidz'mın) *i. (çoğ. -men)* başkalarına dua etmekle hayatını kazanan kimse, duahan.

bead.y (bi'di) *s.* boncuk gibi, boncuklu; köpüklü. **beady-eyed** *s.* ufak gözlü ve şeytanca bakışlı.

bea.gle (bi'gıl) *i.* bir çeşit küçük av köpeği.

beak (bik) *i.* gaga; kaplumbağa ve diğer bazı hayvanların baş kısımlarında bulunan sert kısım; *argo* burun; ibrik ağzı; eski tip harp gemilerinde düşman gemisini tahrip etmede kullanılan sivri madenî burun; *İng., argo* polis, hâkim, öğretmen. **beaked** *s.* gagalı. **beakless** *s.* gagasız. **beaklike** *s.* gagamsı.

beak.er (bi'kır) *i.* geniş ağızlı büyük bardak; geniş şişe (kimya laboratuvarında).

beam (bim) *i.* kiriş, hatıl, putrel; direk, mertek; terazi kolu; araba veya saban oku; şua, ışın (radyo, güneş); *den.* kemere; geyiğin boynuz kökü. **be on her beam ends (gemi)** alabora olurcasına yana yatmak.

on the beam doğru yönde; doğru, tam.
off the beam doğru yönde olmayan; yanlış.
beam (bim) *f.* yaymak, neşretmek; parlamak;
yayılmak, intişar etmek; sevinç göstermek
(yüz ifadesiyle). beaming *s.* parlak, ışıl ışıl,
sevinçle parlayan (yüz). beamish *s.* sevinç
gösteren. beamy *s.* ışık saçan; *den.* orta
kısmı geniş olan.

bean (bin) *i.* fasulye; diğer bitkilerde tane
(kahve v.b.); fasulyeye benzeyen şey: va-
nilla bean; *argo* baş, kafa. beanbag *i.*
oyuncak olarak kullanılan fasulye torbası.
beanpole *i.* fasulye sırığı; *k.dili* çok uzun
boylu kimse. broad bean, fava bean,
horse bean bakla. green bean taze fasulye.
haricot bean kuru fasulye. locust bean
deve kemiği. Tonka bean Çin baklası, Hint
baklası, *bot.* Dipteryx odorata.

bear (ber) *i.* ayı; ayıya benzer hayvan: ant
bear; hantal kimse, kaba kimse; *tic.* borsada
fiyatlar düşecek ümidiyle ilerde alacağı tahvil
ve senetleri evvelden satan kimse. the Bear
Rusya. bearberry *i.* ayı üzümü, *bot.* Arc-
tostaphylos uva-ursi. bear garden hayvanat
bahçesi; kargaşalık. bear's-breech *i.* ayı
pençesi, *bot.* Acanthus mollis. bear's-ear *i.*
ayı kulağı, *bot.* Primula auriculata. bearskin
i. ayı postu. brown bear boz ayı, *zool.*
Ursus arctos. Great Bear Büyük Ayı. Little
Bear Küçük Ayı.

bear (ber) *f.* (bore *eski* bare; borne) taşımak,
kaldırmak; tahammül etmek, dayanmak; üs-
tüne almak; lâyık olmak; etrafa yaymak;
aklında tutmak; (meyva) vermek (ağaç);
doğurmak. bear down çabalamak; sıkıştır-
mak. bear on alâkası olmak. bear out
desteklemek, teyit etmek. bear up dayanmak,
cesareti elden bırakmamak. bear with sa-
bırlı olmak, sabırla tahammül etmek. bear-
able *s.* dayanılabilir. bearably *z.* dayanılabilir
şekilde. born *s.* doğmuş.

beard (bird) *i., f.* sakal; *bot., zool.* püskül,
püskül sakal; *f.* sakalını yolmak; sakalına
yapışmak; şiddetle karşı koymak; sakal ya-
pıştırmak. beard grass *bot.* sıçan kuyruğu.
bearded *s.* sakallı. beardless *s.* sakalsız.

bear.er (ber'ır) *i.* taşıyan kimse, hamil kimse;
götüren kimse; tabut taşıyan kimse; rütbe
veya makam sahibi; hamal. to the bearer
hamiline.

bear.ing (ber'îng) *i.* hal, tavır, davranış; mahsul,
ürün; verme; hâsıl etme; taşıma, tahammül
etme; ilgi, irtibat, alâka; kiriş ve eşik gibi
şeylerin dayandığı destek; *mak.* yatak, mil
yatağı; ayak; *den.* kerteriz. bearing body
yatak gövdesi. lose one's bearings şaşır-
mak, pusulayı şaşırmak. take a bearing
kerteriz etmek.

bear.ish (ber'îş) *s.* ayı gibi kaba ve sert; yon-
tulmamış; borsada fiyat indirimine sebep
olacak şekilde; fiyat indirmeye meyilli. bear-
ishness *i.* fiyatlar düşecek düşüncesi.

beast (bist) *i.* hayvan, bilhassa dört ayaklı iri
hayvan; hayvanca davranan kaba kimse.
beast of burden yük hayvanı. beast of
prey yırtıcı hayvan, canavar. beastie *i.*,
İskoç. hayvancık. beastly *s., z.* hayvan
gibi; *k.dili* çok fena; *z., İng., argo* çok.
beastliness *i.* hayvan gibi davranış.

beat (bit) *f.* (beat, beaten) dövmek; defalarca
vurmak, çırpmak, çarpmak; çalmak (davul);
yenmek, galip gelmek; sürgün avında
avı çıkarmak için çalılara vurmak; üstün ol-
mak, zor gelmek; *A.B.D., argo* önüne geçmek;
ask. davul çalarak işaret vermek; atmak
(kalp). beat about the bush bin dereden
su getirmek. beat all hollow tamamen yen-
mek. beat a retreat geri çekilmek, ricat
etmek. beat down pazarlıkta fiyat kırmak.
Beat it! *A.B.D., argo* Defol! beat off
bertaraf etmek. beat the air boşuna uğraş-
mak; havanda su dövmek. beat the bushes
aramak. beat time tempo tutmak. beat to
windward *den.* orsasına seyretmek. beat up
k.dili dövmek, dövüşte galip gelmek. beat
up recruits acemi asker toplamak.

beat (bit) *s., A.B.D., k.dili* yorgun, yıpranmış;
asi gençlerden olan. Beat Generation asi
gençlik.

beat (bit) *i.* vuruş, darbe; darbeden ileri gelen
ses; *müz.* tempo; ses; polis devriyesi; ilginç
bir haberin rakip gazeteden evvel neşri; *fiz.*
birbirine yakın iki sesin meydana getirdiği
ritmik çatışma sesi. beaten *s.* dövülmüş;
mağlup, yenilmiş; çok kullanılmış. beater
i. çırpma makinası.

be.a.tif.ic(al) (biyıtif'îk, -ıl) *s.* takdis eden;
mesut eden; neşe ifade eden. beatifically
z. mutluluk belirterek.

be.at.i.fy (biyät'ıfay) *f.* saadete ulaştırmak; *Kat.* ölmüş bir kimseyi azizlik mertebesine çıkarmak. **beatifica'tion** *i., Kat.* ölmüş bir kimsenin ilk azizlik derecesine çıkarıldığının Papa tarafından ilân edilmesi.

beat.ing (bi'ting) *i.* dövme, vuruş; dayak; yenilgi, mağlubiyet; atış (kalp, nabız).

be.at.i.tude (biyät'ıtud) *i.* mutlak saadet, uhrevi saadet. **the Beatitudes** Hz. İsa'nın Matta İncilinde geçen (Matta 5:3-12) sözleri.

beat.nik (bit'nik) *i., k.dili* bitnik.

beau (bo) *i.* (*çoğ.* **beaus, beaux**) (boz) âşık; sevgili; kavalye; züppe erkek; şık giyinen adam.

beau geste (bo jest') *Fr.* (*çoğ.* **beaux gestes**) bir kimseyi memnun etmek için yapılan hareket veya söylenen söz.

beau ideal (bo aydi'yıl) ideal güzellik, kusursuz güzellik örneği.

beau monde (bo mônd') *Fr.* kibarlar zümresi.

beaut (byut) *i., A.B.D., argo* muazzam şey; büyük hata.

beau.te.ous (byu'tiyıs) *s.* güzel, dilber. **beauteously** *z.* güzel bir şekilde. **beauteousness** *i.* güzellik.

beau.ti.cian (byutiş'ın) *i.* güzellik uzmanı.

beau.ti.ful (byu'tıfıl) *s.* güzel, latif, hoş, zarif. **beautifully** *z.* güzel bir şekilde.

beau.ti.fy (byu'tıfay) *f.* güzelleştirmek, süslemek; güzelleşmek, süslenmek.

beau.ty (byu'ti) *i.* güzellik; güzel bir kimse, güzel kadın. **beauty shop, beauty parlor** güzellik enstitüsü, kuaför salonu. **beauty sleep** güzellik uykusu. **beauty spot** yüzdeki ben; güzel manzaralı yer.

beaux-arts (bozar') *i., çoğ., Fr.* güzel sanatlar.

bea.ver (bi'vır) *i.* kunduz, *zool.* Castor fiber; kunduz kürkü, kastor; kastor şapka; kalın yünlü kumaş; miğferin yüzün alt kısmını örten parçası.

bea.ver.board (bi'vırbôrd) *i.* bir cins suni tahta.

be.bop (bi'bap) *i.* bir çeşit dans ve bunun müziği.

be.calm (bikam') *f.* teskin etmek, yatıştırmak; *den.* rüzgârsızlıktan yelkenliyi kımıldatamamak. **becalmed** *s.* yatışmış.

be.came (bikeym') *bak.* **become.**

be.cause (bikʌz', bikôz') *bağlaç* çünkü, zira, -den dolayı, sebebiyle, için. **because of** -den dolayı.

bec.ca.fi.co (bekıfi'ko) *i.* İtalya'da eti çok sevilen birkaç cins küçük kuştan biri; bir çeşit ötleğen.

bé.cha.mel (beyşamel') *i., Fr., ahçı.* beyaz sos, beşamel.

be.chance (biçäns') *f.* vaki olmak, başa gelmek; zuhur etmek.

beck (bek) *i., f.* başla yapılan işaret; *f.* birisini işaretle çağırmak. **at one's beck and call** birisinin emrinde, daima karşısındakinin arzusunu yerine getirmeye hazır.

beck.et (bek'it) *i., den.* küçük ip halkası, ilmek, ilik, sancak veya iskota bağı.

beck.on (bek'ın) *f.* baş veya el işareti ile çağırmak.

be.cloud (biklaud') *f.* bulutlandırmak, karartmak; kaplamak; içinden çıkılması zor hale getirmek (münakaşa v.b.).

be.come (bikʌm') *f.* (**became, become**) olmak, yakışmak, yaraşmak, gitmek. **What became of ...?** ... ne oldu ? ... nereye gitti ? ... ne yapıyor? **become due** vadesi gelmek.

be.com.ing (bikʌm'ing) *s., i.* cazip, çekici; uygun, münasip; *i.* oluş, gelişim. **becomingly** *z.* uygun bir şekilde. **becomingness** *i.* uygun oluş.

bed (bed) *f.* yatak temin etmek, yatırmak; misafir etmek; dikmek (çiçek v.b.); gömmek; tabakalar halinde dizmek; yatmak. **bed down** at ve inek gibi hayvanlara samandan yatak yapmak.

bed (bed) *i.* yatak, karyola; çiçeklik, tarh; yığın; evlenme; nehir yatağı; tabaka, kat (kaya, arazi); mezar. **bed linen** yatak takımları. **bed and board** yiyecek ve yatacak yer, iaşe ve ibate. **confined to bed** yatağa düşmüş. **go to bed** yatmak. **make a bed** yatak yapmak. **marriage bed** gelin yatağı. **put to bed** yatırmak. **railroad bed** demiryolu yatağı. **separate from bed and board** yatak ve sofradan ayırmak (karı koca).

be.dab.ble (bidäb'ıl) *f.* bulaştırmak.

be.daub (bidôb') *f.* bulaştırmak, sürmek, kirletmek, karalamak; aşırı derecede süslemek.

be.daz.zle (bidäz'ıl) *f.* gözünü kamaştırmak, şaşırtmak.

bed.bug (bed'bʌg) *i.* tahtakurusu, *zool.* Cimex lectularius.

bed.cham.ber (bed'çeymbır) *i.* yatak odası.

bed.clothes (bed'kloz, -klodhz) *i.*, *çoğ.* yatak örtüsü, battaniye gibi yatak takımları.

bed.ding (bed'îng) *i.* yatak takımı; samandan yapılmış hayvan yatağı, gelembe.

be.deck (bidek') *f.* süslemek, tezyin etmek; donatmak.

bede.man, bedes.man *bak.* **beadsman.**

be.dev.il (bidev'ıl) *f.* çileden çıkartmak, azap vermek, eziyet etmek; cinnet getirtmek; bozmak, ifsat etmek. **bedevilment** *i.* çileden çıkartma.

be.dew (bidyu', -du') *f.* çiğ taneleri ile ıslatmak, nemlendirmek.

bed.fel.low (bed'felo) *i.* yatak arkadaşı, yakın dost.

be.dight (bidayt') *f.* (**bedight** *veya* -**ed**) *eski* donatmak, süslemek, tezyin etmek.

be.dim (bidîm') *f.* (-**med, -ming**) karartmak, donuklaştırmak.

be.diz.en (bidîz'ın, biday'zın) *f.*, *eski* gösterişli ve kaba bir şekilde süslemek, donatmak.

bed.lam (bed'lım) *i.* büyük karışıklık ve gürültü, şamata; akıl hastanesi, tımarhane; *b.h.* Londra'da bulunan St. Mary of Bethlehem adlı akıl hastanesi. **Bedlam broke loose.** Kızılca kıyamet koptu.

bed.lam.ite (bed'lımayt) *i.* akıl hastası, deli kimse.

bed.less (bed'lıs) *s.* yataksız, karyolasız.

bed.like (bed'layk) *s.* yatak gibi.

Bed.ou.in (bed'uwin) *i.*, *s.* bedevî, çölde yaşayan göçebe Arap; *s.* bedevilere ait, bedevilerle ilgili.

bed.pan (bed'pän) *i.* yatak lâzımlığı; yatak ısıtacak kap.

bed.post (bed'post) *i.* karyola direği.

be.drag.gle (bidräg'ıl) *f.* kirletmek, bulaştırmak, ıslatmak.

•**be.drench** (bidrenç') *f.* sırılsıklam etmek.

bed.rid.den (bed'rîdın) *s.* yatalak.

bed.rock (bed'rak) *i.* yüzeydeki tabakalar altındaki asıl kaya; en alt seviye; temel ilkeler.

bed.roll (bed'rol) *i.* sırtta taşınabilen tomar şeklinde bağlanmış yatak.

bed.room (bed'rum) *i.* yatak odası.

bed.side (bed'sayd) *i.*, *s.* yatak başucu, hastaya bakan kimsenin yeri; *s.* yatak başucunda olan. **bedside manner** doktorun hastaya karşı tutumu.

bed.sore (bed'sôr) *i.*, *tıb.* yatak yarası, uzun zaman yatmaktan ileri gelen yatak çıbanı.

bed.spread (bed'spred) *i.* yatak örtüsü.

bed.stead (bed'sted) *i.* karyola.

bed.straw (bed'strô) *i.* eskiden şilte yapmak için kullanılan bir çeşit saman.

bed.time (bed'taym) *i.* yatma vakti.

bee (bi) *i.* arı, bal arısı, *zool.* Apis mellifera; *A.B.D.* eğlenceli toplu çalışma toplantısı. **busy as a bee** çok meşgul. **have a bee in one's bonnet** bir işten dolayı endişeli olmak. **put a bee in one's bonnet** başkasının kafasına bir fikir veya plan sokmak. **bee balm** bir çeşit nane, *bot.* Monarda didyma. **bee beetle** arı kovanlarında yaşayan bir böcek, *zool.* Trichodes apiarius. **bee eater** arıkuşu, *zool.* Merops apiaster. **bee killer** arı yiyen bir karasinek, *zool.* Asilus. **bee tree** içinde bal olan içi boş ağaç; ıhlamur ağacı. **bee wolf** arı kovanında yaşayan bir böcek kurdu.

B.E.E. *kıs.* **Bachelor of Electrical Engineering** elektrik mühendisine verilen üniversite diploması.

bee.bread (bi'bred) *i.* arıların yavruları için hazırladıkları, çiçeklerin sarı tozu ve proteininden meydana gelen bir gıda karışımı.

beech (biç) *i.* kayın ağacı, *bot.* Fagus sylvatica, akgürgen (kereste). **beechen** *s.* kayın gibi; akgürgenden yapılmış.

beech.mast, beech.nut (biç'mäst, biç'nʌt) *i.* kayın ağacının sert kabuklu meyvası.

beef (bif) *i.*, *f.* (*çoğ.* **beeves**) sığır eti; sığır; *k.dili* adale kuvveti, ağırlık; *A.B.D.*, *argo* (*çoğ.* **beefs**) şikâyet; *f.*, *argo* şikâyet etmek. **beef up** *argo* kuvvetlendirmek. **beef extract** et suyu hulâsası. **beef tea** sığır eti suyu.

beef.eat.er (bif'itır) *i.* İngiltere'de kraliyet muhafız alayının askeri; sığır eti yiyen kimse; *argo* İngiliz.

beef.steak (bif'steyk) *i.* biftek.

beef.y (bi'fi) *s.* etli, adaleli, iriyarı. **beefiness** *i.* adaleli oluş; şişmanlık.

bee.hive (bi'hayv) *i.* arı kovanı.

bee.keep.er (bi'kipır) *i.* arı yetiştiricisi.

bee.line (bi'layn) *i.* kestirme yol; düz çizgi, düz hat. **make a beeline for something** bir şeye en kestirme yol ile ulaşmak.

Be.el.ze.bub (biyel'zıbʌb) *i.* şeytan, şeytanların başı, İblis.

been (bîn, *İng.* bin) *bak.* **be.**

beer (bîr) *i.* bira; alkollü veya alkolsüz olarak bitki kökleri, pekmez, şeker veya maya ile hazırlanmış herhangi bir içki. **beer barrel** bira fıçısı. **beer garden** bira içilen açık hava lokantası. **small beer** hafif bira; *İng.* önemsiz kimse, değersiz şey.

beer.y (bîr'i) *s.* bira türünden, bira gibi; bira etkisiyle sarhoş.

beest.ings, biest.ings (bis'tîngz) *i.* ineğin doğum yapmasından sonraki ilk sütü, ağız.

bees.wax (biz'wäks) *i., f.* balmumu; *f.* balmumu sürmek, balmumu ile cilâlamak.

bees.wing (biz'wîng) *i.* bekletilmiş şarapların üzerinde meydana gelen ince tabaka halindeki kaymak.

beet (bit) *i.* pancar, *bot.* Beta vulgaris. **beet greens, beet tops** pancar yaprağı, **beet sugar** pancar şekeri, sakaroz. **white beet** şeker pancarı. **wild beet** yaban pancarı, *bot.* Oenothera fruticosa.

bee.tle (bit'ıl) *i.* kınkanatlılar familyasından herhangi bir böcek. **black beetle** *İng.* hamamböceği, *zool.* Blatta orientalis. **bombardier beetle** fanfan böceği, domuzlan böceği, *zool.* Brachinus crepitans. **dung beetle** bokböceği. **reed beetle** kamış böceği, *zool.* Donanica. **rove beetle** kalkık kuyruk, *zool.* Ocypus olens.

bee.tle (bit'ıl) *i., f.* tokmak, çomak; ağır çekiç, şahmerdan; *f.* tokmaklamak, çakmak, kakmak.

bee.tle (bit'ıl) *s., f.* sarkık, taşan; *f.* sarkmak, dışarı doğru çıkıntı yapmak; taşmak. **beetle-browed** *s.* sarkık kaşlı; çatık kaşlı.

beeves (bivz) *i., çoğ.* sığırlar, kocabaş.

be.fall (bifôl') *f.* (**befell, befallen**) olmak, vaki olmak, zuhur etmek; başına gelmek.

be.fit (bifit') *f.* (**-ted, -ting**) uygun olmak, münasip olmak, denk gelmek. **befitting** *s.* uygun.

be.fog (bifôg') *f.* (**-ged, -ging**) sisle kapamak, karartmak; şaşırtmak, zihnini karıştırmak.

be.fool (biful') *f.* aldatmak, kandırmak, yanıltmak; aptal yerine koymak.

be.fore (bifôr') *z., edat, bağlaç* önde, önden, önce, evvel, daha önce; önünde, cephesinde; *edat* tercihen, yerine; huzurunda; *bağlaç* -den önce. **before-cited, before-mentioned** *s.* yukarıda bahsi geçen. **before Christ (B.C.)** milâttan önce (M.Ö.). **beforehand** *z.* önce, önceden. **before the wind** rüzgâr yönünde. **beforetime** *z., eski* vaktiyle, eskiden.

be.foul (bifaul') *f.* kirletmek, pisletmek, lekelemek.

be.friend (bifrend') *f.* dostça davranmak, yardım etmek.

be.fud.dle (bifʌd'ıl) *f.* sarhoş etmek, sersemletmek; şaşırtmak.

beg (beg) *f.* (**-ged, -ging**) dilenmek, sadaka istemek; dilemek, rica etmek. **beg off** mazeret beyan etmek. **beg the question** dava veya iddiayı ispat olunmuş farzetmek.

be.gan (bigän') *bak.* **begin.**

be.get (biget') *f.* (**begot, begotten** *veya* **begot,-ting**) babası olmak, vücuda getirmek; sebep olmak, tevlit etmek. **begetter** *i.* vücuda getiren kimse, baba.

beg.gar (beg'ır) *i., f.* dilenci, meteliksiz kimse; *şaka* çapkın kimse; *f.* dilenciye çevirmek, sefalete düşürmek; eksik bırakmak, kifayetsiz olmak. **It beggars description.** Tarif edilemez. Tarifinde kelimeler kifayetsiz kalır. **beggardom, beggarhood** *i.* dilencilik, dilenciler sınıfı. **beggarly** *s.* dilenciye uygun. **beggary** *i.* aşırı yoksulluk.

be.gin (bigîn') *f.* (**began, begun, beginning**) başlamak, ilk adımı atmak (bir işte); meydana gelmek, vücut bulmak, zuhur etmek; başlatmak, önayak olmak, ihdas etmek.

be.gin.ner (bigîn'ır) *i.* herhangi bir işe yeni başlayan kimse, başlayıcı.

be.gin.ning (bigîn'îng) *i.* başlangıç; menşe; baş, esas, mebde.

be.gird (bigırd') *f.* (**begirt** *veya* **begirded**) kuşatmak, çevirmek, ihata etmek.

be.gone (bigôn') *ünlem, eski* Defol! Yıkıl karşımdan!

be.gon.ia (bigon'yı) *i., bot.* begonya.

be.got (bigät') *bak.* **beget.**

be.grime (bigraym') *f.* kirletmek, pisletmek; isletmek.

be.grudge (bigrʌc') *f.* çok görmek, gözü kalmak, haset etmek; vermek istememek. **be-**

grudging s. kıskanan. **begrudgingly** z. kıskanarak.

be.guile (bigayl') f. aklını çelmek, ayartmak, aldatmak; cezbetmek, saptırmak; hoşça vakit geçirmek. **beguile (a person) out of (a thing)** kandırarak elinden almak. **beguilement** i. aklını çelme.

Be.guine (beg'in) i., Fr. 12. yüzyılda Hollanda'da kurulan layik hemşirelik teşkilâtı üyesi; bugün Katolik kilisesine bağlı ve kendini dine vakfetmiş kadınlar teşkilâtı üyesi.

be.guine (bıgin') i. bolero ritminde Güney Amerika dansı; bununla ilgili modern dans; bu dansların müziği.

be.gum (bi'gım) i. Hindistan'da Müslüman kadın lider; soylu Müslüman kadını, begüm.

be.gun (bigʌn') bak. begin.

be.half (bihäf') i. yan, taraf. **on behalf of** (birisinin) namına, adına.

be.have (biheyv') f. davranmak, hareket etmek; görgü kurallarına göre hareket etmek. **behave oneself** terbiyesini takınmak, iyi hareket etmek. **well-behaved** s. uslu, terbiyeli.

be.hav.ior, *İng.* **-iour** (biheyv'yır) i. hal ve hareket, tavır, davranış.

be.hav.ior.ism (biheyv'yırîzım) i., psik. davranışçılık kuramı.

be.head (bihed') f. boynunu vurmak, kafasını kesmek.

be.held (biheld') bak. behold.

be.he.moth (bihi'mıth) i. Kitabı Mukaddes'te bahsi geçen suaygırına benzer bir hayvan; A.B.D., k.dili iri ve kuvvetli insan veya hayvan.

be.hest (bihest') i. emir, buyruk, irade.

be.hind (bihaynd') z., edat, i. arkada, arkasında, ardında, gerisinde; edat geri, arka planda, geride; geri kalmış (saat v.b.); i., k.dili kıç. **behindhand** z., s. geç; geri kalmış; borçlu, borca batmış. **be behind the times** geri kafalı olmak, zamana ayak uyduramamak.

be.hold (bihold') f., ünlem **(beheld)** bakmak, müşahede etmek; gözlemlemek; görmek; ünlem İşte! Hah!

be.hold.en (bihol'dın) s. borçlu, medyun; minnettar.

be.hoof (bihuf') i. fayda, yarar, menfaat, çıkar.

be.hoove, *İng.* **be.hove** (bihuv', bihov') f. yakışık almak; lâzım gelmek, icap etmek, gerekmek.

beige (beyj, beyc) s., i. bej; i. bej renk, boyanmamış yün rengi, saz rengi.

be.ing (bi'ying) i. oluş, varoluş, mevcudiyet; varlık; var olan şey; insan, beşer. **Supreme Being** Allah, Tanrı, Cenabı Hak. **call into being** yaratmak, halketmek.

Bei.rut (beyrut') i. Beyrut, Lübnan'ın başkenti.

be.jew.el (bicu'wıl) f. mücevherle donatmak; ziynet eşyasıyla süslemek.

Bel. kıs. Belgium.

be.la.bor, *İng.* **be.la.bour** (biley'bır) f. şiddetle dövmek; ağır darbelerle vurmak; dil uzatmak, alaya almak.

be.lat.ed (biley'tid) s. gecikmiş, geç kalmış. **belatedly** z. gecikerek, vaktinden sonra.

be.lay (biley') f., den. halatı volta etmek; bağlamak. **belaying pin** den. armadora çeliği; bağlama direği.

belch (belç) f., i. geğirmek; püskürtmek, fırlatmak; i. geğirme; fırlatma, püskürtme.

bel.dam, bel.dame (bel'dım) i. kocakarı, acuze; eski nine, büyükanne.

be.lea.guer (bili'gır) f. muhasara etmek, kuşatmak, etrafını çevirmek.

bel.em.nite (bel'ımnayt) i. koni biçiminde olan bir çeşit fosil.

bel-es.prit, çoğ. **beaux-es.prits** (belespri', bozespri') i., Fr. nüktedan insan, zarif kimse.

bel.fry (bel'fri) i. çan kulesi, çan kulesi sahanlığı; çanın üzerine asıldığı tahta iskele.

Belg. kıs. Belgium.

bel.ga (bel'gı) i. 1926'da kullanılmaya başlanan beş Belçika frangı değerindeki para birimi.

Bel.gian (bel'cın, -ciyın) i., s. Belçikalı; s. Belçika'ya ait. **Belgian hare** büyük bir çeşit evcil tavşan.

Bel.gium (bel'cım, -ciyım) i. Belçika.

Bel.grade (bel'greyd, belgreyd') i. Belgrad, Yugoslavya'nın başkenti.

Be.li.al (bi'liyıl, bil'yıl) i. Şeytan, İblis; kötülük, şeytanet.

be.lie (bilay') f. **(belied, belying)** yalancı çıkarmak, tekzip etmek, yalanlamak; iftira etmek.

be.lief (bilif') i. inanç, itikat, iman, kanaat, akide, doktrin.

be.lieve (biliv') f. inanmak, güvenmek, itimat etmek; iman etmek; zannetmek; **in** ile güvenmek, itimat etmek. **Believe me!** Sözüme inan! **believable** s. inanılır. **believer** i. iman eden kimse.

be.lit.tle (bîlît'ıl) f. küçültmek, küçümsemek; alçaltmak.

bell (bel) i. çan, kampana; çan şeklinde herhangi bir şey; zil, çıngırak; den. gemide saati belirtmek için çanın vuruş sayısı. **bell buoy** çanlı şamandıra. **bell jar** çan şeklindeki kavanoz. **bell metal** çan yapımında kullanılan bakır ve teneke karışımı bir metal. **bell pull, bell rope** çan ipi. **bell tower** çan kulesi. **diving bell** dalgıç hücresi.

bell (bel) f., i. çıngırak veya zil takmak; böğürmek, bağırmak (geyik v.b.); çan şekline girmek; i. kösnüme devresinde geyiklerin çıkardığı ses, böğürme. **bell the cat** tehlikeli bir işi başarmak.

bel.la.don.na (belıdan'ı) i. güzelavratotu, belladon, bot. Atropa belladonna; bu bitkiden çıkarılan zehirli ilâç. **belladonna lily** nergis zambağı, bot. Amaryllis belladonna.

bell.boy, bell.hop (bel'boy, bel'hap) i., A.B.D. otellerde oda hizmetçisi çocuk.

belle (bel) i. güzelliğiyle tanınan kadın veya kız, dilber; salon kadını.

belles-let.tres (bellet'rı) i., çoğ., Fr. edebiyat, gökçe yazın; güzel sanatların bir kolu olarak edebiyat; edebiyatın seçme örnekleri.

bell.flow.er (bel'flawır) i. çançiçeği, bot. Campanula.

bel.li.cose (bel'ıkos) s. kavgacı, dövüşken, mücadeleci; savaşmayı seven. **bellicosely** z. dövüşkence. **bellicosity** (belıkas'ıti) i. dövüşkenlik.

bel.lig.er.ence (bılîc'ırıns) i. münakaşaya meyilli oluş, münakaşacılık; harpçilik, muhariplik, harp hali, harp etme. **belligerency** i. kavgacılık eğilimi, dövüşkenlik; harp hali.

bel.lig.er.ent (bılîc'ırınt) s., i. münakaşacı, kavgacı, dövüşken; cenkçi, harbe meyilli; muharip, harbe girmiş; harbe ait; i. harpte taraflardan birini teşkil eden devlet veya millet; bu devlet ordusunun mensubu.

bell.man (bel'mın) i. bekçi gibi çan çalan kimse.

bell-mouthed (bel'maudhd) s. yayvan ağızlı.

bel.low (bel'o) f., i. böğürmek; kükremek; yüksek sesle konuşmak; bağırmak; i. böğürme, kükreme, bağırma.

bel.lows (bel'oz) i., tek., çoğ. körük; akciğer.

bell.weth.er (bel'wedhır) i. kösemen, boynunda çan asılı olan koç; ne yaptığını bilmeyen bir topluluğa önderlik eden kimse.

bel.ly (bel'i) i., f. karın; oburluk; rahim; herhangi bir şeyin içi veya şişkin olan kısmı; anat. adalenin yumuşak (etli) kısmı; müz. keman veya benzeri bir sazın ön kısmı; f. şişmek, şişirmek. **bellyache** i., f. karın ağrısı; argo sızlanış; f., argo şikâyet etmek, sızlanmak, dert yanmak. **bellyband** i. karın kuşağı, kolan. **bellybutton** i., k.dili göbek. **belly-flop** i., f. suya karın üstü düşerek dalış; f. böyle dalmak. **bellyful** i. karın doyuracak bir miktar. **belly laugh** gürültülü kahkahalarla gülme. **bellied** s. karınlı.

be.long (bîlông') f. ait olmak, menşup olmak. **It belongs to me.** Benimdir. **belongings** i., çoğ. (bir kimsenin) şahsi eşyası.

be.lov.ed (bîlʌv'îd) s., i. sevgili, aziz; i. sevgili.

be.loved (bîlʌvd') s. sevilen.

be.low (bîlo') z., edat aşağı, aşağıda, alt katta; dünya yüzünde; cehennemde; altında; edat -den aşağı. **below par** ikt. başabaştan aşağı, paritenin altında. **watch below** den. palavra nöbetçisi, rahatçı vardiya.

belt (belt) i. kuşak, kemer, bel kayışı; kayış; argo darbe. **belt buckle** toka, kayış bağlaması. **belt line** çevre yolu; şehrin etrafını dolaşan demiryolu, tramvay v.b. hattı. **belt pulley** kayış kasnağı. **belt saw** şerit şeklinde sonsuz çelik testere. **hit below the belt** boksta kemerden aşağı usulsüz olarak vurmak; mec. kahpece hareket etmek. **cartridge belt** fişeklik. **cotton belt** pamuk istihsal bölgesi. **shoulder belt** omuz kayışı. **sword belt** kılıç kayışı. **tighten one's belt** kemerleri sıkmak.

belt (belt) f. kemer bağlamak; kuşatmak; etrafını çevirmek; kayışla dövmek. **belted** s. kuşaklı, çemberlenmiş. **belting** i. kayış; kayış tertibatı.

bel.ve.dere (belvıdîr') i., İt., mim. tepe köşkü, binaların özellikle üst kat taraçaları; manzara seyredilmesi için yapılmış bina. **the Belvedere** Roma'daki Vatikan sanat galerisi.

be.ma (bi'mı) i. (çoğ. bemata) Ortodoks kiliselerinde mihrabın etrafındaki çevrili kısım.

be.mire (bîmayr') f. çamura batırmak, çamura bulamak.

be.moan (bîmon') *f.* birşeyden ağlayıp sızlayarak şikâyet etmek, inleyerek yakınmak; üzüntüsünü belirtmek.

be.muse (bîmyuz') *f.* aklını karıştırmak. **bemused** *s.* şaşkın; dalgın.

ben (ben) *i., z.* banağacı, sorkun ağacı, *bot.* Moringa aptera; bu ağacın tohumu, bu tohumdan çıkarılan ince yağ; *İskoç.* iç oda; *z.* içinde.

bench (benç) *i., f.* sıra, bank; peyke; yargıçlık mevkii ve rütbesi; yargıçlar heyeti; tezgâh; üzerinde hayvanların teşhir edildiği platform; *f.* sıraya oturtmak; sıralar koymak (bir yere), sıralarla donatmak; *spor* oyun harici etmek, oyundan çıkartmak. **on the bench** *spor* oyun dışı, hariç. **bench mark** sabit nokta, bir ölçüyü sonradan hatırlayabilmek için kullanılan işaret.

bench.er (ben'çır) *i., İng., huk.* avukatlar barosunun idare meclisi üyesi.

bend (bend) *f.* (**bent**, *eski* **bended**) kıvırmak, bükmek, eğmek; yola getirmek (birisini), razı etmek; *den.* bağlamak; kıvrılmak, bükülmek, eğilmek; kuvvetini bir tarafa yöneltmek. **bend to** *veya* **towards** aklı yatmak (bir şeye). **on bended knee** yalvararak, diz çökmüş durumda. **bendable** *s.* eğilir, eğrilir, bükülür.

bend (bend) *i.* kıvırma, kıvrılış, kıvrım; dirsek; kavis; inhina; dönemeç, viraj; *den.* bağ, (halatta) düğüm.

bend.er (ben'dır) *i.* kerpeten gibi eğme ve bükme işlerinde kullanılan araç; *A.B.D., argo* içki âlemi; *İng., argo* altı penilik para.

bend.ing (bend'îng) *i.* eğme, bükme, kıvırma, inhina, meyil. **bending claw** kıskaç. **bending iron** eğme demiri. **bending machine** eğme makinası.

bends (bendz) *i., çoğ., k.dili, the* ile dalgıçların su yüzüne fazla süratle çıkmalarından ileri gelen tehlikeli bir hastalık.

be.neath (bînith') *z., edat* altına, altında, altta; *edat* aşağıda, -den aşağıda; rütbece altında; yakışık almaz. **beneath one's dignity** -e yakışmaz, yakışık almaz.

ben.e.dic.i.te (benîdîs'ıti) *i., ünlem* şükretme; *ünlem* Hamt olsun!

Ben.e.dick (ben'ıdîk) *i.* Shakespeare'in "Much Ado About Nothing" adlı oyununda kendine çok güvenip de sonunda evlenen bekâr; yeni evli adam.

ben.e.dict (ben'ıdîkt) *i.* uzun bir bekârlık devresinden sonra evlenen adam; yeni evli adam; evli adam.

Ben.e.dic.tine (benîdîk'tîn) *i., s.* Benediktin papazları tarikatının üyesi; *k.h.* ilk önceleri Benediktin papazları tarafından yapılan bir Fransız likörü; *s.* bu tarikata ait.

ben.e.dic.tion (benîdîk'şın) *i.* takdis, kilise ayinlerinin sonunda okunan takdis duası; takdis sonunda hâsıl olan bereket, rahmet.

ben.e.fac.tion (benîfäk'şın) *i.* iyilik, ihsan, hayır, nimet.

ben.e.fac.tor (ben'ıfäktır) *i.* iyilik eden kimse; hayır sahibi; velinimet. **benefactress** *i.* hayır sahibi kadın.

ben.e.fice (ben'ıfîs) *i., İng.* maaşlı papazlık makamı; arpalık, tımar. **beneficed** *s.* maaşlı makam sahibi olan; arpalık sahibi olan.

be.nef.i.cence (bınef'ısıns) *i.* iyilik, hayır, lütuf, ihsan.

be.nef.i.cent (bınef'ısınt) *s.* iyilik eden, hayır yapan, lütufkâr. **beneficently** *z.* iyilik ederek.

ben.e.fi.cial (benîfîş'ıl) *s.* hayırlı; faydalı, yararlı. **beneficial association** *huk.* hayır cemiyeti, umumî menfaatlere hizmet eden cemiyet. **beneficial enjoyment** *huk.* malik sıfatıyle kendi nam ve hesabına tasarruf. **beneficially** *z.* faydalı bir şekilde. **beneficialness** *i.* faydalılık.

ben.e.fi.ci.ar.y (benîfîş'iyeri, -fîş'ıri) *i., sig.* faydalanan kimşe, müstefit sahip; maaşlı papazlık makamı veya tımar sahibi.

ben.e.fit (ben'ıfît) *i., f.* fayda, kâr, yarar, menfaat; menfaat için tertiplenen eğlence veya gösteri; hak, imtiyaz, yetki; *f.* hayır işlemek, iyiliği dokunmak; istifade etmek, yararlanmak. **benefit of clergy** eskiden ruhban sınıfına tanınan dokunulmazlık imtiyazı.

Ben.e.lux (ben'ılʌks) *i.* Belçika, Hollanda ve Lüksemburg, Benelux Devletleri.

be.nev.o.lence (bınev'ılıns) *i.* iyilikseverlik; cömertlik; yardım, sadaka.

be.nev.o.lent (bınev'ılınt) *s.* yardımsever, başkalarına iyilik etmek isteyen; kâr gayesi gütmeyen (kurum v.b.). **benevolently** *z.* yardımseverlikle.

Ben.gal (ben'gıl, -gôl) *i.* Bengal. **Bengal light** işaret vermede kullanılan mavi maytap.

Ben.ga.si (benga'zi) *i.* Bingazi, Libya'nın başkenti.

be.night.ed (bînay'tîd) *s.* bilgisiz; gece karanlığına kalmış.

be.nign (bînayn') *s.* iyi kalpli, merhametli, şefkatli; *tıb.* selim (tümör). **benignly** *z.* merhametle.

be.nig.nant (bînig'nınt) *s.* iyi huylu, merhametli, müşfik. **benignantly** *z.* müşfik bir şekilde.

ben.i.son (ben'ızın, -sın) *i.* takdis.

Ben.ja.min (ben'cımın) *i., K.M.* Yakub'un küçük oğlu; İsrail'de bir kavim; ailenin en küçük oğlu.

ben.ja.min (ben'cımın) *i., bot.* aselbent.

ben.net (ben'ît) *i.* karanfil kökü. **herb bennet** karanfil otu, *bot.* Geum urbanum.

ben.nies (ben'iz) *i., çoğ., argo* esrar olarak kullanılan amfetamin hapları.

bent (bent) *s., i.* eğri, kıvrık, bükülmüş, kavisli; *i.* eğim; temayül, meyil. **have a bent for** istidadı olmak.

bent (bent) *i.* birkaç çeşit sert çimen.

ben.thos (ben'thas) *i.* deniz dibi âlemi, deniz dibinde yaşayan bitki veya hayvanlar. **benthoscope** *i.* deniz dibi araştırmalarında kullanılan küre şeklinde motorsuz denizaltı.

be.numb (bînʌm') *f.* uyuşturmak, hissini iptal etmek.

ben.ze.drine (ben'zıdrin) *i.* amfetamin, burun tıkanıklığını açıcı bir ilâç.

ben.zene (ben'zin) *i., kim.* uçma veya yanma kabiliyeti olan renksiz karbonlu hidrojen, benzen.

ben.zine (ben'zin) *i.* benzin.

ben.zo.ate (ben'zowît, -eyt) *i., kim.* benzoik asidin tuzu.

ben.zo.ic acid (benzo'wîk) *kim.* benzoik asit.

ben.zo.in (ben'zowin) *i., bot.* aselbent, aselbent sakızı.

ben.zol (ben'zol) *i., kim.* katran tasfiyesinden hâsıl olan karbonlu hidrojen, benzol.

ben.zyl (ben'zil) *i., kim.* bir hidrokarbon radikali, benzil.

be.queath (bikwidh') *f., huk.* vasiyet etmek, vasiyetle bırakmak, miras olarak bırakmak.

be.quest (bikwest') *i., huk.* ölüme bağlı tasarrufla yapılan bağışlama, teberru; menkul (bilhassa para) vasiyeti.

be.rate (bîreyt') *f.* azarlamak, haşlamak.

ber.ceuse (bersöz') *i., Fr., müz.* ninni.

be.reave (bîriv') *f.* mahrum etmek; merhametsizce elinden almak. **bereavement** *i.* mahrumiyet. **bereft** *s.* mahrum edilmiş. **the bereaved** geriye kalan(lar).

be.ret (bırey') *i., Fr.* bere, ufak ve yuvarlak bir çeşit yumuşak şapka.

berg (bırg) *i.* aysberg, buzdağı; *bak.* **iceberg**.

ber.ga.mot (bır'gımat) *i.* bergamot, *bot.* Citrus bergamia; bir nevi armut; yağı ıtriyatta kullanılan bir cins portakal veya ağaçkavunu.

be.rhyme (bîraym') *f.* şiir konusu etmek.

ber.i.ber.i (ber'iber'i) *i.* beriberi.

Ber.ing Sea (ber'îng) Bering Denizi.

berke.li.um (bırk'liyım) *i., fiz.* berkelyum, bir radyoaktif unsur.

ber.lin (bırlîn') *i.* bir çeşit fayton, oturulacak kapalı yeri olan at arabası.

Ber.lin (bırlîn') *i.* Berlin.

berm (bırm) *i.* yolun kenarındaki toprak kısım; kalelerde siper ile hendek arasındaki toprak.

Ber.mu.da shorts (bırmyu'dı) kısa pantolon, Bermuda pantolon.

Bern (bırn, bern) *i.* Bern, İsviçre'nin başkenti.

Ber.nar.dine (bır'nırdîn) *s., i.* Sen Bernar'a veya onun tarikatına ait; *i.* bu tarikat mensubu.

ber.ry (ber'i) *i., f., bot.* tohumlardan oluşmuş yumuşak meyva; çilek, kiraz, ağaççileği gibi etli ve zarlı kabuksuz tane; *f.* bu çeşit meyvayı toplamak. **hound's berry** tilki üzümü, *bot.* Solanum nigrum. **terebinth berry** çitlembik. **berried** *s.* yemişi zarsız ve kabuksuz olan, çilek veya kiraz gibi.

ber.serk (bır'sırk) *i., s.* İskandinav efsanelerinde adı geçen, cesaret ve kuvvetiyle meşhur bir kahraman; *s.* bu kahraman gibi çılgınca hareket eden. **go berserk** çıldırmak, tahripkâr bir hal almak.

ber.serk.er (bır'sırkır) *i., bak.* **berserk**.

berth (bırth) *i., f.* yatak, ranza (taşıtlarda); *den.* manevra veya rıhtımda palamar yeri; gemici ranzası; iş, vazife; mevki; *f., den.* manevra yaparak yer vermek (gemiye); yatacak yer vermek; rıhtıma yanaşmak (gemi). **give the land a wide berth** karadan çok uzakta bulunmak. **give a wide berth to** -den kaçınmaya dikkat etmek.

ber.tha (bır'thı) *i.* kadınların omuzlarına attıkları dantel veya diğer bir kumaştan yaka veya atkı. **Big Bertha** Almanların Birinci Dünya

Savaşında Paris'i dövmek için kullandıkları çok büyük top.

Ber.til.lon system (bır'tılan, bertiyôn') kişileri, bilhassa suçluları, vücut ölçülerine göre teşhis eden bir sistem.

ber.yl (ber'ıl) *i*. zümrüt gibi birkaç çeşit kıymetli taşı da içine alan bir maden; nil rengi, cam göbeği. **beryline** *s*. zümrüt nev'inden.

be.ryl.li.um (bırîl'iyım) *i*., *kim*. berilyum.

be.seech (bîsiç') *f*. **(besought)** yalvarmak, rica etmek, istirham etmek, niyaz etmek. **beseecher** *i*. rica eden kimse. **beseechingly** *z*. yalvararak.

be.seem (bîsim') *f*. uygun olmak, münasip olmak, yakışmak, yaraşmak; yakışık almak. **beseeming** *s*. yakışır, münasip. **beseemingly** *z*. yakışır şekilde.

be.set (bîset') *f*. **(-set, -ting)** kuşatmak, etrafını almak; rahat vermemek, üzerine varmak; üzerine koymak, nakşetmek. **besetting** *s*. yakayı bırakmayan.

be.side (bîsayd') *edat* yanına, yanında; -e nazaran; üstelik, -den başka, dışında. **beside oneself** kendinden geçmiş, çılgın. **beside the mark** söz dışı; münasebeti olmayan.

be.sides (bîsaydz') *z*., *edat* bundan başka, ayrıca, yanı sıra; üstelik; *edat* -den gayri, -den hariç.

be.siege (bîsic') *f*. kuşatmak, muhasara etmek; üstüne varmak. **besiegement** *i*. kuşatma. **besieger** *i*. kuşatan kimse.

be.slob.ber (bîslab'ır) *f*. salya bulaştırmak.

be.smear (bîsmîr') *f*. bulaştırmak, kirletmek.

be.smirch (bîsmırç') *f*. kirletmek, rengini attırmak; şerefine halel getirmek.

be.som (bi'zım) *i*. çalı süpürgesi.

be.sot (bîsat') *f*. **(-ted, -ting)** sarhoş etmek, sersemletmek; bunaltmak. **besotted** *s*. sarhoş.

be.sought (bîsôt') *bak*. **beseech**.

be.span.gle (bîspäng'gıl) *f*. pul veya payet ile süslemek.

be.spat.ter (bîspät'ır) *f*. çamur sıçratmak; zifos atmak, lekelemek; iftira etmek.

be.speak (bîspik') *f*. **(bespoke, bespoken)** ısmarlamak, talep etmek.

be.spot (bîspat') *f*. **(-ted, -ting)** benek benek lekelemek.

be.spread (bîspred') *f*. **(bespread)** örtmek, yaymak; kaplamak, saçmak.

be.sprent (bîsprent') *s*., *şiir* örtülü, saçılmış, serpilmiş.

be.sprin.kle (bîsprîng'kıl) *f*. serpmek, saçmak, lekelemek.

Bes.se.mer process (bes'ımır) Bessemer ameliyesi; Bessemer'in bulduğu çelik yapma usulü. **Bessemer steel** Bessemer çeliği.

best (best) *f*. hakkından gelmek, yenmek; baskın çıkmak, geçmek.

best (best) *s*., *i*. **(good** ve **well**'in enüstünlük derecesi) en iyi, en hoş, en uygun, en elverişli; *i*. en iyisi. **best beloved** en çok sevilen; çok sevgili. **best man** sağdıç. **the best part** yarısından fazla, çoğunluğu. **Maybe it's all for the best.** Belki de böylesi daha hayırlı olur. **at best** olsa olsa, taş çatlasa. **do one's best** elinden geleni yapmak. **get the best of** alt etmek, yenmek. **had best do** yapmalı, yapsa daha iyi olur. **make the best of** olandan mümkün olduğu kadar istifade etmek. **have the best of it** galip gelmek, üstün olmak. **best seller** satış rekoru kıran kitap.

be.stead (bîsted') *f*., *s*. yardım etmek, işine yaramak; faydalı olmak; *s*., *eski* konmuş, yerleştirilmiş durumda olan. **hard, ill** veya **sore bestead** müşkül durumda, sıkışık halde.

bes.tial (bes'çıl) *s*. hayvan gibi, hayvana ait; vahşi; kaba. **bestially** *z*. hayvanca, hayvana yakışır şekilde; vahşice, kabaca.

bes.ti.al.i.ty (besçiyäl'ıti) *i*. vahşilik, canavarlık.

bes.ti.ar.y (bes'tiyeri) *i*. ortaçağda yazılan ve hayvanlara ait hikâyeleri içine alan kitap.

be.stir (bîstır') *f*. **(-red, -ring)** harekete geçirmek, yerinden oynatmak.

be.stow (bîsto') *f*. hediye etmek, vermek, ihsan etmek, yerine koymak; (kız) vermek. **bestowal, bestowment** *i*. ihsan, verme.

be.strad.dle (bîsträd'ıl) *f*. bacaklarını ayırarak binmek.

be.strew (bîstru') *f*. saçmak, kaplamak, dağıtmak.

be.stride (bîstrayd') *f*. **(bestrode, bestridden** veya **bestrid)** bacaklarını ayırarak binmek; üzerinden geçmek.

be.stud (bîstʌd') *f*. **(-ded, -ding)** kakma işiyle süslemek, kakmak; pullarla süslemek.

bet (bet) *f*. **(bet** veya **-ted, -ting)** *i*. bahse girmek, bahis tutuşmak; iddia etmek; *i*. bahis, iddia. **better, bettor** *i*. bahse giren kimse.

best bet en iyi yol veya çare. You bet!
A.B.D., argo Elbette! Hay hay!

be.ta (bey'tı, bi'tı) i. Yunan alfabesinin ikinci
harfi (bilimsel sınıflandırmalarda ikinci olan
bir şeyi ifade için kullanılır). beta particle
fiz. beta ışınındaki elektron. beta rays fiz.
radyoaktif maddelerden çıkarılan elektron
ışınları.

be.take (bîteyk') f. (betook, betaken), oneself
ile gitmek; üzerine almak, müracaat etmek,
baş vurmak.

be.ta.tron (bey'tıtran) i., fiz. betatron, bir çeşit
elektron makinası.

be.tel.nut (bit'ılnʌt) i. Doğu Hindistan'da yer-
lilerin çiğnediği fındığa benzer bir yemiş.

bête noire (beyt nwar')   Fr. nefret edilen
veya korku veren kimse, şey veya iş.

beth.el (beth'ıl) i. kutsal yer; gemiciler için
küçük kilise.

be.think (bithîngk') f. (bethought) düşünmek,
göz önünde bulundurmak; hatırlamak; aklına
getirmek; baş vurmak.

Beth.le.hem (beth'liyım, -lıhem) i. Beytlehem
(Beytül-lahm) şehri; Londra'da meşhur bir
akıl hastanesi. star of Bethlehem tükürük-
otu, bot. Ornithogalum stachyoides.

be.tide (bîtayd') f. (kimsenin) başına gelmek;
olmak.

be.times (bîtaymz') z. vaktinde, çok geçmeden,
erkenden.

be.to.ken (bîto'kın) f. göstermek, delâlet etmek,
işaret etmek, (bir şeyin) alâmeti olmak.

bet.o.ny (bet'ıni) i. nane familyasından birkaç
çeşit bitki, bot. Betonica. wood betony
kestere, bot. Betonica officinalis.

be.took (bîtûk') bak. betake.

be.tray (bîtrey') f. hıyanet etmek; ihanet etmek;
ele vermek; ifşa etmek, ağzından kaçırmak;
göstermek, ortaya koymak; yanlış yola sap-
tırmak, baştan çıkarıp ortada bırakmak. be-
trayal i. hıyanet, ele verme, ifşa.

be.troth (bîtrôth, -trodh') f. nişanlanmak, evle-
neceğine söz vermek. betrothal i. nişan-
lanma, nişanlama. betrothed i., s. nişanlı
kimse; s. nişanlı.

bet.ter (bet'ır) i., f. daha iyisi; çoğ. (akıl, servet
v.b.'nde) kendinden üstün kimseler; üstünlük;
f. ıslah etmek, daha iyi şekle sokmak; önüne
geçmek. get the better of galip gelmek,
üstün olmak.

bet.ter (bet'ır) s., z. (good ve well'in üstünlük
derecesi) daha iyi, daha güzel; daha çok;
z. daha iyi bir şekilde, daha çok, daha ziyade.
better and better gittikçe daha iyi. be
better off daha iyi durumda olmak. better
half eş. for better or for worse
iyi de olsa, kötü de olsa, anca beraber kanca
beraber. get better iyileşmek. He had
better not. Yapmazsa daha iyi eder. I had
better go. Gitsem iyi olacak. So much the
better. Daha iyi! İyi ya! İsabet! think
better of düşünüp fikrini değiştirmek.

bet.ter.ment (bet'ırmınt) i. ıslah, iyileşme;
huk. gayri menkul üzerinde yapılan devamlı
ıslahat ve masraflar; bir gayri menkulün, yol
açılması gibi devlet faaliyetleri dolayı-
sıyle iktisap ettiği kıymet fazlası, şerefiye.
betterment tax şerefiye, değerlenme resmi.

be.tween (bîtwin') edat, z. arada, arasında,
aralarında, aralarından; araya; ortada, ortaya.
between you and me söz aramızda. few
and far between nadiren, seyrek. in be-
tween sallantıda.

be.twixt (bîtwikst') edat, z., eski, şiir arasında,
arada, ortada. betwixt and between ikisi
ortası, ne o ne bu.

bev.el (bev'ıl) i., f., s., mak. iki yüzeyin 90°
dışındaki herhangi bir eğimi; açı; iletki; f.
şevlendirmek, eğik olarak kesmek; s. şevli,
meyilli, eğik. bevel gear konik dişli. bevel
square dülgerlerin, eğik olarak biçilen yü-
zeylerin doğruluğunu ve açılarını ölçmede
kullandıkları ayarlı bir alet. bevel wheel
konik çark.

bev.er.age (bev'rîc, bev'ırîc) i. içecek, meş-
rubat, içki.

bev.y (bev'i) i. kuş sürüsü; takım, zümre; bilhassa
kadınlardan meydana gelen grup.

be.wail (bîweyl') f. feryat etmek, ağlamak;
hayıflanmak; üzüntüsünü beyan etmek.

be.ware (bîwer') f., ünlem sakınmak, kaçınmak;
dikkat etmek, gözünü açmak; b.h., ünlem
Dikkat! Sakın ha! Aman!

be.wil.der (bîwil'dır) f. şaşırtmak, sersemlet-
mek, hayrette bırakmak. bewilderment i.
şaşkınlık, sersemlik, hayret.

be.witch (bîwiç') f. büyü yapmak; teşhir etmek;
cezbetmek, hayran etmek. bewitcher i. cez-
bedici kimse, çekici kimse, alımlı kimse.

bewitching s. cazibeli. **bewitchingly** z. cazibeli olarak. **bewitchment** i. büyü, cazibe.

be.wray (bîrey') f., eski ağzından kaçırmak.

be.yond (biyand') edat, z. ötede, öteye, ötesine, ötesinde, -den ötede; dışında; -den çok; z. fazla; daha ileri.

bez.el (bez'ıl) i. şevli uç veya kenar; façeta, yüzük kaşı; pırlanta şeklinde kesilmiş taşın eğik yüzü.

be.zique (bızik') i. bezik, 64 kâğıtla oynanan bir çeşit iskambil oyunu.

be.zoar (bizôr') i. geviş getiren hayvanların mide ve bağırsaklarında meydana gelen ve eskiden panzehir olarak kullanılan taş; eski panzehir.

bhang (bäng) i. kenevir; haşiş.

bi- önek iki kere, iki defa, ikişer.

bi.an.gu.lar (bayäng'gyılır) s. iki açılı.

bi.an.nu.al (bayän'yuwıl) s. yılda iki defa vaki olan. **biannually** z. yılda iki kez.

bi.as (bay'ıs) i., s., z., f. meyil, temayül, peşin hüküm; şev; taraf tutma; s. verev, meyilli, şevli, çapraz; z. verev olarak, meyilli olarak; f. meylettirmek, aleyhte tesir etmek.

bi.au.ric.u.late (bayôrik'yıleyt, -lit) s. iki kulaklı veya kulağa benzer iki uzvu olan.

bi.ax.i.al, bi.ax.al (bayäk'siyıl, bayäk'sıl) s. iki mihverli; çift eksenli. **biaxially** z. iki eksenli olarak.

bib (bib) i. çocukların boynuna bağlanan mama önlüğü; iş yaparken takılan önlüğün üst parçası. **bib and tucker** k.dili giysi.

Bib. kıs. Bible.

bib.ber (bib'ır) i. ayyaş kimse, içkiye düşkün kimse.

bib.cock (bib'kak) i. ucu aşağı doğru kıvrık olan musluk.

bibe.lot (bib'lo) i. küçük süs eşyası, biblo, antika küçük parça.

Bi.ble (bay'bıl) i. Kitabı Mukaddes; Eski ve Yeni Ahit; k.h. herhangi bir dinin kutsal kitabı; müracaat kitabı olarak kabul edilen herhangi bir kitap.

Bib.li.cal (bib'likıl) s. Kitabı Mukaddes'e ait veya bunda bulunan. **Biblically** z. Kitabı Mukaddes'le ilgili olarak.

Bib.li.cist (bib'lısist) i. Kitabı Mukaddes'i kelimesi kelimesine kabul eden kimse; Kitabı Mukaddes bilgini.

biblio- önek kitaplarla ilgili, Kitabı Mukaddes'le ilgili.

bibliog. kıs. **bibliography.**

bib.li.o.film (bib'liyıfilm) i. kütüphanelerde çok değerli veya çok kullanılan kitapların fotoğrafını çekmede kullanılan mikrofilm.

bib.li.og.ra.pher, bib.li.o.graph (bibliya'grıfır, bib'liyıgräf) i. bibliyografya bilgini veya uzmanı.

bib.li.o.graph.ic, bib.li.o.graph.i.cal (bibliyıgräf'ik, -ikıl) s. bibliyografyaya ait.

bib.li.og.ra.phy (bibliag'rıfi) i. bibliyografya, belirli bir konuya ait olan kitapların fihristi.

bib.li.ol.a.try (bibliyal'ıtri) i. Kitabı Mukaddes'e fazlasiyle tapınma; kitaplara aşırı derecede tutkun olma.

bib.li.o.man.cy (bib'liyomän'si) i. kitap falı; bilhassa Kitabı Mukaddes'le kitap falı açma.

bib.li.o.ma.ni.a (bib'liyomey'niyı) i. kitap toplama merakı. **biblioma'niac** s., i. kitap meraklısı, kitap koleksiyonu yapan, kitap delisi; i. kitaba tutkun kimse.

bib.li.op.e.gy (bibliyap'ıci) i. kitap ciltleme sanatı.

bib.li.o.phile (bib'liyıfayl, -fil) i. kitap seven kimse, kitap hastası.

bib.li.o.pole (bib'liyıpol) i. kitapçı, bilhassa nadir bulunan kitapları satan kimse, sahaf.

bib.li.o.the.ca (bibliyothi'kı) i. kütüphane; kitap kataloğu.

bib.u.lous (bib'yılıs) s. ayyaş, içkiye düşkün; emici, suyu çekici. **bibulously** z. içkiye düşkün olarak.

bi.cam.er.al (baykäm'ırıl) s. iki meclisi içine alan (yasama organı).

bi.carb (bay'karb) bak. **bicarbonate of soda.**

bi.car.bo.nate (baykar'bınît, -neyt) i., kim. bikarbonat. **bicarbonate of soda** bikarbonat de süd, soda.

bice (bays) i. bakır karbonatları renginde olan mavi veya yeşil renk.

bi.cen.te.nar.y, bi.cen.ten.ni.al (baysenten'eri, -ten'iyıl) s., i. 200 yıllık, 200 yılda bir tekrarlanan; i. 200. yıldönümü, 200. yıldönümünü kutlama töreni.

bi.ceph.a.lous (baysef'ılıs) s., bot., zool. iki başlı.

bi.ceps (bay'seps) i., anat., zool. iki başlı kas; bilhassa kolun üst kısmındaki ve kalça kemiğinin arkasındaki kaslar.

bi.chlo.ride (bayklôr'ayd, -id) *i., kim.* biklorit.

bick.er (bik'ır) *f., i.* atışmak, çekişmek, münakaşa etmek; titremek, pırıldamak (alev); *i.* münakaşa, tartışma, çekişme.

bi.col.or (bay'kʌlır) *s.* iki renkli, çift renkli.

bi.cul.tur.al (baykʌl'çırıl) *s.* bir memlekette bulunan iki ayrı kültür unsuruyla ilgili.

bi.cus.pid (baykʌs'pid) *i., anat.* öğütücü dişlerle köpek dişleri arasında her bir tarafta dörder tane olmak üzere bulunan kesici dişler. **bicuspid valve** ikili kapakcık, mitral kapak (kalpte).

bi.cy.cle (bay'sikıl) *i., f.* bisiklet; *f.* bisiklete binmek, bisikletle dolaşmak. **bicyclist** *i.* bisikletle gezen kimse.

bid (bid) *f., i.* (bid, -ding) müzayedede fiyat artırmak; *briç* deklarasyon yapmak; teklif vermek; *i.* teklif; kalkışma, teşebbüs; *briç* deklarasyon. **bidder** *i.* teklif veren kimse; *briç* deklarasyon yapan kimse. **bidding** *i.* müzayedede fiyat artırma; *briç* deklarasyon serisi. **bid in** açık artırmada mal sahibi hesabına fiyat yükseltmek. **bid up** açık artırmada fiyat artırmak.

bid (bid) *f., i.* (bid *veya* bade (bäd), -den, -ding) emretmek, kumanda etmek; demek, söylemek; davet etmek; *i., k. dili* davet. **bid fair** ihtimal dahilinde olmak. **bid farewell** veda etmek. **do as one is bid** boyun eğmek, itaat etmek. **bidding** *i.* emir; davet, arzu.

bid.da.ble (bid'ıbıl) *s.* yumuşak başlı, muti, söz dinleyen; *briç* deklarasyon yapmaya müsait.

bid.dy (bid'i) *i.* tavuk; *argo* kocakarı.

bide (bayd) *f.* (bided *veya* bode) dayanmak, yıkılmamak; oturmak, beklemek. **bide one's time** uygun zamanı beklemek.

bi.det (bidey') *i., Fr.* bidey.

bi.en.ni.al (bayen'iyıl) *s., i.* iki yılda bir olan; *bot.* ömrü iki yıl içinde biten; *i.* iki yılda bir tekrarlanan olay; iki senelik ömrü olan bitki. **biennially** *z.* iki yılda bir olarak.

bier (bir) *i.* cenaze teskeresi; tabut.

biff (bif) *i., f., A.B.D., argo* darbe, yumruk; *f.* vurmak, yumruklamak.

bif.fin (bif'in) *i., İng.* pişirilen bir nevi kırmızı kış elması.

bi.fid (bay'fid) *s.* ortadan ikiye ayrılmış olan, yarık. **bifidity** *i.* yarık oluş. **bifidly** *z.* yarık olarak.

bi.flex (bay'fleks) *s.* iki tarafı bükülü.

bi.fo.cal (bayfo'kıl) *s.* bifokal, çift odaklı. **bifocal glasses, bifocals** *i.* bifokal camlı gözlük.

bi.fo.li.ate (bayfo'liyit) *s.* iki yapraklı, çift yapraklı.

bi.fur.cate (bay'fırkeyt, bayfır'keyt) *f., s.* iki kola ayırmak, iki kola ayrılmak; çatallanmak; *s.* iki kola ayrılmış, çatallaşmış. **bifurca'tion** *i.* iki kola ayrılma.

big (big) *s.* (-ger, -gest) büyük, iri, kocaman, cüsseli; gebe; büyümüş; mühim, etkili; yüksek ruhlu, âli; yüksek (ses v.b.). **Big Ben** İngiliz parlamento binasındaki büyük saat ve çanı. **Big Brother** diktatör. **big business** büyük sermayeli ticaret. **big game** büyük av; ağır ve tehlikeli teşebbüs. **big-hearted** *s.* eli açık, mükrim. **big shot, big wheel** *argo* kodaman, ekâbir. **big tree** Kaliforniya'da bulunan sekoya ağacı, *bot.* Sequoia Washingtoniana. **big with** gebe, yüklü. **bigness** *i.* büyüklük, kocamanlık.

big.a.mist (big'ımist) *i.* iki kişiyle aynı zamanda evli olan kimse.

big.a.mous (big'ımıs) *s.* aynı zamanda iki kişiyle evli olan, bu suçu işlemiş olan; bu suça ait.

big.a.my (big'ımi) *i.* iki kişiyle evli olma.

bight (bayt) *i.* körfez, koy; *den.* roda, kroz; halat bedeni.

big.ot (big'ıt) *i.* mutaassıp kimse, bağnaz kimse; dar görüşlü kimse. **bigoted** *s.* mutaassıp, bağnaz. **bigotedly** *z.* bağnazca. **bigotry** *i.* bağnazlık.

big.wig (big'wig) *i., k.dili* kodaman, mühim kimse.

bi.hour.ly (bayaur'li) *s.* her iki saatte bir.

bi.jou (bi'ju) *i., Fr.* ziynet eşyası, mücevherat, küçük ve zarif olan şey.

bi.jou.te.rie (biju'tırı) *i., Fr.* mücevherat.

bike (bayk) *i., k.dili* bisiklet.

bi.ki.ni (biki'ni) *i.* bikini, iki küçük parçadan ibaret mayo.

bi.la.bi.al (bayley'biyıl) *s., dilb.* dudaksıl; iki dudaklı.

bi.lat.er.al (baylät'ırıl) *s.* iki taraflı, iki kenarlı, iki cepheli. **bilateralism, bilateralness** *i.* iki taraflılık. **bilaterally** *z.* iki taraflı olarak.

bil.ber.ry (bil'beri, -bırı) *i.* yaban mersini, *bot.* Vaccinium myrtillus; dağ mersini, buna benzer birkaç cins fidan ve meyva.

bil.bo (bil'bo) *i.* (*çoğ.* -**boes**) *gen. çoğ.* eskiden esirlerin ayağına vurulan pranga.

bile (bayl) *i., biyol.* öd, safra; huysuzluk, terslik, aksilik.

bile.stone (bayl'ston) *i.* safra kesesinde meydana gelen taş, safra taşı.

bilge (bilc) *i., f., den.* sintine, sintine suyu, karina; *argo* saçmalık, zırvalık, herze; fıçı karnı; *f., den.* delinmek, delmek (sintine); şişmek; bel vermek. **bilge ejector** sintine suyunu boşaltan cihaz. **bilge keel** yalpa omurgası. **bilge pipe** sintine borusu. **bilge pump** sintine tulumbası. **bilge water** sintine suyu.

bil.har.zi.a.sis (bilharzay'yısıs) *i., tıb.* kanda bulunan bir nevi asalak kurdun meydana getirdiği bir hastalık.

bil.i.ar.y (bil'iyeri) *s., biyol.* safraya ait. **biliary calculus** safra taşı. **biliary ducts** safra yolları.

bi.lin.e.ar (baylin'iyır) *s., mat.* iki çizgisi olan.

bi.lin.gual (bayling'gwıl) *s., i.* ana dilinin yanı sıra ikinci bir dili de aynı şekilde konuşabilen, iki dilli; *i.* iki dili aynı derecede konuşabilen kimse.

bil.ious (bil'yıs) *s.* safraya ait, öde ait; dargın, küskün, aksi. **biliously** *z.* safrayla ilgili olarak. **biliousness** *i.* safrayla ilgili olma.

bi.lit.er.al (baylit'ırıl) *s.* iki harfli (hece veya kök).

bilk (bilk) *f., i.* dolandırmak, aldatmak, kandırmak; bir şeyden sıyrılmak; *i.* dolandırıcı, düzenbaz kimse; hile, dubara.

bill (bil) *i., f.* fatura, hesap, kambiyo senedi, poliçe, tahvil; *A.B.D.* banknot, kâğıt para; kanun lâyihası, tasarı; afiş; dilekçe (bilhassa mahkemeye verildiği zaman); eğlence programı; (tiyatro veya konserde) basılı program; *f.* fatura çıkarmak; ilân etmek, afişe etmek; programa dahil etmek. **bill broker** kambiyo tellâlı, simsar. **bill of entry** gümrük beyannamesi, ithalât cetveli. **bill of exception** itiraz dilekçesi. **bill of exchange** kambiyo senedi, poliçe, tahvil. **bill of fare** yemek listesi, menü. **bill of health** sağlık belgesi, sıhhat varakası. **bill of lading** konşimento, yükleme evrakı; manifesto. **bill of rights** insan hakları beyannamesi. **bill of sale** satış bordrosu, fatura. **bills payable** borç senetleri. **bills receivable** alacak senetleri. **cash a**

bill çekin bedelini almak, çeki bozmak. **fill the bill** *k.dili* vazifesini hakkıyla başarmak. **foot the bill** *k.dili* parasını vermek. **indorse a bill** çeki ciro etmek.

bill (bil) *i., f.* gaga, ağız; *f.* gagalarını birbirine sürterek sevişmek, koklaşmak. **bill and coo** sevişip koklaşmak.

bill (bil) *i.* bir çeşit balta, keser; *den.* demirde tırnak ucu.

bill.board (bil'bôrd) *i.* ilân tahtası; *den.* kasarada demir yatağı.

bil.let (bil'it) *i., f., ask.* askerlere kışlalar dışında temin edilen ikametgâh, konak yeri; bu ikametgâhı temin için çıkarılan yazılı veya sözlü emir, konak tezkeresi; iş, vazife, ödev; pusula, not; kütük, demir veya çelik çubuk; *f.* konaklatmak (askeri), yerleştirmek, yer temin etmek.

bil.let-doux (bil'idu') *i., Fr.* aşk mektubu.

bill.fold (bil'fold) *i.* cüzdan.

bil.liards (bil'yırdz) *i., çoğ.* bilardo. **billiard ball** bilardo bilyesi. **billiardist** *i.* bilardo oynayan kimse.

bill.ing (bil'ing) *i.* sanatçının isminin şöhretine göre afişlerde aldığı sıra; hesap çıkartma.

bil.lings.gate (bil'ingzgeyt) *i.* ağız bozukluğu, edepsizce konuşma.

bil.lion (bil'yın) *i., A.B.D.* 1000 milyon; milyar; *İng.* 1.000.000 milyon. **billionth** *s., i.* milyarıncı; *i.* milyarda bir.

bil.lion.aire (bilyıner') *i.* milyarder.

bil.lon (bil'ın) *i.* metal para imalinde kullanılan altın, gümüş, bakır v.b. alaşımı.

bil.low (bil'o) *i., f.* büyük ve kaba dalga, dalgalar halinde yükselen herhangi bir şey (duman v.b.); *f.* dalgalar halinde kabarmak, yükselmek. **billowy** *s.* dalgalı.

bill.pos.ter (bil'postır) *i.* afiş asan kimse.

bil.ly (bil'i) *i., k.dili* cop; sopa, çomak; *Avustralya* içinde çay yapılan teneke çaydanlık.

bil.ly.cock (bil'ikak) *i., İng.* melon şapka.

bil.ly goat *k.dili* teke, erkek keçi.

bi.lo.bate, bi.lo.bat.ed (baylo'beyt, -ıd) *s.* iki loplu.

bi.loc.u.lar (baylak'yılır) *s., biyol.* iki hücreli.

bil.tong (bil'tang) *i.* Güney Afrika'da güneşte kurutulmuş yağsız et.

bim.a.nous (bim'ınıs, baymey'nıs) *s.* iki elli.

bi.man.u.al (baymänyuwıl) *s.* iki elin de kullanılmasını icap ettiren. **bimanually** *z.* iki elle.

bi.mes.tri.al (baymes'triyıl) *s.* iki ayda bir vaki olan; iki ay süren.

bi.met.al.ism (baymet'ılizım) *i.* para birimi olarak · altın ve gümüşü veya diğer iki madeni, birbirlerine olan nispetlerini tespit ederek kullanma sistemi; bu sistemi destekleyen doktrin veya siyaset.

bi.me.tal.lic (baymıtäl'ik) *s.* iki madenden meydana gelmiş; iki maden esasına dayanan para sistemine ait.

bi.month.ly (baymʌnth'li) *s., i., z.* iki ayda bir vaki olan; ayda iki kere olan; *i.* iki ayda bir yayımlanan dergi; *z.* iki ayda bir; ayda iki kere.

bin (bin) *i., f.* **(-ned, -ning)** ambar, kömürlük; kutu, sandık; *f.* ambarlamak, kutuya veya sandığa koymak.

bi.na.ry (bay'nırı) *s., i.* iki kısımdan meydana gelen, çift; *bot.* çift; *mat.* çift değişkenli, biner; *biyol.* çift isimli; *i.* iki şeyin karışımı. **binary star** çiftli yıldız. **binary system** çiftli sistem.

bi.nate (bay'neyt) *s., bot.* çift halinde bulunan.

bin.au.ral (binôr'ıl) *s.* iki kulak ile işitme; iki kulaklı; stereofonik.

bind (baynd) *f.* **(bound)** *i.* bağlamak, yerine tespit etmek, raptetmek; dondurmak; tutmak, menetmek, engel olmak; inkıbaz etmek; kenarını tutturmak; ciltlemek; *huk.* senetle bağlamak; donmak, tutmak (çimento v.b.); *i.* bağlayan şey. **bind over** *veya* **down** *huk.* malî kefaletle bağlamak, senetle bir işi yapmaya mecbur tutmak. **bind up** sargı ile bağlamak. **in a bind** çıkmaza girmiş, güç durumda.

bind.er (bayn'dır) *i.* ciltçi, mücellit; bağ; cilt, kap; biçer bağlar makina; tutkal. **bindery** *i.* mücellithane, ciltevi.

bind.ing (bayn'ding) *s., i.* bağlayıcı, tutucu; geçerli, muteber; *i.* ciltleme; cilt; kenar şeridi.

bin.dle (bin'dıl) *i., argo* uyuşturucu madde paketi.

bind.weed (baynd'wid) *i., bot.* boru çiçeği, kahkaha çiçeği, gündüz sefası, çadır çiçeği, *bot.* Convolvulus arvensis. **hooded bindweed** köpek pençesi, *bot.* Calystegia sepium.

bine (bayn) *i., bot.* sarmaşık cinsi bitkilerin sap kısmı.

Bi.net test (biney') Binet sistemine göre zekâ ölçme testi.

binge (binc) *i., argo* içki âlemi, işret meclisi.

bin.go (bing'go) *i.* bingo oyunu.

bin.na.cle (bin'ıkıl) *i., den.* pusula dolabı.

bin.oc.u.lar (bınak'yılır, bay-) *s., i.* iki gözün kullanılmasını icap ettiren; *i., sık sık çoğ.* aynı anda iki gözle bakılabilen dürbün veya teleskop.

bi.no.mi.al (bayno'miyıl) *s., i., mat.* iki terimli; *i.* aralarında + veya — bulunan iki terim; *biyol.* iki terimli isim.

bio- *önek* hayat.

bi.o.as.tro.nau.tics (bayowästrınô'tiks) *i.* uzay yolculuğunun canlılar üzerindeki etkisini inceleyen bilim dalı.

bi.o.chem.is.try (bayokem'istri) *i.* hayatî kimya, biyokimya.

bi.o.cy.cle (bay'osaykıl) *i.* biyosferin üç sahasından biri: deniz, tatlı su veya kara.

bi.o.de.grad.a.ble (bayodigreyd'ıbıl) *s.* bakterilerle ayrışabilen.

bi.o.dy.nam.ics (bayodaynäm'iks) *i.* biyoloji ilminin canlıların hareketlerini inceleyen dalı.

bi.o.e.col.o.gy (bayowekal'ıci) *i.* bitki ve hayvanların çevre ile olan ilişkileriyle uğraşan ekoloji dalı.

biog. *kıs.* **biographer, biographical, biography.**

bi.o.gen.e.sis (bayocen'ısis) *i., biyol.* canlı organizmaların sadece canlı organizmalardan geldiklerine ait kuram.

bi.og.ra.pher (bayag'rıfır, bi-) *i.* hayat hikâyeleri yazan kimse, biyografi yazarı.

bi.o.graph.i.cal (bayıgraf'ikıl) *s.* hayat hikâyesine ait, biyografiyle ilgili. **biographically** *z.* bir kimsenin hayatıyla ilgili olarak.

bi.og.ra.phy (bayag'rıfi, bi-) *i.* hayat hikâyesi, biyografi, özyaşamöyküsü.

biol. *kıs.* **biological, biologist, biology.**

bi.o.log.i.cal (bayılac'ikıl) *s.* biyoloji ilmine ait, biyolojik. **biological warfare** biyolojik savaş.

bi.ol.o.gist (bayal'ıcist) *i.* biyoloji bilgini, biyolog.

bi.ol.o.gy (bayal'ıcı) *i.* biyoloji, hayat ilmi.

bi.ol.y.sis (bayal'ısis) *i.* organizmaların ayrılıp dağılması.

bi.om.e.try (bayam'ıtri) *i.* insan hayatının muhtemel süresini ölçme ilmi.

bi.on.ics (bayan'iks) *i.* canlıların davranışlarını inceleyerek bunları kompütör ve elektronik cihazlar alanında uygulama imkânlarını arayan elektronik bilim dalı.

bi.o.nom.ics (bayınam'iks) *i.* ekoloji.

bi.o.phys.ics (bayofiz'iks) *i.* biyofizik, fizik kanunlarının biyolojik hadiselere uygulanması ilmi.

bi.o.plasm (bay'opläzım) *i.*, *biyol.* canlı madde, protoplazma.

bi.op.sy (bay'apsi)ʳ *i.* biyopsi.

bi.o.scope (bay'ıskop) *i.* yirminci yüzyılın başlarındaki şekliyle sinema oynatma makinası.

bi.os.co.py (bayas'kıpi) *i.*, *tıb.* biyoskopi.

bi.o.sphere (bay'ısfir) *i.* dünyanın kara, deniz ve tatlı sularında hayat belirtilerinin rastlandığı kısımlar, biyosfer.

bi.o.stat.ics (bayostät'iks) *i.*, *biyol.* uzuvların bünyeleri ile faaliyetleri arasındaki ilişkilerin incelenmesi ilmi.

bi.o.syn.the.sis (bayosin'thısis) *i.* yaşayan hücrelerden oluşan organik maddelerin kimyasal terkibi.

bi.o.ta (bayo'tı) *i.* herhangi bir coğrafi alan ve jeolojik devrenin karışmış direy ve biteyi.

bi.ot.ics (bayat'iks) *i.* canlıların fonksiyonlarını inceleyen bilim dalı.

bi.o.tite (bay'ıtayt) *i.*, *min.* biyotit, kara mika.

bip.a.rous (bip'ırıs) *s.*, *bot.* iki yana ait mihver; *zool.* ikiz doğuran.

bi.par.ti.san (baypar'tızın) *s.* iki tarafı da tutan, iki tarafı da temsil eden.

bi.par.tite (baypar'tayt) *s.* iki bölümlü, iki kısımlı.

bi.ped (bay'ped) *i.* iki ayaklı hayvan. **bipedal** *s.* iki ayaklı.

bi.pet.al.ous (baypet'ılıs) *s.*, *bot.* iki taç yapraklı.

bi.pin.nate (baypin'eyt) *s.*, *bot.* çift tüylü (yaprak).

bi.plane (bay'pleyn) *i.* çift kanatlı uçak.

bi.pod (bay'pad) *i.* iki ayaklı sehpa, destek.

bi.po.lar (baypo'lır) *s.* iki kutuplu.

bi.quad.rate (baykwad'reyt) *i.*, *mat.* dördüncü kuvvet. **biquadrat'ic** *s.* dördüncü kuvvetten.

bi.quar.ter.ly (baykwôr'tırli) *s.* her üç ayda bir 2 defa görülen.

birch (bırç) *i.*, *f.* huş ağacı, *bot.* Betula; bu ağacın kerestesi; bu ağaçtan yapılmış falaka değneği; *f.* bu değnekle sopa atmak.

bird (bırd) *i.*, *f.* kuş; hindi gibi hayvanlar; bedmintin oyunundaki top; *argo* herif; yuha

çekme; *f.* kuş tutmak, avlamak. **birdbath** *i.* kuşların yıkanması için çukur tas. **bird cage** kuş kafesi. **birdcall** *i.* kuş ıslığı. **bird catcher** kuş tutan kimse. **bird dog** av köpeği. **bird fancier** kuş meraklısı, kuşbaz. **bird grass** kuş otu. **bird in the hand** çantada keklik, temin edilen menfaat. **birdhouse** *i.* ağaca asılı tahta kuş yuvası. **birdlime** *i.* ökse, tuzak. **birdman** *i.* kuş avcısı, kuşçu; *k.dili* tayyareci, pilot. **bird's-nest** *f.* kuş yuvalarını aramak, kuş yumurtalarını çalmak. **bird of night** baykuş. **bird of paradise** Yeni Gine'ye mahsus cennet kuşu. **birds of a feather** huyları benzer olan kimseler. **bird watcher** kuş gözlemi yapan kimse. **for the birds** *argo* değersiz, saçma. **give the bird** *argo* yuha çekmek, ıslıklamak. **old bird** ihtiyar kurt, tecrübeli kimse.

bird.ie (bır'di) *i.*, *k.dili* küçük kuş, kuşcağız; golfda ''bogi'' den bir eksik vuruş.

bird's-eye (bırdz'ay) *s.* kuş bakışı, tepeden; umum, genel, ayrıntısız; kuş gözüne benzer benekleri olan. **bird's-eye maple** ağaç kısmı benekli bir çeşit isfendan ağacı. **bird's-eye view** kuş bakışı görünüş, manzara.

bird's-foot (bırdz'fût) *i.* taş yoncası, *bot.* Lotus corniculatus.

bi.reme (bay'rim) *i.* çift sıra kürekleri olan eski zaman kadırgası.

bi.ret.ta (biret'ı) *i.* Katolik din adamlarının giydiği köşeli ufak şapka.

birl (bırl) *f.* yuvarlanmak, döne döne gitmek.

birth (bırth) *i.* doğum, doğma, doğuş, velâdet; soy, nesep; başlangıç, kaynak; zuhur. **birth control** doğum kontrolü. **birthday** *i.* doğum günü. **birthmark** *i.* doğuştan var olan yüz veya vücuttaki leke. **birthplace** *i.* doğum yeri. **birth rate** nüfusa göre doğum oranı. **birthright** *i.* doğuştan kazanılan hak. **birthstone** *i.* bir kimsenin doğduğu ayı temsil eden ve kendisine uğur getireceğine inanılan taş. **give birth to** doğurmak, meydana getirmek, kaynak teşkil etmek.

birth.wort (bırth'wırt) *i.* kurtluca, zeravent, *bot.* Aristolochia.

bis (bis) *z.* iki defa, tekrar (bilhassa konserlerde).

bis.cuit (bis'kit) *i.* bisküvit, çörek, kremasız pasta; açık kahverengi; perdah vurmadan evvelki haliyle fırınlanmış çanak çömlek.

bise (biz) *i.* Güney Avrupa'nın bazı bölgelerinde, kuzey ve kuzey doğudan esen kuru ve soğuk rüzgâr.

bi.sect (baysekt') *f.* ikiye bölmek; *geom.* iki eşit parçaya ayırmak. **bisection** *i.* ikiye bölme. **bisector** *i., geom.* açıortay.

bi.sex.u.al (baysek'şuwıl) *s., biyol.* hem erkek hem dişi, iki cinsiyetli, hünsa; *bot.* kendi kendini aşılayan.

bish.op (bîş'ıp) *i., f.* piskopos; *satranç* fil; sıcak ve baharatlı şarap; *f.* piskopos tayin etmek. **bishop's miter shell** firavun tacı, *zool.* Mitra episcopalis.

bish.op.ric (bîş'ıprîk) *i.* piskoposluk rütbe, görev ve bölgesi.

bi.sil.i.cate (baysîl'ıkeyt) *i., kim.* bisilikat.

bis.muth (bîz'mıth) *i., kim.* bizmut.

bi.son (bay'sın, -zın) *i.* (*çoğ.* **bison**) bizon, bir çeşit Kuzey Amerika yabanî sığırı.

bisque (bîsk) *i.* birkaç çeşit koyu çorba; av etiyle veya deniz mahsulleriyle yapılan çorba; bir çeşit dondurma; tenis gibi oyunlarda oyuncuya tanınan fazladan bir vuruş veya buna benzer bir hak; sırsız çömlek.

bis.sex.tile (bîseks'tıl, -tayl) *s., i.* artık yıla ait; *i.* artık yıl.

bi.sta.ble (bay'steybıl) *s.* iki sabit durumu olan.

bis.ter, bis.tre (bîs'tır) *i.* koyu kahverengi bir çeşit boya; kurum boyası.

bis.tort (bîs'tôrt) *i.* kurt pençesi, yılankökü, *bot.* Polygonum bistorta.

bis.tou.ry (bîs'tûri) *i.* neşter, bisturi, teşrih bıçağı.

bis.tro (bîs'tra) *i., k.dili* küçük bar, taverna, gece kulübü.

bi.sul.fate, bi.sul.phate (baysʌl'feyt) *i., kim.* bisülfat.

bi.sul.fite, bi.sul.phite (baysʌl'fayt) *i., kim.* bisülfit.

bit (bît) *i., f.* **(-ted, -ting)** bir aletin keskin olan ucu; matkap; gem; anahtarın kilide giren kısmı; *f.* gemlemek; tahdit etmek, sınırlamak. **take the bit in one's teeth** idareyi eline almak.

bit (bît) *i., s.* parça, lokma, kırıntı, küçük bir kısım; kısa zaman; bilgi iletme birimi; elektronik beyin v.b. ile muhaverede en ufak birim; (sahnede) ufak rol; *A.B.D., argo* numara; *İng.* pek az değerli ufak para; *A.B.D.* yirmibeş sentin yarısı: **two bits** yirmibeş sent; *s.*

ufak, önemsiz; *az.* **a bit** biraz, bir derece. **do one's bit** kendi payına düşeni yapmak. **a good bit** hayli, epeyce. **a little bit** azıcık, bir parça. **bit by bit** azar azar, yavaş yavaş. **give a bit of one's mind** haşlamak, azarlamak. **not a bit** hiç de değil, asla.

bitch (bîç) *i., f.* dişi köpek veya kurt; kancık; *argo* şirret kadın; kötü kadın; *f., argo* şikâyet etmek; acemice iş yapmak. **bitchy** *s.* orospu tabiatlı, şirret.

bite (bayt) *f.* **(bit, bitten)** *i.* ısırmak, dişlemek; sokmak (arı v.b.); oltaya vurmak (balık); yakmak (biber, soğuk); aşındırmak, yemek; *i.* ısırık, parça, lokma; diş izi; keskinlik (içki, biber, soğuk). **bite off more than one can chew** başından büyük işe girişmek. **bite the dust** düşüp ölmek. **biting** *s.* keskin; acı.

bitt (bît) *f., i., den.* geminin kablosunu biteye bağlamak, biteye vurmak; *i., den., sık sık çoğ.* güverte babası, bite, bita.

bit.ten (bît'ın) *bak.* **bite.**

bit.ter (bît'ır) *s.* acı, keskin; sert, şiddetli; kötü. **to the bitter end** iş bitinceye kadar; ölünceye kadar. **a bitter pill** yenilir yutulur cinsten olmayan durum. **bitterish** *s.* acımsı. **bitterly** *z.* acı olarak. **bitterness** *i.* acılık.

bit.ter.ling (bît'ırlîng) *i.* ilik balığı, *zool.* Rhodeus amarus.

bit.tern (bît'ırn) *i.* balaban kuşu, okar, *zool.* Botaurus stellaris. **little bittern** cüce balaban, *zool.* Ixobrychus minutus.

bit.ters (bît'ırz) *i., çoğ.* içine acı otlar da karıştırılan bir nevi içki.

bit.ter.sweet (bît'ırswit) *s., i.* hem acı hem tatlı olan; aynı zamanda iyi ve kötü olan; *i.* yaban yasemini, *bot.* Celastrus scandens.

bit.ter.wood (bît'ırwûd) *i.* kavasya, *bot.* Quassia amara.

bi.tu.men (bîtu'mın) *i., f.* zift, katran; *f.* ziftlemek.

bi.tu.mi.nous (bîtu'mınıs, -tyu'-, bay-) *s.* ziftli, zift gibi. **bituminous coal** adi maden kömürü.

bi.va.lent (bayvey'lınt) *s., kim.* iki değerli, çift değerli.

bi.valve (bay'välv) *i., s., zool.* yumuşakçalardan çift kabuklu midye ve istiridye gibi hayvan; *s.* çift kabuklu; çenetli. **bivalvular** *s.*

midye gibi birbirlerine kenetli çift kabuğu olan.

biv.ou.ac (biv'uwäk, biv'wäk) *i., f.* (**-acked, -acking**) açık havada kurulan geçici ordugâh; *f.* açık hava ordugâhı kurmak; açıkta gecelemek.

bi.week.ly (baywik'li) *s., i.* iki haftada bir vaki olan; haftada iki kere olan; *i.* iki haftada bir yayınlanan dergi veya bülten.

biz (bîz) *i., argo* (**business**'den kısaltma) *bak.* show biz.

bi.zarre (bizar') *s.* garip, tuhaf, acayip, biçimsiz.

bk. *kıs.* **bank, block, book.**

bkkpg. *kıs.* **bookkeeping.**

b.l. *kıs.* **bill of lading.**

blab (bläb) *f.* (**-bed, -bing**) *i.* gevezelik etmek, boş sözler söylemek; ifşa etmek, boşboğazlık etmek; *i.* geveze kimse, boşboğaz kimse. **blabber, blabbermouth** *i.* boşboğaz kimse.

black (bläk) *i., s., f.* siyah renk; siyah boya; siyah elbise; zenci; *s.* siyah, kara; karanlık, kasvetli; kirli; uğursuz, kızgın, dargın; *f.* karartmak, siyahlatmak, siyaha boyamak; kararmak, siyahlanmak. **a Black** zenci. **black-and-blue** *s.* çürük, morarmış. **Black-and-Tan terrier** kahverengi benekli siyah teriyer. **black and white** yazı; basılı şey; siyah beyaz resim. **black art** büyü. **black belt** judo'da en yüksek derece; *A.B.D.* siyahların beyazlardan daha çok olduğu bölge; *A.B.D.* toprağı siyah olan bölge. **black body** *fiz.* siyah cisim, hiç ışın yansıtmayan kuramsal cisim. **black book** kara listede olanların isimlerinin kayıtlı olduğu defter. **black box** montajda bir tüm olarak takılan elektronik cihaz; içine bakılmadan kullanılacak cihaz. **black coffee** siyah kahve, alafranga kahve, sade ve sütsüz kahve. **Black Death** ondördüncü yüzyılda Avrupa'yı kıran veba hastalığı. **black diamond** maden kömürü. **black eye** siyah göz; morarmış göz; kara leke. **black-eyed Susan** öküzgözüne benzer bir çeşit sarı papatya. **black face** *tiyatro* zenci rolüne girmiş beyaz adam; *matb.* siyah baskı. **black flag** siyah flama, korsan flaması. **Black Forest** Kara Ormanlar (Almanya'da). **black hole** hapishane koğuşu, askerî ceza koğuşu. **black horehound** kara yerpırasası, *bot.* Ballota nigra. **black lead** grafit. **black letter** bir çeşit matbaa harfi, gotik harf. **black**

magic büyü. **Black Maria** *k.dili* hapishane arabası; cenaze arabası. **black mark** kara leke. **black market** kara borsa. **black mass** şeytana ibadet ayini. **black medic** kelebek otu, kara yonca, *bot.* Medicago lupulina. **Black Muslim** *A.B.D.*'de İslâm din ve âdetlerini kabul eden bir zenci mezhebine bağlı kimse. **black-out** *i., ask.* karartma; tiyatro v.b.'nde ışıkların sönmesi. **black out** karartma tatbikatı yapmak; geçici olarak şuurunu veya görme duyusunu kaybetmek. **black pepper** karabiber. **black power** zencilerin talep ettikleri toplumsal ve kanunî hakları temsil ve temin eden güç. **black pudding** kıyma, yulaf unu ve kan ile yapılan bir İskoç yemeği. **Black Sea** Karadeniz. **black sheep** bir ailede diğer fertlere benzemeyen ve hep güçlükler çıkaran kimse. **Black Shirt** Kara Gömlekli; Faşist bir kuruluşun üyesi. **black tea** siyah çay. **blackthorn** *i.* karaçalı, karadiken. **black tie** siyah papyon kravat; smokin. **black walnut** bir nevi siyah ceviz. **black widow** zehirli bir örümcek, *zool.* Latrodectus mactans. **in the black** alacak bakıyesi olan. **blackish** *s.* siyahımsı. **blackly** *z.* karanlık olarak. **blackness** *i.* siyah oluş; karanlık olma.

black.ball (bläk'bôl) *i., f.* kırmızı oy, ret oyu; *f.* karşı oy kullanmak; toplum dışı etmek.

black.ber.ry (bläk'beri) *i.* böğürtlen, *bot.* Rubus fruticosus; ayı dutu, diken dutu.

black.bird (bläk'bırd) *i.* karatavuk, *zool.* Turdus merula.

black.board (bläk'bôrd) *i.* kara tahta, taştahta.

black.cock (bläk'kak) *i.* siyah erkek keklik.

black.damp (bläk'dämp) *i., min.* boğucu gaz, karbondioksit.

black.en (bläk'ın) *f.* karartmak, karalamak; lekelemek, iftira etmek.

black.guard (bläg'ırd, -ard) *i., s., f.* alçak kimse; *s.* alçak, edepsiz, rezil; *f.* küfretmek, sövüp saymak. **blackguardism** *i.* alçaklık.

black.head (bläk'hed) *i.* karabaş ördek, *zool.* Aythya marila; ciltte bulunan siyah başlı küçük yağ birikintisi.

black-heart.ed (bläk'hartıd) *s.* kötü kalpli.

black.ing (bläk'ing) *i.* ayakkabı, soba v.b. boyası.

black.jack (bläk'cäk) *i.* cop; büyük içki bardağı; bir kâğıt oyunu; *bot.* bir çeşit küçük meşe; siyah korsan flaması.

black.leg (bläk'leg) *i., bayt.* bir cins sığır vebası; dolandırıcı, kumarbaz kimse; *İng.* greve uymayan işçi.

black.list (bläk'list) *i., f.* kara liste; *f.* kara listeye almak, boykot etmek.

black.mail (bläk'meyl) *i., f.* şantaj; tehditle birinden para koparma; *f.* şantaj yapmak. blackmailer *i.* şantajcı.

black.smith (bläk'smith) *i.* demirci; nalbant.

black.top (bläk'tap) *i., f.* asfalt, asfalt yol; *f.* asfalt ile kaplamak.

black.wa.ter fever (bläk'wôtır) *tıb.* karasu humması.

blad.der (bläd'ır) *i., anat.* mesane, kese, sidik torbası; iç lastik (top v.b.). air bladder *zool.* hava kesesi. gall bladder safra kesesi.

blade (bleyd) *i.* bıçak ağzı; kılıç; ince uzun yaprak; kalemtıraşın ağzı; kürek palası; delikanlı; pervane kanadı. blade bone kürek kemiği.

blah (bla) *i., A.B.D., argo* saçma, zırva.

blain (bleyn) *i., tıb.* çıban, şiş.

blame (bleym) *i., f.* ayıplama; kabahat, kusur; azar, mesuliyet; *f.* azarlamak, suçlamak; sorumlu tutmak. be to blame for suçlu olmak, mesulü olmak. blameful *s.* kabahatli. blamefulness *i.* kabahatlilik. blameless *s.* suçsuz, masum. blamed *s., A.B.D.* kahrolası.

blame.wor.thy (bleym'wırdhi) *s.* ayıplamaya lâyık, mesul, kabahatli.

blanch (blänç) *f.* ağartmak, rengini açmak, beyazlatmak, kaynatarak ağartmak; sararmak, bembeyaz olmak, rengi uçmak, benzi atmak; kabuğunu soyarak beyaz kısmını ortaya çıkartmak (badem v.b.); haşlayarak rengini açmak (et).

blanc.mange (blımanj') *i.* sütlü pelte, paluze.

bland (bländ) *s.* yumuşak, mülâyim; şahsiyetsiz, donuk. blandly *z.* yumuşak bir şekilde. blandness *i.* yumuşaklık.

blan.dish (blän'dîş) *f.* yağcılık etmek. blandishment *i.* yağcılık; albeni, çekici davranış.

blank (blängk) *s., i., f.* boş, yazısız, açık, beyaz; manasız, anlamsız; son şeklini almamış; şaşkın; *i.* boş ve açıklık yer; üzerinde yazı olmayan kâğıt; piyangoda boş numara; nişan tahtasının ortası, hedef; kurusıkı fişek; *argo* çok düşük kaliteli uyuşturucu madde; *f.* feshetmek; iptal etmek; ilga etmek; sövmek; *spor* hasmının sayı yapmasını önlemek. draw

a blank neticesiz kalmak; hatıra getirememek. blankbook *i.* not defteri. blank cartridge kurusıkı fişek. blank endorsement açık ciro. blank verse kafiyesiz on heceli nazım şekli. blankly *z.* ifadesiz bir şekilde, boş boş. blankness *i.* boşluk; anlamsızlık.

blan.ket (bläng'kit) *i., s., f.* battaniye; ince bir tabaka halinde olan bir şey; *s.* birkaç şeyi veya durumu kapsayan, geniş kapsamlı; *f.* battaniye ile örtmek, sarıp sarmalamak; üstüne örtü çekmek, örtbas etmek; geniş çapta içine almak, kapsamak; mâni olmak; geminin rüzgârını tutmak; battaniye içinde havaya atıp tutmak.

blare (bler) *i., f.* boru sesi, borununkine benzer ses; yüksek ses; *f.* boru gibi ses çıkarmak; herkese ilân etmek, söylemek.

blar.ney (blar'ni) *i.* yaltaklanma, *slang* piyazlama, yağcılık, dil dökme. Blarney Stone İrlanda'da bulunan bir taş ki bunu öpenlerin yaltaklanmada istidat kespettikleri söylenir.

bla.sé (blazey') *s.* herşeyden usanmış, içi geçmiş.

blas.pheme (bläsfim') *f.* küfretmek, sövüp saymak, okumak. blasphemer *i.* kâfir kimse. blas'phemous *s.* kâfir, zındık. blas'phemously *z.* kâfirce. blas'phemy *i.* küfür, günaha girme.

blast (bläst) *i., f.* anî esen rüzgâr, şiddetli rüzgâr; düdük sesi; yaprakların soğuk veya rüzgârdan kavrulması, yanma; patlama, infilâk; *argo* gürültülü eğlenti; *argo* uyuşturucu maddenin kuvvetli etkisi; *f.* tahrip etmek, yıkmak; yakmak, kavurmak, mahvetmek. blast furnace maden eritme ocağı. at full blast tam süratle.

blast.ed (bläs'tid) *s.* yanmış; mahvolmuş, tahrip edilmiş; Allahın belâsı.

blasto- *önek, biyol.* tomurcuk, mikrop.

blas.to.derm (bläs'tıdırm) *i., biyol.* blastoderm, germ yaprağı.

blast.off (bläst'ôf) *i.* roketin fırlatılmasından evvelki ve hemen sonraki olaylar, roketin fırlatılma anı.

blat (blät) *f., k.dili* düşünmeden söylemek; melemek.

bla.tant (bley'tınt) *s.* böğüren; yüksek sesle bağıran; kaba, açık, bariz, aşikâr.

blath.er (blädh'ır) *f., i.* saçma sapan konuşmak; *i.* saçma laf.

blaze (bleyz) *i., f.* büyük alev, ateş; parlaklık, aydınlık; alevlenme; atın alnındaki beyaz işaret, akıtma; yolun kolayca bulunması için ağaçların gövdelerine kazılan işaret; *çoğ., argo* cehennem; *f.* alevlendirmek; saçmak (ışık); ilân etmek; ağaçların gövdesine işaret koymak suretiyle yol göstermek. **blaze away** ateş etmeye devam etmek; herhangi bir işi hararetle devam ettirmek. **Go to blazes!** Cehenneme git! Defol!

blaz.er (bley'zır) *i.* spor ceket.

bla.zon (bley'zın) *i., f.* hanedan arması; armacılık; fiyaka, gösteriş; *f.* renklerle süslemek, tezyin etmek; arma çizmek, işaret koymak, ilân etmek. **blazonry** *i.* arma çizme.

bld. *kıs.* **boldface.**

bldg. *kıs.* **building.**

bleach (bliç) *f., i.* beyazlatmak, ağartmak; beyazlanmak, ağarmak; *i.* çamaşır suyu, ağartan şey, beyazlatıcı madde.

bleach.er (bli'çır) *i.* çamaşır suyu; *gen. çoğ.* stadyumda seyirciler için üstü açık sıra veya yer.

bleak (blik) *i.* inci balığı, *zool.* Alburnus; akkefal, gökçe balığı, *zool.* Alburnus mento.

bleak (blik) *s.* rüzgâra maruz, açık, çıplak; soğuk, ısınması güç; kasvetli, sıkıcı, solgun. **bleakly** *z.* rüzgâra açık bir şekilde. **bleakness** *i.* rüzgâra açık oluş.

blear (blir) *f., s.* ağrı vermek, sulandırmak (göz); karartmak, kamaştırmak; *s.* çapaklı, şişmiş (göz). **blear-eyed, bleary** *s.* mahmur, uykulu (göz).

bleat (blit) *f., i.* melemek, meler gibi konuşmak; *i.* meleme, melemeye benzer ses.

bleb (bleb) *i., tıb.* kabarcık.

bleed (blid) *f.* **(bled)** kan kaybetmek, kanamak, kanı akmak; akmak, solmak (boya); su boşaltmak; *matb.* sayfanın kenarına kadar basmak; bitkilerin özü gibi akmak; kan ağlamak, çok kederli olmak; *k.dili* para çekmek, sızdırmak. **bleeder** *i., tıb.* hemofili hastalığı olan kimse.

bleeding heart kalp şeklinde pembe ve sarkık çiçek kümeleri olan bitki, kız kalbi, *bot.* Dicentra; sarı şebboy, *bot.* Cheiranthus cheiri.

blem.ish (blem'iş) *f., i.* bozmak, güzelliğine halel getirmek, lekelemek; *i.* leke, kusur, hata.

blench (blenç) *f.* ürkmek, çekinmek, benzi atmak; ağartmak. **blencher** *i.* tehlikeli veya tatsız şeylerden çekinen kimse.

blend (blend) *f., i.* karıştırmak, harman yapmak; harman olmak, karışmak, uymak; *i.* harman, karışım; *dilb.* yakın anlamlı iki ayrı kelimenin kaynaşmasından meydana gelen kelime.

blende (blend) *i.* çinko sülfür; diğer birkaç çeşit sülfür.

blend.er (blen'dır) *i.* karıştırıcı şey veya kimse.

blen.ny (blen'i) *i.* kanatları dikenli birkaç çeşit küçük balık, horozbina, *zool.* Blennius.

bleph.a.ri.tis (blefıray'tis) *i., tıb.* göz kapaklarının iltihabı, blefarit.

bless (bles) *f.* **(blessed, blest)** takdis etmek, kutsamak, mübarek kılmak; Allahtan niyaz etmek; inayet etmek; mesut etmek.

bless.ed (bles'îd) *s.* mübarek; Allahın cezası: **We didn't catch a blessed fish.** Allahın cezası bir balık bile tutamadık. **blessed event** *k. dili* doğum. **blessed thistle** kalkan dikeni, *bot.* Carduus benedictus. **blessedness** *i.* kutluluk.

bless.ing (bles'îng) *i.* takdis, hayır dua, nimet, inayet, lütuf, hamt, şükran; azarlama; *slang* haşlama.

blest (blest) *bak.* **bless.**

blew (blu) *bak.* **blow.**

blight (blayt) *i., f.* bitkileri kavuran ve mahveden yaygın birkaç çeşit hastalık, küf, mantar; samyeli; herhangi bir felâket meydana getiren afet; *f.* soldurmak, kavurmak, mahvetmek; kurutmak, yakmak (bitkileri); bu hastalıklardan birine yakalanmak (bitki).

blight.er (blayt'ır) *i., İng., argo* mübarek, namussuz kimse.

bligh.ty (blay'ti) *i., İng., argo* memleket, ana vatan; ana vatanına dönmeye zorlayan yara veya hastalık; İngiltere.

Blime.y (blay'mi) *ünlem, İng., argo* Kahrolayım!

blimp (blimp) *i.* keşif balonu; sevk ve idare kontrolu olan herhangi bir balon.

blind (blaynd) *s., f., i.* kör, âmâ; anlayışsız, anlamamakta direnen; şuursuz, gözü kararmış; duygusuz; anlaşılması güç; gizli; gözden uzak; çıkmaz (sokak v.b.); körü körüne olan; *k.dili* sarhoş; *f.* kör etmek, körleştirmek; gözünü almak, kamaştırmak; *i.* perde, stor, güneşlik; pusu, avcıların av bekledikleri yer. **blind alley** çıkmaz sokak;

neticesi ümitsiz görünen iş. **blind date**
k.dili karşı cinsten evvelce tanışmadığı bir
kimse ile gezmeye gitme. **blind side** gör-
meyen gözün olduğu taraf (tek gözlülerde);
basiretsizlik, zaaf. **blind spot** *anat.* retinada
optik sinirin girdiği nokta, kör nokta. **blind
stitch** kumaşın bir veya iki tarafından gö-
rünmeyen dikiş. **blindworm** *i.* yılana ben-
zeyen bacaksız bir cins kertenkele, *zool.*
Anguis fragilis. **the blind** körler. **Venetian
blind** jaluzi stor, jaluzi perde. **blindly** *z.* kör
bir şekilde. **blindness** *i.* körlük.

blind.age (blayn'dîc) *i., ask.* siperlerde zırh
levhası.

blind.er (blayn'dır) *i.* körleten şey; siper teşkil
eden herhangi bir şey; *A.B.D.* atın göz siperi.

blind.fold (blaynd'fold) *f., s., i.* gözlerini bağ-
lamak; salim kafayla düşünmesini engellemek;
s. gözü bağlı; düşüncesiz, körü körüne olan;
i. gözbağı.

blind.ing (blayn'dîng) *s.* körleştiren; kamaştıran.
blindman's buff (blaynd'mınz bʌf') körebe.
blind.sto.ry (blaynd'stôri) *i., mim.* penceresiz
kat.

blink (blîngk) *f., i.* göz kırpmak; yarı kapalı
gözlerle bakmak; göz atmak; pırıldamak, ışıl-
damak; kaçınmak, gözlerini gerçeğe kapamak;
göz kırptırmak; *i.* göz kırpma; bakış, nazar;
pırıltı.

blink.ard (blîngk'ırd) *i.* durmadan gözlerini
kırpan kimse, gözleri iyi görmeyen kimse;
ahmak kimse, budala kimse.

blink.er (blîngk'ır) *i.* ışıklı sinyal verirken kul-
lanılan alet, flaş lambası; atların arkalarını
veya yanlarını görmelerini önlemek için takı-
lan meşin göz siperi; *argo* göz; *çoğ.* güneş
gözlüğü, renkli iri camlı gözlük.

blintz, blint.ze (blînts, blînt'sı) *i.* bir nevi
börek.

blip (blîp) *i.* radar ışık aksi.

bliss (blîs) *i.* saadet, neşe, mutluluk. **blissful**
s. neşe dolu. **blissfully** *z.* neşeyle. **blissful-
ness** *i.* neşelilik.

blis.ter (blîs'tır) *i., f.* kabarcık, fiske, su toplama;
yakı; *ask.* uçağın üstünde bulunan ve içine
silâh yerleştirilen saydam odacık; *f.* kabarmak,
su toplamak; kabartmak; azarlamak. **blistery**
s. kabarcıklı; azarlayıcı.

blithe (blaydh, blayth) *s.* neşeli, şen; sevinçli;

memnun. **blithely** *z.* neşeli olarak. **blithe-
ness** *i.* neşelilik.

blith.er.ing (blidh'ıring) *s.* saçmalayan, zırva-
layan.

blithe.some (blaydh'sım, blayth'-) *s.* neşeli,
canlı. **blithesomeness** *i.* neşelilik.

blitz, blitz.krieg (blîts, -'krig) *i.* yıldırım sal-
dırı.

bliz.zard (blîz'ırd) *i.* tipi, şiddetli kar fırtınası.

blk. *kıs.* **black, block, bulk.**

bloat (blot) *f., i.* şişirmek, hava vermek, kabart-
mak; balık tütsülemek; şişmek, kabarmak; *i.,
bayt.* hayvanın yediği yeşilliklerin mayalan-
masından dolayı işkembe veya bağırsak yol-
larında gaz toplanması.

bloat.er (blo'tır) *i.* tuzlanmış ve tütsülenmiş
ringa balığı; aynı şekilde hazırlanmış uskumru,
çiroz.

blob (blab) *i.* su kabarcığı; damla; leke.

bloc (blak) *i.* bir gaye etrafında birleşen parti,
grup veya milletler, blok; bir konuda bera-
berce oy kullanmak için birleşen değişik
partilerin meclis üyeleri.

block (blak) *i., f.* büyük parça (ağaç, kaya v.b.);
bitişik bir sıra bina; blok; iki kavşak arasındaki
mesafe; tahta tezgâh; mezatlarda tellâlın üze-
rinde satış yaptığı tahta; üzerinde kelle uçu-
rulan tahta; şapka kalıbı; makara; *d.y.* sin-
yalleri beraber çalışan hat bölümü; engel,
mânia; *psik.* bilinçdışı engel; *f.* tıkamak,
kesmek, kapamak, önünü kesmek; döviz
muamelesini kısıtlamak veya durdurmak.
blockhead *i.* kalın kafalı kimse, daιŋgalak
kimse. **block and tackle** palanga. **block-
buster** *i.* büyük uçak bombası. **blockbusting**
i., A.B.D. bir mahallenin sakinlerini evlerinin
kıymeti düşecek korkusuyla evlerini ucuza
satmaya· teşvik etme. **blocked funds** ·*tic.*
bloke edilmiş fonlar. **block out** taslak yap-
mak. **block print** basma. **block up** kapamak,
tıkamak; (bir arabayı) tahtalar üzerine oturt-
mak. **children's blocks** kutu şeklinde oyun-
cak tahtalar. **go to the block** mezada
çıkarılmak; idama gitmek.

block.ade (blakeyd') *i., f., den., ask.* muhasara,
denizden kuşatma, abluka; *f.* denizden abluka
etmek, kuşatmak; etrafını çevirmek. **block-
ader** *i.* abluka eden düşman gemisi. **run the
blockade** ablukayı yarmak.

block.age (blak'îc) *i.* tıkanma,   blokaj.

block.house (blak'haus) *i., ask.* duvarlarında silâh atmak için delikler bulunan müstahkem küçük bina; kaba kütüklerden inşa edilmiş ev.

bloke (blok) *i., İng., argo* herif, adam.

blond (bland) *s., i.* açık renk, sarışın; *i.* sarışın kimse; ipek tül veya dantel; bilhassa siyah veya beyaz ipek dantel.

blonde (bland) *s., i.* sarışın (kız veya kadın).

blood (blʌd) *i.* kan; bitkilerin suyu, özsu; kan dökme; mizaç, huy; nesep, soy; asalet; kan rabıtası, kan bağı; akrabalık; delikanlı. **blood bank** kan bankası. **blood blister** kan oturması. **blood corpuscle** *anat.* kan cisimciği. **blood count** kan sayımı. **blood feud** kan davası. **blood group** kan grubu. **blood heat** kan ısısı, 37°C. **blood and iron** asker kuvvetine dayanma. **Blood is thicker than water.** Eninde sonunda akrabalık kendini belli eder. **blood money** kiralık katillere verilen para; diyet. **blood poisoning** kan zehirlenmesi. **blood pressure** tansiyon. **blood relationship** kan bağı. **blood serum** *biyol.* kanın renksiz sıvı kısmı, serum. **blood strange** sıçan kuyruğu, *bot.* Myosurus minimus. **blood test** kan tahlili. **blood and thunder** gürültülü patırtılı (roman, sinema). **blood transfusion** kan nakli. **blood vessel** *anat.* kan damarı. **blue blood** gerçek aristokrat, soylu kimse. **cold-blooded** *s.* soğukkanlı. **hot-blooded** *s.* çabuk kızan, öfkeli. **in cold blood** göz göre göre, bile bile; merhametsizce. **of one blood** aynı ırktan, ırktaş. **His blood is up.** Gözü dönmüş. Öfkelenmiş.

blood bath katliam.

blood.cur.dling (blʌd'kırdling) *s.* kan dondurucu, korkunç.

blood.ed (blʌd'îd) *s.* cins, saf kan.

blood.guilt.y (blʌd'gîlti) *s.* kan dökmekten suçlu.

blood.hound (blʌd'haund) *i.* koku alma hissi çok kuvvetli olan bir cins tazı.

blood.i.ly (blʌd'ıli) *z.* zalimce, kana susamış bir halde.

blood.i.ness (blʌd'ınis) *i.* kana susamışlık, kanlı oluş.

blood.less (blʌd'lis) *s.* kansız, solgun, renksiz; cansız; kan dökmeden olan; beyaz; ruhsuz; kuvvetsiz. **bloodlessly** *z.* kan dökmeden.

blood.let.ting (blʌd'letîng) *i.* kan alma; kan dökme.

blood.line (blʌd'layn) *i.* soy, nesep, cins hayvanın zürriyeti.

blood.lust (blʌd'lʌst) *i.* kana susama.

blood.mo.bile (blʌd'mıbil) *i.* kan bağışı toplayan araba.

blood-red (blʌd'red') *s.* kan kırmızısı.

blood.root (blʌd'rut) *i.* kan otu, *bot.* Sanguinaria.

blood.shed (blʌd'şed) *i.* kan dökme.

blood.shot (blʌd'şat) *s.* kızarmış, kanlı (göz).

blood.stain (blʌd'steyn) *i.* kan lekesi.

blood.stock (blʌd'stak) *i.* nesep, zürriyet.

blood.stone (blʌd'ston) *i.* kantaşı, üzerinde kırmızı lekeler olan bir çeşit yeşil kuvars.

blood stream kan akımı.

blood.suck.er (blʌd'sʌkır) *i.* sülük; *k.dili* asalak kimse.

blood.thirst.y (blʌd'thırsti) *s.* kana susamış, canavar ruhlu, hunhar. **bloodthirstily** *z.* kana susamışçasına. **bloodthirstiness** *i.* kana susama.

blood.wood (blʌd'wûd) *i.* bakam ağacı, bakkam, *bot.* Haematoxylon.

blood.y (blʌd'i) *s., f.* kanlı; kan gibi; kana susamış, gaddar, zalim; *İng., argo* Allahın belâsı, uğursuz, alçak; *f.* kana bulamak, kanla lekelemek. **bloody flux** dizanteri, kanlı ishal. **bloody Mary** votka ve domates suyundan yapılan bir içki. **bloody minded** hunhar, zalim, gaddar.

bloom (blum) *i., f.* çiçek; çiçek açma, çiçeklenme; tazelik, taravet, gençlik; yanakların pembeliği; meyva üzerindeki buğu; *mad.* dökülmüş demir kütük; *f.* çiçeklenmek, çiçek açmak; çiçek gibi taze ve sıhhatli olmak; çiçek açtırmak, güzelleştirmek. **in full bloom** tamamen çiçek açmış, pürnakil. **take the bloom off** tazeliğini gidermek, soldurmak.

bloom.ers (blu'mırz) *i., çoğ.* kadınların jimnastik yaparken, ata binerken v.b.'nde giydikleri bir çeşit şalvar; kısa şalvar gibi don.

bloom.er.y (blu'mıri) *i., mad.* haddehane, demirci ocağı.

bloom.ing (blu'mîng) *s.* çiçekli, çiçek açmış; gençlik ve sıhhatle parlayan; gelişen, gelişmekte olan, serpilen; *argo* karın ağrısı, kör olası.

bloom.y (blum'i) *s.* çiçekli, çiçeklerle bezenmiş; buğulu (meyva).

bloop.er (blu'pır) *i., A.B.D., argo* hata, tekleme.

blos.som (blas'ım) *i., f.* çiçek, meyva baharı; *f.* çiçek vermek, bahar açmak; gelişmek; hali vakti yerinde olmak. **in blossom** baharı açmış, çiçeklenmiş.

blot (blat) *i., f.* **(-ted, -ting)** leke, kâğıt üzerindeki mürekkep lekesi; ayıp, kusur; silme (yazıda); *f.* lekelemek, kirletmek, karalamak; karartmak; kurutma kâğıdı ile kurutmak; gelişigüzel boyamak; lekelenmek, kirlenmek; emmek (kurutma kâğıdı). **blot out** bozmak, tanınmaz hale getirmek; ortadan silmek, imha etmek.

blot (blat) *i.* tavlada açık pul; herhangi bir meseledeki açık veya zayıf nokta.

blotch (blaç) *i., f.* büyük leke, iri mürekkep lekesi; derideki kabartı; *f.* lekelemek, lekelenmek.

blot.ter (blat'ır) *i.* kurutma kâğıdı; karakolda tutuklananların kayıt defteri.

blot.ting paper kurutma kâğıdı.

blot.to (blat'o) *s., İng., argo* sarhoş, zil zurna sarhoş.

blouse (blaus, blauz, *İng.* blauz) *i., f.* bulüz, gömlek; *f.* sarkmak, kendini bırakmak.

blow (blo) *i.* darbe, vuruş; hamle, saldırı; anî gelen belâ, felâket; rüzgâr, şiddetli esinti; *k.dili* övünme, yüksekten atma. **at one blow** bir hamlede. **come to blows** kavgaya tutuşmak.

blow (blo) *f.* **(blew, blown)** esmek; üflemek; rüzgâra kapılmak, rüzgârla sürüklenmek; çalmak, çalınmak, ses vermek; solumak, nefes nefese kalmak; *k.dili* övünmek, yüksekten atmak; *A.B.D., argo* ayrılmak, defolmak; üfleyerek itmek; (cama) üfleyerek şekil vermek; (atı) yorgunluktan çatlatmak; (sinek) ette yumurtlamak; *A.B.D., argo* bol bol harcamak, çarçur etmek. **blow a fuse** sigorta atmak; *argo* tepesi atmak. **blow great guns** fırtına halinde esmek (rüzgâr). **blow hot and cold** *k.dili* kararsız olmak, duraksamak. **blow in** *k.dili* ansızın gelmek, düşmek; *mad.* yakmak (ocak). **blow off** istim salıvermek; *argo* hiddetle parlamak. **blow out** üfleyip söndürmek; patlamak (lastik); dinmek (fırtına); atmak (sigorta); üfleyip pisliğini çıkarmak. **blow over** dinmek (fırtına); unutulmak,

geçmek. **blow up** şişirmek; havaya uçurtmak, patlatmak; *foto.* büyütmek, agrandisman yapmak; patlamak, infilâk etmek; patlak vermek (fırtına); *k.dili* çok kızmak, parlamak, tepesi atmak. **blow one's own horn** *argo* övünmek, kendini methetmek. **blow one's stack** *argo* kendinden geçmek. **I'll be blowed!** *k.dili* Hayret!

blow.back (blo'bäk) *i.* top atışında arkaya gelen gazlar.

blow.by (blo'bay) *i.* (*çoğ.* **-bys**) *oto.* dirsekli kol mahfazasından geçen egzoz gazları; bu gazları arkaya iten tertibat.

blow.er (blow'ır) *i.* üfleyici şey veya kimse; havalandırma tertibatı.

blow.fly (blo'flay) *i.* tırtılları leşte veya canlı hayvanda büyüyen birkaç sinekten biri.

blow.gun (blo'gʌn) *i.* üfleyerek içinden küçük ok atılan uzun boru.

blow.hard (blo'hard) *i., A.B.D., argo* palavracı kimse, kendini beğenmiş kimse.

blow.hole (blo'hol) *i.* hava deliği.

blown (blon) *s.* şişmiş; soluğu kesilmiş, nefes nefese olan; içine sürfe bırakılmış; üflemek suretiyle meydana getirilmiş.

blow.out (blow'aut) *i.* patlama (lastik); *argo* eğlenti.

blow.pipe (blo'payp) *i.* üfleme borusu, üfleç, kamışçık.

blow.torch (blo'tôrç) *i.* lehim lambası, benzinli kaynak lambası, pompa.

blow.up (blow'ʌp) *i.* infilâk, patlama; *k.dili* hiddetten kendinden geçme; kavga; büyütülmüş resim.

blow.y (blow'i) *s.* rüzgârlı.

blow.zy (blau'zi) *s.* bakımsız, karışık (saç v.b.); kırmızı yüzlü (kadın).

blub.ber (blʌb'ır) *i., f., s.* balina yağı; ağlayış; *f.* hüngür hüngür ağlamak; ağlarken (bir şeyler) söylemek; *s.* şişkin, kalın. **blubberer** *i.* hüngür hüngür ağlayan kimse.

blu.cher (blu'çır) *i.* bir çeşit kalın deriden yapılmış potin.

bludg.eon (blʌc'ın) *i., f.* kısa ve kalın sopa; cop, bir ucu tokmak gibi olan sopa; *f.* böyle bir sopa ile vurmak; (birisini) bir işi yapmaya zorlamak.

blue (blu) *i., s., f.* mavi renk, gök mavisi rengi; çivit; mavi üniformalı kimse; sembolü mavi olan bir zümrenin üyesi; *s.* mavi, morarmış, çürük (cilt, et); katı kurallara dayanan, tutucu; müstehcen, açık saçık; *f.* maviye boyamak, mavileştirmek; çivitlemek. **black and blue** çürük, morarmış. **blue angels** *argo* amital. **blue black** yazarken mavi olup sonra kararan mürekkep. **blue book** *A.B.D.* sosyal hayatta yeri olan kimselere mahsus adres defteri; yüksek okulların imtihanlarında kullanılan genellikle mavi kaplı defter; sınav; İngiliz parlamentosuna veya diğer bir resmî daireye ait mavi kaplı kitap. **blue blood** asil kan; aristokrat. **blue cheese** (iyi cins) mavi peynir. **blue chip** sağlam bir şirketin hisse senedi; kumarda en kıymetli olan mavi fiş. **blue-collar** *s.* işçi sınıfına ait. **blue devils** yeis, üzüntü. **blue-eyed** *s.* mavi gözlü. **blue-eyed daisy** ayı kulağı, ayı otu. **blue fox** arktik tilkisi. **blue funk** *argo* aşırı korku. **blue-green** *i.* nil rengi, cam göbeği. **blue ground** içinde elmas bulunan kil. **blue gum** okaliptüs. **blue laws** pazar günü eğlenmeyi yasaklayan kanunlar; şahsî davranışları sert bir şekilde tanzim eden kanunlar, tutucu kanunlar. **blue light** işaret için kullanılan havaî fişek. **blue mold** (ekmek ve peynirde hâsıl olan) mavi küf. **blue moon** uzun zaman. **once in a blue moon** nadiren, kırk yılda bir. **blue peter** *den.* hareket flaması. **blue ribbon** herhangi bir sahada en büyük nişan. **blue-ribbon jury, blue-ribbon panel** çok önemli bir dava için en yüksek tabakadan seçilmiş olan bir jüri heyeti. **feel blue** çok sıkılmak; hüzün duymak. **out of the blue** aniden, damdan düşer gibi. **blue-sky law** tahvil satın alacak olanları hileden korumak amacıyla çıkarılan kanun. **blue velvet** *argo* iğne ile zerk edilen kâfurlu afyon ruhu ve antihistamin karışımı. **blue streak** *k.dili* yıldırım gibi hızla hareket eden bir şey. **blue vitriol** göztaşı. **the blue** *şiir* gök, sema; deniz; mavilik. **the blues** hüzün, keder. **blues** *müz.* bir çeşit caz müziği.

blue baby *tıb.* herediter kalp hastalığı veya akciğerdeki bir aksaklıktan dolayı mavimtırak doğan çocuk.

Blue.beard (blu'bîrd) *i.* Mavi sakal, masallarda karılarını öldüren canavar tipi; birçok kadın öldürmüş olan katil.

blue.bell (blu'bel) *i.* çançiçeği.

blue.ber.ry (blu'beri) *i.* yaban mersini.

blue.bird (blu'bırd) *i.* Kuzey Amerika'da yaşayan ve hâkim rengi mavi olan birkaç cins kuş.

blue.bot.tle (blu'batıl) *i.* peygamberçiçeği, mavi kantaron, *bot.* Centauria cyanus; iri mavimsi sinek, kurt sineği.

blue.coat (blu'kot) *i.* mavi üniformalı polis, asker veya talebe.

blue.fish (blu'fiş) *i.* mavimtırak renkte, lüfere benzer eti lezzetli bir balık, *zool.* Pomatomus saltatrix.

blue.grass (blu'gräs) *i.* bir cins çayır otu, *bot.* Poa; at yetiştirme mıntıkası.

blue.jack.et (blu'cäkit) *i.* bahriyeli, gemici.

blue jay mavi tüylü alakarga, *zool.* Cyanocitta cristata.

blue jeans blucin.

blue.nose (blu'noz) *i.* sofu; *b.h.* Nova Scotia'lı kimse veya şilep.

blue-pen.cil (blu'pen'sıl) *f.* (-cilled *veya* -ciled, -cilling *veya* -ciling) atmak, kaldırmak, hükümsüz bırakmak.

blue.print (blu'print) *i., f.* mavi kopya; proje, plan; *f.* mavi kopya çekmek; tasarlamak.

blue.stock.ing (blu'staking) *i.* okumuş kadın; entellektüel kadın.

blue.stone (blu'ston) *i.* göztaşı; yapı ve döşeme işlerinde kullanılan bir çeşit taş.

blue.weed (blu'wid) *i.* engerekotu, *bot.* Echium vulgare.

bluff (blʌf) *s., i.* tok sözlü, açık; sarp, dik (sahil); *i.* kayalık, uçurum. **bluffly** *z.* tok sözle. **bluffness** *i.* tok sözlülük.

bluff (blʌf) *f., i.* blöf yapmak, kuru sıkı atmak; bir şeyi blöfle elde etmek; *i.* blöf, kuru sıkı. **call one's bluff** blöfe meydan okumak. **bluffer** *i.* blöf yapan kimse.

blu.ing, blue.ing (blu'wing) *i.* çivit.

blu.ish, blue.ish (blu'wiş) *s.* mavimsi, mavimtırak.

blun.der (blʌn'dır) *i., f.* gaf, aptalca yapılan hata, falso; *f.* gaf yapmak, budalaca hareket etmek; düşünmeden söz söylemek, pot kırmak. **blunderer** *i.* budalaca hareket eden kimse.

blun.der.buss (blʌn'dırbʌs) *i.* alaybozan tüfeği; aptal kimse.

blunge (blʌnc) *f.* kili su ile karıştırarak çamur hazırlamak (çömlekçilikte).

blunt (blʌnt) s., f. kör, keskin olmayan (bıçak, makas); lafını sakınmayan, açık konuşan, pervasız; anlayışı kıt, gabi; hissiz, duygusuz; f. körletmek, önünü almak, kesmek (iştah, kuvvet). bluntly z. keskin olmayarak; açıkça. bluntness i. pervasızlık; keskin olmayış.

blur (blır) f. (-red, -ring) i. bulanıklaştırmak; bulaştırmak, yaymak, lekelemek; bulanmak, lekelenmek; i. leke, bulanıklık. blurry s. bulanık.

blurb (blırb) i. ilân, reklâm, bilhassa abartmalı bir şekilde yapılan reklâm; kitap kapağındaki reklâm.

blurt (blırt) f. ağzından kaçırmak, yumurtlamak, düşünmeden söylemek.

blush (blʌş) f., i. kızarmak, yüzü kızarmak; utanmak, mahcup olmak; pembeleşmek (çiçek, gökyüzü); kızartmak; i. kızarma; utanma; pembelik. at first blush ilk bakışta. blush rose pembe renkli bir çeşit gül; kırmızımsı bir renk. blusher i. yüzü kızaran kimse. blushful s. yüzü kızaran. blushingly z. yüzü kızararak.

blus.ter (blʌs'tır) f., i. şiddet ve gürültüyle esmek (rüzgâr); yüksek sesle tehdit savurmak; patırtı etmek, yaygarayı basmak; i. gürültü, yaygara; yüksekten atma, martaval. blusterer i. gürültücü kimse. blusteringly z. gürültüyle. blusterous s. yaygaracı.

blvd. kıs. boulevard.

b.m. kıs. board measure, bowel movement.

b.o. kıs. back order, box office, body odor.

B/O kıs. brought over.

bo.a (bo'wı) i. boa, avını etrafına dolanıp sıkarak öldüren zehirsiz büyük birkaç yılan cinsi; boynun etrafına konan uzun ipek eşarp veya kürk. boa constrictor Orta ve Güney Amerika'da bulunan çok büyük bir boa yılanı.

boar (bôr) i. erkek domuz; yabanî domuz, zool. Sus scrofa.

board (bôrd) i. kereste, tahta; çoğ., tiyatro sahne; oyun tahtası (satranç v.b.); mukavva; masa, sofra; yiyecek, içecek, iaşe; idare heyeti; den. geminin yanı veya bordası; den. volta seyrinde bir rüzgâra karşı gidilen yol. above board dürüst, açıkça. across the board herkesi aynı derecede etkileyen (ücret,

vergi). bed and board oda ve yiyecek dahil tam pansiyon. board foot 1 X 1 ayak, 1 inç'lik tahta ölçüsü. board of education A.B.D. okullar idare heyeti. go by the board bir kenara atılmak; kaybolmak (fırsat). on board gemide. tread the boards sahneye çıkmak, rol almak.

board (bôrd) f. tahta döşemek, tahta ile kaplamak; para karşılığında yiyecek içecek temin etmek; (vapur veya trene) binmek; pansiyoner olmak; den. borda etmek.

board.er (bôr'dır) i. pansiyoner; yatılı öğrenci; düşman gemisine çıkmakla vazifelendirilen kimse.

board.ing (bôr'dîng) i. tahta kaplama, tahta parmaklık. boarding house pansiyon. boarding school yatılı okul, leyli mektep.

board.walk (bôrd'wôk) i. deniz kıyısında tahtalardan yapılmış kaldırım.

boar.ish (bôr'îş) s. domuzca, domuzvari; şehevî; canavarca.

boast (bost) f., i. övünmek, kendini methetmek; iftihar etmek; keski ile kabaca şekil vermek; i. övünme, kendini beğenme, kurumlanma, kurulma. boaster i. övünen kimse. boastingly z. övünerek.

boast.ful (bost'fıl) s. övüngen; palavracı; kendini metheden. boastfully z. övünerek. boastfulness i. övüngenlik.

boat (bot) i., f. kayık, sandal, gemi, filika; kayık tabak; f. sandalla gezmek; sandal ile taşımak, nakletmek. be all in the same boat aynı halde olmak (çoğunlukla kötü bir durumu belirtmek için kullanılır).

boat.age (bo'tic) i. kayıkla taşıma ücreti.

boat hook den. kanca, çengelli uzun sırık.

boat.house (bot'haus) i. kayıkhane.

boat.ing (bo'tîng) i. sandal, kayık, gemi v.b.'nin eğlence yeri olarak kullanılması.

boat.load (bot'lod) i. bir geminin alabileceği miktar.

boat.man (bot'mın) i. (çoğ. -men) kayıkçı. boatmanship i. kayık kullanma kabiliyeti.

boat.swain (bo'sın) i., den. porsun, marinel başı, lostromo. boatswain's chair izbarço iskele.

bob (bab) i. demet, salkım; şakul, pendant; kısa kesilmiş saç modeli (kadın ve çocuklarda); balık yemi; olta mantarı; hafif bir darbe, vuruş; baş hareketi; *İng.*, *argo* bir şilin; *A.B.D.* bir çeşit kızak veya kayak.

bob (bab) *f.* **(-bed, -bing)** hafifçe eğmek, aşağı yukarı hareket ettirmek (baş); kısa kesmek (saç); hafifçe vurmak, dokunmak. **bob up** birdenbire ortaya çıkmak.

bob.ber.y (bab'ıri) *i.* huzursuzluk, kavga, gürültü.

bob.bin (bab'în) *i.* makara, bobin, ufak tahta iğ.

bob.bi.net (babınet') *i.* dantel makinasında dokunan bir çeşit tül.

bob.ble (bab'ıl) *i.*, *A.B.D.*, *k.dili* hata, gaf.

bob.by (bab'i) *i.*, *İng.*, *k.dili* polis memuru.

bobby pin madenî saç tokası.

bobby socks *çoğ.*, *k.dili* kısa çorap, özellikle kızların giydiği şoset. **bobby soxer** *A.B.D.* son modayı takip eden genç kız.

bob.cat (bab'kät) *i.* vaşak, karakulak, *zool.* Lynx rufus.

bob.o.link (bab'ılîngk) *i.* Kuzey Amerika'ya mahsus güzel sesli bir göçmen kuş, *zool.* Dolichonyx oryzivorus.

bob.sled, bob.sleigh (bab'sled, bab'sley) *i.*, *A.B.D.* yarışta kuilanılan kızak; arka arkaya bağlı çifte kızak.

bob.stay (bab'stey) *i.*, *den.* cıvadra bağı, mıstaço.

bob.tail (bab'teyl) *i.*, *s.* kısa kuyruk; kuyruğu kesilmiş hayvan; *s.* kısa kuyruklu.

bob.white (bab'hwayt) *i.* Kuzey Amerika bıldırcını, *zool.* Colinus virginianus.

boce (bos) *i.* kupes (balık), *zool.* Box vulgaris.

Boche (baş) *i.*, *aşağ.*, *Fr.*, *argo* Alman.

bock, bock beer (bak) *i.* sert ve siyah bir çeşit bira.

bode (bod) *bak.* **bide.**

bode (bod) *f.* işaret olmak, alâmet olmak, delâlet etmek; *eski* kehanet etmek, gelecekten haber vermek. **bode ill** uğursuzluğa delâlet etmek. **bode well** hayra alâmet olmak.

bo.dhi.satt.va (bodîsat'wı) *i.*, *ilâh.* Budalık mertebesine ulaşabilen fakat başkalarının ıstırabına karşı duyduğu merhamet ile bu mertebeden vazgeçen kimse.

bod.ice (bad'îs) *i.* korsaj, kadın yeleği.

bod.ied (bad'id) *s.* vücutlu, bedenli, cüsseli. **able-bodied** *s.* güçlü kuvvetli.

bod.i.less (bad'îlîs) *s.* vücutsuz, bedensiz, cismanî veya maddî olmayan.

bod.i.ly (bad'ıli) *s.*, *z.* bedenî, bedensel; maddî; *z.* bütün olarak, tamamen, kâmilen.

bod.ing (bo'dîng) *i.*, *s.* alâmet, kehanet; *s.* uğursuz, meşum. **bodingly** *z.* uğursuz olarak.

bod.kin (bad'kin) *i.* şerit veya kordonu bir delikten geçirmek için kullanılan iğne, biz; saç firketesi.

bod.y (bad'i) *i.* beden, vücut; ceset; gövde; bir şeyin ana bölümü; karoser (araba); *geom.* üç buutlu cisim; yoğunluk, kesafet (içki); cisim; **body corporate** hukukî şahıs. **bodyguard** *i.* muhafız asker. **body politic** hükümetin idaresi altında birleşmiş halk topluluğu. **body snatcher** ceset hırsızı. **just keep body and soul together** kıt kanaat geçinmek, zar zor geçinmek.

bod.y (bad'i) *f.* şekil vermek; şekil yönünden temsil etmek.

Boer (bor, bôr, bûr) *i.* Hollanda asıllı Güney Afrikalı.

bof.fin (baf'ın) *i.*, *İng.*, *argo* hükümet hesabına çalışan araştırmacı.

bog (bag, bôg) *i.*, *f.* bataklık; bataklık bölge; *f.* bataklığa gömülmek veya batmak. **bogbean** *i.* su yoncası. **bog down** tecrübe sonucunda başarılı olamamak. **bogland** *i.* bataklık arazi. **bog moss** bataklık yosunu. **bog oak** bataklıktan çıkarılan abanoza benzer meşe ağacı. **bog ore** bataklıklardan çıkarılan bir çeşit demir cevheri. **bog rush** bataklık sazı. **bog spavin** atın ökçesinin iç tarafında hâsıl olan şiş. **bogtrotter** *i.* bataklık arazide oturan kimse. **boggy** *s.* bataklıklı.

bo.gey (bo'gi) *i.* golfta başa baştan bir vuruş fazla.

bo.gey, bo.gy, bo.gie (bo'gi) *i.* (*çoğ.* **bogies**) gulyabani, cin; şeytan; *ask.* kimliği anlaşılmamış veya teşhis edilmemiş uçak.

bog.gle (bag'ıl) *f.*, *i.* ürkmek, korkmak, tereddüt etmek, harekete geçmekten çekinmek; *i.* acemilik; paniğe kapılma. **boggler** *i.* ürkek kimse.

bo.gie *bak.* **bogey.**

bo.gle (bo'gıl) *i.* gulyabani, cin, şeytan.

Bo.go.tà (bogıta') *i.* Bogota.

bo.gus (bo'gıs) *s.*, *A.B.D.* sahte, düzme, yapma.

bo.gy *bak.* **bogey.**

Bo.he.mi.an (bohi'miyın) *i.*, *s.* Bohemyalı; Çek dili; Çingene, Kıptî; *k.h.* Bohem, Bohem hayatı yaşayan kimse, toplum kurallarını

dikkate almadan yaşayan sanatçı ruhlu
kimse; *s.* Bohemya halkına veya diline
ait, Bohemya'ya özgü. **Bohemianism** *i.*
serbest hayat.

bo.hunk (bo'hʌngk) *i., A.B.D., argo, aşağ.*
kabiliyetsiz yabancı asıllı işçi; özellikle Balkan
asıllı yabancı işçi.

boil (boy'ıl) *f., i.* kaynamak, kaynar gibi kabar-
mak veya köpürmek; öfkeden köpürmek,
galeyana gelmek; haşlanmak, kaynar suda
pişmek; kaynatmak, haşlamak; *i.* kaynama,
kaynayış. **boil away** kaynayarak buharlaşıp
yok olmak. **boil down** kaynayarak suyunu
çekmek, özü kalana kadar kaynamak; kı-
saltmak, kısmak. **boil over** taşmak; öfke
veya heyecanını bastıramamak, galeyana gel-
mek. **boiling point** sıvıların kaynama dere-
cesi (su için 212°F, 100°C).

boil (boy'ıl) *i., tıb.* çıban.

boil.er (boy'lır) *i.* kazan, buhar kazanı; *İng.*
su ısıtmada kullanılan ocak veya soba; sıcak
suyu muhafaza etmekte kullanılan kazan.
boiler compound kazan taşına karşı kulla-
nılan kimyasal bileşim. **boiler emplacement**
kazan ayağı. **boiler fittings** kazan takımı.
boiler incrustation kazan taşı. **boiler
maker** kazancı. **boiler plate** kazan levhası.
boiler pressure kazan basıncı. **boiler room**
kazan dairesi. **double boiler** iki katlı ten-
cere, benmari. **tubular boiler** borulu kazan.

bois.ter.ous (boys'tırıs, boys'trıs) *s.* gürültülü;
şiddetli; fırtınalı (dalga, hava, rüzgâr).
boisterously *z.* gürültülü olarak. **boister-
ousness** *i.* gürültülü olma.

bold (bold) *s.* cesur, gözüpek; atılgan, cüretli;
arsız, küstah; çarpıcı, göz alan; dik, sarp.
boldface *i., matb.* siyah harfler. **make bold
to** cesaret etmek, cüret etmek. **boldly** *z.*
cesaretle. **boldness** *i.* cesaret, yüreklilik.

bole (bol) *i.* ağaç gövdesi; birkaç çeşit kil,
balçık, çamur.

bo.le.ro (boler'o) *i. (çoğ.* **boleros)** canlı bir
İspanyol dansı; bu dansın müziği; bolero,
cepken, bel hizasına kadar inen küçük ceket.

bo.lide (bo'layd, bo'lîd) *i.* parlak büyük
göktaşı, bilhassa patlayıcı göktaşı.

Bo.liv.i.a (bılıv'iyı) *i.* Bolivya.

boll (bol) *i.* tohum kabuğu veya zarfı (pamuk,
keten). **boll weevil** pamuk mahsulüne
çok zarar veren bir çeşit kurt.

bol.lard (bal'ırd) *i., den.* iskele babası, duba.

bo.lo (bo'lo) *i. (çoğ.* **bolos)** tek yüzlü uzun
bir çeşit bıçak.

Bo.lo.gna sausage, baloney, boloney (bılo'nı,
bılon'yı, bılo'ni) içinde çeşitli etler
bulunan iri bir cins salam.

bo.lom.e.ter (bolam'ıtır) *i., fiz.* bolometre, çok
az miktarda radyasyon enerjisini ölçebilen
elektrikli alet.

bo.lo.ney (bılo'ni) *i., bak.* **Bologna sausage;**
argo saçmalık, saçma söz.

Bol.she.vik (bol'şıvik, bal'şıvik) *i., s.* Bolşevik.
Bolshevist *i.* Bolşevik. **Bolshevism** *i.* Bol-
şeviklik.

bol.ster (bol'stır) *i., f.* uzun süs yastığı;
yastık, minder; *f.* yastıkla beslemek; *gen.*
up *ile* desteklemek, destek olmak.

bolt (bolt) *i., f., z.* sürgü, kol demiri; kilit dili;
cıvata; fırlama, kaçış; top (kumaş, duvar
kâğıdı); yıldırım; kısa kalın ok; kitabın
kesilmemiş kenarları ve sayfaları; *f.* süngü-
lemek; fırlamak; düşünmeden söylemek, ağ-
zından kaçırmak; çiğnemeden yutmak, alel-
acele yemek; top veya rulo haline koymak
(kumaş, duvar kâğıdı); ansızın yerinden
fırlamak; *A.B.D., pol.* (partisinden) çekilmek;
(partisine) destek olmaktan kaçınmak; *z.*
ansızın, birdenbire. **bolt chisel** çapraz keski.
bolt cutter mandal kesecek alet. **bolt
from the blue** hiç umulmadık iş, tam
sürpriz, tepeden inme. **bolt knife** sayfaları
kesmek için kullanılan mücellit bıçağı. **bolt
upright** dimdik. **ring bolt** *den.* halkalı
mapa. **shoot one's bolt** elinden geleni
yapmak, son imkânını kullanmak.

bolt (bolt) *f.* elemek, elek veya tülbentten
geçirmek, süzmek; eler gibi dikkatle gözden
geçirmek.

bolt.rope (bolt'rop) *i., den.* yelkenin etrafına
sağlamlaştırmak için dikilen halat.

bo.lus (bo'lıs) *i.* normalden daha büyük olan
hap, kapsül; topak, top.

bomb (bam) *i., f.* bomba; aerosol bombası;
jeol. yanardağın dışarı püskürttüğü küre
veya elips şeklindeki lav kümesi; *f.* bom-
bardıman etmek, bombalamak; bomba pat-
latmak. **bomb bay** *ask.* uçakta bombanın
atıldığı bölüm.

bom.bard (bambard') *f.* topa tutmak, bom-
bardıman etmek; bombalamak; üzerine var-

mak, sıkıştırmak (bir kimseyi). **bombarder**
i. topa tutan kimse. **bombardment** *i.*
bombardıman, topa tutma.
bom.bard (bam'bard) *i.* en eski cins top.
bom.bar.dier (bambırdîr') *i., ask.* bombardı-
man uçağında bombacı; *tar.* topçu, topçu
çavuşu.
bom.bar.don (bam'bırdın, bambar'dın) *i., müz.*
bombardon, mızıkada en kalın sesli nefesli
çalgı.
bom.bast (bam'bäst) *i.* abartmalı söz veya
konuşma.
bom.bas.tic, bom.bas.ti.cal (bambäs'tik,
bambäs'tikıl) *s.* abartmalı, saçma, yüksekten
atılan, şişirilmiş (söz, konuşma). **bombas-
tically** *z.* şişirilmiş bir şekilde.
bom.ba.zine, bom.ba.sine (bam'bızin) *i.* çöz-
güsü ipek ve atkısı yün olan ince kumaş.
bombe (bônb) *i.* top şeklinde dondurma.
bomb.er (bam'ır) *i.* bombardıman uçağı; bomba
atan kimse.
bomb.i.ta (bambi'tı) *i., argo* bazen esrarla
alınan amfetamin içitimi.
bomb.proof (bam'pruf) *s.* bomba geçmez.
bomb.shell (bam'şel) *i.* bomba mermisi; büyük
sürpriz.
bomb.sight (bam'sayt) *i.* bombardıman vizörü.
bom.byx (bam'biks) *i.* ipekböceği.
bo.na fide (bo'nıfayd', bo'nıfay'di) *Lat.* hilesiz,
hakikî, iyi niyet ile.
bo.nan.za (bınän'zı) *i., A.B.D* zengin maden
yatağı; refah ve talih kaynağı.
bon.bon (ban'ban) *i.* bonbon, şekerleme.
bond (band) *i., f.* bağ, irtibat, rabıta; ip, zincir;
fertleri bir grup halinde bir araya getiren
ilişki; yapışıklık; yapıştırıcı madde; muka-
vele, bono, senet, tahvilât; gümrüğü ö-
denmemiş malların hükümette muhafaza
edilme durumu; kefalet; örgü (duvar); *f.*
kefalete raptetmek; ipotek etmek; duvar
örmek. **bondage** *i.* kölelik, serflik, esaret.
bondholder *i.* tahvilât hamili. **bondmaid** *i.*
kadın köle, cariye. **bondman** *i.* erkek köle;
toprağa bağlı köylü. **bond paper** iyi cins
mektupluk kâğıt. **bondservant** *i.* köle.
bondslave *i.* köle, cariye. **bondsman** *i.*
kefalet veren kimse. **bondwoman** *i.* cariye,
halayık. **bonded debt** rehinli tahvil, tah-
vilât. **bonded goods** gümrükte muhafaza

altına alınmış eşya. **bonded warehouse**
gümrük antreposu.
bone (bon) *i.* kemik, kılçık; *çoğ.* iskelet, vücut;
kemikten yapılmış bir şey; balina (korse
için); *k.dili* zar. **bone ash** kemik külü.
boneblack *i.* yanık kemiklerden yapılan siyah
boya. **bone china** içinde kemik külü olan
tabaklar. **bone-dry** *s.* kupkuru. **boneless** *s.*
kemiksiz. **bone meal** kemik tozu. **bone
setter** çıkıkçı, kırıkçı. **frontal bone** alın
kemiği. **shank bone** bacak kemiği. **vomer
bone** saban kemiği. **bone of contention**
anlaşmazlık sebebi. **have a bone to pick
with someone** paylaşacak kozu olmak,
halledilecek davası olmak. **feel in one's
bones** derinden hissetmek, çok emin olmak.
make no bones about açıkça söylemek.
bone (bon) *f.* kemiklerini ayırmak, ayıklamak;
gübre olarak toprağa ufalanmış kemik ilâve
etmek; balina geçirmek (korse, gömlek
v.b.'ne); *argo* çok çalışmak, hafızlamak, kuş-
lamak. **bone for an exam** imtihan için
hazırlanmak. **bone up on a subject** bir
mevzu üzerinde okumak.
bon.er (bo'nır) *i., argo* hata, ahmakça yapılan
yanlışlık.
bone.head (bon'hed) *i., k.dili* aptal, mankafa
kimse.
bone.set (bon'set) *i.* papatyaya benzer bir bitki,
bot. Eupatorium perfoliatum.
bon.fire (ban'fayr) *i.* şenlik ateşi, açık havada
yakılan ateş.
bong (bông) *f., i.* gong gibi ses çıkarmak;
i. gong sesi.
bon.go (bang'go) *i.* tropikal Afrika ormanla-
rında yaşayan, büyük, kahverengi üzerine
beyaz çizgili antilop, *zool.* Taurotragus
eurycerus. **bongo drums** çift tamtam.
bon.ho.mie, bon.hom.mie (banımi', bônômi')
i., Fr. iyi huyluluk.
bon.i.face (ban'ıfeys) *i.* otelci.
bo.ni.to (bıni'to) *i. (çoğ.* -tos, -toes) torik,
uskumru cinsinden birkaç çeşit balık. **large
bonito** torik, peçuta, *zool.* Pelamys sarda.
bon jour (bôn jur') *Fr.* bonjur, günaydın.
bon.kers (bang'kırz) *s., İng., argo* çakırkeyf.
bon mot (bôn mo') *Fr. (çoğ.* **bons mots**) (bôn
moz') nükte, espiri.
bonne (bôn) *i., Fr.* hizmetçi kadın, dadı.

bón.net (ban'it) *i.* bağcıkları olan kadın ve çocuk şapkası; başlık şeklindeki kapak; *İng.* arabanın motor kapağı, kaporta. **bonnet box** şapka kutusu. **have a bee in one's bonnet** *bak.* **bee.**

bon.net (ban'it) *f.* başlık giydirmek.

bon.ny (ban'i) *s.,İng., leh.* göze hoş görünen, güzel, zarif, hoş; sıhhatli, gürbüz. **bonnily** *z.* güzel bir şekilde. **bonniness** *i.* güzel oluş.

bon.ny.clab.ber (ban'ikläb'ır) *i., leh.* ekşi yoğurt, kesilmiş süt.

bon.sai (ban'say) *i.* (*çoğ.* **-sai**) göze hoş görünmesi için çeşitli metotlarla fazla büyümesi engellenmiş ağaç; bu çeşit ağaç büyütme sanatı.

bon soir (bôn swar') *Fr.* bonsuar, iyi geceler.

bon ton (bôn tôn') kibar davranış veya tarz; asalet; aristokrasi.

bo.nus (bo'nıs) *i.* ikramiye, fazladan ödenen bir meblâğ, prim.

bon vi.vant (bôn vivan') *Fr.* (*çoğ.* **bons vivants**) lüks hayatı seven kimse, keyfine düşkün adam; neşeli arkadaş.

bon vo.yage (bôn vwayaj') *Fr.* iyi yolculuklar, yolunuz açık olsun.

bon.y (bo'ni) *s.* kemiğe benzer, kemikli.

bonze (banz) *i.* Japonya veya Çin'de Budist rahip.

boo (bu) *ünlem* Bööö ! (nefret veya alay ifade etmek veya korkutmak için kullanılır).

boob (bub) *i.,A.B.D., argo* aptal kimse, budala kimse. **boob tube** *k. dili* televizyon.

boo.boo (bu'bu) *i., argo* gaf, hata.

boo.by (bu'bi) *i.* budala kimse, bön kimse, ahmak kimse; bir oyun veya müsabakada en kötü oyuncu; sınıfın en tembel talebesi. **booby hatch** *A.B.D., argo* akıl hastanesi. **booby prize** bir oyunun en kötü oyuncusuna veya bir yarışmada sonuncu olana verilen ödül. **booby trap** kamufle edilmiş ufak bomba; gizli tuzak.

boo.dle (bud'ıl) *i.,A.B.D., argo* para; rüşvet; görevini kötüye kullanarak kazanılan para.

bóog.ie-woog.ie (bûg'i wûg'i) *i.* dans müziği olarak bir piyano çalma tarzı.

boo.hoo (buhu') *f., i.* hüngür hüngür ağlamak; *i.* hıçkırarak ağlama sesi.

book (bûk) *f.* deftere geçirmek, kaydetmek; yer ayırtmak, rezervasyon yapmak; tutmak, angaje etmek (bir sanatçı veya topluluğu); ismini kaydetmek, karakolda suçlu olarak kaydetmek.

book (bûk) *i.* kitap; cilt, fasıl, bap; *müz.* livre, opera metni; *tiyatro* senaryo; *iskambil* bir takımın kazandığı el sayısı; *briç* kazanılan ilk altı el; müşterek bahis defteri. **the Book** Kitabı Mukaddes. **book of matches** kibrit paketi. **book club** abonelerine indirimli fiyatla kitap satan firma. **book muslin** ince frenk tülbenti. **book review** bir kitabı inceleyen yazı, kitap tenkidi. **book trade** kitapçılık. **book value** defter değeri, maliyet. **bring to book** sorumluluğu birisine yükleyerek hesap sormak. **by the book** resmen, kurallara göre. **He knows it like a book.** Ezbere biliyor. **in one's bad books** gözünden düşmüş. **one for the books** fevkalade olay; tam örnek. **on the books** kaydedilmiş, kayıtlı. **make book** *A.B.D., argo* bahse girenlerin parasını almak. **without book** ezbere; salâhiyetsiz.

book.bind.er (bûk'bayndır) *i.* mücellit, ciltçi. **bookbinding** *i.* mücellitlik, ciltçilik. **bookbindery** *i.* mücellithane, ciltevi.

book.case (bûk'keys) *i.* kitaplık, kitap rafı.

booked (bûkt) *s.* yeri ayrılmış; temsil için anlaşmış; defterde kayıtlı. **booked-up** *s.* bağlanmış; *İng.* bütün yerleri satılmış.

book end kitap desteği, kitapların devrilmemesi için iki yana konan destek.

book.ie (bûk'i) *i., A.B.D., k.dili, bak.* **bookmaker.**

book.ing (bûk'ing) *i.* temsil veya konser için anlaşma; yer ayırma; bilet alma; deftere kaydetme. **booking-office** *i., İng.* bilet gişesi.

book.ish (bûk'iş) *s.* okumaya ve kitaplara düşkün; hayat tecrübesinden fazla kitaplara bağlı olan; nazarî; kitaplara ait veya bağlı, kitabî; edebî. **bookishness** *i.* kitap düşkünlüğü.

book.keep.er (bûk'kıpır) *i.* muhasebeci. **bookkeeping** *i.* muhasebecilik.

book.let (bûk'lît) *i.* broşür, küçük kitap, risale.

book.mak.er (bûk'meykır) *i.* kitapçı; at yarışı ve maçlarda müşterek bahisleri düzenleyen adam.

book.man (bûk'mın) *i.* âlim, bilgin; kitapçı, kitaplarla meşgul kimse.

book.mark (bûk'mark) *i.* kitapta sayfayı belirtmek için kullanılan kâğıt; kitabın sahibini gösteren etiket.

book.mo.bile (bûk'mıbil) i. gezici kütüphane.

book.plate (bûk'pleyt) i. kitabın iç kapağına yapıştırılan ve sahibinin ismini gösteren desenli kâğıt.

book post (postada) kitap tarifesiyle.

book.rack (bûk'räk) i. açık bir kitap için kullanılan altlık; kitap rafı.

book.sell.er (bûk'selır) i. kitapçı, kitap satan kimse veya firma.

book.shelf (bûk'şelf) i. kitap rafı, kitaplık.

book.stack (bûk'stäk) i. tavana kadar yükselen kitaplık.

book.stall (bûk'stôl) i. kitap sergisi; ufak kitabevi; İng. gazeteci köşesi.

book.stand (bûk'ständ) i. kitap sergisi; ufak kitabevi; açık kitap için altlık.

book.store (bûk'stôr) i. kitabevi.

book.worm (bûk'wırm) i. kitap kurdu, kitap okumaya düşkün kimse; kâğıt kurdu, zool. Ptirida; kitap kurdu, zool. Anobium hirtum.

Bool.e.an algebra (bul'iyın) mantık ve elektronik hesap makinelerine uygulanan bir çeşit cebir.

boom (bum) f., i. top gibi derin ve kuvvetli bir ses çıkarmak, gürlemek; vızıldamak; hamle yapmak, acele hareket etmek; A.B.D. hızla büyümek, süratli bir gelişme kaydetmek (şehir, iş); ileri gitmek, ilerlemek; i. hızla ilerleme veya yükselme (ticaret, iş, refah); hamle; gürleme, uğultu, uzaktan gelen gürültü, derinden gelen ses; vızıltı (arı, böcek). boom town belli bir nedenle birdenbire zenginleşen ve genişleyen şehir. boom out kalın sesle bildirmek.

boom (bum) i., den. seren, bumba, baston; akıntının kütükleri götürmemesi ve gemilerin seyrine engel olunması için set şeklinde konulmuş ve araları zincirli tomruk dizisi; bu sınırın içinde kalan bölge.

boom.e.rang (bu'mıräng) i. Avustralya yerlilerince silâh olarak kullanılan ve ileri doğru fırlatılınca geri gelen eğri bir değnek; ortaya atanın aleyhine dönen durum veya plan.

boon (bun) i. nimet, lütuf, iyilik.

boon (bun) s. neşeli. boon companion ahbap; içki arkadaşı.

boon.docks (bun'daks) i., the ile, A.B.D., argo geri kalmış bölge.

boon.dog.gle (bun'dagıl) i., f., A.B.D., k. dili faydasız iş; f. faydasız işlerle meşgul olmak.

boor (bûr) i. kaba ve görgüsüz kimse; köylü. boorish s. kaba. boorishly z. kaba bir şekilde. boorishness i. kabalık.

boose bak. booze.

boost (bust) f., i., A.B.D. arkasından itmek, destek olmak; lehinde konuşarak yardımcı olmak; artırmak (fiyat); i. destek, yardım; artma, artış.

boost.er (bus'tır) i., A.B.D. ileri götüren şey, yardım eden kimse, propagandacı; rokette yardımcı ek motor; elek. voltajı yükselten alet. booster shot bağışıklığı artırmak için yapılan ek aşı.

boot (but) i. çizme, potin; İng. bot; ayak ve bacağı sıkıştıran çizme benzeri işkence aleti; İng. arabanın bagajı; koruyucu tabaka; A.B.D. acemi deniz eri; tekme; argo azletme, işten çıkartma. get the boot azlolunmak, colloq. kapı dışarı edilmek. boot tree çizme kalıbı. Bet your boots. Emin olun. grow too big for one's boots mağrur olmak, yumurtadan çıkıp kabuğunu beğenmemek. lick the boot of çanak yalamak, dalkavukluk etmek. The boot is on the other foot. Durum değişti. Eski çamlar bardak oldu. wipe one's boots on hakaret eder şekilde muamele etmek; tepeleyip geçmek.

boot (but) f. çizme giydirmek; çizme şeklindeki aletle işkence yapmak; argo tekmelemek, tekme ile uzaklaştırmak; futbolda tekme atmak; argo işten çıkarmak, kovmak.

boot (but) f., i., eski veya şiir fayda etmek; yararlı olmak, işe yaramak; i., eski fayda; çare. What boots it? Faydası ne? Neye yarar? to boot ilâveten, fazla olarak.

boot.black (but'bläk) i. ayakkabı boyacısı, lostracı.

boo.tee (bu'ti) i. örgü bebek patiği; kadın botu.

booth (buth, budh) i. kulübe, çadır, çardak, barınak; satış pavyonu (fuar veya sergide).

boot.jack (but'cäk) i. çizme çekeceği.

boot.leg (but'leg) i., s., A.B.D. kaçak içki; s. kaçak olarak imal, ithal veya nakledilmiş; kaçak, kanun dışı; kaçakçılıkla ilgili.

boot.leg (but'leg) f. içki kaçakçılığı yapmak; kaçakçılık etmek; satmak üzere üzerinde kaçak eşya bulundurmak.

boot.leg.ger (but'legır) i. içki kaçakçısı; kaçakçı.

boot.less (but'lis) *s.* faydasız, boş, gereksiz. **bootlessly** *z.* boş yere, neticesiz olarak. **bootlessness** *i.* neticesizlik.

boot.lick.er (but'likır) *i., A.B.D., argo* dalkavuk.

boots (buts) *i., İng.* otelde boyacılık ve ayak işlerinde çalışan hizmetli.

boo.ty (bu'ti) *i.* ganimet, yağma, çapul; kazanç.

booze, *İng.* **booze**, **boose**, **bouse** (buz) *i., f., k.dili* alkollü içki; içki âlemi; *f.* kafayı çekmek, içmek. **boozer** *i.* ayyaş kimse.

booz.y (bu'zi) *s., k. dili* sarhoş, kafası dumanlı; alkolik.

bop (bap) *f., i., argo* vurmak; *i., müz.* bap, bir çeşit caz müziği.

bo-peep (bo-pip') *i.* saklanıp sonradan ''böö'' diye ortaya çıkarak oynanan çocuk oyunu.

bo.rac.ic acid (bıräs'îk) *kim.* asitborik.

bo.ra.cite (bôr'ısayt) *i.* borasit, Bandırma taşı.

bor.age (bûr'îc, bôr'îc, bar'îc) *i.* hodan, *bot.* Borago officinalis.

bo.rate (bôr'eyt) *i., kim.* borat.

bo.rax (bôr'äks) *i.* boraks.

Bor.deaux (bôrdo') *i.* Bordo limanı; Bordo şarabı. **Bordeaux mixture** ağaçları korumak için kullanılan karışım (kireç ve göktaşı).

bor.del.lo (bôrdel'o) *i.* genelev.

bor.der (bôr'dır) *i.* kenar; hudut, sınır; bir resim veya yazının etrafındaki süs. **borderer** *i.* sınırda oturan kimse. **borderland** *i.* sınır bölgesi. **borderline** *i., s.* sınır; *s.* güçlükle ayırt edilebilen.

bor.der (bôr'dır) *f.* sınır koymak; sınır meydana getirmek; sınırdaş olmak, hemhudut olmak; benzemek, yakın olmak. **border on** sınır komşusu olmak; eğiliminde olmak.

bore (bôr) *f., i.* delik açmak, burgu veya matkap ile delmek; oymak; *i.* delik, oyuk; kalibre, çap. **bore bit** taş delecek kalem.

bore (bôr) *f., i.* can sıkmak, bizar etmek, baş ağrıtmak; *i.* can sıkıcı kimse veya olay, baş belâsı.

bore (bôr) *i.* kabarma sonucu oluşan yüksek tepeli dalga.

bore (bôr) *bak.* **bear**.

bo.re.al (bôr'iyıl) *s.* poyraza ait, kuzey rüzgârına ait; şimalî, kuzey.

Bo.re.aş (bôr'iyıs) *i.* Yunan mitolojisinde kuzey rüzgârı, poyraz.

bore.dom (bôr'dım) *i.* sıkıntı, can sıkıntısı.

bore.hole (bôr'hol) *i.* yerkabuğunda araştırmalar yapmak için açılan kuyu.

bor.er (bôr'ır) *i.* delgi, matkap, burgu; meyva veya ağaç kurdu; beslenmek için diğer balıkların etine gömülen balık.

bo.ric (bôr'îk) *s., kim.* borik, borakslı. **boric acid** asitborik.

bo.ride (bôr'ayd) *i., kim.* içinde bor bulunan bileşim, borit.

bor.ing (bôr'îng) *i., s.* sondaj, delme; delik; *çoğ.* delik açılırken çıkan moloz; *s.* can sıkıcı.

born (bôrn) *s.* doğmuş; doğuştan. **He was born in Sivas.** Sivas'ta doğdu. **Where were you born?** Nerelisiniz?

borne (bôrn) *bak.* **bear**; *s.* taşınmış, götürülmüş; tahammül edilmiş, dayanılmış.

bo.ron (bôr'an) *i., kim.* bor.

bor.ough (bır'o) *i.* kasaba, kaza, ilçe.

bor.row (bar'o) *f.* ödünç almak, borç almak; *mat.* ödünç almak (çıkartma işleminde). **borrow trouble** önceden tasasını çekmek. **borrowing** *i.* başka bir dilden alınan kelime veya deyim.

borscht (bôrşt) *i.* Rus sebze çorbası, borş.

bort (bôrt) *i.* düşük kalite elmas veya elmas kırıntıları, karaelmas, karbonado.

bor.zoi (bôr'zoy) *i.* Rus kurt köpeği.

bos.cage (bas'kîc) *i.* ağaçlık, çalılık, koru.

bosh (baş) *i., k.dili* saçmalık, boş söz, zırva söz veya düşünce.

bosk (bask) *i.* çalılardan meydana gelen küçük koru. **bosket, bosquet** *i.* koru, çalılık. **bosky** *s.* ağaçlıklı, çalılarla kaplı; gölgeli.

bo's'n (bo'sın) *bak.* **boatswain**.

Bos.ni.a (baz'niyı) *i.* Bosna. **Bosnian** *i., s.* Boşnak; Boşnakça; *s.* Boşnak.

bos.om (bûz'ım, bu'zım) *i., s.* göğüs, sine, bağır, koyun; elbisenin göğsü kaplayan kısmı; *s.* samimî, çok yakın; göğüse ait. **bosom friend** samimî dost, can yoldaşı.

bos.om (bûz'ım, bu'zım) *f.* bağrına basmak, kucaklamak; gizlemek, saklamak.

Bos.pho.rus, Bos.po.rus (bas'fırıs, bas'pırıs) *i.* İstanbul Boğazı, Karadeniz Boğazı. **the Bosphorus and its shores** Boğaziçi.

boss (bôs) *i., f., A.B.D.* patron, amir, işveren, ustabaşı; *A.B.D.* kendi seçim bölgesinde partinin örgütünü denetleyen politikacı; *f.* kontrol etmek, idare etmek; fazla otoriter ve sert olmak.

boss (bôs) *i., f., bot., zool.* bitki veya hayvanın vücudunda meydana gelen şişkinlik; *mim.* fildişi, maden v.b.'nden yapılmış kabartma süs; *f.* kabartmalarla süslemek.

boss (bôs) *i., A.B.D., k.dili* inek veya buzağı.

boss.y (bôs'i) *s., i., A.B.D., k.dili* sözünü geçiren, hükmeden, sert tabiatlı; *i.* inek veya buzağı.

boss.y (bôs'i) *s.* kabartmalarla süslü.

bo.sun (bo'sın) *bak.* **boatswain.**

bot, bott (bat) *i.* bir cins atsineğinin sürfesi.

bot. *kıs.* **botany, bottle.**

bo.tan.ic, bo.tan.i.cal (bıtän'ik, bıtän'ikıl) *s.* bitkibilimsel, botaniğe ait; bitkisel. **botanically** *z.* botanik bakımından.

bot.a.nist (bat'ınîst) *i.* botanist, bitkiler bilgini.

bot.a.nize, *İng.* **-ise** (bat'ınayz) *f.* inceleme yapmak için kırlardan bitki toplamak; bitkileri yerinde incelemek.

bot.a.ny (bat'ını) *i.* botanik, bitkibilimi.

botch (baç) *f., i.* beceriksizce yamamak; kabaca tamir etmek; bozmak; *i.* kabaca yapılmış yama; beceriksizlik. **botchy** *s.* kaba yamalı.

bot.fly (bat'flay) *i.* sürfesi omurgalılara asalak olan birkaç cins sinek.

both (both) *zam., s.* her ikisi, her ikisi de; ikiside; *s.* her iki. **both he and I** hem o hem de ben.

both.er (badh'ır) *i.* sıkıntı, sıkıcı bir iş veya durum, zahmet, üzüntü veren bir şey. **It's no bother.** Bir şey değil. Zahmet olmaz. **bothersome** *s.* sıkıcı, üzücü.

both.er (badh'ır) *f.* canını sıkmak, sıkıntı vermek, üzmek, taciz etmek, rahatsız etmek; endişe etmek, merak etmek.

both.er.a.tion (badhırey'şın) *i., ünlem* can sıkıntısı, üzüntü, telâş veya sıkıntı yaratan durum; *ünlem* Aman! Bırak şunu!

bo tree (bo) Asnam incir ağacı, bo inciri, Budistlerin kutsal saydığı ağaç.

Bot.swa.na (batswa'na) *i.* Botswana.

bot.tle (bat'ıl) *i.* şişe; emzik, biberon. **bottle gourd** sukabağı. **be brought up on the bottle** mamayla beslenmek, biberonla beslenmek. **the bottle** alkollü içki; bebekler için süt.

bot.tle (bat'ıl) *f.* şişeye koymak, şişelere doldurmak. **bottle up** şişelere doldurup saklamak; susturmak.

bot.tle.brush (bat'ılbrʌş) *i.* şişe fırçası; atkuyruğu, *bot.* Equisetum arvense.

bot.tle.fish (bat'ılfîş) *i.* kendini hava ile şişirebilen bir balık, *zool.* Saccopharynx ampullaceus.

bot.tle.glass (bat'ılgläs) *i.* şişe yapmak için kullanılan adi yeşil cam.

bot.tle green şişe camı yeşili.

bot.tle-imp (bat'ılîmp) *i.* şişeye kapanmış cin.

bot.tle.neck (bat'ılnek) *i.* dar geçit, dar boğaz; engel; işlerin yürümesini engelleyen kimse veya durum.

bot.tle.nose (bat'ılnoz) *i.* iri burun; bir cins dişli balina, *zool.* Tursiops.

bot.tle-par.ty (bat'ıl-parti) *i.* herkesin kendi içkisini getirdiği içkili toplantı.

bot.tle.wash.er (bat'ılwô'şır) *i.* bulaşıkçı. **chief cook and bottlewasher** her türlü ev işi yapan kimse.

bot.tom (bat'ım) *i.* dip, alt; esas, kaynak, temel; vadi; *den.* karina, tekne, gemi; dayanma gücü; iskemlenin oturulacak yeri; *k.dili* kıç, popo. **Bottoms up!** *k.dili* İçkilerinizi bir yudumda bitirin! **at bottom** aslında, esasında. **get at the bottom of** bir şeyin esasına inmek, aslını anlamak. **bottom dollar** son kuruş. **bottom land** ovalık arazi.

bot.tom (bat'ım) *f.* dip koymak; bir şeyin aslına inmek, esasını anlamak; tesis etmek, kurmak; esasına dayanmak; dibine inmek, ulaşmak.

bot.tom.less (bat'ımlîs) *s.* dipsiz; çok derin. **the bottomless pit** cehennem.

bot.tom.ry (bat'ımri) *i., huk.* gemi sahibinin gemiyi karşılık göstererek ödünç para almasını sağlayan kontrat.

bot.u.lin (baç'ûlin) *i.* bir çeşit ağır gıda zehirlenmesi.

bou.clé (bukley') *i.* buklet.

bou.doir (budwar') *i.* bir kadının yatak veya özel oturma odası.

bouf.fant (bufant') *s.* kabarık.

bou.gain.vil.le.a (buginvil'iyı) *i.* sıcak memleketlerde yetişen çiçekli bir bitki, *bot.* Bougainvillea.

bough (bau) *i.* ağaç dalı, büyük dal.

bought (bôt) *bak.* **buy.**

bou.gie (bu'ci, bu'ji) *i., tıb.* eğilir uzun sonda; fitil; mum, balmumu.

bouil.la.baisse (bul'ıbeys) *i.* şaraplı balık çorbası.

bouil.lon (bûl'yın) *i.* et suyu çorbası.

boul.der, bowl.der (bol'dır) *i.* yerinden kopmuş ve aşınmış iri kaya parçası.

boul.e.vard (bûl'ıvard) *i.* bulvar, iki tarafı ağaçlık geniş cadde.

boult *bak.* **bolt.**

bounce (bauns) *f., i.* sıçramak, sekmek, zıplamak (top); gürültüyle veya hızla bir yere dalmak; sıçratmak, zıplatmak, sektirmek; *A.B.D.*, *argo* karşılıksız olduğu gerekçesiyle çeki iade etmek; *argo* yol vermek, işten atmak; *i.* sıçrayış, sıçrama, zıplayış; *k.dili* hayatiyet, canlılık; *İng.*, *k.dili* övünme, atma, martaval; *A.B.D.*, *argo* kovma, işten atma, yol verme.

bounc.er (baun'sır) *i.* sıçrayan şey veya kimse, zıplayan bir şey veya kimse; *A.B.D.*, *argo* bar, gece kulübü v.b. fedaisi; büyük şey; *İng.*, *k.dili* martaval; martavalcı kimse.

bound (baund) *i.*, *gen. çoğ.* hudut, sınır, sınırlar.

bound (baund) *i.* sıçrayış, fırlayış, zıplama, geri tepme. **at a bound** bir hamlede.

bound (baund) *f.* hudutlamak, sınırlamak; kuşatmak; hudutlarını çizmek; hemhudut olmak, bitişik olmak.

bound (baund) *f.* sekmek, sıçrayarak gitmek, zıplamak, fırlamak; sektirmek, sıçratmak, zıplatmak.

bound (baund) *s.* bağlı, kayıtlı; ciltli, ciltlenmiş; mecbur. **bound to win** mutlaka kazanacak. **bound up in** bağlı, düşkün.

bound (baund) *s.* gitmeye hazır, hareket halinde. **homeward bound** memleketine doğru yola çıkmış veya çıkmak üzere.

bound.a.ry (baun'dırı, baun'dri) *i.* hudut, sınır.

bound.en (baun'dın) *s.* mecbur, mecburiyet altında olan, zorunlu; mecburî.

bound.er (baun'dır) *i.*, *İng.*, *k.dili* terbiyesiz ve cibilliyetsiz kimse.

bound.less (baund'lis) *s.* hudutsuz, sınırsız, sonsuz, engin, tükenmeyen.

boun.te.ous (baun'tiyıs) *s.* eli açık, cömert; bol, mebzul. **bounteously** *z.* cömertçe. **bounteousness** *i.* cömertlik.

boun.ti.ful (baun'tıfıl) *s.* cömert, eli açık, vermeyi seven; bol, mebzul. **bountifully** *z.* bol bol.

boun.ty (baun'ti) *i.* cömertlik; cömertçe verilen hediye, ihsan; prim, ikramiye; öldürülen zararlı hayvan başına belediyece ödenen para.

bou.quet (bokey', bukey') *i.* buket, çiçek demeti; şarap kokusu.

bour.don (bûr'dın) *i.*, *müz.* bir hava ile birlikte çalınan alçak sesli ve tek perdeli nağme; orgda pes birtakım notalar.

bour.geois (bûrj'wa, bûrjwa') *i.*, *s.*, *Fr.* burjuva; orta sınıf; *s.* orta sınıfa mensup; zarafet ve incelikten yoksun. **bourgeoisie'** *i.* orta sınıf, burjuvazi.

bour.geon *bak.* **burgeon.**

bourn, bourne (bôrn, bûrn) *i.*, *eski* hudut, sınır; hedef, gaye, varılacak yer; ülke, memleket.

bourn, bourne (bôrn, bûrn) *i.* çay, su.

Bourse (bûrs) *i.* borsa, özellikle Paris borsası.

bou.stro.phe.don (bu'strıfid'ın) *i.* bir satırın sağdan sola ve diğerinin soldan sağa yazıldığı eski bir yazı şekli.

bout (baut) *i.* kuvvet gösterisi, müsabaka; nöbet; devre.

bou.tique (butik') *i.* butik.

bo.vine (bo'vayn, bo'vin) *s.* öküz ve inek gibi büyükbaş hayvanlarla ilgili; bu hayvanlara benzer; sıkıcı, durgun, hissiz.

bow (bau) *i.* baş, pruva (gemi). **bowman** *i.* baş tarafta kürek çeken adam; filikada pruvacı.

bow (bau) *i.* baş eğerek selâmlama, reverans.

bow (bau) *f.* başını eğerek selâmlamak, reverans yapmak; eğmek; başını eğdirmek; başını eğerek yol göstermek; ezmek. **bow and scrape** yaltaklanmak.

bow (bo) *i.*, *f.* yay; okçu; kavis; gökkuşağı; boyunduruk; fiyonk; *f.*, *müz.* yay ile çalmak. **bow tie** papyon kravat, kelebek kravat. **bow window** kavisli daire şeklinde iç kısmı enli pencere.

bowd.ler.ize (baud'lırayz) *f.* bir eserden ahlâka aykırı olduğu düşünülen kısımları çıkarmak veya değiştirmek; ıslah etmek.

bow.el (bau'wıl, baul) *i.*, *f.* (-ed, -led, -ing, -ling) bağırsak; *gen. çoğ.* iç kısımlar; *f.* bağırsaklarını çıkarmak. **bowel movement** dışkı çıkarma; dışkı.

bow.er (bau'wır) *i.* "Euchre" denilen iskambil oyununda bacak; *şiir* bahçe köşkü, kameriye, kulübe; *den.* pruvada iki lenger çapadan biri.

bow.er (bau'wır) *f.* etrafına kameriye yapmak; ihata etmek, kuşatmak.

bow.er.y (bau'wıri, bau'ri) *i.*, *A.B.D.* çiftlik; sayfiye evi. **the Bowery** New York şehrinde bulunan, eskiden adi eğlence yerleri ve otellerle dolu olan uzun ve geniş bir cadde.

bow.ie knife (bo'wi, bu'wi) uzun ve eğri av bıçağı.

bowl (bol) *i.* kâse, çukur kap; tas, leğen; tahta top; birkaç tip top oyunu.

bowl (bol) *f.* bir çeşit top oyunu oynamak; top gibi yuvarlamak; top atmak. **bowl over** vurup devirmek; şaşırtmak, şaşkına çevirmek. **be bowled over** hayretten donup kalmak.

bow.leg.ged (bo'legîd) *s.* çarpık bacaklı.

bowl.er (bo'lır) *i.* "bowling" oyununda topu atan kimse. **bowler hat** melon şapka.

bow.line (bo'lîn, bo'layn) *i.*, *den.* borina; bir çeşit düğüm, barço bağı.

bowl.ing (bo'lîng) *i.* ağır topla oynanan bir oyun. **bowling alley** bu oyuna mahsus dar yol. **bowling green** bu oyunun oynandığı yeşil saha.

bow.man (bo'mın) *i.* okçu, ok atan kimse; yay çeken kimse.

bow.shot (bo'şat) *i.* ok menzili.

bow.sprit (bau'sprit, bo'sprît) *i.*, *den.* cıvadra.

bow.string (bo'strîng) *i.*, *f.* kiriş; *f.* iple boğarak öldürmek.

bow-wow (bau'wau) *i.* köpek havlaması; havlama taklidi; *ç.dili* köpek, havhav.

bow.yer (bo'yır) *i.* okçu, ok yapan veya satan kimse.

box (baks) *i.* şimşir, *bot.* Buxus sempervirens.

box (baks) *i.* kutu, sandık; bir kutu dolusu miktar; hediye kutusu, hediye; loca; kulübe (bekçi veya nöbetçiler için); av kulübesi; at arabalarında arabacının oturduğu yer; yolcu veya yük kompartımanı; mil yatağı, göz; müşkül durum; *gazet.* çerçeveli kısım; *beysbol* oyuncuların topa vurdukları yer. **box calf** bir çeşit kahverengi buzağı derisi. **box camera** basit ve ayarsız fotoğraf makinası. **boxcar** *i.* kapalı yük vagonu, furgon. **box coat** kalın arabacı paltosu; arkası bele oturmayan palto. **box drain** kapalı lağım. **boxfish** *i.* sandıkbalığı, *zool.* Ostracion. **box kite** kutu şeklinde bir cins uçurtma. **box number** posta kutusu numarası. **box office** tiyatro, sinema ve stadyumda bilet gişesi; *k.dili* bir temsilden elde edilen hasılât. **box pleat** plikaşe. **boxwood** *i.* şimşir ke-

restesi; şimşir, *bot.* Buxus sempervirens. **in the box** *huk.* şahit kürsüsünde. **boxlike** *s.* kutu gibi.

box (baks) *f.* kutuya veya sandığa koymak; *gen.* **up** *ile* kutulara yerleştirmek, sandıklamak, ambalaj yapmak; *den.* orsada boca ve pupa ederek gemiyi yeniden orsaya getirmek. **box the compass** *den.* pusulaya göre kerteleri sırayla saymak.

box (baks) *i.*, *f.* el veya yumruk darbesi; *f.* tokat veya yumruk atmak (bilhassa kulağa); boks maçına girmek; boks yapmak. **boxer** *i.* boksör.

box.er (bak'sır) *i.* bir cins köpek, bokser.

box.haul (baks'hôl) *f.*, *den.* orsada boca ve pupa ederek gemiyi yeniden orsaya getirmek.

box.ing (bak'sîng) *i.* boks. **boxing glove** boks eldiveni. **boxing match** boks maçı.

Box.ing Day *İng.* Noeli takip eden gün.

boy (boy) *i.* erkek çocuk, oğlan; delikanlı; *aşağ.* genç uşak. **boy friend** *k.dili* erkek arkadaş. **boy scout** erkek izci.

boy.cott (boy'kat) *f.*, *i.* boykot yapmak; *i.* boykot.

boy.hood (boy'hûd) *i.* çocukluk devresi.

boy.ish (boy'îş) *s.* erkek çocuk tavırlı, oğlanlara yakışır, oğlanvâri; çocukça. **boyishly** *z.* oğlanlara yakışır şekilde. **boyishness** *i.* oğlanvâri oluş.

boy.sen.ber.ry (boy'zınberi) *i.* böğürtlen ve ahududunun birleşmesinden doğan melez bir meyva.

bp. *kıs.* **birthplace, bishop.**

b.p. *kıs.* **below proof, boiling point.**

Br. *kıs.* **British.**

bra (bra) *i.*, *A.B.D.*, *k.dili* sutyen.

brace (breys) *i.*, *f.* bağ, kuşak, raptetmeye mahsus herhangi bir şey; *mak.* matkap kolu; *den.* prasya; *gen. çoğ., dişçi.* tel; *tıb.* destek; *İng., çoğ.* askı, pantolon askısı; çift; iki veya daha çok satırı birbirine bağlayan işaret; *f.* sağlamlaştırmak, destek olmak; birbirine tutturmak, raptetmek; *den.* prasya etmek. **brace up** *k.dili* kuvvet vermek, kışkırtmak; sıkmak, sıkı tutmak.

brace.let (breys'lît) *i.* bilezik; *k.dili* kelepçe.

brac.er (brey'sır) *i.* destek, kuvvet veren şey veya kimse; *A.B.D.*, *k.dili* canlandırıcı bir içki, tonik; kol bağı; ok atarken sol bilek ve kolun alt kısmını korumak için takılan bağ.

bra.ce.ro (brıser'o) *i.* Meksika'dan A.B.D.'ye getirtilen kontratlı tarla işçisi.

bra.chi.al (brey'kiyıl, bräk'iyıl) *s.* kola ait, kol gibi.

bra.chi.ate (bräk'iyît, brey'kiyît) *s., bot.* dalları geniş ve karşılıklı olan.

bra.chi.o.pod (brey'kiyıpad, bräk'iyıpad) *i., zool.* kolsu-ayaklılar.

brachy- *önek* kısa.

brach. y. ce. phal. ic,   brach. y. ceph. a. lous (bräk'îsıfäl'îk, bräk'îsef'ılıs) *s.* kısakafalı, brakisefal.

brac.ing (brey'sîng) *s., i.* kuvvetlendirici, kuvvet verici; *i.* destek, dayanak.

brack.en (bräk'ın) *i.* bir çeşit büyük eğreltiotu, *bot.* Pteridium aquilinum.

brack.et (bräk'ît) *i., f.* dirsek, destek, kenet; altından destekle tutturulmuş raf; vergi değerlendirmesi için gelire göre yapılan ayırım; parantez, köşeli parantez; *f.* parantez içine almak; destek veya dirsek ile tutturmak; bir tutmak, eşit kabul etmek; hedefi makas içine almak (topçulukta).

brack.ish (bräk'îş) *s.* hafif tuzlu, acı; tatsız. **brackishness** *i.* tuzluluk.

bract (bräkt) *i., bot.* brakte, bürgü.

brac.te.ate (bräk'tiyît) *s., bot.* brakteli, bürgülü.

brad (bräd) *i.* ince ve küçük başlı çivi.

brad.awl (bräd'ôl) *i.* biz, kalem.

brae (brey) *i., İskoç.* bayır, yamaç.

brag (bräg) *f., i.* övünmek, kendini methetmek, yüksekten atmak; övmek, methetmek; *i.* övünme, atma; övünen kimse; övünülecek şey.

brag.ga.do.ci.o (brägıdo'şiyo) *i.* palavra; palavracı kimse.

brag.gart (bräg'ırt) *i.* övüngen kimse, yüksekten atan kimse.

Brah.ma (bra'mı) *i.* Brahma, büyük Hint ilâhı.

brah.ma (bra'mı) *i.* bacakları tüylü, kuyruğu ve kanatları kısa olan bir çeşit iri Asya tavuğu.

Brah.man, Brah.min (bra'mın -mîn) *i.* Brahma rahibi, Brehmen; bir cins inek. **Brahmin** *i.* soylu ve kültürlü kimse.

Brah.man.ism (bra'mınîzım) *i.* Brahma dini.

braid (breyd) *f., i.* örmek, örgü şeklinde dokumak; kurdele veya bant ile tutturmak, bağlamak (saç); şerit veya sutaşı ile süslemek; *i.* örgü, saç örgüsü; şerit, sutaşı; kurdele,

bant, şerit (saç için). **braiding** *i.* saç örgüsü; saç örgüsü şeklindeki motif veya süs.

brail (breyl) *i., f., den.* yelken ipi, istinga ipi; *f.* istinga etmek.

Braille (breyl) *i.* körlerin parmaklarıyla dokunarak okumaları için kabartma harflerden meydana gelen bir baskı sistemi.

brain (breyn) *i.* beyin, dimağ; *çoğ.* kavrayış, zekâ, akıl, zihin, kafa. **brain child** *k.dili* fikrî eser, buluş. **brain fever** beyin humması. **brainpan** *i.* kafatası. **brainsick** *s.* deli, akıl hastası. **brainstorm** *i.* anî ve şiddetli gelen cinnet krizi; *k.dili* anî gelen ilham. **brain trust** bir grup danışman. **brainwash** *f.* beyin yıkamak. **brain wave** *biyol.* beyin akımı; *k.dili* birdenbire akla gelen parlak fikir. **beat one's brain** kafa yormak, kafa patlatmak. **brainless** *s.* akılsız, kuş beyinli. **brainy** *s., k.dili* kafalı, zeki.

brain (breyn) *f.* kafasını yarmak, beynini patlatmak.

braise (breyz) *f.* eti veya sebzeyi yağda çevirdikten sonra kendi suyuyla yavaş yavaş pişirmek.

brake (breyk) *i., f.* fren; keten ve kenevir liflerini ayırmak için kullanılan tokmak veya makina; *f.* fren yapmak, frenlemek; fren tertibatı takmak; işlemek (keten veya keneviri). **brake adjustment** *oto.* fren ayarı. **brake block** tekerlek baskı takozu, fren takozu. **brake drum** *oto.* fren kasnağı. **brake fluid** *oto.* fren mayii, fren akarı. **brake lining** *oto.* fren astarı, fren balatası. **brake pedal** *oto.* fren pedalı. **brake pulley** fren kasnağı. **brake rod** *oto.* fren çubuğu. **brake shaft** *oto.* fren mili. **brake shoe** fren çarığı. **brakeman** *i., A.B.D.* **brakesman,** *İng.* frenci. **brakeless** *s.* frensiz. **hand brake** el freni.

brake (breyk) *i.* bir çeşit büyük eğreltiotu, *bot.* Pteridium aquilinum.

brake (breyk) *i.* çalılık. **braky** *s.* çalıyla kaplı.

bram.ble (bräm'bıl) *i.* böğürtlen çalısı, kaba diken, *bot.* Rubus fruticosus.

bram.bling (bräm'bling) *i.* dağ ispinozu, *zool.* Fringilla montifringilla.

bran (brän) *i.* kepek. **branny** *s.* kepekli.

branch (bränç) *i., f.* dal, kol, şube, bölüm; akarsu kolu; *f.* dal budak salmak; kollara ayrılmak, şubelere ayrılmak; bölmek, ayırmak; elişi ile süslemek. **branch off** ikiye ayrılmak; konu dışına çıkmak. **branch out** genişlemek, yayılmak, dal budak salmak. **root and branch** baştan başa, tamamen. **branchlet** *i.* ufak dal. **branchy** *s.* dallı budaklı.

bran.chi.a (bräng'kıyı) *i.* (*çoğ.* -ae) *zool.* solungaç, galsame. **branchiate** *s.* solungaçlı.

bran.chi.o.pod (bräng'kıyıpad) *i.* bir çeşit kabuklu deniz hayvanı.

brand (bränd) *i., f.* marka, alâmet, alâmeti farika; dağlama, dağ, nişan, damga, işaret; namus lekesi, ayıp; dağlamada kullanılan demir; yanan veya yarı yanmış odun parçası; *eski, şiir* kılıç; *f.* dağlamak; lekelemek, damgalamak. **brander** *i.* dağlayan kimse.

bran.dish (brän'diş) *f., i.* sallamak, savurmak; *i.* sallama, savurma.

brand.ling (bränd'ling) *i., İng.* üzerinde sarı lekeleri olan kızılkahverenkli ve daha çok gübre yığınlarında bulunan küçük solucan, *zool.* Helodrilus feotidus.

brand-new, bran-new (bränd'nu, brän'nu) *s.* yepyeni, gıcır gıcır.

bran.dy (brän'di) *i.* konyak. **brandied** *s.* konyağa yatırılmış (meyva).

brant (bränt) *i.* koyu renkli birkaç çeşit küçük kaz.

brash (bräş) *s., A.B.D.* aceleci, atılgan, girgin; yüzsüz, küstah.

brash (bräş) *i.* ufalanmış kaya parçaları; dalgaların sahile getirdiği buz parçacıkları; *leh.* hastalık krizi; sağanak.

Bra.si.lia (brızi'lyı) *i.* Brasilia.

brass (bräs) *i., s.* pirinç (madeni alaşım); pirinçten yapılmış alet veya eşya; *müz.* pirinçten yapılmış nefesli çalgılar, bando; *A.B.D., argo* yüksek rütbeli subaylar, omuzu kalabalıklar; *argo* para, *slang* mangır; kendine güven; küstahlık, yüzsüzlük; *s.* pirinçten yapılmış, pirinç. **brass band** bando, mızıka. **brass hat** *argo* yüksek rütbeli kara veya deniz subayı. **brass knuckles** pirinç muşta. **brass plate** pirinç levha. **brassware** *i.* pirinç aletler. **brass winds** pirinçten yapılmış nefesli çalgılar. **get down to brass tacks** asıl meseleye gelmek, sadede gelmek. **have a lot of brass** *argo* fazla atak olmak.

bras.sage (bräs'îc) *i.* para basma ücreti.

bras.sard (bräs'ard, brısard') *i.* pazubent, kolun üst kısmına takılan bant; kol zırhı.

brass.ie, brass.y (bräs'i) *i.* baş kısmının altı pirinçten yapılmış golf değneği.

bras.siere (brızir') *i.* sutyen.

brass.y (bräs'i) *s.* pirinçten yapılmış, pirinç kaplama; sert ve madeni; *k.dili* yüzsüz, arsız, cüretkâr; cırtlak (ses). **brassily** *z.* arsızca. **brassiness** *i.* arsızlık.

brat (brät) *i.* yumurcak, velet.

brat.tice (brät'îs) *i.* bir maden ocağında hava deliği meydana getiren tahta v.b.'nden yapılmış bölme.

brat.wurst (brat'vırst) *i.* domuz etinden yapılmış ufak sosis.

bra.va.do (brıva'do) *i.* kabadayılık, kuru sıkı atma.

brave (breyv) *s., i., f.* cesur, yürekli, yiğit; yağız, yakışıklı; *i.* yiğit kimse, kahraman; Kızılderili savaşçı; *f.* cesaretle karşı koymak, göğüs germek, karşı gelmek. **bravely** *z.* yiğitçe.

brav.er.y (brey'vıri) *i.* cesaret, kahramanlık, yiğitlik; gösteriş, ihtişam.

bra.vo (bra'vo) *ünlem* Aferin! Bravo!

bra.vo (bra'vo) *i.* haydut, eşkıya, cani, suikastçı.

bra.vu.ra (brıvyûr'ı) *i., müz.* hareketli bir parça veya bölüm; yorumlamada hüner gösterisi.

brawl (brôl) *i., f.* gürültülü münakaşa, ağız dalaşı, kavga; *A.B.D., argo* gürültülü ziyafet; eski bir Fransız halk oyunu; *f.* kavga etmek; patırtı etmek; gürül gürül akmak (çağlayan v.b.).

brawn (brôn) *i.* iyi gelişmiş adale; adale kuvveti; haşlanmış yabani domuz eti.

brawn.y (brô'ni) *s.* kuvvetli, adaleli. **brawniness** *i.* kuvvetlilik, adaleli oluş.

brax.y (bräk'si) *i., s.* çoğunlukla öldürücü olan sâri bir koyun hastalığı; *s.* bu hastalığa yakalanmış.

bray (brey) *i., f.* anırma, kulakları tırmalayan herhangi bir ses; *f.* anırmak; gürültülü ve hoşa gitmeyen sesler çıkarmak.

bray (brey) *f.* ezmek, ezerek ufalamak, dövmek (havanda).

bray.er (brey'ır) *i.* baskı işlerinde mürekkebi düzgünce yaymak için elle kullanılan silindir.

braze (breyz) *f.* pirinçle kaplamak; pirince benzer hale getirmek; pirinçten imal etmek; pirinç veya çelikle kaynak yapmak.

bra.zen (brey'zın) *s.* pirinçten yapılmış; pirinç gibi; utanmaz, yüzsüz, arsız. **brazenfaced** *s.* yüzsüz, arsız. **brazenly** *z.* yüzsüzlükle. **brazenness** *i.* yüzsüzlük.

bra.zen (brey'zın) *f.* yüzsüzlükle karşılamak; yüzünü kızdırmak. **brazen a thing out** işi pişkinliğe vurmak.

bra.zier (brey'jır) *i.* pirinç işleri yapan kimse; mangal, maltız.

Bra.zil (brızîl') *i.* Brezilya. **Brazil nut** Brezilya kestanesi. **Brazilian** *i., s.* Brezilyalı; *s.* Brezilya ile ilgili.

bra.zil, bra.zil.wood (brızîl', -wûd) *i.* bakkam ağacı, kızılağaç; bu ağaçtan elde edilen kızıl boya.

Braz.za.ville (bräz'ıvîl) *i.* Brazzaville.

breach (briç) *i., f.* kırık, yarık, gedik; ihlâl, riayetsizlik (kanun v.b.); bozulma; balinanın suda sıçraması; dalgaların sahile vurarak kırılması; *eski* yara; *f.* gedik veya rahne açmak. **breach of the peace** asayişi ihlâl etme, kavga. **breach of promise** sözünden dönme, özellikle evlenme vaadini tutmama. **breach of trust** emniyeti kötüye kullanma. **leap into the breach** imdada yetişmek.

bread (bred) *i.* ekmek, yiyecek; maişet, geçim; *argo* para. **breadbasket** *i.* ekmek sepeti; *mec.* tahıl ambarı; *argo* mide. **bread crumb** ekmek kırıntısı, ekmek içi. **breadfruit** *i.* ekmek ağacı, *bot.* Artocarpus. **bread line** parasız ekmek veya yemek almak için meydana gelen kuyruk. **breadroot** *i.* yenilebilen bir bitki kökü. **breadstuff** *i.* ekmeklik tahıl. **breadwinner** *i.* kendisinin ve kendisine muhtaç olanların geçimini temin eden kimse. **bread and butter** tereyağlı ekmek; *k.dili* geçim, maişet. **cast one's bread upon the waters** karşılığını beklemeden iyilik etmek. **know which side one's bread is buttered on** gerçek çıkarının nerede olduğunu bilmek.

breadth (bredth, bretth) *i.* genişlik, en, arz, enlilik. **breadthways, breadthwise** *z.* enine, genişliğine.

break (breyk) *i.* kırık, çatlak; aralık, açıklık, fasıla; paydos; atılma; kaçış; anî kesiş, anî düşüş; az bir miktar, parça, kısım; *k.dili* fırsat, şans; *k.dili* gaf, pot; *elek.* devrenin bozulması, devrenin kapanması; cazda solo bölüm; borsada anî fiyat düşüşü; *matb.* paragraflar arasındaki fasıla; *matb., çoğ.* bir metinden bazı kısımların atlandığını gösteren noktalar (...). **a bad break** fena bir pot, şanssızlık. **the break of day** günün ağarması.

break (breyk) *f.* (**broke, broken**) kırmak, parçalamak; ihlâl etmek, riayet etmemek, uymamak (kanuna); bir yerini kırmak, yaralamak; bozmak, araya girmek; sona erdirmek, bitirmek; nüfuz etmek, içine girmek; iflâs ettirmek; bozdurmak (para); kaçmak, firar etmek; *elek.* devreyi bozmak, devreyi kapatmak; parçalanmak, kırılmak; kopmak (fırtına); kesilmek; birdenbire yön değiştirmek; fırlamak; ilgisi kesilmek; sudan fırlamak (balık); top atmak, iflâs etmek. **break bread** yemek yemek; yiyeceği birlikte paylaşmak. **break down** işlemez hale gelmek; ruhen yıkılmak; kendinden geçmek; itiraf etmek; teslim olmak; yıkmak; tahlil etmek, kısımlara ayırmak; kısımlara ayrılmak. **break a fall** düşüşü hafifletmek. **break ground** inşaatın ilk kazısını yapmak; başlangıç yapmak. **break a habit** kötü alışkanlıktan kurtulmak. **break in** zorla girmek; lafa karışmak; araya girmek; alıştırmak. **break into** tecavüz etmek, zorla girmek. **break a journey** seyahate ara vermek. **break the law** suç işlemek, kanuna karşı gelmek. **break the news** haber getirmek; alıştıra alıştıra haber vermek. **break off** kırılıp ayrılmak; birdenbire durmak; ilişiğini kesmek. **break open** kırmak, zorla açmak. **break out** zuhur etmek, patlak vermek; *tıb.* dökmek (sivilce, kızamık v.b.); (hapishane v.b.'den) firar etmek. **break in song** birdenbire şarkı söylemeye başlamak. **break a promise** sözünden vaz geçmek. **break a record** rekor kırmak. **break a strike** grevi dağıtmak. **break up** dağılmak; dağıtmak; bozuşmak; *argo* kendini tutamayıp gülmek. **break a will** *huk.* vasiyetnameyi bozmak. **break wind** yellenmek, osurmak. **break with** ilgisini kesmek.

break.a.ble (brey'kıbıl) *s.* kırılır.

break.age (brey'kîc) *i.* kırma, kırılma; kırılan şeylerin tutarı; *ikt.* kırılma payı, kırık bedeli.

break.down (breyk'daun) *i.* bozulma, durma

(makina); asap bozulması, çökme; tefer-
ruatlı hesap; analiz.

break.er (brey'kır) *i.* kırıcı şey veya kimse;
sahile çarparak köpük haline gelen dalga;
den. mancana, gemilerde kullanılan küçük
su fıçısı.

break.fast (brek'fıst) *i., f.* kahvaltı, sabah
kahvaltısı; *f.* kahvaltı etmek; kahvaltı çıkar-
mak, kahvaltı vermek.

break.ing (brey'king) *i.* kırılma. **breaking
point** kırılma noktası. **breaking and enter-
ing** *huk.* meskene tecavüz.

break.neck (breyk'nek) *s.* tehlikeli, kafa göz
yarabilen.

break.through (breyk'thru) *i., ask.* cepheyi
yarıp geçme; hamle.

break.up (breyk'ʌp) *i.* kısılma, bozulma, dağılma,
parçalanma; *Kan.* buzların çözülmeye baş-
ladığı zaman.

break.wa.ter (breyk'wôtır) *i.* dalgakıran.

bream (brim) *i.* çipura, karagöz, mercan gibi
birkaç cins balık; çapak, *zool.* Abramis
brama. **fresh water bream** sırtar balığı.
sea bream karagöz balığı, *zool.* Saryus;
sarıgöz, *zool.* Cantharus lineatus; sarpa, *zool.*
Padentus centrodontus. **red sea bream**
mercan balığı, *zool.* Pagellus erythrinus.

bream (brim) *f., den.* karina yakmak, raspa etmek.

breast (brest) *i., f.* göğüs, meme; sine, kalp,
yürek, gönül, iç; *f.* göğüs germek, karşı dur-
mak; göğüslemek. **breastband** *i.* eyerin
göğüs kayışı, sinebent kayışı; *den.* iskandil
atan neferin göğüs verip dayandığı halat.
breastbone *i.* göğüs kemiği, kas kemiği,
iman tahtası. **breast-deep** *s.* göğüs boyu
(su v.b.). breast **drill** göğüs matkabı.
breastfast *i.* palamar, gemileri birbirine
ve iskeleye bağlayan halat. **breast-feed**
f. meme vermek. **breast-high** *s.* göğüs
boyu, göğüs hizasına kadar yükselen. **breast-
hook** *i., den.* çatal, yatırma paraçolu. **breast-
knot** *i.* göğüse takılan kordele bağı. **breast-
plate** *i.* göğüslük zırh. **breast rope** *den.*
korkuluk, halat, göğüs halatı. **breast stroke**
kurbağalama yüzüş. **breast wheel** su se-
viyesi mihveri ile beraber olan su dolabı.
breastwork *i.* siper, göğüs siperi. **make a
clean breast** of itiraf etmek, içini dökmek.
breast.ed (bres'tid) *s.* göğüslü. **double**

breasted kruvaze, çift sıra düğmeli. **sin-
gle breasted** tek sıra düğmeli.

breath (breth) *i.* nefes, soluk; bir nefeslik
zaman, dem, an; fısıltı; hafif rüzgâr; ağızdan
çıkan buhar, buğu. **breathtaking** *s.* heyecan
veren, insanın nefesini kesen. **catch one's
breath** soluğu kesilmek, soluk almak, din-
lenmek. **in the same breath** bir solukta,
aynı zamanda. **save one's breath** boşuna
nefes tüketmemek. **out of breath** soluğu
kesilmiş, soluk soluğa. **take one's breath
away** insanın nefesini kesmek, heyecan
uyandırmak. **under one's breath** alçak
sesle fısıldayarak.

breath.a.ble (bridh'ıbıl) *s.* teneffüs edilebilir,
nefes alınabilir.

breathe (bridh) *f.* nefes almak, teneffüs etmek,
soluk almak; hafifçe esmek; yaşamak, var
olmak; koku neşretmek; nefes alıp vermek;
fısıldamak; ifade etmek, belirtmek; ağzından
püskürtmek; hayat vermek, canlandırmak;
nefes aldırtmak. **breathe again** *veya* **freely**
rahat nefes almak.

breath.er (bri'dhır) *i.* nefes alan kimse; *k.dili*
teneffüs, paydos, ara.

breath.ing (bri'dhing) *i.* teneffüs, nefes alma;
nefes; bir nefeslik zaman, an; söyleme, ağza
alma; ümit, hasret; hafifçe esiş; *dilb.* ''h''
harfinin sesi. **breathing space** rahatça nefes
alma imkânı; dinlenme zamanı.

breath.less (breth'lis) *s.* nefes nefese, soluğu
kesilmiş; nefesini tutmuş, sessiz; soluğu ke-
sen, korkutucu; ölü, cansız; hareketsiz, kımıl-
damayan. **breathlessly** *z.* soluk soluğa.
breathlessness *i.* soluksuzluk.

brec.ci.a (breç'iyı, breş'iyı) *i., jeol.* breş, brike,
birbirine yapışık köşeli parçalardan meydana
gelmiş kaya.

bred (bred) *bak.* **breed. bred out** dejenere
olmuş, cinsi karışmış. **ill-bred** *s.* terbiye
görmemiş. **well-bred** *s.* iyi terbiye görmüş.

breech (briç) *i.* kıç, dip, arka; top kuyruğu.
breech block topun kuyruk kapağı, kama
gövdesi. **breechcloth** *i.* edep yerlerini ört-
mek için kalça etrafıyla bacak arasına sarılan
örtü. **breechloader** *i.* kuyruktan dolma top
veya tüfek.

breech (briç) *f.* kuyruk takmak (tüfeğe); pan-
tolon giydirmek.

breech.es (brîç'îz) *i., çoğ.* pantolon; dizlik, külot pantolon.

breeches buoy (brîç'îz boy) cankurtaran varagelesi.

breech.ing (brîç'îng) *i.* eyerin atın arkasından geçen kayışı.

breed (brid) *f., i.* doğurmak, yavrulamak; çiftleştirmek, üretmek; özel olarak yetiştirmek; sebep olmak, hâsıl etmek, kaynak teşkil etmek; gelişmek; hâsıl olmak; türemek; *i.* cins, soy, nesil; çeşit, tip. **breeder reactor** üretici reaktör.

breed.ing (bri'dîng) *i.* doğurma, üreme; yetiştirme; terbiye; bitki ve hayvan türlerini ıslah etme.

breeze (briz) *i., f.* hafif rüzgâr, esinti, meltem; *İng., k.dili* münakaşa, huzur bozucu bir şey; *f., k.dili* coşarak gitmek, kolayca bitirmek. **in a breeze** *argo* kolayca.

breeze, breese, brize (briz) *i.* atsineği.

breeze (briz) *i., İng.* kok ve mangal kömürü artığı kül ve kömür parçaları.

breeze.way (briz'wey) *i.* iki bina arasındaki yalnız üstü kapalı geçit.

breez.y (bri'zi) *s.* havadar, rüzgârlı; canlı, hareketli. **breezily** *z.* esintili olarak. **breeziness** *i.* rüzgârlı oluş.

br'er (bırr, brer) *i., Güney A.B.D.* erkek kardeş, ağabey.

breth.ren (bredh'rın) *i.* (*tek.* **brother**) kardeşler; ihvan (dinî konularda ve tarikatlarda).

breve (brev, briv) *i., müz.* iki tam notaya eşit nota; *huk.* resmî yazı; sesli harflerin kısa okunması için üzerlerine konulan (ˇ) işareti.

bre.vet (bırvet', İng. brev'ît) *i.* subayların fahrî ve salâhiyetleri sınırlı olarak atandıkları bir üst rütbe.

bre.vi.ar.y (bri'viyeri) *i.* Katolik kilisesinde okunan günlük dua ve okuma parçalarından ibaret kitap; diğer kiliselerde kullanılan buna benzer kitap.

bre.vier (bırvîr') *i., matb.* 8 puntoluk harf.

brev.i.ty (brev'ıti) *i.* kısalık, kısa oluş; bir fikrin kısaca ifade edilmesi.

brew (bru) *f., i.* mayalama yoluyla bira gibi içkiler yapmak; hazırlamak, kaynatmak, sebep olmak (fesat, kötülük v.b.); *i.* bir defada çekilen miktar (bira); mayalanmak suretiyle hazırlanmış içki. **be brewing** patlamak üzere olmak (fırtına, kavga).

brew.age (bruw'îc) *i.* maya ile yapılmış içkiler.

brew.er (bruw'ır) *i.* bira yapan kimse, biracı.

brew.er.y (bruw'ıri) *i.* bira fabrikası.

brew.is (bruw'îs) *i., leh.* et suyu; tirit, et suyuna batırılmış ekmek.

bri.ar *bak.* **brier.**

bribe (brayb) *i., f.* rüşvet; *f.* rüşvet teklif etmek veya vermek. **bribery** *i.* rüşvetçilik.

bric-a-brac (brîk'ıbräk) *i.* ufak tefek süs eşyaları, biblolar, antikalar.

brick (brîk) *i., f.* tuğla, tuğla biçiminde şey; *k.dili* mert ve iyi bir kimse; *f.* tuğla döşemek, tuğla ile örmek veya kapamak. **brickbat** *i.* tuğla parçası, fırlatılan herhangi bir şey; *k.dili* hoşa gitmeyen söz veya tenkit, taş. **brick dust** tuğla tozu, horasan. **brickkiln** *i.* tuğla fırını. **bricklayer** *i.* duvarcı, tuğla örücü. **brick maker** tuğlacı. **brick red** kiremit rengi. **brickwork** *i.* tuğla işi. **brickyard** *i.* tuğla harmanı. **drop a brick** pot kırmak, gaf yapmak, çam devirmek. **brick up** tuğla örmek.

bri.cole (brîkol', brîk'ıl) *i.* bilardo oyununda bir vuruş; beklenmedik bir darbe veya dolaylı bir hareket.

bri.dal (brayd'ıl) *s., i.* gelin veya düğüne ait; *i.* düğün. **bridal chamber** zifaf odası, gerdek.

bridal wreath *bot.* Spiraea cinsinden küçük beyaz çiçekli birkaç çeşit bitki; keçisakalı.

bride (brayd) *i.* gelin, yeni evli kadın veya evlenmek üzere olan kız. **give away the bride** nikâhta gelini güveye teslim etmek.

bride (brayd) *i.* dantel veya nakışta motifleri birbirine bağlayan bağ, atkı, ilmik v.b.; süslü kadın şapkası şeridi.

bride.groom (brayd'grum, brayd'grûm) *i.* güvey, damat.

brides.maid (braydz'meyd) *i.* düğünde gelinin yanında bulunan genç kız.

bride.well (brayd'wel, brayd'wıl) *i., İng.* ıslahhane, hapishane.

bridge (brîc) *i., f.* köprü; kaptan köprüsü; *anat.* burun kemiği; *dişçi.* köprü; *müz.* köprü; gözlüğün buruna oturan kısmı; *f.* köprü yapmak, köprü kurmak. **bridgehead** *i., ask.* köprübaşı mevzii. **burn one's bridges** ricat yolunu kesmek, geriye dönüş imkânını yok etmek. **bridgework** *i., dişçi.* köprü.

bridge (brîc) *i., iskambil* briç, briç oyunu. **bridge tournament** briç turnuvası.

bridg.ing (bric'ing) *i.* destekleme.

bri.dle (brayd'ıl) *i.* eyerin atın başına isabet eden kısmı; gem; bağ; *den.* iki gemi demirini birleştiren zincir veya halat. **bridle hand** dizgini tutan el, sol el. **bridle path** atlılara mahsus yol. **bridle rein** dizgin.

bri.dle (brayd'ıl) *f.* gem vurmak, dizginlemek; hareketlerini sınırlamak; baş kaldırmak; karşı gelmek.

Brie cheese (bri) Kuzey Fransa'da Brie bölgesinde yapılan tuzlu ve yumuşak bir cins peynir.

brief (brif) *s., i., f.* kısa, muhtasar, birkaç kelime ile ifade edilen; *i.* özet, hulâsa; *huk.* dava özeti; lâyiha, yazılı belge; üzerinde Papa'nın mührü bulunan mektup; *f.* özetlemek, hulâsa çıkarmak; *İng., huk.* avukat tutmak. **I hold no brief for him.** Ben onu müdafaa etmiyorum. **in brief** kısaca, özet olarak. **briefly** *z.* kısaca. **briefness** *i.* kısa oluş.

brief.case (brif'keys) *i.* evrak çantası.

brief.ing (bri'fing) *i.* bir işe başlamadan evvel kesin ve ayrıntılı bilgi vermek için yapılan kısa toplantı.

bri.er, bri.ar (bray'ır) *i.* funda, *bot.* Erica arborea. **brierroot, brierwood** *i.* funda kökünün pipo yapımında kullanılan tahtası; bu tahtadan yapılmış pipo.

brig (brig) *i., den.* brik, iki direkli randalı kabasorta gemi; geminin hapishanesi.

bri.gade (brigeyd') *i., f.* tugay, liva; ekip; yangın için organize edilmiş bir grup insan; *f.* bir araya getirmek, gruplar meydana getirmek; alayları tugaylara göre tanzim etmek.

brig.a.dier (brigıdir') *i.* tuğbay, albayla tuğgeneral arasında bir rütbe. **brigadier general** tuğgeneral.

brig.and (brig'ınd) *i.* eşkıya, haydut, şaki. **brigandage** *i.* eşkıyalık.

brig.an.tine (brig'ıntin, brig'ıntayn) *i., den.* gulet (gemi); perkende.

bright (brayt) *s., z.* parlak, ışıldayan, ışıklı, aydınlık; renkli; şeffaf, berrak; muhteşem; şaşaalı; zeki; canlı, hareketli; memnuniyet verici, mutlu; *z.* parlak bir şekilde. **brightly** *z.* parlak bir şekilde. **brightness** *i.* parlaklık.

bright.en (brayt'ın) *f.* parlamak, neşeli ve canlı olmak; parlatmak, aydınlatmak, canlandırmak, neşelendirmek.

Bright's disease *tıb.* bir çeşit böbrek hastalığı.

bri.ll (bril) *i.* kalkan cinsinden yassı bir balık, dikensiz kalkan, *zool.* Rhombus laevis.

bril.liance (bril'yıns) *i.* fevkalade parlaklık; ihtişam; zekâ parlaklığı.

bril.liant (bril'yınt) *s., i.* çok parlak, göz alıcı; çok zeki; *i.* pırlanta; *matb.* üç puntoluk harf. **brilliantly** *z.* parlak bir şekilde.

bril.lian.tine (bril'yıntin) *i.* briyantin; alpakaya benzer bir çeşit kumaş.

brim (brim) *i., f.* (-med, -ming) bardak veya fincan gibi çukur bir kabın ağzı, kenar; dışarı doğru taşan veya çıkıntılı olan kenar; *f.* ağzına kadar dolu olmak; ağzına kadar doldurmak. **brimful** *s.* ağzına kadar dolu. **brimmer** *i.* ağzına kadar dolu kadeh veya kâse.

brim.stone (brim'ston) *i.* kükürt; cadaloz kimse, kavgacı kadın.

brin.dle (brin'dıl) *i.* gri veya kahverengi zemin üstüne benekli veya çizgili renk karışımı; benekli veya çizgili hayvan. **brindled** *s.* benekli, çizgili; gri; kahverengi.

brine (brayn) *i., f.* tuzlu su, salamura; deniz, okyanus; deniz suyu; *f.* tuzlu suya bastırmak, salamura etmek.

bring (bring) *f.* (brought, brought) getirmek; hâsıl etmek; sevketmek; icbar etmek, mecbur tutmak. **bring about** sebep olmak, hâsıl etmek; beraberinde getirmek. **bring an action, bring suit** dava etmek. **bring around, bring round** kandırmak, ikna etmek; ayıltmak, kendine getirmek. **bring down the house** tavan yıkılırcasına alkışlanmak. **bring forth** hâsıl etmek, meydana getirmek; doğurmak; sebep olmak. **bring forward** ileri sürmek, ortaya atmak; hesap yekûnunu nakletmek. **bring home to** ikna etmek, gerçeği kabul ettirmek, ispat etmek. **bring in** ithal etmek; arzetmek; kazandırmak. **bring off** başarılı olmak. **bring on** husule getirmek, sebep olmak. **bring out** meydana çıkarmak, göz önüne sermek, belirtmek; neşretmek. **bring over** kandırmak, ikna etmek. **bring to** *den.* gemiyi orsa alabanda etmek; aklını başına getirmek, ayıltmak. **bring to bear** etkilenmesine sebep olmak. **bring to book** hesap verdirmek. **bring to pass** yaptırmak, husule getirmek. **bring through** hastalıktan kurtarmak. **bring under** ram etmek; kendi buyruğuna tabi etmek. **bring up** yetiştirmek, büyütmek; yaklaşmasını sağlamak. **bring up the rear** bir sıranın sonuna gelmek.

bring.ing-up (brîng'îngʌp') *i.* çocuk bakımı ve terbiyesi.

brink (brîngk) *i.* kenar (uçurum, felâket), kıyı. **on the brink of destruction** mahvolmak üzere. **on the brink of the grave** bir ayağı çukurda; ölmek üzere.

brink.man.ship (brînk'mınşîp) *i.* belirli bir gayeye ulaşmak için büyük bir rizikoyu göze almak (çoğunlukla siyasî hayatta).

brin.y (bray'ni) *s.* tuzlu, salamura tadında.

bri.oche (bri'yoş) *i., Fr.* paskalya çöreği hamuru ile yapılmış tatlı çörek.

bri.quette, bri.quet (brîket') *i.* briket, sıkıştırılmış kömür tozu.

brisk (brîsk) *s., f.* canlı, hareketli, uyanık; sert, kamçılayan (hava veya rüzgâr); *f.* canlandırmak, hareketlendirmek; canlanmak, hareketlenmek. **briskly** *z.* canlı olarak. **brisk⟶ness** *i.* canlılık, hareketlilik.

bris.ket (brîs'kît) *i.* hayvanın göğüs eti, döş.

bris.tle (brîs'ıl) *i., f.* kalın ve sert kıl, domuz kılı; *f.* tüylerini kabartmak, öfkelenmek; dikelmek; diken diken olmak (saç, kıl ve tüy); sert kılları andıran bir şeyle dolu veya kaplı olmak; dikeltmek. **bristly** *s.* kıllı; öfkeli.

Bris.tol board (brîs'tıl) bir çeşit düz ve bazen üstü cilâlı mukavva.

Brit. *kıs.* **Britain, British.**

brit (brît) *i.* ufak ringa balığı; bir cins kabuklu ufak deniz hayvanı.

Brit.ain (brît'ın) *i.* Britanya, İngiltere adaları.

Bri.tan.ni.a (brîtän'ıyı) *i.* Büyük Britanya, Britanya İmparatorluğu. **britannia metal** bazen kaşık, çatal, bıçak yapımında kullanılan bir çeşit beyaz maden alaşımı, beyaz metal.

Bri.tan.nic (brîtän'îk) *s.* Britanya'ya ait.

britch.es *bak.* **breeches.**

Brit.i.cism (brît'ısîzım) *i.* İngiliz İngilizcesine has deyim veya söz.

Brit.ish (brît'îş) *s., i.* Britanya'ya ait; *i.* İngiliz, Britanyalı. **Britisher** *i.* İngiliz.

Brit.on (brît'ın) *i.* eski zamanlarda Britanya adasının güneyini istilâ eden Keltlerden biri; Britanya İmparatorluğunda oturan kimse.

Brit.ta.ny (brît'ıni) *i.* Bretanya.

brit.tle (brît'ıl) *s., i.* kolay kırılır, gevrek; *i.* içinde fındık v.b. bulunup soğuduğu zaman gevrekleşen ve erimiş şekilde yapılan tatlı.

britz.ka, brits.ka (brît'skı) *i.* üstü açılır kapanır uzun araba, brıçka.

broach (broç) *i.* matkap, sivri ve delici bir alet, şiş, boşaltma tığı, rayma.

broach (broç) *f.* delmek, delik açmak; fıçı açmak; (bira, şarap v.b.'ni) çekmek; ortaya atmak, öne sürmek (fikir, teklif); *den.* birdenbire orsaya gelip fazla yatmak.

broad (brôd) *s., i.* geniş, enli; hudutsuz; belli, açık; belli başlı, ana, genel, umumi; kaba; serbest, liberal; *i.* açıklık; *argo* kadın; *argo* fahişe. **Broad Church** *i.* İngiliz kilisesinde serbest fikirli zümre. **broad bean** bakla. **broad daylight** güpegündüz. **broad jump** uzun atlama. **broad seal** devletin resmî mührü. **broadly** *z.* geniş olarak. **broadness** *i.* genişlik.

broad.ax (brôd'äks) *i.* balta, savaş baltası.

broad.brim (brôd'brîm) *i.* geniş kenarlı şapka. **Broadbrim** Kuveyker (Kuaker) mezhebine bağlı kimse.

broad.cast (brôd'käst) *f., i., s., z.* (**broadcast, broadcasted**) radyo ile yayınlamak, neşretmek; saçmak; etrafa yaymak (dedikodu v.b.); radyo ile yayın yapmak, haber iletmek; saçma suretiyle tohum ekmek; *i.* radyo yayını; neşriyat, radyo programı; *s.* yayınlanmış, neşredilmiş; neşriyata ait; saçılmış; *z.* geniş bir alana yayılmak üzere. **broadcaster** *i.* radyo ile yayın yapan kimse veya firma; etrafa yayan kimse.

broad.cloth (brôd'klôth) *i.* ince pamuklu, yünlü veya suni ipekten dokunmuş kumaş.

broad.en (brôd'ın) *f.* genişlemek, genişletmek.

broad-gauge (brôd'geyc) *s., d.y.* raylar arasında 1,5 m.'lik veya daha geniş mesafe olan, geniş hat meydana getiren; *A.B.D., mec.* her şeyi ilginç bulan.

broad.loom (brôd'lum) *i.* eksiz halı.

broad-mind.ed (brôd'maynd'dîd) *s.* açık fikirli.

broad-shoul.dered (brôd'şoldırd) *s.* geniş omuzlu.

broad.side (brôd'sayd) *i., den.* borda; borda ateşi; geniş taraf; kötü muamele; eskiden halka dağıtılan bir yanı basılmış el ilânı.

broad.sword (brôd'sôrd) *i.* pala, geniş ağızlı kılıç.

Broad.way (brôd'wey) *i., A.B.D.* Broadway Caddesi; Broadway tiyatro dünyası. **off-Broadway** *i.* deneysel tiyatro.

Brob.ding.nag (brab'dingnäg) *i.* Swift'in "Guliliver'in Seyahatleri" adlı kitabında adı geçen ve herşeyin aslından çok büyük olduğu ülke.

bro.cade (brokeyd') *i., f.* brokar, bir yüzü kabartmalı kumaş; *f.* desenli olarak dokumak.

broc.a.tel (brakıtel') *i.* yüksek kabartmalı bir çeşit kumaş; özellikle İspanya ve İtalya'ya has bir çeşit renkli süs mermeri.

broc.co.li (brak'ıli) *i.* karnabahara benzer bir bitki; kıvırcık lahana; bu bitkinin yaprakları ve sapları yenen ve göbek vermeyen bir çeşidi.

bro.chure (broşûr') *i.* broşür, küçük kitap, risale.

bro.gan (bro'gın) *i.* bir nevi kalın ayakkabı.

brogue (brog) *i.* bir nevi erkek ayakkabısı; bir çeşit kaba ve sağlam ayakkabı.

brogue (brog) *i.* İngilizce'de İrlanda aksanı.

broil (broyl) *f., i.* ızgara yapmak, ateşte pişirmek; kızartmak; fazla ısıya maruz kalmak; sabırsızlık v.b.'nden tutuşmak, kendi kendini yemek; *i.* ızgara. **broiler** *i.* et veya balık pişirmeye mahsus ızgara veya tava; ızgaralık piliç.

broil (broyl) *i., f.* münakaşa, mücadele, kavga, kargaşalık; *f.* münakaşa etmek, patırtı etmek.

broke (brok) *bak.* **break**; *s., k.dili* meteliksiz, cebi delik.

bro.ken (bro'kın) *bak.* **break**; *s.* kırılmış, parçalanmış, yarılmış, yarık, kırık (çizgi, hat); eksik, parçaları kırılmış (çay, yemek takımı v.b.); ihlâl edilmiş, çiğnenmiş, yer yer kesilmiş, inkıtaa uğramış; ruhça ve bedence zayıf düşmüş; terbiye edilmiş (at v.b.); bozuk, fena konuşulan (dil); iflâs etmiş, mahvolmuş. **broken lot** sayısı yüzden az olan satılık hisseler (borsa). **broken-down** *s.* çökük, bozuk, bitkin. **broken-hearted** *s.* kalbi kırık, ümitsizliğe kapılmış. **broken-winded** *s.* soluyan (at). **be all broken up over** (bir şeyden dolayı) çok üzgün olmak.

bro.ker (bro'kır) *i.* simsar, komisyoncu, tellâl.

bro.ker.age (bro'kırîc) *i.* komisyonculuk, simsarlık; komisyon, simsarlık ücreti.

bro.mate (bro'meyt) *i., f., kim.* bromat asidinin tuzu; *f.* bromin ile karıştırmak.

bro.mic acid (bro'mîk) *kim.* bromür asidi, asit bromik.

bro.mide (bro'mayd) *i., kim.* bromür asidinin tuzu; *argo* soğuk ve sıkıcı bir kimse; tatsız ve bayağı söz. **bromide paper** fotoğraf kâğıdı.

bro.mine (bro'min) *i., kim.* brom.

bron.chi (brang'kay) *i., çoğ., bak.* **bronchus**.

bron.chi.a (brang'kiyı) *i., çoğ., anat.* bronşlar, ciğer kasabaları. **bronchial** *s.* bronşlara ait.

bron.chi.tis (brangkay'tis) *i.* bronşit, nefes borusu ile bronşların arasındaki zarın iltihaplanması.

bron.cho, bron.co (brang'ko) *i.* A.B.D. 'nin batısına mahsus küçük bir cins at; bu cins atın ehlîleştirilmemiş veya az ehlîleştirilmiş olanı. **broncobuster** *i.* bu cins atların terbiyecisi.

bron.cho.pneu.mon.ia (brangkonumon'yı) *i., tıb.* bir çeşit zatürree; bronşların ve ciğerlerin iltihabı.

bron.chus (brang'kıs) *i., anat.* bronş, akciğer borusu.

bron.to.sau.rus (brantısôr'ıs) *i.* Juraik devrinde yaşayan dinozor cinsinden çok büyük bir hayvan.

bronze (branz) *i.* bronz, tunç; bronz rengi; bronzdan yapılmış sanat eseri.

bronze (branz) *f.* bronzlatmak, bronzla kaplamak; güneşte yakmak, karartmak.

Bronze Age *ark.* Tunç Devri.

brooch (broç) *i.* broş, iğne.

brood (brud) *f., s.* kuluçkaya yatmak; derin derin düşünmek, düşünceye dalmak; *s.* damızlık. **brooder** *i.* kuluçka makinası; arpacı kumrusu, düşünceli kimse. **broody** *s.* kuluçkaya yatmak isteyen; düşünceye dalan.

brook (brûk) *i.* çay, ırmak, küçük nehir. **brooklime** *i.* bakabunga, *bot.* Veronica beccabunga. **brookweed** *i.* su sıçan kuyruğu, *bot.* Samolus.

brook (brûk) *f.* tahammül etmek, çekmek, dayanmak.

brook.let (brûk'lit) *i.* küçük çay veya dere.

broom (brum) *i.* saplı süpürge; katır tırnağı, *bot.* Genista scoparia. **butcher's broom** Yalova mercanı; tavşan memesi, yaban mersini, *bot.* Ruscus aculeatus. **spiny broom** şimşek ağacı, *bot.* Calycotome spinosa. **broom corn** süpürge darısı, *bot.* Andropogon sorghum. **broomrape** *i.* canavar otu, bostan bozan, *bot.* Orobanche. **broomstick** *i.* süpürge sopası.

bros. *kıs.* **brothers**.

broth (brôth) *i.* et veya balık suyu, et suyuna çorba.

broth.el (brath'ıl, brôdh'ıl) *i.* genelev, umumhane.

broth.er (brʌdh'ır) *i.* (*çoğ.* -s, *eski* brethren) erkek kardeş, birader; aynı cemiyette üye. brotherhood *i.* kardeşlik, birlik, beraberlik; bir kuruluş veya kuruma üye olanlar. brother-in-law *i.* enişte; kayınbirader; bacanak. brotherliness *i.* kardeşçe oluş. brotherly *s.* erkek kardeşe özgü, ağabeyce.

brougham (brum) *i.* kupa arabası; elektrikle işleyen eski bir tip otomobil.

brought (brôt) *bak.* bring.

brow (brau) *i.* kaş; alın; çehre, yüz; yamaç, sarp bir yerin kenarı.

brow.beat (brau'bit) *f.* (browbeat, browbeaten) sert bakış veya sözlerle gözünü korkutmak, yıldırmak.

brown (braun) *i., s., f.* kahve rengi; *s.* kahverengi, kahve renkli, esmer derili; güneşten yanmış; Malezya ırkına mensup; *f.* karartmak, kararmak; esmerletmek, esmerleşmek; kızartmak. brown bread siyah ekmek. brown paper kahverengi veya diğer koyu renk bir ambalaj kâğıdı. brown study derin ve ciddi düşünceler, sıkıntı sonucu olan dalgınlık. brown sugar rafine edilmemiş veya kısmen rafine edilmiş şeker, esmer şeker. do it up brown *k.dili* etraflıca yapmak, başarmak. be browned off *Ing.*, *k.dili* bıkmak, usanmak.

brown.ie (brau'ni) *i.* halk masallarında gizlice ev işlerine yardımcı olan iyi huylu bir peri; *A.B.D.* fındıklı ve çikolatalı bir çeşit kek. Brownie 7-9 yaşları arasında kız izci; bir çeşit ucuz fotoğraf makinası.

brown.out (braun'aut) *i.* kısmi karartma, voltaj düşüklüğü.

brown.stone (braun'stón) *i.* kahverengi kumtaşı; bu taştan yapılmış ev.

browse (brauz) *f., i.* otlamak, yemek (sığır, koyun v.b.); (kitabı) gözden geçirmek; *i.* fidanların ve ağaçların taze sürgünleri veya dalları.

bru.in (bruw'in) *i.* ayı.

bruise (bruz) *f., i.* çürütmek, berelemek, ezmek; incitmek, kırmak; dövmek (havan v.b.'nde); çürük peyda etmek, bir yerini çürütmek, be-

relemek; incinmek; *i.* çürük, bere, ezik. bruis-er *i.* boksör; *k.dili* kaba ve güçlü adam.

bruit (brut) *f.* etrafa yaymak, şayialar çıkarmak.

brum.ma.gem (brʌm'ıcım) *s., i.* gösterişli fakat değersiz; sahte, taklit; *i.* şatafatlı fakat değersiz olan şey.

brunch (brʌnç) *i., A.B.D., k.dili* sabah ile öğle arasında yenen, hem kahvaltı hem de öğle yemeği yerine geçen öğün.

bru.net (brunet') *i., s.* koyu renk saç, cilt ve göz; esmer oğlan veya adam; *s.* esmer.

bru.nette (brunet') *i., s.* esmer kız veya kadın; *s.* esmer.

brunt (brʌrt) *i.* darbe, hamle, yüklenme. bear the brunt asıl yükü taşımak.

brush (brʌş) *i., f.* fırça; fırçalama; çok tüylü kuyruk, özellikle tilki kuyruğu; kısa bir temas veya karşılaşma; müfreze çarpışması; *elek.* fırça; *f.* fırçalamak; süpürmek; hafifçe dokunmak, değinmek; aceleyle ve telâşla hareket etmek. brush aside, brush away bir kenara itmek, bertaraf etmek. brush off başından atmak, savmak; tozunu almak. brush up tazelemek (bilgiyi).

brush (brʌş) *i.* çalılık, fundalık; çalı çırpı; yer yer meskûn olan ormanlık bölge. brushwood *i.* çalı çırpı; sık çalılık, fundalık.

brush.off (brʌş'ôf) *i., k.dili* olumsuz cevap.

brusque, brusk (brʌsk) *s.* sert, ters, kaba. brusquely *z.* kabaca. brusqueness *i.* kabalık, terslik.

Brussa, Brusa (bru'sa) *i.* Bursa şehri.

Brus.sels (brʌs'ılz) *i.* Brüksel. Brussels carpet Brüksel halısı. Brussels lace el dokuması Brüksel danteli. Brussels sprouts Brüksel lahanası, ufak lahana.

brut (brüt, brut) *s.* sek.

bru.tal (brut'ıl) *s.* vahşi, yabani; hayvani; merhametsiz, insanlıktan uzak; kaba, nezaketsiz; makul olmayan, mantıksız. brutally *z.* vahşi bir şekilde. brutal'ity *i.* vahşilik.

bru.tal.ize (brut'ılayz) *f.* hayvanca veya gaddarca davranmak, böyle bir davranışa sebep olmak. brutaliza'tion *i.* vahşileştirme, vahşileşme.

brute (brut) *i., s.* hayvan; hayvan gibi adam; insanların hayvanca arzu ve duyguları; *s.* düşüncesiz, mantıksız; hayvan gibi vahşi; zalim; şehvete ait, bedensel. by brute force beden kuvvetiyle, zorla.

brut.ish (bru'tîş) s. kaba, hayvan gibi, insan-
lıktan uzak; bedensel, cinsel; uygarlıktan
yoksun. brutishly z. hayvanca. brutish-
ness i. hayvanlık, kabalık.

bry.ol.o.gy (brayal'ıci) i. botaniğin yosunlar
kısmı, yosun bilgisi.

bry.o.ny (bray'ıni) i., bot. şeytan şalgamı.
white bryony akasma, bot. Bryonia dioica.

bry.o.phyte (bray'ıfayt) i., bot. yosun. bryo-
phytic s. yosun cinsinden.

B.S. kıs. Bachelor of Science Fen Fakül-
tesi mezunu.

B.T., B.Th. kıs. Bachelor of Theology İlâ-
hiyat Fakültesi mezunu.

bu. kıs. bushel.

bub (bʌb) i., k.dili kardeş, ulan.

bub.ble (bʌb'ıl) i., f. kabarcık, hava kabarcığı;
değersiz ve göz boyayıcı herhangi bir şey;
sahte hareket, gösteriş; kaynayış, kaynama;
f. kaynamak, fıkırdamak, kabarcıklar çıkarmak;
kaynatmak, fıkırdatmak. bubble chamber
fiz. elektron v.b. hareketlerini gösteren cihaz.
bubble gum çiklet. bubble over coşmak.
bubbly s. kabarcıklı; coşkun.

bub.bler (bʌb'lır) i. fıskıye şeklinde çeşme.

bu.bo (byu'bo) i., tıb. kasık lenfa bezlerinin
bir cins iltihabı, hıyarcık.

bu.bo.nic plague (byuban'ık pleyg) tıb. hı-
yarcıklı veba.

bu.bon.o.cele (byuban'ısil) i., tıb. kasık fıtığı.

buc.cal (bʌk'ıl) s., anat. yanağa ait.

buc.ca.neer (bʌkınîr') i. korsan, deniz eşkıyası.

bu.cen.taur (byusen'tôr) i. yarı insan yarı boğa
şeklinde olan efsanevî bir canavar; eski de-
virlerde özel törenlerde kullanılan Venedik
devlet kayığı.

Bu.ceph.a.lus (byusef'ılıs) i. Büyük İskender'in
savaş atı.

Bu.cha.rest (bu'kırest) i. Bükreş.

buck (bʌk) f. sıçramak (at); sıçrayıp binicisini
sırtından atmak; A.B.D., k.dili karşı gelmek,
itaatsizlik etmek; A.B.D., k.dili sallanarak
gitmek (araba); mad. ezmek. buck for
A.B.D., argo (terfi v.b.'ni) temin etmeye
uğraşmak. buck up k.dili canlanmak, can-
landırmak.

buck (bʌk) i. erkek geyik, antilop, tavşan, koyun
veya keçi; erkek hayvan; aldırışsız delikanlı;
A.B.D., k.dili, aşağ. erkek kızılderili veya
zenci; A.B.D., argo dolar. buck bean

su yoncası, bot. Menyanthes trifoliata. buck
fever A.B.D., k.dili tecrübesiz avcının heye-
canı. buck saw çerçeveli testere. pass the
buck sorumluluğu başkasına yüklemek.

buck.board (bʌk'bôrd) i. iki kişilik esnek ve
uzun araba.

buck.et (bʌk'ît) i., f. kova, gerdel; tulumba
pistonu. bucket seat çanak biçiminde kol-
tuk. bucket shop borsa hisseleri üzerinden
vurgun yapan meyhane gibi yer. kick the
bucket argo nalları dikmek, ölmek. bucket-
ful i. bir kova dolusu.

buck.et (bʌk'ît) f. kova ile taşımak veya çekmek;
dörtnala at koşturmak; borsa hisseleri üze-
rinden vurgun yapmak; süratle hareket etmek
veya ettirmek.

buck.eye (bʌk'ay) i. Amerika'ya mahsus atkes-
tanesine benzer birkaç çeşit ağaç. Buckeye
i., A.B.D. Ohio eyaletinde oturan kimse.

buck.ish (bʌk'îş) s. fazla şık, züppe, hoppa.

buck.le (bʌk'ıl) i., f. toka, kopça; f. toka veya
kopça ile tutturmak, iliştirmek; ısı veya basınç
ile bükülmek, eğrilmek veya bükmek (maden
eşya). buckle down to work işe ciddi-
yetle girişmek.

buck.ler (bʌk'lır) i., f. kalkan, siper; den. loça
kapağı; f. muhafaza etmek, korumak.

buck private A.B.D., argo er, nefer.

buck.ra (bʌk'rı) i., aşağ., siyahların kullandık-
ları bir terim beyaz adam.

buck.ram (bʌk'rım) i., f. tela, terzilikte ve
ciltçilikte kullanılan çirişli pamuklu bez; suni
ve fazla resmî tavır; f. tela ile beslemek.

buck.skin (bʌk'skîn) i. güderi; çoğ. güderi
pantolon; A.B.D. güderi rengindeki at.

buck.thorn (bʌk'thôrn) i. cehri, bot. Rhamnus
infectorius; topalak, bot. Rhamnus chloro-
phorus globosus.

buck.tooth (bʌk'tuth) i. dışarıya doğru fırlak
olan üst ön diş.

buck.wheat (bʌk'hwit) i. kara buğday, esmer
buğday, sert buğday, karabaş, Arap darısı,
bot. Fagopyrum esculentum.

bu.col.ic, bu.col.i.cal (byukal'îk,-ıl) s., i. ço-
banlığa veya kır hayatına ait; pastoral; i.
pastoral şiir; çiftçi, çoban.

bud (bʌd) i., f. (budding, budded) tomurcuk,
konca, sürgün; gelişmemiş, olgunlaşmamış
şey veya kimse; f. sürmek, tomurcuklanmak,
konca vermek; gelişme çağında olmak; to-

murcuklandırmak; *bahç.* aşı yapmak, aşıla-
mak. **nip in the bud** bir şeyin daha başla-
madan önünü kesmek, gelişmesine engel
olmak.

bud (bʌd) *i., A.B.D., k.dili* lan, ulan.

Bu.da.pest (bu'dıpest) *i.* Budapeşte.

Bud.dha (bûd'ı) *i.* Buda, Hindistan'da mabut
olarak kabul edilen din öğretmeni. **Bud-
dhism** *i.* Budizm, Buda dini. **Buddhist** *i.*
Budist, Buda dinine inanan kimse.

bud.dy (bʌd'i) *i., A.B.D., k.dili* arkadaş, ahbap,
kafadar.

budge (bʌc) *f.* kımıldamak, hareket etmek;
kımıldatmak, hareket ettirmek.

budg.er.i.gar (bʌc'ırigar) *i.* muhabbetkuşu,
zool. Melopsittacus undulatus; *kıs.* **budgie.**

budg.et (bʌc'ît) *i., f.* bütçe, stok; *f.* bütçe yap-
mak, bütçenin ayrıntılarıyla ilgilenmek.

Bue.nos Ai.res (bwey'nıs ay'riz) Buenos Aires.

buff (bʌf) *i., s.* güderiye benzer kalın bir çeşit
deri; özellikle askerlerin giydiği kalın deri
palto; kahverengimsi sarı renk; *s.* bu deriden
yapılmış; kahverengimsi sarı renkte. **in the
buff** *k.dili* çıplak.

buff (bʌf) *f.* cilâ yapmak; kahverengimsi sarıya
boyamak; tesirini azaltmak.

buff (bʌf) *i.* (araba, radyo v.b.) meraklısı, kurdu.

buf.fa.lo (bʌf'ılo) *i., f.* birkaç cins yaban sığırı;
kara sığır, *zool.* Bos bubalus; *f.* gözdağı
vermek. **buffalo grass** boğa otu. **buffalo
moth** bir cins bokböceği tırtılı. **buffalo
robe** bizon derisinden yapılmış diz örtüsü.
bull buffalo kara boğa. **water buffalo**
manda, dombay, camus, *zool.* Bubalus;
su sığırı, *zool.* Bubalus bubalus.

buff.er (bʌf'ır) *i.* tampon, tampon vazifesi gören
herhangi bir şey; cilâ yapmada kullanılan
bir araç. **buffer arm** tampon kolu. **buffer
beam** tampon kirişi. **buffer letter** kaynaş-
tırma harfi. **buffer state** tampon devlet.

buf.fet (bûfey', *İng.* bʌf'ît) *i.* büfe; büfe
şeklinde verilen hafif yemek.

buf.fet (bʌf'ît) *i., f.* tokat, yumruk; şok tesiri
yapan anî bir olay; *f.* tokatlamak, yumruk
atmak; karşı gelmek, mücadele etmek; el ve
yumruk darbeleriyle karşı koymak, mücadele
ile ilerlemek.

buf.fo (bu'fo) *i.* (*çoğ.* **buffi**) operada çoğun-
lukla bas seslerin canlandırdığı gülünç rol.

buf.foon (bʌfun') *i.* soytarı, palyaço. **buffoon-
ery** *i.* maskaralık. **buffoonish** *s.* soytarı gibi.

bug (bʌg) *i., f.* (**bugging, bugged**) böcek;
k.dili mikrop, virüs; *İng.* tahtakurusu; Volks-
wagenin ufağı; *argo* gizli dinleme cihazı;
k.dili (makina, cihaz, planda) kusur, ayar-
sızlık, çalışmada noksanlık; *f., k.dili* gizli din-
leme cihazı yerleştirmek; *argo* kızdırmak, öf-
kelendirmek. **harvest bug** kızıl kurt, *zool.*
Leptus autumnalis. **get the bug** *argo* merak
sarmak, yeni bir hevese kapılmak.

bug.a.boo (bʌg'ıbu) *i.* umacı, öcü, korku ya-
ratan hayalî bir kavram.

bug.bear (bʌg'ber) *i.* yersiz korku uyandıran
gerçek dışı herhangi bir şey; *eski* yaramaz
çocukları yiyen umacı.

bug-eyed (bʌg'ayd) *s., argo* patlak gözlü;
gözleri faltaşı gibi açık.

bug.ger (bʌg'ır) *i., f.* kulampara, oğlancı; alçak
herif; *argo* herif; kimse; *f.* kulamparalık et-
mek; (bir işi) bozmak. **buggery** *i.* oğlancılık.

bug.gy (bʌg'i) *i., A.B.D.* dört tekerlekli hafif
ve tek atlı araba; çocuk arabası.

bug.gy (bʌg'i) *s.* böcekli; *İng.* tahtakurusuyla
dolu.

bu.gle (byu'gıl) *i., f.* boru; *f.* boru çalmak; boru
çalarak çağırmak. **bugler** *i.* boru çalan kimse.

bu.gle (byu'gıl) *i., bot.* mayasıl otu, kısa mah-
mut; çoğunlukla siyah olan ve elbiseleri
süslemekte kullanılan uzun cam boncuk,
kesme boncuk.

bu.gloss (byu'glas) *i.* sığırdili, *bot.* Anchusa;
öküzdili, *bot.* Anchusa officinalis. **viper's
bugloss** havacıva otu.

buhl (bul) *i.* (tahta, maden, bağa veya fildişi
üzerine yapılan) zengin kakma iş.

buhr (bır) *i.* bir cins değirmen taşı.

build (bîld) *f.* (**built**) *i.* bina etmek, inşa
etmek, kurmak, tesis etmek, yapmak; *iskambil*
elinde toplamak, seri yapmak; inşaatçılık
yapmak; plan yapmak veya kurmak; *i.* yapı,
yaradılış, natura. **builder** *i.* yapıcı, inşaatçı,
müteahhit. **build in** dahil etmek. **build up**
birikmek; toparlanmak, kendine gelmek (bir
hastalıktan sonra); gelişmek, geliştirmek;
evlerle doldurmak, mamur bir hale getirmek;
askerî gücü takviye etmek; göklere çıkarmak,
desteklemek.

build.ing (bîl'dîng) *i.* yapı, bina; inşa etme,
yapı yapma. **building block** çimento bloku.

built (bilt) *bak.* **build.**

built-in (bilt'in) *s.* gömme, yerli (dolap, raf).

built-up (bilt'ʌp) *s.* mamur, bayındır.

bulb (bʌlb) *i.* çiçek soğanı, soğan; ampul, elektrik lambası. **bulba'ceous** *s.* soğanı olan, soğan gibi kök veren. **bulbif'erous** *s.* soğan gibi kök veren. **bulbous** *s.* soğan gibi kökü olan, soğan şeklinde olan.

bul.bul (bûl'bûl) *i.* bülbül.

Bulg. *kıs.* **Bulgaria.**

Bul.gar.i.a (bʌlger'iyı) *i.* Bulgaristan.

Bul.gar.i.an (bʌlger'iyın) *i., s.* Bulgar, Bulgarca; *s.* Bulgaristan'a ait.

bulge (bʌlc) *i.* çıkıntı, şiş, tümsek; *A.B.D., argo* üstünlük. **get the bulge on** üstünlük sağlamak. **bulgy** *s.* şişkin.

bulge (bʌlc) *f.* bel vermek, esnemek; çıkıntı yapmak; pırtlamak; dışarı uğratmak, pırtlatmak, çıkıntı meydana getirmek.

bulg.er (bʌl'cır) *i.* tümsek yüzlü golf sopası.

bu.lim.i.a (byulim'iyı) *i., tıb.* doymaz iştah, doymama hastalığı.

bulk (bʌlk) *i.* hacim, oylum; büyük kısım, ekseriyet; ambalajlanmamış yük veya eşya. **in bulk** dökme halinde, ambalajsız; toptan.

bulk (bʌlk) *f.* şişmek, büyümek, genişlemek; cüsseli veya önemli olmak; şişirmek, büyütmek.

bulk.head (bʌlk'hed) *i.* gemide bölme; maden ocağında tahta set; bodrum merdiveninin iki kanatlı kapağı.

bulk.y (bʌlk'i) *s.* iri, cüsseli, hacimli, çok yer kaplayan. **bulkiness** *i.* irilik.

bull (bûl) *i.* boğa; diğer bazı hayvanların erkeği; boğa gibi kimse; vurguncu kimse; gaf; *A.B.D., argo* polis; *A.B.D., argo* saçma, zırva. **Bull** *astr.* Boğa burcu; buldok cinsi köpek. **bull calf** erkek buzağı. **bull market** borsada fiyatların devamlı yükselişi. **bull session** *A.B.D., k.dili* erkekler arasında yapılan çeşitli konuların tartışıldığı toplantı. **bull terrier** bulteryer cinsi köpek. **bull in a china shop** sakar adam. **John Bull** İngiliz halkı; tipik bir İngiliz. **take the bull by the horns** cesaretle zor bir işe girmek.

bull. *kıs.* **bulletin.**

bul.la (bûl'ı) *i.* (*çoğ.* -lae) mühür; *tıb.* kabarcık.

bul.late (bûl'eyt) *s., biyol.* kabarmış gibi görünen, üstü kabarcıklı olan; *anat.* şişkin, şişmiş.

bull.bait.ing (bûl'beyting) *i.* boğaların köpeklerle dövüştürülmesi.

bull.bat (bûl'bät) *i.* çobanaldatan kuşu.

bull.dog (bûl'dôg) *i.* buldok; büyük çaplı tabanca.

bull.doze (bûl'doz) *f.* üstünden buldozer geçirmek; *A.B.D., argo* zor kullanarak bir şeyi yapmaya mecbur tutmak.

bull.doz.er (bûl'dozır) *i.* buldozer, yoldüzer; *A.B.D., argo* alikıran, baş kesen.

bul.let (bûl'ît) *i.* mermi, kurşun; küçük top. **bulletproof** *s.* kurşun geçmez.

bul.le.tin (bûl'ıtın) *i.* bildiri, tebliğ, resmî tebliğ, belleten, bülten; (daha çok ilmî olan) dergi. **bulletin board** ilân tahtası.

bull.fight (bûl'fayt) *i.* boğa güreşi.

bull.finch (bûl'finç) *i.* şakrakkuşu, *zool.* Pyrrhula pyrrhula; *İng.* üzerinden atla geçmeye imkân olmayan çalı çit.

bull.frog (bûl'frôg) *i.* iri kurbağa.

bull.head (bûl'hed) *i.* dere iskorpiti veya buna benzer balık; inatçı kimse. **bullheaded** *s.* inatçı; kalın kafalı.

bul.lion (bûl'yın) *i.* külçe şeklinde altın veya gümüş; altın veya gümüş çubuklar.

bull.ish (bûl'iş) *s.* boğa gibi; fiyatların yükselmesi ümidinde olan.

bull.neck (bûl'nek) *i.* kalın ve kısa boyun.

bul.lock (bûl'ık) *i.* iğdiş edilmiş boğa, öküz.

bull.pen (bûl'pen) *i., A.B.D.* boğa ağılı; *k.dili* hapishane; *beysbol* yedek oyuncuların bekledikleri yer; ormancıların yatakhanesi.

bull.ring (bûl'ring) *i.* boğa güreşlerine mahsus yuvarlak yer.

bull's-eye (bûlz'ay) *i.* nişan tahtasının ortası, hedef merkezi; tam hedefe rastlayan kurşun; kısa odaklı mercek; siklon fırtınasının merkezi.

bull.shit (bûl'şît) *i., ünlem, kaba* boğa dışkısı; bok; *ünlem* Yalan! Saçma!

bull.whip (bûl'hwip) *i.* kalın kırbaç.

bul.ly (bûl'i) *i., f.* kabadayı, kendinden küçükleri ezen kimse, zorba kimse; *f.* zorbalık etmek, kabadayılık etmek.

bul.ly (bûl'i) *s., ünlem, k.dili* iyi, güzel, âlâ, mükemmel; *ünlem* Bravo! Aferin!

bul.ly (bûl'i) *i.* konserve sığır eti.

bul.rush (bûl'rʌş) *i.* saz otu, su hezaranı, hasır sazı, *bot.* Scirpus cernuus; koğalık, *bot.*

Scirpus lacustris. **small bulrush** su kamışı, *bot.* Typha latifolia.

bul.wark (bûl'wırk) *i.* siper, istihkâm, dıştan gelecek bir tehlikeye karşı herhangi bir tedbir. **bulwarks** *i., den.* küpeşte.

bul.wark (bûl'wırk) *f.* siper ile korumak, muhafaza altına almak.

bum (bʌm) *i., f.* (**bumming, bummed**) *A.B.D., argo* serseri kimse, başıboş adam, otlakçı kimse, anaforcu kimse, başkalarının sırtından geçinen kimse; *İng.* but, kaba et; *f.* başkalarının sırtından geçinmek, serseri bir hayat sürmek, *slang* otlamak, otlakçılıkla geçinmek; ödünç alıp geri vermemek. **on the bum** *argo* bozuk, çalışmaz durumda; serseri hayatı yaşayan. **bum's rush** zorla dışarı atılış. **bum trip** *argo* uyuşturucu maddelerin kötü etkisi (korku, ağlama v.b.).

bum.ber.shoot (bʌm'bırşut) *i., A.B.D., argo* şemsiye.

bum.ble (bʌm'bıl) *f.* acemice iş yapmak.

bum.ble.bee (bʌm'bılbi) *i.* gövdesi tüylü birkaç çeşit iri arı.

bum.boat (bʌm'bôt) *i.* satıcı kayığı.

bum.kin *bak.* **bumpkin.**

bum.mer (bʌm'ır) *i.* dilenci serseri; iyi netice vermeyen şey; *argo* uyuşturucu maddelerin kötü etkisi.

bump (bʌmp) *i., f.* vuruş, çarpma, darbe; şiş, yumru, tümsek; *f.* vurmak, toslamak, çarpmak, bindirmek; yerinden olmak. **bump off** *argo* öldürmek, *slang* temizlemek.

bump.er (bʌm'pır) *i., s., oto.* tampon, çamurluk; ağzına kadar dolu kadeh veya bardak; *s.* mebzul, alışılandan çok daha bol. **bumper crop** bereketli mahsul.

bump.kin (bʌmp'kîn) *i.* budala kimse, ahmak kimse; *den.* seren, bumba, kuntra mataforası.

bump.tious (bʌmp'şıs) *s.* kendini beğenmiş, mağrur, kibirli. **bumptiously** *z.* kendini beğenmişçesine.

bump.y (bʌm'pi) *s.* tümsekli, engebeli, yamrı yumru. **bumpily** *z.* tümsekli bir şekilde. **bumpiness** *i.* tümsekli oluş.

bun (bʌn) *i.* çörek; çörek şeklinde kıvrılmış saç.

bu.na (byu'nı) *i.* bir çeşit sentetik lastik.

bunch (bʌnç) *i.* salkım, demet, hevenk, deste, grup, takım; kambur. **bunchflower** *i., bot.* yabanî çörek otu.

bunch (bʌnç) *f.* demet yapmak, bir araya toplamak; salkım halinde meyva vermek.

bun.co (bʌng'ko) *i., A.B.D., k.dili* dolandırma.

bun.combe, bun.kum (bʌng'kım) *i., k.dili* boş laf, palavra.

bund (bʌnd) *i.* rıhtım, set; rıhtım caddesi.

Bund (bûnt) *i., Al.* birlik; dernek.

Bun.des.rat (bûn'dısrat) *i.* eski Almanya ve Avusturya parlamentosu.

bun.dle (bʌn'dıl) *i., f.* paket, bohça; kundak; yığın; *f.* toplamak, bohçalamak, kundaklamak, sarıp sarmalamak; acele olarak bir yere göndermek; *slang* sepetlemek; veda etmeden aceleyle gitmek; soyunmadan aynı yatakta yatmak. **bundle up** sarınıp sarmalanmak.

bung (bʌng) *i., f.* tapa; fıçı deliği; *f.* tıpalamak, ağzını tıpa ile kapamak; dövmek, hırpalamak. **bunghole** *i.* fıçı ağzı. **bung up** *argo* hırpalamak.

bun.ga.low (bʌng'gılo) *i.* tek katlı ev.

bun.gle (bʌng'gıl) *f., i.* acemice iş yapmak, yüzüne gözüne bulaştırmak; *i.* acemice yapılan iş, beceriksizlik.

bun.ion (bʌn'yın) *i., tıb.* ayakta hâsıl olan iltihaplı şişlik, bunyon.

bunk (bʌngk) *i., A.B.D., argo* boş laf, saçma.

bunk (bʌngk) *i., f.* ranza; *k.dili* herhangi bir çeşit yatak; *f.* ranzada yatmak; rahatsız bir yerde yatmak. **bunkhouse** *i.* işçi yatakhanesi.

bun.ker (bʌng'kır) *i.* yeraltı sığınağı; *den.* ambar, yerinden oynamayan ve depo olarak kullanılan büyük sandık; golf sahasında kumluk çukur veya toprak tümsek gibi topun gidişine engel olan kısım.

bun.kum *bak.* **buncombe.**

bun.ny (bʌn'i) *i.* tavşan, tavşancık.

Bun.sen burner (bʌn'sın) Bunsen gaz lambası, Bunsen alevi. **Bunsen cell** Bunsen pili.

bunt (bʌnt) *f., i.* tos vurmak; *beysbol* topa hafifçe vurmak; *i.* tos, boynuz darbesi; *beysbol* topa hafifçe vurma.

bunt (bʌnt) *i., den.* yelken eteğinin orta yeri; balık ağının şişen kısmı.

bunt (bʌnt) *i.* bir çeşit buğday hastalığı; bu hastalığın sebebi olan mantar, *bot.* Tilletia foetens.

bunt.ing (bʌn'tîng) *i.* süs ve işaret flamaları için kullanılan pamuklu kaba kumaş, bayrak bezi; bir geminin bütün flamaları; kiraz kuşu; *zool.* Emberiza.

bunt.line (bʌnt'layn) *i., den.* kargafunda, yelken eteğinin orta yerini kaldırıp kapamak için, kullanılan ip.

buoy (boy) *i., f., den.* şamandıra; cankurtaran simidi veya yeleği; *f.* suyun yüzünde tutmak, yüzdürmek, şamandıra ile işaret koymak veya etmek; su yüzüne çıkmak, yüzmek.

buoy.an.cy (boy'ınsi) *i.* su üzerinde durabilme, yüzme hassası; neşe, canlılık.

buoy.ant (boy'ınt) *s.* yüzen (cisim); batmaz; neşeli, ümitsizliğe kapılmayan.

bur *bak.* **burr.**

bur.ble (bır'bıl) *f., i.* fıkırdamak, mırıldanmak; *i.* fıkırtı, mırıltı; *hav.* kanadın kenarındaki hava çalkantısı.

bur.bot (bır'bıt) *i.* morina balığına benzer bir balık, *zool.* Lota lota.

bur.den (bır'dın) *i., f.* yük, ağırlık; sorumluluk, mesuliyet; yük taşıma kapasitesi; *f.* yüklemek; yüklenmek, sıkıntı vermek; üstüne çullanmak. **burden of proof** ispat külfeti, ispat etme mecburiyeti. **burdensome** *s.* külfetli, sıkıntı verici.

bur.den (bır'dın) *i.* esas konu, ana fikir; nakarat. **burden of a song** bir şarkının nakarat kısmı.

bur.dock (bır'dak) *i.* dulavratotu, *bot.* Arctium lappa.

bu.reau (byûr'o) *i.* büro, yazıhane, acente, daire, şube; çekmece, çekmeceli dolap; *İng.* yazı masası, yazıhane.

bu.reauc.ra.cy (byûrak'rısı) *i.* bürokrasi, devlet dairelerine mahsus formaliteler, kırtasiyecilik; devlet memurları.

bu.reau.crat (byûr'ıkrät) *i.* devlet dairesinde memur olan kimse; kırtasiyeci.

bu.rette (byûret') *i., kim.* büret, sıvı ölçmeye mahsus cam tüp.

burg (bırg) *i., A.B.D., k.dili* kasaba, ufak şehir.

bur.gage (bır'gîc) *i., eski., huk.* birkaç çeşit gayri menkul mülk hakkı.

bur.gee (bır'ci) *i.* yatlarda kullanılan ucu çatallı bayrak, çatal gidon.

bur.geon (bır'cın) *i., f.* tomurcuk, filiz; *f.* tomurcuk ve filiz vermek, sürmek.

bur.gess (bır'cîs) *i.* kasaba veya nahiyede oturan kimse; *tar.* İngiltere parlamentosundaki kasaba, nahiye veya üniversite temsilcisi.

burgh (bırg) *i.* İskoçya'da kasaba.

burgh.er (bır'gır) *i.* kasabada oturan vatandaş, kasaba sakini.

bur.glar (bır'glır) *i.* ev soyan hırsız. **burglar alarm** hırsıza karşı konan alarm tertibatı. **burglar proof** hırsıza karşı emniyet tertibatı olan (kasa, kilit).

bur.glar.i.ous (bırgler'ıys) *s.* ev hırsızlığına ait, ev soygunuyla ilgili.

bur.glar.ize (bır'glırayz) *f., k.dili* ev soymak.

bur.gla.ry (bır'glıri) *i.* ev soyma, hırsızlık.

bur.gle (bır'gıl) *f., k.dili* ev soymak.

bur.go.mas.ter (bır'gımästır) *i.* Hollanda, Almanya veya Avusturya'da belediye başkanı.

bur.goo (bır'gu, bırgu') *i.* yulaf ezmesi; *A.B.D., leh.* etli çorba; çorba ziyafeti.

bur.grave (bır'greyv) *i., Alman tar.* hisar muhafızı; bir kale veya şehrin babadan oğula geçen valilik makamı.

Bur.gun.dy (bır'gındi) *i.* Fransa'da bir eyaletin ismi, Burgonya; burada yapılan şarap.

bur.i.al (ber'iyıl) *i.* gömme, defin, cenaze töreni. **burial ground** mezarlık, kabristan. **burial service** cenaze töreni.

bu.rin (byûr'în) *i.* hakkâk kalemi.

burke (bırk) *f.* boğmak, vücutta iz bırakmadan öldürmek; dolambaçlı bir davranışla bir şeyden sıyrılmak.

burl (bırl) *i., f.* kumaş veya iplikte rastlanan düğüm; yumru, ağaç gövdesinde oluşan yumru; *f.* dokunmuş kumaştan düğümleri temizlemek.

bur.lap (bır'läp) *i.* çuval bezi, kenevirden dokunmuş kumaş.

bur.lesque (bırlesk') *s., i., f.* hicvederek güldüren; gülünç, komik; *i.* hicviye, taşlama; *f.* hicvetmek, alaya almak, taklidini yapmak. **burlesque show** *A.B.D.* striptizli ve taşlamalı gösteri.

bur.ly (bır'li) *s.* iriyarı, kocaman, sağlam yapılı; palavracı.

Bur.ma (bır'mı) *i.* Birmanya. **Burmese** *s., i.* (*tek. ve çoğ.*) Birmanyalı; *i.* Birmanya dili.

burn (bırn) *i.* yanık, yanık yeri; pişirme (tuğla veya kiremit); *İskoç.* çay, ırmak, dere.

burn (bırn) *f.* (**burned** *veya* **burnt**) yanmak, yanıyor gibi olmak, alev alev olmak; ışık saçmak; parıldamak; tutuşmak; yakmak, tutuşturmak; kavurmak; pişirmek (tuğla veya kiremit); *A.B.D., argo* aldatmak; *A.B.D., argo* elektrikle idam etmek. **burn the candle**

at both ends kuvvetini fazla israf etmek.
burn the midnight oil geceyi gündüze
katmak, geç vakte kadar çalışmak. burn
one's bridges behind oneself geri dön-
memek üzere bir işe atılmak. burn one's
fingers (bir şeyden) ağzı yanmak. burn
up yakıp bitirmek; yanıp bitmek. His ears
are burning. Kendisi yokken methediliyor.

burn.er (bır'nır) i. yakıcı şey, yakan kimse; gaz
memesi, bek.

burn.et (bır'nît) i. mesine, küçük mesine,
salatalık sebze, bot. Sanguisorba. great
burnet aptesbozanotu, bot. Poterium of-
ficinale.

burn.ing (bır'ning) i., s. yakma, yakış; fırın-
lama; s. yanan, yanıcı; üzerinde çok müna-
kaşa edilen, hararetli. burning glass per-
tavsız. burning point yanma noktası, fokus.
burning question hararetli sorun. burn-
ing shame rezalet, büyük ayıp.

bur.nish (bır'nîş) f., i. cilâlamak; parlatmak;
i. cilâ, parlaklık, revnak. burnisher i. cilâcı,
perdahçı; mühre, perdah kalemi.

bur.noose, bur.nous (bırnus') i. Arap'ların
giydiği kukuleteli cüppe.

burn.out (bırn'aut) i. roketde yanmanın bitmesi.

burn.sides (bırn'saydz) bak. sideburns.

burnt (bırnt) bak. burn; s. yanık, yanmış.
burnt offering tanrılara kurban edilmek
üzere yakılan hayvan. burnt orange kırmı-
zımsı sarı renk. burnt sienna kırmızımsı
kahverengi boya. burnt umber kırmı-
zıya çalan kahverengi boya.

burp (bırp) i., f., A.B.D., k.dili geğirme; f.
geğirmek.

burr (bır) i. bazı meyva tohumlarının dikenli
kabuğu; kozak, kozalak; sırnaşık adam;
çapak, pürüz; ayla, hale; dişçi. frez, ufak
daire testeresi; kalem pürüzü; çiğ ipekten
kalan iplik; "r" harfinin titrek olarak söy-
lenmesi; bir çeşit sert değirmen taşı.

bur.ro (bır'o) i. eşek, merkep.

bur.row (bır'o) i., f. oyuk, in, yuva; barınak,
sığınak; f. tünel kazmak, yuva yapmak, oyuk
açmak; bir oyuk veya yuvada gizlenmek.

bur.sa (bır'sı) i., zool. kese, bursan.

bur.sar (bır'sır) i. muhasebeci, veznedar (özel-
likle bir yüksek okulda).

bur.sa.ry (bır'sıri) i. manastır veznedarlığı;
İskoç. bir kolej tarafından verilen burs.

bur.si.tis (bırsay'tîs) i., tıb. bursan iltihaplan-
ması.

burst (bırst) i., f. patlama, çatlama, ileri atılma;
mermi atılması; bir el silâh atımında yapılan
atış; açılma; göz önüne serilme; f. yarılmak,
ayrılmak, ileri fırlamak; boşanmak (göz yaşı,
kahkaha); had safhaya gelmek; gözle görü-
lür hale gelmek; patlatmak, birdenbire kırmak.

bur.then (bır'dhın) bak. burden.

bur.ton (bır'tın) i., den. takım, alet, edevat,
palanga.

Bu.run.di (bûrun'di) i. Burundi.

bur.y (ber'i) f. gömmek, defnetmek; gizlemek,
saklamak, örtmek; ölüm sonucu ile kaybetmek;
bertaraf etmek. bury the hatchet geçmişi
unutup barış yapmak. bury one's sorrows
kederini saklamak, bağrına taş basmak.

bur.y.ing (ber'iying) i. gömme, defnetme.
burying ground, burying place mezar-
lık, kabristan; mezar, kabir.

bus (bʌs) i. (çoğ. buses veya busses) f.
(bussing, bussed veya busing, bused)
otobüs; k.dili binek otomobili; f. otobüsle
gezmek; otobüsle taşımak.

bus bar elektrik bağlama çubuğu.

bus boy lokantada kirli tabakları toplayan işçi.

bus.by (bʌz'bi) i. bir çeşit İngiliz askeri başlığı.

bush (bûş) i., f. çalı, çalılık, çalıya benzer şey,
çalılık arazi; mak. zıvana, burç; f. çalı ile
örtmek, kaplamak, çalı ile destek yapmak;
çalıdan yapılmış tarakla taramak. beat about
the bush sadede gelmemek.

bush-ba.by (bûş'beybi) i. Afrika'da bulunan
ve maymuna benzer ufak bir hayvan, zool.
Galago maholi.

bush.craft (bûş'kräft) i. ormanda rahat yaşa-
yabilme hüneri.

bushed (bûşt) s., k.dili yorgun, bitkin; ne yapa-
cağını şaşırmış bir halde olan.

bush.el (bûş'ıl) i. kile; İng. 4/5 kile. hide one's
light under a bushel örnek olmak isteme-
mek; yeteneğini gizlemek.

bush.el (bûş'ıl) f., A.B.D. biçimini değiştirmek,
tersyüz etmek, onarmak (elbise).

bu.shi.do (bu'şido) i. Japonya'nın geleneksel
savaş kuralları.

bush.ing (bûş'îng) i., elek. kovan.

bush.man (bûş'mın) i. (çoğ. -men) ormancı;
Avustralya'da çalılıklarda oturan kimse; b.h.

Güney Afrika zenci ırkına mensup kimse, Buşman; Buşmanların dili.

bush.y (bûş'i) *s.* çalıyla kaplı; çalı gibi, gür (saç). **bushiness** *i.* çalı gibi oluş.

busi.ness (bîz'nîs) *i.* iş, meslek, vazife; ticaret; iş yeri; mesele, problem. **stage business** *tiyatro* oyuncuların konuşma dışındaki jest, mimik gibi davranışları. **have no business** hakkı olmamak, alâkası olmamak. **mean business** *f.* ciddî niyeti olmak. **businesslike** *s.* ciddî, sistemli. **business reply envelope** ticarî cevap zarfı.

busk (bʌsk) *i.* korseyi dik tutan kemik veya madenî balina.

bus.kin (bʌs'kîn) *i.* potin, kısa çizme; eski Yunan ve Roma tiyatrosunda oyuncuların giydiği sandalet; trajedi.

bus.kined (bʌs'kînd) *s.* potin, çizme veya eski Yunan ve Roma tiyatrosunda oyuncuların giydiği sandaleti giymekte olan; trajediye ait.

bus.man (bʌs'mın) *i.* otobüs şöförü.

buss (bʌs) *i.*, *f.*, *eski ve leh.* öpücük, buse; *f.* öpmek.

bust (bʌst) *f.*, *i.*, *k.dili* patlamak, patlak vermek; iflâs etmek; patlatmak; mahvetmek, iflâs ettirmek; orduda rütbesini tenzil etmek; vurmak; *i.* göğüs, büst; *argo* mahvolma, iflâs; *slang* top atma; içki âlemi.

bus.tard (bʌs'tırd) *i.* toy kuşu, *zool.* Otis tarda; Avrupa ve Afrika'da yaşayan diğer birkaç cins kuş.

bust.ed (bʌs'tıd) *s.*, *argo* tutuklanmış.

bust.er (bʌs'tır) *i.*, *A.B.D.*, *argo* hayvan terbiyecisi; dağıtan veya mahveden kimse; ulan.

bus.tle (bʌs'ıl) *f.*, *i.* telâş etmek, koşuşmak, acele ile hareket etmek; acele ettirmek; *i.* telâş, koşuşma, acele; eskiden kadınların eteklerini kabarık tutması için kalça kısmına taktıkları yastık gibi şey. **hustle and bustle** telâş, koşuşma.

bus.y (bîz'i) *s.* meşgul; hareketli, faal; işgüzar, burnunu her işe sokan. **busy signal** meşgul işareti. **busybody** *i.* herkesin işine burnunu sokan kimse.

bus.y (bîz'i) *f.* meşgul etmek, iş vermek, boş bırakmamak; meşgul olmak, işi olmak.

but (bʌt) *edat*, *bağlaç*, *z.* -den gayri, -den hariç; *bağlaç* fakat, ama, lâkin, ancak, halbuki, ki; *z.* sadece, yalnız. **No ifs or buts!** İtiraz yok! **all but** -den gayri, az kalsın. **but for** saye-

sinde, ...olmasaydı. **but what** ...ki, gene de, rağmen. **There was never a new plan but what someone objected to it.** Yeni hiç bir plan yoktur ki birisi itiraz etmesin.

bu.tane (byu'teyn) *i.* bütan, bütan gazı.

butch (bûç) *i.* asker tıraşı, alabros; *argo* sevici.

butch.er (bûç'ır) *i.*, *f.* kasap, celep; katil, cani; *A.B.D.* trenlerde şeker ve sandviç satışı yapan adam, büfeci; *f.* kasaplık hayvan kesmek; zalimce öldürmek, boğazlamak; berbat etmek, rezil etmek (bir işi).

butch.er.bird (bûç'ırbırd) *i.* avını dikenlerin üzerinde parçalayarak öldüren birkaç çeşit kuş. **greater butcherbird** büyük çekirge kuşu. **redheaded butcherbird** kızıl başlı çekirge kuşu, *zool.* Lanius senator.

butch.er's-broom (bûç'ırzbrum) *i.* çoban püskülü, yabanî mersin, tavşan memesi, ölmez dikeni, *bot.* Ruscus aculeatus.

butch.er.y (bûç'ıri) *i.* mezbaha, salhane; kasaplık mesleği; katliam.

but.ler (bʌt'lır) *i.* bir evin baş erkek hizmetkârı; kethüda, baş uşak.

butt (bʌt) *i.* herhangi bir şeyin enli ucu veya sapı; dipçik; izmarit; *argo*, *slang* popo, kıç.

butt (bʌt) *i.*, *f.* alay konusu olan kimse; nişan talimi yapılan yerin arkasındaki duvar veya toprak yığını; *f.* bitişik olmak; bitişmek; iki şeyin enli uçlarını birbiriyle birleştirmek.

butt (bʌt) *f.*, *i.* tos vurmak, boynuz atmak; kafa atmak; araya girmek, karışmak, burnunu sokmak; *i.* tos, kafa (vuruş).

butt (bʌt) *i.* fıçı (şarap, bira), damacana; bir oylum ölçü birimi, 477 litre.

butte (byut) *i.* bir düzlüğün üzerinde yükselen tek bir tepe veya dağ.

but.ter (bʌt'ır) *i.*, *f.* tereyağı, margarin; ekmeğe sürülen diğer yumuşak maddeler; *f.* tereyağı ilâve etmek veya sürmek; *k.dili* yağlamak, yağ çekmek. **butter up** *argo* yağcılık etmek. **know which side one's bread is buttered on** menfaatinin nerede olduğunu bilmek.

but.ter-and-eggs (bʌt'ırınegz') *i.* nevruz otu, *bot.* Linaria vulgaris; bir nevi nergis çiçeği.

but.ter.ball (bʌt'ırbôl) *i.* bir cins ördek; *k.dili* şişko kimse, tombul kimse, yağ tulumu.

but.ter.cup (bʌt'ırkʌp) *i.* düğünçiçeği, *bot.* Ranunculus; altıntabak, altın çiçeği, *bot.* Ranunculus acris; kâğıthane çiçeği.

but.ter.fat (bʌt'ırfät) *i.* süt kaymağı; 'kaymak nispeti.

but.ter.fin.gers (bʌt'ırfinggırz) *i.* sakar kimse.

but.ter.fly (bʌt'ırflay) *i.* kelebek; kelebek gibi bir yerden bir yere gayesi olmaksızın dolaşan kimse, havai yaradılışlı kimse. **butterfly orchid** beyaz zeravent. **butterfly table** açılır kapanır kanatlı masa. **butterfly valve** kelebekli valf. **social butterfly** eğlence düşkünü kimse.

but.ter.milk (bʌt'ırmîlk) *i.* tereyağı yapıldıktan sonra yayıkta kalan içecek, yayık ayranı; ayran.

but.ter.nut (bʌt'ırnʌt) *i.* Amerika'da bulunan bir nevi ceviz ağacı; bu ağacın cevizi; bu ağacın kabuğundan yapılan sarımtırak kahverengi boya.

but.ter.scotch (bʌt'ırskaç) *i.* biraz yakılmış şeker ve tereyağı ile yapılan bir nevi karamela.

but.ter.wort (bʌt'ırwırt) *i.* böcek kapan bir bitki, *bot.* Pinguicula.

but.ter.y (bʌt'ıri) *s.* tereyağı gibi; tereyağlı; *k.dili* fazla yağ çeken, dalkavukluk yapan.

but.ter.y (bʌt'ıri) *i.* kiler.

but.tock (bʌt'ık) *i., gen. çoğ.* but, kalça, kıç, *colloq.* popo, kaba et; *den.* geminin kıçı.

but.ton (bʌt'ın) *i., f.* düğme; tomurcuk, filiz, sürgün; küçük mantar; elektrik düğmesi; *argo* Kızılderililerin uyuşturucu madde niyetine çiğnedikleri dikensiz bir nevi kaktüsün kurutulmuş tepe kısmı; *f.* düğmelemek, iliklemek; düğme dikmek veya koymak. **buttonwood** *i.* çınar ağacı. **on the button** tam. **buttony** *s.* çok düğmeli.

but.ton.hole (bʌt'ınhol) *i., f.* ilik, düğme iliği; *f.* ilik açmak; yakasına yapışmak. **buttonholer** *i.* ilik açan alet veya kimse.

but.ton.hook (bʌt'ınhûk) *i.* düğme kancası, ayakkabı ve eldiven düğmelerini iliklemede kullanılan kanca.

but.tons (bʌt'ınz) *i., İng., k.dili* garson.

but.tress (bʌt'trîs) *i., f.* payanda, ayak; destek; *f.* ayak veya payanda koymak; desteklemek.

bu.tyl (byu'til) *i., kim.* butil.

bu.ty.ra.ceous (byutırey'şıs) *s.* tereyağımsı, tereyağına benzer, tereyağlı.

bu.tyr.ic (byutir'îk) *s., kim.* butirik aside ait 'veya bu asitten çıkarılmış.

bu.tyr.om.e.ter (byutıram'ıtır) *i.* sütölçer; sütteki tereyağı oranını ölçen alet.

bux.om (bʌk'sım) *s.* sıhhatli (kadın); canlı, etli butlu; iri göğüslü; cazip, çekici, neşeli.

buy (bay) *f., i.* satın almak, almak; bir şey karşılığında sağlamak; kiralamak; rüşvetle ele geçirmek, elde etmek; alıcı durumunda olmak, müşteri olmak; *i.* alış, alma; kelepir; *A.B.D.* satın alınan şey; *A.B.D., k.dili* pazarlık. **buy in** ortak olmak; hisse almak; sahibi için geri almak; *argo* üyeliğe kabul parası vermek. **buy off** rüşvetle elde etmek, rüşvetle defetmek, savuşturmak; satın almak. **buy out** bütün hisselerini almak. **buy over** rüşvetle (birini) satın almak. **buy up** tümünü satın almak, kapatmak. **buyer** *i.* alıcı, müşteri. **buyer's market** alıcı piyasası.

buzz (bʌz) *i., f.* vızıltı; dedikodu, söylenti; *k.dili* telefon konuşması; *f.* vızıldamak; fısıldamak; konuşmak; *İng., argo* gitmek, terketmek, ayrılmak (*gen.* **off** *veya* **along** *ile*); vızıltıya benzer bir ses çıkarmak; bir dedikodu veya şayiayı yaymak; vızıltıya benzer seslerle haberleşmek; *k.dili* telefon etmek; *hav.* alçaktan uçmak; alçaktan uçarak birisini selâmlamak. **buzz about** bir iş yapıyormuş gibi ortada dolaşmak.

buz.zard (bʌz'ırd) *i.* şahin cinsinden ağır ve tembel kuş; birkaç cins av kuşu. **long legged buzzard** kızıl şahin, *zool.* Buteo rufinus. **moor buzzard** üsküflü doğan, *zool.* Circus aeruginosus.

buzz.er (bʌz'ır) *i.* vızıltıya benzer ses çıkaran elektrik zili.

buzz saw daire testere.

by (bay) *edat* yanında, yakınında, nezdinde; yakınından, yanından; ile, vasıtasıyla; -den, tarafından; kadar; göre; hakkında, hakkı için. **by and by** ileride, yavaş yavaş. **by and large** genellikle, genel olarak. **by oneself** yalnız, kendi kendine. **by the way** ha aklıma gelmişken... **day by day** günden güne. **six by nine** altıya 'dokuz (ebadında).

by (bay) *z.* yakın; bir kenara. **go by** geçip gitmek. **lay by** biriktirmek, yığmak. **put by** ilerisi için saklamak. **by and by** çok geçmeden. **by and large** genellikle. **Can you drop by tonight?** Bu gece bize uğrar mısın?

by(e) (bay) *i.* asıl gayeden uzak ifade veya fikir;

ilâve edilen veya ikinci derecede önemli olan şey.

bye (bay) *i.*, *spor* çift çift girilen bir müsabakada rakibi olmadığından yarışmacının otomatik olarak tur atlaması.

bye-bye (bay'bay) *ünlem*, *çocuk veya k.dili* Allaha ısmarladık; güle güle.

by-e.lec.tion (bay'îlekşın) *i.*, *İng.* ara seçim.

by.gone (bay'gôn) *s.*, *i.* geçmiş; geçmişte olmuş; modası geçmiş; *i.* geçmiş olan şey. **Let bygones be bygones.** Geçmişi unutalım. Olan oldu. Geçmişe mazi derler.

by.law (bay'lô) *i.* talimatname, içtüzük.

by-line (bay'layn) *i.* yazar adının verildiği satır.

by-pass (bay'päs) *i.*, *f.* atlama; dolaştırma; kestirme yol; elektrik şube devresi; aşma borusu; *f.* bertaraf etmek, atlatmak.

by.path (bay'päth) *i.* özel yol, dolaylı vasıta veya yol.

by-play (bay'pley) *i.* özellikle sahnede asıl oyunun yanı sıra yapılan hareket veya konuşma.

by-prod.uct (bay'pradıkt) *i.* yan ürün, bir şey üretilirken onun yanı sıra elde edilen ve ikinci derecede önemli olan bir ürün.

byre (bayr) *i.*, *İng.* inek ahırı.

bys.sus (bis'ıs) *i.* bazı kabuklu hayvanları kayalara bağlayan lif; iyi cins sarımtırak keten; Mısırlıların mumyalamada kullandıkları kumaş; pamuklu veya ipekli kumaş.

by.stand.er (bay'ständır) *i.* işe veya olaya karışmadan kenarda duran kimse, seyirci.

by.way (bay'wey) *i.* gizli, özel veya karanlık yol, dolaşık yol.

by.word (bay'wırd) *i.* darbımesel, atasözü; çok kullanılan bir deyim.

by-work (bay'wırk) *i.* ek görev, ilâve iş.

Byz.an.tine (biz'ıntin, bızän'tin, -tayn) *s.* Bizans'a ait.

By.zan.tium (bîzän'çiyım, -tiyım) *i.* Bizans.

C

C, c (si) *i.* İngiliz alfabesinin üçüncü harfi; *müz.* 'do' notası; 4/4 lük tempo; *kim.* karbonun simgesi; Romen rakamlarından 100; Amerikan okullarında orta not.

c., C. *kıs.* about (circa), cent, centigrade, century, city, copy, copyright.

Caa.ba *bak.* **Kaaba.**

cab (käb) *i.* taksi; tek atlı binek arabası; lokomotif veya kamyon sürücüsünün oturduğu üstü kapalı kısım.

ca.bal (kıbäl') *i.*, *f.* fitne, komplo, entrika; gizlice çalışan küçük bir grup entrikacı; *f.* böyle bir grup kurmak; komplo hazırlamak.

cab.a.la (käb'ılı, kıba'lı) *i.* özellikle Musevilerce Kitabı Mukkades'in bâtınî tefsiri; bâtınî bilgi, sır. **cabalism** *i.* Kitabı Mukaddes'in Musevilerce bâtınî tefsiri. **cabalist** *i.* bu çeşit tefsir yapan kimse.

cab.al.le.ro (käbılyer'o) *i.* İspanyol efendisi; *A.B.D.* süvari, atlı; kavalye.

ca.ban.a (kıbän'ı) *i.* kabine.

cab.a.ret (käbırey') *i.* kabare, gece kulübü; show programı.

cab.bage (käb'ic) *i.* lahana. **drum-head cabbage** top lahana, *bot.* Brassica oleracea.

cab.bage (käb'ic) *i.*, *f.*, *İng.* çalınmış bir şey, özellikle terzilerin kumaşlardan çaldıkları parça; *f.* çalmak, aşırmak, yürütmek.

cab.by (käb'i) *i.*, *k.dili* sürücü, şoför.

ca.ber (key'bır) *i.* İskoçya'da oynanan bir oyunda fırlatmak için kullanılan değnek.

cab.in (käb'in) *i.*, *f.* kulübe; kamara, kabin; *f.* kabin veya kamarada yaşamak; küçük bir yere kapamak, tahdit etmek. **cabin boy** kamarot. **cabin class** ikinci sınıf.

cab.i.net (käb'ınit) *i.*, *s.* camlı ve raflı olan dolap; kabine, bakanlar kurulu; küçük özel oda; *s.* dolap ile ilgili; gizli. **cabinetmaker** *i.* ince iş yapan marangoz. **cabinetwork** *i.* ince marangozluk.

ca.ble (key'bıl) *i.* kablo; *den.* gomene, palamar; telgraf. **cable car** teleferik; kablo ile çekilen araba.

ca.ble (key'bıl) *f.* kablo ile raptetmek, bağlamak; kablo döşemek; sualtı kablosu ile telgraf çekmek. **cablegram** *i.* sualtı kablosu ile çekilen telgraf.

ca.blet (key'blit) *i., den.* hafif gomene, ince gomene, palamar.

cab.man (käb'mın) *i.* (*çoğ.* **cabmen**) arabacı.

ca.bob (kıbab') *i.* şiş kebabı.

ca.boo.dle (kıbud'ıl) *i., k.dili* takım. **the whole caboodle** güruh; hepsi.

ca.boose (kıbus') *i., A.B.D.* yük katarında tren memurlarının kullandığı en sona takılı vagon; *İng.* gemi mutfağı.

cab.ri.o.let (käbriyıley') *i.* tek atlı ve körüklü hafif araba, kabriole; üstü açılabilen iki kapılı otomobil.

ca'can.ny (ka kän'i) *İng.* kasten ağır tempo ile çalışma.

ca.ca.o (kıkey'o, kıka'o) *i.* kakao ağacı, *bot.* Theobroma cacao. **cacao bean** kakao tanesi. **cacao butter** kakao yağı.

cach.a.lot (käş'ılat, käş'ılo) *i.* bir çeşit balina, kadırga balığı.

cache (käş) *i., f., Fr.* erzak, hazine v.b. saklanan gizli yer; *f.* böyle bir yere gizlemek, saklamak.

ca.chet (käşey') *i., Fr.* mühür, damga; alâmeti farika, marka; kapsül, kaşe.

ca.chex.i.a, ca.chex.y (kıkek'siyı, kıkek'si) *i., tıb.* beden zayıflığı, kaşeksi.

cach.in.nate (käk'ıneyt) *f.* yüksek sesle gülmek; isterik kahkahalar atmak. **cachinna'tion** *i.* isterik kahkahalar.

ca.chou (kışu') *i.* ağıza hoş bir koku veren pastil.

ca.chu.cha (kaçu'ça) *i., İsp.* canlı ve neşeli bir dans; bu dansın müziği.

ca.cique (kısik') *i.* Meksika ve Batı Hint adalarında kızılderili kabile reislerine verilen ad.

cack.le (käk'ıl) *f., i.* gıdaklamak; kesik kesik gülmek; gürültülü bir şekilde konuşmak, gevezelik etmek; *i.* gıdaklama; gevezelik. **cackler** *i.* geveze kimse.

cac.o.de.mon, cac.o.dae.mon (käkıdi'mın) *i.* kötü ruh, şeytan, iblis.

cac.o.dyl (käk'ıdil) *i.* pis kokulu ve zehirli bir kimyasal karışım, kakodil.

cac.o.e.thes (käkoyi'thiz) *i.* kötü alışkanlık, kötü iptilâ.

ca.cog.ra.phy (kıkag'rıfi) *i.* kötü el yazısı; bozuk imlâ.

ca.coph.o.nous (kıkaf'ınıs) *s.* ahenksiz, kulağa hoş gelmeyen, bozuk (ses).

ca.coph.o.ny (kıkaf'ıni) *i.* ahenksiz ses, kulağa hoş gelmeyen ses; *müz.* akortsuzluğun sık sık olması.

cac.tus (käk'tıs) *i.* (*çoğ.* **cactuses, cacti**) kaktüs, atlas çiçeği, *bot.* Cactus. **cactus pear** Mısır inciri. **Christmas cactus, crab cactus** subayra, *bot.* Epiphyllum grandiflora. **spine cactus** dikenli frenkinciri.

cad (käd) *i.* aşağılık adam, efendice davranmayan kimse.

ca.das.tral (kıdäs'trıl) *s.* kadastroya ait. **cadastral map** kadastro haritası. **cadastral survey** kadastronun araziyi ölçmesi, kadastro.

ca.das.ter (kıdäs'tır) *i.* kadastro, çap.

ca.dav.er (kıdäv'ır, kıdey'vır) *i.* ceset, kadavra. **cadaverous** *s.* kadavra gibi, soluk, pörsümüş.

cad.die (käd'i) *i., f.* golf oyununda oyuncunun takımlarını taşıyan kimse; *f.* oyun sırasında oyuncunun sopalarını taşımak.

cad.dis (käd'is) *i.* şayak. **caddis fly** dört kanatlı bir böcek, *zool.* Trichoptera.

cad.dy (käd'i) *i.* daha ziyade çay koymaya mahsus küçük kutu, teneke veya çekmece.

cade (keyd) *i.* yabanî ardıç, katran ardıcı, *bot.* Juniperus oxycedrus. **oil of cade** bu ağaçtan çıkarılan ve cilt hastalıklarının tedavisinde kullanılan bir yağ, ardıç yağı.

cade (keyd) *s.* annesi tarafından terkedilmiş ve elde büyütülmüş (hayvan yavrusu).

ca.dence (keyd'ıns) *i.* ritim, ahenk; sesin yavaşlaması; *müz.* perdenin derece derece inmesi, nağmenin sonu, kadans. **cadenced** *s.* derece derece inen; ahenkli, ritmik.

ca.den.za (kıden'zı) *i., müz.* bir solo kısmın sonunda sesin gösterişli bir şekilde yükselmesi, kadenz, durgu.

ca.det (kıdet') *i.* harp okulu talebesi; küçük erkek kardeş veya oğul; en küçük erkek çocuk. **cadet corps** harp okulu taburu.

cadge (käc) *f., k.dili* dilenmek.

ca.di (ka'di) *i.* kadı.

Cad.me.an (kädmi'yın) *s.* Yunan efsanelerinde adı geçen Fenikeli kahraman Kadmus'a ait. **Cadmean victory** yenilenlerin olduğu kadar yenenlerin de zarar gördüğü savaş.

cad.mi.um (käd'miyım) *i., kim.* kadmiyum. **cadmium yellow** limon sarısı.

cad.re (käd'ri, ka'dr) *i., ask.* kadro, yeni yetişen subayları eğitecek subaylar heyeti; çerçeve, plan.

ca.du.ce.us (kıdu'siyıs) *i.* (*çoğ.* caducei) Yunan mabudu Hermes'in tanrıların habercisi olarak elinde taşıdığı asa; tıp ilminin sembolü olarak kullanılan yılanlı asa.

ca.du.ci.ty (kıdu'sıti) *i.* bunaklık; halsizlik, zayıflık; fanilik, geçicilik.

cae.cum *bak.* cecum.

Cae.sar (si'zır) *i.* Sezar.

Caes.a.re.a (sesıri'yı) *i.* Kayseri.

Cae.sar.e.an, Cae.sar.i.an *bak.* Cesarean.

Cae.sar.ism (si'zırizım) *i.* mutlakıyet idaresi; emperyalizm.

cae.si.um *bak.* cesium.

cae.su.ra (sijûr'ı) *i.* (*çoğ.* caesuras, caesurae) bir mısraı okurken hafifçe durulacak yer; *müz.* durgu.

ca.fé (käfey', kıfey') *i.* lokanta, kahvehane, pastane, bar; kahve. café curtain pencerenin alt yarısını kapatan perde. cafe society bar ve kulüpleri dolaşan sosyete grubu.

caf.e.te.ri.a (käfıtir'iyı) *i.* kafeterya.

caf.feine (käf'in) *i.* kafein, kahve ve çayda bulunan uyarıcı madde.

caf.tan, kaf.tan (käf'tın, kaftan') *i.* kaftan.

cage (keyc) *i., f.* kafes; hapishane; asansör; iskele (inşaatlarda); *f.* kafese kapamak, hapsetmek.

cage.ling (keyc'ling) *i.* kafese kapanmış kuş.

cage.y (key'ci) *s., k.dili* kurnaz.

ca.hier (kayey') *i.* bir demet kâğıt; muhtıra, rapor.

ca.hoots (kıhuts') *i., A.B.D., argo* ortaklık. in cahoots ortak olarak, ortaklık halinde. go cahoots ortaklık kurmak, ortak olmak.

cai.man *bak.* cayman.

Cain (keyn) *i.* Kabil, Adem ile Havva'nın kardeş katili olan ilk oğulları; katil. raise Cain *A.B.D., argo* karışıklık çıkarmak.

Cai.no.zo.ic (kaynızo'wik) *bak.* Cenozoic.

ca.ique (kayik') *i.* kayık, sandal.

cairn (kern) *i.* taş yığını halinde abide, mezar veya işaret noktası, kurgan.

Cai.ro (kay'ro) *i.* Kahire.

cais.son (key'sın, key'san) *i., ask.* cephane sandığı, cephane arabası; sualtı temel işlerinde kullanılan sandık; batan gemileri yüzdürmek için kullanılan duba. caisson disease *bak.* bends.

cai.tiff (key'tif) *i., s.* alçak, zelil adam; *s.* bayağı, aşağılık.

ca.jole (kıcol') *f.* aldatmak, yüzüne gülerek kandırmak. cajolement, cajolery *i.* kandırma. cajoler *i.* kandırıcı kimse.

cake (keyk) *i.* pasta, kek, çörek; kalıp; küspe. take the cake *k.dili* birinci gelmek. That takes the cake! Aşk olsun! cakes and ale hayatın neşesi; rahat içinde yaşama.

cake (keyk) *f.* kalıplaşmak, kalıp şeklini almak; katılaşmak, şekil almak.

cake.walk (keyk'wôk) *i., f.* Amerikan zencilerinin oynadığı bir çeşit oyun; *f.* çalımla dolaşmak.

Cal. *kıs.* California.

cal.a.bash (käl'ıbäş) *i.* sukabağı; sukabağından oyulmuş su kabı.

cal.a.boose (käl'ıbus) *i., A.B.D., k.dili* hapishane.

cal.a.man.co (kälımäng'ko) *i.* daha çok 18. asırda kullanılan desenli ve parlak yünlü kumaş.

cal.a.man.der (käl'ımändır) *i.* Seylan ve Hindistan'da bulunan ve kerestesi oymacılıkta kullanılan sert bir ağaç, *bot.* Diospyros quaesita.

cal.a.mine (käl'ımayn, käl'imîn) *i., min.* tutya taşı. calamine lotion kalamin losyonu.

ca.lam.i.ty (kıläm'ıti) *i.* belâ, felâket, afet. calamitous *s.* felâketli, felâket getiren, vahim, belâlı. calamitously *z.* felâket ve belâ getirerek.

cal.a.mus (käl'ımıs) *i.* hintkamışı.

ca.lash (kıläş') *i.* bir çeşit hafif atlı araba; açılır kapanır araba tentesi; kadınların eskiden giydikleri bir çeşit başlık.

cal.ca.ne.us (kälkey'niyıs) *i.* (*çoğ.* -ne.i) topuk kemiği.

cal.car.e.ous (kälker'iyıs) *s.* kalsiyumlu, kireçli.

cal.ce.o.lar.i.a (kälsiyıler'iyı) *i.* çanta çiçeği, *bot.* Calceolaria.

cal.cic (käl'sîk) *s.* kalsiyumlu, kireçli.

cal.cif.er.ous (kälsif'ırıs) *s., kim.* kalsiyumlu, kalsiyum hâsıl eden; kireçli, kireç hâsıl eden.

cal.ci.fi.ca.tion (kälsıfikey'şın) *i.* kireçleşme, kireç haline gelme; kireçlenme, kalsifikasyon.

cal.ci.fy (käl'sıfay) *f.* kireç haline koymak; kireçlenmek; kalsiyum tuzları ile sertleştirmek, taş haline getirmek; taş haline gelmek.

cal.ci.mine (käl'sımayn, käl'sımîn) *i., f.* badana; *f.* badana etmek, badana yapmak, badanalamak.

cal.cine (käl'sayn, käl'sîn) *f.* yakarak toz haline getirmek veya gelmek; kirecimsi bir hale gelmek.

cal.cite (käl'sayt) *i.* kalsiyum karbonattan meydana gelen taş (mermer, tebeşir, İzlanda billûru.)

cal.ci.um (käl'siyım) *i.* kalsiyum. **calcium carbide** karpit. **calcium chloride** kireçkaymağı. **calcium hydroxide** kireç.

cal.cu.la.ble (käl'kyılıbıl) *s.* hesap edilebilir, sayılabilir; güvenilir, sağlam.

cal.cu.late (käl'kyıleyt) *f.* hesap etmek, hesaplamak; saymak; ayarlamak; *A.B.D., leh.* niyet etmek, planlamak, tasarlamak; düşünmek; tahminde bulunmak; **upon** *veya* **on** *il*e güvenmek, dayanmak. **calcula'tion** *i.* hesaplama, hesap; tahmin.

cal.cu.lat.ing (käl'kyıleytîng) *s.* hesap yapan; ihtiyatlı, dikkatli; egoist, çıkarcı. **calculating machine** hesap makinası.

cal.cu.la.tor (käl'kyıleytır) *i.* hesap eden kimse; hesap makinası; hesap cetveli.

cal.cu.lous (käl'kyılıs) *s., tıb.* böbrek taşı cinsinden.

cal.cu.lus (käl'kyılıs) *i.* (*çoğ.* **-li, -lus.es**) *tıb.* safra kesesi veya böbrek taşı; *mat.* hesap. **differential calculus** diferansiyel hesap. **integral calculus** toplam hesap.

Cal.cut.ta (kälkʌt'ı) *i.* Kalküta.

cal.dar.i.um (kälder'iyım) *i.* (*çoğ.* **-dar.i.a**) Roma hamamlarında sıcak oda.

cal.de.ra (käldi'rı) *i., jeol.* volkanik patlama sonucu meydana gelen büyük çöküntü.

cal.dron, caul.dron (kôl'drın) *i.* kazan.

Cal.e.do.ni.a (kälıdo'niyı) *i., şiir* İskoçya. **Caledonian** *i., s.* İskoçyalı (kimse).

cal.e.fa.cient (kälıfey'şınt) *i., s., tıb.* ısıtıcı, yakıcı ilâç; *s.* ısıtan, yakan.

cal.e.fac.tion (kälıfäk'şın) *i.* ısıtma; ısınma. **calefactory** *s., i.* ısıtıcı, ısıtan; *i.* bir manastırdaki sıcak oturma odası.

cal.en.dar (käl'ındır) *i.* takvim. **calendar year** takvim senesi. **Chinese calendar** gün ve ayları altmışlık devrelerle ayarlanmış olan

ve 12 kamerî aydan meydana gelen eski bir Çin takvimi. **Gregorian calendar** Papa XIII. Gregorius tarafından 1582'de düzeltilip şimdiye kadar kullanılmakta olan ve 1926'dan beri Türkiye'de de kullanılan takvim, Gregoryen takvimi, Milâdî takvim. **Hebrew (Jewish) calendar** güneş yılına göre ayarlanmış olan ve Musevîlerin kullandığı bir takvim. (Bu takvimdeki 5761 senesi Gregoryen takvimine göre 2000 yılında başlar.) **Julian calendar** Milâttan 46 sene önce Jül Sezar tarafından meydana getirilen ve Gregoryen takviminden şimdiki durumda 13 gün geride olan bir takvim. **Moslem (Mohammedan) calendar** bütün Müslüman memleketlerinde kullanılan ve Hazreti Muhammed'in Mekke'den Medine'ye göç tarihi olan 622 yılını başlangıç sayan ve 12 kamerî aydan meydana gelen bir takvim, Hicrî takvim. **Republican (Revolutionary) calendar** Fransız hükümeti tarafından 1793-1805 yılları arasında kullanılan ve 12 aydan meydana gelen bir takvim. **Roman calendar** eskiden Roma'da kullanılan ve ay senesine göre düzenlenmiş olan takvim.

cal.en.dar (käl'ındır) *f.* zaman sırasıyla kaydetmek, kayda geçirmek.

cal.en.der (käl'ındır) *i., f.* perdah makinası, silindir; *f.* perdahlamak, silindirden geçirmek.

cal.en.der (käl'ındır) *i.* kalender, Kalenderiye tarikatına mensup derviş.

cal.ends, kal.ends (käl'ındz) *i., çoğ.* (Roma takviminde) ayın ilk günü.

ca.len.du.la (kılen'cûlı) *i.* aynısafa çiçeği, *bot.* Calendula arvensis.

cal.en.ture (käl'ınçûr) *i., tıb.* tropikal memleketlerde görülen şiddetli humma.

ca.les.cence (kıles'ıns) *i.* sıcaklığın artması.

calf (käf, kaf) *i.* (*çoğ.* **calves**) dana, buzağı; fil, fok veya balina gibi hayvanların yavrusu; dana derisi, vidala; *k.dili* budala genç veya çocuk; aysberkten kopmuş küçük buz parçası. **calf love** *k.dili* çocukluk aşkı. **kill the fatted calf** büyük bir karşılama töreni hazırlamak.

calf (käf) *i.* (*çoğ.* **calves**) baldır.

calf.skin (käf'skin) *i.* vidala, vaketa.

Cal.i.ban (käl'ıbän) *i.* Shakespeare'in "Tempest" adlı oyunundaki çirkin ve hayvana benzeyen köle; vahşî tabiatlı insan.

cal.i.ber, *İng.* **cal.i.bre** (käl'ıbır) *i.* çap, kalibre; kabiliyet, yetenek, kapasite.

cal.i.brate (käl'ıbreyt) *f.* ayar etmek. **calibra'-tion** *i.* ayarlama; ölçü işareti.

cal.i.cle (käl'îkıl) *i., bot.* bazı çiçeklerde küçük kese, kesecik.

cal.i.co (käl'îko) *i., s. (çoğ.* **calicoes, calicos**) pamuklu bez, basma; *İng.* patiska, amerikan; *s.* patiskadan yapılmış; benekli. **calico cat** beyaz, siyah ve turuncu renkli dişi kedi.

Calif. *kıs.* **California.**

cal.i.for.ni.um (kälıfôr'niyım) *i., kim.* simgesi Cf olan radyoaktif sentetik bir eleman.

ca.lig.i.nous (kılîc'ınıs) *s.* karanlık, loş.

cal.i.pash, cal.li.pash (käl'ıpäş) *i.* kaplumbağanın üst kabuğundan çıkan et.

cal.i.pee (käl'ıpi) *i.* kaplumbağanın alt kabuğundan çıkan et.

cal.i.per, cal.li.per (käl'ıpır) *f., i.* çap pergeli ile ölçmek; *i., gen. çoğ.* çap pergeli.

ca.liph, ca.lif (key'lif, käl'if) *i.* halife.

cal.i.phate (käl'ıfeyt, käl'ıfît) *i.* halifelik, hilâfet.

cal.is.then.ics, cal.lis.then.ics (kälîsthen'îks) *i.* bedeneğitimi, jimnastik.

ca.lix *bak.* **calyx.**

calk (kôk) *i.* buz mıhı, kaymayı önleyen çivi.

calk *bak.* **caulk.**

call (kôl) *i.* bağırma, çağırma, bağırış, haykırma; ötüş, ötme (kuş); boru (avcılıkta); boru sesi; kısa ziyaret, kapıdan uğrama; celp, davet, çağrı; lüzum, ihtiyaç; hak iddia etme, talep etme; yoklama. **call girl** fahişe. **calling card** kartvizit. **call letters** radyo istasyonlarını belirten harfler. **call number** kütüphanelerde kitapları sınıflandıran numara. **close call** dar kurtulma. **direct call** ara santralsiz konuşma. **local call** şehir içi konuşma. **long distance call** şehirlerarası konuşma, milletlerarası konuşma. **on call** hazır. **person to person call** ihbarlı konuşma, davetli konuşma. **reversed-charges call** ödemeli konuşma. **station to station call** normal konuşma, santral aracılığıyla konuşma. **toll call** ücrete tabi konuşma. **trunk call** şube hattı vasıtasıyla konuşma. **within call** seslenildiği zaman duyulabilecek uzaklıkta. **put a call through** telefon etmek. **There is a call for you.** Sizi telefondan arıyorlar.

call (kôl) *f.* bağırmak, seslenmek, çağırmak; davet etmek, ilân etmek; bağırarak ilgi çekmek; çağrıda bulunmak, haber vermek (kongre, toplantı); telefon etmek; isimlendirmek, hitap etmek; ...olarak kabul etmek; haykırmak; ilgi çekmek için yüksek sesle konuşmak; uğramak; telefonla aramak; *iskambil* istemek. **call at** uğramak. **call attention to** dikkatini çekmek. **call back** geri çağırmak; arayan kimseye telefon etmek. **call down** niyaz etmek; *k.dili* azarlamak. **call for** istemek; gerekli olmak. **call forth** ortaya çıkmasına sebep olmak. **call in** toplamak (para, borç). **call into question** yalancı çıkarmak. **call off** çevirmek; yüksek sesle okumak; iptal etmek. **call out** yüksek sesle konuşmak; işbaşına çağırmak; greve çağırmak. **call to mind** hatırlamak, hatırlatmak. **call to order** münazara kurallarını uygulatmak. **call up** hatırlamak; askerî vazifeye çağırmak; telefon etmek.

cal.la (käl'ı) *i.* kallâ zambağı, *bot.* Zanteschia aethiopica.

call.board (kôl'bôrd) *i.* ilân tahtası.

call.boy (kôl'boy) *i.* otel uşağı.

call.er (kô'lır) *i.* misafir; çağıran kimse; oyunu idare eden kimse.

cal.lig.ra.phist (kılîg'rıfîst) *i.* hattat.

cal.lig.ra.phy (kılîg'rıfi) *i.* el yazısı, hüsnühat, hattatlık.

cal.li.o.pe (kılay'ıpi, käl'iyap) *i.* çoğunlukla sirklerde kullanılan ve buhar ile çalınan org.

cal.los.i.ty (kılas'ıti) *i.* nasır tutma, nasırlı bir halde olma; nasır; hissizlik.

cal.lous (käl'ıs) *s., f.* katı, hissiz; nasırlı, nasır tutmuş; *f.* nasırlanmak. **callously** *z.* umursamayarak, aldırış etmeden, hissizce. **callousness** *i.* hissizlik, aldırış etmeyiş.

cal.low (käl'o) *s., i.* toy, tecrübesiz; tüyleri bitmemiş (kuş); basık; *i.* basık arazi. **callowness** *i.* toyluk, tecrübesizlik.

cal.lus (käl'ıs) *i. (çoğ.* **-lus.es**) *f.* nasır; kırık kemiğin etrafında hâsıl olup kaynamasına yardım eden madde; *bot.* yaraları onaran doku; *f.* nasırlaşmak.

calm (kam) *s., i., f.* sakin, durgun, asude; *i.* sükûnet, durgunluk, dinginlik; *f.* yatıştırmak,

teskin etmek; sakinleşmek, sükûnet bulmak.
calmative *s., i.* müsekkin, yatıştırıcı (ilâç).
calmly *z.* sakince, heyecan göstermeden.
cal.o.mel (käl'ımel, käl'ımıl) *i., ecza.* tatlı sülümen, kalomel.
ca.lor.ic (kılôr'ik) *i., s.* ısı, hararet; eski fizik kuramlarına göre ısı maddesi; *s.* ısıya ait, ısıyla ilgili.
cal.o.rie, cal.o.ry (käl'ıri) *i.* kalori, ısı birimi.
cal.o.rif.ic (kälırif'ik) *s.* ısı meydana getiren, ısıtıcı. **calorifica'tion** *i.* ısıtma.
cal.o.rim.e.ter (kälırim'ıtır) *i.* ısıölçer, kalorimetre.
ca.lotte (kılat') *i.* kalot, Katolik papazlarınınkine benzer başın yalnız tepe kısmını örten takke.
cal.pac, cal.pack (käl'päk) *i.* kalpak.
cal.trop, cal.trap (käl'trıp) *i.* boğa dikeni, çoban kalkıtan, *bot.* Santoria calcitrapa; inlâl otu, demir diken, *bot.* Tribulus terrestris; *ask.* domuzayağı, düşman süvari bineklerini yaralamak için yere atılan dört uçlu demir. **land caltrop** domuzayağı, *bot.* Tribulus terrestris. **water caltrop** göl kestanesi, *bot.* Trapa.
cal.u.met (käl'yımet) *i.* Kuzey Amerika kızılderililerinin kullandığı üstü nakışlı ve uzun barış piposu.
ca.lum.ni.ate (kılʌm'niyeyt) *f.* iftira etmek, çamur atmak, kara sürmek. **calumnia'tion** *i.* iftira, karacılık. **calum'niator** *i.* iftira eden kimse.
ca.lum.ni.ous (kılʌm'niyıs) *s.* iftira kabilinden, iftira şeklinde. **calumniously** *z.* iftira ederek. **calumniousness** *i.* iftira etme, iftiracılık.
cal.um.ny (käl'ımni) *i.* iftira.
Cal.va.ry (käl'vırı) *i.* Hz. İsa'nın çarmıha gerildiği yer; *k.h.* Hz. İsa'nın çarmıha gerilmesini canlandıran heykel.
calve (käv) *f.* buzağı doğurmak, buzağılamak; parçalara ayrılmak (buzul, aysberk); buzağı doğurtmak; parçalara ayırmak, parçalamak (buzul, aysberk).
calves (kävz) *bak.* **calf.**
Cal.vin.ism (käl'vinizım) *i.* Kalvinizm.
Cal.vin.ist (käl'vinist) *i.* Kalvinist, Kalvin doktrinine inanan kimse.
cal.vi.ti.es (kälviş'iyiz) *i.* başın tepesindeki kellik.
calx (kälks) *i.* (*çoğ.* **calxes, calces**) madenin

yanması sonucunda meydana gelen oksit veya kül.
cal.y.cle (käl'ikıl) *i., bot.* ikinci çanak.
ca.lyp.so (kılip'so) *i.* kalipso, günlük olayları karikatürize eden balad benzeri bir Trinidad şarkısı.
ca.lyp.tra (kılip'trı) *i., bot.* yosun tohumunun zarfı, çiçek zarfı.
ca.lyx (key'liks, käl'iks) *i.* (*çoğ.* **calyxes, calices**) *bot.* çiçek zarfı, kadeh, keis, kaliks, çanak; *zool.* keis, kâse şeklindeki uzuv; *anat.* havuzcuk.
cam (käm) *i., mak.* kam, dirsekli kurs, mil dirseği, mil çivisi.
ca.ma.ra.de.rie (kamıra'dırı) *i.* dostluk, arkadaşlık, yoldaşlık.
cam.a.ril.la (kämıril'ı) *i.* (*gen.* İspanya krallarının) danışmanlar grubu.
cam.ber (käm'bır) *f., i.* kavis meydana getirmek; hafifçe bükülmek; dışbükey yapmak; *i.* kavis, bükümlülük; *hav.* kanadın bükümlülüğü.
cam.bist (käm'bist) *i., eski* kambiyocu, kambiyo uzmanı; kambiyo el kitabı.
cam.bi.um (käm'biyım) *i., bot.* katman doku.
Cam.bo.di.a (kämbo'diyı) *i.* Kamboç.
Cam.bri.an (käm'briyın) *i., s., jeol.* Kambriyum, paleozoik devrin ilk bölümü; Galli kimse; *s.* Galler Ülkesine ait; Kambriyum'a ait.
cam.bric (keym'brik) *i.* ince beyaz pamuklu veya keten kumaş; patiska. **cambric tea** sıcak su ile süt ve şeker karışımı bir içecek (bazen çay da ilâve edilir).
Cam.bridge (keym'bric) *i.* Cambridge şehri; Cambridge üniversitesi.
came (keym) *bak.* **come.**
came (keym) *i., İng.* renkli pencere camlarını birbirine tutturmak için kullanılan ince kurşun çubuk.
cam.el (käm'ıl) *i.* deve, hecin; *den.* sığ yerlerde gemi yüzdürmek için kullanılan tombaz. **cameleer** *i.* deveci; hecin süvarisi. **camelhair** *i.* deve tüyü, bu tüyden dokunmuş kumaş.
ca.mel.lia (kımil'yı, kımel'iyı) *i.* kamelya, çingülü, japongülü, *bot.* Thea japonica.
ca.mel.o.pard (kımel'ıpard) *i., eski* zürafa.
Ca.mel.o.par.da.lis (kımelıpar'dılis) *i.* Zürafa takımyıldızı.

Cam.e.lot (käm'ılat) *i.* Kral Artür'ün efsanevî sarayı; *A.B.D.* Başkan Kennedy'nin maiyeti ve zamanı.

Cam.em.bert (käm'ımber) *i.* bir çeşit sarımsı yumuşak peynir, kamamber.

cam.e.o (käm'iyo) *i.* kabartma hakkedilmiş kıymetli taş, işlemeli akik.

cam.er.a (käm'ırı, käm'rı) *i.* fotoğraf makinası, kamera; hâkimin özel odası. **in camera** *huk.* gizli celsede. **cameraman** *i.* kameraman.

Cam.e.roon (kämırun') *i.* Kamerun.

cam.i.on (käm'iyın) *i., Fr.* askerî kamyon; ağır yük taşıyan at arabası.

cam.i.sole (käm'ısol) *i.* kadın iç gömleği, kaşkorse.

cam.let (käm'lît) *i.* sugeçirmez dayanıklı bir kumaş; bu kumaştan yapılmış elbise; eskiden kullanılan deve· veya keçi tüyünden yapılmış bir kumaş.

cam.o.mile, cha.mo.mile (käm'ımayl) *i.* sarı papatya, öküzgözü, *bot.* Anthemis nobilis. **field camomile** horozgözü, *bot.* Anthemis arvensis. **ox-eye camomile** sarı papatya, *bot.* Anthemis tinctoria.

Ca.mor.ra (kımôr'ı) *i.* şantaj ve soygun ile uğraşan ve Napoli'de 1820 yılında kurulmuş siyasî bir örgüt; *k.h.* buna benzer bir örgüt veya grup.

cam.ou.flage (käm'ıflaj, käm'ıflac) *i., f., ask.* kamuflaj, saklama, gizleme; *f.* kamufle etmek, gizlemek.

camp (kämp) *i.* kamp; ordugâh; kampa çıkma; kamp çadırları; askerlik hayatı; bir fikrin veya idealin taraftarları topluluğu. **camp chair** portatif sandalye. **Camp Fire Girls** A.B.D.'de kız izci teşkilâtına benzeyen bir örgüt. **camp follower** orduyu takip eden sivil veya fahişe; yardakçı. **camp meeting** büyük çadırda dinî toplantı, toplantı serisi.

camp (kämp) *f.* kamp kurmak, konaklamak; kampa yerleştirmek; konaklatmak.

camp (kämp) *i., s., f.* bayağı veya gülünç hareketlerde bulunan kimse; adilik; bayağı eser; *s.* adi, gülünç, bayağı, kendini gülünç bir şekilde gösteren; *f.* dikkati çekmek için göz alıcı bir şekilde giyinmek ve davranmak; *argo* adileştirmek. **campy** *s.* yapmacık; adi.

cam.paign (kämpeyn') *i., f.* sefer, seferberlik; kampanya; belirli bir sonuca ulaşmak için mücadele; *f.* mücadele etmek; kampanyaya katılmak. **campaigner** *i.* kampanyaya katılan kimse.

cam.pa.ni.le (kämpıni'li) *i. (çoğ.* **campaniles, campanili**) çan kulesi.

cam.pa.nol.o.gy (kämpınal'ıci) *i.* çan bilgisi, çan ilmi; çan dökme veya çalma usul ve tekniği.

cam.pan.u.la (kämpän'yılı) *i.* çançiçeği, *bot.* Campanula.

cam.pan.u.late (kämpän'yılit) *s.* çan şeklinde, çan biçiminde.

camp.craft (kämp'kräft) *i.* açık havada kampçılık.

camp.er (käm'pır) *i.* kamp yapan kimse; içinde oturulup yatılabilen araba.

camp.fire (kämp'fayr) *i.* kamp ateşi.

camp.ground (kämp'graund) *i.* kamp sahası.

cam.phene (käm'fin) *i.* kamfen.

cam.phor (käm'fır) *i.* kâfur, kâfuru. **spirits of camphor** kâfur ruhu. **camphorated** *s.* kâfurlu. **camphor tree** kâfur ağacı.

camp.ing (käm'pîng) *i.* kamp yapma.

cam.pi.on (käm'piyın) *i.* bir çeşit karanfil.

camp.site (kämp'sayt) *i.* kamp yeri.

cam.pus (käm'pıs) *i., f.* üniversite veya okul arazi ve avlusu; *f.* okulda, kalma cezası vermek.

cam.shaft (käm'şäft) *i.* dirsekli makara mili.

can (kän, kın) *f.* (could) -ebil-, yapmak imkânı (nda) olmak: **Can you do this work ?** Bu işi yapabilir misin ? **I couldn't find my tie.** Kravatımı bulamadım. (Can fiilinin gelecek zamanı yoktur; yerine **will be able to** kullanılır.); *k.dili* izinli olmak: **Can I go ?** Gideyim mi ?

can (kän) *i., f.* (-ned, -ning) konserve kutusu, teneke kutu; çöp tenekesi; *A.B.D., argo* hapishane; *argo* yüznumara; *argo* kaba et; *f.* konserve yapmak; kutulara doldurmak; *A.B.D., argo* kovmak, işine son vermek, *slang* sepetlemek; *argo* filime veya teybe almak. **Can it !** Yeter be !

Can. *kıs.* Canada, Canadian.

Ca.naan (key'nın) *i., K.M.* Kenân Diyarı, vaat edilmiş ülke; cennet; Filistin.

Can.a.da (kän'ıdı) *i.* Kanada.

Ca.na.di.an (kıney'diyın) *i., s.* Kanadalı; *s.* Kanada ile ilgili.

ca.naille (kıneyl') *i.* ayaktakımı, aşağı tabaka, sefiller.

ca.nal (kınäl') *i.* kanal; su yolu; *anat.* içinden damar, sinir veya su geçen kanal. **Canal Zone** Panama Kanalı mıntıkası.

can.a.lic.u.lus (känılik'yılıs) *i., anat.* kanalcık.

ca.nal.ize (kınäl'ayz, kän'ılayz) *f.* kanal açmak, çıkış yolu açmak; kanallara sevketmek; *tıb.* kanal açarak cerahati akıtmak. **canaliza'tion** *i.* kanal açma.

can.a.pé (kän'ıpi) *i.* kanape, üzerine peynir, ançuez veya salam konmuş küçük ekmek.

ca.nard (kınard') *i.* uydurma, asılsız haber.

ca.nar.y (kıner'i) *i.* kanarya kuşu, *zool.* Serinus canarius; kanarya sarısı; Kanarya adalarında yapılan bir çeşit tatlı beyaz şarap. **canary flower** kanarya çiçeği, *bot.* Tropaeolum peregrinum. **canary grass** kanarya otu, *bot.* Phalarus canariensis. **canary seed** kuş yemi. **canary yellow** kanarya sarısı. **Canary Islands** Kanarya adaları.

ca.nas.ta (kınäs'tı) *i., iskambil* kanasta.

Can.ber.ra (kän'bırı) *i.* Canberra, Avustralya'nın başkenti.

can buoy koni biçiminde şamandıra.

canc. *kıs.* cancelled.

can.can (kän'kän) *i.* kankan, hareketli bir Fransız dansı.

can.cel (kän'sıl) *f., i.* üstüne çizgi çekmek, silmek; iptal etmek; geçersiz hale koymak; *matb.* çıkarmak; *mat.* kısaltmak; *i.* çizgi çekme, silme, iptal; çıkarma. **cancela'tion** *i.* iptal etme; işaretleme; iptal olunan şey; çıkarma.

can.cel.late, can.cel.lous (kän'sıleyt, kän'sılît, kän'sılıs) *s., anat.* bünyesi sünger gibi olan.

can.cer (kän'sır) *i., tıb.* kanser; *b.h., astr.* Yengeç Burcu. **cancera'tion** *i.* kanserleşme. **cancerous** *s.* kanser gibi, kanserli.

can.de.la.brum (kändıla'brım, kändıley'brım) *i.* (*çoğ.* -bra, -brums) üstü işlemeli kollu şamdan.

can.dent (kän'dınt) *s., eski* ısıdan parlayan, hararetten beyazlaşmış.

can.did (kän'did) *s.* samimi, içten; tarafsız; dürüst, riyasız. **candid camera photographs** kusurları gizlemeyen fotoğraflar. **candidly** *z.* samimiyetle, tarafsızca. **candidness** *i.* samimiyet, dürüstlük.

can.di.da.cy (kän'dıdısi) *i.* adaylık.

can.di.date (kän'dıdeyt, kän'dıdit) *i.* aday,

namzet; talip. **candidateship** *i.* adaylık, namzetlik.

can.died (kän'did) *s.* şekerlenmiş; şekerleme haline konmuş; şeker gibi kristalleşmiş; tatlı dilli, dil döken.

can.dle (kän'dıl) *i., f.* mum; *f.* (yumurtaları) ışığa tutarak muayene etmek. **Peter doesn't hold a candle to Mary.** Peter, Mary'nin eline su dökemez. **burn the candle at both ends** fazla çalışmak; gece gündüz eğlenmek.

can.dle.light (kän'dıllayt) *i.* mum ışığı.

can.dle.pow.er (kän'dılpawır) *i.* mum (ışık ölçü birimi).

can.dle.stick (kän'dılstik) *i.* şamdan.

can.dle.wick (kän'dılwik) *i.* mum fitili.

can.dor, *İng.* can.dour (kän'dır) *i.* samimiyet, açık kalplilik; dürüstlük; tarafsızlık.

can.dy (kän'di) *i., f.* şeker, bonbon, şekerleme, çikolata; *f.* şekerleme yapmak; şerbet içinde kaynatmak; şekerleme haline getirmek. **candy pull** akide şekerine benzer bir şekerin yapılışı nedeniyle gençlerin toplanması.

can.dy.tuft (kän'dıtʌft) *i.* hardal çiçeğine benzeyen bir çiçek, iberide, *bot.* Iberis amara.

cane (keyn) *i., f.* baston, değnek; kamış, bambu, şekerkamışı; böğürtlen veya ahududunun sapı; *f.* baston ile dövmek; kamışla kaplamak, hasırlamak. **canebrake** *i.* kamışlık. **cane mill** şekerkamışı değirmeni. **cane sugar** şekerkamışından yapılmış şeker. **rattan cane** benekli hintkamışı, *bot.* Calamus rotang.

Ca.ne.a (kani'ya) *i.* Girit adasının merkezi olan Hanya şehri.

ca.neph.o.ra (kınef'ırı) *i.* eski Yunan ayinlerinde başının üstünde sepet taşıyan kız; başında yastığa benzer bir şekil bulunan kız heykeli.

cangue (käng) *i.* Çin'de eskiden mahkûmların boyunlarına geçirilen bir çeşit boyunduruk.

ca.nic.u.lar (kınik'yılır) *s., astr.* Köpek Burcuna ait; Ağustosun en sıcak günlerine ait.

ca.nine (key'nayn) *s., i.* köpek ve kurt gibi, köpek cinsine ait; *anat.* köpekdişine ait; *i., zool.* köpekgillerden bir hayvan, köpek; köpekdişi. **canine tooth** köpekdişi.

Ca.nis Major (key'nîs) Büyük Köpek takımyıldızı.

can.is.ter (kän'istır) *i.* çoğunlukla madenden yapılmış olan çay, kahve v.b. kutusu.

can.ker (käng'kır) *i., f., tıb.* ağızda meydana gelen yara, pamukçuk; yozlaştıran herhangi bir şey; atların tabanlarında hâsıl olan yara; bitkilerin gövdelerinde görülen bir hastalık; *f.* pamukçuk hâsıl etmek; çürütmek, tedricen mahvetmek; pamukçuğa tutulmak; çürümek, mahvolmak.

can.ker.ous (käng'kırıs) *s.* yer yer çürümekte olan; pamukçuk cinsinden; pamukçuk hâsıl eden; yozlaştıran.

can.na (kän'ı) *i., bot.* kana.

can.na.bin (kän'ıbîn) *i., kim.* kannabin.

can.na.bis (kän'ıbîs) *i.* kendir, kenevir, haşiş.

canned (känd) *s.* konserve halinde muhafaza edilmiş; *argo* önceden hazırlanmış, önceden söylenmiş, bir yenilik getirmeyen; *argo* kovulmuş, yol verilmiş; *argo* banda alınmış, plağa doldurulmuş (müzik).

can.nel coal (kän'ıl) linyit kömürü.

can.ner (kän'ır) *i.* konserveci, konserve yapan kimse.

can.ner.y (kän'ıri) *i.* konserve imalâthanesi, konserve yapılan yer.

can.ni.bal (kän'ıbıl) *i., s.* yamyam; kendi cinsinin etini yiyen herhangi bir hayvan; *s.* yamyamlıkla ilgili. **cannibalism** *i.* yamyamlık.

can.ni.bal.ize (kän'ıbılayz) *f.* bir diğerini tamir etmek için bozulmuş araba, uçak v.b.'nden parçalar almak.

can.ni.kin (kän'ıkîn) *i.* ufak teneke kutu, küçük su kabı; tahta kova.

can.ning (kän'îng) *i.* konserve yapma.

can.non (kän'ın) *i., f.* top; *mak.* bir şaft üzerinde serbestçe hareket eden mil; bilardo oyununda karambol; koşum takımında bir çeşit gem; *zool.* incik kemiği; *f.* topa tutmak, top atmak, bombardıman etmek; gülle gibi fırlatmak. **cannon ball** gülle. **cannon bone** incik kemiği. **cannon fodder** (ölmek ihtimali ile) savaşa giden askerler. **cannon shot** top ateşi; top menzili.

can.non.ade (känıneyd') *i., f.* top ateşi, bombardıman; *f.* topa tutmak; bombardıman etmek.

can.non.eer (känınîr') *i.* topçu.

can.not (kän'at) *f.* -amaz, -amam, -amazsın(ız), -amayız, -amazlar. (Anlamı vurgulamak gerektiğinde **can not** olarak ayrılır; konuşma dilinde çoğu zaman **can't** şeklinde kullanılır.)

can.nu.la (kän'yılı) *i., tıb.* vücuttan su çek-meye veya vücuda ilâç zerketmeye mahsus tüp veya boru; kanül.

can.ny (kän'i) *s.* dikkatli, uyanık; tedbirli, ihtiyatlı; açıkgöz; zeki, anlayışlı; hünerli, becerikli; tutumlu, idareli; sessiz, sakin; kuytu, rahat; cazip, çekici, zarif, hoş.

ca.noe (kınu') *i.* hafif sandal, kano. **Paddle your own canoe.** Kendi işini kendin gör.

can.on (kän'ın) *i.* kilise kanunu; kanun, nizam, düzen; miyar, ölçüt, kriter; Hıristiyan kilisesince Kitabı Mukaddes'in bir bölümü olarak kabul edilen kitapların toplamı; kilisece kabul edilen azizlerin listesi; herhangi bir dinin kutsal kitapları; *müz.* kanon; 48 puntoluk matbaa harfi; bir katedral veya kilisenin özel heyeti üyesi. **canon law** fıkıh, ahkâm-ı diniye.

ca.non *bak.* canyon.

ca.non.i.cal (kınan'îkıl) *s.* kilise kanununa göre; dinî esaslara ait; Kitabı Mukaddes'in bir kısmı olan; meşru, kabul edilmiş. **canonically** *z.* dinî esaslara uyarak.

ca.non.i.cals (kınan'îkılz) *i.* din adamlarının görev esnasında giydikleri kıyafet.

can.on.ic.i.ty (känınis'ıti) *i.* bir yazının kilisece Kitabı Mukaddes'in bir bölümü olarak kabul edilip edilmemesi.

can.on.ist (kän'ınîst) *i.* fıkıh bilgini, fakih.

can.on.ize (kän'ınayz) *f.* ölmüş bir kimseyi kilisece kabul edilen azizler listesine dahil etmek; takdis etmek, yüceltmek; muteber addetmek. **canoniza'tion** *i.* azizlik mertebesine yükseltme.

can.on.ry, can.on.ship (kän'ınri, kän'ınşip) *i.* bir katedral veya kilise özel heyeti üyeliği; bu üyeler grubu.

can opener teneke açacağı, konserve açacağı.

can.o.py (kän'ıpi) *i., f.* gölgelik, sayeban, sayvan, kubbe; gök kubbe; *f.* gölgelemek; kaplamak, üstünü örtmek.

ca.no.rous (kınôr'ıs) *s.* ahenkli, uyumlu.

canst (känst) *eski* **can** yardımcı fiilinin ikinci tekil şahıs şekli.

can't (känt) *kıs.* **cannot.**

cant (känt) *i., f.* yapmacık; riyakârlık, samimiyetsizlik; belirli bir zümre, grup veya partiye mal olmuş kelime veya sözler; *argo; f.* riyakâr bir şekilde konuşmak; dinsel konularda samimiyetsizce davranmak; mürailik etmek; dilenmek, sesine bir ahenk vererek dilenmek.

cant (känt) *i., f.* meyil; şiv; yatay kesit; *f.* eğmek, şivlendirmek, meylettirmek; ani bir hareketle fırlatmak; eğilmek, meyletmek, bükülmek; dönmek.

can.ta.bi.le (kanta'biley) *s., müz.* nağmeli.

Can.ta.brig.i.an (käntıbric'iyın) *s.* Cambridge ile ilgili; Cambridge üniversitesine ait.

can.ta.loupe, can.ta.loup (kän'tılop) *i.* kantalup kavunu, üstünde dilim çizgileri olan çok lezzetli küçük bir kavun.

can.tank.er.ous (käntäng'kırıs) *s.* huysuz, aksi, geçimsiz. cantankerously *z.* huysuzluk yaparak. cantankerousness *i.* huysuzluk, aksilik.

can.ta.ta (kınta'tı) *i., müz.* kantat, kısa bir oratoryoyu andıran beste; bestelemek için yazılan şiir.

can.ta.tri.ce (kantatri'çey, kantatris') *i.* (*çoğ.* -ci) kadın şarkıcı, şantöz.

can.teen (käntin') *i.* matara; kantin, büfe; ordu satış kooperatifi; *ask.* yemek takımlarının içinde durduğu göz veya sandık.

can.ter (kän'tır) *i., f.* eşkin gidiş (at); *f.* eşkin gitmek; eşkin sürmek.

Can.ter.bur.y bell (kän'tırbıri) bir çeşit çançiçeği, *bot.* Campanula medium.

can.tha.ris (kän'thırıs) *i.* (*çoğ.* -thar.i.des) *ecza.* kuduzböceğinden yapılan bir ilâç; kuduzböceği, *zool.* Cantharis.

cant hook kütükleri devirmeye mahsus ucunda madenî kancası olan tahta kaldıraç.

can.ti.cle (kän'tikıl) *i.* mezmurların bestelenmiş şekli, ilâhi; *b.h., çoğ.* Süleyman'ın neşideleri.

can.ti.lev.er (kän'tılevır, -lıvır) *i., mak.* dirsek, yalnız bir ucu destekli olan kol; binanın dışarıya çıkık olan kısmı. cantilever bridge her biri bir ayak üzerinde dengeli oturan iki parçadan ibaret köprü.

can.til.late (kän'tıleyt) *f.* tilâvet etmek, Kur'an'ı nağme ile okumak.

can.tle (kän'tıl) *i.* eyerin arka kaşı; köşe; parça, bölüm.

can.to (kän'to) *i.* uzun bir şiirin bölümlerinden biri; kıta.

can.ton (kän'tın) *i.* kanton, eyalet; bir bayrağın bölümü.

can.ton (kän'tan) *f.* idari bölümlere ayırmak, kantonlara ayırmak; (känton') askerleri konaklatmak. cantonal (kän'tınıl) *s.* kantonlara ayırmayla ilgili.

Can.ton (kän'tın) *i.* Kanton. Canton crepe ince ve hafif bir cins krep ipekli kumaş. Canton flannel bir yüzü tüylü pamuklu kumaş. Cantonese' *i.* Güney Çinli; Güney Çin dili.

can.ton.ment (käntan'mınt) *i.* askerlerin sevkedildiği büyük kamp; askerî bölge veya karargâh; kışla.

can.tor (kän'tır) *i.* sinagog ayinlerinde taganni edenlerin lideri.

can.tus (kän'tıs) *i., müz.* dinî musiki; şarkı, melodi. cantus firmus *müz.* çok sesli bir parçanın bölümlerinin eklendiği esas musikî parçası.

Ca.nuck (kınʌk') *i., argo* Kanadalı, Kanadalı Fransız.

can.vas (kän'vıs) *i.* yelken bezi, çadır bezi; çadır; yelken; kanaviçe; *güz. san.* tuval; tuval üzerine yapılmış resim. canvasback *i.* Kuzey Amerika'ya mahsus yabani ördek. under canvas çadırda; yelken açmış.

can.vass (kän'vıs) *f., i.* kapı kapı dolaşarak oy veya sipariş toplamak; tetkik etmek, incelemek; soruşturmak; müzakere etmek, tartışmak; *i.* sipariş toplama; oy toplama; tetkik, inceleme; soruşturma; seçim kampanyası. canvasser *i.* sipariş veya oy toplayan kimse; tetkik eden kimse.

can.yon, can.on (kän'yın) *i.* kanyon, sarp kenarları olan vadi, derin vadi.

can.zo.ne (kantso'ney) *i., İt., müz.* (*çoğ.* -ni) İtalyan tarzı bestelenmiş bir çeşit lirik şiir; balad veya şarkı.

can.zo.net (känzınet') *i., İt., müz.* kısa, hafif ve neşeli şarkı.

caout.chouc (ku'çûk, kauçuk') *i.* kauçuk, lastik.

cap. *kıs.* capital, capitalize, capitalized, captain.

CAP *kıs.* Civil Air Patrol.

cap (käp) *i.* kep, takke, kasket, başlık; zirve, doruk, tepe; kapak (tüp, şişe); büyük harf, majüskül; tabanca mantarı; tapa; *argo* uyuşturucu ilâç kapsülü. cap and bells saray soytarısının giydiği çıngıraklı kukuleta. cap in hand hürmetkârane. blasting cap dinamit tapası. a feather in one's cap koltukları kabartan başarı. set one's cap for *argo* tavlamaya çalışmak (erkeği).

cap (käp) *f.* (-ped, -ping) başlık geçirmek; örtmek, kapamak; tamamlamak, bütün haline getirmek; daha iyisini yapmak, geçmek; kapak veya örtü vazifesi görmek. **cap the climax** beklenileni aşmak; tepesine tüy dikmek.

ca.pa.bil.i.ty (keypıbil'ıti) *i.* kabiliyet, yetenek; istidat; iktidar, güç; kapasite; ehliyet.

ca.pa.ble (key'pıbıl) *s.* muktedir, ehliyetli, kabiliyetli. **capableness** *i.* muktedir olma. **capably** *z.* kabiliyeti sayesinde başararak.

ca.pa.cious (kıpey'şıs) *s.* geniş, büyük, içi çok şey alan. **capaciously** *z.* geniş bir şekilde. **capaciousness** *i.* genişlik, büyüklük.

ca.pac.i.tance (kıpäs'ıtıns) *i., elek.* kapasitans.

ca.pac.i.tate (kıpäs'ıteyt) *f.* muktedir hale koymak; salâhiyet vermek, yetkilendirmek.

ca.pac.i.tor (kıpäs'ıtır) *i., elek.* kondensatör.

ca.pac.i.ty (kıpäs'ıti) *i.* hacim, oylum; istiap haddi; yetenek, kabiliyet; güç, iktidar; mevki, sıfat.

cap-a-pie (käpıpi') *z.* tepeden tırnağa, baştan ayağa kadar.

ca.par.i.son (kıper'ısın) *i., f.* eyerin veya dizginin üstüne örtülen süslü örtü, haşe; kıyafet, elbise, giyecek; *f.* haşe örtmek; süslemek, donatmak.

cape (keyp) *i.* pelerin, kap.

cape (keyp) *i.* burun. **The Cape, Cape of Good Hope** Ümit Burnu. **Capetown, Cape Town** Kap şehri. **Cape Dutch** Güney Afrika'da konuşulan Hollanda dilinin eski ismi.

ca.per (key'pır) *f., i.* sıçramak, zıplamak, hoplamak; *i.* sıçrama, hoplama, zıplama; kaprisli davranış; *argo* soyma, hırsızlık, suç. **caperer** *i.* sıçrayıp hoplayan kimse.

ca.per (key'pır) *i.* kebere, *bot.* Capparis spinosa. **caper berry** bu bitkinin turşu yapılan küçük meyvası.

cap.er.cail.lie, cap.er.cail.zie (käpırkeyl'yi, käpırkeyl'zi) *i.* çalıhorozu, *zool.* Tetrao urogallus.

cape.skin (keyp'skin) *i.* (eldiven yapımında kullanılan) kuzu veya koyun derisi.

ca.pi.as (key'piyıs) *i., huk.* tevkif emirnamesi.

cap.il.la.ceous (käpıley'şıs) *s.* lifleri olan, saç gibi; kılcal damarlı.

cap.il.lar.i.ty (käpıler'ıti) *i., fiz.* kapilarite.

cap.il.lar.y (käp'ıleri) *i., s.* kılcal damar; çok ince boru; *s.* kılcal damarlara ait; doku itibariyle saça benzeyen. **capillary attraction**

kapiler çekme. **capillary repulsion** kapiler itme. **capillary vessel** *anat.* kılcal damar.

cap.i.tal (käp'ıtıl) *i., s.* başşehir, başkent; büyük harf, majüskül; *mal.* sermaye, anamal, kapital; sütun başı; *s.* sermayeye ait; belli başlı, baş, ana, önemli; mükemmel, kusursuz. **make capital of** kendi çıkarına kullanmak, istismar etmek. **capital account** sermaye hesabı. **capital assets** sabit sermaye. **capital crime** cezası ölüm olan suç. **capital dividend** sermaye kârı. **capital expenditure** sabit sermayeye yapılan ilâveler. **capital levy** sermaye vergisi. **capital punishment** ölüm cezası. **capital stock** esas sermaye hisse senedi. **working capital** döner sermaye.

cap.i.tal.ism (käp'ıtılizım) *i.* kapitalizm, anamalcılık. **capitalist** *i.* kapitalist, anamalcı. **capitalis'tic** *s.* kapitalistliğe ait, anamalcılıkla ilgili.

cap.i.tal.i.za.tion (käp'ıtılizey'şın) *i.* sermaye miktarı; faiz v.b. gelirleri sermayeye katma, kapitalizasyon; majüskül harf kullanma tarzı.

cap.i.tal.ize (käp'ıtılayz) *f.* sermayeye katmak, kapitalize etmek; büyük harf ile yazmak. **capitalize on** kendi menfaatine çevirmek, faydalanmak.

cap.i.ta.tion (käpıtey'şın) *i.* baş vergisi; adam başına eşit olarak tahsil edilen vergi.

Cap.i.tol (käp'ıtıl) *i.* Washington'da A.B.D. Kongresinin toplandığı bina; Roma'daki Jüpiter mabedi; *k.h.* eyalet meclisi binası.

ca.pit.u.lar (kıpiç'ûlır) *i.* bir katedral veya kilisenin danışma kurulu üyesi; *çoğ.* böyle bir kurulun kanun veya nizamnamesi.

ca.pit.u.lar.y (kıpiç'ûleri) *s.* kilise kurulu ile ilgili.

ca.pit.u.late (kıpiç'ûleyt) *f.* teslim olmak; silâhları bırakmak.

ca.pit.u.la.tion (kıpiçûley'şın) *i.* şartlı olarak teslim olma; silâhları bırakma; özet, hulâsa; *çoğ.* kapitülasyonlar.

ca.pit.u.lum (kıpiç'ûlım) *i.* (*çoğ.* -la) *bot.* kömeç; *anat.* kemik başı.

ca.po das.tro (ka'po das'tro) ses tonunu yükseltmek için gitar tellerine takılan kelepçe.

ca.pon (key'pan, key'pın) *i.* semizleşmesi için kısırlaştırılan horoz.

cap.o.ral (käpıräl') *i.* bir çeşit tütün.

ca.pote (kıpot') *i.* pelerin, kukuleteli pelerin; kadın ve çocukların giydiği başlık; *oto.* kapot.

Cap.pa.do.ci.a (käpıdo'şıyı, käpıdo'şı) *i.* Kapadokya (merkezi Kayseri olan eski bir Roma devletinin üzerinde bulunduğu bölge).

cap.puc.cin.o (käpuçi'no) *i.* az sütlü kahve.

cap.ric (käp'rik) *s.* keçiye benzer, keçi gibi kokan (tereyağında bulunan asit).

ca.pric.ci.o (kıpri'çiyo) *i.* sıçrayış, atlayış; kapris; *müz.* kapriçiyo, çalgı veya ses için bestelenmiş, serbest biçimde parça.

ca.price (kıpris') *i.* kapris, yersiz istek ve davranış; kaprisli oluş; *müz.* kapriçiyo.

ca.pri.cious (kıpriş'ıs) *s.* kaprisli, havai, keyfince davranan. **capriciously** *z.* kaprisli davranarak. **capriciousness** *i.* havailik.

Cap.ri.corn (käp'rıkôrn) *i.* Oğlak burcu.

cap.ri.fi.ca.tion (käprıfikey'şın) *i.* incirlerin bir arı tarafından döllenmesi.

cap.ri.fig (käp'rifig) *i., bot.* yabaninciri.

cap.ri.ole (käp'riyol) *i.* sıçrayış, atlama; atın durduğu yerde dört ayağı üstüne sıçraması.

ca.pro.ic acid (kıpro'wik) kaproik asit.

caps., caps (käps) *i., çoğ., matb.* büyük harfler(le).

cap.si.cum (käp'sikım) *i., bot.* kırmızı biber.

cap.size (käp'sayz, käpsayz') *f.* alabora olmak, devrilmek (gemi, sandal); alabora etmek, devirmek.

cap.stan (käp'stın) *i.* ırgat, bocurgat. **capstan bar** ırgat kolu.

cap.stone (käp'ston) *i.* üstte olan taş; kapak taşı.

cap.sule (käp'sıl, käp'syûl) *i., s.* kapsül, kaşe (hap); *bot.* tahıl veya tohumu içinde saklayan küçük kese, kapsül, açılır meyva; *anat., zool.* muhafaza eden zar; *s.* özlü. **capsular** *s.* kapsüle benzer; kapsül içinde. **capsulated** *s.* kapsül şekli verilmiş; kapsül içinde saklanmış.

cap.tain (käp'tın) *i., f.* kaptan, reis, süvari; şef, lider; deniz albayı, yüzbaşı, bahriye albayı; *f.* kaptanlık etmek, kumanda etmek. **captaincy** *i.* kaptanlık. **captainship** *i.* kaptanlık; liderlik.

cap.tion (käp'şın) *i.* manşet, serlevha, başlık; *huk.* kanuni vesikanın düzenlendiği zaman ve yeri gösteren başlangıç kısmı.

cap.tious (käp'şıs) *s.* tenkitçi, kusur bulmaya çalışan; tatmin edilmesi güç; yanıltıcı. **cap-**

tiously *z.* tenkit eder bir şekilde. **captiousness** *i.* tenkitçilik, tenkit etme.

cap.ti.vate (käp'tıveyt) *f.* büyülemek, cezbetmek. **captiva'tion** *i.* büyüleme, cezbetme. **captivator** *i.* büyüleyen şey veya kimse.

cap.tive (käp'tiv) *i., s.* esir, tutsak, mahpus; tutkun kimse; *s.* esir düşmüş; baskı altında, kayıt altında; esarete ait; büyülenmiş. **captiv'ity** *i.* esaret, sürgün; tutkunluk. **captive audience** *A.B.D.* zoraki dinleyiciler.

cap.tor (käp'tır) *i.* esir eden kimse, ele geçiren kimse.

cap.ture (käp'çır) *f., i.* zaptetmek, zorla ele geçirmek; esir etmek; *i.* zaptetme, ele geçirme; esir, ganimet. **capturer** *i.* ele geçiren kimse.

Cap.u.chin (käp'yûçîn, -şîn) *i.* Fransiskan rahibi; *k.h.* kukuleteli kadın pelerini; Orta ve Güney Amerika'ya mahsus uzun kuyruklu maymun.

ca.put (key'pıt, käp'ıt) *i.* (*çoğ.* capita) *anat.* herhangi bir maddenin üzerinde baş şeklinde bir çıkıntı teşkil eden kısım.

cap.y.ba.ra (käpiba'rı) *i.* Güney Amerika'ya mahsus kobaya benzer bir kemirgen.

car (kar) *i.* otomobil, araba; vagon; (balon veya asansörde) yolcu taşımaya mahsus kısım; içinde canlı deniz hayvanları muhafaza edilen delikli kutu veya sandık. **car barn** taşıt deposu.

car.a.bin.eer (käribinir') *i.* karabina denilen tüfeği kullanan asker.

ca.ra.bi.nie.re (karabinyey'rey) *i.* (*çoğ.* -ri) İtalyan polisi.

car.a.cal (ker'ıkäl) *i.* bir cins vaşak, karakulak, *zool.* Felis caracal; bu hayvanın kürkü.

Ca.ra.cas (kıra'kıs) *i.* Caracas, Venezuela'nın başkenti.

car.a.cole (ker'ıkol) *i., f.* binicilikte yarım çark hareketi; *f.* bu hareketi yaparak at sürmek.

car.a.cul *bak.* **karakul.**

ca.rafe (kıräf', kıraf') *i.* cam sürahi.

car.a.mel (ker'ımıl, ker'ımel, kar'mıl) *i.* tatlılara renk ve lezzet vermede kullanılan yanmış şeker, karamel; karamela.

car.a.mel.ize (ker'ımılayz, kar'mılayz) *f.* yanmış şeker haline gelmek veya koymak.

car.a.pace (ker'ıpeys) *i., zool.* kaplumbağa gibi hayvanların üst kabuğu.

car.at (ker'ıt) *i.* kırat, değerli taşların ağırlık ölçü birimi, ayar (1 kırat=200 mg.).

car.a.van (ker'ıvän) *i.* kervan; üstü kapalı büyük yolcu veya yük taşıyan araba; kamyon; *İng.* arabanın arkasına takılarak çekilen tekerlekli seyyar ev.

car.a.van.sa.ry, car.a.van.se.rai (kerıvän'sıri, kerıvän'sıray) *i.* kervansaray, büyük yolcu hanı veya otel.

car.a.vel (ker'ıvel) *i.* karavela.

car.a.way (ker'ıwny) *i.* Karaman kimyonu, *bot.* Carum carvi.

car.bide (kar'bayd, kar'bid) *i., kim.* karbit.

car.bine (kar'bayn, kar'bin) *i.* karabina, kısa tüfek, süvari tüfeği.

car.bo.hy.drate (karbohay'dreyt) *i., kim.* karbonhidrat.

car.bo.lat.ed (kar'bıley'tid) *s., kim.* asit fenikli.

car.bol.ic (karbal'ik) *s., kim.* fenollü. **carbolic acid** asit feńik.

car.bo.lize (kar'bılayz) *f.* karbol asidi katmak.

car.bon (kar'bın) *i., kim.* karbon; kopya kâğıdı, kopya kâğıdı ile çıkarılmış nüsha, suret. **carbon black** is, lamba isi. **carbon copy** karbon kopyası. **carbon cycle** *biyol.* karbon devresi. **carbon dioxide** karbondioksit. **carbon monoxide** *kim.* karbon monoksit.

car.bo.na.ceous (karbıney'şıs) *s.* karbona ait; karbonlu; karbon gibi.

car.bo.na.do (karbıney'do) *i., f.* ızgara et veya balık; *f.* ızgara yapmak; gelişigüzel kesmek, parçalamak.

car.bo.na.do (karbıney'do) *i.* siyah elmas, genellikle Brezilya'da çıkarılan koyu renk elmas parçası.

Car.bo.na.ro (karbona'ro) *i.* (*çoğ.* -ri) 19. asırda İtalya, İspanya ve Fransa'da faaliyette bulunan gizli siyasi kuruluşun üyesi.

car.bon.ate (kar'bıneyt, kar'bınıt) *i., f., kim.* karbonat, karbon asit tuzu veya esteri; *f.* (kar'bıneyt) kömür haline koymak, kömürleştirmek; karbonata çevirmek.

car.bon.a.tion (karbıney'şın) *i., kim.* karbondioksitle kireç çökeltme.

car.bon.ic (karban'ik) *s., kim.* karbonata ait, karbonik. **carbonic acid** karbonik asit.

car.bon.if.er.ous (karbınif'ırıs) *s.* kömür hâsıl eden, kömürlü, karbonlu; *b.h., jeol.* karbon devrine ait.

car.bon.ize (kar'bınayz) *f.* kömürleştirmek, kömür haline koymak, yakmak. **carboniza'tion** *i.* kömürleşme.

Car.bo.run.dum (karbırʌn'dım) *i., tic. mark.* zımpara, korindon.

car.boy (kar'boy) *i.* damacana, etrafında sepet örgü veya tahta muhafazası olan büyük şişe.

car.bun.cle (kar'bʌngkıl) *i., tıb.* çıban, şirpençe; burun sivilcesi; lâl taşı, yakut; yakut kırmızısı, kahverengimsi kırmızı renk.

car.bu.ret (kar'bıreyt, kar'byıret) *f., kim.* karbon ile birleştirmek veya doldurmak.

car.bu.re.tor (kar'bıreytır) *İng.* **car.bu.ret.tor** (kar'byıretır) *i.* karbüratör. **carburetor nozzle** karbüratör memesi.

car.bu.rize (kar'bırayz) *f.* karbon ile birleştirmek. **carburiza'tion** *i.* karbon ile birleştirme.

car.cass (kar'kıs) *i.* leş, ceset (küçümseme ile); vücut, gövde (bugünkü dilde küçümseme veya şaka olarak); enkaz (gemi v.b.); bina iskeleti.

car.cin.o.gen (karsin'ıcın) *i.* kansere sebep olan madde.

car.ci.no.ma (karsıno'mı) *i.* (*çoğ.* -ma.ta, -mas) *tıb.* habis ur, kanser.

car.ci.no.ma.to.sis (karsınomıto'sıs) *i., tıb.* kanser tümörlerinin vücuda yayılması.

card (kard) *i.* kart, posta kartı; tebrik kartı; kartvizit; üyelik kartı; giriş kartı; program; iskambil kâğıdı; *çoğ.* kâğıt oyunları; *k.dili* şakacı ve neşeli insan; yün, pamuk v.b.'ni taramaya mahsus tarak (dokumacılıkta), kaşağı. **card catalogue** kart kataloğu. **card index** kart fihristi. **card table** kumar masası. **a card up one's sleeve** kurtarıcı. **in the cards** muhtemel, olasılı. **put one's cards on the table** samimi olarak açıklamak.

card (kard) *f.* kart koymak (masaya); fişlemek, kartlara yazmak; kart veya kartonlara yapıştırmak; (yünü, pamuğu) taramak. **carder** *i.* tarakçı.

car.dam.i.ne (kardäm'ıni) *i.* hardal familyasından bir bitki çeşidi, acı tere, *bot.* Cardamine amara.

car.da.mom (kar'dımım) *i.* kakule, hemame, *bot.* Elettaria cardamomum.

card.board (kard'bôrd) *i.* mukavva, karton.

car.di.ac (kar'diyäk) *s., i., anat.* kalbe ait, kalple ilgili; yüreği tembih eden; mide ağzına ait; *i.* kalp hastası; kalp ilâcı. **cardiac dilatation** kalp büyümesi. **cardiac insuffi-**

ciency kalp kifayetsizliği. **cardiac murmur**
kalp hırıltısı. **cardiac valve** kalp kapağı.
car.di.al.gi.a (kardiyäl'ciyı) *i., tıb.* kalp ağrısı.
car.di.gan (kar'dıgın) *i.* hırka, ceket.
car.di.nal (kar'dınıl, kard'nıl) *s., i.* belli başlı,
ana, önemli; parlak kırmızı; *i.* kardinal;
parlak kırmızı renkli ve tepeli bir çeşit
Amerikan ispinozu. **cardinal numbers** esas
sayılar. **cardinal point** dört esas yönden
her biri. **cardinalship** *i.* kardinallik.
car.di.nal.ate (kar'dınıleyt) *i.* kardinallik ma-
kamı; kardinaller zümresi.
card.ing (kar'dîng) *i.* yün ve pamuk tarama.
carding machine yün ve pamuk tarama
makinası.
car.di.o.gram (kar'diyıgräm) *i.* kardiyogram.
car.di.o.graph (kar'diyıgräph) *i.* kardiyograf.
cardiograph'ic *s.* kardiyografi ile ilgili. **car-
diog'raphy** *i.* kardiyografi.
car.di.oid (kar'diyoyd) *i., mat.* yürek şeklinde
olan eğri, kardioit.
car.di.ol.o.gy (kardiyal'ıci) *i.* kalpten ve kalbin
görevlerinden bahseden ilim, kalp bilgisi.
car.di.o.pneu.mat.ic (kardiyınumät'îk) *s.* kalbe
ve akciğerlere ait.
car.di.o.scle.ro.sis (kardiyısklıro'sîs) *i.* kalp
zarlarının katılaşması, kardiyoskleroz.
car.di.tis (karday'tîs) *i., tıb.* kalp iltihabı, kardit.
car.doon (kardun') *i.* kenger, kengel, yabanen-
ginarı, *bot.* Cynara cardunculus.
card.sharp (kard'şarp') *i.* hileci kimse (iskam-
bilde).
care (ker) *i.* endişe; merak; gaile; dikkat, ihti-
mam; tedbir, koruma, ilgi; *eski* üzüntü, sıkıntı.
in care of eliyle. **take care** dikkatli olmak.
take care of bakmak; muhafaza etmek.
care (ker) *f.* merak etmek, endişe etmek; ilgi-
lenmek, alâkadar olmak; üstüne almak, vazife
edinmek; hoşlanmak, özel bir ilgi duymak,
meyli olmak. **care for** bakmak; ilgilenmek;
beğenmek; arzulamak. **I don't care.** Umu-
rumda değil. Bana ne?
ca.reen (kırın') *f., i., den.* karinaya bastırmak,
gemiyi yan yatırmak; kalafat etmek; yan
yatmak (gemi); *A.B.D.* sarsılmak; *i.* karinaya
bastırma, yan yatma.
ca.reer (kırır') *i., s.* meslek, meslek hayatı;
meslekte başarı kazanma; sürat; *s.* profes-
yonel. **take up a career** bir mesleğe girmek.
career woman meslek sahibi kadın. **in**

full career bütün hızı ile. **careerist** *i.*
meslek bakımından ilerlemeye meraklı olan
kimse.
ca.reer (kırır') *f.* hızla gitmek veya koşmak.
care.free (ker'fri) *s.* keyfi yerinde, kaygısız,
dertsiz.
care.ful (ker'fıl) *s.* dikkatli; itinalı, tedbirli; öl-
çülü. **carefully** *z.* dikkatle. **carefulness** *i.*
dikkat, dikkatli olma.
care.less (ker'lîs) *s.* dikkatsiz; ilgisiz, kayıtsız;
düşünülmeden söylenmiş veya yapılmış; ih-
malkâr. **carelessly** *z.* ihmalkâr bir şekilde,
dikkat etmeden. **carelessness** *i.* dikkatsizlik,
ihmal.
ca.ress (kıres') *i., f.* okşama, kucaklama; *f.*
okşamak, sevmek, kucaklamak. **caressingly**
z. kucaklayarak.
car.et (ker'ıt) *i.* yazıda çıkma işareti (ʌ); atlanan
bir bölümün cümlenin neresine geleceğini
gösteren işaret.
care.tak.er (ker'teykır) *i.* bir yerin hizmet işle-
riyle görevli olan kimse, bina yöneticisi.
caretaker government geçici hükümet.
care.worn (ker'wôrn) *s.* endişeden bitkin.
car.fare (kar'fer) *i.* (otobüste) bilet parası.
car.go (kar'go) *i.* (gemi, uçak) kargo, yük.
car.hop (kar'hap) *i., A.B.D., k.dili* arabadan
inmeden servis yapan açık hava lokantasında
kadın veya erkek garson.
Car.ib (ker'ib) *i.* Karayib Denizi sahillerinde
yaşayan kızılderili.
Car.ib.be.an Sea (kerıbi'yın, kırib'iyın) Karayib
Denizi.
car.i.bou (ker'ıbu) *i.* Kuzey Amerika'ya mahsus
birkaç cins ren geyiği.
car.i.ca.ture (ker'ıkıçûr, ker'ıkıçır) *i., f.* karika-
tür; karikatür sanatı; kötü taklit; *f.* karikatü-
rünü yapmak; çizgilerle alaya almak. **carica-
turist** *i.* karikatürcü, karikatürist.
car.ies (ker'iz, ker'îyiz) *i., tıb.* diş veya kemik
çürümesi; yenirce; *bot.* bir bitki hastalığı.
car.il.lon (ker'ılan, kırîl'yın) *i.* muhtelif tonlarda
ses çıkaran çanlar; bu gibi çanlarla çalınan
melodi.
ca.ri.na (kıray'nı) *i.* (çoğ. -nae) *bot., zool.*
omurga.
car.i.ole (ker'iyol) *i.* küçük açık araba; *Kan.*
köpek ile çekilen kızak.
car.i.ous (ker'iyıs) *s., tıb.* çürümüş (diş veya
kemik).

carl (karl) *i., İskoç.* iri yarı adam; *eski* köylü, çiftçi.

Carl.ism (karl'izım) *i.* İspanya prenslerinden Don Karlos veya Fransa kralı X. Şarl'ın taraftarlığını gütme. **Carlist** *i.* Don Karlos veya X. Şarl taraftarı olan kimse.

car.load (kar'lod) *i.* araba dolusu; *d.y.* yük vagonu dolusu. **carload lot** *d.y.* yük vagonunu dolduracak miktar.

Car.lo.vin.gi.an (karlıvîn'ciyın) *s.* Şarlman hanedanına ait.

car.ma.gnole (karmınyol') *i.* Fransız İhtilâlinde revaçta olan bir dans, şarkı veya kıyafet; Fransız İhtilâli askeri.

Car.mel.ite (kar'mılayt) *i.* 12. yüzyılda Filistin'deki Karmel dağında kurulmuş olan tarikata mensup keşiş veya derviş; bu tarikata bağlı rahibe.

car.min.a.tive (karmin'ıtîv, kar'mıneytîv) *s., i., tıb.* yel (gaz) çıkarıcı; *i.* karın ağrısı geçiren ilâç.

car.mine (kar'min, kar'mayn) *s., i.* lâl, kızıl; *i.* kızıl renk.

car.nage (kar'nic) *i.* katliam, kırım, kan dökme; *eski* ceset yığını.

car.nal (kar'nıl) *s.* şehevî; cinsel; bedensel; dünyevî. **carnality** (karnäl'ıti) *i.* şehvet. **carnally** *z.* cinsel bir şekilde.

car.nas.si.al (karnäs'iyıl) *i., zool.* etoburlarda köpekdişi.

car.na.tion (karney'şın) *i.* karanfil çiçeği, *bot.* Dianthus plumarius; pembe, açık kırmızı renk.

car.nel.ian (karnil'yın) *i.* kuyumculukta kullanılan kırmızımsı bir çeşit akik.

car.ni.fy (kar'nıfay) *f.* et haline gelmek, et bağlamak; et gibi olmak. **carnifica'tion** *i.* et bağlama.

car.ni.val (kar'nıvıl) *i.* karnaval, eğlence; Katolik ve Ortodoksların büyük perhizden önce gelen eğlence zamanı.

car.ni.vore (kar'nıvôr) *i., zool.* etobur, et yiyen hayvan; sinek kapan bitki.

car.niv.o.rous (karniv'ırıs) *s.* et yiyen; etoburlara ait. **carnivorously** *z.* et yiyerek. **carnivorousness** *i.* et yeme.

car.ob (ker'ıb) *i.* keçiboynuzu, keçiboynuzu ağacı, harnup, *bot.* Ceratonia siliqua.

car.ol (ker'ıl) *i., f.* neşeli şarkı; halk şarkısı; *f.* neşeyle şarkı söylemek; şarkı söyleyerek kutlamak. **Christmas carol** Noel ilâhisi.

caroler *i.* Noel şarkısı söyleyen gezginci kimse.

Car.o.line (ker'ılayn, ker'ılin) *i., s.* bir kadın adı; *s., İng.* I. ve II. Charles'a ve devirlerine ait.

Car.o.lin.gi.an (kerılin'ciyın) *s.* Şarlman hanedanına ait.

car.om (ker'ım) *i., f.* bilardo oyununda karambol; geri tepme; *f.* karambol yapmak; çarparak geri tepmek.

ca.rot.id (kırat'id) *i., s., anat.* karotis, boynun iki tarafında bulunan iki şahdamar; *s.* bu şahdamarlara ait. **carotid artery** karotis arteri, şahdamar. **carotid gland** şahdamar guddesi.

ca.rou.sal (kırau'zıl) *i.* içki âlemi, eğlenti.

ca.rouse (kırauz') *i., f.* içkili ve gürültülü eğlence, âlem; *f.* böyle bir toplantıya katılmak; içmek, kafayı çekmek.

car.ou.sel (kerısel') *i.* atlıkarınca; at yarışlarında gösteri turnuvası.

carp (karp) *i.* sazan, *zool.* Cyprinus carpio. **crucian carp** havuz balığı, *zool.* Carassius carassius. **mirror carp** aynalı sazan, *zool.* Cyprinus carpio.

carp (karp) *f.* kusur bulmak, beğenmemek; durmadan şikâyet etmek; tutturmak. **carper** *i.* kusur bulan kimse. **carping** *s., i.* fazla tenkitçi olan; *i.* yersiz tenkit. **carpingly** *z.* devamlı kusur bularak.

car.pal (kar'pıl) *s., anat.* el bileğine ait.

car.pa.le (karpey'li) *i.* (*çoğ.* -li.a) bilek kemiklerinden herhangi biri.

Car.pa.thi.an Mountains (karpey'thiyın) Karpat Dağları, Karpatlar.

car.pe di.em (kar'pi day'em) *Lat.* Gününü gün et, yarını düşünme.

car.pel (kar'pıl) *i., bot.* meyva yaprağı, karpel.

car.pen.ter (kar'pıntır) *i., f.* marangoz, dülger, doğramacı; *f.* marangozluk etmek, doğramacılık yapmak. **carpentery** *i.* marangozluk.

car.pet (kar'pit) *i.* halı, kilim, keçe; halı gibi bir örtü meydana getiren herhangi bir şey. **carpet beetle** güve gibi yün yiyen bir böcek. **carpet sweeper** halı süpürgesi. **carpet tack** halı çivisi. **call on the carpet** azarlamak.

car.pet (kar'pit) *f.* halı döşemek; kaplamak; *İng.* azarlamak, haşlamak.

car.pet.bag (kar'pîtbäg) *i.* heybe. **carpet-bagger** *i.* Amerikan İç Savaşından sonra Kuzey'den Güney'e giderek vurgun yapan kimse; vurguncu kimse, dolandırıcı.

car.pol.o.gist (karpal'ıcist) *i., bot.* meyva bilimi ile uğraşan uzman.

car.pol.o.gy (karpal'ıci) *i., bot.* meyva bilimi.

car.port (kar'pôrt) *i., A.B.D.* yanları açık garaj.

car.pus (kar'pıs) *i.* (*çoğ.* carpi) *anat.* el bileği, el bileğini meydana getiren kemikler.

car.rel (ker'ıl) *i.* kütüphanede küçük çalışma yeri.

car.riage (ker'ic) *i.* binek arabası; *İng.* vagon; top arabası; bir makinanın diğer kısımları taşıyan parçası; tavır, duruş; nakliye, taşıma; nakliye ücreti. **carriage trade** zengin müşteriler.

car.rick bend (ker'ik) *den.* yama bağı.

car.ri.er (ker'iyır) *i.* taşıyan şey veya kimse; nakliye şirketi, nakliyeci; *tıb.* bir mikrobu kendisi bağışık kalarak başkasına bulaştıran insan veya bitki; *kim.* bir elemanı bir karışımdan diğer bir karışıma taşıyan katalitik madde. **carrier pigeon** posta güvercini. **carrier wave** *radyo* taşıyıcı dalga, ana dalga.

car.ri.ole (ker'iyol) *i.* tek atlı araba, üstü kapalı araba.

car.ri.on (ker'iyın) *i., s.* leş; *s.* pis, kokmuş; leş gibi veya leşe ait; leş yiyen. **carrion crow** leş kargası, *zool.* Corvus corone.

car.ro.nade (kerıneyd') *i.* eskiden gemilerde kullanılan bir çeşit kısa ve hafif gülle.

car.rot (ker'ıt) *i.* havuç, *bot.* Daucus carota.

car.rot.y (ker'ıti) *s.* havuç renginde; kırmızı saçlı, kızıl saçlı.

car.ry (ker'i) *f.* taşımak; nakletmek; götürmek; çekmek (yük); sürüklemek; -e hamile olmak; desteğini kazanmak; zaptetmek; satışa arzetmek; elde etmek; devam ettirmek; *mat.* geçirmek; menzili olmak; (mecliste) kabul edilmek; taşıyıcı vazifesi görmek; atıcı veya fırlatıcı kuvveti olmak (top); uzaktan duyulabilir olmak (ses); (başını) dik tutmak. **carry a motion** bir teklifi onaylamak. **carry arms** asker olmak; silâh taşımak. **carry away** götürmek; büyülemek, meftun kılmak. **carry coals to Newcastle** Mısır'a pirinç götürmek. **carry conviction** inandırıcı vasıfta olmak. **carry forward** ilerletmek; (hesabı) yeni sayfaya nakletmek, yeni devre

nakletmek. **carry off** kapıp götürmek, kaçırmak; ölümüne sebep olmak; başarmak; cesurca karşılamak; kazanmak (ödül). **carry on** devam etmek, devam ettirmek; deli gibi davranmak; ile meşgul olmak, idare etmek; flört etmek. **carry out** başarmak; tamamlamak; icra etmek. **carry over** aktarmak; tehir etmek. **carry the day** yenmek. **carry three** *mat.* elde var üç (toplama ve çarpmada). **carry through** bitirmek, sonuçlandırmak. **carry weight** ağır basmak. **carrying charge** taksitli satışlarda ödenen faiz.

car.ry.all (ker'iyôl) *i.* kaptıkaçtı; büyük sepet.

car.ry-o.ver (ker'iyovır) *i.* hasılât bakıyesi, nakliyekûn.

car.sick.ness (kar'sîknîs) *i.* araba tutması; tren veya araba yolculuğundan hâsıl olan mide bulantısı.

cart (kart) *i., f.* atlı yük arabası; el arabası; *f.* at arabası ile taşımak; taşımak. **get the cart before the horse** ters işler yapmak.

cart.age (kar'tic) *i.* araba ile taşıma; araba ile nakletme ücreti.

carte (kart) *i.* yemek listesi, menü; *İskoç.* oyun kâğıdı; *eski* harita, plan; eskrimde bir hamle veya savunma durumu. **carte blanche** kayıtsız şartsız yetki. **carte de visite** kartvizit.

car.tel (kartel', kar'tıl) *i.* kartel, ticaret birlikleri veya sendikalar arasında yapılan anlaşma; savaş halinde olan devletlerin esir mübadelesi için aralarında yaptıkları anlaşma; düelloya davet.

Car.te.sian (karti'jın) *s., i.* Dekart veya onun kuramlarına ait; *i.* kartezyen.

Car.thage (kar'thîc) *i.* Kartaca şehri.

Car.thu.sian (karthu'jın) *i.* 1084 tarihinde Fransa'da kurulmuş olan bir tarikata mensup keşiş veya rahibe.

car.ti.lage (kar'tılîc) *i., zool.* kıkırdak, kıkırdak kısım. **cartilage bone** kıkırdaktan meydana gelen kemik.

car.ti.lag.i.nous (kartıläc'ınıs) *s.* kıkırdaklı; kıkırdağa benzer; iskeleti daha ziyade kıkırdaktan meydana gelmiş olan (köpekbalığı v.b.).

car.tog.ra.pher (kartag'rıfır) *i.* haritacı, kartograf.

car.to.graph.ic, -al (kartıgräf'ik, -ıl) *s.* haritacılığa ait; kartografik, haritacılıkla ilgili.

car.tog.ra.phy (kartag'rıfi) *i.* haritacılık, kartografi.

car.to.man.cy (kar'tımänsi) *i.* iskambil falcılığı.

car.ton (kar'tın) *i.* karton kutu, mukavva kutu.

car.toon (kartun') *i.* karikatür; seri halinde yayınlanan karikatür; hayvanların canlandırıldığı karton filim, Miki Maus; büyük resim taslağı. **cartoonist** *i.* seri halinde karikatür çizen kimse.

car.touche (kartuş') *i.* eski abidelerde kral ismini gösteren kabartma resim veya şekil; fişeklik, hartuç.

car.tridge (kar'tric) *i.* fişek; *foto.* filim kutusu, kaset; kartuş. **cartridge belt** palaska. **cartridge case** hartuç sandığı.

car.tu.lar.y (kar'çûleri) *i.* bir çeşit sicil defteri veya sicil dairesi.

cart.wheel (kart'hwil) *i.* el yardımı ile yanlamasına atılan takla.

car.un.cle (ker'∧ngkıl, kır∧ng'kıl) *i., bot.* tohum göbeği tomurcuğu, tohumun hilum kısmının kenarındaki çıkıntı; *zool.* horoz ibiği veya onun benzeri sarkık et. **carun'cular, carun'-culous** *s.* sarkık et biçiminde.

carve (karv) *f.* oymak, hakketmek; parçalara bölmek, kesmek (et, tavuk); oymalarla süslemek. **carver** *i.* oymacı.

car.vel (kar'vıl) *bak.* **caravel.**

carv.ing (kar'vîng) *i.* oyulmuş sanat eseri; sofrada et kesme.

car.y.at.id (keriyät'id) *i.* (*çoğ.* -ids, -des) kadın heykeli şeklinde taş sütun.

car.y.op.sis (keriyap'sîs) *i., bot.* (buğday ve arpa gibi) tek tohumlu açılmaz kuru meyva, karyops.

ca.sa.ba (kısa'bı) *i.* kavun, Kırkağaç kavunu.

cas.cade (käskeyd') *i.* şelâle, çağlayan; görünüşü çağlayanı andıran havai fişek; çağlayan şeklinde dökülen herhangi bir şey; *elek.* kademeli dizi.

cas.car.a sa.gra.da (käsker'ı sıgrey'dı) akdiken kabuğundan elde edilen müshil.

cas.ca.ril.la (käskırîl'ı) *i.* amber kabuğu.

case (keys) *i.* durum, vaziyet, hal; mesele, problem; hasta; vaka; dava; *gram.* ismin hallerinden biri; *k.dili* garip bir kimse; *f., A.B.D., argo* iskandil etmek, dikizlemek. **case ending** *gram.* hal takısı. **case history** tıbbî, sosyolojik veya psikiyatrik incelemelerde kullanmak üzere şahıslar veya aileler hakkında toplanan malumat. **case in point** konuşma konusu olan mesele. **case knife** kılıflı büyük bıçak. **case law** mahkeme içtihatlarına dayanan hukuk. **case lawyer** dava vekili, avukat. **case shot** şarapnel. **case system** mahkeme içtihatlarına dayanan hukuk sistemi. **in any case** her halde, ne de olsa, mutlaka. **in case** eğer, şayet. **in case of, in case that** olduğu taktirde. **in that case** o taktirde. **lower case** *matb.* küçük harf. **make out a case** kuvvetli deliller göstermek. **upper case** *matb.* büyük harf.

case (keys) *i., f.* kutu; mahfaza; kın; kasa; çerçeve; matbaa tezgâhı; *f.* kutu veya mahfaza içine koymak, sokmak.

case.hard.ened (keys'har'dınd) *s.* yüzeyden sertleştirilmiş (çelik).

ca.se.in (key'siyîn, key'sin) *i.* peynir özü, ceben, kazein.

case.mate (keys'meyt) *i.* savaş gemisinde silâhların bulunduğu zırhlı bölüm; kazamat.

case.ment (keys'mınt) *i.* kanatlı pencere; pencere kanadı; *şiir* herhangi bir pencere; kaplama, çerçeve.

ca.se.ous (key'siyıs) *s.* peynire ait, peynir gibi.

ca.sern, ca.serne (kızırn') *i.* kışla.

case.work (keys'wırk) *i.* topluma uyma güçlüğü çeken fert ve ailelerin sosyologlar tarafından incelenmesi ve yönetilmesi.

cash (käş) *i.* para, nakit para; peşin para; (Çin ve Doğu Hint Adalarında) ufak madenî bir para birimi. **cash-and-carry** *s.* peşin para ödeyip satın alınan. **cash crop** peşin para ile satılan mahsul. **cash on delivery** tesliminde ödenecek, ödemeli; *kıs.* C.O.D. **cash register** otomatik kasa. **payable to cash** hamiline. **petty cash** küçük kasa; küçük masraf. **ready cash** eldeki para.

cash (käş) *f.* paraya çevirmek; tahsil etmek. **cash in** kumarda fişleri kasaya verip parasını almak; *A.B.D., argo* ölmek. **cash in on** *A.B.D., k.dili* bir fayda elde etmek.

cash.ew (käş'u, kışu') *i.* mahun cevizi.

cash.ier (käşîr') *i.* veznedar, kasadar, kasiyer.

cash.ier (käşîr') *f.* işine son vermek, kovmak, işten atmak.

Cash.mere (käşmîr', käş'mîr) *i.* Keşmir.

cash.mere (käş'mîr) *i.* Keşmir yünü; bu yünden dokunmuş kumaş veya şal, kazmir.

cas.ing (key'sîng) *i.* kaplama, çerçeve; bumbar; *A.B.D.* otomobilin dış lastiği; petrol ve gaz kuyularında kullanılan demir boru.

ca.si.no (kısi'no) *i.* gazino, kumarhane; bir kâğıt oyunu.

cask (käsk) *i.* varil, fıçı; bir varil dolusu.

cas.ket (käs'kit) *i., f., A.B.D.* tabut; küçük kutu, mücevher kutusu; *f.* kutuya koymak.

Cas.pi.an Sea (käs'piyın) Hazar Denizi.

casque (käsk) *i.* zırhlı başlık, miğfer.

Cas.san.dra (kısän'drı) *t., Yu. mit.* sözüne asla inanılmayan Truva'lı kadın peygamber; kötü olayları önceden haber veren kimse.

cas.sa.tion (käsey'şın) *i.* iptal, lağvetme, fesih. **court of cassation** (bazı Avrupa memleketlerinde) temyız mahkemesi.

cas.sa.va (kısa'vı) *i.* manyok, *bot.* Manihot; tapyoka, manyok kökünden çıkarılan nişasta.

cas.se.role (käs'ırol) *i.* kapaklı toprak veya cam tencere, güveç; böyle bir tencerede pişirilen yemek; kimya laboratuvarlarında kullanılan saplı küçük kap.

cas.sette (kıset') *i.* kaset.

cas.sia (käş'ı, käş'iyı) *i.* Çin tarçını.

cas.si.mere (käs'ımîr) *i.* düz veya çapraz dokunmuş yünlü kumaş.

Cas.si.o.pe.ia (käsiyıpi'yı) *i.* Koltuk takımıyıldızı.

cas.sis (kasis') *i.* siyah frenküzümü.

cas.sit.e.rite (kısit'ırayt) *i.* kalay cevheri.

cas.sock (käs'ık) *i.* papaz cüppesi; papaz, din adamı.

cas.so.war.y (käs'ıweri) *i.* devekuşu cinsinden fakat daha ufak boyda bir kuş.

cast (käst) *i.* atma, fırlatma; atılan şey; (kırık kemiğe) alçı; zar atma; zarda gelen sayı; artık şey; mesafe; balık ağı atma; (bir tiyatro oyunu veya filimde) rol alan kimseler, oynayanlar, oyuncular, eşhas; avcılıkta köpeklerin koku peşinden etrafa dağılmaları; şans, talih; tertip; dökmecilik, dökümcülük; döküm; kalıp; maket; dış görünüş; çeşit, tip, cins; temayül, eğilim; şaşılık; eğrilik, çarpıklık; açık renk, renk tonu; az bir miktar. **cast of mind** düşünüş şekli.

cast (käst) *f.* (**cast**) atmak, fırlatmak, savurmak; çevirmek, atfetmek (bakış v.b.); olta atmak, ağ sermek; yere yıkmak (güreşte); ayrılmak, kaybetmek; dökmek (meyva, saç, kıl); erken yavrulamak; bir kenara atmak; küreklemek; (oy) vermek; rol taksimi yapmak; döküm dökmek; toplamak; hesap yapmak; tasarlamak; göz önüne almak; bükmek, kıvırmak; çarpıtmak; döküm kalıbı içinde şekil almak; kehanette bulunmak; kokuyu aramak (köpek); *den.* gemiyi rüzgârı arkasına alacak şekilde çevirmek. **cast a horoscope** yıldız falına bakmak. **cast a shadow** gölge yapmak. **cast a spell upon** büyü yapmak. **cast a vote** rey vermek. **cast about** düşünmek, tasarlamak. **cast anchor** demir atmak. **cast away** çöpe atmak; ıssız adada bırakmak. **cast down** devirmek; canını sıkmak. **cast off** reddetmek; *den.* alarga etmek. **cast up** kusmak; sayıları toplamak; karaya vurmak. **cast iron** dökme demir, pik, font. **cast-iron** *s.* pikten yapılmış; çok sert, mukavim, dayanıklı.

Cas.ta.li.a (kästey'liyı) *i.* Yunanistan'daki Parnas dağında bulunan ilham çeşmesi. **Castalian** *s.* bu çeşmeyle ilgili, ilham verici.

cas.ta.net (kästınet') *i.* kastanyet, İspanyol çalparası.

cast.a.way (käst'ıwey) *s., i.* serseri; akıntıyla sürüklenen; değersiz diye atılmış; *i.* kazazede (denizde); reddedilmiş kimse veya şey.

caste (käst) *i.* kast; bireyliği kalıtım, servet, din v.b.'ne dayanan herhangi bir toplumsal sınıf; bu gibi sınıflaşmaların sistem veya ilkeleri; kademe.

cas.tel.lan (käs'tılın) *i.* kale kumandanı veya muhafızı.

cas.tel.lat.ed (käs'tıleytid) *s.* kale tipinde inşa edilmiş, mazgallı ve kuleli olarak yapılmış; çok kulesi olan. **castella'tion** *i.* mazgallı barbata.

cast.er, cast.or (käs'tır) *i.* atan kimse veya şey; dökümcü; eşyaların hareketini kolaylaştıran küçük tekerlek; sofrada kullanılan yağ, sirke veya limon şişesi. **caster sugar** *İng.* pudra şekeri.

cas.ti.gate (käs'tıgeyt) *f.* paylamak, kakımak, azarlamak; kınamak. **castiga'tion** *i.* paylama, azarlama. **castigator** *i.* paylayıcı kimse.

Cas.tile (kästil') *i.* Kastilya. **castile soap** zeytinyağı ve sodadan yapılmış bir çeşit sabun.

Cas.til.ian (kästil'yın) *i., s.* İspanya'da en geçerli olan şive, standart İspanyolca; Kastilya'da oturan kimse; *s.* Kastilya halkı, şivesi veya kültürüne ait.

cast.ing (käs'tîng) *i.* döküm, kalıba dökme; atma, atış; toplama, hesap etme; rol taksimi; astar sıva. **casting box** döküm kalıbı. **casting net** serpme ağ. **casting vote** başkanın oyu.

cas.tle (käs'ıl) *i.* kale, şato, hisar; *satranç* kale. **castle in the air, castle in Spain** hülya, hayal.

cas.tle (käs'ıl) *f.* kaleye koymak veya kapatmak; *satranç* küçük veya büyük rok yapmak.

cast.off (käst'ôf) *s., i.* eskiyip bir yana atılmış; *i.* kullanılmayan veya istenilmeyen şey veya kimse; *matb.* basılacak bir kitabın büyüklük hesabı.

cas.tor (käs'tır) *i.* kunduzun guddelerinden çıkarılan keskin kokulu, eczacılıkta ve parfümeride kullanılan bir madde; kunduz kürkünden yapılmış şapka; *nad.* kunduz.

cas.tor *bak.* **caster.**

castor bean keneotu tohumu.

castor oil hintyağı. **castor-oil plant** keneotu, *bot.* Ricinus communis.

Cas.tor and Pol.lux (käs'tır; pal'ıks) İkizler burcundaki Kastor ve Polluks adlı yıldızlar.

cas.trate (käs'treyt) *f.* hadım etmek, iğdiş etmek, burmak. **castra'tion** *i.* hadım etme.

cas.u.al (käj'uwıl) *s., i.* tesadüfen olan; kasıtlı olmayan, rasgele; dikkatsiz, ihmalci; ilgisiz; *i.* ihtiyaç oldukça gündelikle tutulan işçi; bir görevden başka bir göreve gitmek üzere yolda olan asker; yerine henüz yerleşmemiş hayvan veya bitki. **casual clothes** günlük elbiseler. **casually** *z.* dikkat etmeden. **casualness** *i.* ilgisizlik; kaygısızlık.

cas.u.al.ty (käj'uwılti) *i.* kazaya uğrayan kimse; *ask.* şehit, ölü, yaralı; kayıp; kaza.

cas.u.ist (käj'uwîst) *i.* ahlâk meseleleriyle uğraşan kimse; ahlâk kurallarını kendi isteğine göre yorumlamaya gayret eden kimse. **casuis'tic** *s.* ahlâk kurallarıyla ilgili; ahlâk kurallarını kendi çıkarına göre yorumlayan. **casuis'tically** *z.* kendi çıkarına göre yorumlayarak.

ca.sus bel.li (key'sıs bel'ay) *Lat.* savaşı gerektiren olay.

cat (kät) *i.* kedi, *zool.* Felis domestica; kedigiller familyasından herhangi bir hayvan; dedikoducu ve kinci kadın; çelik çomak oyunu, bu oyunda kullanılan sopa; büyük yelkenli kotra; yayın balığı; *den.* griva palangası;

A.B.D., argo adam, delikanlı. **cat-and-dog fight** kedi köpek kavgası. **cat burgler** duvardan tırmanarak içeri giren hırsız. **cat nap** şekerleme. **cat's cradle** sicimi parmaklara geçirerek oynanan çocuk oyunu. **cat's-eye** *i.* aynülhir, kıymetli bir taş. **cat's-foot** *i.* kedi ayağı, *bot.* Antennaria neodioica. **cat's meow** *argo* caka satan gösterişli kimse. **cat's-paw** *i.* bir işe alet olan kimse; denizde esen hafif rüzgâr; *den.* bir çeşit düğüm. **civet cat** misk kedisi, *zool.* Viverra civetta. **let the cat out of the bag** *k.dili* sırrı açıklamak, baklayı ağzından çıkarmak. **rain cats and dogs** şiddetli yağmak.

cat. *kıs.* catalogue, catechism.

ca.tab.a.sis (kıtäb'ısîs) *i.* iniş; *tıb.* bir hastalığın geçişi.

ca.tab.o.lism (kıtäb'ılîzım) *i., biyol.* dokularda maddelerin karışımının bozularak daha basit maddeler haline gelmesi, anabolizmin karşıtı.

cat.a.chre.sis (kätıkri'sîs) *i.* kelime ve deyimleri yanlış kullanma.

cat.a.clysm (kät'ıklîzım) *i.* dünyanın tamamen yok olması; afet, tufan, dâhiye; *jeol.* yeryüzünde değişiklikler meydana getiren fiziksel olay. **cataclys'mic, cataclys'mal** *s.* müthiş; kıyamet günü gibi, felâket cinsinden.

cat.a.comb (kät'ıkom) *i., gen. çoğ.* yeraltında inşa edilmiş koridorları ve odaları olan mezarlık.

ca.tad.ro.mous (kıtäd'rımıs) *s., zool.* tatlı suda yaşayıp denizde yumurta bırakan balıklara ait.

cat.a.falque (kät'ıfälk) *i.* katafalk.

cat.a.lep.sy (kät'ılepsi) *i., tıb.* katalepsi, adalelerin donması ile irade ve hissin birdenbire kaybolması hastalığı. **catalep'tic** *s.* katalepsi ile ilgili.

cat.a.log, -logue (kät'ılôg) *i.* katalog, alfabe sırasına göre yapılmış eşya listesi. **cataloger, catalogist** *i.* katalog şeklinde düzenleyen kimse.

cat.a.log, -logue (kät'ılôg) *f.* katalog yapmak, kataloğunu hazırlamak; bir kitap hakkında bibliyografik veya teknik bilgi vermek; kitabı tanıtmak.

ca.tal.pa (kıtäl'pı) *i.* katalpa ağacı, kurt yemez ağacı, *bot.* Catalpa.

ca.tal.y.sis (kıtäl'ısîs) *i.*, *kim.* kataliz. **catalyt'ic**
s. katalizle ilgili. **catalyst** *i.* katalizör; başlatan kimse veya şey.

cat.a.lyze (kät'ılayz) *f.* katalize etmek, katalizlemek, kolaylaştırmak. **catalyzer** *i.* katalizör.

cat.a.ma.ran (kät'ımırän') *i.*, *den.* kütüklerden
yapılmış sal; çift tekneli kayık.

cat.a.me.ni.a (kätımi'nıyı) *i.*, *biyol.* aybaşı,
âdet görme, hayız. **catamenial** *s.* aybaşına
ait.

cat.a.mite (kät'ımayt) *i.* ibne, oğlan.

cat.a.mount, cat.a.moun.tain (kät'ımaunt,
kätımaun'tın) *i.* kedigiller familyasından jagar
gibi bir hayvan.

cat.a.plasm (kät'ıpläzım) *i.* yakı.

cat.a.pult (kät'ıpʌlt) *i.*, *f.* mancınık, katapult;
İng. sapan; *f.* mancınık ile atmak; sapanla
vurmak.

cat.a.ract (kät'ıräkt) *i.* şelâle, büyük çağlayan,
çavlan; *tıb.* katarakt, perde, aksu, akbasma.

ca.tarrh (kıtar') *i.*, *tıb.* nezle. **catarrhal, catarrhous** *s.* nezleyle ilgili.

cat.ar.rhine (kät'ırayn) *s.* ince ve dar burunlu.

ca.tas.tro.phe (kıtäs'trıfi) *i.* afet, felâket; fclâketle sonuçlanan olay; *tiyatro* dönüm noktası; sonuç; *jeol.* yeryüzü kabuğunda meydana gelen şiddetli bir değişim. **catastroph'ic** *s.* felâket gibi, felâket meydana
getiren.

cat.a.to.ni.a (kätıto'nıyı) *i.*, *psik.* dış ortamla
ilginin kesildiği bir çeşit şizofreni belirtisi.

cat.bird (kät'bırd) *i.* Kuzey Amerika'ya mahsus
ve kedi miyavlamasına benzer ses çıkaran
bir kuş, *zool.* Dumetella carolinensis; Avustralya'da bulunan ve kedi miyavlamasına
benzer sesler çıkaran bir kuş; *zool.* Ailuroedus.

cat.boat (kät'bot) *i.* tek direkli küçük yelkenli.

cat.call (kät'kôl) *i.*, *f.* tiyatroda memnuniyetsizlik işareti olarak çalınan ıslık, yuhalama;
f. ıslıklamak, yuhalamak.

catch (käç) *f.* **(caught)** yakalamak, tutmak,
ele geçirmek; yetişmek (trene, vapura, uçağa);
suçüstü yakalamak, basmak; vurmak, inmek;
nefesini tutmak; takılmak (elbise, çorap);
cezbetmek, çekmek, göz almak; büyülemek,
teshir etmek; yakalanmak; ateş almak, tutuşmak; yayılmak, sirayet etmek, geçmek. **catch
a glimpse** gözüne ilişmek. **catch cold**
üşütmek. **catch fire** tutuşmak. **catch it**

k.dili azar işitmek. **catch on** *k.dili* anlamak;
tutulmak; moda olmak. **catch one's breath**
soluğunu tutmak; dinlenmek. **catch one's
eye** dikkatini çekmek. **catch up** ani hareketle
yerden almak; tutturmak; yetişmek; hatasını
tespit etmek; dalmak. **catch up to** üstüne
almak. **catch-as-catch-can** *i.*, *s.* serbest
güreş; *s.* fırsatları değerlendiren.

catch (käç) *i.* tutma, yakalama; kilit dili; av,
bir partide yakalanan av veya balık; *k.dili*
müstakbel eş olarak düşünülen uygun kişi;
parça, bölüm; *k.dili* bityeniği; *müz.* şarkının
hatırda kalan bir iki mısraı, birkaç kişinin
sıra ile söyledikleri şarkı, rondo. **catch in
the voice** sesin bir an için kısılması.

catch.all (käç'ôl) *i.* sepet; çanta; geniş kapsamlı şey.

catch.er (käç'ır) *i.* yakalayan şey veya kimse;
beysbol vurucunun arkasında durup topu
tutan oyuncu.

catch.ing (käç'îng) *s.* sâri, bulaşıcı; cazibeli,
çekici.

catch.ment basin, catch.ment area (käç'-
mınt) *coğr.* havza.

catch.pen.ny (käç'peni) *i.* fazla satış için yapılan ucuz şey, işporta malı.

catch.up (käç'ıp, keç'ıp) *bak.* **ketchup.**

catch.word (käç'wırd) *i.* slogan; *matb.* sözlük
veya ansiklopedilerde sayfanın tepesine yazılan ve o sayfadaki ilk veya son kelimeyi
gösteren kelime; bir aktörün diğerine ipucu
olabilecek son sözü.

catch.y (käç'i) *s.* hoş, cazip; hatırda kolay
kalan, çabuk öğrenilir; hileli, aldatıcı.

cat.e.chet.ic, cat.e.chet.i.cal (kätiket'îk, kät
ıket'îkıl) *s.* soru cevap metoduyla öğretme
usulüne ait.

cat.e.chism (kät'ıkizım) *i.* ilmihal; bir kimsenin
fikirlerini anlamak için sorulan sorular. **catechist** *i.* ilmihal öğretmeni.

cat.e.chize (kät'ıkayz) *f.* ilmihal öğretmek; sıkı
sıkıya sorguya çekmek. **catechizer** *i.* ilmihal
öğretmeni; sorguya çeken kimse.

cat.e.chu (kät'ıçu, kät'ıkyu) *i.* sıcak ülke fidanlarından çıkarılan ve boya ile eczacılıkta
kullanılan birkaç çeşit pekiştirici madde; Hint
helvası otu, *bot.* Acacia catechu.

cat.e.chu.men (kätıkyu'mın) *i.* din eğitimi
gören kimse, ilmihal öğrencisi.

cat.e.go.rize (kät'ıgırayz) *f.* sınıflandırmak; vasıflandırmak.

cat.e.go.ry (kät'ıgôri) *i.* kategori, bölüm, sınıf, tabaka, zümre. **categor'ical** *s.* kategorik, kesin, katî. **categor'ically** *z.* kategorik olarak,

ca.te.na (kıti'nı) *i.* (*çoğ.* **-nae**) birbirlerine zincirleme bağlı olan şeyler, zincirleme seri; özellikle kilise büyüklerinin yazılarından seçilmiş birbirlerine bağlı parçalar.

cat.e.nar.i.an, cat.e.nar.y (kätıner'iyın; kät'ıneri, kıti'nıri) *i., s., mat.* aynı dikey çizgi üstünde olmayan iki noktadan sarkan bir zincir veya kordonun çizdiği eğri; *s.* bu eğriyle ilgili.

cat.e.nate (kät'ıneyt) *f.* zincir gibi birbirine bağlamak, zincirlemek. **catena'tion** *i.* zincir gibi birbirine bağlama.

ca.ter (key'tır) *f.* yiyecek tedarik etmek, yemeklerin hazırlanmasını ve servisini üstüne almak. **caterer** *i.* yiyecek tedarik eden kimse.

cat.er.an (kät'ırın) *i.* İskoçya dağlık bölgesinde eşkıya.

cat.er-cor.nered (kät'ırkôrnırd) *s., z.* çapraz; *z.* çaprazlama.

ca.ter-cous.in (key'tırkʌzın) *i., eski* yakın dost.

cat.er.pil.lar (kät'ırpîlır) *i.* tırtıl, kurt; çelik zincirle işleyen traktör; *b.h.* bu traktörlerin bir markası.

cat.er.waul (kät'ırwôl) *f., i.* azgınlık zamanlarında kedilerin çıkardığı seslere benzer sesler çıkarmak; bu şekilde bağırmak, haykırmak; kediler gibi kavga etmek; *i.* azgın kedi sesi.

cat.fall (kät'fôl) *i., den.* lengeri grivaya kaldırmak için kullanılan zincir veya halat.

cat.fish (kät'fîş) *i.* yayın balığı, *zool.* Silurus.

cat.gut (kät'gʌt) *i.* kiriş, bağırsaktan yapılan çalgı teli.

ca.thar.sis (kıthar'sîs) *i.* sanatın hisleri durulaştırmadaki etkisi; psikoanalizde zâhiren iyileşme sağlayan boşalım; gizli kalmış hislerin açığa vurulmasını sağlayan psikoterapi; *tıb.* ishal, amel.

ca.thar.tic, ca.thar.ti.cal (kıthar'tîk, -tîkıl) *s., i.* müshil, bağırsakları temizleyici; *i.* müshil ilâcı.

Ca.thay (käthey') *i., eski, şiir* Çin.

cat.head (kät'hed) *i., den.* griva mataforası.

ca.the.dra (kıthi'drı, käth'ıdrı) *i., Lat.* piskoposun bölgesi dahilindeki en büyük kilisede bulunan kürsüsü; resmî kürsü, profesörlük kürsüsü. **ex cathedra** yetkisine dayanarak.

ca.the.dral (kıthi'drıl) *i., s.* katedral, piskoposluk kilisesi; büyük kilise; *s.* piskoposluk kürsüsüne ait; otoriter; katedral gibi.

cath.e.rine wheel (käth'rîn) çarkı felek; el yardımı ile yanlamasına atılan takla.

cath.e.ter (käth'ıtır) *i., tıb.* sonda, akaç.

cath.ode (käth'od) *i.* katot, negatif elektrot. **cathode ray** katot şuası.

cath.o.lic (käth'ılîk, käth'lîk) *s., i.* liberal, açık fikirli; evrensel, genel, umumi; *b.h.* Katolik kilisesine bağlı olan; *i., b.h.* Katolik.

Ca.thol.i.cism (kıthal'ısîzım) *i.* Katoliklik, Katolik kilisesi.

cath.o.lic.i.ty (käthılîs'ıti) *i.* açık fikirlilik, düşünce özgürlüğü; dünyaya yaygın oluş, evrensellik.

ca.thol.i.cize (kıthal'ısayz) *f.* Katolikleştirmek, Katolikleşmek; evrenselleşmek, evrenselleştirmek.

ca.thol.i.con (kıthal'ıkın) *i.* her derde deva olan ilâç.

cat.i.on (kät'ayın) *i., fiz., kim.* elektroliz usulünde katotta hâsıl olan madde, pozitif yüklü iyon.

cat.kin (kät'kîn) *i., bot.* söğüt ağacının çiçeği.

cat.ling (kät'lîng) *i.* kiriş, bağırsaktan yapılan çalgı teli; *tıb.* her iki yüzü keskin uzun bıçak; bisturi, neşter; kedi yavrusu.

cat.nip (kät'nîp) *i.* kedinanesi, yaban sümbülü, *bot.* Nepeta cataria.

cat-o'-nine-tails (kätınayn'teylz) *i.* dokuz kamçılı kırbaç.

ca.top.trics (kıtap'triks) *i.* optik ilminin ışınların aynalara vurarak kırılması ile uğraşan dalı.

cat.sup (kät'sıp, keç'ıp) *bak.* **ketchup.**

cat.tail (kät'teyl) *i.* büyük sukamışı, *bot.* Typha latifolia.

cat.tle (kät'ıl) *i., çoğ.* sığırlar; *aşağ.* insanlar. **cattleman** *i.* sığır yetiştiren veya güden kimse.

cat.ty (kät'i) *s.* kedi gibi; sinsi, kinci.

cat.walk (kät'wôk) *i.* (eğreti ve asma) iskele.

Cau.ca.sia (kôkey'jı, kôkey'şı, kôkäş'ı) *i.* Kafkasya.

Cau.ca.sian (kôkey'jın, kôkey'şın, kôkäş'ın) *s., i.* Kafkasyalılara özgü, Kafkasya'ya ait, Kafkas diliyle ilgili; *i.* Kafkasyalı; Kafkas dili.

Cau.ca.sus (kô'kısıs) *i.* Kafkas Dağları; Kafkasya.

cau.cus (kô'kıs) *i., f.* (**-ed, -ing, -sed, -sing**) *A.B.D.* mahalli parti meclisi toplantısı; *İng.* parti yönetim kurulu; parti disiplin kurulu; *f.* parti kurulu toplantısı yapmak.

cau.dal (kôd'ıl) *s., zool.* kuyrukla ilgili; kuyruğa yakın; kuyruğa benzer.

cau.date, cau.dat.ed (kô'deyt, kô'deytıd) *s., zool.* kuyruklu, kuyruğa benzer bir uzvu olan.

cau.dle (kôd'ıl) *i.* hastalara içirilen (şarap, yumurta, ekmek, şeker ve baharat karışımı) sıcak bir şerbet.

caught (kôt) *bak.* **catch.**

caul (kôl) *i.* cenin zarı; yeni doğan çocuğun başı etrafında bulunan ve uğur getirdiğine inanılan zar.

caul.dron (kôl'drın) *i.* kazan.

cau.les.cent (kôles'ınt) *s., bot.* sapı olan, saplı.

cau.li.flow.er (kô'lıflawır, kal'iflawır) *i.* karnabahar, karnabit, *bot.* Brassica oleracea botrytis.

cau.line (kô'lin, kô'layn) *s., bot.* sapa ait, sap ile ilgili; sap üzerinde büyüyen.

cau.lis (kô'lis) *i., bot.* bitki sapı.

caulk (kôk) *f.* kalafat etmek, pencere veya kapı kenarlarını tıkamak; buz mıhı çakmak, kaymayı önleyici çivi çakmak. **caulk'er** *i.* kalafatçı. **caulk'ing** *i.* üstüpü; macun. **caulking hammer** kalafat tokmağı. **caulking iron** kalafat kalemi, kalafat keskisi.

caus.al (kô'zıl) *s.* sebep teşkil eden, nedeni olan, nedensel; bir sebep belirten. **causally** *z.* sebep olarak.

cau.sal.i.ty (kôzäl'ıti) *i.* nedensellik.

cau.sa.tion (kôzey'şın) *i.* sebep olma, hâsıl etme, meydana getirme; sebep, neden; neden ve sonuç ilişkisi.

caus.a.tive (kô'zıtîv) *s.* sebep olan; *gram.* ettirgen, müteaddi. **causatively** *z.* sebep olarak.

cause (kôz) *i.* sebep, illet, neden; harekete sevkedici unsur; gaye, hedef, amaç; *huk.* dava konusu. **final cause** asıl gaye. **first cause** asıl sebep. **make common cause with** işbirliği etmek, tarafını tutmak. **show cause** hukuki sebep göstermek.

cause (kôz) *f.* sebep olmak, sebebiyet vermek; doğurmak, tevlit etmek; netice meydana getirmek. **causable** *s.* bir sebebin neticesi olabilen.

cause cé.lè.bre (koz seleb'r) *Fr.* meşhur bir dava; meşhur olan ihtilâf.

cause.less (kôz'lıs) *s.* sebepsiz, nedensiz, asılsız.

cau.se.rie (kozıri') *i.* sohbet, konuşma, söyleşi, hasbıhal; sohbet tarzında yazılmış kısa makale veya deneme.

cause.way (kôz'wey) *i., f.* ıslak veya bozuk arazide yayalar için yapılmış yol, geçit; şose; cadde; *f.* geçit yapmak.

caus.tic (kôs'tîk) *s., i.* kostik, yakıcı; iğneli, kınayıcı, sert (söz); optik ışınların kırılması veya eğilmesi sonucunda yakıcı hale gelen; *i.* yakıcı madde; ışınların kırılmasına veya eğilmesine sebep olan eğri yüzey. **caustic soda** *kim.* sodyum hidroksit.

cau.ter.ize, İng. -ise (kô'tırayz) *f., tıb.* yakmak, dağlamak. **cauteriza'tion** *i.* dağlama.

cau.ter.y (kô'tıri) *i.* yakma, dağlama; dağlayıcı madde.

cau.tion (kô'şın) *i., f.* tedbir, ihtiyat; ikaz, uyarma; *eski, k.dili* garip kimse veya şey; *f.* ikaz etmek, uyarmak; ihtar etmek. **cautionary** *s.* uyarıcı.

cau.tious (kô'şıs) *s.* ihtiyatlı, tedbirli, sakıngan, dikkatli. **cautiously** *z.* ihtiyatla. **cautiousness** *i.* ihtiyatlılık.

cav.al.cade (käv'ılkeyd) *i.* süvari alayı; süvarilerin veya atlı arabaların geçit töreni.

cav.a.lier (kävılir') *i., s.* atlı, şövalye; şövalye ruhlu kimse, centilmen; kavalye; *b.h.* İngiltere kralı I. Şarl taraftarı; *s.* kendini beğenmiş, kibirli, mağrur; serbest, lâubali. **cavalierly** *z.* önemsemeyerek.

ca.val.la, ca.val.ly (kıväl'ı) *i.* büyük uskumru.

cav.al.ry (käv'ılri) *i.* süvari sınıfı. **cavalryman** *i.* süvari.

cav.a.ti.na (kävıti'nı) *i., müz.* basit bir melodi, hava.

cave (keyv) *i.* mağara. **cave man** mağara adamı; *k.dili* kaba ve hoyrat adam.

cave (keyv) *f.* oymak, yıkmak; oyulmak, yıkılmak. **cave in** çökmek; *k.dili* teslim olmak, razı olmak. **cave-in** *i.* çökme, göçme.

ca.ve.at (key'viyät) *i., huk.* alâkadar bir şahsın ilgili makamlara, yetkileri dahilindeki belirli işlemlerin kendisi dinleninceye kadar yapılmaması veya durdurulması için yaptığı müracaat; ihtar, ikaz. **Caveat emptor.** *Lat.* Alıcı dikkatli olsun! Bütün sorumluluk alıcıya aittir.

ca.ve ca.nem (key'vi key'nım) *Lat.* Köpekten sakının.

cav.en.dish (käv'ındîş) *i.* yumuşatılıp tatlılaş-
tırılmış ve kalıplar halinde sıkıştırılmış, tütün.
cav.ern (käv'ırn) *i.* büyük mağara.
cav.ern.ous (käv'ırnıs) *s.* mağaraları olan; derin
(göz); kalın, derinden gelen (ses); delikli,
gözenekli; mağaraya ait.
cav.i.ar, cav.i.are (käv'iyar, ka'viyar) *i.* havyar.
cav.il (käv'ıl) *f., i.* bahane aramak, yersiz itiraz-
larda bulunmak; *i.* bahane, itiraz. **be beyond
cavil** münakaşa kabul etmemek, itiraz kal-
dırmamak. **caviler** *i.* itirazcı kimse.
cav.i.ta.tion (kävıtey'şın) *i., fiz.* boşlama; *mak.*
kavitasyon, akan bir sıvıda alçak basınçlı
buhar boşluklarının meydana gelip çökmesi.
cav.i.ty (käv'ıti) *i.* oyuk; *anat.* kavite, boşluk;
dişçi. çürük, oyuk.
ca.vort (kıvôrt') *f., A.B.D.* sıçramak, oynamak.
ca.vy (key'vi) *i.* Güney Amerika'ya mahsus
birkaç çeşit kobay, *zool.* Cavia cobaya.
caw (kô) *i., f.* karga sesi, gak; *f.* karga gibi
ötmek, gaklamak.
cay (key, kay) *i.* yassı ve kumluk kıyı adası.
cay.enne, cay.enne pepper (kayen', keyen')
i. çok acı birkaç çeşit toz kırmızı biber;
Arnavut biberi, Hint biberi.
Cay.enne (kayen') *i.* Cayenne şehri, Fransız
Guyan'ının başkenti.
cay.man (key'mın) *i.* (*çoğ.* -mans) Güney
Amerika'ya mahsus birkaç cins timsah.
cay.use (kay.yus') *i., A.B.D.* Kızılderili midillisi.
c.c., cc *kıs.* **cubic centimeters, carbon
copy.**
C.E. *kıs.* **Chemical Engineer, Church of
England, Civil Engineer.**
cease (sis) *f., i.* durmak, kesmek; bitmek, sona
ermek; bırakmak, devam etmemek, son ver-
mek; *i.* durma; inkıta. **without cease** dur-
madan, durmaksızın.
cease-fire (sis'fayr') *i., ask.* ateşkes.
cease.less (sis'lıs) *s.* fasılasız, durmayan, bite-
viye. **ceaselessly** *z.* durmaksızın.
ce.cum (si'kım) *i., anat., zool.* körbağırsak.
ce.dar (si'dır) *i.* sedir ağacı; erz ağacı, *bot.*
Cedrus; bu ağaçların tahtası. **cedar of
Lebanon** Lübnan selvisi, *bot.* Cedrus libani.
Himalayan cedar, Indian cedar cin ağacı,
bot. Cedrus deodara. **cedar chest** yünlüleri
güveden korumak için sedir ağacının odunun-
dan yapılmış sandık.

cede (sid) *f.* bırakmak; terk etmek; devretmek,
göçermek.
ced.i (sed'i) *i.* Gana'nın para birimi.
ce.dil.la (sidil'ı) *i.* çengel işareti, ç ve ş harf-
lerinin altındaki işaret.
ceil (sil) *f.* tavan çekmek, tavan inşa etmek.
ceil.ing (si'ling) *i.* tavan; azamî sınır; *den.* iç
kaplama; *hav.* yeryüzünün çıplak gözle ha-
vadan görülebildiği en yüksek nokta; belirli
şartlar altında bir uçağın yükselebildiği yük-
selti. **ceiling price** azamî fiyat, tavan fiyatı.
cein.ture (sen'çır) *i.* kemer.
cel.an.dine (sel'ındayn) *i.* kırlangıç otu, *bot.*
Chelidonium majus. **lesser celandine** ma-
yasıl otu, basurotu, *bot.* Ranunculus ficaria;
kediayası, *bot.* Ficaria ficaria.
Cel.e.bes (sel'ıbiz) *i.* Selebes adası.
cel.e.brant (sel'ıbrınt) *i.* törene katılan kimse;
ayini idare eden papaz.
cel.e.brate (sel'ıbreyt) *f.* kutlamak, tesit etmek;
ilân etmek; ayin yapmak, törenler tertip
etmek; bayram yapmak. **celebra'tion** *i.* kut-
lama. **celebrator** *i.* kutlayan kimse.
cel.e.brat.ed (sel'ıbreytid) *s.* meşhur, şöhretli,
ünlü; hakkında çok yayın yapılmış.
ce.leb.ri.ty (sıleb'rıti) *i.* meşhur bir kimse; şöhret,
ün.
cel.er.i.ac (sıler'iyäk) *i.* kereviz, *bot.* Apium
graveolens rapaceum.
cel.er.i.ty (sıler'ıti) *i.* hız, sürat.
cel.er.y (sel'ırı, sel'ri) *i.* sap kerevizi, *bot.* Apium
graveolens. **celery root** kereviz.
ce.les.tial (sıles'çıl) *s., i.* göğe ait, semavi;
kutsal, ilâhi; gökte oturan; *i.* göksel varlık;
b.h., alay Çinli. **Celestial Empire** Çin İm-
paratorluğu. **celestial equator** gök büyük
kuşağı. **celestially** *z.* göksel olarak. **celes-
tial navigation** yıldızlara bakarak yön tayini.
ce.li.ac (si'liyäk) *s.* karın boşluğuna ait.
cel.i.ba.cy (sel'ıbısi) *i.* bekârlık; evlenmeme
yemini (dinî sebeplerden ötürü).
cel.i.bate (sel'ıbit, sel'ıbeyt) *i., s.* bekâr; *s.*
özellikle dinî sebeplerle evlenmeyen.
cell (sel) *i.* hücre; küçük oda; ünite; *elek.* pil.
cell-block *i.* hapishanede birçok hücreden
meydana gelen bölüm. **cell fluid** lenf. **cell
wall** hücre çeperi. **dry cell** kuru pil. **padded
cell** çok azgın deliler için duvarları pamukla
kaplanmış hücre.

cel.la (sel'ı) *i.* (*çoğ.* -lae) eski Yunan ve Roma tapınaklarında mabudun heykelinin bulunduğu iç oda.

cel.lar (sel'ır) *i., f.* kiler; mahzen; bodrum, bodrum kat; şarap mahzeni; şarap stoku. **salt cellar** tuzluk.

cel.lar.age (sel'ıric) *i.* bodrum; depo, kiler veya mahzen yeri; bu gibi bir yer için ödenen kira.

cel.lar.er (sel'ırır) *i.* manastır kilercisi.

cel.lar.et (selıret') *i.* içki dolabı.

cel.list (çel'ist) *i.* viyolonsel çalan kimse.

cel.lo (çel'o) *i.* viyolonsel.

cel.lo.phane (sel'ıfeyn) *i.* selofan.

cel.lu.lar (sel'yılır) *s.* hücrelerle ilgili; hücreleri olan, hücreli. **cellular structure** hücreli bünye.

cel.lule (sel'yul) *i.* hücrecik, gözcük.

cel.lu.loid (sel'yıloyd) *i., tic. mark.* selüloit.

cel.lu.lose (sel'yılos) *i., kim.* selüloz. **cellulose acetate** suni deri veya sentetik kumaş ve iplik yapımında kullanılan selüloz asetat karışımı. **cellulose tape** selüloz bandı.

Cel.si.us thermometer (sel'siyıs) santigrat termometresi.

Celt (selt, kelt) **Kelt** (kelt) *i.* Kelt, bugünkü Breton, İrlanda ve Galyalıların aslını meydana getiren Hint Avrupa asıllı kavim. **Celtic, Keltic** *s., i.* Keltlere ait; *i.* Keltçe.

celt (kelt) *i., ark.* eski devirlere ait taş veya madenî balta.

cem.ba.lo (çem'bılo) *i.* çembalo, piyanoya benzer bir çalgı.

ce.ment (siment') *i.* çimento; tutkal, zamk, macun, çiriş; yapıştırma işinde kullanılan herhangi bir madde; *dişçi.* dolgularda kullanılan alçı. **cement block** çimento briket. **hydraulic cement** su kireci. **Portland cement** Portland çimentosu.

ce.ment (siment') *f.* yapıştırmak; beton ile kaplamak. **cement good relations with ...** ile dostluk kurmak.

ce.men.ta.tion (simıntey'şın, semıntey'şın) *i.* çimentolama işi; *mad.* tavlama, sementasyon.

cem.e.ter.y (sem'ıteri) *i.* mezarlık, kabristan.

ce.nes.the.sia (si'nisthi'jı) *i., psik.* duygulanım; hal duygusu.

cen.o.bite (sen'ıbayt, si'nıbayt) *i.* manastırda yaşayan tarikat mensubu. **cenobit'ical** *s.* bir tarikata ait.

cen.o.taph (sen'ıtäf) *i.* ölmüş bir kimseyi anmak için dikilmiş olan ve boş bir mezardan ibaret abide.

Ce.no.zo.ic (sinızo'wik, sen-) *s., i., jeol.* günümüze kadar gelen jeolojik devre ait, dördüncü zamana ait; *i.* son jeolojik devir, dördüncü zaman.

cense (sens) *f.* buhur yakmak, tütsülemek.

cen.ser (sen'sır) *i.* buhurdan, buhurdanlık, buhurluk.

cen.sor (sen'sır) *i., f.* sansürcü kimse, sansür memuru; başkalarının ahlâkî davranışlarını kontrol eden kişi; eski Roma cumhuriyetinde nüfus ve ahlâk meselelerine bakan yüksek rütbeli görevli; *f.* sansürcülük görevi yapmak; sansür koymak. **censor'ial** *s.* sansüre ait, sansürle ilgili. **censorship** *i.* sansür, sansür işleri.

cen.so.ri.ous (sensôr'iyıs) *s.* durmadan kusur bulan, tenkitçi. **censoriously** *z.* durmadan kusur bularak.

cen.sur.a.ble (sen'şırıbıl) *s.* ithama lâyık, kusurlu bulunabilir. **censurably** *z.* tenkide yol açan bir şekilde.

cen.sure (sen'şır) *i., f.* tenkit, kınama; itham etme, suçlama; *f.* sert bir şekilde tenkit etmek; kabahatli bulmak; tasvip etmemek, uygun bulmamak, münasip görmemek. **censurer** *i.* kınayan kimse.

cen.sus (sen'sıs) *i.* sayım, nüfus sayımı; eski Roma'da vergi sistemiyle ilgili olarak vatandaş ve mal sayımı.

cent (sent) *i.* Birleşik Amerika para birimi olan doların yüzde biri; bu değeri taşıyan sikke.

cent. *kıs.* **centigrade, central, centum, century.**

cen.tare (sen'ter) *i., mat.* santiar.

cen.taur (sen'tôr) *i., Yu. mit.* insan başlı at biçimindeki mitolojik yaratık.

Cen.tau.rus (sentôr'ıs) *i.* Kentaurus takımyıldızı.

cen.tau.ry (sen'tôri) *i.* kantaron, *bot.* Centaurium.

cen.te.nar.i.an (sentiner'iyın) *s., i.* yüz yıl yaşamış olan, yüz yıllık, yüz yıla ait; *i.* yüz yaşındaki kimse.

cen.te.nar.y (sen'tıneri, senten'ıri) *s., i.* yüz yıllık; yüz yılda bir vaki olan; *i.* 100. yıldönümü; yüzyıl, asır.

cen.ten.ni.al (senten'iyıl) *s., i.* 100. yıldönümüne ait; yüz yıl ile ilgili; yüz yıl süren;

yüz yıllık; *i.* 100. yıldönümü; 100. yıldönümünü kutlama töreni. **centennially** *z.* yüzyılda bir.

cen.ter, *İng.* **cen.tre** (sen'tır) *i.* merkez, orta; *mak.* punta tornası; *spor* santr; *pol.* ılımlı parti, grup v.b. **center bit** punta matkabı. **center of attraction** çekim merkezi; dikkat merkezi. **center of gravity** ağırlık merkezi. **dead center** *mak.* sabit punta. **live center** *mak.* döner punta, canlı punta.

cen.ter, *İng.* **cen.tre** (sen'tır) *f.* ortaya almak, bir merkezde toplamak; ortasını almak, ortalamak; ortada olmak, ortaya gelmek; merkezde toplanmak.

cen.ter.board (sen'tırbôrd) *i., den.* işler omurga.

cen.ter.piece (sen'tırpis) *i.* herhangi bir şeyin ortasına konulan süsleyici eşya.

cen.tes.i.mal (sentes'ımıl) *s.* yüzüncü; yüzde bir, yüzde bire ait.

centi-, cent- *önek* yüz, yüzde bir.

cen.ti.grade (sen'tıgreyd) *s.* yüz dereceye bölünmüş; santigrat termometreye ait. **centigrade thermometer** santigrat termometre.

cen.ti.gram, cen.ti.gramme (sen'tıgräm) *i.* santigram.

cen.ti.li.ter, *İng.* **-tre** (sen'tılitır) *i.* santilitre.

cen.time (san'tim) *i.* santim, frankın yüzde biri.

cen.ti.me.ter, *İng.* **-tre** (sen'tımitır) *i.* santimetre.

cen.ti.pede (sen'tıpid) *i.* kırkayak, çıyan, *zool.* Scolopendra. **yellow centipede** sarı çıyan, *zool.* Cermatia nobilis.

cent.ner (sent'nır) *i.* elli kilogramlık bir ağırlık birimi.

cen.tral (sen'trıl) *s., i.* merkezî, ortada olan; ana, belli başlı; *anat.* beyne ve belkemiğine ait; *i.* telefon santralı; santral memuru. **central angle** merkez açı. **central bank** merkez bankası. **central heating** kalorifer tesisatı. **centrally** *z.* merkezî olarak.

Central African Republic Orta Afrika Cumhuriyeti.

Central America Orta Amerika.

cen.tral.ism (sen'trılizım) *i.* merkezileştirme, santralizasyon; hükümet idaresinde merkezileştirme sistemi.

cen.tral.i.ty (senträl'ıti) *i.* merkeziyet, merkezde olma.

cen.tral.ize (sen'trılayz) *f.* merkezileştirmek, merkezde toplamak; hükümetin eli altında toplamak; merkezde toplanmak, merkezlenmek. **centraliza'tion** *i.* merkezileştirme.

cen.tric, cen.tri.cal (sen'trik, sen'trikıl) *s.* merkezi, merkezsel. **centri'city** *i.* merkezî oluş.

cen.trif.u.gal (sentrif'yıgıl, sentrif'ıgıl) *s.* merkezkaç, santrifüj; merkezkaç kuvvetle idare edilen. **centrifugal casting** savurma döküm. **centrifugal filter** santrifüj filtre. **centrifugal force** merkezkaç kuvveti. **centrifugally** *z.* merkezden uzaklaşarak.

cen.tri.fuge (sen'trıfyuc) *i.* santrifüj, santrifüj makinası.

cen.trip.e.tal (sentrip'ıtıl) *s.* merkezcil, merkeze doğru giden, merkeze yaklaşan. **centripetally** *z.* merkezcil olarak.

centro- *önek* merkez, orta.

cen.trum (sen'trım) *i.* (*çoğ.* **-trums, -tra**) merkez, orta; *anat.* omurgalılarda gövde.

cen.tu.ple (sen'tıpıl, sentu'pıl, sentyu'pıl) *s., f.* yüz misli, yüz katı; *f.* yüz ile çarpmak; yüz misline çıkarmak.

cen.tu.pli.cate (sentu'plıkeyt) *f., s., i.* yüz ile çarpmak, yüz misline çıkarmak; *s.* yüz misli, yüz katı; *i.* yüz katına çıkarılmış sayı veya miktar. **centuplica'tion** *i.* yüz ile çarpma.

cen.tu.ri.al (sentûr'iyıl) *s.* yüzyıla ait.

cen.tu.ri.on (sentûr'iyın) *i.* eski Roma'da yüzbaşı.

cen.tu.ry (sen'çıri) *i.* yüzyıl, asır; yüz kişi veya yüz şeyden ibaret topluluk; eski Roma ordusunda yüz kişilik bölük.

century plant yüz yaşına gelene kadar çiçek açmadığına inanılan bir süs bitkisi, agav, *bot.* Agave americana.

ce.phal.ic (sıfäl'îk) *s.* başa ait, kafa ile ilgili; baş gibi, kafa cinsinden. **cephalic index** kafatasının en uzun ve en geniş noktaları arasındaki oranın yüz ile çarpımı.

Ceph.a.lo.ni.a (sefılo'nıyı) *i.* Kefalonya.

ceph.a.lo.pod (sef'ılıpad) *i., zool.* kafadanbacaklı. **Cephalopoda** *i., çoğ., zool.* kafadanbacaklılar.

ceph.a.lo.tho.rax (sefılothôr'äks) *i., zool.* kabuklular ve örümcek gibi eklembacaklılarda baş ve göğüs kısmı.

ceph.a.lous (sef'ılıs) *s.* başlı, kafası olan.

Ceph.eus (si'fyus) *i., astr.* Cepheus takımyıldızı.

ce.ra.ceous (sìrey'şıs) *s.* balmumu gibi, balmumu cinsinden.

ce.ram.ic (sıräm'ik) *s.* seramik; kil, porselen, toprak, çini v.b.'nden yapılmış eşyaya ait; bu maddelerin imal edilişi ile ilgili. **ceramic tile** çini.

ce.ram.ics (sıräm'iks) *i., tek.* seramik sanatı ve tekniği; çini, çini işleri; çinicilik; *çoğ.* seramik eşya, çini, çanak çömlek. **ceramist** *i.* çinici, seramikçi.

ce.rate (sìr'eyt) *i., ecza.* balmumu veya yağ ile yapılmış bir merhem.

cer.a.toid (ser'ıtoyd) *s.* boynuz gibi; boynuzlu.

Cer.ber.us (sır'bırıs) *i., mit.* cehennemin kapısını bekleyen üç başlı köpek; uyanık ve sadık bir bekçi.

cere (sìr) *f.* balmumlu beze sarmak; *eski* balmumuna batırmak.

ce.re.al (sìr'iyıl) *i., s.* tahıl, hububat, zahire; *A.B.D.* herhangi bir tahıl ile hazırlanmış ve kahvaltıda yenen bir yiyecek; *s.* tahıl veya tahıl bitkilerine ait.

cer.e.bel.lum (serıbel'ım) *i. (çoğ. -lums, -la) anat.* beyincik, küçük beyin.

cer.e.bral (ser'ıbrıl, sıri'brıl) *s., anat.* beyne ait; ussal.

cer.e.brate (ser'ıbreyt) *f.* beyin faaliyeti göstermek; düşünmek.

cer.e.bra.tion (serıbrey'şın) *i.* beynin faaliyeti; düşünme.

cer.e.bro.spi.nal (serıbrospay'nıl) *s., anat.* beyne ve omuriliğe ait, beyni ve omuriliği etkileyen.

cer.e.brum (ser'ıbrım, sıri'brım) *i. (çoğ. -bra) anat.* asıl beyin.

cere.cloth (sìr'klôth) *i.* çoğunlukla kefen olarak kullanılan mumlu bez.

cer.e.ment (ser'ımınt) *i., gen. çoğ.* mumlu bez, kefen bezi.

cer.e.mo.ni.al (serımo'niyıl) *s., i.* törensel, merasimle ilgili, resmi; *i.* tören, merasim; ayin. **ceremonially** *z.* törensel olarak.

cer.e.mo.ni.ous (serımo'niyıs) *s.* resmi; muaşeret kurallarına dikkat eden; törensel. **ceremoniously** *z.* çok resmi bir şekilde. **ceremoniousness** *i.* resmi oluş, resmiyet.

cer.e.mo.ny (ser'ımoni) *i.* tören, merasim; ayin; resmiyet, protokol; nazik ve uygar bir davranış. **stand on ceremony** resmi davranmak. **without ceremony** teklifsizce.

Ce.res (sìr'iz) *i., mit.* bereket tanrıçası.

ce.rise (sırìz', sırìs') *i., s.* kiraz kırmızısı; *s.* kiraz kırmızısı renginde olan.

ce.ri.um (sìr'iyım) *i., kim.* seryum.

ce.rog.ra.phy (sìrag'rıfi) *i.* balmumu üzerine yazma veya oymacılık.

ce.ro.plas.tic (sırıpläs'tik) *s.* balmumundan heykel yapımına ait; balmumundan yapılmış.

ce.rot.ic (sìrat'ik) *s.* balmumu ile ilgili.

cert. *kıs.* certificate, certified, certify.

cer.tain (sır'tın) *s., i.* kati, kesin; emin, kaçınılmaz; muhakkak, şüphesiz; belirli, muayyen, kararlaşmış; güvenilir, itimada şayan; bazı; *i.* belirli olmayan miktar, bir kısım. **for certain** muhakkak, şüphesiz. **of a certain age** orta yaşlı. **certainly** *z.* elbette, tabii, baş üstüne. **certainty** *i.* katiyet, kesinlik.

cer.tes (sır'tiz) *z., eski* elbette, tabii, mutlaka.

cer.tif.i.cate (sırtif'ıkit) *i.* belge, vesika; sertifika, tasdikname, şahadetname; ruhsat; diploma. **birth certificate** nüfus kâğıdı. **health certificate** sağlık belgesi. **certificate of origin** menşe belgesi, rapor. **certificate of registry** gemi tasdiknamesi. **stock certificate** hisse senedi.

cer.tif.i.cate (sırtif'ıkeyt) *f.* belge vermek, belgelemek, tevsik etmek; vesika veya sertifika sağlamak. **certifica'tion** *i.* belgeleme; ruhsat.

cer.ti.fied (sır'tıfayd) *s.* tasdikli, onaylı; tevsik edilmiş, bir belge ile tasdik edilmiş; garanti edilmiş; ruh hastası olduğuna kanunen hükmedilmiş. **certified bill of lading** tasdikli konşimento. **certified carrier** yetkili nakliyeci. **certified check** tasdikli çek, vizeli çek. **certified copy** tasdikli suret. **certified public accountant** *kıs.* C.P.A. *A.B.D.* diplomalı hesap uzmanı.

cer.ti.fy (sır'tıfay) *f.* tasdik etmek, onaylamak; referans vermek; teyit etmek, doğrulamak; garanti etmek; deli olduğunu açığa vurmak.

cer.ti.o.ra.ri (sırşıyırer'i) *i., huk.* bir alt derecedeki mahkemenin gördüğü bir davanın dosyasının bir üst mahkemede incelenmek üzere celbini isteyen müzekkere.

cer.ti.tude (sır'tıtud) *i.* kesinlik, katiyet.

ce.ru.le.an (sıru'liyın) *s.* gök mavisi, havai mavi.

ce.ru.men (sıru'mın) *i.* kulak kiri.

ce.ruse (sìr'us, sırus') *i.* üstübeç.

cer.vi.cal (sır'vikıl) *s., anat.* rahim boynuna ait, rahim boynuyla ilgili.

cer.vine (sır'vayn, sır'vin) *s.* geyik gibi; geyiğe ait, geyik familyası ile ilgili.

cer.vix (sır'viks) *i.* (*çoğ.* **-vix.es, -vi.ces**) *anat.* boyun; rahim boynu; boyuna benzer herhangi bir kısım.

Ce.sar.e.an (sizer'iyın) *s.* Sezar'a ait. **cesarean operation, cesarean section** sezaryen ameliyatı.

ce.si.um (si'ziyım) *i., kim.* sezyum.

ces.sa.tion (sesey'şın) *i.* durma, kesilme, inkıta; fasıla, ara.

ces.sion (seş'ın) *i.* terk, çekilme; verme, devretme.

ces.sion.ar.y (seş'ıneri) *i.* kendisine bir şey devredilen kimse.

cess.pit (ses'pit) *i.* çöp çukuru.

cess.pool (ses'pul) *i.* lağım çukuru; mezbele, çöplük, pislik yuvası.

ces.tode (ses'tod) *i., zool.* bağırsak şeridi; parazit kurt.

ces.tus (ses'tıs) *i.* kuşak, kemer; korse; *mit.* aşk ilhamı veren ve üzeri birçok şeyle süslenmiş olan Venüs'ün kuşağı.

ces.tus (ses'tıs) *i.* eski Roma'da boksörlerin giydiği deri bağcıklardan yapılmış ve üstünde maden parçaları olan bir çeşit eldiven.

Ce.ta.ce.a (sitey'şıyı) *i., çoğ., zool.* memeli deniz hayvanları takımı.

ce.ta.cean (sitey'şın) *s., i.* memeli deniz hayvanları takımına mensup; *i.* memeli deniz hayvanı.

ce.ta.ceous (sitey'şıs) *s., bak.* **cetacean.**

ce.te.ris pa.ri.bus (set'ıris per'ibıs) *Lat.* diğerleri eşit olmak üzere; *kıs.* **cet. par.**

Ce.tus (si'tıs) *i., astr.* Balina takımyıldızı.

Cey.lon (silan') *i.* Seylan adası, *bak.* **Sri Lanka.**

Cf. *kıs.* **Californium.**

cf. *kıs.* **compare.**

c/f *kıs.* **carried forward.**

C.F., c.f. *kıs.* **cost and freight.**

C.F.I., c.f.i. *kıs.* **cost, freight and insurance.**

cg, cg., cgm. *kıs.* **centigram(s).**

C.G.H. *kıs.* **Cape of Good Hope.**

cgs santimetre-gram-saniye ölçü sistemi.

ch., Ch. *kıs.* **chain, chancery, chapter, chief, child, China, church, of surgery.**

cha.conne (şakôn') *i., müz.* şakon; İspanyol asıllı bir eski zaman dansı; bu dansın müziği.

Chad (çäd) *i.* Çad.

chae.ta (ki'tı) *i.* (*çoğ.* **-tae**) *zool.* kıl, diken.

chafe (çeyf) *f., i.* ovarak ısıtmak; ovarak aşındırmak, yıpratmak; taciz etmek, rahatsız etmek, tedirgin etmek; ısıtmak; ovmak; ovularak aşınmak; taciz olmak, rahatsız olmak; *i.* tedirginlik, rahatsızlık; ovma neticesinde meydana gelen ısı; aşınma veya zedelenme. **chafe at the bit** işlerin geç kalmasından dolayı huzursuz olmak.

chaf.er (çey'fır) *i.* birkaç çeşit sert kanatlı böcek.

chaff (çäf) *i.* hububat kabuğu; saman, çöp; yem olarak kullanılan ufalanmış saman; önemsiz mesele; saçma ve anlamsız söz. **chaffy** *s.* kabuklu.

chaff (çäf) *f., i.* şakalaşmak, takılmak; *i.* şaka, takılma. **chaffer** *i.* şakacı kimse.

chaf.fer (çäf'ır) *i., f.* pazarlık, çekişme; *f.* pazarlık etmek, çekişmek; alışverişte bulunmak, trampa etmek.

chaf.finch (çäf'inç) *i.* ispinoz, *zool.* Fringilla coelebs.

chaf.ing dish (çeyf'ing) sofrada yemeği ısıtmaya veya sıcak tutmaya mahsus alttan ısınan madenî cihaz.

cha.grin (şıgrin') *i., f.* üzüntü, keder, iç sıkıntısı, hayal kırıklığı; *f.* ümidini kırmak, sıkmak, üzmek.

chain (çeyn) *i.* zincir, silsile (dağ); bağ; ölçme zinciri. **chain armor** zincirden örülmüş zırh. **chain belt** zincir kayış. **chain gang** prangalı mahkûmlar takımı. **chain letter** zincirleme mektup. **chain lightning** yılankavî şekilde görünen şimşek. **chain of command** komuta zinciri. **chain of thought** fikir silsilesi. **chain reaction** zincirleme reaksiyon. **chain reactor** atom reaktörü. **chain smoker** sigara tiryakisi. **chain store** aynı idareye bağlı mağazaların her biri. **mountain chain** dağ silsilesi. **watch chain** köstek.

chain (çeyn) *f.* zincirlemek, zincirle bağlamak; kayıt altına almak, zaptetmek. **chain down, chain up** zincirle bağlamak.

chair (çer) *i.* iskemle, sandalye; makam; kürsü; başkanlık sandalyesi; elektrikli iskemle; sedye; tahtırevan; *d.y.* rayı traverslere bağlamak için kullanılan bir cins destek. **easy chair** rahat koltuk. **chair car** koltuklu vagon. **take the chair** başkanlık makamına geçmek.

chair (çer) *f.* iskemleye oturtmak; makama geçirtmek, yetki vermek; *İng.* iskemleyle beraber omuzlarda taşımak. **chair.man** ((çer'mın) *i.* (*çoğ.* **-men**) başkan, reis; tekerlekli iskemle sürücüsü. **chairmanship** *i.* başkanlık. **chair.wom.an** (çer'wûmın) *i.* (*çoğ.* **-wom.en**) kadın başkan.

chaise (şeyz) *i.* hafif gezinti arabası.

chaise longue (şeyz lông) şezlong.

cha.la.za (kıley'zı) *i., zool.* iç göbek.

Chal.ce.don (käl'sıdan, kälsi'dın) *i.* Kadıköy yakasının eski ismi.

chal.ced.o.ny (kälsed'ını, käl'sıdoni) *i.* kalseduan, Kadıköytaşı.

chal.cog.ra.phy (kälkag'rıfi) *i.* bakır veya pirinç üzerine hakkâklık sanatı. **chalcographer** *i.* bakır veya pirinç üzerinde çalışan hakkâk. **chalcograph'ic, chalcograph'ical** *s.* bakır ve pirinç hakkâklığına ait veya onunla ilgili.

chal.co.py.rite (kälkıpay'rayt, kälkıpîr'ayt) *i.* bakırlı pirit.

Chal.de.an (käldi'yın) *i., s.* Kildani; müneccim, büyücü; Ârami dili; *s.* Kildanîlerin ülkesine ait; müneccimlikle ilgili.

chal.dron (çôl'drın) *i., eski* 32 veya 36 kilelik kömür, kireç v.b.'ni tartmada kullanılan bir İngiliz ağırlık birimi.

cha.let (şäley') *i.* Alplerde görülen dağ evi; alçak ve geniş saçaklı villa veya köşk.

chal.ice (çäl'îs) *i., şiir* kadeh; ayin esnasında kullanılan kadeh; kadeh biçiminde gonca.

chalk (çôk) *i.* tebeşir; tebeşirle konan işaret; veresiye verilen her içki, yemek, çay v.b. için çekilen çizgi. **chalk line** tebeşirlenmiş iple çizilen çizgi. **chalk talk** tahtaya tebeşirle resim ve şekil çizerek konuşma. **chalk-like** *s.* tebeşir gibi. **chalky** *s.* tebeşirli. **chalkiness** *i.* tebeşirli oluş.

chalk (çôk) *f.* tebeşirle yazmak veya işaret koymak; tebeşirle beyazlatmak; tebeşirle karıştırmak; rengini açmak. **chalk up** kazanmak, sayı veya puvan kaydetmek.

chal.lenge (çäl'ınc) *i., f.* meydan okuma, mücadeleye davet; bir konuda açıklama yapmaya çağırma; *ask.* nöbetçinin "dur" emri veya kimlik sorması; *huk.* hâkim veya jüriyi reddetme; *A.B.D.* oy pusulasının geçersizliğinin veya seçmenin yetersizliğinin iddia edilmesi; *f.* meydan okumak; düelloya davet etmek;

fig. 'hodri meydan' demek; *ask.* "dur" emri vererek kimlik sormak; *huk.* hâkim veya jüriyi reddetmek; *A.B.D.* oy pusulasının geçersiz veya seçmenin yetersiz olduğunu iddia etmek; iddia etmek; itiraz etmek; kokuyu bulunca havlamak (av köpeği). **challengeable** *s.* meydan okunabilir; tartışılabilir. **challenger** *i.* meydan okuyan kimse.

chal.lis, chal.lie (şäl'i) *i.* yün veya sunî ipekten yapılmış desenli ve düz dokunmuş kumaş.

chal.u.meau (şälyımo') *i.* klarnetin en pes perdesi.

cha.lyb.e.ate (kılib'iyeyt, kılib'iyit) *s., i.* demirli, içinde demir tuzları olan; *i.* demirli su veya ilâç.

cham (käm) *i., eski* kağan, han.

cham.ber (çeym'bır) *i., f.* oda, yatak odası; özel oda; daire; saray veya resmî ikametgâh odası; hâkimin oturum dışı konularda çalıştığı oda; mahkeme, komisyon; bölme; teşriî meclis, yasama meclisi; fişek yatağı (silâhlarda); *f.* odaya koymak; odaya kapatmak; oda vermek, oda temin etmek. **chamber music** oda müziği. **chamber of commerce** *kıs.* C. of C. Ticaret Odası. **chamber pot** küvet. **air chamber** hava hücresi, hava deposu. **combustion chamber** yanma yeri. **in chambers** hâkimin hususî odasında. **chambered** *s.* odalı.

cham.ber.lain (çeym'bırlin) *i.* mabeyinci, teşrifatçı; kâhya, kethüda; muhasebeci, haznedar.

cham.ber.maid (çeym'bırmeyd) *i.* oda hizmetçisi.

cham.bray (şäm'brey) *i.* iki renk iplikle dokunmuş pamuklu kumaş.

cha.me.le.on (kımi'liyın, kımil'yın) *i.* bukalemun, *zool.* Chamaeleon vulgaris; sık sık fikir ve tavır değiştiren kimse.

cham.fer (çäm'fır) *i., f.* şev, oluk, kanal, yiv; *f.* oluk açmak, pahını almak. **chamfer bit** havşa. **chamfer plane** pah rendesi.

cham.ois (şäm'i) *i.* (*çoğ.* **chamois**) dağ keçisi, *zool.* Rupicapra; bu hayvanın derisi, güderi.

cham.o.mile *bak.* camomile.

champ (çämp) *f.* ısırmak, çiğnemek; gürültü ile çiğnemek; ısırma ve çiğneme hareketleri yapmak; çeneyi ve dişleri çiğner gibi oynatmak.

champ (çämp) *i., argo* şampiyon.

cham.pagne (şämpeyn') *i., s.* şampanya; şampanya rengi, uçuk veya yeşilimsi sarı renk; *s.* şampanyaya ait; bu renkte olan.

cham.paign (şämpeyn') *i., s.* ova, düzlük arazi, kır; *s.* düz ve açık.

cham.per.ty (çäm'pırti) *i., huk.* başkasına ait . olan bir dava hakkının satın alınması.

cham.pi.gnon (şämpîn'yın) .. yenilebilen mantar.

cham.pi.on (çäm'piyın) *i., s.* şampiyon, bir karşılaşmada birinci gelen kimse; savunucu kimse, müdafaa eden kimse; mücadeleci kimse; *s.* galip. championship *i.* şampiyonluk.

cham.pi.on (çäm'piyın) *f.* savunmak, müdafaa etmek; tarafını tutmak, destek olmak.

chance (çäns) *i., s.* talih, şans; kader; ihtimal; fırsat; risk; riziko; *s.* şans eseri olan. by chance tesadüfen, kazara. on the chance that ümidiyle. take one's chances talihe bırakmak. the chances are muhtemelen.

chance (çäns) *f.* şans eseri olarak vaki olmak; tesadüfen meydana gelmek; rast gelmek; *k.dili* göze almak; denemek. chance on, chance upon tesadüfen bulmak.

chan.cel (çän'sıl) *i.* kilisede mihrabın yanında bulunan din adamlarına mahsus bölme.

chan.cel.ler.y (çän'slıri) *i.* rektörlük; kançılarya, sefaret kançılaryası.

chan.cel.lor (çän'sılır) *i.* yüksek rütbeli hâkim veya diğer devlet memuru; saray kâtibi; rektör; (Almanya'da) şansölye, başbakan. Chancellor of the Exchequer İngiltere'de Maliye Bakanı. Lord Chancellor İngiltere'de Lordlar Kamarası Başkanı ve Adalet Bakanı. chancellorship *i.* yüksek rütbeli yargıçların görev veya rütbesi.

chance-med.ley (çäns'medli) *i., huk.* meşru müdafaa sırasında adam öldürme; kasıtsız cinayet.

chan.cer.y (çän'sıri) *i.* adalet ve eşitlik kurallarını uygulayan mahkeme; adalet ve eşitlik davası; rektörlük; arşivler. in chancery *huk.* yüksek mahkemede görülmekte olan; güç ve utandırıcı bir durumda.

chan.cre (şäng'kır) *i., tıb.* şankr, frengi çıbanı. chancrous *s.* frengi çıbanı olan.

chanc.y (çän'si) *s., k.dili* kesin olmayan, rizikolu.

chan.de.lier (şändılir') *i.* avize.

chan.dler (çän'dlır) *i.* mumcu, mum yapan veya satan kimse; *İng.* perakende bakkaliye satan kimse. chandlery *i.* mum deposu; *İng.* bakkaliye deposu; antrepo, depo.

change (çeync) *i.* değişim, değişme, değişiklik, tahavvül, dönüşme; sapma; yenilik; bir şeyin diğerinin yerini alması; bozukluk, paranın üstü; aktarma; *müz.* çanlarla çalınan bir parçanın perde değişiklikleri. change of address adres değişikliği. change of air hava değişimi. change of life âdet kesilmesi, menopoz. change of venue *huk.* bir davanın başka bir yerdeki mahkemeye nakli. change purse bozuk para çantası. ring the changes çanları çalmak; aynı konuyu değişik yollardan bıktırıncaya kadar anlatmak.

change (çeync) *f.* değiştirmek, tahvil etmek; aktarma yapmak (tren v.b.); para bozdurmak; para değiştirmek; yatak takımlarını değiştirmek; değişmek, değişikliğe uğramak; elbiselerini değişmek, üstünü değişmek. change color yüzü kızarmak; yüzü solmak. change front *ask.* taarruz yönünü değiştirmek. change hands sahip değiştirmek.

change.a.ble (çeyn'cıbıl) *s.* değişebilir, kararsız, istikrarsız; dönek; şanjanlı, yanardöner. changeabil'ity, change'ableness *i.* değişebilirlik. change'ably *z.* değişebilir bir şekilde.

change.ful (çeync'fıl) *s.* değişken, kararsız, dönek, istikrarsız. changefulness *i.* değişkenlik.

change.less (çeync'lis) *s.* değişmeyen, sabit, biteviye. changelessly *z.* değişmeyerek. changelessness *i.* değişmezlik.

change.ling (çeync'ling) *i.* çok küçükken gizlice bir diğeri ile değiştirilen bebek; perilerin değiştirdiğine inanılan bebek; *eski* budala kimse, aptal kimse.

change.o.ver (çeync'ovır) *i.* değiştirme; devralma; geçiş.

chan.nel (çän'ıl) *i.* yatak (nehir), kanal, mecra; bir su yolunun derin kısımları; geniş boğaz; U demiri, oluk demiri; *den.* palasartalar; hat; oluk. the English Channel Manş Denizi. Channel Islands Anglo-Normand Adaları.

chan.nel (çän'ıl) *f.* kanala dökmek, mecraya sevketmek; kanal açmak, oymak.

chan.nel iron oluklu demir, bir dikdörtgenin üç tarafı şeklinde olan U demiri.

chant (çänt) *i., f.* şarkı, şarkı söyleme; tilâvet; *müz.* nağme; monoton bir melodi; monoton ses tonu; *f.* şarkı söylemek; şarkı söyleyerek kutlamak; tilâvetle okumak (kur'an).

chant.er (çän'tır) *i.* şarkıcı, tilâvetle okuyan kimse; kilise korosunda baş okuyucu.

chan.te.relle (şän'tırel', çän'tırel') *i., müz.* sazlarda tiz teli; beğenilerek yenilen sarı renkli bir mantar, horozmantarı, *bot.* Cantharellus cibarius.

chant.ey, chan.ty (şän'ti) *i.* heyamola şarkısı.

chan.ti.cleer (çän'tıklir) *i.* horoz.

chan.try (çän'tri) *i.* bir ölünün ruhuna okunan duaya ödenen para; kilisenin dua okutmaya mahsus oda veya bölümü.

cha.os (key'as) *i.* keşmekeş, karışıklık, düzensizlik; kaos.

cha.ot.ic (keyat'ik) *s.* karmakarışık, düzensiz, nizamsız. **chaotically** *z.* karmakarışık bir şekilde.

chap (çäp) *i., f.* çatlak, yarık (özellikle ciltte); *f.* cildi çatlatmak, kızartmak, sertleştirmek (soğuk); toprağı, tahta v.b.'ni yarmak, çatlatmak; çatlamak, yarılmak, kızarmak.

chap (çäp) *i., k.dili* adam, çocuk, delikanlı.

chap, chop (çäp, çap) *i., gen. çoğ.* çene, çene boşluğu.

chap.ar.ral (çäpıräl') *i.* gür çalılık.

chap.book (çäp'bûk) *i.* içinde halk masalları, destanlar v.b. yazılı olan küçük kitap veya broşür.

chape (çeyp) *i.* kın ağızlığı veya dip çamurluğu (kılıç).

chap.el (çäp'ıl) *i.* özel ibadet yeri; kilisenin özel törenlere ayrılmış bölümü; küçük kilise, mabet; bir okul, saray v.b.'nin ibadete ayrılmış odası; böyle bir kilisede yapılan ayin; kilise koro veya orkestrası; *eski* matbaa, basımevi; bir basımevine bağlı olarak çalışan bütün matbaacılar.

chap.er.on (şäp'ıron) *i., f.* bir genç kıza veya gençler grubuna refakat eden kimse, şaperon; *f.* himaye gayesiyle beraber gitmek, refakat etmek.

chap.fall.en (çäp'fôlın) *s.* kederli, süngüsü düşük.

chap.i.ter (çäp'îtır) *i., mim.* başlık.

chap.lain (çäp'lîn) *i.* (saray, okul, ordu v.b.'nde) papaz veya vaiz. **chaplaincy, chaplainship** *i.* vaizlik.

chap.let (çäp'lît) *i.* başa takılan çelenk; bir dizi boncuk; tespihin üçte biri kadar olan küçük tespih.

chap.man (çäp'mın) *i. (çoğ. -men) İng.* seyyar satıcı; *eski* tacir.

chaps (çäps, şäps) *i., çoğ., A.B.D.* dayanıklı deriden yapılmış kovboy pantolonu veya tulumu.

chap.ter (çäp'tır) *i., f.* bahis, bölüm, fasıl, bab, kısım; ruhani meclis toplantısı; *f.* bölümlere ayırmak, bahisler halinde düzenlemek. **chapter and verse** tam ve kesin bilgi. **chapter head** bölüm başlığının altına yazılan birkaç söz. **chapter house** papazlar meclisi binası.

char (çar) *i., f.* **(-red, -ring)** yanarak kömür haline gelmiş madde, kömür; *f.* yakarak kömür haline getirmek; kavurmak; ateşe tutmak; yanarak kömür haline gelmek, kavrulmak.

char (çar) *i.* bir cins alabalık.

char (çar) *i., f., İng.* hafif gündelik ev işi; *f.* yevmiye ile çalışmak.

char-a-banc, char.a.banc (şer'ıbängk, şer'ıbäng) *i.* karşılıklı uzun kanepeleri olan ve kenarları açık gezinti otobüsü.

char.ac.ter (ker'iktır) *i.* karakter, huy, tabiat, ahlâk; vasıf, nitelik; hususiyet, özellik; şöhret, nam; bonservis; statü, durum; tip, şahıs; *k.dili* garip kişiliği olan kimse; *tiyatro* karakter, canlandırılan kişi; işaret, harf; alfabe. **character actor** karakter oyuncusu. **character reference** bonservis. **in character** karakterine uygun. **Latin characters** Latin harfleri. **out of character** karakterine aykırı.

char.ac.ter (ker'iktır) *f.* oymak.

char.ac.ter.is.tic (keriktırîs'tik) *s., i.* diğerlerinden ayırıcı nitelikte olan, tipik; kendine has; *i.* özellik, hususiyet, vasıf; logaritma karakteristiği. **characteristically** *z.* ayırıcı nitelikte olarak.

char.ac.ter.i.za.tion (keriktırızey'şın) *i.* tavsif, tanımlama, tarif, nitelendirme.

char.ac.ter.ize (ker'iktırayz') *f.* tanımlamak, tavsif etmek. **characterizer** *i.* tanımlayan şey veya kimse.

char.ac.ter.less (ker'iktırlıs) *s.* karaktersiz, seciyesiz, zayıf ahlâklı.

cha.rades (şıreydz', *İng.* şıradz') *i., tek.* sessiz sinema oyunu, pandomimle bir kimsenin diğerlerine bir kelime ve ismi anlatmaya çalıştığı salon oyunu.

char.coal (çar'kol) *i.* mangal kömürü; kara kalem; kara kalem resim.

chard (çard) *i.* pazı, *bot.* Beta vulgaris cicla.

charge (çarc) *i.* yük, hamule; bir atışta kullanılan patlayıcı madde miktarı; görev, vazife; idare, nezaret, bakım; emanet; mesuliyet; itham, yükümleme; masraf, fiyat; ücret; vergi, rüsum, harç; emir, hücum, hamle, saldırı; borç; *elek.* şarj. **charge account** mağazada açık hesap. **charge plate** veresiye alışverişte gösterilen kâğıt. **in charge** nezaret altında; amir, buyuran kimse. **in charge of** ile yükümlü; yönetici vasfında. **take charge of** mesuliyetini üzerine almak.

charge (çarc) *f.* yüklemek, tahmil etmek; doldurmak (tüfek, top, ocak v.b.); doyurmak; (havayı) gerginleştirmek; *elek.* şarj etmek; emretmek, vazifelendirmek, itham etmek, mesul tutmak; mükellef addetmek; fiyat talep etmek; hücum etmek, hamle yapmak, saldırmak; hesaba kaydetmek, geçirmek; emir verilince yere yatmak (köpek). **charge off** gözden çıkarmak; elden çıkarmak. **charge with** yüklemek; itham etmek, suçlamak; borçlandırmak.

charge.a.ble (çar'cıbıl) *s.* itham edilebilir, suçlanabilir; hesaba geçirilebilir.

char.gé d'af.faires (şarjey' dıfer') maslahatgüzar, işgüder, sefir vekili.

charg.er (çar'cır) *i.* şarjör, dolduran cihaz; savaşta kullanılan at, süvari atı.

char.i.ly (çer'ıli) *z.* dikkatle, ihtiyatla.

char.i.ot (çer'iyıt) *i., f.* eski zamanlarda kullanılan iki tekerlekli savaş veya yarış arabası; dört tekerlekli hafif gezinti arabası; *f.* araba ile taşımak; araba ile gitmek; araba sürmek.

char.i.o.teer (çeriyıtir') *i.* savaş veya yarış arabası sürücüsü, arabacı.

cha.ris.ma (kırız'mı) *i.* (*çoğ.* -mata) inayet, ihsan; Tanrı vergisi; başkalarını etkileyebilme yeteneğini veren ayrıcalı ruhsal kuvvet. **charismat'ic** (kerizmät'ik) *s.* bu çeşit kuvveti olan; Tanrı vergisi olan.

char.i.ta.ble (çer'ıtıbıl) *s.* hayırsever, yardımsever, cömert; merhametli; şefkatli; hayır işleri ile meşgul olan. **charitableness** *i.*

hayırseverlik; merhamet, hoşgörürlük. **charitably** *z.* cömertçe; hoşgörürlükle.

char.i.ty (çer'ıti) *i.* hayırseverlik, yardımseverlik; merhamet; sadaka; hayır işi; hayır cemiyeti, yardım derneği. **charity school** *İng.* hayrat okulu.

cha.riv.a.ri (şırivıri', şariva'ri) *i.* düğünden sonra kap kacak ile yapılan gürültü, teneke çalma.

char.la.tan (şar'lıtın) *i.* şarlatan kimse, sahtekâr kimse. **charlatan'ic** *s.* şarlatan. **charlatanism** *i.* şarlatanlık.

Charles's Wain (çarl'ziz) *İng., astr.* Büyükayı takımyıldızı.

Charles.ton (çarlz'tın) *i.* çarliston dansı.

char.ley horse (çar'li) *A.B.D., k.dili* adale kasılması, kramp.

char.lock (çar'lık) *i.* yabani hardal.

char.lotte russe (şar'lıt rus) bir çeşit kremalı pasta.

charm (çarm) *i.* cazibe, çekicilik; tılsım, zincirin ucuna takılan sallantı; muska; büyü, tılsımlı bir cümle veya duanın okunması. **charmless** *s.* cazibesiz.

charm (çarm) *f.* cezbetmek, büyülemek, meftun etmek; sihirli bir güçle korumak; büyüleyici olmak, çekici olmak, teshir etmek. **charm away** büyüleyici bir tesirle (istenilmeyen bir şeyi) kovalamak. **charmed life** tehlikeden uzak bir hayat. **I am charmed.** Memnun oldum.

char.meuse (şarmöz') *i., Fr.* yumuşak bir çeşit saten kumaş, şarmöz.

charm.ing (çar'ming) *s.* cezbedici, çekici, hoş, sevimli, cana yakın. **charmingly** *z.* cana yakın olarak.

char.nel house (çar'nıl) cesetlerin veya ölü kemiklerinin konulduğu mahzen.

Char.on (ker'ın) *i., Yu. mit.* ölümden sonra ruhları "Styx" ırmağından geçiren kayıkçı; kayıkçı, denizci.

char.poy (çar'poy) *i.* Hindistan'da kullanılan karyola.

chart (çart) *i., f., den.* portolon, deniz haritası; plan, grafik, çizelge; *f.* plan yapmak, plan çıkarmak; harita yapmak. **chartless** *s.* haritasız.

char.ter (çar'tır) *i.* patent, imtiyaz, berat; gemi kira kontratı. **charter member** bir derneğin ilk üyelerinden biri, kurucu. **charter plane** özel olarak kiralanmış ucuz tarifeli uçak.

char.ter (çar'tır) *f.* kiralamak, tutmak (uçak v.b.); berat, imtiyaz veya patent vermek. **charterer** *i.* kontratla kiralayan kuruluş. **chartered accountant** *İng.* imtiyazlı muhasebeci.

Chart.ism (çar'tizım) *i.* 19. yüzyılda İngiltere'de siyasî reformcuların kurdukları partinin doktrin ve hareketleri. **Chartist** *i.* bu akımın taraftarı.

char.tog.ra.phy *bak.* **cartography.**

char.treuse (şärtröz') *i.* Kartuziyen rahipleri tarafından Fransa ve İspanya'da imal edilen kokulu likör; sarımtırak açık yeşil renk.

char.tu.lar.y *bak.* **cartulary.**

char.wom.an (çar'wûmın) *i.* (*çoğ.* -**wom.en**) *İng.* hizmetçi kadın.

char.y (çer'i) *s.* dikkatli, ihtiyatlı, tedbirli; esirgeyici, cimri. **charily** *z.* cimrice.

Cha.ryb.dis (kırib'dîs) *i.* Sicilya sahiline yakın ve klasik mitolojide kadın canavar olarak şahıslandırılan tehlikeli bir girdap. **between Scylla and Charybdis** iki ateş arasında.

chase (çeys) *i.* kovalama, av; kovalanan herhangi bir şey; *İng.* avlanabilinen alan; *İng.* başkalarının arazisinde avlanabilme hakkı. **give chase** avlamak. **the chase** avcılık.

chase (çeys) *f.* kovalamak, arkasından koşmak, peşine düşmek; avlamak; *k.dili* koşmak, acele etmek.

chase (çeys) *f., i.* hakketmek, oymak; kabartma işleri yapmak (maden üzerine); *i., matb.* harflerin muhafazasında kullanılan demir çerçeve; oluk.

chas.er (çey'sır) *i.* avcı; takip topu; *A.B.D.* sert içkiden sonra içilen su.

chasm (käz'ım) *i.* kanyon, dar boğaz; derin yarık; boşluk, fasıla. **chasmal** *s.* kanyon gibi.

chas.sé (şäsey') *i., f.* yana doğru yapılan bir dans figürü; *f.* böyle dans etmek.

chasse.pot (şäspo') *i., Fr.* 1870'lerde Fransız ordusunda kullanılmaya başlanan bir tüfek.

chas.seur (şäsır') *i.* Fransız ordusunun süratle hareket etme kabiliyeti olan piyade veya süvari kıtası mensubu; avcı.

Chas.si.dim *bak.* **Hasidim.**

chas.sis (şäs'i, çäs'i) *i.* (*çoğ.* **chassis**) (-iz) *oto.* şasi; top kızağı; çerçeve.

chaste (çeyst) *s.* iffetli, namuslu, sili; saf,

bozulmamış; lekesiz; basit, sade. **chastely** *z.* iffetli olarak. **chasteness** *i.* iffetli oluş.

chas.ten (çey'sın) *f.* ıslah etmek için cezalandırmak, uslandırmak, yola getirmek; dersini vermek.

chas.tise (çästayz') *f.* cezalandırmak, dövmek. **chastisement** *i.* döverek cezalandırma.

chas.ti.ty (çäs'tıti) *i.* iffet, ismet, saflık, temizlik. **chastity belt** bekâret kemeri.

chas.u.ble (çäz'yıbıl) *i.* ayin sırasında Katolik papazlarının giydiği kolsuz cüppe.

chat (çät) *f.* (-ted, -ting) teklifsizce konuşmak, samimî konuşmak; gevezelik etmek; hoşbeş etmek, sohbet etmek.

chat (çät) *i.* sohbet, teklifsiz konuşma, hoşbeş; birkaç cins ötücü kuş.

cha.teau (şäto') *i.* (*çoğ.* -**teaux**) şato, Fransız tipi büyük köşk.

chat.e.laine (şät'ıleyn) *i.* şato sahibi kadın; büyük ve güzel bir evin hanımı; kadınların anahtar taşımak için bellerine taktıkları zincir; kadınların yakalarına taktıkları süs.

cha.toy.ant (şıtoy'ınt) *s., i.* renk değiştiren; *i.* bu şekilde parlayan taş.

chat.tel (çät'ıl) *i.* menkul mal, taşınır mal; köle. **chattel mortgage** menkul rehin. **goods and chattel** ev bark.

chat.ter (çät'ır) *f.* gevezelik etmek; konuşur gibi sesler çıkarmak; çatırdamak (diş); *mak.* titreşim meydana getirmek; alelacele söylemek.

chat.ter (çät'ır) *i.* gevezelik, boş laf, lafü güzaf; diş çatırdaması. **chatter marks** bir aletin titreşimi sonucu meydana gelen düzensiz çizikler.

chat.ter.box (çät'ırbaks) *i.* çok geveze kimse.

chat.ty (çät'i) *s.* konuşkan; konuşma şeklinde, sohbet tarzında. **chattily** *z.* konuşkanlıkla. **chattiness** *i.* konuşkanlık.

Chau.ce.ri.an (çôsîr'iyın) *s., i.* İngiliz yazarı Chaucer'ın eserleri ile ilgili; *i.* Chaucer uzmanı.

chauf.feur (şo'fır) *i., f.* maaşlı hususî araba şoförü; *f.* özel şoförlük yapmak.

chaul.moo.gra (çôlmu'grı) *i.* Doğu Hindistan'a mahsus ve meyvasından deri hastalıklarını tedavide kullanılan bir ilâç yapılan ağaç, *bot.* Taraktogenos kurzii.

chaus.sure (şosür') *i., Fr.* kundura, ayakkabı, çizme.

chau.tau.qua (şıtô'kwı) *i., A.B.D.* eğitici toplantı serisi.

chau.vin.ism (şo'vınîzım) *i.* aşırı milliyetçilik, şovenizm. **chauvinist** *i.* aşırı derecede milliyetçi kimse. **chauvinis'tic** *s.* aşırı milliyetçi. **chauvinis'tically** *z.* aşırı derecede milliyetçi olarak.

chaw (çô) *f., i., leh.* çiğnemek; *i.* ağız dolusu.

cheap (çip) *s.* ucuz, ehven; az zahmetle elde edilebilen; ucuzca; faizi ehven (borç para); satın alma gücü düşmüş olan (para); bayağı, adi. **dirt cheap** çok ucuz. **cheapskate** *i., A.B.D., argo* cimri kimse.

cheap.en (çi'pın) *f.* ucuzlatmak, değerini düşürmek; itibarını bozdurmak; ucuzlamak.

cheat (çit) *i.* hile, dolandırıcılık, aldatma; oyun, dalavere; *huk.* hile ile mal alma; dolandırıcı, hilekâr kimse, *slang* üç kâğıtçı; sahte bir şey.

cheat (çit) *f.* hile yapmak, dalavere yapmak, oyun çevirmek; aldatmak; dolandırıcılık etmek; *A.B.D., argo* ihanet etmek.

check (çek) *i.* engel, mânia, fren; geciktirme; kontrol, teftiş; kontrol işareti; *A.B.D.* fiş, vestiyer fişi; (lokantada) hesap; (kumaşta) ekose deseni; dama; *satranç* şah; tahtada hafif çatlak deseni. **in check** kontrol altında.

check, *İng.* cheque (çek) *i.* çek. **traveler's check** seyahat çeki. **checkbook** *i.* çek defteri. **checking account** çek hesabı.

check (çek) *f.* durdurmak, birden durdurmak; engel olmak; kontrol altına almak; kontrol etmek, teftiş etmek; kontrol işareti koymak; kare deseni ile kaplamak; emanet odasına teslim etmek; *satranç* şah çekmek, şah demek; (boya, tahta) çatlamak. **check in** otel veya uçak defterine kaydolmak. **check up on** soruşturmak, araştırmak. **check out** otelden hesabını görüp ayrılmak; *A.B.D., k.dili* ölmek; soruşturmak, doğru olup olmadığını araştırmak; doğru olduğu açığa çıkmak; (mağazada) seçtiklerini kasada hesap ettirmek; işleyişini kontrol etmek.

check.er, *İng.* cheq.uer (çek'ır) *i., f.* dama; kare, ekose deseni; kasiyer; müfettiş, kontrolcu; *f.* damalı yapmak, ekose deseni ile kaplamak; değişiklik ve zorluklarla doldurmak.

check.er.ber.ry (çek'ırberi) *i.* keklik üzümü, *bot.* Gaultheria.

check.er.board (çek'ırbôrd) *i.* dama tahtası.

check.ered (çek'ırd) *s.* kareli, ekose; değişik olaylarla dolu.

check.ers (çek'ırz) *i.* dama oyunu.

check list kontrol listesi.

check.mate (çek'meyt) *i., f., satranç* mat; tam yenilgi; *f., satranç* mat etmek; hünerle yenmek.

check.off (çek'ôf) *i.* işveren tarafından işçilerin aylıklarından sendika üye aidatı kesip sendikaya gönderme usulü.

check.out (çek'aut) *i.* işleyiş kontrolü; mağazada kasaya ödeme işlemi. **checkout time** ayrılmayı gerektiren saat.

check point trafik kontrol yeri.

check.rein (çek'reyn) *i.* ucu eyere bağlanan dizgin.

check.room (çek'rum) *i.* vestiyer; emanet odası.

checks and balances hükümetin yasama, yürütme ve yargı kuvvetlerinin ayrılmaları ve karşılıklı olarak birbirlerini denetleyip sınırlandırmaları.

check.up (çek'ʌp) *i.* tıbbî muayene.

check valve emniyet valfı.

ched.dar (çed'ır) *i.* yumuşak bir cins İngiliz peyniri.

cheek (çik) *i.* yanak, avurt; *k.dili* cüret, yüzsüzlük, arsızlık. **cheekbone** *i.* yanak kemiği. **cheek by jowl** yan yana.

cheek.y (çi'ki) *s., k.dili* yüzsüz, arsız, küstah. **cheekily** *z.* küstahlıkla. **cheekiness** *i.* küstahlık.

cheep (çip) *f., i.* cıvıldamak, ötüşmek; *i.* cıvıltı.

cheer (çîr) *i.* teşvik, alkış tutma; neşe ve memnuniyet veren şey; ruh haleti; kıvanç; yiyecek, erzak; misafirperverlik.

cheer (çîr) *f.* alkış tutmak, tempo ile bağırarak taraf tutmak; neşelendirmek, memnun etmek; teşvik etmek, cesaretlendirmek; tempo tutarak bağırmak; neşelenmek. **cheer up** moralini düzeltmek. **Cheer up!** Keyfine bak! Geçmiş olsun!

cheer.ful (çîr'fıl) *s.* neşeli, şen, hoş, neşe saçan; içten gelen. **cheerfully** *z.* neşeyle. **cheerfulness** *i.* neşelilik.

cheer.ing (çîr'îng) *i., s.* alkış, taraf tutma; *s.* memnun edici, neşelendirici.

cheer.i.o (çîr'iyo) *i., ünlem, İng., k.dili* merhaba; Allaha ısmarladık.

cheer.lead.er (çîr'lidır) *i.* spor karşılaşmalarında tezahürat yapan grubun lideri.

cheer.less (çîr'lîs) s. neşesiz, keyifsiz; iç kapa-
yıcı, kasvetli. cheerlessly z. neşesiz olarak.
cheerlessness i. neşesizlik.

Cheers! (çirz) ünlem Sıhhatinize!

cheer.y (çîr'i) s. neşeli, keyifli, şen; neşe verici,
keyiflendirici. cheerily z. neşeli bir tarzda.
cheeriness i. neşeli oluş.

cheese (çiz) i. peynir, peynir kalıbı; bu şekilde
herhangi bir şey. Cheese it! argo Kaç!
big cheese argo önemli bir kimse.

cheese.burg.er (çiz'bırgır) i. peynirli köfte.

cheese.cake (çiz'keyk) i. peynirli kek; argo
güzel bir kızın bacaklarının resmi.

cheese.cloth (çiz'klôth) i. tülbent.

cheese-par.ing (çiz'pering) s., i., argo cimri;
i. peynir kabuğu; önemsiz bir şey; hasisçe bir
davranış.

chees.y (çi'zi) s. peynir gibi, peynir nevinden;
A.B.D., argo kalitesiz, adi. cheesiness
i. peynirli veya peynir gibi oluş.

chee.tah (çi'tı) i. geyik avında kullanılan parsa
benzer bir hayvan.

chef (şef) i. şef, ahçıbaşı, ahçı.

chef-d'oeu.vre (şedö'vr) i., Fr. (çoğ. chefs-
d'oeuvre) (şedö'vr) şaheser.

che.la (çey'la) i. Hindistan'da mürit.

che.la (ki'lı) i. (çoğ. -lae) (-li) yengeç veya
ıstakoz gibi deniz hayvanlarının kıskacı.

che.lo.ni.a (kîlo'niyı) i., çoğ., zool. kaplumbağa
cinsinden hayvanlar. chelonian i. kaplum-
bağa.

chem. kıs. chemical, chemist, chemistry.

chem.i.cal (kem'îkıl) s., i. kimyasal, kimya ile
ilgili; i. kimyasal madde. chemical action
kimyasal etki. chemical compound kim-
yasal bileşim. chemical engineer kimya
mühendisi. chemical fire extinguisher ec-
zalı yangın söndürücüsü. chemical reaction
kimyasal reaksiyon. chemical warfare kim-
yasal harp.

che.min de fer (şimen' dı fer') Fr. demiryolu;
bir nevi bakara (kumar oyunu).

che.mise (şımiz') i. kadın iç gömleği, kombine-
zon; kadın elbisesi, pelerin.

chem.i.sette (şemîzet') i. kadın bulüzü, bolero.

chem.ist (kem'îst) i. kimyager; İng. eczacı.

chem.is.try (kem'îstri) i. kimya. analytical
chemistry analitik kimya. inorganic chem-
istry inorganik kimya.

chem.o.ther.a.py (kemother'ıpi, ki'mother'ıpi)
i., tıb. kemoterapi; kimya ile tedavi.

che.mot.ro.pism (kîmat'rıpîzım) i., biyol. şi-
miotropizm, hücrelerin bazı kimyasal madde-
lere karşı gösterdikleri yaklaşma veya uzak-
laşma, kimyadoğrulumu.

chem.ur.gy (kem'ırci) i. organik maddelerin
endüstriyel kullanılışları.

che.nille (şınil') i. ipek veya pamuktan do-
kunmuş tüylü kordon veya saçak.

cheque bak. check.

cheq.uer bak. checker.

cher.ish (çer'îş) f. aziz tutmak; bağrına basmak;
gütmek. cherisher i. aziz tutan kimse.
cherishingly z. aziz tutarak.

che.root (şırut') i. uçları açık olan puro.

cher.ry (çer'i) i., s. kiraz, bot. Prunus; kiraz
ağacı; kiraz ağacının kerestesi; parlak kır-
mızı renk; s. parlak kırmızı; kiraz ağacından
yapılmış. cornelian cherry kızılcık, bot.
Carnus mas. morello cherry vişne, bot.
Prunus cerasus. sour cherry kiraz eriği, bot.
Prunus cerasus. wild cherry kuş kirazı, bot.
Cerasus padus, Cerasus avium.

cher.so.nese (kır'sıniz, kır'sinîs) yarımada.
the Chersonese Gelibolu Yarımadası.

chert (çırt) i. bir çeşit kuvarslı kaya.

cher.ub (çer'ıb) i. (çoğ. -s, -bim) melek,
kanatlı çocuk başı olarak resmedilen melek;
masum ve güzel yüzlü insan; nur topu gibi
çocuk. cheru'bic s. melek gibi. cheru'bi-
cally z. melek gibi olarak.

cher.vil (çır'vıl) i. frenkmaydanozu, bot. An-
thriscus cerefolium.

Chesh.ire cat (çeş'ır) devamlı olarak gülüm-
seyen kedi ("Alis Harikalar Diyarında" adlı
eserde geçer); sırıtkan kimse.

chess (çes) i. satranç; köprü tahtası. chess-
board i. satranç tahtası. chessman i.
satranç taşı.

chest (çest) i. göğüs; sandık; kutu; bir kurumda
para alınıp verilen yer; banka. chest of
drawers çekmeceli dolap, konsol. chest
register müz. göğüsten çıkan pes sesler.
community chest genel yardım sandığı.
hope chest çeyiz sandığı. medicine chest
ilaç dolabı. tool chest takım sandığı. get
something off one's chest içini dökmek.

ches.ter.field (çes'tırfild) i. içten düğmeli palto
veya pardesü; kanepe.

chest.nut (çes'nʌt, çes'nıt) *i., s.* kestane, *bot.* Castanea dentata; kestane kerestesi; kestane rengi; *k.dili* çok duyulmuş fıkra veya espri; *İng.* doru at; *s.* kızıl kahverengi, kestane rengi olan, maron. **candied chestnut** kestane şekeri. **horse chestnut** at kestanesi. **chest.y** (çes'ti) *s., k.dili* küstah; bedeninin göğüs kısmı büyük olan.

chev.a.lier (şevılir') *i.* şövalye, atlı süvari; lejyon donör gibi nişan veya rütbe sahibi; kahraman ve mert kimse.

Chev.i.ot (çev'iyıt) *i.* sık yünü ile meşhur bir koyun cinsi; *k.h.* (şev'iyıt) bu yönden dokunmuş kalın kumaş.

chev.ron (şev'rın) *i.* assubay ve erlerin rütbelerini gösteren kol işareti; *mim.* zikzak çıta.

chev.ro.tain (şev'rıteyn, şev'rıtin) *i.* Asya ülkelerine mahsus geyiğe benzer birkaç çeşit geviş getiren hayvan.

chev.y, chiv.vy (çev'i, çiv'i) *f., i., İng.* avlamak, avlanmak; *i.* av, av narası.

chew (çu) *f., i.* çiğnemek; düşünmek, kafa yormak; tütün çiğnemek; *i.* çiğneme; lokma. **chew out** azarlamak. **chew the cud** geviş getirmek. **chew the rag** çene çalmak. **chewing gum** çiklet.

chi.a.ro.scu.ro (kiyarıskyûr'o) *i.* resimde ve tabiatta ışık ve gölge oyunu; ışık ve gölge sanatı; edebiyatta tezat usulü. **chiaroscurist** *i.* resimde sadece ışık ve gölge kullanan ressam.

chi.asm (kay'äzım) *i., anat.* kiyasma.

chi.bouk (çibuk', çibûk') *i., T.* çubuk.

chic (şik, şik) *s., i.* şık, modaya uygun; *i.* şıklık. Chi.ca.go (şıka'go) *i.* Şikago şehri.

chi.cane (şikeyn') *i., f.* hile, oyun, şike; *f.* hile yapmak, aldatmak, şike yapmak. **chicanery** *i.* hile, şike.

chick (çik) *i.* civciv, piliç; çocuk, yavru; *A.B.D., argo* genç kız.

chick.a.dee (çik'ıdi) *i.* Kuzey Amerika'ya mahsus bir cins baştankara, *zool.* Parus.

chick.en (çik'ın) *i., s., f.* piliç, tavuk; tavuk veya diğer kümes hayvanlarının eti; *k.dili* toy kimse; *A.B.D., argo* genç kız; *s., A.B.D., argo* korkak, ödlek; *f., A.B.D., argo,* **out** *ile* korkudan çekinmek. **chicken feed** *argo* bozuk para, az para. **chicken-hearted** *s.* korkak. **chicken pox** suçiçeği.

chick.pea (çik'pi) *i.* nohut, *bot.* Cicer arietinum. **roasted chickpea** leblebi.

chick.weed (çik'wid) *i.* kuş otu, sıçankulağı, *bot.* Cerastium arvense.

chic.o.ry (çik'ıri) *i.* hindiba, frenk salatası, güneğik, *bot.* Cichorium intybus.

chide (çayd) *f.* (chid *veya* chided, chidden *veya* chided) azarlamak, kusur bulmak.

chief (çif) *i., s.* şef, amir, reis; *argo* patron; *hane.* armanın en üst kısmı; *s.* en yüksek rütbede olan; belli başlı, ana; başta olan. **in chief** baş, en yüksek mevki. **chief justice** başyargıç. **chiefly** *z.* başlıca, en çok. **chief.tain** (çif'tın) *i.* kabile reisi; başkan, idareci. **chieftaincy, chieftainship** *i.* kabile reisliği; başkanlık.

chif.fon (şifan') *i., s.* şifon; kadın elbisesi aksesuarı; *s.* hafif çırpılmış yumurta akı gibi. **chif.fo.nier** (şifınır') *i.* şifonyer, çekmeceleri olan aynalı dolap.

chig.ger (çig'ır) *bak.* chigoe.

chi.gnon (şinyan') *i.* topuz, saçın arkada toplanması.

chig.oe, chig.ger, jig.ger (çig'o, çig'ır, cig'ır) *i.* Batı Hint adaları, Amerika ve Afrika'da görülen ve dişisi hayvan veya insan etine gömülen bir cins pire.

chil.blain (çil'bleyn) *i., gen. çoğ., tıb.* soğuk ve rutubetten el ve ayaklarda hâsıl olan kızarıklık ve şişlik; mayasıl.

child (çayld) *i.* (çoğ. children) (çil'drın) bebek, çocuk; çocuksu kimse; kız veya erkek evlât. **childbed** *i.* kadının doğum yapma hali. **childbirth** *i.* doğum. **child labor** çocukların çalıştırılması. **child's play** kolay iş. **adopted child** evlât edinilmiş çocuk, evlâtlık. **with child** hamile.

Chil.der.mas (çil'dırmıs) *i.* İsa'nın doğumundan üç gün sonra kılıçtan geçirilen masum çocuklar yortusu, 28 Aralık.

child.hood (çayld'hûd) *i.* çocukluk devresi. **second childhood** yaşlılık devresindeki çocukluk hali.

child.ish (çayl'diş) *s.* çocuksu, çocuğumsu; saçma. **childishly** *z.* çocukça. **childishness** *i.* çocuksuluk.

child.less (çayld'lıs) *s.* çocuksuz, çocuğu olmayan. **childlessness** *i.* çocuksuzluk.

child.like (çayld'layk) *s.* çocuk ruhlu, masum, içten, samimi.

chil.dren (çil'drın) *bak.* **child.**

Chil.e (çil'i) *i.* Şili.

chil.i (çil'i) *i.* kırmızı biber, *bot.* Capsicum frutescens. **chili con carne** kıyma, kırmızı biber ve kuru fasulyeden yapılmış bir yemek. **chili sauce** biberli domates sosu.

chil.i.ad (kîl'iyäd) *i.* bin; bin yıllık devre.

chil.i.asm (kîl'iyäzım) *i., ilâh.* İsa'nın yeryüzünde bin yıl hüküm süreceği doktrini.

chill (çil) *i., s.* soğuk; titreme, üşüme, ürperme; soğuk davranış; soğuk döküm kalıbı; *s.* üşütücü; soğuk. **take the chill off** ılıtmak. **chill-cast** *s.* soğuk kalıba dökülmüş. **chiller** *i.* soğutucu; korkunç hikâye.

chill (çil) *f.* üşümek, ürpermek; *mad.* donmak, sertleşmek; üşütmek; soğutmak (şarap); ümidini kırmak. **chillingly** *z.* üşütücü bir şekilde. **chillness** *i.* soğuk; soğuk davranış.

chill.y (çil'i) *s., z.* serin, soğuk, üşütücü; soğuğa karşı hassas; *z.* soğuk bir şekilde. **chillily** *z.* soğuk bir şekilde. **chilliness** *s.* soğuk; soğuk davranış.

chime, chimb, chine (çaym, çayn) *i.* fıçının iki ucundaki şevli kenar.

chime (çaym) *i.* ahenkli zil veya çan sesi; *müz.* madenî borulardan meydana gelen bir çalgı; müzik, melodi; akort, ahenk.

chime (çaym) *f.* ahenkle çalmak (çan); şarkı söyler gibi konuşmak; harmonize etmek, uygunluk sağlamak; ahenkli ses çıkarmak. **chime in** uymak; söz kesip konuşmaya katılmak.

chi.me.ra (kımir'ı, kaymir'ı) *i.* ağzından ateş püsküren mitolojik bir canavar; süsleme sanatında kullanılan canavar figürü; vehim, kuruntu, kâbus.

chi.mer.i.cal (kımer'ikıl, kaymer'ikıl) *s.* hayalî, gerçek olmayan. **chimerically** *z.* hayali olarak.

chim.ney (çîm'ni) *i.* baca; lamba şişesi; krater, yanardağ ağzı. **chimney corner** ocak başı. **chimney damper** baca sürgüsü. **chimney piece** şömine tablası. **chimney pot** baca külâhı. **chimney sweep** baca temizleyicisi.

chim.pan.zee (çimpänzi') *i.* şempanze.

chin (çîn) *i., f.* çene; *f.* jimnastikte çeneyi çubuğun hizasına getirmek; *k.dili* konuşmak; *k.dili* çene hizasına kaldırmak, boynunun arasına sıkıştırmak (keman).

Chi.na (çay'nı) *i.* Çin. **People's Republic of China** Çin Halk Cumhuriyeti. **Republic of China** Tayvan. **China aster** pat çiçeği, meydan güzeli. **Chinaman** *i., aşağ.* Çinli.

chi.na (çay'nı) *i.* porselen, seramik, çini. **chinaware** *i.* porselen, çanak çömlek. **china closet** tabak dolabı.

chi.na.ber.ry (çay'nıber'i) *i.* tespihağacı.

Chi.na.town (çay'nıtaun) *i.* Çin dışındaki büyük şehirlerde Çinlilerin oturduğu semt.

chinch (çînç) *i.* tahtakurusu.

chin.chil.la (çînçil'ı) *i.* sincaba benzer bir Güney Amerika hayvanı; bu hayvanın çok değerli olan kürkü, çinçilla; kalın ve tüylü paltoluk kumaş.

chin.cough (çîn'kôf) *i.* boğmaca.

chine (çayn) *i.* omurga kemiği, belkemiği; sırttan çıkarılan et.

Chi.nese (çayniz') *i., s.* Çince; Çin'de konuşulan dillerden herhangi biri; Çinli; *s.* Çine, Çinlilere veya Çince'ye ait. **Chinese calendar** *bak.* **calendar. Chinese lantern (plant)** şeytan feneri, *bot.* Physalis alkekengi. **Chinese puzzle** Çinlilerin yaptığı karışık bir bulmaca; çözülmesi zor problem. **Chinese Wall** Çin Seddi.

chink (çîngk) *i., f.* yarık, çatlak; *argo* temiz para, nakit para; madenî ses; *f.* yarıkları doldurmak; şangırdamak, şangırdatmak.

Chink (çîngk) *i., A.B.D., argo, aşağ.* Çinli.

chi.nook (çinuk') *i.* Amerika'da esen sıcak, kuru bir rüzgâr.

chintz (çînts) *i.* basma, perdelik kreton.

chintz.y (çînts'i) *s., A.B.D., k.dili* adi, iyi olmayan.

Chi.os (kay'as, ki'yôs) *i.* Sakız adası.

chip (çîp) *i.* yonga, çentik; ince dilim halinde kesilmiş yiyecek; *çoğ., İng.* patates kızartması; *iskambil* fiş; küçük kıymetli taş parçası; önemsiz bir şey; lezzetsiz kuru yiyecek; kurumuş tezek parçası; sepet örücülüğünde kullanılan hasır. **a chip off the old block** hareket ve konuşmasında ailesine benzeyen kimse. **a chip on one's shoulder** kavgaya hazır oluş, öfkesi burnunun ucunda olma. **in the chips** *argo* zengin.

chip (çîp) *f.* yontmak, çentmek, budamak, şekil vermek; *iskambil* fişle oyuna girmek; cıvıldamak (kuş). **chip in** *k.dili* iştirak etmek;

sözü kesmek. **chipped beef** ince dilinmiş kuru sığır eti.

chip.munk (çîp'mʌngk) *i.* üstü çizgili birkaç çeşit ufak sincap.

Chip.pen.dale (çîp'ındeyl) *i.* 18. yüzyılda yaşamış olan bir İngiliz marangozu; bu marangozun stilinde yapılmış mobilya.

chip.per (çîp'ır) *s., A.B.D., k.dili* canlı, neşeli; şık, iyi giyinmiş.

chip.ping (çîp'îng) *i., argo* arasıra uyuşturucu ilâç içme.

chip.py (çîp'i) *i.* serçe; ufak sincap; *argo* orospu kız.

chi.ro.graph (kay'rıgräf) *i., huk.* kendi el yazısıyla yazılmış vesika. **chirog'rapher** *i.* el yazısı ile yazan veya bunun üzerinde çalışan kimse, hattat. **chirog'raphy** *i.* el yazısı.

chi.ro.man.cy (kay'rımänsi) *i.* el falı.

chi.rop.o.dist ((kırap'ıdîst) *i.* ayak bakımı mütehassısı.

chi.rop.o.dy (kırap'ıdi, kayrap'ıdi) *i.* ayak bakımı, nasır gibi basit ayak rahatsızlıklarının tedavisi.

chi.ro.prac.tic (kayrıpräk'tik) *i.* masajla tedavi usulü, omurga masajı ile tedavi. **chi'ropractor** *i.* masajla tedavi eden kimse.

chi.rop.ter.a (kayraptırı) *i., çoğ., zool.* uçan memeliler; yarasalar.

chirp (çırp) *f., i.* cıvıldar gibi ses çıkarmak, cıvıldamak; cıvıldar gibi konuşmak; *i.* cıvıltı. **chirpy** *s.* cıvıltılı, neşeli.

chirr (çır) *f., i.* (çekirge, ağustosböceği gibi) tiz ses çıkarmak; bu şekilde ötmek; *i.* çekirge ve benzeri hayvanların ötüşü.

chir.rup (çîr'ıp) *f., i.* neşe ile cıvıldamak, cıvıltılı sesler çıkarmak; *i.* cıvıltı.

chi.rur.ger.y (kayrır'cıri) *i., eski* cerrahlık. **chirurgic, chirurgical** *s., eski* cerrahî.

chis.el (çîz'ıl) *i., f.* keski, kalem; *f.* kalemle kesmek; *argo* aldatmak, hile ile elde etmek; keski ile çalışmak. **chiseled** *s.* keski ile şekil verilmiş; güzel bir şekil verilmiş; keskin hatlı.

chit (çît) *i.* yiyecek içecek masrafları için ödenen para makbuzu; *İng.* not, mektup; çocuk, delişmen ve tecrübesiz kız.

chit.chat (çît'çät) *i.* laf, havadan sudan konuşma; dedikodu.

chi.tin (kay'tîn) *i.* kitin. **chitinous** *s.* kitinli.

chit.ter.lings (çît'ırlîngz) *i., çoğ.* hayvan bağırsağı, bumbar.

chiv.al.rous, chiv.al.ric (şîv'ılrıs, şîv'ılrîk) *s.* şövalye gibi, nazik, cömert, cesur. **chivalrously** *z.* şövalyelere has bir şekilde. **chivalrousness** *i.* şövalye gibi oluş.

chiv.al.ry (şîv'ılri) *i.* şövalyelik; cömertlik; cesaret; şövalyelik örgütü; şövalyeler; şövalyelik makamı.

chiv.a.ree (şîvıri') *bak.* **charivari.**

chive (çayv) *i.* yemeğe tat vermek için kullanılan Frenk soğanı, *bot.* Allium schoenoprasum.

chiv.vy (çîv'i) *bak.* **chevy.**

chla.mys (kley'mîs) *i.* eski Yunan erkeklerinin giydiği kısa pelerin.

chlo.ral (klôr'ıl) *i., kim.* kloralhidrat.

chlo.rate (klôr'eyt) *i., kim.* klorik asit tuzu. **chlorate of zinc** lehim suyu.

chlo.ric acid (klôr'îk) *kim.* klorik asit.

chlo.ride (klôr'ayd, klôr'îd) *i.* klorid. **chloride of lime** kalsiyum klorid.

chlo.rin.ate (klôr'ıneyt) *f.* klorlamak.

chlo.rine (klôr'in, klôr'în) *i., kim.* klor.

chlo.ro.form (klôr'ıfôrm) *i., f., kim.* kloroform; karınca yağı; *f.* kloroformla uyutmak.

chlo.ro.phyll (klôr'ıfîl) *i., bot.* klorofil.

chlo.ro.plast (klôr'ıpläst) *i., bot.* içinde klorofil bulunan protoplazma, kloroplast.

chlo.ro.sis (klıro'sîs) *i., bot.* kloroz, sarıcalık; *tıb.* genç kızlarda demir eksikliğinden meydana gelen kansızlık.

chlo.rous acid (klôr'ıs) *kim.* kloröz asit.

chock (çak) *i.* odun parçası, takoz; *den.* yomalık büyük kurt ağzı; kızak.

chock (çak) *f.* takozla desteklemek, destek koymak; *den.* kızağa çekmek. **chock-a-block** *s.* palanga makaraları birbirine kavuşmuş; dopdolu; sıkışık.

chock-full (çak'fûl) *s.* dopdolu.

choc.o.late (çôk'lît, çôk'ılît) *i., s.* çikolata; koyu kahverengi; *s.* çikolatalı, çikolata ile yapılmış; çikolata renginde.

choice (çoys) *i.* seçme, ayırma; tercih hakkı, seçim hakkı; seçilmiş kişi veya şey, tercih; diğerlerine tercih edilen şey; şık, ihtimal. **by choice** tercihli. **Take your choice.** İstediğinizi alınız. Seçiniz.

choice (çoys) *s.* seçkin, güzide; mükemmel, üstün. **choicely** *z.* seçkin bir şekilde. **choiceness** *i.* seçkin oluş.

choir (kwayr) *i., f.* kilise korosu, koro; kilisede koroya mahsus yer; *f.* koroda şarkı söylemek. choir loft kilise balkonunda koro yeri.

choke (çok) *f.* boğmak, nefesini kesmek, tıkamak; önünü kesmek, boğmak (münakaşa, söz); bastırmak, baskı altında tutmak; boğulmak, nefesi kesilmek. choke back, choke down, choke off tutmak, durdurmak; yutmak; menetmek. choke up tıkanmak; heyecandan konuşamamak.

choke (çok) *i.* boğma, tıkama, ağzını kapatma; *oto.* kısıcı, boğucu.

choke.cher.ry (çok'çeri) *i.* yabanî acı kiraz, *bot.* Prunus virginiana.

choke.damp (çok'dämp) *i.* maden ocağının içindeki oksijeni az ve karbondioksiti fazla olan öksürtücü hava, boğucu gaz.

chok.er (ço'kır) *i.* boğan şey veya kimse; *k.dili* boyuna sımsıkı takılan gerdanlık; dik yaka.

chok.y (ço'ki) *s., i.* boğucu; *i., İng., k.dili* hapishane.

chol.er (kal'ır) *i.* öfke, kızgınlık, asabiyet; *eski, biyol.* safra. choleric *s.* çabuk kızan.

chol.er.a (kal'ırı) *i.* kolera.

cho.les.ter.ol (kıles'tırol) *i.* kolesterol, safrayağı.

chon.droid (kan'droyd) *s., anat.* kıkırdak gibi.

choose (çuz) *f.* (chose, chosen) seçmek, ayırmak, tercih etmek, arzu etmek, istemek; tercih yapmak. cannot choose but mecburdur. chooser *i.* seçen kimse.

choos.y (çu'zi) *s., k.dili* müşkülpesent, zor memnun edilebilen.

chop (çap) *i., f.* ağız, çene; anî ısırma; *f.* ağzı ile yakalamak; birdenbire söylemek.

chop (çap) *f.* (-ped, -ping) balta ile parçalara ayırmak; parçalamak; birdenbire ve şiddetle hareket etmek; birdenbire yön değiştirmek (rüzgâr). chop up kıymak, doğramak; (odun) yarmak.

chop (çap) *i.* kesme işi, kesici darbe; pirzola; yarık, çatlak.

chop (çap) *i., s.* Hindistan'da mühür, mühürlü imtiyaz; *s.* birinci kalitede.

chop.house (çap'haus) *i.* pirzola servisi yapan lokanta; Çin'de gümrük binası.

chop.per (çap'ır) *i.* kısa saplı balta, satır; elektrik akımını kesen alet; *argo* helikopter.

chop.ping (çap'îng) *i.* kesiş, vuruş. chopping block kütük.

chop.py (çap'i) *s.* değişken, yön değiştiren (rüzgâr); çırpıntılı (deniz, su).

chop.sticks (çap'stiks) *i.* Çinlilerin yemek yemek için çift olarak kullandıkları çubuk.

chop su.ey (çap su'wi) Çin lokantalarında yenen sebzeli et, piliç gibi türlü yemeği.

cho.ra.gus (korey'gıs) *i.* (*çoğ.* -gi) eski Yunan korolarının şefi; herhangi bir festivalin idarecisi. choragic (korey'cîk) *s.* koro şefiyle ilgili veya ona ait.

cho.ral (kôr'ıl) *s.* koro ile ilgili; bir koro tarafından söylenmiş; koro için yazılmış.

cho.rale (kôräl') *i.* ilâhî beste, koral.

chord (kôrd) *i.* çalgı teli; his, duygu; *geom.* kiriş; *müz.* bir arada çalınan ahenkli birkaç çeşit nota, akort. dominant chord esas gamın beşinci notası olan akort; sol ile ahenkli akort. spinal chord *bak.* cord. chord of an arc yay kirişi.

chor.date (kôr'deyt) *i.* omurgalı hayvan.

chore (çôr) *i., A.B.D.* küçük bir iş; *çoğ.* bir evin veya çiftliğin günlük işleri; güç ve zevksiz bir iş.

cho.re.a (kôri'yı) *i., tıb.* kore hastalığı, yüzde, kollarda ve bacaklarda tikler meydana getiren bir çocuk hastalığı.

cho.re.og.ra.pher (kôriyag'rıfır) *i.* koreograf, bale direktörü.

cho.re.og.ra.phy (kôriyag'rıfi) *i.* koreografi, bale eserleri yazma sanatı; bale sanatı.

cho.ri.amb (kôr'iyämb) *i., şiir* dört heceli bir ölçü.

cho.ric (kôr'îk) *s.* koroya ait, koro için.

cho.ri.on (kôr'iyın) *i., anat.* ceninin dış zarı, koryon.

chor.is.ter (kôr'îstır) *i.* koro üyesi; kilise korosunda şarkı söyleyen erkek çocuk; koro şefi.

cho.rog.ra.phy (kôrag'rıfi) *i.* bir bölgenin haritasını çıkarma ve arazi karakterini inceleme ilmi. chorographer *i.* haritacı. chorograph'ical *s.* haritacılıkla ilgili veya ona ait. chorograph'ically *z.* haritacılıkla ilgili olarak.

cho.roid (kôr'oyd) *i., s., anat.* gözün damar tabakasının arka parçası; *s* buna benzer.

chor.tle (çôr'tıl) *f., i.* kıkırdamak, kahkahaları zaptetmek; *i.* kıkırdama.

cho.rus (kôr'ıs) *i., f.* koro, koro parçası; bir şarkının koro kısmı; koro ekibi; *f.* koro halinde şarkı söylemek veya konuşmak. chorus girl kabare kızı. **in chorus** hep beraber, hep bir ağızdan.

chose (çoz) *bak.* **choose.**

chose (şoz) *i., Fr., huk.* şey, mal, şahsî eşya veya mal. **chose in action** alacak. **chose in possession** malikin elinde bulunan menkul eşya.

cho.sen (ço'zın) *bak.* **choose;** *s.* seçilmiş olan, tercihli; *ilâh.* cennete gitmek üzere seçilmiş olan.

chough (çʌf) *i.* kırmızı gagalı dağ kargası, kızılca karga, *zool.* Pyrrhocorax pyrrhocorax.

chouse (çaus) *f., i., eski* aldatmak, hile yapmak, dolandırmak; *i.* hile, oyun.

chow (çau) *i.* kahverengi veya siyah tüylü, siyah dilli Çin köpeği; *A.B.D., argo* yiyecek.

chow-chow (çau'çau) *i.* hardalla yapılan karışık turşu.

chow.der (çau'dır) *i.* balıklı sebze çorbası.

chow mein (çau' meyn') kızartılmış erişte ile servis yapılan Çinlilere ait türlü yemeği.

chres.tom.a.thy (krestam'ıthi) *i.* yabancı bir dilden seçilmiş okuma parçaları.

chrism, chris.om (kriz'ım) *i., kil.* kutsal mesh yağı.

chris.om (kriz'ım) *i., eski* vaftiz sırasında çocuğa giydirilen beyaz elbise.

Christ (krayst) *i.* mesih, İsa. **Christlike** *s.* İsa gibi. **Christ's thorn** kaba diken, *bot.* Rhamnus palurius.

chris.ten (kris'ın) *f.* vaftiz etmek; vaftiz eder - ken isim koymak; isim koymak ve ithaf etmek; *k.dili* ilk olarak kullanmak. **christening** *i.* vaftiz.

Chris.ten.dom (kris'ındım) *i.* Hıristiyan âlemi; Hıristiyanlar.

Chris.tian (kris'çın) *s., i.* Hıristiyan, İsa peygambere inanan; *k.dili* saygıdeğer, dürüst; insanî, merhametli; *i.* Hıristiyan olan kimse, hayatında İsa'nın yolunu takip eden kimse; temiz ahlâklı kimse. **Christian era** Milâdî tarih. **Christian name** vaftizde verilen ad. **Christian Science** hastalığın yalnız insanın kafasında mevcut olduğuna inanan bir mezhep.

Chris.ti.an.i.ty (krisçiyän'ıti) *i.* Hıristiyanlık; Hıristiyan dini.

Christ.mas (kris'mıs) *i.* Noel, İsa'nın doğumu yortusu (25 Aralık). **Christmas Eve** Noel arifesi. **Christmas rose** kara çöpleme, *bot.* Helleborus niger. **Christmas tree** Noel ağacı.

chro.ma (kro'mı) *i.* renk berraklığı.

chro.mat.ic (kromät'ik) *s.* renklerle ilgili; *müz.* kromatik, seslerin yarımşar ton ara ile birbirlerini takip etmeleri ile ilgili. **chromatic scale** *müz.* kromatik gam. **chromatically** *z.* kromatik olarak.

chro.mat.ics, chro.ma.tol.o.gy (kromät'iks, kromıtal'ıci) *i.* renkler ilmi.

chro.ma.tin (kro'mıtin) *i.* kromatin.

chro.ma.tog.ra.phy (kromıtag'rıfi) *i.* kromatografi, renkli fotoğraf.

chro.ma.to.phore (kro'mıtıfôr) *i.* kromatofor.

chrome (krom) *i.* krom. **chrome green** krom yeşili. **chrome steel** kromlu çelik.

chro.mic (kro'mik) *s., kim.* kromdan veya krom ile ilgili.

chro.mi.um (kro'miyım) *i., kim.* krom.

chromo- *önek* renk, renkli.

chro.mo, chro.mo.lith.o.graph (kro'mo, kromolith'ıgräf) *i.* renkli taş basma.

chro.mo.gen (kro'mıcen) *i.* renkli madde öncüsü, kromojen.

chro.mo.plast (kro'mıpläst) *i., biyol.* kromoplast.

chro.mo.some (kro'mısom) *i., biyol.* kromozom.

chro.mo.sphere (kro'mısfir) *i., astr.* kromosfer, renkküre.

chron. *kıs.* **chronological, chronology.**

chro.nax.y (kro'näksi) *i., tıb.* kronaksi.

chron.ic (kran'ik) *s.* müzmin, kronik, süreğen. **chronically** *z.* müzmin bir şekilde.

chron.i.cle (kran'ikıl) *i., f.* tarih, kayıt, vakayiname, günlem; *f.* kaydetmek, tarihe geçirmek. **chronicler** *i.* tarihe kaydeden kimse.

chron.o.gram (kran'ıgräm) *i.* tarih, ebced hesabıyla tarih.

chron.o.graph (kran'ıgräf) *i.* olayların tam oluş anını tespit eden alet; çok kısa zaman bölümlerini ölçen alet. **chronograph'ic** *s.* bu alet ile ilgili.

chron.o.log.i.cal (kranılac'ikıl) *s.* kronolojik, tarih sırasına göre düzenlenmiş. **chronologically** *z.* tarih sırasına göre.

chro.nol.o.gy (krınal'ıci) *i.* kronoloji, olayları tarih sırasına göre düzenleme ilmi.

chro.nom.e.ter (krınam'ıtır) *i.* kronometre.

chro.nom.e.try (krınam'ıtri) *i.* vakti tam olarak ölçme ilmi.

chrys.a.lis (kris'ılis) *i.* krizalit, böceğin kelebek olmadan evvel koza içinde veya dışındaki hali.

chrys.an.the.mum (krisän'thımım) *i.* kasımpatı, krizantem. **corn chrysanthemum** sarı pat, *bot.* Chrysanthemum segetum.

chrys.el.e.phan.tine (kriselıfän'tin, -tayn) *s.* altın ve fildişinden yapılmış.

chrys.o.ber.yl (kris'ıberıl) *i.* sarı veya yeşil renkte olan ve bazen de kuyumculukta kullanılan bir mineral.

chrys.o.lite (kris'ılayt) *i.* zebercet, sarı yakut.

chrys.o.prase (kris'ıpreyz) *i.* bir çeşit yeşilimsi kuvars taşı.

chtho.ni.an (tho'niyın) *s., mit.* ölüler diyarının ilâhları ve ruhlarına ait.

chub (çʌb) *i., zool.* sazan cinsinden birkaç çeşit balık, kefal.

chub.by (çʌb'i) *s.* tombul, dolgun.

chuck (çʌk) *f., i.* çenesini okşamak; atmak; *k.dili* çöpe atmak; *argo* istifa etmek; *i.* okşama; kısa bir mesafeye fırlatma; *İng., k.dili* şekerim. **chuck out** *k.dili* atmak, çöpe atmak; yaka paça kapı dışarı etmek.

chuck (çʌk) *i.* sığırın boynu ile kürek kemiği arasındaki kısım; takoz olarak kullanılan odun veya kalas; dağ sıçanı; *mak.* torna bağlama aynası. **drill chuck** matkap aynası, burgu aynası. **chuck wagon** içinde kovboylara yemek hazırlanan araba.

chuck.hole (çʌk'hol) *i., leh.* yoldaki çamur çukuru.

chuck.le (çʌk'ıl) *f., i.* kıkır kıkır gülmek, kendi kendine gülmek; *i.* kıkırdama; anne tavuğun civcivlerini çağırmak için çıkardığı ses. **chuckler** *i.* kıkırdayan kimse.

chuck.le.head (çʌk'ılhed) *i., k.dili* budala kimse, kalın kafalı kimse. **chuckleheaded** *s.* kalın kafalı. **chuckleheadedness** *i.* kalın kafalılık.

chug (çʌg) *i.,·f.* bir makinanın işlerken çıkardığı egzoz sesi; *f.* bu sesi çıkarmak; bu sesi çıkararak yürümek.

chuk.ker (çʌk'ır) *i.* polo oyununun devrelerinden biri.

chum (çʌm) *i., f.* (-med, -ming) yakın arkadaş, samimi dost; yatılı okulda oda arkadaşı; *f.* yakın dost olmak; aynı odayı paylaşmak. **chummy** *s., k.dili* samimi.

chum (çʌm) *i.* yem olarak kullanılan yağlı balık parçaları.

chump (çʌmp) *f.* çiğnemek.

chump (çʌmp) *i., k.dili* kalın kafalı kimse, budala kimse; kütük, takoz; *argo* kafa, kelle. **off one's chump** *İng., argo* aklını kaçırmış. **chumpish** *s.* budala.

chunk (çʌngk) *i.* külçe, yığın, topak; *k.dili* kuvvetli ve tıknaz adam; bodur ve güçlü at veya başka hayvan. **chunky** *s.* bodur, tıknaz; topak topak, külçe halinde. **chunkiness** *i.* bodurluk.

church (çırç) *i.* kilise; kilise ayini; herhangi bir Hıristiyan mezhebi; cemaat; din adamlığı; dinsel örgüt. **church'goer** *i.* kiliseye muntazam giden kimse. **church'man** *i.* kilise azası. **church'warden** *i.* kilise mütevellisi. **church'yard** *i.* kilise bahçesi ve mezarlık.

church (çırç) *f.* kiliseye getirmek; kilise disiplinine tabi tutmak; kilisede şükran duası etmek (bilhassa doğumdan sonra kadınlar).

churl (çırl) *i.* tamahkâr kimse, hasis kimse, cimri adam; köylü; kaba adam. **churlish** *s.* kaba, vahşi; tamahkâr, cimri; işlenmesi zor (toprak). **churlishly** *z.* kaba bir şekilde. **churlishness** *i.* kabalık.

churn (çırn) *i., f.* yayık, yayığa benzer herhangi bir alet; süt kabı; *f.* tereyağı yapmak için sütü dövmek, çalkamak; devamlı olarak dövmek, karıştırmak. **churning** *i.* çalkama.

churr (çır) *i.* uçarken kuşun çıkardığı kanat sesi, pırr; *bak.* **chirr.**

chute (şut) *i.* akıntı, çağlayan; kanal, oluk; şelâle; dar boğaz şeklinde ağıl; paraşüt.

chut.ney (çʌt'ni) *i.* bir çeşit Doğu Hindistan turşusu.

chutz.pah (hûts'pı) *i., A.B.D., argo* cüret, küstahlık.

Chu.vash (çu'vaş) *i.* Çuvaş Cumhuriyeti.

chyle (kayl) *i., biyol.* kilüs, bağırsaklarda bulunan beyaz bir sıvı.

chyme (kaym) *i., biyol.* kimüs, midede yarı hazmedilmiş halde bulunan yiyecekler. **chymous** *s.* kimüsle ilgili veya onun gibi.

CIA *kıs.* **Central Intelligence Agency.**

ci.bo.ri.um (sibôr'iyım, sibo'riyım) *i.* (*çoğ.* -ri.a) *mim.* büyük kiliselerde mihrabın üstüne çekilen sayvan; Katolik kilisesinde içine takdis edilmiş ekmek konan kap.

ci.ca.da (sikey'dı, sika'dı) *i.* ağustosböceği, *zool.* Cicadis.

cic.a.trice, cic.a.trix (sîk'ıtrîs, sîk'ıtrîks) *i.* yaranın üstünü kapatan yeni zar, sikatris; *bot.* düşen bir yaprak veya tohumun bıraktığı iz.

cic.a.trize (sîk'ıtrayz) *f.* kabuk bağlamak, kapanmak, onmak (yara); kapatmak. **cicatriza'tion** *i.* kabuk bağlama.

cic.e.ly (sîs'ıli) *i.* güzel kokusu için yetiştirilen maydanoz familyasından bir bitki, *bot.* Myrrhis odorata.

cic.e.ro.ne (sîsıro'ni) *i.* turist rehberi, tercüman.

ci.cho.ri.a.ceous (sîkoriyey'şıs) *s., bot.* hindibaya benzeyen.

ci.cis.be.o (sîsîs'biyo) *i., İt.* (*çoğ.* -be.i) evli bir kadının âşığı.

Cid (sîd) *i.* 11. yüzyılda yaşamış İspanyol destan kahramanı, Sid.

ci.der (say'dır) *i.* elma suyu, elma şarabı. **cider press** elma cenderesi.

ci-de.vant (sîdıvan') *s., Fr.* sabık, eski.

C.I.F. *kıs.* **cost, insurance and freight** sif, *bak.* **cost.**

ci.gar (sîgar') *i.* puro.

cig.a.rette (sîgıret') *i.* sigara.

cil.i.a (sîl'iyı) *i., çoğ.* (*tek.* -i.um) kirpikler; *zool.* tek hücreli hayvanlarda görülen ve hareketi sağlayan kısa tüyler; *bot.* küçük kılımsı uzuvlar, silia.

cil.i.ar.y (sîl'iyeri) *s., biyol.* kirpiksi.

cil.i.ate (sîl'iyit, sîl'iyeyt) *s., biyol.* kirpikli. **cilia'tion** *i.* kirpikli oluş.

cil.ice (sîl'îs) *i.* yapağıdan dokunmuş kumaş; bu kumaştan yapılmış gömlek.

Ci.li.cia (sîlîş'ı) *i.* Kilikya, Adana civarının Romalılar devrindeki ismi. **Cilician Gates** Külek Boğazı, Gülek Boğazı.

ci.mex (say'meks) *i.* (*çoğ.* **cimices**) (sim'ısiz) bit.

Cim.me.ri.an (sîmîr'iyın) *s.* Homer'in destanlarında adı geçen ve karanlıkta yaşadıkları söylenen bir batılı ırk ile ilgili; kasvetli, iç kapayıcı.

cinch (sînç) *i., f.* at kolanı; *k.dili* sıkıca tutma, kavrama; *argo* kolay ve emin şey; *f.* kolan takmak, kolan kasmak; *argo* sağlam kazığa bağlamak.

cin.cho.na (sînko'nı) *i.* kınakına ağacı. **cinchona bark** kınakına ağacı kabuğu.

cinc.ture (sîngk'çır) *i., f.* kemer, kuşak; çevre hududu; *f.* etrafını çevirmek, ihata etmek, kuşak dolamak.

cin.der (sîn'dır) *i.* cüruf, yanmış kömür artığı; kül; *çoğ., jeol.* parça şeklinde lav. **cindery** *s.* cüruf gibi veya onunla ilgili. **cinder block** cüruf briketi, kül kapağı.

Cin.der.el.la (sîndırel'ı) *i.* Sinderella; güzelliği ve değeri anlaşılmamış kız.

cin.e.ma (sîn'ımı) *i.* sinema, sinema dünyası.

Cin.e.ma.scope (sîn'ımıskop) *i.* Sinemaskop.

cin.e.mat.o.graph (sînımät'ıgräf) *i.* sinema makinası; filim oynatma makinası, filim çekme makinası. **cinematog'rapher** *i.* filim çeken kimse. **cinematograph'ic** *s.* sinema makinasıyla ilgili veya ona ait. **cinematography** *i.* filim çekme sanatı.

cin.e.rar.i.a (sînırer'iyı) *i.* bileşikgillere ait bir bitki, *bot.* Senecio cruentus.

cin.e.rar.i.um (sînırer'iyım) *i.* (*çoğ.* -rar.i.a) yakılan ölünün küllerinin muhafaza edildiği yer.

ci.ne.re.ous (sînîr'iyıs) *s.* kül haline gelmiş; kül gibi; küllü; kül rengi, grimsi.

cin.gu.lum (sîng'gyılım) *i.* (*çoğ.* -la) *anat., zool.* kuşak, kuşak gibi olan kısım.

cin.na.bar (sîn'ıbar) *i., min.* zincifre, sülüğen.

cin.na.mon (sîn'ımın) *i.* tarçın, tarçın ağacı.

cinque (sîngk) *i.* iskambilde beşli; zarda beş, penc.

cin.que.cen.to (çîngkwıçen'to) *i.* İtalya'da 16. yüzyıl; 16. yüzyıl İtalyan sanat ve edebiyatı.

cinque.foil (sîngk'foyl) *i.* beşparmak otu, *bot.* Potentilla reptans; *mim.* süslemede kullanılan bu otun şekline benzeyen bir motif.

Cinque Ports 13. yüzyılda İngiltere'nin deniz savunmasına yardım etmelerine karşılık kendilerine bazı haklar tanınan Güneydoğu İngiltere'deki beş liman.

ci.pher (say'fır) *i.* sıfır; önemsiz şey veya kimse; şifre; şifre halindeki yazı; şifre anahtarı; monogram, arma. **in cipher** şifreli.

ci.pher (say'fır) *f.* hesap yapmak, aritmetikte sayıları kullanmak; şifreli olarak yazmak; devamlı ses çıkarmak (org borusu gibi).

cip.o.lin (sîp'ılîn) *i.* yeşilli beyazlı hareleri olan mermer.

cir.ca (sır'kı) *edat, z.* (*kıs.* **ca.**, **c.** *veya* **c**) dolaylarında, takriben, aşağı yukarı.

Cir.cas.sia (sırkäş'ı, sırkäş'iyı) *i.* Çerkezistan. **Circassian** *i., s.* Çerkezce; Çerkez; *s.* Çerkezlerle veya Çerkezce ile ilgili.

Cir.ce (sır'si) *i.* Homer'in "Odise"sinde sihirli bir içki ile erkekleri domuz şekline sokan

circumscribe

büyücü kadın; tehlikeli büyücü kadın. **Cir-cean** *s.* büyücü kadın gibi veya ona ait.

cir.ci.nate (sır'sıneyt) *s.* halka şeklinde; *bot.* filizlerinin ucu kıvrılan.

cir.cle (sır'kıl) *i.* daire, çember, halka; bu şekildeki herhangi bir cisim; ring, meydan; etki sahası; devir; hale; muhit, grup; *coğr.* paralel dairesi; *astr.* gök cisimlerinin yörüngesi; gök cisimlerinin kendi etraflarında dönmeleri. **great circle** *coğr.* büyük daire. **inner circle** merkezi grup. **vicious circle** fasit daire.

cir.cle (sır'kıl) *f.* etrafını çevirmek, kuşatmak; etrafında dolaşmak; devretmek, dönmek.

cir.clet (sır'klit) *i.* küçük daire, halkacık; daire şeklinde olan baş süsü, taç.

cir.cuit (sır'kit) *i.* daire; ring seferi, bir yerden kalkıp gene aynı noktaya dönme; turne; gezici hâkim veya papazın yaptığı mutat seyahatler; gezici hâkim veya papazlar; *elek.* devre. **circuit breaker** devre kesici anahtar. **circuit court** şehirden şehre giden mahkeme. **circuit judge** gezici hâkim. **circuit rider** atla dolaşan gezici vaiz. **closed circuit** kapalı devre. **short circuit** kontak, kısa devre.

cir.cuit (sır'kit) *f.* devretmek, dolaşmak; turneye çıkmak.

cir.cu.i.tous (sırkyu'wıtıs) *s.* dolaylı, dolambaçlı. **circuitously** *z.* dolaylı olarak. **circuitousness** *i.* dolaylılık. **circuity** *i.* dolaylı oluş.

cir.cu.lar (sır'kyılır) *s., i.* daireye ait, daire şeklinde, yuvarlak; bir daire içinde hareket eden; dolaylı, dolambaçlı; belirli bir muhit ile ilgili; *i.* sirküler, tamim, genelge. **circularly** *z.* dairevi olarak. **circular measure** daire ölçüsü. **circular saw** daire testere.

cir.cu.lar.ize (sır'kyılırayz) *f.* sirküler yollamak; sirküler halinde kaleme almak. **circularization** *i.* sirküler yollama. **circularizer** *i.* sirküler yollayan kimse.

cir.cu.late (sır'kyıleyt) *f.* deveran etmek, dolaşmak, cevelân etmek; dağıtmak, elden ele geçirmek; dolaştırmak.

cir.cu.lat.ing (sır'kyıleyting) *i., s.* devir, deveran, dolaşım; *s.* devreden, dolaşan. **circulating library** dışarıya kitap veren kütüphane.

cir.cu.la.tion (sırkyıley'şın) *i.* devir, deveran, dolaşım, cereyan; kan dolaşımı; tedavül;

piyasadaki para miktarı; kitap verme; dağıtım miktarı, tiraj.

cir.cu.la.tor (sır'kyıleytır) *i.* devir ettirici. **cir.cu.la.to.ry** (sır'kyılıtôri) *s.* dolaşıma ait; kan dolaşımına ait.

cir.cum.am.bi.ent (sırkımäm'biyınt) *s.* etrafını çeviren, kuşatan, ihata eden.

cir.cum.am.bu.late (sırkımäm'byıleyt) *f.* etrafını dolaşmak; tavaf etmek. **circumambula'tion** *i.* etrafını dolaşma. **circumam'bulatory** *s.* etrafını dolaşan.

cir.cum.ben.di.bus (sırkımben'dibıs) *i., şaka* dolambaçlı yol; boş laf etme, dolaylı bir şekilde meramını anlatma.

cir.cum.cise (sır'kımsayz) *f.* sünnet etmek.

cir.cum.ci.sion (sırkımsij'ın) *i.* sünnet. **the Circumcision** 1 Ocak'ta kutlanan dini bir bayram.

cir.cum.fer.ence (sırkʌm'fırıns) *i.* daire çevresi. **circumferen'tial** *s.* daire çevresine ait veya onunla ilgili.

cir.cum.flex (sır'kımfleks) *i., s., f.* uzatma işareti; *s.* uzatma işareti ile ilgili; eğri, çarpık; *f.* etrafına dolamak; uzatarak telaffuz etmek.

cir.cum.flu.ent, cir.cum.flu.ous (sırkʌm'fluwınt, sırkʌm'fluwıs) *s.* birbirinin etrafında akan; etrafı su ile çevrilmiş.

cir.cum.fuse (sırkımfyuz') *f.* etrafına dökmek (su); etrafını bir sıvı ile çevirmek. **circumfu'sion** *i.* etrafına dökme.

cir.cum.ja.cent (sırkımcey'sınt) *s.* civarda olan, etraftaki.

cir.cum.lo.cu.tion (sırkımlokyu'şın) *i.* dolambaçlı yoldan konuşma, gereksiz kelimeler kullanma; dolambaçlı söz veya deyim. **circumlocutory** (sırkımlak'yıtôri) *s.* dolambaçlı söz gibi.

cir.cum.nav.i.gate (sırkımnäv'ıgeyt) *f.* denizden etrafını dolaşmak. **circumnaviga'tion** *i.* denizden etrafını dolaşma. **circumnavigator** *i.* denizden etrafını dolaşan kimse.

cir.cum.nu.tate (sırkımnu'teyt, sırkımnyu'teyt) *f., bot.* çeşitli yönlere dönmek veya kıvrılmak. **circumnuta'tion** *i.* kıvrılarak dönme.

cir.cum.po.lar (sırkımpo'lır) *s.* kutupların etrafında olan, dolaykutupsal.

cir.cum.scribe (sırkımskrayb') *f.* etrafına çizgi çizmek, daire içine almak; sınırlamak; çemberlemek; *geom.* bir şeklin etrafına diğer bir şekil çizmek.

cir.cum.scrip.tion (sırkımskrip'şın) *i.* etrafını çizme, daire içine alma; çevreleme; sınırlama, tahdit; para veya mühür üzerinde bulunan daire şeklindeki yazı; sınır çizgisi; mıntıka, bölge.

cir.cum.so.lar (sırkımso'lır) *s.* güneşin etrafında olan veya dönen.

cir.cum.spect (sır'kımspekt) *s.* dikkatli, ihtiyatlı, tedbirli. **circumspec'tive** *s.* dikkatli. **cir'cumspect'ly** *z.* dikkatle. **circumspec'tion** *i.* dikkatlilik.

cir.cum.stance (sır'kımstäns) *i.* hal, durum, keyfiyet, şart, vaziyet; vaka, olay; teferruat, ayrıntı. **Circumstances alter the case.** Olaylar kararları değiştirir. **under no circumstances** hiç bir surette. **under the circumstances** bu şartlar altında. **pomp and circumstance** debdebe ve tantana.

cir.cum.stan.tial (sırkımstän'şıl) *s.* durumla ilgili; teferruata dair, ikinci derecede önemi olan; ayrıntılı, mufassal. **circumstantial evidence** ikinci derecede deliller. **circumstantially** *z.* durumla ilgili olarak. **circumstantially** *i.* durumla ilgili oluş.

cir.cum.stan.ti.ate (sırkımstän'şiyeyt) *f.* tafsilâtlı olarak izah etmek; delil ileri sürerek desteklemek.

cir.cum.val.late (sırkımväl'eyt) *s., f.* etrafına siper çekili, etrafı çevrili; *f.* etrafına siper çekmek.

cir.cum.vent (sırkımvent') *f.* tuzağa düşürmek; hile ile önüne geçmek, atlatmak; etrafını dolaşmak. **circumventer, circumventor** *i.* tuzağa düşüren kimse; atlatan kimse. **circumvention** *i.* tuzağa düşürme; atlatma. **circumventive** *s.* tuzağa düşürücü; atlatıcı.

cir.cum.volve (sırkımvalv') *f.* dönmek, deveran etmek, dolaşmak. **circumvolu'tion** *i.* bir merkez etrafında dönüş.

cir.cus (sır'kıs) *i.* sirk; sirk gösterileri; sirk pisti; arena; *İng.* meydan; gösteri, numara.

cirque (sırk) *i.* daire şeklindeki alan; etrafı dağlarla çevrili küçük ova.

cir.rho.sis (siro'sis) *i., tıb.* siroz. **cirrhotic** (sirat'ik) *s.* sirozla ilgili, siroza ait.

cir.ri.ped (sir'ıped) *i., zool.* muhtelif cisimlere yapışarak denizde yaşayan kabuklu bir hayvan; kıvrıkbacaklar familyasından bir hayvan.

cir.rus (sir'ıs) *i.* (*çoğ.* **-ri**) *meteor.* sirrus, saçakbulut; *zool.* sülük; *bot.* filize benzer sürgün.

cis- *önek* bu tarafta.

cis.al.pine (sisäl'payn, sisäl'pin) *s.* Alp dağlarının güneyinde bulunan.

cis.at.lan.tic (sisıtlän'tik) *s.* Atlantik Okyanusunun bu tarafında olan.

cis.pa.dane (sis'pıdeyn) *s.* Po nehrinin güneyinde bulunan.

cis.soid (sis'oyd) *i., s., geom.* sarmaşık eğrisi, sisoid; *s.* bu çeşit eğri içinde bulunan.

cist (sist) *i., mim.* tarih öncesi devirlere ait taş veya ağaç lahit; kutsal araçlara mahsus sandık.

cis.tern (sis'tırn) *i.* sarnıç, mahzen, su deposu; *anat.* vücutta herhangi bir sıvının toplandığı kese.

cit. *kıs.* **citation, cited, citizen.**

cit.a.del (sit'ıdıl) *i.* hisar, kale; harp gemisinde zırhlı bölme.

ci.ta.tion (saytey'şın) *i.* bir eserden bir diğerine aktarma, iktibas; aktarılan bölüm; celp, mahkemeye çağrı; celp kâğıdı; kahramanlığından dolayı bir asker veya taburun günlük emirde zikredilmesi. **ci'tatory** *s.* aktarma ile ilgili.

cite (sayt) *f.* delil olarak iktibas etmek, bir eserden bir bölüm aktarmak; mahkemeye celbetmek; çağırmak, davet etmek; bahsetmek, zikretmek, hatıra getirmek; *ask.* kahramanlığını günlük emirde zikretmek. **citeable** *s.* aktarılabilir.

cith.a.ra, cith.ern, cit.tern (sith'ırı, sith'ırn, sit'ırn) *i.* eski zamanlarda kullanılan bir çeşit kitara.

cit.ied (sit'id) *s.* bir şehri veya şehirleri kapsayan; şehir haline konmuş; şehir gibi meydana getirilmiş. **citified** *s.* şehir hayatına uymuş.

cit.i.zen (sit'ızın) *i.* vatandaş, teba; hemşeri; şehirli kimse; sivil kimse. **citizenry** *i.* bütün vatandaşlar. **citizenship** *i.* vatandaşlık, tabiiyet. **native citizen** bir devletin uyruğu olarak doğmuş vatandaş. **naturalized citizen** bir devletin uyruğuna sonradan giren kimse.

cit.rate (sit'reyt, sit'rit, say'treyt) *i., kim.* asit sitrik tuzu.

cit.ric (sit'rik) *s.* sitrik.

cit.ric acid (sit'rik) *kim.* asit sitrik.

cit.rine (sît'rin) *s.*, *i.* açık sarı, limon sarısı; *i.* sarı renkli bir kuvars taşı.

cit.ron (sît'rın) *i.* ağaçkavunu; ağaçkavunu ağacı, *bot.* Citrus medica; ağaçkavunu kabuğunun reçeli veya şekerlemesi.

cit.ron.el.la (sîtrınel'ı) *i.* merhem, sabun ve parfüm yapımında kullanılan ve kokulu bir ottan çıkarılan yağ.

cit.rus (sît'rıs) *s.* turunçgiller familyasına ait. **citrus fruit** turunçgillerden herhangi bir meyva.

cit.tern (sît'ırn) *bak.* **cithara.**

cit.y (sît'i) *i.* şehir, kent, büyük kasaba; şehir halkı. **city block** kesişen sokaklarla ayrılan arsa. **city-bred** *s.* şehirde büyümüş. **city dump** çöplük. **city editor** gazetede mahalli muhabirleri idare eden müdür. **city father** şehri yöneten kimse. **city manager** belediye başkanı. **city planner** şehir mimarı. **city-state** *i.* şehir devleti, site. **Eternal City** Roma. **Holy City** Kudüs.

civ.et (sîv'ît) *i.* bir çeşit misk; misk kedisi. **civet cat** misk kedisi.

civ.ic (sîv'îk) *s.* şehre ait, belediye ile ilgili; yurttaşlık ile ilgili. **civic center** hükümet binaları, mahkeme, kütüphane veya galerinin bulunduğu şehrin merkezi.

civ.ics (sîv'îks) *i.* yurt bilgisi, yurttaşlık bilgisi.

civ.il (sîv'ıl) *s.* vatandaşlarla ilgili; hükümete ait, millî; sivil; ferdî, bireysel; vatandaşlık icaplarından; medenî, uygar; nazik, kibar. **civil death** manevi ölüm. **civil defense** sivil savunma. **civil disobedience** yurttaşın haksız bulduğu bir kanuna karşı itaatsizlik gösterisinde bulunması. **civil engineering** inşaat mühendisliği. **civil law** medenî hukuk; Roma hukuku. **civil liberty** insan hakları. **civil marriage** medenî nikâh. **civil rights** vatandaşlık hakları. **civil service** devlet hizmeti. **civil war** iç savaş.

ci.vil.ian (sıvîl'yın) *i.* sivil kimse; Roma veya medenî hukuk öğrencisi veya bilgini.

ci.vil.i.ty (sıvîl'ıti) *i.* nezaket, kibarlık, terbiye; kibar söz veya hareket.

civ.i.li.za.tion, *İng.* **-sa.tion** (sîvılızey'şın, sîvılayzey'şın) *i.* medeniyet, uygarlık.

civ.i.lize (sîv'ılayz) *f.* medenileştirmek, uygar seviyeye çıkarmak; aydınlatmak. **civiliz'able**

s. uygarlaştırılabilir. **civilizer** *i.* uygarlaştıran kimse.

civ.i.lized (sîv'ılayzd) *s.* medenî, uygar; kibar, nazik, ince.

civ.ism (sîv'îzım) *i.* iyi vatandaş olma.

civ.vies (sîv'îz) *i.*, *k.dili* sivil elbise.

clab.ber (kläb'ır) *i.*, *f.* kesilip koyulaşmış süt; *f.* kesilip koyulaşmak (süt).

clack (kläk) *f.*, *i.* çatırdamak, takırdamak; gevezelik etmek, çene çalmak; *i.* çatırtı, takırtı; gevezelik, patırtı. **clacker** *i.* takırtı yapan şey veya kimse.

clad (kläd) *bak.* **clothe.**

claim (kleym) *i.* talep, iddia; hak; sigorta poliçesi üstünden ödenecek para; maden v.b.'ni işletmek için devletin arazisinde hak talep etme. **claim for damages** tazminat davası; tazminat talebi. **claim jumper** *A.B.D.* başkasının maden ocağını işgal edip alan kimse. **lay claim to** sahip çıkmak.

claim (kleym) *f.* hak talep etmek, istemek; iddia etmek; sahip çıkmak. **claimable** *s.* hak talep edilebilir. **claimant** *i.* hak talep eden kimse.

clair.voy.ance (klervoy'ıns) *i.* gözle görülmeyen şeyleri görme kudreti; basiret; başkalarının zihninden geçenleri okuma hassası, gaipten haber verme.

clair.voy.ant (klervoy'ınt) *s.*, *i.* gaipten haber veren, gözle görülmeyen şeyleri gören; *i.* bu hassaları haiz kimse.

clam (kläm) *i.*, *f.* tarak, deniz tarağı, istiridye; *k.dili* sessiz ve içine kapanık kimse; *f.* deniz tarağı toplamak. **clambake** *i.*, *A.B.D.* deniz tarağı pişirilip yenen bir piknik. **clamshell** *i.* tarak kabuğu; çift çeneli kova. **clam up** *A.B.D.*, *argo* sessizleşmek.

clam (kläm) *i.* mengene.

cla.mant (kley'mınt) *s.* gürültülü; ısrarlı, yapışkan.

clam.ber (kläm'bır, kläm'ır) *f.*, *i.* tırmanmak, güçlükle tırmanmak; **clamberer** *i.* el ve ayakla tırmanan kimse.

clam.my (kläm'i) *s.* ıslak, yaş, rutubetli, yapışkan, soğuk. **clamminess** *i.* ıslak ve yapışkan oluş.

clam.or, *İng.* **clam.our** (kläm'ır) *i.*, *f.* haykırma, feryat, yaygara; gürültü; *f.* yaygara ile istemek; yaygara kopararak zorlamak; haykırmak, feryat etmek.

clam.or.ous (kläm'ırıs) s. gürültülü, patırtılı; yaygaracı, şirret. clamorously z. gürültüyle.

clamp (klämp) i., f. mengene, kıskaç, kenet; kelepçe, krampon; f. mengene ile sıkıştırmak, kasmak, germek, bastırmak, tespit etmek. clamp coupling kenetli kavrama, sıkma, kavrama. clamp screw sıkma vidası. clamp down on daha titiz olmak; menetmek.

clan (klän) i. klan; kabile; grup, parti, zümre.

clan.des.tine (kländes'tîn) s. gizli, mahrem, el altından. clandestinely z. gizlice. clandes- tineness i. gizlilik.

clang (kläng) f. çınlamak; yüksek sesle çalmak; yüksek sesle çaldırmak.

clang.or, İng. clan.gour (kläng'gır, kläng'ır) i., f. şakırtı, çınlama, madenî ses; gürültü; f. gürültülü ses çıkarmak. clangorous s. gü- rültülü ses çıkaran. clangorously z. gürül- tüyle, çınlayarak.

clank (klängk) i., f. madenî ses; f. bu sesi çıkarmak; bu sesi çıkarttırmak.

clan.nish (klän'îş) s. tanımadıkları ile iyi geçi- nemeyen; klanvari; bir klanın ahalisi gibi ancak birbiriyle münasebet kuran. clannish- ness i. kendi aralarında grup kurarak başka- larıyla konuşmama eğilimi.

clans.man (klänz'mın) i. (çoğ. -men) klana mensup kimse.

clap (kläp) i., f. şaklama; gürleme; patlama; tokat; anî bir vuruş veya hareket; alkış; argo belsoğukluğu; f. tokatlamak, tokat atmak; al- kışlamak, el çırpmak; kanat çırpmak; yerine koymak, oturtmak; hemen yerine koymak. clap in jail hemen hapse atmak. clap on a fine para cezasına çarptırmak.

clap.board (kläb'ırd, kläp'bôrd) i., f., A.B.D. inşaatlarda kullanılan dış kaplama tahtası; f. bu tahtalar ile kaplamak.

clap.per (kläp'ır) i. çan dili; alkışlayıcı şey veya kimse; argo dil.

clap.per.claw (kläp'ırklô) f. eski ve leh. tırma- lamak; küfretmek, sövmek.

clap.trap (kläp'träp) i. göze girmek için ya- pılan sahte iltifat; yağcılık; yapmacıklı sözler sarfetme.

claque (kläk) i. tiyatroda alkışlamak için tu- tulmuş kimseler; çıkarları olduğu için alkış- layan kimseler.

clar.ence (kler'ıns) i. ön kısmı cam olan dört kişilik ve dört tekerlekli üstü kapalı at arabası.

clar.en.don (kler'ındın) i., matb. kalın bir çeşit matbaa harfi.

clar.et (kler'ıt) i. kırmızı Bordo şarabı; aynı tipte diğer şaraplar; koyu morumsu kırmızı.

clar.i.fi.ca.tion (klerîfıkey'şın) i. aydınlatma, açıklama, vuzuha kavuşturma.

clar.i.fy (kler'ıfay) f. aydınlatmak, açıklamak, tasfiye etmek; aydınlanmak, açılmak, izah edilmek.

clar.i.net (klerınet') i., müz. klarnet. clarinetist i. klarnetçi.

clar.i.on (kler'iyın) s., i. açık, temiz, vazıh; i., müz. boru, zurna; şiir bu çalgının sesi.

clar.i.ty (kler'ıti) i. açıklık, vuzuh, berraklık.

clar.y (kler'i) i., bot. adaçayı. meadow clary yılan kökü, bot. Salvia pratensis.

clash (kläş) f., i. gürültülü bir ses çıkarmak; çangır çungur çarpışmak; fikir ayrılığı olmak, uyuşamamak; hızla çarpmak, bindirmek; bir çarpışma nedeniyle ses çıkarmak; i. çarpışma neticesinde çıkan ses; çarpışma, toslama; fikir uyuşmazlığı; ihtilâf. clash with ...ile münakaşa etmek.

clasp (kläsp) i., f. toka, kopça; kucaklama, kavrama, sıkma; f. toka veya kopça ile tut- turmak; toka koymak; kavramak, sıkıca tutmak. clasp knife büyük çakı, sustalı bıçak.

clasp.er (kläs'pır) i., bot. filiz; zool. dişiyi tutmak için erkek balık veya böcekte bulunan uzuv.

class (kläs) i., f. sınıf, tabaka, zümre; kast; çeşit, tür; takım, grup; ders; bir okulda aynı yılda mezun olacak toplam; argo mükem- mellik, üstünlük; mevki (tren); ask. kura; zool., bot. sınıf; f. sınıflara ayırmak, tasnif etmek; yerine oturtmak; bir sınıf veya zümrede yer almak. class con- sciousness mensup olunan sosyal sını- fın özellik, birlik ve isteklerinin farkında olma. class day A.B.D. sene sonunda mezun olan sınıfın kutladığı bir gün. class struggle sınıf mücadelesi. first class birinci sınıf; birinci mevki. lower class aşağı tabaka. middle class orta tabaka. the classes yüksek tabakalar. tourist class turist mevkii, ikinci mevki.

class. kıs. classic, classification, classify.

clas.sic (kläs'îk) s., i. klasik, özellikle sanat ve edebiyatta eski Yunan ve Roma tarzında;

örnek teşkil edecek şekilde olan; belirli sanat ve bilim kurallarına uygun; edebî ve tarihî değeri olan; *i.* klasik eser; klasik eserler vermiş olan yazar; klasikleri iyi bilen kimse; klasik metotlara uyan kimse. **the classics** eski Yunan ve Latin edebiyat eserleri.

clas.si.cal (kläs'ikıl) *s.* klasik, klasik değerde olan; klasik ölçülere uygun; mükemmel, şaheser. **classical'ity** *i.* klasiklik. **classically** *z.* klasik olarak, eski usullere göre.

clas.si.cism (kläs'ısîzım) *i.* klasisizm, klasiklere tabi olma veya uyma; klasik şekil veya deyim; klasik öğrenim.

clas.si.cist (kläs'ısîst) *i.* klasik üslûp taraftarı; klasik sanat veya edebiyat bilgini.

clas.si.cize (kläs'ısayz) *f.* klasik hale koymak; klasikleştirmek.

clas.si.fy (kläs'ıfay) *f.* sınıflara ayırmak, tasnif etmek. **classifiable** *s.* sınıflandırılabilir. **classifica'tion** *i.* sınıflama; sınıf. **classified advertisements** küçük ilânlar.

class.mate (kläs'meyt) *i.* sınıf arkadaşı.

class.room (kläs'rum) *i.* sınıf, dershane.

class.y (kläs'i) *s., argo* harikulade; sosyetik; şık, kibar.

clas.tic (kläs'tik) *s.* kırılır, parçalanır; parçalardan teşekkül etmiş.

clat.ter (klät'ır) *f., i.* takırdatmak, çatırdatmak; yüksek sesle konuşmak, gevezelik etmek; takırdamak, ses çıkarmak; *i.* patırtı, takırtı, ses, gürültü; gürültülü konuşma; boş laf; dedikodu.

clau.di.ca.tion (klôdikey'şın) *i.* topallama.

clause (klôz) *i.* madde, (anlaşma, antlaşma, kontrat, kanunda) bent, hüküm, fıkra, şart; *gram.* cümlecik. **clausal** *s.* cümlecikle ilgili.

claus.tral (klôs'trıl) *s.* manastır ile ilgili; manastır gibi.

claus.tro.pho.bi.a (klôstrıfo'biyı) *i., psik.* kapalı yerlerde bulunma fobisi, klostrofobi.

cla.vate (kley'veyt) *s.* başı kalın çomak gibi.

clav.i.chord (kläv'ıkôrd) *i.* klavsen.

clav.i.cle (kläv'ıkıl) *i., anat.* köprücük kemiği, klavikula.

cla.vic.u.lar (klıvîk'yılır) *s.* köprücük kemiği gibi veya onunla ilgili.

clav.i.er (klıvîr', kläv'iyır) *i.* bir çalgı aletinin tuşları; daktilo klavyesi; tuşları olan çalgı aleti.

clav.i.form (kläv'ıfôrm) *s.* çomak şeklinde.

claw (klô) *i., f.* pençe, hayvan pençesindeki kıvrık tırnak; pençeye benzer bir alet; *f.* yırtmak, tırmalamak, pençe atmak; kaşımak. **claw hammer** domuz tırnağı çekiç.

clax.on (kläk'sın) *i.* klakson.

clay (kley) *i.* kil, balçık, çamur, toprak; insan vücudunu meydana getiren hamur, insan vücudu. **clayey, clayish** *s.* killi, kil gibi. **clay pigeon** kilden yapılmış ve havaya fırlatılan nişangâh. **potter's clay** çömlek çamuru.

clay.more (kley'môr, kley'mor) *i.* kılıç; iki ağızlı İskoç kılıcı.

clean (klin) *s.* temiz, pak; halis, saf, arı; kusursuz; engelsiz, açık; masum, temiz ahlâklı; yenebilir (av eti v.b.); mevzun, ölçüleri muntazam olan, biçimli; mükemmel, fevkalade. **clean bill of health** sağlık raporu; (hastalık olmadığını belirten) temiz kâğıdı; şüphe kaldırmazlık. **make a clean breast of it** bütün kabahatleri açıklamak. **show a clean pair of heels** koşarak kaçmak.

clean (klin) *f.* temizlemek, yıkamak, arıtmak; temizlenmek, paklanmak. **clean out** çöp boşaltmak; *k.dili* terk etmek; silip süpürmek, parasız bırakmak. **clean up** tam temizlemek; *argo* çok para kazanmak; bitirmek; galip gelmek.

clean (klin) *z.* tamamen, bütünüyle; temiz bir şekilde, temiz olarak. **clean gone** iz bırakmadan gitmiş. **come clean** *argo* itiraf etmek.

clean-cut (klin'kʌt') *s.* iyi yontulmuş, temiz (iş); kesin; göze hoş görünen.

clean.er (klin'ır) *i.* temizleyici; silgi. **dry cleaner** kuru temizleyici. **vacuum cleaner** elektrik süpürgesi.

clean.ly (klen'li) *s., z.* temiz; temizlenmeye veya temiz tutmaya meraklı; *z.* (klin'li) temiz bir şekilde, temizce. **cleanliness** *i.* (klen'linîs) temizlik.

cleanse (klenz) *f.* temizlemek. **cleanser** *i.* temizleyici; sabun.

clean-shav.en (klin'şey'vın) *s.* sakalı bıyığı tıraş olunmuş.

clear (klîr) *s.* açık, aydınlık, vazıh; parlak, berrak; şeffaf, saydam; net; katî, kesin; masum, temiz; sakin; açık (arazi v.b.); hudutsuz; takıntısız. **clear conscience** vicdan rahatlığı. **clear-cut** *s.* keskin; açık ve seçik. **clear evidence** açık ve kesin ispatlayıcı delil.

clear-eyed s. zeki bakışlı, akıllı. **clear-headed** s. iyi düşünen. **clear-sighted** s. basiretli. **clear title** ipotekten ari mülkiyet hakkı; sağlam tapu. **in the clear** engellerden uzak; şüphe altında olmayan. **out of the clear** birdenbire. **steer clear** sakınmak. **The coast is clear.** Meydan boştur.

clear (klîr) z. açıkça, açık olarak; tamamen, bütünüyle.

clear (klîr) f. temizlemek; kurtarmak; aydınlığa kavuşturmak; engeli aşmak; hesabını temizlemek; borcunu ödemek; temize çıkarmak; gümrükten çekmek; tahliye etmek; net kâr etmek; tahsil etmek (çek v.b.); temizlenmek; takas odalarında çek v.b.'ni değiştirmek; limana giriş veya çıkış izni almak. **clear away** kaldırıp götürmek; kaybolmak. **clear for action** harbe hazır etmek, işe koyulmaya hazır etmek. **clear off** kaldırıp temizlemek. **clear out** çekilip gitmek; def-olmak; boşaltıp temizlemek. **clear the air** işleri düzeltmek; gerginliği gidermek. **clear the decks** diğer işleri bir tarafa itip belirli bir işe koyulmak. **clear the way** yol açmak. **clear up** halletmek; aydınlatmak; açılmak (hava); iyileşmek (hastalık).

clear.ance (klîr'ıns) i. temizleme; açıklık yer; gümrük muayene belgesi, gümrük müsaadesi; takas, sayışma, hesaplaşma; geminin limanı terketme hakkı. **clearance papers** geminin limanı terketme izni belgeleri.

clear.ing (klîr'îng) i. temizleme işi; açığa çıkarma; aydınlatma; açıklık, meydan; takas, kliring. **clearinghouse** i. kliring odası.

clear.starch (klîr'starç) f. kolalamak, kolalayıp ütülemek. **clearstarcher** i. kolacı.

clear.sto.ry bak. **clerestory.**

cleat (klît) i., f. mesnet takozu, kama, kelepçe; den. koç boynuzu; f. takoz vurmak.

cleav.age (kli'vic) i. yarık; yarılma, çatlama; kim. molekülün ayrılması; k.dili göğüs yarığının dekolte elbiseden görünmesi; biyol. hücrenin bölünmesi; jeol. dilinim.

cleave (klîv) f. yapışmak, iltisak etmek; bağlanmak, sadık olmak.

cleave (klîv) f. (**cleft** veya **cleaved** veya **clove; cleft** veya **cleaved** veya **cloven;** eski **cleave, clave, clove**) yarmak, bölmek, taksim etmek; ayırmak; açmak (yol v.b.);

ayrılmak, yarılmak, bölünmek; arasından geçmek. **cleavable** s. yarılabilir.

cleav.er (kli'vır) i. satır, balta.

cleav.ers (kli'vırz) i., tek. yoğurtotu, bot. Galium aparine.

cle.don.ism (kli'dınîzım) i. uğursuz sayılan kelimelerden kaçınma.

cleek (klik) i. demir topuzlu bir çeşit golf değneği.

clef (klef) i., müz. anahtar. **bass clef** fa anahtarı. **treble clef** sol anahtarı.

cleft (kleft) i., s. çatlak, yarık, ayrık. **cleft foot** çift tırnaklı ayak. **cleft palate** yarık damak.

cleis.to.gam.ic (klaystıgäm'îk) s., bot. gonca halinde kalan ve bu halde kendi kendine döllenen.

clem.a.tis (klem'ıtîs) i. yaban asması, akasma, meryemana asması, filbahar, filbahri, bot. Clematis.

clem.en.cy (klem'ınsi) i. merhamet, şefkat; müsamaha, hoşgörü; yumuşak başlılık; mülâyimlik.

clem.ent (klem'ınt) s. merhametli, şefkatli; yumuşak başlı; yumuşak ve latif (hava).

clench (klenç) f., i. (yumruğunu, dişlerini) sıkmak; sıkıca yakalamak, kavramak; i. sıkma, kavrama; mandal.

clepe (klip) f. (**cleped** veya **clept, ycleped** veya **yclept**) eski adlandırmak.

clep.sy.dra (klep'sîdrı) i. (çoğ. **-dras, -drae**) eski bir çeşit su veya cıva saati.

clep.to.ma.ni.a bak. **kleptomania.**

clere.sto.ry (klîr'stôri) i., mim. bir bina, kilise, vagon v.b.'nin pencereli üst kısmı.

cler.gy (klır'ci) i. ruhban sınıfı, rahipler zümresi; Hıristiyan din adamları sınıfı. **benefit of clergy** papazların dokunulmazlığı.

cler.gy.man (klır'cimın) i. (çoğ. **-men**) rahip, papaz, vaiz, ruhban sınıfına dahil olan kimse.

cler.ic (kler'îk) i., s. rahip, papaz, vaiz; s., bak. **clerical.**

cler.i.cal (kler'îkıl) s., i. kâtip veya yazıcıya ait; daire işiyle alâkalı, kırtasiyecilikle ilgili; kilisenin politikada yeri olmasını savunan; ruhban sınıfına dahil; i. rahip, papaz, vaiz; çoğ. papaz kıyafeti; kilisenin hükümetteki nüfuzunu artırmayı savunan kimse. **clerically** z. politikada kilisenin yerini savunarak.

cler.i.cal.ism (kler'îkılîzım) i. politikada kilisenin nüfuzu; bu nüfuzu destekleme; kilise mevzuatı, kilise yararları.

clerk (klırk, *İng.* klark) *i., f.* kâtip, yazıcı; *A.B.D.* tezgâhtar, satıcı; *f.* kâtiplik yapmak; tezgâhtarlık yapmak. **clerk of the court** zabıt kâtibi. **parish clerk** *İng.* kilise kâtibi. **clerkship** *i.* kâtiplik.

clev.er (klev'ır) *s.* akıllı; zeki; becerikli; kabiliyetli. **cleverly** *z.* akıllıca, zekice. **cleverness** *i.* akıllılık; beceriklilik.

clev.is (klev'is) *i.* kenet demiri.

clew, clue (klu) *i., f.* yumak; *mit.* ipucu olarak sökülen yumak; ipucu; *den.* yelkenin uskuta yakası; *f.* yumak yapmak, sarmak; bir ipucu vasıtasıyla yol göstermek; *den.* yelkeni yukarı serene veya direğe hisa etmek. **clew line** kuntra uskuta. **not have a clew** hiç bir fikri olmamak, elinde ipucu bulunmamak.

cli.ché (klişey') *i.* klişe, basmakalıp söz; *matb.* klişe.

click (klik) *i., f.* çıt, sert ve kesik ses, çıtırtı, tıkırtı; (dil) şaklama; *mak.* kastanyola; *f.* çıtırdamak; tıkırdamak; *argo* başarmak; *argo* birbirine uymak, uyuşmak.

cli.ent (klay'ınt) *i.* müvekkil; müşteri, alıcı; eski Roma'da eşraf ve hanedan evlerine intisap eden adam, yanaşma.

cli.en.tele (klayıntel') *i.* müşteriler, müvekkiller, hastalar.

cliff (klif) *i.* uçurum, sarp kayalık. **cliff dweller** kanyonlarda veya dik kaya oyuklarında yaşayan ilkel Amerikalı; *A.B.D., k.dili* apartmanda oturan kimse. **cliffhanger** *i., k.dili* en heyecanlı yerinde kesilen seri filim.

cli.mac.ter.ic (klaymäk'tırîk, klaymäkter'îk) *i., s.* buhranlı yaş devresi; menopoz, âdet kesilmesi; *s.* buhranlı devreye ait. **climacter'ical** *s.* buhranlı, buhranlı devreye ait.

cli.mac.tic (klaymäk'tîk) *s.* zirve ile ilgili; en kritik devreye ait.

cli.mate (klay'mît) *i.* iklim, hava. **climat'ic** *s.* iklimle ilgili.

cli.ma.tol.o.gy (klaymıtal'ıci) *i.* klimatoloji, iklimler ilmi.

cli.max (klay'mäks) *i., f.* şahika, zirve, doruk, tepe, bir şeyin en yüksek noktası; düğüm noktası; *f.* zirveye erişmek, zirveye eriştirmek.

climb (klaym) *f., i.* tırmanmak; tedricen yükselmek; çıkmak; *i.* tırmanacak yer; tırmanış, tırmanma. **climb down** inmek; *k.dili* (bir tutumdan) vazgeçmek.

climb.er (klay'mır) *i.* tırmanan sarmaşık; *k.dili* toplum hayatında yükselmek isteyen kimse.

clime (klaym) *i., şiir* iklim, diyar, ülke.

clinch (klînç) *f., i.* perçinlemek; sağlama bağlamak; *spor* girift olmak, yapışmak; *argo* kucaklamak; *i.* perçinleme; *spor* göğüs göğüse dövüşme; perçinlenmiş çivi; *den.* bir çeşit düğüm. **clincher** *i.* perçinleme; perçinleme çivisi; *k.dili* karar vermeye yeterli olan sebep.

cling (klîng) *f.* (**clung**) yapışmak, sıkıca sarılmak, tutunmak; yakınında olmak; (hatıra v.b.'ne) bağlı olmak. **clinging vine** *k.dili* erkeğe fazla dayanan güvensiz kadın.

cling.stone (klîng'ston) *i., s.* et şeftalisi, çekirdeği etine yapışık şeftali; *s.* çekirdeği etine yapışık olan.

cling.y (klîng'i) *s.* yapışkan, yapışan, sarılan, tutunan.

clin.ic (klîn'îk) *i.* klinik; klinik dersi. **marriage clinic** evlilik sorunlarına çözüm yolu bulan klinik.

clin.i.cal (klîn'îkıl) *s.* klinik ile ilgili; duygulardan arınmış, bilimsel, nesnel. **clinical thermometer** derece. **clinically** *z.* klinik ile ilgili olarak.

cli.ni.cian (klînîş'ın) *i.* klinik tedavi uzmanı.

clink (klîngk) *f., i.* tıkırdamak, şangırdamak, tıkırdatmak, şangırdatmak; *i.* tıkırtı, şangırtı; ritmik bir ses; bazı kuşların haykırışı.

clink (klîngk) *i., argo* hapishane, kodes; hücre.

clink.er (klîng'kır) *i.* sert tuğla; cüruf, ocakta kömür cürufu; *A.B.D., argo* hata; (bilhassa şarkı söylerken veya çalgı çalarken). **clinker built** kaplama parçaları birbirine bindirilmiş gemi.

cli.nom.e.ter (klaynam'ıtır) *i.* klinometre, meyil ölçen alet.

cli.no.met.ric (klaynmet'rîk) *s.* klinometre ile ilgili. **clinomet'rical** *s.* klinometre ile ilgili olarak.

Cli.o (klay'o) *i., mit.* tarih Müzü.

clip (klîp) *f., i.* kırkmak; kırpmak; uçlarını kesmek; bir kısım heceleri yutarak telaffuz etmek; *k.dili* vurmak, indirmek; *k.dili* hızlı gitmek, koşmak; *argo* hile yapmak; gazete veya mecmuadan kupür kesmek; süratli bir şekilde hareket etmek; *i.* kırpma, kırkma, kesme; bir kırkmada elde edilen yün; *k.dili* darbe; adım, sürat; *çoğ.* makas. **clip the wings of** imkânlarını kısıtlamak, engel olmak.

clip joint *A.B.D.*, *argo* vicdansızca fiyat talep eden lokanta veya gece kulübü.

clip (klîp) *i.*, *f.* klips, evrakları birbirine tutturmak için kullanılan madeni tutturacak; tüfek şarjörü; *tıb.* pens; *f.* sıkıca tutmak, sarılmak. **clipboard** *i.* üstünde yazı yazılan klipsli tahta. **paper clip** kâğıt raptiyesi, bağlaç, klips.

clip.per (klîp'ır) *i.*, *çoğ.* kırpma makası, saç kesme makinası; *tek.* sürat teknesi; hava gemisi, kliper tipi uçak; süratle seyreden herhangi bir şey. **nail clipper** kıskaçlı tırnak makası. **hair clippers** saç kesme makinası.

clip.ping (klip'ing) *i.* kesme, kırpma, kırkma; *A.B.D.* gazete kupürü.

clique (klik, klîk) *i.*, *f.* grup, komite, hizip; klik, *f.* komite · teşkil etmek, grup meydana getirmek. ayrı tutmak. **cli'quish** *s.* grubu dışındakilere yüz vermeyen, ayrıcalık gözeten. **cliquishly** *z.* belirli bir grubun dışındakilere yüz vermeyerek. **cliquishness** *i.* klik meydana getirme, ayrıcalık gösterme.

cli.to.ris (klay'tırîs, klît'ırîs) *i.*, *anat.* fercin dili, klitoris, bızır, dılak.

clo.a.ca (klowey'kı) *i.* (*çoğ.* -cae) apteshane; lağım; *zool.* dışkılık, göden. **cloacal** *s.* gödene ait.

cloak (klok) *i.*, *f.* pelerin; manto; perde; paravana; bahane; *f.* pelerin veya manto ile örtmek; gizlemek, saklamak. **cloakroom** *i.* vestiyer.

clob.ber (klab'ır) *f.*, *A.B.D.*, *argo* kıyasıya dövmek; yenmek.

cloche (kloş, klôş) *i.* bitkileri korumak için üzerine konan çan şeklindeki muhafaza; çan şeklinde olup başa sıkı oturan şapka.

clock (klak) *i.*, *f.* saat, duvar veya masa saati; *f.* saat tutmak, saatle ölçmek. **clockmaker** *i.* saatçi. **clockwise** *s.*, *z.* saat yelkovanı yönünde. **clockwork** *i.* saatin içindeki parçalar. **like clockwork** muntazam olarak. **alarm clock** çalar saat.

clock (klak) *i.* çorabın iki tarafında bilekten yukarı doğru çıkan ajur. **clocked** *s.* ajurlu, süslü.

clod (klad) *i.* toprak veya çamur parçası, kesek; toprak; budala kimse, aptal kimse. **cloddish** *s.* aptal. **cloddishness** *i.* aptallık. **clodhopper** *i.*, *k.dili* hantal kimse; *çoğ.* büyük ağır ayakkabı.

clog (klag) *i.* mânia, engel; köstek; tahta ayakkabı, takunya, nalın. **clog dance** tahta ayakkabı ile oynanan dans.

clog (klag) *f.* (-ged, -ging) tıkamak, tıkanmak; köstek vurmak; engel olmak, mâni olmak; sıkmak; engellenmek, mâni olunmak; pıhtılaşmak.

cloi.son.né (kloyzıney') *i.* renkli kısımların birbirlerinden madenî şeritlerle ayrıldığı emaye işi.

clois.ter (kloys'tır) *i.*, *f.* manastır; bir binaya bitişik üstü kapalı kemerli yol; münzevi hayat, manastır hayatı; *f.* manastıra kapatmak; tecrit etmek, ayırmak; manastır haline getirmek. **cloistered** *s.* manastırda oturan; dünyadan uzak. **cloistral** *s.* manastır ile ilgili.

clon, clone (klon) *i.*, *bot.* bölünen bir bitkiden meydana gelen bitkiler, *zool.* özel bir muamele ile nüvesi faal duruma getirilmiş hücrelerden meydana gelen ve birbirine benzeyen canlılar grubu.

clo.nus (klo'nıs) *i.*, *tıb.* klonüs, ihtilâç. **clonic** *s.* klonüse ait.

clop (klap) *i.*, *f.* atın ayaklarının çıkardığı ses; *f.* böyle ses çıkarmak.

close (klos) *s.* yakın, birbirine yakın; kısımları birbirine yakın, sıkı; kapalı, kapatılmış; dar, sıkışık; havasız; fikirlerini açıklamaktan kaçınan, sıkı ağızlı; gizli tutulan, saklı, mahrem; cimri, hasis; *dilb.* ağzı kısarak söylenen (harf); hemen hemen eşit olan. **close call, close shave** *A.B.D.*, *k.dili* paçayı zor kurtarma. **close contest, close game** beraberliğe yakın oyun veya yarış. **close haircut** kısa saç tıraşı. **close quarters** sıkışık yer. **close reasoning** mantıkî açıklama. **close resemblance** yakın benzerlik. **close to home** yürek yakıcı tesiri olan. **close to the wind** *den.* orsasına, rüzgâr yönüne doğru.

close (kloz) *f.* kapamak, kapatmak; tıkamak, doldurmak (delik); son vermek; etrafını çevirmek, ihata etmek; kapanmak; sona ermek; yaklaşmak; anlaşmaya varmak; birleşmek. **close down** kapamak; kapanmak. **close in on** etrafını çevirmek. **close out** *A.B.D.* hepsini satmak, indirimli satmak. **close up** kapatmak, kapanmak; birbirine yaklaşmak. **closed** *s.* kapalı. **closed circuit** kapalı devre. **closed season** avlanmanın yasak olduğu mevsim. **closed shop** yalnız sendika üyelerini çalıştıran fabrika.

close (kloz) *i.* sonuç, nihayet; bağlantı; göğüs göğüse kavga.

close (klos) *i.* avlu, kilise avlusu, etrafı çevrili arazi; *İng. ve İskoç.* geçit, giriş yolu.

close-fist.ed (klos'fîs'tîd) *s.* cimri.

close-fit.ting (klos'fît'îng) *s.* dar.

close-grained (klos'greynd') *s.* ince damarlı (ağaç).

close-hauled (klos'hôld) *s., z., den.* orsasına.

close-lipped (klos'lîpt') *s.* sıkı ağızlı.

close-mouthed (klos'maudhd') *s.* sıkı ağızlı, konuşmaz.

close-or.der drill (klos'ôrdır) *ask.* talim.

clos.et (klaz'ît) *i., s., f.* küçük oda, bölme; hücre; tuvalet, helâ, apteshane; *s.* özel, şahsî; gizli, mahrem; uygulanma kabiliyeti olmayan; *f.* özel bir odaya kapatmak; mülâkat veya görüşme yapmak için bir odaya çekilmek. **closet drama** okunmak için yazılmış piyes. **skeleton in the closet** şerefe leke süreceği için gizlenen şey.

clo.sure (klo'jır) *i., f.* kapama, kapanma; son verme, sona erdirme; kapayan kısım; bir toplantıda tartışmaları keserek oylamaya geçiş; *f.* tartışmaları keserek oylamaya geçmek.

clot (klat) *i., f.* (**-ted, -ting**) pıhtı, top top olan herhangi bir şey; *f.* pıhtılaşmak, top top olmak, kesilmek (süt); pıhtılaştırmak.

cloth (klôth) *i.* kumaş, bez, örtü; rahiplik mesleği, din adamlığı; yelken. **the cloth** rahipler.

clothe (klodh) *f.* (**clothed** *veya* **clad**) giydirmek; üstünü örtmek, kaplamak.

clothes (kloz, klodhz) *i., çoğ.* elbise, esvap, giysi; yatak takımı. **clothes basket** çamaşır sepeti. **clotheshorse** *i.* çamaşır askısı; *A.B.D., argo* giyimine düşkün kimse. **clothesline** *i.* çamaşır ipi. **clothes moth** güve. **clothespin** *i.* mandal. **clothes pole** çamaşır ipini tutan direk. **clothespress** *i.* elbise dolabı.

cloth.ier (klodh'yır) *i.* yün kumaş veya elbise imalâtçısı veya satıcısı.

cloth.ing (klo'dhîng) *i.* giyim eşyası, elbise.

clo.ture (klo'çır) *i., f.* bir toplantıda tartışmaları keserek oylamaya geçiş; *f.* tartışmaları keserek oylamaya geçmek.

cloud (klaud) *i.* bulut; duman veya toz bulutu; leke. **cloudburst** *i.* sağanak. **cloud-capped** *s.* bulut ile kaplanmış (dağ tepesi). **cloud chamber** *fiz.* buhar hücresi. **cloudland** *i.* hayal. **in the clouds** hayal âleminde, dalgın. **under a cloud** şüpheli; dertli.

cloud (klaud) *f.* bulutla kaplamak, karartmak, örtmek; gölgelemek; lekelemek; şüphe altında bırakmak; bulutlanmak, kararmak.

cloud.y (klau'di) *s.* bulutlu, bulutlarla ilgili; dalgalı (mermer); dumanlı; karanlık, açık olmayan; şüphe altında; töhmet altında. **cloudily** *z.* bulutlu olarak. **cloudiness** *i.* bulutlu olma.

clough (klʌf, klau) *i.* dar bir vadi.

clout (klaut) *i., f., k.dili* tokat, darbe; hedef, nişan alınan nokta; isabet kaydeden atış; *argo* etki; nüfuz, *slang* piston; *f., k.dili* tokat atmak, vurmak; *colloq.* yama yapmak. **clout nail** geniş başlı çivi.

clove (klov) *i.* karanfil (baharat); karanfil ağacı, *bot.* Caryophyllus aromaticus; diş (sarmısak). **Indian clove bark** karanfil kabuğu.

clove (klov) *bak.* **cleave.**

clove hitch *den.* kazık bağı.

clo.ven (klo'vın) *bak.* **cleave;** *s.* yarık, ayrık, çatal. **cloven - footed, cloven - hoofed** *s.* çatal tırnaklı; şeytanca.

clo.ver (klo'vır) *i.* yonca, *bot.* Trifolium. **in clover** müreffeh, hali vakti yerinde. **hare's foot clover** tavşan paçası yonca, *bot.* Trifolium arvense. **king's clover** sarı yonca, *bot.* Melilotus officinalis. **red clover** kızıl yonca, *bot.* Trifolium pratense. **wild clover** yabanî yonca, *bot.* Trifolium medium.

clo.ver.leaf (klo'vırlîf) *i.* (*çoğ.* **-leafs**) yonca yaprağı kavşağı, altlı üstlü geçiş sağlayan kavşak.

clown (klaun) *i., f.* soytarı, palyaço; köylü; kaba adam; *f.* soytarılık etmek. **clownish** *s.* budala; kaba. **clownishness** *i.* soytarılık; kabalık; budalalık.

cloy (kloy) *f.* bıktırmak, usandırmak, gına getirmek.

club (klʌb) *i.* sopa, çomak; golf sopası; kulüp; dernek; kulüp binası; *iskambil* sinek, ispati. **club car** *d.y.* büfeli vagon. **club moss** kurdayağı, *bot.* Lycopodium clavatum. **club sandwich** içine et, peynir ve domates konarak yapılan üç dilim ekmek. **club steak** ufak fileto. **golf club** golf kulübü; golf değneği.

club (klʌb) *f.* sopa ile vurmak, dövmek; bir araya toplamak; parasını ortak bir masrafa veya işe yatırmak. **club together** bir araya gelmek, toplanmak; bir dernek meydana getirmek.

club.ba.ble, club.a.ble (klʌb'ıbıl) *s.* bir kulüp üyeliğine lâyık; girgin, toplum hayatına uyabilen.

club.foot (klʌb'fut) *i.* yumru ayak.

club.haul (klʌb'hôl) *f., den.* tehlike zamanında geçici olarak demir atmak.

club.house (klʌb'haus) *i.* kulüp binası.

cluck (klʌk) *f., i.* gıdaklamak; *i.* gıdaklama; *A.B.D. argo* aptal kimse.

clue (klu) *i., f.* ipucu, iz, anahtar; *f.* bilgi vermek, aydınlatmak.

clump (klʌmp) *i., f.* yığın, küme; *f.* yığmak, kümelemek; ağır adımlarla yürümek.

clum.sy (klʌm'zi) *s.* hantal, biçimsiz, beceriksiz, sakar. **clumsily** *z.* hantalca. **clumsiness** *i.* hantallık.

clung (klʌng) *bak.* **cling.**

clus.ter (klʌs'tır) *i., f.* salkım, hevenk; tutam, demet; küme, grup; *f.* salkım haline getirmek; demet yapmak; bir araya toplanmak, salkım haline gelmek.

clutch (klʌç) *i., f.* kavrama, sıkıca tutma; *mak.* kenet, ambreyaj; *oto.* debriyaj; *f.* kavramak, yakalamak; kapmak. **clutch pedal** *oto.* debriyaj pedalı.

clutch (klʌç) *i.* bir defada kuluçkaya yatırılan yumurtalar; bir defada kuluçkadan çıkan civcivler.

clut.ter (klʌt'ır) *f., i.* yığmak, düzensizce atmak; koşuşmak; gürültü etmek; gürültülü bir şekilde ve acele olarak konuşmak; *i.* yığın, çöp yığını; karışıklık, kargaşalık; gürültü, patırtı.

clys.ter (klîs'tır) *i., tıb.* tenkıye, lavman.

cm. *kıs.* centimeter, centimeters.

Co. *kıs.* company, county.

co- *önek* birlikte, müşterek, ortak.

c.o., c/o *kıs.* care of eliyle, vasıtasıyla; **carried over;** *b.h.* **Commanding Officer.**

coach (koç) *i.* fayton; çift kapılı otomobil; yolcu otobüsü; *d.y.* yolcu vagonu.

coach (koç) *i., f., spor* antrenör; özel öğretmen; *f.* yetiştirmek, antrenörlük etmek, özel ders vermek.

coach.man (koç'mın) *i.* (*çoğ.* **-men**) arabacı; balık avında kullanılan bir çeşit yapma sinek.

co.ac.tion (kowäk'şın) *i.* zorlama, mecbur tutma; engelleme; birbirini etkileme.

co.ad.ju.tor (kowäc'ûtır) *i.* yardımcı (piskopos).

co.ad.u.nate (kowäc'ûnît) *s., zool., .bot.* birleşmiş.

co.ag.u.late (kowäg'yıleyt) *f.* pıhtılaştırmak; pıhtılaşmak. **coag'ulant** *s.* pıhtılaştıran. **coagula'tion** *i.* pıhtılaşma. **coag'ulator** *i.* pıhtılaştıran madde.

co.ag.u.lum (kowäg'yılım) *i.* (*çoğ.* **-la**) pıhtı.

coal (kol) *i.* kömür, maden kömürü; *çoğ.* kor. **coal basket** *den.* kömür çavalyesi. **coal bed** *jeol.* maden kömürü yatağı. **coalbin** *i.* kömürlük. **coal black** simsiyah, kuzgunî siyah. **coal breaker** *mad.* kömür kırıcı. **coal bunker** gemi kömürlüğü. **coal gas** havagazı. **Coal Measures** *jeol.* içinde maden kömürü bulunan yerküre tabakası. **coal oil** gazyağı (*bak.* **kerosene**). **coalsack** *i., astr.* samanyolundaki karanlık yer. **coal scuttle** kömür kovası. **coal tar** kömür katranı. **coalyard** *i.* kömür deposu. **brown coal** linyit. **hard coal** antrasit. **soft coal** bitüm. **carry coals to Newcastle** tereciye tere satmak. **haul over the coals** azarlamak.

coal (kol) *f.* kömür haline gelinceye kadar yakmak; *den.* kömür vermek, kömür almak. **coaling station** kömür ikmal limanı veya iskelesi.

co.a.lesce (kowıles') *f.* birleşmek, yekvücut olmak. **coalescence** *i.* birleşme, birleşim. **coalescent** *s.* birleşmek üzere olan.

co.a.li.tion (kowılîş'ın) *i.* koalisyon, birleşme.

coam.ing (ko'mîng) *i.* kuyu bileziği; çatı deliği yan pervazı; *çoğ., den.* ambar ağzı veya kaporta çerçevesi, mezarna.

coarse (kôrs) *s.* adi, bayağı, kaba; kalın; terbiyesiz; hissiz; işlenmemiş. **coarsely** *z.* kabaca. **coarseness** *i.* kabalık; terbiyesizlik.

coarse-grained (kôrs'greynd') *s.* kaba damarlı (ağaç); kaba.

coars.en (kôr'sın) *f.* kabalaşmak, kabalaştırmak.

coast (kost) *i.* sahil, deniz kıyısı; kayak yapmak için uygun yokuş. **coast artillery** *ask.* sahil topçusu. **Coast Guard** sahil muhafızı. **coastline** *i.* kıyı boyu. **coastwise** *s., z.* kıyıdan, kıyı

boyunca. **off the coast of** sahillerine yakın.
The coast is clear. Kimse yok. Meydan
boş. **coastal** *s.* kıyı, sahil, kıyısal.

coast (kost) *f.* yokuş aşağı inmek veya kaymak
(kayak, bisiklet); *den.* kıyı boyunca gitmek.
coaster *i.* bardak altı; sahil boyunca işleyen
ticaret gemisi. **coaster brake** bisiklette pedal
freni. **coast.ing** (kos'tîng) *s., argo* uyuşturucu ilâç
tesirinde.

coat (kot) *i., f.* palto, ceket; kat, tabaka; *f.*
kaplamak, geçmek (boya v.b.). **coat hanger**
elbise askısı, askı. **coat of arms** hanedan
arması. **coat of paint** bir kat boya. **coattail,
coattails** *i.* frakın kuyrukları. **dress coat**
frak. **on his coattails** sayesinde. **coating** *i.*
tabaka, kat; paltoluk kumaş.

co.a.ti (kowa'ti) *i.* Güney ve Orta Amerika'ya
mahsus kedi büyüklüğünde bir cins memeli
hayvan, *zool.* Nasua.

coax (koks) *f.* tatlı sözlerle kandırmak, gönlünü
yapmak; dil dökmek. **coax a thing out of
a person** tatlı sözlerle kandırarak bir şey
elde etmek.

co.ax.i.al (kowäk'siyıl) *s., mat.* ortak eksenli.
coaxial cable *elek.* yüksek frekanslı sinyaller
taşımak için hususî bir şekilde imal edilen
kablo.

cob (kab) *i., A.B.D.* mısır koçanı; erkek kuğu;
kısa bacaklı bir cins binek atı; bir cins martı.

co.balt (ko'bôlt) *i.* kobalt. **cobalt blue** kobalt
mavisi.

cob.ble (kab'ıl) *i., f.* kaldırım taşı; *f.* kaldırım
taşı döşemek; ayakkabı tamir etmek, pençe
vurmak. **cobblestone** *i.* parke taşı, kaldırım
taşı.

cob.bler (kab'lır) *i.* ayakkabı tamircisi; şarap,
şeker ve meyvadan yapılmış bir içki; *A.B.D.*
meyvalı tart.

co.bel.lig.er.ent (kobılic'ırınt) *i.* birlikte har-
beden devletlerden biri.

co.ble (ko'bıl, kab'ıl) *i.* İngiltere ve İskoçya'ya
mahsus dibi yassı sandal.

cob.nut (kab'nʌt) *i.* fındık; fındık ağacı.

co.bra (ko'brı) *i.* kobra yılanı.

cob.web (kab'web) *i.* örümcek ağı; dayanıklı
olmayan herhangi bir şey; tuzak, ağ, hile;
çoğ. örümcek ağları; zihin karışıklığı.

co.ca (ko'kı) *i.* Güney Amerika'ya mahsus

yaprakları kokainli bir bitki, *bot.* Erythroxylon
coca.

co.caine (kokeyn', ko'keyn) *i.* kokain. **cocain-
ism** *i., tıb.* kokain kullanma alışkanlığı,
kokain iptilâsı.

coc.cus (kak'ıs) *i. (çoğ. -ci) bot.* içli çekirdek,
içi yenir çekirdek.

coc.cyx (kak'siks) *i., anat.* kuyruksokumu ke-
miği, koksiks, paldım kemiği.

Co.chin (ko'çîn, kô'çîn) *i.* bacakları çok tüylü
iri bir cins tavuk.

coch.i.neal (kaçınil', kaç'ınil) *i.* kırmız. **coch-
ineal insect** kırmızböceği, *zool.* Coccus
ilicis.

coch.le.a (kak'liyı) *i., anat.* koklea, kulak sal-
yangozu. **cochlear duct** *anat.* salyangoz
kanalı.

cock (kak) *i., f., s.* horoz; horoz ötüşü; her-
hangi bir erkek kuş; önder, *slang* horoz;
rüzgârgülü; valf, anahtar, musluk; tüfek
horozu, tabanca horozu; ateşe hazır oluş;
yukarı doğru kıvrılma (şapka kenarı); *kaba*
penis, kamış; *f.* tüfek horozunu ateşe hazır
duruma getirmek; umursamazlıkla yana çevir-
mek (baş); ħazır etmek; havaya dikmek; kur-
mak (fotoğraf makinası); *s.* erkek. **cock-and-
bull story** uydurma laf, kurt masalı. **cock
of the walk** önder, lider; gururlu ve umursa-
maz kimse. **go off at half cock** hazırlıksız
iş görmek. **half cock** alt tetik. **speckled
cock** çil horoz. **cock one's ħat** şapkayı yan
giymek. **cocked hat** yanları kalkık bir çeşit
üniforma şapkası. **knock into a cocked
hat** tanınmaz hale getirmek, pestile çevirmek;
suya düşürmek.

cock (kak) *i., f.* saman yığını, ot yığını; *f.* sa-
man yığmak.

cock.ade (kakeyd') *i.* şapkaya takılan rozet
veya düğme, kokart.

cock-a-doo.dle-doo (kak'ıdudıldu') *i.* horoz
ötmesi, kukuriku.

cock-a-hoop (kakıhup') *s.* çok neşeli, şen;
çarpık, bozuk; övüngen.

Cock.aigne (kakeyn') *i.* hayalî bir tembellik
ve lüks diyarı.

cock.a.leek.ie (kakıli'ki) *i.* pırasalı tavuk çorbası.

cock.a.lo.rum (kakılôr'ım) *i.* küçük horoz;
büyüklük taslamaya özenen kimse.

cock.a.too (kakıtu', kak'ıtu) *i.* ibikli ve rengâ-
renk tüylü birkaç çeşit papağan.

cock.a.trice (kak'ıtrîs) i. horoz yumurtasından hâsıl olduğu farzolunan hayalî bir yılan.

cock.bill (kak'bîl) f., den. lengeri fondaya alesta etmek.

cock.boat (kak'bot) i. küçük sandal.

cock.chaf.er (kak'çeyfır) i. mayısböceği, zool. Melolontha vulgaris.

cock.crow (kak'kro) i. sabah, slang karga bokunu yemeden.

cock.er (kak'ır) i. horoz dövüştüren kimse. cocker spaniel bir cins spanyel köpeği.

cock.er.el (kak'ırıl) i. yavru horoz.

cock.eyed (kak'ayd) s. şaşı gözlü; çarpık, eğri; argo saçma, budala; argo küfelik.

cock.fight (kak'fayt) i. horoz dövüşü.

cock.horse (kak'hôrs') i. tahta at, oyuncak at.

cock.i.ness (kak'inîs) i., k.dili kendine aşırı güvenme.

cock.le (kak'ıl) i. tarak; midye ve istiridyeye benzer eti yenir bir deniz hayvanı, zool. Cardium edule; bu hayvanın kabuğu; küçük hafif sandal. cockleshell i. tarak kabuğu; küçük hafif sandal; kırışık. corn cockle karamuk, bot. Agrostemma githago. It warmed the cockles of my heart. Beni çok memnun etti.

cock.le (kak'ıl) f. buruşturmak, buruşmak.

cock.le (kak'ıl) i. delice; buğdaygiller arasında yetişen zararlı ot.

cock.le.bur (kak'ılbır) i. dulavratotu; kazık otu; pıtrak, bot. Xanthium.

cock.loft (kak'lôft) i. çatı arası.

cock.ney (kak'ni) s., i. Londralı, bilhassa Londra'ya has şive ile konuşan (kimse).

cock.pit (kak'pît) i. pilot kabini; gemilerin kıç tarafında bulunan alçak güverte; eski harp gemilerinde revir; horoz dövüşlerinin yapıldığı yer; mücadele alanı.

cock.roach (kak'roç) i. hamamböceği, zool. Blatta orientalis; karafatma, zool. Carabus.

cocks.comb (kaks'kom) i. horoz ibiği; horozibiği çiçeği; züppe kimse.

cock.shy (kak'şay) i., f. nişan tahtası; f. hedefe atmak.

cock.sure (kak'şûr) s. kendinden fazla emin, kendine fazla güvenen.

cock.tail (kak'teyl) i. kokteyl; karides kokteyli; meyva kokteyli.

cock.tail (kak'teyl) i. güdük kuyruklu at; saf kan olmayan at; asil diye geçinen kimse.

cock.y (kak'i) s., k.dili kendini beğenmiş.

co.co (ko'ko) i., s. hindistancevizi ağacı ve meyvası; s. hindistancevizi liflerinden yapılmış.

co.coa (ko'ko) i. kakao; kakao rengi. cocoa bean kakao çekirdeği. cocoa butter kakao yağı.

co.con.scious (kokan'şıs) i., psik. bilinç beraberliğindeki zihnî süreçler.

co.co.nut (ko'kınʌt, -nıt) i. büyük hindistancevizi, bot. Cocos nucifera.

co.coon (kıkun') i. koza.

cod (kad) i. morina, zool. Gadus morrhua. codbank i. morina bulunan sığlık. codfish i. morina. cod-liver oil balık yağı.

C.O.D., c.o.d. kıs. cash on delivery; collect on delivery.

co.da (ko'dı) i., müz. bir parçanın sonundaki bitiş bölümü.

cod.dle (kad'ıl) f. yavaş yavaş kaynatmak; fazla hisli davranmak; ihtimam göstermek, üstüne titremek.

code (kod) i., f. kanun, kanunname; düstur; şifre; f. kanun haline getirmek; şifre ile yazmak. Code Napoléon 1804 yılında yürürlüğe giren Fransız Medeni Kanunu, Napolyon Kanunu. code of honor düello edenlerin usul ve nizamları. medical code tıp mesleği kanun veya prensipleri. Morse code Mors alfabesi.

co.de.fen.dant (kodifen'dınt) i. ortak savunucu.

co.deine (ko'din, ko'diyin) i. kodein.

co.dex (çoğ. -di.ces) (ko'deks, -dısiz) i. el yazması kitap, bilhassa eski Kitabı Mukaddes veya klasik metinlerin nüshası.

codg.er (kac'ır) i., k.dili tuhaf adam, antika kimse.

cod.i.cil (kad'ısıl) i., huk. ek vasiyetname.

cod.i.fy (kad'ıfay, ko'dıfay) f. kanun halinde toplamak; bir sisteme bağlamak. codifica'tion i. kanun halinde toplama.

cod.ling (kad'lîng) i. morina yavrusu; İng. birkaç çeşit elma; ham elma. codling moth bir çeşit meyva kurdu, zool. Carpocapsa pomonella.

co.ed (kowed') i. karma yüksek okullarda kız talebe.

co.ed.u.ca.tion (kowecûkey'şın) i. karma öğretim. coeducational s. karma öğretimi uygulayan.

co.ef.fi.cient (kowıfîş'ınt) *i., s.* katsayı, emsal; *s.* beraber çalışan. **coefficient of expansion** genişleme katsayısı. **coefficient of friction** sürtünme katsayısı. **differential coefficient** türev.

-coele, -cele *sonek* oyuk (tıbbî terimlerde bedende oyuk anlamında kullanılır).

coe.len.ter.ate (silen'tıreyt) *i., zool.* mercan ve denizanası gibi torba vücutlu hayvan, selentere.

coe.li.ac, ce.li.ac (si'liyäk) *s., anat.* karın boşluğu ile ilgili.

co.empt (kowempt') *f.* bütün malları kontrol altına almak.

co.emp.tion (kowemp'şın) *i.* piyasadaki malı kapatma; fiyatı kontrol altına almak için bir malın tamamını satın alma.

coe.nes.the.sia (sinisthi'jı, -jiyı) *bak.* **cenesthesia.**

co.e.qual (kowi'kwıl) *i., s.* eş; *s.* eşit, müsavi; akran, denk.

co.erce (kowırs') *f.* zorlamak, mecbur etmek; baskı altında tutmak, tazyik etmek. **coercion** (kowır'şın) *i.* tazyik, zorlama, baskı. **coercionist** *i.* baskı politikası taraftarı. **coercive** *s.* cebri, zorla yapılan.

co.es.sen.tial (kowisen'şıl) *s.* aslı bir olan.

co.e.ta.ne.ous (kowitey'niyıs) *s.* yaşıt, akran; muasır, çağdaş.

co.e.ter.nal (kowitir'nıl) *s.* ezelî ve ebedî olarak bir arada bulunan.

co.e.val (kowi'vıl) *s., i.* yaşıt, akran, muasır, çağdaş (şey).

co.ex.ist (kowigzist') *f.* bir arada var olmak. **coexistence** *i.* bir arada var oluş.

co.ex.tend (kowikstend') *f.* aynı yer veya zamanda var olmak. **coextension** *i.* aynı yer veya zamanda bitme. **coextensive** *s.* aynı yer veya zamanda biten.

cof.fee (kôf'i) *i.* kahve, kahve ağacı, *bot.* Coffea arabica. **coffee bean** kahve çekirdeği. **coffee break** *A.B.D.* çalışma esnasında verilen kahve veya çay molası. **coffee cake** kahvaltı pastası. **coffee cup** alafranga kahve fincanı. **coffee grounds** kahve telvesi. **coffee house** çayevi, çayhane, kahvehane, kıraathane, kahve. **coffee mill** kahve değirmeni. **coffee nut** çekirdekleri kahve yerine kullanılan bir çeşit yüksek ağaç, *bot.* Gymnocladus dioicus. **coffeepot** *i.* cezve,

çaydanlık, kahve demliği. **coffee shop** kahve, çay ve hazır yemekler çıkaran lokanta. **coffee spoon** tatlı kaşığı. **coffee table** çay masası.

cof.fer (kôf'ır) *i., f.* sandık, kasa, kutu; *gen. çoğ.* hazine, para; *mim.* girintili ve tahta kaplama tavan panosu; *f.* sandığa veya kutuya koymak; sandığa veya hazineye yatırmak (para); *mim.* kutuya benzer şekillerle süslemek. **cofferwork** *i., mim.* sandık şeklinde tezyinatı olan duvar yüzü.

cof.fer.dam (kôf'ırdäm) *i., mim., den.* batardo, koferdam.

cof.fin (kôf'in) *i., f.* tabut; atın toynağı içinde kalan kısım; *f.* tabuta koymak. **coffin bone** atın toynağı içindeki ayak kemiği. **coffin nail** *argo* sigara. **coffin plate** tabut üstüne konulan levha. **drive a nail into one's coffin** üzüntü veya içki ile ölümünü yaklaştırmak, ömür törpüsü olmak.

cof.fle (kaf'ıl) *i.* insan veya hayvan kafilesi, birbirine bağlanmış esirler kafilesi.

cog (kag) *i.* çark dişi, diş; dişli çark; ikinci derecede fakat önemli bir iş yapan kimse, sağ kol. **cog rail** dişli ray. **cog railway** dişli raylı demiryolu. **slip a cog** hata etmek, yanlış yapmak.

cog (kag) *i., f.* hile; *f.* zar tutmak; hile yapmak.

co.gent (ko'cınt) *s.* inandırıcı, ikna edici, kuvvetli. **cogency** *i.* ikna kuvveti, inandırıcılık. **cogently** *z.* ikna ederek.

cog.i.tate (kac'ıteyt) *f.* düşünmek, düşünüp taşınmak, tasarlamak. **cogitable** *s.* akla gelebilir, idrak olunur, anlaşılır, kavranabilir. **cogita'tion** *i.* düşünme, düşünüp taşınma. **cogitative** *s.* fikir sahibi olan, düşünceli.

co.gnac (kon'yäk, kan'-) *i.* kanyak.

cog.nate (kag'neyt) *s., i.* kan bağı ile bağlı olan; aynı kökten gelen (dil, kelime); aynı huyda, birbirine benzer; *i.* akraba; aynı soydan veya cinsten olan şey. **cogna'tion** *i.* aynı soydan veya kökten gelme.

cog.ni.tion (kagnîş'ın) *i.* bilme, vukuf; idrak, kavrama; aklın bilme veya idrak kabiliyeti.

cog.ni.tive (kag'nıtiv) *s.* bilmeye veya kavramaya ait.

cog.ni.za.ble, İng. cog.ni.sa.ble (kag'nızıbıl,) kagnay'zıbıl) *s.* idrak olunur, tanınabilir; mahkemenin yetki kapsamına giren.

cog.ni.zance, *İng.* **cog.ni.sance** (kag'nızıns) *i.* idrak, kavrama; farkına varma; bilgi, malumat; *huk.* mahkemenin davayı dinlemesi; itiraf; kaza hakkı; yetki alanı; bilgi veya gözlem alanı. **It falls within my cognizance.** Beni ilgilendirir. **take cognizance of** dikkat etmek, göz önüne almak; önem vermek, karışmak, yetkisi ve görevi dahilinde bulunmak (mahkeme). **cognizant of** haberdar, farkında olan, bilen.

cog.nize (kag'nayz) *f.* bilmek, idrak etmek, kavramak; tanımak.

cog.no.men (kagno'mın) *i.* soyadı; lakap.

co.gno.scen.te, co.no.scen.te (konyoşen'tey, konoşen'tey) *i.* (*çoğ.* -ti) erbap, ehil, bir işe vâkıf olan kimse.

cog.nos.ci.ble (kagnas'ıbıl) *s.* bilinir, idrak olunur, anlaşılır.

cog.no.vit (kagno'vit) *i., huk., Lat.* itirafname, ikrar, davalının yazılı ikrar ve kabulü.

cog.wheel (kag'hwil) *i.* dişli çark.

co.hab.it (kohäb'it) *f.* karı koca olarak bir arada oturmak (*gen.* gayrimeşru şekilde), beraber yaşamak; *eski* aynı yerde oturmak. **cohabitant** *i.* aynı yerde oturan kimse. **cohabita'tion** *i.* bir arada yaşama.

co.heir (ko'wer) *i.* müşterek vâris, ortak mirasçı. **coheiress** *i.* ortak mirasçı (kadın).

co.here (kohir') *f.* mantıken birbirine bağlı olmak; birbirini tutmak, tutarlı olmak; yapışmak, iltisak etmek.

co.her.ence, co.her.en.cy (kohir'ıns, kohir'ınsi) *i.* tutarlık; uygunluk; yapışma, iltisak.

co.her.ent (kohir'ınt) *s.* uygun, ahenkli; yapışık, iltisaklı. **coherently** *z.* tutarlı olarak.

co.her.er (kohir'ır) *i., elek.* eski tip dalga reseptörü.

co.he.sion (kohi'jın) *i.* bağlılık; yapışma, iltisak, birleşme; kavuşma. **cohesive** *s.* bağlı; yapışık. **cohesively** *z.* bağlılıkla; yapışık olarak. **cohesiveness** *i.* bağlılık; yapışıklık.

co.ho.bate (ko'hobeyt) *f., ecza.* ikinci defa damıtmak.

co.hort (ko'hôrt) *i.* eski Roma'da piyade taburu, kohort, bir lejyonun onda biri; bir grup asker; herhangi bir insan topluluğu; arkadaş; *k.dili* işbirlikçi.

coif (koyf) *i., f.* takke, bone, külâh; saç tuvaleti; *f.* takke giydirmek; saç tuvaleti yapmak.

coif.feur (kwaför') *i.* kuaför, kadın berberi olan erkek.

coif.fure (kwafyûr') *i.* saç biçimi, saç tuvaleti; başlık.

coign (koyn) *i.* çıkıntılı köşe; takoz. **coign of vantage** bir hareket veya gözlem için elverişli nokta.

coil (koyl) *i., f.* kangal; *den.* roda; halka, kangal şeklinde boru; halka şeklinde kıvrılmış saç; *elek.* bobin; *f.* kangal etmek veya olmak, sarmak veya sarılmak; *den.* roda etmek. **primary coil** birinci devre bobini. **secondary coil** ikinci devre bobini.

coin (koyn) *i., f.* madeni para, sikke; para; *mim.* köşe, açı; köşe taşı; *f.* madenî para bastırmak, basmak; icat etmek, bulmak; para kazanmak; *İng., k.dili* kalp para basmak. **coin money** kısa zamanda servet yapmak. **coin a phrase** bir söz icat etmek. **false coin** kalp para; sahte şey. **pay one in his own coin** misli ile mukabele etmek, aynı şekilde karşılık vermek.

coin.age (koy'nic) *i.* para basma; meskûkât; tedavüldeki para, geçerli para; bir memleketin para sistemi; icat, imal edilmiş herhangi bir şey, yeni kelime. **loose coinage** bozukluk, bozuk para, ufaklık.

co.in.cide (kowinsayd') *f.,* **with** *ile* rastlaşmak, aynı zamanda meydana gelmek, tesadüf etmek; uymak, bir olmak. **coin'cident** *s.* birbirine rast gelen, mütesadif; mutabık, birbirine uyan. **coin'cidence** *i.* tesadüf, rastlantı. **coinciden'tal** *s.* rastlantı eseri olan, tesadüfî. **coinciden'tally** *z.* tesadüfen, şans eseri olarak.

coin.er (koyn'ır) *i.* para basan kimse; *İng.* kalpazan; yeni kelime ve deyimler icat eden kimse.

co.in.her.it.ance (kowinher'ıtıns) *i.* müşterek miras, miras ortaklığı. **coinheritor** *i.* miras ortağı.

co.in.stan.ta.ne.ous (kowinstıntey'niyıs) *s.* aynı dakikada vaki olan.

co.in.sur.ance (kowinşûr'ıns) *i.* ortak sigorta poliçesi.

co.in.sure (kowinşûr') *f.* ortak sigorta yapmak.

coir (koyr) *i.* büyük hindistancevizinin lifi. **coir rope** bu liften yapılmış ip, gomba. **coir mat** bu liften yapılmış hasır.

co.i.tion, co.i.tus (kowîş'ın, ko'wîtıs) *i.* cinsî münasebet, çiftleşme.

coke (kok) *i.* kok kömürü.

coke (kok) *i., k.dili* kola cinsi içecekler; *argo* kokain.

cok.ie (kok'i) *i., argo* kokain tiryakisi.

col (kal) *i., coğr.* geçit; *meteor.* iki antisiklon arasındaki alçak basınç alanı.

co.la (ko'lı) *i.* kola, kola cevizi, *bot.* Cola acuminata.

col.an.der (kʌl'ındır, kal'-) *i.* süzgeç, kevgir.

cold (kold) *s., z., i.* soğuk; üşümüş; soğumuş, ölmüş; nesnel; *A.B.D., k.dili* baygın, şuursuz; bayat; *k.dili* (saklambaçta) uzak; doňuk (renk); *z., A.B.D., argo* tamamıyle, kesin olarak; hazırlıksız olarak; *i.* soğukluk; üşüme; nezle, soğuk algınlığı; donma noktası altındaki derece; düşük ısı. **cold feet** *k.dili* cesaretsizlik, korkaklık. **throw cold water on (an idea)** (bir fikri) çürütmek. **out in the cold** açıkta kalmış; kasten açıkta bırakılmış. **catch cold, take cold** nezle olmak. **know something cold** bir şeyi ezbere bilmek. **enter an exam cold** hazırlıksız olarak sınava girmek. **It leaves me cold.** Beni etkilemiyor. Bana vız gelir. **in cold blood** soğukkanlılıkla. **coldly** *z.* soğuk olarak; sertlikle. **coldness** *i.* soğukluk.

cold - blood.ed (kold'blʌd'îd) *s.* duygusuz, merhametsiz, hunhar; soğuğa karşı hassas; *biyol.* soğuk kanlı.

cold chisel soğuk keski, demir kalemi.

cold cream yüz kremi, cilt kremi.

cold cuts (salam, sosis, sucuk gibi) yenmeye hazır et, söğüş.

cold - deck (kold'dek) *f., A.B.D., argo* iskambil kâğıtlarını hileli bir şekilde sıralayarak aldatmak. **cold deck** *A.B.D., argo* dağıtanın kendi çıkarına göre önceden sıraladığı iskambil kâğıtları.

cold frame limonluk.

cold front *meteor.* soğuk hava kitlesi.

cold.heart.ed (kold'har'tîd) *s.* katı kalpli, merhametsiz.

cold light ısısız ışık.

cold pack sebze veya meyvayı kutuya soğuk olarak koyduktan sonra pişirip konserve etme usulü; *tıb.* ıslak sargılarla tedavi usulü.

cold - short (kold'şôrt') *s.* soğuk iken kırılabilir.

cold shoulder *k.dili* soğuk davranış, yüz vermeyiş.

cold snap anî hava soğuması.

cold sore uçuk.

cold steel kılıç, süngü.

cold storage soğuk hava deposu; *k.dili* geçici olarak kullanmama.

cold sweat soğuk ter.

cold turkey *A.B.D., argo* (sigara, esrar v.b.'nden) ansızın mahrum kalma; dobra dobra söylenen söz.

cold war soğuk harp.

cold wave *meteor.* soğuk dalgası.

cole (kol) *i.* lahana cinsinden sebze. **coleslaw** *i.* lahana salatası. **colewort** *i.* göbeksiz bir çeşit lahana, kolza.

co.lec.to.my (kılek'tımi) *i., tıb.* kolonu çıkarma ameliyatı.

col.e.op.ter.a (koliyap'tırı) *i., çoğ., zool.* kınkanatlılar.

co.le.op.ter.ous (koliyap'tırıs) *s.* kınkanatlı, kınkanatlılar takımına ait.

col.ic (kal'îk) *i., tıb.* karın ağrısı; birdenbire nöbet tarzında gelen ağrılar; sancı; bağırsak iltihabı, kolik. **colicky** *s.* karın ağrısı çeken; bağırsak iltihabına benzer.

Col.i.se.um, Col.os.se.um (kalîsi'yım) *i.* Roma'da eski bir amfiteatr; *k.h.* herhangi büyük bir stadyum veya açık hava tiyatrosu.

co.li.tis (kılay'tîs) *i., tıb.* kalınbağırsak iltihabı, kolit.

col.lab.o.rate (kılâb'ıreyt) *f.* beraber çalışmak, işbirliği yapmak. **collabora'tion** *i.* beraber çalışma, işbirliği. **collaborator** *i.* beraber çalışan kimse, işbirliği yapan kimse.

col.lab.o.ra.tion.ist (kılâbırey'şınîst) *i.* askerî birlikler tarafından işgal edilmiş memleketin düşman ile işbirliği yapan vatandaşı.

col.lage (kılaj') *i., güz. san.* kolaj.

col.lapse (kılâps') *f., i.* çökmek, göçmek, yıkılmak; katlanıp bükülmek, açılır kapanır olmak (iskemle, masa); bir sonuca bağlamadan dağılmak (proje, plan); cesaretini kaybetmek; (balon) sönmek; *tıb.* çökmek; ciğerlere hava gitmemek; çökertmek, yıkmak; *i.* göçme, çökme, yıkılma. **collapsible** *s.* portatif, açılır kapanır.

col.lar (kal'ır) *i.* yaka; gerdanlık; halka, kuşak; tasma, hamut; *zool.* hayvanların boynunda yaka şeklindeki teşekkül; *bot.* kökle sapın birleştiği nokta. **collar band** gömleğin yaka şeridi. **collar beam** *mim.* çatının kuşaklık kirişi. **be hot under the collar** kızmak, öfkelenmek. **seize by the collar** yakasına yapışmak. **slip the collar** yakayı sıyırmak, kaçmak, yakayı kurtarmak.

col.lar (kal'ır) *f.* yaka takmak, tasma takmak; yakalamak, yakasına yapışmak; pişirmek için eti sarmak; *k.dili* ele geçirmek.

col.lar.bone (kal'ırbon) *i., anat.* köprücük kemiği.

col.lar.et (kalıret') *i.* dantel veya kürkten yapılmış küçük yaka.

col.late (kıleyt', kal'eyt) *f.* karşılaştırarak okumak, karşılaştırmak (metin); *matb.* tertip etmek, sayfaları sıraya koymak, harman yapmak; *kil.* papazı kilise memuriyetine tayin etmek.

col.lat.er.al (kılät'ırıl) *s., i.* yan yana olan; aynı eğilimde ve etkide olan; aynı sonuca yönelen; ikincil, tali; munzam, yardımcı, tamamlayıcı; aynı soydan gelen; *i., A.B.D.* karşılıklı teminat; maddi teminat; soydaş; yardımcı olay, durum veya kısım. **collateral evidence** müekkit şahadet. **collateral security** karşılıklı teminat. **collaterally** *z.* yan yana durarak.

col.la.tion (kıley'şın) *i.* karşılaştırma; nüsha tavsifi; hafif yemek.

col.league (kal'ig) *i.* meslektaş, mesai arkadaşı.

col.lect (kılekt') *f., s., z.* toplamak; koleksiyon yapmak, biriktirmek; tahsil etmek, almak (vergi); kendine gelmek, anlamak, idrak etmek; toplanmak, birikmek; koleksiyon haline gelmek; *s., z.* ödemeli. **collect call** ödemeli telefon konuşması. **collect oneself** kendini toplamak. **Send it collect.** Ödemeli gönderin. **collectable, collectible** *s.* toplanılabilir, tahsil olunabilir.

col.lect (kal'ekt) *i.* batı kiliselerinde okunan küçük dualardan biri.

col.lec.ta.ne.a (kalektey'niyı) *i., çoğ.* antoloji, seçmeler, derlemeler.

col.lect.ed (kılek'tîd) *s.* toplanmış; kendine hâkim, aklı başında.

col.lec.tion (kılek'şın) *i.* toplama; toplanmış şeyler, koleksiyon; kilisede toplanan para, iane; tabaka.

col.lec.tive (kılek'tîv) *s., i.* toplanan, biriktirilen; toplu, müşterek, ortak; *i.* ortaklaşma; *gram.* topluluk ismi. **collective agreement** toplu

sözleşme. **collective bargaining** işverenle işçi temsilcileri arasındaki toplu görüşme ve pazarlık. **collective behavior** toplu davranış. **collective farm** ortaklaşa çiftlik. **collective note** birkaç devlet tarafından imzalanmış nota, ortak nota. **collective ownership** ortak mülkiyet, ortaklaşa iyelik. **collective security** uluslararası barışı sağlamak için saldırgan tarafa karşı birleşme politikası.

col.lec.tiv.ism (kılek'tivizım) *i.* kolektivizm, ortaklaşacılık. **collectivist** *i.* kolektivizm taraftarı.

col.lec.tor (kılek'tır) *i.* koleksiyoncu; alımcı, tahsildar; *elek.* transistörde cereyanın çıkış noktası; elektrikli trende cereyanlı tele dayanan boynuz.

col.leen (kal'in, kilin') *i., İrl.* kız.

col.lege (kal'îc) *i.* üniversite; yüksekokul; fakülte. **College of Cardinals** kardinaller heyeti.

col.le.gian (kılî'cın, -cıyın) *i.* üniversite talebesi veya mezunu; üniversite mensubu.

col.le.giate (kılî'cît, -ciyît) *s.* üniversite ile ilgili; üniversite öğrencilerine özgü.

col.let (kal'it) *i., f.* halka; tasma; yuva; taşın oturduğu yiv; *f.* yuvaya oturtmak.

col.lide (kılayd') *f.* çarpışmak, çarpmak.

col.lie (kal'i) *i.* İskoç çoban köpeği.

col.lier (kal'yır) *i., İng.* kömür gemisi; kömür madeni işçisi.

col.lier.y (kal'yıri) *i., İng.* maden kömürü ocağı.

col.li.gate (kal'ıgeyt) *f.* birbirine bağlamak, bir araya getirmek.

col.li.mate (kal'ımeyt) *f., fiz., astr.* bir hizaya getirmek, paralel hale koymak.

col.li.ma.tor (kal'ımeytır) *i.* paralel ışınları husule getiren ayar aleti, kolimatör.

col.lin.e.ar (kılîn'iyır) *s.* aynı doğru çizgi üstünde olan.

col.li.sion (kılîj'ın) *i.* çarpışma; ihtilâf, fikir ayrılığı. **collision mat** *den.* çarpışmada yarığı kapamak için kullanılan palet. **come into collision with** ile çarpışmak.

col.lo.cate (kal'okeyt) *f.* yan yana koymak veya oturtmak; sıraya koymak, düzenlemek.

col.lo.ca.tion (kalokey'şın) *i.* sıraya koyma, düzenleme, sözdizimi.

col.lo.di.on, col.lo.di.um (kılo'diyın, -ım) *i., kim.* kolodyum.

col.logue (kılog') *f., i., İng., leh.* gizlice konuş-
mak, entrika hazırlamak; *i.* gizli konuşma.

col.loid (kal'oyd) *i., s., kim.* koloit; *s.* koloidal,
koloidimsi.

col.loi.dal (kıloyd'ıl) *s.* koloidal, koloidimsi.

col.lop (kal'ıp) *i.* küçük bir et dilimi; ufak par-
ça veya dilim.

colloq. *kıs.* **colloquial, colloquialism.**

col.lo.qui.al (kılo'kwiyıl) *s.* konuşma diline
ait; teklifsiz konuşma ile ilgili. **colloquially**
z. konuşma diliyle. **colloquialism** *i.* konuşma
dilinde kullanılan deyim; konuşma dili
üslûbu.

col.lo.qui.um (kılo'kwiyım) *i.* konferans serisi.

col.lo.quy (kal'ıkwi) *i.* karşılıklı konuşma,
mükâleme; diyalog şeklinde yazılmış edebî
eser.

col.lo.type (kal'ıtayp) *i.* özel bir işlemden sonra
jelatinli filimden doğrudan doğruya fotoğraf
basma tekniği.

col.lude (kılud') *f.* hileli bir işe ortak olmak;
dolap çevirmek. **collusion** *i.* hile, tuzak;
danışıklı dövüş. **collusive** *s.* hileli bir ortak-
lık ile ilgili.

col.lyr.i.um (kılir'iyım) *i.* (*çoğ.* -ri.ums *veya*
-ri.a) *tıb.* göz damlası.

col.o.cynth (kal'ısînth) *i.* acıelma, acıhıyar,
ebucehilkarpuzu, *bot.* Citrullus colocynthis;
bundan elde edilen müshil.

co.logne (kılon') *i.* kolonya; *b.h.* Kolonya
şehri, Köln.

Co.lom.bi.a (kılʌm'biyı) *i.* Kolombiya.

Co.lom.bo (kılʌm'bo) *i.* Kolombo.

co.lon (ko'lın) *i.* iki nokta üst üste (:); *tıb.*
kolon.

colo.nel (kır'nıl) *i.* albay. **lieutenant colonel**
yarbay. **colonelcy, colonelship** *i.* albaylık.

co.lo.ni.al (kılo'niyıl) *s., i.* koloniye ait, sömürge
ile ilgili (kimse); *bot., zool.* koloni halinde
yaşayan.

co.lo.ni.al.ism (kılo'niyılîzım) *i.* kolonicilik,
sömürgecilik.

co.lon.ic (kılan'ik) *s., tıb.* kolona ait, kolik.

col.o.nist (kal'ınîst) *i.* sömürgede oturan kimse;
koloni kurucularından biri.

col.o.nize, *İng.* -nise (kal'ınayz) *f.* sömürge
kurmak; grup halinde toplanıp yerleşmek;
koloni meydana getirmek; sömürgede yer-
leşmek. **coloniza'tion** *i.* sömürge kurma.

col.on.nade (kalıneyd') *i.* genellikle üstü
kapalı sütunlar sırası, sıra sütunlar.

col.o.ny (kal'ını) *i.* bir başka memlekette yer-
leşip ana vatana bağlı bir sömürge kurmak
için harekete geçen grup; böyle bir grubun
yerleştiği bölge; sömürge, müstemleke, koloni;
yabancı bir ülkede yaşayan aynı milletten
insanlar topluluğu; *zool.* koloni.

col.o.phon (kal'ıfan, -fın) *i.* eskiden kitabın
sonuna konan ve başlığı, basımcının adını
ve tarihini gösteren yazı; yayınevinin am-
blemi.

col.o.pho.ny (kal'ıfoni, kılaf'ını) *i.* siyah çam-
sakızı, reçine.

col.or, *İng.* **col.our** (kʌl'ır) *i.* renk, boya; can-
lılık; yüz kızarması; belirgin özellik; düz-
me görünüş, maske; *çoğ.* bayrak, sancak.
color photography renkli fotoğrafçılık.
color sergeant tabur veya alay sancağını
taşıyan çavuş. **color wash** renkli badana.
bright color parlak renk, açık renk. **change
color** sararmak, rengi atmak; yüzü kızarmak.
complementary color eşit miktarda birbi-
rine katılınca beyaz veya gri renk meydana
getiren iki renk (*msl.* portakal rengi ile mavi).
fast color solmaz renk, sabit renk. **lend
color to** (bahis veya fikre) gerçek izlenimi
vermek. **haul down the colors** bayrak in-
dirmek. **local color** özellikle edebiyat ve
sanatta belirtilen yöresel özellikler. **off color**
istenilen renkten biraz farklı; kaba, müstehcen,
münasebetsiz (hikâye, şaka). **primary col-
ors** ana renkler. **show one's color** asıl
karakterini açığa vurmak. **true colors** içyüz.
under color of bahanesiyle, kisvesi altında.
under false colors sahte bir hüviyetle.
water color suluboya. **with flying colors**
parlak başarı ile. **with the colors** askerlikte.

col.or (kʌl'ır) *f.* boyamak, renk vermek; oldu-
ğundan başka göstermek, gerçeği tahrif
etmek; renk katmak, hava vermek; renklen-
mek; renk değiştirmek; yüzü kızarmak.

col.or.a.tion (kʌlırey'şın) *i.* bir bitki veya hay-
vanda görülen renk düzenlemesi; renklen-
dirme.

col.or.a.tu.ra (kʌlırıtûr'ı) *i., müz.* koloratür par-
çaları içine alan ses müziği. **coloratura
soprano** koloratür soprano.

col.or-blind (kʌl'ırblaynd) *s.* renk körü. **color**

blindness renkkörlüğü, akromatopsi, Dalton hastalığı.

col.or.cast (kʌl'ırkäst) *i., f.* renkli televizyon yayını; *f.* renkli televizyon yayını yapmak.

col.ored (kʌl'ırd) *s.* renkli; beyaz ırk dışındaki bir ırka, özellikle zenci ırkına mensup; tesir altında kalmış, etkilenmiş, tarafsız olmayan; aldatıcı, göz boyayıcı.

Col.ored (kʌl'ırd) *i.* melez Güney Afrikalı.

col.or.fast (kʌl'ırfäst) *s.* solmaz.

color filter *foto.* renk süzücü, renk filtresi.

col.or.ful (kʌl'ırfıl) *s.* renkli, canlı.

color guard *ask.* alay sancağından sorumlu olan nöbetçi.

col.or.if.ic (kʌlırif'ik) *s.* renk veren, renk meydana getiren; renk ile ilgili.

col.or.im.e.ter (kʌlırîm'ıtır) *i.* kolorimetre, renkölçer.

col.or.ing (kʌl'ırîng) *i.* renk; boya; boyama, boyayış tarzı; görünüş; sahte görünüş.

col.or.ist (kʌl'ırîst) *i.* renkleri ustalıkla kullanan sanatçı.

col.or.less (kʌl'ırlîs) *s.* renksiz, soluk; solgun, donuk, anlamsız; tarafsız, yansız.

color line beyaz ve diğer ırklar arasındaki toplumsal ayrılık.

co.los.sal (kılas'ıl) *s.* muazzam, kocaman, çok büyük.

co.los.sus (kılas'ıs) *i.* (*çoğ.* -los.si, -los.sus.-es) çok büyük herhangi bir heykel; büyük ve azametli herhangi bir şey.

Colossus of Rhodes dünyanın yedi harikasından biri sayılan Apollo'nun Rodos'daki efsanevî bronz heykeli.

co.los.to.my (kılas'tımi) *i., tıb.* kolostomi, kolonda açılan bir yarıkla suni anus teşekkülü.

co.los.trum (kılas'trım) *i.* memeli hayvanların doğumdan sonraki ilk sütü, ağız.

col.our *bak.* **color.**

col.por.tage (kal'pôrtîc) *i.* bilhassa dinî kitap satışına mahsus gezici kitapçılık. **colporteur** *i.* seyyar kitap satıcısı; özellikle dinsel kitaplar satan veya dağıtan kimse.

colt (kolt) *i.* tay, sıpa; toy kimse. **colthood** *i.* taylık devresi. **colt's tooth** şehvet; atlarda köpekdişi.

Colt (kolt) *i., tic. mark.* Amerikan' malı bir çeşit tabanca.

colts.foot (kolts'fût) (*çoğ.* -foots) *i.* öksürük otu, *bot.* Tussilago farfara.

col.u.brine (kal'yıbrayn, -brîn) *s.* yılana ait, yılan gibi.

Co.lum.ba (kılʌm'bı) *i.* Güvercin takımyıldızı.

col.um.bar.i.um (kalımber'iyım) (*çoğ.* -bar.i.a) *i.* güvercinlik; eski Roma'da yakılmış ölü küllerini saklamaya mahsus mahzen; bu mahzenin duvarlardaki gözleri.

col.um.bine (kal'ımbayn) *i., s.* hasekiküpesi, *bot.* Aquilegia vulgaris; *s.* kumru gibi, kumru ile ilgili; kumru renkli.

col.umn (kal'ım) *i., mim.* sütun; direk; *matb.* bir yazarın gazete veya dergide muntazaman ve aynı başlık altında çıkan yazısı, fıkra; *ask.* kcl.

co.lum.nar (kılʌm'nır) *s.* sütunlar halinde olan, sütun veya direk şeklinde.

co.lum.ni.a.tion (kılʌmniyey'şın) *i.* bir yapıda sütun kullanma; kullanılan sütunlar.

col.um.nist (kal'ımnîst, -ımîst) *i.* fıkra yazarı; gazetede belirli bir köşesi olan yazar.

col.za (kal'zı) *i., bot.* kolza. **colza oil** kolza yağı.

com- *önek* ile, beraber. (**Co-, col-, con-** ve **cor-** şekilleri de vardır.)

co.ma (ko'mı) *i.* koma. **comatose, comatous** *s.* komada; yarı baygın.

co.ma (ko'mı) *i.* (*çoğ.* **comae**) *astr.* koma, kuyrukluyıldızın başı etrafındaki ışık; *bot.* püskül; *fiz.* merceğin meydana getirdiği şeklin etrafındaki ağıl.

Co.ma Ber.e.ni.ces (ko'mı berınay'sîz) Berenisin saçı takımyıldızı.

co.mate (ko'meyt) *s., bot.* püsküllü.

co.mate (ko'meyt) *i.* eş, arkadaş.

comb (kom) *i., f.* tarak; ibik, tepe, sorguç; ibik gibi şey; petek; dalganın yüksek kısmı; *f.* taramak, taranmak; (dalga) tümselip kırılmak. **comb out** taramak, ayırmak.

com.bat (*i.* kam'bät, *f.* kımbät') *i., f.* dövüş, mücadele, çarpışma, savaş; *f.* dövüşmek, savaşmak, çarpışmak, mücadele etmek. **combat fatigue** harp tesiriyle meydana gelen psikonörotik bozukluk. **close combat** göğüs göğüse çarpışma. **single combat** düello.

com.bat.ant (kımbät'ınt, kam'bıtınt) *s., i.* savaşçı, kavgacı (kimse).

com.bat.ive (kımbät'îv, kam'bıtîv) *s.* kavgacı, hırçın.

combe (kum, kom) *bak.* **coomb.**

comb.er (ko'mır) *i.* tarak, yün, keten v.b.'ni tarayan kimse; uzun ve tümsekli dalga.

com.bi.na.tion (kambıney'şın) *i.* karıştırma, birleştirme; bileşim, terkip; bağdaşma, uyuşma, kaynaşma; birlik; kilidin şifre rakam veya harfleri; şifreli kilit; külot ve kombinezonu tekparça olan kadın iç çamaşırı; dans orkestrası. **combination lock** şifreli kilit.

com.bine (kam'bayn) *i.* uzlaşma, birlik; *A.B.D., k.dili* siyasî ve ticarî çıkar sağlamak için bir araya gelen grup; biçerdöğer makinası.

com.bine (kımbayn') *f.* birleştirmek, karıştırmak, bir araya getirmek; toplamak; birleşmek, bir araya gelmek.

comb.ings (ko'mingz) *i., çoğ.* tarantı.

com.bo (kam'bo) *i., k.dili* dans orkestrası.

com.bus.ti.ble (kımbʌs'tıbıl) *s., i.* yanabilir, tutuşabilir; parlamaya hazır; *i.* kolay tutuşan şey.

com.bus.tion (kımbʌs'çın) *i.* yanma, tutuşma; *kim.* ısı ve ışık veren oksitlenme. **combustion chamber** yanma hücresi, yanma haznesi. **combustion furnace** yanma fırını, yakım ocağı. **combustion gases** yakım gazları. **combustion motor** yakımlı motor. **combustion period** yanma süresi, yakım devresi. **combustion turbine** iç yakımlı türbin. **incomplete combustion** eksik yanma. **internal-combustion engine** iç yakımlı makina, motor.

come (kʌm) *f.* **(came, come)** gelmek, yaklaşmak, varmak; olmak, vaki olmak; sonuçlanmak; ulaşmak, vâsıl olmak; akla gelmek; *k.dili* orgazma varmak. **come about** olmak, vaki olmak; *den.* dönmek, volta etmek. **come across** rast gelmek, karşılaşmak; intiba bırakmak; *argo* istenileni yapmak, sakladığını çıkarıp vermek. **come across with** *argo* teslim etmek, ödemek, vermek. **come along** beraber gelmek; iyileşmek. **come alongside** *den.* yanaşmak, bordaya gelmek. **come around** kendine gelmek, ayılmak; uğramak; razı olmak. **come at** varmak, ulaşmak; ile uğraşmak; üstüne yürümek, saldırmak. **come back** hatıra gelmek; geri dönmek, tekrar gelmek; *k.dili* eski haline gelmek, eski formunu bulmak; *argo* ters bir şekilde cevaplandırmak. **come between** araya girmek, ayırmak. **come by** elde etmek, edinmek; yakınından geçmek,

uğramak. **He comes by his good looks naturally.** Sevimli yüzü anasıyla babasına çekmiş. **come down** inmek, düşmek; intikal etmek, geçmek; *argo* uyuşturucu madde kullandıktan sonra kendine gelmek. **come off one's high horse** *k.dili* gururu kırılmak, *colloq.* burnu sürtünmek, *slang* attan inip eşeğe binmek. **come down with a cold** nezle olmak. **come forward** meydana çıkmak; adaylığını koymak. **come high** pahalıya mal olmak. **come home to** idrak edilmek, farkına varılmak, *slang* kafasına dank etmek. **come in** girmek; varmak; yaygın olmak, moda olmak. **come in for** *k.dili* hak etmek; elde etmek, almak. **come into** (mirasa) konmak; girmek, katılmak. **come near** yaklaşmak, yakın gelmek. **come of** çıkmak, -den gelmek. **come of age** reşit olmak. **come off** çıkmak, kopmak; olmak, vaki olmak; sona ermek, bitmek; sonuna erişmek; *argo* tutunmak. **Come off it!** *k.dili* Saçmalama! **come on** rast gelmek; gelişmek, ilerlemek; sahneye çıkmak. **Come on!** Haydi gel! Yok canım! **come out** çıkmak, yerinden çıkmak; yayınlanmak; meydana çıkmak; sosyeteye takdim edilmek (genç kız); sonuçlanmak, neticelenmek. **come out with** söylemek, ağızdan kaçırmak; satışa çıkarmak. **come over** olmak, bir hal takınmak; (karşıdan) gelmek; denizi aşıp gelmek; ziyarete gelmek; taraf değiştirmek, katılmak. **come round** *bak.* **come around. come short (of)** az gelmek, yetmemek. **come through** (başarı ile) sonuca varmak; atlatmak; belirmek, delinmek, aşınmak; *k.dili* başarmak, yapmak. **come through with** *k.dili* (beklenileni) yapmak. **come to** ayılmak, kendine gelmek; (bir çareye, bir karara) varmak, erişmek; başlamak; *den.* orsa etmek. **come to a head** olgunlaşmak; dönüm noktasına varmak; baş vermek. **come to blows** yumruk yumruğa gelmek. **come to grief** başı darda olmak; başarısızlığa uğramak. **come to grips with** ciddiyetle ele almak. **come to hand** gelmek, alınmak. **come to life** canlanmak. **come to light** meydana çıkmak. **come to nothing** boşa gitmek, neticesiz olmak. **come to one's senses** aklı başına gelmek, aklını başına toplamak; ayılmak, açılmak. **come to pass** vaki olmak. **come to stay** yerleşmek. **come to terms (with)** uzlaşmak, anlaşmak; teslim olmak, kabul etmek. **Come to think of it...** Aklıma gelmişken... **come true** gerçekleşmek, doğru çıkmak; filizlenmek. **come under** girmek. **come up against** -e çatmak, ile karşılaşmak. **come up to** (belirli bir hizaya) kadar gelmek; (belirli bir seviyeyi) tutturmak. **come up with** *A.B.D., k.dili* öne sürmek, ortaya atmak. **come upon** bulmak; karşılaşmak; saldırmak. **come what may** ne olursa olsun. **Come July and we'll be swimming.** Temmuz geldiğinde denize girmiş olacağız. **to come** önümüzdeki, gelecek. **come-at-able** (kʌmät'ıbıl) *s.* erişilebilir.

come.back (kʌm'bäk) *i., k.dili* eski formunu bulma; *argo* zekice ve yerinde cevap; *A.B.D., argo* şikâyet sebebi.

co.me.di.an (kımi'diyın) *i.* komedi artisti, komedyen; komedi yazarı. **comedienne** *i.* kadın komedi artisti.

come.down (kʌm'daun) *i.* hayal kırıklığı, düşüş, sukut.

com.e.dy (kam'ıdi) *i.* komedi, güldürücü piyes veya filim.

come-hith.er (kʌmhidh'ır) *s., A.B.D., argo* çekici, davet edici (bakış).

come.ly (kʌm'li) *s.* sevimli, güzel, yakışıklı, zarif; uygun, yakışan.

come-on (kʌm'an) *i., A.B.D., argo* tuzak kuran kimse, tuzak; davet edici bakış.

com.er (kʌm'ır) *i.* gelen kimse; katılan kimse; *k.dili* geleceği parlak olan şey veya kimse, istikbal vaat eden şey veya kimse. **all comers** müracaat eden herkes, bütün katılanlar.

co.mes.ti.ble (kımes'tıbıl) *s., i., nad.* yenilebilir; *gen. çoğ.* yiyecek şey, gıda maddesi.

com.et (kam'it) *i., astr.* kuyrukluyıldız.

com.et.ar.y (kam'ıteri) *s.* kuyrukluyıldız gibi veya ona ait.

come.up.pance (kʌmʌp'ıns) *i., A.B.D., k.dili* hak edilen ceza.

com.fit (kʌm'fît) *i.* bonbon, bir çeşit şekerleme; şekerli meyva.

com.fort (kʌm'fırt) *i., f.* rahat, refah, konfor; teselli; *A.B.D.* yorgan; *f.* rahat ettirmek; teselli etmek; yatıştırmak; *huk.* yardım etmek. **comfort station** umumî helâ. **creature**

comforts bedenî rahatı sağlayan konfor. **comfortless** *s.* kasvetli; konforsuz.

com.fort.a.ble (kʌm'fırtıbıl, kʌmf'tıbıl) *s., i.* rahat, müreffeh; teselli edici, rahatlatıcı; *k.dili* yeterli; *i., A.B.D.* yorgan. **comfortably** *z.* rahatça.

com.fort.er (kʌm'fırtır) *i.* rahatlatıcı şey; teselli edici kimse veya şey; *A.B.D.* yorgan; yün boyun atkısı; *b.h.* Ruhulkudüs.

com.frey (kʌm'fri) *i.* karakafes, *bot.* Symphytum.

com.fy (kʌm'fi) *s., k.dili* rahat.

com.ic (kam'ik) *s., i.* güldürücü, gülünç, komik; komedi ile ilgili; *i.* komedi oyuncusu. **comics, comic strip** karikatür şeklinde hikâye serisi. **comic book** miki tipinde resimli çocuk kitabı. **comic opera** operakomik.

com.i.cal (kam'ikıl) *s.* komik. **comically** *z.* gülünçlü olarak.

com.ing (kʌm'ing) *i., s.* geliş, yaklaşma, varış, zuhur; *s.* gelen, gelecek, yaklaşan; istikbal vaat eden. **coming-out** *i., k.dili* sosyeteye takdim ediliş.

com.i.ty (kam'ıti) *i.* nezaket, medenî davranış, karşılıklı iyi muamele. **comity of nations** milletlerin birbirlerinin hukuk ve âdetlerini tanımaları.

com.ma (kam'ı) *i.* virgül. **comma bacillus** virgül şeklinde mikrop, kolera mikrobu. **inverted commas** tırnak işareti.

com.mand (kımänd') *i., f.* emir, kumanda, komut; bir subayın kumanda ettiği askerler; yetki, hâkimiyet; *f.* emretmek, hâkim olmak, kumanda etmek, idare etmek; amir olmak, bakmak. **a good command of (a language)** (bir dili) rahat konuşabilme. **at command** emir üzerinde. **at one's command** emrinde. **by command of** emri ile. **in command** amir, sözü geçen.

com.man.dant (kamındänt', -dant') *i.* kumandan, komutan, amir.

com.man.deer (kamındir') *f., ask.* askerî hizmete mecbur tutmak; müsadere etmek.

com.mand.er (kımän'dır) *i.* kumandan, komutan; önder, baş; deniz binbaşısı. **commander in chief** başkomutan.

com.mand.er.y (kımän'dıri) *i.* tımar, zeamet; kumandanlık; masonluk gibi cemiyetlerin loncası.

com.mand.ing (kımän'dîng) *s.* emreden; etkili; hâkim.

com.mand.ment (kımänd'mınt) *i*. emir. the Ten Commandments On Emir.

com.man.do (kımän'do) *i*. komando birliği; komando.

command performance hükümdar emriyle yapılan tiyatro veya müzik gösterisi.

com.meas.ur.a.ble (kımej'ırıbıl) *s*. aynı ölçülere sahip olan, eşit.

comme il faut (kômilfo') *Fr*. icap ettiği şekilde, gerekli şekilde; modaya uygun.

com.mem.o.rate (kımem'ıreyt) *f*. anmak, zikretmek, hatırasını yad etmek. commemora'tion *i*. anma, hatırasını yad etme; anma töreni. commemorative *s*. anma vesilesi olan; hatıra serisi olarak basılmış (pul).

com.mence (kımens') *f*. başlamak.

com.mence.ment (kımens'mınt) *i*. başlama, başlangıç; diploma töreni.

com.mend (kımend') *f*. tavsiye etmek, salık vermek; övmek; saygılarını sunmak; emanet etmek.

com.mend.a.ble (kımend'ıbıl) *s*. övülmeye lâyık, beğenilir. commendably *z*. övülmeye lâyık şekilde.

com.men.da.tion (kamındey'şın) *i*. tavsiye, salık verme; övme.

com.mend.a.to.ry (kımen'dıtôri) *s*. salık veren, tavsiye eden; metheden, öven.

com.men.sal (kımen'sıl) *s*., *i*. aynı sofrada yemek yiyen; *zool*. komensal; *i*. sofra arkadaşı.

com.men.su.ra.ble (kımen'şırıbıl, -sırı-) *s*. aynı birim ile ölçülebilen; orantılı. commensurably *z*. orantılı olarak.

com.men.su.rate (kımen'şırit, -sırit) *s*. orantılı, eşit; yeterli; uygun, münasip. commensurately *z*. uygun bir ölçü ile.

com.ment (kam'ent) *i*., *f*. yorumlama, tefsir; açımlama; düşünce, mütalaa; eleştirme, tenkit; *f*. açımlamak, fikrini söylemek; on *ile* hakkında fikir beyan etmek, tefsir etmek, yorumlamak; eleştirmek. commentary *i*. tefsir, şerh, açımlama, izah; çıkma, haşiye.

com.men.ta.tor (kam'ınteytır) *i*. eleştirmeci; yorumcu, şarih, tefsirci.

com.merce (kam'ırs) *i*. ticaret, iş, alım satım; toplumsal ilişkiler; cinsel ilişki. chamber of commerce ticaret odası. domestic commerce iç ticaret. foreign commerce dış ticaret.

com.merce (kımırs') *f*. alışveriş etmek; ilişkide bulunmak.

com.mer.cial (kımır'şıl) *s*., *i*. ticarî; *i*. radyo veya televizyon ilânı. commercial college ticaret öğretimi yapan yüksekokul. commercial law ticaret hukuku. commercial paper kıymetli ticarî vesika; kısa vadeli ticari senet; emre yazılı senet; poliçe.

com.mer.cial.ism (kımır'şılizım) *i*. ticarî gelenekler; ticarî tutum; ticarî terim.

com.mer.cial.ize, *İng*. -ise (kımır'şılayz) *f*. ticarîleştirmek.

Com.mie (kam'i) *i*., *k.dili* komünist.

com.min.gle (kımîng'gıl) *f*. karıştırmak, katıştırmak; karışmak, kaynaşmak.

com.mi.nute (kam'ınut, -nyut) *f*. ezmek, ufalamak, toz haline getirmek.

com.mis.er.ate (kımîz'ıreyt) *f*. kederini paylaşmak, dert ortağı olmak, rikkat göstermek. commisera'tion *i*. teselli, rikkat, acıma.

com.mis.sar (kam'ısar, kamısar') *i*. komiser, eskiden S.S.C.B'nde herhangi bir idarî örgütün başında olan kimse.

com.mis.sar.i.at (kamıser'iyıt) *i*., *ask*. levazım sınıfı; eskiden S.S.C.B.'nde siyasî örgüt; komiserlik.

com.mis.sar.y (kam'ıseri) *i*., *ask*. iaşe ve levazımat mağazası; vekil, mümessil; komiser.

com.mis.sion (kımîş'ın) *i*., *f*. görev, vazife, iş; işleme; eylem; komisyon ücreti, yüzdelik; kurul, komisyon; rütbe, mevki; salâhiyetname, emirname; belirli bir görev için verilen yetki; *f*. tayin etmek, atamak; vazifelendirmek, görevlendirmek, memur etmek; *den*. donanmaya katmak, kadroya sokmak. execute a commission bir görevi yerine getirmek. in commission sefere hazır (gemi); işe hazır. out of commission görev yapamaz halde; bozuk. put into commission sefere hazır hale koymak; tamir etmek. put out of commission işlemez hale getirmek; yıkmak, mahvetmek.

com.mis.sion.aire (kımîşıner') *i*. Avrupa otellerinde veya hükümet dairelerinde hizmet eden uşak veya haberci; İngiltere'de kapıcılık v.b. işlerde bulunan görevli.

commissioned officer subay.

com.mis.sion.er (kımîş'ınır) *i*. mühim bir işe tayin edilen memur; şube müdürü; komisyon üyesi; vekil.

com.mis.sure (kam'ışûr) *i.* birleşme noktası, ek yeri; *anat., zool.* birleşik iki organın birbirleriyle birleşme yeri, dudakların veya göz kapaklarının bitiştiği yer.

com.mit (kımit') *f.* (-ted, -ting) işlemek, yapmak; emanet etmek, teslim etmek, tevdi etmek; kanun tasarısı v.b.'ni komisyona havale etmek; söz vererek bağlamak. commit oneself bir karara varıp bunu ilân etmek. commit oneself to kendini adamak, hasretmek. commit to memory ezberlemek. commit to prison hapsetmek. commit to writing yazmak.

com.mit.ment (kımit'mınt) *i.* vaat, taahhüt; kesin karar; teslim etme, teslim olma; bağlantı; havale; irtikâp, (suç) işleme; *huk.* birinin hapishane veya akıl hastanesine kapatılması için mahkemeden alınan karar, hapis ilâmı.

com.mit.tee (kımit'i) *i.* komite, kurul, komisyon. committee of the whole meclisin komisyon halinde toplanması. in committee encümende, komisyonda. joint committee birleşik komisyon. standing committee daimî encümen.

com.mix (kımiks') *f.* birbirine karıştırmak veya karışmak.

com.mode (kımod') *i.* çekmeceli dolap; konsol, komodin; lavabo; lâzımlık, oturak.

com.mo.di.ous (kımo'diyıs) *s.* geniş, kullanışlı, ehven; rahat, ferah.

com.mod.i.ty (kımad'ıti) *i.* mal, emtia, eşya; yararlı şey. staple commodities başlıca satış ürünleri.

com.mo.dore (kam'ıdôr) *i., den.* komodor; yat kulübü reisi.

com.mon (kam'ın) *s.* genel, yaygın, umumî; umuma ait; ortak, müşterek; evrensel; adi, bayağı, kaba; alışılmış, mutat. common carrier para ile yolcu veya yük taşıyan firma. common consent umumun rızası. common divisor *mat.* ortak tam bölen. common fraction *mat.* bayağı kesir. common gender *gram.* hem eril hem dişil. common good kamu yararı. common knowledge bilinen gerçek. common law örf ve âdete dayanan hukuk. common-law marriage resmi nikâhsız beraber yaşama. common man alelade bir kimse. Common Market Ortak Pazar. common multiple *mat.* ortak katsayı. common noun cins isim.

common or garden variety bayağı, alelade cinsten, sıradan. Common Pleas medeni hukuk davalarına bakan mahkeme. common room umuma mahsus salon. common scold şirret kadın. common sense sağduyu. common stock alelade hisse senetleri. common time *müz.* 4/4 lük ölçü. common touch sempatik olma kabiliyeti. the common run orta, vasat. commonly *z.* çoğunlukla, çok kere.

com.mon (kam'ın) *i.* genel park veya otlak, halkın' ortak malı olan yer, meydan; *huk.* bir kimsenin başkasının toprak veya suyu üzerinde hak iddia etmesi. in common müştereken, beraber, birlikte, ortaklaşa. in common with ... ile ortak olarak. out of the common fevkalade, alışılmamış. short commons yetersiz yiyecekler.

com.mon.age (kam'ınic) *i.* umuma ait olan otlağı kullanma hakkı; ortak mal sahipliği; avam.

com.mon.al.ty (kam'ınılti) *i.* avam, halk tabakası, topluluk; tüzel kişiliği olan ticari şirket üyesi.

com.mon.er (kam'ınır) *i.* halk tabakasından olan kimse; (bazı İngiliz üniversitelerinde) kendi hesabına okuyan talebe.

com.mon.place (kam'ınpleys) *s., i.* adi, sıradan, bayağı; olağan; kişiliği olmayan; *i.* beylik laf, klişe, çok söylenmiş söz; çok görülmüş herhangi bir şey, basmakalıp iş.

com.mons (kam'ınz) *i., çoğ., İng.* avam, halk tabakası; (üniversitede) yemekhane. House of Commons Avam Kamarası.

com.mon.weal (kam'ınwil) *i.* kamu yararı, amme menfaati.

com.mon.wealth (kam'ınwelth) *i.* ulus; cumhuriyet; *A.B.D.* eyalet. the Commonwealth İngiliz Milletler Topluluğu.

com.mo.tion (kımo'şın) *i.* gürültü; karışıklık, ayaklanma.

com.mu.nal (kam'yınıl, kımyu'nıl) *s.* toplumla ilgili, toplumsal, halka ait; umumun malı olan.

com.mu.nal.ism (kam'yınılizım, kımyu'nıl-) *i.* her eyaletin ayrı bir devlet olarak idare edildiği idari sistem.

com.mu.nal.ize (kam'yınılayz, kımyu'nılayz) *f.* bir şeyi mahallî halka mal etmek; mahallî idare altına sokmak.

com.mune (kam'yun) *i.* bazı memleketlerde mahallî idare; komün; avam.

com.mune (*f.* kımyun'; *i.* kam'yun) *f.*, *i.* sohbet etmek, söyleşmek, hasbıhal etmek, konuşmak; *i.* konuşma, sohbet, söyleşi.

com.mu.ni.ca.ble (kımyu'nîkıbıl) *s.* bulaşıcı, sâri; ifade edilmesi mümkün, söylenebilir.

com.mu.ni.cant (kımyu'nıkınt) *i.* bilgi veren kimse, konuşan kimse; Aşai Rabbaniyi (komünyon) alan veya almaya hakkı olan kilise üyesi.

com.mu.ni.cate (kımyu'nıkeyt) *f.* ifade etmek, anlatmak; nakletmek; meramını anlatmak; muhabere etmek, haberleşmek; bulaştırmak; aralarında bağlantı olmak; bildirmek.

com.mu.ni.ca.tion (kımyu'nıkey'şın) *i.* haberleşme; ulaşım; ulaştırma; bağlantı, irtibat; haber, mektup. **Minister of Communications** Ulaştırma Bakanı.

com.mu.ni.ca.tive (kımyu'nıkeytîv, -kıtîv) *s.* konuşkan, duygularını serbestçe dile getiren.

com.mun.ion (kımyun'yın) *i.* paylaşma; katılma; Aşai Rabbanî (komünyon); Hıristiyanlıkta mezhep; arkadaşlık; sohbet.

com.mu.ni.qué (kımyunıkey', kımyu'nıkey) *i.* resmî tebliğ, bildiri.

com.mu.nism (kam'yınîzım) *i.* komünizm. **communist** *i.*, *s.* komünist; *s.* komünistlere veya komünizme ait. **communis'tic** *s.* komünizm taraftarı olan.

com.mu.ni.ty (kımyu'nıti) *i.* aynı yerde veya aynı şartlar altında yaşayan insan topluluğu; toplum, cemiyet; ahali, halk, amme; müşterek tasarruf, ortak mal sahipliği. **community center** *A.B.D.* şehir kulübü, bir bölgede oturanların meselelerini çözümlemek veya eğlenmek için toplandıkları özel yer veya bina. **community chest** *A.B.D.* kamu yararına çalışan kurumların yıllık para toplama kampanyası.

com.mu.nize (kam'yınayz) *f.* müşterek tasarrufa tabi kılmak, umumun malı haline getirmek.

com.mut.a.ble (kımyut'ıbıl) *s.* değiştirilebilir; hükümetçe değiştirilmesi veya hafifletilmesi caiz (ceza).

com.mu.tate (kam'yıteyt) *f.*, *elek.* cereyanın yönünü değiştirmek.

com.mu.ta.tion (kamyıtey'şın) *i.* değiştirme, değiş, mübadele; *A.B.D.* bir kimsenin evi ile işi arasında abonman bileti ile yaptığı yol-

culuk; *huk.* cezanın değiştirilmesi veya hafifletilmesi. **commutation ticket** abone kartı veya bileti.

com.mu.ta.tive (kımyu'tıtîv, kam'yıteytîv) *s.* değiş tokuş veya yer değiştirmeyle ilgili.

com.mu.ta.tor (kam'yıteytır) *i.*, *elek.* çevirgeç, komütatör.

com.mute (kımyut') *f.* değiş tokuş etmek, mübadele etmek; değiştirmek veya hafifletmek (cezayı); toptan daha ucuza almak (aylık tren bileti v.b.'ni); karşılığını ödemek; yerini tutmak; *elek.* cereyanın yönünü değiştirmek; her gün iş ile ev arasında gidip gelmek. **commuter** *i.* her gün işi ile evi arasında gidip gelen kimse.

com.mu.tu.al (kımyu'çuwıl) *s.* müşterek, ortak; karşılıklı.

co.mose (ko'mos) *s.*, *bot.* püsküllü.

comp. *kıs.* **companion, compare, compiled, complete.**

com.pact (*s.* kımpäkt', kam'päkt; *f.* kımpäkt'; *i.* kam'päkt) *s.*, *f.*, *i.* yoğun, kesif, sıkı, sık; ince taneli; kısa, özlü; **of** *ile* -den mürekkep; *f.* tazyikle yoğunlaştırmak; *i.* pudriyer, pudralık; *oto.* küçük araba.

com.pact (kam'päkt) *i.*, *f.* sözleşme, sözlü anlaşma; *f.* sözleşmek.

com.pan.ion (kımpän'yın) *i.*, *f.* arkadaş, yoldaş, ahbap; eş; elkitabı, rehber; *astr.* kendisinden daha parlak bir yıldıza çok yakın olan ikinci bir yıldız; *f.* arkadaşlık etmek.

com.pan.ion.a.ble (kımpän'yınıbıl) *s.* kolayca arkadaş olabilir; hoş sohbet; samimî, sıcakkanlı.

com.pan.ion.ate (kımpän'yınît) *s.* arkadaş gibi; müşterek.

com.pan.ion.ship (kımpän'yınşîp) *i.* arkadaşlık, refakat, eşlik.

com.pan.ion.way (kımpän'yınwey) *i.*, *den.* kamara iskelesi.

com.pa.ny (kʌm'pıni) *i.* grup; misafir grubu; misafir; şirket, kumpanya, ortaklık; beraberindekiler, arkadaşlar; eşlik, refakat, arkadaşlık; *tiyatro* oyuncu topluluğu; *ask.* bölük; *den.* mürettebat, tayfa. **company manners** görgü kurallarına uygun davranışlar. **company store** bir müessesenin kendi memurlarına mahsus olan satış mağazası. **company union** *A.B.D.* işverene bağlı olan sendika; bir müessesenin işçilerine mahsus olan sendika.

in company with ... ile beraber, birlikte.
in good company iyi arkadaşlarla. joint-
stock company bir cins anonim şirket.
keep company eşlik etmek; flört etmek.
limited liability company limited şirket.
part company with ...den ayrılmak. ship's
company gemi mürettebatı, gemi tayfası.

com.pa.ra.ble (kam'pırıbıl) s. karşılaştırılabilir,
karşılaştırılması mümkün.

com.par.a.tive (kımper'ıtîv) s., i. mukayeseli,
karşılaştırmalı; nispî, orantılı; gram. (sıfat
veya zarfların) üstünlük derecesini gösteren;
i., gram. üstünlük derecesi. comparative
anatomy karşılaştırmalı anatomi. compara-
tive linguistics karşılaştırmalı dilbilim. in
comparative comfort hali vakti yerinde.

com.pare (kımper') i. mukayese, kıyas, kar-
şılaştırma. beyond compare, without
compare fevkalade, eşsiz, üstün.

com.pare (kımper') f., with ile karşılaştır-
mak, karşılaştırılabilir olmak, kıyas kabul et-
mek; to ile benzetmek, benzemek; gram.
(sıfat veya zarfın) üstünlük derecesini gös-
termek. compare notes görüş ve fikir tea-
tisinde bulunmak.

com.par.i.son (kımper'ısın) i. karşılaştırma,
mukayese; münasebet, ilişki, nispet, benzerlik;
gram. sıfat veya zarflara üstünlük veya
enüstünlük derecesini katan çekim şekli;
benzetme, teşbih. in comparison with -e
nispeten, -e nispetle, -e oranla.

com.part.ment (kımpart'mınt) i. kompartıman,
bölme. compartmen'talize f. bölmelere ayır-
mak.

com.pass (kʌm'pıs, kam'-) i. pusula; pergel;
çevre; sınır; saha, alan, menzil; devir, deveran,
süre. compass card, compass rose pusula
kartı, rüzgârgülü. compass needle pusula
ibresi, pusula iğnesi. compass saw delik
testeresi. beam compass büyük daire çiz-
meye mahsus sürgülü pergel. box the com-
pass sıra ile pusula kertelerini saymak. draw-
ing compass resim pergeli. mariner's
compass gemici pusulası. pair of com-
passes pergel.

com.pass (kʌm'pıs, kam'-) f. etrafını dolaşmak;
şamil olmak, kapsamak; çevirmek, sarmak,
kuşatmak; başarmak; kavramak, anlamak;
gizli plan kurmak.

com.pas.sion (kımpäş'ın) i. şefkat, merhamet,
acıma, sevecenlik.

com.pas.sion.ate (kımpäş'ınît) s. şefkatli, mer-
hametli, sevecen.

com.pat.i.ble (kımpät'ıbıl) s., gen. with ile
uygun, birbirini tutan, münasip; geçimli.

com.pat.i.bil.i.ty (kımpätıbîl'ıti) i. uygun düş-
me, uyma, uygunluk.

com.pa.tri.ot (kımpey'triyıt, -pät'riyıt) i. va-
tandaş, yurttaş.

com.peer (kımpîr', kam'pîr) i. akran, arkadaş, eş.

com.pel (kımpel') f. (-led, -ling) zorlamak,
icbar etmek, mecbur etmek.

com.pel.la.tion (kampıley'şın) i. hitap.

com.pen.di.ous (kımpen'diyıs) s. özet halinde,
kısa, özlü, muhtasar, kısaltılmış.

com.pen.di.um (kımpen'diyım) i. hulâsa, özet.

com.pen.sate (kam'pınseyt) f. tazmin etmek,
bedelini ödemek; telâfi etmek, karşılamak;
mak. denklemek, denge sağlamak, eşitlemek.
compensate for one thing with another
tazmin etmek, bir şeyi diğeri ile telâfi etmek.
compensate one for... -in bedelini birine
ödemek.

com.pen.sa.tion (kampınsey'şın) i. tazmin,
telâfi; karşılık, ücret, maaş, bedel; takas,
karşılama.

com.pen.sa.tor (kam'pınseytır) i. telâfi eden
şey veya kimse; dengeleme tertibatı. com-
pensator coil elek. dengeleme bobini.
compensator spring saatte dengeleme yayı.

com.pen.sa.to.ry (kımpen'sıtôri) s. telâfi et-
meye yarayan.

com.pete (kımpit') f. rekabet etmek, yarışmak,
müsabakaya girmek.

com.pe.tence (kam'pıtıns) i. yeterlik, kifayet;
yetenek, ehliyet, iktidar, güç; hak, yetki,
salâhiyet; geçinecek kadar gelir.

com.pe.tent (kam'pıtınt) s. yeterli, işinin ehli
olan, kabiliyetli; yetkili, salâhiyetli.

com.pe.ti.tion (kampıtiş'ın) i. rekabet, yarışma.

com.pet.i.tive (kımpet'ıtîv) s. rakip olan; re-
kabet ile ilgili; müsabaka tarzında, yarışma
mahiyetinde.

com.pet.i.tor (kımpet'ıtır) i. rakip, yarışmacı,
yarışçı.

com.pi.la.tion (kampıley'şın) i. derleme; der-
leme eser, çeşitli kaynaklardan toplanan bilgi
veya yazılarla meydana getirilen eser; liste.

com.pile (kımpayl') *f.* toplayıp liste haline getirmek; çeşitli kaynaklardan bilgi toplayıp sıraya koymak; bu şekilde eser telif etmek, derlemek.

com.pla.cen.cy (kımpley'sınsi) *i.* kendi kendinden memnun olma hali; gönül rahatlığı. **complacent** *s.* kendi halinden memnun, rahat; kendini beğenmiş.

com.plain (kımpleyn') *f.* şikâyet etmek, yakınmak, derdini anlatmak, içini dökmek; suçlamak. **complainant** *i.* şikâyetçi, davacı.

com.plaint (kımpleynt') *i.* şikâyet, feryat, dert yanma; dert, keder, şikâyet sebebi; hastalık, keyifsizlik; *huk.* isnat.

com.plai.sance (kımpley'zıns, kam'plızäns) *i.* hoşgörü, müsamaha, göz yumma. **complai'sant** *s.* müsamahakâr, hoşgörü sahibi.

com.ple.ment (*i.* kam'plımınt; *f.* kam'plıment) *i., f.* tamamlayıcı herhangi bir şey, tümleç; tüm, bütün; *geom.* bir dar açıyı dik açı haline getirmek için gerekli olan açı derecesi; *gram.* tümleç; *müz.* oktavı tamamlayan enterval; *f.* tamamlamak; birbirini tamamlar olmak.

com.ple.men.ta.ry (kamplımen'tıri, -tri) *s.* tamamlayan, tamamlayıcı, tümleyici. **complementary angle** tümler açı. **complementary colors** *bak.* color.

com.plete (kımplit') *s., f.* tamam, tam, bütün; bitmiş, tamamlanmış; mükemmel, dört başı mamur; *f.* tamamlamak, bütünlemek, yetkinleştirmek; bitirmek. **a complete surprise** tam bir sürpriz. **completely** *z.* tamamen, bütünüyle. **completeness** *i.* bütünlük, tam olma hali. **completion** *i.* bitirme, tamamlama, sona erme; yerine getirme.

com.plex (kam'pleks) *i.* bileşik veya karışık herhangi bir şey; karmaşa; *psik.* kompleks. **building complex** site. **inferiority complex** aşağılık duygusu. **superiority complex** kendini üstün görme duygusu.

com.plex (kımpleks', kam'pleks) *s.* karmaşık; çapraşık, muğlak; bileşik, mürekkep, birkaç elemandan meydana gelmiş; karışık, birbirine eşit olmayan elemanlardan meydana gelmiş. **complex number** karmaşık sayı. **complexity** *i.* müşkülât, güçlük.

com.plex.ion (kımplek'şın) *i.* cilt, ten; sima, görünüş, veçhe. **complexioned** *s.* belirli bir ten rengi olan.

com.pli.a.ble (kımplay'ıbıl) *s.* uysal, yumuşak başlı.

com.pli.ance (kımplay'ıns) *i.* uyma; itaat; baş eğme; razı olma. **in compliance with** -e uygun olarak, mucibince. **compliant** *s.* uysal, itaatkâr, yumuşak başlı.

com.pli.cate (*f.* kam'plıkeyt; *s.* kam'plıkit) *f., s.* karıştırmak, zorlaştırmak, güçleştirmek; *s.* karmaşık; *bot., zool.* uzunlamasına katlanmış (böcek kanadı v.b.). **complicated** *s.* karmaşık; muğlak, çapraşık, anlaşılması güç, çözülmesi güç.

com.pli.ca.tion (kamplıkey'şın) *i.* karmaşık hale getirme; bir işe giriştikten sonra meydana çıkan engel, zorluk; karışıklık; *tıb.* ihtilât.

com.plic.i.ty (kımplis'ıti) *i.* suç ortaklığı; karmaşa.

com.pli.ment (*f.* kam'plıment; *i.* kam'plımınt) *f., i.* kompliman yapmak, iltifat etmek; övmek; *i.* iltifat, kompliman. **compliments** *i.* selâmlar. **compliments of the season** *İng.* tebrikler. **double-edged compliment** iğneli kompliman. **He sends his compliments.** Selâmlarını gönderdi. **pay a compliment** kompliman yapmak. **present one's compliments** hürmetlerini sunmak. **with my compliments** selâmlarımla; parasız, hediye olarak. **complimentary** *s.* hediye olarak, parasız; övme kabilinden.

com.plot (kam'plat) *i., eski* komplo, suikast, gizli tertip.

com.ply (kımplay') *f., with ile* uymak; itaat etmek.

com.po.nent (kımpo'nınt) *i., s.* bir tümü meydana getiren kısımlardan biri, cüz, unsur, parça, eleman; *s.* bileşimde bulunan.

com.port (kımpôrt') *f.* davranmak; **with ile** uymak, uygun olmak. **He comported himself well.** İyi davrandı. **The results comport with our expectations.** Netice beklediğimiz gibi oldu. **comportment** *i.* davranış, hal ve gidiş.

com.pose (kımpoz') *f.* meydana getirmek, oluşturmak; düzenlemek, tertip etmek; bir bütünün parçalarını teşkil etmek; bestelemek; (eser) yazmak, yaratmak; *matb.* dizmek, tertip etmek. **composed of** -den ibaret. **composing machine** *matb.* dizgi makinası. **composed** *s.* sakin, kendi halinde.

com.pos.er (kımpo'zır) *i.* besteci, bestekâr, kompozitör.

com.pos.ite (kımpaz'it) *s., i.* bileşik, mürekkep; karma, karışık, muhtelit; *b.h., mim.* Korent üslûbu ile İonik üslûp karışımı olan sütun şekline ait; *bot.* bileşikgiller familyasından; *i.* alaşım, halita, bileşim, terkip; *bot.* bileşikgillerden herhangi bir bitki. **composite number** *mat.* bölünebilir sayı, asal olmayan sayı. **composite photograph** fotomontajla bir araya getirilmiş birkaç fotoğraftan meydana gelen resim.

com.po.si.tion (kampızîş'ın) *i.* tümleme, derleme, bir araya getirme; tertip, terkip; nitelik, mahiyet; alaşım, halita; bileşim; kompozisyon, yazı ödevi, tahrir; beste, bestecilik; uzlaşma, anlaşma; *matb.* dizgi, tertip.

com.pos.i.tor (kımpaz'ıtır) *i., matb.* mürettip, dizgici, dizici.

com.pos men.tis (kam'pıs men'tîs) *Lat., huk.* aklı yerinde, şuuru tam.

com.post (kam'post) *i.* çürümüş yaprak v.b. ile karışık gübre.

com.po.sure (kımpo'jır) *i.* sükûnet, huzur, dinginlik.

com.pote (kam'pot) *i.* komposto.

com.pound (kam'paund) *i.* içinde binalar bulunan etrafı duvarla çevrili arazi.

com.pound (kam'paund) *s., i.* bileşik, mürekkep; *zool.* tek tek hayvancıklardan husule gelmiş; *i.* alaşım, halita; bileşim, terkip; *gram.* bileşik kelime. **compound curve** mürekkep eğri. **compound eye** bileşik göz. **compound fraction** bileşik kesir. **compound fracture** *tıb.* açık kırık. **compound interest** bileşik faiz. **compound number** karışık sayı. **chemical compound** kimyasal bileşim.

com.pound (kampaund', kımpaund') *f.* birleştirmek, bir bütün haline getirmek, terkip etmek; şiddetlendirmek; borç konusunda anlaşmak. **compound a felony** menfaat karşılığında suçluyu dava etmekten vazgeçmek veya suçunu örtbas etmek. **compound with** ... ile anlaşmak, uzlaşmak.

com.pra.dor (kamprıdôr') *i.* Uzak Doğu'da yabancı firmalar hesabına çalışan yerli acente.

com.pre.hend (kamprihend') *f.* anlamak, idrak etmek, kavramak; kapsamak, içine almak, ihtiva etmek. **comprehensible** *s.* anlaşılabilir, idrak olunabilir, makul. **comprehen-**

sion *i.* anlayış, idrak; kapsam, şümul. **comprehensive** *s.* geniş, şümullu, etraflı; idraklı, anlama yeteneği olan.

com.press (kam'pres) *i., tıb.* kompres; pamuk v.b. balyalarını sıkıştıran makina.

com.press (kımpres') *f.* sıkmak, basmak, tazyik etmek. **compressed air** sıkıştırılmış hava. **compressible** *s.* sıkıştırılabilir.

com.pres.sion (kımpreş'ın) *i.* sıkıştırma, tazyik, kompresyon; kısaltma, ufaltma. **compression stroke** *oto.* sıkıştıran vuruş.

com.pres.sive (kımpres'iv) *s.* tazyik edici, sıkıştırıcı.

com.pres.sor (kımpres'ır) *i.* kompresör, sıkıştırıcı.

com.prise (kımprayz') *f.* kapsamak, ihtiva etmek.

com.pro.mise (kam'prımayz) *i., f.* uzlaşma, uyuşma; bazı şeylerden fedakârlık ederek varılan anlaşma zemini; *f.* uzlaştırmak, bazı şeylerden fedakârlık yoluyla aralarını bulmak; (bir kimsenin) şerefini tehlikeye atmak; (bir işin neticesini) tehlikeye atmak. **compromise with** ... ile uzlaşmak, uyuşmak.

comp.trol.ler (kıntro'lır) *i.* hesap kontrol memuru, murakıp, denetleyici, kontrolör.

com.pul.sion (kımpʌl'şın) *i.* zorlama, cebir, icbar; mecburiyet; içten gelen itici his. **compulsive** *s.* zorlayıcı, içten gelen yenilmesi güç bir hissin tesiriyle yapılan.

com.pul.so.ry (kımpʌl'sıri) *s.* mecburî, yükümlü; zorunlu. **compulsorily** *z.* zorla, mecburî olarak, zorunlu olarak, metazori.

com.punc.tion (kımpʌngk'şın) *i.* vicdan azabı; pişmanlık, nedamet; esef, yerinme; (vicdanî sebeplerle) çekinme, tereddüt, reddetme.

com.pur.ga.tion (kampırgey'şın) *i., huk.* eskiden bir sanığın suçsuzluğunun birkaç tanığın şahadeti ile kabul edilmesi.

com.pute (kımpyut') *f.* hesap etmek, hesaplamak. **computa'tion** *i.* hesap, hesaplama.

com.pu.ter (kımpyu'tır) *i.* kompüter, hesap eden kimse; elektronik hesap makinası, elektronik beyin. **computer hardware** kompüterin esas kısımları. **computer software** yapılacak işe göre değiştirilen kompüterin yardımcı aksamı. **analogue computer** kendisine verilen rakamları elektronik nicelikler şeklinde kullanarak hesap çıkaran makina. **digital computer** kendisine verilen rakamları ikili rakam olarak kullanarak hesap çıkaran makina.

com.put.er.ize, *İng.* -ise (kımpyu'tırayz) *f.* kompüter ile hesaplamak.

com.rade (kam'räd, -rîd) *i.* arkadaş, yoldaş. **comradeship** *i.* arkadaşlık.

con- *öntakı* ile, beraber.

con (kan) *i. A.B.D.*, *argo* suçlu; dolandırıcılık.

con (kan) *edat, müz.* ile. **con brio, con spirito** canlı olarak.

con (kan) *z., i.* karşı, aleyhte; *i.* aleyhtar, karşı taraf. **pro and con** lehte ve aleyhte. **pros and cons** lehte ve aleyhte olan noktalar (kimseler).

con (kan) *f.* (-ned, -ning) atlatmak, yutturmak; okumak, tetkik etmek.

con (kan) *f., den.* gemiyi yöneltmek.

co.na.tion (koney'şın) *i., psik.* teşvik edici kuvvet. **conative** (kan'ıtîv) *s.* meram ve arzu ile ilgili; *gram.* gayret ifade eden (fiil).

con.cat.e.nate (kankät'ıneyt) *f.* sıralamak, raptetmek. **concatena'tion** *i.* neticelerin sıralanması.

con.cave (*s.* kankeyv', kan'keyv; *i.* kan'keyv, kang'keyv) *s., i.* içbükey, obruk, konkav; *i.* içbükey yüzey. **concavo-concave** *s.* çift taraflı içbükey. **concavo-convex** *s.* bir tarafı içbükey, diğer tarafı dışbükey olan. **concavity** (kankäv'ıti) *i.* içbükeylik.

con.ceal (kınsıl') *f.* gizlemek, gizli tutmak, saklamak, örtmek. **concealable** *s.* gizlenilebilir, saklanabilir. **concealment** *i.* gizleme, saklama, sır tutma. **in concealment** saklı, gizlenmiş.

con.cede (kınsid') *f.* teslim etmek, kabul etmek, ikrar etmek; vermek, bırakmak, ihsan etmek.

con.ceit (kınsit') *i.* kendini beğenmişlik, kibir, gurur; garip fikir, fantazi kavram. **self-conceit** *i.* kendini beğenmişlik. **conceited** *s.* kibirli.

con.ceiv.a.ble (kınsiv'ıbıl) *s.* akla uygun, havsalaya sığar. **conceivably** *z.* belki, muhtemelen.

con.ceive (kınsiv') *f.* gebe kalmak; anlamak, kavramak, idrak etmek; tasavvur etmek; tasarlamak, aklına gelmek; izah etmek. **conceive of** kavramak, tasarlamak. **I have conceived a dislike for him.** Ona karşı içimde bir nefret uyandı.

con.cen.trate (kan'sıntreyt) *f.* toplamak; yoğunlaştırmak; özünü çıkarmak; koyulaştırmak; zihni bir noktaya toplamak; toplanmak.

con.cen.trate (kan'sıntreyt) *i.* yoğun halde olan herhangi bir şey.

con.cen.tra.tion (kansıntrey'şın) *i.* toplanma, toplama; zihni bir noktaya toplama; *kim.* yoğunlaşma, koyulaşma, kesafet. **concentration camp** temerküz kampı, toplama kampı.

con.cen.tric (kınsen'trîk) *s.* merkezleri bir, ortak merkezli. **concentric'ity** *i.* merkezlerin bir olması.

con.cept (kan'sept) *i.* kavram, mefhum, anlayış, görüş, fikir, telakki.

con.cep.tion (kınsep'şın) *i.* gebe kalma, ana rahmine düşme; başlangıç; kavram, mefhum, fikir, anlayış, görüş, telakki, düşünce.

con.cep.tu.al (kınsep'çuwıl) *s.* mefhumlarla ilgili, kavramsal; fikirlerin doğmasına ait.

con.cep.tu.al.ism (kınsep'çuwılizım) *i., fels.* kavramcılık.

con.cern (kınsırn') *i., f.* ilgi, alâka; iş; endişe, tasa, kaygı, merak; şirket, ticarethane; *k.dili* şey; *f.* alâkadar etmek; ucu dokunmak; tesir etmek; ait olmak, ilgilendirmek, ilişiği olmak. **concern oneself with** karışmak, müdahale etmek. **He is meddling in my concerns.** Benim işime karışıyor. **It is no concern of mine.** Beni ilgilendirmez. **with deep concern** derin endişe ile.

con.cerned (kınsırnd') *s.* ilgili, alâkalı; endişeli, düşünceli. **be concerned for** *veya* **about** endişe duymak, merak etmek.

con.cern.ing (kınsır'nîng) *edat* ilgili olarak, -e dair, hakkında.

con.cert (kınsırt') *f.* bir araya gelerek karar almak, planlamak. **concerted** *s.* kararlaştırılmış; birlikte yapılmış; *müz.* bölümler halinde düzenlenmiş.

con.cert (kan'sırt) *i.* konser; ahenk, uyum; birleşme; ittifak, ittihat. **concert grand** kuyruklu piyano. **Concert of Europe** 1815 tarihinde Avrupa Devletleri arasında yapılan anlaşma. **concert pitch** konser için kullanılan ton standardı (la=saniyede 440 devre). **in concert** hep birlikte, ittifakla.

con.cer.ti.na (kansırti'nı) *i.* akordeona benzer körüklü ufak bir çalgı.

con.cer.to (kınçer'to) *i., müz.* konçerto.

con.ces.sion (kınseş'ın) *i.* kabul, teslim, itiraf; imtiyaz, devlet veya diğer bir yetkili makam tarafından tanınmış imtiyaz, ayrıcalık; mümessillik, bayilik.

con.ces.sion.aire (kınseşıner'), con.ces.sion.er (kınseş'ınır) *i.* imtiyaz sahibi; fuarda bir satış yeri sahibi; temsilci, bayi.

con.ces.sive (kınses'îv) *s.* teslim veya kabul mahiyetinde; *gram.* although bağlacı ile başlayan tamamlayıcı cümlelerde teslim ve kabul ifade eden.

conch (kangk, kanç) *i.* helezonî sedef kabuk; nefesli çalgı olarak kullanılan kabuk boru.

con.cha (kang'kı) *i., mim.* yarım kubbe; *anat.* boynuzcuk, konka (burun boşluğunda); kulak kepçesinin çukuru.

Con.chif.er.a (kangkif'ırı) *i., çoğ., zool.* midye gibi kabuk hâsıl eden deniz hayvanları; kabuklular. conchiferous *s.* kabuklu, kabuk hâsıl eden.

con.choid (kang'koyd) *i., mat.* konkoid; sedef eğrisi.

con.chol.o.gy (kangkal'ıcı) *i.* konkoloji, yumuşakçalarla uğraşan zooloji dalı. conchologist *i.* konkoloji bilgini.

con.chy (kan'çi) *i., argo, bak.* conscientious objector.

con.ci.erge (kansiyırj') *i.* kapıcı, odabaşı.

con.cil.i.ate (kınsil'iyeyt) *f.* gönlünü almak; uzlaştırmak, yatıştırmak, aralarını bulmak; teveccüh kazanmak. conciliatory *s.* yatıştırıcı.

con.cil.i.a.tion (kınsiliyey'şın) *i.* uzlaştırma, barıştırma, yatıştırma.

con.cin.ni.ty (kınsin'ıti) *i.* ahenk; *kon. san.* uyum; tutarlık, insicam.

con.cise (kınsays') *s.* az ve öz, kısa, muhtasar, veciz, özlü. concisely *z.* az ve öz olarak, kısaca, muhtasaran.

con.ci.sion (kınsij'ın) *i.* özetleme, az sözle çok şey anlatma.

con.clave (kan'kleyv, kang'-) *i.* özel toplantı; Roma'da Papa seçmek için toplanan kardinaller meclisi.

con.clude (kınklud') *f.* bitirmek, son vermek; neticelendirmek, sonuçlandırmak; bir karara varmak; netice çıkarmak, istidlâl etmek; bitmek, sona ermek; karar vermek.

con.clu.sion (kınklu'jın) *i.* son, nihayet, sonuç, netice; karar; son kısım; *gram.* şart cümlesinde ikinci kısım, ceza; *man.* vargı; *huk.* iddia veya müdafaanın son hulâsası. in conclusion sözü bitirirken..., son söz olarak... try conclusions with bir kimse ile yarışmaya girmek.

con.clu.sive (kınklu'sîv) *s.* kesin; katî, son, nihaî; ikna edici.

con.coct (kankakt', kın-) *f.* birbirine karıştırarak hazırlamak, tertip etmek, yapmak; uydurmak, kurmak (hikâye, yalan). concoc'tion *i.* karışım, tertip; birbiri ile uyuşmayan şeyleri karıştırma.

con.com.i.tant (kankam'ıtınt, kın-) *s., i.* bir arada vuku bulan, refakatinde olan, eşlik eden; birlikte bulunan; *i.* tabiî sonuç. concomitantly *z.* aynı zamanda olarak.

con.cord (kan'kôrd, kang'-) *i.* bağdaşma, imtizaç; uygunluk, ahenk; barış, geçim; anlaşma, ittifak, ittihat; *gram.* uyum; *müz.* ses uyumu. Concord grape Kuzey Amerika'ya mahsus iri siyah üzüm.

con.cor.dance (kankôr'dıns, kın-) *i.* uygunluk, ahenk, uyum, uyuşma; bir kitaptaki bütün kelimelerin metindeki yerini gösteren dizin. concordant *s.* uygun, mutabık.

con.cor.dat (kankôr'dät) *i.* antlaşma, muahede; Papa ile hükümet arasında akdolunan antlaşma.

con.course (kan'kôrs) *i.* toplantı, bir araya gelme; kalabalık, izdiham; bir park içinden geçen araba veya gezinti yolu; istasyon binasındaki hol; atletizm sahası.

con.cres.cence (kankres'ıns) *i., biyol.* beraber büyüme, birleşme.

con.crete (kan'krit) *s., i., f.* maddî; somut, müşahhas; belirli, muayyen; betondan yapılmış; *i.* beton; betona benzer herhangi bir karışım; somut bir varlık; *f.* bir bütün haline getirmek; beton dökmek; taşlaştırmak; donmak, sertleşmek; somutlaştırmak. reinforced concrete betonarme. concrete mixer betonyer.

con.cre.tion (kankri'şın) *i.* donmuş madde; *tıb.* şiş, taş.

con.cu.bi.nage (kankyu'bınîc) *i.* odalık olarak yaşama hali.

con.cu.bine (kang'kyıbayn) *i.* kapatma, odalık, cariye.

con.cu.pis.cence (kankyu'pısıns) *i.* şehvet, cinsel arzu. concupiscent *s.* şehevî, nefsanî.

con.cur (kınkır') *f.* (-red, -ring) aynı fikirde olmak, mutabık olmak, uyuşmak; uymak, razı olmak.

con.cur.rence (kınkır'ıns) *i.* uygun görme, muvafakat; aynı anda vaki oluş; aynı noktaya doğru ilerleyiş. **concurrent** *s.* aynı zamanda vaki olan; uygun, mutabık, birbirine yardımcı olan. **concurrently** *z.* aynı zamanda.

con.cuss (kınkʌs') *f.* darbe vuruşu ile beyne tesir etmek; sarsmak.

con.cus.sion (kınkʌş'ın) *i.* sarsma; darbe vurma; çarpışma; çarpışma neticesi olan şiddetli sarsıntı; *tıb.* sadme.

con.demn (kındem') *f.* kınamak, ayıplamak; suçlu çıkarmak; mahkûm etmek; kullanılamaz diye hüküm vermek; *huk.* müsaderesine karar vermek; *A.B.D.* istimlâk etmek. **condemn to death** idama mahkûm etmek. **condemnable** *s.* müsadere olunabilir; kınanmaya lâyık, mahkûm edilir.

con.dem.na.tion (kandemney'şın) *i.* kınama, ayıplama; kabahatli bulma; suçlu çıkarma; mahkûmiyet; *A.B.D.* istimlâk. **condem'natory** *s.* kınayıcı.

con.den.sa.tion (kandensey'şın) *i.* kısaltma, özet; *kim., fiz.* yoğunlaştırma, sıklaştırma, koyulaştırma; **buğu.**

con.dense (kındens') *f., kim., fiz.* yoğunlaştırmak, koyulaştırmak; özetlemek, kısaltmak. **condensed milk** teksif edilmiş süt. **condensable** *s.* yoğunlaştırılabilir.

con.dens.er (kınden'sır) *i.* kondensatör, buhar sıkıştırma makinası, tazyik makinası; elektrik kondensatörü; teksif adesesi.

con.de.scend (kandîsend') *f.* tenezzül etmek, sözde alçak gönüllülük göstermek, lütfetmek. **condescending** *s.* tenezzül eden. **condescen'sion** *i.* tenezzül.

con.dign (kındayn') *s.* lâyık, müstahak (cezaya).

con.di.ment (kan'dımınt) *i.* (tuz, biber, hardal, salça gibi) yemeğe çeşni veren şey.

con.di.tion (kındiş'ın) *i.* hal, durum, vaziyet; sağlık; şart, kayıt, sınırlama. **favorable conditions** uygun şartlar. **in condition** çalışır vaziyette; *spor* idman için formunda; **in good condition** iyi durumda, bozulmamış (olarak). **on condition that** şartı ile. **out of condition** işe uygun durumda olmayan; *spor* formundan düşmüş olan.

con.di.tion (kındiş'ın) *f.* uygun bir duruma getirmek; şart koşmak, kayıt altına sokmak; bütünleme sınavına tabi tutmak. **conditioning machine** tavlama makinası, ıslah makinası.

con.di.tion.al (kındiş'ınıl) *s., i.* şarta bağlı, kayıtlı; *i.* ikmal imtihanı. **conditional clause** şart cümlesi. **conditional mood** şart kipi. **conditional sale** şarta bağlı satış. **conditionally** *z.* şartlı olarak.

con.di.tioned (kındiş'ınd) *s.* uygun bir duruma getirilmiş; şarta bağlı. **conditioned reflex, conditioned response** *psik.* şartlı refleks, şartlı davranış. **air-conditioned** *s.* klimatize edilmiş.

con.dole (kındol') *f., with ile* taziyede bulunmak, kedere ortak olmak. **condolatory** *s.* taziye ifade eden. **condolence** *i.* taziye, başsağlığı. **letter of condolence** taziye mektubu.

con.dom (kan'dım, kʌn'-) *i.* prezervatif.

con.do.min.i.um (kandımîn'iyım) *i.* kat mülkiyeti, bir binanın kat sahiplerinin ayrı olması hali; bir ülke üzerinde birkaç devletin ortak hâkimiyeti; *Roma huk.* ortak malsahipliği.

con.done (kındon') *f.* göz yummak, kusura bakmamak.

con.dor (kan'dôr, -dır) *i.* Güney Amerika'ya mahsus bir çeşit büyük akbaba.

con.dot.tie.re (kondot.tye'rey) *i.* Avrupa'da özellikle 14. ve 15. yüzyıllarda prenslerin veya devletlerin hizmetine girmiş paralı askerlerin kumandanı.

con.duce (kındus') *f., to veya toward ile* sebep olmak, vesile olmak. **conducive** *s., to ile* yardım eden, sebep veya vesile olan.

con.duct (kan'dʌkt) *i.* davranış, tavır, hareket; idare. **safe-conduct** *i.* yolculukta emniyet vesikası.

con.duct (kındʌkt') *f.* davranmak; idare etmek, yürütmek; orkestra idare etmek; refakat etmek, yol göstermek, önderlik etmek; *fiz.* nakletmek, geçirmek, iletmek. **conduct oneself** davranmak.

con.duc.tance (kındʌk'tıns) *i., elek.* iletkenlik, nakil kabiliyeti, isal.

con.duc.tion (kındʌk'şın) *i.* taşıma, nakletme, isal.

con.duc.tive (kındʌk'tîv) *s.* iletici, geçirici, iletken, geçirgen, isal edici.

con.duc.tiv.i.ty (kandʌktîv'ıti) *i.* iletkenlik.

con.duc.tor (kındʌk'tır) *i.* kılavuz, önder, lider, şef; *A.B.D.* kondoktör, biletçi; orkestra veya koro şefi; müdür, idareci; iletken madde, geçirgen şey. **conductor ducts** *bot.* iletken damarlar. **non-conductor** *i.* iletici olmayan madde, yalıtkan madde.

con.duit (kan'dit, -duwît) *i.* oluk, su yolu, kanal; *elek.* cereyan tellerini muhafaza eden boru.

con.du.pli.cate (kandu'plıkit) *s., bot.* uzunluğuna ortasından bükülmüş (yaprak).

con.dyle (kan'dil) *i., anat.* kondil, kemiğin ucunda olan yumru, lokma.

con.dy.loid (kan'dıloyd) *s., anat.* kondiloid, lokmamsı, lokma şeklinde. **condyloid process** alt çenenin arka tarafında olan yumrumsu tepe.

cone (kon) *i., geom.* koni; *mak.* koni biçiminde olan makara; koza, kozalak. **cone coupling** makina şaftlarını bağlayan konik cihaz. **cone gear** konik dişli. **cone pulley** konik makara. **frustum of a cone** kesik koni. **ice cream cone** dondurma külâhı. **truncated cone** kesik koni.

con.el.rad (kan'ılräd) *i.* radyo dalgalarını casuslara karşı korumak için kullanılan sistem.

co.ney *bak.* cony.

con.fab.u.late (kınfäb'yıleyt) *f.* sohbet etmek, başbaşa vermek, konuşmak. **confabula'tion** *i.* sohbet.

con.far.re.a.tion (kanferiyey'şın) *i.* eski Roma'da erkeğin kadın üzerindeki hâkimiyetinin belirgin olduğu evlilik.

con.fect (kınfekt') *f.* imal etmek, hazırlamak (reçel, tatlı).

con.fec.tion (kınfek'şın) *i.* imâlat, hazırlama; bonbon, şekerleme; *ecza.* şeker veya bal ile hazırlanan preparat; konfeksiyon, hazır elbise.

con.fec.tion.ar.y, -er.y (kınfek'şıneri) *i.* şekerleme imalâthanesi; şekerleme.

con.fec.tion.er (kınfek'şınır) *i.* şekerci. **confectioner's sugar** pudra şekeri.

con.fed.er.a.cy (kınfed'ırısi) *i.* çeşitli bağımsız devletlerin konfederasyon halinde bir araya gelmeleri, ittifak, birlik; kanunen yasak olan bir fiilin yapılması için çeşitli parti, grup veya kimselerin birlik olmaları. **the Confederacy** Amerikan iç harbi esnasında Güney Eyaletlerinin meydana getirdikleri konfederasyon.

con.fed.er.ate (kınfed'ırît) *s., i.* müttefik, müttehit, birleşik; *i.* suç ortağı. **Confederate** *s., i.* Amerikan iç harbi sırasında Güney Eyaletlerinin federasyonuna bağlı olan (kimse).

con.fed.er.ate (kınfed'ıreyt) *f.* ittifak etmek, ittifak ettirmek, birleşmek, birleştirmek, *bak.* federate. **confederated** *s.* birleşik, *bak.* federated. **confederation** *i.* konfederasyon, birleşik devletler, *bak.* federation.

con.fer (kınfır') *f.* (-red, -ring) bağışta bulunmak, ihsan etmek, vermek, tevcih etmek, tevdi etmek; danışmak, görüşmek, müzakere etmek. **I conferred with him on the matter.** Meseleyi onunla görüştüm.

con.fer.ee (kanfıri') *i.* konferansa katılan kimse; şereflendirilen kimse.

con.fer.ence (kan'fırıns, -frıns) *i.* görüş ve fikir teatisi için toplantı, konferans; kongre; müzakere; (konfır'ıns) verme. **in conference** toplantıda, meşgul.

con.fess (kınfes') *f.* itiraf etmek; ikrar etmek; teyit etmek, doğrulamak, teslim etmek; günah çıkartmak; *şiir* belli etmek. **confessedly** (kınfes'ıdli) *z.* itiraf kabilinden, teslim ederek.

con.fes.sion (kınfeş'ın) *i.* itiraf, ikrar, doğrulama, teslim; günah çıkartma. **confession of faith** iman ikrarı. **judicial confession** mahkeme önünde yapılan itiraf.

con.fes.sion.al (kınfeş'ınıl) *i., s.* günah çıkartma hücresi; *s.* itiraf veya günah çıkartma ile ilgili.

con.fes.sor (kınfes'ır) *i.* günah çıkartan papaz; itiraf eden kimse.

con.fet.ti (kınfet'i) *i.* konfeti.

con.fi.dant (kanfıdänt', -dant', kan'fıdänt, -dant) *i.* sırdaş, dert ortağı.

con.fide (kınfayd') *f.* mahrem olarak söylemek, sır vermek. **confide in** itimat etmek, emniyet etmek, güvenmek. **confide to** teslim etmek, emanet etmek, tevdi etmek; sır vermek.

con.fi.dence (kan'fıdıns) *i.* güven, emniyet, itimat; mahremiyet, gizlilik; sırdaşlık. **confidence game** dolandırıcılık. **confidence man** dolandırıcı. **I have confidence in him.** Ona itimadım var. Ona güvenirim. **told in confidence** mahrem olarak söylenmiş, sır olarak verilmiş.

con.fi.dent (kan'fıdınt) *s.* emin, inanmış, kani; cüretli, atılgan. **confidently** *z.* güvenle, tereddüt etmeden.

con.fi.den.tial (kanfıden'şıl) s. mahrem, gizli; güvenilir. confidentially z. güvenerek; sır olarak.

con.fid.ing (kınfay'dîng) s. güvenen, şüphe etmeyen.

con.fig.u.ra.tion (kınfigyırey'şın) i. şekil, suret, görünüş; gruplaşma; astr. gezegenlerin birbirlerine oranla yerleri, yıldız kümesi.

con.fine (kınfayn') f. kuşatmak; hapsetmek; evde veya yatakta tutmak; sınırlamak, toplamak, hasretmek. confined s. sınırlanmış; loğusa halinde.

con.fine.ment (kınfayn'mınt) i. kapanış, hapsedilme; hasta olup evde kalma; loğusalık.

con.fines (kan'faynz) i. sınırlar, hudutlar.

con.firm (kınfırm') f. teyit etmek, kuvvetlendirmek, sağlama bağlamak, tespit etmek, saptamak; geçerli bir hale koymak. confirmed bachelor müzmin bekâr.

con.firm.a.ble (kınfırm'ıbıl) s. teyit olunur, tasdik olunur.

con.fir.ma.tion (kanfırmey'şın) i. tasdik, teyit, belgeleme, doğrulama; ispat; (bazı kiliselerde) kilise üyesi olma merasimi.

con.firm.a.tive, con.firm.a.to.ry (kınfırm'-ıtîv, kınfır'mıtôri) s. tasdik anlamında, teyit edici (söz, vesika, delil).

con.fis.cate (kan'fiskeyt) f. müsadere etmek; haczetmek; istimlâk etmek, kamulaştırmak. confisca'tion i. müsadere, haciz. confis'-catory s. müsadere ve haciz kabilinden.

con.fla.gra.tion (kanflıgrey'şın) i. büyük yangın, yangın felâketi.

con.fla.tion (kınfley'şın) i. bir metinde iki varyantın bir arada bulunması.

con.flict (kan'flikt) i. anlaşmazlık, ihtilâf, fikir ayrılığı; çekişme, çarpışma, zıtlaşma; mücadele, uğraşma. conflict of interests men- faat çatışması. conflict of laws kanunî ihtilâf.

con.flict (kınflîkt') f. çekişmek, ... ile ihtilâfa düşmek; mücadele etmek; zıtlaşmak.

con.flu.ence (kan'fluwıns), con.flux (kan'- flʌks) i. kavşak, iki akarsuyun birbirlerine karıştıkları nokta; kalabalık, izdiham.

con.flu.ent (kan'fluwınt) s., i. birlikte akarak birleşen; tıb. bir araya birikip karışmış, sık (çıbanlar); i. birleşmiş akarsuların her biri. confluent smallpox tıb. yaraları bitişikmiş gibi kabuk bağlayan çiçek hastalığı.

con.form (kınfôrm') f. uydurmak; umuma tabi olmak; to veya with ile uymak; itaat etmek, boyun eğmek.

con.form.a.ble (kınfôr'mıbıl) s. uygun, yerinde, muvafık, benzer, mutabık; boyun eğen.

con.for.ma.tion (kanfôrmey'şın) i. şekil; parçaları bir araya getirme düzeni; uygun olma.

con.form.ist (kınfôr'mîst) i. geçerli olan fikirlere veya inançlara uyan kimse; toplum kurallarını çiğnemeyen kimse.

con.form.i.ty (kınfôr'mıti) i. uygunluk, benzeyiş; biteviyelik. in conformity with mucibince, ...e uyarak.

con.found (kanfaund', kın-) f. şaşırtmak, zihnini karıştırmak; utandırmak, mahcup etmek; karmakarışık bir hale sokmak; kahretmek. confounded s. şaşırmış; k.dili Allahın cezası. confusion worse confounded karmakarışık bir vaziyet.

con.fra.ter.ni.ty (kanfrıtır'nıti) i. kardeşlik cemiyeti.

con.frere (kan'frer) i. meslektaş; aynı kurumda çalışan kimse.

con.front (kınfrʌnt') f. karşı durmak, göğüs germek; karşılaştırmak, yüzleştirmek. He confronted me with the problem. Beni mesele ile karşı karşıya bıraktı. confronta'tion i. yüzleştirme.

Con.fu.cius (kınfyu'şıs) i. Konfüçyüs.

con.fuse (kınfyuz') f. karıştırmak, karmakarışık etmek; ayırt edememek; şaşırtmak, zihnini karıştırmak, yanıltmak; utandırmak, mahcup etmek. confusion i. şaşkınlık, bozulma; karışıklık, düzensizlik; mahcubiyet.

con.fu.ta.tion (kanfyûtey'şın) i. tekzip, çürütme (fikir, iddia).

con.fute (kınfyut') f. tekzip etmek, yalanlamak, aksini ispat etmek, (bir iddiayı) çürütmek; (karşısındakini) susturmak.

con.ga (kang'gı) i. Latin Amerika'dan gelmiş olan Kanga dansı ve bunun müziği.

con.gé (kan'jey) i. ayrılma; ayrılma izni; yol verme; eski reverans; mim. bir çeşit silme.

con.geal (kıncil') f. dondurmak, donmak; pıhtılaştırmak, pıhtılaşmak.

con.ge.ner (kan'cınır) i. aynı cins, sınıf veya familya üyesi.

con.gen.ial (kıncin'yıl) s. uygun; cana yakın, hoş.

con.gen.i.tal (kıncen'ıtıl) *s.* doğuştan olan, fıtrî.

con.ger (kang'gır) *i.*, conger eel mığrı, bir yılanbalığı, *zool.* Conger conger.

con.ge.ries (kan'cıriz, kıncîr'iz) *i.*, *topluluk ismi* yığın, küme, top.

con.gest (kıncest') *f.* kalabalık etmek, doldurmak; tıkanmak.

con.gest.ed (kınces'tıd) *s.* tıkanık, şişkin; *tıb.* kan veya su toplamış, nefes alıp vermede zorluk çeken; tıkanık (yollar).

con.ges.tion (kınces'çın) *i.* tıkanıklık, izdiham, kalabalık; *tıb.* kan toplanması, kan hücumu.

con.ges.tive (kınces'tiv) *s.* kan veya su toplanması ile ilgili.

con.glo.bate (kanglo'beyt) *f., s.* küre şekline sokmak; *s.* küre şeklinde.

con.glom.er.ate (kınglam'ırit) *s., i.* küme halinde toplanmış; *i.* küme; *tic.* holding; *jeol.* yığışım, konglomera (taş cinsi).

con.glom.er.a.tion (kınglamırey'şın) *i.* karışık birikinti, birbirinden ayrı unsurlardan meydana gelen yığın.

con.glu.ti.nate (kınglu'tıneyt) *f.* yapıştırmak; *tıb.* kaynaştırmak.

Con.go (kang'go) *i.* Kongo nehri. Congo Brazzaville *bak.* Zaire. Congo Kinshasa Kongo Kinshasa, Kongo'nun başkenti.

congo eel, congo snake *zool.* yılanbalığı şeklinde küçük ön ayakları olan bir çeşit semender.

Congo red asitlerde mavi, alkalilerde kırmızı olan ve laboratuvarda kullanılan bir boya.

con.grat.u.late (kıngraç'ûleyt) *f.* tebrik etmek, kutlamak. congrat'ulatory *s.* tebrik mahiyetinde. congratula'tion *i.* kutlama. Congratulations! Tebrikler! Tebrik ederim.

con.gre.gate (*f.* kang'grıgeyt; *s.* kang'grıgît) *f., s.* toplamak, birleştirmek, bir araya getirmek; birleşmek, bir araya gelmek; *s.* toplantı ile ilgili, toplanmış.

con.gre.ga.tion (kang.grıgey'şın) *i.* toplama, toplantı; cemaat; *Kat.* dinsel örgüt. congregational *s.* cemaate ait, idaresi cemaatin elinde olan. congregationalism *i.* her cemaati bağımsız sayan kilise idare sistemi.

con.gress (kang'gris) *i.* kongre, toplantı; meclis; *b.h.* özellikle A.B.D.'de Millet Meclisi. congres'sional *s.* A.B.D. Millet Meclisine

ait. congressman *i.* A.B.D. Millet Meclisi üyesi, özellikle Temsilciler Meclisi üyesi.

con.gru.ence (kang'gruwıns) *i.* uyma, uygunluk, ahenk. congruent *s.*, with *ile* uygun, muvafık, ahenkli; benzer.

con.gru.i.ty (kıngru'wıti) *i.* uygunluk, uyum; *mat.* benzeşim.

con.gru.ous (kang'gruwıs) *s.* uygun, münasip, yerinde; *mat.* benzer.

con.ic (kan'ik) *s.*, *mat.* konik. conic section konik kesit eğrisi, konik. conical *s.* konik.

con.i.fer (kan'ıfır, ko'nıfır) *i.* (çam, fıstık gibi) kozalaklılar familyasından ağaç, kozalaklı ağaç. Coni'ferae *i.* kozalaklılar. conif'erous *s.* kozalak veren, kozalaklı.

co.ni.ine (ko'niyin, -niyin) *i.*, *kim.* ağılı baldıran ruhu, çok zehirli bir alkaloit.

con.jec.tur.al (kıncek'çırıl) *s.* tahminî, varsayılı, farazî. conjecturally *z.* farazî olarak, tahminen.

con.jec.ture (kıncek'çır) *i.*, *f.* varsayı, tahmin, zan, farz; *f.* tahmin etmek, zannetmek, farzetmek, tasavvur etmek.

con.join (kıncoyn') *f.* birleştirmek, birleşmek, bitiştirmek, bitişmek, bağlamak; *bak.* join.

con.joint (kıncoynt') *s.* birleşmiş, ortak. conjointly *z.* birleşmiş olarak; *bak.* joint, jointly.

con.ju.gal (kan'cûgıl) *s.* evlilik ile ilgili, karıkocalığa ait. conjugal affection karı koca sevgisi. conjugal rights eşlerin birbirlerine karşı haiz oldukları haklar.

con.ju.gate (kan'cûgeyt, kan'cûgît) *s., i.* çift olan, birleşmiş, birleşik; *mat.*, *biyol.* karşılıklı; birbirinin yerine geçebilen; *i.* birleşik çiftin her biri.

con.ju.gate (kan'cûgeyt) *f.*, *gram.* çekmek, tasrif etmek; *biyol.* birleşmek.

con.ju.ga.tion (kancûgey'şın) *i.*, *gram.* fiil çekimi, tasrif; *biyol.* birleşme.

con.junct (kıncʌngkt') *s.* birleşmiş, bitişik, ortak, müşterek.

con.junc.tion (kıncʌngk'şın) *i.* birleşme; aynı zamanda vaki olma, rastlantı, tesadüf; *gram.* bağlaç; *astr.* konjonksiyon. in conjunction with *ile* bir arada, birlikte.

con.junc.ti.va (kancʌngktay'vı) *i.*, *anat.* konjonktiv, göz küresini göz kapaklarıyla birleştiren ince zar.

con.junc.tive (kınc∧ngk'tîv) s., i. bitiştiren, birleştiren; birleşik; i., gram. bağlaç, atıf edatı.

con.junc.ti.vi.tis (kınc∧ngktıvay'tîs) i., tıb. konjonktivit, konjonktiv iltihabı.

con.junc.ture (kınc∧ngk'çır) i. çeşitli olay veya işlerin bir araya gelmesi; kritik durum, buhran, kriz.

con.ju.ra.tion (kancûrey'şın) i. büyü, sihir, sihirbazlık; ruh çağırma.

con.jure (kan'cır) f. büyü yoluyla (ruh veya cin) çağırmak. conjure up büyü kuvvetiyle meydana koymak; zihinde bir fikir veya hayal uyandırmak; bir yolunu bulmak. conjuror, -er i. sihirbaz, büyücü, hokkabaz.

con.jure (kıncûr') f. yalvarmak, rica etmek. conjuror, -er i. rica eden kimse; ortak bir ant ile bağlı olan kimse.

conk (kangk) i., f., argo kafa; burun; f. başına vurmak. conk out k.dili birden stop etmek; argo anîden çökmek.

con man (kan) A.B.D., argo dolandırıcı.

con.nate (kan'eyt) s. doğuştan olan, fıtrî; aynı asıldan, bir soydan gelen, aynı tabiatta olan; biyol. bitişik.

con.nat.u.ral (kınäç'ırıl) s. doğuştan, fıtrî, tabiî; bak. natural.

con.nect (kınekt') f. bağlamak, raptetmek, bitiştirmek, birleştirmek; aralarında ilgi kurmak; birleşmek, bağlı olmak, bağlanmak; A.B.D., k.dili topa vurmak; A.B.D., k.dili başarmak. connecting link halka; (iki şey arasındaki) bağlantı, ilgi. connecting rod piston kolu.

con.nec.tion, İng. con.nex.ion (kınek'şın) i. bağlantı, irtibat, ilgi, alâka, ilişki, münasebet; çevre, muhit; bağ, rabıta; akrabalık, hısımlık, dostluk; siyasî veya dinî çevre; cinsel ilişki; argo uyuşturucu madde tedarik eden kimse. connection by marriage hısımlık, dünürlük. business connections iş veya ticaret münasebetleri. close connections sıkı ilişkiler; yolculukta bir taşıttan inip hemen diğerine yapılan aktarma. cut the connection bağlantıyı kesmek, irtibatı kesmek. family connections akrabalar. in this connection bu münasebetle, bu hususta.

con.nec.tive (kınek'tîv) s. rapteden, bağlayan. connective tissue anat. bağ doku.

connexion bak. connection.

con.ning tower (kan'îng) harp gemilerinde kumanda kulesi.

con.nip.tion (kınip'şın) i., k.dili isteri nöbeti.

con.niv.ance (kınay'vıns) i. göz yumma; suç ortaklığı.

con.nive (kınayv') f., at veya in ile suç işlenmesine göz yummak, görmezlikten gelmek; gizlice anlaşmak, suç ortağı olmak. We connived together in the plot. Komployu beraber hazırladık.

con.niv.ent (kınay'vınt) s., biyol. birbirine yaklaşmış, yaklaşan.

con.nois.seur (kanısır') i. ehil, erbap, bir işten anlayan kimse, mütehassıs, uzman.

con.note (kınot') f. akla getirmek, anlamına gelmek, demeye gelmek, göstermek, ifade etmek. connotation (kanıtey'şın) i. bir şeyin sözlük anlamının yanı sıra akla getirdiği kavram, çağrışım. connotative (kan'ıteytîv) s. çağrışım meydana getiren.

con.nu.bi.al (kınu'biyıl) s. evlilikle ilgili, karıkocalığa ait.

co.noid (ko'noyd) s., i. konik (şekil).

con.quer (kang'kır) f. fethetmek, zaptetmek; galip gelmek, zafer kazanmak, yenmek. conqueror i. fatih.

con.quest (kan'kwest, kang'-) i. fetih, zapt; zafer; kazanılmış şey veya kimse.

con.quis.ta.dor (kankwîs'tıdôr) i., İsp. 16. yüzyılda Meksiko veya Peru fatihlerinden herhangi biri.

con.san.guin.e.ous (kansäng.gwîn'iyıs) s. aynı soydan, aynı kandan, akraba.

con.san.guin.i.ty (kansäng.gwîn'ıti) i. kan akrabalığı, aynı soydan gelme.

con.science (kan'şıns) i. vicdan; vicdanlılık. conscience clause "vicdana riayet etmek şartıyla" manasında bir ant veya kanuna ilâve edilen cümle. conscience money vicdanı rahatlatmak için verilen para. conscience-smitten s. vicdanı azap içinde olan. clear conscience vicdan rahatlığı. guilty conscience vicdan azabı. in all conscience vicdanen; mutlaka. on one's conscience vicdanını rahatsız eden.

con.sci.en.tious (kanşiyen'şıs, kansi-) s. vicdanlı, vicdan sahibi, dürüst, insaflı; dikkatli; çalışkan. conscientious objector (kıs. C.O.) vicdani ve dini inançlarına aykırı olduğunu ileri sürerek askerlik hizmetini ifa etmeyi reddeden kimse. **conscientiously** z. vicdanî olarak; dikkatle.

con.scion.a.ble (kan'şınıbıl) s. vicdana uygun, dürüst, âdil.

con.scious (kan'şıs) s. bilinçli, şuurlu, vukuflu, müdrik, farkında olan; uyanık. **self-conscious** s. mahcup, sıkılgan. **consciously** z. bile bile, bilinçle, şuurla.

con.scious.ness (kan'şısnîs) i. bilinç, şuur; idrak, anlayış, akıl, his, vukuf. **stream-of -consciousness** edeb. bilinçaltı akımı.

con.script (kan'skrîpt) s., i. askere alınmış; i. askere alınmış nefer, kur'a neferi.

con.script (kınskrîpt') f. kur'a neferi kaydetmek, askere çağırmak.

con.scrip.tion (kınskrîp'şın) i. askere çağırma; mecburî askerlik.

con.se.crate (kan'sıkreyt) f. takdis etmek; tanrıya adamak, vakfetmek, hasretmek, tahsis etmek.

con.se.cra.tion (kansıkrey'şın) i. takdis ve tahsis merasimi; kendini adama, vakfetme, takdis, tahsis, ithaf.

con.se.cu.tion (kansıkyu'şın) i. birbirini takip etme, peşpeşe olma; dizi.

con.sec.u.tive (kınsek'yıtîv) s. birbirini takip eden, ardıl; mat. ardışık.

con.sen.su.al (kınsen'şuwıl) s., huk. tarafların rızasıyla gayri resmî surette akdedilmiş (mukavele); biyol. bilinçli hareketlerin uyardığı içgüdüsel ve tepkisel hareketleri belirten; psik. his veya şuurla beraber giden gayri ihtiyarî (hareket).

con.sen.sus (kınsen'sıs) i. fikir veya oy birliği, umumun fikri; biyol. uzuvların ahenkle işlemesi.

con.sent (kınsent') i. rıza, muvafakat, uygun bulma; ittifak, oy birliği. **by common consent** umumun rızası ile. **Silence gives consent.** Sükût ikrardan gelir. **with one consent** hep birden.

con.sent (kınsent') f. muvafakat etmek, razı olmak, kabul etmek.

con.sen.ta.ne.ous (kansentey'niyıs) s. aynı fikirde, mutabık.

con.sen.tient (kınsen'şınt) s. razı, muvafık, birbirine uygun.

con.se.quence (kan'sıkwens) i. sonuç, netice, akıbet; eser, semere; ehemmiyet, önem. **in consequence of** neticesinde, sebebiyle. **of**

no consequence önemsiz. **take the consequences** cezasını çekmek.

con.se.quent (kan'sıkwent) s., i. neticesi olan; bağlı, tabi; takip eden; jeol. toprağın asıl meyline göre akan; i., man. istidlâl, netice, istintaç; mat. bir oranın ikinci rakamı.

con.se.quen.tial (kansıkwen'şıl) s. önemli, ehemmiyetli, kibirli, azametli; neticesinde meydana gelen, -den çıkan. **consequentially** z. netice itibariyle.

con.se.quent.ly (kan'sıkwentli) z. netice olarak, binaenaleyh, bu sebeple.

con.ser.van.cy (kınsır'vınsi) i. koruma; İng. doğal kaynakları koruma teşkilâtı.

con.ser.va.tion (kansırvey'şın) i. koruma, muhafaza, himaye, koruyuculuk; doğal kaynakları koruma (orman, toprak, yabani hayvanlar). **conservation of energy** fiz. kudretin baki kalması. **conservation of matter** fiz. maddenin baki kalması. **conservationist** i. doğal kaynakları koruma taraflısı kimse.

con.ser.va.tive (kınsır'vıtîv) s., i. tutucu, muhafazakâr; ılımlı, mutedil; i. tutucu kimse; koruyucu madde. **Conservative** i. (İngilterede) Muhafazakâr Parti üyesi.

con.ser.va.toire (kınsırvıtwar'), **con.ser.va.to.ry** (kınsır'vıtôri) i. konservatuvar, müzik ve tiyatro okulu.

con.ser.va.to.ry (kınsır'vıtôri) i. limonluk.

con.serve (kınsırv', kan'sırv) i. reçel, konserve.

con.serve (kınsırv') f. korumak, muhafaza etmek; şeker ile muhafaza etmek, konserve yapmak.

con.sid.er (kınsîd'ır) f. düşünmek; göz önünde tutmak; üzerinde düşünmek; mütalaa etmek, dikkate almak; saymak, hürmet etmek; merhamet etmek; farz etmek. **all things considered** enine boyuna düşünülürse. **not worth considering** kale alınmaz, lafını etmeye değmez.

con.sid.er.a.ble (kınsîd'ırıbıl) s., i. önemli, hatırı sayılır; büyük, hayli, fazla; i., A.B.D., k.dili fazla miktar. **considerably** z. epeyce, oldukça.

con.sid.er.ate (kınsîd'ırît) s. düşünceli, saygılı, hürmetkâr; nazik.

con.sid.er.a.tion (kınsîdırey'şın) i. saygı, düşünce; göz önüne alma; karşılık, bedel; önem, ehemmiyet; itibar, saygınlık; huk. borsada verilen pey akçesi. **for a considera-**

tion para mukabilinde. **in consideration of** sebebiyle, itibariyle, hasebiyle; karşılığında. **take into consideration** göz önünde bulundurmak, hesaba katmak, düşünmek. **under consideration** gözden geçirilmekte, tetkik edilmekte.

con.sid.er.ing (kınsîd'ırîng) *edat* hasebiyle, göre, nazaran, göz önünde tutulursa.

con.sign (kınsayn') *f.* göndermek, tahsis etmek, vermek, teslim etmek, tevdi etmek, emanet etmek. **consignee** (kansayni') *i.* kendisine mal gönderilen kimse. **consigner, consignor** *i.* mal gönderen kimse. **consignment** *i.* mal gönderme, sevkıyat; gönderilen mal. **on consignment** konsinye olarak.

con.sist (kınsîst') *f.*, **of** *ile* ibaret olmak, -den meydana gelmek, mürekkep olmak; **in** *ile* içine almak, havi olmak.

con.sis.ten.cy (kınsîs'tınsi) *i.* bağlılık, tutarlık, uyum, ahenk; yoğunluk, kesafet, kıvam, koyuluk.

con.sis.tent (kınsîs'tınt) *s.* birbirine uygun, aralarında mutabakat olan, birbirini tutan, insicamlı, tutarlı. **consistently** *z.* devamlı olarak, mütemadiyen.

con.sis.to.ry (kınsîs'tıri) *i.* kilise idare heyeti; Papanın başkanlığındaki kardinaller kurulu.

con.so.ći.ate (kınso'şiyeyt, kınso'şiyît) *s.*, *i.* ortak, müşterek, beraber çalışan; *i.* arkadaş, ortak, refik. **consocia'tion** *i.* beraber çalışma. **con.so.ci.ate** (kınso'şiyeyt) *f.* ortak olmak.

con.sol.a.ble (kınsol'ıbıl) *s.* tesellisi mümkün.

con.so.la.tion (kansıley'şın) *i.* teselli, avunç; teselli vesilesi veya sebebi. **consolation prize** teselli mükâfatı.

con.sol.a.to.ry (kınsal'ıtôri) *s.* teselli edici.

con.sole (kınsol') *f.* teselli etmek, avundurmak. **be consoled** avunmak.

con.sole (kan'sol) *i.* konsol; radyo kasası; *mim.* balkonların altına konulan süslü destek, dirsek; *müz.* orgun tuşlarını havi kısım. **console mirror** konsol aynası. **console table** konsol.

con.sol.i.date (kınsal'ıdeyt) *f.* birleştirmek, birleşmek; pekiştirmek, pekişmek, takviye etmek, sağlamlaştırmak; *tic.* konsolide etmek. **consolidated debts** *tic.* konsolide borçlar, vadesi uzatılmış borçlar. **consolidated school** A.B.D. ve Kanada'da birkaç mahallenin çocuklarının gittiği okul.

con.sol.i.da.tion (kınsalıdey'şın) *i.* birlik, birleşme, birleştirme, sağlamlaştırma, takviye; borçları birleştirme.

con.sols (kan'salz) *i.*, *İng.* devlet tahvilâtı.

con.som.mé (kansımey') *i.*, *Fr.* konsome, et suyu.

con.so.nance (kan'sınıns) *i.* uygunluk, uyum, ahenk, mutabakat; *müz.* ses uygunluğu; *fiz.* titreşim uygunluğu.

con.so.nant (kan'sınınt) *i.*, *s.* konson, sessiz harf; *s.*, **to** *veya* **with** *ile* uygun; aynı seslere sahip olan, ahenkli.

con.sort (kan'sôrt) *i.* arkadaş; eş, karı, koca; *den.* yoldaş gemi; *eski* birleşme, ahenkli olma. **prince consort** hükümdarlık eden kraliçenin kocası. **queen consort** kralın karısı.

con.sort (kınsôrt') *f.*, **with** *ile* arkadaşlık etmek; uymak, muvafakat etmek; birleşmek, arkadaş olmak.

con.sor.ti.um (kınsôr'şiyım) *i.* konsorsiyum; *huk.* erkek veya kadının evlilikteki hakları.

con.spec.tus (kınspek'tıs) *i.* taslak, umumî plan; özet, hulâsa.

con.spic.u.ous (kınspîk'yuwıs) *s.* göze çarpan, aşikâr, bariz, dikkati çeken.

con.spir.a.cy (kınspîr'ısi) *i.* fesat maksadı ile yapılan gizli anlaşma, suikast; *huk.* fesat tertibi.

con.spir.a.tor (kınspîr'ıtır) *i.* suikastçı.

con.spire (kınspayr') *f.* fesat maksadı ile gizli ittifak yapmak, suikast hazırlamak; elbirliği ile çalışmak; anlaşmak.

con.sta.ble (kan'stıbıl, kʌn'-) *i.*, *İng.* kraliyet surlarının muhafızı veya valisi; polis; jandarma. **Chief Constable** *İng.* bir vilâyetin polis müdürü. **special constable** geçici polis memuru.

con.stab.u.lar.y (kınstäb'yıleri) *s.*, *i.* polise ait; *i.* polis teşkilâtı, zabıta kuvveti; jandarma.

con.stan.cy (kan'stınsi) *i.* sadakat; değişmezlik, sabitlik.

con.stant (kan'stınt) *s.*, *i.* değişmez; sürekli, devamlı, sabit, daimî; sadık; *i.* sabit olan şey; *mat.* konstant, sabite. **constantly** *z.* daima, hiç durmadan, biteviye.

Con.stan.ti.no.ple (kanstäntıno'pıl) *i.* İstanbul'un eski ismi, Bizans, Kostantinya, Dar'i Saâdet, Âsitane.

Con.stan.tsa, Con.stan.ta (kônstan'tsa) *i.* Köstence.

con.stel.la.tion (kanstıley'şın) *i., astr.* takım-yıldız, burç.

con.ster.na.tion (kanstırney'şın) *i.* şaşkınlık, hayret, korku, dehşet.

con.sti.pate (kan'stıpeyt) *f., tıb.* kabzetmek, inkıbaz vermek, sıkmak. constipa'tion *i.* inkıbaz, peklik.

con.stit.u.en.cy (kınstiç'uwınsi) *i.* bir seçim bölgesindeki seçmenler; seçime iştirak edenler; seçimle ilgili olanlar; (İngiltere'de) seçim bölgesi.

con.stit.u.ent (kınstiç'uwınt) *s., i.* bileşiği meydana getiren; seçme hakkı olan; anayasayı değiştirme yetkisi olan (meclis); *i.* seçmen; öğe, unsur.

con.sti.tute (kan'stıtut) *f.* teşkil etmek; meydana getirmek, kurmak, tesis etmek, terkip etmek; tayin etmek, atamak.

con.sti.tu.tion (kanstıtu'şın) *i.* anayasa; tüzük, nizamname; beden yapısı, bünye; huy, yaradılış, tıynet; yapı; bileşim, terkip.

con.sti.tu.tion.al (kanstıtu'şınıl) *s., i.* anayasa ile ilgili, anayasaya uygun; sıhhî; bünyevî, yapısal; *i.* sağlık için yapılan jimnastik veya yürüyüş. constitutionally *z.* anayasaya göre; mizaç itibariyle. constitutional'ity *i.* anayasaya uygunluk. constitutionalism *i.* meşrutiyet taraftarlığı; meşrutiyet.

con.sti.tu.tive (kan'stıtutiv) *s.* kuran, teşkil eden, esas; anayasayı veya nizamnameyi hazırlamaya yetkili.

con.strain (kınstreyn') *f.* zorlamak, mecbur etmek, mecbur tutmak, zorla yaptırmak; bağlamak, sınırlamak, tahdit etmek; menetmek; zaptetmek. constrained *s.* zorlanmış; yapmacık, suni.

con.straint (kınstreynt') *i.* sınırlama, tahdit; sıkıntı.

con.strict (kınstrîkt') *f.* sıkmak, sıkıştırmak, büzmek, daraltmak. constriction *i.* sıkma, büzme; boğaz, dar geçit. constrictive *s.* sıkıcı, büzücü. constrictor *i., anat.* sıkıcı adale; *zool.* avını sıkarak öldüren yılan. boa constrictor boa yılanı.

con.struct (kınstrʌkt') *f.* yapmak, bina etmek, kurmak, tertip etmek; geometrik olarak çizmek, resmetmek.

con.struct (kan'strʌkt) *i.* yapılan şey, bina edilen şey; *psik.* daha basit izlenimlerden oluşan karmaşık bir eğilim.

con.struc.tion (kınstrʌk'şın) *i.* inşaat, yapı; inşa tarzı; yorumlama, tefsir; *gram.* yapı, inşa, tertip; geometrik şeklin çizilişi, çizim. construction drawing proje çizimi. bear a construction belli bir anlam taşımak. con.struc.tion.ist (kınstrʌk'şınîst) *i.* kanun tefsircisi.

con.struc.tive (kınstrʌk'tîv) *s.* yapıcı, müspet, olumlu; yapısal; *huk.* kanunen var sayılan.

con.struc.tor, -ter (kınstrʌk'tır) *i.* inşaat müteahhidi, inşaatçı; yapan kimse.

con.strue (kınstru') *f.* mana vermek, yorumlamak, tefsir etmek, anlamak; gramer kurallarına göre cümle kurmak; cümleyi tahlil etmek.

con.sub.stan.tial (kansıbstän'şıl) *s.* özleri bir olan, aynı tabiattan. consubstantial'ity *i.* cevher birliği.

con.sub.stan.ti.ate (kansıbstän'şiyeyt) *f.* aynı cevherle birleştirmek; aynı esasa dayandığını farz etmek.

con.sub.stan.ti.a.tion (kansıbstänşiyey'şın) *i.* Aşai Rabbani ayininde Hazreti İsa'nın ekmek ve şarapla birlikte var olması doktrini.

con.sue.tude (kan'switud) *i.* örf, âdet, alışkanlık, itiyat. consuetu'dinary *s.* mutat, alışılagelen.

con.sul (kan'sıl) *i.* konsolos; (eski Roma'da) konsül. consul general başkonsolos. vice consul konsolos muavini. consular *s.* konsolosa ait; konsüle ait. consular agent fahri konsolos. consulate *i.* konsolosluk, konsoloshane.

con.sult (kınsʌlt') *f.* danışmak, baş vurmak, müracaat etmek, sormak; göz önünde tutmak, hesaba katmak; istişare etmek. consultant *i.* müşavir, danışman, rehber.

con.sul.ta.tion (kansıltey'şın) *i.* danışma, müzakere, istişare; konsültasyon. consul'tative *s.* istişarî; müşavirlikle ilgili.

con.sult.ing (kınsʌl'tîng) *s., i.* müşavirlik eden, danışman olan; *i.* danışma. consulting room muayene odası.

con.sum.a.ble (kınsum'ıbıl) *s.* tüketilir, istihlâk edilir, yanması mümkün; sarfolunur, kullanılır.

con.sume (kınsum') *f.* tüketmek, istihlâk etmek; yakıp yok etmek, çürütmek, bitirmek; israf etmek, ziyan etmek; sarfetmek; yemek, yutmak; tükenmek, istihlâk edilmek, yanmak, uçmak; ziyan edilmek, israf edilmek. **con-sumed with jealousy** kıskançlıktan deliye dönmüş.

con.sum.ed.ly (kınsu'mîdli) z. çok fazla, yanarcasına.

con.sum.er (kınsu'mır) i. tüketici, müstehlik; sarfeden kimse. **consumer goods** tüketim maddeleri. **consumers' cooperative** tüketim kooperatifi.

con.sum.mate (kınsʌm'ît) s. tam, mükemmel. **consummately** z. mükemmelen.

con.sum.mate (kan'sımeyt) f. tamamlamak, ikmal etmek. **consummate a marriage** nikâhtan sonra cinsel temas yolu ile izdivacı tamamlamak. **consumma'tion** i. ikmal, itmam, yerine getirme; iyi sonuç.

con.sump.tion (kınsʌmp'şın) i. tüketim, istihlâk; yok etme; tıb. verem.

con.sump.tive (kınsʌmp'tîv) s., i. tüketilecek; tıb., eski vereme tutulmuş; i. veremli kimse.

cont. kıs. **contents, continent, continue.**

con.tact (kan'täkt) i. temas, değme, değiş, sürtünme, dokunma; ilişki, münasebet; görüşme; elek. bağlantı; tıb. bulaşıcı hastalık nakledebilen kimse, portör. **contact flight** hav. görerek uçuş. **contact lens** kontakt mercek. **contact print** foto. negatif ebadında basılan resim. **in contact with** ile temas halinde.

con.tact (kan'täkt) f. temas etmek, dokunmak; k.dili ile konuşmak.

con.ta.gion (kıntey'cın) i., tıb. sirayet, bulaşma, geçme; bulaşıcı hastalık; kötü tesir.

con.ta.gious (kıntey'cıs) s., tıb. bulaşıcı, bulaşkan, sâri; mikroplu, zehirli; yayılan. **contagious laughter** herkesi coşturan gülme.

con.tain (kınteyn') f. kapsamak, içine almak, ihtiva etmek, havi olmak, şamil olmak; sınırlamak, tahdit etmek; kontrol altına almak. **container** i. (sandık, varil, şişe gibi) kap; yük gemisine yükletilecek iri sandık veya mavna. **container ship** yükü iri sandıklarda veya portatif mavnalar içinde taşıyan gemi.

con.tam.i.nate (kıntäm'ıneyt) f. bulaştırmak; geçirmek (hastalık, mikrop, pislik); lekelemek, kirletmek. **contamina'tion** i. bulaştırma; pislik.

con.temn (kıntem') f. hor görmek, küçük görmek, adam yerine koymamak.

con.tem.plate (kan'tımpleyt) f. düşünmek, düşünüp taşınmak; niyetinde olmak, tasarlamak; seyretmek.

con.tem.pla.tion (kantımpley'şın) i. tefekkür, düşünme; tasarlama; dalgınlık. **in contemplation of** düşüncesiyle, ... ihtimalini göz önünde tutarak.

con.tem.pla.tive (kıntem'plıtîv) s. dalgın, düşünceye dalmış.

con.tem.po.ra.ne.ous (kıntempırey'niyıs) s. çağdaş, muasır; aynı zamanda vaki olan.

con.tem.po.rar.y (kıntem'pıreri) s. çağdaş, muasır; aynı yaşta olan; günümüze ait. **contemporary with** ile çağdaş.

con.tempt (kıntempt') i. küçük görme, hor görme, yukarıdan bakma; hürmetsizlik; zillet, ayıp; huk. bilerek kurallara karşı gelme. **contempt of court** huk. mahkemeye itaatsizlik. **beneath contempt** hor görmeye bile değmez. **Familiarity breeds contempt.** Fazla samimiyet hürmetsizlik doğurur. **hold in contempt** hakir görmek, hor görmek.

con.tempt.i.ble (kıntemp'tıbıl) s. aşağılık, alçak, rezil.

con.temp.tu.ous (kıntemp'çuwıs) s. hakir gören, hor gören, kibirli.

con.tend (kıntend') f. çarpışmak, çekişmek, uğraşmak, mücadele etmek; iddia etmek, ileri sürmek, münakaşa etmek.

con.tent (kan'tent) i. muhteva, içerik, esas, öz, gerçek anlam; çoğ. içindekiler, muhteviyat; hacim, istiap. **cubic contents** kübik hacim.

con.tent (kıntent') s., i. hoşnut, memnun, razı; i. memnuniyet, rahatlık, rıza, hoşnutluk, tatmin; İng. Lordlar Kamarasında olumlu rey.

con.tent (kıntent') f. memnun etmek, hoşnut etmek, tatmin etmek. **contented** s. halinden memnun, rahat, tatmin olunmuş.

con.ten.tion (kınten'şın) i. kavga, çekişme, mücadele, münakaşa; rekabet.

con.ten.tious (kınten'şıs) s. kavgacı, daima çekişen; ihtilâflı, çekişmeli; huk. davaya ait.

con.tent.ment (kıntent'mınt) i. memnuniyet, kanaat, rahatlık, gönül hoşluğu.

con.ter.mi.nous (kıntır'mınıs) bak. **coterminous.**

con.test (kıntest') f. karşı koymak, muhalefet etmek, itiraz etmek. **contest with, contest against** (bir kimse ile) mücadele etmek, çekişmek. **contestable** *s.* münakaşa edilebilir, itiraz kaldırır. **contested election** yeterinden fazla aday bulunan seçim; *A.B.D.* itiraz edilen seçim.

con.test (kan'test) *i.* müsabaka; mücadele, çekişme; tartışma, münakaşa; iddia, bahse tutuşma.

con.test.ant (kıntes'tınt) *i.* yarışmacı; bir seçimin sonucuna itiraz eden kimse.

con.text (kan'tekst) *i.* sözün gelişi, bir söz veya davranışa anlam kazandıran içinde vuku bulduğu şartlar; şartlar ve çevre. **contex'tual** *s.* sözün gelişine ait.

con.tex.ture (kınteks'çır) *i.* yapı, içyapı, bünye; düzen, tertip.

con.ti.gu.i.ty (kantıgyu'wıti) *i.* hemhudutluk; yekpare bir saha veya kütle.

con.tig.u.ous (kıntig'yuwıs) *s.* bitişik, hemhudut.

con.ti.nence (kan'tınıns) *i.* itidal, ılımlılık, ölçülülük, kendini tutma.

con.ti.nent (kan'tınınt) *s.* ılımlı, mutedil; ölçülü, kendine hâkim; iffetli.

con.ti.nent (kan'tınınt) *i.* kıta, anakara. **the Continent** Avrupa kıtası (İngiltere hariç). **the dark Continent** Afrika.

con.ti.nen.tal (kantınen'tıl) *s.* kıtasal; *b.h.* Avrupa kıtasına ait; *b.h., s., i.* (Amerikan İstiklâl Harbinde) ihtilâlcilere ait (asker, meclis, değersiz para). **continental climate** kara iklimi. **Continental Congress** *A.B.D.* 1774 ile 1781 yılları arasındaki Amerikan millî meclisine verilen isim. **continental divide** bir kıtayı taksim eden su bölümü hattı. **continental drift** kıtaların yavaş yavaş kayıp yerlerini değiştirmesi. **continental shelf** kıtanın deniz suları altında kalan kısmı. **not worth a continental** beş para etmez.

con.tin.gence (kıntin'cıns) *i.* bitişme, temas, değme.

con.tin.gen.cy (kıntin'cınsi) *i.* ihtimal; beklenmedik olay. **contingency fund** bir bütçede beklenmedik ihtiyaçlara karşı ayrılan para.

con.tin.gent (kıntin'cınt) *s.* henüz belli olmayan sebeplere dayanan, şarta bağlı. **contingent on** dayanarak, bağlı; *huk.* vuku bulup bulmayacağı şüpheli olan vakaya tabi.

con.tin.gent (kıntin'cınt) *i.* ihtimal; olay, rastlantı; grup, asker grubu.

con.tin.u.al (kıntin'yuwıl) *s.* sürekli, ardı arkası kesilmez, daimî, mütemadi; sık sık. **continually** *z.* mütemadiyen.

con.tin.u.ance (kıntin'yuwıns) *i.* devam, süreklilik; *huk.* talik, erteleme.

con.tin.u.ant (kıntin'yuwınt) *i., dilb.* (f, v, s, r gibi) uzatılabilen ünsüz.

con.tin.u.a.tion (kıntinyuwey'şın) *i.* devam, devam etme, sürme; uzatma, temdit.

con.tin.ue (kıntin'yu) *f.* devam etmek, sürmek; dayanmak; kalmak; üstünde durmak, ısrar etmek; uzatmak, temdit etmek; *huk.* tehir etmek.

con.ti.nu.i.ty (kantınu'wıti, -nyu'-) *i.* devamlılık, süreklilik, ardı arkası kesilmeyiş; program metni; detaylı senaryo.

con.tin.u.ous (kıntin'yuwıs) *s.* devamlı, sürekli, fasılasız. **continuously** *z.* mütemadiyen.

con.tin.u.um (kıntin'yuwım) *i.* değişmez ve arası kesilmez şey, bölünmemiş şey; *mat.* sürekli dizi.

con.tort (kıntôrt') *f.* burmak, bükmek, eğmek, çarpıtmak. **contorted** *s.* buruşuk, bükük. **contortion** *i.* burulma, bükülme, eğilme. **contortionist** *i.* vücudunu türlü şekillere sokan akrobat.

con.tour (kan'tûr) *i., f.* dış hatlar, çevre, şekil; (haritada) tesviye hattı, yatay sınır, düzey çizgisi; *f.* şeklini meydana getirmek; düzenini takip etmek. **contour line** eşyükselti çizgisi. **contour map** düzey haritası.

contra- *önek* karşı, zıt, aksi.

con.tra.band (kan'trıbänd) *s., i.* ithal veya ihracı yasaklanmış; *i.* kaçak mal. **contraband of war** tarafsız bir ülkenin, harpte taraflardan birine sattığı kaçak harp malzemesi.

con.tra.bass (kan'trıbeys) *i., müz.* kontrbas.

con.tra.cep.tion (kantrısep'şın) *i.* gebelikten korunma. **contraceptive** *s., i.* gebeliği önleyici (hap veya alet).

con.tract (kan'träkt) *i.* anlaşma, mukavele, akit, kontrat; anlaşma metni, mukavelename; *briç* karar verilen oyun. **on contract** mukaveleli, anlaşmalı, mukavele ile. **contract bridge** briç oyunu.

con.tract (kınträkt') *f.* kasmak, kasılmak, daraltmak, kısaltmak, büzmek; buruşturmak, çatmak (kaş); yakalanmak, almak, duçar ol-

mak (hastalık); anlaşma veya mukavele yap-
mak; ilişki kurmak.

con.tract.ed (kınträk'tîd) s. kasılmış, çekilmiş,
büzülmüş, kısalmış; pazarlığı edilmiş.

con.trac.tile (kınträk'tıl) s. kasılabilir, büzülür,
kısalır.

con.trac.tion (kınträk'şın) i. çekilme, büzülme,
kısalma; doğum esnasında rahim adalelerinin
gerilmesi; gram. bir veya birkaç harfin atılması
ile yapılan kısaltma; bu şekilde kısaltılmış
kelime.

con.trac.tive (kınträk'tîv) s. kasılabilir, büzü-
lür, kısalır; çeker, büzer.

con.trac.tor (kan'träktır, kınträk'tır) i. müteah-
hit, mukavele yapan kimse; kasan şey, kısal-
tan şey, daraltan şey, büzen şey, çeken şey.

con.trac.tu.al (kınträk'çuwıl) s. mukaveleden
doğan; mukavele kabilinden, mukaveleye ait,
anlaşmaya dair.

con.tra.dict (kantrıdîkt') f. yalanlamak, tekzip
etmek, aksini iddia etmek; karşı olmak, tezat
teşkil etmek.

con.tra.dic.tion (kantrıdîk'şın) i. aykırılık, çe-
lişme; yalanlama. a contradiction in terms
sözlerde çelişme.

con.tra.dic.to.ry (kantrıdîk'tıri) s. inkâr ve tek-
zip manasında; aykırı.

con.tra.dis.tinc.tion (kantrıdîstîngk'şın) i. fark,
zıt oluş, aksi. in contradistinction to -in
aksine olarak.

con.tra.dis.tin.guish (kantrıdîstîng'gwîş) f.
zıddı ile tefrik etmek, ayırmak.

con.trail (kan'treyl) i. jet uçaklarının bazan
yüksek irtifada uçarken arkalarında bıraktık-
ları beyaz çizgi.

con.tra.in.di.cate (kantrı.în'dıkeyt) f., tıb. has-
talığın mutat tedavisini tatbik etmenin mü-
nasip olmadığına delâlet etmek. contrain-
dica'tion i., tıb. kontraendikasyon.

con.tral.to (kınträl'to) i., s. kontralto; s. kon-
tralto ile ilgili veya ona ait.

con.tra.po.si.tion (kantrıpızîş'ın) i. karşı koy-
ma; zıtlık.

con.trap.tion (kınträp'şın) i., k.dili belirli
bir iş için kurulan mekanizma, tertibat; şey.

con.tra.pun.tal (kantrıpʌn'tıl) s., müz. kontr-
puana ait, iki veya daha çok sayıda melodi-
nin bir arada çalınmasından meydana gelen;
bak. counterpoint.

con.tra.ri.e.ty (kantrıray'ıti) i. aksilik, zıtlık,
tezat.

con.trar.i.wise (kan'treriwayz) z. bilâkis, ak-
sine; ters istikamete.

con.trar.y (kan'treri, kıntrer'i) s., i., z. ters,
karşı, muhalif, aksi, zıt, aykırı; nahoş; aksi
istikamette olan; man. mütenakız; i. aksi, ters;
z. aksine. contrary child inatçı çocuk.
evidence to the contrary aksini ispat.
on the contrary aksine, bilâkis. to the
contrary ...rağmen. contrarily z. aksine,
bilâkis. contrariness i. inatçılık.

con.trast (kan'träst) i. tezat, zıtlık, fark, ayrılık;
tefrik; (fotoğrafta) açık ve koyu kısımlar
arasındaki fark. contrasty s., foto. açık
ve koyu kısımları arasında tezat olan.

con.trast (kınträst') f. aradaki farkı göstermek
üzere karşılaştırmak, mukabele etmek, bir-
birinin zıddı olmak, tezat teşkil etmek, tezat
göstermek, benzememek.

con.tra.val.la.tion (kantrıviley'şın) i., ask.
kuşatan ordu tarafından kazılan hendekler
hattı.

con.tra.vene (kantrıvin') f. karşı gelmek,
muhalefet etmek; itiraz etmek; bozmak,
ihlâl etmek.

con.tra.ven.tion (kantrıven'şın) i. kanuna
ve nizama karşı koyma, ihlâl; mâni olma.
in contravention of hilâfında, rağmen.

con.tre.danse (kôntrıdans') i. halk oyunu.

con.tre.temps (kôntrıtan') i. gaf, pot; insanı
mahcup eden veya zor duruma düşüren bir
olay.

con.trib.ute (kıntrib'yut) f. bağışlamak, teberru
etmek, iane vermek; katkıda bulunmak.
contribute to yardım etmek, iştirak etmek;
(gazeteye) yazı vermek. contributor i.
veren kimse, yardım eden kimse, katkıda
bulunan kimse; dergi veya gazeteye yazı
yazan kimse.

con.tri.bu.tion (kantrıbyu'şın) i. yardım, bağış,
muavenet, iane; makale, yazı; tic. vergi,
mükellefiyet; aidat, prim; müştereken mesul
olanlardan birinin hissesini vermesi hali.

con.trib.u.to.ry (kıntrib'yıtôri) s. yardımcı,
iştirakçı; to ile dolaylı olarak sebep olan,
katkıda bulunan. contributory negligence
huk. bir kaza vukuunda kazazedenin kısmen
suçlu olması.

con.trite (kıntrayt') *s.* pişman, nadim, tövbe-kâr. **contrition** (kıntrîş'ın) *i.* pişmanlık, nedamet.

con.tri.vance (kıntray'vıns) *i.* tertip, tertibat, icat; mekanizma; gizli plan, entrika.

con.trive (kıntrayv') *f.* kurmak, tertip etmek, düşünmek, icat etmek, yolunu bulmak, bir yol aramak. **contrive to do** uydurmak, becermek, başarmak. **contrived** *s.* yapmacık, sunî.

con.trol (kıntrol') *i.* idare; idare etme, hâkim olma, hâkimiyet, egemenlik; spiritualizmde medyumu hareket ettiren ruh; istenilmeyen bir şeyin etkisini azaltacak program ve tedbir; *çoğ.* kumanda cihazları, kontrol kolları ve düğmeleri. **control group** deney yapılan grupla karşılaştırmak üzere normal halde bırakılan grup. **control tower** (havaalanında) kumanda kulesi. **birth control** doğum kontrolu. **flood control** sel felâketine karşı tedbir.

con.trol (kıntrol') *f.* (-led, -ling) idare etmek, hâkim olmak. **controllable** *s.* idare edilebilir.

con.trol.ler (kıntro'lır) *i.* idare eden kimse veya alet, regülatör; muhasebeci, murakıp, kontrolör, bütçeye göre ödeme müsaadesi vermeye yetkili şahıs.

con.tro.ver.sial (kantrıvır'şıl) *s.* ihtilâflı, çekişmeli; münakaşa edilebilir.

con.tro.ver.sy (kan'trıvırsi) *i.* tartışma, münakaşa, münazara, ihtilâf, çekişme, mücadele.

con.tro.vert (kan'trıvırt, kantrıvırt') *f.* tekzip etmek, yalanlamak; itiraz etmek; aksini ispat etmek.

con.tu.ma.cious (kantûmey'şıs) *s.* inatçı, asi, itaatsiz.

con.tu.ma.cy (kan'tûmısi) *i.* hor görürcesine itaatsizlik; serkeşlik; inat, inatçılık.

con.tu.me.ly (kan'tumıli, -tyu-) *i.* hakaret, tahkir, küfür.

con.tuse (kıntuz', -tyuz') *f.* berelemek, ezmek. **contusion** *i.* ezik, bere, çürük.

co.nun.drum (kınʌn'drım) *i.* cevabı kelime oyununa dayanan bir çeşit bilmece.

con.ur.ba.tion (kanırbey'şın) *i.* şehirlerin genişleyip birleşmesi.

con.va.lesce (kanvıles') *f.* nekahet devresinde olmak, iyileşmek. **convalescence** *i.* nekahet.

convalescent *s., i.* nekahet devresi ile ilgili; *i.* nekahet halindeki kimse.

con.vec.tion (kınvek'şın) *i., fiz.* bir gaz veya sıvının ısınarak hafifleyip yükselmesi ve başka bir yerde soğuyup ağırlaşarak aşağı inmesi.

con.ve.nance (kan'vınans) *i.* geleneğe uygunluk, yakışıklık; *çoğ.* terbiye icabı olan şeyler, adap.

con.vene (kınvin') *f.* toplamak; *huk.* mahkemeye celbetmek; toplanmak, bir araya gelmek.

con.ven.er (kınvin'ır) *i.* grupu toplantıya çağırıp oturumu açan kimse.

con.ven.ience (kınvin'yıns) *i.* uygunluk, rahatlık, kolaylık, münasip oluş, elverişli oluş; *çoğ.* konfor. **at your convenience** size uygun gelen bir zamanda, mümkün olduğu kadar yakın bir zamanda.

con.ven.ient (kınvin'yınt) *s.* uygun, elverişli, münasip, müsait, rahat, kullanışlı; kolay ele geçer, kullanılmaya hazır.

con.vent (kan'vent) *i.* rahibelerin bulunduğu manastır.

con.ven.ti.cle (kınven'tîkıl) *i., İng. tar.* gizli dinî toplantı.

con.ven.tion (kınven'şın) *i.* kongre, toplantı; mukavele, anlaşma; kabul edilen düzen; âdet, gelenek; *fels.* uylaşım. **conventioneer** *i.* delege.

con.ven.tion.al (kınven'şınıl) *s.* âdetlere uygun, göreneksel, geleneksel; beylik, basmakalıp; *güz. san.* konvansiyonel. **conventional warfare** nükleer silâh kullanılmayan harp. **conventional usage** kabul edilen düzen. **conventionalism** *i.* âdetlere bağlılık. **conventionalize** *f.* konvansiyonel hale getirmek. **conventionality** *i.* toplumsal âdetlere bağlılık, resmiyet, toplumsal kurallara uyan söz veya davranış.

con.ven.tu.al (kınven'çuwıl) *s., i.* rahibe manastırına ait; *i.* manastıra bağlı rahip veya rahibe.

con.verge (kınvırc') *f.* bir noktada birleşmeye yüz tutmak; *geom.* birbirine yaklaşmak (doğrular); *mat.* yakınsak olmak; birbirine yaklaştırmak. **convergence** *i.* birbirine yaklaşma; *fiz., geom.* doğruların birbirine yakın gelmesi. **convergent** *s.* birbirine yaklaşan.

con.vers.a.ble (kınvır'sıbıl) *s.* hakkında konuşulabilir; sohbeti tatlı.

con.ver.sant (kan'vırsınt, kınvır'sınt) *s.*, **with** *ile* aşina olan, erbap, yakından bilen, iyi bilen.

con.ver.sa.tion (kanvırsey'şın) *i.* konuşma, sohbet, muhavere, mükâleme. **conversation piece** dikkati çeken ve kendisinden bahsettiren herhangi bir şey. **criminal conversation** *huk.* zina.

con.ver.sa.tion.al (kanvırsey'şınıl) *s.* konuşmaya ait, konuşmaya hazır, konuşabilir, konuşkan. **conversationalist** *i.* iyi konuşan kimse, sözü sohbeti yerinde kimse.

con.verse (kınvırs') *f.*, *gen.* **with** *ile* konuşmak, sohbet etmek.

con.verse (kan'vırs) *s.*, *i.* zıt, aksi, ters; karşıt; *i.*, *man.* karşıt olan şey; nakzedici önerme. **converse'ly** *z.* aksine olarak, tam tersine.

con.ver.sion (kınvır'jın) *i.* dönme, değişme, tebdil, değiştirme; *ilâh.* din değiştirme; ihtida; *huk.* başkasının malını zapt etme; *man.* önermelerin aksi; *mat.* tahvil, hal. **conversion table** *mat.* eş değerleri gösteren cetvel.

con.vert (kan'vırt) *i.* din veya inanç değiştiren kimse, dönme, ihtida eden kimse.

con.vert (kınvırt') *f.* değiştirmek, tebdil etmek, döndürmek, çevirmek; (tahvil) hisse senetlerine çevirmek; (ölçü veya miktarı) başka bir sisteme göre göstermek; tahvil etmek; *huk.* başkasının malını zapt etmek.

con.vert.er (kınvır'tır) *i.* değiştiren şey veya kimse; çelik imalâtında Bessemer usulünde kullanılan kap; *elek.* cereyanı değiştiren alet, çevirgeç.

con.vert.i.ble (kınvır'tıbıl) *i.*, *s.* değiştirilebilen herhangi bir şey; üstü açılıp kapanabilen spor araba; *s.* değiştirilebilir, tahvili mümkün. **convertible bonds** tahvili kabil bonolar. **convertible money** madenî paraya çevrilebilen kâğıt para.

con.vex (kan'veks) *s.*, *i.* dışbükey, konveks, tümsekli; *i.* yüzeyi dışbükey olan cisim. **convex'ity** *i.* dışbükeylik.

con.vey (kınvey') *f.* nakletmek, götürmek, taşımak; geçirmek; ifade etmek; *huk.* başkasına terketmek, devretmek. **conveyable** *s.* nakledilebilir; devredilebilir.

con.vey.ance (kınvey'ıns) *i.* nakletme; araba; *huk.* terk, feragatname, temlik.

con.vey.er, con.vey.or (kınvey'ır) *i.* nakledici şey veya kimse. **conveyor belt** taşıyıcı kayış.

con.vict (kan'vikt) *i.* mahkûm kimse.

con.vict (kınvikt') *f.* mahkûm etmek; suçlu bulmak.

con.vic.tion (kınvik'şın) *i.* kanaat, inanç; katiyet; ikna; mahkûmiyet. **carry conviction** doğruluğunu belli etmek.

con.vince (kınvîns') *f.* ikna etmek, inandırmak. **convinced** *s.* emin, kani. **convincing** *s.* inandırıcı.

con.viv.i.al (kınvîv'iyıl) *s.* şen, keyifli; şenlik ve ziyafete ait. **convivial'ity** *i.* şenlik ve ziyafet, eğlence.

con.vo.ca.tion (kanvokey'şın) *i.* toplantı, meclis; toplantıya davet; kilise temsilcileri meclisi.

con.voke (kınvok') *f.* toplantıya davet etmek, çağrıda bulunmak.

con.vo.lute (kan'vılut) *s.* sarılmış, bükülmüş, dürülmüş; helezonî, helisel; karışık, zor anlaşılır.

con.vo.lu.tion (kanvılu'şın) *i.* büklüm, sarılış, dürülüş.

con.vol.vu.lus (kınval'vyılıs) *i.*, *bot.* kahkahaçiçeği; sarmaşık gibi sarılan birkaç çeşit fidan. **wild convolvulus** köpek pençesi, *bot.* Calystegia sepium.

con.voy (kan'voy) *i.* konvoy.

con.voy (kınvoy') *f.* konvoyu korumak; rehberlik etmek.

con.vulse (kınvʌls') *f.* şiddetle sarsmak. **be convulsed with laughter** gülmekten katılmak. **convulsion** *i.* ihtilâç, katılma, ıspazmoz. **convulsive** *s.* ihtilâç nevinden, ihtilâç gibi.

co.ny (ko'ni) *i.* tavşan; tavşan kürkü; adatavşanı.

coo (ku) *f.*, *i.* ötmek (kumru), kumru gibi sesler çıkarmak; cilveleşmek; *i.* kumru ötüşü.

coo (ku) *ünlem*, *İng.*, *argo* Eyvah!

cook (kûk) *i.* aşçı. **cookbook** *i.* yemek kitabı. **Too many cooks spoil the broth.** İdarecinin çok olduğu yerde iş yürümez.

cook (kûk) *f.* pişirmek, pişmek; tahrif etmek; *k.dili* üzerinde oynamak (hesaplar), *argo* suya düşürmek. **cook up** *k.dili* pişirmek; hazırlamak, uydurmak. **cook one's goose** mahvına sebep olmak. **What's cooking?** *k.dili* Ne dolaplar dönüyor? Ne haber? Ne var ne yok?

cook.er.y (kûk'ıri) *i.* aşçılık, mutfak işleri, mutfak.

cook.ie (kûk'i) *i.* tatlı bisküvi, çörek; *argo* şahıs. **smart cookie** açıkgöz kimse.

cook.ing (kûk'îng) *i., s.* pişirme, yemek pişirme sanatı; *s.* yemeklik, yemek pişirmede kullanılan.

cook.out (kûk'aut) *i., A.B.D., k.dili* piknik, açık havada pişirilen yemek.

cool (kul) *s.* serin, oldukça soğuk (hava); serin tutan (elbise); sakin, kayıtsız, soğukkanlı, kendine hâkim; *A.B.D., k.dili* hakikî; *argo* iyi, mükemmel; *güz. san.* mavi ve yeşil tonlarının hâkim olduğu. **cool-headed** *s.* serinkanlı, heyecana kapılmayan. **coolish** *s.* serince. **coolly** *z.* kayıtsızca, tasalanmaksızın.

cool (kul) *i.* serinlik; *argo* sükûnet, soğukkanlılık. **He blew his cool.** *argo* Soğukkanlılığını kaybetti.

cool (kul) *f.* serinletmek, serinlemek, soğutmak, soğumak, teskin etmek, sükûnet bulmak. **Cool it!** *argo* Sakin ol! **cool off, cool down** sükûnet bulmak, öfkesi geçmek. **cool one's heels** bekleme odasında uzun süre beklemek.

cool.ant (ku'lınt) *i.* soğutucu; soğutma tertibatında kullanılan gaz veya sıvı.

cool.er (ku'lır) *i.* soğutma cihazı, soğutucu; buzlu içki; *argo* hapishane.

coo.lie (ku'li) *i.* (Uzak Doğuda, özellikle Hindistan ve Çin'de) hamal veya rençper.

coon (kun) *i., bak.* **raccoon**; *aşağ.* zenci. **coon's age** *A.B.D., k.dili* çok zaman.

co-op, coop (ko'wap) *bak.* **cooperative**.

coop (kup) *i., f.* kümes; *argo* hapishane, kodes; *f.* kümese sokmak. **coop in, coop up** tıkmak, kapamak. **fly the coop** kodesten kaçmak.

coop.er (ku'pır) *i.* fıçıcı. **cooperage** *i.* fıçıcılık; fıçı imalâthanesi.

co.op.er.ate (kowap'ıreyt) *f.* beraber çalışmak, işbirliği yapmak. **coopera'tion** *i.* birlikte çalışma, işbirliği.

co.op.er.a.tive (kowap'rıtîv, -ırîtîv) *s., i.* işbirliğine ait; *i.* kooperatif; katları ayrı ayrı satılabilen apartman. **consumers' cooperative** müstehlik kooperatifi.

co.opt, co-opt (kowapt') *f.* üyelerin oyu ile teşkilât üyeliğine seçmek; tayin etmek, atamak.

co.or.di.nate, co-or.di.nate (kowôr'dıneyt, kowôr'dınît) *s., i.* aynı derecede, eşit, müsavi; düzenli, tutarlı, muntazam; *fels.* düzenleşik; *i., mat., den., astr.* koordinat.

co.or.di.nate, co-or.di.nate (kowôr'dıneyt) *f.* birbirine göre ayarlamak; ahenk kazandırmak, alıştırmak, düzeltmek; aynı sıra veya dereceye koymak. **coordinating conjunction** bir cümle içinde birbirine eşit durumda olan öğeleri bağlayan bağlaç (**and, but, or** gibi).

co.or.di.na.tion, co-or.di.na.tion (kowôrdıney'şın) *i.* tanzim, ahenk verme, düzenleme, tertip, tutarlılık, insicam.

coot (kut) *i.* sakarmeki, su tavuğu, *zool.* Fulica atra.

coo.tie (ku'ti) *i., argo* bit.

cop (kap) *i., k.dili* polis.

cop (kap) *f.* (**-ped, -ping**) *argo* aşırmak; yakalamak. **cop out** *argo* çekilmek, oyunbozanlık etmek.

cop (kap) *i.* konik iplik yumağı.

co.pai.ba (kopey'bı) *i.* pelesenk yağı.

co.pal (ko'pıl) *i.* vernik imalâtında kullanılan bir reçine, kopal.

co.par.ce.nar.y (kopar'sıneri) *i., huk.* müşterek vârislik; ortaklık; müşterek mülk sahipliği. **coparcener** *i.* müşterek vâris.

co.part.ner (kopart'nır) *i.* ortak, şerik.

cope (kop) *f., gen.* **with** *ile* başa çıkmak, başarmak; çaresini bulmak, ... ile uğraşmak.

cope (kop) *i., f.* papaz cüppesi; *f.* cüppe giymek.

cope (kop) *f.* marangozlukta (iki kirişi) birbirine uydurup birleştirmek; kaplamak.

Co.pen.ha.gen (kopınhey'gın) *i.* Kopenhag.

co.pe.set.ic (kopıset'îk) *s., A.B.D., argo* güzel.

cop.i.er (kap'iyır) *i.* kopya makinası.

co.pi.lot (ko'paylıt) *i.* ikinci pilot.

cop.ing (ko'pîng) *i., mim.* duvar tepeliği veya üstlüğü. **coping saw** oyma testere.

co.pi.ous (ko'piyıs) *s.* bol, mebzul, çok, velut, bereketli. **copiously** *z.* mebzulen.

cop-out (kap'aut) *i., A.B.D., argo* mesuliyetten kaçınma.

cop.per (kap'ır) *i., s.* bakır; ufak para; *argo* polis; *çoğ., den.* bakır kazan; *s.* bakırdan yapılmış, bakıra benzer, bakır renginde; **copperbottomed** *s.* bakır dipli, karınası bakır

kaplı. **copper-colored** *s.* bakır renginde.
copperhead *i.* Amerika'da bulunan bir çeşit zehirli yılan, *zool.* Agkistrodon contortrix.
copperplate *i.* bir nevi ince el yazısı; bir nevi bakır klişe. **coppersmith** *i.* bakırcı, kazancı. **copper sulphide** *jeol.* kalkopirit.
cop.per (kap'ır) *f.* bakır kaplamak; bakır rengi vermek; *argo* bahis tutuşmak. **coppery** *s.* bakır gibi, bakırımsı, bakırlı.
cop.per.as (kap'ırıs) *i.* demir sulfat, zaç.
cop.pice (kap'îs) *i.* küçük koru, ağaçlık, çalılık.
cop.ra (kap'rı) *i.* kurutulmuş hindistancevizi içi.
cop.ro.lite (kap'rılayt) *i.* taş haline gelmiş gübre.
copse (kaps) *bak.* **coppice.**
Copt (kapt) *i.* Kıptî, Mısır asıllı Hıristiyan. **Coptic** *s., i.* Kıptî; *i.* Kıptî dili.
cop.u.la (kap'yılı) *i.* rabıta; *gram.* İngilizcede özne ve tümleci birleştiren **be** fiili; *müz.* rabıta türünden kısa pasaj; *man.* önermenin öznesi ile fiili arasındaki bağlantı.
cop.u.late (kap'yılıt) *s.* bağlı, raptedilmiş.
cop.u.late (kap'yıleyt) *f.* cinsî münasebette bulunmak, çiftleşmek. **copula'tion** *i.* bağlama, raptetme; cinsî yaklaşma; *man.* bağ, rabıta. **copulatory** *s.* bağlayıcı.
cop.u.la.tive (kap'yıleytîv, -lıtîv) *s., i.* rapteden, birleştiren, atfeden (uzuv veya kelime). **copulative conjunction** atıf edatı. **copulative proposition** *man.* bağlayıcı önerme.
cop.y (kap'i) *i.* kopya, suret, nüsha, nümune, örnek; müsvedde; asıl; *gazet.* metin, yazı. **copybook** *i.* yazı defteri, not defteri. **copyboy** *i.* gazete idarehanesinde çalışan çocuk. **copycat** *i., k.dili* başkalarının davranışlarını taklit eden kimse. **good copy** *gazet.* basılmaya değer konu. **rough copy** müsvedde, karalama, eskiz.
cop.y (kap'i) *f.* kopya etmek, suretini çıkarmak, istinsah etmek, taklit etmek; kopya çekmek.
cop.y-e.dit (kap'i ed'ît) *f., gazet.* bir metni baskıya vermeden evvel tashih etmek.
cop.y.right (kap'irayt) *i., f., s.* telif hakkı; *f.* telif hakkını muhafaza etmek; *s.* telif hakkı mahfuz olan.
cop.y.writ.er (kap'iraytır) *i.* reklam ilânları hazırlayan kimse.
co.quet (koket') *f.* (**-ted, -ting**) cilveli hareket etmek.
co.quet.ry (ko'kıtri) *i.* işvebazlık, işve, cilve.

co.quette (koket') *i.* işvebaz, cilveli kadın, oynak kadın, koket. **coquettish** *s.* cilveli, şuh.
cor. *kıs.* **corner, coroner, corpus, correct, correspondence.**
cor.a.cle (kôr'ıkıl) *i.* bez veya deri ile kaplı sepet işi bir çeşit kayık.
cor.al (kôr'ıl) *i., s.* mercan, *zool.* Corallium rubrum; *s.* mercandan, mercana benzer. **coral creeper** mercan çiçeği, *bot.* Kennedya. **coral reef** mercan kayalığı. **coral snake** mercan yılanı, *zool.* Micrurus corallinus. **coralloid** *s.* mercan şeklinde.
cor.al.line (kôr'ılîn, -layn) *i., s., bot.* koralina, bir çeşit deniz yosunu; *s.* mercandan, mercana benzer.
cor.al.lite (kôr'ılayt) *i., zool.* mercanın tek polipi.
cor.beil (kôr'bıl) *i., mim.* heykeltıraş işi çiçek veya meyva dolu sepet.
cor.bel (kôr'bıl, -bel) *i., mim.* dirsek. **corbel block** kısa dirsek tahtası. **corbel out** böyle bir dirseğe dayanıp çıkmak. **corbel table** böyle dirseğe dayanan çıkma.
cor.bie.step (kôr'bistep) *i., mim.* yanları basamak şeklinde sivri tepelik.
cord (kôrd) *i., f.* ip, sicim, kaytan, şerit; yay kirişi, veter, çalgı teli; 3,5 metre küp hacminde bir odun tartı birimi: bir çeşit kabartma çizgili kumaş; manevî bağ; *çoğ.* fitilli kadifeden yapılmış pantolon; *f.* iple bağlamak; iple süslemek; kütükleri yığmak. **spinal cord** *anat.* omurilik. **vocal cords** *anat.* boğazdaki ses telleri.
cord.age (kôr'dîc) *i.* geminin halat takımı, ipler; kütük ölçüsü.
cor.date (kôr'deyt) *s., bot.* yürek şeklinde.
cord.ed (kôr'dîd) *s.* iple bağlanmış; kabarık çizgili; kütük ölçüsü ile ölçülüp yığılmış.
cor.dial (kôr'cıl, *İng.* -dyıl) *s., i.* samimî, yürekten, candan; *i.* likör. **cordial greeting** samimî selâm. **cordiality** *i.* samimiyet. **cordially** *z.* candan, samimiyetle.
cor.di.form (kôr'dıfôrm) *s.* yürek şeklinde.
cord.ite (kôr'dayt) *i.* dumansız barut.
cor.don (kôr'dın) *i.* kordon.
cor.do.van (kôr'dıvın) *i.* sahtiyan gibi ince ve renkli deri.
cor.du.roy (kôr'dıroy) *i., s.* fitilli kadife, çizgili kadife; *çoğ.* bu kumaştan yapılan pantolon; *s.* fitilli kadifeden yapılmış; **corduroy road**

bilhassa bataklıkları geçmekte kullanılan ve kütüklerden yapılmış yol.

cord.wood (kôrd'wûd) *i.* istif edilmiş odun.

core (kor) *i.* elma gibi meyvaların çekirdek yeri, göbek, iç, nüve, öz, esas; zıvana; *mak.* maça parçası; *mad.* derinden alınan yuvarlak sütun şeklinde taş numunesi; *jeol.* öz. **core curriculum** okutulan muhtelif derslerin ana bir tema etrafında birleştiği müfredat programı. **rotten to the core** tamamıyle çürük.

co.re.lig.ion.ist (korilic'ınist) *i.* dindaş.

co.re.op.sis (kôriyap'sis) *i.* yıldız çiçeğine benzeyen bir çiçek, *bot.* Coreopsis.

co.re.spon.dent (korispan'dınt) *i., huk.* zina davasında maznunun suç ortağı olan üçüncü şahıs.

corf (kôrf) *i.* (*çoğ.* **corves**) madencilikte kullanılan küçük vagon.

Cor.fu (kôr'fu) *i.* Korfu adası.

co.ri.a.ceous (kôriyey'şıs) *s.* kösele gibi, sert; deriden yapılmış.

co.ri.an.der (kôriyän'dır) *i.* kişniş otu, kişniş, *bot.* Coriandrum sativum.

Cor.inth (kôr'înth) *i.* Yunanistan'daki Korint şehri. **Corin'thian** *s., mim.* Korint üslûbu.

co.ri.um (kôr'iyım) *i., anat.* koryum, derma, altderi.

cork (kôrk) *i., f., s.* mantar, tıpa; *f.* mantarla kapamak, tıpalamak; *A.B.D.* kömürleşmiş mantarla siyahlaştırmak; *s.* mantardan yapılmış. **cork oak** dış kabuğundan şişe mantarı yapılan bir cins meşe ağacı, sezü, *bot.* Quercus suber.

corked (kôrkt) *s.* tıpalanmış; mantar kokusu ile bozulmuş; *A.B.D.* mantar siyahı ile boyanmış.

cork.er (kôr'kır) *i.* tıpalayan kimse veya şey; *argo* olağanüstü bir kimse veya şey.

cork.ing (kôr'king) *s., argo* fevkalade.

cork.screw (kôrk'skru) *i.* şişe açacağı, tirbuşon.

cork.y (kôr'ki) *s.* mantara benzer, kuru, hafif.

corm (kôrm) *i., bot.* bazı bitki saplarının alt kısmında bulunan soğanımsı kısım.

cor.mo.rant (kôr'mırınt) *i., s.* karabatak kuşu, *zool.* Phalacrocorax carbo; obur adam; *s.* açgözlü; yırtıcı.

corn (kôrn) *i., A.B.D.* mısır, *bot.* Zea mays; tahıl tanesi; tane; *İng.* buğday, hububat, tahıl. **corn belt** mısır yetiştiren bölge (A.B.D.'nin orta eyaletleri). **corn bread** mısır ekmeği. **corn drill** mısır ekmeye mahsus makina. **corn**

flour mısır unu; *İng.* mısır nişastası. **corn laws** İngiltere tarihinde hububat satışını düzenleyen kanunlar. **corn meal** mısırdan imal edilen ve irmiğe benzeyen bir besin. **corn silk** mısır püskülü. **corn syrup** glikoz. **corn whisky** mısırdan yapılmış viski.

corn (kôrn) *i.* nasır.

corn.cob (kôrn'kab) *i.* mısır koçanı. **corncob pipe** mısır koçanından yapılmış pipo.

corn crake bıldırcın kılavuzu, *zool.* Crex crex.

corn.crib (kôrn'krib) *i.* mısır ambarı.

cor.ne.a (kôr'niyı) *i., anat.* kornea, gözdeki saydam tabaka.

corned (kôrnd) *s.* salamura edilmiş.

cor.nel (kôr'nıl) *i.* karaniya, *bot.* Cornus. **cornel cherry** kızılcık, *bot.* Cornus. **wild cornel** kızıl çubuk, *bot.* Cornus danguinea.

cor.nel.ian, car.nel.ian (kôrnil'yın, kar-) *i.* akik taşı.

cor.ne.ous (kôr'niyıs) *s.* boynuzdan yapılmış, boynuz gibi.

cor.ner (kôr'nır) *i.* köşe, köşe başı; dönüm yeri; *tic.* tekelcilikle piyasayı ele geçirme. **cut corners** tutumlu davranmak; kaçamak yolu ile bir işten sıyrılmak. **drive into a corner** bir çıkmaza sokmak; köşeye kıstırmak. **four corners of the earth** dünyanın dört bucağı. **turn the corner** kritik noktayı atlatmak, köşeyi dönmek.

cor.ner (kôr'nır) *f.* çıkmaza sokmak, bir köşeye kıstırmak; tekelcilik suretiyle piyasayı ele geçirmek.

cor.ner.stone (kôr'nırston) *i.* temel taşı üzerinde binanın inşa edilme tarihi bulunan taş; bir şeyin dayandığı esas.

cor.ner.wise (kôr'nırwayz) *s.* çapraz.

cor.net (kôrnet') *i., müz.* kornet. **cornettist** *i.* kornet çalan kimse.

corn.fed (kôrn'fed) *s.* mısırla beslenmiş, besili; gürbüz; taşralı.

corn.field (kôrn'fild) *i.* mısır tarlası.

corn.flow.er (kôrn'flauwır) *i.* peygamber çiçeği, *bot.* Centaurea cyanus.

corn.husk (kôrn'hʌsk) *i.* mısır koçanı kabuğu.

cor.nice (kôr'nîs) *i.* korniş; *mim.* geniş silme.

corn poppy gelincik çiçeği, *bot.* Papaver rhoeas.

corn.stalk (kôrn'stôk) *i.* mısır sapı.

corn.starch (kôrn'starç) *i.* mısır nişastası.

cor.nu.co.pi.a (kôrnıko'piyı) *i., mit.* Amalthea'-nın boynuzu; sanatçılar tarafından bolluk sembolü olarak kullanılan, içinden meyvalar taşan boynuz şekli.

cor.nut.ed (kôrnut'ıd) *s.* boynuzlu, boynuz şeklinde.

corn.y (kôr'ni) *s.*, *argo* aşırı romantik, eskimiş, basmakalıp, klişe, adi, bayağı.

co.rol.la (kıral'ı) *i.*, *bot.* taçyapraklar, korol.

cor.ol.lar.y (kôr'ıleri) *i.*, *mat.*, *man.* bir önermenin tabiî sonucu, sonuç.

co.ro.na (kıro'nı) *i.* hale, ağıl, ayla; *anat.* kafatasının üst düzeyi; *bot.* korona. **corona discharge** *fiz.* korona akımı.

Co.ro.na Aus.tra.lis (kıro'nı ôstrey'lis) Güneysel Taç takımyıldızı.

Co.ro.na Bo.re.al.is (bôr'iyäl'îs) Kuzeysel Taç takımyıldızı.

cor.o.nach (kôr'ınıkh) *i.*, *İskoç.* cenaze havası.

co.ro.nal (kıro'nıl, kôr'ınıl) *s.* taç veya koronaya ait.

cor.o.nar.y (kôr'ıneri) *s.*, *i.* taç ile ilgili; *tıb.* kalbi besleyen damarlara ait; *i.* kalp damarlarının kan pıhtısı ile tıkanması.

cor.o.na.tion (kôrıney'şın) *i.* taç giyme töreni.

cor.o.ner (kôr'ınır) *i.* şüpheli ölüm vakalarının sebebini tahkik eden memur. **coroner's inquest** bu memurun tahkikatı. **coroner's jury** bu tahkikatı yürütüp hüküm veren jüri heyeti.

cor.o.net (kôr'ınet) *i.* asillerin giydiği taç, küçük taç; *bayt.* at ayağında deri ile parmağın birleştiği yer.

co.ro.ni.form (kıro'nıfôrm) *s.* taç şeklinde.

cor.po.ral (kôr'pırıl, -prıl) *i.*, *ask.* onbaşı.

cor.po.ral (kôr'pırıl) *s.* bedenî, cismanî; *zool.* gövdesel. **corporal punishment** bedenî ceza, dayak. **corporally** *z.* bedenen, cismen.

cor.po.rate (kôr'pırıt) *s.* anonim şirkete ait; bir dernek veya bir şirket halinde hukuken birleştirilmiş, birlik olmuş, toplu. **corporate image** bir şirketin kamuoyunda bıraktığı intiba.

cor.po.ra.tion (kôrpırey'şın) *i.* anonim şirket, tüzel kişi; *k.dili* şişko göbek.

cor.po.re.al (kôrpôr'iyıl) *s.* cismanî, bedenî, maddî.

cor.po.re.i.ty (kôrpıri'yıtı) *i.* bedenen varoluş.

cor.po.sant (kôr'pızänt) *i.*, *fiz.* (bazan gemilerde görülen) korona akımı.

corps (kôr) *i.* kolordu, müfreze, kıta; topluluk. **corps de ballet** bale topluluğu. **diplomatic corps** kordiplomatik.

corpse (kôrps) *i.* ceset, ölü.

cor.pu.lence (kôr'pyılıns) *i.* şişmanlık, etlilik. **corpulent** *s.* şişman, etli.

cor.pus (*çoğ.* -po.ra) (kôr'pıs, -pırı) *i.* külliyat, mecmua; *anat.* esas; ana para, sermaye. **corpus delicti** esas ve cismanî delil, (bir cinayet vukuunda) ceset. **corpus juris** kanun külliyatı.

cor.pus.cle (kôr'pısıl, -pʌsıl) *i.*, *anat.* hücre, yuvar, kan küreciği; zerre. **red corpuscle** alyuvar. **white corpuscle** akyuvar. **corpuscular** (kôrpʌs'kyılır) *s.* zerrevî, yuvara ait.

cor.rade (kıreyd') *f.*, *jeol.* yıpranmak, aşınmak.

cor.ral (kıräl') *i.*, *f.* (**-led, -ling**) (at, davar v.b.'ne mahsus) ağıl; *f.* ağıla kapamak, kuşatmak; yakalamak, tutmak.

cor.rect (kırekt') *f.* düzeltmek, doğrultmak, tashih etmek, ıslah etmek; tekdir etmek, cezalandırmak; ayarlamak; gidermek. **correction** *i.* tashih, düzeltme, ıslah; ihtar, nasihat, cezalandırma; giderme; ayar etme. **correction fluid** *matb.* korektör. **house of correction** ıslahhane. **correctional** *s.* düzeltici, tashihkâr.

cor.rect (kırekt') *s.* doğru, yanlışsız, tam; dürüst; uygun, münasip, lâyık. **correctly** *z.* tam tamına, doğru olarak. **correctness** *i.* dürüstlük, doğruluk; uygunluk.

cor.rec.tive (kırek'tîv) *s.*, *i.* düzeltici, ıslah edici, giderici; *i.* çare, ıslah eden veya düzelten şey.

cor.rec.tor (kırek'tır) *i.* düzeltici; *İng.* tashih eden kimse, musahhih.

cor.re.late (kôr'ıleyt) *f.*, *i.* karşılıklı ilişkisi olmak, aralarında uygunluk sağlamak, (iki şey, netice, rakam) arasında ilişki kurmak; *i.* birbiri ile ilgisi olan şeylerin her biri.

cor.re.la.tion (kôrıley'şın) *i.* karşılıklı ilişki; *mat.* değişkenlerin birbiri ile bağlantısı; *biyol.* organların birbirleriyle olan bağlantısı.

cor.rel.a.tive (kırel'ıtîv) *s.*, *i.* karşılıklı, mütekabil; *i.* karşılıklı ilişkisi olan şey.

cor.re.spond (kôrıspand') *f.* uymak, uygun gelmek, tekabül etmek, karşılamak; benzemek. **correspond to** tekabül etmek, benzemek. **correspond with** mektuplaşmak, muhabere etmek, haberleşmek.

cor.re.spon.dence (kôrıspan'dıns) *i.* tekabül, uygunluk; mektuplar, mektuplaşma, yazışma, muhabere.

cor.re.spon.dent (kôrıspan'dınt) *i., s.* muhabir; tekabül eden şey; *s.* karşılıklı.

cor.re.spond.ing (kôrıspan'ding) *s.* yerini tutan; mektuplaşan, muhabere eden. **correspondingly** *z.* mukabil olarak.

cor.ri.dor (kôr'ıdır) *i.* koridor, geçit, dehliz.

cor.ri.gen.dum (kôrıcen'dım) *i.* (*çoğ.* -da) hata, yanlış; baskı hatası; *çoğ.* hata sevap cetveli, yanlış-doğru cetveli, düzeltmeler.

cor.ri.gi.ble (kôr'ıcıbıl) *s.* düzeltilebilir, tashihi mümkün; ıslahı kabil (kimse).

cor.rob.o.rant (kırab'ırınt) *s., i.* destekleyici; *i.* kuvvetlendirici şey.

cor.rob.o.rate (kırab'ıreyt) *f.* (bir fikri) desteklemek, doğrulamak, teyit etmek. **corroborative** *s.* doğrulayan, teyit edici. **corroboratively** *z.* doğrulayarak. **corrobora'tion** *i.* doğrulama, onaylama, teyit.

cor.rode (kırod') *f.* çürütmek, aşındırmak, yemek; çürümek, paslanmak, aşınmak, yenmek.

cor.ro.si.ble (kıro'sıbıl) *s.* aşınır, paslanır, çürür.

cor.ro.sion (kıro'jın) *i.* paslanma, aşınma, çürüme; bozukluk, çürüklük, korozyon.

cor.ro.sive (kıro'siv) *s.* çürütücü, aşındırıcı, kemirici. **corrosive sublimate** *kim.* biklorit, sublime.

cor.ru.gate (kôr'ıgeyt, -yı-) *f., s.* kırıştırmak, buruşturmak; buruşmak; *s.* kırıştırılmış. **corrugated iron** oluklu demir levha. **corrugated paper** oluklu karton. **corrug'ation** *i.* kırışık, buruşuk.

cor.rupt (kırʌpt') *s.* namussuz, fırsatçı, rüşvet almaya alışmış, kötü, pis; bozuk, çürük.

cor.rupt (kırʌpt') *f.* bozmak, ifsat etmek, ayartmak, baştan çıkarmak. **corrupt text** hata ve düzeltmelerle kıymeti azalmış yazı. **corruptible** *s.* rüşvet kabul etmeye hazır; ayartılabilir; çürüyebilir. **corruption** *i.* irtikâp, rüşvet yeme, fesat; kötü yol; çürüklük, küf.

cor.sac (kôr'säk) *i.* karsak, *zool.* Vulpes corsac.

cor.sage (kôrsaj') *i.* korsaj; göğse takılan çiçek buketi.

cor.sair (kôr'ser) *i.* korsan, korsan gemisi.

cor.set (kôr'sit) *i.* korse.

cor.tege (kôrtej') *i.* kortej, merasim alayı; maiyet.

cor.tex (kôr'teks) *i.* (*çoğ.* -ti.ces) *bot.* kabuk, kışır; *anat.* kabuk, korteks. **cortical** *s.* kabu-

ğa ait; bir uzvun dış zarına ait. **corticated** *s.* kabuklu, kışrî.

cor.ti.sone (kôr'tıson, -zon) *i.* kortizon; böbreküstü bezlerinin salgısı olan bir hormon.

cor.un.dum (kırʌn'dım) *i.* korindon; zımpara.

cor.us.cate (kôr'ıskeyt) *f.* parıldamak, ışıldamak. **coruscant** *s.* ışıldayan. **corusca'tion** *i.* parıltı.

cor.vée (kôrvey') *i.* angarya, ücretsiz iş.

cor.vette (kôrvet') *i., den.* korvet; ufak torpido muhribi.

cor.vine (kôr'vayn, -vin) *s.* karga gibi, kargaya ait.

Cor.y.bant (kôr'ıbänt) *i., mit.* Sibel tanrıçasına ayin esnasında refakat eden ruh veya ilâh, Sibel rahibi.

cor.ymb (kôr'imb' -im) *i., bot.* salkım, korimb, demet (bir çiçek durumu).

cor.y.phée (kôr'ıfey) *i.* bale topluluğunun üstünde fakat solo dansedenlerin altında olan balerin veya dansör.

co.ry.za (kıray'zı) *i., tıb.* burun nezlesi.

Cos (kôs) *i.* İstanköy adası.

Co.sa Nos.tra (ko'za nos'tra) *İt.* Amerika'da bulunan Mafia tipinde ve Mafia ile ilişkileri olan bir çete.

co.se.cant (kosi'kınt) *i., mat.* kosekant.

co.seis.mal (kosayz'mıl) *s.* yeryüzünde depremin aynı anda hissedildiği noktaların birleştiği çizgi ile ilgili.

cosh (kaş) *i., İng., argo* cop; *f.* cop ile vurmak.

co.sig.na.to.ry (kosîg'nıtôri) *s., i.* birlikte imzalayan; *i.* müşterek imza atanlardan biri.

co.sign.er (kosay'nır) *i.* müşterek imza atan kimse.

co.sine (ko'sayn) *i., mat.* kosinüs.

cos.met.ic (kazmet'ik) *s., i.* kozmetik, güzelleştirici, plastik (cerrahi); *i.* her türlü makyaj malzemesi.

cos.mic (kaz'mik) *s.* evrensel, kainata ait; geniş, şümullü. **cosmic dust** gökten yeryüzüne düşen ince toz. **cosmic rays** kozmik ışınlar. **cosmic wind** uzayda kozmik cereyan.

cos.mog.o.ny (kazmag'ıni) *i.* kozmogoni, evrenin yaradılışı teorisi.

cos.mog.ra.phy (kazmag'rıfi) *i.* kozmografi.

cos.mol.o.gy (kazmal'ıci) *i.* kozmoloji, evren bilimi.

cos.mo.naut (kaz'mınôt) *i.* kozmonot.

cos.mop.o.lis (kazmap'ılis) *i.* kozmopolit bir şehir.

cos.mo.pol.i.tan (kazmıpal'ıtın) *s., i.* kozmopolit; *i.* kozmopolit kimse.

cos.mop.o.lite (kazmap'ılayt) *i.* kozmopolit kimse, dünya vatandaşı; dünyanın birçok kısımlarında rastlanan hayvan veya fidan.

cos.mos (kaz'mıs, -mas) *i.* acun, kozmos, kâinat, evren; düzen, sistem; kozmos çiçeği.

Cos.sack (kas'äk, -ık) *i.* Kazak.

cos.set (kas'it) *f., i.* çok sevmek, şımartmak; *i.* annesiz büyütülen kuzu; evde zevk için beslenen hayvan.

cost (kôst) *i.* fiyat, paha, değer, kıymet; zarar, ziyan; sermaye, bedel; *çoğ., huk.* dava masrafları, mahkeme harcı. cost, **insurance and freight** *tic.* sif, fiyat sigorta ve navluп. cost of living hayat pahalılığı, geçim masrafı. cost price maliyet 'fiyatı. at all costs, at any cost ne pahasına olursa olsun. at the cost of pahasına.

cost (kôst) *f.* (**cost**) mal olmak; pahası olmak, kıymette olmak; (maliyet masrafını) hesap etmek. It cost him dearly. Ona pahalıya mal oldu. It cost him infinite labor. Çok emek sarfetti.

cos.tal (kas'tıl) *s., biyol.* kaburgalara ait.

co-star (*i.* ko'star; *f.* ko'star') *i., f.* piyes veya filimde baş oyunculardan biri; *f.* baş rollerden birinde oynamak.

cos.tard (kas'tırd) *i.* iri bir cins İngiliz elması.

Cos.ta Rica (kas'tı ri'kı) Kostarika.

cos.tate (kas'teyt) *s.* kaburgalı.

cos.ter.mon.ger (kas'tırmʌng.gır) *i.* (İngiltere'de) seyyar meyva, sebze veya balık satıcısı.

cos.tive (kas'tîv, kôs'-) *s.* kabız, peklik çeken.

cost.ly (kôst'li) *s.* pahalı, kıymetli; mükellef, muhteşem.

cos.tume (*i.* kas'tum, -tyum; *f.* kastum', -tyum') *i., f.* kıyafet, elbise; kostüm; *f.* kıyafete sokmak. **costume jewelry** taklit ziynet eşyası, incik boncuk. **costumer** *i.* kostümleri hazırlayan kimse.

co.sur.e.ty (koşûr'ıti) *i., tic.* müteselsil kefil.

cot (kat) *i.* bez karyola, portatif karyola.

cot (kat) *i.* kulübe, sığınacak yer; örtü.

co.tan.gent (kotän'cınt) *i., mat.* tümey teğet.

cote (kot) *i.* ağıl, kümes, mandıra gibi hayvanların sığınacağı yer; *leh.* kulübe.

co.te.rie (ko'tırı) *i.* zümre, heyet.

co.ter.mi.nous (kotır'mınıs) *s.* hemhudut, sınırdaş, bitişik.

co.thur.nus (kothır'nıs) *i.* (*çoğ.* -ni) eski Yunan ve Romalılarda trajedi aktörlerinin giydikleri sandalet.

co.ti.dal (kotayd'ıl) *s., coğr.* gelgit seviyesi aynı derecede olan yerlere ait.

co.til.lion (kotîl'yın) *i.* kadril tipinde dans, kotilyon dansı.

Co.to.pax.i (kotopäk'si) *i.* Cotopaxi yanardağı, Ekvador'da bir yanardağ.

cot.tage (kat'îc) *i.* küçük ev, kulübe; yazlık ev, sayfiye evi. **cottage cheese** süzme peynir. **cottage pudding** üzerine meyvalı şurup dükülen bir kek. **cottager** *i., İng.* rençper.

cot.ter (kat'ır) *i., İskoç.* rençper.

cot.ter (kat'ır) *i., mak.* anahtar, kama. **cotter pin** çivi, kopilya.

cot.ton (kat'ın) *i., s.* pamuk, pamuklu bez; pamuğa benzer herhangi bir tüylü madde; *s.* pamuklu. **cotton batting** tabaka halinde pamuk. **cotton belt** A.B.D.'nde pamuk ekim mıntıkası. **cotton cake** çiğit küspesi. **cotton gin** çiğiti pamuktan ayıran çark, çırçır. **cotton grass** pamuk otu, *bot.* Eriophorum polystachion. **cotton mill** pamuklu bez fabrikası. **cotton plant** pamuk fidanı, *bot.* Gossypium herbacium; hintpamuğu, peynirağacı, *bot.* Bombax eriodendron. **cotton staple** ham pamuğun lif boyu. **cotton waste** makinaları temizlemek için kullanılan pamuk ipliği artıkları. **cotton wool** ham pamuk; *İng.* hidrofil pamuk. **cotton yarn** az bükülmüş pamuk ipliği. **sewing cotton** dikiş ipliği, tire.

cot.ton (kat'ın) *f., eski* pamuğa sarmak. **cotton up to** *k.dili* yaltaklanmak. **cotton to, cotton up to** *k.dili* geçinmek, anlaşmak; yağcılık yapmak.

cot.ton.mouth (kat'ınmauth) *i.* A.B.D.'nde bulunan zehirli bir yılan.

cot.ton-pick.ing (kat'ınpîkın) *s., A.B.D., argo* pis, kahrolası.

cot.ton.seed (kat'ınsid) *i.* çiğit. **cottonseed oil** pamuk yağı.

cot.ton.tail (kat'ınteyl) *i.* A.B.D.'ne mahsus bir tavşan.

cot.ton.wood (kat'ınwûd) *i.* bir nevi kavak ağacı.

cot.ton.y (kat'ını) s. pamuk gibi, pamuğa ait, pamuklu.

cot.y.le.don (katılid'ın) i., bot. tohumdan ilk çıkan tek veya çift çenekli yaprak, kotiledon.

cot.y.loid (kat'ıloyd) s., anat., zool. hokka gibi. cotyloid cavity hokka şeklinde kalça kemiği çukuru.

couch (kauç) i. sedir, kanepe, divan, yatacak yer; in, vahşi hayvan barınağı. couch grass ayrık otu, bot. Agropyron repens.

couch (kauç) f. ifade etmek, beyan etmek; ima etmek; yatırmak; indirmek; pusuya yatmak. He couched his demand in respectful words. Talebini hürmetkâr bir lisanla arzetti.

couch.ant (kau'çınt) s. yatar vaziyette olan.

couch.ing (kau'çîng) i., tıb. katarakt ameliyatı.

cou.gar (ku'gır) i. puma, zool. Felis concolor; panter.

cough (kôf) i., f. öksürük; f. öksürmek. cough drop öksürük pastili. cough up öksürüp çıkarmak; argo zorla vermek.

could (kûd) bak. can.

cou.lee (ku'li) i., A.B.D. derin sel çukuru; jeol. donmuş lav tabakası.

cou.lisse (kulis') i., tiyatro kulis; oluk, kanal.

cou.loir (kulwar') i. dağ yamacında sel sularının oyduğu yatak veya vadi.

cou.lomb (ku'lom, -lam) i., elek. kulomb, amper-saniye.

cou.ma.rin (ku'mırin) i., ecza. kumarin, tat veya koku veren ve kan pıhtılaşmasını önleyen bir bileşim.

coun.cil (kaun'sıl) i. meclis, konsey, encümen, danışma kurulu, divan, şûra. councilman i. encümen üyesi, bilhassa belediye encümeni üyesi. Council of Ministers huk. Bakanlar Kurulu, Kabine. Council of State huk. Danıştay, Devlet Şûrası. council of war harp meclisi. privy council İng., Kanada devletin danışma kurulu.

coun.cil.or, İng. coun.cil.lor (kaun'sılır) i. encümen üyesi.

coun.sel (kaun'sıl) i., f. danışma, müşavere, istişare; dava vekili; tedbir, ihtiyat, basiret; öğüt, nasihat; düşünce, gaye, maksat, plan; f. nasihat vermek, öğüt vermek, akıl öğretmek. keep one's own counsel fikirlerini kendine saklamak.

coun.sel.or (kaun'sılır) i. danışman, müşavir;

öğüt veren kimse; (çocuk kamplarında) yardımcı; pol. müsteşar, bir elçilikte elçiden sonra gelen dışişleri memuru; avukat, dava vekili.

count (kaunt) i. kont.

count (kaunt) f. saymak, hesap etmek; hesaba katmak, göz önünde tutmak; sayılmak, nüfuzu olmak, itibarı olmak. count for değeri olmak. count in dahil etmek. count off by twos ikişer ikişer saymak. count on itimat etmek, güvenmek. count out spor nakavt olduğunu ilân etmek. count time müz. tempo tutmak. count up saymak, hesap etmek. This doesn't count. Bu sayılmaz. Bu hesaba katılmaz.

count (kaunt) i. sayma; hesap; huk. dava ve şikâyet fıkrası, madde; spor on sayma. keep count sıra ile saymak. lose count hesabı şaşırmak. take the count boksta yere serilip kalkamamak.

count.down (kaunt'daun) i. geriye doğru sayma; hazırlık devresi (bilhassa roket ve atom bombası denemelerinde kullanılır).

coun.te.nance (kaun'tınıns) i., f. çehre, yüz, sima, görünüş; teveccüh, tasvip, teşvik, destek olma; f. teveccüh göstermek, yüz vermek; desteklemek. out of countenance mahcup.

coun.ter (kaun'tır) i. tezgâh; fiş, marka; sayaç, sayıcı.

coun.ter (kaun'tır) i., s., z. karşıt şey; karşılık; karşılıklı vuruş; s. ters, zıt, aksi; karşı, mukabil; z. aksi yolda; tersine, aksine. go counter to, run counter to aykırı düşmek, uymamak; zıt gitmek.

coun.ter (kaun'tır) f. karşı koymak, mukavemet etmek; mukabil harekette bulunmak, mukabele etmek.

coun.ter.act (kauntıräkt') f. karşı koymak, önlemek, tesirsiz hale getirmek. counteraction i. karşı hareket. counteractive s. karşı harekette bulunan, aksi tesir meydana getiren.

coun.ter.at.tack (kaun'tırıtäk) i. mukabil hücum.

coun.ter.bal.ance (f. kauntırbäl'ıns; i. kaun'tırbälıns) f., i. eşit kuvvetle karşı koymak; telâfi etmek; denkleştirmek; i. karşılık, eş ağırlık.

coun.ter.blast (kaun'tırbläst) i. şiddetli cevap.

coun.ter.charge (kaun'tırçarc) i. karşı suçlama.

coun.ter.check (*f.* kauntırçek'; *i.* kaun'tırçek) *f. i.* karşı koymak; bir daha kontrol etmek; *i.* engel; tekrar kontrol etme. **counter check** bankadaki hesaptan para çekmek için düzenlenip müşterilere imzalattırılan zimmet fişi.

coun.ter.claim (*i.* kaun'tırkleym; *f.* kauntırkleym') *i., f., huk.* karşı dava; *f.* karşı dava açmak.

coun.ter.clock.wise (kauntırklak'wayz) *z., s.* saat yelkovanının ters yönünde, sola doğru.

coun.ter.cur.rent (kaun'tırkırınt) *i.* anafor, ters akıntı; ters eğilim.

coun.ter.dem.on.stra.tion (kaun'tırdemınstrey'şın) *i.* karşı gösteri.

coun.ter.es.pi.o.nage (kauntıres'piyınaj) *i.* karşı casusluk, casusluk faaliyetlerini meydana çıkarma.

coun.ter.feit (kaun'tırfit) *s., i., f.* sahte, kalp; *i.* taklit; *f.* kalp para basmak; taklit etmek, sahtesini yapmak. **counterfeiter** *i.* kalpazan.

coun.ter.foil (kaun'tırfoyl) *i., İng.* makbuz koçanı.

coun.ter.in.sur.gent (kaun'tırinsır'cınt) *s., i., pol.* gerillacılarla savaşmak için yetiştirilmiş (asker, komando).

coun.ter.in.tel.li.gence (kaun'tırîntel'ıcıns) *bak.* **counterespionage.**

coun.ter.ir.ri.tant (kauntırir'ıtınt) *i., tıb.* taharrüşe mâni olan ilâç; ilgiyi başka yöne çekmek için yaratılan olay.

coun.ter.man (kaun'tırmän) *i.* tezgâhın arkasından servis yapan garson.

coun.ter.mand (*f.* kauntırmänd'; *i.* kaun'tırmänd) *f., i.* yeni bir emir ile evvelki emri iptal etmek; *i.* iptal emri.

coun.ter.meas.ure (kaun'tırmejır) *i.* karşı tedbir.

coun.ter.of.fen.sive (kauntırıfen'siv, kaun'tırıfensiv) *i., ask.* mukabil hücum, karşı saldırı.

coun.ter.pane (kaun'tırpeyn) *i.* yatak örtüsü.

coun.ter.part (kaun'tırpart) *i.* taydaş; karşılık, tamamlayıcı herhangi bir şey; kopya, ikinci nüsha, suret.

coun.ter.plea (kaun'tırpli) *i., huk.* davada mukabil cevap.

coun.ter.plot (*i.* kaun'tırplat; *f.* kaun'tırplat) *i., f.* mukabil entrika, karşı tedbir; bir oyun veya edebî eserde ikinci tema; *f.* mukabil entrika hazırlamak, karşı tedbir almak.

coun.ter.point (kaun'tırpoynt) *i., müz.* kontrpuan.

coun.ter.poise (*i.* kaun'tırpoyz; *f.* kauntırpoyz') *i., f.* mukabil ağırlık; denge; *f.* mukabil ağırlık veya kuvvet ile muvazene husule getirmek, denkleştirmek.

coun.ter.pro.duc.tive (kauntırprıdʌk'tîv) *s.* amaca zararı dokunan.

coun.ter.pro.po.sal (kauntırprıpo'zıl) *i.* mukabil teklif, karşı öneri.

Counter Reformation onaltıncı yüzyılda Protestan reformu başladıktan sonra Katolik kilisesinde meydana gelen reform hareketi.

coun.ter.rev.o.lu.tion (kauntırrevılu'şın) *i.* karşı devrim. **counterrevolutionary** *i., s.* karşı devrimci; *s.* karşı devrimle ilgili.

coun.ter.shaft (kaun'tırşäft) *i., mak.* ana şaft ile makinaları işleten şaft arasında vasıta vazifesi gören şaft. grup mili.

coun.ter.sign (kaun'tırsayn) *i., ask.* parola.

coun.ter.sign (kauntırsayn') *f.* tasdik için ikinci olarak imza etmek. **countersignature** (kauntırsig'nıçır) *i.* ikinci imza, tasdik imzası.

coun.ter.sink (*i.* kaun'tırsîngk; *f.* kauntırsingk') *i., f.* havşa, havşa açmaya mahsus kalem; *f.* havşa açmak.

coun.ter.spy (kaun'tırspay) *i.* karşı casus.

coun.ter.ten.or (kaun'tırten'ır) *i., müz.* kontrtenor.

coun.ter.vail (kauntırveyl') *f.* aynı kuvvetle karşı koymak, karşılamak. **countervailing duty** *tic.* munzam gümrük resmi, sürtaks.

coun.ter.weigh (kauntırwey') *f.* denge sağlamak için ağırlık koymak.

coun.ter.weight (kaun'tırweyt) *i.* denge sağlamak için kullanılan ağırlık.

counter word anlamını yitirmiş herhangi bir yaygın kelime.

coun.ter.work (kauntırwırk') *f.* zıt gitmek, engellemek, mâni olmak.

count.ess (kaun'tîs) *i.* kontes.

count.ing house (kaun'tîng) *İng.* ticarethanenin muhasebe dairesi.

count.less (kaunt'lîs) *s.* sayısız, hesapsız, pek çok.

coun.tri.fied (kʌn'trifayd) *s.* köylümsü.

coun.try (kʌn'tri) *i., s.* memleket, ulus, millet, vatan, yurt; taşra; kır, sayfiye; *huk.* jüri; *s.* taşra veya sayfiyeye ait; temiz, taze, çiftlikten yeni gelmiş olan (yiyecek). **country**

club şehirlere yakın kırlık yerde olan golf, tenis ve sosyal faaliyetlerin yapıldığı kulüp. **country cousin** taşralı akraba. **country gentleman** sayfiyede oturan zengin. **country house** sayfiye evi, yazlık. **appeal to the country** *İng., pol.* seçime gitmek. **cross-country race** *spor* kır koşusu. **foreign country** yabancı memleket. **native country** ana vatan. **trial by the country** jüri huzurunda dava.

coun.try.man (kʌn'trimın) *i.* vatandaş, hemşeri; taşralı.

coun.try.seat (kʌn'trisit) *i.* sayfiye evi.

coun.try.side (kʌn'trisayd) *i.* kır, kırlık; sayfiye.

coun.ty (kaun'ti) *i., A.B.D.* ilçe; *İng.* kontluk. **county clerk** *A.B.D.* ilçe sekreteri. **county farm** darülaceze. **county seat** ilçe merkezi.

coup (ku) *i.* darbe, askerî darbe, hükümet darbesi. **coup de grâce** (ku dı gras') *ask.* acıya son vermek için indirilen öldürücü darbe; herhangi bir nihai veya kesin darbe. **coup de main** (kudı man') *ask.* anî hücum, . anî darbe. **coup d'état** (ku deyta') hükümet darbesi. **coup de théâtre** (ku' dı teya'tr) başarılı bir piyes; bir oyunda olayların beklenmeyen bir şekil alması.

coupe (kup, kupey') *i.* iki kapılı dört kişilik otomobil.

cou.pé (kupey') *i.* kupa.

coup.le (kʌp'ıl) *i.* çift, iki eş; karı koca; *mak.* iki eşit ve birbirine zıt kuvvet, rotatif kuvvet. **a couple of** iki, iki üç. **a couple of dollars** aşağı yukarı iki dolar. **a couple of minutes** birkaç dakika.

coup.le (kʌp'ıl) *f.* bağlamak, bitiştirmek, birleştirmek, ilâve etmek; bağlantı kurmak; çiftleştirmek; cinsi münasebette bulunmak, çiftleşmek.

coup.ler (kʌp'lır) *i.* bağlayan şey veya kimse; *mak.* kavrama, bağlama, rabıta.

coup.let (kʌp'lit) *i.* beyit, çift mısra.

coup.ling (kʌp'ling) *i.* bağlama, kavrama.

cou.pon (ku'pan, kyu'-) *i.* kupon; faiz koçanı; müracaat kuponu.

cour.age (kır'îc) *i.* cesaret, yiğitlik, yüreklilik, mertlik. **have the courage of one's convictions** davranışlarını inançlarına uydurmaya cesaret etmek. **take courage** cesaretlenmek, kuvvet almak.

cou.ra.geous (kırey'cıs) *s.* cesur, yiğit, yürekli, mert. **courageously** *z.* cesaretle, mertçe.

cou.ri.er (kûr'iyır) *i.* kurye, elçilik postasını taşıyan ve diplomatik dokunulmazlığı olan memur.

course (kôrs) *i.* yön, cihet, istikamet; ders, kurs; *den.* rota; gidiş; yol; *ahçı.* kap, tabak, servis; *çoğ.* aybaşı. **as a matter of course** gayet tabiî olarak. **in due course** zamanı gelince, zamanla. **in full course** bütün hızıyla. **in short course** kısaca. **in the course of** esnasında. **in the course of events, in the course of time** zamanla. **of course** tabiî, elbette. **take its course** olacağına varmak.

course (kôrs) *f.* akmak, hızla akmak; koşmak, hızla ilerlemek; av peşinden koşturmak.

cours.er (kôr'sır) *i.* av köpeği; koşan sukuşu; *zool.* Cursorius.

court (kôrt) *i.* avlu, iç bahçe, saha, meydan; hükümdar sarayı, saray, kralın maiyeti; *huk.* mahkeme; dalkavukluk; kur. **court fool** saray soytarısı. **Court of Appeals** *huk.* istinaf mahkemesi; yargıtay. **Court of Common Pleas** *huk.* medenî hukuk mahkemesi. **court of first instance** asliye mahkemesi. **court plaster** *ecza.* band, plaster. **law court** mahkeme. **settle out of court** mahkemeye başvurmadan uzlaşmak. **pay court to** -e kur yapmak.

court (kôrt) *f.* davet etmek, aramak; kur yapmak, ile flört etmek; dalkavukluk etmek; fırsat vermek, yol açmak. **court danger** tehlike peşinde koşmak.

cour.te.ous (kır'tiyıs) *s.* nazik, kibar, ince, hürmetkâr, saygılı. **courteously** *z.* nazikâne.

cour.te.san (kôr'tızın) *i.* zenginlerle düşüp kalkan fahişe; fahişe, kahpe.

cour.te.sy (kır'tısi) *i.* nezaket, kibarlık; saygı, hürmet; iltifat, teveccüh; lütuf; umumun rızası. **courtesy title** resmî olmayan unvan. **by courtesy of** sayesinde, müsaadesi ile.

court.house (kôrt'haus) *i.* adliye sarayı, mahkeme binası; ilçe hükümet binası.

court.i.er (kôr'tiyır, -tyır) *i.* saray mensubu, padişahın nedimi.

court.ly (kôrt'li) *s.* sarayla ilgili; zarif, nazik, azametli.

court-mar.tial (kôrt'mar'şıl) *i.* (*çoğ.* **courts -martial**) *f.* askerî mahkeme; *f.* askerî mahkemede yargılamak.

court.room (kôrt'rum) *i.* mahkeme salonu.

court.ship (kôrt'şîp) *i.* kur yapma.

court.yard (kôrt'yard) *i.* avlu, iç bahçe.

cous.in (kʌz'ın) *i., masculine* kuzen, *feminine* kuzin. **father's brother's son, daughter** amca oğlu, amca kızı. **father's sister's son, daughter** hala oğlu, hala kızı. **mother's brother's son, daughter** dayı oğlu, dayı kızı. **mother's sister's son, daughter** teyze oğlu, teyze kızı. **father's brother's child** amcazade. **mother's sister's child** teyzezade. **mother's brother's child** dayızade. **father's sister's child** halazade. **first** *veya* **full cousins** kardeş çocukları, yeğenler. **second cousins** kardeş torunları. **first cousin once removed** yeğen çocuğu.

cou.tu.rier (kutüryey') *i.* erkek terzi.

cou.tu.rière (kutüryer') *i.* kadın terzi.

co.va.lence (kovey'lıns) *i., kim.* kovalent bağ.

cove (kov) *i.* koy, küçük körfez; *mim.* kemer, duvarın tavan veya yerle içbükey şekilde birleşmesi; kovuk, oyuntu; koyak.

cov.e.nant (kʌv'ınınt) *i., f.* akit, ahit, söz, sözleşme, anlaşma, mukavele, muahede; *f.* akdetmek, ahdetmek, anlaşmaya girmek, sözleşmek.

Cov.en.try (kʌv'ıntri) *i.* İngiltere'de bir şehir. **send to Coventry** *İng.* arkadaşlık ilişkilerini kesmek, yüzüne bakmamak.

cov.er (kʌv'ır) *f.* kapamak, örtmek, kaplamak; kapsamak, ihtiva etmek, şamil olmak; sigorta etmek; korumak, müdafaa etmek; saklamak, gizlemek; yol almak, katetmek; *gazet.* röportajını yapmak, yazmak; kuluçkaya yatmak; (erkek hayvan) cinsî münasebette bulunmak; mesuliyetini üzerine almak; idare etmek; yerini doldurmak; yetmek, kâfi gelmek; silâh ile tehdit etmek; destek ateşi sağlamak; aynı miktarda para koyarak bahse girişmek. **cover up** örtmek; gizlemek. **Don't move; I've got you covered!** Kıpırdama, elimdesin! **He covered himself with embarrassment.** Kendi kendini utanç verici bir duruma soktu. **He covered himself with glory.** Şan ve şeref kazandı. **He covered it with oil.** Üzerine yağ sıvadı.

cov.er (kʌv'ır) *i.* kapak, örtü; battaniye; cilt; saklanmaya yarayan ağaçlık ve çalılık; bahane; sofra takımı; *tic.* karşılık. **cover charge** (lokantalarda) giriş ücreti. **cover crop** toprağı muhafaza etmek için kışın ekilen ekin. **cover girl** kapak kızı. **cover glass** lamel. **covered wagon** üstü bezle kaplı dört tekerlekli at arabası. **break cover** gizlendiği yerden meydana çıkmak. **take cover** sığınmak, iltica etmek, gizlenmeye çalışmak. **under cover** gizlenmiş; sığınmış; zarf içinde. **under cover of** perdesi altında, kisvesi altında. **under separate cover** ayrı bir zarfta. **He read the book from cover to cover.** Kitabı başından sonuna kadar okudu.

cov.er.age (kʌv'ıric) *i.* sigorta miktarı ve cinsi; *gazet.* olay veya konunun takip edilmesi ve yazılması.

cov.er.alls (kʌv'ırôlz) *i.* iş tulumu.

cov.er.ing (kʌv'ırîng) *i.* kaplama, muhafaza; kat, tabaka; perde, örtü. **covering letter** evrak ile gönderilen ve evrakın mahiyetini anlatan mektup.

cov.er.let (kʌv'ırlit) *i.* yatak örtüsü, örtü.

cov.ert (kʌv'ırt, ko'vırt) *s.* gizli, örtülü; *huk.* zevcin himayesi altında. **covertly** *z.* gizli olarak.

cov.ert (kʌv'ırt, ko'vırt) *i.* kaplama; avlak, kuşlak; kalın bir kumaş; kuşlarda kanat örtü tüyleri.

cov.er.ture (kʌv'ırçır) *i.* örtü, saklanma; *huk.* bir kadının kocasının himayesi altında olması.

cov.er-up (kʌv'ırʌp) *i.* gizleme, örtme, saklama (basın veya teftişten).

cov.et (kʌv'ît) *f.* imrenmek, gıpta etmek, göz dikmek, tamah etmek.

cov.et.ous (kʌv'ıtıs) *s.* hırslı, açgözlü, tamahkâr. **covetousness** *i.* açgözlülük.

cov.ey (kʌv'i) *i.* aynı kuluçkadan çıkan yavruların hepsi; çil, keklik veya bıldırcın sürüsü; grup, takım.

cow (kau) *i.* inek; dişi fil, dişi balina, büyük dişi hayvan. **cow shark** boz camgöz, *zool.* Hexanchus griseus.

cow (kau) *f.* yıldırmak, gözünü korkutmak.

cow.ard (kau'wırd) *i.* korkak kimse. **cowardly** *s.* korkak, ödlek, alçak, yüreksiz. **cowardice, cowardliness** *i.* korkaklık, alçaklık, namertlik.

cow.bane (kau'beyn) *i.* sığır baldıranı, *bot.* Cicuta virosa.

cow.bell (kau'bel) *i.* ineklerin boynuna asılan çıngırak.

cow.ber.ry (kau'beri) *i.* kırmızı yaban mersini, *bot.* Vaccinium vitis-idaea.

cow.boy (kau'boy) *i.* kovboy, sığırtmaç.

cow.catch.er (kau'käçır) *i.* lokomotif mahmuzu.

cow col.lege (kau' kalic) *A.B.D., argo* yüksek ziraat okulu; üniversite seviyesinde fakat şehirden uzak yüksek okul.

cow.er (kau'wır) *f.* çömelmek, korkudan yere çökmek, korkup çekilmek.

cow.hand (kau'händ) *i.* kovboy.

cow.hide (kau'hayd) *i., f.* inek derisi; *f.* dövmek.

cowl (kaul) *i.* manastır rahiplerinin giydikleri cüppe, bu cüppenin kukuletası; baca şapkası.

cowled (kauld) *s.* başlık şeklinde, kukuletalı.

cow.lick (kau'lik) *i.* bilhassa alnın üstünde diğer saçların aksi yönünde çıkan bir tutam saç.

cowl.ing (kau'ling) *i.* uçak motorunun kapağı.

co-work.er (kowır'kır) *i.* aynı müessesede çalışan kimselerden her biri; meslektaş.

cow.pox (kau'paks) *i., tıb.* ineklerde çiçek hastalığı.

cow.punch.er (kau'pʌnçır) *i., A.B.D., k.dili* kovboy, sığırtmaç.

cow.ry (kau'ri) *i.* Asya ve Afrika'nın bazı yerlerinde para olarak kullanılan birkaç çeşit ufak deniz salyangozu kabuğu. **panther cowry** yılanbaşı, *zool.* Cypraea pantherina.

cow.slip (kau'slip) *i.* çuhaçiçeği, *bot.* Primula veris.

cox.a (kak'sı) *i., anat.* kalça, kalça kemiği.

cox.comb (kaks'kom) *i.* züppe adam; horozibiği çiçeği, *bot.* Celosia cristata. **white coxcomb** kadife çiçeği, *bot.* Amaranthus albus. **coxcombry** *i.* züppelik.

cox.swain (kak'sın, kak'sweyn) *i., den.* filika veya kik serdümeni.

coy (koy) *s.* cilveli, nazlı; çekingen, mahcup, utangaç. **coyly** *z.* cilveli olarak; mahcubâne. **coyness** *i.* mahcubiyet, çekingenlik; cilve.

coy.o.te (kayo'ti, kay'ot) *i.* A.B.D.'nde bulunan bir çeşit çakal, kır kurdu, *zool.* Canis latrans.

coz.en (kʌz'ın) *f.* aldatmak, dolandırmak, kandırmak. **cozenage** *i.* dolandırıcılık.

co.zy (ko'zi) *s., i.* rahat, sıcak, samimî, hoş; *i.* çaydanlık örtüsü.

cp. *kıs.* compare.

CPA *kıs.* **Certified Public Accountant.**

crab (kräb) *i.* yengeç, pavurya; aksi ve huysuz kimse. **crab apple** yaban elması. **crab grass** çok arsız bir nevi yabanî çimen, *bot.* Digitaria sanguinalis. **crab louse** kasık biti. **catch a crab** *den.* kürek çekerken sandalın dengesini kaybetmek. **sea crab** çağanoz, *zool.* Carcinus.

crab (kräb) *f.* yengeç avlamak; *den.* yanlamasına sürüklenmek; *argo* azarlamak, homurdanmak.

crab.bed (kräb'id) *s.* ters, aksi, huysuz, sert, haşin; anlaşılması güç, muğlak (yazı). **crabby** *s.* ters, huysuz, sert, haşin.

crack (kräk) *i., f.* çatlak, yarık; çatırtı, şaklama; hızlı darbe; aralık; *k.dili* birinci sınıf; *k.dili* kesin cevap; *k.dili* deneme; *argo* hırsız; *f.* çatlamak, yarılmak, kırılmak; çatlatmak, yarmak, kırmak; zorlamak, açmak (kasa); çatallaşmak (ses); (petrol) ayırmak, kraking yapmak. **crack a joke** şaka yapmak, takılmak. **crack a smile** gülümsemek. **crack down (on)** *A.B.D., k.dili* sıkı tedbirler almak, baskı yapmak. **crack the whip** kamçıyı şaklatmak. **crack up** sinir krizi geçirmek; (arabayı) kazada paramparça etmek; kaza geçirmek; gülmekten katılmak; *İng.* övmek. **a hard nut to crack** başarılması zor bir iş; tesir edilemeyen kimse, *fig.* çetin ceviz. **not to crack a book** *argo* kitabın kapağını açmamak, ders çalışmamak. **the crack of doom** kıyamet günü. **cracked** *s.* çatlak; *k.dili* kaçık, delice.

crack.brained (kräk'breynd) *s.* saçma, acayip; kaçık.

crack.down (kräk'daun) *i., A.B.D., k.dili* sıkı tedbir.

crack.er (kräk'ır) *i.* kraker, bir çeşit bisküvi; *A.B.D.* barut; kıran şey veya kimse, kıracak alet; Amerika'nın güneydoğu eyaletlerinde bulunan fakir beyaz çiftçi. **cracker-barrel** *s.* samimî, köylümsü, babayanî. **Cracker Jack** *tic. mark.* üstü karamelalı patlatılmış mısır. **crackerjack** *s., i., argo* mükemmel, kabiliyetli (kimse). **soda cracker** tuzlu bisküvi.

crack.ing (kräk'ing) *i., kim.* kraking.

crack.le (kräk'ıl) *f., i.* çatırdamak; hışırdatmak; sırlamak; *i.* çatırtı, çıtırtı; hışırtı; (çini) çatlak ve çizgili sır.

crack.ling (kräk'ling) *i.* çatırdama; *çoğ.* jambon rostosunun gevrek ve kızarmış kısmı.

crack.pot (kräk'pat) *s., i., argo* acayip, deli, akılsız; *i.* ayrıksı kimse.

crack.up (kräk'ʌp) i. kaza; sinir krizi.

cra.dle (kreyd'ıl) i. beşik; beşiğe benzer iskele veya çerçeve; ot toplamak için tırpana eklenen parmaklık; den. karada filika için dayak. cradlesong i. ninni. rob the cradle k.dili yaşça kendinden çok küçük birisi ile gezmek veya evlenmek.

cra.dle (kreyd'ıl) f. ihtimamla muhafaza etmek, korumak, sakınmak; beşiğe yatırmak; parmaklıklı tırpanla ot biçmek.

craft (kräft) i. zanaat, el sanatı; esnaf; hüner, meleke, marifet, meslek; desise, hile, şeytanlık; den. tekne, gemi, gemiler. craft union bir iş dalında çalışanların kurdukları sendika.

crafts.man (kräfts'mın) i. (çoğ. -men) esnaf, zanaatçı. craftsmanship i. hünerli iş, ince iş; hüner.

craft.y (kräf'ti) s. hilekâr, şeytan, kurnaz. craftily z. şeytanca, kurnazca. craftiness i. kurnazlık.

crag (kräg) i. sarp ve kayalık uçurum, kayalık. cragged, craggy s. sarp.

crake (kreyk) i. su yelvesi, zool. Rallus aquaticus. corn crake bıldırcın kılavuzu, zool. Crex crex.

cram (kräm) f., i. tıkamak, tıkayarak sokmak, sıkıca doldurmak; tıkınmak, tıka basa yemek; imtihan öncesi çok çalışmak; i. kalabalık, izdiham. cram-full s. dopdolu, ağzına kadar dolu. cram it down his throat ağzına tıkmak, zorla kabul ettirmek.

cramp (krämp) i. adale kasılması, kramp; şiddetli karın ağrısı; engel, mânia; mak. mengene, kenet, krampon; çoğ. sancılı aybaşı. crampfish i. torpilbalığı. writer's cramp çok yazmaktan parmaklarda meydana gelen kramp.

cramp (krämp) f. adalenin kasılmasına sebep vermek; mâni olmak, sıkıntı vermek; kenetlemek. cramp one's style bir kimsenin söz veya davranışlarını kısıtlamak. cramp the wheel direksiyonu tam kırmak. cramped s. okunması zor; kasılmış.

cram.pon (kräm'pın) i., mak. mengene, kenet, krampon, kanca, perçin çivisi.

cran.ber.ry (krän'beri) i. bataklık yerlerde yetişen kızılcığa benzer bir meyva, bot. Vaccinium macrocarpum.

crane (kreyn) i. turna, zool. Grus grus; mak. vinç, maçuna; kollu ocak çengeli. crowned

crane tuğlu turna, zool. Belearica pavonina. demoiselle crane telli turna, zool. Anthropoides virgo.

crane (kreyn) f. vinç ile kaldırmak; turna gibi boynunu uzatmak.

crane.bill (kreyn'bîl) i. sardunya çiçeği, turnagagası, bot. Geranium maculatum.

cra.ni.al (krey'niyıl) s., anat. kafatasına ait.

cra.ni.ol.o.gy (kreyniyal'ıci) i., anat. kranyoloji, kafabilim.

cra.ni.um (krey'niyım) i., anat. kafatası, kafa kemiği. cavum cranii anat. kafa boşluğu.

crank (krängk) i., f., mak. dirsek, krank, kol, manivela; k.dili garip huyları veya sabit fikirleri olan kimse, huysuz kimse; f. krankla hareket ettirmek. crank up hareket ettirmek. cranky s. ters, huysuz, asabî; den. yan yatma ihtimali olan.

crank.case (krängk'keys) i. dirsekli kol mahfazası, yağ karteri.

crank.shaft (krängk'şäft) i., mak. krank mili.

cran.ny (krän'i) i. yarık, çatlak, rahne. crannied s. yarık.

crap (kräp) i., f., argo saçma; çöp, işe yaramaz şeyler; argo pislik; f., out ile (zarda) yediye atmak; argo şansını yitirmek. crap game bak. craps.

crape (kreyp) i. krepon, krep, bürümcük; yas belirtmek için takılan siyah tül. crapehanger i., A.B.D., k.dili kötümser kimse. crape myrtle Çin asıllı gösterişli pembe, mor, kırmızı veya beyaz çiçekleri olan bir bitki, bot. Lagerstroemia indica. crape paper krepon kâğıdı.

craps (kräps) i. zarla oynanan bir oyun. crapshooter (krap'şutır) i. zar oyunu oynayan kimse.

crap.u.lence (kräp'yûlıns) i. fazla içki veya yemekten ileri gelen hastalık, mide fesadı; içkiye aşırı düşkünlük. crapulent, crapulous s. boğazlı, ayyaş; mide fesadına uğramış.

crash (kräş) i. havlu ve perde yapımında kullanılan kaba bez.

crash (kräş) i., f. şiddetli ses, gürültü, çatırtı; kaza; tic. borsada hisselerin birden düşmesi; iflâs, top atma; f. gürültü ile kırılmak, kırmak; (uçak) kaza geçirmek; parçalanmak, parçalamak, çökmek; k.dili davetsiz olarak bir ziyafete katılmak. crash dive (denizaltı) birden dalma. crash-land f. (uçak) mecburî iniş yapmak. **crash of thunder** şiddetli gök gürültüsü. **crash program** çok acele olarak ve masraflar göz önüne alınmadan bitirilmesi istenilen bir proje. **crash the gate, crash the dance** *argo* biletsiz veya davetsiz girmek.

crass (kräs) *s.* kaba, galiz; dangalak.

crate (kreyt) *i., f.* sandık, küfe; *argo* derme çatma araba, kırık dökük araba; *f.* sandıklamak.

cra.ter (krey'tır) *i.* krater; bombanın açtığı çukur.

cra.vat (krıvät') *i.* kravat, boyunbağı.

crave (kreyv) *f.* şiddetle arzu etmek, hasret çekmek; rica etmek; yalvarmak.

cra.ven (krey'vın) *s., i.* korkak, namert, alçak (kimse).

crav.ing (krey'vîng) *i.* şiddetli arzu, özlem.

craw (krô) *i.* kursak; hayvan midesi. **It stuck in my craw.** Ondan hoşlanmadım.

craw.fish, craw.dad (krô'fîş, krô'däd) *i.* istakozdan küçük ve ona benzer tatlı su veya deniz hayvanı, kerevides, karavide, böcek, *zool.* Astacus veya Cambarus.

crawl (krôl) *f., i.* sürünmek, çok yavaş yürümek, emeklemek; dalkavukluk etmek; *i.* sürünme, çok yavaş gitme. **crawl stroke** kulaçlama yüzüş. **The rock crawled with insects.** Taşın üstünde böcekler kaynıyordu.

cray.fish (krey'fîş) *bak.* **crawfish.**

cray.on (krey'ın, -an) *i., f.* mum boya, renkli kalem, kreyon; mum boya ile yapılan resim; *f.* mum boya ile resim yapmak.

craze (kreyz) *f., i.* çıldırtmak; çömlekçilikte ufak çatlak ve çizgiler yapmak; *i.* geçici moda, geçici aşk; delilik; sırda çatlak.

cra.zy (krey'zi) *s.* deli, kaçık, çılgın; *slang* salak. **crazy about, crazy over** düşkün, müptelâ. **crazy bone** *bak.* **funny bone. Crazy, man!** *argo* Yaşasın! **crazy quilt** *A.B.D.* gelişigüzel desen; karışık vaziyet. **crazi.ly** *z.* çılgınca, delice. **craziness** *i.* delilik, çılgınlık; *slang* salaklık.

creak (krik) *i., f.* gıcırtı; *f.* gıcırdamak. **creaky** *s.* gıcırtılı; zayıf, düşmek üzere olan, yıkılmak üzere olan.

cream (krim) *i.* kaymak, krema; kremalı tatlı; cilt kremi; öz, en iyisi; krem rengi, açık bej. **cream cheese** yumuşak beyaz peynir. **cream of tartar** krem tartar. **cream of the crop** en iyisi. **cream puff** içi kremalı pasta. **cream sauce** beyaz sos. **cold cream** yağlı krem.

sour cream smetana. **whipped cream** kremşantiye. **creamy** *s.* kaymaklı, kaymak gibi.

cream (krim) *f.* kaymak bağlamak, köpüklenmek; kaymağını almak, kaymaklamak; krema haline getirmek; *A.B.D., argo* yenmek.

cream.er (kri'mır) *i.* sütlük; kaymağı ayıran makina.

cream.er.y (kri'mırı) *i.* süthane, sütçü dükkânı.

crease (kris) *i., f.* kırma, pli, pasta, kat; çizgi, buruşuk; ütü çizgisi, kat yeri; *f.* kırma yapmak; buruşturmak; katlanmak, buruşmak.

cre.ate (kriyeyt') *f.* yaratmak, vücuda getirmek; meydana getirmek, ihdas etmek, husule getirmek; atamak, tayin etmek; yapmak, tertip etmek.

cre.a.tion (kriyey'şın) *i.* yaradılış, hilkat, yaratma; acun, kozmos, âlem, evren, kâinat. **creative** *s.* yaratıcı. **creatively** *z.* yaratıcı bir şekilde. **creativ'ity** *i.* yaratıcılık. **creator** *i.* yaratıcı kimse, mucit; meydana getiren kimse, yapan kimse. **the Creator** Allah, Tanrı.

crea.ture (kri'çır) *i.* yaratık, varlık, mahluk; insan, hayvan; bende, köle, kukla, bir kimseye bağlı olan ve itaat eden kimse. **creature comforts** vücudun rahatını sağlayan şeyler, refah. **creaturely** *s.* yaratıklarla ilgili.

crèche (kreş) *i.* kreş, çocuk bakımevi; yetimhane; Noel için hazırlanan küçük tablo.

cre.dence (krid'ıns) *i.* güven, itimat.

cre.den.tial (krîden'şıl) *i.* itimat sebebi, delil; *çoğ.* kimlik kartı, ehliyet, vekâletname, itimatname gibi evrak.

cred.i.ble (kred'ıbıl) *s.* inanılır, güvenilir, itimada şayan. **credibil'ity** *i.* inanılmaya lâyık oluş, güvenilebilir olma. **credibility gap** belirtilenle gerçek arasındaki tutarsızlık. **credibly** *z.* güvenilir şekilde.

cred.it (kred'ît) *i.* kredi, güven, itimat, emniyet; itibar, şeref; nüfuz, tesir; okullarda bir kursun başarıyla bitirilmesiyle kazanılan hak; üniversite kurslarının değer birimi; *çoğ., sin.* filimde tanıtma yazıları. **credit agency** tüccarların veya müşterilerin malî durumu hakkında istihbarat yapan müessese. **credit and debit** *tic.* matlup ve zimmet, alacak ve verecek. **credit balance** *tic.* matlup bakıyesi. **credit card** *tic.* kredi kartı. **credit entry** *tic.* matlup maddesi. **credit line** *tic.* borçlanma hakkı

ve haddi; tanıtma yazıları. **credit manager**
tic. kredi işlerini düzenleyen memur. **credit**
rating *tic.* kredi değerlendirmesi. **credit**
union *tic.* kredi kooperatifi. **a credit to his**
school okulu için iftihar vesilesi. **agricul-**
tural credit *tic.* tarım kredisi. **get credit**
for -dan dolayı şeref kazanmak. **give credit**
tic. kredi açmak; şeref payı vermek. **give**
credit for saygı göstermek. **letter of credit**
tic. akreditif. **on credit** *tic.* veresiye. **I gave**
him credit for more skill. Kendisinin daha
hünerli olacağını zannetmiştim.

cred.it (kred'ît) *f.* itimat etmek, inanmak; *tic.*
matluba geçirmek.

cred.it.a.ble (kred'îtıbıl) *s.* şeref kazandıran,
beğenilir, takdir edilir, övülmeye değer.

cred.i.tor (kred'îtır) *i.* alacaklı.

cre.do (kri'do, krey'-) *i.* iman ikrarı, amentü.

cre.du.li.ty (krıdu'lıti) *i.* safdillik, her şeye
inanma.

cred.u.lous (krec'ûlıs) *s.* saf, her şeye inanan.
credulously *z.* safiyane, safdillikle. **credu-**
lousness *i.* safiyet, safdillik.

creed (krid) *i.* iman ikrarı, amentü; itikat, akide.

creek (krik, krîk) *i.* çay, dere; *İng.* koy, küçük
körfez. **up the creek** *A.B.D., k.dili* zor du-
rumda.

creel (kril) *i.* balık sepeti.

creep (krip) *f.* **(crept, creeping)** sürünmek,
emeklemek; ağır ve ihtiyatlı hareket etmek;
nüfuz etmek, sokulmak; ürpermek; hafifçe
kaymak; *bot.* sarılmak, uzun dal sürmek.
creep up on hissettirmeyerek yaklaşmak.
My flesh creeps. Tüylerim ürperiyor.
creepy *s.* ürpertici, ürperen; sürünen.

creep (krip) *i.* yerin yavaş yavaş kayması; *argo*
hoşa gitmeyen kimse. **the creeps** *k.dili* tüy-
leri diken diken olma, ürperme.

creep.er (kri'pır) *i.* sürünen şey veya kimse,
emekleyen kimse; sürüngen asma; birkaç
çeşit tırmaşık kuşu, *zool.* Certhia; *çoğ.*
bebek tulumu; telefon direklerine tırmanmak
veya buz üzerinde yürümek için ayağa takılan
demir dişler; kamyonlarda en yavaş hızı sağ-
layan vites.

cre.mate (kri'meyt, krîmeyt') *f.* (ölüyü) yakmak.
crema'tion *i.* ölüyü yakma. **cremator'ium,**
cre'matory *i.* krematoryum.

crème (krem) *i.* kaymak, kremalı sos; krem
likör.

cre.nate, cre.nat.ed (kri'neyt, -ıd) *s.* (yaprak,
kâğıt) kenarı diş diş olan, tırtıllı. **crenature**
(krin'ıçûr) *i.* yaprağın kenarındaki tırtıl, diş.

cren.e.lat.ed, *İng.* **cren.el.lat.ed** (kren'ıleytıd)
s. mazgallı. **crenela'tion** *i.* mazgallı siper.

Cre.ole (kri'yol) *i., s.* Fransız asıllı fakat Louisi-
ana'da doğmuş kimse; Louisiana'da konuşu-
lan Fransızca; İspanyol asıllı olup Karaib ada-
larında doğup yaşayan kimse, bu kimselerin
konuştuğu İspanyolca; *s., k.h.* melez; biber
ile domates ve soğanlı sosla pişirilmiş.

cre.o.sote (kri'yısot) *i., kim.* kreozot, katran
ruhu.

crepe (kreyp) *i.* krep; *bak.* **crape. crepe de**
Chine krepdöşin. **crepe paper** krepon kâ-
ğıdı. **crepe rubber** krepsol, ayakkabı tabanı
için kullanılan tırtıklı lastik. **crêpes suzette**
ahçı. krep suzet.

crep.i.tate (krep'ıteyt) *f.* çatırdamak.

crept (krept) *bak.* **creep.**

cre.pus.cu.lar (krîpʌs'kyılır) *s.* alaca karanlığa
ait (sabah ve akşam); *zool.* alaca karanlıkta
uçan (kuş, yarasa veya böcek).

cres., cresc. *kıs.* **crescendo.**

cres.cen.do (krışen'do, -sen'-) *i.* (*çoğ.* -**dos**)
f., müz. kreşendo; *f.* kreşendo yapmak.

cres.cent (kres'ınt) *i., s.* hilâl, yarımay; hilâl
şeklinde alâmet veya şey; İslâm âlemi; *s.* hilâl
şeklinde; büyümekte olan, gelişen. **the**
Crescent Türk veya İslâm gücü.

cress (kres) *i., bot.* tere. **watercress** *i.* su teresi,
cırcır, *bot.* Lepidium sativum.

cres.set (kres'ît) *i.* demir kandil, meşale, fener.

crest (krest) *i., f.* ibik, taç, tepe; başlık, sorguç;
zirve, doruk; *f.* zirve teşkil etmek; üstünden
aşmak (tepe, dalga). **crested lark** tepeli toy-
gar, *zool.* Galerida cristata.

crest.fall.en (krest'fôlın) *s.* yılgın, başı önünde,
meyus.

cre.ta.ceous (krîtey'şıs) *s.* tebeşirli, tebeşirle
dolu; *jeol.* ikinci zamanın son kısmı, kretas.

Crete (krit) *i.* Girit adası. **Cretan** *i., s.* Giritli.

cre.tin (kri'tîn, krit'ın) *i., tıb.* kreten. **cretinism**
i. kretenizm.

cre.tonne (krîtan') *i.* kreton, çiçekli kalın pa-
muklu kumaş.

cre.vasse (krıväs') *i.* büyük yarık, buzulda veya
bir seddin yüzünde açılan yarık.

crev.ice (krev'îs) *i.* yarık, çatlak, rahne.

crew (kru) *i.* tayfa, mürettebat; takım; güruh, sürü, kitle, kalabalık. **crew cut** *A.B.D.* alabros tıraş, asker tıraşı. **crew neck** yakasız ve boynu saran gömlek ve süveter tipi. **a motley crew** karışık bir grup, güruh.

crew.el (kru'wıl) *i.* gevşek bükülmüş iplik.

crib (krîb) *i.* (yanları yüksek, küçük) çocuk karyolası; yemlik; ambar; kulübe, odacık; ahır; *k.dili* intihal; *k.dili* kopya malzemesi, anahtar kitap, soruların doğru cevaplarını gösteren liste veya tercüme.

crib (krîb) *f.* kapamak, sıkmak; *k.dili* intihal etmek, kopya etmek; *k.dili* çalmak, aşırmak.

crib.bage (krîb'îc) *i.* bir çeşit iskambil oyunu.

crib.ri.form (krîb'rıfôrm) *s.* kalbur gibi, delikli. **cribriform tubes** *bot.* kalbur damarlar.

crick (krîk) *i.* adale kasılması, boyun tutulması.

crick.et (krîk'ît) *i.* cırcırböceği, küçük çekirge, *zool.* Gryllidae; kriket oyunu. **mole cricket** danaburnu. **not cricket** *k.dili* doğru olmayan; oyun kurallarına aykırı.

cri.coid (kray'koyd) *i., s., anat.* gırtlak kıkırdağı; *s.* gırtlak kıkırdağına ait.

cri.er (kray'ır) *i.* tellâl; seyyar satıcı. **town crier** tellâl.

crime (kraym) *i.* suç, cürüm; cinayet; kabahat, günah; *k.dili* ayıp.

Cri.me.a (kraymi'yı) *i.* Kırım.

crim.i.nal (krîm'ınıl) *s., i.* suçlu, mücrim, kanuna karşı gelen, kabahatli; müthiş; fahiş (fiyat); cani; cezaî, cinaî, ağır cezaya ait; *i.* suç işlemiş kimse. **criminal assault** ırza tecavüz; tecavüz. **criminal code** ceza kanunu. **criminal conversation** zina. **criminal court** ağır ceza mahkemesi. **criminal law** ceza hukuku. **criminally** *z.* canicesine, kanuna karşı olarak.

crim.i.nal.i.ty (krîm'ınälıti) *i.* suçluluk, mücrimlik; suç.

crim.i.nate (krîm'ıneyt) *f.* itham etmek, suçlamak.

crim.i.nol.o.gy (krîmınal'ıci) *i.* kriminoloji, kıya bilimi. **criminologist** *i.* kriminoloji uzmanı.

crimp (krîmp) *i., f.* kıvrım, dalga; *çoğ.* dalgalı saç; *f.* kıvırmak; *mak.* kenarlarını iç içe katlayarak birleştirmek; dalgalandırmak. **put a crimp in** *k.dili* engel olmak.

crimp (krîmp) *i., f.* zorla veya kandırarak denizci

veya asker toplayan kimse veya acente; *f.* zorla askere almak.

crim.son (krîm'zın) *s., i., f.* koyu kırmızı; *i.* kırmızı boya; *f.* koyu kırmızıya boyamak; kıpkırmızı olmak, kızarmak.

cringe (krînc) *f.* korkuyla çömelmek, sinmek; yaltaklanmak.

crin.gle (krîng'gıl) *i., den.* halat matafyon.

cri.nite (kray'nayt) *s., bot., zool.* saçlı, kıllı.

crin.kle (krîng'kıl) *f., i.* buruşturmak, kırıştırmak; buruşmak, kırışmak; hışırdamak; *i.* kırışık.

cri.noid (kray'noyd, krîn'oyd) *i., zool.* Crinoidea sınıfından denizlâlesi, zambak şeklinde birkaç çeşit deniz hayvanı.

crin.o.line (krîn'ılin) *i.* sert kumaştan yapılmış kabarık etekli kadın elbisesi; eski zamanlarda giyilen tel çemberli etek.

crip.ple (krîp'ıl) *i., f.* sakat insan; *f.* sakat etmek; bozmak. **crippled** *s.* kötürüm; arızalı.

cri.sis (kray'sîs) *i.* kriz; dönüm noktası; ekonomik veya toplumsal buhran; *tıb.* kriz, nöbet. **cabinet crisis** kabine buhranı.

crisp (krîsp) *s., f.* gevrek; kesin, katî; uyanık; temiz, bakımlı, düzenli; serin, canlandırıcı (hava); kırışık, buruşuk, kıvırcık; *f.* gevremek, gevretmek; kısmen yakmak. **burned to a crisp** yanıp kül olmuş. **crispy** *s.* kıvırcık; gevrek.

cris.pate (krîs'peyt) *s.* kıvrımlı, bukleli, dalgalı.

criss.cross (krîs'krôs) *s., i., f.* çapraz, çaprazvari; *i.* birbirini kesen çapraz doğrular; *f.* çapraz hatlar çizmek; tekrar tekrar karşıya geçip dönmek.

cris.tate (krîs'teyt) *s.* ibikli; hotozlu, tepelikli.

cri.te.ri.on (kraytîr'iyın) *i.* (*çoğ.* **criteria**) ölçüt, kriter, tenkitçinin kullandığı ölçü, değer birimi, mikyas; denektaşı, mihenk.

crit.ic (krît'îk) *i.* bir şeyin değerini ölçen kimse; eleştirici, münekkit; muhalif kimse, karşı olan kimse.

crit.i.cal (krît'îkıl) *s.* çözümsel, tahlilî; tenkit eğilimli, tenkitçi; eleştiren, eleştiri mahiyetinde; buhranlı, vahim, nazik, tehlikeli; dönüm noktasına ait. **critical condition** buhranlı durum, kriz hali. **critical mass** *fiz.* uranyum gibi radyoaktif elemanların fasılasız enerji sağlaması için gerekli olan asgarî miktar. **critically ill** ciddî olarak hasta, ölüm halinde.

crit.i.cism (krît'ısizım) *i.* eleştirme, tenkit; yerme, kınama. **adverse criticism** yerme, kusur bulma. **constructive criticism** yapıcı tenkit, fikir verme.

crit.i.cize (krît'ısayz) *f.* eleştirmek, tenkit etmek; yermek, kınamak, kusur bulmak; değerini ölçmek.

cri.tique (krîtîk') *i.* eleştiri, tenkit; etüt, travay.

crit.ter (krît'ır) *i., A.B.D., leh.* hayvan, mahluk, yaratık.

croak (krok) *i., f.* kurbağa veya karga sesi; *f.* kurbağa veya karga gibi ses çıkarmak; *argo* ölmek, *slang* nalları dikmek, kıkırdamak. **croaker** *i.* kurbağa gibi ses çıkaran balık veya diğer bir hayvan; *argo* herşeyden şikâyet eden kimse.

Cro.at (krow'ät) *i.* Hırvat.

Cro.a.tia (krowey'şı) *i.* Hırvatistan. **Croatian** *s., i.* Hırvat; *i.* Hırvatça.

cro.chet (kroşey') *i., f.* kroşe, tığla işlenen dantel; *f.* kroşe yapmak, tığ ile işlemek. **crochet hook** tığ.

cro.cid.o.lite (krısîd'ılayt) *i., jeol.* maviye veya yeşile çalan silikattan mürekkep bir maden.

crock (krak) *i.* çanak, çömlek, toprak tencere, kap; *İng.* yaşlı veya sakat at; *argo* âciz veya beceriksiz kimse.

crock.er.y (krak'ırı) *i.* çanak çömlek.

crock.et (krak'ît) *i., mim.* damın çıkıntılı yerlerine süs olarak konulan oyma yaprak.

croc.o.dile (krak'ıdayl) *i.* timsah, *zool.* Crocodylus; krokodil; bu hayvanın derisi. **crocodile tears** yalancıktan ağlama.

cro.cus (kro'kıs) *i.* safran, *bot.* Crocus sativus; çiğdem, *bot.* Colchicum autumnale; bir çeşit maden parlatma tozu, demir peroksit. **yellow crocus** pas lâlesi, sarı çiğdem.

Croe.sus (kri'sıs) *i.* serveti ile meşhur Lidya kralı Krezüs; çok zengin adam, Karun.

croft (krôft, kraft) *i., İng.* eve bitişik etrafı duvarla çevrili ufak tarla, küçük çiftlik. **crofter** *i.* bir tarla veya çiftliği kiralayan ve işleten adam.

crois.sant (krwasan') *i.* ayçöreği.

Cro-Mag.non (kromäg'nan) *i.* tarihten evvel Fransa'da yaşayan bir kavim.

crom.lech (kram'lek) *i.* eskiden kalma etrafı daire şeklinde büyük dikme taşlarla çevrilmiş abide.

crone (kron) *i.* kocakarı, ihtiyar kadın.

cro.ny (kro'ni) *i.* eski ve samimî arkadaş, yakın dost, kafadar.

crook (krûk) *i., f.* dirsek, dönemeç; kıvrılma; çoban değneği, asa, kanca şeklinde herhangi bir şey; *k.dili* dolandırıcı, hırsız, sahtekâr; *f.* iğmek, kıvırmak, bükmek. **by hook or crook** bir yolunu bulup, ne yapıp yapıp.

crook.back (krûk'bäk) *i.* kambur kimse.

crook.ed (krûk'îd) *s.* eğri, çarpık; kancalı; namussuz, kanuna karşı; hileli, dalavereli; dolandırıcı, yalancı, sahtekâr. **crooked dealings** namussuzca yapılan işler.

croon (krun) *f.* mırıldanmak, alçak sesle şarkı söylemek.

crop (krap) *i.* ürün, mahsul, ekin, rekolte; *zool.* kursak, havsala; binici kırbacı. **crop rotation** her yıl değişik ekin ekerek toprağın bereketini koruma. **cream of the crop** bir şeyin en âlâsı.

crop (krap) *f.* kırkmak, kırpmak, kesmek, kesip kısaltmak. **crop up** birden meydana çıkmak, açığa vurmak.

crop.per (krap'ır) *i.* kırkma aleti veya makinası; *A.B.D.* başkasının toprağında çalışan ve ekine ortak olan tarımcı. **come a cropper** baş aşağı gitmek, bozguna uğramak.

cro.quet (krokey') *i.* tahta topla oynanan bir oyun, kroke.

cro.quette (kroket') *i.* köfte, kokteyl köftesi, yağda pişirilmiş et veya balık köftesi.

cro.sier, cro.zier (kro'jır) *i.* piskopos asası.

cross (krôs) *i.* çapraz işareti; haç, put, çarmıh, salip, istavroz; İsa'nın ölümünün sembolü olarak kullanılan haç şekli; keder, gam, elem, cefa, dert, musibet; dörtyol ağzı; melez. **bear one's cross** eziyete sabırla tahammül etmek; dertli olmak. **Red Cross** Kızılhaç.

cross (krôs) *f.* çaprazlamak; karşıdan karşıya geçmek; geçirmek; *bot., zool.* türleri ayrı olan hayvan veya çiçekleri çiftleştirip melez çeşitler elde etmek; karşı gelmek; türleri karışmak; haç işareti yapmak; üstüne çizgi çizmek. **crossed in love** aşkta bedbaht olmuş. **Cross my heart.** Vallahi! Yemin ederim ki... **cross oneself** istavroz çıkarmak. **cross one's arms** kollarını kavuşturmak. **cross one's fingers** iyi şans dilemek. **cross one's legs** ayak ayak üstüne atmak. **cross one's mind** hatırına gelmek, aklından geçmek. **cross out** karalamak, bozmak, silmek (yazı). **cross someone's palm** bahşiş vermek; falcıya para vermek. **cross swords with** ...ile çekişmek, kavga etmek. **cross up** işini bozmak, atlatmak; hıyanet etmek.

cross (krôs) *s.* darılmış, öfkeli; huysuz, ters, titiz; aksi, zıt; çapraz; aykırı; melez; karşıya geçen. **cross action** *huk.* mukabil dava. **cross section** kesit, profil. **cross street** ara sokak.

cross.bar (krôs'bar) *i.* sürgü, kol demiri.

cross.beam (krôs'bim) *i.* kiriş.

cross.bill (krôs'bîl) *i.* çapraz gagalı ispinoz kuşu, *zool.* Loxia curvirostra.

cross.bones (krôs'bonz) *i.* korsan bayrağındaki çapraz kemikler; elektrik veya zehir tehlikesini gösteren çapraz kemikler; *bak.* **skull and crossbones.**

cross.bow (krôs'bo) *i.* tatar yayı, arbalet.

cross.breed (krôs'brid) *i., f.* melez; *f.* melez elde etmek.

cross.check (krôs'çek) *f.* sağlamasını yapmak.

cross-coun.try (krôs'-kʌn'tri) *s., z.* ülkeyi baştan başa kateden; *z.* bir uçtan öbür uca; yol dışından. **cross-country race** kır koşusu.

cross.cur.rents (krôs'kırınts) *i.* zıt akımlar.

cross.cut (krôs'kʌt) *f.* enine kesmek. **crosscut saw** testere, tahta testeresi; kütük kesmeye mahsus iki saplı uzun testere; ince dişli bıçkı.

cross-ex.am.ine (krôs'îgzäm'în) *f.* sorguya çekmek, sıkıştırmak; *huk.* dava esnasında bir avukatın öbür tarafın şahidine sual sorması.

cross-eyed (krôs'ayd) *s.* şaşı.

cross-fer.ti.li.za.tion (krôs'fırtılızey'şın) *i.* ayrı cinslerden olan çiçekleri çaprazlama yoluyla dölleme.

cross.fire (krôs'fayr) *i., ask.* iki veya fazla noktadan çaprazlama ateş.

cross-grained (krôs'greynd) *s.* damarları ters veya kırışık olan (tahta); ters, huysuz.

cross.hatch (krôs'häç) *f., mim.* paralel çapraz çizgilerle gölgelemek, taramak. **crosshatching** *i., mim.* paralel çapraz çizgiler, tarama.

cross.ing (krôs'îng) *i.* geçiş; geçiş yeri.

cross-leg.ged (krôs'legîd, krôs'legd) *s.* bağdaş kurmuş, ayak ayak üstüne atmış.

cross.o.ver (krôs'ovır) *i.* köprü, geçiş yeri.

cross.patch (krôs'päç) *i., k.dili* ters ve huysuz kimse.

cross.piece (krôs'pis) *i.* birbirini çaprazlama kesen herhangi bir şey.

cross.pol.li.nate (krôs'pal'ıneyt) *f.* ayrı cinsten olan çiçekleri döllemek.

cross-pur.pose (krôs'pır'pıs) *i.* ayrı gaye. **at cross-purposes** anlaştık zannedip anlaşamayarak.

cross-ques.tion (krôs'kwes'çın) *f.* karşı tarafın şahidine soru sormak.

cross-ref.er.ence (krôs'ref'rıns) *i.* kitapta bakılması gereken yeri gösteren not.

cross.road (krôs'rod) *i.* ara yol, yan yol. **crossroads** *i.* değişik yolların birleştiği nokta. **at the crossroads** dönüm noktasında.

cross-stitch (krôs'stîç) *i.* kanaviçe işi.

cross.talk (krôs'tôk) *i.* (telefonda) hatların karışması.

cross-town (krôs'taun) *s., z.* şehri bir uçtan diğer uca geçen; şehri enine geçen; *z.* şehri bir uçtan diğer uca geçerek.

cross.tree (krôs'tri) *i., den.* kurceta.

cross.walk (krôs'wôk) *i.* yaya geçidi.

cross.wind (krôs'wînd) *i.* yandan esen rüzgâr.

cross.wise (krôs'wayz) *z.* çapraz, birbirini keserek.

cross.word puzzle (krôs'wırd) çapraz bilmece.

crotch (kraç) *i.* çatal, bir ağaçta dal ile gövdenin birleştiği yer; *anat.* kasık; *terz.* pantolon ağı; *den.* puntal.

crotch.et (kraç'it) *i.* ufak çengel; garip bir merak, tutku, delilik. **crotchety** *s.* ters, tuhaf, acayip, meraklı, deli.

cro.ton oil (krot'ın) *ecza.* kroton yağı, kuvvetli bir çeşit müshil.

crouch (krauç) *f., i.* çömelmek, yere çökmek; *i.* çömelmiş vaziyet.

croup (krup) *i., tıb.* krup hastalığı. **croupy** *s.* krup hastalığına tutulmuş.

crou.pi.er (kru'piyır) *i.* krupye.

crou.ton (kru'tan, krutan') *i.* çorbaya konulan kızarmış küçük ekmek parçası.

crow (kro) *i.* karga, *zool.* Corvus; horoz ötmesi. **crow's-foot** *i.* karga ayağına benzer şey; ihtiyarlıkta göz kenarlarında husule gelen kırışıklar. **crow's-nest** *i., den.* direk üzerindeki gözcü yeri. **as the crow flies** kuş uçuşu. **European crow** kızılca karga, *zool.* Pyrrhocorax pyrrhocorax. **hooded crow** leş kargası, *zool.* Corvus cornix.

crow (kro) *f.* horoz gibi ötmek; sevinçle haykırmak; övünmek, atmak.

crow.bar (kro'bar) *i., mak.* manivela, domuz tırnağı, kol demiri, kazayağı.

crowd (kraud) *i.* kalabalık, izdiham.

crowd (kraud) *f.* doluşmak, toplanmak, birik-
mek; sıkıştırmak, doldurmak; üzerinde dur-
mak, ısrar etmek. **crowd into** doluşmak.
crowd out sıkıştırarak çıkarmak, dışarıya
itelemek; (birisine) yer bırakmamak.
crow.foot (kro'fût) *i.* düğünçiçeği, *bot.* Ranun-
culus acris; kazayağı. **water crowfoot** yır-
tıcılar ayası, *bot.* Ranunculus aquatilis.

crown (kraun) *i.* taç; hükümdarlık; hükümdar;
taça benzer şey; şeref ve itibar veren şey;
tepe, baş; başlık; beş şilin kıymetinde eski
bir İngiliz parası; kron, Çekoslovakya ve
Danimarka para birimi; *bot.* tohum fidanında
sapın kök ile birleştiği nokta; *bot.* bir ağacın
yaprakları ve canlı dalları; *dişçi.* dişin gözle
görünen kısmı; kron; *den.* piyan cevizinin
üzerine yapılan düğüm; *den.* demirin memesi;
kıymetli taşın üst kısmı. **crown colony**
İngiliz İmparatorluğunda hükümdar tarafından
idare edilen sömürge. **crown glass** daire
şeklinde ortası kalın cam. **crown imperial**
İran'da bulunan bir çiçek, *bot.* Fritillaria.
crown jewels saray mücevherleri. **crown
land** tımar, hükümdara ait arazi ve emlak.
crown prince veliaht. **the Crown** mutlak
hükümdar.

crown (kraun) *f.* taç giydirmek; başlık koymak,
tamamlamak, ikmal etmek; süslemek, tezyin
etmek; (dama oyununda) dama yapmak;
dişe kron takmak; *k.dili* başa vurmak.

cru.cial (kru'şıl) *s.* çok ehemmiyetli, can alıcı,
dönüm noktası olabilen.

cru.ci.ble (kru'sıbıl) *i.* pota, maden eritme kabı.

cru.ci.fer.ous (krusif'ırıs) *s.* haç taşıyan; *bot.*
turpgillere özgü.

cru.ci.fix (kru'sıfiks) *i.* haç üstünde İsa resmi
veya heykeli. **crucifix'ion** *i.* çarmıha gerilme;
haç üstünde ölüm; bunu gösteren resim.
cruciform *s.* haç şeklinde. **crucify** *f.* çar-
mıha germek; cefa etmek.

crud (krʌd) *i.*, *argo* çöp, değersiz şey, çerçöp.

crude (krud) *s.*, *i.* ham, rafine edilmemiş; incelik
ve zarafetten yoksun; kaba, acemi; *i.* ham
petrol. **crudely** *z.* kabaca; edepsizce. **crude-
ness** *i.* kabalık.

cru.di.ty (kru'dıti) *i.* edepsizlik, kabalık.

cru.el (kruw'ıl) *s.* zalim, gaddar, insafsız, mer-
hametsiz; çekilmez, dayanılmaz; çetin, müş-
kül. **cruelly** *s.* zalimane, insafsızca. **cruelty**
i. zulüm; zulmetme; gaddarlık.

cru.et (kruw'ît) *i.* şişe, sofraya konan sirke
şişesi.

cruise (kruz) *f.*, *i.*, *den.* seyrüsefer etmek; (polis
arabası) kol gezmek; *i.* vapur seyahati. **cruis-
ing speed** (araba, uçak) normal sürat.

cruis.er (kru'zır) *i.* kruvazör.

crul.ler (krʌl'ır) *i.* yağda kızartılmış halka şek-
linde veya burmalı hamur tatlısı.

crumb (krʌm) *i.*, *f.* kırıntı, ekmek kırıntısı; parça,
zerre; ekmek içi; *A.B.D.*, *argo* değersiz kimse;
f. ufalamak; kırıntılarla süslemek (yemek);
sofradan kırıntıları toplamak.

crum.ble (krʌm'bıl) *f.* harap olmak, çökmek;
parçalanmak; ufalamak, ufalanmak. **crumbly**
s. kolaylıkla ufalanan.

crum.my (krʌm'i) *s.*, *A.B.D.*, *argo* pis, köhne,
bakımsız, adi, kötü, ikinci kalite; *İng.*, *argo*
tombul, balık etinde.

crum.pet (krʌm'pît) *i.* ekmek kadayıfına benzer
kızarmış bir hamur tatlısı.

crum.ple (krʌm'pıl) *f.* buruşturmak, buruşmak,
örselemek, örselenmek; çökmek.

crunch (krʌnç) *f.*, *i.* çatır çatır çiğnemek; çatırtı
ile ezmek; *i.* çatırtı, ses; *k.dili* güç durum.
in the crunch paçası sıkışınca.

crup.per (krʌp'ır) *i.* at sağrısı; kuskun.

cru.ral (krûr'ıl) *s.*, *anat.*, *zool.* bacağa ait.

crus (krus) *i.*, *tıb.* incik kemiği.

cru.sade (kruseyd') *i.*, *f.* haçlı seferi; din uğruna
yapılan savaş, cihat; kampanya, hararetli
mücadele; *f.* bu gibi bir mücadeleye katılmak.
the Crusades Haçlı Seferleri. **crusader** *i.*
Haçlı Seferlerine katılan asker; bir reform
veya başka davanın hararetli taraftarı.

cruse (kruz, krus) *i.* testi, küp.

crush (krʌş) *f.* ezmek; baskı yapmak, tazyik
etmek, sıkmak, basmak; gadretmek, zulmet-
mek; ezilmek.

crush (krʌş) *i.* ezme, baskı, sıkma; kalabalık,
izdiham; *k.dili* şiddetli ve geçici sevgi, tutku,
düşkünlük.

crust (krʌst) *i.*, *f.* ekmek kabuğu; pişmiş her-
hangi bir şeyin kabuğu; kabuk, dış tabaka;
argo arsızlık; *f.* kabukla kaplamak, kabuk
tutturmak; kabuklanmak, kabuk bağlamak;
crust of the earth yerkabuğu.

Crus.ta.cea (krʌstey'şı) *i.*, *zool.* eklembacaklılar
kolundan kabuklular. **crustacean** *s.*, *i.* ka-
buklulara ait; *i.* kabuklular sınıfından bir

hayvan. **crustaceous** s. kabuklu; zool. kabuklular sınıfına ait.

crust.y (krʌs'ti) s. kabuk gibi, kabuklu; aksi, huysuz.

crutch (krʌç) i. destek; koltuk değneği; çatal destek; den. bumba üç ayağı.

crux (krʌks) i. dönüm noktası, kritik an; çözülmesi zor mesele veya durum; çapraz.

cry (kray) f. ağlamak; feryat etmek; bağırmak; yalvarmak. **cry down** kötülemek. **cry for** arzu etmek, istemek. **cry for the moon** olmayacak bir şeyi istemek. **cry off** vaz geçmek. **cry oneself to sleep** uyuyuncaya kadar ağlamak. **cry one's heart out** kederden devamlı ağlamak. **cry one's wares** çığırtkanlık etmek. **cry out** haykırmak; bağırmak. **cry out against** karşı çıkmak, sesini yükseltmek. **cry over spilt milk** boşuna üzülmek, iş işten geçtikten sonra dövünmek. **cry quits** yeter demek, dur demek, teslim olmak. **cry wolf** sebepsiz yere imdat istemek.

cry (kray) i. ses, nida; bağırma; ağlama; feryat; nara, avaz; yalvarma; hayvan sesi; istek. **a far cry** çok farklı. **in full cry** havlayarak avı kovalayan (av köpeği). **war cry** savaş narası. **within cry of** duyulabilecek uzaklıkta.

cry.ba.by (kray'beybi) i. çocuk gibi çabuk ağlayan kimse.

cry.ing (kray'ing) s. ağlayan. **a crying shame** çok yazık.

cryo- önek soğuk.

cry.o.gen.ics (krayıcen'iks) i., fiz. soğukla ve özellikle son derece soğukla ilgili ilim dalı.

cry.o.lite (kray'ılayt) i., mad. flüor sodyum ve alüminyumdan mürekkep bir madde.

cry.o.ther.a.py (krayıther'ıpi) i., tıb. soğukla tedavi.

crypt (kript) i., mim. kilise ve benzeri binaların temelleri arasındaki yeraltı kemerleri; anat. bademciklerde çukurcuk.

cryp.ta.nal.y.sis (kriptınäl'ısis) i. şifre çözme ilmi.

cryp.tic (krip'tik) s. örtülü, gizli, kapalı, hafi, mestur; şifreli. **cryptically** z. tam manasını belirtmeden.

crypto- önek gizli, kapalı, muammalı.

cryp.to.coc.co.sis (kriptıkako'sıs) i., tıb. güvercin gübresi ile yayılan, mantardan gelen ve akciğerde yara açan bir hastalık.

cryp.to.gam (krip'tıgäm) i., bot. Cryptogamia bölümünden çiçeksiz bitki (eğreltiler, yosunlar).

cryp.to.gram (krip'tıgräm) i. şifre ile yazılan yazı. **cryptographer** (kriptag'rıfır) i. şifre ile yazı yazan. **cryptographic** (kriptogräf'ik) s. şifreli yazıya ait. **cryptography** (kriptag'rıfi) i. şifre ile yazı yazma. **cryptology** (kriptal'ıci) i. şifre bilimi.

crys.tal (krîs'tıl) i., s. kristal, billûr; şeffaf şey; kol saati camı; s. billûr gibi, şeffaf, berrak. **crystal ball** billûr küre. **crystal gazing** billûr küre ile fal bakma. **crystal glass** parlak ve şeffaf cam. **crystal set** kristal ile çalışan radyo alıcısı. **crystal system** billûr sistemi.

crys.tal.line (krîs'tılin) s. kristal gibi, parlak, temiz, şeffaf; billûrdan yapılmış, kristal halinde. **crystalline aggregate** jeol. granit taşında olduğu gibi bir arada bulunan karışık kristaller. **crystalline lens** anat. göz merceği, lens.

crys.tal.lize (krîs'tılayz) f. billûrlaştırmak, billûrlaşmak, kristal şekline koymak, kristal haline gelmek; belli olmak, sabit olmak; belirli bir şekil vermek veya almak; şekerle kaplamak; (çelik) müteaddit gerilmeler ile mikrostrüktürünü değiştirmek. **crystalliza'tion** i. billûrlaşma.

crys.tal.log.ra.phy (krîstılag'rıfi) i. kristallerin şekillerini veya yapılışını tetkik eden bilim dalı.

ct. kıs. cent, county, court, one hundred.

cten.oid (ten'oyd, ti'noyd) s., zool. kenarı tarak şeklinde olan.

cten.o.phore (ten'ıfôr) i., zool. taraklıların bir kolu.

cu. kıs. cubic.

cub (kʌb) i., f. yavru (ayı, aslan, kaplan); budala çocuk; küçük tek motorlu uçak; f. yavrulamak. **cub reporter** tecrübesiz genç gazete muhabiri. **cub scout** yavrukurt.

Cu.ba (kyu'bı) i. Küba adası.

cub.by.hole (kʌb'ihol) i. göz, kapalı ufak yer, gizlenecek yer.

cube (kyub) i., f. küp, altı eşit yüzeyli cisim; mat. küp; f. küçük parçalara kesmek; mat. küp çıkarmak. **cube root** mat. küp kök. **cube sugar** kesme şeker.

cu.beb (kyu'beb) *i.* kübabe, *bot.* Piper cubeba; Hint biberi tohumu; bu tohumdan yapılan ve ilâç olarak kullanılan bir sigara.

cu.bic (kyu'bik) *s.* kübik. **cubic contents** küp oylum. **cubic foot** ayak küp (.028 m³). **cubic inch** inç küp (16.4 cm³). **cubic meter** metre küp.

cu.bi.cal (kyu'bîkıl) *s.* küp şeklinde.

cu.bi.cle (kyu'bîkıl) *i.* odacık.

cu.bism (kyu'bîzım) *i.* kübizm.

cu.bit (kyu'bît) *i.* dirsekten orta parmağın ucuna kadar olan mesafeye eşit eski bir uzunluk ölçüsü, gez.

cuck.old (kʌk'ıld) *i., f.* karısı tarafından aldatılmış erkek, *informal* boynuzlu erkek; *f.* (kocayı) aldatmak, *informal* boynuz taktırmak. **cuckoldry** *i.* boynuz taktırma.

cuck.oo (kûk'u, ku'ku) *i., s.* guguk kuşu; bu kuşun ötüşü; *s., A.B.D., argo* budala, kaçık, deli. **cuckoo clock** guguklu saat.

cuck.oo.pint (kûk'upaynt) *i.* danaayağı, *bot.* Arum maculatum.

cu.cul.late (kyu'kıleyt, kyûkʌl'eyt) *s., bot., zool.* külâhlı, kukuleteli.

cu.cum.ber (kyu'kʌmbır) *i.* hıyar, salatalık, *bot.* Cucumis sativus. **cool as a cucumber** kendine hâkim, soğukkanlı.

cu.cur.bit (kyûkır'bît) *i.* kabakgillerden bir bitki; *kim.* laboratuvarda kullanılan kabak şeklinde bir kap.

cud (kʌd) *i.* geviş. **chew the cud** geviş getirmek; derin derin düşünmek.

cud.dle (kʌd'ıl) *f.* kucaklamak, bağrına basmak, sarılmak; sarılıp yatmak.

cud.dy (kʌd'i) *i., den.* küçük kamara veya kiler, gemi mutfağı; ufak oda.

cudg.el (kʌc'ıl) *i., f.* kısa kalın sopa, çomak; *f.* sopa ile dövmek, dayak atmak; *çoğ., spor* eskrim gibi bir oyun. **cudgel one's brain** hatırlamaya çalışmak, zihnini yormak. **take up the cudgels for** şiddetle müdafaa etmek, savurmak, tarafını tutmak.

cue (kyu) *i.* kuyruk şeklinde saç örgüsü; bilardo sopası, isteka; sıra, kuyruk.

cue (kyu) *i., f., tiyatro* sahnede veya kuliste aktörün sözü arkadaşına bırakmadan evvelki son söz veya hareketi; başlama işareti; üstü kapalı söz; harekete geçirici söz veya olay; *f.* sufle etmek.

cuff (kʌf) *i., f.* kol ağzı, kolluk, manşet; sille,

tokat, yumruk; *f.* yumruk vurmak, tokat atmak. **off the cuff** *A.B.D., argo* irticalen, doğaçtan. **on the cuff** *A.B.D., argo* veresiye. **cuff links** kol düğmesi.

Cu.fic (kyu'fik) *s., i.* Kûfî (yazı).

cu. ft. *kıs.* cubic foot, cubic feet.

cui.rass (kwiräs') *i.* göğüslük zırh.

cui.sine (kwîzin') *i.* yemek pişirme usulü; mutfak; yemek servisi.

cul-de-sac (kʌl'dısäk, kûl'-) *i.* çıkmaz; çıkmaz sokak; tuzak.

-cule, -cle *sonek* "ufak" manasına gelen bir takı, -cik.

cu.li.nar.y (kyu'lıneri, kʌl'-) *s.* yemek pişirme ile ilgili.

cull (kʌl) *f., i.* koparmak, toplamak; ayırmak, seçmek; değersiz olanları seçip atmak; *i.* kötü veya değersiz olduğundan bir kenara ayrılmış şey.

cul.let (kʌl'it) *i.* cam fabrikasında tekrar eritilip kullanılmak için bekleyen cam kırıntıları.

culm (kʌlm) *i.* kömür tozu; kalitesiz antrasit.

culm (kʌlm) *i., bot.* eklemli ot sapı, skap.

cul.mi.nate (kʌl'mîneyt) *f.* neticelenmek, bitmek, sona ermek; en yüksek noktaya varmak, doruğuna yükselmek. **culmina'tion** *i.* netice, son, bitme; en yüksek nokta.

cu.lottes (kyûlats', kû-) *i.* eteği andıran geniş ve kısa pantolon.

cul.pa.ble (kʌl'pıbıl) *s.* kusurlu, kabahatli. **culpabil'ity** *i.* kabahat, kusur, suçluluk.

cul.prit (kʌl'prit) *i.* sanık, mücrim, suçlu.

cult (kʌlt) *i.* mezhep; çığır; inanç, tapınma.

cul.ti.vate (kʌl'tıveyt) *f.* tarlayı sürüp ekmek, yetiştirmek; terbiye etmek; beslemek; (başka bir kimseyi) kendine bağlamaya çalışmak. **cultivate a friendship** dostluk kazanmaya çalışmak. **cultivable, cultivatable** *s.* ekilebilir, yetiştirilebilir. **cultivated** *s.* ekili; zarif, ince, münevver. **cultiva'tion** *i.* tarım; yetiştirme; kibarlık, incelik, münevverlik, irfan. **cultivator** *i., bahç.* ekinler arasındaki toprağı tırmıklamaya mahsus çiftçi aleti veya makinası; küçük saban; ekici, yetiştirici.

cul.trate (kʌl'treyt) *s., bot.* sivri ve keskin kenarlı (yaprak).

cul.ture (kʌl'çır) *i., f.* kültür; terbiye, irfan; münevverlik, medeniyet; medeniyetin bir safhası; *tıb.* kültür; *f.* kültür yapmak, laboratuvarda mikrop üretmek. **culture trait** kültür

cultus 230

hususiyeti. **cultural** *s.* irfana ait; medeniyete ait. **cultural anthropology** sosyo-antropoloji. **cultured** *s.* kibar, münevver. **cultured pearl** üretilmiş inci, kültive inci.

cul.tus (kʌl'tıs) *bak.* **cult.**

cul.vert (kʌl'vırt) *i.* mecra, ark, yolun altından geçen su yolu.

cum (kûm) *edat, Lat.* ile. **cum laude** iftihar derecesi ile (diploma üstün başarı sağlandığını gösteren bir terim).

cu.ma.rin *bak.* **coumarin.**

cum.ber (kʌm'bır) *f.* yük olmak, ağırlık vermek, sıkıntı vermek, engel olmak.

cum.ber.some (kʌm'bırsım) *s.* hantal, sıkıcı.

cum.in (kʌm'în) *i.* kimyon, *bot.* Cuminum.

cum.mer.bund (kʌm'ırbʌnd) *i.* kemer, kuşak.

cum.quat (kʌm'kwat) *i., bot.* Fortunella türünden erik büyüklüğünde bir cins portakal.

cu.mu.late (kyum'yıleyt) *f.* birikmek, biriktirmek.

cu.mu.la.tive (kyum'yıleytîv, -lıtîv) *s.* birikerek çoğalan, ilâvelerle genişleyen, toplanan.

cu.mu.lus (kyum'yılıs) *i.* bulut yığını; yığın. **cumulo-** *önek* yığın şeklinde (bulut).

cunc.ta.tion (kʌngktey'şın) *i.* tereddüt, tehir.

cu.ne.ate (kyu'niyît, -eyt) *s., bot.* kama şeklinde.

cu.ne.i.form (kyuni'yıfôrm, kyu'niyıfôrm) *s., i.* çivi yazısı.

cun.ning (kʌn'îng) *s., i.* kurnaz, şeytan, hilekâr; marifetli; *A.B.D.* cazibeli, şirin, sevimli (bebek); *i.* kurnazlık, şeytanlık; marifet.

cunt (kʌnt) *i., kaba, coarse* am; sikişme.

cup (kʌp) *i.* fincan, bardak, kâse, kadeh; *spor* kupa; litrenin dörtte biri, 236 cm³. **in his cups** sarhoş. **my cup of tea** *k.dili* beğendiğim şey, hoşlandığım şey.

cup (kʌp) *f., tıb.* şişe çekmek, hacamat yapmak, vantuz çekmek. **cup one's hands** avuçlarını bitiştirerek açmak.

cup.bear.er (kʌp'ber'ır) *i.* saki.

cup.board (kʌb'ırd) *i.* dolap, yüklük, raf. **a skeleton in his cupboard** (bir kimsenin) şerefine halel getirecek sır.

cup.cake (kʌp'keyk) *i.* ufak kek.

cu.pel (kyu'pıl, kyupel') *i., f.* ufak pota; *f.* potada tasfiye etmek.

cup.ful (kʌp'fûl) *i.* bir bardak veya bir fincan dolusu miktar.

Cu.pid (kyu'pîd) *i.* eski Roma'da aşk tanrısı. **Cupid's bow** yay şeklinde üst dudak çizgisi.

cu.pid.i.ty (kyupîd'ıti) *i.* hırs, tamah, açgözlülük,

cu.po.la (kyu'pılı) *i.* ufak kubbe; döküm ocağı.

cu.pre.ous (kyu'priyıs) *s.* bakırlı, bakır gibi. bakır karışık.

cu.pric (kyu'prîk) *s., kim.* iki değerlikli bakır ile meydana gelmiş (bileşik).

cu.pule (kyu'pyul) *i., bot.* yüksük şeklindeki palamut kupulası, kadehçik.

cur (kır) *i.* sokak köpeği; alçak adam, it.

cur.a.ble (kyûr'ıbıl) *s.* tedavisi mümkün, geçici (hastalık); şifa bulur (şahıs, hasta).

cu.ra.re (kyûra'ri) *i.* ok zehiri; *bot.* kürar bitkisi; *ecza.* kürar.

cu.rate (kyûr'it) *i., İng.* papaz, vaiz.

cur.a.tive (kyûr'ıtîv) *s., i.* şifa veren; *i.* ilâç, çare, derman.

cu.ra.tor (kyûrey'tır) *i.* müze veya kütüphane müdürü.

curb (kırb) *i., f.* sokak kaldırımının kenar taşı; fren, mâni, engel; kuyu ağzı bileziği; atta suluk zinciri; *f.* tutmak, mâni olmak, hâkim olmak, yenmek, durdurmak. **curb bit** suluk zinciri. **curb exchange** New York'ta ikinci tahvil borsası (şimdiki ismi **American Exchange**'dir). **curb roof** *mim.* iki yanı çifte meyilli çatı. **curb service** yemeklerin müşterilerin arabalarına getirilmesi. **Curb your dog.** Köpeğinizi kaldırımları kirletmemesi için terbiye edin.

curb.stone (kırb'ston) *i.* yaya kaldırımının kenar taşı.

cur.cu.li.o (kırkyu'liyo) *i.* meyvalara zarar veren bir cins böcek.

cur.cu.ma (kır'kyûmı) *i.* zerdecap, zerdeçal, Hint safranı.

curd (kırd) *i.* kesilmiş sütün katı kısmı; yumuşak ve tuzsuz lor peyniri.

cur.dle (kır'dıl) *f.* pıhtılaştırmak, pıhtılaşmak, kesilmek. **curdle the blood** korku ve dehşet vermek, kanını dondurmak.

cure (kyûr) *i.* tedavi, çare, derman, ilâç; şifa; kür; konserve yapma. **cure-all** *i.* her derde deva. **past cure** tedavi edilebilecek haddi aşmış, iyileşmez; çaresiz.

cure (kyûr) *f.* şifa vermek, iyi etmek, tedavi etmek, çare bulmak; dumanla tütsüleyerek veya tuzlayarak konserve etmek; sertleşmek (kauçuk gibi).

cu.ret.tage (kyûret'ic, kyûrıtaj') *i., tıb.* kürtaj.

cu.rette (kyûret') *i., tıb.* küret. curetting *i.* kürtaj.

cur.few (kır'fyu) *i.* (bilhassa geceleri) sokağa çıkma yasağı; eski zamanlarda gece ışıkları ve ateşi mecburî söndürme zamanı, bu saati bildiren çan sesi.

cu.ri.a (kyûr'iyı) *i.* mahkeme; papaz hükümeti idare heyeti.

cu.rie (kyûr'i, kyûri') *i., fiz.* radyoaktivite birimi, küri.

cu.ri.o (kyûr'iyo) *i.* biblo, dikkat çeken şey.

cu.ri.os.i.ty (kyûriyas'ıti) *i.* merak, tecessüs; garabet, nadir şey, tuhaf şey; dikkat çeken şey. curiosity shop hediyelik eşya dükkânı. out of curiosity sadece öğrenmek merakından ötürü. raise one's curiosity birisinin merakını uyandırmak, dikkatini çekmek.

cu.ri.ous (kyûr'iyıs) *s.* meraklı, mütecessis, her şeyi öğrenmek isteyen; tuhaf, nadir, garip, acayip, görülmemiş; dikkat çeken; çok süslü. curiously *z.* merakla; tuhaf bir tarzda, garip bir şekilde.

curl (kırl) *i., f.* kıvrım, bukle, saç lülesi, büklüm, kâkül; helezonî şekil; dalgalı çizgi; *f.* kıvırmak, bukle yapmak, bükmek; kıvrılmak, bükülmek, helezonî şekilde hareket etmek; "curling" oyunu oynamak. curl one's hair saçını kıvırmak; *k.dili* korkutmak. curl one's lip alaylı bir şekilde gülümsemek; hor bakmak. curl up kıvrılmak.

curl.er (kırl'ır) *i.* büken; bigudi; "curling" oyuncusu.

cur.lew (kır'lu) *i.* çulluk, *zool.* Numenius arquatus.

curl.i.cue (kır'lîkyu) *i.* süslü kıvrım, kıvrımlı çizgi.

curl.ing (kır'ling) *i.* kıvırma, kıvrılma; buz üstünde ağır taşlarla oynanan bir İskoç oyunu. curling iron saç maşası.

curl.y (kır'li) *s.* kıvırcık, kıvrımlı.

cur.mudg.eon (kırmʌc'ın) *i.* tamahkâr, huysuz adam. curmudgeonly *s.* tamahkâr.

cur.rant (kır'ınt) *i., bot.* Ribes türünden frenküzümü; kuşüzümü.

cur.ren.cy (kır'ınsi) *i.* nakit para; revaç, geçerlik.

cur.rent (kır'ınt) *i.* cereyan, akım, akıntı. current of events olayların birbirini takip etmesi. alternating current *elek.* almaşık cereyan. direct current *elek.* doğru cereyan. row against the current akıntıya kürek çekmek.

cur.rent (kır'ınt) *s.* tedavülde olan, geçerli; hali hazırdaki; şimdiki zamana ait, revaçta olan, tutulan (moda). current account cari hesap. current events gazete haberleri. current expenses günlük masraflar, günlük giderler. current history bugünün tarihi. currently *z.* halen, bu anda, bu günlerde, devamlı olarak.

cur.ric.u.lum (kırik'yılım) *i.* müfredat programı curriculum vitae hal tercümesi.

cur.rish (kır'îş) *s.* it gibi.

cur.ry (kır'i) *i.* curry powder ile pişirilmiş et veya pilav. curry powder Hint mutfağında kullanılan biberli karışık baharat.

cur.ry (kır'i) *f.* tımar etmek, kaşağılamak; dayak atmak, dövmek; deriyi işleyip kullanılır hale getirmek, sepilemek. curry favor with yaranmak, yaltaklanarak birisinin gözüne girmeye çalışmak.

cur.ry.comb (kır'ikom) *i., f.* kaşağı; *f.* kaşağılamak.

curse (kırs) *f., i.* lânet etmek, beddua etmek, sövmek, sövüp saymak; belâ getirmek; *i.* lânet, beddua, inkisar; belâ, felâket, gazap. the curse *k.dili* aybaşı, regl. cursed (kır'sid) *s.* lânetli. cursed (kırst) *s.* talihsiz; hırçın. cursed with çeken, -den mustarip.

cur.sive (kır'siv) *s., i.* el yazısı gibi; *i.* el yazısını andıran baskı.

cur.so.ri.al (kırsôr'iyıl) *s., zool.* koşmaya uygun yapıda.

cur.so.ry (kır'sıri) *s.* gelişigüzel, aceleye gelen, dikkatsizce yapılan. cursorily *z.* gelişigüzel olarak, bir bakışta, çabucak. a cursory glance göz gezdirme.

curt (kırt) *s.* ters ve kısa (söz). curtly *z.* tersçe. curtness *i.* terslik, kısa ve yetersiz cevaplar verme.

cur.tail (kırteyl') *f.* kesmek, kısaltmak, azaltmak. curtailment *i.* azaltma, kısaltma, azalma, kısalma.

cur.tain (kır'tın) *i., f.* perde; tiyatro perdesi; *çoğ., argo* mahvolma, ölüm; *f.* perdelemek. curtain call *tiyatro* perde kapandıktan sonra alkışlarla tekrar sahneye çağırma. curtain lecture *k.dili* yalnızken kadının kocasını haşlaması. curtain raiser programın ilk kısmı; asıl piyesten evvel oynanan kısa piyes. curtain ring perde halkası. curtain rod perde rayı, korniş. draw the curtain per-

deyi kapamak; konuyu bırakmak. **Iron Cur-**
tain Demirperde. **raise the curtain** perdeyi
açmak; piyese başlamak.

curt.sy (kırt'si) *i., f.* reverans, eğilerek ve dizleri
biraz bükerek selâmlama (kadın); *f.* reverans
yapmak. **make a curtsy** reverans yapmak.

cur.va.ceous (kırvey'şıs) *s., A.B.D., k.dili*
biçimli, mevzun vücuda sahip (kadın).

cur.va.ture (kır'vıçır) *i.* kavislenme, bükülme,
eğrilme, eğrilik, eğiliş; *mat.* eğrilik. **curva-**
ture of the spine *tıb.* belkemiği kayması,
belkemiğinin eğriliği.

curve (kırv) *i.* eğri, kavis, kıvrım, eğrilmiş şey;
viraj; *spor* topun vuruşu takiben havada bir
eğri çizmesi; bu eğri; imtihan notları sonucu
sınıf standartına göre not verme sistemi.

curve (kırv) *f.* eğmek, eğilmek, bükmek, bükül-
mek, kavisleştirmek, kavis meydana getirmek.

cur.vet (*i.* kır'vıt; *f.* kırvet') *i., f.* şaha kalkıp
hafif sıçrama; *f.* bu hareketi yapmak.

cur.vi.lin.e.ar (kırvılin'iyır) *s.* eğrilerden mey-
dana gelen.

cur.vy (kır'vi) *s.* eğrili; biçimli.

cush.ion (kûş'ın) *i.* yastık, minder; yastığa
benzer şey; bir darbenin hızını kesen herhangi
bir şey; bilardo masasının lastikli iç kenarı.

cush.ion (kûş'ın) *f.* yastık veya minder koymak
veya dayamak, bir darbenin hızını kesmek.

cushy (kûş'i) *s., argo* rahat, kolay.

cusp (kʌsp) *i.* zirve, uç; *astr.* yeni ayın sivri
uçlarından her biri; *geom.* iki eğrinin bir-
birlerine teğet oldukları nokta; *mim.* dilim;
bot. sivri uç. **cuspate, cusped** *s.* sivri uçları
olan.

cus.pid (kʌs'pid) *i., anat.* köpekdişi.

cus.pi.date (kʌs'pıdeyt) *s.* dilimli, ucu eğri ve
sivri.

cus.pi.dor (kʌs'pıdôr) *i.* tükürük hokkası.

cuss (kʌs) *f., i., A.B.D., k.dili* küfretmek, sövmek,
lânetlemek; *i.* lânet; *k.dili* herif. **a queer**
cuss *k.dili* acayip yaratık. **cussedness** *i.,*
A.B.D., k.dili terslik, huysuzluk; lânetlilik.

cuss.word (kʌs'wırd) *i.* küfür.

cus.tard (kʌs'tırd) *i.* yoğurt koyuluğunda, süt
ve yumurtadan yapılmış bir tatlı, krema.
custard apple Hint ayvası, *bot.* Annona
reticulata.

cus.to.di.an (kʌsto'diyın) *i.* nezaret eden kimse,
koruyan kimse, muhafız; mesul kimse; kapıcı,
odabaşı. **custodial** *s.* nezaret ve emanete ait.

cus.to.dy (kʌs'tıdi) *i.* muhafaza, nezaret; hapset-
me. **be in custody** mahpus olmak; bir
kimsenin vesayeti altında bulunmak. **give**
into custody teslim etmek, emanet etmek.
take into custody tutmak, hapsetmek, tev-
kif etmek.

cus.tom (kʌs'tım) *i., s.* gelenek, âdet; alışkanlık,
itiyat; müşterilik, alışveriş; *çoğ.* gelenekler,
adap; *çoğ.* gümrük, gümrük resmi; *s.* ısmar-
lama, ısmarlama yapılmış; ısmarlama üzerine
çalışan (esnaf). **customs union** gümrük
anlaşması.

cus.tom.ar.y (kʌs'tımeri) *s.* mutat, alışılmış,
âdet hükmünde. **customar'ily** *z.* âdete göre,
alışıldığı şekilde.

cus.tom.er (kʌs'tımır) *i.* müşteri. **a tough cus-**
tomer *k.dili* çetin kimse, geçinilmesi zor
adam.

cus.tom.house (kʌs'tımhaus) *i.* gümrük.

cus.tom-made (kʌs'tımmeyd') *s.* ısmarlama
yapılmış.

cut (kʌt) *i.* kesme, kesiş; biçki; biçim, şekil;
oyulmuş geçit; dilim, parça; *matb.* klişe; hisse,
pay; *A.B.D., argo* bir soygun veya ganimetten
bir kimseye düşen pay; inciten söz veya tavır;
fiyat, tahsisat veya maaştan indirim, kesinti.
cut of beef sığır etinden belirli bir kısım
(biftek, kotlet, kontrfile). **cuts of meat** et
kesimleri. **a cut above** bir derece daha iyi.
short cut kestirme yol.

cut (kʌt) *f.* (**cut, -ting**) kesmek, dilimlemek;
biçmek; yontmak; kamçılamak; katetmek;
(filmi) kesmek; (konuşma, kitap) kısalt-
mak; incitmek; görmezlikten gelmek; *k.dili*
derse gitmemek, *informal* asmak; fiyatını in-
dirmek; durdurmak (sinema, fotoğraf maki-
nası, motor); *spor* (topa) fırıldatıp vurmak;
sulandırmak (içki); sapmak; *iskambil* kesmek;
hadım etmek. **cut across** her konuya do-
kunmak; üstün olmak; kestirme yoldan git-
mek. **cut adrift** serbest bırakmak. **cut and**
run bırakıp kaçmak, *informal* sıvışmak. **cut**
a tooth diş çıkarmak (çocuk). **cut back**
azaltmak; kesip kısaltmak; geri dönmek. **cut**
both ways hem iyi hem kötü etkileri olmak.
cut corners ucuz veya kestirme yoldan
halletmek. **cut down** öldürmek; (ağaç) kes-
mek; azaltmak; kısaltıp yeniden dikmek (el-
bise). **cut into** azaltmak. **cut loose** baskıdan
kurtulmak; *informal* sulanmak. **cut no ice**

önemli olmamak. **cut one's coat according to one's cloth** ayağını yorganına göre uzatmak. **cut one's teeth on** ile başlamak. **cut short** kısa kesmek. **cut the ground from under** etkisini yok etmek. **cut to the bone** asgarî dereceye indirmek. **cut in** lafını kesmek, sözün arasına girmek; *iskambil* birinin yerini almak; danseden bir çifte gidip erkekten damını almak; trafikte birden arabaların arasına girmek. **Cut it out.** *k.dili* Yapma. Bırak. **cut off** kesmek; yolunu kesmek; mahrum etmek. **cut out** kesip çıkarmak; bırakmak; sürüden ayırmak; (metinden) çıkarmak; uygun olmak; yerini almak; trafikte sıradan çıkıp sollamak. **cut up** parça parça kesmek, doğramak; çok etkilemek; *k.dili* yaramazlık etmek.

cut (kʌt) *s.* kesilmiş, kesik, biçilmiş; tenzilâtlı; doğranmış, kıyılmış; yontulmuş; sulandırılmış; hadım edilmiş. **cut and dried** evvelden hazırlanmış, hazır; sıkıcı, tatsız. **cut glass** billûr, kristal. **cut-price** *s.* tenzilâtlı, indirimli (fiyat). **cut-rate** *s.* indirilmiş (fiyat).

cu.ta.ne.ous (kyutey'niyıs) *s., biyol.* deriye ait, cilde ait, cildî.

cut.a.way (kʌt'ıwey) *i.* caketatay, bonjur.

cute (kyut) *s., k.dili* cana yakın, şirin, sevimli; civleli; *leh.* zeki; kurnaz.

cu.ti.cle (kyu'tikıl) *i., anat.* tırnakların etrafını çevreleyen ölü deri; *bot.* kütikül; epiderma, üst deri.

cu.tie (kyu'ti) *i., k.dili* cici kız.

cu.tin (kyu'tin) *i., bot.* kütin.

cu.tis (kyu'tis) *i., biyol.* cildin ikinci tabakası, derma, altderi.

cut.lass (kʌt'lıs) *i.* bahriye kılıcı.

cut.ler (kʌt'lır) *i.* bıçakçı. **cutlery** *i.* çatal bıçak takımı.

cut.let (kʌt'lit) *i.* pirzola, kotlet, külbastı.

cut.off (kʌt'ôf) *i.* kestirme yol; (bir imtiyazın) sona erme tarihi. **cutoff point** sona erme noktası.

cut.out (kʌt'aut) *i.* kesilerek şekil verilmiş şey; siluet; *elek.* cereyanı kesen cihaz.

cut.purse (kʌt'pırs) *i., eski* yankesici.

cut.ter (kʌt'ır) *i.* kesici; *den.* kotra; *den.* beş çifte filika; hafif tek atlı kızak. **revenue cutter** gümrük gözetme botu.

cut.throat (kʌt'throt) *s., i.* amansız; *i.* katil, katil tipli adam.

cut time *müz.* iki vuruşlu ölçü.

cut.ting (kʌt'ing) *i., s.* kesme, kesiş; *sin.* kesim; *bahç.* aşı kalemi; *s.* keskin; acı, içe işleyen (rüzgâr, söz); dondurucu; inciten. **cutting angle** *mak.* kesme açısı.

cut.tle.bone (kʌt'ılbon) *i.* mürekkepbalığının cilâcılıkta kullanılan iç kabuğu.

cut.tle.fish (kʌt'ılfiş) *i.* mürekkepbalığı, *zool.* Sepia officinalis.

cut.up (kʌt'ʌp) *i., k.dili* maskara kimse.

cut.wa.ter (kʌt'wôtır) *i., den.* talimar, kayak tığı.

cut.work (kʌt'wırk) *i.* fisto.

cut.worm (kʌt'wırm) *i.* danaburnuna benzeyen ve otsu bitkileri yiyen bir kurt.

cwt. *kıs.* **hundredweight** *Ing.* 112 libre, yaklaşık olarak 50 kilo; *A.B.D.* 100 libre, 45,5 kilo.

-cy isim belirten sonek: **fluent** *s.* akıcı; **fluency** *i.* akıcılık.

cy.an.ic (sayän'ik) *s.* kiyanusa ait; siyanüre ait; mavi. **cyanic acid** siyanik asit.

cyan-, cyano- *önek* mavi, koyu mavi; *kim.* siyanür ile ilgili.

cy.a.nide (say'ınayd) *i.* siyanür.

cy.an.o.gen (sayän'ıcın) *i., kim.* kiyanus; siyanür iyonu.

cy.ber.net.ics (saybırnet'iks) *i.* sibernetik, kibernetik, ayarlama-yönleme bilgisi.

Cyc.la.des (sik'lıdiz) *i., çoğ.* Siklat Adaları.

cyc.la.men (sik'lımın, -men) *i.* siklamen, tavşankulağı, buhurumeryem çiçeği, *bot.* Cyclamen.

cy.cle (say'kıl) *i.* dönem, devre; dönme, dönüş; devir; divan; bisiklet, motosiklet.

cy.cle (say'kıl) *f.* bir devir yapmak; bir devreden geçmek; devir devir vaki olmak; bisiklete binmek.

cy.clic, cy.cli.cal (say'klik, sik'lik, -ıl) *s.* devirli.

cy.clist (say'klist) *i.* bisikletçi, motosikletçi.

cy.cloid (say'kloyd) *i., geom.* yuvarlanma eğrisi.

cy.clom.e.ter (sayklam'ıtır) *i.* siklometre, mesafe saati.

cy.clone (say'klon) *i., fiz.* siklon, kiklon; kasırga, hortum. **cyclone cellar** kasırga sığınağı.

Cy.clo.pe.an (sayklıpi'yın), **Cy.clop.ic** (sayklap'ik) *s.* iri; büyük taşlarla harç kullanılmadan yapılmış (yapı).

cy.clo.pe.di.a (sayklıpi'diyı) *i.* ansiklopedi. **cyclopedic** *s.* geniş (bilgi, malumat).

Cy.clops (say'klaps), *i.* (*çoğ.* **Cy.clo.pes**) (sayklo'piz) eski Yunan efsanelerinde tek gözlü dev, Kiklops, Tepegöz.

cy.clo.ram.a (sayklıräm'ı) *i.* silindir şeklindeki bir odanın duvarlarına yapılan resim; *tiyatro* sahnenin silindir şeklindeki arka duvarı veya arka perdesi.

cy.clo.tron (say'klıtran) *i., fiz.* siklotron.

Cyd.nus (sid'nıs) *i.* Tarsus Çayı (eski ismi).

cyg.net (sig'nit) *i.* kuğu yavrusu.

cyl.in.der (sil'indır) *i.* silindir. **cylin'drical** *s.* silindir şeklinde.

cy.ma (say'mı) *i., mim.* tepe silmesi, pervaz.

cym.bal (sim'bıl) *i., müz.* büyük zil. **cymbalist** *i.* zil çalan kimse.

cyme (saym) *i., bot.* talkım. **cymoid** *s.* talkıma benzer. **cymose** *s.* talkımlı.

Cy.mi (say'mi, si'mi) *i.* Sömbeki, Simi.

Cym.ric (kim'rik, sim'-) *i., s.* Galler Ülkesinde konuşulan dil; *s.* Kelt kabilelerine ait.

cyn.ic (sin'ik) *i., s.* herkesin yalnız kendi menfaatine çalıştığına inanan kimse; insanlardan hoşlanmayan kimse; *b.h.* kinik, sinik; *s.* alaycı.

cyn.i.cal (sin'ikıl) *s.* alaycı, müstehzi; insanın iyiliğine inanmayan; ahlâkı hor gören, bile bile ahlâk ve namus kurallarını çiğneyen. **cynically** *z.* alay ederek, istihza ile; menfaatperestçe.

cyn.i.cism (sin'ısîzım) *i.* kinizm; ahlâkı hor görme.

cy.no.sure (say'nışûr, sin'ı-) *i.* dikkati çeken şey.

cy pres (si' prey') *huk.* takribî olarak (vasiyetname yorumu).

cy.press (say prıs) *i.* selvi, selvi ağacı, *bot.* Cupressus sempervirens.

Cyp.ri.an (sip'riyın) *i., s.* Kıbrıslı kimse; *s.* Kıbrıslı, Kıbrıs'a ait; şehvetli.

cyp.ri.noid (sip'rınoyd) *i., s.* havuz balığı; *s.* havuz balığına ait.

Cyp.ri.ote (sip'riyot) *s., i.* Kıbrıslı, Kıbrıs'a ait; *i.* Kıbrıs lehçesi.

Cy.prus (say'prıs) *i.* Kıbrıs.

Cy.ril.lic (siril'ik) *i., s.* eski İslav alfabesi; *s.* bu alfabeye ait veya bu alfabe ile yazılı olan.

cyst (sist) *i., tıb.* kist; *bot.* yağ cebi. **cystec'-tomy** *i.* kist ameliyatı.

cys.tic (sis'tik) *s.* kiste ait; safra kesesine veya mesaneye ait; kist ihtiva eden; kistte olan.

cys.tine (sis'tin) *i., biyol.* (kemikte, saçta ve nadiren idrarda bulunan) beyaz billûrumsu bir madde, sistin.

cys.ti.tis (sistay'tis) *i., tıb.* mesane iltihabı, sistit.

cys.to.scope (sis'tıskop) *i., tıb.* mesane muayenesine mahsus alet, sistoskop.

cyto-, -cyte *ek, zool., bot.* hücre, hücreye ait.

cy.tol.o.gy (saytal'ıcı) *i.* sistoloji, hücreleri inceleyen bilim.

czar, tsar, tzar (zar, tsar) *i.* Rus çarı, çar.

czar.e.vitch (zar'ıvîç) *i.* çareviç.

cza.ri.na (zari'nı) *i.* çariçe.

czar.ism (zar'îzım) *i.* çarlık.

Czech (çek) *i., s.* Çek.

Czech.o.slo.vak (çekıslo'väk) *s., i.* Çekoslovakyalı; *i.* Çek dili; Çek.

Czech.o.slo.va.ki.a (çekıslova'kiyı) *i.* Çekoslovakya.

D

D, d (di) *i.* İngiliz alfabesinin dördüncü harfi.

D Romen rakamlarında 500; *fiz.* **deuterium**; *A.B.D.* okullarda en alçak geçer not.

d *İng.* **pence** eski İngiliz kuruşu; *fiz.* **density** yoğunluk.

D. *kıs.* **December, Department, Deus, Doctor, Dutch.**

d. *kıs.* **date, daughter, day, days, dead, diameter, died**; *tıb.* **da** ver.

da *kıs.* **daughter, day(s), deciare.**

D. A. *kıs.* **District Attorney.**

dab (däb) *i., k.dili* uzman.

dab (däb) *i.* dokunma, hafif vuruş; yumuşak veya ıslak bir şeyin bir parçası.

dab (däb) *f.* hafifçe vurmak, dokunmak.

dab (däb) *i.* pisibalığına benzer bir balık.

dab.ble (däb'ıl) *f.* su serpmek, hafifçe ıslatmak; amatör olarak bir sanat veya işle uğraşmak.

dabbler *i.* sathi çalışan kimse, eğlence kabilinden bir işle uğraşan kimse.

dab.chick (däb'çik) *i., zool.* yumurta piçi gibi bir dalgıç kuşu.

da ca.po (da ka'po) *müz.* baştan tekrar. **da capo al segno** baştan işaret yerine kadar tekrar.

dace (deys) *i.* bir çeşit sazan, *zool.* Leuciscus leuciscus.

dachs.hund (daks'hûnt) *i.* kısa bacaklı bodur bir cins Alman köpeği.

Da.cron (däk'ran, dey'kran) *i., tic. mark.* Dakron, polyesterden imal edilmiş sentetik bir kumaş.

dac.tyl (däk'tıl) *i.* bir açık ve iki kapalı heceden meydana gelen eski bir Yunan ve Latin vezni: (—..). **dactyl'ic** *s.* bu vezinle yazılmış olan.

dac.ty.log.ra.phy (däktılag'rıfi) *i.* parmak izlerini inceleyen bilim dalı. **dactyl'ogram** *i.* parmak izi.

dac.ty.lol.o.gy (däktılal'ıci) *i.* sağırların el işaretleri ile konuşma sanatı.

dad, dad.dy (däd, däd'i) *i., k.dili* baba, babacığım.

dad.dy-long.legs (däd'i.lông'legz) *i.* çok uzun bacaklı bir örümcek, *zool.* Phalangis.

da.do (dey'do) *i., mim.* bir sütun için kürsü taşı; oda duvarının süslü alt kısmı, süpürgelik; bir tahtayı ikinci bir tahtanın kenarına tutturmak için oyulan oyuk.

dae.mon (di'mın) *i.* cin; koruyucu cin, himaye eden cin. **daemon'ic** *s.* doğaüstü, insanüstü; esinli.

daf.fo.dil (däf'ıdil) *i.* zerrin, fulya, nergis, *bot.* Narcissus pseudo-narcissus.

daf.fy (däf'i) *s., k:dili* kaçık, deli, çatlak.

daft (däft) *s.* kaçık, deli.

dag.ger (däg'ır) *i.* kama, hançer, bıçak. **look daggers at someone** bir kimseye öfke ile bakmak.

da.go (dey'go) *i., A.B.D., aşağ.* İspanyol veya İtalyan asıllı kimse.

da.guerre.o.type (dıger'ıtayp) *i., eski, foto.* gümüşlü levha üzerine çekilmiş fotoğraf.

dahl.ia (däl'yı, *İng.* deyl'yı) *i.* dalya, yıldızçiçeği, *bot.* Dahlia.

Da.ho.mey (dıho'mi) *i.* Dahomey.

Dail (doyl) *i.* İrlanda millet meclisi.

dai.ly (dey'li) *s., z., i.* gündelik, günlük; *z.* her gün; *i.* gündelik gazete; *İng.* gündelikçi (hizmetçi). **daily bread** günlük ekmek, geçim, rızk, maişet. **daily double** at yarışlarında çifte bahis.

dain.ty (deyn'ti) *s., i.* narin, zarif, nazik, sevimli; titiz, itinalı; nefis, lezzetli; *i.* lezzetli şey. **daintily** *z.* nazikâne, zarafetle. **daintiness** *i.* zarafet, nezaket; titizlik.

dai.qui.ri (day'kıri, däk'ıri) *i.* rom ve misket limonu suyundan yapılan bir içki.

dair.y (der'i) *i.* süthane, mandıra; sütçü dükkânı. **dairy farm** mandıra. **dairymaid** *i.* sütçü kız. **dairyman** *i.* sütçü. **dairy products** süthanede imal edilen ve satılan mallar.

da.is (dey'is, deys) *i.* kürsü.

dai.sy (dey'zi) *i.* papatya, margarit, ilkbahar çiçeği, *bot.* Bellis perennis; *argo* fevkalade şey. **daisy chain** papatyalardan yapılmış zincir.

Da.kar (dakar') *i.* Dakar şehri, Senegal'in başkenti.

dal. *kıs.* decaliter.

Da.lai La.ma (dalay' la'mı) Tibet Budistlerinin baş rahibi ve başkanı, Dalay Lama.

dale (deyl) *i.* geniş vadi. **up hill and down dale** dere tepe.

dal.li.ance (däl'iyıns) *i.* oynaşma, eğlenme, cilveleşme.

dal.ly (däl'i) *f.* vakit öldürmek, oyalanmak; haylazlık etmek. **dally away** vakit öldürmek. **dally with** oynaşmak.

Dal.ma.tia (dälmey'şı) *i.* Dalmaçya. **Dalmatian** *i.* Dalmaçyalı; arabaya koşulan bir cins köpek.

dal se.gno (dal sey'nyo) *müz.* "tekrar işaretine dönünüz" anlamına gelen işaret.

dal.ton.ism (dôl'tınizım) *i., tıb.* Dalton hastalığı, renk körlüğü.

dam (däm) *i., f.* (-med, -ming) baraj, set, su bendi; *f.* baraj yapmak; kapamak. **dam in, dam up** kapatmak, geri tutmak.

dam (däm) *i.* ana hayvan.

dam.age (däm'ic) *i., f.* zarar, ziyan, hasar; *k.dili* masraf, fiyat; *f.* hasar yapmak, bozmak, zarar vermek. **damages** *i., huk.* tazminat.

dam.as.cene (däm'ısin) *f.* (çeliği, demiri) hareli çizgilerle süslemek, kakma iş ile süslemek.

Da.mas.cus (dımäs'kıs) *i.* Şam; Şam çeliği.

dam.ask (däm'ısk) *i., s., f.* Şam'da dokunan çiçekli ipek kumaş; damasko (kumaş); Şam çeliği; koyu pembe renk; *s.* Şam çeliğinden yapılmış; Şam işi; gül renkli; *f.* Şam işi gibi işlemek; damasko ile döşemek; gül rengi vermek.

dame (deym) *i., İng.* kadınlara verilen şövalyelik ayarında bir asalet unvanı; (eskiden) hanım, hatun, yaşlı kadın; *A.B.D., argo* kadın.

damn (däm) *f., i.* lânet etmek, takbih etmek; sövmek, lânet okumak, beddua etmek; *i.* lânet. **Damn!, Damn it!, Damn him!** Allah belâsını versin! **damning evidence** mahkûm edici delil. **damn with faint praise** istemeyerek ve zorla birisini methetmek. **damyankee** *i., aşağ., A.B.D.* Güney eyaletlerinde Kuzey eyaletlerinden bir kimse. **He doesn't give a damn.** Ona vız gelir. Aldırmaz. İplemez. **I'll be damned!** Hay kör şeytan! Olur şey değil! **damnable** *s.* melun, lânetli.

dam.na.tion (dämney'şın) *i.* lânet, mahkûmiyet, belâ; cehennem mahkûmiyeti. **Damnation!** Lânet olsun!

dam.na.to.ry (däm'nıtôri) *s.* takbih veya lânet ifade eden veya onlara sebebiyet veren.

damned (dämd) *s.* melun; mahkûm; Allahın belâsı. **Damned if I know.** Bilmem. Biliyorsam kahrolayım. **damnedest** *s., i., k.dili* en lânetli; çok şaşırtıcı; *i.* en iyisi, en gayretlisi. **He did his damnedest to please them.** Onları memnun etmek için elinden geleni yaptı.

Dam.o.cles (däm'ıkliz) *i.* Demokles. **sword of Damocles** Demokles'in kılıcı, her an tehdit eden bir tehlike.

Da.mon and Pyth.i.as (dey'mın, pith'iyıs) birbirine çok sadık iki dost.

damp (dämp) *s., i., f.* nemli, rutubetli, yaş; *i.* nem, rutubet; kömür ocaklarında hâsıl olan zararlı bir gaz; *f.* boğmak, söndürmek; yavaşlatmak, durdurmak; ıslatmak, nemlendirmek. **damp down** ağır yansın diye ateş üzerine yaş kömür v.b.'ni dökmek, küllemek; sindirmek. **damp off** *bahç.* bir mantar hastalığı ile çürüyüp dökülmek. **dampness** *i.* rutubet, nem.

damp.en (däm'pın) *f.* nemlendirmek, az ıslatmak; nemlenmek, ıslanmak; (titreşim) azaltmak.

damp.er (däm'pır) *i.* soba borusu anahtarı, sürgü, kapak; *müz.* sindirici, pedal; çalgının sesini kesmeye mahsus bir çeşit yastık; *mak.* ses titreşimini veya elektronik sinyalleri azaltan araç.

dam.sel (däm'zıl) *i.* genç kız, küçük hanım.

dam.son (däm'zın) *i.* mürdümeriği, *bot.* Prunus institia.

dance (däns) *i.* dans, raks, oyun; balo; dans müziği. **St. Vitus's dance** *tıb.* insan vücudunda bazı yerlerin istek dışında ve düzensiz olarak sıçraması, kore.

dance (däns) *f.* dans etmek, dans ettirmek, oynamak, oynatmak, sıçramak, sıçratmak. **dance in attendance** birinin etrafında dört dönmek.

danc.er (dän'sır) *i.* dans eden kimse, dansör, dansöz. **ballet dancer** balerin; dansör. **belly dancer** oriyantal dansöz; rakkase.

dan.de.li.on (dän'dılayın) *i.* kara hindiba çiçeği, *bot.* Taraxacum officinale.

dan.der (dän'dır) *i., k.dili* öfke, hiddet. **get one's dander up** kızmak, öfkelenmek; kızdırmak.

dan.dle (dän'dıl) *f.* hoplatmak, (çocuğu) diz üstüne oturtup oynatmak.

dan.druff (dän'drıf) *i.* başta olan kepek, konak.

dan.dy (dän'di) *s., i., k.dili* âlâ, mükemmel, iyi; *i.* mükemmel kimse veya şey; züppe kimse, *colloq.* çıtkırıldım kimse, hanım evlâdı; *den.* bocurum dirsekli şalupa. **dandy roller** kâğıt filigran silindiri.

Dane (deyn) *i.* Danimarkalı. **Great Dane** Danua cinsi köpek.

dan.ger (deyn'cır) *i.* tehlike, muhatara. **in danger** tehlikede. **out, of danger** tehlikeyi atlatmış.

dan.ger.ous (deyn'cırıs) *s.* tehlikeli, muhataralı. **dangerously** *z.* tehlikeli bir şekilde.

dan.gle (däng'gıl) *f.* sarkmak, asılmak, asılı durup sallanmak; sarkıtmak, asıp sallamak.

Dan.ish (dey'niş) *s., i.* Danimarka'ya ait; *i.* Danimarka dili.

dank (dängk) *s.* yaş, nemli, rutubetli, ıslak, küf kokulu.

dan.seuse (dansöz') *i., Fr.* dansöz.

Dan.ube (dän'yub) *i.* Tuna nehri. **Danu'bian** *s.* Tuna nehri havzasında bulunan yeni taş devri kalıntılarına ait.

dap (däp) *f.* yemi hafifçe suya atarak balık tutmak; hafifçe veya birdenbire suya dalmak.

daph.ne (däf'ni) *i.* defne ağacı, *bot.* Laurus nobilis.

dap.per (däp'ır) *s.* şık, zarif.

dap.ple (däp'ıl) *s., f., i.* benekli, nokta nokta, puanlı; *f.* beneklenmek; *i.* benekli hayvan. **dapple gray** bakla kırı, alaca kır (at).

D.A.R. *'kıs.* **Daughters of the American Revolution** Amerika'da milliyetçi ve tutucu bir kadın derneği.

Dar.da.nelles (dardınelz') *i.* Çanakkale Boğazı.

dare (der) *f., i.* cesaret etmek, cüret etmek, kalkışmak; meydan okumak; *i.* meydan okuma. **daredevil** *i.* gözüpek kimse, haddinden fazla cesur kimse, yılmayan adam. **Does he dare do it?** O işi yapmaya cesareti var mı? **I dare you.** *ç. dili* Haydi yap bakalım. **I dare say.** Zannedersem. Tahmin ederim. **I double dare you.** *ç.dili* Yap da görelim. Sen yap ben de yaparım. **take a dare** başka bir kimsenin meydan okumasına karşı koymak. **daring** *i., s.* cüret, cesaret, yiğitlik; *s.* cüretkâr, yiğit.

dark (dark) *s.* karanlık, koyu, esmer; müphem, muğlak, çapraşık, kapanık; cehalet içinde olan; gizli, esrarlı; az sütlü (kahve). **dark blue** lâcivert. **dark-eyed** *s.* kara gözlü. **dark horse** *pol.* beklenilmediği halde partisi tarafından aday gösterilen adam. **dark lantern** hırsız feneri. **darkroom** *i., foto.* karanlık oda. **dark star** *astr.* ışık vermeyen yıldız. **a dark day** karanlık gün; kötü gün. **a dark saying** kapalı söz. **as dark as pitch** zifirî karanlık. **Keep it dark.** Sakın kimseye söyleme. **the Dark Ages** Karanlık Devirler, Orta Çağ. **the Dark Continent** Afrika. **get dark** akşam olmak, hava kararmak. **darkly** *z.* ümitsizce; esrarengiz bir şekilde. **darkness** *i.* karanlık.

dark (dark) *i.* karanlık, zulmet; akşam, hava kararması; koyu renk, gölge; muğlaklık, cehalet. **dark of the moon** gece olup da ayın görülmediği zaman; mehtapsız gece. **a leap in the dark** körü körüne veya ne olduğunu bilmeden bir şeye atılma. **at dark** akşam olunca, hava kararırken. **in the dark** karanlıkta; habersiz.

dark.en (dar'kın) *f.* karartmak, kararmak; anlaşılması zor hale getirmek; koyulaşmak, esmerleşmek. **darken one's door** birinin eşiğine ayak basmak.

dar.kle (dar'kıl) *f.* karanlıkta gözden kaybolmak; karanlık olmak.

dark.ling (dark'lîng) *z., s.* karanlıkta; *s.* karanlıkta olan.

dark.y (dar'ki) *i., aşağ.* zenci.

dar.ling (dar'lîng) *i., s.* sevgili, sevgilim; *s.* sevgili; sevimli, cici, hoş.

darn (darn) *f., i.* yamamak, iğne ile örerek tamir etmek; *i.* örülerek tamir olunmuş yer. **darning egg** örgü yumurtası. **darning needle** örgü iğnesi; *zool.* Odonata familyasından uzun gövdeli sinek.

darn (darn) *f., i.* lânet etmek; *i.* lânetleme, **damn**'ın hafifletilmiş şekli. **Darn it!** Hey mübarek! **I don't give a darn.** Bana vız gelir.

dar.nel (dar'nıl) *i.* delice otu, *bot.* Lolium temulentum; karaçayır.

dart (dart) *i., f.* küçük ok; kargı, cirit; anî ve hızlı hareket; böceğin iğnesi; *terz.* pens; fırlatma; *f.* atmak, fırlatmak, ok gibi atmak veya atılmak; hızla birkaç adım koşmak, etrafına bakmadan koşmak. **dartboard** *i.* elle atılan küçük ok oyununda kullanılan ve mantardan yapılmış nişan tahtası.

dart.er (dar'tır) *i.* fırlayan kimse veya şey; yılanboynu kuşu, kaz karabatağı, *zool.* Anhinga rufa; ufak tatlı su balığı.

dart.le (dar'tıl) *f.* fırlatıp veya fırlayıp durmak.

Dar.win.i.an (darwîn'iyın) *s.* Darvin veya onun evrim teorisine ait. **Darwinism** *i.* Darvin nazariyesi, Darvincilik, doğal ayıklanma öğretisi.

dash (däş) *f.* hızlı koşmak; kısa mesafe koşmak; vurmak, çarpmak, kırmak, parçalamak; atmak, fırlatmak; sıçratmak; bozmak; karıştırmak, katmak; atılmak, kendini atmak, saldırmak, çarpmak; sıçramak. **dash off** acele gitmek, fırlamak. **dash off a letter** bir mektup karalamak. **dash one's hopes** bir kimsenin ümitlerini kırmak, hayal kırıklığına uğratmak. **dash to pieces** çarpıp paramparça etmek.

dash (däş) *i.* kısa bir mesafeyi koşma; saldırma, fırlama, sıçrama; canlılık, enerji; tantana, gösteriş; çizgi, "—" işareti, tire; herhangi bir şeye katılmış cüzi bir miktar, eser; iz, vuruş.

dash.board (däş'bôrd) *i., mak.* arabada kontrol paneli.

dash.er (däş'ır) *i.* gösterişli insan; çarpma makinasında karıştırıcı araç.

dash.ing (däş'îng) *s.* canlı, faal, atılgan; gösterişli, şık.

das.tard (däs'tırd) *i., s.* alçak kimse; *s.* alçak. **dastardly** *s.* alçak, korkak, namert. **dastardliness** *i.* alçaklık.

data 238

da.ta (dey'tı, dä'tı) *i.* (*çoğ. veya tek.*) bilgi, malumat, istatistik. **data processing** (özellikle elektronik makinalarla) bilgi toplayıp lüzumlu yere aktarma işlemi.

date (deyt) *i.* hurma. **date palm** hurma ağacı, *bot.* Phoenix dactylifera.

date (deyt) *i.* tarih, zaman; randevu; flört edilen kız veya erkek. **date line** *coğr.* gün değiştirme hattı. **No date.** Tarihi gösterilmedi. **out of date** modası geçmiş, demode; tarihi geçmiş. **to date** bugüne kadar. **up to date** günümüze uygun, çağdaş, modaya uygun. **dateless** *s.* tarihsiz.

date (deyt) *f.* tarih koymak, tarih atmak; tarih kararlaştırmak veya tahmin etmek, zamanını hesap etmek; tarihli olmak; randevuya çıkmak. **It dates from a thousand B.C.** Milâttan bin sene evvelden kalma bir eserdir. **dated** *s.* tarihli; modası geçmiş.

da.tive (dey'tîv) *s., i., gram.* -e halinde olan; *i.* datif, -e hali.

da.tum (dey'tım) *i.* (ölçüde) başlangıç noktası veya hattı; malumat birimi.

da.tu.ra (dıtûr'ı) *i.* tatula, tatala, *bot.* Datura stramonium.

daub (dôb) *f., i.* sürmek, sıvamak, lekelemek, kirletmek; *i.* harç, çamur, kireç lekesi; acemice yapılmış resim. **dauber** *i.* acemi ressam.

daugh.ter (dô'tır) *i.* kız evlât, kız, kerime. **daughter-in-law** *i.* gelin.

daugh.ter.ly (dô'tırli) *s.* kız evlâda yakışır.

daunt (dônt) *f.* yıldırmak, gözünü korkutmak. **dauntless** *s.* gözüpek, yılmaz, korkusuz.

dau.phin (dô'fîn) *i.* Fransa'da kralın en büyük oğlu.

dav.en.port (däv'ınpôrt) *i.* kanepe, sedir, divan; *İng.* küçük yazıhane.

dav.it (däv'it) *i., den.* matafora; çapa kaldıran matafora.

Davy Jones's locker enginler, denizde ölenlerin kabri.

Davy lamp eskiden madenciler tarafından kullanılan bir çeşit fener.

daw (dô) *bak.* **jackdaw.**

daw.dle (dôd'ıl) *f.* işini ağırdan alarak vakit kaybetmek, ağır davranmak, oyalanmak.

dawn (dôn) *i., f.* tan, fecir, sabah, şafak sökmesi, gün ağarması, gün doğması; zuhur, ilk görünüş; *f.* görünmeye başlamak, aydınlanmak,

intikal etmek. **dawn on** anlaşılmak, sezilmek. **It dawned on me.** Kafama dank etti.

day (dey) *i.* gündüz; gün; zaman, devir. **day after day, day by day** günden güne. **day camp** gündüz kampı. **day in, day out** her gün. **day labor** gündelik iş. **day laborer** gündelikçi. **day letter** adi telgraf. **day nursery** gündüz bakımevi, kreş. **day school** derslerin gündüz yapıldığı okul; öğrencilerin gündüz devam ettiği okul, yatısız okul. **days of grace** borçluya borcunu ödemesi için fazladan tanınan üç gün. **all day** bütün gün. **by day** gündüzün. **call it a day** paydos etmek. **Every dog has his day.** Herkesin şanslı olduğu bir günü vardır. **every other day** gün aşırı, iki günde bir. **from day to day** günden güne. **in days to come** ilerde, gelecek günlerde. **It has seen better days.** Eskimiştir. **judgment day** kıyamet günü, mahşer günü. **pay day** maaş günü. **solar day** yirmi dört saat. **some day** bir gün, günün birinde. **some fine day** Allahın bir gününde. **the last day** kıyamet günü. **the other day** geçen gün, birkaç gün evvel. **twice a day** günde iki kere.

day.book (dey'bûk) *i.* yevmiye defteri, gündelik alışverişin yazıldığı defter; ajanda.

day.break (dey'breyk) *i.* tan, şafak, seher.

day.dream (dey'drim) *i., f.* hayal; *f.* hayal kurmak, dalmak.

day.light (dey'layt) *i.* güneş ışığı, gün ışığı; önce şaşırtıcı gelen bir şeyin sonradan anlaşılması; gösterme, teşhir etme. **see daylight** zorlukların sonuna gelmek. **I will knock the daylights out of you.** *argo* Canına okuyacağım.

day.light-sav.ing time (dey'laytsey'ving) yaz aylarında saatlerin ileri alınması, yaz saati.

day.lil.y (dey'lîli) *i.* sarı zambak.

day.long (dey'lông) *s., z.* bütün gün boyunca devam eden; *z.* bütün gün boyunca.

day.time (dey'taym) *i.* gündüz.

daze (deyz) *f., i.* göz kamaştırmak, büyülemek, (hayret, korku v.b. ile) afallatmak; *i.* şaşkınlık. **dazed** *s.* yarı şuursuz; şaşkın.

daz.zle (däz'ıl) *f., i.* gözünü kamaştırmak, hayran etmek; *i.* kamaştırma.

D.C. *kıs.* **da capo, direct current, District of Columbia.**

D-day (di'dey) *i.* İkinci Dünya Savaşında Fransa'ya asker çıkarma günü.

D.D.S. *kıs.* **Doctor of Dental Surgery** diş tabibi diploması.

DDT (diditi') D.D.T.

de- *önek* -den, -dan, aşağı, tamamen, mahrum.

dea.con (di'kın) *i., f.* diyakoz, kilise veya cemaat işlerinde gönüllü olarak papaza yardım eden kimse; *f., k. dili* ilâhileri satır satır okumak; göz boyamak.

de.ac.ti.vate (diyäk'tıveyt) *f.* çalışamaz duruma getirmek.

dead (ded) *s.* ölü, ölmüş, müteveffa; sönük; cansız, hareketsiz, ölü gibi; renksiz, solgun, tadı kaçmış, soğuk. **dead ahead** dosdoğru. **dead and gone** ölmüş gitmiş. **dead as a doornail** ölmüş, cansız. **dead ball** *spor* saha dışına çıkmış top, ölü top. **dead beat** çok yorgun, bitkin. **dead center** ölü nokta. **dead end** çıkmaz sokak; çıkmaz. **dead hand** *bak.* mortmain. **dead heat** *spor* berabere biten yarış. **dead language** ölü dil. **dead letter** hükmü kalmamış kanun; sahibi bulunamayıp postanede kalan mektup. **dead march** *müz.* cenaze marşı. **dead nettle** ısırgan otu, ballıbaba, *bot.* Lamium. **dead reckoning** *den.* kaba kompas hesabı, parakete hesabı, pusula ile seyrüsefer hesabı. **dead right** tamamen haklı. **dead set** *k.dili* kararlı. **dead set against** tamamen karşı, muhalif. **dead tired** bitkin, yorgun. **dead water** durgun su; dümen suyu. **dead weight** geminin darası. **come to a dead stop** tamamen durmak. **the dead** *çoğ.* ölüler. **the dead of night** gece karanlığı. **the dead of winter** kışın ortası. **deadness** *i.* hissizlik, duygusuzluk.

dead.beat (ded'bit) *i., A.B.D., argo* borçlarını ödemekten kaçınan kimse; bedavacı, başkalarının sırtından geçinen kimse.

dead.en (ded'ın) *f.* kuvvetini kırmak, hafifletmek, boğmak (ses), uyuşturmak (ağrı), kesmek (ses, ağrı); tatsızlaştırmak; parlaklığını gidermek, donuklaştırmak; ses geçmesini önlemek.

dead.eye (ded'ay) *i., den.* boğata.

dead.eye (ded'ay) *s.* keskin nişancı.

dead.head (ded'hed) *i., k.dili* ücretsiz olarak kartla seyahat eden veya tiyatro v.b. yerlere giden kimse; boş olarak kalkan tren, otobüs v.b.; sıkıcı kimse.

dead.light (ded'layt) *i., den.* lomboz kapağı; lomboz.

dead.line (ded'layn) *i.* son teslim tarihi; cezaevlerinde hükümlülerin geçmemesi gereken yasak bölge sınırı.

dead.lock (ded'lak) *i., f.* çıkmaz, iki taraflı karşı koymanın sonucu olarak her iki tarafın hareketsiz kalışı; *f.* çıkmaza sokmak, çıkmaza girmek.

dead.ly (ded'li) *s.* öldürücü; zehirli; ölüm derecesinde; ölüm gibi. **deadly enemy** can düşmanı. **deadly nightshade** güzelavratotu, *bot.* Atropa belladonna. **deadly sin** ağır günah. **the seven deadly sins** yedi büyük günah.

dead.pan (ded'pän) *i., s., z., f., A.B.D., argo* anlamsız bir yüz; *s.* boş ve anlamsız yüz ifadesi olan; *z.* duygularını açığa vurmadan, anlamsızca; *f.* duygularını belli etmeden hareket etmek veya konuşmak.

Dead Sea Lût gölü.

dead.wood (ded'wûd) *i.* ağacın kuru dalları, kurumuş dallar veya ağaçlar; *A.B.D.* değersiz malzeme, faydasız kişi veya şey.

deaf (def) *s.* sağır; kulak asmayan. **deaf-and-dumb alphabet** sağır ve dilsizlere mahsus işaret alfabesi. **deaf-mute** *i.* sağır ve dilsiz kimse. **turn a deaf ear to** dinlememek, kulak asmamak, aldırmamak.

deaf.en (def'ın) *f.* kulağını sağır etmek; kulağını tıkamak.

deal (dil) *i.* çam tahtası, çam kerestesi.

deal (dil) *i.* pazarlık, anlaşma, mukavele; iş; miktar; iskambil kâğıtlarını dağıtma. **a good deal, a great deal** bir çok, bir hayli.

deal (dil) *f.* **(dealt)** alâkadar olmak, ilgilenmek, iş yapmak, davranmak; iskambil kâğıtlarını dağıtmak. **deal in ...** tüccarı olmak. **deal with** temas etmek, değinmek, bahsetmek; işini görmek, icabına bakmak; müşterisi olmak, ... ile alışveriş etmek. **dealer** *i.* satıcı, tacir, tüccar; iş gören kimse; oyunda iskambil kâğıdını dağıtan kimse; *argo* esrar satıcısı. **double-dealer** *i.* ikiyüzlü kimse, dalavereci kimse. **plain dealer** dürüst adam.

deal.ings (di'lingz) *i.* iş, alışveriş; muamele, alâka.

dealt (delt) *bak.* deal.

de.am.i.nate (diyämı'neyt) *f., kim.* bir bileşikten amino grubunu çıkarmak.

dean (din) *i.* dekan; bir üniversite veya yüksekokulda idari görevi olan kimse; İngiliz kilisesinde bir papaz rütbesi; bir başkentte bulunan kordiplomatiğin en kıdemli üyesi. **dean of students** talebe meseleleriyle ilgili üniversite memuru. **deanery** *i.* dekanın oturduğu ev, dekanın görevi; başpapazın evi.

dear (dir) *i., s.* sevgili; *s.* aziz; sevgili; samimî; pahalı. **dear John** azizim John; bir kızın nişanlısına yazdığı ayrılma mektubu. **Dear me!** Aman! Canım! Yarabbi! Deme! **for dear life** canını kurtaracakmış gibi. **dearly** *z.* sevgi ile, samimî olarak; pahalıya. **deary** *i., k.dili* sevgili.

dearth (dırth) *i.* yokluk, kıtlık.

death (deth) *i.* ölüm, ölme, vefat; katil, ölüme sebebiyet veren şey. **deathbed** *i.* ölüm döşeği. **deathblow** *i.* öldürücü darbe. **death certificate** ölüm ilmühaberi, defin ruhsatı. **deathcup** *i.* çok zehirli bir çeşit mantar, *bot.* Amanita. **death duty** *İng.* veraset vergisi. **deathless** *s.* baki, ölümsüz. **deathlike** *s.* ölüm gibi. **deathly** *s.* ölüm gibi, öldürücü. **death mask** ölmüş bir adamın yüzünden alçı ile alınmış maske. **death rate** vefiyat, bir senede ölenlerin binde nispeti. **death rattle** can çekişme hırıltısı. **death's-head** *i.* fanilik sembolü olarak kullanılan kafatası şekli. **death sentence** idam hükmü. **death stroke** ölüm darbesi. **death struggle** can çekişme, ölüm kalım mücadelesi; can havliyle çabalama. **deathtrap** *i.* ölüm tehlikesi olan yer (çürük bir bina gibi). **death warrant** *huk.* idam hükmü. **deathwatch** *i.* idam mahkûmunu bekleyen gardiyan; *zool.* Anobiidae familyasından bir böcek. **at death's door** ölümün eşiğinde, bir ayağı çukurda. **be in at the death** herhangi bir teşebbüsü sonuçlandırmak. **be the death of** ölümüne sebep olmak. **catch one's death of cold** fena halde nezle olmak. **do to death** öldürmek. **put to death** öldürmek. **the Black Death** 14. yüzyılda Avrupa'yı kasıp kavuran büyük veba salgını. **war to the death** son nefesine kadar savaşma.

de.ba.cle (deybak'ıl, dîbäk'ıl) *i.* birden çökme, kötü bir yenilgi; nehri tıkayan buz v.b.'nin birden çözülmesi.

de.bar (dîbar') *f.* mâni olmak, engel olmak, menetmek, mahrum etmek, yoksun bırakmak. **debar from** menetmek.

de.bark (dîbark') *f.* gemiden çıkmak, karaya çıkmak. **debarka'tion** *i.* karaya çıkma, çıkarma.

de.base (dîbeys') *f.* kıymetini düşürmek, ayarını bozmak; şeref ve itibarına halel getirmek, tezlil etmek, alçaltmak, indirmek; bozmak. **debased coinage** içindeki gümüş veya altın miktarı azaltılmış madenî paralar.

de.bat.a.ble (dîbey'tıbıl) *s.* soruşturulması gereken, münakaşa edilebilir; şüpheli.

de.bate (dibeyt') *f., i.* tartışmak, münakaşa etmek, müzakere etmek; çok düşünmek; *i.* tartışma, münakaşa, müzakere, fikir mücadelesi. **debating society** münazaralar tertip eden kurum.

de.bauch (dibôç') *f., i.* ayartmak, baştan çıkarmak; *i.* sefahat, sefahat âlemi.

deb.au.chee (debôçi') *i.* sefih kimse, ayyaş kimse, zampara; *fig.* çöplük horozu.

de.bauch.er.y (dibô'çırı) *i.* sefahat, ayyaşlık, uçarılık.

de.ben.ture (diben'çır) *i., tic.* tahvil, senet, pusula. **debenture bonds** tahvilât.

de.bil.i.tate (dîbil'ıteyt) *f.* takatini kesmek, kuvvetten düşürmek, zayıflatmak. **debility** *i.* zayıflık, takatsizlik, kuvvetsizlik; anormal derecede halsizlik.

deb.it (deb'ît) *i., f.* zimmet, borç; *f.* zimmet kaydetmek; birinin zimmetine kaydetmek. **debit an account** bir hesabı zimmetine kaydetmek. **debit balance** zimmet bakıyesi. **debit a person with a sum, debit a sum against a person, debit a sum to a person** bir meblâğı bir kimsenin hesabına zimmet olarak kaydetmek.

deb.o.nair (debıner') *s.* nazik, tatlı, güler yüzlü, şirin, zarif, hoş.

de.bouch (dîbuş') *f., ask.* dar ve kapalı bir yerden meydana çıkmak, çıkmak; açık bir yere çıkarmak.

de.brief (dibrif') *f.* (bir asker, astronot v.b.'ni) dönüşünde sorguya çekmek. **debriefing** *i.* dönüşte yapılan soruşturma.

de.bris (dıbri') *i.* döküntü, yıkıntı, enkaz; *jeol.* birikmiş parçalar.

debt (det) *i., tic.* borç, alacak, matlup; suç, kabahat. **debt of honor** namus borcu. **bad**

debt tahsil olunmayacak borç, tahsili kabil olmayan alacak. **balance of a debt** borç bakıyesi. **be in anyone's debt** bir kimseye borçlu olmak. **consolidated debts** muntazam borçlar. **contract a debt** borca girmek. **discharge** veya **pay a debt** borç vermek, tediye etmek. **doubtful debts** meşkûk matlubat, tahsili şüpheli borçlar. **floating debt** vadeli borçlar. **funded debt** senetlere bağlanmış borç. **get out of debt** borçtan kurtulmak. **good debt** sağlam borç, tahsili katî borç. **national debt, public debt** devlet borcu. **outstanding debt** halen tahsili veya verilmesi lâzım gelen borç. **run into debt** borca girmek. **transfer a debt** alacağını başka birine havale etmek.

debt.or (det'ır) i. borçlu kimse.

de.bug (di'bʌg') f. (bir odadan) gizli işitme cihazlarını sökmek; bir makina veya sistemin kusurlarını gidermek.

de.bunk (dibʌngk') f., k.dili kirli çamaşırlarını ortaya çıkarmak.

de.but (dibyu') i. başlangıç; (sahneye) ilk çıkış; bir genç kızın sosyeteye ilk defa takdim olunması. **make one's debut** ilk defa olarak çıkmak, ilk konser v.b.'ni vermek; sosyeteye ilk defa takdim olunmak.

deb.u.tante (deb'yûtant) i. sosyeteye ilk defa takdim olunan genç kız.

Dec. kıs. **deceased, December, decrescendo.**

deca- önek on.

dec.ade (dek'eyd) i. on sene, on senelik müddet, onlu grup veya takım.

de.ca.dence (dîkeyd'ıns, dek'ıdıns) i. zeval, batma, çökme, çöküş, yıkılış, inkıraz, inhitat. **decadent** s. inkıraz bulmuş, zeval bulmuş, batmış, çökmüş.

de.caf.fein.ate (dikäf'ıneyt) f. içinden kafeini çıkarmak.

dec.a.gon (dek'ıgan) i., geom. on köşeli şekil. **decagonal** (dikäg'ınıl) s. on köşeli.

dec.a.gram (dek'ıgräm) i. dekagram.

dec.a.he.dron (dekıhi'drın) i., geom. on yüzlü şekil. **decahedral** s. on yüzlü.

de.cal (di'käl, dîkäl') i., güz. san. kâğıttan cama veya tahtaya resim çıkarma sanatı, çıkartma.

de.cal.ci.fy (dikäl'sıfay) f. kireçten mahrum etmek (kemik v.b.'ni), kirecini çıkarmak.

dec.a.li.ter, -tre (dek'ılitır) i. dekalitre.

Dec.a.logue (dek'ılôg) i. On Emir, Evâmir-i Aşere.

dec.a.me.ter (dek'ımitır) i. dekametre.

de.camp (dikämp') f. ordu veya karargâhı kaldırmak, kampı bozup çekilmek; kaçmak, firar etmek, sıvışmak, ayrılıp gitmek.

de.cant (dikänt') f. sulu bir şeyi tortusundan ayırmak için dikkatlice dökmek, şarap v.b.'ni şişeden sürahiye boşaltmak. **decanta'tion** i. bir kaptan bir kaba aktarma, boşaltma, dökme.

de.cant.er (dikän'tır) i. sürahi.

de.cap.i.tate (dikäp'ıteyt) f. başını kesmek, boynunu vurmak. **decapita'tion** i. boynunu vurma.

de.car.bon.ize (dikar'bınayz) f. bir maddedeki karbonu çıkarmak.

dec.are (dek'er) i. dekar.

dec.a.syl.la.ble (dek'ısîlıbıl) i. on heceli kelime veya satır. **decasyllab'ic** s. on heceli.

de.cath.lon (dikäth'lan) i., spor Olimpiyatlarda on çeşit oyundan ibaret bir müsabaka.

de.cay (dikey') f. çürümek, zeval bulmak, inkıraz bulmak; azalmak, eksilmek; sıhhatçe düşmek, zayıflamak, bozulmak; çürütmek; i. sıhhatçe düşme, zayıflama, bozulma; azalma, eksilme; harap olma.

de.cease (disis') i., f. ölüm, ölme, vefat; f. ölmek. **the deceased** merhum, rahmetli.

de.ce.dent (disid'ınt) i., huk. ölmüş kimse, ölen kimse.

de.ceit (dîsit') i. hile, yalan; hilekârlık, dolandırıcılık, düzenbazlık. **deceitful** s. hilekâr, aldatıcı. **deceitfully** s. hilekârlıkla, yalancılıkla. **deceitfulness** i. hilekârlık, yalancılık.

de.ceive (dîsiv') f. aldatmak, yalan söylemek. **deceiver** i. aldatıcı kimse, hilekâr kimse.

de.cel.er.ate (disel'ıreyt) f. yavaşlamak; sürati kesmek.

De.cem.ber (dîsem'bır) i. aralık, birinci kânun, kânunuevvel. **Decembrist** i. 1825 tarihinde Rusya'da meşrutiyet hükümeti kurmak isteyenlerden biri.

de.cem.vir (dîsem'vır) i. eski Roma'da on üyesi olan hükümet meclisi azalarından her biri; yetkili makamda bulunan on kişiden her biri.

de.cen.cy (di'sınsi) i. terbiye, edep, nezaket; ılımlılık, itidal; kanunlara uyma; iffet, namus; bu şekilde yapılan herhangi bir iş veya davranış.

de.cen.ni.al (dîsen'iyıl) s., i. on senede bir olan; i. onuncu yıldönümü.

de.cent (di'sınt) s. terbiyeli, nazik, nezih, temiz, iyi. decently z. terbiye ölçüsünde; nezih bir şekilde; yeteri kadar.

de.cen.tral.i.za.tion (disen'trılızey'şın) i. sorumluluğun dağıtılması, bir merkezden idare edilmeyiş.

de.cen.tral.ize (disen'trılayz) f. sorumluluğu dağıtmak, bir merkezden idare etmemek.

de.cep.tion (dîsep'şın) i. aldatma, aldanma; yalancılık; hile, düzen, dolap. deceptive s. aldatan, aldatıcı. deceptively z. aldatarak, aldatıcı bir surette. deceptiveness i. aldatıcılık, düzenbazlık, hilekârlık.

de.cer.e.brate (diser'ıbreyt) f., tıb. beynini çıkartmak.

de.cer.ti.fy (disır'tıfay) f. bir belgeyi iptal etmek.

dec.i.are (des'iyer) i. bir arın onda biri, desiar.

dec.i.bel (des'ıbel) i., fiz. sesin şiddetini ölçme birimi, desibel.

de.cide (dîsayd') f. karar vermek, kararlaştırmak, hüküm vermek. decide against a thing bir şeyin aleyhinde karar vermek. decide for a thing, decide in favor of a thing bir şeyin lehinde karar vermek.

de.cid.ed (dîsay'dîd) s. kesin, katî, şüphesiz; kararlaştırılmış, mukarrer, muhakkak; sebatkâr, inatçı. decidedly z. kesinlikle, katiyetle.

de.cid.u.ous (dîsîc'uwıs) s. belirli mevsimlerde dökülen (yaprak, meyva, boynuz v.b.), geçici.

dec.i.gram (des'ıgräm) i. desigram.

dec.i.li.ter (des'ılitır) i. desilitre.

de.cil.lion (dîsil'yın) i., mat., A.B.D. 33 sıfırla yazılan bir rakam; İng. 60 sıfırla yazılan bir rakam; desilyon.

dec.i.mal (des'ımıl) i., s., mat. ondalık. decimal fraction ondalık kesir. decimal notation ondalık işaretleme veya notlama. decimal place ondalık hanesi. decimal point ondalık nokta. decimal system ondalık sistemi.

dec.i.mate (des'ımeyt) f. büyük bir kısmını yok etmek; bir grup içinden her on kişide birini alıp öldürmek. decima'tion i. imha, katliam.

dec.i.me.ter (des'ımitır) i. desimetre.

de.ci.pher (dîsay'fır) f. şifre çözmek; yorumlamak. decipherable s. halledilebilir, okunabilir; anlaşılır.

de.ci.sion (dîsij'ın) i. karar, hüküm; ilâm, emir, irade; sebat, tereddütsüzlük. come to veya make a decision karar vermek, karar almak.

de.ci.sive (dîsay'sîv) s. kesin, katî. decisively z. kesin olarak, katiyetle. decisiveness i. kesinlik, katiyet.

deck (dek) i., den. güverte; güverte gibi yer; iskambil kâğıt takımı, bir paket oyun kâğıdı; argo esrar paketi. deck chair şezlong. deck hand güverte tayfası. deck house üst güvertede yapılan kamara veya salon. below decks den. palavra altına, ambarda, ambara. clear the decks gemiyi harbe hazırlamak, güvertenin kalabalığını boşaltmak; bir işe hazırlanmak. hit the deck argo yataktan kalkmak; yere çökmek; harekete geçmek. lower deck den. tavlun. main deck den. palavra. poop deck den. kıç kasarası. promenade deck den. gezinti güvertesi. quarter deck den. kıç güvertesi, kıç taraf. tape deck hoparlör ve amplifikatörü olmayan teyp. watch on deck den. güverte nöbetçisi.

deck (dek) f. donatmak, süslemek. deck out donatmak, süslemek.

deck.le (dek'ıl) i. kâğıt imalâtında kullanılan el kalıbı çerçevesi. deckle edge kâğıdın tırtıklı kenarı.

de.claim (dikleym') f. belâgatle söz söylemek, inşat etmek; nutuk çekmek. declaim against şiddetle karşı koymak, bağırıp çağırmak.

dec.la.ma.tion (deklımey'şın) i. söz söyleme sanatı, hitabet, belâgat.

dec.lam.a.to.ry (dîkläm'ıtôri) s. hitabete ait; tantanalı, heyecanlandırıcı (konuşma tarzı).

dec.la.ra.tion (deklırey'şın) i. ilân, takrir; demeç; ihbarname, tebliğ; beyanname; huk. ifade; briç karar verilen oyun. Declaration of Independence Amerika Birleşik Devletlerinin istiklâl beyannamesi. declaration of rights haklar beyannamesi.

de.clar.a.tive, -to.ry (dîklär'ıtiv, -tôri) s. beyan eden, ifade eden.

de.clare (dîklär') f. ilân etmek, beyan etmek, ifade etmek, ortadan söylemek, alenen söylemek; bildirmek, haber vermek; iddia etmek; ispat etmek. Well, I declare! Aman! Acayip!

de.clen.sion (diklen'şın) i., gram. isim çekimi, tasrif; çökme.

dec.li.na.tion (deklıney'şın) i. kuzey kutbu ile pusulanın kuzey yönü arasındaki açı; astr. inhiraf, meyil; menfi cevap.

de.cline (diklayn') *f* sapmak, meyletmek, inhiraf etmek; zeval bulmak; eksilmek, azalmak, düşmek; eğilmek, sarkmak; reddetmek, çekilmek, istememek; *astr.* meyletmek; eğmek, saptırmak, eğdirmek, çevirmek, inhiraf ettirmek; -den çekilmek veya kaçınmak; *gram.* çekmek, tasrif etmek. **declinable** *s.* çekilebilir.

de.cline (diklayn') *i.* meyil, iniş; gerileme; batma, zeval, inhitat, inkıraz, sapma, inhiraf; *tıb.* hastalık ârazının zeval bulma devresi; *tıb.* maddî ve manevî kuvvetten düşme. **go into a decline** kuvvetten düşmek. **on the decline** çökmekte, inkıraz bulmakta.

de.cliv.i.ty (dikliv'ıtı) *i.* iniş, meyil.

de.clutch (dik'lʌç) *f.* debreyaj pedalına basmak, debreyaj yapmak.

de.coct (dikakt') *f.* kaynatarak özünü elde etmek. **decoction** *i.* kaynatma; bir şeyi kaynatarak elde edilen öz.

de.code (dikod') *f.* şifre çözmek, şifreli yazıyı okumak.

dé.colle.tage (deykôltaj') *i.* dekolte elbisenin yakası; açık elbise.

de.col.or.ant (dikʌl'ırınt) *s.*, *i.* beyazlatıcı; *i.* beyazlatıcı madde.

de.col.or.ize (dikʌl'ırayz) *f.* rengini açmak, soldurmak, ağartmak.

de.com.mis.sion (dikımiş'ın) *f.* (gemi v.b.'ni) yedeğe çekmek.

de.com.pose (dikımpoz') *f.* ayrıştırmak, halletmek; çürütmek; çürümek. **decomposi'-tion** *i.* ayrışma, ayrışım; çürüklük, bozukluk, tefessüh.

de.com.press (dikımpres') *f.* yeraltı işçisini hava basıncından kurtarmak. **decompression chamber** uçuşa hazırlık için normal basıncı azaltan kapalı hücre.

de.con.ges.tant (dikınces'tınt) *i.*, *tıb.* burundaki nemi azaltarak soluk almayı kolaylaştıran ilâç.

de.con.tam.i.nate (dikıntäm'ıneyt) *f.* bir cisim veya bölgeyi zararlı kimyasal maddelerden arıtmak.

de.con.trol (dikıntrol') *f.* kontrol altından çıkarmak, kontrolu kaldırmak.

dé.cor (dey'kôr, deykôr') *i.* dekor.

dec.o.rate (dek'ıreyt) *f.* süslemek, tezyin etmek; nişan vermek.

dec.o.ra.tion (dekırey'şın) *i.* süslemek; ziynet, tezyinat, süs; nişan, madalya.

dec.o.ra.tive (dek'ırıtîv) *s.* süsleyici, süslü, tezyinî.

dec.o.ra.tor (dek'ıreytır) *i.* dekoratör, tezyin eden kimse. **interior decorator** iç mimar.

dec.o.rous (dek'ırıs) *s.* âdetlere uygun, alışılagelmiş, terbiyeli, rabıtalı. **decorously** *z.* alışılagelmiş şekilde.

de.cor.ti.cate (dikôr'tıkeyt) *f.* kabuğunu soymak.

de.co.rum (dikôr'ım) *i.* edebe uygun olma, terbiyeli olma, rabıtalı olma; münasip surette hareket.

de.coy (dikoy', di'koy) *i.* av hayvanlarını tuzağa düşürmekte kullanılan herhangi bir şey, yem; teşvikçi kimse, tuzakçı kimse.

de.coy (dikoy') *f.* tehlikeye atmak, tuzağa düşürmek.

de.crease (dikris') *f.* azalmak, eksilmek, küçülmek, çekilmek; azaltmak, eksiltmek. **decreasingly** *z.* gittikçe azalarak.

de.crease (di'kris) *i.* eksilme, azalma, çekilme; küçülme; eksiklik, noksan. **on the decrease** azalmakta.

de.cree (dikri') *i.* resmî emir, irade, karar, hüküm, kararname. **decree nisi** *huk.* altı ay zarfında aksi sabit olmadığı takdirde icra mevkiine giren boşanma kararı.

de.cree (dikri') *f.* emretmek, buyurmak; hüküm vermek, karar vermek.

dec.re.ment (dek'rımınt) *i.* eksilme, azalma; zayiat; eksiklik.

de.crep.it (dikrep'it) *s.* eskimiş, yıpranmış, hemen hemen işlemez hale gelmiş, ihtiyarlıktan zayıflamış, eli ayağı tutmaz.

de.crep.i.tate (dikrep'ıteyt) *f.* çatırdatarak ateşte kavurmak (tuz, maden v.b.), ateşte çatırdamak.

de.crep.i.tude (dikrep'ıtud) *i.* ihtiyarlıktan ileri gelen elden ayaktan kesilme, düşkünlük.

de.cre.scen.do (dikrışen'do) *s.*, *z.*, *müz.* dekreşendo, diminuendo.

de.cres.cent (dikres'ınt) *s.* azalan, küçülen.

de.cre.tal (dikrit'ıl) *i.* resmî karar, Papa tarafından verilen emir ve hüküm.

dec.re.to.ry (dek'rıtôri) *s.* hüküm veya iradeye ait.

de.cri.al (dikray'ıl) *i.* kınama, takbih.

de.cry (dikray') f. kötülemek, zemmetmek, kınamak, takbih etmek, batırmak.

de.cum.bent (dikʌm'bınt) s., bot. yatık; eğilmiş, uzanmış.

de.cu.ri.on (dikyûr'iyın) i. eski Roma'da onbaşı.

de.cus.sate (dikʌs'eyt) f., s. çaprazvari geçmek; X şeklinde geçmek; s. X şeklinde, çaprazvari.

ded.i.cate (ded'ıkeyt) f. adamak, tahsis etmek, takdis etmek, vakfetmek; vermek, ithaf etmek. dedicated s. ithaf olunmuş, verilmiş; tahsis edilmiş. dedica'tion i. adama, tahsis veya takdis etme, tahsis olunma, ithaf. ded'icato'ry s. ithaf kabilinden.

de.duce (didus') f. anlamak, mantıki olarak sonuç çıkarmak, istihraç etmek, istintaç etmek.

de.duct (didʌkt') f. çıkarmak, tenzil etmek; istintaç etmek, sonuç çıkarmak. deduction i. istintaç, netice çıkarma; man. tümdengelim; sonuç, netice, istidlâl; hesaptan düşme, tenzil. deductive s. istintaç ve istidlâl yolunda olan; tümdengelimli.

deed (did) i., f. iş, fiil, amel, hareket; huk. senet, tapu senedi, hüccet; f. senetle devretmek. draw up a deed senet yazmak. in deed aslında, hakikatte. title deed tapu senedi. witness a deed tanık olarak senede imza koymak; bir işe şahit olmak.

deem (dim) f. saymak, farz etmek, addetmek, zannetmek, kıyas etmek.

de-em.pha.size (diyem'fısayz) f. önemini azaltmak, dikkati üzerinden çekmeye uğraşmak.

deep (dip) s. derin; anlaşılmaz; şiddetli, ağır; koyu (renk); kalın, boğuk, pes (ses). deep -dyed s. hakiki, tam. deep in debt borca batmış, gırtlağa kadar borç içinde. deep in thought derin düşünceye dalmış. deep -rooted s. uzun köklü; kökleşmiş (inanç v.b.), sabit. deep sea okyanuslarda suyun en derin olduğu kısımlar. deep-seated s. kaldırılması zor veya imkânsız, sabit. deep-set s. derinde olan. deep sigh derin iç çekiş. Deep South Güney Carolina, Louisiana, Alabama, Georgia ve Mississippi eyaletleri. deep tone kalın perdeli ses, boğuk ses. deep trouble derin sıkıntılar. drawn up six deep altı sıra halinde, altı sıraya dizilmiş. go off the deep end k.dili düşünmeden ve telâşla hareket etmek. in deep water başı dertte; şaşkınlık içinde.

deep (dip) z. derin derin, derinde. deep laid schemes enine boyuna düşünülmüş planlar, gizli ve geniş planlar.

deep (dip) i. derinlik, engin, deniz. the deep şiir enginler, deniz, derya. the deep of winter karakış.

deep.en (di'pın) f. derinleşmek, derinleştirmek; artırmak; koyulaştırmak (renk); kalınlaşmak (ses).

deep.freeze (dip'friz') i., f. dondurulmuş yemekleri muhafaza eden buzdolabı, dipfriz; dondurup saklama; f. dondurup saklamak.

deep.fry (dip'fray') f. bol miktar yağda kızartmak.

deer (dir) i. (çoğ. deer) geyik, karaca, zool. Cervus. deer fly ufak yeşilimsi birkaç çeşit atsineği. deerhound i. büyük cins tazı. deer park içinde geyik beslenilen koru. fallow deer alageyik, sığın, zool. Dama dama. musk deer misk keçisi, zool. Moschus moschiferous. red deer kızıl geyik, zool. Cervus elaphus. roe deer karaca, zool. Capreolus capreolus.

de-es.ca.late (diyes'kıleyt) f. (bilhassa harbin) kuvvetini azaltmak; azalmak, ehemmiyetini yavaş yavaş kaybetmek.

def. kıs. defective, defendant, defense, deferred, defined, definite, definition.

de.face (difeys') f. resim v.b.'ni bozmak, tahrif etmek, şeklini bozmak, güzelliğine halel getirmek, silmek. defacement i. bozma, tahrif.

de fac.to (di fäk'to) Lat. bilfiil, fiilen, hakikatte, edimli olarak.

de.fal.cate (difäl'keyt) f. emanet paradan çalmak, zimmetine geçirmek. defalca'tion i. emanet paradan çalma, zimmetine geçirme, suiistimal.

de.fame (difeym') f. zem ve iftira ile bir kimsenin itibarını zedelemeye çalışmak; namusuna leke sürmek. defamation (defımey'şın) i. iftira; lekeleme. defamatory (difäm'ıtôri) s. iftira olan, lekeleme kabilinden.

de.fault (difôlt') i. ihmal; mahkeme, maç v.b.'ne gelmekten kaçınma; hazır bulunmayış, yokluk. in default of payment ödenmediği takdirde.

de.fault (difôlt') f. emanet paranın açığını ödemekten kaçınmak, taahhütlerini yerine getirmemek; mahkemede ispatı vücut etmemek; spor karşılaşmasına zamanında gelmeyip hakkını kaybetmek; ifa etmemek, ödememek; ispatı vücut etmediğinden mahkûm etmek.

de.fault.er (dîfôl'tır) *i.* mahkemede ispatı vücut etmeyen kimse, gaip kimse; yiyici kimse, irtikâp yapan kimse, emanet edilen paranın hesabını vermeyen kimse, borçlarını ödemeyen kimse.

de.fea.sance (difi'zıns) *i., huk.* iptal, lağvetme.

de.fea.si.ble (difi'zıbıl) *s.* iptali mümkün, lağvolunabilir, feshedilebilir.

de.feat (difit') *f., i.* yenmek, mağlup etmek; hezimete uğratmak; bozmak, iptal etmek, ıskat etmek; *i.* bozgun, yenilgi, mağlubiyet, hezimet. **defeatism** *i.* bozgunculuk. **defeatist** *i., s.* bozguncu kimse; *s.* bozguncu.

def.e.cate (def'ıkeyt) *f.* dışkı boşaltmak; tortusunu çıkarmak. **defeca'tion** *i.* dışkı boşaltma.

de.fect (difekt') *i., f.* kusur, noksan, eksiklik; *f.* terketmek; karşı tarafa iltica etmek.

de.fec.tion (difek'şın) *f.* bulunduğu veya mensup olduğu zümre, parti, taraf v.b.'nden çekilme, terketme.

de.fec.tive (difek'tiv) *s.* kusurlu, sakat, eksik, noksan; *gram.* bazı çekim şekilleri kullanılmayan. **defectively** *z.* kusurlu olarak, noksan olarak. **defectiveness** *i.* kusurluluk, noksanlık.

de.fec.tor (difek'tır) *i.* karşı tarafa kaçan kimse.

de.fence *İng., bak.* **defense.**

de.fend (difend') *f.* savunmak, müdafaa etmek, muhafaza etmek, korumak, saklamak, himaye etmek.

de.fend.ant (difen'dınt) *i., huk.* müddeialeyh, davalı.

de.fend.er (difend'ır) *i.* koruyucu kimse, savunucu veya müdafaa eden kimse, himaye eden kimse.

de.fen.es.tra.tion (difenıstrey'şın) *i.* pencereden fırlatılma.

de.fense, *İng.* **de.fence** (difens') *i.* savunma, müdafaa, korunma, vikaye, himaye; muhafaza eden herhangi bir şey, koruyan şey. **defenseless** *s.* müdafaasız, korunmasız, muhafazasız, biçare.

de.fen.si.ble (difen'sıbıl) *s.* savunulabilir, müdafaa edilebilir, müdafaası kabil, hak verilir.

de.fen.sive (difen'siv) *s., i.* müdafaa eden; *i.* saldırıya uğrayanın durumu, kendini koruyucu harekette bulunma. **defensive alliance** *ask.* savunma anlaşması. **on the defensive** ken-

dini savunma lüzumunu duyan. **defensively** *z.* savunarak.

de.fer (difır') *f.* (-red, -ring) sonraya bırakmak, ertelemek, tehir etmek, tecil etmek.

de.fer (difır') *f.* (-red, -ring) to *ile* kararı başkasına bırakmak, başkasının fikrine uymak.

def.er.ence (def'ırıns) *i.* riayet, uyma; hürmet, ihtiram. **out of deference to** -e riayeten, -e uyarak.

def.er.ent (def'ırınt) *s., i.* nakleden, taşıyan; *anat.* ersuyu (sperma) kanalına ait; *i.* yörünge.

def.er.en.tial (defıren'şıl) *s.* riayetkârane, hürmetkâr. **deferentially** *z.* hürmetkârca.

de.fer.ment (difır'mınt) *i.* erteleme, tehir; mecburî askerlik hizmetinin ertelenmesi.

de.ferred (difırd') *s.* ertelenmiş; kâr hisseleri ertelenmiş (tahvil); mecburî askerliği ertelenmiş.

de.fi.ance (difay'ıns) *i.* meydan okuma; karşı koyma, muhalefet, mukavemet. **in defiance of** hiç bırakmayarak, zorluklara rağmen, gözüne alarak.

de.fi.ant (difay'ınt) *s.* muhalif, karşı gelen; cüretkâr, küstah. **defiantly** *z.* cüretle, küstahça.

de.fi.cien.cy (difiş'ınsi) *i.* eksiklik, noksanlık, kusur, yetersizlik, kifayetsizlik; hesap açığı. **deficiency disease** *tıb.* gıda eksikliğinden ileri gelen hastalık.

de.fi.cient (difiş'ınt) *s.* eksik, noksan; yetersiz, kifayetsiz, zayıf, açık (hesap). **be deficient in** -de eksik olmak. **deficiently** *z.* yetersizce, kifayet etmeyerek.

def.i.cit (def'ısit) *i.* hesap açığı, zarar.

de.fi.er (difay'ır) *i.* karşı gelen kimse; meydan okuyan kimse.

def.i.lade (defıleyd') *f., i., ask.* havale siperi yapmak; *i.* havale siperi yapma.

de.file (difayl') *f.* kirletmek, pisletmek, bulaştırmak, bozmak. **defilement** *i.* kirletme, bozma, pisletme.

de.file (difayl') *f., i.* sıra halinde yürümek; *i.* sıra halinde yürüyüş; dağlar arasındaki uzun ve dar geçit.

de.fine (difayn') *f.* tarif etmek, tavsif etmek; sınırlamak, tahdit etmek, tayin etmek, ayırmak, tefrik etmek. **definable** *s.* tarifi mümkün; ayırt edilebilir.

def.i.nite (def'ınit) *s.* sınırlı, mahdut, belirli, muayyen, kararlaştırılmış, mukarrer; kesin, katî. **definite article** İngilizcede isimden önce kullanılan ve nitelediği ismi belirleyen kelime, yani **the**. **definitely** z. kesinlikle, tamamen, katî surette. **definiteness** i. kesinlik, katiyet.

def.i.ni.tion (definiş'ın) i. tarif, tanımlama, izah, tavsif; berraklık, vuzuh.

de.fin.i.tive (difin'ıtiv) s. kesin, katî, nihai, son, tam ve eksiksiz; tayin eden, sınırlandıran, tahdit eden, mukarrer. **definitively** z. kesinlikle; nihai olarak.

de.fin.i.tude (difin'ıtud) i. kesinlik.

def.la.grate (def'lıgreyt) f. ateş alıp birden parlamak. **deflagra'tion** i. birden ateş alma.

de.flate (difleyt') f. hava veya gazı boşaltmak; gururunu kırmak, *informal* burnunu sürtmek; fiyatları düşürmek. **deflation** i. hava veya gazı boşaltma; fiyatların düşmesi, deflasyon. **deflationary** s. fiyatların düşmesine sebep olan.

de.flect (diflekt') f. yoldan saptırmak, inhiraf etmek veya ettirmek, çevirmek; dönmek. **deflector** i. yana saptıran alet.

de.flec.tion (diflek'şın) i. yoldan sapma, inhiraf, dönme.

def.lo.ra.tion (deflırey'şın) i. kızlığını bozma, bikrini izale etme; bir şeyin tazeliğini ve taravetini bozma.

de.flow.er (diflaw'ır) f. kızlığını bozmak, bikrini izale etmek; çiçeğinden mahrum etmek.

de.flux.ion (diflʌk'şın) i., *tıb.* sıvıların boşalması (nezle).

de.fo.li.ate (difo'liyeyt) f. yapraklarını dökmek veya düşürmek; düşmanın mevzilenmesini önlemek için bitkileri tahrip etmek. **defolia'tion** i., *bot.* yaprakların dökülmesi veya düşürülmesi. **defoliator, defoliant** i. yaprakları döken ilâç veya zehir.

de.force (difôrs') f., *huk.* zorla alıkoymak (başkasının malını), zorla geri tutmak.

de.for.est (difôr'ist) f. ormandan mahrum etmek.

de.form (difôrm') f. şeklini bozmak, biçimini bozmak; sakat etmek; çirkinleştirmek.

de.form.a.tion (difôrmey'şın) i. şeklini veya biçimini bozma, çirkinleştirme; sakatlık; *fiz.* tazyik altında şekil değişimi.

de.form.i.ty (difôr'mıtı) i. biçimsizlik, sakatlık, çirkinlik; sakat kimse veya şey.

de.fraud (difrôd') f. dolandırmak, aldatmak,

hakkını yemek, gadretmek; *slang* üç kâğıda getirmek.

de.fray (difrey') f. ödemek, tediye etmek, vermek, tesviye etmek. **defrayment** i. ödeme, tediye.

de.frock (difrak') f. (papaz) rütbesinden mahrum etmek; cüppesini çıkartmak.

de.frost (difrôst') f. buzlarını çözmek veya eritmek. **defroster** i. buzdolabı v.b.'nde buzları çözme veya eritme tertibatı.

deft (deft) s. becerikli, eli işe yatkın, marifetli. **deftly** z. beceriklilikle. **deftness** i. beceriklilik, yatkınlık.

de.funct (difʌngkt') s. ölü; feshedilmiş, ilga edilmiş, yürürlükten kaldırılmış. **the defunct** *kaba* ölü, ölmüş.

de.fuse, de.fuze (di'fyuz) f. (bombadan) fitili sökmek.

de.fy (difay') f. meydan okumak, karşı gelmek, karşı koymak.

de.gas (digäs') f. (-sed, -sing) zehirli gazlardan arıtmak; (radyo tüplerini) bütün gazlardan arıtmak.

de.gauss (digaus') f. bir şilebin manyetik alanını siper edip manyetik mayınlardan korumak.

de.gen.er.a.cy (dicen'ırısi) i. yozlaşma, soysuzlaşma, bozulma, dejenere olma.

de.gen.er.ate (dicen'ırit) s. yozlaşmış, soysuzlaşmış, alçalmış, dejenere. **degenerately** z. z. yozlaşarak, soysuzlaşarak. **degenerateness** i. yozlaşma, soysuzlaşma, bozulma.

de.gen.er.ate (dicen'ıreyt) f. bozulmak, yozlaşmak, soysuzlaşmak, dejenere olmak; düşmek, sukut etmek; *biyol.* cinsi bozulmak, daha alçak bir duruma düşmek. **degenera'tion** i. yozlaşma, soysuzlaşma, bozulma, alçalma; *tıb.* dejenerasyon; *biyol.* soysuzlaşma.

de.glu.ti.tion (diglutiş'ın) i., *biyol.* yutma.

deg.ra.da.tion (degrıdey'şın) i. tenzil, indirim, indirme; rütbe tenzili; rezalet; düşme, sukut; *güz. san.* uzak görünmesi için tonu hafifletme.

de.grade (digreyd') f. alçaltmak, rezil etmek; rütbesini indirmek; derece itibariyle alçalmak, bozulmak. **degrading** s. alçaltıcı, haysiyet kırıcı.

de.gree (digri') i. derece, mertebe; paye; tabaka, sınıf; rütbe, mevki, seviye. **degree of latitude** paralel derecesi. **degree of longitude** meridyen derecesi. **by degrees** yavaş yavaş, derece derece, gittikçe. **comparative degree**

gram. mukayese derecesi, üstünlük derecesi. **murder in the first degree** *huk.* kasıtlı öldürme, taammüden adam öldürme. **positive degree** *gram.* eşitlik derecesi. **superlative degree** *gram.* mübalâğa derecesi, enüstünlük derecesi. **third degree** *k.dili* suçluyu konuşturmak için işkence yapma. **to a degree** bir dereceye kadar, biraz. **to the last degree** son dereceye kadar. **university degree** yüksek öğrenim diploması.

de.hisce (dihîs') *f., bot.* (bitki tohumları kabuğu) kendi kendine açılmak, yarılıp açılmak, çatlamak.

de.hu.man.ize (dihyu'mınayz) *f.* insanlıktan çıkarmak, canavarlaştırmak; şahsiyetsizleştirmek, makinalaştırmak, robot yapmak.

de.hu.mid.i.fy (dihyumid'ıfay) *f.* rutubetini gidermek. **dehumidifier** *i.* rutubeti gideren alet.

de.hy.drate (dihay'dreyt) *f.* suyunu çıkarmak; suyu çıkmak.

de.ice (diyays') *f.* buz tutmasına engel olmak, buzlarını temizlemek, eritmek. **deicer** *i.* buz eritici tertibat, buz çözücü.

deic.tic (dayk'tik) *s.* işaret eden, gösteren; *man.* aracısız ispat eden.

de.i.fi.ca.tion (diyıfıkey'şın) *i.* ilâh derecesine çıkarma, tanrılaştırma, yüceltme.

de.i.fy (diy'ıfay) *f.* tanrılaştırmak, ilâh derecesine çıkarmak; Allah gibi tapmak.

deign (deyn) *f.* tenezzül etmek, inayet etmek, lütfetmek.

De.i gra.ti.a (di'ay grey'şiyı) *Lat.* Allahın inayeti ile; *kıs.* **D.G.**

de.ism (diy'îzım) *i.* vahyi inkâr etmekle beraber Allahın varlığına inanma, deizm; bu itikadın mezhebi felsefesi; dinitabiî. **deist** *i.* bu itikadı kabul eden kimse. **deistic** *s.* bu itikada ait.

de.i.ty (diy'ıti) *i.* tanrı, ilâh, mabut; ilâhî varlık. **the Deity** Allah, Cenabı Hak, Ulu Tanrı.

dé.jà vu (deyjavü') bayat konu; "bunu evvelden görmüştüm" duygusu.

de.ject (dîcekt') *f.* meyus etmek, mahzun etmek, kederlendirmek; hevesini kırmak. **dejected** *s.* meyus, kederli, mahzun. **dejection** *i.* neşesizlik, keder, can sıkıntısı, yeis; *çoğ., tıb.* defi tabiî, dışkı.

de.jec.ta (dîcek'tı) *i., çoğ.* dışkı.

de ju.re (di cûr'i) *Lat.* haklı olarak, meşru olarak, kanunen.

deka- *önek* on kere.

dek.a.gram (dek'ıgräm) *i.* dekagram.

dek.a.li.ter (dek'ılitır) *i.* dekalitre.

dek.a.me.ter (dek'ımitır) *i.* dekametre.

del. *kıs.* **delegate, delete, deliver.**

de.laine (dıleyn') *i.* yünlü veya yün ile pamuk karışık ince elbiselik kumaş.

de.late (dîleyt') *f.* yaymak. **delator** *i.* iftiracı.

de.lay (dîley') *f., i.* ertelemek, tehir etmek, sonraya bırakmak, alıkoymak, geciktirmek, mâni olmak; gecikmek, geç kalmak; *i.* tehir, gecikme, geç kalma; mühlet, vade.

de.le (di'li) *f., matb.* Çıkarınız.

de.lec.ta.ble (dilek'tıbıl) *s.* hoş, latif, nefis, leziz.

de.lec.ta.tion (dilektey'şın) *i.* lezzet, haz, büyük zevk.

del.e.ga.cy (del'ıgısi) *i.* elçilik, murahhaslık; murahhaslar heyeti; delegasyon; delegasyona verilen yetki.

del.e.gate *i.* (del'ıgıt, -geyt), *f.* (del'ıgeyt) temsilci, murahhas, delege, mümessil, elçi, vekil; *f.* delege göndermek; delegeye yetki vermek; havale etmek, emanet etmek. **delega'tion** *i.* delegasyon, mümessil heyeti; vekâlet verme, yetki verme; murahhaslık.

de.lete (dîlit') *f.* silmek, bozmak, çizmek, çıkarmak. **deletion** *i.* silme, bozma; yazıdan çıkarılan parça.

del.e.te.ri.ous (delıtîr'iyıs) *s.* sağlığa zararlı, muzır, fena.

delft, delft.ware (delft, delft'wer) *i.* Hollanda'nın Delft şehrinde yapılan çini işi.

Del.hi (del'i) *i.* Delhi.

de.lib.er.ate (dîlîb'ırıt) *s.* kastî, önceden düşünülmüş, mahsus; düşünceli, ihtiyatlı, tedbirli, telâşsız, aklı başında, ağır. **deliberately** *z.* kasten, düşünerek, mahsus.

de.lib.er.ate (dîlîb'ıreyt) *f.* düşünmek, ölçünmek, üzerinde durmak, tartmak, mütalâa etmek, istişare etmek. **delibera'tion** *i.* üzerinde düşünme, kafa yorma, mütalâa; müzakere; tartışma; karar vermekte ihtiyat. **deliberative** *s.* düşünceli, ihtiyatlı; düşünen, müzakere eden, karar vermede acele etmeyen.

del.i.ca.cy (del'ıkısi) *i.* lezzetli şey; incelik, nezaket, zarafet, hassasiyet, kibarlık.

del.i.cate (del'ıkît) *s.* nazik, narin, ince, zayıf, kolay kırılır; hassas, dakik, titiz; en ufak değişiklikleri kaydeden, hassas (aletler);

nefis, leziz; güzel, zarif, kibar; açık (renk).
delicately z. nazikâne, zarif bir şekilde, incelikle. **delicateness** i. incelik, zarafet, nezaket.

del.i.ca.tes.sen (delıkites'ın) i. mezeci dükkânı, şarküteri.

de.li.cious (dılîş'ıs) s. leziz, lezzetli, nefis, güzel, tatlı. **deliciously** z. nefis bir şekilde.

de.lict (dilîkt') i., huk. haksız fiil, suç.

de.light (dilayt') f., i. memnun etmek, sevindirmek; memnun olmak, sevinmek; hazzetmek, zevk almak, eğlenmek; i. sevinç, zevk, keyif, haz; sevinç verme hassası; füsun, sihir. **be delighted with** -den memnun olmak. **delightful** s. hoş, latif, güzel, şirin. **delightfully** z. zevkle, hazla, memnuniyetle.

de.lim.it (dilîm'ît) ·f. tahdit etmek, sınırlamak, hudut tayin etmek.

de.lin.e.ate (dilin'iyeyt) f. şeklini çizmek, resmetmek, portresini çizmek, tasvir etmek, tarif etmek. **delinea'tion** i. resmetme, çizme; resim, şekil, kroki; tarif, vasıflandırma, nitelendirme.

de.lin.quent (diling'kwınt) s., i. kabahatli, vazifede ihmalkâr olan, suçlu, mücrim; zamanı geldiği halde ödenmemiş; i. görevini ihmal eden kimse, kabahatli kimse, suçlu kimse. **juvenile delinquent** huk. çocuk suçlu. **delinquency** i. kabahat, kusur, hata; ihmalcilik.

del.i.quesce (delıkwes') f. kendi kendine havadan rutubet kapıp yavaş yavaş erimek. **deliquescent** s. havadan çektiği su ile eriyebilen. **deliquescence** i. havadan çektiği su ile eriyebilme.

de.lir.i.um (dilîr'iyım) i. hezeyan, sayıklama; çılgınlık; taşkınlık. **delirium tremens** içki iptilâsından gelen titremeli hezeyan.

de.liv.er (dilîv'ır) f. tevdi etmek, teslim etmek, bırakmak, vermek; kurtarmak, serbest bırakmak; çocuğu almak, doğurtmak; irat etmek, söylemek (nutuk); atmak (tokat); hüküm vermek. **deliver oneself of** konuşma haline dökmek. **be delivered of** doğurmak.

de.liv.er.ance (dilîv'ırıns) i. teslim etme, verme; kurtarma, kurtuluş; fikrini açıklama.

de.liv.er.er (dilîv'ırır) i. kurtaran kimse, kur-

tarıcı kimse; teslim eden kimse; dağıtıcı, evlere tevzi eden kimse.

de.liv.er.y (dilîv'ıri) i. kurtarma, kurtuluş; teslim, postadan mektupların dağıtılması, tevzi; doğum; konuşma tarzı; topa vuruş, servis (beysbol). **deliveryman** i. satılan malı eve kadar götüren kimse.

dell (del) i. kuytu yer, küçük vadi, korulu vadi.

de.louse (dilaus') f. bitlerini ayıklamak.

Del.phic (del'fik) s. eski Yunanistan'daki Delfi'yle ilgili; Delfi mabedinin gaipten haber veren kâhinine ait; muğlak, meçhul, anlaşılmaz.

del.phi.nine (del'fınin) i., kim. birkaç çeşit hezaren çiçeğinden çıkarılan zehirli billûrsu bir alkaloit.

del.phin.i.um (delfin'iyım) i. hezaren, bot. Delphinium.

del.ta (del'tı) i. Yunan alfabesinin dördüncü harfi; delta şeklinde herhangi bir şey; üçgen; coğr. delta; elek. trifaze akımda üçgen bağlantı. **delta-wing (airplane)** kanatları üçgen şeklinde olan jet uçağı.

del.toid (del'toyd) s., i. delta şeklinde, üçgen; üç köşeli; i., tıb. deltakası.

de.lude (dilud') f. aldatmak, yanlış yola sevketmek.

del.uge (del'yuc) i., f. tufan, büyük sel, çok şiddetli yağmur; f. suya boğmak, su basmak. **the Deluge** Hazreti Nuh tufanı.

de.lu.sion (dilu'jın) i. hile, oyun; hayal, hulya, vehim, kuruntu; bir çeşit delilik. **labor under a delusion** bir durumu yanlış anlayarak hareket etmek. **delusive, delusory** s. aldatıcı, asılsız, hayale dayanan, hayalî.

de.luxe (dilûks') s., Fr. lüks, ihtişamlı.

delve (delv) f. araştırmak, bellemek.

de.mag.net.ize (dimäg'nıtayz) f., elek. mıknatıs hassasını gidermek.

dem.a.gogue (dem'ıgôg) i. demagog, halk avcısı. **demagogic** s. demagojiye dayanan.

de.mand (dimänd') i. talep, istek; ihtiyaç; huk. talep, dava. **in great demand** çok revaçta, çok aranan, büyük rağbet gören, tutulan. **law of supply and demand** arz ve talep kanunu. **on demand** talep vukuunda, istenilince.

de.mand (dimänd') f. talep etmek, istemek; emretmek, ısrar etmek, icbar etmek; sormak,

zorla istemek; muhtaç olmak; *huk.* mahke-
meye celbetmek, bir hak talep etmek.

de.mar.cate (dîmar'keyt) *f.* hudut çizmek; a-
yırmak.

de.mar.ca.tion (dimarkey'şın) *i.* hudut tayini,
sınır çekme. **line of demarcation** sınır
çizgisi.

dé.marche (deymarş') *i., Fr.* diplomatik hareket,
siyaseti değiştiren adım.

deme (dim) *i.* eski Atina'da ve bugünkü Yunanis-
tan'da nahiye.

de.mean (dîmin') *f.* alçaltmak, küçültmek.
demean oneself kendini küçültmek.

de.mean.or, *İng.* **de.mean.our** (dîmi'nır) *i.*
davranışlar, hal, tavır.

de.ment.ed (dîmen'tid) *s.* deli, kaçık, çıldırmış.

de.men.tia (dîmen'şı) *i., tıb.* bir çeşit akıl has-
talığı, şahsiyetin bölünmesi, had derecede
bunaklık. **dementia praecox** erken bunama,
demans prekos.

de.mer.it (dîmer'it) *i.* ihtar, tembih (okullarda).

de.mesne (dîmeyn') *i., Fr.* mülk, emlâk; ma-
likâne; bir malikâneye ait bölge, mıntıka,
havali. **royal demesne** hükümdara ait
mülk, mirî arazi.

demi- *önek* yarım.

dem.i.god (dem'igad) *i.* yarı ilâh yarı insan
bir varlık; tanrısal özellikleri olan insan.

dem.i.john (dem'ican) *i.* etrafına hasır örülmüş
büyük şişe, damacana.

de.mil.i.ta.rize (dimîl'ıtırayz) *f.* askerî teş-
kilâtı ilga etmek, ordu teşkiline müsaade
etmemek. **demilitarized zone** askerî do-
nanmadan tecrit edilmiş mıntıka.

dem.i.monde (dem'imand) *i.* toplumca leke-
lenmiş kadınlar ve bunların mensup ol-
dukları âlem.

de.mise (dîmayz') *i., f.* irtihal, vefat, ölüm;
huk. terk, feragat; intikal; hükümdar tacının
halefe intikali; *f.* mülkü vasiyetle ferağ etmek,
icar etmek, bilhassa hükümdarlığı vârise
veya halefe intikal ettirmek.

de.mis.sion (dîmîş'ın) *i.* tahttan feragat.

dem.i.tasse (dem'itäs) *i.* küçük kahve fincanı;
küçük bir fincan kahve.

dem.i.urge (dem'iyırc) *i.* demiurgos, Eflatun
felsefesinde dünyayı yaratan etmen, kâinatın
yaratıcısı.

de.mo.bi.lize (dimo'bılayz) *f., ask.* terhis etmek.

demobiliza'tion *i.* seferberliğin bitmesi,
asker terhisi.

de.moc.ra.cy (dîmak'rısi) *i.* demokrasi, elerki;
demokrasi rejimi.

dem.o.crat (dem'ıkrät) *i.* demokrat kimse.
democrat'ic *s.* demokrasiye ait, demokratik,
halkçı. **Democratic Party** Demokratik Parti.
democrat'ically *z.* demokratik olarak.

dé.mo.dé (demode') *s., Fr.* modası geçmiş, de-
mode.

de.mog.ra.phy (dîmag'rıfi) *i.* demografi, nüfus
sayımı ve toplumsal istatistik bilgisi. **de-
mograph'ic** *s.* bu bilgiye ait.

dem.oi.selle (demwazel') *i.* evlenmemiş kadın,
kız; telli turna, *zool.* Anthropoides virgo;
yusufçuk.

de.mol.ish (dîmal'iş) *f.* yıkmak, tahrip etmek.
demoli'tion *i.* yıkma, tahrip; yıkılma, harap
olma.

de.mon (di'mın) *i.* cin, kötü ruh, şeytan, ifrit;
kötü adam, iblis herif; *k.dili* çok enerjik kimse.

de.mon.e.tize (diman'ıtayz) *f.* paranın değerini
düşürmek; parayı tedavülden kaldırmak.
demonetiza'tion *i.* paranın değerini dü-
şürme; tedavülden kaldırma.

de.mo.ni.ac (dîmo'niyäk) *i., s.* kötü ruhların
etkisi altında olan kimse; deli kimse; *s.* mec-
nun, deli, cinli, kötü ruhların etkisi altında olan.

de.mon.ic (diman'ik) *s.* cin veya şeytanlara ait.

de.mon.ism (di'mınîzım) *i.* cin ve şeytanların
varlığına inanış; şeytanlara olan itikadı tetkik
eden ilim.

de.mon.ol.o.gy (dimınal'ıci) *i.* cin ve şeytan-
ların varlığına olan itikadı tetkik eden ilim
dalı, demonoloji.

de.mon.stra.ble (diman'strıbıl) *s.* gösterile-
bilir, ispatı mümkün.

dem.on.strate (dem'ınstreyt) *f.* ispat etmek,
göstermek, açımlamak, tatbikatla izah etmek;
nümayiş yapmak, gövde gösterisinde bu-
lunmak; göstererek ders vermek. **demon-
stra'tion** *i.* ispat, delil; nümayiş, gösteri;
sergi, tatbikat dersi. **demonstrative** (di-
man'strıtîv) *s., i.* ispat eden, gösteren, izhar
eden, tasrih eden; *i., gram.* işaret zamiri.
demonstrative adjective *gram.* işaret sıfatı.
demonstrative pronoun *gram.* işaret zamiri.
dem'onstrator *i.* ispat eden şey veya kimse,
tatbikat öğretmeni; nümayişçi.

de.mor.al.ize (dîmôr'ılayz) *f.* ahlâkını bozmak, ifsat etmek; cesaretini kırmak, moralini bozmak, maneviyatını bozmak, gözünü korkutmak, yıldırmak. **demoraliza'tion** *i.* maneviyatın bozulması, ahlâkın bozulması.

de.mos (di'mas) *i.* eski Yunanistan'da halk.

de.mote (dîmot') *f.* aşağı dereceye indirmek, rütbesini indirmek. **demotion** *i.* indirme.

de.mot.ic (dîmat'îc) *s.* halka ait; ammeye ait. **demotic characters** hiyeroglifin el yazısı şekli. **demotics** *i.* geniş anlamda sosyoloji.

de.mount (dimaunt') *f.* parçalara ayırmak, yerinden çıkarmak, sökmek; dağıtmak. **demountable** *s.* kolayca takılıp çıkarılabilir.

de.mul.cent (dîmʌl'sınt) *s., i.* teskin edici, yatıştırıcı, müsekkin; *i., tıb.* teskin edici veya koruyucu ilâç.

de.mur (dimır') *f.* (-red, -ring) *i.* kabul etmemek, itiraz etmek, karşı koymak; tereddüt etmek; *huk.* davada bir maddeye itiraz etmek; *i.* itiraz, tereddüt. **without demur** tereddüt etmeden.

de.mure (dimyûr') *s.* uslu, yumuşak başlı, kuzu gibi; alçak gönüllü, mütevazı; ağır başlı, ciddî; cilveli; sahte vakarlı. **demurely** *z.* ağır başlılıkla, alçak gönüllülükle. **demureness** *i.* ciddiyet, vakar; alçak gönüllülük, tevazu.

de.mur.rage (dîmır'îc) *i., den.* kuntra istalya; gemi veya vagonun yük almak veya boşaltmak için tayin olunan müddetten sonra alıkonulması; bunun için verilen para, tazminat.

de.mur.rer (dîmır'ır) *i., huk.* davada resmen yapılan itiraz; davada itiraz eden kimse.

de.my (dîmay') *i.* bir kâğıt boyutu (*İng.* 44,5 cm. × 57 cm.; *A.B.D.* 40,6 cm. × 53,3 cm.).

den (den) *i.* in, mağara; sığınak; küçük oda; çalışma odası. **den of thieves** haydut yatağı. **den of vice** batakhane. **lion's den** aslan ini.

de.nar.i.us (dîner'iyıs) *i.* (*çoğ.* de.nar.i.i) eski Roma'da gümüş para veya para birimi, dinar.

de.na.tion.al.ize (dînâş'ınılayz) *f.* ulusal haklardan mahrum etmek; millî vasıflarını yitirmek; devlet kontrolundan çıkarmak.

de.nat.u.ral.ize (dînâç'ırılayz) *f.* tabii halinden çıkarmak.

de.na.ture (diney'çır) *f.* tabiî özelliklerinden uzaklaştırmak; diğer hassalarına dokunmak-

sızın içilmez hale koymak (alkol). **denatured alcohol** mavi ispirto.

den.drite (den'drayt) *i., jeol.* taş veya maden üstünde bulunan ağaç veya yosun şekli; üzerinde ağaç veya yosun şekli olan taş veya maden parçası; *tıb.* sinir hücresine giden ince bir lif.

den.drol.o.gy (dendral'ıci) *i.* ağaçlar ve çalılar ile uğraşan biyoloji dalı.

dene (din) *i., İng.* deniz kenarında bulunan kumlu yol veya tepe.

den.e.ga.tion (denıgey'şın) *i.* inkâr, yadsıma, tekzip.

den.gue (deng'gi) *i., tıb.* dang, şiddetli mafsal ve adale ağrıları veren bulaşıcı bir humma.

de.ni.a.ble (dînay'ıbıl) *s.* yadsınabilir, inkârı mümkün, inkâr olunabilir.

de.ni.al (dînay'ıl) *i.* inkâr, yalanlama, ret, tekzip; feragat. **a flat denial** tam inkâr, katiyetle reddetme. **self-denial** *i.* nefsinden feragat etme.

de.ni.er (dînay'ır) *i.* inkâr eden kimse, yalanlayan kimse.

den.ier (den'yır) *i.* ipek, rayon, naylon gibi ipliklerin kalitesini göstermek için kullanılan bir ağırlık ölçü birimi.

den.i.grate (den'ıgreyt) *f.* iftira etmek, leke sürmek; *informal* çamur atmak. **denigra'tion** *i.* iftira.

den.im (den'ım) *i.* pamuklu döşemelik kumaş; işçi tulumu yapımında kullanılan kaba pamuklu kumaş, blucin kumaşı.

den.i.zen (den'ızın) *i., f.* ikamet eden kimse, oturan kimse; vatandaş; *İng.* muayyen vatandaşlık haklarına sahip olarak bir memlekette ikamet eden yabancı; yeni şartlara veya bir yere intibak etmiş hayvan veya bitki; bir yeri devamlı ziyaret eden kimse; *f., İng.* yurttaşlık haklarını kabul etmek.

Den.mark (den'mark) *i.* Danimarka.

de.nom.i.nate (dînam'ıneyt) *f.* isim koymak, ad vermek, demek, nam vermek; tefrik etmek, ayırmak, belirtmek, göstermek.

de.nom.i.na.tion (dînamıney'şın) *i.* isimlendirme, ad verme; isim, unvan; sınıf, mezhep; belli bir ölçü birimi. **denominational** *s.* isme ait; mezheplere ait.

de.nom.i.na.tive (dînam'ıneytîv, -nîtîv) *s., i.* ad veren, tesmiye eden; *gram.* isim veya sıfattan türemiş; *i., gram.* isim veya sıfattan türemiş fiil.

de.nom.i.na.tor (dînam'ıneytır) *i., mat.* payda, bir sayının kaça bölündüğünü gösteren rakam. **least common denominator** *bak.* **least.**

de.no.ta.tion (dinotey'şın) *i.* bir kelimenin sözlük anlamı, anlam, mana; tarif, tefrik etme, belirtme, ayırma; işaret, alâmet. **deno'tative** *s.* işaret ve delil teşkil eden, tefrik eden, ayırt eden, gösteren.

de.note (dinot') *f.* delâlet etmek, göstermek, belirtmek, iş'ar etmek, ifade etmek.

dé.noue.ment (deynuman') *i.* sonuç, netice, akıbet, son.

de.nounce (dinauns') *f.* ihbar etmek, haber vermek, ifşa etmek; mukavele veya anlaşmanın fesholunacağını haber vermek; suçlamak, itham etmek, bir kimsenin kusurlarını açığa vurmak.

de no.vo (di no'vo) *Lat.* baştan, yeniden.

dense (dens) *s.* sık, ağır, koyu, kesif, kalın, kalabalık; kalın kafalı, ahmak; *fiz.* kırılma kuvveti çok olan (mercek camı); şeffaf olma; kesif. **densely** *z.* kesif bir surette.

den.si.ty (den'sıtı) *i.* yoğunluk, kesafet, koyuluk, sıklık; aptallık; *foto.* şeffaf olmama derecesi, kesafet; *elek.* alan birimine göre elektrik miktarı, kesafet.

dent (dent) *i., f.* bir yere çarpmaktan meydana gelen ufak çukur veya çentik, çöküntü, girinti, ufak oyuk; *f.* çentmek, çöküntü yapmak, göçmek.

dent (dent) *i.* tarak veya vites dişi.

den.tal (den'tıl) *s., i.* dişlere veya diş hekimliğine ait; *dilb.* dişsel; *i.* (t, d gibi) dişsel ünsüz. **dental arch** diş kavsi. **dental nerve** *anat.* diş siniri. **dental plate** takma diş. **dental surgery** diş cerrahisi.

den.tate (den'teyt) *s.* dişli, tarak şeklinde.

den.tex (den'teks) *i.* sinarit balığı, *zool.* Dentex vulgaris.

den.ti.cle (den'tikıl) *i.* ufak diş.

den.tic.u.lar (dentik'yılır) *s.* dişleri olan. **denticulated** *s.* dişli.

den.ti.frice (den'tıfrîs) *i.* diş macunu veya tozu, dişleri temizlemekte kullanılan herhangi bir preparat.

den.til (den'til) *i., mim.* dendane, pervaz altındaki dişlerin her biri.

den.tine (den'tin) *i.* dişi meydana getiren kemikten daha sert madde, diş kemiği, dentin.

den.tist (den'tîst) *i.* diş tabibi, diş hekimi. **dentistry** *i.* diş hekimliği.

den.ti.tion (dentiş'ın) *i.* diş çıkarma, diş bitmesi; bir insan veya hayvanın bütün dişleri veya bu dişlerin cinsi, sayısı ve tertibi.

den.ture (den'çır) *i.* takma diş, damak, protez.

de.nude (dinud') *f.* soymak, açmak; *jeol.* aşındırarak çıplak bırakmak; tamamen mahrum etmek. **denuda'tion** *i.* soyulma, çıplak kalma, açılma.

de.nun.ci.ate (dînʌn'siyeyt, -şi-) *f.* açıklamak, ifşa etmek, suçlamak, itham etmek; bir kimsenin kusurlarını açığa vurmak. **denuncia'tion** *i.* açıklama, ifşa, ihbar, itham, uyarma, ikaz. **denunciative, denunciatory** *s.* ihbar kabilinden. **denunciator** *i.* ihbar eden kimse, muhbir kimse; itham eden kimse, suçlayan kimse.

de.ny (dinay') *f.* inkâr etmek; tekzip etmek, reddetmek; mahrum etmek; esirgemek, vermemek; yalanlamak; kaçınmak, imtina etmek, kırmak. **deny oneself** feragat etmek.

de.o.dar (di'yıdar) *i.* Himalaya dağlarına mahsus bir çeşit sedir ağacı, cin ağacı, *bot.* Cedrus deodara.

de.o.dor.ant (diyo'dırınt) *i.* koku giderici madde; deodoran.

de.o.dor.ize (diyo'dırayz) *f.* kokusunu gidermek. **deodorizer** *i.* koku giderici şey.

de.on.tol.o.gy (diyantal'ıcı) *i.* deontoloji, ahlâk bilgisi.

de.ox.i.dize (diyak'sıdayz) *f.* bir bileşimdeki oksijeni çıkarmak. **deoxida'tion** *i.* deoksidasyon.

de.part (dipart') *f.* ayrılmak, gitmek; hareket etmek; ölmek, göçmek, vefat etmek; **from** *ile* sapmak, inhiraf etmek, ayrılmak; bir yeri terketmek.

de.part.ed (dipar'tid) *s.* geçmiş, müteveffa, vefat etmiş. **the departed** ölmüşler, ölmüş kimse.

de.part.ment (dîpart'mınt) *i.* kısım, bölüm, şube, daire, kol; vekâlet, bakanlık. **department store** her şeyi satan büyük mağaza, bonmarşe. **departmen'tal** *s.* kısımlara ait; bölüme ait, daireye ait. **departmen'talize** *f.* şubelendirmek.

de.par.ture (dîpar'çır) *i.* hareket, gidiş, ayrılış, terk; kalkış (vapur, tren); yenilik; dönüşme;

sapma, ayrılma, inhiraf; vaz geçme, feragat; *den.* bir geminin doğuya veya batıya doğru kestiği mesafe; bir geminin yola çıkmadan evvelki boylam ve enlem derecesi.

de.pend (dîpend') *f.* on *veya* upon *ile* güvenmek, itimat etmek; bağlı olmak, tabi olmak, mütevakkıf olmak; ihtiyacı olmak; **from** *ile* asılmak, sarkmak; sallantıda kalmak, muallâkta kalmak. **Depend upon it.** Emin olunuz. **dependable** *s.* güvenilir, emniyet edilir, itimada lâyık.

de.pen.dence (dîpen'dıns) *i.* bağlı olma; taalluk; itimat, güven; bir kimsenin eline bakma; dayanma; muallâkıyet, sarkma, asılma; tabi oluş, bağlılık, emir kulluğu.

de.pen.den.cy (dîpen'dınsi) *i.* bağlı olma, tabi olma; sömürge, müstemleke; müştemilât, ek bina.

de.pen.dent (dîpen'dınt) *i.* başkasının yardım veya desteğine ihtiyacı olan kimse; bir kimsenin bakmakla yükümlü olduğu şahıs.

de.pen.dent (dîpen'dınt) *s.* asılı, sarkan; bağlı, tabi; ait; *gram.* bağlı, merbut. **dependent variable** *mat.* bağlı değişken. **dependently** *z.* bağlı olarak, tabi olarak.

de.per.son.al.ize (dipır'sınılayz) *f.* kişisel ilişkilerini kesmek.

de.pict (dipikt') *f.* resmetmek, çizmek, portresini çizmek; anlatmak, tasvir etmek, tanımlamak; tarif etmek. **depiction** *i.* çizme; tarif, tasvir, tanımlama.

dep.i.late (dep'ıleyt) *f.* tüylerini veya kıllarını almak; tüylerini veya kıllarını yok etmek. **depilatory** *s., i.* kıl döken (ilâç).

de.plete (dîplit') *f.* tüketmek, bitirmek; boşaltmak; *tıb.* kan almak suretiyle beden dolgunluğunu izale etmek. **depletion** *i.* tüketme, azaltma.

de.plore (diplôr') *f.* -den dolayı kederlenmek, teessüf etmek, acımak; beğenmemek, taraftar olmamak. **deplorable** *s.* müessif, acınacak halde, acıklı. **deplorably** *z.* acınacak surette.

de.ploy (diploy') *f.* plana göre yerleştirmek; sağa sola yaymak veya yayılmak. **deployment** *i.* açılma, yayılma.

de.plume (diplum') *f.* tüylerini yolmak; soymak.

de.po.lar.ize (dipo'lırayz) *f.* depolarize etmek, kutbiyeti izale etmek. **depolariza'tion** *i.* kutuplarını yok etme, kutupengellik.

de.po.nent (dipo'nınt) *s., i.* yeminle şahitlik eden; *i.* tanık.

de.pop.u.late (dipap'yıleyt) *f.* nüfusunu azaltmak veya boşaltmak. **depopula'tion** *i.* halkın başka yere gitmesi veya afet sonucu nüfusun azalması veya tükenmesi.

de.port (dipôrt') *f.* hudut harici etmek. **deport oneself** davranmak, hareket etmek. **deporta'tion** *i.* hudut harici etme. **deportee'** *i.* hudut harici edilen kimse.

de.port.ment (dipôrt'mınt) *i.* tavır, davranış, hareket.

de.pose (dipoz') *f.* tahttan indirmek, hal'etmek, azletmek; yeminle yazılı ifade vermek.

de.pos.it (dipaz'it) *i.* emanet; depozito; pey, rehin; mevduat; teminat akçesi; tabaka, tortu; döküntü, birikinti, sel kumu; *mad.* birikinti, maden yatağı; depo. **deposit account** mevduat hesabı. **demand deposits** vadesiz mevduat. **money on deposit** bankadaki para, mevduat. **time deposits** vadeli mevduat.

de.pos.it (dipaz'it) *f.* koymak; dibine çökmek, tortu bırakmak, döküntü bırakmak; emanet etmek, depozito etmek, tevdi etmek; bankaya yatırmak; paranın bir kısmını vermek.

de.pos.i.tar.y, -tor.y (dipaz'ıteri, -tôri) *i.* emanetçi, depo, ambar.

dep.o.si.tion (depıziş'ın) *i.* tahttan indirme, hal', azil; yeminle yazılı ifade, ifade, delil; depozito verme; tortu veya döküntü bırakma; tortu, döküntü, sel kumu. **make one's deposition** yeminle yazılı ifade vermek.

de.pos.i.tor (dipaz'ıtır) *i.* tevdi eden kimse, mudi, para yatıran kimse; tortu bırakan şey, birikinti bırakan şey.

de.pot (di'po) *i.* depo, ambar; *A.B.D.* istasyon; *ask.* cephanelik.

de.prave (dipreyv') *f.* baştan çıkarmak, bozmak, ayartmak.

de.prav.i.ty (dipräv'ıti) *i.* ahlâk bozukluğu, azgınlık; fesat, doğru yoldan ayrılma, dalâlet; günahkâr olma.

dep.re.cate (dep'rıkeyt) *f.* karşı koymak, şiddetle itiraz etmek, protesto etmek; küçümsemek, yukarıdan bakmak; eski kötülüklerden korunmak için dua etmek. **depreca'tion** *i.* karşı koyma, protesto, itiraz. **deprecatory** *s.* küçümseyen, karşı koyan, itiraz eden.

de.pre.ci.ate (dipri'şiyeyt) *f.* fiyatını kırmak, kıymetten düşürmek, (paranın) satın alma gücünü düşürmek; ucuzlatmak; amortize etmek. **deprecia'tion** *i.* kıymetten düşme veya düşürme; aşınma payı, amortisman.

dep.re.da.tion (deprıdey'şın) *i.* soygunculuk, yağma; hasara uğratma, tahribat.

de.press (dîpres') *f.* üzmek, kasvet vermek, canını sıkmak, moralini bozmak; kuvvetten düşürmek, zayıflatmak; *k.dili* kolunu kanadını kırmak; değerini veya miktarını azaltmak; mevki veya rütbesini indirmek; bastırmak; meyus etmek. **depressible** *s.* şevki kırılır, bastırılabilir. **depressingly** *z.* can sıkıntısı vererek; üzerek.

de.pres.sant (dîpres'ınt) *s., tıb.* faaliyeti azaltan, müsekkin, yatıştırıcı.

de.pressed (dîprest') *s.* basılmış, bastırılmış, indirilmiş; canı sıkılmış, kederli, üzüntülü; miktarı azaltılmış, değeri düşürülmüş.

de.pres.sion (dîpreş'ın) *i.* kasvet, keder, hüzün, can sıkıntısı; piyasada durgunluk, buhran, buhran devresi; *tıb.* düşkünlük, dermansızlık; alçak basınç alanı.

de.pres.sive (dîpres'îv) *s.* kasvet verici, kasvetli; durgunluk sebebi olan.

de.pres.sor (dîpres'ır) *i.* sıkan şey veya kimse; indiren şey; *anat.* aşağı çeken kas. **tongue depressor** *tıb.* dili aşağıda tutan pens.

dep.ri.va.tion (deprıvey'şın) *i.* yoksunluk, mahrumiyet, mahrum olma, ihtiyaç; kayıp.

de.prive (dîprayv') *f., gen.* **of** *ile* mahrum etmek, yoksun bırakmak, kaybettirmek. **deprival** *i.* yoksunluk, mahrumiyet.

De Pro.fun.dis (di profʌn'dîs) *Lat.* içten gelen (feryat), bazı Hıristiyan mezheplerinde cenaze merasiminde okunan bir mezmur.

dept. *kıs.* **department.**

depth (depth) *i.* derinlik, derin yer, engin. **depth charge** su altındaki herhangi bir hedefe özellikle denizaltılara atılan patlayıcı madde. **depth of winter** kışın ortası, karakış. **depths** *i.* denizin derinlikleri, umman; öz nüve. **depths of degradation** rezalet, kepazelik. **beyond** *veya* **out of one's depth** boyunu aşan, bilgi ve kabiliyet dışında.

dep.u.rate (dep'yıreyt) *f.* tasfiye etmek, arıtmak, temizlemek, temizlenmek.

dep.u.ta.tion (depyıtey'şın) *i.* temsilciler heyeti, murahhas heyet; bir kimse veya heyeti temsilci tayin etme.

de.pute (dîpyut') *f.* vekil tayin etmek, temsilci olarak atamak, yerine seçmek; vekile yetki vermek.

dep.u.tize (dep'yıtayz) *f.* vekil olarak tayin etmek; **for** *ile* bir kimsenin yerini doldurmak.

dep.u.ty (dep'yıti) *i.* vekil; yardımcı, muavin; bir polis rütbesi; mebus, milletvekili. **deputy chief** asbaşkan, başkan yardımcısı.

de.rac.i.nate (dîräs'ıneyt) *f.* kökünden çıkarmak, (bir kimseyi veya toplumu) çevresinden yoksun bırakmak; ayırmak.

de.rail (dîreyl') *f.* treni raydan çıkarmak. **derailing switch** raydan çıkarmaya mahsus makas. **derailment** *i.* raydan çıkma (tren).

de.range (dîreync') *f.* düzenini bozmak, karıştırmak, ihlâl etmek; ifsat etmek; çıldırtmak, delirtmek; rahatsız etmek, işine engel olmak. **derangement** *i.* düzensizlik; delilik, aklî muvazenesizlik.

Der.by (dır'bi, *İng.* dar'bi) *i.* İngiltere'de her yıl tekrarlanan geleneksel at yarışı; *k.h.* melon şapka.

der.e.lict (der'ılikt) *s., i.* terkedilmiş, metruk, sahipsiz; kayıtsız, ilgisiz, ihmalkâr; *i., huk.* sahipsiz mal, emvali metruke; toplumca terkedilmiş kimse; *den.* tayfası tarafından terkedilmiş harap gemi.

der.e.lic.tion (derılik'şın) *i.* terk, terkediliş; ihmal, görevi yerine getirmede kusur; *huk.* deniz veya suyun çekilmesiyle toprak kazanma.

de.ride (dîrayd') *f.* istihza etmek, sakalına gülmek, alay etmek.

de ri.gueur (dı rigör') *Fr.* mecburî, toplumun öngördüğü.

de.ri.sion (dîrij'ın) *i.* istihza, alay. **hold in derision** alay etmek. **derisive, -sory** (dîray'sîv, -sıri) *s.* alaylı, istihza kabilinden. **derisively** *s.* alay edercesine.

der.i.va.tion (derıvey'şın) *i.* asıl, memba, köken, menşe; türetme, iştikak.

de.riv.a.tive (dîrîv'ıtîv) *s., i.* türemiş, iştikak etmiş, müştak; *i.* türev.

de.rive (dîrayv') *f.* çıkarmak, almak; istihraç etmek; *gram.* türemek, müştak olmak; kökünü araştırmak; sâdır olmak, hâsıl olmak.

derm- *önek, sonek* deri, cilt.

der.ma (dır'mı) *i., anat.* cildin ikinci tabakası, derma, altderi.

der.mal, der.mic (dır'mıl, -mîk) *s.* deriye ait, cildî, bilhassa dermaya ait, derisel.

der.ma.ti.tis (dırmıtay'tîs) *i., tıb.* deri iltihabı.

der.ma.tol.o.gy (dırmıtal'ıci) *i.* cildiye, dermatoloji, ciltten ve deri hastalıklarından bahseden ilim. **dermatologist** *i.* cilt hastalıkları mütehassısı, dermatolog.

der.ma.to.phyte (dır'mıtofayt) *i., bot.* cilt hastalığına sebep olan mantar.

der.ma.to.plas.ty (dır'mıtoplästi) *i., tıb.* tahrip olmuş cildi düzeltmek için vücudun başka bir yerinden deri parçası kesip bu yere yapıştırma ameliyatı, dermatoplasti.

der.ma.to.sis (dırmıto'sîs) *i., tıb.* herhangi bir cilt hastalığı.

der.ni.er (dır'niyır) *s.* son, nihaî.

der.o.gate (der'ıgeyt) *f.*, **from** *ile* azaltmak, eksiltmek, almak; alçalmak, aykırı bir davranışta bulunmak; dejenere olmak. **derogative** *s.* aykırı, karşı, zıt, ihlâl eden; küçültücü.

der.o.ga.tion (derıgey'şın) *i.* küçültme, azaltma, zillet, zarar.

de.rog.a.to.ry (dîrag'ıtôri) *s.* küçültücü, aykırı, karşı, zıt.

der.rick (der'îk) *i., mak.* maçuna, vinç, dikme; petrol kuyusu açma işinde kullanılan makına takımını tutan iskele.

der.ring-do (der'îngdu') *i.* maceraperestlik; cüretkârlık, gözüpek oluş.

der.rin.ger (der'încır) *i.* kısa namlulu eski tip cep tabancası.

der.vish (dır'vîş) *i.* derviş.

de.sal.in.i.za.tion, de.sal.in.a.tion (disälın-(ızey'şın) *i.* deniz suyunun tuzunu çıkarıp kullanılır hale getirme.

de.salt (disôlt') *f.* (deniz suyundan) tuzu çıkararak içilebilir hale getirmek.

des.cant (des'känt) *i.* hararetli konuşma; *müz.* melodi, beste; birkaç sesle söylenen bestede en yüksek ses, asıl melodinin yanısıra söylenen üst ses.

des.cant (deskänt') *f.* hararetli konuşmak; en yüksek sesle şarkı söylemek.

de.scend (disend') *f.* inmek, alçalmak, çökmek; kendini küçültmek, düşmek; baskın yapmak, çullanmak; üşüşmek, başına toplanmak; genelden özele geçmek (bir tartışmada); intikal etmek, soyundan gelmek.

de.scen.dant (disen'dınt) *i., s.* torun; *s.* neslinden olan, ahfadından.

de.scen.dent (disen'dınt) *s.* inen, düşen; neslinden olan.

de.scent (dîsent') *i.* iniş, çökme, düşüş, sukut; çullanma, baskın; nesil, zürriyet, nesep, soy, asıl, ahfat, evlât; *huk.* tevarüs, miras kalma; bayır, yokuş aşağı yer.

de.scribe (dîskrayb') *f.* tarif etmek, tanımlamak, vasıflandırmak, tavsif etmek, tasvir etmek, resmetmek. **describable** *s.* tarif edilebilir, tavsifi mümkün.

de.scrip.tion (dîskrîp'şın) *i.* tarif, tanımlama, tavsif, vasıflandırma, beyan; cins, nevi, çeşit. **answer to the description** tavsif edilmiş olan özelliklere sahip olmak, tarif edildiği gibi olmak. **be beyond description** *veya* **beggar description** kelimelerle tarif edilemez olmak.

de.scrip.tive (dîskrîp'tîv) *s.* tanımlayıcı, tanıtımsal, tavsif edici, resmedici. **descriptive geometry** tasarı geometri.

de.scry (dîskray') *f.* uzaktan görüp seçmek, çıkarmak, keşfetmek.

des.e.crate (des'ıkreyt) *f.* kutsal bir şeye karşı hürmetsizlikte bulunmak, kutsal bir gayeden çevirmek, uzaklaştırmak. **desecra'tion** *i.* mukaddesata hürmetsizlik, tecavüz.

de.seg.re.gate (diseg'rıgeyt) *f.* ırk ayrımını kaldırmak. **desegrega'tion** *i.* ırk ayrımının kaldırılması.

de.sen.si.tize (disen'sıtayz) *f.* hassasiyetini azaltmak; *tıb.* hassaslığını azaltmak veya ortadan kaldırmak.

de.sert (dîzırt') *i.* liyakat, istihkak, pay, hisse; mükâfatı hak etme. **He got his deserts.** Hak ettiğini buldu.

des.ert (dez'ırt) *i., s.* çöl, sahra, bozkır; *s.* çöl halinde olan, boş, ıssız. **desert fauna** çöl direyi. **desert flora** çöl biteyi.

de.sert (dîzırt') *f.* terketmek, ayrılmak, bırakmak; *ask.* vazifeden kaçmak; kaçmak, firar etmek. **deserter** *i.* firarî, kaçak. **desertion** *i.* firar, terk; terkedilmişlik.

de.serve (dîzırv') *f.* müstahak olmak, lâyık olmak; hak kazanmak, mükâfata lâyık olmak. **deservedly** *z.* hakkıyla, haklı olarak.

de.serv.ing (dîzır'vîng) *s.* mükâfata lâyık, değerli. **deserving of praise** övülmeye lâyık. **deservingly** *z.* övülmeye lâyık olarak.

des.ha.bille (dezıbîl') *bak.* **dishabille.**

des.ic.cate (des'ıkeyt) *f.* kurutmak, kurumak. **desicca'tion** *i.* kuruluk, kurutma, kuruma.

desiccative s. kurutucu. **desiccator** i. kurutucu şey, kurutucu araç.

de.sid.er.ate (disîd'ıreyt) f. arzulamak, istemek, özlemek; eksikliğini duymak, yokluğunu hissetmek.

de.sid.er.a.tive (disîd'ıreytîv) s., i. istek belirten, arzu ifade eden; i. dilek, istek; gram. istek belirten fiil.

de.sid.er.a.tum (disîdırey'tım) i., Lat. (çoğ. -a.ta) aranılan vasıf.

de.sign (dizayn') i. plan, taslak, proje; gaye, amaç, maksat, hedef; fikir; entrika, desise; güz. san. resim taslağı, kompozisyon, model, motif. **have designs on someone** veya **something** birisinde veya bir şeyde gözü olmak.

de.sign (dizayn') f. zihninde kurmak, niyet etmek, kastetmek; resmetmek, çizmek; plan yapmak, proje yapmak, tertip etmek, icat etmek; yaratmak. **designedly** z. kasten, mahsus. **designer** i. tertip eden kimse, icat eden kimse, plan kuran kimse; modacı. **designing** i., s. plan yapma, çizme, yaratma; s. entrikacı, düzenbaz, kurnaz; düşünceli.

des.ig.nate (dez'îgneyt) f. göstermek, işaret etmek, belirtmek, tasrih etmek; isimlendirmek, ad vermek, demek; to veya for ile tayin etmek; seçmek, uygulamak, tatbik etmek, düzenlemek, tertip etmek.

des.ig.nate (dez'îgnît, -neyt) s. (gen. nitelendirdiği isimden sonra) atanmış, tayin edilmiş veya seçilmiş (fakat henüz memuriyete başlamamış).

des.ig.na.tion (dezîgney'şın) i. atama, tayin, tahsis; atanma, tayin edilme, seçilme; isim, unvan, lakap.

de.sir.a.ble (dizayr'ıbıl) s. arzu edilen, istek uyandıran, çekici, cazip. **desirabil'ity** i. cazibe, arzu edilir olma, hoşa gitme. **desirably** z. arzu edilir şekilde, cazip olarak.

de.sire (dîzayr') i. arzu, istek, emel, iştiyak, rağbet, eğilim, meyil; rica, dilek, temenni; hırs, heves, şehvet.

de.sire (dizayr') f. arzu etmek, istemek, özlemek; rica etmek, talep etmek, arzulamak.

de.sir.ous (dizayr'ıs) s. istekli, arzu eden, talip.

de.sist (dîzîst') f., gen. **from** ile vaz geçmek, çekilmek, bırakmak, ayrılmak.

desk (desk) i. yazı masası, yazıhane; daire, şube, masa.

des.o.late (des'ılit) s. terkedilmiş, metruk, ıssız, tenha, boş, perişan, harap; kimsesiz, yalnız. **desolately** z. terkedilmiş olarak.

des.o.late (des'ıleyt) f. boş bırakmak, harap etmek, viran etmek, perişan etmek; yalnız bırakmak, kimsesiz bırakmak; kederlendirmek, meyus etmek.

des.o.la.tion (desıley'şın) i. haraplık, perişanlık, viranlık; virane, harabe; kimsesizlik, yalnızlık; keder, yeis.

de.spair (dîsper') i., f. yeis, üzüntü, keder, ümitsizlik; f., sık sık **of** ile ümitsiz olmak, meyus olmak. **despairingly** z. üzüntüyle, kederle.

des.per.a.do (despıra'do, -rey'do) i. gözü dönmüş haydut.

des.per.ate (des'pırıt) s. ümitsiz; çaresizlikten deliye dönmüş; vahim, müthiş, korkunç, tehlikeli; dehşetli; aşırı. **despera'tion** i. yeis, ümitsizlikten ileri gelen akıl dengesizliği.

des.pi.ca.ble (des'pîkıbıl) s. adi, alçak, değersiz, küçümsenen. **despicably** z. alçakça.

de.spise (dîspayz') f. hakir görmek, küçümsemek, yukarıdan bakmak, adam yerine koymamak, hor görmek; nefret etmek.

de.spite (dîspayt') i., edat nefret, kin, garez; edat -e rağmen. **in despite of** -e rağmen, bununla beraber, yine de; karşı koyarak.

de.spoil (dîspoyl') f. soymak, malını yağma etmek, mahrum etmek. **despolia'tion** i. yağma, soygun, soygunculuk.

de.spond (dîspand') f. ümidini kaybetmek, morali bozulmak. **despondency** i. yeis, keder, ümitsizlik. **despondent** s. ümitsiz, kederli, bedbin, meyus. **despondently** z. ümitsizce.

des.pot (des'pıt) i. despot, müstebit hükümdar. **despot'ical** s. despotça, müstebitçe. **despot'ically** z. despotlukla.

des.pot.ism (des'pıtîzım) i. mutlakıyet, hâkimiyete dayanan idare; despotizm, istibdat.

des.qua.mate (des'kwımeyt) f., tıb. pulları dökülmek, pul pul olup dökülmek.

des.sert (dîzırt') i. yemeğin sonunda yenen tatlı, yemiş, soğukluk. **dessert spoon** tatlı kaşığı.

des.ti.na.tion (destıney'şın) i. gidilecek yer; gönderilen yer; hedef.

des.tine (des'tîn) f., **to** veya **for** ile nasip etmek, tahsis etmek, tayin etmek, ayırmak; belirli bir gayeye doğru yöneltmek.

des.ti.ny (des'tıni) i. kader, nasip, kısmet, mukadderat, alın yazısı.

des.ti.tute (des'tıtut) s., gen. of ile yoksul, yoksun, mahrum, muhtaç, fakir. destitu'tion i. yoksulluk, mahrumiyet.

de.stroy (distroy') f. harap etmek, mahvetmek, yıkmak; yok etmek, imha etmek, vücudunu ortadan kaldırmak, öldürmek; iptal etmek, bertaraf etmek.

de.stroy.er (distroy'ır) i. yok edici şey veya kimse, telef edici şey veya kimse; den. torpido muhribi; muhrip, destroyer.

de.struct (distrʌkt') f. (fırlatılan roket veya bombayı) hedefe ulaşmadan imha etmek. destructor i. roket imha cihazı; İng. çöp fırını.

de.struc.ti.ble (distrʌk'tıbıl) s. yok edilebilir, imhası mümkün.

de.struc.tion (distrʌk'şın) i. harap etme, mahvetme, yok etme, helâk, yıkılma; yıkım; belâ; afet.

de.struc.tive (distrʌk'tiv) s. yıkıcı, zararlı, tahrip edici. destructive criticism yıkıcı eleştiri (edebiyatta).

des.ue.tude (des'wıtud) i. kullanılmayış, yürürlükten kalkma.

des.ul.to.ry (des'ıltôri) s. devamsız, istikrarsız, birbirini tutmayan; tertipsiz, düzensiz, aralarında bağlantı olmayan, rabıtasız, dağınık, rasgele.

de.tach (ditäç') f. ayırmak, çözmek, çıkarmak, koparmak, sökmek; çıkmak, kopmak, ayrılmak. detachable s. çıkarılabilir, yerinden sökülebilir. detachment i. ayırma, ayrılma, çıkarma; müfreze; ayrılık; dalgınlık; tarafsızlık; ask. kol.

de.tail (di'teyl) i., f., çoğ. teferruat, ayrıntılar, tafsilât; ayrıntılı plan; ask. müfreze, hususî bir işe ayrılan asker takımı; f. tafsilâtıyla anlatmak; hususî bir işe tahsis etmek. in detail tafsilâtıyla, teferruatıyla, mufassalan, ayrı ayrı, ayrıntılarıyla. go into detail teferruata girmek.

de.tain (diteyn') f. alıkoymak; engellemek; mâni olmak, durdurmak; geciktirmek; gözaltına almak. detainment i. engelleme; alıkoyma; geciktirme.

de.tain.er (ditey'nır) i., huk. başkasının malını alıkoyma; mevkufiyetin uzatılması emri.

de.tect (ditekt') f. meydana çıkarmak; keşfetmek, sezmek, tutmak. detectable s. keşfi mümkün. detection i. keşif, meydana çıkarma, bulma.

de.tec.tive (ditek'tiv) i., s. dedektif, polis hafiyesi, sivil polis; s. dedektiflikle ilgili. private detective özel dedektif. detective story polis romanı.

de.tec.tor (ditek'tır) i. bulan şey veya kimse; elek. dedektör.

de.tent (ditent') i., mak. çalar saatin tetiği, tetik, kol, düğme.

dé.tente (deytant') i., pol. uluslararası gergin havanın yumuşaması.

de.ten.tion (diten'şın) i. alıkoyma, engelleme, tutma, mâni olma; gecikme; tevkif, hapis. detention camp tevkif kampı. place of detention hapishane.

de.ter (ditır') f. (-red, -ring) niyetinden vaz geçirmek, caydırmak; yıldırmak. determent i. engel, mâni; menolunma.

de.ter.gent (ditır'cınt) i. deterjan, temizleyici madde.

de.te.ri.o.rate (ditir'iyıreyt) f. fenalaşmak, bozulmak, alçalmak, gerilemek. deteriora'tion i. fenalaşma, gerileme, bozulma, çürüklük; çürüme.

de.ter.mi.nant (ditır'mınınt) s., i. tayin eden, tarif eden; hükmeden, galebe çalan; i. etkileyen veya tayin eden şey; mat. determinant.

de.ter.mi.nate (ditır'mınît) s. belirli, muayyen, hudutlu, mahdut, kesin, katî; kararlaşmış, mukarrer.

de.ter.mi.na.tion (ditırmıney'şın) i. azim, sebat, metanet, inat, kararlı oluş; hüküm, tespit, tayin; niyet, kasıt; sınırlama, tahdit.

de.ter.mi.na.tive (ditır'mıneytiv, -mınıtiv) s., i. tahdit eden, tayin eden, tahsis eden; i. tayin eden şey.

de.ter.mine (ditır'mîn) f. karar vermek, azmetmek; niyetlenmek, kesmek; tayin etmek, kararlaştırmak, belirlemek; bitirmek; belirtmek; sınırlamak, tahdit etmek; tanımlamak, tarif etmek; yön vermek.

de.ter.mined (ditır'mînd) s. kesin, katî, azimkâr, metin, niyetinden şaşmaz. determinedly z. metanetle, azimle.

de.ter.min.ism (ditır'mınîzım) i., fels. determinizm, gerekircilik. determinist i. determinist, gerekirci.

de.ter.rent (ditir'int) *s.*, *i.* engel olan, mâni olan, meneden, caydıran; *i.* engel olan şey veya kimse, caydıran şey veya kimse. **deterrence** *i.* engel oluş; caydırma.

de.test (ditest') *f.* nefret etmek, iğrenmek, tiksinmek. **detestable** *s.* nefret uyandıran, iğrenç, tiksindirici. **detestably** *z.* iğrenilecek bir şekilde, tiksindirerek.

de.tes.ta.tion (ditestey'şın) *i.* nefret, tiksinme, iğrenme.

de.throne (dithron') *f.* tahttan indirmek, hal'etmek. **dethronement** *i.* tahttan indirilme.

det.o.nate (det'ıneyt) *f.* patlamak, patlatmak, infilâk etmek. **detona'tion** *i.* patlama, infilâk.

det.o.na.tor (det'ıneytır, di'tı-) *i.* kapsol, fitil, patlayıcı maddeyi ateşleyen şey, funya.

de.tour (di'tûr, ditûr') *i., f.* sapma, dolambaçlı yol, geçici yol; *f.* dolambaçlı yoldan gitmek veya göndermek. **make a detour** dolambaçlı yoldan gitmek.

de.tract (diträkt') *f.* eksiltmek, kıymetten düşürmek; itibarını zedelemek; kötülemek, aleyhinde bulunmak. **detraction** *i.* eksiltme; itibarını zedeleme, kötüleme.

de.train (ditreyn') *f., İng.* trenden inmek.

det.ri.ment (det'rımınt) *i.* zarar, ziyan, hasar. **detrimen'tal** *s.* zarar veren, zararlı, muzır.

de.tri.tion (ditriş'ın) *i.* molozların aşınması.

de.tri.tus (ditray'tıs) *i., jeol.* aşıntı, kum ve moloz gibi birikim. **detrital** *s., jeol.* aşıntıya ait.

de trop (dı tro') *Fr.* lüzumundan fazla, fazla.

de.trun.cate (ditrʌng'keyt) *f.* ucunu keserek kısaltmak, budamak, kesmek. **detrunca'tion** *i.* ucunu kesme.

deuce (dus) *i., iskambil* ikili; zarda dü; teniste düs, berabere; *k.dili* kör talih, kör şeytan. **deuce of a time** sıkıntılı zaman. **deuce point** tavlada dü hanesi. **the deuce** melun; şeytan; aman, deme! **Who the deuce is he?** Bu herif de kim?

de.us ex mach.i.na (di'yıs eks mäk'ını) *Lat.* klasik dramda zor bir durumu halletmek için mekanik bir yolla sahneye indirilen tanrı; *edeb.* buhranlı bir anda beklenilmeyen şekilde yetişen yardım.

deu.ter.o.ca.non.i.cal (dutırokınan'ikıl) *s.* kilisece sonradan veya ikinci derecede muteber sayılan mukaddes kitaplara ait.

deu.ter.og.a.my (dutırag'ımi) *i.* ikinci evlilik.

de.val.u.ate, de.val.ue (diväl'yueyt, diväl'yu) *f.* değerini düşürmek.

de.val.u.a.tion (divälyuwey'şın) *i., ikt.* devalüasyon, para değerinin düşürülmesi.

dev.as.tate (dev'ısteyt) *f.* harap etmek, viran etmek, mahvetmek; *k.dili* utandırmak. **devasta'tion** *i.* harap etme, viran olma.

de.vel.op (divel'ıp) *f.* geliştirmek, tekâmül ettirmek, inkişaf ettirmek; genişletmek, açmak; harekete geçirmek, husule getirmek; *foto.* develope etmek, banyo etmek, yıkamak; gelişmek, tekâmül etmek, inkişaf etmek; genişlemek; olgunlaşmak; hâsıl olmak, meydana çıkmak; peyda etmek, kespetmek (alışkanlık).

de.vel.op.er (divel'ıpır) *i.* geliştiren şey veya kimse, tekâmül ettiren şey veya kimse; *foto.* develope eden ilâç, revelatör.

de.vel.op.ment (divel'ıpmınt) *i.* gelişme, inkişaf, tekâmül, ilerleme, terakki; meydana çıkma, zuhur; *biyol.* açılma, gelişme; *A.B.D.* site. **developmen'tal** *s.* gelişim ile ilgili.

de.vest (divest') *f., huk.* mahrum etmek, elinden almak.

de.vi.ant, de.vi.ate (di'viyınt, di'viyit) *i.* toplum düzenine aykırı olarak düşünen ve hareket eden kimse; cinsel sapık.

de.vi.ate (di'viyeyt) *f.* sapmak, yoldan çıkmak, şaşırmak, dönmek, yanılmak.

de.vi.a.tion (diviyey'şın) *i.* sapma, inhiraf, yoldan çıkma; *den.* pusulanın şaşması. **deviation clause** *den.* geminin boşaltma limanından başka yerlere uğramasına izin veren anlaşma maddesi. **deviationist** *i.* komünist öğretilerini ayrı bir şekilde tefsir eden kimse.

de.vice (divays') *i.* cihaz, aygıt, alet; icat; tertip; hile, oyun, desise; resim, nişan, işaret (arma). **left to his own devices** kendi haline bırakılmış.

dev.il (dev'ıl) *i.* şeytan, iblis; cin, ifrit; habis kimse; delicesine cesur veya öfkeli kimse; Allahın belâsı; kör şeytan; zavallı kimse; matbaacı çırağı. **devil's advocate** Katolik Kilisesinde aziz adayı aleyhinde münakaşa eden savcı; karşı tarafı tutarak münakaşa eden kimse. **devilfish** *i.* ahtapot; *zool.* Mobulidae familyasından yassı ve kuyruklu çok büyük tropikal bir balık. **devil's-food cake** çikolatalı pasta. **devil-may-care** *s.* pervasız; başıboş. **between the devil and** the deep blue sea iki tehlike arasında. give the devil his due kötü veya sevilmeyen bir adama bile hakça muamele etmek. **Go to the devil!** Kahrol! Cehenneme kadar git! **like the devil** şeytan gibi; çok çabuk, **a**yağına tez. **raise the devil** *argo* kıyameti koparmak. **she-devil** *i.* şirret kadın, cadaloz kadın. **The devil!** Aman! Vay canına! Hay kör şeytan! **the devil's own time** kötü günler. **The devil take the hindmost.** Altta kalanın canı çıksın. **There will be the devil to pay.** Kıyamet kopacak.

dev.il (dev'ıl) *f.* yemeği çok biber ve baharatla hazırlamak veya kızartmak; makinada ezip parçalamak (paçavra); *k.dili* canını sıkmak, üzmek. **deviled ham** bir çeşit ezme jambon, krakova.

dev.il.ish (dev'ılîş, dev'liş) *s.* şeytanî, şeytan gibi; melun; pervasız; *k.dili* çok, fazla, aşırı. **devilishly** *z.* şeytanca. **devilishness** *i.* şeytanlık.

dev.il.ment (dev'ılmınt) *i.* şeytanlık, yaramazlık, kurnazlık.

dev.il.ry (dev'ılri) *bak.* **deviltry.**

dev.il.try (dev'ıltri), *İng.* **devilry** *i.* şeytanlık; sihirbazlık; kötülük, zalimlik; yaramazlık, haylazlık.

de.vi.ous (di'viyıs) *s.* dolaşık, eğri büğrü, dolambaçlı; çapraşık, sapa; sapmış, avare, başıboş. **deviously** *z.* çapraşık olarak, dolambaçlı. **deviousness** *i.* çapraşıklık, dolambaçlı oluş.

de.vise (divayz') *f., i.* tasarlamak, plan yapmak; akıl etmek, tertip etmek; kurmak, icat etmek; *huk.* bilhassa gayri menkul mülkü vasiyet etmek; *i.* vasiyet, vasiyet yoluyla bırakılan mülk. **devisable** *s.* vasiyet olunabilir; tertip edilebilir. **devisee'** *i.* vasiyetle kendisine emlâk bırakılan kimse, mirasçı, vâris.

de.vi.tal.ize (divayt'layz) *f.* cansızlaştırmak; hevesini kırmak.

de.void (divoyd') *s., of ile* boş, hali; yoksun, mahrum.

dev.o.lu.tion (devilu'şın) *i.* nakil, devir, intikal, hak intikali, havale, terk; gerileme.

de.volve (divalv') *f.* intikal ettirmek, devretmek, havale etmek, bırakmak, terketmek; *gen.* **on, upon** *veya* **to** *ile* geçmek, intikal etmek, kalmak.

De.vo.ni.an (divo'niyın) *s., jeol.* devonik devre ait, balıklar çağına ait.

de.vote (divot') *f.* adamak, tahsis etmek, hasretmek, vakfetmek; **oneself** *ile* kendini adamak.

de.vot.ed (divo'tid) *s.* sadık, bağlı, merbut, vakfedilmiş. **devotedly** *z.* fedakârcasına, sadakatle.

dev.o.tee (devıti') *i.* düşkün kimse, müptelâ kimse; sofu kimse, dindar kimse.

de.vo.tion (divo'şın) *i.* bağlılık, düşkünlük, iptilâ; *gen. çoğ.* ibadet, dua; tahsis, adama, vakfetme. **devotional** *s.* bağlılıkla ilgili; ibadete ait.

de.vour (divaur') *f.* hırsla yemek, yutmak, *informal* gövdeye indirmek; yok etmek, bitirmek; hırs ve istekle bir nefeste okumak, *informal* yutmak (kitap). **devoured by fear** korkudan bitmiş, eli ayağı titrer vaziyette.

de.vout (divaut') *s.* dindar, sofu; samimî, ciddi. **devoutly** *z.* imanla. **devoutness** *i.* dindarlık.

dew (du, dyu) *i., f.* çiy, şebnem; gençliğin baharı; *f.* çiyle ıslatmak. **dewberry** *i.* böğürtlen, *bot.* Rubus caesius. **dewdrop** *i.* çiy damlası. **dew point** çiy düşmesi için gerekli ısı derecesi. **dew-worm** *i.* solucan. **mountain dew** kaçak imal edilen viski, alkollü içki.

Dew.ar flask (dyu'ır) termos.

dew.lap (du'läp, dyu'-) *i.* özellikle büyükbaş hayvanların boynu altındaki sarkık deri, gerdan.

DEW line Kuzey Amerika'da 70. paralelde bulunan radar istasyonları.

dew.y (du'wi, dyu'wi) *s.* çiye ait, çiyle ıslanmış, rutubetli, nemli. **dewiness** *i.* ıslaklık, nem.

dex.e.drine (deks'ıdrin) *i.* bir cins amfetamin.

dex.ter.i.ty (dekster'ıti) *i.* hüner, maharet, el çabukluğu, beceriklilik, ustalık.

dex.ter.ous, dex.trous (dek'strıs) *s.* eli çabuk, eline iş yakışır, usta, marifetli, hünerli. **dexterously** *z.* hünerle, ustalıkla, el çabukluğu ile. **dexterousness** *i.* hüner, ustalık, marifet, el çabukluğu.

dex.trin (dek'strin) *i.* dekstrin, nişastadan yapılmış yapışkan bir madde.

dex.trose (dek'stros) *i.* üzüm şekeri.

dey (dey) *i.* Cezayir dayısı; 16. yüzyılda Trablusgarp veya Tunus hükümdarı.

Dhah.ran (däran') *i.* Dahran.

dhar.ma (dar'mı) *i., Sanskrit* doğruluk, hakkaniyet, erdem.

di- *önek* iki defa, iki, çift.

dia- *önek* arasından; baştan başa.

di.a.be.tes (dayıbi'tîs) *i.* şeker hastalığı, diyabet. **diabetic** (dayıbet'îk) *s., i.* şeker hastalığına ait; *i.* şeker hastası.

di.a.bol.ic, -i.cal (dayıbal'îk, -îkıl) *s.* şeytanî, şeytanca, iblisane, insaniyete aykırı. **diabolically** *z.* şeytanlıkla. **diabolicalness** *i.* şeytanlık.

di.ab.o.lism (dayäb'ılîzım) *i.* şeytanlık; şeytanca hareket; şeytana inanma veya tapma.

di.ab.o.lo (diyäb'ılo) *i.* iki ucu çubuklu bir iple havaya fırlatılan makara şeklindeki oyuncak, makara oyunu.

di.ac.o.nate (dayäk'ınît, -ıneyt) *i., kil.* diyakozluk, şemmaslık; diyakozlar heyeti.

di.a.crit.ic, -i.cal (dayıkrit'îk, -îkıl) *s., i.* ayıran, belirten, tefrik ve temyiz eden; *i.* fonetik işaret. **diacritical mark** harfin fonetik değerini belirten herhangi bir işaret.

di.a.dem (day'ıdem) *i., f.* taç, ufak taç; hükümdarlık alâmeti olarak başa bağlanan kumaş parçası; hükümdarlık; *f.* taç giydirmek. **diademed** *s.* taçlı.

di.aer.e.sis (dayer'ısis) *bak.* **dieresis.**

di.ag.nose (day'ıgnos, -noz, dayıgnos',-noz') *f.* hastalığı teşhis etmek. **diagno'sis** *i.* teşhis; bilimsel tetkik veya karar. **diagnostic** (dayıgnas'tîk) *s., i.* teşhise ait; *i.* teşhis. **diagnostician** (dayıgnastiş'ın) *i.* teşhis mütehassısı, teşhisçi.

di.ag.o.nal (dayäg'ınıl) *s., i.* köşegen, diyagonal. **diagonally** *z.* diyagonal olarak. **diagonally opposite** karşılıklı iki köşede bulunan.

di.a.gram (day'ıgräm) *i., f.* diyagram; çizge; plan, şema, resim, şekil; *f.* diyagram çizmek. **diagrammatic** (dayıgrımät'îk) *s.* diyagrama ait, diyagram halinde, ayrıntıları olmayan.

di.a.graph (day'ıgräf) *i., foto.* diyagraf.

di.al (day'ıl) *i., f.* (**-ed** *veya* **-led, -ing** *veya* **-ling**) kadran, saat minesi; (telefonda) kadran, üzerinde rakamların yazılı olduğu daire; *f.* kadran ile ölçmek, göstermek veya işletmek; telefon numaralarını çevirmek. **dialing** *i.* telefon numaralarını çevirme; güneş saati ile zamanı ölçme; kadran ile maden

ocağında harita çıkartma. **dial plate** kadran, saat minesi. **dial telephone** otomatik telefon, direkt telefon. **dial tone** telefon ahizesini kaldırınca numara çevrilebileceğini belirten ses, çevir sesi.

di.a.lect (day'ılekt) *i.* lehçe, diyalekt, ağız, dil, lisan. **dialectal** *s.* lehçeye ait.

di.a.lec.tic, di.a.lec.tics (dayılek'tîk, -s) *i., fels.* diyalektik, eytişim; mantığın esasları; münazara ilmi; fikirlerin tenkitli tahlili. **dialecti'cian** *i.* mantık âlimi. **dialectical** *s.* mantık ve münazaraya ait; lehçeye ait. **dialectical materialism** *fels.* diyalektik materyalizm. **dialectically** *z.* diyalektik olarak.

di.a.logue (day'ılôg) *i.* diyalog; karşılıklı konuşma ve tartışma; diyalog tarzında edebî eser.

di.al.y.sis (dayäl'ısîs) *i.* ayırma; *kim.* diyaliz, parşömen zarı vasıtasıyla koloit içinde çözülmüş maddeleri ayırmak. **dialy'tic** *s.* diyalize ait.

di.a.mag.net.ic (dayımägnet'îk) *s., fiz.* diyamagnetik, mıknatıs geçirme hassası düşük olan. **diamag'netism** *i.* diyamagnetizm, mıknatıs geçirme hassası düşüklüğü.

di.am.e.ter (dayäm'ıtır) *i.* çap, kutur. **diamet'rical** *s.* çapla ilgili, kutra ait. **diamet'rically** *z.* çap boyunca; tamamen. **diametrically opposite** taban tabana zıt.

dia.mond (day'mınd) *i., s.* elmas; baklava biçimi; *iskambil* karo; *beysbol* main, beysbol sahasının iç meydanı; *matb.* 4 1/2 puntolu ufak harf. **diamond anniversary** altmışıncı veya yetmiş beşinci yıldönümü. **diamondback** *i.* baklava şeklinde benekli sırtı olan kaplumbağa veya yılan. **diamond cutter** elmas keski. **diamond drill** elmaslı matkap. **diamond point** elmaslı pikap iğnesi; baklava biçimindeki demiryolu geçidi. **diamond shaped** baklava biçiminde. **diamond wedding** altmışıncı veya yetmiş beşinci evlilik yıldönümü. **black diamond** siyah elmas; madenkömürü. **cut diamond** işlenmiş elmas. **rose diamond** roza, gül biçiminde işlenmiş elmas; Felemenk taşı. **rough diamond** işlenmemiş elmas; değerli fakat yontulmamış adam.

Di.an.a (dayän'ı) *i.* Diana, eski Roma'da av tanrıçası; kadın avcı; evlenmek istemeyen kadın; ay, kamer.

di.a.net.ics (dayınet'iks) *i.* doğum öncesi meydana geldiği farzolunan ruh hastalıklıklarını teşhis ve tedavi sistemi.

di.a.no.et.ic (dayınowet'ik) *s.* düşünme kabiliyeti olan; düşünme ile ilgili.

di.an.thus (dayän'thıs) *i.* karanfil familyasından herhangi bir çiçek.

di.a.pa.son (dayıpey'sın) *i., müz.* ahenk; bir çalgı veya sesin en ince perdeden en kalın perdeye kadar olan sesleri; iki kollu çelik ses ölçüsü, diyapazon.

di.a.per (day'pır) *i., f., A.B.D.* çocuk bezi; *f.* çocuk bezini sarmak veya değiştirmek.

di.a.per (day'ıpır) *i.* baklava şeklinde benekli pike; böyle kumaştan yapılmış havlu veya peşkir; baklava biçimindeki şekillerden ibaret süsleme.

di.aph.a.nous (dayäf'ınıs) *s.* şeffaf, yarı şeffaf.

di.a.pha.ne.i.ty (dayıfini'yıtı) *i.* şeffaflık.

di.a.pho.re.sis (dayıfıri'sîs) *i., tıb.* ter, terletme.

di.a.pho.ret.ic (dayıfıret'ik) *s., i., tıb.* terletici (ilâç).

di.a.phragm (day'ıfräm) *i., anat., tıb.* diyafram; zar, böleç; ayıran zar; *foto.* adese perdesi.

di.a.phrag.mat.ic (dayıfrägmät'ik) *s.* diyaframa ait, diyafram gibi.

di.aph.y.sis (dayäf'ısîs) *i., anat.* kemik gövdesi.

di.a.pos.i.tive (dayıpaz'ıtiv) *i.* diapozitif.

di.ar.rhe.a (dayıri'yı) *i., tıb.* ishal, amel, iç sürmesi, diyare. **diarrheal** *s.* diyareye ait, diyareli.

di.a.ry (day'ıri) *i.* hatıra defteri, günce. **diarist** *i.* hatıra defteri tutan kimse.

Di.as.po.ra (dayäs'pırı) *i.* sürgünden sonra Yahudilerin dünyanın her tarafına yayılması; İncil'de Kudüs'ün dışında bulunan Yahudi Hıristiyanlar.

di.a.stase (day'ısteys) *i.* diyastaz, filizlenmeye başlamış tahıl tanelerinde bulunan ve nişastayı şekere çeviren azotlu maya.

di.a.stat.ic (dayıstät'ik) *s.* nişastayı şekere çeviren.

di.as.to.le (dayäs'tılı) *i., fizyol.* kalp inbisatı, kalp genişlemesi, diyastol.

di.as.tro.phism (dayäs'trıfizım) *i., jeol.* yerküre tabakasının kıtalar, dağlar ve denizleri teşkil edecek şekilde değişmesini sağlayan süreçler.

di.a.style (day'ıstayl) *s., i.* sütunları birbirinden üç sütun çapı uzaklıkta olan (bina).

di.a.ther.my (day'ıthırmi) *i.* elektrik akımıyla vücut dokularına hararet verme usulü, diyatermi.

di.a.tom (day'ıtam) *i.* ancak mikroskopla görülebilen tek hücreli bir çeşit deniz algi.

di.a.tom.ic (dayıtam'ik) *s., kim.* iki atomdan ibaret.

di.a.ton.ic (dayıtan'ik) *s., müz.* diyatonik, içinde yabancı sesler bulunmayan gama ait.

di.a.tribe (day'ıtrayb) *i.* şiddetli münakaşa, acı ve küçültücü tenkit.

di.at.ro.pism (dayät'rıpizım) *i., bot.* dış etkenlere karşı bazı bitki organlarının kendilerini çapraz olarak ayarlama ihtimali.

di.ba.sic (daybey'sik) *s., kim.* dibazik, iyonize olabilen iki hidrojen atomu ihtiva eden.

dibs (dîbz) *i.* parça; *argo* ufak para; beştaş oyunu; hak: **I've got dibs on that.** O benim hakkım.

dib.ble (dîb'ıl) *i., f.* dikeleç; *f.* dikeleç ile toprağa çukur açmak, dikmek (fidan).

dice (days) *i., çoğ. (bak.* **die***), f.* oyun zarları; *f.* dama şekilleriyle süslemek; zar şeklinde kesmek. **dicebox** *i.* zar atmaya mahsus kupa. **loaded dice** hileli zar.

di.ceph.a.lous (daysef'ılıs) *s.* iki başlı.

di.chlo.ride (dayklôr'ayd) *i., kim.* başka bir elemanla iki atom klordan mürekkep kimyasal bir madde, diklorid.

di.chog.a.my (daykag'ımi) *i., bot.* erkek ve dişi organların ayrı zamanlarda olgunlaşmaları. **dichogamous** *s.* bu şekilde olgunlaşan.

di.chot.o.my (daykat'ımi) *i.* ikiye bölme; *astr.* ay, Merkür veya Venüs kursunun yarısının ışıklı olması; *biyol.* çatallı olma; *man.* ikiye bölme.

di.chro.ism (day'krowizım) *i.* iki ayrı yönden bakıldığı zaman iki ayrı renk aksettirme hassası (kristal gibi), dikroizm.

di.chro.mat.ic (daykromät'ik) *s.* iki renkli; *tıb.* esas renklerin yalnız ikisini görebilen.

di.chro.mic (daykro'mik) *s., kim.* iki krom atomu havi olan.

dick (dîk) *i., A.B.D., argo* polis hafiyesi, dedektif.

dick.ens (dîk'ınz) *i., k.dili* şeytan. **What the dickens!** Ne var Allah aşkına?

dick.er (dik'ır) *f., i., A.B.D.* çekişe çekişe pazarlık etmek; cimrice pazarlık etmek; *i.* pazarlık; pazarlıkta uzlaşma.

dick.(e)y (dik'i) *i.* göğüslük, önlük; eşek; , küçük kuş.

di.cot.y.le.don (daykatılid'ın) *i., bot.* iki çenekli bitki, tohum zarfı iki kısma ayrılan bitki. **dicotyledonous** *s.* tohum zarfı iki kısma ayrılan, iki çenekli.

Dic.ta.phone (dik'tıfon) *i., tic. mark.* diktafon.

dic.tate (dik'teyt) *i.* emir; prensip. **dictates of conscience** vicdanın emri.

dic.tate (dikteyt') *f.* dikte etmek, yazdırmak; emretmek; zorla kabul ettirmek. **dictation** *i.* dikte; emir.

dic.ta.tor (dik'teytır) *i.* diktatör; mutlak hakimiyeti elinde tutan kimse; dikte eden kimse, yazdıran kimse. **dictatorship** *i.* diktatörlük.

dic.ta.to.ri.al (diktıtôr'iyıl) *s.* diktatörce; amirane. **dictatorially** *z.* amirane, sert ve katî bir şekilde.

dic.tion (dik'şın) *i.* kelime seçimi, kelimeleri kullanma şekli (konuşma ve yazıda); ifade, konuşma tarzı; telaffuz.

dic.tion.ar.y (dik'şıneri) *i.* sözlük, lügat, kamus.

Dic.to.graph (dik'tıgräf) *i., tic. mark.* diktograf, konuşmaları gizlice dinlemek için kullanılan bir çeşit telefon aleti.

dic.tum (dik'tım) *i.* yetkili hüküm veya söz; *huk.* hüküm, hukukî mütalâa; darbımesel, atasözü.

did (did) *bak.* **do.**

di.dac.tic (daydäk'tîk) *s.* öğretici, öğretsel, didaktik, ahlâkî yönden eğitici, bilgi verici. **didactically** *z.* öğretici bir şekilde; ahlâkî yönden eğitmek için fazlasıyla üstüne düşerek.

di.dac.tics (daydäk'tîks) *i.* öğretke, didaktik.

did.dle (did'ıl) *f.* aldatmak, kandırmak, dolandırmak; boşuna vakit geçirmek, vakit öldürmek; kımıldatmak, sarsmak.

di.do (day'do) *i., k.dili* tuhaflık.

di.dy (day'di) *i., k.dili* bebek bezi.

did.y.mous (did'ımıs) *s., bot., zool.* iki eş parçadan ibaret olan, çift büyüyen, ikiz.

die (day) *i. (çoğ.* **dice**) zar, oyun zarı; talih, şans. **The die is cast.** Ok yaydan çıktı. İş işten geçti.

die (day) *i. (çoğ.* **dies**) kalıp, lokma, sikke damgası. **straight as a die** dümdüz.

die (day) *f.* (**died, dying**) ölmek, vefat etmek; ölecek gibi olmak; sıkılmak, *informal* patlamak; helâk olmak; mahvolmak; yok olmak; bayılmak; ecel teri dökmek; *k.dili* çok fazla arzu etmek. **die a glorious death** şerefli bir şekilde ölmek. **die away** yavaş yavaş kesilmek, tedricen ortadan kalkmak. **die back** (bitki) tepeden köke doğru kurumak. **die off** birer birer ölüp tükenmek. **die out** yok olmak; azalıp tükenmek. **die by violence** suikast neticesinde ölmek, öldürülmek. **die from wounds** yaralanarak ölmek. **die in harness** vazife başında ölmek. **Never say die.** Davandan asla vazgeçme.

die-hard (day'hard) *i.* tutucu kimse, inatçı kimse, kaybettiği davada devam eden kimse.

di.e.lec.tric (dayılek'trîk) *s., i., elek.* elektrik akımlarını geçirmez, yalıtkan, mücerrit, dielektrik, izole; *i.* yalıtkan madde veya araç.

di.en.ceph.a.lon (dayınsef'ılan) *i., anat.* arabeyin.

di.er.e.sis (dayer'ısîs) *i.* bir arada bulunan iki sesli harfin ayrılması; sesli iki haıfin ayrı okunması için ikincisi üzerine konulan iki nokta işareti.

Die.sel en̊gine, Die.sel motor (di'zıl) Dizel motoru.

die.sink.er (day'sîngkır) *i.* kalıpçı, sikke kalıbı oyan sanatkâr.

die.stock (day'stak) *i.* diş lokması kasası.

di.et (day'ıt) *i., f.* rejim, perhiz; günlük besin; yiyecek; *f.* perhiz yapmak, rejim yapmak; perhiz vermek. **diet kitchen** hastalar için belirli yemekler hazırlayan mutfak. **be on a diet** perhiz yapmak, rejim yapmak.

Di.et (day'ıt) *i.* Diyet; kurultay, genel meclis, millet meclisi (Japonya gibi bazı ülkelerde).

di.e.tar.y (day'ıteri) *i., s.* perhiz kuralları, perhiz hakkında broşür; perhiz yemeği; beslenmeyi ayarlama; *s.* perhize ait. **dietary laws** Musevilerin dinî yemek kuralları. **dietetic, -ical** *s.* perhize ait. **dietetics** *i.* diyet ihtisası.

di.e.ti.tian, -cian (dayıtîş'ın) *i.* diyetçi, diyet mütehassısı.

dif.fer (dif'ır) *f.,* **from** *ile* başka olmak, benzememek, farklı olmak; **with** *ile* muvafakat etmemek, uygun bulmamak, ayrılmak; kavga etmek, bozuşmak.

dif.fer.ence (dif'ırıns) *i.* ayrılık, fark; ayırıcı özellik; ihtilâf, anlaşmazlık, kavga, dava; *mat.*

fark, çıkarma sonucunda kalan miktar. **It makes a difference.** Fark eder. Şu veya bu şekilde sonucu etkiler. **split the difference** kalanı eşit olarak bölmek; anlaşmak, uyuşmak.

dif.fer.ent (dif'ırınt) *s., A.B.D.* **from** *veya* **than** *ile; İng.* **from** *veya* **to** *ile* farklı, başka, ayrı; muhtelif, çeşitli. **differently** *z.* başka şekilde, başka türlü.

dif.fer.en.ti.a (difıren'şiyı) *i.* (*çoğ.* -ti.ae) *man.* ayırt edici vasıf veya herhangi bir şey.

dif.fer.en.tial (difıren'şıl) *s., i.* farklı özelliği olan, fark gösteren, farklı, farklarla ilgili; farklara dayanan; *i., mat., mak.* diferansiyel; *mak.* diferansiyel dişlisi. **differential calculus** *mat.* diferansiyel hesap. **differential equation** *mat.* diferansiyel denklem. **differential gear** diferansiyel dişlisi. **differential thermometer** *fiz.* ısı derecesi farklarını tayin eden termometre. **differential windlass** *mak.* denksiz vinç, basamaklı ırgat.

dif.fer.en.ti.ate (difıren'şiyeyt) *f.* ayırmak, ayırt etmek, tefrik etmek, temyiz etmek; farklılaşmak, farklı olmak. **differentia'tion** *i.* fark, temyiz.

dif.fi.cult (dif'ıkılt) *s.* güç, zor, müşkül, çetin; geçinilmesi zor, huysuz, inatçı; titiz, müşkülpesent; zor anlaşılabilen.

dif.fi.cul.ty (dif'ıkılti) *i.* güçlük, zorluk, müşkülât; güç şey, engel, mânia; nazlanma, itiraz; sıkıntı, problem. **be in difficulties** parasız kalmak. **make** *veya* **raise a difficulty** güçlük çıkarmak.

dif.fi.dence (dif'ıdıns) *i.* çekinme, kaçınma, mahcubiyet, utangaçlık, çekingenlik.

dif.fi.dent (dif'ıdınt) *s.* çekingen, utangaç, mahcup.

dif.fract (difräkt') *f.* kısımlara ayırmak; *fiz.* ışınları saptırmak ve kırmak.

dif.frac.tion (difräk'şın) *i., fiz.* ışınların sapıp kırılması. **diffraction grating** dağıtma ızgarası. **diffraction spectroscope** dağıtma tayf ölçücüsü, dağıtma spektroskopu.

dif.fuse (difyus') *s.* ayrıntılı, mufassal; çok söz kullanan; geniş, yaygın, yayılmış, vâsi. **diffusely** *z.* yaygın olarak. **diffuseness** *i.* yaygınlık.

dif.fuse (difyuz') *f.* yaymak, dökmek, neşretmek; yayılmak, dağılmak, intişar etmek. **diffusion** *i.* nüfuz; yayılma, dağılma.

dif.fu.sive (difyu'siv) *s.* dağınık ve tafsilâtlı.

dig (dig) *f.* (**dug, digging**) kazmak, toprağı bellemek; kazı yapmak, hafriyat yapmak; dürtmek; *k.dili* üzerinde düşünmek, kafa yormak; *A.B.D., argo* anlamak, beğenmek; *mak.* derin kesmek. **dig in** *ask.* siper kazıp mevzi almak; kalmak niyetiyle yerleşmek. **dig into** çok çalışmak. **dig out** kazıp çıkarmak; ayrıntılarıyla incelemek. **dig up** kazıp çıkarmak; kazıp belleyerek toprağı havalandırmak.

dig (dig) *i.* hafriyat, kazı; *k.dili* iğneli söz, kinaye, dokunaklı söz. **digs** *i., çoğ., İng., k.dili* pansiyon. **take a dig at somebody** yapmacık bir nezaketle başkasının kusurunu yüzüne vurmak.

di.gam.ma (daygäm'ı) *i.* en eski Yunan alfabesinde altıncı ve İbranice'de vav harfinin eşiti olan harf.

dig.a.my (dig'ımi) *i.* ikinci defa evlenme.

di.gas.tric (daygäs'trik) *s., anat.* iki karınlı. **digastric muscle** *anat.* dar bir veterle iki kısma ayrılmış olan adale, iki karınlı kas.

di.gest (day'cest) *i.* özet, hulâsa, fezleke, icmal; *huk.* kazai içtihatlardan çıkarılan kuralların toplamı.

di.gest (dîcest') *f.* sindirmek, hazmetmek; tasnif etmek, düzenlemek, tertip etmek; kavramak, idrak etmek, üzerinde düşünmek; *kim.* ısı ile yumuşatmak. **digestible** *s.* hazmedilebilir, hazmı mümkün, hafif. **digestibility** *i.* hazım imkânı.

di.gest.er (dîces'tır, dayces'tır) *i.* hazmettirici şey, sindirici şey; sıkı kapanan bir çeşit kimya kazanı.

di.ges.tion (dîces'çın, dayces'çın) *i.* hazım, hazım gücü, sindirim; kavrama, idrak etme; ısı ile yumuşatma.

di.ges.tive (dîces'tiv, dayces'tiv) *s., i.* hazma ait, hazmettirici, midevî; *i.* sindirimi kolaylaştıran ilâç. **digestive system** *fizyol.* sindirim sistemi.

dig.ger (dig'ır) *i.* toprak kazan kimse; toprak kazma aracı, hafriyat makinası, greyder.

dig.gings (dig'ingz) *i.* kazı yapılan yer; bu kazıdan çıkarılan şey; *İng., k.dili* pansiyon.

dig.it (dic'it) *i.* parmak; parmak genişliği (20 milimetre); sıfırdan dokuza kadar tam sayıların her biri.

dig.i.tal (dic'ıtıl) *s.* parmağa ait, parmak gibi; on esaslı numara sistemine ait. **digital computer** çift rakamla kullanılan sayıcı hesap makinası.

dig.i.tal.is (dıcıtäl'is) *i.* yüksükotu, *bot.* Digitalis purpurea; *ecza.* yüksükotunun kalp kuvvetlendirici olarak kullanılan yaprağı.

di.glot (day'glat) *s., i.* iki dilde, iki dilli; *i.* iki dilde yazılmış yazı veya kitap.

dig.ni.fy (dig'nıfay) *f.* paye vermek, itibar etmek, şeref vermek, değer vermek. **dignified** *s.* vakur, asil, ağırbaşlı.

dig.ni.tar.y (dig'nıteri) *i.* rütbe veya mevki sahibi kimse, büyük adam, ileri gelen kimse.

dig.ni.ty (dig'nıti) *i.* kıymet, değer, kadir, itibar, şeref; paye, derece; vakar, asalet; mevki sahibi, ileri gelen kimse.

di.graph (day'gräf) *i.* tek sesi temsil eden iki harf (**head** kelimesindeki **ea** gibi).

di.gress (dîgres', daygres') *f.* dışına çıkmak, konudan ayrılmak. **digression** *i.* konu dışı söz, arasöz. **digressive** *s.* konu dışı, mevzu harici.

di.he.dral (dayhi'drıl) *s.* dihedral, (açısı) iki düzlemden meydana gelen.

dike, dyke (dayk) *i., f.* hendek, suyolu, mecra, kanal; set, toprak duvar, bent; *jeol.* duvara benzer taş damar; *f.* set yaparak muhafaza etmek, etrafına set çekmek; hendek vasıtasıyla suyunu boşaltmak; kazmak.

di.lap.i.date (dîläp'ıdeyt) *f.* bakımsızlıktan harap etmek, tahrip etmek, kırıp dökmek; bakımsızlıktan harap olmak. **dilapida'tion** *i.* harap olma, bakımsızlık.

di.late (dayleyt') *f.* genişletmek, kabartmak, açmak, şişirmek, büyütmek; **on** *veya* **upon** *ile* tafsilâta girişmek; genişlemek, kabarmak, şişmek. **dila'tion, dilata'tion** *i.* açılma, genişleme.

di.la.tor (dayley'tır) *i., tıb.* bir uzvu genişletmek için kullanılan alet; *anat.* vücut boşluklarını genişleten adale.

dil.a.to.ry (dil'ıtôri) *s.* işini sonraya bırakan, ağırdan alan, sürüncemede bırakan; ağır, üşenen. **dilatorily** *z.* ağırdan alarak, üşenerek. **dilatoriness** *i.* işini ağırdan alma, geciktirme; üşenme.

di.lem.ma (dîlem'ı) *i.* müşkül durum, çıkmaz; *man.* ikilem, dilem. **the horns of a dilemma** her biri imkânsız olan iki şık.

dil.et.tan.te (dîlıtant', dîlıtän'ti) *i., s.* (*çoğ.* -ti) eğlence için özel bir şeyle ilgilenen kimse; güzel sanatlar düşkünü kimse, sanat meraklısı kimse; amatör; *s.* sathî merakı olan.

dil.i.gence (dîl'ıcıns) *i.* dikkat, ihtimam, sebatlı çalışma, gayret, çalışkanlık; on sekizinci asırda Avrupa'da kullanılan atlı posta arabası.

dil.i.gent (dîl'ıcınt) *s.* gayretli, dikkatli, çalışkan. **diligently** *z.* gayretle.

dill (dîl) *i.* dereotu, yabantırak, *bot.* Anethum graveolens. **dill pickle** dereotlu hıyar turşusu. **wild dill** yabanî dereotu, *bot.* Anethum sylvestris.

dil.ly-dal.ly (dîl'idäl'i) *f.* oyalanmak, yavaş yavaş iş görmek, ağırdan almak.

dil.u.ent (dîl'yuwınt) *i., s.* sulandırıcı madde; *s.* sulandırıcı; eritici.

di.lute (dîlut', daylut') *f.* sulandırmak, su katmak, hafifletmek. **dilute(d)** *s.* su katılmış, sulu, hafif, açık. **dilution** *i.* su katma, sulanma, su katılmış herhangi bir şey.

di.lu.vi.al, -i.an (dîlu'vıyıl, -ıyın) *s.* selden ileri gelen, tufanî; *jeol.* dilüviyuma ait. **diluvium** *i., jeol.* tufan çöküntüsü, dilüviyum.

dim (dîm) *s.* (**-mer, -mest**) *f.* loş, donuk, sönük, bulanık, belirsiz, müphem; *f.* donuklaştırmak, karartmak, bulandırmak; kararmak, donuklaşmak; **out** *ile* ışıkları kısmak, karartmak, maskelemek. **dimly** *z.* donuk bir surette, duman içinde gibi, bulanık olarak. **dimness** *i.* donukluk, loşluk, müphemlik.

dime (daym) *i.* Amerika Birleşik Devletlerinin on sent kıymetinde ufak gümüş parası. **dime bag** *A.B.D., argo* on dolarlık esrar paketi. **dime novel** heyecanlı ucuz roman. **dime store** ucuz mal satan büyük mağaza.

di.men.sion (dîmen'şın) *i.* ölçüde esas olan uzunluk, genişlik ve derinlik birimlerinin her biri, boyut, buut, çap; *çoğ.* boyutlar, ebat; oylum, hacim; genişlik; ölçü, ölçüsü alınan şeyler; *mat.* bir terimi belirleyen faktör, boyut. **of generous dimension** iri, şişman, geniş yapılı. **dimensional** *s.* boyutlu.

dim.er.ous (dîm'ırıs) *s., bot., zool.* iki kısımdan meydana gelen.

dim.e.ter (dîm'ıtır) *i., şiir* iki vezinli mısra.

di.meth.yl (daymeth'ıl) *i., kim.* etan.

di.mid.i.ate (dîmîd'iyeyt) *s., bot., zool.* ikiye bölünmüş.

di.min.ish (dimin'iş) *f.* azaltmak, eksiltmek, küçültmek; alçaltmak, zayıflatmak; azalmak, eksilmek, kısalmak, küçülmek; *müz.* bir yarım entervali kısaltmak. **diminishingly** *z.* eksilerek, gittikçe azalarak. **diminishing returns** azalan verim.

di.min.u.en.do (dîminyuwen'do) *z., i., müz.* diminuendo, ses gittikçe hafifleyerek; *i.* sesin gittikçe hafiflemesi.

dim.i.nu.tion (dımınu'şın) *i.* eksiltme, küçültme; azalma, alçalma; inme; düşme; *huk.* noksan, eksiklik; *mim.* incelme.

di.min.u.tive (dimin'yıtiv) *s., i.* küçültücü, küçültme belirten; küçük, ufak, mini mini; *i., gram.* küçültme ismi veya sıfatı; ufak cins, önemsiz şey.

dim.i.ty (dîm'ıti) *i.* üzeri kabartma çizgili ince pamuklu bez.

dim.mer (dîm'ır) *i., elek.* ışık kesici reosta.

di.mor.phic, -phous (daymôr'fik, -fıs) *s.* iki şekilde görülebilen veya gözüken, iki şekilli. **dimorphism** *i.* aynı bitki ve hayvan üzerindeki iki değişik şekil; aynı maddenin iki değişik şekilde kristalleşmesi.

dim-out (dîm'aut) *i.* karartma, ışıkların kısmen veya tamamen söndürülmesi veya kamufle edilmesi.

dim.ple (dîm'pıl) *i., f.* gamze, yanak veya çenede ufak çukur; ufak çukur; *f.* gamzesini göstermek; böyle çukur hâsıl olmak veya hâsıl etmek.

dim.wit (dîm'wit) *i., argo* ahmak kimse, alık kimse, budala kimse.

din (dîn) *i., f.* (**-ned, -ning**) gürültü, patırtı, şamata; *f.* gürültü ile söylemek, tekrar tekrar söylemek; gürültü etmek. **din into** tekrar tekrar söyleyerek kafasına sokmak.

DIN (dîn) *i., kıs.* **Deutsche Industrie-nor-men** Alman Sanayi Standartları; *foto.* filmin ışığa karşı hassasiyet ölçüsü.

di.nar (dinar') *i.* eski bir altın para, dinar; Yugoslavya, İran, Irak, Ürdün, Kuveyt ve Tunus'ta para birimi.

dine (dayn) *f.* günün esas yemeğini yemek veya yedirmek; akşam yemeği yemek; ziyafet vermek; yemeğe davet etmek. **wine and dine** bir kimseye içkili ziyafet vermek. **dine out** dışarıda yemek yemek. **dining car** vagon restoran. **dining hall** yemek salonu. **dining room** yemek odası.

din.er (day'nır) *i.* yemek yiyen kimse; vagon restoran; vagon restorana benzer lokanta.

di.nette (daynet') *i.* küçük yemek odası.

ding (dîng) *f., i.* çan gibi ses çıkarmak, çalmak; *i.* çan sesi.

ding.bat (dîng'bät) *i., k.dili* ufak şey; fırlatılan şey; ismi unutulan şey.

ding-dong (dîng'dông) *s., i.* çan sesi gibi; *i.* çan sesi, dan dan; aynen tekrar edilen ses.

din.g(e)y, din.ghy (*çoğ.* **-geys, -ghies**) (dîng'i, dîng'gi) *i.* ufak kayık; patalya, dingi; ufak gezinti sandalı.

din.gle (dîng'gıl) *i.* derecik, etrafı ağaçlıklı ufak dere.

din.go (dîng'go) *i.* Avustralya'ya mahsus bir çeşit yabani köpek, *zool.* Canis dingo.

ding.us (dîng'ıs) *i., k.dili* şey.

din.gy (dîn'ci) *s.* (**-gier, -giest**) donuk, rengi soluk, kirli, paslı. **dingily** *z.* rengi soluk olarak, paslı olarak. **dinginess** *i.* rengi soluk oluş, donukluk; kir, pas.

dink.y, dink.ey (dîng'ki) *s.* (**-ier, -iest**) *i., k.dili* önemsiz, ehemmiyetsiz, küçük; *i.* küçük şey; küçük lokomotif.

din.ner (dîn'ır) *i.* günün esas yemeği; akşam yemeği; ziyafet. **dinner bell** yemek zili veya çanı. **dinner hour** yemek saati. **dinner jacket** smokin. **dinner pail** sefertası. **dinner party** ziyafet, yemekli toplantı. **dinner table** sofra. **dinner time** yemek vakti.

din.ner.ware (dîn'ırwer) *i.* yemek takımı.

di.no.saur (day'nısôr) *i.* mesozoik çağda yaşamış olan ve bugün yalnız fosilleri bulunan çok büyük bir cins sürüngen, dinosor.

dint (dînt) *i., f.* kuvvet; ufak oyuk; *f.* ufak çukur meydana getirmek. **by dint of** kuvvetiyle, vasıtasıyla.

di.o.cese (day'ısis) *i.* piskoposluk bölgesi. **di-ocesan** *s., i.* piskoposluk bölgesine ait; *i.* bu bölgeyi idare eden piskopos; bu bölgede bulunan papaz veya fert.

di.ode (day'od) *i., elek.* diod.

di.oe.cious (dayi'şıs) *s., bot., zool.* erkek ve dişi organları ayrı bitki veya hayvanlarda olan, iki evcikli, dioik.

di.op.ter (dayap'tır) *i.* merceklerin ışığı kırma kuvvetinin ölçü birimi, diyopter.

di.op.trics (dayap'triks) *i.* merceklerin ışığı kırmaları ile ilgili bilim dalı. **dioptric(al)** *s.* bu bilimle ilgili.

di.o.ra.ma (dayıra'mı) *i.* diyorama. **dioramic** *s.* diyoramik, diyoramaya ait.

di.o.rite (day'ırayt) *i., jeol.* diyorit, yeşiltaş.

di.ox.ide (dayak'sayd) *i., kim.* dioksit.

dip (dîp) *f.* (**-ped** *veya* **dipt, -ping**) batırmak, daldırmak, banmak; ıslatmak; kepçe gibi bir şeyle çıkarmak; bayrak gibi bir şeyi indirip kaldırmak; *den.* selâm maksadıyla sancağı yarı mayna ve hisa etmek; antiseptik suya batırmak (bir hayvanı); dalmak, batmak; *jeol.* meyletmek, inhitat etmek; *hav.* çabuk inip tekrar havalanmak. **dip into a book** bir kitabı gözden geçirmek.

dip (dîp) *i.* dalma, batma; meyil, inhitat; çukur; daldırma mum, içine herhangi bir şey daldırılacak sıvı, banyo; *argo* yankesici. **dip net** uzun saplı balık ağı, kepçe. **dip stick** daldırma çubuk ölçek. **magnetic dip** mıknatısın aşağı eğilmesi.

di.phase (day'feyz) *s., elek.* iki fazlı, çift fazlı.

diph.the.ri.a (difthîr'iyı) *i., tıb.* kuşpalazı, difteri. **diphtheric** *s.* difteriye benzer, difteriye ait.

diph.thong (dîf'thông, dîp'thông) *i., dilb.* diftong, iki seslinin bir hece halinde kaynaşması.

diph.y.o.dont (dîf'iyıdant) *s., zool.* iki defa diş çıkaran memeli.

dip.loid (dîp'loyd) *s.* çift, iki katlı.

di.plo.ma (diplo'mı) *i.* diploma.

di.plo.ma.cy (diplo'mısi) *i.* diplomasi, diplomatlık, siyaset, hariciye mesleği; başka insanlarla ilişkide incelik, ustalık.

dip.lo.mat (dîp'lımät) *i.* Dışişleri Bakanlığı memuru, hariciye memuru, diplomat, siyaset adamı; başkaları ile ilişkide incelik gösteren kimse.

dip.lo.mate (dîp'lımeyt) *i.* doktor ve mühendis gibi meslek diploması alan kimse.

dip.lo.mat.ic (dîplımät'îk) *s.* diplomatik, milletlerarası siyasete ait; başkaları ile ilişkide ince, usta, siyasî; diplomasi ilmine ait. **diplomatic affairs** diplomatik işler. **diplomatic agent** elçi veya maslahatgüzar. **diplomatic immunity** diplomatik dokunulmazlık. **diplomatic service** Dışişleri memurluğu, hariciyecilik. **diplomatically** *z.* diplomatça, kurnazlıkla, incelikle.

dip.lo.mat.ics (dîplımät'îks) *i.* eski resmî vesikaları çözme ve gerçeğe uygunluğunu tayin etme ilmi.

di.plo.ma.tist (dîplo'mıtist) *i.* diplomat, hariciye memuru, siyaset adamı.

di.plo.pia (diplo'piyı) *i., tıb.* gözün tek cisimleri çift görmesi.

di.pole (day'pol) *i., fiz.* ikiz kutup.

dip.per (dîp'ır) *i.* maşrapa, kepçe; dalıcı kuş. **Great Dipper, Big Dipper** *astr.* Büyükayı. **Little Dipper** *astr.* Küçükayı.

dip.py (dîp'i) *s., argo* deli.

dip.so.ma.ni.a (dîpsımey'niyı) *i.* hastalık derecesinde içki iptilâsı, ayyaşlık, dipsomani. **dipsomaniac** *i.* içkiye müptelâ kimse.

Dip.ter.a (dîp'tırı) *i., çoğ., zool.* bir çift kananadı olan böcekler sınıfı, çiftekanatlılar. **dipteral** *s., mim.* çift sıra direkleri olan; *zool.* iki kanatlı. **dipterous** *s., bot., zool.* iki kanatlı.

dip.tych (dîp'tîk) *i.* eskiden kullanılan birbirine menteşelenmiş iki yapraktan ibaret tablet; kitap gibi kapanan iki levhalı resim.

dire (dayr) *s.* uğursuz, meşum; dehşetli, korkunç. **direly** *z.* dehşetle; uğursuzlukla. **direness** *i.* dehşet, uğursuzluk.

di.rect (dîrekt', dayrekt') *s., z.* doğru, müstakim, dosdoğru; dürüst, tok sözlü; açık, sarih; doğrudan doğruya, vasıtasız, araçsız; babadan oğula intikal eden; *astr.* güneş etrafında dünya yönünde dönen; *gram.* doğrudan doğruya olan, dolaysız, vasıtasız; *z.* dosdoğru, doğrudan doğruya; hemen, derhal; açıkça. **direct action** doğrudan doğruya yöneltilmiş hareket. **direct current** doğru akım. **direct discourse** *gram.* doğrudan doğruya aktarılan konuşma. **direct evidence** izaha veya tahkike muhtaç olmayan delil. **direct hit** tam isabet. **direct mail advertising** posta ile ilân dağıtma. **direct object** *gram.* nesne, düz tümleç. **direct tax** vasıtasız vergi. **the direct opposite** tam aksi. **directly** *z.* doğrudan, doğruya; hemen, derhal.

di.rect (dîrekt') *f.* idare etmek, tanzim etmek, emretmek; göstermek, aydınlatmak, irşat etmek, tevcih etmek, yöneltmek, çevirmek, doğrultmak; yolu tarif etmek, salık vermek, tavsiye etmek. **directive** *s.* idare edici, yol gösterici. **directive** *i.* emir, direktif, kararname.

di.rec.tion (dîrek'şın) *i.* yön, meyil, cihet, istikamet, taraf; idare, nezaret; emir, talimat, tembih; *müz.* belirli bir notanın nasıl çalınacağını belirten işaret. **direction finder** *radyo* yön bulucu alet, yön alıcı cihaz. **directional** *s.* istikamete ait. **directional antenna** yönelici anten.

di.rec.tor (dîrek'tır) *i.* direktör, müdür, idareci, müdürler kurulu üyesi; herhangi bir şeyi idare eden şef. **directorate** *i.* müdüriyet; müdürler kurulu; müdürlük. **directorial** *s.* idareye ait.

di.rec.tor.ship (dîrek'tırşîp) *s.* müdürlük, direktörlük.

di.rec.to.ry (dîrek'tıri) *i., s.* rehber, nizamname; Fransız İhtilâlinde Cumhuriyet Hükümetini idare eden beşler heyeti; *huk.* açıklayıcı hüküm; *s.* idare eden, istişareye ait.

di.rec.tress (dî'rektrıs) *i., nad.* müdire, kadın direktör.

di.rec.trix (dîrek'triks) *i., nad.* müdire; *geom.* doğrultman.

dire.ful (dayr'fûl) *s.* korkunç, dehşet veren, uğursuz; hüzünlü, mahzun. **direfully** *z.* hüzünle, uğursuzca, korkunç bir şekilde. **direfulness** *i.* hüzün, uğursuzluk, dehşet. **dirge** (dırc) *i.* mersiye, ağıt.

dir.i.gi.ble (dîr'ıcıbıl) *i.* idare edilebilen balon, zeplin, hava gemisi.

dir.i.ment (dîr'ımınt) *s., huk.* tamamen iptal eden, fesheden.

dirk (dırk) *i.* bir çeşit kama.

dirn.dl (dırn'dıl) *i.* Avusturya'da giyilen renkli bir etek; kuşaklı etek.

dirt (dırt) *i.* kir, pislik, çamur, toz; leke; alçaklık, namussuzluk, değersizlik, işe yaramazlık; dedikodu, iğrenç konuşma; içinde açık saçık resim ve yazılar bulunan kitap; *mad.* toprak, çakıl, kum. **dirt cheap** sudan ucuz, bedava. **dirt poor** yoksul, fakir. **dirt track** yarışların yapıldığı toprak yol. **pay dirt** değerli maden cevheri; iyi netice veren sistem. **treat a person like dirt** bir kimseyi hiçe saymak, hor görmek, adam yerine koymamak.

dirt.y (dır'ti) *s., f.* kirli, pis, murdar; bulanık; iğrenç, çirkin; alçak; sisli, fırtınalı, bozuk (hava); fazla miktarda radyoaktif zerreler yayan; *argo* yanında esrar bulunan; *f.* pisletmek, kirletmek, murdar etmek; lekelemek. **dirty work** *k.dili* el altından yürütülen iş, hileli oyun, bir işin en zor kısmı. **dirtiness** *i.* pislik.

dis- *önek* zıt oluş; uzaklaştırma; ayrı; olmayan (olumsuz bir kelimenin anlamını kuvvetlendirici ek); yapılan bir şeyi bozma anlamlarına gelen bir önek.

dis.a.bil.i.ty (dîsıbîl'ıti) *i.* maluliyet; yetersizlik, kifayetsizlik, kuvvetsizlik, zaaf; yetkisizlik, salâhiyetsizlik.

dis.a.ble (dîsey'bıl) *f.* sakatlamak, kuvvetten düşürmek, zayıflatmak; *huk.* salâhiyetini elinden almak, ehliyetsiz kılmak. **disabled** *s.* sakat. **disablement** *i.* sakatlık; yetkisizlik, salâhiyetsizlik.

dis.a.buse (dîsıbyuz') *f.* yanlış bir fikri düzelterek gözünü açmak, doğru yolu göstermek.

dis.ac.cord (dîsıkôrd') *f., i.* ihtilâf halinde olmak, aralarında anlaşmazlık olmak; *i.* anlaşmazlık, ahenksizlik.

dis.ac.cus.tom (dîsıkʌs'tım) *f.* bir alışkanlıktan vaz geçirmek, bir itiyadı bıraktırmak.

dis.ac.knowl.edge (dîsäknal'îc) *f.* inkâr etmek, kabul etmemek, reddetmek.

dis.ad.van.tage (dîsıdvän'tîc) *i.* mahzur, aleyhte olan durum, dezavantaj, zarar, ziyan. **at a disadvantage** (diğerlerine nispetle) daha zayıf bir durumda olmak, dezavantajlı olmak. **be to somebody's disadvantage** bir kimsenin zararına olmak, aleyhine olmak. **disadvantaged** *s.* normal sayılan menfaatlerden mahrum.

dis.ad.van.tage (dîsıdvän'tîc) *f.* menfaatine halel getirmek, yararına olmamak, zarar vermek.

dis.ad.van.ta.geous (dîsädvıntey'cıs) *s.* mahzurlu, zararlı; müsait olmayan, elverişsiz. **disadvantageously** *z.* aleyhine olarak, zararına olarak.

dis.af.fect (dîsıfekt') *f.* sevgisini azaltmak, soğutmak.

dis.af.fect.ed (dîsıfek'tîd) *s.* sevgisi azalmış, soğumuş.

dis.af.firm (dîsıfırm') *f.* inkâr etmek, kabullenmemek; *huk.* reddetmek, cerhetmek, nakzetmek; *i.* inkâr, ret, iptal.

dis.af.for.est (dîsıfôr'îst) *f., İng. huk.* orman kanununun kapsamı dışında bırakmak, ormanları tahrip etmek, ormansız bırakmak.

dis.a.gree (dîsıgri') *f.* uyuşmamak, uymamak, uygun düşmemek; muvafık olmamak, anlaşamamak; bozuşmak, münakaşa etmek, tartışmak, atışmak; *gen.* **with** *ile* bünyesine uygun gelmemek, yaramamak, dokunmak (yiyecek).

dis.a.gree.a.ble (dîsıgri'yıbıl) *s.* nahoş, hoşa gitmeyen; kötü, huysuz, kavga eden, aksi, ters, sert. **disagreeableness** *i.* uygunsuzluk, nahoşluk; terslik. **disagreeably** *s.* terslikle, nahoş derecede.

dis.a.gree.ment (dîsıgri'mınt) *i.* ihtilâf, anlaşmazlık, ayrılık, tutmazlık, mübayenet, uyuşmazlık; çekişme, münakaşa, münazaa.

dis.al.low (dîsılau') *f.* müsaade etmemek, engel olmak, menetmek; inkâr etmek, reddetmek.

dis.an.nul (dîsınʌl') *f.* (-led, -ling) tamamen lağvetmek, iptal etmek.

dis.ap.pear (dîsıpir') *f.* gözden kaybolmak, kaybolmak; yok olmak; zail olmak, ortadan kaybolmak. **disappearance** *i.* gözden kaybolma, kaybolma.

dis.ap.point (dîsıpoynt') *f.* hayal kırıklığına uğratmak, memnun edememek, canını sıkmak, üzmek, müteessir etmek, ümitlerini boşa çıkarmak. **disappointed** *s.* hayal kırıklığına uğramış, ümidi kırılmış. **disappointedly** *z.* hayal kırıklığına uğramış olarak. **disappointingly** *z.* hayal kırıklığına uğratacak şekilde; canını sıkarak.

dis.ap.point.ment (dîsıpoynt'mınt) *i.* hayal kırıklığı, ümidi boşa çıkma, hüsran.

dis.ap.pro.ba.tion (dîsäprıbey'şın) *i.* beğenmeyiş, uygun görmeyiş, tensip etmeyiş, tenkit; memnuniyetsizlik, hoşnutsuzluk.

dis.ap.prov.al (dîsıpru'vıl) *i.* beğenmeyiş, hoşnutsuzluk, tasvip etmeyiş.

dis.ap.prove (dîsıpruv') *f.*, of *ile* beğenmemek, uygun görmemek, tensip etmemek; tenkit etmek; reddetmek, kabul etmemek, tasvip etmemek. **disapprovingly** *z.* beğenmeyerek, tasvip etmeyerek, reddederek.

dis.arm (dîsarm') *f.* silâhsızlandırmak, silâhtan tecrit etmek, silâhını almak; zararsız hale getirmek; şüpheyi bertaraf etmek, dost kazanmak; *ask.* silâhını elinden almak; silâhları bırakmak; bir memleketin silâhlı kuvvetlerinin sayısını azaltmak veya sınırlamak. **disarming** *s.* dost kazandırıcı.

dis.ar.ma.ment (dîsar'mımınt) *i.* silâhsızlanma, silâhları bırakma, silâhların sınırlandırılması.

dis.ar.range (dîsıreync') *f.* karıştırmak, dağıtmak, düzenini bozmak. **disarrangement** *i.* karışıklık, düzensizlik, dağınıklık.

dis.ar.ray (dîsırey') *i.*, *f.* nizamsızlık, düzensizlik, karışıklık; düzensiz kıyafet; *f.* düzensiz bir hale getirmek, bozmak.

dis.as.sem.ble (dîsısem'bıl) *f.* sökmek, parçalarına ayırmak, demonte etmek.

dis.as.so.ci.ate (dîsıso'şiyeyt') *f.* ayırmak, münasebetini kesmek, ilgisini kesmek.

dis.as.ter (dîzäs'ter) *i.* felâket, belâ, musibet, talihsizlik, büyük kaza. **disastrous** *s.* felâket getiren, feci. **disastrously** *z.* feci halde.

dis.a.vow (dîsıvau') *f.* reddetmek, tanımamak, tekzip etmek, inkâr etmek. **disavowal** *i.* ret, tekzip, inkâr.

dis.band (dîsbänd') *f.* dağıtmak; terhis etmek; dağılmak. **disbandment** *i.* dağılma; terhis.

dis.bar (dîsbar') *f.* (-red, -ring) *huk.* barodan ihraç etmek. **disbarment** *i.* barodan ihraç.

dis.be.lieve (dîsbiliv') *f.* inanmamak, iman etmemek. **disbelieve in** itimat etmemek. **disbelief** *i.* imansızlık, güvensizlik, itimatsızlık. **disbeliever** *i.* inanmayan kimse, aksine inanan kimse.

dis.burse (dîsbırs') *f.* tediye etmek, ödemek, kasadan para vermek; harcamak; para dağıtmak; israf etmek. **disbursement** *i.* tediye, ödeme; harcama; ödenen meblâğ; harcanan para.

disc *bak.* **disk.**

dis.card (*f.* dîskard'; *i.* dîs'kard) *f.*, *i.* atmak, ıskartaya çıkarmak, ihraç etmek, tardetmek, kovmak; *iskambil* kâğıt atmak, boş kâğıt oynamak; *i.* atma, çıkarma; boş kâğıt.

dis.cern (dîsırn') *f.* ayırt etmek, tefrik etmek; sezmek, görmek, anlamak, farkına varmak, idrak etmek. **discernible** *s.* farkedilebilir, görülebilir. **discernibly** *z.* görülecek surette, aşikâr olarak.

dis.cern.ing (dîsır'nîng) *s.* idrak eden, anlayan, zeki. **discerningly** *z.* idrak ederek, anlayarak.

dis.cern.ment (dîsırn'mınt) *i.* idrak, akıl, muhakeme; görüş, seziş, basiret, feraset.

dis.charge (dîsçarc') *f.* yük boşaltmak (gemi); çıkarmak, akıtmak; top veya tüfekle ateş etmek; ödemek (borç); ifa etmek (vazife); görevine son vermek, işten çıkarmak; terhis etmek; ihraç etmek; serbest bırakmak; *elek.* cereyanı boşaltmak; ağartmak, rengini açmak.

dis.charge (dîs'çarc) *i.* yük boşaltma; ateş etme (top ve tüfek), yaylım ateşi; sırtından yük atma, ödeme, ifa; azil, tart, ihraç, işten çıkarılma; terhis, izin; cereyan, akıntı, akış; cerahat, boru gibi şeyden akan madde; *elek.* boşaltma; boyayı çıkaran madde, ağartıcı madde. **discharge pipe** akma borusu, boşaltma borusu.

dis.ci.form (dîs'ıform) *s.* plak veya disk şeklinde.

dis.ci.ple (dîsay'pıl) *i.* taraftar, mürit, talebe; havari. **discipleship** *i.* taraftarlık, talebelik; havarilik.

dis.ci.pli.nar.i.an (dîsıplıner'iyın) *i.* sert amir, disiplin taraftarı olan kimse.

dis.ci.pli.nar.y (dîs'ıplıneri) *s.* disiplinle ilgili, inzibata ait; tahsil ve terbiyeye ait.

dis.ci.pline (dîs'ıplîn) *i.*, *f.* disiplin, inzibat, terbiye, idare; talim; itaat, boyun eğme; cezalandırma, tekdir; ilim, bilim dalı; *f.* terbiye etmek, yetiştirmek, idare etmek; disipline sokmak, yola getirmek; cezalandırmak.

dis.claim (dîskleym') *f.* inkâr etmek, benim değil diye reddetmek, kabul etmemek; müsaade etmemek, feragat etmek; reddetmek, vaz geçmek; *huk.* bir dilekten veya iddiadan vaz geçmek.

dis.claim.er (dîskley'mır) *i.* vaz geçen kimse; *huk.* iddiadan vaz geçme, feragat, feragatname.

dis.close (dîskloz') *f.* açmak, ifşa etmek; keşfetmek, göstermek, izhar etmek. **disclosure** *i.* açma, ifşa etme, söyleme; ifşa olunan şey, ifşaat, haber.

dis.cog.ra.phy (dîskag'rıfî) *i.* plak koleksiyonu, banda alınmış bilumum veya seçme müzik parçaları; banda alınmış veya plak haline getirilmiş müziğin düzenli bir şekilde sıralanması.

dis.coid, dis.cous (dîs'koyd, dîs'kıs) *s.* disk şeklinde, yassı ve yuvarlak.

dis.col.o(u)r (dîskʌl'ır) *f.* rengini bozmak, soldurmak, lekelemek; rengini değiştirmek. **discolora'tion** *i.* rengini bozma, rengi bozulma, solma; leke.

dis.com.bob.u.late (dîskımbab'yıleyt) *f.*, *A.B.D.*, *argo* arap saçı gibi karıştırmak, altüst etmek.

dis.com.fit (dîskʌm'fît) *f.* yenmek, mağlup etmek, bozguna uğratmak; sinirlendirmek, rahatsız etmek; şaşırtmak. **discomfiture** *i.* rahatsızlık; şaşkınlık; bozgun, yenilgi, hezimet.

dis.com.fort (dîskʌm'fırt) *i.*, *f.* rahatsızlık, huzursuzluk, sıkıntı, ağrı, keder; *f.* sıkıntı vermek, rahatsız etmek, üzmek, canını sıkmak.

dis.com.mode (dîskımod') *f.* taciz etmek, rahatsız etmek; zahmet vermek, külfet yüklemek.

dis.com.pose (dîskımpoz') *f.* düzenini bozmak, şaşırtmak, sinirlendirmek; karıştırmak, rahatını bozmak. **discomposure** *i.* telâş, sinirlenme.

dis.con.cert (dîskınsırt') *f.* düzenini bozmak, karıştırmak; sinirlendirmek; şaşırtmak. **disconcerted** *s.* düzeni bozulmuş, canı sıkılmış.

dis.con.form.i.ty (dîskınfôr'mıtı) *i.* düzensizlik.

dis.con.nect (dîskınekt') *f.* bağlantısını kesmek, ayırmak, çıkarmak. **disconnection,** *İng.* **-exion** *i.* bağlantının kesilmesi, ayrılma.

dis.con.so.late (dîskan'sılît) *s.* teselli kabul etmez, çok kederli; acıklı. **disconsolately** *z.* kederle. **disconsolateness** *i.* keder, teselli kabul etmez durum.

dis.con.tent (dîskıntent') *i.*, *f.*, *s.* hoşnutsuzluk, memnuniyetsizlik, dargınlık; *f.* memnuniyetsizliğe sebep olmak; *s.* memnun olmayan, hoşnutsuz. **discontentedly** *z.* hoşnutsuz olarak, memnuniyetsizlikle, istemeyerek. **discontentedness, discontentment** *i.* hoşnutsuzluk, memnun olmayış.

dis.con.tin.u.ance, -a.tion (dîskıntin'yuwıns, -yuwey'şın) *i.* kesilme, inkıta, fasıla, aralık.

dis.con.tin.ue (dîskıntin'yu) *f.* kesmek, devam etmemek, yarıda bırakmak, vaz geçmek, tatil etmek.

dis.con.ti.nu.i.ty (dîskantınu'wıtı) *i.* devamsızlık, fasıla, inkıta.

dis.con.tin.u.ous (dîskıntin'yuwıs) *s.* devamsız, fasılalı, ayrılmış, ayrı, aralıklı. **discontinuously** *z.* fasıla ile, aralıklı olarak.

disc.o.phile (dîsk'kıfayl) *i.* plak toplamaya ve incelemeye meraklı kimse.

dis.cord (dîs'kôrd) *i.* ahenksizlik, fikir ayrılığı, anlaşmazlık, ihtilâf, kavga; *müz.* falso, gürültü. **sow discord** anlaşmazlık yaratmak, mesele çıkarmak.

dis.cord (dîskôrd') *f.* uymamak, uyuşmamak, çarpışmak. **discordance** *i.* ahenksizlik, uyuşmazlık, anlaşmazlık, düzensizlik.

dis.cor.dant (dîskôr'dınt) *s.* aralarında uyuşmazlık bulunan, karşı, muhalif, ahenksiz; *müz.*

uyumsuz, düzensiz. **discordantly** *z.* ahenksizce, muhalif olarak.

dis.co.thèque (dîskıtek') *i.* diskotek.

dis.count (dîs'kaunt) *i., f.* iskonto, tenzilât, fiyat indirimi; kâr oranı; *f.* fiyat indirimi yapmak, tenzilât yapmak, iskonto etmek, hesaptan düşmek; kırdırmak, kırmak (senet, bono), sonucunu göz önünde tutarak hesaba katmak; aldırmamak; aslını saymamak. **discount house** daha ucuza mal satılan mağaza.

dis.coun.te.nance (dîskaun'tınıns) *f.* utandırmak; tasvip etmemek, yüz vermemek, cesaretini kırmak.

dis.cour.age (dîskır'îc) *f.* hayal kırıklığına uğratmak, gözünü korkutmak, hevesini kırmak, cesaretini kırmak. **discourage somebody from doing something** birini bir işten vaz geçirmek; fikrini değiştirmek. **discouragingly** *z.* hayal kırıklığına uğratarak, hevesini kırarak. **discouragement** *i.* cesaretsizlik, hevesin kırılması.

dis.course (*i.* dîs'kôrs; *f.* dîskôrs') *i., f.* karşılıklı konuşma, mükâleme, muhavere; tez, makale, broşür; söz, hitabe, nutuk; *f.* söylemek, bahsetmek, konuşmak, hitap etmek, bir konuyu sözle veya yazılı olarak işlemek.

dis.cour.te.ous (dîskır'tıyıs) *s.* nezaketsiz, kaba, saygısız, hürmetsiz. **discourteously** *z.* saygısızlıkla. **discourtesy** *i.* nezaketsizlik, kabalık.

dis.cov.er (dîskʌv'ır) *f.* keşfetmek, bulmak; meydana çıkarmak. **discoverable** *s.* keşfi mümkün. **discoverer** *i.* kâşif, keşfeden kimse, bulan kimse.

dis.cov.ert (dîskʌv'ırt) *s., huk.* evlenmemiş veya dul (kadın).

dis.cov.er.y (dîskʌv'ıri) *i.* keşif, ilk buluş, ilk görüş, meydana çıkarma; izhar, bildirme, tanıtma; keşfedilen şey, bulgu; *huk.* ifşaat.

dis.cred.it (dîskred'ît) *i.* itibarsızlık; itimatsızlık, şüphe. **be to somebody's discredit** birinin şerefine halel getirmek, bir kimsenin şerefini lekelemek.

dis.cred.it (dîskred'ît) *f.* itibardan düşürmek, kötülemek; şüpheye düşürmek, güvenini sarsmak; inanmamak, kulak asmamak, itimat etmemek.

dis.cred.it.a.ble (dîskred'îtıbıl) *s.* ayıplanacak, haysiyet kırıcı, şerefe halel getirici. **discred-itably** *z.* şerefe halel getirecek şekilde, yakışık almaz bir surette.

dis.creet (dîskrit') *s.* tedbirli, ihtiyatlı, akıllı, basiretli. **discreetly** *z.* tedbirli olarak, basiretle, akıllıca. **discreetness** *i.* tedbir, ihtiyat, basiret.

dis.crep.an.cy (dîskrep'ınsi) *i.* ayrılık, zıtlık, ihtilâf, başkalık. **discrepant** *s.* farklı, zıt, muhalif.

dis.crete (dîskrit') *s.* ayrı, farklı, göze çarpan, temayüz eden; ayrı ayrı kısımlardan ibaret; *fels.* munfasıl, soyut.

dis.cre.tion (dîskreş'ın) *i.* kibarlık, naziklik; şahsî karar verebilme yetkisi, takdir edebilme hakkı; dikkat; tefrik, ayırma. **Discretion is the better part of valor.** Basiret cesaretten sayılır. **at your discretion** istediğiniz zamanda. **surrender at discretion** kayıtsız şartsız teslim. **years of discretion** aklın hâkim olduğu yaşlar. **discretional, discretionary** *s.* ihtiyarî, bir kimsenin arzusuna bağlı.

dis.crim.i.nate (dîskrîm'ıneyt) *f.* ayırmak, tefrik etmek, temyiz etmek, fark etmek, fark görmek, farkına varmak; fark gözetmek, ayrı tutmak, ayırım yapmak; bir kimse veya bir şeye karşı aleyhte hareket etmek. **discriminately** *z.* tedbirle, muhakeme ile.

dis.crim.i.nat.ing, dis.crim.i.nate (dîskrîm'-ıneytîng, -ınît) *s.* fark eden, ayıran, tefrik eden; zevk sahibi olan, anlayarak takdir eden, görüş sahibi olan.

dis.crim.i.na.tion (dîskrîmıney'şın) *i.* aleyhte davranma; ayırım, tefrik, temyiz; ince farkları görebilme kabiliyeti, zevk sahibi oluş; fark gözetme, ayırım yapma.

dis.crim.i.na.tive (dîskrîm'ınıtîv) *s.* ince farkları görebilen, fark gözeten.

dis.crim.i.na.to.ry (dîskrîm'ınıtôri) *s.* aleyhte davranan ile ilgili; ayırt edebilme kabiliyeti ile ilgili.

dis.cur.sive (dîskır'sîv) *s.* bir şeyden diğerine atlayan; tutarsız, ipsiz sapsız; *informal* daldan dala konan; mantıkî yoldan sonuca varan. **discursively** *z.* bir şeyden diğerine çabuk atlayarak, tutarsızlıkla. **discursiveness** *i.* bir şeyden diğerine çabuk atlama, tutarsızlık, ipsiz sapsızlık.

dis.cus (dîs'kıs) *i., spor* disk; disk atma sporu.

dis.cuss (dîskʌs') *f.* müzakere etmek, görüşmek, münakaşa etmek, tartışmak. **discussant** *i.* bir toplantı veya seminere katılan kimse, konuşmacı. **discussible** *s.* münakaşa edilebilir, müzakeresi mümkün.

dis.cus.sion (dîskʌş'ın) *i.* müzakere, görüşme, münakaşa, sözlü veya yazılı tartışma.

dis.dain (dîsdeyn') *i., f.* küçük görme, tepeden bakma, hor görme; kibir, gurur; *f.* tenezzül etmemek, hakir görmek, hor görmek. **disdainful** *s.* kibirli, tepeden bakan, mağrur. **disdainfully** *z.* tenezzül etmeyerek, hor görerek.

dis.ease (dîziz') *i.* hastalık, rahatsızlık, illet, maraz. **dis.eased** (dîzizd') *s.* hasta, mariz, hastalıklı. **He was diseased in body and mind.** Hem vücutça hem akılca hasta idi.

dis.em.bark (dîsembark') *f.* gemiden karaya çıkarmak veya çıkmak. **disembarka'tion** *i.* karaya çıkarma; karaya çıkma.

dis.em.bar.rass (dîsember'ıs) *f.* mahcup bir duruma düşmekten kurtarmak; güç bir durumdan sıyırmak, rahatlatmak. **disembarrassment** *i.* güç bir durumdan kurtarma, rahatlatma.

dis.em.bod.y (dîsembad'i) *f.* bedenden ayırmak, cisimden tecrit etmek. **disembodied** *s.* bedenden ayrılmış, cisimden kurtulmuş. **disembodiment** *i.* bedenden ayırma veya ayrılma.

dis.em.bogue (dîsembog') *f.* suyunu denize dökmek, denize dökülmek (nehir), akıtmak. **disemboguement** *i.* nehrin denize dökülmesi.

dis.em.bow.el (dîsembau'wıl) *f.* (-ed, -led, -ing, -ling) bağırsaklarını çıkarmak.

dis.en.chant (dîsençänt') *f.* büyüden kurtarmak, büyüsünü çözmek; gözünü açmak. **disenchantment** *i.* büyüyü çözme; gözünü açma.

dis.en.cum.ber (dîsenkʌm'bır) *f.* yük veya sıkıntıdan kurtarmak.

dis.en.fran.chise (dîsenfrän'çayz) *bak.* **disfranchise.**

dis.en.gage (dîsengeyc') *f.* ilgisini kesmek, bağlantısını kesmek, affetmek, salıvermek, serbest bırakmak; *ask.* düşman kuvvetlerinden uzaklaşmak. **disengaged** *s.* serbest, boş, tutulmamış. **disengagement** *i.* ilgiyi kesme; salıverme, serbest bırakma.

dis.en.tan.gle (dîsentäng'gıl) *f.* serbest bırakmak, çıkarmak, dolaşmış bir şeyi çözmek; salıvermek; açılmak, kurtulmak, çözülmek. **disentanglement** *i.* çözülme, açılma, kurtulma.

dis.en.thrall (dîsenthrôl') *f.* serbest bırakmak, azat etmek, kurtarmak.

dis.en.ti.tle (dîsentayt'ıl) *f.* unvan veya iddiadan mahrum etmek, yetkisini elinden almak.

dis.en.trance (dîsenträns') *f.* büyüden kurtarmak, vecit halinden kurtarmak.

dis.es.tab.lish (dîsestäb'lîş) *f.* resmî müessese halinden çıkarmak, kilisenin devletle olan ilişkisini kesmek. **disestablishment** *i.* resmî müessese halinden çıkarma, kilisenin devletle olan ilişkisini kesme.

dis.es.teem (dîsestim') *i., f.* itibarsızlık; *f.* itibar etmemek, saymamak.

dis.fa.vor, *İng.* -vour (dîsfey'vır) *i., f.* itibarsızlık, gözden düşme; zarar; *f.* gözden düşürmek, rağbet etmemek, hoşlanmamak; taraftar olmamak, aleyhinde olmak, karşı olmak.

dis.fig.ure (dîsfig'yır) *f.* şeklini bozmak, çirkinleştirmek, biçimsizleştirmek. **disfigurement** *i.* çirkinleştirme, çirkinlik, şekilsizlik.

dis.fran.chise (dîsfrän'çayz) *f.* vatandaşlık haklarından ve özellikle oy verme hakkından mahrum etmek; herhangi bir hak veya menfaatten mahrum etmek. **disfranchisement** *i.* vatandaşlık haklarından mahrum etme, oy verme hakkını elinden alma.

dis.gorge (dîsgôrc') *f.* kusmak; boşaltmak; teslim etmek, zorla vermek. **disgorgement** *i.* kusma; zorla verme, teslim etme.

dis.grace (dîsgreys') *i.* gözden düşme, itibardan düşme; ayıp, rezalet, yüz karası, utanç. **be in disgrace** gözden düşmüş olmak, utanç verici bir durumda olmak. **be a disgrace to someone** birinin yüz karası olmak. **disgraceful** *s.* çok ayıp, utanç verici, rezil. **disgracefully** *z.* utanılacak bir surette, rezilâne.

dis.grace (dîsgreys') *f.* itibardan düşürmek, gözden düşürmek; rezil etmek.

dis.grun.tle (dîsgrʌn'tıl) *f.* üzmek, sıkmak. **disgruntled** *s.* üzgün, canı sıkılmış.

dis.guise (dîsgayz') *f.* gizlenmek, kılığını değiştirmek, tebdili kıyafet etmek, gizlemek, saklamak. **thinly disguised** sözde gizli, yarı kapalı. **disguisedly** (dîsgay'zıdli) *z.* gizlenmiş olarak, tebdili kıyafet ile.

dis.guise (dîsgayz') *i.* sahte kıyafet, tebdili kıyafet, sahtelik, gizlenme, maskelenme. **in disguise** gizli, kılığını değiştirmiş, tebdili kıyafet etmiş.

dis.gust (dîsgʌst') *i., f.* nefret, istikrah, iğrenme, tiksinme; bezginlik, bıkkınlık; *f.* iğrendirmek, nefret ettirmek, tiksindirmek; bezdirmek, bıktırmak; kusturmak. **be disgusted with** çok kızmak, bıkmak, nefret etmek. **disgustedly** *z.* iğrenerek, tiksinerek. **disgusting** *s.* menfur, iğrenç.

dish (dîş) *i.* tabak, çanak; yemek; *k.dili* bir kimsenin rahatlıkla yaptığı şey; *argo* güzel kız. **dishcloth** *i.* tabak bezi. **dishful** *i.* bir tabak dolusu. **dishpan** *i.* bulaşık tası. **dishwasher** *i.* bulaşıkçı; bulaşık yıkama makinası. **dishwater** *i.* bulaşık suyu. **dull as dishwater** can sıkıcı, kasvetli. **side dish** salata gibi asıl yemek dışındaki yiyecek.

dish (dîş) *f., up* ile tabağa koymak; ortasını çukurlatmak, oymak; sunmak için hazırlamak; **out** ile, *argo* sıkı cezalandırmak. **dished** *s.* içe çökük veya dışa dönük (tekerlek), *argo* yıpranmış.

dis.ha.bille (dîsıbîl') *i.* ev elbisesi; yarı giyinmiş olma.

dis.har.mo.ny (dîshar'mını) *i.* ahenksizlik, uyumsuzluk, düzensizlik.

dis.heart.en (dîshar'tın) *f.* cesaretini kırmak, ümidini kırmak; hevesini kırmak.

di.shev.el (dîşev'ıl) *f.* **(-ed** veya **-led, -ing** veya **-ling)** darmadağınık etmek (saç, giyim), karmakarışık etmek. **disheveled** *s.* karmakarışık, darmadağınık, perişan.

dis.hon.est (dîsan'îst) *s.* namussuz, şerefsiz, haysiyetsiz, sahtekâr, aldatıcı. **dishonestly** *z.* namussuzca, şerefsizce.

dis.hon.es.ty (dîsan'îsti) *i.* namussuzluk, şerefsizlik, sahtekârlık.

dis.hon.or, *İng.* **-our** (dîsan'ır) *i., f.* ayıp, rezalet, namussuzluk, utanç, leke, şerefsizlik; *huk.* ödemeyiş; *f.* şerefine halel getirmek; namusuna leke sürmek; ırzına tecavüz etmek; *huk.* tediyeyi reddetmek. **dishonorable** *s.* namussuz, haysiyetsiz, şerefsiz. **dishonorably** *z.* namussuzca, alçakça.

dis.il.lu.sion (dîsilu'jın) *f.* hayal kırıklığına uğratmak, gözünü açmak. **disillusionment** *i.* hayal kırıklığı, gözü açılma.

dis.in.cline (dîsînklayn') *f.* (bir şeyden veya

kimseden) soğutmak, çevirmek, caydırmak. **be** veya **feel disinclined** canı istememek. **disinclina'tion** *i.* isteksizlik, gönülsüzlük.

dis.in.fect (dîsînfekt') *f.* dezenfekte etmek, mikroptan temizlemek. **disinfectant** *i., s.* dezenfektan, mikrop öldürücü kimyasal madde; *s.* dezenfekte eden. **disinfection** *i.* dezenfekte etme.

dis.in.gen.u.ous (dîsîncen'yuwıs) *s.* samimî olmayan, kurnaz, iki yüzlü, gizli maksadı olan. **disingenuously** *z.* samimiyetsizlikle, iki yüzlülükle.

dis.in.her.it (dîsînher'ît) *f.* mirastan mahrum etmek, reddetmek. **disinheritance** *i.* mirastan mahrumiyet.

dis.in.te.grate (dîsîn'tıgreyt) *f.* bir bütünü kısımlarına ayırmak; parçalara ayrılıp dağılmak. **disintegra'tion** *i.* ayrılıp dağılma; *fiz.* atomların bölünmesi. **disin'tegrator** *i.* ayırıp dağıtan aygıt; öğütme makinası.

dis.in.ter (dîsîntır') *f.* **(-terred, -terring)** gömülmüş bir şeyi yeraltından çıkarmak; açığa çıkarmak, eşmek. **disinterment** *i.* mezardan çıkarma.

dis.in.ter.est (dîsîn'tırîst) *i.* tarafsızlık; meraksızlık, alâkasızlık, ilgisizlik. **disinterested** *s.* tarafsız, önyargısı olmayan; kendi çıkarını gözetmeyen, kendi menfaatini düşünmeyen; ilgisiz.

dis.jec.ta mem.bra (dîscek'tı mem'brı) *Lat.* dağıtılmış kısımlar veya parçalar (yazıda).

dis.join (dîscoyn') *f.* ayırmak, parçalara ayırmak, bütünlüğünü bozmak.

dis.joint (dîscoynt') *f.* ayırmak, parçalamak, ek yerinden ayırmak; düzenini bozmak, dağıtmak. **disjointed** *s.* ek yerinden çıkmış. **disjointedly** *z.* darmadağınık bir şekilde. **disjointedness** *i.* dağınıklık, düzensizlik. **disjointly** *z.* ayrı ayrı.

dis.junct (dîscʌngkt') *s.* ayrı, munfasıl. **disjunction** *i.* ayrılma. **disjunctive** *s., i.* ayıran, bölen; *i.* ayırıcı nitelikte herhangi bir şey; *gram.* iki ayrı fikri birleştiren bağlaç; *man.* ayrık önerme.

disk, disc (dîsk) *i.* yassı dairesel cisim, disk, kurs, ağırşak; gramofon plağı. **disk harrow** keskin çarklarla işleyen çiftçi tırmığı. **disk jockey** radyoda plak takdimciliği yapan kimse, diskcokey.

dis.like (dîslayk') f., i. sevmemek, hoşlanmamak, hazzetmemek; i. nefret, hoşlanmayış. **take a dislike to** soğumak.

dis.lo.cate (dîs'lokeyt) f. yerinden çıkarmak; tıb. mafsaldan çıkarmak; bozmak. disloca'- tion i., tıb. çıkık.

dis.lodge (dîslac') f. yerinden çıkarmak, siper gibi bir yerden çıkarmak; bir evden çıkmak, taşınmak. dislodg(e)ment i. yerinden çıkarma veya çıkarılma.

dis.loy.al (dîsloy'ıl) s. vefasız, sadakatsiz, hain. disloyally s. vefasızca, haince. disloyalty i. vefasızlık, hıyanet.

dis.mal (dîz'mıl) s. kederli, neşesiz, kasvetli; sönük. dismally z. kederle, kasvetle. dismalness i. keder, kasvet.

dis.man.tle (dîsmän'tıl) f. sökmek, parçalara ayırmak, kaldırmak; eşyasını boşaltmak (ev), silâhtan tecrit etmek, arma veya silâhlarını almak. dismantlement i. boşaltma, sökme, parçalara ayırma.

dis.mast (dîsmäst') f. geminin direğini kırmak veya çıkarmak.

dis.may (dismey') f., i. korkutmak, dehşete düşürmek, yıldırmak, cesaretini kırmak; i. yeis, keder, ümitsizlik, dehşet içinde kalma.

dis.mem.ber (dîsmem'bır) f. parçalamak, uzuvları bedenden ayırmak. dismemberment i. parçalama, parçalanma.

dis.miss (dîsmîs') f. işten çıkarmak; yol vermek, gitmesine müsaade etmek; azletmek; bertaraf etmek, defetmek, bırakmak; huk. davayı reddetmek. dismiss from mind aklından çıkarmak, düşünmemek. dismissal i. yol verme, azledilme; izin, müsaade. dismissible s. bertaraf edilebilir, bırakılabilir.

dis.mount (dîsmaunt') f. binek hayvanı veya bisikletten inmek veya indirmek; mak. sökmek.

dis.o.be.di.ence (dîsıbi'diyıns) i. itaatsizlik, baş kaldırma, serkeşlik. disobedient s. itaatsiz, asi, serkeş. disobediently z. itaatsizce, serkeşçe.

dis.o.bey (dîsıbey') f. itaatsizlik etmek, boyun eğmemek, serkeşlik etmek, emre karşı gelmek, söz dinlememek.

dis.o.blige (dîsıblayc') f. hatırını kırmak, hatırını saymamak, ricasını kabul etmemek, gücendirmek. disobliging s. hatır kırıcı, ricasını kabul etmeyen, kaba, nezaketsiz. disobligingly z. hatır kırarak.

dis.or.der (dîsôr'dır) i., f. düzensizlik, intizamsızlık, nizamsızlık; karışıklık, gürültü; hastalık, illet; f. düzenini bozmak, karıştırmak; (sağlığını) bozmak. disordered s. düzensiz, nizamsız, bozuk, karışık; kaçık, çatlak.

dis.or.der.ly (dîsôr'dırli) s. düzensiz, nizamsız, sistemsiz; yolsuz, uygunsuz; açık saçık, ahlâksız; başıboş, gürültülü, velveleli. disorderly conduct huk. genel ahlâka aykırı davranış. disorderly house umumhane, genelev. disorderliness i. intizamsızlık, düzensizlik, karışıklık; uygunsuzluk, terbiyesizlik.

dis.or.gan.ize (dîsôr'gınayz) f. düzenini bozmak, nizamını bozmak, karmakarışık etmek, altüst etmek, karıştırmak. disorganiza'tion i. düzensizlik, nizamsızlık, karışıklık.

dis.o.ri.ent (dîsôr'iyent) f. (bir kimsenin) yolunu şaşırtmak; zihnini karıştırmak.

dis.own (dîson') f. reddetmek, inkâr etmek, tanımamak, kabul etmemek, sahip çıkmamak.

dis.par.age (dîsper'îc) f. aleyhinde bulunmak, kötülemek, itibarını sarsmaya çalışmak, küçük görmek, küçük düşürmek, takdir etmemek. **make disparaging remarks** küçük düşürücü sözler söylemek, bozmak. disparagement i. aleyhinde bulunma, kötüleme. disparagingly z. tenkit edercesine, aleyhinde bulunarak.

dis.pa.rate (dîsper'ıt) s. eşit olmayan, birbirine benzemeyen, tamamen ayrı, farklı.

dis.par.i.ty (dîsper'ıti) i. eşitsizlik, müsavatsızlık, fark, nispetsizlik.

dis.pas.sion.ate (dîspäş'ınıt) s. tarafsız, hislerine kapılmayan, serinkanlı, sakin. dispassionately z. tarafsızlıkla, hislerine mağlup olmadan. dispassionateness i. tarafsızlık; serinkanlılık.

dis.patch (dîspäç') i., f. gönderme, sevketme, çekme (telgraf); öldürme, idam etme; acele, sürat; yazışma, mektup; telgraf; f. göndermek (kurye veya mektup), çekmek (telgraf); sevketmek; idam etmek; süratle bitirmek. dispatch boat resmî mektupları taşıyan devlet gemisi. dispatch rider ask. posta. dispatcher i. hareket memuru (tren, uçak).

dis.pel (dîspel') f. (-pelled, -pelling) dağıtmak, defetmek, gidermek.

dis.pen.sa.ble (dîspen'sıbıl) s. elzem olmayan, vaz geçilebilir; mazur görülebilir. dispensabil'ity i. vaz geçilebilir olma hali.

dis.pen.sa.ry (dîspen'sıri) *i.* dispanser, bakımevi; eczane.

dis.pen.sa.tion (dîspınsey'şın) *i.* dağıtma, bölme; idare, tertip; takdiri ilâhî; bağışıklık, muafiyet; af, hariç tutma, dışında bırakma, istisna.

dis.pen.sa.to.ry (dîspen'sıtôri) *i.* ilâçların terkibini izah eden kitap, kodeks; *eski* dispanser.

dis.pense (dîspens') *f.* dağıtmak, tevzi etmek, vermek; üstesinden gelmek, başarmak; yapmak, hazırlamak (ilâç reçetesini). **dispense with** vaz geçmek, yol vermek. **dispenser** *i.* dağıtan kimse; yöneten veya idare eden kimse.

dis.per.sal (dîspır'sıl) *i.* dağılma, dağıtılma.

dis.perse (dîspırs') *f.* dağıtmak, yaymak, ayırmak, saçmak; ayrılmak, yayılmak, dağılmak. **dispersion** *i.* dağıtma, dağıtım, dağılma; *fiz.* dağılım, saçılma, inhilâl (ışın). **dispersive** *s.* dağıtmaya meyilli.

dis.pir.it.ed (dîspîr'îtîd) *s.* keyifsiz, neşesiz. **dispiritedly** *z.* keyifsiz olarak. **dispiritedness** *i.* keyifsizlik.

dis.place (dîspleys') *f.* yerinden çıkarmak, yerini değiştirmek; yerini zaptetmek; azletmek, işten çıkarmak. **displaced person** harp sebebiyle memleketini terketmeye mecbur kalan kimse.

dis.place.ment (dîspleys'mınt) *i.* yerinden çıkarma veya çıkarılma; *fiz.* bir geminin ihraç ettiği suyun ağırlığı.

dis.play (dîspley') *i., f.* gösterme, teşhir, sergileme, arz, izhar, gösteriş; *f.* göstermek, teşhir etmek, göz önüne sermek, izhar etmek, arz etmek; *matb.* iri harflerle teşhir etmek. **make a display** gösteriş yapmak.

dis.please (dîspliz') *f.* darıltmak, gücendirmek, canını sıkmak, sinirlendirmek.

dis.pleas.ure (dîsplej'ır) *i.* memnuniyetsizlik, hoşnutsuzluk, kırılma, gücenme, öfke.

dis.port (dîspôrt') *i., f.* oynama, oyalanma, eğlenme; *f.* oynamak, oyalanmak, eğlenmek.

dis.pos.a.ble (dîspo'zıbıl) *s.* elden çıkarılabilir, verilebilir; icabına göre kullanılabilir; kullanıldıktan sonra atılabilir.

dis.po.sal (dîspo'zıl) *i.* düzen, tertip, tanzim; idare, tasarruf; satma, satış, başkasına verme, elden çıkarma; iktidar. **at one's disposal** emrine amade, hizmetinde.

dis.pose (dîspoz') *f.* niyetlendirmek; dağıtmak; düzenlemek, tanzim etmek; idare etmek, kullanmak, tasarruf etmek; uydurmak, kandırmak; son şeklini vermek; **of** *ile* satmak, vermek, elden çıkarmak. **Man proposes, God disposes.** Murat insandan, takdir Allahtan. Takdir tedbiri bozar.

dis.po.si.tion (dîspızîş'ın) *i.* düzen, tertip, idare, nizam, tanzim; eğilim, temayül; mizaç, tabiat, huy; istidat, hal.

dis.pos.sess (dîspızes') *f.* mal ve mülküne el koymak, evinden çıkarmak, *huk.* tahliye etmek; yoksun bırakmak, mahrum etmek. **dispossession** *i.* mal ve mülke el konulması, evden çıkarma veya çıkarılma.

dis.praise (dîspreyz') *f., i.* kötülemek, ayıplamak, kıymetini takdir etmemek; *i.* kötüleme, ayıplama. **dispraisingly** *z.* kötüleyerek, ayıplayarak.

dis.proof (dîspruf') *i.* cerh, ret, aksini ispatlama.

dis.pro.por.tion (dîsprıpôr'şın) *i.* nispetsizlik, fark. **disproportional** *s.* nispetsiz olan. **disproportionally** *z.* nispetsiz olarak.

dis.pro.por.tion.ate (dîsprıpôr'şınît) *s.* nispetsiz, gereğinden fazla, aşırı, ifrata kaçan, uymayan. **disproportionately** *z.* nispetsizce. **disproportionateness** *i.* nispetsizlik.

dis.prove (dîspruv') *f.* yanlış olduğunu göstermek, aksini ispat etmek, çürütmek (fikir, iddia); reddetmek. **disprovable** *s.* çürütülebilir.

dis.put.a.ble (dîspyu'tıbıl) *s.* inkâr edilebilir, itiraz kaldırır, tartışılabilir; şüpheli. **disputably** *z.* tartışılabilecek surette, inkâr edilebilecek şekilde.

dis.pu.tant (dîspyu'tınt) *i.* münakaşacı, tartışmacı, münakaşada bir tarafı savunan.

dis.pu.ta.tion (dîspyutey'şın) *i.* tartışma, münakaşa, münazara. **disputatious, disputative** *s.* münakaşacı, tartışmacı.

dis.pute (dîspyut') *i.* kavga, tartışma, münakaşa, mücadele; *f.* tartışmak, münakaşa etmek; bir şeyin doğruluğundan şüphe etmek; karşı koymak, reddetmek, kabul etmemek, itiraz etmek, mücadele etmek. **beyond dispute** münakaşa kabul etmez, herkesçe kabul edilmiş.

dis.qual.i.fi.ca.tion (dîskwalıfıkey'şın) *i.* yetkisiz kılma, yetkisizlik, salâhiyetsizlik, ehliyetsizlik; oyundan çıkarma cezası.

dis.qual.i.fy (dìskwal'ıfay) *f.* yetkisini elinden almak (ceza olarak); oyun oynama hakkını elinden almak; ödül alma hakkını iptal etmek.
dis.qui.et (dìskway'ıt) *f., i.* rahatsız etmek, endişe vermek, huzurunu kaçırmak, üzmek; *i.* merak, endişe, huzursuzluk, üzüntü. **disquieting** *s.* merak verici, rahatsız edici, huzur kaçırıcı. **disquietude** *i.* rahatsızlık, huzursuzluk, üzüntü.
dis.qui.si.tion (dìskwìzìş'ın) *i.* tez, tetkik, çalışma, travay; nutuk, söylev.
dis.re.gard (dìsrìgard') *f., i.* ehemmiyet vermemek, önemsememek, aldırmamak, saymamak, itibar etmemek, ihmal etmek; *i.* ihmal, kayıtsızlık, itibar etmeyiş, saymayış.
dis.rel.ish (dìsrel'ìş) *i., f.* tiksinme, hoşlanmayış; *f.* hoşlanmamak, beğenmemek, tiksinmek.
dis.re.pair (dìsrìper') *i.* tamire muhtaç olma; bakımsızlık. **in disrepair** tamire muhtaç, harap halde.
dis.rep.u.ta.ble (dìsrep'yıtıbıl) *s.* itibarsız, kötü şöhreti olan, haysiyetsiz, namussuz, rezil.
dis.re.pute (dìsrìpyut') *i.* itibarsızlık, kötü şöhret. **fall into disrepute** şöhreti lekelenmek, ismi kötüye çıkmak, itibardan düşmek.
dis.re.spect (dìsrìspekt') *i., f.* hürmetsizlik, saygısızlık, adam yerine koymayış, kabalık; *f.* hürmet etmemek, saymamak. **show disrespect for** saygısızlıkta bulunmak. **disrespectable** *s.* saygısız.
dis.robe (dìsrob') *f.* soymak, elbisesini çıkarmak; soyunmak. **disrobing room** soyunma odası.
dis.rupt (dìsrʌpt') *f.* karışıklık içine itmek; engel olmak; yarmak, kesmek, çatlatmak, kırıp ayırmak. **disruption** *i.* karışıklık içine itme; engel olma; kesilme, çatlama, bozulma, yarık. **disruptive** *s.* yıkıcı, bozucu.
dis.sat.is.fy (dìssät'ìsfay) *f.* memnun etmemek, hoşnut etmemek, tatmin edememek. **dissatisfac'tion** *i.* memnuniyetsizlik, hoşnutsuzluk, tatminsizlik.
dis.sect (dìsekt') *f.* parçalara ayırmak, teşrih etmek, tahlil etmek; inceden inceye tetkik etmek. **dissecting** *i.* teşrih, tahlil. **dissection** *i.* teşrih, teşrih edilen şey. **dissector** *i.* teşrihçi.
dis.seize, dis.seise (dìssiz') *f., huk.* mal ve mülkünü elinden almak (bilhassa haksızca). **disseizin, disseisin** *i.* emlâki zaptetme, emlâki zaptedilme.

dis.sem.ble (dìsem'bıl) *f.* gizlemek, saklamak, örtbas etmek; başka şekilde göstermek; görmezlikten gelmek, anlamazlıktan gelmek; ikiyüzlülük etmek, mürailik etmek. **dissemblance** *i.* mürailik.
dis.sem.i.nate (dìsem'ıneyt) *f.* saçmak, yaymak, neşretmek; geçirmek, sirayet ettirmek. **dissemina'tion** *i.* neşir, saçma, saçılma; geçme, sirayet.
dis.sen.sion (dìsen'şın) *i.* anlaşmazlık, kavga, çekişme.
dis.sent (dìsent') *f., i.* karşı koymak, muhalif olmak, kabul etmemek; ayrılmak; *i.* kabul etmeyiş, ihtilâf, ayrılık.
dis.sep.i.ment (dìsep'ımınt) *i., biyol.* bölme, ayıran zar.
dis.ser.ta.tion (dìsırtey'şın) *i.* tez, travay, risale; nutuk, söylev.
dis.ser.vice (dìssır'vìs) *i.* zarar, ziyan. **do disservice to** bir kimseye zarar vermek. **disserve** *f.* bir kimseye kötülük etmek, incitmek, kırmak.
dis.sev.er (dìsev'ır) *f.* tamamen ayırmak, birbirinden ayırmak, kesip ayırmak; ayrılmak.
dis.si.dence (dìs'ıdıns) *i.* fikir ayrılığı, ihtilâf, karşı koyma, muhalefet.
dis.si.dent (dìs'ıdınt) *s., i.* muhalif, karşı koyan (kimse).
dis.sim.i.lar (dìsìm'ılır) *s.* birbirine benzemeyen, farklı, başka, muhtelif. **dissimilar'ity** *i.* başkalık, farklılık, benzemeyiş.
dis.sim.i.la.tion (dìsìmıley'şın) *i.* farklı yapma veya olma (ses).
dis.si.mil.i.tude (dìssìmìl'ıtud) *i.* benzemeyiş, başkalık, fark.
dis.sim.u.late (dìsìm'yıleyt) *f.* başka türlü göstermek, hislerini gizlemek, ikiyüzlülük etmek. **dissimulation** *i.* mürailik, ikiyüzlülük.
dis.si.pate (dìs'ıpeyt) *f.* dağıtmak, israf etmek, ziyan etmek, har vurup harman savurmak; dağılmak; müsrif olmak; ziyan olmak, harcanmak; sefahate dalmak. **dissipated** *s.* müsrif, sefih; ayyaş; dağılmış, israf olunmuş. **dissipa'tion** *i.* dağıtma, dağılma, zihin dağınıklığı; israf; sefahat.
dis.so.ci.ate (dìso'şiyeyt) *f.* ayırmak, tefrik etmek; *kim.* ayrıştırmak, bir cismi terkip eden unsurları birbirinden ayırmak. **dissocia'tion** *i.* ayırma, ayrılma, tefrik; *kim.* çözüşme; *psik.* şahsiyetin çözülmesi.

dis.sol.u.ble (dîsal'yıbıl) *s.* erir, eritilebilir, hallolunur; çözülür; fesholunabilir.

dis.so.lute (dîs'ılut) *s.* ahlâksız, çapkın, sefih. **dissolutely** *z.* ahlâksızca, sefihçe. **dissoluteness** *i.* ahlâksızlık, sefahat.

dis.so.lu.tion (dîsılu'şın) *i.* eritme, erime; ayırma; tatil etme; sona erme; ölüm, zeval.

dis.solve (dîzalv') *f.* eritmek, erimek, halletmek, hallolmak; çözmek, açmak; feshetmek, dağıtmak; izale etmek, yok etmek; zeval bulmak; televizyon veya filimde iki görüntüyü karıştırarak değiştirmek. **dissolve into tears** gözyaşları boşanmak. **dissolvable** *s.* erir, eritilebilir, çözülebilir; fesholunabilir. **dissolvent** *i., s.* eritici, muhallil (madde).

dis.so.nance (dîs'ınıns) *i.* ahenksizlik, uyumsuzluk, seslerin birbirine uymaması; *müz., fiz.* akortsuzluk.

dis.so.nant (dîs'ınınt) *s.* ahenksiz, uyumsuz, uygun olmayan.

dis.suade (dîsweyd') *f.* aksine ikna etmek, caydırmak, vaz geçirmek. **dissuasion** *i.* vaz geçirme, caydırma.

dis.syl.la.ble (dîssîl'ıbıl) *i.* iki heceli kelime.

dis.sym.me.try (dîssîm'ıtri) *i.* simetrik olmayış, bakışımsızlık; *mat.* simetrisizlik.

dist. *kıs.* **distance, distinguish, district.**

dis.taff (dîs'täf) *i.* öreke; kadın işi, kadın veya kadınlar. **distaff side** ailenin kadın kısmı.

dis.tal (dîs'tıl) *s., bot., anat.* merkez veya mafsaldan uzak.

dis.tance (dîs'tıns) *i., f.* mesafe, uzaklık, ara, menzil; müddet, fasıla; aralık; *güz. san.* buut, perspektif; *f.* geride bırakmak. **a good distance off** epeyce uzakta. **at a distance** uzakta, uzak bir yerde; belirli bir mesafede. **from a distance** uzaktan. **keep one's distance** haddini bilmek, sokulmamak, lüzumlu olan mesafeyi muhafaza etmek. **middle distance** orta buutta. **within striking distance** vurulabilecek mesafede.

dis.tant (dîs'tınt) *s.* uzak, ırak (yer veya zaman); soğuk, ağır, mesafeli (kimse); belirsiz, hafif. **distant relative** uzak akraba. **distantly** *z.* uzaktan, soğuk bir tavırla.

dis.taste (dîsteyst') *i., f.* sevmeyiş, hoşlanmayış; *f.* tadını beğenmemek, zevk almamak, hazzetmemek.

dis.taste.ful (dîsteyst'fıl) *s.* tatsız, nahoş, sevil-

meyen, makbul olmayan. **distastefully** *z.* tatsız bir şekilde.

dis.tem.per (dîstem'pır) *i., f.* huysuzluk, aksilik, terslik; rahatsızlık; karışıklık; bir çeşit köpek hastalığı; *f.* rahatsız etmek, hasta etmek, keyfini kaçırmak, sinirlendirmek.

dis.tem.per (dîstem'pır) *i., f.* yumurta karıştırılmış bir çeşit boya; bu boyayı kullanma usulü; *f.* boyaya yumurta karıştırmak; bu boya ile sahne veya duvar boyamak.

dis.tend (dîstend') *f.* şişirmek, yaymak, germek; şişmek, yayılmak, gerilmek. **distention** *i.* şişme, gerilme, germe, yayılma, yayma.

dis.tich (dîs'tîk) *i.* beyit, iki mısra.

dis.ti.chous (dîs'tîkıs) *s., bot.* dikey iki sıra halinde düzenlenmiş.

dis.til(l) (dîstîl') *f.* (**-tilled, -tilling**) imbikten çekmek, taktir etmek, damıtmak; damlamak, süzülmek, imbikten çekilmek; bir fikrin özünü bulup çıkarmak. **distillate** *i.* imbikten geçmiş sıvı, öz. **distilled** *s.* imbikten geçmiş. **distilla'tion** *i.* taktir, damıtma; öz. **distiller** *i.* imbikten çekici; rakı v.b. imal eden kimse. **distillery** *i.* taktirhane, içki imal eden fabrika.

dis.tinct (dîstîngkt') *s.* ayrı, farklı, başka; bağımsız, müstakil; açık, vazıh, belli. **distinctly** *z.* açıkça, vuzuhla; şüphesiz, muhakkak, kesin olarak. **distinctness** *i.* vuzuh, açıklık, farklılık.

dis.tinc.tion (dîstîngk'şın) *i.* ayırt etme, tefrik, temyiz; fark, idrak; açıklık, vuzuh; nişan, rütbe, paye; sivrilme, yükselme, temayüz; üstünlük. **distinction without a difference** hak olunmayan sivrilme, suni fark.

dis.tinc.tive (dîstîngk'tîv) *s.* ayıran, ayırt eden, tefrik ve temyiz eden; özellik belirten. **distinctively** *z.* ayırt ederek, farklı bir şekilde. **distinctiveness** *i.* ayırt edici özellik.

dis.tin.gué (dîstänggey') *s., Fr.* sivrilmiş, üstün, mükemmel, zarif, kibar, nazik.

dis.tin.guish (dîstîng'gwîş) *f.* ayırt etmek, ayırmak, tefrik etmek; anlamak, idrak etmek; sivrilmek, temayüz etmek; değer kazandırmak. **distinguishable** *s.* görülebilir, fark edilebilir. **distinguishably** *z.* farkedilecek surette. **distinguished** *s.* üstün, mükemmel, kibar, sivrilmiş, mütemayiz.

dis.tort (dîstôrt') *f.* eğri büğrü etmek, çarpıtmak, biçimini bozmak, kırmak, bükmek; tahrif etmek, olduğundan başka anlam vermek; azdırmak. **distortion** *i.* çarpıklık, bükülme; tahrif.

dis.tract (disträkt') *f.* zihni veya ilgiyi başka tarafa çekmek; rahatsız etmek, şaşırtmak; çıldırtmak. **distracted** *s.* şaşırmış, aklı başından gitmiş. **distractedly** *z.* aklı başında olmayarak. **distraction** *i.* zihni veya ilgiyi başka tarafa çekme; dalgınlık, şaşkınlık, ümitsizlik; *nad.* çılgınlık.

dis.train (distreyn') *f.*, *huk.* borç yüzünden bir kimsenin eşyasına el koymak veya haczetmek. **distrainable** *s.* haczolunabilir. **distrainor** *i.* haciz veya el koyan kimse. **distraint** *i.* haciz veya el koyma.

dis.traught (distrôt') *s.* şaşırmış, aklı başından gitmiş, üzülmüş; çılgın.

dis.tress (distres') *i.*, *f.* dert, sıkıntı, üzüntü, keder, ıstırap, tehlike; *huk.* borca karşılık eşyaya el konulması, haciz; *f.* keder vermek, ıstırap çektirmek, sıkıntı vermek, sıkmak, felâkete sürüklemek; *huk.* borca karşılık bir kimsenin eşyasına el koymak. **distressing** *s.* keder verici, acıklı.

dis.trib.u.tar.y (distrib'yûteri) *i.* asıl nehirden dışarı akan kol.

dis.trib.ute (distrib'yût) *f.* dağıtmak, tevzi etmek, yaymak, taksim etmek, bölmek; düzenlemek, tasnif etmek, sınıflama yapmak; *matb.* tertip olunmuş harfleri yerlerine dağıtmak.

dis.tri.bu.tion (distrıbyu'şın) *i.* dağıtım, tevzi, dağıtma; bölme, taksim; tertip, tanzim; dağılma, yayılma.

dis.trib.u.tive (distrib'yıtiv) *s.* dağıtan, tevzi eden, taksim eden; *man.* üleştirimli, tevziî; ferdî; *gram.* "her bir", "her" gibi sıfatların anlamını ifade eden. **distributive justice** herkesin hakkını verme, adalet dağıtımı, üleştirimli tüze.

dis.trict (dis'trikt) *i.*, *f.* mıntıka, bölge, havali, nahiye, mahalle, kaza, sancak, seçim bölgesi; *f.* mıntıkalara ayırmak. **district attorney** bir mıntıkanın başsavcısı (*kıs.* **D.A.**). **district court** hukukî bir mıntıka içinde yetki sahibi olan mahkeme.

District of Columbia (*kıs.* **D.C.**) Washington mıntıkası.

dis.trust (distrʌst') *f.*, *i.* şüphe etmek, itimat etmemek, güvenmemek, emniyet etmemek, inanmamak; *i.* şüphe, güvensizlik, emniyetsizlik, itimatsızlık. **distrustful** *s.* şüpheci,

vesveseli, kuşkulu, başkalarına güveni olmayan.

dis.turb (distırb') *f.* karıştırmak, altüst etmek, düzenini bozmak; rahatsız etmek, taciz etmek, tedirgin etmek; endişelendirmek, müteessir etmek, üzmek; telâşa düşürmek.

dis.tur.bance (distır'bıns) *i.* karışıklık, kargaşalık, fesat; rahatsızlık, sıkıntı.

di.sul.phate (daysʌl'feyt) *i.*, *kim.* bisulfat.

di.sul.phide (daysʌl'fayd) *i.*, *kim.* disülfür, bir eleman ile iki kükürt atomundan meydana gelen bir madde.

di.sul.phur.ic (disʌlfyûr'ik) *s.*, *kim.* disülfürik.

dis.un.ion (disyun'yın) *i.* ayrılma; nifak, ihtilâf.

dis.u.nite (disyunayt') *f.* ayırmak, aralarını bozmak; ayrılmak.

dis.u.ni.ty (disyu'nıti) *i.* ayrılık, ahenksizlik, uyumsuzluk.

dis.use (disyus') *i.* kullanılmama, kullanılmazlık; terk. **fall into disuse** kullanılmaz olmak, terkedilmiş olmak.

dis.use (disyuz') *f.* kullanmaz olmak, kullanmamak, terketmek.

dis.u.til.i.ty (disyutîl'ıti) *i.* kullanışsızlık, faydasız oluş; zararlı oluş.

di.syl.la.ble (daysîl'ıbıl) *i.* iki heceli kelime.

ditch (diç) *i.*, *f.* hendek; ark; *f.* hendek kazmak; hendekle çevirmek; hendeğe atmak; *A.B.D.* raydan çıkmak; *A.B.D.*, *argo* kurtulmak, -den kaçmak; *argo* arızalı bir uçağı suya indirmek. **ditchdigger** *i.* hendek kazıcısı; ağır ve adi işte çalışan kimse. **ditchwater** *i.* hendekte biriken pis su.

di.the.ism (day'thiyîzım) *i.* iki eşit tanrıya inanma; iki zıt prensibin varlığına inanma. **ditheist** *i.* bu inancı kabul eden kimse.

dith.er (didh'ır) *f.*, *i.* titremek; *i.* titreme, titreyiş. **be all in a dither** tir tir titremek, çok heyecanlanmak, fazla telâşa kapılmak.

dith.y.ramb (dith'ıräm) *i.* ditiramp; kaside tarzında duygulu ve düzensiz bir üslûpla yazılmış şiir. **dithyrambic** *s.* bu tarzda yazılan.

dit.ta.ny (dît'ıni) *i.* geyikotu, girit otu, *bot.* Dictamnus albus, ilâç için kullanılan birkaç çeşit ot. **dittany of Crete** kurt helvası, *bot.* Origanum dictamnus.

dit.to (dît'o) *i.*, *z.*, *ünlem, f.* aynı şey (az önce anılan); *z.* yukarıda bahsedildiği gibi, aynı, aynen, tıpkı; *ünlem, k.dili* Kabul !; *f.* tekrarlamak; kopya etmek, makinayla suret çıkarmak. **ditto mark** denden işareti, (''). **dit.ty** (dît'i) *i.* bestelenmek için yazılmış şiir, kısa ve basit şarkı.

ditty bag, ditty box gemicinin içinde iplik, iğne gibi şeyleri bulunan torba veya kutusu.

di.u.re.sis (dayyûri'sîs) *i., tıb.* idrarın fazlalaşması. **diuretic** (dayyûret'îk)*s., i.* idrar getiren, müdrir; *i.* müdrir ilâç.

di.ur.nal (dayyır'nıl) *s., i.* günlük, yevmî, her günkü; gündüze ait, gündüz olan; *bot.* günlük bir devir gösteren, gündüz açılıp gece kapanan, bir günlük (çiçek).

di.va (di'vı) *i.* primadonna.

di.va.gate (day'vıgeyt) *f.* başıboş dolaşmak, yoldan ayrılmak, sapmak; konu dışına çıkmak. **divaga'tion** *i.* sapma, ayrılma; konu dışına çıkma.

di.va.lent (dayvey'lınt) *bak.* **bivalent**.

di.van (dîvän') *i.* sedir; divan, meclisi hümayun, büyük meclis; salon, divan odası; tütün ve kahve içmeye mahsus salon veya oda; divan, bir şairin alfabetik sıraya göre düzenlenmiş şiirlerinin toplamı.

di.var.i.cate (dîver'ıkeyt) *f.* çatallanmak, ayrılmak, dallanmak. **divarica'tion** *i.* dallanma, yayılma, çatallanma; ayrılık, fark, uyuşmazlık.

dive (dayv) *f., i.* (-d veya **dove**) suya dalmak, dalmak, batmak, suya atlamak; *hav.* pike yapmak; *i.* dalış; pike; batakhane. **dive bomber** bombardıman uçağı. **diving** *s., i.* dalan, dalmak için kullanılan; *i.* dalış. **take a dive** *A.B.D., argo, boks* karşı tarafın kastî olarak yenmesini sağlamak. **diving bell** dalgıç hücresi. **diving board** atlama tahtası, tramplen. **diving suit** dalgıç elbisesi.

div.er (day'vır) *i.* dalan kimse, dalgıç; suya dalan birkaç çeşit kuş, dalgıç kuşu. **skin diver, scuba diver** balıkadam.

di.verge (dîvırc') *f.* ayrılmak, birbirinden uzaklaşmak; sapmak, yolundan ayrılmak; farklı olmak, aykırı olmak, fikirce ayrılmak; ayırmak, birbirinden uzaklaştırmak. **divergence, -cy** *i.* ayrılma, uzaklaşma. **divergent** *s.* çeşitli, muhtelif, muhalif, birbirine karşı. **divergingly** *z.* gitgide birbirinden uzaklaşarak.

di.verse (dîvırs'), **di.vers** (day'vırs) *s.* muhtelif, çeşit çeşit, farklı. **diversely** *z.* muhtelif surette, çeşitli olarak.

di.ver.si.fy (dîvır'sıfay) *f.* değişik veya çeşitli bir hale sokmak. **diversifica'tion** *i.* değişiklik, çeşitlilik.

di.ver.sion (dîvır'jın) *i.* saptırma, yoldan çevirme; eğlence, oyun; vakit geçirme, oyalama, oyalanma; *ask.* şaşırtma hareketi, sahte taarruz. **diversionary tactics** yoldan çevirmek için şaşırtıcı taktikler.

di.ver.si.ty (dîvır'sıti) *i.* başkalık, çeşitlilik, fark; çeşit, cins, nevi.

di.vert (dîvırt') *f.* ilgisini başka yöne çekmek, dikkatini dağıtmak; çevirmek, saptırmak; oyalamak, eğlendirmek. **divertingly** *z.* eğlendirecek şekilde.

di.ver.tisse.ment (divertisman') *i.* eğlence; *müz.* divertimento; opera, piyes gibi temsiller arasında sahneye konan bale gibi kısa ve eğlendirici oyun.

di.vest (divest') *f.* soymak, tecrit etmek; yoksun bırakmak, mahrum etmek. **divestiture, divestment** *i.* soyma, tecrit etme; soyulma, tecrit edilme; mahrum etme veya edilme.

di.vide (dîvayd') *f., i.* bölmek, taksim etmek, ikiye ayırmak, kesmek; tevzi etmek, dağıtmak; ara açmak; sınıflandırmak, tasnif etmek, kısımlara ayırmak; oy kullanmak için ikiye ayırmak veya ayrılmak (parlamento); *mat.* bölmek; *i., coğr.* yağmur sularını iki yana akıtan ve yamaçları veya meyilli düzeyleri birbirinden ayıran dağ sırası. **divided highway** geliş gidiş yönü birbirinden ayrılmış olan ana yol.

div.i.dend (dîv'ıdend) *i.* kâr hissesi; *mat.* bölünen. **dividend coupon** *tic.* kâr kuponu. **cash dividend** peşin ödenen kâr.

di.vid.er (dîvay'dır) *i.* bölen veya ayıran kimse veya şey; hisseleri bölen kimse; *çoğ.* pergel.

di.vid.u.al (dîvîc'uwıl) *s.* bölünmüş, bölünebilir; ayrı, ayrılabilen; dağıtılmış.

div.i.na.tion (dîvıney'şın) *i.* kehanet, keşif, fal açma, gaipten haber verme; isabetli tahmin. **div'inator** *i.* kâhin, falcı. **divin'atory** *s.* kehanete ait, kehanet iddiasında, gaipten haber veren.

di.vine (dîvayn') *s., i.* Tanrı ile ilgili, tanrıbilime ait, ilâhî, kutsal, göksel, tanrısal;

fevkalade, mükemmel, âlâ; *k.dili* çok güzel; *i.* rahip, ilâhiyatçı. **divinely** *z.* mükemmel olarak.

di.vine (divayn') *f.* sezmek, hissetmek, gaipten haber vermek; kehanette bulunmak, önceden bilmek; fal açmak, fala bakarak önceden haber vermek; içine doğmak, malum olmak; tahmin etmek; özel bir çubuk ile yerini bulmak. **diviner** *i.* kâhin, falcı, önceden haber veren kimse. **divining rod** yeraltında su veya maden damarı keşfinde kullanılan çatal şeklinde çubuk.

di.vin.i.ty (divin'ıti) *i.* tanrılık vasfı, ilâhî vasıf, metafizik kuvvet, salt mükemmellik; ilâhiyat; ilâh, mabut, tanrı, tanrıça; Tanrıdan aşağı insandan üstün göksel yaratık, melek; bir çeşit şekerleme. **divinity school** ilâhiyat okulu. **the Divinity** Tanrı.

di.vis.i.ble (diviz'ıbıl) *s.* taksimi mümkün, bölünebilir, ayrılabilir. **divisibil'ity** *i.* bölünebilme, taksim edilebilme.

di.vi.sion (divij'ın) *i.* bölme, taksim, ayırma; bölünme, taksim olunma; hudut, bölme; parça, kısım, bölüm, bölge, daire; uyuşmazlık, anlaşmazlık, ayrılık, fark; oy kullanmada Parlamentonun ikiye ayrılması; *mat.* bölme, taksim; *ask.* fırka, tümen; *den.* donanmanın bir filosu; *biyol.* fasile. **division of labor** işbölümü. **long division** iki veya daha fazla haneli bölme. **short division** bir haneli bölme. **divisional** *s.* bölme veya bölünme ile ilgili; *ask.* tümene ait.

di.vi.sive (divay'siv) *s.* bölen, dağıtan; anlaşmazlık yaratan, ayrılık yaratan, ihtilâf çıkaran.

di.vi.sor (divay'zır) *i., mat.* bölen. **greatest common divisor** en büyük ortak bölen.

di.vorce (divôrs') *i., f.* boşama, boşanma, talâk; ayrılma, ayrılık; *f.* boşamak; ayırmak; ayrılmak; alâkasını kesmek. **divorcee** *i.* boşanmış kimse. **divorcement** *i.* boşama, boşanma.

div.ot (div'ıt) *i.* golf sopasıyla acemice vurarak kökünden kopartılan çim parçası.

di.vulge (divʌlc') *f.* ifşa etmek, açığa vurmak, söylemek, yaymak. **divulgence** *i.* ifşa etme, bir haberi yayma, ifşaat.

div.vy (div'i) *i., f., argo* kısım, pay; *f., up ile* paylaşmak, bölmek.

Dix.ie *i.,* **Dixie land** (dik'si) Amerika Birleşik Devletlerinin güney eyaletleri.

diz.zy (diz'i) *s., f.* başı dönen, baş döndüren, sersem, şaşkın, gözü kararmış; baş döndürücü, sersemletici; düşüncesiz, dikkatsiz; *k. dili* budala, kuş beyinli; *f.* başını döndürmek, sersemletmek. **dizziness** *i.* baş dönmesi, sersemlik. **dizzily** *z.* sersemcesine, aptalca, aklı yerinde olmayarak.

Dnie.per (dnye'pır) *i.* Dinyeper nehri.

Dnies.ter (dnyes'tır) *i.* Dinyester nehri.

do (do) *i., müz.* bir gamın birinci ve son notası.

do (du) *i., k.dili* eğlenti, toplantı. **do's and don'ts** yapılması ve yapılmaması gereken şeyler.

do (du) *f.* **(did, done)** etmek, yapmak, eylemek; icra etmek, kılmak, ifa etmek; başa çıkmak, başarmak; tamamlamak; hazırlamak, tertip etmek; hareket etmek, davranmak; bir halde olmak; işini becermek; kâfi gelmek, yetişmek; tercüme etmek; oynamak (piyes); belirli bir mesafe katetmek; *fiilin anlamını ve emir cümlesini kuvvetlendirmede:* **I do believe you. Do be quiet;** *soru cümlelerinde:* **Do you hear?** *olumsuz cümlelerde:* **I do not know. do away with** atmak, kaldırmak; öldürmek. **do badly** işini becerememek. **do battle** uğraşmak, mücadele etmek. **do by** davranmak. **do for** bakmak. **do in** *argo* öldürmek. **do one's best** elinden geleni yapmak. **do one's hair** saçlarını düzeltmek veya şekil vermek. **do to death** öldürmek. **do over again** yeni baştan yapmak. **do up** sarmak, paket etmek; çok yormak; konserve yapmak; tamir etmek. **Do tell!** Öyle mi? Sahi mi? **do well** işi iyi gitmek; iyi para kazanmak. **do well by him** ona iyilik etmek. **do without** muhtaç olmamak, -sız olmak. **done to a turn** olmuş, tam pişmiş. **done in** *A.B.D., k.dili* yorgun, bitkin; öldürülmüş. **all done up** bitkin bir halde, çok yorulmuş; hepsi hazır, hepsi sarılmış (paket v.b.). **make do** idare etmek. **It is not done.** Yapılmaz. Yakışık almaz. **have nothing to do with** hiç bir ilişkisi olmamak. **How do you do?** Nasılsınız? **Nothing doing!** *k.dili* Asla! **That will do.** Kâfi. Yetişir. **well to do** zengin, hali vakti yerinde.

dob.bin (dab'în) *i.* çiftlik atı, beygir, uysal at.

do.cent (do'sınt) *i.* bazı A.B.D. üniversitelerinde okutman.

doc.ile (das'ıl) *s.* uysal, halim selim, yumuşak başlı. **docil'ity** *i.* yumuşak başlılık, uysallık.

dock (dak) *i.* karabuğdaya benzer bir ot. **patience dock** labada, *bot.* Rumex patientia. **sour dock** kuzukulağı, *bot.* Rumex acetosa.

dock (dak) *i., f., zool.* hayvan kuyruğunun etli kısmı; *f.* kuyruğunu kesmek; ücreti indirmek.

dock (dak) *i.* mahkemede sanık yeri.

dock (dak) *i., f., den.* havuz, gemi havuzu, dok: iskele, rıhtım; *f.* rıhtıma yanaşmak, havuza çekmek, havuza girmek. **dockage** *i.* havuz veya rıhtım ücreti. **docker** *i.* havuz veya tersane işçisi. **dockmaster** *i.* tersane müdürü. **dockyards** *i.* tersane. **floating dock** yüzer havuz.

dock.et (dak'ît) *i., f., huk.* özet, hulâsa; *huk.* karar defteri; *huk.* bekleyen davalar listesi; gündem, yapılacak işler listesi; paket etiketi; *f.* özetlemek, hulâsa etmek, listeye kaydetmek; etiket yapıştırmak. **on the docket** yapılacak işler listesinde, gündemde.

doc.tor (dak'tır) *i., f.* doktor, tabip, hekim, veteriner, diş doktoru; herhangi bir bilim dalında doktora yapmış olan kimse; makinalarda birtakım kolaylıklar sağlayan kısımlar; *f., k.dili* doktorluk etmek, tedavi etmek; ilâç içmek, tedavi edilmek; tamir etmek; düzeltmek; tahrif etmek, üzerinde oynamak, değiştirmek, hile karıştırmak; elden geçirmek, ıslah etmek. **doctoral** *s.* doktor payesine ait. **doctorate** *i.* doktora, doktor payesi.

doc.tri.naire (daktrıner') *i., s.* kuramcı, nazariyeci; *s.* kuramsal, nazarî.

doc.tri.nal (dak'trınıl) *s.* kuram veya doktrine ait.

doc.trine (dak'trîn) *i.* akide, öğreti, doktrin, düstur.

doc.u.ment (dak'yımınt) *i., f.* belge, vesika; senet, delil; *f.* tevsik etmek, belgelerle ispat etmek. **documenta'tion** *i.* tevsik, belgelerle ispatlama.

doc.u.men.ta.ry, doc.u.men.tal (dakyımen'tırı, dakyımen'tıl) *s.* dökümanter, belgelere dayanan, belgesel, yazılı. **documentary bills** vesikalı poliçeler. **documentary credit** *tic.* vesikalı kredi. **documentary film** belgesel filim, dökümanter filim.

dod.der (dad'ır) *i.* bağboğan, küsküt, *bot.* Cuscuta.

dod.der (dad'ır) *f.* yaşlılık nedeniyle titremek, sendelemek. **doddering** *s.* titrek, halsiz, zayıf.

do.dec.a.gon (dodek'ıgan) *i., geom.* on iki açılı şekil.

do.dec.a.he.dron (dodekıhi'drın) *i., geom.* on iki yüzlü şekil.

Do.dec.a.nese (dodekıniz') *i.* Oniki Ada.

dodge (dac) *f., i.,* bir yana kaçmak; kaçamak yapmak, atlatmak, bertaraf etmek; hile ile sıvışmak; -den bir yana kaçıp kurtulmak, atlatmak; *i.* bir yana kaçış, çevik bir hareketle kurtulma; atlatma, hile, oyun, düzenbazlık. **dodger** *i.* hilekâr kimse, savuşturan veya geçiştiren kimse; *A.B.D.* küçük el ilânı.

do.do (do'do) *i.* (*çoğ.* -oes, -os) şimdi nesli tükenmiş olan güvercin cinsinden uçamayan büyük bir cins kuş, *zool.* Rapheco; *k.dili* dünyadan habersiz kimse, budala kimse, aptal kimse.

doe (do) *i.* geyik ve tavşan gibi hayvanların dişisi. **doeskin** *i.* dişi geyik derisi, karaca derisi, buna benzeyen ince deri veya bez.

do.er (du'wır) *i.* yapan kimse.

does (dʌz) do'nın 3'üncü tekil şahsı.

doff (daf) *f.* çıkarmak (elbise); şapkayı çıkararak selâm vermek; atmak, başından savmak. **doffer** *i.* çıkaran kimse; şapkası ile selâm veren kimse; başından savan kimse.

dog (dôg) *i.* köpek, it; kurt, tilki ve çakal gibi hayvan; bu hayvanların erkeği; *k.dili* herif, adam; *argo* değersiz ve kötü olan herhangi bir şey; kütükleri tutmak veya kaldırmak için kullanılan demir alet; *argo* çirkin ve sıkıcı kadın; mandal; *den.* palamar gözü; ocağın demir ayağı. **dogs** *i., argo* ayaklar. **dog collar** köpek tasması; dik ve yüksek yaka. **dog days** yazın en rutubetli ve sıcak sayılı günleri, eyyamı bahur. **dog in the manger** kendisine yaramayan şeylerin başkaları tarafından alınmasına engel olan bencil kimse. **dog Latin** uydurma ve hatalı Latince. **dog license** köpeğin tasma numarası veya kayıt vesikası. **dog rose** köpek gülü, yabani gül, *bot.* Rosa canina. **dog's life** *k.dili* tasalı hayat. **Dog Star** Büyük Köpek burcunda en parlak yıldız, Sirius. **dog tag** köpeğe takılan madeni kimlik; *A.B.D., k.dili* askerlerin boyunlarına taktıkları madenî kimlik belgesi. **dog tired, dog weary** çok yorgun, bitkin. **dogs of war** harbin kan dökücü ve yıkıcı tarafları. **a dead dog** köpek leşi; değersiz kimse veya şey. **creeping dog's tooth grass** büyük ayrık otu, domuz ayrığı, *bot.* Cynodon dactylon. **die like a dog** gebermek, sefil bir şekilde ölmek. **dog -eat-dog** s. çıkar gözeten. **Every dog has his day.** *bak.* day. **go to the dogs** mahvolmak, bozulmak, kötü yola düşmek. **hot dog** sosis. **let sleeping dogs lie** işi kurcalamamak, işi oluruna bırakmak. **put on the dog** *A.B.D., k.dili* çalım satmak, poz takınmak. **rain cats and dogs** sel gibi yağmur yağmak, gökler boşanmak. **sea dog** fok; gemici. **throw to the dogs** itin önüne atmak, ziyan etmek, israf etmek.

dog (dôg) *f.* (-ged, -ging) peşini bırakmamak, takip etmek (özellikle kötü bir niyetle); tazı gibi av peşinden gitmek; kütükleri aletle tutup kaldırmak. **dog one's steps** birinin peşini bırakmamak, takip etmek.

dog.ape (dôg'eyp) *i.* insana benzer kuyruksuz maymun.

dog.bane (dôg'beyn) *i.* itboğan, *bot.* Apocynum erectum; buna benzer birkaç ot.

dog.ber.ry (dôg'beri) *i.* bir tür kızılcık.

dog.cart (dôg'kart) *i.* çift oturacak yeri olan tek atlı ufak araba; köpeklerin koşulduğu hafif araba.

dog.catch.er (dôg'käçır) *i., A.B.D.* başıboş köpekleri toplayan kimse.

doge (doc) *i.* eski Venedik ve Cenova Dükası.

dog-ear (dôg'ir) *f., i.* kitap sayfası köşesini kıvırmak; *i.* kıvrık sayfa köşesi.

dog.face (dôg'feys) *i., A.B.D., argo* er.

dog.fen.nel (dôg'fenıl) *i.* it papatyası, fena kokulu papatya, *bot.* Athemus cotula.

dog.fight (dôg'fayt) *i.* köpek kavgası; savaş uçakları arasındaki çatışma.

dog.fish (dôg'fiş) *i.* birkaç çeşit köpekbalığı, *zool.* Mustelus.

dog.ged (dôg'ıd) *s.* inatçı, bildiğinden şaşmaz, sebatkâr. **doggedly** *z.* sebatla. **doggedness** *i.* sebat, inat, bildiğinden şaşmazlık.

dog.ger (dôg'ır) *i.* Kuzey Denizinde kullanılan çift direkli bir çeşit balıkçı gemisi.

dog.ger.el (dôg'ırıl) *i.* edebî değeri olmayan komik şiir.

dog.gish (dôg'îş) *s.* köpek gibi; ters, aksi, huysuz; *A.B.D., k.dili* gösterişli, fiyakalı.

dog.gone (dôg'gôn) *ünlem, A.B.D., k.dili* Hay Allah!

dog.gy, dog.gie (dôg'i) *i.* küçük köpek, süs köpeği.

dog.house (dôg'haus) *i.* köpek kulübesi. **in the doghouse** *A.B.D., k.dili* gözden düşmüş.

do.gie (do'gi) *i., A.B.D.* annesiz buzağı.

dog.ma (dôg'mı) *i.* dogma, inak, doktrin, akide, dinî inanç, kaide; kesin söz veya fikir.

dog.mat.ic (dôgmät'ik) *s.* dogmatik, kesin, iman ve itikada ait, kesin kurallarla ilgili; kestirip atan, tartışma kabul etmeyen; kesin. **dogmatics** *i.* dinî dogmaların sistematik olarak incelenmesi. **dogmatically** *z.* kesinlikle, katiyetle, tartışma kabul etmez surette.

dog.ma.tism (dôg'mıtizm) *i.* dogmatizm, inakçılık, fikir beyan etmede kesinlik. **dogmatist** *i.* dogmatik kimse, kesin fikir beyan eden kimse.

dog.ma.tize (dôg'mıtayz) *f.* kesin olarak fikrini söylemek veya yazmak; kestirip atmak, tartışmaya meydan vermemek.

do-good.er (du'gûdır) *i., k.dili* iyi niyetli fakat başarısız toplumsal reformcu.

dog-tired (dôg'tayırd) *s., k.dili* çok yorgun, bitkin.

dog.tooth (dôg'tuth) *i.* köpekdişi; *mim.* yaprak şeklinde bir çeşit süs. **dogtooth violet** zambakgillerden Alp lâlesi, *bot.* Erythronium denscanis.

dog.trot (dôg'trat) *i.* yavaş koşma.

dog.watch (dôg'waç) *i., den.* öksüz vardiya, gemide kısa akşam nöbeti.

dog.wood (dôg'wûd) *i.* kızılcığa benzer bir ağaç, *bot.* Cornus.

doi.ly (doy'li) *i.* dantel veya işlemeli masa örtüsü.

do.ings (du'wingz) *i.* işler, vakalar; hareket, tavır.

do-it-your.self (du'ityûrself') *s., A.B.D., k.dili* yardımsız yapılabilecek şekilde hazırlanmış.

dol.ce (dol'çey) *s., z., müz.* tatlı, aheste, hoş, dolçe. **dolce far niente** *İt.* tatlı rehavet. **dolce vita** tatlı hayat. **dolcis'simo** *s., z., müz.* çok tatlı, çok hoş.

dol.drums (dal'drımz) *i.* okyanusun rüzgârların hafif ve sakin olduğu ekvatora yakın kısımları; iş ve sanat gibi çevrelerde durgunluk, sükûnet; kasvet, keder, bezginlik, sıkıntı. **be in the doldrums** canı çok sıkkın olmak.

dole (dol) *i., f.* kısım, hisse, pay, nasip; muhtaç kimselere yiyecek, giyecek v.b. dağıtımı, yardım, iane, sadaka verme; hükümetin işsizlere yardım olarak verdiği para; *f.*, **out** *ile* iane olarak dağıtmak; ufak miktarda giyecek, yiyecek v.b. yardımı yapmak. **go** *veya* **be on the dole** hükümetin işsizlere yaptığı para yardımı listesine katılmak.

dole.ful (dol'fıl) *s.* kasvetli, sıkıntılı, kederli, hüzünlü, mahzun. **dolefully** *z.* sıkıntıyla, kasvetle, hüzünle.

dol.er.ite (dal'ırayt) *i., jeol.* dolerit, dolantaşı, koyu renk birkaç çeşit volkanik taş.

dol.i.cho.ce.phal.ic (dal'ikosıfäl'îk) *s.* dolikosefal, uzunkafalı.

doll (dal) *i., f.* oyuncak bebek, kukla; yalnız dış güzelliği olan kadın; güzel ve sevimli çocuk; *f., k.dili,* **up** *ile* süslemek, süslenmek, şık giyinmek, giydirmek. **dollhouse** *i.* oyuncak bebek evi.

dol.lar (dal'ır) *i.* dolar, 100 sent karşılığı olan Amerikan para birimi; Kanada, Çin ve bazı İngiliz sömürgelerinin para birimleri.

dol.lop (dal'ıp) *i., k.dili* topak, ufak parça.

dol.ly (dal'i) *i., ç.dili* bebek, kukla; *mak.* tekerlekli kriko; iki tekerlekli yük taşıyıcısı; filim veya televizyon kamerasını taşıyan tekerlekli araç; dekovil lokomotifi; şahmerdan başlık takozu; *çoğ., argo* dolofin, sentetik uyuşturucu bir madde.

dol.man (dal'mın) *i.* bir çeşit giysi, dolama; bir çeşit kadın paltosu.

dol.men (dal'mın) *i.* tarih öncesi devirde büyük taşlardan yapılmış olan lahit şeklinde abide, dolmen.

dol.o.mite (dal'ımayt) *i., jeol.* kalsiyum, magnezyum ve karbonattan ibaret bir çeşit beyaz mermer, dolomi. **Dolomites** Tirol'da bu kayadan oluşmuş dağlar, dolomitler.

do.lor, *İng.* **-our** (do'lır) *i., şiir* keder, gam, elem, azap. **dolorous** *s.* acıklı, kederli, elem veren.

dol.phin (dal'fin) *i.* Delphinidae familyasından yunusbalığı ve ona benzeyen başka birkaç çeşit balık, *zool.* Delphinus delphis; *den.* palamarlık baba veya şamandıra.

Dol.phin (dal'fin) *i., astr.* Delfin takımyıldızı.

dolt (dolt) *i.* ahmak, budala, kalınkafalı kimse. **doltish** *s.* kafasız, budala, ahmak.

-dom *sonek* -lik, -lık veya "yeri" anlamında kullanılır.

do.main (domeyn') *i.* mülk, mal, arazi; memleket, ülke; nüfuz sahası, nüfuz bölgesi; saha, alan, ihtisas; *huk.* yüce hakimiyet. **right of eminent domain** istimlâk hakkı.

dome (dom) *i., f., mim.* kubbe; kubbe biçimindeki tabiî oluşum; *argo* başın üst kısmı, tepe; *f.* kubbe ile örtmek; kubbe şekli vermek.

domes.day (dumz'dey) *i.* hüküm günü, kıyamet günü. **Domesday Book** 1086'da İngiltere'de Kral William'ın emri ile yapılan araştırmada arazi sahipleri ile bu kişilerin mal ve mülklerinin sayımını kapsayan kitap.

do.mes.tic (dımes'tîk) *s., i.* eve ait, evcimen, ev işlerine bağlı; ehlî, evcil; kendi memleketine ait; *i.* hizmetçi. **domestic animals** evcil hayvanlar. **domestic industries** yerli sanayi. **domestic science** ev bakımı, ev idaresi.

do.mes.ti.cate (dımes'tıkeyt) *f.* evcilleştirmek, ehlîleştirmek; medenîleştirmek; evcilleşmek. **domestica'tion** *i.* ehlîleşme, ehlîleştirme.

do.mes.tic.i.ty (domestis'ıti) *i.* eve ve aileye bağlılık, evcimenlik; ev hayatı, aile hayatı.

dom.i.cile (dam'ısıl, -sayl) *i., f.* ev, konut, mesken, ikametgâh; *huk.* daimî ikamet yeri; *f.* yerleştirmek, iskân etmek; yerleşmek, oturmak.

dom.i.nance (dam'ınıns) *i.* hâkimiyet, salâhiyet, tahakküm, üstünlük.

dom.i.nant (dam'ınınt) *s.,* hâkim, mütehakkim, idare eden, yöneten, galip, tesirli, nüfuzlu; *müz.* bir gamda sol notasına ait, dominant; *biyol.* başat.

dom.i.nant (dam'ınınt) *i., biyol.* başat özellik; *müz.* sol notası.

dom.i.nate (dam'ıneyt) *f.* hâkim olmak, tahakküm etmek, idaresi altına almak; üstün olmak.

dom.i.na.tion (damıney'şın) *i.* hükmetme, istibdat, idaresi altına alma; idaresi altında olma.

dom.i.neer (damınîr') *f.* despotça hükmetmek, hâkim durumda olmak. **domineering** *s.* otoriter, tahakküm eden, küstah. **domineeringly** *z.* otoriterce, tahakküm ederek.

Do.min.i.can (dımîn'îkın) *s., i.* Dominikan tarikatı ile ilgili; *i.* bu tarikata bağlı kimse.

Dominican Republic Dominik Cumhuriyeti.

dom.i.nie (dam'ıni) *i., İskoç.* öğretmen; *A.B.D., k.dili* papaz.

do.min.ion (dımîn'yın) *i.* hüküm, hâkimiyet, idare; dominyon.

do.min.i.um (dımîn'iyım) *i., huk.* malikiyet, idare, salâhiyet, yetki.

dom.i.no (dam'ıno) *i.* bir çeşit maske veya yarım maske; domino taşı. **dominoes** *i.* domino oyunu.

don (dan) *i.* "Bay" anlamına gelen İspanyolca bir söz; İspanya'nın ileri gelenlerinden, Don; *İng., k.dili* üniversite öğretmeni.

don (dan) *f.* (**-ned, -ning**) giymek, giyinmek.

do.na (do'nya) *i., İsp.* hanım, bayan; İspanyol hanımı.

do.nate (do'neyt) *f.* hediye etmek, bağışlamak, iane vermek.

do.na.tion (doney'şın) *i.* iane verme; iane, hediye, bağış, hibe.

done (dʌn) *bak.* **do;** *s.* tamamlanmış, bitmiş; iyi pişmiş (yemek). **done brown** iyi kızarmış (et, ekmek). **done for** mahvolmuş, bitkin, ölüm döşeğinde. **done in** çok yorgun, bitkin.

do.nee (doni') *i., huk.* bağışta bulunulan kimse veya kurum.

don.jon (dʌn'cın) *i.* eski zaman şatolarında en yüksek kule, burç.

don.key (dang'ki) *i.* eşek, merkep; eşek adam, akılsız veya inatçı kimse. **donkey engine** *mak.* donki makinası, küçük yardımcı buhar makinası.

don.na (dan'ı) *i., İt.* hanım.

don.ny.brook (dan'ibrûk) *i.* herkesin katıldığı kavga.

do.nor (do'nır) *i.* veren veya hediye eden kimse; bağışta bulunan kimse; *tıb.* kan veren kimse, verici.

do-noth.ing (du'nʌthîng) *i.* tembel ve haylaz kimse; *colloq.* boş gezenin boş kalfası.

don't *kıs.* do not.

doo.dad (du'däd) *i., k.dili* küçük süs eşyası, incik boncuk.

doo.dle (du'dıl) *i., f.* karalama, gelişigüzel yazma veya çizme; *f.* karalamak. **doodlebug** *i.* maden damarlarını aramakta kullanılan herhangi bir cihaz; uçan bomba.

doo.hick.ey (du'hîki) *i., A.B.D., k.dili* şey, asıl ismi bilinmeyen veya hatırlanmayan bir şey.

doom (dum) *i.* kötü kader, kör talih; hüküm, mahkûmiyet; ölüm, zeval, yok olma; son

hüküm, kıyamet günü. **crack of doom** kıyamet kopması, dünyanın sonu.

doom (dum) *f.* hüküm vermek, aleyhinde karar almak, mahkûm etmek; kötü bir talihi olmak.

dooms.day *bak.* **domesday.**

door (dor) *i.* kapı. **doorbell** *i.* kapı zili. **doorkeeper** *i.* kapıcı. **doorknob** *i.* kapı tokmağı. **doorman** *i.* kapıyı açıp kapamakla görevli kimse. **door mat** paspas. **doornail** *i.* eski zamanda kullanılan iri başlı kapı çivisi. **doorplate** isim yazılı kapı tabelası. **doorstep** *i.* eşik. **doorstop** *i.* kapı tamponu. **doorway** *i.* kapı aralığı, giriş, antre. **have a foot in the door** *mec.* postu sermek; adımını atmak. **at death's door** ölmek üzere, bir ayağı çukurda. **darken the door** birisinin evine gitmek, uğramak. **dead as a doornail** ölmüş gitmiş. **deaf as a doorpost** duvar gibi sağır. **lay at the door of** suçlamak, kabahat yüklemek. **next door** kapı komşu, yakın. **out of doors** dışarıya, dışarıda; açık havada. **show one the door** kovmak, kapıyı göstermek. **three doors off** üç ev ötede.

do-or-die (du'ırday) *s.* isteğini bütün şartlar karşısında yapmaya kararlı; ölüm kalım.

dope (dop) *i., f.* herhangi koyu bir sıvı veya hamurumsu preparat; *hav.* uçak kanatlarının yapımında kullanılan bez cilâsı; dinamit yapımında kullanılan madde; *argo* uyuşturucu madde, narkotik; *argo, spor* doping, uyarıcı ilâç; *argo* budala kimse; *argo* malumat; *f.* sıvı veya hamurumsu preparatı sürmek; karışımın içine başka şey karıştırmak; uyarıcı ilâç vermek; uyuşturucu madde ile tedavi etmek veya bayıltmak; **out** *ile, argo* çözüm yolu bulmak, halletmek; önceden tahmin etmek, kestirmek. **doper** *i., argo* esrarkeş. **dope sheet** *argo, spor* at yarışlarında yarış listesi. **dopester** *i.* yarış ve seçim gibi olayların sonuçlarını önceden tahmin etmeye çalışan kimse. **dopey** *s., argo* esrarın tesiri altında olan; *k.dili* uyuşuk; ahmak, budala.

Dop.pel-gäng.er (dôp'ılgengır) *i., Al.* hayatta olan bir kimsenin eşruhunu taşıdığı tasavvur edilen ve yalnız o kimseye görünen hayalet.

dor, dor.bee.tle (dôr'bitıl) *i.* pis yerlerde yaşayan bir cins böcek, *zool.* Geotrupes stercorarius.

Dor.ic (dôr'îk) *s., i.* Dorlara ait; *i., mim.* en eski ve sade Yunan mimarî üslûbu, Dorik.

Dor.king (dôr'kîng) *i.* ayaklarında beşer tane parmak bulunan İngiliz tavuğu.

dorm (dôrm) *i., k.dili* yatakhane.

dor.mant (dôr'mınt) *s.* uykuda olan, uyuşuk, cansız; *colloq.* rafa kalkmış; keşfedilmemiş (kabiliyet); *bot., zool.* geçici bir süre için uykuya yatmış, hareketsiz. **dormancy** *i.* uyku hali.

dor.mer *i.,* **dormer window** (dôr'mır) çatı penceresi.

dor.mi.to.ry (dôr'mıtôri) *i.* yatakhane, koğuş; öğrenci yurdu.

dor.mouse (*çoğ.* **-mice**) (dôr'maus, -mays) *i., zool.* Gliridae familyasından ufak sincaba benzer fare, kakırca, *zool.* Muscardinus avellanarius.

dor.sal (dôr'sıl) *s., anat.* sırta ait; *bot.* arka tarafa ait.

do.ry (dôr'i) *i.* yassı bir çeşit kayık; *zool.* Zeidae familyasından bir çeşit yassı balık. **John Dory** dikenli dülger balığı, *zool.* Zeus faber.

dos-à-dos (*i.* dozado'; *z.* dosido') *i., z.* halk oyunlarında bir dans figürü; *z.* sırt sırta.

dos.age (do'sîc) *i., tıb.* ilâcın belirli miktarda verilmesi, dozaj; düzem, yaşa göre miktar tayini; kuvvet veya lezzet vermek için şaraba şeker, alkol v.b. katılması.

dose (dos) *i., f.* bir defada alınan ilâç miktarı, doz; *f.* belirli miktarda ilâç vermek; tatsız bir şey vermek; ilâç almak.

dos.ser (das'ır) *i.* ipekten yapılmış duvar halısı; küfe.

dos.si.er (das'iyey) *i.* evrak dosyası.

dost (dʌst) *eski* do'nun ikinci şahıs tekili.

dot (dat) *i.* nokta, ufak leke, benek; Mors alfabesinde nokta; *mat.* çarpma işareti; *mat.* ondalık nokta; *müz.* noktadan sonra konan ve uzatma ifade eden nokta. **dot the i's and cross the t's** bir şeyi doğru olarak ifade etmek. **on the dot** *k.dili* dakikası dakikasına, tam vaktinde.

dot (dat) *f.* **(-ted, -ting)** noktalamak, benek benek dağıtmak; sık olarak yayılmak.

do.tage (do'tîc) *i.* bunaklık; düşkünlük, iptilâ, aşırı sevgi. **dotard** *i.* bunak kimse.

dote (dot) *f., on veya upon ile* aşırı sevmek, düşkün olmak; bunamak. **dotingly** *z.* düşkünlükle; bunakçasına.

doth (dʌth) *eski* do'nun üçüncü şahıs tekili.

dotted swiss ince, benekli ve pamuklu bir cins kumaş.

dot.ter.el (dat'ırıl) *i.* Charadriidae familyasından bir cins kuş, dağ yağmur kuşu, *zool.* Eudromias morinellus.

dot.tle (dat'ıl) *i.* içtikten sonra piponun içinde kalan tütün kalıntısı.

dot.ty (dat'i) *s.* noktalı, benek benek; *k.dili* sarsak, aptal, budala.

doub.le (dʌb'ıl) *i., s., z.* iki kat, çift, iki misli; eş, aynı; kat; hile, oyun; *tiyatro, sin.* dublör; *briç* kontr; *s.* iki kat, iki kere, iki misli; çift; bükülmüş, katlı; iki kişilik; iki yüzlü; *müz.* bir oktav daha alçak ses veren; *z.* çift çift, iki kat, iki misli. **double-acting** *s.* iki taraflı çalışan, iki misli tesiri olan. **double agent** iki taraflı çalışan casus. **double-banked** *s., den.* kürekçileri çift çift oturan, iki sıra kürekçisi olan (gemi, kayık). **double bass** kontrbas. **double bed** iki kişilik karyola veya yatak. **double boiler** benmari. **double bottom** *den.* çifte karina. **double-breasted** *s.* kruvaze (ceket), çift düğmeli. **double -check** *f.* tekrar kontrol etmek, çifte kontrol yapmak, emniyet tedbiri olarak tekrar gözden geçirmek. **double chinned** çifte gerdanlı, katmerli gerdanı olan. **double-cross** *f., i., argo* verdiği sözden dönerek aldatmak; aldatmak, kazık atmak; *i.* aldatma, kazık atma. **double-date** *f.* iki çiftin birlikte gezmesi. **double-dealer** *i.* iki yüzlü kimse, dolandırıcı, sahtekâr kimse. **double-decker** *i.* iki katlı otobüs veya yatak; *den.* su hattının üzerinde iki güvertesi bulunan gemi. **double-edged** *s.* iki tarafı keskin; hem lehte hem aleyhte olan. **double-ended** *s.* iki ucu bir olan. **double-ender** *i.* iki yönde aynı kolaylıkla gidebilen lokomotif veya gemi. **double -entendre** *i., Fr.* iki tarafa çekilebilecek söz, lastikli söz. **double entry** muhasebede her işlemi iki defa gösteren defter tutma usulü. **double exposure** *foto.* (yanlışlıkla) bir negatifte çekilen iki ayrı poz. **double-faced** *s.* iki yüzlü; iki taraflı (kumaş). **double feature** *sin.* iki filim bir arada. **double-handed** *s.* iki eli olan, iki elli; hilekâr; iki elle kullanılmaya mahsus. **double-headed** *s.* çift başlı. **double-header** *i.* iki lokomotifle çekilen tren; iki takım arasında üst üste yapılan iki karşılaşma. **double jeopardy**

huk. aynı suçtan ikinci defa yargılama. **double-jointed** *s., tıb.* çok oynak mafsallı. **double-park** *f.* arabayı yolun ortasında bırakmak; kaldırıma paralel park etmiş bir arabanın yanına park etmek. **double-quick** *s., i., f.* çok çabuk; *i.* çabuk yürüyüş; *f.* çok çabuk yürümek. **double-reed** *s., müz.* çift dilli (obua ve zurna gibi). **double room** otelde çift yataklı oda. **doubles** *i., tenis* çiftler, dabıl. **double-space** *f.* yazı makinasında çift aralıkla yazmak. **double standard** erkeklere kadınlardan daha fazla serbestlik tanıyan toplum kuralı. **double star** *astr.* yan yana duran ve tek yıldız olarak görünen iki yıldız. **double take** bir durumun veya şakanın anlamını sonradan kavrama. **double talk** lastikli söz, çeşitli anlamlar verilebilecek söz; aslında hiçbir anlamı olmayan kelimeler uydurarak konuşma. **double-time** *f.* hızlı yürümek. **double time** hızlı yürüyüş; fazla çalışılan saatler için yapılan iki misli ödeme. **doubleton** *i., briç* ikili, çift kâğıt. **double -tongue** *f., müz.* üflemeli müzik aleti kullanırken çabuk çalmak için dili diş ve damak arasında hızla oynatmak. **double-tongued** *s.* özü sözü bir olmayan, hilekâr, mürai. **doubletree** *i.* çift atlı arabada terazi. **see double** çift görmek. **sleep double** bir yatakta iki kişi yatmak.

doub.le (dʌb'ıl) *f.* iki misli yapmak; iki ile çarpmak; bükmek, iki kat yapmak; sıkmak (yumruk); iki mislini ihtiva etmek, iki misli kıymeti olmak; bir burunu dolaşmak (gemi); *müz.* bir oktav daha yüksek veya daha alçak ses vermek; iki misli olmak; aynı yoldan geri dönmek; bükülmek, katlanmak; *tiyatro* aynı piyeste iki rol almak; **for** *ile* dublörlük etmek; *briç* kontr yapmak. **double up** eğilmek, vücudunu kıvırmak, iki büklüm etmek veya olmak, bükülmek; *A.B.D., k.dili* paylaşmak. **doubling** *i.* iki kat etme veya olma.

doub.let (dʌb'lit) *i.* Rönesans devrinde erkeklerin giydiği bir çeşit yelek; iki parçadan meydana gelen sahte taş; eş, aynı; *matb.* yanlışlıkla tekrar dizilen satır veya kelime. **doublets** *i.* atılınca çift gelen zarlar.

doub.loon (dʌblun') *i.* eski bir İspanyol altın parası.

doub.ly (dʌb'li) *z.* çift çift, iki kat olarak, iki misli olarak.

doubt (daut) *i.* şüphe, tereddüt, güvensizlik, itimatsızlık; şüpheli husus. **beyond doubt** şüphesiz. **in doubt** şüpheli, henüz belli olmayan. **no doubt** hiç şüphesiz, elbette. **give the benefit of the doubt** şüphe edildiği halde delil yetersizliğinden suçsuz olduğunu kabul etmek. **without doubt** şüphesiz.

doubt (daut) *f.* şüphe etmek, şüphelenmek, kuşkulanmak; ikna olmamak, itimat etmemek; çekinmek, tereddüt etmek, kararsız olmak. **I doubt whether...** şüphe ediyorum, acaba **I don't doubt that...** Hiç şüphem yok ki... **doubting** *s., i.* şüphe eden; *i.* şüphelenme. **doubting Thomas** şüpheci kimse.

doubt.ful (daut'fıl) *s.* şüpheli, karanlık, muğlak, belirsiz, müphem; kararsız; sonucu şüpheli.

doubt.less (daut'lis) *z.* şüphesiz, muhakkak; herhalde.

douce (dus) *s., İskoç.* ağır başlı, sakin.

douche (duş) *i., f., tıb.* şırınga; *f.* şırınga etmek.

dough (do) *i.* hamur; hamur gibi herhangi bir şey; *argo* para. **doughy** *s.* hamur gibi, hamur kıvamında olan.

dough.boy (do'boy) *i.* mayalı çörek; *A.B.D., k.dili* I. Dünya Savaşında piyade.

dough.nut (do'nʌt) *i.* yağda kızarmış bazen ortası delikli, bazen mayalı ufak ve yuvarlak şekerli çörek, gözleme.

dough.ty (dau'ti) *s., şaka* kuvvetli, yiğit, cesur. **doughtily** *z.* cesaretle, kuvvetle. **doughtiness** *i.* cesaret, kuvvet, yiğitlik.

dour (dûr, daur) *s.* asık yüzlü, ters, haşin, aksi.

douse (daus) *f.* suya dalmak, daldırmak, batırmak; ıslatmak; *k.dili* su ile söndürmek.

dove (dʌv) *i., zool.* Columbidae familyasından güvercin ve kumru gibi kuş; masumiyet ve barış sembolü; *A.B.D.* barışçı kimse; yumuşak başlı kimse, uysal kimse. **ring dove** kumru, *zool.* Columba palumbus. **rock dove** kaya güvercini, *zool.* Columba livia. **stock dove** mavi güvercin, *zool.* Columba oenas. **dovecote** *i.* güvercinlik.

dove.tail (dʌv'teyl) *i., f.* sandık ve çekmecede köşe bağının dişleri, kırlangıç, geçme, kurtağzı; *f.* tam uymak; köşe bağı kesmek; köşe bağı dişleriyle bitiştirmek.

dow.a.ger (dau'wıcır) *i., İng. huk.* eşinden miras kalan malı veya unvanı olan dul kadın; *k.dili* ağır başlı yaşlı kadın. **queen dowager** vefat etmiş olan kralın dul eşi.

dow.dy (dau'di) *s., i.* derbeder, üstü başı dökülen; *i.* acayip kıyafetli kimse, modaya aldırış etmeyen kadın; meyvalı pasta.

dow.el (dau'wıl) *i., f.* tahta çivi, ince yuvarlak tahta; *f.* tahta çivi ile tutturmak.

dow.er (dau'wır) *i., f., huk.* dul kadına hayatı boyunca kocasının gayri menkullerinden tahsis olunan irat; drahoma, çeyiz parası, ağırlık, başlık; kabiliyet, istidat, vergi; *f.* çeyiz veya ağırlık vermek.

down (daun) *i.* ince kuş tüyü, yonda; ince tüy, ayva tüyü, hav.

down (daun) *f.* aşağı indirmek, alaşağı etmek, yere yıkmak, devirmek, düşürmek; *k.dili* yenmek (sporda); bir yudumda içmek, *slang* mideye indirmek.

down (daun) *z.* aşağı, aşağıya; güneye doğru; *tiyatro* sahneye doğru, ileride. **down and out** hayatta yenilgiye uğramış, bezgin, bitkin. **down at the heels** perişan bir halde. **down at the mouth, down in the dumps** üzüntülü, hayal kırıklığına uğramış, meyus, cesareti kırılmış. **down on his luck** talihsiz; hayal kırıklığına uğramış, ümitsiz. **Down with...! Kahrolsun! The house burned down.** Ev yanıp yerle bir oldu. **The pressure is down.** Basınç azaldı. **The wind is down.** Rüzgâr hafifledi. **fall down** düşmek. **get down to work** ciddî olarak işe başlamak. **He is down with fever.** Ateşten yatağa düşmüş. **knock down** vurup devirmek, yere yıkmak; tenzilâtlı fiyatla satış yapmak, ucuza vermek. **track down** araştırıp bulmak. **shout down** bağırarak susturmak. **shut down** kapatmak (fabrika, iş yeri). **water down** hafifletmek, su katmak. **turn down** reddetmek; (radyoyu) kısmak. **shoot down** ateş açıp düşürmek. **get down to cases** sadede gelmek. **pay down** peşin vermek. **put the helm down** gemiyi rüzgâr yönüne çevirmek. **The sun is going down.** Güneş batıyor. **write down** yazmak, kâğıda dökmek.

down (daun) *s.* aşağıya yönelen; *k. dili* üzgün, argın. **be down on** kızgın olmak, karşı olmak, garez bağlamak.

down (daun) *i.* iniş; talihin ters dönmesi. **ups and downs** hayattaki iniş çıkışlar, iyi ve kötü günler.

down.beat (daun'bit) *i., s., müz.* ölçünün birinci vuruşu; *s.* kötümser, bedbin.

down.cast (daun'käst) *s., i.* aşağıya yönelmiş; üzgün, kederli; *i.* aşağıya yönelme; maden ocağına hava veren boru.

down East *A.B.D.* New England; Maine eyaleti.

down.ers (daun'ırz) *i., çoğ., argo* müsekkin, yatıştırıcı maddeler.

down.fall (daun'fôl) *i.* düşüş, yıkılış, sukut, gerileme, çökme, inkıraz; yağmur boşanması. **downfallen** *s.* düşmüş, yıkılmış.

down.heart.ed (daun'har'tîd) *s.* meyus, kederli, morali bozuk, maneviyatı kırılmış, mahzun.

down.hill (daun'hîl) *z., s.* yokuş aşağı, aşağıya; *s.* inişli, meyilli. **go downhill** düşüş göstermek, bozulmak (başarı, sıhhat).

Down.ing Street (dau'ning) İngiliz Başvekilinin ikamet ettiği sokak; *k.dili* İngiliz hükümeti.

down payment taksitle alışverişte peşin ödenen para.

down.pour (daun'pôr) *i.* şiddetli yağmur, sağanak.

down.right (daun'rayt) *s., z.* tamam; kesin, katî; çok; *z.* tamamen, büsbütün; doğrudan doğruya, açıkça, dobra dobra, sözünü esirgemeden.

downs (daunz) *i.* Güney İngiltere'de yüksek meralar.

down.spout (daun'spaut) *i.* yağmur suyunu çatıdan yere akıtan oluk.

down.stage (daun'steyc) *i.* sahnenin önü.

down.stairs (daun'sterz') *z., s., i.* aşağı kata, aşağı katta, aşağıya, aşağıda; *s.* aşağıda olan; *i.* aşağı kat.

down.stream (daun'strim) *z.* akıntı yönünde.

down.throw (daun'thro) *i.* yıkma, devirme, yıkılma, devrilme.

down-to-earth (daun-tu-ırth) *s.* makul, gerçekçi; uygulanabilir, gerçekleştirilebilir.

down.town (daun'taun) *i., z., s.* şehrin merkezi, çarşının bulunduğu taraf; *z.* çarşı istikametinde, çarşı tarafında; *s.* şehrin merkezinde olan.

down.trod, -den (daun'trad, -dın) *s.* ayaklar altında çiğnenmiş; mazlum, haksızlığa uğramış, mağdur.

down under *k.dili* Avustralya, Yeni Zelanda.

down.ward, down.wards (daun'wırd, -z) *z., s.* aşağı doğru; *s.* geçmişe ait, maziden

intikal eden, kendinden önce gelenlerle
ilgili.

down.wind (daun'wind) *z., s.* rüzgâr yönü-
ne, rüzgârla birlikte; *s.* rüzgâr yönünde olan.

down.y (dau'ni) *s.* ince tüylü, havlı; tüy gibi
yumuşak.

dow.ry (dau'ri) *i.* çeyiz; kabiliyet, istidat.

dowse (dauz) *f.* çubukla yeraltında su veya ma-
den damarı araştırmak. **dowsing rod** yer-
altında su aramak için kullanılan çatal şek-
linde çubuk.

dox.ol.o.gy (daksal'ıci) *i.* hamt ve şükran duası,
hamt ilâhisi.

dox.y (dak'si) *i., eski, argo* fahişe, orospu,
hafif kadın; metres.

dox.y (dak'si) *i.* doktrin, fikir, dinî görüşler.

doy.en (doy'ın) *i.* bir grubun en yaşlı veya
en kıdemli üyesi.

doze (doz) *i., f.* hafif uyku, tavşan uykusu,
şekerleme, kestirme, uyuklama; *f.* uyuklamak,
kestirmek, şekerleme yapmak. **doze off**
uyuklamak, uykuya dalmak.

doz.en (dʌz'ın) *i.* düzine, on iki tane. **dozenth**
s. on ikinci. **baker's dozen** on üç tane.

D.P. *kıs.* displaced person.

dr. *kıs.* **debit, debtor, drachma, dram,
drawer.**

Dr. *kıs.* **Doctor, Drive.**

drab (dräb) *i., f.* **(-bed, -bing)** orospu, fahişe;
pasaklı kadın; *f.* fahişelerle düşüp kalkmak.

drab (dräb) *s., i.* kasvetli, sıkıcı, ölü (renk);
i. koyu gri kumaş.

drab.ble (dräb'ıl) *f.* yerde sürükleyerek ıslatmak
veya ıslanmak, su veya çamura bulamak,
bulanmak.

drachm *bak.* **dram.**

drach.ma (dräk'mı) *i.* eski Yunanistan'da
yaklaşık olarak dört gram ağırlığında bir
tartı birimi; eski Yunan gümüş parası; bu-
günkü Yunan drahmisi.

Dra.co.ni.an, Dra.con.ic (dreyko'niyın, drey-
kan'ik) *s.* eski Yunanistan'da çok ağır ka-
nunlar koyan Drakon'a ait; zalim, gaddar.

dra.con.ic (dreykan'ik) *s.* ejderhaya ait, ej-
derha gibi.

draft, İng. draught (dräft) *f., i.* mecburi as-
kerliğe almak; kura ile askere almak; hiz-
mete mecbur tutmak, zorla adaylığa seç-
mek; *i.* mecburi askerlik. **draftee** *i.* mec-
burî askerliğini yapan er. **draft board**

askere çağırma işlemini düzenleyen sivil-
lerden kurulu komite. **draft dodger** *aşağ.*
askerlikten muaf tutulmanın yolunu bulan
kimse; asker kaçağı.

draft, İng. draught (dräft) *f., i., s.* çekmek;
i. çekme, çekim, yudum; *den.* geminin çek-
tiği su; *tic.* poliçe, çek; hava cereyanı, soba
borusunun çekmesi; *s.* ağır yük çekmede kul-
lanmaya elverişli; şişeye konmamış (bira).
drafty *s.* cereyanlı. **forced draft** kazan
ateşinin çok yanması için verilen tazyikli
hava. **beer on draft** fıçı birası.

draft, İng. draught (dräft) *f., i.* tasarlamak,
taslak çizmek, plan yapmak, kaleme almak;
i. müsvedde, tasarı. **drafting** *i.* teknik resim
çizme. **drafting board** teknik resim çiz-
me tahtası. **drafting table** resim çizme
masası. **drafts'man** *i.* teknik resim çizen
ressam.

drag (dräg) *f.* **(-ged, -ging)** sürüklemek,
sürümek, çekmek; taramak, tesviye etmek
(toprak); *den.* suyun dibini çengel veya
ağ ile taramak, yoklamak; taş yontmak;
sürüklenmek, sürünmek; geride kalmak. **drag
an anchor** *den.* demir taramak. **drag in**
(konu ile ilgili olmayan bir sözü) lafın ara-
sına sokmak, konuya dahil etmek. **drag on**
sürmek, devam edip gitmek. **drag one's feet**
A.B.D., k.dili kasıtlı olarak yavaş hareket
etmek veya çalışmak. **drag out** uzatmak,
uzamak.

drag (dräg) *i.* sürükleme; sürüklenen şey;
ağır hareket; tarla tırmığı; *den.* suyun di-
bini taramaya mahsus çengel veya ağ ta-
kımı; engel, mâni; havanın aerodina-
mik direnci; rüzgârın geri itme kuvveti;
(sigarada) bir nefes; *k.dili* sıkıcı kimse veya
şey; *argo, slang* piston. **dragnet** *i.* bir şey
bulmak veya yakalamak için suyun dibinde
ya da tarlada gezdirilen ağ; suçluyu yaka-
lamada uygulanan plan veya sistem. **drag-
rope** *i.* bir şeyi çekmek için kullanılan ip.
drag race *A.B.D., k.dili, oto.* kısa mesafeli
araba yarışı. **drag strip** *A.B.D., k.dili, oto.*
kısa mesafeli araba yarışlarına elverişli yer.

drag.gle (dräg'ıl) *f.* çamur içinde sürükleyerek
ıslatmak veya ıslanmak; kirletmek, kirlen-
mek; bulaştırmak, bulaşmak; ağır ağır takip
etmek.

drag.o.man (dräg'ımın) i. (çoğ. -mans veya -men) Orta Doğu'da tercüman, rehber.

drag.on (dräg'ın) i. ejderha, ateş saçan kanatlı bir sürüngen şeklinde tanımlanan efsanevî bir hayvan; eski yılan; çok hiddetli kimse (bilhassa kadın). dragonfly i., zool. Odonata familyasından ince ve uzun kanatlı bir cins böcek, yusufçuk. dragon's blood ağaç veya meyvadan çıkan koyu kırmızı bir cins sakız.

dra.goon (drıgun') i., f. ağır süvari; f. halka işkence etmek; zor ve şiddete baş vurarak boyun eğdirmek, eziyet etmek, zulmetmek.

drain (dreyn) f. lağım veya hendek ile suyu akıtmak; bir yerin suyunu tamamıyle çekmek; kurutmak (bataklık), akaçlamak, drenaj yapmak; içip bitirmek, tüketmek; süzmek; tıb. iltihaplı yaradan cerahati çekmek; süzülmek, suyu süzülmek.

drain (dreyn) i. suyunu çekme veya akıtma; hendek, lağım, kanalizasyon, kanal, mecra; tıb. iltihaplı yerden cerahat çeken tüp veya fitil. drainboard i. yıkanmış bulaşıkların süzüldüğü oluklu kısım. drainpipe i. suyu dışarıya akıtan boru, oluk. go down the drain değerini kaybetmek, boşa gitmek. a drain on the resources bütçeye yük olan bir şey.

drain.age (drey'nîc) i. süzülme, çekilme, akaçlama, drenaj; süzülen su, çekilen su; su mecraları; lağım ve kanalizasyon sistemi; suyu kurutulan arazi; tıb. fitil veya tüple cerahat çekme. drainage basin akaçlama havzası; suyu bir nehir ve kolları tarafından çekilen havza.

drain.er (drey'nır) i. süzgeç, süzgü.

drake (dreyk) i. erkek ördek. mallard drake yeşilbaş, zool. Anas platyrhynchos.

dram, drachm (dräm) i., f. (-med, -ming) dirhem; bir yudum içki; az bir miktar; f. alkollü içki içirmek; çok içki içmek.

dra.ma (dra'mı) i. tiyatro eseri, oyun, piyes; tiyatro edebiyatı, tiyatro sanatı; canlı, duygusal, çarpıcı veya birbiriyle çatışan olaylar dizisi.

dra.mat.ic (drımät'îk) s. tiyatro ile ilgili; tiyatro türünü andıran (özellikle çatışma ve zıtlık ifade eden türü); hareketli, canlı, etkileyici, tesirli, çarpıcı. dramatically z:

bir oyunu andırır şekilde canlı olarak, çarpıcı olarak.

dram.a.tis per.so.nae (dräm'ıtîs pırso'ni) çoğ., Lat. bir oyundaki kişiler; bir piyesin metninden önce gelen oyundaki kişilerin listesi.

dram.a.tist (dräm'ıtîst) i. oyun yazarı, piyes yazarı.

dram.a.tize (dräm'ıtayz) f. dram şekline sokmak, tiyatro oyunu şeklinde ifade etmek. dramatiza'tion i. dram şekline koyma; romanın oyunlaştırılmış şekli.

dram.a.tur.gy (dräm'ıtırci) i. tiyatro eseri yazma sanatı. dramatur'gic s. bu sanata ait.

drank (drängk) bak. drink.

drape (dreyp) f., i. perde ile örtmek, kumaşla kaplamak; kıvrımlar meydana getirmek; elbisenin kıvrımlarını düzeltmek; k. dili yayılarak oturmak; i., gen. çoğ. kalın ve koyu renk perde. draper i., İng. kumaşçı. drapery i. bol ve bükümlü kumaş; perdelik kumaş, döşemelik kumaş; İng. kumaş ticareti.

dras.tic (dräs'tîk) s. şiddetli, zora baş vuran; ağır ve kesin.

drat (drät) ünlem, f. hey, mübarek (kızgınlık belirten ünlem); f., k.dili lânetlemek.

draught (dräft) bak. draft.

draughts.man (dräfts'mın) bak. draftsman.

draught.y (dräf'ti) bak. drafty.

draw (drô) i. çekme, çekiş; silâh çekme; çekilen bir şey (kur'a gibi); ilgi çeken herhangi bir şey; berabere kalma, berabere biten oyun (satranç, dama); A.B.D. dik yamaçlı ve derin vadi; bir köprünün açılan kısmı. beat to the draw önce davranmak.

draw (drô) f. (drew, drawn) çekmek, sürüklemek; (kuyudan su) çekmek; silâh çekmek; cezbetmek, ilgi çekmek; çizmek, resmetmek, kelimelerle tasvir etmek; içine çekmek, emmek (hava, sıvı); ilham almak, kaynak olarak kullanmak; almak (faiz, para); suyunu boşaltmak; çekip uzatmak (tel); germek (yay, ip); berabere kalmak; çekip çıkarmak (diş, tıpa); kapamak (perde); çekmek (baca). draw a conclusion sonuç çıkarmak. draw ahead yavaş yavaş öne geçmek. draw away çekilmek, kendini çekmek. draw an animal iç organlarını çıkarmak, temizlemek (hayvan). draw back geri çekilmek veya çekmek. draw interest faiz getirmek. draw near yaklaşmak. draw

on account bir hesaptan para çekmek.
draw oneself up ciddîleşmek. draw out
uzatmak; konuşturmak, söyletmek, samimi
bir şekilde konuşturmak. draw straws kur'a
çekmek. draw the line sınırlandırmak.
draw up tanzim etmek, yazmak (kontrat,
senet); yaklaşıp durmak.

draw.bridge (drô'brîc) i. yukarı çekilip açı-
labilen köprü.

draw.ee (drôwi') i., tic. havale alan kimse,
muhatap kişi.

draw.er (drô'wır) i. çeken kimse, çekme işini
gören araç veya kimse; plan çizen kimse;
barmen.

draw.er (drôr) i. çekmece, göz; çoğ. don, külot.
chest of drawers çekme gözlü konsol,
şifoniyer.

draw.ing (drô'wîng) i. çizim, karakalem resim,
resim taslağı; kroki, plan; çizme sanatı;
piyango, çekiliş. drawing account açık
hesap. drawing board resim tahtası. draw-
ing book resim defteri. drawing card
ilgi çekici kimse veya program. drawing
compasses resim pergeli. drawing room
misafir odası, salon. drawing knife, draw-
shave i. iki saplı bıçak.

drawl (drôl) f., i. kelimeleri uzatarak konuşmak;
i. ağır ağır konuşma.

drawn (drôn) bak. draw; s. bitkin, yorgun
görünüşlü. drawn butter salça gibi kulla-
nılan eritilmiş ve çoğunlukia un ve sıcak
su ile karıştırılmış tereyağı. drawn game
veya battle berabere bitmiş oyun veya savaş.
drawn work iplik çekilerek işlenen nakış.

draw.string (drô'strîng) i. bir torbanın ağzını
büzerek kapamakta kullanılan ip.

dray (drey) i. araba veya kızak; yanları sabit
olmayan ağır yük arabası. dray horse ağır
yük arabasına koşulan kuvvetli beygir.

dray.age (drey'îc) i. ağır yük arabasıyla taşıma;
bu taşıma için alınan ücret.

dread (dred) f., i. çok korkmak, korku ve endişe
duymak, korku hissetmek; hoşlanmamak,
sevmemek; i. büyük korku, dehşet, korku
hissi; huşu; çekinme, hürmetten ileri gelen
korku.

dread(ed) (dred, dred'ıd) s. korku yaratan, ür-
kütücü, korkunç; haşmetli, heybetli.

dread.ful (dred'fıl) s. korkunç, dehşetli, hey-
betli; k.dili iğrenç, berbat, çok kötü. dread-

fully z. çok fena, dehşetle; k. dili çok, müt-
hiş.

dread.nought, -naught (dred'nôt) i. kalın yün-
lü palto veya kumaş; den. eskiden kullanılan
ağır toplu bir deniz zırhlısı, dretnot; gözüpek
kimse.

dream (drim) i. rüya, düş; rüya görme; hülya,
hayal; emel, hedef, gaye, amaç; kuruntu;
k.dili çok güzel ve cazip kimse veya şey.
dreamboat i., argo cazibeli kimse veya şey.
dreamland i. rüyalar diyarı. dream world
hayal âlemi. dreamless s. rüyasız (uyku).
dreamlessly z. rüya görmeden. dreamlike
s. rüya gibi, hayalî.

dream (drim) f. (-t veya -ed) rüya görmek;
görür gibi olmak, tahayyül etmek, hayal
kurmak; hayal etmek, düşünmek, tasavvur
etmek. dream away one's time vaktini
hayal kurarak geçirmek. dreamer i. hayal
kuran kimse, hayalperest kimse. dream up
k.dili hayalinde yaratmak.

dreamt (dremt) bak. dream.

dream.y (dri'mi) s. rüya ile ilgili, rüya gibi;
belirsiz, müphem, karanlık; dinlendirici, yatış-
tırıcı, teskin edici; k.dili fevkalade, mükemmel.

drear.y (drir'i) s. kasvetli, sıkıcı, hazin.

dredge (drec) i., f., mak. tarak, tırmık, tarama
aleti; f. deniz dibini taramak, tarakla temiz-
lemek (liman, nehir); tarama aleti kul-
lanmak. dredger i. tarak dubası, tarama
makinası. dredging i. tarama. dredging
machine tarama aleti, ırmak v.b.'nin kum
ve çamurunu temizlemeye yarayan makina.

dredge (drec) f. üzerine un serpmek.

dregs (dregz) i. tortu, telve; çöp, süprüntü;
parça, az bir miktar. drain to the dregs
son damlasına kadar içmek. dregs of society
ayaktakımı, döküntü. dreggy s. tortulu,
telveli.

drench (drenç) f., i. ıslatmak, sırılsıklam etmek;
sıvıya batırmak, banyo etmek, batırmak; i.,
bayt. atlara zorla içirilen ilâç.

dress (dres) f., i. giydirmek; düzenlemek, tanzim
etmek, süslemek; ask. bir hizaya getirmek,
sıraya sokmak; tedavi etmek (yara); taramak,
şekil vermek (saç); sepilemek (deri); temiz-
lemek (kuş, balık); işlemek, ekip biçmek
(toprak); giyinmek; hizaya girmek, sıralanmak.
dress a ship gemiyi bayraklarla donatmak.
dress down k.dili azarlamak. dress out

çok süslü giydirmek. **dress up** giyinip süslenmek.

dress (dres) *i.* kadın elbisesi, giysi, fistan; giyinme, giyim, kılık kıyafet; itinalı kıyafet. **dress circle** opera veya tiyatroda protokol kısmı. **dress goods** kadın giyimine özgü kumaş. **dressmaker** *i.* kadın terzisi. **dressmaking** *i.* terzilik. **dress parade** geçit töreni. **dress rehearsal** *tiyatro* kostümlü prova. **dress shield** subra. **dress uniform** *ask.* merasim üniforması, büyük üniforma. **evening dress** gece elbisesi. **full dress** frak. **morning dress** kadın ev elbisesi; redingot.

dress.er (dres'ır) *i.* şifoniyer; içine porselen veya gümüş takımlar konulan büfe; mutfak dolabı veya rafı.

dress.er (dres'ır) *i.* giydiren kimse, birinin giyinmesine yardımcı olan kimse; iyi giyinen kimse.

dress.ing (dres'îng) *i.* giydirme, giyme, giyinme; pansuman, sargı; tavuk dolması içi; salça, mayonez, terbiye; gübre; **down** *ile, A.B.D., k.dili* azarlama. **dressing case** tuvalet çantası. **dressing gown** sabahlık. **dressing room** giyinme odası, gardırop. **dressing table** tuvalet masası.

dress.y (dres'i) *s., k.dili* giyimine çok itina eden, şık; gösterişli giyinen.

drew (dru) *bak.* **draw.**

drib.ble (drîb'ıl) *f., i.* damla damla akıtmak, damlatmak; *spor* bazı oyunlarda topu zıplatarak ileri götürmek; damlamak; salyası akmak; *i.* damla damla akan şey, damla; az miktarda olan herhangi bir şey, nebze.

drib.(b)let (drîb'lît) *i.* az bir miktar, ufak parça, nebze; damla, damlacık.

dried (drayd) *bak.* **dry.**

dri.er (dray'ır) *s., i.* daha kuru; *i.* kurutan kimse, kurutucu şey; çabuk kuruması için boyaya katılan madde.

drift (drîft) *i.* rüzgâr veya akıntının etkisiyle sürüklenme, çekilme; rüzgârın yığdığı kar; amaç, hedef, eğilim, temayül; sürüklenme, gayesiz olarak dolaşma; *jeol.* birikinti, moren; *den.* geminin akıntı veya rüzgâr ile sürüklenmesi, sürükleniş uzaklığı; *hav.* rotadan ayrılma; *mad.* kanal, geçit. **drift anchor** *den.* açık deniz çapası. **drift ice** yüzer buz, aysberk. **drift mining** tüneller açmak suretiyle altın madeni arama. **driftwood** *i.* nehir veya

denizin sürüklediği veya karaya attığı odun ve kereste parçaları.

`**drift** (drîft) *f.* sürüklenmek, akıntıya kapılmak; yığılmak, toplanmak, birikmek; tıkanmak; sürüklemek; yığmak, biriktirmek; gayesizce dolaşmak, olayların akışında sürüklenmek. **driftage** *i.* sürüklenme, sürükleyiş; sürüklenen veya sürüklenmiş şey. **drifter** *i.* başıboş gezen kimse, serseri. **The road has drifted badly.** Yol karla tıkanmış.

drill (drîl) *i., f.* matkap, delgi; matkapla delik açma usulü; istiridyeleri yok eden bir çeşit kabuklu deniz hayvanı, *zool.* Urosalpinx cinerea; talim, alıştırma; *f.* delmek, matkapla delmek, delik açmak; talim yaptırmak, talim yapmak; dersi birkaç kere tekrarlatarak öğretmek. **drillmaster** *i.* talim öğretmeni. **drill press** *mak.* dikmeli matkap makinası. **drill sergeant** talim çavuşu. **driller** *i.* delen kimse veya şey; sondaj işçisi; delici; talim ettiren kimse. **drilling** *i.* matkaplama, delme, sondaj; talim etme.

drill (drîl) *i., f., bahç.* mibzer, tohum ekme makinası; tohum dizisi; tarlada dizilere ekilen tohum; *f.* makina ile tohum ekmek.

drill (drîl) *i.* Batı Afrika'ya özgü bir çeşit büyük maymun, *zool.* Mandrillus leucophaeus.

drill, drill.ing (drîl, -îng) *i.* dimi ve dok denilen bir çeşit pamuk veya keten bezi, diril.

dri.ly *bak.* **dryly.**

drink (drîngk) *f.* **(drank, drunk)** içmek, alkollü içki içmek; yutmak, çekmek, almak; kana kana içmek; şerefe kadeh kaldırmak; **in** *ile* zevk duyarak doya doya seyretmek veya dinlemek; **to** *ile* şerefine içmek. **drinker** *i.* içki içen kimse; ayyaş veya sarhoş kimse.

drink (drîngk) *i.* içecek şey; içki; bir defada içilen miktar; fazla içki içme; *argo* büyük su kütlesi, deniz, okyanus. **a drink of water** bir bardak su. **hard drinks** sert içki, sarhoş edici içki. **soft drinks** meşrubat, alkolsüz içki. **strong drinks** kuvvetli içki, sert içki. **stand drinks around** herkese içki ikram etmek.

drink.a.ble (drînk'ıbıl) *s.* içilebilir, içilmesi mümkün.

drink.ing (drînk'îng) *i.* içki içme alışkanlığı, içki iptilâsı. **drinking bout** içki âlemi. **drinking cup** kadeh. **drinking fountain** bardaksız içilen içme suyunu yukarı doğru fışkırtan bir çeşit musluk. **drinking horn** boynuzdan yapılmış kadeh. **drinking song** içki içilirken söylenen şarkı. **drinking water** içme suyu.

drip (drîp) *f.* (**-ped** *veya* **-pt, -ping**) damlatmak; damlamak, damla damla akmak. **drip with blood** kanı akmak. **dripping wet** sırsıklam. **drip** (drîp) *i.* damlama, damlayış; *mim.* damlalık, saçak; taşan bir sıvıyı toplayan kap; *argo* tatsız kimse, geçinilmez adam. **drip-dry** *f.* (çamaşırı) sıkmadan askıya asarak kurutmak. **drip moulding** *mim.* damlalık, saçak. **drip pan** damlayan su veya yağı toplamaya mahsus kap. **drippy** *s.* damlayan; çok ıslak, yağmurlu; *A.B.D.*, *argo* tiksinti uyandıran. **dripstone** *i.*, *mim.* taş damlalık; stalaktit (sarkıt) ve stalagmit (dikit) şeklinde kalsiyum karbonat.

drip.ping (drîp'îng) *i.* damlama, damlayan şey. **drippings** *i.* kızartılan etten damlayan yağ ve su.

drive (drayv) *f.* (**drove, driven**) sürmek; araba kullanmak; araba ile götürmek; gütmek; kaçırmak, kovmak; tazyik etmek, sıkmak, mecbur etmek, zorlamak; fazla çalıştırmak; şiddetle tahrik etmek; acele ettirmek; sürüklenmek; hızlı gitmek; (topa) hızlı vurmak; araba ile gitmek; **at** *ile* atılmak, meramı olmak, demek istemek, kastetmek, gayret etmek. **drive a bargain** pazarlığı kendi lehine kabul ettirmek. **drive away** kovmak, defetmek; araba ile gitmek veya götürmek. **drive back** geri dönmek; araba ile geri gitmek veya götürmek. **drive by** araba ile geçmek. **drive-in** *s.*, *i.* müşterilerine araba içinde servis yapan (banka, sinema, lokanta); *i.* seyircilerin otomobilleri içinde oturarak seyrettikleri açık hava sineması. **drive mad** çıldırtmak. **drive out** kovmak, defetmek.

drive (drayv) *i.* sürme, sürüş; araba gezintisi; araba yolu; hücum etme; *psik.* itki; hayvanları toplayıp gütme; kuvvet nakli, işletme tarzı; hamle; enerji, kuvvet, gayret; *mak.* döndürme mekanizması. **drive shaft** *mak.* işletme (hareket) mili, çevirme mili. **driveway** *i.* bilhassa garaj ile cadde arasındaki özel yol. **belt drive** *mak.* kayışla döndürme, kayışla işletme. **friction drive** *mak.* sürtünme ile işletme, sürtünme mekanizması. **a drive for funds** para toplamak için açılan kampanya. **driv.el** (drîv'ıl) *f.* (**-ed** *veya* **-led, -ing** *veya*

-ling) *i.* ağzından salyası akmak; salya gibi akmak; budalaca söz söylemek; ağzından akıtmak; saçmalamak; *i.* salya akışı; saçma sapan söz.

driv.en (drîv'ın) *bak.* **drive.**

driv.er (dray'vır) *i.* sürücü, arabacı, hayvan güden kimse, şöför, *İng.* makinist; *mak.* işletme (hareket) kasnağı.

driv.ing (dray'vîng) *i.*, *s.* sürme, sürüş, araba gezintisi; *s.* enerjik, canlı, tuttuğunu koparan; şiddetli, sert; hareket ettiren, çeviren, işleten. **driving rain** şiddetli yağmur. **driving wheel** *mak.* işletme dişlisi.

driz.zle (drîz'ıl) *f.*, *i.* ince ince yağmak, çiselemek, serpiştirmek (yağmur); *i.* ince ince yağan yağmur; çiseleme. **drizzly** *s.* çiseleyen.

droll (drol) *s.*, *i.* tuhaf, gülünç; *i.* tuhaf kimse; maskara, soytarı. **drollness** *i.* tuhaflık, gülünç oluş, acayiplik. **drolly** *z.* gülünç ve tuhaf bir şekilde.

droll.er.y (dro'lıri) *i.* mizah, şaka, tuhaflık; gülünç bir şekilde davranma veya konuşma.

drom.e.dar.y (dram'ıderi) *i.* hecin, tek hörgüçlü binek devesi, *zool.* Camelus dromedarius.

drone (dron) *i.*, *f.* bal yapmayan iğnesiz bir cins erkek arı; radyo ile kontrol edilen ve içinde kimse olmayan uçak veya gemi; asalak, başkalarının sırtından geçinen kişi; *müz.* telli ve nefesli çalgıların pes tonu; monoton ses, vızıltı; monoton bir ses tonuyla konuşan kimse; *f.* vızıltı halinde konuşmak veya ses çıkarmak; vızıldamak, monoton bir ses tonuyla konuşmak. **droningly** *z.* vızıltı gibi aynı perdeden ses çıkararak.

drool (drul) *f.* ağzı sulanmak, ağzının suyu akmak; aşırı memnuniyet belirtmek; saçmalamak, saçma sapan konuşmak.

droop (drup) *f.*, *i.* sarkmak, bükülmek, tepesi veya yaprakları solup eğilmek (bitki, çiçek); halsiz olmak, kuvvetten düşmek, canlılığını kaybetmek; cesareti kırılmak, ümitsizliğe düşmek; sarkıtmak, düşürmek, asmak; *i.* sarkma, bükülme, eğilme. **drooping** *s.* sarkık; halsiz, dermansız. **droopy** *s.* takatsiz; kederli, ümitsiz.

drop (drap) *i.* damla, katre; az miktarda herhangi bir şey, bir yudum içki; *ecza.* damla; damlaya benzeyen herhangi bir şey, damla şeklinde küpe; akide şekeri; pastil; düşme, sukut; asma tiyatro perdesi, pano; düşüş uzaklığı; sarp yamaç; *ask.* paraşütle atlama, paraşütle

bir defada atlayan asker sayısı. **dropforge**
f. şahmerdan ile kalıpta basmak. **drop ham-**
mer *mak.* şahmerdan. **drop kick** *futbol* top
düşüp yere dokunduktan sonra yapılan vuruş.
drop-leaf table açılır kapanır kanatları olan
masa. **droplight** *i.* alçaltılıp yükseltilebllen
asılı lamba. **dropout** *i., A.B.D., Kanada* devam
mecburiyeti bittikten sonra okuldan ayrılan
öğrenci. **drop-off** *i.* azalma, eksilme; dik iniş.
a drop in a bucket devede kulak. **He's had**
a drop too much. İçkiyi fazla kaçırmış.
at the drop of a hat işaret verilince, hemen,
istekle. **get** *veya* **have the drop on** atik
davranarak birinden evvel silâh çekmek; üs-
tünlük kazanmak, daha iyi şartlar altında
bulunmak. **droplet** *i.* damlacık.

drop (drap) *f.* **(-ped** *veya* **-t, -ping)** damlat-
mak; elinden bırakıp düşürmek; serpmek; yol
vermek, salıvermek, bırakmak; yazıda, örgüde
satır veya ilmik atlamak; indirmek, geride
bırakmak; damlamak; düşmek, birdenbire
inmek; düşüp ölmek, ölü gibi düşmek; *argo*
kumarda para kaybetmek; (hayvan) do-
ğurmak. **drop astern** geri kalmak. **drop a**
brick *argo* pot kırmak. **drop a hint** bile
bile ağzından kaçırmak, imada bulunmak,
dokundurmak, isteyerek söylemek. **drop a**
line iki satır yazıvermek, pusula göndermek;
piyeste söyleyeceğini unutmak. **drop a**
remark kasten söylemek, farkında değilmiş
gibi söylemek. **drop asleep** uyuyakalmak.
drop behind geri kalmak. **drop down** düş-
mek, yıkılmak; akıntı ile gitmek. **drop in**
uğramak. **drop off** düşmek, azalmak (sa-
yıca), eksilmek; uykuya dalmak. **drop**
on one's knees diz çökmek. **drop one's**
h's "h" harfini söylememek. **drop out** ayrıl-
mak (üyelikten), çıkmak; okula devam etme-
mek. **dropper** *i.* damlalık.

drop.ping (drap'ing) *i.* damlama, düşme;
çoğ. damlayan şeyler (mum, yağ), birikinti,
sızıntı; *çoğ.* gübre.

drop.sy (drap'si) *i.* sıskalık, bedenin her-
hangi bir yerinde fazla sulu madde birikmesi.
dropsical *s.* su toplanması ile ilgili, su
toplanmasına elverişli. **dropsied** *s.* vü-
cudunda fazla su toplanmış olan.

drosh.ky (drôş'ki) *i. (çoğ.* **-kies)** dört tekerlekli
bir Rus arabası, droşki.

dross (drôs) *i., s.* maden cürufu, maden posası;

süprüntü, artık, değersiz şeyler; *s.* cüruflu;
değersiz.

drought (draut) *i.* kuraklık, susuzluk; kıtlık,
eksiklik. **droughty** *s.* kurak, susuz; kıt.

drove (drov) *i.* sürü, küme; enli keski, enli taş
kalemi.

drove (drov) *bak.* **drive.**

drov.er (dro'vır) *i.* davar tüccarı, celep.

drown (draun) *f.* suda boğulmak; suda boğ-
mak; su altında bırakmak, batırmak; bastır-
mak (keder, üzüntü); **out** *ile* gürültü ederek
bir sesin işitilmesine engel olmak. **drowned**
in sleep ağır uykuya dalmış. **drowned**
in tears iki gözü iki çeşme.

drowse (drau) *f., i.* uyuklamak, ayakta uyu-
mak, pineklemek; uyku vermek; pinekleyerek
vakit öldürmek; *i.* uyuklama, yarı uykulu
yarı uyanık olma hali.

drow.sy (drau'zi) *s.* uykulu, ağırlık basmış,
ağır, uyuşuk; uyku veren; sersem. **drowsily**
z. uyuşuklukla, uyur gezer bir halde. **drow-**
siness *i.* uykulu olma, uyuşukluk.

drub (drʌb) *f.* **(-bed, -bing)** sopayla dövmek,
dayak atmak; üstesinden gelmek. **drubbing**
i. dayak, kötek.

drudge (drʌc) *i., f.* köle gibi çalıştırılan kimse;
f. ağır ve tatsız bir iş yapmak.

drudg.er.y (drʌc'ıri) *i.* ağır ve sıkıcı iş.

drug (drʌg) *i., f.* **(-ged, -ging)** ilâç, ecza; esrar,
uyuşturucu madde, narkotik ilâç; alışkanlık
meydana getiren kimyasal madde; *f.* ilâçla
uyuşturmak, ilâç vermek, zararlı ilâç vermek,
yemek veya içki içine uyuşturucu veya ze-
hirli ilâç katmak. **drug addict** uyuşturucu
maddelere düşkün kimse, esrarkeş. **drug**
habit uyuşturucu madde kullanma alışkan-
lığı. **drug on the market** piyasada ihtiyaç-
tan fazla bulunan mal. **drugstore** *i.* eczane;
A.B.D. ilâç, yiyecek, içecek, kozmetik gibi
maddelerin satıldığı mağaza.

drug.get (drʌg'it) *i.* bir çeşit kaba Hint keçesi.

drug.gist (drʌg'ist) *i.* eczacı.

drum (drʌm) *i.* davul, trampet, dümbelek,
darbuka; davul sesi veya ona benzer ses;
anat. timpan boşluğu, davul boşluğu (orta-
kulağın bir parçası); *mim.* alın; *mak.* gömlek,
silindir. **drumbeat** *i.* davul sesi. **drumhead**
i. davul derisi. **drumhead court-martial**
ask. savaş veya barışta acele ile toplanan
harp divanı. **drum major** mızıka şefi. **drum-**

stick *i.* davul çomağı veya tokmağı; pişmiş tavuk butunun alt kemiği. **bass drum** *müz.* büyük davul.

drum (drʌm) *f.* (**-med, -ming**) davul çalmak; sert bir yüzeye ritmik bir şekilde parmaklarla vurmak; davul sesi çıkarmak; davulla tempo tutmak; davul sesi ile bir araya toplamak, çağırmak; devamlı tekrar ederek aklına sokmak; kanat veya ayaklarıyla davul sesi çıkarmak (kuş veya böcek). **drum out of** yuhalayarak kovmak. **drum up trade** dolaşıp sipariş almak.

drum.fish (drʌm'fiş) *i.*, *zool.* Sciaenidae familyasından davul sesi çıkaran bir çeşit balık.

drum.lin (drʌm'lin) *i.*, *jeol.* buzul birikintilerinden meydana gelmiş dar uzun yığın.

drum.mer (drʌm'ır) *i.* davulcu, trampetçi; *A.B.D.* gezgin satıcı.

drunk (drʌnk) *bak.* **drink**; *s.*, *i.* sarhoş, içkili, mest; *i.* sarhoş adam; sarhoşluk; içki âlemi. **drunk as a fiddler** *veya* **lord** çok sarhoş, fitil gibi, *slang* küfelik. **drunk with success** başarı sevinciyle kendinden geçmiş. **blind drunk** körkütük sarhoş. **dead drunk** fitil gibi, çok sarhoş. **half drunk** yarısı içilmiş; yarı sarhoş. ("The man is drunk" *fakat* "a drunken man", "a drunk man" *değil*.)

drunk.ard (drʌnk'ırd) *i.* ayyaş kimse.

drunk.en (drʌnk'ın) *s.* sarhoş, sarhoşlukla ilgili, sarhoşluk esnasında olan. **drunkenly** *z.* sarhoşlukla. **drunkenness** *i.* sarhoşluk. **drunkom'eter** *i.* kandaki alkol miktarını nefesten ölçen alet.

drupe (drup) *i.* erik ve şeftali gibi tek çekirdekli ve etli meyva. **drupelet** *i.* böğürtlen gibi bileşik meyvalardaki ufak tanelerin her biri.

Druse, Druze (druz) *i.* Dürzî.

dry (dray) *s.* kuru, yağmursuz, kurak, susuz; susamış; kurumuş, suyu çekilmiş; süt vermez, sütü kesilmiş; sert, keskin; yavan, tatsız; sert, sek (içki); pirinç ve makarna gibi kuru (yiyecek); sıkıcı; *A.B.D.*, *k.dili* içki yasağı uygulanan. **dry-as-dust** *s.* sıkıcı. **dry cell** kuru pil. **dry cleaning** kuru temizleme. **dry cough** kuru öksürük. **dry dock** gemilerin bakım ve onarımlarının yapıldığı suyu boşaltılabilen havuz. **dry-eyed** *s.* ağlamayan, göz yaşı dökmeyen. **dry farming**

kuru tarım usulü. **dry goods** manifatura, mensucat. **dry humor** ince ve düşündürücü bir mizah tarzı. **dry ice** donmuş karbondioksit. **dry kiln** kereste kurutucu fırın. **dry land** kurak bölge. **dry measure** kuru şeylere mahsus hacim ölçü birimleri. **dry nurse** dadı. **dry point** asitsiz kullanılan hakkâk kalemi. **dry rot** kerestenin içindeki toz gibi çürüklük; meyvadaki çürük veya bu çürüğü meydana getiren mantarımsı şeyler; *mec.* ahlâkî çöküntü. **dry run** deneme koşusu. **dry-shod** *z.* ayaklar ıslanmadan. **dry town** *A.B.D.*, *k.dili* içki yasağı uygulanan şehir. **dry wall** harçsız taş duvar. **dry wit** ince nükte, farkında değilmiş gibi söylenen nükteli söz. **The cow is dry.** İneğin sütü kesilmiş. **a dry speech** yavan söz, tatsız konuşma. **dry years** verimsiz yıllar. **dryly** *z.* kuru bir şekilde; inceden inceye alay ederek. **dryness** *i.* kuru oluş; duygu veya hayal gücü eksikliği.

dry (dray) *i.* kuruluk, kuraklık; kuru şey.

dry (dray) *f.* (**-ied**) kurutmak; sütünü kesmek; kurumak; suyu veya sütü kesilmek. **dry up** bütün bütün kurumak veya kurutmak; *A.B.D.*, *argo* susmak, çenesini tutmak.

dry.ad (dray'ıd) *i.*, *mit.* orman perisi.

dry.er (dray'ır) *i.* kurutma makinası.

du.al (du'wıl) *s.*, *i.* ikili, çifte, çift, iki kat; *i.*, *gram.* ikili adlandırma. **dual control** *hav.* çift kumanda. **Dual Monarchy** eski Avusturya-Macaristan İmparatorluğu. **dual ownership** bir mülkün iki sahibi olması. **dual-purpose** *s.* çift görevi veya kullanılışı olan. **dual'ity** *i.* ikilik. **du'ally** *z.* çift olarak.

du.al.ism (du'wılîzım) *i.* ikilik; *fels.* dualizm, evrenin zihin ve madde olarak iki prensipten meydana geldiği görüşü. **dualist** *i.* ikilik prensibi taraftarı. **dualis'tic** *s.* ikilik prensibine ait.

dub (dʌb) *f.* (**-bed, -bing**) şövalyelik unvanı verilirken kılıçla omuza hafifçe dokunmak, şövalyelik unvanı vermek; bir kimseye yeni bir unvan veya isim vermek, adlandırmak, çağırmak; vurmak, düzeltmek (kereste, deri).

dub (dʌb) *f.* (**-bed, -bing**) dublaj yapmak, filmi çekiminden sonra seslendirmek.

du.bi.e.ty (dubay'ıti) *i.* şüpheli olma; şüpheli bir şey.

du.bi.ous (du'biyıs) *s.* şüpheli; belirsiz, müphem; kararsız; güvenilmez; sonucu şüpheli. **dubious battle** sonucu şüpheli savaş. **dubious transaction** şüpheli pazarlık. **dubiously** *z.* şüpheyle. **dubiousness** *i.* şüphe, belirsizlik.

du.bi.ta.tion (dubıtey'şın) *i.* şüphe, tereddüt. **dubitative** *s.* şüpheli, şüphe veya kararsızlık belirten.

Dub.lin (dʌb'lîn) *i.* İrlanda'nın başkenti Dublin şehri.

du.cal (du'kıl) *s.* dük ünvanına sahip kimseyle ilgili.

duc.at (dʌk'ıt) *i.* eski Avrupa'ya bilhassa Venedik'e mahsus birkaç çeşit altın para, düka altını; *çoğ.*, *argo* para.

du.ce (du'çe) *i.*, *İt.* lider, komutan, diktatör.

duch.ess (dʌç'îs) *i.* düşes, dükün karısı.

duch.y (dʌç'i) *i.* dükalık.

duck (dʌk) *i.* ördek, dişi ördek; Anatidea familyasından ördek; *İng.*, *k.dili* sevgili, yavru; sakat kimse veya şey, kolay ele geçirilebilen hedef; *A.B.D.*, *ask.* hem karada hem suda işleyebilen kamyon. **duck and drake** *veya* **ducks and drakes** suda taş kaydırma oyunu. **duckboard** *i.* ıslak veya çamurlu yolda yürümek için döşenmiş bir iki sıra tahta. **duck on the rock** kaydırak oyunu. **fine day for ducks** yağmurlu hava. **lame duck** *A.B.D.* yeni devre için seçilmemiş fakat kısa bir müddet için daha çalışan senato veya kongre üyesi. **lame-duck** *s.* seçimden sonra eski üyelerin toplantısına ait. **like water off a duck's back** tesirsiz, etkisiz, sonuç vermeyen, faydasız. **make ducks and drakes of** *veya* **play ducks and drakes with** hesapsız para harcamak, har vurup harman savurmak. **pintail duck** kılkuyruk, *zool.* Anas acuta. **shoveler duck** kaşıkçın, *zool.* Spatula clypeata. **take to it like a duck to water** seve seve bir işe girişmek, kolay alışmak. **duckling** *i.* ördek yavrusu, ördek palazı. **duck soup** kolay iş.

duck (dʌk) *f.*, *i.* başını veya vücudunu suya sokup çıkarmak, suya daldırmak; başını çabucak eğip kaldırmak; bir darbeden sakınmak; dalmak, batmak, başını eğmek, eğilmek; bir vuruştan kaçmak için süratle yana çekilmek; *i.* eğilme, başını eğme; birden dalış, batış. **ducking stool** eski zamanlarda ceza olarak üzerine suçluların bağlanıp suya batırıldığı sandalye.

duck (dʌk) *i.* dok denilen bez, branda bezi.

duck.bill (dʌk'bîl) *i.* vücudu kunduza benzeyen, ördek gibi gagası olan ve ayakları perdeli Avustralya'ya mahsus bir hayvan, *zool.* Ornithorhynchus anatinus.

duck.weed (dʌk'wid) *i.* su mercimeği, *bot.* Lemna minor.

duck.y (dʌk'i) *s.*, *argo* mükemmel, fevkalade; sevgili, aziz.

duct (dʌkt) *i.*, *anat.* özellikle guddelerden sıvı maddeleri nakleden kanal, bezlerin salgısını akıtan kanal; tüp, mecra, kanal; *bot.* damar. **ductless** *s.* mecrasız, kanalsız. **ductless gland** *tıb.* salgısını doğrudan kana veren iç salgı bezi.

duc.tile (dʌk'tıl) *s.* haddeden çekilebilir, dövülünce uzayabilir; şekil verilebilir, yumuşak, plastik. **ductileness, ductil'ity** *i.* haddeden çekilebilme özelliği, kolayca şekil alabilme kabiliyeti.

dud (dʌd) *i.*, *ask.* patlamayan mermi veya bomba; *k.dili* başarıya ulaşamayan kimse, başarısız iş. **duds** *i.*, *k.dili* elbise, giyim eşyası; şahsî eşya.

dude (dud) *i.* züppe adam, giyimine aşırı düşkün erkek; *k.dili* tatilini taşralıların yanında geçiren şehirli.

dudg.eon (dʌc'ın) *i.* öfke, hiddet, suçluluk veya pişmanlık duygusu. **in high dudgeon** çok öfkeli, tepesi atmış.

due (du, dyu) *s.*, *z.* ödenmesi gerekli olan, vadesi dolmuş, vakti gelmiş, yerine getirilmesi gereken; uygun, münasip, lâyık; yeterli; -den dolayı, sebebiyle; gelmesi icap eden; *z.* tam, doğru. **due care** gerekli olan itina. **due course of time** zamanı gelince, vakti saati gelince. **due east** tam doğuya doğru. **He is due in at noon.** Öğleyin varacak. Öğleyin gelmesi lâzım. **due process** *huk.* bir davanın yürürlükte olan kanun ve kurallar gereğince ele alınması.

due (du, dyu) *i.* bir kimsenin hakkı; alacak, matlup. **give a person his due** bir kimseye hakkını vermek; iyi tarafını görmek.

du.el (du'wıl) *i.*, *f.* (**-led, -ling**) düello; *f.* düello etmek. **duel(l)er, duel(l)ist** *i.* düello edenlerden biri.

du.en.na (duwen'ı) *i.* İspanya ve Portekiz'de genç bir kıza refakat eden yaşlı kadın; mürebbiye, dadı.

dues (duz) *i.* aidat, üyelik aidatı.

du.et (duwet') *i., müz.* düet, duetto.

duff (dʌf) *i.* bir çeşit muhallebi.

duf.fel, -fle (dʌf'ıl) *i.* kalın havlı ve kaba bir cins yünlü kumaş; spor veya kamp araç ve gereçleri, spor yapılırken giyilen kıyafet. **duffel bag** içinde spor malzemesi veya elbisesi taşınan torba.

duf.fer (dʌf'ır) *i., İng., k.dili* ahmak ve beceriksiz kimse, sıkıcı ve kararsız ihtiyar adam; seyyar satıcı, hileli kumaş v.b. satıcısı; *argo* her türlü hile, taklit.

dug (dʌg) *i.* meme, hayvan memesi.

dug (dʌg) *bak.* **dig.**

du.gong (du'gang) *i.* Kızıldeniz ve Hint Okyanusu sularında yaşayan ve bitkiyle beslenen bir çeşit memeli hayvan, dugung, dugon.

dug.out (dʌg'aut) *i.* içi oyulmuş kütükten yapılan kayık; yeraltı sığınağı; *beysbol* üzerinde oyuncuların oturduğu üstü kapalı sıra veya yer.

duke (duk) *i.* dük. **dukedom** *i.* dükalık.

dukes (duks) *i., argo* yumruklar.

dul.cet (dʌl'sit) *s.* kulağa hoş gelen, ahenkli; tatlı, hoş, latif.

dul.ci.fy (dʌl'sıfay) *f.* zevk vermek, hoşa gitmek; yatıştırmak, dindirmek; tatlılaştırmak.

dul.ci.mer (dʌl'sımır) *i.* santur, kanuna benzer bir çeşit çalgı.

dull (dʌl) *s., f.* ağır, kafası işlemez, kalın kafalı, gabi; alık, anlayışsız; duygusuz, hissiz, vurdumduymaz; kesat, durgun; sıkıcı, kasvetli; kör, kesmez; donuk, sönük, canlı ve parlak olmayan (renk); *f.* körletmek, körlenmek; donuklaştırmak; donuklaşmak; sersemletmek. **dullard** *i.* ahmak kimse. **dullish** *s.* donuk; ahmak. **dullness** *i.* sıkıntı, kasvet; körlük, kesmezlik. **dully** *z.* ahmakça; sönük bir şekilde.

dulse (dʌls) *i.* yenebilen bir çeşit kırmızımsı kahverengi deniz yosunu, *bot.* Rhodymenia palmata.

du.ly (du'li) *z.* uygun olarak, usulen, hakkıyle, lâyıkıyle; tam zamanında; yeteri kadar.

Du.ma (du'ma) *i.* Çarlık devrinde Rus parlamentosu; Rus milli meclisi.

dumb (dʌm) *s.* dilsiz; dili tutulmuş, sessiz, konuşmayan; konuşmadan yapılan, pandomim şeklinde, mimikle ifade edilen; *A.B.D.,* *k.dili* sersem, kafasız, budala. **dumbbell** *i.* jimnastik güllesi, halter; *A.B.D., argo* aptal kimse. **dumb piano** egzersiz için kullanılan ve ses vermeyen tuş dizisi. **dumb show** pandomim. **dumbwaiter** *i.* yemek asansörü; *İng.* portatif servis masası. **strike dumb** hayretten dondurmak. **be struck dumb** dili tutulmak, donakalmak. **dumbly** *z.* konuşmadan; ahmakça. **dumbness** *i.* dilsizlik; dili tutulma.

dum.dum, dumdum bullet (dʌm'dʌm) *i.* dumdum kurşunu, vücutta tehlikeli yaralar açan tüfek mermisi.

dum.found (dʌmfaund') *f.* hayretler içinde bırakmak, şaşırtmak.

dum.my (dʌm'i) *i., s.* kukla, manken; taklit, suret; dilsiz, az konuşan kimse; *argo* budala kimse; *matb.* mizanpaj; *iskambil* ölü el; sözde kendisi hakkikatte başkası hesabına hareket eden kimse; *s.* dilsiz, dili tutulmuş, sessiz; sahte, yapma, taklit. **dummy barge** yükleme ve boşaltmada kullanılan dört köşe duba, şat.

dump (dʌmp) *f., i.* boşaltmak, atmak; *tic.* damping yapmak, fiyatları düşürmek, toptan ucuz fiyata vermek; düşmek; *i.* çöp yığını, çöplük, mezbele; *A.B.D., argo* köhne ve kötü şöhretli ev veya otel; *kompüter* makinadaki bütün bilginin makinadan boşalıp kâğıda basılması. **ammunition dump** *ask.* cephede geçici cephane. **dumpcart** *i.* kum v.b.'ni taşıyıp boşaltmaya mahsus araba. **dump truck** damperli kamyon. **dumping** *i., tic.* damping, tenzilât, fiyat indirme, ucuzluk.

dump (dʌmp) *i.* İngiltere'de bazı çocuk oyunlarında kullanılan kalın maden parçası; Avustralya'ya mahsus ufak para; gemi inşasında kullanılan bir çeşit cıvata; bir çeşit şekerleme.

dump.ling (dʌmp'ling) *i.* bir çeşit meyvalı hamur tatlısı; kaynar çorba içinde pişen küçük hamur parçası; *k.dili* kısa boylu ve tombul kimse.

dumps (dʌmps) *i.* hüzün, neşesizlik, keder; kuruntu, evham. **down in the dumps** melankolik bir halde. **dumpish, dumpy** *s.* melankolik, hüzünlü, kuruntulu.

dump.y (dʌmp'i) *s.* bodur, tıknaz; asık suratlı.

dun (dʌn) *s., i.* esmer, kül rengine çalan kahverengi, boz, sıçan tüyü renkli; *i.* boz renk; boz at. **dun diver** ördek.

dun (dʌn) *i., f.* **(-ned, -ning)** sıkıştıran alacaklı; alacaklının parasını istemesi, alacak talebi; *f.* alacağını istemek, borçluyu sıkıştırmak.

dunce (dʌns) *i.* ahmak veya kalın kafalı kimse. **dunce cap** eski devirlerde okulda tembel öğrencilerin ceza olarak başlarına giydikleri kâğıt külâh.

dun.der.head, dun.der.pate (dʌn'dırhed, -peyt) *i.* ahmak veya kalınkafalı kimse.

dune (dun) *i.* rüzgârın yığdığı kum tepeciği.

dung (dʌng) *i., f.* pislik, hayvan tersi, gübre; *f.* gübrelemek. **dung beetle** *zool.* Scarabaeidae familyasından bokböceği, pabuç tartan böceği. **dung fork** gübre çatalı. **dungheap, dunghill** *i.* gübre yığını, fışkılık.

dun.ga.ree (dʌngıri') *i.* Hindistan'a mahsus bir çeşit kaba pamuklu kumaş; *çoğ.* bu kumaştan yapılmış işçi tulumu.

dun.geon (dʌn'cın) *i.* zindan.

dunk (dʌngk) *f.* bir sıvıya batırmak; kurabiyeyi kahve veya çaya batırarak yemek.

dun.lin (dʌn'lin) *i.* sırtı kırmızı bir çeşit kum çulluğu, *zool.* Erolia alpina.

dun.nage (dʌn'îc) *i., den.* ambardaki eşya ıslanmasın diye altına ve yanına konulan saman ve tahtalar; tayfaların özel eşyası.

du.o (du'wo) *i., önek, müz.* düet, duetto; çift, eş; *önek* iki.

du.o.dec.i.mal (duwodes'ımıl) *s., i.* on iki veya on ikinciye ait, on ikişer on ikişer; *i.* on ikide bir kısım; *çoğ., mat.* on iki üzerine kurulan rakam sayma usulü.

du.o.dec.i.mo (duwodes'ımo) *i.* bir kitap boyu, yaklaşık olarak 13×20 cm.

du.o.de.num (duwıdi'nım, duwad'ınım) *i., anat.* duodenum, onikiparmak bağırsağı.

du.o.logue (du'wılôg) *i.* iki kişi ile oynanan piyes; diyalog.

dupe (dup) *i., f.* kolaylıkla aldatılabilen kimse; *f.* aldatmak, *slang* işletmek, gırgır geçmek. **dupery** *i.* aldatma, işletme; işleme, aldanma.

du.ple (du'pıl) *s.* çift.

du.plex (du'pleks) *s.* çift; *mak.* aynı zamanda veya aynı şekilde işler iki kısmı olan; bitişik olarak inşa edilmiş çift ev; iki katlı apartman dairesi. **duplex pump** çift silindirli tulumba. **duplex telegraphy** aynı zamanda ve aynı hat üzerinde aksi yönlerde telgraf gönderme usulü.

du.pli.cate (du'plıkit) *s., i.* eş; kopya, aynı, (bir şeyin) aynı; *i.* ikinci nüsha, suret.

du.pli.cate (du'plıkeyt) *f.* eşini yapmak, kopyasını yapmak; suretini çıkarmak, teksir etmek; ikinci kere yapmak, tekrarlamak, çift yapmak. **duplicate bridge** turnuva brici. **in duplicate** iki nüsha halinde. **duplicator** *i.* teksir makinası. **duplica'tion** *i.* teksir etme, teksir, suret.

du.plic.i.ty (duplis'ıti) *i.* ikiyüzlülük, düzenbazlık, hile.

du.ra.bil.i.ty (dûrıbîl'ıti) *i.* dayanıklılık, mukavemet; sürekli oluş, devam.

du.ra.ble (dûr'ıbıl) *s.* dayanıklı, mukavim, sağlam, eskimez; devamlı, sürekli. **durably** *z.* dayanıklılıkla, mukavemetle; sürekli olarak.

du.ra ma.ter (dûr'ı mey'tır) *anat.* dura mater, beynin ve omuriliğin en dış zarı.

du.ra.men (dûrey'mîn) *i., bot.* ağaçların merkeze yakın bulunan sert odun kısmı.

dur.ance (dûr'ıns) *i.* tutukluluk, mahpusluk.

du.ra.tion (dûrey'şın) *i.* devam, süreklilik; süre, müddet. **for the duration** güç bir durumun (özellikle II. Dünya Savaşının) sonuna kadar.

dur.a.tive (dûr'ıtîv) *s., gram.* sürekli bir etkinlik belirten yüklemleri ifade eden (geniş zaman).

du.ress (dûres') *i.* zorlama, cebir, icbar, baskı, tazyik; *huk.* kişiyi istek ve düşüncelerine aykırı bir şey yapmaya veya söylemeye zorlama; *huk.* kanunen onaylama olmaksızın tutukluluk, mahpusluk. **under duress** baskı altında. **a plea of duress** *huk.* baskı altında yapıldığı iddiası ile kontratın feshi talebi.

dur.ing (dûr'îng) *edat* esnasında, zarfında, müddetince, -de.

dur.mast (dır'mäst) *i.* esnek kerestesi olan bir cins Avrupa meşesi, *bot.* Quercus petraea.

dur.ra (dûr'ı) *i.* Afrika'ya mahsus bir çeşit darı.

durst (dırst) *eski, bak.* **dare.**

du.rum (dûr'ım) *i.* unundan makarna yapılan bir cins buğday, *bot.* Triticum durum.

dusk (dʌsk) *i., s.* alacakaranlık, akşam karanlığı; *s.* yarı karanlık, loş. **dusky** *s.* oldukça karanlık; koyu esmer.

dust (dʌst) *i.* toz; toz halinde herhangi bir madde; çiçek tozu; toz bulutu; toprak; çöp, değersiz şey, hiç; küçültücü durum; karışıklık. **dust bowl** kuraklık yüzünden toz fırtınalarına maruz kalan bölge. **dust cover** eşyaları tozdan korumak için yapılan kılıf. **dust devil**

bazen kurak bölgelerde görülen küçük toz fırtınası. **dust jacket** kitabın cildini koruyan ikinci bir kap, kitap kabı. **dust storm** kum fırtınas., toz fırtınası. **bite the dust** ölmek, özellikle savaşta ölmek; yenilgiye uğramak, başaramamak. **lick the dust** ölmek; küçük düşmek. **shake the dust from one's feet** terkedip gitmek, kararlı olarak ayrılmak. **throw dust in one's eyes** aldatmak, yanıltmak.

dust (dʌst) *f.* toz serpmek; toz almak, fırçalamak, tozunu silkmek; toz haline getirmek; tozlanmak.

dust.brush (dʌst'brʌş) *i.* toz fırçası.

dust.cloth (dʌst'klôth) *i.* toz bezi.

dust-col.lec.tor (dʌst'kılek'tır) *i.* toz yuvası, toz kapanı.

dust-fil.ter (dʌst'fil'tır) *i.* toz filtresi.

dust.er (dʌs'tır) *i.* toz alan kimse veya şey; toz bezi; elbiseyi tozdan korumak için giyilen önlük; kadınların yazın giydiği hafif ve bol ev elbisesi; toz serpmeye mahsus araç.

dust.heap (dʌst'hip) *i.* toz veya süprüntü yığını.

dust.man (dʌst'män) *i., İng.* çöpçü.

dust.pan (dʌst'pän) *i.* faraş.

dust.proof (dʌst'pruf) *s.* toz geçirmez.

dust.y (dʌs'ti) *s.* tozlu; toz renkli; toz gibi. **dustiness** *i.* tozluluk, toz.

Dutch (dʌç) *s., i.* Felemenk veya Hollanda'ya ait; Felemenk'ten gelmiş veya Felemenk'te yapılmış; *i.* Felemenk dili, Hollanda dili, Felemenkçe; Felemenk halkı; Pennsylvania'da konuşulan bir çeşit Almanca; bu dili konuşan halk. **Dutch brick** sert tuğla. **Dutch cheese** Hollanda peyniri. **Dutch courage** içkinin verdiği çılgınca cesaret. **Dutch door** ortadan enine ikiye bölünmüş ayrı ayrı kullanılabilen kapı. **Dutch oven** kalın ve kapalı tava, ateşin önünde et pişirmeye mahsus önü açık madeni tertibat. **Dutch treat** *A.B.D., k.dili* birkaç dost arasında tertiplenen ve herkesin kendi masrafını ödediği eğlence. **get in Dutch** *A.B.D., k.dili* başı derde girmek. **go Dutch** *A.B.D., k.dili* herkes kendi masrafını ödeyerek eğlenmek. **talk like a Dutch uncle** *k.dili* baba gibi sert bir şekilde azarlamak. **That beats the Dutch.** *A.B.D., k.dili* Allah Allah! Şaşılacak şey.

Dutch.man (*çoğ.* **-men**) (dʌç'mın) *i.* Felemenkli, Hollandalı; *den.* Hollanda gemisi.

Dutchman's breeches Kuzey Amerika'ya mahsus bir çeşit gelincik çiçeği. **Dutchman's-pipe** *i.* zeravende benzer bir çeşit asma, loğusaotu.

du.ti.a.ble (du'tiyıbıl) *s.* gümrüğe tabi.

du.ti.ful (du'tifıl) *s.* görevini bilen, vazifeşinas; itaatkâr; hürmetkâr, saygılı. **dutifully** *z.* vazifesini bilerek; hürmetkârane. **dutifulness** *i.* vazifeşinaslık; hürmetkârlık.

du.ty (du'ti) *i., to veya* **towards** *ile* vazife, görev, ödev, sorumluluk, borç; hürmet, saygı; itaat, boyun eğme; resim, vergi, gümrük resmi; iş, hizmet; *mak.* iş, kudret. **duty call** mecburî ziyaret. **duty of water** belirli bir alanı sulamak için gerekli olan su miktarı. **death duty** veraset vergisi. **do duty for** görevini yapmak, yerini almak. **off duty** izinli, serbest. **on duty** nöbetçi, vazife başında. **stamp duties** pul resmi.

du.ty-free (du'tifri') *s., z.* gümrük resminden muaf, gümrüksüz.

dwarf (dwôrf) *i., f., s.* cüce, bodur hayvan veya fidan; *f.* büyümesini önlemek, cüceleştirmek; karşılaştırma yaparak gölgede bırakmak, küçük göstermek; *s.* kısa boylu, cüce olan, bodur.

dwarf elder yaban mürveri, *bot.* Sambucus ebulus.

dwarf.ish (dwôr'fiş) *s.* bodurca, oldukça kısa.

dwarf stinger küçük ısırgan otu, *bot.* Urtica urens.

dwell (dwel) *f.* (**dwelt** *veya* **dwelled, dwelling**) oturmak, ikamet etmek, sakin olmak; hayat sürmek, yaşamakta devam etmek; **on** *ile* bir konu üzerinde durmak, kalmak, devam etmek. **dwell in** -de ikamet etmek, oturmak.

dwell.er (dwel'ır) *i.* ikamet eden veya oturan, kimse, sakin.

dwell.ing (dwel'îng) *i.* ev, ikametgâh, mesken. **dwelling house, dwelling place** ev, ikametgâh, mesken, konut.

dwin.dle (dwin'dıl) *f.* yavaş yavaş azalmak veya ufalmak, küçülmek; önemini kaybetmek, zeval bulmak.

dy.ad (day'äd) *i.* iki, çift; *kim.* iki atomdan meydana gelen molekül.

dye (day) *i., f.* (**dyed, dye.ing**) boya, kumaş boyası, renk, boyayıcı madde; *f.* boyamak, boyanmak. **dyestuff** *i.* boya ilâcı. **dyed-in-the -wool** *s.* ham madde halinde boyanmış; hakikî, öz; tamamıyle. **double-dyed** *s*. iyi boyanmış; huyları kökleşmiş, yerleşmiş inançları olan. **red dye** Fes boyası. **dyeing** *i*. boyacılık, (kumaş v.b.'ni) boyama. **dyer** *i*. boyacı. **dyer's madder** boya otu, *bot*. Rubia tinctorum. **dyer's rocket, dyer's weed** Yemen zafranı, cehri, *bot*. Reseda luteola.

dy.ing (day'îng) *i., s*. ölüm, ölme; *s*. ölen, ölmekte olan. **dying bed** ölüm döşeği. **dying confession** *veya* **declaration** ölüm döşeğinde yapılan itiraf, açıklama. **dying will** ölmek üzereyken ifade edilen arzu, son dilek.

dyke *bak*. **dike**.

dy.nam.ic (daynäm'îk) *s*. tabii kuvvete ait, dinamik; mekanik gücü olan; değişme ve hareket halinde olan; kuvvetli, enerjik, faal.

dy.nam.ics (daynäm'îks) *i*. dinamik bilimi; *çoğ*. hareket ettirici kuvvetler ve kanunlar; *müz*. sesin alçak veya yüksek olmasını belirten işaretler.

dy.na.mism (day'nımîzım) *i., fels*. tabiat olaylarını kuvvet ve enerji terimleriyle açıklayan doktrin.

dy.na.mite (day'nımayt) *i., f*. dinamit, nitrogliserinden yapılmış patlayıcı bir madde; *f*. dinamitle havaya uçurmak; (kuyu açmak için) dinamitlemek. **dynamiter** *i*. dinamitçi, dinamitle uçuran kişi.

dy.na.mo (day'nımo) *i*. dinamo.

dy.na.mom.e.ter (daynımam'ıtır) *i*. dinamometre.

dy.na.mo.tor (day'nımotır) *i., elek*. direkt akımın voltajını değiştiren alet.

dy.nast (day'näst, *İng*. dîn'ıst) *i*. hükümdar, prens.

dy.nas.ty (day'nısti, *İng*. dîn'ısti) *i*. hükümdar sülâlesi, hanedan. **dynastic** *s*. hanedana ait.

dy.na.tron (day'nıtran) *i., radyo* dinatron, bir çeşit üçlü valf.

dyne (dayn) *i., fiz*. din.

dys- *önek* fena, zor, sert.

dys.en.ter.y (dîs'ınteri) *i., tıb*. dizanteri, kanlı basur, kanlı ve sancılı ishal. **dysenter'ic** *s*. dizanteriye ait.

dys.func.tion (dîsfʌngk'şın) *i., tıb*. bir uzvun görevini yapmaması.

dys.lo.gis.tic (dîslocîs'tîk) *s*. beğenmeyen, eleştiren, tenkit eden.

dys.pep.sia (dîspep'şı, -sıyı) *i., tıb*. hazımsızlık, dispepsi. **dyspeptic** *i., s*. hazımsızlığı olan kimse; *s*. hazımsızlığa ait.

dys.tro.phy (dîs'trıfi) *i., tıb*. beslenme yetersizliği; adalenin gelişmemesi.

dysp.ne.a (dîspni'yı) *i., tıb*. nefes darlığı, dispne.

dys.u.ri.a (dîsyûr'iyı) *i., tıb*. idrar zorluğu, dizuri.

E

E, e (i) *i*. İngiliz alfabesinin beşinci harfi.

E., e. *kıs*. east, eldest, energy, engineer, English, entrance, error, excellent.

ea. *kıs*. each.

each (iç) *s., zam*. her, her bir; *zam*. her biri, tanesi. **each one** her biri. **each other** birbirini, yekdiğerini. **ten cents each** tanesi on sent.

ea.ger (i'gır) *s*. istekli, hevesli, arzulu, şevkli, canlı, sabırsız. **eagerly** *z*. şiddetli arzuyla, büyük şevkle, sabırsızlıkla. **eagerness** *i*. şevk, istek, arzu, canlılık. **eager beaver** *A.B.D., argo* vazifesine fazlasıyla bağlı olan kimse.

ea.gle (i'gıl) *i*. kartal, karakuş, *zool*. Aquila; kartal şeklinde veya kartal resmini taşıyan herhangi bir şey (mühür, damga, madenî para). **eagle owl** puhu kuşu gibi bir çeşit baykuş. **eagle ray** fulyabalığı. **eaglewood tree** kartal ağacı, *bot*. Aquilaria agallocha. **booted eagle** cüce kartal, *zool*. Hieraetus. **golden eagle** kaya kartalı, altın kartal, *zool*. Aquila chrysaetos.

ea.gle-eyed (i'gılayd') *s*. keskin gözlü, nüfuz edici bakışları olan.

ea.gle-sight.ed (i'gılsay'tîd) *s*. uzağı görebilen, keskin gözlü.

ea.gle.stone (i'gılston) *i*. eski bir söylentiye

göre kartalların yuvalarında fol olarak kullandıkları ceviz iriliğinde bir taş, kartal taşı.

ea.gle-winged (i'gılwingd) *s.* kartal gibi hızlı ve yüksekten uçan.

ea.glet (i'glit) *i.* kartal yavrusu.

ea.gre (i'gır) *i.* nehrin ağzında ani met taşması.

ear (ir) *i.* kulak, işitme duyusu; müziğin inceliklerini sezebilme yeteneği; testi kulpu gibi kulak şeklinde olan herhangi bir şey; dikkat, kulak verme. **ear flap** soğuktan koruyucu kulaklık. **ear lobe** kulak memesi. **ear trumpet** ağır işiten kimselerin kullandıkları kulak borusu. **a word in your ear** gizli söz, sır. **be all ears** kulak kesilmek, dikkatle dinlemek. **by ear** *müz.* notasız, kulaktan. **give ear to** kulak vermek, dinlemek. **have an ear for music** müzik kulağı olmak. **keep an ear to the ground** yeni haberlerle ilgilenmek. **lend an ear** kulak vermek, dinlemek. **play by ear** notasız çalmak; olaylara göre hareket etmek. **prick up one's ears** kulak kabartmak. **put a flea in one's ear** imada bulunmak, kulağını bükmek, ikaz etmek. **turn a deaf ear** kulak asmamak, aldırmamak. **up to the ears in work** fazla meşgul. **Did your ears burn?** Kulaklarınız çınladı mı? Sizden bahsediyorduk.

ear (ir) *i., f.* başak; *f.* başaklanmak, başak bağlamak, başak tutmak. **in the ear** kabuklu.

ear.ache (ir'eyk) *i.* kulak ağrısı.

ear.drop (ir'drap) *i.* sallantılı küpe.

ear.drops (ir'drapz) *i.* kulak damlası.

ear.drum (ir'drʌm) *i.* kulak zarı.

ear.ful (ir'fûl) *i., A.B.D., k.dili* üzerinde çok durulan bir söz; dedikodu, havadis; azarlama.

'**earl** (ırl) *i.* kont. **earl'dom** *i.* kontluk, bir kontun unvanı ve sahip olduğu topraklar.

ear.lap (ir'läp) *i.* kulaklık; kulak memesi, kulak kepçesi.

ear.ly (ır'li) *s., z.* erken; eski; ilk, ilkel; *z.* vakitsiz, vaktinden evvel. **early bird** erken kalkan, sabahçı. **The early bird gets the worm.** Erken davranan istediğini elde eder. **early riser** erken kalkan kimse. **at an early age** çocukken. **at your early convenience** sizin için uygun olan ilk fırsatta.

ear.mark (ir'mark) *i., f.* hayvanların kulaklarına takılan marka; damga; *f.* kulağa işaret koymak; 'belirli bir maksatla ayırmak, bir yana koymak, tahsis etmek.

ear.muff (ir'mʌf) *i.* kulaklık (soğuğa karşı).

earn (ırn) *f.* kazanmak, edinmek, hak etmek.

ear.nest (ır'nîst) *s.* ciddî; gerçek, hakikî; istekli, içten, samimî. **in earnest** ciddî olarak, samimiyetle, gerçekten.

ear.nest (ır'nîst) *i., huk.* pey, kaparo, avans, teminat. **earnest money** teminat akçesi, pey akçesi.

earn.ings (ır'nîngz) *i.* kazanç, kâr; maaş, gelir.

ear.phone (ir'fon) *bak.* headphone.

ear.pick (ir'pîk) *i.* kulak temizleyecek alet.

ear.ring (ir'rîng) *i.* küpe.

ear.shot (ir'şat) *i.* işitilecek mesafe, kulak menzili, kulak erimi.

ear.split.ting (ir'splît'îng) *s.* kulak tırmalayıcı, sağır edici (ses).

earth (ırth) *i.* dünya, yeryüzü, arz; toprak, kara, zemin; bu dünya; dünya halkı; *kim.* nadir toprak alkali metallerinden her biri; elektrik akımının devresini tamamlayan toprak. **earth flax** asbest. **earth movement** *jeol.* dünya kabuğunun hareketi. **earth science** dünyanın oluşumunu ve özelliklerini inceleyen çeşitli ilimler. **come down to earth** hayal kurmaktan vazgeçmek, gerçekçi olmak. **run to earth** yakalayıncaya kadar kovalamak; buluncaya kadar aramak. **scum of the earth** ayaktakımı. **Why on earth...?** Ne halt etmeye...? Acaba neden...?

earth (ırth) *f.* inine kaçırmak (tilki); inine kaçmak; *elek.* toprağa bağlamak.

earth.born (ırth'bôrn) *s.* insanoğlu; fani, dünyevi.

earth.bound (ırth'baund) *s.* maddî; toprağa sıkıca bağlı.

earth.en (ır'thın) *s.* topraktan yapılmış, toprak.

earth.en.ware (ır'thınwer) *i.* çanak çömlek, toprak işi.

earth.light, earth.shine (ırth'layt, ırth'şayn) *i.* yeryüzünden yansıyıp ayın gölgede kalan kısımlarını aydınlatan ışık.

earth.ling (ırth'lîng) *i.* yeryüzünde yaşayan kimse, fani kimse; kendini dünya işlerine vermiş kimse.

earth.ly (ırth'li) *s.* dünyaya ait, dünyevî; imkân dahilinde, *k.dili* akla yatkın. **of no earthly use** hiç bir faydası olmayan, beş para etmez. **earthly-minded** *s.* maddî fikirlere sahip, dünyevî fikirli. **earthliness** *i.* dünyevî oluş, maddilik; imkân dahilinde oluş.

earth.nut (ırth'nʌt) *i., İng.* Amerikan fıstığı, *bot.* Arachis; domuz elması; yermantarı, domalan.

earth.quake (ırth'kweyk) *i.* deprem, yer sarsıntısı, zelzele.

earth.shak.ing (ırth'şeyking) *s.* inançları kökünden sarsan, fikirleri altüst eden.

earth.work (ırth'wırk) *i., ask.* toprak tabyası, topraktan yapılan set, siper.

earth.worm (ırth'wırm) *i.* solucan, yer solucanı, *zool.* Lumbricus terrestris.

earth.y (ır'thi) *s.* topraktan ibaret, toprağa benzer, topraklı; kaba, incelikten yoksun.

ear.wax (îr'wäks) *i.* kulak kiri, kulak salgısı.

ear.wig (îr'wig) *i.* kulağakaçan, *zool.* Forficula auricularia.

ease (iz) *i.* rahat, huzur; serbestlik, kolaylık, tabiîlik. **at ease** rahat, teklifsiz. **At ease!** *ask.* Rahat! **feel at ease** içi rahat etmek. **with ease** rahatça, kolaylıkla.

ease (iz) *f.* rahat ettirmek, sıkıntıdan kurtarmak; ağrıyı yatıştırmak; basınç veya gerilimi azaltmak; kolaylaştırmak; dikkatle yerleştirmek; *den.* ağır ağır laçka etmek. **ease the ship** *den.* gemiyi dalgaya karşı götürmek. **Ease the helm!** *den.* Ağır ağır gel! **ease off** yavaş yavaş gevşetmek (ip). **ease one's mind** içi rahat etmek.

ease.ful (iz'fıl) *s.* rahat, asude, sakin.

ea.sel (i'zıl) *i.* ressam sehpası, şövale.

ease.ment (iz'mınt) *i.* rahatlık veren herhangi bir şey; sıkıntıdan kurtarma; *huk.* irtifak hakkı.

eas.i.ly (i'zıli) *z.* kolaylıkla, kolayca, rahat rahat, bol bol; şüphesiz.

eas.i.ness (i'zînis) *i.* kolaylık, yumuşak veya tabiî davranış.

east (ist) *i., s., z.* doğu, şark; doğu halkı veya uygarlığı; *s.* doğu ile ilgili; *z.* doğuya doğru. **East Germany** Doğu Almanya. **East Indies** Hindistan, Hindiçini ve Doğu Hint Adaları. **east wind, easter** *i.* doğudan esen rüzgâr, gündoğuşu. **Far East** Uzak Doğu. **Near East** Yakın Doğu. **eastward(s)** *s., z.* doğu yönünde (olan). **eastwardly** *z., s.* doğuya; *s.* doğudan esen (rüzgâr).

East.er (is'tır) *i.* Paskalya yortusu. **Easter Day** Paskalya günü. **Easter egg** Paskalya yumurtası. **Easter lily** zambak. **Eastertide** *i.,* **Easter time** Paskalya zamanı.

east.er.ly (is'tırli) *z., s.* doğuda, doğuya doğru; *s.* gündoğusuna bakan, doğudan esen. **easterly wind** gündoğusu.

east.ern (is'tırn) *s.* doğusal, doğuda olan, doğudan gelen, doğuya ait. **Eastern Church** Rum Ortodoks Kilisesi. **Eastern Hemisphere** Doğu Yarımküresi. **easterner** *i.* şarklı kimse, bir memleketin doğusunda oturan kimse.

east.ing (is'tîng) *i., den.* doğuya doğru hareket.

eas.y (i'zi) *s.* kolay, rahat; asude, sakin; yumuşak, uysal; hafif, yavaş, ağır. **easy chair** koltuk. **easy mark** *k.dili* kolayca aldatılabilen kimse. **easy money** kolay kazanılıp kolay sarfolunan para. **easy of access** kolay görüşülebilir, yanına yaklaşılabilir. **in easy circumstances, on easy street** hali vakti yerinde, varlıklı, müreffeh.

eas.y (i'zi) *z., k.dili* kolayca, rahatça. **Take it easy.** Yavaş yavaş. Kendini yorma. Kolayına bak. İşi hafiften al. Kızma.

eas.y.go.ing (i'zigo'wing) *s.* yumuşak, uysal tabiatlı, yumuşak başlı.

eat (it) *f.* **(ate, eaten)** yemek; gıda almak; yemek yemek. **eat away** yavaş yavaş yiyip bitirmek; yiyip durmak. **eat one's heart out** kendi kendini yemek, çok üzülmek. **eat one's words** sözünü geri almak. **eat out of house and home** aşırı derecede yiyerek aile bütçesini altüst etmek. **eat up** yiyip bitirmek. **eatable** *s.* yenebilir. **What's eating you?** *k.dili* Nen var?

eats (its) *i., çoğ., A.B.D., argo* yemek.

eau (o) *i., Fr.* (*çoğ.* eaux) (o) su. **eau de Cologne** kolonya. **eau forte** ofort, madeni levhaları hakketmek için kullanılan nitrik asit; böyle hakkedilmiş levhalarla basılan resim.

eaves (ivz) *i.* saçak, çıkıntı. **eaves trough** yağmur suyunu akıtan oluk.

eaves.drop (ivz'drap) *f., i.* kulak misafiri olmak, kendisini ilgilendirmeyen konuşmaları belli etmeden dinlemek; *i.* saçaktan damlayan su. **eavesdropper** *i.* kulak misafiri. **eavesdropping** *i.* kulak misafiri olma.

ebb (eb) *i., f.* cezir, deniz sularının çekilmesi; bozulma, düşüş, düşkünlük; *f.* çekilmek (deniz); bozulmak, düşmek, zayıflamak. **ebb tide** cezir, inik deniz. **at a low ebb** çok fena vaziyette, müşkül durumda. **ebb and flow** gelgit, meddücezir.

eb.on (eb'ın) *s., şiir* siyah.

eb.on.ite (eb'ınayt) *i.* ebonit, bir çeşit siyah sert kauçuk, volkanit.

eb.on.y (eb'ıni) *i., s.* abanoz, abanoz ağacı, *bot.* Diospyros ebenum; *s.* abanozdan yapılmış; siyah.

e.bul.lient (îbʌl'yınt) *s.* içi kaynayan, taşkın, coşkun, şevkli; kaynayan, taşan (sıvı). **ebullience, -cy** *i.* kaynayıp taşma; coşkunluk, şevk.

eb.ul.li.tion (ebıliş'ın) *i.* kaynama; taşkınlık, coşkunluk.

é.car.té (ekarte') *i.* iki kişi ile oynanan bir iskambil oyunu.

e.cau.date (ikô'deyt) *s.* kuyruksuz.

ec.cen.tric (eksen'trîk) *s., i.* eksantrik, alışılagelmişin dışında; acayip, garip, tuhaf; *geom.* merkezleri aynı olmayan, merkezde olmayan, ekseni merkezden geçmeyen, dışmerkezli; *i.* garip bir kişiliğe sahip olan kişi; alışılmamış ve garip görünüşlü şey; *mak.* eksantrik, devrî hareketi yatay harekete çeviren tertibat, salgılı kasnak. **eccentrically** *z.* garip bir şekilde; dışmerkezli olarak. **eccentric'ity** *i.* tuhaflık, yabansılık; dışmerkezlilik.

ec.chy.mo.sis (*çoğ.* **-ses**) (ekîmo'sîs, -siz) *i., tıb.* bere, çürük, morarmış kısım.

ec.cle.si.a (*çoğ.* **-si.ae**) (îkli'jıyı, -zıyı; *çoğ.* -ziyi) *i.* kilise; cemaat; eski Yunan şehir devletlerinde yasama meclisi. **ecclesiarch** *i.* kilise başkanı, büyük papaz. **ecclesias'tic** *s., i.* kiliseye veya kilise örgütüne ait, dinî; *i.* papaz, vaiz, rahip. **ecclesias'ticism** *i.* kilise prensip veya usulleri, bu usullere bağlılık ve merak.

ec.cle.si.ol.o.gy (ikliziyal'ıci) *i.* kilise mimarîsi ve kilise süsleme sanatı çalışması.

ec.dy.sis (*çoğ.* **-ses**) (ek'dısîs, -siz) *i., zool.* yılan ve böceklerde dış derinin atılması, değişmesi, dış kabuğun dökülmesi. **ecdysiast** *i.* striptiz yapan kadın.

ech.e.lon (eş'ılan) *i., ask.* kademe, diziliş.

e.chi.no.derm (îkay'nıdırm) *i.* denizkestanesi ve deniz yıldızı gibi derisi dikenli bir hayvan.

e.chi.nus (îkay'nıs) *i.* deniz kirpisi, denizkestanesi; *mim.* yastık, Dorik sütunlarda yuvarlak kenarlı sütun başlığı.

ech.o (ek'o) *i.* (*çoğ.* **-oes**) yankı; *müz.* bir parçanın hafif ve yankıyı andıran bir şekilde tekrarı; taklit eden kimse, taklitçi; şiirde bazı hece ve seslerin tekrarı, nakarat.

ech.o (ek'o) *f.* yansımak, aksetmek; yansıtmak, aksettirmek; tekrar etmek; taklit etmek.

ech.o.la.li.a (ekoley'liyı) *i., psik.* anlamsız sözlerin üst üste tekrarlanması.

ech.o.lo.ca.tion (ekolokey'şın) *i.* sesin yankılanmasından faydalanarak bir cismin bulunduğu yön ve uzaklığı saptama.

é.clair (ekler', ikler') *i.* ekler, bir çeşit küçük oval pasta.

ec.lamp.si.a (eklämp'siyı) *i., tıb.* loğusa humması, havale.

é.clat (ekla') *i.* üstün başarı; alkış; şeref, büyük şöhret.

ec.lec.tic (eklek'tîk, ik-) *s., i.* çeşitli sistem ve kaynaklardan derlenmiş; seçme şeylerden ibaret; seçen, derleyen; *i.* felsefe ve sanatta belirli bir inancı olmayıp çeşitli fikirler ve üslûplar içinden kendine uygun gelenleri seçen kimse, değişik sistem ve fikirleri birleştiren kimse. **eclectically** *z.* seçip toplayarak, derleyerek. **eclecticism** *i.* seçip toplamak eğilimi.

e.clipse (iklîps') *i.* tutulma, güneş tutulması, ay tutulması; sönme, karanlığa gömülme, gözden kaybolma, yok olma. **annular eclipse** güneşin halka şeklinde tutulması. **lunar eclipse** ay tutulması. **partial eclipse** güneş veya ayın kısmen tutulması. **solar eclipse** güneş tutulması. **total eclipse** güneş veya ayın tamamen tutulması.

e.clipse (iklîps') *f.* ışığını karartmak, tutmak, örtmek; (bir kimsenin) yıldızını söndürmek, bir kimseden üstün çıkmak, gölgede bırakmak; tutulmak, sönmek.

e.clip.tic (iklîp'tîk) *i., s., astr.* ekliptik, dünyanın etrafını dolaşan ve tropiklere değen büyük halka; *s.* güneş ve ayın tutulmasına ait.

ec.logue (ek'lôg) *i.* karşılıklı konuşma şeklinde pastoral şiir.

e.col.o.gy (ikal'ıci) *i.* organizmaların çevreleriyle olan ilişkilerini inceleyen biyoloji dalı, çevrebilim.

econ. *kıs.* economic, economics, economy.

ec.o.nom.ic (ekınam'îk, ik-) *s.* iktisadî, ekonomik; idareli, az masraflı, masrafını çıkaran; malî işlere ait. **economic man** iktisadî insan, yalnız kendi çıkarını düşünen ve düzenli hareket eden kimse. **economical** *s.* idareli, az

masraflı, tutumlu; iktisadî, ekonomik. **eco-
nomically** z. az masraflı, idareli; iktisadî
yönden. **economics** *i.* iktisat, ekonomi ilmi.
home economics ev idaresi bilimi. **econ'-
omist** *i.* iktisatçı.

e.con.o.mize (ikan'ımayz) *f.* ekonomi yapmak,
iktisat yaparak idare etmek, ihtiyatlı kullan-
mak, idareli kullanmak, idareli sarfetmek,
masrafı kısmak. **economizer** *i.* iyi idare eden
kimse, tutumlu kimse.

e.con.o.my (ikan'ımi) *i.* iktisat, tasarruf, idare;
tutum, israftan çekinme; idare usulleri, teş-
kilât. **minister of economy** maliye bakanı.
political economy politik ekonomi, iktisat
ilmi.

ec.o.sys.tem (ek'osîstım) *i.* bir yerde bulunan
bütün canlılar topluluğu ile çevreleri ve hayat
şartları.

ec.ru (ek'ru) *i.* ham ipek veya keten rengi; bu
renkte kumaş.

ec.sta.sy (ek'stısi) *i.* vecit halinde olma, ken-
dinden geçme, aşırı sevinç; vecit; *tıb.* ekstaz.

ec.stat.ic (ekstät'îk) *s.* vecit haline ait. **ecstat-
ically** z. vecit halinde olarak.

ecto- *önek* dış.

ec.to.derm (ek'tıdırm) *i., zool.* ektoderm, dış deri.

ec.to.mor.phic (ektomôr'fîk) *s., fizyol.* en çok
sinirleri ve beyin kısmı gelişmiş olan.

-ectomy *sonek, tıb.* kesilip çıkarılma: **tonsillec-
tomy** *i.* bademcik ameliyatı.

ec.to.plasm (ek'tıpläz'ım) *i., biyol.* ektoplazma,
dışplazma; bir medyumdan çıktığı farzolunan
sihirli ruh.

Ec.ua.dor (ek'wıdôr) *i.* Ekvador Cumhuriyeti.

ec.u.men.i.cal (ekyûmen'îkıl) *s.* evrensel; kili-
selerin birleşmesine ait; bütün Hıristiyanlarca
kabul edilen.

ec.u.men.ism (ekyûmen'îzım) *i.* Hıristiyan kili-
selerinin evrensel birliği için uğraşan kimse-
lerin düşünce ve prensipleri.

ec.ze.ma (ek'sımı, egzi'mı) *i., tıb.* egzama, bir
çeşit deri hastalığı, mayasıl.

ed. *kıs.* **edited, edition, editor.**

e.da.cious (idey'şıs) *s.* obur, açgözlü. **eda-
ciously** z. oburcasına. **edacity** (idäs'ıti) *i.*
oburluk, çok yeme.

E.dam, E.dam Cheese (i'dım) *i.* dışı kırmızı
mumla kaplı içi sarı bir Hollanda peyniri.

ed.dy (ed'i) *i., f.* girdap, anafor; rüzgâr veya

tozun girdap gibi dönmesi; *f.* girdap gibi
döndürmek veya dönerek gitmek.

e.del.weiss (ey'dılvays) *i.* edelvays, Alp dağ-
larına mahsus küçük beyaz bir çiçek, *bot.*
Leontopodium alpinum.

e.de.ma (idi'mı) *i., tıb.* ödem, vücudun bir
yerinde su toplanması.

E.den (id'ın) *i.* Aden, cennet.

e.den.tate (iden'teyt) *s., i.* dişsiz; *zool.* bazı
dişsiz memeli hayvanlara ait; *i.* bu hayvan-
lardan biri.

E.des.sa (ides'ı) *i.* Urfa'nın eski ismi.

edge (ec) *i.* kenar, ağız; *geom.* ayrıt; keskinlik;
sınır, hudut; *A.B.D., k.dili* avantaj, üstünlük.
edge tool kesecek alet, keskin ağızlı alet.
give an edge to bilemek; açmak (iştah);
A.B.D., k.dili avantaj tanımak. **on edge**
sabırsız; endişeli, aksi, sinirli; fazla hassas.
take the edge off körletmek; kapamak
(iştah); zevkini azaltmak. **set his teeth on
edge** dişlerini kamaştırmak, sinirlendirmek;
iğrendirmek.

edge (ec) *f.* yanaşmak, yavaş yavaş sokulmak,
yaklaşmak; yan yan ve yavaş yavaş sürmek;
bilemek, keskinletmek; kenar geçirmek. **edge
in** sokulmak. **edge out** kıl payı ile yenmek;
kenara itmek.

edge.ways, edge.wise (ec'weyz, ec'wayz) z.
kenarı üste gelecek şekilde, yan yan, yandan.
not be able to get a word in edgeways
karşısındakinin fazla konuşmasından dolayı
ağzını açamamak.

edg.ing (ec'îng) *i.* kenar, kenar için kullanılan
şerit, dantel, sutaşı.

edg.y (ec'i) *s.* sinirli, alıngan, huzursuz; keskin
kenarlı; *güz. san.* anahatları fazla bariz.
edginess *i.* sinirlilik.

ed.i.ble (ed'ıbıl) *s., i.* yenebilir; *i.* yenen şey,
yiyecek. **edibil'ity** *i.* yenebilme niteliği.

e.dict (i'dîkt) *i.* emir, ferman, bildiri, tebliğ.

ed.i.fi.ca.tion (edıfıkey'şın) *i.* zihnî ve ahlâkî
yönden geliştirme, yetiştirme, takviye etme;
bilgi verme; ıslah ve terbiye.

ed.i.fice (ed'ıfis) *i.* bina, büyük bina, yapı.

ed.i.fy (ed'ıfay) *f.* öğretmek; ıslah ve terbiye
etmek; moral bakımından takviye etmek. **edi-
fying** *s.* iyi bir örnek olan.

ed.it (ed'ît) *f.* başkasının yazdığı bir yazıyı
basılmak üzere hazırlamak, telif etmek; dü-

zeltmek, düzenlemek; bir gazetede mesul müdür olmak.

e.di.tion (idiş'ın) *i.* baskı, tabı, bir kitabın bir defada basılması veya basılma şekli; bir kitabın bir defada basılan nüshalarının sayısı, tiraj. **de luxe edition** lüks baskı. **first edition** ilk baskı.

ed.i.tor (ed'itır) *i.* bir kitabı matbaaya gitmek üzere tertip edip hazırlayan kimse, müellif, editör; gazete müdürü, başyazar. **editorship** *i.* kitap hazırlama veya yazma, müelliflik, editörlük.

ed.i.to.ri.al (editôr'ıyıl) *s., i.* gazete v.b.'nin müdürüne ait veya böyle bir kimsenin uslûbuna göre; *i.* başmakale. **editorialize** *f.* haber naklederken yorum yapmak.

ed.u.cate (ec'ûkeyt) *f.* eğitmek ve öğretmek, terbiye etmek, yetiştirmek, talim etmek, okutmak, öğrenim yaptırmak. **educated** *s.* öğrenim görmüş, tahsilli, aydın. **educator** *i.* eğitmen, öğretmen.

ed.u.ca.tion (ecûkey'şın) *i.* eğitim, eğitim ve öğretim, tedris, tahsil, maarif, yetiştirme, eğitme; ilim, irfan; pedagoji, eğitim bilimi. **educational** *s.* tahsille ilgili, eğitimsel, terbiyevî. **educationally** *z.* terbiye bakımından, eğitim yönünden.

e.duce (idus') *f.* sonuç veya anlam çıkarmak, sonuca varmak.

e.duct (i'dʌkt) *i.* çıkarılan şey. **educ'tion** *i.* çıkarma, istihraç etme; çıkarılan şey.

-ee *sonek* **assignee** *veya* **payee** kelimelerinde olduğu gibi bir fiile hedef olan kimseyi gösteren ek; bazen **-or** ile karışıp "yapan" anlamına gelir: **escapee**.

EEC *kıs.* **European Economic Community.**

eel (il) *i.* yılan balığı, *zool.* Anguilla; yılana benzer uzun balık. **eelgrass** *i., bot.* zostera otu. **eelskin** *i.* yılan balığı derisi veya buna benzer şey. **eelworm** *i., zool.* sirke kurdu. **cusk eel** kayış balığı, *zool.* Ophidium barbatum. **sand eel** kum balığı, *zool.* Ammodytes.

e'en (in) *z.* **even, evening.**

-eer *sonek* -ci anlamında sonek.

e'er (er) *z.* **ever.**

ee.rie, ee.ry (ir'i) *s.* tekin olmayan, korku veren, ürkütücü, meşum. **eerily** *z.* ürküterek, korku vererek, uğursuzlukla. **eeriness** *i.* tekin olmayış, uğursuzluk, meşumluk.

ef.face (ifeys') *f.* silmek, bozmak; yok etmek, gidermek, izale etmek. **efface oneself** kendini çekmek, kendini göstermemek. **effacement** *i.* silme; yok etme; kendini çekme.

ef.fect (ifekt') *i.* etki, sonuç, eser; anlam, husus, meal; tatbik mevkii, fiil, iş, işlem. **put into effect, give effect to** tatbik mevkiine koymak, uygulamak. **cause and effect** sebep ve sonuç. **for effect** gösteriş için. **in effect** gerçi, aslında, gerçekten, filhakika. **of no effect** etkisiz, tesirsiz, neticesiz, faydasız. **take effect** yürürlüğe girmek; etkisini göstermek, işlemek. **to that effect** bu hususta, bu mealde. **effects** *i., çoğ.* eşya, mal.

ef.fect (ifekt') *f.* başarmak, sonuca vardırmak.

ef.fec.tive (ifek'tiv) *s., i.* işe yarar; itibar olunur, sayılır; yürürlükte; etkili, tesirli; hakiki, fiilî; *i.* faal hizmete hazır asker veya ordu; *tic.* efektif, nakit, para. **effective range** tesirli top menzili. **effectively** *z.* tesirli olarak, fiilen. **effectiveness** *i.* etki, tesir; geçerlilik, itibar.

ef.fec.tu.al (ifek'çuwıl) *s.* istenen sonucu veren, tesirli, etkileyici; yeterli, kifayet edici; geçerli, muteber. **effectually** *z.* etkili bir şekilde; yeterli olarak.

ef.fec.tu.ate (ifek'çuweyt) *f.* icra etmek, tatbik mevkiine koymak; üstesinden gelmek, başarmak.

ef.fem.i.nate (ifem'ınît) *s.* kadınımsı, erkekçe davranışları olmayan. **effeminacy** *i.* kadınca davranış, erkekçe olmayan tavır. **effeminately** *s.* kadın gibi, kadınca.

ef.fer.ent (ef'ırınt) *s., anat.* dışarı götüren; dışarı götürülen.

ef.fer.vesce (efırves') *f.* köpürmek, kabarmak; coşmak, galeyana gelmek, neşelenmek.

ef.fer.ves.cence (efırves'ıns) *i.* kabarma, köpürme; coşma, neşelenme. **effervescent** *s.* köpüren; coşkun, neşeli.

ef.fete (îfit') *s.* mertliğini kaybetmiş; bitkin; erkekliğini yitirmiş; kısır, verimsiz.

ef.fi.ca.cious (efîkey'şıs) *s.* istenen sonucu veren, etkili, tesirli, yararlı.

ef.fi.ca.cy (ef'ıkısi) *i.* istenen sonucu verebilme yeteneği, yarar, fayda, etki.

ef.fi.cien.cy (ifiş'ınsi) *i.* yapılan işe veya kullanılan enerjiye göre verim oranı, randıman oranı; yeterlik, kifayet, ehliyet; etki, tesir; kabiliyet derecesi.

ef.fi.cient (ifîş'ınt) *s.* randıman oranı yüksek olan; yeterli, ehliyetli, işbilir, becerikli; etkili, tesirli. **efficient cause** tesir edici sebep. **efficiently** *z.* yeterli olarak; becerikli olarak.

ef.fi.gy (ef'ıci) *i.* heykel, büst, resim, tasvir, suret, şekil; hoşa gitmeyen bir kimsenin kötü tasviri. **burn** *veya* **hang in effigy** (halkın nefret ifadesi olarak) bir kimsenin büstünü veya resmini yakmak veya asmak.

ef.flo.resce (eflôres') *f.* çiçek açmak; *kim.* hava ile temas edince ince toz haline gelmek; tozla örtülmek. **efflorescence** *i.* çiçek açma, olgunlaşma; tozlanma; *tıb.* derinin kızarması. **efflorescent** *s.* çiçeklenen, çiçek açan; hava ile temas edince tozlanan.

ef.flu.ence (ef'luwıns) *i.* dışarı akma, akıntı, seyelân; bu suretle akan madde. **effluent** *s., i.* dışarı akan, cari; *i.* dışarı akan madde; gölden ayrılıp akan çay veya dere.

et.flu.vi.um (*çoğ.* -vi.a) (îflu'viyım, -viyı) *i.* fena koku gibi hafif ve gözle görülmeden ortaya yayılan madde; çürüyen cisimlerden çıkan fena koku.

ef.flux (ef'lʌks) *i.* dışarı akış, akıntı.

ef.fort (ef'ırt) *i.* gayret, çaba, çabalama, kendini sıkma; *mak.* kuvvet, kudret. **effortless** *s.* gayretsiz, çaba göstermeyen; kolay.

ef.front.er.y (ifrʌn'tıri) *i.* küstahlık, yüzsüzlük, hayâsızlık.

ef.ful.gence (ifʌl'cıns) *i.* parlaklık, parıltı, ihtişam, şaşaa, nur. **effulgent** *s.* ışık saçan, parlak, şaşaalı. **effulgently** *z.* ışık saçarak, parlak bir şekilde, şaşaalı olarak.

ef.fuse (ifyus') *s., bot.* yayılmış; *zool.* ağzı açık (bazı kabuklu hayvanlar).

ef.fuse (ifyuz') *f.* dışarı akıtmak, dökmek; yaymak.

ef.fu.sion (îfyu'jın) *i.* dökme, akıtma; dökülen veya akan şey; içini dökme, coşkun hislerin etkisi altında yazılan yazı; *tıb.* bedenin içinde kanın damarlardan başka dokulara akması.

ef.fu.sive (îfyu'siv) *s.* bol miktarda dökülen, akan, taşan; coşkun, heyecanlı, taşkın; *jeol.* volkanik kayaların yer yüzeyinde katılaşmasıyla ilgili. **effusively** *z.* coşkunlukla, taşkınlıkla. **effusiveness** *i.* coşkunluk, taşkınlık.

eft (eft) *i., zool.* ufak semender veya kertenkele. ·

eft, eft.soon(s) (eft, -sun'(z)) *z., eski* biraz sonra, çok geçmeden; gene.

e.g. *kıs.* **exempli gratia** *Lat.* **for example** meselâ, örneğin.

e.gad (igäd') *ünlem* Yahu! Hey mübarek!

e.gal.i.tar.i.an (igälıter'iyın) *s., i.* siyasal ve sosyal eşitlikle ilgili; *i.* siyasal ve sosyal eşitliğe inanan kimse.

egg (eg) *i.* yumurta, tohum; yumurta biçiminde herhangi bir şey; *mec.* tasarı, taslak; *A.B.D., argo* herif; *A.B.D., argo* bomba, torpido. **egg timer** yumurtanın kaynama zamanını ölçmekte kullanılan saat gibi bir alet. **egg white** yumurta akı. **a bad egg** *argo* ciğeri beş para etmez adam. **Easter egg** Paskalya yumurtası. **fried egg** sahanda yumurta, yağda pişirilmiş yumurta. **hard-boiled egg** lop yumurta, çok kaynamış yumurta. **lay an egg** yumurtlamak; *A.B.D., argo* fiyasko vermek. **put all one's eggs in one basket** varını yoğunu tehlikeye atmak; bütün sermayesini bir işe yatırmak. **scrambled eggs** çırpılarak yağda pişirilen yumurta. **sit on eggs** kuluçkaya yatmak; endişeli olmak. **soft boiled egg** rafadan yumurta, az kaynamış yumurta. **tread on eggs** nazik bir durumda dikkatli olmak.

egg (eg) *f.* pişirmeden önce üzerine çırpılmış yumurta sürmek; *A.B.D., k.dili* birinin kafasına çürük yumurta atmak.

egg (eg) *f., gen.* on *ile* tahrik etmek, kışkırtmak, teşvik etmek.

egg-and-dart pattern (eg'ındart') *mim.* binaların cephelerini süslemek için silmelerin yüzeyine süs olarak yapılan yumurta ve kargı şeklinde kabartmalar, beyzi mimarî süsleme.

egg.beat.er (eg'bitır) *i.* yumurta çırpma teli.

egg.cup (eg'kʌp) *i.* yumurtalık.

egg.head (eg'hed) *i., A.B.D., argo, alay* aydın, kültürlü ve zeki kimse.

egg.nog (eg'nag) *i.* çırpılmış yumurtayla şeker ve sütten yapılan bir içecek; bunlara viski katılarak meydana gelen içki.

egg.plant (eg'plänt) *i.* patlıcan, *bot.* Solanum melongena.

egg.shaped (eg'şeypt) *s.* yumurta biçiminde, oval, beyzi.

egg.shell (eg'şel) *i., s.* yumurta kabuğu; *s.* kolay kırılır, nazik, ince; uçuk sarı veya fildişi.

eg.lan.tine (eg'lıntin) *i.* kokulu bir yabanî gül, *bot.* Rosa rubiginosa.

e.go (i'go) *i.* ruh ve bedenden ibaret insan; *fels.* hisseden, düşünen ve iradesini kullanan kimse; *psik.* ben, ego; *k.dili* kendini beğenmişlik.

e.go.cen.tric (igosen'trîk) *s.* kendini merkez olarak alan, başka kişileri veya şeyleri kendi durumuna göre düşünen; *fels.* kişinin algıladığı şekilde varlığı olan.

e.go.ism (i'gowîzım) *i.* bencillik, egoizm, hodbinlik, hodkâmlık, yalnız kendi öz varlığını düşünme ve sevme; kendini beğenmişlik; *fels.* yalnız kişisel bilincin bilindiğini iddia eden doktrin; kişisel çıkarların ahlâkın esası olduğunu öne süren görüş, davranışların doğrudan doğruya kişisel çıkarlar tarafından harekete getirildiği görüşü. **egoist** *i.* bencil, egoist, yalnız kendini düşünen kimse; kendini beğenmiş ve kibirli kimse. **egoistic** *s.* kendini fazla düşünen, bencil, hodkâm. **egoistically** *z.* bencillikle, egoistçe.

e.go.tism (i'gıtîzım) *i.* kendinden çok bahsetme, egotizm, kendini beğenmişlik, övünme; hodbinlik, bencillik. **egotist** *i.* kendinden çok bahseden övüngen kimse; bencil kimse. **egotistical** *s.* kendini beğenen; bencil. **egotistically** *z.* kendini överek; bencillikle.

e.gre.gious (igri'cıs) *s.* fevkalâde kötü, çok fena. **egregiously** *z.* kötülükle. **egregiousness** *i.* göze batar derecede fena ahlâklı oluş, kötülük.

e.gress, e.gres.sion (i'gres, igreş'ın) *i.* dışarı çıkma, gitme, gidiş; çıkış kapısı; çıkış müsaadesi.

e.gret (i'grît) *i.* küçük beyaz balıkçıl, buna benzer bir balıkçıl; sorguç, kuş tepeliği. **little egret** küçük beyaz balıkçıl, *zool.* Egretta garzetta.

e.gur.gi.tate (igır'cıteyt) *f.* kusup çıkartmak.

E.gypt (i'cîpt) *i.* Mısır. **Egyptian** (icîp'çın) *s., i.* Mısır'a ait; *i.* Mısırlı; eski Mısır dili.

E.gyp.tol.o.gy (icîptal'ıci) *i.* eski Mısır uygarlığını inceleyen ilim kolu. **Egyptologist** *i.* bu uygarlığı inceleyen kimse.

eh (ey) *ünlem* Ey! Vay! Ya!

ei.der *i.*, **ei.der duck** (ay'dır) *zool.* Kuzey Avrupa ile Amerika'ya ait iri bir deniz ördeği. **eiderdown** *i.* bu ördeğin göğsünden alınan yumuşak ve ince tüy; bu tüyden yapılmış yorgan.

ei.det.ic (aydet'îk) *s., psik.* önceden algılanan objelerin zihinde net bir şekilde canlandırılması yeteneğine ait, bu yetenekle ilgili.

ei.do.lon (aydo'lın) *i.* (*çoğ.* -la) şekil, görüntü, hayal; hayalet.

eigen- *önek, Alm.* kendi: **eigenvalue** bir denklemin şartlarından birinin müsait olabilen değerlerinden biri.

eight (eyt) *s., i.* sekiz; *i.* sekiz rakamı (8, VIII); sekiz kısımdan ibaret olan şey; yarış kayığında kürek çeken sekiz kişilik takım. **eight-hour day** çalışma süresini günde sekiz saat olarak kabul eden sistem. **behind the eight ball** *A.B.D., argo* müşkül durumda.

eight.een (ey'tin') *s., i.* onsekiz; *i.* onsekiz rakamı (18, XVIII). **eighteenth** *s., i.* onsekizinci, onsekizde bir.

eight.fold (eyt'fold) *s., z.* sekiz kat, sekiz misli.

eighth (eyt.th) *s.* sekizinci, sekizde bir. **eighth note** sekizlik nota, çengelli nota.

eight.score (eyt'skôr) *i., s.* sekiz kere yirmi.

eight.y (ey'ti) *s., i.* seksen; *i.* seksen rakamı (80, LXXX). **eightieth** *s., i.* sekseninci; seksende bir.

ei.kon *bak.* icon.

ein.korn (ayn'kôrn) *i.* küçük kızıl buğday, *bot.* Triticum monococcum.

Eir.e (er'ı) *i.* İrlanda.

eis.tedd.fod (eystedh'vad) *i.* Gal ülkesinde edebiyatçılarla saz şairlerinin yıllık yarışması.

ei.ther (i'dhır, ay'dhır) *s., zam., bağ.* ikisinden biri, ya o ya bu, iki, her iki, her; *bağ.* ya, de. **Either he is talking or he is singing.** Ya konuşuyor ya da şarkı söylüyor. **Either of them is enough.** İkisinden biri kâfidir. **either this or that** ya bu ya o. **nor you, either** ne de siz. **on either cheek** her iki yanağında da.

e.jac.u.late (icäk'yıleyt) *f.* birden bire söyleyivermek; atmak, fırlatmak, fışkırtmak. **ejacula'tion** *i.* ünlem; *fizyol.* dışarı atma, fışkırtma. **ejaculatory** *s.* ünlem şeklinde, birdenbire, anî, fevrî (söyleyiş).

e.ject (icekt') *f.* anî bir şekilde dışarı atmak, çıkarmak, fışkırtmak; defetmek, kovmak, azletmek. **ejection** *i.* çıkarma, çıkarılan şey, fışkıran şey. **ejection seat** *hav.* tehlike zamanında uçaktan ayrılan ve paraşütle inen pilot kapsülü. **ejectment** *i., huk.* masrafları ve tazminatıyla beraber bir mülkü geri almak için açılan dava. **ejector** *i.* çıkartan veya fışkırtan şey, ejektör, fıskiye; *mak.* buhar yayarak bir sıvıyı boşaltan araç, tahliye cihazı, tüfek ve tabanca gibi silâhların namlularından boş kovanları atan cihaz.

e.jec.tive (icek'tiv) *s.* çıkarma eğiliminde olan.

eke (ik) *f., gen.* **out** *ile* ilâve etmek, katmak, eklemek, artırmak; güçlükle geçinmek, zar zor yetmek.

el (el) *bak.* **elevated railway.**

e.lab.o.rate (iläb'ırit) *s.* dikkatle işlenmiş, özenilmiş, mükellef, tafsilâtlı, ayrıntılı, inceden inceye işli. **elaborately** *z.* üzerinde dikkatle durarak, inceden inceye işleyerek.

e.lab.o.rate (iläb'ıreyt) *f.* ince işle ve emekle meydana getirmek, incelikle işlemek, ihtimam etmek, ayrıntılı bir şekilde hazırlamak, genişletmek. **elabora'tion** *i.* ihtimam, inceden inceye işleme.

é.lan (eylan') *i.* şevk, canlılık, ateşlilik; hamle, davranma.

e.land (i'lınd) *i., zool.* Güney Afrika'ya mahsus iri bir geyik.

e.lapse (iläps') *f.* geçmek, akmak (zaman).

e.las.tic (iläs'tik) *s., i.* elastikî, esnek, eski şeklini alan, toplanıp çekilen; lastikli; hoşgörü sahibi, şartlara kolayca uyabilen; üzüntü, hastalık veya yorgunluktan sonra çabucak kendine gelen, kendini çabuk toparlayan, kolay kolay yılmayan; *ekon.* ihtiyaca göre artıp eksilen, mütedavil (para); *i.* lastikli kumaş; lastik bant; lastikten yapılmış şey. **elastic limit** esneme sınırı.

e.las.tic.i.ty (ilästis'ıti) *i.* elastikiyet, esneklik.

e.las.to.mer (iläs'tımır) *i., kim.* sentetik kauçuk gibi elastik bir madde.

e.late (ileyt') *f.* sevindirmek, mutlu etmek, neşelendirmek, coşturmak, gururlandırmak. **elated** *s.* mutlu, memnun, sevinçli, bahtiyar. **elation** *i.* gurur, sevinç, kıvanç, mutluluk, saadet.

el.a.te.ri.um (elıtir'iyım) *i., ecza.* müshil olarak kullanılan eşekhıyarı özü.

el.bow (el'bo) *i.* dirsek; dirsek şekli. **elbow grease** *k.dili* alın teri, emek. **at his elbow** yanı başında, elinin altında. **out at the elbows** fakir, kılıksız, pejmürde, perişan. **rub elbows with** (tanınmış kimselerle)

vakit geçirmek. **up to the elbows** çok meşgul, işi başından aşmış.

el.bow (el'bo) *f.* dirsekle itmek veya vurmak; ite kaka yol açmak.

el.bow.room (el'borum') *i.* rahatça hareket edilebilecek yer, geniş yer.

eld.er (el'dır) *s., i.* iki kişinin yaşça daha büyüğü; daha ilerde veya kıdemli olan; eski; *i.* ihtiyar; kilise mütevelli heyeti üyesi. **elder statesman** devlet işleri için fikri sorulan, kendisine danışılan emekli kimse.

el.der (el'dır) *i.* mürver ağacı, *bot.* Sambucus nigra. **elderberry** *i.* mürver ağacının meyvası. **dwarf elder** yer mürveri, *bot.* Sambucus ebulus. **water elder** dağdağan, *bot.* Viburnum opulus.

eld.er.ly (el'dırli) *s.* oldukça yaşlı, yaşını başını almış, ihtiyar.

eld.est (el'dist) *s.* yaşça en büyük.

El Do.ra.do (el dıra'do) *İsp.* altın ülkesi diye şairlerce hayal edilen bir Güney Amerika ülkesi; altınlarla donanmış yalancı cennet.

el.dritch (el'driç) *s., eski* büyülü, tekin olmayan, korku uyandıran.

el.e.cam.pane (elikämpeyn') *i.* andızotu, *bot.* Inula helenium.

e.lect (ilekt') *f., s.* seçmek, intihap etmek; *s.* seçilmiş, seçimi kazanmış.

e.lec.tion (ilek'şın) *i.* seçim, intihap, tercih; *ilâh.* ebedî saadeti nasip eden ilâhî takdir. **election day** seçim günü. **election district** seçim bölgesi. **election precinct** seçim mahallesi.

e.lec.tion.eer (ilekşınir') *f.* bir aday veya partinin seçimi kazanması için çalışmak.

e.lec.tive (ilek'tiv) *s., i.* seçime ait, intihabî; seçme yetkisi olan; seçilen, seçim sonucu işbaşına getirilen; arzuya bağlı; *i.* seçimli ders.

e.lec.tor (ilek'tır) *i.* seçmen, seçme hakkı olan kimse; ortaçağda Kutsal Roma-Germen İmparatorluğunda imparatoru seçme hakkına sahip prens.

e.lec.tor.al (ilek'tırıl) *s.* seçim veya seçmenlerle ilgili. **electoral college** *A.B.D.* Cumhurbaşkanı seçmek için toplanan seçmenler kurulu.

e.lec.tor.ate (ilek'tırit) *i.* oy verme hakkına sahip kimseler, seçmenler.

e.lec.tric (ilek'trik) s. elektrikle ilgili, elektrikli, elektriki, elektriksel; heyecan veya ürperme veren. electric blue çelik mavisi. electric chair elektrikli sandalye. electric eel Güney Amerika nehirlerine mahsus elektrik saçan bir çeşit iri yılanbalığı, zool. Electrophorus. electric eye ışık değişikliğinde elektrik sinyal veren cihaz. electric guitar elektrogitar. electric light elektrik lambası. electric motor elektrik motoru. electric needle cerrahlıkta kesmek ve dağlamak için kullanılan yüksek frekanslı elektrikli iğne. electric organ sesleri elektronik tertibatla meydana gelen org. elektric ray uyuşturanbalığı, torpilbalığı, zool. Torpedo torpedo. electric shaver elektrikli tıraş makinası.

e.lec.tri.cal (ilek'trikıl) s. elektrikli, elektriğe ait, elektriksel. electrical engineer elektrik mühendisi. electrically z. elektrik kuvvetiyle.

e.lec.tri.cian (ilektrîş'ın) i. elektrik tesisatçısı, elektrik teknisyeni.

e.lec.tric.i.ty (ilektrîs'ıti) i. elektrik; elektrik bahsi, elektrik bilimi. static electricity statik elektrik.

e.lec.tri.fi.ca.tion (ilek'trıfikey'şın) i. elektrikleme, elektriklenme, elektrik uygulaması.

e.lec.tri.fy (ilek'trıfay) f. elektriklemek, elektrik kuvvetiyle işlemek üzere teçhiz etmek; heyecanlandırmak.

e.lec.tro- önek elektriğe ait, elektrikle işleyen, elektrikle husule gelmiş.

e.lec.tro.car.di.o.gram (ilek'trokar'diyıgräm') i., tıb. elektrokardiyogram.

e.lec.tro.chem.is.try (ilek'trokem'îstri) i. kimyasal elektrik, elektroşimi.

e.lec.tro.cute (ilek'trıkyut) f. elektrikli sandalyede idam etmek; elektrik akımı vererek öldürmek. electrocu'tion i. elektrikle idam; elektrik çarpması sonucunda ölme.

e.lec.trode (ilek'trod) i. elektrod.

e.lec.tro.dy.nam.ics (ilek'trodaynäm'îks) i. elektrodinamik.

e.lec.tro.en.grav.ing (ilek'trowîngrey'ving) i. elektrikli kalemle hakkâklık.

e.lec.tro.graph (ilek'trogräf) i. elektrikle yazılmış yazı veya kayıt; bu kaydı yapan elektrik aracı; resim veya haritayı elektrikle nakleden araç.

e.lec.trol.y.sis (ilektral'ısis) i. elektroliz, elektrikle çözüm, galvanik kuvvetle elemanlara ayırma; elektrikli iğne ile kıl veya ben yakma.

e.lec.tro.lyte (ilek'trılayt) i. elektrolit, elektrikle unsurlarına ayrılabilen madde.

e.lec.tro.mag.net (ilek'tromäg'nît) i. elektrikli mıknatıs. electromagnet'ic s. elektromanyetik.

e.lec.tro.mo.tive (ilektrımo'tîv) s. elektrik akımının geçmesini sağlayan. electromotive force voltaj.

e.lec.tron (ilek'tran) i. elektron. electron microscope elektronla işleyen çok kuvvetli bir mikroskop.

e.lec.tro.neg.a.tive (ilektroneg'ıtîv) s. pozitif kutba çekilen; bileşimlerde hidrojenin yerini alabilen.

e.lec.tron.ic (ilektran'îk) s. elektronik bilimine ait; elektronla işleyen.

e.lec.tron.ics (ilektran'îks) i. elektronik bilimi.

e.lec.troph.o.rus (çoğ. -ri) (ilektraf'ırıs, -ray) i., fiz. endüksiyon yoluyla elektrik toplamaya yarayan alet, elektroforus.

e.lec.tro.plate (ilek'trıpleyt) f., i. elektroliz usulü ile kaplamak; i. bu şekilde kaplanmış şey.

e.lec.tro.pos.i.tive (ilektropaz'ıtîv) s. negatif kutba çekilen; alkalik.

e.lec.tro.scope (ilek'trıskop) i. elektroskop.

e.lec.tro.shock (ilek'troşak') i., psik. beyinden elektrik akımı geçirilerek uygulanan tedavi.

e.lec.tro.stat.ics (ilek'trostät'îks) i. statik elektrik bilimi. electrostatic s. statik elektriğe ait.

e.lec.tro.sur.ger.y (ilek'trosır'cıri) i. cerrahlıkta elektrik kullanma.

e.lec.tro.ther.a.py (ilek'trother'ıpi) i. elektrikle tedavi usulü, elektroterapi.

e.lec.trot.o.nus (ilektrat'ınıs) i. elektrik akımı geçirildiğinde kas veya sinirde meydana gelen değişiklik.

e.lec.tro.type (ilek'trıtayp) i., f., matb. elektrikle yapılmış klişe; f. bu şekilde klişe yapmak. electrotyping i. elektrikle klişe yapma; bu şekilde klişe ile basma.

e.lec.tro.va.lence (ilek'trovey'lıns) i. atomdan atoma elektron verme ile meydana gelen bağlantı; verilen elektron sayısı.

e.lec.trum (ilek'trım) i. eskiden bulunan doğal bir çeşit altın ve gümüş alaşımı.

e.lec.tu.ar.y (ilek'çuwıri) *i., ecza.* elektuvar, ilâç olarak kullanılan bal ile yoğrulmuş bir çeşit macun.

el.ee.mos.y.nar.y (elımas'ıneri) *s., i.* sadaka, iane veya hayır işlerine ait, sadaka olarak verilmiş; *i.* iane ile geçinen kimse.

el.e.gance (el'ıgıns) *i.* zarafet, şıklık, incelik.

el.e.gant (el'ıgınt) *s.* zarif, şık; nazik, ince, kibar; mükemmel, üstün. elegantly *z.* zarafetle, nezaketle.

el.e.gi.ac (ili'ciyäk) *s., i.* mersiyeye ait, mersiye tarzında, hüzünlü, matemli; *i.* mersiye; mersiye vezni.

el.e.gize (el'ıcayz) *f.* mersiye yazmak; mersiye okuyarak hatırasını anmak.

el.e.gy (el'ıci) *i.* mersiye, ağıt, mersiye vezniyle yazılan şiir; *müz.* hazin makam. elegist *i.* mersiye yazarı.

el.e.ment (el'ımınt) *i.* öğe, eleman, unsur; cevher; cüz; esas; basit cisim; (hava, ateş, toprak, su gibi) dört ana unsurdan her biri; *kim.* element, öğe. the elements hava, açık hava; kötü hava şartları; temel esaslar. be in his element *k.dili* havasını bulmak. be out of one's element bir işin acemisi olmak, kendini yabancı hissetmek.

el.e.men.tal (elımen'tıl) *s.* esasa ait, esas, ana, temel, başlıca; basit, ilkel; tabiat kuvvetlerine ait; *kim.* bileşik olmayan; saf, halis. elementally *z.* esasa ait olarak; saf bir şekilde.

el.e.men.ta.ry (elımen'tıri) *s.* basit, sade, öz; ilk, başlangıç, giriş. elementary education ilköğretim. elementary proposition *man.* asıl önerme. elementary school ilkokul; ilk ve ortaokul.

el.e.mi (el'ımi) *i.* vernik yapımında kullanılan parlak bir reçine.

e.len.chus (ileng'kıs) *i., man.* son önermenin aksini ispatlayarak bir fikrin yanlışlığını ortaya koyan tasım; bilgicilik, safsata, sofizm. elenctic *s.* aksini ispat ederek yanlışı ortaya koyan.

el.e.phant (el'ıfınt) *i. fil.* white elephant elde bulundurması güç olan ender rastlanır kıymetli mal; külfetli mal, bir işe yaramadığı halde başa dert olan şey. elephant apple fil elması, *bot.* Feronia elephantum.

el.e.phan.ti.a.sis (elıfıntay'ısis) *i., tıb.* fil hastalığı.

el.e.phan.tine (elıfän'tîn) *s.* fil gibi; çok büyük, iri, çok ağır.

El.eu.sin.i.an (elyûsîn'iyın) *s.* eski Yunanistan'da Elevsis'e ait. Eleusinian mysteries Elevsis'te icra olunan dinî ayinler.

el.eu.the.ri.an (elyûthîr'iyın) *s.* özgürlük bahşeden.

el.e.vate (el'ıveyt) *f.* yükseltmek, yüceltmek, kaldırmak; terfi ettirmek; bir üst makama atamak; ihya etmek, moralini yükseltmek. elevated *i.*, elevated railway *A.B.D.* yol üstünde uzayan bir köprü üzerinden geçen demiryolu.

el.e.va.tion (elıvey'şın) *i.* yükseltme, yüceltme, kaldırma; yükseliş; yüksek yer, tepe, bayır; yükseklik, deniz seviyesine oranla yükseklik; binanın irtifaen suret ve şekli, dikey resim.

el.e.va.tor (el'ıveytır) *i., A.B.D.* asansör; yükselten veya kaldıran araç; bir uzvu kaldıran adale; *A.B.D.* tahıl ambarı; tahılı üst katlara nakleden makina; *hav.* irtifa dümeni. elevator controls goşisman kumandaları.

e.lev.en (ilev'ın) *s., i.* on bir; *i.* on bir rakamı (11, XI); oyunda on bir kişilik takım. elevenses *i., İng., k.dili* sabah (saat 11.00'de) hafif yemek. eleventh *s.* on birinci, on birde bir. eleventh hour son dakika, karar değiştirmek için son fırsat.

elf (*çoğ.* elves) (elf, elvz) *i., mit.* peri, cin, cüce; cin gibi akıllı ve yaramaz çocuk; yaramaz kimse; ufak tefek kimse. elf child cinler tarafından değiştirildiği farzolunan çocuk. elfish *s.* cin gibi, yaramaz.

elf.in (el'fîn) *s.* peri veya cinlere ait; küçük, yaramaz, ele avuca sığmaz.

E.li.as (ilay'ıs) *bak.* Elijah.

e.lic.it (ilis'ît) *f.* temin etmek, sağlamak (bilgi, cevap); aydınlığa çıkarmak.

e.lide (ilayd') *f.* telaffuz ederken atlamak (harf veya hece); çıkarmak.

el.i.gi.ble (el'ıcıbıl) *s.* seçilmeye lâyık, uygun, münasip, muvafık, elverişli; evlilik için uygun. eligibil'ity *i.* seçilme niteliği, uygun oluş.

E.li.jah (ilay'cı) *i. İ.Ö.* IX. yüzyılda bir İbrani peygamberi olan İlyas peygamber.

e.lim.i.nate (ilîm'ıneyt) *f.* çıkarmak, ihraç etmek, hariç tutmak, atmak, bertaraf etmek. elimina'tion *i.* çıkarma.

e.li.sion (ilij'ın) *i.* çıkarma, şiirde özellikle kelime sonlarındaki harf veya hecenin okunmaması.

e.lite (elit', ilit') *i.*, *s*. belirli bir sosyal sınıfın en seçkin kısmı, seçkin kimseler, seçkin sınıf; *s*. seçkin; ufak boy (on punto) harfleri olan.

e.lix.ir (ilik'sır) *i.*, *ecza*. terkipli ecza, öz, hulâsa; *alk*. iksir, hayatı ebedîleştirdiği farzolunan madde. **elixir of life** abıhayat, hayat iksiri, bengisu.

E.liz.a.be.than (ilizıbi'thın) *s.*, *i.* İngiltere kraliçesi I. Elizabeth'e veya devrine ait; *i.* o devirde İngiltere'de yaşayan kimse.

elk (elk) *i*. iri boynuzlu bir geyik, *zool*. Alces alces.

ell (el) *i*. endaze, arşın.

ell, el (el) *i*. "L" harfi; "L" harfi şeklinde herhangi bir şey; bir binada "L" şeklini meydana getiren ilâve.

el.lipse (ilips') *i.* elips; *astr*. bir gezegenin dönencesi.

el.lip.sis (*çoğ.* -ses) (ilip'sis, -siz) *i.*, *gram*. bir cümlenin anlamı bozulmaksızın öğelerinden birinin atılması; *matb*. çıkarılan kelimelerin yerini gösteren nokta veya işaretler.

el.lip.soid (ilip'soyd) *i.*, *s.*, *geom*. elipsoit. **ellipsoidal** *s.* elipsoit gibi oval şekli olan, elipsoidal.

el.lip.ti.cal (ilip'tikıl) *s.* beyzi, oval, eliptik; kısa, kısaltılmış, bazı kelimeleri çıkarılmış (yazı, konuşma). **elliptically** *z.* beyzi olarak, eliptik şekilde. **elliptic'ity** *i.* elips şeklinde oluş.

elm (elm) *i*. karaağaç, *bot*. Ulmus.

el.o.cu.tion (elıkyu'şın) *i.* söz söyleme sanatı veya yeteneği, hitabet, güzel ve etkili söz söyleme veya yazma, belâgat. **elocutionist** *i.* belâgat sahibi kimse, hatip.

e.lon.gate (ilông'geyt) *f.*, *s.* uzatmak, sürdürmek; *s.* uzamış; uzatılmış. **elonga'tion** *i.* uzatma, sürdürme; uzama, devam.

e.lope (ilop') *f.* evlenmek için evden kaçmak, aşığıyla kaçmak; iş veya vazifeden kaçmak. **elopement** *i.* bu suretle kaçma.

el.o.quence (el'ıkwıns) *i.* etkili ve güzel söz söyleme sanatı, belâgat, fesahat. **eloquent** *s.* hitabet yeteneğine sahip, açık ve düzgün (ifade); dokunaklı. **eloquently** *z.* belâgatla.

El Sal.va.dor (el säl'vıdôr) El Salvador Cumhuriyeti.

else (els) *s.*, *z.* başka, daha; *z.* başka yer, başka zaman, başka türlü; yahut, yoksa. **How else**

can he do it? Bunu başka nasıl yapabilir? It was somebody else. Başka birisi idi. Hurry or else you will be late. Acele et, yoksa gecikeceksin. Who else is going? Başka kim gidiyor? Daha kim gidiyor? It's not mine, it's somebody else's. Benim değil, başkasınındır.

else.where (els'hwer) *z.* başka yere, başka yerde.

e.lu.ci.date (ilu'sıdeyt) *f.* açıklamak, izah etmek, tarif ve beyan etmek; bir konuyu aydınlatmak, açmak. **elucida'tion** *i.* açıklama, izah, tarif ve beyan.

e.lude (ilud') *f.* kaçamak yapmak, sakınmak, bertaraf etmek, -dan paçayı kurtarmak, -dan sıyrılmak; gözünden kaçmak.

E.lul (elul') *i.* Musevi takviminde Eylül ayı.

e.lu.sion (ilu'jın) *i.* kaçıp kurtulma, sıyrılma, bertaraf etme, sakınma. **elusive, -sory** (ilu'-siv, -sôri) *s.* ele geçmez, kolay bulunmaz; anlaşılması zor.

e.lu.tri.ate (ilu'triyeyt) *f.* yıkamak, paklamak, yıkayıp tasfiye etmek. **elutria'tion** *i.* yıkayıp tasfiye etme.

elves (elvz) *çoğ.*, *bak*. elf.

elv.ish (el'viş) *s.* peri veya cine ait, cin gibi.

E.ly.sian (ilij'ın) *s.* cennete ait, cennet gibi. **Elysian Fields** cennet bahçeleri.

E.ly.si.um (ilij'iyım) *i.*, *mit*. cennet; güzel ve ferah yer.

em (em) *i*. "M" harfi; *matb*. katrat.

e.ma.ci.ate (imey'şiyeyt) *f.* çok zayıflatmak, bir deri bir kemik hale getirmek. **emaciated** *s.* (açlıktan veya hastalıktan) çok zayıflamış, sıska. **emacia'tion** *i.* anormal derecede zayıflatma, bir deri bir kemik hale gelme.

em.a.nate (em'ıneyt) *f.* çıkmak, hâsıl olmak; yayılmak, fışkırmak. **emana'tion** *i.* çıkma, dışarı akma; çıkan şey.

e.man.ci.pate (imän'sıpeyt) *f.* özgür kılmak, azat etmek, serbest bırakmak; *huk*. aile hâkimiyetinden kurtarmak. **emancipa'tion** *i.* azat etme, özgür kılma, serbest bırakma; aile hâkimiyetinden kurtarma. **emancipa'tionist** *i.* köleleri azat etme taraftarı. **eman'cipator** *i.* azat eden veya özgür kılan kimse.

e.mar.gi.nate, e.mar.gi.nat.ed (imar'cınît, -neytıd) *s.*, *bot*. kenarı veya tepesi çentikli, dişli (yaprak).

e.mas.cu.late (*f.* imäs'kyıleyt; *s.* imäs'kyılît) *f.,*
s. hadım etmek, enemek, burmak; kuvvetten
düşürmek; (bazı kısımları çıkarmak veya san-
sür etme yoluyla) edebî bir yazıyı hafifletmek;
s. kuvvetten kesilmiş; efemine, erkekliği olma-
yan. **emascula'tion** *i.* hadım etme veya
edilme; kuvvetten düşürme, kuvveti kesilme.

em.balm (imbam') *f.* tahnit etmek, mumyalamak;
hatırında tutmak, anmak; *şiir* rayiha vermek,
koku vermek. **embalmer** *i.* tahnit eden,
mumyalayan kimse. **embalmment** *i.* tahnit,
mumyalama.

em.bank (imbängk') *f.* etrafına veya yanına
toprak set yapmak. **embankment** *i.* set
yapma; toprak set.

em.bar.go (imbar'go) *i.* (*çoğ.* **-goes**) *f.* am-
bargo; ticareti sınırlama; yasaklama, men-
etme; *f.* ambargo koymak, müsadere etmek.

em.bark (imbark') *f.* gemiye binmek veya bin-
dirmek; sokmak, sevketmek, girişmek, baş-
lamak. **embarka'tion** *i.* gemiye binme veya
bindirme.

embarras de choix (enbara dı şwa) *Fr.* şıkların
fazla oluşu. **embarras des riches** (dey
rişes) şaşırtıcı fazlalık.

em.bar.rass (imber'ıs) *f.* sıkmak, sıkıntı vermek,
şaşırtmak, mahcup etmek, utandırmak; en-
gellemek, mâni olmak; *tic.* paraca sıkıntı
vermek, güçlük çıkarmak. **embarrassingly**
z. mahcubane, sıkıntı vermek suretiyle. **em-
barrassment** *i.* sıkıntı, sıkılma, utanma,
mahcubiyet.

em.bas.sy (em'bısı) *i.* sefarethane; sefaret, elçi-
lik; sefir ve maiyeti, sefaret erkânı.

em.bat.tle (embät'ıl) *f.* meydan savaşına hazır-
lamak; mazgal yapmak. **embattled** *s.* meydan
savaşına hazır durumda; savaş halinde; güç
durumda, sıkışmış.

em.bed (imbed') *f.* (**-ded, -ding**) içine koymak,
gömmek.

em.bel.lish (imbel'îş) *f.* süslemek, tezyin etmek,
güzelleştirmek; (hikâyeye) aslında olmayan
hayal ürünü şeyler ilâve ederek ilgiyi artırmak.
embellishment *i.* süsleme, güzelleştirme;
süs.

em.ber (em'bır) *i.* kor, köz; *çoğ.* sönmekte olan
ateş.

em.bez.zle (imbez'ıl) *f.* (emanet para veya
mülkü) zimmetine geçirmek. **embezzlement**

i. zimmete geçirme. **embezzler** (imbez'lır) *i.*
zimmetine para geçiren kimse.

em.bit.ter (imbit'ır) *f.* acılaştırmak; gücendir-
mek, acı hisler uyandırmak. **embitterment**
i. acılaştırma; gücendirme, darıltma.

em.blaze (embleyz') *f.* aydınlatmak; alevlen-
dirmek, tutuşturmak.

em.bla.zon (embley'zın) *f.* arma süsleri ile tem-
sil etmek; süslemek, tezyin etmek, tezyinatla
göstermek; kutlamak, tesit etmek. **embla-
zonment, emblazonry** *i.* süsleme, tezyin
etme; kutlama.

em.blem (em'blım) *i., f.* amblem, simge, remiz,
işaret, arma; temsilî resim; *f.* amblemle temsil
etmek.

em.blem.at.ic (emblımät'îk) *s.* temsil eden,
temsil edici, sembolik.

em.ble.ments (em'blımınts) *i., çoğ., huk.* ürün,
mahsul; *huk.* araziden elde edilen ürün veya
bu üründen elde edilen kârın hakkı.

em.bod.y (imbad'i) *f.* cisimlendirmek, şekillen-
dirmek, somutlaştırmak, belirtmek, temsil et-
mek; bir bütün halinde toplamak, düzenlemek,
tertip etmek. **embodiment** *i.* cisim haline
gelme, şekil alma; düzenleme.

em.bold.en (imbol'dın) *f.* cesaret vermek,
teşvik etmek.

em.bo.lism (em'bılizım) *i., tıb.* amboli, kan
pıhtısının bir kan damarı veya arterini tıkaması;
takvimler arasında uygunluk sağlamak ama-
cıyla sene, ay veya gün ilâvesi, ay ve güneş
senelerinin uzlaştırılması. **embolus** *i., tıb.*
damar tıkanmasına yol açan kan pıhtısı.

em.bon.point (anbônpwän') *i., Fr.* vücutça
toplu oluş, dolgunluk; şişmanlık.

em.bos.om (embûz'ım) *f.* kucaklamak, bağrına
basmak; beslemek, büyütmek, bakmak; sığın-
dırmak, sarmak, muhafaza etmek.

em.boss (embôs') *f.* kıymetli tezyinatla süsle-
mek; kakmak, kabartmak; üzerine kabartma
işi yapmak, kabartma işi ile süslemek. **em-
bossment** *i.* kakma, kabartma.

em.bou.chure (ambûşûr') *i.* nehir ağzı, vadinin
ovaya açılan ağzı, top ağzı; *müz.* nefesli
sazların ağızlığı; nefesli sazın ağıza yerleş-
tirilme şekli.

em.bow.er, im.bow.er (imbaw'ır) *f.* ağaçlık
veya kameriye gibi gölgeli bir yere koymak,
muhafaza etmek, gizlemek, gölgelemek.

em.brace (îmbreys') *f.*, *i.* kucaklamak, bağrına basmak, sevmek; sarmak, içine almak, kapsamak, ihtiva etmek; benimsemek, kabul etmek, almak; *i.* kucaklama, sarılma, bağrına basma. **embracement** *i.* kabul etme, benimseme.

em.brace (embreys') *f.*, *huk.* mahkemeyi tesir altında bırakmaya çalışmak.

em.brac.er.y (embrey'sıri) *i.*, *huk.* hâkime, jüriye veya yeminli kimselere rüşvet vererek veya nüfuz kullanarak tesir etmeye çalışma. **embracer** *i.*, *huk.* bu işi yapmaya çalışan kimse.

em.branch.ment (embränç'mınt) *i.* dallanma, kollara ayrılma (nehir gibi); dal, kol.

em.bran.gle (embräng'gıl) *f.* şaşırtmak, karıştırmak, dolaştırmak. **embranglement** *i.* şaşırtma; birbirine dolaşma, karışma.

em.bra.sure (embrey'jır) *i.* bir kapı veya pencerenin meyilli pervazı, *ask.* mazgal şevi.

em.bro.cate (em'brokeyt) *f.*, *tıb.* hasta bir uzvu ilâçlı bir sıvı veya yağla oğmak. **embroca'tion** *i.* bu şekilde oğma; bu işte kullanılan yağ.

em.broi.der (îmbroy'dır) *f.* üzerine nakış işlemek; süslemek; mübalâğaya kaçmak (hikâyede). **embroidery** *i.* nakış, işleme; süs. **embroidery frame** kasnak.

em.broil (embroyl') *f.* karışıklık içine girmek; karmakarışık etmek, bozmak, karıştırmak; bozuşturmak, aralarını açmak. **embroilment** *i.* bozuşma, kavga, anlaşmazlık, karışıklık.

em.bry.o (em'briyo) *i.* (*çoğ.* -os) *s.*, *biyol.* embriyon, cenin, oğulcuk, bir organizmanın ilk oluşumu; başlangıç, iptida; *s.* ilkel, olgunlaşmamış. **in embryo** tasarı halinde, gelişmemiş halde. **embryonic** (embriyan'îk) *s.* embriyona ait; ilkel, gelişmemiş, olgunlaşmamış.

em.bry.ol.o.gy (embriyal'ıcı) *i.*, *biyol.* embriyoloji. **embryologist** *i.* embriyoloji bilgini.

em.cee (em'si') *i.*, *k.dili* teşrifatçı, protokol müdürü.

e.mend (imend') *f.* düzeltmek, tashih etmek, ıslah etmek, üzerinde oynamak, değişiklik yapmak, tadil etmek. **emen'date** *f.* düzeltmek, tashih etmek (bir metni), değişiklik yapmak, tadil etmek. **emenda'tion** *i.* bir metni düzeltme, metin tashihi. **emen'dator** *i.* tashihçi, tadil eden kimse. **emen'datory** *s.* düzeltme kabilinden.

em.er.ald (em'ırıld) *i.*, *s.* zümrüt, zümrüt yeşili; *matb.* altı ile yedi punto arasındaki ufak harfler; *s.* zümrüt gibi yeşil. **Emerald Isle** İrlanda.

e.merge (imırc') *f.* çıkmak, zuhur etmek, meydana çıkmak, hâsıl olmak, doğmak. **emergence** *i.* çıkma, zuhur. **emergent** *s.* çıkan, zuhur eden. **emergent evolution** *fels.*, *biyol.* evrim veya gelişme sürecinin bazı safhalarında önceden bilinmeyen yeni birtakım özelliklerin ortaya çıkması.

e.mer.gen.cy (imır'cınsi) *i.* anî olarak ortaya çıkan güç durum, âcil ihtiyaç veya vaka; icap. **emergency door, emergency exit** tehlike zamanında kullanılan çıkış kapısı. **emergency ration** olağanüstü zamanlara mahsus yemek paketi. **in case of emergency** icabında, âcil bir durumda. **state of emergency** olağanüstü tehlike hali; sıkıyönetim, örfî idare.

e.mer.i.tus (imer'ıtıs) *s.* memuriyet ünvanını muhafaza eden emekli (profesör).

e.mer.sion (imır'şın, -jın) *i.*, *astr.* tam veya yarım tutulmadan sonra bir gök cisminin yeniden görülmesi.

em.er.y (em'ıri) *i.* zımpara. **emery board** zımparalı tırnak törpüsü. **emery cloth** zımpara bezi. **emery paper** zımpara kâğıdı. **emery powder** zımpara tozu. **emery wheel** zımpara çarkı.

e.met.ic (imet'îk) *s.*, *i.* kusturucu, istifrağ ettirici (ilâç).

E.M.F., emf *kıs.* **electromotive force.**

em.i.grant (em'ıgrınt) *i.* göçmen, muhacir, bir yerden göç eden kimse.

em.i.grate (em'ıgreyt) *f.* göçmek, hicret etmek. **emigra'tion** *i.* göç, hicret; göçmen topluluğu.

é.mi.gré (em'ıgre) *i.* göçmen, muhacir, özellikle Rus veya Fransız ihtilâlinden kaçan kimse.

em.i.nence, -cy (em'ınıns, -si) *i.* yüksek yer, tepe, doruk; yüksek mevki veya rütbe, itibar; *b.h.* Katolik kilisesinde Kardinal ünvanı.

em.i.nent (em'ınınt) *s.* yüksek rütbe sahibi; seçkin, üstün, ünlü, mümtaz, güzide. **eminent domain** *huk.* kamulaştırma yetkisi, istimlâk hakkı. **eminently** *z.* ziyadesiyle, gayet, pek.

e.mir (ımîr') *i.* reis, emir. **emirate** (emir'it) *i.* bir emrin hüküm sürdüğü memleket, emirlik.

em.is.sar.y (em'ıseri) *i.* hükümet temsilcisi, özel bir görevle gönderilen memur, gizli ajan.

e.mis.sion (imiş'ın) *i.* dışarı verme, çıkarma, yayma, neşretme, ihraç; ihraç veya neşrolunan şey; *radyo* emisyon; *tic.* tahvilât çıkarma. **nocturnal emission** bel suyunun uykuda akması.

e.mit (imit') *f.* (-ted, -ting) dışarı vermek, çıkarmak, ihraç etmek, fışkırtmak, atmak; yaymak, yayımlamak, neşretmek; ifade etmek, söylemek (fikir, düşünce). **emissive** *s.* yayan, neşreden. **emitter** *i.* çıkaran şey, fışkırtan şey; *elek.* emitör.

em.men.a.gogue (imen'ıgôg) *i., tıb.* kadınlarda âdetleri kolaylaştıran ilâç.

em.mer (em'ır) *i.* düşük kaliteli bir cins buğday, *bot.* Triticum dicoccum.

em.me.tro.pi.a (emıtro'piyı) *i., tıb.* göz merceğinin normal oluşu.

Em.my (em'i) *i., A.B.D.* bir televizyon ödülü.

e.mol.lient (imal'yınt) *s., i.* yumuşatan, yumuşatıcı; *i.* deriyi yumuşatan merhem, acıyı yatıştıran ilâç.

e.mol.u.ment (imal'yımınt) *i.* aylık, ücret, bir hizmet karşılığında alınan para.

e.mote (imot') *f., k.dili* fazla duygulu davranmak.

e.mo.tion (imo'şın) *i.* heyecan, duygu, his.

e.mo.tion.al (imo'şınıl) *s.* duygulu, hassas, hisli; heyecanlı, heyecan veren. **emotionalism** *i.* duygululuk, çabuk heyecana kapılma. **emotionalist** *i.* fazla heyecana kapılan kimse; heyecan uyandırmaya çalışan kimse. **emotional'ity** *i.* heyecana kapılma, duygunluk, duyarlık, hassasiyet. **emo'tionalize** *f.* duygusal yönünü uyandırmak. **emo'tionally** *z.* heyecanlı olarak, heyecanla; duygusal yönden.

e.mo.tive (ımo'tiv) *s.* heyecana ait, hissî. **emotively** *z.* hissî olarak.

em.pale *bak.* impale.

em.pan.el (impän'ıl) *bak.* impanel.

em.pa.thize (em'pıthayz) *f.* karşısındakinin duygularını anlayıp paylaşmak.

em.pa.thy (em'pıthi) *i., psik.* bir başkasının duygularını anlayabilme.

em.pen.nage (em'pînic) *i.* uçağ'ın kuyruk kısmı.

em.per.or (em'pırır) *i.* imparator. **emperor butterfly** iri ve mor bir çeşit kelebek, *zool.* Apatura iris *veya* Asterocampa clyton. **emperor goose** Alaska kıyılarına mahsus bir çeşit renkli kaz, *zool.* Philacte canagica. **emperor penguin** Güney Buz Denizine mahsus

penguenin en büyük çeşidi, *zool.* Aptenodytes fosteri.

em.pha.sis (em'fısis) *i.* önem, ehemmiyet; şiddet, kuvvet; vurgu; üzerinde durulan nokta, önem verilen husus.

em.pha.size (em'fısayz) *f.* üzerinde durmak, vurgulamak, önemini belirtmek, ısrarla söylemek.

em.phat.ic, -i.cal (emfät'ik, -îkıl) *s.* üzerinde durulmuş, kuvvetle ifade olunmuş, etkili; önemli, dikkati çeken; vurgulu, kuvvetli ifadesi olan, kesinlikle hareket eden. **emphatically** *z.* üzerinde durarak, belirterek; kesin olarak, muhakkak.

em.phy.se.ma (emfısi'mı) *i., tıb.* doku ve organlar arasında hava kalması, anfizem.

em.pire (em'payr) *i.* imparatorluk; imparatorlukla idare sistemi; çok geniş topraklar üzerinde kurulan hâkimiyet.

em.pir.ic (empîr'ik) *i.* bilginin tecrübe ile edinildiğine inanan kimse; şarlatan.

em.pir.i.cal (empîr'ikıl) *s.* deneysel, tecrübî, tecrübeye dayanan. **empirically** *z.* deneysel olarak.

em.pir.i.cism (empîr'ısizım) *i., fels.* her türlü bilginin esasının tecrübeye dayandığını ileri süren felsefî görüş; şarlatanlık.

em.place.ment (impleys'mınt) *i., ask.* istihkâmda top yeri, topa mahsus platform; tabya; yerleşme, belirli bir yere koyma.

em.ploy (imploy') *f., i.* kullanmak, bir hizmet veya işte kullanmak, istihdam etmek; meşgul etmek, iş vermek, görevlendirmek, memur etmek; sarfetmek, vermek (vakit, enerji); *i.* görev, hizmet, memuriyet. **employable** *s.* kullanılabilir, istihdam olunabilir. **employer** *i.* patron, işveren.

em.ploy.ee (imploy'i, employi') *i.* memur, işçi, bir başkası hesabına ücret karşılığında çalışan kimse.

em.ploy.ment (imploy'mınt) *i.* iş verme, istihdam; işi olma; iş, görev, vazife, hizmet, memuriyet, meşguliyet. **employment agency** iş bulma bürosu, iş ve işçi bulma kurumu.

em.po.ri.um (empôr'iyım) *i.* ticaret yeri, ticaret merkezi, dükkân, mağaza.

em.pov.er.ish *bak.* impoverish.

em.pow.er (impaw'ır) *f.* yetki vermek, salâhiyet tanımak; izin vermek, müsaade etmek.

em.press (em'pris) *i.* imparatoriçe.

em.presse.ment (anpresman') *i., Fr.* samimiyet, yakınlık gösterme.

emp.ty (emp'ti) *s., i.* boş; yoksun, mahrum; *k.dili* aç; önemsiz, değersiz, anlamsız, yararsız, nafile, beyhude; verimsiz, meyvasız, semeresiz; bilgisiz, kof; *i.* boş olan herhangi bir şey. empty-handed *s.* eli boş. empty-headed *s.* boş kafalı, kuş beyinli. empty word sözlük anlamından çok gramer bakımından anlamı olan kelime. empty words boş laf. emptiness *i.* boşluk.

emp.ty (emp'ti) *f.* boşaltmak, tahliye etmek; akıtmak, dökmek; boşalmak, dökülmek.

em.pur.ple (empır'pıl) *f.* mor renge boyamak, morartmak.

em.py.e.ma (empiyi'mı) *i., tıb.* göğüste ve özellikle akciğerin dış tarafında cerahat toplanması, ampiyem.

em.pyr.e.al (empir'iyıl) *s.* semavî, göksel; yüce, ulu; ateşten yapılmış, ateş gibi.

em.py.re.an (empiri'yın) *i., s.* mitolojiye göre ateşten olduğu farzedilen en yüksek gök tabakası; gökler, sema; *s.* semavî; ateşten yapılmış, ateş gibi.

e.mu, e.meu (i'myu) *i.* Avustralya'ya mahsus devekuşuna benzer iri bir kuş, *zool.* Dromiceius.

em.u.late (em'yıleyt) *f.* rekabet etmek, geçmeye çalışmak; gıpta etmek, taklit etmek. emula'tion *i.* rekabet, benzemeye çalışma, gayret. em'ulator *i.* benzemeye gayret eden kimse.

em.u.lous (em'yılıs) *s.* birine benzemeye veya birini geçmeye gayret eden; rakip, gıpta eden.

e.mul.si.fy (imʌl'sıfay) *f.* bir maddeden emülsiyon yapmak.

e.mul.sion (imʌl'şın) *i.* emülsiyon. emulsive *s.* emülsiyon hâsıl eden.

e.munc.to.ry (imʌngk'tıri) *i., s.* bedenin ifrazatını dışarı atan uzuv; *s.* bu gibi fazlalıkları atan.

en (en) *i.* "N" harfi; *matb.* basılan yazıların büyüklüğünü tayin için kullanılan ölçü, "em" ölçüsünün yarısı, yarım katrat.

en- *önek* -e, içine (çok defa şiddet ifade eder).

-en *sonek* kelimeleri sıfat, fiil, isim yapan ek.

en.a.ble (iney'bıl) *f.* muktedir kılmak, kuvvet vermek; yetki vermek, salâhiyet tanımak; imkân vermek, mümkün kılmak, kolaylaştırmak.

en.act (inäkt') *f.* kanunlaştırmak; harekete geçirmek; karar vermek, hükmetmek; temsil etmek, canlandırmak, oynamak (rol). enac-tive *s.* yasama yetkisi olan, yapan, icra eden. enactment *i.* kanunlaştırma, kabul; kanun, kararname.

en.am.el (inäm'ıl) *i.* emay, mine; emay gibi şey; diş minesi; emay işi. enamelware *i.* emay işi.

en.am.el (inäm'ıl) *f.* (-led, -ling) minelemek, mine ile kaplamak; değişik renklerle süslemek; parlaklık vermek. enamelling *i.* mine işi.

en.am.or (inäm'ır) *f.* âşık etmek, meftun etmek, büyülemek, teshir etmek, kendine bağlamak; *k.dili* aklını başından almak. enamored of someone birine âşık, tutkun, meftun.

en.ar.thro.sis (enarthro'sis) *i., anat.* enartros, oynak eklemlerin bir cinsi, mafsal.

e.nate (i'neyt) *s.* anne tarafından akraba, anne soyundan gelen.

en bloc (an blôk') *Fr.* toptan, bir bütün halinde, hep birden.

en.cae.ni.a (ensi'niyı) *i., çoğ.* bir şehrin kuruluşu veya bir kilisenin takdisi hatırasına düzenlenen tören.

en.cage (înkeyc') *f.* kafese kapamak, kafese koymak.

en.camp (înkämp') *f.* ordugâh kurmak, kamp kurmak. encampment *i.* ordugâh, kamp, karargâh.

en.case (înkeys') *f.* sandığa koymak, sandıklamak; kapamak, örtmek.

en.caus.tic (enkôs'tik) *s., i., güz. san.* tahta veya çömlek üzerine yakmak suretiyle tezyinat yapılmış olan; *i.* sıcak balmumu ile resim yapma, ısı vasıtasıyla renkleri sabitleştirme; bu gibi işler, çini, fayans.

en.ceinte (enseynt') *s.* gebe, hamile.

en.ceinte (enseynt') *i.* istihkâm muhiti; çevresi surla kuşatılmış saha veya şehir.

en.ce.phal.ic (ensıfäl'ik) *s., anat.* beyne ait, dimagî. enceph'aloid *s.* beyin maddesine benzer.

en.ceph.a.li.tis (ensefılay'tîs) *i., tıb.* beyin iltihabı, ansefalit.

en.ceph.a.lon (ensef'ılan) *i.* beyin, dimağ, ansefal.

en.chain (inçeyn') *f.* zincir ile bağlamak, zincire vurmak; kendine bağlamak, meftun etmek.

en.chant (inçänt') *f.* büyülemek, teshir etmek, meftun etmek; kendinden geçirmek; *k.dili* aklını başından almak, çıldırtmak. enchanter *i.* büyüleyen kimse, büyücü. enchantress *i.*

büyüleyen kadın, büyücü kadın. **enchanting**
s. meftun edici, büyüleyici. **enchantment**
i. sihir, büyü, meftun olma.

en.chase (ençeys') *f.* süslü çerçeve geçirmek,
oturtmak, süslemek; kakma, kabartma veya
oyma işiyle tezyin etmek.

en.chi.la.da (ençila'dı) *i.* Meksika'da yapılan
çok biberli bir börek.

en.chi.rid.i.on (enkayrid'iyın) *i.* el kitabı.

en.chon.dro.ma (enkandro'mı) *i., tıb.* kıkırdaklı
ur.

en.cho.ri.al (enkôr'iyıl) *s.* yerli; halka ait.

en.ci.pher (ensay'fır) *f.* şifre etmek, kapamak.

en.cir.cle (ensır'kıl) *f.* etrafını çevirmek, kuşat-
mak, sarmak, ihata etmek; etrafını dolaşmak,
devretmek.

en.cir.cle.ment (ensır'kılmınt) *i.* kuşatma, ihata.
policy of encirclement kuşatma politikası.

encl. *kıs.* **enclosed, enclosure.**

en.clasp, in.clasp (înkläsp') *f.* kucaklamak,
sarmak.

en.clave (en'kleyv) *i.* yabancı topraklarla kuşa-
tılmış bölge; bir memleket veya şehirde ya-
bancı ırka mensup kimselere mahsus yerleşme
bölgesi; özel bir amaçla ayrılmış bölge; *tıb.*
organ veya dokunun içine sarılmış şey.

en.clit.ic (enklît'îk) *i., s., gram.* kendisinden
önce gelen kelime ile birleşip bir kelime gibi
okunan kelime, ekleme; *s.* müstenit. **encliti-
cally** *z.* bitişik veya ekli olarak.

en.close, in.close (înkloz') *f.* kapamak, hap-
setmek, sarmak, kuşatmak, çevirmek; zarf
içine koymak, ilişikte göndermek; ihtiva et-
mek.

en.clo.sure, in.clo.sure (înklo'jır) *i.* kapama,
kuşatma, çevirme; kapanma, çevrilme; kapa-
nıp çevrilen şey, etrafı çit veya duvarla çevrili
yer, zarf içine konulan şey, ilişikte gönderilen
şey; mânia, çit.

en.code (enkod') *f.* şifre etmek, kapamak.

en.co.mi.ast (enko'miyäst) *i.* methiye yazan
kimse, kaside yazarı.

en.co.mi.um (enko'miyım) *i.* methiye, kaside.

en.com.pass (înkʌm'pıs) *f.* kuşatmak, etrafını
sarmak, çevirmek; içine almak, ihtiva etmek.
encompassment *i.* kuşatma, sarma, sarılma.

en.core (ang'kôr) *ünlem, i., f., Fr.* Bir daha!
Tekrar! Bravo!; *i.* bir şarkının tekrar edilmesi
isteği; bis parçası, ankor; *f.* bir şarkının tekrar

edilmesini istemek. **He had an encore.**
Tekrar sahneye çağrıldı.

en.coun.ter (înkaun'tır) *f., i.* karşı karşıya gel-
mek; çarpışmak; karşılamak; rast gelmek; *i.*
karşılaşma, rast gelme, tesadüf; dövüş.

en.cour.age (înkır'îc) *f.* cesaret vermek, teşci
etmek, teşvik etmek; himaye etmek. **encour-
agement** *i.* cesaret verme, teşvik etme, hi-
maye etme.

en.cour.ag.ing (înkır'îcîng) *s.* ümit verici, ce-
saret verici, teşvik edici. **encouragingly** *z.*
cesaret verici bir surette, teşvik ederek.

en.crim.son (enkrîm'zın) *f.* kırmızılaştırmak,
kızıla boyamak.

en.croach (înkroç') *f.* tedricen veya gizlice
tecavüz etmek (hak, toprak, mülk v.b.'ne),
el uzatmak. **encroachment** *i.* tecavüz, geçme,
aşma.

en.crust, in.crust (înkrʌst') *f.* üstüne katıca
bir kabuk çekmek, kabuk bağlamak, sert
bir tabaka teşkil etmek, kabuk tutmak.

en.cum.ber, in.cum.ber (înkʌm'bır) *f.* engel
olmak, mâni olmak; yüklemek, zorunluluk
veya sorumluluk altında bırakmak. **encum-
brance** *i.* yük, engel, mâni; çocuk, bakımın-
dan sorumlu olunan kişi; *huk.* borç, ipotek.
without encumbrances çocuksuz; ipo-
teksiz, ilişiksiz. **encumbrancer** *i., huk.* bir
başkasının mülkü üzerinde hakkı veya ala-
cağı olan kimse.

en.cyc.li.cal (ensîk'lîkıl) *s., i.* tamim edilmiş;
i. genelge, tamim, özellikle Papanın Katolik
piskoposlara gönderdiği tamim.

en.cy.clo.pe.di.a, -pae.di.a (ensayklıpi'diyı)
i. ansiklopedi. **encyclopedic** *s.* ansiklopedik.

en.cy.clo.pe.dist (ensayklıpi'dîst) *i.* ansiklo-
pediyi yazan veya derleyen veya bu işe ka-
tılan kimse; ansiklopedik bilgisi olan kimse.
the Encyclopedists on sekizinci yüzyılın
büyük Fransız Ansiklopedisini yazmış olan â-
limler.

en.cyst (ensîst') *f.* kese teşkil etmek, kese içine
almak veya alınmak. **encysted tumor**
kese içinde bulunan ur.

end (end) *i.* uç, son, nihayet, baş; akıbet, encam;
gaye, amaç, niyet, maksat, meram; sonuç,
netice. **end for end** uçları ters çevrilmiş.
end on *den.* baş başa, tam pruvada; tos
vuruşu gibi baş başa. **end-to-end** *s.* sıra
ile veya uç uca dizilmiş. **at loose ends**

boşlukta, gayesiz; işsiz, ortalıkta. **at one's wit's end** aklı başından gitmiş, şaşırıp kalmış. **from beginning to end** baştan sona. **from end to end** bir uçtan bir uca. **go off the deep end** *k.dili* kendini zor duruma sokmak, düşünmeden ileri atılmak; çok sinirlenmek, duygusal kontrolu kaybetmek; intihar etmek. **in the end** sonunda, nihayetinde. **He is at the end of his tether.** Çaresizlikten kıvranıyor. Bütün imkânlarını kullanmış. **keep one's end up** sorumluluğunu çok iyi bilmek; kendini gayet iyi savunmak. **make an end of** bitirmek, son vermek; mahvetmek, işini bitirmek, öldürmek. **make both ends meet** geçinebilmek, geliri giderine denk gelmek, ayağını yorganına göre uzatmak. **no end** sonsuz, pek çok. **odds and ends** ufak tefek şeyler. **on end** dik, dikine; mütemadiyen, üst üste. **put an end to** son vermek. **to the end that** gayesi ile. **world without end** ebediyen.

end (end) *f.* bitirmek, son vermek, nihayete erdirmek; sonuna gelmek; ortadan kaldırmak, imha etmek; öldürmek; bitmek, tamam olmak, nihayete ermek; ölmek. **end up** bitirmek, son vermek; sonunda olmak.

end-all (end'ôl) *i.* her şeyin sonu.

en.dam.age (endäm'îc) *f.* bozmak, zarar vermek, hasara uğratmak.

en.dan.ger (indeyn'cır) *f.* tehlikeye atmak.

en.dear (indir') *f.* sevdirmek. **endearment** *i.* okşama, sevgi ifade eden söz veya hareket.

en.deav.or (indev'ır) *f., i.* yapmaya çalışmak; gayret etmek, çalışmak; *i.* emek, çaba, gayret.

en.dem.ic (endem'ik) *s., i.* bir bölge veya zümreye mahsus, mahallî, her zaman görülen; *i.* böyle bir hastalık. **endemical** *s.* mahallî, yerli, yöresel; *tıb.* bölgesel ve devamlı.

en.der.mic (endır'mîk) *s., tıb.* cilt içine işleyen, cilde sürülen (ilâç).

end.ing (en'dîng) *i.* son, nihayet, hitam; uç, baş; *gram.* takı, sonek.

en.dive (en'dayv, an'div) *i.* hindiba, Frenk salatası, *bot.* Cichorium endivia.

end.less (end'lîs) *s.* sonsuz, ölümsüz, ebedî; namütenahi, bitmez tükenmez, sonu olmayan. **endlessly** *z.* durmadan, bitmek tükenmek bilmeksizin. **endlessness** *i.* sonsuzluk, devamlılık.

end.long (end'lông) *z.* uzunluğuna; dik, dikine.

end man *eski, A.B.D., tiyatro* komedyen.

end.most (end'most) *s.* uçtaki, en uzaktaki.

endo- *önek* içinde.

en.do.car.di.um (endokar'diyım) *i., anat.* kalbin iç zarı, endokard. **endocardial** *s.* kalbin içinde; kalbin iç zarına ait.

en.do.carp (en'dokarp) *i., bot.* meyvanın iç dokusu, endokarp.

en.do.crine (en'dokrîn) *s., fizyol.* iç ifrazata ait. **endocrine glands** iç salgı bezleri, iç ifrazat guddeleri.

en.do.derm (en'dodırm) *i., zool.* iç deri, bağırsağın iç tabakası.

en.dog.a.my (endag'ımi) *i.* yalnız kabile veya zümre içinde evlenme. **endogamous** *s.* kabile içinde evlenen.

en.do.lymph (en'dolîmf) *i., anat.* endolenfa, iç kulakta bulunan bir sıvı.

en.do.morph (en'domôrf) *i., mad.* bir cins maden billûru içindeki diğer bir cins maden billûru; *fizyol.* nispeten kısa boylu, iri yapılı ve adaleli kimse, endomorfik tipte kimse.

en.do.par.a.site (endoper'ısayt) *i., zool.* bir hayvanın iç organlarında yaşayan asalak.

en.do.plasm (en'dopläzım) *i., biyol.* protoplazmanın yumuşak iç tabakası, iç plazma.

en.dorse, in.dorse (indôrs') *f.* çek veya poliçenin arkasına imza etmek, ciro etmek, vesika arkasına bir şey yazmak; onaylamak, uygun bulmak. **endorsee** *i.* poliçeyi hamil, poliçeyi elinde bulunduran kimse. **endor'ser** *i.* ciranta, bir senedi ciro eden kimse.

en.dorse.ment (indôrs'mınt) *i.* vesika arkasına atılan imza, ciro; tasdik. **endorsement in full** tam ciro. **blank endorsement** açık ciro, beyaz ciro.

en.do.scope (en'dıskop) *i., tıb.* endoskop, vücut içi boşluklarını aydınlatarak görülmesini sağlayan alet.

en.do.skel.e.ton (endoskel'ıtın) *i., anat., zool.* iç iskelet.

en.dos.mo.sis (endasmo'sîs) *bak.* **osmosis.**

en.do.sperm (en'dospırm) *i., bot.* endosperm, besidoku.

en.do.spore (en'dospôr) *i., bot.* spor zarının iç tabakası; *bakt.* hücre içinde yetişen cinsiyetsiz spor; iç spor.

en.do.ther.mic (endothîr'mîk) *s., kim.* endotermik, ısı alan, hararet alıcı.

en.dow (indau') *f.*, **with** *ile* irat bağlamak; bahşetmek, ihsan etmek, vakfetmek. **endowed with** malik, haiz. **endowment** *i.* Allah vergisi, doğuştan gelen özel kabiliyetler; bağış, teberru, vakıf, okul ve hastane gibi kurumların iane olarak toplanmış sermayesi. **endowment insurance** belirli bir sürenin bitiminde belirli bir meblâğın ödenmesini öngören sigorta.

end.pa.pers (end'peypırz) *i., matb.* kitapların baş ve sonlarındaki boş yapraklar.

end.piece (end'pis) *i.* uçtaki parça, uç, baş.

end product istihsal edilen şeyler.

end table *A.B.D.* küçük masa, sehpa.

en.due, in.due (indu') *f.* giymek; giydirmek, teçhiz etmek; vermek, tevdi etmek.

en.dur.ance (indûr'ıns) *i.* tahammül, sabır, dayanma, kaldırma, tahammül gücü.

en.dure (indûr', indyûr') *f.* dayanmak, tahammül etmek, çekmek, kaldırmak, katlanmak; devam etmek, sürmek. **endurable** *s.* katlanılabilir, dayanılabilir.

en.dur.ing (indûr'ing, indyûr'ing) *s.* dayanıklı, sabırlı, tahammüllü; ebedî; devamlı.

end.ways, -wise (end'weyz, -wayz) *z.* dik, dikine; ucu ileriye doğru; uzunluğuna.

en.e.ma (en'ımı) *i., tıb.* lavman, tenkıye, şırınga.

en.e.my (en'ımi) *i., s.* düşman, hasım (olan).

en.er.get.ic (enırcet'îk) *s.* faal, enerjik, çalışkan, yorulmaz; kuvvetli, şiddetli. **energetic measures** şiddetli veya etkili tedbirler. **energetically** *z.* enerjik olarak.

en.er.gize (en'ırcayz) *f.* enerji, güç veya kudret vermek; kudret sarfetmek, harekete geçmek.

en.er.gu.men (enırgyu'mın) *i.* cinli, cin çarpmış kimse; herhangi bir şeye aşırı düşkünlüğü olan kimse.

en.er.gy (en'ırci) *i.* enerji, erke, güre; kudret, kuvvet; faaliyet, gayret. **Devote your energies to this.** Gayretinizi buna hasrediniz.

en.er.vate (en'ırveyt) *f.* zayıflatmak, gevşeklik vermek, kuvvet veya cesaretini kırmak, moralini bozmak. **enerva'tion** *i.* zayıflatma, kuvvetten düşürme, zayıflık. **en'ervate(d)** *s.* zayıflamış, gevşemiş, kuvvetten düşmüş.

en.face (enfeys') *f.* yüz tarafına yazmak veya basmak (poliçe, fatura).

en fa.mille (an fami'y) *Fr.* ailece, aile fertleri ile.

en.fant ter.ri.ble (anfan'teri'bl) *Fr.* yaramaz çocuk, soru veya sözleriyle büyükleri güç durumda bırakan çocuk.

en.fee.ble (enfi'bıl) *f.* zayıf düşürmek, dermansız bırakmak, mecalsiz bırakmak. **enfeeblement** *i.* zayıflatma, zayıflatılma.

en.feoff (enfif') *f., huk.* tımar veya zeamet vermek, tımar şeklinde vermek. **enfeoffment** *i.* zeamet verme, tımar veya zeamet fermanı.

en.fet.ter (enfet'ır) *f.* zincire vurmak.

en.fi.lade (enfıleyd') *i., f., ask.* bir siper veya asker saffı boyunca ateş; *f.* bu şekilde ateş etmek.

en.fold, in.fold (infold') *f.* katlamak, sarmak; kucaklamak, bağrına basmak.

en.force (infôrs') *f.* mecbur etmek, icbar etmek; zorla almak veya yaptırmak; uygulamak, tatbik etmek, yerine getirmek, yürütmek; kuvvetlendirmek. **enforceable** *s.* uygulanabilir, tatbik edilebilir. **enforcement** *i.* uygulama, tatbik. **law enforcement officer** polis.

en.fran.chise (infrän'çayz) *f.* imtiyaz vermek, ayrıcalık tanımak; vatandaşlığa kabul etmek, oy kullanma hakkı tanımak; azat etmek, serbest bırakmak. **enfranchisement** *i.* vatandaşlık haklarının tanınması; azat etme, özgür kılma.

en.ga.gé (angajey') *s., Fr.* kendini adamış, ilgili.

en.gage (ingeyc') *f.* işe almak, tutmak, angaje etmek; işgal etmek, yer tutmak; söz almak, vaat ettirmek; dövüşmek, birbirine girmek, çarpışmak; ilgisini çekmek; meşgul etmek; nişanlanmak; vaat etmek, söz vermek, bağlanmak, taahhüt etmek; *mak.* birbirine geçmek, birbirine geçirmek, birbirine tutturmak. **engage in** ile meşgul olmak.

en.gaged (ingeycd') *s.* meşgul, tutulmuş; nişanlı; dövüşmekte; birbirine geçmiş. **engaged column** *mim.* yarısı duvarda yarısı meydanda olan direk.

en.gage.ment (ingeyc'mınt) *i.* meşguliyet; nişanlanma; randevu; rehin; söz; vaat, taahhüt; çarpışma, dövüşme; belirli bir süre için ücretli iş; mülâkat; *çoğ.* borçlar. **engagement ring** nişan yüzüğü, alyans.

en.gag.ing (ingey'cîng) *s.* çekici, cazip, hoşa giden.

en garde (an gard') *Fr.* (eskrimde) kendini savunmaya hazır.

en.gar.land (engar'lınd) *f.* çelenkle süslemek, çelenk takmak.

en.gen.der (incen'dır) f. hâsıl etmek, vücuda getirmek, meydana çıkarmak; doğurmak, tevlit etmek.

en.gine (en'cın) i. makina, cihaz, lokomotif; tertibat. engine driver İng. makinist. engine house itfaiye merkezi; lokomotif deposu. engine room makina dairesi, makina odası. fire engine itfaiye arabası, yangın tulumbası.

en.gi.neer (encınir') i., f. mühendis; makinist; den. çarkçı; f. mühendis sıfatıyla inşa etmek; idare etmek, yönetmek. chief engineer baş mühendis; den. çarkçı başı. civil engineer inşaat mühendisi. electrical engineer elektrik mühendisi. mechanical engineer makina mühendisi. mining engineer maden mühendisi. engineering i. mühendislik; makinistlik.

en.gine.ry (en'cinri) i. makinalar; savaş araçları.

en.gird, en.gir.dle (engırd', engır'dıl) f. kuşatmak, kemer gibi sarmak, ihata etmek.

Eng.land (ing'glınd) i. İngiltere.

Eng.lish (ing'gliş) s., i. İngiliz, İngilizce; i. İngilizce; the ile İngiltere halkı, İngilizler; İngilizce tercüme; matb. ondört puntoluk harf; bilardo oyununda bilyeyi çok döndüren vuruş. English daisy İngiliz papatyası, bot. Bellis perennis. English sparrow serçe kuşu. English walnut ceviz. in plain English açık İngilizcesi, açıkçası. Middle English 1500 tarihinden evvelki İngilizce. Old English 1050 tarihinden evvelki İngilizce. the King's English temiz İngilizce. Modern English 1500 tarihinden sonraki İngilizce. Englishman i. İngiliz erkeği, İngiltereli erkek. Englishwoman i. İngiliz kadını.

en.gorge (engôrc') f. tıkanmak, kan hücum etmek; oburca yemek, informal silip süpürmek, yutmak, tıka basa yemek. engorgement i. tıkanma, kan hücumu; oburca yeme, tıkınma.

en.graft, in.graft (ingräft') f. aşılamak; dikmek.

en.grail (engreyl') f. kenarını tırtıl veya kabartmalarla süslemek.

en.grain (ingreyn') f. boyayı iyice emdirmek; iliğine geçirmek; odun gibi görünmesini sağlamak.

en.gram (en'gräm) i., biyol. hücre protoplazmasındaki devamlı değişme hali.

en.grave (ingreyv') f. hakketmek, kazmak, kalemle işlemek, kabartma işi yapmak. en-

graved on the mind hafızaya yer etmiş, zihne nakşolunmuş. engraver i. hakkâk, oymacı.

en.grav.ing (ingrey'ving) i. oyma klişeden çıkarılan resim; hakkâklık, oymacılık; hakkâk işi.

en.gross (ingros') f. tutmak, zaptetmek, işgal etmek; iri yazı ile kopya etmek, (yazıyı) temize çekmek; tekel maksadıyla piyasayı tutmak, piyasada bulunan bir malı kapatmak. engross one's thoughts zihnini tamamen işgal etmek. engrosser i. piyasadaki malı kapatan veya istif eden kimse; yazıları temize çeken kimse. engrossing s. zihni tamamen meşgul eden, düşünmeye sevkeden. engrossment i. bir şeyle tamamen meşgul olma durumu; temize çekilmiş yazı; bir malı kapatma.

en.gulf, in.gulf (ingʌlf') f. içinde kaybolmak; yutmak, girdap içine çekip yutmak. engulfment i. bu suretle yutma veya yutulma.

en.hance (inhäns') f. (kıymet veya fiyatı) artırmak, ziyadeleştirmek, fazlalaştırmak, çoğaltmak. enhancement i. artma, çoğalma; artırma.

en.har.mon.ic (enharman'ik) s., müz. ikilik notalardan daha küçük entervallere ait.

e.nig.ma (inig'mı) i. bilmece, muamma. enigmat'ic(al) s. bilmece kabilinden, karışık, anlaşılmaz, şaşırtıcı. enigmat'ically z. anlaşılması zor bir surette.

en.jamb.ment (encäm'mınt) i., şiir bir cümle veya fikrin mısra sonunda bitmeyip birkaç mısrada devam etmesi.

en.join (incoyn') f., to ve herhangi bir mastar ile emretmek, tembih etmek; hareket tarzını tayin etmek. I enjoined him to leave. Ona gitmesini emrettim. from ve bağfiil ile menetmek, yasaklamak. I enjoined him from leaving. Onun gitmesini menettim. enjoinment i. emir, yasaklama.

en.joy (incoy') f. zevk almak, beğenmek, hoşlanmak, sevmek; kullanabilme yeteneğine sahip olmak. enjoy oneself zevk almak, keyfine bakmak, hoşça vakit geçirmek. enjoyable s. hoş, tatlı, zevkli, eğlenceli. enjoyably z. zevk alacak surette. enjoyment i. zevk, hoşlanma; bir şeyden zevk alabilme ve bu zevki kullanabilme yeteneği.

en.kin.dle (enkin'dıl) f. tutuşturmak, alevlendirmek, yakmak.

en.lace (inleys') f. sıkı sıkı sarmak, birbirine geçirmek, dolaştırmak.

en.large (înlarc') *f.* büyültmek, genişletmek, çoğaltmak; büyümek, genişlemek; *huk.* mühleti uzatmak; serbest bırakmak; **upon** *ile* tafsilâta girişmek. **enlargement** *i.* büyültme; büyüme; *foto.* agrandisman. **enlarger** *i., foto.* fotoğrafları büyültmeye mahsus cihaz.

en.light.en (înlayt'ın) *f.* öğretmek, bilgi vermek, içyüzünü anlatmak, aydınlatmak. **enlightened** *s.* bilgi edinmiş, aydın, münevver. **enlightenment** *i.* ilim, irfan, aydınlatma.

en.list (înlîst') *f.* kaydetmek; askere almak; yardımını temin etmek; gönüllü olarak askere gitmek; bir işe atılmak. **enlistment** *i.* kaydetme, kaydedilme, gönüllü asker yazma veya yazılma.

en.li.ven (înlay'vın) *f.* canlandırmak, neşelendirmek, ferahlatmak.

en masse (en mäs', an mas') toptan, hepsi birden.

en.mesh (enmeş') *f.* ağa düşürmek, ağ gibi sarmak. ·

en.mi.ty (en'mıti) *i.* düşmanlık, husumet, kötü niyet besleme.

en.ne.ad (en'iyäd) *i.* dokuz taneden ibaret herhangi bir şey, dokuz kişilik grup.

en.no.ble (ino'bıl) *f.* yükseltmek, ulvileştirmek, asalet vermek.

en.nui (an'wi) *i.* can sıkıntısı.

e.nor.mi.ty (inôr'mıti) *i.* alçaklık, habislik, iğrençlik, büyük kötülük.

e.nor.mous (inôr'mıs) *s.* çok iri, pek büyük, müthiş, aşırı. **enormously** *z.* aşırı derecede.

e.no.sis (eno'sîs) *i.* enosis.

e.nough (inʌf') *i., s., z., ünlem* yeter miktar; *s.* kâfi, yetişir, elverir; *z.* kâfi derecede; *ünlem* Yeter! **enough and to spare** yeter de artar bile. **I have had enough of him.** Artık ondan bıktım. Burama kadar geldi. **oddly enough** işin tuhaf tarafı şu ki... **sure enough** gerçekten. **This is good enough for me.** Bu bana yeter. **I have had enough excuses.** Yeteri kadar mazeretlerine göz yumdum. **Let well enough alone.** Üzerine varma. **Enough's enough.** Yeter artık!

e.nounce (inauns') *f.* resmen ilân etmek, beyan etmek, bildirmek; telaffuz etmek, söylemek.

en pas.sant (an pasan') *Fr.* geçerken, sırası gelmişken, akla gelmişken. ˙**take the pawn en passant** *satranç* piyadeyi an pasan vurmak.

en.plane (enpleyn') *f.* uçağa binmek.

en.quire *bak.* **inquire.**

en.rage (înreyc') *f.* kızdırmak, öfkelendirmek.

en rap.port (an rapôr') *Fr.* muvafık, uygun, mutabakat halinde, uyuşan.

en.rapt (înräpt') *s.* vecit halinde, kendinden geçmiş.

en.rap.ture (înräp'çır) *f.* kendinden geçirmek, vecit haline getirmek, çok memnun etmek, sevincinden çıldırtmak.

en.rav.ish (enräv'îş) *f.* vecit haline getirmek, zevkten çıldırtmak.

en.reg.is.ter (enrec'îstır) *f.* deftere kaydetmek.

en re.gle (an re'gl) *Fr.* usule göre, sırasında, yolunda.

en.rich (înriç') *f.* zenginleştirmek, zengin etmek; süslemek, tezyin etmek; gübrelemek, toprağı daha bereketli hale getirmek; koyulaştırmak, lezzet vermek; besin değerini artırmak, kuvvetlendirmek. **enrichment** *i.* zenginleştirme, zenginleşme.

en.robe (enrob') *f.* giydirmek (elbise).

en.roll (înrol') *f.* isim defterine kaydetmek, üyeliğe kabul etmek; sicile kaydetmek, kütüğe kaydetmek. **enrollment** *i.* kayıtlar; kaydedilenlerin sayısı; kaydetme.

en.root (enrut') *f.* kökleştirmek.

en route (an rut') yolda, yolu üzerinde, giderken.

ens (*çoğ.* **en.ti.a**) (enz, en'şiyı) *i., fels.* soyut varlık kavramı, var olma.

en.san.guine (ensäng'gwîn) *f.* kanla kaplamak veya lekelemek.

en.sconce (enskans') *f.* yerleştirmek, yataklık etmek; yerleşmek, rahat bir şekilde oturmak.

en.sem.ble (ansam'bıl) *i.* genel tesir, parçaların tümünün bir bütün teşkil edercesine bir arada algılanması; iki veya daha fazla parçadan ibaret kadın kostümü, takım, döpiyes; *müz.* bir müzik topluluğunun birlik, denge ve başarı derecesi; topluluk, orkestra, koro; piyesteki oyuncuların bütünü.

en.shrine (înşrayn') *f.* mabede koymak; kutsal olarak kabul etmek.

en.shroud (înşraud') *f.* kefenlemek; örtmek, gizlemek.

en.si.form (en'sıfôrm) *s., bot.* kılıç şeklinde, kılıçsı (yaprak).

en.sign (en'sayn, en'sın) *i.* bayrak, sancak, bandıra, alem; alâmet, nişan. **ensign bearer** alemdar, bayraktar.

en.sign (en'sın) *i., den.* asteğmen.

en.si.lage (en'sılic) *i.* mısırı saplarıyla hayvan yemi olarak kesip siloya doldurma; siloda saklanan bu çeşit yem.

en.slave (însleyv') *f.* köle yapmak, esir etmek. enslavement *i.* esir etme ve edilme, esaret, kölelik.

en.snare (ensneyr') *f.* tuzağa düşürmek.

en.soul, in.soul (însol') *f.* ruh vermek, canlandırmak; kalbinde saklamak.

en.sphere (ensfîr') *f.* küre içine almak; küre şekli vermek.

en.sue (ensu') *f.* birbirini takip etmek, ardından gelmek; sonuç olmak, çıkmak, meydana gelmek. the ensuing year ertesi sene. Silence ensued. Onu sessizlik izledi.

en.sure (înşûr') *f.* sağlamak, temin etmek, garanti etmek, emniyete almak; sigorta etmek.

en.swathe, in.swathe (însweydh') *f.* kundağa sarmak, sargılamak, sarmak.

en.tab.la.ture (entäb'lıçır) *i., mim.* saçaklık, direk üstü tabanı, sütun pervazı.

en.ta.ble.ment (entey'bılmınt) *i., mim.* saçaklık, *bak.* entablature; dört köşeli temelin üzerindeki heykele destek olan taban.

en.tail (înteyl') *i., huk.* İngiltere'de bir mülkün vâris tarafından ferağ veya satışını meneden miras usulü; miras yoluyla intikal eden ve satılması yasak olan gayri menkuller, meşruta.

en.tail (înteyl') *f.* icap ettirmek; *huk.* belirli bir veraset usulüne göre vermek; meşruten vakfetmek. entailment *i.* icap ettirme; meşruten vakfetme; bu suretle vakfedilen mülk.

en.tan.gle (întäng'gıl) *f.* dolaştırmak, karmakarışık etmek; bir kimsenin başını derde sokmak, şaşırtmak. entanglement *i.* karışıklık, dolaşıklık; engel, mânia.

en.tel.e.chy (entel'ıki) *i., fels.* şekil veren neden veya kuvvetin gerçekleşmesi, entelekya; bireysel olgunluğa erişme.

en.tente (antant') *i., Fr.* anlaşma, uyuşma, itilâf, antant.

en.ter (en'tır) *f.* girmek, içine girmek; dahil olmak, nüfuz etmek; delmek; girişmek, başlamak; üye olmak, yazılmak, katılmak; sokmak, koymak; yazmak, kaydetmek, deftere yazmak; *huk.* usulen mahkeme huzuruna getirmek; tasarruf etmek üzere bir mülke girmek; gümrüğe mal beyannamesi vermek; telif hakkı almak için gereken malumatı vermek; sahneye çıkmak. enter into başlamak, girişmek; katılmak, iştirak etmek; ilgilenmek; (bütünün) bir unsuru olmak; tartışmak, görüşmek. enter into an agreement anlaşmaya varmak. enter on, enter upon başlamak, girişmek.

en.ter.ic (enter'ik) *s.* bağırsaklara ait. enteric fever bağırsak humması, tifo.

en.ter.i.tis (entıray'tîs) *i., tıb.* bağırsak iltihabı, anterit.

entero- *önek* bağırsak.

en.ter.os.to.my (entıras'tımi) *i., tıb.* karın çeperinden bağırsağa doğru sunî delik açma.

en.ter.ot.o.my (entırat'ımi) *i., tıb.* bağırsak ameliyatı.

en.ter.prise (en'tırprayz) *i.* teşebbüs, yatırım, iş; uyanıklık, açıkgözlülük, girişkenlik; sonucu şüpheli olan önemli ve zor iş.

en.ter.pris.ing (en'tırprayzing) *s.* uyanık, açıkgöz, girişken, müteşebbis.

en.ter.tain (entırteyn') *f.* eğlendirmek, avutmak, meşgul etmek; misafir etmek, ağırlamak, ikram etmek; misafir kabul etmek; hatırda tutmak; göz önünde bulundurmak. entertain a motion bir teklifi kabul edip kurula arzetmek (başkan). They entertain a great deal. Çok misafirleri gelir.

en.ter.tain.ing (entırtey'ning) *s.* eğlenceli, hoş. entertainingly *z.* eğlenceli bir surette.

en.ter.tain.ment (entırteyn'mınt) *i.* eğlence, toplantı; misafir etme, davet, ziyafet, ağırlama.

en.thrall (înthrôl') *f.* büyülemek, teshir etmek; esir etmek, kendine bağlamak. enthrallment *i.* büyülenme; esirlik.

en.throne (înthron') *f.* tahta çıkartmak; kalbinde veya zihninde bir kimseye yüksek yer vermek. enthronement *i.* tahta oturtma, tahta çıkma, cülûs.

en.thuse (înthuz') *f., A.B.D., k.dili* şevk vermek, şevke gelmek; gayret vermek, gayrete gelmek.

en.thu.si.asm (înthu'ziyäzım) *i.* şevk, gayret, istek, heves; sanat aşkı; kuvvetli ilham. enthusiast *i.* şevkli kimse, taşkın ve hararetli kimse; aşırı taraftar. enthusias'tic *s.* şevkli, hararetli, gayretli, hevesli. enthusias'tically *z.* şevkle, gayretle.

en.thy.meme (en'thımim) *i., man.* kısaltılmış tasım, öncüllerden biri ifade edilmemiş tasım.

en.tice (întays') f. ayartmak. enticement i. kandırma, baştan çıkarma, ayartma. enticing s. ayartan, baştan çıkaran.

en.tire (întayr') s., i. tam, tamam, bütün, parçalanmamış; iğdiş edilmemiş (hayvan); bot. tek parçadan ibaret, yekpare; kenarı dişli olmayan (yaprak); i. bütün.

en.tire.ly (întayr'li) z. büsbütün, tamamen.

en.tire.ty (întay'rıtı) i. tamamlık, mükemmellik, bütünlük; yekparelik; tüm, bütün. in its entirety bütünü ile, tamamen.

en.ti.tle (întayt'ıl) f. hak kazandırmak, yetki vermek, salâhiyet vermek; unvan vermek, ad takmak.

en.ti.ty (en'tıti) i. varoluş, varlık, mevcudiyet, vücut, şey, zat; fels. öz, kendilik, mahiyet.

en.to.derm (en'todırm) bak. endoderm.

en.tomb (întum') f. mezara koymak, gömmek, defnetmek; mezar olmak. entombment i. mezara koyma.

entomo- önek böceklerle ilgili.

en.to.mol.o.gy (entımal'ıci) i. zoolojinin böcekler ilmi. entomolog'ical s. böcekler ilmine ait. entomol'ogist i. böcekler bilgini.

en.tou.rage (antûraj') i. maiyet, arkadaşlar; etraf, çevre, muhit.

en.to.zo.an (entızo'wın) i. bağırsak kurdu.

en.tr'acte (anträkt') i. perde arası, antrakt; müz. fasıl arası.

en.trails (en'treylz) i. bağırsaklar, iç uzuvlar; iç, iç kısımlar.

en.train (entreyn') f. trene bindirmek veya binmek; arkadan çekmek.

en.trance (en'trıns) i. giriş, girme; giriş yeri, giriş kapısı, methal; giriş müsaadesi; giriş ücreti, duhuliye.

en.trance (întrâns') f. vecit haline koymak, kendinden geçirmek; büyülemek, teshir etmek. entrancement i. vecit hali.

en.trant (en'trınt) i. başlayan kimse, giren kimse, kaydolan kimse.

en.trap (înträp') f. (-ped, -ping) tuzağa düşürmek, yakalamak; şaşırtmak. entrapment i. hile, tuzak.

en.treat (întrit') f. yalvarmak, yakarmak, rica etmek, niyaz etmek. entreaty i. rica, niyaz, dilek, temenni.

en.trée (an'trey) i. giriş, giriş müsaadesi, giriş hakkı; esas yemek; ziyafetlerde balık ile et arasında verilen yemek.

en.tre.mets (an'trımey) i. sıcak veya soğuk tatlı, garnitür, esas yemeğin yanında veya arasında verilen ek yiyecekler.

en.trench, in.trench (întrenç') f. hendek veya siper kazmak; sağlamlaştırmak, yerleştirmek, emniyete almak. entrench on tecavüz etmek, bir başkasının hakkını çiğnemek. entrenched s. sabit, kolay değişmez.

en.tre nous (antr.nu') Fr. söz aramızda.

en.tre.pôt (an'trıpo) i. ambar, antrepo.

en.tre.pre.neur (antrıprınır') i. işadamı, müessese sahibi; müteşebbis kimse.

en.tre.sol (en'tırsal) i., mim. zemin katı ile birinci kat arasındaki kat, asma kat.

en.tro.py (en'trıpi) i., fiz. termodinamik bir sistemde elde edilemeyen enerji miktarı; herhangi bir sistemin evrenle birlikte düzensizlik ve tesirsizliğe doğru olan eğilimi.

en.trust, in.trust (întrʌst') f. emniyet etmek, emanet etmek; tevdi etmek, havale etmek.

en.try (en'tri) i. giriş, girilecek yer, antre, methal; girme, giriş; kayıt; huk. tasarruf, tesellüm, sahip olarak mülke girme; geminin manifestosunu verip gümrüğe giriş kaydı yaptırma. entryway i. methal, girilecek yer. double entry çifte kayıt usulü.

en.twine, in.twine (întwayn') f. etrafını sarmak, örmek, tırmanmak (sarmaşık), bükmek, dolaştırmak.

en.twist, in.twist (întwist') f. sarmak, dolaştırmak, bükmek, örmek.

e.nu.cle.ate (inu'kliyeyt) f. nüvesini çıkarmak; içini kesmeden çıkarmak (ur); aydınlatmak, izah etmek. enuclea'tion i. nüvesini alma; izah, aydınlatma, aydınlanma.

e.nu.mer.ate (inu'mıreyt) f. saymak, birer birer saymak veya söylemek. enumera'tion i. sayma, sayım; ayrıntılı liste, katalog. enu'merative s. birer birer sayan veya söyleyen, sayıma ait.

e.nun.ci.ate (inʌn'siyeyt) f. telaffuz etmek; ilân etmek, bildirmek, beyan etmek. enunciate well kelimeleri açık olarak telaffuz etmek. enuncia'tion i. telaffuz; ilân, ihbar, tasrih.

en.ure bak. inure.

en.u.re.sis (enyırı'sîs) i., tıb. istemeyerek idrar kaçırma (özellikle uyurken).

en.vel.op (invel'ıp) f. sarmak; kuşatmak, örtmek. envelopment i. sarma; örtme; ask. kuşatma.

en.ve.lope (en'vılop, an'-) i. zarf, mektup zarfı; biyol. zar, torba; bot. örtü.

en.ven.om (enven'ım) f. zehirlemek, zehir katmak; acılık vermek; kin aşılamak, bozmak.

en.vi.a.ble (en'viyıbıl) s. gıpta edilen, istenilen, güzel, iyi, başarılı. enviably z. gıpta edilecek kadar.

en.vi.ous (en'viyıs) s. kıskanç, hasut, günücü, gıpta eden. enviously z. gıpta ile. enviousness i. haset, kıskançlık.

en.vi.ron (învay'rın) f. etrafını çevirmek, kuşatmak, ihata etmek, içine almak, şamil olmak. environment i. çevre, muhit, etraf, içinde bulunulan şartlar. environmen'tal s. çevresel, etrafındaki.

en.vi.rons (învay'rınz) i., çoğ. dolay, civar, havali, etraf.

en.vis.age (enviz'ic) f. tasavvur etmek, tahayyül etmek; zihninde canlandırmak, planlamak.

en.vi.sion (envij'ın) f. tahayyül etmek, planlamak.

en.voy (en'voy, an'-) i. elçi, sefir, murahhas, özel görevi olan memur; düzyazı veya şiirde yazar veya şairin özellikle ithaf şeklindeki son sözü. envoy extraordinary and minister plenipotentiary fevkalade murahhas ve ortaelçi, büyükelçiden bir alt derecedeki diplomat.

en.vy (en'vi) i. gıpta, imrenme; kıskançlık, haset; gıpta edilen kimse veya şey. be green with envy aşırı derecede kıskanmak.

en.vy (en'vi) f. gıpta etmek, haset etmek, kıskanmak.

en.wind (enwaynd') f. (-wound) dolaşmak, -a sarılmak.

en.zo.ot.ic (enzowat'ik) s. belirli bir bölgede görülen (hayvan hastalığı).

en.zyme (en'zaym) i., biyokim. organizmada kimyasal reaksiyonları hızlandıran madde, enzim, ferment.

E.o.cene (i'yısin) s., jeol. eosen, üçüncü zaman arazisinin en eski tabakası, tersiyen tabakalarının eskisi.

e.o.hip.pus (iyohip'ıs) i., paleont. eosen tabakasında fosil halinde bulunan bir çeşit küçük ilkel at.

E.o.li.an, E.ol.ic (iyo'liyın, iyal'ik) bak. Aeolian.

e.o.lith (iy'ılith) i., ark. eolitik kültüre mahsus bir çeşit taş araç.

E.o.lith.ic (iyılith'ik) s. taş devrinin en eski zamanlarına ait, eolitik.

e.on (i'yın) i. çok uzun müddet.

E.o.zo.ic (iyızo'wik) s., jeol. üzerinde hayvan izleri bulunan en eski yer tabakasına ait.

e.pact (i'päkt) i. güneş ve ay yılları arasındaki gün farkı (genellikle on veya on bir gün); yeni doğan aydan itibaren geçen günlerin yılın ilk gününe eklenen sayısı.

ep.arch (ep'ark) i. eski Yunanistan'da vali; Rum Ortodoks kilisesinde piskopos. eparchy i. eski ve bugünkü Yunanistan'da vilâyet; Rum Ortodoks kilisesinde piskoposluk bölgesi.

ep.au.let(te) (ep'ılet) i. apolet.

é.pée (epey') i. eskrimde kullanılan kılıç, meç.

ep.en.the.sis (epen'thısis) i., gram. ses türemesi.

e.pergne (ipırn') i. sofra ortasına konulan tabak veya kâse.

ep.ex.e.ge.sis (epeksıci'sis) i. izahlı ilâve.

e.pha(h) (i'fı) i. otuz yedi litrelik eski İbranî tahıl ölçü birimi, efa.

ep.phe.bus, -bos (efi'bıs) (çoğ. -bi) i. eski Yunanistan'da reşit olarak tam vatandaşlık haklarını elde eden genç. ephebic s. bu gençlere ait; bir canlının olgunluk dönemine ait.

e.phed.rin (ifed'rin) i., ecza. efedrin.

e.phem.er.a (ifem'ırı) i., zool. kısa ömürlü böcekler sınıfı, efemeridler; kısa ömürlü herhangi bir şey.

e.phem.er.al (ifem'ırıl) s. bir gün devam eden; ömrü kısa olan, geçici, devam etmeyen. ephemerid i., zool. bir çeşit kısa ömürlü sinek, su sineği.

e.phem.er.is (ifem'ıris) i., astr. senenin her gününde güneş ve birkaç yıldızın mevkiini tayin eden astronomik takvim.

Eph.e.sus (ef'ısıs) i. Efes, şimdiki Selçuk.

eph.od (ef'ad) i. eski İbranî rahiplerinin ayinlerde giydikleri kıyafet, efod.

eph.or (ef'ôr) (çoğ. -ors, Lat. -o.ri) i. eski Isparta'da beş kişiden kurulu hükümet üyesi; bugünkü Yunanistan'da bayındırlık müfettişi.

epi- önek üstünde, üstüne, yakınında, -de, önce, evvel, sonra, takiben.

ep.i.blast (ep'ıbläst) i., biyol. dışderi.

ep.ic (ep'îk) *s., i.* destansı, hamasî, menkıbevî; *i.* destan; bu tür konulu roman veya oyun.

ep.i.car.di.um (epıkar'diyım) *i., tıb.* epikardiyum.

ep.i.ce.di.um (epısi'diyım) *i. (çoğ.* -**di.a**) mersiye, ağıt.

ep.i.cene (ep'ısin) *s.* her iki cinse ait, her iki cinsin özelliğini taşıyan; *gram.* eril ve dişil şekilleri bir olan (kelime); ne biri ne öteki; cinsiyetsiz; kadınımsı (erkek).

ep.i.cen.ter (ep'ısentır) *i., jeol.* deprem merkezinin üstündeki yer.

ep.i.cure (ep'ıkyûr) *i.* ince zevk sahibi kimse (bilhassa yemek, müzik, sanat v.b.'nde).

Ep.i.cu.re.an (epıkyûri'yın) *i., s.* Epikür felsefesi taraftarı, epikürcü; keyfine ve boğazına düşkün kimse; *s.* Epikür veya felsefesine ait; zevk ve safaya düşkün. **epicureanism** *i.* epikürcülük.

ep.i.cy.cle (ep'ısaykıl) *i., mat.* merkezsel bir daire çevresi üzerinde devreden küçük daire.

ep.i.dem.ic (epıdem'îk) *s., i.* salgın, yaygın, genel; *i.* salgın hastalık.

ep.i.de.mi.ol.o.gy (epıdimiyal'ıci) *i.* salgın hastalıklardan bahseden ilim.

ep.i.der.mis (epıdır'mîs) *i.* hayvan derisinin veya bitki kabuğunun dış zarı, beşere, üstderi. **epidermal, epidermic** *s.* üstderiye ait. **epidermoid** *s.* üstderiye ait veya benzer olan.

ep.i.fo.cal (epıfo'kıl) *s., jeol.* deprem merkezi üstünde.

ep.i.gas.tric (epıgäs'trîk) *s., anat.* mide hizasındaki karın duvarlarına ait. **epigastrium** *i.* üstkarın, göbeğin üst kısmındaki karın duvarı.

ep.i.gene (ep'ıcin) *s., jeol.* yerkabuğunun yüzeyinde veya çok derin olmayan bir kısmında meydana gelen.

ep.i.glot.tis (epıglat'îs) *i., anat.* epiglot, gırtlak kapağı. **epiglottal** *s.* bu kapağa ait.

ep.i.gram (ep'ıgräm) *i.* nükteli kısa şiir, hicviye; nükte, nükteli söz, vecize. **epigrammat'ic** *s.* nükteli, vecizeli. **epigram'matist** *i.* nükteci, vecize yazan kimse.

ep.i.graph (ep'ıgräf) *i.* kitabe; bir kitap veya bahsin özünü belirtmek için başına konan kısa yazı. **epigraph'ic** *s.* kitabelere ait. **epig'-raphist** *i.* kitabe okuma ilmi uzmanı. **epig'-**

raphy *i.* kitabeler; kitabeleri okuma ilmi, epigrafi.

ep.i.lep.sy (ep'ılepsi) *i., tıb.* sara, tutarak, tutarık, yilbik, peri hastalığı. **epileptic** *i., s.* saralı kimse; *s.* saraya ait.

ep.i.logue (ep'ılôg) *i.* sonsöz, hatime, son; nutkun son kısmı; *tiyatro* oyun sonuna ilâve edilen kısa söylev veya şiir.

e.piph.a.ny (îpîf'ıni) *i.* görünüş, tezahür, bir tanrının tecelli etmesi; *b.h.* Mecusilerin Hazreti İsa'yı görmek için Bethlehem'e gelmelerini kutlayan ve Ocak ayının 6'sına tesadüf eden yortu; Ortodoks kilisesinde İsa'nın vaftizine remiz olarak haçın suya atılma yortusu.

ep.i.phe.nom.e.non (epifınam'ınan) *i. (çoğ.* -**na**) sonuç yaratmada başlı başına bir etkisi olmayan ve başka olayların yanında yer alan ikinci dereceden bir olay; *tıb.* yan tesir.

e.piph.y.sis (îpîf'ısîs) *i., anat.* kemikucu.

ep.i.phyte (ep'ıfayt) *i., bot.* asalak olmadığı halde başka bir bitkinin üstünde büyüyen bitki, üsbitken bitki. **epiphytic** (epıfît'îk) *s.* bu bitkilere ait.

e.pis.co.pa.cy (îpîs'kıpısi) *i.* kiliseyi piskoposlar vasıtasıyla idare usulü; piskoposluk; piskoposlar.

e.pis.co.pal (îpîs'kıpıl) *s.* piskoposlara ait; piskoposlar tarafından idare olunan.

e.pis.co.pa.li.an (îpîskıpey'liyın) *s.* piskoposlara ait, piskopos idaresi usulüne ait. **episcopalianism** *i.* piskoposlarla idare usulü.

e.pis.co.pate (îpîs'kıpeyt) *i.* piskoposluk; piskoposlar sınıfı; piskoposluk süresi.

ep.i.sode (ep'ısod) *i.* olay, hadise, vaka; eski Yunan tiyatrosunda bir perde; (roman, piyes, hikâye) bölüm, parça; tefrika; *müz.* kısım.

ep.i.sod.ic (epısad'îk) *s.* ayrı ayrı olaylardan meydana gelmiş.

ep.i.spas.tic (epıspäs'tîk) *s., i., tıb.* kabarcık hâsıl eden; *i.* yakı.

ep.i.stax.is (epıstäk'sîs) *i., tıb.* burun kanaması.

e.pis.te.mol.o.gy (îpîstımal'ıci) *i., fels.* epistemoloji, bilgi kuramı, bilginin esas ve sınırlarından bahseden bilim dalı.

e.pis.tle (îpîs'ıl) *i.* mektup, name, risale; Yeni Ahit'te bir Resulün yazdığı mektup.

e.pis.to.lar.y (îpîs'tıleri) *s.* mektup kabilinden, mektup tarzında; mektuplardan meydana gelmiş (roman); mektubun içinde geçen; mektuplaşma ile yürütülen.

ep.i.style (ep'ıstayl) *i., mim.* üst taban, baş
taban, saçaklığın alt kısmı ve sütun başlığı
üzerine dayanan taban.

ep.i.syl.lo.gism (epısil'ıcîzım) *i., man.* astasım.

ep.i.taph (ep'ıtäf) *i.* mezar kitabesi; bu tarzda
yazılan manzum veya düz parça.

ep.i.tha.la.mi.um (epıthıley'miyım) *i.* düğün
kasidesi, düğün için yazılan şiir veya şarkı.

ep.i.the.li.um (epıthi'liyım) *i., biyol.* epitelyum,
mukozanın dış tabakası.

ep.i.thet (ep'ıthet) *i.* sıfat, lakap; hakaret veya
hoşnutsuzluk belirten söz.

e.pit.o.me (îpît'ımi) *i.* özet, öz; örnek, misal;
sivrilmiş veya zirveye ulaşmış kişi. **epito-
mist** *i.* özet çıkaran veya hulâsa eden kimse.

e.pit.o.mize (îpît'ımayz) *f.* özetlemek, hulâsa
etmek; temsil etmek, örnek teşkil etmek.

ep.i.zo.on (epızo'wan) *i. (çoğ.* -zo.a) *zool.*
başka hayvanlar üzerinde yaşayan asalak
hayvancık.

ep.i.zo.ot.ic (epızowat'ik) *s., i., bayt.* salgın
olan (hayvan hastalığı).

e plu.ri.bus u.num (i plûr'ıbıs yu'nım) *Lat.*
birçok şeyden meydana gelen tek şey, Ame-
rika Birleşik Devletlerinin resmî sloganı.

ep.och (ep'ık) *i.* devir, çağ, çığır; tarih, zaman.
mark an epoch yeni bir devir açmak. **ep-
ochal** *s.* yeni bir devre ait.

ep.ode (ep'od) *i., şiir* eski Yunan şiirinde kısa
bir beytin uzun bir beyti takip ettiği man-
zume şekli; lirik gazelin üçüncü kısmı.

ep.o.nym (ep'ınîm) *i.* ismi bir aile, kavim, şehir
veya millete verilmiş olan kimse, bu kimsenin
ismi.

e.pon.y.mous (îpan'ımıs) *s.* bir kavim v.b.'ne
kendi ismini veren.

ep.o.pee, ep.o.poe.ia (ep'ıpi, epıpi'yı) *i.* des-
tan şeklinde yazılmış şiir, epik şiir tarzı.

ep.os (ep'as) *i.* destan, manzum hikâye.

e.pox.y (epak'si) *i., epoxy resin* boya, tutkal,
tamir işlerinde kullanılan dayanıklı bir plastik;
iki ayrı maddenin bileşiminden meydana
gelen ve karıştırıldığı zaman sertleşen da-
yanıklı bir tutkal.

ep.si.lon (ep'sılan) *i.* Yunan alfabesinin be-
şinci harfi (Türk alfabesinde (e) harfinin
karşılığıdır).

Ep.som salts (ep'sım) *ecza.* müshil olarak
kullanılan magnezyum sülfat, İngiliz tuzu.

eq.ua.ble (ek'wıbıl) *s.* düzgün, düzenli, mun-

tazam; sakin, yerinde. **equable climate**
ılıman iklim. **equable style** düzgün üslûp.
equable temper yumuşak huy. **equa-
bil'ity** *i.* yumuşaklık, ılımlılık. **equably** *z.*
tatlılıkla.

e.qual (i'kwıl) *s., i.* eşit, müsavi, aynı, bir; eşde-
ğerli, muadil; dengeli, muvazeneli; ehil olan;
to *ile* akran, emsal, eş; yeterli; aynı miktarda.
equal to the task işin ehli. **The cities
are equal in size.** Şehirler aynı büyüklük-
tedir. **equal sign** eşit işareti (=).

e.qual (i'kwıl) *f.* (-ed *veya* -led, -ing *veya* -ling)
eşit olmak, bir olmak; eşdeğerde olmak,
muadili olmak.

e.qual.i.ty (ikwal'ıti) *i.* eşitlik, müsavat; ak-
ranlık, aynılık.

e.qual.ize (i'kwılayz) *f.* eşitlemek, birbirine
eşit hale getirmek. **equalizer** *i.* eşitlik sağla-
yan araç veya kimse; *argo* tabanca.

e.qual.ly (i'kwıli) *z.* eşit olarak, müsavi olarak,
aynı derecede.

e.qua.nim.i.ty (ikwınîm'ıti, ek-) *i.* itidal, ılım,
temkin, sükûn, vakar. **equa'nimous** *s.* ılımlı,
mutedil, sakin.

e.quate (ikweyt') *f.* eşitlemek, müsavi kılmak,
eşit olarak göstermek, eşit saymak, denklemek.

e.qua.tion (ikwey'jın) *i.* denklem, muadele,
eşitleme. **equation of time** zaman denklemi.
algebraic equation cebirsel denklem. **cu-
bic equation** *mat.* üçüncü derece denklem.
differential equation *mat.* farklı denklem.
quadratic equation *mat.* ikinci derece
denklem. **simple equation** *mat.* birinci
derece denklem. **simultaneous equations**
mat. denklemler sistemi.

e.qua.tor (ikwey'tır) *i.* ekvator.

e.qua.to.ri.al (ikwıtôr'iyıl) *s., i.* ekvator ile
ilgili; ekvatoral; *i., astr.* iki eksen üzerinde
dönen ve eksenlerinden biri dünyanın ekse-
nine paralel olan teleskop.

eq.uer.ry (ek'wırı) *i.* mir-i ahûr; ahır bakıcısı;
İngiliz kral ailesinden birinin şahsî hizmetle-
rinde bulunan kimse.

e.ques.tri.an (ikwes'triyın) *s., i.* biniciliğe
ait; atlı; şövalyelere ait; *i.* atlı. **equestrian
feats** binicilik oyunları. **equestrian statue**
atlı heykel.

e.qui- *önek* eşit.

e.qui.an.gu.lar (ikwiyäng'gyılır) *s.* eşköşeli,
eşit açılı.

e.qui.dis.tant (ikwıdis'tınt) s. eşit uzaklıkta, aynı mesafede olan.

e.qui.lat.er.al (ikwılät'ırıl) i., s. eş kenar; eşkenar şekil; s. eşkenar.

e.quil.i.brant (ikwil'ıbrınt) i. denge unsuru.

e.qui.li.brate (ikwil'ıbreyt, ikwılay'breyt) f. denge sağlamak, muvazene temin etmek, denkleştirmek; birbirine denk olmak, eşit olmak. equilibra'tion i. denge, muvazene.

e.quil.i.brist (ikwil'ıbrist) i. akrobat, ip cambazı.

e.qui.lib.ri.um (ikwılib'riyım) i. denge, muvazene; bak. balance.

e.qui.ne (i'kwayn) s., i. ata ait, ata benzer; i. at.

e.qui.noc.tial (ikwınak'şıl) s., i. gece ile gündüzün eşit olduğu zamana ait, ekinoksa ait; ekvatora ait; i. ekvator üstünde güneşin geçtiği daire, göksel ekvator; ekinoks fırtınası.

e.qui.nox (i'kwınaks) i., astr. ekinoks, güntün eşitliği. autumnal equinox sonbahar noktası (21 Eylül'e rastlayan ekinoks). mean equinox ortalama ilkbahar noktası. spring equinox, vernal equinox ilkbahar noktası (21 Mart'a rastlayan ekinoks).

e.quip (ikwip') f. (-ped, -ping) teçhiz etmek, gerekli alet veya silâhları sağlamak, hazırlamak; donatmak, giydirmek. equipment i. teçhizat, levazım, donatım; kişisel bilgi veya kabiliyet.

eq.ui.page (ek'wıpic) i., ask. levazım; konak arabası (atlı).

e.qui.poise (i'kwıpoyz) i. denge, muvazene; karşıt ağırlık, denge unsuru.

e.qui.pol.lent (ikwıpal'ınt) s. kuvvetçe eşit, müsavi; mat. eşdeğer, eş, muadil.

e.qui.pon.der.ate (ikwıpan'dıreyt) f. ağırlık yönünden eşitlemek; eşit olmak, denk gelmek.

e.qui.po.ten.tial (ikwıpoten'şıl) s. gücü bir olan; elek. aynı voltajda olan.

e.qui.prob.a.ble (ikwıprab'ıbıl) s. (ikisi) aynı derecede muhtemel olan.

eq.ui.se.tum (ekwısi'tım) i. (çoğ. -tums, -ta) atkuyruğu, kırk kilit, bot. Equisetum.

eq.ui.ta.ble (ek'wıtıbıl) s. tarafsız, bitaraf, âdil,' insaflı, haktanır; huk. adalet ve nısfete uygun; mahkemede müdafaası mümkün. equitableness i. insaf, adalet; tarafsızlık. equitably z. insafla, adaletle.

eq.ui.ta.tion (ekwıtey'şın) i. binicilik, atıcılık.

eq.ui.ty (ek'wıti) i. adalet, insaf, hakkaniyet, denkserlik; huk. resmî kanunlara ilâve edilen adalet üzerine kurulmuş kurullar ve evvelki emsal; huk. davalı ve davacı arasında eşitlik ve denkserlik namına verilen karar; tic. borç ve ipotekten sonra firma ve sahibinin hakkı.

e.quiv.a.lent (ikwiv'ılınt) s., i. eşit, müsavi; muadil; i. muadil olan şey; eşit miktar. equivalence i. eşdeğerlik, denklik, eşitlik, muadil olma, tekabül, karşılama. equivalently z. eşdeğer şeklinde, eşdeğer olarak, eşit olarak.

e.quiv.o.cal (ikwiv'ıkıl) s. kaçamaklı, şüphe kaldırır, iki anlama gelebilen; iki anlamlı, belirsiz, müphem, muğlak, kapalı. equivocally z. şüphe kaldırır bir surette, müphem surette, kapalı olarak.

e.quiv.o.cate (ikwiv'ıkeyt) f. iki anlama gelecek söz söylemek, müphem veya kaçamaklı dil kullanmak. equivoca'tion i. kaçamak, çift anlamlı sözle aldatma. equiv'ocator i. kaçamak ifade kullanan kimse. equiv'ocator'y s. kaçamaklı.

eq.ui.voque, eq.ui.voke (ek'wıvok) i. çift anlam, belirsizlik, müphemiyet, kaçamak; müphem söz; kelime oyunu.

-er sonek -ci; -li; daha (baker, New Yorker, colder gibi).

e.ra (ir'ı) i. tarih; devir; çağ. Christian era milâdî tarih. Mohammedan era hicrî tarih.

e.ra.di.ate (irey'diyeyt) f. saçmak, yaymak, neşretmek (ışın).

e.rad.i.cate (iräd'ıkeyt) f. kökünden söküp atmak, defetmek; mahvetmek, yoketmek. eradica'tion i. yoketme. erad'icator i. kökünden söken ve yok eden kimse veya şey.

e.rase (ireys') f. silmek, bozmak, kazımak; A.B.D., argo, öldürmek. eraser i. lastik, silgi. erasion (irey'jın) i., tıb. hasta dokuları kazıma. erasure (irey'şır) i. silme, bozma, silinen yerde kalan iz.

ere (er) edat, bağ., şiir evvel, önce: ere long yakında, çok geçmeden. ere now bundan önce.

e.rect (irekt') s. dimdik, ayakta duran, dikili, ayağa kalkmış. erective s. kaldırıcı. erectly z. dikine, eğilmeyerek, dik. erectness i. dik duruş.

e.rect (irekt') f. kaldırmak, dikmek (sütun, direk), ikame etmek, inşa etmek, yapmak; yükseltmek, dikmek (bina); tesis etmek, tertip etmek; *tıb.* bir uzvun dikleşmesini sağlamak; *geom.* belirli bir temel üzerine çizmek (dikey bir şeyi).

e.rec.tile (irek'tıl) *s.* dikilebilir, dik durabilir; *biyol.* kanla sertleşebilir (doku).

e.rec.tion (irek'şın) *i.* kaldırma; kalkma, dikilme, penis dokusunun kan dolması ile sertleşmesi; bina, yapı, inşaat.

e.rec.tor (irek'tır) *i.* kaldıran veya diken şey; *anat.* bir uzvu kaldıran veya dik tutan kas.

er.e.mite (er'ımayt) *i.* münzevi, inzivaya çekilmiş kimse, keşiş. **eremit'ic (-al)** *s.* inziva kabilinden.

er.e.thism (er'ıthîzım) *i., tıb.* bir organın aşırı hassasiyeti veya aşırı uyarılabilme kabiliyeti.

erg (ırg) *i., fiz.* erg, enerji birimi.

er.go (ır'go) *z., Lat.* bunun için, bundan dolayı, binaenaleyh.

er.got (ır'gıt) *i., bot.* çavdar mahmuzu; *ecza.* ilâç yapımında kullanılan hastalıklı çavdar tanesi. **ergotism** *i., tıb.* mahmuzlu çavdar ekmeği yeme sonucunda meydana gelen hastalık.

e.rig.er.on (iric'ıran) *i.* kanarya otu.

Er.in (er'în) *i.* İrlanda'nın eski ismi; *bak.* **Eire.**

e.ris.tic (eris'tik) *s., i.* ihtilâflı, münakaşa kaldırır; *i.* münakaşa etmeyi seven kimse; *fels.* didişimcilik.

E.ri.tre.a (erîtri'yı) *i.* Eritre.

Er.i.van (yiryîvan') *i.* Erivan, Revan şehri.

er.mine (ır'mîn) *i.* as, kakım, *zool.* Mustela erminea; kakım kürkü; siyah benekli beyaz kürk; rütbe ve mevki itibariyle as kürküyle süslü manto giyen kimse (hükümdar ve hâkim gibi).

erne (ırn) *i.* deniz kartalı, *zool.* Haliaëtus albicilla.

e.rode (irod') *f.* kemirmek, yemek; *jeol.* aşındırmak.

Er.os (îr'as) *i., mit.* Eros, aşk tanrısı.

e.ro.sion (iro'jın) *i., jeol.* erozyon, aşındırma, aşınma. **erosive** *s.* aşındırıcı.

e.rot.ic (irat'îk) *s., i.* cinsel aşkla ilgili; cinsel arzu uyandıran; erosal, şehvanî; *i.* âşıkane şiir; şehevî kimse. **erotica** *i.* şehvet uyandıran resimler ve kitaplar. **eroticism** *i.* erosallık, şehvetperestlik.

e.ro.to.ma.ni.a (irotımey'niyı) *i., psik.* aşırı şehvetperestlik, erosallık.

err (ır, er) *f.* yanılmak, hata etmek; günah işlemek. **errancy** *i.* hataya düşme; hata etme eğilimi.

er.rand (er'ınd) *i.* bir haber veya iş için bir yere gönderilme, bu gönderilmenin gayesi; iş. **errand boy** ayak işlerine koşulan çocuk, çırak. **a fool's errand** saçma bir şey, boşuna teşebbüs. **go on an errand, run an errand** bir haber götürmek veya bir iş yapmak için bir yere gitmek. **have several errands to do** görülecek bazı işleri olmak. **send on an errand** bir haber veya işle bir yere göndermek.

er.rant (er'ınt) *s.* macera peşinde koşan, maceraperest, serseri; doğru yoldan ayrılan, dalâlete düşen. **knight errant** sergüzeşt arayan şövalye.

er.rant.ry (er'ıntri) *i.* maceraperest şövalyelere has davranışlar.

er.ra.ta (ira'tı, îrey'tı) *bak.* **erratum.**

er.rat.ic (irät'îk) *s.* kararsız, sebatsız; düzensiz, intizamsız; seyyar; *jeol.* buzul veya akıntı gibi şeyler dolayısıyla asıl yerinden başka yere naklolunan taşa veya çakıl taşına ait. **erratically** *z.* sebatsızca, düzensiz olarak.

er.ra.tum (îra'tım, îrey'tım) *i. (çoğ. -ta)* tertip hatası, mürettip hatası, sehiv. **errata list** yanlış-doğru cetveli.

er.rhine (er'ayn) *i., s., tıb.* burna çekilip akmasını kolaylaştıran ilâç; *s.* burun akmasını kolaylaştıran.

err.ing (ır'îng, er'îng) *s.* yoldan sapmış, dalâlete düşmüş, hata yapmış; günahkâr.

erron. *kıs.* **erroneous, erroneously.**

er.ro.ne.ous (ıro'niyıs) *s.* yanlış, hatalı. **erroneously** *z.* yanlışlıkla.

er.ror (er'ır) *i.* yanlış, hata, galat, yanlışlık; yanlış hareket; yanlış fikir; günah; (ölçülerde) elde edilen sonuçla gerçek ölçü arasındaki muhtemel fark; *huk.* muhakemede usul hatası; *spor.* oyuncu hatası, faul. **clerical error** yazı hatası. **commit an error** hata yapmak, yanlışlık yapmak. **in error** yanlışlıkla, sehven. **errorless** *s.* hatasız.

er.satz (erzats') *s., i.* aslının yerine geçen taklit (madde); suni (şey).

Erse (ırs) *i., s.* İskoçya yaylalarına mahsus dil; İrlanda dili; *s.* bu yaylalarda oturan İskoçyalılara veya dillerine ait; İrlanda'ya ait.

erst (ırst) *z., s., eski* ilk önce, evvelâ; *eski veya şiir* evvelce, eskiden; *s., eski* ilk, birinci. **erstwhile** *s.* sabık, eski.

er.u.bes.cent (erûbes'ınt) *s.* kırmızı, kızaran, kızarmış.

e.ruct, e.ruc.tate (irʌkt', -eyt) *f.* geğirmek; fışkırtmak. **eructa'tion** *i.* geğirme.

er.u.dite (er'yûdayt) *s.* âlim, geniş bilgi sahibi, allâme. **eruditely** *z.* âlimane, geniş bilgi sahibi olarak.

er.u.di.tion (eryûdîş'ın) *i.* çok geniş ve çeşitli bilgi, okuma ve araştırma ile edinilen bilgi.

e.rupt (irʌpt') *f.* patlayıp çıkmak, patlamak, püskürmek, indifa etmek.

e.rup.tion (irʌp'şın) *i.* patlama, püskürme, indifa (yanardağ); diş çıkması; fırlayan şey; *tıb.* kızartı, kabarık.

e.rup.tive (irʌp'tiv) *s.* patlayan, indifa eden, püsküren; kabarcıklar çıkaran. **eruptively** *z.* patlayarak, indifa ederek.

-ery *sonek* -lik, -lık (**rockery, grocery** gibi).

e.ryn.go (iring'go) *i.* deveelması, çakırdiken, *bot.* Eryngium.

er.y.sip.e.las (erısip'ılıs) *i., tıb.* yılancık. **erysipel'atous** *s.* yılancığa benzer.

er.y.the.ma (erıthi'mı) *i., tıb.* eritem, vücudun bazı yerlerinde meydana gelen kızartı. **erythemat'ic** *s.* kızartı yapan.

e.ryth.rism (irîth'rizım) *i.* olağanüstü kızarma (hayvan tüyleri).

e.ryth.rite (irîth'rayt) *i., ecza.* eritrit; *mad.* doğal kırmızı kobalt sulfat.

erythro- *önek* kırmızı.

e.ryth.ro.cyte (irîth'rosayt) *i., anat.* alyuvar, eritrosit.

es.ca.lade (eskıleyd') *i., f.* merdiven dayayarak duvar aşma, müstahkem bir yere merdivenle çıkıp hücum etme; *f.* merdivenle çıkıp hücum etmek.

es.ca.late (es'kıleyt) *f.* yükseltmek, yükselmek (fiyat, maaş); kızıştırmak, kızışmak (savaş, anlaşmazlık); artırmak, artmak. **escala'tion** *i.* artış, yükseliş, kızışma.

es.ca.la.tor (es'kıleytır) *i.* yürüyen merdiven. **escalator clause** *i., A.B.D.* hayat pahalılığına göre ücret artışlarını ayarlamak üzere toplu sözleşmelere konan madde.

es.cal.lop (eskäl'ıp) *bak.* **scallop.**

es.ca.pade (es'kıpeyd) *i.* yaramazlık, haylazlık; sergüzeşt, macera.

es.cape (ıskeyp') *i., s.* kaçış, kaçma, firar; kurtuluş; sızma, sızıntı; bakımsız kalmış fidan; *s.* gerçeklerden uzaklaşmayı sağlayan, sorumluluğu azaltıcı. **escape cock** emniyet musluğu. **escape pipe** emniyet borusu, fazla su veya buharı çıkarmaya mahsus boru. **escape shaft** maden ocağından tehlike anında kaçılacak şaft veya çıkış yeri. **escape valve** emniyet valfı. **escape velocity** *uzay* bir roketin yer çekimi kuvvetinden kurtulması için gerekli olan asgari hız. **a narrow escape** güç belâ kurtulma, *colloq.* paçayı kurtarma. **a hairbreadth escape** kıl payı kurtulma. **fire escape** yangın merdiveni.

es.cape (ıskeyp') *f.* kaçmak, firar etmek, kurtulmak, paçayı kurtarmak; atlatmak; sızmak; -den çıkmak; gözünden kaçmak; hatırından çıkmak. **His name had escaped me.** İsmi hatırımdan çıkmıştı.

es.cape.ment (ıskeyp'mınt) *i.* saatin rakkas çarkının sekteli hareketini idare eden takım veya maşalı tertibat.

es.cap.ist (ıskey'pist) *i.* hayat yükünden kaçıp kafasını dinlemek isteyen kimse. **escapism** *i.* hayatın yükünden kaçmak için kendini başka işlere verme, hayal kurma.

es.car.got (eskargo') *i., Fr.* bilhassa Fransa'da yenilen salyangoz.

es.ca.role (es'kırol) *i.* hindiba, *bot.* Cichorium endivia.

es.carp (eskarp') *i., f., ask.* hendeğin iç tarafı, sathı mail, eğik yüzey; *f.* sathı mail şekline koymak. **escarpment** *i.* dik ve geniş olan herhangi bir şey; sıra halindeki dik kayaların yüzü; böyle meyillerle çevrelenmiş tahkimat.

-escent *sonek* başlayan, azıcık (**adolescent, phosphorescent** gibi).

esch.a.lot (eş'ılat) *bak.* **shallot.**

es.char (es'kar) *i., tıb.* yara kabuğu.

es.cha.tol.o.gy (eskıtal'ıci) *i., ilâh.* eskatologya, ölümden sonraki hayata ait bahis, dünya ve hayatın sonu bahsi. **eschatolog'ical** *s.* böyle bahis ve doktrinlere ait.

es.cheat (esçit') *i., huk.* mirasçısız ölen kimsenin emlâkinin devlete geçişi, bu şekilde intikal eden mülk, mahlul mülk. **by way of escheat** mahlulen, mirasçısı olmayan bir kimseden hükümete kalarak.

es.cheat (esçit') *f., huk.* zor alımına çarptırmak; müsadere etmek, zeamet sahibine vermek;

devlete kalmak, mahlul olmak. **escheator**
i. mahlul mallar memuru.

es.chew (esçu') *f.* çekinmek, içtinap etmek;
-den sakınmak, kaçınmak.

es.cort (es'kôrt) *i.* kavalye; *ask.* muhafız takımı;
maiyet, himaye için refakat eden kimse;
konvoy. **under escort** himaye altında.
es.cort (eskôrt') *f.* himaye veya nezaket gaye-
siyle refakat etmek.

es.cri.toire (eskritwar') *i.* yazı masası, yazıhane.
es.crow (es'kro) *i., huk.* belli şartlar karşılanın-
caya kadar malın üçüncü bir şahsın kontrolu
altında tutulması.

Es.cu.la.pi.an *bak.* **Aesculapian.**
es.cu.lent (es'kyılınt) *s., i.* yenilebilir; *i.* yiyecek,
sebze.

es.cutch.eon (îskʌç'ın) *i.* armalı kalkan, arma;
den. geminin isim tabelası; anahtar deliğinin
etrafındaki süslü madenî çerçeve. **a blot on
his escutcheon** şerefine sürülmüş leke.

-**ese** *sonek* -li, -e ait, -e mahsus, üslûbunda,
tarzında, biçiminde: **Cantonese** Kanton şeh-
rine ait, Kanton'lu, Kanton dili. **journalese**
gazete tarzında.

es.kar, es.ker (es'kır) *i., jeol.* buzulların bırak-
tığı kum veya çakıldan ibaret yığın veya
sırt halinde küme.

Es.ki.mo (es'kımo) *i.* Eskimo; Eskimo dili.
e.soph.a.gus, oe.soph.a.gus (îsaf'ıgıs) *i., anat.*
yemek borusu.

es.o.ter.ic (esıter'îk) *s.* belirli bir grup tarafından
anlaşılan veya onlara hitap eden, hususî, özel,
anlaşılması zor; gizli, saklı, mektum.

ESP *kıs.* **extrasensory perception.**
es.pal.ier (espäl'yır) *i., bahç.* meyva ağacı
dallarının yelpaze şeklinde büyümesi için tek
yüzeyli kafes; böyle açılmış ağaç veya ağaç
sırası.

es.par.to *i.,* **esparto grass** (espar'to) halfa
otu, *bot.* Stipa tenacissima.

es.pe.cial (espeş'ıl) *s.* özel, hususî; müstesna,
mahsus, en ileri, baş. **especially** *z.* özellikle,
hususiyle, bilhassa. *Bak.* **special.**
Es.pe.ran.to (espıran'to) *i.* Esperanto dili.
es.pi.al (espay'ıl) *i.* keşfetme, merak, tecessüs;
görme, keşif.

es.pi.o.nage (es'piyınîc) *i.* casusluk.
es.pla.nade (esplıneyd', -nad') *i.* meydan,
deniz kenarında piyasa yapılan yer.

es.pou.sal (espau'zıl) *i.* kabullenme, benim-
seme; evlenme, nikâh; nişanlama, nişan-
lanma.

es.pouse (espauz') *f.* kabullenmek, benimsemek;
evlenmek.

es.pres.si.vo (espresi'vo) *z., İt., müz.* doku-
kunaklı, tesir edici bir şekilde.

es.pres.so (espres'o) *i.* İtalyan usulü kahve,
espreso kahve.

es.prit (espri') *i.* ruh, can, neşe. **esprit de
corps** bir grup içindeki birlik duygusu.

es.py (espay') *f.* uzaktan görmek, gözüne
ilişmek.

es.quire (es'kwayr, eskwayr') *i.* eski zaman-
larda silâhtar; bey, efendi; şövalyelik adayı;
isim ve soyadından sonra kısaltılarak yazılan
ve bay anlamına gelen bir unvan: **John
Smith, Esq.**

ess (es) *i.* S harfi; s şeklinde olan herhangi
bir şey.

-**ess** *sonek* dişilik eki: **poetess** *i.* kadın şair.
lioness *i.* dişi aslan.

es.say (es'ey) *i.* teşebbüs, tecrübe, deneme;
makale, deneme; örnek, numune, müsvedde.
essayist *i.* deneme yazarı.

es.say (esey') *f.* tecrübe etmek, denemek;
teşebbüs etmek, kalkışmak.

es.sence (es'ıns) *i.* öz, cevher, asıl, öz varlık,
nefis, hakikat; mahiyet, nitelik; varlık; ruh;
esans, ıtır.

Es.sene (es'in) *i.* milâttan biraz evvel ve sonra
Filistin'de yaşayan bir Musevi tarikatı mensubu.

es.sen.tial (ısen'şıl) *s., i.* temelli, köklü, aslî,
esaslı, gerçek, temel, hakikî; önemli,
elzem; ruh veya ıtır türünden; *i.* gerekli olan
şey, esas. **essential character** esas mahiyet,
asıl sıfat. **essential mineral** bir kayadaki
esas maden. **essential oil** bitkilerden elde
edilen uçucu yağ. **essentially** *z.* esasen,
esas itibarıyla, zaten, aslında.

-**est** *sonek* bir veya iki heceli sıfatların enüstün-
lük derecesini belirten ek.

es.tab.lish (ıstäb'lîş) *f.* kurmak, tesis etmek;
saptamak, tespit etmek, tayin etmek; yer-
leştirmek; tanıtmak, kabul ettirmek; (kiliseyi)
resmîleştirmek. **He has established him-
self in business.** Ticaret hayatına atıldı.
established church hükümet tarafından
resmen tanınmış olan kilise.

es.tab.lish.ment (ıstäb'lişmınt) *i.* kurum, müessese, mağaza, fabrika; belirli bir amaç ile teşkil edilen heyet; kanunen tesis; hükümetin kiliseyi resmen tanıması; tesisat; iş, evlilik veya hayatta güven verici bir durum. **the Establishment** (toplu olarak) ileri gelenler, *slang* kodamanlar.

es.tate (ısteyt') *i.* mal, mülk, arsa; ölümle bırakılan mal ve mülk; malikâne, konak; itibar, yüksek mertebe; sınıf, tabaka, mevki; durum, hal. **personal estate** menkul mal. **real estate** mülk, gayri menkul mal. **the fourth estate** basın, gazetecilik. **the three estates** asiller, ruhban sınıfı ve halk.

es.teem (ıstim') *f., i.* itibar etmek, saymak, kıymet vermek; hürmet etmek; takdir etmek; sanmak, zannetmek; *i.* itibar, hürmet, kıymet; kanı, zan.

es.ter (es'tır) *i., kim.* ester, asitlerin alkollere etkisiyle elde edilen organik bileşik.

es.the.si.om.e.ter (esthijiyam'itır) *i., tıb.* duyumölçer.

es.thete (es'thit) *i.* estetik zevki olan kimse; güzel sanatlara düşkün kimse.

es.thet.ic, -i.cal (esthet'ik, -îkıl) *s., i.* estetik, bediî, güzellik ile ilgili. **esthetics** *i.* estetik ilmi.

Es.tho.ni.a (esto'niyı) *i.* Estonya. **Esthonian** *s., i.* Estonya'ya özgü; *i.* Estonyalı; Estonya dili.

es.ti.ma.ble (es'tımıbıl) *s.* saygıdeğer, itibarlı, değerli, mümtaz, hürmete şayan; sayılabilir. **estimably** *z.* saygıdeğer bir şekilde, hürmete şayan olarak.

es.ti.mate (es'tımeyt) *f., i.* fikir edinmek, hüküm vermek; takdir etmek, tahmin etmek, keştirmek; paha biçmek; hesap etmek; *i.* (es'tımit) hesap, tahmin, takdir; rey; fikir; *ikt.* şirket veya devletin önceden yapılan senelik masraflar hesabı. **estima'tion** *i.* hesap etme; hesap, rey, fikir, tahmin, görüş, takdir; itibar, hürmet.

es.ti.val, aes.ti.val (es'tıvıl) *s.* yaza ait; yazın çıkan.

es.ti.vate (es'tıveyt) *f.* yaz mevsimini geçirmek; *zool.* yazı uykuda geçirmek.

es.ti.va.tion (estıvey'şın) *i., zool.* birkaç çeşit salyangozda olduğu gibi yazın sıcak ve kuraklığından ileri gelen uyuşukluk; *bot.*

çiçek tomurcuğunda petal ve sepallerin dizgisi.

Es.to.ni.a *bak.* **Esthonia.**

es.top (estap') *f.* (**-ped, -ping**) *huk.* kendi eylemi vasıtasıyla hakkını iskât ve iptal etmek. **estoppage** *i.* durdurma, kendi eylemi ile hakkını iptal etme.

es.top.pel (estap'ıl) *i., huk.* evvelce yapılan bir işin veya verilen ifadenin sonradan ileri sürülen bir iddiayı savunmaya engel olması.

es.to.vers (esto'vırz) *i., çoğ., huk.* zarurî levazım.

es.trange (estreync') *f.* yabancılaştırmak, uzaklaştırmak; gayesinden uzaklaştırmak; aralarını açmak, soğutmak. **estranged** *s.* ayrılmış, ayrı yaşayan. **estrangement** *i.* yabancılaşma, yabancılaştırma, kayıtsızlık, bozuşma.

es.tray (estrey') *i., huk.* başıboş kalmış evcil hayvan, sahipsiz hayvan.

es.treat (estrit') *i., f., İng., huk.* asıl mahkeme kaydının sureti; *f.* infaz için kayıtlardan çıkarmak; para cezası kesmek.

es.tro.gen (es'trıcın) *i., biyol.* estrojen, memelilerde dişilik hormonları.

es.trus (es'trıs) *i., zool.* kızışma, kösnüme devresi (dişi hayvanlarda).

es.tu.ar.y (es'çuweri) *i.* nehrin ağzındaki koy, nehrin denizle birleştiği geniş ve açık yer, haliç.

e.su.ri.ent (îsûr'iyınt) *s.* obur, açgözlü, tamahkâr.

e.ta (ey'tı) *i.* Yunan alfabesinin yedinci harfi, ita.

etc. *kıs.* **et cet.er.a** (etset'ırı) *Lat.* v.s., ve saire, v.b., ve benzeri.

etch (eç) *f.* asitle yakmak; madenî veya başka bir levhayı asitle yakarak resim kalıbı çıkarmak.

etch.ing (eç'îng) *i.* azot asidi ile madenî levhayı aşındırmak suretiyle yapılan bir hak usulü; bu levha; bu levha ile basılmış resim veya yazı.

e.ter.nal (itır'nıl) *s., i.* ebedî ve ezelî, başı ve sonu olmayan; daimî, baki, ölümsüz; *i., b.h.* ebedî varlık, Tanrı, Allah. **the Eternal City** Roma. **the eternal triangle** evli bir çift ile bunlardan birinin sevgilisi. **eternally** *z.* ebediyen, daima.

e.ter.ni.ty (itır'nıti) *i.* ebediyet, ezel ve ebed, nihayetsizlik, sonsuzluk; ölümsüzlük; çok uzun bir zaman.

e.ter.nize (itır'nayz) *f.* ebedî kılmak, sonsuzluğa kavuşturmak, ebediyen uzatmak; şöhretini ebedileştirmek.

e.te.sian (iti'jın) *s.* devirli, senelik, senede bir olan veya meydana gelen, mevsime göre. **etesian wind** meltem, imbat.

-eth *sonek, eski, şiir* fiil çekiminde üçüncü tekil şahıs: **he knoweth** bilir.

e.ther, ae.ther (i'thır) *i., kim.* eter, lokman ruhu; gökyüzü, esir.

e.the.re.al (ithîr'iyıl) *s.* göklerle ilgili, havaî, çok ince, ruh gibi; *kim.* eterik. **ethereally** *z.* çok hafif olarak; narin bir şekilde.

e.the.re.al.ize (ithîr'iyılayz) *f.* ruh haline getirmek.

e.the.re.al.i.ty (ithîriyäl'ıti) *i.* incelik, şeffaflık, havaîlik.

e.ther.ize (i'thırayz) *f.* eter haline getirmek, eterle uyutmak. **etheriza'tion** *i.* eterle uyutma, eterin verdiği uyku.

eth.ic (eth'îk) *s., i.* ahlâka uygun, ahlâkî; *i.* ahlâk ilmi, ahlâk sistemi. **ethics** *i.* ahlâk ilmi, ahlâkiyat. **ethical** *s.* ahlâkî, ahlâka ait, seciyeye ait, törel. **ethically** *z.* ahlâk prensiplerine uygun olarak.

E.thi.o.pi.a (ithiyo'pıyı) *i.* Habeşistan. **Ethiopian** *i., s.* Habeşistanlı, Habeş; *s.* Habeşistan'a ait. **Ethiopic** *s., i.* Habeşistan'a ait; *i.* Habeş dili.

eth.moid, eth.moi.dal (eth'moyd, -dıl) *s., anat.* burun içinde bulunan kalbura benzer bir kemiğe ait. **ethmoid bone** *anat.* etmoid, kalbur kemiği. **ethmoidal cells** *anat.* etmoid hücreleri.

eth.narch (eth'nark) *i.* kabile reisi, başkan, şef; vali.

eth.nic, -ni.cal (eth'nîk, -nîkıl) *s.* etnik, ırka ait, ırksal; Hıristiyan ve Musevî olmayan. **ethnically** *z.* etnik olarak, ırk bakımından.

eth.no.cen.trism (ethnosen'trizım) *i.* kendi ırkının üstünlüğüne inanış. **ethnocentric** *s.* kendi ırkının üstünlüğüne inanan.

eth.nog.ra.phy (ethnag'rıfi) *i.* etnografya, kavimler ilmi, budunbetim. **ethnograph'ic** *s.* etnografya ile ilgili. **ethnograph'ically** *z.* etnografya ile ilgili olarak.

eth.nol.o.gy (ethnal'ıci) *i.* etnoloji, budunbilim. **ethnolog'ical** *s.* etnolojik. **ethnolog'ically** *z.* etnolojik olarak. **ethnol'ogist** *i.* etnolog.

e.thos (i'thas) *i., sosyol.* bir kavmin özellikleri; toplumsal bir kurumun özelliği.

eth.yl (eth'ıl) *i., kim.* etil; benzine konulan kurşunlu bir terkip. **ethyl alcohol** ispirto, saf ispirto.

eth.y.lene (eth'ılin) *i.* etilen, etilen gazı.

e.ti.o.late (i'tiyıleyt) *f.* ışıksızlıktan ağartmak veya ağarmak (bitki).

e.ti.ol.o.gy (itiyal'ıci) *i.* sebepler bilgisi, sebep tayin etme; *tıb.* hastalıkların sebeplerini arama ilmi; sebepler.

et.i.quette (et'ıket) *i.* görgü kuralları, adabımuaşeret, davranış bilgisi, topluluk töresi.

et.na (et'nı) *i.* ispirto ateşinde bir şey ısıtmaya mahsus kab. **Mt. Etna** Etna yanardağı.

E.ton (i'tın) *i.* İngiltere'de bir kasaba ve bir özel okul. **Eton collar** ceket yakası üzerine dönen geniş ve sert bir çeşit gömlek yakası. **Eton jacket** kısa kadın ceketi.

E.trus.can (itrʌs'kın) *s., i.* eski İtalya'da Etrurya'ya ait; *i.* Etrurya'lı, Etrurya dili.

-ette *sonek* küçültme eki: **kitchenette**; dişil isim yapmak için: **farmerette**; taklit anlamında: **leatherette**.

é.tude (ey'tud) *i., müz.* etüd.

et.y.mol.o.gy (etımal'ıci) *i.* (*kıs.* **etym.**) etimoloji, kelimelerde asıl şekil; türeme, iştikak; türem, iştikak ilmi; kelime kökü bilgisi. **etymolog'ical** *s.* etimolojik, iştikaka ait. **etymolog'ically** *z.* türeme ile ilgili olarak, iştikaken. **etymol'ogist** *i.* türem bilgini, iştikak âlimi. **etymol'ogize** *f.* bir kelimenin aslını araştırmak veya vermek; iştikak ilmi üzerinde çalışmak.

et.y.mon (et'ıman) *i.* (*çoğ., İng.* **-mons,** *Lat.* **-ma**) kelimenin en eski şekli.

eu- *önek* iyi, faydalı, hoş.

Eu.boe.a (yubi'yı) *i.* Eğriboz adası.

eu.ca.lyp.tus (yukılip'tıs) *i.* sıtma ağacı, okaliptüs, *bot.* Eucalyptus.

eu.cha.ris (yu'kıris) *i., bot.* Güney Amerika'da yetişen bir zambak.

Eu.char.ist (yu'kırîst) *i.* Hıristiyan kilisesine mahsus Aşai Rabbani ayini, Komünyon, şarap ve ekmek yeme ayini; bu ayin için takdis edilen şarap ve ekmek. **Eucharis'tic** *s.* Aşai Rabbaniye ait; şükrana ait.

eu.chre (yu'kır) *i., f.* iki, üç veya dört kişiyle oynanan bir Amerikan iskambil oyunu, koz diyen oyuncunun üç el kâğıt alamayışı; *f.* bu oyunda yenmek; hile yaparak yenmek.

Eu.clid (yu'klid) *i.* Öklit, milâttan 300 sene evvel yaşamış olan Yunanlı geometri bilgini. **Euclid'ean** *s.* Öklit'e veya onun geometri sistemine ait.

eu.de.mo.ni.a (yudîmo'niyı) *i.* saadet, mutluluk.

eu.d(a)e.mon.ism (yudi'mınizım) *i., fels.* saadeti en yüksek gaye bilen felsefe sistemi.

eu.di.om.e.ter (yudiyam'ıtır) *i., kim.* gazları tahlil ve ölçmek için kullanılan alet.

eu.gen.ic (yucen'ik) *s.* insan ırkının soyaçekim yoluyla zihnen ve bedenen geliştirilmesine dair; gelecek nesillerin ıslahına ait; kalıtımla geçen iyi haslatlara sahip. **eugenics** *i.* insan ırkının soyaçekim yoluyla ıslahına çalışan bilim dalı.

eu.he.mer.ism (yuhi'mırizım) *i., fels.* mitolojinin kişilerin ilâhlaştırılmasından doğduğunu kabul eden kuram; mitlerin gerçek olay veya kişiler üzerine kurulduğunu ileri süren teori.

eu.lo.gize (yu'lıcayz) *f.* övmek, methetmek, sena etmek, sitayişle bahsetmek. **eulogist** *i.* methiye yazan ve söyleyen kimse, kaside yazarı. **eulogistic(al)** *s.* öven, övücü, övme kabilinden. **eulogistically** *z.* överek, methederek.

eu.lo.gy (yu'lıci) *i.* methiye, sena, sitayiş, kaside.

Eu.men.i.des (yumen'ıdiz) *i., mit.* günahları cezalandıran üç tanrıça.

eu.nuch (yu'nık) *i.* hadım, harem ağası.

eu.on.y.mus (yuwan'ımıs) *i.* iğ ağacı.

eu.pep.si.a (yupep'siyı) *i., tıb.* sindirim sisteminin iyi çalışması, iyi hazmetme. **eupeptic** *s.* kolay hazmettiren; kolay hazmedilir.

eu.phe.mism (yu'fımizım) *i.* kaba veya ağır bir söz yerine aynı anlamı veren daha hafif bir söz. **euphemist** *i.* bu tür hafif söz kullanan kimse. **euphemis'tic** *s.* hüsnütabir kabilinden. **euphemis'tically** *z.* hüsnütabirle.

eu.pho.ni.um (yufo'niyım) *i., müz.* tuba cinsinden nefesli bir çalgı.

eu.pho.ny (yu'fıni) *i.* tatlı ses; *dilb.* ses ahengi. **euphon'ic** *s.* kulağa hoş gelen, telaffuzu hoş, ahenkli ses veren. **eupho'nious** *s.* sesi ahenkli, sesi kulağa hoş gelen. **eupho'niously** *z.* ahenkli bir sesle. **eu'phonize** *f.* sesi tatlılaştırmak.

eu.phor.bi.a (yufôr'biyı) *i.* sütleğen, *bot.* Euphorbia.

eu.pho.ri.a (yufôr'iyı) *i., psik.* öfori, kendini aşırı derecede zinde hissetme hali.

eu.phra.sy (yu'frısi) *i.* gözlük otu, *bot.* Euphrasia officinalis.

Eu.phra.tes (yufrey'tiz) *i.* Fırat nehri.

eu.phu.ism (yu'fyuwiz'ım) *i.* dilde aşırı yapmacık, yazıda aşırı süslü üslûp. **euphuist** *i.* yapmacık bir dille yazan veya konuşan kimse. **euphuis'tic** *s.* yapmacık bir dille yazılan veya söylenen.

Eur. *kıs.* Europe, European.

Eu.raq.ui.lo *bak.* Euroclydon.

Eur.a.sia (yûrey'jı) *i.* Avrasya. **Eurasian** *s., i.* Avrupa ile Asya'ya ait; *i.* bir Avrupalı ile bir Asyalının evlenmesinden doğan çocuk.

eu.re.ka (yûri'kı) *ünlem* Buldum!

eu.rhyth.my *bak.* eurythmy.

Eu.roc.ly.don, Eu.raq.ui.lo (yûrak'lıdan, yûrak'wılo) *i., coğr.* Akdeniz'de esen kuvvetli kuzeydoğu rüzgârı, poyraz.

Eu.rope (yûr'ıp) *i.* Avrupa. **Europe'an** *i., s.* Avrupalı; *s.* Avrupa'ya mahsus. **European plan** otelde oda ve kahvaltı parasını beraber ödeme sistemi. **European Economic Community** Ortak Pazar.

Eu.rus (yûr'ıs) *i., Yu. mit.* doğu veya güneydoğu rüzgârı tanrısı.

eu.ryth.mics (yûridh'miks) *i.* müzikteki ahenk ve ritmi vücut hareketleriyle ifade etme sanatı.

eu.ryth.my (yûridh'mi) *i.* ritmik hareket veya düzen.

Eu.sta.chi.an tube (yustey'şın, -kiyın, -şiyın) *anat.* östaki borusu, ortakulakla yutak arasındaki boru.

eu.tec.tic (yutek'tik) *s., i., fiz., kim.* maksimum erime yeteneği olan, ötektik (madde).

Eu.ter.pe (yutır'pi) *i.* müzik tanrıçası.

eu.tha.na.si.a (yuthıney'jı) *i.* rahat ölüm, ıstırapsız ölüm; özellikle ümitsiz durumda olan hastaların ıstıraplarını dindirmek için hayatlarına son verme.

eu.then.ics (yuthen'iks) *i.* çevrenin etkisiyle insanların zihinsel ve bedensel niteliklerini geliştirme teşebbüsü ve ilmi.

Eux.ine Sea (yuk'sin) Karadeniz.

e.vac.u.ate (iväk'yuweyt) *f.* boşaltmak, tahliye etmek; *tıb.* vücuttan çıkartmak, boşaltmak. **evacuant** *i., s., tıb.* müshil. **evacua'tion** *i.* boşaltma, tahliye.

e.vac.u.ee (iväkyuwi') *i.* tehlike yerinden uzaklaştırılan kimse.

e.vade (iveyd') *f.* kaçınmak, sakınmak, kaçamaklı yol aramak, paçayı kurtarmak, yakayı sıyırmak. **evade a law** kaçamak yolu ile bir kanundan kurtulmak.

e.vag.i.nate (iväc'ıneyt) *f., biyol.* ters çevirmek, tersyüz etmek, içini dışına çevirmek.

e.val.u.ate (iväl'yuweyt) *f.* kıymet takdir etmek, değerini tayin etmek, paha biçmek; tartmak. **evalua'tion** *i.* paha biçme, kıymet takdiri, değerlendirme.

ev.a.nesce (evines') *f.* yavaş yavaş gözden kaybolmak, zail olmak, kaybolmak. **evanescence** *i.* yavaş yavaş kaybolma, zeval. **evanescent** *s.* gözden kaybolan, hafızadan silinen, zail olan, çabuk uçan; *bot.* dayanmayan, çabuk solan; *mat.* son derece küçük, cüzî.

evang. *kıs.* **evangelical, evangelist.**

e.van.gel (ivän'cıl) *i.* İncil'in getirdiği haber; İncil kitaplarından biri; iyi haber, müjde.

e.van.gel.i.cal (iväncel'îkıl) *i., s.* muhafazakâr Protestan; Protestan; *s.* İncil'e ait, İncil'e özgü.

e.van.gel.ism (ivän'cılîzım) *i.* İncil müjdesini getirme.

e.van.gel.ist (ivän'cılîst) *i.* gezici vaiz; dört İncil'i yazanlardan biri. **evangelis'tic** *s.* dört İncil'e ait, İncil va'zına ait.

e.van.gel.ize (ivän'cılayz) *f.* Hıristiyan olmayanlara İncil'i öğretmek; Hıristiyanlığa çevirmek. **evangeliza'tion** *i.* İncil'i öğretme, İncil'i öğrenme.

e.van.ish (ivän'îş) *f., şiir* zeval bulmak, yok olmak, gözden kaybolmak.

e.vap.o.rate (iväp'ıreyt) *f.* buhar haline getirmek, buharlaştırmak, uçurmak; buhar olup uçmak, buharlaşmak, buğu çıkarmak. **evapora'tion** *i.* buharlaşma, buğulanma. **evap'orator** *i.* sebze, meyva ve başka maddeleri kurutmaya mahsus alet. **evap'orated milk** kısmen suyu alınmış yoğun süt.

e.va.sion (ivey'jın) *i.* kaçınma, sakınma; baştan savma cevap, kaçamak; bahane.

e.va.sive (ivey'sîv) *s.* kaçamaklı, baştan savma; kaçmaya yarar. **evasively** *z.* kaçamak olarak, baştan savma bir surette. **evasiveness** *i.* kaçamak, baştan savma.

eve (iv) *i.* akşam; arife gecesi; arife.

Eve (iv) *i.* Havva. **daughter of Eve** Havva'nın kızı; kadın; mütecessis kadın.

e.vec.tion (ivek'şın) *i., astr.* güneş çekiminden ötürü ayın hareketinde meydana gelen düzensizlik.

e.ven (i'vın) *i., şiir* akşam.

e.ven (i'vın) *s.* düz, düzlem, müstevi; eşit, müsavi; düzenli, muntazam; doğru, tarafsız, bitaraf; paralel, muvazi, denk, aynı seviyede; çift, tam (sayı); temkinli, değişmez. **even color** her tarafı aynı tonda olan renk. **evenhanded** *s.* tarafsız, bitaraf. **even number** çift sayı. **even with the roof** dam yüksekliğinde, damla bir hizada. **get even with** intikam almak, hakkından gelmek. **break even** kâr ve zararı eşit olmak, ancak masrafını karşılamak. **on an even keel** *den.* (gemi) yatay durumda. **odd and even** tek ve çift. **evenly** *z.* düz bir durumda; eşit olarak; tarafsızca. **evenness** *i.* düz oluş; eşitlik; tarafsızlık.

e.ven (i'vın) *z.* hatta, bile, dahi; düz, eşit olarak; tamamıyle, tam. **even if** olsa bile. **even so** öyle olsa da, rağmen.

e.ven (i'vın) *f.* düzleştirmek, düzletmek, tesviye etmek; **up** *ile* eşitlemek, müsavi hale getirmek, düzeltmek.

e.ven.fall (i'vınfôl) *i.* akşam.

eve.ning (iv'nîng) *i.* akşam; gece; suvare; bir şeyin sona ermekte olduğu devre, özellikle ömrün son seneleri. **evening dress** gece elbisesi. **evening primrose** eşekotu, *bot.* Oenothera biennis. **evening star** akşam yıldızı, güneş battıktan sonra görülen Zühre yıldızı. **Good evening.** İyi akşamlar. Tünaydın. **musical evening** müzik gecesi.

e.ven.song (i'vınsông) *i.* akşam duası.

e.vent (ivent') *i.* olay, vaka, hadise; sonuç, netice, akıbet. **at all events, in any event** her halükârda, ne olursa olsun. **in the event of** takdirde, halinde. **quite an event** olağanüstü bir durum. **eventful** *s.* hadiselerle dolu. **eventfully** *z.* olaylarla dolu olarak.

e.ven.tide (i'vıntayd) *i., şiir* akşam, akşam vakti.

e.ven.tu.al (iven'çuwıl) *s.* akıbette, netice olarak vaki olan, nihaî, en sonraki. **eventually** *z.* nihayet, sonunda, ergeç, ilerde.

e.ven.tu.al.i.ty (ivençuwäl'ıti) *i.* ihtimal, netice, işin sonu.

e.ven.tu.ate (iven'çuweyt) *f.* sonuçlanmak, neticelenmek; çıkmak, meydana gelmek.

ev.er (ev'ır) *z.* asla, hiç bir zaman; ebedî, daima, her zaman, durmadan; herhangi bir zamanda. **ever after** ondan sonra, hep, artık. **ever and anon** arada sırada. **ever burning** hiç sönmeyen, daima yanan. **ever changing** daima değişen. **ever living** ölmez, ebedî. **ever more** daima, ilelebet. **ever so much** pek çok. **ever so often** sık sık. **for ever and ever** ilelebet; ebediyete kadar. **for ever and a day** *k.dili* ilelebet, daima. **if ever** şayet, eğer, kazara. **Nothing ever happens.** Hiç bir şey olduğu yok. **scarcely ever** hemen hiç. **seldom if ever** nadiren, belki de hiç. **the finest ever** en güzeli. **Well, did you ever!** Acayip! Çok tuhaf! Allah Allah!

ev.er.glade (ev'ırgleyd) *i.* özellikle Florida'da bataklık. **the Everglades** Güney Florida'daki geniş bataklık saha.

ev.er.green (ev'ırgrin) *s., i., bot.* yaprağını dökmeyen, her dem taze; *i.* daima yeşil kalan ağaç veya bitki, yaprağını dökmeyen ağaç.

ev.er.last.ing (evırläs'tîng) *s., i.* ebedî, ölümsüz, daimî, sonsuz; sürekli, devamlı; fazla uzun süren, sıkıcı; dayanıklı; kuruyunca şekli ve rengi bozulmayan (çiçek veya bitki); *i.* ebediyet, sonsuzluk; *bot.* kuruduğu zaman rengini ve şeklini koruyan bir çeşit çiçek; bir çeşit dayanıklı İngiliz kumaşı. **everlasting flower** medine çiçeği, *bot.* Gnaphalium; ölmezotu, *bot.* Xeranthemum inapertum. **everlastingly** *z.* ebediyen, daima; fazlasıyla. **everlastingness** *i.* ebediyet, sonsuzluk.

ev.er.more (evırmôr') *z.* ilelebet, ebediyen, daima. **for evermore** ebediyen.

e.ver.sion (ivır'jın) *i.* tersine döndürme, tersyüz etme; ters dönme.

e.vert (ivırt') *f., fizyol.* tersine döndürmek, içini dışına çevirmek.

eve.ry (ev'rî) *s.* her, her bir, her biri; her türlü. **every bit as much** tam onun kadar. **every four days** dört günde bir. **every now and then, every now and again** ara sıra, arada bir. **every once in a while** arada bir. **every other day** iki günde bir, günaşırı. **every other person** her iki kişiden biri. **everybody** *zam.* herkes. **everybody else** başkaları, öbürleri. **every day** her gün. **everyday** *s.* her günkü, alışılmış, mutat, adi. **everyman** *i.* halktan biri, herhangi bir kimse. **every one** her biri. **everyone** *zam.* herkes. **every so**

often arada sırada. **everything** *zam.* herşey. **everywhere** *z.* her yerde. **every which way** *k.dili* her yöne, her tarafa, düzensiz.

e.vict (ivîkt') *f., huk.* tahliye ettirmek.

e.vic.tion (ivîk'şın) *i.* tahliye etme veya edilme; geri alma veya alınma.

ev.i.dence (ev'ıdıns) *i., f.* delil, tanıklık, şahadet, ispat, tanıt; vuzuh, açıklık, aydınlık; şahit; *f.* belirtmek, tasrih etmek, açıklamak, tavzih etmek; ispat etmek. **be in evidence** göz önünde olmak, belirmek, meydana çıkmak. **external evidence** haricî delil, konu dışından gösterilen delil. **in evidence** göze çarpan, aşikâr. **internal evidence** dahilî delil, muhtevadan çıkarılan delil. **turn state's evidence** suç ortağı aleyhine ifade vermek.

ev.i.dent (ev'ıdınt) *s.* açık, belli, sarih, aşikâr, vazıh, ortada olan, meydanda olan. **evidently** *z.* aşikâr olarak, açıkça, sarahaten, tabiî, anlaşılan.

ev.i.den.tial (evıden'şıl) *s.* delil veya şahit kabilinden, delile dayanan.

e.vil (i'vıl) *s., i.* günahkâr, fena, kötü, kem; keder verici; *i.* günah, şer, fenalık, kötülük, zarar, belâ, dert. **evildoer** *i.* kötülük eden kimse, şerir, günahkâr kimse, suçlu kimse. **evil eye** kem göz, nazar değdiren bakış. **evil-minded** *s.* fenalık düşünen, kötü niyetli. **speak evil of** hakkında kötü söylemek, yermek, zemmetmek. **the Evil One** Şeytan, İblis. **the lesser of two evils** ehvenişer, iki kötü ihtimalden nispeten az kötü olanı. **evilly** *z.* şeytanca, kötülük düşünerek, günahkârâne.

e.vince (ivîns') *f.* göstermek; izhar etmek, belirtmek, açığa vurmak, aydınlığa kavuşturmak, ispat etmek, delil göstermek.

e.vis.cer.ate (ivîs'ıreyt) *f.* bağırsaklarını çıkarmak, içini boşaltmak. **eviscera'tion** *i.* bağırsaklarını çıkarma, içini boşaltma.

ev.i.ta.ble (ev'ıtıbıl) *s.* sakınılabilir, kaçınılabilir, bertaraf edilebilir.

ev.o.ca.tion (evıkey'şın) *i.* zihinde uyandırma, aklına getirme; *huk.* davanın daha yüksek bir mahkemeye ref'i ve devri.

e.voc.a.tive (ivak'ıtîv) *s.* çağıran, davet eden, uyandıran.

e.voke (ivok') *f.* aklına getirmek, uyandırmak; hissettirmek; tevlit etmek; (ruh) çağırmak.

ev.o.lute (ev'ılut) *i., geom.* evolüt, kıvrıklık merkez eğrisi.

ev.o.lu.tion (evılu'şın) *i*. evrim, tekâmül, inkişaf, gelişme, açılma. **evolutionary** *s*. evrimsel, tekâmüli. **evolutionism** *i*. evrim teorisi; bu teoriye inanma. **evolutionist** *i*. evrim teorisi taraftarı; zoraki devrim yerine birbiri ardından gelen safhaları izleyen bir sosyal yapı gelişimi için çalışan kimse.

e.volve (ivalv') *f*. geliştirmek, inkişaf ettirmek; açmak, saçmak, dağıtmak, çıkarmak; gelişmek, inkişaf etmek; evrim geçirmek, tekâmül etmek. **evolvement** *i*. gelişim, evrim, tekâmül.

e.vul.sion (ivʌl'şın) *i*. söküp çıkarma, kökünden sökme.

ewe (yu) *i*. dişi koyun, marya. **ewe lamb** dişi kuzu; *fig*. gözbebeği.

ew.er (yu'wır) *i*. ibrik.

ex (eks) *edat, Lat., ikt*. kullanma hakkı olmadan; *A.B.D*. belirli bir senenin öğrencisi olup mezun olmamış kimse: **ex '54. ex dividend** *ekon*. kâr hissesi ödenmiş vaziyette. **ex quay** *tic*. rıhtıma çıkarıldıktan sonraki harçları alıcıya düşen alımsatım.

ex- *önek* -den dışarı, -den fazl.: tamamen; -sız, olmadan; sabık, eski, önceki: **ex-president** *i*. sabık başkan.

ex. *kıs*. examination, example, except.

ex.ac.er.bate (igzäs'ırbeyt) *f*. şiddetlendirmek, kızıştırmak, kızdırmak, sinirlendirmek. **exacerba'tion** *i*. şiddetlendirme, kızıştırma, şiddetlenme; hiddet.

ex.act (igzäkt') *s*. tam, doğru, tamam; katî, kesin; tamamen doğru; pek ince. **exact science** matematik gibi kesin sonuçlar elde edilebilen bilim, pozitif ilim.

ex.act (igzäkt') *f*. cebren almak; mecbur tutmak, icbar etmek; talep etmek; *huk*. (birisini) mahkemeye celbetmek. **exacting** *s*. titiz, çok kuvvet ve enerji sarfettiren; her şeyin harfiyen yapılmasını isteyen.

ex.ac.tion (igzäk'şın) *i*. cebren alma; cebren ifa ve icra ettirme; cebren alınan para veya yaptırılan iş.

ex.act.i.tude (igzäkt'itud) *i*. tam ve doğru olma, her işi yolunda, vaktinde ve doğru olarak yapma, hatasızlık, kusursuzluk.

ex.act.ly (igzäkt'li) *z*. tam, tamam, tamamen, aynen, kesin olarak.

ex.act.ness (igzäkt'nîs) *i*. doğruluk, sıhhat, hatasızlık, kusursuzluk.

ex.ag.ger.ate (igzäc'ıreyt) *f*. mübalâğa etmek, abartmak, büyütmek, izam etmek. **exaggerated** *s*. mübalâğalı, büyütülmüş, şişirilmiş. **exaggeratedly** *z*. mübalâğalı olarak. **exaggera'tion** *i*. mübalâğa, abartma, aşırılık, büyütme, izam. **exag'gerator** *i*. mübalâğacı, büyüten kimse.

ex.alt (igzôlt') *f*. yükseltmek, yüceltmek, paye vermek; övmek, methetmek, göklere çıkarmak; sevindirmek, aşka getirmek, gururlandırmak, heyecanlandırmak; kuvvetlendirmek.

ex.al.ta.tion (egzôltey'şın) *i*. heyecan, aşka gelme, vecit; yükseklik, yücelik, ululuk; yükseğe çıkarma veya çıkarılma.

ex.alt.ed (igzôl'tid) *s*. yücelltilmiş, yükseltilmiş; yüksek, ulu, yüce, büyük; asil, soylu, haşmetli.

ex.am (igzäm') *i., k.dili* sınav, imtihan.

ex.am.i.na.tion (igzämıney'şın) *i*. sınav, imtihan, yoklama, muayene, teftiş, tetkik; *huk*. sorgu. **examination paper** imtihan kâğıdı. **give an examination** imtihan etmek, sınav yapmak. **pass an examination** imtihan vermek, sınavı geçmek. **post-mortem examination** otopsi. **take an examination** imtihana girmek. **sit for an examination** *İng*. imtihana girmek.

ex.am.ine (igzäm'in) *f*. bakmak, dikkatle gözden geçirmek; muayene etmek; teftiş etmek; sınava tabi tutmak, imtihan etmek, yoklamak; sorguya çekmek. **examinee'** *i*. imtihana giren kimse, imtihan olan kimse. **exam'iner** *i*. imtihan eden kimse, mümeyyiz, ayırtman; muayene eden kimse; sorgu hâkimi; müfettiş:

ex.am.ple (igzäm'pıl) *i*. örnek, misal, numune, ibret. **for example** örneğin, meselâ. **make an example of** ibret olsun diye cezalandırmak. **set a good example** iyi örnek olmak.

ex.an.the.ma (eksänthi'mı) *i*. (*çoğ*. -ma.ta) *tıb*. eksantem, çiçek ve kızamık gibi hastalıklarda ciltte hâsıl olan kızartı, leke ve kabarcıklar.

ex.arch (ek'sark) *i., tar*. Bizans İmparatorluğu devrinde Afrika veya İtalya'da genel vali; Ortodoks kilisesinde yüksek rütbeli piskopos. **exarchate** *i*. böyle bir valilik, il veya piskoposluk.

ex.as.per.ate (igzäs'pıreyt) *f*. kızdırmak, öfkelendirmek, sinirlendirmek, çileden çıkarmak; şiddetlendirmek. **exasperated** *s*. darılmış, öfkeli, kızgın. **exasperatingly** *z*. kızdıracak surette. **exaspera'tion** *i.* dargınlık, öfke, hiddet, sinirlenme.

ex ca.the.dra (eks kıthi'drı) *Lat.* yetkili olarak, salâhiyetle.

ex.ca.vate (eks'kıveyt) *f.* kazı yapmak, kazmak, hafriyat yapmak, kazıp çıkarmak, kazıp açmak. **excava'tion** *i.* kazı, hafriyat, çukur. **ex'-cavator** *i.* ekskavatör, kazma makinası.

ex.ceed (iksid') *f.* geçmek, aşmak; üstün olmak, başkalarını geçmek; haddini aşmak, ifrata kaçmak, ileri gitmek. **exceeding** *s., z.* olağan-üstü, fevkalâde. **exceedingly** *z.* fazlasıyla, ziyadesiyle.

ex.cel (ikseı') *f.* (**-led, -ling**) geçmek, üstün olmak; mümtaz olmak, ileride olmak.

ex.cel.lence (ek'sılıns) *i.* fazilet, üstünlük, faikı-yet, seçkinlik, mümtaz oluş.

Ex.cel.len.cy (ek'sılınsi) *i.* Ekselans, sefir veya vekile verilen unvan. **His Excellency** Ekse-lansları. **Your Excellency** Ekselans, zatı-âliniz.

ex.cel.lent (ek'sılınt) *s.* mükemmel, kusursuz; üstün, faziletli, mümtaz, faik. **excellently** *z.* pekâlâ, mükemmelen.

ex.cel.si.or (iksel'siyır, -şır) *i.* talaş, ince yonga.

ex.cept (iksept') *f.* saymamak, hariç tutmak, ayrı tutmak; karşı çıkmak, itiraz etmek.

ex.cept, -ing (iksept', -ing) *edat, bağ.* -den gayrı, -den başka, hariç; *bağ.* yoksa, meğerki, olmadıkça, etmezse. **not excepting** dahil. **always excepting** -den gayrı, hariç. **except for** olmasaydı; hariç.

ex.cep.tion (iksep'şın) *i.* istisna; *huk.* mahkemenin ara kararlarına itiraz. **take exception to** itiraz etmek, kabul etmemek; gücenmek. **The exception proves the rule.** İstisna kuralı bozmaz. (Asıl anlamı: İstisna kuralı bozar). **without exception** ayrım yapmaksızın, istisnasız. **with the exception of** hariç tutulursa, istisnasıyla.

ex.cep.tion.a.ble (iksep'şınıbıl) *s.* itiraz oluna-bilir, yakışık almaz, makbul olmayan.

ex.cep.tion.al (iksep'şınıl) *s.* müstesna, istis-naî, ender, fevkalade. **exceptionally** *z.* müs-tesna olarak, fevkalade.

ex.cerpt (*i.* ek'sırpt; *f.* iksırpt') *i., f.* (bir kitap veya yazıdan) seçme parça, pasaj; *f.* almak, seçmek, iktibas etmek.

ex.cess (ikses', ek'ses) *i., s.* aşırılık, ifrat, faz-lalık; *s.* fazla, ziyade, artan. **excess fare** bilet ücret farkı, mevki farkı, zam. **excess luggage** fazla bagaj. **excess profits tax** fazla kazanç vergisi. **drink to excess** içkiyi fazla kaçırmak. **in excess of** -den fazla, (onu) geçen. **exces'sive** *s.* fazla, ifrat, aşırı. **exces'sively** *z.* aşırı olarak, ziyadesiyle.

ex.change (iksçeync) *i.* değiş, mübadele, de-ğişme, trampa; yerini alma; kambiyo, borsa; telefon santralı, merkez. **exchange broker** borsa simsarı, sarraf, borsacı. **exchange rate** kambiyo kuru, döviz kuru; değişim oranı. **exchange value** mübadele kıymeti. **bill of exchange** poliçe, tahvil. **commercial ex-change** ticaret borsası. **foreign exchange** döviz. **produce exchange** zahire borsası. **stock exchange** borsa, esham ve tahvilât borsası.

ex.change (iksçeync') *f.* mübadele etmek, değiş tokuş etmek, değiştirmek, trampa etmek. **ex-change positions** yer değiştirmek, birbirinin yerini almak. **exchangeable** *s.* mübadele edi-lebilir, değiştirilebilir.

ex.cheq.uer (iksçek'ır) *i., İng.* maliye; kraliyet veya devlet hazinesi; servet, para; *k.dili* bir kimsenin kişisel gelirinin tümü. **Chancellor of the Exchequer** *İng.* Maliye Bakanı.

ex.cip.i.ent (iksip'iyınt) *i.* hazırlanacak olan ilâç-lara uygun bir şekil veya güzel bir tat vermesi için katılan madde.

ex.cise (ek'sayz) *i., tic.* bir memlekette uygu-lanan istihsal, satış veya istihlâk vergi sis-temi; bu vergiyi tahsil eden hükümet dairesi. **excise duty** bu vergi. **exciseman** *i.* bu verginin tahsildarı.

ex.cise (iksayz') *f.* kesmek, kesip çıkarmak, atmak; oymak, temizlemek (ur). **exci'sion** *i.* kesme, kesip çıkarma, kesip atma.

ex.cit.a.ble (iksay'tıbıl) *s.* kolay heyecanlanır, kolay telâşa kapılır, tahriki kolay. **excitabil'-ity, excit'ableness** *i.* kolay heyecana ka-pılma; *fizyol.* uyarılma kabiliyeti.

ex.cite (iksayt') *f.* heyecanlandırmak, kışkırtmak, tahrik etmek, kızıştırmak, telâşa vermek; *fizyol., biyol.* harekete geçirmek; uyandırmak, tembih etmek. **excita'tion** *i.* tahrik, tembih. **exci'tant** *s.* tahrik edici, harekete geçirici, muharrik. **excited** *s.* heyecanlı. **excitedly** *z.* heyecanla. **exciting** *s.* heyecan verici, ilgi çekici. **excitingly** *z.* heyecanla, tahrik edici surette.

ex.cite.ment (îksayt'mınt) *i.* heyecan, telâş, galeyan, tahrik.

ex.cit.er (îksay'tır) *i., elek.* dinamonun sabit sarmalarına cereyan veren yardımcı dinamo; *elek.* indüksiyonlu kıvılcımla radyo sinyali veren tertibat.

ex.ci.tor (îksay'tır) *i., fizyol.* adaleyi harekete geçiren sinir, uyarıcı sinir.

ex.claim (îkskleym') *f.* ansızın bağırıp çağırmak, hayretini ifade etmek, hiddetle söylemek.

ex.cla.ma.tion (eksklımey'şın) *i.* ünlem, nida, anî olarak söylenen söz; bağırma, telâşla itiraz etme. exclamation mark, exclamation point ünlem işareti (!). exclam'ative *s.* ünlem ifade eden. exclam'atory *s.* sevinç, hayret veya keder belirten; gürültülü.

ex.clave (eks'kleyv) *i.* bir memleketin başka bir devlette bulunan küçük toprak parçası.

ex.clude (îksklud') *f.* hariç tutmak, dışarıda bırakmak, dahil etmemek, engel olmak, yoksun bırakmak, mahrum etmek.

ex.clu.sion (îksklu'jın) *i.* ihraç, kabul etmeyiş, tart, ret, yoksun bırakma, mahrum etme. to the exclusion of hariç tutarak, dışında bırakarak, mahrum ederek, meydan vermeyerek.

ex.clu.sive (îksklu'sîv) *s., i.* umuma açık olmayan; bir kimse veya zümreye has; tek, eşi olmayan; hariç tutan; of *ile* müstesna, -den gayri, hesaba katmadan; *i.* yalnız bir gazete veya mecmuanın temin edebildiği mülâkat. exclusively *z.* yalnız, münhasıran.

ex.cog.i.tate (îkskac'ıteyt) *f.* düşünüp bulmak, çıkarmak, icat etmek, düşünmek.

ex.com.mu.ni.cate (ekskımyu'nıkeyt) *f.* kiliseden aforoz etmek, mahrum etmek, cemaatten tardetmek, Hıristiyan ayinlerine kabul etmemek. excommunica'tion *i.* aforoz.

ex.co.ri.ate (îkskôr'iyeyt) *f.* deriyi sıyırmak, deriyi yüzmek; şiddetle suçlamak, itham etmek. excoria'tion *i.* deriyi sıyırma, sıyrılma; şiddetle suçlama.

ex.cre.ment (eks'krımınt) *i.* pislik, dışkı. excremen'tal *s.* pislik kabilinden.

ex.cres.cence (îkskres'ıns) *i.* nasır ve ur gibi hayvan ve bitki gövdelerinde hâsıl olan fazla cisim; fazlalık, normal dışı çoğalma. excrescent *s.* normalden fazla büyüyen, fazla, gereksiz.

ex.cre.ta (îkskri'tı) *i., çoğ.* ifrazat, salgı; pislik.

ex.crete (îkskrit') *f.* ifraz etmek, çıkarmak (vü-

cuttan). excre'tion *i.* salgı, ifrazat; ifraz etme, boşaltım. excre'tive, ex'cretory *s.* ifraz eden, salgı çıkaran.

ex.cru.ci.ate (îkskru'şiyeyt) *f.* eza etmek, üzmek, ıstırap vermek, işkence etmek, acıtmak. excruciating *s.* eza verici, işkence edici. excrucia'tion *i.* ıstırap, işkence, eza, keder, elem.

ex.cul.pate (eks'kʌlpeyt) *f.* suçsuz çıkarmak, temize çıkarmak, tebriye etmek. exculpa'tion *i.* beraet, temize çıkma, tebriye.

ex.cur.rent (îkskır'ınt) *s.* dışarı akan; *bot.* ana gövdesi uzamış olan; *fizyol.* kalpten akan (kan).

ex.cur.sion (îkskır'jın) *i.* gezinti, yolculuk, kısa süreli seyahat; *mak.* yarım titreşim veya devir hareketi; bu harekette alınan mesafe. excursion ticket özel bir tur için indirimli gidiş-dönüş bileti. excursion train özel indirimli tren.

ex.cur.sive (îkskır'sîv) *s.* dolaşan, belirli bir çizgi takip etmeyen, kararsız.

ex.cur.sus (ekskır'sıs) *i.* arasöz; konu dışına çıkma, konudan ayrılma.

ex.cuse (îkskyuz') *f.* affetmek, mazur görmek, göz yummak, kusura bakmamak; suçsuz çıkarmak, haklı çıkarmak; from *ile* izin vermek, müsaade etmek. Excuse me. Özür dilerim, affedersiniz, kusuruma bakmayın. excuse oneself özür dilemek, izin istemek. excusable *s.* affedilebilir. excusably *z.* affolunacak şekilde.

ex.cuse (îkskyus') *i.* özür, mazeret, bahane, sebep; özür dileme; izin verme, izin, hak verme.

ex.e.cra.ble (ek'sıkrıbıl) *s.* alçak, melun, lânete lâyık, murdar, tiksindirici, iğrenç; berbat, kötü, süflî. execrably *z.* kötü bir şekilde; alçakça, murdarca.

ex.e.crate (ek'sıkreyt) *f.* lânet etmek, belâ okumak, nefret etmek. execra'tion *i.* lânet, nefret; melun şey.

ex.ec.u.tant (îgzek'yıtınt) *i.* icra eden kimse; konser veren kimse.

ex.e.cute (ek'sıkyut) *f.* icra etmek, tatbik mevkiine koymak, yürürlüğe koymak; başarmak, üstesinden gelmek, yapmak, etmek; idam etmek, hükmü infaz etmek.

ex.e.cu.tion (eksıkyu'şın) *i., huk.* infaz, idam; yerine getirme, ifa, icra, tatbik etme, uygulama, yapma; *güz. san.* yapış veya yapılış tarzı, icra usulü. **executioner** *i.* cellât, idam hükmünü tatbik eden kimse.

ex.ec.u.tive (îgzek'yıtîv) *i., s.* idareci, yetkili şahıs; *s.* idareci durumunda olan, yetki sahibi, icra salâhiyeti olan, kanunları yapan. **executive officer** *den.* ikinci kaptan, *çoğ.* güverte subayları. **executive power** icra kuvveti, yürütme yetkisi. **executive session** gizli celse.

ex.e.cu.tor (ek'sıkyutır, îgzek'yıtır) *i.* icra eden kimse; *huk.* vasiyet hükümlerini yerine getiren kimse. **exec'utory** *s.* icraî; *huk.* ileride veya belirli şartlar altında yürürlüğe girecek olan. **exec'utrix** *i., huk.* vasiyet hükümlerini yerine getiren kadın.

ex.e.dra (ek'sıdrı) (*çoğ.* -drae) *i.* eski mimaride kapalı toplantı yeri; kavisli bank.

ex.e.ge.sis (eksıcı'sîs) *i.* yorum, tefsir, şerh, kutsal kitapların tenkitli yorumu. **ex'egete** *i.* yorumlayan kimse; tefsir eden kimse.

ex.e.get.ics (eksıcet'îks) *i.* tefsir ilmi. **exegetical** *s.* yorumlama ile ilgili, tefsire ait.

ex.em.plar (îgzem'plır) *i.* örnek, numune, sembol, timsal, misal; suret, kopya, nüsha.

ex.em.pla.ry (îgzem'plıri) *s.* örnek alınacak, tavsiyeye şayan, ibret teşkil eden.

ex.em.pli.fi.ca.tion (îgzemplıfıkey'şın) *i.* örnek, misal, numune, sembol, timsal; *huk.* resmi mührü taşıyan bir senedin resmi kopyası.

ex.em.pli.fy (îgzem'plıfay) *f.* örnek olmak, misal teşkil etmek; örnek olarak göstermek; misal göstermek; kopya etmek, *huk.* tasdikli suretini çıkarmak, resmî suretini göstererek ispat etmek.

ex.em.pli gra.ti.a (îgzem'play grey'şiyı) *Lat.* (*kıs.* **e.g.**) örneğin, meselâ.

ex.empt (îgzempt') *s., i., f.* bağışık, muaf, ayrı tutulan, müstesna; *i.* muaf olan kimse, mükellef olmayan kimse; *f.* muaf tutmak, bağışıklık tanımak; hariç tutmak, istisna etmek. **exemption** *i.* muafiyet, bağışıklık, ayrı tutma, ayrılık, istisna etme.

ex.en.ter.ate (eksen'tıreyt) *f., tıb.* bir uzvu kesip çıkarmak.

ex.e.qua.tur (eksıkwey'tır) *i.* bir devletin diğer bir devletin konsolosunu tanıdığını gösterir belge.

ex.e.quy (ek'sıkwi) *i.* cenaze alayı; *çoğ.* cenaze merasimi.

ex.er.cise (ek'sırsayz) *i., f.* uygulama, tatbik, icra, yürütme, ifa, yerine getirme, kullanma; talim, alıştırma, egzersiz; beden terbiyesi, jimnastik, idman; deney, tecrübe; *çoğ.* tören; *f.* icra etmek, ifa etmek, ettirmek, yaptırmak; idman yapmak, egzersiz yapmak; hareket etmek, gezmek; hareket ettirmek, çalıştırmak, idman yaptırmak, idmanla geliştirmek; meşgul etmek. **exercised** *s.* sinirli, heyecanlı, kızgın.

ex.er.ci.ta.tion (îgzırsıtey'şın) *i.* egzersiz, pratik, işletme (bedeni veya zihni), talim, yetiştirme, eğitim; edebî kabiliyet gösterisi.

ex.ergue (îgzırg') *i.* sikke veya madalyanın arka yüzünün alt tarafındaki yazı yeri veya yazı.

ex.ert (îgzırt') *f.* (gayret, hak, güç) kullanmak, sarfetmek. **exert oneself** çabalamak, uğraşmak, gayret sarfetmek. **exertion** *i.* gayret, çaba, emek. **exertive** *s.* gayret sarfeden.

ex.e.unt (ek'siyınt) *Lat., tiyatro* sahneden çıkarlar. **exeunt omnes** hepsi sahneden çıkarlar.

ex.fo.li.ate (eksfo'liyeyt) *f.* pul pul olup dökmek veya dökülmek; kabuğu ince pullar halinde dökülmek (ağaç). **exfolia'tion** *i.* böyle dökme veya dökülme. **exfol'iative** *s.* böyle dökülmeye sebebiyet veren.

ex.ha.la.tion (eks.hıley'şın) *i.* soluk alıp verme, nefes verme; soluk, nefes; herhangi bir şeyden çıkan koku veya buhar.

ex.hale (eks.heyl') *f.* nefes vermek, buhar çıkarmak, koku saçmak; buhar ve koku halinde çıkmak, nefes alıp vermek. **exhalant** *s.* dışarı veren.

ex.haust (îgzôst') *i., mak.* egzos, egzos borusu; vakumla tozu dışarı atan alet. **exhaust chamber** *oto.* çürük gaz kutusu. **exhaust pipe** egzos borusu.

ex.haust (îgzôst') *f.* tüketmek, bitirmek; boşaltmak; boşluk meydana getirmek; kuvvetini tüketmek; (bütün imkânları) denemek; bitap düşürmek, yormak; teferruatıyle incelemek, inceden inceye tetkik etmek; *kim.* eriyebilen maddeleri içinden çıkarmak. **exhausted** *s.* tükenmiş; yorgun, bitkin. **exhaustible** *s.* tükenir, biter. **exhaustion** *i.* yorgunluk, bitkinlik; tüketme, tükenme; boşluk.

ex.haus.tive (îgzôs'tiv) *s.* etraflı, geniş, teferruatlı, ayrıntılı, bütün imkânlar sağlanmış. **exhaustively** *z.* etraflıca, ayrıntılı olarak, teferruatıyle. **exhaustiveness** *i.* genişlik, etraflı oluş.

ex.hib.it (îgzib'ît) *i., f.* sergi; *huk.* mahkemeye veya hakemlere ibraz olunan vesika veya delil; vesika gösterme; *f.* teşhir etmek, sergilemek; göstermek, arz etmek; resimle göstermek; *tıb.* ilâç olarak vermek; *huk.* dava esnasında vesika veya delil ibraz etmek. **exhibitor** *i.* sergi açan kimse, teşhir eden kimse.

ex.hi.bi.tion (eksıbîş'ın) *i.* sergi; gösterme, teşhir, izhar, ibraz, arz; *İng.* üniversiteden verilen burs; *tıb.* ilâç olarak verme. **make an exhibition of oneself** kendini teşhir etmek, kendini gülünç duruma düşürmek. **exhibitionism** *i.* kendini teşhir merakı, teşhir hastalığı.

ex.hil.a.rate (îgzîl'ıreyt) *f.* neşelendirmek, coşturmak, canlandırmak, hayat vermek, renk katmak. **exhilarant** *s., i.* neşelendirici, canlandırıcı (şey). **exhilara'tion** *i.* neşe, canlılık, hayatiyet. **exhil'arative** *s.* neşelendiren, canlandıran.

ex.hort (îgzôrt') *f.* teşvik etmek; öğüt vermek, akıl öğretmek, nasihat etmek; uyarmak, ikaz etmek, ihtar etmek. **exhorta'tion** *i.* teşvik; nasihat, öğüt, vaız. **exhor'tative, exhor'tatory** *s.* teşvik veya öğüt niteliğinde.

ex.hume (îksyum') *f.* toprağı kazıp çıkarmak; mezardan çıkarmak; açığa çıkarmak. **exhuma'tion** *i.* mezardan çıkarma.

ex.i.gen.cy (ek'sıcınsi) *i.* ihtiyaç; zorunluluk, zaruret, derhal tedbir almayı icap ettiren olay; lüzum. **exigent** *s.* hemen tedbir almayı icap ettiren; icbar edici, zorlayıcı, çok acele, âcil; buhranlı; çok şey isteyen, fazla kuvvet ve enerji sarfettiren.

ex.i.gi.ble (ek'sıcıbıl) *s.* istenilir, talep edilir.

ex.ig.u.ous (îgzig'yuwıs) *s.* ufak, cüzi, az.

ex.i.gu.i.ty (eksıgyu'wıti) *i.* azlık, kıtlık, yoksunluk.

ex.ile (eg'zayl, ek'sayl) *i., f.* sürgün, sürülme; sürgün edilen kimse; *f.* sürmek, sürgüne yollamak. **the Exile** İ.Ö. VI. yüzyılda Musevllerin Babil'e sürülmesi.

ex.il.ic (egzil'îk) *s.* sürgüne ait, menfaya ait.

ex.ist (îgzîst') *f.* var olmak, mevcut olmak; bulunmak, olmak; kalmak, baki olmak; yaşamak, geçinmek.

ex.is.tence (îgzîs'tıns) *i.* varlık, mevcudiyet, var oluş; hayat, ömür; bulunma, tezahür. **existent** *s.* mevcut, mevcut olan, var olan, bulunan. **existen'tial** *s.* var olan, mevcudiyeti olan. **existen'tialism** *i., fels.* egzistansializm, varoluşçuluk.

ex.it (eg'zît, ek'sît) *i., f.* çıkış, gidiş, çıkılacak yer, çıkış kapısı; sahneden çıkış; *f.* çıkmak, gitmek; *tiyatro* çıkar (sahneden).

ex li.bris (eks lay'bris) *Lat.* ...'nın kitaplığından (üzerinde kitap sahibinin ismi bulunan ve kitabın başına yapıştırılan etikete yazılan ibare).

exo- *önek* dış, harici: **exoskeleton**.

ex.o.carp (ek'sokarp) *i., bot.* meyvanın dış kabuğu.

ex.o.derm (ek'sodırm) *bak.* **ectoderm**.

ex.o.dus (ek'sıdıs) *i.* çıkış, özellikle Musa Peygamber zamanında Musevilerin Mısır'dan çıkışları; Eski Ahit'te ikinci kitabın ismi.

ex of.fi.ci.o (eks ıfîş'iyo) *Lat.* memuriyetle, memuriyetinden dolayı, memuriyet veya mevkiden ileri gelen (üyel'k).

ex.og.a.my (eksag'ımı) *i., sosyol.* ekzogami, dışarıdan evlenme. **exogam'ic, exog'amous** *s.* dışarıdan evlenme ile ilgili.

ex.o.gen (ek'socen) *i. bot.* dıştan büyüyen bitki; sapı her sene dış halkalarla büyüyen bitki. **exo'genous** *s., biyol.* dıştan doğan, dış etkilere bağlı olarak büyüyen.

ex.o.nar.thex (eksonar'theks) *i., mim.* bir kilisenin dış dehlizi.

ex.on.er.ate (îgzan'ıreyt) *f.* beraet ettirmek, temize çıkarmak, suçlamalardan kurtarmak; muaf tutmak, hizmetten affetmek. **exonera'tion** *i.* beraet, temize çıkarma. **exon'erative** *s.* beraet ettiren, temize çıkaran.

ex.oph.thal.mic (eksafthäl'mîk) *s., tıb.* egzoftalmiye ait, göz küresinin fırlamasına ait. **exophthalmic goiter** guatrdan meydana gelmiş egzoftalmi.

ex.oph.thal.mos, -mus (eksafthäl'mıs, -mûs) *i., tıb.* hastalık sebebiyle gözün ileriye fırlaması hali, egzoftalmi.

ex.or.bi.tant (îgzor'bıtınt) *s.* aşırı, had derecede, fahiş (fiyat), çok fazla, ifrata kaçan; *huk.* kanun dışında kalan. **exorbitance, -cy** *i.*

fazlalık, aşırılık, ileri gitme, haddini aşma. **exorbitantly** z. aşırı olarak, had derecede.

ex.or.cise (ek'sôrsayz) f. dualarla defetmek, okumakla çıkarmak (cinleri); cinlerden kurtarmak; nad. çağırmak (cinleri). **exorcism** i. dualarla defetme (cinleri); böyle dua.

ex.or.di.um (igzôr'diyım) i. başlangıç; nutuk veya yazının giriş kısmı, mukaddeme, önsöz.

ex.o.skel.e.ton (eksoskel'ıtın) i., anat. hayvanın dış kabuğu.

ex.os.mo.sis (eksasmo'sîs) bak. **osmosis**.

ex.os.to.sis (eksasto'sîs) i., anat. kemik şişi.

ex.o.sphere (ek'sosfîr) i. atmosferin basıncı en az olan en yüksek tabakası.

ex.o.ter.ic, -i.cal (eksıter'ik, -kıl) s. haricî, zâhirî; genel, umumî; kolay anlaşılır; fels. dışrak.

ex.o.ther.mic (eksothır'mîk) s., kim. ısı veren, hararet neşredici.

ex.ot.ic (igzat'îk) s. dışarıdan gelme, ecnebî, haricî, yerli olmayan; garip, tuhaf, alışılmamış, dikkati çeken, ekzotik. **exoticism** i. dışarı malı, dışarıdan gelme; başka ülkelere ait olanları benimseme eğilimi.

exp. kıs. **export, express**.

ex.pand (ikspänd') f. büyütmek; geliştirmek, inkişaf ettirmek; şişirmek; genişletmek, tevsi etmek; açmak, yaymak; büyümek, gelişmek, inkişaf etmek; genişlemek, şişmek.

ex.panse (ikspäns') i. geniş saha veya meydan; açılma, yayılma; genişlik.

ex.pan.si.ble (ikspän'sıbıl) s. yayılıp büyümesi mümkün.

ex.pan.sile (ikspän'sıl) s. açılıp yayılan.

ex.pan.sion (ekspän'şın) i. açılıp yayılma, büyüme, genişleme; genişleyen kısım, ek. **coefficient of expansion** mat. genişleme katsayısı. **expansion bolt** sıkıştırma cıvatası, kurtağzı cıvata.

ex.pan.sive (ikspän'sîv) s. yayılan, genişleyen, geniş, engin, yayılıp genişlemeye elverişli; şümullü, yaygın; coşkun, ateşli, açık sözlü. **expansively** z. yayılarak, genişleyerek; coşkunlukla. **expansiveness** i. yayılma, genişleme; coşma.

ex par.te (eks par'ti) Lat. yalnız bir tarafın yararına, tek taraflı.

ex.pa.ti.ate (ikspey'şiyeyt) f. etraflıca yazmak veya söylemek. **expatia'tion** i. etraflıca yazma veya söyleme.

ex.pa.tri.ate (f. ekspey'triyeyt; i. ekspey'triyît) f., i. memleket dışına çıkmak, göç etmek; memleket dışına sürmek; i. kendi vatanından başka bir memlekete yerleşen kimse.

ex.pect (ikspekt') f. beklemek, intizar etmek, ümit etmek, ummak; k.dili zannetmek, tahmin etmek.

ex.pec.tan.cy (ikspek'tınsi) i. bekleme, bekleyiş, intizar, ümit; huk. beklenen haklar. **life expectancy** ortalama ömür.

ex.pec.tant (ikspek'tınt) s., i. bekleyen, ümit eden, uman (kimse). **expectant mother** hamile kadın. **expectantly** z. bekleyerek, ümitle.

ex.pec.ta.tion (ekspektey'şın) i. bekleme, intizar, ümit; beklenilme. **contrary to expectations** beklenilenin aksine.

ex.pec.ta.tive (ikspek'tıtîv) s. muhtemel, beklenilen; ümit eden.

ex.pec.to.rant (ikspek'tırınt) s., i., tıb. balgam söktüren; i. balgam söktürücü ilâç.

ex.pec.to.rate (ikspek'tıreyt) f. balgam çıkarmak, tükürmek. **expectora'tion** i. tükürme; tükürük, balgam.

ex.pe.di.ent (ikspi'diyınt) s., i. doğru yolu aramadan istenilen sonucu elde etmek için en kolay yolu teşkil eden; uygun, münasip, muvafık, kestirme; i. yol, çare, tedbir. **expediency** i. yarar veya amaca erişmek için başvurulan çare; politika, bir işi doğru veya haklı olup olmadığına bakmadan yürütme. **expediently** z. münasip şekilde, uygun olarak.

ex.pe.dite (ek'spıdayt) f. çabuklaştırmak, hızlandırmak, kolaylaştırmak; çabuk icra etmek; nad. göndermek, sevk etmek.

ex.pe.dit.er (ek'spıdaytır) i. güçlük ve eksiklere çare bulan kimse, bir iş için lüzumlu malzemenin vaktinde gelmesini temin eden memur.

ex.pe.di.tion (ekspıdîş'ın) i. sefer, keşif heyeti veya seferi; zor yolculuk; sürat, acele; gönderme, sevk.

ex.pe.di.tious (ekspıdîş'ıs) s. süratli ve becerikli; işbilir. **expeditiously** z. süratle, acele olarak, vakit kaybetmeden.

ex.pel (ikspel') f. (-led, -ling) kovmak, azletmek, defetmek, tardetmek, çıkarmak; sürmek. **expellant, -lent** s., i. çıkaran; i. defeden ilâç.

ex.pend (ikspend') f. sarfetmek, harcamak. **expendable** s. harcanabilen; ask. feda edilebilen.

ex.pen.di.ture (ikspen'dıçır) *i.* masraf, harcama.

ex.pense (ikspens') *i.* masraf, fiyat, paha, harcama, sarfetme, verme; masraflı kimse veya şey. a laugh at his expense bir kimse ile alay etme. at the expense of pahasına, hesabına; zararına. pay his expenses masraflarını ödemek. with no expense to you bedava, size masraf ettirmeden.

ex.pen.sive (ikspen'siv) *s.* pahalı, masraflı.

ex.pe.ri.ence (ikspîr'iyıns) *i.* tecrübe, deney, görgü, vukuf; bir kimsenin geçirdiği tecrübeler, yaşantı; hayat. in all my experience bütün hayatım boyunca.

ex.pe.ri.ence (ikspîr'iyıns) *f.* görmek, başından geçmek, çekmek, maruz kalmak, tecrübe etmek, denemek, tatmak, hissetmek. experienced *s.* görgülü, tecrübeli, bilgili, irfan sahibi, marifetli.

ex.pe.ri.en.tial (ikspîriyen'şıl) *s.* deneysel, tecrübî, tecrübeye dayanan, ampirik.

ex.per.i.ment (iksper'ımınt) *i., f.* deney, tecrübe, deneme; *f.* deney yapmak, tecrübe etmek. experimen'tal *s.* deneysel, tecrübeye dayanan, tecrübî. experimen'talism *i.* deneyselcilik. experimen'tally *z.* deneysel metotla, tecrübe ederek. experimenta'tion *i.* deneme, deneyim, tecrübe.

ex.pert (ek'spırt) *s., i.* usta, mahir, becerikli, uzman, mütehassıs, ehil; *i.* uzman, mütehassıs, eksper, bilgi ve tecrübe sahibi kimse; bilirkişi. expertly *z.* ustalıkla, mahirane.

ex.per.tise (ekspırtiz') *i.* bilirkişi raporu; ehliyet, hüner.

ex.pi.ate (ek'spiyeyt) *f.* kefaret etmek, yapılan kötülüğü affettirecek bir harekette bulunmak, cezasını çekerek ödemek (suç). ex'piable *s.* kefaret edilebilir. expia'tion *i.* kefaret. ex'-piatory *s.* kefaret kabilinden.

ex.pi.ra.tion (ekspırey'şın) *i.* hitam, son, nihayet; nefes verme.

ex.pire (ikspayr') *f.* bitmek, sona ermek, müddeti hitama ermek; nefes vermek; ölmek, son nefesini vermek. expiratory *s.* nefes vermekle ilgili.

ex.pir.y (ikspayr'i) *i.* hitam, son, bitim.

ex.plain (ikspleyn') *f.* anlatmak, açıklamak, izah etmek, beyan etmek, belirtmek, tasrih etmek, aydınlatmak, tenvir etmek, tarif etmek; açıklamada bulunmak, izahat vermek. explain away örtbas etmek, tevil etmek, sözü çevir-

mek. explain oneself kendisi hakkında izahat vermek; meramını anlatmak, anlatmak.

ex.pla.na.tion (eksplıney'şın) *i.* açıklama, izah, izahat; anlam, mana; tanımlama, tarif; yorum, tefsir; uzlaşma.

ex.plan.a.to.ry (eksplän'ıtôri) *s.* açıklayıcı, izahat kabilinden.

ex.ple.tive (eks'plıtîv) *i., s.* heyecan ifade eden söz; gereği olmayan harf, hece, kelime; anlamı kuvvetlendirici söz; küfür; *s.* fazla, boşluğu dolduran, tamamlayan (kelime).

ex.pli.cate (eks'plıkeyt) *f.* yorumlamak, tefsir etmek; açıklamak, izah etmek, anlatmak. ex-plic'able *s.* anlatılabilir; anlaşılabilir. explica'tion *i.* açıklama, izah, izahat; ayrıntılı tasvir. explicative (iksplik'ıtîv, eks'plıkey'tîv), explicatory (-tôri) *s.* açıklayıcı, izah edici; tahlilî.

ex.plic.it (iksplîs'ît) *s.* sarih, apaçık, aşikâr; kesin, kat'î. explicitly *z.* açıkça, sarahatle.

ex.plode (iksplod') *f.* patlatmak, infilâk ettirmek; patlamak, infilâk etmek, patlak vermek; boşa çıkarmak, yanlış olduğunu ispat etmek, çürütmek. explode a theory bir kuramı çürütmek.

ex.ploit (eks'ployt) *i.* kahramanlık, yiğitlik; sergüzeşt, macera.

ex.ploit (iksployt') *f.* sömürmek, istismar etmek, istifade etmek; kullanmak, işletmek. ex-ploita'tion *i.* kendi çıkarına kullanma, sömürme, istismar. exploiter *i.* sömüren veya istismar eden kimse; işleten kimse.

ex.piore (iksplôr') *f.* keşfetmek; incelemek, tetkik etmek, araştırmak; *tıb.* inceden inceye muayene etmek, ameliyatla araştırmak. explora'tion *i.* keşif, araştırma, inceleme. explor'atory, explor'ative *s.* keşif kabilinden, tetkik mahiyetinde. explorer *i.* kâşif, keşfeden kimse veya araç.

ex.plo.sion (iksplo'jın) *i.* infilâk, patlama; galeyan, parlama, hiddetlenme. population explosion hızlı nüfus artışı. explosion of laughter kahkaha tufanı.

ex.plo.sive (iksplo'sîv) *s., i.* patlayıcı; *i.* infilâk maddesi, patlayıcı madde. high explosive yüksek patlamalı madde. explosively *z.* patlayarak. explosiveness *i.* patlama kabiliyeti.

ex.po.nent (ikspo'nınt) *s., i.* beyan ve ifade eden; temsil eden; *i.* örnek, misal, sembol; *mat.* üs. exponen'tial *s., mat.* üsse ait, üs rakamı cinsinden olan. **exponen'tially** z. üs rakamlarına dayanarak.

ex.port (ikspôrt', eks'pôrt) f. ihraç etmek, dışarıya mal göndermek, ihracat yapmak. **exporta'tion** i. ihraç etme, ihracat; ihraç edilen mal. **ex'porter** i. ihraç eden kimse, ihracatçı.

ex.port (eks'pôrt) i. ihraç etme, ihracat; ihraç malı. **export duty** ihracat resmi. **export license** ihracat lisansı.

ex.pose (ikspoz') f. maruz bırakmak, karşı karşıya getirmek; göstermek, arz etmek; terk etmek, bırakmak (çocuk); teşhir etmek; keşfetmek, açmak, meydana koymak, açığa vurmak, alenen göstermek; *colloq.* kirli çamaşırları ortaya dökmek; *foto.* almak, çıkarmak (filim üzerine).

ex.po.sé (ekspozey') i. suçu ortaya koyma, gizli bir şeyi açığa vurma; gizli kusurları meydana çıkaran makale veya kitap.

ex.posed (ikspozd') s. açıkça, meydanda; açık, maruz, korunmasız, muhafazasız; *foto.* çekilmiş.

ex.po.si.tion (ekspızîş'ın) i. ifade, izah, açıklama, şerh, yorumlama, tefsir; teşhir, sergileme; sergi.

ex.pos.i.tor (ikspaz'ıtır) i. şerh eden kimse, yorum yapan veya tefsir eden kimse. **expository** s. şerh ve izah eden, açıklayan.

ex post fac.to (eks post fäk'to) *Lat.* sonradan yapılmış olup öncekileri de kapsayan; *huk.* karar veya kanun yürürlüğe girmeden öncesi için de geçerli olan.

ex.pos.tu.late (ikspas'çûleyt) f., **with** *ile* dostça tenkit etmek, uyarmak, ikaz etmek, nasihat etmek. **expostula'tion** i. dostça tenkit, uyarma. **expos'tula'tor** i. nasihat eden kimse. **expos'tulator'y** s. tenkit veya ikaz kabilinden.

ex.po.sure (ikspo'jır) i. açma, keşfetme, teşhir; muhafazasız olma, maruz olma, açık olma; açığa çıkarma; *huk.* mahrem yerlerini gösterme suçu; *foto.* alma, çıkarma, poz (filim üzerine). **The house has a southern exposure.** Evin cephesi güneye bakar. **exposure meter** *foto.* ışıkölçer, pozometre.

ex.pound (ikspaund') f. açıklamak, izah etmek, şerh etmek, yorumlamak, tefsir etmek.

ex.press (ikspres') s., z., i., f. açık, belli, sarih; kesin, kat'î; özel, hususî, mahsus; tam, tıpkı;

gayesine uygun; sürat sağlayan; z. sürat postası ile, ekspresle; i. nakliye şirketi, ambar; sürat postası, ekspres; f. ambarla göndermek. **express company** nakliye şirketi, ambar. **express train** sürat postası, ekspres.

ex.press (ikspres') f. tarif etmek; ifade etmek, beyan etmek, anlatmak; yüz ifadesi veya mimiklerle anlatmak, belli etmek; sıkıp çıkarmak, sıkıp içini boşaltmak. **express oneself** maksadını anlatmak, meramını ifade etmek. **express in other terms** başka sözlerle anlatmak.

ex.press.age (ikspres'îc) i. ekspresle paket gönderme; bu iş için ödenen ücret.

ex.pres.sion (ikspreş'ın) i. ifade, deyim, ibare, söz, tabir; eda, yüzdeki ifade veya anlam; sıkıp içini boşaltma; *mat.* ifade, ifade işareti. **expressionism** i., *güz. san.* ekspresyonizm. **expressionless** s. ifadesiz, anlamsız, manasız.

ex.pres.sive (ikspres'iv) s. anlamlı, manalı, dokunaklı, tesir edici, etkileyici; canlı. **expressively** z. anlamlı olarak, tesir edici bir şekilde.

ex.press.ly (ikspres'li) z. kesinlikle, katiyetle; belirli olarak, açıkça, sarahatle; özellikle, bilhassa.

ex.press.man (ikspres'mın) i. nakliyat şirketi memuru, nakliyat arabacısı.

ex.press.way (ikspres'wey) i. ekspres yol, otoban.

ex.pro.pri.ate (ekspro'priyeyt) f. istimlâk etmek, kamulaştırmak. **expropria'tion** i. istimlâk, kamulaştırma.

ex.pul.sion (ikspʌl'şın) i. kovma, kovulma, tard, ihraç. **expulsive** s. ihraç edici, ihraç kuvvetini haiz.

ex.punge (ikspʌnc') f. silmek, bozmak, çıkarmak.

ex.pur.gate (eks'pırgeyt) f. sansürden geçirmek (kitap); arıtmak, ıslah etmek, temizlemek. **expurga'tion** i. ıslah etme, arıtma, temizleme. **ex'purgator** i. ıslah eden veya arıtan kimse. **expur'gatory** s. ıslah edici, ıslah kabilinden.

ex.qui.site (eks'kwizît, ikskwiz'it) s., i. ince, zarif, nefis, enfes, çok güzel; mükemmel; keskin; şiddetli; i. züppe adam. **exquisite pain** şiddetli ağrı. **exquisite taste** ince zevk. **exquisitely** z. zarif bir şekilde; şiddetle.

ex.san.guine (eksäng'gwîn) s. kansız.

ex.scind (eksînd') f. kesmek, kesip çıkarmak.

ex.sert (eksırt') *f.* dışarı çıkarmak. **exserted**
s., bot., zool. dışarı çıkmış (uzuv veya kısım).
ex.sic.cate (ek'sıkeyt) *f.* kurutmak, suyunu çek-
tirmek. **exsicca'tion** *i.* kurutma, kuruma, ku-
ruluk. **ex'siccative** *s.* kurutucu.
ex.tant (ek'stınt, ikstänt') *s.* hâlâ mevcut, baki,
günümüze kadar gelen.
ex.tem.po.ra.ne.ous (ikstempırey'niyıs) *s.* ir-
ticali, önceden yapılan bir hazırlığa dayan-
mayan. **extemporaneously** *z.* doğaçtan, ir-
ticalen.
ex.tem.po.rar.y (ikstem'pıreri) *s.* irticalen yapı-
lan veya söylenen, evvelce düşünülüp hazır-
lanmamış. **extemporar'ily** *z.* irticalen.
ex.tem.po.re (ikstem'pıri) *z., s.* irticalen, hazır-
lıksız olarak, ani olarak; *s.* hazırlıksız.
ex.tem.po.rize (ikstem'pırayz) *f.* irticalen söy-
lemek, hazırlıksız söz söylemek. **extempo-
riza'tion** *i.* ani olarak tertipleme. **extem-
porizer** *i.* irticalen söyleyen kimse.
ex.tend (ikstend') *f.* uzatmak, yaymak; geniş-
letmek, büyütmek, tevsi etmek; kapsamına al-
mak, teşmil etmek; uzamak, büyümek, sür-
mek; yetişmek, varmak; *İng., huk.* kıymet
takdir etmek. **extended insurance** *sig.* müd-
deti uzatılan sigorta. **extended order** *ask.,*
den. açılma nizamı. **extended type** *matb.*
alışılmıştan geniş matbaa harfi. **extendible,
extensible** *s.* uzatılabilir. **extensibil'ity** *i.*
uzatılma veya uzama kabiliyeti.
ex.ten.sile (iksten'sîl) *s.* uzatılabilir, uzatılması
mümkün.
ex.ten.sion (iksten'şın) *i.* uzatma, uzama, ge-
nişletme, büyütme, uzatılma, genişleme; *tıb.*
kemik veya kasları yerine oturtmak için çıkık
bir uzvu çekip uzatma; *tic.* vadenin uzatılması.
extension course öğrenci olmayanlar için
açılan yardımcı kurs, dinleyici öğrenciler için
açılan kurs.
ex.ten.sive (iksten'sîv) *s.* geniş, yaygın, şü-
mullü, vâsi, uzatılmış. **extensively** *z.* geniş
bir şekilde, yaygın olarak, ziyadesiyle, çok.
ex.ten.sor (iksten'sır, -sôr) *i., anat.* bir uzvu
çekip uzatan kas, açıcı, ekstensor.
ex.tent (ikstent') *i.* boy, uzunluk, mesafe, saha,
büyüklük; kapsam; şümul; derece, mertebe,
had; *huk.* müsadere emirnamesi, müsadere;
mat. uzanma. **to a great extent** büyük çapta.
to the full extent of his power elinden
geldiği kadar.

ex.ten.u.ate (iksten'yuweyt) *f.* azaltmak, eksilt-
mek, hafifletmek, mazur göstermek; ciddiye
almamak, hafiften almak. **extenuating cir-
cumstances** *huk.* hafifletici sebepler. **ex-
tenua'tion** *i.* azaltma, hafifletme; ciddiye al-
mama, hafiften alma. **exten'uator** *i.* hafif-
letici sebep. **exten'uatory** *s.* hafifletici; cid-
diye almayan.
ex.te.ri.or (ikstir'iyır) *s., i.* dış, harici, zahirî;
hariçten gelen; yabancı memleketlere ait; *i.*
hariç, dış taraf, dış, gösteriş, görünüş. **ex-
terior angle** dış açı. **exterior planets** *astr.*
dünyanın yörüngesi dışında kalan gezegenler.
ex.ter.mi.nate (ikstır'mıneyt) *f.* imha etmek,
yok etmek, kökünü kazımak, bitirmek. **exter-
mina'tion** *i.* imha, izale. **exter'minator** *i.*
(fare, böcek) imha eden ilâç veya şahıs.
ex.tern (eks'tırn) *s., i.* çalıştığı kurumda geceleri
yatmayan; *i.* gündüzlü öğrenci; asistan veya
stajyer doktor.
ex.ter.nal (ikstır'nıl) *s., i.* harici, dış, zahirî; gözle
görülen, maddî; dıştan gelen, arızî, yüzeysel;
yabancı, ecnebi; *anat.* vücudun dış kısmını
ilgilendiren; *fels.* dış dünyaya, algılanan dün-
yaya ait. **externals** *i.* dışta veya yüzeyde kalan
olaylar, durumlar, dış görünüş. **external af-
fairs** haricî işler. **external'ity** *i.* harici olma,
dışta kalma; dış görünüşe önem verme. **ex-
ter'nally** *z.* harici olarak, dıştan.
ex.ter.nal.ize (ikstır'nılayz) *f.* maddîleştirmek,
haricîleştirmek, cismanileştirmek.
ex.ter.ri.to.ri.al (eksterıtôr'iyıl) *bak.* **extrater-
ritorial.**
ex.tinct (ikstingkt') *s.* sönmüş, sönük; nesli
tükenmiş, vârisi olmayan; battal, ilga edilmiş,
kaldırılmış, yok edilmiş. **extinct animal** nesli
tükenmiş hayvan. **extinct volcano** sönmüş
yanardağ.
ex.tinc.tion (ikstingk'şın) *i.* söndürme, sönme,
imha; bir neslin tükenmesi; ortadan kaldırma;
fiz. ekstinksiyon.
ex.tin.guish (ikstîng'gwiş) *f.* söndürmek, bas-
tırmak, ortadan kaldırmak, bitirmek, yok et-
mek, imha etmek, izale etmek; *huk.* feshetmek.
extinguisher *i.* yangın söndürme aleti, mum
söndürmeye mahsus şamdan külâhı.
ex.tir.pate (ek'stırpeyt) *f.* kökünden sökmek,
kökünü kazımak; izale etmek, yok etmek,
imha etmek.

ex.tol(l) (ikstol') *f.* (-led, -ling) övmek, yüceltmek, lehinde konuşmak.

ex.tort (ikstôrt') *f., huk.* zorla almak, koparmak, gaspetmek, *slang* sızdırmak (para); zorla yaptırmak. **extortion** *i.* zorla alma, zorbalık, kanunsuz şekilde baskı yaparak alma; zorla alınan şey; şantaj. **extortioner, extortionist** *i.* zorla alan kimse, zorba kimse, görevini kötüye kullanan kimse.

ex.tor.tion.ar.y, -ate (ekstôr'şınırî, -ît) *s.* zorbalığa ait, zalim, insafsız, görevini kötüye kullanan.

ex.tra (eks'trı) *s., z., i.* fazla, gereksiz, zait, ayrı; üstün, âlâ, fevkalade; *z.* fevkalade surette, ilâve olarak, ayrıca; *i.* ekstra, zam, fazladan olan şey; ikinci, üçüncü v.s. baskı (gazete); *sin.* ufak rollerde oynayan kimse. **Dancing is an extra.** Dans dersleri için ayrıca ücret ödenir.

ex.tra- *önek* dışarı, hariç: **extra-legal** kanun dışında kalan.

ex.tract (eks'träkt) *i.* özet, hulâsa, öz, ruh; esans; seçilmiş parça, iktibas edilmiş kısım. **beef extract** et suyu özü. **lemon extract** limon özü.

ex.tract (iksträkt') *f.* çıkarmak, çekmek; söyletmek, itiraf ettirmek; özetini veya özünü çıkarmak; seçmek; (bir kitap v.b.'nden bir parçayı) almak, iktibas etmek; suretini almak. **extractable** *s.* çıkarılabilir. **extractor** *i.* sökücü, çıkarıcı.

ex.trac.tion (iksträk'şın) *i.* çıkarma, istihraç, çekme (diş); nesil, sülâle, nesep; özet, öz, hulâsa.

ex.trac.tive (iksträk'tiv) *s.* çıkarılabilir; çıkarıcı; doğal maddeleri işlemeye ait. **extractive industries** doğal maddeleri işleme endüstrisi.

ex.tra.cur.ric.u.lar (eks'trıkırîk'yılır) *s.* ders programı dışında kalan.

ex.tra.dite (eks'trıdayt) *f.* suçluları iade etmek veya ettirmek. **extraditable** *s.* iade edilebilir (suçlu). **extradition** (ekstrıdîş'ın) *i.* suçluları iade.

ex.tra.dos (ekstrey'dos) *i., mim.* bir kemerin dış çevresi; kemer sırtı, kubbe sırtı, bir kemerin tümsekli yüzeyi.

ex.tra.ga.lac.tic (ekstrıgıläk'tik) *s., astr.* Samanyolu'nun dışında olan.

ex.tra.ju.di.cial (ekstrıcudîş'ıl) *s.* mahkeme veya dava dışı.

ex.tra.mun.dane (ekstrımʌn'deyn) *s.* maddesel evrenin dışında olan.

ex.tra.mu.ral (ekstrımyur'ıl) *s.* şehir veya okul duvarları dışında, okullar arası (karşılaşma).

ex.tra.ne.ous (ikstrey'niyıs) *s.* konu dışı, mevzu harici; dıştan gelen, yabancı, ecnebi. **extraneously** *z.* konu dışı olarak; dıştan gelerek.

ex.traor.di.nar.y (ikstrôr'dıneri, *İng.* ikstrôrd'nıri) *s.* olağanüstü, fevkalade, nadir, garip, müstesna, özel bir durum için görevlendirilmiş. **extraordinar'ily** *z.* fevkalade bir şekilde.

ex.trap.o.late (eksträp'ıleyt) *f., mat.* bir seride bilinen rakamları veya miktarları esas alarak bilinmeyenleri tahmin etmek, mâna çıkarmak. **extrapola'tion** *i.* bilinene dayanan tahmin.

ex.tra.sen.so.ry (ekstrısen'sıri) *s.* bilinen duygulara dayanmayan. **extrasensory perception** altıncı his.

ex.tra.ter.ri.to.ri.al (ekstrıterıtôr'iyıl) *s.* bulunduğu memleketin kanunları dışında.

ex.tra.u.ter.ine (ekstrıyu'tırin) *s., tıb.* rahmin dışında olan veya oluşan.

ex.trav.a.gance, -cy (iksträv'ıgıns, -si) *i.* israf, aşırılık, ifrat, taşkınlık, delilik, saçmalık.

ex.trav.a.gant (iksträv'ıgınt) *s.* tutumsuz, müsrif, aşırı, müfrit, çok pahalı, mübalâğalı, fazla. **extravagantly** *z.* tutumsuzca, aşırı olarak, mübalâğa ile.

ex.trav.a.gan.za (iksträvıgän'zı) *i.* fantezi, zarif ve hayal gücüne dayanan müzik veya piyes.

ex.trav.a.gate (iksträv'ıgeyt) *f.* başıboş dolaşmak; müsrif olmak, haddi aşmak, ileri gitmek.

ex.trav.a.sate (iksträv'ıseyt) *f., tıb.* damarlardan dışarıya kan akıtmak veya akmak. **extravasa'tion** *i.* bu çeşit akma; böyle akan kan.

ex.treme (ikstrim') *s., i.* son derece; müfrit, aşırı; en uçta veya kenarda olan; son; *i.* sınır, bitiş noktası veya çizgisi, kenar, uç; son derece; *mat.* denklem ve seride başlangıç veya bitiş noktası. **extreme case** olağanüstü bir örnek. **go to extremes** ifrata kaçmak, aşırı gitmek. **extremely** *z.* ziyadesiyle, aşırı derecede. **extremeness** *i.* ifrat, aşırılık.

ex.trem.ist (ikstri'mist) *i.* ifrata kaçan kimse, aşırı giden kimse.

ex.trem.i.ty (ikstrem'ıti) *i.* uç, nihayet, son, zirve; hudut, sınır; son derece; aşırı sıkıntı veya tehlike; aşırı davranış veya fikir. **extremities** el ve ayaklar. **resort to extremities** aşırı gitmek.

ex.tri.cate (eks'trıkeyt) *f.* kurtarmak, çıkarmak, açmak, ayırmak. **extricable** (eks'trikıbıl) *s.* kurtarılabilir, çıkarılabilir. **extrica'tion** *i.* kurtarma, kurtulma, çıkarma, ayırma.

ex.trin.sic (ekstrîn'sik) *s.* haricî, dıştan gelen, arızî, esaslı olmayan, geçici; *fels.* dışınlı, özdışlı. **extrinsically** *z.* dıştan, hariçten, arızî olarak.

ex.trorse (ekstrôrs') *s.*, *bot.* dışa bakan, dışa dönen.

ex.tro.ver.sion (ekstrıvır'jın) *i.*, *psik.* ilginin içten dışa dönmesi, çevreyle ilgi kurma.

ex.tro.vert (eks'trıvırt) *i.*, *psik.* dışa dönük karakter, başkalariyle ilgilenen kimse.

ex.trude (îkstrud') *f.* itip çıkarmak, ihraç etmek; suyunu çıkarmak, sıkmak. **extruded rods** yumuşak halde iken deliklerden geçirilen demir çubuklar. **extrusion** *i.*, *mad.* ihraç etme, çıkarma. **extrusive** *s.* ihraç eden; fırlatan, püskürten; *jeol.* püskürük (volkanik kaya).

ex.u.ber.ance (îgzu'bırıns) *i.* coşkunluk, taşkınlık; bolluk.

ex.u.ber.ant (îgzu'bırınt) *s.* coşkun, taşkın; bol, mebzul, bereketli, çok. **exuberantly** *z.* coşkunlukla; bollukla, mebzulen.

ex.u.ber.ate (îgzu'bıreyt) *f.* coşmak, taşkınlık yapmak; taşmak, bereketli olmak, bol bol bulunmak.

ex.ude (îgzud') *f.* ter gibi dışarı vermek veya çıkmak, sızmak. **exuda'tion** *i.* dışarı sızan şey, ter.

ex.ult (îgzʌlt') *f.* (bir zafer sonucu) coşmak, övünmek, sevinç izhar etmek. **exulta'tion** *i.* sevinç, sevinme, övünme.

ex.ur.ban.ite (eksır'bınayt) *i.* şehrin herkesin oturduğu banliyösünden daha uzak ve daha muteber yerinde oturan kimse.

ex.ur.bi.a (eksır'biyı) *i.* şehirden uzak ve zenginlere göre düzenlenmiş banliyölerin topu.

ex.u.vi.ae (îgzu'viyi) *i.*, *çoğ.* böcek ve yılan gibi hayvanların dökülmüş kabuk veya derileri.

ex.u.vi.ate (îgzu'viyeyt) *f.* kabuk dökmek, deri veya tüy dökmek.

ey.as (ay'ıs) *i.* şahin yavrusu.

eye (ay) *i.* göz; *poetry* çeşm, ayn; bakış, nazar, basar; görüş; ince ayrıntıları görme yeteneği; dikkatle bakma, gözetme; göze benzer herhangi bir şey; toplanma noktası; ilmik; ilik; iğne deliği. **-eyed** *s.* gözlü: **blackeyed** siyah gözlü. **Eyes front!** Önüne bak! **eye opener** aydınlatan veya şaşırtan haber veya olay; *A.B.D.*, *argo* sabahları içilen ilk içki, mahmurluk gideren içki. **eye rhyme** imlâsı kafiyeli olup sesçe tam kafiyeli olmayan: **move, love. eye shadow** sürme, far. **a black eye** morarmış göz. **a glass eye** cam göz. **a jealous eye, a green eye** kıskanç göz, kem göz. **an eye for an eye** göze göz, dişe diş. **be all eyes** gözünü dört açmak. **cast sheep's eyes** âşıkane bakmak, hayranlıkla bakmak. **catch one's eye** dikkatini çekmek, gözüne çarpmak. **give one a black eye** bir yumrukta gözünü mosmor etmek, gözünü patlatmak; namusunu lekelemek; itibarını lekelemek. **in the eyes of** gözünde, nazarında. **keep an eye on** dikkat etmek, gözü üstünde olmak. **keep an eye out** veya **peeled** açıkgöz olmak. **make eyes at** âşıkane bakmak, *colloq.* kaş göz etmek. **My eye!** İnanamıyorum! Yok canım! Hadi hadi! **naked eye** yalın göz. **open one's eyes to** uyarmak. ikaz etmek; aydınlatmak. **red eyes** kanlanmış gözler. **see eye to eye** tamamen aynı fikirde olmak. **set eyes upon** görmek. **with an eye to** hesaba katarak, göz önünde tutarak, düşünerek. **with half an eye** kolay bir tahminle, bir bakışta.

eye (ay) *f.* bakmak, süzmek; delmek. **eye narrowly** dikkatle süzmek.

eye.ball (ay'bôl) *i.* göz küresi.

eye.beam (ay'bim) *i.* nazar, bakış.

eye.bolt (ay'bolt) *i.*, *mak.* gözlü cıvata, mapa.

eye.bright (ay'brayt) *i.* göz otu, *bot.* Euphrasia officinalis; fırazya otu; lobelya, frengi otu.

eye.brow (ay'brau) *i.* kaş. **eyebrow pencil** kaş kalemi.

eye.cup (ay'kʌp) *i.* göz banyosu için kullanılan kadeh.

eye.ful (ay'fûl) *i.* göze batan veya göz dolduran herhangi bir şey; *argo* güzel kız, *slang* bir içim su.

eye.glass (ay'gläs) *i.* gözlük; dürbünde göz camı.

eye.glass.es (ay'gläsiz) *i.* gözlük.

eye.hole (ay'hol) *i.* göz çukuru, gözevi; delik, göz.

eye.lash (ay'läş) *i.* kirpik.

eye.less (ay'lîs) *s.* gözsüz, kör.

eye.let (ay'lît) *i.* delik; bir deliğin etrafına geçirilen madenî bilezik; gözcük, göz deliği.

eye.lid (ay'lîd) *i.* göz kapağı.

eye.ser.vice (ay'sırvîs) *i.* göze görünsün diye yapılan iş; hayranlıkla seyretme.

eye.shot (ay'şat) *i.* bakış, nazar; görüş mesafesi, rüyet.

eye.sight (ay'sayt) *i.* görme yeteneği, görme duyusu; görüş mesafesi.

eye.sock.et (ay'sakît) *i.* göz çukuru.

eye.sore (ay'sôr) *i.* göze çirkin görünen şey, çirkin şey.

eye.spot (ay'spat) *i., zool.* bazı aşağı cins hayvanlarda bulunan basit göz.

eye.strain (ay'streyn) *i.* göz yorgunluğu.

eye.tooth (ay'tuth) *i.* köpek dişi, göz dişi.

eye.wash (ay'wôş) *i.* göz banyosu; *argo* göz boyama.

eye.wa.ter (ay'wôtır) *i.* göz banyosu, göz damlası; göz yaşı.

eye.wink.er (ay'wingkır) *i.* kirpik.

eye.wit.ness (ay'witnîs) *i.* görgü şahidi.

ey.rie, ey.ry (e'ri) *i.* kuş yuvası, kartal yuvası.

F

F, f (ef) *i.* İngiliz alfabesinin altıncı harfi; *müz.* fa notası.

F *kıs., kim.* **fluorine,** *mat.* **function,** *foto.* objektif açıklığı nispeti; *müz.* fa anahtarı.

F. *kıs.* **February, Fellow, France, Friday, son.**

f. *kıs.* **feminine, fine, fluid, folio, following, franc, frequency.**

fa.be.ce.ae (fıbä'şiyey) *i., bot.* fasulye familyası. **fabaceous** (fibey'şıs) *s.* fasulye familyasına ait.

Fa.bi.an (fey'biyın) *s., i.* tedbirli, ihtiyatlı; tereddüt eden, geciktiren, Anibal'i yıpratan Quintus Fabius Maximus gibi; İngiltere'de ılımlı sosyalist bir derneğe mensup; *i.* bu derneğin üyesi.

fa.ble (fey'bıl) *i.* masal, içinde hayvanların da insanlar gibi konuşup davrandığı hikâye, fabl; hayal gücüne dayanan hikâye, içinde morali olan hikâye, efsane, mit; yalan.

fa.ble (fey'bıl) *f.* hikâye söylemek, yalan söylemek. **fabled** *s.* efsanevî, meşhur.

fab.li.au (*çoğ.* **-aux**) (fab'liyo, -oz) *i.* manzum masal.

fab.ric (fäb'rîk) *i.* kumaş, bez, dokuma; bünye, nesiç, doku.

fab.ri.cate (fäb'rıkeyt) *f.* imal etmek, parçalarını bir araya getirerek yapmak; uydurmak, yalan söylemek, *slang* atmak. **fabrica'tion** *i.* imal etme; yalan, uydurma. **fab'ricator** *i.* imalâtçı; uyduran veya atan kimse.

fab.u.list (fäb'yılîst) *i.* hayal unsuruna dayanan hikâyeler yazan kimse; yalan uyduran kimse.

fab.u.lous (fäb'yılıs) *s.* inanılmaz, müthiş, mükemmel, fevkalade; uydurma, hayal mahsulü, efsanevi; abartılmış, mübalâğalı. **fabulously** *z., k.dili* inanılmaz mükemmellikte.

fa.çade (fısad') *i.* bir binanın yüzü, cephe; dış görünüş, yalancı görünüş.

face (feys) *i.* yüz, çehre, surat, sima; küstahlık, cüret; (ticari evrakta yazılı olan) asıl değer; ön taraf; (sikke) resimli yüzey; *matb.* yazı; görünüş, üst, düzey, satıh; *mat.* düzey, yüz; *mad.* üzerinde çalışılan tünel duvarı veya sonu. **face card** resimli iskambil kâğıdı. **face down** yüz üstü, yüzü koyun. **face lifting** *tıb.* yüze uygulanan estetik ameliyatı. **face to face** karşı karşıya, yüz yüze. **in the face of** karşısında, dikkate alarak, rağmen. **fly in the face of** karşı gelmek. **have the face** yüzü tutmak, cüret etmek. **lose face** itibarını kaybetmek. **make a face** yüzünü gözünü buruşturmak. **make faces** alay ederek yüzünü gözünü tuhaf şekillere sokmak. **on the face of it** dış görünüşe göre. **pull a**

long face suratını asmak. put a bold face on (zor bir durum) karşısında cesaret göstermek. put a new face on the matter işin şeklini değiştirmek, işe başka cephe kazandırmak. save one's face kabahatini örtbas etmek. show one's face meydana çıkmak, kendini göstermek. to my face yüzüme karşı.

face (feys) f. yüzüne bakmak; yönelmek; karşılamak, karşı karşıya gelmek, yüz yüze gelmek, karşısında olmak; cesaretle karşılamak; *iskambil* kâğıt açmak; kaplamak, astarlamak; taşın yüzünü yontup düzeltmek, düzgünleştirmek; bakmak, dönmek; nâzır olmak, nezareti olmak. face about aksi istikamete dönmek. face down sukût ile veya küstahlıkla hasmını susturmak, karşısındakini sindirmek; yüzükoyun, yüzü alta gelerek. face the music *A.B.D.*, *argo* cezalandırılma ihtimali karşısında yılmamak. face out sonuna kadar dayanmak. face up to cesaretle karşılamak, farkına varmak.

face.plate (feys'pleyt) *i.*, *mak.* tornada düz ayna, torna tezgâhında işin bağlandığı ayna.

face-sav.ing (feys'seyving) *s.* kabahati örten, vaziyeti kurtaran.

fac.et (fäs'ît) *i.* kıymetli taşın yüzeyi, faseta; yön; *zool.* bileşik gözü teşkil eden ufak gözlerden her biri.

fa.ce.ti.ae (fısi'şiyi) *i.*, *çoğ.* nükteli sözler; kaba nüktelerden ibaret kitaplar.

fa.ce.tious (fısi'şıs) *s.* şakacı, latifeci, komikliği üzerinde, tuhaf. facetiously *z.* şakalaşarak, latife ederek.

face value itibarî kıymet.

face.work (feys'wırk) *i.* bina veya duvar cephesine konan mermer gibi şey.

fa.cial (fey'şıl) *s.*, *i.* yüze ait, veçhî; *i.* yüz masajı. facial angle yüz açısı.

fa.ci.es (fey'şîyız) *i.* dış görünüş; *jeol.* kaya birikintilerinin bileşim ve oluşumlarını düzenleyen özelliklerin toplamı; *tıb.* hastalık sırasında yüzün ifadesi.

fac.ile (fäs'ıl) *s.* kolay; sevimli, cana yakın; uysal, kolay inanan, yumuşak huylu; mahir, usta, becerikli.

fa.ci.le prin.ceps (fäs'ıli prin'seps) *Lat.* şüphesiz olarak birinci gelen.

fa.ci.lis de.scen.sus A.ver.no (fäs'ılîs disen'sıs ıvır'no) *Lat.* Cehenneme giden yol kolaydır.

fa.cil.i.tate (fısil'ıteyt) *f.* kolaylaştırmak, teshil etmek.

fa.cil.i.ty (fısil'ıti) *i.* kolaylık, sühulet; fesahat; serbestlik; uzluk, hüner; *ask.* özel bir iş için yapılmış bina. facilities *i.* vasıta, imkân, bina, tesisat.

fac.ing (fey'sîng) *i.* kâplama; kumaşın kenarına geçirilen astar.

fac.sim.i.le (fäksîm'ıli) *i.* faksimile, kopya, suret, aynı, tıpkı; radyo veya telgraf ile resim veya yazı gönderilmesi metodu.

fact (fäkt) *i.* gerçek, hakikat; durum, gösterilen husus veya keyfiyet. fact-finding *s.* delil toplayan (komisyon). accessory after the fact *huk.* cürüm işlendikten sonra suç ortağı olan kimse. in fact gerçekten, hakikaten, filvaki. matter of fact *bak.* matter.

fac.tion (fäk'şın) *i.* hizip, grup, bölüntü; hizipleşme, ihtilaf. factionist *i.* hizipçi, ihtilafçı, partizan. factional *s.* taraftar, ihtilaf çıkaran. factionalism *i.* partizanlık, ihtilâf.

fac.tious (fäk'şıs) *s.* fitneci, fesatçı, ihtilâf çıkaran, hizipçi.

fac.ti.tious (fäktîs'ıs) *s.* yapma, suni, düzme, uydurma, gösterişten ibaret. factitiously *z.* suni olarak, uydurarak. factitiousness *i.* yapma oluş, sunilik.

fac.ti.tive (fäk'tıtiv) *s.*, *gram.* bir nesnenin yanısıra bir de belirleyici tümleç olan fiili gösteren: They made him king. Onu kral yaptılar.

fac.tor (fäk'tır) *i.* sebeplerden biri; *mat.* çarpılanlardan biri; *tic.* bir firmaya borç para veren kimse; *tic.* komisyon alarak satış yapan kimse.

fac.tor (fäk'tır) *f.*, *mat.* çarpanlarını bulmak.

fac.to.ri.al (fäktôr'iyıl) *s.*, *i.*, *mat.* birbirini takip eden çarpanlara ait; *i.* 1'den başlayarak verilen bir sayıya kadar olan ardıl pozitif sayı serisinin çarpımı.

fac.to.ry (fäk'tıri) *i.* fabrika, imalâthane, atölye; *eski* yabancı bir memlekette iş hanı.

fac.to.tum (fäkto'tım) *i.* kâhya, her işi gören memur.

fac.tu.al (fäk'çuwıl) *s.* olaylara dayanan; kelimesi kelimesine, tam. factually *z.* olaylara dayanarak, keyfiyete göre.

fac.u.la (fäk'yılı) *i.* (*çoğ.* -lae) *astr.* güneş yüzündeki parlak nokta.

fac.ul.ta.tive (fäk'ılteytîv) *s.* yetenekli; seçimli, ihtiyarî, mecburî olmayan; bir hassa veya melekeye ait.

fac.ul.ty (fäk'ılti) *i.* hassa, meleke; güç, iktidar, yetenek, kabiliyet, kuvvet; *A.B.D.* bir okulun öğretmen kadrosu; bir üniversitenin öğretim üyeleri (topluca); üniversite dalı, branş, fakülte.

fad (fäd) *i.* toplumca merak, heves, aşırı bir hevesle üstüne düşülen geçici eğlence veya alışkanlık. **faddish** *s.* geçici heves gibi. **faddist** *i.* geçici hevesleri olan kimse.

fade (feyd) *f., i.* solmak, rengi atmak, kurumak, zayıflamak, soldurmak, kuvvetten düşürmek. **fade away, fade out** sönmek, zail olmak, geçmek; (radyo, televizyon) tedricen değişmek. **fade in** tedricen duyulmak veya görünmek (sinema, radyo, televizyon). **fade out** tedricen gözden kaybolmak veya duyulmamak. **fadeless** *s.* solmaz. **fadelessly** *z.* solmayacak şekilde.

fae.ces (fi'siz) *bak.* **feces.**

faer.ie, faer.y (fer'i) *eski, bak.* **fairy.**

fag (fäg) *f.* (**-ged, -ging**), *i.* didinmek, çalışıp yorulmak, uğraşmak; çalıştırıp yormak; uşak gibi çalıştırmak (özellikle İngiltere'de öğrenciler arasında); *i., İng.* üst sınıftaki öğrenciye hizmet eden öğrenci; *A.B.D., argo* homoseksüel erkek. **fag end** kumaşın kötü dokunmuş başı veya sonu; halatın gevşek ucu; işe yaramayan artık şey. **be fagged out** bitkin bir halde olmak, bitap düşmek.

fag.ot (fäg'ıt) *i., f.* ince odun demeti; işlenmek için bağlanmış demir çubuk demeti; *f.* böyle demet yapmak, böyle demet bağlamak.

fag.ot.ing (fäg'ıtîng) *i.* kumaş üzerindeki ajurlu nakış.

Fahr.en.heit (fer'ınhayt) *i., s.* fahrenhayt.

fa.ience (fayans') *i.* fayans, çini.

fail (feyl) *f.* başaramamak, becerememek, muvaffak olamamak, çıkmamak, bitmek, kifayet etmemek; kuvveti kesilmek, zayıflamak; iflâs etmek; kalmak (sınavda), geçememek; boşa çıkarmak, bırakmak, ümidini kırmak; ihmal etmek, yapmamak; sınıfta bırakmak, geçirmemek. **fail-safe** *s.* arızalara karşı otomatik tertibatı olan (mekanizma). **Don't fail to act.** Mutlaka yap. Yapmamazlık etme. **He failed to come.** Gelmedi. **Words fail me.** Söyleyecek söz bulamıyorum. Ne desem bilmem ki! **without fail** elbette, mutlaka.

fail.ing (fey'lîng) *i., s.* kusur, zaaf, ayıp; *s.* zail olan, eksilen.

fail.ing (fey'lîng) *edat* olmadığı takdirde. **failing that** aksi takdirde.

faille (feyl) *i.* kendinden çizgileri olan yumuşak ipekli kumaş.

fail.ure (feyl'yır) *i.* başarısızlık, muvaffakiyetsizlik, beceremeyiş; ihmal, yapmayış; bitme, tükenme, kaybolma; zail olma, zayıflama, inkıraz; iflâs; başarı kazanamayan kimse veya şey.

fain (feyn) *s., z., eski* memnun, istekli, hevesli, arzulu; yükümlü, mecburî; *z.* seve seve. **I would fain go.** Gitmek isterdim; gitmeyi arzularım.

fai.né.ant (fey'niyınt) *s.* tembel, aylak, boş gezenin boş kalfası.

faint (feynt) *s., i.* donuk, belirsiz, zayıf, baygın, gevşek; isteksiz; *i.* baygınlık, bayılma. **fainthearted** *s.* yüreksiz, korkak; mahçup, çekingen. **faintly** *z.* azıcık, hafiften. **faintness** *i.* baygınlık, bayılma, halsizlik.

faint (feynt) *f.* bayılmak, solmak. **faint away** bayılmak, kendinden geçmek.

faints, feints (feynts) *i.* viski veya başka bir içki imal edilirken en son çıkan hafif ve karışık ispirto.

fair (fer) *i.* pazar, panayır, fuar, sergi. **fairground** *i.* panayır meydanı, sergi yeri.

fair (fer) *s.* güzel; hoş, zarif, istenir; saf, temiz, pak; dürüst, haklı, doğru, adil, mubah; sarışın, kumral; orta, vasat, şöyle böyle; uygun, muvafık, müsait; iyi, açık (hava); uğurlu; okunaklı, açık. **fair and square** doğru ve dürüst, haklı. **fair ball** *beysbol* iyi bir top (vuruşta). **fair copy** temiz kopya. **fair-haired** *s.* sarı saçlı; gözde olan. **fair-minded** *s.* makul düşünen. **fair play** tarafsızlık; tarafsız oynama. **fair to middling** *A.B.D., k.dili* orta, fena olmayan. **fair trade** *f., s., tic.* bir malın tenzilâtlı satışını önlemek, damping yaptırmamak; *s.* tenzilâtsız (fiyat). **fair weather** açık hava. **fair-weather friend** iyi gün dostu. **fair wind** uygun rüzgâr. **All's fair in love and war.** Aşkta ve harpte her şey mubahtır. **by fair means or foul** her ne pahasına olursa olsun. **the fair sex** kadınlar, cinsi latif. **fairish** *s.* oldukça iyi, oldukça büyük. **fairly**

z. oldukça; haklı olarak, gereği gibi; müsait olduğu veçhile, uygun bir şekilde; âdeta, tamamen. **fairness** *i.* doğruluk; güzellik. **in all fairness** doğruyu söylemek gerekirse.

fair (fer) *z.* iyi, yolunda, dürüstçe, tam. **fair spoken** herşeyin doğrusunu söyleyen; nazik, tatlı dilli, kandırıcı. **bid fair** bak. **bid. play fair** kurallara göre oynamak, hakça mücadele etmek.

fair.ing (fer'ing) *i., müh.* karenaj; *hav.* kaplama.

fair.way (fer'wey) *i., golf* çimenli yol; bir koy, liman veya ırmağın seyredilebilen kısmı, serbest geçit.

fair.y (fer'i) *i., s.* peri; *argo* homoseksüel erkek, *slang* ibne; *s.* peri gibi, perilere ait. **fairyland** *i.* periler ülkesi, büyülü yer. **fairy-like** *s.* peri gibi, peri elinden çıkmış gibi. **fairy ring** bazen çayırlarda bulunan ve perilerin dansından meydana geldiği farz olunan taze mantar halkası. **fairy tale** peri masalı; inanılmaz hikâye, yalan.

fait ac.com.pli (fetakônpli') *Fr.* emrivaki, olupbitti, oldu bittiye getirme.

faith (feyth) *i.* inanç, itikat, iman; güven, itimat, emniyet, tevekkül; din; sadakat, vefa. **faith cure** itikatla şifa bulma. **faith healer** itikatle hastalığı iyi ettiğini iddia eden kimse. **faith in God** Tanrıya inanış, Allaha iman. **bad faith** kötü niyet, bozuk niyet, hıyanet, samimiyetsizlik. **break one's faith** sözünde durmamak, güvenini sarsmak. **good faith** samimiyet, iyi niyet. **keep one's faith** imanını elden bırakmamak; sözünde durmak. **pin one's faith on** (herhangi bir şeye) bel bağlamak, tamamen güvenmek.

faith.ful (feyth'ful) *s.* mümin, iman sahibi; sadık, vefakâr, doğru, güvenilir, itimada şayan. **faithful to his word** sözüne sadık. **the faithful** müminler, bir dine iman etmiş olanların tümü. **faithfully** *z.* sadakatle, imanla. **faithfulness** *i.* sadakat, iman.

faith.less (feyth'lis) *s.* sadakatsiz, hain, güvenilmez; inanmayan; imansız, dinsiz, kâfir; kararsız. **faithlessly** *z.* sadakatsiz bir şekilde, imansız bir şekilde. **faithlessness** *i.* güvensizlik; imansızlık.

fake (feyk) *s., f., i.* sahte, yapma, uydurma; şarlatan; *f.* uydurmak; *i.* sahte şey, taklit. **faker** *i.* sahtekâr, dolandırıcı, yalancı; seyyar satıcı.

fa.kir (fıkîr') *i.* derviş, fakir, Hint fakiri.

Fa.lange (fey'länc) *i.* bir İspanyol faşist örgütü. **falangist** *i.* İspanyol faşist örgütü üyesi.

fal.cate, -d (fäl'keyt, -ıd) *s.* orak şeklinde, kanca veya çengel şeklinde, hilâl şeklinde.

fal.chion (fôl'çın) *i., eski* pala gibi enli ve ağır kılıç, kılıç.

fal.ci.form (fäl'sıfôrm) *s., anat.* orak şeklinde.

fal.con (fäl'kın) *i.* şahin, sungur, doğan. **falconer** *i.* şahinci, doğancı, avcı. **falconry** *i.* şahin veya doğan ile avlanma; doğancılık, kuşçuluk. **peregrine falcon** alaca doğan, şahin, *zool.* Falco peregrinus. **red footed falcon** kırmızı ayaklı kerkenez, *zool.* Falco vespertinus. **white falcon** aksungur, *zool.* Falco rusticolus.

fal.co.net (fôl'kınıt) *i., tar.* bir çeşit ufak top; Asya'ya mahsus birkaç çeşit doğan.

fal.de.ral, fol.de.rol (fäl'dıräl) *i., eski* şarkılarda kullanılan anlamsız nakarat; boş laf; önemsiz şey, süs.

fald.stool (fôld'stul) *i.* kilisede diz çökmek için kullanılan alçak tabure.

fall (fôl) *f.* **(fell, fallen)** düşmek, dökülmek, yağmak; çökmek; kapanmak, yıkılmak, mahvolmak, ölmek; alınmak, zapt olunmak, düşmek (kale); inmek, azalmak, eksilmek, kesilmek; gelmek, çıkmak, vurmak; tutulmak; duçar olmak; dalmak, başlamak; rastlamak, tesadüf etmek, vaki olmak; ayrılmak, bölünmek, taksim olunmak; doğmak (hayvanlarda). **fall afoul** münakaşa etmek, atışmak; çarpmak. **fall asleep** uykuya dalmak. **fall away** çekilmek; fenalaşmak, gerilemek; zayıflamak. **fall back** geri çekilmek. **fall back on** (güvenilecek bir kimseye veya bir yere) baş vurmak. **fall behind** geri kalmak, arkadan gelmek. **fall down** düşmek. **fall flat** bekleneni elde edememek, karşılığını görememek. **fall for** *A.B.D., argo* aldatılmak; *slang* kesilmek, bitmek; çok beğenmek, bayılmak. **fall in** dizilmek, sıraya girmek; çökmek; yıkılmak; bitmek; uygun gelmek, münasip olmak. **fall in love** âşık olmak. **fall in with** rastgelmek, tesadüf etmek; kabul etmek, muvafakat etmek, uymak. **fall into error** hataya düşmek, yanılmak. **fall off** çekilmek, azalmak, düşmek, bozulmak. **fall off the roof** *argo* âdet görmek, aybaşı olmak. **fall on** gelmek, düşmek; hücum etmek, üstüne düşmek, saldırmak; keşfetmek. **This month the twentieth fell on a**

Friday. Bu ayın yirmisi cumaya rastladı.
fall on one's face *k.dili* yüzüne gözüne
bulaştırmak. **fall on one's feet** dört ayağının
üstüne düşmek, atlatmak, sıyrılmak, başarmak.
fall out kavga etmek, bozuşmak; vaki olmak;
ask. sıradan çıkmak. **fall over** yıkılmak. **fall
over oneself** kendini çok istekli göstermek.
fall prostrate yüzüstü kapaklanmak, ba-
yılıp yere yıkılmak. **fall short (of)** kâfi gel-
memek, eksik gelmek, varmamak, ulaşama-
mak, umduğu gibi çıkmamak. **fall through**
başarı kazanamamak, muvaffak olamamak,
vaz geçilmek. **fall to** yemeğe veya harbe baş-
lamak, girişmek, başlamak. **fall under** altına
düşmek, dahil olmak, girmek. **fall upon** sal-
dırmak, üstüne gelmek. **fallen on evil times**
fena günlere gelmiş. **fallen woman** düşmüş
kadın, fahişe. **falling star** göktaşı. **His eye
fell upon me.** Gözü bana ilişti. **His face
fell.** Suratı asıldı. **It all fell out for the
best.** Sonucu hayırlı oldu. **It fell to my
lot.** Benim payıma düştü. Bana isabet etti.
The plans fell to the ground. Planlar suya
düştü.

fall (fôl) *i.* düşüş, düşme, sukut, iniş; sarkma;
yıkılma, çökme, inkıraz; yağış; bir defada
yağan yağmur miktarı, düşüş mesafesi, fiyat-
ların düşmesi, ucuzlama; dökülme, akma; son-
bahar, güz; aynı mevsimde veya aynı zamanda
doğan kuzular, hayvanların doğması; meyil,
yamaç, yokuş aşağı; zapt olunma; düşürme,
yıkma; güreşte düşüş; elbise fırfırı; *gen. çoğ.*
çağlayan, şelâle. **fall guy** başkasının cezasını
çeken kimse; dolandırıcılık ve şakada kurban
edilen kimse. **fall of man, the Fall** Hz. Âdem
ve Havva'nın işlediği günah ve sonuçları. **fall
of the hammer** açık artırma ile yapılan sa-
tışlarda malın satıldığını bildiren çekiç darbesi.
He is riding for a fall. Belâsını arıyor.

fal.la.cious (fıley'şıs) *s.* boş, yanlış, çürük, aslı
esası olmayan, yalan, yanıltıcı, aldatıcı, temel-
siz. **fallaciously** *z.* esası olmadan, boşuna,
yanlış olarak. **fallaciousness** *i.* yanlışlık, asıl-
sızlık, temelsizlik.

fal.la.cy (fäl'ısi) *i.* yanlış fikir, aldatıcı kavram,
sahte görünüş; aldatma, hile, yanlışlık, yanlış,
hata, temelsizlik; *man.* safsata, mantık kural-
larına aykırı gelen sav. **pathetic fallacy**
insanlara has duyguların doğal belirtilere mal-
edilmesi ("insafsız deniz" gibi).

fal.lal (fäl.läl') *i.* süslü şey, süs. **fallalery** *i.*
süs eşyaları, gösterişli şeyler, biblo.

fall.en [1] (fô'lın) *bak.* **fall.**

fal.li.ble (fäl'ıbıl) *s.* yanılabilir, hataya düşebilir,
yanlış olabilir. **fallibil'ity** *i.* yanılma payı.
fal'libly *z.* yanılarak, hata ederek.

Fal.lo.pi.an tube (fılo'piyın) *anat.* dölyatağı
borusu.

fall-out (fôl'aut) *i.* nükleer bir patlama sonucu
meydana gelen radyoaktif zerrelerin atmos-
ferde aşağı doğru inmesi.

fal.low (fäl'o) *i., s., f.* nadas olarak dinlendirilen
arazi, nadas; dinlendirilecek tarlayı sürme, na-
das etme, canlıların hamile olmadığı devir;
s. nadasa bırakılmış, ekilmemiş; *f.* dinlendiri-
lecek tarlayı sürmek, nadas etmek. **lie fal-
low** boş kalmak. **fallow crop** nadas yerine
ekilen ekin. **green fallow** tarlayı boş bırak-
mayıp ekilen şalgam ve pancar gibi yeşil
yapraklı bitki. **naked fallow** nadas.

fal.low (fäl'o) *s.* açık sarı; deve tüyü rengi.
fallow deer Avrupa'ya mahsus açık   sarı
renkte bir çeşit küçük geyik.

false (fôls) *s., z.* sahte, yapma, taklit, yanlış,
hatalı; yalan, asılsız, aslı esası olmayan, ya-
lancı; hakikatsiz, vefasız, hain; güvenilmez;
mak. kuvvetlendirmek veya muhafaza etmek
için konulan (parça); *müz.* ahenksiz, yanlış;
z. hile ile; yalan söyleyerek; hata ederek;
sadakatsizlikle. **false bottom** sahte dip, gizli
dip (sandık veya çekmece). **false colors** sah-
te hüviyet. **false face** maske. **false-heart-
ed** *s.* hain, sadakatsiz. **false horizon** yapma
ufuk. **false keel** *den.* kontra omurga. **false
pretenses** aldatma niyetiyle sahte davranış.
false representation maksatlı yalanlar se-
risi. **false step** yanlış adım, sürçme, hata.
false teeth takma diş, protez. **play false**
aldatmak, ihanet etmek. **falsely** *z.* yalan
olarak. **falseness** *i.* yalan, sahtelik.

false.hood (fôls'hûd) *i.* yalan.

fal.set.to (fôlset'o) *i., s., müz.* (erkekte) yüksek
perdeden ses, kafa sesi; böyle sesle şarkı
söyleyen kimse; *s.* böyle sesli.

fals.ies (fôl'siz) *i., k.dili* göğüsleri dolgun gös-
termek için sutyen içine doldurulan pamuk.

fal.si.fy (fôl'sifay) *f.* tahrif etmek, bozmak, kalpa-
zanlık etmek; yalan olduğunu söylemek; *huk.*
aslı olmadığını ispat etmek. **falsifica'tion**

i. tahrif, sahtesini yapma, taklit. **falsifier** *i.* düzenbaz kimse, yalancı; tahrifçi kimse; kalpazan kimse.

fal.si.ty (fôl'siti) *i.* yalan oluş, doğru olmayış, yanlış oluş.

falt.boat (falt'bot) *i.* portatif bot.

fal.ter (fôl'tır) *f.* sendelemek, sürçmek; kekelemek, sarsılmak; tereddüt etmek, duraklamak; tereddütle söylemek. **falteringly** *z.* tereddütle, kekeleyerek.

fam. *kıs.* **familiar, family.**

fame (feym) *i.* şöhret, nam, ün.

fa.mil.ial (fımîl'yıl) *s.* aileye ait, aileden geçmiş.

fa.mil.iar (fımîl'yır) *s.*, *i.* aşina, bilen, malumatı olan, haberdar olan; tanınan, bilinen; teklifsiz, mahrem, samimî; lâubali, arsız; *i.* teklifsiz dost, arkadaş; aile ferdi; hizmetçi; cin, ruh. **familiar spirit** bir insanın hizmetinde olduğu farzedilen cin veya ruh. **get familiar with** küstahça davranmak. **familiarly** *z.* teklifsizce, dostça, samimî olarak.

fa.mil.i.ar.i.ty (fımîliyer'ıti) *i.* iyice tanıma, bilme, aşinalık, teklifsizlik, hususiyet, alışkanlık, ünsiyet; *gen. çoğ.* davranışlarda serbestlik, arsızlık, lâubalilik.

fa.mil.iar.ize (fımîl'yırayz) *f.* alıştırmak, tanıtmak; tanımak, ilişki kurmak. **familiarize oneself with poetry** şiirle aşinalık peyda etmek.

fam.i.ly (fäm'li, fäm'ıli) *i.* aile; zürriyet, kabile, akraba; çoluk çocuk, ev bark; fasile, cins, tür. **family Bible** bir ailenin önemli günlerini kaydettiği içinde boş sayfaları bulunan büyük boy Kitabı Mukaddes. **family circle** aile çevresi, aile muhiti; tiyatroda üst balkon. **family man** ev bark sahibi, aile babası. **family name** soyadı. **family skeleton** aile sırları. **family tree** aile kütüğü, şecere, soyağacı. **in a family way** *k.dili* gebe, hamile.

fam.ine (fäm'în) *i.* kıtlık, açlık.

fam.ish (fäm'îş) *f.* aç kalmak, açlıktan ölmek; açlıktan öldürmek; aç bırakmak.

fa.mous (fey'mıs) *s.* ünlü, meşhur, tanınmış, maruf; belli; *eski, h. dili* iyi. **famously** *z.* meşhur olarak; *h. dili* mükemmel.

fam.u.lus (fäm'yılıs) *i.* (*çoğ.* -li) *Lat.* bir âlimin veya sihirbazın uşağı.

fan (fän) *i.* yelpaze; pervane, pervane kanadı; vantilatör; yelpaze şeklindeki herhangi bir şey,

yeldeğirmeninin iri kanatlarını rüzgâr yönünde tutmaya mahsus arka kanat. **fanlight** *i., mim.* kapı üstündeki açık yelpaze şeklinde pencere. **fantail** *i.* yelpaze kuyruklu kuş; böyle kuyruğu olan güvercin; yelpaze kuyruklu akvaryum balığı; geminin kıçı. **fan tracery** yelpaze şeklindeki kemer süsü. **fan vaulting** yelpaze şeklindeki kemer. **electric fan** vantilatör. **exhaust fan** aspiratör.

fan (fän) *f.* (**-ned, -ning**) hava vermek, yelpazelemek; savurmak; esmek, serinletmek; rüzgârın önüne katılmış gibi yavaş yavaş hareket etmek; yelpaze gibi açılmak; *beysbol* vuruş olmadığı için oyunu kaybetmek. **fan the flames** kışkırtmak, tahrik etmek, körüklemek.

fan (fän) *i., h. dili* hayran veya düşkün kimse, meraklı kimse. **sport fan** spor tiryakisi. **movie fan** sinema meraklısı.

fa.nat.ic (fınät'îk) *s., i.* aşırı derecede bir parti veya din meraklısı; mutaassıp; müfrit, aşırı, ölçüsüz; *i.* aşırı fikirleri olan kimse. **fanatical** *s.* aşırı, müfrit, ölçüsüz olarak. **fanatically** *z.* aşırı bir bağlılıkla, sabit fikirle; tutuculukla, taassupla. **fanaticize** *f.* tutuculuğa sevketmek. **fanaticism** *i.* tutuculuk, taassup, aşırılık.

fan.cied (fän'sid) *s.* hayal mahsulü olan, muhayyel.

fan.ci.er (fän'siyır) *i.* merak sahibi; meraklı.

fan.ci.ful (fän'sîfıl) *s.* gerçekten uzak, kaprisli, hayalperest, hayal peşinde koşan. **fancifully** *z.* hayal mahsulü olarak. **fancifulness** *i.* hayale dayanma.

fan.cy (fän'si) *i., s.* hayal, düş, imge; merak, kuruntu; kapris; meyil, sevgi; zevk; zihinde yaratılan bir kavram, mefhum; *s.* fantazi, süslü; hayale dayanan, keyfî; yüksek kaliteli (meyva) ifrat derecesinde. **fancy dress** fantazi elbise, karnaval kıyafeti. **fancy dress ball** maskeli balo, kıyafet balosu. **fancy-free** *s.* âşığı olmayan. **fancy woman** fahişe. **fancywork** *i.* el işi, işleme. **catch the fancy of** hoşuna gitmek, beğenilmek. **take a fancy to** beğenmek, sevmek, meyletmek.

fan.cy (fän'si) *f.* hayal etmek, tasavvur etmek, kurmak; beğenmek, sevmek; zannetmek, tahmin etmek, neslini ıslah etmek için hayvan yetiştirmek. **Fancy! Fancy that!** Takdir sizindir! Acaba! Yok canım!

fan.dan.go (fändäng'go) *i.* (*çoğ.* -**gos**) hareketli bir İspanyol dansı, bu dansın müziği.

fane (feyn) *i.* mabet, küçük mabet.

fan.fare (fän'fer) *i., müz.* nefesli çalgıların hep birden çaldıkları coşkun parça; fanfar.

fan.fa.ron.ade (fänfırıneyd') *i.* övünme, atma, farfaralık.

fang (fäng) *i.* hayvanın azı dişi; yılanın zehirli dişi; dişin kökü; pençe. **fanged** *s.* dişli, azılı. **fangless** *s.* dişsiz (hayvan).

fan.ny (fän'i) *i., A.B.D., k.dili* but, kaba et.

fan-tan (fän'tän) *i.* Çin'e mahsus ve parayla oynanan bir kâğıt oyunu; bir çeşit kâğıt oyunu.

fan.ta.si.a (fäntey'ji) *i., müz.* fantezi.

fan.tasm *bak.* **phantasm.**

fan.tast (fän'täst) *i.* hayalperest, hayal peşinde koşan kimse, garip fikirleri veya üslubu olan kimse.

fan.tas.tic (fäntäs'tik) *s., i.* garip, tuhaf, acayip; mantıksız; hayalî, gerçekten uzak; kaprisli, hayalperest; *i.* hayalî ve garip fikirleri olan kimse; süs düşkünü. **fantastical** *s.* hayalî; fantezi seven. **fantastically** *z.* aşırı derecede; acayip bir şekilde.

fan.ta.sy, phan.ta.sy (fän'tızı) *i.* hayal, fantezi, kapris; hülya, kuruntu, garip fikir, garabet; *müz.* fantezi.

fan.toc.ci.ni (fantıçi'ni) *i., çoğ.* kukla oyunundaki bebekler; kukla oyunu.

far (far) *z., s.* uzak; *s.* uzak, uzun; daha uzun olan; ilerlemiş. **far and away** pek çok. **far and near, far and wide** her yerde. **Far be it from me.** Allah esirgesin. Bana göre değil. Ben yapmam. **few and far between** seyrek. **Far East** Uzak Doğu. **Far from it.** Ne münasebet. Bilâkis. Hâşa! **far-gone** *s.* çok hasta, çok ilerlemiş, çok deli, çok sarhoş. **far off** çok uzak; dalgın. **far West** uzak Batı, özellikle A.B.D.'nin Batı eyaletleri. **a far cry** büyük fark. **as far as he is concerned** ona kalırsa, ona sorarsan. **by far** büyük bir farkla. **go far** ileri gitmek, çok dayanmak, tesirli olmak. **He will go far.** Başaracak. **how far** nereye kadar. **So far so good.** Her şey yolunda.

far.ad (fer'ıd) *i.* elektrik kuvvetini ölçmeye mahsus bir ölçü birimi, farad. **faradiza'tion** *i., tıb.* endüklenmiş elektrik akımıyla tedavi usulü.

farce (fars) *i., tiyatro* gülünçlü tiyatro oyunu, fars; maskaralık, saçma.

farce (fars) *f.* saçma sapan sözlerle süslemek.

far.ceur (farsır') *i., Fr.* şakacı, muzip; gülünçlü tiyatro oyunu yazan veya oynayan kimse.

far.ci.cal (far'sikıl) *s.* gülünç, tuhaf, maskaralık kabilinden.

far.cy (far'si) *i., bayt.* atlara mahsus bir çeşit çıban.

fare (fer) *i.* yol parası, bilet ücreti; navlun; yolcu, kayık veya araba yolcusu; yiyecek. **bill of fare** yemek listesi. **full fare** tam bilet; tam navlun. **half fare** yarım bilet; yarım navlun. **plentiful fare** bol yemek. **poor fare** kötü yemek.

fare (fer) *f., eski* olmak, vaki olmak; başından geçmek; yemek yemek; geçinmek, yemek temin etmek; *eski* yolculuk etmek. **Fare ye well.** Uğurlar olsun, selâmetle. **fare forth** yola çıkmak. **fare ill** işleri yolunda gitmemek. **fare sumptuously** bol bol yiyip içmek, sefa sürmek.

far-famed (farfeymd') *s.* çok meşhur, şöhreti çok yaygın.

far.fetched (farfeçt') *s.* tabiî olmayan, zorlanmış, zoraki.

fare.well (ferwel') *ünlem, i., s.* Uğurlar olsun, Güle güle. *i.* ayrılma, gitme; veda, geçirme, uğurlama; *s.* son, ayrılma. **farewell dinner** veda yemeği.

far-flung (farflʌng') *s.* çok yaygın, uzak yerlere yayılmış.

fa.ri.na (fırı'nı) *i.* mısır unu, irmik, nişasta.

far.i.na.ceous (feriney'şıs) *s.* un kabilinden, un gibi, nişastalı, irmikli.

far.i.nose (fer'ınos) *s.* un veren; *bot., zool.* una bulanmış gibi beyaz tozla kaplı.

farm (farm) *i.* çiftlik, tarla; su altında kabuklu deniz hayvanları yetiştirmek için ayrılan saha; *beysbol* idman takımı; *eski* bir belediye veya mıntıkadan tarhedilen vergi; *eski* bu verginin mültezimliği. **farm hand** çiftlik amelesi, rençper.

farm (farm) *f.* ekmek, ekip biçmek, çiftçilik etmek; iltizam etmek, kira ile tutmak; fakir bir kimseye para ile bakmak için anlaşmak; **out** *ile, tic.* mültezime vermek, kiraya vermek, icara vermek; *beysbol* idman takımına yerleştirmek. **farming** *i.* çiftçilik.

farm.er (far'mır) *i.* çiftçi; çiftlik sahibi veya kiracısı. **farmer-general** eski Fransa'da mültezim.

farm.house (farm'haus) *i.* çiftlik evi.

far.most (far'most) *s.* en uzak.

farm.stead (farm'sted) *i.* çiftlik ve içindeki binalar.

farm.yard (farm'yard) *i.* çiftlik avlusu, çiftlik binaları arasındaki meydan.

far.o (fer'o) *i.* bütün oyuncuların kâğıdı dağıtana karşı oynadıkları bir çeşit iskambil oyunu.

far-out (faraut') *s., A.B.D., argo* makbul, geçerli; bilgili; tatminkâr.

far.ra.go (fırey'go) *i.* karmakarışık şey.

far-reach.ing (far'ri'çing) *s.* uzaklara erişen, şümullü, geniş kapsamlı, geniş mikyasta.

far.ri.er (fer'iyır) *i., İng.* nalbant, orduda baş nalbant; baytar. **farriery** *i.* nalbantlık.

far.row (fer'o) *i., s., f.* bir batında doğan domuz yavruları; *s.* yavrulamayan (inek); *f.* yavrulamak (domuz).

far.see.ing (far'si'ying) *s.* uzağı gören, basiret sahibi.

far.sight.ed (far'saytid) *s.* uzağı iyi gören; *tıb.* hipermetrop.

fart (fart) *i., f., kaba* yellenme, osuruk; *f.* yellenmek, osurmak.

far.ther (far'dhır) *s., z.* daha uzak, daha uzun, öteki, ötedeki; *z.* daha uzakta, daha ötede, daha ilerde; daha uzağa, daha fazla; bundan başka, ayrıca, buna ilâveten. **farthermost** *s.* en uzak, en ötede, en ileride; *bak.* **further.**

far.thest (far'dhîst) *s.* en uzak; un uzun; *z.* en uzakta, en ötede, en ilerde, en uzağa; *bak.* **furthest.**

far.thing (far'dhîng) *i.* çeyrek peni (eski bir İngiliz parası). **It isn't worth a farthing.** Beş para etmez.

far.thin.gale (far'dhînggeyl) *i.* eskiden kadınların giydiği çemberli etek veya iç eteği, jüpon, eteği kabartmak için alttan takılan çember.

fas.ces (fäs'iz) *i., çoğ.* eski Roma'da bazı hâkimlerin önü sıra taşınan ve ortasında cellat baltası olan değnek demeti, hâkimlik sembolü.

fas.ci.a (fäş'ıyı) *i. (çoğ. -ci.ae) anat.* kas ve iç organları saran veya bağlayan ve deri altında bir tabaka meydana getiren liflerden oluşmuş bağdoku; *zool.* geniş ve belirli renkli hat; şerit, kemer, sargı; *mim.* müstevî bant, yatay bant.

fas.ci.at.ed (faş'iyeytıd) *s.* şeritli, kemer veya sargı ile bağlı; *bot.* bir çok dalların birleşmesinden meydana gelmiş ve yassılaşmış; renk renk çizgileri olan.

fas.ci.cle (fäs'ikıl) *i.* küçük demet, salkım, fasikül, cüz, kısım. **fascicular** *s.* salkımlı; kısım kısım, bölümleri olan.

fas.ci.nate (fäs'ıneyt) *f.* büyülemek, teshir etmek; meftun etmek, hayran bırakmak. **fascinating** *s.* cazip, çekici, büyüleyici, meftun edici. **fascina'tion** *i.* büyüleme, teshir, cazibe. **fas'cinator** *i.* büyüleyici veya çekici şey; bir çeşit eşarp.

fas.cine (fäsin') *i., ask.* harpte bazı hafif istihkâmlarda kullanılan çalı demeti.

fas.cism (fäş'îzım) *i.* faşizm. **fascist** *i., s.* faşist, faşist parti üyesi veya taraftarı; *s.* bu parti ile ilgili, faşist.

fash.ion (fäş'ın) *i., f.* moda, âdet, usul, kılık, biçim, şekil; tarz, üslûp; davranış; kibar sınıf hayatı; üst tabaka, yüksek zümre; *f.* yapmak, şekil vermek. **fashion to** uydurmak. **fashion plate** en son modayı izleyen kimse; elbise modeli. **after veya in a fashion** şöyle böyle. **after the fashion of** gibi, tarzında. **out of fashion** modası geçmiş, demode. **set the fashion** modada öncülük etmek. **the latest fashion** en son moda.

fash.ion.a.ble (fäş'ınıbıl) *s.* modaya uygun, kibar kimseler arasında revaçta olan. **fashionably** *z.* modaya uygun olarak.

fast (fäst) *f., i.* oruç tutmak, perhiz etmek; *i.* oruç, perhiz; oruç süresi. **fast day** oruç günü, perhiz günü. **break one's fast** orucu açmak, oruç bozmak, perhiz bozmak; kahvaltı etmek.

fast (fäst) *s., z.* çabuk, tez, seri, süratli; ileri; ahlâksız, eğlenceye düşkün; sıkı, sabit, yerinden oynamaz, çıkmaz; sadık; metin, dayanıklı, solmaz; derin (uyku); *z.* çabuk, süratle; sıkıca, sıkı olarak; tamamen, derin bir şekilde; yakında, yanında. **fast color** solmayan renk, sabit renk. **fast friend** yakın dost, sadık dost. **fast shut** sımsıkı kapalı. **fast track** *spor* düzgün koşu sahası. **live fast** ahlâksızca yaşamak, çılgınca bir hayat sürmek, hızlı yaşamak. **play fast and loose** riyakârlık etmek; iki yüzlülük etmek. **fast asleep** derin uykuya dalmış. **hold fast** sıkıca tutmak, yapışmak; dayanmak.

fas.ten (fäs'ın) f. bağlamak, açılmayacak surette kapamak, sürmelemek, tutturmak; dikmek, ayırmamak (gözünü); üzerine atmak. **He fastened his eyes on her.** Gözlerini ona dikti. **fastener** i. bağlayan şey, bağ, toka, bağlaç. **fastening** i. kapalı tutan şey, raptiye, sürgü, toka.

fas.tid.i.ous (fästîd'iyıs) s. titiz, müşkülpesent. **fastidiously** z. titizlikle. **fastidiousness** i. titizlik, müşkülpesentlik.

fas.tig.i.ate, -ated (fästic'iyît, -iyeyt, -iyeytid) s., bot. dik olarak aynı düzlemde biten (dallar), koni şeklinde (servi, kavak); zool. koni şeklindeki demet gibi.

fast.ness (fäst'nîs) i. metanet; kale, istihkâm, emin yer; sağlamlık; sürat.

fat (fät) s. (-ter, -test) i. şişman, slang şişko; semiz, yağlı; bol ve iyi; bereketli; kârlı; dolgun; kalın; i. yağ; bereketli ürün; semizlik. **fat cat** A.B.D., argo zengin adam; seçim öncesi partisine maddî yardımda bulunan kimse. **a fat chance** A.B.D., argo çok zayıf bir ihtimal, imkânsızlık. **fathead** i. aptal kimse. **fat lime** halis kireç, kolay sönen kireç. **fat-witted** s. ahmak. **chew the fat** argo konuşmak. **live off the fat of the land** her şeyin iyisiyle geçinmek. **The fat is the fire.** Kıyamet kopacak. İş patlak verecek. **kill the fatted calf** samimî karşılamak (uzun bir ayrılıktan sonra dönen kimseyi).

fa.tal (fey'tıl) s. öldürücü, mahvedici, yok edici; talihsizlik getiren; kadere bağlı, mukadder, önüne geçilemeyen. **fatally** z. öldürücü bir surette, ölecek derecede; kadere bağlı olarak.

fa.tal.ism (feyt'ılizm) i. kader ve kısmete boyun eğme, tevekkül; her şeyi kadere bağlama inancı, fatalizm, kadercilik.

fa.tal.ist (feyt'ılist) i. her şeyi kader ve kısmete bağlayan kimse, fatalist. **fatalistic** s. her şeyi talih veya kadere bırakan. **fatalistically** z. mukaddarata bırakarak.

fa.tal.i.ty (feytäl'ıti) i. kaza sonucu olan ölüm; felâket, musibet, uğursuzluk; kader, kısmet. **fatalities** i. ölenler.

fa.ta mor.ga.na (fa'tı môrga'nı) (özellikle Messina Boğazında görülen) serap.

fate (feyt) i. kader, takdir, kısmet, talih; ecel, helâk, ölüm; akıbet, encam. **the Fates** kader tanrıçaları. **fated** s. kadere dayanan, kadere bağlı; mahvolmaya mahkûm.

fate.ful (feyt'fıl) s. mukadderatı tayin eden, mukadder, kaçınılmaz; tarihî önem taşıyan; meşum. **fatefully** z. kaçınılmaz bir surette, mukadder olarak; meşum bir şekilde.

fa.ther (fa'dhır) i. baba, peder; ata, cet, soy, icat eden kimse, bani, pîr; b.h. Cenabı Hak, Allah; kil., b.h. papaz; çoğ. büyükler, ihtiyarlar. **father confessor** günah çıkaran papaz. **father-in-law** i. kayınpeder. **father of lies** Şeytan. **Holy Father** Papa. **the Church Fathers** Hıristiyanlığın ilk asırlarındaki dinî metinleri kaleme alan yazarlar. **fatherhood** i. babalık sıfatı, babalık. **fatherless** s. babasız, yetim. **fatherliness** i. babacan tavırlar. **fatherly** s., z. baba gibi, babacan.

fa.ther (fa'dhır) f. babası olmak; vücuda getirmek, icat etmek; oğul olarak kabul etmek; babaca davranmak. **father on** isnat etmek, atfetmek, yüklemek (bir kitabı, bir yazara).

fa.ther.land (fa'dhırländ) i. anavatan, yurt.

fath.om (fädh'ım) i. kulaç (uzunluk ölçü birimi).

fath.om (fädh'ım) f. iskandil etmek; etraflıca anlamak. **fathomable** s. anlaşılabilir; iskandil olunabilir. **fathomless** s. dibine erişilmez, pek derin; anlaşılmaz.

fa.tid.ic (fıtid'ik) s. kehanet kabiliyeti olan, gaipten haber veren, geleceği önceden haber verebilen.

fa.tigue (fıtig') i., f. yorgunluk, bitkinlik; zahmet, meşakkat, ağır iş; mak. eskime, dayanıklığı kaybetme; ask. kışla hizmeti; çoğ., ask. kışla hizmeti sırasında askerlerin giydiği kalın ve dayanıklı elbise; f. yormak, yorgunluk vermek; mak. dayanıklığını kaybettirmek.

fat.ling (fät'ling) i. besili hayvan, semiz hayvan.

fat-sol.u.ble (fät'sal'yıbıl) s., kim. yağ içinde eriyebilen (vitamin).

fat.ten (fät'ın) f. semirtmek, şişmanlatmak; gübrelemek; şişmanlamak, semirmek.

fat.ty (fät'i) s., i. şişman, semiz, yağlı; gübreli; i., aşağ. şişko, dobiş. **fatty acid** kim. gliserid yapan asit, yağ asidi. **fatty compounds** kim. yağlı bileşimler. **fatty degeneration** tıb. yağ dejenerasyonu, olağanüstü şişmanlık. **fatty tissue** anat. yağ dokusu. **fattish** s. şişmanca, oldukça toplu.

fa.tu.i.ty (fıtu'wıti) i. ahmaklık, aptallık, budalalık, akılsızlık.

fat.u.ous (faç'uwıs) s. ahmak, aptal, budala. **fatuously** z. ahmakça, budalaca.

fau.bourg (fo'bûrg) *i.* varoş, şehir dışındaki mahalle, banliyo.

fau.cal (fô'kıl) *s.* boğaza ait.

fau.ces (fô'siz) *i., çoğ., anat.* boğaz; *zool.* helezoni deniz kabuğu ağzının içi.

fau.cet (fô'sit) *i.* musluk.

faugh (fô) *ünlem* Püf! Aman! Ne fena! Berbat! Üf be!

fault (fôlt) *i., f.* kusur, kabahat, hata, yanlış; eksiklik, ayıp; *spor* faul, hata; *jeol.* fay, çatlak; *f.* kusur bulmak, kınamak, ayıplamak, takbih etmek; tenkit etmek; suçlamak, itham etmek; *jeol.* fay husule getirmek. **faultfinder** *i.* tenkitçi, her şeye kusur bulan kimse. **be at fault** kabahatli olmak. **find fault with** kusur bulmak. **net fault** *spor* net hatası, ağ hatası. **through no fault of** kabahati olmadan, hiç bir suçu yokken. **to a fault** aşırılıkla, ifratla. **faultless** *s.* kusursuz, mükemmel. **faultlessly** *z.* kusursuz bir şekilde, mükemmelen. **faultlessness** *i.* kusursuzluk, mükemmellik.

fault.y (fôl'ti) *s.* kusurlu, sakat, bozuk, yanlış. **faultily** *z.* hatalı olarak.

faun (fôn) *i., mit.* yarısı keçi yarısı insan olduğuna inanılan bir ilâh.

fau.na (fô'nı) (*çoğ.* -nae, faunas) *i.* fauna, direy, bir memlekete veya bir jeoloji devrine ait hayvanların topu; bu hayvanlar hakkında yazılmış eser.

fau.teuil (fo'til) *i., Fr.* koltuk.

faux pas (fo pa') *Fr.* kusur, kabahat, pot, toplum kurallarına aykırı davranış. **make a faux pas** pot kırmak, çam devirmek, kusurlu bir davranışta bulunmak.

fa.vor (fey'vır) *i.* yararlı bir yardım; teveccüh, güleryüz gösterme, lütuf, kerem; iltimas, kayırma, himmet; taraf tutma, himaye; iltifat; sima, çehre, yüz; ufak hediye, armağan; *çoğ.* cinsî münasebet için müsaade etme. **ask a favor** ricada bulunmak. **bestow favors on** ayrıcalık tanımak, iltifat etmek. **curry favor** yaltaklanarak kendini sevdirmeye çalışmak. **do a favor** ufak bir yardımda bulunmak. **favorless** *s.* sevimsiz, tutulmayan. **in favor of** lehinde, taraftarı; *tic.* emrine (çek). **out of favor** gözden düşmüş.

fa.vor (fey'vır) *f.* müsamaha etmek, tarafını tutmak, iltimas yapmak, kayırmak, himaye etmek, işini kolaylaştırmak; onaylamak, tasdik etmek, tercih etmek; benzemek; dikkat etmek; lütuf göstermek; göz yummak. **most favored nation clause** diğer ülkelere tanınan kolaylıkları anlaşmayı imzalayan tarafa da sağlayan şart.

fa.vor.a.ble (fey'vırbıl) *s.* uygun, müsait, elverişli, münasip; lütufkâr; taraftar, lehte; güzel. **favorably** *z.* lehinde, taraftar, iyi, yolunda.

fa.vor.ite (fey'vırit) *i., s.* çok sevilen kimse veya şey; sevgili, gözde; *spor* kazanması beklenen yarışçı; *s.* çok sevilen. **favorite son** *pol.* kendi seçim bölgesince başkanlığa aday gösterilen kimse. **a favorite with** tarafından sevilen, tercih edilen. **favoritism** *i.* taraf tutma, adam kayırma.

fa.vus (fey'vıs) *i., tıb.* kel hastalığı.

fawn (fôn) *i., s., f.* karaca veya geyik yavrusu; açık kahverengi; *s.* bu renkten olan; *f.* doğurmak, yavrulamak (geyik, karaca). **fawn color** açık kahverengi. **in fawn** gebe (geyik).

fawn (fôn) *f.,* **on** *ile* yaltaklanmak, yüz suyu dökmek, dalkavukluk etmek. **fawningly** *z.* yaltaklanarak.

fax (fäks) *f.* faksimile olarak kopya etmek.

fay (fey) *i.* peri.

faze (feyz) *f., A.B.D., k.dili* telâşa düşürmek, iki ayağını bir pabuca sokmak; düşündürmek.

F.B.I. *kıs.* **Federal Bureau of Investigation.**

fe.al.ty (fi'yılti) *i.* sadakat, Avrupa derebeyliğinde efendiye sadakat. **swear fealty** bi'at etmek, sadakat yemini etmek.

fear (fir) *i.* korku, dehşet; kuruntu, endişe, vehim. **fear of God** Allah korkusu. **for fear of** korkusundan. **fearless** *s.* korkusuz, gözü pek, yılmaz. **fearlessly** *z.* korkusuzca, yılmadan. **fearlessness** *i.* korkusuzluk, gözü pek oluş.

fear (fir) *f.* korkmak. **Never fear.** Korkma, öyle bir tehlike yok.

fear.ful (fir'fıl) *s.* korku veren, korkunç; korkak; heybetli; dehşetli; çok fena. **fearfully** *z.* korkarak; korkunç derecede, müthiş bir şekilde. **fearfulness** *i.* korkaklık, ödleklik.

fear.naught (fir'nôt) *i.* bir çeşit kalın yünlü kumaş, bu kumaştan yapılmış palto.

fear.some (fir'sım) *s.* dehşetli, korkunç; korkak.

fea.sance (fi'zıns) *i., huk.* bir vazifenin icrası.

fea.si.ble (fi'zıbıl) *s.* mümkün, yapılabilir, tatbik edilebilir; uygun, münasip, yakışık alır; ihtimal dahilinde, muhtemel, makûl. **feasibleness, feasibil'ity** *i.* uygulama imkânı, tatbik kabi-

liyeti. **feasibility study** ön hazırlık çalışması.
feasibly z. mümkün olacak surette.
feast (fist) i., f. ziyafet; bayram, yıl dönüşümü,
yortu; f. ziyafette yemek yemek, bol bol yemek;
ziyafet vermek; sevindirmek. **feast one's
eyes on** gözlerine zifayet çekmek, doya doya
bakmak. **movable feast** her yıl değişik bir
tarihe rastlayan yortu.
feat (fit) i. başarı, maharet gösteren olay. **feat
of arms** kahramanca iş.
feath.er (fedh'ır) i. tüy, kuş tüyü; okun arka
ucundaki tüy, yelek; püskül. **feather bed**
kuş tüyü yatak. **a feather in one's cap**
iftihar edilecek başarı. **birds of a feather**
aynı huya sahip kimseler. **in high feather**
neşeli. **fur and feather** av hayvanları ve
kuşları. **show the white feather** korkaklık
göstermek. **feathered** s. tüylü. **featherless**
s. tüysüz. **feathery** s. tüylü, tüy gibi hafif,
uçucu.
feath.er (fedh'ır) f. tüy takmak, kuş tüyü ile
kaplamak, den. pala çevirmek (kürek); tüy-
lenmek, tüyleri bitmek. **feather a propeller**
pervanenin kenarını uçağın gidiş yönüne çe-
virmek. **feather one's nest** küpünü dol-
durmak. **tar and feather** hakaret için bir
kimseye katran sürüp üstüne tüy yapıştırmak,
âlemin maskarası etmek. **the feathered
tribe** kuşlar. **feathering** i. tüy, ok yeleği.
feath.er.bed (fedh'ırbed) f., s., i. işsizliği ön-
lemek için bir işe gereğinden fazla işçi almak;
s. bununla ilgili; i. bu sistem.
feath.er.bone (fedh'ırbon) i. yaka balinası ye-
rine kullanılan kaz kemiği.
feath.er.brained (fedh'ırbreynd) s. kuş beyinli,
budala, ahmak.
feath.er.cut (fedh'ırkʌt) i. kısa kesilmiş bir saç
modeli (kadın).
feath.er.edge (fedh'ırec) i. kolay bükülen sivri
uç.
feath.er.stitch (fedh'ırstiç) i., terz. civankaşı
dikiş, zikzak.
feath.er.weight (fedh'ırweyt) i. tüy siklet.
fea.ture (fi'çır) i., f. yüz uzuvlarından biri; çoğ.
sima, çehre; özellik, hususiyet, vasıf; hal,
şekil; asıl filim; makale; f. önem vermek, be-
lirtmek, tebarüz ettirmek; k.dili benzemek. **be
featured** baş rolü oynamak, baş rolde olmak.
Feature that. h. dili Düşün bir kere! **fea-
tureless** s. hiçbir özelliği olmayan.

feb.ri.fuge (feb'rıfyuc) i. ateş düşürücü ilâç.
Feb. kıs. February.
fe.brile (fi'brıl) s. hummalı, ateşli.
Feb.ru.ar.y (feb'ruweri) i. şubat.
fe.ces, fae.ces (fi'siz) i. tortu, posa; pislik, bok,
dışkı. **fecal, faecal** (fi'kıl) s. tortulu; pislik
ile ilgili, dışkıya ait.
fe.cit (fi'sit) f., Lat. yapmıştır, amelehu ("bunu
yapan" anlamında sanatçının imzası ile be-
raber kullanılır).
feck.less (fek'lis) s. hünersiz, beceriksiz, elinden
iş gelmeyen; cansız, zayıf.
fec.u.la (çoğ. -lae) (fek'yılı, -ley) i., kim. ni-
şasta, fekül.
fec.u.lence (fek'yılıns) i. çamur, bulanıklık;
tortu, posa.
fec.u.lent (fek'yılınt) s. çamurlu, tortulu, bu-
lanık.
fe.cund (fi'kınd, fek'ınd) s. verimli, doğurgan;
mahsuldar, bereketli.
fe.cun.date (fi'kındeyt, fek'-) f. gebe bırakmak,
döllemek, ilkah etmek; verimli bir hale getir-
mek, bereketlendirmek, mümbitleştirmek. **fe-
cunda'tion** i. dölleme; bereketlendirme.
fe.cun.di.ty (fıkʌn'dıti) i. doğurganlık, velûdi-
yet; verimlilik, müsmirilik; yaratıcılık.
fed (fed) bak. **feed.**
fe.da.yeen (feda'yin) i. (Arap memleketlerinde)
komando, fedai; komando örgütü.
fed.er.al (fed'ırıl) s. federasyon şeklinde; bir
federasyona ait; birleşik devletlere ait. **Fede-
ral** s., A.B.D. merkez hükümetine ait veya
sadık; Amerikan İç Savaşında birleşme taraf-
tarlarına ait. **Federal Bureau of Investiga-
tion** A.B.D. ulusal polis örgütü, FBI. **Federal
Reserve** A.B.D. merkezi bankacılık sistemi.
Federal Trade Commission A.B.D. ticari
hayatı düzenleyen devlet dairesi.
fed.er.al.ism (fed'ırılizım) i., pol. federasyon
halinde birleşme sistemi.
fed.er.al.ist (fed'ırılist) i. federal sistem taraf-
tarı.
fed.er.al.ize (fed'ırılayz) f. devletleri birleştir-
mek.
fed.er.ate (f. fed'ıreyt; s. fed'ırit) f., s. federasyon
halinde birleştirmek; birleşik devletler hükü-
meti idaresi altında örgütlendirmek; s. birleşik,
müttefik, müttehit. **federative** s. federasyona
ait, federasyon esasına dayanan, federatif.

fed.er.ation (fedırey'şın) *i.* federasyon.

fe.do.ra (fıdôr'ı) *i.* fötr şapka.

fee (fi) *i., f.* ücret; duhuliye, giriş ücreti; tımar, zeamet; doktor ücreti, vizite; *f.* ücret vermek; ücretle tutmak. **fee simple** *huk.* mülk, hususî bir varisler sınıfına münhasır olmayan mülk, şartsız veraset. **hold in fee** *huk.* mülken mutasarrıf olmak, mülke tam sahip olmak. **retaining fee** avukata peşin olarak ödenen ücret.

fee.ble (fi'bıl) *s.* zayıf, kuvvetsiz, dermansız, takatsız. **feeble joke** soğuk şaka. **feeble -minded** *s.* geri zekâlı; iradesiz. **feebleness** *i.* zayıflık, kuvvetsizlik. **feebly** *z.* zayıf bir şekilde, hafifçe, kuvvetsizce.

feed (fid) *f.* (**fed**) yedirmek, beslemek, yiyeceğini vermek; malzemesini vermek, ihtiyacını temin etmek; desteklemek; gıdası olmak; otlamak; yemek yemek, gıda almak, beslenmek; *spor* pas vermek, geçirmek. **feed on** karnını doyurmak. **feed up** fazla yedirmek; semirtmek. **fed up with** *argo* bezmiş, gına getirmiş, bıkmış, usanmış. **feeder** *i.* yemek veren kimse, besleyici şey; yemek yiyen kimse veya hayvan; besleyen çay veya ırmak; ana demiryoluna bağlı hat; çevre yolu.

feed (fid) *i.* yeme; yem, yemek; yiyecek, gıda; *mak.* besleme, işlenecek malzemeyi makinaya verme; bu malzemeyi makinaya veren cihaz; bu suretle verilen malzeme. **feedback** *i.* geri itilim. **feedbag** *i.* yem torbası. **put on the feedbag** *argo* yemek yemek. **feed line** besleyici boru. **feed pump** besleyici tulumba. **feed trough** lokomotifin su deposu. **feed valve** besleyici valf. **feed water** kazan suyu. **off one's feed** iştahsız. **out to feed** otlakta, merada.

feel (fil) *f.* (**felt**) dokunmak, el sürmek; elleri ile yoklamak; hissetmek, duymak; anlamak, görünmek, hissini vermek, intiba uyandırmak. **feel cold** üşümek. **feel for** acımak. **feel hot** ateş basmak, *colloq.* sıcaklamak. **feel in one's bones** içine doğmak. **feel keenly** kuvvetle hissetmek. **feel like doing** canı yapmak istemek. **feel like oneself** tam sıhhatte olmak, iyi olmak. **feel one's oats** canlı olmak, kibirli olmak, böbürlenmek. **feel one's pulse** nabzını saymak. **feel one's way** yavaş yavaş ve ihtiyatla ilerlemek. **feel**

up to iktidarı olduğunu hissetmek, yapacak halde olmak.

feel (fil) *i.* dokuma hissi, temas, dokunum; dokunarak yoklama; his, duygu. **from the feel of it** dokununca; havasından.

feel.er (fi'lır) *i.* dokunan kimse veya şey, hisseden kimse veya şey; *zool.* dokunaç; *mak.* kalınlığı ölçmeye mahsus araç; deneme kabilinden bir teklif veya bir şey. **put out feelers** ağzını aramak, ne düşündüğünü anlamaya çalışmak.

feel.ing (fi'ling) *i., s.* his, duyu, duygu, dokunma; dokunma hissi; *çoğ.* his dünyası, iç âlemi, merhamet, şefkat; *s.* duygulu, hisli, hassas; şefkatli; dokunaklı, tesirli. **hurt one's feelings** hatırını kırmak, gücendirmek. **feelingly** *z.* tesir ederek, hissederek, duyarak, hislerle.

feet (fit) *bak.* **foot.**

feign (feyn) *f.* yapar gibi görünmek; olduğundan başka görünmek, taklit etmek. **feign madness** deli taklidi yapmak. **feignedly** (fey'nîdli), **feiningly** *z.* sahte olarak, hile ile.

feint (feynt) *i., f.* vuracak gibi davranma, kandırıcı hareket; harp hilesi; *f.* sahte taarruzda bulunmak; aldatıcı harekette bulunmak.

feld.spar, feld.spath (feld'spar, feld'späth) *i., min.* feldispat. **feldspathic** *s.* feldispata ait, içinde feldispat bulunan.

fe.li.cif.ic (fîlısif'îk) *s.* saadet bahşeden, mutluluk getiren, sevindirici.

fe.lic.i.tate (fılîs'ıteyt) *f.* kutlamak, tebrik etmek. **felicitate someone on an occasion** bir kimsenin bayramını kutlamak, yaptığı bir işten dolayı bir kimseyi tebrik etmek. **felicita'tion** *i.* tebrik, selâm.

fe.lic.i.tous (fîlis'ıtıs) *s.* mutlu, mesut; uygun, münasip, yerinde, isabetli. **felicitously** *z.* memnun edici surette; isabetli olarak. **felicitousness** *i.* mutluluk, saadet; isabet, yerinde oluş.

fe.lic.i.ty (fılîs'ıti) *i.* mutluluk, saadet; nimet, refah; uygunluk; etkileyici ifade veya üslûp.

fe.line (fi'layn) *s., i.* kedi cinsinden, kedilere ait; kedi gibi; kurnaz; *i.* kedi cinsinden hayvan.

fell (fel) *i.* post, deri, pösteki.

fell (fel) *i., İng.* kır; tepe (yalnız özel isimlerde).

fell (fel) *f., i.* kesmek, kesip devirmek, yere yıkmak, düşürmek; mahvetmek; *terz.* kumaşı kırmalı dikmek; *i.* bir mevsimde kesilen tomruğun tümü; kırmalı dikiş.

fell (fel) *s.* zalim, insafsız, vahşi, korkunç; öldürücü. **in one fell swoop** bir hamlede, bir çırpıda.

fell (fel) *f., bak.* **fall.**

fel.lah (*çoğ.* **fel.lahs, fel.la.hin**) (fel'ı, felahin') *i.* fellâh.

fell.er (fel'ır) *i.* ağaç kesen kimse veya şey; *h. dili* kişi, adam, şahıs.

fel.loe, fel.ly (fel'o, fel'i) *i.* tekerlek çemberi, ispit.

fel.low (fel'o) *i., s.* adam, kişi, herif, insan; *slang* ulan; arkadaş, yoldaş, refik; hemcins; akran, eş; doktora veya bilimsel araştırma bursu alan kimse; akademi üyesi. **fellow citizen, fellow countryman** vatandaş, yurttaş. **fellow feeling** ortak duygu, aynı şey başına geldiğinden başkasının halinden anlama. **fellow laborer** iş arkadaşı. **fellow member** aynı derneğin üyesi. **fellow sufferer** dert ortağı. **fellow townsman** hemşeri. **fellow traveller** yol arkadaşı, yoldaş; *A.B.D., pol.* (1940) aslında komünist olmayıp komünistlerle işbirliği yapan kimse; komünist sempatizanı. **good fellow** iyi çocuk, iyi arkadaş. **hail fellow well met** lâubali kimse. **old fellow** arkadaş, azizim. **poor fellow** zavallı adam.

fel.low.ship (fel'oşip) *i.* beraberce hoş vakit geçirme, arkadaşlık, refakat; samimiyet; üniversitede bilimsel araştırma için verilen burs; birlik; kurum, dernek, cemiyet, kulüp.

fel.ly (fel'i) *bak.* **felloe.**

fe.lo de se (fi'lo dı si) (*çoğ.* **fe.lo.nes de se** *veya* **fe.los de se**) *huk., Lat.* intihar eden kimse, intihar etme.

fel.on (fel'ın) *i., tıb.* tırnak altında veya yakınında olan ufak yara, dolama.

fel.on (fel'ın) *i., huk.* suçlu, mücrim.

fe.lo.ni.ous (felo'niyıs) *s.* cümre ait, suç unsuru olan, suçlu. **feloniously** *z.* cürüm halinde, suç işleyerek.

fel.on.ry (fel'ınri) *i.* mücrimler, mahkûmlar.

fel.o.ny (fel'ıni) *i., huk.* cinayet, cürüm, ağır suç.

fel.spar, fel.spath (fel'spar, -späth) *bak.* **feldspar.**

felt (felt) *bak.* **feel.**

felt (felt) *i., f.* keçe, fötr; fötrden yapılmış herhangi bir şey; keçeye benzer madde; *f.* keçe imal etmek; keçe ile kaplamak; keçelenmek.

felt carpet keçe halı. **felting** *i.* keçe, keçe kumaş. ·

fe.luc.ca (fılʌk'ı) *i.* Akdeniz'e mahsus yelkenli kayık.

fem. *kıs.* **female, feminine.**

fe.male (fi'meyl) *s., i.* dişi, dişil, kadın cinsine mahsus; *bot.* dişi; *mak.* dişi; *i.* kadın; dişi hayvan veya bitki.

feme (fem) *i., huk.* zevce, karı. **feme covert** *huk.* evli kadın. **feme sole** hiç evlenmemiş, dul veya boşanmış kadın.

fem.i.nine (fem'ınin) *s.* kadın gibi, kadınımsı; kadına yakışır, kadına mahsus; *gram.* dişil. **feminine rhyme** *şiir* son hecesi vurgusuz olan iki heceli kafiye. **feminin'ity** *i.* kadınlık, kadınlık özelliği.

fem.i.nism (fem'ınizım) *i.* kadın haklarını tanıtma mücadelesi, feminizm; *tıb.* erkekte dişil özellikler bulunması.

fem.i.nist (fem'ınist) *i.* feminist, kadın hakları savunucusu.

fem.i.nize (fem'ınayz) *f.* kadınlaştırmak, kadın gibi olmak, kadınlaşmak.

femme (fam) *i., Fr.* kadın. **femme de chambre** oda hizmetçisi. **femme fatale** baştan çıkartıcı kadın.

fem.o.ral (fem'ırıl) *s., anat.* kalça kemiğine ait, uyluğa ait.

fe.mur (fi'mır) *i., anat.* kalça kemiği, uyluk.

fen (fen) *i.* bataklık, çayır.

fence (fens) *i.* parmaklık; tahta perde; çit; eskrimde kılıcın ustalıkla kullanılması;· hazırcevaplık; çalınmış eşyaların alınıp satıldığı yer ve bu işle uğraşan kimse. **be on the right side of the fence** kazanacak tarafta olmak. **sit on the fence** hangi tarafı tutacağını bilememek, ikilikte kalmak, tereddüt etmek.

fence (fens) *f.* çit veya parmaklıkla etrafını çevirmek; eskrim yapmak; çalınmış mal almak veya satmak; kaçamaklı konuşmak. **fencer** *i.* eskrimci.

fenc.ing (fen'sing) *i.* eskrim; kaçamaklı cevap verme; çit veya parmaklık malzemesi; bir araziyi çevreleyen çit.

fend (fend) *f.*, **off** *ile* kovmak, uzaklaştırmak; bir şeyin bir yere çarpmasına engel olmak. **fend for oneself** kendini geçindirmek.

fend.er (fen'dır) *i.* çamurluk; şöminenin önüne, konulan paravana; lokomotif mahmuzu; uzaklaştırıcı şey veya kimse; *den.* usturmaça.

fe.nes.tra (*çoğ.* **-trae**) (fınes'trı, -tri) *i., anat.* ortakulak ile içkulağı birleştiren deliklerden her biri, pencere; *zool.* bazı kelebeklerin kanadında bulunan şeffaf nokta; *tıb.* bir uzuvda tedavi veya muayene için açılan delik. **fenestral** *s.* pencereye ait. **fenestrate** *s.* delikli veya pencereli. **fenestra'tion** *i., mim.* pencerelerin tertibi; delikli veya pencereli olma; *tıb.* delik açma ameliyesi.

fen.nec (fen'ek) *i.* Afrika'da bulunan uzun ve sivri kulaklı bir cins ufak tilki, *zool.* Fennecus zerda.

fen.nel (fen'ıl) *i.* rezene, raziyane, *bot.* Foeniculum vulgare. **broad-leaved hog-fennel** padişah otu, *bot.* Peucedanum ostruthium. **giant fennel** at kasnısı, *bot.* Ferula comunis. **sea fennel** deniz rezenesi, *bot.* Crithmum maritimum.

fen.nel.flow.er (fen'ılflawır) *i.* çörek otu, *bot.* Nigella sativa.

fen.ny (fen'i) *s.* bataklık gibi; bataklıklı.

fen.u.greek (fen'yûgrik) *i.* çemenotu, *bot.* Trigonella foenum graecum.

feoff (fif) *i., f.* (*bak.* **fief**) *huk.* tımar, zeamet, ikta; *f.* tımar veya zeamet gibi vermek.

feoff.ee (fefi', fifi') *i., huk.* tımarlı, tımar sahibi, zaim. **feoffment** *i.* tımar, zeamet veya tapu verme.

fe.ral (fir'ıl) *s.* vahşî, yabanî, ehli olmayan; *şiir* ölü ile ilgili, öldürücü.

fer-de-lance (ferdılans') *i.* Güney Amerika'nın sıcak bölgelerinde yaşayan iri ve çok zehirli yılan, *zool.* Bothrops atrox.

fer.e.to.ry (fer'ıtôri) *i.* bir azizin ölüsünden veya eşyasından geriye kalan kutsal emanetlerin konduğu sandık, bu emanetlerin saklandığı oda.

fe.ri.al (fir'iyıl) *s.* yortu veya tatil günlerine ait; *kil.* yortu veya perhiz günü olmayan günlere ait, adi günlerle ilgili.

fe.rine (fir'ayn) *s.* vahşî, yabanî.

Fe.rin.gi (fıring'gi) *i.* Frenk, Hintlilerin Avrupalılara verdikleri isim.

fer.ity (fer'ıti) *i.* vahşîlik, yabanîlik; gaddarlık.

fer.ma.ta (ferma'ta) *i., müz.* durak ve uzatma işareti.

fer.ment (fır'mınt) *i., kim.* tahammür ettiren şey, maya; tahammür, mayalanma, ekşime; telâş, karışıklık, galeyan, heyecan.

fer.ment (fırment') *f.* mayalanmak, ekşimek, tahammür etmek; mayalandırmak, tahammür ettirmek; coşmak (fikir), heyecanlanmak, telâş etmek.

fer.men.ta.tion (fırmıntey'şın) *i.* mayalanma, fermantasyon, tahammür; galeyan, heyecan, **fer'mentative** *s.* mayalanan, mayalayan; mayalanma sonucu hasıl olan.

fern (fırn) *i., bot.* eğreltiotu gibi Filicineae sınıfından bitki. **brake fern** kuzgun otu, *bot.* Pteris aquilina. **maidenhair fern** baldırıkara, *bot.* Adiantum capillus Veneris.

fe.ro.ci.ous (fıro'şıs) *s.* vahşî, yırtıcı, kudurmuş; *k.dili* felâket. **ferociously** *z.* vahşîce.

fe.roc.i.ty (fıras'ıti) *i.* vahşîlik, vahşet.

-ferous *sonek* içine alan, taşıyan: **coniferous** *s.* kozalaklı.

fer.rate (fer'eyt) *i., kim.* demir asidi tuzu, asitferik tuzu.

fer.ret, fer.ret.ing (fer'it, -îng) *i.* bir çeşit ensiz şerit.

fer.ret (fer'it) *i., zool.* tavşan veya sıçan tutmak için kullanılan gelinciğe benzer ufak bir hayvan, dağ gelinciği.

fer.ret (fer'it) *f., out ile* gizlendiği yerden bulup çıkarmak, kovmak; araştırmak; gelincikle avlamak.

ferri- *önek, kim.* demirli.

fer.ri.age (fer'iyic) *i.* kayık veya sahil gemisine ödenen geçiş ücreti, feribot parası; kayık veya vapurla bir sahilden karşıya geçme.

fer.ric (fer'ik) *s.* demire ait, demirli; *kim.* içinde yüksek değerde demir iyonu bulunan.

fer.rif.er.ous (fırif'ırıs) *s., kim.* demirli.

Fer.ris wheel (fer'is) dönme dolap.

fer.rite (fer'ayt) *i., kim.* Fe_2O_3 ihtiva eden bir karışım; demir ve çelikte bulunan demir filizi.

ferro- *önek* demirli. **ferrochrome** *i.* sert çelik imalinde kullanılan bir demir ve krom karışımı. **ferroconcrete** *i.* betonarme. **ferrocyanide** *i.* ferosiyanit asidinin tuzu. **ferromagnetic** *s.* yüksek mıknatıs gücü olan.

fer.ro.type (fer'otayp) *i., foto.* ince demir levha üzerine çekilen fotoğraf ve bu şekilde fotoğraf çekme usulü.

fer.rous (fer'ıs) *s.* demirli, demirden oluşan; *kim.* iki değerli demiri ihtiva eden; *bak.* **ferric.**

fer.ru.gi.nous (fıru'cınıs) *s.* demirli; pasa benzer, pas renginde.

fer.rule (fer'ıl) *i.* baston ucuna geçirilen demir veya madenî halka, yüksük, başlık; *bak.* **ferule**.

fer.ry (fer'i) *i., f.* feribot; nehir veya gölde bir iskeleden diğerine geçmek için kullanılan vapur; *f.* vapurla karşı yakaya taşımak. **ferry service** sahil seferi, feribot servisi.

fer.tile (fer'tıl, -tayl) *s.* verimli, mümbit, bereketli; *biyol.* üreyebilen; doğurgan. **fertil'ity** *i.* verimlilik, mümbitlik, bereket; üreyebilme; doğurganlık.

Fertile Crescent Türkiye ve Irak'ı içine alan hilâl şeklindeki bir toprağı kapsayan ve tarım alanı olarak kullanılan verimli bir saha.

fer.til.ize (fır'tilayz) *f.* gübrelemek, verimini artırmak, kuvvet ve bereketini çoğaltmak; *bot., biyol.* döllemek, tohumlamak, aşılamak. **fertiliza'tion** *i.* ilkah; aşılama; verimini artırma, mümbitleştirme, gübreleme. **fer'tilizer** *i.* gübre, kimyevî gübre.

fer.u.la (fer'yûlı) *i.* şeytantersi, *bot.* Ferula; çomak, asa.

fer.ule (fer'ıl) *i., f.* öğrencinin eline vurmaya mahsus sopa; *f.* bu sopayla dövmek.

fer.ven.cy (fır'vınsi) *i.* hararet, şiddet ve hiddet, şevk, iştiyak, gayret.

fer.vent (fır'vınt) *s.* şevkli, gayretli, hararetli, sıcak, ateşli. **fervently** *z.* şevkle, hararetle, gayretle. **fervor** *i.* ateşlilik, hararet, şevk, gayret.

fer.vid (fır'vîd) *s.* çok şevkli, aşırı gayretli. **fervidly** *z.* şevkle, gayretle.

fer.vor (fır'vır) *i.* şiddetli arzu, iştiyak, şevk, gayret.

Fes.cen.nine (fes'ınayn) *s.* müstehcen, açıksaçık, kaba, ahlâksız, ayıp.

fes.cue (fes'kyu) *i.* bir çayır otu, *bot.* Festuca.

fes.tal (fes'tıl) *s.* bayram veya yortuya ait; şen, sevinçli, eğlenceli.

fes.ter (fes'tır) *f., i.* iltihaplanmak, azmak; çürümek, köflenmek; kuruntu etmek; *i.* iltihap.

fes.ti.na.tion (festıney'şın) *i., tıb.* sinirlilikten ileri gelen hızlı yürüme temayülü.

fes.ti.val (fes'tıvıl) *i.* bayram, yortu; festival, şenlik.

fes.tive (fes'tîv) *s.* bayrama ait, festivalle ilgili; şen, neşeli.

fes.tiv.i.ty (festiv'ıti) *i.* festival; bayram, şenlik, eğlence.

fes.toon (festun') *i., f.* kavis şeklinde sarkan çiçek veya krepon kâğıdından yapılmış kordon; *güz. san.* bu desende kabartma süs; *f.* böyle çiçek veya kâğıtla süslemek.

fe.tal, feo.tal (fi'tıl) *s.* cenine ait.

fetch (feç) *f., i.* alıp getirmek, getirmek; gelir sağlamak, hasılât getirmek; *k.dili* memnun etmek; *h. dili* vurmak (darbe); *den.* volta vurmak; limana varmak; *i.* alıp getirme; uzanıp alma; mesafe; hile, *colloq.* dolap. **fetch a compass** *den.* bir devir yapmak, dolaşmak. **fetch and carry** öteye beriye koşuşup iş görmek. **fetching** *s., k.dili* cazibeli, çekici, alımlı.

fete (feyt) *i., f.* ziyafet; açık hava eğlencesi, piknik; *f.* ziyafet vermek; ağırlamak. **fête champêtre** *Fr.* açık hava eğlencesi.

fet.e.ri.ta (fetıri'tı) *i.* bir çeşit süpürge darısı.

fet.id, foet.id (fet'îd) *s.* kokmuş, kokuşmuş, taaffün etmiş. **fetidness** *i.* kokuşma, taaffün.

fet.ish (fet'iş) *i.* fetiş. **fetishism** *i.* fetişizm.

fet.lock (fet'lak) *i.* atın topuğu; topuk kılları; topuk mafsalı.

fe.tor, foe.tor (fi'tır) *i.* pis koku.

fet.ter (fet'ır) *i., f.* pranga, bukağı; *gen. çoğ.* engel, mani; *f.* ayağına zincir vurmak, elini ayağını bağlamak; bağlamak, engellemek, mani olmak, kayıt altına almak.

fet.tle (fet'ıl) *i., f.* hal; *end.* demir işlemesinde ocağa serilen taş kırıntıları; *f.* bu taş kırıntılarını sermek. **in fine fettle** iyi halde, zinde.

fe.tus, foe.tus (fi'tıs) *i., biyol.* cenin, dölüt. **fetal, foetal** *s.* cenine ait.

feud (fyud) *i., f.* kan davası; kavga; *f.* ihtilâflı olmak, kavga etmek. **feud with** kavgalı olmak, husumet beslemek.

feud, feod (fyud) *i.* tımar, zeamet.

feu.dal (fyud'ıl) *s.* derebeyliğe ait. **feudal system** Avrupa derebeylik sistemi. **feudalism** *i.* derebeylik. **feudal'ity** *i.* derebeylik; tımar, zeamet.

feu.da.to.ry (fyu'dıtôri) *i.* tımarcı.

feuil.le.ton (föyıtôn') *i., Fr.* Avrupa gazetelerinde roman veya sanat eleştirisine ayrılan sütun; bu sütunda çıkan yazı.

fe.ver (fi'vır) *i., tıb.* ateş, hararet, sıcaklık, humma; telâş, heyecan, asabiyet. **fever heat** hararet, ateş. **fever tree** sıtma ağacı. **be in a fever** yanmak, ateş basmak, hararetli olmak; telâş etmek, merak etmek. **black water fever** *tıb.* karasu humması. **hay fever** saman nezlesi. **scarlet fever** kızıl humma. **typhoid fever** tifo. **typhus fever** tifüs, lekeli humma. **yellow fever** sarı humma. **fevered** s. ateşli, hararetli olan.

fe.ver.few (fi'vırfyu) i. âkırkarha, bir çeşit kasımpatı, koyungözü, bot. Chrysanthemum parthenium.

fe.ver.ish (fi'vîrîş) s. hararetli, ateşli; ateş veren, sıtma getiren, sıtmalı; heyecanlı, telâşlı, sabırsız. **feverishly** z. hararetle, çok faal olarak. **feverishness** i. ateşlilik, hararet; asabiyet.

few (fyu) s., i. az; i. az miktar. **a few** birkaç. **a few of his friends** dostlarından bazıları. **a man of few words** az konuşan adam. **every few days** birkaç günde bir. **not a few** pek de az değil, birçok. **some few** birkaç, birkaç kişi. **quite a few** birçok. **the few** seçkin kişiler, güzideler.

fey (fey) s. kaçık, çatlak; ince, narin, sevimli; peri hissini veren.

fez (fez) i. fes.

ff. kıs. folios, following, fortissimo.

fi.a.cre (fiya'kır) i. küçük atlı araba.

fi.an.cé eril, **fi.an.cée** dişil (fiyansey') i. nişanlı.

Fi.an.na Fail (fi'yını foyl') İrlanda'da aşırı milliyetçi parti.

fi.as.co (fiyäs'ko) i. başarısızlık, muvaffakiyetsizlik, bozgun, yenilgi, hezimet, fiyasko.

fi.at (fay'ät) i. emir; karar. **fiat money** A.B.D. yalnız hükümet kararına dayanarak tedavüle çıkarılan kâğıt para. **Fiat lux!** Lat. Nur olsun!

fib (fîb) i., f. (**-bed, -bing**) küçük yalan, uydurma; f. yalan söylemek, uydurmak, slang atmak. **fibber** i. yalancı.

fi.ber, İng. **fi.bre** (fay'bır) i. lif, iplik, tel; karakter. **fibered** s. lifli, telli. **fiberboard** i. komprime liflerden yapılmış tahta. **fiberglass** i. cam elyafı.

fi.bril (fay'brıl) i. küçük lif veya tel.

fi.bril.la.tion (faybrıley'şın) i. lif veya tellerin meydana gelmesi; tıb. kalp hastalığında kalbin fazla hızlı ve zayıf çarpması.

fi.brin (fay'brîn) i., biyokim. fibrin.

fi.brin.o.gen (faybrîn'ıcın) i., biyokim. kan pıhtısını meydana getiren madde, fibrinojen.

fi.broid (fay'broyd) s. lifli, lif gibi, liften yapılmış. **fibroid tumor** lifli tümör.

fi.bro.ma (faybro'mı) i., tıb. lifli tümör.

fi.bro.sis (faybro'sis) i., tıb. hücre aralarındaki lifli bağdokunun artması, fibrosis.

fi.brous (fay'brıs) s. lifli.

fib.u.la (çoğ. **-lae**) (fib'yûlı, -li) i., anat., zool. dizden aşağıdaki iki incik kemiğinden küçük olanı, kamış kemik, fibula; eski Roma'da elbiseyi tutturmak için kullanılan kancalı büyük iğne veya broş.

fi.chu (fi'şu) i. üçgen omuz atkısı; üç köşeli pelerin.

fick.le (fîk'ıl) s. dönek, kararsız, colloq. maymun iştahlı. **fickleness** i. döneklik, kararsızlık.

fic.tile (fîk'tîl) s. topraktan yapılmış; biçime girer, şekil alır; çömlek işine ait.

fic.tion (fîk'şın) i. roman ve hikâye edebiyatı, kurgusal edebiyat; hayal, icat, masal, uydurma hikâye; yalan; huk. kolaylık olsun diye hakikat gibi farzolunan şey. **fictional** s. roman edebiyatına ait; hayali. **fictionalize** f. roman şekline sokmak. **fictionist** i. romancı, hikâyeci.

fic.ti.tious (fîktîş'ıs) s. uydurma, hayalî. **fictitiously** z. hayal mahsulü olarak. **fictitiousness** i. hayal mahsulü oluş.

fic.tive (fîk'tîv) s. masal veya hayal kabilinden; hayalî, uydurma, sahte.

fid (fîd) i., den. kaşkaval; mandal; den. çelik; tahta veya madenî çubuk.

fid.dle (fîd'ıl) i., f., müz., leh. veya alay keman; den. fırtına olduğu zaman tabaklar düşmesin diye sofra kenarına çekilen tahta veya ip korkuluk; mak. rende makinasında aletleri tutan çerçeve; f., k.dili keman çalmak; sinirli sinirli parmaklarını oynatmak; boş şeylerle vakit geçirmek. **fiddle away** zaman öldürmek için meşgul olmak. **fit as a fiddle** zinde ve neşeli. **play second fiddle** ikinci derecede rol oynamak.

fid.dle-de-dee (fîd'ıldidi') ünlem, eski Boş lâf! Saçma!

fid.dle-fad.dle (fîdıl-fäd'ıl) i. saçma sapan söz.

fid.dler (fîd'lır) i., aşağ. kemancı. **fiddler crab** toprağı eşmek için kullandığı iri kıskacını keman tutar gibi tutan bir çeşit yengeç.

fid.dle.stick (fîd'ılstîk) i. keman yayı; saçmalık, boş şey. **Fiddlesticks!** ünlem, eski Saçma!

fid.dle.wood (fîd'ılwûd) i. Karayib Adalarına mahsus bir ağaç.

fi.del.i.ty (faydel'ıti) i. sadakat, vefa; doğruluk. **high fidelity** elek. sesi tabiî olarak kaydetme sistemi.

fidg.et (fîc'it) *i., f., çoğ.* huzursuzluk, rahatsızlık, sinirlilik; yerinde duramayan kimse; *f.* rahat oturamamak, yerinde duramamak, durmadan kımıldanmak veya kımıldatmak. **fidgety** *s.* rahat durmayan, kıpır kıpır.

fi.du.cial (fidu'şıl) *s.* güvenen, emniyet ve itimat eden; emniyet ve itimat kabilinden; *fiz.* miyar veya ölçü birimi türünden. **fiducially** *z.* emaneten, güvenle, emniyetle.

fi.du.ci.ar.y (fidu'şiyeri) *s., i.* itimada dayanan; emanet olan, emanet; itibarî; *i.* emin, mütevelli, mutemet.

fie (fay) *ünlem* Aman! Ayıp! Yuh!

fief (fîf) *i.* tımar, zeamet.

field (fild) *i., f.* çayır, kır, otlak, mera; tarla; saha, meydan, alan; savaş meydanı; oyun sahası; bir yarışmaya katılanlar; fırsat; *han.* zemin; *fiz.* saha, tesir sahası, etki alanı; *f.* top oyunlarında meydancı olmak; topu yakalayıp atmak. **field artillery** *ask.* sahra topçusu. **field corn** hayvan yemi olarak yetiştirilen mısır. **field day** spor bayramı. **field events** bir atletizm karşılaşmasında yüksek atlama, cirit atma gibi yarışmalar. **field glasses** çifte dürbün. **field hospital** sahra hastanesi. **field knautia, field scabious** misk çiçeği, *bot.* Knautia arvensis. **field magnet** *mak.* motorda sabit bobin. **field marshal** mareşal, müşir. **field mouse** tarla faresi. **field officer** *ask.* binbaşı, yarbay veya albay; alay komutanı. **fieldpiece** *i.* sahra topu. **field sports** atletizm; av gibi açık hava sporları. **fieldstone** *i.* (inşaatlarda kullanılan) yontulmamış taşlar. **field trip** (öğretimde) gezi, tatbikat. **fieldwork** *i., ask.* hafif istihkâm. **field work** bir bilginin yaptığı araştırma ve çalışma. **a fair field** bir yarışmada eşit şartlar. **hold the field** yerini muhafaza etmek. **play the field** A.B.D. bir kişiye bağlanmayıp değişik kimselerle flört etmek. **take the field** sefere çıkmak. **wide field of vision** geniş görüş alanı. **fielder** *i., beysbol* dış meydan oyuncusu. **to field questions** gazetecilerin sorularına cevap vermek; cevaplandırmak.

field.fare (fild'fer) *i.* ardıç kuşu, *zool.* Turdus pilaris.

fiend (find) *i.* şeytan, ifrit, canavar, iblis, zebani; *k.dili* bir şeye düşkün olan kimse, meraklı veya tiryaki kimse.

fiend.ish (fin'diş) *s.* şeytanî, şeytanca; gaddar, zalim. **fiendishly** *z.* şeytancasına. **fiendishness** *i.* canavarlık.

fierce (fîrs) *s.* şiddetli, hiddetli, sert, vahşî; öfkeli; hararetli, şevkli, ateşli; *argo* çok berbat. **fiercely** *z.* şiddetle, sert bir şekilde. **fierceness** *i.* şiddet, sertlik, vahşet.

fi.e.ri fa.ci.as (fay'ırı fay'şiyıs) *Lat., huk.* mahkeme memuruna verilen yazılı haciz emri.

fi.er.y (fayr'i) *s.* ateşli, ateşten, ateş gibi; hararetli, şevkli; hummalı, harareti olan; kızgın, ateş kesilmiş; tutuşabilir.

fi.es.ta (fiyes'tı) *i., İsp.* yortu, bayram, şenlik.

fife (fayf) *i., f.* asker düdüğü, fifre; *f.* düdük çalmak. **fifer** *i.* düdük çalan kimse, düdükçü. **fife rail** *den.* armadura.

fif.teen (fiftîn') *s., i.* on beş, on beş rakamı (15, XV). **fifteenth** *s., i.* on beşinci; *i.* on beşte bir.

fifth (fifth) *s., i.* beşinci, beşte bir; *müz.* bir notadan beş derece tiz veya pes olan enterval. **a fifth** A.B.D. (içki ölçüsü) galonun beşte biri, 84 santilitre. **Fifth Amendment** A.B.D. anayasasında bir kimsenin kendi suçları hakkında şahitlik etmeme hakkı. **Fifth Avenue** New York'ta büyük mağazaların bulunduğu cadde. **fifth column** beşinci kol. **fifth wheel** gereksiz şey veya kimse.

fif.ti.eth (fif'tiyith) *s., i.* ellinci; *i.* ellide bir.

fif.ty (fif'ti) *s., i.* elli; *i.* elli rakamı (50, L). **fifty-fifty** *s.* yarı yarıya.

fig. *kıs.* figurative, figure.

fig (fig) *i.* incir ağacı; incir, yemiş; önemsiz herhangi bir şey. **fig-leaf** *i.* incir yaprağı; gizlenmesi gereken şeyin örtüsü. **Bengal fig** Hint inciri, *bot.* Ficus bengalensis. **coprifig** *i.*, **wild fig** yaban inciri, *bot.* Ficus carica. **mulberry fig** Arabistan inciri. **purple fig** kavak inciri.

fig (fig) *i., f* (-ged, -ging) esvap, üstbaş, donatım; hal; *f., k.dili* donatmak, süslemek. **in full fig** giyimli; tam teçhizatlı.

fight (fayt) *i., f.* (**fought**) kavga, dövüş, savaş, muharebe; mücadele; savaş veya mücadele eğilimi; *f.* savaşmak, kavga etmek, dövüşmek, dövüştürmek; mücadele etmek, uğraşmak. **fight it out** mücadele yoluyla hesabını görmek. **fight off** püskürtmek, defetmek. **fight shy of** kaçınmak. **running fight** devam eden mücadele; kaçıp kovalama. **show fight**

pes dememek, her an mücadeleye hazır olmak. **fighting** *i.* savaş, mücadele, kavga. **fighting chance** çetin bir uğraş sonucu kazanılabilecek zayıf bir başarı ihtimali. **fighting cock** dövüş horozu. **fighter** *i.* savaşçı; mücadele ruhu olan kimse; avcı uçağı.

fig.ment (fig'mınt) *i.* icat, hayal, uydurma.

fig.u.line (fig'yûlin, -layn) *i.* çanak çömlek; kil, toprak.

fig.u.rant *eril* (fig'yûränt), **fig.u.rante** *dişil* (figyuränt') *i.* figüran; balede figüran.

fig.u.ra.tion (figyırey'şın) *i.* şekil veya biçim verme, şekle sokma; tasvir, temsil; şekil, şekillerle süsleme; *müz.* bir parçayı fazla notalarla süsleme.

fig.ur.ate (fig'yırit) *s.* belli bir biçimde.

fig.ur.a.tive (fig'yırıtiv) *s.* mecazî, remzî, timsalî; süslü; tasvirî. **figuratively** *z.* mecazî olarak.

fig.ure (fig'yır, *İng.* fig'ır) *i.* rakam, numara, adet; değer, fiyat; vücut yapısı, endam, boybos; yüz, çehre, sima, gösteriş, görünüş; hal, tavır; şahsiyet, şahıs, resim, suret; *geom.* şekil; *edeb.* mecaz, istiare; dansta figür. **figure dancer** figür yapan dansör veya dansöz. **figurehead** *i.* sözde mevki sahibi, gerçek yetki sahibi olmayan kimse; *den.* gemi aslanı gibi oyma süs. **figure of speech** mecaz, istiare, kinaye. **figure skating** figür yaparak paten kayma. **at a low figure** ucuz fiyata. **income in five figures** beş rakamlı gelir. **keep one's figure** şişmanlamamak, kilo almamak, vücudunu iyi muhafaza etmek.

fig.ure (fig'yır, *İng.* fig'ır) *f.* hesaplamak; tasvir etmek, resmetmek; şekil çizerek göstermek; desenlerle süslemek; hayalen canlandırmak; mecaz yoluyla ifade etmek; *k.dili* düşünmek; *müz.* süslemek; görünmek. **figure on** *k.dili* güvenmek, hesaba katmak, dayanmak. **figure out** hesaplamak, düşünmek. **figure up** hesap etmek, toplama yapmak.

fig.u.rine (figyırin') *i.* küçük heykel, heykelcik.

fig.wort (fig'wırt) *i.* sıracaotu, *bot.* Scrophularia.

Fi.ji Islands (fi'ci) Fiji adaları.

fil.a.ment (fil'ımınt) *i.* tel, iplik, lif; *bot.* ercik sapı; lamba teli.

fil.a.ri.a.sis (filıray'ısis) *i., tıb.* kan ve bağırsak parazitlerinden ileri gelen hastalık.

fil.a.ture (fil'ıçır) *i.* iplikçilik; iplik fabrikası, iplikhane.

fil.bert (fil'bırt) *i.* fındık, *bot.* Corylus avellana.

filch (filç) *f.* çalmak, aşırmak, *slang* yürütmek.

file (fayl) *i., f.* eğe, törpü; *f.* eğe ile düzeltmek, eğelemek, törpülemek. **file fish** dikenli çütre balığı, *zool.* Stephanolepis ocheticus. **double-cut file** çapraz dişli eğe.

file (fayl) *i., f.* dosya dolabı, dosya gözü; dosya, klasör; sıra, dizi, kuyruk; *satranç* karşı tarafa doğru bir kareler sırası; *f.* dosyalamak; dosyaya geçirmek; *huk.* dosyaya geçirilmek üzere evrakı ilgili memura teslim etmek; askerleri sıra ile yürütmek. **file an application** müracaat formunu doldurup ibraz etmek. **file a complaint** yazılı olarak şikâyet etmek. **filing cabinet** dosya dolabı; evrak klasörü. **file clerk** dosya tutan memur. **filing system** dosyalama sistemi. **Indian file** birbiri arkasından dizilen sıra. **on file** dosyaya geçirilmiş (evrak). **rank and file** fertler, halk, amme. **single file** tek sıra (insanlar).

fi.let (filey') *i.* file, ağ, saç filesi; fileto, biftek. **filet mignon** fileminyon.

fil.i.al (fil'iyıl) *s.* evlâda ait, evlâda yakışır. **filially** *z.* evlâda yakışır bir şekilde.

fil.i.ate (fil'iyeyt) *f., bak.* affiliate.

fil.i.a.tion (filiyey'şın) *i.* birinin evlâdı oluş, evlâtlık; aynı soydan gelme, dallara ayrılma; *huk.* babalığı hükmetme.

fil.i.beg (fil'ıbeg) *i.* İskoçyalıların giydiği eteklik.

fil.i.bus.ter (fil'ıbʌstır) *f., i., pol., A.B.D.* engellemek, bir kanunun kabul edilmesini önlemek için vakit geçirici konuşmalar yaparak kürsüyü işgal etmek; *i.* böyle bir engelleme; korsan, haydut.

fil.i.form (fil'ıfôrm) *s.* iplik veya lif şeklinde.

fil.i.gree (fil'ıgri) *i., s.* kuyumculukta telkârî iş, telle işlenmiş tezyinat; buna benzer desen; *s.* telkârî.

fil.ings (fay'lingz) *i.* eğe talaşı.

Fil.i.pi.no (filipi'no) *i.* Filipin Adaları halkından biri.

fill (fil) *f., i.* doldurmak, tatmin etmek; yapmak, icra etmek; işgal etmek, tutmak; dolmak, doymak, kabarmak, şişmek; hazırlamak (reçete); *i.* dolumluk, doyumluk, dolduracak miktar; toprak tesviyesinde kullanılan toprak veya moloz. **fill in** doldurmak, eksiğin yerini doldurmak, vekillik yapmak. **Fill**

me in on the situation. Durumu bana izah et. **fill out** doldurup kabartmak ve şişirmek, dolup kabarmak; (fişi) doldurmak. **fill the bill** *A.B.D., k.dili* ihtiyacı karşılamak. **fill a tooth** *dişçi.* dolgu yapmak. **fill up** tamamen doldurmak; dolmak. **have one's fill** doymak.

fill.er (fîl'ır) *i.* delik tıkamak için kullanılan herhangi bir şey; (boyada) astar; puronun içine konulan tütün; *gazet.* boşluk doldurmak için kullanılan kısa yazı.

fil.let (fîl'ît) *i.* saçları tutmak için başa bağlanan kurdele veya bant; kemiksiz et veya balık, fileto; tiriz, pervaz; *mim.* dar ve düz silme; kitap kapağı üstüne basılan süs çizgisi.

fill.ing (fîl'îng) *i.* doldurma; dolma içi; doldurulan herhangi bir şey; *dişçi.* dolgu. **filling station** benzin istasyonu.

fil.lip (fîl'ıp) *i., f.* fiske; teşvik edici veya harekete geçirici herhangi bir şey; önemsiz şey; *f.* fiske vurmak; teşvik etmek, harekete geçirmek.

fil.lis.ter (fîl'îstır) *i.* oluk rendesi; oluk.

fil.ly (fîl'i) *i.* kısrak; *k.dili* canlı genç kız.

film (film) *i., f.* zar; ince örtü, ince tabaka; ince tel, lif; *f.* zar veya ince bir örtü ile kaplamak; zar bağlamak. **filminess** *i.* zarla veya ince bir tabaka ile kaplı olma. **filmy** *s.* zarlı, ince bir tabaka ile kaplı.

film (film) *i., f., foto., sin.* filim; *f.* filim çevirmek, filim yapmak. **film fan** sinema meraklısı. **film pack** düz fotoğraf filimleri paketi. **film speed** filim hassaslığı. **film strip** konferanslarda yardımcı olarak gösterilen hareketsiz filim serisi.

fil.o.selle (fîlozel') *i.* floş, bir çeşit ipek teli.

fil.ter (fîl'tır) *i., f.* filtre; süzgeç; *f.* süzmek, süzülmek, süzgeçten geçirmek veya geçmek, filtreden geçirmek; filtre vazifesi görmek; sızmak, duyulmak (haber, söylenti). **filter bed** filtre havuzu. **filter paper** filtre kâğıdı. **color filter** renk filtresi, yalnız belirli ışınları geçiren filtre. **oil filter** *oto.* yağ süzgeci.

fil.ter.a.ble (fîl'tırıbıl) *s.* filtreden geçebilen.

filth (filth) *i.* pislik, kir, murdarlık; ağzı bozuk olma. **filthiness** *i.* kir, kirlilik, pislik. **filthy** *s.* pis, kirli; ahlâkı bozuk, iğrenç.

fil.trate (fîl'treyt) *f., i.* süzmek; *i.* süzülmüş sıvı, filtreden geçen sıvı.

fi.lum (fay'lım) *i.* (*çoğ.* -la) *anat.* iplik, lif, filum.

fim.bri.at.ed (fîm'briyeytid) *s., zool.* saçaklı, püsküllü.

fin (fîn) *i.* yüzgeç; yüzgece benzeyen şey; *den.* salma omurga; *hav.* sabit dikey yüzey. **finback** *i.* bir çeşit balina. **fin keel** *den.* kotra omurgası. **dorsal fin** *zool.* sırt yüzgeci. **pectoral fin** *zool.* göğüs yüzgeci.

fi.na.gle (fîney'gıl) *f., k.dili* hile yaparak elde etmek; aldatmak, kandırmak.

fi.nal (fay'nıl) *s., i.* son, nihaî; katî, kesin; sonuncu; *i., matb.* son baskı; *çoğ., spor* kesin sonuç veren oyun, final, bir spor karşılaşmasının son ve katî denemesi; sömestre sonu imtihanı. **finally** *z.* nihayet, sonunda. **final cause** nihaî maksat, son gaye.

fi.na.le (fîna'li) *i., müz.* final, bitiş.

fi.nal.ist (fay'nılist) *i., spor* finale kalan yarışmacı, finalist.

fi.nal.i.ty (faynäl'ıti) *i.* kesinlik, katiyet; nihaî oluş.

fi.nal.ize (fay'nılayz) *f.* bitirmek, son şeklini vermek.

fi.nance (fînäns', fay'näns) *i., f.* maliye, malî işler; *çoğ.* malî durum; gelir; *f.* bir kimsenin veya müessesenin malî işlerini idare etmek; bir işin masraflarını karşılamak; malî teşebbüslere sermaye yatırmak veya temin etmek. **financial** *s.* malî. **financial engagements** malî taahhütler, akçalı yüklenmeler. **financially** *z.* malî bakımdan.

fin.an.cier (fînınsir') *i.* maliyeci, sermayedar; banker.

finch (fînç) *i., zool.* ispinoz (kuş).

find (faynd) *f.* (**found**) *i.* bulmak, keşfetmek; anlamak, sezmek; tedarik etmek; arayıp bulmak; ulaşmak, erişmek; *i.* buluş, bulunmuş şey, bulgu, keşif. **find expression** ifade edilmek; kendini göstermek. **find fault (with)** kusur bulmak. **find for the plaintive** *huk.* davacı lehine karar vermek. **find guilty** suçlu çıkarmak, mahkûm etmek. **find oneself** olmak; kendini bulmak, kendine gelmek. **find one's feet** durumu düzeltmek, kendini geçindirecek hale gelmek, istidatlarını geliştirmek. **find out** öğrenmek, haberdar olmak, farkına varmak, anlamak. **find wanting** kusurlu bulmak, eksik bulmak. **finder** *i.* bulucu; *astr.* büyük teleskopa iliştirilen ve keşif vazifesini gören ufak teleskop; *foto.* vizör. **finding** *i.* bulunmuş veya keşfedilmiş şey; bulgu; sonuç, netice, karar.

fin de siè.cle (fän dı sye'kl) *Fr.* on dokuzuncu yüzyılın sonu; 1880-1910 devrinin özelliklerini arzeden. **fin-de-siècle** *s.* çökmüş, soysuzlaşmış.

fine (fayn) *s., z., f.* güzel, ince, zarif; saf, katkısız, katışıksız; halis; hassas, ince ruhlu, duygulu; âlâ, mükemmel, üstün; berrak, açık; *z., k.dili* güzel, hoş, iyi; *f.* toz haline getirmek; güzelleşmek. **fine arts** güzel sanatlar. **fine-draw** *f., terz.* kumaşın iki kenarını görünmez surette birbirine dikmek; inceltmek (tel). **fine-drawn** *s.* inceltilmiş (tel), bütün ayrıntılarıyla düşünülmüş. **in fine feather** *k.dili* havasında. **fine-grained** *s., bot.* ince damarlı (ağaç); *foto.* ince tanecikli. **fine-spoken** *s.* kibar bir şekilde konuşan. **finespun** *s.* ince eğrilmiş; aşırı derecede ince. **fine-toothed comb** ince dişli tarak. **go over the matter with a fine-toothed comb** meseleyi inceden inceye gözden geçirmek, ince eleyip sık dokumak. **a fine distinction** ince fark. **a fine lady** hanımefendi. **fine gold** saf altın. **My fine fellow!** Oğlum! Yahu! **some fine day** günün birinde. **finely** *z.* inceden inceye, güzel bir şekilde. **fineness** *i.* incelik, zarafet, güzellik; karışımdaki saf altın oranı.

fine (fayn) *i., f.* para cezası; *f.* para cezasına çarptırmak. **finable** *s.* para ile cezalandırılabilir, para cezası verilebilir.

fi.ne (fi'ne) *i., müz.* son.

fin.er.y (fay'nıri) *i.* süs, şıklık; süslü giyim.

fin.er.y (fay'nıri) *bak.* **refinery.**

fi.nesse (fines') *i., f.* incelik; kurnazlık, hile, ustalık; *f., iskambil* fines yapmak; ustalıkla durumu idare etmek.

fin.ger (fing'gır) *i., f.* parmak; parmak gibi şey; parmak boyu; *A.B.D.* alkol ölçüsü; *f.* parmakla dokunmak, el sürmek, parmakların arasına alıp oynamak, ellemek; çalmak, aşırmak; *A.B.D., argo* ele vermek; parmaklarla ince iş yapmak; *müz.* parmakla çalgı çalmak, notaların hangi parmakla çalınacağını göstermek. **fingerboard** *i.* keman veya ut sapı; piyano klavyesi. **finger bowl** sofrada parmak yıkayacak kap, el tası. **finger post** yön belirtmek için yol ağızlarına dikilen parmak şeklindeki levha. **finger painting** ıslak kâğıt üzerine parmak-

lar ve elin bütünü ile desenli resim yapma. **fingerprint** *i.* parmak izi. **finger tip** parmak ucu. **burn one's fingers** bir kimsenin işine karışıp kendi başına dert açmak. **get one's fingers on** kapmak, el atmak. **have a finger in the pie** iştirak etmek, katılmak, çorbada tuzu bulunmak, işe karışmak. **have at one's finger tips** çok iyi bilmek. **let slip through one's fingers** elinden kaçırmak. **My fingers itch to do it.** Bu işi yapmak için sabırsızlanıyorum. Şu işi bir an evvel yapsam. **put one's finger on** bulmak, doğru olarak gösterebilmek. **put the finger on** suç ortağını polise haber vermek, soyulacak evi seçmek; kurbanını seçmek. **to the finger tips** tırnaklarının ucuna kadar, tamamen. **twist around one's little finger** parmağının ucunda oynatmak.

fin.ger.ing (fing'gıring) *i.* parmakla dokunma, yoklama; *müz.* parmakları kullanma usulü.

fin.ger.ling (fing'gırling) *i.* parmak büyüklüğünde balık yavrusu.

fin.i.al (fin'iyıl) *i., mim.* Gotik binaların tepelerindeki süs.

fin.i.cal (fin'ikıl) *s.* titiz, kılı kırk yaran, çok meraklı. **finically** *z.* kılı kırk yararak, titizlikle.

fin.ick.ing, fin.ick.y (fin'iking, fin'iki) *s.* titiz, kılı kırk yaran, çok meraklı.

fin.is (fin'is, fay'nis) *i.* son, hitam, nihayet.

fin.ish (fin'iş) *f., i.* bitirmek, sona erdirmek; tamamlamak, ikmal etmek; terbiye etmek; mahvetmek; telef etmek, yıkmak; *k.dili* yok etmek; bitmek, sona ermek, nihayet bulmak; *i.* nihayet, son; en mükemmel durum, son iş, cilâ, rötuş. **finish off** *veya* **up** bitirmek. **finish with** ilişkiyi kesmek. **finishing school** genç kızları toplum hayatı için hazırlayan özel okul. **fight to a finish** sonuna kadar mücadele etmek. **in at the finish** sonunda iştirak eden.

fin.ish.er (fin'işır) *i.* bitiren veya tamamlayan kimse, ikmal eden kimse; fabrikadan çıkacak mamullerin son işlerini yapan işçi veya makina; nihaî darbe.

fi.nite (fay'nayt) *s.* sınırlı, mahdut, sonu olan, biten, fani; ölçülebilir, sayılabilir; *mat.* sonlu. **finite verb** *gram.* mastar ve sıfat fiillerin aksine olarak fiilin belirli şahıs ve sayı gösteren şekli. **finitely** *z.* sınırlı olarak. **finiteness** *i.* fanilik.

fink (fîngk) *i., A.B.D., argo* grevi bozan işçi, ihbar eden işçi, muhbir, ele veren işçi, oyunbozan işçi; hoşa gitmeyen kimse.

Fin.land (fîn'lınd) *i.* Finlandiya.

Finn (fîn) *i.* Finlandiyalı, Finli. **Finnic** *s.* Finlandiya'ya veya Fin diline ait. **Finnish** *s., i.* Finlandiya'ya mahsus; *i.* Fin dili.

fin.nan had.die, fin.nan had.dock (fîn'ın häd'i, -ık) bir çeşit tütsülenmiş mezit balığı.

fin.ny (fîn'i) *s.* balık gibi yüzgeçleri olan, yüzgece benzeyen; balıklara ait, balığı çok olan.

fiord, fjord (fyôrd) *i.* fiyort.

fip.ple (fîp'ıl) *i., müz.* nefesli çalgıların ağız kısmındaki tahta tıkaç.

fir (fır) *i., bot.* çam ağacı, köknar; bu ağacın tahtası. **Scotch fir, yellow fir** sarı çam, *bot.* Pinus sylvestris. **silver fir** akçam ağacı, gümüşselvi, *bot.* Picea pectinata.

fire (fay'ır) *i.* ateş, alev; kıvılcım; yangın; cehennem, cehennem azabı; hararet, ısı, sıcaklık; hırs. **fire alarm** yangın zili, alarm. **firearms** *i.* ateşli silâhlar. **fireball** *i.* akanyıldız; top şeklindeki şimşek; atom bombası patladığında hâsıl olan ateş topu; *A.B.D., k.dili* enerjik kimse. **fireboat** *i.* yangın söndürme gemisi. **firebrand** *i.* alevli odun parçası, meşale, öksü; fesatçı, kundakçı, tahrikçi. **firebreak** *i., A.B.D.* orman yangınının yayılmasını önlemek için ağaçları kesilen bölge. **fire brick** ateş tuğlası. **fire brigade** itfaiye teşkilâtı. **fire bucket** yangın söndürmeye mahsus su kovası. **fire bug** *A.B.D., k.dili* kasten yangın çıkarma eğilimi olan deli. **fire control** *ask.* gemi veya istihkâm top ateşini idare sistemi. **firecracker** *i.* kâğıt fişek, torpil. **firedamp** *i.* kömür madenlerinde hâsıl olan kolay ateş alır gaz, metan. **fire department** itfaiye teşkilâtı. **firedog** *i.* ocağın demir ayaklığı. **fire drill** yangından kaçma talimi. **fire-eater** *i.* ateş yutan hokkabaz; kavgacı kimse. **fire engine** itfaiye arabası; yangın tulumbası. **fire escape** yangın merdiveni. **fire extinguisher** yangın söndürme aleti. **firefighter** *i.* itfaiyeci. **firefly** *i.* ateşböceği. **fire hazard** yangın tehlikesi çok olan yer. **fire hydrant** yangın söndürme musluğu. **fire insurance** yangın sigortası. **fire irons** maşa ile kürek ve kömür karıştıracak demirden ibaret ocak takımı. **firelight** *i.* alev ışığı. **firelock** *i.* eski tip bir tüfek. **fireman**

i. itfaiye neferi; ateşçi. **visiting fireman** *A.B.D., k.dili* ağırlanacak misafir. **fire marshall** yangın tehlikesine karşı binaları kontrol eden görevli. **fireplace** *i.* şömine, ocak. **fireplug** *i.* yangın musluğu. **fire power** *ask.* ateş kudreti. **fireproof** *s.* yanmaz, ateş geçmez. **fire sale** *A.B.D.* yangında hasar gören malın tenzilâtlı satışı. **fire screen** ocak önüne konulan perde; ateş siperi. **fire ship** yakılarak düşman gemileri arasına salıverilen gemi. **fireside** *i.* ocak başı; ev, yurt. **firethorn** *i.* ateş dikeni. **fire tongs** iri ateş maşası. **fire tower** yangın kulesi. **firetrap** *i.* yangın tehlikesi karşısında kolay kaçılamayan bina. **fire wall** yangın duvarı, yangının sirayet etmesine engel olmak için yapılan duvar. **firewarden** *i.* yangından korunma veya yangın söndürme işlerine nezaret eden kimse, yangın bekçisi. **firewater** *i.* viski. **fireweed** *i.* yangın yerlerinde çabuk biten birkaç çeşit ot, yakıotu, *bot.* Epilobium angustifolium. **firewood** *i.* odun. **fireworks** *i.* donanma fişekleri. **fire worship** ateşe tapma, ateşperestlik. **fire worshipper** ateşperest, Mecusî. **a running fire** yaylım ateşi. **between two fires** iki ateş arasında. **catch fire** tutuşmak, ateş almak. **cease fire** ateş kesmek. **go through fire and water** bütün tehlikeleri göze almak. **hang fire** muallâkta olmak; geri kalmak. **heap coals of fire on one's head** iyilik ederek karşısındakini utandırmak. **lay a fire** odunları çatıp ateş için hazırlamak. **miss fire** ateş almamak (silâh, bomba); başaramamak, isabet kaydedememek. **on fire** yanmakta; coşmuş. **open fire** atışa başlamak. **play with fire** ateşle oynamak, tehlikeli bir işe girişmek. **set fire to** ateşe vermek, tutuşturmak. **set on fire** yakmak; alevlendirmek, tahrik etmek, kışkırtmak, gayret vermek. **set the world on fire** üstün derecede başarı kazanmak. **strike fire** kıvılcım saçmak; tepki yaratmak. **St. Elmo's fire** gemici nuru. **under fire** ateş altında. **fireless** *s.* ateşsiz. **fireless cooker** sıcaklığı muhafaza eden tencere.

fire (fay'ır) *f.* tutuşturmak, ateşe vermek, alevlendirmek; yakmak, pişirmek; canlandırmak, harekete geçirmek, gayrete getirmek, tahrik etmek; teşvik etmek; patlatmak, ateş etmek;

atmak, püskürtmek; tutuşmak; silâhla ateş etmek. **fire a volley** yaylım ateşi açmak. **Fire away!** Haydi, başla! **fire a broadside** *den.* borda ateşi etmek, geminin bir tarafındaki bütün toplarla birden ateş açmak. **fire off** pişirmeyi tamamlamak (tuğla, çanak); *k.dili* hemen göndermek. **fire up** fayrap etmek; birdenbire kızmak, parlamak.

fir.ing (fay'ring) *i.* ateş etme; yakma. **firing line** *ask.* ateş hattı. **firing squad** idam mahkûmunu kurşuna dizen asker bölüğü; ölü kimsenin mezarı başında saygı gösterisi olarak ateş eden asker bölüğü.

fir.kin (fır'kın) *i.* ufak yağ fıçısı; bir İngiliz sıvı ölçü birimi (bir varilin dörtte biri oylumunda).

firm (fırm) *i.* şirket, firma, ticarethane. **firm name** firma adı.

firm (fırm) *s., f.* pek, katı, sert, pekişmiş, sıkı; sabit, metin, dönmez; *f., gen.* **up** *ile* sabit kılmak, pekiştirmek, sağlamlaştırmak. **firm order** *tic.* kesin sipariş. **firmly** *z.* metanetle, katiyetle, sebatla, kuvvetle. **firmness** *i.* metanet, sebatlılık.

fir.ma.ment (fır'mımınt) *i.* sema, gök kubbe, asuman.

fir.man (fır'mın, fırman') *i.* ferman.

first (fırst) *s., i., z.* ilk, birinci, baş, en büyük; *i.* başlangıç; baş yer, birincilik; *müz.* en tiz ses; birinci mal; ayın ilk günü; *z.* evvelâ, ilk önce, başta, en ileride; ilk defa olarak; ondan evvel. **firsts** *i.* en iyi kalite eşya. **first edition** ilk baskı. **first aid** *tıb.* ilk yardım. **first aide-de-camp** baş yaver. **first and foremost** ilk önce, en başta. **first and last** ilk ve son, her şeyi hesaba katarak, umumiyet itibariyle. **first-born** *i., s.* ilk çocuk; *s.* ilk doğan. **first base** başarının başlangıcı. **First Cause** ilk neden, Cenabı Hak. **first -class** *s., z.* birinci sınıfa ait; birinci sınıftan, mükemmel, âlâ; adi mektup cinsinden; *z.* birinci mevki ile. **first cost** maliyet fiyatı. **First Day** pazar günü. **first-day cover** ilk gün satışa çıkarılan yeni pulla pullanmış zarf. **first floor** zemin kat; *İng.* birinci kat. **first form** *bak.* **form**. **first fruits** ilk sonuç, ilk hasılât. **first-hand** *z., s.* doğrudan doğruya, vasıtasız olarak, aracı olmadan; *s.* dolaysız. **first lady** cumhurbaşkanının karısı. **first lieutenant** *ask.* üsteğmen. **first mate** *den.* kaptan yardımcısı. **first mortgage** ipotek,

birinci derecede ipotek. **first name** isim, ad. **first night** gala temsili, açılış gecesi. **first offender** ilk defa sabıkalı olan kimse. **first person** birinci tekil veya çoğul şahıs (ben, biz). **first or last** er geç. **first papers** *A.B.D.* vatandaşlığa kabul için yapılan ilk müracaat. **first-rate** *s.* mükemmel, birinci sınıf. **first water** en yüksek kalite (mücevher). **at first** ilk önce, evvelce. **from the first** baştan itibaren. **the first two** baştan itibaren ilk ikisi, birinci gelen iki (kimse veya şey).

first.ling (fırst'ling) *i.* ilk sonuç; ilk doğan çocuk.

first.ly (fırst'li) *z.* evvelâ, ilk olarak, ilkin.

firth (fırth) *i.* (İskoçya'da) haliç, nehir ağzı olan uzun ve dar körfez.

fisc (fisk) *i.* devlet veya hükümdar hazinesi.

fis.cal (fîs'kıl) *s.* malî. **fiscal year** malî sene.

fish (fîş) *i.* (çoğ. fish, *değişik türler için* fish.es) balık; balık eti; tahta veya demir takviye parçası, berkitme parçası. **fish and chips** *İng.* balık fileto ve kızarmış patates. **fish ball** balık köftesi. **fishbone** *i.* balık kılçığı. **fishbowl** *i.* kavanoz biçiminde akvaryum. **fish cake** patatesli balık köftesi. **fishgig** *i.* balık kargısı. **fish hawk** balık kartalı. **fishhook** *i.* olta. **fish line** olta ipi. **fish market** balık pazarı. **fishmonger** *i.* balıkçı, balık satan kimse. **fish out of water** yerini yadırgayan kimse, sudan çıkmış balık. **fishplate** *i., mak.* iki direği uç uca bağlamak için kullanılan takviye parçası. **fish pond** balık havuzu, balık gölü. **fishspear** *i.* balık kargısı. **fish story** *k.dili* martaval. **fishwife** *i.* balıkçı kadın, balık satan kadın; pis konuşan kadın. **bony fishes** kemikli balıklar, *zool.* Teleostomi. **cold fish** soğuk kimse. **drink like a fish** alışkanlıktan dolayı fazla içki içmek. **feed the fishes** denizde boğulmak; deniz tutmasından dolayı kusmak. **have other fish to fry** daha önemli bir işi olmak. **neither fish, flesh nor fowl** hiç bir özelliği olmayan şey.

fish (fîş) *f.* balık tutmak, balık avlamak, çekip çıkarmak; içinde balık avlamak; tahta veya demir parçası ile takviye etmek, seren berkitmek; **for** *ile* aramak, ağız aramak. **fish for a compliment** kendisine kompliman yapılmasını istemek; **up** *veya* **out** *ile* arayıp bulmak. **fish in troubled waters** bulanık suda balık avlamak. **fish the anchor** *den.* gemi demirini fışkıya vurmak. **fish out** balık neslini tüketmek; seçip almak.

fish.er (fiş'ır) *i.* balık tutan kimse, balıkçı; balık avlayan hayvan veya kuş. **fisherman** *i.* balıkçı. **fishery** *i.* balıkçılık; balık tarlası, dalyan.

fish.ing (fiş'îng) *i.* balık avlama, balık avı, balıkçılık; ağız arama. **fishing boat** balıkçı kayığı veya gemisi. **fishing rod** olta kamışı. **fishing tackle** *veya* **gear** balık takımı, balıkçı takımı.

fish.y (fiş'i) *s.* balıktan ibaret; balık gibi, içinde balık tadı veya kokusu olan; balığı çok; *k.dili* şüpheli, inanılmaz. **fishy eye** donuk göz; şüpheci göz. **fishiness** *i.* balık vasfı olma, içinde balık tadı veya kokusu bulunma; şüphelilik.

fis.sile (fîs'ıl) *s.* çatlayıp yarılma kabiliyeti olan. **fissil'ity** *i.* yarılma kabiliyeti.

fis.sion (fîş'ın) *i.* ortadan ikiye ayrılma; *biyol.* ortasından bölünerek üreme; *fiz.* uranyum gibi bir elemanın daha basit ve sabit parçalara ayrılıp dağılması.

fis.sion.a.ble (fîş'ınıbıl) *s.* atom çekirdeği parçalanabilen.

fis.sip.a.rous (fisîp'ırıs) *s., biyol.* ikiye bölünme suretiyle üreyen.

fis.si.ped (fîs'îped) *s., i., zool.* çok tırnaklı, parmakları birbirinden ayrı olan (hayvan); *i.* Fissipedia familyasından bir hayvan (kedi, ayı, v.b.).

fis.sure (fîş'ır) *i., f.* yarık, çatlak, rahne; yarma; *tıb.* fisür, cilt veya mukozanın hafifçe veya yüzeysel olarak çatlaması; *f.* yarmak, çatlatmak; ayrılmak, çatlamak.

fist (fîst) *i., f.* yumruk, muşta; *h. dili* el, el yazısı; *matb.* işaret parmağı; *f.* yumruklamak; avuçlamak.

fist.ic (fîs'tîk) *s.* boks sporuna ait.

fist.i.cuffs (fîs'tîkʌfs) *i.* yumruk yumruğa kavga.

fis.tu.la (fîs'çûlı) *i.* (*çoğ.* -**las**, -**lae**) *tıb.* fistül.

fis.tu.lar, fis.tu.lous (fîs'çûlır, fîs'çûlıs) *s.* boru şeklinde; *tıb.* fistül gibi, fistüle ait.

fit (fît) *i.* hastalık nöbeti, sara, ihtilâç, tutarak; anî olarak zuhur eden geçici hal; devre. **a fainting fit** baygınlık nöbeti, bayılma. **by fits and starts** ara sıra, düzensiz olarak, ıspazmoz kabilinden. **have a fit** sarası tutmak; *slang* deli olmak. **have a fit of laughter** gülmesi tutmak. **fitful** *s.* düzensiz, kesik kesik.

fit (fît) *s.* uygun, münasip, yakışır, yaraşır, lâyık, elverişli; hazır; zinde, sıhhatli. **fit for nothing** hiç bir işe yaramaz. **fit to be seen** görülmeye hazır. **fit to be tied** *h. dili* çok kızmış, çok sinirli; sabırsız, patlayacak halde. **a dish fit for a king** krallara lâyık bir yemek. **dressed up fit to kill** *A.B.D., k.dili* çok gösterişli bir şekilde giyinmiş.

fit (fît) *f.* (-**ted**, -**ting**) *i.* uygun olmak; uygun bir hale getirmek, prova etmek; uydurmak; dikkatle üzerine koymak; uymak; uygun gelmek, münasip olmak; yakışmak; *i.* uyma, uygun gelme, münasip olma. **tight fit** sıkı geçme. **fit out** ihtiyacını temin etmek, teçhiz etmek.

fitch, fitch.et, fitch.ew (fîç, fîç'ıt, fîç'u) *i., zool.* sansara benzer küçük bir hayvan, kokarca; bu hayvanın kürkü. **fitch** *i., fitch* **brush** kokarca kılından fırça.

fit.ly (fît'li) *z.* lâyık olduğu şekilde, münasip surette, yerinde.

fit.ness (fît'nıs) *i.* liyakat; uygun ve yerinde oluş; sıhhatte oluş.

fit.ter (fît'ır) *i.* prova eden terzi; *mak.* boru işlerine bakan kimse.

fit.ting (fît'îng) *i., s., gen. çoğ.* prova; tertibat, teçhizat, takım; *s.* uygun, münasip, yerinde.

five (fayv) *s., i.* beş; *i.* beş rakamı; beş sayısı (5, V); *iskambil* beşli; *spor* beş kişilik takım. **five and ten, five and dime** tuhafiye mağazası. **five-fingers** *i.* beşparmakotu; *zool.* beş parmak denilen deniz hayvanı. **fivefold** *s., z.* beş kat, beş misli. **fiver** *i.* beş dolarlık kâğıt para. **fivespot** *i., argo* beş dolar. **Five-Year Plan** Beş Senelik Plan.

fix (fîks) *f.* yerleştirmek, oturtmak; sabitleştirmek; kararlaştırmak; *A.B.D.* düzene sokmak; *A.B.D., k.dili* tamir etmek; *A.B.D.* (yemek) hazırlamak; *k.dili* rüşvet yoluyla sonucu garanti altına almak; *spor* şike yapmak; *A.B.D., k.dili* yola getirmek; mikroskopik çalışma için hazırlamak; *kim.* katılaştırmak; *foto.* tespit banyosu yapmak; *k.dili* (kedi, köpek) kısırlaştırmak. **fix one's eyes on a thing** bir şeye gözünü dikmek. **fix on** kararlaştırmak. **fix up** *k.dili* tamir etmek; düzene sokmak, tertip etmek, hazırlamak; ihtiyacını karşılamak.

fix.a.tion (fîksey'şın) *i.* marazî bağlılık, düşkünlük; tespit, katılaşma.

fix.a.tive (fik'sıtîv) s., i. değişme veya solmaktan alıkoyan; olduğu gibi koruyan; i. bu işi gören ilâç.

fixed (fikst) s. durağan, kımıldamaz, bağlı; sabit, solmaz (renk); A.B.D., k.dili önceden ayarlanmış. well fixed argo paralı. fixed assets sabit değerler. fixed charges sabit masraflar. fixed focus foto. sabit mihrak. fixed idea sabit fikir, idefiks. fixed liability uzun vadeli borç. fixed oil kim. uçmaz yağ. fixed star durağan yıldız, sabite. fixedly (fik'sîdli) z. gözlerini dikerek, sabit bakışlarla. fixedness (fik'sîdnîs) i. sabit oluş, hareketsizlik.

fix.er (fik'sır) i. tamirci; rüşvet yediren kimse; slang piston, torpil; foto. fiksatif, sabitleştirici ilâç.

fix.ings (fik'sîngz) i., k.dili tertibat, teçhizat; garnitür.

fix.i.ty (fik'sıti) i. sabit oluş, karar, sebat.

fix.ture (fiks'çır) i. sabit şey. fixtures i. sabit eşya; huk. müştemilât, demirbaş. light fixtures elektrik teçhizatı.

fiz.gig (fîz'gîg) i. hoppa kız; yaş baruttan yapılmış fişek, vızlayan fişek; sesli oyuncak, kaynana zırıltısı; zıpkın.

fizz (fîz) f., i. yaş barut gibi vızlamak, fışırdamak; vızıltı, fışırtı; köpüklü içki. fizzy s. fışırtılı, köpüren, köpüklü.

fiz.zle (fîz'ıl) f., i. vızlamak; out ile, k.dili vızlayıp sönmek, evvelâ iyi başlayıp sonradan suya düşmek, bozulmak; i. vızıltı, fışırtı, köpürme; k.dili fiyasko, başarısızlık.

fjord (fyôrd) bak. fiord.

fl. kıs. florin, flourished, flower, fluid.

flab.ber.gast (fläb'ırgäst) f., k.dili şaşırtmak, hayrete düşürmek.

flab.by (fläb'î) s. sarkık, yumuşak, gevşek; zayıf, iradesiz.

fla.bel.late, fla.bel.li.form (flıbel'ît, flıbel'ıfôrm) s., bot., zool. yelpaze şeklinde.

flac.cid (fläk'sîd, fläs'ıd) s. kıvamını kaybedip yumuşamış, gevşemiş, gevşek. flaccid'ity i. gevşeklik, kıvamsızlık.

flag (fläg) i. zambak, süsen, saz, bot. Iris pseudacorus; zambak yaprağı. sweet flag eğir, bot. Acorus calamus.

flag (fläg) i., f. (-ged, -ging) büyük ve yassı kaldırım taşı; f. bu taşlarla döşemek. flagstone i. iri ve yassı kaldırım taşı.

flag (fläg) i., f. (-ged, -ging) bayrak, sancak, bandıra, flama; köpek veya geyik kuyruğu; müz. çengel; f. bayrak çekmek, bayraklarla donatmak; bayrakla işaret vermek; bir şey sallayarak avını tuzağa düşürmek. flag down a train durması için trene bayrakla işaret vermek. flag captain amiral gemisi süvarisi. flag of truce mütareke flaması. flag officer den. sancak sahibi, amiral veya komodor. flagship i. amiral gemisi. flagstaff i. gönder, bayrak direği. flag station, flag stop yalnız işaret verildiği zaman trenlerin durduğu istasyon. dip the flag sancakla selâmlamak. hang the flag at half mast bayrağı yarıya indirmek. haul down the flag bayrak indirmek; teslim olmak. hoist a flag bayrak veya sancak çekmek. strike the flag teslim olmak üzere bayrağı aşağı indirmek. the white flag beyaz bayrak, mütareke flaması. wave a red flag kızdırmak, tahrik etmek (boğa güreşinde olduğu gibi).

flag (fläg) f. (-ged, -ging) gevşemek; yorulmaya başlamak, kuvveti kesilmek, neşesi kaçmak.

flag.el.lant (fläc'ılınt) s., i. döven, kırbaçlayan; i. özellikle kendisini kırbaçlayan veya kırbaçlatmaktan hoşlanan kimse.

flag.el.late (fläc'ıleyt) f. kırbaçlamak, dövmek. flagella'tion i. kırbaçlama, dövme, dayak atma; dövünme.

fla.gel.lum (flıcel'ım) i. (çoğ. -lums, -la) biyol. kamçı şeklinde parça; kamçı, kırbaç.

flag.eo.let (fläcılet') i., müz. en yüksek sesli flüt.

flag.ging (fläg'îng) i. iri ve yassı taşlarla döşenmiş kaldırım veya sokak; iri ve yassı kaldırım taşları.

flag.ging (fläg'îng) s. gevşek, zayıf, cansız.

fla.gi.tious (flıcîş'ıs) s. habis, çok çirkin, alçakça; ağır suç kabilinden. flagitiously z. habis bir şekilde, ağır suç teşkil edecek şekilde.

flag.on (fläg'ın) i. bir çeşit kapaklı sürahi, büyük şişe.

fla.grant (fley'grınt) s. pek çirkin, rezalet nevinden; göze batan, bariz (kötülük, ahlâksızlık). flagrancy i. kabahatin aşikârlığı ve büyüklüğü. flagrantly z. alenî ve çirkin bir şekilde, bile bile, alçakça.

fla.gran.te de.lic.to (flıgrän'ti dîlîk'to) *Lat.* cürmümeşhut halinde, suçüstü.

flail (fleyl) *i.* harman döveni; ortaçağda kullanılan buna benzer silâh.

flair (fler) *i.* yetenek, kabiliyet, Allah vergisi; anlayış, seziş, hissediş; *k.dili* gösterişli üslûp.

flak (fläk) *i., ask.* uçaksavar ateşi; *argo* itiraz, karşı çıkma, karşı koyma; şikâyet.

flake (fleyk) *i.* balık kurutmaya mahsus ızgara; *den.* gemi tamir edilirken işçilerin üzerinde çalıştıkları asma iskele.

flake (fleyk) *i., f.* ufak kar tanesi; ince tabaka, ince parça; pul; *f.,* **away** *veya* **off** *ile* tabaka tabaka soymak veya soyulmak; **out** *ile* yorgunluktan çöküp kalmak. **flaky** *s.* lapa lapa; kuşbaşı kar taneleri halinde. **flakiness** *i.* lapa lapa oluş, ince tabakalar halinde bulunma.

flam (fläm) *i., k.dili* yalan, hile.

flam.beau (fläm'bo) *i., Fr.* meşale, fener; süslü şamdan.

flam.boy.ant (flämboy'ınt) *s.* parlak, aşırı derecede süslü, şaşaalı, göz alıcı, rengârenk; *mim.* alev gibi dalgalı kıvrıntılarla süslü. **flamboyancy** *i.* aşırı derecede parlaklık, süs, şaşaa.

flame (fleym) *i.* alev, yalaz, ateş; hiddet, şiddet; aşk, aşk ateşi; *k.dili* sevgili. **flame-colored** *s.* ateş rengi. **flame-proof** *s.* ateş almaz, yanmaz, ateş geçmez. **flame test** *kim.* alev testi. **flame thrower** *ask.* yanar benzin saçan bir silâh. **flame-tree** *i.* alev ağacı, alpa gülü. **an old flame** eski sevgili. **burst into flame** tutuşmak, alev almak. **fan the flames** ateşi yelpazelemek, alevlendirmek, kışkırtmak. **in flames** alevler içinde, yanmakta.

flame (fleym) *f.* alevlenmek, alev çıkarmak, alev alev yanmak; *mec.* alevlenmek, yanmak, tutuşmak; öfkelenmek; parlamak, alev gibi kızarmak. **flame up** alevlenmek, tutuşmak.

fla.men (fley'mın) *i.* Eski Roma'da kâhin.

fla.men.co (flımeng'ko) *i.* İspanyol çingenelerine ait bir dans ve şarkı cinsi.

fla.min.go (flıming'go) *i.* (*çoğ.* **-gos, -goes**) *zool.* flamingo.

flam.ma.ble (fläm'ıbıl) *s.* yanar, yanabilir, kolaylıkla yanar.

flan (flän) *i.* börek, tart; sikke yapılması için boş metal.

flâ.ne.rie (flanri') *i., Fr.* tembellik, gevşeklik, ağırlık.

flange (flänc) *i.* kenar, yaka, kulak, flanş; flanş yapmakta kullanılan döküm aleti.

flank (flängk) *i., f.* böğür; yan taraf; *ask., den.* cenah, kanat; tabya koltuğu; *f.* cenahını muhafaza veya takviye etmek, cenaha hücum etmek, cenahı tehdit etmek, cenahtan geçmek; yan tarafında olmak. **flank attack** *ask.* kanat taarruzu, cenah taarruzu, kuşatıcı taarruz, çevirme hareketi. **flank march** *ask.* yan yürüyüş, kanat taarruzu yapmak maksadıyla düşman kuvvetlerine paralel yürüyüş. **flank movement** yan yürüyüş, çevirme hareketi. **turn the flank of** yandan çevirme hareketiyle (düşman) cenahı geri çevirmeye mecbur etmek.

flan.nel (flän'ıl) *i., f.* (**-ed, -led; -ing, -ling**) fanila, pazen; *çoğ.* fanila, iç çamaşırı; faniladan yapılmış spor pantolon; *f.* fanila giydirmek, fanila ile oğmak. **flanneled** *s.* fanila kaplı. **flannelette'** *i.* hafif fanila, fanilaya benzer pamuklu kumaş, pazen.

flap (fläp) *i., f.* (**-ped, -ping**) aşağı sarkan kanat veya kapak; *tıb.* sarkan et parçası; sarkan bir şeyin çarpması veya çarpma sesi; *k.dili* fazla heyecan; heyecan verici durum; *f.* sarkan bir şey ile vurmak, kuş kanadı gibi vurmak, çırpmak; birden atmak, çevirmek, katlamak; sarkık kapak veya örtü koymak; çarpmak, vurmak. **flapjack** *i.* tavada pişerken silkerek çevrilen bir çeşit börek.

flap.doo.dle (fläp'dudıl) *i., argo* saçmalık, boş laf.

flap.per (fläp'ır) *i.* 1920-1930 senelerinde son moda giyinen kız; çarpan şey; keklik palazı.

flare (fler) *f., i.* birden alevlendirmek veya alevlenmek; çan şeklinde yaymak veya yayılmak; meşalelerle işaret vermek; *i.* göz kamaştırıcı ışık, işaret fişeği; yayılma veya yayılan şey; gösteriş. **flareback** *i.* topun kuyruk kamasından çıkan alev. **flare light** ateşle işaretleşmede alev çıkaran araç. **flare out** birden alevlenmek veya öfkelenmek, parlamak. **flare chute** *hav.* aydınlatma fişeği. **flare up** birden alevlenmek veya öfkelenmek, parlamak. **flare-up** *i.* ani öfke, parlama, hiddet. **flaring** *s.* alevle parlayan; gösterişli; dışa dönük.

flash (fläş) *f.* birden alevlenmek, şimşek gibi çakmak veya parlamak; birden parlamak; birden akla gelmek; cam bir mamule ikinci bir renkte ince cam tabakası ilâve etmek; telgraf veya radyo ile acele haber ulaştırmak; *k.dili* birdenbire göstermek; yağmurdan korumak için damın üstüne ve altına saç kaplamak. **It flashed upon me.** Birden aklıma geldi.

flash (fläş) *i.* parıltı, anî alev, şule; işaret olarak yanıp sönen ışık; an; birden gelen su akıntısı; kaba gösteriş; cama renk vermek için maden tuzu ile kaplama; bülten. **flashback** *i.* geriye dönme. **flashboard** *i.* suyun yüksekliğini artırmak için barajın üstüne takılan tahta, savak taşırma kapağı. **flash bulb** *foto.* flaş. **flash flood** seylâp. **flashlight** *i.* el feneri. **flash point** *fiz.* ısınan bir sıvıdan çıkan gazların yanma harareti. **flash torch** tiyatroda şimşek çakması hissini uyandıran tertibat. **flash in the pan** gösterişli bir şekilde başlayıp neticesiz kalan hamle veya insan. **a flash of lightning** şimşek, yıldırım. **in a flash** ansızın, şimşek gibi, birdenbire. **news flash** *A.B.D.* radyo veya telgrafla gelen acele ve kısa haber.

flash (fläş) *s., İng.* hırsız veya serserilere ait; gösterişli fakat sahte; kaba bir şekilde gösterişli. **flash language** hırsız argosu.

flash.ing (fläş'ing) *i.* parlayan şey veya kimse; suni seylâp yapma; yağmurdan korumak için saç kaplama.

flash.y (fläş'i) *s.* parıltılı, alevli, gösterişli, frapan, göze çarpan. **flashily** *z.* gösterişli bir şekilde, göze çarpacak surette.

flask (fläsk) *i.* içine barut veya yağ konan şişe şeklindeki kap, barutluk; termos; küçük ve yassı şişe, cebe konan içki şişesi, matara; dökümcülükte kullanılan kalıp.

flas.ket (fläs'kit) *i.* uzun ve yassı sepet; ufak içki şişesi.

flat (flät) *s.* (-ter, -test) *z.* düz, müstevi, yassı; yüzüstü, sırtüstü; yıkık, harap; katî, kesin; mat, donuk, tatsız, yavan; durgun (ticaret); *müz.* bemol; *z.* açıkça; doğrudan doğruya; tam; *müz.* asıl notadan daha aşağı ve yanlış olarak. **flat against the wall** duvara yapışık. **flatboat, flatbottom** *i., den.* düz karinalı gemi. **flat broke** *h.dili* meteliğe kurşun atar durumda, beş parasız. **flatcar** *i., A.B.D.* açık yük vagonu. **flat denial** kesin bir şekilde ret, katî surette inkâr. **flatfish** *i.* kalkan gibi yan yüzen balık. **flat-footed** *s.* düztaban; *A.B.D., h. dili* azimli. **flathead** *s., i.* yassı

kafalı; *i., b.h.* Amerika'da eski bir yerli kabilenin ferdi. **flatiron** *i.* ütü. **flat race** düz yerde yarış. **flat rate** tek fiyat. **flat tire** patlamış lastik. **flattop** *i., A.B.D.* uçak gemisi. **flatwork** *i.* masa örtüsü gibi kolay ütülenir düz parçalar. **fall flat** büyük bir başarısızlığa uğramak. **I'll tell you flat.** Sana açıkça söyleyeceğim. **The market is flat.** Piyasa durgun. **in ten seconds flat** tam on saniyede. **That's flat.** Açık ve kesindir. Şüphe götürmez. **flatly** *z.* açıkça, peşin olarak. **flatness** *i.* düzlük, yassılık; tatsızlık, yavanlık.

flat (flät) *i.* apartman dairesi.

flat (flät) *i.* düz ve basık arazi; sığlık, kumsal; geniş ve düz olan şey, demiryolu arabası; düz sal; kılıcın yassı yüzü; kenarları alçak tepsi; madenin yassı damarı; *tiyatro* sahne dekoru için kullanılan kumaş gerili çerçeve; *müz.* bemol.

flat (flät) *f.* (-ted, -ting) yassılamak, düzeltmek; tadını kaçırmak, neşesini bozmak; yassılmak, düşmek; neşesiz olmak; *müz.* yarım ton indirmek; belirli perdeden aşağı söylemek veya çalmak.

flat.ten (flät'ın) *f.* yassılatmak; yere sermek; neşesini kaçırmak; matlaştırmak, donuklaştırmak; yassılaşmak, dümdüz olmak; tatsızlaşmak, neşesiz olmak. **flatten out** düzeltmek, açmak; *hav.* dalıştan sonra uçağı yerle paralel duruma getirmek.

flat.ter (flät'ır) *f., slang* yaltaklanmak, yağ çekmek; dalkavukluk etmek; gururunu okşamak; ümit vermek, methetmek, övmek, göklere çıkarmak. **flatter oneself** sanmak, zannetmek, ümit etmek. **flatterer** *i.* dalkavuk, *slang* yağcı. **flatteringly** *z.* methederek, göklere çıkararak. **flattery** *i.* dalkavukluk, methiye.

flat.tish (flät'iş) *s.* oldukça yassı ve düz; tatsız.

flat.u.lent (fläç'ûlınt) *s.* midede gaz hâsıl eden, bu gaza ait; yalnız gösterişten ibaret; şişkin. **flatulence, -cy** *i.* gazlı veya yelli olma. **flatulently** *z.* gösteriş yaparak.

fla.tus (fley'tıs) *i.* (*çoğ.* **-tuses, -tus**) mide veya karındaki gaz.

flat.ware (flät'wer) *i.* düz tabaklar; çatal bıçak takımı.

flat.ways, flat.wise (flät'weys, flät'wayz) *z.* yassılamasına, düz, düzlemesine.

flat.worm (flät'wırm) *i.* at solucanı, *zool.* Ascaris megalocephala.

flaunt (flônt) *f., i.* gösteriş yapmak, kibirlenmek; *i.* gösteriş. **flauntingly** *z.* gösteriş yaparak, kibirle.

flau.tist (flô'tîst) *i., müz.* flütçü, flavtacı.

fla.ves.cent (flıves'ınt) *s.* sararmış, sarımtırak.

fla.vin (fley'vın) *i., biyol.* hayvan ve bitkilerde bulunan çeşitli sarı boyalardan her biri.

fla.vor (fley'vır) *i., f.* lezzet, tat, çeşni; tat veren şey; lezzetli şey; koku, rayiha; *f.* tat veya lezzet vermek. **flavoring** *i.* tat veren şey. **flavorless** *s.* tatsız, lezzetsiz. **flavorsome, flavorful, flavory** *s.* lezzetli.

flaw (flô) *i., f.* yarık, çatlak, çatlaklık, rahne; sakat, kusur, defo; ayıp; *f.* çatlatmak, sakatlamak; sakat olmak, defolu olmak; çatlamak. **flawless** *s.* kusursuz. **flawy** *s.* kusurlu. **flawlessness** *i.* kusursuzluk.

flaw (flô) *i.* birdenbire çıkan geçici rüzgâr, bora; rüzgârın yönünün değişmesi. **flawy** *s.* rüzgârlı.

flax (fläks) *i.* keten; ketene benzer bir çeşit bitki. **flaxseed** *i.* keten tohumu. **flaxen** *s.* keten, ketenden; sarı, lepiska. **flaxy** *s.* ketene benzer.

flay (fley) *f.* derisini yüzmek, soymak; fena halde azarlamak, haşlamak; zorla veya hile yaparak parasını almak.

flea (fli) *i.* pire, *zool.* Pulex irritans. **fleabite** *i.* pire ısırması, pire yeniği, hafif ağrı. **fleabitten** *s.* pire ısırmış; *k.dii* köhne; çok ufak doru veya kula benekli beyaz (at). **fleabane, fleawort** *i.* pire otu, boğa yaprağı, karnı yarık, *bot.* Plantago psyllium. **put a flea in one's ear** dostça uyarmak, ihtar etmek, kulağını bükmek.

fleam (flim) *i.* neşter.

flèche (fleş) *i., mim.* sivri kilise kulesi; *ask.* ok tabya.

fleck (flek) *i., f.* nokta, benek, leke; çok ufak parça; *f.* lekelemek, beneklemek.

flec.tion *bak.* **flexion.**

fled (fled) *bak.* **flee.**

fledge (flec) *f.* tüyleri çıkıncaya kadar beslemek; tüylendirmek; uçmak için tüy çıkarmak, tüylenmek.

fledg.ling (flec'lîng) *i.* tüyleri henüz bitmiş yavru kuş; acemi çaylak, bir işe yeni başlayan kimse.

flee (fli) *f.* (**fled, fled, flee.ing**) kaçmak, firar etmek, *slang* tüymek; gelip geçmek, gözden kaybolmak; bırakmak, terketmek.

fleece (flis) *i., f.* koyun postu; bir koyunun bütün yapağısı; yün gibi yumuşak örtü; muflon; *f.* koyunu kırkmak; (bir kimseyi) soymak, yolmak; yünle kaplamak, yün gibi kaplamak. **fleece-lined** *s.* içi muflonlu. **fleecy** *s.* yün veya yapağı gibi (bulut); yünden; yünle kaplı.

fleer (flîr) *f., i.* alay etmek, terbiyesizce gülmek, eğlenmek; *i.* istihza, eğlenme, alay.

fleet (flit) *i.* donanma, filo. **fleet of trucks** bir firmanın bütün kamyonları.

fleet (flit) *s.* çevik, çabuk, çabuk geçen.

fleet (flit) *f.* çabuk geçmek; *den.* gitmek, seyretmek, hareket etmek. **fleeting** *s.* çabuk geçen, ömürsüz, fani. **fleetingly** *z.* çabuk geçerek, fani olarak.

Flem.ing (flem'îng) *i.* Flaman. **Flemish** *s., i.* Flamanların oturduğu bölgeye ait; *i.* Flaman dili.

flense, flench, flinch (flens, flenç, flînç) *f.* balina derisini yüzmek veya yağını çıkarmak, ayıbalığının derisini yüzmek.

flesh (fleş) *i.* et; kasaplık et; tavuk veya balık eti; beden, cisim, ten, vücut; beşer tabiatı, insaniyet; ten rengi; şişmanlık; nesil, soy, ırk; insan oğlu; canlı yaratıklar; meyvanın etli kısmı. **flesh and blood** nesil, kan, akraba; beşer tabiatı. **flesh color** ten rengi. **flesh fly** yumurtalarını etin üstüne bırakan karasinek. **fleshpots** *i.* zevk; zevki tatmin için gidilen eğlence yerleri. **flesh wound** hafif yara. **all flesh** bütün canlı yaratıklar, beşeriyet. **in the flesh** kendisi, yaşayan, canlı. **It makes my flesh creep.** Tüylerimi ürpertiyor. **fleshiness** *i.* şişmanlık, semizlik, etlilik. **fleshless** *s.* etsiz. **fleshly** *s.* bedene ait; etli, etten ibaret, şişman; dünyevî. **fleshy** *s.* ete ait, ete benzer; şişman, etli, toplu.

flesh (fleş) *f.* et yedirmek, etle beslemek; kan dökmek; hırsını tahrik etmek; etle kaplamak; eti sıyırmak (deriden). **flesh out** dolgun olmak; şişmanlatmak; ayrıntılarıyla anlatmak.

flesh.ings (fleş'îngz) *i.* ten rengi dar pantolon; deriden sıyrılarak alınmış ve tutkal için kullanılan et parçaları.

fletch (fleç) *f.* okun üzerine tüy koymak.

fleur-de-lis (flördıli') *i.* (*çoğ.* **fleurs-de-lis**) süsen çiçeği, susam; eski Fransız armasındaki zambak şekli.

flew (flu) *f., bak.* **fly.**

flews (fluz) *i., çoğ.* bazı köpeklerin aşağı sarkan üst dudağı.

flex (fleks) *f.* bükmek, eğmek, kasılmak (kas).

flex.i.ble, flex.ile (flek'sıbıl, flek'sil) *s.* bükülebilir, eğrilebilir, esnek; uysal, yumuşak başlı, mülâyim; uyabilir, kalıba girer. **flexibil'ity** *i.* eğilme kabiliyeti, esneklik; uysallık. **flex'ibly** *z.* bükülme suretiyle; uysallıkla.

flex.ion (flek'şın) *i.* bükülme, esneme, çevrilme, eğilme; bükülebilen yer, dirsek.

flex.or (flek'sır) *i., anat.* bükülme hareketini yaptıran kas, fleksör kas.

flex.u.ous (flek'şuwıs) *s.* eğri, eğri büğrü, bükümlü, kıvrımlı. **flexuosity** (flekşuwas'ıti) *i.* eğrilik, kıvrımlılık, büküntü.

flex.ure (flek'şır) *i.* eğrilik, bükülme, dirsek, katlanma; kuş kanadının son mafsalı.

flib.ber.ti.gib.bet (flib'ırticibit) *i.* hoppa ve geveze kimse, dedikoducu kimse.

flic (flik) *i., İng., argo* polis.

flick (flik) *i., f.* hafif vuruş; fiske; leke, çizgi; *f.* hafifçe vurmak, fiske vurmak; atıvermek. **flicks** *i., argo* sinema.

flick.er (flik'ır) *i., f.* titrek ve parlak ışık; geçici belirti; *f.* çırpınmak; titrek yanmak. **flickeringly** *z.* titreşerek, pırıldayarak.

flick.er (flik'ır) *i., zool.* Amerika'ya mahsus kanatlarının altı sarı renkli bir çeşit ağaçkakan.

fli.er, fly.er (flay'ır) *i.* uçan şey veya kimse; pilot; *A.B.D.* el ilânı; *A.B.D., k.dili* hem kazancı hem zararı büyük olabilen bir yatırım; uzun atlama.

flight (flayt) *i., f.* uçuş, uçma; seyir, yol alma, hareket; göç, hicret; bir kat merdiven; bir uçuşta katedilen mesafe, menzil; firar, kaçış; birkaç uçaktan ibaret hava filosu; *f.* (kuşlar) göç etmek. **flight of fancy** hayal, hayal kurma. **put to flight** kaçmak mecburiyetinde bırakmak. **take to flight** kaçmak, firar etmek, *slang* tüymek.

flight.y (flay'ti) *s.* ne dediğini bilmez; hafifmeşrep; kararsız, dönek, maymun iştahlı; budala, kaçık. **flightily** *z.* ne dediğini bilmeden, belirli bir fikri olmayarak; kararsızca. **flightiness** *i.* kararsızlık, döneklik; kuş beyinlilik.

flim.flam (flim'fläm) *i., s., k.dili* saçma, boş laf; hile, oyun, dolap; *s.* hilekâr, dalavereci, üç kâğıtçı.

flim.sy (flim'zi) *s., i.* seyrek dokunmuş ve kolayca yırtılabilen (kumaş), hafif, ince, dayanıksız; inanılması güç; *i.* müsvedde kâğıdı. **flimsily** *z.* hafifçe, dayanıksız bir şekilde. **flimsiness** *i.* hafif ve ince oluş, dayanıksızlık.

flinch (flinç) *f., i.* çekinmek, kaçınmak; *i.* çekinme, kaçınma; bir çeşit iskambil oyunu.

flin.der (flin'dır) *i.* parça, kıymık.

fling (fling) *f.* (**flung**) atmak, fırlatmak, savurmak; silkinmek; silkmek; binicisini üstünden atmak (at); öteye beriye sallamak; yıkmak; düşürmek, devirmek; çifte atmak; atılmak; savurmak (küfür); dalmak, sıçramak. **fling away** dışarı atmak, dışarı fırlamak. **fling off** dağıtmak, yaymak; izini kaybettirmek (av); defetmek. **fling out** yüzüne karşı söylemek (söz); fırlatmak.

fling (fling) *i.* atma, atış; sıçrayış, fırlayış; hakaret, laf sokuşturma, iğneli söz; hareketli dans; çılgınlık, eğlence, serbest davranış. **have a fling at** denemek, yapmaya çalışmak. **have one's fling** baskıdan kurtulup serbestçe hareket etmek, meydanı boş bulup bol bol eğlenmek.

flint (flint) *i.* çakmaktaşı; çakmaktaşı gibi sert olan herhangi bir şey. **flint and steel** çelik çakmak. **flint glass** billûr, kristal. **flint-hearted** *s.* merhametsiz, taş yürekli. **flintlock** *i.* çakmaklı tüfek. **flint ware** hamurunda çakmaktaşı bulunan iyi cins çanak çömlek. **flinty** *s.* çakmaktaşı gibi çok sert.

flip (flip) *f.* (**-ped, -ping**) *i., s.* başparmakla havaya fırlatmak (para atarak oynanan kumarda olduğu gibi); fiske vurmak; darılmak, kırılmak; *i.* fiske, hafif vuruş; alkollü bir çeşit içki; *s., k.dili* arsız, küstah. **flip-flop** *i.* bir çeşit takla.

flip.pant (flip'ınt) *s.* bilir bilmez söz söyleyen, düşüncesizce söylenmiş (söz). **flippancy** *i.* küstahlık. **flippantly** *z.* düşüncesizlikle, küstahça.

flip.per (flip'ır) *i.* kaplumbağanın yüzmek için kullandığı yassı bacak veya kanadı; palet (yüzme); *argo* el.

flirt (flırt) *f., i.* flört etmek, kur yapmak; fırlatmak, hızla hareket ettirmek, iki yana sallamak (yelpaze gibi); fırlamak; *i.* flört etmeye alışkın kimse; fırlama, atılış, anî hareket. **flirta'tion**

i. flört etme, kur yapma. **flirta'tious** *s.* işvebaz, flörtçü, *slang* fındıkçı.

flit (flĭt) *f.* (**-ted, -ting**) *i.* oradan oraya dolaşmak, gitmek, kuş gibi gelip geçmek; çırpınmak; *i.* çırpınma, kuş gibi geçme.

flit (flĭt) *i.* flit, böcekleri öldürücü ilâç. **flit-gun** *i.* flit makinası.

flitch (flĭç) *i.* tuzlanmış domuz döşü; kızartılmaya elverişli balık eti; uzun yekpare kereste parçası, direk.

flit.ter (flĭt'ır) *f.* çırpınmak.

flit.ter.mouse (flĭt'ırmaus) *i.* yarasa.

fliv.ver (flĭv'ır) *i., A.B.D.,* argo eski ve değersiz otomobil.

float (flot) *i.* su üstünde yüzen herhangi bir şey; sal; olta mantarı; şamandıra, duba; geçit resminde kullanılan süslü araba; *den.* pervane tahtası; mala; dondurmalı gazoz; *çoğ.* tiyatro sahnesinin ön kısmındaki ışıklar.

float (flot) *f.* yüzmek, batmamak, su yüzünde durmak, su yüzünde gitmek; hava akımına kapılarak sürüklenmek; hayal gibi hareket etmek, dolaşmak; yüzdürmek; su basmak; sala yüklemek; (hisse senetlerini ve tahvilleri) satışa arzetmek; yaymak, neşretmek.

float.er (flo'tır) *i.* yüzen kimse veya şey; bir işten öbür işe geçen kimse; çeşitli yerlerde kanuna aykırı olarak oy kullanan kimse.

float.ing (flo'tĭng) *s.* yüzen; bağlı olmayan; gezici, seyyar, sabit olmayan; değişen. **floating anchor** *bak.* **sea anchor. floating bridge** yüzen köprü, dubalı köprü. **floating capital** *tic.* döner sermaye. **floating debt** gayri muntazam borç. **floating derrick** *den.* gezer maçuna. **floating dock** yüzer havuz. **floating dredge** dubalı tarak. **floating island** yüzen toprak parçası; üzerinde yer yer yumurtalı köpük olan bir çeşit krema. **floating kidney** *tıb.* yer değiştiren böbrek. **floating light** fener dubası, fener gemisi, fenerli şamandıra. **floating population** gelip geçici ahali, gayri sabit nüfus. **floating trade** deniz ticareti.

floc.cose (flak'os) *s.* yün gibi, yünlü, *bot.* top top yumuşak tüylü.

floc.cu.late (flak'yıleyt) *f.* pamuk gibi top top olmak (bulut); topaklanmak (toprak).

floc.cule (flak'yul) *i.* yün yumağına benzer ufak topak.

floc.cu.lent (flak'yılınt) *s.* yün gibi, yünlü; pa-

muğa benzer ufak ufak parçaları olan; top top yünle kaplı. **flocculence, -cy** *i.* yün gibi olma, top top olma, topaklanma.

floc.cu.lus (çoğ. **-li**) (flak'yılıs, -lay) *i.* yün yumağı gibi herhangi bir şey; *anat.* beyinciğin bir kısmı; *astr.* kalsiyum ile hidrojenden ibaret olup güneşin çevresinde bulunan ve buluta benzer şekil.

flock (flak) *i., f.* sürü; küme; güruh, kalabalık, yığın; cemaat, grup, zümre; *f.* sürü halini almak, sürü halinde gitmek, toplanmak, üşüşmek.

flock (flak) *i.* saç veya yün yumağı; şiltelere doldurulan kaba pamuk veya paçavra, kıtık; duvar kâğıdına kumaş görünüşü kazandırmakta kullanılan ince ince kesilmiş kumaş veya yün parçaları; *kim., çoğ.* pamuğa benzer ufak parçalar. **flock bed** kıtık şilte. **flocky** *s.* yünlü, top top yün gibi, topak halinde.

floe (flo) *i.* denizde yüzen üstü düz buz kitlesi, buz sahrası.

flog (flag) *f.* (**-ged, -ging**) dövmek, dayak atmak, kamçılamak. **flogging** *i.* dayak, kötek, kamçı ile dövme.

flood (flʌd) *i., f.* sel, taşkın, tufan, seylâp; met, kabarma; su, deniz, derya, nehir; bolluk; *f.* üstüne sel gibi su salıvermek, sel basmak, istilâ etmek; sel gibi akmak, taşmak, coşmak; *tıb.* (rahim) fazla kanamak. **flood control** su baskınını önleme. **floodgate** *i.* set, kapak. **floodlight** *i.* projektör. **floodlighting** *i.* projektörle aydınlatma. **flood of light** bol ışık, bol ziya. **flood plain** *coğr.* taşkın ovası. **flood of tears** sel gibi akan göz yaşı. **flood tide** met, kabarma. **the Flood** Nuh tufanı. **flooded with letters** mektup yağmuruna tutulmuş.

floor (flôr) *i., f.* taş veya tahta döşeme, yer, zemin; dip; kat; yasama meclisi salonunun üyelere ayrılmış kısmı; mecliste söz söyleme hakkı; taban ücret, asgarî ücret veya fiyat; *f.* taş veya tahta döşemek, kaplamak; vurup yere yıkmak; *k.dili* şaşırtmak, ağzını kapatmak; *k.dili* yenmek. **floorcloth** *i.* döşemelik muşamba; tahta bezi. **floor lamp** ayaklı abajur. **floor plan** *mim.* kat planı. **floor show** varyete, atraksiyon, eğlence programı. **floorwalker** *i., A.B.D.* büyük mağazalarda işi idare eden ve müşterilere yardımcı olmak üzere dolaşan adam. **ground floor** zemin kat.

in on the ground floor başlangıçta işe giren. **have the floor** mecliste söz söyleme hakkı olmak, kürsüye çıkmak. **take the floor** mecliste söz almak. **completely floored** tamamen şaşırmış. **floorer** i. döşemeci. **flooring** i. döşemelik.

flooz.y (flu'zi) i., A.B.D., argo hafifmeşrep kadın.

flop (flap) f. (-ped, -ping) i. çırpınmak; çöküvermek, dönüvermek; devrilmek; birden düşürmek; argo uyumak; k.dili başaramamak; i. çarpma, çarpma sesi; k.dili başarısız teşebbüs (eser, icat); başarısızlık; çökme, devrilme; argo uyuyacak yer veya fırsat. **flophouse** i. yoksul kimselerin kaldığı çok basit ve bakımsız bir otel.

flop.pers (flap'ırs) i. tavuk pençesi, bot. Biyophyllum pinnatum.

flo.ra (flôr'ı) i., bot. bitey, flora, bir bölgede yetişen bitkilerin topu; bu bitkiler hakkında yazılmış eser; tıb. belli bir kısımdaki mikroplar. **floral** s. çiçeklere ait.

Flor.ence (flôr'ıns) i. Floransa şehri.

Flor.en.tine (flôr'ıntin) s., i. Floransa'ya ait; i. Floransa'lı; bir çeşit kabartma çizgili ipek kumaş.

flo.res.cence (flôres'ıns) i. çiçeklenme, çiçek açma zamanı; başarı devresi. **florescent** s. çiçek açmış, donanmış.

flo.ret (flôr'it) i., bot. ayçiçeği ve nergis gibi bileşik çiçeklerin ortasındaki ufak çiçekçik.

flo.ri.at.ed (flôr'iyeytîd) s. çiçeklerle süslü.

flo.ri.cul.ture (flôr'ıkʌlçır) i. çiçek yetiştirme, çiçekçilik.

flor.id (flôr'îd) s. kırmızı, yüzüne ateş basmış (yüksek tansiyondan); çok süslü.

flo.rif.er.ous (flôrîf'ırıs) s. çiçek veren, çiçekli, çok çiçek açan.

flor.in (flôr'în) i. on dokuzuncu yüzyıla mahsus gümüş Avusturya parası; iki şilin kıymetinde İngiliz parası; Hollanda'da kullanılan madenî bir para, florin, gilder.

flo.rist (flôr'îst) i. çiçekçi, çiçek yetiştiren kimse.

floss (flôs) i. bükülmemiş ham ipek, floş; kısa ipek telleri, ipek gibi yumuşak tüyler. **floss silk** elişlerinde kullanılan floş, ham ibrişim. **dental floss** diş aralarını temizlemeye yarayan mumlu iplik. **flossy** s. tüylü, hafif ve yumuşak; argo şatafatlı.

flo.tage (flo'tîc) i. yüzme, su üzerinde durma;

su üstünde yüzen çöp ve enkaz; den. geminin su üstünde kalan kısmı; yüzme gücü.

flo.ta.tion (flotey'şın) i. yüzme, su üstünde durma; tic. sermaye temini; esham ve tahvilât satma; maden cevheri tozunu belirli bir sıvı içinde yüzdürerek ayırma.

flo.til.la (flotîl'ı) i. flotilla, küçük filo.

flot.sam (flat'sım) i., huk. gemi enkazı. **flotsam and jetsam** denizde yüzen veya kıyıya vuran enkaz; ufak tefek şeyler; devamlı bir işi veya evi olmayan kimseler, serseriler, ayaktakımı.

flounce (flauns) f., i. öfke veya sabırsızlıkla yerinden fırlayıp yürümek; dönüvermek, fırlamak; i. fırlayış, atılış.

flounce (flauns) i., f. farbala, volan; f. farbala ile süslemek, volan koymak.

floun.der (flaun'dır) i. dilbalığı, dere pisisi, yan yüzen birkaç çeşit balık. **English flounder** dere pisisi, zool. Pleuronectes flesus.

floun.der (flaun'dır) f., i. çamura veya suya bata çıka yürümek; güçlükler ve yanlışlıklar içinde sürüklenip gitmek, uğraşıp durmak; i. debelenme, çabalama.

flour (flaw'ır) i., f. un, ince toz; f. öğütmek, un serpmek, una bulamak. **flour beetle** un kurdu, un böceği. **flour mill** un değirmeni. **flour moth** un güvesi. **floury** s. una bulanmış.

flour.ish (flır'îş) f., i. serpilmek, gelişmek, büyümek, neşvünema bulmak, inkişaf etmek; başarı kazanmak, muvaffak olmak, zenginleşmek, yıldızı parlamak, gözde olmak; süslü bir dil kullanmak; gösterişli hareketlerde bulunmak; süslemek; tezyin etmek; sallamak, kibirli jestler yapmak (kollarla); i. gelişme, serpilme; refah; süs, gösteriş, fantazi, tumturak; fanfar, merasim borusu; sallama, savurma. **a flourish of trumpets** merasim borusu. **flourishingly** z. serpilerek, gelişerek; gösterişli bir şekilde; yıldızı parlayarak.

flout (flaut) f., i. açıkça itaat etmemek, karşı koymak, muhalefet etmek; alay etmek, eğlenmek; hakaret etmek; küçümsemek, hor görmek; hürmetsizce davranmak; i. alay; karşı koyma.

flow (flo) f. akmak, akıntı gibi gitmek, cereyan etmek, seyelân etmek; dalgalanmak; sallanmak; kabarmak; met halinde olmak; dolmak, dopdolu olmak; bol bol içilmek (şarap); su basmak; akıtmak. **flowing** s. akıcı, belâgatli. **flowing bowl** içki, içki kâsesi. **flowing style** akıcı üslûp, selis üslûp. **land flowing with milk and honey** süt ve bal akan diyar, refah içinde olan ülke.

flow (flo) i. akış, akıntı, cereyan, seyelân; fiz. akı; belirli zamanda akan su miktarı; met; akıcılık, düzgün konuşabilme yeteneği.

flow.er (flaw'ır) i., f. çiçek; çiçek açan bitki; süs, süsleme, tezyinat; seçkin veya güzide şey, olgunlaşmış veya kemale ermiş şey; kim., çoğ. buhardan toz haline gelmiş olan madde; f. çiçeklenmek, çiçek vermek, çiçek açmak; açılıp gelişmek, olgunlaşmak, kemale ermek; çiçek açtırmak; süslemek. **flower bed** çiçek tarhı, ocak. **flower girl** çiçek satan kız; düğünde çiçek taşıyan kız. **flowerpot** i. saksı. **in flower** çiçek açmış halde, tam gelişme devresinde.

flow.er.er (flaw'ırır) i. çiçek açan bitki, belirli zamanlarda çiçek veren bitki.

flow.er.y (flaw'ri) s. süslü, gösterişli, tumturaklı; çiçeklere ait, çiçekli, çiçeği çok. **floweriness** i. gösteriş, tumturak.

fl. oz kıs. **fluid ounce.**

flown (flon) f., bak. **fly.**

flu (flu) i., k.dili grip, enflüanza.

flub.dub, flub.dub.ber.y (flʌb'dʌb, -ıri) i., A.B.D., k.dili safsata, saçma; züppelik.

fluc.tu.ate (flʌk'çuweyt) f. düzensiz bir şekilde değişmek, bir kararda olmamak; kararsız olmak, tereddüt etmek; tic. değişmek, tahavvül etmek. **fluctua'tion** i. düzensiz değişim.

flue (flu) i. bir çeşit balık ağı.

flue (flu) i. hafif tüy.

flue (flu) i. ocak bacası, baca; hava veya gaz borusu.

flu.en.cy (fluw'ınsi) i. ifade düzgünlüğü, fesahat, akıcılık.

flu.ent (fluw'ınt) s. akıcı, açık, düzgün, fasih, beliğ, pürüzsüz; sürükleyici (ifade, söz, yazı). **fluently** z. akıcı olarak, pürüzsüzce, kolaylıkla.

fluff (flʌf) i., f. hafif tüy, kırpıntı; kuş tüyü, yumuşak kürk; yüzdeki ince tüyler, ayva tüyü; k.dili sahnede kötü okunan bir şey; f. silkinip tüylerini kabartmak; söyleyeceği sözü unutmak veya yanlış okumak. **fluffiness** i. tüy gibi yumuşak olma. **fluffy** s. tüy gibi yumuşak, kabarık.

flü.gel.horn (flü'gılhôrn) i., müz. kornet gibi nefesli bir çalgı.

flu.id (flu'wid) s., i. akışan, seyyal; akıcı, sıvı, mayi, sulu; i. sıvı veya gazlı madde. **fluid'ity** i. akıcılık, seyyal oluş.

fluid ounce A.B.D. 29,57 cc.; İng. 28,41 cc.

fluke (fluk) i. dilbalığı, yassı bir balık; yaprak şeklinde ve yassı bir parazit kurt. **fluke worm** hayvanların karnında bulunan bir kurt, şerit.

fluke (fluk) i., den. gemi demirinin tırnağı veya ona benzer şey; ok ve mızrak damağı veya dikeni; balina kuyruğunun yassı parçalarından her biri.

fluke (fluk) i., f. talih, rastlantı, tesadüf; f. şansla isabet etmek; tesadüfen kaybetmek veya kazanmak. **fluky** s. tesadüfe dayanan, şansa bağlı; kararsız, dönek, sağı solu belli olmayan.

flume (flum) i., f. değirmen altında bulunan su yolu; A.B.D. çay veya ırmak akan dar boğaz; f. böyle bir boğazdan geçirmek, kanal vasıtasıyla ırmak veya gölden su akıtmak.

flum.mer.y (flʌm'ıri) i. keşkeğe veya bulgur pilavına benzer bir yemek; muhallebi gibi bir çeşit meyvalı ve yumurtalı tatlı; tatsız şey, anlamsız kompliman, boş laf.

flum.mox (flʌm'ıks) f., argo şaşırtmak.

flump (flʌmp) f., i., k.dili ağır bir şeyi birden bırakıvermek; çökmek; i. ağır bir şeyin düşmesinden hâsıl olan ses.

flung (flʌng) f., bak. **fling.**

flunk (flʌngk) f., i., A.B.D., k.dili başarı kazanamamak, kalmak, slang çakmak; sınavda bırakmak (öğretmen); i. sınav veya sınıfta kalma. **flunk out** başarısızlıktan dolayı okulu bırakmak veya bıraktırmak.

flunk.y (flʌng'ki) i. dalkavuk, slang yağcı; uşak, hizmetçi.

flu.o.res.cence (flûres'ıns) i., fiz. bazı cisimlerin ışık ve röntgen ışınlarına arzedilince kendiliklerinden çeşitli renklerde ışıklar saçma niteliği, flüorışı. **fluorescent** s. böyle bir niteliğe sahip olan.

flu.o.ride (flû'rayd) i., kim. flüor ile başka bir elemanın bileşmesinden meydana gelen kimyasal karışım.

flu.o.rine (flû'rin) i., kim. flüor.

flu.o.rite (flû'rayt) i. kalsiyum flüorürü; bak. **fluorspar.**

fluor.o.scope (flûr'ıskop) i. floroskop.

flu.or.spar (flu'ôrspar) *i.* mermer gibi güzel bir çeşit taş.

flur.ry (flır'i) *i., f.* birden esip kısa süren rüzgâr; hafif sağanak, geçici hafif kar veya yağmur; telâş, heyecan, acele; borsada geçici bir faaliyet; *f.* telâşa düşürmek, telâşa vermek, heyecanlanmak; *colloq.* iki ayağını bir pabuca sokmak; sinirlendirmek.

flush (flʌş) *f., i.* birden akmak, hücum etmek (kan); kızarmak; heyecanlandırmak; akıtmak, bol su ile temizlemek; kızartmak; *i.* kızarma; ısınma, heyecan, galeyan, coşma, taşkınlık; kırmızılık, kızartı; ateş, hararet, sıcaklık. **Her face was flushed.** Yüzü kıpkırmızıydı. **in the first flush of passion** ilk heyecanla, hislerin ilk coşkunluğuyla. **flushed with victory** zaferin verdiği şevk ve heyecanla dolu.

flush (flʌş) *f., i.* kanatlanıp uçmak, ürkmüş kuş gibi uçmak; ürkütüp kaçırmak (özellikle av kuşu); *i.* birden ürkütüp kaçırılan kuşlar.

flush (flʌş) *s., f., z.* dopdolu, taze; bol, mebzul, bereketli, cebinde çok para taşıyan; bir seviyede, düz; güvertesi baştan kıça kadar düz olan (gemi); *f.* düzlemek, bir seviyeye getirmek; boşluklarını doldurup düzeltmek (duvar); *z.* düz bir şekilde, yüzeyde, tam.

flush (flʌş) *i., iskambil* floş, poker oyununda aynı renkten olan bir el kâğıt.

flus.ter (flʌs'tır) *f., i.* şaşırtmak, telâşa düşürmek; şaşırmak, bocalamak, telâşlanmak; *i.* heyecan, telâş, şaşkınlık, bocalama.

flute (flut) *i., f., müz.* flüt, flavta; *mim.* yiv, oluk; *f.* flüt çalmak; flüt gibi ses çıkarmak veya şarkı söylemek; *mim.* yiv açmak, yivlerle süslemek. **fluted column** yivli sütun. **fluting** *i.* yivli süs. **flutist** *i.* flütçü, flavtacı. **fluty** *s.* flüt sesi gibi, flüt sesini andıran.

flut.ter (flʌt'ır) *f., i.* kanatlarını çırpmak; titremek, sallanmak; çırpınmak, telâş etmek; titretmek, kımıldatmak; telâşa düşürmek, heyecan vermek; *i.* titreme, heyecan, çalkalanma, çırpınma; telâş, asabiyet; *hav.* kanat sarsıntısı; *tıb.* titreme, kalp ritmi bozukluğu.

flu.vi.al, flu.vi.a.tile (flu'viyıl, flu'viyıtîl) *s.* nehirlerle ilgili; nehirde hâsıl olan; nehirde yaşayan.

flu.vi.o.ma.rine (fluviyomırin') *s., coğr.* nehir ve denizin birleşik faaliyeti sonucunda hâsıl olan.

flux (flʌks) *i., f.* seyelân, akıntı; değişme; *fiz.* akı; akış, cereyan; denizin meddi; eritici madde; emaye işinde kullanılan ve kolay eriyen bir çeşit cam; *f.* akıtmak, eritmek; *tıb.* akıntı vermek. **flux density** *fiz.* elektrikli veya manyetik alanın gücü. **fluxa'tion** *i.* akıtma, eritme.

flux.ion (flʌk'şın) *i.* akıntı, akma, cereyan; *mat.* bir miktarın değişme hızı. **fluxional** *s.* akıntıya ait; değişen, kararsız.

fly (flay) *i.* sinek; sinek veya böcek şeklinde olta iğnesi; sinek şeklinde süs. **fly blister** *tıb.* kurutulmuş İspanyol sineğinden yapılmış bir çeşit yakı. **flypaper** *i.* sinek kâğıdı. **fly swatter** sineklik, sinek raketi. **a fly in the ointment** keyfe keder veren şey. **forest fly** atsineği, *zool.* Hippobosca equina.

fly (flay) *i.* uçuş; *terz.* fermuar veya düğme ile kapatılabilen kısım; *beysbol* vurulup havaya kaldırılan top; *mak.* sürat regülatörü; bayrak veya sancağın ucu; çadırda kapı yerine geçen perde; *çoğ., tiyatro* sahnenin yukarısındaki kısım ve dekor değiştirme teçhizatı; *matb.* baskı makinasında kâğıt toplayıcısı. **on the fly** uçarken, havadayken; *A.B.D., k.dili* iki taşın arasında.

fly (flay) *f.* (**flew, flown**) uçmak, havadan geçip gitmek; pek çabuk geçmek, pek çabuk gitmek; kaçmak, firar etmek; fırlamak, atılmak; uçakla gitmek; uçurmak; -den kaçmak, -den sakınmak; şahinle avlamak. **fly about** öteye beriye uçmak; süratle iş görmek. **fly apart** birdenbire kopup ayrılmak, parçalanmak. **fly at** fırlamak, atılmak, üstüne saldırmak. **fly away** uçup gitmek; kaçmak. **fly blind** *hav.* yalnız aletleri kullanarak uçmak. **fly high** çok hırslı olmak, coşmak. **fly in the face of** sözünü dinlememek, açıkça itaatsizlik etmek, karşı gelmek. **fly into a passion** kızmak, öfkelenmek, hiddete kapılmak. **fly off** uçup gitmek. **fly off the handle** birdenbire öfkelenmek, parlamak. **fly out** *beysbol* atılan top tutulunca oyundan çıkmak. **fly the coop** *A.B.D., argo* dışarı sızmak, kaçmak.

fly (flay) *s., argo* uyanık, haberdar.

fly.a.way (flay'ıwey) *s.* hoppa, bir dalda durmaz, maymun iştahlı.

fly.blow (flay'blo) *i.* sinek yumurtası.

fly.blown (flay'blon) *s.* sinek yumurtası ile dolu; bozuk, kötü.

fly-by (flay'bay) *i.* roketin bir gök cisminin yanından geçmesi.

fly-by-night (flay'baynayt) *s., i.* güvenilmez, aldatıcı; *i.* güvenilmez kimse.

fly.catch.er (flay'käçır) *i.* sinekçil, *zool.* Empidonax. **red-breasted flycatcher** cüce sinekyutan, *zool.* Musciapa parva. **spotted flycatcher** benekli sinekyutan, *zool.* Musciapa striata.

fly.er (flay'ır) *bak.* **flier.**

fly.ing (flay'ing) *i., s.* uçma, uçuş; tayyarecilik, havacılık; *s.* uçan; havacılıkla ilgili. **flying boat** deniz uçağı. **flying buttress** *mim.* duvar dirseği, payanda, istinat kemeri. **with flying colors** parlak bir başarı ile. **Flying Dutchman** fırtınalı havalarda Ümit Burnu civarında görüldüğüne ve denizcilere uğursuzluk getirdiğine inanılan efsanevî Hollanda gemisi. **flying field** küçük havaalanı. **flying fish** uçarkefal, *zool.* Exocoetus. **flying fox** meyva yiyen bir yarasa. **flying fortress** uçan kale (uçak). **flying machine** *eski* uçak, tayyare. **flying saucer** uçan daire. **flying squirrel** uçar sincap. **flying start** hızlı ve elverişli başlangıç.

fly.leaf (flay'lif) *i.* bir kitabın baş veya sonunda boş bırakılan yaprak.

fly.pa.per (flay'peypır) *i.* sinek kâğıdı.

fly.trap (flay'träp) *i.* sinek tuzağı; sinekkapan (bitki). **Venus's flytrap** sinekkapan, *bot.* Dionaea muscipula.

fly.wheel (flay'hwil) *i.* düzenteker.

F.M. *kıs.* **Field Marshall, Foreign Missions, Frequency Modulation.**

F number *foto.* diyafram ayarı ölçüsü.

foal (fol) *i., f.* tay; *f.* tay doğurmak. **in foal, with foal** gebe (kısrak).

foam (fom) *i., f.* köpük; *f.* köpürmek, köpürerek akmak; öfkelenmek, *fig.* köpürmek, küplere binmek. **foam at the mouth** ağzı köpürmek; çok öfkelenmek. **foam rubber** sünger. **foamy** *s.* köpüklü.

f.o.b. *kıs.* **free on board** *tic.* fob, vapur veya trene teslim.

fob (fab) *i.* pantolonda ufak saat cebi; *A.B.D.* saat kösteği.

fob (fab) *f.* (**-bed, -bing) off** *ile* hile yapmak; başından savmak, atlatmak; bir kenara atmak, *slang* kazık atmak.

fo.cal (fo'kıl) *i., fiz.* odaksal, mihraki. **focal distance** odak mesafesi. **focal plane** *foto.* bir objektifin odağını içine alan düzlem, filim yeri. **focal point** toplanma noktası.

fo.cal.ize (fo'kılayz) *f.* mihraka getirmek, bir merkezde toplamak, mihrakı ayar etmek; *tıb.* bir noktada toplanmak (hastalık).

fo'c's'le (fok'sıl) *bak.* **forecastle.**

fo.cus (fo'kıs) *i.* (*çoğ.* **-cus.es, -ci**), *f.* (**-ed** *veya* **-sed, -ing** *veya* **-sing**) odak, mihrak; belirli bir noktayı iyi görebilmek için göz veya aleti ayar etme; *mat.* odak noktası, faaliyet merkezi; *f.* bir noktaya getirmek, odağı ayar etmek; dikkatini toplamak. **in focus** odağı tam ayarlı. **out of focus** iyi ayar edilmemiş, flu.

fod.der (fad'ır) *i., f.* saman veya ot gibi hayvan yemi; *f.* yem vermek, beslemek.

foe (fo) *i.* düşman, hasım. **foeman** *i.* düşman.

foehn (feyn) *i., meteor.* dağlardan esen sıcak ve kuru rüzgâr.

foe.tal, foe.tus *bak.* **fetal, fetus.**

fog (fag) *i.* ot biçiminden sonraki yeni sürgün.

fog (fag) *i., f.* (**-ged, -ging**) sis, duman; *foto.* donukluk; bunaklık; *f.* sisle kaplamak, karartmak; sisle dolmak, sis basmak; *foto.* belirsiz olmak, donuklaşmak; bunamak. **fog bank** *meteor.* uzaktan özellikle denizde görülen sis, sis yığını. **fogbound** *s.* sis yüzünden beklemek mecburiyetinde olan. **fogbow** *i., meteor.* bazen sisli havalarda görülen beyaz veya sarımtırak gökkuşağı. **foghorn** *i.* sis düdüğü.

fog.gy (fag'i) *s.* sisli, dumanlı; bulutlu, bulanık. **I don't have the foggiest idea.** Haberim yok. Hiç fikrim yok. **foggily** *s.* duman içinde gibi, bulanık, karışık. **fogginess** *i.* duman, dumanlı oluş, sisli oluş.

fo.gy (fo'gi) *i.* eski kafalı kimse.

foh (fô) *ünlem* Püf! Ne fena!

foi.ble (foy'bıl) *i.* zaaf, kusur; delilik; merak; kılıcın ortasıyla ucu arasındaki kısım.

foil (foyl) *f., i.* engellemek, mâni olmak; şaşırtmak, işini bozmak; avda avcıları şaşırtmak; *i.* hayvan izi.

foil (foyl) *i., f.* yaldız kâğıdı, alüminyum kâğıdı, alüminyum, kalay veya kurşun yaprağı, varak, ince maden tabakası (*bak.* **tinfoil**); ayna sırı; (kıymetli taş için) foya; kıyas ve karşıtlık için gösterilen kimse veya şey; *mim.* yaprak, yaprak şeklinde süs; *f.* zıt nitelikte bir şeyin yanına koyarak kıymetini ortaya çıkarmak. **foil** (foyl) *i.* eskrim kılıcı, meç. **foist** (foyst) *f.* hile yaparak kabul ettirmek, hile veya zorla sokmak, sokuşturmak; (sahte bir şeyi) aslı diye kabul ettirmek. **foist something off on somebody** hile ile kabul ettirmek, yutturmak, kazık atmak.

fold (fold) *f., i.* katlamak, bükmek; *matb.* kırmak; sarmak, bağrına basmak; kaplamak; katlanmak, bükülmek; sarılmak, bürünmek; kavuşturmak (elleri); hafifçe katmak; *A.B.D., argo* tutulmayıp kapanmak (piyes); yorgunluktan çökmek; *i.* kat, kıvrım; büklüm; boğum (yılan); *jeol.* kıvrım. **fold the arms** kolları kavuşturmak. **folding bed** açılır kapanır karyola. **folding door** katmer kanatlı kapı. **folding machine** kırma makinası. **fold** (fold) *i., f.* ağıl; koyun sürüsü; cemaat; *f.* ağıla kapamak.

-fold *sonek* kat, misil, kere: **fivefold** *s.* beş misli, beş kat.

fold.boat (fold'bot) *bak.* **faltboat.**

fold.er (fol'dır) *i.* katlama makinası; kırma makinası; dosya, klasör; broşür.

fol.de.rol (fal'dıral) *bak.* **falderal.**

fo.li.a.ceous (foliyey'şıs) *s., bot.* yaprak şeklinde, yapraksı; yapraklara ait veya yapraklardan ibaret.

fo.li.age (fo'liyîc) *i.* yapraklar, yeşillik; *mim.* süslemede kullanılan yaprak ve dal şekilleri. **foliage plant** yapraklarının güzelliği için yetiştirilen bitkiler.

fo.li.ar (fo'liyır) *i.* yapraklara ait, yapraklardan ibaret, yapraklı.

fo.li.ate (fo'liyeyt) *f.* dövüp ince yaprak şekline sokmak, yaprak haline getirmek; sır sürmek; *mim.* yaprak şekilleriyle süslemek; yapraklara ayrılmak, yaprak vermek; *matb.* sayfaları numaralamak. **foliate(d)** *s.* yaprak şeklinde, yapraklı; varaklara ayrılabilir, kâğıt gibi tabakalar halinde.

fo.li.a.tion (foliyey'şın) *i.* yaprak şekline sokma; yapraklanma, yeşillenme; dövüp yaprak haline getirme; *bot.* tomurcuk içinde yaprakların dizilişi; *mim.* yaprak şeklinde taştan süsler; *jeol.* yaprak gibi ince tabakalı teşekkül; kitap sayfalarının numaralanması.

fo.lic acid (fo'lik) *biyokim.* folik asit.

fo.li.o (fo'liyo) *i.* (*çoğ.* -os), *s.* kitap yaprağı, varak; ikiye katlanmış kâğıt tabakası; ikiye bükülmüş yapraklardan meydana gelen kitap, en büyük boyda kitap, en büyük boyda kitabın ebadı; basılmış kitabın sayfa numarası; hesap defterinde karşı karşıya olan aynı numaralı iki sayfa; *huk.* bir vesikanın uzunluğunu tayin için kullanılan belirli kelime sayısı; *s., matb.* ikilik formalı, forması dört sayfalık.

folk (fok) *i.* halk, ahali; kavim; millet; *çoğ.* insanlar, kimseler; *çoğ., k.dili* akraba, aile, ana baba. **folk dance** halk oyunu. **folk literature** halk edebiyatı. **folklore** *i.* halkın malı olan gelenek, inanç, âdet, atasözü ve masallar; folklor, halkbilgisi. **folk singer** halk şarkıcısı, âşık. **folk song** halk şarkısı, türkü. **folksy** *s., A.B.D., k.dili* teklifsiz, samimî. **folkways** *i.* bir millete özgü âdetler.

fol.li.cle (fal'îkıl) *i., bot.* tek hücreli basit meyva; *anat.* folikül, bezcik.

fol.lies (fal'iz) *i., tiyatro* revü.

fol.low (fal'o) *f., i.* takip etmek, izlemek; mesleğinde çalışmak; kovalamak, peşini bırakmamak, arkasından yetişmeye çalışmak; uymak, taklit etmek, örnek almak; sonucu olmak, anlaşılmak, çıkmak; *i.* takip, izleme. **follow after** peşinden gitmek, takip etmek. **follow one's nose** dosdoğru gitmek. **follow out** (bir işi) sonuna kadar götürmek. **follow suit** *iskambil* aynı cinsten oynamak; bir kimseyi kendine örnek almak. **follow the hounds** köpek kullanarak atla ava gitmek. **follow the sea** denizci olmak. **follow through** başladığına devam edip sonuca bağlamak; tenis veya golf oyununda topa vurduktan sonra raket veya sopayı sallamaya devam etmek. **follow-through** *i.* devam, tamamlanma. **follow up** takip etmek, izlemek, kollamak; tamamlamak. **follow-up** *i.* takip etme; takip etmede kullanılan herhangi bir şey. **as follows** böylece; aşağıda gösterildiği şekilde. **It follows from this that...** Bundan da anlaşıldığı gibi..., binaenaleyh.

fol.low.er (fal'owır) *i., İng., k.dili* hayran.

fol.low.ing (fal'owing) *i., s.* taraftarlar, bağımlı olan kimseler, tabi olanlar; *s.* takip eden, izleyen; ertesi, müteakip, aşağıdaki; ilerdeki, istikbaldeki. **the following** şunlar.

fol.ly (fal'i) *i*. delilik, divanelik, ahmaklık, budalalık.

fo.men.ta.tion (fomıntey'şın) *i*. tahrik, kışkırtma; isteklendirme, teşvik; *tıb*. pansuman.

fond (fand) *s*. deli, meraklı, düşkün. **fond of** seven, âşık. **fondly** *z*. şefkatle, sevgiyle, muhabbetle. **fondness** *i*. sevgi, merak, iptilâ, düşkünlük.

fon.dant (fan'dınt) *i*. fondan.

fon.dle (fan'dıl) *f*. okşamak, sevmek; okşayarak sevgisini göstermek, bağrına basmak.

fon.due (fôndü', fandu') *i*., *ahçı*. fondü.

font, İng. fount (fant, faunt) *i*., *matb*. belirli bir cins veya boyda hurufat takımı.

font (fant) *i*. vaftiz kurnası; bilhassa Katolik kilisesinde içinde mukaddes su bulunan kurna; menşe, kaynak; lambanın gaz haznesi.

fon.ta.nel (fantınel') *i*., *anat*. bıngıldak.

food (fud) *i*. yemek, yiyecek; gıda, besin; iaşe; **(for animals)** yem. **food card** yemek karnesi. **food control** yiyecek maddelerinin kontrol altına alınması. **food poisoning** gıda zehirlenmesi. **foodstuff** *i*. yiyecek, gıda maddesi. **food for thought** düşünülecek şey.

fool (ful) *i*. ahmak veya budala kimse, enayi veya aptal kimse, alık veya akılsız kimse; soytarı; küçük düşürülen kimse. **fool's cap** soytarı külâhı; okullarda öğrencilere eskiden ceza olarak giydirilen yüksek ve sivri tepeli külâh. **foolscap** *i*. yaklaşık olarak 33 x 40 cm. ebadında kâğıt. **fool's errand** bir iş için boşuna bir yere gitme. **fool's mate** satranç oyununda belirli ve çok basit bir usul ile mat etme. **fool's paradise** geçici ve gerçek olmayan mutluluk. **All Fool's Day** *İng*, **April Fool's Day** *A.B.D*. 1 Nisan. **make a fool of** (bir kimseyi) enayi yerine koymak, budala mevkiine düşürmek. **play the fool** maskara olmak, rezil olmak.

fool (ful) *f*. aldatmak, oynatmak; delilik ve maskaralık etmek; boşuna vakit geçirmek, eğlenmek. **fool around** *k.dili* aylak aylak dolaşmak. **fool around with** kurcalamak, ile oynamak. **fool away** *k.dili* delice sarfetmek, israf etmek, boşuna geçirmek; kaçırmak. **fool with** *k.dili* ile oynamak, boşuna uğraşmak.

fool.har.dy (ful'hardi) *s*. delice cesur, atılgan,

çılgın. **foolhardily** *z*. delicesine bir cesaretle, çılgınca. **foolhardiness** *i*. delice cesaret, çılgınlık.

fool.ish (fu'liş) *s*. akılsız, mantıksız, saçma, budalaca. **foolishly** *z*. akılsızca, budalaca, enayice. **foolishness** *i*. enayilik, akılsızlık, boş laf.

fool.proof (ful'pruf) *s*. salim, kazadan belâdan uzak; kusursuz, başarı kazanamaması imkânsız olan.

fool's gold pirit.

foot (*çoğ*. **feet**) (fût, fit) *i*. ayak, kadem; ayak kısmı; en alçak kısım; alt, (dağ) etek, dip; temel, esas; son; *şiir* vezin tef'ilesi; yaya asker, piyade; dikiş makinasında bezi düz tutan parça, ayak; yekûn, tutar. **foot lathe** ayak tornası. **foot of a mast** *den*. direk ıskaçası. **foot of a sail** *den*. yelkenin altabaşosu. **foot passenger** yaya yolcu, yaya giden kimse. **foot rot** *bot*. portakal ağacının gövdesine ârız olan bir hastalık, herhangi bir filizin dibinde husule gelen bir hastalık. **foot rule** bir ayak boyunda cetvel. **foot soldier** piyade neferi. **I wouldn't touch that with a ten-foot pole.** Elimi bile sürmem. **at one's feet** ayağının dibinde; tesiri altında. **cubic foot** kübik kadem, 28,317 cm^3. **off one's feet** yatar vaziyette; iradesi dışında. **have feet of clay** dışardan görünmeyen önemli bir kusuru olmak. **keep one's feet** düşmemek, sarsılmamak. **one foot in the grave** bir ayağı çukurda. **on foot** yaya olarak, yürüyerek. **on one's feet** ayakta. **put one's foot down** kararlı olmak, ayak diremek. **put one's best foot forward** iyi bir tesir bırakmak; elinden geleni yapmak. **put one's foot into it, put one's foot in one's mouth** pot kırmak, gaf yapmak. **set foot in** girmek, ayak basmak. **sit at one's feet** bir kimsenin hayranı olmak, müridi olmak. **square foot** kadem kare, 0,0929 m^2. **stand on one's own feet** bağımsız olmak, kimseye muhtaç olmadan yaşamak. **swift of foot** ayağına tez. **under foot** ayak altında.

foot (fût) *f*. yaya yürümek, dans etmek, oynamak; *gen*. **up** ile yekûnunu çıkarmak; ödemek; gitmek; yol almak, seyretmek (gemi). **foot a measure** dans etmek. **foot it** yaya gitmek. **foot the bill** hesabı ödemek.

foot.age (fût'ic) *i.* kademlik, (arsa kenarı, filim, tahta) uzunluk; *mad.* çalışmaya göre ödenen para.

foot-and-mouth disease (fût'ınmauth') *bayt.* sığıra mahsus bir çeşit bulaşıcı hastalık, aft humması.

foot.ball (fût'bôl) *i., İng.* futbol; *A.B.D.* yumurta şeklinde topla oynanan oyun, Amerikan futbolu.

foot.board (fût'bôrd) *i.* ayakları dayayacak tahta; tahta karyolanın ayak ucundaki parça.

foot.boy (fût'boy) *i.* üniformalı uşak.

foot.brake (fût'breyk) *i.* ayak freni.

foot.bridge (fût'bric) *i.* yayalara mahsus köprü.

foot.can.dle (fût'kän'dıl) *i., fiz.* bir ışık ölçüsü.

foot.er (fût'ır) *i.* yaya. **a six footer** aşırı uzun boylu kimse.

foot.fall (fût'fôl) *i.* ayak sesi.

foot.gear (fût'gîr) *i.* çorap ve ayakkabılar.

foot.hill (fût'hîl) *i.* dağ eteği, bayır.

foot.hold (fût'hold) *i.* ayak basacak sağlam yer, garantili yer.

foot.ing (fût'îng) *i.* basılan yer, ayak basacak yer; mevki, hal; ilişki; yekûn; temel ayağı, taban. **on a better footing than ever** araları her zamankinden daha iyi.

foot.less (fût'lîs) *s.* ayaksız, asılsız; *k.dili* ahmak, budala.

foot.lights (fût'layts) *i., tiyatro* sahne önündeki bir sıra ışık; sahne mesleği.

foot.ling (fût'lîng) *s.* önemsiz, değersiz; ahmak.

foot.lock.er (fût'lakır) *i.* küçük sandık.

foot.loose (fût'lus) *s.* serbest, başıboş, kayıtsız.

foot.man (fût'mın) *i.* üniformalı uşak; piyade neferi.

foot.note (fût'not) *i., f.* dipnot, hamiş; *f.* dipnot koymak.

foot.pace (fût'peys) *i.* yavaş yürüyüş; merdiven sahanlığı; ufak sahne.

foot.pad (fût'päd) *i., eski* yaya dolaşan haydut, yol kesen eşkıya.

foot.path (fût'päth) *i.* keçi yolu, patika; *İng.* yaya kaldırımı.

foot.pound (fût'paund) *i.* ayak-libre.

foot.pound.al (fût'paun'dıl) *i.* 1/32 ayak-libre.

foot.print (fût'prînt) *i.* ayak izi.

foot.rest (fût'rest) *i.* ayak dayayacak yer, ayak konacak yer.

foot.rope (fût'rop) *i., den.* yelkenin altabaşo halatı; *çoğ.* marsapetler.

foots (fûts) *i.* posa, tortu.

foot.sore (fût'sôr) *s.* yürümekten ayakları şişmiş.

foot.stalk (fût'stôk) *i., bot.* çiçek sapı, yaprak sapı.

foot.stall (fût'stôl) *i.* kadınlara mahsus eyerin tek üzengisi; *mim.* sütun kaidesi veya kürsüsü.

foot.step (fût'step) *i.* adım; ayak sesi; ayak izi; basamak. **follow in one's footsteps** bir kimsenin izinde olmak.

foot.stone (fût'ston) *i.* mezarlarda ayak ucundaki taş.

foot.stool (fût'stul) *i.* ayak taburesi.

foot.wear (fût'wer) *i.* ayak giyecekleri.

foot.work (fût'wırk) *i., spor* ayak hâkimiyeti.

foot.worn (fût'wôrn) *s.* aşınmış, yorulmuş, ayakları acımış.

foot.y (fût'i) *s., k.dili* ahmak, budala.

foo.zle (fu'zıl) *f., i.* beceriksizce yapmak, yüzüne gözüne bulaştırmak; *i.* beceriksizlik.

fop (fap) *i.* züppe. **foppery** *i.* züppelik. **foppish** *s.* züppece. **foppishly** *z.* züppecesine. **foppishness** *i.* züppelik.

for. *kıs.* **foreign, forestry.**

for (fôr) *edat, bağlaç* için, -e; uğruna; şerefine; -den dolayı, sebebi ile, cihetten; -e mukabil, karşı; uygun; yerine; hususunda, dair; göre; *bağlaç* çünkü, zira. **for all I know** bildiğime göre. **for all that** her şeye rağmen. **for all the world** ne pahasına olursa olsun, dünyada; tıpkı, aynen. **for cash** peşin para ile. **for good** bütün bütün, temelli olarak. **for life** hayat boyunca. **for many miles around** bütün civarda. **for months** aylardan beri; aylarca. **for my part** kendi hesabıma, bana kalırsa. **for my sake** hatırım için. **for once** bir kerecik, bir defacık. **for reform** yenilik taraftarı, devrimci. **for sale** satılık. **for the life of me** başım hakkı için, vallahi. **for the second time** ikinci defa olarak. **as for me** bana gelince. **be tried for his life** idam talebiyle yargılanmak. **care for** bakmak, meşgul olmak; sevmek; arzu etmek. **For shame!** Ne ayıp! **fit for nothing** hiç bir işe yaramaz, beş para etmez. **go for** almaya gitmek; *k.dili* kabul etmek, istemek. **go for a walk** yürüyüşe çıkmak. **Go for it!** Saldır ! Davran ! **hard up for money** para sıkıntısında. **He was hanged for a pirate.** Korsan diye asıldı. **I for one do not believe it.** Kendi hesabıma

ben inanmıyorum. **If it weren't for you...**
**Siz olmasaydınız... Is he the man for
the job?** O bu işin adamı mı? **It is for you
to make the move.** Bu işe siz önayak ol-
malısınız. İşe girişmek size düşer. **It's time
for school.** Okul zamanı geldi. **last for
many hours** saatlerce sürmek. **He has left
for India.** Hindistan'a hareket etti. **long for**
hasretini çekmek, özlemek, çok istemek, canı
çekmek. **mistaken for him** ona benzetilmiş.
not long for this world ölümü yakın,
colloq. suyu kaynamış. **notorious for** -e
adı çıkmış, ile meşhur. **Now we are in
for it.** Çattık belâya! **Oh, for wings!** Keşke
kanatlarım olsaydı! **pay for** ödemek. **ready
for dinner** yemeğe hazır. **shift for oneself**
kendini geçindirmek. **So much for that.**
Bu hususta şimdilik bu kadar yeter. **take
him for a robber** onu hırsız sanmak.
Things look bad for you. İşleriniz kötü
görünüyor. **a belt for ten liras** on liralık
kemer. **time for work** işe uygun zaman.
use a book for a desk sıra yerine kitap
kullanmak. **too beautiful for words** sözle
tarif edilemeyecek kadar güzel. **tooth for
tooth** dişe diş. **tremble for** üzerine titremek.
walk for two miles iki mil yürümek. **What
for?** Niçin? Neden? **word for word** har-
fiyen, kelimesi kelimesine.

for.age (fôr'ic) *i., f.* hayvan yemi, ot, saman,
arpa; yiyecek peşinde koşma; *f.* yiyecekleri
yağma etmek; yiyecek temin etmek için uğ-
raşmak; yem veya yiyecek tedarik etmek.
forage cap *İng.* bir çeşit piyade veya subay
başlığı.

fo.ra.men (forey'mın) *i.* (*çoğ.* **-ram.i.na**) *anat.,
zool.* küçük delik. **foramen magnum** *anat.*
kafatası altındaki büyük delik. **foramen
occipitale magnum** *anat.* artkafa büyük
deliği. **foraminated** *s., anat.* ufak delikli.

for.a.min.i.fer (fôrımîn'ıfır) *i., zool.* delikliler
takımından bir deniz hayvanı.

for.as.much as (fôrızmʌç') mademki.

for.ay (fôr'ey) *i., f.* çapul; akın; *f.* yağma etmek,
çapulculuk etmek.

for.bade (fırbäd') *bak.* **forbid.**

for.bear (fôrber') *f.* (**-bore, -borne**) kaçınmak,
sakınmak, çekinmek. **forbearance** *i.* kaçınma,
sakınma; sabır, tahammül, kendini tutma.
forbearing *s.* sabırlı, tahammüllü, dayanıklı.

for.bid (fırbîd') *f.* (**-bade, -bidden, -bidding**)
menetmek, yasaklamak, yasak etmek. **God
forbid!** Allah esirgesin! **forbidden** *s.* yasak,
yasaklanmış. **Forbidden City** Tibet'deki
Lhasa şehri; Pekin'deki eski yasak bölge.
forbidden degrees nikâh düşmeyen akra-
balık dereceleri. **forbidden fruit** ahlâkdışı
zevk.

for.bid.ding (fırbîd'ing) *s.* sert, haşin, ürkütücü,
nahoş.

for.bore (fôrbôr') *bak.* **forbear.**

force (fôrs) *i.* güç, kuvvet, kudret; zor, cebir.
şiddet, baskı, tazyik; hüküm, tesir; *fiz.* güç,
kuvvet. **force feed** *mak.* tazyikli yağlama,
force majeure karşı konulmaz kuvvet, fors
majör. **force pump** *mak.* alavereli tulumba,
baskılı tulumba. **force of circumstances**
durum gereği. **air force** hava kuvvetleri. **by
force of** etkisiyle. **by (main) force** zorla,
cebren. **in force** büyük kuvvetlerle, bütün
kuvvetiyle; tedavülde, muteber, geçerli; yü-
rürlükte. **land forces** kara kuvvetleri. **naval
forces** deniz kuvvetleri.

force (fôrs) *f.* zorlamak, icbar etmek, mecbur
etmek; tazyik etmek, sıkıştırmak; zorla almak;
ırzına geçmek; *bahç.* suni usullerle turfanda
meyva, sebze ve çiçek yetiştirmek. **force
a smile** zorla gülümsemek. **force one's
hand** acele karar vermeye zorlamak. **force
one's way** zorla yol katetmek. **force the
door** kapıyı zorlamak. **force the game**
fazla sayı kazanmak için oyunu tehlikeye sok-
mak. **force the pace** sürati artırmak, işi
veya gidişi hızlandırmak. **forced draft** ateşe
tazyikle verilen hava; aşırı çalışmaya zorlama.
forced labor zorla çalıştırma, angarya; an-
garyaya zorlanan işçiler. **forced landing** *hav.*
mecburî iniş. **forced loan** *tic.* mecburî borç-
lanma. **forced march** *ask.* zoraki yürüyüş.
forced sale mecburî satış. **forcing pit** *bahç.*
bitkileri çabuk yetiştirmek için ısı verici mad-
deleri havi çukur.

force-feed (fôrs'fid) *f.* zorla yedirmek.

force.ful (fôrs'fıl) *s.* kuvvetli, şiddetli, güçlü;
etkili, tesirli. **forcefully** *z.* kuvvetle, şiddetle,
zorla. **forcefulness** *i.* kuvvet, şiddet, güç;
etkili oluş.

force.meat (fôrs'mit) *i.* baharatlı kıyma.

for.ceps (fôr'sıps) *i., tıb.* pens, forseps.

for.ci.ble (fôr'sıbıl) s. zora dayanan; mecburi; canlı; etkili, tesirli, ikna edici. **forcibleness** i. mecburî oluş; etkili oluş; canlılık. **forcibly** z. zorla, mecburî olarak; etkili olarak.

ford (fôrd) i., f. ırmakta yürüyerek geçilen sığ yer; f. sığ yerden yürüyerek geçmek. **fordable** s. yürüyerek geçilebilir.

fore (fôr) s., i. ön taraftaki, öndeki; ilk; daha evvelki; i. ön; önde olan şey; den. baş taraf, pruva. **come to the fore** başa geçmek, öne geçmek. **the fore part** ön taraf, baş taraf.

fore (fôr) z., ünlem ön tarafta, baş tarafta, önde; ünlem Dikkat! (golf oyununda önde bulunanlara tehlikeyi ihtar için bağırma). **fore and aft** den. baş ve kıç istikametinde (gemi).

fore- önek önde veya önceden.

fore.arm (fôr'arm) i., anat. önkol, kolun dirsekle bilek arasındaki kısmı.

fore.arm (fôrarm') f. önceden silâhlandırmak.

fore.bear (fôr'ber) i., gen. çoğ. ata, cet.

fore.bode (fôrbod') f. önceden haber vermek; (özellikle uğursuz bir şeyi) önceden hissetmek. **foreboding** i. kötü bir şeyin vuku bulacağını önceden hissetme, önsezi.

fore.cast (fôr'käst) f. (-cast veya -casted) önceden tahmin etmek; belirtisi olmak; tasarlamak.

fore.cast (fôr'käst) i. tahmin, hava tahmini.

fore.cas.tle (fok'sıl) i., den. baş kasarası.

fore.close (fôrkloz') f., huk. parayı ödemediği için ipotekli malı sahibinin elinden almak; imkânsızlaştırmak, engellemek; önceden halletmek.

fore.clo.sure (fôrklo'jır) i., huk. ipotekli malı sahibinin kaybetmesi, hakkın düşmesi.

fore.court (fôr'kôrt) i. ön avlu, ön bahçe.

fore.deck (fôr'dek) i., den. güvertenin ön tarafı, bilhassa palavranın ön tarafı.

fore.doom (fôrdum') f. önceden mahkûm etmek.

fore.fa.ther (fôr'fadhır) i. ata, cet.

fore.fin.ger (fôr'fînggır) i. işaret parmağı.

fore.foot (fôr'fût) i. ön ayak.

fore.front (fôr'frʌnt) i. en öndeki yer, ön taraf, ön sıra.

fore.gath.er bak. forgather.

fore.go (fôrgo') f. (-went, -gone) önce gitmek.

fore.go bak. forgo.

fore.gone (fôr'gôn) s. önceden gitmiş, geçmiş; bitmiş. **foregone conclusion** kaçınılmaz sonuç, mukadder olan şey.

fore.ground (fôr'graund) i. ön plan. **in the foreground** ön planda, ön tarafta, göze çarpacak yerde.

fore.hand (fôr'händ) i., s., tenis sağ vuruş, forhend; atın boynu ve omuzları; menfaatli mevki; s. sağ vuruşla yapılan; önderlik eden; önceden yapılan.

fore.hand.ed (fôr'händîd) s., A.B.D. ihtiyatlı, tedbirli.

fore.head (fôr'îd) i. alın; herhangi bir şeyin ön tarafı veya cephesi.

for.eign (fôr'în) s. yabancı, ecnebi; harici, dış; ilgisi olmayan. **foreign accent** yabancı aksanı. **foreign affairs** dışişleri. **foreign-born** s. ikamet ettiği memleketten başka bir memlekette doğmuş. **foreign exchange** döviz; döviz alım satımı. **foreign minister** dışişleri bakanı. **foreign office** dışişleri bakanlığı. **foreign to one's nature** kendi tabiatına aykırı. **foreign trade** dış ticaret. **foreigner** i. yabancı, ecnebi. **foreignness** i. ecnebilik, yabancılık; uygunsuzluk; münasebetsizlik.

fore.judge (fôrcʌc') f. önceden hüküm vermek.

fore.judge bak. forjudge.

fore.know (fôrno') f. (-knew, -known) önceden bilmek. **fore'know'ledge** i. önceden bilme, önceden alınan haber.

fore.land (fôr'länd) i. burun, çıkıntı; bir şeyin önündeki arazi parçası.

fore.leg (fôr'leg) i. (hayvanlarda) ön ayak.

fore.lock (fôr'lak) i. alın üzerine sarkan saç demeti, perçem; mak. başlık çivisi, kilit pini. **take time by the forelock** fırsatı yakalamak, fırsatı kaçırmamak.

fore.man (fôr'mın) i. ustabaşı, baş kalfa; reis, başkan, özellikle jüri başkanı.

fore.mast (fôr'mäst) i., den. baş direği, pruva direği.

fore.most (fôr'most) s., z. başta gelen, en öndeki; z. başta. **first and foremost** en başta, evvelâ. **head foremost** başı önde; çekinmeden.

fore.name (fôr'neym) i. birinci isim, küçük isim, şahıs ismi, vaftiz ismi. **forenamed** s. yukarıda ismi geçen, mezkûr.

fore.noon (fôr'nun) i. öğleden evvel, sabah.

fo.ren.sic (fıren'sik) *s.* mahkeme veya münazaraya ait, münazara kabilinden. **forensic medicine** adlî tıp.

fore.or.dain (fôrôrdeyn') *f.* evvelden takdir etmek, önceden tayin ve tertip etmek. **foreordina'tion** *i.* kader, takdir, kısmet.

fore.part (fôr'part) *i.* ön taraf, ilk kısım.

fore.quar.ters (fôr'kwôrtırz) *i., kasap.* ön ayak ve yanındaki kısımlar.

fore.run (fôr'rʌn) *f.* (**-ran, -run**) önden koşmak, koşup geçmek, önünden gitmek; müjdelemek. **forerunner** *i.* selef; cet, ata; müjdeci, haberci.

fore.sail (fôr'seyl) *i., den.* trinketa yelkeni.

fore.see (fôrsi') *f.* (**-saw, -seen**) önceden görmek, ileriyi görmek, önceden bilmek.

fore.shad.ow (fôr'şä'do) *f.* önceden ima etmek, *colloq.* dokundurmak.

fore.sheet (fôr'şit) *i., den.* trinketa yelkeninin bir kısmı; *çoğ.* kayığın ön tarafı.

fore.shore (fôr'şôr) *i.* inme sırasında suların çekildiği kıyı.

fore.short.en (fôrşôr'tın) *f., güz. san.* resimde yandan görülen bir şeyin boyunu kısa göstermek.

fore.show (fôr'şo') *f.* (**-showed, -shown**) önceden göstermek, önceden söylemek.

fore.sight (fôr'sayt) *i.* ihtiyat, tedbir, önceden görme, basiret.

fore.skin (fôr'skin) *i., anat.* sünnet derisi, gulfe.

for.est (fôr'ist) *i., f.* orman; *f.* ağaç dikip orman haline getirmek, ağaçlandırmak.

for.stall (fôrstôl') *f.* erken davranıp önlemek, önüne geçmek; daha evvel davranmak; fiyatı yükseltmek için önceden satın almak veya istif etmek, kapatmak (mal).

fore.stay (fôr'stey) *i., den.* pruva ana istralyası.

for.est.er (fôr'istır) *i.* ormancı; siyah bir cins pervane, *zool.* Ageristus; bir çeşit büyük kanguru, *zool.* Macropus giganteus.

for.est.ry (fôr'istri) *i.* ormancılık; orman, ormanlık.

fore.taste (fôr'teyst) *i.* önceden alınan tat; önceden tadına varma.

fore.tell (fôrtel') *f.* (**-told, -telling**) önceden haber vermek; kehanette bulunmak.

fore.thought (fôr'thôt) *i.* ihtiyat, tedbir; basiret; evvelden düşünme.

fore.time (fôr'taym) *i.* geçmiş zaman.

fore.to.ken (fôr'tokın) *i., f.* ihtar, bir şeyin olacağına dair belirti; *f.* evvelden uyarmak, ikaz etmek.

fore.top (fôr'tıp) *i., den.* pruva çanaklığı.

fore.top.gal.lant sail (fôrtıgäl'ınt) pruva babafingo yelkeni.

fore.top.mast (fôrtap'mıst) *i.* pruva gabya çubuğu.

fore.top.sail (fôrtap'sıl) *i.* pruva gabya yelkeni.

for.ev.er *z., Ing.* **for ever** (fırev'ır) ebediyen, daima; mütemadiyen, durmadan. **forevermore** *z.* ebediyen, ilelebet.

fore.warn (fôr'wôrn) *f.* önceden ikaz etmek, uyarmak.

fore.wom.an (fôr'wûmın) *i.* başkalfa kadın; jürinin kadın başkanı.

fore.word (fôr'wırd) *i.* önsöz, mukaddeme.

fore.yard (fôr'yard) *i., den.* trinketa.

for.feit (fôr'fit) *i., s., f.* ceza olarak bir şeyin veya hakkın kaybedilmesi; *s.* ceza olarak kaybedilmiş; *f.* ceza olarak kaybetmek. **forfeitable** *s.* ceza olarak kaybedilebilir.

for.fei.ture (fôr'fiçır) *i.* ceza olarak kaybetme.

for.fend (fôrfend') *f., eski* esirgemek, muhafaza etmek, korumak. **Heaven forfend!** Allah esirgesin! Allah korusun! Maazallah!

for.fi.cate (fôr'fıkit) *s., zool.* uzun çatallı (kuş kuyruğu).

for.gath.er (fôrgädh'ır) *f.* toplanmak, içtima etmek, bir araya gelmek; rastlamak, tesadüfen görmek; ahbap olmak, sohbet etmek.

for.gave (fırgeyv') *bak.* **forgive.**

forge (fôrc) *i., f.* demirci ocağı, demirhane, demir imalâthanesi; *f.* demiri ocakta kızdırıp işlemek, dövmek; sahtesini yapmak.

forge (fôrc) *f.* ağır ve devamlı ilerlemek. **forge ahead** yarışta başa geçmek; ilerlemek.

forg.er (fôr'cır) *i.* sahte imza atan kimse, sahtekârlık eden kimse; demirci, demir döven kimse.

for.ger.y (fôr'cıri) *i.* sahte şey; sahte imza; sahtekârlık, sahte imza atma.

for.get (fırget') *f.* (**-got, -gotten, -getting**) unutmak, hatırından çıkarmak, hatırlayamamak; ihmal etmek. **forget oneself** diğerkâmlık etmek, kendini düşünmemek; kendini unutmak, kendinden geçmek; düşünceye dalmak. **forget about a thing** bir şeyi büsbütün unutmak. **forgettable** *s.* unutulabilir.

for.get.ful (fırget'fıl) s. unutkan, ihmalci; savsak, dikkatsiz. forgetfully z. unutkanlıkla. forgetfulness i. unutkanlık, ihmal.

for.get-me-not (fırget'minat) i. unutmabeni, bot. Myosotis palustris.

for.give (fırgiv') f. (-gave, -given) affetmek, bağışlamak. forgivable s. affedilebilir. forgiveness i. af, bağışlama, bağışlanma, mağfiret. forgiving s. affeden, merhametli. forgivingly z. affederek, merhametle. forgivingness i. affetme hasleti, bağışlama.

for.go (fôrgo') f. (-went, -gone) vaz geçmek, sarfınazar etmek.

for.judge (fôrcʌc') f., huk. mahkeme kararıyla elinden almak; mahkeme solonundan çıkarmak.

fork (fôrk) i., f. çatal; bahç. bel; yol veya nehrin çatallaşan yer veya kolu; f. çatallaşmak; ayrılmak; yerden bitmek (mısır); çatal şekli vermek, çatallaştırmak; ayrılmak; çatalla kaldırmak; savurmak; bahç. bellemek. fork lift mak. çatallı kaldırıcı. fork out, fork over, fork up argo teslim etmek, tediye etmek, (para) vermek, ödemek. fork-tailed s. çatal kuyruklu. tuning fork diyapazon.

forked (fôrkt) s. çatal şeklinde, çatallı, kollara ayrılmış. forked lightning zikzaklı şimşek.

for.lorn (fôrlôrn') s. ümitsiz, meyus; terkedilmiş, metruk, sahipsiz, kimsesiz, ıssız. forlorn hope boş ümit; ümitsiz bir teşebbüs; fedailer takımı. forlornly z. ümitsizce.

form (fôrm) i. şekil, biçim, suret; beden, vücut, kalıp, cisim; cins, sınıf; tarz, usul, teamül; spor form; fiş, müracaat fişi; gelenek, etiket, hal; üslûp; matb. forma; İng. (okullarda) sınıf: first form orta bir. bad form İng. etikete aykırı davranış, uygunsuz tavır. form letter basılmış hazır mektup. for form's sake âdet yerini bulsun diye. in due form usul dairesinde. in good form iyi halde, keyfi yerinde. out of form pek iyi halde olmayan, keyifsiz; biçimsiz; spor formunda olmayan.

form (fôrm) f. biçimlendirmek, şekil vermek; teşkil etmek, yapmak; düzenlemek, tertip etmek; edinmek, geliştirmek; kurmak; şekil almak; hâsıl olmak, gelmek, çıkmak, zuhur etmek. form an opinion fikir edinmek.

for.mal (fôr'mıl) s., i. resmî, usule uygun; biçimsel, şekli; i. tuvalet, gece elbisesi. formal

analogy man. biçimsel karşılaştırma. formal call resmî ziyaret. formal garden geometrik şekillere göre düzenlenmiş çiçek bahçesi. formal logic man. yapısal mantık; genel mantık. formally z. resmî olarak, usulen, resmen.

for.mal.de.hyde (fôrmäl'dıhayd) i., kim. formaldehit, formol.

for.mal.ism (fôr'mılîzım) i. biçimselcilik, şekilcilik, dış görünüşe ve davranışlara önem verme.

for.mal.ist (fôr'mılîst) i. biçimci kimse; resmiyet taraftarı.

for.mal.i.ty (fôrmäl'ıti) i. resmî olma, resmiyet; biçimcilik; formalite, usul, âdet.

for.mal.ize (fôr'mılayz) f. resmîleştirmek; şekil vermek; resmî olmak, teklifli olmak.

for.mat (fôr'mät) i., matb. kitabın genel düzeni; (program) genel biçim.

for.ma.tion (formey'şın) i. şekil verme, düzenleme; tertip; oluş, teşekkül, formasyon; ask. birlik; ask. düzen; jeol. oluşum.

form.a.tive (fôr'mıtîv) s., i. şekil veren, şekil verebilen, teşkil etmeye yarayan; biyol. büyüyebilir, gelişme eğilimi olan; i., gram. ek, takı; ekli sözcük.

form.er (fôr'mır) i. biçimlendirici şey veya kimse.

for.mer (fôr'mır) s. evvelki, önceki; öncel, eski, geçmiş, sabık; ilk bahsedilen: Of the two choices I prefer the former. İki şıktan birincisini tercih ederim. former times geçmiş zaman, eski günler.

for.mic (fôr'mîk) s., kim. karıncalarda bulunan bir aside ait; karıncalara ait. formic acid karınca asidi.

for.mi.ca.tion (fôrmıkey'şın) i., tıb. karıncalanma.

for.mi.da.ble (fôr'mîdıbıl) s. korkulur, korkunç, dehşetli, müthiş, heybetli; pek zor. formidabil'ity i. korkunçluk; güçlük. for'midably z. korkulacak surette, dehşet verici bir şekilde.

form.less (form'lîs) s. şekilsiz, biçimsiz.

For.mo.sa (fôrmo'sı) i. Formoza, Tayvan'ın eski ismi.

for.mu.la (çoğ. -lae, -las) (fôr'mıylı, -li, -lız) i. usul, kaide; reçete, tertip; mat., kim. formül.

for.mu.lar.y (fôr'mıyleri) i. formüler; ecza. kodeks.

for.mu.late (fôr'mıyleyt) *f.* formül halinde ifade etmek; kesin ve açık olarak belirtmek. formula'tion *i.* formül şeklinde ifade etme, formül haline koyma.

for.mu.lism (fôr'myılîzım) *i.* formüllere bağlılık; formüller sistemi.

for.ni.cate (fôr'nıkeyt) *f.* evlilik dışı cinsel ilişkide bulunmak, zina etmek. fornica'tion *i.* evli olmayan kimseler arasındaki cinsel ilişki. for'nicator *i.* zina eden kimse, evli olmadığı bir kimse ile cinsel ilişkide bulunan kimse.

for.sake (fırseyk') *f.* (-sook, -saken) vaz geçmek; yüzüstü bırakmak, terketmek.

for.sooth (fırsuth') *z.*, *alay* gerçekten, hakikaten.

for.spent (fôrspent') *z.*, *eski* bitkin, bezgin, yorgun.

for.swear (fôrswer') *f.* (-swore, -sworn) bırakmak için yemin etmek; yeminle inkâr etmek, yeminle reddetmek; bırakmak. forswear oneself yalan yere yemin etmek. foresworn *s.* yalan yere yemin etmiş.

for.syth.i.a (fôrsîth'iyı) *i.* hor çiçeği.

fort (fôrt) *i.* kale, hisar; istihkâm. hold the fort savunmak, müdafaa etmek; işi devam ettirmek, yürütmek.

for.ta.lice (fôr'tılîs) *i.*, *ask.* küçük istihkâm.

forte (fôrt) *i.* bir kimsenin asıl hüneri ve başlıca sıfatı.

for.te (fôr'tey) *z.*, *s.*, *müz.* kuvvetle, çok sesle; *s.* kuvvetli.

forth (fôrth) *z.* ileri, dışarı, dışarıya doğru. and so forth ve saire, ve başkaları. back and forth ileri geri. bring forth doğurmak; meydana getirmek, hâsıl etmek, çıkarmak. from this time forth bundan böyle, bundan sonra.

forth.com.ing (fôrth'kʌmîng) *s.*, *i.* yakında çıkacak, gelecek; hazır, mevcut; *i.* geliş, varış.

forth.right (fôrth'rayt) *s.*, *z.* doğru, açık; içten, samimî; *z.* doğru; hemen, derhal.

forth.with (fôrthwîdh') *z.* hemen, derhal.

for.ti.eth (fôr'tiyîth) *s.*, *i.* kırkıncı; *i.* kırkta bir.

for.ti.fi.ca.tion (fôrtıfıkey'şın) *i.* istihkâm; kuvvetlendirme, tahkim etme; istihkâm yapma.

for.ti.fy (fôr'tıfay) *f.* istihkâm haline getirmek; takviye etmek, kuvvetlendirmek, sağlamlaştırmak, teyit etmek; alkol ilâve ederek kuvvetlendirmek.

for.tis.si.mo (fortîs'ımo) *s.*, *z.*, *müz.* çok kuvvetli; *z.* kuvvetli sesle.

for.ti.tude (fôr'tıtud) *i.* metanet, sebat, tahammül. fortitu'dinous *s.* metanetli, cesur, tahammüllü, dayanıklı.

fort.night (fôrt'nayt) *i.* iki hafta, on beş gün.

fort.night.ly (fôrt'naytli) *s.*, *z.* on beş günde bir, iki haftada bir.

fort.ress (fôrt'rîs) *i.* istihkâm, kale, hisar.

for.tu.i.tism (fôrtu'wıtîzım) *i.*, *fels.* evrimin doğal kanunların rastlantılı sonucu olduğuna inanış.

for.tu.i.tous (fôrtu'wıtıs) *s.* bir rastlantı sonucu vaki olan, tesadüfi. fortuitously *z.* tesadüfen, kazara. fortuitousness, fortuity *i.* tesadüf, rastlantı.

For.tu.na (fôrtu'nı) *i.* eski Roma'da talih tanrıçası.

for.tu.nate (fôr'çınît) *s.* talihli, bahtiyar, mesut. fortunately *z.* iyi ki, çok şükür, Allahtan, bereket versin.

for.tune (fôr'çın) *i.* talih, baht; rastlantı, tesadüf; uğur; şans; kader, kaza, kısmet; servet, çok para. fortune hunter bilhassa evlenme yolu ile zengin olmak isteyen kimse, servet avcısı. fortuneteller *i.* falcı. fortunetelling *i.* falcılık. make a fortune zengin olmak, servet yapmak. soldier of fortune kiralık asker. tell one's fortune bir kimsenin falına bakmak. try one's fortune şansını denemek.

for.ty (fôr'ti) *s.*, *i.* kırk (40, XL). forty acres 16 hektar. forty winks kısa süren uyku, şekerleme, kestirme. the roaring forties *coğr.* 40° ile 49° arasındaki kuzey ve güney enlem dereceleri içinde kalan fırtınalı denizler.

for.ty-nin.er (fôrtinay'nır) *i.* 1849'da Kaliforniya'ya altın aramak için giden kimse.

fo.rum (fôr'ım) *i.* eski Roma'da pazar yeri veya meydan; forum; mahkeme.

for.ward (fôr'wırd) *f.* ilerletmek, çabuk yetiştirmek, ilerlemesine yardımcı olmak; göndermek, yeni adrese göndermek, sevketmek. forwarder *i.* sevkeden firma, malı sevkıyat acentesine götüren kimse. forwarding agent sevkıyat acentesi; ambar. forwarding address yeni adres.

for.ward (fôr'wırd) *s.*, *i.* ileride olan, öndeki, ön; ileri, ilerlemiş; küstah, cüretkâr; aşırı, müfrit; radikal; *i.*, *futbol* ön sırada yer alan oyuncu, forvet. **forward buying** ileride teslim edilmek üzere satın alma. **forward pass** *A.B.D. futbol* ileri doğru verilen pas. **forwardly** *z.* peşinen, önceden; istekle, şevkle; küstahça. **forwardness** *i.* cüret, küstahlık. **for.ward(s)** (fôr'wırd, -z) *z.* ileri doğru, ileri, doğru. **backwards and forwards** ileri geri. **bring forward** göz önüne koymak, dikkati çekmek; nakliyekûn yapmak. **put forward** ileri sürmek. **put one's best foot forward** en iyi şekilde etkilemeye çalışmak.

fos.sa (*çoğ.* **-sae**) (fas'ı, -i) *i., anat.* çukur.

fosse, foss (fôs) *i.* hendek, kale hendeği.

fos.sette (fôset') *i., anat.* küçük çukur, gamze.

fos.sick (fôs'ik) *f., Avustralya* eski maden ocaklarını eşerek maden aramak.

fos.sil (fas'ıl) *i., s.* fosil, taşıl; *k.dili* eski kafalı kimse; *s.* fosilleşmiş, taşlaşmış; eski kafalı. **fossilif'erous** *s.* fosilli. **foss'ilize** *f.* fosilleşmek, taşlaşmak; fosilleştirmek, taş haline getirmek; köhneleşmek, köhneleştirmek, eskileştirmek. **fossiliza'tion** *i.* taş kesilme, fosilleşme.

fos.so.ri.al (fasôr'iyıl) *s., zool.* kazmaya müsait (ayak).

fos.ter (fôs'tır) *f.* beslemek, büyütmek, bakmak; teşvik etmek, gayretlendirmek. **foster brother** süt kardeş (erkek); küçüklükten beri aynı yerde kardeş gibi büyümüş kimse. **foster child** evlât gibi büyütülmüş çocuk, evlâtlık; süt evlât. **foster father** çocuğu kendi evinde evlâdı gibi büyüten adam, babalık. **foster mother** sütana, çocuğu kendi evlâdı gibi besleyen kadın, analık. **foster parents** çocuğu kendi evinde evlâdı gibi büyüten ana baba.

fos.ter.age (fôs'tırîc) *i.* evlâtlık büyütme; çocuğu kendi evlâdı gibi büyütecek bir ana babaya verme; besleme, himaye, teşvik.

fos.ter.ling (fôs'tırlîng) *i.* evlâtlık, manevî evlât.

fought (fôt) *bak.* **fight.**

foul (faul) *s., i.* iğrenç, kerih, tiksindirici, nefret verici; kirli, pis, murdar; menfur, çirkin, ayıp; bozuk; sövüp sayma kabilinden; fena (hava); dolaşmış, karışmış, birbirine geçmiş; midye bağlamış (gemi teknesi); *den.* gambalı, çaparız; *i., spor* kurallara aykırı hareket, faul, hatalı vuruş veya davranış; dolaşma, karışma; çarpışma, bindirme (gemi). **foul bill of health** *den.* bulaşık patent. **foul breath** pis

nefes. **foul copy** düzeltmelerle karalanmış nüsha. **foulmouthed** *s.* ağzı bozuk, küfürbaz. **foul play** kurallara aykırı oyun; haince hareket, hıyanet, suikast; cinayet. **foul shot** *basketbol* faul atışı. **by fair means or foul** iyi veya kötü yola baş vurarak, nasıl olursa olsun. **fall foul of** çaparız gelmek; çatmak, kızdırmak. **to play foul** hainlik etmek. **foully** *z.* çirkin bir şekilde; haince. **foulness** *i.* bozukluk; pislik; kir; günah.

foul (faul) *f.* kirletmek, pisletmek, murdar etmek, bulaştırmak; bozmak; rezil etmek; yanmış barutun çamuru ile kirletmek (top namlusunu); *den.* ot ve midye bağlamak (tekne karınası); dolaştırıp işlemez hale getirmek, çaparız vermek; *spor* oyuncuya karşı kural dışı harekette bulunmak, haksız muamele etmek; kirlenmek, kir bağlamak; dolaşmak, karışmak. **foul up** *argo* acemice hareket etmek, karıştırmak.

fou.lard (fulard') *i.* fular, kadın elbisesi yapılan desenli ince bir kumaş.

found (faund) *f., bak.* **find.**

found (faund) *f.* kurmak, temelini atmak, tesis etmek. **founder** *i.* kurucu.

found (faund) *f.* kalıba dökmek, dökmek, eritmek. **founder** *i.* dökmeci, dökmeci ustası.

foun.da.tion (faundey'şın) *i.* tesis, kurma; temel, esas, dayanak; vakıf; kurum, kuruluş, müessese. **foundation garment** *A.B.D.* korse.

foun.der (faun'dır) *f., den.* su dolup batmak; batırmak; batmak, iflâs etmek; çökmek; sakatlanmak (at).

foun.der (faun'dır) *i., bayt.* atlarda görülen tırnak iltihabı.

found.ling (faund'lîng) *i.* buluntu, ana babası tarafından terkedilip sokakta veya başka bir yerde bulunan bebek.

foun.dry (faun'dri) *i.* dökümhane; dökmecilik; döküm.

fount (faunt) *i.* pınar, kaynak, memba, çeşme. *bak.* **font.**

foun.tain (faun'tın) *i.* çeşme, pınar, kaynak, memba; fıskıye. **fountainhead** *i.* pınar başı, kaynak, memba. **fountain pen** stilo, dolmakalem. **drinking fountain** içmek için suyu yukarıya fışkırtan çeşme.

four (for) *s., i.* dört; *i.* dört rakamı (4, IV); dörtlü (kâğıt veya domino); dört kişilik takım. **four by four** dörder dörder; dört inç kare kereste. **four corners of the earth** dünyanın dört bucağı. **four-cycle** *s., mak.* dört devirli. **four-dimensional** *s.* dört boyutlu. **fourflusher** *i., argo* blöfçü, martavalcı kimse. **fourfold** *i., s., z.* dört kat. **four-footed** *s.* dört ayaklı. **fourhanded** *s.* dört elli; *spor* dört kişilik; *müz.* dört el için; *iskambil* dört kol. **four-horse** *s.* dört atlı. **four-in-hand** *i., s.* bir kişinin sürdüğü dört atlı araba; kravat, boyunbağı; dört atlı takım; *s.* kravat gibi bağlanmış; dört atlı. **four-leaf clover** dört yapraklı yonca. **four-legged** *s.* dört ayaklı. **four-letter word** açık saçık söz. **four-masted** *s., den.* dört direkli. **four o'clock** saat dört; gecesefası, *bot.* Mirabilis jalapa. **fourpence** *i., İng.* dört peni değerinde madenî para. **four-poster** *i.* dört direkli karyola. **fourscore** *s.* seksen. **foursome** *i.* (oyunlarda) dörtlü grup veya takım. **foursquare** *s., z.* dört köşe, kare; sıkı, metin, sağlam; *z.* dosdoğru, açıkça, dobra dobra. **four-wheel** *s.* dört tekerlekli. **on all fours** dört ayak üzerinde.

four.gon (furgôn') *i., Fr.* mühimmat veya eşya vagonu, furgon.

four.teen (fôr'tin') *s., i.* on dört (14, XIV).

four.teenth (fôr'tinth') *s., i.* on dördüncü; *i.* on dörtte bir.

fourth (fôrth) *s., i.* dördüncü; *i.* dörtte bir; *müz.* do ile fa arasındaki aralık. **fourthly** *z.* dördüncü olarak. **fourth class mail** *A.B.D.* ucuz tarife ile gönderilen eşya postası. **fourth dimension** varsayılan dördüncü boyut. **fourth estate** gazetecilik, basın. **the Fourth** *A.B.D.* Bağımsızlık Bayramı.

fo.ve.a (fo'viyı) *i., biyol.* vücudun herhangi bir yerinde bulunan küçük çukur.

fo.ve.o.la (fıvi'yılı) *i., biyol.* bir organda bulunan çok küçük çukur.

fowl (faul) *i.* (*çoğ.* **fowl, fowls**) *f.* kuş; kümes hayvanı; tavuk, hindi veya ördek eti; *f.* yabanî kuş avlamak. **barnyard fowl** kümes hayvanı. **Cochin fowl** Çin tavuğu. **guinea fowl** Hint tavuğu, Beç tavuğu, *zool.* Numida meleagris. **jungle fowl** yaban tavuğu, *zool.* Gallus gallus. **Polish fowl** tepeli tavuk. **It is neither fish, flesh nor fowl.** Hiç bir özelliği yok. **fowler** *i.* kuş avcısı. **fowling piece** av tüfeği.

fox (faks) *i.* tilki; tilki kürkü; kurnaz adam. **fox**

chase tilki avı; bunu taklit eden oyun. **foxglove** *i.* yüksükotu, *bot.* Digitalis purpurea. **foxhole** *i.* askerin sığınacağı çukur. **foxhound** *i.* tilki avında kullanılan köpek. **fox hunting** tilki avı. **fox terrier** tilki teriyeri. **fox trot** fokstrot. **a sly fox** kurnaz adam, tilki. **flying fox** meyva yiyen birkaç çeşit yarasa. **gray fox** Amerika'da bulunan boz tilki, *zool.* Urocyon cinereoargenteus. **red fox** Kuzey Amerika'da bulunan kırmızı tilki, *zool.* Vulpes vulpes.

fox (faks) *f.* aldatmak, hile yapmak; sarhoş etmek; (kitap yapraklarının kenarlarını) kırmızıya boyamak; ekşitmek (bira).

fox.y (fak'si) *s.* tilki gibi, kurnaz; tilki renginde, sarımsı veya kızılımsı kahverengi; zamanla solmuş, eskimiş; fazla ekşimiş.

foy.er (foy'ır) *i., tiyatro* fuaye.

fr. *kıs.* fragment, franc, from.

Fr. *kıs.* **Father, France, Frau, French, Friar, Friday.**

Fra (fra) *i.* kardeş (rahip unvanı).

fra.cas (frey'kıs) *i.* gürültü, velvele, kavga.

frac.tion (fräk'şın) *i.* parça, kısım; *kim.* damıtık madde; *mat.* kesir. **common fraction** adi kesir, bayağı kesir. **compound fraction** bileşik kesir. **decimal fraction** ondalık kesir.

frac.tion.al (fräk'şınıl) *s.* kesrî; cüzî. **fractional currency** ufaklık, bozuk para. **fractional distillation** *kim.* uçucu sıvıları tedricî hararetle kısımlara ayırma, fraksiyonlu distilasyon.

frac.tion.ate (fräk'şıneyt) *f.* kısımlara ayırmak (imbikten çekilen sıvılar), damıtmak.

frac.tion.ize (fräk'şınayz) *f., mat.* kesirlere ayırmak, kesre çevirmek; kısımlara ayırmak.

frac.tious (fräk'şıs) *s.* ters, aksi, huysuz, kavgacı. **fractiously** *z.* ters ters. **fractiousness** *i.* huysuzluk, aksilik, çocuk terbiyesizliği.

frac.ture (fräk'çır) *i., f.* kırma, kırılma; kırık; *tıb.* kemik veya kıkırdağın kırılması, kırık; yarık; çekiçle kırılınca madenin meydana çıkan yüzeyi; *f.* kırmak, çatlatmak, yarmak; kırılmak. **compound fracture** *tıb.* kırılan kemik uçlarının deriyi delerek dışarı çıkması hali. **greenstick fracture** *tıb.* küçük çocuklarda kemiğin iki parçaya ayrılmadan kırılması. **simple fracture** *tıb.* basit kırık.

frag.ile (frä'cıl) *s.* kolay kırılır, kırılabilir; nazik, narin, ince. **fragil'ity** *i.* kolay kırılma, narinlik.

frag.ment (fräg'mınt) *i.*, *f.* kırılmış parça, kısım;
f. parçalara ayırmak.

frag.men.tar.y (fräg'mınteri) *s.* kısım kısım,
parça parça, parça halinde; eksik kalmış,
ikmal edilmemiş.

frag.men.ta.tion (frägmıntey'şın) *i.* parçalan-
ma. **fragmentation bomb** *ask.* patlayınca
şarapnel gibi parçalar saçan bomba.

fra.grance (frey'grıns) *i.* güzel koku, rayiha.

fra.grant (frey'grınt) *s.* güzel kokulu, rayihalı,
mis kokulu. **fragrantly** *z.* güzel kokarak, mis
gibi.

frail (freyl) *s.* kolay kırılır; kolay bozulur; zayıf;
zayıf ahlâklı, kolayca günah işleyebilir. **frailly**
z. kolay kırılabilir şekilde; zayıf ahlâklı olarak.
frailty *i.* zayıflık, manevî zaaf. **human
frailty** kolayca günah işleyebilme eğilimi,
beşer zafiyetleri.

frail (freyl) *i.* kuru yemiş küfesi; bir küfelik kuru
yemiş.

fraise (freyz) *i.* bilhassa Kraliçe I. Elizabeth za-
manında giyilen kırmalı yakalık; istihkâma
konan uçları sivri kazıklar, şarampol.

frak.tur (fraktûr') *i.* Alman kitaplarında daha çok
eskiden kullanılan harf şekli.

frame (freym) *f.* şekil vermek, uydurmak; tasar-
lamak; düzenlemek, tertip etmek, yapmak;
çerçevelemek; çatmak, kurmak; *argo* yalan
yere suç yüklemek; ilerlemek; becermek, uy-
durmak.

frame (freym) *i.* çerçeve, bina iskeleti, kafes,
çatı; beden, vücut; gergef, tezgâh; hal. **frame
house** ahşap ev. **frame of mind** düşünüş
tarzı; mizaç, hal. **frame of reference** bir
hüküm veya karar vermeden önce bilinmesi
gereken şartlar ve değer hükümleri. **frame-up**
i., *argo* hileli düzen, kumpas; yalan yere suç
yükleme, iftira, karacılık. **framework** *i.* kafes,
çatı, iskelet; çevre.

franc (fränk) *i.* (Fransa, Belçika, İsviçre) para
birimi, frank; eskiden altın sonradan gümüş
olarak basılan Fransız parası, frank.

France (fräns) *i.* Fransa.

fran.chise (frän'çayz) *i.* oy verme hakkı; hükü-
met tarafından tanınan imtiyaz veya muafiyet,
bu imtiyaz veya muafiyetin geçerli olduğu yer,
melce; imtiyaz, hak; imalâtçı tarafından bayi
veya perakendeciye tanınan mallarını satma
yetkisi, acentelik. **electoral franchise** oy
kullanma hakkı.

Fran.cis.can (fränsîs'kın) *s.*, *i.* Fransiskan mez-
hebine veya rahiplerine ait; *i.* bu mezhebe
mensup rahip.

Franco- *önek* Fransız.

fran.co.lin (frän'kolin) *i.* Afrika ve Asya'da bu-
lunan keklik, çil, turaç, *zool.* Francolinus.

franc-ti.reur (frantirör') *i.*, *ask.* Fransız akıncı
neferi, çeteci asker.

fran.gi.ble (frän'cıbıl) *s.* kırılabilir. **frangibil'ity**
i. kırılma özelliği.

fran.gi.pane, fran.gi.pan.i (frän'cıpeyn, frän-
cîpän'i) *i.* bir çeşit yasemin ıtırı; alyasemin
kokusu; *ahçı.* badem ve krema ile yapılan bir
çeşit pasta.

frank (frängk) *s.* açık sözlü, serbest, samimî, içi
dışı bir; açık, aşikâr. **frankly** *z.* açıkça, dobra
dobra; samimî olarak. **frankness** *i.* açık söz-
lülük, samimiyet.

frank (frängk) *f.*, *i.* postada ücretsiz gitmesi için
mektubun üzerine imza atmak, (mektup, tel-
graf) parasız göndermek; muaf tutmak, istisna
etmek; *i.* (mektup) posta ile parasız gönderme
hakkı; ücretsiz gitmesi için mektupların üs-
tüne atılan imza; ücretsiz giden mektup.

frank (frängk) *i.*, *k.dili* sosis.

Frank (frängk) *i.* ortaçağda Cermen kavimle-
rinden birine mensup kimse, Frank; Avrupalı,
Frenk.

Frank.en.stein (frängk'ınstayn) *i.* Frankeştayn;
kendi yaptığı bir iş sonucunda mahvolan
kimse; yaratıcısının kontrolundan çıkıp mah-
vına sebep olan herhangi bir şey.

frank.furt(er), frank.fort(er) (frängk'fırt, -ır)
i. bir çeşit baharatlı sosis.

frank.in.cense (frängk'insens) *i.* günlük, buhur,
tütsü.

Frank.ish (frängk'iş) *s.*, *i.* ortaçağdaki Frank
kavmine ait; *i.* bu kavmin dili; Frenkçe.

frank.lin (frängk'lîn) *i.* eski devirlerde İngil-
tere'de orta halli arazi sahibi.

Franklin stove Benjamin Franklin tarafından
icat edilen önü kapaklı bir çeşit soba.

frank.pledge (frängk'plec) *i.*, *eski İng. huk.* bir
semtte her erkeğin bütün semt halkının dav-
ranışlarından mesul olması.

fran.tic (frän'tik) *s.* çılgın, kendinden geçmiş,
çileden çıkmış. **frantic(al)ly** *z.* çılgınca, ken-
dini kaybetmişcesine.

frap (fräp) *f.* (-ped, -ping) *den.* sıkı bağlamak.
frap a rope halatı sarmak, strangola etmek.

frap.pe (fräpey') *s.*, *i.* buzlu, dondurulmuş; *i.* meyvalı dondurma, buzlu şerbet, frape.

fra.ter (frey'tır) *i.* erkek kardeş, arkadaş.

fra.ter (freyt'ır) *i.*, *eski* manastır yemekhanesi.

fra.ter.nal (frıtır'nıl) *s.* kardeşlere ait; kardeş gibi, kardeşçe; kardeşlik cemiyetine ait. fraternally *z.* kardeşçe.

fra.ter.ni.ty (frıtır'nıti) *i.* kardeşlik; kardeşlik cemiyeti; dinsel veya toplumsal gaye ile kurulan birlik; erkek talebe kuruluşu; aynı sınıf veya meslekten olan erkekler.

fra.ter.nize (frät'ırnayz) *f.* birbiriyle kardeş gibi olmak, arkadaşlık etmek; düşmanla kardeş gibi samimî olmak. fraterniza'tion *i.* arkadaşlık etme.

frat.ri.cide (frät'rîsayd) *i.* kendi kardeşini öldürme; kendi kardeşlerini öldüren kimse. fratrici'dal *s.* kendi kardeşini öldüren, kardeş katli kabilinden.

Frau (frau) *i.* (*çoğ.* -en) evli veya dul Alman kadını; Bayan (evli), Madam.

fraud (frôd) *i.* hile, dolandırıcılık, sahtekârlık; dolandırıcı ve hilekâr kimse, sahtekâr kimse.

fraud.u.lent (frôc'ulınt) *s.* hileli, sahte; hilekâr, dolandırıcı; hile ile ele geçirilen. fraudulence *i.* hilekârlık. fraudulently *z.* hile ile, sahtekârlıkla.

fraught (frôt) *s.* dolu, yüklü. fraught with danger çok tehlikeli.

Fräu.lein (froy'layn) *i.* evli olmayan Alman kadını, Bayan (bekâr), Matmazel.

frax.i.nel.la (fraksınel'ı) *i.* geyikotu, *bot.* Dictamnus fraxinella.

fray (frey) *i.* kavga, karışıklık.

fray (frey) *f.* (kumaş) yıpratmak; yıpranmak.

fraz.zle (fräz'ıl) *i.*, *f.* yıpranma; *f.* yıpratmak; yıpranmak, eskimek. beat to a frazzle, worn to a frazzle bitkin, çok yıpranmış.

freak (frik) *i.* garabet; acayiplik, hilkat garibesi, acibe; kapris, gelip geçen fikir veya arzu, maymun iştahlılık.

freak.ish (frik'îş) *s.* acayip, garip; hilkat garibesi kabilinden; kaprisli. freakishly *z.* beklenmedik bir şekilde. freakishness *i.* acayiplik; kaprisli oluş, maymun iştahlılık.

freck.le (frek'ıl) *i.*, *f.* çil, leke, benek; *f.* çillenmek; çil basmak. freckled, freckly *s.* çilli.

free (fri) *s.*, *z.* özgür, hür, azat; serbest, kurtulmuş, bağımsız; açık; bedava, parasız; *bot.* ayrı; *kim.* serbest, terkipsiz; eli açık, cömert;

teklifsiz, arsız; from *ile* azade, muaf, berî; of *ile* âri, kurtulmuş, serbest; *z.* bedava, parasız. free alongside geminin bordasında teslim. free board parasız yemek. Free Church devletle ilişkisi olmayan kilise. free enterprise *ikt.* serbest teşebbüs. free flight roketin enerjisiz uçuşu. free from pain ağrıdan kurtulmuş. free gift karşılıksız hediye. free kick *spor* serbest vuruş, frikik. free lance serbest yazar veya fotoğrafçı. free list *ikt.* gümrüksüz giren eşya listesi; bir yere parasız girenlerin listesi, parasız dergi alanların listesi. free liver her şeyden bol bol yiyip içen kimse. free love bir erkekle bir kadının nikâhsız olarak birlikte yaşaması. free on board *tic.* gemide teslim, fob. free port *tic.* serbest liman. free thought (özellikle on sekizinci yüzyılda) serbest düşünce. free trade *tic.* serbest ticaret, yüksek gümrük resminden muaf milletlerarası ticaret. free verse *şiir* serbest nazım. free wheel *oto.* motorun hızı arabanın hızından az olduğu zaman tekerleklerin serbest dönmesini sağlayan tertibat; bisiklette pedallar kullanılmayınca arka tekerleği serbest bırakan kenet. free with his money eli açık, cömert. make free with lâubali olmak, yüzgöz olmak. set free serbest bırakmak, azat etmek. freely *z.* serbestçe.

free (fri) *f.* azat etmek, serbest bırakmak, çözmek; hapisten kurtarmak, tahliye etmek.

free-and-eas.y (fri'yıni'zi) *s.*, *z.* teklifsiz, lâubali.

free.board (fri'bôrd) *i.*, *den.* fribord.

free.boot.er (fri'butır) *i.* korsan, haydut.

free.born (fri'bôrn) *s.* hür doğmuş.

freed.man (frid'min) *i.* (*çoğ.* -men) azatlı köle.

free.dom (fri'dım) *i.* özgürlük, hürriyet, serbestlik, azatlık; ihtiyar, irade; açık sözlülük; lâubalilik, aşırı samimiyet; serbest düşünüş; muafiyet; fahrî hemşehrilik veya üyelik sıfatı; bir şeyi serbestçe kullanma hakkı.

free-for-all (fri'fırôl) *i.* herkese açık yarış veya karşılaşma; herkesin katıldığı kavga.

free.form (fri'fôrm) *s.*, *güz. san.* serbest eğrilerle şekillendirilmiş.

free form *dilb.* bağımsız kalabilen söz.

free.hand (fri'händ) *s.*, *güz. san.* ölçü ve araç kullanmaksızın elle yapılmış (resim).

free.hand.ed (fri'händîd) *s.* cömert, eli açık.

free.heart.ed (fri'har'tid) *s.* samimî; cömert; serbest, kayıtsız.

free.hold (fri'hold) *i., huk.* mülk; iyelik hakkı, mülkiyet. **freeholder** *i.* mülk sahibi.

free-lance (fri'läns) *f.* kendi hesabına çalışmak (yazar, fotoğrafçı).

free.load (fri'lod) *f., argo, slang* otlamak, otlakçılık etmek. **freeloader** *i.* bedavacı kimse, otlakçı kimse.

free.man (fri'mın) *i.* köle olmayan kimse; hür adam.

free.mar.tin (fri'martın) *i., bayt.* erkek buzağı ile ikiz doğan cinsî yapısı kusurlu dişi buzağı.

free.ma.son (fri'meysın) *i.* mason.

free.sia (fri'jı) *i.* frezya, bir tür süsen.

free-spo.ken (fri'spo'kın) *s.* açık sözlü, sözünü esirgemeyen, düşündüğünü söyleyen.

free.stone (fri'ston) *i.* kolay yontulan taş, Malta taşı; yarma şeftali.

free.style (fri'stayl) *s.* serbest yüzme stili.

free.think.er (fri'thing'kır) *i.* (özellikle dinsel konularda) serbest düşünür.

free.way (fri'wey) *i.* geniş çevre yolu.

free-wheel.ing (fri'hwi'ling) *s.* tekerlekleri serbest dönen; *k.dili* fazla serbest davranan.

free.will (fri'wil) *s.* gönüllü, kendiliğinden yapılan.

free will *fels.* elindelik, ihtiyar, hür irade.

freeze (friz) *f.* **(froze, frozen)** *i.* donmak, buz kesilmek; çok üşümek; buz tutmak; dondurmak, buz haline getirmek, buz bağlamak; fiyatları dondurmak, narh koymak; *ikt.* dış ülkelere ait banka mevduatını dondurmak; *i.* donma, don. **freeze out** *A.B.D., k.dili* işten veya toplumdan uzaklaşmaya mecbur etmek. **freeze over** üstü buz tutmak (su). **freeze up** tamamen donmak, buz kesilmek; bir kenara çekilip ağzını açmamak. **freeze one's blood** kanını dondurmak, çok korkutmak. **freeze to death** soğuktan ölmek, donarak ölmek.

freez.er (fri'zır) *i.* donduran şey, dondurma makinası; yemekleri dondurarak uzun bir süre muhafaza eden dolap, dondurucu dolap.

freez.ing (fri'zing) *s.* donmakta; dondurucu, çok soğuk. **freezing point** donma noktası.

freight (freyt) *i., f.* navlun, nakliye ücreti; yük, hamule; yük katarı, marşandiz; *f.* yüklemek; nakletmek. **freight car** yük vagonu. **freight train** marşandiz, yük treni.

freight.age (frey'tıc) *i.* navlun, nakliye ücreti; yük, eşya; yük nakletme.

freight.er (frey'tır) *i.* şilep; yük sevkeden firma; ambarcı.

French (frenç) *s., i.* Fransa'ya, Fransızlara veya Fransızcaya ait; *i.* Fransızlar; Fransızca. **French chalk** terzi tebeşiri. **French curve** *müh.* eğri çizmede kullanılan plastik şekil. **French doors** çift kanatlı camlı kapı. **French dressing** sirke ve çiçek yağından yapılan salata sosu. **French fried** yağda kızartılmış. **French horn** *müz.* pistonlu korno, Fransız kornosu. **French knot** düğüm işi. **French leave** *bak.* **leave. Frenchman** *i.* Fransız. **French toast** yumurtaya batırılıp tavada kızartılmış ekmek. **French window** kapı gibi açılan uzun pencere.

French.i.fy (fren'çıfay) *f.* Fransızlaştırmak; Fransızlaşmak.

fre.net.ic (frınet'ik) *s.* coşkun, çok heyecanlı.

fre.num (fri'nım) *i., Lat.* (*çoğ.* -**nums, -na**) *anat.* bir organın hareketini sınırlayan gışa kıvrımı.

fren.zy (fren'zi) *i., f.* çılgınlık, cinnet, coşkunluk, taşkınlık; *f.* çıldırtmak, kudurtmak. **frenzied** *s.* çılgın.

fre.quen.cy (fri'kwınsi) *i.* sık sık vuku bulma, çok tekerrür etme; belirli bir zaman içinde tekerrür etme sayısı; *fiz.* frekans. **frequency modulation** *radyo* frekans modülasyonu.

fre.quent (fri'kwınt) *s.* sık sık vuku bulan. **frequently** *z.* sık sık. **frequentness** *i.* sık sık vuku bulma.

fre.quent (fri'kwınt, frikwent') *f.* sık sık gitmek, çok uğramak.

fre.quen.ta.tion (frikwıntey'şın) *i.* bir yere sık gitme.

fre.quen.ta.tive (frikwen'tıtîv) *s., i., gram.* tekrarlama bildiren; *i.* tekrarlama gösteren fiil.

fres.co (fres'ko) *i.* (*çoğ.* -**coes, -cos**) *f., güz. san.* yaş sıva üzerine yapılmış duvar resmi, fresk; *f.* fresk yapmak.

fresh (freş) *s., z., i.* taze, yeni; tatlı (su); temiz, serin (hava); canlı; dinlenmiş, taravetli; acemi; *A.B.D., k.dili* küstah; cüretkâr; yeniden süt vermeye başlayan (inek); *z.* taze taze; *i.* serinlik. **fresh air camp** açık hava kampı. **fresh breeze** serin ve orta hızda rüzgâr. **fresh complexion** tazelik, körpelik, taravet. **fresh-water** *s.* tatlı suya ait, tatlı suda

yaşayan; acemi; *A.B.D.* tanınmayan. **begin
a fresh chapter** yeniden başlamak, yeni
bir sayfa açmak. **break fresh ground**
önemli bir hamlede bulunmak. **fresh out of**
k.dili yeni tükenmiş. **freshly** *z.* taze olarak,
dipdiri. **freshness** *i.* tazelik, dirilik, taravet;
acemilik.

fresh.en (freş'ın) *f.* tazeleştirmek, tazelik vermek;
artmak (rüzgâr), sertleşmek; doğurmak (inek);
den. bir halatın yerini değiştirmek veya başka
türlü tazelemek; tuzunu çıkarmak; tazelen-
mek; serinlemek.

fresh.et (freş'it) *i.* denize dökülen akarsu; bir
akarsuyun birdenbire kabarması veya taşması.

fresh.man (freş'mın) *i.* bir işe yeni başlayan
kimse; kolej veya üniversitenin birinci sınıf
öğrencisi.

fret (fret) *i., f.* (**-ted, -ting**) *müz.* sazın parmak
basacak taksimi, perde; kenar süsü; *f.* kena-
rını süslemek; *mim.* kabartma yapmak; sazın
perde taksimlerini takmak. **fret saw** kıl tes-
tere. **fretwork** *i.* bazı yeri kabartma bazı
yeri oyma olan iş.

fret (fret) *f.* (**-ted, -ting**) *i.* üzülmek, sıkılmak,
söylenmek; üzmek, kızdırmak, sinirlendirmek,
rahatsız etmek; aşındırmak, yıpratmak, yemek;
aşınmak, yenmek, yıpranmak; çalkalandır-
mak, dalgalandırmak; çalkalanmak; *i.* üzün-
tü, sıkıntı, öfke; aşınma; yenmiş yer. **fret
and fume** mırıldanmak, söylenmek. **in a
fret** sinirli, asabî.

fret.ful (fret'fıl) *s.* sinirli, huysuz, aksi, ters.
fretfully *z.* terslenerek, söylenerek. **fretful-
ness** *i.* huysuzluk, terslik.

Freu.di.an (froy'diyın) *i., s.* Freud tarafından
bulunan psikanaliz usulünün taraftarı, Freud-
yen; *s.* Freud kuramlarına ait.

F.R.G.S. *kıs.* **Fellow of the Royal Geograph-
ical Society.**

Fri. *kıs.* **Friday.**

fri.a.ble (fray'ıbıl) *s.* kolay ufalanabilir, kolay
ezilir, gevrek. **friabil'ity, fri'ableness** *i.* gev-
reklik, çabuk ufalanma.

fri.ar (fray'ır) *i.* bazı Katolik örgütlerinde rahip,
frer. **friary** *s., i.* frerlere ait; *i.* manastır.

frib.ble (frîb'ıl) *f., s.* eğlenmek, oynamak; **away**
ile boşa harcamak; *s.* hafifmeşrep, hoppa.

fric.an.deau (frîkındo') *i., Fr., ahçı.* dana kı-
zartması veya yahnisi.

fric.as.see (frîkısı') *i., f.* salçalı et, yahni; *f.*
yahni pişirmek.

fric.a.tive (frîk'ıtîv) *s., i., gram.* frikatif, f, v, s, z
gibi sürtme sesi çıkaran sızıcı harflere benzer;
i. frikatif harf.

fric.tion (frîk'şın) *i.* sürtme, delk, sürtünme; *tıb.*
ovma, friksiyon; anlaşmazlık, ihtilâf. **friction
clutch** *mak.* sürtünme kavramı. **friction
tape** *elek.* tecrit şeridi, izole bant. **friction-
al** *s.* sürtme kabilinden.

Friday (fray'di, -dey) *i.* cuma. **Good Friday**
Paskalya yortusundan önceki cuma.

fridge (frîc) *i., k. dili* buzdolabı.

fried (frayd) *s.* yağda pişirilmiş; kızartılmış;
argo sarhoş. **fried eggs** sahanda yumurta.

friend (frend) *i.* dost, arkadaş, ahbap; koruyan
kimse, hami; yardımcı; *b.h.* Kuveykır mez-
hebine mensup kimse. **be friends with**
ahbap olmak. **have a friend at court**
mahkemede dayısı olmak, arkası olmak.
make friends dost kazanmak. **make friends
with someone** bir kimse ile tanışmak, dost
olmak. **friendless** *s.* dostu olmayan.

friend.ly (frend'li) *s.* dost, dostça; uygun,
dosta yakışır; eğlence kabilinden (oyun);
müsait.

fri.er *bak.* **fryer.**

frieze (friz) *i.* kaba çuha, şayak.

frieze (friz) *i., mim.* saçaklıklarda baştabanla
korniş arasındaki tezyinat, efriz; buna benzer
duvar süsü.

frig.ate (frîg'ît) *i., den.* firkateyn, eski tipte
bir savaş gemisi; 1.400 tonluk modern savaş
gemisi. **frigate bird** çok uzun kanatlı bir
deniz kuşu.

fright (frayt) *i.* korku, dehşet; korkutucu şey,
korkunç kimse; *k.dili* çirkin şey. **look a fright**
gülünç olmak, fena giyinmiş olmak.

fright.en (frayt'ın) *f.* korkutmak, dehşete dü-
şürmek; korkutup kaçırmak; ürkütmek.

fright.ened (frayt'ınd) *s.* ürkmüş, korkmuş,
dehşet içinde.

fright.en.ing (frayt'ınîng) *s.* korkutucu, deh-
şet verici.

fright.ful (frayt'ful) *s.* korkunç, müthiş; *k.dili*
berbat; iğrenç. **frightfully** *z.* korkunç bir
şekilde. **frightfulness** *i.* korkunçluk, deh-
şet, iğrençlik.

frig.id (frîc'ıd) *s.* soğuk, buz gibi; cansız, duy-
gusuz; cinsel bakımdan soğuk (kadın).

Frigid Zone kutup bölgesi. **frigid'ity** *i.* soğukluk, duygusuzluk, cansızlık. **frig'idly** *z.* soğuk bir şekilde, duygusuzca. **frig'idness** *i.* soğukluk, duygusuzluk.

frig.i.dar.i.um (*çoğ.* **-ri.a**) (frîcıder'iyim, -rıyı) *i.* eski Roma hamamlarında serinleme yeri, soğukluk.

fri.jol (fri'hol) *i.* Meksika'da çok beğenilen bir cins kuru fasulye.

frill (frîl) *i., f.* farbala, fırfır, volan; *A.B.D., k.dili* gereksiz süs, gösterişli tavır, yapmacık; kuş veya hayvanların özellikle boyunlarında bulunan saçak gibi tüyler; fotoğraf filminin ucundaki kırışıklık; *f.* farbala yapmak; kırıştırmak. **frilly** *s.* farbalalı, süslü.

fringe (frînc) *i., f.* saçak, püsküllü saçak; saçak gibi şey, perçem, kâkül; kenar; *fiz.* ışın kırılmasından meydana gelen koyu çizgilerden biri; *f.* saçak veya kenar takmak. **fringe benefit** işçiye ücreti dışında sağlanan herhangi bir şey (sosyal sigorta, emeklilik planı).

frip.per.y (frîp'ıri) *i.* özellikle elbisede gereksiz süs; yapmacık, gösterişli söz; cici bici şeyler, değersiz süsler.

fri.sette (frîzet') *i.* dalgalı saç lülesi, frize.

fri.seur (frizör') *i., Fr.* kadın berberi, kuvaför.

Fris.ian (frij'ın) *s., i.* Frizye'ye ait, Frizye'li; *i.* kuzey Felemenk halkından biri; bu memleketin dili.

frisk (frîsk) *f., i.* sıçrayıp oynamak; oynatmak; *A.B.D., argo* bir kimsenin üstünü aramak, silâh aramak; arama yaparken kıymetli şeyler çalmak; *i.* sıçrama; oyun, neşe; arama, yoklama. **friskily** *z.* neşeyle, canlılıkla. **friskiness** *i.* neşe, canlılık. **frisky** *s.* neşeli, oynak, yerinde duramayan.

frit (frît) *i., f.* (**-ted, -ting**) cam haline gelmeden önceki hammadde karışımı; *f.* cam karışımını belirli derecede ısıtmak.

frit fly buğday yiyen ufak sinek.

frit.il.lar.y (frît'ıleri) *i.* zambağa benzer bir çiçek; benekli kelebek.

frit.ter (frît'ır) *i.* gözlemeye benzer bir çeşit börek.

frit.ter (frît'ır) *i., f.* parça, ufak parça; *f.* parça parça kesmek, dağıtmak. **fritter away** boşuna sarfetmek, ziyan etmek, israf etmek.

friv.ol (frîv'ıl) *f.* (**-ed** *veya* **-led, -ing** *veya* **-ling**) *k.dili* vakit öldürmek, eğlenmek.

fri.vol.i.ty (frîval'ıti) *i.* hoppalık; saçmalık, manasızlık.

friv.o.lous (frîv'ılıs) *s.* önemsiz, ehemmiyetsiz; anlamsız, manasız, saçma, boş; uçarı, sathî. **frivolously** *z.* hafiflikle, ehemmiyetsiz bir şekilde. **frivolousness** *i.* uçarılık; önemsizlik.

friz(z), friz.zle (frîz, frîz'ıl) *f., i.* kıvırmak, kıvrılmak, kıvrım kıvrım olmak; *i.* kıvrım, bukle. **frizzy, frizzly** *s.* kıvırcık, kıvrım kıvrım.

frizz, friz.zle (frîz, frîz'ıl) *f.* cızırdatarak kızartmak, cızırdayarak kızarmak.

fro (fro) *z., sadece* **to and fro** *şeklinde* öteye beriye, aşağı yukarı.

frock (frak) *i., f.* rahip cüppesi; cüppe; iş gömleği, iş elbisesi; redingot; frak; redingota benzer asker ceketi; kadın elbisesi, rop; *f.* cüppe giydirmek, papaz tayin etmek. **frock coat** redingot, frak.

frog (frag) *i.* kurbağa; at tırnağının içi; *d.y.* rayların çaprazvari kavuştukları noktadaki X şeklinde ray tertibatı, makas göbeği; kordonla kumaş kenarına yapılmış olan düğme iliği; çiçekleri dik tutmak için vazo içine konan ağır bir tutucu. **frog in the throat** ses kısılması. **tree frog** yeşilbağa, *zool.* Hyla arborea. **frog kick** *spor* kurbağalama yüzüş. **frogman** *i.* kurbağa adam.

frol.ic (fral'îk) *i., f.* (**-icked, -icking**) *s.* eğlence; coşma, neşe; *f.* gülüp eğlenmek, (başkasına) oyun oynamak; *s.* neşeli, şen, canlı, hayat dolu. **frolicsome** *s.* eğlenceyi seven, şen.

from (frʌm) *edat* -den, -dan, -den dolayı. **from above** yukarıdan, gökten. **from childhood** çocukluktan beri. **from ten to twenty** ondan yirmiye kadar, on ile yirmi arasında. **as from** -dan başlayarak, itibaren.

frond (frand) *i.* eğreltiotu yaprağı; hurma yaprağı; bileşik yaprak.

front (frʌnt) *i., s., f.* ön, baş; ön taraf, ön saf; (bir arsanın) yol kenarı; birleşik hareket grubu, cephe; hareket sahası, mücadele alanı; başkan, sözcü; gizli maksatları örtmek için kullanılan kurum veya şahıs; cüret; takdir; (otelde) sıra kendisinde olan vale; *meteor.* (soğuk veya sıcak) hava bölgesinin ön cephesi; kolalı gömlek göğüslüğü; *s.* öndeki; *f.* yönelmek;

karşı gelmek; karşılamak. **front bench** *İng.*
pol. (Parlamentoda) ön sıralar, parti lider-
leri. **front line** *ask.* cephe. **front matter**
matb. kitabın asıl metinden önceki sayfa-
ları. **front office** başmüdürlük. **front page**
baş sayfa. **go to the front** cepheye git-
mek. **present a bold front** cesaret gös-
termek.

front.age (frʌn'tîc) *i.* binanın cephesi, ar-
sanın sokağa bakan tarafı, cephe.

fron.tal (frʌn'tıl) *i., s., anat.* alın çatkısı;
alın kemiği; *kil.* mihrap örtüsü; *s.* alna
ait, alında olan. **frontal attack** cepheden
taarruz.

fron.tier (frʌntîr') *i.* hudut, sınır, hudut böl-
gesi; yerleşilmemiş bölge, boş bölge; ilim-
de keşif sahası.

fron.tis.piece (frʌn'tispis) *i.* kitabın başın-
daki resimli veya süslü sayfa; yapı cep-
hesi, binanın yüzü.

front.let (frʌnt'lît) *i.* alın bağı; hayvan alnı.

frosh (fraş) *i., A.B.D., argo* üniversitede bi-
rinci sınıf öğrencisi.

frost (frôst) *i., f.* donma; ayaz, don, kırağı;
soğuk davranış; *argo* başarısızlık, muvaffa-
kıyetsizlik; *f.* dondurmak, kırağı tutmak;
şekerli bir karışımla kaplamak (pasta);
donmak; buz tutmak. **frost line** toprağın
azamî buz tutma derinliği.

frost.bite (frôst'bayt) *i.* (parmak, yüz, kulak)
soğuk ısırması.

frost.bit.ten (frôst'bîtın) *s.* donmuş, soğuk-
tan çürümüş.

frost.ing (frôs'tîng) *i.* keklerin üzerine ko-
nan şekerli karışım.

frost.work (frôst'wırk) *i.* cam üstünde buz
tutmasından meydana gelen çiçek şekil-
leri, buz çiçekleri; buz çiçeklerinin tak-
lidi olarak maden üzerine yapılan süsler.

frost.y (frôs'ti) *s.* don ve ayaz gibi soğuk;
buz tutmuş, don yemiş, kırağı düşmüş;
soğuk, mesafeli, cana yakın olmayan; sa-
çı ağarmış, kır saçlı. **frostily** *z.* çok so-
ğuk bir şekilde. **frostiness** *i.* soğuk, don.

froth (frôth) *i., f.* köpük; boş laf, saçma;
f. köpürtmek; köpük püskürtmek; köpür-
mek, köpük bağlamak. **frothy** *s.* köpüklü.

frou.frou (fru'fru) *i.* hışırtı; *k. dili* şıklık
taslama.

fro.ward (fro'wırd) *s.* ters, aksi, inatçı, asi,
serkeş. **frowardly** *z.* terslikle. **froward-
ness** *i.* terslik.

frown (fraun) *f., i.* kaşlarını çatmak; hiddetle
bakmak; *i.* kaş çatma, hiddetli bakış. **frown
on** uygun görmemek; menetmek. **frown-
ingly** *z.* kaşlarını çatarak, memnun olma-
dığını belirterek; hiddetle.

frow.sy (frau'zi) *s.* dağınık, şapşal, pasaklı,
kirli; çirkin; küf kokulu.

froze (froz) *bak.* freeze.

fro.zen (fro'zın) *s.* donmuş, buz kesilmiş;
kalpsiz, soğuk; dondurulup konserve edil-
miş. **frozen assets** donmuş mevduat. **fro-
zen credits** donmuş krediler. **frozen pri-
ces** donmuş fiyatlar.

fruc.tif.er.ous (frʌktif'ırıs) *s.* meyva veren,
verimli, semereli.

fruc.ti.fy (frʌk'tıfay) *f.* meyva vermek; mey-
va verir hale getirmek, mümbitleştirmek.

fruc.tose (frʌk'tos) *i.* meyva şekeri, früktoz.

fruc.tu.ous (frʌk'çuwıs) *s.* meyva veren, ve-
rimli, semereli, faydalı, yararlı, kârlı, kazançlı.

fru.gal (fru'gıl) *s.* idareli, tutumlu; sade.
frugal'ity *i.* tutumluluk. **fru'gally** *z.* tutumlu
olarak.

fru.giv.o.rous (fruciv'ırıs) *s.* meyva ile bes-
lenen.

fruit (frut) *i., f.* meyva, yemiş; semere, mah-
sul, verim; tohum; *bot.* bir bitkinin tohumlu
kısmı; netice; sonuç; *A.B.D., argo, slang*
ibne; *f.* meyva verdirmek veya vermek;
verimli kılmak veya olmak. **fruit cake**
meyvalı kek. **fruit cup** bardak veya kadeh
içinde verilen meyva salatası. **fruit knife**
meyva bıçağı. **fruit salad** meyva salatası.
fruit sugar früktoz.

fruit.age (fru'tîc) *i.* meyva; meyva verme;
sonuç, netice.

fruit.er (fru'tır) *i.* meyva taşıyan gemi; meyva
ağacı.

fruit.er.er (fru'tırır) *i., İng.* yemiş satan kimse,
meyvacı, manav.

fruit.ful (frut'fîl) *s.* meyva veren, yemiş veren,
verimli, mahsuldar. **fruitfully** *z.* verimli
olarak. **fruitfulness** *i.* verimlilik, bereket.

fru.i.tion (fruwiş'ın) *i.* muradına erme, tahakkuk,
gerçekleşme.

fruit.less (frut'lıs) *s.* semeresiz, meyvasız;
faydasız, nafile; kısır. **fruitlessly** *z.* nafile

olarak, boş yere. **fruitlessness** *i.* semeresizlik, faydasızlık.

fruit.y (fru'ti) *s.* meyva gibi; meyvalı; dalkavuk olan; *argo* ibne olan; *argo* çatlak.

fru.men.ta.ceous (frumıntey'şıs) *s.* buğday türünden, buğday veya diğer tahıllara benzer.

fru.men.ty, fur.men.ty fur.me.ty (fru'mınti, fır'mınti, fır'mıti) *i., İng.* bulgur sütlacı.

frump (frʌmp) *i.* acayip kılıklı ve huysuz kadın, rüküş. **frumpish, frumpy** *s.* böyle bir kadını andıran.

frus.trate (frʌs'treyt) *f.* işini bozmak, boşa çıkarmak, hayal kırıklığına uğratmak; amacına engel olmak. **frustrated** *s.* boşuna didinmiş, hedefine ulaşamamış; sinirli. **frustra'tion** *i.* aksiliğe çatma hissi, boşuna uğraşma; asabiyet. **frus'trating** *s.* boşa çıkaran, engelleyen; asap bozucu, sinirlendirici.

frus.tum (*çoğ.* **-tums, -ta**) (frʌs'tım, -tımz, -tı) *i., geom.* kesik koni veya piramit.

fru.tes.cent (frutes'ınt) *s., bot.* çalı gibi, çalıya benzer.

fru.ti.cose (fru'tikos) *s., bot.* çalıya benzer.

fry (fray) *i.* (*çoğ.* **fry**) yavru balık; çok sayıda doğan her türlü hayvan yavrusu; *çoğ.* sürü halinde giden ufak balıklar. **small fry** çocuklar, ufaklıklar; değersiz kimse veya şey.

fry (fray) *f., i.* tavada kızartmak veya kızarmak; *i.* kızartılmış yemek; kızartılmış yemeklerin yendiği piknik. **frying pan** tava. **jump out of the frying pan into the fire** bir belâdan kurtulayım derken daha kötüsüne çatmak, yağmurdan kaçıp doluya tutulmak.

fry.er. fri.er (fray'ır) *i.* piliç kızartıcısı; tava; piliç.

F-stop (ef'stap) *i., foto.* fotoğraf makinasının diyafram ayarı ölçüsü.

ft. *kıs.* **foot, feet.**

fuch.sia (fyu'şı) *i.* küpeçiçeği, *bot.* Fuchsia hybrida.

fuch.sin(e) (fûk'sîn) *i.* galibarda, koyu kırmızı boya.

fuck (fʌk) *f., i., kaba, vulgar* sikmek; *i.* sikme.

fu.cus (*çoğ.* **fu.ci**) (fyu'kıs, fyu'say) *i., bot.* esmer deniz alglerinden biri.

fud.dle (fʌd'ıl) *f., i.* şaşırtmak, sersemletmek, sarhoş etmek; sarhoş olmak, sızmak; *i.* sersemlik, şaşkınlık, sarhoşluk.

fud.dy-dud.dy (fʌ'didʌdi) *i., k.dili* geri kafalı kimse; müşkülpesent kimse.

fudge (fʌc) *i., f.* yumuşak bir şekerleme; boş laf, saçma; *matb.* son dakikada gazeteye konan parça; *f.* uydurmak; acemice iş görmek; saçma söz söylemek; bilya oyununda eli fazla ileri götürmek.

fu.el (fyu'wıl) *i., f.* (**-ed, -ing** *veya* **-led, -ling**) yakacak, yakıt, mahrukat; *f.* ateşe yakacak atmak; *den.* yakıt yüklemek. **fuel cell** *mak., elek.* hidrojen ve oksijen ile çalışıp elektrik akımı veren cihaz. **fuel cock** gazocağı musluğu. **fuel gauge** *mak.* akaryakıt göstergesi. **fuel injector** mazot enjektörü. **fuel oil** mazot, akaryakıt. **fuel pump** yakıt pompası. **fuel tank** yakıt deposu. **add fuel to the flames** yangına körükle gitmek.

fu.ga.cious (fyugey'şıs) *s.* uçar, uçucu; çabuk geçen, ömürsüz, süreksiz; *bot.* geçici, dayanıksız, çabuk dökülen. **fugaciousness, fugac'ity** *i.* uçuculuk.

fu.gal (fyu'gıl) *s., müz.* füg türünden.

fu.gi.tive (fyu'cıtîv) *s., i.* kaçak, kaçkın, firari; tutulmaz, alıkonulmaz; derbeder; solan (renk); geçici, muvakkat; *i.* kaçak, firarî; mülteci; muhacir; serseri.

fu.gle.man (fyu'gılmın) *i.* (*çoğ.* **-men**) *eski, ask.* talim zamanında safların başında durup hareketleriyle askerlere ne yapacaklarını gösteren talimli nefer.

fugue (fyug) *i., müz.* füg.

Füh.rer (fü'rer) *i.* Almanya'da lider. **der Führer** Hitler.

Fu.ji.ya.ma (fuciya'ma) *i.* Fujiyama Dağı.

ful.crum (*çoğ.* **-cra**) (fûl'krım, -krı) *i., mak.* dayanak noktası, dayanma noktası, manivela mesnedi.

ful.fill, *İng.* **-fil** (fûlfil') *f.* nail olmak, yerine getirmek, icra etmek; yapmak; görmek, ifa etmek; bitirmek, itmam etmek, tamamlamak. **fulfillment** *i.* nail olma, ergi; icra, ifa, yapma, tamamlama, yerine getirme.

ful.gent (fʌl'cınt) *s., şiir* çok parlak, şaşaalı.

ful.gid (fʌl'cîd) *s.* parlak.

ful.gu.ra.tion (fʌlgıyrey'şın) *i., tıb.* elektrik cereyanı ile siğil yakma.

ful.gu.rite (fʌl'gyırayt) *i., jeol.* yıldırımın gevşek kuma düştüğü yerde hâsıl olan cam cinsinden eğri boru.

fu.lig.i.nous (fyûlic'ınıs) s. isli, kurumlu, is
gibi siyah.

full (fûl) f. (çuhayı) dibek içinde kül ve sabunla
dövüp yıkamak, çırpmak; bol bırakarak dik-
mek veya dikilmek (elbise).

full (fûl) s. dolu; meşgul; boş olmayan, tu-
tulmuş; tok; tam, tüm; azamî derecede; met;
dolgun, büyük, şişman, iri; tamam, bütün;
dolun (ay); kalın, pes (ses); bol, geniş. full-
back i., futbol bek oyuncu. full-blooded
s. saf kan. full-blown s. tamamen açmış;
tam gelişmiş. full-bodied s. kuvvetli ve
memnun edici derecede (içki). full brother
öz erkek kardeş. full dress resmî elbise,
frak. fullface i. cepheden alınmış fotoğraf;
matb. kalın harf. full-fashioned s. kesiksiz
örülmüş. full-fledged s. tüyleri büyümüş,
tam olgunlaşmış; harekete geçmiş; tam yet-
kili. full gainer havada ters perende atarak
suya dalma. full house tiyatro her yerin dolu
olması; pokerde ful. full-length s. tam boy
(portre). full membership tam üyelik, aslî ü-
yelik. full moon dolunay. full nelson (gü-
reşte) künde. full pay tam ücret veya maaş.
full professor profesör. full-rigged s. üç
direkli tam armalı (gemi). full-scale s. orijinal
ebatta (suret, resim); bütün güçle yapılan
(hücum, teşebbüs). full score müz. her
aletin çalacağı veya sesin okuyacağı notayı
ayrı ayrı gösteren kitap. full speed tam sürat.
full steam ahead son süratle ileri. full
stop nokta; tam vuruş. full to over-
flowing, full to the brim ağzına kadar
dolu, dopdolu. full up dopdolu. at full
gallop dörtnala (at). chock full ağzına
kadar dolu. in full tam, etraflı. full blast
in full swing bütün kuvvetiyle (çalışmak).
in full view herkesin önünde, aleni olarak,
görünürde. fully z. tamamen; tamamıyle,
tastamam, tam.

full (fûl) i. bir şeyin dolusu, bir şeyin olgunluk
mertebesi. to the full son haddine kadar,
tamamıyle.

full (fûl) z. tam, tamamen; fazlasıyle, pek çok;
doğru. full-grown s. kemale ermiş, tam ge-
lişmiş. full many a flower bir dolu çiçek.

full.er (fûl'ır) i. çırpıcı; demiri dövüp saç yap-
makta kullanılan çekiç. fuller's earth kil,
çamaşırcı toprağı. fullery i. çırpıcı yeri.

full.ing mill (fûl'îng) çırpıcı dibeği.

full.ness (fûl'nıs) i. dolgunluk; tokluk; kemal,
olgunluk, tam oluş, bütünlük; şişmanlık.
in the fullness of time vadesi gelince,
zamanı gelince.

ful.ly (fûl'i) z. tamamen, bütünüyle; hiç olmazsa.

ful.mar (fûl'mır) i. kutuplarda yaşayan martıya
benzer bir çeşit deniz kuşu.

ful.mi.nant (fûl'mınınt) s. şiddetle tenkit eden;
tıb. birden gelen (hastalık).

ful.mi.nate (fûl'mîneyt) f., i. gürlemek, top
gibi patlamak; ateş püskürtmek; patlatmak;
lânet okumak; i., kim. fulminat asidinin tozu,
inisyal patlayıcı madde. fulmina'tion i. pat-
lama; ateş püskürme, gürleme; lânet okuma.
ful'minator'y s. gürleyen, dehşet saçan;
lânet okuyan.

ful.min.ic (fûlmîn'ik) s., kim. fulminat asidine
ait.

ful.some (fûl'sım) s. aşırı, müfrit, taşkın (iltifat),
dalkavukça. fulsomely z. aşırı olarak. ful-
someness i. aşırılık, müfrit oluş.

ful.vous (fʌl'vıs) s. kırmızımsı sarı.

fu.ma.role (fyu'mırol) i. volkanik duman püs-
kürten küçük delik.

fu.ma.to.ry (fyu'mîtôri) s., i. duman veya bu-
hara ait; i. eşyayı tütsülemeye veya du-
man veya buhardan geçirmeye mahsus
yer.

fum.ble (fʌm'bıl) f., i. el yordamıyle beceriksizce
aramak; boş yere çabalamak; tutamamak;
becerememek; konuşurken duraklamak; oyun-
da topu düşürmek; i. tutamayış, bec̦ereme-
yiş; topu düşürme. fumbler i. beceriksiz
kimse. fumblingly z. beceriksizce.

fume (fyum) i., f. duman, buhar, pis kokulu
duman, kurşun gibi madenlerin buğusun-
dan hâsıl olan toz; öfke, hiddet; f. du-
man veya buhar çıkarmak, tütmek; tüt-
sülemek; buğusu çıkmak; kızmak, öfkelen-
mek. fumeless s. dumansız. fumy s. du-
man çıkaran, dumanlı.

fu.mi.gate (fyu'mıgeyt) f. buharla dezenfekte et-
mek. fumiga'tion i. buharla dezenfekte etme;
buhardan geçirme. fum'igator i. bu şekil-
de dezenfekte eden kimse.

fu.mi.to.ry (fyu'mîtôri) i. şahtere, bot. Fu-
maria officinalis.

fun (fʌn) i., f. (-ned, -ning) s. eğlence, zevk;
şaka, latife; f., k. dili şaka etmek, eğlenmek;
s., k. dili eğlendirici, hoş. for fun işin içine

para katmadan (oyun oynamak); şaka ol-
sun diye. **in fun** şakadan, latife olarak.
Like fun! Yok canım! **make fun of, poke
fun at** bir kimse ile alay etmek, eğlenmek.
What fun! Aman ne hoş! Enfes.

fu.nam.bu.list (fyûnäm'byılist) *i.* ip cambazı.

func.tion (fʌngk'şın) *i., f.* iş, görev, vazife,
fonksiyon; kuvvet, hassa; tören, merasim,
müsamere; *mat.* fonksiyon; *f.* işlemek, gö-
revini yapmak. **function word** *gram.* iki
kelime arasındaki ilişkiyi gösteren kelime.
functioning *s.* faal, işler durumda, icra
edilmekte olan, yürürlükte.

func.tion.al (fʌngk'şınıl) *s.* görevsel, vazifeye
ait, kuvvete ait; pratik, ameli; vücut organ-
larının görev ve hareketlerine ait; *biyol.*
mutat vazifesini gören. **functional disorder**
tıb. vücutta bir organın görevine tesir eden
düzensizlik. **functionalism** *i.* görevselcilik,
bir şeyin yapısının yapacağı göreve göre
olması gerektiğini ileri süren öğreti. **func-
tionally** *z.* görevsel bir şekilde, görev ba-
kımından.

func.tion.ar.y (fʌngk'şıneri) *i.* memur, görevli.

fund (fʌnd) *i., f.* sermaye, mal, fon; stok; ser-
vet; *çoğ.* para; *f.* sermayeye tahvil etmek;
eshama çevirmek; sermaye bulmak veya
temin etmek. **funded debt** birleştirilmiş dev-
let borçları. **mutual fund** *tic.* kendi hisse
senetlerini satıp tedarik edilen para ile baş-
ka firmaların senetlerini alan anonim şirket.
raise funds para toplamak. **reserve fund**
tic. ihtiyat sermayesi, ihtiyat akçesi. **sinking
fund** *tic.* itfa sermayesi. **fundless** *s.* parasız.

fun.da.ment (fʌn'dımınt) *i.* makat, anus, kıç;
coğr. bir bölgenin coğrafi yapısı.

fun.da.men.tal (fʌndımen'tıl) *s., i.* esaslı,
aslî, önemli, mühim; birinci, temele ait,
kaideye ait; *müz.* esası bassoda bulunan;
i. esas, temel; *müz.* en pes nota. **fundamental
rights** temel haklar. **fundamentally** *z.*
esasen, esas itibariyle.

fun.da.men.tal.ism (fʌndımen'tılizım) *i.* Pro-
testanlıkta aşırı tutuculuk; Kitabı Mukaddesi
harfi harfine tefsir etme. **fundamentalist**
i. dini akidelerde aşırı tutucu kimse.

fun.dus (fʌn'dıs) *i., anat.* bir organın iç tarafı.

fu.ner.al (fyu'nırıl, fyun'rıl) *i., s.* cenaze tö-
reni; gömme, defin; *s.* cenaze törenine ait.
funeral director cenaze törenini yöneten

kimse. **funeral home** ölülerin yıkandığı,
yakıldığı veya cenaze törenlerinin yapıldığı
bina. **funeral oration** cenaze töreninde
yapılan konuşma. **funeral pile** üzerinde ce-
setlerin yakıldığı odun yığını. **funeral urn**
ölü külünün saklandığı kap. **That's your
funeral.** *argo* Bu senin bileceğin iş. Bun-
dan bana ne?

fu.ne.re.al (fyunir'iyıl) *s.* hazin, kasvetli; ce-
naze törenine ait, cenaze törenine yakışır.
funereally *z.* kasvetli bir şekilde, hüzünlü
olarak.

fung-, fungi- *onek, bot.* mantara ait.

fun.gi.cide (fʌn'cısayd, -gı-) *i.* mantarları
öldüren ilâç.

fun.gous (fʌng'gıs) *s., bot.* mantara benzer,
mantara ait; birdenbire çıkan ve büyüyen.
fungos'ity *i.* mantara benzerlik; birden-
bire büyüme.

fun.gus (fʌng'gıs) *i., bot.* mantar veya man-
tar türünden bitki; *tıb.* yara etrafında veya
deri üzerinde peyda olan mantar veya sün-
gere benzer şiş; birdenbire büyüyen şey.

fu.nic.u.lar (fyunik'yılır) *s., i.* tel tel, lifli;
i. inişli çıkışlı arazilerde kullanılan ve ara-
baları kablo veya halatla çekilen şimendi-
fer hattı, füniküler. **funicular railway** kab-
lo ile işleyen dağ demiryolu ve katarı.

fu.nic.u.lus (fyunik'yılıs) *i.* (*çoğ.* -li) ince lif.

funk (fʌngk) *i., f., İng., k.dili* korku, dehşet;
korkak adam; *f.* çok korkmak, korkup çekil-
mek; korkaklık etmek, kaçınmak; önlemek.

fun.nel (fʌn'ıl) *i.* huni; baca, boru. **funnel
cloud** bulut hortumu, bazen kasırga esna-
sında görülen huni şeklindeki bulut.

fun.nies (fʌn'iz) *i., A.B.D., k.dili* gazetede
çizgi romanlar.

fun.ny (fʌn'i) *s.* eğlenceli, komik, güldürücü;
k.dili tuhaf, garip, acayip. **funny bone**
anat. dirsekte bir şeye çarpınca kolun karın-
calanmasına sebep olan sinirin geçtiği yer.
funny business çapraşık iş. **funny paper**
A.B.D., k. dili gazetenin çizgi roman ilâvesi.

fur (fır) *i., f.* (**-red, -ring**) kürk, kürk manto;
post; *f.* kürkle kaplamak; pas veya kir bağ-
lamak (dil); *mim.* döşeme tahtalarının al-
tına parça koymak. **make the fur fly**
A.B.D., k. dili kavga çıkarmak. **rub a per-
son's fur the wrong way** sinirine dokun-

mak, asabını bozmak. **furry** s. kürk kaplı, kürke benzer; tüylü.

fur.be.low (fır'bılo) i., f. farbala, saçak; şatafatlı süs, cicili bicili şey; f. farbala ile süslemek.

fur.bish (fır'bîş) f. parlatmak, tazelemek, yeni gibi yapmak.

fur.cate (s. fır'kît, f. -keyt) s., f. çatallanmış, dallanmış; f. çatallanmak, ayrılmak. **furca'tion** i. çatallanma, dallanma.

fur.fur (fır'fır) i. kepek (saçta).

fur.fu.ra.ceous (fırfyırey'şıs) s. kepekli.

fu.ri.ous (fyûri'yıs) s. öfkeli, kızgın, küplere binmiş, gözü dönmüş; şiddetli, sert. **furiously** z. öfkeyle, hiddetle. **furiousness** i. öfke, hiddet, kızgınlık.

furl (fırl) f. (yelken, bayrak) sarmak.

fur.long (fır'lông) i. bir milin sekizde biri, iki yüz metrelik mesafe.

fur.lough (fır'lo) i., f. sıla izni, sılaya gitme; f. sıla izni vermek.

fur.nace (fır'nîs) i., f. ocak, kalorifer ocağı; azap yeri veya vakti; çok sıcak yer; f. ocakta kızdırmak.

fur.nish (fır'nîş) f. teçhiz etmek, malzemesini vermek; döşemek, tefriş etmek; sağlamak, tedarik etmek, vermek. **furnished** s. möbleli, döşeli. **furnishings** i. mefruşat, mobilya, eşya.

fur.ni.ture (fır'nıçır) i. eşya, mefruşat, mobilya, malzeme; matb. yazılar arasındaki boşlukları doldurmak için kullanılan madenî parçalar.

fu.ror (fyûr'ır) i. taşkınlık, heyecan; kızgınlık, kudurma, gazap.

fur.ri.er (fır'yır) i. kürkçü.

fur.ring (fır'îng) i. kürk; dil üzerindeki kir; mim. döşeme tahtasını düz tutmak için kirişin girintili yerlerine konulan tahta parçası.

fur.row (fır'o) i., f. sabanın açtığı iz, karık; kırışık; tahta veya maden üstüne kazılan ufak oluk; f. saban izi yapmak; alında kırışıklık hâsıl etmek.

fur.ther (fır'dhır) s., z., f. ötedeki, uzaktaki, daha uzak; ilâve olunan; (**Further** çoğunlukla miktar ve derece, **farther** ise mesafe için kullanılır.) z. daha öte; ilâveten, bundan başka, ayrıca; f. ilerletmek, yardım etmek. **furthermore** z. bundan başka, ayrıca. **furthermost** s. en ötedeki.

fur.ther.ance (fır'dhırıns) i. yardım, muavenet.

fur.thest (fır'dhîst) s. en çok, en uzak, bak. **farthest**.

fur.tive (fır'tîv) s. gizli, sinsi. **furtively** z. gizlice, sinsi sinsi. **furtiveness** i. gizlilik, sinsilik.

fu.run.cle (fyûr'ʌngkıl) i. çıban, kan çıbanı.

fu.ry (fyûr'i) i. hiddet, şiddet, çılgınlık; taşkınlık; b.h. Yunan efsanelerinde suçluları cezalandırmakla görevli ve yılan saçlı üç tanrıçadan biri; çok öfkeli kadın, şirret kadın. **in a fury** öfkeli. **like fury** k.dili hiddetle; çok hızlı.

furze (fırz) i. katırtırnağına benzer bir bitki, bot. Ulex europaeus.

fus.cous (fʌs'kıs) s. grimsi kahverengi.

fuse (fyuz) f. eritmek, erimek; eriyip birbiriyle kaynaşmak, yapışmak.

fuse (fyuz) i., f. fitil, havaî fişek fitili; patlayıcı maddenin patlama cihazı; elek. sigorta; f. sigorta takmak; fitil koymak.

fu.see, fu.zee (fyuzi') i. rüzgârda dahi kullanılabilen kibrit; saat kurgusu zincirinin sarıldığı küçük çark; demiryollarında kullanılan parlak işaret lambası; eczalı kav.

fu.sel i., **fusel oil** (fyu'zıl) bazı içkiler yapılırken meydana gelen bir çeşit karışık ve zararlı alkol.

fu.se.lage (fyu'sılaj) i., hav. uçak gövdesi, gövde.

fu.si.ble (fyu'zıbıl) s. eritilebilir. **fusibil'ity** i. erime kabiliyeti.

fu.si.form (fyu'zıfôrm) s. iğ şeklinde, iğimsi.

fu.sil (fyu'zıl) i., ask. bir çeşit eski tüfek.

fu.sile (fyu'zıl) s. eritilerek veya döküm yolu ile yapılmış.

fu.si.leer, fu.si.lier (fyuzılir') i., eski tüfek kullanan asker; çoğ. İngiltere'de bazı alayların adına ilâve olunan isim.

fu.sil.lade (fyu'sıleyd) i., f. yaylım ateşi; f. yaylım ateşi açmak.

fu.sion (fyu'jın) i. erime, eritme; eritip birleştirme; birleştirme; pol. partilerin birleşmesi; fiz. atomların kaynaşmasından meydana gelen reaksiyon.

fuss (fʌs) i., f. telâş, yaygara; itiraz, tartışma; aşırı övgü; f. titiz davranmak, ufak ayrıntılarla ilgilenmek; meraklanmak; yakınmak, sızlanmak; telâş etmek; telâşa vermek. **fuss-budget** i., k.dili telâşlı veya yaygaracı kimse.

fus.sy (fʌs'i) *s.* kılı kırk yaran; titiz, telâşçı; huysuz, cırlak; cicili bicili, fazla süslü. **fussily** *z.* titizlikle. **fussiness** *i.* titizlik, telâş.

fus.ta.nel.la (fʌstınel'ı) *i.* Yunan Efsun askerlerinin giydikleri eteklik.

fus.tian (fʌs'çın) *i., s.* dimi, pamuklu kadife; tumturaklı üslûp; *s.* dimiden yapılmış; tumturaklı; saçma, boş, değersiz.

fus.tic (fʌs'tîk) *i.* sarı boya veren bir ağaç; bu ağaçtan çıkan boya.

fus.ti.gate (fʌs'tıgeyt) *f., şaka* sopa ile dövmek. **fustiga'tion** *i.* dayak, kötek.

fus.ty (fʌs'ti) *s.* küflü; çürük kokan, kokmuş; köhne, modası geçmiş. **fustiness** *i.* çürük kokma, kokmuşluk, küflülük; köhnelik, demodelik.

fut. *kıs.* **future.**

fu.tile (fyu'tıl) *s.* boş, nafile, abes; değersiz. **futilely** *z.* abes şekilde, boş yere. **futil'ity** *i.* yararsızlık, faydasız oluş, abes oluş.

fut.tock (fʌt'ık) *i., den.* ahşap geminin dip kerestesi, döşek.

fu.ture (fyu'çır) *s., i.* gelecek, müstakbel, istikbalde olan, gelecek zamana ait; *i.* istikbal, gelecek, yarın, ati; ömrün geri kalan kısmı; *gram.* gelecek zaman kipi. **futures** *i., çoğ.* ileride teslim edilmek üzere satılan veya satın alınan mal; vadeli işlemler. **future perfect** *gram.* gelecekte belirli bir zamandan evvel tamamlanacak olan bir hareketi veya durumu gösteren fiil zamanı.

fu.tur.ism (fyu'çırizım) *i.* fütürizm. **futurist** *i.* fütürist.

fu.tu.ri.ty (fyuçûr'ıti) *i.* istikbal, gelecek; ileride meydana gelecek bir olay.

fuze, fu.zee *bak.* **fuse, fusee.**

fuzz (fʌz) *i., f.* tüy gibi şeyler, tüy; hav; kıvırcık saç; *argo* polis; *f.* ufak parçalarla kaplamak; tüylenmek. **fuzzball** *i.* yabanî mantar. **fuzzy** *s.* tüy ve hav döküntüsü gibi olan; donuk, belirsiz; kabarık (saç).

-fy *sonek* yapmak: **simplify, beautify;** olmak, kesilmek: **liquify;** etmek: **unify, signify.**

fyl.fot (fîl'fat) *i.* gamalı haç.

G

G,g (ci) *i.* İngiliz alfabesinin yedinci harfi; *müz.* sol notası; *argo* bin dolar; yerçekimi birimi. **G clef** sol anahtarı. **G flat** sol bemol. **G minor** sol minor. **G sharp** *müz.* sol diyez. **G-string** *i.* kemanda sol teli, kemanın en pes teli; *k.dili* dansözlerin kullandığı ve belin etrafına dolanmış bir kemerle tutulan küçük örtü. **key of G** sol perdesi.

G. *kıs.* **George, German, gravity,**

g. *kıs.* **genitive, gram, gulf.**

Ga. *kıs.* **Georgia.**

G.A., G/A, g.a. *kıs.* **general average.**

gab (gäb) *i., k.dili* gevezelik, boş laf. **the gift of gab** konuşkanlık, konuşma kabiliyeti.

gab.ar.dine (gäb'ırdin) *i.* gabardin, gabardin pardüsü.

gab.ble (gäb'ıl) *f., i.* çok çabuk konuşmak; gevezelik etmek; anlamsız sesler çıkarmak; kaz gibi ses çıkarmak; *i.* gevezelik, boş laf.

gab.bro (gäb'ro) *i., jeol.* gabro.

gab.er.dine (gäb'ırdin) *i.* palto, aba; ortaçağda bilhassa Musevilerin giydiği bir çeşit kaba ve bol cüppe.

gab.fest (gäb'fest) *i., A.B.D., argo* çene çalma zamanı, yârenlik.

ga.bi.on (gey'biyın) *i., ask.* içi toprak dolu tabya ve metris sepeti; liman inşaatında kullanılan taşla dolu ve suya batmış kazan. **gabionade'** *i.* bu sepetlerle yapılan iş; sepet işinden tabya siperi.

ga.ble (gey'bıl) *i., f., mim.* çatı altındaki üç köşeli yan duvar; pencere veya kapı üstündeki sivri tepelik; *f.* sivri tepelik yapmak.

gad (gäd) *i.* maden kırmak için kullanılan sivri uçlu demir; üvendire; arazi ölçmeye mahsus çubuk.

gad (gäd) *f.* **(-ded, -ding)** başıboş dolaşmak. **gadabout, gadder** *i., k.dili* avare kimse.

gad.fly (gäd'flay) *i.* atsineği, *zool.* Tabanus bovinus; fazla ısrar eden kimse, yapışkan huylu kimse.

gad.get (gäc'ît) *i.*, *k.dili* makina cinsinden herhangi bir alet; ismi unutulmuş şey.

gadg.et.ry (gäc'îtri) *i.* cihazlar, aygıtlar, özellikle elektronik cihazlar.

Ga.dhel.ic (gıdel'îk) *s.* Kelt ile İrlanda ve Man Adası dillerine ait.

ga.doid (gey'doyd) *s.*, *i.*, *zool.* morina cinsinden balıklara ait; *i.* morina cinsinden herhangi bir balık.

ga.droon (gıdrun') *i.*, *mim.* kabartma pervaz üzerine yapılan oyma süs; *güz. san.* gümüş kapların kenar kabartma veya aynası.

gad.wall (gäd'wôl) *i.* boz ördek, *zool.* Anas streptera.

Gael.ic (gey'lik) *i.*, *s.* İskoçya Keltlerinin dili; Gal dili; *s.* bu Keltlere veya dillerine ait.

gaff (gäf) *i.*, *f.* balıkçı zıpkını; *den.* randa yelkeninin üst sereni, giz; dövüş horozunun ayağına geçirilen madenî mahmuz; *argo* gürültülü ve sinir bozucu konuşma; *f.* zıpkınla vurup tutmak (balık). **stand the gaff** *A.B.D.*, *k.dili* sıkıntıya veya yorgunluğa dayanmak.

gaffe (gaf) *i.*, *Fr.*, *k.dili* gaf yapma, pot kırma, gaf.

gaf.fer (gäf'ır) *i.*, *şaka*, *aşağ.* yaşlı adam, ihtiyar, dede.

gag (gäg) *i.*, *f.* **(-ged, -ging)** susturmak için ağıza sokulan tıkaç; *tıb.* ağzı açık tutmak için ağıza sokulan alet; *f.* söyletmemek; ağzını tıkamak; (haberin) yayılmasına engel olmak, susturmak; *tıb.* alet ile ağzını açık tutmak; öğürmek. **gag rule** mecliste konuşmayı sınırlandıran kural.

gag (gäg) *i.*, *argo* şaka, latife; sahnede oyuncu tarafından uydurulup ilâve edilen şaka. **gagman** *i.* şaka ve espriler yazan kimse.

ga.ga (ga'ga) *s.*, *argo* budala, deli. **go gaga over** (bir şey için) deli olmak.

gage (geyc) *i.*, *f.* pey; rehin; düelloya davet anlamında yere atılan eldiven; *f.* bahse girişmek, bahis tutmak.

gage (geyc) *i.* birkaç çeşit yeşil veya sarı iri erik, caneriği; *bak.* **greengage.**

gage (geyc) *bak.* **gauge.**

gag.gle (gäg'ıl) *f.*, *i.* kaz gibi ses çıkarmak; *i.* kaz sürüsü; çenebaz kadınlar grubu.

gai.e.ty, gay.e.ty (gey'ıti) *i.* şenlik, neşe; kıyafette zarafet veya süs, gösteriş.

gai.ly, gay.ly (gey'li) *bak.* **gay.**

gain (geyn) *i.*, *f.* kazanç, kâr; yarar, fayda, menfaat; artma, artış; *f.* kazanmak, kâr etmek; varmak, ulaşmak; ileri gitmek (saat); ilerlemek. **gains** *i.* kazanç, gelir. **gain ground** ilerlemek. **gain on one** yarışta (önde giden koşucuya) yavaş yavaş yaklaşmak, aradaki mesafeyi kapatmak. **gain the ear of** birine söz geçirmek. **gain the upper hand** üstün gelmek, galip olmak. **gain time** vakit kazanmak.

gain (geyn) *i.*, *f.* oluk, yiv; *f.* oluk açmak.

gain.er (gey'nır) *i.* kazanan veya ileri giden kimse veya şey; *bak.* **full gainer.**

gain.ful (geyn'fıl) *s.* kazançlı, kârlı. **gainfully** *z.* kazançla, kâr ederek.

gain.say (geynsey') *f.* **(-said)** inkâr etmek, reddetmek.

'gainst (genst) *bak.* **against.**

gait (geyt) *i.* yürüyüş, gidiş; at yürüyüşü. **gaited** *s.* belirli bir yürüyüş hızına sahip.

gai.ter (gey'tır) *i.* tozluk, getir. **gaitered** *s.* getirli.

gal (gäl) *i.*, *h.dili* kız.

gal. *kıs.* **gallon.**

ga.la (gey'lı, gäl'ı, ga'lı) *i.*, *s.* bayram; büyük şenlik; gala; *s.* bayrama ait, şenliğe yaraşır.

ga.lac.tic (gıläk'tik) *s.*, *astr.* gökadaya ait; samanyoluna ait.

ga.lac.tom.e.ter (gälıktam'ıtır) *bak:* **lactometer.**

ga.lac.tose (gıläk'tos) *i.*, *kim.* süt şekerinden yapılan bir çeşit şeker.

Gal.a.had (gäl'ıhäd) *i.* Kral Arthur efsanelerinde kusursuz bir silâhşor; bahadır.

ga.lan.gal, gal.an.gale (gıläng'gıl, gäl'ın.geyl) *bak.* **galingale.**

gal.an.tine (gäl'ıntin) *i.*, *ahçı.* galantin, kemiksiz haşlanmış dana ve piliç söğüşü.

ga.lan.ty show (gılän'ti) pandomima tarzında bir çeşit gölge oyunu, kukla oyunu.

Ga.la.ti, Ga.latz (gala'tsi, ga'lats) *i.* Kalas (Romanya'da bir şehir).

Ga.la.ti.a (gıley'şı) *i.* Galatya (Ankara, Yozgat ve Çankırı havalisinin tarihî ismi).

gal.a.xy (gäl'ıksi) *i.*, *astr.* gökada, çok büyük yıldız kümesi; *b.h.* samanyolu; seçkin kimselerin toplantısı.

gal.ba.num (gäl'bınım) *i., ecza.* şeytantersi, kasnı.

gale (geyl) *i.* sert rüzgâr, bora, fırtına; *şiir* hafif rüzgâr, esinti, meltem; kahkaha tufanı.

gale (geyl) *i.* bataklık yerlerde yetişen güzel kokulu bir bitki, *bot.* Myrica gala.

ga.le.a (gey'liyı) *i.* (*çoğ.* -ae) *biyol.* bazı çiçek veya böceklerin miğfer şeklindeki kısmı.

Ga.len (gey'lın) *i.* milâttan sonra ikinci yüzyılda yaşamış Yunanlı bir doktor, Kalinos.

ga.le.na (gıli'nı) *i., min.* içinde doğal kurşun sülfürü bulunan maden cevheri, kükürt kurşunu, galen.

ga.le.op.sis (gäl'iyap'sîs) *i.* yalancı kenevir otu.

Gal.i.le.an (gälıli'yın) *i.* Galile'li; eski devirlerde Musevilerin Hıristiyanlara verdikleri isim. **the Galilean** Hazreti İsa.

gal.i.lee (gäl'ılî) *i.* İngiltere'de büyük kiliselerin antresinde bulunan oda veya avlu.

gal.i.ma.ti.as (gälimey'şıyıs) *i.* karışık ve anlamsız söz, saçma ve boş laf.

gal.in.gale (gäl'îngeyl) *i.* havlıcan, kulunç otu, *bot.* Alpinia officinalis; zencefile benzer kokulu bir kök; kırk boğum, *bot.* Cyperus longus.

gal.i.ot, gal.li.ot (gäl'iyıt) *i., den.* eski bir savaş gemisi, hafif kadırga, çektirme.

gal.i.pot, gal.li.pot (gäl'îpat) *i.* bir çeşit çamsakızı.

gall (gôl) *i.* safra, öt; safra kesesi; acılık; kin; *A.B.D., argo* küstahlık, terbiyesizlik. **gall bladder** safra kesesi, öt kesesi.

gall (gôl) *i., f.* sürtmekten hâsıl olan yara; sinirlendirici herhangi bir şey; zayıf nokta, kusur, çürüklük (bilhassa ip); bir arazide çorak olan kısım; *f.* sürterek yara etmek; sinirlendirmek, kızdırmak, incitmek, üzmek, sıkmak; sürtünme ile yara olmak. **galling** *s.* inciten, sıkıcı.

gall (gal) *i.* mazı, ağaç uru. **gall-apple** *i.* elma şeklinde mazı. **gall oak** mazı meşesi.

gall. *kıs.* **gallon(s).**

gal.lant (gäl'ınt) *s.* gösterişli, heybetli, güzel; cesur, yürekli, kahraman; kibar, nazik; ateşli, âşık. **gallantly** *z.* nazik bir tavırla; gösterişli surette; kahramanca, yiğitçe.

gal.lant (gılänt') *i., s., f.* şık delikanlı; kadınlara karşı daima nezaket gösteren adam; âşık; *s.* kadınlara karşı nazik; çapkın; *f.* kadınlara karşı nezaket göstermek; kadınlara refakat etmek; şık giyinmek; aşkını belirtmek.

gal.lant.ry (gäl'ıntri) *i.* cesaret, kahramanlık, yiğitlik; kadınlara karşı nezaket; âşıkane söz veya davranış.

gal.le.ass, gal.li.ass (gäl'iyıs) *i.* eskiden Akdeniz'de kullanılan büyük kadırga.

gal.le.on (gäl'iyın) *i.* kalyon, eskiden özellikle İspanyollar tarafından kullanılan yelkenli ve kürekli bir çeşit harp gemisi.

gal.ler.y (gäl'ırı) *i.* dehliz, koridor; üstü kapalı balkon; (cami, kilise veya tiyatroda) galeri; tünel; galeride toplanan halk; salon; *den.* eski gemilerin kıç tarafındaki galeri; *mad.* galeri. **play to the gallery** seyirciler üzerinde parlak bir tesir bırakmaya çalışmak; halkın sempatisini kazanmaya gayret etmek.

gal.ley (gäl'i) *i.* kadırga, çektirme; eski zamanlarda kullanılan bir veya daha fazla sıra kürekleri olan harp gemisi; büyük kayık; gemi mutfağı; *matb.* dizilmiş harflerin konulduğu tekne, gale. **galley proof** *matb.* ilk tashih. **galley slave** kadırgada çalışan kürek mahkûmu, forsa. **galley west** *A.B.D., k.dili* düzensiz. **knock galley west** yere yıkmak, altüst etmek.

gall.fly (gôl'flay) *i.* mazı hâsıl eden sinek.

gal.liard (gäl'yırd) *i.* hareketli bir dans; bu dansın müziği.

gal.li.ass *bak.* **galleass.**

Gal.lic (gäl'îk) *s.* Galya ile ilgili; Fransa'ya ait. **Gallican** *s.* Galya veya Fransa'ya ait; Fransız Katolik kilisesine ait. **Gallicism** *i.* Fransızcaya mahsus veya Fransızcadan alınmış terim. **Gallicise** *f.* Fransızlaştırmak, Fransızlaşmak.

gal.li.gas.kins (gäligäs'kinz) *i., çoğ., gen. şaka* bol çorap veya pantolon; getir.

gal.li.mau.fry (gälîmô'fri) *i.* karmakarışık şey.

gal.li.na.ceous (gäliney'şıs) *s.* tavuk cinsinden.

gal.li.ot *bak.* **galiot.**

Gal.lip.o.li (gılip'ıli) *i.* Gelibolu.

gal.li.pot (gäl'ıpat) *i.* eczacıların kullandığı ufak toprak merhem kavanozu; *bak.* **galipot.**

gal.li.um (gäl'iyım) *i., kim.* galyum.

gal.li.vant (gäl'ıvänt) *f.* gezip tozmak, zevk peşinde koşmak, gününü gün etmeye bakmak.

gall.nut (gôl'nʌt) *i.* mazı, yumru.

Gallo- *önek* Fransa veya eski Gal'e ait.

gal.lon (gäl'ın) *i.* galon, *İng.* 4,55 litre; *A.B.D.* 3,78 litre.

gal.loon (gılun') *i.* ipek veya altın sırmadan yapılmış şerit.

gal.loot (gılut') *i., A.B.D., argo* aptal kimse.

gal.lop (gäl'ıp) *f., i.* dörtnala gitmek, koşmak, seğirtmek; dörtnala koşturmak (at); *i.* dörtnala gidiş; acele gidiş.

gal.lows (gäl'oz) *i.* darağacı; *spor* barfiks. **gallows bird** asılacak herif, ipten kazıktan kurtulmuş kimse.

gall.stone (gôl'ston) *i.* safra taşı.

gal.lus (gäl'ıs) *i.* (*çoğ.* **galluses**) *A.B.D., leh.* pantolon askısı.

ga.loot *bak.* **galloot.**

gal.op (gäl'ıp) *i.* süratli bir dans, galop dansı.

ga.lore (gılôr') *z.* bol bol.

ga.losh (gılaş') *i.* kaloş, kısa çizme.

ga.lumph (gılʌmf') *f.* lap lap yürümek.

gal.van.ic (gälvän'ik) *s.* galvanik, galvanizme ait; elektrik çarpmasına benzeyen. **galvanic battery, galvanic pile** galvanik batarya. **galvanic electricity** galvanik elektrik.

gal.va.nism (gäl'vınîzım) *i.* kimyasal kuvvetle husule gelen elektrik, galvanizm; *tıb.* galvanik elektrik cereyanı ile tedavi.

gal.va.nize (gäl'vınayz) *f.* harekete getirmek, heyecanlandırmak, tahrik etmek; *mad.* galvanizlemek, galvanizle kaplamak; galvanik cereyan geçirmek; *tıb.* elektrikle (adale) çalıştırmak. **galvaniza'tion** *i.* galvanik cereyanı geçirme, galvanize etme. **galvanized iron** çinko, saç, galvanizli demir.

gal.va.nom.e.ter (gälvınam'ıtır) *i.* galvanometre, elektrik ölçeği. **galvanometry** *i.* elektrik cereyanı ölçme ilmi.

gal.va.no.plas.tic (gäl'vınopläs'tîk) *s.* galvanoplastik.

gal.va.no.plas.ty (gäl'vınopläs'ti) *i.* galvanoplasti, galvanizm ile kaplama usulü.

gal.va.no.scope (gäl'vınoskop) *i.* galvanoskop.

gam (gäm) *i.* balina sürüsü; *argo* bacak.

gam.ba.do (gämbey'do) *i.* at sıçraması; at gibi sıçrama.

Gam.bi.a (gäm'biyı) *i.* Gambia.

gam.bir (gäm'bîr) *i.* Malaya'da bir bitkiden çıkan ve sakız gibi çiğnenen veya boya işlerinde kullanılan sarımsı renkte pekiştirici madde.

gam.bit (gäm'bît) *i.* satranç oyununda daha iyi bir mevki kazanmak için bir oyuncunun bir veya birkaç taş feda etmesi, gambit; bir konu tartışmasını açış.

gam.ble (gäm'bıl) *f., i.* kumar oynamak; sonucundan emin olunmayan bir teşebbüse girişmek; şansa bağlı bir işe girişmek; *i., k.dili* tehlikeli teşebbüs. **gamble away** kumarda kaybetmek. **gambler** *i.* kumarbaz. **gambling** *i.* kumar oynama. **gambling den** kumarhane.

gam.boge (gämboc') *i.* Hint zamkı, katalomba, gomagota; turuncumsu sarı renk.

gam.bol (gäm'bıl) *i., f.* sıçrama, oyun; *f.* sıçrayıp oynamak.

gam.brel (gäm'brıl) *i.* (at ve benzeri hayvanın) art ayak bileği. **gambrel roof** *mim.* balık sırtı dam, Felemenk çatısı.

game (geym) *i.* oyun, eğlence; spor; oyun partisi, parti; plan, tertip; av, şikâr; av eti. **game bird** av kuşu. **game fish** yakalanınca direnen balık. **game laws** av hukuku. **game theory** (oyun, savaş, ticarette) matematik hesap ile en isabetli hareket tarzını tespit etme. **game of chance** kumar. **be off one's game** oynayacak halde olmamak. **make game of** alay etmek, eğlenmek. **play the game** usule göre oynamak, iyi sporcu olmak. **The game is up.** Plan suya düştü.

game (geym) *s.* gözüpek, yiğit, cesur; av hayvanlarına ait. **gamely** *z.* cesurca. **gameness** *i.* yiğitlik, yüreklilik.

game (geym) *s., k. dili* topal, sakat.

game.bag (geym'bäg) *i.* av çantası.

game.cock (geym'kak) *i.* dövüş horozu.

game.keep.er (geym'kıpır) *i.* avlak bekçisi.

game.some (geym'sım) *s.* neşeli, şen; canlı, hareketli.

game.ster (geym'stır) *i.* oyuncu; kumarbaz.

gam.ete (gäm'it) *i., biyol.* cinsel hücre, gamet.

gam.ic (gäm'îk) *s.* cinsel; ancak ilkah ile meydana gelebilen.

gam.in (gäm'în) *i.* kimsesiz ve başıboş dolaşan çocuk.

gam.ing (gey'mîng) *i.* kumarbazlık, kumar oynama.

gam.ma (gäm'ı) *i.* gamma, Yunan alfabesinin üçüncü harfi. **gamma globulin** gamma globulin. **gamma rays** gamma ışınları.

gam.mer (gäm'ır) *i., şaka* yaşlı kadın, kocakarı.

gam.mon (gäm'ın) *i., f.* domuz etinin tuzlanmış ve tütsülenmiş but tarafı; *f.* domuz etini tütsülemek.

gam.mon (gäm'ın) *i., f.* tavla; tavlada mars; *f.* mars etmek.

gam.mon (gäm'ın) *i., f., ünlem, İng., k. dili* saçmalık, boş laf, aldatma; *f.* boş laf etmek, hile yapmak; aldatmak; *ünlem* Saçmalık! Boş laf!

gam.mon (gäm'ın) *f., den.* cıvadrayı baş bodoslamasına tiringa halatı ile bağlamak. **gammoning** *i.* cıvadra tiringası.

gamo- *önek* cinsiyetle ilgili; bileşik.

-gamous *sonek* evlilikle ilgili, üreme ile ilgili: **monogamous** *s.* tek eşli.

gamp (gämp) *i., İng., şaka* büyük şemsiye.

gam.ut (gäm'ıt) *i.* bir şeyin tamamı, takım, seri; *müz.* gam.

gam.y (gey'mi) *s.* av eti kokusunu andıran (bilhassa ağırlaşmış av eti); cesur, yiğit, gözüpek.

gan (gän) *eski* **began**; *bak.* **begin**.

gan.der (gän'dır) *i.* erkek kaz; *A.B.D., argo* bakış. **Take a gander!** *argo* Şuna bakıver!

ga.nef, ga.nof (ga'nıf) *i., argo* hırsız.

gang (gäng) *i., f.* çete; takım, ekip; güruh, sürü; avene; yardakçılar; işçi takımı; *mak.* alettakımı; *f.* takım olmak, işbirliği yapmak; *k.dili* çete halinde saldırmak; *İskoç.* gitmek, yürümek. **gang plow** çok bıçaklı pulluk. **gang up on** *A.B.D., argo* saldırmak, karşı gelmek.

Gan.ges (gän'ciz) *i.* Ganj nehri.

gan.gling (gäng'gling) *s.* fazla uzun boylu, *colloq.* leylek gibi.

gan.gli.on (*çoğ.* **-lia**) (gäng'gliyın,-gliyı) *i., tıb.* ganglion, sinir düğümü, lenfa bezi; ufak ur. **ganglion'ic** *s.* gangliona ait, ganglionlu.

gang.plank (gäng'plängk) *i.* iskele tahtası.

gan.grene (gäng'grin) *i.,f.,tıb.* kangren; *f.* kangren etmek veya olmak. **gangrenous** *s.* kangren olmuş, kangrenli.

gang.ster (gäng'stır) *i.* gangster.

gangue (gäng) *i., jeol.* gang.

gang.way (gäng'wey) *i., ünlem* yol, geçit, pasaj; *den.* ambarda eşya arasındaki geçit; güvertede bir kısımdan ötekine geçilen iskele;

iskele tahtası; *ünlem* Yol ver! Yağlı boya! Destur!

gan.is.ter (gän'istır) *i.* ocakların iç tarafına döşenen çakmaktaşı ve balçıktan ibaret bir cins tuğla.

gan.net (gän'it) *i.* sümsük kuşu, *zool.* Morus bassanus.

gan.oid (gän'oyd) *s., i.* parlak, cilâlı gibi (balık pulu); *i., zool.* parlak pullu bir balık.

gant.let (gônt'lit) *bak.* **gauntlet.**

gant.let (gônt'lit) *i., ask.* elleri değnekli iki sıra askerin arasından geçirilmek suretiyle uygulanan eski bir dayak cezası; iki veya her taraftan hücum; üzücü durumlar. **run the gantlet** sıra dayağı yemek; birçok kimsenin hışmına uğramak.

gant.ry, gaunt.ry (gän'tri, gôn'tri) *i.* makas köprüsü; *d.y.* sinyal iskeleti. **gantry scaffold** *uzay* roket için seyyar servis kulesi.

Gan.y.mede (gän'ımid) *i.* eski Yunan efsanelerinde mabutların sakisi; oğlan, puşt; *astr.* Jüpiter gezegeninin üçüncü ve en büyük uydusu.

gaol, gaol.er (jeyl, jey'lır) *bak.* **jail, jailer.**

gap (gäp) *i., f.* (**-ped, -ping**) yarık, rahne; geçit; aralık, fasıla; açıklık, ayrılık; *f.* yol açmak, yarmak, aralık meydana getirmek.

gape (geyp) *f., i.* esnemek; ağzını açık tutmak, hayretten ağzı açık kalmak; yarılmak, açılmak; *i.* esneme, hayretten ağzı açık kalma; *zool.* kuş veya balık ağzının açılış miktarı; yarık, açıklık. **the gapes** esneme nöbeti; bir kuş hastalığı.

gape.seed (geyp'sid) *i., İng.* hayret uyandıran· şey.

G.A.R. *kıs.* **Grand Army of the Republic.**

gar *bak.* **garfish.**

ga.rage (gıraj', gırac', İng. ger'îc) *i.* garaj.

garb (garb) *i., f.* kıyafet, üst baş, kılık; *f.* giydirmek.

gar.bage (gar'bîc) *i.* çöp, süprüntü; pis ve değersiz şey. **garbage man** çöpçü.

gar.ban.zo (garbän'zo) *i.* nohut.

gar.ble (gar'bıl) *f., i.* tahrif etmek, bozmak, belirli parçaları seçip kötü bir maksada alet etmek (yazı, söz); *i.* tahrif, bozma; bozulmuş olan şey; maden alaşımı.

gar.board (gar'bôrd) *i., den.* gemi omurgasının yanındaki dip tahtası, burma tahtası.

gar.çon (garsôn') *i., Fr.* oğlan, delikanlı; garson; uşak.

gar.den (gar'dın) *i., s.* bahçe; bostan; *s.* alelade. **garden hose** bahçe hortumu. **Garden of Eden** cennet bahçesi. **garden party** gardenparti. **botanical garden** bitkilerin sergilendiği bahçe. **kitchen garden** sebze bahçesi. **market garden** bostan.

gar.den (gar'dın) *f.* bahçıvanlık etmek, bahçede çalışmak, çiçeklerle uğraşmak. **gardener** *i.* bahçıvan. **gardening** *i.* bahçıvanlık.

gar.de.ni.a (gardin'yı) *i.* gardenya.

gar.fish (gar'fîş) *i.* zargana.

Gar.gan.tu.an (gargän'çuwın) *s.* kocaman, iri; obur, doymaz.

gar.get (gar'gît) *i., bayt.* inek memesinin iltihaplanması.

gar.gle (gar'gıl) *f., i.* gargara etmek, çalkalamak; *i.* gargara.

gar.goyle (gar'goyl) *i.* çirkin bir insan yüzü veya hayvan başına benzeyen oluk ağzı.

gar.i.bal.di (geribôl'di) *i.* kolalı erkek gömleği biçiminde kadın bulüzü.

gar.ish (ger'iş) *s.* cafcaflı, fazla süslü, gösterişli; havaî, hoppa.

gar.land (gar'lınd) *i., f.* çelenk; antoloji, derleme eser; *f.* çelenkle süslemek.

gar.lic (gar'lik) *i.* sarımsak, *bot.* Allium sativum. **garlicky** *s.* sarımsaklı, sarımsak gibi. **garlic mustard** sarımsak otu, *bot.* Alliaria officinalis.

gar.ment (gar'mınt) *i., f.* giysi, elbise; *f.* giydirmek.

gar.ner (gar'nır) *f., i.* toplamak, biriktirmek; *i.* tahıl ambarı.

gar.net (gar'nit) *i., jeol.* grena, kıymetli bir kırmızı taş, lâl taşı; lâl taşı rengi.

gar.nish (gar'niş) *f., i.* donatmak, süslemek; bir servis tabağındaki yemeğin etrafını süslemek; *huk.* haczetmek; *i.* süsleme. **garnishment** *i.* süsleme; haciz.

gar.nish.ee (garnişi') *f., huk.* haczetmek, haciz koymak, hacze bağlamak.

gar.ni.ture (gar'niçır) *i.* garnitür, süs.

gar.ret (ger'it) *i.* tavan arasındaki oda. **garreteer'** *i.* tavan arasında oturan kimse.

gar.ri.son (ger'ısın) *i., f.* garnizon; garnizonun bulunduğu yer; *f.* garnizon kurmak; bir şehre asker yerleştirmek.

gar.rote (gırat') *i., f.* İspanya'da eskiden uygulanan vidalı demir halka ile boğarak idam cezası; bu cezanın uygulanmasında kullanılan alet; soymak maksadıyle birinin boğazını sıkma; *f.* boğarak idam etmek; boğazını sıkarak soymak.

gar.ru.li.ty (gıru'lıti) *i.* gevezelik, boşboğazlık.

gar.ru.lous (ger'yılıs) *s.* çok konuşan, geveze, boşboğaz. **garrulously** *z.* gevezelikle, boşboğazlıkla.

gar.ter (gar'tır) *i., f.* çorap bağı, dizbağı, jartiyer; *b.h.* İngiltere'de dizbağı nişanı; *f.* çorap bağı ile bağlamak. **garter snake** Kuzey Amerika'ya mahsus zehirsiz ufak yılan, *zool.* Thamnophis.

garth (garth) *i.* manastır ve katedralin küçük avlu veya bahçesi.

gas (gäs) *i.* (*çoğ.* -es, -ses) *f.* (-sed,-sing) gaz, havagazı; *A.B.D.* benzin; anestezide kullanılan gaz karışımı; zehirli gaz; (midede) gaz; *mad.* patlayıcı metan karışımı; *argo* olağanüstü şey; fevkalâde durum; *argo* boş laf, anlamsız söz; *argo* insana zevk veren herhangi bir şey; *f.* gazlamak, gaz vermek; gazla zehirlemek; saçmalamak, atmak. **gas burner** havagazı memesi, bek. **gas engine** gazla işleyen makina. **gas fixtures** gaz boruları ile muslukları. **gas jet** gaz alevi; gaz memesi. **gas gangrene** *tıb.* gazlı kangren. **gas main** havagazı ana borusu. **gas mask** gaz maskesi. **gas meter** gaz saati, gaz sayacı. **gas oven** havagazı fırını. **gas station** *A.B.D.* benzin istasyonu. **coal gas** kömürden elde edilen havagazı. **poison gas** zehirli gaz. **Step on the gas.** Gazla. Gaza bas. *argo* Çabuk ol. *colloq.* Pergelleri aç.

gas.bag (gäs'bäg) *i.* gaz toplamaya mahsus torba; *argo* laf ebesi, atıcı.

gas.con.ade (gäskıneyd') *i., f.* övünme; *f.* övünmek.

gas.e.ous (gäs'îyıs) *s.* gazlı, gaz gibi; boş, özsüz, hafif.

gash (gäş) *i., f.* uzun ve derin yara; *f.* yaralamak.

gas.i.fi.ca.tion (gäs'ıfikey'şın) *i.* gaz haline koyma.

gas.i.fy (gäs'ıfay) *f.* gaz haline koymak, gaz yapmak; gazlaşmak.

gas.ket (gäs'kit) *i.* conta; *den.* kalçete, yelkeni kısmen kapatmak için kullanılan köstek; kalafat etmeye mahsus kıtık.

gas.light (gäs'layt) *i.* gaz ışığı.

gas.man (gäs'män) *i.* havagazı memuru.

gas.o.line (gäsılin') *i.*, *A.B.D.* benzin.

gas.om.e.ter (gäsam'ıtır) *i.*, *A.B.D.* gazölçer; *İng.* gazometre. gasometry *i.* gaz ölçme bilgisi.

gasp (gäsp) *f.*, *i.* solumak, nefes nefese kalmak, nefesi kesilmek; nefesi kesilerek söylemek, soluyarak konuşmak; *i.* soluma, nefes. at the last gasp son nefesinde, ölmek üzere.

gas.sy (gäs'i) *s.* gazlı, gaz gibi; *k.dili* geveze.

gas.tral.gi.a (gästräl'ciyı) *i.* karın ağrısı.

gas.tric (gäs'trîk) *s.*, *tıb.* mideye ait, midevî. gastric fever mide humması. gastric juice mide suyu. gastric ulcer mide ülseri.

gas.tri.tis (gästray'tîs) *i.*, *tıb.* mide iltihabı, gastrit.

gastro- *önek* mide ile ilgili.

gas.tro.en.ter.i.tis (gäs'trowentıray'tîs) *i.*, *tıb.* mide ve bağırsakların iltihabı.

gas.trol.o.gy (gästral'ıcı) *i.*, *tıb.* gastroloji, mide bilimi.

gas.tro.nome, gas.tron.o.mer, gas.tron.o.-mist (gäs'trınom, gästran'ımır, gästran'ı-mîst) *i.* midesine düşkün kimse.

gas.tro.nom.ic (gästrınam'îk) *s.* iyi yiyip içmekle ilgili.

gas.tron.o.my (gästran'ımı) *i.* iyi yemek yeme ve yemekten anlama sanatı.

gas.tro.pod, gas.ter.o.pod (gäs'trıpad, -tır-) *i.*, *zool.* karındanbacaklı.

gas.tro.scope (gäs'trıskop) *i.*, *tıb.* midenin içine bakmaya yarayan cihaz.

gas.trot.o.my (gästrat'ımı) *i.*, *tıb.* mide ameliyatı.

gas.works (gäs'wırks) *i.* havagazı tesisatı veya deposu.

gat (gät) *i.* dar kanal.

gat (gät) *i.*, *argo* tüfek, tabanca.

gat (gät) *eski* got.

gate (geyt) *i.*, *f.* kapı; dağ geçidi, kanal kapağı; (maç veya temsilde) temin edilen bilet hasılâtı; büyük valf; *elek.* sinyal cereyanı ile işleyen anahtar; *dökümcülük* kalıbı doldurmak için açılan delik, boğaz; bu boruyu dolduran maden. gatecrasher *i.*, *k.dili* parasız veya davetiyesiz giren kimse. gatehouse *i.* kapıcı odası. gatekeeper *i.* kapıcı. gate-leg(ged) table açılır kapanır ayaklı kanatları olan masa. gatepost *i.* kapı süvesi. between you

and me and the gatepost söz aramızda.

gateway *i.* geçit, giriş. Cilician Gates Külek Boğazı.

gath.er (gädh'ır) *f.* toplamak, bir araya getirmek; devşirmek; seçmek, biriktirmek; yığmak; kazanmak; anlamak, sonuç çıkarmak; büzmek, kırma yapmak; toplanmak, bir araya gelmek; artmak, çoğalmak; *matb.* sayfaları sıraya koymak, harman yapmak; *tıb.* toplanmak (cerahat). gather up bir araya getirmek, toplamak. gather oneself up toparlanmak, kendini toplamak. a gathering storm fırtına havası. A rolling stone gathers no moss. Yuvarlanan taş yosun tutmaz. İşleyen demir pas tutmaz. be gathered to one's fathers atalarının arasına katılmak, ölmek.

gath.er.ing (gädh'ıring) *i.* toplantı, toplanma; topluluk; şiş, cerahat, apse.

Gat.ling gun (gät'lîng) eski model mitralyöz.

GATT *kıs.* General Agreement on Tariffs and Trade.

gauche (goş) *s.* acemi, beceriksiz, savruk. gaucherie (goşri') *i.* acemice tavır, beceriksizlik.

gaud (gôd) *i.* süs, değersiz süs.

gaud.y (gô'di) *s.* aşırı süslü, cicili bicili, zevksiz. gaudily *z.* gösterişli surette. gaudiness *i.* aşırı süslülük.

gaud.y (gô'di) *i.* İngiltere üniversitelerinde yıllık ziyafet.

gauge, gage (geyc) *i.* mikyas, ölçü; ebat; miktar; geyç, ölçme aleti; kalibre; demiryolu raylarının arasındaki açıklık; *den.* geminin bir diğerine veya rüzgâra göre bulunduğu yer; *den.* dolu iken geminin çektiği su. broad gauge geniş hatlı (demiryolu). have the lee gauge of (bir geminin) rüzgâr altında bulunmak. have the weather gauge of (bir geminin) rüzgâr üstünde bulunmak. narrow gauge dar hatlı (demiryolu). rain gauge yağmur geyci, yağmur ölçer. steam gauge buhar geyci. take the gauge of tartmak, hesaplamak. wind gauge rüzgâr geyci.

gauge, gage (geyc) *f.* ölçmek; tartmak, tahmin etmek, ölçüsünü bulmak.

Gaul (gôl) *i.* Fransa'nın eski adı, Gal; Galya; Gal'li, Fransız. Gaulish *i.* eski Gal dili.

gaunt (gônt) s. zayıf, ince, kuru, gıdasızlıktan kurumuş; kasvetli, sıkıcı.

gaunt.let (gônt'lît) i. zırh eldiveni; uzun eldiven. take up the gauntlet meydan okuma mahiyetindeki daveti kabul etmek. throw down the gauntlet meydan okumak.

gaunt.let (gônt'lît) bak. gantlet.

gaun.try (gôn'tri) bak. gantry.

gauss (gaus) i. manyetik alan ölçü birimi.

gauze (gôz) i. tül, ince ve seyrek dokunmuş kumaş; kafes tel; pus, duman. gauzy s. tül gibi, hafif; şeffaf.

ga.vage (gıvaj') i., tıb. lastik sonda ile besleme.

gave (geyv) bak. give.

gav.el (gäv'ıl) i. bir toplantıda oturumun açıldığını ilân için başkanın masaya vurduğu tokmak.

gav.el.kind (gäv'ılkaynd) i., İng. mirası erkek evlâtlar arasında eşit olarak eski bir taksim usulü.

ga.votte (gıvat') i. eski bir Fransız dansı, gavot dansı veya müziği.

gawk (gôk) f., k.dili ahmakça bakmak; i. ahmak veya hantal kimse. gawky s. hantal, eli işe yakışmaz.

gay (gey) s. neşeli, şen, keyifli; parlak, canlı; zevk ve sefa düşkünü; sefih; argo ibne. gaily, gayly z. neşeyle. gayness i. neşe.

gay.e.ty bak. gaiety.

ga.za.bo (gızey'bo) i., A.B.D., argo adam, delikanlı.

gaze (geyz) f., i. gözünü dikip bakmak; i. dik bakış.

ga.ze.bo (gızi'bo) i. görüş sahası geniş olan balkon veya taraça, manzaralı ev; A.B.D.; argo adam, delikanlı.

gaze.hound (geyz'haund) i. burnundan ziyade gözü ile av kollayan köpek.

ga.zelle (gızel') i. ceylan, ahu, gazal, zool. Antilope dorcas.

ga.zette (gızet') i., f. gazete, İngiltere'de resmî gazete; f. resmî gazetede ilân etmek.

gaz.et.teer (gäzitîr') i. atlas, atlastaki bilgi, coğrafya isimleri indeksi.

G.B. kıs. Great Britain.

ge.an.ti.cline (ciyän'tıklayn) i., jeol. geniş yukaç, bak. anticline.

gear (gîr) i., f., mak. dişli; dişli takımı; vites, şanjman; donanım, tertibat; elbise; eşya;

f. viteslemek; donatmak; giydirmek; uymak, uydurmak. gear box, gear case dişli çark mahfazası. gear down yavaş gitme ayarı vermek. gear shaft dişli mil. gearshift i., oto. vites. gear wheel dişli çark. bevel gear konik dişli çark. high gear üçüncü vites. in gear viteste. low gear birinci vites. out of gear boşta, işlemez halde. shift gears vites değiştirmek.

geck.o (gek'o) i., zool. sıcak memleketlere mahsus ufak bir kertenkele.

gee (ci) G harfi.

gee (ci) ünlem at veya öküz sürerken "sağa git" manasında kullanılan bir ünlem: Deh! Haydi!

gee (ci) ünlem hayret ifade eden ünlem: Ya! Öyle mi? Allah Allah!

gee (ci) f., A.B.D., k. dili uygun gelmek.

geese (gis) bak. goose.

gee.zer (gi'zır) i., argo ihtiyar, bunak erkek.

ge.füll.te fish (gıfil'tı) balık köftesi.

Ge.hen.na (gıhen'ı) i. Cehennem.

Gei.ger counter (gay'gır) fiz. radyoaktivite ölçme aracı.

gei.sha (gey'şı) i. geyşa.

Geiss.ler tube (gays'lır) gaysler tübü.

gel (cel) i., f., kim. koloit; f. koloit haline gelmek, jelatin gibi olmak; bak. jell.

gel.a.tin, gel.a.tine (cel'ıtîn) i. jelatin; tutkal hulâsası. gelat'inous s. jelatinli, jelatin gibi.

ge.la.tion (cîley'şın) i. dondurma, katılaştırma; donma, katılaşma.

geld (geld) f. hadım etmek, iğdiş etmek, enemek, burmak; esaslı bir şeyden mahrum etmek; kuvvetini kesmek, zayıf düşürmek. gelding i. iğdiş edilmiş beygir.

gel.id (cel'îd) s. buzlu, buz gibi donmuş, soğuk.

gel.ig.nite (cel'îgnayt) i. gelignit, jelatinli dinamit.

gem (cem) i., f. (-med, -ming) kıymetli taş, cevher; cevher gibi kıymetli ve güzel şey; hafif bir çeşit pasta; f. kıymetli taşlarla süslemek, tezyin etmek.

gem.i.nate (cem'ıneyt) f. çift olmak. gemina'tion i. çift yapma.

gem.i.nate (cem'înît) s. çift olarak bulunan.

Gem.i.ni (cem'ınay) i. İkizler burcu, Cevza.

gem.ma (cem'ı) *i.* (*çoğ.* gem.mae) *bot.,*
zool. tomurcuk, yaprak tomurcuğu; bazı
bitki ve hayvanlardan ayrılıp bağımsız
yaşayan kısım.
gem.mate (cem'eyt) *s., f., biyol.* tomurcuk-
lanan, tomurcuklar vasıtası ile yeni filiz
veren; *f.* tomurcukla çoğalmak. gemma'tion
i., biyol. tomurcuklanma, tomurcuklarla ço-
ğalma.
gem.mip.a.rous (cemip'ırıs) *s., biyol.* tomur-
cuk hâsıl eden; tomurcuklarla çoğalan.
gem.mule (cem'yul) *i.* küçük tomurcuk.
gem.my (cem'i) *s.* cevherli; cevhere benzer.
ge.mote (gımot') *i., İng. tar.* meclis.
gems.bok (gemz'bak) *i., zool.* Güney Afri-
ka'ya mahsus boynuzları uzun ve ince iri
ceylan.
gem.stone (cem'ston) *i.* kıymetli taş, yon-
tulmamış kıymetli taş.
ge.müt.lich (gemüt'lih) *s., Al.* sevimli, mi-
safirperver, tatlı, hoş.
gen. *kıs.* gender, general, genitive, genus.
Gen. *kıs.* General, Genesis.
gen.darme · (jan'darm, jandarm') *i.* jandarma.
gen.darm.e.rie, gen.darm.e.ry (jan'darmıri)
i. jandarma gücü.
gen.der (cen'dır) *i., gram.* ismin cinsi, cinsiyet.
common gender her iki cins için ortak
olan kelime. feminine gender dişil, mü-
ennes. masculine gender eril, müzekker.
neuter gender camit, cansız, nötr.
gene (cin) *i., biyol.* jen.
ge.ne.a.log.i.cal (ciniyılac'ikıl) *s.* soy veya
şecereye ait, şecereli. genealogical tree
şecere. genealogically *z.* nesep şeceresi
bakımından.
ge.ne.al.o.gy (ciniyal'ıci) *i.* nesep, şecere, sil-
sile, soy; nesep tetkiki. genealogist *i.* nesep
mütehassısı, şecereci. genealogize *f.* nesep
tetkiki ile meşgul olmak.
gen.e.ra (cen'ırı) *bak.* genus.
gen.er.al (cen'ırıl) *s., i.* umumî, genel, küllî;
umuma ait, şümullü; içinde her şey bulunan;
kesin olmayan, takribî; *i.* umum, avam, halk;
ask. general. general average *den.* büyük
avarya. general cargo *den.* karışık yük.
general delivery postrestant, postanede
sahibine teslim olunan mektup. general
election genel seçim. general officer
ask. albaydan yüksek rütbeli subay, general.

general orders *ask.* bütün orduya şamil
olan emirler. general practitioner *tıb.*
ihtisası olmayan doktor, pratisyen hekim.
general purpose her işte kullanılabilen,
her gayeye uygun. general resemblance
umumî bir benzeyiş. general rule genel
kural. general staff *ask.* genel kurmay,
erkânı harbiye. general strike genel grev.
as a general rule genellikle, umumiyetle.
attorney general baş savcı, müddei-
umumî. brigadier general tuğgeneral.
full general orgeneral. in general genel
olarak, hiç bir özelliği olmadan. lieutenant
general korgeneral. major general tümge-
neral. generally *z.* genellikle, umumiyetle.
gen.er.al.is.si.mo (cenırılis'imo) *i., İt.* baş-
kumandan.
gen.er.al.i.ty (cenıräl'ıti) *i.* genellik, umumiyet,
umumilik. generalities *i.* genel konular, ke-
sinlik ifade etmeyen söz.
gen.er.al.i.za.tion (cenırılzey'şın) *i.* genel-
leştirme, umumileştirme, genellik, umu-
milik, hepsini bir tutma, genel sonuç çıkarma.
gen.er.al.ize (cen'ırılayz, cen'rılayz) *f.* genel-
leştirmek, umumîleştirmek, tamim etmek,
genel bir fikir vermek; herkese teşmil etmek;
güz. san. ayrıntılarını belirtmeden genel
olarak tamamlamak; *tıb.* hastalığı umumî
bir hale koymak; *tıb.* yayılmak; umumîleşmek.
gen.er.al.ship (cen'ırılşip) *i.* generallik; bir
generalin askerî bilgi ve yönetme yeteneği;
önderlik, başkanlık, liderlik.
gen.er.ate (cen'ıreyt) *f.* husule getirmek, vücut
vermek, hâsıl etmek; çocuğu olmak, doğur-
mak, yavrulamak; *geom.* çizmek.
gen.er.a.tion (cenırey'şın) *i.* zürriyet husule
getirme, doğuş, doğuruş, tenasül; nesil,
soy, zürriyet, batın; vasat olarak insan nesli
farzedilen otuz yıl. generation gap aile
ile çocuk arasındaki görüş farkından doğan
anlaşmazlık.
gen.er.a.tive (cen'ırıtiv) *s.* tenasül kabiliyeti
olan; doğuş ve doğuruşa ait.
gen.er.a.tor (cen'ıreytır) *i., elek.* jeneratör,
dinamo; doğuran veya meydana getiren
kimse; hâsıl edici cihaz.
gen.er.a.trix (cen'ıreytriks) *i.* (*çoğ.* -tri.ces)
geom. yapıcı çizgi; doğuran dişi.
ge.ner.ic (ciner'ik) *s.* cinse ait, fasileye ait;
genel, umumî; şümullü, geniş kapsamı olan.

generically z. kendi cinsine ait özellikleri taşıyarak.

gen.er.os.i.ty (cenıras'ıti) i. cömertlik, âlicenaplık.

gen.er.ous (cen'ırıs) s. cömert, âlicenap, eli açık; asil; mebzul, bol, bereketli; verimli, mümbit; sert, çarpan (içki). **generously** z. cömertçe. **generousness** i. cömertlik.

gen.e.sis (cen'ısîs) i. hilkat, yaratılış, meydana gelme; başlangıç, mebde, menşe; b.h. Tekvin.

gen.et (cen'it) i. sansara benzer bir hayvan.

ge.net.ic (cınet'îk) s. bir şeyin aslına ait; jenetiğe ait. **genetic heritage** biyol., psik. kalıtım. **genetically** z. jenetik bakımından, jenetik yoluyla.

ge.net.ics (cınet'îks) i., biyol. jenetik, soyaçekim olaylarını inceleyen biyoloji dalı.

Ge.ne.va (cını'vı) i. Cenevre.

ge.ne.va (cını'vı) i. ardıç rakısı.

Gen.ghis Khan (cen'giz kan, ceng'gîs, geng'gîs) Cengiz Han.

gen.ial (cin'yıl) s. güler yüzlü, şen, hoş; müsait; hayat verici. **genially** z. güler yüzlü olarak, hoşa giden bir davranışla. **genial'ity, gen'-ialness** i. sempatik oluş, sevimlilik, nezaket.

ge.nic.u.late (cınîk'yıleyt) s. diz gibi mafsalları olan; diz gibi bükülmüş.

ge.nie (ci'ni) i. cin, peri.

ge.nis.ta (cınîs'tı) i. katırtırnağı, bot. Genista scoparia, Genista luncea.

gen.i.tal (cen'ıtıl) s., i. tenasül uzuvlarına ait; i., çoğ. tenasül uzuvları.

gen.i.ta.li.a (cen'ıtey'lıyı) i., çoğ. tenasül organları.

gen.i.tive (cen'ıtiv) s., i., gram. isim ve zamirlerin -in hali.

genito- önek tenasül organlarına ait.

gen.i.to.u.ri.nar.y (cenıtoyûr'ıneri) s., anat. tenasül ve idrar yollarına ait.

gen.ius (cin'yıs) i. (çoğ. **gen.ius.es**) deha, üstün kabiliyet, istidat, yetenek, özel vasıf; özellik, hususiyet; dahi.

gen.ius (çoğ. **ge.ni.i**) (cin'yıs, cin'iyay) i. cin, peri, insan kaderine hükmeden kimse; biri iyi ve diğeri kötü iki periden biri; eski Roma mitolojisinde bir kimseyi veya yeri himaye eden cin.

Gen.o.a (cen'owı) i. Cenova şehri. **Genoese** s., i. Cenovalı, Cenevizli(ler).

-gen.o.cide (cen'ısayd) i. kırım, katliam.

gen.re (jan'r) i. tarz, tür, nevi; güz. san. günlük hayatı taşvir eden tarz.

gen.ro (gen'ro) i. Japonya'da eskiden toplanan emekli devlet adamları heyeti.

gens (cenz) (çoğ. **gen.tes**) antro. erkeklerden hesaplanan soy silsilesi; eski Roma tarihinde kabile, geniş soy.

gent (cent) i., argo erkek, adam.

gent. kıs. gentleman, gentlemen.

gen.teel (centil') s. soylu, kibar. (Bu kelime şimdi küçültücü bir anlamda kullanılabilir.) **genteelly** z. kibarca, zarif bir şekilde.

gen.tian (cen'şın) i. yılan otu, bot. Gentiana lutea; ecza. bu bitkinin kökünden yapılan bir kuvvet ilâcı. **red gentian** kızıl kantaron, bot. Gentiana purpurea.

gen.tile (cen'tayl) i., s. dinsel edebiyatta Musevi olmayan kimse; s. Musevi olmayan; putperest; Romalılarda bir kabile veya millete ait; herhangi bir ırka veya memlekete verilen isme ait.

gen.til.i.ty (centil'îti) i., baz. aşağ. asalet; asalete has vasıflar, kibarlık; çoğ. sahte kibarlık.

gen.tle (cen'tıl) s. nazik, yumuşak huylu, kibar; tatlı; ılımlı, mutedil; soylu, asil; hafif, latif. **gently** z. yavaşça, tatlılıkla, şefkatle, nezaketle. **gentleness** i. tatlılık, nezaket, şefkat.

gen.tle.folk(s) (cen'tılfok, -s) i., çoğ. soylu kişiler, yüksek tabaka.

gen.tle.man (cen'tılmın) i. (çoğ. **-men**) kibar adam, efendi, terbiyeli adam, nazik adam, iyi bir aileye mensup erkek, çelebi, centilmen. **gentleman's agreement** karşılıklı söz vermeye dayanan anlaşma. **gentleman-at-arms** i. kral muhafızlarından biri. **gentleman farmer** kendi zevki için çiftlik işleten efendi. **gentleman-in-waiting** i. kralın maiyetinde hizmet eden asilzade. **gentleman of fortune** avantüriye, maceraperest adam; eski korsan. **gentlemanly** s. efendiye yakışır.

gen.tle.wom.an (cen'tılwûmın) i. iyi bir aileden gelen kadın, hanımefendi, kibar kadın.

gen.try (cen'tri) i., çoğ. İngiltere'de orta sınıf; aydın tabaka, belirli bir sınıfa küçültücü nitelikte verilen isim: **the lightfingered gentry** yankesici takımı.

gen.u.flect (cen'yuflekt) f. diz çökmek

(bilhassa ibadette). **genuflec'tion, genuflex'ion** *i.* diz çökme (bilhassa ibadette).

gen.u.ine (cen'yuwìn) *s.* hakikî, gerçek, mevsuk, taklit veya sahte olmayan; aslî; içten gelen, samimî. **genuinely** *z.* gerçekten, hakikaten. **genuineness** *i.* içtenlik, samimiyet, gerçek oluş, hakikîlik.

ge.nus (*çoğ.* **gen.e.ra**) (ci'nıs, cen'ırı) *i., biyol.* birkaç türden meydana gelen cins; nevi, kısım, takım.

geo- *önek* yeryüzüne ait.

ge.o.cen.tric, -i.cal (ciyosen'trîk, -îkıl) *s.* yerküresinin merkezine ait; bu merkezden görülen veya ölçülen; merkez olarak yerküresine ait olan.

ge.ode (ci'yod) *i., jeol.* içi billûrlu değirmice taş; böyle bir taşın içindeki oyuk.

ge.o.des.ic (ciyıdes'îk) *s.* yeryüzü ölçmesi ile ilgili. **geodesic dome** fabrikada yapılan üçgenlerden meydana gelen ve kubbe şeklinde olan hafif bina. **geodesic line** *mat.* bir kürede iki nokta arasında çizilen en kısa çizgi.

ge.o.det.ics (ciyodet'îks) *bak.* **geodesy.**

ge.od.e.sy (ciyad'ısi) *i.* yeryüzü düzlemini ölçme bilgisi.

ge.og.no.sy (ciyag'nısi) *i.* kayalar bilgisi, kayaların madenî oluşumlarından, sınıflarından ve bulundukları yerlerden bahseden ilim.

ge.og.ra.phy (ciyag'rıfi) *i.* coğrafya; coğrafya kitabı. **geographer** *i.* coğrafya uzmanı, coğrafyacı. **geograph'ic(al)** *s.* coğrafyaya ait, coğrafî. **geograph'ically** *z.* coğrafî olarak.

geol. *kıs.* **geology.**

ge.ol.o.gy (ciyal'ıci) *i.* jeoloji, yerbilim. **geolog'ic(al)** *s.* jeolojiye ait. **geolog'ically** *z.* jeolojik olarak. **geol'ogist** *i.* jeolog. **geol'ogize** *f.* jeoloji ile meşgul olmak.

ge.o.mag.ne.tism (ciyomäg'nıtîzım) *i.* dünyanın manyetik çekimi.

ge.o.man.cy (ci'yımänsi) *i.* fal bakma, remil atma. **geomancer** *i.* falcı. **geoman'tic** *s.* falcılığa ait.

ge.o.met.ric, -i.cal (ciyımet'rîk, -îkıl) *s.* geometrik, hendesî; geometrik şekillerle süslenmiş eski Yunan çömleklerine ait. **geometric progression** geometrik artma ve eksilme. **geometric proportion, geometric ratio** geometrik orantı, geometrik

bağlantı. **geometric tracery** *mim.* kârgir binalarda geometrik şekillerle yapılan oyma süs. **geometrically** *z.* geometrik olarak.

ge.om.e.tri.cian (ciyamıtri'şın) *i.* geometri uzmanı, hendeseci.

ge.om.e.trid (ciyam'etrìd) *i., zool.* tırtılları yeri ölçer gibi yürüyen birkaç çeşit pervane.

ge.om.e.trize (ciyam'ıtrayz) *f.* geometrik usullerle çalışmak, geometri ile uğraşmak.

ge.om.e.try (ciyam'ıtri) *i.* geometri, hendese.

ge.o.mor.phic (ciyımôr'fîk) *s.* yeryüzü ile ilgili, jeomorfik.

ge.oph.a.gy (ciyaf'ıci) *i.* toprak yeme alışkanlığı.

ge.o.phys.ics (ciyofîz'îks) *i.* jeofizik.

ge.o.pol.i.tics (ciyopal'îtîks) *i.* siyasî ve iktisadî coğrafya; jeopolitik.

ge.o.pon.ic (ciyopan'îk) *s.* tarımsal, ziraata ait, ziraî. **geoponics** *i.* tarım bilimi.

George (côrc) *i.* erkek ismi. **By George!** Maşallah! Vallahi! **St. George's Day** eski takvimde 23 nisana tesadüf eden Sen Jorj yortusu, Hıdrellez.

geor.gette (côrcet') *i.* jorjet, ince ipekli kumaş.

Geor.gia (côr'cı) *i.* Amerika Birleşik Devletlerinden biri; Gürcistan.

Geor.gi.an (côr'cın) *s.* George isimli dört İngiliz kralı zamanına ait, 1714-1839; Amerika Birleşik Devletlerinin Georgia eyaletine ait; Gürcü, Gürcistan'a ait, Gürcü diline ait.

geor.gic (côr'cîk) *i., s.* çiftçiliğe ait şiir; *s.* ziraî.

ge.o.stat.ic (ciyostät'îk) *s.* arz küresinin içindeki tazyikler ile ilgili.

ge.o.syn.cline (ciyosîn'klayn) *i., jeol.* taş tabakalarının geniş bir sahada aşağıya çöktüğü mıntıka.

ge.o.ther.mal (ciyothır'mıl) *s.* yeryuvarlağının ısısı ile ilgili, bu ısı ile ısınan veya işleyen.

ge.ot.ro.pism (ciyat'rıpîzım) *i., biyol.* yeredoğrulum.

ge.ra.ni.um (cırey'niyım) *i.* ıtır, sardunya çiçeği, *bot.* Pelargonium. **geranium grass** Mekke samanı, *bot.* Andropogon scoenanthus. **feather geranium** nezle otu, *bot.* Chenopodium botrys.

ger.bil (cır'bîl) *i.* Garbillinae familyasının kemiriciler takımından arka bacakları uzun olan tüylü kuyruklu ufak bir hayvan.

ger.i.at.ric (ceriyät'rîk) *s.* ihtiyarların sıhhî durumu ile ilgili. **geriatrics** *i.* ihtiyarlarla ilgili tıp ihtisası. **geriatric'ian** *i.* ihtiyarlık hastalıkları mütehassısı.

germ (cırm) *i.* mikrop; tohum, tohum veya yumurtada bulunan asıl hücrecik, tohumun özü; asıl, başlangıç. **germ plasm** *biyol.* tohumda bulunup irsi hususiyetleri nakleden madde. **germ theory** *biyol.* canlı organizmaların yalnız canlı tohumlar vasıtasıyle husule gelebileceği teorisi. **germ warfare** savaşta mikrop kullanılması.

Ger.man (cır'mın) *s., i.* (*çoğ.* **-mans**) Almanya veya Almanlara ait; *i.* Alman, Almanca. **German measles** *tıb.* bir çeşit hafif kızamık hastalığı, kızamıkçık. **German script** Almanlara mahsus yazı. **German silver** Alman gümüşü, beyaz metal. **High German** standart Almanca. **Low German** Hollanda ile Belçika ve Frizya dillerinin toplamı; İngilizce, Felemenkçe ve benzerlerinin toplamı; kuzey batı Almanya'da konuşulan Almanca. **Germanic** *s., i.* Almanya veya Almanlara ait; kuzey batı Avrupa'ya ait; *i.* German dil ailesi (Almanca, İngilizce ve Norveççe dahil). **Germanism** *i.* Alman dili veya Alman dili özelliği.

ger.man (cır'mın) *s.* öz (akraba): **cousin german** kuzen.

ger.man.der (cırmän'dır) *i.* kısa mahmut otu, yer meşesi. **wall germander** yer meşesi, meşecik, *bot.* Teucrium chamaedrys. **water germander** sarmısak otu, *bot.* Teucrium scordium.

ger.mane (cırmeyn') *s.* ilgili, alâkalı, münasebeti olan.

Ger.man.y (cır'mıni) *i.* Almanya.

ger.mi.cide (cır'mısayd) *i., s.* mikropları kıran madde; *s.* mikrop öldürücü, antiseptik.

ger.mi.nal (cır'mınıl) *s.* tohum veya mikrop kabilinden; oluşum safhasında (madde veya fikir).

ger.mi.nate (cır'mıneyt) *f.* filiz vermek, sürmek, filizlenmek; gelişmeye başlamak. **germina'tion** *i.* filiz verme, sürme, filizlenme. **ger'minative** *s.* filiz vermeye ait.

geronto- *önek* ihtiyarlıkla ilgili.

ger.ry.man.der (cer'imändır, ger-') *f., i.* (seçim bölgesini) bir siyasî partinin menfaatine uygun gelecek şekilde ayarlamak.

ger.und (cer'ınd) *i., gram.* Latincede isim olarak kullanılan fiillerin bir şekli, İngiliz-

cede isim olarak kullanıldığı zaman **-ing** şekli: **Swimming is fun.**

ge.run.dive (cırʌn'div) *i., gram.* Latincede bir mecburiyet ifade eden fiilden türetilen sıfat: "görülecek", "okutulacak" gibi.

ges.so (ces'o) *i.* alçıtaşı.

ge.stalt (gıştalt') *i., psik.* geştalt.

Ge.sta.po (gesta'po, geşta'po) *i.* Alman Nazi rejiminde gizli polis teşkilâtı, Gestapo.

ges.ta.tion (cestey'şın) *i.* gebelik; gebelik süresi.

ges.tic, -i.cal (ces'tik, -kıl) *s.* bedensel, özellikle dansa ait hareketlerle ilgili.

ges.tic.u.late (cestik'yuleyt) *f.* söz söylerken el hareketleri yapmak, jestler yapmak. **gesticula'tion** *i.* jestler yapma. **gestic'ulator** *i.* konuşurken eliyle hareketler yapan kimse. **gestic'ulatory** *s.* jest kabilinden.

gesture (ces'çır) *i., f.* hareket, jest, dikkati çekmek için yapılan hareket; *f.* el ile hareket yapmak, jest yapmak. **gestural** *s.* el hareketlerine ait.

Ge.sund.heit (gızûnt'hayt) *ünlem* Çok yaşayın ! (aksıran bir kimseye söylenir).

get (get) *f.* (**got, got,** *A.B.D.* **gotten, getting**) almak, ele geçirmek, elde etmek, tedarik etmek; yakalamak; götürmek; hazırlamak; yaptırmak;. sebep olmak; (netice olarak) bulmak; öğrenmek; (hastalığa) tutulmak, olmak; bağlantı kurmak; (trene) yetişmek; gebe bırakmak (*gen.* hayvan); malik olmak; kazanmak; *k.dili* anlamak; *k.dili* vurmak, isabet etmek; *argo* şaşırtmak; *argo* ilgi çekmek, hoşa gitmek; sinirlendirmek; *argo* farkına varmak; getirmek; varmak; gelmek, gitmek, yer değiştirmek. **get about** yayılmak; dolaşmak; ortalıkta görünmek. **get across** açıklamak, anlaşılmasını sağlamak. **get ahead** ilerlemek. **get ahead of** geçmek, geride bırakmak, üstün olmak. **get along** gitmek, ayrılmak; geçinmek, idare etmek; başarmak; anlaşmak, uymak; yaşlanmak. **get around** yayılmak; gezinmek; ortalıkta görünmek; bir şey elde etmek için yağlamak; üstünden atmak, yolunu bulup kurtulmak. **get around to** geç yapmak, eli geç değmek. **get at** varmak; demek istemek; başlamak, yapmak; *k.dili* etkilemek. **get away** kaçmak, gitmek, kurtulmak, savuşmak; (koşuya) başlamak. **get away**

with *argo* şüphe uyandırmadan veya yakalanmadan atlatmak. **get back** geri dönmek. **get back at** *argo* öç almak. **get by** geçmek, yetmek; *k.dili* geçinmek; *k.dili* yakayı ele vermeden yapmak. **get down** inmek, aşağı inmek; not etmek, yazmak. **get down to** başlamak. **get drunk** sarhoş olmak. **get even (with)** hakkından gelmek. **get home** eve varmak; dönmek. **get in** girmek; sokmak; katılmak; (ürün) kaldırmak. **get in good with** *argo* gözüne girmek. **get in on** faydalanmak, paydaş olmak. **get in a word edgewise** laf sokuşturmak. **get in supplies** erzak almak. **get into** girmek. **get it** *k.dili* anlamak; cezalanmak. **get it into one's head** kafasına sokmak; anlamak. **get married** evlenmek. **get near** yaklaşmak. **get nowhere** başarısız olmak. **get off** inmek; ayrılmak; kurtulmak; söylemek. **get (someone** *veya* **something) off** çıkarmak; kurtarmak. **get (a thing) off one's chest** içini dökmek. **get on** binmek; uyuşmak, anlaşmak; idare etmek. **get on one's feet** ayağa kalkmak; kendini geçindirecek hale gelmek. **get on one's nerves** sinirine dokunmak. **get (a person** *veya* **a thing) on the brain** *k.dili* (bir kimse veya şeyi) aklından çıkaramamak, aklına takılmak. **get one's back up** inat etmek, kızmak; kızdırmak. **get one's goat** *argo* kızdırmak, *slang* keçileri kaçırtmak. **get one's hand in** eli alışmak, usta olmak. **get her hooks on** *argo* (erkeğe) kancayı takmak. **get one's way** istediğini koparmak, hile ile veya üsteleyerek istediğini elde etmek. **get out** ayrılmak, kaçmak; ortaya çıkmak, sızmak; yayınlamak; güçlükle söylemek; çıkarmak. **get out from under** (karışık bir işten) sıyrılmak. **get out of** -den almak; kurtulmak; kurtarmak; ayrılmak. **get out of bed on the wrong side** solundan kalkmak. **get out of hand** çapraşık hale gelmek, dizginlenemez hale gelmek, çığırından çıkmak. **get out of one's depth** derin suya girmek; başından büyük işe girişmek. **get out of sight** göz önünden gitmek, ortadan kaybolmak. **get over** (hastalığı, öfkeyi) atlatmak; açıklamak, anlaşılmasını sağlamak. **get ready** hazırlamak, hazırlanmak. **get religion** birden dine bağlanmak. **get**

rid of kurtulmak, başından savmak, atmak. **get round** yayılmak; gezinmek; yolunu bulup kurtulmak. **get the better of, get the best of** üstün çıkmak. **get the drop on** haberi olmadan silâh çekmek; kazançlı bir durumda olmak. **get the hang of** manasını kavramak; işletme sırrını öğrenmek. **get there** *k.dili* amacına ulaşmak, başarmak. **get the upper hand** kazanmaya yüz tutmak. **get through** bitirmek; geçirmek, geçmek; geçinip gitmek. **get through to** bağlantı kurmak; anlamasını sağlamak. **get tired** yorulmak. **get to** başlamak; yapabilmek; bağlantı kurmak. **get together** toplanmak, bir araya gelmek; anlaşmaya varmak; toplamak. **get up** kalkmak; binmek, tırmanmak, çıkmak; düzenlemek, hazırlamak; uydurmak; edinmek, geliştirmek. **get up steam** istim kaldırmak; hızlanmak; şevklenmek. **get used to** alışmak. **get wet** ıslanmak. **get wind of** sezmek, kokusunu almak, duymak. **get with** *argo* ilgilenmek, uymak. *Bak.* **got.**

get (get) *i.* yavru, hayvan yavrusu.

get.a.way (get'ıwey) *i.* kaçıp kurtulma, paçayı kurtarma.

get-up (get'ʌp) *i.* elbise takımı; yapılış, tertip; öncecilik. **get-up-and-go** *i.* öncecilik.

gew.gaw (gyu'gô) *i.* oyuncak, cicili bicili değersiz şey, biblo.

gey.ser (gay'zır) *i.* fasılalarla sıcak su fışkırtan kaynak.

gey.ser (gi'zır) *i., İng.* suyu çabuk ısıtmaya mahsus kazan, şofben.

Gha.na (ga'nı) *i.* Gana.

ghast.ly (gäst'li) *s., z.* dehşetli, korkunç, iğrenç; ölü gibi, sapsarı; *z.* dehşetle, ölürcesine.

ghat, ghaut (gôt) *i.* Hindistan'da dağ geçidi; *çoğ.* Güney Hindistan'ın doğusunda ve batısında bulunan dağ silsileleri; bir ırmağa inen merdiven. **burning ghat** böyle bir merdivenin başında Hinduların ölülerini yakmaya mahsus meydan.

gha.zi (ga'zi) *i.* gazi.

Ghaz.ni (gaz'ni) *i.* Gazne, Afganistan'da bir şehir.

ghee (gi) *i.* Hindistan'da manda sütü yağını eritip kaynatarak yapılan sadeyağ.

Ghent (gent) *i.* Gand, Belçika'da bir şehir.

gher.kin (gır'kin) *i.* ufak salatalık, turşuluk hıyar, adi veya yabani hıyar.

ghet.to (get'o) *i.* bir şehirde, mahrumiyet içinde yaşayan azınlık mahallesi; ortaçağda bazı Avrupa şehirlerinde Musevî mahallesi.

ghost (gost) *i.* ruh, can; hayalet, hortlak, heyulâ, tayf; cin; iz, gölge. **ghost town** ahalisi olmayan metruk kasaba. **ghost writer** bir diğerinin hesabına ve onun ismi altında makale veya kitap yazan kimse. **give up the ghost** ölmek, ruh teslim etmek. **Holy Ghost** Ruhülkudüs. **There isn't a ghost of a chance.** En ufak bir ihtimal bile yoktur. **ghostly** *s.* hayalet gibi; manevi.

ghoul (gul) *i.* gulyabani, cadı; mezar hırsızı. **ghoulish** *s.* cadı gibi.

G.H.Q. *kıs.* General Headquarters merkez, idare merkezi; *ask.* başkumandanlık karargâhı.

GI (ci'yay) *i., A.B.D., k.dili* asker, er, nefer. **G.I. Joe** asker.

gi.ant (cay'ınt) *i., s.* dev, dev gibi kimse veya şey; *s.* iri, cesim, kocaman, muazzam. **giant powder** bir çeşit dinamit. **giant star** *astr.* dev yıldız. **giant stride** dev adımı. **mental giant** çok akıllı adam, deha. **There were giants in those days.** Atalarımız bizden yüksek adamlardı. **giantess** *i.* dişi dev, dev gibi kadın. **giantlike** *s.* heyulâ gibi, korkunç.

giaour (cawır) *i.* gâvur.

gib (gib) *i., mak.* çivi, pin, saplama; erkek kedi.

gib.ber (cib'ır, gib'ır) *f., i.* çok çabuk ve anlaşılmaz şekilde konuşmak; *i.* bu şekilde konuşma.

gib.ber.ish (cib'ıriş, gib'-) *i.* çabuk ve anlaşılmaz söz, karışık söz.

gib.bet (cib'it) *i., f.* darağacı; *mak.* maçuna kolu; *f.* darağacına asmak; teşhir etmek, rezil etmek.

gib.bon (gib'ın) *i.* Hindistan ve Malezya'ya mahsus kuyruksuz ve uzun kollu şebek.

gib.bous, gib.bose (gib'ıs, gib'os) *s.* dışbükey; kambur. **gibbos'ity, gib'bousness** *i.* dışbükey oluş. **gibbously** *z.* dışbükey olarak.

gibe, jibe (cayb) *f., i.* alay etmek, eğlenmek; *slang* dalga geçmek; *i.* alay, istihza.

gib.lets (cib'lits) *i., çoğ.* tavuk pişmeden evvel çıkarılan yenebilir kısımları (yürek, ciğer, katı).

Gi.bral.tar (cibrôl'tır) *i.* Cebelitarık.

gid.dy (gid'i) *s., f.* başı dönmüş, başı dönen; sersemletici, baş döndürücü (yükseklik veya dönme hareketi); hoppa, terelelli; sersem, beyinsiz; *f.* sersemletmek, sersemlemek. **giddily** *z.* başı dönerek, sersemlemiş olarak. **giddiness** *i.* baş dönmesi, sersemleme.

gift (gift) *i., f.* hediye, armağan; istidat, hüner, kabiliyet; Allah vergisi, atiye, ihsan; *huk.* hibe, hediye verme hakkı; *f.* hediye vermek, hibe etmek. **Don't look a gift horse in the mouth.** Bahşiş atın dişine bakılmaz. **gifted** *s.* kabiliyetli, hünerli.

gig (gig) *i.* iki tekerlekli tek atlı hafif araba; *den.* kik, bir çeşit hafif filika; bir çeşit zıpkın; *mak.* kumaş kabartma tezgâhı, piko tezgâhı.

giga- *önek* bilyon (10^9).

gi.gan.tesque (caygäntesk') *s.* dev gibi, deve ait; kocaman.

gi.gan.tic, gi.gan.te.an (caygän'tik, cay'gäntiyın) *z.* kocaman, cesim, cüsseli.

gig.gle (gig'ıl) *f., i.* kıkır kıkır gülmek; *i.* kıkırdama. **giggly** *s.* kıkırdamaya meyli olan.

gig.let (gig'lit) *i., İng.* hoppa ve oynak kız.

gig.o.lo (cig'ılo) *i.* jigolo, tokmakçı.

gigue (jig) *i.* ortaçağlara mahsus bir çeşit ufak keman; eski bir İngiliz dansı.

gil.bert (gil'bırt) *i., elek.* mıknatıs işletme gücü ölçü birimi.

gild (gild) *f.* (**gilded** *veya* **gilt**) altın kaplamak, yaldızlamak; tezhip etmek, süslemek, telleyip pullamak; parlamak; parlak göstermek. **gilded youth** varlıklı ve moda düşkünü gençlik. **gild the pill** sıkıcı bir şeyin etkisini azaltmak için bir çare bulmak.

gild (gild) *bak.* guild.

gild.ing (gil'ding) *i.* altın kaplama; yaldız.

gill (cil) *i.* litrenin dokuzda biri kadar bir sıvı ölçü birimi.

gill (gil) *i., f.* solungaç, galsame; mantarın alt tarafındaki balık kulağına benzer kısım; horoz veya tavuğun çenesi altındaki sarkık kırmızı et parçası, sakal; *k. dili* insanlarda yüz ve boyun nahiyesi; *f.* ayıklamak (balık); sık ağla balık tutmak. **gill cover** solungacı koruyan kemik. **gill net** sık dokunmuş balık ağı. **green around the gills** görünüşte rahatsız. **to the gills** tepesine kadar, alabildiği kadar (dolu).

gil.lie, gil.ly (gîl'i) *i.* İskoçya'da eski devirlerde derebeyi uşağı, şimdi avcı veya balıkçı yardımcısı; sirk eşyasını taşıyan kiralık yük arabası.

gil.ly.flow.er (cîl'iflawır) *i.* şebboy; kırmızı şebboy, *bot.* Matthiola incana; bir çeşit parlak koyu kırmızı elma.

gilt (gîlt) *s., i., bak.* **gild**; yaldızlı, süslü, müzehhep; *i.* yaldız. **gilt-edged** *s.* kenarı yaldızlı; birinci sınıf, mükemmel, âlâ.

gim.bals (cîm'bılz, gîm'bıls) *i., çoğ., den.* pusulanın yalpalıkları, yalpa çemberleri.

gim.crack (cîm'kräk) *i., s.* bir şeye yaramayan anlamsız süs, değersiz süslü püslü şey; *s.* cafcaflı, cicili bicili.

gim.let (gîm'lit) *i.* burgu, delgi, matkap.

gim.mick (gîm'ik) *i., A.B.D.* herhangi bir şeyin etki veya cazibesini artırmak için ilâve edilen sahte kısım veya unsur; küçük cihaz. **gimmicky** *s., A.B.D.* hileli tarafları çok olan, yutturmaca.

gimp (gîmp) *i.* ipek veya sırma şerit; kaytan; tel sarılı olta ipi; dantela için kullanılan kalın iplik.

gimp (gîmp) *i., argo* topallama; topallayan kimse; canlılık, neşe.

gin (cîn) *i.* cin (içki).

gin (cîn) *i., f.* (**-ned,-ning**) çiğidi pamuktan ayıran makina, çırçır; *mak.* makara; maçuna; tuzak; *f.* pamuk çekirdeklerini çıkarmak; tuzağa düşürmek. **gin block** *mak.* vinç tornosu. **gin rummy** bir çeşit iskambil oyunu.

gin.ger (cîn'cır) *i., f.* zencefil, zencefil kökü; *argo* canlılık; *f.* zencefil katmak; canlandırmak. **ginger ale** zencefilli gazoz. **gingerbread** *i.* zencefilli çörek; gösterişli süs. **gingerbread tree** düm ağacı, *bot.* Hyphaene thebaica. **gingersnap** *i.* zencefilli çörek.

gin.ger.ly (cîn'cırli) *z., s.* yavaşça, ihtiyatla; *s.* yavaş, ihtiyatlı, tedbirli.

ging.ham (gîng'ım) *i.* alaca dokuma, çizgili pamuklu kumaş.

gin.gi.val (cîn'cıvıl, cîncay'vıl) *s.* diş etlerine ait.

gink.go (gîng'ko, cîng'ko) *i.* Çin'den Amerika'ya getirilen ve meyva da veren bir süs ağacı.

gin.seng (cîn'seng) *i.* sinseng; Çin'de ilâç yapımında çok kullanılan bir çeşit kök.

gip.sy *bak.* **gypsy.**

gi.raffe (cıräf') *i.* zürafa, *zool.* Giraffa camelopardalis.

gir.an.dole (cîr'ındol) *i.* kollu şamdan; fıskıye; ufak taşlı bir çeşit küpe; çarkıfelek fişeği.

gir.a.sol(e) (cîr'ısol) *i.* çok parlak bir çeşit aynüşems taşı, opal; yerelması.

gird (gırd) *f.* (**-ed** *veya* **girt**) kuşak sarmak; kayışla bağlamak, sarmak, çevrelemek; kuşatmak, ihata etmek; giydirmek; hazırlamak, teçhiz etmek.

gird.er (gır'dır) *i., müh.* kiriş, belleme kirişi, hatıl, yollama, direk.

gir.dle (gır'dıl) *i., f.* kuşak, kemer; korse, kuşak gibi saran herhangi bir şey; ağacın üzerinde kuşak şeklinde kabuğu soyarak yapılan halka; yüzük kaşı; *f.* kuşatmak, kuşakla sarmak; kabuğunu soyarak ağacı kurutmak.

girl (gırl) *i.* kız; hizmetçi kız; sevgili. **girl friend** yakın kız arkadaş; bayan dost. **girl scout** *A.B.D.* kız izci. **girlhood** *i.* kızlık çağı.

girl.ish (gır'liş) *s.* genç kız gibi, kıza benzer, genç kızlara yakışır. **girlishly** *z.* kız gibi. **girlishness** *i.* genç kızlık hali.

girt (gırt) *bak.* **gird.**

girth (gırth) *i., f.* çevre; kolan; kuşak; *f.* kuşak takmak.

gis.mo, giz.mo (gîz'mo) *i., A.B.D., argo* ismi veya görevi tam olarak belli olmayan araç, cihaz; kumarda üstünlük sağlayan veya uğur getiren herhangi bir şey veya yol, uğur.

gist (cîst) *i.* öz, meselenin esası, hulâsa, özet.

git.tern (gît'ırn) *i., müz.* eski zamanlarda kullanılan bir çeşit gitar; *bak.* **cithara.**

give (gîv) *f.* (**gave, given**) vermek, hediye etmek, hibe etmek; devretmek; tayin etmek; baskı altında eğilmek veya çökmek; bel vermek; çekilmek; açılmak, nazır olmak, bakmak; erimek, erimeye yüz tutmak. **give a good account of oneself** iyi davranmak. **give a command** emir vermek. **give a dinner** ziyafet tertip etmek. **give one a piece of one's mind** bir kimsenin kusurunu yüzüne karşı söylemek, aklını başına getirmek. **give a play** temsil vermek; bir piyes oynamak. **give a present** hediye vermek. **give away** vermek, hediye etmek; ele vermek, sırrını açığa vurmak; düğünde gelini damada teslim etmek. **give back** geri vermek; geri çekilmek. **give birth to** doğurmak. **give chase to** kovalamak. **give (a person) credit for** (bir kimseyi)haklı veya muktedir saymak; kredi açmak; eserin sahibini tanımak, tanıtmak. **give down** kendini sağdırmak (inek). **give ear to** kulak vermek, dinlemek. **give forth** neşretmek, ilân etmek, dışarı vermek. **give in** teslim olmak; kabul etmek, susmak. **give it to** azarlamak; dövmek. **give off** çıkarmak (duman, koku, ışık); sızdırmak (gaz); salmak (dal). **give offense** darıltmak. **give one a cold** bir kimseye nezle geçirmek. **give one's life to** hayatını adamak, kendini vermek. **give oneself airs** çalım satmak, gösteriş yapmak, poz takınmak. **give oneself trouble** sıkıntıya girmek, başını derde sokmak. **give out** takati kesilmek, bitmek; ilân etmek, yaymak, bildirmek. **give over** vaz geçmek; terketmek, teslim etmek, ümidini kesmek. **give place to** yer vermek, meydan vermek, çekilmek. **give rise to** sebebiyet vermek. **give suck** emzirmek, meme vermek. **give thanks** şükretmek. **give the slip** yanından savuşup kaçmak, *slang* toz olmak. **give up** vaz geçmek, teslim olmak, ümidi kesmek; pes etmek; terketmek, teslim etmek. **give up the ghost** ölmek, son nefesini vermek. **give up the struggle** teslim olmak, pes etmek, mücadeleden vaz geçmek, çekilmek. **give way** çekilmek, kuvveti tükenmek; kendinden geçmek; çökmek. **give way to** müsaade etmek, serbest bırakmak, koyuvermek. **given to** düşkün olan (bir şeye), müptelâsı.

give (giv) *i.* gerilme hassası, elastikiyet. **give -and-take** *i.* elbirliği.

give.a.way (giv'ıwey) *i., k.dili* istemeyerek ağzından laf kaçırma, ifşa, açığa vurma; hediye dağıtımı; dama gibi bir oyunda oyuncunun taş veya el kaybetmesini hedef tutan oyun.

giv.en (giv'ın) *s., i.* verilmiş, hediye edilmiş; müptelâ, düşkün; belirli, muayyen, imza ve tarihi atılmış (vesika); *i.* ilk bilgi, veri. **given name** küçük isim, birinci isim.

giz.mo *bak.* gismo.

giz.zard (giz'ırd) *i., biyol.* taşlık; *şaka* mide.

stick in one's gizzard kursağında kalmak; gücüne gitmek, ağır gelmek. **It stuck in my gizzard.** Hazmedemedim. Gücüme gitti. Bana ağır geldi.

Gk. *kıs.* Greek.

gla.brous (gley'brıs) *s., anat., bot.* düz, tüysüz, kılsız.

gla.cé (gläse') *s.* üstü şekerle kaplanmış; parlak, glase. **marrons glacé** kestane şekeri.

gla.cial (gley'şıl) *s.* buza ait, buzlu; buz devrine ait; *kim.* buza benzer. **glacial drift** buzulların taşıdığı taş ve toprak. **glacial period** buzul devri.

gla.ci.a.tion (gleyşiyey'şın) *i.* buzul ile kaplanma; buzulun yeryüzünün şeklini değiştirme etkisi.

gla.cier (gley'şır) *i.* buzul.

gla.cis (gley'sîs) *i., ask.* şahra şevi.

glad (gläd) *s.* (**-der, -dest**) memnun, sevinçli; güzel, parlak; gülen, ferah. **glad eye** *argo* göz etme, gözle işaret etme. **glad hand** *argo* el sıkma, hoş geldiniz deme. **glad rags** *argo* bayramlık (giysi), en süslü elbise. **gladly** *z.* memnuniyetle. **gladness** *i.* memnunluk.

glad.den (gläd'ın) *f.* sevindirmek; sevinmek.

glade (gleyd) *i.* orman içindeki açıklık.

glad.i.ate (gley'diyeyt, gläd'iyeyt) *s.* kama şeklinde olan.

glad.i.a.tor (gläd'iyeytır) *i.* gladyatör. **gladiator'ial** *s.* gladyatöre ait.

glad.i.o.la (glädiyo'la, glıday'ıla) *bak.* gladiolus.

glad.i.o.lus (glädiyo'lıs, glıday'ılıs) *i., bot.* kılıç çiçeği, glayol, kuzgunkılıcı, kuzgun otu, keklik çiğdemi, *bot.* Gladiolus.

glad.ness (gläd'nîs) *i.* sevinç, neşe, memnuniyet.

glad.some (gläd'sım) *s.* memnun, sevinçli, neşeli.

Glad.stone bag (gläd'stın) bir çeşit yol çantası, bavul.

Glag.o.lit.ic alphabet (glägılit'ik) bugün ancak Dalmaçya ve Hırvatistan'daki Katolik kiliselerinde kullanılan eski bir İslav alfabesi.

glair (gler) *i., f.* yumurta akı; yumurta akından yapılmış çiriş; yumurta akına benzer yapışkan madde; *f.* böyle bir madde sürmek.

glam.or, *İng.* glam.our (gläm'ır) *i., f.* göz kamaştırıcılık, sathî cazibe, sahte parlaklık; *f.* büyülemek, teshir etmek. glamorous *s.* cazip, göz alıcı. glamorously *z.* cazip bir şekilde, büyüleyici bir surette. glamorize *f.* çekici bir hale getirmek.

glance (gläns) *f., i.* göz atmak, göz gezdirmek; ima etmek; sıyırıp geçmek; *i.* bakış, nazar; ima; sıyırıp geçiş.

glance (gläns) *i., mad.* birkaç çeşit parlak ve kükürtlü mineral.

gland (gländ) *i., anat., bot.* bez, gudde; ifrazat hücresi; torba; *mak.* salmastra bileziği, salmastra kovanı; derece kenedi.

glan.ders (glän'dırz) *i., bayt.* at cinsinden hayvanlara mahsus nezle gibi fakat çok tehlikeli bir hastalık, sakağı, ruam. glandered *s.* bu hastalığa tutulan.

glan.du.lar, glan.du.lous (glän'cılır, -lıs) *s.* gudde gibi, guddeye ait. glandular fever öpüşme hastalığı.

glans (glänz) *i., anat.* erkek tenasül uzvunun veya klitorisin (bızır) başı.

glare (gler) *f., i., s.* göz kamaştıracak surette parlamak; çok parlak olmak (renk); göze çarpmak; yiyecekmiş gibi bakmak, dik dik bakmak; ateş püsküren gözlerle bakmak, dik dik bakış fırlatmak; *i.* göz kamaştırıcı ışık, parıltı; sahte ihtişam; keskin ve düşmanca bakış; *s.* düz, parlak, şeffaf. glare ice düz ve parlak buz.

glar.ing (gler'ing) *s.* dik ve düşmanca bakışlı; çok parlak, göz kamaştırıcı; apaçık, hemen göze çarpan. glaringly *z.* dik dik bakarak; göz kamaştıracak surette.

glar.y (gler'i) *s.* çok parlak, pırıltılı, göz kamaştırıcı. glariness *i.* çok parlak oluş, pırıltı.

glass (gläs) *i.* cam; camdan yapılmış şey, bardak, kadeh; ayna; bir bardak dolusu; barometre; termometre; dürbün; mercek, adese. glasses *i., çoğ.* gözlük. glass blower cam ve şişe imal eden kimse. glass cloth cam bezi; cam elyafından bir çeşit kumaş. glass culture cam altında bitki yetiştirme usulü. glass cutter cam kesici kimse veya alet, elmas. glass eye camgöz. glasshouse *i.* cam fabrikası; *İng.* limonluk, ser. glassman *i.* cam işleri satan kimse, züccaciyeci; cam imal eden kimse, camcı. glassware *i.*

züccaciye. glass wool cam yünü. glassworks *i.* cam fabrikası; cam süs eşyaları. a friendly glass dost ikramı bir kadeh içki. annealed glass tavlanmış cam. blown glass şişirilerek imal edilmiş cam. cheval glass endam aynası, boy aynası. cut glass billûr, kesme kristal. ground glass buzlu cam; cam tozu. looking glass ayna. magnifying glass pertavsız, büyüteç. pane of glass tek pencere camı. plate glass kalın ve pürüzsüz cam. spun glass ince tel haline getirilen cam, cam elyafı. stained glass renkli cam. glassful *i.* bir bardak dolusu, bir bardak. glassy *s.* cam gibi; anlamsız; dalgın, donuk.

glass (gläs) *f.* cam kaba koymak; cam gibi yapmak; camla kapatmak.

glass.wort (gläs'wırt) *i.* deniz kenarında yetişen ve eskiden camcılıkta kullanılan tuzlu bir bitki.

Glau.ber's salt(s) (glau'bırz) *ecza.* İngiliz tuzuna benzer müshil bir toz.

glau.co.ma (glôko'mı) *i., tıb.* bir göz hastalığı, gözde karasu hastalığı, glokom.

glau.co.nite (glô'kınayt) *i., min.* bazı kalkerlerde yeşil taneler şeklinde rastlanan bir silikat, glokoni.

glau.cous (glô'kıs) *s.* sarımsı yeşil renkte olan; yeşilimsi mavi; *bot.* üstü toz gibi beyaz bir madde ile kaplı (üzüm, erik).

glaze (gleyz) *f., i.* pencereye cam takmak; sırlamak, üstüne cam veya cam gibi bir tabaka geçirmek; cam gibi olmak; ince ve şeffaf bir tabakayla kaplamak; *i.* cam gibi sır, şeffaf sır, perdah; cam gibi şey.

gla.zier (gley'jır) *i.* camcı; perdahçı, sırcı.

gleam (glim) *i., f.* ışın, şua; hafif ve geçici ışık; parlaklık; *f.* ışın saçmak, pırıldamak. a gleam of hope bir ümit ışığı. a gleam of humor bir nebze güldürecek şey. gleaming *s.* ışınlar saçan, pırıltılı, tertemiz; ara sıra güneşli (hava).

glean (glin) *f.* hasattan sonra başak toplamak; bağ bozumundan sonra kalan üzümleri toplamak; sabırla seçip ayırmak.

glebe (glib) *i., şiir* yer, toprak; *İng.* vakıf arazisi.

glee (gli) *i.* coşkunca neşe; *müz.* üç veya üçten fazla sesli şarkı. glee club böyle şarkılar söyleyen grup.

glee.ful (gli'fıl) *s.* şen, neşeli. **gleefully** *z.* neşe ile.

gleet (glit) *i., tıb.* cerahatli hafif akıntı (*gen.* belsoğukluğundan).

glen (glen) *i.* dağlar arasındaki dar dere yatağı, dere, vadi.

gle.noid (gli'noyd) *s., anat.* oyuklu, çukursu.

glib (glib) *s.* (**-ber, -best**) fazla düşünmeden süratli olarak konuşan; içten olmasa da kolayca söylenen; çevik, yumuşak ve rahat hareket eden. **glibly** *z.* süratli konuşarak; çevik olarak. **glibness** *i.* konuşmada sürat, akıcılık; hareketlerde serbestlik.

glide (glayd) *f., i.* kaymak, kayıp gitmek, akmak, akıp gitmek, süzülmek; sessizce hareket etmek; yavaş yavaş değişmek; *hav.* motor kullanmadan havada uçmak; kaydırmak; *i.* kayma; *dilb.* sesin yavaş değişmesi.

glid.er (glay'dır) *i.* planör.

glid.ing (glay'ding) *i.* kayma, akış, süzülüş. **gliding angle** *hav.* süzülme açısı.

glim (glim) *i., argo* ışık, lamba, mum, fener; göz. **Douse the glim!** *argo* Lambayı söndür! Lambaya püf de!

glim.mer (glim'ır) *f., i.* parıldamak, hafif ışık vermek; *i.* parıltı, hafif ışık; zerre, nebze. **a glimmer of hope** ümit ışığı. **glimmering** *i.* zayıf ışık; ima, fikir edinme, seziş.

glimpse (glimps) *i., f.* bir an için görme, gözüne ilişme; *f.* çok az bir zaman için görebilmek.

glint (glint) *f., i.* birden parlamak; fırlamak; *i.* parıltı, birden görünen ışık, çıkış.

glis.sade (gliseyd', glisad') *i., f.* kayma; buzlu dağ eteğinde kayma; dans ederken bir yana kayılarak yapılan figür; *f.* kaymak.

glis.san.do (glisan'do) *i., müz.* parmağı piyano tuşlarının üzerinden çabuk geçirerek çıkarılan ses; kayma.

glis.ten (glis'ın) *f., i.* pırıldamak; parlamak, *i.* parıltı.

glit.ter (glit'ır) *f., i.* parıldamak, parlamak; göze çarpmak; *i.* parıltı, parlaklık; şaşaa, gösteriş. **All that glitters is not gold.** Parlayan her şey altın değildir. Görünüşe aldanmamalı. **glittery** *s.* parıldayan, parlak, şaşaalı.

gloam.ing (glo'ming) *i.* akşam karanlığı, ortalığın kararması.

gloat (glot) *f., gen.* **over** *ile* şeytanca bir zevk duymak, bir diğerinin başarısızlığını zevkle seyretmek; Oh olsun! demek.

glob (glab) *i.* damla; topak.

glob.al (glo'bıl) *s.* bütün dünyayı kapsayan; küresel, cihanşümul.

globe (glob) *i., f.* küre, top, yuvarlak; arz küresi, dünya; yetkisini belirtmek üzere hükümdarların taşıdığı altın top; dünya küresi modeli; *f.* küre haline koymak, küre şeklini almak. **globefish** *i.* kirpi balığı. **globeflower** *i., bot.* altın top. **globetrotter** *i.* durmadan dünyayı dolaşan kimse.

glo.bose (glo'bos, globos') *s.* küre şeklinde; küre şeklini andıran.

glob.u.lar (glab'yulır) *s.* küre şeklinde, küresel, kürevi; yuvarlardan meydana gelen.

glob.ule (glab'yul) *i.* küçük yuvarlak, kürecik.

glob.u.lin (glab'yulin) *i., biyol., kim.* globülin.

glock.en.spiel (glôk'ınspil) *i.* orkestrada çan sesi çıkaran alet, tınlak.

glom.er.ate (glam'ıreyt, -it) *s.* kümelenmiş, yığın halinde.

glom.er.ule (glam'ırul) *i., bot.* çiçek kümesi.

gloom (glum) *i., f.* sıkıntı, can sıkıntısı; karanlık, kasvet; kasvetli yer; *f.* canı sıkkın olmak, surat asmak; kararmak (hava); kederli olmak, meyus olmak; karartmak, kasvet vermek, kederlendirmek.

gloom.y (glu'mi) *s.* karanlık; kasvetli; sıkıcı, sıkıntılı; ümitsiz. **gloomily** *z.* kasvetle, ümitsizce.

glo.ri.fi.ca.tion (glôrıfıkey'şın) *i.* medih, övme, ululama, yüceltme, hamt, sena.

glo.ri.fy (glôr'ıfay) *f.* methetmek, övmek, göklere çıkarmak, büyültmek, yükseltmek, yüceltmek, ululamak, fazlasıyla büyültmek.

glo.ri.ous (glôr'iyıs) *s.* şanlı, şerefli, ünlü; parlak, muhteşem, mükemmel, fevkalâde. **gloriously** *z.* şanla, şerefli olarak. **gloriousness** *i.* şanlı oluş, ihtişam.

glo.ry (glôr'i) *i., f.* şeref, şan, şöhret; övünme; övgü, medih, sena, sitayiş; parlaklık, şaşaa, haşmet, ihtişam; celâl, izzet; *güz. san.* hale; *f.* iftihar etmek, övünmek, çok sevinmek; gururlanmak; *güz. san.* hale şeklini almak.

gloss (glôs) *i., f.* parlaklık; cilâ, perdah; bir ayıbı örtmek için yapılan gösteriş; dış güzellik; *f.* parlatmak, cilâ yapmak, yaldızlamak; parlamak, yaldızlanmak; **over** *ile*

sahte bir şekilde gizlemek. **glossily** z.
parlak bir şekilde. **glossiness** i. parlaklık,
cilâlı oluş. **glossy** s. parlak, cilâlı.

gloss (glôs) i., f. açıklama, şerh, haşiye, tefsir; satır aralarında verilen metin tercümesi; tevil, tahrif; f. açıklamak, şerhetmek, tefsir etmek, haşiye yazmak; yanlış tefsir etmek, tevil etmek, tahrif etmek.

glos.sal (glôs'ıl) s., anat. dile ait.

glos.sa.ry (glôs'ıri) i. bir kitaba veya yazara ait lûgatçe.

glos.sec.to.my (glas.sek'tımi) i., tıb. dilin tamamını veya bir kısmını kesme ameliyatı.

glos.si.ness (glôs'inıs) i. parlaklık.

glos.si.tis (glasay'tîs) i., tıb. dil iltihabı.

glosso- önek dil veya konuşma ile ilgili.

glos.so.la.li.a (glasıley'liyı) i. anlaşılmaz sesler veya sözler; bilinmeyen veya hayalî bir dilde konuşma.

glos.sol.o.gy, glot.tol.o.gy (glasal'ıci, glatal'ıci) i. dilbilimi.

glos.sy (glôs'i) s. parlak, cilâlı.

glost (glôst) i. çanak çömlek imalâtında kullanılan kurşun sır.

-glot sonek lisan konuşabilen: **tetraglot** dört lisan bilen kimse.

glot.tal (glat'ıl) s. gırtlaksı; glotise ait. **glottal stop** dilb. hemze.

glot.tis (glat'is) i., anat. nefes borusunun ağzı, glotis.

glove (glʌv) i., f. eldiven; f. eldiven giydirmek. **fit like a glove** eldiven gibi uymak, tam kalıbına göre olmak, biçilmiş kaftan olmak. **handle with kid gloves** kızdırmamak için (bir kimseye) yumuşak davranmak. **glover** i. eldivenci.

glow (glo) f., i. ısıdan kızarmak veya beyazlaşmak, kor haline gelmek, yanmak; sıcak olmak, hararetli olmak; kızarmak, kırmızılaşmak; şevke gelmek, alevlenmek; i. şevk, parlaklık, kızartı; hararet; ateş; şevk ve gayret. **glowworm** i. ateş böceği, yıldız kurdu, kandil böceği, zool. Zampyris noctiluca. **glowing** s. kızarmış, hararetli; parlak. **glowingly** z. överek; heyecanla, hararetle.

glow.er (glaw'ır) f., i. dik dik bakmak, öfke ile bakmak; i. öfkeli bakış.

glox.in.i.a (glaksin'iyı) i. gloksinya, bot. Sinningia speciosa.

gloze (gloz) f. tevil etmek, söze veya davranışa başka anlam vermek.

glu.ci.num, glu.cin.i.um (glusi'nım, -sîn'iyım) i. berilyum (eski ismi).

glu.cose (glu'kos) i. glikoz.

glue (glu) i., f. tutkal; tutkal gibi yapışkan madde; f. tutkalla yapıştırmak; yapışıp kalmak. **gluepot** i. içine ısıtılacak tutkal kabı konulan kaynar su kabı. **gluey** s. tutkal gibi, yapışkan. **glueyness** i. yapışkanlık.

glum (glʌm) s. asık yüzlü, suratsız.

glu.ma.ceous (glumey'şıs) s., bot. kavuzlu.

glume (glum) i., bot. kavuz, çayırgillerin başakçıklarında pul şeklinde bir çenek, gluma.

glut (glʌt) f. (-ted, -ting) i. tıka basa doyurmak, ağzına kadar doldurmak; lüzumundan fazla mal çıkarıp piyasayı boğmak; oburcasına yemek; i. bolluk, tokluk, piyasada fazla mal olması.

glu.ten (glut'ın) i. glüten. **gluten bread** glüten ekmeği, nişastası az ekmek. **gluten flour** glüten unu, nişastası az un.

glu.ti.nous (glut'ınıs) s. tutkal cinsinden, tutkala benzer.

glut.ton (glʌt'ın) i., zool. kutup porsuğu.

glut.ton (glʌt'ın) i. obur kimse, boğazına düşkün kimse, çok yiyen kimse, açgözlü kimse; haris kimse. **gluttonous** s. obur, açgözlü. **gluttonously** z. oburcasına.

glut.ton.y (glʌt'ını) i. oburluk.

glyc.er.in(e), glyc.er.ol (glis'ırîn, -ol) i. gliserin.

gly.co.gen (glay'kıcın) i. glikojen.

gly.col (glay'kol) i. glikol.

gly.co.su.ri.a (glaykısûr'iyı) i., tıb. glikozüri.

glyph (glif) i., mim. yapı tezyinatında oyuk şeklinde yiv, glif; oyma veya kabartma şekli.

glyp.tic (glip'tik) s. bilhassa kıymetli taş oymacılığına ait. **glyptics** i. kıymetli taş oymacılığı.

glyp.tog.ra.phy (gliptag'rıfi) i. kıymetli taş oyma sanatı. **glyptograph'ic** s. bu sanata ait.

gm. kıs. gram(s).

G-man (ci'män) i., A.B.D. Federal Soruşturma Bürosu memuru.

GMT kıs. **Greenwich mean time.**

gnarl (narl) *i., f.* iri budak, yumru, boğum; *f.* burmak, yamru yumru bir hale getirmek. **gnarled, gnarly** *s.* budaklı; boğum boğum, yamru yumru, yıpranmış (eller).

gnash (näş) *f.* diş gıcırdatmak; diş gıcırtadarak ısırmak veya çiğnemek.

gnat (nät) *i., A.B.D.* tatarcık; *İng.* sivrisinek. **strain at a gnat and swallow a camel** ufak şeyi büyütüp büyük şeye önem vermemek.

gnath.ic (näth'ik) *s.* çeneye ait.

gna.tho.stome (nä'thıstom) *i., zool.* hakiki çeneli omurgalı.

gnaw (nô) *f.* kemirmek, ısıra ısıra yemek; sancı vermek (mideye); sıkıntı vermek. **gnawing** *i.* ezinti, ezilme.

gneiss (nays) *i., jeol.* granit cinsinden bir çeşit metamorfik kaya, gnays.

gnome (nom) *i.* yeraltındaki hazinelerin bekçileri farzolunan biçimsiz cüceler.

gnome (nom) *i.* vecize, atasözü, darbımesel.

gno.mic, -mi.cal (no'mik, nam'ik, -ıl) *s.* vecize veya darbımeselleri içine alan.

gno.mon (no'man) *i.* güneş saati mili; *geom.* bir paralelkenarın bir köşesinden daha küçük bir paralelkenar ayrılınca geriye kalan şekil.

-gnomy *sonek* bilgisi.

gno.sis (no'sis) *i.* tasavvufta marifet, Gnostik akidesi.

gnos.tic (nas'tik) *s., i.* gnostik, arif; ilmî, ilme ait; *i.* gnostik; *çoğ.* Hıristiyanlığın başlangıcında ruhani sırları bilmek iddiasında olan dini fırkalar.

Gnos.ti.cism (nas'tisizım) *i.* Hıristiyanlığın başlangıcında ruhani sırları ve yaradılışın sırrını bilmek iddiasında olan mezhep, gnostisizm.

GNP *kıs.* **gross national product.**

gnu (nu) *i.* öküz başlı, kıvrık boynuzlu, yeleli ve uzun kuyruklu bir Güney Afrika antilopu, gnu, *zool.* Connochaetes.

go (go) *f.* (**went, gone**) gitmek, hareket etmek, ilerlemek; ayrılmak; yarışa başlamak; hareket halinde olmak, işlemek, çalışmak, iş görmek; ses çıkarmak; elden gitmek, kaybolmak; yıkılmak; yeri olmak; devrolunmak; tahsis edilmek; yayılmak, geçmek; olmak; devam etmek; sonuçlanmak; uymak; ölmek; iptal edilmek, kaldırılmak;

yardım etmek; satılmak; dayanmak; yapmak üzere olmak; denmek, söylenmek; vâsıl olmak, ulaşmak; uzanmak, erişmek; *k. dili* bahse girmek; *k. dili* işemek. **go a long way** çok iş görmek, çok dayanmak; yüksek mevkiye ulaşmak. **go about** *den.* tiramola etmek. **go about a task** bir işi ele almak, bir işe başlamak. **go abroad** dış memleketlere gitmek. **go after** (yakalamak veya almak için sıra ile) peşinden gitmek. **go against** karşı gelmek, karşı olmak; aykırı olmak; aleyhinde sonuçlanmak. **go ahead** devam etmek; ileri gitmek, başlamak. **the go-ahead** izin, müsaade; başlama işareti. **go all the way** tamamıyle anlaşmak; cinsî münasebette bulunmak. **go along** devam etmek. **Go along!** Haydi, git! **I'll go along now.** Gidiyorum artık. **go along with** ile beraber bulunmak; uymak; razı olmak, kabul etmek. **go around** herkese yetmek; gezinmek; sarmak, çevirmek. **go-as-you-please** *s.* keyfî, serbest, istenilen kıyafetle gidilen. **go at** saldırmak; üzerinde çalışmak. **go back** dönmek. **go back on** vefasızlık göstermek, terketmek; (sözünden) vazgeçmek, caymak. **go bad** bozulmak, çürümek. **go bail for** -e kefil olmak. **go begging** sahipsiz olmak, istenilmemek, çok ucuza satışa çıkmak. **go behind** aslını araştırmak. **go beyond** aşmak, öteye geçmek. **go by** geçmek, yanından geçmek; -e göre davranmak; ismi ile tanınmak. **go by the board** metruk kalmak; kaçırılmak (fırsat). **go down** inmek, sönmek; batmak (güneş, gemi); yutulmak; azalmak, düşmek; yenilmek; (tarihe) geçmek; makbule geçmek; *İng.* üniversiteden ayrılmak; *briç* düşmek. **go down the drain** *k. dili* boşuna sarfedilmek (para), kaçırılmak (fırsat); atılmak. **go far** çok iş görmek; çok etkili olmak; yüksek mevkiye ulaşmak. **go for** -e geçmek, sayılmak; peşinde olmak, peşine düşmek, aramak; almaya gitmek; *k.dili* saldırmak; *k.dili* çok beğenmek. **go for a song** çok ucuza satılmak. **go great guns** büyük bir başarı göstermek. **go hang** kahrolmak; unutulmak. **go halves** *k.dili* paylaşmak. **go hard with** güç duruma düşürmek. **go hungry** aç kalmak. **go in and out** girip çıkmak. **go in debt** borçlanmak. **go in for** katılmak, meraklısı olmak. **go into** giymeye başlamak; meslek olarak seçmek; iyice araştırmak; bölünmek. **Two will go into six.** Altı ikiye bölünür. **Three into two won't go.** İki üçe bölünmez. **go in with** ile girişmek, ile ortak olmak. **go into effect** yürürlüğe girmek. **go it** (uygunsuzca, usulsüzce, çılgınca) davranmak; meşgul olmak; idare etmek; atılmak. **go mad** çıldırmak, delirmek. **go native** yerli gibi olmak, yerlilere benzemek. **go off** patlamak, ateş almak; gitmek; sönmek, kesilmek; uyumak; çıkmak (sahneden). **The party went off well.** Ziyafet başarılı idi. **go on** devam etmek, ileri gitmek; hareket etmek; sahneye çıkmak. **Go on!** Devam et! Yapma! İnanmıyorum. **go on strike** grev yapmak. **go on the road** turneye çıkmak (tiyatro topluluğu). **go on the stage** tiyatro hayatına atılmak. **go one better** (başkasından) daha ileri gitmek. **go out** çıkmak, evden ayrılmak; sönmek; geçmek (moda); grev yapmak; oyundan çıkmak. **go over** geçmek, öbür tarafa geçmek; tekrarlamak; incelemek, tetkik etmek, prova etmek; *k.dili* başarmak. **go places** hayatta ilerlemek. **go round** *bak.* **go around. go shares with** ile paylaşmak. **go steady** devamlı olarak tek bir kişi ile flört etmek. **go the whole hog** istediğini elde etmek için her şeyi göze almak; çekinmeden girişmek. **go through** yoklamak, gözden geçirmek; geçirmek (hastalık, tecrübe); üstünden girip altından çıkmak, sarfedip bitirmek; geçmek; durmadan gitmek (tren); kabul edilmek (tasarı). **go through fire and water** büyük imtihandan geçmek, çok ıstırap çekmek. **go through with** yürütmek, sonuca bağlamak, bitirmek. **Go to!** *eski* Haydi! **go to bed** yatmak; *matb.* baskıya gitmek; cinsel ilişkide bulunmak. **go to great expense** çok masrafa girmek. **go to hell** cehenneme gitmek; mahvolmak. **Go to hell!** Allah kahretsin! Cehennem ol! **go to ground** deliğine kaçmak (av). **go to one's head** başını döndürmek; kafasını tutmak. **go to pieces** parçalanmak; manen ve maddeten düşmek; sıhhati bozulmak; ayılıp bayılmak. **go to press** basılmak (gazete, kitap). **go to sea** denizci olmak; denize çıkmak. **go to the country** *İng.* kendi seçim bölgesinin oyuna baş vurmak. **go to the dogs** berbat olmak, düşmek,

mahvolmak. **go to the wall** altta kalmak, iflâs etmek. **go to town** şehre inmek; büyük bir enerjiyle hareket etmek. **go together** düzenlenmek, yerine oturtulmak, uymak, takılmak; iyi gitmek; beraber gitmek. **go too far** fazla ileri gitmek, haddini aşmak. **go under** batmak; iflâs etmek. **go under the name of** adıyla tanınmak. **go underground** gizli teşkilât kurmak, faaliyetine gizli olarak devam etmek. **go up** çıkmak, yükselmek, fırlamak; *tiyatro* sahnenin arka tarafına gitmek; *İng.* üniversiteye girmek; *k.dili* mahvolmak, batmak. **go up in flames** tutuşup yanmak. **go with** beraber gitmek, uygun olmak, yaraşmak; *k.dili* ile flört etmek. **go with the tide** zamana uymak. **go without** -siz olmak, mahrum olmak. **go without saying** söz götürmemek, söylemeye lüzum olmamak, ortada olmak, aşikâr olmak. **a going concern** başarılı bir iş. **a good rule to go by** uygulanmaya değer bir kural, fayda görülen bir kural. **Here goes!** Başlıyoruz! Haydi bakalım! **How is it going?** İşler nasıl gidiyor? **Let go!** Bırak! **as far as it goes** bir dereceye kadar. **as far as that goes** mademki ondan bahsediyoruz. **Who goes there?** *ask.* Kim o?

go (go) *i.* gitme, gidiş; *k.dili* gayret, kuvvet, enerji; teşebbüs, hamle, sefer; başarı; *k.dili* anlaşma. **All systems are go.** Herşey tamam. Başlayabiliriz. Devam edebiliriz. **He made a go of it.** İşini başardı. **It's no go.** Olacak iş değil. **go-no-go gage** standart dışı olanları reddeden mekanizma. **on the go** hareket halinde, faal.

go (go) *i.* Japonya'da oynanan bir çeşit satranç.

Go.a (gow'ı) *i.* Goa.

goad (god) *i., f.* üvendire; *f.* üvendire ile dürtmek veya sürmek; teşvik etmek, dürtmek.

goal (gol) *i.* gaye, hedef, maksat, nişan; *spor* gol; kale. **goalie** *i., k.dili* kaleci. **goalkeeper** *i.* kaleci. **goal line** gol çizgisi. **goal posts** *spor* kale direkleri.

goat (got) *i.* keçi, teke; *astr.* Oğlak burcu; *argo* şakaya hedef olan kimse; zampara. **goatherd** *i.* keçi çobanı. **get one's goat** *argo* bir kimsenin sinirine dokunmak, kızdırmak. **the sheep and the goats** iyiler ve kötüler. **striped goatfish** barbunya, *zool.* Muslus barbatus. **Syrian goat** küpeli keçi. **wild**

goat yaban keçisi, *zool.* Capra hircus. **goatish, goaty** *s.* keçi gibi; kaba, pis. **goatishly** *z.* kaba bir şekilde, pis olarak. **goatishness** *i.* kabalık, pislik; zamparalık.

goat.ee (goti') *i.* sivri sakal, keçi sakalı, yalnız çenede olan sakal.

goats.beard (gots'bîrd) *i.* teke sakalı, *bot.* Tragopogon pratensis.

goat.skin (got'skîn) *i.* keçi postu.

goat.suck.er (got'sʌkır) *i.* çobanaldatan, keçisağan, *zool.* Caprimulgus europaeus.

gob (gab) *i.*, *k.dili* parça, küme; *k.dili* Amerikan deniz eri; *çoğ.* büyük miktar, çok.

go.bang (gobäng') *i.* Japonya'da dama tahtasında oynanan bir oyun.

gob.bet (gab'ît) *i.* et parçası.

gob.ble (gab'ıl) *f.* çabuk çabuk yemek, yutmak; *A.B.D.*, *argo* kapmak.

gob.ble (gab'ıl) *f.*, *i.* hindi gibi sesler çıkarmak; *i.* hindi sesi. **gobbler** *i.* baba hindi.

gob.ble.dy.gook (gab'ıldiguk) *i.*, *k.dili* karışık ve anlamsız yazı veya söz.

Gob.e.lin (gab'ılin, go'-) *i.* goblen duvar halısı.

go-be.tween (go'bıtwin) *i.* aracı, arabulucu; simsar, tellâl.

Go.bi Desert (go'bi) Gobi Çölü.

gob.let (gab'lît) *i.* kadeh.

gob.lin (gab'lin) *i.* gulyabani, cin.

go.bo (go'bo) *i.* mercek siperi.

go.by (go'bi) *i.* kayabalığı, Gobiidae familyasından bir balık. **black goby** kömürcünkayası, *zool.* Gobius niger. **fresh water goby** dere kayası, *zool.* Gobius fluviatilis. **rock goby** hortumkayası, *zool.* Gobius paganellus. **yellow goby** sazkayası.

go-by (go'bay) *i.*, *k.dili* saygısızlık; görmezlikten gelme; kaçınma, çekimserlik. **give someone the go-by** tanımazlıktan gelmek, yüz vermemek.

go-cart (go'kart) *i.* oyuncak çocuk arabası; çocuğu yürümeye alıştırmak için kullanılan tekerlekli sandalye; çocuk arabası; hafif araba; *bak.* gokart.

god (gôd) *i.* ilâh, mabut; put, sanem; *b.h.* Allah, Tanrı, Cenabı Hak; ilâh mertebesine çıkarılmış kimse veya şey; büyük kudret sahibi kimse. **God forbid!** Allah esirgesin! Allah korusun! Maazallah! **God knows!** *k.dili* Vallahi! **God only knows!** Allah bilir! **God's acre** kilise avlusundaki mezarlık.

God save the King! Yaşasın Kral! **God willing** inşallah, Allah isterse. **act of God** *huk.* zorlayıcı sebep; yıldırım inmesi gibi gelen ve insan kudretini aşan afet. **a feast for the gods** şahane bir ziyafet. **for God's sake** Allah aşkına, Allah rızası için. **Good God!** Aman Yarabbi! **serve God and Mammon** hem Allaha hem paraya tapınmak. **So help me God.** Allah yardımcım olsun (mahkemede yemin edilirken söylenir). **Thank God!** Allaha şükür! Maşallah! **would to God** keşke. **Ye gods!** Hay Allah!

god.child (gôd'çayld) *i.* vaftizi üzerine alınan çocuk, vaftiz evlâdı.

god.damn (gôd'däm') *ünlem*, *s.* Kahrolsun! *s.* kahrolası.

god.dess (gôd'îs) *i.* mabude, ilâhe, tanrıça; çok cazip kadın.

god.fa.ther (gôd'fadhır) *i.* vaftiz babası, manevî baba.

god-fear.ing (gôd'firing) *s.* dindar.

god.for.sak.en (gôd'fırsey'kın) *s.* Allah tarafından terkedilmiş; vicdansız; kahrolası.

god.head (gôd'hed) *i.* Allah, mabut.

god.hood (gôd'hûd) *i.* ilâhîlik, tanrılık vasfı.

god.less (gôd'lîs) *s.* Allahı tanımaz, Allahsız, dinsiz; günahkâr. **godlessly** *z.* Allahsızca. **godlessness** *i.* Allahsızlık, dinsizlik.

god.like (gôd'layk) *s.* Allah gibi, Allah'a benzer, tanrısal; fevkalâde iyi. **godlikeness** *i.* tanrısal oluş; üstünlük, fevkalâdelik.

god.ly (gôd'li) *s.* Allah'a saygı duyan, dindar; ilâhî. **godliness** *i.* dindarlık.

god.moth.er (gôd'mʌdhır) *i.* vaftiz anası.

go.down (godaun') *i.* (uzakdoğuda) ambar.

go.droon *bak.* gadroon.

god.send (gôd'send) *i.* beklenilmedik zamanda vaki olan iyi bir şey, tam vaktinde Allah'tan gelen yardım.

God.speed (gôd'spid) *ünlem* Allah yardımccın olsun!

God.ward(s) (gôd'wırd, -z) *s.* Allah'a doğru, Allah'a yönelmiş.

god.wit (gôd'wit) *i.*, *zool.* Limosa familyasından çulluğa benzeyen bir kuş.

go.er (go'wır) *i.* giden kimse, gidici kimse.

gof.fer (gôf'ır) *f.*, *i.* kırma yapmak, kırmak, kıvırmak; *i.* kırma demiri veya kalıbı; kırma.

go-get.ter (go'get'ır) *i.*, *A.B.D.*, *k.dili* becerikli kimse, açıkgöz kimse, her istediğini elde edebilen kimse.

gog.gle (gag'ıl) *f.*, *s.* şaşı bakmak; devirmek (gözlerini), belertmek; *s.* patlak (göz), dışarı fırlamış (göz). **goggle-eyed** *s.* patlak gözlü.

gog.gles (gag'ılz) *i.*, *çoğ.* şoför veya pilotlara mahsus iri gözlük, tayyareci gözlüğü; renkli gözlük, güneş gözlüğü; sualtı gözlüğü.

go.ing (go'wîng) *i.*, *s.*, *f.* gidiş, ayrılış; yolların durumu; *s.* mevcut olan; hareket eden; işleyen; *f.* *gelecek zamanı belirten yardımcı fiil:* I am going to do this. Bunu yapacağım. **goings on** *k.dili* olup bitenler, hal ve hareket (çoğu zaman fena anlamda). **a going concern** başarılı iş veya şirket. **It's going on four** o'clock. Saat dörde geliyor. **There is nothing going on.** Hiç bir şey olduğu yok. **set the clock going** saati kurmak.

goi.ter, -tre (goy'tır) *i.*, *tıb.* guatr, guşa. **goitered, goitrous** *s.* guatrı olan, guatra ait.

go-kart (go'kart) *i.*, *A.B.D.* ufak motorlu yarış arabası.

gold (gold) *i.*, *s.* altın; altın para; servet, zenginlik; altın rengi, sarı renk; yaldız, dore; *s.* altından yapılmış. **gold amalgam** civalı altın. **gold basis** altın esası; piyasanın altın fiyatlarına göre ayarlanışı. **gold beater** varakçı. **gold beetle** altın gibi parlayan bir böcek. **gold brick** *argo* üşenip işini yapmayan kimse; *k.dili* kıymetli görünen sahte şey. **gold clause** *A.B.D.* tahvil karşılığının vadesi gelince altın ile ödenmesi şartını koşan madde. **gold digger** altın arayıcısı; *argo* erkeklerden para sızdırmaya çalışan kadın, *slang* fındıkçı. **gold dust** altın tozu. **gold fever** altın madeni arama deliliği, altın humması. **gold foil** altın varak, ince altın. **gold leaf** çok ince altın varak. **gold mine** altın madeni; servet kaynağı. **gold rush** altına hücum. **gold standard** para değerinde altını esas tutma usulü, altın esası. **gold star mother** harpte şehit olan askerin annesi. **gold thread** kılaptan, sırma tel. **gold washer** yıkayarak altını kumdan ayıran kimse veya alet. **a heart of gold** altın kalp, saf ve temiz kalp. **old gold** kahverengine çalan mat sarı renk.

Gold Coast Afrika'da Altın Kıyısı.

gold.en (gol'dın) *s.* altın, altından yapılmış; altın renginde; çok kıymetli, fevkalade; gönençli. **Golden Age** Yunan ve Roma efsanelerinde geçen, insanların barış ve mutluluk içinde yaşadıkları eski bir devir; altın çağ. **golden eagle** kaya kartalı; altın kartal. **golden fleece** altın pösteki, *bak.* Argonaut. **Golden Gate** San Francisco körfezinin ağzı. **Golden Horn** (İstanbul'daki) Haliç. **golden mean** ılımlılık, itidal, ifrata kaçmayış. **golden rule** "Herkese iyilik et" kaidesi. **golden wedding** evliliğin ellinci yıldönümü. **Silence is golden.** Sükût altındır.

gold.en.rod (gol'dınrad) *i.* Compositae familyasından uzun saplı bir sarı çiçek.

gold.finch (gold'fînç) *i.* saka kuşu, *zool.* Carduelis carduelis; karabaşlı iskete; bunlara benzer birkaç sarı kuş.

gold.fish (gold'fîş) *i.* havuz balığı, kırmızı balık, *zool.* Carassius auratus.

gold.i.locks (gol'dilaks) *i.* sarı bukleli saçları olan kimse; düğünçiçeği, *bot.* Ranunculus.

gold.smith (gold'smîth) *i.* kuyumcu.

golf (gôlf) *i.*, *f.* golf oyunu; *f.* golf oynamak. **golf club** golf değneği; golf kulübü. **golfer** *i.* golf oyuncusu.

Gol.go.tha (gal'gıthı) *i.* Golgota, Hazreti İsa'nın çarmıha gerildiği yer; *k.h.* cefa çekilen yer.

gol.iard (gol'yırd) *i.* ortaçağda Avrupa'da oradan oraya gezerek Latin yergi şiir veya şarkıları yazıp söyleyen öğrenciler.

Go.li.ath (gılay'ıth) *i.* Hazreti Davud'un öldürdüğü dev gibi adam, Calût.

gol.ly (gal'i) *ünlem*, *k.dili* Allah Allah!

go.losh *bak.* galosh.

gom.broon (gambrun') *i.* İran işi beyaz porselen.

Go.mor.rah (gımôr'ı) *bak.* Sodom.

gon.ad (go'näd) *i.*, *anat.* yumurtalık veya erbezi.

gon.do.la (gan'dılı, gando'lı) *i.* gondol; Kuzey Amerika'ya mahsus dibi düz bir mavna; yolcular için balona takılan vagon; *d.y.* üstü açık yük vagonu.

gon.do.lier (gandılir') *i.* gondolcu.

gone (gôn) *bak.* go; *s.* ayrılmış; kaybolmuş; yok olmuş, mahvolmuş; ölmüş; geçmiş; sevdalanmış, aşık olmuş. **far gone** çok ilerlemiş, ileri safhada; ölümün eşiğinde,

bir ayağı çukurda. **a gone feeling** bitkin-
lik, baygınlık.

gone.ness (gôn'nîs) *i.* baygınlık, bitkinlik.

gon.er (gôn'ır) *i., k.dili* kurtulması imkânsız
olan kimse veya şey.

gon.fa.lon (gan'fılın) *i.* yatay bir direkten aşa-
ğıya doğru asılan bir çeşit bayrak. **gon-
falonier'** *i.* bu bayrağı taşıyan adam; orta-
çağda İtalya'da yüksek bir rütbe.

gong (gông) *i.* gong, tokmakla vurulunca ses
çıkaran yassı bir madenî alet.

go.ni.om.e.ter (goniyam'ıtır) *i.* açıları ölçmeye
mahsus alet; mimar gönyesi, goniometre.

gon.or.rhe.a (ganıriy'ı) *i., tıb.* belsoğukluğu.

goo (gu) *i., A.B.D., argo* yapışkan madde;
çamur.

goo.ber (gu'bır) *i., A.B.D.* Amerikan fıstığı.

good (gûd) *s.* **(better, best)** *i.,* *ünlem* iyi,
âlâ, güzel, hoş; uygun, münasip, yerinde;
faydalı; doğru; hayır sahibi, kerim, cömert;
uslu, itaatli; dini bütün; muteber; şerefli;
sağlam, mükemmel, dolgun; çok, büyük;
hünerli; güvenilir; hayırlı; bozulmamış; sıh-
hatli; *i.* salâh, iyilik, doğruluk; iyi ve hayırlı
şey; hayır; fayda; menfaat, yarar; **the** *ile* iyi in-
sanlar; *ünlem, bazen* **very** *ile* pekâlâ. **good
and** *k.dili* tamamen, çok. **good breeding**
terbiye. **Good day.** Merhaba. Günaydın.
Allaha ısmarladık. Güle Güle. **Good evening.**
İyi akşamlar. Akşam şerifler hayrolsun. Tün-
aydın. **good fellow** iyi adam, iyi çocuk,
hoşsohbet kimse. **good-fellowship** *i.* soh-
bet, arkadaşlık. **good for** -e yarar; mute-
ber; dayanır. **good for a lira** bir lira değe-
rinde. **good for nothing** hiç bir işe ya-
ramaz. **Good for you!** Aferin! **Good
gracious!** Allah Allah! Tuhaf şey! **Good
heavens!** Aman yarabbi! Allah Allah! **good
humor** hoş mizaç; şakacılık. **good-looking**
s. yakışıklı, güzel; cazip. **Good morning.**
Günaydın. Sabah şerifler hayrolsun. **good
-natured** *s.* iyi huylu, yumuşak huylu. **Good
night.** İyi geceler. Allah rahatlık versin.
good offices yardım, vasıta olma, ara bul-
ma (özellikle diplomatik konularda). **good
old days** geçmiş iyi günler. **good sense**
makul düşünüş, aklıselim. **good-tempered**
s. iyi huylu, yumuşak başlı. **good works**
hayır işleri, hasenat, sevap. **a good long
time** bir hayli uzun zaman. **a good turn**

iyilik etme. **a good while** bir hayli zaman.
good and angry epey kızgın. **as good as**
hemen hemen, neredeyse; gerçekten. **as
good as dead** hemen hemen ölmüş gibi.
as good as gold gerçekten altın gibi. **Be
good enough to come.** *İng.* Gelmek lüt-
funda bulunun. **for good** *veya* **for good
and all** temelli olarak, daimî olarak. **He will
come to no good.** O adam olmaz. **hold
good** geçerli olmak; değerini korumak. **How
good of you!** *İng.* Bu ne lütuf! Çok nazik-
siniz. **I have a good mind to...** aklıma koy-
dum, tasarladım, yapacağım. **in good spirits**
neşeli, keyfi yerinde. **make good** başarmak,
muvaffak olmak, adam olmak, sağlamlaştır-
mak; (zararını) ödemek. **to the good** kârdır.
What's the good of it? Neye yarar?

good-by, good-bye (gûdbay') *ünlem, s., i.*
Allaha ısmarladık. Hôşça kal. Güle güle. Selâ-
metle; *s., i.* veda.

good.ly (gûd'li) *s.* güzel, hoş görünüşlü; büyük.
goodliness *i.* iyilik, iyi huyluluk.

good.ness (gûd'nîs, gûn'ıs) *i., ünlem* iyilik,
güzellik; erdem, mükemmellik; cömertlik, ne-
zaket; fazilet; faydalı kısım; *ünlem* Allah!
Goodness knows! Allah bilir! **For good-
ness' sake!** Allah aşkına! **Thank good-
ness!** Allaha şükür! **have the goodness to**
lütfen, nezaketen. **I wish to goodness** aman,
keşke, Allah vere.

goods (gûdz) *i., çoğ.* eşya, mal; kumaş; gayri
menkul eşya; *A.B.D., argo* gerekli vasıflar.
goods train *İng.* marşandiz, yük katarı.
deliver the goods *A.B.D., k.dili* beklenilen
bir şeyi muvaffakıyetle yapmak. **get the
goods on** *argo* suç delillerini elde etmek,
elinde suç delilleri olmak.

good.will *i.,* **good will** (gûd'wil') iyi niyet, hüs-
nüniyet, hayırhahlık; neşe; *ikt.* bir ticaret ye-
rinin itibar ve müşteri ilişkileri gibi manevî
değerleri. **good-will ambassador** iyi niyet
elçisi.

good.y (gûd'i) *i., k.dili, s., ünlem* şekerleme,
bonbon; *s.* sahte sofu; *ünlem, ç. dili* ne iyi.
goody-goody *i.* hanım evlâdı.

goo.ey (gu'wi) *s., k.dili* yapışkan.

goof (guf) *i., f., argo* ahmak kimse; hata; *f.* hata
yapmak. **goof up** *argo* bozmak; becereme-
mek, altüst etmek. **goof off** *argo* işten kaçın-
mak, atlatmak, başından atmak.

goof.y (gu'fi) s., argo ahmak, akılsız, budala; saçma.

goo.gol (gu'gal) i., mat. 10^{100}, onun yüzüncü kuvveti.

goo.gol.plex (gu'galpleks) i., mat. $(10^{10})^{100}$.

gook (gûk, guk) i., A.B.D., argo çamur, balçık, yapışkan pislik; A.B.D., aşağ. Endonezyalı.

goon (gun) i., argo bir şantajcının adamı olan katil, kundakçı; işverenin grevcilere karşı şiddet kullanan adamı; ahmak kimse.

goop (gup) i., A.B.D., k.dili yapıştırıcı madde; kaba kimse.

goose (çoğ. **geese**) (gus, gis) i. kaz, zool. Anser; kaz eti; budala kimse, ahmak kimse. **goose egg** argo sıfır. **goose flesh** tüyleri diken diken olmuş deri. **goose step** kaz adımı; Alman askerinin yürüyüşü. **cook one's goose** işini bozmak. **fox and geese** körebe oyunu; bunu taklit ederek dama tahtası üstünde oynanan birkaç çeşit oyun. **kill the goose that lays the golden egg** altın yumurtlayan kazı kesmek, işini kendi eliyle bozmak. **red-breasted goose** kızıl kaz, zool. Branta ruficollis.

goose (gus) i. (çoğ. **gooses**) terzi ütüsü.

goose (gus) f., argo poposuna vurmak.

goose.ber.ry (gus'beri) i. bektaşiüzümü, bot. Ribes grossularia.

goose.foot (gus'fût) i. kazayağı, bot. Chenopodium.

goose.herd (gus'hırd) i. kaz çobanı.

goose.neck (gus'nek) i. kaz boynu şeklinde şey.

goose.quill (gus'kwil) i. kaz kanadı tüyü; tüy kalem.

G.O.P. kıs. **Grand Old Party, Republican Party.**

go.pher (go'fır) i., zool. Kuzey Amerika'ya mahsus birkaç çeşit sincap.

Gor.di.an knot (gôr'diyın) mit. kördüğüm; Büyük İskender'in çözemeyip kılıcı ile kestiği düğüm. **cut the Gordian knot** bir müşkülü olağanüstü bir şekilde halletmek.

gore (gôr) i., f. kan, pıhtılaşmış kan; f. boynuzla yaralamak.

gore (gôr) i., f. peş, üç köşeli parça (kumaş); f. kumaşı bu şekilde kesmek; peş koymak.

gorge (gôrc) i. koyak, vadi, iki dağ arasındaki geçit; oburcasına yutulan şey; su yolunu tıkayan birikinti; tiksinti.

gorge (gôrc) f. oburcasına çok veya çabuk yemek yemek, atıştırmak.

gor.geous (gôr'cıs) s. muhteşem, harikulade, parlak, debdebeli, göz kamaştırıcı. **gorgeously** z. muhteşem bir şekilde.

gor.get (gôr'cît) i. boğaz zırhı; zırhlı yakalık; adi yakalık, kadın yakası; gerdanlık; zool. bazen kuş boğazında bulunan ayırt edici renkli benek; tıb. taş çıkarmaya mahsus cerrah aleti.

Gor.gon (gôr'gın) i., mit. kendisine her bakanın taş kesildiği farzolunan yılan saçlı üç kadından biri, Gorgon; k. h. çirkin ve korkunç kadın.

Gor.gon.zo.la cheese (gôrgınzo'lı) İtalya'ya mahsus bir çeşit peynir.

go.ril.la (gırıl'ı) i., zool. en büyük cins maymun, goril; argo bir gangsterin şiddet için kullandığı yardımcı; amansız hırsız.

gor.mand bak. **gourmand.**

gor.mand.ize (gôr'mındayz) f. oburca yemek yemek, pek çok yemek.

gorse (gôrs) i., İng. katırtırnağına benzer bir bitki, bot. Ulex europaeus.

go.ry (gôr'i) s. kanlı. **gorily** z. kanlı olarak.

gosh (gaş) ünlem Hay Allah!

gos.hawk (gas'hôk) i. atmaca, çakırdoğan, zool. Accipiter gentilis; doğu atmacası, zool. Accipiter nisus.

gos.ling (gaz'ling) i. kaz palazı, kaz yavrusu.

gos.pel (gas'pıl) i. İncili Şerif; dört incilden biri; iyi haber, müjde; doğru söz, hakikat; akide. **gospel truth** asıl hakikat.

gos.po.din (gaspadyin') i., Ru. bay (ecnebiler için).

gos.port (gas'pôrt) i. bükülebilen bir cins konuşma borusu (pilotlar veya odalar arasında kullanılır).

gos.sa.mer (gas'ımır) i., s. havada uçan ince örümcek ağı; örümcek ağı gibi ince kumaş; s. ince, hafif.

gos.sip (gas'ıp) i., f. dedikodu, gevezelik, boş laf; dedikoducu kimse; f. dedikodu etmek, gevezelik etmek. **gossiper** i. dedikoducu kimse. **gossipy** z. dedikodulu (haber).

gos.sip.mon.ger (gas'ıpmʌnggır) i. dedikoducu kimse.

got (gat) bak. **get**; sahip olma: He has got a fine library. Güzel bir kütüphanesi var. mecburiyet belirtme: I've got to go. Gitmem lâzım.

Goth (gath) *i.* Got, Got kavminden biri; kaba adam, barbar kimse.

Goth.ic (gath'ik) *s., i.* Got'lara ait, Gotik; kaba, vahşi; Gotik yazıya ait; *i.* Got dili, Gotça; *mim.* Gotik tarzı; *matb.* Gotik yazı. Gothicism *i.* Gotik mimarîsi; kabalık, barbarlık. Gothicize *f.* Gotik tarza uydurmak.

got.ten (gat'ın) *bak.* get. ill-gotten gains haram para, hak edilmemiş kazanç.

gouache (gwaş) *i.* zamklı suluboya; zamklı boya ile yapılmış resim.

Gou.da cheese (gau'dı, gu'dı) bir çeşit hafif sarı peynir.

gouge (gauc) *i., f.* oluk ağızlı marangoz veya heykeltıraş kalemi; böyle kalemle oyma veya oyulan yer; *A.B.D., k.dili* hile, oyun; *f.* böyle kalem ile işlemek; *A.B.D., k.dili* değerinden daha pahalıya satmak, aldatmak, *slang* tuzluya satmak. gouge out oyup çıkarmak (göz).

gou.lash (gu'laş) *i.* Macarların tas kebabı, gulaş.

gourd (gôrd) *i.* sukabağı, *bot.* Cucurbita pepo; kantar kabağı; bunların kabuğundan yapılan kap veya maşrapa. bitter gourd hanzal, *bot.* Citrullus colocynthis. dish cloth gourd lif, *bot.* Cucurbita luffa. snake gourd yılan kabağı, *bot.* Trichosanthes angunia.

gour.mand (gûr'mınd) *i.* boğazına düşkün kimse; *eski* obur kimse.

gour.mand.ise *İng., bak.* gormandize.

gour.met (gûrme') *i.* ağzının tadını bilen kimse.

gout (gaut) *i., tıb.* gut hastalığı; damla, katre. gouty *s.* gut hastalığına tutulmuş. goutily *z.* gut hastalığına tutulmuş olarak. goutiness *i.* gut hastalığına tutulma.

gov. *kıs.* governor, government.

gov.ern (gʌv'ırn) *f.* idare etmek, hükümet sürmek; terbiye etmek; hâkim olmak, elinde tutmak; çevirmek, kullanmak; yönetmek; *gram.* almak, ile kullanılmak. governable *s.* idare olunabilir.

gov.ern.ance (gʌv'ırnıns) *i.* yönetim, idare.

gov.ern.ess (gʌv'ırnîs) *i.* mürebbiye, çocuğa evde ders veren kadın öğretmen.

gov.ern.ment (gʌv'ırnmınt) *i.* idarî teşkilât, hükümet; yönetim, idare, hüküm; yönetme, hükümet sürme, idare etme; hükümet erkânı; memleket, devlet. government house *İng.* hükümet konağı. Government Issue *A.B.D.* devletin sağladığı levazım. government pa-

pers, government securities devlet tahvilâtı. form a government kabine kurmak. governmen'tal *s.* devlete ait, devlet ile ilgili.

gov.er.nor (gʌv'ırnır) *i.* idare eden kimse; vali; *b. h., A.B.D.* eyalet reisi; *argo* patron, baba; *mak.* düzengeç. governor's council bir eyaletin idare heyeti. governor-general *i., İng.* umumî vali. governorship *i.* idarecilik; valilik.

gown (gaun) *i., f.* kadın elbisesi, özellikle gecelik; robdöşambr; avukat veya profesör cüppesi, resmi elbise, biniş; *f.* elbise giydirmek. town and gown şehir halkı ve üniversite cemiyeti.

gowns.man (gaunz'mın) *i.* binişli kimse (avukat, hâkim, profesör, hoca, papaz).

goy (goy) *i., aşağ.* Musevî olmayan kimse (özellikle Museviler arasında kullanılır).

gr. *kıs.* grain, grand, great, gross.

grab (gräb) *f.* (-bed, -bing) *i.* kapmak, el atmak, zorla almak, gaspetmek; çabucak tutmak; *i.* kapış, kapma, gasp; el koyma; *mak.* eşya kaldırmaya mahsus tırnaklı alet. grab bag panayırda eşya piyangosu torbası. grab rope *den.* vardakavo, sandalcıların tutunması için geminin yanında asılı duran halat. grabber *i.* yağmacı kimse, her şeyi kapmak isteyen kimse, açgözlü kimse; vinç, çengel.

grab.ble (gräb'ıl) *f.* el yordamı ile aramak, yoklamak; yüzükoyun yere serilmek.

grace (greys) *i., f.* zarafet, letafet, nezaket; inayet, lütuf, merhamet, gufran, kerem; rahmet; fazilet; şükran duası (sofrada); mühlet, müsaade (borç için); *müz.* asıl melodiye ilâve edilen ve ufak olarak yazılan notalar; *f.* süslemek, tezyin etmek; şeref vermek; lütuf göstermek, inayet etmek; *müz.* fazla notalar ilâvesiyle süslemek. grace cup sofrada en son içilen içki ve kadehi. grace note *müz.* melodiye ilâve olunan fazla nota. Act of Grace genel af. have the grace to lütfetmek. His Grace İngiliz düklerine veya başpiskoposlarına verilen unvan. (Bu unvan evvelce kral ve kraliçeye de verilirdi.) in his good graces teveccühüne mazhar, birinin gözüne girmiş. state of grace Allahın inayetine mazhar olma. the Graces Yunan efsanelerinde üç güzel kız kardeş. three days' grace üç günlük müsaade. with bad grace nezaketsizce, isteksizliğini belirten kabalıkla. year of grace

milâttan sonra (tarihten bahsedilirken kullanılır).
grace.ful (greys'fıl) *s.* zarif, latif, nazik. **gracefully** *z.* zarafetle, incelikle. **gracefulness** *i.* zarafet, incelik, nezaket.

grace.less (greys'lis) *s.* nahoş, kötü; çapkın, hayasız. **gracelessly** *z.* zarafetten yoksun olarak; hayâsızca. **gracelessness** *i.* zarafet yoksunluğu; hayâsızlık.

grac.ile (gräs'il) *s.* ince yapılı, zayıf.

gra.cious (grey'şıs) *s., ünlem* cana yakın, şirin, hoşsohbet, mültefit; merhametli, kerim, rahim; *ünlem* Hayret! **Good gracious!** Allah Allah! **His most gracious Majesty** Haşmetmeab Kral Hazretleri. **graciously** *z.* zarif olarak; sıcakkanlılıkla, cana yakınlıkla. **graciousness** *i.* zarif oluş; sıcakkanlılık, cana yakınlık.

grack.le (gräk'ıl) *i.* sığırcık veya ona benzer kuş.

grad (gräd) *i., A.B.D., k.dili* mezun kimse.

gra.date (grey'deyt) *f., güz. san.* farkedilmez bir şekilde renk değiştirmek; derecelere ayırmak.

gra.da.tion (greydey'şın) *i.* derece derece çıkma veya inme; sıralama; derece, merhale; *güz. san.* bir tondan diğer bir tona tedricen geçme; *müz.* perde değiştirme; *dilb.* sesli harfi tedricen değiştirme. **gradational** *s.* derece derece, tedrici.

grade (greyd) *i., f.* derece, mertebe, tabaka; cins; sınıf; meyil (yol); *A.B.D.* okul sınıfı; not (ders, imtihan); *A.B.D.* rütbe; *f.* sınıflandırmak, tasnif etmek, derecelere ayırmak; tonları tanzim etmek; aynı seviyeye getirmek, tesviye etmek (yol); yolu kazıyarak düzeltmek; neslini ıslah etmek (at). **Grade A** birinci kalite. **grade crossing** hemzemin geçit. **grade school** ilkokul. **at grade** aynı seviyede. **make the grade** başarmak, muvaffak olmak. **the grades** *A.B.D.* ilkokul. **up to grade** istenilen nitelikte. **graded** *s.* tasnif edilmiş; dereceli; düzeltilmiş.

gra.di.ent (grey'diyınt) *i., s.* meyil, irtifa; yokuş; yükselme veya düşme; *fiz.* değişim ölçüsü; *s.* derece derece değişen; *zool.* yürüyebilen.

gra.din, gra.dine (grey'din, gridin') *i.* tedricen yükselen sıralar, basamak.

grad.u.al (gräc'uwıl) *s., i.* tedricî, derece derece; kademeli. **gradualism** *i.* siyasî veya toplumsal değişikliklerin tedrici olarak uygulanması prensibi. **gradually** *z.* derece derece, tedricen.

grad.u.ate (gräc'uwit) *i., s.* mezun kimse, diplomalı kimse; dereceli sıvı ölçeği; *s.* mezunlara ait; dereceleri olan. **graduate school** üniversite mezunlarını öğrenci olarak kabul eden fakülte. **graduate student** ihtisas yapan öğrenci.

grad.u.ate (gräc'uweyt) *f.* diploma vermek; diploma almak, mezun olmak; derecelere ayırmak; derecelere ayrılmak; tedricen değişmek.

grad.u.a.tion (gräcuwey'şın) *i.* mezun olma, diploma alma, diploma dağıtımı, ölçü bardağı üstündeki derece işareti.

gra.dus (grey'dıs) *i.* Latince veya Yunanca vezin sözlüğü.

Grae.cism (gri'sizım) *bak.* **Grecism**.

Graf (gräf) *i., Alm.* Avrupa'da bir asalet ünvanı.

graf.fi.to (grıfi'to) *i., ark.* abidelerde sonradan kazılmış resim veya yazı; duvara karalanan yazı.

graft (gräft) *i., f., bahç.* aşı; *tıb.* yaralı yere parça ekleme; *f.* aşılamak; aşılanmak.

graft (gräft) *i., f., A.B.D.* rüşvet; para yeme; yolsuzluk, suiistimal; *f.* rüşvet almak, nüfuzunu kişisel yararına kullanmak. **grafter** *i.* menfaatçi kimse, rüşvet ile geçinen kimse.

grail (greyl) *i.* (*gen.* **Holy Grail**) son akşam yemeğinde Hazreti İsa'nın kullandığı farzolunan sahan veya kâse.

grain (greyn) *i., f.* tane, habbe, tohum, zerre; hububat; eczacı tartısında 0,065 gram; doku, ağaç ve taşın damarı, bu damarların düzenlenişi; mizaç, huy; *f.* tanelemek; ağaç damarlarını taklit edercesine boyamak, mermer taklidi boyamak; deriyi işlemek; sepilemek; tanelenmek. **grain alcohol** hububat alkolü. **grain elevator** tahıl ambarı. **grain leather** tüylü yüzü işlenmiş deri. **grain side** derinin tüyleri çıkarılmış yüzü. **a grain of common sense** bir nebze anlayış. **against the grain** tabiatına zıt, hoşuna gitmeyen. **close grained** sık damarlı. **coarse grained** iri taneli, kaba damarlı. **cut across the grain** ağaç damarlarından kesmek. **dye in grain** iyice boyamak. **fine grained** ince taneli, ince damarlı; aslında kibar olan. **with a grain of salt** ihtiyatla, şüphe ile. **graining** *i.* ağaç damarlarını veya mermeri taklit ederek boyama.

grain.y (grey'ni) s. kumlu, taneli, çekirdekli, damarlı.

gral.la.to.ri.al, gral.la.to.ry (grälıtôr'iyıl, gräl'-ıtôri) s. bataklık kuşlarına ait.

gram, İng. gramme (gräm) i. gram.

gram (gräm) i. Hindistan'a mahsus bir çeşit nohut; bir çeşit fasulye.

gram. kıs. grammar, grammatical.

gra.ma grass (gra'mı) Batı Amerika otlaklarında bulunan bir ot.

gra.mer.cy (grımır'si, gräm'ırsi) ünlem, eski Eyvallah! Sağol! Çok teşekkür! Allah Allah!

gra.min.e.ous (grımin'iyıs) s. ota benzer, ot gibi, ota ait. graminiv'orous s. ot yiyen, otla beslenen.

gram.mar (gräm'ır) i. gramer, sarf, dilbilgisi; gramer kitabı; gramer kurallarına göre hazırlanmış yazı veya konuşma. grammar school eskiden İngiltere'de üniversiteye talebe hazırlayan mektep; A.B.D. ilk ve orta okul derecesinde resmî okul. comparative grammar karşılaştırmalı dilbilgisi. general grammar bütün dillerin ortak kurallarından bahseden gramer, genel gramer.

gram.mar.i.an (grımer'iyın) i. gramer uzmanı, dilbilgisi kitabı yazarı, gramerci.

gram.mat.i.cal (grımät'ikıl) s. gramere ait, sarfî, dilbilgisi kurallarına uygun. grammatically z. gramer bakımından, sarfça, gramer kurallarına uygun olarak.

gram.o.phone (gräm'ıfon) i., İng. gramofon, fonograf, pikap.

gram.pus (gräm'pıs) i. yunusbalığına benzer memeli bir hayvan.

gran.a.dil.la (gränıdil'ı) i. bir çeşit çarkıfelek çiçeğinin meyvası.

gran.a.ry (grän'ırî) i. tahıl ambarı; çok tahıl yetiştiren bölge.

grand (gränd) s., i. büyük, azîm, ulu; baş, başlıca; muhteşem, debdebeli, saltanatlı; heybetli, muazzam; fevkalade, enfes; i., müz. kuyruklu piyano; A.B.D., argo bin dolar. grandaunt i. büyük teyze veya hala. Grand Canal Venedik'te en büyük kanal. granddaughter i. kız torun. grand duke grandük, eski Rusya'da çarın oğlu. grandfather, grandpa i. büyükbaba, dede. grandfather clock sarkaçlı büyük dolap saati. grand jury huk. soruşturma heyeti. grandmother, grandma i. anneanne, babaanne, nine.

grandnephew i. yeğen oğlu. grandniece i. yeğen kızı. grand opera opera. grandparent i. büyük baba veya anne. grand piano kuyruklu piyano. grandsire i. büyük baba. grand slam iskambil bir elde hepsini kazanma. grandson i. erkek torun. grandstand i. tribün. grand total umumî yekün. grand tour görgü ve bilgilerini artırmak için eski zamanlarda genç İngiliz asilzadelerinin Fransa ve İtalya'nın belli başlı şehirlerine yaptıkları uzun seyahat, büyük gezi. granduncle i. büyük amca. grand vizier sadrazam. in grand style gösterişli, tantanalı, son modaya göre. grandly z. muhteşem bir şekilde; gösterişli olarak. grandness i. ihtişam, azamet, büyüklük; gösteriş.

gran.dee (grändi') i. yüksek rütbeli adam, ekâbir, itibarlı kimse; İspanyol veya Portekiz asılzadesi.

gran.deur (grän'cır) i. kibarlık, büyüklük, azamet; ihtişam, güzellik.

gran.dil.o.quence (grändil'ıkwıns) i. tumturaklı söz. grandiloquent s. tumturaklı.

gran.di.ose (grän'diyos) s. heybetli, muhteşem, yüksek; göz alıcı; tantanalı, debdebeli, gösterişli.

grange (greync) i., A.B.D. çiftçi birliği; İng. binalarıyla birlikte çiftlik.

grang.er.ize (greyn'cırayz) f. içinden sayfaları keserek kitabın düzenini bozmak.

Gra.ni.cus (grınay'kıs) i. Biga'daki Kocabaş ırmağının tarihî ismi.

gra.nif.er.ous (grınif'ırıs) s. tahıl veren.

gran.i.form (grän'ıfôrm) s. habbe veya tohum şeklinde.

gran.ite (grän'it) i. granit, pek sert bir çeşit kaya. granite porphyry porfir ile karışık granit. graniteware i. emaye kaplar. granit'ic s. granit cinsinden; granite ait. granitoid s. granite benzer.

gra.niv.o.rous (gräniv'ırıs) s. tahıl ile beslenen.

gran.ny (grän'i) i. nineciğim; ihtiyar kadın; k.dili eski kafalı veya cahil yaşlı kadın. granny knot acemice yapılmış gevşek düğüm.

gran.o.lith (grän'ılith) i. ezilmiş granit çimentosundan yapılmış bir çeşit döşeme taşı. granolith'ic s. bu döşeme taşına ait.

grant (gränt) f., i. ihsan etmek, bahşetmek, vermek; bağışlamak, ferağ etmek, terketmek; teslim etmek; tasdik etmek, kabul etmek, farzetmek; *i.* bağış, teberru; senetle bağışlanan mal veya arazi; *huk.* ferağ, terk, hibe. **take for granted** olmuş gibi kabul etmek; muhakkak addetmek. **take one for granted** birinin kıymetini takdir etmeden onun yaptıklarını bir hak diye kabul etmek, istismar etmek. **grantee** *i.* kendisine bir şey hibe edilen kimse.

gran.u.lar (grän'yılır) *s.* taneli, tane tane olan; *tıb.* tanecikli, içinde tanecikler bulunan.

gran.u.late (grän'yıleyt) *f.* tanelemek, kabartmak; tanelenmek. **granula'tion** *i.* tane tane olma, tanelenme.

gran.ule (grän'yul) *i.* tanecik, habbe.

gran.u.lose (grän'yılos) *i.* nişastanın şekere çevrilebilen kısmı.

grape (greyp) *i.* üzüm; asma; *ask.* eskiden toplara doldurulan demir parçaları, salkım, misket, peşrev; *çoğ., bayt.* atın ayağında olan bir hastalık. **grape brandy** üzüm rakısı. **grape hyacinth** salkımlı sümbül. **grape-leaf hopper** asma yaprağını yiyen zararlı bir böcek. **grape sugar** üzümden alınan şeker, dekstroz. **fox grape** yabanî üzüm, *bot.* Vitis labrusca. **sour grapes** koruk; ele geçirilemediğinden dolayı hor görülen şey. **grapery** *i.* üzüm yetiştirmeye mahsus yer. **grapy** *s.* üzüme ait, üzüme benzer.

grape.fruit (greyp'frut) *i.* greypfurt, greyfurt, kızmemesi, altıntop, *bot.* Citrus paradisi.

grape.shot (greyp'şat) *i., ask.* salkım, peşrev denilen top mermisi, misket.

grape.vine (greyp'vayn) *i.* asma; *A.B.D.* dedikodu yoluyla haber alma, kulaktan kulağa haber nakli. **I heard by way of the grapevine.** Ağızdan duydum.

graph (gräf) *i., mat.* grafik; rakamları eğrilerle ifade eden sistem; grafik kâğıdı üzerine çizilen eğri.

graph.ic, -i.cal (gräf'ik, -ikıl) *s.* resim veya yazıya ait; tam tasvir olunmuş, canlı; yazıya uygun; şekillere ait, şeklî, çizgili. **graphic arts** *güz. san.* grafik sanatlar. **graphically** *z.* canlılıkla; resimle.

graph.ics (gräf'iks) *i.* grafikle matematik ve mühendislik problemlerini çözme metodu.

graph.ite (gräf'ayt) *i.* grafit.

grap.nel (gräp'nıl) *i., den.* filika demiri, dört tırnaklı demir; borda kancası.

grap.ple (gräp'ıl) *i., f., den.* borda kancası, filika demiri; yakalayış, şiddetle sarılış; güreşte birine sarılma; göğüs göğüse savaşma; *f.* yakalamak, kavramak, sıkıca tutmak; kanca ile tutmak; filika demiri kullanmak; sarmak, kucaklamak; sarılmak, tutuşmak, uğraşmak. **grappling iron** kanca, borda kancası.

grasp (gräsp) *f., i.* tutmak, yakalamak, kavramak; anlamak, idrak etmek, kavramak; *i.* yakalayış, tutma, kavrama; idrak, kavrama. **grasp at** yakalamayı denemek; istekle kabul etmek. **grasp at a straw** en ufak bir şeye ümit bağlamak, yılana sarılmak. **grasp a nettle** cesaretli davranmak. **beyond one's grasp** uzakta, elin erişemeyeceği yerde; kavranamaz, idrak edilemez.

grasp.ing (gräs'ping) *s.* haris, tamahkâr, açgözlü.

grass (gräs) *i., f.* ot, çimen, çim, yeşillik; çayır, otlak; ot gibi herhangi bir bitki; *argo* haşiş; *f.* otlatmak, otlağa çıkarmak; otlamak; otla kaplamak; (kumaşı ağartmak maksadıyle) otlar üzerine sermek; *spor* yere düşürmek. **Bermuda grass** domuz ayrığı, *bot.* Cynodon dactylon. **black grass** sıçankuyruğu, *bot.* Alopecurus agrestis. **corn panic grass, deccan grass** tavşan otu, *bot.* Panicum colonum. **couch grass** ayrıkotuna benzer bir ot, *bot.* Poa palustris. **meadow grass, rye grass** karaçayır, *bot* Lolium temulentum. **scurvy grass** kaşıkotu, *bot.* Cochlearia officinalis. **grass snake** üstü halkalı adi zehirsiz yılan. **grass widow** boşanmış veya kocasından ayrı yaşayan kadın; kocası yanında olmayan kadın. **He doesn't let any grass grow under his feet.** Ayağının altında ot bitmez. Boşuna vakit kaybetmez. Fırsatları kaçırmaz. **grassiness** *i.* otluk, yeşillik. **grassy** *s.* otlu, çimenli, yeşillikli.

grass.hop.per (gräs'hapır) *i.* çekirge; çekirge şeklinde balık yemi; *A.B.D., argo* bir çeşit küçük uçak, pırpır.

grass.land (gräs'länd) *i.* otlak.

grass.plot (gräs'plat) *i.* ufak çimenlik.

grass.roots (gräs'ruts) *s., i., A.B.D., k.dili* halka yakın; esas; *i.* bilhassa taşra halkı veya seçmenleri.

grate (greyt) *i.* pencere kafesi; ızgara; ocak ızgarası; ocak; maden filizini ayırmaya mahsus kalbur.

grate (greyt) *f.* rendelemek; sürterek ses çıkarmak; **on** *ile* üzmek, sinirlendirmek; gıcırdatmak (diş); sürtünerek ses çıkarmak. **gratingly** *z.* gıcırtı ile; sinirlendirici bir şekilde.

grate.ful (greyt'fıl) *s.* minnettar, müteşekkir, değerbilir; hoş, güzel, makbul. **gratefully** *z.* minnetle, şükranla. **gratefulness** *i.* minnet, şükran borcu; minnettarlık.

grat.er (grey'tır) *i.* rende.

grat.i.fi.ca.tion (grät'ifikey'şın) *i.* memnuniyet, zevk, haz; zevk veren şey.

grat.i.fy (grät'ifay) *f.* memnun etmek, hoşnut etmek, tatmin etmek. **gratifyingly** *z.* hoşa gidecek surette, tatmin ederek.

grat.ing (grey'tîng) *i.* pencere kafesi; ızgara; *fiz.* güneş spektrumunun hatlarını ölçmeye mahsus şebeke.

gra.tis (grey'tis, grät'îs) *z., s.* bedava, parasız, caba.

grat.i.tude (grät'îtud) *i.* şükran, minnettarlık, kadir bilme.

gra.tu.i.tous (grıtyu'wîtıs) *s.* bedava, parasız; sebepsiz, keyfî; asılsız. **gratuitously** *z.* ücretsiz olarak; gereksiz yere, belli bir sebep olmadan. **gratuitousness** *i.* bedava oluş; asılsız oluş.

gra.tu.i.ty (grıtyu'wıtî) *i.* hediye, teberru, bağış; bahşiş.

gra.va.men (grıvey'men) *i., huk.* kabahatin esasını teşkil eden şey.

grave (greyv) *i.* mezar, kabir. **one foot in the grave** bir ayağı çukurda. **make one turn in his grave** mezarında kemiklerini sızlatmak.

grave (greyv) *f.* **(graved, graven)** oymak, hakketmek. **graven image** oyma put.

grave (greyv) *f., den.* kalafat etmek, geminin altını temizleyip zift sürmek. **graving dock** kalafat yeri.

grave (greyv) *s.* ciddî, ağır, vahim, tehlikeli; ağırbaşlı, vakarlı, temkinli.

gra.ve (grav'ey) *s., i., müz.* ağır, yavaş; *i.* ağır ve yavaş parça.

grave.clothes (greyv'kloz) *i.* kefen.

grave.dig.ger (greyv'dîgır) *i.* mezarcı.

grav.el (gräv'ıl) *i., f.* **(-ed, -ing** *veya* **-led, -ling)** çakıl; *tıb.* kum, kum hastalığı, idrar taşı; *f.* çakıl döşemek; şaşırtmak; *k.dili* kızdırmak. **gravelly** *s.* çakıllı.

grav.en (grey'vın) *f., bak.* **grave.**

grav.er (grey'vır) *i.* hakkâk; hakkâk kalemi.

grave.stone (greyv'ston) *i.* mezar taşı.

grave.yard (greyv'yard) *i.* mezarlık, kabristan. **graveyard shift** gece vardiyası (fabrikalarda).

grav.id (gräv'îd) *s.* hamile, gebe. **gravid'ity** *i.* gebelik.

grav.i.tate (gräv'iteyt) *f.* yerçekimi ile hareket etmek; çekilmek; çökelmek, çökmek. **gravitative** *s.* yerçekimi ile oluşan.

grav.i.ta.tion (grävitey'şın) *i.* yerçekimi gücü; cazibe kuvveti; çekilme. **gravitational** *s.* yerçekimiyle ilgili; cazibe kabilinden.

grav.i.ty (gräv'ıti) *i., fiz.* yerçekimi; cazibe, çekim; ağırlık; ciddiyet, vakar, temkin; önem; ehemmiyet; tehlike; *müz.* kalınlık, peslik. **gravity cell** içinde elektrik cereyanı hâsıl olan cam veya porselen kap. **gravity railroad** yerçekimi gücüyle işleyen demiryolu. **center of gravity** ağırlık merkezi. **law of gravity** yerçekimi kanunu. **specific gravity** özgül ağırlık.

gra.vure (grıvyur', greyv'yır) *i., matb.* tifdruk, tifdurk.

gra.vy (grey'vi) *i.* et suyu, sos; açıktan para, kolayca kazanılan kâr. **gravy bowl** sosluk. **gravy train** *A.B.D., argo* az emek karşılığı menfaat sağlayan mevki veya iş.

gray, grey (grey) *s., i., f.* gri, kurşunî, kül rengi, boz; ağartılmamış (çamaşır); kır, ağarmış; eski, yaşlı; gri giysili; *i.* kurşunî renkte hayvan veya şey; *f.* ağartmak, ağarmak. **gray matter** *tıb.* gri madde, *k.dili* beyin, akıl. **gray wolf** bozkurt. **grayness** *i.* grilik, bozluk.

gray.beard (grey'bîrd) *i.* ak sakallı adam.

gray.head (grey'hed) *i.* ak saçlı kimse.

gray.hound (grey'haund) *i.* tazı.

gray.ling (grey'lîng) *i., zool.* kurşunî tatlı su balığı, dere kayası; bir kurşunî kelebek.

gray.out (grey'aut) *i.* oksijen yetersizliğinden meydana gelen ve bilhassa pilotlarda görülen geçici körlük.

graze (greyz) *f.* otlamak, otlatmak.

graze (greyz) *f., i.* sıyırıp geçmek, sıyırmak, sıyrılmak, sürtünüp berelenmek; *i.* sıyrık, bere.

gra.zier (grey'jır) *i., İng.* çoban.

graz.ing (grey'zîng) *i.* otlak.

gra.zio.so (gratsyo'so) z., *müz.* latif olarak, letafetle.

grease (gris) *i.* yağ, içyağı, et yağı, kuyruk yağı; koyu makina yağı; yıkanmamış yapağı; *bayt.* atın topuğuna arız olan bir iltihap. grease box *mak.* yağ kutusu. grease monkey *A.B.D., argo* araba tamirhanesinde işçi, kalfa. grease paint *tiyatro* makyajda kullanılan yağlı boya.

grease (gris) *f.* yağ sürmek, yağlamak. grease one's palm *argo* rüşvet vermek. grease the wheels para ile işini yürütmek.

greas.er (gri'sır) *i.* gemide makina yağcısı.

greas.er (gri'zır) *i., A.B.D., argo, aşağ.* Meksikalı; İspanyolca konuşan Amerikalı.

greas.y (gri'si) *s.* yağlı, yağlanmış. greasy spoon *A.B.D., argo* kalitesiz lokanta.

great (greyt) *s., z.,* büyük, kocaman, iri, cüsseli, azametli; çok, sayıca çok, külliyetli; °uzun, sürekli; fazla; önemli; yüksek, meşhur; asil; mahir, usta; fevkalâde; *k.dili* mükemmel; *z., k.dili* çok iyi, yolunda. great with *eski* hamile. be great on *k.dili* doğru malumatı olmak; meraklı olmak. the great büyükler. greats *i., k.dili* gözde kimseler. Great Bear Büyük Ayı. Great Britain Büyük Britanya. great circle *coğr.* büyük daire. a great deal çok, pek çok. the Great Divide bir kıtayı bölen su hattı; büyük kriz; ölüm ile hayatın arasındaki hat. great friends iyi dostlar. great horned owl büyük bir baykuş, *zool.* Bubo virginianus. Great Lakes A.B.D. ile Kanada arasındaki göller topluluğu. great organ *müz.* büyük bir orgun en büyük ve pes sesli borular takımı. Great Plains A.B.D. ve Kanada'nın Kayalık Dağları doğusundaki platoluk bölge. Great Scott! Allah Allah! great seal hükümetin resmî mührü. great tit büyük baştankara, *zool.* Parus major. great toe ayak baş parmağı. a great walker yürüyüş meraklısı. Great Wall of China Çin Seddi. great white heron büyük balıkçıl, *zool.* Ardea occidentalis; Egretta alba; Casmerodius albus. It would be great if ... olsa çok iyi olur. live to a great old age çok yaşlanmak. greatly *z.* çokça. greatness *i.* büyüklük.

great.coat (greyt'kot) *i.* palto.

great-grand.fa.ther (greyt'gränd'fa'dhır) *i.* büyük dede.

great-heart.ed (greyt'har'tıd) *s.* âlicenap, yüksek ruhlu; cömert.

greave (griv) *i., gen. çoğ.* baldır zırhı.

greaves (grivz) *i., çoğ.* donyağı tortusu.

grebe (grib) *i.* bir dalgıç kuşu, küçük yumurta piçi, *zool.* Podiceps ruficollis. red necked grebe kırmızı boyunlu yumurta piçi, *zool.* Podiceps grisegena.

Gre.cian (gri'şın) *s., i.* Yunanlı, Grek (kimse).

Gre.cism (gri'sîzım) *i.* Yunanca terim; Grek sanat ve kültürünün üslup ve ruhu. Grecize *f.* Yunanlaştırmak.

Gre.co-Ro.man, Grae.co-Ro.man (gri'koro'mın, gre'-) *s.* Greko-Romen hususiyeti olan; *güz. san.* Yunan tesiri altında kalmış Roma sanatı; *spor* grekoromen.

Greece (gris) *i.* Yunanistan.

greed (grid) *i.* hırs, tamah, açgözlülük. greedy *s.* tamahkâr, hırslı; obur, açgözlü; haris, hasis; hevesli, arzulu. greedily *z.* hırsla, açgözlülükle. greediness *i.* hırs, açgözlülük, tamahkârlık.

Greek (grik) *i., s.* Yunanlı, Grek; Rum kilisesine mensup kimse, Rum; Yunan kültürünü seven kimse; Yunanca; anlaşılması güç söz; *s.* Yunanistan'a, Yunanlılara ve dillerine ait. Greek Church Ortodoks kilisesi. Greek cross dört kolu eşit haç, Ortodoks haçı. Greek fire Rum ateşi, Bizanslıların savaş gemilerine karşı kullandıkları ve ıslatılınca yanan bir çeşit kimyasal bileşim. I fear the Greeks bearing gifts. Kötü maksatla verilen hediyelerden korkarım. (*bak.* Trojan Horse). It's all Greek to me. Hiç anlayamıyorum. Greek Orthodox Church Rum Ortodoks kilisesi.

green (grin) *s., i.* yeşil; yeşillikle kaplanmış, yeşermiş; taze, canlı; ham, pişkin olmayan; acemi, cahil, toy; yarışa girmemiş (at); kurutulmamış, tuzlanmamış; pişmemiş, çiğ; soluk, rengi atmış (korku, mide bulantısı veya kıskançlıktan); *i.* yeşil renk; *spor* yeşil forma giyen takım; çimen, çayır, yeşillik; golf oyununda hedef deliğinin etrafındaki düz çimen. greens *i.* yaprak sebze; süsleme için taze dal, yaprak. green bean yeşil fasulye. green cheese lor; adaçayı ile boyanmış peynir; kesilmiş süt-

ten yapılmış peynir. **green finch** yeşil is-
pinoz, yelve, *zool.* Chloris chloris. **green
light** trafikte yeşil ışık, *k.dili* izin, müsaade.
green lumber yaş kereste. **green ma-
nure** toprağa gübre olsun diye yetiştiri-
len ekin; taze hayvan gübresi. **green onion**
yeşil soğan. **green pepper** dolmalık yeşil
biber. **green soap** bilhassa cilt hastalık-
larında kullanılan yeşil sabun. **green tea**
yeşil çay, buhar ile kurutulmuş çay. **green
thumb** çiçekleri iyi yetiştirebilme kabiliyeti.
green vitriol demir sulfatı, zaç. **the Green**
İrlanda'nın millî rengi olan yeşil. **greenish**
s. yeşilimsi. **greenness** *i.* yeşillik.

green.back (grin'bäk) *i.,* A.B.D.'ne mahsus
arkası yeşil banknot.

green.er.y (gri'nıri) *i.* yeşillik, nebatat.

green-eyed (grin'ayd) *s.* yeşil gözlü, kem gözlü.

green.gage (grin'geyc) *i.* frenk eriği, bar-
dak eriği.

green.gro.cer (grin'grosır) *i.,* İng. sebzeci,
manav.

green.horn (grin'hôrn) *i.* acemi veya toy kimse.

green.house (grin'haus) *i.* limonluk, ser.

green.ing (gri'nîng) *i.* golden'e benzer bir
elma.

Green.land (grin'lı nd) *i.* Grönland Adası.

green.room (grin'rum) *i.* tiyatroda oyuncu-
ların dinlenme odası.

green.sick.ness (grin'sîknıs) *i.,* *tıb.* genç ka-
dınlarda kansızlıktan ileri gelen bir hasta-
lık, kloroz.

green.sward (grin'swôrd) *i.* çimen.

Green.wich (gren'ıç) *i.* İngiltere'de Green-
wich şehri. **Greenwich mean time, G.M.T.**
Greenwich meridyenine göre ayarlanan mil-
letlerarası saat ayarı.

greet (grit) *f.* selâmlamak, selâm vermek; kar-
şılamak; selâmlaşmak.

greet.ing (gri'tîng) *i.* selâm. **greeting card**
tebrik kartı.

gre.gar.i.ous (grıger'iyıs) *s.* toplu halde ya-
şayan veya gezen; topluluğu seven; *bot.*
sürü halinde bulunan, salkım halinde ye-
tişen; sürüye ait. **gregariously** *z.* toplu
halde, topluca. **gregariousness** *i.* toplu
halde bulunma veya yaşama.

Gre.go.ri.an (grıgôr'iyın) *s.,* *i.* Papa Gre-
gorius'a ait veya onun tarafından kurulan,
Gregoryen; Ermeni Başpapazı Greguar'a

ait. **Gregorian Calendar** *bak.* **calendar.**
Gregorian Chant I. Papa Gregorius tara-
fından tertip edilen ibadete mahsus mü-
zik sistemi. **Gregorian year** milâdî sene.

grem.lin (grem'lîn) *i.* uçaklarda arızaya sebep
olduğu rivayet edilen ve hayal mahsulü ufak
bir varlık, cin.

gre.nade (grıneyd') *i.* el kumbarası, el bom-
bası; yangın söndürmeye mahsus ecza
dolu cam kap.

gren.a.dier (grenıdîr') *i.* eskiden el bombası
atan asker; *İng.* hususî bir alaya mahsus
nefer; *zool.* Güney Afrika'ya mahsus bir
çulha kuşu; uzun kuyruklu balıkgillerden biri,
zool. Macrourus.

gren.a.dine (gren'ıdin, grenıdin') *i.* ipek ve-
ya yünle ipek karışımından yapılmış çok
ince kumaş; nar şurubu.

gres.so.ri.al (gresôr'iyıl) *s.,* *zool.* yürümeye
elverişli (ayaklar).

grew (gru) *bak.* **grow.**

grew.some *bak.* **gruesome.**

grey *bak.* **gray.**

grey.hound (grey'haund) *i.* tazı.

grid (grîd) *i.* ızgara; *elek.* bataryada kullanı-
lan delikli kurşun levha; *d.y.* ray şebekesi;
kablo şebekesi; bir haritada kesişen yatay
ve dikey hatlar sistemi; *radyo* valfta kont-
rol voltajı taşıyan ızgara.

grid.dle (grîd'ıl) *i.,* *f.* alçak kenarlı bir çeşit
demir tava; *f.* böyle tavada hamur işi pişir-
mek. **griddle-cake** *i.* bir çeşit gözleme.

gride (grayd) *f.,* *i.* kesmek, kazımak, gıcır-
datarak kazımak, raspa etmek; gıcırdatarak
geçmek; *i.* raspa sesi ile kesme.

grid.i.ron (grîd'ayırn) *i.* ızgara; ızgara şek-
linde şey; Amerikan futbol sahası; *d.y.* ray
şebekesi; sahne için ışık ve panoların asıl-
dığı ızgara.

grief (grif) *i.* keder, ıstırap, dert, elem, acı;
felâket, belâ; eser. **come to grief** felâ-
kete uğramak, belâsını bulmak. **grief
-stricken** *s.* çok kederli, meyus, bedbaht.

griev.ance (gri'vıns) *i.* şikâyete sebep olan hal,
keder verici şey.

grieve (griv) *f.* keder vermek, müteessir etmek,
ıstırap vermek; kederlenmek, esef etmek; yas
tutmak. **grievingly** *z.* kederlenerek, müteessir
olarak.

griev.ous (gri'vıs) s. keder verici, elem verici, üzücü, ıstırap veren, acı veren; acıklı, elem ifade eden; ağır cezaya lâyık. grievously z. fena surette; acıklı. grievousness i. vahamet; acıklılık.

grif.fin (grif'ın) i. Hindistan'a yeni gelmiş Avrupalı.

grif.fin, grif.fon, gry.phon (grif'ın) i. yarısı aslan ve yarısı kartal farzolunan ejderha.

grif.fon (grif'ın) i. kısa ve sert kıllı bir köpek; kızıl akbaba, zool. Gyps fulvus.

grift.er (grif'tır) i., A.B.D., argo açıkgöz ve dolandırıcı adam.

grig (grig) i. hayat dolu kimse; zool. çekirge.

grill (gril) i. ızgara; ızgarada pişmiş et; ızgarada pişirme; ızgarada et ve balık pişiren lokanta; posta pulları üzerinde ızgara şeklinde yapılan kabarık noktalı delikler; demir çubuklardan yapılmış pencere kafesi.

grill (gril) f. ızgarada pişirmek; fazla ısıtmak; A.B.D., k.dili sorguya çekmek, sıkıştırmak, ahret suali sormak.

gril.lage (gril'ic) i., mim. temel ızgarası.

grill.ing (gril'ing) i. ızgara; sorguya çekme, sıkıştırma, ahret suali sorma.

grill.room (gril'rum) i. lokanta.

grilse (grils) i. denizden nehre ilk 'defa dönen som balığı.

grim (grim) s. (-mer, -mest) vahşî, gaddar, merhametsiz, zalim; çirkin, suratsız; ümitsiz; korkunç, kerih; boyun eğmez, yavuz, çetin. grimly z. zulüm altında bütün kuvvetiyle çalışarak; gaddarca, vahşiyane. grimness i. gaddarlık, zulüm.

gri.mace (grimeys') i., f. surat buruşturma; f. surat buruşturmak, yüz ekşitmek.

grim.al.kin (grimäl'kin) i. yaşlanmış dişi kedi; cadı karı.

grime (graym) i., f. kir, deriye yapışmış kir; f. kirletmek, karartmak. grimy s. kirli, pis, bulaşık. griminess i. pislik, kirli oluş.

grin (grin) f. (-ned, -ning) i. sırıtmak, dişlerini göstererek gülmek; acı veya öfke ile dişlerini sıkmak; i. sırıtma, sırıtış. Grin and bear it. Sabırla tahammül et.

grind (graynd) f. (ground) i. öğütmek, çekmek, ezmek; bilemek; sürterek parlatmak; gıcırdatmak; döndürmek, sapından tutup çevirmek; cefa etmek, eziyet vermek, sıkıştırmak; değirmen işletmek; gıcırdamak; k.dili sıkı ders çalışmak, slang hafızlamak, ineklemek; A.B.D., argo göbek atmak; i. öğütme, ezme; sıkıcı ve bitmek tükenmek bilmeyen iş; k.dili imtihan için sıkı çalışma, çok çalışan talebe, slang hafız, inek.

grind.er (grayn'dır) i. öğüten kimse veya makina, öğütücü; bileyici; azı dişi; diş; içinde et, peynir, domates ve turşu olan büyük sandviç.

grind.er.y (grayn'dırı) i., İng. saraç alet ve malzemesi; bileyici dükkânı.

grind.stone (graynd'ston) i. bileği taşı. keep one's nose to the grindstone durmadan çalışmak, didinmek.

grin.go (gring'go) i., İsp., aşağ. ana lisanı İngilizce olan yabancı.

grip (grip) i. grip hastalığı.

grip (grip) i., f. (-ped, -ping) sıkı tutma, kavrama; el sıkma; pençe, el; tutak, bir şeyin tutacak yeri; A.B.D. el çantası; f. sıkı tutmak, yakalamak, kavramak; etkilemek, tesir etmek, hâkim olmak; manasını anlamak; dikkatini çekmek. gripsack i., A.B.D. yolcu çantası. come to grips with ile uğraşmak.

gripe (grayp) f., i., A.B.D., k.dili sıkıntı vermek, cefa etmek, kızdırmak; sancı vermek (karın); sancılanmak; A.B.D., argo sızlanmak, şikâyet etmek; i., A.B.D., k.dili şikâyet, sıkıntı; gen. çoğ. karın ağrısı.

grippe (grip) i. grip hastalığı.

grip.per (grip'ır) i. çıtçıt.

gri.saille (grizeyl') i. kurşuni renkte tezyini resim usulü (bilhassa cam üzerine).

gris.e.ous (gri'zıyıs) s. maviye çalan kurşuni renkte, boz, kır.

gri.sette (grizet') i. şık ve şuh Fransız işçi kız.

gris.ly (griz'li) s. korkunç, dehşet verici, tüyler ürpertici. grisliness i. dehşet, korkunç oluş.

grist (grist) i. bir defada öğütülecek zahire; öğütülmüş zahire. All's grist that comes to the mill. Ele geçen her şeyden istifade edilir. gristmill i. buğday değirmeni.

gris.tle (gris'ıl) i. kıkırdak. gristly s. kıkırdaktan ibaret.

grit (grit) i., f. (-ted, -ting) iri taneli kum; kumtaşı; kefeki taşı, öğütme hassası olan taş; metanet, cesaret, yiğitlik; f. gıcırdatmak, diş gıcırdatmak.

grits (grits) i., çoğ. kabuğu soyulmuş ve iri çekilmiş hububat; mısır dövmesi.

grit.ty (grît'i) *s.* içine kum taneleri karışmış olan, kumlu; cesur, yiğit. **grittiness** *i.* kumlu oluş; cesaret, yiğitlik.

griz.zle (griz'ıl) *i., s.* kır saç; kır peruka; *s.* kurşunî, gri.

griz.zle (griz'ıl) *f.* bozlaştırmak, bozlaşmak.

griz.zle (griz'ıl) *f., İng., k.dili* üzülmek, sinirlenmek; şikâyet etmek.

grizz.ly (griz'li) *s.* kurşunî, gri, boz. **grizzly bear** Kuzey Amerika'ya mahsus çok vahşi ve kuvvetli boz ayı, *zool.* Ursus horribilis.

groan (gron) *f., i.* inlemek, ah etmek, figan etmek, inleyecek derecede ıstırap çekmek; yük altında olmak; hasret çekmek; *i.* inilti, figan. **groaningly** *z.* inleyerek.

groat (grot) *i.* İngilizlerin dört penilik eski bir gümüş parası.

groats (grots) *i.* dövülmüş kabuksuz buğday veya yulaf.

gro.cer (gro'sır) *i.* bakkal.

gro.cer.y (gro'sıri) *i., A.B.D.* bakkal dükkânı; *çoğ.* bakkaliye, bakkalın sattığı eşya.

grog (grag) *i.* rakı veya rom ile sudan ibaret içki; alkollü içki. **grogshop** *i.* meyhane.

grog.gy (grag'i) *s.* sersemlemiş, sarhoş, ayyaş.

grog.ram (grag'rım) *i.* ipek ve keçi kılından yapılmış kaba kumaş, grogren.

groin (groyn) *i., anat.* kasık; *mim.* iki kemerin birleştiği kenar.

grom.met, grum.met (gram'it, grʌm'it) *i.* iliğin madeni kenarı; *den.* ipten yapılan simit halkası, çevirme kasa.

grom.well (gram'wıl) *i.* hodançiçeği, *bot.* Lithospermum.

groom (grum) *i., f.* seyis, uşak; güvey; İngiliz sarayının hademelerinden biri; *f.* tımar etmek; çeki düzen vermek; giyinip kuşanmak, kendine itina etmek; özel eğitim vererek siyasî memuriyete hazırlamak.

grooms.man (grumz'mın) *i.* sağdıç, düğünde güveye refakat eden erkek.

groove (gruv) *i., f.* oluk, yiv, saban izi; alışkanlık, itiyat, âdet; *f.* oluk açmak; *argo* bir şeye kendini vermek, dalmak. **in the groove** *A.B.D., argo* mükemmel bir durumda. **groovy** *s., argo* son modaya uygun, mükemmel.

grope (grop) *f.* el yordamı ile yürümek veya aramak; körü körüne araştırmak. **gropingly** *z.* el yordamı ile.

gros.beak (gros'bik) *i., zool.* ispinoz familyasından iri gagalı bir kuş. **scarlet grosbeak** karmen renkli şakrakkuşu, *zool.* Corpodacus erythrinus.

gro.schen (gro'şın) *i.* Avusturya şilininin yüzde biri; 10 fenik karşılığı Alman parası; Almanların eski ufak gümüş parası.

gros.grain (gro'greyn) *i.* grogren, gron, bir cins kumaş.

gross (gros) *i.* on iki düzine, yüz kırk dört adet; brüt; küme, hepsi, bütünü. **in gross** toptan, bütünüyle. **by the gross** pakette yüz kırk dört tane olarak.

gross (gros) *s.* iri, kalın, kaba, büyük; toptan, tamam; yontulmamış; çirkin, kötü, şeni, iğrenç; tiksindirici. **gross national product** *ikt.* brüt milli hasıla (*kıs.* **GNP**). **gross negligence** büyük gaflet. **gross weight** darası çıkarılmamış ağırlık, brüt ağırlık, gayri safi ağırlık. **grossly** *z.* fena halde. **grossness** *i.* kabalık.

gro.tesque (grotesk') *s., i.* acayip, garip, kaba; *i.* soytarı. **grotesquely** *z.* acayip şekilde. **grotesqueness** *i.* acayiplik.

grot.to (grat'o) *i.* mağara; suni yeraltı odası.

grouch (grauç) *f., i., A.B.D., k.dili* mırıldanmak, homurdanmak, söylenmek; *i., A.B.D., k.dili* hiç bir şeyden memnun olmayan kimse, şikâyetçi kimse, homurdanan kimse; suratsızlık, homurdanma, söylenme, vızıltı; şikâyet. **grouchy** *s., A.B.D., k.dili* suratsız, asık çehreli.

ground (graund) *i.* yeryüzü; yer, zemin; toprak; meydan, saha, arsa; mesafe, yer; denizin dibi, dip; mebde, prensip; kabartma iş yapılacak düz satıh; maden levha üstüne sürülen ve işlenmeyecek kısımları muhafaza eden yapışkan terkip; *elek.* toprak. **ground ball** *beysbol* yere sürtünerek giden top. **ground bass** *müz.* en kalın sesle tekrarlanan melodi. **ground cover** toprağa yakın yetişen kalın bitki örtüsü. **ground crew** hava meydanı tayfası. **ground floor** zemin katı. **ground hog** Amerika'da bir çeşit dağ sıçanı. **ground -hog day** 2 Şubat. **ground ice** suyun dibinde meydana gelen buz. **ground ivy** yer sarmaşığı. **ground line** resimde alt çizgi, ön çizgi. **ground pine** kurdayağı, *bot.* Lycopodium; kurtluca, meşecik, *bot.* Ajuga chamaepitys. **ground plan** bir binanın zemin planı. **ground**

plate toprak levhası. **ground rent** arsa kirası. **ground speed** *hav.* yer sürati. **ground swell** soluğan. **ground water** yeraltı suyu. **ground wire** *elek.* toprak teli. **ground zero** bombanın patladığı yer. **above ground** yeryüzünde; meydanda. **break ground** tarla sürmek; yeni bina için yere ilk kazmayı vurmak, temel atmak; işe başlamak. **cover ground** yol almak; konuya değinmek. **cut the ground out from under one's feet** *colloq.* ayağını kaydırmak, delillerini çürütmek. **down to the ground** her hususta, tamamen. **from the ground up** temelinden, tamamen. **gain ground** ilerlemek; iyileşmek; mesafe katetmek. **get in on the ground floor** *A.B.D.*, *k.dili* temelden katılmak, bir işe yeni başlandığında katılmak. **give ground** ricat etmek, çekilmek. **hold one's ground, stand one's ground** durumunu devam ettirmek, ayak diremek. **into the ground** gereğinden fazla, dayanılmayacak kadar. **lose ground** gerilemek, fenalaşmak, rağbetten düşmek. **off the ground** harekette. **on good grounds** iyi sebeplere dayanan. **on one's home ground** kendi bilgi alanında. **on the grounds of** sebebiyle, -e dayanarak. **rising ground** yokuş, bayır.

ground (graund) *f.* temel üzerine kurmak, esaslı bir şekilde yapmak; esaslı şekilde öğretmek; resme zemin boyası vurmak; yere oturtmak, karaya oturtmak (gemi); *elek.* toprağa bağlamak; temeli olmak; yere konmak; *hav.* pilotun uçmasına izin vermemek. **ground arms** silâhı yere dayamak.

ground (graund) *s.*, *bak.* **grind.** **ground glass** buzlu cam; cam tozu.

ground.age (graun'dîc) *i.*, *den.* bazı limanlarda demirleme için verilen harç.

ground.er (graun'dır) *i.* yere vurulunca zıplayan top.

ground.less (graund'lis) *s.* esassız, asılsız, temelsiz. **groundlessly** *z.* asılsız ve temelsiz olarak.

ground.ling (graund'lîng) *i.* toprağa yakın yaşayan bitki veya hayvan; deniz dibinde yaşayan balık; basit zevkleri olan kimse; *eski* tiyatroda ayakta duran seyirci.

ground.nut (graund'nʌt) *i.* kökü yenen bir bitki; *İng.* yerfıstığı, Amerikan fıstığı.

grounds (graundz) *i.*, *çoğ.* özel arazi, mülk; oyun sahası, stadyum; saha; sebep, bahane. **coffee grounds** telve.

ground.sel (graund'sıl) *i.*, *bot.* kanarya otu.

ground.sill (graund'sîl) *i.* tabanlık kereste.

ground.work (graund'wırk) *i.* temel, esas.

group (grup) *i.*, *f.* grup, küme, öbek; heyet, topluluk; *kim.* benzer nitelikli öğeler grubu; *jeol.* aynı zamanda teşekkül ettiği farzolunan kaya tabakaları; *biyol.* birbiri ile benzerlikleri olan hayvan veya bitki sınıfı; *f.* gruplara ayırmak, yan yana koymak; bir araya gelmek, gruplaşmak. **group insurance** grup sigortası, toplu sigorta.

group.er (gru'pır) *i.* hani balığı.

grouse (graus) *i.* (*çoğ.* grouse) tavuğa benzer bir av kuşu, orman tavuğu, *zool.* Lyrurus. **hazel grouse** dağ tavuğu, *zool.* Tetrastes bonasia. **sand grouse** kaya kuşu, *zool.* Pterocles arenarius. **Pallas's sand grouse** bağırtlak, *zool.* Syrrhaptes paradoxus.

grouse (graus) *f.*, *i.*, *k.dili* homurdanmak, söylenmek, sızlanmak, şikâyet etmek; *i.* şikâyet.

grout (graut) *i.*, *f.* duvarcı sıvası, sulu harç; bulgur lapası; *çoğ.* tortu, telve; *f.* tuğla veya taş aralarına sulu harç doldurmak.

grove (grov) *i.* koru, ağaçlık.

grov.el (grʌv'ıl) *f.* (-led, -ling *veya* -ed, -ing) yerde sürünmek; kendini alçaltmak, yaltaklanmak. **groveler** *i.* zelil kimse, alçalmış kimse.

grow (gro) *f.* (grew, grown) büyümek, gelişmek, inkişaf etmek, serpilmek; çoğalmak, artmak, ilerlemek, olmak; hâsıl olmak, çıkmak; büyütmek, yetiştirmek, meydana getirmek; hâsıl etmek. **grow on one** gittikçe daha çok beğenilmek, bir kimseyi kendine ısındırmak. **grow out of** hâsıl olmak, çıkmak. **He grew out of his shoes.** Büyüdüğünden dolayı ayakkabıları küçüldü. **grow together** yaklaşmak, birleşmek; beraber büyümek. **grow up** büyümek, olgunlaşmak. **growing pains** büyüme devresinde çocukların kol ve bacaklarında hâsıl olan ağrılar; bir işin başlangıcındaki zorluklar.

grow.er (grow'ır) *i.* yetiştirici, üretici.

growl (graul) *f.*, *i.* hırlamak, homurdanmak; gurlamak, guruldamak; *i.* homurtu, homurdanma, hırlama.

growl.er (grau'lır) *i.* homurdanan kimse; *A.B.D.*, *argo* bira kabı; Kanada'da küçük buzul.

grown (gron) *bak.* **grow**; *s.* yetişmiş, yetişkin, büyümüş. **grown-up** *s.* büyümüş. **grownup** *i.* yetişkin kimse. **grownups** *i.* yetişkinler.

growth (groth) *i.* büyüme, gelişme, inkişaf, yetişme; artma; mahsul; kaynak; *tıb.* marazî teşekkül. **growth stock** bir firmanın kâra geçeceği düşüncesiyle satın alınan hisse senedi.

grub (grʌb) *i.* tırtıl, sürfe, kurt; bıkıp usanmadan çalışan kimse; *argo* yiyecek. **grubby** *s.* kirli, pis, düzensiz; kurtlu.

grub (grʌb) *f.* **(-bed, -bing)** toprağı kazmak, eşelemek; adi işlerle uğraşmak; monoton bir işte çalışmak; *argo* yemek yemek, yedirmek; yeri kazıp ağaç köklerini çıkarmak; kökünden sökmek; sürfesini çıkarmak.

grub.stake (grʌb'steyk) *i., f., A.B.D., k.dili* bir maden arayıcısına maden ocağını bulmak için ödünç verilen ve karşılığı ileride fazlasıyla geri alınacak para; *k.dili* yeni bir teşebbüse yapılan yardım; *f.* böyle bir yardımda bulunmak.

Grub Street Londra'da eskiden fakir yazarların oturduğu semt; piyasa yazarları. **grubstreet** *s.* piyasa yazarlarına ait.

grudge (grʌc) *f., i.* isteksizce vermek, istememek, çok görmek; kıskanmak; diş bilemek; *i.* kin, haset, diş bileme. **to carry (bear, have) a grudge (against)** kin beslemek. **grudgingly** *z.* istemeyerek, kıyamayarak.

gru.el (gru'wıl) *i.* yavan un çorbası, sulu yulaf lapası.

gru.el.(l)ing (gru'wıling) *s., i.* çok yorucu, bitap düşürücü; *i.* çok yorucu şey, işkence.

grue.some, grew.some (gru'sım) *s.* korkunç, dehşetli, iğrenç. **gruesomely** *z.* dehşetle, korkunç bir şekilde. **gruesomeness** *i.* dehşet, korkunçluk.

gruff (grʌf) *s.* ters, sert, huysuz; boğuk, boğuk sesli. **gruffly** *z.* terslikle; boğuk bir sesle. **gruffness** *i.* sertlik, terslik, huysuzluk.

grum.ble (grʌm'bıl) *f., i.* söylenmek, şikâyet etmek; *i.* homurdanma, halinden şikâyet.

grum.met (grʌm'it) *bak.* **grommet**.

grumps (grʌmps) *i., k.dili* asık yüzlülük, suratsızlık.

grump.y (grʌm'pi) *s.* aksiliği tutmuş, hırçınlığı üstünde.

Grun.dy, Mrs. (grʌn'di) fazla iffet taslayan kimseler.

grunt (grʌnt) *f., i.* homurdanmak, domuz gibi hırıldamak; *i.* homurtu, hırıltı; hırıltı çıkaran bir balık.

grunt.er (grʌn'tır) *i.* homurdayan şey; domuz; hırıltı gibi ses çıkaran bir balık.

Gru.yère cheese (griyer') gravyer peyniri.

gr. wt. *kıs.* **gross weight** brüt ağırlık.

G-string (ci'string) *i.* striptiz artistlerinin mahrem yerlerini örtmek için taktıkları bant; *müz.* sol notası teli.

gua.co (gwa'ko) *i.* tropikal Amerika'da yetişen ve yılan sokmasına karşı kullanılan bir ot; zeravent, *bot.* Aristolochia.

gua.na.co (gwana'ko) *i.* Güney Amerika'ya mahsus deve cinsinden ve lamadan iri bir hayvan.

gua.no (gwa'no) *i.* guano.

guar.an.tee (gerınti') *i., f.* kefil; kefalet, teminat; garanti; *f.* garanti etmek, kefil olmak; başkasının sorumluluğunu üzerine almak.

guar.an.tor (ger'ıntır) *i.* kefil, garanti eden kimse veya firma.

guar.an.ty (ger'ınti) *i., f.* garanti, kefalet; *f.* garanti etmek.

guard (gard) *i.* muhafız, nöbetçi; muhafız alayı; muhafaza, himaye, koruma, müdafaa; nöbetçilik, muhafızlık; kendini korumak için alınan pozisyon; trende memur; herhangi bir şeyi muhafaza eden alet. **advance guard** ileri karakol. **mount guard** nöbet tutmak. **off guard** hazırlıksız. **on guard** nöbette. **On guard!** Dikkat! Hazır ol! **rear guard** artçı, dümdar. **relieve the guard** nöbetçi değiştirmek.

guard (gard) *f.* korumak, muhafaza etmek, himaye etmek; gözaltına almak, nezaret altında bulundurmak; nöbet tutmak, beklemek; dikkat etmek, uyanık bulunmak. **guard against** önceden tedbir almak.

guard.ed (gar'did) *s.* uyanık, tetikte; korunan, muhafazalı; ihtiyatlı, tedbirli. **guardedly** *z.* ihtiyatla. **guardedness** *i.* tedbirlilik.

guard.house (gard'haus) *i.* askerî karakol.

guard.i.an (gar'diyın) *i.* koruyucu, muhafız, gardiyan; vasi, veli. **guardian angel** koruyucu melek.

guard.i.an.ship (gar'diyınşîp) *i.* vasilik, muhafızlık, velilik.

guard.rail (gard'reyl) *i.* parmaklık, korkuluk; siper demiri; *den.* puntel.

guard.room (gard'rum) *i.* bekçi odası.

Gua.te.ma.la (gwatıma'la) *i.* Guatemala.

gua.va (gwa'vı) *i.* Amerika'nın sıcak taraflarında yetişen guava ağacı; bu ağacın armut şeklinde yenebilen meyvası.

gu.ber.na.to.ri.al (gubırnıtôr'iyıl) *s.* valiye ait.

guck (gʌk) *i., A.B.D., argo* çamur; karışıklık.

gudg.eon (gʌc'ın) *i., zool.* yem için kullanılan ufak tatlı su balığı; *eski* çabuk aldanan kimse; *mak.* mil, mihver, pin; menteşe kovanı; çengel, kanca; dümen dişi iğneciği.

guel.der-rose (gel'dır.roz) *i.* kartopu çiçeği, *bot.* Viburnum opulus. **Chinese guelder-rose** ortanca, *bot.* Hydrangea hortensia.

Guelf, Guelph (gwelf) *i.* eski bir Alman hanedanına mensup bir kimse; ortaçağda İtalya'da Mukaddes Roma İmparatorluğu aleyhtarı ve Papaya taraftar millî istiklâl partisi azası, Gelf.

guer.don (gır'dın) *i., f., şiir* mükâfat; bahşiş; *f.* mükâfat vermek.

Guern.sey (gırn'zi) *i.* Anglo-Norman adalarından biri; bu adada yetiştirilen ve bol süt veren bir çeşit inek; *k.h.* örme kalın yün yelek veya ceket.

gue(r).ril.la (gırîl'ı) *i., s.* çeteci, gerillacı; *s.* gerilla örgütü ile ilgili. **guerilla warfare** çete harbi, gerilla savaşı.

guess (ges) *f., i.* tahmin etmek; keşfetmek; zannetmek, farzetmek; *i.* tahmin, zan, keşfetme. **I guess so.** Galiba.

guess.work (ges'wırk) *i.* tahmin.

guest (gest) *i.* misafir, konuk, davetli; otel veya pansiyon müşterisi; *biyol.* asalak bitki veya hayvan. **guest night** davet gecesi, bir kulüp veya programa misafirlerin kabul edildiği gece. **guest room** misafir yatak odası. **guest rope** *den.* tonoz halatı, vardakavo, yedek halatı. **paying guest** aile pansiyoneri.

guff (gʌf) *i., argo* laf, boş söz.

guf.faw (gıfô') *i., f.* kaba gülüş, kahkaha; *f.* kahkaha ile gülmek.

Gui.an.a (giya'nı) *i.* Güney Amerika'da Guyana bölgesi.

gui.dance (gayd'ıns) *i.* yol gösterme, delâlet, rehberlik; işaret; idare; kılavuz; *A.B.D.* eğitim sırasında çocuğa ve ailesine öğüt verme ve yol gösterme.

guide (gayd) *f., i.* yol göstermek; kılavuzluk etmek, delâlet etmek; idare etmek; işaret etmek; yetiştirmek; *i.* rehber, kılavuz, yol gösteren kimse; yönetmelik, talimatname; *mak.* yatak, kızak, ray; sevk kanalı, oluk; gayd. **guided missile** *ask.* güdümlü roket. **guide rail** *d.y.* kılavuz ray, sevk yatağı. **guide rope** balondan sarkıtılan idare halatlarından biri; *den.* yük kaldıran halatı yan tarafa çekmek için kullanılan diğer bir ip, açavele.

guide.book (gayd'bûk) *i.* rehber, rehber kitabı.

guide.line (gayd'layn) *i.* okuyucuya yardımcı olmak için kitap sayfasının üstüne yazılan yazı; standart tespit eden kural veya prensip, tüzük.

guide.post (gayd'post) *i.* yol işareti, yol gösteren direk.

gui.don (gayd'ın) *i.* tabur sancağı.

guild, gild (gîld) *i.* esnaf birliği, lonca; hayır kurumu.

guil.der (gîl'dır) *bak.* gulden.

guild.hall (gîld'hôl) *i., İng.* esnaf birliği merkez binası; *b.h.* Londra belediye dairesi.

guile (gayl) *i.* aldatıcılık, kurnazlık, aldatma eğilimi. **guileful** *s.* hileci, hain. **guilefully** *z.* hile ile. **guilefulness** *i.* hilecilik. **guileless** *s.* saf, riyasız, samimî.

guil.le.mot (gîl'ımat) *i.* kuzey denizlerine mahsus karabatağa benzer bir deniz kuşu.

guil.loche (gîloş') *i.* girift nakış, meneviş; *mim.* sarılı veya bükülü iki üç telden ibaret pervaz.

guil.lo.tine (gîl'ıtin) *i., f.* giyotin; kâğıt bıçağı; *tıb.* bademcik makası; *İng. pol.* müzakere tahdidi; *f.* giyotin ile idam etmek.

guilt (gîlt) *i.* suç, mücrimlik; cürüm mesuliyeti; günahkârlık; günahkârlık duygusu. **guilt by association** bir kimsenin meşru hareketlerini veya tanıdıklarını şüpheli sayarak gizli suçları olduğunu tahmin etme. **guiltless** *s.*, **not guilty** masum, suçsuz.

guilt.y (gîl'ti) *s.* suçlu, kabahatli, mücrim, günahkâr. **verdict of guilty** jürinin verdiği mahkûmiyet kararı. **guiltily** *z.* suçlu olarak, günahkârlıkla. **guiltiness** *i.* suçluluk, günahkârlık.

guimpe (gîmp) *i.* jilenin altına giyilen kısa bulüz.

guin.ea (gîn'i) *i., b.h.* Gine; İngilizlerin yirmi bir şilin kıymetindeki eski altın parası; yirmi bir şilin; Afrika tavuğu, beç tavuğu. **Guinea corn** bir çeşit darı. **guinea fowl, guinea hen** Afrika tavuğu, beç tavuğu. **Guinea pepper** bir çeşit kırmızı acı biber. **guinea pig** kobay, *zool.* Cavia cobaya; üzerinde deney yapılan insan.

Guin.e.vere (gwîn'ıvîr) *i.* İngiliz kralı Arthur'un sadakatsız karısı.

guise (gayz) *i.* dış görünüş; gösteriş; hileli görünüş, aldatıcı görünüş; kisve.

gui.tar (gîtar') *i., müz.* gitar. **guitarist** *i.* gitarcı, gitarist, gitar çalan kimse. **guitarfish** *i.* vatoz gibi bir balık, *zool.* Rhinobatus.

gu.lar (gu'lır) *s.* boğaza ait.

gulch (gʌlç) *i., A.B.D.* küçük ve derin dere.

gul.den (gûl'dın) *i.* Hollanda para birimi.

gules (gyulz) *i., hane.* armalarda kırmızı renk.

gulf (gʌlf) *i., f.* körfez; uçurum; *f.* yutmak. **Gulf Stream** Gulf Stream akıntısı.

gull (gʌl) *i.* martı. **black-headed gull, laughing gull** kara baş martı, *zool.* Larus atricilla. **herring gull** büyük martı, *zool.* Larus argentatus. **little gull** cüce martı, *zool.* Larus minutus.

gull (gʌl) *f., i., eski* aldatmak, dolandırmak; *i.* ahmak ve kolay aldanır kimse, saf kimse; hile, oyun.

gul.let (gʌl'it) *i.* boğaz, gırtlak; gırtlağa benzer su geçidi.

gul.li.ble (gʌl'ıbıl) *s.* kolay aldanır, ahmak, saf. **gullibil'ity** *i.* kolay aldanma, ahmaklık, saflık.

gul.ly (gʌl'i) *i., f.* sel ve yağmur suyu ile açılmış dere; *f.* aşınma ile çukur açmak veya açılmak.

gulp (gʌlp) *f., i.* yutuvermek; boğazında düğümlenmek (hıçkırık); *i.* yutma, yudum. **gulp down** yutuvermek.

gum (gʌm) *i., gen. çoğ.* dişeti. **gumboil** *i.* dişeti iltihabı.

gum (gʌm) *i.* zamk; sakız; sakız ağacı; çiklet; lastik. **gum arabic** akasya sakızı, arap zamkı. **gum juniper** ardıç sakızı. **gum mastic** sakız, mastika. **gum plant** sütleğen, *bot.* Euphorbia resinifera. **gum resin** zamk ve reçineden meydana gelen bir karışım. **gum thorn** sakız dikeni, *bot.* Acorna gummifera. **gum tragacanth** kitre. **gum tree** kâfur ağacı, sıtma ağacı, zamk ağacı. **gum water** arap zamkı ile su karışımı. **bluegum tree** sıtma ağacı, *bot.* Eucalyptus globulus. **chewing gum** çiklet, sakız. **dragongum tree** kardeşkanı ağacı, *bot.* Pterocarpus draco.

gum (gʌm) *f.* (-med, -ming) zamk sürmek; zamklamak; zamk akıtmak; yapışmak. **gum**

up pislikle dolup çalışmaz hale gelmek veya getirmek; *argo* işi bozmak.

gum.bo (gʌm'bo) *i.* bamya; bamya çorbası; yumuşak ve yapışkan toprak.

gum.drop (gʌm'drap) *i.* jelatinli şekerleme.

gum.my (gʌm'i) *s.* sakız gibi, sakızlı, yumuşak ve yapışkan.

gump.tion (gʌmp'şın) *i., k.dili* cesaret, girişkenlik, beceriklilik.

gum.shoe (gʌm'şu) *i., f.* lastik çizme; lastik ayakkabı; *argo* hafiye; *f., argo* hafiyelik etmek.

gun (gʌn) *i., f.* (-ned, -ning) top, tüfek; tabanca, revolver; kurşun ve gülle atan her çeşit silâh; selâmlamada top atışı; *f.* tüfekle avlamak, tüfekle ateş etmek; *A.B.D., argo* gazlamak. **gun barrel** tüfek namlusu. **gun carriage** top kundağı ve arabası. **gun dog** av köpeği. **gun flint** tüfek çakmaktaşı. **gun for** *argo* öldürmek niyetiyle birini avlamak; takdirini kazanmak veya anlaşmak için arayıp bulmak. **gun metal** top madeni; top madenine benzer maden karışımı. **gun-metal** *s.* top madeni renginde. **gun moll** *A.B.D., argo* gangsterin kız arkadaşı; kadın hırsız. **a big gun** *argo* yüksek mevki sahibi adam, kodaman. **give it the gun** *argo* hızını artırmak. **go great guns** *argo* becerikli iş yapmak. **grease gun** yağ tabancası. **machine gun** makinalı tüfek. **son of a gun** *k.dili* alçak adam. **spike one's guns** bir kimsenin kuvvetini kesmek, yenmek. **spray gun** serpme tabancası. **stick to one's guns** davasından vazgeçmemek, ayak diremek.

gun.boat (gʌn'bot) *i.* gambot.

gun.cot.ton (gʌn'katın) *i.* pamuk barutu.

gun.fire (gʌn'fayr) *i.* top ateşi.

gung ho (gʌng'ho') *A.B.D., argo* hevesli, çok istekli.

gun.man (gʌn'mın) *i.* silâhlı kimse, silâhlı gangster; tüfekçi.

gun.nel (gʌn'ıl) *i.* küçük bir balık, *zool.* Pholis gunnellus; *bak.* **gunwale**.

gun.ner (gʌn'ır) *i.* topçu; topçu subayı; avcı.

gun.ner.y (gʌn'ıri) *i.* topçuluk, topçuluk tekniği.

gun.ning (gʌn'ing) *i.* avcılık.

gun.ny (gʌn'i) *i.* çuvallık bez, çul. **gunny sack** çuval.

gun.pow.der (gʌn'paudır) *i.* barut.

gun.run.ning (gʌn'rʌnîng) i. silâh kaçakçılığı.

gun.shot (gʌn'şat) i. silâh atışı; top menzili.

gun-shy (gʌn'şay) s. silâh sesinden ürken (köpek, at).

gun.smith (gʌn'smîth) i. tüfekçi.

gun.stock (gʌn'stak) i. tüfek kundağı.

gun.wale, gun.nel (gʌn'ıl) i., den. filika küpeştesi, borda tirizi.

gup.py (gʌp'i) i., zool. Lebistes türünden ufak renkli balık.

gur.gi.ta.tion (gırcıtey'şın) i. girdap suyu gibi kaynama; fokurdayarak kaynama.

gur.gle (gır'gıl) f., i. çağıldamak, çağıldayarak akmak; çağıltı gibi ses çıkarmak; çağıldarcasına söylemek; i. çağıltı, çağıltı sesi.

Gur.kha (gûr'kı) i. askerlikle meşhur Rajputların bir kolu.

gur.nard (gır'nırd) i. kırlangıçbalığı, zool. Trigla hirundo. armed gurnard dikenli öksüzbalığı, zool. Peristedion cataphractum. flying gurnard uçan kırlangıç, zool. Dactylopterus volitans. gray gurnard benekli kırlangıçbalığı, zool. Trigla milvus. red gurnard öksüzbalığı, zool. Trigla lyra.

gu.ru (gu'ru) i. (Uzak Doğu'da) mürşit.

gush (gʌş) f., i. fışkırmak; coşmak; taşmak; k.dili taşkın sevgi gibi hisleri açığa vurmak; sel gibi akmak (gözyaşı); fışkırtmak, şiddetle akıtmak; i. fışkırma, taşma, coşma; k.dili taşkın ve yapmacık sevgi gösterme.

gush.er (gʌş'ır) i. tulumbasız fışkıran petrol kuyusu; heyecan gösteren ve yapmacık hareket eden kimse.

gush.y (gʌş'i) s. konuşkan, geveze; aşırı iltifat eden.

gus.set (gʌs'it) i. köşebent; elbise veya eldivenin üç köşeli peşi.

gust (gʌst) i. rüzgârın anî olarak şiddetle esmesi, bora.

gus.ta.tion (gʌstey'şın) i. tatma, tadına bakma.

gus.ta.to.ry (gʌs'tıtôri) s. tatma duyusu ile ilgili.

gus.to (gʌs'to) i. zevk alma; haz, şahsî istek; tatma; hususî stil.

gust.y (gʌs'ti) s. kesik kesik; rüzgârlı, fırtınalı.

gut (gʌt) i., f. (-ted, -ting) bağırsak veya mide; hazım sistemi; çalgı kirişi; dar geçit; f. bağırsaklarını dışarı dökmek; yağma etmek;

(binanın) içini tamamen tahrip etmek (yangın).

guts (gʌts) i. bağırsaklar, hazım sistemi; argo cesaret, metanet; teşebbüs. gutsy s., argo cesur, gözüpek, atılgan; sakınmasız.

gut.ta (gʌt'ı) i. eczacılıkta bir damla.

gut.ta-per.cha (gʌt'ı.pır'çı) i. gütaperka ağacından elde edilip tecrit maddesi olarak kullanılan beyaz öz, Sumatra zamkı.

gut.tate, -tat.ed (gʌt'eyt, -îd) s. damlaya benzer; benekli.

gut.ter (gʌt'ır) i., f. hendek, su yolu, oluk; f. hendek açmak, su yolu kazmak; oluk gibi akmak; eriyip akmak (mum).

gut.ter.snipe (gʌt'ırsnayp) i. sokak çocuğu, köprüaltı çocuğu, küçük külhanbeyi.

gut.tle (gʌt'ıl) f. oburcasına yemek yemek, colloq. silip süpürmek.

gut.tur.al (gʌt'ırıl) s., i. gırtlağa ait; boğazdan telaffuz olunan; i. gırtlaktan veya ağzın arka kısmından çıkarılan ses; bu sesleri temsil eden harfler.

guy (gay) i., f., k.dili adam, herif; İng. acayip kılıklı adam; f. alay etmek, birini eğlence konusu haline getirmek.

guy (gay) i., f., den. gemi direklerini yerlerinde saptayan halat, çıkarılan veya indirilen yükü yerinde tutan halat; çelik halat; f. halatla tutturmak.

Guy.a.na (giya'nı) i. Guyana.

Guy Fawkes Day İng. 5 Kasım, Guy Fawkes'ın yakalanışının kutlandığı gün.

guz.zle (gʌz'ıl) f. çok ve hızlı içmek, çakıştırmak.

gym (cîm) i. spor salonu; beden eğitimi.

gym.kha.na (cîmka'nı) i. atletizm yarışması; atletizm sahası; A.B.D. spor araba yarışı.

gym.na.si.um (cîmney'ziyım) i. (çoğ. -si.a) spor salonu.

Gym.na.si.um (gîmna'ziyûm) i. bazı Avrupa memleketlerinde lise.

gym.nast (cîm'näst) i. beden eğitimi öğretmeni veya uzmanı. gymnas'tic s., i. beden terbiyesine ait, atletizme mahsus; i. beden eğitimi, cimnastik. gymnas'tics i., çoğ. beden eğitimi çalışması; idman, cimnastik; zihin egzersizi.

gym.nos.o.phist (cîmnas'ıfîst) i. eskiden Hindistan'da bulunan ve çıplak gezen filozof

sınıfından bir kimse; çıplak gezen kimse.
gymnosophy *i.* bu sınıfın inandığı felsefe.

gym.no.sperm (cîm'nıspırm) *i., bot.* kabuksuz tohumlu bitkiler sınıfı, çam gibi çıplak tohumlu bitkilerden biri. **gymnosper'mous** *s.* böyle tohumu olan.

gy.nae.ce.um (cînısiy'ım, caynısiy'ım) *i.* (*çoğ.* -ce.a) eski Yunan ve Roma'da harem dairesi; *bot.* çiçek pistillerinin topu.

gy.nan.drous (cînän'drıs) *s., bot.* erkeklik ve dişilik organları birleşik olan.

gy.nar.chy (cîn'arki, cay'n-) *i.* devletin kadınlar tarafından idaresi.

gy.ne.col.o.gy (gaynıkal'ıci, cayn-) *i.* kadın -doğum hastalıkları bilgisi, nisaiye, jinekoloji. **gynecolog'ical** *s.* kadın hastalıklarına ait. **gynecol'ogist** *i.* kadın-doğum hastalıkları mütehassısı, nisaiyeci, jinekolog.

gy.ni.at.rics (cîniyät'riks) *i.* kadın hastalıklarını teşhis ve tedavi.

gyp (cîp) *i., f.* (-ped, -ping) *A.B.D., k.dili* hile, dubara; düzenbaz kimse, hileci kimse; *f.* aldatmak, dolandırmak.

gyp.se.ous (cîp'siyıs) *s.* alçı gibi, alçılı.

gyp.sif.er.ous (cîpsif'ırıs) *s.* içinde alçı bulunan.

gyp.sum (cîp'sım) *i.* alçıtaşı.

Gyp.sy (cîp'si) *i.* Çingene, *colloq.* Kıptî; Çingene dili. **gypsy moth** ağaçlara çok zarar veren bir çeşit güve.

gy.rate (cay'reyt) *f., s.* dönmek, devretmek; helezonî şekilde gitmek; *s.* yuvarlak, zemberek şeklinde, dairesel. **gyra'tion** *i.* dönüş, dönme, deveran. **gy'ratory** *s.* dönen, devreden.

gyre (cayr) *i., f., şiir* dönüş, dönme, deveran; daire şekli, zemberek şekli; *f.* dönmek, devretmek.

gyr.fal.con *bak.* **gerfalcon.**

gy.ro.com.pass (cay'rokʌmpıs) *i.* ciroskoplu pusula, topaç pusulası.

gy.ro.ho.ri.zon (cayrohıray'zın) *i., hav.* sunî ufuk.

gy.ro pilot (cay'ro) *hav.* otomatik pilot, topaçlı pilot düzeni.

gy.ro.scope (cay'rıskop) *i.* topaç, ciroskop. **gyroscop'ic** *s.* muvazene çarkına ait.

gy.ro.sta.bi.liz.er (cayrostey'bılayzır) *i.* vapurlarda sallantıya karşı kullanılan ciroskop.

gy.ro.stat.ics (cayrıstät'îks) *i., fiz.* cirostat bahsi, topaç denkliği bahsi.

gyve (cayv) *i., f., eski, gen. çoğ.* ayak zinciri, bukağı, pranga; *f.* prangaya vurmak.

H

H, h (eyç) *i.* İngiliz alfabesinin sekizinci harfi (**Honor, hour, herb** *ve diğer bazı kelimelerin başında ve herhangi bir kelime veya hecenin sonunda telaffuz edilmez. Bazı sessiz harflerden sonra gelince başka şekillerde telaffuz edilir.*)

H *kıs.* **hydrogen,** *elek.* **Henry;** *fiz.* manyetik alanın kuvveti; toplu ısı; *argo* eroin.

h., H. *kıs.* **harbor, hard, height, hence, high,** *müz.* **horns, hour(s), hundred, husband.**

ha (ha) *ünlem* ha, vay, oh, ya.

ha.ba.ne.ra (abane'ra) *i.* Küba'da yapılan bir dans; bu dansa göre müzik.

ha.be.as cor.pus (hey'biyıs kôr'pıs) *huk.* ihzar emri.

hab.er.dash.er (häb'ırdäşır) *i., A.B.D.* erkek giyimi satan mağaza; *İng.* tuhafiyeci. **haberdashery** *i.* şapka dükkânı; *İng.* tuhafiye eşyası veya dükkânı.

hab.er.geon (häb'ırcın) *i.* zırh yeleği.

ha.bil.i.ment (hıbîl'ımınt) *i., gen. çoğ.* elbise, kıyafet, kılık.

hab.it (häb'it) *i.* âdet, alışkı, alışkanlık, itiyat, tabiat, huy; iptilâ, düşkünlük; zihnî yapı, kafa; yaradılış, tıynet; elbise, kıyafet, kılık; din adamları ve binicilerin giydiği özel kıyafet; *biyol.* özel olarak büyüme veya yetişme.

habit-forming s. iptilâ hâsıl eden, alışkanlık meydana getiren. drug habit esrar alışkanlığı.

hab.it (häb'ît) f. giydirmek. habited in giymiş.

hab.it.a.ble (häb'îtıbıl) s. oturulabilir, ikamete elverişli. habitabil'ity, hab'itableness i. oturulacak halde olma.

hab.i.tant (häb'ıtınt) i. (bir yerde) ikamet eden kimse.

hab.i.tat (häb'ıtät) i. bir hayvan veya bitkinin yetiştiği yer; herhangi bir şeyin doğal yeri.

hab.i.ta.tion (häbıtey'şın) i. ikamet, oturma; mesken, ev.

ha.bit.u.al (hıbîç'uwıl) s. alışılmış, mutat, itiyat edinilmiş; daimî. habitually z. alışıldığı şekilde, âdet üzere. habitualness i. alışkanlık, âdet, mutat oluş.

ha.bit.u.ate (hıbîç'uweyt) f. alıştırmak, alışkanlık haline getirmek, itiyat kespettirmek. habitua'tion i. itiyat, alışkanlık.

hab.i.tude (häb'ıtud) i. âdet, itiyat, alışkanlık.

ha.bit.u.é (hıbîç'uwey) i. müdavim, daimî ziyaretçi.

ha.chure (häşûr') i., f., güz. san. resimde gölge çizgileri; haritalarda dağ yamaçlarını gösteren ince çizgi, tarama çizgi; f. tarama çizgilerle göstermek.

ha.ci.en.da (hasiyen'dı) i. büyük çiftlik, fabrika veya iş yeri.

hack (häk) f., i. çentmek, yarmak, yontmak, kıymak; İng., leh. toprağı sürüp ekmek; kuru kuru öksürmek; A.B.D., argo becermek; slang çakmak; i. çentik; çentmeye mahsus alet; kekeleme; kuru öksürük; incik kemiğine atılan tekme.

hack (häk) i., f. kira beygiri; ihtiyar at; kiralık atlı araba; A.B.D., k.dili taksi; külüstür araba; f. araba sürmek, taksi şoförlüğü yapmak. hack stand taksi durağı.

hack (häk) i., f., s. adi yazılar yazan kalitesiz yazar; f. para için adi yazı yazmak; s. adi yazıya ait. hack work adi yazı. hack writer para için adi yazı yazan kimse.

hack (häk) i. balık, peynir veya tuğla kurutmak için kullanılan ızgara.

hack.le (häk'ıl) i., f. keten ve kendir tarağı; horozun boynundaki uzun ve ince tüyler; bu tüyden yapılmış sinek şeklindeki olta iğnesi; çoğ. kızgınlık anında köpeğin boynunda dikleşen tüyler; f. keten tarağı ile taramak; olta ucuna sunî sinek yemi takmak.

hack.le (häk'ıl) f. çentmek, yontmak, parçalamak; yontulmak, parçalanmak.

hack.ney (häk'ni) i., s., f. binek veya koşum atı; kira arabası; s., mec. çok kullanılmış; adi, bayağı; f., nad. sokak arabası gibi daima ve her işe kullanmak; eskitmek, körletmek.

hack.neyed (häk'nid) s. adi, harcıâlem, günlük; dile düşmüş; basmakalıp; kaşarlanmış.

hack.saw i., hack saw (häk'sô) demir testeresi, vargel testere.

had (häd) bak. have.

had.dock (häd'ık) i. mezit balığı, zool. Melanogrammus aeglefinus.

hade (heyd) i., f., jeol. damarın dik vaziyetten ayrılma açısı; f. bu suretle eğrilmek.

Ha.des (hey'diz) i., mit. ölüler diyarının tanrısı Pluton'un diğer bir adı; ölülerin ruhlarının bulunduğu yer.

hadj (häc) i. hac.

hadj.i (häc'i) i. hacı.

haema-, haemato-, haemo- bak. hema-, hemato-, hemo-.

ha.fiz (ha'fîz) i. hafız.

haft (häft) i., f. bıçak sapı, kılıç kabzası; f. bıçağa sap takmak.

hag (häg) i. yaşlı çirkin kadın, kocakarı, acuze; büyücü kadın; eski dişi hayalet veya cin.

hag.fish (häg'fîş) i. yılanbalığına benzeyen ve başka balıkların vücuduna başını sokarak yaşayan ufak deniz balığı.

Hag.ga.da(h) (hıga'dı) i. Musevî din kitaplarının efsane kısmı; Musevî din kitaplarının tefsiri. haggadic s. bu kitaplara veya tefsirlere ait. haggadist i. bu kitap veya tefsirlerin yazarı.

hag.gard (häg'ırd) s. yorgunluk ve açlıktan dolayı bitkin görünüşlü; yabanî görünüşlü, yabanî davranışlı (doğan).

hag.gis (häg'îs) i., İskoç. koyun veya dana ciğer ve yüreği ile yapılan soğanlı yahni.

hag.gish (häg'îş) s. cadı gibi, acuze gibi.

hag.gle (häg'ıl) f., i. sıkı pazarlık etmek; çekişmek; acemice kesmek; i. sıkı pazarlık; çekişme.

Hag.i.og.ra.pha (hägiyag'rıfı) i., çoğ. Eski Ahit'te Tevrat ve peygamberlere ait kitapların dışında kalan kitaplar.

hag.i.og.ra.pher (hägiyag'rıfır) *i.* azizler hakkında yazan kimse.

hag.i.ol.a.try (hägiyal'ıtri) *i.* azizlere tapma.

hag.i.ol.o.gy (hägiyal'ıci) *i.* azizlerin hayatı ile ilgili edebiyat.

hag.rid.den (häg'rîdın) *s.* büyülenmiş olduğundan dolayı kederli.

Hague, The (heyg) Lahey.

hah *bak.* ha.

ha-ha (ha'ha) *i., ünlem* kahkaha sesi; *ünlem* Hahhah!

ha-ha (ha'ha) *i.* bir bahçenin etrafındaki alçak çit.

haik (hayk, heyk) *i.* Arapların başları ile beraber vücutlarına sarındıkları kumaş, ihram, çarşaf.

hai.ku (hay'ku) *i.* Japonlara has üç mısralık kıtalardan meydana gelen kısa şiir.

hail (heyl) *i., f.* dolu; dolu gibi yağan şey; *f.* dolu halinde yağmak veya yağdırmak; hızlı ve şiddetli gelmek (söz, yumruk). **hailstone** *i.* dolu tanesi. **hailstorm** *i.* dolu fırtınası.

hail (heyl) *f., i.* selâmlamak; çağırmak; seslenmek; *i.* selâmlama, seslenme. **hail fellow well met** samimî dost, yakın arkadaş; herkesle çabuk ahbap olan kimse, sıcakkanlı kimse, samimiyetten hoşlanan kimse. **hail from** *den.* ... limanından kalkmak. **Where do you hail from?** Nerelisin? Nereden geldin? **within hail** ses duyulacak mesafede, yakın.

hair (her) *i.* saç, kıl, tüy; kıl payı mesafe. **hair curler** bigudi. **hair net** saç filesi. **hair pencil** kıldan yapılmış ince resim fırçası. **hair remover** kılları döken ilâç. **hair restorer** saçı beslediği zannedilen ilâç. **hair shirt** at kılı gömlek, ceza gömleği. **hair spray** saç tuvaletini korumak için saça püskürtülen sıvı, sprey. **hair trigger** tabancanın çok hassas tetiği. **get in one's hair** bir kimseyi rahatsız etmek, bir kimseye yapışmak, taciz etmek. **His hair stood on end.** Tüyleri ürperdi. **let one's hair down** *A.B.D., argo* içini dökmek. **not turn a hair** kılını kıpırdatmamak. **to a hair** tıpkı, tamamen aynı.

hair.breadth (her'bredth) *s., i.* kıl payı; *i.* kıl kadar mesafe.

hair.brush (her'brʌş) *i.* saç fırçası.

hair.cloth (her'klôth) *i.* kıldan yapılmış sert bir kumaş.

hair.cut (her'kʌt) *i.* saç tıraşı; saç kesilme biçimi. **I want a haircut.** Saçımın kesilmesini istiyorum.

hair.do (her'du) *i.* (*çoğ.* -dos) saç tuvaleti, saç şekli.

hair.dress.er (her'dresır) *i.* kuvaför, berber.

hair.line (her'layn) *i.* (alında) saç çizgisi; ince çizgi.

hair.pin (her'pîn) *i., s.* saç tokası, firkete; *s.* "u" şeklinde kıvrılan. **hairpin turn** keskin viraj.

hair-rais.ing (her'reyzing) *s.* korkunç.

hair.split.ter (her'splîtır) *i.* kılı kırk yaran kimse.

hair.spring (her'spring) *i.* saatin içindeki kıl gibi yay.

hair.y (her'i) *s.* kıllı, tüylü; kıldan yapılmış; kıl gibi; *A.B.D., argo* tehlikeli; mükemmel. **hairiness** *i.* tüylülük, kıllılık.

Hai.ti (hey'ti) *i.* Haiti.

hake (heyk) *i.* barlam (balık), merlos, *zool.* Merluccius vulgaris.

Ha.la.kah (halaka') *i.* Musevi dininde Talmud'da bulunan kuralların toplamı.

ha.la.tion (häley'şın) *i., foto.* resimde karşıdan gelen kuvvetli ışığın pencere gibi yerlerin kenarlarından taşması.

hal.berd, hal.bert (häl'bırd, -t) *i.* eskiden kullanılan baltalı kargı, teber. **halberdier'** *i.* bu silâhı kullanan kimse, teberdar.

hal.cy.on (häl'siyın) *i., s.* yalıçapkını, iskelekuşu, emircik, *zool.* Alcedo atthis; kış başında deniz kenarında yumurtladığı zamanlarda fırtınayı durdurduğu farzolunan hayal mahsulü bir kuş; *s.* bu hayalî kuşa ait; durgun, sakin, dingin. **halcyon days** kış ortasında iyi hava; sulh ve bereket devresi.

hale (heyl) *f.* sürüklemek. **hale into court** mahkemeye celbetmek.

hale (heyl) *s.* sağlam, dinç, zinde.

half (*çoğ.* halves) (häf, hävz) *s., z., i.* yarım (for less than one); buçuk (for more than one); *z.* yarı, yarı yarıya; kısmen; *i.* yarı. **half binding** arkasıyla köşeleri deri ve yanları kâğıt veya bez cilt. **half blood** melez, yarım kan. **half brother** üvey erkek kardeş, anne veya babası bir olan erkek kardeş. **half crown** iki buçuk şilin değerinde eski İngiliz gümüş parası. **half gainer** balıklama dalış. **half hitch** dülger bağı, bir volta, sade ilmik. **half holiday** yarım gün tatil, öğleden sonra tatil. **half life** *fiz.* radyoaktif bir maddenin yarısının kaybolması için gerekli olan müddet, yarılanma süresi. **half measures** yeterli olmayan tedbirler. **half mourning** yarı matem elbisesi, matem süresinin sonunda giyilen grili veya beyazlı elbise. **half nelson** *spor* boyunduruk. **half note** *müz.* ikilik nota, beyaz nota. **half pay** yarım maaş; açıkta bekleme maaşı. **half pint** bir bardaklık ölçü; *A.B.D.*, *argo* kısa boylu adam. **half-seas over** sarhoş. **half sister** üvey kız kardeş. **half sole** gizli pençe, yarım pençe. **half time** haftaym, ara; yarım günlük (çalışma). **at half cock** tetiği yarı çekilmiş halde; çileden çıkmış halde, tepesi atmış olarak. **better half** eş (kadın veya erkek). **by half** çok fazla. **cut in half, cut into halves** yarıya bölmek. **do a thing by halves** bir işi yarımyamalak yapmak. **go halves** yarı yarıya bölüşmek. **go off half-cocked** *k.dili* tedariksiz gitmek. **have half a mind** meyilli olmak. **It is half past one.** Saat bir buçuk. **not half bad** hiç de fena olmayan.

half-and-half (häf'ınhäf') *z.*, *s.*, *i.* yarı yarıya; *s.* karışık; *i.*, *İng.* iki çeşit içki karışımı.

half.back (häf'bäk) *i.*, *spor* hafbek.

half-baked (häf'beykt') *s.* yarı pişmiş; iyi düşünülmemiş.

half-breed (häf'brid) *s.*, *i.* melez, yarım kan (kimse).

half-caste (häf'käst) *i.*, *s.* babası Avrupalı annesi Hintli olan kimse; *s.* melez.

half.heart.ed (häf'har'tid) *s.* isteksiz, gevşek, gayretsiz.

half-length (häf'length) *s.*, *i.* yarım boy; *i.* vücudun yukarı kısmını gösteren resim.

half-mast (häf'mäst') *i.* bayrağın yarıya indirilmesi.

half-moon (häf'mun') *i.* yarımay.

half.pen.ny (*çoğ.* **halfpence**) (heyp'ni, hey'-pıns) *i.*, *İng.* yarım peni.

half-sole (häf'sol) *f.* pençe vurmak (ayakkabı).

half.tone (häf'ton) *i.*, *matb.* resmi hafif noktalarla gösteren klişe.

half-track (häf'träk) *i.* arkası tırtıllı önü tekerli askeri vasıta.

half-truth (häf'truth) *i.* kısmen doğru olan iddia.

half.way (häf'wey') *z.*, *s.* ortada, yarı yolda; yetersiz olarak; *s.* yetersiz; yarı yolda bulunan (han veya otel). **half-way house** hapisten çıkanların geçici olarak kalabileceği yurt.

half-wit.ted (häf'witid) *s.* ahmak, budala, ebleh.

hal.i.but, hol.i.but (häl'ıbıt, hal'ıbıt) *i.* kalkana benzeyen yassı bir balık, *zool.* Hippoglossus.

Hal.i.car.nas.sus (hälıkarnäs'ıs) *i.* Bodrum, Halikarnas.

hal.ide (häl'ayd) *i.*, *kim.* klor grupundan bir unsurla meydana gelen tuz.

hal.i.to.sis (hälıto'sîs) *i.* pis kokan nefes.

hall (hôl) *i.* koridor, dehliz; hol; toplantı salonu, büyük salon; resmî veya umumî toplantılara mahsus bina; konak; okul veya üniversite binası.

hal.le.lu.jah, hal.le.lu.iah (hälılu'yı) *ünlem* Allaha şükür!

hal.liard *bak.* halyard.

hall.mark (hôl'mark) *i.* altın veya gümüşte ayar damgası; kalite işareti.

hal.loo, hal.loa (hılo') *ünlem*, *İng.* Hayret! Hey!

hal.loo (hılu') *ünlem*, *i.*, *f.* dikkati çekme ünlemi; avda köpekleri saldırtma ünlemi; *i.* hayret ifade eden ses; *f.* bağırarak cesaret vermek veya canlandırmak.

hal.low (häl'o) *f.* takdis etmek, kutsamak.

Hal.low.een (hälowin') *i.* 31 Ekim akşamı, çocukların türlü kıyafetlere girerek eğlenceler tertip ettikleri hortlak gecesi.

hal.lu.ci.nate (hılu'sıneyt) *f.* sanrılamak; sanrılatmak. **hallucina'tion** *i.*, *psik.* sanrı, vehim, kuruntu; akli denge bozukluğundan ileri gelen kuruntu. **hallu'cinative, hallu'cinatory** *s.* sanrı kabilinden, kuruntu getiren.

hal.lu.ci.no.gen (hılu'sınıcın) *i.*, *tıb.* sanrıya kapılmaya sebep olan ilâç. **hallucinogen'ic** *s.*, *i.* sanrıya kapılmaya sebep olan (esrar).

hal.lu.ci.no.sis (hılusıno'sîs) *i.*, *tıb.* sanrı getiren hastalık.

hal.lux (*çoğ.* **hal.lu.ces**) (häl'ıks, häl'yûsiz) *i.*, *anat.* ayak başparmağı.

hall.way (hôl'wey) *i.* koridor; hol.

halm *bak.* haulm.

ha.lo (hey'lo) *i.* (*çoğ.* **-los, -loes**) hale, ağıl; ışık halkası; *güz. san.* azizlerin başı etrafına konulan hale; şeref nuru.

hal.o.gen (häl'ıcın) *i.*, *kim.* halojen, tuzveren.

hal.oid (häl'oyd) s., i., kim. halojenli, haloje-
nimsi; i. bir halojenle meydana gelen tuz.

halt (hôlt) i., f. duruş; durma, duraklama; mola;
f. durmak; duraklamak, durdurmak. call a
halt durdurmak, kesmek, son vermek.

halt (hôlt) s., eski topal, aksak. the halt
topallar, sakatlar.

halt (hôlt) f. kusurlu olmak, eksik olmak (vezin);
duraksamak, tereddüt etmek. halting s. du-
raksayan.

hal.ter (hôl'tır) i., f. yular; boyundan askılı ve
sırtı açık bir çeşit kolsuz kadın bülüzü; idam
ipi; f. yular takmak; yular takarcasına bir
kimseye engel olmak; iple asmak, idam
etmek.

halve (häv) f. yarıya bölmek, iki eşit kısma
ayırmak; yarıya indirmek.

halves (hävz) bak. half.

hal.yard, hal.liard (häl'yırd) i., den. kandilisa,
abli, çördek, bazı yelken ve serenleri veya
bayrağı yerine kaldıran halat.

Ha.lys (hey'lîs) i. Kızılırmak (eski ismi).

ham (häm) i., f. jambon, domuz budu; çoğ. kıç
kaynağı, insanın kaynak ve oturma yeri; kay-
nak, but; dizin alt veya iç kısmı; tiyatro
abartarak oynayan oyuncu; k.dili amatör
radyo operatörü; f., argo aşırı duygusal veya
abartmalı bir şekilde oynamak.

ham.a.dry.ad (hämıdray'ıd) i., mit. orman perisi,
ağaç perisi; zehirli bir Hindistan yılanı; bir
çeşit Habeş maymunu.

ha.mal (hımal') i. hamal.

Ham.burg (häm'bırg, ham'bûrg) i. Hamburg;
bir çeşit kara üzüm; bir çeşit ufak tavuk; bir
çeşit erkek şapkası.

ham.burg.er (häm'bırgır) i. sığır kıyması; bu
kıymadan yapılmış köfte, hamburger.

hame (heym) i. hamutun koşum kayışına bağlı
eğri tahtalarından biri.

Ha.mit.ic (hämît'îk) i., s. Kuzey Afrika'da bir
dil ailesi (Eski Mısır dili, Berberce); s. bu dil
ailesine ait.

ham.let (häm'lit) i. ufak köy, birkaç evden
ibaret köy.

ham.mer (häm'ır) i. çekiç, tokmak; anat. çekiç-
kemiği; tüfek horozu; muhtelif aletlerin u-
zunca, yassı ve ekseriya oynak kısımları;
mezatçı tokmağı. hammer and sickle orak
ve çekiç. hammer and tongs k. dili büyük
gürültü ve gayretle. hammer lock güreşte

kolun arkaya bükülmesi. hammer throw
spor çekiç atma yarışması. between the
hammer and the anvil iki ateş arasında,
çok zor durumda. claw hammer tırnaklı
çekiç. come under the hammer açık
artırma ile satılmak. pick hammer tek ağızlı
kazma.

ham.mer (häm'ır) f. çekiçle vurmak, çekiçlemek;
çekiçle işlemek; yumruk atmak, yumruklamak;
(kalp) hızla atmak; zihnen çok çalışmak; sal-
dırmak, hücum etmek. hammer an idea
into one's head bir kimsenin kafasına bir
fikri sokmak, zorla anlatmak. hammer at
azimle uğraşmak, uğraşıp durmak. hammer
away durmadan çalışmak. hammer out
şekil vermek, plan yapmak.

ham.mer.head (häm'ırhed) i. çekiç balığı, zool.
Sphyrna zygaena malleus.

ham.mock (häm'ık) i. hamak, den. branda
yatak.

ham.per (häm'pır) i. sepet sandık, kapaklı büyük
sepet, çamaşır sepeti.

ham.per (häm'pır) f., i. engel olmak, mâni ol-
mak; i. engel, mânia; den. arma.

ham.ster (häm'stır) i. iri avurtlarında yiyeceğini
yuvasına taşıyan sıçan türünden kemirici bir
hayvan, zool. Cricetus.

ham.string (häm'string) i., f. (-strung) anat.
diz arkasında bulunan iki büyük kirişten biri;
f. bu kirişleri kesmek; sakatlamak, topal etmek;
çalışamaz hale getirmek.

ham.u.lus (çoğ. -li) (häm'yılus, -lay) i. küçük
kanca, çengelcik, kanca şeklinde çıkıntı.

hand (händ) i. el; el gibi uzuv (maymun ayağı,
şahin pençesi, ıstakoz kıskacı); kudret, yet-
ki, salâhiyet; parmak, işe karışma; maha-
ret, hüner; el yazısı, imza; yardım; usta;
yetki sahibi kimse; işçi, amele; taraf, yan;
saat yelkovanı veya akrebi; atın yüksekli-
ğini ölçmeye mahsus bir ölçü (on santimet-
re); alkış; iskambil el, sıra; oyun; hevenk;
tütün yaprağı demeti. hand and foot bütün
isteklerini karşılamak üzere, el pençe divan.
hands down parmağını kıpırdatmadan, ko-
laylıkla. hand glass el aynası; el büyüteci.
hand grenade el bombası. hand in
glove with... ile çok yakın ilişkisi olan.
hand in hand el ele. hand loom el tez-
gâhı. Hands off! Dokunma! Elini sürme!
Bırak! hand organ latarna. hand running

k.dili sıra ile, arkası kesilmeden. **hand to hand** göğüs göğüse, yumruk yumruğa. **hand-to-mouth** *s.* kıt kanaat geçinen; ihtiyatsız, çok müsrif. **Hands up!** Eller yukarı! Davranma! **a heavy hand** sertlik, zulüm. **all hands** *den.* tekmil tayfa. **an old hand at** tecrübeli, usta, ehil, kurt. **at first hand** doğrudan doğruya, birinci elden, asıl yerinden. **at hand** yakın, yanında, el altında. **be on one's hands** (görev veya sorumluluk) omuzlarında olmak; elinde kalmak. **by hand** el ile. **change hands** el değiştirmek, başkasının eline geçmek. **clean hands** suçsuzluk, masumluk. **eat out of one's hand** bir kimsenin elinden yemek; bir kimsenin fikirlerini kabul edip ona uymak; bir kimsenin dalkavuğu olmak. **force one's hand** zorla yaptırmak; bir kimseyi yapacağını açığa vurmaya mecbur etmek. **from hand to hand** elden ele. **give one's hand to** bir kimse ile evlenmeyi kabul etmek. **have a hand in it** bir işle ilgisi olmak, bir işin içinde parmağı olmak. **have one's hands full** fazla meşgul olmak, zor başa çıkmak; başka işe vakti olmamak. **in hand** elde; hazırlanmakta; kontrol altında, gözaltında. **in one's hands** uhdesinde, elinde. **keep one's hand in** hünerini kaybetmemek; üstünde devamlı çalışmak. **lay hands on** el atmak, tecavüz etmek, yakalamak; takdis etmek, kutsamak. **lend** *veya* **give a hand** yardım etmek, elini uzatmak. **near at hand** yakınında, yanı başında. **off one's hands** elinden çıkmış, sorumluluğu dışında. **on all hands** her taraftan. **on hand** elde; hazır, mevcut. **on the one hand, on the other hand** diğer taraftan. **out of hand** hemen, birdenbire; elden çıkmış, kontrolsüz. **second hand** saniye ibresi. **show one's hand** niyetini açığa vurmak. **take in hand** girişmek, üstüne almak. **throw up one's hand** ümitsizce bırakmak. **turn one's hand to something** bir işi ele almak. **upper hand** üstünlük. **wash one's hands of** sorumluluğu üzerinden atmak, sıyrılmak. **with a high hand** zorbalıkla, kaba güçle.

hand (händ) *f.* elle vermek; el vermek; *den.* yelkeni istinga edip sarmak. **hand down** nesilden nesile devretmek; karar vermek. **hand in** yetkili bir kimseye vermek. **hand**

it to *argo* haklı olarak övmek. **hand on** babadan oğula geçirmek; başkasına vermek. **hand out** dağıtmak. **hand over** vermek, devretmek, teslim etmek.

hand.bag (händ'bäg) *i.* el çantası, kadın çantası.

hand.ball (händ'bôl) *i., spor* hentbol.

hand.bill (händ'bil) *i.* el ilânı.

hand.book (händ'bûk) *i.* el kitabı, rehber.

hand.breadth (händ'bredth) *i.* bir el eninde ölçü (yaklaşık olarak 10 cm.).

hand.car (händ'kar) *i.* drezin.

hand.cart (händ'kart) *i.* el arabası, çekçek.

hand.clasp (händ'kläsp) *i.* el sıkışma.

hand.cuff (händ'kʌf) *i., f.* kelepçe; *f.* kelepçe vurmak.

hand.ed (hän'did) *s.* eli olan, elli.

hand.ful (händ'fûl) *i.* avuç dolusu; az miktar; *k.dili* başa çıkılması zor olan kimse veya iş.

hand.grip (händ'grip) *i.* elle yakalama veya kavrama; *çoğ.* göğüs göğüse çatışma.

hand.gun (händ'gʌn) *i.* tabanca.

hand.hold (händ'hold) *i.* tutamaç, tutamak.

hand.i.cap (hän'dikäp) *i., f.* (-ped, -ping) mânia, engel; sakatlık; elverişsiz durum, handikap; *spor* engelli koşu; *f.* mânia koymak; engel olmak; yarışta mânia koymak. **handicapped** *s.* sakat, malul. **mentally handicapped** geri zekâlı. **the handicapped** sakatlar, yardıma muhtaç olanlar.

hand.i.craft (hän'dikräft) *i.* el sanatı.

hand.i.ness (hän'dinis) *i.* becerikdilik, maharet.

hand.i.work (hän'diwırk) *i.* iş, elişi.

hand.ker.chief (häng'kırçif) *i.* mendil.

han.dle (hän'dıl) *f.* el sürmek, dokunmak; ele almak; kullanmak, elle kullanmak; elle idare etmek; idare etmek, muamele etmek; satmak; ele gelmek, ele uygun olmak.

han.dle (hän'dıl) *i.* sap, kulp, kabza, tutamaç, tutamak; tokmak; alet, bahane, vasıta; *k.dili* bir kimseye verilen acayip isim. **fly off the handle** *k.dili* kızmak, köpürmek, tepesi atmak.

han.dle.bar (hän'dılbar) *i.* (bisiklette) gidon; *A.B.D., k.dili* palabıyık.

han.dling (hän'dling) *i.* elle dokunma; işleme tarzı. **handling charges** elden geçirme masrafları.

hand.made (händ'meyd) *s.* elişi.

hand.maid(en) (händ'meyd, -ın) *i., eski* hizmetçi kız, evlâtlık, besleme; cariye, odalık.

hand-me-down (händ'midaun) *s.. i., k.dili* kullanılmış, elden düşme; *i.* kullanılmış elbise veya eşya.

hand.out (händ'aut) *i.* bedava dağıtılan yiyecek, sadaka; bildiri.

hand-pick (händ'pîk) *f.* elle toplamak; dikkatle seçmek.

hand.rail (händ'reyl) *i.* merdiven parmaklığı, tırabzan.

hand.saw (händ'sô) *i.* el testeresi.

han(d).sel (hän'sıl) *i., f.* (-ed, -ing *veya* -led, -ling) uğur getirmesi için verilen hediye; siftah; pey; ilk taksit; *f.* siftah ettirmek; pey vermek; yeni yapılan bir işin veya yeni alınan bir şeyin şerefine ziyafet vermek.

hand.set (händ'set) *i.* telefon makinası.

hand.shake (händ'şeyk) *i.* el sıkma.

hand.some (hän'sım) *s.* yakışıklı; çok, bol, mebzul, iyi; cömert. handsomely *z.* cömertçe; bol bol.

hand.spike (händ'spayk) *i.* manivela.

hand.spring (händ'spring) *i.* perende atma.

hand.work (händ'wırk) *i.* elişi.

hand.writ.ing (händ'rayting) *i.* el yazısı.

hand.y (hän'di) *s.* hazır, yakın, el altında; eli işe yatkın, becerikli, usta, mahir; elverişli, kullanışlı. handily *z.* kolay bir şekilde, elverişli olarak.

hand.y.man (hän'dimän) *i.* elinden her iş gelen işçi.

hang (häng) *f.* (hanged) asarak idam etmek.

hang (häng) *f.* (hung) asmak; takmak; sarkıtmak; eğmek (baş); kaplamak, yapıştırmak; *A.B.D.* engellemek, mâni olmak (jüri kararı); asılmak, asılı olmak, sallanmak, sarkmak. hang around *k.dili* başıboş gezerek beklemek. hang back tereddüt etmek, çekinmek. hang fire zamanında ateş almamak; neticesi çıkmamak. hang heavy yavaş geçmek (zaman). hang in the balance muallâkta olmak. Hang it! Lânet olsun! hang on bağlı olmak; yapışmak; peşini bırakmamak. hang out sarkmak, asılmak; sarkıtmak, asmak; *argo* (bir yerde) vakit geçirmek, oyalanmak. hang over abanmak, sarkmak, başında olmak (iş); tehdit etmek; eskiden kalmış olmak. hang together daima beraber olmak, birbirinden ayrılmamak; birbirini tutmak. hang up geri

bırakmak, ertelemek, tehir etmek; *A.B.D.* kapamak (telefon). be hung up on aklı bir şeye takılmak; bir şeyin delisi olmak; tutturmak.

hang (häng) *i.* duruş (etek, perde); anlam, mana, kullanılış tarzı; sarkma, asılış. get the hang of usulünü öğrenmek, manasını kavramak. not give a hang aldırmamak, umursamamak.

han.gar (häng'ır) *i.* hangar.

hang.dog (häng'dôg) *i., s.* sinsi adam; *s.* alçak, habis; mahcup, ürkek, korkak.

hang.er (häng'ır) *i.* askı, askı kancası; çengel; elbise askısı; *oto.* makas köprücüğü; asan kimse, asıcı kimse.

hang.er-on (häng'ıran') *i.* tufeylî, çanak yalayıcı kimse, *slang* beleşçi kimse.

hang.ing (häng'ing) *i., s.* asma; ipe çekerek idam; *çoğ.* oda duvarlarına asılan kumaş; *s.* asılı, sarkan; askıda kalmış, bir sonuca varılmamış; idama lâyık; idam cezası vermeye meyilli.

hang.man (häng'mın) *i.* cellât.

hang.nail (häng'neyl) *i.* şeytantırnağı.

hang.out (häng'aut) *i., argo* ev, mesken, sık gidilen yer.

hang.o.ver (häng'ovır) *i., A.B.D., k.dili* içkiden meydana gelen baş ağrısı; geçmiş zamandan kalmış olma.

hang.up (häng'∧p) *i., argo* güçlük, engel; özel mesele; meraklısı olunan şey; takınak.

hank (hängk) *i.* çile, yün veya ipek çilesi; kangal.

han.ker (häng'kır) *f., gen.* after *veya* for *ile* arzulamak, özlemini çekmek, hasret çekmek, özlemek. hankering *i.* istek, arzu, özlem.

han.ky-pan.ky (häng'kipang'ki) *i., k.dili* hilekârlık, sinsilik; *A.B.D., argo* zina.

Ha.noi (hanoy') *i.* Hanoi.

hanse (häns) *i.* ortaçağda tüccar loncası.

han.som *i.*, hansom cab (hän'sım) arabacısı arkada oturan iki tekerlekli ve tek atlı araba.

Ha.nuk.kah (ha'nûkı) *i.* Musevî dininde ışıklar bayramı.

ha'.pen.ny (heyp'ni) *bak.* halfpenny.

ha.pax le.go.me.non (hey'päks lıgam'ınan) *Yu.* ancak bir kere görülen (kelime, deyim).

hap.haz.ard (häp'häz'ırd) *s., z., i.* rasgele, gelişigüzel; *i.* şans, rastlantı.

hap.less (häp'lis) *s.* talihsiz, bahtsız.

hap.loid (häp'loyd) *s., i., biyol.* yarı kromozonlu (hücre).

hap.pen (häp'ın) *f.* olmak, vaki olmak, meydana gelmek, rast gelmek. **happen on** rast gelmek, bulmak.

hap.pen.ing (häp'ınîng) *i.* olay, vaka; *tiyatro* kısmen ve irticalen sahneye konan ve seyircileri şaşırtmak gayesini güden oyun.

hap.pen.stance (häp'ınstäns) *i., A.B.D., k.dili* rastlantı, tesadüf.

hap.pi.ly (häp'ıli) *z.* mutlulukla, sevinçle; iyi bir tesadüf olarak.

hap.pi.ness (häp'ınîs) *i.* saadet, mutluluk, bahtiyarlık; uygunluk.

hap.py (häp'i) *s.* mutlu, mesut, talihli, memnun, bahtiyar, sevinçli; şen, neşeli; uygun, yerinde olan; *A.B.D., argo* ...delisi (*msl.* **girl -happy** kız delisi.) **happy-go-lucky** *s.* kaygısız; bir şeye aldırmaz, neşeli.

ha.ra.ki.ri (här'ıkir'i) *i.* harakiri.

ha.rangue (hıräng') *i., f.* uzun ve şiddetli konuşma, tirad; *f.* uzun ve şiddetli bir şekilde konuşmak, tirad söylemek.

har.ass (hıräs', her'ıs) *f.* rahat vermemek; yormak, bizar etmek, tedirgin etmek, taciz etmek; *ask.* aralıksız saldırılarla taciz etmek. **harass'ment** *i.* taciz, bizar, rahatsızlık.

har.bin.ger (har'bîncır) *i.* haberci, müjdeci.

har.bor, *İng.* **har.bour** (har'bır) *i., f.* liman; sığınacak yer, sığınak; *f.* barındırmak; misafir etmek; beslemek. **harborage** *i.* barınacak yer, sığınak, melce.

har.bor.mas.ter (har'bırmästır) *i.* liman şefi.

hard (hard) *s.* katı, sert, pek; güç, müşkül, zor, çetin; zalim, merhametsiz, kalpsiz, şefkatsiz; şiddetli, kötü, acı; anlaşılmaz, zor; ağır; çalışkan, faal; inatçı, ters; çirkin, kötü; acı (su); *gram.* kalın sesli (harf); cimri, pinti, hasis; ekşi, ekşimiş, alkol derecesi yüksek, sert (içki). **hard and fast rule** değişmez kanun, istisna kabul etmez kaide. **hard cash, hard money** madenî para; nakit para. **hard cider** alkolleşmiş elma suyu. **hard coal** *min.* antrasit. **hard court** teniste beton kort. **hard drug** morfin gibi bedende alışkanlık yaratan uyuşturucu madde. **hard facts** *A.B.D., k.dili* kesin deliller. **hard hat** *İng.* melon şapka; kask, miğfer. **hard hit** büyük zarara uğramış. **hard labor** ağır iş cezası. **hard luck** talihsizlik, şans-

sızlık. **hard maple** isfendan ağacı, akçaağaç gibi şeker veren bir cins ağaç, *bot.* Acer saccharum. **hard of hearing** ağır işiten. **hard row to hoe** çetin iş. **hard rubber** ebonit. **hard sauce** ahçı. şeker ve tereyağı ile yapılan tatlı sos. **hard sell** *A.B.D., k.dili* ısrarla satış usulü. **hard times** güç zamanlar, sıkıntılı günler. **hard up** eli dar, muhtaç. **hard water** kireçli su. **a hard bargain** çekişe çekişe pazarlık. **hardly** *z.* güçlükle, güçbelâ; ancak, hemen hemen; az bir ihtimalle. **hardness** *i.* güçlük, zorluk; sertlik; terslik, aksilik.

hard (hard) *z.* zorla, kuvvetle, hızla; sertlikle, güçlükle, müşkülâtla; sıkıca; katı, sert; çok, aşırı; yakın, yanı başında; *den.* alabanda; son hadde kadar. **hard by** pek yakın, yakında. **be hard put to it** zor durumda olmak, darlıkta olmak. **die hard** şiddetle karşı koymak, kolay teslim olmamak. **go hard with** için zor olmak, için acı olmak.

hard-bit.ten (hard'bît'ın) *s.* inatçı, serkeş, bildiğini okuyan.

hard-boiled (hard'boyld') *s.* lop, katı (yumurta); *k.dili* sert; kolay kanmaz.

hard-core (hard'kôr') *s., A.B.D.* sabit, kararlı, sabit fikirli, *colloq.* çetin ceviz.

hard-earned (hard'ırnd') *s.* güç kazanılmış, alın teriyle kazanılmış.

hard.en (har'dın) *f.* sertleştirmek, katılaştırmak, pekiştirmek; kuvvetlendirmek; sertleşmek, katılaşmak, pekişmek; kuvvetlenmek; donmak (çimento). **hardened** *s., ask.* yeraltında ve bombalara karşı takviye edilmiş (üs, roket üssü).

hard.en.er (har'dınır) *i.* sertleştiren kimse veya madde; sikatif; çelik tavcısı.

hard-fa.vored (hard'fey'vırd) *s.* çirkin, sert ifadeli.

hard-fist.ed (hard'fîs'tîd) *s.* tamahkâr, cimri, eli sıkı; yumruğu kuvvetli.

hard-fought (hard'fôt') *s.* sıkı dövüşmüş.

hard.hat (hard'hät) *i., A.B.D.* inşaat işçisi; aşırı tutucu kimse.

hard.head.ed (hard'hed'îd) *s.* makul düşünen, hislerine mağlup olmayan.

hard.heart.ed (hard'har'tîd) *s.* katı yürekli, kalpsiz, merhametsiz.

har.di.hood (har'dihûd) *i.* yiğitlik, cesaret; cüret; arsızlık, küstahlık.

hard-line (hard'layn') *s.* sert, sıkı.

hard-nosed (hard'nozd') *s., argo* kendi menfaatini düşünen, çıkarcı.

hard-pan (hard'pän) *i.* sert toprak, killi toprak; işlenmemiş sert toprak; sağlam temel.

hard-shell (hard'şel) *s.* sert kabuklu; *A.B.D., k.dili* sabit fikirli.

hard.ship (hard'şip) *i.* sıkıntı, darlık, meşakkat; eza, cefa.

hard.tack (hard'täk) *i.* peksimet, galeta.

hard.top (hard'tap) *i., oto.* üstü çelik araba.

hard.ware (hard'wer) *i.* madenî eşya, hırdavat; nalbur dükkânı; silâh; kompütör aksamı.

hard.wood (hard'wûd) *i.* (gürgen, meşe, karaağaç gibi) sert tahtalı ağaç; bu ağaçların keresteleri.

hard-work.ing (hard'wır'king) *s.* çok çalışkan.

har.dy (har'di) *s.* tahammüllü, mukavim, dayanıklı, kuvvetli; cesur, gözüpek, cüretkâr, yiğit; kendine güvenen, atılgan, küstah; kışa dayanıklı, soğuğa dayanıklı (özellikle bitkiler). **hardily** *z.* yiğitlikle, mertçe. **hardiness** *i.* dayanıklılık, mukavim oluş.

har.dy (har'di) *i.* örs keskisi.

hare (her) *i.* yabanî tavşan, *zool.* Lepus europaeus. **hare and hounds** yola ufak kâğıt parçaları saçarak oynanan tavşan-tazı oyunu.

hare.bell (her'bel) *i.* çançiçeği, yaban sümbülü, *bot.* Campanula rotundifolia.

hare.brained (her'breynd) *s.* kuş beyinli, kafasız.

hare.lip (her'lip) *i.* yarık dudak, tavşandudağı.

har.em (her'ım) *i.* harem, harem dairesi.

har.i.cot (her'ıko) *i.* etli yahni; yeşil fasulye. **haricot bean** kuru fasulye.

hark (hark) *f., ünlem* dinlemek, işitmek; *ünlem* Dinle! Dur! Sus! **hark back** sadede gelmek; geri çağırmak (tazı).

hark.en (har'kın) *f., eski* dinlemek, dikkatini vermek.

harl (harl) *i.* keten ipliği, lif.

har.le.quin (har'lıkwin) *i., s.* soytarı, palyaço; *s.* alacalı, çok renkli; dış köşeleri yukarı kıvrık (gözlük). **harlequinade'** *i.* pandomima, palyaço oyunu; soytarılık.

har.lot (har'lıt) *i.* fahişe, orospu.

har.lot.ry (har'lıtri) *i.* fahişelik, orospuluk.

harm (harm) *i., f.* zarar, hasar; şer, kötülük; felâket; *f.* zarar vermek, kötülük etmek. **out of harm's way** emniyette, emin yerde.

har.mal (har'mıl) *i.* üzerlik, *bot.* Peganum harmala.

harm.ful (harm'fıl) *s.* zararlı, fena, ziyan verici. **harmfully** *z.* zarar verecek şekilde. **harmfulness** *i.* zararlılık, ziyankârlık.

harm.less (harm'lis) *s.* zararsız. **harmlessly** *z.* zararsız bir şekilde. **harmlessness** *i.* zararsızlık.

har.mon.ic (harman'ik) *s., i.* uyumlu, ahenkli; harmonik, harmoniye ait; kulağa hoş gelen; *mat.* müzik ahengine benzer oranlara ait; *i., müz.* harmonik ses, esas sese katılan ikinci diziden ses. **harmonical** *s.* harmoniyle ilgili; uyumlu, ahenkli. **harmonically** *z.* uyumlu olarak; harmonik olarak.

har.mon.i.ca (harman'ıkı) *i.* armonika, ağız mızıkası; irili ufaklı cam bardaklar veya madenî parçalardan meydana gelen bir çeşit çalgı.

har.mon.ics (harman'iks) *i., müz.* uyum bilgisi.

har.mo.ni.ous (harmo'niyıs) *s.* ahenkli, uyumlu, birbirine uygun; tatlı sesli, hoş sesli; düzenli, muntazam. **harmoniously** *z.* ahenkli olarak, uyumlu olarak.

har.mo.nist (har'mınist) *i., müz.* kompozitör; uyum kurallarını bilen kimse.

har.mo.ni.um (harmo'niyım) *i., müz.* harmonyum, küçük org.

har.mo.nize (har'mınayz) *f.* uyum sağlamak, ahenk temin etmek, düzen vermek; *müz.* harmonisini yapmak; uygun gelmek, uymak.

har.mo.ny (har'mıni) *i.* ahenk, uyum; *müz.* harmoni, seslerin uyması; uygunluk; ahenk ilmi.

har.ness (har'nis) *i., f.* koşum takımı; pilot bağı; *f.* beygirin takımını vurmak, hayvanı koşmak; çalışacak duruma getirmek. **harness maker** saraç. **in harness** iş başında.

ha.roosh (hıruş') *i., A.B.D.* şamata.

harp (harp) *i., müz.* harp.

harp (harp) *f.* harp çalmak; harp çalarak ifade etmek. **harp on** üzerinde durmak, ısrarla yazmak veya söylemek. **harper, harpist** *i.* harpçı.

har.poon (harpun') *i., f.* büyük balıkları avlamakta kullanılan zıpkın; *f.* zıpkınlamak, zıpkınla öldürmek. **harpooner** *i.* zıpkıncı.

harp.si.chord (harp'sıkôrd) *i., müz.* klavsen gibi eski tip piyano, harpsikord.

Har.py (har'pi) *i.* mitolojide yüzü ve vücudu kadına, kanatları ile ayakları kuşa benzer canavarlardan biri. **harpy** *i.* yırtıcı ve gaddar kimse. **harpy** *i.*, **harpy eagle** Amerika'da bulunan bir cins kartal, *zool.* Thrasaetus harpyia.

har.ri.dan (her'ıdın) *i.* huysuz kocakarı.

har.ri.er (her'iyır) *i.* yağmacı kimse.

har.ri.er (her'iyır) *i.*, *zool.* tavşan tazısı; şahin familyasından bir kuş. **marsh harrier** kırmızı doğan, üsküflü doğan, *zool.* Circus aeruginosus.

har.row (her'o) *i.*, *f.* tapan, kesek kırma makinası; *f.* tırmık çekmek, kesek kırmak; hırpalamak, eziyet etmek; sinirlendirmek. **harrowing** *s.* üzücü, asap bozucu.

har.ry (her'i) *f.* soymak, yağma etmek; rahat vermemek, taciz etmek, bizar etmek.

harsh (harş) *s.* sert, acı; kaba, haşin, ters, huysuz, insafsız. **harshly** *z.* sertçe, huysuzca, kaba bir şekilde. **harshness** *i.* kabalık, haşinlik, terslik.

hars.let (hars'lit) *bak.* **haslet.**

hart (hart) *i.* erkek karaca.

harte-beest (hart'bist) *i.* Güney Afrika'ya mahsus iri bir antilop.

harts.horn (harts'hôrn) *i.* geyik boynuzu; *eski*, *ecza.* amonyum karbonatı, nışadırkaymağı. **salts of hartshorn** *eski* nışadır. **spirits of hartshorn** *eski* amonyak gazı, nışadırruhu.

harts.tongue, hart's-tongue (harts'tʌng) *i.* geyikdili, *bot.* Phyllitis scolopendrium.

har.um-scar.um (her'ımsker'ım) *s.*, *i.* deli, patavatsız; *i.* delidolu kimse.

ha.rus.pex (*çoğ.* **-pi.ces**) (hırʌs'peks, -pısiz) *i.* eski Roma ve Etrüsk'te kesilen kurbanın bağırsaklarına bakarak ilâhların arzularını okuyan kâhin. **haruspicy** *i.* bu şekilde falcılık.

har.vest (har'vist) *i.*, *f.* hasat; hasat mevsimi, ekinleri biçme zamanı; ürün, mahsul, rekolte; semere, sonuç, netice; *f.* biçmek, hasat etmek, mahsul devşirmek. **harvest home** harman sonu; harman sonunda verilen ziyafet. **harvest moon** sonbahar başındaki dolunay. **harvest mouse** tarla faresi. **harvest tick** hasat zamanında türeyen bir çeşit sakırga.

har.vest.er (har'vistır) *i.* orakçı, hasatçı; biçer-döğer.

has (häz) *bak.* **have.**

has-been (häz'bin) *i.*, *k.dili* etkisini kaybetmiş olan kimse veya şey, vakti geçmiş kimse veya şey.

ha.sen.pfef.fer (ha'sınfefır) *i.* tavşan yahnisi.

hash (häş) *i.*, *f.* tavada pişirilen kıymalı patates; karmakarışık şey; berbat olmuş şey, bozulmuş şey; *argo* haşiş; *f.* et kıymak; *A.B.D.*, *k.dili* bozmak; *A.B.D.*, *argo* garsonluk etmek. **hash house** *A.B.D.*, *argo* aşevi. **hash over** *k.dili* tartışmak, müzakere etmek. **make a hash of** *k.dili* bozmak, iyice karıştırmak. **settle one's hash** bir kimseyi tamamen susturmak, ağzını tıkamak; bir kimsenin işini bitirmek, ortadan kaldırmak.

hash.ish, hash.eesh (häş'iş) *i.* haşiş, kenevirden çıkarılan esrar.

Ha.sid (hä'sid) *i.* (*çoğ.* **Hasi'dim**) gizemci bir Musevî tarikatı üyesi.

has.let, hars.let (has'lit, hars'lit) *i.* hayvanların (özellikle domuzun) yürek ve ciğer gibi yenilen iç uzuvları, sakatat.

has.n't (häz'ınt) *kıs.* **has not.**

hasp (häsp) *i.*, *f.* asma kilit köprüsü, kenet; iplik makarası; yün çilesi; *f.* kilit köprüsü geçirip kitlemek.

has.sle (häs'ıl) *i.*, *A.B.D.*, *argo* tartışma; zorluk, güçlük; mücadele.

has.sock (häs'ık) *i.* diz veya ayak dayayacak minder, puf; ot öbeği.

hast (häst) *eski*, *bak.* **have.**

has.tate (häs'teyt) *s.* mızrak başı şeklinde; *bot.* buna benzer üç köşeli (yaprak).

haste (heyst) *i.* acele, hız, sürat; ivedilik. **Haste makes waste.** Acele işe şeytan karışır. **in haste** aceleyle, telâşla; tez olarak. **make haste** acele etmek.

has.ten (hey'sın) *f.* acele ettirmek; acele etmek; sıkıştırmak, hız vermek, hızlandırmak.

hast.y (heys'ti) *s.* acele, tez, çabuk, süratli, seri; düşüncesiz; çabuk öfkelenen; aceleci, telâşçı. **hasty pudding** mahallebi, su veya sütle yapılmış mısır lapası. **hastily** *z.* aceleyle, telâşla. **hastiness** *i.* acelecilik, telâş.

hat (hät) *i.*, *f.* şapka; kardinalin şapkası; kardinallik rütbesi; *f.* şapka giydirmek. **pass the hat** parsa toplamak, iane istemek. **talk through one's hat** *k.dili* palavra atmak, bilmediği şeyden bahsetmek. **throw one's hat into the ring** yarışa girmek (politikada).

top hat silindir şapka. **under one's hat**
A.B.D., k.dili gizli, mahrem.
hat.band (hät'bänd) *i.* şapka şeridi.
hat.box (hät'baks) *i.* şapka kutusu.
hatch (häç) *i., den.* ambar ağzı, ambar kapağı,
kaporta; bent kapağı; bölmeli kapının alt
kısmı; üstü açık kapı.
hatch (häç) *f., i.* ince çizgilerle süslemek, ince
çizgiler halinde kakma yapmak; *i.* resim ve
kakma işlerinde gölge hâsıl eden ince çizgi,
tarama.
hatch (häç) *f.* kuluçka makinasıyle civciv çı-
karmak; yumurtadan çıkmak; (plan) yap-
mak, (kumpas) kurmak. **hatch, hatching** *i.*
bir defada kuluçkadan çıkan civcivler. **hatch-
er** *i.* kuluçka tavuk; kuluçka makinası.
hatch.el (häç'ıl) *i., f.* (-ed, -ing *veya* -led,
-ling) keten veya kendir tarağı; *f.* keten ta-
ramak.
hatch.er.y ((häç'ıri) *i.* balık veya civciv üret-
meye mahsus yuva.
hatch.et (häç'it) *i.* ufak balta, el baltası. **bury
the hatchet** barışmak.
hatch.way (häç'wey) *i., den.* ambar ağzı, lom-
bar ağzı; buna benzer bodrum kapağı.
hate (heyt) *f., i.* nefret etmek; bir kimseye düş-
man olmak; nefret duymak; *i.* nefret, kin,
düşmanlık.
hate.ful (heyt'fıl) *s.* nefret edilen, kötü; nef-
retle dolu, kötü niyetli. **hatefully** *z.* nefretle.
hatefulness *i.* kötü davranış; nefret.
hat.pin (hät'pîn) *i.* şapka iğnesi.
hat.rack (hät'räk) *i.* şapka askısı.
ha.tred (hey'trid) *i.* kin, nefret, düşmanlık.
hat.stand (hät'ständ) *i.,* **hat tree** şapka asma-
ya mahsus ayaklı askı.
hat.ter (hät'ır) *i.* şapkacı.
hau.berk (hô'bırk) *i.* zırh yelek.
haugh.ty (hô'ti) *s.* mağrur, kibirli, kendini
beğenmiş. **haughtily** *z.* gururla, kibirle.
haughtiness *i.* kibirlilik, gururlu olma,
kendini beğenmişlik.
haul (hôl) *f., i.* çekmek, çekerek taşımak;
taşımak; *den.* vira etmek, hisa etmek; yön
değiştirmek, dönmek (rüzgâr veya gemi); *i.*
çekme, çekiş; bir ağda çıkarılan balıklar;
bir seferde kazanılan şey veya miktar, parti;
taşıma mesafesi; taşınılan şey. **haul off**
ağır bir yumruk vurmak için kolu geriye
atmak. **haul over the coals** azarlamak,

haşlamak. **haul up** çağırıp azarlamak; dur-
mak. **a fine haul** bir defada ele geçen büyük
parti. **a long haul** uzun taşıma mesa-
fesi; uzun süren zor bir iş.
haul.age (hô'lic) *i.* çekiş, taşıma; *d.y.* taşıma
ücreti.
haulm, halm (hôm) *i.* ekin sapları, saman;
bitki sapı.
haunch (hônç) *i.* kalça; *çoğ.* kıç; koyun etinin
but ile bel kısmı; *mim.* kemer koltuğu.
haunched *s.* kalçalı.
haunt (hônt) *f., i.* sık sık uğramak (*gen.* hort-
lak veya ruhların yaptığı gibi); usandırmak,
taciz etmek; akıldan çıkmamak; sık sık ziya-
yaret etmek veya daima yanında bulunmak
(bilhassa hortlak olarak); *i.* sık sık gidilen
yer. **haunted** *s.* tekin olmayan, perili, hort-
lakların gezindiği. **haunting** *s.* zor unutu-
lan, akıldan çıkmayan.
haus.tel.lum (hôstel'ım) *i.* (*çoğ.* -la) bazı
böcek ve kabuklu hayvanların emme or-
ganı.
haut.boy (ho'boy) *bak.* **oboe.**
hau.teur (hotır') *i.* kibir, gurur, azamet.
Ha.van.a (hıvän ı) *i.* Havana; Küba tütünün-
den yapılmış puro.
have (häv) *f.* (**had, having**) *kural dışı çekim-
leri:* şimdiki zaman **I, you, we, they have**
(*eski* **thou hast**); **he, she, it has** (*eski*
hath). *geçmiş zaman* **had** (*eski* **thou hadst**).
malik olmak, sahip olmak; olmak; saymak;
tutmak; almak; elinde tutmak, hâkim olmak;
fikir taşımak; elde etmek, ele geçirmek; et-
tirmek; *k.dili* aldatmak; *k.dili* cinsel ilişkide
bulunmak. *Yardımcı fiil olarak geçmiş zamanı
gösterir.* (*msl.* **I go.** Giderim. **I have gone.**
Gittim.) **have to** -meli, -malı (*msl.* **I go.**
Giderim. **I have to go.** Gitmeliyim.) **have
a hand in** bir işle ilgisi olmak; bir işin içinde
parmağı olmak. **have a mind to** niyeti ol-
mak. **have and hold** kanunen sahip
olmak. **have at** işe koyulmak. **I've been
had.** Üç kâğıda geldim. **have done
with** bitirmek, işi tamamlamak. **have had
it** *argo* bıkmak (*msl.* **I've had it; I am go-
ing to divorce my husband.** Artık bık-
tım; kocamdan boşanacağım.); artık yetmek
(*msl.* **He's been cheating me for years,
but now he's had it.** Senelerdir beni alda-
tıyordu, ama artık yeter.) **have in mind**

hatırında tutmak, aklında olmak. **have it coming** hak etmek. **have it in for** (bir kimseye) kin beslemek, kinci olmak. **have it in one** kabiliyeti olmak. **have it out** bir davayı kavga veya münakaşa ederek sonuçlandırmak. **Have it your own way.** Siz bilirsiniz. Nasıl isterseniz öyle olsun. **have none of** izin vermemek, fırsat vermemek, kabul etmemek. **have no use for** nefret etmek, tiksinmek. **have on** giyinmek. **have one's eyes on** gözü kalmak. **have one's hands full** çok meşgul olmak. **have something on someone** elinde suçlayıcı delil bulunmak. **have to do with** ilgisi olmak, alâkası olmak. **have to go** *k.dili* sıkışmak. **as Plato has it** Eflâtun'un deyişiyle. **He will have it that...** iddia ediyor ki. **I had better go.** Gitsem iyi olur. **I had him there.** O noktada onu mat ettim. **I had rather go.** Gitmeyi tercih ederdim. **I'll have his head** *veya* hide. *slang* Elime geçirsem derisini yüzeceğim. **I was angry at him, so I let him have it.** Ona kızdım, onun için yüzüne bir yumruk indirdim *veya* onun için saldırdım. **Let him have it.** O alsın. *argo* Hakkından gelelim. **Rumor has it that the government will fall.** Söylentiye göre hükümet düşecek. **The ayes have it.** Lehte oy kullananlar kazandı. **The boys had themselves a time.** Çocuklar eğlendiler. **We had news.** Haber aldık.

haves (hävz) *i., çoğ.* malik olanlar, mal sahipleri. **the haves and the have-nots** zenginler ve fakirler, varlıklılar ve yoksullar.

ha.ven (hey'vın) *i., f.* liman; melce; sığınak; *f.* sığınmak, limana girmek.

hav.er.sack (häv'ırsäk) *i.* asker çantası; kumanya torbası.

hav.oc (häv'ık) *i.* hasar, tahribat, zarar ziyan. **cry havoc** savaşlarda askere yağma emri vermek. **make havoc of** harabeye çevirmek; tahrip etmek; kırıp geçirmek. **play havoc with** harap etmek, yerle bir etmek.

haw (hô) *i.* alıç.

haw (hô) *f., bak.* **hem.**

haw (hô) *i.* bazı hayvanlarda üçüncü göz kapağı.

haw (hô) *f., i.* koşum atını sesle sola döndürmek; *i.* bu hareket için ata verilen emir.

Ha.wai.i (hıwa'yi) *i.* Hawaii.

haw.finch (hô'finç) *i.* flurcun, *zool.* Coccothraustes coccothraustes.

hawk (hôk) *i., f.* şahin, doğan, *zool.* Falco; atmaca, *zool.* Accipiter; çaylak; askerî kuvvetle ihtilâfı halletmek isteyen kimse; *f.* atmaca veya şahin ile kuş avlamak; atmaca gibi kuşa saldırmak. **hawkish** *s.* savaş yanlısı.

hawk (hôk) *i.* alttan saplı sıvacı tahtası.

hawk (hôk) *f.* sokakta öteberi satmak, seyyar satıcılık yapmak. **hawker** *i.* seyyar satıcı.

hawk (hôk) *f.* öksürerek gırtlağını temizlemeye çalışmak; balgam çıkarmak.

hawk-eyed (hôk'ayd) *s.* keskin bakışlı.

hawk-nosed (hôk'nozd) *s.* gaga burunlu.

hawk.weed (hôk'wid) *i.* sarı çiçekli bir bitki, *bot.* Hieracium. **mouse-ear hawkweed** tırnak otu, farekulağı.

hawse (hôz) *i., den.* loça deliği; geminin önü; baş taraftan çifte demirli geminin zincir yatağı. **hawsehole** *i.* loça deliği.

haw.ser (hô'zır) *i., den.* palamar, yoma, kablo.

haw.thorn (hô'thôrn) *i.* alıç, *bot.* Crataegus oxyacantha.

hay (hey) *i., f.* saman, kuru ot, biçilip kurutulmuş ot; *f.* kurutmak için ot yetiştirmek; otu biçip kurutmak; otla beslemek; ot ekmek. **hay fever** saman nezlesi. **hit the hay** *A.B.D., argo* yatmak. **It ain't hay.** *A.B.D., argo* Az para değil. **Make hay while the sun shines.** Fırsattan istifade et.

hay.cock (hey'kak) *i.* ot yığını, tınaz.

hay.fork (hey'fôrk) *i.* yaba, diren.

hay.ing (hey'ing) *i.* harman yapma.

hay.loft (hey'lôft) *i.* otluk, samanlık.

hay.mak.er (hey'meykır) *i.* tırpancı, harmancı, ot kurutan kimse; *argo* nakavt, nakavt eden kuvvetli darbe.

hay.mow (hey'mau) *i.* ahırın üst katında kuru ot saklamaya mahsus yer; burada saklanan saman yığını.

hay.rack (hey'räk) *i.* ot taşımak için arabaya eklenen kalas; ahırdaki samanlık.

hay.rick (hey'rik) *i.* açıkta duran ot yığını, tınaz.

hay.ride (hey'rayd) *i.* saman arabasıyle yapılan kır gezintisi.

hay.seed (hey'sid) *i.* saman tohumu; *A.B.D., k.dili* kaba köylü veya çiftçi.

hay.stack (hey'stäk) *i.* büyük ot yığını, tınaz.

hay.wire (hey'wayr) *i., s.* kuru ot balyalarını bağlamakta kullanılan tel; *s., k.dili* ayarsız, bozuk; deli, çatlak. **go haywire** *k.dili* sapıtmak, delirmek.

haz.ard (häz'ırd) *i., f.* baht, şans, tehlike, riziko; tenis kortunun servis atılan tarafı; eski bir çeşit zar oyunu; bilardo oyununda bir vuruş; golf oyununda mânia; *f.* tehlikeye atmak, şansa bırakmak; cüret göstermek. **hazard a guess** tahmin etmek, kafadan atmak. **at all hazards** bütün tehlikelere rağmen, ne pahasına olursa olsun.

haz.ard.ous (häz'ırdıs) *s.* tehlikeli, rizikolu; şansa bağlı. **hazardously** *z.* tehlikeli olarak. **hazardousness** *i.* tehlike, riziko.

haze (heyz) *i.* hafif sis, ince duman, pus; belirsizlik, müphemlik, çapraşıklık.

haze (heyz) *f., den.* fazla veya çetin işle yormak; *A.B.D.* eşek şakası yaparak üzmek (özellikle üniversiteye yeni gelenleri).

ha.zel (hey'zıl) *i., s.* fındık ağacı, *bot.* Corylus; bu ağacın kerestesi; sarıya çalan kestane rengi; *s.* fındık ağacına ait; açık kahverengi; elâ (göz). **hazelnut** *i.* fındık.

haz.ing (hey'zîng) *i.* dayak atma; fazla veya zor iş; şaka olarak atma; fazla veya zor iş; şaka olarak münasebetsiz işler yaptırma.

haz.y (hey'zi) *s.* sisli, dumanlı, puslu; anlaşılmaz, müphem, belirsiz, muğlak, çapraşık.

H-bomb (eyç'bam) *i.* hidrojen bombası.

hdlg. *kıs.* **handling.**

hdqrs. *kıs.* **headquarters.**

he (hi) *zam.* (*çoğ.* **they**) *s., i.* (*iyelik hali, tek.* **his**, *çoğ.* **their, theirs**; *nesne, tek.* **him**, *çoğ.* **them**) o, kendisi, kimse (erkek); *s.,* iri; **he-** erkek; *i.* (*çoğ.* **hes**) erkek.

head (hed) *i.* (*çoğ.* **heads**) baş, kafa; kelle; reis, şef; baş yer, baş taraf, ön taraf; ekin başı, başak; madde, fıkra; kaynak, su başı, menba, pınar başı; zirve, şahika, doruk; akıl; manşet; konu; madenî paranın resimli yüzü (tura); göbek; bira köpüğü; birikmiş basınç; enerji sağlanan suyun düşme yüksekliği; *coğr.* burun; *den.* seren yakası; *den.* yüznumara; *den.* pruva; *A.B.D., argo* esrar düşkünü; (*çoğ.* **head**) baş: **fifty head of cattle** elli baş sığır. **head and shoulders above** çok daha iyi. **Heads I win, tails you lose.** Ne olursa olsun ben kazanacağım, sen kaybedeceksin. **head money** adam başına verilen vergi; bir düşmanın kellesinin getirilmesi karşılığında verilen para. **head of steam** buhar basıncı; *k.dili* şevk, gayret, hırs. **Heads or tails?** Yazı mı tura mı? **head over heels** tepetaklak perende atma; adamakıllı. **head over heels in love** sırılsıklam âşık. **head shop** hipilere tütsü ve renkli afişler gibi eşya satan dükkân. **head tone** *müz.* kafasesi. **Heads up!** *A.B.D., k.dili* Dikkat! Yukarıya dikkat! **head wind** *den.* pruva rüzgârı. **a crowned head** kral; kraliçe. **bring to head** karar noktasına getirmek, meydana çıkarmak, buhrana sebep olmak. **from head to foot** baştan başa, baştan ayağa, tepeden tırnağa kadar. **give a horse his head** dizginleri boşaltmak. **go to one's head** başını döndürmek, aklını başından almak; burnu büyümek. **hang** *veya* **hide one's head** utanmak, başını önüne eğmek. **I can't make head or tail of it.** Hiç bir şey anlayamıyorum. **It cost him his head.** Hayatına mal oldu. **keep one's head** soğukkanlılığını muhafaza etmek, kendine hâkim olmak. **keep one's head above water** yüzer durumda tutmak; borca girmemek, ayağını yorganına göre uzatmak. **lose one's head** kendinden geçmek, aklı başından gitmek, şaşırmak; boynu vurulmak. **make head against** güçlükler karşısında ilerlemek. **off one's head, out of one's head** *k.dili* deli, çıldırmış, zıvanadan çıkmış, kaçık. **over one's head** anlaması zor; yapabileceğinin üstünde; daha yüksek bir makama (baş vurma). **put their heads together** baş başa verip düşünmek. **put something out of one's head** unutmak veya unutturmak. **rocks** *veya* **holes in the head** *argo* delilik, çatlaklık. **take it into one's head** aklına koymak, tasarlamak. **talk one's head off** bir kimsenin kafasını şişirmek. **the crown of the head** başın tepesi. **The song runs in my head.** Şarkı aklıma takıldı. **turn one's head** överek gururlandırmak. **under the head of** başlığı altında, maddesinde. **yell one's head off** şiddetle ve durmadan azarlamak.

head (hed) *s.* baş, başta olan; başa ait. **head sea** *den.* baş denizleri, önden gelen dalgalar.

head (hed) *f.* başta olmak, birinci olmak, önde gelmek; lider (başkan, reis, önder, şef) olmak; *den.* dümen kırmak, yönelmek, yöneltmek; baş koymak, baş yapmak; başını kesmek, budamak (ağaç); baş olmak, başına geçmek; başa koymak, başına geçirmek; olgunlaşmak, yetişmek (tahıl); üstünlük sağlamak, geçmek; *den.* başı çevrili olmak, başı bir tarafa doğru olmak; baş bağlamak, baş vermek (lahana, turp). **head for** (bir hedefe) doğru gitmek, yönelmek. **head off** yolunu kesmek. **head up** *k.dili* başkanlık etmek.

head.ache (hed'eyk) *i.* baş ağrısı; *A.B.D., k.dili* dert, güçlük, baş belâsı.

head.band (hed'bänd) *i.* saç kordelesi, bant.

head.board (hed'bôrd) *i.* karyolanın başucundaki tahta.

head.cheese (hed'çiz) *i., A.B.D.* domuz veya dananın baş ve paçasından alınıp kıyma yapılarak kaynatılan kavurmaya benzer topak şeklinde et.

head-coun.ter (hed'kaun'tır) *i.* anketçi.

head.dress (hed'dres) *i.* başlık; saçın taranış şekli.

head.er (hed'ır) *i.* başlıkçı, başlık koyucu; cıvata başı yapan makina; *bahç.* biçerdöğer makinası; bir ucu duvarın dışında kalacak şekilde örülmüş tuğla. **take a header** baş aşağı düşmek veya dalmak.

head.first (hed'fırst'), **head.fore.most** (hed'fôr'most) *z.* başı önde olarak, baş aşağı; kayıtsızca.

head.gear (hed'gir) *i.* başlık; dizgin, yular; maden kuyusu başındaki makina.

head-hunt.er (hed'hʌntır) *i.* kafa avcısı; *argo* teknik eleman avcısı.

head.ing (hed'ing) *i.* serlevha, başlık; maden yolunun dar başı; baş koyma.

head.land (hed'lınd, -länd) *i.* karanın denize uzanan çıkıntısı, burun; tarlanın bir ucunda sürülmeden bırakılan parça.

head.less (hed'lis) *s.* başsız, başkansız, şefsiz; akılsız, kafasız.

head.light (hed'layt) *i.* araba farı, far; gemide pupa feneri.

head.line (hed'layn) *i., f.* başlık, serlevha; *f.* başlık koymak; *tiyatro* afişte ismi başta olmak.

head.long (hed'lông) *z., s.* başı önde; paldır küldür; önünü ardını düşünmeden; *s.* baş kısmı önde; kayıtsız.

head.mas.ter (hed'mäs'tır) *i.* özel okul müdürü.

head.mis.tress (hed'mîs'trîs) *i.* özel okul müdiresi.

head.most (hed'most) *s.* en baştaki, en ileri.

head-on (hed'an') *s., z.* baştan (çarpma), burun buruna (çarpışma).

head.phone (hed'fon) *i.* telefon veya radyo kulaklığı.

head.piece (hed'pis) *i.* baş zırhı, miğfer; başlık; akıl, kafa; *matb.* bölüm başlarına konan süs.

head.quar.ters (hed'kwôrtırz) *i.* karargâh; kumanda merkezi; merkez büro; merkezde çalışanlar.

head.rest (hed'rest) *i.* baş dayanağı.

head.ship (hed'şîp) *i.* başkanlık, reislik.

heads.man (hedz'mın) *i.* cellât.

head.stock (hed'stak) *i.* bir makinada dönen parçaların dingili veya yastığı.

head.stone (hed'ston) *i.* mezar taşı; binada temel taşı, köşe taşı.

head.strong (hed'strông) *s.* inatçı, dikbaşlı, kafasının dikine giden, bildiğini okuyan.

head.wait.er (hed'wey'tır) *i.* baş garson.

head.wa.ters (hed'wôtırz) *i.* ırmağı besleyen kaynaklar.

head.way (hed'wey) *i.* ilerleme, terakki, yol alma, ileri gitme. **make headway** ilerlemek.

head.work (hed'wırk) *i.* zihnî çalışma.

head.y (hed'i) *s.* kuvvetli, sert, çarpıcı (esans, içki); inatçı, kafa tutan.

heal (hil) *f.* iyileştirmek, şifa vermek; iyileşmek, şifa bulmak; düzeltmek, ıslah etmek; defetmek, başından savmak; kapatmak; ıslah olmak. **healable** *s.* iyi olması kabil, iyileşebilir.

heal-all (hil'ôl) *i.* her derde deva.

heal.er (hi'lır) *i.* iyileştiren kimse, şifa veren kimse, doktor; üfürükçü.

health (helth) *i.* sağlık, sıhhat, beden sağlığı, afiyet; bir kimsenin sıhhat ve saadetine kadeh kaldırma veya tokuşturma. **To your health!** Sıhhatinize!

health.ful (helth'fıl) *s.* sıhhat için faydalı, yararlı, sıhhî; sıhhatli, sağlıklı. **healthfully** *z.* sıhhat verici bir şekilde.

health.y (hel'thi) *s.* sağlıklı, sıhhatli, sağlam; sıhhî, sıhhate yarar. **healthily** *z.* sıhhî bir şekilde. **healthiness** *i.* sıhhat, sağlık.

heap (hip) *i., f.* yığın, küme, öbek; *k.dili* çok miktar; *k.dili* kalabalık, güruh; *f.* yığmak, kümelemek; yağdırmak (hediye, hakaret).

heap.ing (hi'ping) *s.* taşmak üzere, dopdolu, tepeleme, silme, lebalep.

hear (hir) *f.* (**heard**) işitmek, duymak; dinlemek, kulak vermek; haber almak, mektup almak;

sorguya çekmek, ifadesini almak. **Hear!Hear!**
Ing. Bravo! Yaşa! **hear of, hear about**
öğrenmek, haber almak. **hear out** sonuna
kadar dinlemek. **I won't hear of it.** Kabul
etmem. **You will hear of this.** Bunun cezasını göreceksiniz. Bir gün göreceksiniz.

heard (hırd) *bak.* **hear.**

hear.ing (hir'ing) *i.* işitme duyusu, işitim; işitme; *huk.* celse, duruşma, oturum; ses erimi.
hearing aid kulaklık, işitme cihazı. **hard of
hearing** ağır işiten.

heark.en (har'kın) *f.* dinlemek, kulak vermek.

hear.say (hir'sey) *i.* söylenti, şayia, dedikodu,
söz, haber. **hearsay evidence** *huk.* başkalarından işitilerek öne sürülen delil.

hearse (hırs) *i.* cenaze arabası.

heart (hart) *i.* yürek, kalp; gönül, can; göğüs;
vicdan; merkez, orta, orta yer; öz, can damarı; kuvvet, enerji; cesaret, şevk; verimlilik;
kalp şeklinde herhangi bir şey; *iskambil* kupa;
çoğ. bir iskambil oyunu. **heart disease** kalp
hastalığı. **a person after one's own heart**
gönlüne göre biri, tam istediği gibi bir kimse.
at heart içten, hakikatte, içyüzünde. **by
heart** ezbere. **cry one's heart out** doyasıya
ağlamak. **do one's heart good** gönlünü
ferahlatmak, sevindirmek. **eat one's heart
out** kendini yemek, çok üzülmek; özlemek.
from my heart bütün kalbimle, en samimî
hislerimle. **get to the heart of** özüne inmek,
esas anlamını kavramak. **have a change
of heart** fikir veya davranışlarını değiştirmek. **have a heart** sempatik olmak; insaflı
davranmak, merhamet etmek. **Have a heart!**
İnsaf be! **have one's heart in one's mouth**
yüreği ağzına gelmek, ödü kopmak. **His
heart is in the right place.** İyi niyetlidir.
in one's heart of hearts kalbinin derinliklerinde. **make one's heart bleed** kalbini
kırmak, üzmek. **set one's heart on** çok istemek. **sick at heart** meyus, üzgün, kederli.
take heart cesur olmak, cesaretlenmek.
take to heart ciddi olarak düşünmek; içine
işlemek; merak etmek. **to one's heart's
content** doya doya, kana kana. **wear one's
heart on one's sleeve** hislerini belli etmek,
açık kalpli olmak. **with all my heart** bütün kalbimle, samimî olarak. **with heart
and soul** seve seve, canla başla.

heart.ache (hart'eyk) *i.* kalp ağrısı, ıstırap, keder.

heart.beat (hart'bit) *i.* yürek vuruşu.

heart.break (hart'breyk) *i.* büyük keder, kalp
kırıklığı.

heart.burn (hart'bırn) *i., tıb.* mide ekşimesinden dolayı boğazda duyulan yanma hissi.

heart.burn.ing (hart'bırnîng) *i.* kıskançlık, kin,
gizli husumet.

heart.en (har'tın) *f.* yüreklendirmek, cesaret
vermek, canlandırmak, ihya etmek.

heart.felt (hart'felt) *s.* yürekten, candan, samimî.

heart-free (hart'fri) *s.* gönlü birisine bağlı olmayan, âşık olmayan, kalbi boş.

hearth (harth) *i.* ocak, şömine; yurt, aile ocağı;
mad. fırında erimiş madenin döküldüğü yer,
ocak.

hearth.stone (harth'ston) *i.* ocak taşı; ocak,
yuva; zemini beyazlatmak için kullanılan
yumuşak bir taş.

heart.less (hart'lis) *s.* kalpsiz, merhametsiz,
zalim, vicdansız; yüreksiz; cansız, sönük.
heartlessly *z.* kalpsizce, merhametsizce.
heartlessness *i.* kalpsizlik, merhametsizlik.

heart-rend.ing (hart'rending) *s.* yürek parçalayıcı, çok acıklı.

hearts.ease, heart's-ease (harts'iz) *i.* gönül
ferahlığı, kalp huzuru; hercaî menekşe, *bot.*
Viola.

heart.sick (hart'sik) *s.* çok kederli, çok meyus.

heart-strick.en (hart'strîkın) *s.* kalbinden vurulmuş, son derece kederli.

heart-strings (hart'stringz) *i.* kalbin en kuvvetli hisleri.

heart-to-heart (hart'tıhart') *s.* samimî, açık.

heart.y (har'ti) *s.* candan, yürekten, içten, samimî; sağlam, sıhhatli; kuvvetli, kuvvet veren;
bol. **heartily** *z.* içtenlikle, samimiyetle. **heart-
iness** *i.* içtenlik, samimiyet; yüreklilik.

heat (hît) *i.* sıcaklık, hararet, ısı, sıcak, vücut
ısısı; hiddet, öfke, gazap, kızgınlık; şehvet
galeyanı, azma (hayvanlarda); tav, bir kere
kızdırılma; yarışta koşu nöbeti; *A.B.D., argo*
baskının artması; polis tarafından yapılan
işkence; baskın. **heat conduction** ısı nakli,
sıcağın geçmesi. **heat energy** *fiz.* ısı gücü. **heat exhaustion** sıcak çarpması. **heat
lightning** gök gürlemesi olmadan çakan
şimşek, uzaklığından dolayı sesi işitilmeyen

şimşek. **heat of vaporization** *fiz.* buharlaşma ısısı. **heat rash** isilik. **heat ray** *fiz.* ısı ışını. **heat spectrum** *fiz.* kızılötesi. **heat stroke** sıcak çarpması. **heat wave** sıcak dalgası. **final heat** *spor* final koşusu. **in a heat** öfkeyle. **in heat** azgınlık devresinde olan, kızışmış (dişi hayvan). **latent heat** donmuş bir maddenin erimesi veya bir sıvının buharlaşması için gereken ısı miktarı. **prickly heat** isilik, yazın sıcağın şiddetinden ciltte hâsıl olan kırmızılık ve kaşıntı. **radiant heat** ışımayla yayılan ısı. **specific heat** bir maddenin sıcaklığını bir derece artırmak için gerekli olan ısı miktarı, spesifik ısı. **trial heat** *spor* tecrübe koşusu.

heat (hit) *f.* ısıtmak, ısınmak; kızdırmak, kızmak.

heat.ed (hit'ıd) *s.* hararetli, öfkeli, kanı beynine sıçramış. **heatedly** *z.* hararetle.

heat.er (hi'tır) *i.* ısıtıcı şey, soba, ocak, radyatör; bir şeyi ısıtan işçi; *A.B.D.,* argo tabanca.

heath (hith) *i.* kır, çalılık, fundalık; funda, süpürge çalısı, süpürgeotu, *bot.* Erica. **black heath** kara süpürgeotu, *bot.* Erica cinerea. **one's native heath** bir kimsenin anayurdu. **tree heath** süpürge ağacı, *bot.* Erica arborea. **heathy** *s.* fundalı, fundalıklı.

hea.then (hi'dhın) *i.* (*çoğ.* **heathen, heathens**) *s.* putperest kimse; dinsiz kimse; *s.* dinsiz, barbar, kâfir. **heathendom** *i.* putperestler ülkesi, putperestlik âlemi. **heathenism** *i.* putperestlik, dinsizlik. **heathenish** *s.* dinsiz, putperestlere yakışır; barbar gibi.

hea.then.ize (hi'dhınayz) *f.* putperest yapmak veya olmak, dinsizleştirmek, dinsizleşmek.

heath.er (hedh'ır) *i.* süpürgeotuna benzer bir çalı, *bot.* Calluna vulgaris; koyu kırmızı renk. **bell heather** kara süpürgeotu, *bot.* Erica cinerea. **heathery** *s.* süpürgeotu gibi, süpürgeotuyla kaplı.

heat.ing (hi'tîng) *s., i.* ısıtıcı; kızıştırıcı, tahrik edici; *i.* ısıtma sistemi, ısıtma. **heating coil** *elek.* rezistans.

heave (hiv) *f.* (-d *veya* **hove**) büyük bir güçle atmak veya fırlatmak; kaldırmak, çekmek; yukarı kaldırmak; yükseltmek, kabartmak; kabarmak (deniz); göğüs şişirmek; güçlükle çıkarmak (inilti); kusmak; *den.* ırgatı çevirmek, vira etmek; *jeol.* yatay bir şekilde kabarıp kırılmak. **heave a sigh** içini çekmek,

ah çekmek. **Heave ho!** *den.* Yisa! Vira salpa! **give one the heave-ho** birini dışarı atmak. **heave in sight** görüş mesafesine girmek. **heave to** rüzgârı başa alıp gemiyi durdurmak; faça edip durmak. **heave up** kusup çıkarmak; *den.* vira etmek (demiri). **heave** (hiv) *i.* kaldırma; fırlatma.

heav.en (hev'ın) *i.* cennet; gök, sema; *b.h.* Allah, Cenabı Hak; saadet, mutluluk. **For heaven's sake!** Allah aşkına! **Good Heavens!** Aman yarabbi! **in seventh heaven** çok mutlu. **move heaven and earth** mümkün olan her şeyi yapmak. **smell to high heaven** pis kokmak. **Where in heaven have you been?** Neredeydin Allah aşkına?

heav.en.ly (hev'ınli) *s.* cennet gibi, çok güzel; göğe ait; gökte bulunan, semavî; tanrısal, ilâhî. **heavenliness** *i.* tanrısallık, ilâhîlik.

heav.en.ward (hev'ınwırd) *s., z.* cennete yönelen; *z.* cennete doğru; göğe doğru.

heav.er (hi'vır) *i.* kaldıran veya yükselten kimse; yükleyen kimse; *den.* halat örmeye mahsus demir alet.

heaves (hivz) *i., bayt.* atlarda soluğan hastalığı.

heav.y (hev'i) *s., i.* ağır, kaldırılması zor; büyüklüğüne göre ağır; şiddetli, kuvvetli (yağmur, rüzgâr, fırtına); fazla, olağandan çok (kar, oy sayısı); kabarmış (deniz); çol faal (borsa alışverişi); aşırı; kalın (elbise); ciddî, önemli; güç, zor (vazife); bulutlu, kapalı (gök); sıkıcı, ezici, usandırıcı; sıkıntılı, üzücü; kederli; zarafetsiz, incelikten yoksun; kaba; ağır, hazmı güç (yemek); ağır, boğucu (koku); derin (sessizlik); uyku basmış, ağırlaşmış (göz); *fiz.* ağır (izotop); sıkışık (trafik); *i., tiyatro, sin.* kötü adam rolü; dramda baş rol. **heavy artillery** uzun menzilli toplar. **heavy-duty** *s.* dayanıklı, ağır iş için elverişli; ağır vergiye tabi. **heavy earth** *kim.* baryum oksidi. **heavy-handed** *s.* eli ağır, beceriksiz; can sıkıcı, zalim. **heavy-hearted** *s.* kederli, meyus. **heavy hydrogen** döteryum, ağır hidrojen. **heavy industry** ağır sanayi. **heavy-laden** *s.* ağır yüklü. **heavy water** *kim.* döteryum oksidi, ağır su. **heavyweight** *i., s.* ağır siklet; *s.* ağır sıkletli (boksör). **heavy with fruit** meyvayla dolu. **heavy with young** gebe. **hang heavy** yavaş geçmek (zaman). **heavily** *z.* ağır bir şekilde; şiddetli olarak. **heaviness** *i.* ağırlık; şiddet.

heb.do.mad (heb'dımäd) *i.* yedi günlük müddet, hafta; yedi.

He.be (hi'bi) *i., Yu. mit.* tanrıların sakisi olan gençlik ve bahar tanrıçası.

heb.e.tate (heb'ıteyt) *f.* zihnini körleştirmek, zekâsını söndürmek. **hebeta'tion** *i.* körleştirme, zihin körlüğü.

heb.e.tude (heb'ıtud) *i.* zihin körlüğü, anlayışsızlık; letarji.

He.bra.ic (hibrey'ik) *s.* İbranîlere veya İbranîceye ait. **Hebraically** *z.* İbranîceye göre; İbranîlere göre.

He.bra.ism (hi'breyîzım) *i.* İbranîce deyim; İbranî düşüncesi veya geleneği; Musa dini.

He.bra.ist (hi'breyîst) *i.* İbranîce bilgini; Musevî gelenek ve mezhebine bağlı kimse. **Hebraistic** *s.* İbranîlere ait.

He.brew (hi'bru) *i., s.* İbranî; Musevî; İbranî dili, İbranîce; *s.* İbranîlere veya Musevilere ait. **Hebrew calendar** *bak.* **calendar.**

hec.a.tomb (hek'ıtom) *i.* eski zamanlarda yüz öküzden ibaret kurban; büyük çapta kan dökümü, katliam.

heck (hek) *ünlem, argo* Kahrolası. **What the heck!** Kahrolsun! Bana vız gelir!

heck.le (hek'ıl) *f., i.* konuşmacının sözünü kesmek, soru yağmuruna tutmak, sıkıştırmak; keten tarağı ile taramak, ditmek; *i.* keten ve kendir tarağı. **heckler** *i.* konuşmacıyı zor duruma düşüren kimse; keten tarakçısı.

hec.tare (hek'ter) *i.* hektar, yeni dönüm.

hec.tic, -i.cal (hek'tîk, -îkıl) *s.* heyecanlı, telâşlı; ihtiraslı; *tıb.* verem hastalığında veya müzmin iltihaplı bir hastalıktan meydana gelmiş (humma); yanaklara verem kızartısı veren. **hectically** *z.* telâşla, plansızca.

hec.to.gram(me) (hek'tıgräm) *i.* yüz gram, hektogram.

hec.to.graph (hek'tıgräf) *i.* jelatinli teksir makinası, hektograf.

hec.to.li.ter, *İng.* **-tre** (hek'tılitır) *i.* hektolitre.

hec.to.me.ter, *İng.* **-tre** (hek'tımitır) *i.* hektometre.

hec.tor (hek'tır) *i., f.* kabadayı; *f.* taciz etmek, rahatsız etmek, başına belâ kesilmek.

he'd (hid) **he had; he would.**

hed.dle (hed'ıl) *i.* dokuma tezgâhında gücü takımlarından biri.

hedge (hec) *i., f.* (bahçe, tarla) etrafını çevirmek için dikilen ağaç veya çalı; mânia, engel; her iki taraf için bahse girişme; olasılı zararlara karşı tedbir; *f.* etrafına çalı dikmek, çalı ile çevirmek; kuşatmak, sarmak, ihata etmek; çevirmek; iki taraf için bahse girişmek; olasılı zararlara karşı telâfi etmek için tedbir almak. **hedgerow** *i.* ekilmiş çalı veya ağaçlardan yapılmış çit. **hedge sparrow** çit serçesi, *zool.* Prunella modularis.

hedge.hog (hec'hôg) *i.* kirpi, ufak bostan kirpisi, *zool.* Erinaceus europaeus.

he.don.ism (hi'dınîzım) *i., fels.* hayatın esas gayesini zevk kabul eden öğreti, hedonizm, hazcılık; zevke düşkünlük. **hedon'ic** *s.* hedonizme ait. **he'donist** *i.* zevk düşkünü kimse; hazcılık taraftarı.

hee.bie-jee.bies (hi'bici'biz) *i., argo* yürek çarpıntısı, korku nöbeti.

heed (hid) *f., i.* dikkat etmek, dinlemek, önemsemek, ehemmiyet vermek; *i.* dikkat, ihtimam. **pay heed, give heed, take heed** dikkat etmek, bakmak; sakınmak.

heed.ful (hid'fıl) *s.* dikkatli, basiretli, ihtiyatlı. **heedfully** *z.* dikkatle, ihtiyatla. **heedfulness** *i.* dikkat, basiret, ihtiyat.

heed.less (hid'lıs) *s.* dikkatsiz, düşüncesiz; önem vermeyen, pervasız, çekinmeyen. **heedlessly** *z.* pervasızca, dikkatsizce. **heedlessness** *i.* pervasızlık, dikkatsizlik.

hee.haw (hi'hô) *i., f.* eşek anırması, anırma; kahkaha atarak kaba bir şekilde gülme; *f.* anırmak.

heel (hil) *i.* topuk, ökçe; ayakkabı ökçesi; çorap topuğu; herhangi bir şeyin geride olan kısmı, uç (ekmek), art, arka, son; *A.B.D., argo* alçak adam, kalleş kimse. **heel-and-toe walking** her adımda bir ayağın parmaklarını kaldırmadan öbürünün topuğunu yere değdirerek yürüme. **at heel, to heel** hemen arkasına veya arkasında, peşinde, ardı sıra. **come to heel** çağrılınca ayağının dibine gelmek (köpek); uslanmak. **cool one's heels** bekletilmek, *slang* ağaç olmak, kök salmak. **down at the heel** perişan kılıklı. **drag one's heels** istemeyerek gitmek veya kabul etmek, ayaklarını sürümek, ayakları geri geri gitmek. **head over heels** *bak.* **head. kick up one's heels** oyalanmak, eğlenmek, serbest hareket etmek. **lay by the heels** hapsetmek. **take to one's heels** koşarak kaçmak, *slang* tabanları yağlamak.

heel (hil) *f.* ökçe takmak; peşine düşmek, takip etmek; dans edereken ökçeyi yere basmak; ökçelerine dayanarak dinlenmek; ayağının dibinden ayrılmamak (köpek). **well heeled** *k.dili* sarfedecek parası bol, kesesi dolgun.

heel (hil) *f., den.* bir yana yatmak veya yatırmak (gemi).

heel.er (hi'lır) *i.* kunduracı; *argo* bir politikacının adamı. **ward heeler** semtin oylarını kazanmaya çalışan kimse.

heel.tap (hil'täp) *i.* ayakkabı ökçesini yükseltmek için eklenen deri parçası; kadeh artığı.

heft (heft) *i., f., A.B.D., k.dili* ağırlık, sıklet; büyük kısım; *f.* kaldırmak; kaldırıp ağırlığını denemek. **hefty** *s., k.dili* oldukça ağır; kuvvetli, tesirli; bol.

he.gem.o.ny (hıcem'ını) *i.* üstünlük, egemenlik, hâkimiyet, hegemonya.

he.gi.ra (hîcay'rı, hec'ırı) *i.* hicret; göç; *b.h.* Hz. Muhammed'in hicreti; hicrî sene.

heif.er (hef'ır) *i.* düve, doğurmamış genç inek.

heigh (hay, hey) *ünlem, eski* Hey! Bana bak! (teşvik veya dikkat çekme ünlemi).

heigh-ho (hay'ho) *ünlem, eski* A! Ya! Eyvah! Aman!

height (hayt) *i.* yükseklik, irtifa, yükselti; tepe, dağ; doruk, en yüksek nokta, zirve, tepe.

height.en (hayt'ın) *f.* yükseltmek, yükselmek; artırmak, artmak; çoğaltmak, çoğalmak; abartmak, büyütmek; mübalâğa etmek.

heil (hayl) *ünlem, Al.* Selâm!

hei.nous (hey'nıs) *s.* tiksindirici, iğrenç, kötü, çirkin, kerih. **heinously** *z.* tiksindirici bir şekilde. **heinousness** *i.* iğrençlik.

heir (er) *i.* vâris, mirasçı. **heir apparent** veliaht. **heir presumptive** veliaht olmadığı için tahta vâris olan en yakın akraba.

heir.dom (er'dım) *i.* mirasçılık, vârislik; miras yoluyla intikal eden mal, kalıt.

heir.ess (er'ıs) *i.* kadın mirasçı.

heir.loom (er'lum) *i.* nesilden nesle intikal eden değerli şey; *huk.* evlâdiye.

heir.ship (er'şip) *i.* mirasçılık hakkı; miras.

heist (hayst) *f., A.B.D., argo* aşırmak, çalmak, yürütmek.

He.jaz, He.d:az (hicaz', he-) *i.* Hicaz.

held (held) *f., bak.* **hold.**

he.li.ac, he.li.a.cal (hi'liyäk, hîlay'ıkıl) *s., astr.* güneşle ilgisi olan, güneşe yakın olan. **heliacally** *z.* güneşe yakın olarak.

he.li.an.thus (hiliyän'thıs) *i.* ayçiçeği, günebakan, günçiçeği.

hel.i.cal (hel'îkıl) *s.* helezonî, sarmal. **helically** *z.* helezon şeklinde, sarmal şekilde.

hel.i.coid (hel'îkoyd) *s.* sarmal, helezonî.

hel.i.con (hel'îkın) *i., müz.* helikon; *b.h.* Yunan mitolojisinde Müzlerin oturdukları dağ.

hel.i.cop.ter (hel'ıkaptır, hi'lı-) *i.* helikopter.

he.li.o.cen.tric, -i.cal (hiliyısen'trîk, -îkıl) *s.* güneşin merkezine ait; güneşi merkez kabul eden.

he.li.o.gram (hi'liyıgräm) *i.* helyosta ile gönderilen haber.

he.li.o.graph (hi'liyıgräf) *i., fiz.* güneşin fotoğrafını çekmede kullanılan alet; pırıldak, helyosta.

he.li.om.e.ter (hiliyam'ıtır) *i.* güneşin ve gezegenlerin çaplarını veya gök cisimleri arasındaki küçük açı farklarını ölçme aleti.

he.li.o.scope (hi'liyıskop) *i.* gözlere zarar vermeden güneşi incelemek için kullanılan araç.

he.li.o.ther.a.py (hiliyother'ıpi) *i., tıb.* güneşle tedavi, helyoterapi.

he.li.o.trope (hi'liyıtrop) *i.* güneş çiçeği, *bot.* Heliotropium; kediotu, *bot.* Valeriana officinalis; açık mor; *mad.* kantaşı.

he.li.ot.ro.pism (hiliyat'rıpizım) *i.* günedoğrulum.

hel.i.port (hel'ıpôrt) *i.* helikopter alanı.

he.li.um (hi'liyım) *i.* helyum.

he.lix (hi'liks) *i.* helis, sarmal eğri.

hell, Hell (hel) *i., ünlem* cehennem; azap çekilen yer; *ünlem* Kahrolsun! **a hell of a lot** *argo* çok fazla. **be hell on** *argo* zararlı olmak; çok sert olmak. **catch hell, get hell** azarlanmak. **come hell or high water** her ne olursa, bütün zorluklara rağmen. **give one hell** azarlamak. **like hell** *argo* çok; hiç; aksine. **raise hell** karışıklık çıkarmak, kıyamet koparmak; ipini kırmak. **There'll be hell to pay.** Kıyamet kopacak. Çekeceğimiz var. **To hell with it.** Boş ver.

he'll (hil) he will.

Hel.las (hel'ıs) *i.* Yunanistan; eski Yunanistan.

hell-bent (hel'bent) *s., A.B.D., argo* şevkli, istekli, azimli. **hell-bent for election** hızla ve dikkatsizce, deli gibi.

hell.cat (hel'kät) *i.* şirret kadın; cadı.

hel.le.bore (hel'ıbôr) *i.* çöpleme, *bot.* Helleborus. **black hellebore** kara çöpleme, karacaot, *bot.* Helleborus niger. **white helle-bore** akçöpleme, *bot.* Veratrum album. **hel-leborin** *i.* çöplemeden elde edilen zehirli bir madde. **helleborism** *i., tıb.* bu maddeyi ilâç olarak kullanma; bu ilâcın fazla kulla-nılması sonucunda hâsıl olan zehirlenme.

Hel.lene (hel'in) *i.* Helen, Yunanlı.

Hel.len.ic (helen'ik) *s.* Helen, Yunanlı, Yunan-lılara ait.

Hel.le.nism (hel'ınizım) *i.* Yunanca deyim veya terim; eski Yunan medeniyeti; Yunan dilini kullanma; Yunan ideallerini benimseme, He-lenizm.

Hel.le.nist (hel'ınist) *i.* Yunanlı olmayıp Yu-nanca konuşan kimse (özellikle eski Muse-vilerde); Yunan dili ve edebiyatı bilgini.

Hel.le.nis.tic, -i.cal (helınis'tik, -îkıl) *s.* Yunan tarihinde Büyük İskender zamanından son-raki devreye ait.

Hel.le.nize (hel'ınayz) *f.* Yunanlılaştırmak; Yu-nanca konuşmak; Yunanlılık taslamak.

Hel.les.pont (hel'ıspant) *i.* Çanakkale Boğazı.

hell.fire (hel'fayr) *i.* cehennem azabı, cehen-nem ateşi.

hell.hound (hel'haund) *i.* şeytan, zebani.

hel.lion (hel'yın) *i., k.dili* haylaz kimse, mikrop, ortalığı birbirine katan kimse, haşarı kimse, muzır kimse.

hell.ish (hel'iş) *s.* cehennemî, cehenneme ait; cehennem gibi, kötü, korkunç. **hellishly** *z.* cehennemî bir şekilde, korkunç bir surette. **hellishness** *i.* cehennemî oluş, korkunç-luk, kötülük.

hel.lo (hılo') *ünlem* Alo. Merhaba. Günaydın. Hoş geldiniz. Hoş bulduk. *nad.* Yahu, nedir bu?

hell.u.va (hel'ıvı) *s., z., A.B.D., argo* çok fena; çok iyi; çok; *z.* çok.

hell.ward (hel'wırd) *z.* cehenneme doğru.

helm (helm) *i., den.* dümen yekesi, dümen takımı; idare. **Down with the helm.** Rüz-gâraltı yöresine getir (gemi). **Port your helm.** İskeleye dümen kır. **take the helm** dümen başına geçmek; idareyi eline almak. **helm-less** *s.* dümensiz; yekesiz; baskısız, başıboş. **helmsman** *i.* dümenci.

hel.met (hel'mit) *i.* miğfer, baş zırhı, tolga; spor faaliyetlerinde ve inşaatta giyilen koruyucu başlık, kask; sıcak memleketlere mahsus,

mantara benzer bir maddeden yapılmış gü-neş şapkası. **helmeted** *s.* miğferli.

hel.minth (hel'minth) *i.* bağırsak solucanı, kurt. **helmin'thic** *s.* solucana ait; solucanı def-ettiren.

hel.ot (hel'ıt) *i.* köle; *b.h.* eski Sparta'da köle.

help (help) *f.* yardım etmek; imdadına ye-tişmek, yardımına koşmak, kurtarmak, çare bulmak; çare olmak; faydası olmak; rahatlat-mak. **help one out** kurtarmak, kurtulma-sına yardım etmek. **help oneself** kendi ken-dine servis yapmak; yürütmek, aşırmak. **Help yourself.** Buyurun, kendiniz alınız (yemek, istenilen şey). **Don't be longer than you can help.** Mümkün olduğu kadar çabul ol. **He can't help but win.** Mutlaka başarır. Kazanmamasına imkân yoktur. **I can't help but think.** Düşünmemek elimde değil. **It can't be helped.** Çaresi yok! Elden bir şey gelmez. **So help me.** İster inanın ister inan-mayın. **So help me God!** *bak.* God.

help (help) *i.* yardım, muavenet, çare, kurtulma; yardımcı, hizmetçi, uşak, çırak, yamak. **the help** *k.dili* hizmetçiler, işçiler, müstahdem-ler. **helper** *i.* yardımcı, muavin; hizmetçi.

help (help) *ünlem* İmdat!

help.ful (help'fıl) *s.* faydalı, yararlı, işe yarar, yardımcı; yardımsever. **helpfully** *z.* faydalı bir şekilde. **helpfulness** *i.* yardım, işe yara-ma, elverişlilik.

help.ing (hel'ping) *i.* yardım; bir tabak yemek, porsiyon.

help.less (help'lis) *s.* kendisini idare edeme-yen, çaresiz, âciz; zayıf, beceriksiz, kabili-yetsiz.

help.mate, help.meet (help'meyt, -mit) *i.* arkadaş, eş, yardımcı; zevce.

Hel.sin.ki (hel'singki) *i.* Helsinki.

hel.ter-skel.ter (hel'tır.skel'tır) *z., s., i.* aceleyle, telâşla; *s.* karmakarışık; gelişigüzel; *i.* telâş, karmakarışık şey, karışıklık.

helve (helv) *i., f.* sap, tutamak, balta sapı; *f.* sap takmak.

Hel.ve.tia (helvi'şı) *i.* İsviçre. **Helvetian** *s., i.* İsviçreli.

hem (hem) *i., f.* (-med, -ming) elbise kenarı, baskı; *f.* kıvırıp kenarını bastırmak. **hem in, hem about** kuşatmak, içine almak.

hem (hem) *ünlem, f.* (-med, -ming) Hım! (bir kimseyi uyarmak için çıkarılan ses; tereddüt

veya şüphe belirten ses); *f.* böyle bir ses çı-
karmak; tereddüt ederek konuşmak. **hem
and haw** mırın kırın etmek, açıkça söyle-
mekten çekinmek.

hema-, hemato-, hemo- *önek* kan.

he.ma.gogue (hi'mıgôg, hem'ı-) *i., tıb.* kan
akıtıcı ilâç.

he.mal (hi'mıl) *s.* kana veya kan damarlarına
ait.

he-man (hi'män) *i.* yiğit erkek, iri yarı adam.

he.mat.ic (hîmä'tik) *s., i.* kanla ilgili; kanla dolu,
kanlı, kan renginde; *tıb.* kana tesir eden; *i.*
kanı etkileyen ilâç.

hem.a.tin (hem'ıtîn) *i., tıb.* hemoglobinin eri-
mesinden meydana gelen koyu lâcivert bir
madde.

hem.a.tite (hi'mıtayt, hem'-) *i.* hematit.

he.ma.tol.o.gy (himıtal'ıcı) *i.* hematoloji.

hem.i.al.gi.a (hemiyäl'ciyı) *i.* bedenin ve özel-
likle başın bir tarafının ağrıması, yarım baş
ağrısı.

hem.i.cy.cle (hem'îsaykıl) *i.* yarım daire, ya-
rım daire şeklinde olan şey.

hem.i.dem.i.sem.i.qua.ver (hem'idem'isem'-
ikwey'vır) *i., İng., müz.* altmış dörtlük nota,
bir notanın altmış dörtte biri.

hem.i.ple.gi.a (hemîpli'ciyı) *i., tıb.* yarım inme,
vücudun yalnız bir tarafına gelen felç.

he.mip.ter.al, he.mip.ter.ous (hemip'tırıl, -ıs)
s., zool. yarımkanatlılara ait.

hem.i.sphere (hem'îsfir) *i.* yarıküre. **hemi-
spher'ic(al)** *s.* yarıküreye ait.

hem.i.stich (hem'îstik) *i.* yarım mısra.

hem.line (hem'layn) *i., terz.* elbise veya pal-
tonun etek ucu, etek boyu.

hem.lock (hem'lak) *i.* köknara benzer bir çam
ağacı, *bot.* Tsuga; baldıran, ağıotu, *bot.* Co-
nium maculatum. **water hemlock** su bal-
dıranı, *bot.* Cicuta virosa.

he.mo.glo.bin (hi'mıglobin) *i.* hemoglobin.

he.mo.phil.i.a (hi'mıfîliyı) *i., tıb.* hemofili, ka-
nın pıhtılaşmaması.

hem.or.rhage (hem'ırîc) *i., tıb.* kanama. **hemor-
rhagic** (hemıräc'ik) *s.* kanamaya ait.

hem.or.rhoid (hem'ıroyd) *i., tıb.* basur, eme-
roit. **hemorrhoid'al** *s.* basura ait.

he.mo.stat (hi'mıstät) *i., tıb.* kanamayı kont-
rol altına alan alet veya ilâç.

hemp (hemp) *i.* kenevir, kendir, *bot.* Cannabis
sativa; esrar, haşiş; kenevir lifi; *k.dili* idam

ipi. **Indian hemp** hintkeneviri, *bot.* Apocy-
num cannabinum. **Virginian hemp, water
hemp** su kendiri, *bot.* Acnida cannabiona;
su keneviri, *bot.* Bidens tripartita; şeytan-
saçı, *bot.* Eupatorium cannabinum. **hempen**
s. kendire ait.

hem.stitch (hem'stîç) *f., i., terz.* kumaşın ke-
narını ajurla bastırmak, ajur yapmak; *i.* ajur,
antika, sıçandişi.

hen (hen) *i.* tavuk; dişi kuş; *argo* karı. **hen har-
rier** delice doğan, mavi doğan, *zool.* Cir-
cus cyaneus. **hen party** *argo* kadınlar top-
lantısı. **hazel hen** dağtavuğu, *zool.* Tetras-
tes bonasia.

hen.bane (hen'beyn) *i.* banotu, *bot.* Hyo-
scyamus niger.

hence (hens) *z.* buradan, bundan, bu zaman-
dan, itibaren; bu sebepten, bundan dolayı.
Hence! *ünlem, eski veya şaka* Defol! Yıkıl.
henceforth, henceforward *z.* bundan böy-
le, bundan sonra. **a month hence** bundan
bir ay sonra.

hench.man (henç'mın) *i.* hizmetkâr, uşak; ken-
di çıkarı için bir kimsenin tarafını tutan adam.

hen.coop (hen'kup) *i.* kümes.

hen.dec.a.gon (hendek'ıgan) *i.* on bir köşeli
şekil.

hen.di.a.dys (henday'ıdîs) *i., gram.* bir isimle
bir sıfatın ortaklaşa belirttikleri anlamı iki
isimle ifade tarzı: **lawful order** *yerine* **law
and order.**

hen.na (hen'ı) *i.* kına fidanı, *bot.* Lawsonia iner-
mis; kına.

hen.o.the.ism (hen'othiyîzım) *i.* diğer tan-
rıların varlığını inkâr etmeden tek bir tan-
rıya tapınma.

hen.peck (hen'pek) *f.* başının etini yemek, vır
vır etmek. **henpecked** *s.* kılıbık, karısından
korkan.

hen.roost (hen'rust) *i.* tavuk tüneği.

hen.ry (hen'ri) *i., fiz., elek.* indükleme kuvveti
birimi.

hep (hep) *s., argo* açıkgöz, uyanık; bilgili.

he.pat.ic (hîpät'ik) *s.* karaciğere ait; karaciğer
renginde.

he.pat.i.ca (hîpät'ıkı) *i.* ciğerotu.

hep.a.ti.tis (hepıtay'tîs) *i.* karaciğer iltihabı,
kara sarılık.

hep.a.ti.za.tion (hepıtızey'şın) *i., tıb.* bir dokunun bir hastalık esnasında karaciğer rengini ve kıvamını alması.

hep.tad (hep'täd) *i.* yedilik grup veya sayı; *kim.* yedi değerli atom.

hep.ta.gon (hep'tıgan) *i.* yedigen, yedi kenarlı çokgen. **heptag'onal** *s.* yedi açısı olan.

hep.ta.he.dron (heptıhi'drın) *i., geom.* yedi yüzlü cisim.

hep.tan.gu.lar (heptäng'gyılır) *s.* yedi açılı.

her (hır) *zam., s., dişil* onun, ona, onu.

her.ald (her'ıld) *i., f.* haberci, müjdeci; protokol görevlisi, teşrifatçı; *f.* haber vermek, ilân etmek, teşrifini haber vermek; takdim etmek, huzura çıkarmak. **Heralds' College** *İng.* hanedan arma ve neseplerini tespit eden heyet.

her.al.dic (hıräl'dik) *s.* hanedan armacılığına ait.

her.ald.ry (her'ıldri) *i.* hanedan armacılığı.

herb (ırb, hırb) *i.* ot; yemeklere tat vermek için kullanılan bitki; şifalı bitki.

her.ba.ceous (hırbey'şıs) *s.* ot cinsinden; yeşil yaprağa benzer.

herb.age (ır'bic, hır'bic) *i.* yeşillik, ot.

herb.al (hır'bıl) *s.* otlara ait, bitkisel. **herbalist** *i.* şifalı bitki satan kimse.

her.bar.i.um (hırber'iyım) *i.* (*çoğ.* -i.ums, -i.a) kurutulmuş bitki koleksiyonu; böyle bir koleksiyonu saklamaya mahsus oda veya bina.

her.bi.cide (hır'bısayd) *i.* bitkileri öldüren ilâç.

her.bif.er.ous (hırbif'ırıs) *s.* ot hâsıl eden.

her.bi.vore (hır'bıvôr) *i.* otçul hayvan. **herbiv'orous** *s.* otçul.

Her.cu.le.an (hırkyu'liyın, hırkyıli'yın) *s.* Herkül'e ait; Herkül gibi kuvvetli; Herkül'ün yaptıkları gibi çok güç veya tehlikeli.

Her.cu.les (hır'kyuliz) *i.* Herkül; çok kuvvetli adam; *astr.* kuzey burçlarından biri, Herkül.

herd (hırd) *i., f.* hayvan sürüsü, sürü, küme; davar sürüsü; avam, güruh; ayaktakımı; *f.* sürü halinde gitmek; sürüye katılmak; sürü haline koymak. **herd instinct** sürü içgüdüsü. **herdsman** *i.* çoban.

herd (hırd) *f.* sürüyü gütmek. **herder** *i.* çoban, sığırtmaç.

-herd *sonek* çoban, sürücü: **cowherd, shepherd, goatherd.**

here (hır) *z.* burada; buraya; şimdiki halde, halihazırda; bu noktada; bu dünyada, bu hayat-

ta. **here and there** şurada burada; arasıra. **Here goes!** İşte başlıyorum. **Here you are.** Buyur, al. Ha, geldin mi? İşte! **Look here.** Buraya bak. Baksana. **That's neither here nor there.** Bunun konu ile ilgisi yok.

here (hır) *ünlem* Bana bak. Baksana. Dur. Hazır. Burada.

here.a.bouts (hır'ıbauts) *z.* buralarda.

here.af.ter (hıräf'tır) *z.* ileride, bundan sonra. **the hereafter** öbür dünya, ahret.

here.at (hırät') *z.* bunun üzerine, bundan dolayı.

here.by (hırbay') *z.* bu vesile ile, bundan dolayı.

he.red.i.ta.ble (hıred'ıtıbıl) *s.* kalıtsal, irsî. **hereditabil'ity** *i.* kalıtsallık, irsî oluş.

her.e.dit.a.ment (herıdit'ımınt) *i., huk.* miras yoluyla kalabilen mal.

he.red.i.tar.y (hıred'ıteri) *s.* miras yoluyla intikal eden; irsî, kalıtsal, soydan geçme. **hereditar'ily** *z.* miras olarak.

he.red.i.ty (hıred'ıti) *i.* irsiyet, kalıtım, soyaçekim.

here.in (hırin') *z.* bunda, bunun içinde.

here.in.af.ter (hırinäf'tır) *z.* gelecekte, istikbalde; aşağıda (resmî yazıda).

he.re.si.arch (hıri'siyark) *i.* kabul olunmuş dinsel inançlara aykırı düşüncelere önayak olan kimse.

her.e.sy (her'ısi) *i.* dince kabul olunmuş inançlara aykırı düşünce, dalâlet; hâkim olan felsefî veya siyasî doktrinlere karşı gelen düşünce.

her.e.tic (her'ıtik) *i.* kabul olunmuş doktrinlere karşı olan kimse; kendi kilisesinin itikatlarına karşı gelen kimse. **heret'ical** *s.* kabul olunmuş doktrinlere aykırı olan. **heret'ically** *z.* kabul olunmuş doktrinlere aykırı olarak.

here.to.fore (hırtıfôr') *z.* bundan evvel, şimdiye kadar.

here.un.to (hır'∧ntu') *z.* bu zamana kadar.

here.up.on (hırıpan') *z.* bunun üzerine, binaenaleyh.

here.with (hırwith') *z.* bununla; ilişikte.

her.i.ta.ble (her'ıtıbıl) *s.* miras yoluyla intikali mümkün.

her.i.tage (her'ıtic) *i.* miras, tereke; *biyol., psik.* kalıtım.

her.i.tor (her'ıtır) *i.* vâris, kalıtçı.

herm, her.ma (hırm, hır'mı) *i.* üstünde büst olan kısa kolon.

her.maph.ro.dite (hırmäf'rıdayt) *i., s., biyol.* hem erkek hem dişi cinsiyet organları bulunan canlı veya bitki; *s.* hünsa, erselik, ikicinslikli. hermaphrodit'ic *s.* ikicinslikli, hünsa, erselik. hermaph'roditism *i.* iki cinsiyet sahibi oluş, hünsalık.

her.me.neu.tic, -i.cal (hırmınu'tik, -îkıl) *s.* tefsir eden, açıklayan, tefsirî. hermeneutics *i.* tefsir ilmi; dinî kitapları tefsir ilmi.

Her.mes (hır'miz) *i., mit.* tanrıların habercisi olan ilim ile seyahat ve belâgat tanrısı.

her.met.ic, -i.cal (hırmet'ik, -ikıl) *s.* hava geçirmez, sımsıkı kapalı; simya ilmine ait, büyüye ait. hermetically *z.* hava geçmez bir şekilde (kapalı); simya ilmine göre.

her.mit (hır'mit) *i.* münzevi kimse, insanlardan uzak yaşamayı arzulayan kimse; pekmezli bir kurabiye. hermit crab başka bir hayvanın kabuğu içinde yaşayan bir çeşit yengeç, *zool.* Pagurus. hermit thrush Amerikan ormanlarında bulunan bir ardıçkuşu, *zool.* Hylocichla guttata.

her.mit.age (hır'mıtic) *i.* münzevi adamın hücresi, inziva yeri; zaviye.

her.ni.a (hır'niyı) *i.* fıtık, kasık yarığı, kavlıç. hernial *s.* fıtıklı, fıtığa ait.

he.ro (hir'o, hi'ro) *i.* (*çoğ.* he.roes) kahraman, yiğit, bahadır; bir roman veya olay kahramanı; baş karakter; *mit.* yarı tanrı kabul edilen çok kuvvetli adam. hero worship bir kahramana ilâh gibi tapınma, bir kimsenin taparcasına hayranı olma.

he.ro.ic, -i.cal (hiro'wik, -ikıl) *s., i.* kahramanca, cesur; kahramanlar devrine ait; *güz. san.* muazzam (heykel veya resim), gerçek boyutlarından çok büyük (cisim); kahramanlardan bahseden (şiir), destansı, epik; *i.* kahramanlık şiiri; *çoğ.* abartmalı sözler. heroically *z.* kahramanca. heroic couplet İngiliz edebiyatında mısraları kendi aralarında kafiyeli beyit, destan beyti.

he.ro.i.com.ic, -i.cal (hirowikam'ik, -ikıl) *s.* kahramanca ve gülünçlü.

her.o.in (her'owin) *i.* eroin, morfin özü.

her.o.ine (her'owin) *i.* kadın kahraman.

her.o.ism (her'owizim) *i.* kahramanlık.

her.on (her'ın) *i.* balıkçıl, *zool.* Ardeidae. great white heron akbalıkçıl, *zool.* Egretta alba.

night heron gece balıkçılı, *zool.* Nycticorax nycticorax. purple heron erguvani balıkçıl, *zool.* Ardea purpurea. squacco heron alaca balıkçıl, *zool.* Ardeola ralloides. heronry *i.* balıkçılların yumurtladığı yer.

her.pes (hır'piz) *i., tıb.* kabırcıklar hâsıl eden bir deri iltihabı, uçuk. herpes zoster *tıb.* zona. herpet'ic *s.* uçuk gibi, uçuğa benzer.

her.pe.tol.o.gy (hırpıtal'ıci) *i., zool.* sürüngenler ilmi. herpetologist *i.* sürüngenler uzmanı.

her.ring (her'ing) *i.* ringa, *zool.* Clupea harengus. herringbone stitch *terz.* ringa kemiğine benzer dikiş, çapraz dikiş, hıristo teyeli, iğne ardı dikiş. Pontic herring karagöz tirsi, *zool.* Clupea pontica.

hers (hırz) *zam.* onunki (dişil).

her.self (hırself') *zam.* kendisi (dişil). Ask her herself. Bizzat kendisine sorun. by herself kendi başına, kendi kendine. She has hurt herself. Kendini incitti. She is herself again. Kendine geldi. She is not herself. Tabii halinde değil. She said it herself. Bizzat kendisi söyledi.

hertz (hırts) *s., fiz.* elektromanyetik dalga frekans birimi, hertz. hertzian waves *fiz.* elektromanyetik dalgalar, radyo dalgaları.

Her.ze.go.vi.na (hırtsıgovi'nı) *i.* Hersek.

hes.i.tant (hez'ıtınt) *s.* tereddüt eden, şüphe içinde. hesitance, hesitancy *i.* tereddüt, duraksama. hesitantly *z.* tereddütle, duraksayarak.

hes.i.tate (hez'ıteyt) *f.* tereddüt etmek, duraksamak; lafını şaşırmak, ne diyeceğini bilememek, kem küm etmek. hesita'tion *i.* tereddüt, şüphe; kekeleme.

Hes.per.i.des (hesper'ıdiz) *i., mit.* Hera'nın altın elmalarına bekçilik eden dört peri; bu altın elma bahçesi.

Hes.pe.rus (hes'pırıs) *i.* akşam yıldızı.

Hes.sian (heş'ın) *s., i.* Almanya'nın Hesse eyaletine ait; *i.* Hesse'li kimse; *tar.* paralı asker; kaba kendir kumaş. Hessian boots on dokuzuncu yüzyılda İngiltere'de giyilen püsküllü uzun erkek çizmesi. Hessian fly buğday yiyen ufak ve zararlı bir sinek.

he.tae.ra, he.tai.ra (hitir'ı, hitay'rı) *i., Yu. tar.* yüksek mevkide bulunan fahişe, cariye, gözde. hetaer'ism *i.* cariyelik, metreslik.

hetero- *önek* başka, farklı.

het.er.o (het'ıro) *s.* karşı cinse ilgi duyan, homoseksüel olmayan.

het.er.o.dox (het'ırıdaks) *s.* kabul edilmiş dinî esaslara aykırı olan. **heterodoxy** *i.* kabul edilmiş doktrinlere muhalefet.

het.er.o.dyne (het'ırıdayn) *s., radyo* gelen sinyali devamlı bir frekansa karıştıran (alıcı tipi).

het.er.og.a.mous (hetırag'ımıs) *s., biyol.* heterogam, hem erkek hem dişi çiçek veren; iki ayrı cinsin birleşmesiyle hâsıl olan. **heterog'- amy** *i.* heterogamlık.

het.er.o.ge.ne.i.ty (hetırıcını'yıti) *i.* farklı oluş.

het.er.o.ge.ne.ous (hetırıcin'iyıs) *s.* kısımları veya içindeki fertler birbirinden farklı, hep aynı cins olmayan (grup, toplum); ayrı cinsten, heterogen.

het.er.o.mor.phic (hetırımôr'fik) *s., biyol.* anormal şekil ve bünyeli; *zool.* başkalaşımın değişik evrelerinde farklı şekillere giren. **heteromorphism** *i.* farklı şekillere girme özelliği.

het.er.op.ter.ous (hetırap'tırıs) *s.* kanatlı böceklerin bir alt sınıfı.

het.er.o.sex.u.al (hetırısek'şuwıl) *s.* karşı cinse ilgi duyan.

het.man (het'mın) *bak.* **ataman.**

heu.ris.tic (hyûrîs'tik) *s.* keşfe yarayan, anlamaya vesile olan.

hew (hyu) *f.* (**hewed, hewn**) balta ile vurarak kesmek; yontmak, çentmek; kesmek, yarmak. **hew down** kesip devirmek (ağaç). **hew out** yontarak şekil vermek; zahmetle meydana getirmek. **hew to the line** kurallara kelimesi kelimesine uymak. **hewer** *i.* odun kesicisi, baltacı.

hex (heks) *i., f., A.B.D., k.dili* büyü, nazar; *f.* nazarı değmek.

hexa- *önek* altı.

hex.ad (hek'säd) *i.* altılık grup.

hex.a.gon (hek'sıgan) *i., geom.* altıgen, altı kenar ve açılı şekil. **hexag'onal** *s.* altıgen.

hex.a.gram (hek'sıgräm) *i.* altı köşeli yıldız, Süleyman'ın mührü.

hex.a.he.dron (heksıhi'drın) *i., geom.* altı yüzlü cisim. **hexahedral** *s.* altı yüzlü.

hex.am.e.ter (heksäm'ıtır) *i.* altı ayaklı mısra. **hexamet'ric(al)** *s.* altı ayaklı, altı tef'ileli.

hex.an.gu.lar (heksäng'gyılır) *s.* altı açılı.

hex.a.pod (hek'sıpad) *i.* altı ayaklı böcek.

hex.ar.chy (hek'sarki) *i.* altı devletten meydana gelen grup.

hey (hey) *ünlem* Haydi I A I (teşvik, sevinç veya hayret ünlemi).

hey.day (hey'dey) *i.* zindelik devresi, en enerjik çağ.

HF, H.F., hf, h.f. *kıs.* **high frequency** yüksek frekans.

Hg *kıs.* **mercury** cıva.

HG *kıs.* **High German** standart Almanca.

H.H. *kıs.* **His** *veya* **Her Highness; His Holiness.**

H-hour (eyç'aur) *i.* askerî taarruzun başlaması için tespit edilmiş saat.

hi (hay) *ünlem, A.B.D.* merhaba, *İng.* dikkati çekmek için çağrı.

hi.a.tus (hayey'tıs) *i.* (*çoğ. Lat.* -tus, *İng.* -tuses) aralık, açıklık, fasıla, boş yer; iki sesli harfin birleşmeden iki hece veya iki kelime arasında yan yana gelmesi, hiatus.

hi.ba.chi (hiba'çi) *i.* Japon mangalı.

hi.ber.na.cle, hi.ber.nac.u.lum (hay'bırnäk'ıl, haybırnäk'yılım) *i.* hayvanın kış uykusuna yattığı in; tabiatın çiçek budakları üzerine koyduğu kışlık örtü.

hi.ber.nal (haybır'nıl) *s.* kışa ait.

hi.ber.nate (hay'bırneyt) *f.* kış uykusuna yatmak, kış uykusuna girmek. **hiberna'tion** *i.* kış uykusu.

Hi.ber.ni.an (haybır'niyın) *s., i.* İrlanda'ya ait; *i.* İrlandalı.

hi.bis.cus (haybis'kıs, hi-) *i.* amber çiçeği; bamya ve ona benzeyen birkaç çeşit bitki.

hic.cough, hic.cup (hik'ıp) *i., f.* hıçkırık; *f.* hıçkırmak. **the hiccups** hıçkırık tutması.

hic ja.cet (hik cey'sıt) *Lat.* burada yatıyor, burada gömülüdür (mezar kitabesi).

hick (hik) *s., i., k.dili* taşralı, kaba köylü. **hick town** taşrada alelade küçük şehir.

hick.ey (hik'i) *i., A.B.D., k.dili* alet, tertibat; sivilce; *mak.* boru bükme aleti.

hick.o.ry (hik'ırı, hik'ri) *i.* Amerika'da bulunan bir ceviz ağacı, *bot.* Carya; bu ağacın tahtası.

hid (hid) *f., bak.* **hide.**

hi.dal.go (hidäl'go) *i.* İspanyol asılzadesi.

hid.den (hid'ın) *f., bak.* **hide; s.** gizli, kapalı.

hide (hayd) *i., f.* hayvan derisi, post; *k.dili* insan derisi, cilt; *f., k.dili* dayak atmak. **I haven't seen hide or hair of him.** İzi tozu yok. **tan**

one's hide bir kimseye dayak atmak, köteklemek.

hide (hayd) *f.* **(hid, hidden)** saklamak, gizlemek, ketmetmek, örtbas etmek; saklanmak; gizlenmek. **hide one's head** utancından saklanmak. **hide out** (polisten) saklanmak. **in hiding** saklı.

hide-and-seek (hayd'ınsik') *i.* saklambaç oyunu.

hide.a.way, hide-out (hayd'ıwey, hayd'aut) *i.* (polisten) saklanacak yer, yatak.

hide.bound (hayd'baund) *s.* dar görüşlü, eski kafalı; derisi kemiğine yapışmış (hayvan).

hid.e.ous (hid'iyıs) *s.* çok çirkin, iğrenç, kerih, korkunç. **hideously** *z.* iğrenç bir şekilde, korkunç bir surette. **hideousness** *i.* iğrençlik, korkunçluk.

hide-out *bak.* **hideaway.**

hid.ing-place (hay'dîng.pleys) *i.* saklanacak yer, gizlenecek yer.

hie (hay) *f.* **(-d, hieing, hying)** acele gitmek, gidivermek. **hie oneself to** -e gitmek.

hi.er.arch (hay'ırark) *i.* başpapaz. **hierarch'- (ic)al** *s.* başpapaza ait; hiyerarşiye ait.

hi.er.ar.chy (hay'ırarki) *i.* hiyerarşi, aşama sırası (*gen.* dinî kuruluşlarda).

hi.er.at.ic (hayırät'ik) *s., i.* papaz sınıfına ait; *i.* eski Mısırlılar tarafından kullanılan ve hiyerogliften türeyen bir yazı türü.

hi.er.o.dule (hay'ırıdyul') *i.* eski Yunanistan'da mabede bağlı köle.

hi.er.o.glyph (hay'ırıglif) *i.* hiyeroglif; anlaşılmaz ve okunmaz yazı.

hi.er.o.glyph.ic, -i.cal (hayırıglif'ik, -îkıl) *s.* hiyerogliflere ait.

hi.er.o.glyph.ics (hayırıglif'iks) *i.* hiyeroglif.

hi.er.o.phant (hay'ırıfänt) *i.* eski Yunanistan'da kâhin.

hi.fa.lu.tin *bak.* **highfalutin.**

hi-fi (hay'fay) *bak.* **high fidelity.**

hig.gle (hig'ıl) *f.* sıkı pazarlık etmek, çekişmek.

hig.gle.dy-pig.gle.dy (hig'ıldi.pig'ıldi) *z., s.,* *i.* karmakarışık, altüst; *i.* karmaşa.

high (hay) *s.* yüksek, âli; mağrur, kibirli, kendini beğenmiş, azametli; yüce, muhteşem; âlâ; *müz.* tiz, yüksek perdeden; kokmuş (et); *coğr.* kutuplara yakın; çok eski; baş; ağır; coşkun, taşkın (neşe); pahalı; şiddetli, sert, azgın (deniz); asil, soylu, necip; *argo* esrarın tesiri altında. **high and dry** suyun dışında,

karada; kimsesiz ve çaresiz kalmış. **high and low** her yerde; zengin fakir, herkes. **high and mighty** *k.dili* azametli, gururlu. **High Church** Anglikan Kilisesinin Katolikliğe meyleden kısmı. **high color** koyu renk, koyu kırmızı. **high comedy** yüksek sınıfın hayatını ele alan ve nükteli diyalogları bulunan komedi. **high command** baş kumandanlık. **high commissioner** büyükelçi ayarında bir memur. **high day** bayram, yortu günü. **high dive** yüksekten dalış. **high dudgeon** öfke, aşırı hiddet. **high explosive** dinamit gibi kuvvetli patlayıcı madde. **high fashion** değişik ve lüks giyinme tarzı. **high fidelity** sesi çok 'tabii şekilde verme veya veren (radyo, pikap, hoparlör). **high frequency** yüksek frekans, kısa dalga. **high gear** *oto.* en hızlı vites. **high jinks** gürültülü eğlence, çılgınlık. **high jump** yüksek atlama. **high life** yüksek tabaka hayatı, sosyete hayatı. **high living** lüks hayat. **high noon** tam öğle vakti. **high place** kutsal sayılan tepede tapınma yeri. **high point** en önemli veya en heyecanlı nokta. **high priest** başpapaz. **high relief** *güz.san.* yüksek kabartma. **high school** lise, resmî okulların 9-12 sınıfları, bazen 10-12 sınıfları. **high seas** enginler, açık deniz. **high sign** *A.B.D., k.dili* el işareti (bazen gizli ihtar). **high spot** en mühim veya en heyecanlı nokta. **high tea** *İng.* ikindi kahvaltısı, mükellef çay ziyafeti. **high tide** kabarma; kabarma saati; doruk. **high treason** ihanet, vatan veya devlete hıyanet. **fly high** büyük emeller beslemek, hayal peşinde koşmak. **get on one's high horse** ayak diremek, direnmek; öfkelenmek, kabarmak, kafa tutmak. **in high terms** överek, göklere çıkararak. **It's high time.** Tam vakti. Zamanı geldi de geçti bile. **the Most High** Tanrı, Cenabı Hak. **with a high hand** kendince; amirlik taslayarak.

high (hay) *i.* barometrenin yüksek olduğu bölge; *argo* esrar tesiri altında olma. **on high** gökte, semada.

high.ball (hay'bôl) *i., f., d.y.* ileri işareti; *A.B.D.* viskili içki; *f., A.B.D., argo* çok hızlı gitmek.

high.boy (hay'boy) *i.* konsol, şifoniyer.

high.bred (hay'bred) *s.* asil, soylu.

high.brow (hay'brau) *s., i.* entellektüel.

high.chair (hay'çer) *i.* çocuklara yüksek mama iskemlesi.

high-class (hay'kläs') *s., k.dili* kaliteli.

high.er (hay'ır) *s.* daha yüksek. **higher criticism** Kitabı Mukaddes yazılarının tarih, amaç, kaynak ve derlenmesini inceleme. **higher education** yüksek öğrenim.

high.fa.lu.tin (hayfılut'ın) *s., k.dili* tumturaklı, şatafatlı.

high-fla.vor.ed (hay'fley'vırd) *s.* çok baharatlı.

high-flown (hay'flon') *s.* tumturaklı (söz); mağrur, kibirli.

high-grade (hay'greyd') *s.* yüksek kaliteli, üstün vasıflı.

high.hand.ed (hay'hän'did) *s.* tahakküm eden, amirlik taslayan.

high-hat (hay'hät) *i., s., f.* (-ted, -ting) büyüklük taslayan kimse, züppe kimse; *s.* züppe; *f.* saymamak, önem vermemek.

high.jack *bak.* **hijack.**

high.lands (hay'lındz) *i., çoğ.* dağlık yer, dağlık memleket; *b.h.* Kuzey İskoçya. **Highlander** *i.* Kuzey İskoçyalı.

high.light (hay'layt) *i., f.* bir resimde ışıklı ve detaylı kısım; ilgi çekici olay, (bir olay, toplantı, opera, kitapta) hatırlanacak kısım; *f., k.dili* (bir olayın) özel bir kısmına dikkati çekmek.

high.ly (hay'li) *z.* yüksek derecede, çok, pek çok, ziyadesiyle.

high-mind.ed (hay'mayn'did) *s.* âlicenap, yüce gönüllü.

high.ness (hay'nis) *i.* yücelik. **His** veya **Your Highness** Ekselansları.

high-oc.tane (hay'ak'teyn) *s., oto.* yüksek oktanlı (benzin).

high-pitched (hay'piçt') *s.* çok tiz.

high-pres.sure (hay'preş'ır) *i., s., f.* yüksek basınç; *s.* zorla yapılan (satış); zorlayıcı; *f.* (bir kimseyi) zorlamak, üstüne düşmek.

high-proof (hay'pruf') *s.* yüksek derecede alkol ihtiva eden.

high-rise (hay'rayz') *s., i.* yüksek (bina, apartman).

high.road (hay'rod) *i.* anayol, cadde, şose, geniş yol.

high-sound.ing (hay'saun'ding) *s.* şatafatlı.

high-speed (hay'spid') *s.* son süratle giden, büyük hızla giden.

high-spir.it.ed (hay'spir'itid) *s.* cesur; canlı; oynak (at).

high-strung (hay'strʌng') *s.* asabî, sinirleri gergin.

high-ten.sion (hay'ten'şın) *s.* yüksek gerilimli.

high-test (hay'test') *s.* kaliteli (benzin).

high-toned (hay'tond') *s.* kaliteli; sosyetik; yüksek perdeli.

high-up (hay'ʌp') *s., i., k.dili* yüksek mevki veya rütbede olan; *i.* yüksek mevkide bulunan kimse, üst.

high-wa.ter (hay'wô'tır) *i.* azami kabarma; taşkın. **high-water mark** suyun azami kabarma noktası; doruk; en yüksek başarı derecesi.

high.way (hay'wey) *i.* anayol, cadde. **highwayman** *i.* eşkıya.

hi.jack (hay'cäk) *f.* kuvvet zoru ile çalmak; hareket halindeki uçağı veya başka bir taşıtı kendi istediği yöne çevirmek. **hijacker** *i.* uçağı veya başka bir taşıtı kaçıran kimse, uçak korsanı.

hike (hayk) *f., i.* engebeli arazide uzun yürüyüş yapmak; (etek) toplamak; fiyatı yükseltmek; kaldırmak; *i.* uzun ve çetin yürüyüş; yükselme.

hi.lar.i.ous (hiler'iyıs) *s.* gürültülü ve neşeli, şen şatır. **hilarity** *i.* neşe, kahkaha.

hill (hil) *i., f.* tepe, bayır, yokuş; yığın; küme; bitkilerin etrafına veya üstüne örtülmüş toprak yığını; *f.* tepe veya yığın teşkil etmek, ağaç köklerinin etrafına toprak yığmak. **hill station** Hindistan'da yayla. **hilly** *s.* tepelik. **hilliness** *s.* tepelik oluş.

hill.bil.ly (hil'bili) *i., k.dili* A.B.D.'nin güney eyaletlerinde orman köylüsü.

hill.ock (hil'ık) *i.* tümsek, tepecik.

hill.side (hil'sayd) *i.* yamaç, dağ eteği.

hill.top (hil'tap) *i.* doruk.

hilt (hilt) *i., f.* kabza, kılıç kabzası; *f.* kabza takmak. **up to the hilt** tamamen, bütün bütün.

hi.lum (hay'lım) *i., bot.* tohum göbeği, hilum.

him (him) *zam., eril* onu, ona.

H.I.M. *kıs., İng.* **His** veya **Her Imperial Majesty.**

Hi.ma.la.yas (himal'yız, himıley'ız) *i.* Himalaya dağları.

him.self (himself') *zam., eril* kendi, bizzat; *İrl., zam., eril* o: **Himself said it.** O söyledi. **He is not himself.** Kendinde değil.

hind (haynd) *i.* dişi geyik.

hind (haynd) *i.* İngiltere ve İskoçya'da rençper.

hind (haynd) *s.* (**-er, -most** *veya* **-ermost**) arkadaki, geride olan, art. **hind legs** arka ayaklar. **hindermost, hindmost** *s.* en arkadaki, en gerideki, en sondaki. **The devil take the hindmost.** Sona kalan dona kalsın. **Hind.** *kıs.* **Hindi, Hindustan.**

hin.der (hin'dır) *f.* engellemek, mâni olmak, menetmek.

hind.er (hayn'dır) *s.* arkadaki, geride olan.

Hin.di (hin'di) *i.* Hindu dili.

hind.quar.ters (haynd'kwôrtırz) *i.* but (bilhassa kesilmiş hayvanda), kaba et.

hin.drance (hin'drıns) *i.* engelleme; engel, mâni.

hind.sight (haynd'sayt) *i.* bir şeyin nitelik veya önemini sonradan anlama.

Hin.du, Hin.doo (hin'du) *i., s.* Hintli, Hindu; *s.* Hintlilere ait. **Hinduism, Hindooism** *i.* Hintlilerin dini ve sosyal sistemi, Hinduizm.

Hin.du.sta.ni (hindusta'ni) *s., i.* Hindistan'a ait, Hindistan halkına ait; *i.* Hindistan'da çoğunluğun konuştuğu dil.

hinge (hinc) *i., f.* menteşe, reze; dayanak noktası, destek, esas; midye gibi hayvanların kabuğunda mafsal; *f.* menteşe takmak; dönmek; dayanmak, bağlı olmak.

hin.ny (hin'i) *i.* at ile dişi eşekten hâsıl olan katır.

hint (hint) *i., f.* ima, üstü kapalı söz, zımnen işaret; *f.* ima etmek, çıtlatmak. **hint at** hissettirmek, üstü kapalı söylemek, dokundurmak, ima etmek.

hin.ter.land (hin'tırländ) *i.* hinterlant, iç bölge, arka bölge; büyük şehirden uzak yerler.

hip (hip) *i., f.* (**-ped, -ping**) *anat.* kalça; *mim.* dam yanlarının bitişmesinden hâsıl olan dış açı; *f.* dama sırt yapmak; *spor* kalça ile vurup düşürmek. **hip bath** bele kadar gelen banyo küveti; yarım banyo. **hipbone** *i.* kalça kemiği. **hip disease** *tıb.* kalça kemiği hastalığı. **hip lock** güreşte kalça çelmesi, kalça ile çelme atma. **hip roof** *mim.* ortası kabarık çatı.

hip (hip) *i.* kuşburnu (gül meyvası).

hip (hip) *ünlem* alkışa hazır ol işareti: **Hip, hip, hurrah!**

hip (hip) *s., A.B.D., argo* vâkıf, haberdar, uyanık; zamana uygun.

hipped (hipt) *s.* kalçalı; kabarık çatılı; *A.B.D., argo* fazla meraklı; *İng., k.dili* üzüntülü, çökmüş.

hip.pet.y-hop (hip'ıti.hap') *z., k.dili* hoplaya zıplaya.

hip.pie (hip'i) *i.* hipi.

hip.po (hip'o) *i., k.dili* suaygırı.

hip.po.cam.pus (hipıkäm'pıs) *i., anat.* beyinde bulunan iki beyaz çıkıntının her biri.

hip.po.cras (hip'ıkräs) *i.* şarap ve baharattan yapılmış eski bir likör.

Hip.poc.ra.tes (hîpak'rıtiz) *i.* Hipokrat, ünlü Yunan hekimi. **Hippocrat'ic** *s.* Hipokrat'a ait; tıpla ilgili. **Hippocratic oath** Hipokrat yemini.

Hip.po.crene (hip'ıkrin) *i.* Helikon dağında Müzlere adanmış pınar.

hip.po.drome (hip'ıdrom) *i.* at meydanı, hipodrom.

hip.po.griff, -gryph (hip'ıgrif) *i.* başı ve kanatları kuşa ve gövdesi ata benzeyen efsanevî bir yaratık.

hip.po.pot.a.mus (hipıpat'ımıs) *i.* (*çoğ.* **-mus.-es,** *Lat.* **-mi**) suaygırı.

hir.cine (hır'sin, -sayn) *s.* keçi gibi; keçi kokulu; şehvetli.

hire (hay'ır) *i., f.* kira, ücret; kiralama; *f.* ücretle tutmak; kira ile tutmak, kiralamak; ücretle çalışmak. **hired hand** ücretli işçi. **hire oneself out** ücretle çalışmak. **for hire** kiralık.

hire.ling (hay'ırling) *i., gen. aşağ.* ücretli adam, uşak.

hir.sute (hır'sut) *s.* kıllı, tüylü, saçlı.

his (hiz) *s., zam., eril* onun; *zam.* onunki.

His.pan.ic (hispän'ik) *s.* İspanyol, İspanya'ya ait, İspanyolcaya ait.

his.pid (hîs'pid) *s., bot., zool.* kıllı, dikenli, iğneli.

hiss (his) *f., i.* ıslık sesi çıkarmak, yılan gibi ıslık çalmak; ıslıklamak, ıslık çalarak yuhalamak; *i.* yılan sesi, buna benzer ses; hiddet ifade eden ıslık gibi ses. **hiss one off the stage** ıslıklayarak sahneden kovmak. **hissing** *i.* ıslıklama, ıslık çalarak yuhalama.

hist. *kıs.* **historian, historical, history.**

hist (hist) *ünlem* Sus! Dur! Dinle!

hist (hayst) *f., leh.* kaldırmak, yükseltmek; *bak.* **hoist.**

his.ta.mine (hîs'tımin) *i.* histamin.

his.tol.o.gy (histal'ıci) *i.* mikroskopik anatomi, histoloji, dokubilim. **histologist** *i.* histoloji bilgini.

his.to.ri.an (histôr'iyın) *i.* tarihçi, tarih bilgini.

his.tor.ic (hìstôr'ìk) *s.* tarihsel, tarihî, tarihe
geçmiş; önemli, mühim. **historic charac-
ter** tarihî şahsiyet. **historic method** tarih-
sel yöntem. **historic moment** dönüm nok-
tası, tarihî an.

his.tor.i.cal (hìstôr'ìkıl) *s.* tarihsel, tarihî, ta-
rihe geçmiş; tarihe uygun. **historical nov-
el** tarihî roman. **historically** *z.* tarihe göre,
tarihî olarak.

his.to.ric.i.ty (hìstırìs'ıti) *i.* olayın tarihî yönü,
tarihî geçerlik.

his.to.ri.o.g.ra.pher (hìstôriyag'rıfır) *i.* tarihçi,
tarih yazarı. **historiography** *i.* tarih yazma.

his.to.ry (hìs'tıri) *i.* tarih, tarihî olaylar; tarihî
dram; tarih kitabı. **family history** aile ta-
rihçesi. **natural history** tabiat bilgisi.

his.tri.on.ic, -i.cal (hìstriyan'ìk, -ìkıl) *s.* sah-
neye ait, aktörlere ait; fazla dramatik; aşırı
duygusal. **histrionically** *z.* coşkunlukla,
taşkınlıkla. **histrionics** *i.* düzme duygusallık;
tiyatro sanatı.

hit (hìt) *f.* **(hit, -ting)** vurmak; hedefe isabet
ettirmek; uymak, uygun olmak; varmak, eriş-
mek; isabet etmek; saldırmak; tesir etmek;
A.B.D., k.dili (yola) düzülmek, koyulmak;
A.B.D., argo vücuda esrar zerketmek. **hit-and
-run** *s.* çarpıp kaçan (şoför). **hit below the
belt** boksta kurallara aykırı davranmak; hak-
sızlık etmek, kalleşlik etmek. **hit it off** an-
laşmak, uyuşmak, mutabık kalmak. **hit one's
stride** *k.dili* en yüksek hıza veya dereceye
ulaşmak. **hit off** süratle ve ustalıkla yapmak;
taklit etmek. **hit-or-miss** *s., z.* rasgele, te-
sadüfî; *z.* sonucunu düşünmeden, dikkat-
sizce, lâkaytçe. **hit out** yumruklamak, yum-
rukla vurmak. **hit the books** *slang* ineklemek
(ders). **hit the bottle** *argo* şişeyi devirmek,
fazla içki içmek. **hit the ceiling** *argo* tepesi
atmak. **hit the deck** *argo* yataktan kalk-
mak; aniden yüzükoyun yere yatmak. **hit the
jackpot** *argo* beklenilmedik anda başarı ka-
zanmak. **hit the nail on the head** taşı ge-
diğine koymak; tam bilmek; tam isabet kay-
detmek. **hit the sack** *argo* yatmak. **hit upon**
rasgele bulmak.

hit (hìt) *i.* vuruş, vurma, darbe; isabet; başarı,
muvaffakıyet, şans; yerinde söz; *argo* iğne
ile vücuda zerkedilen esrar. **hit or miss** ge-
lişigüzel. **make a hit** *beysbol* tam vuruş yap-
mak; *argo* üstün başarı sağlamak.

hitch (hìç) *f.* ip ile bağlamak; bağlamak, iliş-
tirmek, takmak; topallayarak yürümek; çeke-
lemek; *k.dili* evlenmek; takılmak, yakalan-
mak, ilişmek; *A.B.D., argo* otostop yapmak.
hitch on to bir şeye bağlamak. **hitch one's
wagon to a star** yüksek bir gayeye bağ-
lanmak, yüksek bir ideal peşinde koşmak.
hitch up -e koşmak (at). **hitching post** yu-
ların bağlandığı kazık.

hitch (hìç) *i.* çekiş; ilişme, ilişiklik; engel, mâni,
arıza; topallama, aksama; bağlantı parçası;
den. volta, bağ, adi düğüm; *A.B.D., k.dili* as-
kerlik süresi. **hitchhike** *f.* otostop yapmak.
without a hitch pürüzsüz olarak, hadise-
siz bir şekilde.

hith.er (hìdh'ır) *z., s.* buraya, buraya doğru, be-
riye; *s.* beriki, beri yandaki. **hither and
thither, hither and yon** şuraya buraya, bir
ileri bir geri. **on the hither side** of bu tarafın-
da. **hithermost** *s.* bu tarafa en yakın olan.
hitherto *z.* şimdiye kadar.

Hit.tite (hìt'ayt) *i., s.* Eti, Hitit; *s.* Etilere veya
lisanlarına ait.

hive (hayv) *i., f.* kovan; kovanda bulunan arı
kümesi; arı kovanı gibi halkı çok ve çalışkan
olan yer; *f.* kovan almak; kovana doldurmak
(bal); biriktirmek, toplamak; kovana girmek;
kovanda yaşamak.

hives (hayvz) *i., tıb.* ürtiker, kurdeşen.

H.M.S. *kıs.* His *veya* Her Majesty's Service,
His *veya* Her Majesty's Ship.

ho (ho) *ünlem* Hey! Ya! (dikkati çekme, se-
vinç veya hayret ünlemi).

hoar (hôr) *s., i.* kır, ak, ağarmış; eski; ihtiyar,
yaşlı; saygıdeğer; *i.* eskilik; yaşlılık; kırağı.
hoarfrost *i.* kırağı.

hoard (hôrd) *i., f.* biriktirilmiş şey, saklanmış
mal; *f.* biriktirmek, stok etmek, istif etmek.
hoarder *i.* biriktirip saklayan kimse, istifçi.

hoard.ing (hôr'dîng) *i.* istifçilik; *İng.* muvak-
kat tahta perde.

hoar.hound *bak.* horehound.

hoarse (hôrs) *s.* boğuk, kısık; boğuk sesli.
hoarsely *z.* boğuk sesle. **hoarseness** *i.*
boğuk seslilik.

hoar.y (hôr'i) *s.* kır, ak, ağarmış, kır düşmüş;
eski; saygıdeğer. **hoariness** *i.* ak düşmüş
olma; eskilik.

hoax (hoks) *i., f.* şaka, latife; hile, oyun; *f.* al-
datmak, oyun etmek, *slang* işletmek.

hob (hab) *i.* ocak yanı çıkıntısı; bazı oyunlarda hedef kazığı.

hob (hab) *i.* cin. **play hob with** karmakarışık etmek, altüst etmek. **raise hob** yaramazlık etmek.

hob.ble (hab'ıl) *f., i.* topallamak, aksayarak yürümek, seke seke dolaşmak; bukağı vurmak, kösteklemek; topal etmek; *i.* topallama, aksama; bukağı, köstek; müşkülât, dert; ayak bağı, engel. **hobble skirt** dar etek.

hob.ble.de.hoy (hab'ıldihoy) *i.* hantal ve beceriksiz delikanlı.

hob.by (hab'i) *i.* merak, zevk için yapılan uğraş. **ride a hobby** aşırı bir meraka sahip olmak.

hob.by (hab'i) *i.* şahin, deliçe doğan, *zool.* Falco subbuteo.

hob.by.horse (hab'ihôrs) *i.* sallanan oyuncak at; çocuğun at diye bindiği değnek; bir kimsenin merakla takip ettiği konu veya iş.

hob.gob.lin (hab'gablin) *i.* ifrit, gulyabani; gerçeksiz korku.

hob.nail (hab'neyl) *i.* iri başlı kısa çivi, ayakkabının altına vurulan iri başlı çivi, kabara.

hob.nob (hab'nab) *f.* (**-bed, -bing**) arkadaşlık etmek, sıkıfıkı olmak; beraberce içip eğlenmek.

ho.bo (ho'bo) *i.* (*çoğ.* **hobos** *veya* **hoboes**) gezici rençper; serseri kimse, aylak kimse, boş gezenin boş kalfası.

Hob.son's choice (hab'sınz) "ya bu ya hiç" şeklinde bir şık.

hock (hak) *i., f.* at gibi hayvanların içdizi; *f.* topal etmek (at).

hock (hak) *i.* Ren şarabı, beyaz Alman şarabı.

hock (hak) *i., f., A.B.D., k.dili* rehin; *f.* rehine koymak. **in hock** rehinde; *k.dili* hapiste; borçlu.

hock.ey (hak'i) *i.* hokey oyunu; hokey sopası.

hock.shop (hak'şap) *i.* rehinci dükkânı.

ho.cus (ho'kıs) *f.* aldatmak; sarhoş etmek, sersemletmek; içine uyuşturucu madde katmak (içki).

ho.cus-po.cus (ho'kıs.po'kıs) *i.* sihirbazın sözleri; göz boyayıcı hareketler, hokus pokus; hokkabazlık, hile.

hod (had) *i.* sırtta tuğla veya harç taşımaya mahsus uzun saplı bir çeşit tekne; sobanın yanında bulundurulan kömür kovası.

hod.den (had'ın) *i.* şayak, aba, kalın yünlü kumaş.

hodge.podge, hotch.potch (hac'pac, haç'paç) *i.* karmakarışık şey; türlü yemeği.

hoe (ho) *i., f.* çapa, bahçıvan çapası; *f.* çapalamak, çapa kullanmak.

hoe-down (ho'daun) *i., A.B.D., k.dili* halk oyunları gecesi, folklor programı; halk müziği.

hog (hôg, hag) *i.* büyük domuz, ehlileştirilmiş domuz; *k.dili* obur ve pis kimse, açgözlü kimse. **hog wild** *A.B.D., argo* çılgın. **go the whole hog** bir işi tam yapmak. **low on the hog** hesaplı olarak, fazla masraf yapmadan. **road hog** arabasıyle lüzumundan fazla yer işgal eden dikkatsiz şöför.

hog (hôg, hag) *f.* (**-ged, -ging**) *argo* açgözlülükle kapmak; domuz sırtı gibi kavisli yapmak; atın yelesini kırkmak; *den.* kamburlaşmak (gemi omurgası.)

hog.back (hôg'bäk, hag'-) *i., jeol.* domuz sırtı tepe.

hog.fish (hôg'fiş, hag'-) *i.* baş kısmı domuza benzeyen bir balık.

hog.gish (hôg'iş, hag'-) *s.* domuz gibi; açgözlü, arsız. **hoggishly** *z.* arsızca. **hoggishness** *i.* arsızlık, açgözlülük; pis oluş.

hogs.head (hôgz'hed) *i.* büyük fıçı; 238 litrelik oylum ölçü birimi.

hog-tie (hôg'tay) *f.* (**-tied, -tying** *veya* **-tieing**) el ve ayakları beraber bağlamak; *k.dili* (bir kimseyi) aciz bir durumda bırakmak.

hog.wash (hôg'wôş) *i.* domuzlara yedirilecek mutfak artıkları; değersiz şey; *slang* atmasyon.

hoick (hoyk) *f., k.dili* aniden manevra yapmak (uçak).

hoi pol.loi (hoy'pıloy') avam, ayaktakımı.

hoist (hoyst) *f.* (**-ed,** *eski* **hoist**) *i.* yukarı kaldırmak, yukarı çıkarmak, yükseltmek; *i.* bir sancağın yüksekliği; ağır yük asansörü. **be hoist with** *veya* **by one's own petard** kendi kazdığı çukura düşmek, kendi kuyusunu kazmak, kendi planının kurbanı olmak.

hoi.ty-toi.ty (hoy'ti.toy'ti) *s., ünlem* düşüncesiz; kibirli, kendini beğenmiş; *ünlem* Maşallah! (hoşnutsuzlukla karışık hayret ünlemi).

ho.key-po.key (ho'kipo'ki) *i., bak.* **hocus-pocus**; sokakta satılan dondurma.

ho.kum (ho'kım) *i., A.B.D., argo* seyircinin ilgisini çekmek için baş vurulan oyunlar; saçmalık.

hold (hold) *f.* **(held)** *i.* tutmak; bırakmamak, zapt etmek; içine almak, istiap etmek; alıkoymak, salıvermemek, durdurmak; sahip olmak, malik olmak, elinde tutmak; devam ettirmek; inanmak, kabul ve tasdik etmek; devam etmek, iltizam etmek; mecbur etmek; yapışmak; dayanmak, sabit olmak; sadık olmak; değişmemek; devam etmek, arkası kesilmemek, ilerlemek; doğru kalmak; durmak; *i.* tutma, tutuş; tutacak şey veya yer, tutamak; sığınacak yer, destek, dayanak noktası, istinatgâh; hapishane; nüfuz, hüküm; *müz.* uzatma işareti. **hold a thing over one** bir şey ile durmadan tehdit etmek. **hold aloof** uzak durmak, yaklaşmamak, ilişki kurmamak. **hold at bay** arada mesafe bırakmak, yaklaştırmamak. **hold back** zapt etmek; kendini tutmak, çekinmek. **hold by** *k.dili* tutmak, inanmak. **hold down** *k.dili* yürütmek (bir işi); tutunmak, koyvermemek, elden çıkarmamak. **hold forth** nutuk söylemek, uzun uzadıya açıklamak. **hold good** geçerli olmak; değerini korumak. **hold in** tutmak, zapt etmek; kendini tutmak. **hold in esteem** saymak, saygı göstermek, hürmet etmek. **hold off** uzakta tutmak, araya mesafe koymak; gecikmek. **hold on** devam etmek, süregelmek; tutup düşürmemek. **Hold on!** *k.dili* Dur! Bekle! **hold one's ground** durumunu muhafaza etmek, yerini korumak. **hold one's head high** eğilmemek, başını dik tutmak, mağlup olmamak; yüzü olmak. **hold one's own** geri gitmemek, ayak diremek, mevkiini muhafaza etmek. **hold one's peace** *veya* **tongue** dilini tutmak, konuşmamak. **hold out** dayanmak; ileri sürmek; tahammül etmek; yetmek; ayak diremek. **hold out on one** birinden gizlemek. **hold over** ertelemek, tehir etmek; belirli bir süreden fazla devam etmek; tehdit etmek. **hold together** bir arada tutmak; ayrılmamak; hakikate uygun görünmek, tutarlı olmak (ifade). **hold up** tutmak, yardımda bulunmak, korumak; arzetmek, göstermek, teşhir etmek; durdurmak, engel olmak; yolunu kesip soymak. **hold water** su kaldırmak; *k.dili* geçerli olmak, makul olmak. **hold with** aynı fikirde

olmak, (bir kimseyi) tasdik etmek. **Hold your horses!** *k.dili* Dur, bekle!

hold (hold) *i.* gemi ambarı; geminin iç tarafı.

hold.back (hold'bäk) *i.* engel, mânia.

hold.er (hol'dır) *i.* tutan şey; kulp, tutamak, tutamaç; *huk.* hamil, sahip; kiracı.

hold.fast (hold'fäst) *i.* tutma aleti.

hold.ing (hol'ding) *i., s.* tutma; kira ile tutulmuş arazi; *spor* engelleme; *gen. çoğ.* mal, mülk ve tahvil gibi eldeki değerler, edinç; *s.* tutan, elinde bulunduran. **holding company** holding şirketi. **holding pattern** *hav.* havaalanına inmeye izin beklerken uçağın izlediği uçuş yolu.

hold.o.ver (hold'ovır) *i., k.dili* süresi uzatılmış herhangi bir şey veya kimse.

hold.up (hold'∧p) *i.* durdurma; gecikme; engel; yolunu kesip soyma, tabanca tehdidiyle soyma; yolun kapanması; *k.dili* müşteriden fazla para isteme.

hole (hol) *i., f.* delik; boşluk; çukur; mağara, in; in gibi yer; hücre; karanlık ve pis yer; kusur; *k.dili* güç durum, zorluk; *f.* delik açmak; iki maden damarını birleştirmek için dehliz açmak. **hole out** golfta topu deliğe düşürmek. **hole up** saklanmak; dünyadan çekilmek. **a swimming hole** çay veya ırmakta yüzmeye elverişli yer. **The money is burning a hole in my pocket.** Para batıyor bana. Harcamak istiyorum. **crawl into one's hole** köşesine çekilmek; utanmak. **in a hole** müşkül mevkide, güç durumda. **in the hole** *k.dili* borçlu; para kaybetmiş durumda. **make a hole in** büyük bir kısmını sarfetmek. **pick holes in** kusur bulmak, ince eleyip sık dokumak. **square peg in a round hole** mevkiine uygun olmayan kimse. **holey** *s.* delikli.

hol.i.day (hal'ıdey) *i.* tatil; bayram veya yortu günü. **holiday clothes** bayramlık elbise. **legal holiday** resmî tatil günü. **Roman holiday** katılanların zararına olan eğlence.

ho.li.er-than-thou (ho'liyırdhındhau') *s., k.dili* tepeden bakan, kibirli.

ho.li.ness (ho'linîs) *i.* kutsiyet. **His All Holiness, His Holiness** Mukaddes Peder (Papaya verilen unvan), Papa Cenapları.

Hol.land (hal'ınd) *i.* Hollanda, Felemenk. **Hollander** *i.* Hollandalı, Felemenkli.

Hol.lands (hal'ındz) *i.* bir nevi cin (içki).

hol.ler (hal'ır) *f., i., A.B.D., k.dili* bağırmak, haykırmak, çağırmak; *i.* bağırış, haykırış.

hol.low (hal'o) *s.* içi boş, oyuk; çukur, derin, çökük; yankı yapan, boşluktan gelen (ses); yalan, sahte, aldatıcı, riyakâr; aç. **hollow pretense** gösteriş, samimiyetsizlik. **hollow victory** bir şeye yaramayan zafer, boş başarı. **beat him hollow** mahvetmek, tam bir yenilgiye uğratmak. **hollowly** *z.* boş bir şekilde; sahtelikle. **hollowness** *i.* boşluk, oyuk veya çukur oluş; sahtelik, aldatıcılık.

hol.low (hal'o) *i., f.* oyuk yer, çukur; dere; *f.* oymak, içini oymak, çukur açmak; oyulmak.

hol.low-eyed (hal'owayd) *s.* gözleri çukura kaçmış.

hol.low-heart.ed (hal'ohartîd) *s.* vefasız, riyakâr, güvenilmez.

hol.low.ware (hal'ower) *i.* özellikle gümüş kap veya kâse.

hol.ly (hal'i) *i.* çobanpüskülü, *bot.* Ilex aquifolium.

hol.ly.hock (hal'ihak) *i.* gülhatmi, *bot.* Althaea rosea.

Hol.ly.wood (hal'iwûd) *i.* Hollywood.

holm (hom) *i.* nehir veya göl ortasındaki adacık; *İng.* nehir kenarında bulunan düz çayır.

holm *i.*, holm oak (hom) pırnal, *bot.* Quercus ilex.

holo- *önek* tüm, bütün.

hol.o.caust (hal'ıkôst) *i.* özellikle yangın yüzünden birçok kimse ve şeyin mahvolması; ateşte yakılan kurban. **the Holocaust** Nazilerin yaptıkları Musevî Katliamı.

hol.o.gram (hal'ıgräm) *i.* biri etkilenmiş ve diğeri tabiî olan iki laser ışınının çarpıştırılması sonucu meydana gelen ve üç boyutlu resim verebilen negatif.

hol.o.graph (hal'ıgräf) *s., i.* tamamı imza sahibinin eliyle yazılmış (belge).

hol.o.graph.ic theory (hal'ıgräf'îk) sinir iletilerinin beynin bütünü tarafından algılandığı kuramı.

hol.o.thu.ri.an (halıthûr'iyın) *i.* denizhıyarı.

holp, holp.en (holp, hol'pın) *f., eski* helped.

hol.ster (hol'stır) *i.* meşin tabancalık.

ho.ly (ho'li) *s.* kutsal, mukaddes, kutsî, mübarek. **Holy Father** Papa. **Holy Ghost, Holy Spirit** Ruhulkudüs. **Holy Grail** *bak.* **Grail. Holy Land** Mukaddes Diyar, Filistin. **holy of holies** Musevî tapınağının en iç kısmı; kutsal olan herhangi bir yer. **Holy Office** Katolik kilisesine ait resmî bir daire, eskiden Engizisyon. **holy orders** takdis merasimi; rahiplik mertebesi. **Holy Roman Empire** Kutsal Roma İmparatorluğu. **Holy Scripture** Kitabı Mukaddes. **holy terror** *argo* korkunç kimse, dehşet saçan sert kimse. **holy water** Katolik ve Ortodoks kiliselerinde bulunan takdis olunmuş su. **Holy Week** paskalyadan evvelki hafta. **Holy Writ** Kitabı Mukaddes. **take holy orders** papaz olmak için kilisece takdis edilmek. **holy of holies** en kutsal yer.

ho.ly.day *i.*, holy day (ho'lidey) yortu.

ho.ly.stone (ho'liston) *i., f.* Malta taşı, bir çeşit yumuşak kumtaşı; *f.* bu taşla temizlemek (gemi güvertesi).

hom.age (ham'îc, am'-) *i.* biat, hükümdara karşı sadakat yemini etme; tazim, hürmet, riayet. **homager** *i.* biat eden kimse.

hom.bre (am'brey) *i., A.B.D., argo* adam.

home (hom) *f.* bir hedefe doğru gitmek; bir hedefe doğru rota tayin etmek (roket, bomba, mermi); yerleştirmek, iskân etmek.

home (hom) *i., s., z.* ev, aile ocağı, yuva, mesken; vatan, yurt, memleket; bulunulan yer; melce, sığınak; bazı oyunlarda hedef; *s.* eve ait, eve mahsus; *İng.* içişlerine ait; yüreğe işleyen, derin; oyunlarda hedefe ait; *z.* eve doğru; evde; işin iç yüzüne veya insanın vicdanına dokunarak, tam yerine. **home base** *beysbol* ev kalesi; *den.* anayurt üssü; merkez. **home consumption** dahilî istihlâk; yurt içinde tüketilen maddeler. **home economics** ev bilgisi, ev bilgisi öğretimi. **home office** idare merkezi; *b.h., İng.* İçişleri Bakanlığı. **home port** demirleme limanı. **home room** (talebelerin sınıftan sınıfa dolaştıkları okullarda) esas dershane; bu sınıftaki öğrenciler. **home rule** muhtariyet, özerklik, bir eyaletin bağımsız olarak idare edilmesi. **Home Secretary** *İng.* İçişleri Bakanı. **home trade** *İng.* iç ticaret. **at home** evde, kendi evinde; memleketinde; alışkın; kabul günü. **come home to** çok etkilemek; farkına varmak. **feel at home** kendini rahat hissetmek, yadırgamamak. **Make yourself at home.** Kendi evinizde imiş gibi hareket edin; rahatınıza bakın.

home.bod.y (hom'badi) *i.* evde oturmayı tercih eden kimse.

home.bound (hom'baund) *s.* eve doğru giden; vatana dönmekte olan, kendi limanına doğru seyreden (gemi).

home.bred (hom'bred) *s.* yerli, evde yetiştirilmiş, evde büyümüş, ehli; kaba, yontulmamış.

home-brew (hom'bru) *i.* evde yapılan içki.

home.com.ing (hom'kʌming) *i.* eve veya memlekete dönüş; mezunlar günü.

home-folks (hom'foks) *i.* yakın akrabalar.

home.land (hom'länd) *i.* ana vatan, yurt, memleket.

home.less (hom'lis) *s.* evsiz barksız.

home.like (hom'layk) *s.* ev gibi, rahat, cana yakın.

home.ly (hom'li) *s.* eve yakışır; basit, sade, süssüz, gösterişsiz; *A.B.D.* kaba saba, çirkin. homeliness *i., İng.* basitlik, sadelik, gösterişsizlik.

home.made (hom'meyd') *s.* evde yapılmış, dışarıdan alınmamış.

home.mak.er (hom'meykır) *i.* ev kadını.

ho.me.o.path, ho.moe.o.path (ho'miyıpäth) *i., tıb.* hastalığı benzeri ile tedavi eden doktor. homeopath'ic *s.* benzeri ile tedavi olunan hastalığa ait. homeop'athist *i.* hastalığı benzeri ile tedavi usulüne inanan kimse veya bu usul ile tedavi eden doktor. hcmeop'athy *i.* bu şekilde tedavi usulü veya kuramı.

hom.er (ho'mır) *i.* yuvasına dönen güvercin; *beysbol* tam kale koşusu.

Ho.mer (ho'mır) *i.* eski Yunan şairi Homer (Omiros).

Ho.mer.ic, -i.cal (homer'ik, -ikıl) *s.* ́ Homer ve şiirlerine ait. Homeric laughter kahkaha.

home.sick (hom'sik) *s.* vatan veya ev hasreti çeken. homesickness *i.* sıla hastalığı.

home.spun (hom'spʌn) *s., i.* evde dokunmuş; saf, temiz kalpli; *i.* evde dokunmuş kumaş.

home.stead (hom'sted) *i.* ev ve müştemilâtı, malikâne; çiftlik ve müştemilâtı.

home.stretch (hom'streç) *i.* yarışta hedefe yakın olan düzlük yer; bir yolun son kısmı.

home.ward (hom'wırd) *s., z.* eve doğru olan, eve doğru giden; *z.* eve doğru, vatana doğru. homeward bound evine veya memleketine dönmekte olan.

home.work (hom'wırk) *i.* ödev, evde hazırlanacak ders.

home.y (ho'mi) *s.* ev gibi, rahat.

hom.i.cide (ham'ısayd) *i.* adam öldürme, katil; adam öldüren kimse, katil. homicid'al *s.* adam öldürme kabilinden.

hom.i.let.ic (hamilet'ik) *s.* vaızlara veya vaız hazırlanmasına ait. homiletics *i.* vaız verme sanatı veya ilmi.

hom.i.ly'(ham'ıli) *i.* vaız veya hitabe; sıkıcı veya yorucu nasihat. homilist *i.* vaız veren kimse, nasihat eden vaiz.

hom.ing pigeon (ho'ming) posta güvercini.

hom.i.noid (ham'ınoyd) *s.* insan gibi, insansı.

hom.i.ny (ham'ıni) *i.* mısır lapası.

Ho.mo (çoğ. Hom.i.nes) (ho'mo, ham'ıniz) *i., zool.* insan familyası. Homo sapiens insan. homo faber *antrop.* ilk defa alet kullanmaya başlayan insan. homo ludens insanoğlunun hayattan zevk alabilme yönü.

homo- *önek* benzer, gibi, tıpkı.

ho.mo.cen.tric (homısen'trik) *s.* merkezleri bir olan.

ho.mog.a.mous (homag'ımıs) *s., bot.* erkek ve dişi organları aynı zamanda olgunlaşan.

ho.mog.a.my (homag'ımi) *i., bot.* erkek ve dişi organların aynı zamanda olgunlaşması; *biyol.* benzerlerin çiftleşmesi.

ho.mo.ge.ne.ous (homıci'niyıs) *s.* aynı cinsten olan, cinsteş, mütecanis, tek türlü, türdeş.

ho.mog.en.ize (hımac'ınayz) *f.* mütecanis hale getirmek; homojenize etmek; dövüp kıvamına getirmek. homogeniza'tion *i.* mütecanis hale getirme. homogenizer *i.* mütecanis hale getiren şey.

ho.mog.e.ny (hımac'ıni) *i., biyol.* aynı soydan gelme sonucunda görülen yapı benzerliği. homogenous *s.* yapı itibarıyle birbirine benzeyen.

ho.mol.o.gous (homal'ıgıs) *s.* birbirine benzer veya birbirine eşit. homolog'ical *s.* birbirine eşit, müsavi; birbirine benzer, benzeş, müşabih. homology *i.* benzeşim, benzeyiş; eşitlik.

hom.o.logue (ham'ılôg) *i.* yapı, değer veya durum itibarıyle aynı olan, homolog.

hom.o.nym (ham'ınim, ho'mı-) *i.* eşsesli, anlamları ayrı olmakla beraber telaffuzları bir olan kelimelerden her biri; adaş. homonym'ic, homon'ymous *s.* telaffuzları bir olan. homon'ymy *i.* telaffuzları bir olma.

ho.mo.phile (ho'mofayl) *s., i.* homoseksüel (erkek).

hom.o.phone (ham'ıfon) *i.* eşsesli.

ho.mo.sex.u.al (homısek'şuwıl) *i., s.* cinsel sapık; *s.* cinsel sapıklıkla ilgili, homoseksüel. homesexual'ity *i.* homoseksüellik.

Hon. *kıs* Honorable; *k.h.* honorably, honorary.

Hon.du.ras (handûr'ıs) *i.* Honduras.

hone (hon) *i., f.* ince bileği taşı; ustura bilemeye mahsus taş; *f.* bilemek.

hon.est (an'ist) *s.* dürüst, hilesiz, doğru sözlü, açık kalpli; namuslu; güvenilir. turn an honest penny namusuyla para kazanmak. honestly *z.* sahiden, gerçekten; dürüstlükle, hilesizce.

hon.es.ty (an'isti) *i.* doğruluk, dürüstlük, namusluluk, iffet, namus; *bot.* gözlükotu. Honesty is the best policy. Dürüstlük en iyi yoldur. Doğru yoldan şaşmamalı.

hon.ey (hʌn'i) *i., f.* bal; tatlı şey, tatlılık; sevgili; canım; *f.* bal ilâve ederek tatlılaştırmak; tatlı dil kullanmak. honey bread *bot.* keçiboynuzu. honeyed *s.* tatlı, yumuşak (dil).

hon.ey.bee (hʌn'ibi) *i.* bal arısı, *zool.* Apis mellifera.

hon.ey.comb (hʌn'ikom) *i., s., f.* bal peteği; *s.* peteğimsi; *f.* petek şekline koymak, delikler açmak.

hon.ey.dew (hʌn'idu) *i.* bazı bitkilerin yapraklarında bulunan tatlı özsu; bazı ufak böceklerin salgısı olan tatlı sıvı; pekmezle ıslatılan bir çeşit tütün; bal gibi tatlı olan herhangi bir şey. honeydew melon kavun, şamama.

hon.ey.moon (hʌn'imun) *i.* balayı.

hon.ey.suck.le (hʌn'isʌkıl) *i.* hanımeli, *bot.* Lonicera caprifolium.

hon.ey-sweet (hʌn'iswit') *s.* bal gibi tatlı.

hon.ey.wort (hʌn'iwırt) *i.* arıçiçeği, *bot.* Cerinthe retorta; tüylü yoğurtotu, *bot.* Galium cruciatum.

hong (hông) *i.* Çin'de fabrika veya imalâthane.

Hong Kong (hông' kông') Hong Kong.

honk (hôngk) *i., f.* yabanî kaz sesi; klakson sesi; *f.* kaz sesi çıkarmak; klakson çalmak.

hon.kie, hon.ky (hông'ki) *i., aşağ.* beyaz kimse.

hon.ky-tonk (hông'kitôngk) *i., A.B.D., argo* gürültülü ve pis bir taverna.

hon.or, *İng.* -our (an'ır) *i.* onur, şeref, itibar, saygıdeğerlik; şöhret, nam, ün; şeref kaynağı, yüz akı; imtiyaz, ayrıcalık; namus, iffet; yargıçlara verilen unvan; derslerinde üstün başarı gösteren üniversite veya kolej öğrencilerine verilen şeref payesi; iskambil oyunlarında en yüksek dört veya beş koz. honor system bazı okullarda kişilere güvenerek onların gözetim altında olmadan kurallara uyup ödevlerini yerine getirmelerini sağlayan yönetim sistemi; dükkânda müşterinin hesabını kasaya para atarak kendi kendine ödeme usulü. honors of war şartlı teslim olan düşmana tanınan hak. bound in honor namus borcu saymakta. code of honor ahlâk kuralları. do honor to şereflendirmek, şeref kazandırmak, hürmet göstermek. do the honors hürmet göstermek; misafir ağırlamak, ikram etmek. He is an honor to his profession. Mesleğine şeref kazandırır. in honor of şerefine. last honors cenaze merasiminde ölüye karşı gösterilen hürmet. maid of honor nedime. May I have the honor? Şerefine nail olabilir miyim? upon my honor şerefim üzerine; namusum üzerine. word of honor şeref sözü. Your Honor, His Honor yargıç veya belediye başkanına hitap şekli.

hon.or, *İng.* -our (an'ır) *f.* şeref vermek, hürmet etmek, saygı göstermek; kabul edip karşılığını ödemek (bono, çek). honor a debt borcunu ödemek.

hon.or.a.ble (an'ırıbıl) *s.* şerefli, itibarlı, namuslu; muhterem; sayın; şeref verici; asaletli (yüksek rütbe sahiplerine denir). honorable mention mansiyon, teselli mükâfatı. Right Honourable İngiltere'de bir asalet unvanı. honorableness *i.* şeref, itibar. honorably *z.* şerefle.

hon.o.rar.i.um (anırer'iyım) *i.* ücret, serbest meslek sahibine hizmet karşılığında verilen para.

hon.or.ar.y (an'ıreri) *s.* fahrî, ücretsiz; şerefe ait. honorary degree şeref payesi. honorary office fahrî görev.

hon.or.if.ic (anırif'ik) *s., i.* ululama ile ilgili; *i.* tazim tabiri, şeref payesi.

hon.our *bak.* honor.

hooch (huç) *i., A.B.D., eski, argo* içki.

hood (hûd) *i., f.* kukulete, başlık; kukuleteye benzeyen herhangi bir şey; *A.B.D., oto.* motor kapağı; şahinin başına geçirilen göz bağı; üniversitelerde rütbe göstermek için profesörlerin cüppelerine takılan başlık şeklindeki parça; *A.B.D., argo* hayta; *f.* kukulete giydirmek, örtmek; gözünü bağlamak. **hooded** *s.* başlıklı. **hooded crow** leş kargası, *zool.* Corvus cornix.

-hood *sonek* durum, nitelik veya örnek belirtir: **hardihood** *i.* dayanıklılık, yiğitlik. **knighthood** *i.* şövalyelik.

hood.lum (hud'lım) *i.* sokak serserisi, kabadayı.

hoo.doo (hu'du) *i., f.* büyü; *k.dili* uğursuz kimse veya şey; *f., k.dili* uğursuzluk getirmek.

hood.wink (hûd'wîngk) *f.* gözlerini bağlamak; aldatmak, göz boyamak.

hoo.ey (hu'wi) *i., ünlem, A.B.D., argo* saçma şey, zırva; saçmalık; *ünlem* Saçma!

hoof (hûf, huf) *i.* (*çoğ.* **hoofs, hooves**) *f.* toynak; toynaklı hayvan ayağı; toynaklı hayvan; *f.* tekmelemek, tepmek, çifte atmak; *gen.* it *ile, k.dili* yaya gitmek, taban tepmek; dans etmek. **on the hoof** ayakta, sağ, kesilmemiş (hayvan).

hoof.beat (hûf'bit) *i.* toynak patırtısı.

hoof.bound (hûf'baund) *s., bayt.* tırnağı sıkışmış, sakat tırnaklı.

hoof.print (hûf'prînt) *i.* toynak izi.

hook (hûk) *i.* kanca, çengel; kopça; orak; çengel gibi kıvrılmış şey; akarsuyun çengel şeklinde kıvrılan kısmı. **hook and eye** erkek ve dişi kopça. **hook-and-ladder company** itfaiye teşkilâtı. **hook, line and sinker** *k.dili* tamamen, olduğu gibi: **He swallowed my story hook, line and sinker.** Masalımı olduğu gibi yuttu. **by hook or by crook** herhangi bir vasıta ile, doğruluk veya hile ile. **off the hook** (sıkıntıdan, sorumluluktan) kurtulmuş, ferahlamış. **on my own hook** kendi başıma, kendi kendime.

hook (hûk) *f.* çengel ile yakalamak, tutmak, çekmek, bağlamak; ucu çengelli olta ile balık tutmak; çengel şekline sokmak, çengel şeklinde bükmek; tos vurmak; *argo* çalmak, aşırmak; kanca şeklini almak; takılmak, asılmak. **hook up** kancayla bağlamak; birleştirmek.

hook up with *argo* ile ilişki kurmak; ile evlenmek.

hook.ah, hook.a (hûk'ı) *i.* nargile.

hooked (hûkt) *s.* çengelli; çengel şeklinde; çalınmış; *argo* müptelâ, düşkün; *argo* evlenmiş, evli. **hooked rug** tığ ile örülmüş halı.

hook.er (hûk'ır) *i.* tek direkli balıkçı gemisi; eski veya hantal gemi; *argo* bir bardak sek viski; *argo* fahişe, orospu.

hook-nosed (hûk'nozd) *s.* gaga burunlu.

hook.up (hûk'ʌp) *i.* birkaç cihaz veya elektrik devresinin birbirine bağlanması; *k.dili* ilişki, bağlantı; birkaç radyo istasyonunu birleştirme.

hook.worm (hûk'wırm) *i.* ince bağırsaklarda bulunan ağzı kancalı bir çeşit solucan, kancalı kurt, *zool.* Ancylostoma. **hookworm disease** *tıb.* bu solucandan ileri gelen hastalık.

hook.y (hûk'i) *i., k.dili* mektep kaçağı. **play hooky** mektepten kaçmak, *slang* okulu asmak; kaçamak yapmak.

hoo.li.gan (hu'lıgın) *i., k.dili* sokak serserisi.

hoop (hup) *i., f.* çember, kasnak; çocukların oyuncak çemberi; eskiden kadınların eteklerinin içine geçirilen çember; çember şeklinde herhangi bir şey; *f.* çemberlemek, çemberle bağlamak. **hoop skirt** içine çember geçirilmiş etek.

hoop.la (hup'la) *i., A.B.D., argo* gürültü, heyecan.

hoo.poe (hu'pu) *i.* çavuşkuşu, ibibik, hüthüt, *zool.* Upupa epops.

hoose.gow (hus'gau) *i., A.B.D., argo* hapishane.

Hoo.sier (hu'jır) *i., s., A.B.D.* Indiana eyaleti yerlisi; *s.* Indiana ile ilgili.

hoot (hut) *f., i.* ötmek (baykuş), baykuş gibi ötmek; yuha çekmek; *i.* baykuş sesi; bağırma; yuhalama; *İng., argo* güldürücü şey. **hoot owl** baykuş. **not worth a hoot** *k.dili* beş para etmez. **hooter** *i.* fabrika düdüğü.

hootch (huç) *i., A.B.D., argo* İndonezya'da saz damlı ev; ev.

hoot.nan.ny, hoot.en.an.ny (hut'näni) *i.* halk şarkıları gösterisi; *k.dili* şey.

hoo.ver (hu'vır) *f., İng.* elektrikli süpürge ile temizlemek.

hooves *bak.* hoof.

hop (hap) *i., f.* (**-ped, -ping**) şerbetçiotu, *bot.*
Humulus lupulus; *f.* şerbetçiotu yetiştir-
mek veya toplamak.

hop (hap) *f.* (**-ped, -ping**) *i.* sıçramak, sek-
mek, seke seke yürümek; oynamak, zıpla-
mak, dans etmek; üzerinden atlamak; sıçrat-
mak, sektirmek; *k.dili* binmek; *i.* sıçrama,
zıplama, sekme; uçak seferi. **hop it** *İng.,*
argo gidivermek.

hope (hop) *i., f.* ümit, umut; *f.* ümit etmek, um-
mak, beklemek. **hopeless** *s.* ümitsiz; ümit
vermeyen. **hope chest** çeyiz sandığı. **hop-
ing against hope** ümidini kesmeyerek,
güvenini sarsmayarak. **in hopes** ümidi ile.
hope.ful (hop'fıl) *s.* ümitli, ümit verici. **hope-
fully** *z.* ümitle, ümit verici bir şekilde; *k.dili*
inşallah. **hopefulness** *i.* ümit verici durum.

hop.lite (hap'layt) *i.* eski Yunanistan'da ağır
zırhlı piyade askeri.

hop-o'-my-thumb (hap'ımaythʌm') *i.* cüce.

hop.per (hap'ır) *i.* sıçrayan kimse veya şey;
sekerek yürüyen kimse; pire gibi sıçrayan
böcek; silo, sarpın; gemi yüklemek veya bo-
şaltmak için kullanılan dibi açılır büyük kova.

hop.ple (hap'ıl) *bak.* **hobble.**

hop.sack.ing (hap'säking) *i.* bir cins çuval
bezi.

hop.scotch (hap'skaç) *i.* seksek oyunu.

ho.ral, ho.ra.ry (ho'rıl, ho'rıri) *s.* saatlere ait;
saatte bir olan; bir saatlık.

horde (hôrd) *i.* horda, göçebe aşiret; kalaba-
lık; güruh. **Golden Horde** Altınordu.

hore.hound, hoar.hound (hôr'haund) *i.* kö-
pekayası, kavkas, *bot.* Marrubium vulgare;
bu bitkiden çıkarılan öz veya bu öz ile yapı-
lan şeker.

ho.ri.zon (hıray'zın) *i.* ufuk, çevren; *mec.* fikir
ufukları; *astr.* ufuk dairesi. **apparent
horizon** görünen çevren.

hor.i.zon.tal (hôrızan'tıl) *s., i.* yatay, ufkî, ufka
paralel, ufka ait; *i.* yatay düzlem veya çizgi.
horizontally *z.* yatay bir şekilde, ufkî olarak.

hor.mone (hôr'mon) *i.* hormon.

horn (hôrn) *i.* boynuz; boynuz şeklindeki her-
hangi bir şey; *müz.* boru; eyer kaşı; klakson,
korna. **horn of plenty** bolluk, bolluk sem-
bolü. **horns of a dilemma** birinin
seçilmesi icap eden iki müşkül şık, *bak.* **di-
lemma. blow one's own horn** böbürlen-
mek. **draw in one's horns** korkup geri çe-

kilmek, geri durmak, *colloq.* yelkenleri suya
indirmek. **drinking horn** boynuzdan ya-
pılmış bardak. **French horn** *müz.* korno.
hunting horn av borusu. **take the bull
by the horns** cesaretle bir işe girişmek.

horn (hôrn) *f.* boynuz koymak, boynuz şekli
vermek; tos vurmak. **horn in** *argo* bir işe
burnunu sokmak.

horn.beam (hôrn'bim) *i.* gürgen, *bot.* Carpinus
betulus.

horn.bill (hôrn'bil) *i.* tropikal Asya ve Afrika'da
bulunan iri gagalı bir kuş, *zool.* Bucerotidae.

horn.blende (hôrn'blend) *i., min.* hornblent,
doğal alüminyum, kalsiyum, magnezyum
ve demir silikatından meydana gelen koyu
renkli bir amfibol çeşidi.

horn.book (hôrn'bûk) *i.* eskiden kullanılan
ince ve şeffaf boynuzla kaplı levha şeklinde
çocuk alfabesi.

horned (hôrnd) *s.* boynuzlu; uçları boynuz
gibi sivri olan. **horned owl** kulaklı orman
baykuşu. **horned pout** boynuzlu bir çe-
şit tatlı su balığı. **horned toad** üstü boynuz
gibi kemikli bir çeşit kertenkele. **horned vi-
per** boynuzlu ve çok zehirli bir cins engerek.

hor.net (hôr'nît) *i.* büyük eşekarısı, *zool.* Vespa
crabo. **stir up a hornet's nest** belâyı ara-
mak.

horn.pipe (hôrn'payp) *i.* Gal eyaletine özgü
klarnete benzer eski bir çalgı; eskiden gemi-
cilere özgü oynak bir dans; bu dansa ait ha-
valar.

horn.stone (hôrn'ston) *i.* çakmaktaşına ben-
zer bir taş.

horn.y (hôr'ni) *s.* boynuz gibi; boynuzdan veya
boynuza benzer bir maddeden yapılmış; boy-
nuzlu; *argo* şehvetli. **hornyhanded** *s.* elleri
nasırlanmış.

hor.o.loge (hôr'ıloc) *i.* vakti gösteren alet,
saat. **horol'oger** *i.* saatçi, usta saatçi. **horol'-
ogy** *i.* vakit ölçme ilmi; vakit ölçen aletler
yapma sanatı. **horolog'ical** *s.* bu sanata ait.

hor.o.scope (hôr'ıskop) *i.* zayiçe. **cast a
horoscope** zayiçesine bakmak.

ho.ros.co.py (hôras'kıpi) *i.* yıldızlara bakarak
kehanette bulunma sanatı.

hor.ren.dous (hôren'dıs) *s.* korkunç, müthiş,
dehşet verici. **horrendously** *z.* korkunç
bir şekilde, dehşet saçarak.

hor.ri.ble (hôr'ıbıl) s. müthiş, dehşetli, korkunç, iğrenç; *k.dili* aşırı. **horribleness** *i.* korkunçluk, dehşet. **horribly** *z.* korkunç bir şekilde, iğrenç olarak; *k.dili* müthiş bir şekilde; çirkin olarak; çok, pek çok.

hor.rid (hôr'îd) s. korkunç, iğrenç; *k.dili* kötü, çirkin, berbat. **horridly** *z.* korkunç bir şekilde. **horridness** *i.* iğrençlik, korkunçluk.

hor.ri.fy (hôr'ıfay) *f.* dehşet vermek, korkutmak. **horrif'ic** *s.* dehşetli, korkunç. **horrifica'tion** *i.* dehşete düşürme; dehşet verici şey.

hor.ror (hôr'ır) *i.* dehşet, yılgı, korku; nefret, tiksinme, istikrah; dehşetli veya korkunç şey. **the horrors** *k.dili* dehşet veya korku buhranı; çok içki içenlerde bazen görülen korku nöbeti.

hor.ror-struck, hor.ror-strick.en (hôr'ırstrʌk, hôr'ırstrîkın) *s.* korku veya dehşetten donakalmış.

hors de com.bat (ôr dı kônba') *Fr.* savaşamaz halde, savaş dışı.

hors d'oeuvre (ôr' dırv') *Fr.* ordövr, çerez, meze.

horse (hôrs) *i.* at, beygir; aygır; at familyasından hayvan; süvari birliği; kasa (jimnastik); *A.B.D., argo* öğrencilerin derslerde gizlice kullandıkları çeviri veya benzeri yardımcı şey; *A.B.D., argo* eroin. **horse bean** bakla. **horse chestnut** atkestanesi, *bot.* Aesculus hippocastanum. **horseless carriage** *eski* otomobil. **horse mackerel** istavrit; orkinos, tonbalığı. **horse opera** *A.B.D., argo* kovboy filmi, kızılderililer veya davar hırsızlarıyla ilgili film. **horse sense** *k.dili* sağduyu. **a horse of another color** tamamıyle farklı bir konu. **blood horse** saf kan at, soy at. **draft horse** yük beygiri. **gelded horse** iğdiş edilmiş at. **led horse** yedek beygir. **light horse** hafif süvari askeri. **near horse** arabanın sol beygiri. **off horse** arabanın sağ beygiri. **put the cart before the horse** tersine iş görmek; aksini düşünmek. **race horse** yarış atı. **ride a high horse** büyüklük taslamak. **straight from the horse's mouth** en yetkili ağızdan öğrenilmiş. **To horse!** Ata bin! **horsy** *s.* ata ait; at yarışlarıyle ilgili; *argo* iri, kaba saba görünüşlü, at gibi.

horse (hôrs) *f.* ata bindirmek; at tedarik etmek; kamçılamak; sırtına binmek; ata binmek; *A.B.D., argo* eşek şakası yapmak; oynamak.

horse.back (hôrs'bäk) *i., z.* at sırtı; *z.* at sırtında, ata binerek. **on horseback** ata binmiş, at üstünde, beygirle.

horse.block (hôrs'blak) *i.* binektaşı.

horse.break.er (hôrs'breykır) *i.* at terbiyecisi.

horse.car (hôrs'kar) *i.* atlı tramvay.

horse.cloth (hôrs'klôth) *i.* at çulu, haşa.

horse.col.lar (hôrs'kalır) *i.* hamut.

horse-deal.er (hôrs'dilır) *i.* at satıcısı, cambaz.

horse.feath.ers (hôrs'fedhırz) *i., argo* saçmalık.

horse.flesh (hôrs'fleş) *i.* at eti; at sınıfı.

horse.fly (hôrs'flay) *i.* atsineği.

horse.hair (hôrs'her) *i.* at kılı; at kılından dokunmuş kumaş.

horse.laugh (hôrs'läf) *i.* kaba kahkaha.

horse.leech (hôrs'liç) *i.* at kenesi, *zool.* Haemopsis sangui sorba.

horse.man (hôrs'mın) *i.* binici; süvari. **horsemanship** *i.* binicilik.

horse.play (hôrs'pley) *i.* eşek şakası; hoyratlık.

horse.pond (hôrs'pand) *i.* at sulama veya yıkama havuzu.

horse.pow.er (hôrs'pawır) *i., mak.* beygirgücü.

horse.rad.ish (hôrs'rädîş) *i.* yabanturpu, bayırturpu, yabanî lahana, acırga, karaturp, *bot.* Armoracia lapathifolia. **horseradish tree** banağacı, *bot.* Moringa.

horse.shoe (hôr'şu) *i.* at nalı; nal şeklinde şey; *çoğ.* nal ile oynanılan oyun.

horse.tail (hôrs'teyl) *i.* at kuyruğu; Osmanlılarda tuğ; kırkkilit, atkuyruğu, *bot.* Equisetum arvense.

horse.whip (hôrs'hwîp) *i., f.* kamçı, kırbaç; *f.* kamçılamak.

horse.wom.an (hôrs'wûmın) *i.* ata iyi binen kadın.

hort. *kıs.* horticulture.

hor.ta.tive, hor.ta.to.ry (hôr'tıtîv, -tôri) *s.* nasihat verici, nasihat yollu; teşvik edici, gayret verici, yüreklendirici.

hor.ti.cul.ture (hôr'tıkʌlçır) *i.* bahçıvanlık, bahçecilik, çiçekçilik. **horticul'tural** *s.* bahçıvanlığa ait. **horticul'turist** *i.* bahçecilik uzmanı.

ho.san.na (hozän'ı) *ünlem, i.* hamdolsun, Allaha şükür, osanna; *i.* şükretme.

hose (hoz) *i.* (*çoğ.* **hose**) çorap; eski zamanlarda dar ve kısa pantolon. **half hose** kısa çorap, şoset.

hose (hoz) *i.* (*çoğ.* **hoses**) *f.* hortum; tulumba hortumu; *f.* hortumla sulamak veya ıslatmak. **hose company** itfaiye teşkilâtı.

ho.sier (ho'jır) *i., İng.* çorapçı, çorap satıcısı. **hosiery** *i.* çoraplar; çorap fabrikası; dokuma, mensucat; mensucat fabrikası.

hos.pice (has'pîs) *i.* özellikle rahipler tarafından idare edilen misafirhane; darülaceze.

hos.pi.ta.ble (has'pîtıbıl, haspit'ıbıl) *s.* konuksever, misafirperver; açık fikirli, yeni fikirleri kabule hazır. **hospitably** *z.* misafirperverlikle.

hos.pi.tal (has'pîtıl) *i.* hastane; *eski* darülaceze.

hos.pi.tal.er (has'pîtılır) *i., İng.* bazı Londra hastanelerinde baş rahip.

hos.pi.tal.i.ty (haspıtäl'ıti) *i.* konukseverlik, misafirperverlik.

hos.pi.tal.ize (has'pîtılayz) *f.* hastaneye yatırmak. **hospitaliza'tion** *i.* hastaneye yatırma; *A.B.D.* hastane sigortası.

hos.po.dar (has'pıdar) *i.* Eflak ve Buğdan prensi, voyvoda.

host (host) *i., f.* evsahibi (erkek); mihmandar; otelci, hancı; bir asalağı besleyen hayvan veya bitki; *f.* ev sahibi olarak eğlendirmek.

host (host) *i.* kalabalık, çokluk; *eski* ordu.

host (host) *i.* bazı Hıristiyan kiliselerinde Aşayı Rabbani ayininde takdis edilen ekmek, okunmuş ekmek.

hos.tage (has'tîc) *i.* rehine, tutak.

hos.tel (has'tıl) *i.* bisiklet turuna çıkan veya yürüyerek seyahat eden gençlerin kaldıkları han; talebe yurdu.

hos.tel.ry (has'tılri) *i., eski* han, otel.

host.ess (hos'tîs) *i.* evsahibesi; garson kadın; konsomatris; hostes.

hos.tile (has'tıl, has'tayl) *s.* düşmana ait; düşmanca, düşmanlık gösteren, saldırgan. **hostilely** *z.* düşmanlıkla.

hos.til.i.ty (hastil'ıti) *i.* düşmanlık, husumet, *çoğ.* savaş, çarpışmalar.

hos.tler, ost.ler (has'lır, as'lır) *i.* seyis.

hot (hat) *s.* (-ter, -test) sıcak, kızgın; acı, yakıcı (biber v.b.); şiddetli, sert, hararetli; hiddetli; yüksek gerilimli akım taşıyan (tel); tehlikeli miktarda radyoaktivite ihtiva eden; yakın; yeni, taze (haber v.b.); polisçe aranmakta olan; kızışmış, şehvetli; *A.B.D., argo* çalınmış veya kaçak (mal); *müz., argo* heyecanla ve irticalen çalınan. **hot air** *argo* boş laf, martaval, atmasyon; abartma. **hot dog** *k.dili* sosis, sosisli sandviç. **hot line** direkt telefon hattı (özellikle devlet başkanları arasında); her zaman cevap veren imdat telefonu; dinleyicilerden gelen telefon konuşmalarını ihtiva eden radyo programı. **hot pants** çok kısa kadın şortu. **hot plate** portatif soba; sıcak yemek. **hot pot** *İng.* güveç. **hot rod** *A.B.D., argo* hızlı gidebilecek şekilde yenilenmiş otomobil. **hot seat** *A.B.D., argo* elektrikli sandalye; sıkıcı durum. **hot spring** kaplıca. **blow hot and cold** hem lehinde hem aleyhinde bulunmak. **get hot** ısınmak; kızmak, öfkelenmek. **get into hot water** başını belâya sokmak. **make it hot for one** bir kimseyi rahatsız etmek, sıkıştırmak. **sell like hot cakes** kapışılmak. **hotly** *z.* heyecanla, ateşli olarak.

hot.bed (hat'bed) *i.* limonluk gibi cam altında bulunan gübreli toprak; (fesat, kötülük, huzursuzluk) kaynağı veya yuvası.

hot-blood.ed (hat'blʌd'îd) *s.* hiddetli, kan beynine sıçramaya hazır.

hotch. pot, hotch.potch *bak.* **hodgepodge.**

ho.tel (hotel') *i.* otel.

hot.foot (hat'fût) *z., i., k.dili* aceleyle; *i.* birinin ayakkabı tabanı arasında kibrit yakarak yapılan eşek şakası.

hot.head (hat'hed) *i.* öfkeli kimse, çabuk kızan kimse.

hot.house (hat'haus) *i.* limonluk, ser.

hot.press (hat'pres') *i., f.* ısıyla işleyen cilâlama makinası; *f.* bu makina ile cilâlamak.

hot.spur (hat'spır) *i.* atılgan veya çabuk öfkelenen adam.

Hot.ten.tot (hat'ıntat) *i.* Hotanto; bu kabilenin dili; *mec.* kara cahil kimse.

hound (haund) *i., f.* tazı, av köpeği; *fig.* it; tavşan tazı oyununda tazı; müptelâ kimse, alışkın kimse, ... düşkünü; *f.* tazı ile ava gitmek; peşini bırakmamak, takip etmek, izlemek; kışkırtmak, tahrik etmek. **follow** *veya* **ride the hounds** at üstünde tazılarla avlanmak.

hound's-tongue (haundz'tʌng) *i.* köpekdili, *bot.* Cynoglossum.

hour (aur) *i.* saat; vakit, zaman; bir saatlik yol; *astr.* ekvatorda on beş derecelik mesafe.

hour circle *astr.* gök kutuplarından geçen büyük daire, saat dairesi. **hour hand** akrep (saat). **after hours** çalışma saatlerinden sonraki zaman. **an idle hour** boş vakit. **at the eleventh hour** geç vakitte, son dakikada. **eight-hour day** sekiz saatlik iş günü. **hero of the hour** günün kahramanı. **His hour has come.** Ceza veya mükâfat saati gelmiştir. **in an evil hour** uğursuz saatte. **keep good hours** vaktinde eve gelmek; erken yatmak. **long hours** uzun çalışma saatleri. **office hours** çalışma saatleri, mesai saatleri. **on the hour** tam vaktinde; saat başında. **sidereal hour** yıldız hareketiyle tayin olunan saat. **the question of the hour** günün meselesi. **the small hours** gece yarısından sonraki ilk saatler.

hour.glass (aur'gläs) *i.* kum saati.

hou.ri (hu'ri, haur'i) *i.* huri, cennet perisi.

hour.ly (aur'li) *z., s.* saatte bir; *s.* her saat başı vuku bulan.

house (haus) *i.* ev, mesken, hane; ev halkı, aile; *kil.* piskoposlar meclisi; tiyatro, tiyatro seyircileri; hükümet meclisi; *gen. b.h.* hanedan; ticarethane, müessese, cemaat; *astr.* göğün on iki kısmından biri, zodyak'ın bir burcu; santranç hanesi. **house agent** *İng.* ev simsarı, komisyoncu. **house arrest** evde göz hapsi. **house dog** ev köpeği. **housedress** *i.* ev kıyafeti. **house flag** geminin bağlı olduğu şirketin bayrağı. **house guest** gece yatısı misafiri. **house of cards** dayanıksız iş; kolay yıkılan şey. **House of Commons** *İng.* Avam Kamarası. **house of correction** ıslahevi. **house of detention** tutukevi, tevkifhane. **house of God** tapınak, kilise. **house of ill repute** genelev. **House of Lords** *İng.* Lordlar Kamarası. **house of refuge** düşkünler evi. **House of Representatives** *A.B.D.* Temsilciler Meclisi. **house party** birkaç gecelik ev partisi; bu partiye katılanlar. **house physician** revir doktoru. **house regulations** iç tüzük. **house surgeon** nöbetçi operatör. **bring down the house** çok alkışlanmak; herkesi güldürmek, gülmekten kırıp geçirmek. **country house** *İng.* şehir dışında malikâne. **disorderly house** genelev, umumhane. **keep house** ev idare etmek. **keep open house** her gelen misafiri ağırlamak, kapısı herkese açık olmak. **like a**

house afire şiddetle, kuvvetle. **on the house** bedava, masrafı patrona veya müesseseye ait olmak üzere. **People who live in glass houses should not throw stones.** Sırça köşkte oturan başkasına taş atmaz. **public house** *İng.* meyhane; içkili lokantası olan otel. **put one's house in order** işlerini düzene koymak. **shout from the housetops** etrafa yaymak. **town house** şehir evi, kışlık ev. **houseful** *i.* ev dolusu.

house (hauz) *f.* bir eve koymak, kendi evine almak; yerleştirmek; *den.* siper altına almak, aşağı indirmek; evde oturmak, barınmak.

house.boat (haus'bot) *i.* yüzen ev.

house.boy (haus'boy) *i.* uşak, erkek hizmetçi.

house.break.er (haus'breykır) *i.* ev soyan hırsız.

house.bro.ken (haus'brokın) *s.* dışarıda veya belirli bir yerde pislemeye alıştırılmış (köpek, kedi); halim selim, munis.

house-clean.ing (haus'klining) *i.* ev temizliği; *pol.* temizlik, ayıklama.

house.coat (haus'kot) *i.* uzun etekli entari, sabahlık.

house.fly (haus'flay) *i.* karasinek, *zool.* Musca domestica.

house.hold (haus'hold) *i., s.* ev halkı, aile; *s.* eve ait; evcil. **household word** her gün kullanılan kelime. **householder** *i.* aile reisi, evsahibi.

house.keep.er (haus'kipır) *i.* evde kâhya kadın, ev işlerine nezaret eden kadın.

house.leek (haus'lik) *i.* damkoruğu, kayakoruğu, *bot.* Sempervivum tectorum.

house.lights (haus'layts) *i.* tiyatro salonundaki ışıklar.

house.maid (haus'meyd) *i.* orta hizmetçisi. **housemaid's knee** *tıb.* dizkapağı iltihabı.

house.mas.ter (haus'mastır) *i., İng.* yatılı okulda bir binayı idare eden öğretmen.

house.moth.er (haus'mʌdhır) *i.* kız talebe yurdunda idare memuru kadın.

house.room (haus'rum) *i.* bir evde barınacak yer.

house.top (haus'tap) *i.* dam.

house.wares (haus'werz) *i.* özellikle mutfakta kullanılan ev eşyaları, kap kacak.

house.warm.ing (haus'wôrmîng) *i.* yeni eve taşınanlar tarafından dostlarına verilen ziyafet.

house.wife (haus'wayf) *i.* ev hanımı; *İng.* dikiş kutusu.

house.work (haus'wırk) *i.* ev işi.

hous.ing (hau'zîng) *i.* iskân; evler; barınacak yer; bir makinanın kısımlarını yerinde tutan çerçeve veya levha. **housing problem** mesken sorunu. **housing project** site.

hous.ing (hau'zîng) *i.* haşa, belleme.

hove (hov) *bak.* **heave.**

hov.el (hʌv'ıl, hav'ıl) *i.* açık ağıl; harap kulübe, mezbele, ahır gibi ev.

hov.er (hʌv'ır, hav'ır) *f., i.* fazla hareket etmeden üzerinde ve etrafında uçmak; etrafında dolaşıp durmak; tereddüt etmek, sallanıp durmak; havada durabilmek için hareket ettirmek (kanat); *i.* etrafında dolaşıp durma. **hoveringly** *z.* tereddüt ederek.

hov.er.craft, Hov.er.craft (hʌv'ırkräft) *i.* tazyikli hava üzerinde karada ve denizde gidebilen pervaneli bir taşıt.

how (hau) *z., i.* nasıl, ne, ne suretle, ne gibi, ne kadar, ne derecede, ne halde, ne maksatla; niçin; *i.* yapma tarzı. **How about it?** Ne dersiniz? **How are you?** Nasılsınız? **How do you do?** Nasılsınız? **How goes it? How is it going?** Ne var ne yok? Ne âlemdesiniz? İşler nasıl? **How now? How then?** *eski* Bu da ne demek? **How so?** Niçin? Nasıl olabilir? **a fine** *veya* **pretty how -do-you-do** sıkıntılı bir durum; yüz karası bir durum. **Show me the hows and the whys of it.** Bana işin sebeplerini anlatın.

how.be.it (haubi'yît) *z., eski* bununla beraber, mamafih.

how.dah (hau'dı) *i.* mahfe; fil veya deve sırtında taşınan tenteli taht.

how.dy (hau'di) *ünlem, A.B.D., k.dili* merhaba.

how.ev.er (hawev'ır) *z.* mamafih, bununla beraber, ama, fakat.

how.it.zer (haw'îtsır) *i., ask.* obüs, havan topu.

howl (haul) *f., i.* ulumak; inlemek, feryat etmek; kahkaha atmak; *i.* uluma; inleme, inilti, feryat. **howl down** yuhalayarak kürsüden indirmek, yuhalayarak susturmak. **howling dervish** Rufai dervişi. **howling monkey** Güney Amerika'ya mahsus uzun kuyruklu ve uluma sesi çıkaran bir cins maymun. **a howling success** büyük başarı. **a howling wilderness** çöl, ıssız çöl veya kırlar.

howl.er (hau'lır) *i.* havlayan hayvan, bağıran kimse veya hayvan; *argo* gülünç hata, budalaca yanlışlık.

how.so.ev.er (hausowev'ır) *z.* her ne derecede, her ne kadar, her nasıl olursa olsun.

hoy (hoy) *i.* direksiz veya tek direkli mavna veya duba.

hoy (hoy) *ünlem* Hey! (dikkat çekme ünlemi); Ho! (hayvanları uzaklaştırma ünlemi).

hoy.den, hoi.den (hoyd'ın) *i.* kaba ve arsız kız, erkek Fatma. **hoydenish** *s.* arsız kız tavırlı.

Hoyle (hoyl) *i.* bir salon oyunları ansiklopedisinin ismi. **according to Hoyle** kurallara uygun, doğru olarak.

H.P., HP, h.p. *kıs.* **high pressure, horsepower.**

H.Q. *kıs.* **Headquarters.**

H.R. *kıs.* **House of Representatives.**

hr. *kıs.* **hour.**

H.R.H. *kıs.* **Her (His) Royal Highness.**

hrs. *kıs.* **hours.**

H.S. *kıs.* **high school, Home Secretary, hydrofoil ship.**

ht. *kıs.* **heat, height.**

hub (hʌb) *i.* tekerlek poyrası, tekerlek göbeği; dünyanın merkezi. **the Hub** Boston şehrinin takma ismi.

hub.bard squash (hʌb'ırd) balkabağı.

hub.ble-bub.ble (hʌb'ıl.bʌb'ıl) *i.* nargile; karışıklık, gürültü.

hub.bub (hʌb'ʌb) *i.* gürültü.

hub.by (hʌb'i) *i., k.dili* koca.

hub.cap (hʌb'käp) *i., oto.* cant kapağı.

hu.bris (hyu'bris) *i.* kibir, gururlanma, kasılma.

huck.a.back (hʌk'ıbäk) *i.* havluluk bir çeşit kumaş.

huck.le (hʌk'ıl) *i., nad.* kalça, but; kalça gibi çıkıntılı şey.

huck.le.ber.ry (hʌk'ılberi) *i.* yaban mersini ve çay yemişine benzer Amerika'da yetişen bir cins ufak ve siyah meyva.

huck.le.bone (hʌk'ılbon) *i.* kalça kemiği; aşık kemiği.

huck.ster (hʌk'stır) *i., f.* seyyar satıcı; *A.B.D., argo* reklamcılıkla meşgul olan kimse; *f.* seyyar satıcılık yapmak; çekişe çekişe pazarlık etmek.

hud.dle (hʌd'ıl) *f., i.* bir araya sıkışmak; birbirine sokulup sarılmak ve çömelmek; acele ile karmakarışık tıkmak (eşya), acele ile bir araya toplamak; *i.* karışıklık, düzensiz ve karışık toplanma; Amerikan futbolunda oyun arasında oyuncuların baş başa verip konuşması; *A.B.D., k.dili* özel görüşme. **go into a huddle** baş başa verip konuşmak.

hue (hyu) *i.* renk tonu; renk. **hued** *s.* renkli.

hue (hyu) *i.* ünlem, nida, feryat. **hue and cry** "Tutun! Yakalayın!" diye sokaklarda halkın bağrışması.

huff (hʌf) *f., i.* kabadayılık göstermek; bir kimseye öfkelenmek; dama oyununda atlama fırsatını kaybettiğinden hasmının taşını yutmak; darılmak, küsmek, gücenmek; *i.* dargınlık, öfke; surat asma; dama oyununda ceza olarak hasmın taşını yutma. **huffish** *s.* öfkelenmiş, kızgın. **huffishly** *z.* öfkeyle, kızgınlıkla. **huffishness** *i.* öfke, kızgınlık. **huffy** *s.* kolay öfkelenir, parlamaya hazır; öfkeli.

hug (hʌg) *f.* (**-ged, -ging**) *i.* kucaklamak, sarılmak; bağrına basmak, sımsıkı tutmak; benimsemek, dört elle sarılmak (fikre); *i.* sarılma, kucaklama. **hug the land** *den.* kara yakınından gitmek. **hug the wind** *den.* rüzgâra karşı gitmek; orsa gitmek. **bear hug** çok sıkı kucaklama (ayı gibi).

huge (hyuc) *s.* çok iri, kocaman, cüsseli, muazzam. **hugely** *z.* muazzam bir şekilde. **hugeness** *i.* irilik, kocamanlık.

hug.ger.mug.ger (hʌg'ırmʌg'ır) *i., s., f.* düzensizlik; karışıklık; *eski* sır tutma, ağzı sıkı oluş, ketumiyet; *s.* karışık; gizli; *f.* gizli tutmak, sır saklamak; gizli görüşmelerde bulunmak, gizlice hareket etmek.

hug-me-tight (hʌg'mitayt) *i.* yelek.

Hu.gue.not (hyu'gınat) *i.* Fransız Protestan (16. ve 17. yüzyıllarda).

huh (hʌ) *ünlem* Nasıl? Hay Allah!

hu.la (hu'lı) *i.* Hawaii'de kol hareketleriyle yapılan ve bir anlam taşıyan dans.

hulk (hʌlk) *i., f.* kullanılmaz hale gelmiş gemi teknesi, hurda gemi; çok büyük ve kaba gemi; iri ve hantal kimse veya şey; *f.* up *ile* hantal bir şekilde doğrulmak. **hulky, hulking** *s.* iri ve yakışıksız, hantal.

hull (hʌl) *i., f.* fındık v.b.'nin dış kabuğu, zarf; *bot.* çanak; *f.* kabuğunu veya çanağını çıkarmak.

hull (hʌl) *i., f.* geminin tekne kısmı, kuru tekne; *f.* geminin teknesine gülle isabet ettirmek.

hull down *den.* yalnız direk ve yelkenleri görünecek kadar uzakta. **hull up** *den.* teknesi görünecek kadar yakın.

hul.la.ba.loo (hʌlıbılu') *i.* gürültü, velvele, yaygara.

hul.lo (hılo') *bak.* **halloo.**

hum (hʌm) *ünlem, i., f.* (**-med, -ming**) Ya, öyle mi? Acayip! Hım! (tereddüt belirten ünlem, "bir düşüneyim" anlamındaki ses); *i.* bu tür bir ünlem; *f.* tereddüt ve hoşnutsuzluk ünlemi çıkarmak. *Bak.* **hem.**

hum (hʌm) *f.* (**-med, -ming**) *i.* ağzını açmadan 'm' sesi çıkarmak; arı gibi vızıldamak; dudaklar kapalı olarak şarkı söylemek; mırıldanmak; *k.dili* faaliyette olmak; harıl harıl çalışmak, *fig.* kolları sıvamak; mırıltı ile söylemek (şarkı); *i.* vızıltı, mırıltı; makina gürültüsü; kalabalığın uğultusu. **The office was humming.** Büroda herkes arı gibi çalışıyordu.

hu.man (hyu'mın) *s., i.* insana ait, insanî, beşerî, beşeriyete ait; *i.* insan. **human affairs** toplumsal olaylar. **human being** insan, insanoğlu. **human equation** hesaba katılması gereken insanca hata veya güçsüzlük etkeni. **human nature** insan tabiatı, insan hali. **human race** insan ırkı. **human rights** insan hakları. **human sacrifice** kurban edilen insan; insan kurban etme. **humanly** *z.* insanca; insanın güç veya yeteneği dahilinde.

hu.mane (hyumeyn') *s.* insancı, merhametli, müşfik, insaniyetli; yükseltici, uygarlaştırıcı. **humane letters, humane studies** beşerî ilimler, konusu insan olan bilimler. **humane society** insan veya hayvanları himaye eden kurum. **humanely** *z.* insanca, merhametle, şefkatle. **humaneness** *i.* insanlık, şefkat, merhamet.

hu.man.ism (hyu'mınîzım) *i.* insanlık çıkarlarına bağlılık; ilâhiyat ve metafiziğe önem vermeyen bir felsefe sistemi; edebi talim ve terbiye; *b.h.* hümanizma.

hu.man.i.tar.i.an (hyumänîter'iyın) *s., i.* insaniyetperver, hayır seven, insancı, insani; *i.* yardımsever kimse. **humanitarianism** *i.* hayırseverlik.

hu.man.i.ty (hyumän'ıti) *i.* insan, beşer; insanlık, beşeriyet, beniâdem; insaniyetperverlik, merhamet, şefkat. **the humanities**

klasik Yunan ve Latin edebiyatları üzerinde çalışma; konusu insan olan ilimler, hümaniter bilimler.

hu.man.ize (hyu'mınayz) *f.* insanlaştırmak; insanîleştirmek; insanlaşmak, insanîleşmek.

hu.man.kind (hyu'mınkaynd) *i.* insanoğlu; beşeriyet, beniâdem.

hum.ble (hʌm'bıl) *s., f.* alçak gönüllü, mütevazı; hakir, âciz; saygılı, hürmetkâr; *f.* kibrini kırmak, *colloq.* burnunu sürtmek, karşısında eğilmeye mecbur tutmak. **humble apology** alçak gönüllülükle özür dileme. **humble dwelling** mütevazı ev. **eat humble pie** kibri kırılmak, övüngenlikten vaz geçip boyun eğmek; kabahatini itiraf edip af dilemek, *colloq.* tükürdüğünü yalamak. **your humble servant** âciz kulunuz. **humbly** *z.* alçak gönüllülükle, tevazu ile. **humbleness** *i.* alçak gönüllülük, tevazu.

hum.ble.bee (hʌm'bılbi) *bak.* **bumblebee**.

hum.bug (hʌm'bʌg) *i., f.* (**-ged, -ging**) yalan, hile, dolap, *slang* martaval, dümen; yalancı kimse, hilekâr kimse; *f.* aldatmak; hile yapmak, *slang* kazık atmak, madik atmak. **humbuggery** *i.* hilekârlık.

hum.ding.er (hʌmdîng'ır) *i., k.dili* olağanüstü bir şey veya kimse.

hum.drum (hʌm'drʌm) *s., i.* can sıkıcı, yeknesak, yavan; *i.* can sıkıcı kimse; monoton herhangi bir şey; boş ve sıkıcı söz.

hu.mer.us (hyu'mırıs) *i., anat.* kol kemiği, dirsekten omuza kadar olan kemik, karaca kemiği, pazı kemiği. **humeral** *s.* kol kemiğine veya omuza ait.

hu.mid (hyu'mîd) *s.* yaş, rutubetli, nemli. **humid'ity, hu'midness** *i.* rutubet, nem. **humid'ify** *f.* nemlendirmek. **relative humidity** nispî nem.

hu.mid.i.fi.er (hyumîd'ıfayır) *i.* nemlendirici tertibat veya cihaz.

hu.mi.dor (hyu'mıdôr) *i.* nemlendirme kutusu; tav kutusu.

hu.mil.i.ate (hyumîl'iyeyt) *f.* kibrini kırmak, utandırmak, hakaret etmek, rezil etmek.

hu.mil.i.a.tion (hyumîliyey'şın) *i.* kibrini kırma, rezil etme, utandırma.

hu.mil.i.ty (hyumîl'ıti) *i.* alçak gönüllülük, tevazu; boyun eğme, yumuşak başlılık.

hum.ming (hʌm'îng) *s.* vızıldayan, mırıldanan, uğuldayan; *k.dili* kuvvetli, canlı, dinç.

hum.ming.bird (hʌm'îngbırd) *i.* sinekkuşu, *zool.* Trochilus.

hum.mock (hʌm'ık) *i.* yuvarlak tepe, tümsek yer. **hummocky** *s.* tümsek, tümsekli.

hu.mor, İng. hu.mour (hyu'mır) *i., f.* gülünçlük, komiklik; nüktedanlık, nüktelilik; mizah, güldürü; keyif; mizaç, huy, tabiat; kapris; *tıb.* salgı; sivilce; suyuk, hılt, eski fizyolojide kan, safra, balgam veya sevda salgısı; *f.* keyfine tabi olmak, ayak uydurmak, kaprisine boyun eğmek. **be in the humor for** canı istemek, havasında olmak. **good humor** iyi huy, hoş mizaç. **ill humor** ters huy, aksi mizaç. **out of humor** canı sıkkın; sinirli, öfkeli. **sense of humor** olayların gülünç yönünü görme kabiliyeti; şakadan anlama.

hu.mor.al (hyu'mırıl) *s.* suyuktan ileri gelen.

hu.mor.esque (hyumıresk') *i., müz.* kapris, fantezi ve oynak parça.

hu.mor.ist (hyu'mırîst) *i.* şakacı kimse, nüktedan kimse; mizahçı, güldürü yazarı.

hu.mor.ous (hyu'mırıs) *s.* latife kabilinden, mizahî, gülünç, komik. **humorously** *z.* şaka tarzında, mizah yollu. **humorousness** *i.* şakacılık; gülünçlük.

hump (hʌmp) *i., f.* kambur, hörgüç; tümsek yer, tepe; *İng., argo* huzursuzluk, iç sıkıntısı; *f.* kamburlaştırmak; *gen.* **oneself** *ile* gayrete gelmek, azmetmek. **over the hump** iyileşme yolunda. **humpy** *s.* girintili çıkıntılı; tümsekli.

hump.back (hʌmp'bäk) *i.* kambur; kambur kimse; bir çeşit iri balina.

humph (hʌmf) *ünlem, f.* hım (şüphe, tereddüt veya hakaret ünlemi); *f.* böyle ses çıkarmak.

Hump.ty Dump.ty (hʌmp'ti dʌmp'ti) düşüp kırılınca tamir edilemeyen şey (bir çocuk şiirinde yumurta anlamına gelir).

hu.mus (hyu'mıs) *i.* bitki ve hayvan artıklarının çürümesinden meydana gelen organik toprak, kara toprak, humus.

Hun (hʌn) *i.* Hun kavmi; barbar kimse, vahşi kimse.

hunch (hʌnç) *f., i.* eğmek, bükmek, kamburlaştırmak; omuzlamak; *i.* kambur; iri parça; *A.B.D., k.dili* önsezi.

hunch.back (hʌnç'bäk) *i.* kambur; kambur kimse.

hun.dred (hʌn'drid) *i., s.* yüz sayısı, yüz rakamı (100, C); *s.* yüz. **hundredweight** *i.* 112 librelik İngiliz ağırlık ölçü birimi; 100 librelik Amerikan ağırlık ölçü birimi. **a hundredfold** yüz kat, yüz misli. **a hundred percent** yüzde yüz. **hundredth** *s., i.* yüzüncü; *i.* yüzde bir.

hung (hʌng) *f., bak.* hang; *s.* asılmış, asılı. **hung beef** tuzlanmış ve kurutulmuş sığır eti. **hung jury** kararında oybirliğine varamayan jüri. **He is hung up on food.** *A.B.D., argo* Aklı fikri yemekte.

Hung. *kıs.* Hungarian, Hungary.

Hun.gar.i.an (hʌnger'iyın) *i., s.* Macar; Macar dili; *s.* Macar, Macaristan halkından.

Hun.ga.ry (hʌng'gırı) *i.* Macaristan.

hun.ger (hʌng'gır) *i., f.* açlık; kuvvetli istek, arzu, özlem, iştiyak; *f.* acıkmak; hasret çekmek, özlemini duymak, şiddetle arzulamak; aç bırakmak. **hunger march** açlık yürüyüşü. **hunger strike** açlık grevi.

hun.gry (hʌng'gri) *s.* aç, karnı acıkmış; istekli; kuru, kıraç. **hungrily** *z.* açlıkla; arzuyla.

hunk (hʌngk) *i., k.dili* iri parça.

hunt (hʌnt) *f., i.* avlanmak, peşine düşmek; avlamak, av peşinden gitmek; araştırmak; *mak., elek.* bir nokta çevresinde dalgalanmak; *i.* av, şikâr; avcılık; avcılar kulübü; arama; avlak. **hunt down** yakalayıncaya kadar peşini bırakmamak. **hunt up** aramak, arayıp bulmak.

hunt.er (hʌn'tır) *i.* avcı; arayıcı; av atı veya köpeği.

hunt.ing (hʌn'ting) *i.* avcılık; arama, araştırma; *mak., elek.* dalgalanma. **hunting box** *İng.* avcı kulübesi. **hunting cap** çoğunlukla kadifeden yapılmış avcı kasketi. **hunting case** madenî saat kapağı. **hunting dog** av köpeği. **hunting knife** av bıçağı. **hunting seat** av köşkü. **happy hunting grounds** kızılderililerin cennete verdikleri isim.

hunt.ress (hʌn'tris) *i.* kadın avcı.

hunts.man (hʌnts'mın) *i.* avcı; av köpeklerine bakan uşak.

hur.dle (hır'dıl) *i., f.* yarışlarda kullanılan engel veya çit; engelli yarış; seyyar ağıl; *İng.* dallardan sepet gibi örülmüş portatif parmaklık veya engel; *f.* etrafına parmaklık veya çit çevirmek; yarışta engel atlamak. **high hurdles** yüksek engel; yüksek engelli 110 metrelik koşu. **low hurdles** alçak engel; alçak engelli 200 metrelik koşu. **hurdler** *i.* engelli koşuya katılan yarışmacı.

hur.dy-gur.dy (hır'di.gır'di) *i., müz.* latarna.

hurl (hırl) *f., i.* hızla atmak, savurmak, fırlatıp atmak; hiddetle söylemek; *i.* hızla atış, fırlatma.

hur.ly-bur.ly (hır'li.bır'li) *i.* gürültülü karışıklık; arbede.

hur.rah, hur.ray, hoo.ray (hûrô', hûrey') *ünlem, i., f.* Yaşa! (alkış veya zafer ünlemi); *i.* bu ünlem; *f.* "Yaşa!" diye bağırmak.

hur.ri.cane (hır'ıkeyn) *i.* kasırga, bora. **hurricane deck** yolcu gemilerinin en üst güvertesi. **hurricane lamp** rüzgâr feneri, gemici feneri. **hurricane signal** şiddetli ve tehlikeli bir kasırganın geleceğini işaret eden bayrak.

hur.ried (hır'id) *i.* aceleye gelen, telâşlı. **hurriedly** *z.* acele ile; çabucak. **hurriedness** *i.* aceleye gelme, acele.

hur.ry (hır'i) *f., i.* acele etmek, acele ile gitmek; koşmak; acele ettirmek; acele ile göndermek; sıkıştırmak; *i.* acele, telâş. **Hurry up!** Acele et! Çabuk ol! Haydi! **in a hurry** acele ile, telâşla.

hur.ry-scur.ry (hır'i.skır'i) *i.* telâş, acele, koşuşturma.

hurt (hırt) *i., f.* (hurt) yara, bere, zarar, hasar; acı, ağrı, sızı; *f.* incitmek, acıtmak, yaralamak; rencide etmek, acı vermek, kederlendirmek; zarar vermek, hasara uğratmak; acımak, ağrımak. **hurtful** *s.* zararlı; incitici, ıstırap veren. **hurtfully** *z.* zarar verecek şekilde; inciterek. **hurtfulness** *i.* zarar; inciticilik.

hur.tle (hır'tıl) *f.* çarpmak; hızla atılmak veya fırlamak; hızla fırlatmak.

hus.band (hʌz'bınd) *i., f.* koca, zevç; *f.* idare etmek; idareli kullanmak.

hus.band.man (hʌz'bındmın) *i., eski* çiftçi.

hus.band.ry (hʌz'bındri) *i.* çiftçilik, ziraat; idarecilik; ekonomik bir şekilde ev idaresi.

hush (hʌş) *i., f.* derin sessizlik, sükût; *f.* susmak, sükût etmek; susturmak, sesini kesmek. **Hush!** Susun! **hush money** susmalık, sus payı. **hush up** örtbas etmek, kapatmak.

hush.a.by (hʌş'ıbay) *ünlem* Uyu yavrum! Haydi uyu!

hush-hush (hʌş'hʌş) *s., k.dili* gizli, örtülü.

husk (hʌsk) *i., f.* mısır başağının dış yaprakları; herhangi bir şeyin işe yaramayan dış kısmı; *f.* dış kabuğunu soyup çıkarmak. **husking** *i.,* **husking bee** *A.B.D.* mısır soymak için çiftlik ambarında düzenlenen ziyafet.

husk.y (hʌs'ki) *s.* kabuklu; kabuk gibi kuru; boğuk, kısık (ses). **huskily** *z.* boğuk sesle. **huskiness** *i.* boğukluk, kısıklık (ses).

husk.y (hʌs'ki) *s., i., A.B.D., k.dili* kuvvetli, güçlü, dayanıklı; *i.* kuvvetli kimse.

Husk.y (hʌs'ki) *i.* Eskimo köpeği, kızak köpeği; Eskimo; Eskimo dili.

hus.sar (hûzar') *i.* eskiden Macar süvarisi; süslü üniforması olan hafif süvari askeri.

hus.sy (hʌz'i, hʌs'i) *i.* adı çıkmış kadın, aşüfte; civelek kız; *İng.* dikiş kutusu.

hust.ings (hʌs'tingz) *i., çoğ., topluluk ismi* seçim hazırlığı; politikacıların konuşma yaptıkları yerler.

hus.tle (hʌs'ıl) *f., i.* kalabalıkta itişmek, itişip kakışmak; itip kakmak; acele ettirmek veya etmek; eline çabuk olmak; *A.B.D.,* argo hileli satış yapmak, hile ile para kazanmak; *A.B.D.,* argo fahişelik yapmak; *i.* itişip kakışma, acele, telâş; *k.dili* hummalı faaliyet. **hustle up** *A.B.D., k.dili* yapıvermek. **hustler** *i.* eline çabuk kimse, çok faal kimse; kalpazan kimse; fahişe.

hut (hʌt) *i.* kulübe; asker barakası.

hutch (hʌç) *i., f.* tavşan kafesi; büfe üstüne konulan tabak çanak dolabı; dolap, ambar; kulübecik; *mad.* kömür vagonu; çukur tepsi; hamur tahtası; *f.* ambara yığmak.

hutz.pah (hûts'pı) *bak.* chutzpah.

huz.za (hıza') *ünlem, eski* Yaşa! Varol!

hy.a.cinth (hay'ısînth) *i.* sümbül, *bot.* Hyacinthus orientalis; Yemen taşı. **water hyacinth** su sümbülü, *bot.* Eichornia crassipes. **hyacin'thine** *s.* sümbül gibi, sümbül renginde.

hy.a.line (hay'ılîn) *s., i.* cam gibi, şeffaf; *i., biyokim.* hiyalin; *anat.* gözde bir zar; *şiir* cam gibi şeffaf yüzey.

hy.a.lite (hay'ılayt) *i., min.* bir cins şeffaf opal.

hy.a.loid (hay'ıloyd) *s.* cam gibi şeffaf.

hy.brid (hay'brîd) *i., s.* melez hayvan veya bitki; iki ayrı dilden alınmış kelimelerle yapılan bileşik kelime; *s.* melez, karışık. **hybridism, hybrid'ity** *i.* melezlik. **hybridiza'tion** *i.* melezleştirme. **hybridize** *f.* melez olarak yetiştirmek veya yetişmek.

Hy.dra (hay'drı) *i., mit.* Herkül tarafından öldürülen dokuz başlı yılan; *astr.* güney yarımkürede bulunan yılana benzer bir takımyıldız.

hy.dra (*çoğ.* -drae, -dras) (hay'drı, -dri, -drız) *i., zool.* tatlı su polipi; suyılanı; kolayca defedilemeyen belâ. **hydra-headed** *s.* çok başlı, yok edilmesi güç.

hy.dran.gea (haydreyn'cı) *i.* ortanca, *bot.* Hydrangea hortensia.

hy.drant *i.,* **fire hydrant** (hay'drınt) yangın musluğu.

hy.drate (hay'dreyt) *i., f.* hidrat; *f.* su ile karıştırarak bileşik meydana getirmek.

hy.drau.lic (haydrô'lîk) *s., i.* su kuvvetiyle işleyen, hidrolik; su altında sertleşen; *i.* hidrolik. **hydraulic brake** hidrolik fren. **hydraulic cement** su altında sertleşen çimento. **hydraulic lift** hidrolik yük asansörü. **hydraulic press** hidrolik pres. **hydraulic ram** yükseğe su çıkarmaya mahsus su mengenesi.

hy.dric (hay'drîk) *s.* hidrojenli, hidrojen cinsinden.

hy.dride (hay'drayd, -drîd) *i.* hidrojen ile diğer bir unsurun bileşimi.

hydro- *önek* suya ait, hidro-.

hy.dro.car.bon (haydrıkar'bın) *i., kim.* hidrokarbon.

hy.dro.cele (hay'drısil) *i., tıb.* hidrosel, husye veya skrotumda su toplanması.

hy.dro.ceph.a.lous (haydrısef'ılıs) *s., tıb.* beyinde su toplanmasına ait.

hy.dro.ceph.a.lus (haydrısef'ılıs) *i., tıb.* beyinde su toplanması.

hy.dro.chlo.ride (haydrıklôr'ayd) *i., kim.* hidroklorit. **hydrochloric** *s.* klorhidrik. **hydrochloric acid** hidroklorik asit, tuzruhu.

hy.dro.cy.an.ic (haydrosayän'îk) *s., kim.* hidrojen ile siyanürün bileşiminden meydana gelen. **hydrocyanic acid** hidrosiyanür asit, siyanür asidi (çok kuvvetli bir zehir).

hy.dro.dy.nam.ic (haydrodaynäm'îk) *s.* fiziğin hidrodinamik bahsi ile ilgili. **hydrodynamics** *i.* sıvıların durumunu inceleyen fizik kolu, hidrodinamik.

hy.dro.e.lec.tric (hay'drowilek'trîk) *s.* hidroelektrik, su gücüyle hâsıl olan elektriğe ait.

hy.dro.foil (hay'drıfoyl) *i.* gemi kayağı; deniz-
altı yatay dümeni; kayakla su üzerinde giden
küçük gemi.

hy.dro.gen (hay'drıcın) *i.* hidrojen. **hydrogen
bomb** hidrojen bombası. **hydrogen per-
oxide** oksijenli su. **hydrogen sulphide**
kim. hidrojen sülfidi. **hydrog'enate** *f.* hidro-
jenle birleştirmek.

hy.drog.ra.phy (haydrag'rıfi) *i.* hidrografi, yer-
altı ve yerüstü sularını inceleme ve haritalarını
çıkarma ilmi. **hydrographer** *i.* hidrografi
uzmanı; bahriye haritacısı. **hydrograph'-
ic(al)** *s.* deniz haritacılığına ait; hidrografiyle
ilgili.

hy.drol.o.gy (haydral'ıci) *i.* hidroloji, su bilimi.
hydrolog'ic(al) *s.* hidrolojik, su bilimi ile
ilgili.

hy.drol.y.sis (haydral'ısîs) *i., kim.* hidroliz.

hy.dro.mel (hay'drımel) *i.* bal şerbeti.

hy.drom.e.ter (haydram'ıtır) *i.* hidrometre. **hy-
dromet'ric(al)** *s.* hidrometreye ait.

hy.drop.a.thy (haydrap'ıthi) *i., tıb.* hidropati,
su kürü. **hydropath'ic(al)** *s.* hidropatik, su
kürü ile yapılan. **hy'dropath** *i.* hidropatist,
su ile tedavi uzmanı.

hy.droph.i.lous (haydraf'ılıs) *s., bot., zool.*
sucul, hidrofil.

hy.dro.pho.bi.a (haydrıfo'biyı) *i., tıb.* kuduz
hastalığı; sudan korkma illeti. **hydrophobic**
s. kuduz hastalığına ait.

hy.drop.ic, -i.cal (haydrap'îk, -kıl) *s., tıb.* sıs-
kalık cinsinden, sıskalık illetine tutulmuş.

hy.dro.plane (hay'drıpleyn) *i.* deniz uçağı, suya
inebilen uçak.

hy.dro.pon.ics (haydrıpan'îks) *i.* ilâçlı su içinde
bitki yetiştirme metodu.

hy.dro.qui.none (haydrokwînon') *i., kim.* fo-
toğraf banyosunda kullanılan bir madde.

hy.dro.scope (hay'drıskop) *i.* hidroskop.

hy.dro.sol (hay'drısal, -sol) *i., kim.* sıvı halin-
deki koloit.

hy.dro.sphere (hay'drısfîr) *i.* hidrosfer, suküre.

hy.dro.stat.ic (haydrıstät'îk) *s.* hidrostatikle
ilgili.

hy.dro.stat.ics (haydrıstät'îks) *i.* hidrostatik,
makina ilminin sıvıların dengesinden ve ba-
sıncından bahseden dalı.

hy.dro.ther.a.py (haydrıther'ıpi) *i.* hidroterapi,
su tedavisi.

hy.dro.ther.mal (haydrıthır'mıl) *s.* sıcak suya

ait; sıcak suyun yeryüzü kabuğundaki cisim-
ler üzerindeki etkisine ait.

hy.drot.ro.pism (haydrot'rıpîzım) *i., bot.* bitki-
lerin rutubete doğru veya tersine dönme
eğilimi, suya doğrulum.

hy.drous (hay'drıs) *s., kim.* sulu, bileşiminde su
bulunan.

hy.drox.ide (haydrak'sayd) *i., kim.* hidroksit.

hy.dro.zo.an (haydrızo'wın) *s., i., zool.* deniz-
anası ve mercan gibi suda yaşayan hayvanlar
familyasına ait; *i.* selenterelerin bir sınıfı.

hy.e.na, hy.ae.na (hayi'nı) *i.* sırtlan.

Hy.ge.ia (hayci'yı) *i.* sıhhat tanrıçası.

hy.giene (hay'cin) *i.* sağlık bilgisi, hıfzıssıhha.
feminine hygiene doğum kontrolü. **hy-
gien'ic** *s.* sağlıkla ilgili.

hy.gi.en.ics (hayciyen'îks) *i.* sağlık bilgîsi.

hygro- *önek* rutubetli, nemli.

hy.gro.graph (hay'grıgräf) *i.* nem miktarını
otomatik olarak kaydeden alet.

hy.grom.e.ter (haygram'ıtır) *i.* higrometre. **hy-
grometry** *i.* havadaki nem miktarını ölçme
ilmi.

hy.gro.scope (hay'grıskop) *i.* higroskop.

hy.men (hay'mın) *i., b.h., mit.* evlilik tanrısı;
izdivaç, evlenme; *anat.* kızlık zarı. **hymene'al**
s., i. düğüne ait, evlenme ile ilgili; *i.* düğün
şarkısı.

Hy.men.op.ter.a (haymınap'tırı) *i., çoğ., zool.*
zarkanatlılar.

hymn (hîm) *i., f.* ilâhi; *f.* ilâhi okumak, ilâhi oku-
yarak kutlamak veya ifade etmek.

hym.nal (hîm'nıl) *i.* ilâhi kitabı.

hym.no.dy (hîm'nıdi) *i.* ilâhi okuma; ilâhiler.

hym.nol.o.gy (hîmnal'ıci) *i.* ilâhi besteleme
veya tetkik etme sanatı; ilâhiler. **hymnologist**
i. ilâhi besteleyen veya düzenleyen kimse.

hy.oid (hay'oyd) *i., anat.* dil kemiği, dilin kö-
künde bulunan at nalı şeklindeki kemik.

hy.os.cine (hay'ısin) *i.* bazı bitkilerin kökle-
rinden çıkarılan ve ilâç olarak kullanılan bir
alkaloit.

hy.os.cy.a.min(e) (hayısay'ımin, -mîn) *i., kim.*
banotundan çıkarılan bir alkaloit, müsekkin
olarak kullanılan bir ilâç.

hy.pae.thral, hy.pe.thral (hîpi'thrıl) *s.* üstü
açık, damsız.

hype (hayp) *i., f., argo* zerkedilen esrar; şırınga;
satışı teşvik eden ilân veya teklif; dikkat çe-
kici hareketler; üzerine dikkat çekilen kimse

veya şey; *f.* aldatmak. **hype up** uyarmak; heyecanlandırmak.

hyper- *önek* aşırı, yukarı, haricinde, dışında.

hy.per.a.cid.i.ty (haypırısid'ıti) *i.* asit fazlalığı (midede).

hy.per.bo.la (haypır'bılı) *i., geom.* hiperbol. **hyperbol'ic** *s.* hiperbolik. **hyperboloid** *s.* hiperbole benzeyen, hiperboloit.

hy.per.bo.le (haypır'bılı) *i.* mübalâğa, abartma. **hyperbol'ic(al)** *s.* çok mübalâğalı. **hyper'bolism** *i.* mübalâğaya kaçma, mübalâğalı ifade kullanma. **hyper'bolize** *f.* mübalâğalı ifade kullanmak; abartmak.

Hy.per.bo.re.an (haypırbôr'iyın) *i., s., mit.* kuzey dağlarının ötesinde ebedî ışık ve bolluk ülkesinde yaşadığı farzolunan bir toplumun ferdi; *s.* bu ülkede yaşayanlara ait.

hy.per.crit.ic (haypırkrît'îk) *i.* aşırı tenkitçi kimse. **hypercritical** *s.* aşırı tenkit niteliğinde. **hypercritically** *z.* aşırı derecede tenkit ederek.

hy.per.e.mi.a (haypırı'miyı) *i., tıb.* kan hücumu.

hy.per.es.the.sia (haypıristhi'jı) *i., psik.* aşırıduyu.

hy.per.gol.ic (haypırgal'îk) *s.* oksijenle karıştığı zaman kendiliğinden ateş alan roket yakıtı.

hy.per.phys.i.cal (haypırfîz'îkıl) *s.* doğaüstü, fizikötesi.

hy.per.sen.si.tive (haypırsen'sıtîv) *s.* aşırı duygun, duygulu; alerjik.

hy.per.son.ic (haypırsan'îk) *s.* sesten çok hızlı yol alan.

hy.per.ten.sion (haypırten'şın) *i., tıb.* yüksek tansiyon.

hy.per.thy.roid.ism (haypırthay'roydîzım) *i., tıb.* tiroidin fazla çalışmasından ileri gelen durum.

hy.per.tro.phy (haypır'trıfi) *i., tıb.* bir organın anormal irileşmesi. **hypertroph'ic** *s.* fazla irileşmeye ait.

hy.phen (hay'fın) *i.* iki kelimeyi veya bir kelimenin kısımlarını ayıran kısa çizgi, tire. **hyphenate** *f.* tire ile birleştirmek. **hyphenated** *s.* tire ile birleştirilmiş; *A.B.D.* hem doğduğu memlekete hem de A.B.D.'ne bağlı olan.

hyp.na.gog.ic (hipnıgac'îk) *s.* uyutucu, uyku verici (ilâç v.b.); uykuya dalarken duyulan (his, rüya).

hyp.nic (hîp'nîk) *s.* uyku verici.

hyp.no.a.nal.y.sis (hipnowınäl'ısîs) *i., tıb.*

hipnoanaliz, psikanalizde ipnozla tedavi usulü.

hyp.no.pae.di.a (hîpnopi'diyı) *i., tıb.* uykuda telkinle öğretme metodu.

hyp.no.sis (hîpno'sîs) *i., tıb.* ipnoz; sunî uyutma.

hyp.no.ther.a.py (hîpnother'ıpi) *i., tıb.* ipnozla tedavi.

hyp.not.ic (hîpnat'îk) *s., i.* uyutucu, sunî uyutma usulüne ait; *i.* uyuşturucu madde; sunî uyutma usulü ile uyutulmuş kimse. **hyp'notism** *i.* sunî uyutma, hipnotizma. **hyp'notist** *i.* hipnotizma yapan kimse. **hyp'notize** *f.* sunî uyutma usulü ile uyutmak, hipnotize etmek.

hy.po (hay'po) *i.* fotoğrafçılıkta kullanılan sabitleştirici ilâç.

hy.po (hay'po) *i., k.dili* iğne.

hypo- *önek* aşağı, alt, daha az.

hy.po.caust (hay'pıkôst) *i., eski mim.* hamam ve odaları ısıtmaya mahsus yeraltı ısıtma tertibatı.

hy.po.cen.ter (hay'pısentır) *i.* bombanın patladığı yer, etki alanı merkezi.

hy.po.chon.dri.a (haypıkan'driyı) *i., tıb.* hastalık kuruntusu; karasevda, melankoli. **hypochondriac** *i., s.* hastalık kuruntusu olan kimse; *s.* kuruntulu.

hy.po.co.ris.tic (haypokırîs'tîk) *s.* küçültme ve sevgi isim şekillerine ait.

hy.poc.ri.sy (hîpak'rısi) *i.* ikiyüzlülük, mürailik, riyakârlık, riya.

hyp.o.crite (hîp'ıkrît) *i.* ikiyüzlü kimse. **hypocrit'ical** *s.* mürai, ikiyüzlü. **hypocrit'ically** *z.* riyakârlıkla.

hy.po.der.mic (haypıdır'mîk) *s., i., tıb.* deri altına ait; *i.* iğne, şırınga. **hypodermic injection** iğne, enjeksiyon. **hypodermic syringe** deri altı şırıngası.

hy.po.gas.tric (haypıgäs'trîk) *s., anat.* karnın alt nahiyesine ait.

hyp.o.gene (hîp'ıcin) *s., jeol.* yeraltında oluşan (kaya).

hy.pos.ta.sis (haypas'tısîs, hi-) *i.* temel, esas; bir şeyin asıl niteliği; *tıb.* dolaşım güçlüğünden ileri gelen birikme. **hypostat'ic(al)** *s.* esaslı; özdenliği olan; *tıb.* kan tıkanmasına ait.

hyp.o.style (hîp'ıstayl, hay'pı-) *s., i.* tavanı direkler üzerine oturtulmuş; *i.* damı sütunlar üzerine oturtulmuş bina.

hy.pot(h).e.nuse (haypat'ınus, -path'-) *i.*, *geom.* hipotenüs.

hy.poth.ec (haypath'îk, hî-) *i.*, *huk.* tutu, ipotek, rehin.

hy.poth.e.cate (haypath'ıkeyt) *f.* borca karşılık rehin olarak vermek, tutuya koymak, ipotek etmek. **hypotheca'tion** *i.* rehin verme.

hy.poth.e.sis (haypath'ısîs) *i.* varsayım, faraziye, hipotez; kaziye, önerme; kuram, nazariye. **working hypothesis** geçici varsayım. **hypothet'ical** *s.* varsayımlı; kuramsal, nazarî. **hypothet'ically** *z.* varsayımlı olarak.

hy.poth.e.size (haypath'ısayz) *f.* nazariye kurmak, farzetmek.

hypso- *önek* yükselti.

hyp.sog.ra.phy (hipsag'rıfi) *i.* yerkürenin deniz seviyesi üstündeki topografik özellikleriyle uğraşan bilim dalı.

hy.rax (hay'räks) *i.* tavşana benzer küçük bir hayvan.

hy.son (hay'sın) *i.* Çin'e mahsus bir çeşit yeşil çay.

hys.sop (hîs'ıp) *i.* zufa otu, çördük, *bot.* Hyssopus officinalis.

hys.ter.ec.to.my (hîstırek'tımi) *i.*, *tıb.* rahmin ameliyatla alınması.

hys.ter.e.sis (hîstıri'sîs) *i.*, *fiz.* histerezis. **hysteret'ic** *s.* histerezise ait.

hys.te.ri.a (hîstîr'iyı, -ter'-) *i.*, *tıb.* isteri, peri hastalığı.

hys.ter.ic, -i.cal (hîster'îk, -îkıl) *s.* isterik, isteriye ait. **hysterics** *i.*, *çoğ.* isteri nöbeti. **hysterically** *z.* isterik bir şekilde.

hys.ter.on prot.er.on (hîs'tıran prat'ıran) *kon.* *san.* sonraki sözü öne alma usulü, takdim tehir.

hys.ter.ot.o.my (hîstırat'ımi) *i.*, *tıb.* rahim ameliyatı; sezaryen ameliyatı.

I

I, i (ay) *i.* İngiliz alfabesinin dokuzuncu harfi; I harfi şeklinde herhangi bir şey; Romen rakamlarında bir sayısı.

I *kıs.* **iodine.**

I (ay) *zam.* ben. *iyelik hali* **my** benim. *nesnel hali* **me** beni, bana, benden. *çoğ.* **we** biz. *iyelik hali* **our** bizim, **ours** bizimki. *nesnel hali* **us** bizi, bize, bizde, bizden.

i. *kıs.* **island, isle.**

i.amb (ay'ämb) *i.*, *şiir* birincisi kısa ikincisi uzun iki heceli vezin şekli. **iam'bic** *s.* bu vezne ait, bu vezinle yazılan (mısra, şiir).

-ian *sonek* özgü: **amphibian, Smithsonian.**

i.at.ric (ayät'rik) *s.* tıbba ait, doktorlarla ilgili.

-iatry *sonek* tedavi: **psychiatry** ruh tedavisi.

ib., ibid. *kıs.* **ibidem.** ′

I.ba.dan (iba'dan) *i.* İbadan, Nijerya'da bir şehir.

I-beam (ay'bim) *i.* potrel.

I.be.ri.a (aybîr'iyı) *i.* İberya; İberik yarımadası; eski Gürcistan. **Iberian** *s.*, *i.* İberik yarımadasında yaşamış olan eski bir Avrupa kavmine ait; İberya'ya veya orada bulunan kavme ait; *i.* İberyalı; İberya dili.

i.bex (ay'beks) *i.* boynuzları arkaya doğru kıvrık bir dağkeçisi, *zool.* Capra ibex.

i.bi.dem (ibay'dım) *z.*, *Lat.* evvelce bahsedilen yerde, aynı kitapta.

i.bis (ay'bîs) *i.* balıkçıl familyasından bir kuş; çeltik kargası, parlak ibis, *zool.* Plegadis falcinellus. **sacred ibis** eski Mısırlıların kutsal saydıkları aklı karalı balıkçıl; yılancıl, *zool.* Threskiornis aethiopica.

I.bo (i'bo) *i.* İbo, Nijerya'da bir kabile.

IBRD *kıs.* **International Bank for Reconstruction and Development.**

ICAO *kıs.* **International Civil Aviation Organization.**

I.car.i.an Sea (îker'iyın) Ege denizi (eski bir isim).

ICBM *kıs.* **Intercontinental Ballistic Missile** *ask.* kıtalararası roket.

ice (ays) *i.*, *f.* buz; dondurma; meyvalı dondurma; buza benzer şey; pasta üstü için krema;

argo pırlanta; *f.* dondurmak; içine buz koymak, buzda soğutmak; pasta üzerine şekerli krema sürmek; *A.B.D., argo* öldürmek. **ice age** buzul devri. **ice ax** dağcıların kullandıkları buz baltası. **ice cream** dondurma. **ice creeper** kaymamak için ayakkabıların altına konan sivri uçlu demir, buz nalçası. **ice field** denizde yüzen büyük buz kitlesi. **ice floe** denizde yüzen ufak buz kitlesi; deniz buzulu. **ice hockey** buz hokeyi. **ice machine** buz yapma makinası. **ice pack** kutup denizlerinde küme halinde bulunun iri buz parçaları; buz torbası. **ice pick** buz kıracağı. **ice plant** buzhane, buz fabrikası; buz otu, buz çiçeği, *bot.* Mesembryanthemum crystallinum. **ice point** 0 °C. **ice sheet** bir kıtayı örtecek kadar büyük buz kitlesi. **ice storm** yağmuru yağar yağmaz donduran fırtına. **break the ice** resmiyeti gidermek, havayı yumuşatmak; ilk defa bir işe girişmek. **camphor ice** kâfurla yapılmış merhem. **cut no ice** *A.B.D., k.dili* önem veya etkisi olmamak. **on ice** *A.B.D., argo* yedekte; sonucu lehte olacağı şüphesiz. **on thin ice** çok nazik veya müşkül bir durumda. **iced** *s.* buzlu, buzla kaplanmış; üzerine krema sürülmüş (pasta, kek).

ice.berg (ays'bırg) *i.* buz adası, buzdağı, aysberk.

ice.boat (ays'bot) *i.* donmuş nehir veya göl üstünden geçmeye mahsus yelkenli kızak.

ice.bound (ays'baund) *s.* etrafı buz ile çevrilmiş (gemi); her tarafı donmuş (liman).

ice.box (ays'baks) *i., A.B.D.* buzdolabı.

ice.break.er (ays'breykır) *i.* buzkıran; bir toplantıda insanları birbirine kaynaştırmak için vasıta.

ice.cap (ays'käp) *i.* geniş buz tabakası, buzul.

ice-cold (ays'kold') *s.* buz gibi.

ice-house (ays'haus) *i.* buz deposu.

Ice.land (ays'lınd) *i.* İslanda adası. **Iceland moss** soğuk memleketlere mahsus yenebilen bir cins liken, İslanda likeni, ciğerotu, *bot.* Cetraria islandica. **Iceland spar** *min.* İslanda necefi. **Icelander** *i.* İslandalı. **Icelan'dic** *s., i.* İslanda'ya mahsus; *i.* İslanda dili.

ice.man (ays'män, -mın) *i.* buz satıcısı.

ich.neu.mon (iknu'mın, -nyu'-) *i.* firavunfaresi, *zool.* Herpestes ichneumon. **ichneumon fly** tırtır, *zool.* Ichneumon.

ich.nog.ra.phy (iknag'rıfi) *i., mim.* bir binanın temel planı, zemin planı; böyle planları çizme sanatı.

i.chor (ay'kôr, -kır) *i., mit.* tanrıların damarlarında kan yerine dolaşan eter nev'inden bir sıvı; *tıb.* irin, cerahat. **ichorous** *s.* irinli.

ichthyo- *önek* balık.

ich.thy.oid (ik'thiyoyd) *s., i.* balık gibi, balığa benzer; *i.* balığa benzer herhangi bir hayvan.

ich.thy.ol.o.gy (ikthiyal'ıci) *i.* zoolojinin balıklar bahsi. **ichthyologist** *i.* balık bilgisi uzmanı.

ich.thy.o.saur, ich.thy.o.sau.rus (ik'thiyısôr, -sôr'ıs) *i.* fosil halinde bulunup kısmen balığa ve kısmen kertenkeleye benzeyen büyük bir deniz hayvanı.

i.ci.cle (ay'sîkıl) *i.* buz, buz saçağı, buz salkımı.

i.ci.ly (ay'sıli) *z.* soğuk bir tavırla.

i.ci.ness (ay'sinîs) *i.* buz gibi olma, çok soğuk olma; soğukluk.

ic.ing (ay'sing) *i.* pasta ve kek üzerine veya içine sürülen şekerli krema.

ICJ *kıs.* **International Court of Justice.**

i.con, ei.kon (ay'kan) *i.* Ortodoks kilisesinde azizlerin resmi, ikon; resim, heykel. **icon'ic** *s.* azizlerin resimlerine ait.

I.co.ni.um (ayko'niyım) *i.* Konya'nın eski ismi.

i.con.o.clasm (aykan'ıkläzım) *i.* yerleşmiş geleneklere karşı çıkma; azizlerin resimlerini parçalama. **iconoclast** *i.* yerleşmiş geleneklere hiçe sayan kimse; putkıran, azizlerin resimlerini parçalayan kimse, özellikle sekizinci ve dokuzuncu yüzyıllarda Doğu kiliselerinde resimleri ortadan kaldırmak isteyen hizip üyelerinden biri. **iconoclas'tic** *s.* yerleşmiş geleneklere karşı çıkan; azizlerin resimlerini parçalayan.

i.co.nog.ra.phy (aykınag'rıfi) *i.* heykel, resim veya oyma ile canlandırma; ikon veya tasvirlerin konusu; ikonların tasvir ve tahlili.

i.co.nol.o.gy (aykınal'ıci) *i.* ikonları inceleme sanatı.

i.con.o.scope (aykan'ıskop) *i.* televizyonda resim çeken cihazların tarama kısmı, ikonoskop.

i.co.nos.ta.sis (aykınas'tısîs) *i.* Doğu kiliselerinde en mukaddes yeri cemaatin bulunduğu kısımdan ayıran üç kapılı ve üstünde azizlerin resimleri bulunan kısım.

-ics *sonek* ilim dalı; sanat; çalışma alanı: **physics, ethics, athletics.**

ic.ter.us (ik'tırıs) *i., tıb.* sarılık; *bot.* yapraklara arız olan sarılık hastalığı.

i.cy (ay'si) *s.* buzlu, buz gibi, donmuş; soğuk hal veya tavırlı, donuk.

id (îd) *i., psik.* bir kişideki zevk-acı ilkesine dayanan ilkel güdüsel güçlerin toplamı; alt ben; ilkel arzular; id.

id. *kıs.* **idem** aynı.

I'd (ayd) *kıs.* **I would, I should, I had.**

ID *kıs.* **Idaho.**

ID card (ay'di') kimlik kartı.

I.da (ay'dı) *i.* Edremit yakınındaki Kazdağı'nın eski Yunanca adı; Girit'te bir dağ.

i.de.a (aydi'yı) *i.* fikir, düşünce, mütalaa; tasavvur; inanç; tahmin, sanı; *k.dili* ana konu; *fels.* idea. **fixed idea** saplantı. **I have no idea.** Hiç bir fikrim yok. **The idea is that...** Mesele şudur ki... Maksat şundan ibarettir: ... **The very idea!** Ne kadar tuhaf!

i.deal (aydil') *i., s.* tasavvur edilebilen en mükemmel sonuç (şey, hal); ulaşılmak istenilen amaç, kusursuz hayal; mükemmel kimse veya şey, ideal, ülkü; *s.* ideal, ülküsel; kusursuz, mükemmel, üstün, en yüksek evsafta; tasavvura dayanan, hayalî. **ideal gas** basit fiziksel kurallara tümüyle uyan hayal unsuru bir gaz. **ideally** *z.* ideal olarak, fikir itibariyle; arzu edilen şekilde, en mükemmel sonucu verecek şekilde.

i.de.al.ism (aydi'yılîzım) *i.* dünyada iyilik yapma hevesi, ideal uğruna çabalama hevesi; *fels.* ülkücülük, idealizm.

i.de.al.ist (aydi'yılîst) *i.* ülkücü, idealist, mefkûreci. **idealis'tic** *s.* ülkücü, idealizme ait, fazla ümitli; kendi çıkarını düşünmeyip kamu yararına çalışan.

i.de.al.i.ty (aydiyäl'ıti) *i.* ideal oluş, ülkücü vasıf veya karakter; yaratıcılık; *fels.* yalnız kavram halinde mevcut olma.

i.de.al.ize (aydi'yılayz) *f.* idealleştirmek. **ideaiza'tion** *i.* idealleştirme.

i.de.ate (aydi'yeyt) *f.* tasavvur etmek, kavramak, anlamak. **idea'tion** *i.* tasavvur veya kavrayış yeteneği.

i.dée fixe (idey' fiks') *Fr.* sabit fikir, saplantı.

i.dem (ay'dem) *zam., s., Lat.* aynı (eser veya yazar).

i.den.ti.cal (ayden'tikıl) *s.* aynı, bir, tıpkı, özdeş.

identically *z.* aynen, aynı şekilde.

i.den.ti.fy (ayden'tıfay) *f.* teşhis etmek, hüviyetini tayin etmek; aynı olduğunu ispat etmek; bir tutmak, fark gözetmemek. **identify with** ile bir tutmak. **identifica'tion** *i.* hüviyetini tespit etme; hüviyet. **identification card** kimlik kartı, hüviyet varakası.

i.den.ti.ty (ayden'tıti) *i.* kimlik, hüviyet; özdeşlik, ayniyet. **identity card** kimlik belgesi, kimlik cüzdanı. **identity crisis** ergenlik çağındaki benliği bulma bunalımı. **identity disk** üzerinde askerlerin kimliği yazılı olan madalyon.

id.e.o.gram, id.e.o.graph (îd'iygräm, -gräf) *i.* yazıda kelimenin harfleri gösterilmeden doğrudan doğruya fikri ifade eden işaret, ideogram. **ideograph'ic(al)** *s.* anlamı belirten işarete ait.

i.de.ol.o.gy (îdiyal'ıci, ayd-) *i.* herhangi bir kuramın dayandığı düşüncelerin tümü, ideoloji. **ideolog'ical** *s.* ideolojik. **ideol'ogist** *i.* ideolog.

i.de.o.mo.tor (aydiyomo'tır) *s., biyol.* bir fikrin ifadesi olarak vücutta hâsıl olan çoğunlukla istem dışı bir harekete dair.

ides (aydz) *i., çoğ.* eski Roma takviminde Mart, Mayıs, Temmuz ve Ekim aylarının 15. ve diğer ayların 13. günleri; bu tarihlerde biten sekiz günlük müddet.

id est (îd est) *Lat.* (*kıs.* **i.e.**) yani, demek ki.

id.i.o.cy (îd'iysi) *i.* ahmaklık, bönlük, dimağ zayıflığı; delilik.

id.i.om (îd'iyım) *i.* deyim, tabir; şive, lehçe; üslûp. **idiomat'ic** *s.* belirli bir dilin özelliklerini taşıyan, dilin ifade özelliklerini belirten. **idiomat'ically** *z.* ana dili gibi.

id.i.op.a.thy (îdiyap'ıthi) *i., tıb.* başka bir hastalıktan ileri gelmeyen veya sebebi bilinmeyen hastalık; alerjik hastalık.

id.i.o.plasm (îd'iyopläz'ım) *i., biyol.* plazmanın uzviyetin mahiyetini tayin eden kısmı.

id.i.o.syn.cra.sy (îdiyosîng'krısi) *i.* mizaç, huy; özellik, hususiyet, özel durum. **idiosyncrat'ic** *s.* özel durumla ilgili.

id.i.ot (îd'iyıt) *i.* geri zekâlı kimse; ahmak veya bön kimse. **idiot box** *argo* televizyon. **idiot's lantern** *İng., argo* televizyon. **idiot'ic** *s.,* ahmak. **idiotically** *z.* budalaca.

i.dle (ay'dıl) *s., f.* işsiz, aylak, aslı esası olmayan; işlemeyen; boş; *f.* boş gezmek; vaktini boşa harcamak, oyalanmak, boş şeylerle meşgul olmak; (motor) boşta çalışmak. **idle moments** boş zamanlar. **idle pulley, idling pulley** avara kasnağı. **idle away time** zaman öldürmek. **idleness** *i.* işsizlik, tembellik. **idler** *i.* boş gezen kimse; boşa dönen kasnak. **idly** *z.* tembelce, aylakça; (motor) boşta.

i.dol (ay'dıl) *i.* put, sanem; mabut; çok sevilen kimse veya şey; yanlış fikir.

i.dol.a.ter (aydal'ıtır) *i.* putperest kimse; taparcasına seven kimse. **idolatress** *i.* putperest kadın. **idolatrous** *s.* putperestlik kabilinden. **idolatrously** *z.* puta taparcasına. **idolatry** *i.* putperestlik; çılgınca sevgi, şuursuz sevgi.

i.dol.ize (ay'dılayz) *f.* aşırı derecede sevmek, *fig.* tapınmak; putlaştırmak.

i.dyl (ay'dıl) *i.* idil, köy hayatını idealleştirip tasvir eden kısa şiir veya düzyazı, pastoral şiir veya düzyazı. **idyl'lic** *s.* pastoral; saf ve sevimli.

i.e. *kıs.* **id est** yani, demek ki.

if (if) *bağlaç, i.* eğer, ise, şayet, rağmen; *i.* şart. **If he hasn't done it again!** Hay Allah yine aynı şeyi yaptı. **If I only knew!** Keşke bilseydim! **if not** aksi taktirde, değilse, olmazsa. **as if** güya, sözde, sanki, gibi. **As if you didn't know!** Muhakkak biliyorsunuz! Bilmediğinize inanmam! **What if...** farzedelim. **What if it rains?** Yağmur yağarsa? **Find out if he came.** Gelip gelmediğini öğren. **She is sixty if a day.** Aslında altmış yaşında olması gerekir.

i.f. *kıs.* **intermediate frequency** ara frekansı.

IFC *kıs.* **International Finance Corporation.**

I.F.S. *kıs.* **Irish Free State.**

ig.loo (ig'lu) *i.* Eskimoların kar veya buzdan yapılmış evi.

ig.ne.ous (ig'niyıs) *s., jeol.* ateş ısısıyla meydana gelmiş (kaya), volkanik; ateşe ait; ateş gibi, ateşli.

ig.nis fat.u.us (ig'nis fäç'uwıs) bazı geceler bataklıklarda görülen ve organik maddelerin çürümesinden hâsıl olan gazlardan çıkan ateşli buhar; aldatıcı ümit veya herhangi bir şey.

ig.nite (ignayt') *f.* tutuşturmak, yakmak, ateşlemek; tutuşmak, yanmak, ateş almak.

ig.ni.tion (igniş'ın) *i.* tutuşma, tutuşturma, ateşleme, ateş alma, yakma; *oto.* ateşleme

tertibatı. **ignition temperature** tutuşma derecesi.

ig.no.ble (igno'bıl) *s.* alçak; şerefsiz; kalitesiz, bayağı. **ignobly** *z.* alçakça.

ig.no.min.i.ous (ignımin'iyıs) *s.* alçakça, namussuzca. **ignominiously** *z.* alçakçasına, namussuzcasına. **ignominiousness** *i.* alçaklık, namussuzluk.

ig.no.min.y (ig'nımini) *i.* rezalet, alçaklık; namussuzca iş, kepazelik.

ig.no.ra.mus (ignırey'mıs) *i.* cahil kimse.

ig.no.rance (ig'nırıns) *i.* cehalet, cahillik. **ignorant** *s.* cahil, bilgisiz; bilmeyen; habersiz. **ignorantly** *z.* cahilce, bilgisizce; habersiz olarak.

ig.nore (ignôr') *f.* önem vermemek, bilmezlikten gelmek, anlamazlıktan gelmek; *huk.* delil yetersizliğinden kabul etmemek.

i.gua.na (igwa'nı) *i.* Güney Amerika ve Antil adalarına mahsus iri, parlak renkli ve eti çok makbul bir cins kertenkele.

i.guan.o.don (igwän'ıdan) *i.* yalnız fosilleri bulunan çok büyük bir cins keler.

ih.ram (iram') *i.* ihram.

IHS *Yu., kıs.* **Jesus.**

i.ke.ba.na (ikebana) *i.* Japon usulü çiçek düzenleme sanatı.

il.e.i.tis (iliyay'tîs) *i., tıb.* kıvrım bağırsak iltihabı.

il.e.um (il'iyım) *i., anat.* incebağırsağın alt yarısı, kıvrım bağırsak. **ileac** *s.* bu bağırsağa ait.

i.lex (ay'leks) *i.* çobanpüskülü, *bot.* Ilex aquifolium.

il.i.ac (il'iyäk) *s., anat.* kalça kemiğine ait. **iliac artery** karnın alt tarafındaki iki büyük atardamardan her biri. **iliac region** karnın kaburga kemikleri ile kalça arasındaki kısmı.

Il.i.ad (il'iyıd) *i.* Homer'in "İlyada" adlı ünlü destanı; uzun hikâye, destan.

il.i.um (il'iyım) *i.* kalça kemiği.

ilk (ilk) *i.* sınıf, çeşit, tür, tip, cins. **of that ilk** aynı türden.

ill (il) *s.* **(worse, worst)** *i., z.* hasta, rahatsız, keyifsiz; fena, kötü; ters, meşum, uğursuz; sert, acı, hain, haksız; çirkin, kerih; kabiliyetsiz; *i.* fenalık, kötülük, zarar; hastalık, rahatsızlık, acı; *z.* fena surette; güçlükle, sıkıntı çekerek; uygunsuz olarak. **ill-adapted** *s.* uymayan, uygun gelmeyen. **ill-advised** *s.* ihtiyatsız, tedbirsiz. **ill at ease** huzursuz, içi rahat olmayan, meraklı. **ill-bod-**

ing *s.* uğursuz, meşum. **ill-bred** *s.* terbiyesiz. **ill-disposed** *s.* kötü huylu; düzensiz, tertipsiz. **ill-fated** *s.* bahtsız, talihsiz, uğursuz; nahoş. **ill-favored** *s.* çirkin. **ill -gotten** *s.* kötülükle elde edilmiş. **ill-humored** *s.* fena huylu; aksi, huysuz. **ill-informed** *s.* bilgisi kıt olan, yanlış bilgi verilmiş. **ill-judged** *s.* tedbirsiz, düşüncesiz. **ill-mannered** *s.* terbiyesiz, kaba. **ill-natured** *s.* huysuz, ters, serkeş. **ill-omened** *s.* uğursuz. **ill-starred** *s.* bahtı kara, talihsiz. **ill-timed** *s.* vakitsiz, zamansız, mevsimsiz. **ill-trained** *s.* iyi terbiye edilmemiş. **ill-treat** *f.* kötü davranmak. **ill-use** *f.* kötü muamele etmek. **ill will** kötü niyet, garaz, kin. **ill- wisher** *i.* başkasının kötülüğünü isteyen kimse. **do an ill turn to one** bir kimseye kötülük etmek. **It is an ill wind that blows nobody good.** Her işte bir hayır vardır. **house of ill fame** umumhane, genelev.

I'll (ayl) **I will** *veya* **I shall.**

il.la.tion (iley'şın) *i.* sonuç çıkarma, anlam çıkarma (söz veya davranıştan); dolayısıyle anlama. **illative** (il'ıtiv) *s.* sonuç çıkaran.

il.le.gal (ili'gıl) *s.* meşru olmayan, kanuna aykırı, yolsuz. **illegal practices** yapılması yasaklanan hareket ve davranışlar. **illegal'ity** *i.* kanuna aykırılık. **ille'gally** *z.* kanuna aykırı olarak.

il.leg.i.ble (ilec'ıbıl) *s.* okunmaz, okunması mümkün olmayan. **illegibil'ity** *i.* okunmazlık. **illeg'ibly** *z.* okunmaz bir şekilde.

il.le.git.i.mate (ilicît'ımît) *s.* gayri meşru, evlilik dışında doğan; kanuna aykırı; makul olmayan, saçma. **illegitimacy** *i.* piçlik, gayri meşru olma.

il.lib.er.al (ilib'ırıl) *s.* hasis, cimri; dar görüşlü; kültürsüz, bilgisiz.

il.lic.it (ilis'ît) *s.* caiz olmayan, haram, memnu, kanuna aykırı. **illicitly** *z.* kanun dışı olarak.

il.lim.it.a.ble (ilim'ítıbıl) *s.* hudutsuz, sınır tanımayan, sonsuz.

il.lit.er.ate (ilit'ırît) *s.* okumamış, kara cahil, okuma yazma bilmeyen. **illiteracy** *i.* cehalet, okumamışlık, okuma yazma bilmeyiş.

ill.ness (il'nis) *i.* hastalık, rahatsızlık.

il.log.i.cal (ilac'îkıl) *s.* mantıksız, mantığa aykırı.

il.lu.mi.nate (ilu'mıneyt) *f.* aydınlatmak, tenvir etmek; kandillerle donatmak; kitap veya yazıyı renkli resim ve harflerle süslemek,

tezhip etmek; fikirlerini geliştirmek, zihnini açmak, uyandırmak; anlatmak, izah etmek. **illumina'tion** *i.* tenvirat, aydınlatma; kitapta tezhip, yaldızlama. **illu'minative** *s.* aydınlatıcı. **illu'minator** *i.* aydınlatan kimse veya şey; kitap veya el yazısını renkli ve yaldızlı resim ve harflerle süsleyen kimse, müzehhip, tezhipçi.

il.lu.mine (ilu'mîn) *f.* aydınlatmak, tenvir etmek; zihnini açmak.

il.lu.sion (ilu'jın) *i.* hayal, kuruntu, hülya, aldanma; hile, yalan; yanlış görüş, hata; çok ince ipekli kumaş. **optical illusion** gözü aldatan görüntü.

il.lu.sion.ist (ilu'jınîst) *i.* hokkabaz; kuruntu sahibi kimse, hayalperest kimse.

il.lu.sive (ilu'sîv) *s.* aldatıcı, asılsız, hayal kabilinden. **illusory** *s.* aldatıcı, asılsız, hakikat olmayan, göz boyayan.

il.lus.trate (il'ıstreyt) *f.* tanımlamak, tasvir etmek; anlatmak, izah etmek, tarif etmek; resim ile süslemek. **illustrator** *i.* tasvir eden kimse veya şey; kitap veya dergilere resim yapan kimse.

il.lus.tra.tion (ilıstrey'şın) *i.* örnek, misal, izah edici herhangi bir şey; resim.

il.lus.tra.tive (ilʌs'trıtîv) *s.* tarif eden, tanımlayan, tasvir edici.

il.lus.tri.ous (ilʌs'triyıs) *s.* ünlü, meşhur, şöhretli; şanlı, şerefli. **illustriously** *z.* şanlı şöhretli bir şekilde.

Il.lyr.i.an (ilir'iyın) *s., i.* İlirya'ya ait; *i.* İliryalı (eski Dalmaçya ve Arnavutluk halkı); İlirya dili.

ILO *kıs.* **International Labor Organization.**

I'm (aym) *kıs.* **I am.**

im.age (îm'ic) *i., f.* şekil, suret, tasvir, heykel; sanem, put; fikir, hayal; timsal; (bir kimse hakkında) toplumun kanaati; *fiz.* ışınların etkisi veya mercek vasıtasıyle meydana gelen şekil, görüntü, hayal; *f.* tasvirini yapmak; yansıtmak, aksettirmek (ayna); hayal etmek, zihninde şekillendirmek.

im.age.ry (îm'îcri) *i.* betim, betimleme, tasvir; düş, imge, hayal.

im.ag.i.na.ble (îmäc'ınıbıl) *s.* tasavvur edilebilir, göz önüne getirilebilir. **imaginably** *z.* tasavvur edilebilir surette, göz önüne getirilebilecek şekilde.

im.ag.i.nar.y (imäc'ıneri) *s.* hayal mahsulü, hayali. **imaginary number** sanal sayı.

im.ag.i.na.tion (imäcıney'şın) *i.* hayal gücü; muhayyile, imgelem; hayal; tasavvur; kuruntu.

im.ag.i.na.tive (imäc'ınıtiv) *s.* hayal gücü kuvvetli, yaratıcı; iyi planlanmış. **imaginatively** *z.* hayal gücüne dayanarak.

im.ag.ine (imäc'in) *f.* hayal etmek, tasavvur ve tahayyül etmek, tasarımlamak; zannetmek, farz ve tahmin etmek; kavramak, anlamak.

i.ma.go (imey'go) *i.* (*çoğ.* i.ma.goes, i.mag.i-nes) *zool.* tamamıyle gelişmiş ve genellikle kanatlı böcek; *psik.* çocukluktan kalma ana veya baba hayali.

i.mam (imam') *i.* imam. **imamate** (imam'eyt) *i.* imamlık; bir imamın hüküm sürdüğü memleket.

i.ma.ret (ima'ret) *i.* imaret.

im.bal.ance (imbäl'ıns) *i.* dengesizlik, muvazenesizlik.

im.be.cile (im'bısil) *s., i.* budala, ahmak, bön, aptal (kimse). **imbecil'ity** *i.* ahmaklık, aptallık, budalalık.

im.bed *bak.* **embed.**

im.bibe (imbayb') *f.* içine çekmek, emmek; massetmek; içmek; öğrenmek, kapmak. **imbibition** (imbibiş'ın) *i.* içine çekme, massetme, emme.

im.bri.cate (im'brıkeyt) *f.* kiremit gibi birbiri üzerine bindirmek veya binmek. **imbricate(d)** (-kît, -keytid) *s.* üst üste konmuş. **imbrica'tion** *i.* bu şekilde konulmuş süs veya şey; birbirine bindirme veya bindirilme.

im.bro.glio (imbrol'yo) *i.* (*çoğ.* **imbroglios**) karışık iş, dolambaçlı mesele; ciddi anlaşmazlık; karışık küme.

Im.bros (im'brıs) *i.* İmroz adası.

im.brue (imbru') *f.* sırılsıklam yapmak (kan ile), bulaştırmak, boyamak.

im.brute (imbrut') *f.* hayvanlaştırmak, hayvanlaşmak.

im.bue (imbyu') *f.* massettirmek, işba etmek; doldurmak; iyice ıslatmak; emdirmek; boyamak, renk vermek.

imit. *kıs.* **imitation.**

im.i.table (im'ıtıbıl) *s.* taklit olunabilir, taklit edilmesi mümkün. **imitabil'ity** *i.* taklit imkânı; taklit yeteneği.

im.i.tate (im'ıteyt) *f.* taklit etmek, taklidini yapmak, benzetmek; bir kimseyi örnek tutmak. **imitative** *s.* taklit kabilinden. **imitatively** *z.* taklit yoluyla.

im.i.ta.tion (imıtey'şın) *i.* taklit, sahte şey; taklit etme, uyma, benzetme. **in imitation of** taklit ederek.

im.mac.u.late (imäk'yılit) *s.* lekesiz, pak; saf; kusursuz. **immaculately** *z.* lekesiz olarak, tertemiz bir halde. **immaculateness, immaculacy** *i.* lekesizlik, pak oluş.

im.ma.nent (im'ınınt) *s., fels.* her yerde mevcut, hazır ve nazır; dahilî, bâtınî. **immanence** *i.* her yerde var olma, içte baki olma.

im.ma.te.ri.al (imıtîr'iyıl) *s.* önemsiz, ehemmiyetsiz; ilgisi olmayan; maddî olmayan.

im.ma.ture (imıçûr') *s.* olgunlaşmamış, kemal bulmamış, ham, toy, olmamış, gelişmemiş, pişmemiş. **immaturely** *z.* yetişkin kimse gibi davranmayarak; vaktinden evvel, olgunlaşmadan. **immaturity** *i.* hamlık, toyluk.

im.meas.ur.a.ble (imej'ırıbıl) *s.* ölçülemez; sınırsız, hudutsuz. **immeasurably** *z.* ölçülemez derecede, gayet, pek çok.

im.me.di.ate (imi'diyît) *s.* şimdiki, hazır, derhal olan, elde mevcut; vasıtasız; yakın. **immediately** *z.* hemen, derhal, doğrudan doğruya. **immediacy** *i.* yakınlık; doğrudan doğruya mevcut olma; *fels.* şuur; sezgi yoluyla bilinen şey.

im.me.mo.ri.al (imımôr'iyıl) *s.* hatırlanamayacak derecede eski, çok eski. **from time immemorial** çok eski zamandan beri.

im.mense (imens') *s.* çok büyük; hudutsuz, engin, geniş. **immensely** *z.* gayet, pek çok. **immenseness, immensity** *i.* genişlik, uçsuz bucaksız olma.

im.men.sur.a.ble (imen'şûrıbıl) *s.* ölçülemez.

im.merse (imırs') *f.* daldırmak, suya batırmak. **immersed in thought** dalgın, derin düşüncelere dalmış.

im.mer.sion (imır'şın, -jın) *i.* dalma, daldırma; batma, batırılma; bütün vücudu suya daldırarak vaftiz etme; *astr.* gökcisimlerinden birinin bir başkasının arkasına veya gölgesi içine girmesi, tutulma. **immersion lens** mikroskopta daldırma merceği.

im.mi.grant (im'ıgrınt) *i., s.* göçmen, muhacir, dış ülkelerden gelip yerleşen göçmen; *s.* dış ülkelerden gelip yerleşen.

im.mi.grate (îm'ıgreyt) f. göç etmek, hicret etmek, dış ülkelerden gelip yerleşmek, muhacir olmak. immigra'tion i. hicret, göçme, hariçten gelip yerleşme.

im.mi.nent (îm'ınınt) s. yakında vaki olmasından korkulan, hemen kopacak olan, yakın. imminence i. olabilecek durum; tehdit eden şey. imminently z. tehdit ederek.

im.mis.ci.ble (îmîs'ıbıl) s. içine katılıp karıştırılamaz, yağ ile su gibi karışmaz, meczedilemez.

im.mit.i.ga.ble (îmît'ıgıbıl) s. hafifletilmesi ve yatıştırılması mümkün olmayan, bastırılamaz.

im.mo.bile (îmo'bıl) s. kımıldanamaz, kımıldatılamaz; hareketsiz. immobil'ity i. hareketsizlik, yerinden kımıldamayış.

im.mo.bi.lize (îmo'bılayz) f. yerinde durdurmak, tespit etmek, kımıldanmaz hale getirmek; tıb. sargı ile tespit etmek; tic. tedavülde olan paranın değerini muhafaza için bir kısmını tedavülden çekmek; askerî kuvveti savaşamaz hale getirmek. immobiliza'tion i. tespit etme, hareketsiz hale getirme.

im.mod.er.ate (îmad'ırît) s. itidalsiz, ılımlı olmayan, aşırı, ifrata kaçan, çok fazla. immoderately z. aşırı olarak, ifrata kaçarak. immoderateness, immodera'tion i. itidalsizlik, aşırılık, ifrat.

im.mod.est (îmad'îst) s. utanmaz, arsız, iffetsiz, açık saçık; hayâsız, küstah, haddini bilmez. immodestly z. hayâsızca, küstahça. immodesty i. iffetsizlik; hayâsızlık, küstahlık.

im.mo.late (îm'ıleyt) f. kurban etmek, kesmek, boğazlamak. immola'tion i. kurban etme, kesme.

im.mor.al (îmôr'ıl) s. ahlâksız, ahlâkı bozuk, ahlâka aykırı, edepsiz, fasit. immorally z. ahlâksızca. immoral'ity i. ahlâksızlık.

im.mor.tal (îmôr'tıl) s., i. ölmez, ebedî, ölümsüz, daim, baki, sonsuz; i. ölümsüz varlık; şöhreti devam eden kimse; çoğ. ilâhlar; çoğ., the ile Fransız Akademisi üyeleri. immortal'ity i. ebedîlik, ölümsüzlük. immortally z. ebedî olarak, ölümsüz olarak.

im.mor.tal.ize (îmôr'tılayz) f. ebedîleştirmek, ölümsüzleştirmek; ebedî şöhrete nail etmek, unutulmaz hale getirmek. immortaliza'tion i. ebedîleştirme, ölümsüzleştirme.

im.mov.a.ble (îmu'vıbıl) s. kımıldamaz, yerinden oynamaz, sabit; değişmez; kolay etki-

lenmez; huk. gayri menkul. immovably z. kımıldanmadan, değişmeyerek.

im.mune (îmyun') s., i. bağışık, muaf, bulaşıcı illetten muaf; i. bulaşıcı bir hastalığa karşı bağışıklığı olan kimse.

im.mu.ni.ty (îmyu'nıti) i. muafiyet, dokunulmazlık, masuniyet; bulaşıcı hastalığa karşı muafiyet, bağışıklık; huk. kişisel dokunulmazlık, şahsî masuniyet. diplomatic immunity diplomatik dokunulmazlık.

im.mu.nize (îm'yınayz) f. muaf kılmak, masun etmek, bağışık kılmak. immuniza'tion i. bağışıklama; aşı.

immuno- önek bağışıklık sağlayan, bağışıklıkla ilgili, bağışık.

im.mure (îmyûr') f. etrafına duvar çekmek; üstüne duvar örmek; hapsetmek.

im.mu.ta.ble (îmyu'tıbıl) s. değişmez, sabit. immutabil'ity i. değişmezlik, sabit oluş. immu'tably z. değişmeden, sabit kalarak.

imp (împ) i. küçük şeytan, küçük habis ruh; afacan çocuk, haşarı çocuk.

imp (împ) f. bir kuşun uçuş gücünü artırmak için kanat veya kuyruğuna tüy eklemek; mec. kuvvetlendirmek.

imp. kıs. imperative, imperfect, imperial, import, imported.

Imp. kıs. Imperator.

im.pact (îm'päkt) i. vurma, vuruş; vuruşma, çarpışma; etki, tesir. impact crater göktaşının çarpmasıyle açılan krater.

im.pact (împäkt') f. sıkıştırmak, pekiştirmek. impac'tion i. sıkıştırıp birbirine kaynatma; tıb. inkıbaz, peklik. impacted tooth dişçi. çene kemiğine kaynamış diş.

im.pair (împer') f. bozmak, zayıflatmak; eksiltmek, azaltmak (kuvvet). impairment i. bozulma, zarar, noksan.

im.pa.la (împa'lı) i. Afrika'da bulunan bir ceylan, zool. Aepyceros melampus.

im.pale (împeyl') f. kazıklamak, kazığa sokarak öldürmek.

im.pal.pa.ble (împäl'pıbıl) s. dokunulunca hissedilmez; kolay kavranılmaz. impalpably z. kavranılamayacak bir şekilde.

im.pal.u.dism (împäl'yıdîzım) i., tıb. müzmin sıtma.

im.pan.el, em.pan.el (împän'ıl) f. (-ed, -ing veya -led, -ling) huk. jüri heyeti listesine kaydetmek; bu listedeki isimlerden jüri heyetini seçmek.

im.par.i.ty (împer'ıti) *i.* eşitsizlik, müsavatsızlık; oransızlık, nispetsizlik.

im.park (împark') *f.* koru haline getirmek; park içine almak.

im.part (împart') *f.* bildirmek, tebliğ etmek, söylemek; vermek, pay vermek.

im.par.tial (împar'şıl) *s.* tarafsız, bitaraf; kendi çıkarını düşünmeyen. **impartially** *z.* taraf tutmayarak.

im.par.ti.al.i.ty (împarşiyäl'ıti) *i.* tarafsızlık.

im.part.i.ble (împar'tıbıl) *s.* bölünemez, taksim edilemez.

im.part.i.ble (împar'tıbıl) *s.* tebliğ olunabilir, öğretilebilir, verilebilir.

im.pass.a.ble (îm'päs'ıbıl) *s.* geçilemez, aşılamaz, geçit vermez. **impassabil'ity** *i.* geçit vermezlik. **impass'ably** *z.* geçit vermeyerek.

im.passe (îm'päs, împäs') *i.* içinden çıkılmaz durum, kördüğüm.

im.pas.si.ble (împäs'ıbıl) *s.* hissiz, duygusuz; ağrı duymaz; ıstıraba maruz olmayan.

im.pas.sion (împäş'ın) *f.* hırslandırmak, hırsını tahrik etmek, kızdırmak, çileden çıkarmak; heyecanlandırmak. **impassioned** *s.* ateşli, heyecanlı, kabına sığmaz.

im.pas.sive (împäs'îv) *s.* hissiz, duygusuz; etkilenmez, müteessir olmaz, vurdumduymaz; sakin; cansız, ruhsuz, heyecansız; ağrı duymaz. **impassively** *z.* heyecan duymayarak; heyecan göstermeyerek. **impassiveness, impassiv'ity** *i.* vurdumduymazlık.

im.paste (împeyst') *f.* yoğurmak, macun haline getirmek; macunla kaplamak; *güz. san.* koyu renk boya vurmak.

im.pas.to (împas'to) *i., güz. san.* koyu boya tabakası; koyu boya vurma usulü.

im.pa.tient (împey'şınt) *s.* sabırsız, tahammülsüz, içi tez, tez canlı; hoşgörü sahibi olmayan, müsamahakâr olmayan; titiz, sinirli. **impatience** *i.* sabırsızlık. **impatiently** *z.* sabırsızlıkla.

im.pav.id (împäv'id) *s.* cesur, korkusuz.

im.pawn (împôn') *f.* rehine koymak.

im.peach (împiç') *f.* devlet memurunu mahkemeye sevketmek; suçlamak, itham etmek, hakkında şüphe göstermek. **impeachable** *s.* mahkemece itham edilebilir. **impeach-**

ment *i.* A.B.D.'nde devlet memuruna karşı mecliste dava açma; suçlama, itham.

im.pec.ca.ble (împek'ıbıl) *s.* günahsız, günah işlemekten uzak; arı, hatasız, kusursuz. **impeccabil'ity** *i.* hatasızlık, kusursuzluk. **impec'cably** *z.* hatasız olarak.

im.pec.cant (împek'ınt) *s.* günah ve hatadan arı.

im.pe.cu.ni.ous (împıkyu'niyıs) *s.* parasız, züğürt, fakir.

im.ped.ance (împid'ıns) *i., elek.* zahirî direnç (öz direnç, endüktans ve kapasitans bir arada); almaşık cereyan tesirine karşı durma.

im.pede (împid') *f.* engellemek, mâni olmak.

im.ped.i.ment (împed'ımınt) *i.* engel, mâni; *huk.* evlenmeye mâni sebep; pelteklik. **impedimen'tal** *s.* engel kabilinden, mâni olan.

im.ped.i.men.ta (împedımen'tı) *i., çoğ.* eşya, yürüyüşe mâni olan eşya; *ask.* levazım.

im.pel (împel') *f.* (-led, -ling) sürmek, itmek, tahrik etmek, sevketmek. **impellent** *s., i.* sevkeden; *i.* saik, tahrik edici unsur. **impeller** *i.* jet motor kompresörü; tulumba pervanesi.

im.pend (împend') *f.* tehdit etmek; vukuu yakın olmak; sarkmak, asılı olmak. **impendent, impending** *s.* olması yakın.

im.pen.e.tra.ble (împen'ıtrıbıl) *s.* delinmez, nüfuz edilemez; anlaşılamaz, sökülemez, kestirilemez, idrak edilemez, anlaşılması imkânsız; içine girilemez; zifirî, koyu (karanlık); *fiz.* geçişmesiz. **impenetrabil'ity** *i.* delinmezlik; anlaşılmazlık. **impenetrably** *z.* nüfuz edilemez bir şekilde; anlaşılamayacak bir surette.

im.pen.i.tent (împen'ıtınt) *s.* pişman olmayan, nadim olmayan. **impenitence, impenitency** *i.* pişman olmayış. **impenitently** *z.* pişman olmayarak.

im.per.a.tive (împer'ıtiv) *s., i.* zorunlu, mecburî, zarurî; emreden; *gram.* emir belirten; *i.* zorunlu şey, elzem tedbir; *gram.* emir kipi. **imperatively** *z.* zorunlu olarak; emredercesine, amirane. **imperativeness** *i.* yüküm, mecburiyet, zorunluluk, zaruret; tahakküm.

im.pe.ra.tor (împırey'tır, -tôr) *i.* Roma İmparatoru; komutan. **imperator'ial** *s.* imparatora ait.

im.per.cep.ti.ble (împırsep'tıbıl) *s.* görülemez, seçilemez, farkedilemez, hissolunamaz; gayri mahsus. **imperceptibil'ity, impercep'ti-**

bleness *i.* görülemez oluş, farkedilmez oluş. **impercep'tibly** *z.* farkedilmez bir şekilde, görülmez olarak.

imperf. *kıs.* **imperfect, imperforate.**

im.per.fect (împır'fîkt) *s., i.* eksik, noksan, kusurlu; bitmemiş; *huk.* tamam olmayan; uygulanamaz, tatbik olunamaz; *gram.* bitmemiş bir eylem gösteren (fiil), **be ...ing** kipinde olan (fiil); *i., gram.* bunu belirten zaman veya fiil. **imperfectly** *z.* eksik olarak, kusurlu olarak. **imperfectness** *i.* eksiklik, kusur.

im.per.fec.tion (împîrfek'şın) *i.* kusur, eksiklik, noksan, ayıp.

im.per.fo.rate (împîr'fîrît) *s.* deliksiz, delinmemiş; kenarları deliklerle birbirinden ayrılmamış (pul). **imperfora'tion** *i.* deliksiz olma.

im.pe.ri.al (împîr'iyıl) *s., i.* imparatora veya imparatorluğa ait; imparatora yakışır, şahane; İngiliz ölçü standartlarına uygun; *i.* keçi sakalı; çok büyük herhangi bir şey. **imperial gallon** İngiliz galonu (4546 cm³). **imperially** *z.* imparatora yakışır şekilde.

im.pe.ri.al.ism (împîr'iyılîzım) *i.* imparatorluk sistemi, imparatorluk hükümeti; emperyalizm, sömürgecilik. **imperialist** *i.* imparator veya imparatorluk taraftarı; emperyalist, sömürgecilik taraftarı. **imperialis'tic** *s.* emperyalizme ait, sömürgeci.

im.per.il (imper'îl) *f.* (**-ed, -ing** *veya* **-led, -ling**) tehlikeye atmak.

im.pe.ri.ous (împîr'iyıs) *s.* mütehakkim, zorba, karşısındakilere söz hakkı ve davranış özgürlüğü tanımayan, müstebit; zarurî, çaresiz; kaçınılmaz, mübrem. **imperiously** *z.* mütehakkim bir şekilde, emredercesine; zarurî olarak. **imperiousness** *i.* müstebitlik, tahakküm, emretme; zaruret, kaçınılmazlık.

im.per.ish.a.ble (imper'îşıbıl) *s.* bozulmaz, çürümez, yok olmaz. **imperishableness** *i.* bozulmazlık, çürümezlik, yok olmazlık. **imperishably** *z.* zeval bulmadan, yok olmayacak bir şekilde.

im.per.ma.nent (împır'mınınt) *s.* sürekli olmayan, daimî olmayan, devam etmeyen. **impermanence** *i.* sürekli olmayış, devam etmeyiş.

im.per.me.a.ble (impır'miyıbıl) *s.* su veya hava geçirmez; içinden geçilmez. **impermeabil'ity, imper'meableness** *i.* su veya hava geçirmeme özelliği. **imper'meably** *z.* su veya hava geçirmeyerek.

im.per.mis.si.ble (împırmîs'ıbıl) *s.* müsaade edilemez, yasak.

im.per.son.al (împır'sınıl) *s.* kişisel olmayan, şahsî olmayan; şahsiyeti olmayan; özel bir şahsa veya şeye bağlı olmayan; *gram.* yalnız üçüncü tekil şahsı kullanılan (fiil): (**it snows** gibi), gayri şahsî (fiil). **impersonally** *z.* kişisel olmayarak, bir şahsa veya şeye bağlı olmayarak.

im.per.son.ate (împır'sıneyt) *f.* taklit etmek; temsil etmek; kişilik kazandırmak. **impersona'tion** *i.* taklit etme; şahıslandırma. **imper'sonator** *i.* temsil veya taklit eden kimse, taklitçi.

im.per.ti.nent (împır'tınınt) *s.* terbiyesiz, arsız, küstah; münasebetsiz; kendisini ilgilendirmeyen işe burnunu sokan. **impertinence, impertinency** *i.* küstahlık; münasebetsizlik; münasebetsiz şey. **impertinently** *z.* terbiyesizce, küstahlıkla.

im.per.turb.a.ble (împırtır'bıbıl) *s.* vakur, ağır başlı, temkinli, nefsine hâkim, soğukkanlı. **imperturbabil'ity** *i.* ağır başlılık, vakur olma, temkinli olma, soğukkanlılık. **imperturb'ably** *z.* nefsine hâkim olarak, vakarla. **imperturba'tion** *i.* soğukkanlılık, itidal, ağır başlılık.

im.per.vi.a.ble (împır'viyıbıl) *s.* geçirmez.

im.per.vi.ous (împır'viyıs) *s.* su veya hava geçirmez; nüfuz edilemeyen, kapalı, tesir edilemez. **impervious to reason** mantıksız, mantıkî düşünceye kapalı. **imperviousness** *i.* su veya hava geçirmezlik. **imperviously** *z.* su veya hava geçirmeyerek; tesir edilemez bir şekilde.

im.pe.ti.go (împıtay'go) *i., tıb.* bir nevi cerahatli deri hastalığı, impetigo.

im.pe.trate (im'pıtreyt) *f.* yalvararak elde etmek.

im.pet.u.os.i.ty (împeçyuwas'ıti) *i.* acelecilik, tez canlılık.

im.pet.u.ous (împeç'uwıs) *s.* aceleci, düşünmeden hareket eden; düşünmeden yapılan; zorlu, sert, şiddetli; çabuk, hızlı. **impetuously** *z.* düşünmeden, acele ve şiddetle.

im.pe.tus (îm'pıtıs) *i.* hız, güç, zor, şiddet; bir teşebbüse hız kazandıran kuvvet, saik, güdü.

im.pi.e.ty (împay'ıti) i. Allaha karşı hürmetsizlik; dinsizce davranış; büyüklere karşı saygısızlık.

im.pinge (împînc') f. vurmak (ses, ışık), çarpmak; sınırı aşmak, tecavüz etmek.

im.pi.ous (îm'piyıs) s. Allaha karşı hürmetsiz, kâfir. impiously z. dinsizce bir davranışla. impiousness i. dinsizlik, inançsızlık.

imp.ish (împ'îş) s. cin gibi, şeytan gibi, afacan, yaramaz. impishly z. şeytanca. impishness i. şeytanlık, afacanlık, cin fikirlilik.

im.pla.ca.ble (împley'kıbıl, -pläk'-) s. teskin edilemez, amansız, affetmez. implacabil'ity, impla'cableness i. affetmezlik, amansızlık. impla'cably z. affetmeyerek, amansızca.

im.pla.cen.tal (împlısen'tıl) s., zool. meşimesiz, son çıkarmayan, etenesiz.

im.plant (f. împlänt'; i. îm'plänt) f., i. dikmek, ekmek; aklına sokmak, aşılamak, fikir tohumları ekmek; tıb. tedavi amacıyle vücudun içine sert madde koymak; i. bu maksatla yerleştirilen madde. implanta'tion i. dikme, dikilme, aşılama.

im.plau.si.ble (împlô'zıbıl) s. inanılmaz, inanılması güç.

im.plead (împlid') f., huk. aleyhinde dava açmak.

im.pledge (împlec') f. rehine koymak.

im.ple.ment (f. îm'plıment; i. îm'plımınt) f., i. tamamlamak, ikmal etmek; yerine .getirmek (taahhüt, plan); infaz etmek, yürütmek; i. alet, araç.

im.ple.men.ta.tion (împlımentey'şın) i. yürütme, yerine getirme.

im.ple.tion (împli'şın) i. dolduruş, doldurma; doluluk; dolduran şey.

im.pli.cate (îm'plıkeyt) f. karıştırmak, sokmak, dahil etmek, bulaştırmak; ima etmek, dokundurmak; birbirine sarmak, dolaştırmak. im'plica'tive s. imalı, ima kabilinden. implica'tion i. ima, istidlâl; karıştırma, dahil etme; dolaşık olma.

im.plic.it (împlîs'ît) s. tam, kesin, katî; ima olunan, zımnî; ifade edilmeden anlaşılan; aslında olan. be implicit in zımnen anlaşılmak. implicit confidence tam güven. implicitly z. zımnen; tamamıyle. implicitness i. ima, dokundurma, dolayısıyle anlatma.

im.plied (împlayd') s. anlaşılan, ima edilen, demek olan, kastedilen.

im.plode (împlod') f. şiddetle içeriye doğru çökmek.

im.plore (împlôr') f. niyaz etmek, yalvarmak, istirham etmek, dilemek.

im.ply (împlay') f. zımnen delâlet etmek, ima etmek, murat etmek; demek, belirtmek, ifade etmek.

im.pol.i.cy (împal'ısi) i. tedbirsizlik, münasebetsizlik.

im.po.lite (împılayt') s. terbiyesiz, nezaketsiz, kaba. impolitely z. terbiyesizce, kaba bir şekilde. impoliteness i. terbiyesizlik, kabalık.

im.pol.i.tic (împal'ıtîk) s. uygunsuz, isabetsiz, münasebetsiz; siyasete aykırı.

im.pon.der.a.ble (împan'dırıbıl) s., i. tartıya gelmez, ağırlığı olmayan, ölçülemez; i. önceden etkisi ölçülemeyen bir yan sebep.

im.port (împôrt', îm'pôrt) f. ithal etmek, yabancı memleketten getirtmek; belirtmek, ifade etmek, ima etmek, delâlet etmek; etkilemek, tesir etmek; önemi olmak, hükmü olmak; sokmak, karıştırmak. importable s. ithal edilebilir, memlekete sokulabilir. importa'tion i. ithal edilen şey; ithalâtçılık. impor'ter i. ithalâtçı.

im.port (îm'pôrt) i. ithal malı, yabancı memleketten getirtilen mal; anlam, mana; önem, ehemmiyet. imports and exports ithalât ve ihracat. import license ithalât lisansı. import duty ithalât gümrük resmi.

im.por.tance (împôr'tıns) i. önem, ehemmiyet; etki, tesir, nüfuz, itibar.

im.por.tant (împor'tınt) s. önemli, ehemmiyetli, mühim; gururlu, kibirli, azametli; etkili, nüfuzlu, itibarlı. importantly z. önemle, ehemmiyetle; sıkıcı bir şekilde.

im.por.tu.nate (împôr'çınît) s. zorla isteyen, ısrarla bir şey isteyerek rahatsız eden. importunacy, importunateness i. ısrarla isteyerek rahatsız etme. importunately z. ısrarla.

im.por.tune (împôrtun') f. ısrarla istemek, tekrar tekrar istemek. importunity i. usandırıcı ısrar.

im.pose (împoz') f. üzerine koymak; zorla yüklemek, tarhetmek (vergi); hile ile kabul ettirmek, geçirmek; matb. dizilmiş sayfaları basılacak şekılde sıraya koymak, düzenlemek, tanzim etmek; etkilemek, tesir etmek; kabul ettirmek, haksızca istifade etmek. **im.pose on** rahatsız etmek; zorla kabul ettirmek, za'fından istifade etmek; aldatmak.

im.pos.ing (impo'zîng) s. heybetli, muhteşem.

im.po.si.tion (împızîş'ın) i. üzerine koyma, yükleme, usandırma, taciz, zahmet; vergi, yük; hile, aldatma; haksız talep; *matb.* tanzim etme.

im.pos.si.ble (împas'ıbıl) s. imkânsız, yerine getirilmesi mümkün olmayan, yapılamaz; münasebetsiz, çekilmez, çirkin. **impossibil'ity** i. imkânsızlık. **impos'sibly** z. imkânsız bir şekilde.

im.post (îm'post) i. vergi, gümrük resmi; *mim.* üzengitaşı; engelli koşuda ata yüklenen ağırlık.

im.pos.tor (împas'tır) i. sahtekâr kimse, hilekâr kimse, dolandırıcı.

im.pos.ture (împas'çır) i. hile, sahtekârlık.

im.po.tent (îm'pıtent) s. kudretsiz, âciz, zayıf; bunak; iktidarsız (erkek). **impotence, impotency** i. iktidarsızlık, etkisizlik.

im.pound (împaund') f. ağıla kapamak; tevkif etmek; havuza su doldurmak.

im.pov.er.ish (împav'ırîş) f. fakirleştirmek; kuvvetini kesmek, mümbit toprağı kuvvetten düşürmek. **impoverishment** i. fakirleşme; kuvvetten düşme.

im.prac.ti.ca.ble (împräk'tîkıbıl) s. yapılamaz; uygulanamaz; idare olunamaz, ele avuca sığmaz; kullanışsız, elverişsiz, pratik olmayan; geçilmez, çetin (yol). **impracticabil'ity** i. elverişsizlik, pratik olmayış. **imprac'ticably** z. elverişsiz bir şekilde.

im.prac.ti.cal (împräk'tîkıl) s. elverişsiz, uygulanması mantığa aykırı; beceriksiz.

im.pre.cate (îm'prıkeyt) f. lânet okumak, beddua etmek. **im'precato'ry** s. lânet kabilinden. **impreca'tion** i. lânet, beddua, inkisar.

im.pre.cise (împrisays') s. kesin olmayan; tam ve doğru olmayan, gerçek değer veya anlamından biraz farklı; gevşek.

im.preg.na.ble (împreg'nıbıl) s. zaptedilemez, zorla ele geçirilemez, istilâ edilemez; kazanılamaz. **impregnably** z. zaptedilemez bir şekilde.

im.preg.na.ble (împreg'nıbıl) s. gebe bırakılabilir, döllenebilir.

im.preg.nate (împreg'neyt) f., s. gebe bırakmak, döllemek; işba haline getirmek, doyurmak; zihni doldurmak; s. gebe, hamile; meşbu, dolu. **impregna'tion** i. dölleme, döllenme.

im.pre.sa.ri.o (împrısa'riyo) i. impresario.

im.pre.scrip.ti.ble (împriskrîp'tıbıl) s. hükmü geçmez; sahibinin hakkı baki kalan, sürekli, daimî.

im.press (îm'pres) i. etkileme; damga, nişan, kalıp, eser, iz.

im.press (împres') f. etkilemek, intiba bırakmak, yer etmek, derin tesir bırakmak, aklına sokmak; damga basmak. **impressible** s. etkilenebilir.

im.press (f. impres'; i. îm'pres) f., i. zorla askere almak, zorla bahriye tayfası yapmak; istimlâk etmek; i. zorla alma; istimlâk. **impressment** i. zorla alma; istimlâk.

im.pres.sion (împreş'ın) i. tesir, etki; izlenim, intiba; zan; basma; tabetme; damga; baskı, basım; nüsha; bası. **first impression** ilk intiba. **I was under the impression that ...**zannediyordum ki, bana öyle geliyordu ki. **impressionable** s. aşırı duygun, hassas; kolayca etkilenilen.

im.pres.sion.ism (împreş'ınîzım) i. izlenimcilik, empresyonizm. **impressionist** i. izlenimci, empresyonist. **impressionis'tic** s. izlenimciliğe dayanan.

im.pres.sive (împres'îv) s. duyguları etkileyen, etkili, tesirli, müessir. **impressively** z. tesir edici bir şekilde, şaşırtıcı derecede. **impressiveness** i. tesir kuvveti; etkili oluş.

im.prest (îm'prest) i. devlet hazinesinden verilen avans, peşin para.

im.pri.ma.tur (împrima'tır, -mey'-) i., *Lat.* baskı ruhsatnamesi (özellikle Katolik Kilisesi tarafından verilen).

im.print (îm'prînt) i. baskı, tabı; damga; etki, tesir, izlenim, intiba; bir kitabın başında bulunan yayınevinin ve basımevinin adları ile yayın tarihi.

im.print (împrînt') f. damga veya mühür basmak; etkilemek, tesir etmek, zihnine sokmak.

im.print.ing (împrîn'tîng) i. canlının kendi cinsini veya kendisini barındıranı tanımasını sağlayan doğal eylem.

im.pris.on (împriz'ın) f. hapsetmek, zindana kapamak. **imprisoned** s. mahpus, hapiste olan. **imprisonment** *i.* hapsetme, haps-olunma;. mahpusluk, hapiste oluş.

im.prob.a.ble (împrab'ıbıl) *s.* ihtimal dahi-linde olmayan, umulmayan. **improbabil'-ity** *i.* ihtimal dahilinde olmayış. **improb-ably** *z.* ihtimal olmayarak.

im.pro.bi.ty (împro'bıti) *i.* şerefsizlik, iffet-sizlik, dürüst olmayış.

im.promp.tu (împramp'tu) *s., z., i.* hazırlık-sız; *z.* hazırlıksız olarak, irticalen; *i.* irtical, hazırlıksız söylenmiş veya yapılmış şey; *müz.* empromptü, küçük parça.

im.prop.er (împrap'ır) *s.* uygunsuz, münasebet-siz, yolsuz, yanlış; yakışık almayan; yakı-şıksız, çirkin. **improper fraction** *mat.* payı paydasından büyük olan kesir. **impro-perly** *z.* uygunsuz bir şekilde, yanlış ola-rak.

im.pro.pri.e.ty (împrıpray'ıti) *i.* uygunsuz-luk, yakışıksız oluş, yolsuzluk; kelimeleri yanlış olarak kullanma.

im.prov.a.ble (împruv'ıbıl) *s.* daha iyi ola-bilir, ıslah olunabilir, düzeltilmesi mümkün, yoluna girebilir. **improvabil'ity, improv'-ableness** *i.* ıslah kabul eder oluş, düzel-tilebilir oluş. **improv'ably** *z.* ıslah edilebilir şekilde.

im.prove (împruv') *f.* değerini artırmak, kıy-metlendirmek; ıslah etmek, düzeltmek, yo-luna koymak; iyiye kullanmak, istifadeli bir hale getirmek; ıslah olmak, düzelmek, yola girmek; artmak, değeri artmak, kıymetlenmek. **improvement** *i.* düzelme, salâh, ilerleme, terakki, ıslah, tekâmül; bir şeyi ıslah etmek için yapılan veya ilâve olunan şey. **im-prover** *i.* ıslah eden kimse, ıslahatçı.

im.prov.i.dent (împrav'ıdınt) *s.* ihtiyatsız, tedbirsiz, basiretsiz; tasarruf etmeyen, tu-tumsuz. **improvidence** *i.* ihtiyatsızlık, ted-birsizlik. **improvidently** *z.* ihtiyatsızca, ted-birsizce; tutumsuzca.

im.pro.vise (îm'prıvayz) *f.* irticalen çalgı çal-mak veya şiir söylemek; o anda uydurmak; birdenbire çaresini bulmak. **improvisa'-tion** *i.* irticalen şiir söyleme veya çalgı çal-ma; irticalen söylenmiş şiir veya çalınan mü-zik parçası; o anda uydurma. **im'proviser, improv'isator** *i.* irticalen şiir söyleyen şair; anında uyduran ve çare bulan kimse.

im.pru.dent (împrud'ınt) *s.* tedbirsiz, ihtiyat-sız, basiretsiz. **imprudence** *i.* tedbirsizlik, ihtiyatsızlık. **imprudently** *z.* tedbirsizce, ihtiyatsızca.

im.pu.dent (îm'pyıdınt) *s.* arsız, edepsiz, yüz-süz, küstah, saygısız. **impudence** *i.* küs-tahlık, yüzsüzlük, arsızlık. **impudently** *z.* küstahça, arsızca, yüzsüzce.

im.pu.dic.i.ty (împyûdîs'ıti) *i.* utanmazlık, hayâsızlık, edepsizlik.

im.pugn (împyun') *f.* yalancı çıkarmak, tek-zip etmek, aleyhinde bulunmak.

im.pu.is.sant (împyu'wısınt, împyuwîs'ınt) *s.* âciz, zayıf, kuvvetsiz. **impuissance** *i.* kuv-vetsizlik.

im.pulse (îm'pʌls) *i.* itici kuvvet, sevk, tahrik; tesir; anî his, dürtü, saik; *mak.* çok kısa za-manda tesirini gösteren büyük kuvvet. **buy on impulse** düşünmeden satın almak.

im.pul.sion (împʌl'şın) *i.* itici güç, muharrik kuvvet; tahrik, teşvik, şevk.

im.pul.sive (împʌl'sîv) *s.* düşüncesizce ha-reket eden; tahrik edici, teşvik edici; *mak.* çok kısa zamanda veya aralıklı olarak te-sirini gösteren (kuvvet). **impulsively** *z.* düşünmeden, birdenbire. **impulsiveness** *i.* düşünmeden hareket etme.

im.pu.ni.ty (împyu'nıti) *i.* cezadan muaf olma; kişisel dokunulmazlık, sahsî masuniyet. **with impunity** cezasını çekmeyerek.

im.pure (împyûr') *s.* kirli, pis, murdar; karı-şık, katışık, mahlut; iffetsiz; saf olmayan (lisan).

im.pu.ri.ty (împyûr'ıti) *i.* murdarlık; kirlilik, pis oluş; saflığı bozan şey.

im.put.a.ble (împyu'tıbıl) *s.* isnat edilebilir, başkasına yüklenebilir.

im.pu.ta.tion (împyûtey'şın) *i.* isnat; töhmet, suçlama. **impu'tative** *s.* töhmet kabilin-den. **impu'tatively** *z.* töhmet kabilinden olarak.

im.pute (împyut') *f.* isnat etmek, atfetmek, hamletmek, üstüne yıkmak, yüklemek; vermek.

in (în) *edat* içinde, içine, dahilinde, -de, -da; giymiş, süslenmiş, örtülü; (belirli bir renk, model veya kumaştan) yapılmış; düzenlen-miş; ile meşgul; amacıyle; vasıtasıyle; göre; bakımından; tesirinde; esnasında; *A.B.D.* zamanı dolmadan önce; halinde, vaktinde, mevsiminde; üzere, ile, iken. **in any case** her halde, ne olursa olsun. **in a crowd** kalabalık halde, küme halinde. **in fact** gerçekte, aslında, hakikatte. **in health** sıhhatte. **in honor of** şerefine. **in hot water** sıcak suda; güçlük içinde, zor durumda. **in itself** haddi zatında, bağımsız olarak. **in my opinion** benim fikrimce, bana kalırsa. **in order that** diye, ta ki. **in reply to** -e cevaben, ` cevap olarak. **in sight** görünürde. **in so far as** -e kadar. **in that** çünkü, cihetiyle, madem ki. **in the dark** karanlıkta, bilmeyerek, malumatı olmadan. **in three months** üç aya kadar, üç ay zarfında. **believe in him** ona güvenmek. **blind in one eye** bir gözü kör. **seven in number** sayıca yedi, yedi adet.

in (în) z.içeride, içeriye, içine; evde; vazife başında; mevsimi gelmiş. **be in with** ortağı olmak; arkadaşı olmak. **have it in for** *k.dili* kin beslemek. **We are in for a fight.** Şimdi çattık belâya! Muhakkak kavga çıkacak.

in (în) s. dahilî, iç; kazanmış; elinde; içeri doğru yönelen. **in and out** kâh içerde kâh dışarıda. **in-and-out** s., *mak.* bir içeri bir dışarı hareket eden.

in (în) i. etkili tarafın üyesi; *k.dili* istenilen duruma erişme vasıtası. **ins and outs** bir işin bütün ayrıntıları, girdisi çıktısı; bir yerin bütün köşeleri.

in- *önek* -sız veya gayri edatı: **incapable** kabiliyetsiz, yeteneği olmayan; -e doğru, içeriye, içine: **in-bound** merkeze doğru yaklaşmakta; limana doğru; içinde: **in-home** evde yapılan; sırasında: **in-service training** çalışma sırasında yapılan eğitim, pratik.

in.a.bil.i.ty (înıbîl'ıti) *i.* iktidarsızlık, ehliyetsizlik, kifayetsizlik, yeterli olmayış.

in ab.sen.ti.a (în äbsen'şıyı) *Lat.* (toplantıda, mahkemede) gıyabında.

in.ac.ces.si.ble (înäkses'ıbıl) *s.* yanına varılmaz, erişilemez, ulaşılamaz, yaklaşılamaz. **inaccessibil'ity** *i.* erişilmezlik, yaklaşma imkânsızlığı. **inacces'sibly** *z.* erişilemez bir şekilde.

in.ac.cu.rate (înäk'yırît) *s.* yanlış; kusurlu, tam olmayan, hatalı; aslından farklı. **inaccuracy** *i.* tam olmayış, hatalı oluş; kusur, hata. **inaccurately** *z.* tam olmayarak, hatalı olarak, kusurlu olarak.

in.ac.tion (înäk'şın) *i.* hareketsizlik, faaliyetsizlik; atalet, avarelik. **inactive** *s.* hareket-

siz, atıl. **inactively** *z.* hareketsiz olarak; avare olarak. **inactiv'ity** *i.* hareketsizlik; avarelik.

in.a.dapt.a.bil.i.ty (înıdäptıbîl'ıti) *i.* uyumsuzluk, intibaksızlık, uygun gelmeyiş. **inadapt'able** *s.* uyumsuz, intibak edemeyen.

in.ad.e.quate (înäd'ıkwît) *s.* kifayetsiz, yetersiz, liyakatsiz, elvermez, eksik, nakıs. **inadequacy, inadequateness** *i.* yetersizlik. **inadequately** *z.* kifayetsiz olarak, yetersiz bir şekilde.

in.ad.mis.si.ble (înıdmîs'ıbıl) *s.* kabul olunmaz, uygun görülmez. **inadmissibil'ity** *i.* kabul olunmazlık.

in.ad.ver.tent (înıdvır'tınt) *s.* dikkatsiz; kasıtsız, elde olmayan. **inadvertence, inadvertency** *i.* dikkatsizlik. **inadvertently** *z.* istemeyerek, kasıtsız olarak.

in.ad.vis.a.ble (înıdvay'zıbıl) *s.* tavsiye edilemez; makul olmayan; akla uygun olmayan. **inadvisabil'ity** *i.* makul olmayış.

in.al.ien.a.ble (îneyl'yınıbıl) *s.* sahibinin tasarrufundan çıkması yasak, satılamaz, devrolunamaz, alınamaz. **inalienabil'ity** *i.* elden çıkarılamayış. **inalienably** *z.* elden çıkarılmaz surette.

in.al.ter.a.ble (înôl'tırıbıl) *s.* değişmez, değiştirilemez, değişiklik kabul etmez. **inalterabil'ity** *i.* değişmezlik. **inalterably** *z.* değişmez surette.

in.am.o.ra.ta (înämıra'tı) *i.* sevgili, sevilen kadın; âşık kadın.

in.ane (îneyn') *s., i.* boş, anlamsız; budala, ahmak; seciyesiz, alçak; *i.* boşluk. **inanely** *z.* budalaca; anlamsız bir şekilde.

in.an.i.mate (înän'ımît) *s.* cansız, ruhsuz, ölü; donuk, sönük. **inanimate nature** cansız maddeler. **inanimately** *z.* cansız olarak.

in.a.ni.tion (înınîş'ın) *i.* gıdasızlıktan ileri gelen zafiyet; boşluk.

in.an.i.ty (înän'ıti) *i.* anlamsızlık, anlamsız söz; boşluk.

in.ap.pli.ca.ble (înäp'lîkıbıl) *s.* uymaz, tatbik olunamaz, ilgisiz. **inapplicabil'ity, inap'plicableness** *i.* uygun olmayış, tatbik edilemeyiş.

in.ap.po.site (înäp'ızît) *s.* münasebetsiz, uygunsuz.

in.ap.pre.cia.ble (înıpri'şıbıl) *s.* takdir edilemez; belirsiz, pek az, cüzî. **inappreciably**

z. anlaşılmaz derecede, ehemmiyetsiz surette, pek az.

in.ap.pre.ci.a.tive (ínıpri'şiyeytîv) *s.* hoşnutsuz, memnuniyetini göstermeyen.

in.ap.proach.a.ble (ínıpro'çıbıl) *s.* yaklaşılamaz, erişilemez; eşsiz.

in.ap.pro.pri.ate (ínıpro'priyît) *s.* uygun olmayan, yakışık almayan, münasebetsiz. **inappropriately** *z.* yakışık almaz bir şekilde. **inappropriateness** *i.* uygunsuzluk, münasebetsizlik.

in.apt (ínäpt') *bak.* **inept.**

in.ap.ti.tude (ínäp'tıtud) *i.* yeteneksizlik, kabiliyetsizlik; uygunsuzluk.

in.arch (ínarç') *f.* Çin usulüyle aşılamak, bir ağacın dalını kesmeden başka bir ağaca aşılamak. **inarching** *i.* Çin aşısı, yanaştırarak yapılan aşı.

in.arm (ínarm') *f.* kucaklamak, kolları arasına almak.

in.ar.tic.u.late (ínartîk'yılît) *s.* kendisini iyi ifade edemeyen; meramını anlatmaktan âciz; anlaşılmaz; dilsiz; ifade edilmemiş; *biyol.* mafsalsız, oynak yeri olmayan. **inarticulately** *z.* meramını anlatamayarak, ifadeden âciz bir şekilde. **inarticulateness** *i.* meramını anlatamayış.

in.ar.tis.tic (ínartîs'tîk) *s.* sanat değeri olmayan; içinde sanat zevki veya kabiliyeti bulunmayan. **inartistically** *z.* sanatsız şekilde, zevksizce.

in.as.much as (ínızmʌç') madem ki, çünkü, ...i göz önünde bulundurarak.

in.at.ten.tion (ínıten'şın) *i.* dikkatsizlik, ihmal; nezakete önem vermeyiş. **inattentive** *s.* dikkatsiz, ihmalkâr. **inattentively** *z.* dikkatsizce. **inattentiveness** *i.* dikkatsizlik.

in.au.di.ble (ínô'dıbıl) *s.* işitilemez, duyulamaz. **inaudibly** *z.* işitilmeyerek, işitilmeyecek surette. **inaudibil'ity** *i.* işitilmezlik.

in.au.gu.ral (ínô'gyırıl) *s., i.* açılış töreni ile ilgili; *i.* başkanın göreve başlarken yaptığı konuşma.

in.au.gu.rate (ínô'gyıreyt) *f.* resmen işe başlatmak, (bir kimseyi) törenle bir göreve getirmek; başlamak (işe); açılış töreni yapmak. **inaugura'tion** *i.* resmen işe başlama; bir kimsenin göreve başlaması münasebetiyle yapılan tören, açılış töreni.

in.aus.pi.cious (ínôspîş'ıs) *s.* uğursuz, meşum.

inauspiciously *z.* uğursuzlukla. **inauspiciousness** *i.* uğursuzluk.

in.board (ín'bôrd) *s., z., den.* geminin içindeki; *z.* geminin içinde, bordalarında; geminin içine. **inboard motor** teknede sabit motor.

in.born (ín'bôrn) *s.* tabiî, yaradılıştan, doğuştan, fıtrî.

in.bound (ín'baund) *s., den.* limana giren, limana doğru yönelmiş.

in.bred (ín'bred) *s.* tabiî, yaradılıştan, fıtrî, aslında var olan; aynı soydan olan hayvanların dölünden elde edilmiş.

in.breed.ing (ín'briding) *i., biyol.* aynı soy ve cinsten hayvan ve bitkilerin çiftleştirilmesi.

inc. *kıs.* **inclosure, inclusive, income, incorporated, increase.**

In.ca (íng'kı) *i.* İnka; İnka imparatoru.

in.cage, en.cage (ínkeyc') *f.* kafese kapamak.

in.cal.cu.la.ble (ínkäl'kyılıbıl) *s.* hesaba gelmez, hesap edilemez; sayısız. **incalculably** *z.* hesaba gelmez bir şekilde.

in.can.desce (ínkındes') *f.* ısı etkisiyle beyazlaşmak, akkor haline gelmek; bir madeni akkor haline getirinceye kadar kızdırmak.

in.can.des.cent (ínkındes'ınt) *s.* yüksek derecede ısı ile akkor haline gelmiş, akkor. **incandescent lamp** elektrik ampulü. **incandescence** *i.* akkorluk.

in.can.ta.tion (ínkäntey'şın) *i.* efsun, büyü, sihir.

in.ca.pa.ble (ínkey'pıbıl) *s.* yeteneksiz, kudretsiz, iktidarsız, ehliyetsiz, kabiliyetsiz, âciz. **incapabil'ity** *i.* güçsüzlük. **incapably** *z.* kabiliyetsizce.

in.ca.pac.i.tate (ínkıpäs'ıteyt) *f.* kudretsiz hale getirmek; *huk.* ehliyetini elinden almak. **incapacita'tion** *i.* ehliyetsizlik, yetkisizlik, salâhiyetsizlik.

in.ca.pac.i.ty (ínkıpäs'ıti) *i.* kabiliyetsizlik, ehliyetsizlik, yetkisizlik, salâhiyetsizlik.

in.cap.su.late (ínkäp'sıleyt) *f.* kapsül içine kapamak, sarmak.

in.car.cer.ate (*f.* ínkar'sıreyt; *s.* inkar'sırît) *f., s.* hapsetmek, kapatmak; *s.* hapsedilmiş. **incarcera'tion** *i.* hapsetme, hapsedilme.

in.car.na.dine (ínkar'nıdayn) *s., f.* ten renginde, pembemsi; kan kırmızısı; *f.* kızıla boyamak.

in.car.nate (*s.* ínkar'nît; *f.* ínkar'neyt) *s., f.* vücut bulmuş, insan şekline girmiş, mücessem; ten renginde; *f.* vücut kazandırmak, canlandırmak, cisimlendirmek. **a fiend in-carnate** mücessem şeytan, şeytanın ta kendisi.

in.car.na.tion (înkarney'şın) *i.* insan veya hayvan şeklinde vücut bulma.

in.case (înkeys') *f.* sandık veya kutu içine koymak, kaplamak.

in.case.ment (înkeys'mınt) *i.* sandık içine koyma; muhafaza.

in.cau.tious (înkô'şıs) *s.* dikkatsiz, tedbirsiz, ihtiyatsız, düşüncesiz. **incaution** *i.* dikkatsizlik. **incautiously** *z.* düşüncesizce, düşünmeden.

in.cen.di.ar.y (însen'diyeri) *s., i.* kasten yangın çıkaran; çok fazla ısı meydana getirebilen; fesatçı, tahrik edici; *i.* kundakçı. **incendiary bomb** kundak bombası.

in.cense (în'sens) *f., i.* tütsülemek, buhur yakmak; *i.* günlük, buhur, tütsü; herhangi güzel bir koku.

in.cense (însens') *f.* kızdırmak, öfkelendirmek, darıltmak.

in.cen.tive (însen'tiv) *s., i.* teşvik edici; harekete geçirici; *i.* dürtü, saik; mükâfat; meram. **incentive pay** fazla yapılan iş için ödenen para.

in.cep.tion (însep'şın) *i.* başlama, başlangıç. **inceptive** *s.* başlayan, başlayıcı.

in.cer.ti.tude (însır'tıtud) *i.* şüphe, tereddüt, kararsızlık.

in.ces.sant (înses'ınt) *s.* devamlı, sürekli, fasılasız, ardı arkası kesilmeyen. **incessantly** *z.* sürekli olarak, ardı arkası kesilmeden.

in.cest (în'sest) *i.* akraba ile zina, nikâh düşmeyen akraba ile cinsel ilişki kurma.

in.ces.tu.ous (înses'çuwıs) *s.* akraba ile zina kabilinden; akrabası ile zina yapmış; akraba ile zina yapmaktan hâsıl olmuş.

inch (înç) *i., f.* pus, bir kademlik uzunluğun on ikide biri, 2,54 cm., inç; barometredeki civayı bir pus yükseltecek hava basıncı; toprağa düşen yağmurun yükseklik ölçümü; *f.* yavaş yavaş hareket etmek veya ettirmek. **inch along** yavaş yavaş hareket etmek. **by inches** ağır ağır, yavaş yavaş. **every inch** tepeden tırnağa. **within an inch of his life** ölümüne ramak kalmış.

inch.meal (înç'mil) *z.* azar azar, yavaş yavaş.

in.cho.ate (înko'wit) *s.* yeni başlamış, gelişmemiş, inkişaf etmemiş, tamamlanmamış.

inchoative *s., gram.* bir hareketin başladığını gösteren (zaman, kip).

inch.worm (înç'wırm) *i.* yeri ölçer gibi yürüyen bir çeşit tırtıl.

in.ci.dence (în'sıdıns) *i.* isabet, tesadüf etme; tekerrür oranı; oluş derecesi; *fiz.* bir cisim veya ışının bir düzey üzerine düşmesi; *huk.* bir kanun veya verginin etkisi. **angle of incidence** geliş açısı.

in.ci.dent (în'sıdınt) *i., s.* olay, hadise, vaka; önemsiz olay; *s.* bağlı, tabi; *fiz.* gelen, düşen.

in.ci.den.tal (însıden'tıl) *s.* rastlantıya bağlı, tesadüfî; arızî, dıştan gelen; doğal olarak takip eden. **incidentally** *z.* tesadüfen; fazladan; aklıma gelmişken.

in.cin.er.ate (însîn'ıreyt) *f.* yakıp kül etmek. **incinerator** *i.* yakıp kül haline getiren makina veya alet. **incinera'tion** *i.* yakıp kül etme.

in.cip.i.ent (însîp'iyınt) *s.* henüz başlamakta olan, yeni başlayan, başlangıç halinde. **incipience, incipiency** *i.* başlangıç.

in.cise (însayz') *f.* hakketmek, oymak, kazımak; yarmak, deşmek.

in.ci.sion (însîj'ın) *i.* yarma, deşme; *tıb.* ensizyon, yarma.

in.ci.sive (însay'siv) *s.* sivri, keskin; nüfuz eden, delip geçen; zeki, kesin ve açık. **incisively** *z.* kesin ve açık olarak. **incisiveness** *i.* kesinlik, katiyet.

in.ci.sor (însay'zır) *i.* kesici diş, ön diş.

in.cite (însayt') *f.* teşvik etmek, tahrik etmek, kışkırtmak. **incitement** *i.* teşvik, tahrik, kışkırtma, kışkırtılma.

in.ci.vil.i.ty (însıvîl'ıti) *i.* kabalık, nezaketsizlik; kaba davranış.

in.clasp (înkläsp') *bak.* **enclasp.**

in.clem.ent (înklem'ınt) *s.* sert, fırtınalı (hava); haşin, merhametsiz. **inclemency** *i.* fırtınalı hava; buhranlı hal. **inclemently** *z.* sert bir şekilde, merhametsizce.

in.clin.a.ble (înklay'nıbıl) *s.* eğiliminde, meyilli hale getirilebilir, mütemayil, arzulu.

in.cli.na.tion (înklıney'şın) *i.* meyil, eğilim, yatma; bayır, yokuş; istek, rağbet, heves; *geom.* kesişen iki eğri veya yüzeyin meydana getirdiği açı; eğilme derecesi.

in.cline (înklayn') *f.* eğmek, yatırmak, meylettirmek; eğilmek, yatmak; meyletmek, istidat göstermek; sapmak, inhiraf etmek.

incline one's ear kulak kabartmak, tak-
dirle dinlemek. inclined plane eğri yüzey,
mail satıh. I am inclined to think... dü-
şünme eğilimindeyim. green inclining
to blue maviye çalan yeşil.

in.cline (în'klayn) i. eğri yüzey, mail satıh; yo-
kuş, meyil; eğilme.

in.cli.nom.e.ter (înklınam'ıtır) i. meyil ölçeği,
uçak veya geminin ufka göre eğimini öl-
çen alet; dünyanın manyetik alanının eği-
mini gösteren mıknatıslı iğne.

in.close, in.clo.sure (înkloz', înklo'jır) bak.
enclose, enclosure.

in.clude (înklud') f. içine almak, kapsamak,
şamil olmak, ihtiva etmek, dahil etmek, he-
saba katmak. included s. dahil.

in.clu.sion (înklu'jın) i. dahil etme, dahil ol-
ma, kapsama, hesaba katma veya katılma.

in.clu.sive (înklu'siv) s. kapsayan, şümulü
olan, ihtiva eden, dahil, belirli hudutlar da-
hilinde bulunan. inclusively z. şamil ol-
mak üzere, hepsi içinde olarak, kapsayarak.
inclusiveness i. şümullülük, kapsamlı olma.

in.cog.ni.to (înkag'nıto) (k.dili incog) i., s.,
z. kıyafet değiştiren kimse; değiştirilmiş kı-
yafet; s. kim olduğunu belli etmeyen; teb-
dili kıyafet etmiş; z. takma bir isimle, kıya-
fet değiştirerek.

in.cog.ni.zant (înkag'nızınt) s., of ile far-
kında olmayan.

in.co.her.ence, -en.cy (înkohir'ıns, -ınsi)
i. anlaşılmazlık, manasızlık; birbirini tut-
mazlık, irtibatsızlık, tutarsızlık.

in.co.her.ent (înkohir'ınt) s. manasız, şekil-
siz, abuk sabuk; irtibatsız, birbirine bağlı
olmayan, birbirini tutmayan, tutarsız. inco-
herently z. anlaşılmaz bir şekilde, birbi-
rini tutmayarak.

in.com.bus.ti.ble (înkımbʌs'tıbıl) s., i. yan-
maz, ateş almaz, tutuşmaz; i. ateş almaz mad-
de. incombustibil'ity i. yanmazlık. in-
combus'tibly z. ateş almayarak.

in.come (în'kʌm) i. gelir, kazanç, irat; biyol.
vücuda giren gıda. income tax gelir ver-
gisi. gross income brüt gelir, gayri safi
gelir. net income net gelir, safi gelir.

in.com.er (în'kʌmır) i. içeri gelen kimse veya
şey; muhacir.

in.com.ing (în'kʌming) s., i. giren, ele geçen;
yeni (hükümet, yıl), başlayan; i. girme.

in.com.men.su.ra.ble (înkımen'şırıbıl) s., i.
oransız, nispetsiz, kıyas kabul etmez; ölçül--
meyen; i., çoğ. ortak ölçülmez sayılar. in-
commensurabil'ity i. ölçülemez oluş, nis-
petsizlik. incommen'surably z. nispet-
sizce, ölçülemez bir şekilde.

in.com.men.su.rate (înkımen'şırît) s. oran-
sız, nispetsiz, kıyas edilemez; yetersiz. in-
commensurately z. nispetsiz olarak; ye-
tersizce.

in.com.mode (înkımod') f. rahatsız etmek,
zahmet vermek, taciz etmek.

in.com.mo.di.ous (înkımo'diyıs) s. rahat-
sız, kullanışsız, elverişli olmayan; zahmetli,
işe yaramaz; sıkışık. incommodiously z.
elverişli olmayarak, kullanışsız bir şekilde.
incommodiousness i. elverişsizlik, kul-
lanışlı olmayış.

in.com.mu.ni.ca.ble (înkımyu'nîkıbıl) s. ifa-
de edilemez; söylenilemez; nakledilemez.
incommunicabil'ity i. ifade edilemez durum.
incommunicably z. ifade edilmez surette.

in.com.mu.ni.ca.do (înkımyunîka'do) z. kim-
se ile görüştürülmeyerek (hapiste).

in.com.mu.ni.ca.tive (înkımyu'nıkıtîv) s. fik-
rini başkasına açıklamayan, ketum, ağzı
sıkı.

in.com.mut.a.ble (înkımyu'tıbıl) s. değiş-
mez; değiştirilemez; tebdil veya tahvili müm-
kün olmayan. incommutabil'ity i. değiş-
mezlik. incommut'ably z. değişmez bir
şekilde.

in.com.pa.ra.ble (înkam'pırıbıl) s. kıyas ka-
bul etmez; emsalsiz, eşsiz; with veya to
ile kıyaslanamaz, mukayese edilemez. in-
comparably z. kıyas kabul etmez surette.

in.com.pat.i.ble (înkımpät'ıbıl) s. birbirine
uymayan, birbirine zıt, bir diğerine uymaz,
birbiriyle geçinemeyen. incompatibil'ity
i. birbirine uymayış; geçimsizlik. incom-
pat'ibly z. birbirine uymayarak.

in.com.pe.tent (înkam'pıtınt) s. yetersiz, ki-
fayetsiz; huk. ehliyetsiz. incompetence,
incompetency i. işinin ehli olmayış, eh-
liyetsizlik, yetersizlik. incompetently z.
yetersizce, işinin ehli olmayarak.

in.com.plete (înkımplit') s. eksik, noksan, ta-
mam olmayan, bitmemiş, kusurlu. incom-
pletely z. eksik olarak; kusurlu olarak. in-
completeness i. noksan, eksik; kusur.

in.com.pre.hen.si.ble (înkamprihen'sıbıl) *s.*
anlaşılamaz, kavranmaz, akıl ermez. **incom-
prehensibil'ity** *i.* anlaşılmazlık. **incom-
prehen'sibly** *z.* anlaşılmaz surette.

in.com.pre.hen.sion (înkąmprihen'şın) *i.* an-
layışsızlık, akıl erdirememe, idrak noksanlığı.

in.com.press.i.ble (înkımpres'ıbıl) *s.* sıkış-
tırılamaz, basınçla oylumu küçültülemez.
incompressibil'ity *i.* sıkışmazlık.

in.com.put.a.ble (înkımpyu'tıbıl) *s.* hesaba
sığmaz, hesap edilmesi imkânsız.

in.con.ceiv.a.ble (înkınsi'vıbıl) *s.* tasavvur
olunamaz, anlaşılamaz, inanılmaz; idrak edi-
lemez, kavranamaz. **inconceivabil'ity** *i.*
kavranamaz oluş, idrak edilemez oluş. **in-
conceiv'ably** *z.* tasavvur edilemeyecek şe-
kilde.

in.con.clu.sive (înkınklu'sîv) *s.* bir sonuca
varmayan, neticesiz; ikna edici olmayan,
kifayetsiz; tesirsiz, etkisiz. **inconclusively**
z. kesin bir sonuç elde edemeden; kifayetsiz
olarak.

in.con.den.sa.ble (înkınden'sıbıl) *s.* yoğun-
laştırılamaz; kısaltılamaz; sıvı haline dönüş-
türülemeyen (gaz).

in.con.gru.ent (înkang'gruwınt) *s.* birbirine
uymayan, ahenksiz; uygunsuz, yersiz; *geom.*
özdeş olmayan.

in.con.gru.i.ty (înkanggru'wıti) *i.* uyuşmaz-
lık, uyumsuzluk; uyuşmayan kısım veya şey.

in.con.gru.ous (înkang'gruwıs) *s.* diğerle-
rine veya birbirine uymayan, aykırı, uyuş-
maz, bağdaşmaz; uygunsuz, yersiz; müna-
sebetsiz. **incongruously** *z.* uygun olma-
yarak.

in.con.se.quent (înkan'sıkwınt) *s.* birbirini
tutmayan, irtibatsız; mantıksız; konu dışı.
incon'sequence *i.* mantıksızlık; irtibat-
sızlık. **inconsequen'tial** *s.* yersiz; önem-
siz; irtibatsız. **incon'sequently** *z.* konu dışı
olarak; irtibatsız bir şekilde.

in.con.sid.er.a.ble (înkınsîd'ırıbıl) *s.* ufak,
az; itibara lâyık olmayan, önemsiz.

in.con.sid.er.ate (înkınsîd'ırît) *s.* düşünce-
siz, saygısız; aceleye gelmiş, tedbirsiz. **in-
considerately** *z.* düşüncesizce. **incon-
siderateness** *i.* düşüncesizlik.

in.con.sis.tent (înkınsîs'tınt) *s.* uyuşmaz, ay-
kırı, tutarsız; kararsız, sebatsız. **inconsis-
tency** *i.* tutarsızlık, insicamsızlık. **incon-

sistently** *z.* tutarsız bir şekilde, insicamsız
olarak.

in.con.sol.a.ble (înkınso'lıbıl) *s.* teselli ka-
bul etmez, avutulamaz. **inconsolably** *z.*
teselli kabul etmez şekilde.

in.con.so.nant (înkan'sınınt) *s.* uygunsuz,
uyumsuz, ahenksiz. **inconsonance** *i.* ahenk-
sizlik.

in.con.spic.u.ous (înkınspîk'yuwıs) *s.* gözle
kolay farkedilemeyen, göze çarpmayan;
önemsiz, ehemmiyetsiz. **inconspicuously**
z. göze çarpmayacak şekilde. **inconspicu-
ousness** *i.* göze çarpmayış.

in.con.stant (înkan'stınt) *s.* kararsız, sebat-
sız, dönek; vefasız. **inconstancy** *i.* karar-
sızlık, değişkenlik; vefasızlık.

in.con.sum.a.ble (înkınsu'mıbıl) *s.* tüketi-
lemez, istihlâk edilemez.

in.con.test.a.ble (înkıntes'tıbıl) *s.* malum,
bilinen, su götürmez, itiraz kabul etmez, in-
kâr edilemez. **incontestably** *z.* itiraz ka-
bul etmez şekilde.

in.con.ti.nent (înkan'tınınt) *s.* nefsine hâ-
kim olamayan, kendini tutamayan; irade-
siz; idrarını tutamayan; perhiz edemeyen.
incontinence, incontinency *i.* nefsine
hâkim olamayış; perhiz edemeyiş; kendini
tutamama hali; *tıb.* idrar tutamama hali. **in-
continently** *z.* kendini tutamayarak; *eski* he-
men, vakit kaybetmeden.

in.con.tro.vert.i.ble (înkantrıvır'tıbıl) *s.* mu-
hakkak; gerçekli, itiraz kabul etmez. **incon-
trovert'ibly** *z.* yadsınamayacak şekilde.

in.con.ven.ience (înkınvin'yıns) *i., f.* zah-
met, rahatsızlık, güçlük; uygunsuzluk, mü-
nasebetsizlik; *f.* rahatsız etmek, zahmet ver-
mek.

in.con.ven.ient (înkınvin'yınt) *s.* uygunsuz,
münasebetsiz; zahmetli, müşkül, çetin; el-
verişsiz. **inconveniently** *z.* münasebet-
siz bir şekilde; elverişsizce.

in.con.vert.i.ble (înkınvır'tıbıl) *s.* değiştiri-
lemez; madenî paraya çevrilemez (kâğıt
para). **inconvertibly** *z.* değiştirilemeye-
cek şekilde.

in.con.vin.ci.ble (înkınvîn'sıbıl) *s.* inandırı-
lamaz, kandırılamaz.

in.co.or.di.na.tion (înkowôrdıney'şın) *i.* dü-
zensizlik, ahenksizlik, uyumsuzluk (hare-
ketlerde).

in.cor.po.ral (înkôr'pırıl) s. maddî varlığı olmayan, vücutsuz.

in.cor.po.rate (înkôr'pıreyt) f. anonim şirket haline getirmek; birleştirmek, birleşmek; içine almak, dahil etmek.

in.cor.po.rate (înkor'pırît) s. anonim şirket olan.

in.cor.po.rat.ed (înkôr'pıreytîd) s. anonim.

in.cor.po.re.al (înkôrpôr'iyıl) s. tinsel, manevî, cisimsiz; tinsel olana ait; huk. yalnız tinsel varlığı olan haklara ait.

in.cor.rect (înkırekt') s. yanlış, hatalı, doğru olmayan; düzeltilmemiş; yakışıksız, biçimsiz. incorrectly z. yanlış olarak.

in.cor.ri.gi.ble (înkôr'ıcıbıl) s., i. ıslah olmaz, yola getirilemez, akıllanmaz, düzelmez (kimse); i. ıslah olmaz kimse. incorrigibly z. yola getirilmez şekilde.

in.cor.rupt (înkırʌpt') s. ahlâkı bozulmamış, lekelenmemiş, iffetli, namuslu; bozulmamış, çürümemiş, kokuşmamış; değiştirilmemiş.

in.cor.rupt.i.ble (înkırʌp'tıbıl) s. dürüst, rüşvet kabul etmez; ahlâkı bozulmaz; bozulmaz, çürümez, kokuşmaz. incorruptibil'ity i. dürüstlük; bozulmazlık. incorrupt'ibly z. dürüstçe; bozulmaz şekilde.

in.cras.sate (înkräs'eyt) f., s. koyulaşmak, kalınlaşmak; s., bot. şişmiş, kalınlaşmış.

in.crease (înkris') f. artmak, çoğalmak; gelişmek, büyümek; verimli olmak; artırmak, çoğaltmak, büyütmek, ilerletmek. increasingly z. gittikçe artarak.

in.crease (în'kris) i. büyüme, çoğalma, artma; ürün, mahsul; kâr; hasılât; döl. on the increase gittikçe artmakta.

in.cred.i.ble (înkred'ıbıl) s. inanılmaz. incredibil'ity i. inanılmaz hal, inanılmazlık. incredibly z. inanılmaz şekilde, çok fazla.

in.cred.u.lous (înkrec'ılıs) s. inanmaz; güvenmez, kuşkulanan, kuşkusu olan. incredulity (înkrıdu'lıti), incred'ulousness i. kuşku, inanmazlık, şüphecilik. incred'ulously z. inanmayarak.

in.cre.ment (în'krımınt) i. artma, çoğalma; azar azar artma; fazlalık; mat. nicelik farkı. unearned increment ikt. bir servet veya bir değerin emeksiz olarak artması.

in.crim.i.nate (înkrîm'ıneyt) f. suçlamak, suç yüklemek. incrimina'tion i. suçlama. incrim'inatory s. suçlama kabilinden, üstüne atıcı.

in-crowd (în'kraud) i. klik, başkalarına kapalı grup.

in.crust bak. encrust.

in.crus.ta.tion (înkrʌstey'şın) i. üstüne kabuk bağlama; bağlanmış kabuk.

in.cu.bate (în'kıybeyt) f. kuluçkaya yatırarak veya sunî araçlarla civciv çıkarmak; mec. kafasında (plan) kurmak, belleğinde tasarlamak; tıb. bir hastalığın bedene girmesiyle belirtisinin meydana çıkması arasındaki zaman boyunca gelişmek (mikroplar).

in.cu.ba.tion (înkıybey'şın) i. kuluçkaya yatma; civciv çıkarma; tasarlama; tıb. bir hastalığın bedene girmesiyle belirtisinin meydana çıkması arasındaki zaman boyunca mikropların gelişmesi, kuluçka devri.

in.cu.ba.tor (în'kıybeytır) i. kuluçka makinası; sunî olarak mikroorganizma geliştirme aygıtı; tıb. içi her zaman doğal beden ısısını koruyan ve erken doğmuş bebekleri koymak için kullanılan kutu biçiminde bir aygıt.

in.cu.bus (în'kıybıs) i. (çoğ. in.cu.bi, in.cubus.es) kâbus, karabasan, ağırlık basması; kâbus gibi şey, sıkıntı.

in.cul.cate (înkʌl'keyt) f. talim etmek, öğretmek, tekrarlayarak kafasına sokmak, telkin etmek, aşılamak. inculca'tion i. telkin.

in.cul.pa.ble (înkʌl'pıbıl) s. suçsuz.

in.cul.pate (înkʌl'peyt) f. suçlamak, suç yüklemek. inculpa'tion i. itham, suçlandırma. incul'patory s. suçlama türünden, suçlayıcı.

in.cum.ben.cy (înkʌm'bınsi) i. görev, ödev; memuriyet; memuriyet devri.

in.cum.bent (înkʌm'bınt) s., i. zorunlu, yükümlü, ödevli, görev olarak yükletilmiş; i. görevli kimse, memur.

in.cum.ber bak. encumber.

in.cu.nab.u.la (înkyûnäb'yılı) i., çoğ. özellikle 1500 tarihinden evvel Avrupa'da basılmış kitaplar; basılı ilk kitaplar; bir şeyin başlangıç devirleri.

in.cur (înkır') f. (-red, -ring) maruz olmak; girmek, tutulmak, uğramak, yakalanmak, hedef olmak. incur a debt borçlanmak.

in.cur.a.ble (înkyûr'ıbıl) s., i. iyi olmaz, şifa bulmaz, devasız, düzelmez; i. iyi olmaz hasta. incurabil'ity, incur'ableness i. çaresizlik, şifa bulmazlık. incur'ably z. şifa bulmaz şekilde.

in.cu.ri.ous (înkyûr'iyıs) s. meraksız, kaygısız; lâkayt, ilgisiz, kayıtsız.

in.cur.sion (înkır'jın) i. akın, hücum, saldırı. incursive s. akın eden.

in.curve (în'kırv) i., beysbol havada atıcıya doğru yönelen ve eğik olarak giden top atışı.

in.cus (îng'kıs) (çoğ. in.cu.des) i., Lat. ortakulaktaki örs kemikçiği.

ind. kıs. independent, indicative, indigo, indirect.

in.debt.ed (îndet'îd) s. borçlu, verecekli; minnettar. indebtedness i. borçluluk; borç miktarı, borçlar.

in.de.cent (îndi'sınt) s. yakışıksız, edebe aykırı, edepsiz, hayâsız, çirkin, kaba; huk. toplum töresine aykırı. indecency i. ahlâksızlık. indecently z. edepsizce, ahlâksızca.

in.de.ci.pher.a.ble (îndîsay'fırıbıl) s. okunmaz, sökülmez, çözülmez, karışık, anlaşılmaz.

in.de.ci.sion (îndisîj'ın) i. kararsızlık, tereddüt, duraksama.

in.de.ci.sive (îndisay'sîv) s. kararsız, kesin olmayan. indecisively z. kesin olmayarak, kararsız bir şekilde. indecisiveness i. kararsızlık, tereddüt.

in.de.clin.a.ble (îndiklay'nıbıl) s., gram. çekilmez, sıygasız.

in.de.com.pos.a.ble (îndikımpo'zıbıl) s. bileşimi bozulmaz, çözüm kabul etmez; çürümez.

in.dec.o.rous (îndek'ırıs) s. edebe aykırı, ayıp, yakışmaz, utandırıcı, uygunsuz.

in.de.cor.um (îndikôr'ım) i. edebe aykırı hareket; ertem ve yönteme aykırılık.

in.deed (îndid') z., ünlem hakikaten, gerçekten, doğrusu; ünlem Öyle mi? No,indeed! Hiç de öyle değil. Yok canım. Yes, indeed! Elbette.

in.de.fat.i.ga.ble (îndifät'ıgıbıl) s. yorulmaz, yorulmak bilmez, usanmaz, bıkmaz. indefatigabil'ity i. yorulmazlık. indefat'igably z. yorulmadan.

in.de.fea.si.ble (îndıfi'zıbıl) s. iptal edilemez,

feshedilemez. indefeasibil'ity i. iptal edilemezlik.

in.de.fec.ti.ble (îndifek'tıbıl) s. çürümez; hatasız, yanılmaz.

in.de.fen.si.ble (îndifen'sıbıl) s. savunulamaz, savunmasız, müdafaasız; korumasız, muhafazasız. indefensibil'ity i. savunmasızlık. indefen'sibly z. savunulamaz şekilde.

in.de.fin.a.ble (îndifay'nıbıl) s. tarif edilemez; tanımlanamaz, açıklanması olanaksız, anlatılamaz. indefinably z. anlatılamaz şekilde.

in.def.i.nite (îndef'ınît) s. belirli olmayan, belirsiz, sayısız, belgisiz, bellisiz, müddeti olmayan; bot. sayısı belirsiz, sayısı çok olan (ercik); gram. belgisiz (sıfat, fiil). indefinite article belgisiz sıfat: bir (İngilizcede a, an). indefinite pronoun belgisiz zamir. indefinitely z. müddetsiz olarak. indefiniteness i. belirsizlik.

in.de.his.cent (îndıhîs'ınt) s., bot. kendi kendine açılmayan (tohum).

in.del.i.ble (îndel'ıbıl) s. silinmez, çıkmaz (leke, hatıra, intiba); sabit (boya, mürekkep). indelible pencil kopya kalemi. indelibly z. silinmez şekilde. indelibil'ity i. silinmezlik, sabitlik.

in.del.i.cate (îndel'ıkît) s. uygun olmayan; incitici, nezaketsiz, kaba. indelicate remarks zarif olmayan sözler. indelicacy i. uygunsuzluk; kabalık. indelicately z. uygunsuz bir şekilde.

in.dem.ni.fy (îndem'nıfay) f. zararını ödemek; zarar görmeyeceğine dair peşinen kefil olmak. indemnifica'tion i. tazminat.

in.dem.ni.ty (îndem'nıti) i. tazminat, zararı karşılamak için ödenen para; ceza veya sorumluluktan af; kefalet, teminat, kefil olma, garanti.

in.de.mon.stra.ble (îndiman'strıbıl) s. tanıtlanamayan, açıklanamayan.

in.dent (îndent') f., i. içeriden başlamak, içerlek yazmak, paragraf başı yapmak; diş diş kesmek; kenarını oymak; ambardan erzak verilmesini resmen emretmek; ısmarlamak; senet ile birini uşaklığa vermek; diş diş olmak; i. diş; uşaklık senedi; ısmarlama.

in.dent (îndent') i., f. bere, çentik; f. çentmek; basmak; bere yapmak.

in.den.ta.tion (indentey'şın) i. bere, çentik;
çentik yapma; koy, körfez; matb. içerlek
yazma.

in.den.tion (inden'şın) i., matb. içerlek yazma.

in.den.ture (inden'çır) i., f. sözleşme kâğıdı,
resmî senet, bilhassa hizmetçi veya uşak-
la yapılan onaylı sözleşme; f. kontrat veya
senetle bağlamak.

in.de.pen.dence, -den.cy (indipen'dıns, -dın-
si) i. serbestlik, bağımsızlık, istiklâl, hürriyet;
geçinecek kadar malı olma. Independence
Day Birleşik Amerika'da Bağımsızlık Günü
(4 Temmuz). Declaration of Indepen-
dence Birleşik Amerika'da bağımsızlığı ilân
eden resmî belge.

in.de.pen.dent (indipen'dınt) s., i. hür, bağım-
sız, başlı başına, ayrı, serbest; kendi geliri ile
geçinebilen; pol. parti dışı olan; i. bağımsız
kimse; parti üyesi olmayan kimse. indepen-
dently z. bağımsız olarak; ayrıca, birbirini
etkilemeden, birbirinden habersizce.

in-depth (indepth') s. etraflı, geniş kapsamlı.

in.de.scrib.a.ble (indiskray'bıbıl) s. tanımlana-
maz, nitelendirilemez, anlatılamaz. indescrib-
ably z. anlatılamayacak şekilde.

in.de.struc.ti.ble (indistrʌk'tıbıl) s. yıkılmaz,
bozulamaz, yok edilemez, çok dayanıklı,
tahrip olunamaz. indestructibly z. yıkıla-
mayacak şekilde. indestructibil'ity i. yıkıl-
mazlık.

in.de.ter.mi.na.ble (inditır'mînıbıl) s. belgile-
nemez ve sınırlanamaz; hallolunamaz. inde-
terminably z. çözülemeyecek şekilde.

in.de.ter.mi.nate (inditır'mınît) s. sınırsız, be-
lirli olmayan, meçhul, bilinmedik, bilinmeyen;
şüpheli, bellisiz; mat. değeri tespit edile-
meyen. indeterminate sentence süresi
belirsiz ve suçlunun davranışlarına bağlı olan
hapis cezası. indeterminately z. belirsiz
olarak. indeterminateness i. belirsizlik.

in.de.ter.mi.na.tion (inditırmîney'şın) i. ka-
rarsızlık, duraksama, tereddüt; sebatsızlık;
belirsiz oluş.

in.de.ter.min.ism (inditır'mınîzım) i., fels.
yadgerekircilik, indeterminizm.

in.dex (çoğ. -ex.es, -i.ces) (in'deks, -eksîz,
-dısîz) i., f. indeks, fihrist; katalog; gösterge,
işaret; delil, kanıt; mat. üs; işaret parmağı;
b.h., Kat. okunması yasak kitaplar listesi;
f. indeks yapmak, indeks içine koymak;

işaret etmek. index finger işaret parmağı.
index number istatistikte indeks sayı, iki
sayı arasındaki oranlı farkı gösteren sayı.
index of refraction yansıma ve kırılma
açıları arasındaki oran. card index kartoteks,
konuları ayrı ayrı kartlara yazılmış fihrist.
cost-of-living index geçim indeksi.

In.di.a (in'diyı) i Hindistan. India ink çini
mürekkebi. India paper pek ince Çin
kâğıdı. India rubber kauçuk, lastik.

In.di.a.man (in'diyımın) i. eskiden Hindistan
ile İngiltere arasında işleyen büyük ticaret
gemisi.

In.di.an (in'diyın) s., i. Hindistan'a ait; Amerika
kızılderilisine ait; i. Hintli; kızılderili; Amerika
kızılderililerinin dillerinden biri. Indian club
jimnastikte kullanılan şişe biçiminde çomak.
Indian corn mısır, darı. Indian file tek sıra
(yürüyüş). Indian Ocean Hint Okyanusu.
Indian pipe çiçeği pipo şeklinde beyaz bir
bitkisel asalak, bot. Monotropa uniflora.
Indian summer pastırma yazı.

In.dic (in'dîk) s. Hindistan'a ait; Hint dil grubuna
ait.

in.di.cant (in'dıkınt) i. gösteren şey veya kimse.

in.di.cate (in'dıkeyt) f. işaret etmek, göstermek,
imlemek, dolaylı olarak belirtmek; tıb. hasta-
daki belirtileriyle, hastalığın cinsini veya ilâ-
cını göstermek; kısaca tanımlamak. indicated
horse power bir makinanın belirtilmiş olan
beygir gücü.

in.di.ca.tion (indıkey'şın) i. bildirme, anlatma,
gösterme; belirti, delil, kanıt; tıb. hastalık-
larda uygun tedavi şeklini gösterme.

in.dic.a.tive (indîk'ıtîv) s., i. gösteren, belirten;
bildiren; i., gram. basit zaman çekimindeki
fiil, bildirme kipi.

in.di.ca.tor (in'dıkeytır) i. gösteren şey veya
kimse, işaret eden şey, delil, belirti; mak.
gösterge ibresi, gösterge; kim. asit veya
alkalinin olup olmadığını bildiren ecza.

in.di.cia (indîş'ı) i., çoğ. işaretler, kanıtlar;
A.B.D. posta pulu yerine zarflara basılan
"ödendi" işaretleri; belirtiler.

in.dict (indayt') f. suçlamak; sorguya çekmek.
indictable s. suçlanabilir.

in.dic.tion (indîk'şın) i., tar. Roma'da on beş
yıllık süre.

in.dict.ment (indayt'mınt) i. iddianame; suç-
lama, töhmet; dava açma. bill of indict-

ment jüri heyetine sunulan resmî ithamname.
joint indictment birkaç kişiyi birden suç-
layan ithamname.

In.dies (în'diz) *i., çoğ.,* **the** *ile* Doğu veya
Batı Hint Adaları. **the West Indies** Büyük
ve Küçük Antiller.

in.dif.fer.ence (îndîf'ırıns) *i.* aldırmazlık, önem
vermeyiş, umurunda olmayış, soğukluk, ilgi-
sizlik, rağbetsizlik; duygusuzluk, hissizlik;
ancak geçerli oluş. **a matter of indiffer-
ence** ilgilenmeye değmeyen mesele.

in.dif.fer.ent (îndîf'ırınt) *s.* lâkayt, kaygısız;
duygusuz; önemsiz; bir, farksız; ancak ge-
çerli olan, şöyle böyle; kimyasal veya elek-
trik kuvveti olmayan. **indifferently** *z.* il-
gisizce.

in.di.gene (în'dıcin) *i.* yerli insan veya hay-
van ve bitki.

in.dig.e.nous (îndîc'ınıs) *s.* yerli; doğuştan
olan.

in.di.gent (în'dıcınt) *s.* fakir, züğürt, yoksul.
indigence *i.* fakirlik, züğürtlük.

in.di.gest.ed (îndıces'tîd) *s.* iyice düşünül-
memiş; düzensiz, intizamsız, biçimsiz, biçime
girmemiş; hazmolunmamış, sindirilmemiş.

in.di.gest.i.ble (îndîces'tıbıl) *s.* hazmoluna-
mayan, sindirilemeyen.

in.di.ges.tion (îndıces'çın) *i.* hazımsızlık, mide
fesadı, dispepsi.

in.dig.nant (îndîg'nınt) *s.* hiddetlenmiş, kız-
mış. **indignantly** *z.* hiddetle, kızgınlıkla.

in.dig.na.tion (îndîgney'şın) *i.* kızgınlık, öfke,
gazap; haksızlığa karşı öfke, kızma. **indig-
nation meeting** bir haksızlığı protesto
amacıyle yapılan toplantı.

in.dig.ni.ty (îndîg'nıti) *i.* hürmetsizlik, hakaret,
yakışıksız muamele.

in.di.go (în'dıgo) *i.* (*çoğ.* **-gos, -goes**) çivit;
çivit rengi. **indigo plant** çivit fidanı, nil,
bot. Indigofera tinctoria.

in.di.rect (îndırekt') *s.* dolaşık, dolambaçlı,
doğru olmayan, dolaylı; hile türünden; do-
layısıyla olan; doğrudan doğruya olmayan,
araçlı. **indirect cost** dolaylı masraf. **indirect
damage** dolaylı zarar. **indirect discourse**
sözcünün söylediklerinin şahıs ve zaman
değişimiyle nakli. **indirect lighting** do-
laylı ışıklandırma. **indirect object** dolaylı
tümleç, -e halindeki isim. **indirect result**
dolaylı sonuç. **indirect tax** dolaylı vergi.

indirectly *z.* dolaylı olarak. **indirectness** *i.*
dolaylılık.

in.di.rec.tion (îndırek'şın) *i.* dolaylı söz veya
hareket; doğru olmayan hal veya hareket,
hilekârlık.

in.dis.cern.i.ble (îndîsır'nıbıl) *s.* seçilemez,
tefrik edilemez, farkına varılmaz, ayırt edi-
lemez. **indiscernibly** *z.* seçilemeyecek şe-
kilde.

in.dis.creet (îndîskrit') *s.* düşüncesiz, geveze,
boşboğaz, ağzı gevşek; sağgörüsüz. **in-
discreetly** *z.* düşüncesizce.

in.dis.crete (îndîskrit') *s.* kısımlara bölünmemiş,
toplu halde.

in.dis.cre.tion (îndîskreş'ın) *i.* düşüncesizlik,
akılsızlık, boşboğazlık, sağgörüsüzlük.

in.dis.crim.i.nate (îndîskrim'ınıt) *s.* gelişigüzel,
rasgele; ayırt edilmemiş, karışık. **indiscrim-
inately** *z.* rasgele; tefrik etmeyerek, ayrı
seçi yapmayarak, fark gözetmeden.

in.dis.pen.sa.ble (îndîspen'sıbıl) *s.* zarurî, el-
zem, zorunlu, onsuz olamaz. **indispensably**
z. zarurî olarak.

in.dis.pose (îndîspoz') *f.* hevesini kırmak, so-
ğutmak, zayıflatmak; rahatsız etmek; rağ-
betini azaltmak. **indisposed** *s.* rahatsız;
isteksiz.

in.dis.po.si.tion (îndîspızîş'ın) *s.* rahatsızlık;
isteksizlik, gönülsüzlük.

in.dis.put.a.ble (îndîspyu'tıbıl) *s.* söz götürmez,
su götürmez, münakaşa götürmez, muhak-
kak, itiraz kaldırmaz. **indisput'ably** *z.* itiraz
kaldırmaz derecede.

in.dis.sol.u.ble (îndisal'yıbıl) *s.* erimez; ayrıl-
maz, sabit. **indissolubly** *z.* birbirinden ay-
rılmaz surette; çözülmez surette.

in.dis.tinct (îndîstîngkt') *s.* belirsiz, seçilmez,
iyice görülmez, ayırt edilmez. **indistinctive**
s. tefrik olunamaz; tefrik edemeyen. **in-
distinctly** *z.* belirsiz surette. **indistinct-
ness** *i.* belirsizlik.

in.dis.tin.guish.a.ble (îndîstîng'gwîşıbıl) *s.*
ayırt edilmesi olanaksız, seçilemez. **indis-
tinguishably** *z.* seçilemeyecek derecede.

in.di.um (în'diyım) *i., kim.* indiyum.

in.di.vid.u.al (îndıvic'uwıl) *s., i.* tek, yalnız,
ayrı, başlı başına; hususiyeti olan; ferdî,
bireysel; *i.* fert, kimse, şahıs, birey; tane.
individually *z.* ayrı ayrı.

in.di.vid.u.al.ism (îndıvîc'uwılîzım) *i.* fikir ve harekette şahsî bağımsızlık; ferdiyetçilik, bireycilik; benlik, kendini beğenmişlik; ferdin hususî menfaatlerini arama; hususiyet, ferdiyet. **individualist** *i.* ferdiyetçi, bireyci, erkin kimse. **individualis'tic** *s.* ferdî, bireysel, ferdiyete ait; erkin.

in.di.vid.u.al.i.ty (îndıvîcuwäl'ıti) *i.* ferdiyet, başkasına benzemeyiş, hususiyet; erkinlik.

in.di.vid.u.al.ize (îndıvîc'uwılayz) *f.* ferdiyet vermek, ferdiyetini belirtmek, bireyleştirmek, ayırmak; ayrı tutmak. **individualiza'tion** *i.* ferdileştirme, bireyleştirme.

in.di.vid.u.ate (îndıvîc'uweyt) *f.* ayırt etmek; fert yapmak. **individua'tion** *i.* fert yapma; fert olma; fertlik.

in.di.vis.i.ble (îndıvîz'ıbıl) *s.* taksim olunmaz, bölünmez; *mat.* kesirsiz, taksim edilemez. **indivisibil'ity** *i.* bölünmezlik. **indivis'ibly** *z.* bölünemeyecek şekilde.

Indo- *önek* Hintli, Hindistan'a ait.

In.do-Ar.y.an (îndo.er'iyın) *i.* Hint-İran dil ailesinin Hint kolu.

In.do.chi.na (în'doçay'nı) *i.* Hindiçini. **Indo-chinese'** *s., i.* (*çoğ.* **-nese'**) Hindiçini halkına veya lisanına ait; *i.* Hindiçini halkından biri; Çince-Tibetçe dil grubundan biri.

in.doc.tri.nate (îndak'trıneyt) *f.* herhangi bir düşünce sisteminin esaslarını öğretmek; telkin etmek, (fikir) aşılamak.

In.do-Eu.ro.pe.an (îndoyûrıpi'yın) *i., s.* Hint-Avrupa dillerinden birini konuşan kimse; *s.* Hint-Avrupa dil ailesine ait; bu dillerden birisini konuşana ait.

In.do-Hit.tite (în'dohît'ayt) *i.* Hint-Avrupa ve Anadolu dillerinin kökeni varsayılan dil.

in.dole (în'dol) *i., kim.* parfüm yapımında kullanılan bir madde.

in.do.lent (în'dılınt) *s.* tembel, üşenen; *tıb.* ağrısız, acısız. **indolence** *i.* tembellik. **indolently** *z.* tembelce.

in.dom.i.ta.ble (îndam'îtıbıl) *s.* yılmaz; boyun eğmez, bezmez, inatçı.

In.do.ne.sia (îndıni'jı) *i.* Endonezya. **Indonesian** *s., i.* Endonezyalı.

in.door (în'dôr) *s.* ev içine ait, ev içinde yapılan. **indoor games** ev içinde oynanan oyunlar. **indoor life** ev hayatı.

in.doors (în'dôrz') *z.* ev içinde, ev içine.

in.dorse *bak.* endorse.

in.draft, *İng.* in.draught (în'dräft) *i.* içeri çekme, içeriye doğru akış.

in.drawn (în'drôn') *s.* içeriye doğru çekilmiş; zihni meşgul.

in.dri (în'dri) *i.* Madagaskar'a mahsus maymuna benzer siyah ve beyaz tüylü bir hayvan.

in.du.bi.ta.ble (îndu'bıtıbıl) *s.* şüphe kaldırmaz, katî, kesin. **indubitably** *z.* şüphesiz, muhakkak.

in.duce (îndus') *f.* ikna etmek, kandırıp yaptırmak, teşvik etmek; sevketmek; sebep olmak; *fiz.* elektrik akımı meydana getirmek; *man.* tüme varmak. **inducible** *s.* ikna edilir, teşvik edilir.

in.duce.ment (îndus'mınt) *i.* sebep, saik, vesile; ikna, teşvik, tahrik.

in.duct (îndʌkt') *f., A.B.D.* resmen askere almak; vazifeye geçirmek, memuriyete başlatmak. **inductance** *i., elek.* indüktans.

in.duc.tee (îndʌkti') *i.* askere yeni alınan kimse.

in.duc.tile (îndʌk'tıl) *s.* uzamaz, çekilip tel şekline giremez; boyun eğmez, inatçı. **inductility** *i.* uzamayış; inatçılık.

in.duc.tion (îndʌk'şın) *i.* memuriyete geçirme; *man.* tümevarım; özel durumlarda doğruluğu kesin olan bir önermenin genel durumlarda da doğru olduğunu tanıtlama, sonuç çıkarma; *elek.* indüksiyon. **induction coil** indüksiyon bobini. **induction current** tesir akımı. **induction motor** indüksiyonlu elektrik motoru, almaşık akım motoru. **induction pipe** emme borusu. **magnetic induction** mıknatısî indüksiyon.

in.duc.tive (îndʌk'tîv) *s.* tümevarımsal, tümevarımlı; indüksiyon yapan; ilkel. **inductively** *z.* tümevarımsal bir yolla.

in.due *bak.* endue.

in.dulge (îndʌlc') *f.* iptilâ göstermek; teslimiyet göstermek; kendini vermek, müptelâ olmak, düşkünlük göstermek; müsamaha etmek, mühleti uzatmak.

in.dul.gence (îndʌl'cıns) *i.* iptilâ, düşkünlük; müsamaha, hoşgörü, göz yumma; *Kat.* pişmanlık hâsıl olunca kilise tarafından günah cezasından bir kısmının affolunması; *tic., huk.* borç vadesinin uzatılması.

in.dul.gent (îndʌl'cınt) *s.* müsamahakâr, hoşgörülü. **indulgently** *z.* müsamaha ile, göz yumarak.

in.du.rate (f. în'dûreyt; s. în'dûrît) f., s. katı-
laştırmak, sertleştirmek; duygusuzlaştırmak;
dayanıklı kılmak; s. katı, sert; duygusuz.

in.du.si.um (indu'ziyım) i., bot. eğreltiotu-
nun spor keselerini örten zarf; zool. böce-
ğin sürfe kesesi. indusial s. böyle zarf veya
keseye ait.

in.dus.tri.al (indʌs'triyıl) s. sanayie ait, sınaî,
endüstriyel. industrial arts sanayide kul-
lanılan teknik yetenekler. industrial de-
sign fabrika ürünü eşyanın güzel ve kul-
lanışlı olmasını sağlayan tatbikî güzel sa-
natlar kolu. industrial disease bir sanayi
kolunda çalışan işçilere özgü hastalık. in-
dustrial engineer fabrikanın düzeni ve
çalışması ile meşgul olan mühendis. in-
dustrial exhibition sanayi mamulâtı ser-
gisi. industrial law sanayi kanunları. in-
dustrial relations işveren ile işçiler ara-
sındaki ilişkiler. Industrial Revolution
sanayi devrimi (Avrupa, 19. yüzyıl). indus-
trial school teknik okul; özellikle mahkûm
çocuklara ayrılan sanayi okulu. industrial
union belirli bir sanayi koluna bağlı işçi-
lerin mensup olduğu sendika. industri-
ally z. sanayi bakımdan.

in.dus.tri.al.ism (indʌs'triyılîzım) i. sanayii
temel olarak kabul eden iktisadî sistem.

in.dus.tri.al.ist (indʌs'triyılîst) i. sanayide
mevki sahibi, fabrika sahibi, fabrika yöne-
ticisi.

in.dus.tri.al.ize (indʌs'triyılayz) f. sanayileş-
tirmek.

in.dus.tri.ous (indʌs'triyıs) s. çalışkan, gay-
retli. industriously z. çalışkanlıkla.

in.dus.try (in'dıstri) i. sanayi, endüstri; ça-
lışkanlık, gayret; iş, meşguliyet.

in.dwell (indwel') f. (indwelt) iskân etmek;
nüfuz etmek.

in.e.bri.ant (ini'briyınt) s., i. sarhoş edici; i.
sarhoş eden şey.

in.e.bri.ate (f. ini'briyeyt; s., i. ini'briyît) f., s.,
i. sarhoş etmek, mest etmek; s. sarhoş, mest;
i. sarhoş kimse. inebria'tion i. sarhoş ol-
ma. inebri'ety i. sarhoşluk, ayyaşlık.

in.ed.i.ble (ined'ıbıl) s. yenmez.

in.ef.fa.ble (inef'ıbıl) s. sözü edilmez, ağıza
alınmaz (kutsal); tarif olunamaz, anlatımı
olanaksız, söylenemez. ineffably z. sözü
edilemeyecek şekilde.

in.ef.face.a.ble (inifey'sıbıl) s. silinemez. inef-
faceably z. silinemez surette.

in.ef.fec.tive (inifek'tîv) s. tesirsiz, bekle-
nilen tesiri göstermeyen, iyi tesir bırakma-
yan, faydasız, kabiliyetsiz. ineffectively
z. netice vermeden, sonuç vermeden.

in.ef.fec.tu.al (inifek'çuwıl) s. tesirsiz, fay-
dasız, boş, başarısız. ineffectually z. bo-
şuna, faydasızca.

in.ef.fi.ca.cious (inefıkey'şıs) s. istenilen te-
siri uyandırmayan, etkisiz, kifayetsiz, yeter-
siz. inef'ficacy i. kifayetsizlik, yetersiz-
lik, tesirsizlik.

in.ef.fi.cient (inifîş'ınt) s. etkisiz, tesirsiz; az
verimli, imkânına göre randımanı az, iyi ça-
lışmayan, istenilen neticeyi vermeyen, eh-
liyetsiz. inefficiently z. etkisiz bir şekilde.
inefficiency i. etkisizlik; randıman dü-
şüklüğü.

in.e.las.tic (inilâs'tîk) s. elastikiyetsiz, esnek
olmayan, çekilip uzamayan; uydurulama-
yan. inelastic'ity i. esnek olmayış.

in.el.e.gant (inel'ıgınt) s. zarif olmayan, za-
rafetsiz, çirkin. inelegance, inelegancy
i. zarafetsizlik. inelegantly z. inceliği bir
yana bırakarak, zarafetsiz olarak.

in.el.i.gi.ble (inel'ıcıbıl) s. katılma hakkı ol-
mayan; herhangi bir makam için yeterli ni-
telikleri olmayan. ineligibil'ity i. katılma
hakkı olmayış; yeterli nitelikleri olmayış.

in.e.luc.ta.ble (inilʌk'tıbıl) s. kaçınılamaz, ber-
taraf edilemez.

in.ept (inept') s. uygun olmayan; beceriksiz,
hünersiz, toy. ineptitude i. beceriksizlik.
ineptly z. hünersizce.

in.e.qual.i.ty (inikwal'ıti) i. eşitsizlik, farklı-
lık; değişebilirlik.

in.eq.ui.ta.ble (inek'wîtıbıl) s. insafsız, hak-
sız, adalete aykırı. inequitably z. adalet-
sizce.

in.eq.ui.ty (inek'wıti) i. insafsızlık, haksızlık.

in.e.rad.i.ca.ble (inirâd'ıkıbıl) s. sökülemez,
kökünden çıkarılamaz, giderilmesi olanak-
sız. ineradicably z. sökülüp atılmaz su-
rette, çıkarılamaz surette.

in.er.ra.ble (iner'ıbıl) s. yanılmaz, hatasız. iner-
rabil'ity i. yanılmazlık. iner'rably z. ya-
nılmadan.

in.er.rant (iner'ınt) s. yanılmaz, hataya düş-
mez. inerrancy i. yanılmazlık.

in.ert (înırt') s. süreduran, hareketsiz; ağır; tembel; *kim.* tesirsiz. inertly z. süredurum halinde. inertness *i.* süredurum.

in.er.tia (înır'şı) *i., fiz.* atalet, süredurum. inertial guidance ciroskopla idare (roket, uçak).

in.es.cap.a.ble (înıskey'pıbıl) s. kaçınılamaz.

in es.se (in es'i) *Lat.* fiilen mevcut olan, var olan.

in.es.sen.tial (înisen'şıl) s. gerekli olmayan, gereksiz.

in.es.ti.ma.ble (înes'tımıbıl) s. hesaba sığmaz; paha biçilmez, takdiri imkânsız; çok kıymetli. inestimably z. hesaba gelmez derecede.

in.ev.i.ta.ble · (înev'ıtıbıl) s. kaçınılamaz, sakınılamaz, çaresiz, menedilemez. inevitabil'ity, inev'itableness *i.* kaçınılmazlık. inev'itably z. kaçınılamaz surette.

in.ex.act (în'igzäkt') s. tam doğru olmayan, yanlış, hatalı; hakikatten farklı, hakikî rakam veya ölçüden farklı. inexactly z. tam doğru olmayarak. inexactness *i.* tam doğru olmama.

in.ex.cus.a.ble (înikskyu'zıbıl) s. mazur görülemez, affedilemez, mazeret kabul etmez. inexcusably z. affedilemez surette.

in.ex.e.cu.tion (îneksıkyu'şın) *i.* icra etmeyiş, bir işi yerine getirmeyiş.

in.ex.haust.i.ble (înigzôs'tıbıl) s. tükenmez, tüketilemez, arkası alınamaz; yorulmaz. inexhaustibly z. bitip tükenmeden, yorulmayarak.

in.ex.is.tent (înigzis'tınt) s. mevcudiyeti olmayan, varlığı olmayan. inexistence, -cy *i.* yokluk.

in.ex.o.ra.ble (înek'sırıbıl) s. yalvarışa kulak vermez, amansız, merhametsiz; değiştirilemez. inexorably z. yalvarışa aldırmayarak; karşı konulmaz şekilde.

in.ex.pe.di.ent (înikspi'diyınt) s. münasebetsiz, uymaz, tedbire aykırı.

in.ex.pen.sive (înikspen'siv) s. ucuz, masrafı az. inexpensively z. ucuza.

in.ex.pe.ri.ence (înikspîr'iyıns) *i.* tecrübesizlik, görgüsüzlük, acemilik. inexperienced s. tecrübesiz, acemi.

in.ex.pert (înek'spırt) s. acemi, tecrübesiz, eli yakışmaz.

in.ex.pi.a.ble (înek'spiyıbıl) s. kefaretle ödenemez, affı imkânsız.

in.ex.pli.ca.ble (îneks'plîkıbıl) s. sebebi anlaşılmaz, izah edilemez, açıklanamaz. inexplicably z. açıklanamayacak surette.

in.ex.plic.it (îniksplîs'ît) s. çapraşık, muğlak.

in.ex.press.i.ble (înikspres'ıbıl) s. tarif olunamaz, anlatılamaz, ifade edilemez. inexpressibly z. tarif edilemez surette.

in.ex.press.ive (înikspres'îv) s. anlatımsız, ifade etmeyen.

in.ex.pug.na.ble (îniksp^g'nıbıl) s. zaptolunamaz, hücumla alınamaz.

in ex.ten.so (in iksten'so) *Lat.* tam olarak, tamamen, kısaltılmamış olarak, etraflıca.

in.ex.tin.guish.a.ble (îniksting'gwîşıbıl) s. söndürülemez, bastırılamaz.

in.ex.tir.pa.ble (înikstır'pıbıl) s. kökünden sökülemez, kökleşmiş.

in ex.tre.mis (in ikstri'mîs) *Lat.* ölüm döşeğinde.

in.ex.tri.ca.ble (îneks'trîkıbıl) s. sökülemez, içinden çıkılmaz, ayrılamaz derecede karışmış. inextricably z. içinden çıkılmaz surette.

inf. *kıs.* below, inferior, infinitive, information.

in.fal.li.ble (înfäl'ıbıl) s. yanılmaz, şaşmaz, hata yapmaz. infallibil'ity *i.* yanılmazlık. infal'libly z. yanılmadan.

in.fa.mous (în'fımıs) s. adı kötüye çıkmış; rezil, kepaze; ayıp, çok çirkin. infamously z. rezaletle, rezilcesine. infamousness *i.* rezillik.

in.fa.my (în'fımi) *i.* rezalet, alçaklık, şenaat; *huk.* ağır suç yüzünden kanunî haklardan mahrum olma.

in.fan.cy (în'fınsi) *i.* bebeklik, çocukluk; *huk.* rüştten önceki zaman, küçüklük; başlangıç.

in.fant (în'fınt) *i., s.* bebek, küçük çocuk; *huk.* reşit olmayan kimse; s. küçük.

in.fan.ta (înfän'tı) *i.* Portekiz veya İspanya prensesi.

in.fan.te (înfän'tey) *i.* Portekiz ve İspanya'da veliahttan başka kral hanedanından herhangi bir prens.

in.fan.ti.cide (înfän'tısayd) *i.* yeni doğan çocuğu öldürme; çocuk öldüren kimse.

in.fan.tile, in.fan.tine (în'fıntayl, -tin) s. çocuğa ait, çocukça, çocuğa benzer. infantile paralysis *tıb.* çocuk felci.

in.fan.til.ism (înfän'tılîzım) *i.* yetişkinde anormal çocukluk emaresi, gelişmemişlik; yetişkinde çocukça davranış.

in.fan.try (în'fıntri) *i.* piyade, yaya asker. **light infantry** hafif piyade askeri. **mounted infantry** süratli gitmek için at veya arabaya binen fakat piyade olarak dövüşen asker. **infantryman** *i.* piyade, yaya er.

in.fat.u.ate (înfäç'uweyt) *f.* aklını çelmek, çıldırtmak, meftun etmek, aşırı sevdaya düşürmek. **infatua'tion** *i.* delicesine sevdaya tutulma.

in.fect (înfekt') *f.* bulaştırmak, hastalığı sirayet ettirmek; bozmak; *huk.* ifsat etmek; herhangi bir hissi sirayet ettirmek. **infection** *i.* bulaşma, bulaştırma, sirayet, geçme.

in.fec.tious (înfek'şıs) *s.* bulaşıcı, sâri; bulaştırıcı; bozucu, ifsat edici; başkalarına kolay geçen (gülme, neşe). **infectiously** *z.* bulaşıcı olarak, başkalarına kolay geçebilir şekilde.

in.fe.cund (înfi'kınd) *s.* kısır.

in.fe.lic.i.tous (înfılîs'ıtıs) *s.* fena ifade olunmuş, beceriksizce yapılan, münasebetsiz; hoşnutsuz.

in.fe.lic.i.ty (înfılîs'ıti) *i.* uygun olmayan söz veya davranış; talihsizlik, hoşnutsuzluk.

in.fer (înfır') *f.* (-red, -ring) anlamak, çıkarmak, istidlâl etmek; göstermek; ifade etmek; netice çıkarmak.

in.fer.ence (în'fırıns) *i.* netice çıkarma, mana çıkarma; *man.* çıkarsama; netice, sonuç.

in.fer.en.tial (înfıren'şıl) *s.* sonuç olarak çıkarılabilir. **inferentially** *z.* istidlâl edilerek, dolayısıyle anlayarak.

in.fe.ri.or (înfîr'iyır) *s., i.* aşağı; adi, bayağı; mevki veya rütbede aşağı; ikinci derecede, ehemmiyeti az; *astr.* güneş ve dünya arasında olan; ufkun altında olan; *bot.* başka organın altında yetişen, alt; *matb.* harflerin veya satırların altına dizilen; *i.* aşağı derecede olan kimse veya şey.

in.fe.ri.or.i.ty (înfîriyôr'ıti) *i.* aşağılık, adilik, bayağılık, kıymetçe aşağılık. **inferiority complex** aşağılık kompleksi. **inferiority feeling** aşağılık duygusu.

in.fer.nal (înfır'nıl) *s.* cehennemî, şeytani, cehenneme ait; iğrenç, melun. **infernal machine** suikast bombası. **infernally** *z.* şeytancasına; aşırı olarak.

in.fer.no (înfır'no) *i.* cehennem; cehennem gibi yer.

in.fer.tile (înfır'tîl) *s.* çorak, mahsulsüz, verimsiz; kısır. **infertil'ity** *i.* verimsizlik; kısırlık.

in.fest (înfest') *f.* zarar verecek kadar bir yerde çok olmak, zarar vermek; (bit, kurt) istilâ etmek, etrafı sarmak.

in.fes.ta.tion (infestey'şın) *i.* istilâ (bit, kurt).

in.fi.del (în'fîdıl) *s., i.* imansız, mümin olmayan, kâfir; *i.* kâfir kimse.

in.fi.del.i.ty (înfîdel'ıti) *i.* sadakatsizlik, hıyanet; zina; imansızlık; küfür.

in.field (în'fîld) *i., beysbol* dört esas hat dahilindeki saha, bu sahada oynayan oyuncular; çiftlik evine yakın tarla. **infielder** *i., beysbol* iç sahada oynayan oyuncu.

in.fil.trate (înfil'treyt) *f.* süzülmek, sızıp içeri geçmek; süzmek; *ask.* nüfuz etmek, düşman hatlarına gizlice girmek. **infiltration** *i.* süzme, süzülme.

infin. *kıs.* infinitive.

in.fin.ite (în'fınît) *s., i.* hudutsuz, nihayetsiz, sonsuz; bitmez, tükenmez, sayıya gelmez; pek çok; küllî; mutlak; *i.* sonsuz saha, sonsuzluk. **Infinite Being** Sonsuz Varlık, Cenabı Hak. **infinite pains** sonsuz gayret. **infinite time** ebediyet. **infinitely** *z.* son derecede.

in.fin.i.tes.i.mal (înfînıtes'ımıl) *s., i.* bölünemeyecek kadar küçük, parçalara ayrılamayan; *i., mat.* hududu sıfıra yaklaşan miktar. **infinitesimally** *z.* pek az, hemen hiç gibi, son derecede (küçük).

in.fin.i.tive (înfîn'ıtîv) *s., i., gram.* mahdut olmayan; mastara ait; *i.* mastar. **split infinitive: "to quickly report"** cümleciğinde olduğu gibi zarf ile iki kısma ayrılmış mastar.

in.fin.i.tude (înfîn'ıtud) *i.* hudutsuzluk, mahdut olmayış, sonsuzluk.

in.fin.i.ty (înfîn'ıti) *i.* hudutsuzluk, nihayetsizlik; *geom.* yakın bir hat veya sahanın hudutsuzluk içinde kaybolan tarafı; *mat.* sonsuzluk.

in.firm (înfırm') *s.* zayıf, kuvvetsiz, halsiz; sebatsız metanetsiz. **infirmity** *i.* zayıflık; hastalık; sakatlık; ahlâk bozukluğu. **infirmness** *i.* zayıflık, kuvvetsizlik. **infirmly** *z.* zayıf bir şekilde.

in.fir.ma.ry (înfır'mıri) *i.* (okul, fabrikada) revir; hastane; klinik.

in.fix (înfîks') *f.* bir şeyin içine tutturmak, içine geçirip bağlamak; sağlamca yerleştirmek.

in.fix (înfîks') *i., gram.* asıl kelimenin ortasına konan ek.

in fla.gran.te de.lic.to (în flıgrän'ti dilik'to) *Lat.* cürmü meşhut halinde, suçüstü.

in.flame (înfleym') *f.* alevlendirmek, tahrik etmek; öfkelendirmek; *tıb.* iltihaplandırmak; alevlenmek, ateş almak, tutuşmak.

in.flam.ma.ble (înfläm'ıbıl) *s., i.* ateş alır, tutuşur, parlar; kolay kızdırılır (madde). **inflammabil'ity** *i.* tutuşabilme.

in.flam.ma.tion (înflımey'şın) *i.* alevlendirme, tutuşma; *tıb.* kızarma; *tıb.* iltihaplanma, iltihap. **inflammatory** (înfläm'ıtôri) *s.* tahrik edici, alevlendirici; kızdırıcı.

in.flate (înfleyt') *f.* hava ile şişirmek; gururlandırmak; piyasaya çok sayıda kâğıt para çıkarmak. **inflatable** *s.* şişirilebilir. **inflated** *s.* şişmiş, şişirilmiş; enflasyon haline getirilmiş. **inflation** *i.* enflasyon, para şişkinliği; şişkinlik. **inflationist** *i.* enflasyon usulü taraftarı.

in.flect (înflekt') *f.* ses tonunu değiştirmek; eğmek; *gram.* tasrif etmek, çekmek.

in.flec.tion, *İng.* in.flex.ion (înflek'şın) *i.* sesin yükselip alçalması; bükülme, eğilme, eğrilik; *gram.* çekim, büküm; *mat.* yayın içbükeylikten dışbükeyliğe veya aksine değişmesi.

in.flex.i.ble (înflek'sıbıl) *s.* eğilmez, çok sert; inatçı; sebatlı, bir kararda. **inflexibil'ity** *i.* eğilmezlik. **inflex'ibly** *z.* eğilmeyerek.

in.flict (înflîkt') *f.* vermek (ağrı, acı, ceza). **inflic⁺ a punishment on a person** birini cezaya çarptırmak.

in.flic.tion (înflîk'şın) *i.* ceza, eziyet.

in.flo.res.cence (înflıres'ıns) *i.* çiçek açma; top halinde çiçek açma; çiçeklerin sapları üzerinde umumî duruşları.

in.flow (în'flo) *i.* içeriye akış. **inflow pipe** içeri akıtma borusu, verici boru.

in.flu.ence (în'fluwıns) *i., f.* nüfuz, baskı, tesir, etki, hüküm; sözü geçen kimse, tesir eden kimse veya şey; *slang* piston; *f.* tesir etmek, sözünü geçirmek; müessir olmak. **undue influence** *huk.* gereksiz tesir. **under the influence** *k.dili* sarhoş.

in.flu.en.tial (înfluwen'şıl) *s.* tesirli; sözü geçen.

in.flu.en.za (înfluwen'zı) *i.* grip hastalığı, salgın nezle, enflüanza; *bayt.* hayvanlara mahsus bir çeşit enflüanza.

in.flux (în'flʌks) *i.* içeriye akma, akın; nehir ağzı.

in.fold *bak.* enfold.

in.form (înfôrm') *f.* bilgi vermek, haber vermek, söylemek, bildirmek; şekil vermek, canlandırmak; fikrini açmak; **against** *veya* **on** *ile* ihbar etmek.

in.for.mal (înfôr'mıl) *s.* teklifsiz, resmî olmayan, merasimsiz; resmî elbise gerektirmeyen; konuşma diline özgü. **informal'ity** *i.* teklifsizlik. **informally** *z.* teklifsiz olarak, gayri resmî olarak.

in.form.ant (înfôr'mınt) *i.* haber veren kimse, malumat veren kimse.

in.for.ma.tion (înfırmey'şın) *i.* malumat, bilgi, haber; *huk.* şikâyet; danışma.

in.form.a.tive (înfôr'mıtîv) *s.* bilgi verici, aydınlatıcı, eğitici.

in.formed (înfôrmd') *s.* bilgili, tahsilli.

in.form.er (înfôr'mır) *i.* jurnalcı, müzevir kimse; ele veren kimse.

in.frac.tion (înfräk'şın) *i.* suç, kurala veya kanuna karşı hareket, kuralları bozma.

in.fra dig.ni.ta.tem (înfrı dignıtey'tım) *Lat.* bir insanın üstüne yakışmayan, yakışıksız, *İng., k.dili* **infra dig.**

in.fran.gi.ble (înfrän'cıbıl) *s.* kırılamaz; bozulamaz.

in.fra.red (înfrıred') *s., i.* enfraruj, kızılötesi olan; *i.* kızılötesi ışınlar.

in.fre.quent (înfri'kwınt) *s.* nadir, az bulunur, her zaman olmayan, seyrek. **infrequency** *i.* seyreklik. **infrequently** *z.* seyrek olarak, nadiren.

in.fringe (înfrînc') *f.* bozmak, ihlâl etmek; tecavüz etmek, karşı gelmek. **infringement** *i.* tecavüz; sakatlama, bozma; bir hakkın ihlâli.

in.fun.dib.u.lar, -u.late, -u.li.form (înfındib'yılır, -yıleyt, -yılıfôrm) *s.* huni şeklinde.

in.fu.ri.ate (înfyûr'iyeyt) *f.* çıldırtmak, çok kızdırmak, çok öfkelendirmek.

in.fuse (înfyuz') *f.* aşılamak; telkin etmek, ilham etmek; içine dökmek veya akıtmak; demlendirmek (çay). **infusive** *s.* tesir edici; ilham veren; demlendirici.

in.fus.i.ble (înfyu'zıbıl) *s.* eritilmez, birleştirilemez; karıştırılabilir, içine dökülebilir.

in.fu.sion (înfyu'jın) *i.* içine dökme veya akıtma; içine dökülme; karıştırma, katma; demlendirme; kaynamış içecek (çay veya ilâç); *tıb.* damarlara zerketme.

in.fu.sor.i.an (înfyûsôr'iyın) *i.* ufak ve tek hücreli hayvan, haşlamlı. **infusorial** *s.* haşlamlılarla dolu (toprak).

-ing *sonek* kök fiildeki hareketi belirtme: **fishing** balık tutma; **a singing bird** ötücü kuş; **drinking fountain** su içilen çeşme.

in.gath.er.ing (în gädh'ırîng) *i.* hasadı toplama, devşirme.

in.gem.i.nate (incem'ıneyt) *f.* tekrarlamak.

in.gen.ious (încin'yıs) *s.* hünerli, marifetli; zeki, usta; usta işi, maharetle yapılmış. **ingeniously** *z.* maharetle, ustalıkla. **ingeniousness** *i.* maharet, ustalık.

in.gé.nue (änjınu') *i., Fr.* saf kız; sahnede saf kız rolü yapan kadın oyuncu.

in.ge.nu.i.ty (încınu'wıti) *i.* yaratıcılık; maharet, hüner, marifet.

in.gen.u.ous (încen'yuwıs) *s.* açık yürekli, samimî, candan; masum, saf. **ingenuously** *z.* açık yüreklilikle. **ingenuousness** *i.* açık yüreklilik.

in.gest (încest') *f.* midesine indirmek (yemek).

in.glo.ri.ous (în'glôr'iyıs) *s.* ayıp, şerefsiz, utandırıcı.

in.go.ing (în'gowîng) *s., i.* içeriye giren; memuriyete başlayan; *i.* içeri girme, başlama.

in.got (îng'gıt) *i.* külçe.

in.grain (în.greyn') *f., s.* kökleştirmek, yer etmek; ham iken boyamak, dokunmadan boyamak; *s.* kökleşmiş; ham iken boyanmış. **ingrain carpet** dokunmadan boyanmış halı. **ingrained** *s.* kökleşmiş, tam.

in.grate (în'greyt) *i.* nankör kimse.

in.gra.ti.ate (în.grey'şiyeyt) *f.* sevdirmek; sevgisini kazanmak. **ingratiate oneself with a person** yağcılık yaparcasına birisine sokulmak.

in.grat.i.tude (în.grät'ıtud) *i.* nankörlük, iyilik bilmeyiş.

in.gra.ves.cent (în.grıves'ınt) *s., tıb.* şiddeti yavaş yavaş artan, ağırlaşan (hastalık).

in.gre.di.ent (în.gri'diyınt) *i.* bir karışımdaki maddelerden her biri, cüz.

in.gress (în'gres) *i.* girme; girme yetkisi; girilecek yer; *astr.* güneş tutulduğu zaman ayın arz gölgesi içine girmesi, bir gezegenin arz ve güneş arasından geçerken güneş dairesinde ilk görünüşü.

in.gres.sion (în.greş'ın) *i.* giriş, giriş hakkı.

in-group (în'grup) *i., sosyol.* üyelerinin karşılıklı bir dayanışma içinde olduğu herhangi bir grup.

in.grow.ing (în'growîng) *s.* bir şeyin içine doğru büyüyen.

in.grown (în'gron) *s.* içine batmış. **ingrown nail** etin içine gömülerek büyüyen ayak tırnağı, batan tırnak.

in.gui.nal (îng'gwınıl) *s.* kasığa ait.

in.gulf *bak.* **engulf.**

in.gur.gi.tate (în.gır'cıteyt) *f.* oburcasına yutmak.

in.hab.it (înhäb'ît) *f.* sakin olmak, ikamet etmek, içinde oturmak. **inhabitable** *s.* içinde oturulur, oturmaya elverişli.

in.hab.i.tan.cy (înhäb'ıtınsi) *i.* ikamet, sakin olma; mesken, ev.

in.hab.i.tant (înhäb'ıtınt) *i.* (bir yerde) ikamet eden kimse.

in.ha.lant (înhey'lınt) *i.* solukla içeriye çekilen ilâç.

in.ha.la.tion (înhıley'şın) *i.* solukla içeriye çekme, teneffüs; solukla içeriye çekilen ilâç.

in.hale (înheyl') *f.* solukla içeriye çekmek, teneffüs etmek, nefes almak; içmek; sigara dumanını içine çekmek. **inhaler** *i.* solukla içeriye çeken kimse; solukla içeri çekmeye mahsus ilâçları veren alet.

in.har.mo.ni.ous (înharmo'niyıs) *s.* uyumlu olmayan, uyumsuz, ahenksiz; müzik yöntemine aykırı, kötü sesli. **inharmoniously** *z.* uyumsuz olarak.

in.here (înhîr') *f.* bir şeye bağlı olmak, meydana gelmesi zorunlu olmak, oluşu zorunlu olmak, tabiatında var olmak. **inherence, -cy** *i.* doğal olarak veya aslında bulunma.

in.her.ent (înhîr'ınt, -her'-) *s.* tabiatında var olan. **be inherent in a thing** bir şeyin aslında veya tabiatında mevcut bulunmak. **inherently** *z.* tabiatında, doğal olarak, doğuştan.

in.her.it (înher'ît) *f.* miras almak, kalıt almak; vâris olmak. **inheritor** *i.* vâris.

in.her.it.a.ble (înher'ıtıbıl) s. miras kalması mümkün olan, irsî, kalıtımla geçebilir.

in.her.i.tance (înher'ıtıns) i. miras, kalıt; *huk.* veraset; kalıt alma.

in.he.sion (înhi'jın) i. tabiatında veya aslında mevcut bulunma.

in.hib.it (înhî'bît) f. tutmak, bırakmamak, mâni olmak, kendini çekmek. inhibited s. ruhsal etkenler yüzünden hareketlerinde serbest olmayan, çekingen. inhibitory s. menedici.

in.hi.bi.tion (înhîbîş'ın) i. tutan şey, bırakmayan özellik; yasak, memnuiyet; *psik.* etrafın tesiri ile hareketlerdeki çekingenlik.

in hoc sig.no vin.ces (în hok sîg'no vîn'siz) *Lat.* Bu âlemle utkulu olacaksın. (Büyük Kostantin'in ibaresi).

in.hos.pi.ta.ble (înhas'pîtıbıl, înhaspît'ıbıl) s. misafir kabul etmez, konuk sevmez, misafir sevmez; barınak olmayan (yer). inhospitably z. soğuk davranarak. inhospitableness i. misafir sevmezlik, soğuk muamele.

in.hos.pi.tal.i.ty (înhaspîtäl'ıti) i. misafir sevmezlik, soğuk muamele.

in-house (în'haus') s. bir firmanın içinde olan, yapılan veya neşredilen.

in.hu.man (înhyu'mın) s. insanlık dışı, merhametsiz, şefkatsiz, zalim; kıyıcı. inhumanly z. insafsızca. inhuman'ity i. insaniyetsizlik.

in.hu.mane (înhyumeyn') s. zalim; ilgisizlik veya bilgisizlikten dolayı başkalarına veya hayvanlara eziyet eden.

in.hume (înhyum') f. gömmek, defnetmek.

in.im.i.cal (înîm'îkıl) s. düşman, hasım, zıt, muhalif, karşıt; ters, uygunsuz. inimically z. düşmanca.

in.im.i.ta.ble (înîm'ıtıbıl) s. taklit edilemez, yansılanamaz, aynı yapılamaz, benzetilemez; eşsiz, misli bulunmaz. inimitabil'ity i. taklit edilemez hal. inimitably z. taklit edilemez surette.

in.iq.ui.tous (înîk'wıtıs) s. günahkâr, haksız, kötü, kanuna aykırı. iniquitously z. günahkârca; haksızca.

in.iq.ui.ty (înîk'wıti) i. günah; kötülük; haksızlık, adaletsizlik.

in.i.tial (înîş'ıl) s., i., f. (-ed, -ing *veya* -led, -ling) baştaki, birinci, evvelki; i. kelimenin ilk harfi; kıta başındaki büyük harf; f. kısa

imza atmak. **Initial Teaching Alphabet** okumayı öğrenmek için İngilizce bir fonetik alfabe. initially z. başlangıçta, evvelâ.

in.i.ti.ate (f. înîş'iyeyt; i. înîş'iyît) f.,i. başlatmak; alıştırmak, göstermek; üyeliğe kabul etmek; i. üyeliğe yeni kabul edilmiş kimse; bir grubun sırlarını ve âdetlerini bilen kimse.

in.i.ti.a.tion (înîşiyey'şın) i. üyeliğe kabul töreni; başlatma, başlayış. initiator i. başlatan kimse.

in.i.tia.tive (înîş'ıtîv) s., i. sebep olan, başlatan, teşvik edici; i. başlama yetkisi; başlama kabiliyeti veya hevesi, kişisel teşebbüs, öncelik.

in.i.ti.a.to.ry (înîş'iyıtôri) s. tanıtıcı, başlatan, başlangıç türünden.

in.ject (încekt') f. içeri atmak; sokuşturmak; şırınga etmek, enjeksiyon yapmak. injector i. enjeksiyon yapan kimse veya şey; *mak.* enjektör.

in.jec.tion (încek'şın) i. içeri atma; içeriye atılan şey; *tıb.* enjeksiyon, zerk; *mak.* islim kazanına soğuk su sıkma; konu dışı bir fikri ortaya atma. **injection cock** püskürtme musluğu. **injection engine** soğuk su sıkarak islimi yoğunlaştıran makina, kondanseli makina. **injection nozzle** püskürtücü. **injection pipe** püskürtme borusu. **hypodermic injection** deri altına yapılan iğne.

in.ju.di.cious (încudîş'ıs) s. tedbirsiz, akılsız, basiretsiz. injudiciously z. tedbirsizce.

in.junc.tion (încʌngk'şın) i. emir, uyarma, öğüt; emir verme, yasak etme; *huk.* taraflardan birine belirli bir davranışta bulunmamasını emreden karar.

in.jure (în'cır) f. incitmek, fenalık etmek, zarar vermek; bozmak, ihlâl etmek; rencide etmek, haksızlık etmek.

in.ju.ri.ous (încûr'iyıs) s. zararlı, dokunur, muzır, rencide edici, haksız; yeren, yerici (sözler), aşağılayıcı, onur kırıcı. injuriously z. zararı dokunacak biçimde, inciterek. injuriousness i. zarar, zarar verme.

in.ju.ry (în'cıri) i. zarar, ziyan, hasar; eza, üzgü; haksızlık; yara.

in.jus.tice (încʌs'tîs) i. haksızlık, insafsızlık, adaletsizlik.

ink (îngk) i., f. mürekkep; mürekkepbalığının çıkardığı siyah sıvı; f. üstüne mürekkep sürmek; mürekkep bulaştırmak. **ink bag** mürekkepbalığının mürekkep torbası. **ink-horn** *i.* boynuzdan yapılan eski biçim mürekkep hokkası. **ink in** kurşun kalemle çizilmiş veya yazılmış şeyleri mürekkeplemek. **ink pad** ıstampa. **ink up** mürekkeple koyulaştırmak. **inkwell** *i.* okul sıralarındaki mürekkep hokkası. **indelible ink** solmaz veya çıkmaz mürekkep. **invisible ink** gözle görülmeyen ancak ısı veya kimyasal yöntemlerle belli olan mürekkep. **printer's ink** matbaa mürekkebi. **solid ink** kalıp şeklinde kuru mürekkep.

ink.ling (îngk'lîng) *i.* ima, işaret; seziş, kuşku.

ink.y (îng'ki) *s.* mürekkepli, mürekkep gibi, simsiyah. **inkiness** *i.* mürekkeplilik, simsiyahlık.

in.laid (în'leyd) *s.* kakma, işleme ile süslü.

in.land (în'lınd) *i., s., z.* bir memleketin denizden uzak yerleri; memleketin içerisi, dahil; *s.* memleketin içeri kısımları olan, dahilî, denizden uzak; *z.* içeriye doğru, içerilerde, denizden uzakta. **Inland Sea** Japon adaları ile çevrilmiş kapalı deniz. **inlander** *i.* memleketin iç tarafında oturan kimse.

in-law (în'lô) *i., k.dili* evlilik vasıtası ile yakın akraba.

in.lay (în'ley, înley') *f.* (**inlaid**) içine kakmak, kakma işlemek; bir resim veya sayfayı kâğıt veya mukavvadan çerçeve içine koymak.

in.lay (în'ley) *i.* kakma işi; *dişçi.* dolgu.

in.let (în'let) *i.* koy, küçük körfez; giriş, girilecek yer; kakılmış parça veya şey.

in lo.co pa.ren.tis (în lo'ko pıren'tîs) *Lat.* ana veya baba yerinde.

in.ly (în'li) *z., şiir* yürekte, içte, derunen; içten, bütün yürekten, can ve gönülden, tamamen.

in.mate (în'meyt) *i.* hapishane veya akıl hastanesinde bulunan kimse; sakin; başkası ile aynı evde oturan kimse; birlikte oturan kimse.

in me.di.as res (în mi'diyıs riz) *Lat.* ortasında, asıl bahse veya işe (girişmek).

in me.mo.ri.am (în mımôr'iyım) *Lat.* hatırasına, anısına.

in.most (în'most) *s.* en içeride olan, dahilî, derunî.

inn (în) *i.* han, otel; Londra'da bazı binaların isimlerinde talebe yurdu manasına gelir. **innkeeper** *i.* hancı, otelci. **Inns of Court** Londra'da avukatlık stajını yapma hakkını

veren dört belli cemiyet; bu cemiyetlere ait binalar.

in.nards (în'ırdz) *i., çoğ., k.dili* iç kısımlar, iç organlar (makina, vücut).

in.nate (în'eyt, îneyt') *s.* tabiî, yaradılıştan olan, doğuştan, tanrı vergisi. **innately** *z.* doğuştan olarak. **innateness** *i.* doğuştan olma.

in.ner (în'ır) *s.* içerideki, dahilî, iç; ruhanî; gizli, saklı. **inner circle** iç grup, en imtiyazlı danışman grubu. **inner significance** derin veya gizli mana. **inner city** şehrin merkezinde fakirlerin oturduğu mahalle. **inner -city** *s.* şehrin iç mahallesine ait. **inner space** denizaltı uzamı; zihnin şuuraltı kısmı. **inner voice** *müz.* soprano ile baso arasındaki orta ses. **the inner man** insanın derunu, ruh, içyüz, vicdan; *şaka* mide, iştah. **inner tube** iç lastik. **innermost** *s.* en içerideki, en içteki.

in.ner.vate, in.nerve (înır'veyt, înırv') *f.* sinirlerini kuvvetlendirmek; metanet ve cesaret vermek; canlandırmak.

in.ning (în'îng) *i., beysbol* her iki taraf oyuncularının birer vuruş sırası, beysbolda iki tarafın sıra ile vurucu mevkiine gelmesi. **innings** *i., kriket* bir tarafın on oyuncusu oyun dışı edilinceye kadar vuruş sıraları; bir parti veya bireyin iktidar mevkiinde bulunduğu devre; sıra, nöbet.

in.no.cence (în'ısıns) *i.* masumiyet, suçsuzluk; safiyet, saflık.

in.no.cent (în'ısınt) *s., i.* masum, suçsuz, kabahatsiz, günahsız, zararsız; saf, aklı ermez; azade; kanunî, hilesiz; *i.* masum kimse veya çocuk; aptal kimse. **innocent amusement** zararsız eğlence. **innocently** *z.* masumca, saflıkla.

in.noc.u.ous (înak'yuwıs) *s.* zararsız, incitmeyen. **innocuously** *z.* zararsızca.

in.nom.i.nate (înam'inît) *s.* adsız, isimsiz. **innominate bone** *anat.* kalça kemiği.

in.no.vate (în'ıveyt) *f.* yenilik çıkarmak, değişiklik yapmak. **innova'tion** *i.* yenilik; icat. **in'novator** *i.* yenilik çıkaran kimse.

in.nox.ious (înak'şıs) *s.* zararsız, zarar vermez. **innoxiously** *z.* zararsızca. **innoxiousness** *i.* zararsızlık.

in.nu.en.do (înyuwen'do) *i.* ima, kinaye; imleme, dolayısıyle anlatma; *huk.* hakaret davasında açıklama.

in.nu.mer.a.ble (înu'mırıbıl) *s.* sayılmaz, sayıya gelmez, hesapsız, pek çok. **innumerably** *z.* sayısız olarak.

in.nu.tri.tion (înutriş'ın) *i.* gıdasızlık. **innutritious** *s.* gıdasız.

in.ob.serv.ant (înıbzır'vınt) *s.* dikkatsiz, etrafına dikkat etmez, dalgın. **inobservance** *i.* dikkatsizlik.

in.oc.u.late (înak'yıleyt) *f.* aşılamak; ağaç aşılamak; *mec.* aşılamak (fikir). **inoculable** *s.* aşılanabilir. **inocula'tion** *i.* aşı; aşılama.

in.o.dor.ous (îno'dırıs) *s.* kokusuz.

in.of.fen.sive (înıfen'sîv) *s.* zararsız, kimseye zarar vermez, dokunmaz, incitmez. **inoffensively** *z.* zararsızca, incitmeyerek. **inoffensiveness** *i.* zararsızlık.

in.of.fi.cious (înıfîş'ıs) *s., huk.* sebepsiz yere asıl mirasçıya zarar veren veya kendisini mirastan düşüren (vasiyetname); vazifesi olmayan.

in.op.er.a.ble (înap'ırıbıl) *s.* ameliyat edilemez; çalıştırılamaz.

in.op.er.a.tive (înap'ırıtîv) *s.* işlemeyen, tesirsiz; boş, hükümsüz.

in.op.por.tune (înapırtun') *s.* zamansız, mevsimsiz, münasebetsiz, uygunsuz, sırasız. **inopportunely** *z.* vakitsizce, uygunsuz zamanda.

in.or.di.nate (înôr'dınît) *s.* aşırı, hadden fazla, oransız; düzensiz. **inordinately** *z.* aşırı olarak.

in.or.gan.ic (înôrgän'îk) *s.* uzvî olmayan, cansız, inorganik. **inorganic chemistry** inorganik kimya. **inorganic substances** inorganik maddeler.

in.os.cu.late (înas'kyıleyt) *f.* dalları bir araya gelip bitişmek (bedendeki damarlar); bir araya getirip bitiştirmek. **inoscula'tion** *i.* bir araya gelip birleşme.

in.pa.tient (în'peyşınt) *i.* hastanede yatan hasta.

in per.pet.u.um (în pırpeç'uwım) *Lat.* ilelebet, ebediyen.

in pet.to (in pet'to) *İt.* yüreğinde, kafasında (gizli plan).

in pos.se (în pas'i) *Lat.* muhtemel, olabilir, imkân dahilinde.

in pro.pri.a per.so.na (în pro'priyı pırso'nı) *Lat.* şahsen, bizzat, kendi şahsında.

in.put (în'pût) *i.* bir makinaya verilen enerji miktarı; bir elektrik cihazına verilen cereyan veya voltaj; bir şahsın yediği yemek miktarı; bir elektronik beyne verilen bilgi.

in.quest (în'kwest) *i.* resmî kontrol ve soruşturma. **coroner's inquest** sebebi bilinmeyen ölümlere ait resmî soruşturma.

in.qui.e.tude (înkway'ıtyud) *i.* rahatsızlık, sükûnetsizlik; endişe, kaygı.

in.quire (înkwayr') *f.* sormak, sual etmek; aramak, araştırmak; soruşturmak, tahkikat yapmak. **inquire about (a thing)** (bir şey) hakkında sual sormak. **inquire after (a person)** bir kimsenin hal ve hatırını sormak. **inquiringly** *z.* cevap beklercesine.

in.quir.y (înkwayr'i, îng'kwıri) *i.* sorgu, soruşturma, araştırma.

in.qui.si.tion (înkwızîş'ın) *i.* soruşturma, araştırma; sorgu, sorguya çekme; *b.h.* Engizisyon mahkemesi. **inquisitional** *s.* Engizisyon veya soruşturma ile ilgili.

in.quis.i.tive (înkwîz'ıtîv) *s.* sual soran, meraklı, mütecessis. **inquisitively** *z.* merakla, tecessüsle. **inquisitiveness** *i.* meraklılık, tecessüs.

in.qui.si.tor (înkwîz'ıtır) *i.* araştırma veya soruşturma yapan kimse; Engizisyon mahkemesi üyesi. **Grand Inquisitor** Engizisyon mahkemesi reisi. **inquisitorial** (înkwîzıtôr'iyıl) *s.* Engizisyona ait. **inquisitorially** *z.* Engizisyon kabilinden.

in re (în ri') *huk.* hakkında.

in rem (în rem') *huk.* şahıslarla ilgili olmayarak.

in.road (în'rod) *i., gen. çoğ.* akın, baskın, saldırı.

in.rush (în'rʌş) *i.* içeriye hücum, baskın.

ins. *kıs.* inches, insulated, insurance.

in.sal.i.vate (însäl'ıveyt) *f.* çiğnerken (yemeğe) tükürük katmak. **insaliva'tion** *i.* tükürük katma.

in.sa.lu.bri.ous (însılu'briyıs) *s.* sağlığa yaramaz, sağlığa dokunur, zararlı. **insalubrity** *i.* sıhhate aykırılık.

in.sane (înseyn') *s.* deli, çıldırmış; delilere mahsus; delice, manasız. **insane asylum** tımarhane. **insane person** deli kimse. **insanely** *z.* delicesine. **insanity** *i.* delilik, cinnet.

in.san.i.tar.y (însän'ıteri) *s.* sağlığa zararlı, pis.

in.sa.tia.ble (însey'şıbıl) *s.* doymak bilmez, doymaz, kanmaz; açgözlü, obur. **insatiableness, insatiabil'ity** *i.* doymazlık, açgözlülük. **insatiably** *z.* kanmayarak.

in.sa.ti.ate (însey'şiyît) s. doymak bilmez, hiç kanmaz, çok obur. **insatiately** z. hiç kanmadan.

in.scribe (înskrayb') f. yazmak, kaydetmek; taşa veya tunca yazıt yazmak, hakketmek; ithaf etmek; *geom.* bir şekil içine dahilen temas etmek üzere bir şekil çizmek.

in:scrip.tion (înskrîp'şın) i. kitabe, yazıt, yazı; ithaf; madalya veya para üzerinde olan yazı.

in.scru.ta.ble (înskru'tıbıl) s. anlaşılmaz, idrak edilemez, esrarlı. **inscrutably** z. anlaşılmaz şekilde.

in.sect (în'sekt) i. böcek, haşere; nefrete lâyık kimse. **insect powder** haşarat tozu.

in.sec.tar.y (în'sekteri) i. böcek beslemeye ve üretmeye mahsus yer.

in.sec.ti.cide (însek'tısayd) i. haşarat ilâcı.

in.sec.ti.val (însektay'vıl) s. haşarat cinsinden, haşarattan ibaret.

in.sec.ti.vore (însek'tıvôr) i. böcekçil hayvan. **insectiv'orous** s. böcek yiyen, böcekçil.

in.se.cure (însıkyûr') s. emniyetsiz, sağlam olmayan, garantili olmayan, tehlikeli; endişeli. **insecurely** z. emin olmayarak, sağlam vaziyette olmayarak. **insecurity** i. emniyetsizlik.

in.sem.i.nate (însem'ıneyt) f. döllemek, ilkah etmek, tohumlamak, tohum ekmek; fikrine sokmak, aşılamak. **insemina'tion** i. dölleme, döllenmiş olma.

in.sen.sate (însen'seyt) s. hissiz, duygusuz; insafsız, merhametsiz; cansız.

in.sen.si.ble (însen'sıbıl) s. hissetmez; hissiz, duygusuz; cansız, baygın; hissolunamaz, farkına varılamaz; yavaş; ilgisiz, aldırış etmeyen. **insensibil'ity** i. duygusuzluk, hissizlik, insafsızlık, merhametsizlik. **insensibly** z. duygusuzca, insafsızca, merhametsizce.

in.sen.si.tive (însen'sıtiv) s. hissetmez, hissiz, duygusuz.

in.sen.ti.ent (însen'şiyınt, -şınt) s. hissi olmayan, hissiz, cansız.

in.sep.a.ra.ble (însep'ırıbıl) s. ayrılmaz; bağlı; *gram.* ayrılmaz surette kullanılan (önekler). **inseparables** i. ayrılamayan şeyler, çok yakın dostlar. **inseparableness** i. ayrılmazlık. **inseparably** z. birbirinden ayrılmaz surette.

in.sert (însırt') f. sokmak, arasına sıkıştırmak, ortasına geçirmek.

in.sert (în'sırt) i. ortaya eklenen şey; kitap ortasına eklenen sayfalar; bir mecmua veya gazete arasına konulan ilâve.

in.ser.tion (însır'şın) i. ekleme; eklenen şey; bir ilânın gazeteye bir defa konması.

in.ses.so.ri.al (însısôr'iyıl) s. tüneyebilen (kuş).

in.set (în'set) i. bir şeyin ortasına konulan parça; ilâve, ek; *coğr.* met.

in.set (inset') f. **(inset, insetting)** bir şeyin ortasına ek koymak.

in.shore (în'şôr) s., z. kıyıya yakın; z. sahile doğru.

in.side (in'sayd, însayd') i., s. iç, iç taraf, dahil; iç yüz; s. iç, içteki, dahilî. **inside information** içeriden sızan haberler. **have the inside track** yarış alanının en iç ve dolayısıyle en kısa kısmına yakın olmak; daha elverişli mevkide olmak. **inside out** tersyüz. **insider** i. içerideki kimse, iç yüzünü bilen kimse. **insides** i. karın ile bağırsaklar, iç organlar, iç kısımlar.

in.side (insayd') z., *edat* içeride, içeriye; *edat* içerisine, içerisinde.

in.sid.i.ous (însîd'iyıs) s. gizlice fırsat kollayan, sinsi; hain, hilekâr. **insidiously** z. sinsice. **insidiousness** i. sinsilik.

in.sight (in'sayt) i. vukuf, anlayış, bir şeyin iç yüzünü kavrama.

in.sig.ni.a (însîg'nıyı) i., *çoğ.*, *Lat.* nişan alâmetleri, nişanlar; rütbe işaretleri.

in.sig.nif.i.cance -can.cy (însîgnîf'ıkıns, -si) i. manasızlık; önemsizlik, ehemmiyetsizlik, değersizlik.

in.sig.nif.i.cant (însîgnîf'ıkınt) s. manasız; önemsiz, ehemmiyetsiz; cüzî, pek az; ufak; değersiz, değmez. **insignificantly** z. önemsiz olarak.

in.sin.cere (însînsîr') s. samimiyetsiz, riyakâr, vefasız, sadakatsiz, yalancı. **insincerely** z. samimiyetsizce. **insincerity** (însînser'ıti) i. samimiyetsizlik.

in.sin.u.ate (însîn'yuweyt) f. üstü kapalı söylemek, ima etmek; kurnazlıkla fikrini anlatmak; yavaş yavaş girmek. **insinuatingly** z. ima ile.

in.sin.u.a.tion (însînyuwey'şın) i. ima, üstü kapalı söz; teveccüh kazanmaya yöneltilmiş söz veya hareket.

in.sip.id (însîp'îd) *s.* sönük; tatsız, yavan, lezzetsiz. **insipidly** *z.* sönük bir şekilde. **insipidity, insipidness** *i.* sönüklük.

in.sist (însîst') *f.* ısrar etmek, sebat göstermek, davasından vaz geçmemek. **insistence** *i.* ısrar, sebat. **insistent** *s.* ısrar edici, zorlayıcı.

in si.tu (în say'tyu) *Lat.* asıl yerinde, tabiî vaziyetinde.

in.snare *bak.* ensnare.

in.so.bri.e.ty (însıbray'ıti) *i.* sarhoşluk, bekrilik, içkiye düşkünlük, itidalsizlik.

in.so.far ((insofar') *z.* şu kadar ki. **insofar as** . . .e kadar.

in.so.late (in'soleyt) *f.* güneşe maruz bırakmak, güneşlendirmek. **insola'tion** *i.* güneşe maruz bırakma; güneşe serip kurutma; *tıb.* güneş çarpması; *tıb.* hastaya güneş banyosu yaptırma.

in.sole (în'sol) *i.* ayakkabının iç astarı; kundura içine konan taban astarı.

in.so.lent (în'sılınt) *s.* küstah, terbiyesiz, ârsız. **insolence** *i.* küstahlık. **insolently** *z.* küstahça, cüretkârca.

in.sol.u.ble (însal'yıbıl) *s.* erimez; halledilemez, izah olunamaz, çözülemez. **insolubly** *z.* halledilmez surette. **insolubil'ity** *i.* erimemezlik; çözülemezlik.

in.solv.a.ble (însal'vıbıl) *s.* hallolunamaz, izah edilemez.

in.sol.vent (însal'vınt) *s., i.* borcunu ödeyemez, iflâs etmiş; borcu kapamaya kâfi olmayan; *i.* müflis kimse. **insolvency** *i.* müflislik, iflâs.

in.som.ni.a (însam'niyı) *i.* uykusuzluk, uyuyamazlık. **insomniac** *i.* uykusu zor gelen kimse.

in.so.much (însomʌç') *z., gen.* as *veya* that *ile* o dereceye kadar, o kadar ki.

in.sou.ci.ant (însu'siyınt) *s., Fr.* gailesiz, ilgisiz, kaygısız, tasasız, endişesiz. **insouciance** *i.* gailesizlik, ilgisizlik, lâkaytlık, kaygısızlık.

in.soul *bak.* ensoul.

in.span (înspän') *f.* (**-ned, -ning**) arabaya koşmak.

in.spect (înspekt') *f.* teftiş etmek, muayene etmek, yoklamak, bakmak. **inspection** *i.* muayene, yoklama, teftiş. **in.spec.tor** (înspek'tır) *i.* müfettiş, tetkik memuru, enspektör; kontrol memuru. **inspec-**

torate, inspectorship *i.* müfettişlik memuriyeti veya dairesi.

in.spi.ra.tion (înspırey'şın) *i.* ilham, esin; vahiy; telkin; içeriye doğru nefes alma. **inspirational** *s.* ilham verici, ilham edici. **inspir'atory** *s.* nefesin içeri çekilmesine ait.

in.spire (înspayır') *f.* ilham etmek, esinlemek; telkin etmek; içine çekmek (nefes), nefes almak.

in.spir.it (înspîr'ît) *f.* canlandırmak, can vermek, neşelendirmek, ümit vermek.

in.spis.sate (înspîs'eyt) *f.* koyultmak, daha yoğun bir hale koymak.

inst. *kıs.* **instant, institute, institution.**

in.sta.bil.i.ty (înstıbil'ıti) *i.* dayanıksızlık; kararsızlık, sebatsızlık.

in.sta.ble (înstey'bıl) *s.* sabit olmayan, kararsız; dayanıksız.

in.stall (înstôl') *f.* yerine koymak; tesisat yapmak, tanzim etmek, düzenlemek; makamına getirmek (memur), bir yere yerleştirmek. **installa'tion** *i.* tesisat, tertibat, düzen; askerî üs; fabrika.

in.stal(l).ment (înstôl'mınt) *i.* taksit; kısım, bölüm. **installment plan** taksit usulü.

in.stance (în'stıns) *i.* örnek, misal; kere, defa. **for instance** örneğin, meselâ. **at the instance of** (onun) isteğinden ötürü. **court of first instance** asliye mahkemesi.

in.stance (în'stıns) *f.* misal getirmek; örnek ile göstermek.

in.stan.cy (în'stınsi) *i.* âcil olma.

in.stant (în'stınt) *s.* hemen olan, derhal olan; âcil; şimdiki; su ilâvesiyle hemen hazırlanan (yiyecek). **instantly** *z.* hemen, derhal.

in.stant (în'stınt) *i.* an, dakika, lahza. **at this instant** bu anda. **the instant I came** ben gelir gelmez.

in.stan.ta.ne.i.ty (înstän'tıni'yıti) *i.* bir anda olma.

in.stan.ta.ne.ous (înstıntey'niyıs) *s.* anî, ansızın, anında olan, bir anlık. **instantaneously** *z.* bir anda olarak; hemen.

in.stant.er (înstän'tır) *z.* hemen, derhal, birdenbire.

in.star (înstar') *f.* (**-red, -ring**) yıldızlarla donatmak; yıldız gibi yapmak.

in.star (înstar') *i., biyol.* iki deri dökme zamanı arasında meydana gelen değişim safhasındaki böcek; bu safha.

in.state (însteyt') *f.* bir yere yerleştirmek, belirli bir yere koymak.

in sta.tu quo (în stey'tyu kwo') *Lat.* eski halinde, evvelki gibi, statüko halinde.

in.stau.ra.tion (înstôrey'şın) *i., eski* yenileme, tazeleme, onarma.

in.stead (însted') *z.* yerinde, yerine, karşılık olarak. instead of yerine. He came here instead. Oraya gideceğine buraya geldi. Başkasının yerine kendisi buraya geldi.

in.step (în'step) *i.* ayağın üst kısmı, tabanın oyuk tarafının üstündeki kısım, ayakkabı veya çorabın üst kısmı; at bacağının art diz ile bukağılık arasındaki kısmı.

in.sti.gate (în'stıgeyt) *f.* kışkırtmak, tahrik etmek, teşvik etmek. instiga'tion *i.* kışkırtma, tahrik, teşvik. in'stigator *i.* kışkırtıcı kimse.

in.still (înstil') *f.* yavaş yavaş öğretmek veya aşılamak; damla damla içine akıtmak. instilla'tion *i.* fikir aşılama.

in.stinct (în'stîngkt) *i.* insiyak; içgüdü; istidat. instinc'tive *s.* içgüdüye ait, içgüdüsel. instinc'tively *z.* içgüdüsel olarak.

in.stinct (înstîngkt')*s., gen.* with *ile* dolu (can, his, kuvvet ile).

in.sti.tute (în'stıtut) *i.* kuruluş, müessese; enstitü, okul; bilimsel kurum; konferans serisi. institutes *i.* hukuk el kitabı.

in.sti.tute (în'stıtut) *f.* kurmak, tesis etmek; *kil.* atamak.

in.sti.tu.tion (înstıtu'şın) *i.* yerleşmiş gelenek veya kanun; devamlı olan şey; kuruluş, müessese, tesis; tımarhane, hapishane.

in.sti.tu.tion.al (înstıtu'şınıl) *s.* kuruluş veya kuruma ait; geleneğe ait, bir mevzuun esasına ait. institutional food herhangi bir müessesenin çıkardığı yemek. institutionalize *f.* kurum haline getirmek; âdet haline getirmek; *A.B.D., k.dili* düşkünler evine yerleştirmek.

in.sti.tu.tion.ar.y (înstıtu'şıneri) *s.* gelenek veya âdetlere ait, hukukla ilgili.

in.sti.tu.tor (în'stıtutır) *i.* kurucu.

in.struct (înstrʌkt') *f.* okutmak, ders vermek, öğretmek, eğitmek; talimat vermek, yol göstermek. instructor *i.* öğretmen, eğitmen; asistan; okutman.

in.struc.tion (înstrʌk'şın) *i.* öğretme, öğrenim, eğitim, talim; bilgi verme. instructions *i.* direktif, emir, talimat.

in.struc.tive (înstrʌk'tîv) *s.* öğretici, eğitici. instructively *z.* bilgi verici bir şekilde.

in.stru.ment (*i.* în'strımınt; *f.* în'strıment) *i., f.* alet; vasıta; enstrüman, müzik aleti, çalgı, saz; belge; belgit, senet; *f., huk.* senet yazmak. instrument panel kontrol tablosu. on instruments aletler vasıtasıyle uçak idare edilerek. percussion instrument davul ve zil gibi vurularak çalınan müzik aleti. string instrument telli müzik aleti, telli saz. wind instrument nefesle çalınan çalgı, nefesli saz.

in.stru.men.tal (înstrımen'tıl) *s.* yararlı, tesirli, etkili; yardımcı, aracı olan; bir alete ait; *müz.* enstrümantal. instrumentalist *i.* çalgı çalan kimse. instrumentally *z.* yararlı bir şekilde.

in.stru.men.tal.ism (înstrımen'tılizım) *i., fels.* etkili eylem için mantıkî düşünce gerektiğini ileri süren bir tür faydacılık.

in.stru.men.tal.i.ty (înstrımentäl'ıti) *i.* vasıta, araç; vasıta olma.

in.stru.men.ta.tion (înstrımentey'şın) *i.* bir müzik parçasının çeşitli seslerini çalgılara taksim etme, enstrümantasyon; aletler takımı; alet kullanma; aletli iş görme.

in.sub.or.di.nate (însıbôr'dınît) *s.* asi, itaatsiz, kafa tutan, baş kaldıran, isyan eden. insubordina'tion *i.* baş kaldırma.

in.sub.stan.tial (însıbstän'şıl) *s.* esassız, hakikî olmayan, hayali; zayıf, kuvvetsiz.

in.suf.fer.a.ble (însʌf'ırıbıl) *s.* çekilmez, katlanılamaz, tahammül olunamaz. insufferably *z.* tahammül olunamayacak derecede.

in.suf.fi.cient (însıfîş'ınt) *s.* eksik, kıyafetsiz, yetersiz, ehliyetsiz. insufficiently *z.* yetersiz derecede. insufficiency *i.* yetersizlik, yetmezlik.

in.suf.flate (însʌf'leyt, în'sı-) *f.* üzerine üflemek; içine üflemek, içine hava vermek. insuffla'tion *i.* üzerine veya içerisine üfleme veya hava verme.

in.su.lar (în'sılır) *s.* adaya ait, adaya özgü; adada yaşayan; ayrılmış; dar fikirli; *tıb.* adacıklar halinde olan. **insular'ity** *i.* dar görüşlülük.

in.su.late (in'sıleyt) *f.* tecrit etmek, izole etmek, yalıtmak; ayırmak. **insulating tape** *elek.* izole bant. **insula'tion** *i.* tecrit, izolasyon. **in'sulator** *i.*, *elek.* izolatör, fincan.

in.su.lin (in'sılîn) *i.* insülin, pankreas bezesinin çıkardığı bir madde (şeker hastalığında vücuda ilâç olarak zerkolunur).

in.sult (in'sʌlt) *i.* hakaret, onur kırma, aşağısama, hor görme, kötü davranış; *tıb.* yara.

in.sult (insʌlt') *f.* tahkir etmek, hor görmek, fena muamele etmek, şerefini kırmak. **insultingly** *z.* aşağısayarak, hakaretle, onur kırarak.

in.su.per.a.ble (însu'pırıbıl) *s.* başa çıkılmaz, yenilemez; geçilemez. **insuperably** *z.* başa çıkılamayacak bir şekilde.

in.sup.port.a.ble (însıpôr'tıbıl) *s.* tahammül edilemez, çekilmez, dayanılmaz; haksız. **insupportably** *z.* dayanılmaz bir şekilde.

in.sup.press.i.ble (însıpres'ıbıl) *s.* bastırılamaz, önlenemez.

in.sur.ance (înşûr'ıns) *i.* sigorta, sigorta etme; sigorta parası, sigorta taksiti. **insurance broker** sigorta acentesinde çalışan · kimse. **insurance company** sigorta şirketi. **insurance policy** sigorta poliçesi. **insurance premium** sigorta primi. **fire insurance** yangın sigortası. **health insurance** sağlık sigortası. **life insurance** hayat sigortası. **marine insurance** deniz sigortası.

in.süre (înşûr') *f.* sigorta etmek; emniyet altına almak; sigorta olmak; temin etmek. **insurable** *s.* sigorta edilebilir. **insured** *s.* sigortalı.

in.sur.gent (însır'cınt) *s.*, *i.* asi, baş kaldıran, kafa tutan; *i.* ihtilâlci, asi. **insurgence, insurgency** *i.* ayaklanma, isyan.

in.sur.mount.a.ble (însırmaun'tıbıl) *s.* yenilemez, geçilemez, başa çıkılmaz, üstün gelinemez. **insurmountably** *z.* yenilemeyecek derecede.

in.sur.rec.tion (însırek'şın) *i.* isyan, ayaklanma, ihtilâl. **insurrectional, insurrectionary** *s.* isyan kabilinden. **insurrectionist** *i.* isyan taraftarı, asi, baş kaldıran kimse.

in.sus.cep.ti.ble (însısep'tıbıl) *s.* duygusuz, hissiz; **to** *ile* hissetmez, etkisinde kalmaz; **of** *ile* çözümlenemez, yapılamaz.

int. *kıs.* **intelligence, interest, interior, interjection, internal, international, interval, intransitive.**

in.tact (întäkt') *s.* bozulmamış, dokunulmamış, el sürülmemiş, salim, eksiksiz.

in.ta.glio (întäl'yo) *i.*, *f.* hakkedilmiş oyma iş; oyma; *f.* oyma işi yapmak (özellikle kıymetli taş üstüne).

in.take (în'teyk) *i.* giriş ağzı, giriş; içeriye alınan şey. **intake valve** emme supapı.

in.tan.gi.ble (întän'cıbıl) *s.*, *i.* fiziksel varlığı olmayan, el ile tutulamaz, dokunulamaz; kavranamaz, kafaya giremez; *i.* fiziksel varlığı olmayan şey; *tic.* manevî değer.

in.tar.si.a (întar'sıyı) *i.* kakmacılık.

in.te.ger (în'tıcır) *i.* tam sayı; bütün.

in.te.gral (în'tıgrıl) *s.*, *i.* bir bütünün ayrılmaz bir parçası olan, gerekli; bir birlik meydana getiren parçalardan oluşan; bütün, yekpare, bölünmemiş; *mat.* tam sayıya ait, kesir olmayan; *i.* bütün bir şey; tam adet; öğe, cüz, unsur; *mat.* integral. **integral calculus** bütünleme hesabı, integral hesabı. **integrally** *z.* bütün bütün, tamamıyle.

in.te.grant (în'tıgrınt) *s.*, *i.* bir bütünü meydana getiren, bütünleyici; terkibe dahil olan; *i.* bütünleyici şey.

in.te.grate (în'tıgreyt) *f.* tamamlamak, bütünlemek, bütün veya yekpare kılmak; bütünleme hesabı yapmak. **integrated circuit** *elek.* ufak bir silikon parçasında çok kısımlı elektronik devre. **integra'tion** *i.* yekpare veya tamam kılma; *mat.* kökenlerinden fonksiyonu bulma, bütünleme; *A.B.D.* bütün ırkları aynı sosyal gruplarda birleştirme.

in.teg.ri.ty (înteg'rıti) *i.* doğruluk, dürüstlük; bütünlük.

in.teg.u.ment (înteg'yımınt) *i.* deri, zar, kabuk, gömlek. **integumen'tary** *s.* deri veya kabuktan ibaret.

in.tel.lect (în'tılekt) *i.* akıl, zihin, idrak, anlık; akıl sahibi kimse.

in.tel.lec.tion (întılek'şın) *i.* anlama, anlayış, idrak.

in.tel.lec.tu.al (întılek'çuwıl) *s.*, *i.* aklî, zihnî; akıllı, yüksek zekâ sahibi; çok okumuş, âlim, bilgili, münevver; *i.* münevver kimse, entellektüel kimse. **intellectual'ity** *i.* münev-.

verlik, zihnî kabiliyet. **intellectually** *z.* zekâ ile, anlayarak.

in.tel.lec.tu.al.ism (întılek'çuwılîzım) *i.* münevverlik, anlıkçılık, ilmin mantıktan çıktığını ileri süren kuram.

in.tel.lec.tu.al.ist (întılek'çuwılîst) *i.* akla fazla kıymet veren kimse; ilmin mantıktan çıktığını iddia eden kimse.

in.tel.lec.tu.al.ize (întılek'çuwılayz) *f.* âlimce ifade etmek; düşünmek.

in.tel.li.gence (întel'ıcıns) *i.* akıl, zekâ, anlayış; istidat; zekâ sahibi; malumat, haber; bilgi, vukuf. **intelligence bureau** istihbarat bürosu. **intelligence quotient** zekâ bölümü, ölçülmüş zekâ derecesini gösteren rakam. **intelligence service** istihbarat teşkilâtı. **intelligence test** zekâ testi.

in.tel.li.gent (întel'ıcınt) *s.* akıllı, zeki, anlayışlı; kabiliyetli; maharetli, usta. **intelligently** *z.* akıllıca, anlayışla.

in.tel.li.gent.si.a (întelıcent'sıyı) *i.* aydınlar, münevverler sınıfı.

in.tel.li.gi.ble (întel'ıcıbıl) *s.* anlaşılır, idrak edilebilen. **intelligibly** *z.* anlaşılır surette. **intelligibil'ity** *i.* anlaşılabilme.

in.tem.per.ance (întem'pırıns) *i.* aşırılık, ifrat, taşkınlık; aşırı düşkünlük; ayyaşlık.

in.tem.per.ate (întem'pırît) *s.* taşkın, aşırı; sert, fırtınalı, bozuk (hava); şiddetli (söz); ayyaş, bekrî. **intemperately** *z.* ifratla, taşkınca. **intemperateness** *i.* ifrat, taşkınlık.

in.tend (întend') *f.* zihninde kurmak, niyet etmek, tasarlamak; kasdetmek, meram etmek, demek istemek. **intended** *i., k. dili* nişanlı (erkek veya kız).

in.ten.dant (înten'dınt) *i.* idare memuru. **intendancy** *i.* memuriyet.

in.tense (întens') *s.* şiddetli, kuvvetli, keskin, hararetli; gergin. **intensely** *z.* şiddetle, kuvvetle. **intenseness** *i.* şiddet, kuvvetlilik.

in.ten.si.fy (înten'sıfay) *f.* şiddetini artırmak; *foto.* resmin daha belirli çıkması için negatifi kuvvetlendirmek. **intensifica'tion** *i.* kuvvetlendirme.

in.ten.si.ty (înten'sıtı) *i.* keskinlik, şiddet, ifrat derece; yoğunluk, koyuluk.

in.ten.sive (înten'sîv) *s.* şiddetli, bir noktada toplanmış; yoğun; şiddet gösteren; dar bir sahada çok mahsul yetiştirmeye vesile olan; *tıb.* tedricî aşılama suretiyle tedaviye ait.

intensive care unit *tıb.* hastaya çok yönden bakım imkânı veren hastane tertibatı. **intensively** *z.* bir noktada toplanmış olarak.

in.tent (întent') *i.* maksat, niyet, meram, kasıt.

in.tent (întent') *s.* dikkatli, gayretli; niyet etmiş. **intently** *z.* dikkatle. **intentness** *i.* sıkı dikkat.

in.ten.tion (înten'şın) *i.* maksat, niyet, murat, meram; mana; kasıt; *çoğ.* evlenme niyeti; *tıb.* yaranın kapanma tarzı. **intentional** *s.* maksatlı, mahsus, kasıtlı. **intentionally** *z.* kasten, mahsus.

inter- *önek* arasında; birbiriyle.

in.ter (întır') *f.* (**-red, -ring**) gömmek, defnetmek.

in.ter.act (întıräkt') *f.* birbirini etkilemek. **interaction** *i.* birbirine tesir etme. **interactive** *s.* birbirini etkileyen.

in.ter.breed (întırbrid') *f.* (**-bred**) çeşitli hayvan veya bitkileri karıştırarak üretmek.

in.ter.ca.lar.y (întır'kıleri) *s.* takvime ilâve edilen; ilâve edilmiş ay veya günü olan (yıl); araya giren.

in.ter.ca.late (întır'kıleyt) *f.* araya sokmak, araya ilâve etmek; takvime gün veya ay ilâve etmek.

in.ter.cede (întırsid') *f.* araya girmek, aracılık etmek, tavassut etmek.

in.ter.cel.lu.lar (întırsel'yılır) *s., biyol.* hücrelerarası.

in.ter.cept (întırsept') *f.* durdurmak, yolunu kesmek; yolda iken tutmak, tevkif etmek. **interception** *i.* tevkif, durdurma. **interceptor** *i.* yol kesen kimse; avcı uçağı.

in.ter.ces.sion (întırseş'ın) *i.* rica, başkaları hesabına yalvarma; iltimas isteme.

in.ter.ces.sor (întırses'ır) *i.* aracı, arabulucu; şefaatçi, başkası için iltimas isteyen kimse. **intercessory** *s.* arabuluculukla ilgili, başkası için yardım rica eden.

in.ter.change (întırçeync') *f.* değiştirmek, mübadele etmek, değiş tokuş etmek.

in.ter.change (în'tırçeync) *i.* mübadele, değiştirme, nöbetleşme; mukabele; vasıtaların trafiği aksatmadan giriş veya dönüş yapabildiği ve bir hız yoluyle diğer bir yolun kesiştiği kavşak.

in.ter.change.a.ble (întırçeyn'cıbıl) *s.* birbiriyle değiştirilebilir. **interchangeabil'ity,**

interchange'ableness *i.* birbiriyle değiştirilebilme, birbirinin yerini tutabilme.

in.ter.col.le.giate (întırkıli'cît) *s.* kolej veya üniversiteler arası.

in.ter.co.lum.ni.a.tion (întırkılʌmniyey'şın) *i.*, *mim.* bina direkleri arasındaki açıklık, iki sütun arasındaki aralık.

in.ter.com (în'tırkam) *i.*, *k.dili* dahilî telefon sistemi.

in.ter.com.mu.ni.cate (întırkımyu'nıkeyt) *f.* birbiri ile konuşmak veya muhabere etmek, birinden diğerine serbestçe gidip gelmek. **intercommunicable** *s.* birinden diğerine geçilebilir. **intercommunica'tion** *i.* birbiriyle temas, ulaşım.

in.ter.com.mu.ni.ty (întırkımyu'nıti) *i.* müşterek olma.

in.ter.con.nect (întırkınekt') *f.* birbirine bağlamak. **interconnection** *i.* birbirine bağlı olma; bağ.

in.ter.con.ti.nen.tal (întırkantınen'tıl) *s.* kıtalararası.

in.ter.cos.tal (întırkas'tıl) *s.* kaburga kemikleri arasında olan.

in.ter.course (în'tırkôrs) *i.* görüşme, konuşma, münasebet; cinsî münasebet.

in.ter.cur.rent (întırkır'ınt) *s.* aralarında cereyan eden; *tıb.* başka hastalığa karışan.

in.ter.de.nom.i.na.tion.al (întırdinamıney'şınıl *s.* muhtelif mezhepler arasında vuku bulan, mezheplerarası.

in.ter.de.pend.ence (întırdipend'ıns) *i.* karşılıklı dayanışma. **interdependent** *s.* birbirine bağlı olan. **interdependently** *z.* birbirine dayanarak.

in.ter.dict (în'tırdîkt) *i.* yasak, yasak etme; *Kat.* bir kimseyi kilise veya ibadet ayinlerinden menetme.

in.ter.dict (întırdîkt') *f.* menetmek, yasak etmek; *Kat.* kilise ayinlerinden menetmek. **interdiction** *i.* yasak. **interdictory, interdictive** *s.* yasak eden, yasaklayıcı.

in.ter.dis.ci.pli.nar.y (întırdîs'ıplıneri) *s.* birkaç bilim dalıyle ilgili.

in.ter.est (în'tırîst) *i.* alâka, ilgi, merak; merak uyandırma, zevk verme kabiliyeti; hisse, pay; menfaat; kâr, kazanç; faiz; *çoğ.* iktisadî hayatta hâkim grup. **in the interest of** menfaatine, için. **vested interests** *ikt.*

alâkadar menfaatler; hakları tanınmış iktisadî müesseseler.

in.ter.est (în'tırîst) *f.* alâkadar etmek, ilgilendirmek; merakını uyandırmak; hissedar etmek, ortak etmek. **interested** *s.* meraklı; bir şeyde hakkı olan; menfaat gözeten. **interested in a thing** bir şeye meraklı.

in.ter.est.ing (în'tırîstîng) *s.* enteresan, dikkate değer, çekici. **interestingly** *z.* alâka uyandıracak surette.

in.ter.face (în'tırfeys) *i.* iki cisim arasındaki ortak yüzey, arayüz.

in.ter.fere (întırfîr') *f.* karışmak, müdahale etmek; çatışmak, zıddiyet göstermek; dokunmak, zarar vermek; *fiz.* birbiri üzerine tesir etmek; mâni olmak; bazı oyunlarda karşı tarafın yolunu kesmek.

in.ter.fer.ence (întırfîr'ıns) *i.* karışma, dokunma, sataşma; *fiz.* girişim, karışım; *radyo* parazit.

in.ter.fe.rom.e.ter (întırfîram'ıtır) *i.* küçük hareket veya mesafeleri iki ışının çarpışmasıyle ölçen alet, çatışma ölçeği.

in.ter.fer.tile (întırfır'til) *s.* birbiriyle üreyebilen.

in.ter.flu.ent, **in.ter.flu.ous** (întır'fluwınt, întır'fluwıs) *s.* birbirinin arasına veya içine akan, birbirine karışıp akan.

in.ter.fold (întırfold') *f.* birbiriyle katlamak.

in.ter.fuse (întırfyuz') *f.* karıştırmak, katmak; her tarafı dolmak; karışmak.

in.ter.ga.lac.tic (întırgıläk'tîk) *s.*, *astr.* gökadalar arası.

in.ter.gla.cial (întırgley'şıl) *s.*, *jeol.* buz devreleri arası ile ilgili.

in.ter.grade (întırgreyd') *f.* yavaş yavaş birbirine karışmak.

in.ter.im (în'tırîm) *i.*, *s.* aralık, fasıla (zaman); *s.* muvakkat; geçici. **ad interim** muvakkaten, geçici olarak, aradaki zaman müddetince. **in the interim** aradaki zamanda.

in.te.ri.or (întîr'iyır) *s.*, *i.* içerideki, iç yerlere ait, dahilî; sahil veya huduttan uzak; içten, manevî; *i.* iç, dahil; iç yerler, iç kısım. **interior decoration** iç dekorasyon. **interior planet** güneş ile dünya arasında bulunan gezegen.

interj. *kıs.* **interjection.**

in.ter.ject (întırcekt') *f.* içine atmak, arasına katmak.

in.ter.jec.tion (întırcek'şın) *i.* ünlem, nida; nida etme; söz arasına koyma. **interjectional** *s., gram.* ara söz kabilinden; ünlem şeklinde.

in.ter.lace (întırleys') *f.* ağ gibi örmek, şebeke haline koymak; karıştırmak.

in.ter.lard (întırlard') *f.* içine karıştırmak; (konuşmayı) süslü sözlerle doldurmak.

in.ter.leaf (în'tırlif) *i.* (*çoğ* -**leaves**) bir kitabın arasına konan boş sayfa.

in.ter.leave (în'tırliv) *f.* kitabın sayfaları arasına boş yapraklar ilâve etmek.

in.ter.line (în'tırlayn) *f.* yazının satırları arasına başka yazı yazmak; kumaş ile iç astarı arasına orta astarı koymak. **interlining** *i.* orta astarı.

in.ter.lin.e.ar (întırlîn'iyır) *s.* satırlar arasına yazılmış.

in.ter.lin.e.ate (întırlîn'iyeyt) *f.* satırlar arasına yazı yazmak. **interlinea'tion** *i.* satırlar arasına yazılan yazı.

in.ter.link (întırlîngk') *f.* halkalarla birbirine bağlamak.

in.ter.lock (întırlak') *f.* birbirine bağlamak, birbirine kenetlemek; *mak.* birlikte işlemeleri için manivelaları birbirine bağlamak. **interlocking directorates** idare heyetleri ekseriyetle aynı üyelerden' meydana geldiğinden birlikte çalışan şirketler.

in.ter.loc.u.tor (întırlak'yıtır) *i.* başkası ile konuşan kimse; *A.B.D.* komedyen üçlüsünü sorularıyle yöneten ortadaki adam. **interlocution** *i.* konuşma, mükâleme, muhavere. **interloc'utory** *s.* konuşmaya ait, konuşma niteliğindeki.

in.ter.lope (întırlop') *f.* başkasının işine karışmak, tecavüz etmek. **interloper** *i.* başkasının işine burnunu sokan kimse.

in.ter.lude (în'tırlud) *i.* arada olan olay; *tiyatro* ara piyesi, perde arası; *müz.* ara faslı.

in.ter.lu.nar (întırlu'nır) *s.* ayın görünmediği zamanla ilgili.

in.ter.mar.riage (întırmer'îc) *i.* çeşitli aileler veya milletler arasında evlenme; yakın akrabalar arasında evlenme.

in.ter.mar.ry (întırmer'i) *f.* değişik milletten birisi ile evlenmek; aileler arasında kız alıp vermek.

in.ter.med.dle (întırmed'ıl) *f.* karışmak, müdahale etmek, gereksiz yere müdahale etmek.

in.ter.me.di.a (întırmi'diyı) *i., tiyatro* bir gösteride filim, teyp bandı, renkli ışıklar gibi çeşitli teknikler kullanma.

in.ter.me.di.ar.y (întırmi'diyeri) *s., i.* arada bulunan, aracılık eden, vasıta olan; meyancılık eden; *i.* vasıta, meyancı, aracı; ortada bulunan şey.

in.ter.me.di.ate (întırmi'diyît) *s., i.* ortadaki, orta seviyede bulunan, aradaki; *i.* orta seviyede bulunan şey; orta boy araba; meyancı, vasıta, aracı; *kim.* ara mamulü. **intermediately** *z.* ara yerde bulunarak; vasıta olarak.

in.ter.ment (întır'mınt) *i.* ölünün gömülmesi, defnetme.

in.ter.mez.zo (întırmet'so) *i., tiyatro* ara perdesi, iki perde arasında oynanan ufak piyes; fasılları birleştiren müzik parçası veya bale, küçük fasıl.

in.ter.mi.na.ble (întır'mınıbıl) *s.* sonsuz, nihayetsiz, bitmez, tükenmez. **interminably** *z.* sonu gelmeyerek.

in.ter.min.gle (întırming'gıl) *f.* birbirine karıştırmak veya karışmak.

in.ter.mis.sion (întırmîş'ın) *i.* aralık, fasıla; tatil, aralık verme; *tıb.* ateş nöbetinin arasındaki müddet. **intermissive** *s.* aralıklı, fasılalı, kesik kesik.

in.ter.mit (întırmît') *f.* (**-ted, -ting**) ara vermek, geçici olarak tatil etmek. **intermittingly** *z.* ara vererek.

in.ter.mit.tent (întırmît'ınt) *s.* arada kesilen, aralıklarla meydana gelen. **intermittent fever** *tıb.* belirli aralıklarla gelen ateş, sıtma. **intermittence** *i.* geçici olarak ara verme. **intermittently** *z.* zaman zaman durarak.

in.ter.mix (întırmîks') *f.* birbirine karıştırmak veya karışmak.

in.ter.mix.ture (întırmîks'çır) *i.* muhtelif şeylerin birbirine karışması; karışmış şey, karışım, halita; ilâve edilen şey.

in.ter.mu.ral (întırmyûr'ıl) *s.* duvarlar arasında olan.

in.tern (*f.* întırn'; *i.* în'tırn) *f., i.* enterne etmek; (bir gemiyi bir limanda) hapsetmek; harp zamanında kapamak, alıkoymak, göz altına almak; *i.* stajını yapan tıp öğrencisi; staj yapan kimse.

in.ter.nal (întır'nıl) *s., i.* içe ait, içinde bulunan, dahilî, iç; içilir (ilâç); içten, derunî, bâtınî. **internal combustion engine** iç yakımlı makina. **internal evidence** bir şeyin kendisinde bulunan delil. **internal medicine** dahiliye. **internal revenue** devlet geliri. **internal structure** iç bünye, iç yapı. **internally** *z.* dahilî olarak, içten; iç tarafta, dahilde.

in.ter.na.tion.al (întırnäş'ınıl) *s.* milletlerarası, beynelmilel, uluslararası, enternasyonal. **international code** Mors alfabesi; *den.* uluslararası işaret sancakları sistemi. **International Date Line** Büyük Okyanus'ta gün değiştirme hattı. **international law** milletlerarası hukuk. **International Morse Code** Beynelmilel Mors Alfabesi. **International Phonetic Alphabet** Milletlerarası Fonetik Alfabe. **internationally** *z.* milletlerarası olarak.

in.ter.na.tion.al.ism (întırnäş'ınılizım) *i.* milletler arasında birlik ruhu veya fikri, enternasyonalizm.

in.ter.na.tion.al.ist (întırnäş'ınılîst) *i.* enternasyonalizm taraftarı.

in.ter.na.tion.al.ize (întırnäş'ınılayz) *f.* milletlerarası kontrola sokmak, enternasyonal hale koymak, beynelmilel kılmak. **internationaliza'tion** *i.* milletlerarası bir hale getirme.

in.terne *i., bak.* intern.

in.ter.ne.cine (întırni'sîn, -sayn) *s.* birbirini kırıp öldüren; öldürücü, mahvedici.

in.tern.ee (întırni') *i.* enterne edilmiş kimse.

in.ter.nist (întır'nîst) *i.* dahiliye uzmanı.

in.tern.ment (întırn'mınt) *i.* enterne ediliş. **internment camp** enterne kampı, temerküz kampı.

in.ter.node (în'tırnod) *i.* boğum, bir sapın iki boğumu arasındaki kısım. **interno'dal** *s.* bu kısma ait.

in.tern.ship (în'tırnşîp) *i.* doktorluk stajı; staj devresi; staj bursu.

in.ter.nun.ci.o (întırnʌn'şiyo) *i.* Papa elçisi bulunmayan bir yabancı memlekete Vatikan'dan gönderilen siyasî memur; aracı, arabulucu. **internuncial** *s.* vücudun farklı kısımlarını birbirine bağlayan (sinirler); Papa elçisi ile ilgili.

in.ter.o.ce.an.ic (întıroşiyän'îk) *s.* okyanuslar arasında bulunan, okyanusları birbirine bağlayan.

in.ter.os.cu.late (întıras'kyıleyt) *f., biyol.* birbirine bağlanmak; birbirinin arasına girmek.

in.ter.pel.late (întırpel'eyt, -tır'pıl-) *f.* gensoru açmak. **interpella'tion** *i.* gensoru.

in.ter.pen.e.trate (întırpen'ıtreyt) *f.* tamamen içine girmek; birbirinin içine nüfuz etmek. **interpenetra'tion** *i.* tam olarak nüfuz etme.

in.ter.phone (în'tırfon) *i.* (bina, gemi, uçakta) muhtelif kısımlar arasında kullanılan dahilî telefon.

in.ter.plan.e.tar.y (întırplän'ıteri) *s., astr.* gezegenler arası.

in.ter.play (în'tırpley) *i., f.* karşılıklı etkileme; *f.* karşılıklı etkilemek.

in.ter.plead (întırplid') *f., huk.* üçüncü bir şahsın hukukunu tespit veya tayin maksadıyle mahkemede birbiri ile davalaşmak. **interpleader** *i., huk.* bir börçlunun kendisinden alacak iddia eden iki kişiden hakikî hak sahibi olanın tespiti için bunlar arasında açılmasını istediği dava.

In.ter.pol (în'tırpol) *i.* İnterpol.

in.ter.po.late (întır'pıleyt) *f.* yazıya kelime veya ibare ilâve ederek asıl metni değiştirmek; iki şey arasına başka bir şeyi sokmak; *mat.* ara değeri bulmak. **interpola'tion** *i.* ara değeri bulma; metne ilâve.

in.ter.pose (întırpoz') *f.* iki şeyin arasına koymak; araya girmek, müdahale etmek.

in.ter.po.si.tion (întırpızîş'ın) *i.* araya girme, karışma, müdahale.

in.ter.pret (întır'prît) *f.* manasını izah etmek, tefsir etmek, yorumlamak; tercüme etmek, tercümanlık etmek. **inter'pretable** *s.* tercüme olunur; tefsiri mümkün. **interpreta'tion** *i.* yorum, tefsir, izah, mana. **inter'pretative** *s.* izah edici, yorumlayıcı.

in.ter.pret.er (întır'prîtır) *i.* yorumcu; tercüman, mütercim.

in.ter.ra.cial (întır.rey'şıl) *s.* ırklararası.

in.ter.reg.num (întır.reg'nım) *i.* (çoğ. -na, -nums) iki hükümdar devresi arasındaki hükümdarsız devre; hükümetin kanunen çalışamadığı devre.

in.ter.re.la.tion (întır.riley'şın) *i.* karşılıklı münasebet. **interrelated** *s.* birbiri ile alâkası olan.

in.ter.ro.bang (ínter'ıbäng) *i.* soru işareti ile ünlem işaretinden icat edilmiş karışık bir işaret.

in.ter.ro.gate (ínter'ıgeyt) *f.* sorguya çekmek; sual sormak.

in.ter.ro.ga.tion (ínterıgey'şın) *i.* sorguya çekme; soru sorma. **interrogation point** soru işareti.

in.ter.rog.a.tive (íntırag'ıtîv) *s., i.* sorulu, sual ifade eden; *i.* soru edatı, soru kelimesi. **interrogatively** *z.* soru sorarak.

in.ter.ro.ga.tor (ínter'ıgeytır) *i.* sorgu yargıcı; sual soran kimse.

in.ter.rog.a.to.ry (íntırag'ıtôri) *s., i.* soru türünden, soru belirten, sual ifade eden; *i., huk.* yazılı olarak sorulan sorular.

in ter.ro.rem (ín tero'rem) *Lat.* ikaz etmek için, korkutmak için.

in.ter.rupt (íntırʌpt') *f.* kesmek, aralık açmak, ara vermek, fasıla vermek; intizamını bozmak, arasını kesmek; birinin sözünü kesmek, birinin işine mâni olmak. **interrupted** *s.* kesilmiş. **interruptedly** *z.* aralıklarla, fasılalarla. **interruptive** *s.* arayı kesici. **interruptively** *z.* arasını keserek.

in.ter.rupt.er (íntırʌp'tır) *i.* arasını kesen kimse veya şey; *elek.* birden cereyanı kesen ve veren tertibat, kesici tertibat.

in.ter.rup.tion (íntırʌp'şın) *i.* ara, fasıla, kesilme, inkıta, arası kesilme.

in.ter.scho.las.tic (íntırskıläs'tîk) *s.* okullar arası.

in.ter.sect (íntırsekt') *f.* kesişmek; katetmek, kesmek, ikiye bölmek, birbiri üzerinden geçmek (yol).

in.ter.sec.tion (íntırsek'şın) *i.* kesişme, kavşak; *geom.* kesişme noktası veya hattı, arakesit.

in.ter.ses.sion (ín'tırseşın) *i.* tatil.

in.ter.space (ín'tırspeys) *f., i.* ara vermek, aralık bırakmak; *i.* ara, aralık, fasıla.

in.ter.sperse (íntırspırs') *f.* arasına serpmek, karıştırmak. **interspersion** *i.* serpiştirme.

in.ter.state (ín'tırsteyt) *s.* A.B.D. eyaletleri arasında olan.

in.ter.stel.lar (íntırstel'ır) *s.* yıldızlar arasında vaki olan, yıldızlar arasındaki mesafelere ait.

in.ter.stice (íntır'stîs) *i.* yarık, çatlak; birbirine yakın iki parça arasındaki açıklık. **inter-**

stitial (íntırstîş'ıl) *s.* çatlağa ait; dokular arasında bulunan.

in.ter.strat.i.fied (íntırsträt'ıfayd) *s., jeol.* başka tabakalar arasında tabaka olarak bulunan.

in.ter.tex.ture (íntırteks'çır) *i.* bir şeyin başka şeyler arasına veya muhtelif şeylerin birbirine örülüp karışması.

in.ter.tri.bal (íntırtray'bıl) *s.* kabileler arasında olan.

in.ter.trop.i.cal (íntırtrap'îkıl) *s.* iki dönence arasında bulunan.

in.ter.twine (íntırtwayn') *f.* birbirine örmek veya sarmak; örülmek, sarılmak. **intertwiningly** *z.* birbirine örerek.

in.ter.ur.ban (íntırır'bın) *s.* kasaba veya şehirler arasında bulunan, şehirleri birbirine bağlayan (demiryolu, telefon).

in.ter.val (ín'tırvıl) *i.* aralık, fasıla, mesafe, ara; müddet, zaman; *müz.* iki ses arasındaki perde farkı, enterval, aralık. **at intervals** aralarla, fasılalarla, zaman zaman, ara sıra.

in.ter.vene (íntırvin') *f.* karışmak, araya girmek, müdahale etmek, düzeltme maksadıyle araya girmek; arada bulunmak; diğer olaylar arasında meydana gelmek; aracılık yapmak; *huk.* nüfuzunu kullanmak, dava dahili olmak. **intervention** *i.* aracılık; müdahale, karışma.

in.ter.view (ín'tırvyu) *f., i.* röportaj yapmak, görüşmek; *i.* görüşme, mülâkat, röportaj.

in.ter.volve (íntırvalv') *f.* birbirine sarmak; birbirine dolaşmak.

in.ter.weave (íntırwiv') *f.* (**-wove, -woven**) beraber dokumak, dokuyarak birbirine birleştirmek; birbirine karıştırmak.

in.ter.wind (íntırwaynd') *f.* (**-wound**) birbirine sarmak, bir arada bükmek.

in.tes.tate (íntes'teyt) *s., i.* vasiyetname bırakmadan ölen; vasiyetnameye girmemiş; *i.* vasiyetname bırakmadan ölen kimse. **intestacy** *i.* vasiyetsiz ölme.

in.tes.tine (íntes'tîn) *i.* bağırsak. **large intestine** kalın bağırsak. **small intestine** ince bağırsak. **intestinal** *s.* bağırsaklara ait.

in.tes.tine (íntes'tîn) *s.* dahilî, memleket içinde vuku bulan (özellikle kötü şeyler için kullanılır).

in.thrall *bak.* **enthrall.**

in.throne *bak.* **enthrone.**

in.ti.mate (în'tımît) s., i. çok yakın dostluk ve
ilişkiye ait; derunî, içten, yürekten, candan;
mahrem; yakından; i. teklifsiz dost; can-
dan arkadaş. be intimate with ile samimî
olmak; kanun dışı cinsî münasebeti olmak.
intimacy i. mahremiyet, teklifsiz dostluk.
intimately z. samimî bir şekilde.

in.ti.mate (în'tımeyt) f. ima etmek, dolayısıyle
anlatmak. intima'tion i. ima.

in.tim.i.date (întîm'ıdeyt) f. gözünü korkut-
mak, sindirmek, yıldırmak. intimida'tion
i. gözdağı verme.

in.to (în'tu) edat içine, dahiline, -e, -ye, içeri.
be into ile meşgul olmak, meraklısı olmak;
(bir kimseye) borçlu olmak. Two into six
is three. Altıyı ikiye bölünce üç eder.

in.tol.er.a.ble (întal'ırıbıl) s. çekilmez, daya-
nılmaz, tahammül olunmaz. intolerabil'ity
i. dayanılmaz hal. intolerably z. çekilmez
derecede.

in.tol.er.ant (întal'ırınt) s. hoşgörüsüz, mü-
samahasız; tahammülsüz. intolerance i. mü-
samahasızlık, hoş görmeme. intolerantly z.
müsamaha göstermeden.

in.tomb bak. entomb.

in.to.nate (în'toneyt) f. monoton bir makamla
okumak; dilb. seslenmek.

in.to.na.tion (întoney'şın) i. konuşma şekli,
şive, ses tonunun yükselip alçalma şekli;
müz. doğru ses perdesi, seslem, tonötüm.

in.tone (înton') f. monoton bir makamla oku-
mak; belirli bir ses vermek.

in to.to (în to'to) Lat. bütünüyle, hep beraber,
tamamıyle.

in.tox.i.cant (întak'sıkınt) s., i. sarhoş edici;
i. sarhoş eden madde.

in.tox.i.cate (întak'sıkeyt) f. sarhoş etmek,
mest etmek; sevinçten çılgın hale sokmak;
tıb. zehirlemek. intoxica'tion i. sarhoşluk,
mest oluş; tıb. zehirlenme.

intr. kıs. intransitive.

intra- önek içinde bulunan.

in.tra.cos.tal (întrıkas'tıl) s. göğüs kemiğinin
iç tarafında olan.

in.trac.ta.ble (înträk'tıbıl) s. inatçı, serkeş;
kolay kontrol edilemeyen, yola getirilemeyen.
intractabil'ity, intrac'tableness i. kolay-
lıkla yola getirilememe. intrac'tably z. kolay-
lıkla kontrol edilemeyecek şekilde.

in.tra.dos (întrey'das) i., mim. kemerin asıl iç
kavsi.

in.tra.mo.lec.u.lar (întrımılek'yılır) s. mole-
kül içinde bulunan veya meydana gelen.

in.tra.mu.ral (întrımyû'rıl) s. mektep içinde
yapılan, bir okulun sınıfları arasında olan
(oyun, müsabaka).

in.tra.mus.cu.lar (întrımʌs'kyılır) s. kasın içine
zerkedilen, kasın içini etkileyen.

intrans. kıs. intransitive.

in.tran.si.gent (înträn'sıcınt) s., i. uzlaşmaz,
uzlaşması imkânsız; i., pol. uzlaşmayan kim-
se, ihtilâfçı. intransigence i. uyuşmazlık,
ihtilâfta inat.

in.tran.si.tive (înträn'sıtîv) s., gram. geçişsiz,
nesnesi olmayan, nesnesiz (fiil), abbr. nsz.
intransitively z. geçişsiz olarak.

in.tra.u.ter.ine device (întrıyu'tırîn) tıb. ha-
mileliği önlemek için kullanılan ve dölyatağı
yoluna yerleştirilen küçük alet, spiral.

in.tra.ve.nous (întrıvi'nıs) s. damarın içinde
bulunan veya damarın içine tesir eden.

in.trench bak. entrench.

in.trep.id (întrep'îd) s. yılmaz, korkusuz, ce-
sur, yiğit. intrepid'ity i. yiğitlik. intrep'idly
z. yiğitçe.

in.tri.cate (în'trîkît) s. karışık, sökülmez, müşkül,
muğlak, anlaşılması güç; girintili çıkıntılı.
intricacy, intricateness i. şaşırtıcı dere-
cede karışık olma. intricately z. karışık
olarak.

in.tri.gant (în'trıgınt) i. (dişil intrigante) Fr.
entrikacı, hilekâr, dalavereci.

in.trigue (intrig') f. merakını uyandırmak, il-
gisini çekmek; şaşırtmak; el altından iş gör-
mek, entrika çevirmek, dalavere yapmak,
hilekârlık etmek; gizlice sevişmek. intrigu-
ingly z. merakını uyandırarak.

in.trigue (intrig') i. entrika, desise, hile; el al-
tından görülen iş; gizli aşk macerası; merak
uyandırabilme kabiliyeti; hikâyeyi ilginç bir
duruma sokan karışık olaylar.

in.trin.sic, -si.cal (întrin'sîk, -sîkıl) s. aslında
olan, esasî, yaradılıştan, hakikî. intrinsically
z. aslında olarak.

intro- önek içe doğru.

introd. kıs. introduction, introductory.

in.tro.duce (întrıdus') f. takdim etmek, ta-
nıştırmak; ortaya çıkarmak, ortaya koymak;
teklif etmek; tanıtmak; yeni bir bilgi getir-

mek; öğretmek, usulünü göstermek; içine sokmak; öne sürmek; başlamak, açmak.

in.tro.duc.tion (întrıdʌk'şın) *i.* takdim, tanıştırma; tavsiye mektubu; kitap önsözü; başlangıç; giriş; ortaya getirilen veya konan şey.

in.tro.duc.to.ry (întrıdʌk'tıri) *s.* önsöz veya tavsiye kabilinden; tanıtma maksadıyle yapılan.

in.troit (în'troyt) *i.* dinî ayinin başlangıcında sesle okunan ilâhi.

in.tro.jec.tion (întrıcek'şın) *i., psik.* kendisini başka biri veya başka bir şey zannetme.

in.tro.mis.sion (întrımîş'ın) *i.* bir şeyin başka bir şeyin içine sokulması.

in.tro.spect (întrıspekt') *f.* kendi düşünce veya hislerini tahlil etmek. **introspection** *i.* kendi düşünce ve hislerini tetkik ve tahlil etme, murakabe, iç gözlem. **introspective** *s.* kendi kendini tetkik kabilinden.

in.tro.vert (în'trıvırt) *i., f.* içedönük kimse, içine kapanık kimse; *biyol.* kendi içine çevrilen uzuv; *f.* içeriye doğru çevirmek veya eğmek; düşüncelerini kendi üzerine çevirmek; *zool.* bir uzvu kendi içine çevirmek (salyangoz gözü gibi). **introver'sion** *i.* içeriye doğru dönme veya çevrilme.

in.trude (întrud') *f.* zorla içeriye sokmak; istenilmeyen bir yere müsaadesiz ve davetsiz girmek; *jeol.* tabakalar arasına sokmak (volkanik kaya).

in.trud.er (întrud'ır) *i.* davetsiz misafir, hakkı olmadığı yere giren kimse.

in.tru.sion (întru'jın) *i.* zorla içeri girme, fuzulî işgal; davetsiz olarak sokulma, müsaadesiz şekilde araya girme.

in.tru.sive (întru'sîv) *s.* müsaadesiz gelip zorla içeri giren; *jeol.* tabakalar arasına giren (volkanik kaya). **intrusively** *z.* tabakalar arasına girerek. **intrusiveness** *i.* zorla içeri girmeye meyli olma.

in.trust *bak.* **entrust.**

in.tu.bate (în'tyubeyt) *f., tıb.* boğaz gibi bir nefes alma organının içine boru sokmak (difteride). **intuba'tion** *i.* boru sokma ameliyesi.

in.tu.i.tion (întuwîş'ın) *i.* içine doğma; muhakeme kullanmadan meydanda olmayan bir şeyi sezme, sezgi. **intuitional** *s.* içe doğma ile ilgili, sezgili.

in.tu.i.tion.ism (întuwîş'ınîzım) *i., fels.* hakikatlerin akıl ve bilgi ile değil de sezgi yolu ile ortaya çıkarılabileceğini ileri süren öğreti; duyularımızla algıladığımız cisimlerin gerçek olduğunu savunan öğreti; insanın sezgi anlayışına sahip olduğunu ve bununla doğru ahlâk kaidelerini bulacağını savunan öğreti. **intui'tionist** *i.* bu felsefeyi savunan kimse.

in.tu.i.tive (întu'wîtîv) *s.* sezgi yolu ile anlaşılan veya öğrenilen. **intuitively** *z.* sezgi ile.

in.tu.mes.cent (întume'sınt) *s.* şişen, kabaran; hararetle büyüyen. **intumescence** *i.* şişme, kabarma.

in.tus.sus.cep.tion (întıs.sısep'şın) *i., biyol.* içine alma; *tıb.* bir kısım bağırsağın yanındaki kısmın içine girmesi; yiyecek gibi yabancı bir maddenin vücuda girerek doku haline gelmesi.

in.twine *bak.* **entwine.**

in.twist *bak.* **entwist.**

in.unc.tion (înʌngk'şın) *i.* yağ sürme, yağlama; *tıb.* ovarak yağı deriye içirme.

in.un.date (în'ʌndeyt) *f.* su ile kaplamak, su basmak, sel basmak; çok fazla miktarda mevcut olmak; garketmek. **inunda'tion** *i.* sel, tufan; çok fazla miktarda olma.

in.ur.bane (înırbeyn') *s.* nezaketsiz, terbiyesiz, kaba.

in.ure (înyur') *f.* dayanmaya alıştırmak, âdet etmek.

in.urn (înırn') *f.* yakılmış ceset külünü mahfaza içine koymak; gömmek.

in.u.tile (înyu'tîl) *s.* lüzumsuz, faydasız, boş, nafile. **inutil'ity** *i.* faydasızlık.

inv. *kıs.* **invented, inventor, invoice.**

in va.cu.o (în väk'yuwo) *Lat.* boşlukta, havasız yerde.

in.vade (înveyd') *f.* saldırmak; tecavüz etmek, hücum etmek; istilâ etmek; ihlâl etmek.

in.vag.i.nate (învä̈c'ıneyt) *f.* içine koymak, üzerine kılıf geçirmek.

in.vag.i.na.tion (învä̈cıney'şın) *i.* içine koyma, üzerine kılıf geçirme; *tıb.* bir kısım bağırsağın başka bir kısmın içine girmesi.

in.va.lid (în'vılîd) *s., i., f.* hasta, zayıf, hastalıklı, yatalak, sakat; hastaya mahsus; *i.* hasta kimse, yatalak kimse; sakat kimse; *f.* çürüğe çıkarmak, hastaneye göndermek; malul kılmak; hasta olmak, malul olmak; *İng.* hasta sayarak memleketine göndermek. **invalidism** *i.* hastalık, maluliyet.

in.va.lid (învâl'id) *s.* geçersiz, hükümsüz, battal, muteber olmayan.

in.val.i.date (învâl'ıdeyt) *f.* hükümsüz kılmak, battal etmek. **invalida'tion** *i.* hükümsüz bırakma, iptal.

in.val.i.di.ty (învılîd'ıti) *i.* hükümsüzlük, muteber olmayış, battallık.

in.val.u.a.ble (învâl'yuwıbıl) *s.* çok kıymetli, paha biçilmez. **invaluably** *z.* çok kıymetli bir şekilde.

in.var.i.a.ble (înver'iyıbıl) *s.* değişmeyen, her zaman bir olan, sabit bir durumda kalan. **invariabil'ity** *i.* değişmezlik. **invar'iably** *z.* değişmeyerek; aynı şekilde, istisnasız; mütemadiyen, her zaman.

in.var.i.ant (înver'iyınt) *s., i.* değişmesi imkânsız, sabit; *i., mat.* sabit nicelik.

in.va.sion (învey'jın) *i.* istilâ, saldırı, akın; tehlikeli veya zararlı bir şeyin saldırması veya sirayeti. **invasive** *s.* istilâya ait; saldırıya ait.

in.vec.tive (învek'tîv) *i., s.* ağır hakaret, sövüp sayma, küfür, tahkir, tezyif; *s.* küfür mahiyetinde.

in.veigh (învey') *f.* tenkit etmek, çatmak. **inveigh against** paylamak, çıkışmak.

in.vei.gle (învi'gıl) *f.* aldatmak, kandırmak, ayartmak, baştan çıkarmak; aldatarak bir kimseye iş yaptırmak. **inveiglement** *i.* aldatma, kandırma.

in.vent (învent') *f.* icat etmek, ihtira etmek, çıkarmak, türetmek; uydurmak, düzmek.

in.ven.tion (înven'şın) *i.* icat; ihtira, türetme, uydurma, yalan; icat kabiliyeti, ihtira kuvveti; özellik, hususiyet, orijinallik.

in.ven.tive (înven'tîv) *s.* yaratıcı, buluşları olan; icat etmekle ilgili, hünerli. **inventiveness** *i.* icat kabiliyeti, yaratıcılık.

in.ven.tor (înven'tır) *i.* icat eden kimse, mucit, türeten kimse.

in.ven.to.ry (în'vıntori) *i., f.* envanter; deftere kayıtlı eşya; *f.* müfredat defterine geçirmek, kaydetmek.

in.ve.rac.i.ty (învıräs'ıti) *i.* gerçekle ilgisi olmayış.

in.ver.ness (învırnes') *i.* İskoçya'da bir şehir; kolsuz erkek cüppesi.

in.verse (învırs', în'vırs) *s., i.* ters çevrilmiş, ters, aksi; *i., mat.* ters sonuç. **inverse ratio** *veya*

proportion *mat.* ters orantı. **inverse'ly** *z.* tersine olarak.

in.ver.sion (învır'jın) *i.* ters dönme, altüst olma; tersine dönmüş şey; ters çevirme; *kon. san.* bir cümledeki kelime sırasının değişmesi; *kim.* değişim, değişme, sakarozun früktoz ve glikoza ayrılması ve bu esnada polarize ışınların titreşim düzleminin sağdan sola çevrilmesi; *meteor.* sıcak hava tabakasının soğuk hava tabakasının üstüne çıkması sonucunda yükseltiyle beraber ısının da artması.

in.vert (învırt') *f.* tersine çevirmek, tersyüz etmek, altüst etmek; bir müzik parçasında notaların sırasını değiştirmek. **invert sugar** dekstroz ile levüloz karışımı; meyva ve balda bulunan tabii şeker. **invertedly** *z.* tersine.

in.ver.tase (învır'teys) *i., kim.* bira mayasında ve bazı hayvanların bağırsaklarında bulunan bir ferment.

in.ver.te.brate (învır'tıbreyt, -brît) *s., i., zool.* omurga kemiği olmayan, omurgasız, vertebrasız; mukavemetsiz, dayanıksız, zayıf iradeli; *i.* omurga kemiği olmayan hayvan; dayanıksız kimse.

in.vest (învest') *f.* (para) yatırmak; (para, güç, zaman) sarfetmek; memuriyete koymak; (salâhiyet) vermek; kuşatmak. **invest in** ileride gelir sağlamak için bir şeye para yatırmak.

in.ves.ti.gate (înves'tıgeyt) *f.* incelemek, tetkik etmek, gözden geçirmek, teftiş etmek, tahkik etmek, araştırmak. **investigable** *s.* incelenebilir, teftişi mümkün. **investigative** *s.* teftiş ve incelemeye ait. **investiga'tion** *i.* tahkik, araştırma, tetkik, inceleme, teftiş.

in.ves.ti.ture (înves'tıçır) *i.* resmen memuriyet makamına koyma, tayin; resmî elbise, üniforma.

in.vest.ment (învest'mınt) *i.* para koyma, yatırım; yatırılan sermaye; gelir getirmesi için paranın yatırıldığı şey, para sarfedilen gelir kaynağı; memuriyete koyma; muhasara, kuşatma; *biyol.* dış deri.

in.vet.er.ate (învet'ırît) *s.* kökleşmiş, yerleşmiş, müzmin; düşkün, müptelâ, tiryaki. **inveteracy, inveterateness** *i.* müzminlik, yerleşme, kökleşme; tiryakilik. **inveterately** *z.* kökleşmiş olarak.

in.vi.a.ble (învay'ıbıl) *s.* yaşayamayacak.

in.vid.i.ous (învîd'iyıs) s. kıskandırıcı; haksız, hiddet uyandıran; tiksindirici. **invidiously** z. hiddet uyandırıcı bir şekilde. **invidiousness** i. haksızlık.

in.vig.or.ate (învîg'ıreyt) f. canlandırmak, kuvvetlendirmek, zindelik vermek.

in.vin.ci.ble (învîn'sıbıl) s. yenilmez, mağlup olmaz, yılmaz. **invincibil'ity, invin'cibleness** i. yılmazlık. **invin'cibly** z. yenilemez bir şekilde.

in.vi.o.la.ble (învay'ılıbıl) s. şeref ve haysiyetine dokunulamaz; dokunulmaz; bozulamaz, nakzedilemez, taarruz edilemez. **inviolabil'ity, invi'olableness** i. taarruzdan masuniyet; kişisel dokunulmazlık. **invi'olably** z. ihlâl edilemeyecek bir surette, masun olarak.

in.vi.o.late (învay'ılît) s. şeref ve haysiyetine dokunulmamış; bozulmamış, nakzedilmemiş, ihlâl edilmemiş.

in.vis.i.ble (învîz'ıbıl) s., i. görülmez, görünmez, gözle seçilemez; çabuk kestirilemez; *ikt.* resmî hesaplarda gözükmeyen; i. görülmeyen şey veya kimse. **invisible ink** ancak kimyasal etki veya ısı tesiriyle görünen, aslında renksiz olan mürekkep. **invisibil'ity, invis'ibleness** i. görülmezlik. **invis'ibly** z. saklı olarak.

in.vi.ta.tion (învıtey'şın) i. davet; davetname; çağırma, çağrı.

in.vi.ta.to.ry (învay'tıtôri) s. davet ihtiva eden, davet kabilinden.

in.vite (învayt') f. davet etmek, çağırmak; cezbetmek, celbetmek; icrasını teklif etmek. **invitingly** z. davetkâr bir şekilde, cezbedici surette.

in.vo.ca.tion (învıkey'şın) i. dua, niyaz, münacat; toplu halde dua etme; dua cümleleri. **invocatory** (învak'ıtôri) s. dua veya münacat kabilinden.

in.voice (în'voys) i., f. fatura; gönderilen mal; f. fatura çıkarmak, fatura tanzim etmek. **pro forma invoice** proforma fatura.

in.voke (învok') f. dua etmek; niyaz etmek; çağırmak; müracaat etmek; davet etmek; himayesini dilemek.

in.vo.lu.cre, in.vo.lu.crum (învılu'kır, -krım) i. (çoğ. **involucres, involucra**) bot. lifâfe, bürüm, bileşik çiçeklerin sapları altında bulunup bir daire teşkil eden ufak yapraklar. **involucral** s. böyle ufak yaprakları olan.

in.vol.un.tar.y (înval'ınteri) s. istenilmeden yapılan, ihtiyar harici; tasarlanmamış. **involuntar'ily** z. istemeyerek, ihtiyar harici olarak, elde olmadan.

in.vo.lute (în'vılut) s., i. dolaşık, müşkül, karışık, girift; bot. içeriye kıvrılmış; zool. bazı böcek kabukları gibi içeriye kıvrılmış, helezonî; i., geom. involut.

in.vo.lu.tion (învılu'şın) i. kıvırma, sarma; kıvrılmış şey; karışıklık, dolaşıklık, gram. muğlak cümle, karışık ifade; fizyol. genişlemiş veya açılmış bir uzvun eski haline dönmesi.

in.volve (învalv') f. icap ettirmek, bağlamak, tabi kılmak; sarmak, kuşatmak, ihata etmek, içine almak, ihtiva etmek; karıştırmak, sokmak (müşkülât veya derde); duçar etmek; mat. belirli bir dereceye yükseltmek. **be involved** gen. in ile alâkası olmak, karışmış bulunmak; dalmak, garkolmak (bir işe).

in.volved (învalvd') s. kolayca anlaşılamayan; çapraşık.

in.volve.ment (învalv'mınt) i. bağlılık, ilgi, alâka; karıştırılma, sarılma.

in.vul.ner.a.ble (învʌl'nırıbıl) s. yaralanamaz, incitilemez; fethedilemez. **invulnerabil'ity** i. yaralanamazlık, saldırıdan zarar görmezlik. **invul'nerably** z. yaralanamaz bir şekilde.

in.ward (în'wırd) s., i. içeride bulunan, iç, dahilî; bâtınî, manevî, ruhsal; i. iç kısım.

in.ward(s) (în'wırd, -z) z. içeriye doğru, fikir veya ruhun derinliğine doğru.

in.ward.ly (în'wırdli) z. içte, içeride; derunen, derinliğinde.

in.ward.ness (în'wırdnîs) i. içyüz, gerçek hal; bâtınîlik, ruhanîlik.

in.weave (înwiv') f. (inwove, inwoven) başka kumaş içine dokuyup örmek, bir kumaş içine başka bir şey dokumak.

in.wrap (înräp') bak. enwrap.

in.wreathe (înridh') bak. **enwreathe.**

in.wrought (înrôt') s. işlenerek başka bir şeye geçirilmiş; içine başka şeyler dokunmuş, karışıp birleşmiş.

Io.an.ni.na (yowa'nina) i. Yunanistan'da Yanya şehri.

i.o.dide (ay'ıdayd) i., kim. iyodür, iyodür asidinin tuzu.

i.o.dine (ay'ıdayn) *i.* iyot. **tincture of iodine** tentürdiyot.

i.o.do.form (ayo'dıfôrm) *i., kim.* iyodoform, iyotlu antiseptik sarı renkli bir bileşim.

i.on (ay'ın) *i.* iyon. **ion'ic** *s.* iyona ait.

I.o.ni.an (ayo'niyın) *s., i.* İyonya veya İyonyalılara ait; *i.* İyonyalı. **Ionian Islands** Yunanistan'ın batısında bulunan Yunan adaları. **Ionian Sea** Yunan denizi.

I.on.ic (ayan'ik) *s., i.* İyonya'ya ait; *mim.* İyonya üslûbunda, İyonik; *i., şiir* İyonik vezinli mısra; *matb.* kalınca bir çeşit harf.

i.on.ize (ay'ınayz) *f.* iyonize etmek, iyonlaştırmak. ioniza'tion *i.* iyonlanma.

i.on.o.sphere (ayan'ısfîr) *i.* havakürenin yüksek bir katmanı.

I.O.O.F. *kıs.* **Independent Order of Odd Fellows.**

i.o.ta (ayo'tı) *i.* Yunan alfabesinin dokuzuncu harfi, yota; çok küçük herhangi bir şey. **not one iota** hiç, asla.

IOU (ay' o yu') *kıs.* **I owe you** size olan borcum; borç senedi.

I.P.A. *kıs.* **International Phonetic Alphabet.**

ip.e.cac, ip.e.cac.u.an.ha (îp'ıkäk, îpıkäkyuwa'nı) *i.* ipeka, *bot.* Cephaelis ipecacuanha; *ecza.* bu bitkiden yapılan ilâç.

ip.o.moe.a (îpımi'yı) *i.* ipomia, gündüzsefası, çalapa, *bot.* Ipomoea.

ip.se dix.it (îp'si dîk'sît) *Lat.* "Kendisi söyledi." bir delile dayanmayan söz veya ifade.

ip.sis.si.ma ver.ba (îpsis'ımı vır'bı) *Lat.* kelimesi kelimesine ifade, aynı kelimeler.

ip.so fac.to (îp'so fäk'to) *Lat.* yalnız bu sebeple, fiilen, haddi zatında.

i.q. *kıs.* **idem quod** aynı, tıpkısı.

I.Q. *kıs.* **intelligence quotient.**

I.R.A. *kıs.* **Irish Republican Army.**

i.ra.de (ira'di) *i.* irade, ferman.

I.ran (îrän', iran') *i.* İran. **Iranian** (îrey'niyın) *s., i.* İran'a ait; *i.* İranlı.

I.raq (îräk', irak') *i.* Irak. **Iraqi** *s., i.* Irak'a ait; *i.* Iraklı; Irak Arapçası.

i.ras.ci.ble (îräs'ıbıl) *s.* kolay öfkelenir, sinirli, huysuz, ters tabiatlı. **irascibil'ity** *i.* kızgınlık, huysuzluk. **iras'cibly** *z.* sinirli bir şekilde.

i.rate (ay'reyt, ayreyt') *s.* öfkeli, hiddetli, kızgın. **irately** *z.* öfkeyle, hiddetle.

IRBM *kıs.* **intermediate range ballistic missile.**

ire (ayr) *i.* öfke, hiddet, kızgınlık. **ireful** *s.* öfkeli, *colloq.* tepesi atmış.

Ire.land (ayr'lınd) *i.* İrlanda.

i.ren.ic, i.ren.i.cal (ayren'ik, -kıl) *s.* sulhsever, sulh taraftarı, sulha götüren, uzlaştırıcı.

i.ri.da.ceous (îrıdey'şıs) *s., bot.* süsengiller familyasına ait.

ir.i.des.cent (îrıdes'ınt) *s.* gökkuşağı gibi renkleri olan, yanardöner. **iridescence** *i.* yanardönerlik.

i.ris (ay'rîs) *i.* iris tabakası, gözbebeği etrafındaki renkli kısım; gökkuşağı veya buna benzer herhangi bir şey; *mit.* gökkuşağı tanrıçası; süsen, *bot.* Iris. **brown iris** pas lâlesi, *bot.* Iris lurida.

I.rish (ay'rîş) *s., i.* İrlanda'ya ait; İrlanda diline ait; *i.* İrlandalı; İrlanda dili; İrlanda şivesiyle konuşulan İngilizce; kavgacılık. **Irish Free State** Bağımsız İrlanda Cumhuriyeti. **Irishman** *i.* İrlandalı erkek. **Irish potato** patates.

i.ri.tis (ayray'tîs) *i.* gözün iris tabakasının iltihaplanması.

irk (ırk) *f.* bıktırmak, usandırmak, taciz etmek, bizar etmek.

irk.some (ırk'sım) *s.* sıkıcı, bıktırıcı, bizar edici, taciz edici, usandırıcı. **irksomely** *z.* sıkıcı şekilde, bıktırarak, usandırarak. **irksomeness** *i.* sıkıcı olma, bıktırıcı olma, usandırıcı olma.

i.ron (ay'ırn) *i., s.* demir; demir alet; ütü; maden uçlu golf sopası; *tıp.* demir şurubu; *mec.* kuvvet, metanet; *s.* demirden yapılmış; demir gibi; merhametsiz, zalim, katı yürekli. **Iron Age** Demir Devri. **ironbound** *s.* demirle takviye edilmiş; sabit; kuvvetli. **ironclad** *i., s.* zırhlı gemi; *s.* demir kaplı; kuvvetli, bozulmaz (kontrat, söz, şart). **Iron Cross** Almanya'da bir nişan. **iron curtain** demirperde. **iron foundry** dökümhane, demirhane. **Iron Gate** Tuna üzerindeki Demirkapı geçidi. **iron gray** demir kırı rengi. **iron horse** *A.B.D., k.dili* lokomotif. **iron lung** suni akciğer. **ironshod** *s.* demir nallı; ucu demir. **iror·stone** *i.* demir filizi; bir nevi beyaz porselen. **ironwood** *i.* demirağacı, *bot.* Sideroxylon oxycaritha. **ironwork** *i.* demir eşya. **angle iron** demir köşebent. **cast iron** pik. **in irons** zincire vurulmuş, eli kelepçeli. **magnetic iron** mıknatıslı demir. **have many**

irons in the fire kırk tarakta bezi olmak. **sheet iron** saç. **Strike while the iron is hot.** Demir tavında dövülür. **structural iron** inşaat demiri. **wrought iron** dövme demir, işlenmiş demir.

i.ron (ay'ırn) *f.* ütülemek; demir kaplamak. **iron out** ütülemek; (planın) teferruatını hazırlamak, pürüzlerini gidermek; kelepçelemek.

i.ron.ic, i.ron.i.cal (ayran'ik, -kıl) *s.* inceden inceye alay eden, istihza ifade eden, cinaslı. **ironically** *z.* istihza ile, alaylı, iki manaya çekilebilecek surette.

i.ro.nist (ay'rınîst) *i.* alaylı bir surette yazan veya konuşan kimse, cinasçı.

i.ron.mas.ter (ay'ırnmäs'tır) *i., İng.* demirci ustası, demirhane şefi.

i.ron.mon.ger (ay'ırn.mʌnggır) *i., İng.* demir eşya satıcısı, hırdavatçı, nalbur. **ironmongery** *i.* demir eşya, demir eşya satıcılığı, demir eşya satan dükkân.

i.ron.side (ay'ırnsayd) *i.* çok kuvvetli adam, yiğit kimse; *çoğ., b.h.* Cromwell'in süvari askerleri.

i.ro.ny (ay'rını) *i.* kastolunan şeyin aksini söylemekten ibaret bir çeşit kinaye; insana alay gibi gelen bir tesadüf. **irony of fate** kaderin cilvesi. **dramatic irony** bir piyeste karakterin bilmediği fakat seyircinin bildiği durum. **Socratic irony** karşısındakini şaşırtmak için sahte cehalet takınma.

i.ron.y (ay'ırni) *s.* demirden yapılmış, demire benzer.

Ir.o.quois (îr'ıkwoy) *i.* bir Kızılderili federasyonunun ismi; bu federasyona tabi bir fert.

ir.ra.di.ant (îrey'diyınt) *s.* ışık saçan, ışıldayan, parlak.

ir.ra.di.ate (îrey'diyeyt) *f.* aydınlatmak, tenvir etmek; zihnini açmak; üzerine saçmak (sevgi, sevinç); röntgen ışınlarına tutmak. **irradia'tion** *i.* parlaklık, ışık verme; zihnin aydınlanması; ısı saçılması; röntgen ışınlarına tutma.

ir.ra.tion.al (îräş'ınıl) *s., i.* akılsız, mantıksız, kaçık, deli, muhakeme kabiliyeti olmayan; makul olmayan, akla uygun gelmeyen; münasebetsiz, saçma; *mat.* yadrasyonel. **irrational'ity** *i.* mantıksızlık. **irra'tionally** *z.* mantıksız bir şekilde.

ir.ra.tion.al.ism (îräş'ınılizım) *i.* mantıksız düşünce veya hareket.

ir.re.claim.a.ble (îrikley'mıbıl) *s.* ıslah olunamaz. **irreclaimably** *z.* tamamen (kaybolmuş).

ir.rec.on.cil.a.ble (îrekınsay'lıbıl) *s., i.* uzlaştırılamaz, barıştırılamaz, telif edilemez (fikir, tutum); *i.* uyuşamaz kimse, barıştırılamaz kimse; *çoğ.* uyuşmayan fikirler. **irreconcilabil'ity** *i.* uzlaştırılamaz oluş. **irreconcilably** *z.* uzlaştırılamaz bir şekilde.

ir.re.cov.er.a.ble (îrikʌv'ırıbıl) *s.* düzeltilemez; bir daha ele geçmez, geri alınamaz, telâfi edilemez; tahsili kabil olmayan. **irrecoverably** *z.* bir daha ele geçmeyecek şekilde.

ir.re.cu.sa.ble (îrikyu'zıbıl) *s.* reddolunamaz, kabul olunması icap eden.

ir.re.deem.a.ble (îridi'mıbıl) *s.* kurtulamaz; nakde tahvil olunamaz; bedeli tediye edilerek kurtarılamaz; çaresiz, ıslah olunamaz. **irredeemably** *z.* kurtulamayacak derecede.

ir.re.den.tist (îriden'tîst) *i.* kendi memleketinin kaybettiği toprakları geri isteyen kimse. **irredentism** *i.* böyle bir kimsenin doktrini.

ir.re.duc.i.ble (îridu'sıbıl) *s.* istenilen hale konulamaz; azaltılamaz, küçültülemez; sadeleştirilemez.

ir.ref.ra.ga.ble (îref'rıgıbıl) *s.* aksi iddia edilemez, inkâr edilemez, itiraz kabul etmez. **irrefragably** *z.* inkâr edilemez bir şekilde.

ir.re.fran.gi.ble (îrifrän'cıbıl) *s.* fesholunamaz, bozulamaz; kırılmaz (ışın). **irrefrangibly** *z.* fesholunmaz bir surette.

ir.ref.u.ta.ble (îref'yıtıbıl, îrifyu'tıbıl) *s.* aksi iddia edilemez, reddedilemez, itiraz kaldırmaz. **irrefutably** *z.* reddedilmez bir şekilde.

ir.reg.u.lar (îreg'yılır) *s., i.* düzensiz, kuralsız, nizamsız, intizamsız; usule aykırı, yolsuz, usulsüz; çarpık, düz olmayan; başıbozuk (asker); *gram.* kural dışı; *bot.* simetrik olmayan, bakışımsız (çiçek, bitki); *i., ask.* başıbozuk kimse, çeteci. **irregular'ity** *i.* düzensizlik, intizamsızlık, yolsuzluk, karışıklık, kurallara ve düzene aykırılık. **irregularly** *z.* düzensiz bir şekilde, kurallara aykırı olarak; çarpık olarak; beklenmedik zamanlarda.

ir.rel.a.tive (îrel'ıtîv) *s.* ilgisi olmayan, ilgisiz, konu dışı.

ir.rel.e.vant (îrel'ıvınt) *s.* konu dışı, sadet dışı; mevzu ile alâkası olmayan, günün mühim konularıyle ilgisi olmayan. **irrelevance** *i.* konu dışı olma. **irrelevancy** *i.* konu dışı olan şey. **irrelevantly** *z.* konu ile ilgisi olmayarak.

ir.re.lig.ion (îrilîc'ın) *i.* dinsizlik; din aleyhtarlığı. **irreligionist** *i.* dine karşı olan kimse.

ir.re.lig.ious (îrilîc'ıs) *s.* dinsiz, dine karşı olan. **irreligiously** *z.* dine karşı çıkarak.

ir.re.me.di.a.ble (îrimi'diyıbıl) *s.* çaresiz, telâfi olunamaz; tedavisi mümkün olmayan. **irremediably** *z.* çaresiz olarak, telâfisi mümkün olmayarak.

ir.re.mis.si.ble (îrimîs'ıbıl) *s.* affolunamaz, müsamaha edilemez; zorunlu, mecburî, kaçınılmaz. **irremissibleness** *i.* affolunamazlık, zorunlu oluş. **irremissibly** *z.* zorunlu olarak, müsamaha edilemeyecek şekilde.

ir.re.mov.a.ble (îrimu'vıbıl) *s.* sabit; azlolunamaz, yerinden atılamaz. **irremovably** *z.* sabit bir şekilde; azlolunamaz bir şekilde.

ir.rep.a.ra.ble (îrep'ırıbıl) *s.* tamir olunamaz, çaresiz, telâfisi imkânsız. **irreparabil'ity** *i.* tamir kabul etmeme. **irrep'arably** *z.* tamir veya telâfi edilemeyecek şekilde.

ir.re.place.a.ble (îripley'sıbıl) *s.* yeri doldurulamaz, yenisi tedarik edilemez.

ir.re.pres.si.ble (îripres'ıbıl) *s.* söndürülemez, bastırılamaz, baskıya gelmez; zaptolunamaz; önüne geçilemez. **irrepressibly** *z.* söndürülemeyecek bir şekilde.

ir.re.proach.a.ble (îripro'çıbıl) *s.* kusur bulunamaz, aleyhinde söylenecek bir şey olmayan. **irreproachableness** *i.* kusursuzluk. **irreproachably** *z.* kusur bulunamaz bir şekilde.

ir.re.sis.ti.ble (îrizîs'tıbıl) *s.* karşı konulamaz, mukavemet edilemez, çok kuvvetli, çok çekici. **irresistibil'ity** *i.* karşı konulamama. **irresistibly** *z.* karşı konulamayacak şekilde.

ir.res.o.lute (îrez'ılut) *s.* kararsız, mütereddit, duruksun, ikircimli. **irresolutely** *z.* kararsız bir şekilde. **irresoluteness, irresolu'tion** *i.* kararsızlık.

ir.re.spec.tive (îrispek'tîv) *s.* göz önünde bulundurmayan, -e bakmaksızın, hesaba katmayan. **irrespective of** ne olursa olsun, hesaba katmadan.

ir.re.spon.si.ble (îrispan'sıbıl) *s.* mesuliyet duygusu olmayan, sorumsuz, güvenilemeyen. **irresponsibil'ity** *i.* sorumsuzluk, mesuliyetini düşünmeden hareket etme. **irresponsibly** *z.* sorumsuzca, mesuliyetine müdrik olmayarak.

ir.re.spon.sive (îrispan'sîv) *s.* cevap vermez, mukabele etmez. **irresponsiveness** *i.* mukabele etmeyiş.

ir.re.trace.a.ble (îritrey'sıbıl) *s.* tekrarlanamaz, tekrar üzerinden geçilemez.

ir.re.triev.a.ble (îritri'vıbıl) *s.* bir daha ele geçmez; telâfi edilemez. **irretrievably** *z.* bir daha ele geçmezcesine.

ir.rev.er.ent (îrev'ırınt) *s.* hürmetsiz, riayetsiz, saygısız. **irreverence** *i.* saygısızlık. **irreverently** *z.* saygısızca.

ir.re.vers.i.ble (îrivır'sıbıl) *s.* ters çevrilemez; değiştirilemez, geri alınamaz, kesin, katî. **irreversibil'ity** *i.* tersine çevrilememe, değiştirilemez oluş. **irrevers'ibly** *z.* değiştirilemeyecek bir şekilde.

ir.rev.o.ca.ble (îrev'ıkıbıl) *s.* geri alınamaz, değişmez, değiştirilemez, feshedilemez. **irrevocable letter of credit** (dönülemez) akreditif. **irrevocabil'ity, irrev'ocableness** *i.* geri alınamaz oluş, feshedilemez oluş. **irrev'ocably** *z.* feshedilemez bir şekilde.

ir.ri.gate (îr'ıgeyt) *f.* (toprağı) sulamak; tazelendirmek; *tıb.* bir yarayı antiseptik su ile yıkamak veya üzerine su serpmek. **irriga'tion** *i.* sulama.

ir.ri.ta.ble (îr'ıtıbıl) *s.* çabuk kızan, alıngan, titiz, sinirli; çabuk heyecanlanan; *tıb.* kolaylıkla tahriş olabilen, hassas. **irritabil'ity** *i.* alınganlık, titizlik, havadan nem kapma; *tıb.* aşırı hassaslık; sinirlilik, titizlik; *fiz.* uyartılma kabiliyeti. **ir'ritably** *z.* sinirli bir şekilde.

ir.ri.tant (îr'ıtınt) *s., i.* sinirlendirici, öfkelendirici; tahrik edici; tahriş edici; *i.* tahriş edici madde veya alet; sinirlendirici herhangi bir şey.

ir.ri.tate (îr'ıteyt) *f.* sinirlendirmek, kızdırmak; tahrik etmek; tahriş etmek; *biyol.* (bir siniri) harekete geçirmek. **irrita'tion** *i.* öfke, hiddet, sinirlendirme. **ir'ritative** *s.* sinirlendirici.

ir.ri.tat.ing (îr'ıteytîng) *s.* sinirlendirici, asap bozucu, kızdırıcı; tahrik edici; tahriş edici. **irritatingly** *z.* sinirlendirerek; tahrik ederek; tahriş ederek.

ir.rup.tion (îrʌp'şın) *i.* içeriye baskın, hücum, istilâ. **irruptive** *s.* baskın kabilinden.

IRS *kıs., A.B.D.* **Internal Revenue Service** Millî Vergi Bürosu.

is (îz) *bak.* **be**; **as is** *tic.* şimdiki haliyle, olduğu gibi.

is. *kıs.* **island.**

i.sa.cou.stic (aysıkus'tîk) *s., fiz.* sesin şiddeti ve berraklığı ile ilgili.

is.chi.um (îs'kiyım) *i.* (*çoğ.* **ischia**) *anat.* verek, kalça kemiğinin bir kısmı, iskiyum.

-ish *sonek, isimlerin sonunda* ait, kabilinden, mahiyetinde, *sıfatlarda ise* -ce *veya* -ca *anlamına gelir:* **Turkish, whitish.**

i.sin.glass (ay'zîng.gläs) *i.* balık tutkalı; mika.

Is.lam (islam') *i.* İslâm; İslâm âlemi, İslâmiyet. **Islamic** *s.* İslâm'a ait. **Islamics** *i.* İslâm ilimlerinin tetkiki. **Islamism** *i.* Müslümanlık, İslâmiyet.

is.land (ay'lınd) *i.* ada, ada gibi yer. **islander** *i.* adalı kimse, adada oturan kimse.

isle (ayl) *i.* ada, küçük ada.

is.let (ay'lît) *i.* adacık.

-ism *sonek* -lik, -cilik, -izm: **Nationalism, radicalism.**

ism (iz'ım) *i.* özel bir doktrin veya meslek (özellikle küçümseme anlamında).

is.n't (iz'ınt) **is not.**

iso- *önek* aynı, eşit.

i.so.bar (ay'sıbar) *i.* izobar, eşbası.

i.so.bar.ic (aysıber'îk) *s.* hava basıncı eşit olan (yerler).

i.soch.ro.nal, i.soch.ro.nous (aysak'rınıl, -nıs) *s.* eşzamanlı. **isochronism** *i.* eşzamanlılık.

i.so.cli.nal, i.so.clin.ic (aysıklay'nıl, -klîn'îk) *s.* haritada mıknatısın aynı eğilim veya düşüşünü gösteren. **isoclinal lines** bunu gösteren çizgiler.

i.so.dy.nam.ic, -i.cal (aysodaynäm'îk, -îkıl) *s.* izodinamik, eşit kuvvete sahip olan, eşit kuvvete sahip noktaları gösteren.

i.so.gloss (ay'sıglôs) *i., dilb.* harita üzerinde konuşmaları farklı olan bölgeleri birbirinden ayıran çizgi.

i.so.gon.ic, i.so.gon.i.cal (aysıgan'îk, -îkıl) *s., geom.* eşköşe, eşit açılı.

i.so.late (ay'sıleyt) *f.* ayırmak, tecrit etmek; *kim.* bir maddeyi başka maddelerden ayırmak; karantinaya almak.

i.so.la.tion (aysıley'şın) *i.* tecrit, ayırma, tek başına bırakma veya bırakılma, ayrı koyma. **isolationism** *i.* tecrit politikası. **isolationist** *i.* kendi memleketinin diğerlerinden ayrı hareket etmesi taraftarı, tecrit politikası taraftarı.

i.so.mer (ay'sımır) *i., kim.* izomer.

i.so.mer.ic (aysımer'îk) *s., kim.* izomerili. **isom'erism** *i.* izomeri.

i.so.met.ric (aysımet'rîk) *s.* ölçü bakımından eşit olan, ölçüleri eşit olan. **isometric exercise** hareketsiz olarak kasılma ile adale egzersizi. **isometrics** *i.* hareketsiz yapılan idman, kasların sistematik ve hareketsiz gerilip açılması.

i.som.e.try (aysam'ıtri) *i.* ölçüde eşitlik; yükseltide eşitlik.

i.so.morph (ay'sımôrf) *i.* izomorf.

i.so.mor.phic (aysımôr'fîk) *s., kim., biyol.* eşbiçimli, izomorf.

i.sos.ce.les (aysas'ıliz) *s.* iki kenarı birbirine eşit olan, iki yanı bir olan. **isosceles triangle** *geom.* ikizkenar üçgen. **isosceles trapezoid** *geom.* ikizkenar yamuk.

i.sos.ta.sy (aysas'tısi) *i., jeol.* dünya üst tabakasının dengesi.

i.so.there (ay'sıthîr) *i., meteor.* izoter, yaz eşsıcağı.

i.so.therm (ay'sıthırm) *i.* eşsıcağı gösteren çizgi, eşsıcak, izoterm. **isothermal** *s.* eşit ısıda olan.

i.so.ton.ic (aysıtan'îk) *s.* osmotik basınçları eşit olan; *müz.* eş aralıklı.

i.so.tope (ay'sıtop) *i., fiz.* izotop.

Is.ra.el (îz'riyıl) *i.* İsrail; eski İsrail kavmi; Museviler.

Is.rae.li (îzrey'li) *s., i.* İsrail'le ilgili; *i.* İsrailli.

Is.ra.el.ite (îz'riyılayt) *i.* İsrail kavminden bir fert.

is.sue (iş'u) *i., f.* yayınlama, yayın, basım; konu, müzakere konusu, mesele, sorun; sonuç, netice; (mecmua) sayı; boşalma yeri; boşalma, çıkış; donatma, tevzi, dağıtım; çocuklar, nesil; *tıb.* cerahat; *f.* dışarı çıkmak, dışarı akmak; sonuç vermek; husule gelmek; hâsıl olmak, doğmak, neşet etmek; basılıp yayınlanmak; çıkarmak, dağıtmak; vermek, ihraç etmek; yayınlamak. **issue of shares** hisse senedi ihracı. **at issue** üzerinde konuşulan, münakaşa edilen, bahis konusu olan. **bank of issue** tedavül bankası. **date of issue** ihraç günü. **face the issue** bir durumu olduğu gibi kabul edip ona göre davranmak. **join issue** (bir mevzu üzerinde) münakaşada bulunmak. **take issue** itiraz etmek.

isth.mi.an (îs'miyın) *s.* kıstağa ait.

isth.mus (îs'mıs) *i.* kıstak, berzah.

it (ît) *zam., i.* o, onu, ona, (cinsiyet belirtmeyen zamirin 3. tekil şahsı); *i.* ebe (oyunlarda).

ITA, i.t.a. *kıs.* International Teaching Alphabet.

I.tal.ian (ităl'yın) *s., i.* İtalya, İtalyanlar ve İtalyanca ile ilgili veya onlara ait; *i.* İtalyan; İtalyan dili, İtalyanca.

i.tal.ic (ităl'ik) *s., i.* italik harflere ait; italik yazı gibi; *i., gen. çoğ.* italik.

i.tal.i.cize (ităl'ısayz) *f.* italik harflerle basmak; el yazısında kelime veya satırın altına çizgi çizmek.

It.a.ly (it'ıli) *i.* İtalya.

itch (iç) *f., i.* kaşınmak, gidişmek; şiddetle arzu etmek; *i.* kaşıntı, kaşınma, gidişme; şiddetli arzu; uyuz hastalığı. **itching palm** aşırı kazanç hevesi. **itchiness** *i.* kaşınma, gidişme. **itchy** *s.* kaşıntılı.

i.tem (ay'tım) *i., f., z.* parça, kalem, adet; bent, madde, fıkra; hesapta münferit rakam; *f.* ayrıntıları ile yazmak veya kaydetmek, not etmek; *z.* keza, dahi. **itemize** *f.* ayrıntıları ile yazmak.

it.er.ate (it'ıreyt) *f.* tekrarlamak, bir daha söylemek veya yapmak. **itera'tion** *i.* tekerrür, tekrarlama. **it'erative** *s.* mükerrer, yinelemeli; tekrarlayıcı.

i.tin.er.ant (aytin'ırınt) *s., i.* dolaşan, gezgin, seyyar; durmadan yolculuk eden; *i.* seyyah; gezginci, seyyar kimse. **itinerancy** *i.* seyyarlık, gezgincilik. **itinerantly** *z.* gezici olarak.

i.tin.er.ar.y (aytin'ıreri) *i., s.* yol; seyahat programı; yolcu rehberi; seyahat kitabı, seyahatname; *s.* yola veya seyahata ait.

i.tin.er.ate (aytin'ıreyt) *f.* yolculuk etmek, bir yerden bir yere dolaşmak; gezici vaizlik etmek.

its (its) *zam.* onun (it'in iyelik hali).

it's (its) it is, it has.

it.self (itself') *zam.* kendi, kendisi, bizzat.

IUD *kıs.* intrauterine device.

-ive *sonek* meyli olan; gibi: inductive.

i.vo.ry (ay'vıri) *i.* fildişi; dişin üstündeki mine; fildişi rengi; *çoğ.* fildişinden yapılmış eşya; *çoğ., argo* piyano tuşları; zar. **ivory black** fildişi külünden yapılan kara boya. **Ivory Coast** Fildişi Kıyısı. **ivory nut** Güney Amerika'ya mahsus bir çeşit hurma kozalağı. **ivory tower** dünya gerçeklerinden uzak hayal âlemi, kafa dinleyecek yer. **ivorytype** *i.* yarı şeffaf bir fotoğrafı bir başkasının üzerine koyarak yapılan resim. **ivory-white** *s., i.* fildişi renginde; *i.* fildişi rengi. **black ivory** Afrika'da zenci köle sınıfı. **vegetable ivory** Güney Amerika'ya mahsus bir çeşit hurma kozalağından çıkan ve düğme yapılan madde.

i.vy (ay'vi) *i.* sarmaşık, *bot.* Hedera helix. **ivy-clad, ivy-grown, ivy-mantled** *s.* sarmaşıkla örtülü. **ivy geranium** sakız sardunyası. **ivy vine** frenk elması, *bot.* Ampelopsis cordata. **ground ivy** yer sarmaşığı. **poison ivy** Amerika'ya mahsus zehirli bir çeşit sarmaşık. **ivied** *s.* sarmaşıkla örtülü.

-ize, *İng.* **-ise** *sonek* benzemesine sebep olmak: **Christianize;** etkisine uğratmak: **oxidize;** değiştirmek: **mineralize;** belirli bir şekilde davranmak: **sympathize.**

iz.zard (iz'ırd) *i., eski* Z harfi. **from A to izzard** başından sonuna kadar, A'dan Z'ye kadar.

J

J, j (cey) *i.* İngiliz alfabesinin onuncu harfi; c sesi.

J *fiz.* joule.

J. *kıs.* Journal, Judge, Justice.

Ja. *kıs.* January.

JA *kıs.* Judge Advocate.

jab (căb) *f., i.* dürtmek, itmek; ucu keskin bir şeyle dürtmek; *i.* dürtme, saplama.

jab.ber (căb'ır) *f.* hızlı konuşmak, çabuk çabuk konuşmak; anlaşılmaz şekilde söz söylemek; anlamsız laf etmek; *i.* çabuk konuşma; anlaşılmaz veya manasız laf.

jab.i.ru (căb'ıru) *i.* sıcak memleketlerde bulunan bir çeşit leylek, *zool.* Jabiru mycteria.

ja.bot (jăbo') *i., Fr.* büzgülü dantel veya muslin göğüslük.

ja.cinth (cäs'înth) *i.* sümbül, *bot.* Hyacinthus; *bak.* hyacinth.

jack (cäk) *i., oto.* kriko; adam, köylü; gemici; ağır yükleri yerinden kaldırmaya özgü makina, bocurgat makinası; *iskambil* bacak, vale; bazı oyunlarda top; *argo* para; *elek.* priz; *den.* cıvadra sancağı, demir sancağı; İngiliz veya Amerikan bayraklarının üst köşesinde bulunan dikdörtgen kısımdan ibaret sancak; erkek hayvan (eşek, tavşan); eskiden kullanılan bir zırhlı ceket; *çoğ.* beş taş oyunu. **creeping jack** damkoruğu, *bot.* Sedum acre. **every man jack** herkes.

jack (cäk) *f.*, **up** *ile* bocurgatla yükseğe kaldırmak; bir kimseye vazifesini hatırlatmak.

jack-a-dan.dy (cäk'ıdän'di) *i., eski* çıtkırıldım delikanlı, züppe, cicibey.

jack.al (cäk'ıl) *i.* çakal, *zool.* Canis aureus; başkasının hesabına alçakça iş gören kimse.

jack.a.napes (cäk'ıneyps) *i.* terbiyesiz veya kendini beğenmiş kimse.

jack.ass (cäk'äs) *i.* erkek eşek; ahmak adam, eşek herif. **laughing jackass** Avustralya'ya özgü bir cins balıkçıl.

jack.boot (cäk'but) *i., f., s.* kaba kuvvet; kaba kuvvet kullanan kimse; *f.* kaba kuvvet kullanarak başkasını boyun eğmeye zorlamak; *s.* kaba kuvvete dayanan.

jack.daw (cäk'dô) *i.* bir tür küçük karga, *zool.* Corvus monedula.

jack.et (cäk'it) *i., f.* ceket; ciltli kitabın üstüne geçirilen kâğıt kap; *mak.* silindir ceketi; *f., mak.* silindire ceket geçirmek, kaplamak.

Jack Frost şiddetli ayaz veya kırağı.

jack.ham.mer (cäk'häm'ır) *i.* basınçlı hava ile çalışan kaya delgisi.

jack-in-the-box (cäk'îndhıbaks') *i.* kutu açılınca içinden fırlayan yaylı kukla.

jack-in-the-pul.pit (cäk'îndhıpûl'pît) *i.* yılanyastığına benzer bir Amerikan bitkisi, *bot.* Arisaema triphyllum.

jack.knife (cäk'nayf) *i.* iri çakı.

jack.light (cäk'layt) *i.* balıkçı feneri.

jack-of-all-trades (cäk'ıvôl'treydz) *i.* elinden her iş gelen kimse, becerikli kimse.

jack-o'-lan.tern (cäk'ıläntırn) *i.* içi oyulmuş ve bir tarafına insan çehresi şekli verilmiş kabaktan oyuncak fener; bataklık yerlerde görülen bir aydınlık, bataklık yalazı.

jack.plane (cäk'pleyn) *i.* marangoz rendesi, kaba planya.

jack.pot (cäk'pat) *i., iskambil* pot, ortada biriken para. **hit the jackpot** *A.B.D., k.dili* en büyük hediyeyi kazanmak, büyük bir başarı kazanmak.

jack.screw (cäk'skru) *i.* kriko, miçaço.

jack.straw (cäk'strô) *i.* önemsiz kimse, kukla; değersiz şey.

jack.straws (cäk'strôz) *i.* Mikado'nun çöpleri, bu çöplerle oynanan oyun.

jack-tar (cäk'tar) *i., k.dili* gemici.

jack-up (cäk'ʌp) *i., A.B.D.* yükselme, artış.

Ja.cob (cey'kıb) *i.* Yakup peygamber, Yakup.

Jac.o.be.an (cäkıbiy'ın) *s., i.* İngiliz kralı 1. James'e veya zamanına ait; 17. yüzyıl İngiliz mimarî şekline ait; *i.* bu devirde yaşamış önemli kimse.

jac.o.bin (cäk'ıbîn) *i.* Fransız ihtilâli sırasında şiddet dönemini başlatan politikacı; Dominik tarikatında papaz.

Ja.cob's-lad.der (cey'kıbzläd'ır) *i.* Yunan kediotu, *bot.* Polemonium caeruleum; bu türden herhangi bir bitki.

Jacob's ladder Yakup Peygamberin rüyasında gördüğü dünya ile cennet arasındaki merdiven; *den.* çoğunlukla tahta basamakları olan ip merdiven.

jac.quard (cıkard') *s.* jakar. **Jacquard loom** desenli dokuma tezgâhı.

jac.ti.ta.tion (cäktitey'şın) *i.* övünme; *huk.* başkasının zararına olan boş övünme veya sav; *tıb.* çırpınma. **jactitation of marriage** *İng., huk.* gerçeğe aykırı olarak belirli bir şahısla evlenmiş gibi davranma suçu.

jade (ceyd) *i., f.* yaşlı ve işe yaramaz beygir, yılkı atı; cadı karı, şirret kadın; fahişe; *f.* ağır bir işe koşarak takatini kesmek, çok yormak. **jaded** *s.* çok yorgun, bitkin; isteksiz, zevksiz.

jade (ceyd) *i.* yeşim.

jae.ger (yey'gır) *i., Al.* yırtıcı bir deniz kuşu, *zool.* Stercorarius.

Jaf.fa (cäf'ı, yäf'ı) *i.* İsrail'de Yafa şehri.

jag (cäg) *i., f.* (**-ged, -ging**) viraj, keskin dönüş; diş, sivri uç; ok dikeni gibi herhangi bir şey; *f.* diş diş etmek, çentmek.

jag (cäg) *i., A.B.D., argo* esrarın etkisinde olma; sarhoş edecek miktarda içki; içki âlemi; nöbet. **have a jag on** *A.B.D., argo* sarhoş olmak, kafayı bulmak; esrarın etkisinde olmak,

jag.ged (cäg'îd) s. dişli, çentik, kertikli, sivri uçlu.

jag.ger.y (cäg'ıri) i. hurma suyundan yapılan bir çeşit koyu renk şeker.

jag.gy (cäg'i) s. çentik, kertikli.

jag.uar (cäg'war) i. Amerika'ya özgü kaplan cinsinden yırtıcı bir hayvan, jagar.

jai a.lai (hay ılay') hentbola benzer bir İspanyol oyunu.

jail, İng. **gaol** (ceyl) i., f. cezaevi, tutukevi, hapishane, tevkifhane; hapis; f. hapishaneye kapamak, hapsetmek, tutuklamak. **jail fever** tifüsün eski ismi.

jail.bird (ceyl'bırd) i. hapishane gediklisi; mahpus; ip kaçkını; pranga kaçağı.

jail.er, İng. **gaol.er** (cey'lır) i. gardiyan.

Jain (cayn) i. Hindu dininin bir koluna mensup kimse. **Jainism** i. Hindu dininin bir kolu.

Ja.kar.ta (cakar'ta) i. Cakarta, Endonezya'nın başkenti.

jake (ceyk) s., argo yolunda, iyi vaziyette, slang işler tıkırında.

jal.ap (cäl'ıp) i. calapa, bot. Exogonium purga; bu bitkiden çıkarılan müshil ilâç.

ja.lop.y, ja.lop.py (cılap'i) i., A.B.D., argo külüstür otomobil.

ja.lou.sie (cäl'ûsi) i., Fr. Venedik usulü pancur, jaluzi.

jam (cäm) f. (-med, -ming) i. sıkıştırıp kımıldamaz hale koymak, kıstırmak; bir şeyin arasına sıkışıp hareketini durdurmak; sıkışmak, çalışmaz veya işlemez hale gelmek (makina, kapı); i. sıkışma, sıkıştırılma; bir araya sıkışmış insan veya şeyler; zor durum; akıntıya engel olan birikinti; radyo yayına engel olmak üzere başka bir istasyondan yapılan kuvvetli gürültü. **traffic jam** trafik tıkanması. **jam-packed** s. dopdolu, kalabalık, iğne atsan yere düşmeyecek halde. **jam session** müz. caz müzisyenlerinin bir araya gelerek müzik yapmaları.

jam (cäm) i. reçel, marmelat.

Ja.mai.ca (cımey'kı) i. Jamaika.

jamb (cäm) i. kapı veya pencerenin dik yanı veya kenar pervazı, süve; mad. galeri içinde direk olarak bırakılan maden cevheri.

jam.bo.ree (cämbıri') i., argo cümbüş, eğlenti, slang gırgır.

Jan. kıs. January.

jan.gle (cäng'gıl) f., i. ahenksiz ses çıkarmak; kavga etmek, çekişmek; i. ahenksiz ses; gürültü.

jan.is.sar.y, jan.i.zar.y (cän'ısıri, -zıri) i. yeniçeri.

jan.i.tor (cän'îtır) i. bir binanın temizlik ve tamir işleriyle meşgul olan memur; kapıcı, odacı.

Jan.u.ar.y (cän'yuweri) i. ocak ayı.

Ja.nus (cey'nıs) i. eski Roma'da kapılar mabudu, başı iki yüzlü bir ilâh.

Jap. kıs. Japan, Japanese.

Ja.pan (cıpän') i. Japonya. **Sea of Japan** Japon denizi.

ja.pan (cıpän') i. laka, parlak ve sert cilâ, Japon verniği; Japon tarzında işlenmiş ve cilâlanmış şey.

ja.pan (cıpän') f. (-ned, -ning) Japon lakası ile cilâlamak.

Jap.a.nese (cäpıniz') i., s. Japon, Japonya halkı; Japon dili, Japonca; s. Japonya'ya ait.

jape (ceyp) f., i., eski şaka etmek; slang işletmek, aldatmak, alay etmek; i. şaka, hile, oyun.

ja.pon.i.ca (cıpan'îkı) i. Japon ayvası, bot. Chaenomeles lagenaria; kamelya, japongülü, bot. Thea japonica.

jar (car) f. (-red, -ring) i. sarsmak; titretmek; sinirlendirmek; sinirine dokunmak, batmak; bozuk ve çatlak ses çıkartmak, ahenksiz ses çıkarmak; i. sarsıntı, şok; çatlak ses. **on a jar, on the jar** hafifçe aralık.

jar (car) i. kavanoz.

jar.di.nière (cardınîr', jardinyer') i. saksı, saksılık; haşlanmış sebzeler.

jar.gon (car'gın) i. anlaşılmaz dil veya söz; belirli bir grubun kullandığı dil.

jar.gon, jar.goon (car'gan, cargun') i., min. zirkonyum taşının renksiz veya sarı bir çeşidi.

jas.mine, jes.sa.mine (cäz'mîn, cäs-, ces'ımîn) i. yasemin, bot. Jasminum officinale. **yellow jasmine** sarı yasemin, bot. Gelsemium sempervirens.

jas.per (cäs'pır) i. yeşime benzer bir taş.

jaun.dice (côn'dîs) i., f. sarılık hastalığı; sağduyuyu bozan hissî durum; f. sarılığa uğratmak; sağduyusunu etkilemek.

jaunt (cônt) f., i. gezmek; i. gezinti.

jaun.ty (côn'ti) s. kaygısız; gösterişli, şık. **jauntily** z. kaygısızca, fütursuzca. **jauntiness** i. kaygısızlık, fütursuzluk.

Ja.va (cäv'ı, ca'vı) *i.* Cava adası; Cava kahvesi; *A.B.D.*, *argo* kahve. **Java man** 1892'de ·Cava'da bulunmuş olan ve kemikleri maymununkine benzeyen bir tür insan fosili; *bak.* **Pithecanthropus. Javanese** *s., i.* Cava'ya veya Cava diline özgü; *i.* Cava halkı veya dili.

jave.lin (cäv'lin, cäv'ılîn) *i.* cirit; elle atılan hafif kargı, harbe.

Ja.velle water (jıvel') Javel suyu.

jaw (cô) *i., f.* çene; *çoğ.* ağız; mengene gibi aletlerin karşılıklı iki parçasından biri; *argo* laf, çene çalma; *f., argo* çene çalmak, dırlanmak. **jawbone** *i., f.* çene kemiği; *f., argo* tehditle baskı yapmak. **jawbreaker** *i.* çok sert akide şekeri; konkasör, kırma değirmeni; *k.dili* telaffuz edilmesi zor kelime. **jawed** *s.* çeneli.

jay (cey) *i.* alakarga, kestane kargası, *zool.* Garrulus glandarius. **jaywalker** *i.* pek işlek ve tehlikeli bir caddeyi trafik kurallarına karşı gelerek dikkatsizce geçen kimse.

jazz (cäz) *i., s., f.* caz müziği; caz müziğine ait parça; caz müziği ile yapılan dans; bir şiir veya oyundaki canlı ve güldürücü unsurlar; *argo* canlılık, hayatiyet, ruh; *s.* caza ait, caz tarzında; *f., argo* hızlandırmak, canlandırmak; *argo* cinsî münasebette bulunmak, *slang* sikmek; *argo* martaval okumak. **jazz band** cazbant, caz müzikçisi, caz müziği çalan topluluk. **jazz up** *argo* canlandırmak, hareketlendirmek, ruh vermek. **jazzy** *s.* canlı; caz gibi.

jeal.ous (cel'ıs) *s.* kıskanç, günücü, hasetçi; aşırı titiz. **jealously** *z.* kıskançlıkla, hasetle. **jealousy** *i.* kıskançlık, günü, haset.

jean (cin) *i.* bir çeşit kaba pamuklu bez. **jeans** *i.* bu bezden yapılan pantolon, blucin.

jeep (cip) *i.* cip.

jeer (cîr) *f., i.* alay etmek, eğlenmek, istihza etmek, taş atmak; *i.* istihza, alay, alaylı söz, taş.

Je.ho.vah (cîho'vı) *i.* Yehova, Allah (Tanrının İbraniceden İngilizceye geçen bir ismi). **Jehovah's Witnesses** Yehova Şahitleri.

Je.hu (ci'hyu) *i.* eski İsrail kralı Yehu; atları çılgınca süren arabacı; sürücü, arabacı. **drive like Jehu** çılgınca araba sürmek.

je.june (cıcun') *s.* besleyici olmayan; kuvvetsiz, zayıf; yavan, anlamsız, manasız, kuru. **je-**

junely *z.* kuvvetsiz bir şekilde; yavan olarak. **jejuneness** *i.* kuvvetsizlik; yavanlık, anlamsızlık.

je.ju.num (cıcu'nım) *i., anat.* incebağırsağın üst yarısı, boş bağırsak.

jell (cel) *f., A.B.D., k.dili* pelteleşmek, donmak, katılaşmak; tutmak, şekil almak.

jel.ly (cel'i) *i., f.* meyva özünden yapılmış jelatinli marmelat; *f.* pelteleştirmek; pelteleşmek, pelte gibi donmak. **calves-foot jelly** paça jelatini. **petroleum jelly** vazelin.

jel.ly.bean (cel'ibin) *i., A.B.D.* içi jöleli fasulye biçiminde bir şeker.

jel.ly.fish (cel'ifiş) *i.* denizanası, medüz, su medüzü; *k.dili* kararsız kimse.

jem.a.dar (cemıdar') *i.* yerli Hint subayı; Hintli baş hizmetçi.

jem.my (cem'i) *i., İng., den.* domuztırnağı, kısa demir çubuk; kızarmış koyun başı, baş.

jen.net (cen'it) *i.* ufak İspanyol beygiri; dişi eşek.

jen.ny (cen'i) *i.* pamuk eğirme makinası, çıkrık; bazı hayvan ve kuşların dişisi.

jeop.ard.ize (cep'ırdayz) *f.* tehlikeye atmak, tehlikeli ve nazik bir durumda bırakmak.

jeop.ard.y (cep'ırdi) *i.* tehlike, nazik durum; *huk.* muhakeme edilmekte olan bir sanığın maruz olduğu cezaya çarpılma ihtimali. **in jeopardy of his life** idam cezası tehlikesine maruz; hayatı tehlikede. **double jeopardy** *huk.* aynı suç için ikinci defa yargılanma.

je.quir.i.ty (cîkwîr'ıti) *i.* meyankököne benzer bir bitki, *bot.* Abrus praecatorius.

jer.bo.a (cırbo'wı) *i.* Kuzey Afrika'da bulunan uzun arka ayakları üzerinde sıçrayan bir çeşit tarla faresi, aktavşan, Arap tavşanı, *zool.* Jaculus jaculus.

je.reed, je.rid (cerid') *i.* cirit, cirit oyunu.

jer.e.mi.ad (cerımay'ıd) *i.* can sıkıcı şikâyet, yakınma, figan, feryat.

Jer.i.cho (cer'iko) *i.* Eriha şehri.

jerk (cırk) *i.* şiddetli ve anî çekiş, silkinme, silkme; *fizyol.* büzülme, burkulma; *argo* görgüsüz kimse, kaba saba kimse, *slang* ayı. **the jerks** bilhassa asabî sebeplerle yüz veya diğer uzuvların gerilmesi.

jerk (cırk) *f.* birdenbire ve şiddetle çekmek; silkip atmak; sıçratmak. **jerk out** kesik kesik ve hızlı söylemek.

jerk (cırk) *f.* eti uzun parçalar halinde kesip güneşte kurutmak. **jerky** *i.* kurutulmuş et.

jer.kin (cır'kin) *i.* dar yelek; *eski* deri yelek.

jerk.wa.ter (cırk'wôtır) *s., A.B.D., k.dili* taşra; küçük, önemsiz.

jerk.y (cır'ki) *s.* sarsıntılı; spazmodik; aptal. **jerkily** *z.* sarsıntılarla, sarsarak, silkerek. **jerkiness** *i.* sarsıntılı oluş; aptallık.

jer.ry (cer'i) *i., İng., argo* Alman.

jer.ry.build (cer'ibild) *f.* kötü malzeme ile bina etmek, gecekondu gibi yapmak.

jer.ry.can (cer'ikän) *i., ask.* yaklaşık olarak 20 litrelik benzin veya yağ bidonu.

jer.sey (cır'zi) *i.* jarse ceket; jarse atlet fanilası; *b.h.* Jersey adasında bulunan ve sütü çok yağlı bir cins inek.

Je.ru.sa.lem (ciru'sılım, -lem) *i.* Kudüs, Kudüsüşerif, Yeruşalim. **Jerusalem artichoke** yerelması, *bot.* Helianthus tuberosus. **Jerusalem cherry** kiraz gibi meyva veren bir salon yeşilliği. **Jerusalem pine** Halep çamı, *bot.* Pinus halepensis. **New Jerusalem** öbür dünya, cennet.

jess (ces) *i., f.* atmaca kösteği; *f.* atmaca ayağına köstek takmak.

jes.sa.mine (ces'ımîn) *bak.* jasmine.

jest (cest) *i., f.* şaka, latife, alay; *f.* latife etmek, şaka söylemek. **in jest** şaka olarak. **jester** *i.* dalkavuk, soytarı. **jestingly** *z.* şaka yollu.

Jes.u.it (cez'yuwit, cej'uwit) *i.* Cizvit, 1534'te İspanyol Ignatius Loyola'nın kurduğu tarikata bağlı kimse; entrikacı kimse, düzenbaz kimse. **Jesuit'ical** *s.* Cizvit gibi; entrikacı, düzenbaz.

Je.sus (ci'zıs) *i.* Hazreti İsa. **Jesus!** *ünlem* Allah Allah! **Jesus Christ** İsa Mesih. **Society of Jesus** Cizvit cemiyeti.

jet (cet) *i., s.* siyah kehribar, kara kehribar, kara amber, Erzurum taşı; simsiyah renk; *s.* simsiyah, kapkara. **jet-black** *s., i.* koyu renk. **jet glass** simsiyah cam.

jet (cet) *f., i.* fışkırtmak, fışkırmak; jet uçağı ile seyahat etmek; *i.* tepkili uçak, jet uçağı; fışkırma; fıskıye, fıskıye ağızlığı. **jet burner** havagazı fırınlarında olduğu gibi üstü çok delikli boru. **jet plane** tepkili uçak, jet uçağı. **jet propelled** jetle güdülen; jet gibi hızlı; enerjik, hareketli. **jet propulsion** jetle çalıştırma, jetli sürüş. **jet pump** fışkırma ile işleyen tulumba. **jet set** jet sosyete, mevsime göre eğlenmek için kıtalararası seyahat yapan yüksek sosyete. **jet wash** jet makinasından gelen arka cereyan.

jet.sam (cet'sım) *i.* tehlike zamanında gemiyi hafifletmek için denize atılan mal; bu şekilde atıldıktan sonra karaya vuran eşya veya yük.

jet.ti.son (cet'ısın) *i., f.* tehlike zamanında gemiyi hafifletmek amacıyle eşyayı denize atma; bu suretle denize atılan mal; *f.* bu suretle denize atmak.

jet.ton (cet'ın) *i.* jeton.

jet.ty (cet'i) *i.* dalgakıran, set, mendirek; kâgir iskele.

jeu (jö) *i., Fr.* oyun, eğlence. **jeu d'esprit** espri. **jeu de mots** kelime oyunu, cinaslı söz.

Jew (cu) *i.* Yahudi. **Jew-baiting** *i.* Yahudilere eza etme. **jew's-harp** *i.* dişlerin arasına sıkıştırılarak çalınan ufak bir çalgı, ağız tamburası. **jew's mallow** bir tür ebegümeci, *bot.* Corchorus olitorius. **jew's pitch** Lût gölü civarından elde edilen madenî zift. **wandering Jew** telgrafçiçeği, *bot.* Tradescantia fluminensis.

jew (cu) *f., jew down k.dili, aşağ.* alışverişte pazarlığı kendi lehine kabul ettirmek.

jew.el (cu'wıl) *i., f.* (**-ed, -ing** *veya* **-led, -ling**) kıymetli taş, cevher, mücevher; cep saatlerinin içindeki taş; değerli şahıs veya şey; *f.* kıymetli taşlarla süslemek; cep saatlerinin mil yuvalarına kıymetli taş yerleştirmek. **jeweller** *i.* kuyumcu; mücevherat satıcısı. **jewelry, İng. jewellery** *i.* mücevherat; kuyumculuk.

Jew.ish (cu'wiş) *s.* Musevilere ait.

Jew.ry (cu'ri) *i.* Musevi halkı.

Jez.e.bel (cez'ıbıl) *i.* İsrail kralı Ahab'ın karısı İzabel; şirret kadın.

jib (cîb) *i., den.* flok yelkeni. **jib sheet** flok yelkenini düzeltmeye mahsus halat. **flying jib** kotra flok. **the cut of one's jib** *k.dili* çehre, dış görünüş, yüz ifadesi.

jib (cîb) *f.* (**-bed, -bing**) *den.* bumba ile seren veya yelkeni kavanço etmek; gerilemek; diretmek, dayatmak; inat edip ileri gitmemek (eşek).

jibe (cayb) *f., den.* bumba ile seren veya yelkeni rüzgâr yönünde giderken kavanço etmek; *A.B.D., k.dili* birbirine uymak, uyuşmak.

Jid.da (cîd'ı) *i.* Arabistan'da Cidde limanı.

jif.fy, jiff (cîf'i, cif) *i., k.dili* an, lahza. **in a jiffy** hemen.

jig (cîg) *i.* oynak ve hızlı bir dans, cig dansı; bu dansın müziği; ağırlıklı balık iğnesi. **The jig is up.** *argo* Sır meydana çıktı. İş bozuldu. *slang* Ayvayı yedik.

jig (cîg) *f.* (**-ged, -ging**) cig dansı yapmak; iki yana sallanmak; ağırlıklı iğne ile balık tutmak; cig dansı yaptırmak; iki yana sallamak.

jig.ger (cîg'ır) *bak.* **chigoe.**

jig.ger (cîg'ır) *i.,* *den.* bocurum veya mancana yelkeni; ufak bir çeşit yelken gemisi; golfta demir uçlu ufak çomak; kokteyl karıştırmak için ölçü olarak kullanılan .ufak cam bardak.

jig.gered (cîg'ırd) *s.,* *k.dili* Allahın cezası. **I'll be jiggered!** Hayret!

jig.gle (cîg'ıl) *f., i.* hafif hafif ve çabuk sallanmak .veya sallamak; *i.* titrek hareket; hafif sallantı; *bak.* **joggle.**

jig.saw (cîg'sô) *i.* makinalı oyma testeresi. **jigsaw puzzle** oyma testeresi ile kesilmiş tahta parçalarından ibaret bilmece.

ji.had (cîhad') *i.* cihat.

jill (cîl) *i.* kız.

jilt (cîlt) *f., i.* sevgilisini reddetmek, âşığını aldatmak; *i.* sevgilisini reddeden kız.

jim.crow (cîm'kro') *s., A.B.D., argo* zencileri diğer halktan ayırt eden.

Jim Crow *A.B.D., argo* zenci.

jim.my (cîm'i) *i., f.* hırsızların kullandıkları demir çubuk; *f.* bu demirle kırmak, açmak.

jim.son.weed (cîm'sınwîd) *i.* tatula, *bot.* Datura stramonium.

jin.gal (cîng'gôl) *i.* Hindistan ve Çin'de kullanılan bir çeşit hafif top ve tüfek.

jin.gle (cîng'gıl) *i., f.* şıngırtı; vezinsiz şiir; (tekerleme gibi) küçük eğlenceli şiir; İrlanda veya Avustralya'ya özgü iki tekerlekli ve kapalı araba; küçük şarkı; *f.* şıngırdatmak, tıngırdatmak; vezinsiz şiir yazmak.

jin.go (cîng'go) *i.* (*çoğ.* **-goes**) ulusçuluk duygularını bağnazlık derecesine getiren kimse, savaş taraftarı. **by jingo** vallahi. **jingoism** *i.* aşırı milliyetçilik. **jingoistic** *s.* bu siyasete uygun.

jinks *i.,* **high jinks** (cîngks) oyunlar, eğlenceler.

jin.ni (cîn'i) *i.* cin.

jin.rik.sha, jin.rik.i.sha (cînrîk'şı, -îşô) *i.* bir veya birkaç kişi tarafından çekilen iki tekerlekli hafif Japon faytonu.

jinx (cîngks) *i., f., argo* uğursuz şey veya kimse, uğursuzluk; *f.* uğursuzluk getirmek.

jit.ney (cît'ni) *i., A.B.D., k.dili* yolcuları ucuz fiyatla taşıyan otomobil.

jit.ter.bug (cît'ırbʌg) *i., f.* (**-ged, -ging**) *A.B.D.* caz müziği delisi; *f.* deli gibi caz dansı yapmak.

jit.ters (cît'ırz) *i., A.B.D., argo,* **the** *ile* fazla sinirlilik. **jittery** *s.* çok sinirli. **get the jitters** sinirli olmak, korku duymak.

jiu.jit.su *bak.* **jujitsu.**

jive (cayv) *i., f., argo* caz müziğine ve caz meraklılarına mahsus argo; *argo* gevezelik; en yeni argo tabirler; *argo* caz müziği ve caz müzikçileri ortamı; caz müziği; *f.* caz müziği çalmak.

job (cab) *i.* iş, görev, vazife, memuriyet; hizmet; dalavere, hileli iş. **job printer** ufak şeyler matbaacısı. **job work** götürü iş. **a job lot** kâr için alınan türlü türlü eşya. **by the job** götürü. **on the job** iş başında, vazife başında.

job (cab) *f.* (**-bed, -bing**) iş vermek; kira ile tutmak; komisyonculuk yapmak; kişisel çıkarı için resmî işe girmek; götürü iş yapmak.

Job (cob) *i.* Eyüp; Eski Ahdin Eyüp kitabı. **Job's comforter** sözde teselli etmeye çalışarak birisinin kalbini kıran kimse.

job.ber (cab'ır) *i.* toptancı, toptan mal satan tüccar, toptan dağıtımcı; parça başına çalışan işçi; resmî görevinden özel çıkar sağlayan politikacı.

job.ber.y (cab'ıri) *i.* resmî işlerde dalaverecilik.

Job's-tears (cobz'tîrz') *i.* yaş otu, *bot.* Coix lachryma-jobi.

jock.ey (cak'i) *i.* cokey, yarış atı binicisi. **jockey cap** uzunca siperli kasket. **jockey club** at yarışlarını idare eden kulüp.

jock.ey (cak'i) *f.* en iyi vaziyeti elde etmek için manevra yapmak; cokey sıfatıyle ata binmek; hile yapmak. **jockey for position** (karşılaşmalarda) daha avantajlı bir yer aramak.

jock.o (cak'o) *i.* şempanze veya buna benzer maymun.

jock.strap (cak'sträp) *i.* sporcuların kullandığı haya bağı, suspansuar.

jo.cose (cokos') *s.* şakacı, latifeci; hoş, eğlenceli. **jocosity** (cokas'ıti), **jocoseness** *i.* şakacılık, latifecilik.

joc.u.lar (cak'yılır) *s.* şaka cinsinden, şakalı, şaka yollu; şakacı. **jocularly** *z.* şaka olarak. **jocular'ity** *i.* şakacılık.

joc.und (cak'ınd, co'kınd) *s.* neşeli, şen, hoş.

jo.cun.di.ty (cokʌn'dıti) *i.* neşe, neşelilik.

jodh.purs (cad'pırz) *i.*, *çoğ.* ata binerken giyilen ve dizden aşağısı sıkı oturan pantolon, potur.

Joe (co) *i.*, *A.B.D.*, *argo* adam.

jog (cag) *f.* (-ged, -ging) *i.* itmek, sarsmak, dürtmek; yavaş ve sakin gezinmek; bir tempoda ilerlemek; *i.* dürtme; at gibi yürüyerek gitme; *A.B.D.* duvar veya yolda girinti veya çıkıntı; keskin viraj. jog the memory bir olayı veya fikri hatırlatmak için ipucu vererek birinin zihnini canlandırmak. jog-trot *i.*, *f.* harekette ağırlık, adi tırıs yürüyüş; *f.* yavaş koşmak. jogging *i.* ağır ağır ilerleme, idman için yavaş koşma; daha yoğun idman yapmaya başlamadan önce vücudu ısıtmak için yavaş yavaş koşma.

jog.gle (cag'ıl) *f.*, *i.* hafifçe sarsmak, yavaşça sallamak; hafifçe sarsılmak veya sallanmak; geçme ile tutturmak; *i.* birden dürtme, sallama; sarsıntı; geçme.

john (can) *i.*, *argo* yüznumara; *argo* fahişenin müşterisi.

John (can) *i.* Yuhanna, Yahya. John Bull millet veya fert olarak İngilizlere verilen isim. John Barleycorn *şaka* içki, viski. John Doe *huk.* nazarî bir davada davacıyı belirleyen ve eskiden kullanılan "Zeyd" veya "Amr" gibi "filan" manasına gelen isim. John Dory dülgerbalığı, *zool.* Zeus faber. John Law *A.B.D.*, *argo* polis, *slang* fruko, aynasız. John Smith alelade adam, herhangi bir kimse.

john.ny.cake (can'ikeyk) *i.* Amerika'da su veya süt ile yapılan mısır çöreği; Avustralya'da buğday unu çöreği.

John.ny-come-late.ly (can'ikʌmleyt'li) *i.*, *A.B.D.*, *k.dili* yeni gelen kimse, yeni katılan kimse, tecrübesiz kimse.

John.ny-on-the-spot (can'iyandhıspat') *i.*, *A.B.D.*, *k.dili* her zaman yardım etmeye hazır becerikli kimse, Hızır gibi yetişen kimse.

John.so.ni.an (canso'niyın) *s.* İngiliz yazarı Samuel Johnson'a ait veya ona benzer; süslü üslûbu olan, sözü tumturaklı.

join (coyn) *f.*, *i.* katılmak (kulüp, parti); buluşmak; birleştirmek; birleşmek, bağlanmak, kavuşmak; bağlamak; izdivaçla birleştirmek; *k.dili* bitişmek; *gen.* in *ile* yer almak; *i.* bitişim noktası; birleşme, bitişme. join battle sa-

vaşa girişmek. join hands el ele tutuşmak. join up *k.dili* asker yazılmak; üye yazılmak.

join.der (coyn'dır) *i.*, *huk.* bir davada iki unsurun veya iki kimsenin birleşmesi.

join.er (coy'nır) *i.* birleştirici şey veya kimse; *İng.* doğramacı, marangoz; *A.B.D.*, *k.dili* birçok kulübün azası. joinery *i.* marangozluk; doğramacı işi.

joint (coynt) *i.*, *anat.* mafsal, eklem, iki kemiğin birleştiği yer, oynak yeri; ek; ek yeri; iki eklem arasındaki kısım; kasabın kestiği kol veya but gibi et parçası; *bot.* nod; düğüm, boğum; *argo* afyon çekilen veya kumar oynanan kötü ve yasak yer; *argo* esrarlı sigara. joint surety *huk.* müteselsil kefil, zincirleme kefil. out of joint çıkık, çıkmış; çığırından çıkmış. put one's nose out of joint birinin pabucunu dama attırmak. universal joint *oto.* kardan mafsalı.

joint (coynt) *s.* birleşmiş, bitişmiş; müşterek, ortak. joint-stock company *tic.* anonim şirket (sınırlı ya da sınırsız sorumluluğu olan). jointly *z.* müştereken, ortaklaşa, birlikte.

joint (coynt) *f.* bitiştirmek, eklemek, raptetmek; ek veya oynak yeri yapmak; oynak yerlerinden ayırmak (et).

joint.er (coyn'tır) *i.* birleştirici şey veya kimse; planya; çentik veya yuva açma aleti.

joint.ress (coyn'tris) *i.*, *huk.* kocası tarafından kendisine sürekli gelir bağlanmış olan kadın.

join.ture (coyn'çır) *i.*, *f.*, *huk.* bir kadına kocası tarafından ve kocanın ölümünden sonra kalmak şartıyle bağlanan gelir; *f.* böyle gelir bağlamak.

joist (coyst) *i.* binanın döşeme kirişi, kiriş.

joke (cok) *i.*, *f.* şaka, latife, nükte; şaka mevzuu; *f.* şaka yapmak, latife etmek; eğlenmek, takılmak. practical joke eşek şakası. crack a joke şaka etmek, şaka yapmak. It's no joke. Şakaya gelmez. Şakası yok. play a joke on someone birine şaka yapmak, birine oyun oynamak. take a joke şaka kaldırmak, şakaya gelmek. jokingly *z.* şaka ederek.

jok.er (co'kır) *i.* şakacı kimse; bazı iskambil oyunlarında en büyük koz olarak kullanılan soytarı resimli kâğıt, coker; *A.B.D.* bir kanun tasarısına veya bir kontrata gizlice eklenen ve manasını değiştiren madde; sonradan meydana gelecek engel; *argo* beceriksiz kimse.

jol.li.fi.ca.tion (calıfıkey'şın) i. cümbüş, eğlence.

jol.li.fy (cal'ıfay) f., k.dili şenlenmek, neşelenmek, şenlendirmek.

jol.li.ty (cal'ıti) i. neşe, zevk; İng. ziyafet .

jol.ly (cal'i) s., z., i. şen, neşeli; neşe verici; İng., k.dili hoş, güzel; z., İng., k.dili pek çok, ziyadesiyle, fazlasıyle; i., İng., argo eğlenti; İng., argo denizci. jolly boat den. geminin her işe mahsus kıç filikası. Jolly Roger üzerinde çapraz iki kemikle kafatası bulunan korsan bayrağı. He jolly well had to. İng. Pekâlâ işi yapmaya mecbur oldu. İster istemez yaptı.

jol.ly (cal'i) f. gönlünü yapmak, tatlı sözle kandırmak; neşelendirmek; eğlenmek, alay etmek; takılmak.

jolt (colt) f., i. sarsmak; i. sarsma, sarsıntı.

Jo.nah (co'nı) i. Yunus Peygamber; uğursuzluk getiren adam.

jon.gleur (jang'glır) i., Fr. ortaçağda saz şairi, âşık.

jon.quil (can'kwil) i. fulya, zerrin, bot. Narcissus jonquilla.

Jor.dan (côr'dın) i. Ürdün, Ürdün nehri.

Jo.seph (co'zıf) i. Hazreti Yusuf; k.h. on sekizinci yüzyılda kadınların ata binerken giydikleri uzun cüppe.

Jo.seph's-coat (co'zıfs kot') i. horozibiği, bot. Amaranthus tricolor.

josh (caş) i., f., A.B.D., argo şaka, takılma; f. takılmak, şaka etmek, alay etmek.

joss (cas) i. Çin tanrısı. joss house Çin tapınağı. joss paper ayinlerde veya cenaze merasimlerinde Çinlilerin yaktığı bir çeşit gümüş veya altın yaldızlı kâğıt. joss stick Çin'de tapınaklarda yakılan bir çeşit buhurlu kamış.

jos.tle (cas'ıl) f., i. itip kakmak, dürtüklemek; i. itip kakma, kalabalık arasında sıkışma.

jot (cat) i., f. pek az şey, zerre; f., down ile yazmak, kaydetmek, deftere işaret etmek, kısa not almak. jot or tittle zerre, en ufak nokta.

joule (caul, cul) i., fiz. on milyon erg'e eşit olan iş birimi.

jounce (cauns) f., i. sarsmak, sallamak, hoplatmak (araba gibi); i. sarsma, sarsıntı.

jour.nal (cır'nıl) i. günlük, muhtıra; den. seyir jurnalı; yevmiye defteri; gazete; mecmua; parlamentonun her günkü çalışmasının yazıldığı defter, meclis zabıt defteri; mak. milin yataklara oturan kısmı. journal bearing çarkın mil yatağı. journal box mil kovanı. keep a journal muhtıra defteri tutmak.

jour.nal.ese (cırnıliz') i., aşağ. gazeteci üslûbu, gazeteci ağzı.

jour.nal.ism (cır'nılizm) i. gazetecilik, gazete yazarlığı; gazete ve mecmua yayını, basın.

jour.nal.ist (cır'nılist) i. gazeteci.

jour.nal.ize, İng. jour.nal.ise (cır'nılayz) f. yevmiye defterine geçirmek; muhtıra defteri tutmak veya bu deftere kaydetmek; gazetecilik yapmak.

jour.ney (cır'ni) i., f. yolculuk, gezi, seyahat, sefer, yol; f. yolculuk etmek. take a journey yolculuk etmek. undertake a journey uzun bir yolculuğa hazırlanıp çıkmak.

jour.ney.man (cır'nimın) i. usta.

jour.ney.work (cır'niwırk) i. usta işi.

joust (cʌst, caust, cust) f., i. at üstünde mızrak dövüşü yapmak; i. at üstünde yapılan mızrak dövüşü.

Jove (cov) i., mit. Jüpiter, baş tanrı. By Jove! İng. Vallahi! Allah Allah! Jovian s. Jüpiter gibi, Jüpitere ait.

jo.vi.al (co'viyıl) s. şen, neşeli. jovial'ity, jo'vialness i. şenlik. jo'vially z. neşeyle.

jowl (caul, col) i. çene kemiği, alt çene; çifte gerdan, gıdık; (kümes) hayvanların boynu altındaki sarkık deri, gerdan. cheek by jowl sıkı fıkı; yan yana.

joy (coy) i. sevinç, keyif, haz, memnuniyet, neşe. joy ride (özellikle) otomobil ile yapılan gezinti; çalınmış araba ile gezme; kaçarcasına hızlı sürüş. joy stick uçakta manevra kolu.

joy.ful (coy'fıl) s. sevinçli, sevindirici, neşeli, neşeyle dolu, memnun. joyfully z. neşeyle. joyfulness i. neşelilik.

joy.less (coy'lis) s. neşesiz, sevinci olmayan, kederli, üzgün, tasalı. joylessly z. neşesiz olarak. joylessness i. neşesizlik.

joy.ous (coy'ıs) s. sevinçli, keyifli, neşeli. joyously z. neşeyle. joyousness i. neşelilik.

J.P. kıs. Justice of the Peace.

Jr. kıs. Junior.

jub.bah (cûb'ı) i. cüppe.

ju.bi.lant (cu'bılınt) s. çok memnun, sevinçli, sevinçle coşkun; zafer sarhoşu. jubilantly z. başarı sevinci ile. jubilance i. sevinç, mutluluk.

ju.bi.late (cu'bıleyt) *f.* çok sevinmek, sevinçle bağırmak. jubila'tion *i.* zafer şenliği.

ju.bi.lee (cu'bıli) *i.* Eski Musevî yasalarına göre elli yılda bir yapılması gereken genel serbest bırakma yılı; herhangi bir olayın ellinci yıldönümü; evlilikte altın yıl; sevinç veya bayram töreni; Katoliklere Papanın bazı fırsatlarla tam ve genel olarak günahları bağışladığı yıl. diamond jubilee altmışıncı veya yetmiş beşinci yıldönümü. silver jubilee evliliğin yirmi beşinci yıldönümü.

Jud. *kıs.* Judges.

Ju.dah (cu'dı) *i., K.M., tar.* Yahuda.

Ju.d(a)e.a (cudi'yı) *i.* Roma İmparatorluğunda Filistin'in güney kısmı.

Ju.da.ic, -i.cal (cudey'îk, -îkıl) *s.* Musevilere ait.

Ju.da.ism (cu'diyîzım) *i.* Musevilerin dinsel inanç ve ilkeleri.

Ju.da.ize (cu'diyayz) *f.* Musevileşmek, Musevileştirmek.

Ju.das (cu'dıs) *i.* Hazreti İsa'ya ihanet eden öğrencisinin adı, Yahuda; arkadaşına ihanet eden kimse. Judas tree erguvan, *bot.* Cercis siliquastrum.

judge (CʌC) *i.* yargıç, hâkim; hakem; aralarında uyuşmazlık olan iki kişinin arasını bulan kimse; bilirkişi; Yahudi tarihinde krallardan önce hüküm süren hâkimlerden biri; *b.h., çoğ.* Eski Ahitte Hâkimler kitabı. judge advocate askerî mahkeme savcısı. a good judge of horses at uzmanı. judgeship *i.* hâkimlik, yargıçlık.

judge (CʌC) *f.* hükmetmek; hüküm vermek; muhakeme etmek, yargılamak, bir mesele hakkında fikir edinip karar vermek; doğrusunu araştırmak; tenkit etmek; bir davayı çözmek.

judg(e).ment (CʌC'mınt) *i.* hüküm, karar, yargı; bildiri, tebligat; bir davanın görülmesi; netice; muhakeme, yargılama, temyiz kuvveti; takdiri ilâhî; kıyamet; *mat.* hüküm. judgment on default gıyabî karar. Judgment Day kıyamet günü, hüküm günü. judgment debt mahkeme kararına dayanan borç. judgment hall mahkeme salonu. judgment seat hâkim makamı, mahkeme. a judgment on one birine Allahın gazabından gelen ceza. in my judgment benim fikrimce, zannıma göre, bana kalırsa. the Last Judgment kıyamet.

pass judgment hükmetmek. reserve judgment hüküm vermeyi uzatmak.

ju.di.ca.ble, ju.di.ci.a.ble (cu'dıkıbıl, cudîş'iyıbıl) *s.* yargılanması olanaklı, hakkında hüküm verilebilir.

ju.di.ca.tor (cu'dıkeytır) *i.* yargıç, hâkim. judicative *s.* hüküm kudreti olan, yargılamada uzman. judicatory *s., i.* hükümle ilgili, yasamayla ilgili, hükmeden; *i.* mahkeme; yasama kurulu; yasama.

ju.di.ca.ture (cu'dıkıçûr) *i.* yargılama hakkı, yargılama işlev ve işlemi; hâkimlik; mahkeme, hâkimler heyeti.

ju.di.cial (cudîş'ıl) *s.* adlî mahkemelere veya hükümlerine ait, hâkime ait; adlî, hukukî; yargılayan; şer'î. judicial assembly hâkimler heyeti, adlî encümen. judicial discretion *huk.* takdir hakkı. judicial murder adlî katil, adlî hata üzere idam. judicial notice *huk.* meşhur ve bilinen hususlar hakkında mahkemenin bilgisi. judicial separation *huk.* karı koca arasında boşanmaya gidebilecek ayrı oturma kararı. judicially *z.* hukuken, kanuna göre; tarafsız olarak.

ju.di.ci.ar.y (cudîş'iyeri) *s., i.* adlî, hukukî, muhakemeye ait; *i.* yasama kurulu; bu işlevi yürütmek için kurulan mahkeme sistemi, adliye; hâkimler.

ju.di.cious (cudîş'ıs) *s.* akıllı, tedbirli, iyi düşünebilen; sağgörülü; mantık ve muhakeme ile yapılmış. judiciously *z.* mantıklı bir şekilde, akıllıca. judiciousness *i.* sağgörülülük, basiretlilik.

ju.do (cu'do) *i.* judo.

Ju.dy (cu'di) *i.* İngiliz kukla oyununda Punch'ın karısı.

jug (CʌG) *i.* testi; *argo* hapishane, *slang* kodes. jugful *i.* bir testi dolusu (miktar).

jug (CʌG) *f.* (-ged, -ging) testi veya çömlek içine koymak; *argo* hapishaneye tıkmak.

jug (CʌG) *i., f.* (-ged, -ging) bülbül sesi; *f.* bülbül gibi şakımak.

ju.gate (cu'gît) *s., biyol.* çift oluşan; *bot.* çift yaprakçıklı.

Jug.ger.naut (CʌG'ırnôt) *i.* bir Hint mabudunun ismi; eskiden tekerleklerinin altına atılarak insanların kendilerini ezdirdiği bu mabudun heykeli; insanın kendisini körü körüne feda etmesini gerektiren inanç.

jug.gle (cʌg'ıl) *f., i.* hokkabazlık yapmak; el çabukluğu ile marifet yapmak; hile yapmak; aldatmak; *i.* hokkabazlık; hile. **juggle the books** aldatmak için hesap defterlerini karıştırıp hazırlamak.

jug.gler (cʌg'lır) *i.* hokkabaz, jonglör; hilekâr kimse. **jugglery** *i.* hokkabazlık; hile.

ju.glan.da.ceous (cugländey'şıs) *s., bot.* cevizgillere ait.

jug.u.lar (cʌg'yılır) *s., i., anat.* boyna ait; boyun toplardamarıyle ilgili; *biyol.* balıklarda boyun yüzgeçleriyle ilgili; *i.* korunmasız taraf. **jugular vein** şahdamarı.

ju.gu.late (cu'gyıleyt) *f.* çok şiddetli tedavi uygulayarak gelişmesini durdurmak (hastalık), önüne geçmek, önlemek. **jugula'tion** *i., tıb.* gelişmesini durdurma.

juice (cus) *i.* özsu, usare; sebze, meyva veya et suyu; *çoğ.* insan vücudunun sıvı kısımları; öz; *A.B.D., argo* cereyan, elektrik; *A.B.D., argo* benzin; *A.B.D., argo* kuvvet. **juiceless** *s.* özü veya suyu olmayan, kuru.

juic.y (cu'si) *s.* özlü, sulu; meraklı, cazip, ağız sulandırıcı. **juiciness** *i.* özlülük, sululuk.

ju.jit.su, ju.jut.su (cucit'su, -cût'su) *i.* hem bir idman sistemi hem de silâhsız savunma sanatı olan Japon güreş metodu.

ju.ju (cu'cu) *i.* Batı Afrika'ya ait muska; bu muskalara olan batıl itikatlar; bu muskalarla ilgili merasim.

ju.jube (cu'cub) *i.* hünnap, *bot.* Zizyphus jujuba; hünnap şekerlemesi.

ju.jut.su *bak.* **jujitsu.**

juke box (cuk) içine para atılınca istenilen plakları çalan otomatik pikap.

juke joint (cuk) *A.B.D., argo* içki içilen ve dansedilen meyhane veya bar.

Jul. *kıs.* **July.**

ju.lep (cu'lip) *i.* ilâca karıştırılan tatlı bir sıvı; içine buz ve nane karıştırılan bir içki.

Jul.i.an (cul'yın) *s.* Jül Sezar'a ait. **Julian calendar** *bak.* **calendar.**

ju.li.enne (culiyen') *i., s.* et suyuna sebze çorbası; *s.* ince ve uzun doğranmış.

Ju.ly (cûlay', cu-) *i.* temmuz.

jum.ble (cʌm'bıl) *i., f.* karmakarışık iş, intizamsızlık; ufak simit şeklinde ince ve tatlı kek; *f.* karmakarışık olmak veya etmek.

jum.bo (cʌm'bo) *s., i.* çok büyük, iri, azman;

i. çok iri yapılı kimse veya şey. **jumbo jet** beş yüz insan taşıyabilen jet.

jump (cʌmp) *i.* atlama, sıçrayış; atılış; bir atlayışta geçilen mesafe; birden silkinme; fırlayış, yükseliş (fiyat). **broad jump** uzun atlama. **get the jump on one** *argo* birinden evvel davranmak, üstün gelerek birini şaşırtmak. **give one the jumps** *argo* çok sinirlendirmek, tepesini attırmak. **high jump** yüksek atlama. **jump bid** *briç* deklarasyonda bir löve atlama. **on the jump** tetikte; çok meşgul, başını kaşıyacak vakti olmayan. **the jumps** fazla sarhoşluktan ileri gelen titremeli sayıklama hastalığı.

jump (cʌmp) *f.* sıçramak, atlamak, fırlamak, zıplamak; sıçratmak, zıplatmak, fırlatmak, atlatmak; üzerinden atlamak; içine atlamak, binmek (tren); kışkırtmak, yuvasından çıkarmak; geçivermek (bahis, sayfa). **jump a claim** zorla sahip çıkmak (arazi). **jump a horse** atı bir yerden atlatmak. **jump a train** trene atlamak. **jump at a conclusion** birdenbire ve düşünmeyerek sonuç çıkarmak, durup dururken bir mana vermek. **jump bail** ortadan kaybolup kefili kefalet borcunu ödemeye mecbur bırakmak. **jump on** *k.dili* saldırmak, çatmak. **jump out of one's skin** hayretle yerinden sıçramak. **jump over the broomstick** *leh.* evlenmek. **jump ship** gemiyi haber vermeden terketmek (tayfa). **jump the gun** *argo* işaret verilmeden başlamak; yarışta hatalı çıkış yapmak. **jump the track** hattan çıkmak (tren). **jumping jack** sıçrayan kukla oyuncağı. **jumping-off place** en üst derece veya en son sınır.

jump.er (cʌm'pır) *i.* atlayan veya sıçrayan kimse; delik delme aleti, delgi; *elek.* geçici olarak kullanılan bağlantı teli; *den.* sereni veya direği muhafaza etmek için bağlanan halat.

jum.per (cʌm'pır) *i.* bluz veya kazak üzerine giyilen kolsuz elbise; elbise üzerinden çocuklara giydirilen pantolonlu ceket tulum; gemici veya işçi dış gömleği.

jump.suit (cʌmp'sut) *i.* tulum.

jump.y (cʌm'pi) *s.* sinirli, sıçramaya hazır, diken üstünde.

Jun. *kıs.* **Junior, June.**

junc.tion (cʌngk'şın) *i.* bitişme, birleşme; bitişilen yer, birleşme yeri, kavşak yeri, iki demiryolunun birleştiği yer. **junction box** *elek.*

bağlantı kutusu, elektrik tellerinin birleştiği noktada bulunan kutu, buat, kutu.

junc.ture (cʌngk'çır) *i.* bitişme, bağlantı, irtibat; oynak yeri, mafsal; dikiş yeri; nazik zaman, mühim an; aralık, vakit, zaman.

June (cun) *i.* haziran; bir kadın ismi.

jun.gle (cʌng'gıl) *i.* çok sık ağaçlı ve yüksek otlu vahşi orman, cengel; çok sık ve karışık yeşillik. **jungle cat** bir yaban kedisi, *zool.* Felis chaus. **jungle fever** batı Hindistan ormanlarına özgü çok şiddetli sıtma. **jungle fowl** Hint kuşu, yaban tavuğu.

jun.ior (cun'yır) *s., i.* yaşça küçük; kıdem bakımından aşağı olan; iki kişiden küçük olanı; *b.h.* küçük (babasıyle aynı ismi taşıyan kimsenin ismine ilâve olunur); *i.* yaşça küçük kimse; mevki veya kıdemce küçük olan kimse; lise veya üniversitede sondan bir evvelki sınıf öğrencisi. **junior college** üniversitenin birinci ve ikinci sınıf öğretim programını uygulayan iki senelik okul. **junior high school** *A.B.D.* ilkokul ile lise arasındaki 7., 8. ve 9. sınıfları kapsayan ortaokul.

ju.ni.per (cu'nıpır) *i.* ardıç, *bot.* Juniperus communis. **black juniper** kara ardıç, *bot.* Juniperus sabina. **juniper berries** ardıç meyvası, ardıç yemişi. **juniper resin** ardıç sakızı.

junk (cʌngk) *i.* Çin sularında kullanılan bir çeşit yelkenli gemi.

junk (cʌngk) *i., f.* kullanılmış karışık eşya, hurda; *k.dili* değersiz eşya, çöp; *argo* esrar; *den.* hurda halatlar; eskiden gemilerde yenilen tuzlanmış sert sığır eti; *f., k.dili* çöpe atmak. **junk dealer** eski eşya satıcısı, eskici, hurdacı. **junk shop** eski eşya dükkânı; gemi gereçleri satan dükkân.

jun.ket (cʌng'kit) *i., f.* kesilmiş sütten yapılan bir çeşit kaymak, yoğurda benzer bir yiyecek; ziyafet, kır eğlentisi; *A.B.D.* devlet hesabına gezi; *f.* eğlenmek, ziyafet vermek; devlet hesabına seyahat etmek; grup halinde sözde ciddî bir maksatla seyahat etmek.

junk.ie (cʌng'ki) *i., argo* ilâç veya eroin tiryakisi olan kimse.

junk.yard (cʌngk'yard) *i.* kullanılmış arabalar atılan yer; kullanılmış demir ile yedek parça ve inşaat malzemesi satılan yer; eski demir parçalarının yeniden satılması veya kullanılması için depo edilen yer.

Ju.no (cu'no) *i.* eski Romalıların evlilik tanrıçası; endamlı ve güzel kadın; *astr.* küçük gezegenlerden biri.

jun.ta, jun.to (cʌn'tı, cʌn'to) *i.* cunta.

Ju.pi.ter (cu'pıtır) *i.* eski Romalıların baş tanrısı, Jüpiter; Jüpiter gezegeni, Erendiz.

ju.ra *bak.* jus.

Ju.ra (cûr'ı) *i.* Jura dağları; *jeol.* Jura, Trias'tan sonra gelen jeolojik zaman.

ju.ral (cûr'ıl) *s.* kanunî, hukukî.

Ju.ras.sic (cûräs'ik) *s., jeol.* Jura jeolojik zamanına ait.

ju.rat (cûr'ät) *i., huk.* yeminli tutanak; yeminli memur; yüksek belediye memuru; Manş adalarında sulh hâkimi.

Jur. D. *kıs.* **Doctor of Law.**

ju.re di.vi.no (cu'ri divay'no) *Lat.* Allahın bağışladığı hak ile.

ju.rid.i.cal (cûrid'ikıl) *s.* hâkime veya hâkimliğe ait; adlî, kanunî. **juridical person** tüzel kişi. **juridically** *z.* kanunî şekilde.

ju.ris.con.sult (cûriskınsʌlt') *i.* hukuk bilgini.

ju.ris.dic.tion (cûrisdik'şın) *i., huk.* yargılama hakkı, hâkimin yargılama dairesi; salâhiyet, yetki; hükümet, hükümetin nüfuz dairesi. **jurisdictional** *s.* hükümet nüfuzuna veya nüfuz dairesine ait; işçi sendikalarının yetki alanına ait. **jurisdictional dispute** sendikalar arasında çıkan anlaşmazlık; hukukî yetkili daire hakkında anlaşmazlık; yetkili kaza dairesi hakkında ihtilâf.

ju.ris.pru.dence (cûrispru'dıns) *i.* hukuk ilmi; düstur. **jurisprudent** *s.* hukuk uzmanı. **jurispruden'tial** *s.* hukuk ilmine ait; hukukla ilgili.

ju.rist (cûr'ist) *i.* hukuk ilmi uzmanı; hukukî eserler yazarı. **juris'tic(al)** *s.* hukuka veya hukukçuya ait. **juristically** *z.* hukuk bakımından.

ju.ror (cûr'ır) *i.* jüri üyesi; yeminli kimse.

ju.ry (cûr'i) *i.* jüri; yarışma jürisi. **jury box** mahkeme salonunda jüri heyetine ait yer. **juryman** *i.* jüri üyesi. **common jury, petty jury, trial jury** on iki üyeden meydana gelen ve davayı incelemekle görevli jüri heyeti. **coroner's jury** nedeni bilinmeyen ölümlerin nedenini incelemekle görevli jüri heyeti. **grand jury** *bak.* grand.

ju.ry (cûr'i) *s., den.* eğreti. **jury mast** *den.* yedek direk, geçici direk, eğreti direk. **jury-rigged** *s., den.* eğreti direği olan (gemi).

jus (*çoğ.* **ju.ra**) (cʌs, cûr'ı) *i., Lat.* hukuk; hak. **jus civile** *Lat.* medenî hukuk. **jus divinum** *Lat.* tanrısal emirlere dayanan hukuk. **jus gentium** *Lat.* devletler hukuku.

jus.sive (cʌs'îv) *s., gram.* emir kipine ait.

just (cʌst) *s.* doğru, haktanır, haklı, âdil; tam. **the just** iyiler (din edebiyatı). **justly** *z.* adaletle, haklı olarak. **justness** *i.* hak; hak ve adalete uygunluk, haklılık, adalet; doğruluk, dürüstlük.

just (cʌst) *z.* tam, tam tamına, kesin olarak; hemen, şimdi, biraz önce; ancak; hemen hemen; neredeyse; güçbelâ, darı darına; sadece, yalnız; *k.dili* çok. **just how many** tam tamına ne kadar. **just now** hemen şimdi, biraz evvel, tam şimdi. **just then** o aralık, o esnada, derken. **just there** tam orada. **just the same** tıpatıp aynı; bununla birlikte, yine de. **Just think!** Düşün bir kere! Tasavvur et! **He just escaped.** Dar kurtuldu. **It is just fine.** Çok güzeldir. **Not just yet.** Daha vakti gelmedi.

just (cʌst) *bak.* **joust.**

jus.tice (cʌs'tîs) *i.* adalet, hak; hakkaniyet, doğruluk; hâkim. **justice of the peace** sulh hâkimi. **bring a person to justice** birine ettiğini buldurmak, birine cezasını buldurmak. **chief justice** yüksek mahkeme reisi, danıştay başkanı. **do justice to** haklı muamele etmek, hakkını gözetmek. **do oneself justice** elinden geleni yapmak; kendine güvenmek.

jus.ti.ci.a.ble (cʌstîş'ıbıl) *s.* mahkeme edilebilir, sorguya çekilebilir.

jus.ti.ci.ar, jus.ti.ci.ar.y (cʌstîş'iyır, -'iyeri) *i.* yüksek hâkim; *İng., tar.* Norman kralları devrinde tüzel ve yönetimle ilgili kanunları incelemekle görevli kral vekili.

jus.ti.fi.a.ble (cʌstîfay'ıbıl) *s.* doğruluğu ispat edilebilir, haklı çıkarılabilir, savunulabilir. **justifiably** *z.* haklı olarak. **justifiableness, justifiabil'ity** *i.* haklı oluş.

jus.ti.fi.ca.tion (cʌstıfıkey'şın) *i.* haklı çıkarma veya çıkma, mazur gösterme; *huk.* iftira davalarında sanığın iddialarının doğruluğunu ispat etmesi; mazeret, sebep, hak; temize çıkarma, ispat; *matb.* sayfanın sağ kenarındaki yazıları taşırmama.

jus.ti.fi.ca.tive, jus.tif.i.ca.tor.y (cʌs'tıfıkey'tîv, cʌstif'ıkıtôri) *s.* mazur gösteren, haklı çıkaran.

jus.ti.fy (cʌs'tıfay) *f.* doğrulamak, haklı çıkarmak; suçsuzluğunu ispat etmek, temize çıkarmak; *matb.* yazının sağ kenarını taşırmadan düz yapmak.

Jus.tin.i.an (cʌstin'iyın) *i.* Jüstinyen. **Justinian Code** Jüstinyen'in sistemleştirdiği Roma hukuku.

jut (cʌt) *i., f.* (-ted, -ting) çıkıntı, çıkıntılı şey; *f., gen.* **out** *ile* çıkıntı halinde dışarı fırlamış olmak; çıkıntı yapmak.

Jute (cut) *i.* beşinci yüzyılda İngiltere'yi istilâ eden bir Germen kabilesinden olan kimse.

jute (cut) *i.* jüt, muhliye, *bot.* Corchorus capsularis *veya* C. olitorius; hintkeneviri; bu bitkilerden elde edilen elyaf.

ju.ve.nes.cent (cuvınes'ınt) *s.* gençleşen; gençleştirici. **juvenescence** *i.* gençleşme.

ju.ve.nile (cu'vınıl, -nayl) *s., i.* genç; olgunlaşmamış; gençliğe özgü, gençliğe yakışır; *i.* genç kimse, çocuk; genç rolündeki oyuncu. **juvenile court** çocuk mahkemesi. **juvenile delinquency** çocuğun suç işlemesi. **juvenile delinquent** suçlu çocuk.

ju.ve.nil.i.a (cuvınîl'iyı) *i., çoğ.* bir yazar veya ressamın gençliğinde yaptığı eserler; gençlere uygun eserler.

ju.ve.nil.i.ty (cuvınîl'ıti) *i.* olgunlaşmamış bir kimsenin tavrı; gençlik hali; gençlik, gençler.

jux.ta.pose (cʌkstıpoz') *f.* yanyana koymak, sıralamak. **juxtaposi'tion** *i.* bitişiklik, bitişme; yanyana koyma.

K

K, k (key) *i*. İngiliz alfabesinin on birinci harfi; K sesi.

K *kim*. potasyum işareti.

K., k. *kıs*. **king, knight.**

k *kıs*. **kilo.**

k. *kıs*. **karat;** *elek*. **capacity.**

K2 (key'tu') *i*. Keşmir'de yüksek bir dağ, Everest'-ten sonra en yüksek dağ.

Ka.a.ba (ka'ıbı, ka'bı) *i*. Kâbe.

ka.bob (kıbab') *i*. kebap.

ka.bu.ki (kabu'ki) *i.*, *tiyatro* Japonya'ya has müzikli ve danslı bir çeşit sahne oyunu.

Ka.bul (ka'bıl) *i*. Afganistan'da Kâbil şehri.

Ka.byle (kıbayl') *i*. Cezayir Berberîlerinin bir kabilesi.

ka.di *bak*. **cadi.**

Kaf.(f)ir (käf'ır) *i*. Afganistan'da Kâfiristan halkından biri; Güney Afrika'da kuvvetli bir Bantu kabilesinden olan kimse.

kaf.fir *i.*, **kaffir corn** Güney Afrika'ya has bir çeşit darı, *bot*. Sorghum vulgare caffrorum.

Kaf.fir cat Afrika ve Anadolu'da yaşayan ve evcil kedinin atası sayılan bir yaban kedisi, *zool*. Felis ocreata.

kai.ak *bak*. **kayak.**

kail *bak*. **kale.**

kai.nite (kay'nayt, key'ınayt) *i.*, *mad*. magnezyum ve potasyum sulfatları ile magnezyum kloritten meydana gelen doğal bir tuz.

kai.ser (kay'zır) *i*. imparator; bilhassa Kutsal Roma Germen imparatoru ile Avusturya veya Alman imparatoru, kayser.

kak.o.to.pi.a (käkıto'piyı) *i*. bireylere mutsuzluk getirecek şekilde yönetilen toplum.

kale, kail (keyl) *i*. lahana familyasından kıvırcık yapraklı bir sebze; *İskoç*. lahana çorbası; *A.B.D.*, *argo* para. **sea kale** yabanî lahana, *bot*. Crambe maritima.

ka.lei.do.scope (kılay'dıskop) *i*. çiçek dürbünü, kaleydoskop; çok değişen manzara. **kaleidoscopic** (kılaydıskap'ık) *s*. kaleydoskopa ait; çok değişen.

kal.ends *bak*. **calends.**

Ka.li (ka'li) *i*. Hinduizmde dört kollu tanrıça.

Kal.muck (käl'mʌk) *i*. Kalmuk kabilesi, Batı Çin'le Volga nehri arasında kalan bölgede yaşayan Budist bir Moğol kabilesi ferdi; bu kabilenin dili, Kalmukça.

kal.pak *bak*. **calpac.**

kal.so.mine *bak*. **calcimine.**

Ka.me.rad (kamırat') *i.*, *ünlem*, *Al*. arkadaş; *ünlem* Alman askerinin "teslim" sözü.

ka.mi.ka.ze (kamika'zi) *i*. İkinci Dünya Savaşında Japonların uyguladıkları intihar hücumları; bu saldırılarda kullanılan araç; intihar saldırısı yapan pilot.

kam.pong (kampang', kam'pang) *i*. duvarlarla çevrili ve içinde evler de olan arazi.

Ka.nak.a (kınäk'ı, kän'ıkı) *i*. Hawaii Adalarının yerlisi; Büyük Okyanus adalısı.

kan.ga.roo (känggıru') *i*. kanguru. **kangaroo court** *A.B.D.* kanunların horlandığı ve yanlış uygulandığı usulsüz ve yetkisiz mahkeme. **kangaroo rat** Avustralya ve Kuzey Amerika'da bulunan keseli fare.

Kans. *kıs*. **Kansas.**

Kant.i.an (kän'tiyın) *s.*, *i*. Alman filozofu Kant'a veya felsefesine ait; *i*. Kant felsefesi taraftarı.

ka.o.lin (key'ılin) *i*. arıkil, kaolin. **kaolinite** *i.*, *min*. arıkilin çok saf şekli.

ka.o.lin.ize, *İng*. **-ise** (key'ılınayz) *f*. arıkile dönüştürmek.

ka.pok (key'pak) *i*. sıcak memleketlere özgü bir ağacın tohumlarını kaplayan pamuğa benzer lif.

kap.pa (käp'ı) *i*. Grek alfabesinin onuncu harfi.

ka.put (kapût') *s.*, *argo* mahvolmuş.

kar.a.kul (ker'ıkıl) *i.*, *zool*. karagül; karagül kuzusunun kıvırcık kürkü.

kar.at (ker'ıt) *i*. ayar, altın ayarı.

ka.ra.te (kara'tey, -ti) *i*. göğüs göğüse mücadelede özellikle el kenarı ve parmaklarla anî ve keskin vuruşlar yapılan bir doğu saldırı yöntemi; *spor* karate. **karate-chop** *i*. karatede uygulanan yanlamasına keskin vuruş.

Kar.ba.la (kar'bılı) *i*. Kerbelâ.

Kar.lov.ci (kar'lôvtsi) *i*. 1699'da Osmanlı İmparatorluğunun Karlofça antlaşmasını imzaladığı Yugoslav şehri, Karlofça.

kar.ma (kar'mı, kır'-) *i*. Budizm ve Hinduizmde insanın iyi veya kötü kaderinin dünyaya daha önce gelişinde yaptığı iyi veya kötü hareketlerinin sonucu olduğunu savunan öğreti; kader, talih.

ka.ross (kıras') *i.* kare şeklinde dikilmiş derilerden yapılan bir Afrika giysisi.

kar.roo (kıru') *i.* Güney Afrika'nın kurak yaylalarından biri.

ka.sher (ka'şır) *bak.* **kosher.**

ka.tab.o.lism *bak.* **catabolism.**

ka.tal.y.sis, kat.a.lyt.ic *bak.* **catalysis, catalytic.**

kath.ode *bak.* **cathode.**

Kat.man.du (katmandu') *i.* Katmandu, Nepal'in başkenti.

ka.ty.did (key'tidid) *i.* Amerika'da çok bulunan yeşil çekirgeler familyasından ve ön ayakları ile tiz bir ses çıkaran böcek.

kau.ri (kau'ri) *i.* Yeni Zeland adalarına özgü büyük bir çam türü; bu ağaçtan alınan kereste.

ka.va (ka'va) *i.* kava biberi, Polinezya'ya özgü biber familyasından bir bitki; bu bitkiden çıkarılan içki ve narkoz.

ka.vass (kıvas') *i.* kavas.

kay.ak, kai.ak (kay'äk) *i.* Eskimo balıkçı kayığı.

kay.o (key'o) *f., i., argo* boksta nakavt yapmak, oyundışı etmek; *i., argo* boksta nakavt.

K.B. *kıs.* **King's Bench, Knight of Bath, Knight Bachelor.**

K.C.B. *kıs.* **Knight Commander of the Bath.**

K.C.M.G. *kıs.* **Knight Commander of the Order of St. Michael and St. George.**

ke.a (key'ı, ki'yı) *i.* mavi ve yeşilleri olan zeytuni renkli, leş ve meyva yiyen iri bir Yeni Zeland papağanı, *zool.* Nestor notabilis.

keck (kek) *f.* öğürmek, kusmaya çalışmak; iğrenmek, iğrendiğini göstermek.

keck.le (kek'ıl) *f., den.* halat veya zinciri sürtünmeye karşı ip veya yelken bezi ile sarmak.

kedge (kec) *f., i., den.* tonoz çapasına bağlı yoma ile istikamet değiştirmek; böyle çekilerek yürümek veya çekip yürütmek; *i.* tonoz çapası. **kedge anchor** tonoz demiri.

keel (kil) *i., f.* gemi omurgası; gemi; omurga şeklinde olan veya omurga işini gören şey; *f., den.* gemiyi karına etmek, alabora etmek. **keel over** alabora olmak; birden devrilip düşmek. **false keel** kontra omurga. **on an even keel** başta ve kıçta çektiği su aynı, dengede (gemi); herşey yolunda. **keelage** *i.* liman resmi.

keel (kil) *i.* altı düz mavna, kömür mavnası; *İng.* yirmi bir tonluk kömür ölçüsü.

keel.er (ki'lır) *i.* ufak çamaşır teknesi.

keel.haul (kil'hôl) *f.* ceza olarak birini geminin altından geçirmek; şiddetle azarlamak.

keel.son, kel.son (kil'sın, kel'sın) *i., den.* geminin iç omurgası.

keen (kin) *s.* keskin, sivri; acı; sert, şiddetli, keskin; kuvvetli, canlı, yoğun; gözü açık, zeki, akıllı; *A.B.D., argo* şahane. **keen on** çok hevesli, meraklı, düşkün. **keen on acting** aktörlüğe hevesli. **keenly** *z.* şiddetle; şevk ile. **keenness** *i.* keskinlik; düşkünlük; akıllılık.

keen (kin) *i., f.* ölü peşinden feryat, ağıt; *f.* ölü peşinden ağlayıp feryat etmek. **keener** *i.* ağıtçı.

keep (kip) *f.* **(kept)** tutmak, saklamak, hıfzetmek, elde tutmak, muhafaza etmek; yedirip içirmek, ücretle maiyetinde tutmak; metres olarak tutmak; sahibi olmak, işletmek (dükkân); beslemek; idame etmek, sürdürmek, devam ettirmek; himaye etmek; kalmak, durmak, mevkiini muhafaza etmek; sürüp gitmek, devam etmek. **keep away** uzak durmak; uzak tutmak. **keep company** yalnız bırakmamak, refakat etmek; **with** *ile* arkadaşlık etmek; geri kalmamak. **keep dark** saklamak, sır vermemek. **keep down, keep under** baş kaldırtmamak; yükselmesine müsaade etmemek. **keep early** (*veya* **good**) **hours** eve erken dönmek, erken yatmak. **keep going** devam etmek; ilerlemek; devam ettirmek. **keep house** ev idare etmek. **keep in** içeride kalmak; içeride alıkoymak, saklamak. **keep in mind** akılda tutmak, unutmamak. **keep in with** teveccühünü muhafaza etmek, dost kalmak. **keep on** devam etmek. **keep off** yaklaştırmamak, uzak tutmak; uzak kalmak. **keep one's balance** kendine hâkim olmak, dengesini kaybetmemek. **keep one's counsel** sır saklamak. **keep open house** her misafire kapısını açık tutmak. **keep out** dışında kalmak. **Keep out!** Girilmez. Yaklaşma! **keep silence** susmak. **keep step** ayak uydurmak. **keep the ball rolling** iyi bir işi devam ettirmek. **keep time** tempo tutmak. **keep the peace** *huk.* sulhu bozmamak. **keep touch with** münasebeti devam ettirmek, devamlı ilişkisi olmak. **keep track of** takip etmek, izlemek. **keep up with** geri kalmamak. **keep watch** bekçilik etmek, nöbet beklemek, gözetlemek. **keep one's word** sözünün eri olmak, sözünden dönmemek.

keep (kip) *i.* geçim; himaye; kale; kale zindanı. **for keeps** her zaman için, temelli olarak, sonuna kadar. **He earns his keep.** Geçimini sağlıyor. **He's not worth his keep.** Masrafına değmez.

keep.er (ki'pır) *i.* saklayan veya koruyan kimse; bekçi; gardiyan; bakıcı; uzun zaman dayanan şey. **keeper of the King's conscience** İngiltere'de başhâkim.

keep.ing (ki'pîng) *i.* tutma, koruma, muhafaza etme; geçim, geçimini temin etme; himaye. **in keeping with** uygun olarak.

keep.sake (kip'seyk) *i.* andaç, anmalık, hatıra, yadigâr.

kef, kief (keyf, kif) *i.* keyif, uykulu memnunluk hali; haşiş.

keg (keg) *i.* küçük fıçı, varil.

kelp (kelp) *i., bot.* kahve renkli kaba ve büyük deniz algı, varek; *ecza.* bu yosunun tentürdiyot yapımında kullanılan külü.

kel.pie, kel.py (kel'pi) *i., İskoç., mit.* boğulma tehlikesini simgeleyen at şeklinde deniz perisi.

kel.son (kel'sın) *bak.* **keelson.**

Kelt (kelt) *bak.* **Celt.**

Kelt.ic (kel'tik) *bak.* **Celtic.**

ken (ken) *f.* (-ned, -ning) *İskoç., i.* bilmek, anlamak, tanımak, tefrik etmek; *İskoç., huk.* mirasçı olarak tanınmak; *i.* görüş sahası, bilgi alanı, görüş açısı. **beyond one's ken** akıl almaz. **within my ken** gözümün seçebildiği yerde; bildiklerim arasında.

ken.nel (ken'ıl) *i., f.* köpek kulübesi; *gen. çoğ.* köpek yetiştirilen yer; köpek sürüsü; tilki ini; izbe, virane; *f.* köpek kulübesinde oturmak veya yatmak; köpek kulübesine kapamak.

ken.ning (ken'îng) *i., İskoç.* çok küçük miktar, iz; işaret; farketme.

ken.ning (ken'îng) *i.* eski Germen şiirinde herhangi bir şeyin yerine kullanılan metafor: "deniz" yerine "balina yolu" gibi.

kent.ledge (kent'lîc) *i., den.* safra olarak gemide daimî duran demir külçe.

Ken.tuck.y boat, Kentucky ark, Kentucky flat (kıntʌk'i) geniş ve düz dipli nehir salı.

Kentucky coffee tohumları kahve yerine kullanılan uzun bir ağaç, *bot.* Gymnocladus dioicus; bu ağacın tohumu.

Ken.ya (ken'yı, *İng.* kin'yı) *i.* Kenya.

kep.i (kep'i) *i.* Fransız askerlerinin giydiği düz tepeli kasket.

kept (kept) *bak.* **keep.**

ker.a.tin (ker'ıtîn) *i., biyokim.* keratin (boynuz, tırnak ve pençenin esas maddesi).

ker.a.toid (ker'ıtoyd) *s.* boynuza veya boynuz maddesine benzer.

ker.a.tose (ker'ıtos) *s.* boynuz maddesinden, boynuz maddesine benzer yapıda.

ker.a.to.sis (kerıto'sîs) *i., tıb.* boynuz maddesine benzer teşekkülleri olan cilt hastalığı, keratoz.

kerb (kırb) *i., İng.* yaya kaldırımının kenar taşı, *bak.* **curb.**

ker.chief (kır'çif) *i.* başörtüsü, eşarp; boyun atkısı; mendil. **kerchiefed** *s.* başörtülü.

kerf (kırf) *i.* çentik, çentik yapma; kesme; kesilmiş parça.

ker.mes (kır'miz) *i.* boyası çıkarılan kurutulmuş kırmızböceği dişisi, *zool.* Kermes ilices. **kermes mineral** kestaneye çalan kırmızı renkte ve eskiden terletici ilâç olarak kullanılan bir toz. **kermes oak** kırmızböceğinin üzerinde beslendiği bir çeşit meşe ağacı, kırmız meşesi, *bot.* Quercus coccifera.

ker.mess, ker.mis (kır'mîs) *i.* Hollanda'da yılda bir yapılan açıkhava festivali; kermes, panayır, şenlik.

ker.nel (kır'nıl) *i.* tahıl tanesi; çekirdek içi; iç; öz, cevher, esas, ruh. **kernel(l)ed** *s.* içli, özlü. **kernelly** *s.* içle dolu, içe benzer, iç ile ilgili.

ker.o.sene (kerısin') *i.* gazyağı, gaz, *colloq.* petrol. **kerosene lamp** gaz lambası.

ker.sey (kır'zi) *i.* kalın bir çeşit yünlü kumaş; bu kumaştan yapılmış pantolon.

ker.sey.mere (kır'zimîr) *i.* kaşmir.

kes.trel (kes'trıl) *i.* kerkenez, *zool.* Falco tinnunculus.

ketch (keç) *i., den.* iki direkli bir çeşit yat; çift direkli kotra.

ketch.up, catch.up, cat.sup (keç'ıp) *i.* keçap, baharatlı domates sosu.

ke.tone (ki'ton) *i., kim.* keton.

ket.tle (ket'ıl) *i.* tencere; çaydanlık; kazan; güğüm; kayada veya buzulda kazan biçimin-

deki oyuk. **That's a fine kettle of fish.**
Ayvayı yedik. İş iyice karıştı.

ket.tle.drum (ket'ıldrʌm) *i.* altı bakır veya
pirinç, kazan şeklindeki büyük orkestra da-
vulu.

key (ki)ⁿ *i., s.* anahtar, açar, açkı; kurgu; çözüm
yolu; cevap cetveli, şifre cetveli; yazı makina-
larında tuş; maniple, telgraf maniplesi; *müz.*
tuş; *müz.* anahtar, anahtar işareti; müzik alet-
lerinde tuş; ses perdesi; *mak.* kama, dil; *mim.*
anahtar taşı; *s.* baş, ana, en önemli. **key
club** *A.B.D.* üyelerinde anahtar bulunan gece
kulübü. **key position** yetkili mevki. **key
ring** anahtar halkası. **key punch** kompütör-
lerde kullanılan kart veya bantları delip bilgi
aktaran klavyeli makina. **key signature**
müz. armatür. **key word** sözlük veya ansik-
lopedide sayfa başına gelen kelime. **master
key** aynı cinsten birtakım kilitleri açan
anahtar.

key (ki) *i.* kıyı boyunca uzanan alçak mercandan
ada.

key (ki) *f.* kilitlemek; *mak.* tutturmak; kilit taşını
yerleştirip kemeri tamamlamak; kitapta bakıl-
ması gereken yeri gösteren not koymak, böyle
bir not sistemi kullanmak; soruların çö-
züm cetvelini vermek. **key up** heyecanlan-
dırmak, coşturmak; *müz.* perdesini yükselt-
mek.

key.board (ki'bôrd) *i.* klavye.

key.hole (ki'hol) *i.* anahtar deliği. **keyhole saw**
çok ince el testeresi.

key.note (ki'not) *i., f., müz.* esas nota; temel
düşünce, ilke, dayanak; *f.* temel düşünce-
leri söylemek. **keynote address** toplan-
tıyı açış konuşması. **keynoter** *i.* toplan-
tıyı açmak için konuşan spiker.

key.stone (ki'ston) *i.* anahtar taşı, kilit taşı;
esas madde, temel.

key.way (ki'wey) *i., mak.* kama yatağı.

kg. *kıs.* **keg(s), kilogram(s).**

K.G. *kıs.* **Knight of the Garter.**

khad.dar (kʌd'ır) *i.* Hindistan'da evde imal
edilen pamuklu kumaş.

khak.i (käk'i) *s., i.* sarıya bakan kahverengi,
toprak rengi, hâkî; *i.* bu renk kumaş; *çoğ.*
bu kumaştan üniforma.

kham.sin (käm'sîn, kämsin') *i.* hamsin.

khan (kan, kän) *i.* han, emir, kağan; Tatar ve
Moğol veya Türk kabileleri reisinin eski un-
vanı. **khanate** *i.* hanlık.

khan (kan, kän) *i.* kervansaray, han.

Khar.toum (kartum') *i.* Hartum, Sudan'ın baş-
kenti.

khe.dive (kıdiv') *i.* hıdiv, 1867'de Mısır valisi
İsmail Paşaya Osmanlı hükümeti tarafından
verilen unvan. **khedivial** *s.* hıdive ait.

Khmer (kmer) *i.* Kamboçya yerlisi; Kmerlerin
konuştukları dil.

kib.butz (kîbûts') *i.* (*çoğ.* **-but.zim**) İsrail'de
kolektif çiftlik.

kibe (kayb) *i.* el ve ayakta soğuktan meydana
gelen çatlak, yarık. **tread on one's kibes**
damarına basmak, sıkıp sinirlendirmek.

kib.itz.er (kib'îtsır) *i., k.dili* iskambil oynayan-
ların arkasında durup ellerindeki oyun kâğıt-
larını gören seyirci; istenmedik öğüt veren
kimse, başkalarının işine burnunu sokan
kimse. **kibitz** *f.* böyle hareket etmek.

kib.lah (kîb'la) *i.* kıble.

ki.bosh (kay'baş) *i., argo, eski* saçma, manasız
şey. **put the kibosh on** boşa çıkarmak,
bozmak, altüst etmek.

kick (kîk) *f.* tekmelemek, tekme atmak, tekme
vurmak, çifte atmak; tepmek (tüfek), seğirdim
yapmak; *A.B.D., k.dili* karşı durmak,
yakınmak; tekmeleyerek kovmak. **kick a
goal** topa vurup gol atmak. **kick against
the pricks** kendi zararına olarak karşı gelmek.
kick around *A.B.D., k.dili* kötüye kullanmak,
suiistimal etmek; ihmal etmek; diyar diyar
dolaşmak; düşünüp taşınmak. **kick at** tekme
vurmak. **kick back** geriye tepmek (tüfek);
A.B.D., argo rüşvet vermek, rüşvet olarak
pay vermek. **kick off** Amerikan futbolunda
topu tekmeleyerek oyuna başlamak; *A.B.D.,
argo* ölmek. **kick the bucket** *argo* nalları
dikmek, ölmek. **kick the habit** *A.B.D., argo*
uyuşturucu madde tiryakiliğinden vaz geç-
mek. **kick up** *A.B.D., argo* kışkırtmak. **kick
up one's heels** kendini zevke vermek, eğlen-
ceye dalmak. **kick up a row** *argo* kavga
çıkarmak.

kick (kik) *i.* tekme; *A.B.D., k.dili* karşı gelme,
yakınma, şikâyet; *A.B.D., argo* kuvvet, sertlik
(içki), kamçılama etkisi (uyuşturucu madde);
A.B.D., argo heyecan, zevk; *A.B.D., argo*
kuvvet, enerji, çeviklik, şevk; *A.B.D., argo*
merak, heves, seğirdim, tüfeğin geri tepmesi;

topa vurma. **free kick** frikik, serbest vuruş.
get a kick out of zevk almak. **It gives
me a kick.** Hoşuma gidiyor.
kick.back (kik'bäk) *i., k.dili* ters tepki gösterme;
A.B.D., argo baskı veya anlaşma sonucunda
bir ücret veya komisyon üzerinden başkasına
verilen pay.
kick.er (kik'ır) *i.* vuran şey veya kimse; *A.B.D.,
k.dili* şikâyetçi, yakınan kimse; *A.B.D., argo*
meseleyi veya tartışmayı etkileyecek gizli
nokta; *A.B.D., Kanada, k.dili* takma motor.
kick.off (kik'ôf) *i., futbol* oyuna başlama vuru-
şu, ilk vuruş; başlama.
kick.shaw (kik'şô) *i.* değersiz şey, ıvır zıvır;
hafif ve çerez türünden yiyecek, abur cubur.
kid (kid) *i., f.* (**-ded, -ding**) keçi yavrusu, oğlak;
oğlak derisinden yapılan kösele; oğlak eti;
k.dili çocuk; *f., k.dili* takılmak, şakadan al-
datmak; oğlak doğurmak. **kid glove, kid
gloved, with kid gloves** fazla nazik. **kiddy**
i., argo çocukcağız, yavrucak. **the kids** ço-
cuklar, bizimkiler, arkadaşlar.
kid (kid) *i.* denizcilerin azıklarını koydukları ufak
tahta tekne; balıkçı gemilerinde içine balık
konulan ufak tahta tekne.
kid.nap (kid'näp) *f.* (**-ed, -ing** *veya* **-ped,
-ping**) birini zorla veya hile ile kaçırıp gö-
türmek, fidye almak için insan kaldırmak.
kid.ney (kid'ni) *i.* böbrek; böbrek şeklinde şey;
soy, tip, huy. **kidney bean** fasulye. **kidney
machine** böbrek makinası.
kid.ney.wort (kid'niwırt) *i.* saksıgüzeli, *bot.*
Cotyledon umbelicus.
kief (kif) *bak.* **kef.**
kier (kir) *i.* çamaşır kazanı, çamaşır teknesi.
Ki.ga.li (kiga'li) *i.* Kigali, Ruanda'nın başkenti.
kil.der.kin (kil'dırkin) *i.* seksen litrelik varil;
on sekiz galonluk ölçü.
kill (kil) *f.* öldürmek, katletmek; mahvetmek, yok
etmek; *A.B.D., argo* çok heyecanlandırmak,
slang yemek; *matb.* silmek, çıkarmak; etkisiz
hale getirmek; (zamanı) boşa geçirmek; veto
etmek, reddetmek. **kill off** hepsini öldürmek,
kılıçtan geçirmek. **kill time** zaman öldürmek.
kill two birds with one stone bir taşla iki
kuş vurmak, iki işi birden görmek. **dressed
up fit to kill** herkesin dikkatini çekecek
şekilde giyinmiş. **kill with kindness** fazla
iltifatla canını sıkmak.

kill (kil) *i.* öldürme; avda öldürülmüş hayvan,
av.
kill.deer (kil'dir) *i.* Kuzey Amerika'ya mahsus
bir çeşit yağmurkuşu, *zool.* Charadrius voci-
ferus.
kill.er (kil'ır) *i.* öldüren şey veya kimse; *A.B.D.,
argo* çok cazibeli kimse. **killer whale** yunus-
balığı cinsinden ve sekiz on metre boyunda
tehlikeli bir balina.
kil.lick (kil'ık) *i., den.* küçük çapa, özellikle
tahta bir kutu içinde çapa yerine denize atılan
büyükçe taş.
kil.ling (kil'ing) *i., s.* öldürme, katil; vurgun (av);
k.dili vurgun, büyük kazanç; *s.* öldürücü;
k.dili çok güldürücü, katıltıcı; çok kuvvetli,
pek sıkı. **killingly** *z.* gülmekten katıltacak
derecede.
kill-joy (kil'coy) *i.* neşe bozan kimse.
kiln (kil, kiln) *i.* tuğla veya kireç ocağı, fırın.
kiln-dry *f.* ocakta kurutmak.
kil.o (kil'o, ki'lo) *i.* kilogram; kilometre.
kilo- *önek* bin.
kil.o.cal.o.rie (kil'ıkäl'ıri) *i.* bin kalori.
kil.o.cy.cle, kil.o.hertz (kil'ısaykıl, kil'ıhırts) *i.*
radyo dalgalarının ölçü birimi, saniyede bin
devir.
kil.o.gram (kil'ıgräm) *i.* kilogram, kilo.
kil.o.lit.er (kil'ılıtır) *i.* kilolitre.
kil.o.met.er (kil'ımitır, kila'mıtır) *i.* kilometre.
kil.o.watt (kil'ıwat) *i.* kilovat.
kilt (kilt) *i., f.* İskoç erkeklerinin giydiği bir çe-
şit kısa eteklik, İskoçya etekliği; *f.* İskoçya
etekliği haline sokmak, pli yapmak. **kiltie**
i., İskoç. böyle eteklik giyen asker.
ki.mo.no (kımo'nı, kimo'no) *i.* uzun Japon
entarisi, kimono.
kin (kin) *i., s.* akraba, hısım; *eski* soy, nesep;
akrabalık; *s.* akrabalığı olan, aynı soy-
dan; benzer. **near of kin** yakın akraba. **next
of kin** *huk.* en yakın akraba.
-kin *sonek* ufak, küçük (küçültme eki, -cik).
kin.aes.thet.ic (kinisthet'ik) *s., psik.* devin-
duyumsal.
kin.aes.the.sia, kin.es.the.sis (kinisthi'jı, -sis)
i. devinduyum.
kind (kaynd) *i.* çeşit, cins, tür, nevi; *eski* tabiat,
mizaç. **a kind of millionaire** milyoner gibi
bir şey, âdeta milyoner. **coffee of a kind**
kahveye benzer bir şey. **I kind of expected
it.** Biraz da bunu bekliyordum. **Nothing**

of the kind. Hiç de öyle değil. **of a different kind** başka çeşitten. **pay in kind** eşya ile borç ödemek, aynıyle ödemek. **They differ in kind.** Çeşitleri ayrı.

kind (kaynd) *s.* müşfik, iyi kalpli, nazik, iyi, iyi huylu; başkalarını seven, sevgi besleyen; uysal, yumuşak başlı. **kindhearted** *s.* iyi kalpli. **kindliness, kindness** *i.* şefkat, şefkatlilik, yumuşaklık. **kindly** *s., z.* müşfik; *z.* şefkatle; içten, gönülden. **take it kindly** iyi niyetli olduğunu kabul etmek, kızmamak.

kin.der.gar.ten (kin'dırgartın) *i.* ana mektebi, anaokulu. **kindergartner** *i.* anaokulu öğretmeni veya öğrencisi.

kin.dle (kîn'dıl) *f.* tutuşturmak, yakmak; alevlendirmek, uyandırmak; alev gibi aydınlatmak; tutuşmak, yanıp tutuşmak; yanmak, ateş almak; parlamak; uyanmak, canlanmak. **kindling wood** sobayı tutuşturmak için ufak odun, çıra.

kin.dred (kîn'drîd) *i., s.* akraba; soy; akrabalık; *s.* akraba olan; birbirine benzer, aynı soy veya tabiattan.

kine (kayn) *i., çoğ., eski* inekler, büyükbaşlar.

kin.e.mat.ic, -i.cal (kînımät'îk, -îkıl) *s.* harekete ait. **kinematics** *i., fiz.* hareket ilmi, kinematik.

kin.e.mat.o.graph (kînımät'ıgräf) *bak.* **cinematograph.**

-kinesis *sonek* devim, devinim, hareket; bölünme.

kin.es.thet.ic *bak.* **kinaesthetic.**

ki.net.ic (kînet'îk) *s.* devimsel, kinetik. **kinetic energy** kinetik enerji. **kinetics** *i.* cisimlerde hareket meydana getirme veya değiştirmede kuvvetlerin etkisiyle uğraşan fizik dalı, kinetik bilimi. **kine'toscope** *i.* sinema makinasının eski ismi.

king (kîng) *i.* kral; başta olan kimse; bir konuda en usta kimse; satranç şahı; iskambil papazı; dama olan taş; *çoğ., b.h.* Eski Ahit'te Krallar kitapları. **King's Bench** İngiltere'de vaktiyle kralın bizzat başkanlık ettiği yüksek mahkeme heyeti. **king crab** yengece benzer kabuklu nal şeklinde bir deniz hayvanı. **king post** çatının orta direği, baba. **king row** dama oyununda dama yapılan sıra. **King's Counsel** *İng., huk.* kralın hukuk müşaviri. **King's English** *bak.* **English. king's evil** *eski* sıraca illeti. **king snake**

Güney Amerika'da yaşayan ve diğer yılanları öldürüp fare yiyerek geçinen büyük ve zararsız bir yılan, *zool* Lampropeltis getulus. **kingship** *i.* krallık, hükümdarlık.

king (kîng) *f.* krallık etmek. **king it** krallık etmek; krallık taslamak.

king.bird (kîng'bırd) *i.* kral kuş, bir tür sinekçil.

king.bolt (kîng'bolt) *i.* ana kilit, ana sürgü.

king.craft (kîng'kräft) *i.* krallık hüneri.

king.dom (kîng'dım) *i.* krallık, hükümdarlık; hükümet; saltanat; krallık ülkesi; *biyol.* âlem. **kingdom come** öteki dünya, cennet, ahret. **kingdom of heaven** Allahın hâkim olduğu ülke. **the United Kingdom** Büyük Britanya ile Kuzey İrlanda.

king.fish (kîng'fîş) *i.* büyük uskumru; *A.B.D., k.dili* kodaman, bir mahalle veya partinin kuvvetli adamı.

king.fish.er (kîng'fîşır) *i.* yalıçapkını, iskelekuşu, emircik, *zool.* Alcedo atthis.

king.let (kîng'lît) *i.* küçük kral; çalıbülbülüne benzeyen bir çeşit ufak kuş.

king.like (kîng'layk) *s.* kral gibi, krala yaraşır.

king.ly (kîng'li) *s.* krala ait; krala yaraşır; şahane, azametli, muhteşem, kral gibi. **kingliness** *i.* kral heybeti ve azameti, haşmet.

king.pin (kîng'pîn) *i.* **bowling** oyununda en önde bulunan çomak; *k.dili* baş, elebaşı.

king-size (kîng'sayz) *s., k.dili* normal ölçülerden büyük (sigara).

kink (kîngk) *i., f.* halat, tel veya ipin dolaşması; garip fikir, kapris; ağrılı kas kasıncı, tutulma; *f., den.* halat gibi dolaşmak; dolaştırmak. **kinky** *s.* dolaşık, girift; *argo* müstehcen; garip.

kink.a.jou (kîng'kıcu) *i.* Güney Amerika'ya mahsus et yiyen, ağaçlarda yaşayan ve kediden büyük memeli bir hayvan, *zool.* Potos flavus.

ki.no *i.*, **kino gum** (ki'na) bazı tropikal ağaçlardan çıkan, ilâç ve tabaklıkta kullanılan, kurutulmuş, kırmızı, sıkıştırıcı usare veya zamk; bu zamkı veren ağaç.

kins.folk (kînz'fok) *i., çoğ.* akraba, hısım.

Kin.sha.sa (kinşa'sa) *i.* Kinşasa, Kongo Cumriyetinin başkenti.

kin.ship (kîn'şîp) *i.* akrabalık, yakınlık, hısımlık; birbirine benzerlik. **kinship family** akrabalarıyle beraber oturan geniş aile.

kins.man (*çoğ.* -men) (kînz'mın, -mın) *i.* erkek akraba.

kins.wom.an (*çoğ.* -wom.en) (kînz'wûmın, -wimin) *i.* kadın akraba.

ki.osk (kiask', ki'ask, kay'-) *i.* köşk, sayfiye; gazete satılan kulübe; çalgıcılara mahsus kameriye.

kip (kîp) *i.* hayvan yavrusu derisi.

kip.per (kip'ır) *i., f.* çiroz; *f.* balığı tuzlayıp tütsülemek veya kurutmak.

Kir.ghiz (kîrgiz') *i.* Kırgız; Kırgız dili, Kırgızca.

kirk (kırk) *i., İskoç., İng., leh.* kilise. **the Kirk** İskoçya kilisesi. **Kirkman** *i.* İskoçya kilise papazı veya üyesi. **kirkyard** *i.* kilise avlusu veya mezarlık.

Kir.man (kîrman') *i.* bir çeşit İran halısı.

kirsch.was.ser (kîrş'vas'ır) *i., Al.* vişne rakısı.

kir.tle (kırt'ıl) *i., eski* kadın fistanı; *eski* erkek ceketi veya paltosu.

kis.met (kiz'met, kîs'-) *i.* kısmet, kader, nasip.

kiss (kîs) *f., i.* öpmek; hafifçe dokunmak; bilardoda hafifçe dokunacak surette bilyelere vurmak; *i.* öpüş, öpücük, buse; hafif temas; çok hafif bir çeşit bonbon. **kiss and be friends** barışmak. **kiss away the hurt** ağrıyı öpücükle geçirmek. **kiss the book** Kitabı Mukaddesi öperek ant içmek, kitaba el basmak. **kiss the dust** boyun eğmek, mağlup olmak; vurulup ölmek. **kissable** *s.* öpülmeye değer, öpülür. **kissing bug** insanın yanak veya dudağını ısıran zehirli bir böcek, *zool.* Reduvius personatus; kan emen böcek.

kit (kît) *i.* yavru kedi, encik, enik.

kit (kît) eskiden dans hocalarının kullandığı üç telli küçük keman.

kit (kît) *i.* takım; alet takımı, avadanlık; monte edilmemiş takım; takım çantası. **the whole kit and caboodle** *k.dili* takım taklavat, topu, hepsi birden.

kitch.en (kiç'ın) *i.* mutfak. **kitchen cabinet** mutfak dolabı; başbakanın özel danışmanlar grubu. **kitchen garden** sebze bahçesi. **kitchen stuff** yemek için pişirilecek malzeme, nevale; yemeklerden artan yağlar.

kitch.en.ette (kiçınet') *i.* ufak mutfak.

kitch.en.maid (kiç'ınmeyd) *i.* aşçı yamağı kız.

kite (kayt) *i.* uçurtma; çaylak, *zool.* Milvus; kızıl çaylak, *zool.* Milvus milvus; sıçancıl, *zool.* Milvus regalis; *tic.* sahte bono; *den.* hafif rüzgârda yelken direğinin tepesine çekilen en ufak yelken. **Arabian kite** kocalak, *zool.* Milvus arabicus. **black-winged kite** kara sungur, *zool.* Elanus caeruleus. **fly a kite** uçurtma uçurmak; dolandırıcılık için sahte bono çıkarmak. **Go fly a kite!** Çek arabanı! **kite balloon** uçurtma yardımı ile uçurulan ve yere bağlı bulunan balon. **kiteflying** *i.* uçurtma uçurma; sahte bono ile para toplama; tecrübe balonu uçurma.

kith (kith) *i., eski* dostlar. **kith and kin** dostlar ve akrabalar; hısım akraba.

kitsch (kîç) *i.* ucuz edebiyat veya sanat, sanat değeri çok düşük edebiyat; dolmuş edebiyatı.

kit.ten (kit'ın) *i., f.* yavru kedi; tavşan yavrusu; *f.* yavrulamak (kedi). **kittenish** *s.* kedi yavrusu gibi; oyuncu, civelek.

kit.ti.wake (kît'iweyk) *i.* bir çeşit martı.

kit.ty (kit'i) *i.* yavru kedi, kedicik; bazı iskambil oyunlarında el dağıtıldıktan sonra ortaya konan kâğıtlar; bazı kâğıt oyunlarında belirli bir amaç için ayrılan para.

kit.ty-cor.nered (kît'ikôrnırd) *s., bak.* **cater-cornered**.

ki.wi (ki'wi) *i.* Yeni Zeland'a mahsus bir kuş, kivi, *bak.* **apteryx**; *ask., argo* uçuş yapmayan havacı.

klax.on (kläk'sın) *i.* çok yüksek sesli otomobil kornası, klakson.

klep.to.ma.ni.a (kleptimey'niyı) *i.* hırsızlık illeti, kleptomani. **kleptomaniac** *i.* hırsızlık hastası, kleptoman.

klutz (klʌts) *i., A.B.D., argo* hantal kimse.

km. *kıs.* kilometer(s).

knack (näk) *i.* ustalık, marifet, hüner; ustalıklı iş.

knack.er (näk'ır) *i.* sakat at alıp kesen ve hayvan maması olarak satan kasap; eski ev veya gemileri malzemesi için satın alan kimse; yıkıcı, yıkmacı.

knag (näg) *i., eski* budak. **knaggy** *s.* budaklı.

knap (näp) *f., leh.* tık tık vurmak; kırmak, yarmak; parça parça etmek; sinirli konuşmak; dişlerle koparmak.

knap.sack (näp'säk) *i.* sırt çantası.

knap.weed (näp'wid) *i.* peygamberçiçeği, *bot.* Centaurea nigra.

knar (nar) *i.* budak.

knave (neyv) *i.* hilekâr kimse; iskambil oyununda bacak; *eski* uşak. knavery *i.* hilekârlık. knavish *s.* hilekâr. knavishly *z.* hileyle, düzenbazca. knavishness *i.* hilekârlık, düzenbazlık.

knead (nid) *f.* yoğurmak, hamur haline getirmek, yoğurarak topak haline getirmek; masaj yapmak. kneader *i.* hamurkâr. kneading trough hamur teknesi.

knee (ni) *i.* diz; dize benzer veya diz şeklinde şey; elbisenin diz üzerine gelen kısmı, diz yeri; hürmet veya selâm makamında diz bükme. knee breeches kısa pantolon. knee jerk diz adalesine vurulunca meydana gelen geri atma hareketi. knee joint diz mafsalı. bring one to his knees yola getirmek, boyun eğdirmek, diz çöktürmek. be on the knee of the gods daha belli olmamak, Allaha kalmak. kneed *s.* dizli; dizi bollaşmış, diz yapmış (pantolon).

knee (ni) *f.* diz ile vurmak.

knee.cap (ni'käp) *i.* dizkapağı kemiği, diz ağırşağı.

knee-deep (ni'dip) *s.* diz boyu derinliğinde.

knee-high (ni'hay) *s.* dize kadar yükselen, diz boyunda. knee-high to a grasshopper *k.dili* çok kısa boylu.

knee-jerk (ni'cırk) *s.* düşünmeden yapılan, tepke olarak yapılan.

kneel (nil) *f.* (knelt *veya* kneeled) diz çökmek; diz üstü oturmak; diz büküp selâmlamak.

knee.pan (ni'pän) *i.* dizkapağı kemiği.

knee.room (ni'rum) *i.* rahatça oturacak mesafe.

knell (nel) *i., f.* matem çanı sesi; salâ; ölüm haberi, kara haber; herhangi bir şeyin yok olacağı haberi; *f.* matem çanı ile ilân veya davet etmek; salâ vermek; matem çanı gibi ağır ağır çalmak.

knew (nu) *bak.* know.

Knick.er.bock.er (nik'ırbakır) *i.* New York'un en eski Hollanda yerlileri soyundan olan kimse; New York şehri yerlisi.

knick.er.bock.ers (nik'ırbakırz) *i., çoğ.* diz altından büzgülü bol pantolon; golf pantolonu.

knick.ers (nik'ırz) *i.* golf pantolonu; *İng.* dizde büzülen kadın donu.

knick.nack (nik'näk) *i.* ufak süslü veya önemsiz şey, biblo.

knife (nayf) *i. (çoğ.* knives) *f.* bıçak, çakı; makina bıçağı; *f.* bıçakla kesmek; bıçakla karıştırıp hazırlamak (boya); bıçaklamak; *A.B.D., argo, slang* arkadan vurmak. knife grinder bıçak bileyici. knife rest sofrada üzerine et bıçağı konulan koyacak. knife sharpener bıçak bileyici alet. carving knife sofrada et kesmeye mahsus iri bıçak. pocket knife çakı.

knife.board (nayf'bôrd) *i.* bıçak temizlemeye mahsus tahta.

knife-edge (nayf'ec) *i.* bıçağın keskin yanı, bıçak ağzı; bıçak gibi keskin herhangi bir şey; terazi kolu veya saat rakkası için destek vazifesi gören sert çelikten kama şeklinde çıkıntı.

knight (nayt) *i., f.* silâhşor, şövalye, sir unvanını kazanan kimse; asılzade; satranç oyununda at; kendini bir şeye adayan kimse; *f.* birine şövalyelik payesi vermek, sir unvanını törenle vermek. knight errant kahramanlık ve cömertlik göstermek için dolaşan seyyar silâhşor. knight-errantry *i.* seyyar silâhşorluk, şövalyelik; donkişotluk. knighthood *i.* silâhşorluk payesi, şövalyelik; şövalyeler. Knights of the Round Table Kral Arthur'un sarayındaki şövalyeler. knightly *s.* şövalyeye ait; şövalyeye yakışır; şövalyece.

knight.head (nayt'hed) *i., den.* ahşap gemilerde baş bodoslamasındaki iki yelpazeden biri.

knit (nît) *f.* (-ted *veya* knit) örmek; sıkı sıkıya bağlamak, birleştirmek; çatmak (kaşları); birbirine düğümlemek; birbirine yapışmak; kaynaşmak, kaynamak (kemik). a well-knit frame iyi yapılı vücut. He knit his brows. Kaşlarını çattı. The bone has knit. Kemik kaynayıp bitişmiş.

knit.ting (nît'îng) *i.* örme; örgü. knitting machine örgü makinası. knitting needle örgü şişi. knitting work örgü işi.

knob (nab) *i., f.* (-bed, -bing) top, yumru; topuz, tokmak; tepecik, yuvarlak tepe; *argo* kafa, kelle; *f.* yumrulaştırmak. knobbiness *i.* yumru yumru olma. knobby *s.* yumrulu, yumru yumru olan; tokmak gibi.

knob.ker.rie (nab'keri) *i.* Güney Afrika yerlilerinin mızrak veya ok yerine kullandıkları topuzlu değnek.

knock (nak) *f., i.* vurmak, çarpmak; tokuşmak; **at** *veya* **on** *ile* çalmak, vurmak (kapı); *mak.* vurmak (benzin); çarpışmak; *A.B.D., argo* kusur bulmak, tenkit etmek, titizlik etmek; *i.* vurma, vuruş, darbe; kapı çalınması. **knock about** tekrar tekrar vurmak, şiddetle sarsmak, tartaklamak; *k.dili* oradan oraya dolaşmak. **knock against** çarpışmak; rast gelmek. **knock down** yumrukla yere devirmek; mezatta çekici vurup malı son fiyatı verenin üzerine bırakmak. **knock off** *k.dili* işi bırakmak, tatil etmek; *colloq.* şıpınişi yapıvermek; *A.B.D., argo* öldürmek; *A.B.D., argo* soymak. **knock on the head** tepesine vurmak, işini bozmak. **knock out** vurup yıkmak, nakavt yapmak, oyun dışı etmek. **knock out of the box** *beysbol* atıcıyı zayıflığından dolayı yerinden çıkmaya mecbur etmek. **knock over** devirmek. **knock together** birbirine çarpmak; acele bir araya getirmek. **knock up** bir araya toplamak; *kriket* puan yapmak; *İng.* kapıya vurup uyandırmak; *A.B.D., argo* hamile bırakmak. **engine knock** benzin fazlalığı yüzünden makinada meydana gelen vuruş sesi.

knock.a.bout (nak'ıbaut) *s., i.* her işe gelir; kaba ve dayanıklı (eşya); *i., den.* iki yelkenli hafif yat.

knock.down (nak'daun) *s., i.* yere serici (darbe), mat edici; portatif, taşınmak için sökülür kurulur (eşya); *i.* yere serme; portatif eşya.

knock.er (nak'ır) *i.* çalan veya vuran şey veya kimse; kapı tokmağı; *İng.* kapı kapı dolaşan satıcı.

knock-kneed (nak'nid) *s.* çarpık bacaklı, yürürken dizleri birbirine dokunan.

knoll (nol) *i.* tepecik.

knoll *bak.* **knell.**

knop (nap) *i.* topuz, yumru; tomurcuk.

knot (nat) *i.* düğüm; müşkül; rabıta, bağ; küme; güç durum; *bot.* nod; birkaç hat veya sinirin birleştiği nokta, yumru; *den.* halat cevizi, parakete savlasında mil taksimatlı işaret; geminin deniz mili hesabıyle hızı; *den.* deniz mili. **Gordian knot** *bak.* **Gordian.** **twenty knots** *den.* saatte yirmi mil. **tie the knot** *k.dili* nikâhla bağlanmak. **wedding knot** evlilik bağı.

knot (nat) *f.* (-ted, -ting) düğümlemek, düğüm halinde bağlamak; karmakarışık etmek; budaklanmak; saçaklık düğüm yapmak; düğümlenmek, düğüm olmak.

knot.grass (nat'gräs) *i.* çobandeğneği, *bot.* Polygonum aviculare.

knot.hole (nat'hol) *i.* budak yeri, budak deliği.

knot.ty (nat'i) *s.* düğümlü, düğüm düğüm; karışık; güç; dolaşık; sert ve budaklı. **knottiness** *i.* karışıklık.

knot.work (nat'wırk) *i.* örülmüş veya düğümlenmiş şeritten esvap süsü, bir çeşit dantela.

knout (naut) *i., f.* Rusya'da adam dövmek için kullanılan bir kamçı; *f.* bu kamçı ile cezalandırmak.

know (no) *f.* (**knew, known**) bilmek, tanımak; seçmek, farketmek; iyi bilmek, malumatı olmak, malumat edinmek; haberi olmak, haberdar olmak; ezberlemek; tecrübeyle bilmek; *eski* cinsî münasebette bulunmak. **He should have known better than to do it.** O işi yapmayacak kadar aklı olmalıydı. **know how** usulünü bilmek. **know one's own mind** emin olmak, tereddüt etmemek, kararlı olmak. **know the ropes** usulünü bilmek, çaresini bilmek. **know what's what** uyanık fikirli olmak, dünyada olup bitenleri bilmek. **Not that I know of.** Bildiğime göre, değil (yok). **the known** *mat.* bilinen, malum. **knowable** *s.* bilinmesi mümkün, bilinir.

know (no) *i.* bilgi, malumat. **be in the know** malumatı olmak, gizli bir şeyden haberi olmak.

know.ing (no'wing) *s.* bilgisi olan, malumatı olan; çok bilmiş, şeytan, kurnaz, açıkgöz. **knowingly** *z.* bilerek, bile bile, kasten.

knowl.edge (nal'ic) *i.* bilgi, malumat, vukuf; ilim; kanaat; *eski* cinsî münasebet. **intuitive knowledge** hisle edinilen bilgi. **take knowledge of** biri hakkında (bir şey) anlamak. **this branch of knowledge** ilmin bu dalı. **to my knowledge** bildiğim kadar, bildiğime göre. **knowledgeable** *s.* bilgili, zeki.

known (non) *bak.* **know.**

know-noth.ing (no'nʌthing) *i.* cahil kimse.

knuck.le (nʌk'ıl) *i., f.* parmağın oynak yeri, boğum; koyun budunun diz tarafı; dört ayaklı hayvanlarda ayak mafsalı; *çoğ.* muşta; *f.* parmağın oynak yerleri ile vurmak. **knuckle down** işe koyulmak. **knuckle under** teslim olmak, boyun eğmek. **knucklebones** *i., çoğ.* aşık oyunu. **knuckledusters** *i.* demir muşta.

knuckle joint parmağın oynak yeri. **brass knuckles** tunç muşta.

knur (nır) *i.* ağaç gövdesindeki iri budak; *İng., leh.* hokey oyununda kullanılan ağaç top.

knurl (nırl) *i.* budak, yumru; kertik, diş. **knurled** *s.* budaklı, yumrulu. **knurly** *s.* budaklı, yumru yumru.

ko.a.la (ko.a'lı) *i.* keseli ayı, *zool.* Phascolarctos cinereus.

ko.bold (ko'bald, ko'bold) *i.* Almanya'da yerin altındaki kıymetli madenleri korumakla görevli olduğu sanılan bir cin.

ko.dak (ko'däk) *i., tic. mark., f.* küçük fotoğraf makinası; bu makina ile çekilen fotoğraf; *f.* Kodak makinası ile fotoğraf çekmek.

Ko.di.ak bear (ko'diyäk) Kodiak adasında bulunan iri boz ayı, *zool.* Ursus middendorffi.

Koh.i.noor (ko.inûr') *i.* 1849'da İngiltere kral tacına konulan meşhur Hint elması; pek kıymetli şey.

kohl (kol) *i.* göz sürmesi, rastık.

kohl.ra.bi (kol'rabi) *i.* yerlahanası, şalgam gibi köklü lahana.

kok-sa.ghyz (kok'sägiz') *i.* kök sakız, *bot.* Taraxacum kok-saghyz.

ko.la *bak.* **cola.**

kol.khoz (kal.hôz') *i.* Sovyetler Birliğinde ortak çiftlik, kolhoz.

Ko.mo.do dragon (kımo'do) Sunda adalarında yaşayan ve üç metre boyundaki dünyanın en iri kertenkelesi, *zool.* Varanus komodensis.

Kon.a.kri (kan'ıkri) *i.* Konakri, Guinea'nın başkenti.

koo.doo, ku.du (ku'du) *i.* Güney Afrika'ya özgü beyaz çizgili iri ceylan.

kook (kûk) *i., argo, slang* antika kimse. **kooky** *s.* antika.

kop (kap) *i.* Güney Afrika'da tepe, dağ.

ko.peck, co.peck (ko'pek) *i.* Rusya'da rublenin yüzde biri değerinde ufak para, kapik.

kop.je (kap'i) *i.* Güney Afrika'da ufak tepe.

Ko.ran (koran') *i.* Kur'an.

Ko.re.a (kôriy'ı) *i.* Kore. **Korean** *s.* Koreli; Korece; Koreyle ilgili.

ko.ru.na (kô'rûna) *i.* (*çoğ.* -ny) Çekoslovakya'da para birimi, koruna.

ko.sher, ka.sher (ko'şır, ka'şır) *s., i., İbr.* Musevî şeriatına göre temiz sayılan (et), turfa olmayan (yemek), kaşer; *i.* şeriat hükümlerine göre kesilmiş hayvanın eti.

ko.tow, kow.tow (ko'tau', kau'tau) *i., f.* Çinlilerde diz çöküp alnı yere vurmak suretiyle ibadet veya hürmet; *f.* bu suretle ibadet etmek ve hürmet göstermek.

kraal (kral) *i.* Güney Afrika'da etrafı kazık ve sırıklarla çevrili kulübelerden meydana gelen köy; ağıl.

krait (krayt) *i.* zehirli bir Asya yılanı.

kra.ken (kra'kın, krey'kın) *i.* Norveç sahillerinde gözüktüğü söylenen efsanevî bir deniz canavarı.

Krem.lin (krem'lîn) *i.* Kremlin, içinde Sovyetler Birliği devlet dairelerinin bulunduğu Moskova'daki yüksek duvarlı kale; Sovyet Hükümeti.

Krem.lin.ol.o.gy (kremlinal'ıci) *i., k.dili* Rus yöneticilerinin davranışlarını inceleme.

kreut.zer (kroyt'sır) *i.* eskiden Almanya ve Avusturya'da kullanılan gümüş veya bakır ufak para.

kro.na (kro'nı) *i.* (*çoğ.* -nor) İsveç ve İslanda'da para birimi, krona.

kro.ne (kro'nı) *i.* (*çoğ.* -ner) Danimarka ve Norveç'te kullanılan gümüş para, kuron.

kro.ne (kro'nı) *i.* (*çoğ.* -nen) eski bir Alman ve Avusturya-Macaristan parası.

Kron.stadt (kron'ştat) *i.* Finlandiya körfezindeki bir adada bulunan Rus deniz üssü ve limanı.

kryp.ton (krîp'tan) *i., kim.* kripton.

KS *kıs.* **Kansas.**

kt. *kıs.* **karat, carat.**

Kt *kıs.* **knight.**

Kua.la Lum.pur (kwa'lı lûm'pûr) Kuala Lumpur, Malezya'nın başkenti.

ku.dos (kyu'das,-doz) *i.* şöhret, şan, şeref.

ku.du *bak.* **koodoo.**

Ku.fic (kyu'fik) *s., i.* Kûfî (yazı), *bak.* **Cufic.**

Ku Klux Klan (ku' klʌks' klän') Birleşik Amerika'da iç savaştan sonra güney eyaletlerinde zencilerin siyasî hakları olması aleyhinde kurulan gizli cemiyet; 1914'ten sonra kurulup Katoliklere, zencilere ve yabancı etkilere karşı çalışan gizli cemiyet.

Kul.tur (kûltûr') *i., Al.* kültür, hars, ekin, ekinç.

ku.miss, ku.mys (ku'mîs) *i.* kımız, Tatarlarca pek makbul olan mayalanmış kısrak sütü; inek sütünden yapılan kımıza benzer içki.

küm.mel (kîm'ıl) *i.* anason ve kimyonla tatlandırılmış Alman veya Rus likörü.

kur.bash (kûr'bäş) *i., f.* kırbaç; *f.* kırbaçlamak.

Kurd (kırd, kûrd) *i.* Kürt. **Kurdish** *s., i.* Kürt;
Kürtçe. **Kurdistan** *i.* Kürdistan.
Ku.wait (kuweyt') *i.* Kuveyt.
kvetch (kveç) *i., A.B.D., argo* mızmız kimse.
kw. *kıs.* **kilowatt(s).**
kwh *kıs.* **kilowatt-hours.**
KY *kıs.* **Kentucky.**
ky.an.ize (kay'ınayz) *f.* çürümesini engellemek

için tahtaları cıva klorid ile doyurmak.
ky.mo.graph (kay'mıgräf) *i., tıb.* insan vücu-
dunda kan dolaşımı ve solunum hareketleri
gibi dalgalı titreşimleri ölçme aleti, kimograf.
Kyr.i.e e.le.i.son (kîr'îyi îley'îsın) *Yu.* bazı
kiliselerin ayinlerinde söylenen ve "Ya Rabbi
merhamet et" anlamına gelen dua; bu duanın
bestesi.

L

L, l (el) *i.* İngiliz alfabesinin on ikinci harfi;
L harfi şeklinde şey.
l. *kıs.* **latitude, law, league, left, length,
line, lira, lire, liter,** *b.h.* **Latin, book,**
Romen rakamlarında 50.
la (la) *i., müz.* la notası, müzik gamında altıncı
nota.
LA *kıs.* **Louisiana.**
L.A. (el ey') *kıs.* **Los Angeles.**
laa.ger (la'gır) *i., f.* Güney Afrika'da etrafı
arabalarla kuşatılmış kamp veya konak yeri;
f. böyle konak yeri yapmak; böyle yerde
konaklamak.
lab (läb) *i., A.B.D., k. dili* laboratuvar.
lab. *kıs.* **laboratory.**
Lab. *kıs.* **Labrador.**
lab.da.num, lad.a.num (läb'dınım, läd'ınım)
i. laden, *bot.* Cistus; laden zamkı.
la.bel (ley'bıl) *i., f.* **(-ed, -ing** *veya* **-led, -ling)**
yafta, etiket; nitelendirici isim veya cüm-
lecik; *f.* etiket yapıştırmak, etiketlemek; tas-
nif etmek, sınıflandırmak; *mim.* kapı veya
pencereye saçak`yapmak.
la.bel.lum (lıbel'ım) *i.* **(çoğ.-bel.la)** *bot.* dudak
şeklinde bir korol kısmı, dudakçık.
la.bi.a (ley'bıyı) *bak.* **labium.**
la.bi.al (ley'biyıl) *s., i.* dudaklarla ilgili; *dilb.*
dudaksıl; *müz.* dudak şeklinde kenarları
olan (boru); *i.* dudak ünsüzü, dudaksıl ses.
la.bi.ate, -at.ed (ley'biyeyt, ley'biyît; -eytîd) *s.,
bot.* bir tarafı sarkık dudak şeklinde olan.
la.bile (ley'bîl) *s.* kaymaya meyilli, değişme

eğiliminde olan; *kim., fiz.* kararsız, çabuk
değişen.
la.bi.um (ley'biyım) *i.* **(çoğ. -bi.a)** dudak;
anat. kadının tenasül uzvunda dudak şek-
linde kısım, dudak.
la.bor, *İng.* **la.bour** (ley'bır) *i.* çalışma, iş, emek;
işçi sınıfı; doğum ağrıları; zahmet, meşakkat,
sıkıntı, zorluk; *den.* fırtınada geminin şid-
detle çalkalanması. **Labor Day** *A.B.D.* ey-
lülün ilk pazartesi gününe tesadüf eden işçi
bayramı. **labor dispute** iş ihtilâfı, iş an-
laşmazlığı. **labor exchange** iş ve işçi bul-
ma kurumu. **labor-intensive** *s.* makinalardan
ziyade el emeği ile yapılan veya yürütülen
(iş, mahsul). **Labour Party** İşçi Partisi.
labor relations iş münasebetleri; işçi ve
işveren ilişkileri. **laborsaving** *s.* zahmeti
azaltan, kolaylaştırıcı. **labor union** işçi
sendikası. **a labor of love** hatır veya zevk
için yapılan iş, menfaat mukabilinde olma-
yan iş, gönüllü yapılan iş. **forced labor**
angarya. **hand labor** el ile yapılan iş. **hard
labor** ağır iş cezası. **in labor** doğurma ha-
linde. **Ministry of Labour** *İng.* Çalışma
Bakanlığı.
la.bor, *İng.* **la.bour** (ley'bır) *f.* çalışmak, çaba-
lamak; uğraşmak, emek vermek, sıkıntı çek-
mek, güçlükle ilerlemek; *den.* denizlerde
çalkalanmak, çok hırpalanmak; doğurma
halinde olmak; ağrı çekmek; emekle mey-
dana getirmek. **I will not labor the point.**
İşin teferruatına girişmeyeceğim. **labored**
s. güçlükle yapılan, meşakkatli; fazla şatafatlı.

lab.o.ra.to.ry (läb'rıtôri, *İng.* lıbôr'ıtri) *i.* laboratuvar.

la.bor.er (ley'bırır) *i.* işçi, rençper.

la.bo.ri.ous (lıbôr'iyıs) *s.* zahmetli, emekli, yorucu; çalışkan, işgüzar. **laboriously** *z.* emek vererek; çalışarak.

la.bor.ite, *İng.* **la.bour.ite** (ley'bırayt) *i.* işçi yandaşı.

Lab.ra.dor (läb'rıdôr) *i.* Labrador yarımadası. **Labrador current** Labrador akıntısı. **labradorite** *i.,* **Labrador spar** en iyisi Labrador'da bulunan rengârenk bir çeşit feldispat, labrador.

la.bur.num (lıbır'nım) *i.* sarısalkım, *bot.* Laburnum anagyroides.

lab.y.rinth (läb'ırînth) *i.* labirent; entrikalı veya karışık iş; *anat.* labirent, iç kulaktaki girintili boşluk. **labyrin'thic, labyrin'thine** *s.* labirent gibi, çapraşık, çok dolaşık ve karışık.

lac (läk) *i.* Güney Asya'da bazı böceklerin birtakım ağaçlarda meydana getirdikleri reçineli sıvı, laka.

lac, lakh (läk) *i.* Hindistan'da yüz bin rakamı; yüz bin rupi; çok büyük miktar.

lac.co.lith (läk'ılith) *i., jeol.* lakolit.

lace (leys) *i.* dantel; şerit; kaytan; kordon. **lace tree** dantel ağacı, *bot.* Logetta lintearia. **bobbin lace** kopanaki, karo danteli. **Brussels lace** Brüksel'de yapılan bir çeşit ince dantel, Brüksel danteli. **point lace** iğne ile işlenen dantel, oya.

lace (leys) *f.* kaytan geçirip bağlamak; dantel ile süslemek; *k.dili* dövmek; renkler ile çizgilemek; korse kaytanını çekerek beli sıkıştırmak; içkiye hafif alkol katmak. **lace into** yumrukla saldırmak; şiddetle azarlamak.

lac.er.ate (läs'ıreyt) *f.* yırtmak, yaralamak; (kalbini) kırmak, (hislerini) incitmek, üzmek. **lacera'tion** *i.* yırtma, yaralama, incitme.

lac.er.til.i.an (läsırtîl'iyın) *s., i., zool.* kertenkele familyasına ait, kertenkele gibi; *i.* kertenkele.

lace.wing (leys'wîng) *i.* zarkanatlılardan bir böcek, *zool.* Neuroptera.

lace.work (leys'wırk) *i.* dantel.

lach.es (läç'îz) *i., huk.* hakkını aramakta ihmal ve gecikme.

lach.ry.mal, lac.ri.mal (läk'rımıl) *s.* göz yaşına ait.

lach.ry.ma.tion (läkrımey'şın) *i.* göz yaşı salgılama.

lach.ry.ma.to.ry (läk'rımıtori) *i., s.* eski zamanlarda içinde akraba ve dostların göz yaşlarının saklandığı farz edilen ufak şişelerden biri, göz yaşı şişesi; *s.* göz yaşına ait; göz yaşını havi.

lach.ry.mose (läk'rımos) *s.* gözü yaşlı, çok ağlayan; göz yaşartıcı.

lac.ing (ley'sîng) *i.* kaytanla bağlama veya sıkma; kaytan veya şerit geçirme; bağcık, kaytan, şerit; içkiye karıştırılmış alkol; *k.dili* dövme.

lack (läk) *i., f.* eksiklik, noksan; ihtiyaç, gereksinme; yoksunluk, mahrumiyet; *f.* eksiği olmak; ihtiyacı olmak; mevcut olmamak; bir yerde hazır bulunmamak; mahrum olmak; malik olmamak; muhtaç olmak; eksikliğini duymak.

lack.a.dai.si.cal (läkıdey'zîkıl) *s.* canından bezmiş gibi, cansız; alâkasız, uyuşuk, tembel.

lack.a.day (läk'ıdey) *ünlem, eski* Eyvah!

lack.ey (läk'i) *i., f.* uşak, erkek hizmetçi; dalkavuk, çanak yalayıcı; *f.* hizmetçilik yapmak, uşaklık etmek.

lack.lus.ter, *İng.* **-tre** (läk'lʌstır) *i., s.* donukluk; *s.* cansız.

la.con.ic, -i.cal (lıkan'îk, -îkıl) *s.* muhtasar, kısa ve manalı, az ve öz, özlü, veciz; vecizeli söz söyleyen. **laconically** *z.* kısa ve öz konuşarak. **lac'onism, lacon'icism** *i.* özlülük; kısa söz, icaz, özlü söz, veciz ifade.

lac.quer (läk'ır) *i., f.* sarı vernik; reçineli herhangi bir vernik; vernikli tahta veya meşin iş; *f.* verniklemek.

lac.ri.mal *bak.* **lachrymal.**

la.crosse (lıkrôs') *i., A.B.D., Kan.* uzun saplı raketle oynanan bir top oyunu.

lac.ta.ry (läk'tıri) *s.* sütten, sütle ilgili.

lac.tate (läk'teyt) *i., f.* laktik asidin tuzu veya esteri; *f.* süt hâsıl etmek; meme vermek, emzirmek.

lac.ta.tion (läktey'şın) *i.* süt salgılama; emzirme.

lac.te.al (läk'tiyıl) *s., i.* süte ait; süte benzer; sütlü; *i., anat.* bağırsaklarda emilen gıda maddesini taşıyan lenfa damarı.

lac.tic (läk'tîk) *s.* süte ait, ekşimiş sütten çıkarılan. **lactic acid** süt asidi, laktik asit.

lactic fermentation yoğurt yapımında sütte meydana gelen kimyasal değişim.

lac.tif.er.ous (läktîf'ırıs) s. süt veren, süt salgılayan, süt taşıyıcı.

lac.tom.e.ter (läktam'ıtır) i. sütün özgül ağırlığını ölçen alet.

lac.to.scope (läk'tıskop) i. sütteki yağ miktarını tespit eden alet.

lac.tose (läk'tos) i., kim. süt şekeri, laktoz.

la.cu.na (lıkyu'nı) i. (çoğ., Lat. -nae, İng. -nas) boşluk, aralık, boş yer, eksiklik; biyol. kemikte bulunan boşluk; biyol. bitki ve hayvan dokularındaki hücrelerarası boşluk.

la.cus.trine (lıkʌs'trîn) s. göllerde hâsıl olan; göle ait, gölcül.

lac.y (ley'si) s. dantel gibi; dantelli; dantelden yapılmış.

lad (läd) i. büyücek erkek çocuk, delikanlı, genç erkek.

lad.a.num bak. labdanum.

lad.der (läd'ır) i. merdiven; mec. yükselme vasıtası; İng. çorap kaçığı. ladder stitch iğneardı teyel, çapraz teyel. accommodation ladder vapurun borda iskelesi. companion ladder kameraya inecek merdiven.

lad.die (läd'i) i. erkek çocuk, oğlan, delikanlı.

lade (leyd) f. (laded, laded veya laden) yüklemek; geminin yükünü vermek; içine su doldurmak; içinden su boşaltmak; kepçe ile içinden su almak. laden s. yüklü.

lad.ing (ley'dîng) i. yükleme. bill of lading konşimento.

La.di.no (ladi'no) i. Ladino.

la.dle (ley'dıl) i., f. kepçe; f. kepçe ile doldurmak veya boşaltmak. ladleful i. kepçe dolusu.

la.drone (lıdron') i., İsp. hırsız, haydut.

la.dy (ley'di) i. bayan, hanım, kibar kadın, hanımefendi; b.h. bir İngiliz asılzadesinin karısı, Leydi; sevilen kadın, sevgili. Lady Day 25 marta tesadüf eden bir kilise yortusu. lady in waiting kraliçe veya prensesin nedimesi. lady of the house evi idare eden kadın. lady's maid bir hanımın oda hizmetçisi. lady's-mantle i. aslan pençesi, bot. Alchemilla vulgaris. lady's slipper Venüs çarığı, bot. Cypripedium. Our Lady Meryem Ana.

la.dy.bird, la.dy.bug (ley'dibırd, ley'dibʌg) i. hanım böceği, gelincik böceği, zool. Coccinella.

la.dy.fin.ger (ley'dîfîng.gır) i. parmak biçiminde yapılan bir çeşit hamur işi; yüksükotu, bot. Digitalis purpurea.

la.dy-kill.er (ley'dikîlır) i. kadın avcısı, kadınların hoşlandığı adam.

la.dy.like (ley'dilayk) s. hanımca, hanıma yakışır, hanım gibi, nazik, zarif; kadınsı (erkek).

la.dy.love (ley'dilʌv') i. sevilen kadın, nişanlı kız; metres.

la.dy.ship (ley'dişîp) i. hanımefendilik; b.h. Her, Your Ladyship (asalet unvanı) hanımefendi.

lag (läg) f. (-ged, -ging) i., argo sürmek, sürgüne göndermek; hapishaneye atmak; i. mahkûm, suçlu.

lag (läg) i., f. (-ged, -ging) kazan veya kemeri kaplamak için kullanılan dar tahta; f. böyle parçalarla kaplamak.

lag (läg) f. (-ged, -ging) i., s. geri kalmak, oyalanmak, yavaş yavaş yürümek; i. gerileme, geri kalma; s. ağır, geri. lag end geç kalan, son.

lag.an (läg'ın) i., huk. deniz dibine batmış olup yeri şamandıra ile belli edilen şey.

la.ger beer (la'gır) bir çeşit hafif Alman birası.

lag.gard (läg'ırd) s., i. tembel, ağır; geri kalan; i. ağır hareket eden kimse. laggardly z. geri kalarak. laggardness i. gecikme.

lag.ging (läg'îng) i. keçe veya asbest ile kaplama veya döşeme; kemer kalıbı döşemesi.

La.gos (lag'os) i. Lagos.

lag screw dört veya altı köşeli ağaç vidası.

La.hore (lıhôr') i. Lahor.

la.ic (ley'îk) i. layik adam; dünya görüşlerini dinden ayrı tutan kimse. laic veya laical s. layik, cismani, dinle alâkası olmayan.

la.i.cize (ley'ısayz) f. layik kılmak, dinle alâkasını kesmek.

laid (leyd) bak. lay. laid up biriktirilmiş, ilerisi için saklanmış; hastalık sebebiyle evde veya yatakta; den. arması soyulmuş ve havuza yatırılmış.

laid (leyd) s. yapılışında ince ve paralel çizgiler bulunan (kâğıt).

lain (leyn) bak. lie.

lair (ler) i., f. yatacak yer; vahşi hayvan ini; f. ağıla veya ine istirahat için girmek; ağıla koymak.

laird (lerd) i., İskoç. mülk sahibi.

lais.sez faire (leseyfer') *Fr.* hükümetin sanayi ve ticaret işlerine müdahale etmemesi prensibi.

la.i.ty (ley'ıti) *i.* papazdan başka bütün halk; meslekten olmayanlar.

lake (leyk) *i.* göl, havuz. **lake trout** göllerde yaşayan alabalık.

lake (leyk) *i.* mora çalan koyu kızıl boya.

lakh *bak.* **lac.**

lall (lal) *f.* "r" harfini "l" gibi telaffuz etmek.

lam (läm) *f.* (**-med, -ming**) *k.dili* dövmek, dayak atmak.

lam (läm) *i., f.* (**-med, -ming**) *argo* kaçış, tüyme; *f.* kaçmak, tüymek, saklanmak; hızlı koşmak. **be on the lam** *k.dili* acele tüymek, sırra kadem basmak, ortadan kaybolmak.

la.ma (la'mı) *i.* Tibet'li Buda rahibi, Lama. **Grand Lama** Baş Lama, Dalay Lama.

la.ma.ser.y (la'mıseri) *i.* lama manastırı.

lamb (läm) *i., f.* kuzu; kuzu eti; kuzu gibi masum ve zayıf kimse; acemi borsacı; *f.* kuzulamak. **Lamb of God** Hz. İsa. **lambkin** *i.* küçük kuzu, kuzucuk. **lamblike** *s.* kuzu gibi, iyi huylu, yumuşak başlı. **lambskin** *i.* kuzu derisi. **lamb's wool** kuzu yünü.

lam.baste (lämbeyst') *f., leh.* dövmek, dayak atmak; fena azarlamak.

lamb.da (läm'dı) *i.* Yunan alfabesinin on birinci harfi olan L harfi.

lam.ben.cy (läm'bınsi) *i.* hafif parlaklık.

lam.bent (läm'bınt) *s.* alev gibi yalayarak yayılan; hafifçe parlayan (göz, gök). **lambently** *z.* alev gibi yayılarak.

lam.bre.quin (läm'brıkin, läm'bırkin) *i.* kapı veya pencere üzerine asılan süs, perde; ortaçağda miğferi muhafaza için üzerine sarılan kumaş parçası.

lame (leym) *s., f.* topal, ayağı sakat; eksik, kusurlu; *A.B.D., argo* habersiz; *f.* topal etmek veya olmak. **lame back** ağrıyan sırt. **lame brain** *k.dili* aptal. **lame duck** *bak.* **duck. lame excuse** kabul edilmez özür. **lamely** *z.* topallayarak. **lameness** *i.* topallık.

la.mé (lamey') *i.* lame, dore.

la.mel.la (lımel'ı) *i.* (*çoğ.* **-lae, -las**) *anat., zool., bot.* ince levha, lamel. **lamellate(d)** *s.* safihalı, ince levhalı, ince tabakalı.

la.ment (lıment') *f., i.* ağlamak, inlemek, figan etmek, matem tutmak; biri için ağlamak veya keder etmek, matemini tutmak; *i.*

matem, ağlayış, ah, keder, hüzün, feryat. **lamented** *s.* müteveffa, matemi tutulan.

lam.en.ta.ble (läm'ıntıbıl) *s.* matemli, keder ifade eden; ağlanacak, ağlatır, acıklı; esef edilecek. **lamentably** *z.* ağlanacak halde, acınacak halde.

lam.en.ta.tion (lämıntey'şın) *i.* ağlayış, feryat, figan, inleme; *çoğ., b.h.* Yeremya Peygamberin Mersiyeler kitabı.

la.mi.a (ley'mıyı) *i., Yu. mit.* çocuk eti ve kanı ile beslenen kadın başlı yılan şeklindeki efsanevî canavar; vampir.

lam.in.a (läm'ını) *i.* (*çoğ.* **-ae**) ince levha, safiha, varak, tabaka. **laminable** *s.* varak şekline konulabilir. **laminar** *s.* safiha şeklinde.

lam.i.nate (läm'ıneyt) *s., f.* yaprak şeklinde, yaprak biçimine sokulmuş; *f.* yaprak halinde ince tabakalara ayırmak, haddeden geçirerek safiha haline koymak. **lamina'tion** *i.* safiha haline girme veya konulma; safiha.

lam.mer.gei.er, -gey.er (läm'ırgayır) *i.* kuzu kuşu, *zool.* Gypaetus barbatus.

lamp (lämp) *i.* lamba, kandil; ışık; *çoğ., argo* gözler. **lampblack** *i.* kandil isi; bu isten yapılan boya. **lamp chimney** lamba şişesi. **lamplight** *i.* lamba ışığı. **lamplighter** *i.* sokak fenerlerini yakan adam. **lamppost** *i.* sokak feneri direği. **lamp shade** abajur. **between you and me and the lamppost** söz aramızda. **incandescent lamp** ampul. **safety lamp** (kömür madeni ocaklarında kullanılan) emniyet feneri. **student lamp** ayar edilebilir masa lambası.

lam.poon (lämpun') *i., f.* hiciv, tezyif; *f.* hiciv ile tezyif etmek, hakkında hiciv yazmak. **lampooner, lampoonist** *i.* hicivci, hiciv muharriri, hiciv yazarı.

lam.prey (läm'pri) *i.* yılan balığı şeklinde yuvarlak ağızlı emici bir su hayvanı, *zool.* Petromyzon.

la.nate (ley'neyt) *s.* yünlü, yün gibi.

lance (läns) *i.* mızrak, mızraklı süvari alayı neferi. **lance snake** ok yılanı. **lancewood** *i.* mızrak sapı yapımında kullanılan dayanıklı bir çeşit ağaç.

lance (läns) *f.* neşter ile yarıp açmak, deşmek.

lance.let (läns'lit) *i.* basit bir deniz hayvanı, batrak, *zool.* Branchiostoma amphioxus.

lan.ce.o.late (län'sıyıleyt) *s., bot., zool.* mızrak biçiminde, mızraksı, lanseolat.

lanc.er (län'sır) *i.* mızraklı süvari eri; *çoğ.* bir çeşit kadril dansı.

lan.cet (län'sıt) *i., tıb.* neşter; *mim.* sivri kavisli dar pencere.

lan.ci.nat.ing (län'sıneytîng) *s.* hançer gibi saplanan (sancı), keskin (ağrı).

land (länd) *f.* karaya çıkarmak; tutup karaya getirmek (balık); durdurmak, yere indirmek; isabet ettirmek, aşketmek, indirmek; elde etmek, kazanmak; karaya çıkmak, durmak, yere inmek; isabet etmek, düşmek. **land up** *k.dili* eninde sonunda varmak, boylamak.

land (länd) *i.* kara, arz; toprak, yer, arsa; memleket, diyar; *huk.* emlâk, arazi. **land agent** emlâk simsarı, emlâk komisyoncusu. **land bank** emlâk bankası. **land breeze** karadan esen rüzgâr. **land crab** kum yengeci. **land force** *ask.* kara kuvveti. **land grant** hükümet tarafından okul binası yapımı gibi işler için verilen toprak. **land mass** kıta, kıta gibi büyük kara parçası. **land measure** arazi ölçüleri sistemi. **land mine** kara mayını. **land office** tapu dairesi. **land office business** *A.B.D., k.dili* çok hızlı satış. **land of milk and honey** verimli memleket. **land tax** *İng.* arazi vergisi. **in the land of the living** sağ, hayatta. **see how the land lies** işlerin ne halde olduğuna bakmak, nabzını yoklamak.

lan.dau (län'dô) *i.* lando, açılıp kapanır körüklü at arabası. **landaulet** *i.* ufak lando.

land.ed (län'dîd) *s.* arazisi olan, arazi sahibi; araziden ibaret. **land property** gayri menkul mülk, arazi.

land.fall (länd'fôl) *i., den.* sahile yaklaşan gemicilerin karayı ilk görüşleri.

land-grab.ber (länd'gräbır) *i.* haksızlık veya hile ile başkasının arazisine tecavüz eden kimse.

land.grave (länd'greyv) *i.* eskiden bazı Alman prenslerinin unvanı.

land.hold.er (länd'holdır) *i.* arazi sahibi; emlâk sahibi.

land.ing (län'dîng) *i., hav.* iniş; iskele; merdiven sahanlığı; karaya çıkma veya çıkarma. **landing beam** *hav.* iniş kılavuzu, radyo işareti. **landing craft** çıkartma gemisi. **landing field** havaalanı. **landing gear** *hav.* iniş takımı. **landing place, landing stage** iskele.

landing strip *hav.* âcil durumlarda kullanılan iniş yolu.

land.la.dy (länd'leydi) *i.* pansiyoncu kadın; evini kiraya veren mal sahibi kadın.

land.less (länd'lîs) *s.* arazisi olmayan, arazisiz.

land.locked (länd'lakt) *s.* kara ile kuşatılmış.

land.lord (länd'lôrd) *i.* mucir kimse, emlâkini kiraya veren mal sahibi.

land.lub.ber (länd'lʌbır) *i., den.* deniz ve gemiler hakkında bir şey bilmeyen kara sakini.

land.mark (länd'mark) *i.* sınır taşı, hudut işareti; herhangi bir şeyin yerini gösteren işaret; dönüm noktası.

land.own.er (länd'onır) *i.* emlâk ve arazi sahibi.

land-poor (länd'pûr) *s.* arazi sahibi olduğu halde fakir olan.

land.scape (länd'skeyp) *i.* kır manzarası, peyzaj. **landscape architect** bahçe mimarı. **landscape gardener** bahçeyi düzenleyen kimse.

land.slide (länd'slayd) *i.* toprak kayması, heyelân; seçimde bir tarafın büyük ekseriyeti kazanması.

lands.man (ländz'mın) *i.* denizci olmayan kimse.

Land.sturm (lant'ştûrm) *i., Al.* topyekûn seferberlik; böyle seferberlikte toplanan asker.

land-to-land (länd'tı.länd') *s.* karadan karaya atılan (roket).

Land.wehr (lant'ver) *i., Al.* ihtiyat askerleri.

lane (leyn) *i.* dar yol, dar sokak, dar geçit; geniş caddelerde otomobiller için bazen bir çizgi ile ayrılmış ve yanyana olan yollardan biri; deniz ve hava trafiği düzeni için tayin olunmuş yollardan biri.

lang. *kıs.* language.

lang.syne (läng'zayn') *i., İskoç.* geçmiş zaman, eski zaman.

lan.guage (läng'gwîc) *i.* dil, lisan; konuşma kabiliyeti; herhangi bir ifade tarzı; bir kabileye veya bir yere mahsus lehçe; kompütör lisanı. **finger language** sağırların kullandığı parmak işaretleri ile konuşulan dil. **strong language** küfür, ağır söz, sert dil. **language arts** okuma, edebiyat, kompozisyon yazma gibi bir çocuğun ana diline hâkimiyetini sağlayacak dersler. **language laboratory** dil laboratuvarı.

lan.guid (läng'gwîd) *s.* ruhsuz, gevşek, yavaş, ağır, bati; gayretsiz, isteksiz. **langüidly** *z.* isteksizce, yavaş yavaş. **languidness** *i.* isteksizlik, kuvvetsizlik, ağırlık.

lan.guish (läng'gwiş) *f.* zayıf düşmek, gevşemek, ruhsuzlaşmak, takati kesilmek, şevksizleşmek, faaliyetini kaybetmek; isteği kalmamak; kederli ve baygın hal takınmak. **languish in prison** hapishanede çürümek.

lan.guish.ing (läng'gwişîng) *s.* kuvvetsiz; baygın.

lan.guor (läng'gır) *i.* bitkinlik, isteksizlik, mecalsizlik; kuvvetsizlik; gevşeklik, ağırlık, şevksizlik; hayalî olma; *tıb.* halsizlik, zafiyet. **languorous** *s.* bitkinlik veren; zafiyet gösteren.

la.nif.er.ous, la.nig.er.ous (lınif'ırıs, lınîc'ırıs) *s.* yün hâsıl eden, yünlü.

lank (längk) *s.* uzun ve zayıf, boylu, ince; düz (saç).

lank.y (läng'ki) *s.* uzun boylu ve zayıf, sırık gibi.

lan.ner (län'ır) *i.* bir çeşit doğan, *zool.* Falco biarmicus; doğancılıkta bu kuşun dişisi.

lan.ner.et (län'ıret) *i.* erkek doğan kuşu.

lan.o.lin(e) (län'ılîn) *i.* lanolin.

lans.downe (länz'daun) *i.* ipek ile yün karışımı dokunmuş bez.

lans.que.net (läns'kınet) *i.* eskiden Almanya'da ücretli piyade askeri; iskambil kâğıtları ile oynanan bir çeşit kumar oyunu.

lan.tern (län'tırn) *i.* fener, fanus; *mim.* hava ve ışık girmesi için binanın tepesine yapılan pencereli küçük kule. **lantern fly** renkli bir böcek, *zool.* Fulgora, Laternaria. **lantern -jawed** *s.* çene kemiği ince ve uzun olan. **bull's-eye lantern** ışığı tam öne aksettiren fener, polis feneri. **dark lantern** hırsız feneri. **magic lantern** *eski* slayt projektörü.

lan.tha.num (län'thınım) *i., kim.* lantan.

lan.yard (län'yırd) *i., den.* bir şeyi yerine bağlamak için kullanılan ip parçası, savlo; *ask.* topa ateş vermek için kullanılan ufak çengelli falya ipi.

La.os (la'os) *i.* Laos.

lap (läp) *i.* kucak; etek; oturan kimsenin dizlerini örten elbise kısmı. **lap dog** kucağa alınan ufak köpek, fino köpeği. **lap of luxury** servet ve rahatlık. **lapful** *i.* kucak dolusu.

lap (läp) *f.* (**-ped, -ping**) *i.* katlamak, sarmak, dolamak; örtmek; bir şeyi tamamen veya kısmen başka bir şeyin üzerine koymak; yarışta rakibini bir devirlik mesafe ile geçmek; kuşatmak, çevirmek, etrafını sarmak; kucaklamak; çark ile cilâlamak; kenarı başka şeyin üzerine binmek; katlanmak, sarılmak; *i.* başka şeyin üzerine binen kısım; yarışta bir kerelik dönüm, bir devir; kıymetli taş veya madenî eşyayı parlatmaya mahsus çark. **lap dissolve** *sin.* zincirleme görüntü. **lap joint** bindirme.

lap (läp) *f.* (**-ped, -ping**) *i.* dil ile yalayıp yutmak; hafif çarpmak (dalga); *i.* dil ile yalayıp ağzına çekme; köpeklere mahsus sulu yemek, yal; sahile yavaş çarpan dalganın sesi. **lap up, lap down** çabucak içip yutmak; beğenip kabul etmek, hakikat olarak kabul etmek.

lap.a.ro.scope (läp'ırıskop) *i., tıb.* karın duvarından geçirilen ve iç organların görülmesini sağlayan alet.

lap.a.rot.o.my (läpırat'ımi) *i., tıb.* karın yarma ameliyatı.

lap.belt (läp'belt) *i., A.B.D.* araba emniyet kemeri.

lap.board (läp'bôrd) *i.* kucağa konan ve masa yerini tutan tahta.

la.pel (lıpel') *i.* klapa.

lap.i.dar.y (läp'ıderi) *i., s.* hakkâk, oymacı, kıymetli taş kesicisi, cevahirci; *s.* kıymetli taş kesme sanatına ait; taşlara ait; özlü; yazıta elverişli.

lap.i.date (läp'ıdeyt) *f.* taşlayıp öldürmek, taşa tutmak, taşlamak. **lapida'tion** *i.* birisini taşlayarak öldürme.

lap.i.des.cent (läpıdes'ınt) *s.* taşa benzeyen, taş heykeli andıran.

lap.in (läp'în) *i.* tavşan, tavşan kürkü.

la.pis (läp'îs) *i.* (*çoğ.* **-i.des**) *Lat.* taş. **lapis laz.u.li** (läz'yûli) lacivert taş; bu taşın rengi.

Lap.land (läp'länd) *i.* Laponya. **Laplander, Lapp** *i.* İsveç ve Finlandiya'nın kuzeyinde bulunan Laponya ahalisinden biri, Lapon, Laponyalı; Lapon dili.

lap.pet (läp'ît) *i.* sarkık şey; elbisenin kıvrımlı yeri; sarkık et parçası.

lapse (läps) *i.* geçme, mürur; yanılma; yanlış (söz veya yazı); kayma; sapma; günaha girme; adalette kusur; sukut (hukuk); ihmal yüzünden hak ve tasarrufunu elden kaçırma; battal olma, kullanılmaz hale gelme.

lapse (läps) *f.* geçmek, mürur etmek; ihmal veya vefat dolayısıyle başkasına intikal etmek; battal olmak, hükmü kalmamak; sapmak, dalâlete düşmek; yanılmak, hata et-

mek, kusur etmek; bir zaman için inanç ve
prensiplerinden vaz geçmek. **lapse into
silence** sükûta dalmak, sessizliğe gömülmek.
lapse rate *meteor.* yüksekliğin artması ile
atmosfer basıncının azalma oranı.
lap.stone (läp'ston) *i.* kunduracıların dizleri
üzerine koyup üstünde kösele dövdükleri taş.
lap.sus (läp'sıs) *i., Lat.* hata, yanlış, yanıltı.
lapsus calami kalem hatası. **lapsus lin-
guae** dil hatası, ağızdan kaçırma (söz). **lap-
sus memoriae** hafıza hatası.
lap.wing ((läp'wing) *i.* yağmurkuşuna ben-
zeyen bir kuş, kızkuşu; *zool.* Vanellus va-
nellus.
lar (lar) *bak.* **lares.**
lar.board (lar'bırd) *i.* geminin sol tarafı, iskele
tarafı (şimdi bunun yerine **port** kelimesi
kullanılmaktadır).
lar.ce.ny (lar'sıni) *i.* hırsızlık, sirkat, çalma.
compound larceny başka suçlarla bir arada
yapılan hırsızlık.
larch (larç) *i.* kara çam, *bot.* Larix europaea.
lard (lard) *i., f.* domuz yağı; *f.* domuz yağı ile
yağlamak; yazı veya sözü tumturaklı keli-
melerle süslemek.
lard.er (lar'dır) *i.* kiler; erzak. **larderer** *i.* ki-
lerci.
la.res (ler'iz) *i.* (*çoğ.; tek.* **lar**) Romalıların
himaye mabutları. **lares et penates** *Lat.*
aile mabutları; manevî değeri olan eşya.
large (larc) *s., i.* büyük, geniş, cesim, azim, iri,
vâsi; bol, çok, külliyetli, mebzul; *den.* pupa-
dan gelen (rüzgâr); serbest; *i., müz.* ortaçağda
kullanılan pek uzun bir nota. **at large** ser-
best; umumiyetle; bütün ayrıntılarıyle, mu-
fassalan. **largehearted** *s.* iyi kalpli, cömert
ruhlu, halden anlayan. **large-minded** *s.*
geniş fikirli, serbest düşünüşlü. **in the large**
bütün şümulü ile. **larger-than-life** *s.* epik
veya efsanevî özellikleri olan. **largely** *z.*
ekseriyetle, ziyadesiyle; bol bol, büyük.
largeness *i.* büyüklük, cesamet, genişlik.
largish *s.* irice, büyücek.
lar.gess(e) (larces') *i.* bahşiş, büyük hediye,
ihsan; cömertlik.
lar.ghet.to (larget'o) *s., z., i., müz.* largodan
çabuk ve hafif; *z.* larghetto; *i.* ağır çalınan
parça.
lar.go (lar'go) *z., i., müz.* largo, ağır ağır; *i.* ağır
ağır çalınan parça.

lar.i.at (ler'iyıt) *i.* at ve sığır tutmak için boyun-
larına atılan ucu ilmekli ip, kement; at bağ-
lama ipi.
lark (lark) *i.* tarlakuşu. **crested lark** tepeli
toygar, *zool.* Galerida cristata. **rise with the
lark** çok erken kalkmak, sabahın köründe
uyanmak.
lark (lark) *f., i.* cümbüş yapmak, eğlenmek;
takılmak, şaka etmek; *i.* şaka, eğlence, eğlenti,
cümbüş.
lark.spur (lark'spır) *i.* hezaren çiçeği, *bot.*
Delphinium.
lar.rup (ler'ıp) *f.* dövmek, dayak atmak, sopa
çekmek.
lar.va (lar'vı) *i.* (*çoğ.* **-vae**) *zool.* tırtıl, kurtçuk,
sürfe. **larval** *s.* tırtıla ait.
la.ryn.ge.al (lırîn'ciyıl, -cıl) *s.* gırtlağa ait, han-
çerevî.
lar.yn.gi.tis (lerîncay'tîs) *i., tıb.* gırtlak iltihabı,
larenjit.
lar.yn.gol.o.gy (lerîng.gal'ıci) *i.* tıbbın boğaz ve
boğaz hastalıkları bölümü, larengoloji.
la.ryn.go.scope (lırîng'gıskop) *i.* boğaz mua-
yenesine mahsus aynalı alet.
lar.yn.got.o.my (lerîng.gat'ımi) *i., tıb.* boğaz
yarma ameliyatı; gırtlağa nefes deliği açma
ameliyatı.
lar.ynx (ler'îngks) *i.* (*çoğ.* **-es** *veya* **laryn.ges**)
anat. gırtlak, hançere, boğaz.
las.car (läs'kır) *i.* Hintli gemici; Hintli.
las.civ.i.ous (lısîv'iyıs) *s.* şehvetli; şehvete düş-
kün; şehvet uyandırıcı. **lasciviously** *z.* şeh-
vetle. **lasciviousness** *i.* şehvet.
lase (leyz) *f.* leyzer gibi dalga yaymak; leyzer
dalgası altında tutmak.
la.ser (ley'zır) *i., fiz.* leyzer, ışık dalgalarını
kuvvetlendiren veya üretebilen bir çeşit
meyzer.
lash (läş) *i.* kamçı darbesi; kamçı ucu; küçük
gören ve alaylı söz; vuruş, vurma, çarpma;
kirpik.
lash (läş) *f.* kamçı ile vurmak, dövmek, kamçı-
lamak; kınamak, ayıplamak; azarlamak; gale-
yana getirmek; hicvetmek; vurmak, şiddetle
çarpmak (dalga); söz veya yazıyla saldırmak,
çatmak; vurmak, çarpmak. **lash out at**
sert ve ani çıkış yapmak. **lash oneself into
a fury** çok öfkelenmek.

lash (läş) *f.* bağlamak. **lash down** bağlayıp muhafaza etmek. **lash together** iple birbirine bağlamak.

LASH, lash (läş) *i.* şileple yüklü mavnaları taşıma sistemi.

lash.ing (läş'îng) *i.* kamçılama; azarlama.

lash.ing (läş'îng) *i.* ip, halat; iple bağlama.

lass (läs) *i.* kız, genç kadın, nişanlı kız, sevgili. **lassie** *i.* kızcağız, küçük kız.

las.si.tude (läs'ıtud) *i.* dermansızlık, halsizlik, bitkinlik, yorgunluk.

las.so (lä'so) *i., f.* yabani atları yakalamaya mahsus ucu ilmekli ip, kement; *f.* böyle kementle tutmak.

last (läst) *i.* kundura kalıbı. **stick to one's last** işi olmayan şeye karışmamak, kendi işiyle uğraşmak, çizmeden yukarı çıkmamak.

last (läst) *i.* eskiden ticarette kullanılan tartı veya ölçü, yaklaşık iki ton.

last (läst) *s., z., i.* son, en sonraki, en gerideki, sonuncu; geçen, evvelki; sabık; son derece, gayet; *z.* en sonra, son olarak, nihayet; *i.* son, en nihayet. **last but not least** son fakat aynı derecede ehemmiyetli. **last ditch** son çare, son müdafaa. **Last Judgement** kıyamet, kıyamet günü. **last mentioned** en son olarak söylenen. **last night** dün gece. **last offices** cenaze duaları. **last quarter** dolunaydan sonra yedinci gece. **last rites** cenaze töreni; ölüm döşeğinde yatanların başucunda yapılan ayin. **last sleep** ölüm, son uyku. **last straw** son had, dayanılmaz derece. **Last Supper** Hazreti İsa'nın şakirtleriyle yediği son yemek. **last word** son söz; son moda; en mükemmel şey. **at last** nihayet, sonunda. **at long last** en nihayet. **breathe one's last** son nefesini vermek, ölmek. **the last day** mahşer günü, kıyamet günü. **the last two** son ve sondan evvelki. **the last word on the matter** mesele hakkında son ve kesin söz. **to the last** nihayete kadar. **When did you see him last?** Son defa onu ne zaman gördünüz? **lastly** *z.* nihayet, son olarak.

last (läst) *f.* sürmek, baki olmak, devam etmek, dayanmak, bozulmamak, bitmemek, tükenmemek; yetmek.

last.ing (läs'tîng) *i., s.* dayanma, beka, bozulmayış, sürme; kadın iskarpini için dayanıklı yünlü kumaş; *s.* devam eden, dayanıklı, de-

vamlı olan. **lastingly** *z.* devamlı surette, daimî olarak. **lastingness** *i.* devamlılık.

lat. *kıs.* latitude.

La.ta.ki.a (lataki'ya) *i.* Suriye'de Lâzkiye limanı.

latch (läç) *i., f.* kapı mandalı; *f.* mandallamak veya mandallanmak. **latchkey** *i.* kapı mandalını açacak anahtar; kapı anahtarı. **latchkey child** anne ve babası çalışan çocuk. **on the latch** yalnız mandalla kapanmış. **spring latch** zemberekli mandal. **latch on to** *A.B.D., argo* elde etmek.

latch.string (läç'strîng) *i.* kapı mandalını açan ip. **The latchstring is always out.** Kapımız daima açıktır. İstediğiniz zaman buyurun.

late (leyt) *s.* geç; gecikmiş, geri kalmış; sabık, geçmiş; son zamanlarda, geçenlerde; merhum, müteveffa. **late for dinner** yemeğe geç kalmış. **late Latin** ortaçağa ait Latince. **at the latest** en geç. **of late** son zamanlarda, yakın zamanlarda. **lately** *z.* yakın zamanlarda, bugünlerde, yakınlarda. **lateness** *i.* geç olma, gecikme.

late (leyt) *z.* geç, muayyen zamandan sonra; son zamanlarda. **late in the day** günün nihayetine doğru; geç kalınmış. **Better late then never.** Hiç olmamaktansa varsın geç olsun. **early and late** erken veya geç demez, vakti saati yok. **sooner or later** ergeç, erken veya geç. **too late** fazla geç. **very late** çok geç.

late.com.er (leyt'kʌmır) *i.* geç gelen veya geç kalan kimse.

la.teen (lätin') *s.* latin yelkeni sistemine ait. **lateen sail** latin yelkeni, üç köşeli yelken. **lateen yard** latin yelken sereni.

la.tent (ley'tınt) *s.* gelişmemiş, gözükmeyen, belirti göstermeyen. **latent heat** *bak.* heat. **latent period** mikropların kuluçka devresi. **latency** *i.* kuvveden fiil haline geçmemiş olma. **latently** *z.* gözükmeden.

lat.er.al (lät'ırıl) *s., i.* yana ait; yanal, yanda bulunan; yandan gelen; yana doğru; *i.* yandan biten dal; yana uzanan elektrik teli. **lateral thinking** etraflıca düşünme. **laterally** *z.* yandan, yana doğru.

Lat.er.an (lät'ırın) *i., s.* Roma'da Lateran katedrali; bu katedrale bitişik ve içinde eski eserler müzesi bulunan saray; *s.* bu semte ait veya bağlı.

lat.er.ite (lät'ırayt) *i.* bir cins kırmızı kil; bu kilden meydana gelen verimsiz toprak.

la.tex (ley'teks) *i.* bazı bitkilerin sütlü özsuyu; kauçuğun hammaddesi.

lath (läth) *i., f.* sıva tirizi, bağdadî çıta; *f.* tiriz koymak. **lath and plaster** bağdadî kaplama. **as thin as a lath** değnek gibi, çöp gibi.

lathe (leydh) *i., f.* torna tezgâhı; çömlekçi çarkı; *f.* torna tezgâhında biçim vermek. **lathe bed** torna gövdesi.

lath.er (lädh'ır) *i., f.* sabun köpüğü; atın köpüklü teri; *f.* sabun gibi köpürtmek, sabunlamak; köpürmek, köpük meydana getirmek. **in a lather** *k.dili* heyecanlı. **lathery** *s.* köpüklü.

lat.i.fun.di.um (lätıfʌn'diyım) *i.* büyük arazi.

Lat.in (lät'ın) *s., i.* Latin, Latince; eski Roma'ya ait; Katolik kilisesine ait; *i.* Latince; Latin edebiyatı; eski Romalı kimse; Katolik kilisesine mensup kimse. **Latin America** İspanyolca ve Portekizce konuşulan Amerikan memleketleri. **Latinist** *i.* Latin dili âlimi. **Latin Quarter** Paris'te talebe ve ressamların oturdukları semt.

lat.ish (ley'tîş) *s.* geççe, biraz geç.

lat.i.tude (lät'ıtud) *i.* arz derecesi; genişlik; bolluk, şümul; serbestlik, tolerans, müsamaha; *astr., coğr.* enlem; mıntıka; *foto.* filmin toleransı. **high latitudes** kutuplara yakın yerler. **latitu'dinal** *s.* arz cihetiyle, enine olan.

lat.i.tu.di.nar.i.an (lätıtudıner'iyın) *s., i.* özellikle dinde geniş düşünüşlü, mutaassıp olmayan (kimse.)

la.trine (lıtrin') *i.* özellikle asker karargâh veya kamplarında helâ.

lat.ten (lät'ın) *i.* ince pirinç veya pirince benzer levha; galvanizli saç.

lat.ter (lät'ır) *s.* ikisinden sonuncusu, son söylenilen; zikronulan iki şeyin sonra geleni, ikincisi; son. **latter-day** *s.* çağa uygun, modern, şimdiki zamana uygun. **Latter -day Saints** Ahir Zaman Azizleri (Mormonların resmî ismi). **latter end** son; ölüm. **latterly** *z.* bu yakınlarda, son zamanlarda.

lat.tice (lät'îs) *i., f.* pencere kafesi, kafes; üzerinde kafes şekli bulunan arma; *f.* kafes yapmak, kafes şekline koymak; kafesle çevirmek. **latticework** *i.* kafes işi.

Lat.vi.a (lät'viyı) *i.* Letonya Cumhuriyeti.

laud (lôd) *i., f.* methiye, övme; *f.* methetmek, övmek, sena etmek, yüceltmek.

laud.a.ble (lô'dıbıl) *s.* övgüye değer, takdire lâyık, beğenilen. **laudabil'ity, laudableness** *i.* takdire lâyık olma. **laudably** *z.* takdire lâyık olarak.

lau.da.num (lô'dınım) *i., ecza.* afyon tentürü.

laud.a.tion (lôdey'şın) *i.* övme, sitayiş, sena.

laud.a.tive, laud.a.to.ry (lô'dıtîv, -tôri) *s.* övücü.

laugh (läf) *f., i.* gülmek; sevinmek, eğlenmek; gülerek ifade etmek; *i.* gülme, gülüş, hande; kahkaha. **laugh at** (birine) gülmek. **laugh away** gülüşle meseleyi kapatmak, gülerek geçiştirmek. **laugh down** gülerek susturmak. **laugh line** göz kenarındaki buruşukluk. **laugh off** gülerek geçiştirmek. **laugh on the other side of the mouth** güldükten sonra pişman olmak. **laugh track** gülme sesleri dolu teyp bandı veya plak. **laugh up one's sleeve** içinden gülmek, bıyık altından gülmek. **have the last laugh** işin sonunda kazanmış olmak.

laugh.a.ble (läf'ıbıl) *s.* gülünç, gülünecek; gülünür; tuhaf, acayip. **laughably** *z.* gülünecek kadar.

laugh.ing (läf'îng) *s., i.* gülen, güldüren; *i.* gülme, gülüş. **laughing gas** güldürücü gaz, *tıb.* azot monoksit gazı (anestezi için kullanılır). **laughing hyena** benekli sırtlan. **laughing jackass** *bak.* jackass. **laughing stock** gülünecek kişi. **no laughing matter** şakaya gelmez durum, gülünmeyecek şey. **laughingly** *z.* gülerek.

laugh.ter (läf'tır) *i.* gülüş, gülme, hande; gülünecek şey.

launch (lônç) *f., i.* kızaktan suya indirmek (gemi); roket fırlatmak; başlatmak (yeni iş); mızrak gibi atmak; *i.* gemiyi kızaktan suya indirme; roketi fezaya fırlatma; *den.* işkampaviye; harp gemisinin en büyük sandalı. **launch forth, launch out** işe başlamak, işe atılmak. **motor launch** motorlu sandal, motorbot. **steam launch** buharla işleyen sandal, çatana, istimbot.

launch.er (lôn'çır) *i.* mancınık, katapult, fırlatıcı, atıcı.

launch.ing (lôn'çîng) *i.* suya indirme; hareket ettirme. **launching pad** roketin hareket

sahası; yeni bir teşebbüse atılmak için se-
çilen yer veya vesile.

laun.der (lôn'dır) *f.* yıkayıp ütülemek (çamaşır).
laundress *i.* çamaşırcı kadın. **laundry** *i.*
çamaşırhane; çamaşır yıkama; kirli çamaşır.
laundry list çamaşır listesi; uzun ve etraflı
liste. **laundryman** *i.* umumî çamaşırhanede
çalışan adam.

laun.dro.mat (lôn'drımät) *i.* otomatik tertibatlı
umumî çamaşırhane.

lau.re.ate (lô'riyit) *s., i.* başarılarından ötürü
şeref payesi vermek için seçilen; defne dal-
larından çelenk giymiş; çelenk giymeye lâ-
yık, mümtaz; defneden yapılmış; *i.* mümtaz
şair; İngiltere'de kral veya kraliçe tarafından
verilen baş şairlik payesine erişmiş kimse.
laureateship *i.* baş şairlik payesi.

lau.rel (lôr'ıl) *i., f.*(-ed, -ing *veya* -led, -ling)
defne ağacı, *bot.* Laurus nobilis; defne da-
lından çelenk; *çoğ.* şeref, şan, şöhret; *f.* def-
ne dalı ile süslemek. **bay laurel** defne ağacı.
cherry laurel taflan ağacı, karayemiş ağacı,
bot. Prunus laurocerasus. **mountain laurel**
kalmi ağacı, *bot.* Kalmia latifolia. **Portugal
laurel** frenk taflanı, *bot.* Cerasus lusitanica.
spurge laurel kulapa, *bot.* Daphne lau-
reola. **look to one's laurels** şöhretini ko-
rumaya gayret etmek. **rest on one's laurels**
kazanılan şöhretle kanaat etmek.

Lau.ren.tian (lôren'şın) *s., jeol.* ismini St. Law-
rence nehrinin kuzeyinde bulunan pek eski
kaya tabakalarından alan kaya çeşidine ait.

lau.rus.tine (lô'rıstîn) *i.* hanımeline benzer bir
bitki, *bot.* Viburnum tinus.

Lau.sanne (lozan') *i.* İsviçre'de Lozan şehri.

la.va (la'vı) *i.* lav, püskürtü.

lav.age (läv'ic, *Fr.* lavaj') *i., tıb.* şırınga ile te-
mizleme, lavaj; mideyi yıkama.

la.va.tion (lävey'şın) *i.* yıkama.

lav.a.to.ry (läv'ıtôri) *i.* umumî helâ; lavabo.

lave (leyv) *f., şiir* yıkamak, yıkanmak; yanından
akıp geçmek (nehir).

lav.en.der (läv'ındır) *i., s., f.* lavanta çiçeği;
bu bitkiden alınan lavanta; güzel koku; ef-
latun rengi; *s.* lavanta çiçeği renginde; *f.* ara-
sına lavanta çiçeği koymak, lavanta serp-
mek. **lavender oil** lavantadan çıkarılan yağ.
lavender water lavanta suyu. **French lav-
ender** karabaş, *bot.* Lavendula stoechas.

la.ver (ley'vır) *i., bot.* Porphyra türünden ye-
nebilen bir çeşit mor renkli deniz bitkisi.

la.ver (ley'vır) *i.* büyük el leğeni.

lav.ish (läv'iş) *s., f.* müsrif, savurgan; meb-
zul, bol, pek çok; *f.* israf etmek, bol bol
harcamak. **lavish gifts on one** birine bol
bol hediye vermek, hediyelere gark etmek.
lavishness *i.* müsriflik, savurganlık, ifrat.

law (lô) *i.* kanun, yasa, nizam, kaide, kural,
düstur; adalet; hukuk; tabiat kanunu; usul,
töre, âdet. **the law** hâkim veya avukatlar
sınıfı; polis. **law and order** küçük suçlara
karşı şiddet; sokaklarda emniyet. **law court**
mahkeme. **law merchant** ticaret kanunu.
law of nations devletler hukuku. **law
school** hukuk fakültesi. **law term** hukuk
deyimi veya dili; adliye mahkemelerinin top-
lanma zamanı. **administrative law** idare
hukuku. **canon law** şeriat; kilisenin koyduğu
yasaklar. **civil law** medenî hukuk. **com-
mercial law** ticaret hukuku. **common
law** örf ve âdet hukuku. **international law**
milletlerarası hukuk, devletler hukuku. **mar-
tial law** örfî idare, sıkıyönetim. **go to law**
mahkemeye müracaat etmek, dava etmek.
lay down the law diktatörlük etmek. **take
the law into one's own hands** hakkını
kendi eli ile almak, intikamını almak.

law-a.bid.ing (lô'wıbaydîng) *s.* kanuna itaat
eden.

law.book (lô'bûk) *i.* kanunname, kanun dergisi.

law.break.er (lô'breykır) *i.* kanuna aykırı ha-
reket eden kimse.

law.ful (lô'fıl) *s.* caiz, kanuna uygun, kanunî,
meşru. **lawfully** *z.* kanuna uygun bir şe-
kilde, kanuna göre, kanun gereğince. **law-
fulness** *i.* kanuna uygunluk.

law.giv.er (lô'gîvır) *i.* kanun yapan kimse, ka-
nun yapıcısı.

law.less (lô'lis) *s.* kanuna aykırı, kanun ta-
nımaz, nizamsız, kanunsuz; serkeş. **law-
lessly** *z.* kanun tanımayarak, serkeşçe. **law-
lessness** *i.* kanunsuzluk, kanun tanımazlık.

law.mak.er (lô'meykır) *i.* meclis üyesi.

lawn (lôn) *i.* ince keten bezi; ince keten veya
pamuklu kumaş; ince elek.

lawn (lôn) *i.* çimenlik meydan, çayır, çimen,
çim tarhı. **lawn mower** çimen biçme maki-
nası. **lawn party** çimenlik yerde yapılan
eğlence veya ziyafet. **lawn sprinkler** çimen

sulama aygıtı. **lawn tennis** açık havada oynanan tenis.

law.ren.ci.um (lôren'siyım) *i.* lavrensiyum.

law.suit (lô'sut) *i.* dava.

law.yer (lô'yır) *i.* avukat, dava vekili.

lax (läks) *s.* gevşek, sıkı olmayan; ihmalci, kayıtsız; kesinlikten uzak; zayıf; kaygısız; hafif ishale tutulmuş; seyrek dokunmuş; *bot.* seyrek yapraklı veya çiçekli. **laxity, laxness** *i.* gevşeklik. **laxly** *z.* gevşek bir şekilde.

lax.a.tion (läksey'şın) *i.* gevşeklik; gevşeme; *tıb.* boşalma (bağırsaklar).

lax.a.tive (läk'sıtîv) *s., i.* müshil, yumuşaklık veren, ishal edici (ilâç).

lay (ley) *s.* belirli meslekten olmayan, işin ehli olmayan; layik; papazdan başka bütün halktan olan veya halka ait. **lay reader** *kil.* papaz olmayıp ayinlerde bazı parçaları okuma yetkisi olan adam.

lay (ley) *f.* **(laid)** yatırmak, sermek; yatıştırmak; teskin etmek; koymak; vaz'etmek; yumurtlamak; üstüne koymak, koymak (vergi), yüklemek; isnat etmek, hamletmek; yerine koymak, dizmek; yaymak; belirli bir vaziyete koymak; önüne koymak, takdim etmek; kurmak (sofra); *den.* (herhangi bir yöne) gitmek. **lay about one** sağına soluna vurmak, saldırmak. **lay aside** bir yana koymak; terketmek, vaz geçmek; biriktirmek. **lay at one's door** hamletmek, isnat etmek. **lay away** bir yana koymak; ayırmak, saklamak. **lay bàre** açmak, açıkça ortaya koymak. **lay by** yığmak, bir tarafa koymak, biriktirmek. **lay down** ilerisi için saklamak; feda etmek; vaz geçmek, feragat etmek; emretmek; bahis tutmak, bahse girmek. **lay down one's arms** silâhlarını bırakmak, teslim olmak. **lay for** plan tertip etmek, tuzak kurmak, gizlice yolunu beklemek, pusu kurmak. **lay great store on** çok kıymet vermek. **lay hands on** tutmak, yakalamak; hücum edip zor kullanmak. **lay hold of** ele geçirmek; yakasına yapışmak. **lay in** çokça tedarik etmek, ambara yığmak, biriktirmek. **lay into** *argo* dövmek, dayak atmak; azarlamak. **lay it on** mübalâğalı hareket etmek, kompliman yapmak, veriştirmek. **lay low** yatağa düşürmek; *A.B.D., argo* gizlenmek. **lay off** işten çıkarmak; *den.* kıyı-

dan veya başka gemiden uzaklaşmak; açılmak; *argo* alay etmekten vaz geçmek. **lay on** üzerine atılmak, yüklenmek, saldırmak; üstüne sürmek; kaplamak. **lay on the table** tehir etmek, reye koymamak. **lay oneself out** birçok tedariklerde bulunmak. **lay open** açmak, izah etmek; kesip içini açmak. **lay out** sermek; teşhir etmek, sergilemek; ölüyü gömülmeye hazırlamak; sarfetmek, harcamak; planını tertip etmek; plana göre tanzim etmek; tasarlamak, niyet etmek. **lay over** sonraya bırakmak; kaplamak. **lay siege to** kuşatmak, muhasara etmek. **lay to** atfetmek, yüklemek; *den.* gemiyi faça edip durdurmak. **lay to rest** gömmek; örtbas etmek. **lay up** biriktirmek, toplamak, saklamak. **lay waste** tahrip etmek, yakıp yıkmak.

lay (ley) *i.* şiir, şarkı, gazel; nağme, ezgi.

lay (ley) *i.* duruş, yatış, mevki; kazanç üstünden hisse; *argo* yol, meslek; bir halatın bükümü veya büküm tarzı. **lay days** *den.* yükleme ve boşaltma süresi. **lay of the land** etrafın hal ve şekli; durum, vaziyet.

lay.er (ley'ır) *i.* kat, tabaka; daldırma. **a good layer** bol yumurta yumurtlayan tavuk. **layer cake** arası kremalı kat kat pasta.

lay.ette (leyet') *i.* yeni doğmuş çocuğun çamaşırları ile elbiseleri.

lay.man (ley'mın) *i.* meslek sahibi olmayan kimse, bir meslek veya ilmin yabancısı; rahip sınıfından olmayan kimse.

lay.off (ley'ôf) *i.* işçilerin geçici olarak işten çıkartılması, mecburi işsizlik.

lay.out (ley'aut) *i.* plan, tertip; takım; *matb.* mizanpaj; *argo* ziyafet.

lay.o.ver (ley'ovır) *i.* bir yerde duraklama, konaklama.

laz.a.ret.to (läzıret'o) *i.* cüzam veya veba gibi bulaşıcı hastalıkların tedavi edildiği hastane; karantina yeri; *den.* kıç taraftaki erzak ambarı.

laze (leyz) *f.* tembelce vakit geçirmek, tembelleşmek.

laz.u.lite (läz'yûlayt) *i.* gök mavisi renginde bir taş, lâcivert taşı.

la.zy (ley'zi) *s.* tembel, aylak, uyuşuk, gevşek, ağır. **lazybones** *i.* tembel adam. **lazy eyes** göz donukluğu hastalığı. **lazy Susan** döner tepsi. **lazy tongs** uzaktaki şeyleri toplamaya yarayan makas şeklinde maşa. **lazily** *z.* tembelce vakit geçirme maşa. **laziness** *i.* tembellik, uyuşukluk.

lb. *kıs.* **pound.**

l.c. *kıs.* **loco citato, lower case.**

lea (li) *i., şiir* çayırlık, mera, otlak yeri.

lea (li) *i.* 120 ile 130 yarda arasında değişen iplik ölçüsü.

leach (liç) *f., i.* bir sıvıyı bir şeyden süzmek veya filtreden geçirmek; *i.* filtre etme; filtre mahsulü; filtre.

lead (led) *i., f.* kurşun; *matb.* satırlar arasını açmak için kullanılan ince kurşun cetvel, anterlin; iskandil; kalem kurşunu, grafit; saçma; *f.* kurşunla doldurmak veya kaplamak; *matb.* satır aralarını anterlin ile açmak; çanak çömleği kurşun sır ile kaplamak; pencere camlarını kurşunla tutturmak; kurşunla tıkanmak (tüfek); iskandil etmek. **lead acetate** kurşun asetat. **lead color** kurşun rengi, kurşunî. **lead-free** *s.* kurşunsuz (benzin). **lead line** *den.* iskandil savlosu. **lead pencil** kurşunkalem. **lead poisoning** kurşun zehirlenmesi. **lead sulphide** *kim.* kurşun sülfürü. **black lead** kalem kurşunu. **heave the lead** iskandil etmek. **red lead** sülüğen tozu. **white lead** üstübeç.

lead (lid) *f.* **(led)** yol göstermek, rehberlik etmek, götürmek, yedeğinde götürmek; elinden tutup götürmek; idare etmek, başkanlık etmek; başına geçip yol göstermek; başında olmak; tesir etmek, cezbetmek, çekmek; başlatmak; başlamak; gitmek, varmak; başta gelmek; netice vermek. **lead a happy life** mesut bir hayat sürmek. **lead aside** bir yana çekmek. **lead astray** yoldan çıkarmak; bozmak, baştan çıkarmak, ayartmak. **lead away** alıp götürmek, uzağa götürmek. **lead by the nose** burnuna kancayı takmak; bir kimseyi istediği şekilde idare etmek. **lead in prayer** başkalarının düşüncelerini dua sözleri ile belirtmek, bir heyet huzurunda yüksek sesle dua etmek. **lead off** başlamak, başa geçmek. **lead on** götürmek, teşvik etmek. **lead one a dance** kişisel çıkarı için zorluk çıkarmak. **lead out** dışarı çıkarmak. **lead the way** rehberlik etmek. **lead up to** götürmek; bir bahse yol açmak; sonuçlanmak.

lead (lid) *i.* rehberlik, kılavuzluk, önde bulunma; önde gelme, ileride bulunma; oyunda başlama hakkı; buzlu sularda gemi için açık yol; kaya çatlakları içinde toplanmış maden cevheri; tiyatroda baş rol veya bu rolü oynayan kimse; *elek.* bağlama teli; *müz.* grupla söylenen şarkıda baş ses; makalenin ilk cümleleri; briç oyununda ilk konan kâğıt veya ilk oynayacak olan kimse. **have a big lead** çok önde olmak, uzun mesafe almış olmak. **follow the lead of one** birinin ardından gitmek. **take the lead** başa geçmek; rehber olmak.

lead.en (led'ın) *s.* kurşundan, kurşun; kurşun renginde, kurşunî; ağır, kurşun gibi; ağırlık veren; kasvetli.

lead.er (li'dır) *i.* rehber, kılavuz; önder, lider, baş, reis; bando veya koro şefi; orkestrada birinci keman, solo kemancı; en öne koşulmuş at; *İng.* gazetede başmakale; *çoğ., matb.* gözü belirli bir yere çekmek için konulan bir sıra nokta. **leadership** *i.* öncülük, önderlik, liderlik.

lead-in (lid'în) *i., radyo* anten iniş teli.

lead.ing (li'ding) *i., s.* yol gösterme, rehberlik; ima; *s.* önde olan, yol gösteren, rehber olan. **leading article** *İng.* başmakale. **leading lady** piyeste başrolü oynayan kadın. **leading man** başrolü oynayan erkek. **leading question** belirli bir cevabı gerektiren soru.

lead.ing (led'îng) *i.* kurşun ile kaplama veya bölme; kurşun çerçeve (pencere için); *matb.* satır aralarının anterlini.

lead.swing.ing (led'swinging) *i., İng., argo* bir iş yapmaz olma, *slang* havyar kesme.

lead.wort (led'wırt) *i.* dişotu, *bot.* Plumbago europaea.

leaf (lif) *i.* **(çoğ. leaves)** *f.* yaprak, varak; tütün veya çay yaprağı; ince madenî varak; açılıp kapanan masanın eğreti tahtası; *f.* yaprak vermek, yapraklanmak. **leaf blight** yapraklara arız olan hastalık. **leaf bud** yaprak tomurcuğu. **leaf mold** yaprak gübresi, yaprak çürüğü. **leaf spring** *oto.* yaprak yay. **leaf stalk** yaprak sapı. **in leaf** yapraklanmış. **take a leaf out of a person's book** birini taklit etmek. **turn over a new leaf** hayatını daha iyi bir yola koymak, yeniden başlamak. **leaf through** kitaba göz gezdirmek. **leafiness** *i.* çok yapraklı olma. **leafy** *s.* yaprağı çok, yapraklı.

leaf.age (li'fic) *i.* yapraklar, yeşillik.

leaf.let (lif'lît) *i.* ufak risale, dört sayfalık risale; *bot.* bileşik yaprağın bir kısmı; ufak yaprak, yaprakçık.

league (lig) *i.* çeşitli memleketlere göre değişen · yaklaşık olarak 5 kilometrelik uzaklık ölçüsü; bir saatlik yol, fersah.

league (lig) *i., f.* birleşme, ittifak; özel amaçlar için meydana getirilen birlik, cemiyet; *spor* lig; *f.* birleştirmek, ittifak etmek. **League of Nations** Milletler Cemiyeti. **be in league with** müttefiki olmak. **Hanseatic League** ortaçağlarda Almanya'da birtakım şehirler arasında yapılan ticarî birleşme.

leak (lik) *i., f.* su sızdıran delik veya yara; sızıntı; usulsüzce para harcama; sırrın dışarıya sızması; *elek.* cereyanda sızıntı veya sızıntının yeri; *f.* sızmak; *gen.* **out** *ile* dışarı sızmak, ifşa olunmak (sır). **leakage** *i.* sızıntı, süzülme firesi, sızma. **leaky** *s.* sızıntılı.

lean (lin) *s., i.* zayıf, nahif; yağsız, etsiz; mahsulsüz, kıraç; *i.* yağsız et. **leanness** *i.* zayıflık, yağsızlık.

lean (lin) *f.* (**-ed** *veya* **leant**) *i., gen.* **on** *veya* **against** *ile* dayanmak; eğri durmak, yana yatmak, eğilmek; meyletmek, temayül etmek; istinat etmek, güvenmek; dayamak, yana yatırmak; temayül ettirmek, meylettirmek; *i.* eğilme, dayanma; meyil. **lean over backward** tarafsızlığını muhafaza etmek için kendi hakkını bile almamak. **Leaning Tower of Pisa** Piza Kulesi.

lean.ing (li'ning) *i.* temayül, eğilim, meyil, arzu.

leant (lent) *bak.* **lean.**

lean-to (lin'tu) *i.* bir binanın duvarına dayayarak yapılmış damı meyilli kulübe.

leap (lip) *f.* (**-ed** *veya* **leapt**) sıçramak, atlamak, fırlamak, atılmak, hoplamak; üstünden atlamak, atlayıp öte tarafa geçmek; sıçratmak, fırlatmak.

leap (lip) *i.* atlama, sıçrayış, fırlayış; atlanılan yer; atlanılan mesafe. **leapfrog** *i.* birdirbir oyunu. **leap year** artıkyıl, dört yılda bir gelen 366 günlük sene. **leap in the dark** tehlikeli teşebbüs, sonu belirsiz iş. **by leaps and bounds** çok süratli, büyük hızla.

leapt (lept, lipt) *bak.* **leap.**

learn (lırn) *f.* (**-ed** *veya* **learnt**) öğrenmek; işitmek; haber almak. **learn by heart** ezberden öğrenmek, ezberlemek. **learn by rote** tekrarlaya tekrarlaya ezberlemek.

learn.ed (lır'nid) *s.* âlim, çok okumuş, bilgili, malumatlı, bilgisi geniş. **learnedly** *z.* derin bilgi ile, âlimane. **learnedness** *i.* bilginlik, bilgi.

learn.ing (lır'ning) *i.* ilim, bilgi, malumat; irfan; öğrenme, ilim kazanma.

learnt (lırnt) *bak.* **learn.**

lease (lis) *i., f.* kira kontratı; icar, kiralama; *f.* kontrat ile kiralamak. **leasehold** *i., s.* kontratla kiralanmış mal; *s.* kiralanmış. **leaseholder** *i.* kiracı. **a new lease on life** hastalık veya üzüntüden sonra yeniden hayata başlama.

leash (liş) *i., f.* tasma kayışı, yular; avcılıkta aynı cins üç hayvandan ibaret takım; *f.* iple bağlamak. **hold in leash** yularını elden bırakmamak.

least (list) *s., z., i.* en ufak, en küçük, en az, en cüzî, asgarî; *z.* zerre kadar, en az derecede; *i.* en az derece; en az miktar; en önemsiz kimse veya şey. **least common denominator** en küçük ortak payda; ortalama seviye. **least common multiple** en küçük ortak kat. **at least** hiç olmazsa; en azından. **at the very least** en aşağı, en az. **not give the least sign** en küçük bir işaret vermemek. **line of least resistance** en kolay yol. **not in the least** hiç, zerre kadar değil. **to say the least** en azından, hiç olmazsa. **leastways, leastwise** *z., leh.* en az, hiç olmazsa.

leath.er (ledh'ır) *i., f.* kösele, tabaklanmış deri, meşin; deriden yapılmış şey; *f.* kösele ile kaplamak; *argo* kamçı veya kayışla dövmek. **leatherback** *i.* yumuşak kabuklu iri bir deniz kaplumbağası. **leatherette** *i.* cilt bezi, pantozot. **leatherhead** *i., argo* mankafa veya aptal kimse. **leathern** *s.* deriden yapılmış. **leatherneck** *i., argo* bahriye askeri. **leatherwood** *i.* Amerika'ya mahsus beyaz ve yumuşak odunu ile sert lifli kabuğu olan bir ağaç, *bot.* Dirca palustris. **cowhide leather** kösele. **morocco leather** sahtiyan. **Russian leather** Rusya'da yapılan su geçmez ve dayanıklı kösele. **sole leather** tabanlık kösele, gön. **leathery** *s.* kayış · gibi, sert.

leave (liv) *i.* izin, ruhsat, müsaade, mezuniyet; izin müddeti; veda, ayrılma. **leave of absence** izin, mezuniyet. **leave-taking** *i.* ayrılma, veda. **by your leave** müsaadenizle. **on leave** izinli. **take French leave** izinsiz savuşmak, özellikle borcunu vermeden sıvışmak. **take leave** ayrılmak, veda etmek. **take leave of one's senses** delirmek.

leave (liv) *f.* **(left)** bırakmak, terketmek; kalkmak; bir yerde bırakmak; vasiyet etmek, miras olarak bırakmak; vaz geçmek; havale etmek, tevdi etmek; yanından çıkmak, hizmetinden ayrılmak; haline bırakmak, kendi haline bırakmak, karışmamak, yalnız bırakmak; *h.dili* müsaade etmek. **leave in the lurch** müşkül mevkide bırakmak. **Leave it alone.** Elleme. Bırak. **leave off** giymemek; takmamak; vaz geçmek, bırakmak. **leave out** atlamak, hariç bırakmak. **leave over** tehir etmek, ertelemek. **Leave the house!** Defol! **Two from ten leaves eight.** Ondan iki çıkarsa sekiz kalır. **The train leaves at four o'clock.** Tren saat dörtte kalkar.

leave (liv) *f., gen.* **out** *ile* yaprak sürmek, yapraklanmak.

leaved (livd) *s.* yapraklı. **four-leaved clover** uğurlu sayılan dört yapraklı yonca.

leav.en (lev'ın) *i., f.* maya, hamur; maya gibi işleyen tesir; *f.* mayalandırmak, maya ile kabartmak; maya gibi tesir etmek; bozmak. **leaven the lump** bütün hamuru mayalamak; hepsine tesir etmek.

leav.ings (li'vîngz) *i., çoğ.* artıklar.

Leb.a.non (leb'ının) *i.* Lübnan Cumhuriyeti; Lübnan dağları. **Lebanese** *i., s.* Lübnanlı.

lech (leç) *f., i.* şehvetli olmak; *i.* sekse düşkün adam; şehvet.

lech.er (leç'ır) *i.* aşırı derecede sekse düşkün adam, zampara, sefih adam. **lecherous** *s.* şehvete düşkün, nefsine tabi, zampara. **lecherously** *z.* nefsine uyarak, zamparaca. **lecherousness, lechery** *i.* zamparalık, şehvet düşkünlüğü.

lec.tern (lek'tırn) *i.* kilise kürsüsü; toplantıda konuşmacının önündeki kürsü.

lec.tion.ar.y (lek'şıneri) *i.* bazı kiliselerde ayinlerde okunmak üzere ayrılmış parçaları kapsayan kitap.

lec.ture (lek'çır) *i., f.* konferans, belirli bir konu üzerine konuşma; umumî ders; tekdir, paylama, azarlama; *f.* konferans vermek; ders vermek; tekdir etmek, azarlamak. **lecturer**

i. konferans veren kimse; okutman. **lectureship** *i.* okutmanlık.

led (led) *f., bak.* **lead.** **led horse** yedek at, yedekte götürülen at.

ledge (lec) *i.* raf gibi düz çıkıntı; çıkıntılı kaya tabakası.

led.ger (lec'ır) *i.* ana hesap defteri, hesap defterinin en büyüğü, defteri kebir; mezarın kapak taşı. **ledger bait** bir yere bağlanan olta yemi. **ledger line** *müz.* yardımcı çizgi; kurşunu suyun dibine oturan olta sicimi.

lee (li) *i., s.* muhafazalı taraf; rüzgârdan korunacak yer; *den.* rüzgâr altı, boca; *s.* rüzgâr altı tarafına ait. **lee anchor** rüzgâr altı tarafına atılan demir. **lee shore** rüzgâr altındaki kıyı. **lee tide** rüzgârla beraber meydana gelen kabarma. **under the lee of the shore** kıyının rüzgârı altında.

leech (liç) *i.* sülük, *zool.* Hirudo medicinalis; *eski* doktor, hekim; *tıb.* hacamat, şişe veya boynuzla kan alma; çanak yalayıcı kimse, anaforcu kimse, dalkavuk. **stick like a leech** sülük gibi yapışmak.

leech (liç) *i., den.* dört köşe yelkenin gradin yakası veya astarı.

leek (lik) *i.* pırasa, *bot.* Allium porrum.

leer (lîr) *f., i.* yan bakmak, yan gözle bakmak; *i.* yan bakış; öfke veya şehvet bakışı.

leer.y (lîr'i) *s., k.dili* kuşkulu; açıkgöz; kurnaz; çok bilmiş.

lees (liz) *i., çoğ.* tortu, posa. **drink to the lees** son damlasına kadar içmek.

lee.ward (li'wırd) *s., z., i., den.* rüzgâr altı tarafına ait veya buna doğru; *i.* rüzgâr altı tarafı veya yönü.

lee.way (li'wey) *i.* rahatça kımıldanacak yer, bol yer; *den.* geminin yolundan rüzgâr altına düşmesi. **have leeway** faaliyet sahası olmak.

left (left) *s., i.* sol, solda, sola ait; *i.* sol taraf; sol kanat. **be in left field** yedeğe alınmak. **left hand** sol taraf. **left wing** *pol.* sol kanat.

left (left) *bak.* **leave;** *s.* kalan.

left-hand.ed (left'händîd) *s.* solak; sağdan sola; acemice, acemi; salak; sinsi, entrikacı; ikiyüzlü; asil olmayan bir kadınla evlenmiş bir prensin evliliğine ait. **left-handed compliment** acemice veya samimî olmayan iltifat. **left-handedness** *i.* solak olma; gizli anlamı olma.

left.ist (lef'tĭst) *i., pol.* solcu, sol tarafı destekleyen kimse.

left.o.ver (left'ovır) *i., s.* artan yemek; *s.* artan, artık.

left.y (lef'ti) *i., k.dili* solcu veya solak kimse.

leg (leg) *i., s.* bacak; bacak vazifesi gören şey; ayak, mobilya ayağı; pergel ayağı; *den.* geminin bir rota üzerinde seyrettiği yol; pantolon bacağı; briç veya spor karşılaşmalarında kazanılan ilk oyun. **leg of mutton** koyun budu. **leg-of-mutton sail** üç köşeli bir yelken. **give no leg to stand on** tutunacak bir dal bırakmamak. **keep one's legs** ayakta durmak, düşmemek. **on one's last legs** ölüm halinde, ölmek üzere; çok bitkin halde. **pull one's leg** birini aldatmak, birine takılmak. **shake a leg** acele etmek. **stretch one's legs** yürüme egzersizi yapmak, gezmeye gitmek.

leg (leg) *f.* (**-ged, -ging**) *gen.* it *ile, k.dili* yürümek, koşmak.

leg. *kıs.* **legal, legato, legislature.**

leg.a.cy (leg'ısi) *i.* vasiyetle bırakılmış şey, miras; vasiyet.

le.gal (li'gıl) *s.* meşru, kanunî, kanuna uygun, kanuna göre, kanuna dayanan; hukukî; avukatlık mesleğine ait. **legal cap** avukatların kullandıkları uzun ve beyaz yazı kâğıdı. **legal error** adli hata. **legal history** hukuk tarihi. **legal holiday** *A.B.D.* resmî tatil günü. **legal science** hukuk ilmi. **legal separation** evli bir çiftin ayrı yaşaması. **legal tender** bir borcun ödenmesi için alacaklının almaya mecbur olduğu para. **legally** *z.* kanunen, hukuken.

le.gal.ism (li'gılizım) *i.* kanunlara aşırı riayet, kanunları sayma; dinin ruhundan ziyade şeriat kaidelerine aşırı riayet. **legalist** *i.* kanunlara aşırı derecede riayet eden kimse. **legalis'tic** *s.* kanuna tıpatıp riayet eden.

le.gal.i.ty (ligäl'ıti) *i.* kanunşinaslık, kanuna uygunluk, kanunîlik, meşruiyet.

le.gal.ize (li'gılayz) *f.* meşru kılmak, kanuniyet vermek, kanuna uygun kılmak. **legaliza'tion** *i.* tasdik, kanunî kılma.

leg.ate (leg'ĭt) *i.* elçi, sefir; Papa elçisi. **legateship** *i.* elçilik, sefirlik.

leg.a.tee (legıti') *i.* kendisine vasiyet edilen kimse.

le.ga.tion (lĭgey'şın) *i.* temsilcilik, mümessillik;

elçilik heyeti (ikinci derecede); mümessillik dairesi (ikinci derecede).

le.ga.to (lĭga'to) *s., müz.* bağlı, legato (bir müzik parçasındaki notaların ara vermeden birbirine bağlanarak okunması gerektiğini anlatan deyim).

leg.end (lec'ınd) *i.* masal, hikâye, menkıbe; azizlerin hayatına dair hikâye; sikke veya harita ve resim üzerindeki yazı. **legendary** *s.* masal türünden, rivayet kabilinden.

leg.end.ry (lec'ındri) *i.* edebiyatta masal türü.

leg.er.de.main (lecırdımeyn') *i.* el çabukluğu, el marifeti, gözbağcılık, hokkabazlık.

-leg.ged (leg'ĭd, legd) *sonek* ayaklı, bacaklı: **bandy-legged** paytak; **long-legged** uzun bacaklı; **one-legged** tek bacaklı.

leg.ging (leg'îng) *i., gen. çoğ.* tozluk, getr.

leg.gy (leg'i) *s.* uzun bacaklı.

leg.horn (leg'ırn) *i.* bir çeşit tavuk, legorn.

leg.i.ble (lec'ıbıl) *s.* okunur, açık, sökülür, okunaklı. **legibil'ity, leg'ibleness** *i.* okunaklılık, açıklık. **legibly** *z.* okunaklı olarak.

le.gion (li'cın) *i.* 4200'den 6000'e kadar erden meydana gelen eski Roma tümeni, alay, fırka; ordu; kalabalık. **legion of angels** melekler alayı. **Legion of Honor** Birinci Napolyon devrinde verilmeye başlanan şeref nişanı. **foreign legion** özellikle Fransız ordusunda yabancılardan meydana gelen gönüllü alayı.

le.gion.ar.y (li'cıneri) *s., i.* alaylardan ibaret, alaylardan meydana gelmiş; alaya mensup; *i.* bir alaya mensup er.

leg.is.late (lec'ısleyt) *f.* kanun yapmak, kanun hükmüne koymak; bir kanunu meclise tasdik ettirerek çıkarmak.

leg.is.la.tion (lecîsley'şın) *i.* kanun yapma, yasama; yasa, kanunlar.

leg.is.la.tive (lec'îsleytîv) *s.* kanun koyan, yasamalı. **legislative immunity** milletvekilliği dokunulmazlığı. **legislative power** yasama gücü, yasama erki. **legislatively** *z.* kanun vasıtası ile.

leg.is.la.tor (lec'îsleytır) *i.* kanun yapan kimse; millet meclisi üyesi.

leg.is.la.ture (lec'îsleyçır) *i.* kanunları koyan millet meclisi.

le.gist (li'cîst) *i.* kanunşinas, hukukşinas.

le.git.i.mate (lıcît'ımît) *s.* meşru, kanuna göre, kanuna uygun, kanunî; meşru olarak doğmuş; mantıkî, düşünceye uygun, elverişli. **legitimate child** meşru çocuk. **le-gitimate stage** oyuncuların ve seyircilerin bir arada bulundukları canlı tiyatro. **legit-imacy, legitimateness** *i.* kanuna uygunluk, meşruiyet, mantıklılık. **legitimately** *z.* kanunî surette, meşru olarak. **legit-imatize** *f.* meşru kılmak.

le.git.i.mate (lıcît'ımeyt) *f.* meşru kılmak, kanuna uygun kılmak; nesebini tasdik etmek, tasdik etmek. **legitima'tion** *i.* meşru kılma.

le.git.i.mist (lıcît'ımîst) *i.* kanunî yetkiyi onaylayan kimse; özellikle Fransa'da Bourbon krallığı taraftarı; İspanya'da Don Carlos partisi taraftarı.

leg.ume (leg'yum, lıgyum') *i.* baklagiller familyasından bitkinin tanesi veya tohumu, baklagiller familyasından bitki; baklanın dış kabuğu veya zarfı ile içinde bulunan tohum; baklamsı meyva.

le.gu.mi.nous (lıgyu'mınıs) *s.* baklagiller familyasına ait; baklagillerden ibaret.

lei (ley) *i.* Hawaii'de takılan ve çiçek ile tüylerden yapılmış kolye.

lei.sure (li'jır, lej'ır) *i., s.* boş vakit; işsizlik, serbestlik, fırsat; *s.* serbest, boş. **at leisure** serbest, boş vakti olan; acelesiz. **at one's leisure** vakti olduğu zaman. **leisured** *s.* boş vakti olan, işsiz, atıl. **the leisured class** çalışmayan sınıf, aristokrat sınıfı.

lei.sure.ly (li'jırli, lej'ır-) *s., z.* acelesiz iş yapan; acelesiz yapılan; *z.* yavaş yavaş, sükûnetle, acele etmeden. **leisureliness** *i.* acelesiz hal, acelesizlik.

leit.mo.tiv, -tif (layt'motif) *i., müz.* bir opera veya müzik parçasında zaman zaman tekrarlanan nağme, kılavuz motif, ana motif.

lem.ma (lem'ı) *i.* (*Yu., çoğ.* **lem.ma.ta**) *man.* yardımcı önerme; bir şiir veya yazı önsözü.

lem.ming (lem'îng) *i.* kuzey memleketlerine özgü bir çeşit iri kır faresi, yaban sıçanı, *zool.* Lemmus lemmus.

Lem.ni.an earth (lem'niyın) eskiden ilâç olarak kullanılan sarımtırak kurşunî renkte bir çeşit toprak.

Lem.nos (lem'nıs) *i.* Ege denizinde Limni adası.

lem.on (lem'ın) *i.* limon; limon ağacı, *bot.* Citrus limon; *argo* değersiz kimse veya şey. **lemon balm** oğulotu, *bot.* Melissa officinalis. **lemon drop** limon şekeri. **lemon peel** limon kabuğu. **lemon pudding** limonlu puding. **lemon squash** *İng.* limonata. **lem-on verbena** limon otu, *bot.* Lippia citriodora. **lemon yellow** limonî renk, açık sarı. **sweet lemon** tatlı limon, *bot.* Citrus pergamia. **lemonade** *i.* limonata. **lemony** *s.* limon gibi, limonî.

le.mur (li'mır) *i.* Madagaskar'da bulunan ve maymuna benzer bir hayvan.

lend (lend) *f.* (**lent**) ödünç vermek, eğreti olarak vermek; vermek, faizle vermek. **lend a hand** yardım etmek. **lend an ear** kulak vermek, dinlemek. **lend-lease** *i., f.* ödünç verme veya kiralama sistemi; *f.* bu usule göre vermek. **lend itself** *veya* **oneself to** yardım etmek; uygun gelmek.

length (lengkth, length) *i.* uzunluk, boy; müddet, mesafe, süre; *gram.* bir sesli harfin uzatılması veya uzunluğu. **length of days** uzun ömür. **at great length** tafsilâtıyle, ayrıntılarıyle. **at length** uzun uzadıya; en nihayet. **at full length** tafsilâtıyle; boylu boyunca. **cable's length** *den.* gomene boyu, yüz kulaç. **go to all lengths, go to any length** her çareyi kullanmak, her çareye başvurmak. **keep one at arm's length** birini pek yaklaştırmamak, samimî olmasına müsaade etmemek. **race won by a length** bir at veya kayık boyu ile kazanılan yarış.

length.en (lengk'thın, leng'-) *f.* uzatmak, uzamak.

length.wise, -ways (lengkth'wayz, length'-, -weyz) *z., s.* uzunluğuna.

length.y (lengk'thi, leng'-) *s.* uzun, fazlasıyle uzun. **lengthily** *z.* uzun uzadıya. **lengthiness** *i.* fazla uzunluk.

le.ni.ent (li'niyınt, lin'yınt) *s.* yumuşaklık verici; yumuşak huylu, nazik, şefkatli. **lenience, leniency** *i.* yumuşaklık. **leniently** *z.* yumuşaklıkla.

len.i.tive (len'ıtîv) *s., i.* yumuşatıcı, sükûnet verici, yatıştırıcı; *i.* sükûnet verici ilâç, hafif müshil.

len.i.ty (len'ıti) *i.* yumuşaklık, yumuşak huyluluk, şefkat.

lens (lenz) *i.* adese, mercek; göz merceği. **achromatic lens** renksiz mercek. **crystalline lens** göz merceği. **telescopic lens** dürbün gibi fotoğraf makinası objektifi. **wide-angle lens** geniş açılı mercek, geniş bir alanın resmini yakın bir mesafeden çekmek için kullanılan mercek.

Lent (lent) *i.* paskalyadan evvel gelen büyük perhiz; uzunca perhiz süresi.

lent (lent) *bak.* **lend.**

Lent.en (len'tın) *s.* büyük perhiz vaktine mahsus. **lenten fare** perhiz yemeği, etsiz yemek. **lenten pie** etsiz bir çeşit börek.

len.tic.u.lar (lentik'yılır) *s.* mercimek şeklinde; iki yüzü dışbükey mercek şeklinde; merceğe ait. **lenticularly** *z.* mercek gibi eğri olarak.

len.til (len'tıl) *i.* mercimek, *bot.* Lens culinaris. **water lentil** su mercimeği, *bot.* Lemna minor.

len.to (len'to) *s., z., müz.* yavaş, ağır çalınacak.

len.toid (len'toyd) *s.* mercek şeklinde.

l'en.voi, l'en.voy (len'voy) *i., Fr.* bir şiire ithaf veya başka bir sebeple konulan ek beyit.

Le.o (li'yo) *i., astr.* Aslan burcu, Aslan takımyıldızı; birçok papanın adı.

Le.o.nid (li'yınid) *i., astr.* Aslan burcundan yayılır gibi görünen meteor.

le.o.nine (li'yınayn, -nin) *s.* aslan gibi, aslana ait, aslana özgü; cesur, aslan yürekli.

leop.ard (lep'ırd) *i.* pars, panter, *zool.* Panthera pardus. **American leopard** Amerika'ya mahsus bir çeşit panter, jaguar. **black leopard** siyah derili pars. **hunting leopard** avda kullanılan parsa benzer hayvan, *zool.* Acinonyx jubatus (**cheetah** *ile aynı*). **snow leopard** tekir, *zool.* Leopardus uncia. **Can the leopard change his spots?** Huy değişir mi? **leopardess** *i.* dişi panter.

le.o.tard (liy'ıtard) *i., gen. çoğ.* dansöz ve akrobatların giydiği vücuda oturan esnek bir giysi.

Le.pan.to (lepan'to) *i.* Yunanistan'da İnebahtı şehri ve limanı.

lep.er (lep'ır) *i.* cüzamlı kimse, miskin kimse.

Lep.i.dop.te.ra (lepıdap'tırı) *i.* pulkanatlılar familyası. **lepidopterous** *s.* bu familya ile ilgili.

lep.o.rine (lep'ırayn, -rin) *s.* tavşan cinsinden; tavşana ait.

lep.re.chaun (lep'rıkôn) *i.* İrlanda hikâyelerinde adı geçen büyük hazineye sahip ve kısa boylu ayakkabıcı cin.

lep.ro.sy (lep'rısi) *i.* cüzam, miskin hastalığı.

lep.rous (lep'rıs) *s.* cüzamlı, cüzam gibi, cüzama ait.

les.bi.an, Les.bi.an (lez'biy'ın) *i., s.* homoseksüel kadın, sevici; *s.* seviciliğe ait. **lesbian love, lesbianism** *i.* sevicilik.

Les.bos (lez'bıs, -bas) *i.* Midilli'nin eski ismi. **Lesbian** *s.* Midilli'ye ait; Midillili.

lese ma.jes.ty, lêse-ma.jes.tê (liz'mäc'îsti, lez.majeste') *Fr., huk.* hükümdara karşı yapılan kusur veya suç; hıyanet.

le.sion (li'jın) *i., tıb.* bir organ veya dokunun yapısındaki anormal veya zararlı değişiklik; yara, bere.

Le.so.tho (lesu'tu, leso'tho) *i.* Lesotho.

less (les) *s., z., i., edat* daha küçük, daha az; *z.* aşağı bir derecede, bir derece aşağı; *i.* eksik bir miktar, daha az bir şey; daha küçük kimse veya şey; *edat* eksi.

-less *sonek* -siz.

les.see (lesi') *i., huk.* kiracı, kira ile tutan kimse.

less.en (les'ın) *f.* küçültmek, ufaltmak, eksiltmek, azaltmak; küçülmek, azalmak.

less.er (les'ır) *s.* daha küçük, daha az, iki kimse veya şeyin küçüğü.

les.son (les'ın) *i.* ders; paylama, azar; ibret.

les.sor (les'ôr) *i., huk.* kiraya veren kimse.

lest (lest) *bağlaç* olmasın diye, etmesin diye; korkusu ile, belki, olmaya ki.

let (let) *f.* (**let, letting**) izin vermek, müsaade etmek; **by, through, in** *ile* geçmesine, gitmesine veya gelmesine müsaade etmek; kontrata bağlamak; *yardımcı fiil olarak* -eyim, -elim, -sin, -sinler (birinci veya üçüncü şahıs emir kipi); kiraya vermek. **let alone, let be** karışmamak, haline bırakmak. **Honesty, let alone honor, was not in him.** Şeref şöyle dursun, onda doğruluk namına bir şey yoktu. **Let be.** Öyle kalsın. Dokunma. Bozma. **let blood** kan akıtmak, hacamat etmek. **let down** indirmek; boşa çıkarmak, hayal kırıklığına uğratmak. **let down one's hair** samimî davranmak (hanımlar). **let fall** düşürmek. **let fly** salıverip uçurmak; top veya tüfek atmak. **let go** bırakmak, koyuvermek; serbest bırakmak. **let him down gently** yavaş yavaş alıştırarak hayal kırıklığına uğratmak. **let in** kapıyı açıp içeriye almak. **let loose** serbest bırakmak (köpek veya deli). **let off** cezasını affetmek, cezasını hafifletmek, işten çıkarmak; dışarı vermek. **let on** sırrı başkasına söylemek, sırrı ifşa etmek. **let oneself go** duygularına serbestçe yol vermek; çekinmeden konuşmak veya gülmek, taşkınlık yapmak. **let oneself in** anahtar ile kapıyı açıp içeriye girmek. **let out** dışarıya bırakmak, koyvermek, kaçmasına müsaade etmek; gevşetmek, genişletmek. **let slide** vazgeçmek, haline bırakmak. **let slip** kaçırmak, elinden kaçırmak. **let the cat out of the bag** sırrı meydana çıkarmak. **let up** yumuşamak, sertliğini kaybetmek. **let well enough alone** olanla yetinmek. **Let x equal 2y.** X'in 2y'a eşit olduğunu farzedelim. **to let** kiralık.

let (let) *i., eski* mânia, engel; *tenis* oyuna başlarken topun hafifçe ağa dokunarak geçmesi, let. **without let or hindrance** hiç bir engelle karşılaşmadan.

-let *sonek* -cik, küçültme ifade eder: **kinglet** kralcık.

let.down (let'daun) *i.* hayal kırıklığı; azalma; kuvvet veya enerjinin azalması.

le.thal (li'thıl) *s.* öldürücü, ölüme ait. **lethality** (lithäl'ıti) *i.* öldürücülük.

leth.ar.gy (leth'ırci) *i.* atalet, uyuşukluk; *tıb.* letarji. **lethar'gic(al)** *s.* uyuşuk. **lethar'gically** *z.* uyuşuk şekilde.

Le.the (li'thi) *i., Yu. mit.* ölüler diyarında bulunan ve suyundan içenlere her şeyi unutturan bir nehir; unutkanlık. **Lethe'an** *s.* unutkanlık veren.

let-out (let'aut) *i., İng.* kurtulma çaresi.

Lett (let) *i.* Letonyalı. **Lettish** *s., i.* Letonya'ya veya ahalisine ait; *i.* Letonya dili.

let.ter (let'ır) *i., f.* harf; mektup, tezkere; *çoğ.* ilim, edebiyat, bilgi; matbaa harfi, harf çeşidi; harfi harfine anlamı; *spor* takım üyelerine verilen şeref arması; *f.* kitap harfiyle yazmak; plan veya haritaya yazı yazmak. **letter book** eski mektup kopya defteri. **letter box** mektup kutusu. **letter carrier** *İng.* postacı. **letter file** mektup dosyası. **letter of credit** akreditif, itibar mektubu. **letter of marque** savaş zamanında korsan gibi düşman gemilerini avlama yetkisi. **letter of recall** bir elçiye memleketine dönmesini emreden resmî mektup. **letter writer** para ile mektup yazan kimse. **letters patent** berat, imtiyazname, ruhsat, patent. **capital letter** büyük harf, majüskül. **dead letter** hükmü kalmamış kanun; sahibi bulunmayan mektup. **man of letters** müellif; ilim adamı. **night letter**

gece tarifesine göre gönderilen telgraf. **silent letter** yazılıp telaffuz olunmayan harf. **small letter** küçük harf. **to the letter** harfi harfine.

let.tered (let'ırd) *s.* tahsil görmüş, okumuş, münevver, edip; harflerle işaret olunmuş.

let.ter.head (let'ırhed) *i.* mektup kâğıdı başlığı.

let.ter.ing (let'ırîng) *i.* harflerle işaret etme; tabela üzerine yazılan harfler.

let.ter-per.fect (let'ırpır'fîkt) *s., tiyatro* rolünü harfi harfine ezberlemiş.

let.ter.press (let'ırpres) *i.* tipo baskısı; linotip; bir kitabın yazılı kısmı (resimler hariç).

let.tuce (let'îs) *i.* salata, *bot.* Lactuca sativa. **cos lettuce, romaine lettuce** marul, *bot.* Lactuca sativa longifolia. **head lettuce,** top salata. **wild lettuce** yaban marulu, *bot.* Lactuca virosa.

let.up (let'ʌp) *i.* azalma; sakinleşme; ara.

leuco- *önek* renksiz, beyaz.

leu.co.cyte (lu'kısayt) *i., anat.* kandaki beyaz kürecik, akyuvar, lökosit.

leu.co.ma, leu.ko.ma (luko'mı) *i., tıb.* gözün kornea tabakasında meydana gelen beyaz leke.

leu.cor.rhe.a (lukıri'yı) *i., tıb.* kadınlarda olan beyaz akıntı.

leu.ke.mi.a (luki'miyı) *i., tıb.* lösemi, kan kanseri.

leuko- *bak.* **leuco-.**

Le.vant (lıvänt') *i.* Akdeniz'in doğu sahili ve bu sahildeki memleketler; kitap ciltlemeye mahsus özel meşin. **levanter** *i.* Akdeniz'de esen doğu rüzgârı.

Le.van.tine (lıvän'tîn, lev'ıntayn, -tin) *s., i.* Yakın Doğu'ya ait; Yakın Doğu'da ticaret yapan; *i.* Yakın Doğulu kimse, bilhassa anası veya babası Avrupalı olan kimse, Levanten; bir çeşit ipekli kalın kumaş.

le.va.tor (lıvey'tır) *i., anat.* bir uzvu yukarı kaldıran kas, levator kas.

lev.ee (lev'i) *i., A.B.D.* nehir kenarında su taşmasına engel olacak set; set gibi yüksek nehir kenarı; rıhtım.

lev.ee (lev'i) *i.* büyük şahsiyetlerin sabahleyin misafir kabul etmeleri; *İng.* yalnız erkeklerin hazır bulunduğu saray kabul merasimi; *A.B.D.* bilhassa cumhurbaşkanının umumî kabul resmi.

lev.el (lev'ıl) *i., s., f.* (-ed, -ing *veya* -led, -ling) düzlük, düz yer; *mim.* taban terazisi; tesviye aleti; yatay hat, yüzey; irtifa sathı;

seviye, derece; *s.* düz, düzlem, yatay, ufkî; bir seviyede, bir hizada, müsavi; aynı irtifada; *k.dili* ölçülü, dengeli, muvazeneli, muntazam; *f.* düzeltmek, tesviye etmek, düz etmek, düz yüzey haline getirmek; tahrip etmek; bir seviyeye kaldırmak veya indirmek; nişan almak için doğrultmak (tüfek); aynı seviyeye getirmek; yol veya bayırın nispî irtifalarını aletlerle ölçmek; *argo* doğruyu söylemek. **level crossing** bir yolun demiryolundan aynı seviyede geçmesi. **dead level** dümdüz yüzey; aynılık, müsavi derece. **I'll do my level best.** Elimden geleni yaparım. **on a level with** aynı yüzeyde, aynı seviyede, bir yükseklikte. **level off** *hav.* kalktıktan sonra yatay olarak uçmak. **pump level** şakul. **spirit level** tesviye ruhu, tesviye aleti.

lev.el.er, *İng.* **lev.el.ler** (lev'ılır) *i.* tesviye eden kimse veya alet; toplumsal sınıf farklarını ortadan kaldırmak isteyen adam.

lev.el.head.ed (lev'ılhed'îd) *s.* sağgörülü, mantıklı, dengeli; anlayışlı, iyi düşünüşlü.

le.ver (lev'ır, li'vır) *i., f.* manivela, manivela kolu; fazla gayret sarfına vasıta olan şey; *f.* manivela ile kaldırmak veya hareket ettirmek veya etmek.

le.ver.age (lev'ırîc, li'vır-) *i.* manivela kudreti; *slang* piston.

lev.er.et (lev'ırît) *i.* tavşan yavrusu, birkaç aylık tavşan.

lev.i.a.ble (lev'iyıbıl) *s.* vergiye tabi.

le.vi.a.than (lıvay'ıthın) *i.* Tevratta adı geçen büyük bir su canavarı; ada balığı gibi çok büyük hayvan; iri balina veya gemi gibi büyük şey.

lev.i.gate (lev'ıgeyt) *f., s.* düz etmek; bir maddeyi nemli iken ezip toz haline getirmek; birbirine iyice karıştırmak; cilâlamak; *s.* düz, cilâlı. **leviga'tion** *i.* düzleme.

lev.i.rate (lev'ıreyt, li'vırît) *i., s.* İbranîlerde ölmüş adamın karısı ile ölünün kardeşinin veya en yakın akrabasının evlenme mecburiyeti; *s.* bu âdete ait.

Le.vis (li'vayz) *i., çoğ.* blucin.

lev.i.tate (lev'ıteyt) *f.* hafif olmaktan dolayı havaya kalkmak, havada durmak; ispiritizma kuvveti ile veya rüyada havaya yükselmek; havaya yükseltmek. **levita'tion** *i.* havaya yükselme olayı.

Le.vite (li'vayt) *i.* Levi kabilesinden biri, bilhassa

Tevratta Musevi tapınağı kâhinlerinin yardımcısı.

lev.i.ty (lev'ıti) *i.* hafiflik; hafifmeşreplik, hoppalık; münasebetsiz şakacılık; sebatsızlık, düşüncesizlik.

lev.y (lev'i) *i., f.* mecburî olarak toplama (asker veya para); bu suretle toplanan asker veya para; *f.* zorla toplamak; *huk.* haczetmek. **levy war on** (birine karşı) harp açmak.

lewd (lud) *s.* şehvet düşkünü, iffetsiz, uçarı. **lewdly** *z.* uçarıca. **lewdness** *i.* uçarılık.

lew.is.ite (lu'wîsayt) *i., ask.* ciltte kabarcıklar meydana getiren zehirli bir sıvı.

lex (leks) *i.* (*çoğ.* **le.ges**) *Lat.* kanun, kaide, usul. **lex scripta** yazılı hukuk, mevzu hukuk. **lex talionis** kısas usulü, misli ile mukabele usulü.

lex.i.cal (lek'sıkıl) *s.* bir dilin kelimelerine ait; sözlüğe ait.

lex.i.cog.ra.phy (leksıka'grıfi) *i.* sözlüğün tertiplenmesi. **lexicographer** *i.* sözlüğü düzenleyen kimse, lügatçi. **lexicographic(al)** (leksıkogräf'îk, -îkıl) *s.* sözlüğe ait.

lex.i.col.o.gy (leksıkal'ıci) *i.* leksikoloji, kelimelerin anlam ve kullanışlarından bahseden ilim.

lex.i.con (lek'sıkan) *i.* sözlük.

Ley.den jar (lay'dın) içi ve dışı metalle kaplanmış olup elektrik toplanması için kullanılan cam kavanoz.

LGP *kıs.* **liquified petroleum gas.**

L.H.D. *kıs.* **Litterarum Humaniorum Doctor, Doctor of Humanities.**

li.a.bil.i.ty (layıbîl'ıti) *i.* sorumluluk, mesuliyet; taahhüt; borç, düyun; *çoğ.* borçların toplamı, pasif.

li.a.ble (lay'ıbıl) *s., to ile* mesul, taahhüt altına girmiş; maruz; hassas, çabuk etkilenen; *k.dili* ihtimal dahilinde olan.

li.ai.son (liyey'zan, li'yızan) *i.* irtibat, bitişme; birleştirme; gizli ilişki; *ahçı.* terbiye, salçaların koyulaşmasına yarayan maddeler. **liaison officer** irtibat subayı.

li.an.a, li.ane (liyän'ı, -a'nı, li'yan) *i.* sıcak memleket ormanlarında yetişen ve sarmaşık gibi ağaçlara tırmanan bir bitki.

li.ar (lay'ır) *i.* yalancı.

lib (lib) *i., bak.* **liberation.** **women's lib** kadınların özgürlük hareketi.

lib. *kıs.* **librarian, library.**

li.ba.tion (laybey'şın) *i.* içilen içkinin mabut-
ların şerefine bir kısmının yere dökülmesi,
bu nedenle dökülen içki; *şaka* içki, işret.

li.bel (lay'bıl) *i., f.* (-ed, -ing *veya* -led, -ling)
huk. şeref kırıcı neşriyat, kötüleyici yerme;
yazılı iftira; *huk.* arzuhal, istida; *f.* iftira et-
mek; *huk.* arzuhal vererek davaya başlamak.
libel(l)ous *s.* iftira kabilinden. **libel(l)ously**
z. iftira ederek.

lib.er.al (lîb'ırıl, lîb'rıl) *s., i.* açık fikirli, serbest
düşünceli; bol, pek çok; liberal, hür fikirli;
yüksek ve şümullü (tahsil); cömert, eli açık,
mükrim; vasi, serbest; *i.* liberal, hür fikirli parti
azası. **liberal arts** fen veya tarih ve felsefe
gibi yüksek ilimler. **liberal opinions** ser-
best fikirler. **liberal party** liberal parti. **lib-
erally** *z.* cömertçe, serbestçe. **liberalism**
i. serbest fikirlilik, liberalizm, *fels.* erkincilik.
liberalist *i.* liberal, erkinci, ilerici kimse.
liberalize *f.* (kanunları) daha serbest yönde
değiştirmek, liberal kılmak, serbestlik telkin
etmek. **liberaliza'tion** *i.* liberal kılma.

lib.er.al.i.ty (lîbıräl'ıtı) *i.* cömertlik, el açıklığı;
serbest fikirlilik, liberallik.

lib.er.ate (lîb'ıreyt) *f.* serbest bırakmak, azat
etmek, salıvermek; kurtarmak. **liberator** *i.*
kurtaran veya azat eden kimse.

lib.er.a.tion (lîbırey'şın) *i.* azat etme, kurtarma,
serbest bırakma; kurtuluş.

Li.ber.i.a (laybîr'iyı) *i.* Liberya.

lib.er.tar.i.an (lîbırter'iyın) *i.* bilhassa düşünce
ve harekette serbestlik taraftarı kimse; hürriyet
taraftarı.

li.ber.ti.cide (lîbır'tısayd) *s., i.* hürriyeti yıkmaya
çalışan (kimse).

lib.er.tine (lîb'ırtin) *i., s.* ahlâksız adam; *s.*
sefih, hovarda. **libertinism** *i.* çapkınlık,
sefahat.

lib.er.ty (lîb'ırtı) *i.* hürriyet, özgürlük, istiklâl;
fazla serbestlik, cüret, küstahlık; imtiyaz, mua-
fiyet; *den.* izin. **liberty of conscience**
vicdan hürriyeti. **liberty of speech** söz
hürriyeti. **liberty of the press** basın ve
yayın hürriyeti. **at liberty** serbest, özgür;
işsiz. **civil liberty** şahsî hürriyet veya masu-
niyet, medenî serbestlik. **political liberty**
sîyasî hürriyet. **religious liberty** dinî hürri-
yet. **set at liberty** serbest bırakmak, azat
etmek. **take liberties** küstahlık etmek, hür-

metsizlik göstermek. **take the liberty** cesa-
ret etmek, cüret göstermek.

li.bid.i.nous (lîbîd'ınıs) *s.* şehvet düşkünü,
nefsine tabi.

li.bi.do (lîbî'do, -bay'-) *i.* şehvet; *psik.* cinsiyet
içgüdüsü veya yaşama iradesi gibi esas
içgüdü, libido.

Li.bra (lay'brı, li'-) *i.* Terazi burcu.

li.brar.i.an (laybrer'iyın) *i.* kütüphane müdürü,
kütüphane memuru. **librarianship** *i.* kütüp-
hanecilik.

li.brar.y (lay'breri, -brıri) *i.* kütüphane; kütüp-
hane binası; aynı matbaada basılan ve aynı
türden kitaplar serisi; bir şahsa ait kitap-
ların toplamı. **circulating library, lending
library** ödünç kitap veren kütüphane. **ref-
erence library** kitapların okunmasına mü-
saade edip bunları harice vermeyen kütüp-
hane. **walking library** her şeyi bilen adam,
çok malumatlı kimse, ayaklı kütüphane.

li.brate (lay'breyt) *f.* terazi gibi sallanmak, tit-
reşmek. **libratory** (lay'brıtôri) *s.* terazi gibi
sallanan.

li.bra.tion (laybrey'şın) *i.* denge, muvazene;
astr. yıldız ışıklarının titremesi.

li.bret.to (lîbret'o) *i.* (*çoğ. İng.* -tos, *İt.* -ti)
müz. opera güftesi, opera metni; opera kitabı.
librettist *i.* opera güftesi yazan kimse.

Libre.ville (librıvîl') *i.* Libreville.

lib.ri.um, Librium (lîb'riyım) *i.* bir müsekkin,
yatıştırıcı bir ilâç.

Lib.y.a (lîb'iyı) *i.* Libya.

lice (lays) *bak.* **louse.**

li.cense, *İng.* **li.cence** (lay'sıns) *i.* izin, ruhsat;
izin tezkeresi, ruhsatname, lisans; ehliyet;
aşırı serbestlik, çapkınlık; nizama riayetsizlik;
yazıda ve sanatta kaidelere riayetsizlik. **li-
cense tax** içki satışı için verilen ruhsat
parası. **export license** ihraç ruhsatı. **import
license** ithalât ruhsatı.

li.cense, *İng.* **li.cence** (lay'sıns) *f.* izin vermek;
izin tezkeresi vermek; salâhiyet vermek. **li-
censee** *i.* ruhsat sahibi.

li.cen.ti.ate (laysen'şiyît) *i.* resmî bir makam-
dan belirli bir amme hizmetinde çalışmak
için müsaade almış olan kimse.

li.cen.tious (laysen'şıs) *s.* ahlâksız, şehvet düş-
künü, uçarı. **licentiously** *z.* ahlâksızca. **licen-
tiousness** *i.* ahlâksızlık.

li.chen (lay'kın) *i., bot.* liken; *tıb.* liken denilen bir deri hastalığı.

lic.it (lis'ît) *s.* meşru, caiz, mubah, kanuna uygun. **licitly** *z.* kanuna uygun olarak. **lic-itness** *i.* kanuna uygun olma.

lick (lik) *f., i.* yalamak; alev gibi yalayıp geçmek; *argo* dayak atmak; *argo* üstün gelmek, galebe çalmak, galip gelmek, yenmek; *i.* yalama, yalayış; tokat; yalanacak miktarda az şey; büyük sürat; hayvanların yaladıkları tabiî tuz. **lick clean** yalayıp temizlemek. **lick into shape** biçim vermek, hazırlamak. **lick one's boots** el etek öpmek, dalkavukluk etmek, çanak yalamak. **lick one's chops** yemek beklerken yalanmak. **lick the dust** mağlup olmak. **a lick and a promise** baştan savma, yarımyamalak. **one's licks** fırsat, sıra.

lick.er.ish, liq.our.ish (lik'ırîş) *s., eski* ahlâksız, kadın düşkünü; obur, pisboğaz; sefih.

lick.e.ty-split (lik'ıtisplit') *z., k.dili* çarçabuk.

lick.ing (lik'îng) *i.* yalayış, yalama; *k.dili* dayak; biçim verme.

lic.o.rice, *İng.* **liq.uo.rice** (lik'ırîs, -rîş) *i.* meyan, meyan kökü; *bot.* Glycyrrhiza glabra; meyan kökü hulâsası ve şekeri.

lic.tor (lik'tır) *i.* eski Roma'da yüksek memurların önünde giden ve elinde değneklerle sarılmış bir balta taşıyan subay, baltacı.

lid (lîd) *i.* kapak; göz kapağı; *bot.* tohum zarfının kâse şeklindeki kapağı, meyva kapağı; *argo* şapka; *A.B.D., argo* 20-30 gramlık bir paket haşiş. **blow the lid off** açığa vurmak, rezaleti göstermek. **flip one's lid** *argo* tepesi atmak. **keep the lid on** serbest ve bozucu hareketlere yol vermemek.

lie (lay) *i., f.* **(-d, -lying)** yalan, yalan söyleme, aldatma; *f.* yalan söylemek, aldatmak. **lie detector** yalan makinası. **lie like a trooper** çok yalan söylemek. **lie in one's teeth** korkunç yalanlar söylemek. **lie out of it** yalan söyleyerek bir işten sıyrılıvermek. **a white lie** zararsız yalan, ehemmiyetsiz yalan. **give one the lie** yalancılıkla itham etmek. **give the lie (to)** yalancılıkla itham etmek; yanlış olduğunu göstermek.

lie (lay) *f.* **(lay, lain, lying)** *i.* yatmak, uzanmak; durmak, kalmak, olmak; düşmek, vaki olmak; *huk.* (alacaklı) kanunen caiz olmak; *i.* yatış; mevki (arazi); hayvan ini, kuş yuvası, balığın gizlendiği yer. **lie down** yat-mak, uzanmak. **lie in ruins** harap olmak. **lie in state** resmî bir yere halk tarafından ziyaret edilmek üzere konmak (cenaze). **lie in wait** pusuya yatmak. **lie low** gizlenmek, saklanmak. **lie off** *den.* alargada yatmak. **lie sick** hasta yatmak. **as far as in me lies** elimden geldiği kadar, bütün kuvvetimle. **Let sleeping dogs lie.** Meseleyi kurcalama. İşleri kendi haline bırak. **take it lying down** bir hakaret veya zıt düşünceyi alttan almak.

Liech.ten.stein (lîk'tınstayn) *i.* Liechtenstein.

lied (lid) *i.* (*çoğ.* **lieder**) Alman halk şarkısı; çok sanatkârane yazılmış bir tür lirik şarkı parçası.

lief (lif) *z.* (*gen.* **as lief**) memnuniyetle, seve seve. **I would as lief go as stay.** Gitsem de olur gitmesem de.

liege (lic) *s., i.* Avrupa derebeyliğinde işleri kulları tarafından görülen lord veya hükümdar; bir derebeyinin himayesine girip kendini onun hizmetine adayan sadık kişi; kul; köle; metbu, amir.

lie-in (lay'în) *i.* protesto etmek için umumî bir yerde yere yatma.

lien (lin, li'yın) *i., huk.* ipotek; ihtiyatî haciz altına alma; matlup, alacak.

lieu (lu) *i.* yer, mekân, mahal; *yalnız* **in lieu of** deyiminde kullanılır. **in lieu of** yerine, bedel olarak.

lieu.ten.ant (luten'ınt, *İng.* leften'ınt) *i., ask.* teğmen; *den.* yüzbaşı; vekil, naip. **lieutenant colonel** yarbay. **lieutenant commander** ön yüzbaşı, kıdemli yüzbaşı. **lieutenant general** tuğgeneral. **lieutenant governor** devlet başkan vekili, vali muavini. **second lieutenant** teğmen. **first lieutenant** üsteğmen. **lieutenant, junior grade** *den.* teğmen. **lieutenant, senior grade** *den.* yüzbaşı. **lieutenancy** *i.* deniz yüzbaşılığı, kara teğmenliği, teğmenlik.

life (layf) *i.* (*çoğ.* **lives**) hayat, ömür, canlılık; can, canlı şey; yaşama tarzı; zevk, sefa, cümbüş; dayanma müddeti; biyografi; hayat merkezi, hayat noktası; *ilâh.* ebedî hayat, ruhanî hayat. **life annuity** kişiye yaşadığı sürece bağlanmış olan gelir. **life assurance** *İng.* hayat sigortası. **life belt** cankurtaran kemeri. **life buoy** cankurtaran simidi. **life**

cycle bir organizmanın hayat devresi. **life estate** kişiye yaşadığı sürece mal ettirilen mülk veya gelir. **life expectancy** *sig.* ortalama ömür uzunluğu, muhtemel olan hayat müddeti. **life history** biyografi. **life insurance** hayat sigortası. **life interest** yaşadığı sürece mal ettirilen mülk. **life jacket** cankurtaran yeleği. **life line** cankurtaran halatı, yedeklik halat; avuç içinde görülen hayat çizgisi. **life preserver** insanı denizde boğulmaktan kurtaran cihaz, cankurtaran; *İng.* kurşun veya demir başlı bir çeşit kısa baston, topuzlu baston. **life science** canlı organizmalardan herhangi biri ile uğraşan ilim dalı. **life scientist** bu ilim üzerinde çalışan kimse. **life span** ömür, hayat süresi. **life-support system** yaşamak için gerekli fizyolojik hareket imkânını sağlayan sistem. **life work** bütün hayatın adandığı iş, meslek. **A cat has nine lives.** Kedi dokuz canlıdır. **as big as life** canlısı veya hakikîsi kadar büyük; şahsen, bizzat. **come to life** ayılmak. **depart this life** bu dünyadan göçmek, ölmek. **early life** gençlik. **eternal life** ebedî hayat. **for dear life** bütün kuvvetiyle, hayatını kurtarmak için. **for life** bütün hayat boyunca, ölünceye kadar. **for the life of me** hiç. **have the time of one's life** eğlenceli vakit geçirmek. **He was the life of the party.** Toplantıyı canlandıran o idi. **high life** sosyete hayatı. **large as life** ta kendisi. **lay down one's life** canını feda etmek. **lead a dog's life** çok sıkıntı çekmek, sürünmek. **lead a life of pleasure** zevk ve sefa sürmek. **manner of life** yaşayış tarzı. **married life** evlilik hayatı. **matter of life and death** hayat memat meselesi, ölüm kalım davası, ölüm dirim meselesi. **prime of life** hayatın en verimli devresi, tam dinçlik zamanı. **single life** bekârlık. **station in life** sosyal durum. **the life to come** gelecek dünyadaki hayat, ölümden sonraki hayat. **throw away one's life** hayatını heder etmek. **time of life** yaş. **to the life** tıpkı, canlı gibi. **true to life** gerçek hayatta olduğu gibi. **try one for his life** idam cezasını gerektirmesi muhtemel olan bir davada birisini yargılamak. **Upon my life!** Allah aşkına.

life.blood (layf'blʌd) *i.* yaşamak için gerekli olan kan; hayat veya kuvvet veren tesir.

life.boat (layf'bot) *i.* cankurtaran sandalı.

life-giv.ing (layf'giving) *s.* canlandıran, hayat veren.

life.guard (layf'gard) *i.* plajlarda boğulma tehlikesinde olanların imdadına yetişmeye hazır özel memur.

life.less (layf'lis) *s.* cansız, ölü; ölü gibi. **lifelessly** *z.* cansızca. **lifelessness** *i.* cansızlık.

life.like (layf'layk) *s.* canlı, sağ imiş gibi.

life.long (layf'lông) *s.* bütün ömründe, ömür boyu, bir ömür devam eden.

lif.er (lay'fır) *i., argo* müebbet hapse mahkûm kimse; *A.B.D., argo* hayatı boyunca asker veya subay olan kimse.

life.sav.er (layf'seyvır) *i.* cankurtaran, hayat kurtaran lkimse veya şey; *b.h., tic. mark.* şeker simidi.

life-size(d) (layf'sayz, -d) *s.* tabiî büyüklükte (resim veya heykel).

life.strings (layf'stringz) *i.* hayat için gerekli olan esaslı şeyler.

life.time (layf'taym) *i.* ömür, hayat müddeti.

lift (lift) *f., i.* kaldırmak, yukarı kaldırmak; yükseltmek; *k.dili* çalmak, aşırmak; iptal etmek; kaldırmaya uğraşmak; yükselmek, dağılmak (sis veya duman); *i.* kaldırış, yükseltme, yükselme, yükselme derecesi; kaldırılacak şey; *İng.* asansör; yardım; kaldırıcı kuvvet; neşe, ferahlık, güç. **lift a hand** parmağını kıpırdatmak, en ufak bir gayret göstermek. **lift up one's voice** bağırmak, sesini yükseltmek. **give one a lift** birini arabasına almak. **have a face lift** genç görünmek için yüz derisini çektirmek.

lift.off (lift'ôf) *i.* roketin ateşlemeden sonra dikey olarak rampasından yükselişi.

lig.a.ment (lig'ımınt) *i., anat.* kemikleri ve başka organları birbirine rapteden bağ; bağ, rabıta. **ligamen'tal, ligamen'tous** *s., anat.* bağ kabilinden.

li.gate (lay'geyt) *f., tıb.* bağlamak, raptetmek (kan damarı). **liga'tion** *i.* bağlama, bağlanma.

lig.a.ture (lig'ıçûr, -çır) *i., f.* bağ, bağlama, raptetme; *tıb.* kan damarını bağlamak için kullanılan tel veya iplik; *müz.* bağ; *f.* tel ile bağlamak.

light (layt) *i.* ışık, aydınlık, ziya, nur; ışık veren şey; idrak veya akıl nuru; dünyaya ışık saçan kimse; aydınlık, pencere veya tepe camı gibi ışık veren şey; anlama; *güz. san.* bir resmin aydınlık kısmı; kibrit gibi yanınca ışık veren şey; gün ışığı, gündüz. **light buoy** *den.* fener dubası, fener şamandırası. **light dues** fener resmi. **light meter** ışıkölçer, fotometre. **bring to light** meydana çıkarmak. **in a good light** uygun olan şartlar altında (bir şeyi görmek), iyimser olarak. **in the light of the facts** olayların gelişmesine göre. **northern lights** kışın kutup bölgelerinde türlü renkte görülen ışıklar. **see the light** nihayet anlamak. **see the light of day** doğmak, dünyaya gelmek; gerçekleşmek, meydana gelmek. **shed** *veya* **throw light on** aydınlatmak, açıklamak. **strike a light** kibrit çakmak. **zodiacal light** batıda güneş battıktan sonra ve doğuda güneş doğmadan görülen üçgen şeklinde ışık.

light (layt) *f.* **(-ed** *veya* **lit)** yakmak, tutuşturmak; aydınlatmak, ışık vermek; neşelendirmek, canlandırmak, parlatmak; yanmak, tutuşmak, alev almak; parıldamak, ışık salmak. **light up** *argo* sigara veya pipo yakmak.

light (layt) *f.* **(-ed** *veya* **lit)** konmak; üzerine düşmek; inmek (at veya arabadan). **light into** azarlamak. **light on** rastgelmek, rastlamak. **light out** aceleyle yola çıkmak, yola düzülmek.

light (layt) *s., z.* hafif; eksik; ehemmiyetsiz, önemsiz; ince; yüksüz, yükü hafif; az, ufak; hazmı kolay, hafif; iyi mayalanmış; gailesiz, endişesiz; çevik, ayağına tez; hafifmeşrep; kararsız; başı dönmüş, sersemlemiş; *z.* hafifçe, kolayca. **light coin** ayarı eksik sikke. **light comedian** hafif komedi oynayan artist. **light horseman** *ask.* hafif süvari. **light infantry** hafif piyade. **light in the head** başı dönmüş, sersemlemiş; budala, ahmak; deli. **light literature** eğlendirici, kolay okunur hafif kitaplar. **light meal** hafif yemek, kolay hazmedilir yemek. **light opera** opera komik, operet. **light sleeper** uykusu hafif kimse. **make light of** önem vermemek. **lightness** *i.* hafiflik.

light-armed (layt'armd) *s.* hafif silâhlı.

light.en (layt'ın) *f.* hafifletmek, yükünü azaltmak; neşelendirmek, sevindirmek; yükü azalmak, hafiflemek; neşelenmek.

light.en (layt'ın) *f.* aydınlatmak, ışık saçmak.

light.er (lay'tır) *i., f.* mavna, salapurya; *f.* mavna ile yük taşımak. **lighterage** *i.* mavna ücreti; mavnaya yükleme.

light.er (lay'tır) *i.* yakan şey veya kimse, yakıcı alet, tutuşturucu şey. **cigarette lighter** çakmak.

light.face (layt'feys) *i., matb.* beyaz basma harf.

light-fin.gered (layt'fînggırd) *s.* hırsızlığı benimsemiş.

light-foot.ed (layt'fûtîd) *s.* çevik, zarif.

light-hand.ed (layt'händîd) *s.* eli hafif; becerikli; yükü hafif.

light.head.ed (layt'hedîd) *s.* başı dönen, sersem.

light.heart.ed (layt'hartîd) *s.* kaygısız, endişesiz, neşeli, şen.

light.heeled (layt'hild) *s.* ayağına tez, atik.

light.house (layt'haus) *i.* fener kulesi.

light.ing (layt'îng) *i.* aydınlatma; ışıklandırma tertibatı; resim ve fotoğrafta ışığın kullanılışı.

light.ly (layt'li) *z.* hafifçe; bir dereceye kadar; canlılıkla; ciddiye almadan.

light-mind.ed (layt'mayndîd) *s.* hafif, kararsız, dönek.

light.ning (layt'nîng) *i.* şimşek, yıldırım. **lightning arrester** elektrik aletlerini yıldırımdan koruyan aygıt. **lightning bug** ateşböceği. **lightning conductor, lightning rod** yıldırımsavar, paratoner. **lightning glance** şimşek çakışı gibi bir bakış, bir göz atış. **chain lightning, forked lightning** zikzak çakan şimşek. **heat lightning** ufukta görülen sessiz şimşek. **like lightning** şimşek gibi, çok çabuk. **sheet lightning** bulutlar arkasından yalnız ışık gösteren şimşek, zikzak şimşeğin yansıttığı ışık. **with lightning speed** yıldırım hızı ile.

lights (layts) *i., çoğ.* hayvan akciğeri.

light.ship (layt'şîp) *i.* fener dubası, fener gemisi.

light.some (layt'sım) *s.* şen, şuh; neşeli, canlı; parlak, ışıklı. **lightsomely** *z.* şuhca; canlı olarak. **lightsomeness** *i.* şuhluk; parlaklık.

light.struck (layt'strʌk) *s., foto.* ışık almış, ışıkla bozulmuş.

light.weight (layt'weyt) *s., i.* hafif; ehemmiyetsiz; *i., spor* tüy sıklet; eksik ayar; zekâ ve şahsiyeti önemsiz olan kimse.

light-year (layt'yîr) *i.* ışığın bir senede kaydettiği mesafe.

lign.al.oes (laynäl'oz, lîgnäl'oz) *i.* ödağacı, Hint ödağacı, *bot.* Aquilaria agallocha.

lig.ne.ous (lĭg'nĭyıs) *s.* dokusu veya görünüşü odun gibi olan, odunsu.

lig.ni.fy (lĭg'nıfay) *f.* odun haline koymak, odunlaştırmak; odunlaşmak. **lignifica'tion** *i.* odunlaşma.

lig.nite (lĭg'nayt) *i.* linyit, bitkisel özellikleri koruyan yumuşak madenkömürü, kahverengi madenkömürü. **lignit'ic** *s.* linyite ait, linyitle ilgili.

lig.num vi.tae (lĭg'nım vay'ti) kutsal odun ağacı, peygamberağacı, *bot.* Guaiacum officinale.

lig.ule, lig.u.la (lĭg'yul, lĭg'yılı) *i., bot.* dilcik, ligula, çimen yaprağı dibindeki zarfın tepesini meydana getiren çıkıntı; bileşik çiçeğin dil şeklinde olan çiçekçiği. **ligulate** *s.* dil şeklindeki.

lik.a.ble, like.a.ble (lay'kıbıl) *s.* hoşa giden, hoş.

like (layk) *edat, s., i.* gibi, benzer; *s.* birbirine benzer; eşit; *i.* benzeri. **It looks like rain.** Yağmur yağacağa benziyor. **I feel like resting.** Canım dinlenmek istiyor. **I've never seen the like of it.** *k.dili* **I never saw the likes of it.** Benzerini hiç görmedim. **Like father like son.** Tıpkı babasına benzer. **like mad** çılgınca, çılgın gibi.

like (layk) *f.* hoşlanmak, sevmek, hazzetmek. **likes and dislikes** (bir kimsenin) sevdiği ve beğenmediği şeyler.

-like *sonek* -ımsı, gibi, benzer: **lifelike, workmanlike.**

like.li.hood (layk'lihûd) *i.* ihtimal, olasılık.

like.ly (layk'li) *s., z.* muhtemel; iyi, güzel; uygun; *z.* ihtimal ki, belki, galiba.

like.mind.ed (layk'maynd'dĭd) *s.* hemfikir.

lik.en (lay'kın) *f.* benzetmek.

like.ness (layk'nĭs) *i.* suret, kılık; resim, tasvir; benzeyiş, benzerlik, benzeşme.

like.wise (layk'wayz) *z.* keza, aynı şekilde, ve de, ve yine, bunun gibi.

lik.ing (lay'kĭng) *i., gen.* **for** ile sevme, hazzetme, meyil, alâka.

li.lac (lay'läk, -lık) *i., s.* leylak ağacı veya çiçeği, *bot.* Syringa vulgaris; leylak rengi, açık mor; *s.* leylak rengindeki.

lil.i.a.ceous (liliyey'şıs) *s.* zambak familyasından, zambakgil, zambak gibi, zambağa ait.

Lil.li.put (lĭl'ıpʌt, -pıt) *i.* Swift'in "Güliver'in Seyahatleri" adlı eserindeki cüceler adasının

ismi. **Lilliputian** (-pyu'şın) *i., s.* bu adanın ahalisinden biri; *s.* çok küçük, ufacık.

lilt (lĭlt) *i., f.* oynak şarkı, canlı makam; seke seke yürüme; *f.* oynak şarkı söylemek.

lil.y (lĭl'i) *i., s.* zambak, *bot.* Lilium; su zambağı; *çoğ.* Fransa krallarının aile arması olan zambak şekli; *s.* zambak gibi; nazik, tertemiz; lekesiz, bembeyaz. **lily iron** kılıçbalığı veya balina avlamak için kullanılan bir çeşit zıpkın. **lily-livered** *s.* korkak, alçak, yüreksiz. **lily of the valley** inciçiçeği, *bot.* Convallaria majalis. **lily pad** *bot.* nilüfer çiçeğinin su üzerinde yatan yapraklarından biri. **lily-white** *s.* bembeyaz, zambak gibi beyaz. **calla lily** gelin çiçeği, *bot.* Zantedeschia aethiopica. **pond lily** nilüfer çiçeği, göl otu, *bot.* Nymphaea lutea. **tiger lily** pars zambağı, kaplan postu, *bot.* Lilium tigrinum. **water lily** nilüfer çiçeği, *bot.* Nymphaea odorata.

Li.ma (li'mı) *i.* Peru'nun başşehri, Lima.

li.ma bean (lay'mı) lima fasulyesi, iri ve yassı taneli bir çeşit fasulye, *bot.* Phaseolus limensis.

limb (lĭm) *i.* kol ve bacak gibi vücuda eklemle bağlı uzuv; ağacın büyük dalı; herhangi bir şeyin kol veya dalı; başka bir şeyin kısmı veya vasıtası sayılan kimse veya şey. **limb from limb** tamamen (parçalanmış). **be out on the end of a limb** desteksiz kalmak.

limb (lĭm) *i.* yuvarlak bir sathın kenarı; açıları ölçmeye mahsus aletin derece işaretleri olan kenarı. **upper limb of the moon** ayın üst ucu. **eastern limb** güneş ve ayın doğuya bakan kenarı.

lim.bate (lĭm'beyt) *s., bot., zool.* kenarlı, başka renkte kenarı olan.

lim.ber (lĭm'bır) *i., f.* top arabasının ayrılabilen ön parçası, toparlak; *den.* geminin karinasına sintine suyunun geçmesi için yapılmış delik ve oluk; *f., gen.* **up** *ile* top arabasına koşum parçasını bağlamak. **limber up** harekete alıştırmak.

lim.ber (lĭm'bır) *s.* eğilir bükülür, oynak (bilhassa beden uzuvları). **limberness** *i.* kolayca eğilip bükülme.

lim.bo (lĭm'bo) *i., Kat. ilâh.* vaftiz edilmeden ölen çocuklarla İsa'dan evvel yaşamış olanların ruhlarının bulunduğu yer; istenmeyen veya unutulmuş şey veya kimsenin gönderildiği yer veya içinde bulunduğu durum; zindan hapishane.

Lim.burg.er cheese (lĭm'bırgır) ağır kokulu ve yumuşak bir çeşit peynir.

lim.bus (lĭm'bıs) *i.* kenar şeridi; iki değişik renk arasındaki kenar.

lime (laym) *i., f.* kireç; *f.* üzerine kireç dökmek. **lime pit** kireç kuyusu. **slaked lime** sönmüş kireç.

lime (laym) *i.* ıhlamur ağacı, *bot.* Tilia europaea.

lime (laym) *i.* misket limonu, yeşile bakan bir çeşit ufak limon, *bot.* Citrus aurantifolia.

lime.burn.er (laym'bırnır) *i.* kireç ocakçısı.

lime.kiln (laym'kĭl, -kĭln) *i.* kireç ocağı.

lime.light (laym'layt) *i.* kireç lambası; *tiyatro* projektör ışığı. **in the limelight** genel ilgiyi üzerinde toplamış; herkes tarafından bilinen.

Lim.er.ick (lĭm'rĭk, -ırĭk) *i.* İrlanda'da bir şehrin ismi; bir, iki ve beşinci mısraları bir kafiyede ve üç ile dördüncü mısraları başka bir kafiyede olan nükteli bir şiir.

lime.stone (laym'ston) *i.* kireçtaşı.

lime.wa.ter (laym'wôtır) *i.* kireç suyu.

lime.y (lay'mi) *i., A.B.D., argo* İngiliz denizcisi; İngiliz.

lim.i.nal (lĭm'ınıl) *s.* eşiğe ait; *psik.* şuur eşiğine ait.

lim.it (lĭm'ĭt) *i.* nihayet, had, uç; *çoğ.* hudut, sınır; bir niceliğin hiçbir zaman erişemeden aralıksız olarak yaklaştığı başka nicelik. **age limit** yaş haddi. **off limits** askerlere yasak bölge. **That's the limit!** *argo* Ancak o kadar olur. Çekilir şey değil!

lim.it (lĭm'ĭt) *f.* hudut tayin etmek, kısıtlamak, tahdit etmek, sınırlandırmak; kuşatmak; hasretmek; münhasır kılmak. **limitable** *s.* sınırlanabilir.

lim.i.ta.tion (lĭmıtey'şın) *i.* tahdit, sınırlama; mahdut olma; sınırlanmış olma; tahdit edici şey; takyit, bağlı kılma, kayıtlama; *huk.* hudut tayin etme; sınırlanmış sorumluluk. **statute of limitations** zaman aşımı tayin eden kanun. **He has his limitations.** Yetenekleri sınırlıdır.

lim.i.ted (lĭm'ĭtĭd) *s.* sınırlı, kısıtlı, az, sayılı; çevrilmiş; parçalı; ekspres (tren); *İng.* sınırlı sorumlu; (*kıs.* Ltd.). **limited edition** mahdut baskı. **limited monarchy** meşrutiyetle idare edilen krallık. **limited partnership** komandit şirket.

lim.it.less (lĭm'ĭtlĭs) *s.* sınırsız, sayısız, son derece.

limn (lĭm) *f. eski* resmetmek, resmini yapmak; betimlemek. **lim'ner** *i.* ressam.

lim.nol.o.gy (lĭmnal'ıci) *i.* tatlı suların fiziksel ve biyolojik durumlarını inceleyen bilgi dalı.

lim.ou.sine (lĭmızin') *i.* kupa arabası gibi üstü kapalı otomobil.

limp (lĭmp) *f., i.* topallamak, aksamak; *i.* topallama, topallayarak yürüme. **limping** *s.* topallayan.

limp (lĭmp) *s.* yumuşak, eğilip bükülen; gevşek, zayıf (irade). **limply** *z.* yumuşak olarak, gevşek olarak. **limpness** *i.* gevşeklik.

lim.pet (lĭm'pĭt) *i.* kayalara yapışık duran konik kabuklu bir deniz hayvanı, karındanayaklılar familyasından bir canlı.

lim.pid (lĭm'pĭd) *s.* berrak, şeffaf, duru. **limpid'ity, limpidness** *i.* berraklık, şeffaflık. **limpidly** *z.* berrak olarak, şeffaf olarak.

lim.y (lay'mi) *s.* kireçli, kireç gibi.

lin.age (lay'nîc) *i.* bir yazıdaki satır sayısı; sıraya dizme.

linch.pin (lĭnç'pĭn) *i.* tekerleğin dingil çivisi.

Lin.coln green (lĭng'kın) Lincoln şehrinde yapılan yeşil bir kumaş; bu kumaşın rengi.

lin.den (lĭn'dın) *i.* ıhlamur ağacı, *bot.* Tilia europaea. **linden tea** ıhlamur, ıhlamur çiçeğinden yapılan çay.

line (layn) *i.* çizgi, yol, hat; ip, sicim; iplik; *çoğ.* dizgin; ölçme ipi; olta ipi; satır, mısra; hudut hattı; seri, dizi; ekvator çizgisi; enlem veya boylam dairesi; *mat.* eni ve kalınlığı olmayan çizgi, geometrik çizgi; plan, desen, şekil; sıra; kısa mektup, pusula, not; hareket tarzı; fikir silsilesi; hiza; belirli bir cins veya marka mal; *tiyatro* rol, kısım; vapur şirketi; tarik, yol, hat; *ask.* savunma hattı, saf, sıra; *den.* saf halinde yanyana giden gemi kafilesinin meydana getirdiği hat; silsile, sıra; nesep, soy; saha, çığır; meslek, hizmet, meşguliyet; bir pusun on ikide birini teşkil eden ölçü çizgisi; *argo* kandırıcı sözler, ikna edici sözler. **line engraving** çizgilerle hakkedilmiş resim kalıbı; tire klişesi. **line-of-battle ship** eskiden savaş hattı gemisi. **line of vision** görüş hattı. **line squall** bora, fırtına. **line up** sıraya girmek; tarafını tutmak; sıralamak; kıyas etmek, karşılaştırmak. **all along the line** sıra boyunca. **bring into line** sıraya getirmek.

branch line şube hattı, kol; asıl işe ek olarak yapılan ikinci derecede iş. **draw the line** bir şeyi reddetmek, yapmamak. **drawn up in line** saf tutmuş. **have a line on** hakkında bilgi almak, bilgisi olmak. **hold the line** değişikliğe karşı olmak; telefonu kapatmamak. **in line for** kazanma ihtimali olan. **in line with** uygun; bir hizada. **in my line** kabiliyet veya faaliyet alanımda. **main line** ana hat, anayol; başlıca iş. **on a line** aynı hizada, bir sırada. **on the line** peşin (ödeme). **out of line** aynı fikirde olmayan; itaatsiz; uyuşmamış. **read between the lines** yazılı olanından fazlasını okumak, bir yazıdaki kapalı anlamı keşfetmek. **the color line** beyaz insanların diğer ırklarla aralarında gözettikleri fark. **the line** ekvator; ordu veya donanma. **toe the line** bir kanun veya kurala itaat etmek veya ettirmek. **What's your line?** Ne işle uğraşıyorsunuz?

line (layn) *f.* çizgilerle göstermek; altına veya üstüne çizgi çekmek; dizmek, bir sıraya koymak; çizgilerle doldurmak. **line up** sıraya girmek, sıra meydana getirmek.

line (layn) *f.* içine astar koymak, astarlamak; kaplamak; doldurmak.

lin.e.age (lîn'iyîc) *i.* soy, nesil, nesep, silsile.

lin.e.al (lîn'iyıl) *s.* doğrudan doğruya soydan olan. **lineally** *z.* doğrudan doğruya (nesep veya sülâle).

lin.e.a.ment (lîn'iyımınt) *i., gen. çoğ.* çehrenin başlıca hatları, ayırt edici özellik.

lin.e.ar (lîn'iyır) *s.* çizgilerden ibaret, çizgiye ait, çizgisel; aynı istikameti haiz; *mat.* yalnız bir derecelik niceliklere ait, doğrusal; *bot.* pek ince ve uzun (yaprak). **linear equation** *mat.* doğrusal denklem. **linear measure** uzunluk ölçüsü, boy ölçüsü. **linear perspective** resimde görünen şeylerin uzaklıkları oranında küçülmeleri.

lin.e.ate, -at.ed (lîn'iyît, -eytîd) *s.* çizgili. **linea'tion** *i.* üzerine çizgiler çizme.

line.man (layn'mın) *i.* telgraf veya demiryolu hatlarını döşeyerek kontrol ve tamir eden memur; ölçü şeridi veya zincirini taşıyan kimse.

lin.en (lîn'ın) *s., i.* keten; *i.* keten kumaş; keten çamaşır; masa örtüleri ve yatak çarşafları. **linen draper** *İng.* manifaturacı. **wash** one's dirty linen in public kirli çamaşırlarını meydana dökmek.

lin.er (lay'nır) *i.* vapur şirketine ait gemi; yolcu uçağı; çizgiler meydana getiren kimse veya şey; astar takan kimse; astar.

lines.man (laynz'mın) *i.* telefon veya elektrik hattı işçisi; bazı top oyunlarında çizgileri ve kazanılan veya kaybedilen mesafeleri gözleyen yardımcı hakem, yan hakem.

line.up (layn'∧p) *i.* yoklamada sıraya girme; *spor* oyuna başlamadan oyuncuların yerlerini alması; sıra tutma; sıra; program.

ling (lîng) *i.* kuzey denizlerine mahsus ve morina balığına benzer eti yenir bir balık, *zool.* Molva molva.

ling (lîng) *i.* süpürgeotu, *bot.* Calluna vulgaris.

-ling *sonek* isimde küçültme meydana getiren ek: **duckling.**

lin.ger (lîng'gır) *f.* ayrılamamak, gitmemek; gecikmek; gitme vaktini uzatmak; oyalanmak; kolayca ölmemek, uzun zaman can çekişmek; kolay kolay geçmemek; yavaş yavaş gitmek. **lingeringly** *z.* ayrılmayarak, gecikerek.

lin.ge.rie (lan'jîri, lanjırey') *i.* kadın iç çamaşırı ve gecelik.

lin.go (lîng'go) *i. (çoğ. -goes)* lehçe; bir mesleğin argosu.

lin.gua fran.ca (lîng'gwı fräng'kı) eskiden Akdeniz sahillerinde konuşulan İtalyanca'dan bozma dil; milletlerarası ticarî dil.

lin.gual (lîng'gwıl) *s., i.* dile ait; dil ile telaffuz olunan (harf); *i.* dil ile telaffuz olunan harf (t, d, n); dil ile çıkarılan ses.

lin.gui.form (lîng'gwîfôrm) *s.* dil şeklinde.

lin.guist (lîng'gwîst) *i.* birçok dil bilen; dil âlimi, dil uzmanı, dilci.

lin.guis.tic, -ti.cal (lîng.gwîs'tîk, -tîkıl) *s.* dile ait; dilbilime ait. **linguistic stock** dil ailesi. **linguistically** *z.* dil bakımından. **linguistics** *i.* lengüistik, dilbilim. **comparative linguistics** karşılaştırmalı dilbilim.

lin.i.ment (lîn'ımınt) *i.* romatizma ve burkulmadan doğan ağrıları hafifletmek için ovarak kullanılan sıvı ilâç, liniment.

lin.ing (lay'nîng) *i.* astar; astarlama.

link (lîngk) *i., f.* halka, zincir baklası; mesaha zincirinin 20 santimetre boyunda bir ölçü halkası; bağ, rabıta, bağlantı; tek sosis kangalı; *mak.* mafsal, oynak yeri; *f.* zincirlemek, birbirine bağlamak, birleştirmek. **link mo-**

tion *mak.* yuva yolu, kulis tertibatı. **link up** birleştirmek, birleşmek. **missing link** bulunamayan rabıta, eksik bağlantı; insanla maymun arasında bağ olan yaratık.

link.age (lĭng'kĭc) *i.* bağlama, bağlayış; *mak.* bağlantı.

links (lĭngks) *i., çoğ.* golf oyunu sahası.

links.land (lĭngks'länd) *i.* deniz kenarında rüzgâr ile oluşan kumlu tepelerin bulunduğu alan.

Lin.ne.an, Lin.nae.an (lĭniy'ın) *s.* meşhur İsveçli tabiat bilgini Karl von Linné'in (1707-1778) bitkileri sınıflandırma sistemine ait.

lin.net (lĭn'ĭt) *i.* güzel öten ve ketenkuşuna benzeyen küçük bir ıkuş, *zool.* Carduelis cannabina.

li.no.le.um (lĭno'lĭyım) *i.* linolyum, döşemelik mantarlı muşamba.

li.no.type (lay'nıtayp) *i.* matbaa harflerini satır halinde dizip döken makina, linotip.

lin.seed (lĭn'sĭd) *i.* keten tohumu. **linseed cake** yağı çıkarılmış keten tohumu posası, köftün, keten tohumu küspesi. **linseed meal** toz haline konmuş köftün. **linseed oil** beziryağı, keten tohumu yağı. **linseed poultice** keten tohumu lapası.

lin.sey-wool.sey (lĭn'zi.wûl'zi) *i.* yünle karışık keten veya pamuktan yapılmış kaba kumaş; *eski* ne olduğu belirsiz şey.

lint (lĭnt) *i.* iplik veya kumaş tiftiği; *tıb.* yara pansumanı için kullanılan keten tiftiği; saç filesi; yumuşak tüy.

lin.tel (lĭn'tıl) *i.* kapı veya pencerenin üst sövesi, üst eşik, lento.

lint.y (lĭn'ti) *s.* tiftikli, tüylü; tiftik veya tüy gibi.

lin.y, lin.ey (lay'ni) *s.* çizgi gibi, dar; çizgili.

li.on (lay'ın) *i.* aslan, *zool.* Felis leo; Aslan burcu; Aslan takımyıldızı; göze çarpan kimse veya şey; cesur kişi, aslan gibi adam. **lion-hearted** *s.* aslan yürekli, cesur, kahraman. **lionlike** *s.* aslan gibi, cesur, kuvvetli. **beard the lion in his den** birine kendi evinde veya yerinde karşı durmak. **put one's head in the lion's mouth** tehlikeye atılmak, kellesini koltuğuna almak. **the lion's share** aslan payı. **the lion's skin** sahte kahramanlık. **lioness** *i.* dişi aslan.

li.on.ize (lay'ınayz) *f.* birine çok rağbet göstermek; özel önemi olan yerleri veya şeyleri ziyaret etmek; kahraman gibi davranmak, kahramanlık taslamak.

lip (lĭp) *i., f.* (**-ped, -ping**) dudak; kenar, uç; yaranın kenarı; *anat., zool.* dudak şeklinde şey, dudak; nefesli sazların ağızlığı; nefesli sazın ağıza yerleştirilme şekli; *argo* küstahlık, edepsizlik; *f.* dudaklarla dokunmak, öpmek; ağıza almak; mırıldanmak. **lip reading** başkalarının dudak hareketlerinden sağırların söylenen sözü anlamaları. **lip service** sahte bağlılık. **bite one's lip** öfke veya üzüntüyü belli etmemek için dudağını ısırmak. **button one's lip** *argo* susmak, ağzına kilit vurmak. **curl one's lip** dudak bükmek. **hang on one's lips** birinin ağzından çıkan her sözü dikkatle dinlemek. **keep a stiff upper lip** cesaretini kaybetmemek, metin olmak. **lower lip** alt dudak. **None of your lip.** *argo* Küstahlığı bırak. **smack one's lips** dudaklarını şapırdatmak. **upper lip** üst dudak. **lipped** *s.* dudaklı; kenarlı.

lip.oid (lĭp'oyd) *s.* yağ gibi, yağa benzer.

lip.per (lĭp'ır) *i.* denizin hafifçe dalgalanması; küçük dalgalardan gelen serpinti.

lip.py (lĭp'i) *s., argo* yüzsüz, saygısız.

lip.stick (lĭp'stĭk) *i.* dudak boyası, ruj.

li.quate (lay'kweyt) *f., gen.* **out** *ile* bir alaşımdaki madenleri uygun bir sıcaklıkta ısıtıp birini eritmek suretiyle birbirinden ayırmak. **liqua'tion** *i.* bu suretle eritip ayırma.

liq.ue.fy (lĭk'wıfay) *f.* eritmek, sıvı haline koymak. **liquefac'tion** *i.* sıvı haline koyma veya gelme. **liquefi'able** *s.* eritilebilir, sıvı haline konulabilir.

li.ques.cent (lĭkwes'ınt) *s.* mayileşir, erimeye müsait.

li.queur (lĭkır') *i.* likör, alkollü ve tatlı içki.

liq.uid (lĭk'wĭd) *s., i.* sıvı, su gibi akan, akıcı, akışkan; sulu, ıslak; şeffaf, berrak; paraya kolayca tahvil edilebilir; *dilb.* "l" ve "r" harfleri gibi yarım sesli; *i.* mayi, sıvı; yarım sesli harf. **liquid air** sıvı hava. **liquid measure** sıvı ölçeği. **liquid oxygen, lox** *i.* sıvı oksijen. **liquidness** *i.* sıvılık.

liq.ui.date (lĭk'wıdeyt) *f.* ödeyip tasfiye etmek (borç), tediye etmek; tasfiye etmek (iş), işi kapatmak, likide etmek; *argo* öldürmek.

liq.ui.da.tion (lĭkwıdey'şın) *i.* tasfiye, işi kapatma, likidasyon. **go into liquidation** tasfiye olunmak (firma).

li.quid.i.ty (lĭkwĭd'ıti) *i.* sıvılık, akışkanlık; akıcılık.

liq.uid.ize (lîk'wıdayz) *f.* sıvı haline koymak,
sıvılaştırmak.

liq.uor (lîk'ır) *i., f.* içki; sert içki; sıvı madde;
su içinde eritilmiş ilâç, mahlul; et veya mey-
va suyu; *f.* içki veya mahlul ile tasfiye etmek;
gen. up *ile* içki içirmek; içki içmek. the
worse for liquor oldukça sarhoş.

liq.uo.rice *bak.* licorice.

liq.uor.ish *bak.* lickerish.

li.ra (lîr'ı) *i.* Türk lirası; (*çoğ.* li.re) İtalyan para
birimi, liret.

Lis.bon (lîz'bın) *i.* Lizbon.

lisle (layl) *i.* ince ve dayanıklı pamuk ipliği.

lisp (lîsp) *f., i.* yanlış telaffuz etmek, peltekçe
konuşmak; ''s'' ve ''z'' harflerini ''th'' gibi
telaffuz etmek; *i.* peltekçe konuşma. **lisp-
ingly** *z.* peltekçe konuşarak.

lis pen.dens (lîs pen'denz) *Lat., huk.* bir dava-
nın sonuna kadar dava mevzuu eşyanın
mahkemenin kontrolu altında bulunması.

lis.som(e) (lîs'ım) *s.* kıvrak, çevik, çabuk ha-
reket eden, atik. **lissomely** *z.* çabuk hareket
ederek. **lissomeness** *i.* kıvraklık, çeviklik.

list (lîst) *i., f.* liste, dizin, fihrist; *çoğ.* yarışma
yeri, mücadele alanı, er meydanı; *f.* listeye
geçirmek, deftere yazmak; fiyat koymak.
list price katalog fiyatı. **black list** kara
liste. **enter the lists** mücadeleye girişmek.
free list parasız girenlerin listesi (tiyatro);
memlekete gümrüksüz olarak girecek eşya
listesi.

list (lîst) *f., i., den.* yan yatmak; *i.* geminin yan
yatması.

list (lîst) *i., f.* kumaş kenarı; *f.* kenar çekmek;
çift pullu sabanla sürmek.

lis.ten (lîs'ın) *f.* dinlemek, kulak vermek. **listen
in** başkasının konuşmasını dinlemek, kulak
misafiri olmak; radyo dinlemek. **listening
post** düşman hattına yakın dinleme noktası.

list.ing (lîs'tîng) *i.* kayıt, kaydetme; liste.

list.less (lîst'lîs) *s.* kayıtsız, kaygısız, dikkatsiz;
neşesiz, halsiz. **listlessly** *z.* kayıtsızca. **list-
lessness** *i.* kayıtsızlık; neşesizlik.

lit (lît) *bak.* **light**; *s.* yanmış, tutuşturulmuş,
aydınlatılmış.

lit. *kıs.* **literally, literary, literature.**

lit.a.ny (lît'ıni) *i.* münacat; mukabele ile oku-
nan dua; nakarat, tekrar.

li.ter, İng. li.tre (li'tır) *i.* litre.

lit.er.a.cy (lît'ırisi) *i.* okuyup yazma, okur ya-
zarlık.

lit.er.al (lît'ırıl) *s.* harfî, kelimesi kelimesine;
her şeyi harfi harfine yerine getiren; kelimesi
kelimesine tercüme eden; hakikate uygun.
literalism *i.* harfi harfine açıklama taraftar-
lığı. **literalist** *i.* harfi harfine açıklayan veya
tercüme eden kimse. **literally** *z.* harfi har-
fine; gerçekten. **literalness** *i.* harfi harfine
riayet etme.

lit.er.ar.y (lît'ıreri) *s.* kitaba veya edebiyata
ait, edebî; edebiyatla ilgili. **literarily** *z.* edebî
olarak.

lit.er.ate (lît'ırît) *s., i.* okur yazar, tahsilli; ede-
biyat bilgisine sahip; *i.* okur yazar kimse.

lit.e.ra.ti (lîtıra'ti, -rey'tay) *i., çoğ.* münevverler
sınıfı; edipler.

lit.e.ra.tim (lîtırey'tîm, -ra'-) *z., Lat.* harfi har-
fine, harfiyen.

lit.er.a.ture (lît'ırıçûr, -çır, lît'rıçır) *i.* edebiyat;
yazılmış kitaplar, eserler; edebî meslek; *müz.*
belirli bir çalgı veya çalgı takımı için yazılmış
parçaların bütünü; hususî bir mevzu hak-
kındaki eserler.

lith.arge (lîth'arc) *i.* doğal kurşun oksidi, mür-
desenk.

lithe (laydh) *s.* kolay eğilip bükülebilen, kıvrak.
litheness *i.* kolay eğilip bükülebilme, elas-
tikiyet. **lithesome** *s.* kolay eğilip bükülebilir.

lith.i.a (lîth'ıyı) *i.* lityum oksidi. **lithia water**
ilâç olarak kullanılan lityum oksitli maden
suyu.

lith.ic (lîth'îk) *s.* taşa ait; *tıb.* mesane taşına ait.

lith.i.um (lîth'iyım) *i., kim.* lityum.

lith.o.graph (lîth'ıgräf) *i., f.* taşbasması resim; *f.*
taşbasmasıyle resim yapmak. **lithog'rapher**
i. litografyacı. **lithog'raphy** *i.* taşbasması,
litografi, litografya. **litograph'ic(al)** *s.* lito-
grafiye ait. **litograph'ically** *z.* litografya ile.

li.thol.o.gy (lîthal'ıci) *i.* taşbilim, litoloji.

li.thol.y.sis (lîthal'isîs) *i., tıb.* ilâçla mesane
taşını eritme.

lith.on.trip.tic (lîthıntrîp'tîk) *s., i.* mesanedeki
taşı dağıtıcı veya eritici (ilâç).

lith.o.scope (lîth'ıskop) *i., tıb.* mesane taşını
muayeneye mahsus alet.

lith.o.sphere (lîth'ısfîr) *i.* arzın kabuğu, taşküre,
litosfer.

li.thot.o.my (lîthat'ımi) *i., tıb.* mesaneden taş
çıkarma ameliyatı. **lithotom'ic(al)** *s.* bu

ameliyata ait. **lithot'omist** *i.* bu ameliyatı yapan cerrah. **lithot'omize** *f.* bu ameliyatı yapmak.

li.thot.ri.ty (lĭthat'rĭti) *i., tıb.* mesane taşını kırarak çıkarma ameliyatı. **lith'otrite** *i.* mesane taşını kırma aleti. **lithot'ritist** *i.* bu ameliyatı yapan cerrah.

Lith.u.a.ni.a (lĭthuwey'niyı) *i.* Lituanya. **Lithuanian** *i., s.* Lituanyalı; Lituanya dili; *s.* Lituanya diline ve halkına ait.

lit.i.gate (lĭt'ıgeyt) *f.* mahkemeye müracaat etmek; dava açmak; (bir maddeyi) mahkemeye arzetmek. **litigant** *i.* davacı; muhasım. **litiga'tion** *i.* dava etme, dava, muhasamat.

li.tig.ious (lĭtĭc'ıs) *s.* davadan hoşlanır; kavgacı; davaya ait; davalı, çekişmeli, kavgalı. **litigiously** *z.* kavga edercesine.

lit.mus (lĭt'mıs) *i.* turnusol. **litmus paper** turnusol kâğıdı. **litmus test** durumun tahlili.

li.to.tes (lay'tıtiz, -to-, lĭt'ı-) *i.* "çok" diyecek yerde "az değil" der gibi bir fikri olumsuz şekilde ifade etme.

Litt. B. *kıs.* **Bachelor of Literature.**

Litt. D. *kıs.* **Doctor of Literature.**

lit.ter (lĭt'ır) *i., f.* döküntü, çerçöp yığıntısı; intizamsızlık, karışıklık; kedi veya köpek gibi hayvanın bir defada doğurduğu yavrular; tahtırevan; sedye; hayvanları yatırmak için serilen saman veya kuru ot; *f.* karmakarışık etmek; doğurmak, bilhassa birden çok yavru doğurmak; ahırda hayvanın altına yataklık ot sermek. **litter bag** *A.B.D.* çöp torbası. **litter down** altına yataklık saman yaymak. **litter up** karmakarışık etmek. **be in litter** (hayvan) doğum halinde olmak.

lit.tér.a.teur (lĭtırıtır') *i.* edip, edebiyatçı.

lit.ter.bin (lĭt'ırbîn) *i., İng.* sokak veya bahçede çöp kutusu.

lit.ter.bug (lĭt'ırbʌg) *i., A.B.D.* umumî yerleri kirleten kimse.

lit.tle (lĭt'ıl) *s.* (-r, -st; less *veya* **lesser, least**) *z., i.* küçük, ufak; kısa, az, cüzî; cici; ehemmiyetsiz, değersiz, naçiz; dar fikirli, geri; *z.* az miktarda; hemen hiç gibi; *i.* az miktar; ufak şey; az zaman. **Little Bear, Little Dipper** Küçükayı takımyıldızı. **little by little** azar azar, yavaş yavaş, tedricen. **little or nothing** hiç denecek kadar az, hemen hemen hiç. **little theater** amatör

tiyatro; deneysel tiyatro. **a little slam** *briç* on üç elden ibaret bir oyunun on iki elini kazanma. **in little** minyatür halinde; kısa olarak. **make little of** ehemmiyet vermemek; pek az anlayabilmek. **think little of** kıymet vermemek, ehemmiyetsiz saymak; tereddüt etmemek. **Little did I think.** Aklımdan geçirmedim. **Give me a little time.** Bana biraz vakit verin. **He did what little he could.** Elinden geleni yaptı. **He little knows...** Bilmiyor ki... **Wait a little.** Biraz bekle. **littleness** *i.* küçüklük.

lit.to.ral (lĭt'ırıl) *s., i.* sahile yakın; *i.* sahil boyu. **littoral cordon** *jeol.* kıyı kordonu.

li.tur.gic, -gi.cal (lĭtûr'cĭk, -cîkıl) *s.* ayine ait, umumî duaya ait, ayinle ilgili. **liturgically** *z.* ayin kabilinden olarak. **liturgics** *i.* umumî ibadet merasimini idare etme sanatı; ayinlerin tarih ve tefsiri.

lit.ur.gist (lĭt'ırcîst) *i.* ayinler kitabına bağlı kimse; ayinler kitabını tertip eden veya bu ilmi bilen kimse.

lit.ur.gy (lĭt'ırci) *i.* toplulukla dua usulü; kilise ayinleri kitabı; ekmek ve şarap takdisi ayini, Aşai Rabbanî, komünyon.

liv.a.ble (lĭv'ıbıl) *s.* içinde yaşanabilir, iskânı kabil; yaşanabilir, hayata elverişli; yaşamaya değer.

live (lĭv) *f.* yaşamak, sağ olmak, hayatta olmak; beslenmek; geçinmek, ömür sürmek; oturmak, eğleşmek, ikamet etmek; geçirmek, sürmek (hayat). **live a double life** iki yüzlü hayat yaşamak. **live a lie** sahte hayat geçirmek. **live and learn** yaşadıkça öğrenmek. **Live and let live.** Ne sen bana karış ne ben sana karışayım. **live down a slander** bir iftirayı unutturacak şekilde yaşamak. **live fast** sefahat sürmek. **live out** sonuna kadar yaşamak. **live up to one's reputation** şöhretini doğrulayacak bir hayat yaşamak.

live (layv) *s.* canlı, diri, zinde, hayat dolu; hayata ait, yaşayanlara ait; yanan; elektrikle dolu (tel); parlak (renk); asıl yerinde bulunan (kaya); *matb.* basılmaya hazır; patlamamış (bomba); *radyo* canlı (yayın). **live embers** sönmemiş ateş korları. **live load** hareketli yük. **live oak** kışın yapraklarını dökmeyen bir çeşit meşe ağacı. **live rail** elektrikli lokomotife cereyan veren ray. **live steam** kazandan gelen tam kuvvetli istim. **live wire**

elektrik cereyanı nakleden tel; *k.dili* başkalarını harekete getirme kabiliyeti olan faal kimse. **a live issue** günün mühim meselesi. ·

live-for.ev.er (liv'fırev'ır) *i.* herdemtaze, *bot.* Sedum purpureum.

live-in (liv'in) *s., i.* iş yerinde oturan; iş yerinde oturmayı gerektiren (vazife); *i.* protesto maksadıyle bir süre umumî bir yerde oturma.

live.li.hood (layv'lihûd) *i.* geçim, geçinme; geçim vasıtası, rızk.

live.long (liv'lông) *s.* bitmez tükenmez, bütün, tekmil. **all the livelong night** hiç bitmeyecekmiş gibi gelen bir gece boyunca.

live.ly (layv'li) *s.* canlı, neşeli; ferah; parlak, keskin; hayatla kaynaşan; zıplayan, geriye seken (top). **lively description** canlı bir tarif. **lively hope** kuvvetli ümit. **lively imagination** canlı muhayyile. **lively time** neşeli vakit. **make things lively for one** başına iş açmak. **liveliness** *i.* canlılık, zindelik; parlaklık.

li.ven (lay'vın) *f., gen.* **up** *ile* neşelendirmek, canlandırmak; neşelenmek, canlanmak.

liv.er (liv'ır) *i.* yaşayan kimse; belirli bir hayat yaşayan kimse. **clean liver** temiz hayat yaşayan kimse. **high liver** boğazına düşkün kimse. **loose liver** uçarı hayat yaşayan kimse.

liv.er (liv'ır) *i.* karaciğer. **liver color** karaciğer rengi, kırmızıya çalan kahverengi. **liver fluke** ciğer trematodu, *zool.* Fasciola hepatica. **lily-livered, white-livered** *s.* korkak.

liv.er.ish (liv'ırîş) *s., k.dili* rahatsız; sinirli.

liv.er.wort (liv'ırwırt) *i.* kızılyaprak, koyunotu, *bot.* Agrimonia eupatorium.

liv.er.wurst (liv'ırwırst) *i.* ciğerli sosis.

liv.er.y (liv'ıri) *i.* özel üniforma; hizmetçi sınıfı; kılık, kıyafet; kira atlarını besleme işi; kira atları ile arabalarının muhafaza olunduğu yer; *huk.* istimlâk beratı, ferağ. **liveryman** *i.* at ve arabaları kiraya veren kimse; Londra'da lonca üyesi. **livery stable** kiralık atların beslendiği ahır. **liveried** *s.* özel üniformalı.

live.stock (layv'stak) *i.* çiftlik hayvanları, mal.

liv.id (liv'îd) *s.* sinirden mosmor kesilmiş; kurşun renkli, bereli gibi mor; *k.dili* çok öfkeli, kanı beynine sıçramış. **livid'ity, lividness** *i.* kurşun rengi; bereli ten rengi.

liv.ing (liv'îng) *i.* yaşama, hayat tarzı; geçim; geçinme; **the** *ile* yaşayanlar. **living room** bir ailenin oturma odası. **good living** ha-li vakti yerinde olma, rahat yaşama. **make one's living** hayatını kazanmak, geçinmek.

liv.ing (liv'îng) *s.* yaşayan, canlı, diri, sağ; canlandırıcı; yaşayanlara ait; zinde, kuvvetli, faal; tıpkı. **living language** yaşayan dil. **living picture** canlı tablo. **living wage** geçindirebilecek maaş. **a living faith** kuvvetli iman.

lix.iv.i.ate (lîksiv'iyeyt) *f.* odun külünden külsuyu elde etmek.

liz.ard (liz'ırd) *i.* kertenkele, *zool.* Lacertilia, Sauria; kertenkeleye benzer hayvanların her biri.

-ll *kıs.* will, shall.

lla.ma (la'mı) *i.* lama.

lla.no (la'no) *i., İsp.* Güney Amerika'da geniş ova.

LL.B. *kıs.* Bachelor of Laws.

LL.D. *kıs.* Doctor of Laws.

Lloyd's (loydz) *i.* deniz sigortası işlerine bakan ve gemiciliğe ait haberler neşreden şirket. **Lloyd's List** denizcilik havadislerini neşreden gazete. **Lloyd's Register** Lloyd sicil defteri.

LM (lem) *bak.* lunar module.

LNG *kıs.* liquified natural gas.

lo (lo) *ünlem* işte, bak. **Lo and behold!** İşte! Al sana! Karşına ne çıksa beğenirsin!

loach (loç) *i.* çoprabalığı, *zool.* Cobitis.

load (lod) *i.* yük, hamule; sıklet, ağırlık; endişe, üzüntü, kaygı; fikir yorgunluğu; silâh doldurmak için barut ve fişek; *mak.* mukavemet; bir cihazın ihtiva ettiği elektrik miktarı, şarj. **load displacement** *den.* geminin tam yükünü alınca çektiği su. **load factor** bir elektrik santralından alınan ortalama elektrik miktarının elde edilebilecek maksimum miktara oranı. **load line** *den.* tam yüklü geminin suya batacağı kısmı gösteren çizgi. **loads** *i., k.dili* çok miktar, yığın. **loads of love** pek çok sevgiler, kucak dolusu sevgiler. **get a load of** *A.B.D., argo* göz atmak. **take a load off one's mind** endişesini gidermek.

load (lod) *f.* yükletmek, yüklemek; yükünü vermek; hediye yağdırmak; hile yapmak için zarı doldurmak; birine tesir ederek haksız hüküm verdirmek; doldurmak; fotoğraf makinasına film koymak; tıkabasa doldurmak (mide); hayat sigortasına zam koymak; yüklenmek, üzerine yük almak; silâh doldurmak. **load up** yükletmek.

load.ed (lo'dĭd) s. dolu; hileli (zar); argo sarhoş; argo zengin. loaded question şaşırtıcı soru. loaded statement iki anlamlı söz.

load.er (lo'dır) i. yükleten veya dolduran kimse veya alet; vinç gibi yükleme makinası.

load.ing (lo'dĭng) i. yükleme; yük; ağırlaşması veya kalınlaşması için herhangi bir şeye katılan madde; sig. masrafları karşılamak için prime eklenen miktar.

load.star bak. lodestar.

load.stone bak. lodestone.

loaf, çoğ. loaves (lof, lovz) i. ekmek somunu, somun. loaf cake somun şeklinde pasta.

loaf (lof) f. aylakça vakit geçirmek, boş gezmek, haylazlık etmek. loafer i. aylak veya boş gezen kimse; haylaz kimse; mokasen tipi ayakkabı.

loam (lom) i., f. içinde organik maddeler olan kum ve kil karışımının meydana getirdiği gevşek yapılı toprak; kuvvetli toprak; tuğla yapmak için kum, kil ve samanla yapılmış harç; f. böyle harçla sıvamak. loamy s. özlü harçtan ibaret; kuvvetli toprak gibi.

loan (lon) i., f. ödünç verme; ödünç alma, borçlanma; ödünç verilen şey; f. bilhassa faiz karşılığında ödünç para vermek; ödünç vermek; (eğreti olarak) vermek. loan collection sergide gösterilmek üzere sahipleri tarafından ödünç olarak verilen resim veya eşya koleksiyonu. loan shark A.B.D., k.dili tefeci. loan society ödünç para veren şirket. on loan ödünç olarak, eğreti olarak.

loan-word (lon'wırd) i. başka bir lisandan alınan kelime.

loath, loth (loth) s. isteksiz, istemeyen. nothing loath isteyerek, karşı koymayarak.

loathe (lodh) f. nefret etmek, hiç sevmemek; tiksinmek, iğrenmek. loathing i. nefret. loathingly z. nefretle.

loath.some (lodh'sım) s. tiksindirici, nefrete lâyık, iğrenç. loathsomely z. nefret edilecek surette. loathsomeness i. iğrençlik.

lob (lab) f. (-bed, -bing) i. ağır ağır atmak; tenis kortunun arka tarafına düşsün diye topu havaya vurmak; kriket topu aşağıdan ve ağır ağır atmak; yavaş yavaş ve salınarak gitmek; i. havaya vurulan top; ağır ağır ve aşağıdan atılan top.

lo.bar (lo'bır, -bar) s., anat. toparlak kısma ait, lopa ait, loplu. lobar pneumonia akciğer lopu zatürreesi.

lo.bate, lo.bat.ed (lo'beyt, -ĭd) s., bot., zool. yuvarlak kısımları olan, loplu; kenarları sarkık.

lob.by (lab'i) i., f. dehliz, koridor, geçit; antre; bekleme odası; senatör veya milletvekilleri ile görüşmek üzere bekleme salonunda bekleyen kimseler; kulis faaliyeti; f., A.B.D. oylarını kazanmak amacıyle meclis üyeleriyle görüşmek. lobbyist i. böyle görüşmelerde bulunan kimse.

lobe (lob) i. yuvarlakça kısım; kulak memesi; ciğerin yuvarlak ucu, lop; mak. yuvarlak olmayan çarkın çıkıntılı tarafı; jeol. karada bulunan geniş bir buz tabakasının çıkıntılı ucu. lobed s. yuvarlak uçlu, loplu.

lo.bo (lo'bo) i., A.B.D. kurt.

lo.bot.o.my (lobat'ımi) i., tıb. beynin bir kısmını kesip çıkartma.

lob.ster (lab'stır) i. ıstakoz, zool. Homarus vulgaris. lobster-eyed s. patlak gözlü. lobster pot ıstakoz tutma sepeti. lobster thermidor ıstakoz etiyle mantardan yapılmış yahni.

lob.ule (lab'yul) i. yuvarlakça ufak çıkıntı, lopçuk. lobular s. böyle çıkıntılı, loplu.

lo.cal (lo'kıl) s., i. mevziî, mevkiî, mahallî, yöresel; belirli bir yere ait; mec. dar, sınırlı; i. her istasyonda duran tren; banliyö treni; gazetede mahallî haber. local authority huk. mahallin en yüksek sivil makamı, mahallî idare. local color sanatta ve edebiyatta işlenilen yöresel özellikler. local government mahallî idare. local option bir şehir veya bölge ahalisinin kendi yerlerinde içki yasağı olup olmamasına karar verme hakkı. locally z. mevziî olarak, mahallî olarak.

lo.cale (lokäl') i. mahal, yer, yöre, özellikle belirli bir olayın geçtiği yer.

lo.cal.ism (lo'kılĭzım) i. mahallî şive veya âdet; belirli bir yer için beslenilen sevgi; yerli şeye rağbet; belirli bir yere bağlılık.

lo.cal.i.ty (lokäl'ıti) i. yer, mevki, mahal, mevzi, mekân; bir şeyin bulunduğu yer.

lo.cal.ize (lo'kılayz) f. belirli bir yere sınırlamak; yerini bulup belirtmek. localiz'able s. sınırlanabilir. localiza'tion i. sınırlama, yerini belirtme.

lo.cate (lo'keyt) *f.* bir yerde iskân etmek, yerleştirmek; yerini tayin etmek; tam yerini keşfetmek; *k.dili* sakin olmak, oturmak.

lo.ca.tion (lokey'şın) *i.* yer, mahal, mekân, mevki; iskân, sakin olma; *huk.* kiraya verme. **on location** stüdyo dışında yapılan filim veya televizyon çalışması.

loc.a.tive (lak'ıtîv) *i., s.* bazı kaynaşık dillerde yer gösteren isim hali, ismin-de hali; *s.* bu şekildeki isimlere ait.

loch, lough (lak, lah) *i., İskoç.* göl, körfez, haliç.

lock (lak) *i.* saç lülesi; *çoğ.* saçlar; bir tutam yün veya pamuk.

lock (lak) *i.* kilit; silâh çakmağı; güreşte birkaç çeşit yakalama usulü; kilitleme; kilitli şey; yokuşu inerken tekerleği tutan zincir; kanal içinde gemileri bir yüzeyden diğerine yükseltmek veya alçaltmak için kullanılan havuz. **lock, stock and barrel** baştan başa, tamamen. **safety lock** maymuncukla kolay kolay açılamayan emniyetli kilit; tüfekte emniyet tertibatı. **Yale lock** Yale markalı veya ona benzer emniyet kilidi. **under lock and key** kilit altında.

lock (lak) *f.* kilitlemek; kapamak; kilitleyip tutturmak; birbirine geçmek, kenetlenmek (kol); kanal havuzuna sokmak (gemi); kapatmak, bağlamak (para); kilitlenmek, kapanmak; kanal havuzunda yukarı veya aşağı gitmek. **lock in** kilitlemek, üzerine kapıyı kilitlemek. **lock out** dışarıda bırakmak. **lock spring** cep saati kapağını işleten yay. **lock step** art arda sık adımla yürüyüş. **lock stitch** çapraz dikiş. **lock up** kilit altında saklamak; *matb.* bağlamak.

lock.age (lak'îc) *i.* gemiyi kanal havuzundan geçirme; havuzdan geçme parası.

lock.er (lak'ır) *i.* kilitli çekmece veya dolap; *den.* dolap, ambar; kilitleyen kimse; kilitleyici şey. **locker room** sporcuların elbise ve aletleri için dolaplı oda. **Davy Jones's locker** denizin dibi.

lock.et (lak'ît) *i.* madalyon.

lock.jaw (lak'cô) *i., tıb.* tetanos.

lock.nut (lak'nʌt) *i.* emniyet somunu, kilit somunu.

lock.out (lak'aut) *i.* lokavt; sualtı çalışmalarında kullanılan ve altında denize açık bir çıkış yeri olan tertibat.

lock.smith (lak'smîth) *i.* çilingir.

lock.step (lak'step) *i.* birbiri arkasından aralık bırakmaksızın yürüyüş şekli; sıkı intizam, değişmez usul.

lock.up (lak'ʌp) *i.* tevkifhane, tutukevî.

lo.co (lo'ko) *s., A.B.D., k.dili* deli. **loco-weed** *i.* Birleşik Amerika'nın batı tarafında bulunan Astragalus türünden zehirli ot.

lo.co ci.ta.to (lo'ko saytey'to) *Lat.* (*kıs.* l.c.) yukarıda zikrolunan kitapta veya yerde.

lo.co.mo.tion (lokimo'şın) *i.* hareket; bir yerden bir yere gidip gelme veya gezme hareketi.

lo.co.mo.tive (lokimo'tîv) *s., i.* harekete ait; hareket edebilen; *i.* lokomotif.

lo.co.mo.tor ataxia (lo'kımotır) *tıb.* hareket intizamsızlığı, ataksi.

loc.u.lus (lak'yılıs) *i.* (*çoğ.* -li) *biyol.* göze, göz, hücre. **locular** *s.* hücrevî.

lo.cus (lo'kıs) *i.* (*çoğ.* lo.ci) mevki, yer, mahal; *geom.* belirli şartlar altında herhangi bir hat veya noktanın kendi hareketiyle meydana getirdiği yüzey veya hat.

lo.cust (lo'kıst) *i.* çekirge, *zool.* Acridium; ağustosböceği, *zool.* Cicada; salkım ağacı, akasya ağacı, *bot.* Robinia pseudoacacia; keçiboynuzu, *bot.* Ceratonia siliqua.

lo.cu.tion (lokyu'şın) *i.* ifade tarzı; tabir, terim.

lode (lod) *i.* maden damarı.

lode.star, load.star (lod'star) *i.* çobanyıldızı, Kutupyıldızı; yol gösterici rehber veya prensip.

lode.stone, load.stone (lod'ston) *i., mad.* mıknatıs taşı.

lodge (lac) *i.* tekke; mason teşkilâtının azaları veya toplanma yeri, loca; ufak ev; kapıcı veya bahçıvan kulübesi; tatil evi; hayvan ini.

lodge (lac) *f.* geçici olarak oda vermek; misafir etmek; yerleştirmek, emaneten teslim etmek, vermek; arzetmek, takdim etmek; ekini bastırıp yere yatırmak (rüzgâr); muvakkaten bir evde oturmak; misafir olmak; bir yerde kiracı olmak; bir yerde geçici olarak kalmak; içine gömülmek. **lodger** *i.* misafir; kiracı.

lodg.ing (lac'îng) *i.* geçici olarak oturulan mesken; *çoğ.* pansiyon; kiralık oda. **lodging house** kiralık odaları olan ev.

lodg.ment (lac'mınt) *i.* ikamet etme, yerleşme; sakin olma; düşman istihkâmlarını zaptedip içine yerleşme; *huk.* emaneten teslim etme, para yatırma, tevdi.

loess (low'îs, lös) *i.* kurumuş nehir yataklarında bulunan ve rüzgârın getirdiği zannedilen çok verimli sarımtırak kül rengi ince toprak, lös.

loft (lôft) *i.* çatı arası; çatı arası odası; güvercinlik; güvercin sürüsü; samanlık; kilise balkonu.

loft (lôft) *f.* yükseğe atmak (top); fezaya yollamak.

loft.y (lôf'ti) *s.* yüksek, âli, bülent; gururlu, mağrur, kibirli; azametli, çalımlı; çok yüksek (fikir). **loftily** *z.* mağrurca. **loftiness** *i.* yücelik; kibirlilik, gururluluk.

log (lôg) *i.* logaritma.

log (lôg) *i.* kütük, ağaç gövdesi; kütük gibi şey veya adam; *den.* parakete, geminin süratini ölçme aleti; *den.* jurnal, gemi jurnalı. **log cabin** kütükten yapılmış kulübe. **log chip** *den.* parakete. **log line** *den.* parakete savlosu.

log (lôg) *f.* **(-ged, -ging)** ağaç kesmek, bir ormanın ağaçlarını kesmek. **log'ger** *i.* ağaç kesicisi.

log (lôg) *f.* **(-ged, -ging)** seyir defterine kaydetmek; belirli bir mesafe katetmek.

log.a.rithm (lag'ıridhım, lôg'-) *i., mat.* logaritma. **logarith'mic(al)** *s.* logaritmaya ait. **logarith'mically** *z.* logaritma usulü ile.

log.book (lôg'bûk) *i.* gemi jurnalı.

loge (loj) *i.* loca, tiyatro locası.

log.ger.head (lôg'ırhed) *i.* Atlantik Okyanusuna mahsus çok iri deniz kaplumbağası; Amerika'ya mahsus bir çeşit örümcekkuşu. **at loggerheads with** biri ile kavgalı.

log.ic (lac'îk) *i.* mantık ilmi, mantık, eseme; mantıklı düşünüş; muhakeme kuvveti; yargılama gücü. **the logic of events** olayların gerektirdiği.

log.i.cal (lac'îkıl) *s.* mantıkî, mantıka ait; makul; uygun; mantıklı, esemeli. **logically** *z.* mantığa göre, mantıklı olarak.

lo.gi.cian (locîş'ın) *i.* mantıkçı, mantıkla uğraşan kimse.

➤ **lo.gis.tics** (locîs'tîks) *i., ask.* orduları yığma ve hareket ettirme ile besleme sanatı, lojistik.

log.jam (lôg'cäm) *i.* bıçkı fabrikasına giden kütüklerin nehirde meydana getirdiği tıkanıklık; engel.

lo.go (lo'go) *bak.* **logotype.**

log.o.gram, log.o.graph (lôg'ıgräm, lôg'-ıgräf) *i.* bir kelime ifade eden işaret.

lo.gom.a.chy (logam'ıki) *i.* kelime üzerinde yapılan münakaşa; kelime teşkil etme oyunu.

log.or.rhea (lagırı'yı) *i.* çenesi düşüklük.

log.os (lag'as, lôg'-, lo'gos) *i., Yu.* Kelâm, logos, deyi; kâinatın nizamı.

log.o.type (lôg'ıtayp) *i., matb.* işaret olarak kullanılan desen, harf veya kelime; alâmeti farika.

log.roll.ing (lôg'roling) *i.* politikada karşılıklı yardım yolu ile iki kişinin birbirini tutması.

log.wood (lôg'wûd) *i.* bakkam ağacı, *bot.* Haematoxylon campechianum; bu ağacın gayet sert kerestesi; bu ağaçtan çıkan kırmızı boya maddesi.

lo.gy (lo'gi) *s., A.B.D., k.dili* ağır, yavaş, batı.

loin (loyn) *i.* bel; etin fileto kısmı. **loincloth** *i.* peştemal, kuşak. **fruit of the loins** nesil, kuşak. **gird up one's loins** beline kuşağını sarmak; büyük bir işe hazırlanmak.

loi.ter (loy'tır) *f.* yolda oyalanmak, aylakça dolaşmak, yolda duraklayarak gitmek. **loiterer** *i.* aylak dolaşan kimse. **loitering** *i.* başıboş dolaşma.

loll (lal) *f.* iş yapmadan dolaşmak, sallanmak; ağzından dışarı sarkıtmak (dil); **away** *ile* tembelcesine geçirmek (vakit); ağızdan dışarıya sarkmak (dil).

lol.li.pop (lal'ipap) *i.* çubuk ucunda yalanarak yenen şeker; *İng.* öğrencilerin sokakta karşıdan karşıya geçebilmesi için arabaların durmasını sağlayan işaret.

Lo.mé (lômey') *i.* Togo'nun başşehri, Lomé.

Lon.don (lʌn'dın) *i.* Londra. **Londoner** *i.* Londralı.

lore (lon) *s.* yalnız, kimsesiz; ıssız, tenha; bekâr, evlenmemiş. **lone hand** kâğıt oyununda refakatsiz oynayan kimse; tek başına mücadele eden siyasî aday.

lone.ly (lon'li) *s.* yalnız, kimsesiz; terkedilmiş; ıssız, tenha; yalnızlıktan ruhu sıkılmış; kasvetli, sıkıntı verici. **loneliness** *i.* yalnızlık, kimsesizlik.

lon.er *i.*, **lone wolf** (lo'nır) yalnızlığı seven kimse.

lone.some (lon'sım) *s.* yalnızlıktan içi sıkılmış. **lonesomeness** *i.* yalnızlıktan doğan iç sıkıntısı.

long (lông) *s., i.* uzun; uzun süren, yorucu; mesafece uzun; alışılmıştan uzun; şümullü, uzak (tarih); *i., şiir* uzun hece. **long division** *bak.* **division. long dozen** on üç. **Long Island** New York eyaletinde bir adanın ismi. **long johns** *A.B.D., k.dili* uzun paçalı don. **long jump** uzun atlama. **long measure** uzunluk ölçüsü. **long on** mevcudu bol, fazlası olan. **long shot** kazanma ihtimali az bir teşebbüs veya bahis. **long since** çoktan beri, epey zamandır. **long ton** 1016 kiloluk ton. **long view** uzağı görüş, ilerisini görüş; planlamada ilerideki sonucu düşünebilme. **a long face** ekşi yüz, asık surat. **a long head** alışılmıştan uzun kafa; zekâ, akıl, anlayış. **a long tongue** uzun dil, *colloq.* dillidüdük. **as long as** mademki. **so long as** sürece. **at long last** en sonunda, nihayet. **before long** yakında, çabuk. **in the long run** nihayette, en sonunda. **not by a long shot** *k.dili* hiç. **not by a long sight, not by a long ways** katiyen. **of long standing** çok eski. **the long and the short of it** uzun lafın kısası, hulâsa, doğrusu. **longish** *s.* uzunca.

long (lông) *z.* çok, pek; geç; müddetince, müddetine kadar, çok vakit, çoktan.

long (lông) *f.* çok istemek, arzulamak, hasretini çekmek, özlemek. **long for** özlemek, arzulamak. **long after a friend** bir dostun özlemini çekmek. **long for freedom** hürriyet hasreti çekmek. **I long to go.** Gitmeyi çok istiyorum. **longing** *i.* hasret, özlem. **longingly** *z.* hasretle, özlemle.

long.boat (lông'bot) *i.* yelkenli geminin en büyük sandalı.

long.bow (lông'bo) *i.* uzun yay.

long.cloth (lông'klôth) *i.* iyi cins pamuklu kumaş.

long-dis.tance (lông'dîs'tıns) *s.* uzun mesafeli; şehir dışı (telefon konuşması).

long-drawn (lông'drôn) *s.* uzun süren.

lon.geur, lon.gueur (lông'gır) *i.* kitap veya piyeste fazla uzun ve sıkıcı kısım.

lon.gev.i.ty (lôncev'ıti) *i.* ömür uzunluğu, uzun ömürlülük.

long.hair (lông'her) *s., i.* profesör tipinde; klasik müziğe düşkün; *i.* profesör tipli kimse; bilgin; klasik müzik; hippi.

long.hand (lông'händ) *i.* el yazısı (stenografinin aksi).

long.head.ed (lông'hedîd) *s.* düşünüşünde u-

zağı görme kabiliyeti olan, önsezi sahibi; akıllı, zeki.

lon.gi.tude (lôn'cıtud) *i.* boylam; *astr.* tul.

lon.gi.tu.di.nal (lôncıtu'dınıl) *s.* uzunluğuna, uzunlamasına; boylama ait. **longitudinally** *z.* boydan boya uzanarak, uzunlamasına olarak.

long-lived (lông'layvd', -lîvd') *s.* uzun ömürlü. **long-livedness** *i.* uzun ömürlülük.

long-play.ing (lông'pley'îng), **LP** (el'pi') *s.* uzun devirli (plak), dakikada 33 1/3 devir yapan (büyük plak).

long-range (lông'reync') *s.* uzun menzilli (top). **long-range plans** uzun vadeli planlar.

long.shore.man (lông'şôrmın) *i.* gemi yükletme ve boşaltma gibi liman işlerinde kullanılan işçi.

long-sight.ed (lông'saytîd) *s.* uzağı gören, ilerisini düşünen.

long.stop (lông'stap) *i., İng.* istenilmeyen bir duruma mâni olan kimse veya şey.

long-suf.fer.ing (lông'sʌf'ırîng) *s.* tahammüllü, sabırlı, azap çeken.

long-term (lông'tırm') *s.* uzun vadeli.

long-time (lông'taym') *s.* kıdemli.

long.ways (lông'weyz) *z.* uzunluğuna.

long-wind.ed (lông'wîn'dîd) *s.* sözü bitmez.

loo (lu) *i.* bir çeşit iskambil oyunu, lû; bu oyunda ceza kâsesi; *İng., k.dili* tuvalet.

loo.fa (lu'fı) *i.* lif kabağı; bu kabaktan çıkan banyo lifi.

look (lûk) *f., i.* bakmak, nazar etmek, dikkatle bakmak, görmek; düşünmek, mütalaa etmek; gözetmek; yönelmiş olmak; görünmek, gözükmek, benzemek; *i.* bakış, nazar, bakma; görünüş, ifade; yüz ifadesi. **look about** etrafına bakmak, dört yanını gözlemek veya kollamak. **look after** bakmak, gözetmek. **look ahead** ileriye bakmak, istikbale bakmak. **look alive** acele etmek. **look around** bütün ihtimalleri incelemek veya üzerinde düşünmek. **look back** hatırlamak. **Look before you leap.** Düşüncesizce iş görmeyin. **look daggers** bakışıyle tehdit etmek. **look down on** (birini) hor görmek. **look for** aramak, beklemek. **look forward to** beklemek, ummak. **Look here!** Bana bak! **look in on** kısa bir ziyaret yapmak. **look into** araştırmak, soruşturmak, incelemek. **Look lively!** Acele et! Çabuk ol! **look on** bakıp durmak, seyretmek; başkası ile aynı kitaptan okumak. **look one in the face** utanmayarak veya cesaretle birinin yüzüne bakmak. **look out** sakınmak; gözetmek. **look out for** dikkat etmek. **look over** incelemek, muayene etmek, göz gezdirmek, yoklamak. **look sharp** dikkat etmek. **look the other way** görmezlikten gelmek. **Look to your manners.** Davranışlarına dikkat et! Kendine gel. **look up** gözleri yukarı dikmek; aramak, bakmak; ziyaret etmek, yoklamak; iyileşmek, düzelmek. **look up to** hürmeti olmak, hürmet etmek; güvenmek, itimat etmek. **good looks** güzellik. **He looked me through and through.** Beni iyice inceledi. Beni süzdü. **Things look bad for you.** İşiniz kötüdür. Yandınız. **looking glass** ayna.

look.er (lûk'ır) *i.* bakan kimse; *argo* güzel ve yakışıklı kimse.

look.er-on (lûk'ıran') *i.* seyirci.

look.ing-glass (lûk'îng.gläs) *s.* ters yönde olan; karmakarışık.

look.out (lûk'aut) *i.* gözetleme yeri; gözetleme; gözleme; bekleme.

look-see (lûk'si) *i., argo* bakma.

loom (lum) *i.* dokuma tezgâhı; dokuma; *den.* küreğin topacı.

loom (lum) *f., i.* uzakta hayal gibi gözükmek; aslından daha kocaman ve korkunç gözükmek; büyük önem kazanmak; *i.* uzakta hayal gibi belirme.

loon (lun) *i.* ahmak kimse; değersiz kimse; serseri kimse.

loon (lun) *i.* gerdanlı dalgıç, *zool.* Gavia. **crazy as a loon** bütün bütün sersem, zırdeli.

loon.y, lu.ny (lu'ni) *s., argo* deli, çılgın.

loop (lup) *i., f.* ilmek; ilik halkası; ırmağın yılankavi aktığı yer; kroşe ve örgü işlerinde bir ilmek; doğum kontrolü için dölyatağına konulan halka, spiral; *f.* ilmek yapmak, ilmeklemek; ilmek olmak, ilmekle tutulmak. **loop back** bir eğri meydana getirerek aksi yönde gitmek. **loop stitch** ilmekli dikiş, fisto. **loop the loop** uçak ile havada dikey dönüş yapmak, takla atmak. **loop up** ilmeklemek.

loop.hole (lup'hol) *i.* mazgal deliği, duvar kovuğu; kaçamak.

loop.y (lu'pi) *s.* ilmekli; *argo* deli.

loose (lus) *s., f.* gevşek, sıkı ve bağlı olmayan, başıboş; dağınık, ayrı ayrı, seyrek, sıkışık olmayan; ahlâkça serbest, hafifmeşrep, iffet sahibi olmayan; şüpheli, müphem; yumuşak (öksürük); ishal olmuş, kabız değil; *f.* gevşetmek, çözmek, açmak; salıvermek, hapisten çıkarmak, serbest bırakmak, azat etmek; boşaltmak (tüfek). **loose ends** yarım kalmış işler. **loose-jointed** *s.* mafsalları sıkıca birleşmemiş. **loose-leaf** *s.* sayfaları çıkarılıp tekrar takılabilen (kitap veya defter). **loose rein** dizginleri gevşek, baskısız. **at loose ends** boşta. **break loose** ipini koparıp başıboş kalmak; hapishaneden kaçıp kurtulmak. **cast loose** çözmek, ayırmak. **cut loose** ilişkiyi kesmek; kaçmak, kurtulmak; *k.dili* cümbüş etmek, eğlenmek. **get loose** kurtulmak. **hang loose** *argo* istifini bozmamak. **have a screw loose** çivisi gevşemek; aklından zoru olmak. **let loose** salıvermek, çözüp koyvermek. **on the loose** serbest; eğlencede, cümbüşte. **play fast and loose** hile ile davranmak, özü sözü birbirine uymamak. **set veya turn loose** serbest bırakmak, başıboş salıvermek. **loosely** *z.* gevşek olarak; üstünkörü; ahlâksızca; hemen hemen, kabaca. **looseness** *i.* gevşeklik; ishal; intizamsızlık; kararsızlık.

loos.en (lu'sın) *f.* gevşetmek, çözmek, açmak; salıvermek; *tıb.* ishal etmek; gevşemek, çözülmek.

loose.strife (lus'strayf) *i.* altın kamış, *bot.* Lysimachia vulgaris.

loot (lut) *i., f.* yağma, çapul, ganimet, kanunsuz kazanç; *A.B.D., argo* para; *f.* yağma etmek, ganimet olarak zaptetmek.

lop (lap) *i., f.* (**-ped, -ping**) ufak dal, ağacın budanmış kısmı; *f.* ağacın dallarını kesmek, budamak; kesip düşürmek.

lop (lap) *f.* (**-ped, -ping**) sarkmak, asılı olmak; sarkıtmak.

lope (lop) *f., i.* uzun ve rahat adımlarla koşmak; *i.* uzun ve rahat adım.

lop.sid.ed (lap'say'did) *s.* bir tarafa meyilli; orantısız.

lo.qua.cious (lokwey'şıs) *s.* konuşkan, dilli, çeneli, geveze. **loquaciously** *z.* çok söyleyerek.

lo.quac.i.ty (lokwäs'ıti) *i.* ağız kalabalığı, gevezelik.

lo.quat (lo'kwat, -kwät) *i.* yenidünya ağacı veya meyvası, maltaeriği, *bot.* Eriobotrya japonica.

lo.ran (lôr'än) *i.* radyo sinyalleri ile gemi veya uçağın yerini tespit eden bir sistem.

lord (lôrd) *i., f.* efendi, sahip, mal sahibi; hâkim, hükümdar; lord (bir asalet unvanı); *b.h.* Rab, Allah, Tanrı; Hazreti İsa; *f.* lord payesi vermek. **Lord bless me!** Aman ya Rabbi! **Lord Chamberlain** İngiltere'de baş mabeyinci. **lord it over someone** gururlu davranmak, kibirlilik göstermek, amirane tavır takınmak. **Lord Mayor** Londra belediye reisi. **Lord's Day** pazar günü. **lords of creation** insan, beşer. **First Lord of the Admiralty** İngiltere'de Bahriye Nazırı. **House of Lords** Lordlar Kamarası. **live like a lord** lord gibi lüks içinde yaşamak. **my lord** efendim, lord cenapları. **O Lord!** Ya Rabbi! **Our Lord** Rabbimiz, Efendimiz, Hazreti İsa. **The Lord knows how.** Nasıl olduğunu ancak Allah bilir. **the Lords** Lordlar Kamarası. **the Lord's Prayer** İsa'nın öğrettiği dua. **the Lord's Supper** Aşai Rabbanî ayini. **lordlike** *s.* lord gibi, lordcasına. **lordling** *i.* lordcuk, genç ve önemsiz lord. **lordless** *s.* sahipsiz.

lord.ly (lôrd'li) *s.* amirane, lordvari, lorda yaraşır bir şekilde; azametli, muhteşem, asil; gururlu, kibirli, küstah. **lordliness** *i.* azamet; gurur, kibirlilik.

lor.do.sis, lor.do.ma (lôrdo'sis, -mı) *i., tıb.* omurga kemiğinin alt kısmının ileri doğru fazla çıkması.

lord.ship (lôrd'şip) *i.* lordluk sıfatı veya payesi; egemenlik, üstünlük; **his** *veya* **your** *ile* lord cenapları.

lore (lôr) *i.* ilim, bilgi, irfan (özellikle eski zaman bilgileri).

lore (lôr) *i.* kuşlarda gaga dibi ile göz arasındaki bölge, ağız ile göz arasındaki düzlük (kuş, sürüngen, balık).

lor.gnette (lôrnyet') *i.* süslü sapı olan ve kullanılmadığı zaman katlanabilen gözlük; saplı opera dürbünü.

lor.ry (lôr'i) *i., İng.* kamyon; *A.B.D.* alçak olup yansız ve dört tekerlekli yük arabası.

lo.ry (lo'ri, lôr'i) *i.* Avustralya'ya ve komşu adalara mahsus parlak kırmızı renkli papağan; Güney Afrika'ya mahsus parlak tüylü bir kuş.

lose (luz) *f.* (**lost**) kaybetmek, yitirmek, zayi etmek; kaçırmak, elden kaçırmak; şaşırmak; azıtmak; kaybolmak; mahrum olmak; mağlup olmak. **lose face** itibarını kaybetmek. **lose ground** geri çekilmek, mevkiini kaybetmek. **lose oneself** kendini kaybetmek, kendinden geçmek. **lose oneself in** zihnini tamamen işgal etmek, dalmak. **lose one's temper** kızmak. **lose out** kazanamamak. **lose sight of** gözden kaybetmek; unutmak. **lose the way** yolu şaşırmak.

los.er (lu'zır) *i.* kaybeden kimse; ziyan eden kimse. **a good loser** oyunu kaybedince kızmayan kimse.

los.ing (lu'zing) *s.* kazançlı olmayan, ziyan gören.

loss (lôs) *i.* ziyan, zarar, hasar; harabiyet, kayıp, elden çıkma; israf, telef; *ask.* zayiat, kayıplar. **loss leader** *tic.* müşteri kazanmak için ziyanla satılan belirli bir şey. **loss of civic rights** *huk.* medenî haklardan iskat. **loss of profit** *huk.* mahrum kalınan kâr. **a dead loss** tam ziyan; her şeyi kaybetme. **at a loss** şaşırmış, ne yapacağını bilmez; zararına (satış). **average loss** *den. sig.* kısmî ziyan. **bear a loss** ziyana katlanmak. **proof of loss** ziyanı ispat. **total loss** *den. sig.* onarılmaya değmeyecek derecede kayıp veya zarar, tam zarar.

lost (lôst) *s.* kaybolmuş, zayi olmuş, telef olmuş, gitmiş; mahvolmuş; aklını şaşırmış, kendini kaybetmiş; yolunu şaşırmış; dalgın, düşünceye dalmış; israf olmuş; duygusunu kaybetmiş. **lost cause** kaybedilmiş dava, ümitsiz dava. **lost in** tamamen dalmış. **lost to** kaybolmuş, elinden çıkmış. **be lost on** tesir etmemek.

lot (lat) *i., f.* (**-ted, -ting**) kısmet, kader, talih, baht, nasip; kur'a; *İng.* vergi; arazi parçası; hisse, pay; *gen. çoğ.* birçok, çok miktar; kısım, parça; nevi, tip; *f.* taksim etmek, hisselere ayırmak; kısımlara ayırmak (arazi); kur'a ile taksim etmek. **a lot** çok. **cast in one's lot with** birinin kaderine bağlanmak, birinin nasibini paylaşmak. **cast lots** zar atarak veya başka suretle talihini denemek. **draw lots** kur'a çekmek. **odd lot** az miktar. **He has lots of friends.** Pek çok dostu var. **the lot** hepsi.

loth *bak.* **loath.**

Lo.thar.i.o (lother'iyo) *i.* baştan çıkartan kimse.

lo.tion (lo'şın) *i.* vücudun bir yerini yıkamak veya yumuşatmak için kullanılan ilâçlı su, losyon.

lot.ter.y (lat'ıri) *i.* piyango, lotarya, kur'a; kader, kısmet, tesadüf.

lot.to (lat'o) *i.* tombala oyunu.

lo.tus (lo'tıs) *i.* nilüfer çiçeği, *bot.* Nymphaea lotus; hünnap, çiğde, *bot.* Zizyphus jujuba; *ark.* eski binaların üstüne süs olarak yapılan nilüfer çiçeği şekli; *mit.* meyvasının yiyenlere tatlı bir uyuşukluk verdiği farzolunan ağaç. **lotus eater** kendini hayalî bir uyuşukluğa veren kimse. **lotus position** yogada bir oturuş şekli. **honey lotus** kokulu sarı yonca, *bot.* Melilotus officinalis.

loud (laud) *s., z.* yüksek (ses); gürültülü, patırtılı; mübalâğacı; çok parlak (renk); kaba, inceliği olmayan; *z.* yüksek sesle, gürültü ile. **loudmouthed** *s.* ağzı kalabalık. **loud-speaker** *i.* hoparlör, sesi yükseltme aleti. **loud-voiced** *s.* yüksek sesli. **loudly** *z.* yüksek sesle; gürültüyle. **loudness** *i.* gürültü; ses yüksekliği. **out loud** normal konuşma sesi ile, sesli.

loud.en (laud'ın) *f.* yükselmek veya yükseltmek (ses).

lough (lak) *bak.* loch.

lounge (launc) *f., i.* tembelce uzanmak veya yayılıp oturmak; aylakça vakit geçirmek, tembel tembel dolaşmak; *i.* şezlong, divan, sedir; istirahat odası, bekleme odası, salon; aylaklık; tembelce yatış veya oturuş. **lounge away** (vakit) tembelce geçirmek. **lounger** *i.* tembelce yaşayan kimse.

louse (laus) *i.* (çoğ. **lice**) bit, kehle, *zool.* Pediculus; *argo* eşekoğlueşek, pis herif. **crab louse** kasık biti, kıl biti, *zool.* Phthirus pubis. **plant louse** fidan biti, *zool.* Aphis.

lous.y (lau'zi) *s.* bitli, üstü başı bit dolu; *argo* kötü; *argo* alçak, iğrenç. **He is lousy with money.** *argo* Onun parası çok. **lousiness** *i.* bitlilik; iğrençlik; berbatlık.

lout (laut) *i.* kaba adam, aptal veya maskara kimse; *slang* eşek. **loutish** *s.* soytarı gibi; kaba, hoyrat. **loutishly** *z.* hoyratça. **loutishness** *i.* kabalık, hoyratlık; eşeklik.

lou.ver (lu'vır) *i.* eski zaman binalarında yanları pencereli kubbecik; pancur tahtası veya pancurlu pencere; hava deliği. **louver boards,** **louver boarding** yağmurun girmesine mâni olan pancurlu pencere; pancur tahtaları.

lov.a.ble (lʌv'ıbıl) *s.* sevilir, sevimli, cana yakın, hoş.

lov.age (lʌv'îc) *i.* selâm otu, yaban kerevizi, *bot.* Levisticum officinale.

love (lʌv) *f.* sevmek, âşık olmak.

love (lʌv) *i.* sevgi, muhabbet, aşk; sevgili, yâr, dost; *b.h.* aşk tanrısı, Küpid; *psik.* eros; *tenis* sıfır, hiç sayı kazanmamış olma. **love affair** aşk macerası. **love apple** *eski* domates. **love beads** hippilerin taktıkları renkli boncuklar. **love charm** aşk husule getiren büyü. **love child** aşk mahsulü, gayri meşru çocuk. **love feast** dostluk bağlarını kutlayan ve kuvvetlendiren ziyafet. **love grass** çayırgüzeli, *bot.* Eragrostis major. **love knot** muhabbet alâmeti olarak hususî bir şekilde bağlanan fiyonga. **love letter** aşk mektubu. **love match** yalnız aşk üzerine kurulan izdivaç. **love potion** aşk iksiri. **love seat** iki kişilik sedir. **love story** aşk hikâyesi. **a labor of love** hatır için yapılan iş. **fall in love** abayı yakmak, âşık olmak. **for the love of** aşkına, hatırı için. **give my love to** sevgilerimi söyle. **make love** sevişmek. **not for love or money** ne hatır için ne para için, hiç bir surette. **There is no love lost between them.** Birbirlerini hiç sevmezler. Birbirlerinden nefret ederler.

love.bird (lʌv'bırd) *i.* muhabbetkuşu, *zool.* Meleopsittacus undulatus; ufak bir papağan.

love-crossed (lʌv'krôst) *s.* aşkta şanssız.

love-in-a-mist (lʌv'înımîst') *i.* çöreotu, *bot.* Nigella damascena.

love-in-i.dle.ness (lʌv'înayd'ılnîs) *i.* yabanî menekşe.

love.less (lʌv'lîs) *s.* sevgisiz, sevgiden mahrum; sevgisi olmayan; sevilmeyen.

love-lies-bleed.ing (lʌv'layzbli'dîng) *i.* horozibiği çiçeği, yabanî kadife çiçeği, *bot.* Amaranthus tricolor.

love.lock (lʌv'lak) *i.* kâkül, zülüf, saç lülesi.

love.lorn (lʌv'lôrn) *s.* sevgilisi tarafından bırakılmış, terkedilmiş; aşk hicranı çeken.

love.ly (lʌv'li) *s.* güzel, latif, hoş, sevimli, sevilir. **loveliness** *i.* güzellik, sevimlilik.

lov.er (lʌv'ır) *i.* âşık, seven kimse, yâr, dost. **lover of art** sanat âşığı.

love.sick (lʌv'sîk) *s.* aşk hastası, sevdalı.

love.struck (lʌv'strʌk) s. (birisinin) aşkıyle vu-rulmuş.

lov.ing (lʌv'îng) s. seven, sevgi gösteren, müşfik. **loving cup** iki kulplu büyük içki kâsesi, mükâfat olarak verilen kâse. **loving-kind-ness** i. şefkat, lütuf, iyilik, merhamet. **lovingly** z. sevgi ile. **lovingness** i. sevgi tavrı.

low (lo) f., i. böğürmek; i. böğürme.

low (lo) s., z. alçak, yüksek olmayan; alçaktaki, aşağıdaki; ekvatora yakın; ufka yakın; alçak gönüllü, mütevazı; hakir; az; ucuz, adi; ya-vaş; müz. pes; kuvvetsiz, zayıf, baygın; sı-kıntılı; alçak, rezil; geri, medeniyetsiz; kısa, bodur, boysuz; karamsar; üzgün; z. alçak mevkide veya mevkie; ucuz fiyatla; pes o-larak; mütevazı tarzda. **low camp** bayağı. **low comedy** fars. **Low Countries** Hollanda, Belçika ve Lüksemburg. **low frequency** alçak frekans. **low gear** birinci vites. **low life** yoksulluk. **Low Mass** Katolik kilise-sinde müziksiz ve basit ayin. **low pressure** alçak basınç. **low profile** dikkati çekme-me siyaseti. **low relief** hafif kabartma. **low tide** cezir, inik deniz. **high and low** havas ve avam, herkes. **lay low** yatırmak, yatağa düşürmek; yıkmak, mahvetmek. **lie low** sak-lanmak; niyetlerini gizlemek, susup beklemek. **run low** bitmek üzere olmak. **search high and low** her yerde aramak.

low.born (lo'bôrn) s. aşağı tabakadan.

low.boy (lo'boy) i. alçak konsol.

low.brow (lo'brau) s., i. adi, tahsil görmemiş, kültürsüz, basit (kimse).

low-down (lo'daun) s., k.dili alçak, ahlâksız; alçakça yapılan.

low.down (lo'daun) i., k.dili hakikat, bir işin içyüzü.

low.er, lour (lau'wır, laur) f., i. surat asmak, so-murtmak; karartmak (bulut); i. asık surat; kaşlarını çatarak bakma. **lowering** s. somurt-kan; kararmış (gök).

low.er (lo'wır) f. indirmek; azaltmak, eksiltmek, tenzil etmek; zayıflatmak; alçaltmak, rezil et-mek; müz. pesleştirmek; inmek, azalmak, eksilmek.

low.er (lo'wır) s., z. daha aşağı; daha alçak. **lower case** minüskül, küçük harf. **lower chamber** halk meclisi, avam kamarası. **lower class** alt tabaka. **lower criticism** metnin aslını araştıran eleştiri. **lower court** huk.

bidayet mahkemesi, alt mahkeme. **lower deck** ikinci güverte, tavlun. **lower school** bir okulun hazırlayıcı kısmı. **lower world** arz, dünya; ölüler diyarı. **lowermost** s. en aşağı, en aşağıda olan.

low.land (lo'lınd, -länd) i., gen. çoğ., s. düz arazi, ova; s. ovaya mahsus.

low.life (lo'layf) i. ayaktakımı; kopuk, hayta.

low.ly (lo'li) s., z. rütbe veya mevkice aşağı; mütevazı, alçak gönüllü; z. ikinci derecede, aşağı. **lowliness** i. alçak gönüllülük.

low-mind.ed (lo'maynd'dîd) s. adi düşünüşlü, alçak fikirleri olan.

low.necked (lo'nekt') s. açık yakalı (elbise), dekolte.

low.pitched (lo'pîçt') s. alçak sesli, pes sesli; heyecansız; az meyilli (çatı).

low-pres.sure (lo'preş'ır) s. alçak basınçlı; me-teor. normalden aşağı basıncı belirten.

low.rise (lo'rayz) s. asansörsüz ve alçak (bina).

low-spir.it.ed (lo'spîr'îtîd) s. kederli, üzgün, tasalı.

low-wa.ter mark (lo'wôtır) alçak su seviyesi işareti; bir şeyin en alçak veya en düşük noktası.

lox (laks) i. füme balık.

lox (laks) i., **liquid oxygen** sıvı oksijen.

lox.o.drom.ic (laksıdram'îk) s., den. kerte hatları üzerinde seyre ait. **loxodromics** i. kerte hatları üzerinde seyir sanatı. **loxodrom-ic curve, loxodromic line** her meridyen ile aynı açıyı yapan çizgi.

loy.al (loy'ıl) s. sadık, vefalı. **loyalist** i. her zaman krala sadık kalan kimse. **loyally** z. sadakatle.

loy.al.ty (loy'ılti) i. sadakat, hulûs, bağlılık. **loyalty oath** A.B.D. sadakat yemini.

loz.enge (laz'înc) i. pastil; baklava biçimi, eş-kenar dörtgen; baklava şeklinde şey.

LP (el'pi') i., s. dakikada 33 1/3 devir yapan büyük plak; s., bak. **long-playing.**

LSD (elesdi') i. suni halusinojen bir madde.

lub.ber (lʌb'ır) i. acemi ve hantal kimse; den. gemi ile az seyahat etmiş kimse.

lube i., **lube oil** (lub) bak. **lubricating oil.**

lu.bri.cate (lu'brıkeyt) f. yağlamak, yağlayarak kolay işler hale getirmek. **lubricating oil** makina yağı, motor yağı. **lubricant** i. yağ-layıcı madde. **lubrica'tion** i. yağlama. **lu-bricator** i. yağlama cihazı; yağdanlık.

lu.bric.i.ty (lubrîs'ıti) *i.* zamparalık, kadın düş-
künlüğü; yağlılık, kayar halde olma, kay-
ganlık, kaypaklık.
lu.bri.cous (lu'brıkıs) *s.* kaygan; dönek; zam-
para.
luce (lus) *i.* turnabalığı, *zool.* Esox lucius.
lu.cent (lu'sınt) *s.* parlak, ziyadar, şeffaf, berrak,
açık, aydın, vazıh.
Lu.cerne (lusırn') *i.* Luzern.
lu.cerne (lusırn') *i., İng.* kaba yonca.
lu.cid (lu'sîd) *s.* kolay anlaşılır; kafası sağ-
lam; aklı başında; berrak, vazıh, açık;
şeffaf. lucid interval hasta veya delinin
şuurlu hale geldiği fasıla. lucid'ity, lucid-
ness *i.* berraklık, vuzuh, açıklık; aklıselim,
sağduyu.
Lu.ci.fer (lu'sıfır) *i.* Zühre yıldızı, Venüs, sabah
yıldızı; Şeytan, İblis; *k.h., eski* kibrit.
luck (lʌk) *i.* talih, şans, baht, ikbal; uğurlu şey.
as luck would have it şansıma. down on
one's luck talihsiz, bahtsız. for luck uğur
getirsin diye. in luck talihli, şansı açık, bah-
tiyar. just my luck tam benim şansıma. out
of luck talihsiz. try one's luck şansını de-
nemek. worse luck maalesef, ne yazık ki.
luckless *s.* talihsiz, şanssız. lucklessly *z.*
talihsizce.
luck.i.ly (lʌk'ıli) *z.* çok şükür, talihine, be-
reket versin ki.
luck.y (lʌk'i) *s.* talihli, şanslı, uğurlu, meyme-
netli. lucky day uğurlu gün, mesut gün.
lucky dog talihli adam. Lucky dog! Ke-
rata şanslı! lucky penny uğurlu para. luck-
iness *i.* şanslılık.
lu.cra.tive (lu'krıtîv) *s.* kârlı, kazançlı, yararlı.
lucratively *z.* kârlı olarak, kazançlı olarak.
lu.cre (lu'kır) *i.* para, servet. filthy lucre *şaka*
para, akçe.
lu.cu.brate (lu'kyûbreyt) *f.* gece geç saatlere
kadar çalışmak, kafa yorarak çalışmak; emekle
eser meydana getirmek. lucubra'tion *i.*
emekle meydana getirilmiş eser. lu'cu-
brator *i.* böyle emekle çalışan kimse. lu'cu-
bratory (lu'kyûbrıtôri) *s.* gece çalışmasına
ait; zahmetli, yorucu, sıkıntılı, emekli.
Lud.dite (lʌd'ayt) *i.* makina düşmanı, maki-
naların işçinin zararına kullanıldığına ina-
nan kimse.
lu.dic (lu'dîk) *s.* oynama ile ilgili; civelek, oynak.
lu.di.crous (lu'dıkrıs) *s.* gülünç, güldürücü,

komik. ludicrously *z.* gülünç şekilde, ko-
mik olarak. ludicrousness *i.* komiklik, gül-
dürücülük.
lu.es (lu'wiz) *i., tıb.* frengi.
luff (lʌf) *i., f., den.* orsa seyiri; flok ve velena
yelkenlerinde lermo yakası ve astarı; *f.* orsa
etmek, orsasına seyretmek. luff tackle adi
palanga, orsa palangası.
luf.fa (lʌf'ı) *bak.* loofa.
lug (lʌg) *i., İskoç.* kulak veya kulak memesi;
kulp, sap; araba okunun içinden geçtiği
meşin halka.
lug (lʌg) *f.* (-ged, -ging) çekmek, sürüklemek;
güçlükle taşımak; zorla sokmak (lüzumsuz
söz veya hikâye); ağır ağır hareket etmek,
sürüklenmek.
lug.gage (lʌg'îc) *i.* bagaj, yolcu eşyası. lug-
gage van *İng.* eşya vagonu. personal lug-
gage şahsî yol eşyası.
lug.ger (lʌg'ır) *i.* iki veya üç direkli ve aşırmalı
yelken kullanan gemi.
lug.sail, lug (lʌg'sıl, -seyl) *i.* aşırmalı yelken,
hasır yelken.
lu.gu.bri.ous (lugu'briys) *s.* fazla hazin, acıklı;
çok kasvetli, sıkıntılı; asık suratlı.
lug.worm (lʌg'wırm) *i.* kuma gömülen halkalı
deniz kurdu.
Luke (luk) *i.* Yeni Ahdin üçüncü kitabı; bu
kitabın yazarı.
luke.warm (luk'wôrm') *s.* ılık; soğuk, kayıtsız,
ilgisiz. lukewarmly *z.* ılık olarak; ilgisizce.
lukewarmness *i.* ılıklık; kayıtsızlık.
lull (lʌl) *f., i.* sakinleştirerek uyutmak, uyuştur-
mak, teskin etmek; uyuşmak, teskin olunmak,
sükûn bulmak; *i.* muvakkat sükûnet; ara
verme, fasıla.
lull.a.by (lʌl'ıbay) *i.* ninni; *müz.* ninniye benzer
parça.
lu.lu (lu'lu) *i., k.dili* olağanüstü bir şey.
lum.ba.go (lʌmbey'go) *i., tıb.* belağrısı, lum-
bago.
lum.bar (lʌm'bır, -bar) *s., i., anat.* bele ait
(damar, sinir). lumbar region bel nahiyesi,
bel. lumbar vertebrae bel omurları.
lum.ber (lʌm'bır) *f.* hantal hantal yürümek.
lum.ber (lʌm'bır) *i., f., İng.* kalabalık eden ve
kullanılmayan eşya; *f.* lüzumsuz eşya ile
doldurmak. lumber room *İng.* sandık odası.
lum.ber (lʌm'bır) *i., f.* kereste; *f.* kereste kesmek;
ormanda ağaç kesmek. lumberjack *i.* or-

manda ağaç kesen kimse. **lumberman** *i.*
keresteci, hızarcı, bıçkıcı. **lumberyard** *i.* ke-
reste deposu. **lumber mill** kereste kesme
yeri.

lum.ber.ing (lʌm'bıring) *i.* kereste için ağaç
kesimi.

lum.ber.ing (lʌm'bıring) *s.* hantal, kaba; gürül-
tülü. **lumberingly** *z.* hantalca.

lu.men (lu'mın) *i.* (*çoğ.* **-mi.na**) lümen, ışık
ölçü birimi; *anat.* tüp şeklindeki organın için-
deki boşluk.

lu.mi.nar.y (lu'mıneri) *i.* ışık veren cisim (bil-
hassa güneş veya ay); aydınlatıcı ve bilgili
kimse.

lu.mi.nes.cence (lumınes'ıns) *i.* parlaklık, ışıl-
dama. **luminescent** *s.* ışıldayan.

lu.mi.nif.er.ous (luminîf'ırıs) *s.* ışık saçan.

lu.mi.nous (lu'mınıs) *s.* parlak, aydınlık, ziyadar;
akıllı, zeki; berrak, açık, vazıh. **luminously**
z. parlak şekilde, berrak olarak. **luminosity**
(lumınas'ıti) *i.* parlaklık.

lum.mox (lʌm'ıks) *i., A.B.D., k.dili* aptal veya
bön kimse, ahmak kimse.

lump (lʌmp) *i., f.* parça, küme, biçimsiz parça,
topak, yumru; öbek; şiş; yığın, toptan şey;
hantal kimse, ahmak kimse; *f.* yığmak,
biçimsiz parça haline koymak; bir araya ge-
tirmek; toptan almak veya satmak; hantal
hantal dolaşmak. **lump coal** iri parçalar
halinde madenkömürü. **lump sugar** kesme
şeker. **lump sum** yekten, hep birden verilen
para. **have a lump in one's throat** üzün-
tüden boğazı tıkanmak. **in the lump** toptan,
hep birden. **lumpish** *s.* şiş gibi, yumru gibi;
aptal. **lumpishness** *i.* topak hali; ağırlık.
lumpy *s.* yumrularla dolu, yumru yumru,
topak topak.

lump (lʌmp) *f., k.dili* ister istemez tahammül
etmek, kahrını çekmek. **If you don't like
it you can lump it.** *argo* Beğensen de bir
beğenmesen de.

lu.na, Lu.na (lu'nı) *i.* ay; ay tanrıçası; *eski*
gümüş. **Luna moth** Amerika'ya mahsus iri
bir pervane, *zool.* Tropaea luna.

lu.na.cy (lu'nısi) *i.* delilik, cinnet, akıl hastalığı,
divanelik, kaçıklık, ahmaklık, delicesine ha-
reket.

lu.nar (lu'nır) *s.* aya ait, kamerî; yarımay şek-
linde; gümüşe ait, gümüşlü. **lunar caustic**
cehennemtaşı. **lunar distance** ayın gü-

neşten veya bir yıldızdan derece hesabıyle
olan uzaklığı. **lunar module, LM** aya insan
götürmek için kullanılan roketin en ön kısmı.
lunar month kamerî ay. **lunar rainbow**
ay ışığından meydana gelen gökkuşağı. **lunar
year** yeni ay ile başlayan on iki veya on üç
aylık yıl, ay yılı.

lu.nar.i.an (luner'iyın) *i.* ayda yaşadığı farz
edilen kimse; ayı inceleyen kimse.

lu.nate (lu'neyt) *s.* yarımay şeklinde.

lu.na.tic (lu'nıtik) *s., i.* deli, mecnun, akıl has-
tası; çılgınca yapılan; delilere mahsus; *i.* deli
kimse. **lunatic fringe** aşırı hareketlerle bir
fikir veya hareketi destekleyen kimseler.

lu.na.tion (luney'şın) *i.* iki yeni ay arasındaki
29 1/2 günlük devre, kamerî ay.

lunch (lʌnç) *i., f.* hafif yemek, öğle yemeği;
öğle yemeğinde yenen yiyecekler; *f.* öğle
yemeği yemek veya yedirmek. **lunch coun-
ter** büfe. **lunch hour** öğle tatili.

lunch.eon (lʌn'çın) *i.* hafif yemek, hafif öğle
yemeği. **luncheonette'** *i.* hafif yemeklerin
satıldığı küçük büfe.

lunch.room (lʌnç'rum) *i.* sandviç ve hafif ye-
mekler yenilen lokanta.

lune (lun) *i., geom.* birbirini kesen iki yayın
meydana getirdiği şekil; hilâl şeklinde her-
hangi bir şey.

lu.nette (lunet') *i.* duvar veya kubbedeki hilâl
şeklinde aralık; *ask.* ay tabya.

lung (lʌng) *i.* akciğerlerin her biri. **lungs** *i., çoğ.*
akciğer. **at the top of his lungs** avazı
çıktığı kadar.

lunge (lʌnc) *i., f.* kılıç ile hamle; saldırış, hamle;
f. eskrim veya boksta hamle etmek; saldırmak,
davranmak.

lung.wort (lʌng'wırt) *i.* ciğerotu, *bot.* Pul-
monaria officinalis.

lu.ni.so.lar (luniso'lır) *s.* güneşle ayın ilişkisine
veya hareketine ait.

lu.ny (lu'ni) *bak.* **loony.**

lu.pine (lu'pîn) *i.* acı bakla, *bot.* Lupinus.

lu.pine (lu'payn) *s.* kurda ait; aç kurt gibi; vah-
şi, yırtıcı.

lu.pus (lu'pıs) *i., tıb.* deri veremi.

lurch (lırç) *i., f., den.* geminin birdenbire sal-
lanması veya silkinmesi; sarhoş gibi sende-
leme; *f.* sallanmak, silkinmek; sendelemek.

lurch (lırç) *i., eski* müşkül durum. **leave in the**

lurch güç bir zamanda terketmek (bir dost veya ortağı).

lurch.er (lır'çır) *i.* pusu kuran kimse; adi hırsız, dolandırıcı, aldatıcı kimse.

lure (lûr) *i., f.* hayvan veya balık tutmak için yem; şahin veya atmacayı geri getirmek için gösterilen kuş veya ete benzer şey; cazibe, tuzak; *f.* cezbetmek; kuş veya et gibi bir şey göstererek çağırmak (şahin).

lu.rid (lûr'îd) *s.* korkunç, dehşetli, korkutucu; donuk, uçuk renkli; karanlıkta kızıl alev saçan, kızıl renkli; renkli, parlak.

lurk (lırk) *f.* hırsız gibi gizlenmek, pusuya yatmak; gizli olmak; gizli gizli dolaşmak. **on the lurk** pusuda. **lurking-place** *i.* pusu yeri; hırsızın gizlendiği yer.

Lu.sa.ka (lusa'kı) *i.* Kuzey Rodezya'nın başşehri, Lusaka.

lus.cious (lʌş'ıs) *s.* pek tatlı, çok lezzetli; fazla tatlı; zevki okşayan. **lusciously** *z.* çok lezzetli olarak. **lusciousness** *i.* lezzetlilik.

lush (lʌş) *s.* çok sulu, çok özlü; bereketli, bol; lezzetli; cafcaflı.

lush (lʌş) *i., f., argo* ayyaş kimse; *f.* çok içki içirmek veya içmek.

lust (lʌst) *i., f.* şehvet, şehvet düşkünlüğü; nefsaniyet; çok kuvvetli ve karşı konulamaz arzu; arzu, heves, düşkünlük; *f.* şehvetli olmak. **lust for, lust after** şehvetle arzu etmek.

lus.ter, İng. -tre (lʌs'tır) *i., f.* parlaklık, parıltı; cilâ; şaşaa, göz alıcılık, ihtişam; şamdan, avize, ışık veren şey; çok güzel olma; şöhret; *f.* cilâlamak, parlaklık vermek. **lusterware** *i.* sırlı çanak çömlek. **lusterless** *s.* cilâsız, donuk, mat; zevksiz.

lust.ful (lʌst'fıl) *s.* şehvet düşkünü, şehvetli. **lustfully** *z.* şehvetli olarak. **lustfulness** *i.* şehvet düşkünlüğü.

lus.tral (lʌs'trıl) *s.* arınmaya ait; arınmak için kullanılan; beş senede bir olan.

lus.trate (lʌs'treyt) *f.* törenle arıtmak, yıkayıp arıtmak (ayinde); şartlamak. **lustra'tion** *i.* ayinde yıkayıp arıtma.

lus.tre *bak.* **luster.**

lus.trous (lʌs'trıs) *s.* parlak. **lustrously** *z.* parlak olarak. **lustrousness** *i.* parlaklık.

lus.trum (lʌs'trım) *i.* (*çoğ.* -tra, -trums) eski Roma'da beş senede bir yapılan nüfus sa- yımı; bu zamanda yapılan genel arınma; beş senelik müddet.

lust.y (lʌs'ti) *s.* vücudu kuvvetli, sağlam, dinç, canlı, gürbüz; kuvvetli. **lustily** *z.* kuvvetle, şiddetle. **lustiness** *i.* kuvvet, şiddet; şevk, iştah, zevk, canlılık.

lute (lut) *i., f., müz.* ut, lavta cinsinden telli saz, kopuz; *f.* ut çalmak. **lutist, lutanist** *i.* udî, kopuzcu.

lute (lut) *i., f.* borunun ek yerlerini yapıştırmak için kullanılan ince toz haline getirilmiş bir kil bileşimi; *f.* böyle bir bileşimle sıvamak.

lu.te.ous (lu'tiyıs) *s.* açık veya orta koyulukta yeşilimsi sarı renkli.

lute.string (lut'strîng) *i.* bir çeşit parlak ipekli kumaş.

lux (lʌks) *i.* (*çoğ.* -es, lu.ces) *fiz.* ışık ölçüsü birimi.

lux.ate (lʌk'seyt) *f.* mafsaldan çıkarmak, yerinden çıkarmak, burkmak. **luxa'tion** *i.* çıkık.

luxe (lûks, lʌks) *i.* lüks, çok süslü şey. **de luxe** lüks, şatafatlı.

Lux.em.bourg (lʌk'sımbırg) *i.* Lüksemburg.

lux.u.ri.ant (lʌgjûr'iyınt, lʌkşûr'-) *s.* bereketli, çok bol; çok süslü. **luxuriance, -cy** *i.* bolluk. **luxuriantly** *z.* bol olarak; çok süslü olarak.

lux.u.ri.ate (lʌgjûr'iyeyt, lʌkşûr'-) *f.* lüks yaşamak; pek çok zevk almak; külfetli şekilde yetişmek.

lux.u.ri.ous (lʌgjûr'iyıs, lʌkşûr'-) *s.* lüks, lükse ait, zevk verici, çok rahat. **luxuriously** *z.* lüks olarak, çok rahat şekilde. **luxuriousness** *i.* lüks olma, rahatlık.

lux.u.ry (lʌk'şıri) *i.* lüks şey; çok zevk veren şey; lüks hayata dalma; fazla bolluk içinde yaşama.

Lu.zon (luzan') *i.* Luzon.

ly.can.thro.py (laykän'thrıpi) *i., tıb.* hastanın kendini kurt zannederek kurt gibi hareket etme deliliği; halk edebiyatında sihirbazlıkla bir insanın kurt haline konulması.

Ly.ca.o.ni.a (laykeyo'nıyı) *i., tar.* Likaonya, Konya yöresinin eski ismi.

ly.cée (lisey') *i.* lise.

ly.ce.um (laysi'yım) *i., b.h.* Atina yakınlarında Aristo'nun felsefe öğrettiği koru; konferans salonu; konferans ve konser yoluyla halkı eğiten örgüt; lise.

Lyc.i.a (liş'iyı, liş'ı) *i., tar.* Likya, Muğla yöresinin eski ismi.

ly.co.pod (lay'kıpad) *i.* kurdayağı, *bot.* Lycopodium clavatum.

ly.co.po.di.um (laykıpo'diyım) *i., ecza.* kurdayağı tozu.

lyd.dite (lid'ayt) *i.* asit pikrikten meydana gelen kuvvetli bir patlayıcı madde, lidit.

Lyd.i.a (lid'iyı) *i., tar.* Lidya, Manisa yöresinin eski ismi.

Lyd.i.an (lid'iyın) *s., i.* eski Lidya'ya ait; kadınsı; şehvet düşkünü; *i.* Lidya'lı kimse; Lidya dili. **Lydian mode** *müz.* eski Yunanlılarda yumuşak ve sinirleri gevşetici bir gam. **Lydian stone** mihenk taşı.

lye (lay) *i.* kül suyu, boğada suyu.

ly.ing (lay'îng) *i.* yalan söyleme, yalancılık.

ly.ing (lay'îng) *i.* yatış; yatacak yer. **lying-in** *i.* çocuk doğurma; loğusalık. **lying to** *den.* faça edip yatma.

lymph (limf) *i., tıb.* lenfa, akkan. **lymph node** lenf bezi, akkan düğümü.

lym.phat.ic (limfät'ik) *s., i.* lenfatik; içinde lenf bulunan; lenfe ait; heyecansız, aşırı serinkanlı, kaygısız, tembel halli; *i.* lenf damarı. **lymphatic gland** lenf bezi. **lymphatic system** lenf sistemi. **lymphatic vessel** lenf damarı.

lynch (linç) *f.* yargılamadan öldürmek, linç etmek. **lynch law** linç kanunu.

lynx (lîngks) *i.* vaşak, karakulak, *zool.* Caracal melanotis. **pardine lynx** vaşak, *zool.* Lynx pardina. **lynx-eyed** *s.* çok keskin gözlü.

ly.on.naise (layıneyz') *s.* ince dilinmiş soğan ile pişirilmiş (patates).

Ly.ra (lay'rı) *i., astr.* Şilyak takımyıldızı.

lyre (layr) *i., müz.* çenk, bir çeşit harp. **lyre bird** *zool.* Avustralya'ya mahsus ve kuyruğu çenk şeklinde bir çeşit kuş. **lyrist** *i.* çenk çalan kimse; gazel yazan veya okuyan kimse.

lyr.ic (lir'ik) *s., i.* lirik; *i.* gazel, lirik şiir; *çoğ.* güfte. **lyric drama** lirik dram. **lyric poetry** lirik şiirler. **lyrical** *s.* gazele ait, şiir tarzında. **lyricism** *i.* lirizm, lirik nitelikleri olma. **lyricist** *i.* şarkı veya müzikli oyun için güfte yazarı.

lyse (lays) *f., tıb.* kaybolmak, yok olmak (hastalık belirtisi, bakteriler); yok etmek.

ly.sin (lay'sîn) *i., biyokim.* hareketinde antikora benzeyen ve kan hücreleri ile bakterileri yok edebilen madde.

ly.sine (lay'sin) *i., biyokim.* birçok proteinde bulunan bir aminoasit, lizin.

ly.sis (lay'sîs) *i., tıb.* hastalık belirtilerinin tedricen kaybolması; *biyokim.* hücrelerin eriyip yok olması.

ly.sol (lay'sôl', -sol, -sal) *i.* lizol.

lys.sa (lîs'ı) *i., tıb.* kuduz hastalığı.

M

M, m (em) *i.* İngiliz alfabesinin on üçüncü harfi; *b.h.* Romen rakamlarında 1000.

m, m. *kıs.* meter(s).

M *kıs.* medieval, middle.

M. *kıs.* handful, Master, Monday, Monsieur.

M., m. *kıs.* majesty, male, manual, mark, marquis, married, masculine, mass, medicine, medium, meridian, mile, mill, minim, minute, modulus, month, morning, mountain, noon.

M.A. Master of Arts.

ma (ma) *i., k.dili* anne.

MA *kıs.* Massachusetts.

ma'am (mäm) *i.* madam, efendim, hanımefendi *(bir cevap veya cümle sonunda kullanılır).*

Mac- önek, *İskoç., İrl.* oğlu, zade *(bazen Mc veya M' olarak yazılır).*

ma.ca.bre, -ber (mıka'bır) *s.* ölümü hatırlatan, ölümle ilgili; dehşetli, meşum.

mac.ad.am (mıkäd'ım) *i.* makadam, şose; makadam inşasında kullanılan malzeme.

mac.ad.am.ize (mıkäd'ımayz) *f.* makadam usulü ile şose yapmak.

mac.a.ro.ni (mäkıro'ni) i. makarna; karma-karışık şey; 18. yüzyılda İngiltere'de züppe.

mac.a.ron.ic (mäkıran'ik) s. diğer bir dili taklit ederek mizahî bir şekilde yazılan (edebî eser).

mac.a.roon (mäkırun') i. acıbadem kurabiyesi.

ma.caw (mıkô') i. tropikal Amerika'ya özgü iri bir papağan.

mac.ca.boy, mac.co.boy (mäk'ıboy) i. gül kokulu bir çeşit enfiye.

mace (meys) i. ortaçağda kullanılan ağır topuz; yetki belirtisi olarak kullanılan tören asası. macebearer i. bu asayı taşıyan görevli.

mace (meys) i. küçük hindistancevizi kabuğu-nun öğütülmesiyle elde edilen güzel ko-kulu bir baharat.

Mace (meys) i. göz yaşartıcı bomba imalinde kullanılan kimyasal bir sıvı.

Mac.e.do.ni.a (mäsıdo'niyı) i. Makedonya. Macedonian i., s. Makedonyalı; Makedonya dili; s. Makedonya ile ilgili.

mac.er.ate (mäs'ıreyt) f. katı bir maddeyi sıvı bir maddede ıslatarak yumuşatmak; zayıf-latmak; zayıflayıp erimek. macera'tion i. yumuşama; zayıflama.

Mach i., Mach number (mak) hav. Mah sayısı.

ma.chet.e (mışet'i, mışet') i. Orta Amerika'da kullanılan bir cins pala.

Mach.i.a.vel.li (makiyıvel'i) i. Makyavel; Mak-yavel politikasını güden kimse. Machiavel-lian s. Makyavelce. Machiavellianism i. Makyavelcilik, Makyavelizm.

ma.chic.o.la.tion (mıçıkıley'şın) i. kale siperine saldıran düşmanın üzerine kızgın yağ ve eritilmiş kurşun dökmek için açılan delik, tepe mazgalı. machic'olate f. bu amaç için delik açmak.

mach.i.nate (mäk'ıneyt) f. düzenbazlık etmek, dolap çevirmek, entrika çevirmek. machina'-tion i., gen. çoğ. entrika, dolap, düzen. machinator i. düzenbaz kimse.

ma.chine (mışin') i., s., f. makina; makina gibi çalışan herhangi bir şey; motorlu araç, araba; örgüt; mekanizma; politika çarkı; s. makinayla ilgili; makina ile yapılmış; f. makina ile imal etmek veya şekil vermek. machine gun makinalı tüfek, mitralyöz. machine-made s. makina işi. machine oil makina yağı. ma-chine shop makina atölyesi; tornacı dükkânı. machine tools torna ve planya gibi maki-

nalar, imalât aletleri. machine work makina işi. knitting machine trikotaj makinası. sewing machine dikiş makinası.

ma.chin.er.y (mışi'nıri, mışin'ri) i. makinalar; herhangi bir makinanın işleyen kısımları; edebî eserlerde olumlu sonucu hazırlayan beklenmedik olay; bir sonuca varmak için baş vurulan vasıtalar.

ma.chin.ist (mışi'nîst) i. makinist.

mack.er.el (mäk'ırıl) i. uskumru, zool. Scomber scombrus. mackerel sky atılmış pamuk gibi bulut. chub mackerel kolyoz, zool. Scomber colias. horse mackerel istavrit, zool. Trachurus; orkinos, zool. Thunnus thynnus.

mack.in.tosh (mäk'ıntaş) i. yağmurluk; kauçuk kaplı ince kumaş.

mack.le (mäk'ıl) i., f. leke, benek, bulanıklık; f., matb. bulanık basmak.

ma.cle (mäk'ıl) i. aynı türden birleşmiş çift kristal.

mac.ra.mé (mäk'rımey) i. düğümlü örgü, dü-ğümler atılmış süslü kordon veya sicim.

macro- önek büyük, büyümüş, iri.

mac.ro.ceph.a.ly (mäkrosef'ıli) i. büyük baş-lılık, iri beyinlilik. macrocephalous s. iri beyinli.

mac.ro.cli.mate (mäk'roklaymît) i., meteor. geniş bir alanda hüküm süren genel iklim.

mac.ro.cosm (mäk'rıkazım) i. kendi başına kü-çük bir âlem olan insana oranla büyük âlem, kâinat, evren.

mac.ro.e.co.nom.ics (mäk'ro.ekınam'îks) i. geniş kapsamlı genel ekonomi bilimi.

mac.ro.graph (mäk'rıgräf) i. bir nesneyi olduğu gibi veya olduğundan büyük gösteren fo-toğraf.

mac.ro.mol.e.cule (mäk'rımal'ıkyul) i. protein veya kauçukta olduğu gibi çok büyük mo-lekül.

ma.cron (mey'krın) i. sesli harfin uzun oldu-ğunu göstermek için üzerine konulan (-) işareti.

mac.ro.po.di.an (mäkrıpo'diyın) s., i., zool. arka ayakları çok büyük olan keseli hayvan-lardan, kanguru gibi; i. kanguruya benzeyen hayvan.

mac.ro.scop.ic (mäkrıskap'îk) s. çıplak gözle görülebilen.

mac.u.la (mäk'yılı) i. leke, nokta, benek (güneş veya deride).

mac.u.late (mäk'yıleyt,˙ -lît) s. benekli, lekeli.
mac.u.late (mäk'yıleyt) f. lekelemek, kirletmek.
macula'tion i. leke, lekeler.
mac.ule (mäk'yul) i., f. leke; f., matb. bulanık basmak.
mad (mäd) s. (-der, -dest) deli, divane; çılgın, çıldırmış; A.B.D.,ˌk.dili çok kızmış, kudurmuş; kuduz; delice; dengesini kaybetmiş, kendinden geçmiş. mad about k.dili fazla istekli, can atan. mad as a hatter, mad as a March hare zırdeli. mad money argo bir kızın birlikte gezmeye gittiği erkek arkadaşıyle münakaşa etmesi halinde, eve dönebilmek için yanında bulundurduğu ufak para. hopping mad A.B.D., k.dili çok kızmış, köpürmüş. like mad deli gibi, çılgınca. madly z. delice. madness i. delilik.
Mad.a.gas.car (mädıgäs'kır) i. Madagaskar Adası.
mad.am, mad.ame (çoğ. mes.dames) (mäd'-ım, madam', çoğ. meydam') i. bayan (evli), sayın bayan (mektup başında), madam.
mad.am (mäd'ım) i. genelev idare eden kadın.
mad.cap (mäd'käp) s. delişmen, ele avuca sığmaz.
mad.den (mäd'ın) f. delirtmek; delirmek; sinirlendirmek.
mad.den.ing (mäd'ınîng) s. çıldırtıcı, delirtici; sinirlendirici, can sıkıcı. maddeningly z. çıldırtırcasına.
mad.der (mäd'ır) i. boya kökü, kızıl boya; bu kökten alınan parlak kırmızı boya, fes boyası. madder lake sarıya çalan kızıl bir renk.
mad.ding (mäd'îng) s. çılgın, zıvanadan çıkmış, köpürmüş, çok hiddetlenmiş; çıldırtıcı.
made (meyd) bak. make; s. yapılmış, mamul; istikbali garanti altına alınmış, işi yolunda; yapma, doldurma. have it made ısmarlamak; A.B.D., argo sonucundan emin olmak. loosely made bol yapılmış, gevşek örülmüş (elbise). well made biçimli, iyi yapılı.
Ma.dei.ra (mıdîr'ı) i. Madeira adaları; burada yapılan bir şarap.
mad.e.moi.selle (mäd'ımızel', k.dili mämzel') i. (çoğ. -s, Fr. mes.de.moi.selles) evlenmemiş Fransız kadını, matmazel; Fransız mürebbiye veya kız öğretmen.
made-to-or.der (meyd'tuwôr'dır) s. ısmarlama; tam uygun, yerinde.
made-up (meyd'ʌp') s. uydurma, yalan; makyajlı, yüzü boyalı; tamamlanmış; tazmin edilmiş, zararı ödenmiş.
mad.house (mäd'haus) i. tımarhane.
Mad.i.son Avenue (mäd'ısın) New York şehrinde birçok reklâm şirketinin bulunduğu cadde; Amerikan reklâm dünyası.
mad.man (mäd'män) i. deli.
Ma.don.na (mıdan'ı) i. Meryem Ana, Hazreti Meryem; Meryem Ana resmi veya heykeli. Madonna lily beyaz zambak.
ma.dras (mıdräs', mäd'rıs) i. bir çeşit sık dokunmuş ince pamuklu kumaş; parlak renkli büyük başörtüsü.
mad.re.pore (mäd'rıpôr) i. delikli mercan; bu mercanı yapan hayvancık.
Ma.drid (mıdrîd') i. Madrid.
mad.ri.gal (mäd'rıgıl) i. pastoral şeklinde bir şiir türü, kısa gazel; çoğunlukla çalgısız olarak çeşitli perdelerde birkaç sesle söylenen şarkı.
mad.wort (mäd'wırt) i. deliotu, bot. Alyssum; bir tür hodan.
Mae.ce.nas (misi'nıs) i. şair Virgilius ile Horatius'un hamisi; hami, bilhassa edebiyat ve sanat hamisi.
Mael.strom (meyl'strım) i. Norveç'in batı kıyısına yakın ünlü girdap; k.h. girdap; tehlikeli ve karşı konulmaz güç.
mae.nad (mi'näd) i. şarap tanrısı Baküs'ün buyruğundaki peri; heyecanla kendinden geçmiş kadın.
mae.sto.so (maysto'so) s., z., İt., müz. ağır ve görkemli; z. maestoso.
maes.tro (mays'tro) i., İt. üstat, bilhassa müzik üstadı, mayestro, orkestra şefi.
Mae West (mey) denize iniş yapan havacılara mahsus bir çeşit cankurtaran yeleği.
Ma.fi.a (ma'fiya, mäf'ıyı) i. Sicilya çıkışlı gangster örgütü; k.h. Sicilya'da kanun düşmanlığı veya düşmanları.
mag.a.zine (mägızin') i. dergi, mecmua; depo; cephane deposu; silâhta fişek hazinesi.
Ma.gel.lan, Strait of (mıcel'ın) Macellan Boğazı.
ma.gen.ta (mıcen'tı) i. galibarda, morumsu kırmızı boya veya renk.
mag.got (mäg'ıt) i. sürfe, kurt, kurtçuk, sinek kurdu, peynir kurdu; eski delice arzu, merak, sevda. wood-boring maggot ağaç kurdu. maggoty s. kurtlu.
Ma.gi (mey'cay) i., çoğ. doğuda gördükleri

yıldız aracılığıyle yeni doğmuş olan Hazreti İsa'yı ziyarete gelen üç müneccim (Matta 2: 1-12); eski Medya ve İran'da ruhban sınıfı; Mecusîler.

mag.ic (mäc'îk) *i., s.* sihirbazlık, sihir, büyücülük, büyü; gözbağcılık, hokkabazlık; *s.* sihirle ilgili, büyücülükte kullanılan; sihirli, büyülü. **magic mirror** bakılınca gaipten haber veren ayna. **magic wand** sihirli değnek. **black magic** cin ve şeytanlar aracılığıyle yapılan büyü. **white magic** melekler aracılığıyle yapılan büyü, zararsız büyü. **magical** *s.* büyü gibi, sihirle ilgili. **magically** *z.* büyülü surette, büyüleyerek.

ma.gi.cian (mıcîş'ın) *i.* sihirbaz, büyücü, afsuncu; gözbağcı, hokkabaz.

mag.is.te.ri.al (mäcîstîr'iyıl) *s.* hâkime ait, hâkimane, amirane; tumturaklı; salâhiyetli. **magisterially** *z.* hâkimane surette. **magisterialness** *i.* amirane tavır.

mag.is.tra.cy (mäc'îstrısi) *i.* hâkimlik; hâkimler; bir hâkimin nüfuz bölgesi veya vazifesi.

mag.is.tral (mäc'îstrıl) *s.* eczanelerde hazır bulunmayıp reçeteye göre yapılan (ilâç).

mag.is.trate (mäc'îstreyt) *i.* hükümetin baş makamlarını işgal eden yetkili sivil memurlardan biri; sulh hâkimi.

mag.ma (mäg'mı) *i.* (*çoğ.* -ma.ta) yumuşak macun halinde madensel veya bitkisel bir bileşim; *jeol.* magma.

Mag.na Car.ta (mäg'nı kar'tı) Kral John tarafından 1215'te çıkarılan ve halkın bireysel hak ve dokunulmazlıklarını tanıyan siyasal belge; kişisel özgürlüğü savunan herhangi bir anayasa.

mag.nan.i.mous (mägnän'ımıs) *s.* yüksek ruhlu, âlicenap, yüce gönüllü, asil tabiatlı. **magnanimity** (mägnınîm'ıti) *i.* âlicenaplık. **magnanimously** *z.* cömertçe.

mag.nate (mäg'neyt, -nît) *i.* ·kodaman, büyük adam, nüfuzlu veya meşhur kimse; patron, sermayedar.

Mag.ne.sia (mägni'jı) *i.* Manisa'nın eski ismi. **Magnesian** *s.* Manisa şehrine veya ahalisine ait.

mag.ne.sia (mägni'jı) *i.* magnezyum oksit, manyezi. **milk of magnesia** manyezi sütü. **magnesian** *s.* manyeziye ait.

mag.ne.si.um (mägni'ziyım, -jiyım) *i.* magnezyum. **magnesium lamp** magnezyumla ya-

nan lamba. **magnesium light** magnezyumun yanmasından meydana gelen çok kuvvetli ışık. **magnesium silicate** magnezyum silikatı. **magnesium sulphate** İngiliz tuzu, magnezyum sülfatı.

mag.net (mäg'nît) *i.* mıknatıs; mıknatıs gibi çeken şey. **horse-shoe magnet** at nalı şeklinde mıknatıs.

mag.net.ic (mägnet'îk) *s.* mıknatısî, mıknatıs özelliği olan, manyetik, mıknatısla çekilen; çok cazip, çekici (kimse); manyetizmaya ait. **magnetic coil** mıknatıs bobini. **magnetic field** mıknatısın tesir alanı, manyetik alan. **magnetic induction** temas olmadan bir mıknatısın diğer bir madene tesir etmesi. **magnetic needle** pusula iğnesi, mıknatıslı ibre. **magnetic north** pusulanın gösterdiği kuzey yönü. **magnetic pole** bir mıknatısın iki kutbundan biri, mıknatıs kutbu; mıknatısî kutup, pusulanın işaret ettiği arz mıknatıs kutuplarından biri. **magnetic storm** yeryüzünü çevreleyen manyetik alanda güneş etkisiyle meydana gelen anî değişiklik. **magnetic tape** teyp bandı. **magnetic variation** pusula iğnesinin gerçek kuzeyden sapma derecesi. **magnetically** *z.* mıknatıs gibi; mıknatıs kuvvetiyle.

mag.net.ism (mäg'nıtîzım) *i.* mıknatısiyet; manyetizma; mıknatısiyet husule getiren şey.

mag.net.ite (mäg'nıtayt) *i.* manyetit.

mag.net.ize (mäg'nıtayz) *f.* mıknatısiyet vermek, mıknatıslamak; cezbetmek, meftun etmek. **magnetiza'tion** *i.* mıknatıslama.

mag.ne.to (mägni'to) *i.* (*çoğ.* -s) mıknatısla elektrik meydana getiren makina, manyeto.

magneto- *önek* mıknatısiyetle ilgili, buna ait veya bununla meydana gelen. **magneto-electricity** *i.* indükleme akımı. **magneto-generator** *i.* daimî mıknatıslı jeneratör, manyeto. **magnetom'eter** *i.* manyetik kuvveti ölçme aleti, manyetometre. **magnetoscope** *i.* manyetik kuvveti bulmaya yarayan alet, manyetoskop.

Mag.nif.i.cat (mägnîf'ıkät) *i.* Meryem Ana'nın Hamt ilâhisi (Luka 1: 46-55); bu ilâhi için müzik parçası.

mag.ni.fi.ca.tion (mägnîfıkey'şın) *i.* büyültme.

mag.nif.i.cent (mägnîf'ısınt) *s.* ihtişamlı, görkemli, şaşaalı, debdebeli, tantanalı; fevkalade, nefis. **magnificence** *i.* ihtişam, görkem, azamet, debdebe. **magnificently** z. fevkalade olarak, mükemmel şekilde; ihtişamla.

mag.nif.i.co (magnîf'ıko) i. Venedik asılzadelerine verilen unvan; mevki ve servet sahibi adam.

mag.ni.fy (mäg'nıfay) f. büyük göstermek, büyütmek; mübalâğa etmek, abartmak; eski övmek, methetmek, göklere çıkarmak. **magnifying glass** pertavsız, büyüteç.

mag.nil.o.quent (mägnîl'ıkwınt) s. tumturaklı, mübalâğalı, abartmalı (söz). **magniloquence** i. tantanalı ve belâgatli söz söyleme. **magniloquently** z. mübalâğalı bir şekilde.

mag.ni.tude (mäg'nıtud) i. büyüklük, boy; önem, ehemmiyet; astr. kadir. **star of the first magnitude** birinci kadirden olan yıldız.

mag.no.li.a (mägno'liyı) i. manolya, bot. Magnolia grandiflora.

mag.num (mäg'nım) i. şarap veya sert içkilere mahsus büyük şişe (1,5 litre).

magnum opus edebiyat veya sanatta şaheser; bir şahsın en büyük eseri.

mag.pie (mäg'pay) i. saksağan, zool. Pica pica.

Mag.yar (mäg'yar) i., s. Macar; Macarca.

ma.ha.leb (ma'hıleb) i. mahlep, bot. Prunus mahaleb.

ma.ha.ra.jah (mahıra'cı) i. mihrace, Hint hükümdarlarına mahsus unvan.

ma.ha.ra.ni (mahıra'ni) i. mihracenin karısı.

ma.hat.ma (mıhät'mı, mıhat'mı) i. Hindistan'da evliya derecesinde adam.

Mah.di (ma'di) i. Mehdî. **Mahdism** i. Mehdîlik.

mah.jong (ma'jang') i. Çinlilere mahsus ve 144 taşla oynanan bir çeşit domino.

mahl.stick bak. **maulstick.**

ma.hog.a.ny (mıhag'ıni) i. mahun, maun, bot. Swietenia mahogani; maun rengi, kırmızıya çalan kahverengi.

Ma.hom.et (mıham'it) bak. **Muhammad.**

ma.hout (mıhaut') i. Hindistan'da fil seyisi veya sürücüsü.

maid (meyd) i. genç kız, bakire kız, kız çocuk; hizmetçi kız. **maid of all work** her işi gören hizmetçi kadın. **maid of honor** kraliçe veya prenses nedimesi; düğünde geline refakat eden kız. **old maid** evlenmemiş yaşlı kız; titiz ve telâşlı kimse.

mai.dan (maydan') i. meydan, alan.

maid.en (meyd'ın) i., s. genç kız, evlenmemiş kız; s. evlenmemiş, bekâr; tecrübesiz, bakir, yeni, taze; masum, nezih; ilk. **maiden effort** ilk teşebbüs. **maiden name** evli kadının bekârlık soyadı. **maiden over** kriket oyununda sayı kaydedilmeyen devre. **maidenly** s. kız gibi; mahcup.

maid.en.hair fern (meyd'ınher) baldırıkara, bot. Adiantum.

maid.en.head (meyd'ınhed) i. bikir.

maid.en.hood (meyd'ınhûd) i. kızlık, erdenlik, bakirelik.

maid.ser.vant (meyd'sırvınt) i. hizmetçi kadın.

ma.ieu.tic, -i.cal (mey.yu'tik, -îkıl) s. zihinde şekil almamış bir düşünceyi Sokrat tarzında sorgu usulü ile meydana çıkarmaya ait.

mai.gre (mey'gır) s. etten veya et suyundan meydana gelmeyen.

mai.gre (mey'gır) i. sarıağız (balık), zool. Sciaena aquila.

mail (meyl) i., f. halka veya zincirden yapılmış zırh; f. böyle zırh giydirmek. **mailed fist** saldırı tehdidi, baskı.

mail (meyl) i., f. posta; posta arabası; f., A.B.D. postaya vermek, posta ile göndermek. **mail train** posta treni. **first-class mail** en yüksek posta ücretine tabi adi mektup.

mail.a.ble (meyl'ıbıl) s. posta ile gönderilebilir.

mail.bag (meyl'bäg) i. mektupların içine konup postalandığı torba.

mail.box (meyl'baks) i. posta kutusu.

mail.er (mey'lır) i. posta gemisi; postalama işlerinde kullanılan makina; postaya gidecek mektup veya paketleri hazırlayan kimse; banyo edilmek üzere film postalamaya elverişli ufak torba.

mail.man (meyl'män) i. (çoğ. -men) postacı.

mail-or.der (meyl'ôrdır) s. posta siparişiyle alınan. **mail-order house** posta ile sipariş kabul eden mağaza.

maim (meym) f. sakat etmek, sakatlamak.

main (meyn) i. ana boru (su, gaz); eski, şiir açık deniz, derya; zor, kuvvet. **in the main** ekseriyetle, çoğu. **with might and main** var kuvvetiyle.

main (meyn) s. asıl, esas, başlıca, ana. **main bearing** ana yatak. **main body** ask. asıl kuvvet. **main deck** den. baş güverte. **main reasons** huk. mucip sebepler, gerektiren sebepler. **Main Street** bir kasabanın çarşı

caddesi; taşra gelenekleri. **main yard** *den.*
mayistra sereni. **the main chance** şahsî
menfaat, kişisel çıkar. **mainly** *z.* başlıca,
esasen.

main.land (meyn'länd) *i.* ana kara, ada olma-
yan toprak parçası.

main.mast (meyn'mıst, -mäst) *i., den.* ana
direk, geminin ortada bulunan büyük direği.

main.sail (meyn'sıl, -seyl) *i., den.* mayistra
yelkeni.

main.sheet (meyn'şit) *i., den.* mayistra yelke-
nini idare eden uskuta halatı.

main.spring (meyn'spring) *i.* büyük zemberek,
ana yay; asıl sebep, baş sebep.

main.stay (meyn'stey) *i., den.* grandi çanak-
larını pruva direğinin alt tarafına bağlayan
payanda; başlıca dayanak.

main.stream (meyn'strim) *i.* orta; ana görüş.

main.tain (meynteyn') *f.* sürdürmek; korumak,
muhafaza etmek; beslemek, bakmak; bakı-
mını sağlamak; iddia etmek, teyit etmek.
maintain a family aile geçindirmek. **main-
tain a railroad** demiryolunu işletip iyi halde
muhafaza etmek. **maintain one's reputa-
tion** şöhretini muhafaza etmek, adını boz-
mamak. **maintain that it is so** böyledir
diye iddia etmek.

main.te.nance (meyn'tınıns) *i.* bakım işi; idame,
muhafaza; iddia, teyit; himaye; maişet, na-
faka, yiyecek; *huk.* taraflardan birine yardım
suretiyle davaya fuzulî müdahale.

main.top (meyn'tap) *i., den.* grandi çanaklığı.

maître d'hô.tel (me'tr dotel') metrdotel, baş
garson; (tereyağ, maydanoz ve limon suyu
ile yapılan) soslu.

maize (meyz) *i., İng.* mısır, darı.

ma.jes.tic (mıces'tik) *s.* haşmetli, şahane, muh-
teşem, heybetli. **majestically** *z.* heybetli bir
şekilde.

maj.es.ty (mäc'isti) *i.* şevket, haşmet, heybet,
celâl; *b.h.* kral veya eşine verilen unvan.
Your Majesty, His Majesty, Her Majesty
Haşmetmeap, Majeste.

ma.jol.i.ca (mıcal'ıkı) *i.* rengârenk ve parlak
İtalyan çinisi.

ma.jor (mey'cır) *i., ask.* binbaşı; *müz.* majör;
man. büyük terim, büyük önerme; *A.B.D.*
bir üniversite öğrencisinin takip ettiği esas
sertifika, birinci disiplin; (bir branşta) öğrenci.
major general tuğgeneral.

ma.jor (mey'cır) *f., A.B.D.* üniversitede öğrenimi
belli bir konuda yoğunlaştırmak, başlıca bir
mevzu takip etmek.

ma.jor (mey'cır) *s.* büyük; başlıca, çoğu (kısım),
asıl; *müz.* (gam) majör; *man.* tasımın büyük
önermesine ait. **major key** majör perdesi.
major offense büyük suç. **major premise,
major term** *man.* büyük terim, büyük öner-
me. **major suit** briçte kupa veya maça.

ma.jor-do.mo (meycırdo'mo) *i.* (çoğ. -mos)
saray veya malikânede vekilharç.

ma.jor.ette (meycıret') *i., A.B.D.* bando ö-
nünde caka satarak yürüyen kız.

ma.jor.i.ty (mıcôr'ıti) *i.* ekseriyet, çoğunluk; oy
çoğunluğu; rüşt, erginlik, reşitlik. **absolute
majority** salt çoğunluk.

ma.jus.cule (mıcʌs'kyul) *i., s.* büyük harf,
majüskül; *s.* büyük harfle yazılmış.

make (meyk) *i.* yapılış, yapı, şekil, biçim; ma-
mulât, marka; hâsılat, randıman, verim; *elek.*
devrenin kapanması. **be on the make** *k.dili*
kendi kazancı peşinde olmak; cinsî müna-
sebet için eş aramak.

make (meyk) *f.* **(made)** yaratmak, yapmak;
meydana getirmek; çıkarmak, etmek; atamak;
anlamak, anlam çıkarmak; göstermek; giriş-
mek; kazanmak, elde etmek; etmek, tutmak;
hesap etmek; hazırlamak, düzeltmek; mecbur
etmek, yaptırmak; sağlamak; olmak; başarı-
sını sağlamak; (yol) almak, katetmek, git-
mek; varmak, ulaşmak; yetişmek; erişmek;
elek. (devreyi) kapatmak, tamamlamak; briç
veya iskambilde bir el oyun kazanmak; *argo*
cinsel ilişkide bulunmak; yükselmek, kabar-
mak (met). **make a clean breast of** itiraf
etmek, içini boşaltmak. **make a difference**
fark etmek. **make a face** suratını buruştur-
mak, somurtmak. **make a fire** ateş yakmak.
make after takip etmek, kovalamak. **make
an example of one** ibret olsun diye ceza-
landırmak. **make a night of it** sabaha kadar
eğlenmek. **make a point** mim koymak.
make a point of esaslı tutmak, ehemmi-
yet vermek, önem vermek; herhangi bir hu-
susta titiz olmak. **make as if** yapar gibi gö-
rünmek. **make away with** alıp götürmek,
yürütmek; öldürmek; yok etmek. **make be-
lieve** oyun olarak farz etmek. **make bold**
cüret göstermek, cesaret etmek. **make book**
at yarışında müşterek bahsi kabul etmek.

make both ends meet kazancı masrafına yetişmek, idare etmek. make do elde mevcut olanla idare etmek. make eyes at göz etmek, gözle flört etmek. make for home evin yolunu tutmak, eve koşmak. make fun of ile eğlenmek, alay etmek. make good yerine getirmek, telâfi etmek; muvaffak olmak. make head mukavemet etmek, karşı durmak. make it *k.dili* kazanmak, başarmak, muvaffak olmak. make like *A.B.D.*, *argo* taklidini yapmak. make love sevişmek. make no bones of it bir işi tereddütsüz hemen yapmak, tereddüt etmemek; saklamamak, açıkça itiraf etmek. make of mana vermek, anlamak. make off sıvışmak, kaçmak. make off with aşırmak, çalıp kaçmak. make or break ya kazanmak ya da batırmak. make out farketmek (göz ile); mana çıkarmak, anlamak; okumak, çözmek; ispat etmek; yazmak; başarmak; geçinmek, idare etmek; *argo* cinsî ilişki kurmak. make over yenilemek; devretmek, ferağ etmek. make peace sulh yapmak, barışmak. make room yer vermek. make sail yelken açmak. make shift elindekiyle geçinip gitmek. make sure emin olmak; bakmak. make the best of azamî derecede istifade etmek. make time vakit kazanmak; hızla gitmek. make up tertip etmek; oluşturmak; barışmak; uydurmak, icat etmek; bir araya getirmek, toplamak, tamamlamak; telâfi etmek; yüzüne boya sürmek, boyanmak. make up for lost time boşa giden vakti telâfi etmek. make up one's mind karar vermek. make up to *k.dili* gözüne girmeye çalışmak. make way yol vermek; ilerlemek. make with *A.B.D.*, *argo* vermek, göstermek, çıkarmak. I can't make head or tail of it. Hiç bir şey anlayamıyorum. İşin içinden çıkamıyorum.

make-be.lieve (meyk'biliv) *i.*, *s.* yalandan inanma; *s.* sahte, samimî olmayan, sahtekâr.

make.fast (meyk'fäst) *i.*, *den.* palamarın bağlandığı iskele babası veya şamandıra.

mak.er (mey'kır) *i.* yapan şey veya kimse; *b.h.* Allah; *huk.* bono imzalayan kimse.

make.shift (meyk'şift) *i.*, *s.* geçici tedbir; *s.* geçici tedbir türünden.

make-up (meyk'ʌp) *i.* yapılış; makyaj, yüze düzgün sürme; *matb.* mizanpaj, tertip; bütünleme sınavı.

make.weight (meyk'weyt) *i.* tartı tamam olsun diye ilâve edilen ağırlık; takım tamam olsun diye ilâve olunan değersiz kimse veya şey.

mak.ing (mey'king) *i.* yapma, etme; teşekkül, yapı; başarı sebebi; *çoğ.* malzeme; *çoğ.* hususiyetler, nitelikler. making iron kalafat demiri. He has the makings of a man. Adam olacağa benziyor. in the making olmakta, yapılmakta.

mal.a.chite (mäl'ıkayt) *i.* bakır taşı, malakit.

mal.ad.just.ment (mälıcʌst'mınt) *i.* intibak edemeyiş, uyumsuzluk. maladjusted *s.* intibak edemeyen, uyumsuz.

mal.ad.min.is.ter (mälıdmîn'îstır) *f.* kötü idare etmek.

mal.ad.min.is.tra.tion (mälıdmînîstrey'şın) *i.* kötü idare.

mal.a.droit (mälıdroyt') *s.* beceriksiz, eli işe yakışmaz, sakar.

mal.a.dy (mäl'ıdı) *i.* hastalık, illet, dert.

ma.la fi.de (mey'lı fay'di) *Lat.* kötü maksatla, kötü niyetle.

Mal.a.ga (mäl'ıgı) *i.* İspanya'nın Akdeniz kıyısında bir liman şehri; burada yapılan beyaz şarap; buraya mahsus tatlı misket üzümü.

Mal.a.gas.y (mälıgäs'i) *i.*, *s.* Madagaskarlı kimse; Madagaskar dili; *s.* Madagaskar ahalisine veya diline ait.

mal.aise (mäleyz') *i.* kırıklık, keyifsizlik.

mal.an.ders (mäl'ındırz) *i.*, *çoğ.* atlarda dizin iç tarafında meydana gelen çatlak veya yara.

mal.a.pert (mäl'ıpırt) *s.*, *i.* arsız, küstah (kimse).

Mal.a.prop, Mrs. (mäl'ıprap) Sheridan'ın "The Rivals" adlı piyesinde uygunsuz sözleriyle ünlü kadın.

mal.a.prop.ism (mäl'ıprapîzım) *i.* sözcükleri uygunsuzca kullanma.

mal.ap.ro.pos (mäläprıpo') *s.*, *z.* münasebetsiz, yersiz, yakışıksız, uygunsuz; *z.* uygunsuzca.

ma.lar (mey'lır) *s.*, *i.* elmacık kemiğine ait; *i.* elmacık kemiği.

ma.lar.i.a (miler'iyı) *i.* sıtma. malarial *s.* sıtmalı.

mal.as.sim.i.la.tion (mäl'ısîmıley'şın) *i.*, *tıb.* iyi özümlenmeyiş.

Ma.la.wi (ma'lawi) *i.* Malawi.

Ma.lay (mey'ley) *s.*, *i.* Malaya yarımadası veya ahalisine ait; *i.* Malayalı; Malaya dili; bir çeşit iri tavuk. Malay'an *s.*, *i.* Malayalı,

Ma.lay.sia (mıley'jı) *i.* Malezya.

mal.con.tent (mäl'kıntent) *s., i.* memnun olmayan, tatmin olmayan; *i.* tatmin olmayıp isyana hazır kimse.

mal de mer (mal' dı mer') *Fr.* deniz tutması.

Mal.dive Islands (mäl'dayv) Maldiv Adaları.

mal du pays (mal' dü peyi') *Fr.* yurt özlemi, evseme, yurtsama.

male (meyl) *s., i.* erkek. **male chauvinist** kadınları hor gören erkek.

mal.e.dic.tion (mälıdîk'şın) *i.* lânet, beddua; iftira.

mal.e.fac.tor (mäl'ıfäktır) *i.* suçlu kimse; kötülük eden kimse. **malefac'tion** *i.* kötülük etme.

ma.lef.ic (mılef'îk) *s.* büyü gibi kötü tesiri olan, zararlı.

ma.lef.i.cent (mılef'ısınt) *s.* başkalarına zarar veren, kötü. **maleficence** *i.* kötülük, kötü hareket veya hal.

ma.lev.o.lent (mılev'ılınt) *s.* kötü niyetli, hain. **malevolence** *i.* kötü niyet. **malevolently** *z.* kötü niyetle.

mal.fea.sance (mälfi'zıns) *i., huk.* kötülük, özellikle görevi kötüye kullanma. **malfeasant** *s., i.* kötülük eden (kimse).

mal.for.ma.tion (mälfôrmey'şın) *i.* kusurlu teşekkül, sakatlık. **malformed'** *s.* bünyesi kusurlu, sakat.

Ma.li (ma'li) *i.* Mali, Batı Afrika'da bir cumhuriyet.

mal.ic (mäl'îk) *s.* elmadan yapılmış; elmaya ait.

mal.ice (mäl'îs) *i.* kötülük, bedhahlık, garaz; muziplik, iğneleme; *huk.* ızrar niyeti. **malice aforethought, malice prepense** *huk.* taammüt.

ma.li.cious (mılîş'ıs) *s.* kötü niyetli, bedhah; muzip. **maliciously** *z.* bile bile, kötü niyetle.

ma.lign (mılayn') *s.* kötücül, bedhah, habis; garezci.

ma.lign (mılayn') *f.* iftira etmek, yermek. **ma-ligner** *i.* iftiracı kimse.

ma.lig.nan.cy (mılîg'nınsi) *i.* habislik; *tıb.* habis tümör.

ma.lig.nant (mılîg'nınt) *s.* zarar veya ıstırap vermek isteyen, kötücül, bedhah; uğursuz; *tıb.* habis (tümör). **malignantly** *z.* kötü niyetle.

ma.lig.ni.ty (mılîg'nıti) *i.* kökleşmiş bedhah-lık, kötülükçülük; şiddetli nefret, derin düşmanlık; öldürücü şey; eza, cefa.

ma.lin.ger (mılîng'gır) *f.* yalandan kendini hasta göstermek, hasta pozu yapmak, hastalık taslamak. **malingerer** *i.* hasta pozu yaparak vazifeden kaçan kimse.

mall (môl, mäl, mel) *i.* ağaçlık yol; mesire; *A.B.D.* arabalara kapalı ağaçlı çarşı yeri.

mall (môl, mäl) *bak.* **maul.**

mal.lard (mäl'ırd) *i.* bir çeşit yaban ördeği, *zool.* Anas platyrhynchos.

mal.le.a.ble (mäl'ıyıbıl) *s.* çekiçe gelir, dövülür; kolay uyar, yumuşak huylu, uysal. **malleabil'ity** *i.* dövülme kabiliyeti.

mal.let (mäl'ît) *i.* tahta veya lastik başı olan çekiç; *spor* sopa.

mal.le.us (mäl'ıyıs) *i., tıb.* ortakulaktaki çekiç kemiği.

Mal.lor.ca (malyôr'ka) *i., İsp.* Mayorka.

mal.low (mäl'o) *i.* ebegümeci, *bot.* Malva sylvestris. **marsh mallow** hatmi, *bot.* Althea officinalis. **musk mallow** amber çiçeği, *bot.* Hibiscus abelmoschus. **yellow mallow, Indian mallow** sarı hatmi, *bot.* Abutilon.

malm.sey (mam'zi) *i.* Yunanistan ve İspanya'da yapılan bir çeşit tatlı şarap.

mal.nu.tri.tion (mälnutrîş'ın) *i.* kötü veya yetersiz beslenme, gıdasızlık.

mal.oc.clu.sion (mälıklu'jın) *i., dişçi.* alt ve üst dişlerin kusurlu kapanışı.

mal.o.dor.ous (mälo'dırıs) *s.* fena kokulu.

mal.prac.tice (mälpräk'tîs) *i.* yolsuzluk, kötü hareket; *huk.* itinasızca veya yanlış tedavi; vazifede ihmal veya suiistimal, görevi kötüye kullanma.

malt (môlt) *i., f.* çoğunlukla bira yapmak için çimlendirilmiş arpa, malt; *f.* arpa veya başka tahıldan malt yapmak, malt veya malt özü ile terbiye etmek; malt haline gelmek. **malt liquor** malttan mayalanma usulü ile yapılan içki. **malted milk** süt tozu ve malttan yapılmış dondurmalı bir içecek. **malty** *s.* malt gibi, malt ihtiva eden.

Mal.ta (môl'tı) *i.* Malta. **Malta fever** Malta humması.

Mal.tese (môltiz') *i., s.* Maltalı, Maltız; Malta dili; *s.* Malta adasına veya diline ait. **Maltese cat** Maltız kedisi. **Maltese cross** dört kolu eşit ve uçları çentikli Malta haçı. **Maltese goat** maltızkeçisi.

mal.tha (mäl'thı) *i.* katranlı bir harç.'

Mal.thu.si.an (mälthu'ziyın) *s., i.* Maltüs kuramına ait; *i.* iktisadî durumu düzeltmek için nüfus artışının azaltılması zorunluluğu fikrini ileri süren T.R. Malthus'un kuram veya felsefesi.

malt.ose (môl'tos) *i.* maltoz.

mal.treat (mältrit') *f.* kötü davranmak, eziyet etmek. **maltreatment** *i.* fena muamele.

malt.ster (môlt'stır) *i.* malt imal eden kimse.

mal.va.ceous (mälvey'şıs) *s.* ebegümecigiller familyasına ait.

mal.ver.sa.tion (mälvırsey'şın) *i.* rüşvet yeme, irtikâp, suiistimal, zimmete para geçirme.

ma.ma, mam.ma (ma'mı) *i., ç.dili* anne.

ma.ma.san (mamasan') *i.* Japonya ve başka uzakdoğu memleketlerinde hanım.

mam.bo (mam'bo) *i.* mambo (dans).

Mam.e.luke (mäm'ıluk) *i.* Memlûk, Kölemen, Mısır'da kölelerden meydana getirilen asker sınıfı ve Mısır Sultanları.

mam.ma *bak.* **mama.**

mam.ma (mäm'ı) *i.* meme. **mammary** *s.* memeye ait.

mam.mal (mäm'ıl) *i.* memeliler sınıfından hayvan. **mammal'ian** *s.* memeli hayvana ait.

mam.mal.o.gy (mämäl'ıci) *i.* hayvanat ilminin memeliler dalı. **mammalogist** *i.* memeliler uzmanı.

mam.mif.er.ous (mämif'ırıs) *s., zool.* memeli.

mam.mi.form (mäm'ıfôrm) *s., zool.* meme şeklinde, mememsi.

mam.mil.la (mämil'ı) *i., anat.* meme, meme şeklinde uzuv.

mam.mil.lar.y (mäm'ıleri) *s.* memeye ait veya ona benzer, mememsi.

mammo- *önek* meme.

mam.mon (mäm'ın) *i.* insanı kötü yola sevkeden servet ve mal; hırs, ihtiras; *b.h.* hırs veya servet tanrısı.

mam.moth (mäm'ıth) *i., s.* mamut; *s.* gayet iri, dev gibi.

mam.my (mäm'i) *i., ç.dili* anne; *A.B.D.* zenci sütnine, Arap dadı.

man (män) *i.* (*çoğ.* **men**) adam, erkek; erkek cinsi; insan; insan türü; erkek adam; uşak, erkek işçi; biri, bir kimse, şahıs, kişi; satranç veya dama taşı, pul. **the Man** *A.B.D., argo* beyaz adam; yönetim, sistem. **man about town** tiyatro ve gece kulübüne sıkça

giden adam. **Man alive! Yahu! Be adam! man and boy** hayatı boyunca. **man and wife, man and woman** karı koca. **man Friday** köle gibi sadık uşak (Robinson Crusoe'nun kölesi). **man in the moon** ayın içinde görüldüğü farzolunan hayalî adam. **man in the street** sokaktaki adam. **man of letters** edip, yazıncı. **man of the house** evin erkeği. **man of the world** halden anlayan adam. **man's estate** erkeğin maddeten ve manen olgunlaşması, rüşt. **man to man** erkek erkeğe, samimî olarak, açıkça. **as a man** insan gözü ile, insanlık bakımından. **as one man** birlikte, uyuşarak. **be one's own man** müstakil olmak, kendisini idare edebilmek. **best man** sağdıç. **every man jack** herkes, son ferde kadar. **fellow man** hemcins, insan. **inner man** insanın tinsel varlığı; mide, iştah. **play the man** erkekçe davranmak. **to a man** son ferde kadar, hepsi birden.

man (män) *ünlem, argo* (şaşkınlık, zevk, onay gösterir): **Hey,man! Man, what a game!**; (konuşmada bir anlamı olmadan boşlukları dolduran söz): **Man, did you see...**

man (män) *f.* (**-ned, -ning**) bir işe adam tayin etmek.

ma.na (ma'nı) *i., antro.* insan veya maddede bulunabilen doğaüstü bir kuvvet.

man.a.cle (män'ıkıl) *i., gen. çoğ., f.* kelepçe; *f.* kelepçe takmak, kelepçelemek.

man.age (män'ic) *f.* idare etmek; çevirmek, kullanmak; terbiye etmek; yola getirmek; kandırmak; tertip etmek, düzenlemek; yolunu bulmak; müdür olmak; işini uydurmak, işini çevirmek; geçinmek.

man.age.a.ble (män'icıbıl) *s.* idare edilir, idare edilebilen. **manageabil'ity, manageableness** *i.* idare olunma kabiliyeti. **manageably** *z.* idare olunur surette.

man.age.ment (män'icmınt) *i.* idare, yönetim, usul; yönetim kurulu; idare edenler.

man.ag.er (män'icır) *i.* yönetmen, müdür, direktör; idare memuru, yönetici, idareci. **board of managers** idare heyeti, yönetim kurulu.

man.a.ge.ri.al (mänıcır'iyıl) *s.* yönetimsel, idarî, idareye veya müdüre ait.

Ma.na.gua (mana'gwa) *i.* Managua şehri, Nikaragua'nın başkenti.

ma.na.na (manya'na) *i., z., İsp.* yarın veya başka bir zaman; *colloq.* çıkmaz ayın son çarşambası.

man-at-arms (män'ıtarmz) *i.* asker, eski zamanda süvari neferi.

man.a.tee (mänıti') *i.* denizayısı, denizperisi, *zool.* Trichechus manatus.

Man.chu (män'çu) *i., s.* Mançuryalı, Mançu; Mançurya dili; *s.* Mançulara veya dillerine ait.

man.da.mus (mändey'mıs) *i., huk.* yüksek mahkeme tarafından bir alt mahkemeye veya belediyeye verilen yazılı emir.

man.da.rin (män'dırin) *i.* eski Çin'de askerî veya mülkî yüksek memur; mandalina, *bot.* Citrus reticulata; mandalina rengi; mandalina likörü; *b.h.* eskiden Çin'in resmî dili olan bir Kuzey Çin lehçesi. mandarin duck Çin ördeği, *zool.* Aix galericulata.

man.da.tar.y (män'dıteri) *i.* diğer bir memleket üzerinde mandası olan memleket, mandater; vekil.

man.date (män'deyt) *i.* manda; vekâlet; emir, ferman; emirname.

man.da.to.ry (män'dıtôri) *s., i.* zarurî, zorunlu, gerekli; *i.* mandater; vekil.

man.di.ble (män'dıbıl) *i.* çene kemiği, alt çene; kuş gagasının üst veya alt kısmı; eklembacaklılarda üst çenenin bir yanı. mandib'ular *s.* çene veya gagaya ait. mandib'ulate(d) *s.* çenesi olan.

man.do.lin (män'dılin) *i.* mandolin.

man.drake (män'dreyk) *i.* adamotu, kankurutan, adamkökü, muhabbet otu, hacı otu, *bot.* Mandragora officinarum; *bak.* May apple.

man.drel (män'drıl) *i., mak.* mil, fener mili, çıkrık iği, mandrel; bir kalıbın yuvarlak çelik göbeği.

man.drill (män'drîl) *i.* Batı Afrika'da yaşayan ve sürü halinde gezen bir cins iri ve yırtıcı maymun, *zool.* Mandrillus sphinx.

mane (meyn) *i.* yele.

man-eat.er (män'itır) *i.* yamyam; insan eti yiyen köpekbalığı veya başka hayvan.

ma.nège (mänej') *i.* manej, at eğitimi; bu eğitimin yapıldığı yer; talimli atın yürüyüşü ve hareketleri.

ma.nes (mey'niz) *i., çoğ.* eski Romalılarda ölmüş kişilerin mabutlaştırılmış ruhları; ruh.

ma.neu.ver (mınu'vır) *i., f.* manevra; hile, dolap; tedbir; *f.* manevra yapmak; dolap çevirmek; tedbir almak.

man.ful (män'fıl) *s.* erkekçe, mert, cesur, yiğit. manfully *z.* erkekçe, yiğitçe. manfulness *i.* mertlik, yiğitlik.

man.ga.nate (mäng'gıneyt) *i., kim.* manganat, manganik asidin herhangi bir tuzu.

man.ga.nese (mäng'gınis) *i.* mangan, manganez. manganese steel manganezli sert çelik.

man.ga.nite (mäng'gınayt) *i.* bir manganez filizi; dört değerli mangandan oluşan tuz.

mange (meync) *i.* hayvanlarda uyuz hastalığı.

man.gel-wur.zel (mäng'gıl.wır'zıl) *i., İng.* hayvanlara yedirilen pancar.

man.ger (meyn'cır) *i.* yemlik, ahır yemliği.

man.gle (mäng'gıl) *f.* vurarak ezmek veya parçalamak, kabaca kesip şeklini bozmak; bozmak.

man.gle (mäng'gıl) *i., f.* iki silindirli ütü makinası; *f.* silindirli makina ile ütülemek.

man.go (mäng'go) *i.* (*çoğ.* -es *veya* -s) Hindistan'a mahsus yumurta şeklinde ve sarımsı bir meyva, Hint kirazı, mango, *bot.* Mangifera indica.

man.go.nel (mäng'gınel) *i.* eskiden taş veya ok atan bir mancınık.

man.go.steen (mäng'gıstin) *i.* tropikal memleketlere mahsus kalın kabuklu ve sulu bir meyva; bu meyvayı veren ağaç, *bot.* Garcinia mangostana.

man.grove (mäng'grov) *i.* mangrov, tropikal kuşaktaki kıyı ve bataklıklarda yetişen bir bitki cinsi, *bot.* Rhizophora mangle.

man.gy (meyn'ci) *s.* uyuz, uyuz gibi olan; perişan, pis, iğrenç, tiksinti veren. manginess *i.* uyuzluk.

man.han.dle (män'händıl) *f.* kabaca itmek; kaba kuvvetle itip kakmak; makina kullanmadan kaba kuvvetle kaldırmak.

Man.hat.tan (mınhät'ın) *i.* Manhattan adası; viski ve vermutla yapılmış bir içki. Manhattan District atom bombası planının şifreli ismi.

man.hole (män'hol) *i.* yeraltına inip boru veya kablo onarımı yapmak için caddelerdeki yuvarlak ve üstü kapaklı delik, baca.

man.hood (män'hûd) *i.* erkeklik, yiğitlik; erkeklik hali veya çağı; insanlık. manhood suffrage bütün ergin erkeklerin rey verme hakkı.

man-hour (män'aur) *i.* bir insanın bir saatlik çalışması.

ma.ni.a (mey'niyı) *i.* fazla düşkünlük, iptilâ, merak, mani; manya denilen bir çeşit delilik, cinnet.

-mania *sonek* aşırı merak: **bibliomania** *i.* kitap düşkünlüğü. **kleptomania** *i.* hırsızlık hastalığı. **megalomania** *i.* büyüklük kuruntusu.

ma.ni.ac (mey'niyäk) *s., i.* çılgın, deli; *i.* manyak kimse, çıldırmış kimse.

ma.ni.a.cal (mınay'ıkıl) *s.* çılgın, deli. **maniacally** *z.* delice, çılgınca.

Man.i.che.an, -chae.an (mänıki'yın) *i., s.* M.S. 3. ve 5. yüzyıllar arasında rağbet bulan ve Zerdüştlük mezhebinden esinlenip hem Allaha hem Şeytana inanan bir mezhep; *s.* bu mezhebe ait. **Manich(a)eism** *i.* bu mezhep ve inançları.

man.i.cure (män'ıkyûr) *i., f.* el ve bilhassa tırnak tuvaleti; manikürcü; *f.* manikür yapmak. **manicurist** *i.* manikürcü.

man.i.fest (män'ıfest) *i.* manifesto, kaptan tarafından gümrük idaresine gemideki malları bildirmek üzere verilen liste, gümrük beyannamesi, yük senedi.

man.i.fest (män'ıfest) *s.* aşikâr, belli, açık, meydanda olan. **manifestly** *z.* açıkça, aşikâr olarak. **manifestness** *i.* açıklık, aşikârlık.

man.i.fest (män'ıfest) *f.* açıkça göstermek, belirtmek, izhar etmek, ispat etmek; manifestoda göstermek; kendini belli etmek, kendini göstermek.

man.i.fes.ta.tion (mänıfestey'şın) *i.* tezahür, görünme, belli olma; meydana koyma.

man.i.fes.to (mänıfes'to) *i.* (*çoğ.* -toes) tebliğ, bildiri, umuma hitap eden beyanat.

man.i.fold (män'ıfold) *s., i.* türlü türlü, pek çok, değişik, çeşit çeşit; *i.* teksir edilmiş kopyalardan biri; *mak.* birkaç ağızlı boru, taksim borusu.

man.i.fold (män'ıfold) *f.* makina ile kopyalarını çıkarmak (mektup); teksir etmek, çoğaltmak. **manifolder** *i.* teksir makinası.

man.i.kin (män'ıkin) *i.* manken, insan şekli; anatomi modeli; adamcık, ufak adam, cüce.

Ma.nil.a (mınîl'ı) *i.* Manila, Filipin adalarının başşehri; Manila keneviri, Manila purosu. **Manila paper** Manila kenevirinden yapıl-

mış sağlam ambalaj kâğıdı. **Manila rope** Manila kenevirinden yapılmış halat.

man.i.oc (män'iyak) *i.* manyok, *bot.* Manihot utilissima.

man.i.ple (män'ıpıl) *i.* eski Roma ordusunda altmış veya yüz yirmi erden ibaret bölük; ayin esnasında bazı papazların sol kolları üzerinde taşıdıkları bir çeşit enli şerit.

ma.nip.u.lar (mınîp'yılır) *s.* el ile işletmeye ait; eski Roma ordusunda altmış veya yüz yirmi erden ibaret olan bölüğe ait.

ma.nip.u.late (mınîp'yıleyt) *f.* el ile işletmek, hünerle işletmek veya yapmak, ustalıkla idare etmek, manevra yapmak; hile karıştırmak. **manipula'tion** *i.* el ile işletme, idare; manevra, dalavere, hile. **manip'ulative, manip'ulatory** *s.* el ile işletme kabilinden; dalavereci. **manip'ulator** *i.* idare eden kimse; vurguncu kimse; telgrafta maniple; manipülatör.

Man.i.tou (män'ıtu) *i.* Kuzey Amerika'daki kızılderili kabilelerinden birinin inancına göre hayat ve doğayı idare eden ruhlardan biri.

man.kind (män'kaynd) *i.* beşeriyet, insanlık; insanoğulları; erkekler.

man.like (män'layk) *s.* erkeğe yakışır, erkekçe, erkek gibi.

man.ly (män'li) *s.* erkekçe, erkek vasıflarını haiz; mert, yiğit. **manliness** *i.* yiğitlik, mertlik.

man.made (män'meyd) *s.* insan tarafından meydana getirilen veya yapılan, sunî.

man.na (män'ı) *i.* kudret helvası; ruhanî gıda; dişbudak gibi ağaçlardan sızan koyu ve tatlımsı madde.

man.ne.quin, man.i.kin (män'ıkîn) *i.* insan modeli, manken; kadın manken.

man.ner (män'ır) *i.* hal ve hareket tarzı, tavır; âdet, usul; çeşit; *çoğ.* görgü, terbiye, her zamanki konuşma ve hareket şekli, tavır ve hareket; üslûp, tarz. **all manner of** her çeşit. **by all manner of means** muhakkak, her halde. **by no manner of means** katiyen, asla. **He has no manners.** Usul adap bilmez. Terbiyesizdir. **to the manner born** doğuştan kibar. **in a manner of speaking** bir manada.

man.nered (män'ırd) *s.* muayyen üslûp veya hareket tarzı olan; yapma tavırlı: **ill-mannered** terbiyesiz. **well-mannered** nazik tavırlı, terbiyeli.

man.ner.ism (män'ırîzım) *i.* hususî bir tavır ve harekete fazla bağlı olma; yapma tavır; sanatta bir üslûbu aşırı derecede kullanma. mannerist *i.* bir üslûbu fazla kullanan sanatkâr.

man.ner.ly (män'ırli) *s., z.* terbiyeli; *z.* nazikçe. mannerliness *i.* görgülülük, nezaket.

man.nish (män'îş) *s.* erkek gibi (bilhassa kadın), erkeksi; erkeğe yakışır, erkekçe. mannishly *z.* erkek gibi. mannishness *i.* erkek gibi oluş.

ma.noeu.vre (mınu'vır) *bak.* maneuver.

man-of-war (mänıvwôr') *i.* iri bir cins denizanası; eski harp gemisi.

ma.nom.e.ter (mınam'ıtır) *i.* manometre, bası-ölçer. manomet'ric(al) *s.* manometreye ait.

man.or (män'ır) *i.* malikâne; tımar, zeamet. manor house malikâne konağı. manor'ial *s.* malikâneye ait.

man.pow.er (män'pawır) *i.* insan kuvveti; işçi sayısı, personel.

man.qué (mankey') *s., Fr.* (mesleğinde) gayretli fakat başarısız.

man.sard (män'sard) *i., mim.* tepesi az meyilli eteği daha dik çatı.

manse (mäns) *i.* papaz evi.

man.ser.vant (män'sırvınt) *i.* (*çoğ.* menservants) uşak.

man.sion (män'şın) *i.* büyük ve güzel ev, kâşane; eskiden malikâne konağı.

man.slaugh.ter (män'slôtır) *i.* adam öldürme, insan katli; *huk.* önceden tasarlamadan adam öldürme, kasıtsız katil.

man.slay.er (män'sleyır) *i.* kasıtsız adam öldüren kimse.

man.sue.tude (män'switud) *i., eski* yumuşak huyluluk, munislik, uysallık.

man.ta *i.*, manta ray (män'tı) *biyol.* tropikal sularda yaşayan ve altı metre kadar eni olan bir cins balık.

man.tel (män'tıl) *i.* şömine rafı ve kenarları. mantelpiece *i.* şömine rafı.

man.tel.et (män'tılet) *i.* kısa manto; topçuları muhafazaya mahsus top kalkanı.

man.tic (män'tîk) *s.* kehanet veya peygamberliğe ait.

man.til.la (mäntîl'ı) *i.* şal; kısa manto.

man.tis *i.*, praying mantis (män'tîs) peygamber devesi, *zool.* Mantis religiosa.

man.tis.sa (mäntîs'ı) *i., mat.* mantis, bir logaritmanın ondalık kısmı.

man.tle (män'tıl) *i.* kolsuz manto; örtü, örten şey; midye gibi kabuklu su hayvanlarını örten iç deri; lüks fitili, lüks gömleği; *jeol.* yerkabuğu ile yerözeği arasında kalan bir katman. mantled *s.* örtülü.

man.tu.a (män'çuwı, -tuwı) *i.* 17. yüzyılda kadınların giydiği bol manto.

man.u.al (män'yuwıl) *s., i.* ele ait; el ile yapılan veya idare edilen; *i.* bir ilmin veya bir sanatın esaslarını toplayan küçük kitap, elkitabı; *ask.* talimname, kılavuz; *müz.* orgda tuş tertibatı, klavye. manual alphabet parmak hareketleriyle şekil verilen sağır-dilsiz alfabesi. manual labor amelelik; elle yapılan iş, ağır iş. manual training elişi eğitimi. manually *z.* el ile.

man.u.fac.ture (mänyıfäk'çır) *i., f.* imal, yapma; mamulât; *f.* imal etmek, yapmak; yalandan icat etmek, uydurmak. manufacturer *i.* fabrikatör.

man.u.mit (mänyımît') *f.* (-ted, -ting) serbest bırakmak, azat etmek (köle). manumis'sion *i.* azat etme; azat edilme, serbest bırakılma.

ma.nure (mınûr', -nu'wır, -nyûr') *i., f.* gübre; *f.* gübrelemek. artificial manure sunî gübre. barnyard manure ahır gübresi.

ma.nus (mey'nıs) *i.* (*çoğ.* ma.nus) *anat.* el; ön ayak; Roma hukukunda kocanın karısını idare etme hakkı.

man.u.script (män'yıskrîpt) *i.* (*kıs.* MS, *çoğ.* MSS) bir eserin metni, müsvedde; el yazması kitap.

Manx (mängks) *s., i.* İngiltere'nin batısında bulunan Man adasına mensup; *i.* Man dili. the Manx Man ahalisi. Manx cat kuyruksuz bir çeşit kedi. Manxman *i.* Man adası yerlisi.

man.y (men'i) *s., i.* (more, most) çok, sayıca çok, bir hayli; *i.* bir çoğu. the many halk yığınları. many-colored *s.* çok renkli, rengârenk. many-sided *s.* çok cepheli, karışık. many a time çok kere, çoğu zaman. a good many birçok, hayli. a great many pek çok.

Mao.ism (maw'îzım) *i.* Maoculuk.

Ma.o.ri (ma'ori, mau'ri) *i.* Yeni Zeland yerlisi; Yeni Zeland yerlilerinin dili.

map (mäp) *i., f.* (-ped, -ping) harita, plan; *argo* surat; *f.* haritasını yapmak; ayrıntılarıyle planlamak. off the map ortadan kaybolmuş. put on the map *k.dili* (bir yerin) ismini duyurmak.

ma.ple (mey'pıl) *i.* isfendan, akçaağaç, *bot.* Acer; bu ağacın sert kerestesi. **maple leaf** Kanadalıların millî işareti. **maple sugar** akçaağaç şekeri. **maple syrup** bu ağacın özünden alınan pekmez.

ma.quis (maki') *i.* maki; *b.h.* İkinci Dünya Savaşında Nazilere karşı savaşan Fransız direnme örgütü.

mar (mar) *f.* (-red, -ring) bozmak, sakatlamak, zarar vermek; şeklini bozmak. **make or mar** yapmak veya bozmak.

mar.a.bou (mer'ıbu) *i.* Batı Afrika ve Hindistan'da bir çeşit iri leylek, *zool.* Leptoptilos; bu kuşun yumuşak tüyü; bir çeşit ince floş; böyle floştan yapılmış kumaş.

Mar.a.bout (mer'ıbut) *i.* bilhassa Kuzey Afrika'da Allahın adamı sayılan derviş; derviş türbesi; derviş inzivagâhı.

mar.a.schi.no (merıski'no) *i.* maraskin, acı kirazdan yapılan bir çeşit likör. **maraschino cherry** şurup içinde konserve edilmiş kiraz.

ma.ras.mus (mıräz'mıs) *i., Yu., tıb.* kuruyup zayıflama. **marasmic** *s.* bu illete ait.

mar.a.thon (mer'ıthan) *i.* uzun mesafe koşusu, maraton.

ma.raud (mırôd') *f.* çapulculuk maksadıyle akın etmek, çapulculuk etmek. **marauder** *i.* çapulcu, yağmacı.

mar.ble (mar'bıl) *i., s., f.* mermer; mermerden yapılmış sanat eseri veya kitabe; *çoğ.* mermer heykel koleksiyonu; mermer gibi düz, soğuk veya sert olan şey; bilye, misket, zıpzıp; *çoğ.* zıpzıp oyunu; *s.* mermer, mermerden; mermer taklidi, mermer gibi damarlı; mermer gibi soğuk, donuk, düz, beyaz veya hissiz olan; *f.* mermer taklidi boyamak, harelemek, ebrulamak. **lose one's marbles** *argo* aklını kaçırmak. **marble-edged** *s.* kenarı mermer gibi damarlı boyanmış, ebrulu (kitap). **marbled** *s.* mermer gibi damarlı, hareli, çeşit çeşit renkli, ebrulu; mermer döşeli.

marc (mark) *i.* posa, bilhassa üzüm posası, cibre.

mar.ca.site (mar'kısayt) *i., min.* demir sülfit, ak pirit.

mar.cel wave (marsel') bir çeşit saç biçimi, marsel ondülasyonu.

mar.ces.cent (marses'ınt) *s., bot.* kuruduğu halde düşmeyen, sürekli.

march (març) *i., f.* asker yürüyüşü; resmî yürüyüş; ilerleme, gidiş; asker yürüyüşü ile bir günlük yol; muntazam adımla yürüyüş; *müz.* marş; *f.* resmî yürüyüş yaptırmak; zorla yürütmek, sevketmek; yürüyüş yapmak. **march past** geçit töreni. **marching orders** askere verilen hareket emri. **funeral march** cenaze marşı. **forced march** *ask.* cebrî yürüyüş, askere her zamankinden fazla yol yürütme. **steal a march** belli etmeden üstünlük kazanmak. **wedding march** düğün marşı.

March (març) *i.* mart ayı.

march (març) *i.* sınır, hudut; *çoğ.* İngiltere ile İskoçya veya İngiltere ile Gal arasındaki hudut sahaları.

march.er (mar'çır) *i.* yürüyen kimse, yürüyüş yapan kimse.

mar.chion.ess (mar'şınîs) *i.* markiz, marki karısı.

march.pane, mar.zi.pan (març'peyn, mar'zıpän) *i.* bir çeşit acıbadem kurabiyesi.

Mar.di gras (mar'di gra') Katoliklerin büyük perhizinden önceki salı günü.

mare (mer) *i.* kısrak. **mare's nest** hava alma, boşa çıkan buluş; karman çorman durum. **mare's-tail** *i.* atkuyruğu, *bot.* Hippuris vulgaris; çok yüksekte olup bir noktadan yayılan hafif beyaz bulut.

mar.e (mer'i) *i.* (*çoğ.* mar.i.a) *astr.* ayda koyu renkli düz saha.

mar.ga.rine (mar'cırîn) *i.* margarin.

marge (marc) *i., şiir* kenar.

mar.gin (mar'cîn) *i., f.* kenar, hudut; son hadde yakın hal; ihtiyaçtan fazla para ile yer veya zaman; *tic.* maliyet fiyatı ile satış fiyatı arasındaki fark; sayfa kenarı; *tic.* ihtiyat akçesi; *f.* kenarına yazmak; kenar yapmak. **margin of safety** emniyet payı. **buy on margin** yalnız ihtiyat akçesi yatırarak satın almak.

mar.gi.nal (mar'cınıl) *s.* kenarda olan, kenarda yazılı; verimi veya değeri kullanılışını lüzumsuz kılacak kadar düşük; son hadde yakın olan; *psik.* şuur dışında kalan, belirsiz şekilde hissolunan. **marginally** *z.* değeri az olarak.

mar.gi.na.li.a (marcıney'lıyı) *i., çoğ.* derkenarlar, çıkmalar, haşiyeler.

mar.gi.nate (mar'cıneyt) *f.* yazı sayfasında kenar bırakmak.

mar.go.sa tree (margo'sı) Hint tespihağacı, *bot.* Melia azadirachta.

mar.gue.rite (margırit') *i.* margrit, *bot.* Chrysanthemum frutescens.

Mar.i.an (mer'ıyın) *i.* Meryem Ana müridi; İskoçya kraliçesi Mary'nin taraftarı olan kimse.

mar.i.gold (mer'ıgold) *i.* kadife çiçeği, *bot.* Tagetes erecta. **bur marigold** su keneviri, *bot.* Bidens tripartita. **corn marigold** altıncık, *bot.* Chrysanthemum segetum.

mar.i.hua.na *bak.* marijuana.

mar.i.jua.na (merıwan'ı) *i.* haşiş.

ma.rim.ba (mırîm'bı) *i., müz.* bir cins ksilofon.

ma.ri.na (mıri'nı) *i.* yat limanı.

mar.i.nate (mer'ıneyt) *f.* (eti yumuşatmak için) zeytinyağlı salamurada bırakmak.

ma.rine (mırin') *s., i.* denize ait, denizle ilgili, denizden çıkan, denizel; deniz işlerine veya gemilere ait, denizsel; deniz kuvvetlerine ait; *i.* silâhendaz; denizcilik; deniz kuvvetleri. **marine insurance** deniz sigortası. **marine stores** gemi levazımı. **mercantile marine** ticaret filosu. **Tell that to the marines.** Külâhıma anlat. **Marine Corps** A.B.D.'de silâhendaz kuvvetleri.

mar.i.ner (mer'ınır) *i.* bahriyeli, gemici. **mariner's compass** gemici pusulası. **master mariner** ticaret gemisi kaptanı; kaptanlık diploması olan denizci.

mar.i.o.nette (meriyınet') *i.* kukla.

mar.i.tal (mer'ıtıl) *s.* evlenmeye ait; evlenme ile ilgili. **marital rights** evlilikte karı kocaya tanınan haklar. **maritally** *z.* evlenme bağlılığında.

mar.i.time (mer'ıtaym) *s.* deniz kenarında veya denize yakın; denizle ilişiği olan; denizciye mahsus; deniz seferleri ile ilgili. **maritime law** deniz hukuku. **maritime power** donanması olan devlet. **maritime traffic** deniz ticareti.

Ma.ri.tza (mari'tsa) *i.* Meriç nehri.

mar.jo.ram *i.,* **sweet marjoram** (mar'cırım) mercanköşk, güvey otu, *bot.* Majorana hortensis. **common marjoram, wild marjoram** keklik otu, yer fesleğeni, *bot.* Origanum vulgare.

mark (mark) *i.* işaret, marka, alâmet; damga; nişan, hedef; kâfi derece; şöhret, liyakat; *den.* iskandil savlası üzerinde kulaç işareti; not (ders); leke; yara yeri, iz. **a bad mark** kırık not, kötü not. **beside the mark** konu dışı, mevzudan dışarı. **high-water mark** suların en çok yükselme haddini gösteren işaret, doruk çizgisi. **hit the mark** nişanı vurmak; muvaffak olmak. **make one's mark** şöhret kazanmak. **miss the mark** hedefe isabet etmemek; tam doğru olmamak; konu dışı olmak. **of mark** meşhur. **Plimsoll mark** seksen tondan fazla her gemide yazılması lüzumlu olan ve su hatlarını gösteren işaret. **up to the mark** istenilen derecede. **wide of the mark** hedeften uzak.

mark (mark) *f.* işaretlemek, damga vurmak; ortaya çıkarmak; göstermek, meydana koymak; çizmek, yazmak, işaret etmek; sayı tutmak; not vermek; hatırda tutmak, mimlemek, dikkat etmek; *tic.* fiyat etiketi koymak. **mark off** hudutlarını çizmek. **mark down** fiyat indirmek. **mark out** hudutlarını çizmek; planını yapmak; seçip ayırmak. **mark time** yerinde saymak; durup beklemek. **mark up** çizmek; fiyat yükseltmek.

mark (mark) *i.* Alman parası, mark; eskiden bir gümüş veya altın tartısı.

Mark (mark) *i.* ilk Hıristiyanlardan biri, Yeni Ahdin ikinci kitabının yazarı, Markos.

marked (markt) *s.* ehemmiyetli, göze çarpan, belirgin; işaretlenmiş, damgası olan. **a marked difference** belli bir fark. **a marked man** şüpheli adam; mimlenmiş adam. **mark'edly** *z.* ehemmiyetli derecede.

mark.er (mar'kır) *i.* işaret koyan kimse, markacı; işaret, damga. **magic marker** ispirtolu kalem.

mar.ket (mar'kît) *i.* pazar, çarşı; piyasa. **market basket** pazar sepeti. **market day** pazarın kurulduğu gün. **market garden** bostan. **market order** komisyoncuya verilen piyasa fiyatına satma veya alma siparişi. **market place** pazar yeri. **market town** içinde pazar kurulan kasaba. **market value** piyasa fiyatı, piyasa değeri. **a bad market** düşük piyasa. **grain market** hububat borsası. **money market** para borsası. **put on the market** satışa çıkarmak. **in the market** satın almaya niyetli.

mar.ket (mar'kît) *f.* mal satmak veya satışa çıkarmak; çarşıda alışveriş etmek.

mar.ket.a.ble (mar'kîtıbıl) *s.* satılabilir.

mar.ket.ing (mar'kîtîng) *i.* pazarlama; çarşıdan öteberi alma.

mark.ing (mar'kîng) *i.* işaretler; *çoğ.* hayvanların tüy veya deri veya pullarının farklı renkleri; işaretleme. **marking ink** (çamaşır üzerine marka koymaya mahsus) sabit mürekkep.

marks.man (marks'mın) *i.* (*çoğ.* -men) nişancı. **marksmanship** *i.* nişancılık.

mark.up (mark'ʌp) *i.* alış ile satış fiyatları arasındaki fark; fiyat yükselişi.

marl (marl) *i., f.* kireçli toprak, marn; *f.* kireçli toprakla gübrelemek; *den.* halat üzerine başka ince halat sarmak. **marlaceous** (marley'şıs) *s.* kireçli toprağı olan. **marly** *s.* kireçli topraklı, marnlı.

mar.lin (mar'lîn) *i.* Kuzey Atlantik'te bulunan ve kılıçbalığına benzeyen bir balık.

mar.line (mar'lîn) *i., den.* iki kollu ince bir çeşit halat, mürnel.

mar.line.spike (mar'lînspayk) *i.* kavela.

marl.ite (marl'ayt) *i.* hava etkisine rağmen katı kalan bir çeşit marn.

mar.ma.lade (marmıleyd') *i.* portakal reçeli.

mar.mo.re.al, -re.an (marmôr'iyıl, marmôr'iyın) *s.* mermere benzer, mermere ait, mermerden yapılmış.

mar.mo.set (mar'mızet) *i.* ipek maymun, Orta ve Güney Amerika'da bulunan ufak bir maymun, *zool.* Callithrix jacchus.

mar.mot (mar'mıt) *i.* dağ sıçanı, bobak, *zool.* Marmota.

Mar.o.nite (mer'ınayt) *i.* Marunî.

ma.roon (mırun') *i., s.* kestane rengi, maron.

ma.roon (mırun') *f.* bir kimseyi ıssız ada veya kıyıya çıkarıp yalnız bırakmak.

mar.quee (marki') *i.* kapı önü tentesi; büyük çadır, otağ; afiş.

mar.que.try (mar'kıtri) *i.* mobilyacılıkta kakma işi.

mar.quis (mar'kwîs) *i.* marki.

mar.quise (markiz') *i.* markiz.

mar.qui.sette (markwîzet') *i.* markizet, bir çeşit ince dokuma.

mar.riage (mer'îc) *i.* evlenme, izdivaç, evlilik; birleşme. **marriage bed** yeni evlilerin ilk gece yattıkları yatak; nikâhın verdiği hak ve vazife. **marriage broker** para karşılığında çöpçatanlık yapan kimse. **marriage certificate** evlenme cüzdanı. **marriage license** nikâh kâğıdı, evlenme izni. **marriage portion** çeyiz. **marriage settlement** evlenirken kararlaştırılan gelir tahsisi. **marriage vows** evlenme taahhütleri. **civil marriage** medenî nikâh.

mar.riage.a.ble (mer'îcıbıl) *s.* evlenecek yaşta, yetişmiş.

mar.ried (mer'id) *s.* evli; evliliğe veya evlilere ait.

mar.ron (mer'ın) *i.* iri kestane. **marron glacé** kestane şekerlemesi.

mar.row (mer'o) *i.* ilik; *öz.* **marrowbone** *i.* ilik kemiği; *çoğ.* çapraz iki kemik. **marrowfat** *i.* bir çeşit bezelye. **chilled to the marrow** soğuk iliğine geçmiş, iliğine kadar üşümüş. **spinal marrow** murdar ilik, omurilik. **vegetable marrow** sakız kabağı, *bot.* Cucurbita pepo. **marrowy** *s.* ilik gibi, ilik dolu.

mar.ry (mer'i) *f.* evlenmek; evlendirmek, nikâh kıymak; evermek; birleşmek, birleştirmek.

mar.ry (mer'i) *ünlem, eski* Ya! Acayip! Aman Allahım!

Mars (marz) *i.* Eski Romalılarda savaş tanrısı; *astr.* Merih.

Mar.seille(s) (marsey') *i.* Marsilya.

mar.seille (marseyl') *i.* bir cins kalın pamuklu kumaş.

marsh (marş) *i.* batak, bataklık. **marsh fever** sıtma, malarya. **marsh gas** bataklıktan çıkan metan gazı. **marsh grass** göl otu. **marsh hen** su tavuğu, *zool.* Fulica atra; su yelvesi, *zool.* Rallus aquaticus. **marsh mallow** hatmi, *bot.* Althaea officinalis. **marsh marigold** çuhaçiçeği, *bot.* Primula veris. **marsh tea** Girit ladeni, *bot.* Cistus creticus. **marsh titmouse** bataklık baştankarası, *zool.* Parus palustris.

marsh.mal.low (marş'melo) *i.* lokuma benzer bir çeşit hafif şekerleme.

marsh.wort (marş'wırt) *i.* su maydanozu, *bot.* Apium nodiflorum.

marsh.y (mar'şi) *s.* bataklığa ait, bataklık gibi; bataksal; bataklı. **marshiness** *i.* bataklık hali.

mar.su.pi.al (marsu'piyıl) *s., i., zool.* keseli; *i.* keseli hayvan.

mart (mart) *i.* çarşı, pazar.

mar.shal (mar'şıl) *i., f.* (-ed, -ing *veya* -led, -ling) *ask.* mareşal, müşür; teşrifatçı, protokol görevlisi; polis müdürü; *f.* sıraya koymak, tanzim etmek; önüne düşüp götürmek. **field marshal** mareşal, müşür.

mar.tel.lo tower (martel'o) eskiden düşman akınlarına karşı deniz kıyısında inşa edilen yuvarlak kule şeklinde kale.

mar.ten (mar'tın) i. zerdeva; zerdeva kürkü. beech marten sarı gerdanlı zerdeva. pine marten, stone marten beyaz gerdanlı zerdeva.

mar.tial (mar'şıl) s. harbe ait, savaşa özgü; askerî; cesur, savaşçı. martial law örfî idare, sıkıyönetim. martially z. askerce, cesurca.

Mar.tian (mar'şın) s., i. Merih'e ait; i. Merih'te yaşadığı farzolunan kimse, Merihli.

mar.tin (mar'tın) i. kırlangıç. house martin pencere kırlangıcı, şehir kırlangıcı, zool. Delichon urbica. sand martin kum kırlangıcı, zool. Riparia riparia.

mar.ti.net (martınet') i. sert amir.

mar.tin.gale (mar'tıngeyl) i. şahlanmasına engel olmak için beygirin dizgin veya geminden kolanına bağlanan kayış, martingal kayışı; den. cıvadra sakalı, kör baston, dikme kösteği.

mar.ti.ni (marti'ni) i. martini, vermut ve cin karışımı bir içki.

mart.let (mart'lît) i. kırlangıç.

mar.tyr (mar'tır) i., f. şehit; bir amaç uğruna ölen veya işkenceye katlanan kimse; uzun müddet ıstırap çeken kimse; f. şehit etmek; işkence etmek, haksızlığa uğratmak. make a martyr of mazlum mevkiine koymak.

mar.tyr.dom (mar'tırdım) i. şehit olma, şehitlik. the crown of martyrdom cennette şehitlere verilecek taç.

mar.tyr.ize (mar'tırayz) f. şehit etmek, şehit kılmak; şehit olmak.

mar.tyr.ol.o.gy (martıral'ıci) i. şehitler listesi; şehitler menkıbesi.

mar.tyr.y (mar'tırı) i. bir şehidin adına yapılan anıt.

mar.vel (mar'vıl) i., f. (-ed, -ing veya -led, -ling) harika, mucize; hayret uyandıran şey; f. hayret etmek, şaşmak, garip bulmak.

mar.vel.ous (mar'vılıs) s. acayip, garip, hayret verici, olağanüstü; k.dili nefis, çok iyi. marvelously z. hayret verici şekilde.

Marx.i.an (mark'siyın) s., i. Karl Marx'a veya kuramına ait; i. Marksizm taraftarı. Marxism i. Marksizm. Marxist i., s. Marksist.

Mar.y (mer'i) i. Hazreti Meryem, Meryem Ana.

mar.y.jane i., Mary Jane (mericeyn') A.B.D., argo haşiş.

mar.zi.pan (mart'sıpän, mar'zıpän) bak. marchpane.

masc. kıs. masculine.

mas.car.a (mäsker'ı) i. sürme, rastık, rimel.

mas.cot (mäs'kat, -kıt) i. uğur getirdiği farzolunan hayvan ile eşya veya kimse, maskot.

mas.cu.line (mäs'kyılîn) s., i. erkeğe ait; erkeğe mahsus; erkeksi, erkek gibi (kadın); gram. eril; i. erkek; gram. eril cins; gram. eril kelime. masculin'ity i. erkeklik.

ma.ser (mey'zır) i., fiz. düzenli frekansı olan ve elektromanyetik dalgalar meydana getiren veya frekans ve görünüşü aynen muhafaza ederken bu dalgaları kuvvetlendiren herhangi bir tertibat, meyzer.

mash (mäş) i., f. lapa; hayvanlara yedirilen sıcak lapa; bira yapmak için ezilmiş arpa ile su karışımı; f. ezilmiş arpayı su ile karıştırmak; ezip lapa yapmak; ezmek, püre yapmak. mashed potatoes patates püresi.

mash.er (mäş'ır) i. ezen kimse veya şey; argo kadın peşinde koşan sahte âşık, çapkın erkek.

mask (mäsk) i. maske; alçı veya balmumundan yapılmış yüz kalıbı; maskeli kimse; ask. bir bataryayı veya askerî harekâtı düşman gözünden saklamak için yapılan çeşitli tertipler, kamuflaj, alalama; köpek veya tilki başı. death mask ölünün alçıdan yapılmış yüz kalıbı. throw off the mask maskesini indirmek, gerçek niteliğini ortaya koymak.

mask (mäsk) f. maske ile örtmek, maskelemek, gizlemek; ask. bir bataryayı veya askerî harekâtı düşman gözünden saklamak, kamufle etmek, alalamak; maske takınmak, kılık değiştirmek. masked ball maskeli balo. masking tape özellikle boyacılıkta kullanılan yapışkan kâğıt bant.

mas.ka.longe, mas.ki.nonge (mäs'kılanc, -nanc) bak. muskellunge.

mask.er, mas.quer (mäs'kır) i. maskeli kimse.

mas.o.chism (mäs'ıkîzım) i. mazoşizm.

ma.son (mey'sın) i., f. duvarcı, taşçı; b.h. mason, farmason; f. taş veya tuğla ile örmek.

Ma.son.ic (mısan'îk) s. mason veya farmasonluğa ait.

ma.son.ry (mey'sınri) i. taşçılık veya duvarcılık sanatı veya işi; *b.h.* farmasonluk, masonluk.

masque (mäsk) *i.* aktörlerin maske giydikleri eski usul sahne oyunu; maskeli balo.

mas.quer *bak.* **masker.**

mas.quer.ade (mäskıreyd') *i.*, *f.* maskeli balo; maskeli balo kostümü; sahte tavır; *f.* maskeli eğlenceye katılmak; sahte tavır takınmak, olduğundan başka türlü görünmek. **masquerader** *i.* maskeli kimse, maskara, karnaval.

Mass (mäs) *i.* Katolik kiliselerinde ekmek ve şarabın takdisi ayini (Aşai Rabbanî); bu ayine mahsus müzik. **High Mass** bu ayinin müzikli ve eksiksiz merasimi. **Low Mass** bu ayinin basit şekli. **Black Mass** ölüler için yapılan ayin; küfür ile icra edilmiş Aşai Rabbanî ayini, şeytana tapmak için düzenlenen ayin.

mass (mäs) *i.*, *f.* parça, top, kütle, külçe, yığın, küme; çokluk; hacim, cisim; *fiz.* herhangi bir cisimde bulunan madde miktarı, kütle; *f.* yığın halinde toplamak; *ask.* asker yığmak. **mass media** kitle iletişim, halka bilgi dağıtmak için çeşitli vasıtalar. **mass meeting** çoğunlukla siyasî tartışma gayesiyle düzenlenmiş halka açık genel toplantı. **mass movement** geniş halk hareketi. **mass production** toptan üretim. **the masses** halk kütlesi, avam.

mas.sa.cre (mäs'ıkır) *i.*, *f.* kılıçtan geçirme, katliam, kırım; *f.* katletmek, kılıçtan geçirmek, kırıp geçirmek.

mas.sage (mısaj') *i.*, *f.* masaj, ovma, ovuşturma; *f.* masaj yapmak, ovmak.

mas.seur (mäsûr') *i.* masajcı, masör.

mas.seuse (mäsuz') *i.* masajcı kadın.

mas.si.cot (mäs'ıkat) *i.* boya maddesi olarak kullanılan sarı toz halinde kurşun oksidi.

mas.sif (mäs'if) *i.* dağ kitlesi; boyuna veya enine dereler olan dağlık bir bölgenin ortasındaki kütle; yerinden oynamış ve dört tarafı çatlaklarla donanmış yekpare yerküre parçası.

mas.sive (mäs'iv) *s.* ağır, iri, cüsseli, iri yapılı; *min.* som, yekpare; muazzam, tesirli. **massively** *z.* yekpare halde; çok ağır olarak. **massiveness** *i.* ağırlık ve irilik.

mass.y (mäs'i) *s.* iri bir tek parçadan ibaret; ağır ve büyük, içi dolu.

mast (mäst) *i.* direk, gemi direği. **before the mast** gemi tayfalığı mevkii.

mast (mäst) *i.* palamut veya kayın kozalağı ve kestane gibi ağaç yemişi (özellikle domuzlara yem olarak kullanılır).

mas.ter (mäs'tır) *i.* efendi, sahip, patron, amir; usta; dinî lider; üstat, büyük sanatçı; *İng.* erkek öğretmen; üniversitede **bachelor**'dan bir yüksek derece veya bu dereceyi alan kimse; yönetici; örnek, numune, kopya edilecek şey; teksir kalıbı; mumlu kâğıt; küçük bey; kaptan. **Master of Arts** (*kıs.* M.A.) *bak.* **art.** **master of ceremonies** teşrifatçı, protokol görevlisi. **Master of Science** (*kıs.* M.S.) teknik okulların verdiği **Master** derecesi veya bu dereceyi alan kimse; lisans üstü fen diploması. **be master of** ustası olmak. **be one's own master** başına buyruk olmak. **Grand Master** şövalyeler ile masonlarda büyük üstat. **old masters** eski üstatlar (özellikle Rönesans devrindeki İtalyan ressamları). **the Master** Hazreti İsa; Üstat.

mas.ter (mäs'tır) *s.* baş, ana, temel, esas, asıl. **master builder** mimar; yapı ustası, kalfa. **master copy** teksir kalıbı; mumlu kâğıt; ana metin. **master key** aynı cinsten bir takım kilitleri açan anahtar, ana anahtar. **master plan** ana plan. **master stroke** çok ustalıklı iş, maharetli iş; kesin başarı. **master switch** *elek.* ana anahtar. **master touch** usta eli; yerinde söz veya davranış.

mas.ter (mäs'tır) *f.* yenmek, galip gelmek, hakkından gelmek; iyice öğrenmek; idare etmek, hâkim olmak.

mas.ter-at-arms (mäs'tır.ıt.armz') *i.* savaş gemisinde güvenlik görevlisi.

mas.ter.ful (mäs'tırfıl) *s.* amir, buyurucu; hükmeden; üstada yakışır; idare kuvveti olan. **masterfully** *z.* amirane. **masterfulness** *i.* amirlik.

mas.ter.ly (mäs'tırli) *s.* hünerli, ustaca. **masterliness** *i.* ustalık, hüner.

mas.ter.mind (mäs'tırmaynd) *i.*, *f.* baş yönetici, işi çeviren kimse; *f.* çekip çevirmek.

mas.ter.piece (mäs'tırpis) *i.* şaheser, üstün eser; harika.

mas.ter.ship (mäs'tırşîp) *i.* yöneticilik, yönetim; ustalık.

mas.ter.y (mäs'tıri, mäs'tri) *i*. hüküm, idare; üstünlük, hâkim olma; hüner, maharet; üstatlık.

mast.head (mäst'hed) *i*. direk ucu; gazete veya mecmuada yöneticiler listesi.

mas.tic (mäs'tik) *i*. sakız ağacı, *bot*. Pistacia lentiscus; sakız; macun; sakızlı rakı, mastika.

mas.ti.cate (mäs'tıkeyt) *f*. çiğnemek, dişlerle çiğneyip ezmek. **mastica'tion** *i*. çiğneme. **mas'ticatory** *i., s*. çiğnenen şey, çiklet, sakız; *s*. çiğnemekle ilgili.

mas.tiff (mäs'tîf) *i*. mastı (köpek).

mas.ti.tis (mästay'tîs) *i., tıb*. meme iltihabı.

mas.to.don (mäs'tıdan) *i*. yalnız fosili bulunan mamuta benzer fil.

mas.toid (mäs'toyd) *s., i., anat*. birçok memeli hayvanda kulak arkasındaki yuvarlak kemik çıkıntısına ait; bu kemik çıkıntısına yakın; kadın memesi biçiminde, meme başı şeklinde; *i*. şakak kemiğinin mastoid çıkıntısı; kulak arkasındaki çıkıntılı kemik. **mastoid process** mastoid çıkıntısı.

mas.tur.bate (mäs'tırbeyt) *f*. istimna etmek. **masturba'tion** *i*. istimna.

mat (mät) *i., f*. (**-ted, -ting**) hasır; paspas; bardak veya vazo altlığı; arap saçı gibi birbirine dolaşmış yığın; *f*. hasır ile örtmek; bükerek veya keçeleştirerek hasıra benzetmek; hasırlaşmak, keçeleşmek; düğümlenmek, birbirine dolaşmak, çitişmek.

mat (mät) *i., f*. (**-ted, -ting**) *s*. resim ve çerçeve arasındaki karton kenar; *matb*. hurufat kalıbı, matris; mat yüzey; yüzeyi matlaştırıcı alet; *f*. matlaştırmak; resim etrafına karton çerçeve geçirmek; *s*. mat, donuk.

mat.a.dor (mät'ıdôr) *i*. matador, boğa güreşçisi; bazı iskambil oyunlarında esas kozlardan biri.

match (mäç) *i*. eş, akran, denk, benzer; tam kopya; tamamlayıcı şey; uygun çift; evlenme; evlenme kararı; eşliğe uygun kimse; rakip; maç, karşılaşma, müsabaka. **meet one's match** hakkından gelecek birine rast gelmek, rakibi ile karşılaşmak.

match (mäç) *f*. uymak, benzemek; eşlemek; uydurmak; karşılaştırmak; geçmek, üstün gelmek; yazı turada karşılaştırmak üzere iki para atmak; geçirmek, birbirine tutturmak; birleştirmek; evlendirmek. **matching fund** bağış-

ların toplamına eşit miktarda yapılan şartlı bağış. **matching funds** şartlı bağışı eşitleyen küçük bağışlar.

match (mäç) *i*. kibrit; fitil. **ordinary match** herhangi bir yere sürtünmeyle ateş alan kibrit. **safety match** yalnız kutusunun eczalı kenarına çakılınca ateş alan kibrit.

match.box (mäç'baks) *i*. kibrit kutusu.

match.less (mäç'lîs) *s*. eşsiz, emsalsiz, rakipsiz.

match.lock (mäç'lak) *i*. fitilli tüfek.

match.mak.er (mäç'meykır) *i*. çöpçatan kimse; atletizm karşılaşmasını düzenleyen kimse; kibrit imalâtçısı.

match.mark (mäç'mark) *i*. bağlantı işareti, bağlama markası.

match.wood (mäç'wûd) *i*. kibrit yapmaya yarayan kereste; kibrit çöpü gibi ufak tahta parçaları.

mate (meyt) *i., f*. eş, misil; karı, koca, eş; çift hayvanın erkek veya dişisi; arkadaş; *den*. ticaret gemisinde ikinci kaptan, muavin; *f*. eşlemek; evlendirmek; evlenmek; çiftleştirmek; çiftleşmek; uymak; mat etmek.

ma.té, ma.te (ma'te, mät'ey) *i*. Paraguay çayı.

mat.e.lote (mät'ılot) *i*. şaraplı balık yahnisi.

ma.ter (mey'tır) *i., İng., k.dili* anne.

ma.ter.fa.mil.i.as (meytırfımîl'iyıs) *i*. kadın aile reisi.

ma.te.ri.al (mıtîr'iyıl) *s., i*. maddî, özdeksel, cismanî; bir şeyin esasına ait; bedensel; önemli, mühim, gerekli; **to** *ile* değgin, etkili; *i*. madde, malzeme; *çoğ*. gereçler; bez, dokuma, kumaş. **material well-being** maddî refah. **materials science** maddelerin kullanım ve nitelikleri ile uğraşan bilim dalı. **raw material** hammadde. **writing materials** yazı malzemesi.

ma.te.ri.al.ism (mıtîr'iyılîzm) *i*. özdekçilik, maddecilik, materyalizm; maddî refahı en üstün değer olarak kabul eden öğreti; dünyevî şeyleri önemseme. **materialist** *i*. özdekçi; kendini yalnız maddî gayelere adayan kimse. **materialis'tic** *s*. özdekçi; para ve refah hevesi ile yapılan.

ma.te.ri.al.i.ty (mıtîriyäl'ıtı) *i*. maddîlik, cismanîlik; maddiyet; lüzum, önem.

ma.te.ri.al.ize (mıtîr'iyılayz) *f*. maddîleşmek, cisim haline girmek, cisimleşmek; gerçekleşmek; maddîleştirmek; maddî bir nitelik vermek; cisim vermek (ruh), tecelli ettirmek. **materializa'tion** *i.* maddileştirme, maddileşme, cisimlenme.

ma.te.ri.a med.i.ca (mıtir'iyı med'iki) *i.* tıbbî maddeler; tedavide kullanılan maddelerle ilgili tıp dalı.

ma.te.ri.el (mıtiriyel') *i.* levazım, malzeme, materyel, gereç.

ma.ter.nal (mıtır'nıl) *s.* anneliğe ait, anneye yakışır; anne tarafından gelen. **maternal aunt** teyze. **maternal grandmother** anne-anne. **maternal uncle** dayı. **maternally** *z.* anne gibi; anne tarafından.

ma.ter.ni.ty (mıtır'nıti) *i.* analık, annelik hali. **maternity dress** hamile elbisesi. **maternity hospital** doğumevi, doğum hastanesi.

math (mäth) *i., A.B.D., k.dili* matematik.

math. *kıs.* **mathematics.**

math.e.mat.i.cal (mäthımät'ikıl) *s.* matematikle ilgili, kesin, tam. **mathematically** *z.* matematik yönünden.

math.e.mat.ics (mäthımät'iks) *i.* matematik. **abstract** *veya* **pure mathematics** kuramsal matematik. **applied mathematics** uygulamalı matematik. **higher mathematics** yüksek matematik. **mathemati'cian** *i.* matematikçi.

maths (mäths) *i., İng., k.dili* matematik.

ma.tière (matyer') *i., Fr.* sanat unsuru.

mat.i.nee (mätiney') *i.* matine.

mat.ins (mät'inz) *i., çoğ., kil.* gece yarısı veya sabaha karşı bazı Hıristiyanlar tarafından yapılan ibadet; Anglikan kilisesinde sabah ibadeti.

mat.ing (mey'ting) *i.* çiftleşme, çiftleştirme. **mating season** çiftleşme mevsimi.

mat.rass (mät'rıs) *i.* uzun boğazlı imbik.

ma.tri.arch (mey'triyark) *i.* aile veya kabile reisi kadın. **matriar'chal** *s.* ana hâkimiyetine ait, anaerkil. **matriar'chate** *i.* anaerkil toplum.

ma.tri.arch.y (mey'triyarki) *i.* anaerki.

ma.tri.cide (mät'rısayd) *i.* ana katli; ana katili, anasını öldüren kimse. **matricid'al** *s.* ana katiline veya katilliğine ait.

ma.tric.u.late (mıtrik'yıleyt) *f.* kaydetmek; öğrenci olarak kaydedilmek (bilhassa üniversiteye). **matricula'tion** *i.* öğrenci kaydı; *İng.* olgunluk imtihanı.

mat.ri.mo.ni.al (mätrımo'niyıl) *s.* evlenmeye ait. **matrimonially** *z.* evlenmeye ait; evlenme suretiyle.

mat.ri.mo.ny (mät'rımoni) *i.* evlenme, izdivaç, evlilik; evlenme merasimi; bir kâğıt oyunu.

ma.trix (mey'triks) *i.* (*çoğ.* **ma.tri.ces, ma.trix.es**) bir cisme şekil veren veya dayanak olan şey; *biyol.* hücreler arasında bulunan madde; *anat.* dölyatağı, rahim; *matb.* hurufat kalıbı, matris; *jeol.* fosil, billûr veya başka bir mineralin kaya içinde bıraktığı iz; *jeol.* gang; *mat.* değişkenler arasındaki ilgiyi gösteren tablo.

ma.tron (mey'trın) *i.* bilhassa çocuğu olan orta yaşlı evli kadın; bir müessesenin iç idaresiyle görevli kadın; hastane ve yetimhane gibi müesseselerde amir kadın. **matron of honor** nedime. **matronhood** *i.* ana olma hali. **matronly** *s.* ana gibi, anaya yakışır; toplu, dolgun; ağır başlı (kadın).

mat.ted (mät'id) *s.* hasırlarla örtülmüş; keçeleşmiş.

mat.ter (mät'ır) *i.* özdek, madde, cevher, cisim; konu, iş, husus, mesele; vesile; fark, önem; öz; yaklaşık miktar; cerahat, irin; *fels.* özdek; posta maddesi; *matb.* baskıya hazır hurufat; *matb.* dizilecek metin, müsvedde; *man.* bir önermenin kapsadığı husus; şikâyet veya pişmanlık sebebi. **a matter of two dollars** iki dolar meselesi. **as a matter of course** tabiî olarak, işin tabiî gidişine göre. **as a matter of fact** işin doğrusu, hakikatte. **for that matter** ona gelince; hatta. **in the matter of** konusunda, hususunda. **It's no laughing matter.** İşin şakası yok. Şakaya gelmez. **No matter.** Önemi yok. Mühim değil. Zararı yok. **no matter how difficult...** ne kadar güç olursa olsun... **printed matter** basma, matbua. **reading matter** okunacak şey. **What's the matter?** Ne var? Ne oldu?

mat.ter (mät'ır) *f.* ehemmiyeti olmak, önemi olmak, önem taşımak, bir şey ifade etmek; cerahatlenmek. **What does it matter?** Ne önemi var? Ne olur ki?

mat.ter-of-fact (mät'ırıvfäkt') *s.* tabiî, alelade; hayale kapılmaz, heyecansız.

mat.ter.y (mät'ıri) *s.* cerahatli; çapaklı.

Mat.thew (mäth'yu) *i.* Hazreti İsa'nın on iki havarisinden biri olup ismini dört İncilden birine veren, Matta; Matta İncili.

mat.ting (mät'îng) *i.* hasır, hasır örgüsü; hasır örme.

mat.tock (mät'ık) *i.* kazma.

mat.tress (mät'rıs) *i.* yatak, şilte, uzun minder; su kenarlarında aşınmayı durdurmak için kıyı önüne çekilen çalı ve sırıktan örülmüş engel. **spring mattress** yaylı yatak.

mat.u.rate (mäç'ûreyt, mät'yûreyt) *f.* olgunlaşmak; *tıb.* cerahat toplamak. **matura'tion** *i.* olma veya olgunlaşma, yetişme, kemale erme; cerahat toplama. **mat'urative** *s.* olgunluğa götüren, erginleştiren; cerahat toplayıcı.

ma.ture (mıçûr', mıtyûr') *f.* kemale erdirmek, olgunlaştırmak; olmak, olgunlaşmak, kemale ermek; vadesi gelmek.

ma.ture (mıçûr', mıtyûr') *s.* olgunlaşmış, olmuş, kemale ermiş, ergin, olgun; iyi hazırlanmış, tamam; vadesi gelmiş. **mature deliberation** iyi ve uzun düşünme. **maturely** *z.* olgunca; tamamen, dikkatle. **matureness** *i.* olgunluk, kemal. **maturity** *i.* olgunluk hali; vade.

ma.tu.ti.nal (mıtu'tınıl, mäçıtay'nıl) *s.* sabaha ait, sabahleyin olan, erken.

mat.zo, mat.zah (mät'sı) *i.* (*çoğ.* **mat.zot, mat.zos**) hamursuz ekmek.

maud.lin (môd'lin) *s.* aşırı duygusal; sarhoşluk tesiriyle yersiz olarak ağlayan veya aşırı derecede duygulanan.

mau.gre, -ger (mô'gır) *edat, eski* rağmen, bakmayarak.

maul (môl) *i., f.* tokmak; *f.* dövmek, berelemek, ezmek; hırpalamak; *A.B.D.* yarmak.

maul.stick, mahl.stick (môl'stik) *i.* ressamın çalışırken sağ kolunu dayadığı değnek.

Mau Mau (mau'mau) Kenya'da tedhişçi bir gizli örgüt.

mau-mau(mau'mau) *f., A.B.D., argo* yıldırmak.

maund (mônd) *i.* doğu memleketlerinde yerine göre değişen bir ağırlık ölçüsü (Hindistan'da geçerli ağırlık ölçüsü birimi 37,33 kilodur).

maun.der (môn'dır) *f.* anlaşılmaz veya tutarsız bir şekilde konuşmak; aylak aylak dolaşmak.

maun.dy (môn'di) *i.* Katoliklerde fakirlerin ayaklarını yıkama ayini. **Maundy Thursday** paskalyadan evvelki perşembe günü.

Mau.ri.ta.ni.a (môritey'niyı) *i.* Moritanya.

Mau.ri.ti.us (môriş'iyıs) *i.* Mauritius Adası.

Mau.ser (mau'zır) *i., tic. mark.* mavzer.

mau.so.le.um (môsıli'yım) *i.* sanatla süslenmiş büyük türbe, mozole; eski Karya kralı Mausolus için Bodrum'da inşa edilmiş olan ve dünyanın yedi harikasından biri sayılan türbe.

mauve (mov) *i.* leylak rengi, pembeye bakan açık mor; anilinden çıkarılan mor boya.

mav.er.ick (mäv'ırîk) *i., A.B.D.* damgalanmamış ve sahipsiz dana, başıboş buzağı; *A.B.D., k.dili* toplum kurallarına uymayan kimse; parti disiplinine uymayan politikacı.

ma.vis (mey'vîs) *i.* pas rengi ardıçkuşu.

maw (mô) *i.* boğaz, memeli hayvanların veya balığın gırtlak veya çenesi; kursak; mide; *k.dili, leh.* anne.

mawk.ish (mô'kiş) *s.* tiksindirici, iğrenç, tatsız; tiksindirici surette hisli.

max. *kıs.* maximum.

max.i (mäk'si) *i., s.* maksi, ayak bileğine kadar uzanan (giysi); uzun, iri.

max.il.la (*çoğ.* **-lae**) (maksîl'ı, -li) *i.* çene kemiği, memeli hayvanların bilhassa üstçene kemiği. **max'illar(y)** *s.* çene kemiğine ait. **maxillary gland** *biyol.* çene altı bezi.

max.im (mäk'sîm) *i.* kural, düstur; vecize, mesel.

max.i.mal (mäk'sımıl) *s.* azamî, en büyük, en fazla. **Maximalist** *i.* aşırı sol kanat üyesi (bilhassa eski Rus Sosyalist partisinde).

max.im.ite (mäk'simayt) *i.* kuvvetli bir patlayıcı madde.

max.i.mize (mäk'sımayz) *f.* azami hadde çıkarmak; bir prensibi en geniş anlamıyle yorumlamak.

max.i.mum (mäk'sımım) *i., s.* (*çoğ.* **-ma** *veya* **-mums**) azami derece, maksimum; gaye; *s.* azamî, en çok, en ziyade. **maximum pressure** *mak.* azamî basınç.

may (mey) *f.* (3. tek. şahıs **may**; *geçmiş zaman* **might**) -bilmek, -meli, -malı (izin, imkân, ihtimal gibi durumları ifade eden yardımcı fiil).

May (mey) *i.* mayıs ayı; gençlik, bahar, hayatın ilkbaharı. **May apple** Amerika'ya mahsus ve meyvası yenir bir bitki, *bot.* Podophyllum peltatum. **May bug** mayıs böceği, *zool.* Melolontha vulgaris. **May day** bir mayıs, Bahar Bayramı. **May Duke** pembe kiraz, sultaniye kirazı, bir çeşit ekşi kiraz. **May queen** Bahar Bayramı kraliçesi olarak seçilen genç kız. **Maying** *i.* Bahar Bayramını kutlama.

Ma.ya (ma′yı) *i.* eskiden Orta Amerika yerlilerinin ileri uygarlığa sahip bir aşireti; Maya′ların dili.

ma.ya (ma′yı) *i.*, *Hinduizm* büyü, afsun.

may.be (mey′bi) *z.* belki, olabilir.

May.day (mey′dey) *i.* uluslararası radyo ′′imdat ′′ işareti.

may.flow.er (mey′flauwır) *i.* bir tür alıç.

May.flow.er (mey′flauwır) *i.* 1620 tarihinde İngiltere′den Amerika′ya meşhur bir göçmen kafilesini götüren geminin ismi.

may.fly (mey′flay) *i.* mayıssineği.

may.hap (mey′häp) *z.*, *eski* belki de, olabilir.

may.hem (mey′hem) *i.*, *huk.* dövüşe yarar uzuvlarından birini sakatlayarak bir kimseyi müdafaasız bırakma suçu; kargaşa.

may.on.naise (meyıneyz′) *i.* mayonez.

may.or (mey′ır) *i.* belediye reisi. **Lord Mayor** Büyük Britanya′da Londra gibi belirli bazı şehirlerde belediye reisi. **mayoralty** *i.* belediye reisliği. **mayoress** *i.* belediye reisinin karısı; kadın belediye reisi.

May.pole (mey′pol) *i.* Bahar Bayramında halkın etrafında dans ettiği çiçeklerle süslü direk.

Maz.da.ism (mäz′dı. izim) *i.* Zerdüştlük.

maze (meyz) *i.* yolları şaşırtacak derecede karışık yer, labirent; şaşkınlık, hayret.

ma.zur.ka (mızır′kı, mızûr′kı) *i.* Leh dansı veya dans havası, mazurka.

ma.zy (mey′zi) *s.* dolaşık, karışık; şaşkınlığa düşmüş. **mazily** *z.* dolaşık ve karışık olarak. **maziness** *i.* dolaşıklık, karışıklık.

Mc- *kıs.* **Mac-.**

mc *kıs.* **megacycle.**

M.C. (emsi′) *kıs.* **Master of Ceremonies** protokol görevlisi, teşrifatçı.

Mc.Coy (mıkoy′) *i.* bir soyadı. **the real McCoy** *A.B.D.*, *argo* hakikîsi.

M.D. *kıs.* **Doctor of Medicine** tıp doktoru.

MD *kıs.* **Maryland.**

M-day (em′dey) *i.* **Mobilization Day** seferberlik günü.

mdse. *kıs.* **merchandise.**

me (mi) *zam.*, *bak.* **I**, beni, bana. **Ah me!** Aman, aman! **Dear me!** Olur şey değil!

ME *kıs.* **Maine.**

mead (mid) *i.* mayalandırılmış bal ve sudan yapılan alkollü bir içki.

mead (mid) *i.*, *şiir* çayır, çimen.

mead.ow (med′o) *i.* çayır. **meadow grass** çayır otu, çimen. **meadow rue** çayır sedefi, *bot.* Thalictrum. **meadow saffron** güz çiğdemi, *bot.* Colchicum autumnale. **meadow clover** çayırtirfili, *bot.* Trifolium pratense.

mead.ow.lark (med′olark) *i.* sarı göğsü üstünde siyah hilâl şekli bulunan ötücü bir çayır kuşu, *zool.* Sturnella magna.

mea.ger (mi′gır) *s.* yetersiz, eksik, az; bereketsiz, mahsulsüz, kuru, yavan, tatsız; zayıf. **meagerly** *z.* yetersizce; fena, kusurlu olarak; zayıf halde. **meagerness** *i.* zayıflık; kısırlık, kıtlık.

meal (mil) *i.* elenmemiş kaba un; una benzer şey. **meal worm** un kurdu.

meal (mil) *i.* yemek, öğün; yemek zamanı. **meal ticket** yemek kartı; *A.B.D.*, *argo* geçim kaynağı.

meal.time (mil′taym) *i.* yemek vakti.

meal.y (mi′li) *s.* un gibi, unlu; beyaz benekli (at); solgun, renksiz (yüz). **mealiness** *i.* unluluk.

meal.y-mouthed (mi′limautht′, -maudhd′) *s.* samimiyetsiz.

mean (min) *f.* **(meant)** (ment) niyet etmek, kurmak, düşünmek; ifade etmek, mana vermek, kastetmek, demek istemek; demek. **He means well.** Ne kadar beceriksiz olsa da hüsnüniyeti var. **It is meant for you.** Bu sizin için. **What do you mean by it?** Ne demek istiyorsun? Yaptığın doğru mu? **You mean everything to me.** Sen benim her şeyimsin.

mean (min) *s.* adi, aşağı, değersiz; rezil, alçak, bayağı; cimri, pinti; kılıksız; yoksul; *k.dili* huysuz; *k.dili* utangaç; *A.B.D.*, *k.dili* keyifsiz; *A.B.D.*, *k.dili* kötü huylu, ahlâksız, tehlikeli; *A.B.D.*, *k.dili* zor, güç; *A.B.D.*, *argo* şahane, nefis. **no mean city** çok iyi şehir. **meanly** *z.* alçakçasına. **meanness** *i.* adilik; cimrilik.

mean (min) *s.* orta, vasat; vasatî, ortalama; *mat.* orantılı. **mean distance** ortalama mesafe. **mean pressure** ortalama basınç. **mean**

time vasatî güneş saati. **Greenwich mean time** Greenwich ortalama güneş saati.

mean (min) *i.* iki şeyin ortası, vasat, orta; ılımlılık; *mat.* ortalama nicelik; istatistikte gözlem sonucu ortalama değer; *man.* orta terim; *bak.* **means. the golden mean** her şeyin kararı, ikisi ortası, ideal olan şey.

me.an.der (miyän'dır) *i., f.* dolambaçlı yol, labirent; zikzaklı veya dolambaçlı devinim; menderes, kıvrım; girintili kavislerden yapılmış nakış; *b.h.* Menderes ırmağının eski ismi; *f.* dolambaçlı yoldan gitmek; avare dolaşmak, gezinmek.

mean.ing (mi'nîng) *i.* anlam, mana; amaç, gaye, maksat; yorum; önem. **meaningful** *s.* anlamlı, manalı. **meaningless** *s.* anlamsız, manasız; boş, abes.

mean.ing (mi'nîng) *s.* maksatlı, niyetli; manalı, anlamlı. **meaningly** *z.* manalı manalı.

means (minz) *i.* vasıta, araç, vesile; servet, varlık, zenginlik, para. **means of transport** nakil vasıtası, ulaşım araçları, taşıtlar. **means to an end** araç, vasıta. **by all means** elbette, şüphesiz. **by any means** ne şekilde olursa olsun, ne pahasına olursa olsun; hiç. **by means of** vasıtasıyle. **by no means** elbette hayır, asla, katiyen.

meant (ment) *bak.* **mean.**

mean.time, mean.while (min'taym, min'hwayl) *i., z.* ara, aradaki zaman; *z.* arada; aynı zamanda. **in the meantime** arada; iken.

mea.sles (mi'zılz) *i., tıb.* kızamık; domuz uyuzu. **German measles** kızamıkçık.

mea.sly (miz'li) *s.* kızamıklı, kızamık çıkarmış; *argo* adi, değersiz; cimri.

meas.ur.a.ble (mej'ırıbıl) *s.* ölçülebilir, ölçüye gelir; sınırlı, ılımlı. **measurably** *z.* ölçülür surette; ölçülü olarak.

meas.ure (mej'ır) *i.* ölçü, miktar; ölçek; herhangi bir ölçü sistemi; ölçüm, ölçme; derece, mertebe, hudut, had; şiir vezni; tedbir, yol; kanun; *müz.* ölçü. **angular measure** açı ölçüsü. **beyond measure** hadden aşırı, son derece. **full measure** tam ölçü. **for good measure** fazladan, ek olarak. **in some measure** bir dereceye kadar, kısmen. **liquid measure** sıvı oylum ölçüsü. **made to measure** ısmarlama yapılmış (elbise). **short measure** eksik ölçü. **take one's measure** birinin kabiliyetini sınamak, *fig.* birinin öl-

çüsünü almak. **take measures** tedbir almak, hazırlıklı bulunmak. **tape measure** mezura, mezür, metre şeridi.

meas.ure (mej'ır) *f.* ölçmek, tartmak, kıymet biçmek; ölçüsü olmak; karşılaştırmak; ölçüsünü almak; süzmek, dikkatle bakmak; uydurmak, ayarlamak. **measure off** uzunluğuna belli bir kısmı ölçmek. **measure out** ölçüp ayırmak. **measure swords** kılıçla çarpışmak; biri ile boy ölçüşmek. **measure up to** beklenilen nitelikte olduğunu ispat etmek. **measuring rod** ölçü değneği, yüzölçümü değneği. **measuring worm** yeri ölçermiş gibi yürüyen bir cins tırtıl. **measured** *s.* ölçülü, ölçülmüş; düzgün, düzenli, mevzun; sınırlanmış. **measureless** *s.* ölçüsüz, hadsiz, hesapsız. **measurement** *i.* ölçü, ölçme, ölçüm.

meat (mit) *i.* yenecek et, et; *eski* yemek, yiyecek şey; öz; *k.dili* en büyük zevk. **meat and drink to him** onun için gıda kadar lüzumlu şey. **meat and potatoes** *argo* önemli olan, temel (kısım). **meat loaf** rulo köfte. **meat packing** *A.B.D.* toptan kasap işi. **meat pie** etli börek. **meaty** *s.* etli, et gibi; özlü, dolgun.

me.a.tus (miyey'tıs) *i., anat.* yol, kanal; kanal ağzı.

Mec.ca (mek'ı) *i.* Mekke; *k.h.* herkesin ziyaret etmek istediği yer.

mech. *kıs.* **mechanics, mechanical.**

me.chan.ic (mıkän'ik) *i., s.* makinist, makina ustası; *s.* el sanatlarına ait; makinaya ait; mekanik.

me.chan.i.cal (mıkän'ikıl) *s.* makinaya veya alete ait; makina veya aletle yapılmış; el sanatlarına ait; makina gibi, mekanik; mihanikî; *fiz.* mekanik. **mechanical advantage** mekanik verim. **mechanical drawing** teknik resim. **mechanical efficiency** makinada kullanılan güçle verim arasındaki oran. **mechanically** *z.* mekanik olarak.

mech.a.ni.cian (mekinîş'ın) *i.* makinist.

me.chan.ics (mıkän'iks) *i., fiz.* cisimlerin devimleriyle ilgili olayları inceleyen bilim, mekanik; makina ilmi; teknik.

mech.a.nism (mek'ınîzım) *i.* mekanizma, makina tertibatı, bir makinayı meydana getiren bütün kısımlar; işleyiş; teknik, üslûp; yöntem; *fels.* mekanikçilik, mekanizm.

mech.a.nist (mek'ınist) *i.*, *nad.* makinacı; makinist, makina uzmanı; *fels.* mekanikçi, mekanizm taraftarı kimse. mechanis'tic *s.* mekanik, mekaniğe değgin; *fels.* mekanizme özgü.

mech.a.ni.za.tion (mekınızey'şın) *i.* makinalaşma, makinalaştırma.

mech.a.nize (mek'ınayz) *f.* makinalaştırmak.

Mech.lin lace (mek'lin) Belçika'nın Mechlin şehrinde yapılan bir çeşit kopanaki, karo danteli.

med. *kıs.* medicine, medieval, medium.

med.al (med'ıl) *i.* madalya, para şeklinde nişan.

med.al.ist (med'ılist) *i.* madalya yapan kimse; madalya kazanan kimse.

me.dal.lion (mıdäl'yın) *i.* büyük madalya; madalyon, daire içinde kabartma veya resim gibi süs; *A.B.D.* taksi ehliyeti; ehliyetli taksi şoförü.

med.dle (med'ıl) *f.* karışmak, vazifesi olmadığı yerde araya girmek, başkasının işine burnunu sokmak. meddler *i.* herkesin işine karışan kimse, her şeye burnunu sokan kimse. meddlesome *s.* işe karışan. meddlesomeness *i.* başkalarının işine burnunu sokma eğilimi.

med.e.vac (med'ıväk) *i.*, *A.B.D.* yaralıları savaş alanından hastaneye taşımada kullanılan askerî helikopter.

me.di.a (mi'diyı) *i.*, *çoğ.* vasıtalar, araçlar. the media gazete, radyo, televizyon gibi yayın araçlarının bütünü.

me.di.ae.val *bak.* medieval.

me.di.al (mi'diyıl) *s.* orta, vasat; ortaya ait, ortalama.

me.di.an (mi'diyın) *s.*, *i.* orta; *i.* orta; medyan, orta değer; *geom.* kenarortay. median nerve kol medyan siniri.

me.di.ate (mi'diyeyt) *f.*, *s.* aracılık etmek, vasıta olmak, araya girmek; ara bulmak; arada haber götürmek; *s.* dolaylı ilgisi olan, doğrudan doğruya olmayan, dolayısıyle olan; ara yerde bulunan, ortada olan, ikisi ortası. mediately *z.* vasıta olarak. media'tion *i.* arabuluculuk, tavassut, şefaat.

me.di.a.tize (mi'diyıtayz) *f.* eski yöneticisinin unvanı ve bazı yetkileri kendisinde kalmak üzere bir ülkeyi başka bir ülkeye bağlamak.

me.di.a.tor (mi'diyeytır) *i.* arabulucu, aracı, uzlaştırıcı kimse; şefaatçi. mediatorship

i. aracılık, arabuluculuk, uzlaştırma; şefaat, şefaatçilik. mediatory *s.* uzlaştırmayla ilgili, uzlaştırıcı; şefaate ait.

med.ic (med'ik) *i.* kabayonca, *bot.* Medicago sativa.

med.ic (med'ik) *i.*, *k.dili* doktor; tıp öğrencisi.

med.i.ca.ble (med'ıkıbıl) *s.* tedavisi mümkün, iyileştirilebilir.

med.i.cal (med'ikıl) *s.* tedaviye ait, tıbba ait, tıbbî; iyileştirici, tedavi edici. medical botany tıbbî bitkiler ilmi. medical jurisprudence adlî tıp. medically *z.* tıbbî maksatlarla, tıbben, tıp yönünden.

med.i.ca.ment (med'ıkımınt, medik'ımınt) *i.* ilâç, tedavide kullanılan madde.

med.i.care (med'ıker) *i.* A.B.D. ve Kanada'da devlet sağlık sigortası.

med.i.cate (med'ıkeyt) *f.* ilâçla tedavi etmek; içine ilâç katmak. medica'tion *i.* ilâçla tedavi. medicative *s.* ilâçla tedavi kabilinden.

me.dic.i.nal (mıdis'ınıl) *s.* ilâç özelliği olan, iyileştirici, tedavi edici, teskin edici, tıbbî. medicinally *z.* ilâç vasıtasıyle.

med.i.cine (med'ısın) *i.*, *f.* ilâç, deva; tıp ilmi, hekimlik; ilkel insanlar arasında büyü; afsun; *f.* ilâç vermek, ilâçla tedavi etmek. medicine ball jimnastikte kullanılan ve ağırca top. medicine dance Kızılderililer arasında dinî bir dans. medicine man ilkel kabilelerde sihirbaz hekim. patent medicine müstahzar, hazır ilâç. take one's medicine hoşa gitmeyen bir şeyi yapmaya mecbur olmak, katlanmak, çekmek.

me.di.e.val me.di.ae.val (midiyi'vıl, medi'vıl) *s.* ortaçağa ait veya benzer. medievalism *i.* ortaçağa ait inanış ve âdetler. medievalist *i.* ortaçağ ilimleri uzmanı.

Me.di.na (mıdi'nı) *i.* Medine.

me.di.o.cre (midiyo'kır) *s.* alelade, olağan, orta derecede, ne iyi ne kötü, bayağı.

me.di.oc.ri.ty (midiyak'rıti) *i.* aleladelik, bayağılık; adi kimse.

med.i.tate (med'ıteyt) *f.* düşünceye dalmak; düşünmek, niyet etmek, tasarlamak, kurmak. medita'tion *i.* düşünceye dalma, düşünme. meditative *s.* çok düşünen; düşünce kabilinden.

med.i.ter.ra.ne.an (medıtırey'niyın) *s.*, *i.* etrafı kara ile çevrilmiş, kapalı (deniz); *i.*, *b.h.* Akdeniz. Mediterranean scad karagöz istavrit balığı, *zool.* Trachurus mediterraneus.

me.di.um (mi'diyım) *i.* (*çoğ.* **-s, me.di.a**) *s.* orta; çevre, ortam; araç, vasıta; resim için boyaya katılan sıvı; *biyol.* mikrop üretimine elverişli madde; *s.* orta, vasat; ortalama, vasatî. **medium frequency** *radyo* orta dalga. **news medium** gazete. **through the medium of** vasıtasıyle.

me.di.um (mi'diyım) *i.* (*çoğ.* **-s**) medyum.

med.lar (med'lır) *i.* muşmula, beşbıyık, döngel, *bot.* Mespilus germanica. **Japanese medlar** yenidünya, maltaeriği, *bot.* Eriobotrya japonica.

med.ley (med'li) *i., s.* karmakarışık şey; *müz.* potpuri; *s.* karışık, çeşitli.

me.dul.la (mıdʌl'ı) *i., anat., zool.* ilik; saçın özü; *bot.* öz. **medulla oblongata** *anat.* beynin en arka parçası, beynin omuriliğe bitişik parçası, bulbus, soğanilik. **medullary** (med'ıleri) *s.* iliğimsi; ilikli; özlü.

Me.du.sa (mıdu'sı) *i., mit.* yılan saçlı dişi ifrit; *k.h., zool.* denizanası.

meed (mid) *i., eski* hak; mükâfat, ödül.

meek (mik) *s.* sabırlı ve yumuşak başlı, uysal, sakin; alçak gönüllü, mütevazı; kişiliksiz. **meek-spirited** *s.* alçak gönüllü. **as meek as a lamb** kuzu gibi, uysal. **meekly** *z.* uysalca. **meekness** *i.* uysallık.

meer.schaum (mir'şım) *i.* Eskişehir taşı, lületaşı; lületaşı pipo.

meet (mit) *f.* (**met**) rast gelmek, karşılaşmak, tesadüf etmek, bulmak; karşılamak; tanışmak; buluşmak, toplanmak, bir araya gelmek, görüşmek; birleşmek, kavuşmak; uğramak, başına gelmek; yerine getirmek.

meet (mit) *i.* karşılaşma, atletizm yarışması.

meet (mit) *s.* uygun, münasip, yakışır.

meet.ing (mi'tîng) *i.* toplantı; cemaat; birleşme, bitişme; meydan toplantısı, miting. **meeting house** toplantı için kullanılan ev; Kuveykır kilise binası. **meeting place** toplantı yeri, buluşma yeri; uğrak. **summit meeting** *pol.* zirve toplantısı.

mega- *önek* büyük; *fiz.* bir milyon misli.

meg.a.bit (meg'ıbît) *i., kompütör* bir milyon bilgi birimi.

meg.a.buck (meg'ıbʌk) *i., A.B.D., argo* bir milyon dolar.

meg.a.ce.phal.ic (megısıfäl'îk) *s.* büyük kafalı.

meg.a.cy.cle, meg.a.hertz (meg'ısaykıl, meg'-ıhırtz) *i., radyo* elekromanyetik dalganın saniyede bir milyon devirlik frekans birimi, megasikl.

meg.a.lith (meg'ılîth) *i.* tarihöncesi zamanlardan kalma büyük taş anıt, megalit. **megalith'ic** *s.* eski zaman büyük taş anıtına ait.

megalo- *önek* büyük, aşırı derecede büyük.

meg.a.lo.ceph.a.ly (megılosef'ıli) *i., tıb.* büyük kafalılık. **megalocephal'ic, megalo-ceph'alous** *s., tıb.* büyük kafalı.

meg.a.lo.ma.ni.a (megılomey'niyı) *i., psik.* büyüklük kuruntusu, megalomani. **mega-lomaniac** *i.* büyüklük veya büyük şeyler delisi, megaloman.

me.ga.lo.po.lis (megılap'ılîs) *i.* birleşik şehirler, nüfus artışıyle büyük şehirlerin yayılarak birbirine bitişmesiyle meydana gelen yerleşme sahası.

meg.a.lo.saur (meg'ılısôr) *i.* yalnız fosilleri bulunan çok büyük kertenkele.

meg.a.phone (meg'ıfon) *i.* megafon, sesi büyütüp uzağa işittiren konik boru.

meg.a.the.ri.um (megıther'iyım) *i.* yalnız fosilleri bulunan ve Amerika kıtasına mahsus iri bir hayvan.

meg.a.ton (meg'ıtʌn) *i.* megaton, büyükton.

me.grims (mi'grîms) *i., çoğ.* can sıkıntısı, bunalım.

Mek.ka, Mec.ca (mek'ı) *i.* Mekke.

mel.a.mine (mel'ımin, -mîn) *i.* bir cins plastik.

mel.an.cho.li.a (melınko'liyı) *i., psik.* melankoli, karasevda.

mel.an.chol.y (mel'ınkali) *i., s.* melankoli, karasevda; can sıkıntısı, kasvet; *s.* melankolik; kasvetli. **melanchol'ic** *s.* hüzünlü, karasevdalı.

mé.lange (melanj') *i., Fr.* karışık şey.

mel.a.nism (mel'ınîzım) *i., tıb.* saç, deri ve dokularda renk maddelerinin fazlalığı.

mel.a.no.sis (melıno'sîs) *i., tıb.* dokularda fazla renk maddesinin toplanması.

Mel.ba toast (mel'bı) peksimet.

meld (meld) *f., i.* iskambil oyunlarında belirli kâğıtların bir araya gelmesi ile kazanılan sayıyı ilân etmek; *i.* böyle iskambil kâğıtlarının bir araya gelmesi.

meld (meld) *f.* birbirine karışmak.

me.lee (mey'ley) *i.* meydan kavgası.

mel.i.lot (mel'ılat) *f.* kokulu yonca, sarı yonca, *bot.* Melilotus officinalis.

mel.i.nite (mel'ınayt) *i.* çok kuvvetli dumansız barut, melinit.

mel.io.rate (mil'yıreyt) *f.* düzeltmek, iyileştirmek; iyileşmek, düzelmek. **meliora'tion** *i.* ıslah.

mel.io.rism (mil'yırîzım) *i.* dünyanın zamanla iyiye gittiği inancı.

mel.lif.er.ous (mılif'ırıs) *s.* bal hâsıl eden, bal taşıyan.

mel.lif.lu.ent, -lu.ous (mılif'luwınt, -luwıs) *s.* bal gibi akan, bal gibi tatlı. **mellifluence** *i.* tatlı dil. **mellifluently, -fluously** *z.* tatlı dille.

mel.low (mel'o) *s., f.* olgun; yıllanmış (şarap); dolgun, yumuşak, tatlı (ses veya renk); iyi huylu, hoş tabiatlı; keyifli; yumuşak (toprak); *f.* olgunlaşmak; yumuşatmak, yumuşamak. **mellowness** *i.* olgunluk; yumuşaklık.

me.lo.de.on (mılo'diyın) *i.* ufak bir çeşit org; bir çeşit akordeon.

me.lod.ic (mılad'ik) *s.* ahenkli; melodiye ait.

me.lo.di.ous (mılo'diyıs) *s.* ahenkli, tatlı, şirin, hoş sesli. **melodiously** *z.* ahenkle; tatlı sesle. **melodiousness** *i.* ahenklilik.

mel.o.dize (mel'ıdayz) *f.* melodi bestelemek; ahenk vermek.

mel.o.dra.ma (mel'ıdramı) *i.* heyecanlı dram, melodram. **melodramat'ic** *s.* melodram kabilinden; aşırı duygusal. **melodram'atist** *i.* melodram yazarı.

mel.o.dy (mel'ıdi) *i.* melodi, ezgi, nağme; terennüm edilen şiir.

mel.on (mel'ın) *i.* kavun, karpuz; *argo* havadan gelen kâr. **cut the melon** *argo* kârı paylaşmak.

melt (melt) *f., i.* eritmek, halletmek; erimek; yumuşatmak; yumuşamak, mülâyimleşmek; yok etmek; yok olmak; kalbini yumuşatmak; *i.* erimiş madde; eritme, erime; bir defada eritilen miktar. **melt into** içine karışmak. **melt into tears** göz yaşlarına boğulmak. **melting point** erime noktası. **melting pot** pota; çeşitli milletlerden kimselerin kaynaştığı memleket.

mel.ton (mel'tın) *i.* yünlü kalın kumaş.

mem. *kıs.* member, memoir, memorandum, memorial.

mem.ber (mem'bır) *i.* üye, aza; organ, uzuv;

mat. denklemin bir tarafı. **member of parliament** (*kıs.* **M.P.**) milletvekili. **membership** *i.* üyelik; üyeler.

mem.brane (mem'breyn) *i.* zar, gışa; parşömen parçası. **membrana'ceous, membranous** *s.* zarımsı, zardan ibaret; *tıb.* zar hâsıl eden.

me.men.to (mımen'to) *i.* (*çoğ.* **-tos, -toes**) hatıra, yadigâr, andaç. **memento mori** *Lat.* kuru kafa gibi ölüm sembolü.

mem.o (mem'o) *i., k.dili* kısa not.

mem.oir (mem'war) *i.* biyografi; inceleme yazısı, rapor.

mem.oirs (mem'warz) *i.* hatıralar; bir cemiyetin veya şirketin tutanakları.

mem.o.ra.bil.i.a (memırıbîl'iyı) *i., çoğ.* hatırlánmaya değer şeyler; böyle şeylerin kaydı.

mem.o.ra.ble (mem'ırıbıl) *s.* hatırlanmaya değer, anılmaya lâyık. **memorably** *z.* hatırlanacak şekilde.

mem.o.ran.dum (memırän'dım) *i.* (*çoğ.* **-da, -dums**) ileride hatırlanması için yazılan kısa not; muhtıra; not.

me.mo.ri.al (mımôr'iyıl) *s., i.* hatırlatıcı; hatırda tutulmuş; *i.* herhangi bir şeyi anmak için yapılan şey veya merasim; anıt, abide; muhtıra, tezkere, önerge.

me.mo.ri.al.ize (mımôr'iyılayz) *f.* takdirle anmak; anma töreni yapmak.

mem.o.rize (mem'ırayz) *f.* ezberlemek, ezbere öğrenmek.

mem.o.ry (mem'ırı) *i.* hafıza, hafıza kuvveti, bellek, anlak, zihin, hatır; olayları hatırlanan zaman müddeti; hatırlanan şey; hatıra, andaç. **in memory of** hatırasına, anısına.

men (men) *bak.* **man.**

men.ace (men'is) *i., f.* tehdit; tehdit eden şey; *f.* tehdit etmek, gözdağı vermek. **menacingly** *z.* tehdit ederek.

me.nad *bak.* **maenad.**

mé.nage (menaj') *i., Fr.* aile; ev idaresi, ev işleri.

me.nag.er.ie (mınäc'ırı) *i.* yabanıl hayvanlar koleksiyonu; yabanıl hayvanların sergilendiği yer, hayvanat bahçesi.

mend (mend) *f.* onarmak (çamaşır); ıslah etmek; tashih etmek, düzeltmek; daha iyi hale koymak; iyileşmek. **Least said, soonest mended.** Ne kadar az laf söylenirse mesele o kadar çabuk kapanır. **mend matters** vaziyeti düzeltmek. **Mend your ways.** Davranışlarına dikkat et. **mendable** s. onarılabilir; ıslahı mümkün. **the mending** onarılacak çamaşırlar.

mend (mend) i. onarım; tamir olunmuş yer. **on the mend** iyileşmekte, gelişen, düzelen.

men.da.cious (mendey'şıs) s. yalancı; yalan. **mendaciously** z. yalancılıkla. **mendacity** (mendäs'ıtı) i. yalancılık.

men.di.cant (men'dıkınt) s., i. dilencilik eden, dilenen; dilenciye mahsus; i. dilenci.

men.folk (men'fok) i., k.dili erkek kısmı, erkekler.

men.ha.den (menheyd'ın) i. yağı çıkarılan ve eti gübre olarak kullanılan ringa cinsinden bir balık, zool. Brevoortia tyrannus.

men.hir (men'hîr) i., ark. yekpare taştan yapılmış abide.

me.ni.al (mi'niyıl) s., i. hizmetçiye ait, hizmetçilik kabilinden; köleye yakışır; süflî, bayağı, adi, aşağılık; i. hizmetçi.

men.in.gi.tis (menıncay'tîs) i., tıb. beyinzarı iltihabı, menenjit.

me.nis.cus (mınîs'kıs) i. bir tarafı içbükey ve diğer tarafı dışbükey mercek; fiz. tepesi içbükey veya dışbükey duran sıvı sütunu; anat. menisk, oynak ayçası.

men.o.pause (men'ıpôz) i., biyol. âdet kesilmesi, aybaşı kesimi, menopoz.

men.sal (men'sıl) s. aylık, ayda bir, her ay olan.

men.sal (men'sıl) s. sofraya ait, sofrada kullanılan.

men.ses (men'siz) i., çoğ., biyol. âdet, aybaşı.

Men.she.vik (men'şıvîk) i. (çoğ. -s, -vi.ki) Rus Sosyal Demokrat Partisinde (1903-1917) Bolşeviklere karşı olan tutucu üye.

men.stru.al, men.stru.ous (men'struwıl, -ıs) s., biyol. âdetle ilgili, aybaşına ait.

men.stru.ate (men'struweyt, men'streyt) f. âdet görmek. **menstrua'tion** i. âdet, aybaşı.

men.stru.um (men'struwım) i. (çoğ. -ums, -stru.a) eritici madde, çözücü madde.

men.su.ra.ble (men'şırıbıl) s. ölçülebilir, ölçülmesi mümkün; belirli bir müzik üslûbuna ait.

men.su.ral (men'şırıl) s. ölçüye ait; ölçmeyle ilgili.

men.su.ra.tion (menşırey'şın) i. ölçme, mesaha; hacim ve alan ile uzunluk belirlenmesinden bahseden matematik dalı.

men.tal (men'tıl) s. zihne ait, zihnî, akılla ilgili, ansal. **mental age** akıl yaşı. **mental arith-**

metic akıldan yapılan hesap. **mental deficiency** geri zekâlılık. **mental healing** telkin yoluyle sözde tedavi. **mental hygiene** ruh sağlığını koruyan tedbir ve usuller. **mental reservation** huk. zihnî kayıtlama. **mentally** z. akıl yoluyle, aklen, zihnen.

men.tal.i.ty (mentäl'ıtı) i. zihniyet, düşünüş, fikir durumu; zekâ.

men.thol (men'thôl) i., kim. mantol, nane ruhundan çıkarılan ıtırlı bir madde. **mentholated** s. mantollü.

men.tion (men'şın) i., f. söyleme; ima, ifade, zikir, anma; f. zikretmek, anmak, ima etmek, lafını etmek, ağıza almak. **honorable mention** bir yarışmada ödül kazanmaya yaklaşıp kazanamayan kimsenin gönlünü almak için isminin zikrolunması, mansiyon. **Don't mention it.** Bir şey değil efendim. Estağfurullah. **make mention of** zikretmek, anmak.

men.tor (men'tır) i. akıllı ve güvenilir öğretmen veya kılavuz.

men.u (men'yu) i. yemek listesi, menü.

me.ow (miyau', myau') i., f. miyav; f. miyavlamak.

Meph.is.toph.e.les (mefîstaf'ıliz) i. cennetten kovulduğu farzedilen yedi şeytandan ikincisi, Mefisto; kötü insan, hain adam. **Mephistophe'lian, -lean** s. şeytanca, haince.

me.phi.tis (mıfay'tîs) i. yerden çıkan zehirleyici pis kokulu buhar; pis koku. **mephitic** (mıfît'îk) s. zehirleyici; fena kokulu.

mer.can.tile (mır'kıntil, -tayl) s. ticarete ait, ticarî. **mercantile agency** tüccarlar hakkında bilgi toplayıp bildiren acente, ticaret ofisi. **mercantile fleet** ticaret filosu. **mercantile marine** ticaret filosu; ticaret gemileri. **mercantile law** ticaret hukuku. **mercantile system** Avrupa'da derebeyliğin yıkılmasından sonra başlayan ve özellikle para bolluğunu sağlayacak ihracata önem veren iktisadî sistem. **mercantilism** i. ticaret zihniyeti, ticarî anlayış.

Mer.ca.tor (mırkey'tır) i. Felemenkli bir coğrafya ve harita uzmanının adı. **Mercator's chart** Merkator sistemine göre yapılmış harita. **Mercator's projection** Merkator projeksiyonu.

mer.ce.nar.y (mır'sıneri) s., i. yalnız kâr veya çıkar gözeten, paragöz; ücretli (yabancı orduda hizmet eden asker); i. yabancı orduda ücretli asker. **mercenarily** z. çıkarına düşkün şekilde. **mercenariness** i. çıkar düşkünlüğü.

mer.cer (mır'sır) i., İng. kumaşçı, kumaş satıcısı.

mer.cer.ize (mır'sırayz) f. pamuklu kumaşları boyamaya hazırlamak için bunları alkaliye batırmak; parlaklık vermek suretiyle kumaşı ipeğe benzetmek, merserize etmek. **mercerized** s. merserize.

mer.chan.dise (mır'çındayz) i., f. ticarî eşya, satış eşyası, emtia, mal; f. alışveriş etmek, ticaret yapmak.

mer.chant (mır'çınt) i., s. tacir, tüccar; mağaza sahibi, dükkâncı; s. ticarete ait, ticarî, ticarette kullanılan. **merchantman** i. ticaret gemisi. **merchant marine** ticaret filosu. **merchant prince** çok zengin tüccar. **merchant tailor** tüccar terzi.

mer.ci.ful (mır'sıfıl) s. merhametli, şefkatli; acı çektirmeyen. **mercifully** z. merhametle; acı çekmeden. **mercifulness** i. merhametlilik.

mer.ci.less (mır'sılîs) s. merhametsiz, amansız, şefkatsiz, acımasız. **mercilessly** z. merhametsizce, şefkatsizce. **mercilessness** i. merhametsizlik.

mer.cu.ri.al (mırkyûr'iyıl) s., i. canlı; kurnaz; değişken; cıva gibi, cıva kullanılmasından ileri gelen; i. cıvalı ilâç. **mercurially** z. canlılıkla; dönek tabiatla; cıva vasıtasıyle.

mer.cu.ric (mırkyûr'îk) s. cıvalı; kim. iki değerli cıvalı. **mercuric chloride** aksülümen.

mer.cur.o.chrome (mırkyûr'ıkrom) i. merkürokrom, antiseptik bir ilâç.

mer.cu.rous (mırkyûr'ıs) s., kim. tek değerli cıvalı.

Mer.cu.ry (mır'kyıri) i. Romalıların ticaret mabudu; astr. Merkür, Utarit; k.h. haberci; kim. cıva; termometre veya barometrede bulunan cıva sütunu; yerfeseğeni, bot. Mercurialis perennis. **mercury-vapor lamp** cıva buharlı lamba.

mer.cy (mır'si) i. merhamet, inayet, lütuf; rahmet, mağfiret, af; bereket; insaf. **Mercy!**, **For mercy's sake!** Aman! Allah aşkına! **at the mercy of** insafına (kalmış), elinde.

mere (mir) i., eski veya şiir göl; bataklık.

mere (mîr) s. katkısız, safi; önemsiz. **merely** z. sadece, ancak, yalnız, sade.

mer.est (mîr'ıst) s. en az olan.

mer.e.tri.cious (merıtrîş'ıs) s. cicili bicili, sahte gösterişli, kaba süslü.

mer.gan.ser (mırgän'sır) i. testeregagalı ördek, zool. Mergus merganser.

merge (mırc) f. karışıp birleşmek; içine karışıp kaybolmak; huk. birleşmek.

merg.er (mır'cır) i., huk. bir mülk veya bir şirketin başkasıyle birleşmesi.

me.rid.i.an (mırîd'iyın) i., s. boylam dairesi, meridyen daire; doruk, zirve; s. meridyen; dorukta olan; öğle vaktine ait. **meridian circle** meridyen daire.

me.rid.i.o.nal (mırîd'iyınıl) s., i. boylam dairesine ait veya benzer; güneye ait; güneyde olan; i. güneyli; güney Fransalı. **meridionally** z. meridyen doğrultusunda kuzey ve güney.

me.ringue (mıräng') i. pasta üzerine konan bir çeşit krema; beze.

me.ri.no (mırî'no) s., i. merinos koyununa veya yününe ait; i. merinos koyunu; merinos yününden yapılan kumaş; merinos yünü.

mer.it (mer'it) i., f. yararlık, değer; hüner, marifet; hak; mükâfat; fazilet; f. hak etmek, değer kazanmak, lâyık olmak. **merit system** A.B.D. devlet memurluğunda başarıya göre atama ve terfi sistemi. **on his merits** değerine göre. **Order of Merit** İngiliz kral veya kraliçesi tarafından verilen yararlık nişanı. **the merits** huk. esas, davanın esası.

mer.i.to.ri.ous (merîtôr'iyıs) s. hürmete lâyık, değerli, methedilmeye değer. **meritoriously** z. övülecek surette.

mer.lin (mır'lîn) i. Avrupa'ya mahsus küçük doğan, bozdoğan, zool. Falco columbarius aesalon.

mer.maid (mır'meyd) i. belinden aşağısı balık şeklinde olan efsanevî denizkızı.

mer.man (mır'män) i. belinden aşağısı balık şeklinde olan efsanevî deniz adamı.

mer.ri.ment (mer'îmınt) i. keyif, cümbüş, eğlenti, şenlik; sevinç, neşe.

mer.ry (mer'i) s. şen, keyifli, neşeli, canlı; neşe verici, keyiflendirici. **make merry** cümbüş yapmak, eğlenmek. **merrily** z. neşeyle. **merriness** i. neşe, keyif.

mer.ry-an.drew (meri.än'dru) i. soytarı, palyaço.

mer.ry-go-round (mer'igoraund) i. atlıkarınca.

mer.ry.mak.ing (mer'imeykîng) s., i. şen, neşeli; i. cümbüş, eğlence.

mer.ry.thought (mer'ithôt) i., İng. lâdes kemiği.

me.sa (mey'sı) *i*. platform gibi yassı ve yanları dik tepe.

mé.sal.li.ance (meyzäl'iyıns) *i*. kendisine uygun olmayan birisiyle evlenme.

mes.cal (meskäl') *i*. Amerika Birleşik Devletlerinde ve Meksika'da yetişen dikensiz kaktüs, *bot*. Lophophora williamsii; bazı sabır otlarından elde edilen uyuşturucu içki. **mescal button** dikensiz kaktüsün uyuşturucu etkisi olan kurutulmuş tepesi.

mes.ca.line (mes'kılin) *i., tıb*. meskalin.

mes.dames (meydam') *i., çoğ*. (*tek*. **madame**) hanımlar.

mes.de.moi.selles (meyd.mwazel') *i., Fr., çoğ*. (*tek*. **mad.e.moi.selle**) genç kızlar.

me.se.bo.an (mesebo'wın) *i*. sözlük yazarı, sözcük anlamı uzmanı.

mes.en.ter.y (mes'ınteri) *i., anat., zool*. bağırsakları karın duvarına bağlayan ince zar, ince bağırsak askısı, mesenter. **mesenter'ic** *s*. mesentere ait. **mesenteritis** (mesentıray'tis) *i., tıb*. mesenter iltihabı.

mesh (meş) *i*. ağ gözü; ağ, şebeke; çark dişlerinin birbirine girmesi; *gen. çoğ*. tuzak gibi şey. **in mesh** birbirine girmiş. **meshwork** *i*. ağ örgüsü, şebeke halinde örgü.

mesh (meş) *f*. ağ ile tutmak, tuzağa düşürmek; çark dişlerini birbirine geçirmek.

me.shug.gah (mışûg'ı) *s., argo* deli, çatlak.

me.si.al (mi'ziyıl, mes'iyıl) *s*. orta, vasat; *zool*. bedenin ortasına ait.

mes.mer.ism (mes'mırizım) *i*. on dokuzuncu yüzyılda manyetizma ile hastaların tedavi edilebileceklerini ileri süren bir teori; ipnoz. **mesmerize** *f*. ipnotizma ile uyutmak; bütün dikkatini çekmek.

mesne (min) *s., huk*. orta, mutavassıt.

mes.o.derm (mes'ıdırm) *i., biyol*. ortaderi.

mes.o.gas.tri.um (mesıgäs'triyım) *i., anat*. mideyi karnın alt duvarına bağlayan zar, mesogastriyum.

mes.o.mor.phic (mesımôr'fik) *s., fiz*. sıvı ile billûr arasında bir halde olan; adale ve kemikleri çok gelişmiş (insan).

mes.on (mi'san) *i., fiz*. elektron ile proton arasında bir cisimcik, meson.

mes.o.phyll (mes'ıfil) *i., bot*. yaprakların yumuşak iç dokusu, mezofil.

Mes.o.po.ta.mi.a (mesıpıtey'miyı) *i*. Mezopotamya.

mes.o.ti.tis (mesıtay'tis) *i., tıb*. ortakulak iltihabı.

Mes.o.zo.ic (mesızo'wîk) *s., jeol*. mesozoik, ikinci zamana ait.

mes.quit(e) (meskit') *i*. Kuzey Amerika'ya mahsus baklagillerden bir çeşit ağaç veya çalı.

mess (mes) *i*. karışıklık, düzensizlik, bozukluk; karışık şey; karışık durum, müşkül veya utandırıcı durum; tatsız yemek; çorba veya lapaya benzer yemek; daima aynı sofrada yemek yiyen kimseler, sofra arkadaşları; böyle arkadaşlarla yenen yemek. **mess hall** aynı kişilerin devamlı olarak yemek yedikleri yer. **mess kit** askerlerin kullandığı küçük sefertası. **messmate** *i*. sofra arkadaşı. **messy** *s*. karmakarışık, intizamsız; kirli, pasaklı.

mess (mes) *f*. karmakarışık etmek; bozmak, kirletmek. **mess around with** *argo* uğraşmak, ilgilenmek. **mess up** yüzüne gözüne bulaştırmak; kirletmek, bozmak; karışmak.

mes.sage (mes'îc) *i*. haber, mesaj; resmî bildiri; peygamberin halka bildirdiği haber.

mes.sen.ger (mes'ıncır) *i*. haber götüren kimse, ulak; kurye.

Mes.si.ah (mısay'ı) *i*. Mesih, İsa; kurtarıcı. **messianic** (mesiyän'îk) *s*. Mesih'e ait, Mesihî; kendisini kurtarıcı sayan.

mes.sieurs (mes'ırz) *i., Fr., çoğ*. (*tek*. **monsieur**) efendiler, baylar (*kıs*. **Messrs.**).

mes.suage (mes'wîc) *i., huk*. mesken; müştemilâtı ile beraber mesken.

mes.ti.zo (mesti'zo) *i*. metis, melez, kırma, iki ayrı ırktan gelen insan.

met (met) *bak*. **meet**.

meta- *önek* değişmiş.

me.tab.o.lism (mıtäb'ılizım) *i., biyol*. metabolizma. **metabol'ic** *s*. metabolik.

met.a.car.pus (metıkar'pıs) *i., anat*. el tarağı. **metacarpal** *s*. el tarağına ait.

met.a.cen.ter (metısen'tır) *i., fiz*. aşkın merkez, denk merkezi.

met.a.gal.ax.y (metıgäl'ıksi) *i., astr*. kâinatın tümü.

met.age (mi'tîc) *i*. resmî surette ölçme veya tartma; ölçme ücreti.

met.al (met'ıl) *i*. maden; madde; tıynet, tabiat; şişirilmeye ve dökülmeye hazır erimiş cam; *İng*. yol yapmak için kullanılan kırık taş. **test someone's metal** bir kimsenin cesaretini ve ataklığını denemek. **metallist** *i*.

madenci, maden uzmanı. **metalize** *f.* maden haline koymak; maden özelliğini vermek.

me.tal.lic (mıtäl'ik) *s.* madenî, madene benzer, madenden yapılmış; maden hâsıl eden.

met.al.line (met'ılîn) *s.* madenî; maden tuzu ile dolu.

met.al.log.ra.phy (metılag'rıfi) *i.* metalografi.

met.al.loid (met'ıloyd) *i., s.* maden olmayan fakat madene benzer basit cisim; *s.* madene benzer.

me.tal.lo.ther.a.py (mıtälother'ıpi) *i.* birtakım sinir hastalıklarının maden tuzları ile tedavi usulü.

met.al.lur.gy (met'ılırci) *i.* metalurji. **metallur'gic(al)** *s.* metalurjiye ait. **metallurgist** *i.* metalurji uzmanı.

met.al.work (met'ılwırk) *i.* madenî eşyalar; maden işi.

met.a.mor.phic (metımôr'fîk) *s.* başkalaşan, başkalaşım geçiren. **metamorphism** *i.* başkalaşım, başkalaşma.

met.a.mor.phose (metımôr'foz) *f.* başkalaştırmak; başkalaşmak.

met.a.mor.pho.sis (*çoğ.* -ses) (metımôr'fısîs, -siz) *i.* şekil değişimi; tamamen değişme (gaye, durum, benlik); değişen şey veya kimse; *biyol.* başkalaşım, başkalaşma; *tıb.* dokularda oluşan anormal değişme.

met.a.phor (met'ıfôr) *i.* mecaz. **mixed metaphor** birbirine uymayan mecazların bir araya getirilmesi. **metaphor'ic(al)** *s.* mecazî. **metaphorically** *z.* mecazen.

met.a.phrase (met'ıfreyz) *i., f.* aynen tercüme, kelimesi kelimesine tercüme; *f.* aynen tercüme etmek; metni değiştirmek.

met.a.phys.ics (metıfîz'îks) *i.* metafizik, fizikötesi. **metaphysical** *s.* metafiziğe ait. **metaphysically** *z.* metafizik yönünden.

met.a.plasm (met'ıpläzım) *i., biyol.* hücrede bulunan yağ ve karbonhidrat gibi cansız maddeler, metaplazma; *gram.* hece veya harfler yoluyla kelimenin değiştirilmesi.

me.tas.ta.sis (mıtäs'tısîs) *i., tıb.* hastalığın bir uzuvdan diğerine yayılması, metastaz; değişme; bedende bir organa ait vazifenin diğer organa intikali.

met.a.tar.sus (metıtar'sıs) *i., anat.* ayak tarağı. **metatarsal** *s.* ayak tarağına ait.

me.tath.e.sis (mıtäth'ısîs) *i.; gram.* bir kelimede harf veya seslerin yer değiştirmesi; *kim.* çift dekompozisyon; şartların tersine dönmesi.

mete (mit) *f.*, **out** *ile* ölçüp vermek veya taksim etmek.

me.tem.psy.cho.sis (mıtempsıko'sîs) *i.* ruhun bir vücuttan diğerine geçişi.

me.te.or (mi'tiyır) *i.* akanyıldız, meteortaşı, şahap, ağan, ağma, göktaşı. **meteorite** *i.* yere düşen meteortaşı. **meteor shower** meteortaşı yağmuru.

me.te.or.ic (mitiyôr'îk) *s.* meteortaşına ait; meteortaşına benzer; parlak, göz kamaştırıcı, çok süratli; havaya ait, hava olaylarına bağlı.

me.te.or.o.graph (mi'tiyırgräf') *i.* meteorolojik olayları kaydeden alet.

me.te.or.oid (mi'tiyıroyd) *i.* atmosfere girince meteortaşı olan gökcismi.

me.te.or.ol.o.gy (mitiyıral'ıci) *i.* meteoroloji; belirli bir yerin hava şartları. **meteorolog'ic(al)** *s.* meteorolojik. **meteorol'ogist** *i.* meteoroloji bilgini.

me.ter (mi'tır) *i., f.* sayaç, saat; *f.* saat ile ölçmek. **gas meter** havagazı sayacı. **water meter** su sayacı.

me.ter, *İng.* **me.tre** (mi'tır) *i.* metre.

me.ter, *İng.* **me.tre** (mi'tır) *i.* şiir vezni, ölçü; müzik ölçüsü.

meth.ane (meth'eyn) *i.* metan.

meth.a.nol (meth'ınol) *i.* metil alkol, metanol.

me.theg.lin (mıtheg'lîn) *i.* bal likörü.

me.thinks (mithîngks') *f.* **(me.thought)** *eski*, *şiir* zannederim, galiba.

meth.od (meth'ıd) *i.* yöntem, usul, metot; yol, tarz; düzen, nizam.

me.thod.i.cal (mıthad'îkıl) *s.* nizamlı, muntazam, düzenli, yöntemli; sistemli. **methodically** *z.* düzenli olarak.

Meth.od.ist (meth'ıdîst) *i.* Metodist, bir Protestan mezhebi üyesi.

meth.od.ize (meth'ıdayz) *f.* usule uydurmak, intizam vermek.

meth.od.ol.o.gy (methıdal'ıci) *i.* metodoloji, yöntembilim.

Me.thu.se.lah (mıthu'zılı) *i.* çok yaşlı adam.

meth.yl (meth'ıl) *i., kim.* metil. **methyl alcohol** *kim.* metil alkol.

me.tic.u.lous (mıtîk'yılıs) *s.* çok titiz, çok dikkatli, kılı kırk yaran. **meticulos'ity, meticulousness** *i.* titizlik, kılı kırk yarma. **meticulously** *z.* kılı kırk yararak.

mé.tier (metyey') *i.* meslek, iş, meşguliyet.

me.ton.y.my (mıtan'ımi) *i., kon. san.* bir şeyi belirli bir özelliği ile isimlendirme usulü: **good food** *için* **a good table. metonym'ic(al)** *s.* bu usule ait.

met.o.pe (met'ıpi) *i., mim.* dorik mimarîsinde çatıyı taşıyan sütun üstündeki kabartmalı dört köşe taş.

met.ric, -ri.cal (met'rik, -rîkıl) *s.* metreye ait, metreye göre; metre sistemini kullanan; şiir veznine ait, ölçülü. **metric system** metre sistemi. **go metric** metre sistemini uygulamak. **metrically** *z.* ölçüyle; metre sistemine göre.

met.ri.cate (met'rıkeyt) *f.* metre sistemine dönüştürmek.

met.ro (met'ro) *i., İng.* metro.

me.trol.o.gy (mıtral'ıci) *i.* ölçüler ve tartılar bilgisi veya sistemi. **metrolog'ical** *s.* bu sisteme ait.

met.ro.nome (met'rınom) *i., müz.* metronom.

me.tro.nym.ic (mitrınim'ik) *s., sosyol.* a-nasanlı, soyadını ana tarafından alan.

me.trop.o.lis (mıtrap'ılis) *i.* başşehir, başkent; büyük şehir.

met.ro.pol.i.tan (metrıpal'ıtın) *s., i.* başşehre ait; başpiskoposa ait; *i.* metropolit; başşehirde oturan kimse.

met.tle (met'ıl) *i.* huy, tutum ve gidiş; şevk, hırs, hararet. **on one's mettle** elinden gelen en iyi işi yapmaya hazır. **mettlesome** *s.* canlı, ateşli.

M.E.T.U. (me'tu) *kıs.* **Middle East Technical University** Orta Doğu Teknik Üniversitesi, *abb.* O.D.T.Ü.

mew (myu) *i.* martı, *zool.* Larus canus.

mew (myu) *i., f.* atmaca kafesi; *f., up ile* kafese koymak. **mews** *i., İng.* ahırdan bozma evleri olan dar sokak.

mew (myu) *f., i.* miyavlamak; *i.* kedi miyavlaması; miyavlama taklidi.

mewl (myul) *f.* bebek gibi zayıf sesle ağlamak.

Mex. *kıs.* **Mexico.**

Mex.i.co (mek'sıko) *i.* Meksika. **Mexico City** Meksiko. **Mexican** *i., s.* Meksikalı.

me.ze.re.on (mızir'iyın) *i.* mezeryon, kokulu mor çiçek veren bir çalı, *bot.* Daphne mezereum.

mez.za.nine (mez'ınin) *i.* asma kat; ara kat; *tiyatro* birinci balkon.

mez.zo (met'so) *s.* orta; yarım. **mezzo forte** orta derecede kuvvetli (ses). **mezzo piano** orta derecede yumuşak (ses). **mezzo-relievo** *i.* yarım kabartma heykel. **mezzo-soprano** *i.* soprano ile alto arasındaki ses.

mez.zo.tint (met'sotînt, mez'-) *i., f.* bir çeşit bakır veya çelik klişe; *f.* böyle klişe ile resim basmak.

mf. *kıs.* **mezzo forte.**

mfg. *kıs.* **manufacturing.**

mfr. *kıs.* **manufacturer.**

Mgr. *kıs.* **Manager, Monseigneur.**

mho (mo) *i., elek.* iletkenlik birimi.

mi (mi) *i., müz.* mi notası, gamın üçüncü notası.

MI *kıs.* **Michigan.**

mi.aow, mi.aou (miyau') *bak.* **meow.**

mi.as.ma (mayäz'mı) *i. (çoğ. -mas, -ma.ta)* havaya yayılan ufak zararlı maddecikler veya mikroplar; böyle mikroplu hava; eskiden bu havadan geldiği düşünülen sıtma; pis ve zehirli hava. **miasmal, miasmat'ic** *s.* mikroplu, zehirli, tehlikeli.

mi.ca (may'kı) *i.* mika, evrenpulu. **mica schist** mika taşı. **micaceous** (maykey'şıs) *s.* mikamsı; mikalı; mikaya ait.

mice (mays) *bak.* **mouse.**

mi.celle (mîsel') *i., kim.* misel.

Mi.chael (may'kıl) *i.* baş meleklerden biri, Mikail; bir erkek ismi.

Mi.chel.an.ge.lo (maykılän'cılo) *i.* Mikelanj.

Mick.ey Finn (mik'i fîn') *A.B.D., argo* içine gizlice uyuşturucu ilâç katılmış içki.

Mick.ey Mouse Miki Fare; *A.B.D., argo* havacıva şey; karışık durum; çok kolay ders; basit, kolay, önemsiz.

mick.le, muck.le (mîk'ıl, mʌk'ıl) *s., i., İskoç.* çok büyük; *i.* çok miktar.

mi.cro (may'kro) *s., i.* miniden daha kısa (giysi).

micro- *önek* küçük.

mi.cro.a.nal.y.sis (maykrowınäl'ısîs) *i., kim.* çok ufak miktarların tahlili.

mi.crobe (may'krob) *i.* mikrop.

mi.cro.ceph.a.lous (maykrosef'ılıs) *s., tıb.* ufak kafalı, kafası normalden küçük, mikrosefal.

mi.cro.chem.is.try (maykrokem'îstri) *i.* mikrokimya, ufak miktarlarla ilgilenen kimya.

mi.cro.cop.y (may'krıkapi) *i.* kopyası fotoğrafla alınmış küçük nüsha; çok küçültülerek fotoğrafla alınmış kopya.

mi.cro.cosm (may'krıkaz'ım) *i.* küçük dünya; küçük evren olmak sıfatıyle insan; küçük bir dünyayı temsil eden grup veya toplum.

mi.cro.film (may'krıfilm) *i.* mikrofilm.

mi.cro.graph (may'krıgräf) *i.* çok ufak yazı veya resim yapmaya mahsus bir alet; mikroskopta görüldüğü hali ile resim.

mi.cro.groove (may'krıgruv) *i.* fazla devirli plaklarda gayet ince çizgi.

mi.crom.e.ter (maykram'ıtır) *i.* mikrometre.

mi.cron (may'kran) *i.* (*çoğ.* **-cra**) bir milimetrenin binde biri, mikron.

Mi.cro.ne.sia (maykrıni'jı) *i.* Mikronezya.

mi.cro.or.gan.ism (maykrowôr'gınizım) *i.*, *biyol.* mikroorganizma, mikrop.

mi.cro.phone (may'krıfon) *i.* mikrofon. **microphon'ic** *s.* mikrofona ait.

mi.cro.scope (may'krıskop) *i.* mikroskop. **microscop'ic(al)** *s.* ancak mikroskopla görülebilen, mikroskobik; çok ufak. **microscop'ically** *z.* mikroskobik şekilde; çok ufak miktarda.

mi.cros.co.py (maykras'kıpi, may'krıskopi) *i.* mikroskop kullanma tekniği; mikroskopla tetkik. **microscopist** *i.* mikroskop kullanan kimse.

mi.cro.spore (may'krıspôr) *i.*, *bot.* mikrospor, pek ufak tohum.

mi.cro.tome (may'krıtom) *i.* mikroskopla muayene için ince dilimler kesme aleti.

mi.crot.o.my (maykrat'ımi) *i.* mikroskopla muayene için ince dilimler kesme.

mi.cro.volt (may'krıvolt) *i.*, *elek.* voltun milyonda biri, mikrovolt.

mi.cro.wave (may'krıweyv) *i.* çok kısa dalga, bin ile otuz bin megahertz arasında titreşimi olan elektromanyetik dalga.

mic.tu.rate (mîk'çıreyt) *f.* su dökmek, işemek. **micturi'tion** *i.*, *tıb.* sık sık su dökme hastalığı.

mid (mîd) *s.* orta, ortadaki.

mid, 'mid (mîd) *edat*, *şiir* arasında.

mid- *önek* orta, ortadaki.

mid. *kıs.* **middle.**

mid-air (mîd'er') *s.* havadaki.

mid.brain (mîd'breyn) *i.* beynin orta kısmı.

mid-course (mîd'kôrs) *i.* orta yol, itidal yolu.

mid.day (mîd'dey) *i.* öğle vakti.

mid.den (mîd'ın) *i.*, *İng.*, *leh.* mezbele, gübrelik, çöp yığını. **kitchen midden** *antro.* içinde insan ve hayvan kemikleri ile taş aletler bulunan tarihöncesinden kalma çöp yığını.

mid.dle (mîd'ıl) *s.*, *i.* orta, vasat; ortadaki, aradaki; *i.* orta yer, orta. **middle age** orta yaş. **Middle Ages** ortaçağ. **middle C** *müz.* do. **middle class** orta sınıf, burjuva. **middle ear** ortakulak. **Middle East** Orta Doğu. **Middle Kingdom** eski bir Mısır krallığı (M.Ö. 2400-1580); eski Çin imparatorluğu. **Middle West** A.B.D.'nin orta bölgesi.

mid.dle-aged (mîd'ıleycd') *s.* orta yaşlı.

mid.dle.brow (mîd'ılbrau) *s.*, *i.*, *k.dili* az kültürlü, sıradan zevkleri olan (kimse).

mid.dle.class (mîd'ılkläs) *s.* orta tabakadan, burjuva olan.

mid.dle.man (mîd'ılmän) *i.* komisyoncu, tellâl.

mid.dle.most (mîd'ılmost) *s.* en ortadaki.

mid.dle-of-the-road (mîd'ılıvdhırod') *s.* ılımlı bir yol veya politika güden, ılımlı.

mid.dler (mîd'lır) *i.* üç sınıflı okullarda orta sınıfta olan öğrenci.

mid.dle-sized (mîd'ılsayzd) *s.* orta boy.

mid.dle.weight (mîd'ılweyt) *i.* orta sıklette boksör veya güreşçi.

mid.dling (mîd'ling) *s.*, *z.* orta, iyice; orta tabakaya mahsus; *z.*, *k.dili* orta halde, şöyle böyle. **middlings** *i.*, *çoğ.* orta kalitede mahsul; borsada fiyat ayarlamasına esas olan ve liflerinin uzunluğu orta derecede pamuk.

mid.dy (mîd'i) *i.*, *k.dili* deniz yarsubayı; bahriyeli ceketi biçiminde bluz.

midge (mîc) *i.* titrersinek, *zool.* Chironomus plumosa; ufak yapılı yaratık.

midg.et (mîc'it) *i.*, *s.* cüce, çok ufak yapılı kimse; *s.* mini.

mid.i (mîd'i) *s.*, *i.* midi, baldıra kadar inen (giysi).

mid.i.ron (mîd'ayırn) *i.* ucu orta eğiklikte olan golf sopası.

mid.land (mîd'lınd) *s.*, *i.* memleketin iç kısmında bulunan; İngiltere ortasında bulunan eyaletlere mahsus; kara ile çevrili; *i.* bir memleketin iç kısmı; *çoğ.*, *b.h.* İngiltere'nin iç eyaletleri.

mid.most (mîd'most) *s.* en orta yerdeki, tam ortadaki; orta yere yakın.

mid.night (mîd'nayt) *i.* gece yarısı. **midnight sun** kutuplar civarında gece yarısı güneşi. **burn the midnight oil** gece geç vakte kadar çalışmak.

mid.point (mîd'poynt) *i.* orta, göbek, orta yer.
Mid.rash (mîd'räş, -raş) *i.* (*çoğ.* Mid.rash.im)
Eski Ahdin Aramî diliyle yazılan tefsirleri.
mid.rib (mîd'rîb) *i.*, *bot.* yaprağın orta damarı.
mid.riff (mîd'rîf) *i.* göğüsle karın arasındaki
kısım; *anat.* diyafram, göğüs ile karnı ayıran
zar.
mid.ship (mîd'şîp) *s.*, *den.* geminin ortasında
olan. midships *i.*, *çoğ.*, *den.* geminin orta
kısımları. midshipman *i.* deniz yarsubayı.
midst (mîdst) *i.*, *edat* orta, orta yer; *edat* orta-
sında. in our midst aramızda. in the midst
of ortasında, arasında.
mid.stream (mîd'strim) *i.* nehrin orta yeri.
mid.sum.mer (mîd'sʌmır) *i.* yaz ortası; yaz
dönümü. Midsummer Day *İng.* 24 haziran.
mid.term (mîd'tırm) *i.* sömestr ortası; *A.B.D.*
sömestr ortasında yapılan sınav.
mid.town (mîd'taun) *i.* şehir merkezi.
mid.way (mîd'wey) *i.*, *s.*, *z.* bir fuarda panayıra
mahsus kısım; *s.* yarı yolda olan; *z.* yarı
yolda.
mid.week (mîd'wik) *i.* hafta ortası.
Mid.west (mîd'west') *i.* A.B.D.'nin orta böl-
gesi.
mid.wife, *çoğ.* -wives (mîd'wayf, -wayvz) *i.*
ebe.
mid.win.ter (mîd'wîn'tır) *i.* kış ortası, karakış.
mid.year (mîd'yîr) *s.*, *i.* sene ortasındaki; *i.*,
A.B.D. sene ortasında yapılan imtihan.
mien (min) *i.* surat, çehre; eda, tavır, görünüş,
hava.
miff (mîf) *i.*, *f.*, *k.dili* manasız kavga, çekişme;
küsme, darılma; *f.* darıltmak, küstürmek.
miffed *s.* küskün, dargın.
mig (mîg) *i.*, *A.B.D.*, *leh.* bilye, zıpzıp, misket.
might (mayt) *i.* kabiliyet, kudret, kuvvet,
güç, zor. with might and main var kuv-
vetle, elden geldiği kadar.
might (mayt) *bak.* may.
might.i.ly (may'tîli) *z.* kudretle, kuvvetle, bü-
yük bir güçle; çok fazla.
might.y (may'ti) *s.*, *z.* kuvvetli, kudretli, güçlü,
zorlu; büyük; fevkalade; *z.*, *k.dili* pek çok.
mightiness *i.* güçlülük.
mi.gnon (mîn'yan) *s.* minyon, küçük ve zarif.
mi.gnon.ette (mînyınet') *i.* muhabbetçiçeği,
bot. Reseda odorata.
mi.graine (may'greyn) *i.*, *tıb.* migren, yarım
başağrısı.

mi.grate (may'greyt) *f.* göç etmek, hicret et-
mek. migrant *i.* göçmen, muhacir. migra'-
tion *i.* göç, hicret, muhaceret, göçmenlik.
mi'gratory *s.* göçebe; göçücü; göçle ilgili.
mi.ka.do (mîka'do) *i.* Japon İmparatoru, mi-
kado.
mike (mayk) *i.*, *k.dili* mikrofon.
mil. *kıs.* military.
mil (mîl) *i.* bir pusun binde biri olan tel kalın-
lığı ölçüsü, 0,00254 cm.
mi.la.dy (miley'di) *i.* İngiliz asılzadesi kadın
(bu tabir Fransa'da kullanılır); şık giyimli
kadın.
mil.age *bak.* mileage.
milch (mîlç) *s.* süt veren, sağmal. milch cow
sağmal inek.
mild (mayld) *s.* kibar, nazik; yumuşak, zarif;
ılımlı; hafif. mildly *z.* kibarca; biraz. mild-
ness *i.* nezaket; ılımlılık.
mil.dew (mîl'du) *i.*, *f.* küf; bitkiler üzerinde
yetişen çok zararlı küf; *f.* küflendirmek; küf-
lenmek, küf bağlamak. mildewy *s.* küflü.
mile (mayl) *i.* mil, 1.609,35 metrelik uzunluk
ölçü birimi. milepost *i.* yol üzerinde mil
işareti olan direk. milestone *i.* kilometre
taşı; önemli bir olay, dönüm noktası. geo-
graphical mile, nautical mile coğrafya
veya deniz mili, 1852 metrelik mesafe öl-
çüsü. ton mile mil başına bir ton (taşıma
hesabı ölçüsü).
mil(e).age (may'lîc) *i.* mil hesabı ile mesafe;
mil başına verilen ücret; yük vagonları için
mil hesabı ile verilen kira; *A.B.D.*, *k.dili* şim-
diye ve geleceğe ait değer veya yarar.
mil.er (may'lır) *i.* bir millik koşu için eğitilmiş
yarış atı veya koşucu.
mil.foil (mîl'foyl) *i.* civanperçemi, *bot.*
Achillea millefolium.
mil.i.ar.y (mîl'iyeri) *s.* darı tanelerine benzer;
tıb. darı tanelerine benzer sivilce veya le-
keleri olan (hastalık).
mi.lieu (milyö') *i.* muhit, çevre.
mil.i.tant (mîl'ıtınt) *s.*, *i.* saldırgan, atak; a-
zimkâr, faal; kavgacı, militan. militancy
i. saldırganlık; azimkârlık. militantly *z.*
saldırganca.
mil.i.ta.rism (mîl'ıtırîzım) *i.* askerlik ruhu, as-
ker zihniyeti; savaşçı siyaset, militarizm; as-
kerî üstünlük. militarist *i.* militarizm taraf-

tarı. **militariza'tion** *i.* askerîleştirme. **militarize** *f.* askerîleştirmek.

mil.i.tar.y (mîl'ıteri) *s., i.* askerî; askerliğe veya savaşa ait; ordu veya silâhlı kuvvetler tarafından yapılan; *i.,* **the** *ile* silâhlı kuvvetler, ordu. **military law** askerî hukuk. **military police** askerî inzibat teşkilâtı; inzibat eri, *kıs.* **MP** As. İz. **militarily** *z.* askerî bakımdan.

mil.i.tate (mîl'ıteyt) *f.* tesir etmek, ağır basmak. **militate against** aleyhine etkilemek. **militate in favor of** lehine etkilemek.

mi.li.tia (mılîş'ı) *i.* milis; *A.B.D.* yedek askerler. **militiaman** *i.* yedek er.

milk (mîlk) *i.* süt. **milk fever** *tıb.* loğusa kadınlarda sütün gelişi ile meydana gelen hafif ateş. **milk leg** filibit. **milk of human kindness** insanın tabiî şefkati. **milk of magnesia** İngiliz tuzu karışımı, bir çeşit müshil. **milk run** *argo* tehlikesiz uçuş (bomba uçakları), mutat uçuş. **milk shake** dondurma ve şurupla karıştırılıp çalkalanmış süt. **milk snake** kemirgenlerle beslenen zehirsiz bir yılan, *zool.* Lampropeltis doliata. **milk sugar** laktoz. **milk teeth** süt dişleri. **milk vein** *anat.* süt damarı.

milk (mîlk) *f.* sütünü sağmak; (bir kimseden) almak, çekmek; faydalanmak, kötüye kullanmak.

milk-and-wa.ter (mîlk'ınwô'tır) *s.* tatsız ve tesirsiz (şey veya kimse).

milk.er (mîl'kır) *i.* süt sağan kimse veya araç; sağmal hayvan.

milk.maid (mîlk'meyd) *i.* sütçü kız.

milk.man (mîlk'män) *i.* sütçü.

milk.sop (mîlk'sap) *i.* zayıf ve korkak tabiatlı adam.

milk.weed (mîlk'wid) *i.* sütümsü özsuyu ve tohumlarında ipek gibi tüydemetleri olan bir bitki, *bot.* Asclepias.

milk-white (mîlk'hwayt) *s.* süt gibi beyaz.

milk.wort (mîlk'wırt) *i.* sütotu, *bot.* Polygala vulgaris.

milk.y (mîl'ki) *s.* süt gibi, süte benzer; sütlü; uysal, yumuşak. **Milky Way** *astr.* samanyolu, samanuğrusu, hacılaryolu. **milkiness** *i.* süt gibi olma; aşırı uysallık, yumuşak huyluluk.

mill (mîl) *i.* değirmen; el değirmeni; fabrika, imalâthane; makina tertibatı; mengene, cendere. **mill hand** fabrika işçisi. **mill stream** değirmeni döndüren akarsu. **mill wheel** değirmen çarkı veya dolabı. **food mill** mama mengenesi, meyva presi. **go through the mill** büyük zorluklar atlatmak; tecrübe sahibi olmak.

mill (mîl) *i.* doların binde biri, sentin onda biri.

mill (mîl) *f.* değirmende öğütmek, çekmek; değirmenden geçirmek; (paranın kenarını) diş diş yapmak; dövüp köpürtmek (çikolata v.b.); koyun sürüsü gibi birbirine sokularak bir merkez etrafında dönmek.

mill.board (mîl'bord) *i.* kitap ciltlerinin yapımında kullanılan kalın karton.

mill.dam (mîl'däm) *i.* değirmen barajı.

milled (mîld) *s.* çekilmiş, öğütülmüş; işlenmiş; çentikli, oluklu, tırtıllı, tırtıklı.

mil.le.nar.i.an (mılıner'iyın) *s., i.* bininci, bin yıla ait; kıyametten evvel barış ve selâmetin hüküm süreceği farzolunan bin yıllık devreye ait; *i.* bu devrin geleceğine inanan kimse. **millenarianism** *i.* bin yıllık barış ve selâmet devresine inanış.

mil.le.nar.y (mîl'ıneri) *s., i.* bin yıla ait; bin yıllık devreye ait; *i.* bin yıllık devre; bu devrin geleceğine inanan kimse.

mil.len.ni.um (mılen'iyım) *i.* bin yıllık devre; kıyametten evvel barış ve selâmetin hüküm süreceği farzolunan bin yıllık devre; bininci yıldönümü; mutluluk devresi. **millennial** *s.* bin yıllık devreye ait.

mil.le.pede *bak.* **millipede.**

mil.le.pore (mîl'ıpôr) *i., zool.* denizdanteli.

mill.er (mîl'ır) *i.* değirmenci; değirmen makinası; *zool.* pervane.

mil.les.i.mal (mıles'ımıl) *s., i.* binde bir, binde bir ait; *i.* binde bir.

mil.let (mîl'ît) *i.* akdarı, *bot.* Panicum miliaceum.

milli- *önek* binde bir.

mil.liard (mîl'yırd) *i., İng.* milyar, bin milyon.

mil.li.ar.y (mîl'iyeri) *s.* mile ait, bir mil gösteren.

mil.li.gram (mîl'ıgräm) *i.* miligram.

mil.li.li.ter (mîl'ılı'tır) *i.* mililitre.

mil.li.me.ter (mîl'ımıtır) *i.* milimetre.

mil.li.mi.cron (mîl'ımaykran) *i.* bir milimetrenin milyonda biri.

mil.li.ner (mîl'ınır) *i.* kadın şapkacısı. **millinery** *i.* kadın şapkaları; kadın şapkacılığı.

mill.ing (mîl'îng) *i.* değirmencilik; madenî paranın kenarındaki tırtıllar. **milling machine** freze makinası.

mil.lion (mîl'yın) *i., s.* milyon; sonsuz büyük sayı; *s.* bir milyondan ibaret; pek çok. **the million** ahali, halk. **millionth** *s., i.* milyonda bir, milyonuncu.

mil.lion.aire (mîlyıner') *i.* milyoner, milyon sahibi.

mil.li.pede (mîl'ıpid) *i.* kırkayak.

mill.pond (mîl'pand) *i.* değirmen havuzu.

mill.race (mîl'reys) *i.* suyu değirmen çarkına nakleden kanal, değirmen deresi.

mill.stone (mîl'ston) *i.* değirmen taşı; engel, yük.

mill.wright (mîl'rayt) *i.* değirmen yapan veya tamir eden adam, değirmenci.

mi.lord (mîlôrd') *i.* İngiliz asılzadesi (bu tabir Fransa'da kullanılır).

milque.toast (mîlk'tost) *i.* çekingen kimse, korkak adam, sümsük adam.

milt (mîlt) *i., f.* erkek balığın menisi; *f.* bununla balık yumurtalarını aşılamak.

milt.er (mîl'tır) *i.* üreme mevsiminde erkek balık.

mime (maym) *i., f.* pandomimci; pandomima; eski zamanın taklitçilik komedyası; taklitçi komedyen; *f.* taklidini yapmak; mimik ve hareketlerle rol oynamak.

mim.e.o.graph (mîm'ıyıgräf) *i., f.* bir çeşit balmumlu kâğıtla işleyen teksir makinası; *f.* bu makina ile teksir etmek.

mi.me.sis (mîmi'sîs) *i.* benzetme, taklit; *biyol.* benzeme, renk ve biçimine girme.

mi.met.ic (mîmet'îk, may-) *s.* taklide ait, taklit kabilinden, taklitçi.

mim.ic (mîm'îk) *s., i., f.* taklit eden; *i.* taklitçi; taklit; *f.* taklidini yapmak; taklit etmek, kopya etmek; *zool.* benzemek. **mimicry** *i.* taklitçilik; *biyol.* benzeme, renk ve biçimine girme.

mi.mo.sa (mîmo'sı, -zı) *i.* mimoza, küstümotu, *bot.* Mimosa pudica.

mi.na (may'nı) *i.* eski Asya ve Yunan ağırlığı (bir kilo civarında); eski Asya ve Yunan para miktarı.

mi.na.cious (mîney'şıs) *s.* tehdit eden, korkunç.

min.a.ret (mînıret') *i.* minare.

min.a.to.ry (mîn'ıtôri) *s.* tehditkâr, korkutucu.

mince (mîns) *f., i.* kıymak, ince ince doğramak; ufaltmak, küçük veya ehemmiyetsiz göstermek; nezaketle konuşmak; vakarlı eda takınarak kısa adımlarla dimdik yürümek; *i., İng.* kıyma. **mince pie** üzümlü ve baharlı

elma ile yapılmış tart. **make mincemeat of** paramparça etmek. **without mincing matters** dobra dobra, sakınmadan, açıkça. **mincing** *s.* yapmacık tavırlı, çıtkırıldım. **mincingly** *z.* yapmacık eda takınarak.

mince.meat (mîns'mit) *i.* tart içine doldurulan ince kıyılmış elma, kuru üzüm ve baharat karışımı.

mind (maynd) *i.* akıl, zihin, dimağ, kafa; hatır, hafıza kuvveti; fikir, düşünce; zekâ, idrak; istek, murat, arzu, meram; şuur; üstün insan. **mind's eye** muhayyile. **mind reading** başkasının zihnindekini anlama. **be of one mind** hemfikir olmak. **blow one's mind** esrar etkisiyle kendinden geçmek; şaşkına çevirmek, deli etmek. **call to mind** hatırlamak, hatırlatmak. **change one's mind** caymak, fikrini değiştirmek. **give someone a piece of one's mind** birini azarlamak. **have a mind to** niyet etmek, kurmak. **have in mind** hatırında olmak; niyetinde olmak. **in his right mind** aklı başında. **know one's own mind** kendi fikrini bilmek, ne istediğini bilmek. **make up one's mind** karar vermek. **of unsound mind** aklî dengesi bozuk. **on one's mind** aklında. **out of one's mind** deli, kaçık; unutulmuş. **presence of mind** tehlike zamanında işe yarayan çabuk düşünüş ve soğukkanlılık. **set one's mind on** çok arzu etmek, kafasına koymak. **speak one's mind** düşündüğünü açıkça söylemek. **state of mind** ruh durumu. **time out of mind** ötedenberi, eskiden beri.

mind (maynd) *f.* bakmak, dikkat etmek; meşgul olmak; ehemmiyet vermek; kaygı çekmek; endişe etmek; boyun eğmek, itaat etmek; saymak; dikkatli olmak; karşı çıkmak, itiraz etmek; mahzurlu görmek; *leh.* hatırlamak. **Mind you.** Bak, dinle. **Mind you do it.** Mutlaka yap. **Mind your p's and q's.** Söz ve hareketlerine dikkat et. **Mind your step.** Önüne bak, sakın düşme. **if you don't mind** bir mahzuru yoksa, müsaade ederseniz. **Never mind.** Zarar yok.

Min.da.na.o (mîndına'o) *i.* Mindanao adası.

mind-bend.er (maynd'bendır) *i., argo* sanrı uyandıran uyuşturucu madde; bu maddeyi kullanan kimse; şaşırtıcı şey; başkalarının aklını çelen kimse.

mind-bend.ing (maynd'bendîng) *s., argo* san-

rı uyandıran; zihni bulandıran; şaşırtıcı; bu-
naltıcı.

mind-blow.ing (maynd'blow'îng) *s., i., argo*
sanrı uyandırıcı; çıldırtıcı; *i.* sanrılama.

mind.ed (maynd'dîd) *s.* görüşlü, fikirli, niyetli;
istekli görünen, gönlü yatmış.

mind-ex.pand.ing (maynd'îkspän'dîng) *s.* gö-
rümü yoğunlaştıran veya değiştiren.

mind.ful (maynd'fıl) *s.* düşünceli, unutmaz,
hatırlar.

mind.less (maynd'lîs) *s.* akılsız, dikkatsiz; a-
kılsızca yapılan.

mine (mayn) *i.* maden, maden ocağı; lağım;
hazine, memba; *ask.* mayın, sabit torpil.
mine detector mayın detektörü.

mine (mayn) *f.* kazıp çıkarmak (kömür, maden);
yeraltında (lağım veya yol) kazmak; araş-
tırıp bulmak; sinsice bozmak; maden işlet-
mek; tünel kazmak; *ask.* mayın dökmek.

mine (mayn) *iyelik zam.* benim; benimki. **a
friend of mine** bir dostum. **It's mine.**
Benimdir.

mine.field (mayn'fîld) *i.* mayın tarlası.

mine.lay.er (mayn'leyır) *i.* mayın döken gemi,
ağ döşeme gemisi.

min.er (mayn'ır) *i.* madenci, maden işçisi;
mayın dökücü asker; lağım kazan asker; tır-
tılları yaprak kemiren zararlı bir böcek. **sap-
pers and miners** askerî mühendisler, lağım-
cılar.

min.er.al (mîn'ırıl, mîn'rıl) *s., i.* madensel, ma-
denî; madenli, mineral; *i.* maden, mineral;
maden filizi; madensel madde; *çoğ., İng.,
k.dili* sodalı içecekler. **mineral kingdom**
madenler sınıfı. **mineral oil** madenî yağ.
mineral water maden suyu. **mineral wool**
amyant, ak asbest.

min.er.al.ize (mîn'ırılayz) *f.* mineralleştirmek;
taşlaştırmak; mineralle kaplatmak; mineraller
üzerinde çalışmak. **mineraliza'tion** *i.* ma-
denleştirme. **mineralizer** *i.* bir madenle bir-
leşince maden filizi husule getiren madde;
kayaların yeniden kristalleşmesini hızlandıran
madde.

min.er.al.o.gy (mînıral'ıci) *i.* madenler ilmi,
mineraloji; mineraloji elkitabı. **mineralog'ical**
s. maden ilmine ait. **mineralogist** *i.* madenler
ilmi uzmanı.

Mi.ner.va (mînır'vı) *i.* eski Romalıların akıl ve
hikmet tanrıçası, Minerva.

min.e.stro.ne (mînıstro'ni) *i.* et ve sebze karışık
koyu bir İtalyan çorbası.

mine.sweep.er (mayn'swipır) *i.* mayın tarama
gemisi.

min.gle (mîng'gıl) *f.* katıp karıştırmak; birbirine
karıştırmak; katmak; karışmak, karıştırmak;
katılmak.

min.i (mîn'i) *i., s.* mini giysi; *İng.* ufak araba;
s. mini; çok ufak.

mini- *önek* kısa, küçük.

min.i.a.ture (mîn'iyıçır) *i., s., f.* minyatür; eski
elyazısı kitaplarda resim veya tezhipli yazı;
s. minyatür halinde, çok ufak yapılmış; *f.*
minyatür halinde resmetmek. **miniature
camera** 35 mm.'lik veya daha dar bir film
kullanan fotoğraf makinası. **in miniature**
ufak boyda yapılmış. **miniaturist** *i.* min-
yatürcü.

min.i.a.tur.ize (mîn'iyıçırayz) *f.* bir şeyin daha
küçüğünü icat etmek veya yapmak.

min.i.bike (mîn'ibayk) *i., A.B.D.* küçük moto-
siklet.

min.i.bus (mîn'ibʌs) *i.* minibüs.

min.i.fy (mîn'ıfay) *f.* küçültmek; önemini azalt-
mak.

min.im (mîn'îm) *i.* bir santimetre küpün yüzde
altısı değerinde sıvı ölçüsü; *İng., müz.* yarım
nota.

min.i.mal (mîn'ımıl) *s.* en az, en aşağı, asgarî.
minimal art biçim ve renk gibi unsurları en
basit veya temel öğelerine indirgeyen bir
sanat şekli.

min.i.mize (mîn'ımayz) *f.* mümkün olduğu kadar
azaltmak veya ufaltmak; önemsememek, ö-
nemsiz göstermek.

min.i.mum (mîn'ımım) *i.* (*çoğ.* **-ma, -mums**)
s. en az miktar; en ufak derece; *mat.* minimum
değer; *s.* asgarî, minimum, en az, en küçük,
en aşağı. **minimum thermometer** belirli
bir zaman içinde en ufak ısı derecesini kay-
deden termometre. **minimum wage** asgarî
ücret.

min.ing (may'nîng) *i.* madencilik; maden kazma;
ask. mayın dökme.

min.ion (mîn'yın) *i.* dalkavuk; buyruk altında
olan biri; yedi puntoluk matbaa harfi.

min.i.skirt (mîn'iskırt) *i.* mini etek.

min.is.ter (mîn'îstır) *i.* papaz, vaiz; bakan,
devlet vekili; orta elçi. **minister plenipo-
tentiary** orta elçi.

min.is.ter (mîn'îstır) *f.* bakmak, yardım etmek, hizmet etmek.

min.is.te.ri.al (mînîstir'iyıl) *s.* bakanlık veya orta elçilik görevine ait; papaz veya vaizin görevine ait; yöneticiliğe ait; zorunlu.

min.is.tra.tion (mînîstrey'şın) *i.* hizmet, görevi yerine getirme; yardım. **min'istrant** *i.* hizmet eden kimse, yardım eden kimse.

min.is.try (mîn'îstri) *i.* vaizlik, papazlık; papazlar; bakanlık, vekâlet; hizmet, yardım. **Ministry of Agriculture** Tarım Bakanlığı. **Ministry of Commerce** Ticaret Bakanlığı. **Ministry of Communications** Ulaştırma Bakanlığı. **Ministry of Customs and Monopolies** Gümrük ve Tekel Bakanlığı. **Ministry of Defense** Millî Savunma Bakanlığı. **Ministry of Development and Housing** İmar ve İskân Bakanlığı. **Ministry of Education** Millî Eğitim Bakanlığı. **Ministry of Energy and Natural Resources** Enerji ve Tabiî Kaynaklar Bakanlığı. **Ministry of Finance** Maliye Bakanlığı. **Ministry of Foreign Affairs** Dışişleri Bakanlığı. **Ministry of Forestry** Orman Bakanlığı. **Ministry of Health** Sağlık ve Sosyal Yardım Bakanlığı. **Ministry of Industry and Technology** Sanayi ve Teknoloji Bakanlığı. **Ministry of the Interior** İçişleri Bakanlığı. **Ministry of Justice** Adalet Bakanlığı. **Ministry of Labor** Çalışma Bakanlığı. **Ministry of Public Works** Bayındırlık Bakanlığı. **Ministry of Tourism** Turizm ve Tanıtma Bakanlığı. **Ministry of Village Affairs** Köy İşleri Bakanlığı. **Ministry of Youth and Sports** Gençlik ve Spor Bakanlığı.

min.i.um (mîn'iyım) *i.* vermilyon, pek parlak bir kırmızı renk; kırmızı kurşun tuzu.

min.i.ver (mîn'ıvır) *i.* ortaçağda resmî elbiselere süs olarak takılan beyaz kürk.

mink (mîngk) *i.* Amerika vizonu, *zool.* Mustela vison.

min.ne.sing.er (mîn'ısîngır) *i.* ortaçağ Almanya'sında lirik şair ve âşık.

min.now (mîn'o) *i.* golyan balığı, *zool.* Phoxinus phoxinus; küçük balık.

Mi.no.an (mîno'wın) *s.* Girit'te eski Minos medeniyetine ait (M.Ö. 3000-1100).

mi.nor (may'nır) *s., i., f.* küçük; ikinci derecede olan, önemi az; rüştünü ispat etmemiş; *müz.* yarım derece pest sese ait; *man.* küçük;

A.B.D. üniversitede ikinci branşa ait; azınlığa ait; *i.* rüştünü ispat etmemiş kimse; *A.B.D.* üniversitede ikinci branş, yardımcı sertifika; *müz.* minör; *man.* küçük önerme; *A.B.D., spor* ikinci lig; *f.*, in *ile, A.B.D.* üniversitede ikinci branş olarak almak. **minor key** minör anahtarı. **minor league** *A.B.D., spor* ikinci lig. **minor mode** *müz.* minör dizi. **minor premise** *man.* küçük önerme. **minor term** *man.* küçük terim.

mi.nor.i.ty (mınôr'ıti, may-) *i.* azınlık; reşit olmama.

Min.o.taur (mîn'îtôr) *i., Yu. mit.* Girit'te yaşadığı zannedilen ve insan etiyle beslenen yarı insan yarı boğa şeklinde bir canavar.

min.ster (mîn'stır) *i., İng.* manastır kilisesi; büyük kilise, katedral.

min.strel (mîn'strıl) *i.* ortaçağda halk şairi, âşık; eskiden yüzü siyaha boyanmış olarak zencilere mahsus şarkılar okuyan ve soytarılık eden oyuncu; *şiir* ozan, âşık, şair.

min.strel.sy (mîn'strılsi) *i.* saz şairliği, âşıklık; lirik şiir veya baladlar; saz şairleri topluluğu.

mint (mînt) *i.* nane, *bot.* Mentha. **mint julep** naneli ve buzlu viski. **mint sauce** kuzu eti yanında yenen naneli sos. **water mint** su yarpuzu, *bot.* Mentha aquatica. **wild mint** yarpuz, *bot.* Mentha pulegium.

mint (mînt) *i.* darphane, para basılan resmî yer; büyük meblâğ (özellikle para). **mint mark** paralara konan darphanenin veya darphane müdürünün markası. **mintmaster** *i.* darphane müdürü.

mint (mînt) *f.* para basmak; icat etmek, uydurmak.

mint.age (mîn'tîc) *i.* darbedilen para; para basma ücreti; paraya basılan damga.

min.u.end (mîn'yuwend) *i., mat.* kendisinden başka bir sayı çıkarılan rakkam, eksilen.

min.u.et (mînyuwet') *i.* üç tempolu ağır ve eski bir dans; bu dansın müziği; menüet.

mi.nus (may'nıs) *s., mat.* eksi, nakıs; *k.dili* sıfır, hiç. **a minus quantity** sıfırdan aşağı miktar; menfî miktar. **minus seven degrees Centigrade** nakıs yedi, sıfırın altında yedi derece. **minus sign** eksi işareti.

mi.nus (may'nıs) *edat* eksi, çıkarsa. **He is minus his hat.** Şapkası yok. Şapkasızdır. **Three minus one equals two.** Üçten bir çıkarsa iki kalır.

mi.nus.cule (mînʌs'kyul, mîn'ıskyul) *i., s.* küçük harf, minüskül; küçük harfli el yazısı; *s.* küçük harfle yazılı; küçük, ufacık, önemsiz.

min.ute (mîn'ît) *i.* dakika; *geom.* bir derecenin altmışta biri, dakika; an, lahza; *çoğ.* zabıt, zabıtname, rapor, tutanak. **minute book** zabıt defteri, tutanak. **official minute book** kararname defteri, tutanak. **minute hand** saat yelkovanı, dakikayı gösteren kol. **minute mark** dakika işareti; derecenin altmışta birini gösteren işaret ('). **minute steak** çabuk pişen ince biftek. **minute wheel** saat yelkovanını hareket ettiren çark.

min.ute (mîn'ît) *f.* not veya zabıt tutmak; saat tutmak.

mi.nute (maynut') *s.* çok ufak; önemsiz; dakik, çok ince. **minutely** *z.* dikkatle, ihtimamla, inceden inceye. **minuteness** *i.* çok küçük olma.

min.ute.man (mîn'îtmän) *i., A.B.D., tar.* her an savaşa hazır gönüllü asker; yeraltında saklanan kıtalararası roket.

mi.nu.ti.ae (mînu'şîyi) *i., çoğ.* (*tek.* mi.nu.ti.a) önemsiz ayrıntılar.

minx (mîngks) *i.* civelek kız.

Mi.o.cene (may'ısin) *i., jeol.* Miyosen.

mir.a.bi.le dic.tu (mîräb'ılı dîk'tu) *Lat.* Hayret!

mir.a.cle (mîr'ıkıl) *i.* mucize, harika, keramet. **miracle play** ortaçağa mahsus dinî piyes.

mi.rac.u.lous (mîräk'yılıs) *s.* mucize kabilinden, harikulade, hayret verici, garip; doğaüstü; mucize yaratan. **miraculously** *z.* mucize eseri olarak. **miraculousness** *i.* mucize kabilinden oluş.

mi.rage (mîraj') *i.* serap, ılgım, yalgın.

mire (mayr) *i.* çamur, batak; kir, pislik.

mire (mayr) *f.* çamura batırmak; çamurla kirletmek, çamura bulaştırmak; çamura batmak. **mire down** yarıda kalmak, başarısızlığa uğramak.

mir.ror (mîr'ır) *i., f.* ayna; *f.* ayna gibi göstermek, aksetmek. **mirror writing** aynada görüldüğü gibi ters yazı.

mirth (mırth) *i.* şenlik, cümbüş. **mirthful** *s.* şen, sevinçli, neşeli. **mirthless** *s.* neşesiz.

mir.y (may'ri) *s.* çamurlu, batak; kirli, pis. **miriness** *i.* çamurluluk.

mir.za (mîr'za) *i., Far.* mirza,(bey unvanı),prens.

mis- *önek* yanlış, kötü, hatalı.

mis.ad.ven.ture (mîsıdven'çır) *i.* kaza, belâ, talihsizlik, felâket.

mis.ad.vise (mîsädvayz') *f.* yanlış öğüt veya bilgi vermek.

mis.al.li.ance (mîsılay'ıns) *i.* uygunsuz izdivaç, yanlış evlilik; uygunsuz bir birlik.

mis.al.ly (mîsılay') *f.* uygunsuzca birleşmek.

mis.an.thrope, mis.an.thro.pist (mîs'ınthrop, mîsän'thrıpîst) *i.* insanlardan nefret eden veya insanlara güvenmeyen kimse; insanlardan kaçan kimse, merdümgiriz kimse. **misanthrop'ic** *s.* insandan nefret eden; merdümgiriz. **misan'thropy** *i.* insanlardan kaçma veya nefret etme.

mis.ap.ply (mîsıplay') *f.* yanlış tatbik etmek veya istimal etmek, yerinde kullanmamak.

mis.ap.pre.hend (mîsäprihend') *f.* yanlış anlamak. **misapprehension** *i.* yanlış anlama.

mis.ap.pro.pri.ate (mîsıpro'priyeyt) *f.* haksız olarak almak veya kullanmak, emanete hıyanet etmek, çalmak. **misappropria'tion** *i.* emanete hıyanet, emniyeti suiistimal.

mis.be.got.ten (mîsbigat'ın) *s.* piç, veledi zina.

mis.be.have (mîs'biheyv') *f.* yaramazlık etmek; fena hareket etmek. **misbehavior** *i.* fena hareket; yaramazlık.

mis.be.lieve (mîsbiliv') *f.* itikat etmemek, inanmamak, kâfir olmak. **misbelief** *i.* küfür, umumun kabul ettiğine aykırı itikat, yanlış kanaat. **misbeliever** *i.* kâfir.

misc. *kıs.* **miscellaneous, miscellany.**

mis.cal.cu.late (mîskäl'kyıleyt) *f.* yanlış hesap etmek. **miscalcula'tion** *i.* yanlış hesaplama.

mis.call (mîskôl') *f.* yanlış isim vermek; *spor* yanlış karar vermek (hakem); *İng., leh.* sövüp saymak.

mis.car.riage (mîsker'îc) *i.* çocuk düşürme, düşük; işin boşa çıkması, işin ters gitmesi, başarısızlık; yanlış yere sevketme. **miscarriage of justice** adlî hata.

mis.car.ry (mîsker'i) *f.* başaramamak; boşa çıkmak, ters gitmek; çocuk düşürmek; yanlış yere götürülmek.

mis.cast (mîskäst') *f.* tiyatroda yanlış rol vermek.

mis.ce.ge.na.tion (mîsîcıney'şın) *i.* ırkların ve bilhassa beyazlarla siyahların melezleşmesi.

mis.cel.la.ne.ous (mîsıley'niyıs) *s.* muhtelif, çeşitli, karışık, çok yönlü.

mis.cel.la.ny (mîs'ıleyni) *i.* derleme.

mis.chance (mîsçäns') *i.* talihsizlik, kaza.

mis.chief (mîs'çîf) *i.* yaramazlık; haylazlık; haylazca hareket veya tavır; haylaz kimse; zarar, ziyan, hasar; zararlı şey; *k.dili* şeytan. mischief-maker *i.* kavga çıkaran veya fitnecilik eden kimse. get into mischief yaramazlık etmek. keep out of mischief yaramazlıktan kaçınmak.

mis.chie.vous (mîs'çîvıs) *s.* yaramaz, haylaz; zarar verici. mischievously *z.* yaramazca; zarar vermek niyetiyle; zarar verecek şekilde.

mis.choose (mîs'çuz') *f.* (-chose, -chosen) yanlış seçmek.

mis.ci.ble (mîs'îbıl) *s.* karıştırılabilir.

mis.con.ceive (mîskınsîv') *f.* yanlış kavramak. misconception *i.* yanlış kavrama; yanlış kavram. labor under a misconception yanlış kanıda olmak.

mis.con.duct (mîskan'dʌkt) *i.* kötü davranış; zina; suiistimal; kötü idare.

mis.con.duct (mîskındʌkt') *f.* kötü idare etmek. misconduct oneself ahlâksızca davranmak.

mis.con.struc.tion (mîskınstrʌk'şın) *i.* yanlış anlama, yanlış yorumlama, yanlış mana verme.

mis.con.strue (mîskınstru') *f.* yanlış yorumlamak, yanlış anlamak, ters mana vermek.

mis.count (mîskaunt') *f., i.* yanlış saymak, yanlış hesap etmek; *i.* yanlış hesap.

mis.cre.ant (mîs'krîyınt) *i., s.* kötülükçü kimse, habis kimse; *s.* zalim, gaddar, vicdansız; *eski* imansız.

mis.cre.ate (mîskrîyeyt') *f.* yanlış yaratmak.

mis.cue (mîs'kyu') *i., f.* bilardoda bileyi isteka ile yanlış vurma; *k.dili* yanlış, şaşkınlık veya dalgınlık eseri olan hata; *f., tiyatro* konuşmada hata yapmak.

mis.date (mîsdeyt') *f.* yanlış tarih koymak.

mis.deal (mîs'dil') *f.* (-dealt) *i.* iskambil kâğıtlarını yanlış dağıtmak; *i.* yanlış dağıtma.

mis.deed (mîs'did') *i.* kötü ve ahlâksızca hareket, kötülük.

mis.deem (mîsdim') *f., şiir* yanlış hüküm vermek.

mis.de.mean (mîsdîmin') *f.* kötü davranmak. misdemeanant *i.* kabahat işlemiş kimse, kötü hareketinden dolayı suçlanan kimse; suçlu kimse. misdemeanor *i.* hafif suç; kötü davranış.

mis.di.rect (mîs'dîrekt') *f.* yanlış salık vermek, yanlış yola sevketmek, yanıltmak, yanlış yol göstermek, yanlış tarif etmek. misdirection *i.* yanlış salık verme, yanıltma.

mis.do (mîsdu') *f.* yanlış yapmak; kötülük yapmak. misdoer *i.* kötülük yapan kimse. misdoing *i.* kötü hareket.

mis.doubt (mîsdaut') *f., i., eski* şüphe etmek; korkmak; *i.* şüphe; korku.

mise en scène (miz an sen') *Fr.* mizansen.

mis.em.ploy (mîsîmploy') *f.* kötüye kullanmak, suiistimal etmek.

mi.ser (may'zır) *i.* cimri kimse, pinti kimse.

mis.er.a.ble (mîz'ırıbıl) *s.* sefil, pek fakir; dertli, bedbaht, perişan; mutsuz; acınacak halde; zavallı; *k.dili* hasta; sefalet getiren; süflî, aşağılık, pek kötü; utanmaz. miserably *z.* pek fena.

Mis.e.re.re (mîzırer'i, -rîr'i) *i., Lat.* Mezmurlar kitabında 51'inci Mezmur (Latince metinde bu kelime ile başlar); bu Mezmurun bestesi.

mis.er.i.cord (mîzırîkôrd') *i.* ortaçağda yaralı şövalyeyi azaptan kurtarmak için son darbenin vurulduğu hançer; manastırda oruç gibi bir vecibeden affedilme; manastırda böyle affedilenlere mahsus oda; kilisede ayakta ilâhi söyleyenlerin dayandığı küçük çıkıntı.

mis.er.i.cor.di.a (mîzırîkôr'diyı) *i., Lat.* merhamet.

mi.ser.ly (may'zırli) *s.* cimri, hasis, pinti. miserliness *i.* cimrilik, pintilik.

mis.er.y (mîz'ırı, mîz'ri) *i.* dert, ıstırap, acı; sefalet; bedbahtlık; *leh.* eziyet.

mis.fea.sance (mîsfi'zıns) *i., huk.* yolsuzluk, kötüye kullanma, kanunsuzluk, kusurlu hareket.

mis.fire (*f.* mîsfayr'; *i.* mîs'fayr) *f., i.* ateş almamak (tüfek veya torpil); hedefe isabet ettirememek; *i.* ateş almama.

mis.fit (mîs'fît) *i.* uygun gelmeyiş; iyi uymayan şey; uyumsuz kimse, çevresine uymayan kimse.

mis.for.tune (mîsfôr'çın) *i.* talihsizlik; bedbahtlık; kaza, belâ, felâket.

mis.giv.ing (mîsgiv'îng) *i., gen. çoğ.* şüphe, kuşku, kuruntu; korku.

mis.gov.ern (mîsgʌv'ırn) *f.* kötü idare etmek. misgovernment *i.* kötü idare.

mis.guide (mîsgayd') *f.* yanlış yola sevketmek, yanlış salık vermek; azdırmak, baştan çıkarmak. **misguidance** *i.* yanlış yola sevketme.

mis.han.dle (mîshän'dıl)*f.* kötü kullanmak, kötü idare etmek.

mis.hap (mîs'häp) *i.* aksilik, talihsizlik.

mish.mash (mîş'mäş) *i.* karmakarışıklık.

mis.in.form (mîsinfôrm') *f.* yanlış bilgi vermek, yanlış anlatmak. **misinforma'tion** *i.* yanlış bilgi.

mis.in.ter.pret (mîsîntır'prît) *f.* yanlış yorumlamak, yanlış mana vermek, yanlış anlamak. **misinterpreta'tion** *i.* yanlış yorum.

mis.judge (mîscʌc') *f.* yanlış hüküm vermek; yanlış anlamak; yanlış fikir edinmek.

mis.lay (mîsley') *f.* (-laid) yanlış yere koymak, kaybetmek.

mis.lead (mîslid') *f.* (-led) yanlış yola sevketmek, yanlış yoldan götürmek; yanlış fikir vermek, aldatmak.

mis.like (mîslayk') *f.* beğenmemek, hoşlanmamak.

mis.man.age (mîsmän'ic) *f.* kötü idare etmek, idare edememek. **mismanagement** *i.* kötü idare.

mis.mar.riage (mîsmer'ic) *i.* uygunsuz ve mutsuz evlilik.

mis.match (*f.* mîsmäç'; *i.* mîs'mäç) *f., i.* birbirine iyi uymamak; *i.* uygunsuz birleşme, uymama.

mis.name (mîsneym') *f.* yanlış isim vermek.

mis.no.mer (mîsno'mır) *i.* yanlış isim, isimde hata; yanlış isim kullanma.

mis.og.a.my (mîsag'ımi) *i.* evlilikten nefret. **misogamist** *i.* evlilikten nefret eden kimse.

mis.og.y.nist (mîsac'ınîst) *i.* kadından nefret eden kimse, kadın düşmanı. **misogynous** *s.* kadından nefret eden.

mis.o.ne.ism (mîsoniy'îzım, mayso-) *i., psik.* yenilik korkusu, değişiklik korkusu.

mis.place (mîspleys') *f.* yanlış yere koymak. **misplace one's confidence** yanlış kimseye güvenmek. **misplacement** *i.* yanlış yere koyma.

mis.play (mîs'pley) *i.* yanlış oyun, hatalı oyun.

mis.print (*f.* mîsprînt'; *i.* mîs'prînt) *f., i.* yanlış basmak; *i.* baskı hatası.

mis.pri.sion (mîsprij'ın) *i., huk.* vazifeyi suiistimal; bir cürüme göz yumma suçu; yanlış, hata.

mis.pro.nounce (mîsprınauns') *f.* yanlış telaffuz etmek.

mis.pro.nun.ci.a.tion (mîsprınʌnsiyey'şın) *i.* yanlış telaffuz.

mis.quote (mîskwot') *f.* yanlış aktarmak, birinin sözünü yanlış tekrarlamak. **misquota'tion** *i.* yanlış aktarma.

mis.read (mîsrid') *f.* (-read) yanlış okumak, yanlış yorumlamak.

mis.reck.on (mîsrek'ın) *f.* yanlış saymak, yanlış hesap etmek.

mis.re.mem.ber (mîsrîmem'bır) *f.* yanlış hatırlamak.

mis.rep.re.sent (mîsreprizent') *f.* yanlış veya yalan yere anlatmak; kötü temsil etmek. **misrepresenta'tion** *i.* yalan.

mis.rule (*f.* mîsrul'; *i.* mîs'rul) *f., i.* kötü idare etmek; *i.* kötü hükümet, kötü yönetim; karışıklık.

miss (mîs) *f.* vuramamak, vurmamak, isabet ettirememek veya etmemek; bulamamak, kaçırmak, yanlışlıkla atlamak, ele geçirememek; özlemek, yokluğunu hissetmek, aramak. **miss fire** ateş almamak. **miss out** atlamak, görmemek; gidememek, kaçırmak. **miss the point** meseleyi kavramamak. **He just missed being run over.** Ezilmekten zor kurtuldu.

miss (mîs) *i.* nişanı vuramayış, isabet ettiremeyiş; başarısızlık. **A miss is as good as a mile.** Fırsatı kaçırdıktan sonra, iyi mi, kötü mü olduğu farketmez.

miss (mîs) *i., k.dili* genç kız; *b.h.* Matmazel, Bayan (soyadından evvel gelir).

mis.sal (mîs'ıl) *i., kil.* Katolik kilisesinde Aşai Rabbanî ayini kitabı; dua kitabı.

mis.sel (mîs'ıl) *i.* ökseardıcı, *zool.* Turdus viscivorus.

mis.shape (mîsşeyp') *f.* (-shaped, -shap.en) kötü biçim vermek, biçimsizleştirmek. **misshapen** *s.* biçimsiz, kötü biçimli.

mis.sile (mîs'ıl, *İng.* mîs'ayl) *i.* mermi, kurşun; ok, mızrak; atılan şey; güdümlü mermi. **missilry** (mîs'ılri) *i.* roket veya güdümlü mermi yapma ve kullanma sanatı.

miss.ing (mîs'îng) *s.* eksik, olmayan, kayıp. **missing link** bak. link. **the missing** savaşta kayıp askerler. **There is a page missing.** Bir sayfa eksik.

mis.sion (mîş'ın) *i.* memuriyet veya vazife ile

bir yere gönderilen kimseler; misyon, memuriyet, vazife, görev, hizmet; misyoner heyeti; misyonerlerin faaliyet sahası; *A.B.D.* sefarethane, elçilik; kilisede yapılan özel toplantı veya vaız serisi; imaret, fakirlere yardım evi; en büyük arzu, hedef, amaç; *ask.* uçuş.

mis.sion.ar.y (mîş'ıneri) *i.* misyoner.

mis.sis (mîs'ız) *i., k.dili,* **the** *ile* evin hanımı; eş, karı.

Mis.sis.sip.pi (mîs'ısîpi) *i.* Mississippi nehri; Mississippi eyaleti.

mis.sive (mî'sîv) *i.* mektup, tezkere.

Mis.sou.ri (mîzûr'i) *i.* Amerika'da Missouri nehri; Missouri eyaleti. **from Missouri** *A.B.D., k.dili* şüpheci, delilsiz inanmayan.

mis.spell (mîs.spel') *f.* **(-spelled** *veya* **-spelt)** imlâsını yanlış yazmak. **misspelled** *s.* imlâsı bozuk.

mis.spend (mîs.spend') *f.* **(-spent)** kötü harcamak, boş yere sarfetmek, boşuna geçirmek.

mis.state (mîs.steyt') *f.* yanlış ifade etmek, yalan katarak anlatmak. **misstatement** *i.* yanlış ifade, hata; yalan.

mis.step (mîs'step) *i.* yanlış adım; yanlış teşebbüs.

mist (mîst) *i., f.* sis, duman, pus; buğu; donukluk, karartı; *f.* sis ile kaplamak, sisli olmak; çiselemek.

mis.take (mîsteyk') *i.* yanlış, hata, yanlışlık, yanılma. **Make no mistake.** Şüphe etme. Yanılma.

mis.take (mîsteyk') *f.* **(-took, -taken)** yanlış anlamak; yanlışlıkla benzetmek, başkası zannetmek; yanlış telakki etmek veya görmek; yanılmak. **mistaken for** benzetilmiş, başka birisiyle karıştırılmış. **mistakable** *s.* yanlış anlaşılabilir.

mis.ta.ken (mîstey'kın) *s.* yanlış, yanlış fikre dayanan, hatalı. **mistakenly** *z.* yanlışlıkla.

Mis.ter (mîs'tır) *i. (kıs.* **Mr.)** Bay, Efendi (erkek soyadından evvel kullanılan unvan).

mis.time (mîstaym') *f.* zamanı yanlış ayarlamak; zamanını yanlış tahmin etmek.

mis.tle.toe (mîs'ılto) *i.* ökseotu, *bot.* Viscum album.

mis.took (mîstûk') *bak.* **mistake.**

mis.tral (mîs'trıl) *i.* Güney Fransa'ya ait çok soğuk karayel.

mis.trans.late (mîstränsleyt') *f.* yanlış tercüme etmek. **mistranslation** *i.* yanlış çeviri.

mis.treat (mîstrit') *f.* kötü kullanmak, incitmek, kötü davranmak.

mis.tress (mîs'trîs) *i.* hanım, nüfuz sahibi kadın, aile hanımı, okul müdiresi; metres; *eski, b.h.* evli kadınlara verilen unvan (şimdi *kıs.* **Mrs.**).

mis.tri.al (mîstray'ıl) *i., huk.* işlem hatası yüzünden hükümsüz kalan muhakeme.

mis.trust (mîstrʌst') *i., f.* güvensizlik, itimatsızlık, şüphe; *f.* güvenmemek, hakkında şüphe etmek. **mistrustful** *s.* güvensiz, şüpheli, kuşkulu.

mist.y (mîs'ti) *s.* sisli, dumanlı; bulanık. **mistiness** *i.* sis.

mis.un.der.stand (mîsʌndırständ') *f.* **(-stood)** yanlış anlamak, ters anlamak. **misunderstanding** *i.* yanlış anlama; anlaşmazlık.

mis.us.age (mîsyu'sîc) *i.* yanlış kullanılış; fena muamele.

mis.use (mîsyuz') *f.* kötü işte kullanmak, suiistimal etmek.

mis.use (mîsyus') *i.* kötü kullanış; suiistimal.

mite (mayt) *i.* kene, sakırga; ufak para, akçe; çok ufak şey. **cheese mite** peynir kurdu, *zool.* Acarus siro. **itch mite** uyuz böceği, *zool.* Sarcoptes scabei.

mi.ter, *İng.* **mi.tre** (may'tır) *i.* piskoposluk tacı; piskoposluk rütbesi; gönye. **miter box** gönye kesmek için testereyi kılavuzlayan kutu. **miter joint** gönye. **miter wheels** birbirine 45 derecelik açı ile geçme dişli çark. **mitered, mitred** *s.* piskopos tacı giyinmiş.

Mith.ras (mîth'rıs) *i.* eski İran aydınlık ve hakikat tanrısı.

mith.ri.date (mîth'rıdeyt) *i., eski* panzehir.

mith.ri.dat.ize (mîth'rıdıtayz) *f.* miktarını azar azar artırarak zehir alıp vücudu zehirlenmekten muaf kılmak.

mit.i.gate (mît'ıgeyt) *f.* yatıştırmak; azaltmak, hafifletmek. **mitigating causes** *huk.* cezayı hafifletici sebepler. **mitigable** *s.* yatıştırılabilir; azaltılabilir, hafifletilebilir. **mitiga'tion** hafifletme, azaltma.

mi.to.sis (mayto'sîs) *i., biyol.* karyokinez.

mi.trail.leuse (mitrayöz') *i.* mitralyöz, makinalı tüfek. **mitrailleur** *i.* makinalı tüfek kullanan asker, mitralyözcü.

mi.tral (may'trıl) *s., anat.* kalpteki iki yapraklı kapağa ait (sol kulakçık ve sol karıncık arasında). **mitral valve** bu kapak.

mi.tre *İng.*, *bak.* **miter**.

mitt (mît) *i.*, *beysbol* yalnız baş parmak yeri olan ve avucu yastıklı torba eldiven, beysbol eldiveni; kadınlara mahsus parmaksız dantel eldiven; tek parmaklı eldiven; *argo* el; *argo* boks eldiveni.

mit.ten (mît'ın) *i.* tek parmaklı eldiven.

mit.ti.mus (mît'ımıs) *i.*, *huk.* hapis cezası ilâmı; *İng.*, *k.dili* memuriyetten çıkarma, azletme.

mitz.vah (mîts'va) *i.* Musevî dininde sünnet; sevap.

mix (mîks) *f.*, *i.* karıştırmak, birbirine karıştırmak; karmak; katmak; melez elde etmek için çiftleştirmek; karışmak, kaynaşmak, uyuşmak, bağdaşmak; *i.* karıştırma, karışma, karışım; karışıklık veya şaşkınlık hali. **be mixed up** zihni karışmak; karışmak, atılmak. **mix up** karıştırmak. **They do not mix well.** Anlaşamıyorlar. Uyuşamıyorlar. **mixable** *s.* karıştırılabilir.

mixed (mîkst) *s.* karışık, karıştırılmış; karma. **mixed doubles** *tenis* her iki tarafta birer kadınla birer erkek olarak oynanılan oyun, karışık çiftler. **mixed fraction** *mat.* tam sayılı bayağı kesir. **mixed group** karma grup. **mixed marriage** değişik din ve milletten kimselerin evlenmesi. **mixed media** teyp, film, fonograf, slayt ve benzerini beraber kullanan gösteri. **mixed metaphor** *bak.* **metaphor. mixed train** yolcu ve yük vagonlarından müteşekkil tren.

mix.er (mîk'sır) *i.* karıştırıcı şey veya kimse; mikser, elektrikli yemek karıştırıcısı; *k.dili* tanımadıkları ile rahatça konuşabilen kimse; *k.dili* tanıştırma toplantısı.

mix.ture (mîks'çır) *i.* karışım; karıştırma; katıştırma; karışma, karıştırılma, kaynaşma.

mix-up (mîks'ʌp) *i.* karışık durum, anlaşmazlık.

miz.zen, miz.en (mîz'ın) *i.*, *den.* mizana direği, üç direkli geminin eh gerideki direği; mizana yelkeni.

Mlle. *kıs.* **Mademoiselle.**

MM. *kıs.* **Messieurs.**

mm. *kıs.* **millimeter.**

mne.mon.ic (niman'îk, nî-) *s.*, *i.* hafızaya yardımı olan, hafızayı kuvvetlendiren; hafızaya ait; *i.* hatırlatıcı ipucu. **mnemonics** *i.* hafızayı kuvvetlendirme usulü, hafızayı terbiye ilmi.

MO *kıs.* **Missouri.**

mo.a (mo'wı) *i.* moa, Yeni Zeland'a mahsus devekuşuna benzer türü tükenmiş bir kuş.

moan (mon) *f.*, *i.* inlemek, figan etmek; *i.* inilti, inleme, figan.

moat (mot) *i.*, *f.* kale hendeği; *f.* etrafına böyle hendek çevirmek. **moated** *s.* hendekli.

mob (mab) *i.*, *f.* **(-bed, -bing)** insan kalabalığı, izdiham; ayaktakımı, avam; *k.dili* gangsterler çetesi; *f.* güruh halinde saldırmak, kitle halinde hücum etmek; merakla etrafını sarmak; yığılmak. **mob law** halk tarafından yürütülen kanun, linç kanunu.

mo.bile (mo'bıl, -bil) *s.* yer değiştirebilen, devingen, serbest hareket eden; akışkan; kolay değişen (çehre); değişken, kararsız (fikir); *ask.* seyyar (ordu). **mobile home** araba ile çekilebilen tekerlekli ev. **mobil'ity** *i.* devingenlik; değişkenlik; akışkanlık.

mo.bile (mo'bıl, *İng.* -bayl) *i.* dengede hareket düzeni.

mo.bi.lize (mo'bılayz) *f.* seferber etmek, silâh altına almak, harekete getirmek. **mobiliza'tion** *i.* seferberlik.

mob.oc.ra.cy (mabak'rısı) *i.* avamtakımı yönetimi.

mob.ster (mab'stır) *i.*, *argo* gangster.

mo.camp (mo'kämp) *i.* kamping, kamp yeri.

moc.ca.sin (mak'ısîn) *i.* mokasen, Amerika yerlilerine mahsus çarık; Amerika'nın güney eyaletlerine mahsus çok zehirli ve koyu renkli bir su yılanı, *zool.* Agkistrodon piscivorus.

Mo.cha (mo'kı) *i.* Yemen'de Moha limanı; *k.h.* Yemen kahvesi; çikolata ve kahve karışımı ile yapılmış veya kahveli bir tat verici; bir çeşit yumuşak koyun derisi.

mock (mak) *i.*, *s.* alay, istihza, eğlenme; taklit şey, sahte şey; alay edilecek şey, maskaralık; *s.* sahte, kalp, taklit. **mock orange** ful, ağaç fulü, *bot.* Philadelphus cotonarius. **mock sun** güneşe yakın ve karşı tarafta görülen güneş aksı, yalancı güneş. **mock turtle soup** kaplumbağa çorbası taklidi olarak dana başından yapılan çorba.

mock (mak) *f.* alay etmek, istihza etmek, eğlenmek; hakir görmek; aldatmak; taklidini yapmak; alay için taklit etmek. **mockingly** *z.* alay ederek.

mock.er.y (mak'ıri) *i.* istihza; alay, alay edilecek şey; taklit, alay manasında taklit, alay manasında taklitçilik; manasız iş.

mock-he.ro.ics (mak'hiro'wiks) *i., çoğ.* destansı taşlama.

mock.ing.bird (mak'îngbırd) *i.* alaycı kuş, *zool.* Mimus polyglottos.

mod (mad) *s., argo* şık.

mod. *kıs.* **moderate, modern.**

mo.dal (mod'ıl) *s.* şekle ait; şekilden ibaret; *müz.* makama ait; *gram.* kiplere ait; *istatistik* en sık görülen (değer), tipik.

mo.dal.i.ty (modäl'ıti) *i.* şekil, usul, tarz; *man.* bir önermenin gerekliliğini, imkân veya imkânsızlığını ifade eden hal; *tıb.* tedavi usulü veya cihazı.

mode (mod) *i., müz.* makam; *gram.* kip; *man.* bir önerme veya karşılaştırmanın şekli; usul, tarz, üslûp, şekil; moda; *istatistik* en çok elde edilen değer.

mod.el (mad'ıl) *i., s.* örnek, model, numune; kalıp, şekil; resim, plan; örnek tutulacak kimse; manken; *s.* numune veya model olan; örnek tutulmaya lâyık.

mod.el (mad'ıl) *f.* (-ed, -ing *veya* -led, -ling) örneğe göre yapmak; model yapmak; biçimlendirmek; defile yapmak; üç boyutlu görünümü vermek.

mod.er.ate (mad'ırît) *s., i.* ılımlı, mutedil; orta, ikisi ortası; *i.* ılımlı kimse. **moderately** *z.* mutedil olarak, ılımlı olarak; az çok. **moderateness** *i.* ılımlılık.

mod.er.ate (mad'ıreyt) *f.* yatıştırmak, itidale getirmek, yumuşatmak; yatışmak, yumuşamak; azaltmak, hafifletmek; başkanlık etmek, idare etmek.

mod.er.a.tion (madırey'şın) *i.* ılımlılık, itidal; insaf. **in moderation** ifrata gitmeden, aşırılığa kaçmadan, itidalle.

mod.e.ra.to (madıra'to) *z., İt., müz.* moderato.

mod.er.a.tor (mad'ıreytır) *i.* yatıştıran kimse; toplantı başkanı; *fiz.* yavaşlatıcı madde.

mod.ern (mad'ırn) *s., i.* çağdaş, yeni, asrî, çağcıl, modern; *i.* çağcıl kimse, modern kimse. **modernism** *i.* çağcıllık, modernlik; yenilik. **modernist** *i.* yenilik taraftarı. **mod-er'nity** *i.* yenilik; çağcıllık. **modernize** *f.* modernleştirmek, yenileştirmek. **modernness** *i.* modernlik, çağcıllık.

mod.est (mad'îst) *s.* alçak gönüllü, mütevazı; gösterişsiz; ılımlı; tutarlı; namuslu, iffetli. **modestly** *z.* tevazu ile, gösterişsizce. **modesty** *i.* alçak gönüllülük, tevazu; iffet; ılımlılık.

mod.i.cum (mad'îkım) *i.* az miktar, nebze.

mod.i.fi.ca.tion (madıfıkey'şın) *i.* tadil, biraz değiştirme, değişiklik.

mod.i.fi.er (mad'ıfayır) *i.* değiştiren şey; *gram.* niteleyen kelime veya deyim, tamlayıcı kelime.

mod.i.fy (mad'ıfay) *f.* tadil etmek, tebdil etmek, bir şeyde değişiklik yapmak, biraz değiştirmek; ılımlı yapmak, azaltmak, hafifletmek; *gram.* nitelendirmek, nitelemek, tamlamak. **modifiable** *s.* değiştirilebilir.

mo.dil.lion (modil'yın) *i.* Korint mimarîsinde korniş çıkıntısı altına gelen destek.

mod.ish (mo'dîş) *s.* modaya uygun, son model. **modishly** *z.* modaya uygun olarak. **modishness** *i.* modaya uygunluk.

mo.diste (modist') *i.* kadın terzisi veya şapkacısı.

mod.u.lar (mac'ûlır) *s.* modül gibi; modülle yapılmış, modüle ait.

mod.u.late (mac'ûleyt) *f.* konuşma ve şarkı söylemede ses perdesini icabına göre değiştirmek; yumuşatmak, hafifleştirmek, tatlılaştırmak (ses); makam ile söylemek; *radyo* modüle etmek. **modula'tion** *i.* tadil, hafifletme, hafifleme; *müz.* modülasyon, geçiş; *fiz., radyo* taşıyıcı bir dalgayı mesaj sinyaline göre tadil etme, modülasyon.

mod.ule (mac'ul) *i.* mikyas, çap, miyar; ölçü esası; kompütör veya diğer makinalarda standart kısım; bir feza gemisinin her bir kısmı. **moon-landing module** aya iniş kapsülü, ay modülü. **reentry module** dünyaya dönüş kapsülü.

mod.u.lus (mac'ûlıs) *i., fiz.* modül.

mo.dus (mo'dıs) *i.* (*çoğ.* **mo.di**) usul, tarz. **modus operandi** icra yolu, hareket tarzı. **modus vivendi** geçici anlaşma.

Mo.ga.di.scio (mogadi'şo) *i.* Mogadişu, Somali'nin başkenti.

Mo.gul (mo'gıl, -gʌl) *i., s.* Moğol; *k.h.* nüfuzlu kimse; yük lokomotifi; *s.* Moğol. **the Great Mogul** *tar.* Timur hanedanından Hindistan imparatoru.

mo.hair (mo'her) *i.* tiftik yünü; tiftik yününden yapılan kumaş.

Mo.ham.med (mohäm'ĭd) *bak.* **Muhammad.**

Mo.hur (mo'hır) *i.* on beş rupi kıymetinde eski altın Hint parası, mohur.

moi.dore (moy'dôr) *i.* eski Portekiz altın parası.

moi.e.ty (moy'ıti) *i.* yarını, yarı; parça, kısım, pay.

moil (moyl) *f., i.* çalışıp didinmek, çok zor işle uğraşmak; *i.* ağır iş; karışıklık, kargaşa, gürültü.

moi.ra (moy'rı) *i.* kader, kısmet, baht.

moi.ré (mwarey') *i., s.* hareli kumaş, hareli ipek kumaş; hare; *s.* hareli.

moist (moyst) *s.* nemli, rutubetli; ıslak; sulu, yaşlı (göz). **moistness** *i.* nemlilik, rutubet.

mois.ten (moys'ın) *f.* ıslatmak; ıslanmak, nemlenmek.

mo.lar (mo'lır) *s., fiz.* bir kütlenin bütününe ait; *kim.* bir litrede bir mol olan.

mo.lar (mo'lır) *s., i.* öğütücü, çiğneyip parçalayan; *i.* azıdişi.

mo.las.ses (mıläs'ĭz) *i.* (*tek., çoğ.*) melas.

mold, *İng.* **mould** (mold) *i., f.* kalıp; genel biçim; ayırt edici özellik; *f.* şekil vermek, biçimlendirmek; kalıp yapmak; kalıba dökmek; üste oturmak. **mold public opinion** kamuoyu oluşturmak. **molder** *i.* kalıpçı, dökmeci; şekil veren kimse.

mold, *İng.* **mould** (mold) *i., f.* küf; *f.* küflendirmek; küflenmek, küf bağlamak. **moldiness** *i.* küf, küflülük. **moldy** *s.* küflü, küf bağlamış.

mold, *İng.* **mould** (mold) *i.* bahçıvan toprağı, gübreli toprak.

Mol.da.vi.a (moldey'viyı) *i.* Romanya'da Buğdan eyaleti.

mold.board (mold'bôrd) *i.* saban kulağı.

mold.er (mol'dır) *f.* çürümek, çürüyüp toz haline gelmek; ufalanmak; çürütmek; toz haline koymak.

mold.ing, *İng.* **mould.ing** (mol'dîng) *i.* tiriz, pervaz, korniş, silme.

mole (mol) *i.* ben, insan vücudunda leke.

mole (mol) *i.* köstebek, kör sıçan, yer göçkeni, *zool.* Talpa europaea.

mole (mol) *i.* dalgakıran, mendirek; suni liman.

mole (mol) *i., kim.* gram molekül, herhangi bir maddenin gramla çarpılan molekül ağırlığı.

mol.e.cule (mal'ıkyul) *i.* tozan, molekül, zerre.

molecular (mılek'yılır) *s.* moleküle ait, molekküllü.

mole.hill (mol'hĭl) *i.* köstebeklerin yeraltını oyarak çıkardıkları toprak yığını, köstebek tepesi; önemsiz şey. **make a mountain out of a molehill** habbeyi kubbe yapmak, pireyi deve yapmak.

mole.skin (mol'skĭn) *i.* köstebek derisi; buna benzer kumaş; *çoğ.* bu kumaştan yapılmış pantolon.

mo.lest (mılest') *f.* rahatsız etmek; tecavüz etmek. **molestation** (molestey'şın) *i.* tecavüz.

moll (mal) *i., argo* gangsterin sevgilisi; orospu, fahişe.

mol.li.fy (mal'ıfay) *f.* yumuşatmak, yatıştırmak, dindirmek, teskin etmek. **mollifica'tion** *i.* dindirme, teskin.

mol.lusk, mol.lusc (mal'ısk) *i.* yumuşakçalar sınıfından bir hayvan.

mol.ly.cod.dle (mal'ikadıl) *i., f.* mahallebi çocuğu; kadınımsı erkek; *f.* üstüne titremek.

Mo.loch (mo'lak) *i.* Ammonller ve Fenikelilerin çocuk kurban ettikleri tanrı; *k.h.* Avustralya'da bulunan üstü dikenli bir kertenkele.

Mo.lo.tov cocktail (mô'lıtıf) molotofkokteyli.

molt, *İng.* **moult** (molt) *f., i.* tüylerini dökmek; deri değiştirmek; *i.* tüy veya deri dökme.

mol.ten (mol'tın) *s.* erimiş; eritilmiş madenden yapılmış, dökme.

mol.to (môl'to) *z., İt., müz.* çok.

mo.lyb.de.num (mılĭb'dınım) *i., kim.* molibden. **molybdenite** *i., min.* doğal molibden disülfidi.

mom (mam) *i., k.dili* anne.

mo.ment (mo'mınt) *i.* an, lahza; ehemmiyet, nüfuz, kuvvet; *fiz.* moment, hareket hâsıl etme kabiliyeti; cevher, unsur. **moment of truth** karar anı, kritik an; boğa güreşinde boğanın öldürüldüğü an.

mo.men.tar.y (mo'mınteri) *s.* bir an süren, bir an için; bir anda; geçici, çok az devam eden. **momentarily** *z.* anbean.

mo.ment.ly (mo'mıntli) *z.* her an; bir anlık.

mo.men.tous (momen'tıs) *s.* önemli, ciddî, mühim. **momentously** *z.* mühim olarak, cidden. **momentousness** *i.* ciddiyet.

mo.men.tum (momen'tım) *i.* (*çoğ.* **-ta, -tums**) *fiz.* moment.

mom.ism (mam'îzım) *i.* anneye anormal derecede dayanma, anneye aşırı bağlılık.

Mo.mus (mo'mıs) *i., Yu. mit.* istihza ve kusur bulma tanrısı; kusur bulan kimse.

Mon. *kıs.* **Monday.**

mon.a.chism (man'ıkîzım) *i.* manastır hayatı.

Mon.a.co (man'ıko, mına'ko) *i.* Monako.

mon.ad (man'äd, mo'näd) *i.* basit cevher, zerre, atom; *biyol.* tek hücreli organizma; *fels.* monad, bölünmez töz. **monad'ic(al)** *s.* tözel, monada ait. **monadism** *i.* monadizm.

mon.a.del.phous (manıdel'fıs) *s., bot.* ercikleri filamentlerle birleşmiş, monadelf.

mo.nan.drous (mınän'drıs) *s.* tek kocalı; tek kocalılıkla ilgili; *bot.* tek ercikli, monandrik. **monandry** *i.* tek kocalılık.

mon.arch (man'ırk) *i.* kral, padişah, hükümdar. **monar'chic(al)** *s.* krallık usulüne ait. **mon'archism** *i.* krallık hükümeti sistemi, kraliyetçilik. **monarchist** *i.* krallık usulü taraftarı, kraliyetçi.

mon.ar.chy (man'ırki) *i.* krallık, padişahlık, monarşi, tekerklik; kral sistemi.

mon.as.ter.y (man'ısteri) *i.* manastır. **monaster'ial** *s.* manastıra ait.

mo.nas.tic (mınäs'tîk) *s., i.* manastıra veya manastır hayatına ait; inzivaya çekilip kendini dinî hayata adamış; *i.* keşiş. **monastical** *s.* manastıra ait. **monasticism** *i.* manastır hayatı veya sistemi.

Mon.as.tir (manıstir') *i.* Yugoslavya'da Manastır şehri.

mon.a.tom.ic (manıtam'îk) *s., kim.* tek atomlu molekülü olan.

mon.au.ral (man'ôrıl) *s.* tek kulakla işitmeye ait; sesi tek bir yönden gelen, stereo olmayan.

Mon.day (mʌn'di, -dey) *i.* pazartesi.

monde (mônd) *i., Fr.* dünya; çevre, muhit; toplum.

mo.ne.cious (mıni'şıs, mo-) *s., bot.* tek evcikli, monoik.

mon.e.tar.y (man'ıteri, mʌn'-) *s.* paraya ait, sikkeye ait; parayla ilgili.

mon.ey (mʌn'i) *i.* para, nakit; para yerine geçen şey. **money belt** para taşımaya elverişli kuşak. **money market** piyasa. **money order** posta havalesi. **easy money** kolay kazanılmış para. **even money** yarışta iki tarafın eşit meblâğlarla bahis tutuşması. **hard money** madenî para, sikke; nakit.

ready money nakit, peşin para. **moneyed** *s.* paralı; paradan ibaret; paradan ileri gelmiş. **moneyless** *s.* parasız.

mon.ey.bag (mʌn'ibäg) *i.* para çantası, para kesesi.

mon.ey.bags (mʌn'ibägz) *i., argo* zengin kimse.

mon.ey.chang.er (mʌn'içeyncır) *i.* sarraf.

mon.ey.lend.er (mʌn'ilendır) *i.* faizci, tefeci.

mon.ey.wort (mʌn'iwırt) *i.* kargaotu, *bot.* Lysimachia nummularia.

mon.ger (mʌng'gır, mang'-) *i., İng.* tüccar, tacir, esnaf, satıcı.

-monger *sonek* satıcı: **ironmonger, fishmonger.**

-monger *sonek, A.B.D., aşağ.* yapan kimse, karışan kimse: **scandalmonger, warmonger.**

Mon.gol (mang'gıl, -gal, -gol) *i., s.* Moğol. *s.* Moğol ırkına ait. **Mongo'lia** *i.* Moğolistan. **Mongo'lian** *s., i.* Moğol ırkına veya diline ait; *i.* Moğol; Moğol dili, Moğolca.

Mon.gol.ism (mang'gılizım) *i., tıb.* geniş ve yassı kafalı, gözleri aşağıya doğru ve geri zekâlı olarak doğan çocuğun anormal durumu, Mongolizm.

Mon.go.loid (mang'gıloyd) *s., i., antro.* Moğol ırkına mensup (kimse); Mongolizm hastalığına uğramış (kimse).

mon.goose (mang'gus, mʌng'-) *i.* firavunfaresi, Hindistan'da bulunan ve gelinciğe benzeyen bir hayvan, *zool.* Herpestes.

mon.grel (mang'grıl, mʌng'-) *i., s.* melez köpek veya başka hayvan; *s.* melez, karışık soylu; katışık.

mon.i.ker (man'ıkır) *i., k.dili* isim, ad; lakap.

mo.nil.i.form (monil'ıfôrm) *s., bot., zool.* tespih şeklinde, moniliform.

mon.ism (man'îzım, mo'-) *i., fels.* bircilik, monizm. **monist** *i.* monizm taraftarı. **monis'tic** *s.* monizme ait.

mo.ni.tion (monîş'ın) *i.* uyarma, ikaz, ihtar, tembih; *huk.* ihbarname, davet.

mon.i.tor (man'ıtır) *i., f.* sınıfta düzeni korumakla görevlendirilen öğrenci; nasihat eden kimse; etobur iri bir kertenkele, varan; *den.* taretinde ağır topları olan güvertesi basık eski bir harp gemisi; izleme veya gözlem tertibatı; *f.* izlemek, gözlemek. **monitorial** (manıtôr'iyıl), **monitory** (man'ıtôri) *s.* nasihat veren, nasihat kabilinden; düzeni korumaya ait.

monk (mʌngk) *i.* keşiş; münzevi kimse. **monkhood** *i.* keşişlik; keşişler. **monkish** *s.* keşiş gibi. **monk's cloth** perdelik kaba pamuklu kumaş.

mon.key (mʌng'ki) *i.* maymun; maymuna benzer kimse; şahmerdan başı. **monkey bread** baobap, maymun ekmeği ağacı; baobap meyvası. **monkey business** maymun işi, yalan dolan, düzenbazlık. **monkey flower** misk otu, *bot.* Mimulus moschatus. **monkey wrench** İngiliz anahtarı. **throw a monkey wrench in the works** *A.B.D., k.dili* işi bozmak.

mon.key (mʌng'ki) *f., k.dili* oynamak, kurcalamak. **monkey around** oyalanmak, dalga geçmek. **monkey (around) with** karıştırmak, ile uğraşmak.

mon.key.shines (mʌng'kişaynz) *i., çoğ., k.dili* şaka; aldatıcı veya dürüst olmayan hareketler.

monk.fish (mʌngk'fîş) *i.* maymunbalığı, *zool.* Squatina vulgaris; kelerbalığı, *zool.* Squatina squatina.

monks.hood (mʌngks'hûd) *i.* boğanotu, *bot.* Aconitum; kaplanboğan, *bot.* Aconitum napellus.

mono- *önek* tek, bir.

mon.o.ceph.a.lous (manısef'ılıs) *s., bot.* tek başlı, monosefal.

mon.o.chord (man'ıkôrd) *i., müz.* nota aralıklarını ölçmek için kullanılan tek telli alet, sesölçer.

mon.o.chro.mat.ic (manıkromät'îk) *s.* tek renkli.

mon.o.chrome (man'ıkrom) *i.* tek renkli resim; tek renkli resim yapma sanatı.

mon.o.cle (man'ıkıl) *i.* tek gözlük, monokl.

mon.o.cot.y.le.don (manıkatılid'ın) *i., bot.* tek çenekli bir bitki, monokotiledon. **monocotyledonous** *s.* tek çenekli.

mo.noc.u.lar (mınak'yılır) *s.* tek gözlü; tek gözle kullanmaya mahsus.

mon.o.dy (man'ıdi) *i.* tek sesle okunan mersiye; *müz.* tek sesli şarkı, monodi; ses aynılığı.

mo.nog.a.my (mınag'ımi) *i.* tekeşlilik, monogami; *zool.* tek eş ile çiftleşme. **monogamist** *i.* tekevli kimse. **monogamous** *s.* tekevli, monogam.

mon.o.gen.e.sis (manıcen'ısîs) *i., biyol.* bütün canlı organizmaların tek bir hücreden oluştuğu kuramı; *biyol.* metamorfoz olmadan büyüme; bütün insan ırklarının aynı soydan geldiği öğretisi.

mon.o.gram (man'ıgräm) *i.* bir ismin birkaç harfinden veya baş harflerinden meydana gelen desen, monogram.

mon.o.graph (man'ıgräf) *i.* özel bir konudan bahseden yazı, monografi.

mo.nog.y.nous (mınac'ınıs) *s.* tek karılı; *bot.* tek pistilli.

mon.o.hy.drate (manohay'dreyt) *i., kim.* bir su molekülü ile birleşmiş olan eleman veya bileşik.

mo.no.ki.ni (man'okini) *i.* tek parçalı bikini.

mon.o.lith (man'ılîth) *i.* yekpare taştan direk veya abide. **monolith'ic** *s.* yekpare taştan yapılmış; yekpare, bütün; bütüncül.

mon.o.logue (man'ılôg, -lag) *i.* monolog.

mon.o.ma.ni.a (manımey'niyı, -meyn'yı) *i., tıb.* yalnız bir konu hakkında saplantı ile kendisini gösteren akıl hastalığı, sabit fikir, saplantı; delice merak.

mon.o.ma.ni.ac (manımey'niyäk) *i., tıb.* sabit fikir delisi.

mon.o.met.al.ism (manomet'ılızım) *i.* para için tek maden standardı; para kıymeti için altın gibi tek maden kullanma usulü.

mo.no.mi.al (mono'miyıl) *s., mat.* tek terimli; *biyol.* tek kelimeden ibaret (hayvan veya bitki ismi).

mon.o.mo.lec.u.lar (manomılek'yılır) *s.* tek molekül kalınlığında.

mon.o.mor.phic (manımôr'fik) *s., biyol.* tek yapılı; şekli değişmeyen.

mon.o.nu.cle.o.sis (manınukliyo'sis) *i., tıb.* öpüşme hastalığı.

mon.o.pet.al.ous (manıpet'ılıs) *s., bot.* bitişik taçyapraklı, simpetal.

mon.o.pho.bi.a (manıfo'biyı) *i., tıb.* yalnız kalmaktan korkma, yalnızlık korkusu.

mon.oph.thong (man'ıf.thông) *i., dilb.* tek sesli.

mon.o.phyl.lous (manıfil'ıs) *s., bot.* tek yapraklı, tek yapraktan meydana gelen.

mon.o.plane (man'ıpleyn) *i.* tek kanatlı uçak.

mo.nop.o.list (mınap'ılîst) *i.* tekelci, inhisarcı. **monopolis'tic** *s.* inhisarcı, tekelci, tekele ait.

mo.nop.o.lize (mınap'ılayz) *f.* inhisar altına almak. monopolize the conversation başka kimseyi konuşturmamak.

mo.nop.o.ly (mınap'ıli) *i.* inhisar, tekel; inhisar maddesi; vurgunculuk.

mon.o.rail (man'oreyl) *i.* tek ray, monoray; tek raylı demiryolu.

mon.o.syl.la.ble (man'ısîlıbıl) *i.* tek heceli kelime. monosyllabic (manısîläb'îk) *s.* tek heceli.

mon.o.the.ism (man'ıthiyîzım) *i.* tektanrıcılık, monoteizm. monotheist *i.* tektanrıcı kimse. monotheis'tic *s.* tektanrıcılıkla ilgili.

mon.o.tone (man'ıton) *i.* aynı perdeden ses; yeknesaklık; *müz.* tek ve değişmez perde; yeknesak şey.

mo.not.o.ny (mınat'ıni) *i.* yeknesaklık, tekdüzelik, monotonluk, aynı perdeden ses çıkarma. monotonous *s.* yeknesak, tekdüze, monoton, sıkıcı. monotonously *z.* tekdüze olarak.

mon.o.type (man'ıtayp) *i.*, *biyol.* tek tip; *matb.* tek tek harflerle otomatik dizgi; levhadan baskı; monotip.

mon.ox.ide (manak'sayd, mınak'-) *i.*, *kim.* monoksit.

Mon.ro.vi.a (mınro'viyı) *i.* Monrovia, Liberya'nın başkenti.

mons (manz) *i.* dağ; *anat.* çatı kemiği kaynağı üzerindeki yağlı tabaka.

mon.sieur, *çoğ.* mes.sieurs (mısyır', mes'ırs) *i.*, *Fr.* bay; efendi, bey.

mon.soon (mansun') *i.* muson; mevsimine göre yön değiştiren rüzgâr.

mon.ster (man'stır) *i.*, *s.* canavar; acayip ve doğaüstü şey; hilkat garibesi, ucube; gaddar kimse; dev gibi şey veya kimse; *s.* büyük, iri.

mon.stros.i.ty (manstras'ıti) *i.* canavar; ucube; canavarlık, gaddarlık.

mon.strous (man'strıs) *s.* canavar gibi; anormal; iri, cesim; müthiş, korkunç, çok gaddar. monstrously *z.* canavarca.

mon.tage (mantaj') *i.* fotomontaj.

mon.tane (man'teyn) *s.* dağlarla ilgili; dağlarda yaşayan veya yetişen.

mon.tan wax (man'tın) montana mumu.

mon.te (man'ti) *i.* bir İspanyol kâğıt oyunu.

Mon.te.ne.gro (mantıni'gro) *i.* Karadağ.

Mon.te.vi.de.o (mantıvîdey'o) *i.* Montevideo.

month (mʌnth) *i.* ay. a month of Sundays çok uzun zaman. lunar month kamerî ay. solar month şemsî ay.

month.ly (mʌnth'li) *s.*, *i.*, *z.* ayda bir olan; aylık; *i.* aylık dergi; *z.* ayda bir.

mon.u.ment (man'yımınt) *i.* abide, anıt; mezar taşı; eser; sınır taşı; tarihî yapı. monumen'tal *s.* anıtsal; muazzam, heybetli; *güz. san.* aslından büyük. monumentally *z.* heybetle.

moo (mu) *f.*, *i.* böğürmek; *i.* böğürme.

mooch (muç) *f.*, *argo* beleşe konmak; aşırmak; aylakça dolaşmak.

mood (mud) *i.*, *man.* bir önermede esaslar ile neticeler arasındaki bağlantı; *gram.* kip, bak. mode; *müz.* makam.

mood (mud) *i.* ruh durumu, hal; *çoğ.* terslik, huysuzluk, karamsarlık. in the mood for -e hazır. mood music duygulandırmada kullanılan müzik.

mood.y (mu'di) *s.* karamsar, umutsuz, bedbin, içedönük, içekapanık, meyus. moodily *z.* karamsarca. moodiness *i.* karamsarlık.

moon (mun) *i.*, *f.* ay, kamer, mah; uydu; dolunay veya hilâl şeklindeki şey; ay ışığı, mehtap; *f.*, *k.dili* dalgın dalgın gezinmek. moon blindness *bayt.* atlara mahsus bir çeşit göz iltihabı; *tıb.* tavukkarası, gece körlüğü. moonshine *i.* mehtap; saçma, boş lakırdı, kuru laf; *k.dili* kaçak içki. moonless *s.* ay aydınlığı olmayan, aysız (gece).

moon.beam (mun'bim) *i.* ay ışını.

moon.calf (mun'käf) *i.* doğuştan geri zekâlı kimse.

moon-eyed (mun'ayd) *s.* gözleri gece körlüğünden rahatsız olan; gözleri fal taşı gibi açılmış.

moon-faced (mun'feyst) *s.* ay yüzlü, mehlika.

moon.light (mun'layt) *i.* ay ışığı, mehtap.

moon.light.ing (mun'laytîng) *i.*, *argo* asıl işinden başka bir işte de çalışma.

moon.rise (mun'rayz) *i.* ayın doğması.

moon.rock (mun'rak) *i.* ay taşı.

moon.stone (mun'ston) *i.* aytaşı.

moon.struck (mun'strʌk) *s.* aysar, çılgın, deli.

moon.walk (mun'wôk) *i.* ayda yürüyüş.

moon.y (mu'ni) *s.* ay ışığı ile aydınlanmış; mehtap gibi; hilâl şeklinde; *k.dili* dalgın.

moor (mûr) *i.*, *İng.* kır; avlak. moor cock orman horozu. moorfowl *i.* ormantavuğu. moor hen dişi ormantavuğu; yeşil ayaklı su tavuğu.

Moor (mûr) *i.* Mağribî; Faslı. **Moorish** *s.* Mağribî; Fas'a ait.

moor (mûr) *f.* demir atmak, palamarla bağlamak, şamandıraya bağlamak; palamarla bağlanmak. **mooring post** palamar babası. **moorage** *i.* geminin bağlanacağı yer veya şey; demir atma.

moor.ings (mûr'îngz) *i.* geminin bağlanmasına mahsus lenger, palamar veya şamandıra, geminin bağlanacağı yer.

moor.land (mûr'länd) *i., İng.* kır, bozkır.

moose (mus) *i.* çok iri ve yassı boynuzlu bir çeşit geyik, *zool.* Alces americana.

moot (mut) *s., i., f.* münakaşalı, tartışılabilir; *i.* münazara, tartışma; *İng., tar.* idare meclisi; *f.* müzakere etmek, münazara etmek, tartışmak. **moot case** tartışma konusu olan dava. **moot point** tartışılacak mesele.

mop (map) *i.* iplik veya bez parçalarından yapılmış ve sırığa bağlanmış tahta bezi; karışık ve taranmamış saç.

mop (map) *f.* (**-ped, -ping**) bezle silmek. **mop one's brow** alnının terini silmek. **mop the floor with** *argo* bir münakaşa veya oyunda karşısındakini kolay yenmek. **mop up** (yeri) bezle silmek; *ask.* düşmanı temizlemek.

mop (map) *i., f.* (**-ped, -ping**) yüz buruşturma; *f.* yüzünü buruşturmak, yüzünü ekşitmek.

mope (mop) *f., i.* üzüntülü olmak; üzmek, sıkmak, bunaltmak; *i.* sıkıcı ve cansız kimse; *çoğ.* gam, bunaltı, üzüntü, sıkıntı, can sıkıntısı. **mopish** *s.* gamlı, kasvetli.

mop.pet (map'it) *i., k.dili* çocuk.

mo.quette (moket') *i.* kadife görünüşünde yünlü halı veya döşemelik kumaş.

mo.raine (mıreyn', mo-) *i., jeol.* buzultaş, moren.

mor.al (môr'ıl) *s., i.* ahlâka ait, ahlâkî, törel, ahlâksal; iyi ahlâklı, doğru; iyilik veya fenalık yapmaya muktedir; manevî; olasılı; *i.* ahlâk dersi. *çoğ.* ahlâkıyat, ahlâk; düstur, özdeyiş. **moral defeat** manevî yenilgi. **doubtful morals** ahlâkdışı davranışlar. **moral faculty** iyi veya kötüyü seçme kabiliyeti. **moral hazard** *sig.* sigortalının hilekârlığından doğabilen ziyan. **moral philosophy** ahlâk ilmi. **moral principle** ahlâk kuralı. **moral support** manevî destek. **moral victory** manevî zafer. **morally** *z.* ahlâkça.

mo.rale (mıräl', -ral', mô-) *i.* maneviyat, manevî güç, moral; ahlâk.

mor.al.ist (môr'ılîst) *i.* ahlâk ilmi uzmanı, ahlâkçı.

mo.ral.i.ty (mıräl'ıti, mô-) *i.* ahlâk ilmi, ahlâk; ahlâk doğruluğu; törellik; ahlâk dersi. **morality play** on beşinci ve on altıncı yüzyıllarda karakterlerin erdem ve kötülük gibi ahlâkî değerleri simgelediği bir tür dram.

mor.al.ize (môr'ılayz) *f.* ahlâk öğretmek; ahlâkî yönlerini açıklamak, ahlâk dersi çıkarmak; ahlâkını düzeltmek. **moraliza'tion** *i.* ahlâk yönünden değerlendirme.

mo.rass (mıräs', mô-) *i.* bataklık, batak; sazlık; güçlük, engel.

mor.a.to.ri.um (môrıtôr'iyım) *i.* buhranlı zamanlarda borcun ödenmesini geciktirme hakkı, moratoryum; resmî geciktirme.

mor.a.to.ry (môr'ıtôri) *s.* moratoryuma ait.

Mo.ra.vi.an (môrey'viyın) *s., i.* Moravyalı; *i.* Moravyalı kimse; Moravya dili; Bohemya çıkışlı bir Protestan mezhebi üyesi.

mo.ray *i.,* **moray eel** (môr'ey) murana, *zool.* Muraena helena.

mor.bid (môr'bîd) *s.* ürkütücü ve marazî konulara aşırı ilgi duyan; hastalıklı, hastalığa ait, marazî; bozuk. **morbidly** *z.* marazî olarak. **morbidness, morbid'ity** *i.* ürkütücü ve marazî konulara aşırı ilgi duyma; hastalığa yakalananların sayısı, hastalık oranı, morbidite.

mor.da.cious (môrdey'şıs) *s.* keskin; alaycı, iğneli, istihza türünden. **mordacity** (môrdäs'ıti) *i.* keskinlik.

mor.dant (môr'dınt) *s., i.* keskin, iğneli, içe işleyen; renkleri sabit kılan; *i.* renkleri sabit kılan ecza; bakır üzerine oyma işinde kullanılan aşındırıcı ecza. **mordancy** *i.* keskinlik.

mor.dent (môr'dınt) *i.* melodi süslemelerinden biri, mordan.

more (môr) *s., z., i.* daha ziyade, daha fazla, daha çok; biraz daha; *z.* daha, bir kat fazla; *i.* fazla bir şey, fazlalık. **more or less** oldukça, takriben, az çok. **more than one** birden fazla. **neither more nor less** ne fazla ne eksik, tam öyle, tam o kadar. **nothing more than** yalnız, sadece.

mo.reen (mırin') *i.* elbiselik veya perdelik yünlü veya pamuklu kumaş.

mo.rel (mırel') *i.* yenilebilen bir cins mantar, siyah mantar, *bot.* Morchella esculenta.

mo.rel.lo (mırel'o) *i.* vişne, *bot.* Prunus cerasus austera.

more.o.ver (môro'vır) z. bundan başka, bundan
fazla, üstelik.

mor.es (môr'eyz) i., çoğ. âdetler, töreler.

mor.ga.nat.ic (môrgınät'îk) s. dengi olmayan
(izdivaç). morganatic marriage krallık aile-
sinden birinin aşağı tabakadan biriyle unvan
ve miras hakkı vermemek şartıyle evlenmesi.

morgue (môrg) i. morg.

mor.i.bund (môr'ıbʌnd, -bınd) s. ölmek üzere,
ölüm halinde, can çekişmekte.

mo.ri.on (môr'iyan) i. devrik kenarlı şapka şek-
linde bir çeşit miğfer.

Mo.ri.tu.ri te sa.lu.ta.mus. (môrîtyûr'ay ti
sälyûtey'mıs) Lat. Ölmek üzere olan bizler
sizi selâmlarız. (gladyatörlerin dövüş meyda-
nına çıkarken imparatoru selâmlamaları).

Mor.mon (môr'mın) i., s. 1830 senesinde New
York eyaletinde Joseph Smith tarafından ku-
rulan bir mezhebin üyesi; s. Mormonlara
özgü. Book of Mormon bu mezhebin kitabı.
Mormonism i. Mormon mezhebi usulü.

morn (môrn) i., şiir sabah.

morn.ing (môr'nîng) i., s. sabah, sabah vakti,
seher; başlangıç, başlama; b.h. fecir tanrıçası;
s. sabahleyin olan, sabaha mahsus. morning
gown sabahlık, robdöşambr. morning per-
formance matine, sinema veya tiyatronun
gündüz seansı. morning sickness hamile-
lerde sabah bulantısı. morning star sabah
yıldızı. morning watch sabah duası veya
vakti; den. saat dörtten sekize kadar olan
nöbet. morning-after pill cinsel birleşme-
den birkaç gün sonra bile alındığında etkili
olabilen doğum kontrol hapı.

morn.ing-glo.ry (môr'nîng.glôri) i. gündüzse-
fası, kahkahaçiçeği, bot. Convolvulus pur-
pureus.

Mo.ro (môr'o, mo'ro) i. Filipin adalarında bulu-
nan Müslüman kabilelerinden bir fert; bu
kabilenin dili.

Mo.roc.co (mırak'o) i. Fas; Marakeş şehri; k.h.
maroken. Moroccan s., i. Fas'a ait; Faslı; i.
Faslı kimse.

mo.ron (môr'an) i. kısmen geri zekâlı kimse;
k.dili kuş beyinli kimse, ahmak kimse.

mo.rose (mıros') s. marazî, somurtkan, suratsız.
morosely z. suratsızca. moroseness i. su-
ratsızlık.

mor.pheme (môr'fim) i., dilb. morfem.

Mor.pheus (môr'fiyıs) i., mit. rüyalar tanrısı.
in the arms of Morpheus uykuda.

mor.phi.a, mor.phine (môr'fiyı, môr'fin) i.,
kim. morfin, afyon özü. morphinism i., tıb.
morfin düşkünlüğü. morphinoman'iac i.
morfin tiryakisi, morfinoman kimse.

morpho- önek şekil, biçim.

mor.phol.o.gy (môrfal'ıci) i., biyol. şekilbilim,
morfoloji; dilb. şekilbilgisi, morfoloji. mor-
pholog'ical s. morfolojik. morphologist i.
morfoloji uzmanı.

mor.ris i., morris dance (môr'îs) özellikle bir
mayısta yapılan eski bir İngiliz dansı.

Morris chair arkası yükseltilip alçaltılabilen
büyük koltuk.

mor.row (mar'o) i. ferda, ertesi gün; eski, şiir
yarın; sabah. good morrow eski sabahlar
hayrolsun. on the morrow ertesi gün.

Morse (môrs) i. 1835'te telgraf makinasını icat
eden Amerikalı Samuel Morse. Morse al-
phabet, Morse code Mors alfabesi.

mor.sel (môr'sıl) i. lokma, parça.

mort (môrt) i. av hayvanının öldürüldüğüne
işaret olarak boru çalınması.

mort (môrt) i. üç yaşında som balığı.

mor.tal (môr'tıl) s., i. ölümlü, geçici, fani; insanî;
beşerî; öldürücü, amansız; ölümcül; k.dili çok
büyük; k.dili uzun ve sıkıcı; k.dili olası; i.
insan, insanoğlu, beşer, ölümlü yaratık. mor-
tal enemies birbirinin can düşmanı. mortal
remains cenaze, ceset. in mortal terror
dehşet içinde. mortality (môrtäl'ıti) i. ölüm-
lülük, fanilik; büyük ölçüde can kaybı; ölüm
oranı; insanlık, insanoğlu. mortally z. öl-
dürecek veya ölecek surette; dehşetli su-
rette; pek çok.

mor.tar (môr'tır) i., f. havan, dibek; havan to-
pu; bina yapımında kullanılan kireçli harç;
f. harç ile sıvamak.

mor.tar.board (môr'tırbôrd) i. harç tahtası
veya tepsisi; üniversite mezuniyetinde giyilen
kep.

mort.gage (môr'gîc) i., f., huk. ipotek, gayri
menkul rehni; f. bir bina veya mülkü ipo-
tek etmek. mortgagee' i. ipotekli alacak
sahibi.

mort.ga.gor (môr'gîcır) i. ipotek yapan borçlu.

mor.tice bak. mortise.

mor.ti.cian (môrtîş'ın) i., A.B.D. cenaze iş-
leriyle uğraşan kimse.

mor.ti.fi.ca.tion (môrtıfıkey'şın) *i.* küçük düş-
me; küçük düşüren şey; çile, nefse eza, nefsi
körletme; *tıb.* kangren veya doku harabi-
yeti.

mor.ti.fy (môr'tıfay) *f.* küçük düşürmek, mah-
cup etmek; alçaltmak, nefsin isteklerini kır-
mak; *tıb.* kangrenleştirmek, çürütmek; kang-
ren olmak, çürümek.

mor.tise, mor.tice (môr'tîs) *i., f., mim.* zıvana,
lamba, yuva, tıkaç deliği; *f.* zıvana açmak;
zıvana ile birleştirmek. mortise chisel zı-
vana açmaya yarayan keski. mortise lock
zıvana içine yerleştirilen kilit.

mort.main (môrt'meyn) *i., huk.* meşruta sa-
hipliği.

mor.tu.ar.y (môr'çuweri) *s., i.* gömülmeye ait;
ölümle ilgili; *i.* cenazelerin geçici olarak ko-
nulduğu yer, morg. mortuary chapel me-
zarlık kilisesi. mortuary urn yakılan ölü-
lerin külünü saklamaya mahsus kavanoz.

mo.sa.ic (mozey'îk) *i., s.* mozaik; çeşitli parça-
lardan meydana gelen edebî eser; *s.* mozaik
gibi, mozaikli.

Mo.sa.ic (mozey'îk) *s.* Musa'ya ait, Musa'dan
kalma. Mosaic law Musa şeriatı, Tevrat.

Mos.cow (mas'kau, -ko) *i.* Moskova.

mos.ey (mo'zi) *f., A.B.D., argo* gezinmek, do-
laşmak; ayrılmak, gitmek.

Mos.lem (maz'lım, mas'-) *s., i.* Müslüman,
İslâm, Müslim. Moslem (Mohammedan)
calendar *bak.* calendar.

mosque (mask) *i.* cami, mescit.

mos.qui.to (mıski'to) *i.* sivrisinek. mosquito
fleet *den., argo* küçük harp gemilerinden
meydana gelen donanma. mosquito net
cibinlik. mosquito netting cibinlik kumaşı.

moss (môs, mas) *i.* yosun; yosun öbeği; *İskoç.*
bataklık, turbalık. moss agate içi yosuna
benzeyen akik taşı. moss rose sapı ve
çanağı tüylü bir çeşit gül, *bot.* Rosa centifolia
muscosa. mosses *i.* karayosunları, *bot.* Musci.
mossy *s.* yosunlu.

moss.back (môs'bäk) *i.* sırtında suyosunu biten
yaşlı balık veya kaplumbağa; *A.B.D., argo*
örümcek kafalı kimse.

moss-grown (môs'gron) *s.* yosun kaplı; es-
kimiş, modası geçmiş.

moss.troop.er (môstru'pır) *i.* eskiden İngiltere
ile İskoçya arasındaki sınırda turbalık veya

bataklıklarda gizlenip eşkıyalık eden haydut;
çapulcu.

most (most) *s., z., i.* en çok, en fazla, en ziyade;
z. pek, en, en ziyade; son derece; *i.* en fazla
miktar, en büyük kısım, ekseriyet, çokluk.
at most olsa olsa, en ziyade. for the most
part umumiyetle, ekseriyetle; başlıca. make
the most of azami derecede istifade etmek;
önem vermek, büyütmek. Most of it is
true. Büyük kısmı doğrudur. Çoğu haki-
kattir. Most people think so. Çoğu kimse
böyle düşünür. mostly *z.* ekseriya, çok kere.

Mo.sul (mosul') *i.* Musul şehri.

mote (mot) *i.* zerre, toz tanesi.

mo.tel (motel') *i.* motel.

mo.tet (motet') *i.* kilisede müzik eşliği olmak-
sızın okunan çok sesli ilâhi.

moth (môth, math) *i.* pervane; güve. moth ball
güveden korumak için elbiseler arasına ko-
nulan naftalin topu. clothes moth güve,
zool. Tinen pellionella. paper moth kâğıt
biti. moths *i., zool.* pulkanatlılar. mothy *s.*
güve dolu.

moth-ball (môth'bôl, math'-) *f., ask., den.*
gemileri veya harp malzemesini depolamak.

moth-eat.en (môth'itın) *s.* güve yemiş.

moth.er (mʌdh'ır) *i., f.* anne, ana, valide;
analık; baş rahibeye verilen unvan; *f.* annesi
olmak, annelik etmek; evlât edinmek. mother
country anayurt, anavatan, memleket.
Mother's Day Anneler Günü. mother earth
toprak ana; zemin, yer. mother lode *mad.*
zengin maden damarı, ana damar. mother
love ana sevgisi. mother tongue anadili.
mother wit sağduyu.

moth.er (mʌdh'ır) *i.* sirke tortusu.

Mother Car.ey's chicken (ker'iz) fırtına kır-
langıcı, *zool.* Procellaria pelagica.

moth.er.hood (mʌdh'ırhûd) *i.* analık, validelik;
analar.

moth.er.ing (mʌdh'ırîng) *i.* annelik etme.

moth.er-in-law (mʌdh'ırînlô) *i.* kayınvalide,
kaynana.

moth.er.less (mʌdh'ırlîs) *s.* anasız, öksüz.

moth.er.like (mʌdh'ırlayk) *s.* ana gibi, ana
yerinde.

moth.er.ly (mʌdh'ırli) *s.* ana gibi; anaya yakışır.

moth.er-of-pearl (mʌdh'ırıvpırl') *i.* sedef.

moth.proof (môth'pruf) *s.* güve yemez.

mo.tif (motif') *i.* motif.

mo.tile (mo'til, -tıl) s., zool. kendiliğinden hareket edebilen.

mo.tion (mo'şın) i., f. hareket, devinme, devinim; teklif, talep; huk. hâkime arzolunan teklif; takrir, önerge; güdü; f. el ile işaret etmek. motion picture sinema filmi. in motion hareket halinde. lateral motion yandan hareket. make a motion bir meclise teklifte bulunmak. perpetual motion devamlı hareket. retrograde motion geriye hareket; astr. doğudan batıya hareket. set in motion harekete getirmek. motionless s. hareketsiz.

mo.ti.vate (mo'tıveyt) f. sevketmek, harekete getirmek. motiva'tion i. harekete getirme; saik, dürtü, güdü.

mo.tive (mo'tîv) i., s., f. güdü, saik; müz. motif; s. hareket meydana getiren, itici; devindirici, muharrik; harekete ait; güdüsel; f. hareket ettirmek, harekete getirmek; edeb. başlıca konuya bağlamak.

mo.tiv.i.ty (motîv'ıti) i. hareket kuvveti, tahrik kuvveti.

mot juste (mo jüst') Fr. tam kelime, en uygun kelime, yerinde söz.

mot.ley (mat'li) s., i. çeşitli kısımlardan meydana gelmiş, birbirine benzemez, ayrı cinsten, karmakarışık; karışık renkli, alaca, rengârenk; rengârenk giysili; i. uyumsuz karışım; rengârenk giysi. wear motley soytarılık etmek.

mo.tor (mo'tır) i., s., f. motor; elektrik motoru; makina; İng. otomobil; s. hareket meydana getiren, muharrik; motorlu; tıb. hareket kaslarına ait; hareket nakleden; psik. harekî, devimsel, adaleleri harekete getirici; f. otomobille gitmek veya götürmek. motor nerve motor sinir. motor paralysis tıb. hareket kaslarına gelen felç. motorist i. otomobille gezen kimse. motorize f. motor takmak; motor kuvveti ile donatmak.

mo.tor.boat (mo'tırbot) i. motorlu sandal, motorbot, deniz motoru.

mo.tor.cade (mo'tırkeyd) i. araba korteji, konvoy.

mo.tor.car (mo'tırkar) i. otomobil.

mo.tor.cy.cle (mo'tırsaykıl) i. motosiklet.

mo.tor.man (mo'tırmın) i. vatman; makinist.

mo.tor.ship (mo'tırşîp) i. dizel motorlu gemi.

mot.tle (mat'ıl) f., i. beneklemek, türlü renklerle doldurmak; i. benekli görünüş; benek, leke. mottled s. benekli.

mot.to (mat'o) i. (çoğ. -toes) düstur, vecize; yazıt.

mouf.(f)lon (muf'lan) i. muflon, yabanî dağ koyunu, zool. Ovis musimon.

mou.jik, mu.jik, mu.zhik (mujik') i. mujik, Çarlık zamanındaki Rus köylüsü.

mou.lage (mulaj') i. suç tespiti için kalıp veya iz alma; mulaj.

mould bak. mold.

mould.er bak. molder.

moult bak. molt.

mound (maund) i., f. toprak yığını; küme, tümsek yer, tepecik; yığın; beysbol atıcının durduğu tümsek yer; f. tepeciklerle kuşatmak; tepecik şeklinde yığmak.

Mound Builder tarihöncesinde Mississippi yöresinde topraktan gömüt ve kaleler yapan Kızılderili.

mount (maunt) i. dağ, tepe. Mount of Olives Kudüs'te Zeytin dağı. Mount Zion Sion dağı.

mount (maunt) i., f. koyacak; dayangaç; binek hayvanı; binme tarzı, biniş; üzerine resim yapıştırılan mukavva; top kundağı, top arabası; lam ile lamel; f. tırmanmak, çıkmak; üzerine çıkmak; binmek, ata binmek; ata bindirmek; asmak; takmak; monte etmek, kurmak; üzerine koymak, oturtmak; üzerine yapıştırmak, çerçeveye geçirmek; lam üzerine yerleştirmek, incelemek üzere lam hazırlamak; taşımak; girişmek; çiftleşmek (dişi ile); yükselmek, artmak, çoğalmak. mount a horse ata binmek. mount a play bir piyesi düzenlemek. mount a picture bir resmi mukavvaya yapıştırmak. mount guard nöbet tutmak, nöbetçi olmak.

moun.tain (maun'tın) i. dağ; yığın, dağ kadar büyük şey; azman. mountain ash üvez, bot. Sorbus americana. mountain chain dağ silsilesi. mountain lion puma, zool. Felis concolor. mountain range dağ silsilesi. mountain sheep Kanada koyunu, zool. Ovis canadensis. mountain sickness tıb. yükseklik ve basınç azlığından ileri gelen dağ hastalığı. make a mountain out of a molehill habbeyi kubbe yapmak, pireyi deve yapmak.

moun.tain.eer (mauntınîr') *i.*, *f.* dağlı kimse; dağcı; *f.* dağlara tırmanmak.

moun.tain.ous (maun'tınıs) *s.* dağlık; dağ gibi, iri.

moun.te.bank (maun'tıbängk) *i.* şarlatanlıkla sahte ilâç satan kimse; şarlatan kimse.

mount.ed (maun'tîd) *s.* binmiş; atlı; takılı, hazır; kakılmış, kakma. **mounted gem** kakma taş. **mounted police** atlı polis. **mounted troops** süvari, atlı asker.

mount.ing (maun'tîng) *i.* destek, dayanak, çerçeve, koyacak; binme, biniş.

mourn (môrn) *f.* matem tutmak, yas tutmak; ağlamak, kederlenmek. **mourner** *i.* yaslı kimse.

mourn.ful (môrn'fıl) *s.* kederli, üzgün, mahzun, yaslı; hazin, acıklı, dokunaklı. **mournfully** *z.* kederle.

mourn.ing (môr'nîng) *i.* kederlenme, ağlama, ağıt, yas tutma; matem, yas; matem elbisesi; yas süresi. **half mourning** yas süresinin son kısmı; yarı matem elbisesi. **in mourning** matem elbisesi giymiş; yaslı. **mourning dove** bir çeşit kumru.

mouse (maus) *i.* (*çoğ.* **mice**) fare, sıçan. **mouse color** fare rengi, kurşunî renk. **field mouse, meadow mouse** tarla faresi. **harvest mouse** cüce sıçan, *zool.* Micromys minutus. **house mouse** fare, *zool.* Mus musculus. **shrew mouse** orman soreksi, *zool.* Sorex araneus. **white mouse** beyaz fare. **mousy** *s.* fare gibi; çekingen, mahcup.

mouse (mauz) *f.* fare avlamak, fare tutmak; sinsi sinsi bir şeyin peşinden gitmek. **mouser** *i.* avcı kedi.

mouse.hole (maus'hol) *i.* fare deliği; çok ufak delik.

mouse.tail (maus'teyl) *i.* sıçankuyruğu, *bot.* Alopecurus agrestis.

mouse.trap (maus'träp) *i.* fare kapanı; tuzak.

mousse (mus) *i.*, *Fr.* dövülmüş krema, yumurta akı ve şekerle yapılmış dondurma.

mouth (mauth) *i.* ağız; ağız gibi şey; haliç, boğaz; surat buruşturma. **mouth organ** ağız mızıkası, armonika. **a hard mouth** geme itaat etmeyen ağız (at). **down in the mouth** cesareti kırılmış, karamsar, meyus. **from mouth to mouth** dilden dile, ağızdan ağıza. **live from hand to mouth** ancak ekmeğini kazanabilmek, çok zor geçinmek; ölmeyecek

kadar geçimi olmak. **make one's mouth water** ağzını sulandırmak, imrendirmek. **make mouths at** birine surat ekşitmek. **laugh on the wrong side of one's mouth** gülerken ağlamak. **put words into one's mouth** uydurup birinin ağzından konuşmak.

mouth (maudh) *f.* hatiplik taslamak; kelimeleri çiğneyerek konuşmak; geme alıştırmak (atı); *nad.* surat buruşturmak.

mouthed (maudhd, mautht) *s.* ağzı olan, ağızlı.

mouth.ful (mauth'fûl) *i.* ağızdolusu, ağzın alabildiği miktar, lokma; az miktar; *k.dili* telaffuzu güç kelime. **say a mouthful** argo isabetli bir şey söylemek.

mouth.piece (mauth'pis) *i.* ağızlık; çalgının dudaklar arasına alınan kısmı; bir diğerinin hesabına söz söyleyen kimse, sözcü; *argo* suçlunun avukatı.

mouth.wash (mauth'wôş) *i.* gargara, ağız yıkamak için kullanılan antiseptik bir sıvı.

mouth.y (mau'dhi, -thi) *s.* ağzı kalabalık, geveze, lafazan. **mouthily** *z.* gevezelikle. **mouthiness** *i.* gevezelik.

mou.ton (mu'tan) *i.* işlenmiş koyun derisi.

mov(e).a.ble (mu'vıbıl) *s.*, *i.* hareket edebilen, kımıldayabilen; taşınabilir, nakledilebilir; tarihi değişen (yortu); *huk.* menkul; *i.*, *çoğ.*, *huk.* menkul eşya. **movableness** *i.* müteharrik olma. **movably** *z.* müteharrik veya eğreti olarak.

move (muv) *f.*, *i.* kımıldatmak, oynatmak, hareket ettirmek; tahrik etmek, harekete getirmek; satranç veya damada bir taşı usulüne göre yürütmek, oynamak; teşvik etmek, gayrete getirmek; tesir etmek, müteessir etmek; *tıb.* işletmek (bağırsak); satmak, sattırmak; kımıldamak, oynamak, hareket etmek; göç etmek, nakletmek, taşınmak; gitmek, yürümek; kalkmak, ilerlemek, ileri gitmek; düşüp kalkmak; karışmak; teklif etmek; *i.* hareket, kımıldanma; oynama, el; dama ve satrançta taş sürme; dama ve satrançta oynama sırası; tedbirli iş, tedbir; göç, nakil, ev değiştirme. **move in** eve taşınmak; içeri girmek. **move on** ileri taşınmak. **move out** evden taşınmak, dışarı çıkmak. **move heaven and earth** her çareye baş vurmak. **on the move** hareket halinde, hiç durmaz. **get a move on** başlamak; acele etmek.

move.ment (muv'mınt) *i.* hareket, kımıldanma; akım, meyil, istidat; *ask.* manevra; saatin makinası veya bunun kısımları; bir müzik parçasının usul veya ölçüsü; bağırsakların işlemesi.

mov.er (mu'vır) *i.* hareket ettiren kimse veya şey; ev eşyası nakliyat firması.

mov.ie (mu'vi) *i., k.dili,* sık sık *çoğ.* sinema.

mov.ing (mu'ving) *s.* kımıldanır, oynar, hareket eder; hareket verici; etkili, dokunaklı. **moving day** mesken değiştirilen gün, taşınma günü. **moving picture** sinema. **moving picture machine** sinema makinası. **moving platform** hareket eden platform. **moving stairway** yürüyen merdiven. **movingly** *z.* dokunaklı olarak.

mow (mo) *f.* (mowed, mown) biçmek, tırpan veya orak ile biçmek; **down** *ile* top veya tüfek ateşi ile biçip öldürmek. **mowing machine** ekin biçme makinası.

mow (mau) *i.* ekin yığını, ot yığını; ambarda ekin veya ot yığınına mahsus kısım.

mox.a (mak'sı) *i.* Çin ve Japonya'da bazı hastalıkların tedavisi için cildin üstüne konarak yakılan pamuğa benzer bitkisel bir madde; bu maddenin alındığı bitki.

mp *kıs.* mezzo piano.

M.P. *kıs.* Member of Parliament (isimden sonra gelir).

MP *kıs.* Military Police.

Mr. (mîs'tır) *i.* Bay (soyadından önce gelir).

Mrs. (mîs'îz) *i.* Bayan (evli kadının soyadından önce kullanılır).

MRV *kıs.* multiple reentry vehicle.

M.S. *kıs.* Master of Science, Master in Surgery.

MS., ms. *kıs.* manuscript.

Ms. (mîz) *i.* Bayan (kız veya kadının soyadından önce kullanılır).

MS *kıs.* Mississippi.

MSS., mss. *kıs.* manuscripts.

Mt., mt. *kıs.* mount, mountain.

MT *kıs.* Montana.

much (mʌç) *s.* (more, most) *z., i.* çok, fazla, hayli; *z.* çokça, fazla derecede; hemen hemen; *i.* çok şey, çok miktarda şey; önemli şey. **make much of** çok önem vermek, kıymet vermek.

much.ness (mʌç'nis) *i., k.dili* çokluk. **much of a muchness** hemen hemen aynı.

mu.ci.lage (myu'sılic) *i.* zamk; bitkilerden sızan yapışkan sıvı. **mucilaginous** (myusilāc'ınıs) *s.* erimiş zamk türünden, zamklı, zamk gibi.

muck (mʌk) *i., f.* gübre, yaş gübre; bataklık çamuru; pislik; *f.* gübrelemek; *k.dili* kirletmek, pisletmek. **muck heap** gübre yığını. **muck'y** *s.* pis, kirli.

muck.er (mʌk'ır) *i., İng., argo* kaba kimse, ayaktakımından biri.

muck.rake (mʌk'reyk) *f.* özellikle siyasette bir şahsa kötü şeyler yüklemek; haksızlığı arayıp meydana çıkarmak.

mu.cous (myu'kıs) *s.* balgam türünden; balgam salgılayan; balgamlı; sümüklü. **mucous membrane** bazı uzuvların iç yüzünü kaplayan salgılı zar, mukoza. **mucosity** (myukas'ıti) *i.* balgam gibi yapışkanlık.

mu.cus (myu'kıs) *i.* sümük; balgam; balgam gibi şey.

mud (mʌd) *i.* çamur; *k.dili* herhangi bir işin en kirli kısmı; kötü söz veya iftira. **mud bath** çamur banyosu. **mud flat** gelgit esnasında biriken çamurların toplandığı saha. **mud hen** su tavuğu, *zool.* Fulica atra; su yelvesi, *zool.* Rallus aquaticus. **mud pie** çocukların oyuncak olarak yaptıkları çamur çöreği. **clear as mud** anlaşılmaz. **throw mud at** (birine) çamur atmak, çamur sıçratmak.

mud.der (mʌd'ır) *i.* çamurlu koşu yolunda iyi koşan at.

mud.di.ness (mʌd'ınis) *i.* çamurluluk, bulanıklık.

mud.dle (mʌd'ıl) *f., i.* karıştırmak, yüzüne gözüne bulaştırmak; becerememek; *i.* karışıklık; şaşkınlık, sersemlik; karışık şey, karmakarışık iş. **muddle along** *veya* **on** şöyle böyle geçinip gitmek; yanılmalara rağmen bir işten sıyrılıp çıkmak. **muddle through** *İng.* her şeye rağmen gemisini kurtarmak.

mud.dle.head.ed (mʌd'ılhedîd) *s.* sersem.

mud.dler (mʌd'lır) *i.* sıvı maddeleri karıştırmaya mahsus çubuk veya alet.

mud.dy (mʌd'i) *s., f.* çamurlu; bulanık, kirli, pis; karışık; *f.* çamurla kirletmek, çamura bulamak; bulandırmak.

mud.guard (mʌd'gard) *i.* çamurluk.

mud.sling.er (mʌd'slîngır) *i.* genellikle politikada hasmına çamur atan kimse.

mu.ez.zin (myuwez'în) *i.* müezzin.

muff (mʌf) *i.* el kürkü, manşon; *mak.* boru bileziği.

muff (mʌf) *f., i.* acemice iş görmek; becerememek; *i.* acemilik, beceriksizlik.

muf.fin (mʌf'în) *i.* pandispanya tadında ufak yuvarlak ekmek.

muf.fle (mʌf'ıl) *i.* gevişgetirenlerin ve diğer bazı hayvanların tüysüz üst dudağı ve burnu.

muf.fle (mʌf'ıl) *f., i.* sarınmak; sesi boğmak; *i.* sarınacak şey; sesi boğmak için kullanılan örtü veya sargı; bir maddeyi alev ve gazlara temas ettirmemek için kullanılan fırın gözü.

muf.fler (mʌf'lır) *i.* susturucu; boyun atkısı, fular; piyanoda sesi boğmaya mahsus yastık veya keçe parçası.

muf.ti (mʌf'ti) *i.* müftü; üniforma giyenlerin vazife dışında giydikleri sivil elbise.

mug (mʌg) *i.* kulplu büyük bardak; bardak dolusu.

mug (mʌg) *i., argo* yüz, surat; ağız; *A.B.D.* hüviyet fotoğrafı; *A.B.D.* adam, herif; *İng.* avanak kimse, aldatılmış kimse; *A.B.D.* gangster.

mug (mʌg) *f.* (**-ged, -ging**) *A.B.D.* (emniyette) hüviyet fotoğrafını çekmek; saldırıp soymak; mimiklerle maymunluk yapmak.

mug.ger (mʌg'ır) *i.* Hindistan ve yöresine özgü yırtıcı timsah, *zool.* Crocodilus palustris.

mug.ger (mʌg'ır) *i.* saldırıp soyan kimse; mimiklerle komiklik yapan kimse.

mug.gins (mʌg'înz) *i.* çocuklara mahsus bir iskambil oyunu; iki ucun toplamı beş veya on olunca puan kazanılan domino oyunu; *İng., argo* ahmak kimse.

mug.gy (mʌg'i) *s.* sıcak ve rutubetli, kapalı, sıkıntılı (hava).

mug.wort (mʌg'wırt) *i.* pelin, *bot.* Artemisia.

mug.wump (mʌg'wʌmp) *i., A.B.D., gen. pol.* bağımsız kimse.

Mu.ham.mad (muham'mıd, mûhäm'ıd) *i.* Hazreti Muhammed; Mehmet. **Muhammadan** *s.* Müslüman. **Muhammadanism** *i.* İslâm, Müslümanlık.

muk.luks (mʌk'lʌks) *i.* yumuşak ayakkabı.

mu.lat.to (mılät'o, myû-,-la'to) *i.* beyaz ile zenci melezi kimse.

mul.ber.ry (mʌl'beri, -bırı) *i.* dut, *bot.* Morus; koyu mor renk, dut rengi. **black mulberry** kara dut, *bot.* Morus niger. **paper mulberry** kâğıt dutu, *bot.* Broussonetia papyrifera. **red mulberry** kırmızı dut, *bot.* Morus rubra.

white mulberry beyaz dut, *bot.* Morus alba. **mulberry brandy** dut rakısı.

mulch (mʌlç) *i., f.* bitki köklerini sıcak veya soğuk ile kuraklıktan korumak veya meyvaları temiz saklamak için kullanılan saman ve yaprak tabakası; *f.* böyle tabakayla örtmek. **mulch pile** gübre haline gelsin diye yığılan yaprak ve çöp kümesi.

mulct (mʌlkt) *f., i.* dolandırmak; cereme ile cezalandırmak; *i.* cereme.

mule (myul) *i.* şıpıdık, arkalıksız terlik.

mule (myul) *i.* katır; *A.B.D., k.dili* çok inatçı kimse; çıkrık makinası; küçük lokomotif veya traktör. **mule skinner** *A.B.D., k.dili* katırcı. **mule train** katır katarı. **muleteer'** *i.* katırcı. **mulish** *s.* katır gibi; inatçı. **mulishly** *z.* inatla. **mulishness** *i.* inatçılık.

mu.ley (myu'li) *s., i.* boynuzsuz (inek).

mu.li.eb.ri.ty (myuliyeb'rıti) *i.* kadın olma hali, kadınlık; kadınlık hususiyeti.

mull (mʌl) *i.* ince muslin kumaş.

mull (mʌl) *f.,* **over** *ile* derin düşünmek, düşünüp taşınmak.

mull (mʌl) *f.* (şarap veya elma suyunu) kaynatıp içine şeker ve baharat katmak.

mul.lah (mʌl'ı, mûl'ı) *i.* molla.

mul.lein (mʌl'ın) *i.* sığırkuyruğu, *bot.* Verbascum. **great mullein** sığırkuyruğu, *bot.* Verbascum thapsus.

mull.er (mʌl'ır) *i.* boya veya eczayı ezip karıştırmaya mahsus havaneli, mablak.

mul.let (mʌl'ît) *i.* dubar, *zool.* Mugil. **red mullet** tekir balığı, *zool.* Mugil surmulletus. **grey mullet** has kefal, *zool.* Mugil cephalus. **golden grey mullet** altınbaş kefal, *zool.* Mugil auratus. **thin-lipped grey mullet** pulaterina, *zool.* Mugil capito.

mul.li.ga.taw.ny (mʌlîgıtô'ni) *i.* etli ve baharatlı Hint çorbası.

mul.lion (mʌl'yın) *i., f.* pencere çerçevesinin dikey bölme tirizlerinden biri; *f.* tirizlerle ayırmak.

multi- *önek* çok.

mul.ti.an.gu.lar (mʌltiyäng'gyılır) *s.* çok açılı.

mul.ti.cel.lu.lar (mʌltîsel'yılır) *s., biyol.* çok hücreli.

mul.ti.far.i.ous (mʌltıfer'iyıs) *s.* çok çeşitli, türlü türlü.

mul.ti.form (mʌl'tıfôrm) *s.* çok şekilli, çok biçimli.

Mul.ti.graph (mʌl'tıgräf) *i., tic. mark.* ufak bir matbaa makinası.

mul.ti.lat.er.al (mʌltilät'ırıl) *s.* çok yanlı, çok taraflı, çok kenarlı; çok milletli.

mul.ti.lin.gual (mʌltiling'gwıl) *s.* birkaç dil kullanan, çok dil bilen.

Mul.ti.lith (mʌl'tılîth) *i., tic. mark.* ufak bir ofset makinası.

mul.ti.me.di.a (mʌltîmid'iyı) *bak.* **mixed-me-dia.**

mul.ti.mil.lion.aire (mʌltimilyıner') *i.* çok zengin kimse, mültimilyoner.

mul.ti.no.mi.al (mʌltîno'miyıl) *s., mat.* çok terimli.

mul.tip.a.ra (mʌltip'ırı) *i.* ikinci defa anne olan veya birden fazla çocuğu olan kadın.

mul.ti.phase (mʌl'tifeyz) *s., fiz.* çok safhalı.

mul.ti.ple (mʌl'tıpıl) *s., i.* çok yönlü, çok kısımlı, katmerli; *i., elek.* çok safhalı cereyan; *mat.* katsayı. **multiple choice** testlerde cevaplardan birini seçme usulü. **multiple circuit** *elek.* çok safhalı devre. **multiple reentry vehicle** birkaç ayrı bomba taşıyan roket. **least common multiple** *mat.* en küçük ortak katsayı.

mul.ti.plex (mʌl'tıpleks) *s.* çok kısımlı, kat kat, katmerli; *elek.* tek kanalda iki yönlü iletim sağlayan sisteme ait.

mul.ti.pli.cand (mʌltıplıkänd') *i., mat.* çarpılan.

mul.ti.pli.ca.tion (mʌltıplıkey'şın) *i.* çoğaltma, çoğalma; *mat.* çarpma. **multiplication table** çarpım tablosu, kerrat cetveli.

mul.ti.plic.i.ty (mʌltıplis'ıti) *i.* çokluk, çok türlülük, çeşitlilik.

mul.ti.pli.er (mʌl'tıplayır) *i., mat.* çarpan.

mul.ti.ply (mʌl'tıplay) *f.* çoğaltmak, artırmak; *mat.* çarpmak; çoğalmak, yayılmak; üremek, türemek; çok misal getirmek.

mul.ti.stage (mʌl'tisteyc) *s.* çok safhalı; kısım kısım ateşlenen (roket).

mul.ti.tude (mʌl'tıtud) *i.* çok sayı; kalabalık, izdiham, halk yığını; çokluk.

mul.ti.tu.di.nous (mʌltıtu'dınıs) *s.* çok, pek çok; çok kısımlı; *şiir* kalabalık.

mul.ti.ver.si.ty (mʌltıvır'sıti) *i., A.B.D.* çeşitli bölümlerden meydana gelen büyük üniversite.

mul.tum in par.vo (mʌl'tım în par'vo) *Lat.* az ve öz.

mum (mʌm) *s., ünlem* susmuş, suskun; *ünlem* Sus! **Mum's the word.** Sırrı kimseye söyleme. Aramızda kalsın.

mum (mʌm) *i., k.dili* efendim (hanımlara); *İng., k.dili* anne.

mum (mʌm) *f.* (**-med, -ming**) maske ile rol yapmak.

mum (mʌm) *i.* bir çeşit sert ve tatlı bira.

mum (mʌm) *i., k.dili* kasımpatı, krizantem.

mum.ble (mʌm'bıl) *f., i.* lakırdıyı gevelemek, mırıldanmak; *i.* anlaşılmaz söz veya ses, mırıltı.

mum.bo jum.bo (mʌm'bo cʌm'bo) anlamsız ve karışık söz; anlaşılması güç büyü veya ayin; put, fetiş.

mum.mer (mʌm'ır) *i.* maskeli aktör; soytarı. **mummery** *i.* maskeli eğlence; maskaralık; manasız ve gösterişli dinî ayin.

mum.mi.fy (mʌm'ıfay) *f.* mumyalamak; mumya yapmak. **mummifica'tion** *i.* mumya yapma; mumyalaşma.

mum.my (mʌm'i) *i.* mumya; iyi muhafaza edilmiş ceset.

mumps (mʌmps) *i., çoğ., tıb.* kabakulak hastalığı.

munch (mʌnç) *f.* kıtır kıtır yemek, hapır hupur yemek.

mun.dane (mʌn'deyn') *s.* günlük, olağan, sıradan; dünyaya ait, dünyevî.

Mu.nich (myu'nîk) *i.* Münih.

mu.nic.i.pal (myunîs'ıpıl) *s.* şehre ait; belediyeye ait, beledî. **municipal council** belediye kurulu. **municipal law** belediye nizamı. **municipal police** polis teşkilâtı. **municipality** (myunîsıpäl'ıti) *i.* belediye.

mu.nif.i.cent (myunif'ısınt) *s.* cömert, eli açık. **munificence** *i.* cömertlik. **munificently** *z.* cömertçe.

mu.ni.ment (myu'nımınt) *i., gen. çoğ., huk.* senet, tanıt.

mu.ni.tion (myunîş'ın) *i., f.* harp levazımı; *çoğ.* savaş gereçleri; *f.* savaş gereçleriyle donatmak.

mu.ral (myûr'ıl) *s., i.* duvara ait; duvara asılan; duvar gibi; *i.* duvara yapılan resim.

mur.der (mır'dır) *i., f.* adam öldürme, cinayet; *k.dili* baş belâsı; *f.* katletmek, öldürmek, kasten öldürmek; bozmak, harap etmek. **murder a piece of music** bir müzik parçasını berbat etmek. **murder in the first degree** kasten adam öldürme. **Murder will out.** Cinayet gizli kalmaz. Haksızlık meydana çıkar. **get away with murder** *k.dili* bir kötülüğün cezasını çekmemek. **murderer** *i.* katil, cani, adam öldüren kimse. **murderess** *i.* kadın katil. **murderous** *s.* öldürücü, ölüm saçan, kanlı; tehlikeli. **murderously** *z.* öldürecek gibi.

mu.rex (myûr'eks) *i.* (*çoğ.* **mu.ri.ces**) (myûr'ısiz) dikenli salyangoz, iskerlet.

mu.ri.at.ic acid (myûriyät'ik) tuzruhu.

mu.rine (myûr'ayn) *s.* sıçangillere ait.

murk (mırk) *i.* karanlık, kasvet.

murk.y (mır'ki) *s.* karanlık, kasvetli; bulutlu, bulanık. **murkiness** *i.* karanlık oluş, kasvetli oluş.

mur.mur (mır'mır) *i., f.* mırıldanma, mırıltı; söylenme, şikâyet; çağıltı, uğultu, ses; *tıb.* kalbi veya başka bir organı dinlerken işitilen hırıltı; *f.* mırıldanmak; söylenmek, homurdanmak; uğuldamak, çağıldamak.

mur.phy (mır'fi) *i., argo* patates.

Murphy bed katlanıp dolaba giren portatif karyola.

Murphy game el çabukluğu ile para zarfını sahte şeylerle dolu zarfla değiştirme hilesi.

Murphy's Law *A.B.D., k.dili, şaka* "bir şeyin aksi gideceği varsa, aksi gider" kuralı.

mur.rain (mır'în) *i.* hayvanlara özgü salgın hastalık; *eski* lânet.

mur.rhine (mır'în, -ayn) *s.* kakmalı ve renkli camlı. **murrhine glass** çiçek kakmalı renkli zücaciye.

mus.cat, mus.ca.tel, mus.ca.del, mus.ca-dine (mʌs'kät, mʌskıtel', mʌskıdel', mʌs'kıdîn) *i.* misket üzümü; misket şarabı.

Mus.cat (maskät') *i.* Maskat, Umman'ın başkenti.

mus.cle (mʌs'ıl) *i.* kas, adale; adale kuvveti. **muscle-bound** *s.* fazla idmandan kasları çok gelişmiş. **Don't move a muscle.** Hiç kımıldanma. **deltoid muscle** *anat.* deltoid kas, deltakası. **extensor muscle** kol veya bacak gibi bir uzvu uzatan kas. **femoral muscle** *anat.* uyluk kası. **flexor muscle** kol veya bacak gibi bir uzvu büken kas. **frontal muscle** alın kası.

mus.co.va.do (mʌskıvey'do) *i.* ham şeker, şeker kamışından alınan nemli esmer şeker.

Mus.co.vy (mʌs'kıvi) *i.* eski Rusya. **Muscovy duck** Orta ve Güney Amerika'ya mahsus yeşilimsi siyah iri bir ördek, *zool.* Cairina moschata. **Muscovite** *s., i.* Rus, Moskof.

mus.co.vite (mʌs'kıvayt) *i.* mika.

mus.cu.lar (mʌs'kyılır) *s.* adalî, kasa ait; adale ile yapılan; adaleli, kuvvetli. **muscularity** (mʌskyıler'ıti) *i.* kasların iyi gelişmiş olması.

muse (myuz) *i.* şaire yardım eden ilham, esinleyici güç; *b.h.* Müzlerden biri.

muse (myuz) *f.* düşünceye dalmak, derin düşünmek; temaşaya dalmak.

mu.se.um (myuzi'yım) *i.* müze.

mush (mʌş) *i., A.B.D.* mısır unu lapası; lapa gibi şey; *k.dili* gözyaşı ile ifade edilen aşırı duyarlık.

mush (mʌş) *f., ünlem* özellikle köpeklerin çektiği kızaklarla kar üzerinde ayakta yolculuk yapmak; *ünlem* Haydi! (kızak çeken köpeklere).

mush.room (mʌş'rum, -rûm) *i., s., f.* mantar; mantarımsı şey; türedi şey veya kimse; *s.* mantarımsı; türedi; *f.* yayılıp büyümek; mantar şeklinde yayılmak. **mushroom cloud** (özellikle nükleer patlama sonucunda) mantar şeklinde yükselen bulut. **mushroom growth** birdenbire büyüyüp yayılma, mantar gibi büyüme. **mushroom town** birdenbire büyüyen kasaba. **field mushroom** kuzugöbeği, *bot.* Agaricus campestris.

mush.y (mʌş'i) *s.* lapa gibi; *k.dili* tatsız bir şekilde hissî.

mu.sic (myu'zik) *i.* müzik, musiki; ahenk, hava, nağme, makam, nota; müzik ilmi; orkestra, bando. **music book** nota kitabı. **music box** latarna. **music hall** müzik salonu; *İng.* vodvil tiyatrosu. **music master** musiki üstadı, müzik hocası. **music of the spheres** Pitagor kuramına göre gökcisimlerinin çıkardığı ve yalnız tanrılar tarafından işitilebilen müzik sesleri. **music paper** çizgili nota kâğıdı. **music roll** otomatik piyanoda müzik parçasının çalınmasına yarayan delikli kâğıt tomarı. **music stand** nota sehpası. **music stool** piyano taburesi. **chamber music** oda müziği. **electronic music** elektronik müzik. **face the music** herhangi nahoş bir şeyi veya güçlüğü yılmadan karşılamak. **instrumental music** çalgı ile çalınan müzik. **program music** belirli bir konu ifade eden müzik. **set a poem**

to music bir şiiri bestelemek. **vocal music** sesle söylenen müzik.

mu.si.cal (myu'zîkıl) *s., i.* müziğe ait; ahenkli, uyumlu; müziksever, musikişinas, müzik ustası; bestelenmiş; *i.* müzikli komedi. **musical chairs** müzik eşliğinde iskemle kapmaca oyunu. **musical comedy** müzikli, şarkılı ve danslı güldürü. **musically** *z.* ahenkle; müzikle.

mu.si.cale (myuzıkäl') *i.* özel resital.

mu.si.cian (myuzîş'ın) *i.* müzisyen; çalgıcı, şarkıcı.

musk (mʌsk) *i.* misk; misk kokusu; misk otu, amberçiçeği, misk kokulu herhangi bir bitki. **musk deer** misk geyiği, *zool.* Moschus moschiferus. **musk geranium** kokulu sardunya. **musk ox** misk sığırı, *zool.* Ovibos moschatus. **musk plant** misk otu, *bot.* Mimulus moschatus. **musk rose** misk gülü.

mus.keg (mʌs'keg) *i., A.B.D., Kan.* yosunlu bataklık.

mus.kel.lunge (mʌs'kılʌnc) *i.* Kuzey Amerika'nın büyük göllerinde bulunan bir çeşit iri turnabalığı.

mus.ket (mʌs'kit) *i.* eski model asker tüfeği. **musketeer'** *i.* tüfekli asker. **musketry** *i.* tüfekler; tüfek atışı.

musk.mel.on (mʌsk'melın) *i.* kavun, *bot.* Cucumis melo.

musk.rat (mʌsk'rät) *i.* Kuzey Amerika'ya mahsus misk sıçanı, *zool.* Ondatra zibethica.

musk.y (mʌs'ki) *s.* misk kokulu; misk gibi. **muskiness** *i.* misk gibi kokma.

Mus.lim (mʌz'lîm) *s., i.* Müslüman.

mus.lin (mʌz'lîn) *i.* muslin (kumaş). **muslinet(te)'** *i.* kaba muslin.

muss (mʌs) *i., f., A.B.D., k.dili* karmakarışıklık, intizamsızlık; kargaşa; kavga, boğuşma; *f., gen.* **up** *ile* buruşturmak, örselemek; bozmak, kirletmek. **mussy** *s., A.B.D., k.dili* karmakarışık, buruşuk.

mus.sel (mʌs'ıl) *i.* midye, kara kabuk midyesi, *zool.* Mytilus edulis.

Mus.sul.man (mʌs'ılmın) *i., s. (çoğ. -mans)* Müslüman, İslâm.

must (mʌst) *i.* şıra.

must (mʌst) *i.* küflülük; küf kokusu.

must (mʌst) *s., i.* kızmış (erkek fil veya deve); *i.* kızgınlık; kızgın fil.

must (mʌst) *yardımcı f., i.* -meli, -malı (gerek-

lik, zorunluk, ihtimal ve kesinlik belirtip geçmiş veya şimdiki zaman için kullanılan çekimsiz bir fiil); *i., k.dili* şart, gereklik. **He must go.** Gitmelidir. **He must have gone.** Gitmiş olacak. **I must ask you to go.** Haydi artık gidin bakalım. **We must see.** Bakalım ne olacak. Beklemeliyiz.

mus.tache (mıstäş', mʌs'täş) *i.* bıyık.

mus.tang (mʌs'täng) *i.* Amerika'ya mahsus yabanî at.

mus.tard (mʌs'tırd) *i.* hardal; hardal bitkisi. **mustard gas** zehirli bir gaz, iperit. **mustard plaster** hardal yakısı. **mustard seed** hardal tohumu. **hedge mustard** yaban hardalı, çalgıcı otu, *bot.* Sisymbrium officinale. **white mustard** akhardal, *bot.* Sinapis alba. **wild mustard** yabanî hardal, *bot.* Brassica kaber.

mus.ter (mʌs'tır) *f., i.* toplamak; yoklama için bir araya toplamak; bir araya toplanmak; *i.* geçit töreni veya yoklama için asker veya gemi mürettebatının toplanması; bu iş için toplanan kimseler veya bunların toplamı. **muster in** askere kaydetmek. **muster out** terhis etmek. **muster roll** ordu defteri, yoklama defteri; mürettebat listesi. **pass muster** aranılan şeye uygun olmak, kabul olunmak, geçmek.

must.y (mʌs'ti) *s.* küflü, küf kokulu; köhne, antika, demode; sönük, ağır, yavan, tatsız. **mustiness** *i.* küflülük.

mu.ta.ble (myu'tıbıl) *s.* değişebilir, değişken; dönek, kararsız. **mutabil'ity** *i.* değişebilme kabiliyeti.

mu.tant (myu'tınt) *s., i.* değişen; *biyol.* genleri değişmiş, mutasyona uğramış; *i.* mutasyona uğramış hayvan veya bitki.

mu.ta.tion (myutey'şın) *i.* değişme, dönme, dönüşme; *biyol.* genleri değişmiş hayvan veya bitki; mutasyon; *dilb.* bir ünlü veya ünsüzün değişmesi.

mu.ta.tis mu.tan.dis (myutey'tîs myutän'dîs) *Lat.* gerekli değişiklikler yapılmış olarak.

mute (myut) *s., i.* sessiz, suskun; dilsiz; *huk.* kendini savunmayan (sanık); *i., dilb.* sağır ses, okunmayan harf; *müz.* çalgılarda sesi kısma tertibatı, surdin. **deaf mute** hem sağır hem dilsiz kimse. **mutely** *z.* sessizce, susmuş olarak. **muteness** *i.* suskunluk.

mute (myut) *f.* sesini kısmak; *müz.* ses kısma tertibatı ile sesi boğmak, surdin kullanmak;

güz. san. yumuşatmak. **muted colors** yumuşak renk tonları.

mu.ti.late (myu'tıleyt) *f.* bir tarafını kesip sakat etmek, kötürüm etmek; değiştirmek, önemli kısımları çıkararak bozmak. **mutila'tion** *i.* kötürüm etme; bozma, değiştirme.

mu.ti.neer (myutınîr') *i.* isyancı, asi.

mu.ti.nous (myu'tınıs) *s.* isyankâr; isyan halinde, asi. **mutinously** *z.* asice. **mutinousness** *i.* isyankârlık.

mu.ti.ny (myu'tıni) *i., f.* isyan, kıyam, baş kaldırma, ayaklanma (bilhassa asker veya gemici); *f.* isyan etmek, ayaklanmak.

mutt (mʌt) *i., argo* it, köpek; mankafa kimse.

mut.ter (mʌt'ır) *f., i.* mırıldanmak, fısıldar gibi söylemek; söylenmek, homurdanmak; *i.* mırıltı, fısıltı.

mut.ton (mʌt'ın) *i.* koyun eti. **mutton chop** koyun pirzolası.

mut.ton.head (mʌt'ınhed) *i., argo* ahmak kimse.

mu.tu.al (myu'çuwıl) *s.* iki taraflı, karşılıklı; ortak, müşterek. **mutual friend** müşterek dost. **mutual fund** *bak.* **fund. mutual insurance** karşılıklı sigorta, kârın belirli bir kısmının poliçe hamiline ödenmesini gerektiren sigorta. **mutual love** karşılıklı sevgi. **mutual'ity** *i.* mukabele, karşılıklı olma. **mutually** *z.* karşılıklı.

mu.zhik *bak.* **moujik.**

muz.zle (mʌz'ıl) *i., f.* hayvanın çıkıntı hâsıl eden ağzı ile burnu; (hayvanın ısırmaması için ağzına geçirilen) ağızlık; top veya tüfek ağzı; *f.* ağzını bağlamak, ağzına ağızlık geçirmek; susturmak. **muzzle velocity** kurşunun tüfek ağzından çıktığı zamanki hızı.

muz.zle-load.er (mʌz'ıl.lodır) *i.* ağızdan dolma top veya tüfek.

muz.zy (mʌz'i) *s., k.dili* sersem; sıkıntılı, kasvetli.

my (may) *zam.* benim.

my (may) *ünlem* Aman! Olur şey değil! Hayret!

my *kıs.* **million years.**

my.al.gi.a (mayäl'ciyı) *i., tıb.* kas ağrısı, kasınç.

My.ce.nae (maysi'ni) *i.* eski Yunanistan'ın tarihöncesi Miken şehri. **Mycenae'an** *s.* Miken şehrine veya Miken devrine ait.

-mycetes *sonek, biyol.* mantar.

my.col.o.gy (maykal'ıci) *i.* mantarları inceleyen bitki bilimi dalı.

my.cor.rhi.za (maykıray'zı) *i., bot.* kökmantar.

my.co.sis (mayko'sîs) *i., tıb.* vücutta mantarcıklar meydana getiren hastalık.

my.co.tox.in (maykotak'sîn) *i.* mantarda bulunan zehir.

my.e.li.tis (mayılay'tîs) *i., tıb.* omurilik iltihabı.

myn.heer (maynher', -hîr') *i., Felemenkçe* Bay.

myo- *önek* adale, kas.

my.o.car.di.tis (mayokarday'tîs) *i., tıb.* kalp kası iltihabı.

my.o.car.di.um (mayokar'diyım) *i., anat.* kalp kası.

my.og.ra.phy (mayag'rıfi) *i., anat.* kas kasılmalarının bir aletle kâğıt üzerinde yazılması.

my.ol.o.gy (mayal'ıci) *i., anat.* kasbilim, anatomide adaleler konusu. **myologist** *i.* kasbilim uzmanı.

my.o.ma (mayo'mı) *i. (çoğ. -ma.ta) tıb.* adale tümörü, miyom.

my.ope (may'op) *i.* uzağı iyi göremeyen kimse, miyop kimse.

my.o.pi.a, my.op.y (mayo'piyı, may'ıpi) *i., tıb.* uzağı iyi görememe, miyopluk. **myopic** (mayap'îk) *s.* uzağı iyi göremeyen, miyop.

my.o.sin (may'ısın) *i., biyokim.* miyozin.

my.o.so.tis (mayıso'tîs) *i., bot.* unutmabeni türünden çiçek.

myr.i.ad (mîr'iyıd) *s., i.* çok büyük sayıda, sayısız, çok; *i.* çok büyük sayı; on bin kişi veya şey.

myr.i.a.pod (mîr'iyıpad) *i., zool.* tespihböceği veya kırkayak familyasından böcek, çokayaklı böcek.

myr.mi.don (mır'mıdan, -dın) *i.* efendisine körü körüne itaat eden kimse.

my.rob.a.lan (mayrab'ılın, mî-) *i.* sepicilikte ve boya işlerinde kullanılan helile ağacı meyvası.

myrrh (mır) *i.* lavanta yapımında kullanılan kokulu bir çeşit sarı sakız, mür, mürrüsafi.

myr.tle (mır'tıl) *i.* mersin, *bot.* Myrtus communis; küçük Cezayir menekşesi, *bot.* Vinca minor.

my.self (mayself') *zam.* kendim, bizzat, ben. **I don't feel like myself.** İyi değilim. Keyfim yok. **I myself am doubtful.** Ben bile şüphe ediyorum. **I will come myself.** Kendim geleceğim.

My.si.a (mîş'ıyı) *i.* Misya (Çanakkale bölgesinin eski ismi).

mys.ta.gogue (mîs'tıgôg) *i.* dinî sırları açıklayan veya öğreten kimse.

mys.te.ri.ous (mîstîr'iyıs) *s.* gizemli, esrarengiz, akıl ermez, anlaşılamaz, garip. **mysteriously** *z.* gizemli bir şekilde; anlaşılmaz surette. **mysteriousness** *i.* gizemlilik; anlaşılmazlık.

mys.ter.y (mîs'tıri) *i.* gizem, sır; muamma; bilinmez ve anlaşılmaz şey; hikmet; eski zamana ait dinî piyes; Doğu kiliselerinde dinî ayin; eski dinlerde gizli ayin. **mystery play** ortaçağda dinsel tiyatro oyunu (bilhassa İsa'nın hayatına dair). **murder mystery** polisiye romanı.

mys.tic (mîs'tîk) *s., i.* gizemli; bâtınî, sırrî; mistik, tasavvufa ait, gizemcilikle ilgili; gizli, sır kabilinden; gizli manası olan, esrarlı; *i.* gizemci, tasavvuf ehli, mutasavvıf. **mystical** *s.* tasavvufa ait; bâtınî, sırrî, esrarlı. **mystically** *z.* mistik şekilde. **mysticalness** *i.* tasavvufîlik.

mys.ti.cism (mîs'tısîzım) *i.* gizemcilik, tasavvuf, mistisizm.

mys.ti.fy (mîs'tıfay) *f.* şaşırtmak, hayrete düşürmek; anlaşılmasını güçleştirmek, esrarlı gibi göstermek.

mys.tique (mîstik') *i.* bir kimseyi üstün gösteren özellikler; bir tarikatın benimsediği doktrinlere göre gerçekleri görüş şekli; hüner, marifet.

myth (mîth) *i.* esatir, efsane, mit; hayalî kimse veya şey. **mythic, mythical** *s.* efsane kabilinden, esatirî, mite özgü; hayalî.

myth.o.gen.ic (mîthıcen'îk) *s.* efsane yaratıcı.

myth.o.log.i.cal (mîthılac'îkıl) *s.* mitolojik, esatirî. **mythologically** *z.* esatir kabilinden, mitolojiye göre.

my.thol.o.gy (mîthal'ıci) *i.* mitoloji. **mythologist** *i.* mitoloji uzmanı.

myth.o.poe.ic (mîthıpı'yîk) *s.* efsane yaratıcı.

my.thos (mîth'as) *i.* (*çoğ.* **-thoi**) (-thoy) mitos; mit; mitoloji.

Myt.i.le.ne (mîtıli'ni) *i.* Midilli adası.

myx.e.de.ma (mîksıdi'mı) *i., tıb.* derinin sertleşmesi ile his ve zekânın körleşmesi gibi belirtiler gösteren bir hastalık.

N

N, n (en) *i.* İngiliz alfabesinin on dördüncü harfi; *kim.* azotun simgesi; *mat.* belirsiz bir sayı.

N *kıs.* nitrogen, north, northern.

n. *kıs.* nephew, neuter, new, nominative, noon, north, northern, noun, number.

N. *kıs.* Nationalist, Navy, New, Noon, Norse, North, Northern, November.

NAACP *kıs.* National Association for the Advancement of Colored People.

nab (näb') *f.* (**-bed, -bing**) *k.dili* yakalamak, tutmak, ele geçirmek.

na.bob (ney'bab) *i.* Hindistan'da zengin olmuş Avrupalı; çok zengin ve lüks hayat yaşayan adam; Hindistan'da Moğollar zamanında prens veya vali; Hindistan'da bazı Müslüman büyüklerine verilen unvan.

na.celle (nısel') *i.* uçakta motor yeri.

na.cre (ney'kır) *i.* sedef. **nacreous** (ney'kriyıs) *s.* sedefli.

na.dir (ney'dır) *i., astr.* ayakucu; en aşağı safha veya nokta.

nag (näg) *i.* ufak binek atı; ihtiyar at.

nag (näg) *f.* (**-ged, -ging**) *i.* daima kusur bulmak, durmadan azarlamak, dırdır etmek, rahatsız etmek; *i.* dırdır eden kimse.

nai.ad (ney'äd) *i., mit.* su perisi, ırmaklar ve çeşmeler perisi.

nail (neyl) *i.* çivi, mıh; tırnak; hayvanlarda tırnak yerine bulunan pençe veya toynak; 5,7 santimetrelik kumaş ölçü birimi. **nail brush** tırnak fırçası. **nail file** tırnak törpüsü. **nail polish** tırnak cilâsı. **nail puller** kerpeten, kıskaç. **nail scissors** tırnak makası. **drive the nail home** çiviyi iyice çakmak; iddiayı ispatlamak. **hard as nails** iyi idman görmüş, çok kuvvetli; çok sert. **hit the nail on the head** tam doğrusunu söylemek veya yapmak, tam yerinde söz söylemek. **on the nail** hemen, derhal; söz konusu.

nail (neyl) *f.* mıhlamak, çivilemek; sıkı sıkı bağlamak, kavramak; *argo* tutmak; yakalamak; *argo* (bir yalanı) meydana çıkarmak; *argo* çalmak; *argo* vurmak. **nail down** çivilerle sabitleştirmek; garantiye almak. **nail up** çivilerle kapatmak.

nain.sook (neyn'sûk) *i.* nansuk.

Nai.ro.bi (nayro'bi) *i.* Nairobi, Kenya'nın başkenti.

na.ive (na.iv') *s.* saf, bön, toy, tecrübesiz; denenmemiş. **naively** *z.* safça. **naiveté** *i.* saflık, bönlük, tecrübesizlik.

na.ked (ney'kid) *s.* çıplak, üryan, yalın; *bot.* çıplak, örtüsüz; çaresiz, savunmasız, silâhsız; açık; yalçın; *huk.* ispatsız, sade, kuru, geçersiz. **naked ape** insan. **stark naked** çırılçıplak, anadan doğma. **the naked eye** çıplak göz. **the naked truth** salt gerçek. **nakedly** *z.* çıplak olarak; açıkça. **nakedness** *i.* çıplaklık.

nam.a.ble name.a.ble (ney'mıbıl) *s.* isimlendirilebilir; şöhrete lâyık, unutulmaz.

nam.by-pam.by (näm'bipäm'bi) *s., i.* yavan, tatsız, tatsız şekilde duysal; sıkılgan, kararsız; *i.* kararsız kimse, sıkılgan kimse.

name (neym) *i., f., s.* ad, isim; nam, şöhret, ün; unvan; kızgınlık belirten hitap şekli; şöhretli kimse; dış görünüş; Tanrının kutsal ismi; *f.* ad koymak, isim vermek, ismiyle çağırmak; ismini vermek; belirtmek; tayin etmek; memur etmek; *s.* ismi olan; *A.B.D., k.dili* tanınmış; ismini veren. **name plate** tabela. **Name your price.** İstediğiniz fiyatı söyleyin. Ne isterseniz vereceğim. **by name** ismiyle, isminde; ismen. **call one names** birine sövüp saymak, küfürler savurmak; kızdırmak için isim takmak. **Christian name** vaftiz ismi; öz ad. **family name** soyadı, aile ismi. **He has a bad name.** Kötü şöhreti var. Adı kötüye çıkmış. **I haven't a penny to my name.** Hiç param yok. **I know him by name.** İsmen tanıyorum. **in name** sözde, ismen. **in the name of** namına, yerine; başı için, hakkı için, aşkına. **maiden name** bir kadının evlenmeden evvelki so-

yadı. **make a name for oneself** ad yapmak. **of the name of** isminde, ismiyle, namında. **the name of the game** asıl sorun. **to one's name** kendine mahsus.

name-drop.ping (neym'draping) *i., k.dili* kendine paye vermek için şöhretli isimlerden bahsetme.

name.less (neym'lis) *s.* isimsiz, adsız, adı belli olmayan; adı konmamış; tanımlanamayan; bahsedilmeye lâyık olmayan; gayri meşru.

name.ly (neym'li) *z.* yani, şöyle ki.

name.sake (neym'seyk) *i.* adaş, aynı adı olan kimse.

Na.mi.bi.a (nämi'biyı) *i.* Namibia, Güneybatı Afrika.

nan.a (nän'ı) *i., A.B.D.* nine.

nan.ism (nän'izım) *i.* cücelik.

nan.keen, nan.kin (nänkin') *i.* devetüyü renginde Çin pamuklu kumaşı, kahverengimsi sarı renkten pamuk bezi; *çoğ.* bu bezden yapılan giysi; kahverengimsi sarı renk.

Nan.king (nän'king') *i.* Nanking.

nan.ny (nän'i) *i., İng.* dadı.

nan.ny *i., nanny goat** (nän'i) dişi keçi.

nano- *önek* çok küçük; bilyonda bir.

na.os (ney'as) *i., mim.* eski mabet ve bundaki iç oda.

nap (näp) *f.* (-ped, -ping) *i.* uyuklamak, hafif uykuya dalmak, kestirmek, şekerleme yapmak; gafil bulunmak; dikkatsiz davranmak; *i.* hafif kısa uyku, şekerleme. **I caught him napping.** Onu gafil avladım. Hazırlıksız tuttum.

nap (näp)) *i., f.* (-ped, -ping) (çuha) tüylü yüz, bazı tüylü kumaşların yüzündeki kısa iplikler; *f.* bezi fırçalayarak tüylendirmek. **napless** *s.* tüysüz, tüyü dökülmüş.

na.palm (ney'pam) *i.* benzinle karıştırılarak bir yakıt meydana getiren pelte gibi bir bileşim, napalm.

nape (neyp) *i.* ense.

na.per.y (ney'pırı) *i.* sofra örtüleri ve peçeteleri.

naph.tha (näf'thı, näp'-) *i.* neftyağı, gazyağının çok hafif bir cinsi; petrol.

naph.tha.lene, naph.tha.line (näf'thılin) *i., kim.* naftalin.

na.pi.form (ney'pıfôrm) *s.* turp şeklinde (kök).

nap.kin (näp'kin) *i.* peçete, peşkir; *İng.* çocuk·

bezi; sıhhî pamuk, hijyenik bağ. **napkin ring**
peçete halkası.

Na.ples (ney'pılz) *i.* Napoli şehri. **Naples yel-
low** antimon boyası, açık sarı boya.

na.po.le.on (nıpo'liyın) *i.* pötifur; yirmi franklık
Fransız altını, Napolyon altını; bir iskambil
oyunu; *b.h.* Napolyon. **Napoleonic** (nıpo-
liyan'ik) *s.* Napolyon'a ait.

nappe (näp) *i.* ileri doğru çıkmış yukaç.

nap.py (näp'i) *s., i.* sert; sarhoş; *i., İskoç.* sert
bira.

nap.py (näp'i) *s.* havlı, tüylü; kıvırcık.

nap.py (näp'i) *i., İng., k.dili* çocuk bezi.

nap.py (näp'i) *i.* yayık tabak.

nar.ce.ine (nar'sîyin) *i., kim.* afyondan çıkarılan
acı beyaz alkaloit.

nar.cis.sism (narsîs'îzım) *i.* kendine hayran
olma, narkislik, narkisizm.

nar.cis.sus (narsîs'ıs) *i.* nergis çiçeği, zerrin,
fulya, *bot.* Narcissus; *b.h.* Yunan efsanesine
göre suda gördüğü kendi hayaline âşık olan
genç adam.

nar.co.ma.ni.a (narkomey'niyı) *i.* narkotik
tiryakîliği.

nar.co.sis (narko'sîs) *i., tıb.* ilâç ile meydana
gelen uyuşukluk, narkoz.

nar.cot.ic (narkat'ik) *s., i.* uyuşturucu, uyu-
şukluk verici, narkotik; *i.* uyuşturucu ilâç,
narkotik; narkotiğe alışmış kimse; uyuştu-
rucu herhangi bir şey. **nar'cotize** *f.* ilâç ile
uyuşturmak veya uyutmak.

nard (nard) *i.* hint sümbülü, *bot.* Nardosta-
chys jatamansi; sümbül yağı.

nar.es (ner'iz) *i., çoğ., anat.* burun delikleri.

nar.gi.le, nar.ghi.le (nar'gıley) *i.* nargile.

nark (nark) *i., f. İng., argo* hırsızları tongaya
düşüren kimse; *f.* tongaya düşürmek.

nark (nark) *i., A.B.D., argo* narkotik ajanı.

nar.rate (nereyt', ner'eyt) *f.* nakletmek, hikâye
etmek, söylemek, anlatmak. **narra'tion** *i.*
anlatım, anlatış; hikâye, fıkra.

nar.ra.tive (ner'ıtîv) *i., s.* hikâye, fıkra; hikâye
söyleme sanatı; *s.* hikâye kabilinden.

nar.row (ner'o) *s., i., f.* dar, ensiz; sınırlı; dar
düşünceli, dar fikirli; darlık içinde; cüzî, az;
sıkı, dikkatli; *İng., leh.* hasis, tamahkâr, cimri;
i. dar geçit, *çoğ.* dar boğaz; *f.* daraltmak,
eninden almak; sınırlamak; kısmak; daral-
mak, çekmek, ensizleşmek. **narrow cir-
cumstances** fakirlik, parasızlık, darlık. **nar-**

row escape darı darına kurtulma, ucuz kur-
tulma. **narrow gage (gauge)** ray ara-
lığı 141 cm. olan demiryolu; dekovil. **by a
narrow majority** az bir çoğunlukla. **the
Narrows** Çanakkale boğazının en dar kısmı.
narrowly *z.* dar, güçbelâ, darı darına.

nar.row-mind.ed (ner'omayn'dîd) *s.* dar fi-
kirli, dar görüşlü, bağnaz.

nar.thex (nar'theks) *i., mim.* kiliselerde dış
dehliz.

nar.whal, nar.wale, nar.whale (nar'wıl,
nar'weyl, nar'hweyl) *i.* denizgergedanı, *zool.*
Monodon monoceros.

nar.y (ner'i) *s., leh.* hiçbir.

NASA *kıs.* **National Aeronautics and Space
Administration.**

na.sal (ney'zıl) *s., i.* buruna ait; genizden veya
burundan gelen; *dilb.* genzel; *i., dilb.* genizsi
ses, burun sesi; *anat.* burun kemiği. **nasal
cavity** burun boşluğu. **nasal fossa, nasal
passage** geniz. **nasal letter** genizden oku-
nan harf. **nasally** *z.* genizden.

nas.cent (ney'sınt) *s.* gelişmeye başlayan, oluş
halinde olan, olgunlaşmamış. **nascency** *i.*
doğuş, meydana geliş, başlangıç.

na.so.fron.tal (neyzofrʌn'tıl) *s., anat.* burun ile
alın bölgesine ait.

na.stur.tium (nıstır'şım) *i.* latin çiçeği, *bot.*
Tropaeolum.

nas.ty (näs'ti) *s.* tiksindirici, iğrenç; kötü, çir-
kin; hoşa gitmeyen; ayıp, edepsiz, müsteh-
cen; sıkıcı, sinirlendirici; pis, çok kirli, mur-
dar. **nasty blow** ağır darbe, tehlikeli vuruş.
nasty dose acı veya pis kokulu ilâç. **nasty
sea** fırtınalı deniz. **nasty story** müsteh-
cen hikâye. **Don't be nasty.** İğrenç olma.
nastily *z.* iğrenç bir şekilde. **nastiness** *i.*
iğrençlik.

nat. *kıs.* **national, natural.**

na.tal (neyt'ıl) *s.* doğuşa ait, doğuş gününe
ait; *şiir* doğuş yerine ait. **natal day** doğuş
günü. **natal star** *astrol.* insanın altında doğ-
duğu yıldız.

na.tal.i.ty (nıtäl'ıti) *i.* doğum oranı.

na.tant (ney'tınt) *s.* suda yüzen.

na.ta.tion (neytey'şın) *i.* yüzme; yüzgeçlik.
na'tatory, natato'rial *s.* yüzmeye veya
yüzgeçliğe ait.

na.ta.to.ri.um (neytıtôr'iyım) *i.* özellikle üstü
kapalı yüzme havuzu.

na.tes (ney'tiz) *i.*, *çoğ.* kalça.

na.tion (ney'şın) *i.* millet, ulus; budun, kavim. **nation-wide** *s.* bütün millete ait. **maritime nation** denizci millet, denizden geçinen millet. **most favored nation** *bak.* **favor.**

na.tion.al (näş'ınıl) *s.*, *i.* millî, ulusal, millete ait; *i.* yurttaş, vatandaş. **national anthem** millî marş veya şarkı. **National Assembly** Millet Meclisi. **national bank** milli banka; Amerika'da bankınot çıkarmaya yetkisi olan banka. **national church** bir devletin resmî kilisesi. **national committee** *A.B.D.* bir partinin yürütme kurulu. **national congress** millet meclisi. **national debt** devlet borcu. **National Gallery** Londra'da bir resim müzesi. **National Guard** A.B.D.'nde milis teşkilâtı. **national monument** millî anıt. **national park** milli park. **nationalism** *i.* milliyetçilik, ulusçuluk, milletseverlik. **nationalist** *i.* milliyetçi. **nationalis'tic** *s.* milliyetçiliğe ait. **nationalize** *f.* millîleştirmek, milletin emrine vermek; millet haline koymak. **nationally** *z.* milletçe.

na.tion.al.i.ty (näşınäl'ıti) *i.* millet; milliyet; vatandaşlık; millî özellikler.

na.tive (ney'tiv) *s.*, *i.* yerli, tabiî, doğal; doğuştan; basit, suni olmayan; *i.* bir yerde doğan kimse; yerli mal veya hayvan. **native-born** *s.* doğma büyüme, yerli. **native citizen** doğuştan vatandaşlık hakkı olan kimse. **native land** anavatan, anayurt, asıl memleket.

na.tiv.ism (ney'tivîzım) *i.* yerlilerin yabancılardan üstün tutulması, yerlilerin hak ve çıkarlarını koruma siyaseti; *fels.* doğuştan gelen fikirlerin var olduğunu ileri süren öğreti.

na.tiv.i.ty (neytîv'ıti) *i.* doğuş; *astrol.* doğuşta bakılan yıldız falı. **the Nativity** Hazreti İsa'nın doğuşu.

NATO (ney'to) *kıs.* **North Atlantic Treaty Organization.**

na.tri.um (ney'triyim) *i.* sodyum.

na.tron (ney'tran) *i.*, *min.* tabiî sodyum karbonat.

nat.ter (nät'ır) *f.*, *İng.* gevezelik etmek.

nat.ty (nät'i) *s.* temiz, süslü, zarif.

nat.u.ral (näç'ırıl) *s.*, *i.* doğal, tabiî, asıl, doğuştan; normal, sunî olmayan; tabiata uygun; *müz.* doğal, natürel; *i.*, *A.B.D.*, *k.dili* doğuştan hünerli kimse; *müz.* bekar; piyanonun beyaz tuşu; *eski* doğuştan budala. **natural child** gayri meşru çocuk; öz çocuk. **natural childbirth** ilâçsız ve ağrısız doğum; böyle doğum için hazırlık metodu. **natural color** asıl renk. **natural gas** yeraltından elde edilen ve yakıt olarak kullanılan metanlı gaz. **natural history** tabiat bilgisi. **natural philosophy** *eski* fen, tabiat bilgisi. **natural resources** doğal kaynaklar. **natural rights** *huk.* doğal haklar. **naturally** *z.* tabiî şekilde, doğuştan; tabiî, şüphesiz. **naturalness** *i.* tabiîlik.

nat.u.ral.ism (näç'ırılîzım) *i.* doğacılık; tabiî hal, tabiî hisse dayanan düşünüş, eğilim veya hareket; *ilâh.* yalnız tabiata dayanan ahlâk ve din veya felsefe.

nat.u.ral.ist (näç'ırılîst) *i.* tabiat bilgisi uzmanı; natüralizm öğretisine bağlı kimse. **naturalis'tic** *s.* tabiata uygun, doğaca; tabiat bilgisine ait; natüralizm ekolüne ait.

nat.u.ral.ize (näç'ırılayz) *f.* yabancı uyrukluğa kabul etmek; yabancı kelimeleri lisana almak; bir bitki veya hayvanı yerlileştirmek; tabiata uydurmak, tabiîleştirmek; yerlisi gibi olmak; tabiatı incelemek. **naturaliza'tion** *i.* uyrukluğa kabul; yerlileşme; yerlileştirme.

na.ture (ney'çır) *i.* tabiat, mizaç, yaradılış, maya; doğa, tabiat, âlem, dünya; varlıklar, yaratıklar; kâinat; *ilâh.* insan ahlâkının düzelmemiş hali; içgüdü; çeşit; doğal durum. **nature worship** doğaya tapma, doğacılık. **against nature** tabiata aykırı. **by nature** tabiatıyle, yaradılışta, doğuştan. **copied from nature** tabiattan alınmış. **freak of nature** hilkat garibesi. **good natured** iyi huylu, güler yüzlü. **human nature** insan tabiatı. **in the nature of things** durumun gerektirdiği şekilde. **second nature** tabiat hükmüne geçen şey, tabiî gelen şey.

naught, nought (nôt) *i.* hiç, hiç bir şey; sıfır. **come to naught** boşa çıkmak. **set at naught** hiçe saymak, önem vermemek.

naugh.ty (nô'ti) *s.* yaramaz, haylaz; serkeş; münasebetsiz; fena; ahlâksız. **naughtily** *z.* haylazca. **naughtiness** *i.* yaramazlık; münasebetsizlik.

Nau.pak.tos (nôpäk'tıs) *i.* Yunanistan'da İnebahtı limanı.

Na.u.ru (na.u'ru) *i.* Nauru adası.

nau.se.a (nô'ziyı) *i.* mide bulantısı; deniz tutması; tiksinme, iğrenme.

nau.se.ate (nô'ziyeyt) *f.* midesini bulandırmak, iğrendirmek, tiksindirmek; midesi bulanmak, tiksinmek, nefret etmek. nausea'tion *i.* mide bulantısı.

nau.seous (nô'şıs, nô'jiyıs) *s.* mide bulandırıcı, tiksindirici. nauseously *z.* mide bulandırarak. nauseousness *i.* mide bulantısı; mide bulandırıcı olma.

nau.ti.cal (nô'tîkıl) *s.* denizciliğe veya denizcilere ait, bahrî, denizel, denizsel. nautical astronomy göksel cisimlere göre geminin yerini belirtmekle ilgili astronomi dalı, denizel astronomi. nautical mile deniz mili (1852 metre). nautical science denizcilik ilmi. nautical tables gemicilerin kullandığı hesap cetvelleri.

nau.ti.lus (nô'tılıs) *i.* (*çoğ.* -lus.es, *Lat.* -li) kafadanbacaklı yumuşakçalar grubundan sedefli deniz helezonu.

na.val (ney'vîl) *s.* harp gemilerine ait; denizel, bahrî. naval academy deniz harp akademisi. naval architecture gemi inşaatçılığı. naval base deniz üssü. naval forces deniz kuvvetleri. naval officer deniz subayı. naval power harp donanması olan memleket. naval reserves deniz ihtiyat kuvvetleri. naval stores deniz malzemesi.

nave (neyv) *i.* dingil başlığı, tekerlek poyrası.

nave (neyv) *i.* büyük kiliselerin binanın diğer kısımlarından yüksekçe olan uzun ve dar orta kısmı.

na.vel (ney'vıl) *i.* göbek; orta yer, merkez. navel cord *tıb.* göbek kordonu. navel orange göbekli ve çekirdeksiz portakal, Yafa portakalı.

na.vel.wort (ney'vılwırt) *i.* saksıgüzeli, *bot.* Umbilicus pendulinus.

nav.i.cert (näv'ısırt) *i., İng.* harp halinde bulunan bir devletin tarafsız bir gemiye verdiği serbest geçiş belgesi.

na.vic.u.lar (nıvik'yılır) *s.* kayık şeklinde. navicular bone *anat.* sandal kemik (el ve ayak bileğindeki). navicular disease atların topuk kemiğine arız olan bir hastalık.

nav.i.ga.ble (näv'ıgıbıl) *s.* içinde gemi veya kayık gezebilir, gidiş gelişe elverişli; dümen kullanılması olanaklı; hareket ettirilebilir (balon). navigabil'ity, navigableness *i.* gidiş gelişe elverişli olma (sular).

nav.i.gate (näv'ıgeyt) *f.* gemi ile gezmek, gemi kullanmak, gidip gelmek; içinde gemi ve kayıkla gezmek; kaptanlık etmek, kılavuzluk etmek. naviga'tion *i.* gemi seferi; gemilerin gidiş geliş yollarının haritasını çizme ilmi; denizcilik.

nav.vy (näv'i) *i., İng.* kanal veya demiryolu işçisi.

na.vy (ney'vi) *i.* donanma, devletin gemi kuvveti; deniz kuvvetleri; deniz filosu. navy bean küçük kuru fasulye. navy blue lâcivert, koyu mavi. navy yard harp gemileri tersanesi.

na.wab (nıwôb') *i.* Moğollar zamanında Hindistan'da Müslüman hükümdar.

Nax.os (näk'sas) *i.* Ege Denizinde Naksos adası.

nay (ney) *z., i., eski* hayır, yok; hem de, hatta, yalnız bu değil, bundan başka; *i.* ret, inkâr, menetme; olumsuz oy; olumsuz oy veren kimse. He will not take nay. "Yok" sözünden anlamaz. Ret tanımaz.

Naz.a.rene (näz'ırın) *i.* Nasıra şehrinin yerlisi, Nasıralı; Nasranî, Hıristiyan; ilk Hıristiyanlık devirlerinde bir Yahudi Hıristiyan mezhebi üyesi. the Nazarene Hazreti İsa.

Naz.a.reth (näz'ırith) *i.* İsrail'de Nasıra şehri.

Na.zi (na'tsi) *i.* Alman Sosyalist-Milliyetçi partisi üyesi, Hitler taraftarı, Nazi.

N.B. *kıs.* New Brunswick, North Britain; *k.h.* nota bene İyice dikkat et.

NC *kıs.* North Carolina.

N.C.O. *kıs.* noncommissioned officer.

n.d. *kıs.* no date.

ND *kıs.* North Dakota.

N.E. *kıs.* Near East, New England, Northeast.

NE *kıs.* Nebraska.

Ne.an.der.thal (niyän'dırthal) *s., antro.* Orta Avrupa'da iskeleti bulunan ve kaba taş çağında yaşamış olan ilkel insana ait.

neap *i.*, neap tide (nip) on beş günde bir meydana gelen ve alçalma ile yükselmenin en az olduğu gelgit.

Ne.a.pol.i.tan (niyıpal'ıtın) *s., i.* Napoli şehrine özgü veya onunla ilgili; *i.* Napolili. Neapolitan ice cream katmerli dondurma.

near (nîr) z., s., edat yakın, yakında; hemen hemen, az daha, neredeyse; aşağı yukarı, yaklaşık olarak; şuracıkta; s. yakın; teklifsiz, sıkı, samimî; sadık (tercüme); soldaki (araba veya at); cimri, eli sıkı; edat bitişik, yakın. near at hand yakın. near beer hafif bira. nearby s., z. yakın; z. yanında. Near East Yakın Doğu. near rhyme yaklaşık kafiye. nearsighted s. miyop, uzağı iyi göremeyen. nearness i. yakınlık.

near (nîr) f. yaklaşmak, yakına gelmek.

near.ly (nîr'li) z. yakından; az daha, neredeyse, hemen hemen. as nearly as I can tell yaklaşık olarak, bildiğim kadarıyle.

neat (nit) s. temiz ve düzgün, zarif, zevkli; katkısız, halis, su katılmamış (içki); zeki, hünerli; argo harika. neat as a pin son derece zarif. neatly z. temizce. neatness i. temizlik, düzgünlük.

'neath (nith) edat, leh. veya şiir altında.

neat's-foot oil (nits'fût) sığır paçasından alınan ve köseleyi yumuşatmak için kullanılan yağ.

neb.bish (neb'îş) s., i. zavallı (kimse).

neb.u.la (neb'yılı) i. (çoğ. -lae) astr. pek uzak olduğundan bulut gibi görünen yıldızlar yığını, nebula; tıb. gözbebeğine arız olan duman. spiral nebula sarmal yapılı yıldız takımı, spiral nebula.

neb.u.lar (neb'yılır) s. bulut gibi görünen yıldız kümesine ait. nebular hypothesis güneş sisteminin aslında bulut şeklinde bir madde yığınından ileri gelmiş olduğu varsayımı.

neb.u.lous (neb'yılıs) s. bulutlu, dumanlı, bulanık; karışık; astr. bulutumsu, nebülöz. nebulos'ity i. bulutluluk, bulanıklık. nebulously z. belirsiz olarak. nebulousness i. belirsizlik.

nec.es.sar.y (nes'ıseri) s., i. gerekli, zorunlu, lüzumlu, zarurî, lâzım; çaresiz, kaçınılmaz; i., gen. çoğ. gerekli şey. necessarily z. ister istemez; muhakkak.

ne.ces.si.tate (nıses'ıteyt) f. gerektirmek, icap ettirmek; zorunlu kılmak.

ne.ces.si.ty (nıses'ıti) i., gen. çoğ. gerekli şey; ihtiyaç, zaruret, gerekseme, lüzum; kaçınılmaz durum. logical necessity mantıkî ihtiyaç. of necessity zarurî olarak. physical necessity tabiî ihtiyaç.

neck (nek) i., f. boyun; boyun gibi şey; iki kara parçasını birleştiren dil, kıstak; boğaz; müz. keman sapı; elbise yakası; f., A.B.D., argo sevişirken kucaklaşıp öpüşmek. neck and neck yarışta at başı beraber. break one's neck boynu kırılmak; azamî gayreti sarfetmek. fall on one's neck birinin boynuna sarılmak. get it in the neck ağır darbe yemek. risk one's neck hayatını tehlikeye koymak. stiff neck tutulmuş boyun. wry neck eğri boyun.

neck.band (nek'bänd) i. elbisede dik yaka.

neck.er.chief (nek'ırçif) i. boyun atkısı.

neck.ing (nek'îng) i., A.B.D., argo sevişirken kucaklaşıp öpüşme.

neck.lace (nek'lîs) i. gerdanlık, kolye.

neck.tie (nek'tay) i. kravat, boyunbağı.

neck.wear (nek'wer) i. boyuna takılan şeyler.

ne.crol.o.gy (nekral'ıcı) i. bir yer veya zamanda ölenlerin isim listesi; ölmüş bir kimse hakkında yazılan yazı. necrolog'ical s. ölülerin isim listesine ait. necrol'ogist i. ölmüş kimseler hakkında yazı yazan kimse.

nec.ro.man.cy (nek'rımänsi) i. ölülerle haberleşerek fala bakma; sihirbazlık, büyücülük. necromancer i. büyücü, sihirbaz. necroman'tic s. büyücülük yapan; büyü kabilinden; şaşılacak, harikulade.

nec.ro.phil.i.a (nekrofîl'iyı) i., psik. ölülere karşı şehvet duyma.

ne.crop.o.lis (nekrap'ılîs) i. eski bir şehrin büyük kabristanı; mezarlık.

ne.cro.sis (nekro'sîs) i. (çoğ. -ses) tıb., bot. bir dokunun çürüyüp ölmesi, kangren, nekroz. necrotic (nekrat'îk) s. çürüyen.

nec.tar (nek'tır) i., mit. nektar (tanrıların içkisi), abıhayat, bengisu; bot. balözü, nektar.

nec.tar.ine (nektirin') i. tüysüz şeftali, durakı.

née (ney) s. evlenmeden evvelki soyadıyle.

need (nid) i., f. ihtiyaç, lüzum, gereklik; eksiklik; yolsuzluk, fakirlik, zaruret; f. muhtaç olmak, gereksemek, istemek; lâzım olmak. if need be icabında, gerekirse.

need.ful (nid'fıl) s. gerekli, lâzım, elzem, zarurî. needfulness i. gereklik.

need.i.ness (ni'dinîs) i. ihtiyaç hali, yoksulluk, fakirlik.

nee.dle (nid'ıl) i., f. iğne; örgü şişi; tığ; iğne gibi şey, sivri şey; ucu sivri dikili taş veya kaya; pusula ibresi, ibre; çamlarda iğne yaprak; f. iğne ile dikmek veya tutturmak; iğne ile veya **iğne** gibi delmek; *k.dili* sinirlendirmek, iğnelemek; iğne ile deşmek; iğne şeklinde kristal haline koymak; *A.B.D., k.dili* alkol derecesini artırmak. **needle bath** çok ince delikli duş. **needlefish** *i.* zargana, *zool.* Belone vulgaris. **needle lace** iğne ile yapılmış dantel, oya işi. **needle time** *İng., radyo* plak müziği dinletilen saat. **needle valve** *mak.* karbüratör iğnesi. **crochet needle** dantel iğnesi, tığ. **hypodermic needle** enjeksiyon iğnesi, aşı iğnesi. **look for a needle in a haystack** saman yığınında iğne aramak, imkânsız şeyi bulmaya çalışmak. **magnetic needle** pusula ibresi. **on the needle** *A.B.D., argo* esrar tiryakisi, *slang* metizmenos.

nee.dle.point (nid'ılpoynt) *i.* çok ince uç; oya işi.

need.less (nid'lîs) *s.* gereksiz, lüzumsuz, istenmeyen. **needlessly** *z.* gereksizce. **needlessness** *i.* gereksizlik.

nee.dle.work (nid'ılwırk) *i.* iğne işi.

needs (nidz) *z., eski* ister istemez. **must needs** muhakkak.

need.y (ni'di) *s.* muhtaç, fakir, yoksul.

ne'er (ner) *z., şiir* hiç, asla.

ne'er-do-well (ner'duwel) *s., i.* hiç bir işi beceremeyen (kimse).

ne.far.i.ous (nifer'iyıs) *s.* fena, kötü, yakışmaz, alçak. **nefariously** *z.* kötülükle, alçakça. **nefariousness** *i.* alçaklık.

neg. *kıs.* **negative.**

ne.gate (nigeyt') *f.* reddetmek, inkâr etmek; olmadığını ispat etmek; iptal etmek.

ne.ga.tion (nigey'şın) *i.* inkâr, ret; eksiklik, yokluk; olumsuz şey; hükümsüzlük.

neg.a.tive (neg'ıtîv) *s.* olumsuz, menfi; *mat.* negatif, menfi; aksi, ters; *elek.* menfi, negatif; *gram.* olumsuz, onaysız. **negative evidence** olumsuz kanıt. **negative income tax** hükümetin fakirlere para yardımı yapmasını öneren teklif. **negative sign** eksi işareti, eksi. **negative vote** aleyhte verilen oy.

neg.a.tive (neg'ıtîv) *i.* olumsuz söz veya cevap; ret cevabı; menfi taraf; olumsuzluk edatı; *foto.* negatif; *mat.* negatif sayı veya sembol.

neg.a.tive (neg'ıtîv) *f.* ret ve inkâr etmek; ip-

tal etmek, hükümden düşürmek; çürütmek; tesirini kırmak; menetmek.

neg.a.tiv.ism (neg'ıtîvîzım) *i.* karşı gelme eğilimi; şüphecilik.

neg.lect (nîglekt') *f., i.* ihmal etmek, savsaklamak; bakmamak, yüzüstü bırakmak; kusur etmek; yapmamak, aldırmamak; *i.* ihmal; ihmal olunma. **neglectful** *s.* ihmalci, savsak, kayıtsız. **neglectfully** *z.* ihmal edercesine. **neglectfulness** *i.* ihmalkârlık.

neg.li.gee (neglijey') *i., Fr.* uzun sabahlık.

neg.li.gence (neg'lıcıns) *i.* ihmal, gaflet; ihmalkârlık, kayıtsızlık, dikkatsizlik. **gross negligence** büyük gaflet. **negligent** *s.* ihmalci, savsak, kayıtsız. **negligently** *z.* dikkatsizlikle, baştan savma olarak; lâubalice, saygısızca.

neg.li.gi.ble (neg'lıcıbıl) *s.* ihmal edilir, önemsemeye değmez.

ne.go.ti.a.ble (nîgo'şıyıbıl, nîgo'şıbıl) *s.* anlaşma ümidiyle tartışılabilir; tertip edilir, akdolunabilir; ciro edilebilir, devredilebilir (çek, bono). **negotiabil'ity** *i.* tertip veya akdolunma imkânı; satılabilme.

ne.go.ti.ate (nîgo'şiyeyt) *f.* anlaşmayı müzakere etmek; tertip etmek, akdetmek; ciro etmek (çek, bono); üstesinden gelmek, başarmak, (engelleri) aşabilmek. **negotiator** *i.* delege; arabulucu.

ne.go.ti.a.tion (nîgoşiyey'şın) *i.* müzakere, görüşme; *tic.* ciro edip satma; bir meseleyi tedbirle halletme.

Ne.gri.to (nîgri'to) *i., antro.* Orta ve Güney Afrika ile bazı Pasifik adalarında bulunan cüce yapılı zenci kabilelerinden bir fert.

Ne.gro, ne.gro (ni'gro) *i., s.* zenci, Afrika zencisi; siyah derili insan; *s.* zencilere ait; siyah derili. **Negress, negress** *i., aşağ.* zenci kadın. **Negroid, negroid** *i., s.* zenci ırka mensup kimse; *s.* zencimsi, zenciye benzer; zencilere mahsus.

Ne.gus (ni'gıs) *i.* Habeşistan hükümdarı, Negüs.

neigh (ney) *f., i.* kişnemek; *i.* kişneme.

neigh.bor (ney'bır) *İng.* **-bour** *i., f.* komşu; yakın kimse veya şey; *f.* komşu olmak; yakın olmak; yaklaşmak, yaklaştırmak. **good neighbor policy** iyi komşuluk siyaseti. **Howdy, neighbor!** Merhaba kardeş! **next door neighbor** kapı komşu, yakın komşu.

neighboring on komşu, yakın. **neighborly** s. komşuya yakışır, dostça. **neighborliness** i. komşu muamelesi, komşuya yakışır hal.

neigh.bor.hood (ney'bırhûd) i. civar, yöre, havali, semt, mahalle; yakın komşular. **in the neighborhood of a hundred kilometers** yaklaşık olarak yüz kilometre.

nei.ther (ni'dhır, nay'dhır) s., zam., bağ. ikisinden hiç biri, ne bu. ne öteki; bağ. ne, ne de. **Neither of them knows.** Hiç birinin haberi yok. **neither white nor red nor black** ne beyaz ne kırmızı ne de siyah. **It is neither here nor there.** Onun önemi yok. Mesele onda değil.

nem.a.tode (nem'ıtod) i., zool. nematod.

nem.e.sis (nem'ısîs) i. gözü korkutan düşman; hak ettiği cezayı veren vesile; b.h. eski Yunanlıların ceza ve öç alma tanrıçası, intikam tanrıçası.

Ne.o.cene (ni'yısin) s., i., jeol. neogen.

ne.o.clas.si.cal (ni'yokläs'îkıl) s. neoklasik.

Ne.o.lith.ic (niyılith'îk) s., antro. ikinci taş devrine ait, neolitik, cilâlı taş çağına ait.

ne.ol.o.gist (niyal'ıcîst) i. yeni anlam veya kelimeler bulan veya kullanan kimse; (özellikle tanrıbilimde) yeni bir öğretiyi benimseyen kimse. **neolog'ic(al)** s. yeni kelimeler veya ilkeler kullanmaya ait. **neol'ogism, neol'ogy** i. yeni kelime, yeni uydurulmuş deyim; yeni kelimeler bulma veya kullanma; ilâhiyatta veya dinî düşünüşte yenilik, türeç.

ne.on (ni'yan) i., kim. neon.

ne.o.phil.i.a (niyıfil'iyı) i. yenilik merakı.

ne.o.phyte (ni'yıfayt) i. bir dinî gruba yeni girmiş kimse; herhangi bir şeye yeni başlayan kimse, acemi kimse.

ne.o.plasm (ni'yıpläzım) i., tıb. vücuttaki herhangi bir dokunun anormal büyümesi, neoplazma, tümör, ur. **neoplas'tic** s. tümöre ait.

Ne.o-Pla.to.nism (niyopley'tınızım) i. üçüncü yüzyılda Eflatun'un fikirleriyle doğunun mistik düşünüşlerinin kaynaşmasından meydana gelmiş felsefe sistemi.

Ne.pal (nepal') i. Nepal.

ne.pen.the (nîpen'thi) i., şiir eski Yunanlılarca acı ve üzüntüyü unutturduğu farzolunan bir ilâç; ıstırabı yok eden herhangi bir şey.

neph.ew (nef'yu) i. kardeş oğlu, erkek yeğen.

nepho- önek bulut.

ne.phral.gi.a (nifräl'ciyı) i., tıb. böbrek sancısı.

ne.phrec.to.my (nifrek'tımi) i., tıb. böbreği çıkarma ameliyatı.

ne.phrit.ic (nifrit'îk) s., i. böbreklere ait; tıb. böbrek hastalığına ait; i. böbrek hastalığı ilâcı.

ne.phri.tis (nifray'tis) i., tıb. böbrek iltihabı, nefrit.

ne.phrot.o.my (nifrat'ımi) i., tıb. böbrek taşı ameliyatı.

nep.o.tism (nep'ıtızım) i. akrabalara yapılan iltimas, akraba kayırma; akrabasını işe alarak maaş bağlama. **nepotist** i. akraba kayıran kimse.

Nep.tune (nep'tun) i. eski Roma'da deniz tanrısı; astr. Neptün gezegeni. **Neptune's cup** kâse şeklinde iki çeşit çok iri süngerden biri.

Nep.tu.ni.an (neptu'niyın) s. tanrı Neptüne ait; astr. Neptünle ilgili; jeol. su tesiri ile meydana gelmiş.

Ne.re.id (nîr'iyîd) i., Yu. mit. su perisi; zool. uzun ve yassı deniz kurdu.

ner.o.li (ner'ıli) i. portakal çiçeğinden çıkarılan bir esans, çiçek yağı.

nerve (nırv) i. sinir, asap; kuvvet; soğukkanlılık, metanet, cesaret; küstahlık, cüret; gen. çoğ. duyarlık, duysal dayanıklılık kaynağı; gen. çoğ. asabî buhran, asap bozukluğu; biyol. kanat veya yaprak damarı. **nerve agent** ask. sinirleri altüst eden gaz. **nerve center** anat. işitme ve görme gibi belirli görevi olan sinir hücrelerinin toplandığı yer, sinir merkezi; yönetim ve haberleşme merkezi; komuta merkezi. **nerve fiber** sinir lifi. **nerve gas** sinir gazı. **nerve impulse** sinir akımı. **nerve track** özellikle beyinde ve belkemiğinde sinirlerin geçtiği yer. **a fit of nerves** sinir buhranı. **get on one's nerves** birinin sinirine dokunmak, asabını bozmak. **strain every nerve** son derece gayret göstermek.

nerve (nırv) f. kuvvet ve cesaret vermek. **nerve oneself** metanetini takınmak, cesur olmak.

nerve.less (nırv'lis) s. zayıf, cansız, güçsüz, dermansız; zayıf, tesirsiz (söz); sinirsiz, serinkanlı.

nerve-rack.ing, nerve-wrack.ing (nırv'räking) s. sinirlendirici.

ner.vine (nır'vin) *s., i., tıb.* sinirlere özgü; sinirleri yatıştırıcı; *i.* sinirleri yatıştırıcı ilâç.

ner.vous (nır'vıs) *s.* sinirli, asabî; korkak, ürkek, çekingen. **nervous breakdown, nervous prostration** sinir argınlığı, sinir bozukluğu, nevrasteni. **nervous impulse** *tıb.* asabî tembih, sinirde uyarma. **nervous system** sinir sistemi. **nervous temperament** asabî mizaç. **nervously** *z.* sinirli olarak, heyecanlı olarak. **nervousness** *i.* sinirlilik, asabiyet.

ner.vure (nır'vyûr) *i., bot.* yaprak damarı; *zool.* böcek kanadının siniri.

nerv.y (nır'vi) *s., A.B.D., k.dili* küstah; *İng., k.dili* ürkek, sinirli.

nes.cience (neş'ıns) *i.* bilgisizlik, cahillik; *fels.* bilinemezcilik. **nescient** *s.* cahil, bilgisiz.

ness (nes) *i.* burun, çıkıntı, karanın denize doğru çıkıntısı.

-ness *sonek* -lık, -lik anlamına gelen ek: **fullness** doluluk; **kind-heartedness** iyi kalplilik.

nest (nest) *i., f.* yuva, aşiyan, kuş yuvası; hırsız yatağı; küme; iç içe konan irili ufaklı kutular takımı; *f.* yuva yapmak; yuvaya yerleştirmek; yuvaya girmek; yuva soymak. **nest egg** ihtiyat akçesi; fol. **feather one's own nest** *argo* özellikle kendisine emanet edilen malı iç etmek, sebeplenmek. **mare's nest** görünüşte önemli aslında değersiz veya yanlış olan bir buluş; *bak.* **mare. nesting-box** *i.* folluk.

nes.tle (nes'ıl) *f.* birbirine sokularak yatmak; barındırmak, sığındırmak; sıkı sarılmak, bağrına basmak.

nest.ling (nest'ling) *i.* yavru kuş, yuvadan henüz çıkamayan yavru kuş; yavru.

Nes.tor (nes'tır) *i.* Truva savaşında Yunan başkanlarından biri; akıllı ve yaşlı öğüt verici kimse, kıdemli kimse.

Nes.to.ri.an (nestôr'iyın) *s., i.* Nesturî mezhebine ait (kimse).

net (net) *i., f.* (**-ted, -ting**) ağ, şebeke; tuzak, tel kafes; hile; *f.* ağ veya tuzağa düşürmek; ağ ile tutmak; ağ ile örtmek; ağ örmek; ağ ile avlamak. **net ball** *tenis* ağa dokunduktan sonra rakibin sahası içine düşen top. **tennis net** tenis ağı.

net (net) *s., f.* (**-ted, -ting**) safi, halis; net, kesintisiz; *f.* kazanmak, kâr etmek.

net.ball (net'bôl) *i.* voleybole benzer bir top oyunu.

neth.er (nedh'ır) *s.* alt, alttaki. **nether millstone** alt değirmen taşı. **nethermost** *s.* en alttaki. **nether world** ölüler diyarı; cehennem.

Neth.er.lands (nedh'ırlındz) *i.* Hollanda, Felemenk.

net.ting (net'ing) *i.* örme işi, ağ örme; ağ, cibinlik.

net.tle (net'ıl) *i., f.* ısırgan, *bot.* Urtica urens; ısırgangillerden herhangi bir ot; *f.* kızdırmak, sinirlendirmek; ısırgan gibi batmak. **nettle rash** kurdeşen, ürtiker. **hemp nettle** kedi başı, *bot.* Galeopsis tetrahit.

net.work (net'wırk) *i.* şebeke; ağ örgüsü; yayın istasyonları şebekesi.

neu.ral (nûr'ıl) *s., anat., zool.* sinire ait, sinirle ilgili, asabî. **neural ganglions** *anat.* sinir boğumları. **neural tissue** sinirdoku.

neu.ral.gi.a (nûräl'cıyı) *i., tıb.* şiddetli sinir ağrısı, nevralji. **neuralgic** *s.* nevraljiye ait.

neu.ras.the.ni.a (nûrısthi'niyı) *i., tıb.* sinir zayıflığı, sinir argınlığı, nevrasteni. **neurasthen'ic** *s., i.* nevrasteniye ait; *i.* nevrastenik kimse, sinir hastası.

neu.ri.tis (nûray'tis) *i., tıb.* sinir iltihabı.

neu.rol.o.gy (nûral'ıci) *i.* sinirbilim, nevroloji. **neurolog'ical** *s.* sinirbilime ait. **neurol'ogist** *i.* sinir mütehassısı, asabiyeci.

neu.ron (nûr'an) *i., anat.* sinir hücresi, nöron.

neu.ro.path (nûr'ıpäth) *i.* sinir hastalığına maruz kalmış kimse, nevropat kimse.

neu.ro.pa.thol.o.gy (nûropıthal'ıci) *i.* sinir sistemi patolojisi.

Neu.rop.ter.a (nûrap'tırı) *i., çoğ.* dantel gibi dört kanadı olan böcekler takımı, sinirkanatlılar. **neuropteral, neuropterous** *s.* sinirkanatlılara özgü.

neu.ro.sis (nûro'sis) *i., tıb.* sinirce, nevroz.

neu.ro.ther.a.py (nûrother'ıpi) *i., tıb.* sinir hastalığı tedavisi.

neu.rot.ic (nûrat'ik) *s., i.* nevrozlu, sinir hastalığı olan; *k.dili* evhamlı; sinirlere ait; *i.* nevrozlu kimse; fazla duygulu kimse.

neu.rot.o.my (nûrat'ımi) *i., tıb.* nevralji tedavisi için yapılan sinir ameliyatı.

neut. *kıs.* **neuter.**

neu.ter (nu'tır) *s., i., gram.* cinssiz; *gram.* geçişsiz (fiil); *biyol.* cinsiyetsiz; *i.* cinsiyet belirtmeyen kelime; iğdiş edilmiş hayvan; ne erkek ne de dişi olan hayvan.

neu.tral (nu'trıl) *s., i.* tarafsız, yansız; belirli bir niteliği olmayan; tarafsız memlekete ait; rengi belli olmayan; *kim.* ne asit ne de alkali niteliğinde olan, nötr; *elek.* ne müspet ne de menfi, nötr; *bot., zool.* erkeklik veya dişilik organı olmayan; *i.* tarafsız kimse veya memleket. **neutralism** *i.* tarafsızlık siyaseti. **neu-tral'ity** *i.* tarafsızlık. **neutrally** *z.* taraf tutmadan.

neu.tral.ize, *İng.* -**ise** (nu'trılayz) *f.* tesirini yok etmek, tesirsiz bırakmak; *huk.* tarafsız kılmak; *kim.* asit veya alkali niteliğini kaldırmak. **neutraliza'tion** *i.* asit veya alkali niteliğini yok etme.

neu.tron (nu'tran) *i., fiz., kim.* nötron, atomun elektriksel bakımdan nötr bir parçası.

nev.er (nev'ır) *z.* hiç, hiç bir zaman, asla, katiyen. **Never mind.** Zararı yok. Boş ver.

nev.er-ceas.ing (nev'ırsis'îng) *s.* hiç durmayan, bitip tükenmeyen.

nev.er-end.ing (nev'ıren'dîng) *s.* hiç bitmez, ebedî.

nev.er.more (nev'ırmôr') *z.* asla, bundan böyle, hiç bir zaman.

nev.er.the.less (nevırdhıles') *z.* yine de, bununla beraber, mamafih.

nev.er-to-be-for.got.ten (nev'ırtıbifırgat'ın) *s.* asla unutulmayacak, unutulmaz, her zaman anılmaya lâyık.

new (nu) *s.* yeni; taze; yeni çıkmış, yeni keşfolunmuş; tazelenmiş, yenilenmiş; görülmemiş, alışılmamış. **new moon** yeni ay, ayça, hilâl. **New Testament** İncili Şerif, Yeni Ahit. **new town** önceden düzenlenmiş plana göre kurulmuş şehir banliyösü. **New World** Yeni Dünya. **New Year, New Year's Day** Yılbaşı. **newness** *i.* yenilik.

new- *önek* yeniden.

new.born (nu'bôrn) *s.* yeni doğmuş.

new-coined (nu'koynd) *s.* yeni çıkmış, yeni icat edilmiş.

new.com.er (nu'kʌmır) *i.* yeni gelmiş kimse.

New Del.hi (del'i) Yeni Delhi.

new.el (nu'wıl) *i., mim.* sarmal merdivenin orta direği; tırabzanın başındaki veya dibindeki direk. **newel post** tırabzan babası.

New England Birleşik Amerika'nın kuzeydoğu kısmındaki eyaletlerine verilen ortak ad.

new-fall.en (nu'fôlın) *s.* yeni yağmış.

new-fan.gled (nu'fäng'gıld) *s., k.dili* yeni çıkmış, yeni model.

New Guinea (gîn'i) Yeni Gine.

new.ly (nu'li) *z.* yakın zamanlarda; yeniden. **newly-wed** *i.* yeni evli kimse.

new-mown (nu'mon) *s.* yeni biçilmiş (çim).

news (nuz) *i.* haber, havadis. **news media** haber yayınlama araçları. **news vender** *İng.* gazeteci. **break the news** ilk haber vermek. **newsy** *s., k.dili* haberlerle dolu.

news.boy (nuz'boy) *i.* gazeteci, gazete satıcısı.

news.cast (nuz'käst) *i.* ajans haberleri, haber yayını.

news.let.ter (nuz'letır) *i.* basılmış mektup şeklinde ve belirli aralıklarla çıkan gazete.

news.mak.er (nuz'meykır) *i., A.B.D.* bahsedilmeye değer kimse veya olay.

news.pa.per (nuz'peypır) *i.* gazete.

news.pa.per.man (nuz'peypırmän) *i.* gazeteci, gazete yazarı; gazete sahibi.

news.print (nuz'prînt) *i.* gazete kâğıdı, üçüncü hamur kâğıt.

news.reel (nuz'ril) *i.* sinemada dünya haberlerini veren film.

news.sheet (nuz'şit) *i.* tek sayfalık gazete.

news.stand (nuz'ständ) *i.* satılacak gazetelere mahsus yer, gazete tezgâhı.

news.worth.y (nuz'wırdhi) *s.* bahsedilmeye değer.

newt (nut, nyut) *i.* ufak keler, su keleri, semender. **smooth newt** kaypak semender, *zool.* Lissotriton punctatus.

New.to.ni.an (nuto'niyın) *s., i.* büyük İngiliz tabiat bilgini Newton'a veya onun kanununa ait; *i.* Newton kanunu taraftarı.

New Zea.land (zi'lınd) Yeni Zeland.

next (nekst) *s., z., edat* en yakın, yanı başındaki; sonra gelen; *z.* sonra, ondan sonra, hemen sonra; *edat* en yakın. **next door** yanındaki ev, bitişik komşu. **next door to** az daha, hemen hemen. **next of kin** en yakın akraba. **next to** hemen hemen. **next to nothing** hiç değerinde.

nex.us (nek'sıs) *i.* (çoğ. nex.us) bağ, rabıta.

NH *kıs.* New Hampshire.

ni.a.cin (nay'ısîn) *i., ecza.* nikotinik asit.

Ni.ag.a.ra River (nayäg'rı) Amerika'da Niyagara nehri. **Niagara Falls** Niyagara şelâlesi.

Nia.mey (nya'mey) *i.* Niamey, Nijer'in başkenti.

nib (nîb) *i., f.* (**-bed, -bing**) kalem ucu; sivri uç; *f.* uç koymak; kalemin ucunu yontmak.

nib.ble (nîb'ıl) *f., i.* azar azar ısırmak, kemirmek; çöplenmek; *i.* hafif ısırma; ufak lokma, ufak parça.

nibs (nîbz) *i., şaka* patron. **his nibs** cenapları, hazretleri. **your nibs** kulunuz.

Ni.cae.a, Ni.ce.a (naysi'yı) *i.* İznik. **Ni'cene** *s.* İznik şehrine ait. **Nicene Creed** İznik'te M.S. 325 yılında kurulan kilise meclisinin kararlaştırdığı Hıristiyanlık ilkeleri ve bunun sonraki düzeltilmiş şekilleri.

Nic.a.ra.gua (nîkıra'gwı) *i.* Nikaragua.

nice (nays) *s.* hoş, cazip; iyi, mükemmel; nazik; latif, tatlı; ince; dakik. **nice and...** iyice, sevindirici bir derecede. **nice and brown** iyice pişirilmiş; iyice yanmış. **nicely** *z.* iyi bir tarzda, latifçe, güzel bir şekilde. **niceness** *i.* incelik, dakik olma.

ni.ce.ty (nay'sıtı) *i.* incelik, hassaslık, titizlik. **to a nicety** tam karar. **niceties** *i.* ince noktalar, incelikler.

niche (nîç) *i., f.* heykel veya benzeri için özellikle duvarda bir oyuk, hücre; mevki, uygun yer; *f.* hücreye yerleştirmek, uygun yere koymak.

nicht wahr (nîht var') *Al.* Değil mi?

nick (nîk) *i.* diş, çentik, kertik; işaret edilmiş yer. **in the nick of time** tam zamanında. **old Nick** Şeytan.

nick (nîk) *f.* çentmek, kertik yapmak; kesmek, kırpmak; tam zamanında isabet ettirmek; *İng., argo* yakalamak; çalmak. **nick (someone) for** *A.B.D., argo* koparmak.

nick.el (nîk'ıl) *i., f.* nikel; Amerika'ya mahsus beş sentlik para; *f.* nikel ile kaplamak. **nickel silver** nikel ile karışık gümüş. **nickel steel** nikel ile karıştırılarak sertleştirilmiş çelik. **nickelif'erous** *s.* içinde nikel olan.

nick.el.o.de.on (nîkılo'diyın) *i.* eskiden beş sente film seyredilen sinema; eskiden para ile çalınan otomatik pikap.

nick.el-plate (nîk'ılpleyt) *f.* nikelaj yapmak.

nick.nack (nîk'näk) *bak.* **knickknack.**

nick.name (nîk'neym) *i., f.* lakap, takma ad; *f.* lakap takmak.

Nic.o.bar Islands (nîkıbar') Hint Okyanusunda Nikobar adaları.

Nic.o.si.a (nîkısi'yı) *i.* Lefkoşe.

nic.o.tine (nîk'ıtin) *i.* nikotin. **nicotined** *s.* nikotinli, nikotin dolu. **nicotinic acid** *ecza.* nikotinik asit. **nicotinism** *i.* nikotinle zehirlenme, fazla tütün içmekten ileri gelen zehirlenme.

nic.ti.tate (nîk'tıteyt) *f.* göz kırpmak. **nictita'tion** *i.* göz kırpma.

nid.i.fi.cate, nid.i.fy (nîd'ıfîkeyt, nîd'ıfay) *f.* yuva yapmak. **nidifica'tion** *i.* yuva yapma.

ni.dus (nay'dıs) *i.* (*çoğ.* ni.di) yuva, özellikle böcek yuvası; organizmada mikropların geliştiği yer; herhangi bir şeyin kaynağı. **nidus avis** *anat.* kuşyuvası, beyinciğin alt yüzünden iki tarafındaki çukurlardan biri.

niece (nis) *i.* kardeş kızı, kız yeğen.

ni.el.lo (niyel'o) *i.* bakır veya gümüşle karışık siyah kükürt alaşımı; bu alaşım ile maden levhalar üzerinde süslemeler yapma sanatı.

nif.ty (nîf'ti) *s., argo* şık; hoş.

Ni.ger (nay'cır) *i.* Nijer.

Ni.ge.ri.a (naycîr'iyı) *i.* Nijerya.

nig.gard (nîg'ırd) *i., s.* cimri kimse, tamahkâr kimse, eli sıkı kimse; *s.* cimri, tamahkâr, hasis. **niggardly** *s., z.* cimri; kısıtlı; *z.* tamahkârca. **niggardliness** *i.* cimrilik.

nig.ger (nîg'ır) *i., aşağ.* zenci, çok esmer kimse.

nig.gle (nîg'ıl) *f.* gereksiz ayrıntılarla vakit geçirmek, önemsiz şeylerle uğraşmak; ufak tefek kusurlar üstünde durmak. **niggling** *s., i.* aşırı titiz; süflî; sinirlendirici; *i.* aşırı titiz çalışma.

nigh (nay) *z., edat, s.* yakın; hemen hemen, az daha; *edat* yakın; *s.* yakın; elde hazır.

night (nayt) *i.* gece, gece vakti; akşam; karanlık; cehalet. **night and day** gece gündüz, daima, durmadan. **night blindness** gece körlüğü. **night clothes** yatak kıyafeti. **night crawler** *A.B.D., k.dili* geceleri çıkan bir çeşit solucan. **night editor** gece çalışan gazete yazı işleri müdürü. **night latch** Yale kilidi. **night letter** geceleri ucuz fiyatla gönderilen telgraf, ELT. **night owl** geceleri geç yatmayı âdet edinen kimse. **night school** gece okulu. **night soil** geceleri boşaltılan pislik. **night table** komodin. **night vision** karanlıkta görme özelliği; gece görülen hayalet. **night watch** gece bekçisi; gece nöbeti. **a night out** hizmetçilerin izinli oldukları gece. **all night long** bütün gece, sabaha kadar. **by night** ge-

celeyin. **make a night of it** eğlenceli bir
gece geçirmek. **nightly** *s., z.* gece meydana
gelen; *z.* geceleyin; her gece. **nights** *z.,*
k.dili geceleyin.

night-bloom.ing cereus (nayt'blumîng) çi-
çekleri yalnız gece açılan bir kaktüs, *bot.*
Selenicereus grandiflorus.

night.cap (nayt'käp) *i.* gece başlığı, takke;
yatmadan önce içilen içki.

night.club (nayt'klʌb) *i.* gece kulübü.

night.fall (nayt'fôl) *i.* akşam vakti, akşam
karanlığı.

night.gown (nayt'gaun) *i.* gecelik.

night.hawk (nayt'hôk) *i.* çobanaldatan, keçi-
sağan, *zool.* Caprimulgus europaeus; ge-
celeri geç yatma âdeti olan kimse.

night.in.gale (nay'tın.geyl) *i.* bülbül, *zool.* Lus-
cinia megarhynchos.

night.jar (nayt'car) *i.* çobanaldatan, *zool.* Cap-
rimulgus europaeus.

night-light (nayt'layt) *i.* gece kandili, gece
açık bırakılan loş ışık.

night.long (nayt'lông) *z., s.* gece boyunca
(süren).

night.mare (nayt'mer) *i.* kâbus, karabasan.

night.ri.der (nayt'raydır) *i.* geceleri baskın ya-
pan atlı ve maskeli çeteye mensup kişi.

night.shade (nayt'şeyd) *i.* itüzümü, köpek-
üzümü, *bot.* Solanum nigrum. **woody night-
shade** yaban yasemini, *bot.* Solanum dulca-
mara.

night.shirt (nayt'şırt) *i.* erkeklerin giydiği ge-
celik entarisi.

night.side (nayt'sayd) *i.* ay veya gezegenin
güneş ışığında olmayan tarafı; herhangi bir
şeyin karanlıkta olan yanı.

night.sight (nayt'sayt) *i.* karanlıkta bir silâhı
hedefe yöneltmek için kullanılan elektronik
cihaz.

night.spot (nayt'spat) *i., A.B.D., k.dili* gece
kulübü.

night.stick (nayt'stik) *i., A.B.D.* cop.

night.time (nayt'taym) *i.* gece vakti.

night.view.er (nayt'vyuwır) *i.* karanlıkta man-
zarayı ekran üzerinde gösteren elektronik
cihaz.

night.wear (nayt'wer) *i.* yatak kıyafeti.

night.y (nay'ti) *i., A.B.D., k.dili* gecelik.

ni.gres.cence (naygres'ıns) *i.* siyahlaşma, ka-
rarma.

nig.ri.tude (nîg'rıtud) *i.* siyahlık.

ni.hil.ism (nay'ılizım, ni'hîl-) *i.* hiçlik, yokluk;
fels. nihilizm, varlığı inkâr eden öğreti, bilim
ve gerçeğin temelini inkâr eden öğreti; *b.h.,*
pol. nihilizm. **nihilist** *i.* nihilizm taraftarı.
nihilis'tic *s.* nihilizme ait. **nihil'ity** *i.* hiçlik,
yokluk.

-nik *sonek, argo* aşağılatıcı isim türetmek için ek:
beatnik, protestnik.

nil (nîl) *i.* hiç.

Nile (nayl) *i.* Nil nehri.

nil.gai, nil.gau (nîl'gay, nîl'gô) *i.* Hindistan'a
mahsus kurşunî ve kısa yeleli iri ceylan.

Ni.lom.e.ter (naylam'ıtır) *i.* Nil nehri taştığı
zaman suyun yüksekliğini ölçmek için kulla-
nılan alet; *k.h.* herhangi bir nehrin su yük-
selmesini ölçme aleti.

Ni.lot.ic (naylat'îk) *s.* Nil'e veya yöresine ait;
bu civarda yaşayanlara ait; Sudan dillerine
ait.

nim.ble (nîm'bıl) *s.* çabuk, çevik, atik; tetik,
uyanık, zeki, açıkgöz. **nimble-fingered** *s.*
marifetli, hünerli, eline tez. **nimble-witted**
s. hazırcevap, anlayışlı, çok zeki. **nimble-
ness** *i.* çabukluk, çeviklik. **nimbly** *z.* çevikçe.

nim.bus (nîm'bıs) *i.* (*çoğ.* **-bi**) *güz. san.* ayla,
hale; bir kimse veya şeyin etrafını saran
parlak şöhret bulutu; *meteor., eski* yağmur
bulutu.

Nim.rod (nîm'rad) *i.* güçlü avcı Nemrud; usta
avcı.

nin.com.poop (nîn'kımpup) *i.* ahmak ve bu-
dala kimse, sersem kimse.

nine (nayn) *s., i.* dokuz; *i.* dokuz sayısı, dokuz
rakamı, 9, IX; iskambil dokuzlusu; dokuz
kişilik beysbol oyuncu takımı. **ninefold** *i.,*
s. dokuz kat, dokuz misli.

nine.pins (nayn'pînz) *i.* tahta yuvarlakla oy-
nanan dokuz kuka oyunu.

nine.teen (nayn'tin') *s., i.* on dokuz. **nine-
teenth** *s.* on dokuzuncu; on dokuzda bir.

1984 (nayn'tin.eyti.fôr') *i.* gelecekte kişi hürri-
yetinin kalkacağı ve insanların robotlaşacağı
bir toplumu sembolize eden tarih.

nine.ty (nayn'ti) *s., i.* doksan. **ninetieth** *s.*
doksanıncı; doksanda bir.

nin.ny (nîn'i) *i.* ahmak kimse, budala kimse.

ninth (naynth) *s., i.* dokuzuncu, dokuzda bir
(kısım).

nip (nîp) *f.* (**-ped, -ping**) *i.* çimdiklemek, kıstırmak; kırpmak, kesmek; (soğuk) dondurmak, sızlatmak; (kırağı) büyümesini engellemek; *argo* çalmak; *argo* yakalamak; *İng.*, *k.dili* hızlı gitmek; *i.* çimdik, tırmık; kesip koparma; ayaz; soğuktan kavrulma; alaylı ve kırıcı söz. **nip and tuck** daradar, az kalsın. **nip in the bud** başlangıçta durdurmak veya bastırmak. **nippy** *s.* acı, ısırıcı (soğuk); *İng.*, *k.dili* faal.

nip (nîp) *i.*, *f.* **(-ped, -ping)** azıcık içki; *f.* azıcık içki içmek, içki yudumlamak.

nip.per (nîp'ır) *i.* kırpan veya kesen kimse veya şey; *çoğ.* kıskaç, cımbız; atın ön dişi; yengeç veya ıstakozun kıskacı; *İng.*, *k.dili* erkek çocuk, oğlan; *çoğ.*, *argo* kelepçe.

nip.ping (nîp'îng) *s.* keskin, acı, ısırıcı, zehir gibi.

nip.ple (nîp'ıl) *i.* meme başı; şişe emziği; iki ucu vidalı kısa boru.

Nip.pon (nîp'an) *i.* Japonya. **Nipponese'** *i.*, *s.* Japon.

nir.va.na (nîrva'nı, nırvän'ı) *i.* Budizme göre insanın aşırı istek ve tutkularından kurtulma yoluyle eriştiği salt mutluluk durumu; mutluluk.

Ni.sei (ni'sey) *i.* ailesi Japonya'dan gelmiş olup Amerika'da doğup büyüyen kimse.

ni.si (nay'say) *bağ.*, *huk.* olmadığı takdirde, olmazsa, yoksa. **decree nisi** bozulmasını gerektirecek bir sebep çıkmadığı takdirde belirli bir süre sonra kesinleşecek olan boşanma kararı.

Nis.sen hut (nîs'ın) çelikten yapılmış yarım silindir şeklinde portatif bina, baraka.

nit (nît) *i.* bit yumurtası, sirke.

ni.ter (nay'tır) *i.* güherçile.

nit-pick (nît'pîk) *f.*, *k.dili* ufak kusurlar aramak.

ni.trate (nay'treyt) *i.* nitrik asit tuzu, nitrat. **silver nitrate** cehennemtaşı, gümüş nitratı.

ni.tric acid (nay'trîk) *kim.* nitrik asit, kezzap, azotik asit.

ni.tri.fi.ca.tion (naytrıfıkey'şın) *i.*, *kim.* nitratlaşma.

ni.tri.fy (nay'trıfay) *f.*, *kim.* nitratlaştırmak.

ni.trite (nay'trayt) *i.*, *kim.* nitröz asidi tuzu.

ni.tro.gen (nay'trıcın) *i.* azot, nitrojen. **nitrog'enous** *s.* nitrojene ait, azotlu.

ni.tro.glyc.er.in(e) (naytroglis'ırîn) *i.*, *kim.* nitrogliserin.

ni.trous (nay'trıs) *s.*, *kim.* azota ait, azota benzer, azotlu. **nitrous acid** *kim.* nitröz asidi. **nitrous oxide** *kim.* diazot monoksit, güldürücü gaz.

nit.ty-grit.ty (nît'i.grît'i) *i.* bir işin zor tarafı, gerçek yüzü.

nit.wit (nît'wît) *i.* ahmak veya kuş beyinli kimse.

nix (nîks) *i.* ufak su perisi. **nixie** *i.* dişi su perisi.

nix (nîks) *i.*, *z.*, *ünlem*, *f.*, *argo* hiç bir şey, hiç, yok; *z.* hiç; *ünlem* Dur! Dikkat et! *f.* engel olmak; reddetmek.

Ni.zam (nîzam') *i.* Haydarabat hükümdarının unvanı.

NJ *kıs.* New Jersey.

N. lat. *kıs.* north latitude.

NM *kıs.* New Mexico.

N.N.E. *kıs.* north-northeast.

N.N.W. *kıs.* north-northwest.

no. (*çoğ.* **nos.**) *kıs.* number.

no (no) *z.*, *s.*, *i.* (*çoğ.* **noes**) (noz) hayır, yok, değil; *s.* hiç, hiç bir; *i.* yok cevabı, hayır kelimesi; olumsuz oy veya karar; olumsuz oy, olumsuz oy veren kimse. **no better than** -dan daha iyi olmayan. **No dice.** *argo* Olmaz. Olmayacak. **no end of talk** sonu gelmez laf. **no man's land** iki cephe arasında sahipsiz arazi parçası; çok tehlikeli bölge. **No sooner said than done.** Söz ağızdan çıkar çıkmaz yapılır. **no whit** hiç, katiyen. **no wonder** hiç garip değil, pek tabii. **by no means** hiç, katiyen. **He no longer comes here.** Artık buraya gelmiyor. **I want no more of it.** Bu kadarı yeter. Sözü uzatma. **in no time** hemen, derhal. **in no wise** hiç bir suretle. **It's no joke.** Kolay iş değil. Şakaya gelmez. **The noes have it.** Aleyhtarlar kazandı.

No.ah (no'wı) *i.* Nuh Peygamber. **Noah's ark** Nuhun gemisi.

nob (nab) *i.*, *argo* baş, kafa.

nob (nab) *i.*, *argo* asılzade; züppe ve büyüklük taslayan kimse. **nobby** *s.*, *argo* gösterişli, şık, zarif.

no.bil.i.ar.y (nobîl'iyeri) *s.* asılzadelere ait.

no.bil.i.ty (nobîl'ıti) *i.* asalet, soyluluk, asılzadelik.

no.ble (no'bıl) *s.*, *i.* asil, soylu, soydan; âlicenap, yüce gönüllü; heybetli, yüce, ulu; mükemmel, çok güzel; *eski* kimyasal değişiklik göstermeyen (kıymetli maden); *i.* asılzâde, soylu kimse; İngiltere'nin eski bir altın parası. **nobleman** *i.* asılzade. **noblewoman** *i.* soylu kadın. **nobleness** *i.* asalet, soyluluk, kibarlık. **nobly** *z.* soylulara yakışır bir şekilde, mertçesine.

no.blesse (nobles') *i.* asılzadeler zümresi, soylular sınıfı. **noblesse oblige** (oblij') *Fr.* soylu kimselerin başkalarına mertçe ve soylu bir şekilde davranma vazifesi.

no.bod.y (no'bʌdi) *zam., i.* hiç kimse; *i.* önemsiz bir kimse.

nock (nak) *i., f.* okun arka ucundaki kertik; yayın iki ucunda kirişi tutmaya mahsus kertik; *f.* oku yay kirişine yerleştirmek.

noc.ti.lu.cent (naktılu'sınt) *s., meteor.* gece parlayan (bulut).

noc.tur.nal (naktır'nıl) *s.* geceye özgü; geceleyin oian; geceleyin çiçek açan; geceleri gezen veya yem arayan (hayvan). **nocturnally** *z.* gece, geceleyin.

noc.turne (nak'tırn) *i., müz.* tatlı ve duygulu müzik parçası, geceye mahsus parça; resimde gece manzarası.

noc.u.ous (nak'yuwıs) *s.* zarar veren.

nod (nad) *f.* **(-ded, -ding)** *i.* kabul veya doğrulama ifade etmek için başını eğmek; (uyuklarken) başı öne düşürmek; dikkatsiz davranmak; *i.* başın öne eğilmesi. **get the nod** *A.B.D., argo* izin almak; seçilmek.

nod.al (nod'ıl) *s.* düğüme ait. **nodal points** titreşim halinde bulunan bir ip veya telin hareketsiz noktaları.

nod.dle (nad'ıl) *i., k.dili* baş, kafa.

nod.dy (nad'i) *i.* ahmak veya budala kimse; bir deniz kırlangıcı.

node (nod) *i.* düğüm; *bot.* düğüm, nod; *astr.* bir gökcismi yörüngesinin ekliptiği kestiği noktaların her biri; *tıb.* romatizmadan meydana gelen katılık, yumru, şiş; *fiz.* titreşim halinde bulunan bir ip veya telin hareketsiz noktalarından her biri; merkez noktası.

no.dose (no'dos) *s.* düğümlü, boğumlu.

no.dos.i.ty (nodas'ıti) *i.* düğümlülük, düğüm.

nod.ule (nac'ul, nad'yul) *i.* ufak ve yuvarlakça yumru veya düğüm, ufak boğum; *tıb.* ufak şiş veya yumru, düğüm, düğümcük, bezecik; *jeol.* yuvarlakça maden parçası. **nodular** *s.* yumru veya düğüme ait; yumrulu, düğümlü.

no.el (nowel') *i.* noel şarkısı; *b.h.* Noel.

no.et.ic (nowet'îk) *s., fels.* akli faaliyetle ilgili.

no-fault insurance suçluyu aramaksızın kazazedeye para ödeyen sigorta.

nog (nag) *i.* takoz; *İng., leh.* kuvvetli bira.

nog.gin (nag'in) *i., k.dili* kafa; ufak bardak; ufak bir içki ölçüsü.

no-go (no'go) *s.* sökmez, imkânsız.

no.how (no'hau) *z., leh.* hiç bir suretle, asla.

noise (noyz) *i., f.* ses, gürültü, patırtı, şamata, velvele, yaygara; haberleşmede gönderilen haberi değiştiren veya karıştıran parazit; enerjide düzensizlik; *f.* gürültü etmek, ses çıkarmak. **noise about** yaymak, neşretmek, ilân etmek. **noise pollution** insan ve çevresine zararlı olan gürültü. **make noises** bahsetmek.

noise.less (noyz'lis) *s.* sessiz, gürültüsüz. **noiselessly** *z.* sessizce. **noiselessness** *i.* sessizlik.

noise-mak.er (noyz'meykır) *i.* merasimlerde gürültü çıkaran zil, borazan ve benzeri; gürültü yapan kimse.

noi.some (noy'sım) *s.* iğrenç, pis kokulu; zararlı, muzır. **noisomely** *z.* iğrenççe. **noisomeness** *i.* iğrençlik; muzırlık.

nois.y (noy'zi) *s.* sesli, gürültülü; gürültücü, yaygaracı. **noisily** *z.* gürültülü olarak. **noisiness** *i.* gürültü.

no.knock (no'nak) *s., A.B.D.* istediği yere zorla girebilme yetkisini belirten.

no.lens vo.lens (no'lenz vo'lenz) *Lat.* ister istemez.

nol.le pros.e.qui (nal'i pras'ıkway) *Lat., huk.* takipsizlik kararı.

no-load (no'lod) *s.* komisyonsuz satılan (hisseler).

no.lo con.ten.de.re (no'lo kınten'dıri) *Lat., huk.* suç isnadına itiraz etmiyorum (sanığın suçu üstüne almadan cezayı kabul etmesi halinde kullanılan tabir).

nol-pros (nalpras') *f.* **(-sed, -sing)** *huk.* takipsizlik kararı vermek.

no.mad (no'mäd) *s., i.* göçebe (kimse veya topluluk). **nomad'ic** *s.* göçebe gibi, göçebeye ait. **no'madism** *i.* göçebelik.

nom.ar.chy (nam'arki) *i.* Yunanistan'da il.

nom de guerre (nôm dı ger') *Fr.* takma isim.

nom de plume (nam dı plum') yazarın takma adı.

nome (nom) *i.* eski Mısır ve bugünkü Yunanistan'da eyalet.

no.men.cla.ture (no'mınkleyçır) *i.* bir ilim veya fen dalına ait terimler, terminoloji.

nom.i.nal (nam'ınıl) *s.* ismen mevcut olan, sözde; birinin ismini taşıyan; önemsiz; *dilb.* isim türünden veya isme ait olan, isimle ilgili. **nominally** *z.* ismen, sözde olarak; önemsizce.

nom.i.nal.ism (nam'ınılizım) *i., fels.* adcılık, nominalizm. **nominalist** *i.* adcı.

nom.i.nate (nam'ıneyt) *f.* başkasını aday olarak göstermek; atamak, görevlendirmek.

nom.i.na.tion (namıney'şın) *i.* aday gösterme.

nom.i.na.tive (nam'ınıtiv) *s., gram.* yalın (hal), öznel.

nom.i.nee (namıni') *i.* aday, namzet.

nomo- *önek* hukuk, usul.

no.mo.graph (no'mıgräf) *i.* sayısal bağıntıları gösteren çizge.

nom.o.thet.ic (namıthet'ik) *s.* kanun koyan; bilimsel kanunlar meydana getiren.

-nomy *sonek* ilmi.

non- *önek* gayri-, -siz.

non.age (nan'ic, no'nîc) *i.* rüşte ermemiş olma; küçüklük, çocukluk.

non.a.ge.nar.i.an (nanıcıner'iyın) *s., i.* doksanlık, doksan yaşına gelmiş; *i.* doksan yaşında kimse.

non.a.gon (nan'ıgan) *i., mat.* dokuz açılı ve dokuz yanlı çokgen.

non.ap.pear.ance (nanıpir'ıns) *i.* hazır bulunmama, gıyap, yokluk.

nonce (nans) *i.* şimdiki zaman. **for the nonce** şimdilik. **nonce word** yalnız bir olay dolayısıyle icat edilmiş kelime.

non.cha.lant (nan'şılınt, nanşılant') *s.* kayıtsız, ilgisiz, soğukkanlı, heyecansız. **nonchalance** *i.* soğukkanlılık. **nonchalantly** *z.* soğukkanlı olarak.

non.com (nan'kam) *bak.* **noncommissioned officer.**

non.com.bat.ant (nankımbät'ınt, nankam'bıtınt) *i., s., ask.* geri hizmetlerde görevli kimse; savaş zamanında sivil olan kimse; *s.* savaşta kullanılmayan.

non.com.mis.sioned (nankımiş'ınd) *s., ask.* resmen görevli olmayan; asteğmenden aşağı rütbesi olan. **noncommissioned officer** onbaşı veya çavuş.

non.com.mit.tal (nankımît'ıl) *s.* tarafsız; fikrini açıklamayan.

non.com.pli.ance (nankımplay'ıns) *i.* karşı gelme, emredilen bir şeye uymama.

non com.pos men.tis (nan kam'pıs men'tîs) *Lat., huk.* aklına sahip olmayan, akılca dengesiz. **non compos** yarı kaçık.

non.con.duc.tor (nankındʌk'tır) *i., fiz.* geçirmez madde, iletken olmayan madde.

non.con.form.ist (nankınfôr'mîst) *i.* topluma ayak uydurmayan kimse; *İng.* Anglikan kilisesine bağlı olmayan kimse.

non.con.for.mi.ty (nankınfôr'mıtı) *i.* uymayı reddetme; *İng.* resmî kiliseye uymama.

non.de.script (nan'dîskrîpt) *s., i.* kolay tanımlanamaz, sınıflama veya tanımlamaya gelmez (kimse veya şey).

none (nʌn) *zam., z.* hiç biri, hiç kimse; *z.* hiç, asla, hiç bir suretle.

non.ef.fec.tive (nanîfek'tîv) *s., i.* tesirsiz, etkisiz; *ask., den.* hizmete yaramaz (kimse).

non.e.go (nani'go) *i.* benlik dışındaki dünya, nesnel kâinat.

non.en.ti.ty (nanen'tıtı) *i.* önemsiz kimse; değersiz şey; hiçlik, yokluk, var olmayan şey, yalnız hayalde olan şey.

nones (nonz) *i., çoğ.* eski Roma takviminde bazı ayların beşine ve bazı ayların yedisine verilen isim; Katoliklerin ikindi tapınması.

none.such, non.such (nʌn'sʌç) *i.* eşsiz kimse veya şey.

none.the.less (nʌn'dhıles') *z.* bununla beraber, her şeye rağmen.

non-Eu.clid.e.an (nanyuklîd'iyın) *s., mat.* Öklit geometri sistemi kurallarından ayrı olan.

non.ex.is.tence (nanîgzis'tıns) *i.* yokluk, varolmayış. **nonexistent** *s.* varolmayan.

non.fea.sance (nanfi'zıns) *i., huk.* kanunî bir yükümü hiç veya gereği gibi yerine getirmeme.

non.fer.rous (nanfer'ıs) *s.* demirden başka olan (maden).

non.fic.tion (nanfik'şın) *i.* kurgusal olmayan düzyazı.

non.flam.ma.ble (nanfläm'ıbıl) *s.* ateş almaz, yanmaz.

non.hap.pen.ing (nan'häpınîng) *i.* olaysız durum, ilgi çekmeyen olay.

no.nil.lion (nonil'yın) *i.* Fransız ve Amerikan

usulüne göre otuz sıfırlı sayı; İngiliz usulüne göre elli dört sıfırlı sayı.

non.in.ter.ven.tion (nanîntırven'şın) *i.* başka devletlerin işine karışmama siyaseti.

non.join.der (nancoyn'dır) *i., huk.* davaya katılması gereken bir kimsenin dışta bırakılması.

non.ju.ror (nancûr'ır) *i.* bağlılık andını içmeyi reddeden kimse; *tar.* İngiltere hanedanından kral William ile kraliçe Mary'ye bağlılık yemini etmeyen vaizlerden biri.

non.lead.ed (nanled'id) *s.* içinde kurşun bulunmayan (benzin).

non li.cet (nan lay'sît) *Lat.* Kanuna aykırıdır.

non li.quet (nan lay'kwît) *Lat.* Mesele açık değil.

non.met.al (nanmet'ıl) *i., kim.* madenî olmayan eleman; hidrojen ile birleşince asit meydana getirebilen eleman.

non.mor.al (nanmôr'ıl) *s.* ahlâkla ilişiği olmayan.

non.nuc.le.ar (nan.nu'kliyır) *s.* atom bombası olmayan (memleket).

no-no (no'no) *i., A.B.D., argo* yapılmaması gereken şey.

non.ob.jec.tive (nanıbcek'tîv) *s., güz. san.* nesnel olmayan.

non.pa.reil (nanpırel') *s., i.* eşsiz, misli bulunmaz; *i.* eşsiz kimse; mükemmel şey; altı puntoluk matbaa harfi.

non.par.ous (nanper'ıs) *s.* çocuk doğurmamış.

non.par.tic.i.pat.ing (nanpartîs'ıpeyting) *s.* katılmayan.

non.par.ti.san (nanpar'tızın) *s.* partiye bağlı olmayan; tarafsız.

non.plus (nan'plʌs) *i., f.* şaşkınlık, hayret; *f.* şaşırtmak, hayrete düşürmek.

non.pro.duc.tive (nanprıdʌk'tîv) *s.* mahsul vermeyen, verimsiz.

non.prof.it (nanpraf'ît) *s.* kâr gayesi gütmeyen.

non.res.i.dent (nanrez'ıdınt) *s., i.* görevli bulunduğu yerde oturmayan (kimse); memleketi dışında yaşayan (kimse).

non.re.sis.tance (nanrîzîs'tıns) *i.* mukavemetsizlik, karşı koymayış, direnmeyiş, teslimiyet. **nonresistant** *i.* karşı koymayan kimse; otoriteye uyma taraftarı.

non.re.stric.tive (nanrîstrîk'tîv) *s.* kısıtlamayan.

non.rig.id (nanrîc'îd) *s.* esnek, katı olmayan.

non.sec.tar.i.an (nansekter'iyın) *s.* mezhebe bağlı olmayan.

non.sense (nan'sens) *i.* saçma şey, boş laf; önemsiz şey. **nonsense verses** eğlence için yazılmış saçma mısralar, anlamsız şiir. **talk nonsense** saçmalamak. **nonsen'sical** *s.* saçma, manasız, abuk sabuk. **nonsensically** *z.* saçma olarak. **nonsensicalness** *i.* saçmalık.

non seq.ui.tur (nan sek'wıtır) *man.* ilgisiz sonuç, mantığa sığmayan sonuç; konuşulanla ilgisi olmayan söz.

non.sked (nan'sked) *i., k.dili* uçuş saatleri tasımlanmamış olan havayolu.

non.skid (nanskîd') *s.* kayma tehlikesine karşı koyan (otomobil lastiği).

non.stop (nan'stap') *s., z.* aralıksız, duraklamadan.

non.such *bak.* nonesuch.

non.suit (nan'sut) *i., f. huk.* davacının davadan vaz geçmesi; *f.* davanın düşmesine karar vermek.

non.sup.port (nansıpôrt') *i.* bir kimsenin kanunen bakmakla yükümlü olduğu kimseye bakmaması.

non.un.ion (nanyun'yın) *s.* sendikaya mensup olmayan; sendika üyelerine iş vermeyen; sendikaları tanımayan. **nonunionist** *i.* sendikalara karşı olan kimse.

noo.dle (nud'ıl) *i.* budala veya sersem kimse; *k.dili* kafa.

noo.dle (nud'ıl) *i.* şehriye.

nook (nûk) *i.* kuytu yer, köşe.

noon (nun) *i.* öğle vakti; en parlak ve en başarılı devre, doruk. **noonday** *i., s.* öğle vakti; *s.* öğle vaktinde olan. **noon hour** öğle paydosu. **noontime**, *eski* **noontide** *i.* öğle vakti; en parlak veya en başarılı devre. **high noon** tam öğle vakti.

noose (nus) *i., f.* ilmik; bağ; *f.* ilmikle tutmak; ilmik bağlamak; ilmiklemek.

no.pal (no'pıl) *i.* hintinciri, firavuninciri, frenkinciri, *bot.* Opuntia ficus india.

no-par (no'par') *s.* itibarî değeri olmayan.

nope (nop) *z., A.B.D., argo* Yok. Hayır.

nor (nôr) *bağlaç* ne de, ne.

Nor.dic (nôr'dîk) *s., i.* özellikle İskandinavya'da bulunan dolikosefal uzunboylu ve sarışın ırka ait; *i.* bu ırka mensup kimse.

no.ri.a (nô'rıyı) *i.* sudolabı.

norm (nôrm) *i.* belirli bir grup için tipik sayılan model veya standart, norm, örnek; istatistikte en çok elde edilen değer; *fels.* düstur, düzgü.

nor.mal (nôr'mıl) *s., i.* normal; tabii, uygun, muntazam; düzgülü; *geom.* dikey; *i.* dikey, normal; alışılmış durum, standart. **normal distribution** normal eğriyle gösterilen frekans dağılımı. **normal school** öğretmen okulu. **normalcy, normal'ity** *i.* tabiilik, normallik. **normalize** *f.* tabiileştirmek, normal kılmak. **normally** *z.* genellikle, çoğunlukla; tabii olarak.

Nor.man (nôr'mın) *s., i.* Normandiya'ya veya Normandiyalılara ait; *i.* Normandiyalı kimse; Normandiyalıların konuştuğu Fransızca lehçe.

nor.ma.tive (nôr'mıtiv) *s.* kaide teşkil eden, kaideye ait, düzgüsel, düzgülü, normal.

Norse (nôrs) *s., i.* İskandinavya'ya veya İskandinav dillerine ait; *i.* İskandinavya dili; Norveç lisanı.

north (nôrth) *i., s., z.* kuzey; *b.h.* bir memleketin kuzey kısımları; *s.* kuzey; kuzeyden esen veya gelen; kuzeye bakan; *z.* kuzeye doğru, kuzey tarafta. **north by east** yıldız kerte poyraz. **northeast** *i., s.* kuzey doğu. **northeastern** *s.* kuzey doğuda olan, kuzey doğudan gelen. **North Pole** Kuzey Kutbu. **North Star** Kutupyıldızı. **northwest** *i., s.* kuzey batı.

north.east.er (nôrthis'tır) *i.* poyraz rüzgârı veya fırtınası; gemicilerin giydiği geniş kenarlı sugeçirmez şapka. **northeasterly** *s., z.* kuzey doğuya ait; *z.* poyraza doğru; poyrazdan.

north.er (nôr'dhır) *i.* kuzeyden gelen fırtına veya şiddetli rüzgâr. **northerly** *s., z., i.* kuzeydeki; kuzeye doğru olan; kuzeyden esen; *z.* kuzeyden; kuzeye doğru; *i.* kuzeyden gelen fırtına veya rüzgâr.

north.ern (nôr'dhırn) *s.* kuzeye ait; kuzeyde meydana gelen veya yaşayan, kuzeyli; kuzeyden gelen. **northern lights** güneşteki fırtınalar sonucu meydana gelen ve en çok kuzey kutup bölgesinde geceleri görülüp hareket eden renkli ışıklar. **northerner** *i.* kuzeyli kimse; *gen. b.h.* A.B.D.'nin kuzey eyaletlerinde oturan kimse. **northernmost** *s.* en kuzeydeki.

north.ing (nôr'dhing) *i.* kuzeye doğru katedilen mesafe.

north.ward (nôrth'wırd) *z., s., i.* kuzeye doğru; *s.* kuzeye bakan; *i.* kuzey taraf. **northwardly** *z., s.* kuzeye doğru (olan); kuzeyden (esen). **northwards** *z.* kuzeye doğru.

north.west.er (nôrthwes'tır) *i.* karayel. **northwesterly** *s.* karayel yönünden.

Nor.way (nôr'wey) *i.* Norveç.

Nor.we.gian (nôrwi'cın) *s., i.* Norveçli; Norveç diline ait; *i.* Norveçli kimse; Norveç dili.

nose (noz) *i., f.* burun; koklama hissi; burun gibi çıkıntılı yer veya şey; uçağın ön kısmı, burun; *den.* pruva; *f.* kokusunu almak; koklamak; burun ile dokunmak veya burnu sürmek; başkasının işine burnunu sokmak; ağır ağır ilerlemek; koklayarak aramak. **nose cone** uzay roketinin huni şeklindeki ön kısmı. **nose dive** uçağın baş aşağı düşmesi; balıklama dalış; ani düşüş. **nose out** özellikle koklayarak arayıp bulmak; meydana çıkarmak; yarışta pek az farkla birinci gelmek. **nose over** burun üstü düşmek. **as plain as the nose on your face** besbelli, apaçık, aşikâr. **bite one's nose off** birine ters cevap vermek. **count noses** bir yerde hazır bulunanları saymak. **follow one's nose** dosdoğru gitmek; düşünmeden hareket etmek. **I paid through the nose for it.** Pek pahalıya mal oldu. **keep one's nose to the grindstone** durmadan ve sıkı çalışmak. **lead by the nose** burnundan çekip sevketmek, körükörüne takip ettirmek. **look down one's nose at** hor görmek. **poke one's nose in** (vazifesi olmayan işe) burnunu sokmak. **put one's nose out of joint** ayağını kaydırmak; pabucunu dama atmak. **turn up one's nose at** hor görmek, beğenmemek; reddetmek. **under one's nose** burnunun dibinde.

nose.bag (noz'bäg) *i.* atın yem torbası.

nose.band (noz'bänd) *i.* yuların atın burnu üzerinden geçen kısmı.

nose.bleed (noz'blid) *i.* burun kanaması.

nose-dive (noz'dayv) *f.* (uçak) baş aşağı düşmek; anide düşmek.

nose.gay (noz'gey) *i.* çiçek demeti.

nose-heav.y (noz'hevi) *s.* burun aşağı uçmaya veya hareket etmeye çalışan.

nose.piece (noz'pis) *i.* zırh başlığının burun

siperi; mikroskopta merceğin takıldığı yer; at takımında burun kayışı.

no-show (no'şo') *i., A.B.D., k.dili* uçakta önceden yer ayırtan ve sonradan gitmediği halde haber vermeyen kimse.

nos.ing (no'zing) *i.* basamak çıkıntısı.

no.sol.o.gy (nosal'ıci) *i.* hastalıkları sınıflandırma ilmi; hastalıkların sınıflandırılmış olduğu liste; belli bir hastalığın özellikleri. **nosological** (nasılac'îkıl) *s.* hastalıkları sınıflandırmayla ilgili. **nosol'ogist** *i.* hastalıkları sınıflandırma uzmanı.

nos.tal.gi.a (nastäl'cı, -cıyı) *i.* özlem; vatan hasreti, sıla hastalığı. **nostalgic** *s.* vatan hasreti kabilinden.

nos.tril (nas'trıl) *i.* burun deliği.

no-strings (no'stringz) *s.* şartsız.

nos.trum (nas'trım) *i.* kocakarı ilâcı; dertlere çare olarak birinin ortaya attığı fikir; her derde deva.

nos.y (no'zi) *s., k.dili* başkasının işine burnunu sokan, meraklı.

not (nat) *z.* değil, olmayan. **not a little** epey. **not at all** hiç, asla, katiyen. **Not guilty.** Suçsuzdur. **Not half bad.** Çok iyi. Hiç fena değil. **not only this** yalnız bu değil. **Not that it matters.** Mühim değil. **whether he goes or not** gitse de gitmese de.

no.ta be.ne (no'tı bi'ni) *Lat.* İyice dikkat et.

no.ta.ble (no'tıbıl) *s., i.* dikkate değer; belli; tanınmış; hatırlanacak, unutulmaz; *i.* tanınmış kimse, şöhretli kimse; *çoğ.* itibarlılar, ileri gelenler, kodamanlar, ekâbir. **notabil'ity** *i.* şöhret; şöhretli kimse.

no.ta.rize (no'tırayz) *f.* noterde tasdik ettirmek, noter tarafından onaylatmak.

no.ta.ry (no'tıri) *i.* noter. **notary public** noter. **notarial** (noter'iyıl) *s.* notere ait.

no.ta.tion (notey'şın) *i.* işaret veya rakamlarla gösterme usulü; özellikle matematikte rakamlar ve işaretler sistemi veya müzikte notalar ile işaretler sistemi; not etme, kayıt.

notch (naç) *i., f.* çentik, diş; dar ve derin dağ geçidi; *k.dili* derece; *f.* çentmek, diş diş etmek; çentiklerle hesap tutmak; oku yaya yerleştirmek.

note (not) *i.* not, işaret; tezkere, pusula, betik; *müz.* nota, ses; piyano tuşlarından biri; bir devletin başka bir devlete yaptığı bildiri, nota; alâmet, delil; hesap pusulası; senet; şöhret, itibar; dikkat, hesaba alma. **note paper** mektup kâğıdı. **circular note** genelge, tamim, sirküler; bir çeşit kredi mektubu. **compare notes** fikir teati etmek. **person of note** şöhret sahibi kimse, tanınmış kimse. **speak without notes** hiç yazıya bakmadan nutuk söylemek. **strike the right note** yerinde söz söylemek, lafı gediğine oturtmak. **take note of** önem vermek, dikkat etmek. ·.

note (not) *f.* dikkat etmek, önem vermek; not etmek, işaret etmek; notasını yazmak. **note down** deftere not etmek. **noted** *s.* ünlü, şöhretli, meşhur; dikkate alınmış.

note.book (not'bûk) *i.* not defteri, muhtıra defteri.

note.wor.thy (not'wırdhi) *s.* dikkate değer, önemli.

noth.ing (nʌth'ing) *i., z.* hiç bir şey; sıfır; önemsiz şey veya kimse; hiç; hiçlik, yokluk; *z.* hiç, hiç bir suretle, asla, katiyen. **Nothing doing.** *k.dili* Olmaz. Ben karışmam. **nothing like** benzemez, hiç de değil. **for nothing** bedava; boşuna; sebep yokken. **in nothing flat** *A.B.D., argo* bir an evvel, hemen. **make nothing of** önem vermemek; anlayamamak. **next to nothing** hemen hemen hiç.

noth.ing.ness (nʌth'ingnîs) *i.* yokluk, hiçlik; anlamsızlık, önemsizlik; şuursuzluk.

no.tice (no'tîs) *i., f.* ilân, ihbarname, haber, bilgi; ihtar, uyarma, ikaz; dikkat, önemseme; riayet; eleştiri (kitap); saygı; *f.* dikkat etmek; bahsetmek; önem vermek; farkına varmak; saygı göstermek. **give notice** işten çıkacağını önceden haber vermek. **serve notice** uyarmak, ihtar etmek, bildirmek, ilân etmek. **short notice** az mühlet, kısa zaman. **take notice** farkına varmak. **till further notice** ikinci bir ihbara kadar. **noticeable** *s.* farkına varılabilir, görülebilir; önemsemeye değer. **noticeably** *z.* dikkati çeker şekilde, farkına varılacak derecede.

no.ti.fy (no'tıfay) *f.* bildirmek. **notification** (notîfıkey'şın) *i.* bildirme, haber verme; ihbar.

no.tion (no'şın) *i.* zan, sanı; fikir, bilgi; tasarım, tasım; *çoğ., A.B.D.* tuhafiye. **notional** *s.* hayalî, tasarım halinde olan.

no.to.ri.e.ty (notıray'ıti) *i.* şöhret, ün (kötü anlamda); adı çıkmış kimse.

no.to.ri.ous (notôr'iyıs) *s.* adı çıkmış, kötü-

lüğüyle ün salmış, dile düşmüş. **notoriously**
z. dile düşmüş olarak.

no-trump (no'trʌmp') i., briç kozsuz oyun.

not.with.stand.ing (natwithstän'ding) z., bağ-
laç, edat gerçi, her ne kadar; bakmayarak;
bağlaç mamafih, bununla birlikte; edat rağ-
men, gene de.

nou.gat (nu'gıt) i. koz helvası.

nought bak. **naught.**

nou.me.non (nu'mınan) i. (çoğ. -na) fels. var-
lığından emin olmadan kabul ettiğimiz şey,
yalnız akıl ile idrak edilen şey; esas, asıl, öz.
noumenal s. hissedilemeyen, ancak farz-
olunabilen.

noun (naun) i., gram. isim. **collective noun**
topluluk ismi. **common noun** cins isim.
proper noun özel isim.

nour.ish (nır'iş) f. beslemek, gıda vermek;
destek olmak, bakmak, büyütmek. **nourish
false hopes** gerçekleşemeyecek ümitler bes-
lemek.

nour.ish.ment (nır'işmınt) i. gıda, yemek; bes-
leme, beslenme.

nous (nus) i., fels. akıl, zihin, zekâ; idrak, an-
layış.

nou.veau riche (nu'vo riş') Fr. yeni zengin
olmuş kimse, sonradan görme kimse.

Nov. kıs. **November.**

no.va (no'vı) i., astr. birden parlayan yıldız.

nov.el (nav'ıl) s., i. yeni, yeni çıkmış; tuhaf,
garip, alışılmışın dışında; i. roman. **novelette**
(navilet')i. kısa roman. **novelist** i. romancı,
roman yazarı.

nov.el.ty (nav'ılti) i. yenilik; yeni çıkmış şey.
novelties i. tuhafiye.

No.vem.ber (novem'bır) i. kasım.

nov.ice (nav'is) i. bir işe yeni başlayan kimse;
çırak; rahip veya rahibe adayı; kiliseye yeni
giren kimse.

no.vi.ti.ate, no.vi.ci.ate (noviş'iyît) i. papaz
adaylığı devresi; çıraklık devresi.

no.vo.caine (no'vıkeyn) i., tıb. lokal anestezi
için kullanılan ve enjeksiyonla verilen bir
ilâç, novokain.

now (nau) z., bağlaç, i., s. şimdi; şimdiki halde;
bağlaç mademki; i. şimdiki zaman; s., argo
günümüze uygun. **now and again, now
and then** ara sıra, zaman zaman. **now then**
şu halde, öyle ise. **now this, now that**
bazen biri bazen öteki, bir bu bir o.

now.a.days (nau'wıdeyz) z. şimdi, bugünlerde,
şimdiki zamanda.

no.ways (no'weyz) z., k.dili hiç bir suretle, asla.

now.el (nowel') bak. **noel.**

no.where (no'hwer) z. hiç bir yerde.

no.wise (no'wayz) z. hiç bir suretle, asla.

nox.ious (nak'şıs) s. sıhhate zarar veren; zararlı,
muzır, fena; ahlâkı bozan. **noxiously** z. za-
rarlı olarak. **noxiousness** i. muzırlık.

noz.zle (naz'ıl) i. hortum başı; ibrik ağzı; körük
burnu; argo burun.

n.p. kıs. **no place** kitap basıldığı yeri göster-
miyor.

N.P. kıs. **notary public.**

N.T. kıs. **New Testament.**

nth (enth) s. belirsiz sayı anlamındaki n dere-
cesinde olan; bir seride en son gelen. **to the
nth degree** en son dereceye kadar, son
derecede.

nt. wt. kıs. **net weight.**

nu.ance (nuwans') i. ince fark, ayırtı, nüans.

nub (nʌb) i. yumru, yuvarlak çıkıntı; A.B.D.,
k.dili öz, nüve (hikâye).

nub.ble (nʌb'ıl) i. ufak yumru. **nubbly** s. ufak
yumrularla dolu.

nu.bile (nu'bil) s. evlenecek yaşa gelmiş, ge-
linlik. **nubil'ity** i. erginlik.

nu.cel.lus (nusel'ıs) i., bot. tohum nüvesi.

nu.cle.ar (nu'kliyır) s. çekirdeksel, nükleer.
nuclear.family çekirdek aile. **nuclear reac-
tion** nükleer reaksiyon. **nuclear physics**
nükleer fizik.

nu.cle.ate (nu'kliyeyt) s., f. çekirdekli; f. çekir-
dekleştirmek; nüve halini almak.

nu.cle.o.lus (nukli'yılıs) i. (çoğ. -li) çekirdecik.

nu.cle.on (nu'kliyan) i. nükleon.

nu.cle.o.plasm (nu'kliyıpläzım) i., biyol. hücre
çekirdeğinin asıl maddesi.

nu.cle.us (nu'kliyıs) i. (çoğ. **nu.cle.i**) öz, iç;
nüve, çekirdek; cevher, esas; fiz. çekirdek,
atomun merkez kısmı; astr. kuyrukluyıldızın
parlak başı; anat. omurilik veya beyinde sinir
hücreleri yığını.

nude (nud) s., i. çıplak; huk. hükümsüz; i.
çıplak insan vücudu; böyle resim veya heykel.
in the nude çıplak, çıplak halde. **nudism** i.
çıplak halde dolaşma alışkanlığı veya merakı.
nudist i. çıplak halde dolaşma merakı olan
kimse. **nudity** i. çıplaklık.

nudge (nʌc) *f., i.* dirsek ile dürtmek; *i.* dürtme. **nudge one's memory** hatırlatmak.

nud.nik (nûd'nîk) *i., A.B.D., argo* yapışkan kimse.

nu.ga.to.ry (nu'gıtôri) *s.* boş, abes, faydasız; hükümsüz, kıymetsiz.

nug.get (nʌg'ît) *i.* (altın) külçe.

nui.sance (nu'sıns) *i.* sıkıcı şey veya kimse; sıkıntı, dert, belâ; *huk.* başkalarına zarar veya sıkıntı veren şey. **nuisance tax** çok ufak tutarlar halinde toplandığından dolayı sıkıcı olan vergi. **public nuisance** umumun rahatını bozan şey.

nuke (nuk) *i., A.B.D., argo* atom bombası.

null (nʌl) *s.* hükümsüz, battal, geçersiz; değersiz; var olmayan; olumsuz. **null and void** itibarsız, değersiz. **nul'lity** *i.* hükümsüzlük, boşluk; *huk.* iptal, butlan; geçerli olmayan şey.

num. *kıs.* **number, numeral.**

numb (nʌm) *s., f.* hissiz, duygusuz; uyuşuk, uyuşmuş; *f.* uyuşturmak, uyuşukluk vermek. **numbly** *z.* hissizce. **numbness** *i.* duygusuzluk.

num.ber (nʌm'bır) *i.* sayı, adet, numara, rakam; *çoğ.* çokluk; *gram.* bir kelimenin tekil veya çoğul olmasına göre hali; müzik parçası. **numbers** *i.,* **numbers game** gangsterlerin düzenlediği bir çeşit piyango. **a number of** birtakım, birkaç. **back number** bir mecmuanın eski sayılarından biri; *A.B.D., k.dili* geri kafalı kimse, modası geçmiş şey. **beyond number** sayısız, sayılamaz. **cardinal number** asıl sayı. **cute number** çekici ve sevimli kız. **fractional number** kesirli sayı. **get veya have one's number** içini okumak. **his opposite number** karşı tarafta aynı yeri işgal eden kimse. **imaginary number** sanal sayı. **irrational number** yadrasyonel sayı. **Look out for number one.** Kendi çıkarına bak. **ordinal number** sıra sayısı. **prime number** asal sayı. **rational number** rasyonel sayı. **whole number** tam sayı. **without number** sayısız, hesapsız. **numberless** *s.* sayısız, hesapsız.

num.ber (nʌm'bır) *f.* saymak; hesap etmek; numara koymak; ihtiva etmek; sayısını sınırlandırmak. **He numbers eighty years.** Seksen yaşındadır. **We number fifty men.** Elli kişiyiz.

numb.skull (nʌm'skʌl) *i.* mankafa kimse.

nu.men (nu'mın) *i.* eski Roma dininde bir yöreye ait tanrı; güdü.

nu.mer.a.ble (nu'mırıbıl) *s.* sayılır, sayılması mümkün.

nu.mer.al (nu'mırıl) *s., i.* sayı cinsinden olan, sayılara ait, sayılardan ibaret; *i.* sayı, adet, rakam.

nu.mer.ate (nu'mıreyt) *f.* numaralamak, numara koymak; *mat.* rakamları okumak. **numera'tion** *i.* numara koyma veya okuma usulü. **numerator** *i., mat.* pay; sayıcı.

nu.mer.i.cal (numer'îkıl) *s.* sayıya ait, sayı ifade eden. **numerical adjective** sayı sıfatı. **numerically** *z.* sayıca.

nu.mer.ol.o.gy (numıral'ıci) *i.* sayıların esrarlı etkisini açıklayan inanış.

nu.mer.ous (nu'mırıs) *s.* çok, sayısı çok, pek çok, birçok, sayısız.

nu.mi.nous (nu'mınıs) *s.* ihtiram ve huşu uyandıran; mantıkla anlaşılmaz; esrarlı.

nu.mis.mat.ic (numîsmät'îk) *s.* para türünden, paraya ait. **numismatics** *i.* para ve madalya ilmi. **numis'matist** *i.* para uzmanı.

num.skull *bak.* **numbskull.**

nun (nʌn) *i.* rahibe, sör. **nun's veiling** başörtüsü veya elbise için kullanılan ince yünlü kumaş.

nun.ci.o (nʌn'şiyo, nʌn'siyo) *i.* papalık elçisi.

nun.cu.pa.tive (nʌng'kıypeytîv) *s., huk.* sözlü, yazılı olmayan (vasiyetname).

nun.ner.y (nʌn'ıri) *i.* rahibe manastırı.

nup.tial (nʌp'şıl) *s., i.* evlenmeye veya düğüne ait; *i., gen. çoğ.* nikâh, düğün.

nurse (nırs) *i.* hastabakıcı, hemşire; sütnine; dadı; bir teşebbüs veya maksadı destekleyen kimse veya yer. **night nurse** gece hemşiresi. **wet nurse** sütnine, sütana.

nurse (nırs) *f.* hastaya bakmak; bakıp iyileştirmek (zayıf kimseyi); emzirmek, meme vermek; beslemek; çocuğa bakmak; dikkatle kullanmak (zayıf bir uzvu); dizinde veya kucağında tutmak. **nurse a grudge** kin beslemek. **nursing home** huzur evi, şifa yurdu.

nurse.maid (nırs'meyd) *i.* dadı.

nurs.er.y (nır'sıri) *i.* bir evde çocuklara ayrılan oda veya daire; fidanlık. **nurseryman** *i.* fidanlık bahçıvanı. **nursery rhyme** çocuk şiiri. **nursery school** anaokulu.

nurs.ing (nırs'îng) *i.* hemşirelik, hastabakıcılık.

nurs.ling (nırs'ling) *i.* meme çocuğu, süt çocuğu.

nur.ture (nır'çır) *i.*, *f.* besleyen şey, gıda; terbiye; bakıp büyütme; *f.* beslemek, bakıp büyütmek.

nut (nʌt) *i.*, *f.* (-ted, -ting) fındık ve ceviz gibi sert kabuklu yemiş; *mak.* vida somunu; *A.B.D.*, *argo* çatlak kimse; *argo* kafa, baş; *f.* ceviz veya fındık toplamak. nutbrown *s.* fındık veya kestane renginde. nut coal ceviz iriliğinde madenkömürü. nut grove fındıklık. Nuts! *ünlem*, *argo* İllallah! be nuts on *argo* çok sevmek, delicesine sevmek. hard nut to crack müşkül mesele, çatallı iş, çetin iş; idaresi güç kimse. off one's nut kaçık, deli. pistachio nut şamfıstığı.

nu.ta.tion (nutey'şın) *i.* başı öne düşme; *tıb.* baş sallanması hastalığı; *astr.* nütasyon, uğrüm; *bot.* nütasyon, yönelim.

nut.crack.er (nʌt'kräkır) *i.* fındıkkıran, ceviz kıracak kıskaç.

nut.gall (nʌt'gôl) *i.* meşe mazısı.

nut.hatch (nʌt'häç) *i.* sıvacı kuşu, *zool.* Sitta europaea. rock nuthatch kaya sıvacı kuşu, *zool.* Sitta neumayer.

nut.meg (nʌt'meg) *i.* küçük hindistancevizi ağacı, *bot.* Myristica fragrans; bu ağacın hoş kokulu tohumu.

nut.pick (nʌt'pîk) *i.* fındık açacağı.

nu.tri.a (nu'triyı) *i.* Güney Amerika kunduzu; bu kunduzun kürkü.

nu.tri.ent (nu'triyınt) *s.*, *i.* besleyici, besinli; gıdalı; *i.* gıda, besin.

nu.tri.ment (nu'trımınt) *i.* gıda, besin, yemek. nutrimen'tal *s.* besinsel, gıdalı.

nu.tri.tion (nutriş'ın) *i.* gıda, yiyecek; besleme, beslenme. nutritious, nu'tritive *s.* gıdalı, besinli, besleyici.

nuts (nʌts) *s.*, *argo* deli.

nut.shell (nʌt'şel) *i.* ceviz kabuğu. in a nutshell az ve öz olarak, kısaca.

nut.ty (nʌt'i) *s.* fındık veya ceviz dolu; ceviz veya fındık tadı veren, lezzetli; *argo* delicesine seven; *argo* deli, çatlak.

nux vom.i.ca (nʌks' vam'îkı) kargabüken, *bot.* Strychnos nux-vomica; bu ağacın zehirli tohumu.

nuz.zle (nʌz'ıl) *f.* burun ile eşmek, burun sürtmek; kucağına sokulmak.

NV *kıs.* Nevada.

N.W. *kıs.* northwest.

NY *kıs.* New York.

ny.lon (nay'lan) *i.* naylon; *çoğ.*, *k.dili* naylon çorap.

nymph (nîmf) *i.*, *mit.* orman veya su perisi; *şiir* genç ve güzel kız; *biyol.* kurtçuk safhasından çıkmış fakat henüz tam gelişmemiş böcek. nymph'al, nymphe'an *s.* peri gibi.

nym.pho.ma.ni.a (nîmfımey'nıyı) *i.*, *tıb.* kadınlarda hastalık şeklinde cinsel ilişki arzusu.

nys.tag.mus (nîstäg'mıs) *i.*, *tıb.* gözbebeğinin kendiliğinden sağa sola titremesi, nistagmus.

O

O, o (o) *i.* İngiliz alfabesinin on beşinci harfi; O şeklinde şey; sıfır; *kim.* oksijen; ohm.

O (o) *ünlem* O! Ya! (hayret ve şaşkınlık ifadesi).

o' (o, ı) *edat*, *önek* of veya on'ın *kısaltılmış şekli* (bazı isimlerin başına gelen edat : o'clock gibi); *b.h.* -zade (bazı İrlanda'lı şahıs isimlerinin başına gelir ve oğlu anlamındadır : O'Casey).

O. *kıs.* ocean, October, Ohio, old, older.

oaf (of) *i.* (*çoğ.* oafs, oaves) budala veya ahmak kimse, kaba adam. oafish *s.* sersem.

oak (ok) *i.* meşe ağacı, *bot.* Quercus; meşe odunu. British oak, English oak kaya meşesi. Spanish oak, red oak bodur meşe, sapsız meşe, *bot.* Quercus rubra. dyer's oak, gall oak mazı meşesi, *bot.* Quercus infectoria. East Indian oak sac ağacı, *bot.* Tectona grandis. holy oak, holm oak pırnal, pırnar, *bot.* Quercus ilex. **Jerusalem oak** nezle otu, *bot.* Chenopodium botrys. **valonia oak** valonya meşesi, palamut ağacı, *bot.* Quercus aegilops. **oak apple** yaş mazı. **oak gall** mazı. **oaken** *s.* meşeden yapılmış. **oak.um** (o'kım) *i.* üstüpü, kalafat üstüpüsü. **black oakum** katranlı üstüpü.

oar (ôr) *i., f.* kürek, kayık küreği; kürekçi; kürek şeklinde olan veya kürek vazifesi gören şey; *f.* kürek çekmek, kürek çekerek gitmek. **oar-lock** *i.* ıskarmoz. **muffled oars** gıcırdamasın diye ıskarmoz yatağı etrafına bez sarılmış kürekler. **He pulls a good oar.** İyi kürekçidir. Kendine düşen görevi iyi yapar. **put one's oar in** istenilmediği yerde işe karışmak, burnunu sokmak. **rest on one's oars** bir süre dinlenmek; işin sonucundan memnun olarak işten çekilmek. **oarsman** *i.* kürekçi.

o.a.sis (owey'sîs) *i.* (*çoğ.* **o.a.ses**) vaha, çöl ortasında sulak ve bitek arazi.

oat (ot) *i., gen. çoğ.* yulaf tanesi, yulaf, *bot.* Avena sativa; yulaf sapından yapılmış çalgı borusu. **oat grass** çayır yulafı. **oatmeal** *i.* yulaf ezmesi. **feel one's oats** *k.dili* kendini beğenmek, kendini yüksek görmek; zinde olmak. **sow one's wild oats** *k.dili* gençlikte çılgınlık yapmak. **wild oat** yaban yulafı, *bot.* Avena fatua. **oaten** *s.* yulaftan yapılmış.

oath (oth) *i.* ant, yemin; küfür, lânet. **administer an oath** *huk.* yemin ettirmek, ant içirmek. **take an oath** yemin etmek, ant içmek.

Ob (ôbi) *i.* Obi nehri.

ob.bli.ga.to (ablıga'to) *i., müz.* bir şan solosuna refakat eden müzik aletinin çaldığı parça, obligato.

ob.cor.date (abkôr'deyt) *s., bot.* yürek şeklinde ve sivri ucu sapa yapışmış olan (yaprak), obkordat.

ob.du.rate (ab'dyırît, -reyt) *s.* inatçı, katı kalpli; sert, kırıcı, yumuşatılamaz; idaresi zor. **obduracy** (ab'dyırısi) *i.* inatçılık, sertlik. **obdurately** *z.* inatla.

o.be.ah (o'biyı), **o.be, o.bi** *i.* özellikle Batı Hint Adalarında ve A.B.D.'de zenciler tarafından uygulanan bir çeşit büyü.

o.be.di.ence (obi'diyıns) *i.* itaat, itaat etme, söz dinleme, boyun eğme.

o.be.di.ent (obi'diyınt) *s.* itaatli, söz dinleyen, yumuşak başlı. **your obedient servant** *eski*

kulunuz, bendeniz (mektuplarda imza ile kullanılırdı). **obediently** *z.* itaatkâr olarak.

o.bei.sance (obey'sıns, obi'-) *i.* hürmetle eğilme; hürmet, saygı, riayet. **pay** *veya* **do obeisance** hürmet göstermek.

ob.e.lisk (ab'ılîsk) *i.* dikili taş, dört köşeli sütun; *matb.* başvurma işareti, (†).

o.bese (obis') *s.* çok şişman. **obesity** (obi'sıti, obes'ıti) *i.* şişmanlık.

o.bey (obey') *f.* itaat etmek, söz dinlemek, denileni yapmak; tabi olmak, boyun eğmek.

ob.fus.cate (abfʌs'keyt, ab'fıskeyt) *f.* şaşırtmak, şaşkınlaştırmak; dumanlı yapmak, karartmak. **obfusca'tion** *i.* şaşırtma.

o.bi (o'bi) *bak.* **obeah.**

o.bi (o'bi) *i.* Japon kadın ve çocuklarının kimono üstüne bağladıkları enli kuşak.

o.bit (o'bît) *k.dili, bak.* **obituary.**

ob.i.ter dic.tum (ab'ıtır dîk'tım) *huk.* bir hâkim tarafından resmî olmayarak ileri sürülen fikir; rasgele söz.

o.bit.u.ar.y (obiç'uweri) *i., s.* bir ölü hakkında yazılan kısa biyografi; *s.* birinin ölümüne ait.

obj. *kıs.* **object, objection, objective.**

ob.ject (ab'cîkt, -cekt) *i.* şey, madde, görülür veya dokunulur şey, nesne, obje; hedef, nişan, amaç; *gram.* nesne. **object at issue** *huk.* anlaşmazlık konusu; iddia olunan şey. **object glass** bir mikroskop veya teleskopun hedefe yakın olan merceği veya mercekleri, objektif. **object lesson** ibret. **direct object** nesne. **indirect object** tümleç, ikinci nesne. **Money is no object.** İş parada değil. **objectless** *s.* gayesiz, amaçsız.

ob.ject (ıbcekt') *f.* itiraz etmek, uygun görmemek, razı olmamak; karşı gelmek; itiraz olarak ileri sürmek.

ob.jec.ti.fy (ıbcek'tıfay) *f.* nesnelleştirmek.

ob.jec.tion (ıbcek'şın) *i.* itiraz; itiraz etme; itiraz sebebi. **objectionable** *s.* itiraz edilebilir, yolsuz. **His actions were objectionable.** Terbiyesizce davrandı.

ob.jec.tive (ıbcek'tîv) *s., i.* objektif; öznel olmayan, dıştan olan; gerçek; *gram.* nesneye ait; nesnel; amaca ait; *i.* hedef; *gram.* nesne; mikroskop veya teleskopta objektif (mercek). **objective case** ismin -i hali. **objectively** *z.* nesnel olarak. **objectiv'ity** *i.* tarafsızlık.

ob.jec.tiv.ism (ıbcek'tıvîzım) *i., fels.* nesnellik taraftarlığı; *güz. san.* nesnel öğeler kullanma eğilimi.

ob.jur.gate (ab'cırgeyt) *f.* kırıcı şekilde azarlamak, paylamak. **objurga'tion** *i.* azar, paylama.

ob last (ab'last) *i., Ru.* ilçe, il.

ob.late (ab'leyt) *s., i.* manastır hayatına kendini adamış (kimse).

ob.late (ab'leyt, ableyt') *s., geom.* kutupları yassılaşmış (sferoid).

ob.la.tion (abley'şın) *i.* Tanrı'ya sunulan şey, adak.

ob.li.gate (ab'lıgeyt) *f., s.* zorlamak, mecbur etmek, zorunda bırakmak; *s.* bağlı, mecbur; kayıt altında.

ob.li.ga.tion (ablıgey'şın) *i.* mecburiyet, yüküm, zor; *huk.* senet, borç; farz, ödev, yüküm. **law of obligations** borçlar hukuku.

ob.li.ga.to *bak.* **obbligato.**

ob.lig.a.to.ry (ıblig'ıtôri) *s.* mecburî, gerekli, zorunlu.

o.blige (ıblayc') *f.* mecbur etmek, zorlamak, zorunlu kılmak, zorunda bırakmak; minnettar kılmak; iyilik etmek, memnun etmek. **I am much obliged.** Çok minnettarım.

ob.li.gee (ablıci') *i., huk.* alacaklı.

o.blig.ing (ıblay'cîng) *s.* nazik, hoş davranan, yardım etmeye hazır. **obligingly** *z.* nazik bir şekilde. **obligingness** *i.* nezaket.

ob.li.gor (ablıgôr', ab'lıgôr) *i., huk.* yüküm altına giren kimse, bir borç senedini imza eden kimse.

ob.lique (ıblik', *ask.* ıblayk') *s., f.* meyilli, eğik, eğilmiş, eğri; dolaylı, ima yollu; *anat.* eğik (kas); *f.* meyletmek, sapmak; *ask.* eğik bir yönde gitmek. **oblique angle** *geom.* dik olmayan açı. **oblique case** *gram.* ismin hitap halinden ve yalın halinden başka herhangi bir hali. **oblique triangle** içinde dik açı bulunmayan üçgen. **obliquity** (ıblik'wıtı) *i.* meyil, eğilim; doğru yoldan çıkma, sapma. **obliquely** *z.* meylederek. **obliqueness** *i.* eğrilik.

ob.lit.er.ate (ıblit'ıreyt) *f.* yok etmek, silmek, bozmak, gidermek. **oblitera'tion** *i.* yoketme, silme.

ob.liv.i.on (ıbliv'iyın) *i.* unutma, unutuş, unutulma; kayıtsızlık, ilgisizlik.

ob.liv.i.ous (ıbliv'iyıs) *s., gen.* **of** *veya* **to** *ile*

unutkan; habersiz; çevresinden habersiz; ilgisiz. **obliviously** *z.* ilgisizce, unutarak. **obliviousness** *i.* ilgisizlik, unutkanlık.

ob.long (ab'lông) *s., i.* dik dörtgen şeklinde olan, uzunca, boyu eninden fazla; *bot.* yaprakları yumurta biçiminde; *i.* dik dörtgen.

ob.lo.quy (ab'lıkwi) *i.* kötüleme, zemmetme, kınama, iftira etme, hakkında kötü söyleme, yerme.

ob.nox.ious (ıbnak'şıs) *s.* iğrenç, tiksindirici; çirkin görünen. **obnoxiously** *z.* uygunsuz olarak, çirkince. **obnoxiousness** *i.* uygunsuzluk, çirkinlik, iğrençlik.

o.boe (o'bo, o'boy) *i.* obua. **oboist** *i.* obua çalan kimse.

ob.ol, ob.o.lus (ab'ıl, ab'ılıs) *i.* eski bir Yunan gümüş sikkesi; eski Yunan ağırlık birimi.

ob.o.vate (abo'veyt) *s., bot.* obovat, ters yumurtamsı (yaprak), geniş ucu yukarıya doğru olan.

obs. *kıs.* **observation, observatory, obsolete.**

ob.scene (ıbsin') *s.* müstehcen, açık saçık; edebe aykırı; ağıza alınmaz; tiksindirici, iğrenç. **obscenely** *z.* müstehcen olarak.

ob.scen.i.ty (ıbsen'ıti) *i.* açık saçıklık, müstehcenlik; açık saçık laf.

ob.scur.ant (ıbskyûr'ınt) *s., i.* ilerlemeye veya ilme karşı olan, bilgisizlik taraftarı, gerici (kimse). **obscurantism** *i.* bilgisizlik taraftarlığı. **obscurantist** *i.* bilgisizlik taraftarı kimse.

ob.scu.ra.tion (abskyırey'şın) *i.* karartma; kararma; karanlık; *astr.* ay tutulması.

ob.scure (ıbskyûr') *s., f.* çapraşık, anlaşılması güç; belirsiz, gösterişsiz, tanınmamış; bulutlu, karanlık; *f.* karartmak, karanlık yapmak; örtmek, gözden saklamak. **obscurely** *z.* anlaşılmayacak şekilde. **obscureness, obscurity** *i.* çapraşıklık, belirsizlik.

ob.se.quies (ab'sıkwiz) *i., çoğ.* cenaze törenleri.

ob.se.qui.ous (ıbsi'kwiyıs) *s.* aşırı derecede itaatli, fazla boyun eğmiş; dalkavukluk eden. **obsequiously** *z.* dalkavukluk ederek. **obsequiousness** *i.* dalkavukluk.

ob.serv.a.ble (ıbzır'vıbıl) *s.* görünür; ölçülür; izlenebilir; incelemeye değer, dikkat etmeye değer; görülür, ayırt edilebilir. **observably** *z.* görülecek şekilde. **observingly** *z.* dikkatle bakarak.

ob.ser.vance (ıbzır'vıns) *i.* yerine getirme, yapma; görenek, âdet, örf; tören, usul; mezhep, tarikat.

ob.ser.vant (ıbzır'vınt) *s.* dikkat eden, dikkatli, riayet eden; itaatli, kanuna riayetkâr. **observantly** *z.* dikkat ederek.

ob.ser.va.tion (abzırvey'şın) *i.* dikkatli bakma, inceleme; gözlem, rasat; fikir, yorum; *ask.* gözetleme. **observation car** yolcuların etrafı seyretmesine uygun şekilde geniş pencereleri olan vagon. **observation post** *ask.* topçu rasat mevzii. **observational** *s.* gözlem kabilinden, gözlemle ilgili.

ob.ser.va.to.ry (ıbzır'vıtôri) *i.* rasathane; etrafın manzarasını seyretmek için yapılmış kule.

ob.serve (ıbzırv') *f.* dikkatle bakmak, dikkat etmek; yerine getirmek, tutmak; ileri sürmek, düşünceyi belirtmek; gözlemek; kutlamak.

ob.serv.er (ıbzır'vır) *i.* dikkat eden kimse; gözleyen kimse; uçaklarla düşmanın yerini veya durumunu tespit etmekle görevli kimse.

ob.sess (ıbses') *f.* musallat olmak, tedirgin etmek; zihnini meşgul etmek. **obsession** *i.* kafayı meşgul eden düşünce; sürekli endişe; sabit fikir.

ob.sid.i.an (ıbsid'iyın) *i.* yanardağdan çıkan koyu renkli cama benzer çok sert bir taş (eskiden bu taştan ok başı ve bıçak yapılırdı).

ob.so.les.cent (absıles'ınt) *s.* modası geçmekte olan, seyrek kullanılan, az işlek (kelime, makina). **obsolescence** *i.* eskime.

ob.so.lete (ab'sılit, absılit') *s.* kullanılmayan, eski, modası geçmiş (kelime veya görenek); *biyol.* eskilerine oranla az gelişmiş. **obsoleteness** *i.* modası geçmişlik, eskimişlik.

ob.sta.cle (ab'stıkıl) *i.* engel, mâni.

ob.stet.ric, -ri.cal (ıbstet'rîk, -rîkıl) *s.* çocuk doğumuna veya gebeliğe ait. **obstetrics** *i.* gebelik ve doğumla uğraşan tıp dalı.

ob.ste.tri.cian (abstıtrîş'ın) *i.* doğum mütehassısı.

ob.sti.nate (ab'stınit) *s.* inatçı, ayak direyici, dik kafalı, söz dinlemez; mukavemeti kırılmaz. **obstinacy** *i.* inatçılık, dik başlılık. **obstinately** *z.* inatla.

ob.strep.er.ous (ıbstrep'ırıs) *s.* gürültücü, şamatacı, yaygaracı; ele avuca sığmaz, idaresi güç, haylaz. **obstreperously** *z.* haylazca. **obstreperousness** *i.* ele avuca sığmama.

ob.struct (ıbstrʌkt') *f.* engel olmak, mâni olmak; tıkamak, kapamak.

ob.struc.tion (ıbstrʌk'şın) *i.* mâni, mânia, engel, set; blokaj, bloke etme. **obstructionism** *i.* siyasette bloke etme. **obstructionist** *i.* bloke eden kimse.

ob.struc.tive (ıbstrʌk'tîv) *s.* engel olan. **obstructively** *z.* engel teşkil ederek. **obstructiveness** *i.* engelleme.

ob.stru.ent (ab'struwınt) *s., i., tıb.* mecraları tıkayan (madde).

obt. *kıs.* **obedient.**

ob.tain (ıbteyn') *f.* bulmak, almak, ele geçirmek; âdet olmak, geçerli olmak. **obtainable** *s.* elde edilebilir, bulunabilir, kazanılabilir. **obtainment** *i.* elde etme.

ob.trude (ıbtrud') *f.* içine sokmak; davetsiz olarak veya istenilmeyen yere sokmak; zorlamak; izinsiz veya haksızca girmek veya girişmek. **obtrusive** *s.* istenilmediği halde sokulup sıkıntı veren.

ob.tuse (ıbtus') *s.* zeki olmayan; duygusuz; *geom.* geniş; boğuk (ses). **obtuse angle** geniş açı. **obtusely** *z.* duygusuzca. **obtuseness** *i.* duygusuzluk.

ob.verse (ab'vırs, abvırs') *s.* yüzü bakan kimseye dönük; *bot.* dibi tepesinden daha dar.

ob.verse (ab'vırs) *i.* paranın yüz tarafı, yüz; herhangi bir şeyin yüz tarafı; bir meselenin öbür tarafı; *man.* bir önermeyi tersine çevirerek çıkarılan başka bir önerme: Bütün insanlar fanidir. Hiç bir insan baki değildir.

ob.ver.sion (abvır'jın) *i., man.* bir önermeyi ters yönde ifade etme.

ob.vert (abvırt') *f.* başka tarafını göstermek için çevirmek; *man.* bir önermeyi ters yönde ifade etmek.

ob.vi.ate (ab'viyeyt) *f.* etkili tedbirlerle önünü almak, önlemek.

ob.vi.ous (ab'viyıs) *s.* aşikâr, açık, apaçık, besbelli, belli. **obviously** *z.* açıkça. **obviousness** *i.* aşikârlık, açıklık.

ob.vo.lute (ab'vılut) *s., bot.* üst üste gelmiş; birbirine sarılmış (yaprak).

oc.a.ri.na (akırı'nı) *i., müz.* toprak veya madenden yumurta şeklinde nefesli bir çalgı, okarina.

oc.ca.sion (ıkey'jın) *i., f.* fırsat, münasebet, vesile, elverişli durum; sebep, hal, durum;

lüzum, gereklik; *f.* vesile olmak, sebep olmak. **on occasion** ara sıra, fırsat düştükçe. **take the occasion** durumdan faydalanmak.

oc.ca.sion.al (ıkey'jınıl) *s.* ara sıra meydana gelen, fırsat düştükçe yapılan; belirli bir fırsat dolayısıyle yapılan. **occasional chair** takımdan ayrı sandalye. **occasionally** *z.* ara sıra, bazen.

oc.ci.dent (ak'sıdınt) *i.* batı; *b.h.* batı yarıküresi, Asya'nın batısındaki ülkeler, özellikle Avrupa. **occidental** *s., i.* batıya ait, batısal, Avrupa ve Amerika'ya ait; *astr.* batı tarafındaki, batısında; *i.* batılı.

oc.ci.put (ak'sıpʌt, -pıt) *i., anat.* kafanın arka kısmı, artkafa. **occip'ital** *s.* kafanın arka tarafında olan, artkafaya ait.

oc.clude (ıklud') *f.* tıkamak, kapatmak; *kim.* emmek, absorbe etmek (özellikle gazlar için); *dişçi.* üst üste oturmak. **occlusion** *i.* emme veya emilme; *dişçi.* üst üste oturma.

oc.cult (ıkʌlt') *s.* büyü ile ilgili; esrarlı, tabiattan üstün; gizli, saklı; bilinmez, anlaşılmaz. **occult arts** büyücülük gibi faaliyetler. **occultism** *i.* gizli kuvvetlere inanma ve onları etkisi altına alma. **occultist** *i.* bu işlerle uğraşan kimse.

oc.cult (ıkʌlt') *f.* gizlemek; *astr.* önüne geçip gizlemek (güneş veya ayın bir yıldızı kapaması gibi); kaybolmak (bir görünüp bir kaybolan fener kulesi ışığı gibi). **occulta'tion** *i.* gizleme.

oc.cu.pant (ak'yıpınt) *i.* işgal eden kimse. **occupancy** *i.* işgal.

oc.cu.pa.tion (akyıpey'şın) *i.* iş, meşguliyet, meslek, sanat; işgal, zorla alma. **army of occupation** işgal ordusu.

oc.cu.pa.tion.al (akyıpey'şınıl) *s.* meşguliyete ait; işgal kuvvetleri ile ilgili; meslek dolayısıyle meydana gelen (hastalık veya zarar). **occupational therapy** meşguliyetle tedavi, rehabilitasyon.

oc.cu.py (ak'yıpay) *f.* tutmak, zaptetmek, işgal etmek; meşgul etmek. **be occupied with** ile meşgul olmak.

oc.cur (ıkır') *f.* olmak, meydana gelmek, vuku bulmak; bulunmak; hatıra gelmek, akla gelmek.

oc.cur.rence (ıkır'ıns) *i.* oluş, meydana çıkma; vaka, olay, hadise. **occurrent** *s.* olan, meydana gelen.

o.cean (o'şın) *i.* okyanus, büyük deniz, derya, umman; kürenin üçte ikisini kaplayan geniş su kıtası; sonsuz şey veya miktar. **ocean current** okyanus akıntısı. **ocean lane** okyanus gemilerinin sefer yolu. **ocean liner** okyanus gemisi.

O.ce.an.i.a (oşiyän'iyı) *i.* Okyanusya, orta Pasifikteki adalara verilen ortak ad.

o.ce.an.ic (oşiyän'ik) *s.* okyanusa ait, okyanusta bulunan veya meydana gelen, okyanusta dolaşan. ı

o.cean.og.ra.phy (oşınag'rıfi) *i.* okyanus coğrafyası. **oceanograph'ic(al)** *s.* okyanus coğrafyasına ait.

o.cel.lus (osel'ıs) *i.* (*çoğ.* -li) *biyol.* basit göz; göz şeklinde leke. **ocellate** (as'ıleyt) *s.* basit gözlü; göz şeklinde lekeli.

o.ce.lot (o'sılıt) *i.* Orta ve Güney Amerika'ya mahsus kaplana benzer bir kedi, *zool.* Felis pardalis.

o.cher, *İng.* **o.chre** (o'kır) *i.* kırmızı veya sarı renkli bir çeşit demir cevheri, aşıboyası, toprak boya; koyu sarı renk. **ochreous** (o'kriyıs), **ocherous** *s.* sarı renkten, içinde aşıboyası bulunan. **crude ochre** *min.* aşıtaşı.

och.loc.ra.cy (aklak'rısı) *i.* avam idaresi.

o'clock (ıklak') *z.* saate göre. **It's one o'clock.** Saat bir.

Oct. *kıs.* **October.**

oc.tad (ak'täd) *i.* sekizli takım; *kim.* sekiz değerlikli bir eleman.

oc.ta.gon (ak'tıgan) *i.* sekiz köşe ve kenarlı şey veya şekil, sekizgen; sekiz taraflı yapı veya yer. **octagonal** (aktäg'ınıl) *s.* sekiz kenarlı.

oc.ta.he.dron (aktıhi'drın) *i., geom.* sekiz düzlemli ve üç boyutlu şekil. **octahedral** *s.* sekiz yüzlü.

oc.tane (ak'teyn) *i.* oktan. **octane number** oktan ölçüsü.

oc.tan.gle (ak'täng.gıl) *s., i.* sekiz açılı; *i.* sekizgen. **octangular** *s.* sekiz köşeli.

oc.tant (ak'tınt) *i., geom.* bir dairenin sekizde biri; *astr.* bir gökcisminin diğerinden 45 derece uzaklıkta iken bulunduğu yer; oktant.

oc.tave (ak'tiv, ak'teyv) *i., müz.* oktav, sekizlik perde tertibi; sekiz notalık ara; dinî yortudan sonra gelen sekizinci gün; sekiz mısralı şiir; bir sonenin sekiz mısraı.

oc.ta.vo (akta'vo, aktey'vo) *i., s.* sekiz yaprak

halinde katlanmış kâğıt tabakası; bu büyük-
lükte kitap; s. tabakası sekiz yaprağa katlanmış.
oc.ten.ni.al (akten'iyıl) s. sekiz senede bir olan;
sekiz sene süren, sekiz senelik. **octennially**
z. her sekiz senede bir.
oc.tet, oc.tette (aktet') i., müz. sekiz kişi ta-
rafından çalınan veya söylenen müzik par-
çası; sekiz kişiden meydana gelen koro veya
orkestra takımı.
oc.til.lion (aktîl'yın) i., İng. kırk sekiz sıfırı olan
rakam; A.B.D. yirmi yedi sıfırı olan rakam,
oktilyon. **octillionth** s. oktilyona ait, ok-
tilyonuncu.
octo- önek sekiz.
Oc.to.ber (akto'bır) i. ekim; İng. ekim ayında
yapılan bira veya elma suyu.
oc.to.dec.i.mo (aktîdes'ımo) s., i. bir taba-
kanın on sekiz yaprak olmak üzere katlan-
masından meydana gelen (forma veya kitap).
oc.to.ge.nar.i.an (aktıcıner'iyın) s., i. seksen
yaşında, seksenlik (kimse).
oc.to.pus (ak'tıpıs) i. ahtapot, zool. Octopus;
yaygın ve yıkıcı örgüt.
oc.to.syl.la.ble (ak'tısîlîbıl) i. sekiz heceli mısra.
oc.troi (ak'troy) i. şehir sınırında özellikle yi-
yeceklerden alınan giriş vergisi, oktruva.
oc.tu.ple (ak'tûpıl, aktu'pıl)· s. sekiz kat, se-
kiz misli, sekiz kere.
oc.tu.pli.cate (aktu'plıkît) s. sekizli, sekiz misli.
oc.u.lar (ak'yılır) s., i. göze ait, gözle görülür,
gözle ilgili; i. teleskop veya mikroskopta
göz merceği, oküler. **ocularly** z. gözle gö-
rülür şekilde.
oc.u.list (ak'yılîst) i. göz hastalıkları uzmanı,
göz doktoru.
o.da.lisk, o.da.lisque (o'dılîsk) i. odalık, ca-
riye, halayık.
OD, o/d kıs. **overdose.**
odd (ad) s., i. acayip, bambaşka; tek, iki ile bö-
lünemeyen; küsur, tam sayıdan artan; ara
sıra meydana gelen; i. artan şey; A.B.D. golfta
bir oyuncunun rakibinden fazla olarak yap-
tığı vuruş; çoğ., bak. **odds. Odd Fellows**
Amerika'da sosyal ve gizli bir yardımlaşma
derneği. **odd-looking** s. tuhaf, acayip. **odd
or even** tek mi çift mi oyunu. **an odd fish**
tuhaf adam. **at odd moments** vakit bul-
dukça. **oddly** z. acayip şekilde. **oddly
enough** şans eseri olarak. **oddness** i. tu-
haflık, acayiplik, gariplik.

odd.i.ty (ad'ıti) i. tuhaflık, acayiplik; garip özel-
lik; garip kimse veya şey.
odd.ments (ad'mınts) i., çoğ. ufak tefek şey-
ler, artık şeyler, döküntü, kırıntı; matb. ki-
tabın metin dışındaki kısımları; acayip şey.
odds (adz) i., çoğ. zayıf tarafa verilen üstünlük;
eşitsizlik, fark, üstünlük; bir bahiste konulan
paralar arasındaki oran farkı; ihtimal oranı.
odds and ends ufak tefek şeyler, kırıntılar.
at odds araları açık. **long** veya **large odds**
bahis oranında fazlalık. **the odds are that**
ihtimali var ki. **lay odds** kendi lehine olan
bir bahse girişmek. **take odds** başkasının
lehine olan bir bahse girmek.
ode (od) i. bir tür lirik nazım şekli, gazel; yük-
sek şeylerden bahseden vezinli veya vezin-
siz uzun şiir; övgü, kaside; böyle şiir için
yazılmış müzik.
o.de.on, o.de.um (o'diyan, o'diyım) i. (çoğ.
-s, o.de.a) tiyatro veya konser binası; eski
Yunanistan ve Roma'da müzisyenlerin
içinde yarıştıkları ufak tiyatro binası.
O.din (o'din) i., mit. İskandinavların baş tan-
rısı.
o.di.ous (o'diyıs) s. tiksindirici, iğrenç, nef-
ret verici. **odiously** z. iğrenç şekilde. **odi-
ousness** i. iğrençlik.
o.di.um (o'diyım) i. nefret, gizli düşmanlık;
yüz karası, ayıp; iğrençlik.
o.dom.e.ter (odam'ıtır) i. araba ile katedilen
mesafeyi ölçen alet.
o.don.tal.gi.a (odantäl'cıyı) i., tıb. diş ağrısı.
odontalgic s. diş ağrısına ait.
o.don.toid (odan'toyd) s., anat. diş gibi, diş
şeklindeki.
o.don.tol.o.gy (odantal'ıci) i. dişlerden ve
dişlerin gelişmesinden bahseden ilim. **odon-
tologist** i. diş ilmi uzmanı.
o.dor, İng. o.dour (o'dır) i. koku; şöhret, itibar.
be in bad odor adı çıkmak, kötü şöhreti
olmak, itibarsız olmak.
o.dor.if.er.ous (odırîf'ırıs) s. hoş kokulu, gü-
zel koku yayan. **odoriferously** z. güzel
koku yayarak.
o.dor.less (o'dırlîs) s. kokusuz.
o.dor.ous (o'dırıs) s. kokulu; güzel kokulu.
o.dour bak. **odor.**
Od.ys.sey (ad'ısi) i. Homer'in Odise adlı ünlü
destanı; serüvenli uzun yolculuk.
O.E.D. kıs. **Oxford English Dictionary.**

oe.de.ma *bak.* edema.

Oed.i.pus (ed'ıpıs, i'dı-) *i.* Oedipus. **Oedipus complex** Ödip kompleksi.

o'er (ôr) *edat, z., şiir, bak.* over.

oe.soph.a.gus *bak.* esophagus.

of (ʌv, ıv) *edat* -nin, -li, -den. **of course** tabiî, beklenildiği gibi. **of late** son zamanlarda. **of note** önemli, itibarlı. **of oneself** kendiliğinden; kendi hakkında. **a man of talent** hüner sahibi adam.

o.fay (o'fey) *i., A.B.D., argo, aşağ.* beyaz ırktan bir kimse.

off (ôf) *z., s., edat* uzağa; ileriye, ileride; öteye, ötede; yarıda; tamamen; uzakta; *s.* uzak; yanlış; uygun olmayan, anormal; bitmiş; görev dışındaki; sağdaki; *den.* denize doğru açılan; *edat* -dan; -dan uzak. **off and on** ara sıra. **off chance** zayıf bir ihtimal. **It iş off my hands.** Benim elimden çıkmıştır. Artık sorumlu değilim. **Off with you!** Defol! **an off street** sapa sokak. **a week off** bir haftalık izin; bir hafta sonra. **be off** ayrılmak, terketmek; yanılmak; *k.dili* deli olmak. **be off in one's calculations** hesabında yanılmış olmak. **beat off the attack** hücumu tamamen püskürtmek. **be off strawberries** çilek yemekten mahrum olmak. **call the game off** oyunu iptal etmek. **fall off** düşmek; azalmak; bırakmak. **far off** çok uzak. **He is well off.** Hali vakti yerinde. Zengindir. **kill off all enemies** düşmanların hepsini öldürmek. **my off day** izin günüm; fena günüm. **put off an appointment** bir randevuyu ertelemek. **put (a person) off** canını sıkmak, soğutmak; (zorla) indirmek. **show off** gösteriş yapmak. **take off** alıp götürmek; öldürmek; indirmek, çıkarmak; *k.dili* taklidini yapmak; kalkmak, havalanmak. **The cheese is a bit off.** Peynir biraz bozulmuş. **The deal is off.** Anlaşma iptal edildi. **The electricity is off.** Elektrik kesildi. **We are off now.** Nihayet yola çıkıyoruz.

off (ôf) *f., A.B.D., argo* öldürmek, *slang* mortlatmak.

off (ôf) *i., İng., argo* başlangıç. **from the off** başlangıçtan beri.

of.fal (ô'fıl) *i.* hayvanın yenemeyen fakat başka işte kullanılan veya atılan kısımları; *İng.* sakatat; çerçöp, süprüntü.

off.beat (ôf'bit') *i., müz., s.* vurgusuz nota; *s., A.B.D., argo* olağandışı.

off-Broad.way (ôf'brôd'wey) *s., i.* New York'un tiyatro merkezinde olmayan (tiyatro); deneysel (tiyatro).

off.cast (ôf'käst) *s.* atılmış.

off-col.or (ôf'kʌl'ır) *s.* tabiî renkte olmayan; açık saçık.

of.fend (ıfend') *f.* kabahat işlemek, suç işlemek; kızdırmak; gücendirmek, darıltmak, hatırını kırmak. **offended** *s.* küskün, darılmış. **offender** *i.* suçlu.

of.fense, *İng.* of.fence (ıfens') *i.* kusur, kabahat; suç; tecavüz, hücum, saldırı; incitme, gücendirme. **commit an offense** kabahat işlemek. **give offense** gücendirmek, kızdırmak. **No offense.** Gücenmeyiniz. Ayıp olmasın. **take offense** gücenmek, darılmak.

of.fen.sive (ıfen'sîv) *s., i.* çirkin, iğrenç; saldırıyla ilgili, hücuma ait; yakışmaz; kötü; hakaret edici; *i.* saldırı, hücum. **offensively** *z.* tiksindirerek; hücum ederek. **offensiveness** *i.* tiksindiricilik.

of.fer (ô'fır) *f.* takdim etmek, arzetmek, sunmak; teklif etmek, (fiyat) vermek; göstermek; meydana çıkmak, görünmek, gözükmek. **offer battle** savaş açmak. **offer for sale** satılığa çıkarmak. **offer resistance** karşı koymak.

of.fer (ô'fır) *i.* teklif; fiyat teklifi.

of.fer.ing (ô'fırîng) *i.* teklif; sunulan şey; kilisede toplanan para.

of.fer.to.ry (ô'fırtôri) *i.* kilisede para toplanırken orgda çalınan beste.

off.hand (ôf'händ') *s., z.* düşünmeden yapılmış, rasgele yapılmış; *z.* düşünmeden, rasgele.

of.fice (ô'fîs) *i.* yazıhane, daire, ofis; ticarethane; hizmet, iş, memuriyet, vazife, görev; hükümet dairelerinden biri; bu daireye mensup memurlar; ibadet tören ve ayinleri. **office-holder** *i.* devlet memuru. **office hours** çalışma saatleri. **police office** karakol. **post office** postane.

of.fi.cer (ô'fısır) *i., f.* memur; subay; polis memuru; *f.* subaylarını atamak (gemi); komuta etmek, idare etmek. **officer of the day** o günün komutanı, nöbetçi subay. **field officer** subay. **flag officer** amiral, filo komutanı. **health officer** sağlık memuru. **petty** officer assubay. **staff officer** kurmay subay. **warrant officer** gedikli subay.

of.fi.cial (ıfîş'ıl) *s., i.* resmî; memuriyete ait, memura yakışır; *i.* memur. **officialdom** *i.* memur sınıfı, memurlar. **officialism** *i.* memur işi; kırtasiyecilik. **officially** *z.* resmen.

of.fi.ci.ar.y (ıfîş'iyeri) *s., i.* vazifeyle ilgili; *i.* bir kuruluşun bütün memurları.

of.fi.ci.ate (ıfîş'iyeyt) *f.* ayin yönetmek; resmî bir görevi yerine getirmek. **officiant, officiator** *i.* görev yapan kimse.

of.fic.i.nal (ıfîs'ınıl) *s., i.* hazır (ilâç), müstahzar; boya veya eczalarda kullanılan (bitkiler).

of.fi.cious (ıfîş'ıs) *s.* gereksiz yerde hizmet veya yardım etmek isteyen, her şeye karışan, işgüzar. **officiously** *z.* işgüzarlık ederek.

off.ing (ô'fîng) *i.* sahilden görülen açık deniz; sahilden ölçülen deniz mesafesi. **in the offing** yakında, pek uzak olmayan (olay).

off.ish (ô'fîş) *s.* uzak duran, kimseye yaklaşmak istemeyen.

off-key (ôfki') *s., z., müz.* düzeni bozuk (olarak).

off.print (ôf'prînt) *i.* ayrı baskı.

off.put (ôf'pût) *f.* (-put, -putting) *İng.* canını sıkmak, soğutmak.

off-sale (ôf'seyl) *i.* dükkân dışında içmek üzere içki satışı.

off.scour.ing (ôf'skauring) *i.* süprüntü, çerçöp, kir.

off.set (ôf'set) *i.* daldırma dal, fışkırma dal, piç fidan; bir aile veya ırk kolu; bir dağ sırasının ovaya uzanan burnu; *mim.* duvar kalınlığının azaldığı yerde meydana gelen raf gibi düz çıkıntı; *mak.* engeli aşması için bir boruya konulan dirsek; ana çizgiden dikey olarak ölçülen kısa mesafe; *matb.* ofset usulü.

off.set (ôfset') *f.* (-set) denge meydana getirmek; karşılığı ile denkleştirmek; boruya dirsek koymak; ofset usulü basmak; dallanmak.

off.shoot (ôf'şut) *i.* dal; yan çalışma.

off.shore (ôf'şôr') *s.* kıyıdan uzak; kıyıdan esen.

off.side (ôf'sayd') *s., spor* ofsayt.

off.spring (ôf'sprîng) *i.* ürün; döl, evlât.

off-stage (ôf'steyc') *i., s., z.* sahne arkası; *s.* sahne arkasındaki, görünmeyen; *z.* sahne arkasına, sahne arkasında.

off-the-job (ôf'dhı.cab) *s.* iş dışında; işsiz.

off-white (ôf'hwayt') *i.* hafif grimsi beyaz renk.

oft (ôft) *z., şiir* çok kere, sık sık. **ofttimes** *z., şiir* çok kere, sık sık.

oft.en (ôf'ın) *z.* sık sık, çoğu kez.

o.gee (o'ci) *i., mim.* S şeklinde korniş veya köşebent. **ogee arch** sivri tepeli kemer.

o.give (o'cayv) *i., mim.* sivri tepeli kemer; bu kemerin kenarları; grafikte bir eğri çeşidi; bu eğriye benzeyen mermi ucu.

o.gle (o'gıl, ag'ıl) *f., i.* âşıkane bakmak, göz süzerek bakmak; *i.* âşıkane bakış, göz süzme.

o.gre (o'gır) *i.* insan yiyen dev; canavara benzer kimse, çok çirkin kimse. **ogress** *i.* çok çirkin kadın.

OH *kıs.* Ohio.

oh (o) *ünlem* Öyle mi? Ya! Sahi! (şaşkınlık ifade eden kelime), *bak.* **o.**

ohm (om) *i., elek.* elektrik direnç birimi, om. **ohmmeter** *i.* elektrik direncini ölçmeye yarayan alet.

o.ho (oho') *ünlem* Çaktım! Tamam! (özellikle hayret veya sevinç ünlemi).

-oid *sonek* benzer, şeklinde.

oil (oyl) *i.* yağ, sıvı yağ; petrol; zeytinyağı; yağ gibi şey; yağlıboya; yağlıboya resim. **oil cake** keten veya pamuk tohumunun posası, küspe, köftün. **oil color** yağlıboya. **oil field** petrol sahası. **oil lamp** yağ lambası, kandil. **oil pan** yağ deposu. **oil painting** yağlıboya resim. **oil slick** göl veya deniz üzerinde yağ birikintisi. **oil tanker** tanker. **oil varnish** yağlı cilâ. **oil well** petrol kuyusu.

oil (oyl) *f.* yağlamak, üzerine yağ sürmek; rüşvet vermek. **oil the wheels** kolaylık göstermek, iş sahasını hazırlamak. **oil one's hand** rüşvet vermek.

oil.can (oyl'kän) *i.* yağdanlık, yağ ibriği.

oil.cloth (oyl'klôth) *i.* muşamba.

oil.skin (oyl'skîn) *i.* pek ince muşamba; *çoğ.* bu muşambadan yapılmış elbiseler.

oil.stone (oyl'ston) *i.* bileği taşı.

oil.y (oy'li) *s.* yağlı, yağı çok. **oiliness** *i.* kaypaklık; yağcılık.

oint.ment (oynt'mınt) *i.* merhem. **sulfur ointment** uyuz merhemi.

OK *kıs.* Oklahoma.

O.K., OK (okey') *ünlem, s., i., f.* (OK'd, OK'ing) Peki! Doğru! *s.* geçer; iyi; makbul; *i.* tasdik, rıza, **uygun görme;** *f.* peki demek, tasdik etmek.

o.ka.pi (oka'pi) *i.* Orta Afrika'ya özgü parlak kestane renginde derisi olan zürafaya benzer fakat boynu kısa bir hayvan, *zool.* Okapia johnstoni.

O.khotsk, Sea of (okatsk') Ohotsk Denizi.

o.kra (o'krı) *i.* bamya, *bot.* Hibiscus esculentus. **musk okra** amberiye, *bot.* Abelmoschus moschatus.

old (old) *s., i.* eski, ihtiyar, yaşlı; aşınmış, eskimiş; köhne; tecrübeli, meleke sahibi, pişkin; modası geçmiş; *k.dili* çok; harika; *k.dili* sevgili (dost); *i.* eski zamanlar. **old age** ihtiyarlık, yaşlılık. **old clothes man** eskici. **the old country** göçmenin eski vatanı. **old fashioned** bir çeşit kokteyl. **old fogy** eski kafalı kimse. **Old Glory** A.B.D.'nin bayrağı. **old gold** mat altın rengi, donuk sarı. **old hand** tecrübeli kimse, usta kimse. **old hat** *A.B.D., argo* modası geçmiş. **old lady** *argo* anne; karı. **old maid** evlenmemiş yaşlı kız; *k.dili* fazla titiz kimse. **old man** *argo* koca; sözü geçen kimse; babacan kimse; bizimki. **old man of the sea** yapışkan adam, püsküllü belâ. **Old Nick** şeytan. **old salt** tecrübeli denizcl. **old style** eski usul; Rumî takvime göre. **Old Testament** Kitabı Mukaddeste Eski Ahit, Tevrat. **Old World** eski dünya (Avrupa, Asya ve Afrika). **any old thing** ne olursa olsun, herhangi bir şey. **old wives' tale** batıl itikat; kuşaktan kuşağa geçen hikâye. **good old times** eski demler, geçmiş hoş zamanlar. **grow old** yaşlanmak, ihtiyarlamak; eskimek. **the old** yaşlılar, ihtiyarlar. **the old school** eski terbiye. **young and old** herkes. **The baby has had his first birthday; he is a year old.** Bebek bir yaşını kutladı; şimdi bir yaşında (yani iki yaşına bastı). **He is ten years old.** On bir yaşında. On bir yaşını sürmekte. On yaşında. (*In Turkish there is this ambiguity in describing a person's age.*) **olden** *s., eski* eski zamana ait, eski. **oldish** *s.* yaşlıca, oldukça yaşlı; eskice. **oldness** *i.* ihtiyarlık; eskilik. **oldster** *i., k.dili* yaşlı adam.

old-fash.ioned (old'fäş'ınd) *s.* eski moda, modası geçmiş.

old-tim.er (old'tay'mır) *i.* kıdemli kimse.

o.le.ag.i.nous (oliyäc'ınıs) *s.* yağlı, yağ veren; sahte tatlı dilli, yağcı, piyazcı.

o.le.an.der (oliyän'dır) *i.* zakkum, ağıağacı, gül defnesi, *bot.* Nerium oleander.

o.lec.ra.non (olek'rınan, olıkrey'nan) *i., anat.* dirsek çıkıntısı.

o.le.o (o'liyo) *bak.* oleomargarine.

o.le.o.graph (o'liyıgräf) *i.* yağlıboya taklidi resim.

o.le.o.mar.ga.rine (oliyomar'cırın) *i.* margarin. **oleo oil** hayvan yağından elde edilen sıvı yağ.

o.le.o.phil.ic (o'liyofil'ik) *s.* yağ çeken.

ol.fac.tion (alfäk'şın) *i.* koklama hissi, koku alma.

ol.fac.to.ry (alfäk'tırı) *s., i.* koklamaya ait; *i., gen. çoğ.* koklama organı, burun; koklama hissi. **olfactory nerve** koku siniri.

ol.fac.tron.ics (alfäktran'iks) *i.* kokuları aletle tahlil etme ilmi.

o.lib.a.num (olib'ınım) *i.* günlük, günnük, bir çeşit buhur.

ol.i.gar.chy (al'ıgarki) *i.* takımerki, oligarşi. **oligarch** *i.* oligarşi yöneticisi. **oligarchic(al)** *s.* oligarşiye ait.

o.lim (o'lim) *i., çoğ., İbr.* İsrail'e gelen göçmenler.

ol.i.o (o'liyo) *i.* potpuri.

ol.i.va.ceous (alıvey'şıs) *s.* zeytin renginde olan, zeytunî.

ol.i.var.y (al'ıveri) *s., anat.* zeytin şeklindeki, beyzî.

ol.ive (al'îv) *i., s.* zeytin; zeytin ağacı, *bot.* Olea europaea; zeytin dalı veya çelengi; yeşil zeytin rengi; *s.* zeytine ait; zeytunî. **olive branch** barış sembolü olan zeytin dalı; barış sembolü olarak kullanılan herhangi bir şey. **olive brown** yeşilimsi kahverengi. **olive drab** zeytunî; *gen. çoğ.* zeytunî üniforma. **olive green** zeytunî yeşil. **olive oil** zeytinyağı. **olive tree** zeytin ağacı.

ol.la (al'ı) *i.* yuvarlak toprak kap, güveç; güveçte pişirilen türlü. **olla podrida** güveçte pişirilen türlü.

O.lym.pi.ad (olîm'piyäd) *i.* eski Yunanistan'da Olimpiyat oyunları arasındaki dört senelik ara; olimpiyat.

O.lym.pi.an (olîm'piyın) *s., i.* Olimpos dağına veya tanrılarına ait; tanrısal; olimpiyat oyunları ile ilgili; *i.* Olimpos'ta yaşayan tanrı; tanrısal heybete sahip kimse.

O.lym.pic (olîm'pik) *s.*, *i.* Mora'da bulunan Olimpya nehrine ait; *i.*, *çoğ.* olimpiyat oyunları. **Olympic games** olimpiyat oyunları.

O.lym.pus (olîm'pıs) *i.* Olimpos dağı; cennet; gök.

O.man (omän', oman') *i.* Arap yarımadasında Umman ülkesi. **Gulf of Oman** Umman körfezi.

o.ma.sum (omey'sım) *i.*, *biyol.* kırkbayır.

om.bre, om.ber (am'bır) *i.* bir iskambil oyunu.

om.buds.man (ambʌdz'mın) *i.* halkın şikâyetlerini takip eden memur.

o.me.ga (omi'gı, omeg'ı) *i.* Yunan alfabesinin son harfi; bir şeyin sonu, son.

om.e.let (am'lît, am'ılit) *i.* omlet, kaygana.

o.men (o'mın) *i.*, *f.* kehanet; *f.* kehanette bulunmak, geleceği söylemek.

o.men.tum (omen'tım) *i.* (*çoğ.* -ta) *anat.* epiplon, bağırsakları örten zar.

om.i.cron (am'ıkran) *i.* Yunan alfabesinde on beşinci harf, kısa o.

om.i.nous (am'ınıs) *s.* meşum, uğursuz, kötülüğü belirten. **ominously** *z.* uğursuzca. **ominousness** *i.* uğursuzluk.

o.mis.si.on (omîş'ın) *i.* atlama, (dışarıda) bırakma; atlanan şey, bırakılmış şey; yapılmamış iş. **sin of omission** ihmal suçu.

o.mit (omît') *f.* (-ted, -ting) atlamak, bırakmak; yapmamak.

omni- *önek* hep, bütün, her şey.

om.ni.bus (am'nıbıs) *i.*, *s.* otobüs; seçmeler, antoloji; *s.* çok maddeli. **omnibus bill** değişik konularla ilgili tasarı.

om.nip.o.tent (amnîp'ıtınt) *s.* her şeye gücü yeten. **the Omnipotent** Kadirimutlak, Kadir, Tanrı. **omnipotence** *i.* her şeye gücü yetme. **omnipotently** *z.* her şeye gücü yeterek.

om.ni.pres.ent (amnıprez'ınt) *s.* her yerde ve her zaman hazır. **omnipresence** *i.* her yerde bulunma.

om.ni.range (am'nıreync) *i.* bir uçağın bulunduğu yeri öğrenmeye yarayan iletici radyo şebekesi.

om.nis.cient (amnîş'ınt) *s.* her şeyi bilen, âlim. **the Omniscient** Allah, Âlimimutlak. **omniscience** *i.* her şeyi bilme. **omnisciently** *z.* her şeyi bilerek.

om.niv.o.rous (amnîv'ırıs) *s.* her şeyi yiyen; *zool.* hem ot hem et yiyen, hepçil. **omnivorous reader** her çeşit kitap okuyan kimse.

om.pha.los (am'fılıs) *i.*, *anat.* göbek; kalkan göbeği; orta yer, merkez. **omphalic** *s.* göbeğe ait.

on (an) *edat* üzerinde, üstünde, üstüne; yanında; kenarında; tarafında, -de; ile; esnasında, zarfında; hakkında; halinde. **on the alert** tetikte, uyanık. **on the contrary** aksine, bilakis. **on the offensive** hücum halinde. **on the whole** genellikle, her şeyi hesaba katarak. **on the track of** peşinde, izinde. **on Thursday** perşembe günü. **Let's be on our way.** Gidelim. **The house is on fire.** Ev tutuşmuş. Yangın var. **The joke is on you.** Bu taş size atıldı. **The car stalled on me.** Arabanın motoru durdu ve bana zorluk çıkardı.

on (an) *z.*, *s.* üzerinde, üstünde, ileriye, ileride; bir düziye, aralıksız; vuku bulmakta; *s.* giyilmiş, çıkmamış; *İng.*, *argo* olması muhtemel; makbul; *i.* kriket oyununda vurucunun bulunduğu saha tarafı. **off and on** kesintili. **and so on** filan, v.s., v.b. **on and on** ara vermeden, biteviye. **be on to** *k.dili* haberdar olmak, açıkgöz olmak. **bow on** *den.* pruvası yönünde. **Come on.** Haydi gel, etme canım. **farther on** ileride. **go on** devam etmek. **Go on!** Yürü bakalım! İleri! Saçma! **later on** daha sonra, biraz sonra. **look on** seyretmek. **Night is coming on.** Karanlık basıyor. **put on a coat** palto giymek. **turn on the light** ışığı açmak. **walk on** yürüyedurmak, ileri gitmek.

on.a.ger (an'ıcır) *i.* (*çoğ.* -s, -gri) yaban eşeği, *zool.* Equus onager; *ask.* mancınık.

o.nan.ism (o'nınîzım) *i.* yarıda kalmış cinsi münasebet; istimna.

once (wʌns) *z.*, *s.*, *bağlaç*, *i.* bir kere, bir defa; bir vakitler, bir zamanlar, eskiden; herhangi bir zamanda; hemen, derhal; *s.* önceki, var olan; *bağlaç* hemen, derhal, herhangi bir zamanda; *i.* bir kere. **all at once** birden, birdenbire. **once for all** son olarak; ilk ve son olarak. **once in a while** ara sıra, ikide bir. **once or twice** bir iki kere. **once upon a time** bir varmış bir yokmuş. **at once** hemen, derhal, şimdi. **for once** bir kerelik, bu sefer.

once-o.ver (wʌns'o'vır) *i., argo* bir bakış; etrafı çabucak düzeltme.

on.com.ing (an'kʌming) *s., i.* yaklaşmakta olan; *i.* yaklaşma.

one (wʌn) *s., i., zam.* bir; tek; aynı; *i.* bir tane; biri, birisi; adam, kimse, kişi; bir rakamı; *zam.* birisi, biri; herhangi biri. **one and all** hepsi, her biri. **one another** birbirlerini. **one and sixpence** *eski, İng.* bir şilin altı peni. **one by one** birer birer. **one man one vote** herkese tek oy hakkı. **one-man show** bir kişinin oynadığı veya önemli olduğu sahne oyunu veya sirk. **one-night stand** *tiyatro* bir şehirde bir temsil için kalma. **at one** beraber, birleşmiş, uyuşmuş. **They were made one.** Evlendiler; birleştiler. **oneness** *i.* birlik, bir olma.

one-eyed (wʌn'ayd) *s.* tek gözlü.

one-hand.ed (wʌn'händid) *s.* tek elli; bir elden çıkmış.

one-horse (wʌn'hôrs) *s.* tek atlı; ikinci derecede, adi.

o.nei.ric (onay'rik) *s., psik.* düşsel.

o.nei.ro.crit.ic (onayrıkrit'ik) *i.* rüya yorumcusu. **oneirocritical** *s.* rüya yorumlayan.

o.nei.ro.man.cy (onay'rımänsi) *i.* rüya vasıtasıyla falcılık.

one-leg.ged (wʌn'legid) *s.* tek bacaklı, topal.

on.er.ous (an'ırıs) *s.* ağır; sıkıntılı, ağırlık verici; *huk.* bir hakkı daraltıcı. **onerously** *z.* sıkıntılı olarak. **onerousness** *i.* sıkıntı.

one.self (wʌnself') *zam.* kendisi, bizzat, kendi kendine.

one-sid.ed (wʌn'saydid) *s.* tek taraflı.

one-step (wʌn'step) *i.* tek adım dansı.

one-track (wʌn'träk) *s.* tek yollu; ısrarcı, şaşmaz.

one-way (wʌn'wey) *s.* tek yönlü.

on.ion (ʌn'yın) *i.* soğan, *bot.* Allium cepa.

on.ion.skin (ʌn'yınskin) *i.* pek ince ve parlak bir çeşit kâğıt, pelür.

on-line (an'layn') *s., z.* kompütörle beraber çalışan, kompütörün idaresi altında olan; *z.* asıl işle beraber.

on.look.er (an'lûkır) *i.* seyirci.

on.ly (on'li) *s., z., bağlaç* bir tek, eşsiz, biricik, yegâne; *z.* yalnız, ancak, başlı başına; *bağlaç* bundan başka, yalnız, fakat. **if only** keşke.

on.o.mas.tic (anımäs'tik) *s.* isimler ile ilgili.

on.o.mat.o.poe.ia (anımätıpi'yı) *i.* tabiî sesleri yansılayan kelimeleri kullanma, yansıma; yankı kelime. **onomatopoeic** *s.* yansımalı.

on.o.mat.o.po.et.ic (anımätıpowet'ik) *i.* sesleri yansılayan.

on.rush (an'rʌş) *i.* üşüşme, saldırış.

on.set (an'set) *i.* hücum, saldırı; başlama, başlangıç.

on.shore (an'şor) *s., z.* sahile doğru olan; *z.* sahilde.

on.slaught (an'slôt) *i.* şiddetli saldırı, hücum.

Ont. *kıs.* Ontario.

on-the-job (an.dhı.cab') *s.* iş sahasında yetiştirme ile ilgili.

on.to (an'tu) *edat* üstüne, üstünde; *k.dili* farkında.

on.tol.o.gy (antal'ıci) *i.* yaratıklar bilgisi, yaratılış ilmi, ontoloji; gerçeğin asıl kendisini ve niteliğini inceleyen konu. **ontologic(al)** (antılac'ik, -kıl) *s.* yaratıklar bilgisine ait, ontolojik. **ontologist** *i.* yaratıklar bilgisi âlimi, ontolojist.

o.nus (o'nıs) *i.* yük, görev, külfet. **onus probandi** (probän'di) *huk.* ispat etme görevi, kanıtlama zorunluğu.

on.ward (an'wırd) *s.* ileriye doğru giden, ilerleyen, ilerlemiş.

on.ward, on.wards (an'wırd, -z) *z.* ileriye doğru, ileri, ileride.

on.yx (an'iks) *i.* damarlı akik.

oo- *önek* yumurta.

o.o.cyte (o'wısayt) *i., biyol.* olgunlaşmamış dişi gamet.

oo.dles (ud'ılz) *i., çoğ., k.dili* büyük miktar.

o.o.lite (o'wılayt) *i.* balık yumurtası gibi taneli bir çeşit kireçtaşı.

o.ol.o.gy (owal'ıci) *i.* ornitolojinin yumurtalar üzerine ilim yapan dalı.

oo.long (u'lông) *i.* güzel kokulu bir çeşit siyah çay.

oomph (ûmf) *i., argo* fiziki çekicilik, cinsî cazibe; azim, şevk.

o.o.my.ce.tes (owımay'sitiz) *i.* ovogonlu mantarlar.

oops (ups) *ünlem* Ay! Abo!

o.o.sperm (o'wıspırm) *i., biyol.* döllenmiş yumurtacık.

o.o.the.ca (owıthek'ı) *i., biyol.* (bazı böceklerde) yumurta zarfı.

ooze (uz) *i.* sulu çamur; okyanus diplerinde bulunan ve böcek kabuklarından meydana gelmiş sulu çamur; bataklık; sepicilikte kullanılan meşe kabuğu suyu; sızıntı, sızan şey. **oozy** *s.* sızıntılı; sızdıran; sulu çamur gibi.

ooze (uz) *f.* sızmak, sızıp akmak; dışarı sızmak, duyulmak (sır veya haber); sızdırmak, dışarı vermek.

op. *kıs.* opera, operation, opposite, opus.

o.pac.i.ty (opäs'ıti) *i.* şeffaf olmayış.

o.pal (o'pıl) *i.* opal, panzehirtaşı.

o.pal.es.cence (opıles'ıns) *i.* yanardönerlik. **opalescent** *s.* yanardöner, şanjan.

o.pal.ine (o'pılin, -în) *s., i.* opale benzer, opale özgü; *i.* opale benzer değerli bir sarı taş; yarı şeffaf cam.

o.paque (opeyk') *s.* donuk, şeffaf olmayan, kesif; elektrik veya sıcaklığı geçirmeyen; mantıksız, kolay anlaşılmaz; ahmak, mankafa. **opaqueness** *i.* şeffaf olmayış, donukluk.

op art (ap) 1960'dan itibaren uygulanıp gözü yanıltıcı şekillerle belirlenen resim üslûbu.

op. cit. *kıs.* opere citato evvelce belirtilen eserde, gösterilen eserde.

ope (op) *f., şiir, eski* açmak.

o.pen (o'pın) *s., i.* açık, içine girilir, serbest; kabule hazır; açık (hava), uygun; *den.* sisli olmayan; hazır; samimî, açık yürekli; *ask.* arasında mesafe olan; *müz.* kısık olmayan, boğuk olmayan, dolgun sesli; *dilb.* ses organları nispeten açık olarak söylenen (ünlü); *dilb.* açık (hece); aşikâr, meydanda, gizli olmayan; sipersiz, istihkâmsız; içki satışı serbest (şehir); cömert, eli açık; ödenmemiş (borç); *i., gen.* the ile açık hava, meydan, açık saha; açık deniz. **open admissions, open enrollment** *A.B.D.* üniversiteye kaydolmak isteyen herkesi kabul etme usulü. **open air** açık hava. **open city** *ask.* açık şehir. **open door** herkese açık kapı; serbest ticaret (siyaseti). **open housing** *A.B.D.* ırk ve din farkı gözetmeden herkese açık kiralık ev ve apartmanlar. **open order** *ask.* dağınık savaş düzeni. **open policy** sigorta bedeli konulan olayın gerçekleşmesi anında takdir edilecek sigorta poliçesi. **open sea** açık deniz. **open shop** sendikalı veya sendikasız herkesi çalıştıran kuruluş; yalnız sendikasız işçileri kabul eden kuruluş. **an**

open question iki taraf da haklı bulunduğundan karara bağlanamayan mesele. **an open verdict** *huk.* cinayeti tespit edip de suçluyu tespit etmeyen karar. **an open winter** hafif kış. **in open court** açık oturum halindeki mahkemede. **receive with open arms** samimiyetle karşılamak. **The harbor is open.** Liman açıktır. **lay open** kesip açmak. **openly** *z.* açıkça, açıktan açığa. **openness** *i.* açıklık.

o.pen (o'pın) *f.* açmak; işe başlamak; yaymak, sermek; umuma açmak; gevşetmek, çözmek; tiyatro mevsimini açmak; *huk.* davayı tekrar gözden geçirmek; kesip açmak, yarmak, deşmek; başlatmak; genişletmek; göstermek, bildirmek; görüşmeye başlamak; açılmak, çözülmek, gevşemek; çatlamak, yarılmak; başlamak; gelişmek; engelleri ortadan kaldırmak; göz önüne çıkmak. **open in** içeriye doğru açılmak. **open out** dışarıya doğru açılmak; açılmak. **open up** görüşmeye başlamak, söz açmak. **open one's eyes** gözünü açmak, uyarmak, haberdar etmek. **open fire** ateş açmak. **Open in the name of the law!** Kanun namına aç! **Open sesame.** Açıl susam açıl.

o.pen-end.ed (o'pınend'îd) *s.* sonuca bağlanmamış, açık bırakılmış.

o.pen-eyed (o'pınayd') *s.* açıkgöz, dikkatli; şaşkın.

o.pen-faced (o'pınfeyst') *s.* açık yürekli; tek dilim (sandviç).

o.pen.hand.ed (o'pınhän'did) *s.* eli açık, cömert.

o.pen.heart (o'pınhart') *s.* kalbi açıp yapılan (ameliyat).

o.pen.heart.ed (o'pınhar'tid) *s.* açık kalpli, samimî.

open house herkese açık davet.

o.pen.ing (o'pınîng, op'nîng) *i.* kapı; açma, açış; açıklık, delik; başlangıç; açılış; fırsat; satrançta açış.

open market serbest piyasa.

o.pen-mind.ed (o'pınmaynd'did) *s.* açık fikirli, yeni fikirleri kabule hazır.

o.pen-mouthed (o'pınmaudhd') *s.* ağzı açık kalmış (hayret veya şaşkınlıktan); açgözlü, obur.

o.pen.work (o'pınwırk) *i.* kafes halinde işlemeli süs.

op.er.a (ap'ırı) *i.* opera; opera müziği; opera binası. **opera glasses** opera dürbünü. **opera hat** erkeklere mahsus katlanabilen silindir şapka. **opera house** opera binası. **comic opera** operakomik. **grand opera** ciddî konulu bir tür opera. **operat'ic** *s.* opera nev'inden, operaya ait.

o.pé.ra bouffe (opeyra buf') *Fr.* fars şeklinde opera.

op.er.and (ap'ıränd) *i.* kompütörde kullanılan bilgi.

op.er.ate (ap'ıreyt) *f.* iş görmek, işlemek; etkilemek; borsada alışveriş yapmak (özellikle spekülasyon için); *tıb.* ameliyat etmek; işletmek, idare etmek. **operate on a person** birini ameliyat etmek.

op.er.a.tion (apırey'şın) *i.* iş, fiil; etki, hüküm; süreç; işleme, çalışma, çalışma tarzı; harekât, tatbikat; *tıb.* ameliyat; *mat.* bir niceliğin değer veya şeklinde değişiklik yapma; alış veriş (borsada). **delicate operation** *tıb.* güç ve tehlikeli ameliyat. **extend operations** harekât veya iş sahasını genişletmek. **go into operation** yürürlüğe girmek. **in operation** yürürlükte. **major operation** *tıb.* büyük ameliyat.

op.er.a.tion.al (apırey'şınıl) *s.* amelî; kullanılmaya hazır.

op.er.a.tive (ap'ırıtîv) *s., i.* işleyen, faal; etkin; etkili; *tıb.* ameliyata ait, ameliyat edilebilir; amelî; *i.* usta işçi; teknisyen; *k.dili* hafiye.

op.er.a.tor (ap'ıreytır) *i.* operatör; teknisyen; ticarî veya sınaî kuruluş sahip veya yöneticisi; telgraf veya telefon memuru; *tıb.* cerrah, operatör; komisyoncu; *argo* beleşçi kimse.

op.e.ret.ta (apıret'ı) *i.* operet.

oph.thal.mi.a (afthäl'mıyı) *i., tıb.* göz iltihabı. **ophthalmic** *s.* göze ait. **ophthalmol'ogy** *i.* göz bilgisi. **ophthalmoscope** *i.* oftalmoskop.

o.pi.ate (o'piyît, o'piyeyt) *s., i.* afyonlu; uyuşturucu, uyku getirici; sersemletici; *i.* afyonlu ilâç.

o.pine (opayn') *f.* fikir yürütmek; zannetmek, düşünmek, farzetmek.

o.pin.ion (ıpîn'yın) *i.* zan, tahmin, fikir, oy, düşünce; *huk.* hâkimin ileri sürdüğü fikir. **in my opinion** fikrimce, kanaatimce.

o.pin.ion.at.ed (ıpîn'yıneytîd) *s.* inatçı, fikrinden dönmeyen, dik kafalı.

o.pi.um (o'piyım) *i.* afyon. **opium den, opium joint** afyonkeşlere mahsus gizli kahvehane. **opium habit** afyonkeşlik, afyon çekme alışkanlığı. **opium poppy** haşhaş, afyon çiçeği, *bot.* Papaver somniferum. **opium smoker** afyonkeş, esrarkeş.

op.o.bal.sam (apıbôl'sım) *i.* pelesenk.

op.o.del.doc (apıdel'dak) *i.* kâfurlu İngiliz sabunu.

o.pos.sum (ıpas'ım) *i.* keselisıçangillerden Amerika'ya mahsus memeli bir hayvan, opossum, *zool.* Didelphis.

opp. *kıs.* opposed, opposite.

op.pi.dan (ap'ıdın) *s., i.* kasabaya ait; *i., İng.* şehirli, kasabalı.

op.po.nent (ıpo'nınt) *s., i.* karşıki, karşı; karşıt, zıt; *i.* hasım, düşman.

op.por.tune (apırtun') *s.* elverişli, uygun; tam zamanında olan, vakitli. **opportunely** *z.* tam zamanında. **opportuneness** *i.* elverişlilik.

op.por.tu.nism (apırtu'nîzım) *i.* fırsatçılık, oportünizm. **opportunist** *i.* fırsatçı kimse, oportünist.

op.por.tu.ni.ty (apırtu'nıti) *i.* fırsat, uygun zaman, elverişli durum.

op.pos.a.ble (ıpo'zıbıl) *s.* karşı konulabilir, muhalefet edilebilir; karşısına konulabilen (baş parmağın diğer parmakların karşısına konulabilmesi gibi).

op.pose (ıpoz') *f.* karşılaştırmak; karşı koymak, karşı çıkmak, direnmek; engel olmak, mâni olmak.

op.po.site (ap'ızît) *s., i.* karşıki, karşıda olan; zıt, aksi, karşıt, ters; *bot.* karşılıklı, yaprakları karşı karşıya olan; *i.* karşı olan şey veya kimse; karşıda olan şey veya kimse. **opposite number** tekabül eden kimse veya şey. **oppositely** *z.* zıt olarak. **oppositeness** *i.* zıtlık.

op.po.si.tion (apızîş'ın) *i.* muhalefet; karşıtlık, zıtlık; mücadele; karşı durma, karşı koyma; engel olma; *pol.* muhalif parti; *astr.* birbirinden 180 derece uzaklıkta olan iki gökcisminin durumu. **oppositionist** *i.* muhalefetçi, muhalif partiden biri.

op.press (ıpres') *f.* sıkmak, sıkıştırmak, baskı

yapmak; zulmetmek, canını yakmak; yormak, canını sıkmak, üzerine yüklenmek.

op.pres.sion (ıpreş'ın) *i.* zulüm, baskı, eza, cefa; zulmetme; zulüm ve cefa görme; sıkıntı, güçlük.

op.pres.sive (ıpres'îv) *s.* ezici, zulmedici; sıkıcı, bunaltıcı. **oppressively** *z.* zulmederek; bunaltıcı bir şekilde. **oppressiveness** *i.* sıkıcılık; gaddarlık.

op.pro.bri.ous (ıpro'briyıs) *s.* hakaret dolu; utandırıcı, yüz kızartıcı. **opprobriously** *z.* utanç verecek şekilde. **opprobriousness** *i.* rezillik.

op.pro.bri.um (ıpro'briyım) *i.* rezalet; hakaret; ayıp; rezalet sebebi.

op.pugn (ıpyun') *f.* karşı koymak, tenkitle hücum etmek.

op.pug.nant (ıpʌg'nınt) *s.* karşı koyan. **oppugnancy** *i.* karşıtlık.

op.so.nin (ap'sınîn) *i., tıb.* kan serumunda bulunan ve bakterilerin akyuvarlar tarafından yenmesini kolaylaştıran bir çeşit antikor. **opson'ic** *s.* bu maddenin etkisini taşıyan.

opt (apt) *f.* seçmek; karar vermek. **opt out** çekilmek, vaz geçmek, yapmamaya karar vermek.

op.ta.tive (ap'tıtîv) *s., i.* istek belirten; *i., gram.* istek kipi, dilek kipi.

op.tic (ap'tîk) *s., i.* göze veya görme duyusuna ait; göz ilmine ait; *i., k.dili* göz; *çoğ.* optik.

op.ti.cal (ap'tîkıl) *s.* optikle ilgili; göz veya ışık vasıtasıyle işleyen; görme duyusuna yardım eden; görme duyusuna ait. **optical illusion** gözün yanılması. **optically** *z.* optik vasıtalarla; gözle.

op.ti.cian (aptîş'ın) *i.* gözlükçü, dürbüncü.

op.ti.mism (ap'tımîzım) *i., fels.* dünyada her şeyin iyiliğe hizmet ettiğini ileri süren kuram; iyimserlik. **optimist** *i.* iyimser kimse, optimist kimse. **optimistic** *s.* iyimser. **optimistically** *z.* iyimserlikle.

op.ti.mize (ap'tımayz) *f.* en iyi şekilde kullanmak, en çok istifade etmek.

op.ti.mum (ap'tımım) *i.* en uygun durum; *biyol.* herhangi bir organizmanın büyümesi için elverişli ısı, ışık, nem, yer ve gıda gibi şartlar, optimum.

op.tion (ap'şın) *i.* seçme, tercih; oy; seçme hakkı veya yetkisi; seçilecek şey, şık; *tic.* seçme, satın alma veya başkasına bırakma hakkı. **option day** cevap günü. **have an option on a thing** belirli bir sürede bir şeyi almaya veya reddetmeye hakkı olmak. **option to purchase** bir şeyi belirli bir süre içinde önceden tayin olunan bir bedel ile satın alma hakkı.

op.tion.al (ap'şınıl) *s.* zorunlu olmayan, isteğe bağlı. **optionally** *z.* ihtiyarî olarak.

op.tom.e.ter (aptam'ıtır) *i.* gözün görüş alanını ölçmeye mahsus alet. **optometrist** *i.* görme bozukluğunu ölçen gözlükçü. **optometry** *i.* görme bozukluğunu ölçme mesleği.

op.u.lence, -cy (ap'yılıns, -si) *i.* servet, zenginlik; bolluk. **opulent** *s.* zengin, bol. **opulently** *z.* bolca.

o.pus (o'pıs) *i.* (*çoğ.* **opera**) eser; kitap; müzik parçası, opus.

o.pus.cule (opʌs'kyul) *i.* kısa ve önemsiz eser.

OR *kıs.* Oregon.

or (ôr) *bağlaç* yahut, veya; yoksa. **either this or that** ya bu ya o.

or.ach(e) (or'ıç) *i.* kara pazı, koyun sarmaşığı, *bot.* Atriplex hortensis.

or.a.cle (ôr'ıkıl) *i.* eski Yunanistan ve Roma'da gaipten haber veren kâhin; bu kâhinin gaipten verdiği haber; bu kâhinin kehanette bulunduğu kutsal yer; vahiy, ilham.

o.rac.u.lar (ôräk'yılır) *s.* kehanetle ilgili; anlaşılmaz veya gizli anlamı olan; hikmetli; muğlak; hayret verici, harikulade. **oracularly** *z.* kehanet olarak.

o.ral (ôr'ıl) *s.* ağızdan söylenen, sözlü; ağıza ait; ağızdan alınan; *zool.* ağzın bulunduğu tarafı gösteren. **orally** *z.* ağızdan, sözlü olarak. **orals** *i.* sözlü imtihanlar.

o.rang (oräng') *bak.* **orang-outang.**

or.ange (ôr'înc) *i., s.* portakal, *bot.* Citrus sinensis; portakal rengi; portakal cinsinden meyva; *s.* portakala ait; portakal rengindeki. **orange blossom** portakal çiçeği. **bitter orange, Seville orange** turunç, *bot.* Citrus aurantium.

or.ange.ade (ôrînceyd') *i.* portakal şurubu.

orange pekoe ince toz halinde Seylan çayı.

or.ange.ry (ôr'încri) *i.* soğuk iklimi olan yerlerde portakal yetiştirmeye mahsus kapalı yer, limonluk.

o.rang-ou.tang, o.rang-u.tan (ôräng'ıtäng, -ıtän) *i.* orangutan, *zool.* Simia satyrus.

o.rate (ôr'eyt) *f.* hatiplik taslamak, nutuk çekmek.

o.ra.tion (ôrey'şın) *i.* özenle hazırlanmış nutuk, söylev, hitabe.

or.a.tor (ôr'ıtır) *i.* hatip, nutuk çeken kimse; belâgatle söz söyleyen kimse; *huk.* davacı.

or.a.tor.i.cal (ôrıtôr'ikıl) *s.* hatipliğe ait, hitabet ile ilgili; hatibe yakışır, belâgatli. **oratorically** *z.* hatiplikle ilgili olarak.

or.a.to.ri.o (ôrıtôr'iyo) *i., müz.* oratoryo.

or.a.to.ry (ôr'ıtôri) *i.* hatiplik, hitabet; belâgat. **oratorical** *s.* belâgatli. **oratorically** *z.* belâgatle.

or.a.to.ry (ôr'ıtôri) *i.* ufak mabet, özel tapınak.

orb (ôrb) *i., f.* küre; daire; *şiir* göz; *f.* küre şekline koymak; *şiir* çevrelemek, kuşatmak.

or.bic.u.lar (ôrbik'yılır) *s.* küre şeklinde, küresel, yuvarlak; *bot.* daire biçiminde, dairemsi (yaprak). **orbiculate** *s.* yuvarlak.

or.bit (ôr'bît) *i., f.* yörünge; çember; *anat.* göz çukuru; *zool.* kuşların gözleri etrafındaki deri; *f.* bir gökcismi etrafında dönmek veya döndürmek; bir yörüngede dönmek. **orbital** *s.* gezegen yörüngesine ait; göz çukuruna ait.

or.bi.tal (ôr'bıtıl) *i., İng.* çevre yolu.

orch. *kıs.* orchestra.

or.chard (ôr'çırd) *i.* meyva bahçesi; meyva ağaçları.

or.ches.tra (ôr'kıstrı) *i., müz.* orkestra; *tiyatro* parter; eski Yunanistan'da sahne önünde koronun dans edip şarkı söylediği yarım daire şeklindeki yer. **orchestral** *s.* orkestra ile ilgili, orkestraya ait.

or.ches.trate (ôr'kıstreyt) *f.* orkestra için müzik parçası yazmak. **orchestra'tion** *i.* orkestra için müzik düzenleme veya yazma tekniği, orkestrasyon.

or.ches.tri.on, **or.ches.tri.na** (ôrkes'triyın, -tri'nı) *i.* orkestranın değişik çalgılarını taklit eden org gibi bir çalgı.

or.chid (ôr'kîd) *i.* orkide, salep, *bot.* Orchis. **orchida'ceous** *s.* salepgillere ait.

ord. *kıs.* ordained, order, ordinance, ordinary.

or.dain (ôrdeyn') *f.* takdir etmek, mukadder kılmak; papazlığa atamak, papazlık rütbesini vermek.

or.deal (ôrdil') *i.* karakter veya dayanıklılık denemesi, ateşten gömlek, büyük sıkıntı; eskiden kullanılan işkence ile yargılama usulü.

or.der (ôr'dır) *i.* düzen, nizam, sıra; dizi; usul, yol, kural; emir, yönerme, buyrultu; ısmarlama, sipariş; havale; tarikat, mezhep fırkası; şeref rütbesi; cins, çeşit; mimarî tarz; *biyol.* takım, silsile. **order of business** gündem. **order of knighthood** şövalye örgütü; şeref rütbesi. **order of the day** gündem, günlük emir. **in applepie order** çok düzenli bir şekilde, her şey yerinde. **at one's orders** emre hazır. **by order** emre göre, emir gereğince. **call to order** usule göre açmak (toplantı). **Doric order** *mim.* Dorik tarzı. **holy orders** papazlar sınıfı; papazlık rütbeleri. **in alphabetical order** alfabe sırası ile. **in order** düzenli; sıra ile; yolunda, usule göre. **in order that he may see** görsün diye. **in order to see** görmek için. **in short order** çabuk. **keep order** disiplini korumak. **monastic order** manastır tarikatı. **money order** para havalesi. **on the order of** kabilinde, tarzında. **out of order** bozuk; düzensiz; usule aykırı; uygunsuz. **rush order** acele sipariş. **sealed orders** *ask.* vakti gelince açılıp okunacak mühürlü emirname. **standing orders** geçerliği devam eden emirler. **take an order** birinden emir almak; birinden sipariş almak. **till further orders** başka emir gelinceye kadar. **to order** siparişe göre, ısmarlama. **working order** çalışma düzeni. **in good working order** iyi işler durumda.

or.der (ôr'dır) *f.* emir vermek, emretmek, buyurmak; ısmarlamak, sipariş etmek; düzenlemek, sıraya koymak, tertip etmek. **order around** emir yağdırmak. **order up** getirmesini emretmek.

or.der.ly (ôr'dırli) *s., i.* düzgün; itaatli, uslu; emre ait; *i., ask.* emir eri, emir çavuşu; hastane hademesi. **orderliness** *i.* intizam, düzenlilik, derli topluluk.

or.di.nal (ôr'dınıl) *s., i.* sıra veya derece gösteren; *biyol.* takıma ait; *i.* kilise ayinleri kitabı. **ordinal numbers** *mat.* sıra sayıları.

or.di.nance (ôr'dınıns) *i.* düzen, kural; emir; kanun; alın yazısı, yazgı.

or.di.nar.y (ôr'dıneri) *s., i.* adi, alışılmış, alelade, bayağı, usule göre; *huk.* doğal, tabiî (hak); *i.* alışılmış şey; Katolik kilisesinde ayinin değişmez kısmı. **ordinarily** z. genellikle, çoğunlukla. **ordinariness** i. bayağılık. **out of the ordinary** adi olmayan, olağan dışı.

or.di.nate (ôr'dınît) s., i. düzenli; i., geom. ordinat.

or.di.na.tion (ôrdıney'şın) i., kil. papaz atama ve kutsama töreni; atanma ve kutsanma.

ord.nance (ôrd'nıns) i. savaş gereçleri; ağır çaplı toplar; askerî gereç ve silâhlar dairesi.

or.don.nance (ôr'dınıns) i. bir resim veya binanın düzeni; düzen, tertip; kanun, kural.

or.dure (ôr'cır, -dyûr) i. pislik, gübre.

ore (ôr) i. maden cevheri.

ö.re (ö'rı) i. (çoğ. ö.re) iskandinavya parasında kronun yüzde biri.

o.re.ad (ôr'iyäd) i., Yu. mit. dağ perisi.

o.reg.a.no (oreg'ıno) i. yabani mercanköşk, farekulağı, bot. Origanum vulgare.

org. kıs. **organic, organization, organized.**

or.gan (ôr'gın) i., müz. org, erganun; biyol. örgen, uzuv; haber organı; araç, alet, vasıta. **organ grinder** latarnacı. **organ loft** kilisede org galerisi. **organ stop** org düğmesi. **mouth organ** ağız mızıkası. **party organ** parti organı.

or.gan.dy, or.gan.die (ôr'gındi) i. çok ince ve şeffaf muslin, organze.

or.gan.ic (ôrgän'îk) s. örgensel, organik; yaşayan, canlı; tıb. organizmayı etkileyen (hastalık); kim. karbon bileşiklerine ait; kalıtımla geçen, doğuştan, yapısal. **organic chemistry** organik kimya. **organic disease** organik hastalık. **organic law** anayasa. **organic substance** organik madde. **organically** z. örgenlik bakımından, organik olarak.

or.gan.ism (ôr'gınîzım) i. örgenlik, organizma; oluşum, örgüt.

or.gan.ist (ôr'gınist) i. org çalan kimse.

or.gan.i.za.tion (ôrgınizey'şın) i. örgüt, kurum, teşekkül, dernek; düzen; düzenleme; organizma.

or.gan.ize (ôr'gınayz) f. düzenlemek, intizama sokmak; örgütlemek; teşkil etmek; teşekkül etmek, teşkilâtlanmak; sıralamak, tasnif etmek; yerleştirmek.

organo- önek örgensel, organik.

or.ga.nol.o.gy (ôrgınal'ıci) i. bitki ve hayvan organlarının yapı ve görevleriyle uğraşan biyoloji dalı.

or.ga.non, -num (ôr'gınan, -nım) i. bir felsefenin ilke ve kurallarını meydana getiren sistem.

or.gan.zine (ôr'gınzin) i. bükülmüş ipek, ipek dokumasında atkı teli.

or.gasm (ôr'gäzım) i., fizyol. orgazm, özellikle cinsel ilişkide şiddetli heyecan; fazla heyecan, şiddetli hareket.

or.geat (ôr'jät) i. arpa, badem ve şekerle yapılmış alkolsüz içki.

or.gi.as.tic (ôrciyäs'tîk) s. sefahatle ilgili.

or.gy (ôr'ci) i. sefahat; aşırı düşkünlük; gen. çoğ. eski Yunanistan ve Roma'da tanrılar ve özellikle Baküs için yapılan gizli dinsel törenlerde fazla heyecanlı şarkı söyleyip dans etme ve çılgınca hareketlerde bulunma.

o.ri.el (ôr'iyıl) i. cumba, çıkma.

o.ri.ent (ôr'iyınt) i., s., f. doğu, şark; göğün doğu kısmı; incinin üzerindeki açık mavi parlaklık; b.h. Doğu, genellikle Asya memleketleri; s. parıltılı, parlak; yükselen, doğan; f. doğuya yöneltmek; yöneltmek. **orient oneself** uymak, alışmak.

o.ri.en.tal (ôriyen'tıl) s., i. Doğulu; Doğu'ya özgü, doğusal; çok parlak ve şeffaf; b.h. Doğulu kimse; Asyalı. **Orientalism** i. Doğu'ya özgü töre veya usul; Doğu dilleri veya tarihi bilgisi. **Orientalist** i. Doğu dilleri, edebiyatı ve tarihi uzmanı, müsteşrik. **Orientalize** f. Doğululaştırmak. **Oriental rug** el ile dokunmuş Şark halısı. **orientally** z. Doğu üslûbuna göre.

o.ri.en.tate (ô'riyenteyt) f. doğuya yöneltmek, doğuya doğru yönelmek; alışmak. **orienta'tion** i. yönelme, yöneltme; çevre şartlarına uydurma veya uyma, alışma; yeni bir çevreye alıştırma programı; istikamet hissi.

o.ri.fice (ô'rîfîs) i. delik, ağız.

orig. kıs. **original.**

or.i.ga.mi (ôriga'mi) i. makas veya zamk kullanmaksızın kâğıt bükerek Japon usulü hayvan şekilleri yapma sanatı.

or.i.gan (ôr'ıgın) i. yabanî mercanköşk, bot. Origanum vulgare.

or.i.gin (ôr'ıcîn) i. asıl, köken, kaynak, başlangıç; nesil, doğuş, soy.

o.rig.i.nal (ırîc'ınıl) s., i. aslî, esasa ait, ilk; özgün, yeni, yeni icat olunmuş, orijinal;

yaratıcı (zekâ); *i.* asıl, kaynak, menşe; asıl nüsha, müsvedde; acayip kimse. **original mind** yaratıcı zekâ. **original sin** *ilâh.* kalıtımla geçen veya doğuştan olan günah. **originality** (ırîcınäl'ıti) *i.* yaratıcılık; özgünlük. **originally** *z.* aslen, esasında; orijinal bir şekilde.

o.rig.i.nate (ırîc'ıneyt) *f.* icat etmek, meydana getirmek, çıkarmak, yaratmak, gelmek, olmak. **origina'tion** *i.* icat etme veya olma; meydana gelme; yaratılış.

o.ri.ole (ô'riyol) *i.* sarı asma kuşu, sarıcık, *zool.* Oriolus oriolus.

O.ri.on (ôray'ın) *i., astr.* Oriyon.

or.i.sons (ôr'îzıns) *i.* dua, yakarış.

or.lop (ôr'lap) *i., den.* geminin en alt güvertesi, kontra tavlun.

or.mo.lu (ôr'mılu) *i.* altın taklidi pirinç, yaldızlı pirinç; taklit şey.

or.na.ment (ôr'nımınt) *i.* ziynet, süs. **ornamen'tal** *s.* süs kabilinden. **ornamentally** *z.* süs olarak.

or.na.ment (ôr'nıment) *f.* süslemek, donatmak. **ornamenta'tion** *i.* süs, ziynet; süsleme.

or.nate (ôrneyt') *s.* çok süslü, şatafatlı, gösterişli. **ornately** *z.* çok süslü bir şekilde. **ornateness** *i.* fazla süslülük.

or.ner.y (ôr'nıri, ôrn'ri) *s., A.B.D., leh.* huysuz; inatçı; alçak, aşağılık; adi, bayağı.

or.ni.thol.o.gy (ôrnıthal'ıci) *i., zool.* hayvanlar ilminin kuşlar bölümü, ornitoloji. **ornitholog'ical** *s.* kuşlar bilgisine ait, ornitolojik. **ornithologist** *i.* kuş uzmanı.

or.ni.tho.rhyn.chus (ôrnıthorîng'kıs) *bak.* **duckbill.**

o.rog.e.ny (ôrac'ıni) *i., jeol.* dağların oluşumu, dağoluş.

or.o.graph (ôr'ıgräf) *i.* topografik harita çizme aleti.

o.rog.ra.phy (ôrag'rıfi) *i.* doğal coğrafyanın dağlarla ilgili dalı. **orograph'ic(al)** *s.* dağ şekilleriyle ilgili.

o.ro.ide (ôr'owayd) *i.* altın renginde bakır ile çinko veya teneke alaşımı.

o.rol.o.gy (ôral'ıci) *i.* dağlar bilgisi. **orolog'ical** *s.* dağlar ilmine ait. **orologist** *i.* dağlar bilgisi uzmanı.

o.rom.e.ter (ôram'ıtır) *i.* deniz yüzeyinden yukarı yükseklikleri ölçmeye mahsus dereceli barometre. **orometric** (ôrımet'rîk) *s.*

dağ yüksekliklerine ait. bu yükseklikleri ölçen alete ait.

o.ro.tund (ôr'ıtʌnd) *s.* dolgun ve berrak sesli, gümrah ve ahenkli; tumturaklı (yazı veya söz).

or.phan (ôr'fın) *i., s., f.* yetim; *s.* öksüz, kimsesiz; *f.* öksüz bırakmak. **orphanhood** *i.* öksüzlük.

or.phan.age (ôr'fınîc) *i.* yetimhane, öksüzler yurdu.

Or.phe.us (ôr'fiyıs) *i., Yu. mit.* Orfeus, çaldığı müzikle ağaçları ve kayaları harekete getirdiği ve canavarları yatıştırdığı farzolunan bir kahraman. **Orphean, Orphic** *s.* Orfeus'a ait veya ona benzer; Orfeus'un müziği gibi ahenkli.

or.pi.ment (ôr'pımınt) *i., min.* sarı zırnık.

or.pine (ôr'pin) *i.* damkoruğugillerden herhangi bir bitki, *bot.* Crassulaceae.

or.re.ry (ôr'ıri) *i.* güneş ve gezegenlerin hareketlerini gösteren aygıt.

or.ris (ôr'îs) *i.* bir çeşit süsen, Floransa süseni, *bot.* Iris florentina. **orrisroot** *i.* bu çiçeğin ilâç ve lavanta yapımında kullanılan kökü, süsen kökü, menekşe kökü. **orris powder** süsen kökü tozu.

or.thi.con (ôr'thıkan) *i.* televizyon alıcı tübü.

ortho- *önek* doğru.

or.tho.ce.phal.ic, or.tho.ceph.a.lous (ôrthosıfäl'îk, -sef'ılıs) *s.* kafatasının uzunluğu ile eni arasındaki oran orta derecede olan.

or.tho.don.tics (ôrthıdan'tiks) *i.* dişleri koruma veya bozuklukları düzeltme ile uğraşan dişçilik dalı.

or.tho.dox (ôr'thıdaks) *s.* doktrini sağlam; dinsel inançlarına sadık; doğru, tam, uygun; *b.h.* Ortodoks kilisesine mensup; yürürlükteki usule uygun. **orthodoxly** *z.* kabul edilmiş bir fikre uygun olarak. **orthodoxy** *i.* Ortodoksluk; akidenin doğruluğu.

or.tho.e.py (ôrtho'wıpi) *i.* doğru telaffuz ilmi; doğru telaffuz.

or.tho.gen.e.sis (ôrthocen'ısîs) *i., biyol.* düz oluş, ortogenez.

or.thog.o.nal (ôrthag'ınıl) *s., geom.* dikgen.

or.thog.ra.phy (ôrthag'rıfi) *i.* imlâ usulü, imlâ. **orthograph'ic(al)** *s.* imlâya ait.

or.tho.pe.dics (ôrthıpi'diks) *i., tıb.* ortopedi. **orthopedist** *i.* ortopedi uzmanı.

or.thop.ter.a (ôrthap'tırı) *i., çoğ.* düzkanatlılar.

or.tho.scope (ôr'thıskop) *i.* gözün içini muayeneye mahsus alet.

or.to.lan (ôr'tılın) *i.* kiraz kuşu, *zool.* Emberiza hortulana.

o.ryx (ôr'îks) *i.* Afrika'ya mahsus iri bir ceylan.

O.S. *kıs.* Old Saxon, Old Style.

Os *kıs.* osmium.

os (as) *i.* (*çoğ.* o.ra) *anat.* ağız, delik.

os (as) *i.* (*çoğ.* os.sa) *anat., zool.* kemik.

os.cil.late (as'ıleyt) *f.* salınmak, gidip gelmek, saat sarkacı gibi hareket etmek; dalgalanmak, çalkanmak; tereddüt etmek. oscilla'tion *i.* gidip gelme, salınma, titreşme. oscillator *i.* radyoda elektrik titreşimleri meydana getiren aygıt, osilatör. oscillatory *s.* sallanan, salınan.

os.cil.lo.graph (ısıl'ıgräf) *i.* elektrik akımındaki titreşimleri kaydeden alet, osilograf.

os.ci.tant (as'îtınt) *s.* ağzı açık, esneyen; uyuşuk, uykusu gelmiş. oscitancy, oscitance *i.* esneme; uyuşukluk, tembellik.

os.cu.lant (as'kyılınt) *s., biyol.* ortak özellikleri olan.

os.cu.lar (as'kyılır) *s.* ağıza ait; öpüşe veya öpmeye ait.

os.cu.late (as'kyıleyt) *f., şaka* öpmek; değdirmek; *geom.* hiç olmazsa üç noktanın birbirine dokunmasını sağlayacak şekilde temas etmek; *biyol.* ortak özellikleri olmak. oscula'tion *i.* öpme, öpüş. osculatory *s.* öpmeye ait.

o.sier (o'jır) *i.* sepetçi söğüdü, *bot.* Salix viminalis.

Os.lo (as'lo) *i.* Oslo.

os.mi.um (az'miyım) *i., kim.* osmiyum.

os.mo.sis (azmo'sîs, as-) *i., kim.* geçişme, osmoz.

os.mot.ic (azmat'îk) *s., kim.* geçişmeli, osmotik.

os.prey (as'pri) *i.* balık kartalı, deniz tavşancılı, *zool.* Pandion haliaëtus.

os.se.ous (as'ıyıs) *s.* kemik cinsinden, kemik gibi; iskeleti olan.

os.si.cle (as'îkıl) *i.* ufak kemik, kemikçik.

os.si.frage (as'ıfrîc) *i.* balık kartalı, *zool.* Pandion haliaëtus; ötleği, kuzu kartalı, *zool.* Gypaëtus barbatus.

os.si.fy (as'ıfay) *f., fizyol.* kemikleşmek, kemiğe dönmek; katılaşmak; kemikleştirmek;

katılaştırmak. ossifica'tion *i.* kemikleşme.

os.su.ar.y (as'uweri) *i.* kemik saklamaya mahsus yer.

os.ten.si.ble (asten'sıbıl) *s.* görünüşteki, görünen. ostensibly *z.* görünürde, görünüşte.

os.ten.sive (asten'siv) *s.* görünüşte olan, açık, belli.

os.ten.ta.tion (astıntey'şın) *i.* gösteriş, gereksiz gösteriş. ostentatious *s.* dikkati çekmek amacında olan. ostentatiously *z.* gösterişli bir şekilde.

os.te.o.ar.thro.sis (astiyowarthro'sîs) *i., tıb.* oynak iltihabı.

os.te.o.blast (as'tiyıbläst) *i., anat.* kemik dokusu meydana getiren hücre, osteoblast.

os.te.oc.la.sis (astiyak'lısîs) *i., tıb.* yanlış kaynamayı düzeltmek için bir kemiği kırma ameliyatı, osteoklazi.

os.te.o.clast (as'tiyıkläst) *i., anat.* büyüme halindeki kemiğin içinde kemik dokusunu yiyerek iç boşlukları meydana getiren çok çekirdekli iri hücrelerden biri; *tıb.* yanlış kaynamayı düzeltmek için kemik kırma ameliyatında kullanılan alet, osteoklast.

os.te.oid (as'tiyoyd) *s.* kemik gibi, kemiksi.

os.te.ol.o.gist (astiyal'ıcîst) *i.* osteolojist, iskelet ve kemiklerin yapısıyle uğraşan uzman.

os.te.ol.o.gy (astiyal'ıci) *i., anat.* osteoloji, kemikbilimi.

os.te.o.ma (astiyo'mı) *i.* (*çoğ.* -s, -ma.ta) *tıb.* kemik dokusunda meydana gelen tümör.

os.te.o.my.e.li.tis (astiyomayılay'tîs) *i., tıb.* kemik iliği iltihabı.

os.te.op.a.thy (astiyap'ıthi) *i., tıb.* ilâç kullanmadan ancak kemikleri ve kasları yoklayıp düzeltmek suretiyle hastalıkları tedavi usulü. osteopath (as'tiyıpäth) *i.* kemikleri düzelterek hastalığı tedavi eden uzman. osteopath'ic *s.* böyle uzmanlığa ait.

os.te.o.plas.tic (astiyıpläs'tîk) *s., fizyol.* kemik meydana getiren; *tıb.* kemik düzeltme tedavisine ait.

os.te.o.plas.ty (as'tiyıplästi) *i., tıb.* kusurlu kemiği düzeltme veya değiştirme ameliyatı.

os.te.ot.o.my (astiyat'ımi) *i., tıb.* kemiği kesme veya bir parçasını çıkarma ameliyatı.

ost.ler (as'lır) *bak.* hostler.

os.tra.cize (as'trısayz) *f.* toplum veya dernekten çıkarmak; bir kimse ile ilişkiyi kesip mevcut değilmiş gibi hareket etmek. ostracism (as'trısîzm) *i.* sürgün etme; ilişkiyi kesme.

os.tra.con (as'trıkan) *i.* (*çoğ.* -ca) üstünde yazılar bulunan eski çanak parçası.

os.trich (ôs'trîç) *i.* devekuşu, *zool.* Struthio camelus. ostrich plume devekuşu tüyü, özellikle kuyruk ve kanatlarının uzun ve beyaz tüyleri. ostrich tip devekuşu tüyünün ucu. ostrichlike *s.* görmezlikten veya anlamazlıktan gelerek kendini emniyette zanneden.

Os.tro.goth (as'trıgath) *i.* beşinci yüzyılda Roma İmparatorluğunu istilâ eden Doğu Gotlarından biri, Ostrogot.

O.T. *kıs.* Old Testament.

o.tal.gi.a (otäl'ciyı) *i., tıb.* kulak ağrısı.

O tem.po.ra! O mo.res! (o tem'pırı, o môr'iz) *Lat.* Bu ne zamanlar! Bu ne ahlâk! Ne günlere kaldık!

oth.er (ʌdh'ır) *s., z., zam.* başka, diğer, gayri, sair; *z.* başka suretle, başka türlü; *zam.* başka birisi, başkası, başka kimse; diğeri. some day or other günün birinde, bir gün. the other day geçen gün. every other day gün aşırı.

oth.er.wise (ʌdh'ırwayz) *z.* başka suretle, başka türlü; yoksa, olmazsa, aksi takdirde.

oth.er.world.ly (ʌdhırwırld'li) *s.* öteki dünya işlerine dalmış, bu dünyadan olmayan; hayalî işlerle meşgul. otherworldliness *i.* öteki dünya·işlerine dalma.

o.ti.ose (o'şiyos, -ti-) *s.* aylak, tembel, atıl; faydasız, verimsiz, boş.

o.ti.tis (otay'tîs) *i., tıb.* kulak iltihabı. otitis media ortakulak iltihabı.

o.tol.o.gy (otal'ıci) *i.* kulak ve kulak hastalıkları bilimi.

ot.tar, ot.to (at'ır, at'o) *bak.* attar.

Ot.ta.wa (at'ıwı) *i.* Ottawa.

ot.ter (at'ır) *i.* susamuru, sarı samur, lutr, *zool.* Lutra; bu hayvanın kürkü, samur kürk; tahta parçasına bağlı bir çeşit olta.

Ot.to.man (at'ımın) *s., i.* (*çoğ.* -mans) Osmanlı.

ot.to.man (at'ımın) *i.* divan; arkasız minderli iskemle; fitilli bir çeşit ipekli veya yünlü ipekli kumaş.

ou.bli.ette (ubliyet') *i.* tepesi kapaklı yeraltı zindanı.

ouch (auç) *ünlem* Ah! Of! Aman!

ought (ôt) *i.* sıfır, hiç, *bak.* aught.

ought (ôt) *f.* -meli, -malı (Gereklik ve zorunluk belirtir.). I ought to go. Gitmeliyim. It ought not to be allowed. Buna izin verilmemeli. You ought to know better. Bu hareketin fena olduğunu bilmeniz gerekir. I ought to have gone. Gitmeliydim.

Oui.ja (wi'cı) *i.* ispritizma seanslarına mahsus üstünde alfabe harfleri veya işaretler bulunan iki tahtadan ibaret tertibat.

ounce (auns) *i.* 28,3 gram, çarşı libresinin on altıda biri; kuyumcu libresinin on ikide biri, 31 gram; *kıs.* oz.

ounce (auns) *i.* tekir, *zool.* Leopardus uncia.

our (aur) *zam., s.* bizim.

ours (aurz) *zam.* bizimki. a friend of ours dostlarımızdan biri, bir dostumuz.

our.selves (aurselvz') *zam., çoğ.* kendimiz, bizler. We ourselves will help. Biz kendimiz yardım edeceğiz. We will help ourselves. Biz kendimize yardım edeceğiz.

ou.sel, ou.zel (u'zıl) *i.* karatavuk, *zool.* Turdus merula; bir çeşit ardıçkuşu, *zool.* Turdus pilaris.

oust (aust) *f.* çıkarmak, defetmek, dışarı atmak, kovmak. ous'ter *i., huk.* zorla mülkünü alma, dışarı atma.

out (aut) *z., edat, i., ünlem, s., f.* dışarı, dışarıda; dışarıya; dışında; arasından; meydana, ortaya; -sız (kalmış); bütün bütün, tamamen; sonuna kadar; yüksek sesle; *edat* dışarıya, dışarıda; *i.* işinden çıkarılmış yenik parti üyesi; bahane, çözüm yolu; *beysbol* vurucunun sırasının bitmesi; muhalif kimse; *matb.* mürettip tarafından atlanmış kelime; *ünlem* Dışarı! Defol!; *s.* dışarıdaki, dış; top oyunlarında vurucu olmayan; anormal; kullanılmaz; zararda olan; yanılmış; *f., eski* kovmak, kapı dışarı etmek; *argo* vurup düşürmek, nakavt etmek; meydana çıkmak, aşikâr olmak. out and away pek çok, fersah fersah. out and out bütün bütün, tamamen, her yönüyle. out of breath nefesi kesilmiş, soluk soluğa. out of commission bozuk. out of countenance utanmış. out of danger tehlikeyi atlatmış. out for a good time eğlence peşinde. out of order bozuk; düzensiz veya sırasız. out of patience sabrı tükenmiş. out of pocket sarfedilmiş, cepten çıkmış. out of print mevcudu bitmiş (kitap). out of reach el erişmez, uzak. out of season mevsimsiz, vakitsiz. out of sorts

rahatsız, keyifsiz; dargın. **out of spirits** canı
sıkkın, neşesiz. **out of things** uzaklaşmış,
uzaklaştırılmış. **out of time** *müz.* vuruşa
uygun olmayan. **Out with it!** Haydi söyle!
Anlat! **cry out** yüksek sesle bağırmak, hay-
kırmak. **die out** sönmek; nesli tükenmek.
pass out dağıtmak; bayılmak; toplantıdan
sıra ile çıkmak (öğrenciler). **pour out** bo-
şaltmak. **time out of mind** öteden beri, es-
kiden beri. **tired out** çok yorgun, bitkin. **at
outs (with)** dargın. **far out, way out** *ar-
go* şahane, harika. **He is out to lunch.** Ye-
mek için dışarı çıktı. **Latin has gone out as
a spoken language.** Latince konuşma dili
olmaktan çıktı. **The fire is out.** Yangın
söndü. **The stars are out.** Yıldızlar görün-
mekte.

out- *önek* fazlasıyle, (öbüründen) daha iyi,
daha çok: **outstay, outbid, outdrink.**

out-a-sight (autısayt') *s., argo* şahane.

out.bal.ance (autbäl'ıns) *f.* daha ağır gel-
mek (tartı); geçmek, daha üstün gelmek.

out.bid (autbid') *f.* **(-bade, -bidden, -bid-
ding)** açık artırmada fiyatı artırmak, fazla
fiyat vermek.

out.board (aut'bôrd) *s., den.* takma motorlu,
dıştan motorlu. **outboard motor** takma
motor.

out.bound (aut'baund') *s.* şehirden veya li-
mandan dışarı giden (tren veya gemi).

out.break (aut'breyk) *i.* feveran, patlama, pat-
lak verme, isyan; baş gösterme, çıkma.

out.build.ing (aut'bîldîng) *i.* ek bina.

out.burst (aut'bırst) *i.* birdenbire patlayış, pat-
lak verme; feveran.

out.cast (aut'käst) *i., s.* toplumdan atılmış
kimse; serseri kimse; *s.* mahrum bırakılmış.

out.caste (aut'käst) *i.* Hindistan'da kast dışı
olan kimse, parya.

out.class (autkläs') *f.* üstün olmak, üstün gel-
mek.

out.come (aut'kʌm) *i.* sonuç.

out.crop (aut'krap) *i.* bir arz tabakasının yer-
yüzüne çıkması; bu suretle çıkıp görünen
kaya.

out.cry (aut'kray) *i.* haykırış, çığlık, bağırış.

out.cry (autkray') *f.* başkasından daha çok
bağırmak, bağırarak başkasının sesini bas-
tırmak.

out.date (autdeyt') *f.* geçersiz kılmak.

out.dis.tance (autdîs'tıns) *f.* geçmek.

out.do (autdu') *f.* üstün gelmek, geçmek.

out.door (aut'dôr) *s.* dışarıda yapılan.

out.doors (autdôrz') *z., i.* dışarıya; dışarıda,
açık havada; *i.* açık hava.

out.er (au'tır) *s., i.* dıştaki; dışarıdaki; *i.* hedef
merkezi çevresindeki dairenin dış kısmı.
outer space yıldızlar ve gezegenler ara-
sındaki boşluk. **outermost** *s.* en dıştaki.

out.face (autfeys') *f.* birinin yüzüne yıldırın-
caya kadar bakmak; karşı durmak, meydan
okumak.

out.field (aut'fîld) *i., beysbol, kriket* iç sa-
hanın dış tarafı veya orada oynayan oyun-
cular. **outfielder** *i.* dış saha oyuncusu.

out.fit (aut'fît) *i., f.* **(-ted, -ting)** takım do-
natısı; gereçler; *A.B.D., k.dili* askerî birlik;
bir zaman için ihtiyacı karşılayan giye-
cekler; *f.* donatmak, gereçlerini sağlamak.

out.fit.ter (aut'fîtır) *i.* teçhizatçı; giyim eşyası
satan kimse.

out.flank (autflängk') *f.* yandan geçip arka-
sına varmak.

out.fox (autfaks') *f., A.B.D., k.dili* daha atik
davranıp galip gelmek, kurnazlık etmek.

out.go (aut'go) *i.* masraf, sarfedilen para.

out.go (autgo') *f.* **(-went, -gone)** geçmek.

out.go.ing (aut'gowîng) *s., i.* sempatik, dost
tavırlı; giden, çıkan; *i.* gidiş, çıkış.

out.grow (autgro') *f.* **(-grew, -grown)** bü-
yüdükçe giysileri küçük gelmek; zamanla
bırakmak veya vaz geçmek.

out.growth (aut'groth) *i.* bir başka şeyden
gelişerek büyüyen şey; fazlalık; doğal bir
sonuç veya gelişme.

out.guess (autges') *f.* önceden tahmin edip
galip gelmek.

out.house (aut'haus) *i.* ayrı kulübede aptes-
hane; çiftlikte asıl binadan ayrı ufak bina;
çoğ. müştemilât.

out.ing (au'tîng) *i.* gezinti. **outing flannel**
fanila, fanilaya benzer pamuklu kumaş.

out.land.ish (autlän'dîş) *s.* tuhaf, acayip; *k.dili*
saçma, uzak.

out.last (autläst') *f.* -dan çok dayanmak.

out.law (aut'lô) *i., f.* kanuna karşı gelen kim-
se; kanunî haklardan yoksun bırakılmış
kimse, sürgün; *f.* yasaklamak; kanun dışı
ilân etmek; kanunî haklardan yoksun bı-
rakmak.

out.law.ry (aut'lôri) *i.* kanuna karşı gelme; kanun dışı kılma.

out.lay (aut'ley) *i.* masraf, giderler; harcama.

out.let (aut'let) *i.* dışarı çıkacak yer, kapı; yol, ağız, delik; *elek.* fiş.

out.line (aut'layn) *i., f.* resim veya haritanın ana hatları; taslak; *f.* taslağını çizmek.

out.live (autliv') *f.* birinden fazla yaşamak.

out.look (aut'lûk) *i.* görünüş, genel görünüş, manzara; seyredilen yer.

out.ly.ing (aut'laying) *s.* uzakta bulunan, sınır dışındaki.

out.mod.ed (autmod'id) *s.* demode, modası geçmiş.

out.most (aut'most) *s.* en dışarıdaki.

out.num.ber (autnʌm'bır) *f.* sayıca fazla gelmek.

out-of-doors (autıvdôrz') *z., i.* dışarıda; *i.* dışarıda olan şey.

out-of-the-way (autıvdhıwey') *s.* uzak, zor ulaşılan, sapa; acayip.

out.pa.tient (aut'peyşınt) *i.* ayakta tedavi edilen hasta.

out.post (aut'post) *i.* ileri karakol mevkii.

out.pour (aut'pôr) *i.* dökülme, taşma, akma.

out.put (aut'pût) *i.* randıman, verim; elektrik enerjisi.

out.rage (aut'reyc) *i.* zulüm; rezalet; namusa tecavüz; hakaret.

out.rage (autreyc') *f.* fena surette bozmak, kötü davranmak; sövüp saymak; tecavüzde bulunmak.

out.ra.geous (autrey'cıs) *s.* çok çirkin, pek fena; edebe aykırı; pek insafsız. **outrageously** *z.* fazlasıyle; taşkınca; rezilce. **outrageousness** *i.* rezalet.

ou.tré (utre') *s., Fr.* mübalağalı, abartmalı; acayip, garip.

out.reach (aut'riç) *i.* uzama.

'out.rid.er (aut'raydır) *i.* bir arabanın yanı sıra giden atlı uşak.

out.rig.ger (aut'rıgır) *i., den.* avara demiri; patrisa mataforası; uskundra; dirsekli futa veya bunun ıskarmozu.

out.right (aut'rayt') *z., s.* sınırsız olarak, birden, yekten; bütün bütün, tamamen; dosdoğru; doğrudan doğruya; *s.* sınırsız; tam, bütün; devam eden; karşılıksız; düpedüz.

out.run.ner (aut'rʌnır) *i.* bir arabanın önünde veya yanında koşan uşak.

out.set (aut'set) *i.* başlangıç.

out.shine (autşayn') *f.* başkasını gölgede bırakmak, daha fazla parlamak.

out.shoot (*f.* autşut'; *i.* aut'şut) *f., i.* vuruşta geçmek; dışarı uzamak; *i.* dışarı çıkan şey.

out.side (aut'sayd') *i., s., z., edat* dış taraf; dış görünüş; *s.* dış; azamî, en fazla; *z.* dışarıda, dışarıya; *edat* dışında. **at the outside** *k.dili* azamî, olsa olsa. **outside of** *A.B.D., k.dili* -dan başka.

out.sid.er (autsay'dır) *i.* bir grubun dışında olan kimse.

out.size (aut'sayz) *i., s.* çok büyük boy; *s.* büyük boyda olan.

out.skirts (aut'skırts) *i.* varoş, civar, dış mahalleler.

out.smart (autsmart') *f., A.B.D., k.dili* daha akıllı olup galip gelmek.

out.spo.ken (aut'spo'kın) *s.* sözünü sakınmaz, doğru sözlü, samimî.

out.stand.ing (autstän'ding) *s.* önemli, göze çarpan; kalmış (borç).

out.stretch.ing (autstreç'ing) *s.* yayılmış, serilmiş, uzanmış.

out.strip (autstrip') *f.* (-ped, -ping) yarışta geçmek; herhangi bir şeyde üstün çıkmak.

out.ward (aut'wırd) *s., z., i.* dış, haricî; *z.* dışarıya doğru; görünüşte; *i.* dış, dış kısım; dıştaki âlem; dış görünüş.

out.ward.ly (aut'wırdli) *z.* dıştan; dışa doğru; dıştan görünüşe göre, görünüşte.

out.wards (aut'wırdz) *z.* dışarıya doğru.

out.wear (autwer') *f.* daha fazla dayanmak; yıpranmak; tüketmek.

out.weigh (autwey') *f.* daha ağır gelmek.

out.wit (autwit') *f.* daha akıllı olup galip gelmek.

out.worn (autwôrn') *s.* fazla eskimiş.

ou.zel *bak.* ousel.

o.va (o'vı) *bak.* ovum.

o.val (o'vıl) *s., i.* yumurta biçimindeki, beyzî; *i.* yumurta biçiminde şey. **ovally** *z.* yumurta şeklinde.

o.va.ry (o'vıri) *i., anat., zool.* yumurtalık; *bot.* yumurtalık, ovar. **ovarian** (over'iyın) *s.* yumurtalığa ait.

o.vate (o'veyt) *s., bot.* yumurta şeklindeki (yaprak), yumurtamsı, ovat.

o.va.tion (ovey'şın) *i.* coşkunca alkış; eski Romalıların ikinci derecede bir zafer için yaptıkları geçit töreni veya zafer alayı.

ov.en (ʌv'ın) *i.* fırın.

ov.en.bird (ʌv'ınbırd) *i.* Kuzey Amerika'ya mahsus bir tür ötleğen, *zool.* Seįurus aurocapillus; çömlekçi kuşu, *zool.* Furnarius rufus.

o.ver (o'vır) *edat, z., s., i.* üzerinde, üstünde; üzerine, üstüne; yukarısına; yukarısında; bütün (zaman); karşıdan karşıya, karşı yakasına, öbür tarafına; boyunca; *z.* yukarıda; karşı tarafa, karşı tarafta; fazla, artık; tamamen, baştan başa; tekrar, yine; *s.* bitmiş, son bulmuş; öbür taraftaki; üstteki, yukarıki; üstün; aşırı, fazla; *i.* artan şey, ek. **over again** bir daha. **over against** karşısına, karşısında. **over and above** -den fazla, -dan başka. **over and over** tekrar tekrar, üst üste, birbiri arkasından. **over the barrel** *A.B.D., k.dili* çaresiz durumda. **over there** orada, ta ötede. **be over with** bitmiş veya bitirmiş olmak. **fall over** düşmek, devrilmek. **It's all over.** Her şey bitti. **make over** üstüne devretmek. **pay over money** para ödemek. **play over** tekrar çalmak veya oynamak. **roll a stone over** bir taşı yuvarlayıp tersine çevirmek. **The water is running over.** Su taşıyor. **Run over to the neighbors.** Bir koşu komşulara git. **run over a man** birini çiğnemek, adam ezmek (otomobil). **talk over** müzakere etmek. **talk over the phone** telefonla konuşmak. **There are three left over.** Üç tane kaldı. **tip a boat over** sandalı alabora etmek. **turn over** çevirmek, altüst etmek, devirmek; teslim etmek, havale etmek. **win over** taraftarlığını kazanmak.

over- *önek* üstün, üstünde; aşağıya doğru; fazla, bütün bütün.

o.ver.a.chieve (ovırıçiv') *f.* beklenilenden daha başarılı olmak. **overachiever** *i.* (okulda) beklenilenden daha başarılı olan kimse.

o.ver.act (ovıräkt') *f.* (rolü) abartmalı bir şekilde oynamak.

o.ver.all (o'vırôl') *s., i.* baştan başa olan, bir uçtan bir uca olan; kapsayıcı, ayrıntılı; *i., İng.* iş tulumu.

o.ver.alls (o'vırôlz) *i., A.B.D.* iş tulumu; *İng.* sugeçirmez uzun tozluk.

o.ver.arch (ovırarç') *f.* üzerinde kemer meydana getirmek.

o.ver.awe (ovırô') *f.* korkutup hareketten alıkoymak.

o.ver.bal.ance (ovırbäl'ıns) *f.* tartıda ağır gelmek; ağır basmak; dengesini bozmak, devirmek; dengesini kaybetmek.

o.ver.bear (ovırber') *f.* **(-bore, -borne)** çöktürmek; başatlanmak, zorbalık etmek; yenmek, üstün gelmek; ağır basmak; fazla ürün vermek.

o.ver.bear.ing (ovırber'îng) *s.* zorba tavırlı; küstah.

o.ver.bid (ovırbid') *f.* **(-bade, -bidden, -bidding)** açık artırmada başkalarından fazla fiyat vermek, gereğinden fazla fiyat artırmak; *briç* deklarasyon yapmak.

o.ver.blow (ovırblo') *f.* üfleyip gidermek; (kum, kar ile) eserek kaplamak; (nefesli çalgıyı) asıl sesinden daha yukarı sese çıkarmak.

o.ver.blown (ovırblon') *s.* abartmalı, şişirilmiş; tazeliğini kaybetmiş (çiçek).

o.ver.board (o'vırbôrd) *z.* gemiden denize. **go overboard** *A.B.D., k.dili* fazla tutkun olmak. **Man overboard!** Yetişin! Adam denize düştü.

o.ver.bold (o'vırbold) *s.* fazla küstah.

o.ver.book (o'vırbûk') *f.* bir uçak veya otelde mevcut yerlerden fazla rezervasyon kabul etmek.

o.ver.bur.den (ovırbır'dın) *f.* taşıyabileceğinden fazla yük yüklemek; fazla sıkıntı vermek, fazla sorumluluk yüklemek.

o.ver.call (o'vırkôl) *f., briç* fazla deklarasyon yapmak.

o.ver.care.ful (ovırker'fıl) *s.* fazla dikkatli, çok titiz.

o.ver.cast (o'vırkäst) *f.* **(-cast)** *s., i.* karartmak; sürfle yapmak; *s.* bulutlarla kaplı; kasvetli; sürfle yapılmış; *i.* kaplama.

o.ver.charge (ovırçarc') *f.* fazla fiyat istemek; fazla yüklemek veya doldurmak.

o.ver.charge (o'vırçarc) *i.* fazla yük; fazla fiyat.

o.ver.cloud.ed (ovırklau'did) *s.* bulutlarla kaplı.

o.ver.coat (o'vırkot) *i.* palto.

o.ver.come (ovırkʌm') *f.* **(-came, -come)** galip gelmek, alt etmek; yenmek, hakkından gelmek; gidermek, çaresini bulmak. **be overcome (with)** etkilenmek.

o.ver.com.pen.sate (ovırkam'pınseyt) *f.* fazlasıyla karşılamak.

o.ver.con.fi.dent (ovırkan'fidınt) *s.* kendine fazla güvenen.

o.ver.crowd (ovırkraud') *f.* fazla kalabalık etmek.

o.ver.de.vel.op (ovırdivel'ıp) *f.*, *foto.* aşırı derecede develope etmek.

o.ver.do (ovırdu') *f.* (-did, -done) fazla özenmek; gereğinden fazla pişirmek; fazla yorulmak.

o.ver.dose (o'vırdos) *i.* belirli bir ölçüden fazla ilâç verme, dozu aşma; aşırı doz; *kıs.* O.D., o/d fazla esrar alma; fazla esrardan hasta olan veya ölen kimse.

o.ver.draft (o'vırdräft) *i.* bankadaki hesap mevcudundan fazla para çekme; açık itibar.

o.ver.draw (ovırdrô') *f.* (-drew, -drawn) abartma ile söylemek; hesap mevcudundan fazla para çekmek.

o.ver.drive (o'vırdrayv) *i.*, *oto.* otomatik dördüncü vites.

o.ver.due (ovırdu') *s.* gecikmiş, vadesi geçmiş.

o.ver.eat (ovırit') *f.* (-ate, -eaten) fazla yemek yemek, oburluk etmek.

o.ver.es.ti.mate (ovıres'tımeyt) *f.* fazla tahmin etmek.

o.ver.ex.pose (ovırikspoz') *f.* gereğinden fazla teşhir etmek; *foto.* filme fazla poz vermek.

o.ver.ex.po.sure (ovırikspo'jır) *i.* fazla poz verme; fazlaca teşhir etme.

o.ver.flow (ovırflo') *f.* taşmak; çok bol olmak.

o.ver.flow (o'vırflo) *i.* taşma; taşkın şey; çok bol şey; akaç.

o.ver.flow.ing (ovırflo'wing) *s.* pek bol; taşkın.

o.ver.grow (ovırgro') *f.* birbirini örtecek derecede büyümek (fidan); fazla boy atmak.

o.ver.hand (o'vırhänd) *s.* yukarıdan aşağı inen (yumruk, raket darbesi); iğne ardı gibi dikilen.

o.ver.hang (o'vırhäng) *f.* (-hung) *i.* üzerine süslü şeyler asmak; sarkmak, üzerine sarkmak; *i.* çıkıntı; çıkıntı derecesi.

o.ver.haul (ovırhôl') *f.* gereken onarımı yapmak için elden geçirmek; kontrol etmek; arkasından yetişip önüne geçmek.

o.ver.haul (o'vırhôl) *i.* kontrol; bakım ve tamir.

o.ver.head (o'vırhed) *i.*, *s.* genel masraflar; *s.* baştan yukarıda olan, yukarıdan geçen; genel masraflarla ilgili.

o.ver.head (o'vırhed') *z.* baştan yukarı, yukarıda, tepede, üstte, üst katta.

o.ver.hear (ovırhir') *f.* (-heard) rastlantılı olarak işitmek, kulak misafiri olmak.

o.ver.in.fla.ted (ovırinfley'tîd) *s.* şişirilmiş; fazla büyütülmüş, abartmalı.

o.ver.joy (ovırcoy') *f.* fazlasıyle sevindirmek.

o.ver.kill (o'vırkil) *i.* düşmanın fazlasıyle üstesinden gelebilecek askerî olanak.

o.ver.lad.en (ovırley'dın) *s.* fazlasıyle yüklenmiş.

o.ver.land (o'vırländ) *s.*, *z.* kara yolu ile yapılan; *z.* karada, karadan.

o.ver.lap (ovırläp') *f.* (-ped, -ping) üst üste getirmek veya gelmek (yanyana duran iki şeyin kenarları); aşırmak, aşmak.

o.ver.lay (ovırley') *f.* (-laid) kaplamak; üstüne yüklemek; *matb.* kâğıdın altını takviye etmek.

o.ver.lay (o'vırley) *i.* örten tabaka; kaplama; bir harita üzerine konan tamamlayıcı sayfa.

o.ver.load (ovırlod') *f.* fazla yüklemek veya doldurmak.

o.ver.load (o'vırlod) *i.* fazla yük.

o.ver.look (ovırlûk') *f.* gözden kaçırmak, dikkate almamak; önem vermemek; yüksek bir yerden bakmak; muayene veya teftiş etmek.

o.ver.look (o'vırlûk) *i.* bakış, yukarıdan seyretme; yüksek yer; gözden kaçırma.

o.ver.lord (o'vırlôrd) *i.* tahakküm eden kimse; başkasından üstün kimse; derebeyi.

o.ver.ly (o'vırli) *z.*, *A.B.D.* fazla, aşırı derecede.

o.ver.mas.ter (ovırmäs'tır) *f.* boyun eğdirmek, hakkından gelmek, üstün çıkmak.

o.ver.match (ovırmäç') *f.* üstün gelmek, yenmek.

o.ver.much (o'vırmʌç) *z.* pek çok, gereğinden fazla.

o.ver.night (o'vırnayt') *z.*, *s.* gece esnasında, geceleyin, bir gece içinde, bir geceyi kapsayarak; dün gece; anî olarak, birdenbire; *s.* gece boyunca olan; bir gecelik.

o.ver.pass (*i.* o'vırpäs; *f.* ovırpäs') *i.*, *f.* üst geçit; üstten geçen yol; *f.* üstünden geçmek; geçmek, üstesinden gelmek; görmezlikten gelmek.

o.ver.pay (ovırpey') *f.* (-paid, -paying) fazla ödemek; değerinden fazla ödemek.

o.ver.per.suade (ovırpırsweyd') *f.* ağır basıp ikna etmek.

o.ver.play (ovırpley') *f.* büyütmek, abartmak, mübalağa etmek; çok iyi oynamak. **overplay one's hand** kendi olanaklarına fazla güvenmek.

o.ver.plus (o'vırplʌs) *i.* fazlalık, artan şey, kalan miktar.

o.ver.pop.u.la.tion (ovırpapyıley'şın) *i.* nüfusun yüzölçümü ve olanaklara göre fazla olması veya büyük bir hızla artması.

o.ver.pow.er (ovırpau'wır) *f.* zararsız hale getirmek; cebir ve kuvvetle yenmek; çok tesir etmek.

o.ver.pow.er.ing (ovırpau'wirîng) *s.* yıkıcı, kahredici; çok kuvvetli (sebep, koku, his).

o.ver.price (ovırprays') *f.* fazla yüksek fiyat koymak.

o.ver.print (*f.* ovırprînt'; *i.* o'vırprînt) *f., i.* üstüne yeniden basmak; *i.* basılan düzeltme.

o.ver.prize (ovırprayz') *f.* fazla değer vermek.

o.ver.pro.duce (ovırprıdus') *f.* piyasaya göre fazla imal etmek. **overproduction** (ovırprıdʌk'şın) *i.* piyasayı etkileyecek kadar fazla imalât.

o.ver.pro.tect (ovırprıtekt') *f.* gereğinden fazla korumak.

o.ver.rate (ovırreyt') *f.* fazla önem vermek, önemsemek.

o.ver.reach (ovır.riç') *f.* yetişip geçmek; ötesine geçmek; aldatmak, dolandırmak; yürürken art ayağının tırnağı ön ayağının ökçesine dokunmak (at).

o.ver.ride (ovır.rayd') *f.* (**-rode, -ridden**) tepelemek, ayak altında çiğnemek; önem vermemek, hakkını çiğnemek; fazla binerek yormak (at); *tıb.* (kemiğin kırık uçları) birbirine binmek.

o.ver.ripe (ovır'rayp') *s.* fazla olgunlaşmış, geçkin, vakti geçmiş.

o.ver.rule (ovır.rul') *f.* geçersiz kılmak, kararını iptal etmek; hükmünü geçirmek, etkili olmak.

o.ver.run (ovır.rʌn') *f.* (**-ran, -run, -running**) üstüne yayılmak, kaplamak; istilâ etmek; üstünden geçmek; koşarak birini geçmek.

o.ver.seas (ovırsiz') *s.* denizaşırı.

o.ver.see (ovırsi') *f.* (**-saw, -seen**) idare etmek, seyretmek.

o.ver.se.er (o'vırsiyır) *i.* idareci, müfettiş; ustabaşı, kalfa.

o.ver.sell (ovırsel') *f.* (**-sold, -selling**) fazla satış yapmak; satılacak şeyi fazla övmek.

o.ver.sexed (ovırsekst') *s.* cinsel istekle fazla ilgili.

o.ver.shade (ovırşeyd') *f.* gölge etmek, gölgelemek.

o.ver.shad.ow (ovırşäd'o) *f.* kendi üstünlüğüyle gölgelemek, düşürmek, küçültmek.

o.ver.shoe (o'vırşu) *i.* şoson, lastik.

o.ver.shoot (ovırşut') *f.* (**-shot**) nişandan öteye atmak; geçmek; aşırılığa kaçmak.

o.ver.shot wheel (o'vırşat) suyu üstten alan dolap.

o.ver.sight (o'vırsayt) *i.* yanlış, kusur; gözetim, idare.

o.ver.size (o'vırsayz) *s.* fazla geniş, fazla büyük.

o.ver.sleep (ovırslip') *f.* (**-slept**) fazla uyumak; vaktinde uyanmadığı için (randevuyu) kaçırmak.

o.ver.soul (o'vırsol) *i., gen. b.h.* bütün ruhları birleştiren ve etkileyen evrensel ruh.

o.ver.spend (ovırspend') *f.* (**-spent**) fazla masraf yapmak, bütçeyi aşmak.

o.ver.state (ovırsteyt') *f.* mübalağa etmek, abartmak. **overstatement** *i.* mübalağalı söz, abartma.

o.ver.stay (ovırstey') *f.* haddinden fazla kalmak.

o.ver.step (ovırstep') *f.* (**-ped, -ping**) geçmek, aşmak, haddini aşmak.

o.ver.strung (o'vırstrʌng) *s.* çok sinirli; *müz.* üst üste gerilmiş.

o.ver.stuffed (ovırstʌft') *s.* fazla dolu; içi doldurularak kaplanmış (ev eşyası).

o.ver.sub.scribe (o'vırsıbskrayb') *f.* gereken veya olandan fazlasını taahhüt etmek.

o.ver.sup.ply (*i.* o'vırsıplay; *f.* ovırsıplay') *i., f.* fazlalık; *f.* fazla tedarik etmek.

o.vert (o'vırt, ovırt') *s.* açık olarak yapılan, açıktan açığa olan; *huk.* kasten yapılan. **overtly** *z.* açık şekilde, göz önünde.

o.ver.take (ovırteyk') *f.* (**-took, -taken**) yetişmek; birden karşısına çıkmak.

o.ver.tax (ovırtäks') *f.* ağır vergi koymak; dayanabileceğinden fazla iş yüklemek.

o.ver.throw (ovırthro') *f.* (**-threw, -thrown**) yıkmak, düşürmek, yere vurmak; bozmak; yenmek; harap etmek.

o.ver.throw (o'vırthro) *i.* yıkma, devirme.

o.ver.time (o'vırtaym) *i., s.* iş saatlerinden fazla çalışma süresi; *s.* iş saatlerinden sonraki çalışmalara ait.

o.ver.tone (o'vırton) *i., müz.* armonik seslerden biri; boyalı bir yüzeyin yansıttığı ışığın rengi; ima edilen fikir.

o.ver.top (ovırtap') *f.* (**-ped, -ping**) tepesini aşmak; üstün olmak, üstün gelmek.

o.ver.tow.er (ovırtau'wır) *f.* bir şeyin üzerinde yükselmek, daha yüksek olmak.

o.ver.trick (o'vırtrik) *i.*, *briç* fazla kazanılan el.

o.ver.ture (o'vırçır) *i.* önerme; *müz.* uvertür.

o.ver.turn (ovırtırn') *f.* devirmek, altüst etmek, bozmak.

o.ver.turn (o'vırtırn) *i.* devirme, altüst etme.

o.ver.ween.ing (ovırwi'ning) *s.* kendinden fazla emin, gururlu, kibirli.

o.ver.weight (*i.* o'vırweyt; *s.*, *f.* ovırweyt') *i.*, *s.*, *f.* tartıda fazla gelen miktar, fazla ağırlık; şişmanlık; *s.* şişman; *f.* fazla yüklemek.

o.ver.whelm (ovırhwelm') *f.* basmak; etkilemek, bunaltmak; garketmek, boğmak; başından aşmak.

o.ver.whelm.ing (ovırhwel'ming) *s.* çok kuvvetli, karşı konulamaz; bunaltıcı.

o.ver.work (ovırwırk') *f.* kuvvetinden fazla çalıştırmak veya çalışmak.

o.ver.write (ovırrayt') *f.* (-wrote, -written) fazla ince bir üslûpla yazmak; fazla uzun yazmak; bir yazı üzerinde düzeltme yapmak.

o.ver.wrought (ovır.rôt') *s.* fazla işlemeli; sinirleri bozuk; aşırı heyecanlı.

o.vi.duct (o'vîdʌkt) *i.*, *anat.* yumurtanın rahme giderken geçtiği kanal, yumurta geçidi.

o.vif.er.ous (ovîf'ırıs) *s.* yumurtası olan.

o.vi.form (o'vîfôrm) *s.* yumurta şeklindeki, beyzî, oval.

o.vine (o'vayn, o'vîn) *s.* koyuna ait, koyun gibi, koyun türünden.

o.vip.a.rous (ovîp'ırıs) *s.*, *zool.* yumurtlayan.

o.vi.pos.i.tor (ovîpaz'ıtır) *i.*, *zool.* bazı böceklerin yumurta bırakmaya mahsus ucu sivri tüp şeklindeki uzvu.

o.vi.sac (o'vîsäk) *i.*, *anat.* ovogon dağarcığı.

o.void (o'voyd) *s.* yumurta şeklindeki, beyzî.

o.vo.vi.vip.a.rous (ovovayvîp'ırıs) *s.*, *zool.* ovovivipar.

o.vu.late (o'vyıleyt) *f.*, *anat.* yumurtlamak.

o.vu.la.tion (ovyıley'şın) *i.* yumurtlama; yumurtalık içinde yumurtacıkların oluşumu; yumurtacıkların yumurtalıktan dışarı çıkmaları.

o.vule (o'vyul) *i.*, *bot.* tohum taslağı; *zool.* yumurtacık, ilk gelişme devresindeki yumurta.

o.vum (o'vım) *i.* (*çoğ.* o.va) *biyol.* yumurtacık, yumurta.

owe (o) *f.* borcu olmak, borçlu olmak; bir hissin etkisi altında olmak; minnettarı olmak.

ow.ing (o'wîng) *s.* borç olan; borçlu. owing to sebebiyle.

owl (aul) *i.* baykuş, *zool.* Strigiformes. owlish *s.* baykuş gibi. eagle owl puhu kuşu, *zool.* Bubo bubo. little owl kukumav, *zool.* Athene noctua. scops owl cüce baykuş, *zool.* Otus scops. short-eared owl bataklık baykuşu, *zool.* Asio flammeus. tawny owl alaca baykuş, *zool.* Strix aluco.

owl.et (au'lît) *i.* ufak baykuş, kukumav, *zool.* Athene noctua; baykuş yavrusu.

own (on) *s.* kendine değgin, özel, kendinin, kendi; öz. Ann's own book Ann'in kendi kitabı. be one's own man başına buyruk olmak. come into one's own kendi malına sahip olmak; lâyık olduğu mevkie erişmek. hold one's own yerini korumak. on one's own kendi hesabına, kendi başına.

own (on) *f.* malik olmak, sahip olmak; tanımak, kabul etmek, doğrulamak, itiraf etmek; teslim etmek. own up *k.dili* tam ve doğru olarak itiraf etmek.

own.er (o'nır) *i.* sahip, mal sahibi. ownership *i.* mülkiyet, sahiplik. owner-occupied *s.*, *İng.* sahibinin oturduğu (ev, apartman).

ox (aks) *i.* (*çoğ.* ox.en) öküz.

ox.a.late (ak'sıleyt) *i.*, *kim.* oksalat, oksalik asidin tuzu. oxalic acid oksalik asit.

ox.a.lis (aksäl'ıs, ak'sılis) *i.* kazayağı, *bot.* Oxalis.

ox.blood (aks'blʌd) *i.* koyu kırmızı renk.

ox.bow (aks'bo) *i.* öküz boyunduruğundan boynun altına gelen U şeklinde parça; *A.B.D.* ırmağın U şeklindeki dönemeci.

ox.cart (aks'kart) *i.* öküz arabası, kağnı.

ox.eye (aks'ay) *i.* bileşikgillerden herhangi bir çiçek, sarı papatya.

ox.ford (aks'fırd) *i.*, *A.B.D.* bağlı erkek ayakkabısı.

ox.i.da.tion (aksıdey'şın) *i.* oksitlenme, oksidasyon.

ox.ide (ak'sayd) *i.*, *kim.* oksit. oxidize *f.* oksijen ile birleştirmek, okside etmek.

ox.tongue (aks'tʌng) *i.* sığırdili, *bot.* Anchusa officinalis.

Ox.us River (ak'sıs) Amu Derya nehri.

ox.y.a.cet.y.lene (aksıyıset'ılin) *s.* oksijen ile asetilenin bileşiminden meydana gelen.

ox.y.gen (ak'sıcin) *i.* oksijen. oxygenate, oxygenize *f.* oksijen ile karıştırmak, içine oksijen katmak. **oxygena'tion** *i.* oksijen-leşme, oksitlenme, oksitlendirme.

ox.y.hy.dro.gen (aksîhay'drıcın) *i.* oksijen ile hidrojen karışımı.

ox.y.mel (ak'sîmıl) *i.* sirkeli bal şerbeti, sirkengebin.

ox.y.mo.ron (aksîmôr'an) *i., kon. san.* anlamı kuvvetlendirmek için zıt kelimelerin bir araya getirildiği deyiş tarzı: "öldürücü şefkat".

ox.y.tone (ak'sîton) *s., i., gram.* son hecesinde kuvvetli vurgusu olan; *i.* son hecesi vurgulu kelime.

o.yer (oy'ır) *i., huk.* mahkemeye sunulan belge.

oyer and terminer *A.B.D.* ağır ceza mahkemesi; *İng.* bir çeşit geçici mahkeme.

o.yez, o.yes (o'yez, o'yes) *ünlem* Dinle I (mahkemede mübaşir tarafından halkı susturmak

için çoğunlukla üç kere bağrılarak söylenen kelime).

oys.ter (oys'tır) *i.* istiridye, *zool.* Ostrea edulis; tavuk sırtının iki tarafındaki istiridye şeklindeki lezzetli et parçası. **oyster bed** istiridye yatağı, denizin sığ sularında istiridye yetişen yer. **oyster catcher** istiridye avcısı, deniz saksağanı, *zool.* Haemotopus ostralegus. **oyster plant** tekesakalı, iskorçina, *bot.* Tragopogon orientalis. **oyster shell** istiridye kabuğu.

oz. *kıs.* ounce.

o.zo.ce.rite (ozo'kırayt, -sı-, o'zosîrayt) *i., min.* yermumu, taşıl mum, ozokerit.

o.zone (o'zon) *i., kim.* ozon; *k.dili* saf ve temiz hava.

o.zo.nize (o'zonayz) *f.* ozonlaştırmak; içine ozon karıştırmak.

P

P,p (pi) *i.* İngiliz alfabesinin on altıncı harfi *(ph olduğu zaman f diye okunur).* **Mind your p's and q's.** Davranışlarına dikkat et.

p *kıs., müz.* yavaş.

P *kıs.* **pawn, phosphorus, pressure, prisoner.**

P. *kıs.* **father, pastor, president, priest, prince, prompter.**

p. *kıs.* **after, by, by weight, first, for, page, part, participle, past, penny, pint, population.**

P- *kıs.* **pursuit.**

pa (pa) *i., k.dili* baba.

PA *kıs.* **Pennsylvania, press agent, public -address.**

P.A. *kıs.* **passenger agent, post adjutant, power of attorney, purchasing agent.**

p.a. *kıs.* **per annum.**

pab.u.lum (päb'yılım) *i.* besin maddesi, yiyecek, gıda.

pace (peys) *i.* adım, hatve; bir adımda katedilen mesafe; gidiş, yürüyüş; rahvan yürüyüş; yürüyüş sürati. **keep pace with** ayak uydurmak. **put one through his paces** bir kimsenin kabiliyetini denemek. **set the**

pace yarış veya yürüyüşte sürati tayin etmek, örnek olmak.

pace (peys) *f.* yürümek, gezinmek; rahvan gitmek (at); ağır ve düzenli adımlarla yürümek; adımlayarak ölçmek; belirli bir düzene sokmak; *spor* koşu süratini tayin etmek. **paced** *s.* rahvan yürüyüşlü; adımlayarak ölçülmüş; örnek olan kimsenin yardımı ile yapılmış.

pa.ce (pey'si) *z., edat, Lat.* izniyle (karşı fikirde olan bir kimseyi ima ederek).

pace.mak.er (peys'meykır) *i.* örnek alınan kimse; kalbin atış hızını ayarlayan gudde; kalbin atış hızını ayarlayan cihaz.

pa.cha *bak.* pasha.

pach.y.derm (päk'ıdırm) *i., zool.* fil ve suaygırı veya gergedan gibi kalın derili hayvan; vurdumduymaz kimse.

pach.y.san.dra (päkısän'drı) *i.* sütleğene benzer bir bitki, *bot.* Pachysandra terminalis.

pa.cif.ic (pısîf'îk) *s.* uzlaştırıcı, barıştırıcı, sulhçu, barışçı; sakin. **Pacific Ocean** Pasifik Okyanusu, Büyük Okyanus.

pac.i.fi.ca.tion (päsıfıkey'şın) *i., ask.* bir mahalde düşmanı yok etme; kontrol altına alma; barışma; uzlaştırma.

pac.i.fi.er (päs'ıfayır) *i.* barıştıran kimse; emzik.

pac.i.fism (päs'ıfîzım) *i.* barışseverlik, barışçılık. **pacifist** *i.* barışçı kimse.

pac.i.fy (päs'ıfay) *f.* barıştırmak, uzlaştırmak; yatıştırmak, teskin etmek.

pack (päk) *i.* bohça, çıkın; denk; paket (sigara); takım, sürü; köpek sürüsü; buz kütlesi; iskambil destesi; buz torbası; tampon; hastanın battaniyeye sarılması; hazır durumda paraşüt. **pack animal** yük hayvanı. **pack ice** bir araya toplanıp kitle haline gelmiş buz parçaları. **pack rat** bir cins büyük fare, *zool.* Neotoma. **pack trail** kervan yolu. **pack of lies** bir sürü yalan.

pack (päk) *f.* denk etmek; bavula veya sandığa koymak; hazırlamak, toplamak (bavul); taşımak; ambalaj yapmak; sıkı sıkıya doldurmak; paketlemek; denk yüklemek; eski ve kullanılmayan maden damarlarını taşla doldurmak; sıkışmak; gitmek, savuşmak, defolmak; bir araya sıkışmak. **pack a wallop** *argo* bomba gibi patlamak. **pack off** göndermek, defetmek, kovmak. **send him packing** bir kimseye acele yol vermek, pılıyı pırtıyı toplatıp defetmek. **packed** *s.* paketlenmiş; ağzına kadar dolu.

pack.age (päk'îc) *i.* paket, bohça; paket etme; denk bağlama; ambalaj ücreti; denk sandığı; ünite. **package deal** takımı ile alışveriş.

pack.board (päk'bôrd) *i.* sırtlık.

pack.er (päk'ır) *i.* ambalaj veya paket yapan kimse veya alet; yük hayvanıyle eşya taşıyan kimse.

pack.et (päk'ît) *i.* paket, çıkın, bohça; *den.* belirli günlerde yola çıkan posta gemisi.

pack.horse (päk'hôrs) *i.* yük beygiri.

pack.ing (päk'îng) *i.* eşyayı bavula veya sandığa koyma; denk yapma, paket etme, ambalaj; salmastra, tıkaç, conta, tampon. **packing box, packing case** eşya sandığı. **packing house** büyük mezbaha. **packing needle** çuvaldız.

pack.sad.dle (päk'sädıl) *i.* semer.

pack.train (päk'treyn) *i.* hayvan kervanı.

pact (päkt) *i.* pakt, antlaşma, sözleşme, mukavele, ahit, misak.

pad (päd) *i.* ufak yastık gibi şey; *zool.* bazı hayvanların yumuşak tabanı; kâğıt destesi,

bloknot, blok; ıstampa; nilüfer çiçeğinin su yüzünde duran yaprağı; semer yastığı; *argo* mesken. **launching pad** *bak.* **launching.**

pad (päd) *i.* ayak sesi; haydut, yol kesen kimse.

pad (päd) *f.* (-ded, -ding) içine pamuk doldurup yastık haline getirmek, takviye etmek; (bir konuşma veya yazıyı) şişirmek. **padded** *s.* yastıklı, takviye edilmiş; şişirilmiş.

pad (päd) *f.* (-ded, -ding) yaya yürümek, yaya olarak yolculuk etmek; sessizce yürümek.

pad.ding (päd'îng) *i.* vatka; doldurmak için kullanılan yumuşak madde; abartma.

pad.dle (päd'ıl) *i., f.* uzun saplı bel; kısa kürek, kayığın kenarına dayamadan kullanılan kürek; tokaç, çırpıcı tokmağı; yandan çarklı vapurda çark kanadı; *f.* kısa kürekle yürütmek veya yürümek; ağır ağır kürek çekmek; çarkların hareket etmesiyle yürümek; *k.dili* kıça şaplak atmak. **paddle box** davlumbaz, yandan çark mahfazası. **paddle wheel** geminin yan çarkı. **paddle one's own canoe** kendi işini kendisi görmek.

pad.dle (päd'ıl) *f.* sığ suda gezinmek; suda oynamak; sendeleyerek yürümek (çocuk veya ihtiyar).

pad.dock (päd'ık) *i.* ahıra yakın etrafı çevrili küçük çayır veya otlak.

pad.dy (päd'i) *i.* kabuklu pirinç, çeltik; çeltik tarlası.

paddy wagon *A.B.D., argo* emniyet arabası.

pad.dy.whack (päd'ihwäk) *i., İng., k.dili* şiddetli öfke; *A.B.D., k.dili* pataklama.

pa.di.shah (pa'dîşa) *i.* padişah.

pad.lock (päd'lak) *i., f.* asma kilit; *f.* asma kilitle kilitlemek, asma kilit vurmak.

pa.dre (pa'drey) *i.* papaz.

pa.dro.ne (padro'ney) *i.* (çoğ. -ni) patron; gemi sahibi veya kaptanı; otel, han veya pansiyon işleten kimse.

pae.an (pi'yın) *i.* şükran veya zafer şarkısı.

pa.gan (pey'gın) *i., s.* putperest kimse; kâfir veya münkir kimse; *s.* putperestlikle ilgili; dinsiz, putatapan, kâfir. **paganism** *i.* dinsizlik; putperestlik. **paganize** *f.* dinsizleştirmek, putperestleştirmek.

page (peyc) *i., f.* iç oğlanı; resmî kıyafetli el ulağı, otel garsonu; uşak; *f.* hoparlör ile çağırmak.

page (peyc) *i., f.* sayfa; *matb.* bir sayfalık dizgi; kaydetmeye değer bir olay; *f.* kitap sayfalarını numaralamak; *matb.* sayfa halinde dizmek. **page through** kitabı okumadan sayfalarını çevirmek.

pag.eant (päc'ınt) *i.* alay, tören; gösteri, temsili tören; nümayiş; debdebe, tantana. **pageantry** *i.* debdebeli tören veya gösteri.

pag.i.nate (päc'ıneyt) *f.* kitap sayfalarını numaralamak. **pagina'tion** *i.* kitap sayfalarını numaralama.

pa.go.da (pıgo'dı) *i.* pagoda.

pah (pa, pä) *ünlem* püf! (iğrenme veya hakaret ifade eder).

Pah.la.vi (pa'lıvi) *i.* Pehlevî.

paid (peyd) *bak.* **pay.**

pail (peyl) *i.* kova, gerdel. **pailful** *s.* bir kova dolusu.

pail.lasse (pälyäs') *i.* ot minder, ot şilte.

pail.lette (pälyet') *i.* payet, pul.

pain (peyn) *i.* ağrı, acı, sızı; dert, keder, elem, ıstırap, azap; *çoğ.* özen, ihtimam, itina, zahmet, meşakkat; *çoğ.* doğum sancıları. **on pain of** cezasıyle. **take pains** zahmet çekmek, dikkat etmek.

pain (peyn) *f.* ağrı veya acı vermek; eziyet etmek, keder vermek, üzmek. **pained** *s.* canı acımış; karamsar.

pain.ful (peyn'fıl) *s.* ıstırap çektiren; zahmetli, güç, meşakkatli; üzücü, kederlendirici. **painfully** *s.* ıstırap vererek, meşakkatle. **painfulness** *i.* acı, ıstırap.

pain.kill.er (peyn'kîlır) *i.*, *A.B.D.*, *k.dili* ağrı dindirici ilâç.

pain.less (peyn'lis) *s.* acısız, ağrısız; ıstırap vermeyen. **painlessly** *z.* ıstırap çekmeden, azap çektirmeden, acı vermeksizin. **painlessness** *i.* acı çektirmeme, ıstırap vermeme.

pains.tak.ing (peynz'teykîng) *s.*, *i.* özenen, dikkat sarfeden; zahmet çektiren; *i.* özenme, itina etme.

paint (peynt) *i.* boya; kozmetik, düzgün, allık; makyaj. **paintbox** *i.* boya kutusu. **paintbrush** *i.* boya fırçası.

paint (peynt) *f.* boyamak, boya vurmak; boya ile resmini yapmak; tasvir etmek, resmetmek; boya gibi sürmek; boyayarak süslemek; düzgün sürmek; boya ile resim yapmak; makyaj yapmak.

paint.er (peyn'tır) *i.* ressam; nakkaş.

paint.er (peyn'tır) *i.*, *den.* filika pariması, pruva halatı.

paint horse *A.B.D.* benekli at.

paint.ing (peyn'tîng) *i.* resim, tablo; ressamlık; nakkaşlık; resim yapma sanatı.

pair (per) *i.* (*çoğ.* **-s**) çift, iki adet; bir erkekle bir dişiden ibaret bir çift; karı koca; gözlük veya makas gibi iki parçadan meydana gelen alet; iskambil oyununda eşdeğerde olan iki kâğıt; (*konuşma dilinde bazen sayılardan sonra çoğul anlamında tekil olarak kullanılır*: **four pair of shoes**). **pair of compasses** pergel. **pair of pajamas** pijama. **pair of pants** pantolon. **pair of scissors** makas. **pair of trousers** pantolon. **bridal pair** gelin ve güvey.

pair (per) *f.* çift çift koymak veya düzenlemek; çiftleştirmek; çift olmak, eş olmak, çiftleşmek. **pair off** çiftlere ayırmak.

Pais.ley (peyz'li) *i.* şal deseni; İskoçya'da bir şehir.

pa.ja.mas (pıca'mız) *i.*, *çoğ.* pijama.

pal (päl) *i.*, *f.* (**-led, -ling**) *k.dili* arkadaş, dost; *f.* arkadaş olmak.

pal.ace (päl'is) *i.* saray; saray gibi bina; muhteşem ev; *k.dili* lüks eğlence yeri veya galeri.

pal.a.din (päl'ıdîn) *i.* İmparator Şarlman'ın maiyetinde bulunan on iki efsanevî asılzadeden biri; macera peşinde koşan şövalye, kahraman.

pal.an.quin, pal.an.keen (pälınkin') *i.* tahtırevan.

pal.at.a.ble (päl'itıbıl) *s.* lezzetli, damak lezzeti veren; makbul, hoşa giden.

pal.a.tal (päl'ıtıl) *s.*, *i.* damağa ait; *dilb.* dilin damağa dokunmasıyle çıkarılan (ses); *i.* damaksı ses, damak sessizi.

pal.ate (päl'it) *i.* damak; tat alma duyusu; zevk, haz, hoşlanma. **cleft palate** doğuştan yarık damak. **hard palate** damak, sert damak. **soft palate** damağın geri kısmı, yumuşak damak, damak eteği.

pa.la.tial (pıley'şıl) *s.* saray gibi, muhteşem.

pa.lat.i.nate (pılät'ıneyt) *i.* palatinlik, palatin sıfatına sahip olan hükümdarın ülkesi; palatin'in rütbe veya görevi; *b.h.* Palatinlik'te oturan kimse. **the Palatinate** Almanya'da Ren nehri kıyısında bulunan bir eyalet.

pal.a.tine (päl'ıtayn, -tin) *s.*, *i.* damakla ilgili veya damağa ait; *i.* damak kemiği. **palatine**

bone damak kemiği. **palatine vault** damak kemeri.

pal.a.tine (päl'ıtayn, -tîn) *s., i.* hükümdar yetkisine sahip (asılzade); saraya mensup; *b.h.* Palatinlik'e ait; *i.* imparator sarayında memur; kendi ülkesinde hükümdar yetkisine sahip olan kimse, palatin; *b.h.* Roma'daki yedi tepenin ortasında bulunan tepe; vaktiyle kadınların kullandığı ve omuza alınan bir çeşit kürk.

pa.lav.er (pıläv'ır) *i., f.* laf, boş lakırdı, palavra; pohpohlama, *slang* yağ çekme; yerlilerle turistler arasındaki görüşme; *f.* boş laf etmek, palavra atmak; yaltaklanmak.

pale (peyl) *i.* sivri uçlu kazık, parmaklık çubuğu; etrafı parmaklık veya çitle çevrilmiş yer; belirli kimselerin oturmasına tahsis edilmiş mıntıka; hudut, sınır; yetki; sınırlandırılmış herhangi bir şey. **beyond the pale** yetkisi dışında, salâhiyeti haricinde; toplum düzenine aykırı. **within the pale** sınırı içinde; yetkisi dahilinde.

pale (peyl) *s.* solgun; renksiz, soluk, mat, donuk. **palefaced** *s.* beti benzi atmış, rengi uçmuş. **palely** *z.* solgun bir şekilde, renksiz olarak. **paleness** *i.* solgunluk, renksizlik, matlık. **pale** (peyl) *f.* beti benzi atmak, sararmak, donuklaşmak; sarartmak, donuklaştırmak.

pale.face (peyl'feys) *i.* Amerika yerlilerinin beyazlara verdiği kabul edilen "soluk benizli" sıfatı.

paleo- *önek* eski zaman.

pa.le.og.ra.phy (peyliyag'rıfi) *i.* eski devirlere ait yazı (kitabe, el yazması kitap); eski devirlere ait yazıları okuma veya inceleme ilmi. **paleographer** *i.* eski devirlere ait yazıları okuma bilgini. **paleographic(al)** *s.* eski devirlere ait yazılarla ilgili.

Pa.le.o.lith.ic (peyliyolith'ik) *s.* taş devrine ait, yontma taş devrine ait.

pa.le.ol.o.gy (peyliyal'ıci) *i.* tarihten evvelki zamanlara ait incelemeler, arkeoloji. **paleolog'ical** *s.* arkeolojik. **paleologist** *i.* arkeolog.

pa.le.on.tol.o.gy (peyliyantal'ıci) *i.* eskivarlıkbilim, paleontoloji. **paleontolog'ical** *s.* paleontoloji ile ilgili. **paleontol'ogist** *i.* paleontoloji bilgini.

Pa.le.o.zo.ic (peyliyozo'wik) *i., s., jeol.* paleozoik.

Pal.es.tine (päl'istayn) *i.* Filistin.

Pal.es.tin.i.an (pälistin'iyın) *s., i.* Filistin'e ait; *i.* Filistinli.

pa.les.tra (pıles'trı) *i.* eski Yunanistan'da spor salonu.

pal.ette (päl'it) *i.* palet, ressamların boyalarını karıştırmak için kullandıkları levha; bir ressama özgü renkler.

pal.frey (pôl'fri) *i., eski* binek atı, özellikle kadınların bindiği ufak at.

pal.imp.sest (päl'impsest) *i.* eski zamanda üzerindeki yazı silinerek yeniden başka yazı yazılmış parşömen.

pal.in.drome (päl'indrom) *i.* tersinden de aynı şekilde okunabilen kelime, cümle veya mısra: *msl.* makam, radar.

pal.ing (pey'ling) *i.* çit yapmaya mahsus kazıklar; çit.

pal.in.gen.e.sis (pälincen'ısis) *i.* yeniden doğma; tenasüh, ruh göçü, ruh sıçraması; *biyol.* üremede atasal özelliklerin yeniden meydana çıkması.

pal.i.node (päl'ınod) *i.* şairin evvelce yazdığı bir şiirdeki ifade veya fikrin aksini savunduğu şiir; tekzip, inkâr.

pal.i.sade (pälıseyd') *i., f.* şarampol, parmaklık, çit; savunmada kullanılan siper kazığı; *çoğ.* kayalık uçurum; *f.* etrafına kazıklar dikerek çit çevirmek.

pal.ish (peyl'iş) *s.* oldukça donuk, renksiz gibi, solgunca.

pall (pôl) *i.* siyah çuha veya kadifeden tabut örtüsü; kasvetli hava.

pall (pôl) *f.* yavanlaşmak, tatsızlaşmak; zevkini kaybetmek, bıkmak; usandırmak, bıktırmak. **It has palled on me.** Gına geldi. Bıktım artık.

Pal.la.di.um (piley'diyım) *i.* Pallas Atene'nin Truva'nın güvenliğini sağlayan heykeli; herhangi bir güvenlik unsuru.

Pal.las (päl'ıs) *i., mit.* tanrıça Atene'nin diğer ismi; *astr.* Merih ile Erendiz arasındaki asteroitlerden biri.

pall.bear.er (pôl'berır) *i.* cenaze merasiminde tabutu taşıyan veya yanı sıra giden kimse.

pal.let (päl'it) *i.* ot şilte, ot minder.

pal.let (päl'it) *i., mak.* çömlekçi spatulası; ciltçilikte altın yaldızı yerleştirmeye mahsus yassı fırça, tezhip fırçası; *mak.* cep saati çarkını

tanzim eden ufak parça; ressam paleti; is-
tif rafı.

pal.li.ate (päl'iyeyt) *f.* hafifletmek (hastalık,
zorluk), teskin etmek, yatıştırmak; (kaba-
hat veya hakareti) mazur göstermek. **pal-
lia'tion** *i.* özür; hafifletme.

pal.li.a.tive (päl'iyeytîv) *s., i.* hafifletici; özür
kabilinden; *i.* hafifletici şey.

pal.lid (päl'îd) *s.* solgun, benzi atmış, sararmış,
silik.

pal.lor (päl'ır) *i.* solgunluk, beniz sarılığı.

palm (pam) *i.* aya, avuç içi; geyik boynuzunun
yassı kısmı; el boyunda uzunluk ölçüsü (yak-
laşık olarak yirmi cm.); el genişliğinde uzunluk
ölçüsü (yaklaşık olarak dokuz cm.); kürek
palası veya ona benzer herhangi bir şey.
grease one's palm rüşvet vermek. **have an
itching palm** para hırsı olmak.

palm (pam) *i.* hurma ağacı; palmiye; hurma
ağacının yaprağı veya dalı; zafer alâmeti;
zafer. **palm branch** zafer alâmeti olan hurma
dalı. **palm oil** hurma yağı. **Palm Sunday**
paskalyadan evvelki pazar günü. **carry off
the palm** galip gelmek, zafer kazanmak.
coconut palm hindistancevizi ağacı. **date
palm** hurma ağacı. **dwarf palm** bodur
hurma ağacı, *bot.* Chamaerops homilis. **wild
palm** yabanî hurma ağacı. **yield the palm**
bir diğerinin üstünlüğünü kabul etmek.

palm (pam) *f.* avuç içinde saklamak; avuç ile
dokunmak veya okşamak. **palm off** hile
ile kabul ettirmek, *slang* sokuşturmak, ka-
zıklamak.

pal.mar (päl'mır) *s.* avuç ile ilgili.

pal.mate, -mat.ed (päl'meyt, pa'meyt, -mey-
tîd) *s.* aya şeklindeki; *bot.* palmiye yaprağı
şeklindeki, elsi, palmat; *zool.* perdeayaklı.

palm civet, palm cat misk kedisi, *zool.* Vi-
verra civetta.

palm.er (pa'mır) *i.* Kudüs'ten hurma dalı ile
dönen hacı. **palmer worm** elma yapraklarına
zarar veren bir çeşit tırtıl, *zool.* Dichomeris
ligulella.

pal.met.to (pälmet'o) *i., s.* herhangi bir pal-
miye ağacı; palmiye ağacının yapraklarından
dokunmuş ince hasır; *s.* bu hasırdan ya-
pılmış.

palm.ist (pa'mîst) *i.* el falına bakan kimse. **pal-
mistry** *i.* el falı.

palm.y (pa'mi) *s.* palmiyeleri çok olan; muh-
teşem, gönençli, refah içindeki. **palmy days**
refah günleri, iyi günler.

pal.o.mi.no (pälımi'no) *i.* beyaz yele ve kuy-
ruklu altın rengi at.

pa.loo.ka (pılu'kı) *i., A.B.D., argo* beceriksiz
boksör.

palp, pal.pus (pälp, päl'pıs) *i.* (*çoğ.* **pal.pi**)
zool. dokunaç. **palpiform** *s.* dokunaç gibi.

pal.pa.ble (päl'pıbıl) *s.* hissedilir, dokunulabilir;
aşikâr, açık, sarih; dokunarak hissedilen;
tıb. el muayenesi ile hissedilen. **palpably**
z. el ile hissedilerek; aşikâr olarak, açıkça.

pal.pate (päl'peyt) *f., s., tıb.* el ile dokunarak
muayene etmek; *s., zool.* dokunaçlı. **pal-
pa'tion** *i.* dokunma; *tıb.* el ile dokunarak
muayene.

pal.pi.tate (päl'pıteyt) *f.* yürek gibi hızlı çarp-
mak, nabız gibi atmak, heyecandan titre-
mek. **palpita'tion** *i.* çarpıntı, halecan.

pal.pus *bak.* palp.

pal.sy (pôl'zi) *i., f.* inme, nüzul, felç; *f.* felce
uğratmak.

pal.ter (pôl'tır) *f.* aldatmak, oyun etmek. **palter
with** gereken önemi vermemek, küçümse-
mek.

pal.try (pôl'tri) *s.* değersiz, kıymetsiz, önemsiz.
paltriness *i.* değersizlik, kıymetsizlik, önem-
sizlik.

pa.lu.dal (pılud'ıl) *s.* bataklıklara ait; batak-
lık gibi.

pal.u.dism (päl'yıdîzım) *i., tıb.* sıtma.

pam (päm) *i., iskambil* ispati valesi; bir iskambil
oyunu.

pam.pa (päm'pı) *i.* pampa. **pampas cat**
Arjantin'e mahsus ufak yabanî kedi, *zool.*
Felis pajeros. **pampas grass** Güney Ame-
rika'ya özgü tepesi püsküllü uzun bir çe-
şit kamış, *bot.* Cortaderia selloana.

pam.per (päm'pır) *f.* refah ve bolluk içinde
büyütmek, lüks hayata alıştırmak, pohpoh-
lamak, şımartmak.

pam.phlet (päm'flît) *i.* broşür, küçük kitap,
risale.

pam.phlet.eer (pämflıtîr') *i., f.* broşür yazan
kimse (*baz. aşağ.*); *f.* broşür yazıp yayın-
lamak.

Pam.phyl.i.a (pämfîl'iyı) *i., tar.* Antalya yö-
resinin eski ismi.

pan (pän) *i.* tepsi, tava; kefe, terazi gözü; maden cevherini ayırma işinde kullanılan demir tava; eski tüfeklerde falya tavası; tuzlada tava; kafatası; buzul parçası. **a flash in the pan** kuru gürültü, sonuç vermeyen gayret.

pan (pän) *f.* (**-ned, -ning**) toprağı yıkayarak altın çıkarmak; tavada pişirmek; leğende yıkamak; maden cevherini yıkamak; *edeb., k.dili* tenkit etmek. **pan out** *A.B.D., k.dili* netice vermek; başarıya ulaşmak, muvaffak olmak.

pan (pän) *f.* (**-ned, -ning**) *foto.* sinema makinasının objektifini bir yandan öbür yana döndürmek.

pan (pan) *i.* tembul (yaprak).

Pan (pän) *i., mit.* Pan (ormanlar, otlaklar, sürüler ve çobanlar tanrısı).

pan (pän) *bak.* **panchromatic.**

pan- *önek* bütün.

pan.a.ce.a (pänısı'yı) *i.* her derde deva.

pa.nache (pınäş', -naş') *i.* miğfer üstündeki sorguç; şevk, canlılık.

pa.na.da (pına'dı, -ney'-) *i.* tirit.

Pan.a.ma (pän'ıma) *i.* Panama. **Panama Canal** Panama Kanalı.

Pan.a.ma.ni.an (pänımey'niyın)*s., i.* Panamalı.

Pan-A.mer.i.can (pän'ımer'ıkın) *s.* bütün Amerika devletlerine veya haklarına mahsus veya ait.

pan-broil (pän'broyl') *f., ahçı.* kalın bir tavada yağsız veya az yağla pişirmek.

pan.cake (pän'keyk) *i., ahçı.* gözleme; taş pudra; *hav.* uçağın yere düz olarak düşüşü.

pan.chro.mat.ic (pänkromät'ik) *s., foto.* bütün renklere hassas olan (filim).

pan.cre.as (pän'kriyıs) *i., anat., zool.* pankreas. **pancreat'ic** *s.* pankreasa ait.

pan.da (pän'dı) *i.* panda, *zool.* Ailurus fulgens. **giant panda** Çin ve Tibet'te bulunan bir cins iri panda, *zool.* Ailuropoda melanoleuca.

pan.da.nus (pändey'nıs) *i.* bilhassa Malaya'da bulunan ve kama şeklinde yaprakları olan bir bitki.

Pan.de.an (pändi'yın) *s., mit.* tanrı Pan'a ait. **Pandean pipes** *bak.* **panpipe.**

pan.dem.ic (pändem'ik) *s., tıb.* bir veya birkaç memlekete birden sirayet eden; genel, umumî, evrensel.

pan.de.mo.ni.um (pändımo'niyım) *i.* bütün şeytanların bulunduğu yer, cehennem; karışıklık veya kanunsuzluğun hüküm sürdüğü yer; velvele, karışıklık, kargaşa.

pan.der (pän'dır) *i., f.* muhabbet tellâlı, pezevenk; *f.* pezevenklik etmek. **pander to someone's tastes** yaltaklanmak. **panderer** *i.* pezevenk.

Pan.do.ra (pändôr'ı) *i., Yu. mit.* Pandora, insanlara ceza olarak Zeus tarafından gönderilen güzel kadın. **Pandora's box** Pandora'nın sandığı.

pan.dour (pän'dûr) *i.* eski Avusturya ordusunda bulunan bir çeşit Hırvat neferi; hoyrat ve yağmacı asker.

pan.dow.dy (pändau'di) *i., A.B.D.* bir çeşit elma pastası.

pan.du.rate, pan.du.ri.form (pänd'yıreyt, pändûr'ıfôrm) *s.* keman şeklinde (yaprak).

pane (peyn) *i.* pencerenin bir camı; düz yüzey; levha, tabaka.

pan.e.gyr.ic (pänıcîr'îk) *i., s.* övgü, methiye, sitayiş, sena, kaside; *s.* övgü niteliğinde. **panegyrical** *s.* öven, metheden; methiye gibi. **panegyrist** *i.* kaside yazan veya okuyan kimse, methiyeci. **pan'egyrize** *f.* övmek.

pan.el (pän'ıl) *i.* kapı aynalık tahtası, kapı aynası; kadın etekliğini genişletmek için uzunluğuna konan kumaş parçası; üzerine resim yapılan ince tahta; pano, duvar panosu; semerin altına konan keçe, belleme; *huk.* jüri heyetinin isim listesi; *huk.* jüri heyeti. **panel discussion** açık oturum.

pan.el (pän'ıl) *f.* (**-ed, -ing** *veya* **-led, -ling**) aynalık tahta ile süslemek (kapı); *İskoç., huk.* resmen itham etmek. **paneling** *i.* aynalık tahtaları; kömür madenini bölmelerle ayırma.

pan.el.ist (pän'ılîst) *i.* açık oturumda konuşmacı.

pang (päng) *i.* anî olarak şiddetli ağrı, sancı, spazm.

pan.go.lin (päng.go'lîn) *i., zool.* Asya ve Afrika'ya mahsus karınca yiyen sırtı pullu bir cins memeli hayvan.

pan.han.dle (pän'händıl) *i., f.* tava sapı; *A.B.D.* ileri doğru uzanan dar kara parçası; *f., argo* dilenmek.

pan.ic (pän'îk) *s., i., f.* (**-icked, -icking**) panik hissi ile ilgili, panik hissi veren; *i.* panik, ürkü, anî ve şiddetli korku; piyasada panik

fiyatlarda düşme korkusu; *f.* paniğe kap-
tırmak; *tiyatro, argo* heyecanlandırıp coş-
turmak (seyircileri). **panic-stricken** *s.* pa-
niğe kapılmış. **panicky** *s.* yersiz korkuya
kapılmış.

pan.i.cle (pän'îkıl) *i., bot.* birleşik salkım, pa-
nikul. **panicled, paniculate** (pınîk'yıleyt)
s. piramit şeklinde çiçeği olan.

pan.jan.drum (päncän'drım) *i.* kendini önem-
li veya yüksek gören memurlara verilen
takma ve güldürücü ad.

pan.nier (pän'yır) *i.* erzak taşımaya mahsus
küfe; eskiden kalçaları yüksek göstermek
için kadın etekliğine konan balina kemi-
ğinden yapılmış kafes.

pan.o.ply (pän'ıpli) *i.* tam zırh takımı; tama-
mıyle örten herhangi bir şey. **panoplied**
s. tam silâhlı, muhteşem surette giyinmiş.

pan.o.ram.a (pänırä'mı) *i.* panorama, umumî
manzara, genel görünüş; bir şehrin veya
tabiî bir manzaranın uzaktan görünüşünü
canlandıran resim; durmadan değişen sahne
veya olaylar; bir konunun etraflı olarak in-
celenmesi. **panoramic** *s.* panoramik.

pan.pipe (pän'payp) *i.* Pan kavalı, çok borulu
kamış mızıka.

pan.sy (pän'zi) *i.* hercaî menekşe, alaca me-
nekşe, *bot.* Viola tricolor; *A.B.D., argo*
homoseksüel erkek.

pant (pänt) *f., i.* solumak, nefes nefese kalmak;
nefesi kesilmek; özlemini duymak, hasre-
tini çekmek; şiddetle çarpmak, hızla atmak
(kalp); *i.* soluma, nefesi kesilme; yürek çar-
pıntısı.

pan.ta.let(te)s (päntılets') *i., çoğ.* eskiden
giyilen uzun ve bol paçalı kadın külotu;
bu külotun kenarına geçirilen farbala.

pan.ta.loon (päntılun') *i., tiyatro* çağdaş pan-
domimde soytarının yerini alan ihtiyar bu-
nak adam. **pantaloons** *i.* eski moda pan-
tolon.

pan.tech.ni.con (päntek'nikan) *i., İng.* her
türlü eşya satılan mağaza; eşya taşımaya
mahsus yük arabası veya kamyon.

pan.the.ism (pän'thiyîzım) *i.* panteizm, ka-
mutanrıcılık, vahdeti vücut. **pantheist** *i.*
panteist, kamutanrıcı. **pantheistic(al)** *s.*
panteizme ait, kamutanrısal.

pan.the.on (pän'thiyan) *i.* panteon.

pan.ther (pän'thır) *i.* panter, pars, kaplan fa-
milyasından yırtıcı bir hayvan.

pant.ies (pän'tiz) *i., çoğ.* kadın külotu.

pan.tile (pän'tayl) *i.* kenarları üstüste gelince
S şeklinde kıvrımlar yapan dam kiremidi.

pan.tof.fle (pan'tıfıl, päntaf'ıl, -tu'fıl) *i.* terlik,
pantufla.

pan.to.graph (pän'tıgräf) *i.* pantograf.

pan.to.mime (pän'tımaym) *i., f.* pandomima;
f. pandomima oynamak. **pantomimic(al)**
(päntımîm'îk,-îkıl) *s.* pandomima kabilinden.
pantomimist *i.* pandomima oyuncusu, pan-
domimci.

pan.try (pän'tri) *i.* kiler.

pants (pänts) *i., çoğ., A.B.D.* pantolon; don,
külot.

pan.ty.hose (pän'tihoz) *i.* külotlu çorap.

Pan-Tu.ra.ni.an.ism, Pan-Tu.ran.ism (pän-
tyıreyn'iyınîzım, -rey'nîzım) *i.* Turancılık.
Pan-Turanian *s.* Turancılıkla ilgili.

pan.ty.waist (pän'tiweyst) *i.* pantolonu tut-
turmak için eteği düğmeli çocuk bluzu;
argo kadın gibi adam, efemine erkek.

pan.zer (pän'zır, *Al.* pan'tsır) *i., ask.* motorize
kuvvet.

pap (päp) *i.* çocuklara ve hastalara mahsus
lapa veya sulu yemek; meyva püresi; *argo*
memurlara sağlanan imtiyaz veya yarar.

pa.pa (pa'pı, pıpa') *i.* baba (bilhassa çocuk
dilinde).

pa.pa.cy (pey'pısi) *i.* papalık rütbesi; Katolik
kilisesi reisliği; papalık sistemi.

pa.pal (pey'pıl) *s.* papaya veya papalığa ait;
Katolik kilisesine ait.

pa.pa.raz.zo (papırat'so) *i., İt. (çoğ. -zi)* meş-
hurların peşinde dolaşan fotoğrafçı.

Pa.pa.ver (pıpä'vır) *i., bot.* haşhaş ve gelincik
familyası.

pa.pav.er.a.ceous (pıpävırey'şıs) *s.* haşhaş
ve gelincik cinsine ait.

pa.paw, paw.paw (pıpô', pô'pô) *i.* Kuzey
Amerika'ya mahsus bir ağaç, *bot.* Asiminia
triloba; bu ağacın meyvası.

pa.pa.ya (papa'ya, pıpa'yı) *i.* Güney Ame-
rika'ya mahsus bir çeşit ağaç, *bot.* Carica
papaya; bu ağacın meyvası.

pa.per (pey'pır) *i., s.* kâğıt; kâğıt tabakası;
senet, hüccet, bono; kâğıt para, banknot;
gazete; herhangi bir yazı, tez, tebliğ; deste
(iğne); duvar kâğıdı; *argo* paso; *çoğ.* hü-

viyet kartı; *çoğ.* bir kimsenin toplu mektup, yazı ve hatıraları; geminin sefer kâğıtları; *s.* kâğıttan yapılmış; kâğıt üzerinde kalan, hükmü olmayan; kâğıda benzer, ince, dayanıksız. **paper clip** raptiye, tel raptiye. **paper credit** vadeli senet ile kredi. **paper mill** kâğıt fabrikası. **paper money** kâğıt para, banknot. **paper profits** kâğıt üzerindeki kâr, tahminî kazanç. **blotting paper** kurutma kâğıdı, papye buvar. **filter paper** süzgeç kâğıdı. **linen paper** ketenden yapılmış dayanıklı kâğıt. **litmus paper** turnusol kâğıdı. **on paper** kâğıt üzerinde kalan, hükmü olmayan, icra olunmayan.

pa.per (pey'pır) *f.* üzerine kâğıt kaplamak, kâğıtlamak; kâğıt yapıştırmak.

pa.per.back (pey'pırbäk) *i.* karton ciltli kitap.

pa.per.bound (pey'pırbaund) *s.* karton ciltli.

pa.per.hang.er (pey'pırhängır) *i.* duvar kâğıdı yapıştıran kimse.

pa.per.knife (pey'pırnayf) *i.* kâğıt açacağı.

pa.per.weight (pey'pırweyt) *i.* kâğıtların uçmasını önlemek için üzerine konan ağırlık.

pa.per.work (pey'pırwırk) *i.* kırtasiyecilik.

pa.per.y (pey'pıri) *s.* kâğıt gibi, ince.

Paph.la.go.ni.a (päflıgo'niyı) *i., tar.* Kastamonu yöresinin eski ismi.

pa.pier-mâ.ché (pey'pırmışe') *i., Fr.* karton piyer.

pa.pil.i.o.na.ceous (pıpîliyoney'şıs) *s.* kelebeğe benzer; *bot.* kelebek şeklinde çiçeği olan, kelebeksi.

pa.pil.la (pıpîl'ı) *i. (çoğ. -lae)* meme; kabarcık; *anat., zool.* dil üzerinde bulunan kabarcık gibi şeylerden biri, mukoza uzantısı; *bot.* bitkilerin üzerinde bulunan kıl gibi kabarcık, papil. **papillary, papillose** *s.* kabarcıkları olan; kabarcığa benzer.

pa.pist (pey'pîst) *i., aşağ.* Katolik. **papism** *i.* Katoliklik. **papis'tic(al)** *s.* Katolik kilisesine veya ayinlerine ait. **papistry** *i.* Katolik mezhebi.

pa.poose (päpus') *i.* Kuzey Amerika kızılderililerinin çocuklarına verilen isim.

pap.pus (päp'ıs) *i., bot.* komposit familyası bitkilerinin kaliksinde meydana gelen şemsiye biçimindeki kıllı uzuv, papus. **pappose** *s.* papuslu.

pap.py (päp'i) *i., k.dili* baba.

pa.pri.ka (päpri'kı, päp'rıkı) *i.* acısı az bir çeşit kırmızı biber.

Pap smear, Pap test *tıb.* rahim kanserini teşhis için yapılan test.

pap.u.la (päp'yılı) *(çoğ. -lae)*, **pap.ule** (päp-yûl) *(çoğ. -s) i.* kabarcık.

pap.y.ra.ceous (päpırey'şıs) *s.* kâğıdımsı, kâğıt gibi ince.

pa.py.rus (pıpay'rıs) *i. (çoğ. -ri)* papirüs, Nil sahillerinde biten ve eski zamanlarda işlenerek kâğıt gibi kullanılan bir çeşit saz, *bot.* Cyperus papyrus; bu sazdan yapılan kâğıt; papirüs üzerine yazılmış yazı.

par (par) *i.* eşitlik, müsavat; hisse senetleri ve kıymetli kâğıtların itibari değerleri; golfta topun deliğe girebilmesi için gerekli vuruş sayısı. **above par** *tic.* itibarî kıymetten daha yüksek. **at par** başa baş. **below par** *tic.* itibarî kıymetten düşük. **par value** itibari kıymet. **on a par with** eşit derecede veya kıymette. **up to par** itibarî kıymetini bulmuş, yeterli, normal.

para- *önek* yakın; ötesinde; ikinci derecede; benzer.

par.a.ble (per'ıbıl) *i.* içinde hakikat payı olan kısa alegorik hikâye; ifade edilmek istenileni benzetme veya kıyas yoluyle anlatan söz veya konuşma; mesel.

pa.rab.o.la (pıräb'ılı) *i., geom.* parabol.

par.a.bol.ic, -i.cal (perıbal'îk, -îkıl) *s.* benzetme veya kıyas yoluyle ifade edilen; *geom.* parabolik. **parabolically** *z.* benzetme veya kıyas yoluyle ifade ederek.

pa.rab.o.loid (pıräb'ıloyd) *i., geom.* parabolit.

par.a.chute (per'ışut) *i., f.* paraşüt; *f.* paraşütle atlamak; paraşütle indirmek. **parachutist** *i., ask.* paraşütçü.

par.a.clete (per'ıklit) *i.* şefaatçi; yardıma çağrılan kimse. **the Paraclete** Ruhülkudüs.

pa.rade (pıreyd') *i.* gösteri, nümayiş, alay, tören, geçit resmi; *ask.* yoklama için askerlerin sıra ile geçmesi; geçit resmi yapılan meydan; gezinti yapılan yer. **parade ground** tören meydanı. **parade rest** askerlerin "rahat" vaziyetinde kalmaları. **make a parade of** gösteriş yapmak. **on parade** sergi halinde, açıkta.

pa.rade (pıreyd') *f.* gösteriş yapmak; tören için askeri sıraya dizmek; saflar halinde geçirmek; gösteriş yapmak için dolaşmak; kibirle göstermek; gösteri yaparak sokakları dolaşmak; yoklama veya talim için toplanmak.

par.a.digm (per'ıdîm) *i.* örnek, numune; *gram.* çekim listesi.

par.a.dise (per'ıdays) *i.* cennet, Aden, cennet bahçesi; cennet gibi yer. **fool's paradise** boş emeller üzerine kurulmuş mutluluk.

par.a.dox (per'ıdaks) *i.* paradoks, mantığa aykırı görünen fakat hakikatte doğru olabilen düşünce; birbirini tutmaz sözler; birbirine aykırı söz ve davranışlar; karakterinde birbirine aykırı hususlar olan kimse. **paradox'ical** *s.* mantığa aykırı görünen. **paradox'ically** *z.* birbirine zıt olarak, aykırı düşerek.

par.af.fin (per'ıfîn) *i., f.* mum, parafin; *f.* parafin tatbik etmek. **paraffin** *i.*, **paraffin oil** *İng.* gazyağı.

par.a.gon (per'ıgan) *i.* mükemmel olduğu kabul edilen örnek, numune; *matb.* yirmi puntoluk harf, irice bir çeşit harf.

par.a.graph (per'ıgräf) *i., f.* paragraf, bent, fıkra; paragraf işareti; *f.* yazıyı paragraflara ayırmak; bir paragrafta ifade etmek. **paragraph'ic(al)** *s.* fıkra kabilinden. **paragraphist** *i.* fıkra yazarı.

Par.a.guay (per'ıgwey) *i.* Paraguay.

par.a.keet (per'ıkit) *i.* bir çeşit ufak papağan, muhabbetkuşu.

par.a.leip.sis (perılayp'sîs) *i., kon. san.* bir hususu ihmal eder gibi görünerek dikkati özellikle o nokta üzerine çekme.

par.al.lax (per'ıläks) *i., astr.* paralaks. **parallac'tic** *s.* paralaks bakımından, paralaks ile ilgili.

par.al.lel (per'ılel) *s., i.* paralel, muvazi, koşut; aynı, benzer; aynı amaç veya sonuca yönelen; *i.* birbirine paralel doğru veya düzeyler; benzerlik; nazire; *coğr.* paralel; *ask.* cephe hendeği; *elek.* paralel bağlantı. **parallel with, parallel to** paralel olarak. **parallel bars** barfiks. **draw a parallel** mukayese etmek, karşılaştırmak, kıyaslamak.

par.al.lel (per'ılel) *f.* paralel olarak koymak; kıyaslamak, mukayese etmek; benzer olmak, müşabih olmak.

par.al.lel.e.pi.ped (perılelıpay'pîd, -pîp'îd) *i., geom.* altı yüzü paralelkenar olan cisim, paralelyüz.

par.al.lel.ism (per'ılelîzım) *i.* paralel oluş, paralellik, muvazilik; benzerlik.

par.al.lel.o.gram (perılel'ıgräm) *i., geom.* paralelkenar, paralelogram.

pa.ral.o.gism (pıräl'ıcîzım) *i.* mantığa aykırı düşünüş, yanlış ifade olunan muhakeme.

pa.ral.y.sis (pıräl'ısîs) *i., tıb.* felç, inme, nüzul.

par.a.lyt.ic (perılît'îk) *s., i.* inmeli, felçli, kötürüm; *i.* felçli kimse.

par.a.lyze, İng. -ise (per'ılayz) *f.* felce uğratmak; kuvvetini kırmak, sakatlamak, tesirsiz hale getirmek.

par.a.mag.net.ic (perımägnet'îk) *s.* mıknatıs tarafından çekilme hassası olan, mıknatısla çekilebilen, paramagnetik. **paramag'netism** *i.* paramagnetizm.

Par.a.mar.i.bo (perımer'îbo) *i.* Paramaribo, Surinam'ın başkenti.

par.a.mat.ta (perımät'ı) *i.* pamuk ve yünden yapılmış ince elbiselik kumaş.

par.a.me.ci.um (perımi'şiyım, -siyım) *i. (çoğ. -ci.a) zool.* paramisyum.

pa.ram.e.ter (pıräm'ıtır) *i., mat.* parametre.

par.a.mil.i.tar.y (perımîl'ıteri) *s.* askerî niteliği olan fakat orduya bağlı olmayan (kuruluş, örgüt).

par.am.ne.sia (perämni'jı) *i., tıb.* paramnezi; *psik.* görmüşlük duygusu.

par.a.mount (per'ımaunt) *s.* âlâ, fevkalade, üstün, faik; rütbece üstün olan.

par.a.mour (per'ımûr) *i.* âşık, sevgili, metres, gayri meşru karı ve koca.

par.a.noi.a (perınoy'ı) *i., tıb.* paranoya, delilik. **paranoiac** *s., i., tıb.* paranoya ile ilgili; *i.* paranoik hasta; evhamlı deli. **par'anoid** *s.* paranoya ile ilgili.

par.a.nymph (per'ınîmf) *i.* sağdıç.

par.a.pet (per'ıpît) *i.* siper, istihkâm siperi; dam kenarındaki alçak duvar, korkuluk duvarı. **parapeted** *s.* korkuluk duvarı olan.

par.aph (per'ıf) *i.* imzayı takip eden çizgi.

par.a.pher.na.li.a (perıfırney'liyı) *i., çoğ.* zata mahsus eşya; teçhizat; *huk.* evli kadının şahsi malları.

par.a.phrase (per'ıfreyz) *i., f.* açıklama, şerh, tefsir, izah; başka kelimelerle izah etme; *f.* açıklamak, tefsir etmek, şerh ve izah etmek.

par.a.phras.tic, -ti.cal (perıfräs'tîk, -tîkıl) *s.* açıklayıcı, şerh kabilinden. **paraphrastically** *z.* açıklayarak, şerh mahiyetinde.

par.a.ple.gi.a (perıpli'ciyı) *i., tıb.* belden aşağısının felce uğraması, yarım felç.

par.a.psy.chol.o.gy (perısaykal'ıci) *i.* parapsikoloji, telepati gibi tabiatüstü ruh kuvvetlerini inceleyen araştırma dalı.

par.a.sang (per'ısäng) *i.* fersah.

par.a.se.le.ne (perısili'ni) *i.* ay halesinin içinde bazen görülen parlak nokta, yalancı ay.

par.a.site (per'ısayt) *i.* asalak, parazit, tufeylî. **parasitic(al)** (perısit'ik,-ıl) *s.* parazit, asalak. **parasitically** (perısit'ikıli) *z.* parazit olarak. **parasit'icide** *i.* parazitleri öldüren şey. **parasitism** *i.* parazitlik, asalaklık; *tıb.* vücutta parazitlerden ileri gelen hastalık. **parasitol'ogy** *i.* parazit ilmi.

par.a.sol (per'ısôl) *i.* güneş şemsiyesi, güneşlik.

par.a.sym.pa.thet.ic (perısîmpıthet'ik) *s.* otonom sinir sistemine ait, parasempatik.

par.a.syph.i.lis (perısif'ılis) *i., tıb.* frengi hastalığını takibeden marazî durum.

par.a.tax.is (perıtäk'sîs) *i., gram.* aralarında bağlaç olmayan yan yana sıralanmış kelime veya cümle düzeni. **paratactic** *s.* aralarında bağlaç olmadan sıralama kabilinden, böyle sıralanmış.

par.a.thy.roid glands (perıthay'royd) paratiroid bezleri.

par.a.troops (per'ıtrups) *i., çoğ., ask.* paraşütçü kıtası. **paratrooper** *i.* paraşütçü asker.

par.a.ty.phoid (perıtay'foyd) *i.* paratifo.

par.a.vane (per'ıveyn) *i.* paravan, gemi pruvasının iki tarafına takılıp mayınlara karşı kullanılan torpil şeklinde cihaz.

par.boil (par'boyl) *f.* yarı kaynatmak.

par.buck.le (par'bʌkıl) *i., f.* fıçıyı araba veya gemiye yüklemeye mahsus halat; *f.* bocurgat halatı ile yüklemek.

par.cel (par'sıl) *i., f., s., z.* paket, bohça, çıkın; miktar, takım; *huk.* parça, kısım, parsel; *f.* kısım veya hisselere ayırmak; paket yapmak; *den.* halat üzerini katranlı bezle örtmek; *s., z.* kısmen. **parcel post** paket postası.

par.ce.nar.y (par'sıneri) *i., huk.* müşterek vârislik, ortak malsahipliği. **parcener** *i.* müşterek vâris.

parch (parç) *f.* kavurmak, kavurup kurutmak, yakmak; aşırı sıcaktan kavrulmak, çok kurumak. **parchedness** (parçt'nîs) *i.* kavrulmuşluk.

parch.ment (parç'mınt) *i.* parşömen, tirşe; parşömen kâğıdı; parşömen üzerine yazılmış yazı.

pard.ner (pard'nır) *i., A.B.D., leh.* arkadaş.

par.don (par'dın) *f., i.* affetmek, suçunu bağışlamak; *i.* af, suçunu bağışlama, mağfiret; günah çıkarma; afname. **I beg your pardon.** Affedersiniz. **Pardon me. Pardon. pardonable** *s.* affolunabilir. **pardoner** *i., tar.* Katolik kilisesinde günahların affını satmaya yetkili olan kimse; affeden kimse.

pare (per) *f.* kabuğunu soymak; yavaş yavaş eksilmek. **pare off, pare away** yontmak.

par.e.gor.ic (perıgôr'ik) *i.* kâfurlu afyon tentürü.

pa.ren.chy.ma (pıreng'kimı) *i., bot.* parankima, yemişlerde ve taze dal ile yapraklarda lifli kısımların arasını dolduran hücresel doku; *anat., zool.* parankima, özekdoku.

par.ent (per'ınt) *i.* anne veya baba; ata, cet; sebep olan şey, kaynak, memba; koruyucu kimse, hami olan kimse; *çoğ.* ana .baba, ebeveyn. **parent teachers' association** okul-aile birliği. **parentage** *i.* analık ve babalık hali; soy, nesep, nesil. **parental** (pıren'tıl) *s.* ana babaya ait. **parentally** *z.* ana babaya yakışır şekilde. **parenthood** *i.* analık veya babalık hali.

pa.ren.the.sis (pıren'thısîs) *i. (çoğ. -ses)* parantez, ayraç; cümle yapısı yönünden konuyla ilişkisi olmayan söz, ara cümle, parantez cümlesi; parantez işareti, ( ); aradaki olay; fasıla, aralık. **put in parentheses** parantez içine almak. **parenthesize** *f.* parantez içine almak. **parenthet'ic(al)** *s.* parantez kabilinden; ara olay gibi. **parenthet'ically** *z.* parantez olarak.

pa.re.sis (pırı'sis, per'ısis) *i., tıb.* hafif felç, parezi; frenginin sebep olduğu felç ve akıl hastalığı.

par ex.cel.lence (par ek'sılans) *Fr.* başlıca, belli başlı, fevkalade, mükemmel.

par.get (par'cît) *f., i.* sıvamak, sıva ile süslemek; *i.* alçıtaşı; sıva, baca sıvası; sıva süsü.

par.he.li.on (parhi'liyın) *i. (çoğ. -li.a) meteor.* yalancı güneş, güneş halesindeki parlak leke.

pa.ri.ah (pıray'ı, per'iyı) *i.* parya; en aşağı tabakadan biri; toplum dışı bırakılmış kimse. **pariah dog** Asya ve Afrika'da yaşayıp leşle beslenen adi sokak köpeği.

Par.i.an (per'iyın) *s., i.* Paros Adasına ait; en iyi cins beyaz porselenle ilgili; *i.* en iyi cins beyaz porselen; Paros'lu kimse. **Parian marble** Paros Adasında çıkan güzel beyaz mermer.

pa.ri.es, çoğ. pa.ri.e.tes (per'iyiz, pıray'ıtiz) *i., biyol.* çeper, cidar, duvar.

pa.ri.e.tal (pıray'ıtıl) *s., anat., zool.* parietal, herhangi bir organın duvarlarına ait; *bot.* çepersel, bilhassa yumurtalık çeperine ait; *A.B.D.* üniversite sınırları içinde oturma veya idareye ait. **parietal bones** *biyol.* kafatasının yan kemiği; çeper kemiği. **parietal lobe** çeper lobu, beynin yan çıkıntılarından biri.

par.i-mu.tu.el (perîmyu'çuwıl) *i.* at yarışlarında kaybedenlerin paralarının kazananlara dağıtıldığı bir çeşit müşterek bahis.

par.ing (per'îng) *i.* kabuğunu soyma; soyulmuş kabuk parçası. **paring knife** patates soyacak bıçak. **paring machine** kabuk soyma makinası.

pa.ri pas.su (per'î päs'u) *Lat.* eşit adımlarla, aynı hızla.

Par.is (per'is) *i.* Paris şehri; Truva kralı Priam'ın oğlu. **Paris blue** koyu mavi; mavi boya. **Paris green** arsenikli olup böcek öldüren açık yeşil boya. **Paris white** kap parlatmak için kullanılan bir çeşit tebeşir tozu. **plaster of Paris** alçı. **Parisian** (pırij'ın) *s., i.* Paris'e ait; *i.* Parisli kimse.

par.ish (per'iş) *i.* bir papazın idaresindeki mıntıka; *İng.* kaymakamlığa benzer bir idarî bölge; bir kiliseye mensup olan cemaat. **parish clerk** kilise kâtibi; papaz muavini. **parish school** kilise okulu. **on the parish** kilise yardımıyle geçinen. **parish'ioner** *i.* bir kilise cemiyetinin üyesi.

par.i.ty (per'ıti) *i.* eşitlik, müsavat; tam benzerlik; *tic.* fiyat birliği. **parity price** endeks rakamına göre tayin edilen fiyat seviyesi.

park (park) *i., f.* park, umumî bahçe; *ask.* ordu mühimmatının biriktirildiği yer; lunapark; vahşi hayvanlar için çitle ayrılmış geniş saha; *f.* arabayı park etmek: *A.B.D., argo* koymak; bir araya biriktirmek; park içine koymak. **parking lot** araba park yeri. **parking meter** araba park yerlerinde para toplayan sayaç.

par.ka (par'kı) *i.* parka; Eskimoların giydiği kürk ceket.

Par.kin.son's disease, Par.kin.son.ism (par'-kınsınîzım) *i.* ellerin titremesi ve yüz kaslarındaki kontrolün kaybolması ile belirlenen sinir hastalığı.

park.way (park'wey) *i.* ekspres yol.

parl. *kıs.* parliament, parliamentary.

par.lance (par'lıns) *i.* konuşma tarzı; tabir.

par.lay (parley', par'li) *f., A.B.D.* kazanılan parayı bir sonraki yarışa yatırmak.

par.ley (par'li) *i., f.* toplantı, tartışma, münakaşa, mükâleme; *f.* ateşkes devresinde düşman ile barış görüşmeleri yapmak; özellikle düşmanla müzakere etmek.

Par.lia.ment (par'lımınt) *i.* Parlamento; İngiltere Millet Meclisi; *k.h.* resmî meclis. **parliamentar'ian** *i.* parlamento usullerini bilen kimse, parlamenter. **parliamen'tary** *s.* parlamentoya ait. **parliamentary procedure** parlamento usulleri.

par.lor, *İng.* -our (par'lır) *i.* oturma odası, salon; bir otelde umumî salon. **parlor car** rahat koltuklarla döşenmiş vagon.

par.lous (par'lıs) *s., z., eski* tehlikeli; zor, müşkül; çok zeki, açıkgöz, kurnaz, becerikli; müthiş, hayret verici; *z.* fazlasıyle, aşırı derecede.

Par.me.san (parmızän') *s.* İtalya'da Parma şehrine ait. **Parmesan cheese** parmican peyniri.

Par.nas.sus (parnäs'ıs) *i.* Orta Yunanistan'da dokuz güzel sanat tanrıçasının meskeni olan Parnas dağı. **Parnassian** *s., i.* Parnas dağına ait; *i.* Parnasyen şair, 19'uncu yüzyıl ortalarına ait Fransız şiir ekollerinden birine mensup şair.

pa.ro.chi.al (pıro'kiyıl) *s.* bir kilise cemaatine ait; dar fikirli, mahdut görüşlü. **parochially** *z.* dar fikirle, mahdut görüşle.

par.o.dy (per'ıdi) *i., f.* edebî bir eserin gülünç şekilde taklidi, hezel; beceriksizce taklit; *müz.* bir parçanın gülünç şekilde taklidi; *f.* gülünç bir taklit eseri yazmak. **parodist** *i.* hezel yazan kimse.

pa.rol (pırol') *i., s., huk.* davada müdafaa veya itham yollu söz; *s.* sözlü, şifahî.

pa.role (pırol') *i., f.* şartlı olarak mahkûmun tahliyesi; vait, söz verme; özellikle esir düşen askerin veya bir mahpusun kaçmayacağına dair verdiği söz; şeref sözü; *ask.* muhafızlara veya nöbetçilere verilen günlük parola; *f.* mahkûmu şartlı olarak serbest bırakmak.

on parole şeref sözü vermesi üzerine (serbest bırakmak).

par.o.no.ma.si.a (perınomey'jiyı) *i.* kelime oyunu.

par.o.nym (per'ınîm) *i.* aynı kökten gelen kelime.

pa.rot.id (pırat'id) *s., i., anat.* kulakaltı tükürük bezleri ile ilgili, bu bezlerin etrafında bulunan; *i.* kulakaltı tükürük bezleri.

par.ox.ysm (per'ıksîzım) *i., tıb.* şiddetli ve anî nöbet; feveran, galeyan, anî boşalma. paroxymal *s.* şiddetli nöbetle ilgili; galeyana gelme ile ilgili.

par.quet (parkey', -ket') *i., f.* parke, parke döşeme; tiyatroda orkestranın bulunduğu kısım ile parter arasındaki yer; *f.* parke döşemek. parquetry *i.* parke.

par.ri.cide (per'ısayd) *i.* kendi ana veya babasını öldürme; kendi ana veya babasını öldüren kimse. parrici'dal *s.* ana veya baba katline ait.

par.rot (per'ıt) *i., f.* papağan; dudu kuşu; başkalarının söz ve davranışlarını düşünmeden taklit eden veya tekrarlayan kimse; *f.* papağan gibi tekrarlamak veya tekrarlatmak.

par.ry (per'i) *f., i.* bertaraf etmek (darbe); kaçamak cevap vermek; *i.* bertaraf etme, darbeyi savma; kaçamak cevap.

parse (pars) *f., gram.* bir cümle veya kelimeyi gramer açısından incelemek.

par.sec (par'sek) *i., astr.* bir uzunluk ölçüsü, 3,26 ışık yılı.

Par.si, Par.see (par'si) *i.* İran'dan Hindistan'a hicret etmiş olan Zerdüştlerden biri. Parseeism *i.* bu Zerdüştlerin dinsel inanç ve gelenekleri.

par.si.mo.ni.ous (parsimo'niyıs) *s.* cimri, pinti, aşırı hasis.

par.si.mo.ny (par'sımoni) *i.* hasislik, pintilik, cimrilik, tamahkârlık.

pars.ley (pars'li) *i.* maydanoz, *bot.* Petroselinum crispum. **cow parsley, wild parsley** yaban maydanozu, *bot.* Anthriscus sylvestris. **fool's parsley** küçük baldıran, *bot.* Aethusa. **mountain parsley** dağ kerevizi, *bot.* Petroselinum oreoselinum.

pars.nip (pars'nîp) *i.* yabani havuç, kara kavza, *bot.* Pastinaca sativa. **water parsnip** su kerevizi, *bot.* Sium latifolium.

par.son (par'sın) *i.* vaiz, rahip. **parson's nose** *k.dili* tavuk gerisi.

par.son.age (par'sınîc) *i.* papaz evi.

part. kıs. participle, particular.

part (part) *i., z.* parça, kısım, cüz; birbirine eşit olan kısımlardan her biri; uzuv; *mat.* fasıl; hisse, pay; rol; görev; *müz.* fasıl, parti, belirli bir çalgı veya sese mahsus kısım; semt, taraf; saçların ayrıldığı yer; *z.* kısmen. **part and parcel** esas kısım. **part music** *müz.* birkaç ses veya çalgı için yazılmış parça. **part owner** hissedar. **part singing** birkaç sesle şarkı söyleme. **part writing** *müz.* kontrpuan. **parts of speech** sözbölükleri. **aliquot part** *mat.* tam bölen. **a person of part** kabiliyetli kimse, çok cepheli adam. **component parts** bir bütünü meydana getiren kısımlar. **for my part** bana kalırsa, benim fikrimce, bence. **foreign parts** dış ülkeler, yabancı memleketler. **for the most part** çoğunlukla, ekseriya, esas itibarıyle. **in part** kısmen; bazı hususlarda. **in good part** tatlılıkla, gönül hoşluğuyle. **in parts** parça parça, kısım kısım. **on the part of** tarafından. **play a part** bir rolü oynamak. **spare parts** yedek parçalar. **take part in** katılmak, iştirak etmek. **take the part of** birinden yana çıkmak, bir kimsenin tarafını tutmak; rolünü almak. **the greater part** çoğunluk, ekseriyet. **the outer part** dış kısımlar. **the privy parts** edep yerleri.

part (part) *f.* kısımlara ayırmak, taksim etmek; ayırmak, bölme ile ayırmak; bölmek; ayrılmak; parçalanmak, taksim olunmak; ayrılıp gitmek, uzaklaşmak. **part company** birbirinden ayrılmak, ilişkisini kesmek. **part from** -den ayrılmak. **part with** bırakmak. **Let us part friends.** Dost olarak ayrılalım. Dost kalalım.

par.take (parteyk') *f.* (-took, -taken) katılmak, iştirak etmek; hissedar olmak, paylaşmak. **partake of** iştirak etmek (yemeğe); çeşnisi olmak; mahiyetinde olmak.

part.ed (par'tid) *s.* ayrılmış; *bot.* hemen hemen dibine kadar ayrılmış (yaprak); *eski* ölmüş.

par.terre (parter') *i.* muntazam tarhlara bölünmüş çiçek bahçesi; *tiyatro* parter.

par.the.no.gen.e.sis (parthınocen'ısis) *i., biyol.* kendiliğinden üreme, cinsi münasebet olmadan vaki olan doğum, partenogenez.

Par.the.non (par'thınan) *i.* Partenon.

Par.thi.an (par'thiyın) *s., i.* Partiya'ya veya Partlılara ait; *i.* Partlı kimse, Part. **Parthian shot** Partların kaçarken attıkları ok gibi ayrılırken söylenen keskin söz.

par.tial (par'şıl) *s.* kısma ait, kısmî; kısmen etkili olan; cüzî, genel olmayan; taraf tutan, tarafgir; meyilli. **partial eclipse** *astr.* kısmen tutulma. **partially** *z.* kısmen; tarafgirlikle, bir tarafı tutarak.

par.ti.al.i.ty (parşiyäl'ıti) *i.* bir tarafı tutma, tarafgirlik; tarafgirlikten ileri gelen haksızlık; yeğleme; özel sevgi.

par.ti.ceps **c̈ri.mi.nis** (par'tîseps kri'mînîs) *Lat., huk.* suç ortağı.

par.tic.i.pant (partîs'ıpınt) *i., s.* katılan kimse, iştirakçi; *s.* paylaşan, katılan.

par.tic.i.pate (partîs'ıpeyt) *f.* katılmak, iştirak etmek, hissedar olmak, ortak olmak, pay almak. **participate with a person in a thing** bir kimse ile bir şeye iştirak etmek. **participa'tion** *i.* katılma, iştirak; ortaklık.

par.ti.ci.ple (par'tısipıl) *i., gram.* ortaç, sıfat-fiil. **present participle** "-en" yapılı ortaç. **past participle** "-miş" yapılı ortaç. **particip'ial** *s.* ortaç kabilinden.

par.ti.cle (par'tîkıl) *i.* cüz, zerre, tanecik, atom; *gram.* edat, ek, takı.

par.ti-col.ored (par'tîkʌlırd) *s.* rengârenk, alaca, iki veya daha fazla rengi olan.

par.tic.u.lar (pırtîk'yılır) *s., i.* belirli, muayyen, özel, hususî, has, mahsus; her bir; zata mahsus, şahsî; dikkate lâyık; titiz, meraklı, dikkatli; ayrıntılı, teferruatlı, etraflı; *huk.* ferdî, mahallî, kısmî; *i.* madde, tafsilâtın bir maddesi, husus; *çoğ.* ayrıntılar, tafsilât. **in particular** özellikle, bilhassa. **particular'ity** *i.* hususiyet; husus; titizlik. **particularly** *z.* özellikle, bilhassa, hususî surette; ayrıntılı olarak.

par.tic.u.lar.ism (pırtîk'yılırîzım) *i.* bir kimsenin kendisini belirli fikir veya partiye adaması.

par.tic.u.lar.ize (pırtîk'yılırayz) *f.* ayrı ayrı söylemek veya göz önünde bulundurmak; ayrıntıları ile anlatmak, isim zikretmek; şahıslar üzerinde durmak. **particulariza'tion** *i.* ayrı ayrı mütalaa etme; isim zikretme.

part.ing (par'tîng) *i., s.* ayrılma; veda etme; ayrılma yeri; ayıran şey, bölünme çizgisi; *eski* ölüm; *s.* ayrılırken yapılan; ayıran; bölen. **parting shot** *bak.* **Parthian shot.**

par.ti.san, **par.ti.zan** (par'tızın) *i., s.* partizan, taraftar; *ask.* gerillacı, çeteci; *s.* partizanla ilgili. **partisanship, partizanship** *i.* partizanlık, taraftarlık.

par.ti.tion (partîş'ın) *i., f.* taksim; bölme, duvar, tahta perde; kısımlara ayırma veya ayrılma; *huk.* bir malın müşterek sahipleri arasında taksimi; kısım, parça; *f.* parça veya hisselere ayırmak; duvar ile bölmek.

par.ti.tive (par'tıtîv) *s., i.* kısımlara ayıran; *gram.* bir bütünün parçasını belirten (kelime).

part.ly (part'li) *z.* kısmen, kısmî, bir dereceye kadar.

part.ner (part'nır) *i., f.* ortak, şerik, arkadaş; karı veya koca; eş; dans arkadaşı; *f.* ortak etmek veya olmak; ortağı gibi davranmak. **partnership** *i.* ortaklık, şirket.

par.tridge (part'rîc) *i.* keklik, *zool.* Perdix perdix; kekliğe benzer birkaç çeşit kuş. **gray partridge** çil, keklik, *zool.* Perdix perdix. **red-legged partridge** kına keklik, kızıl keklik, *zool.* Alectoris rufa. **rock partridge** kınalı keklik, kırmızı keklik, *zool.* Alectoris graeca. **partridgeberry** *i.* keklik üzümü, *bot.* Mitchella repens. **partridge wood** doğramacılıkta kullanılan çizgili ve çok sert bir çeşit kereste.

part-time (part'taym) *s.* günün bir kısmında olan veya yapılan, part taym: **part-time work, part-time student.**

par.tu.ri.ent (partyûr'iyınt) *s.* doğurmak üzere olan; bir fikir veya plan meydana getirmek üzere olan.

par.tu.ri.tion (partyûrîş'ın) *i.* doğurma, doğum.

par.ty (par'ti) *i.* parti, ziyafet, toplantı, eğlence; siyasal parti; kurum, cemiyet; *ask.* birlik; *huk.* taraf; kontratı akdeden taraflardan her biri; iştirakçi; *k.dili* şahıs. **party line** birkaç abonenin birden bağlandığı telefon hattı; komşu mülkleri birbirinden ayıran hudut çizgisi; parti siyaseti. **party wall** *huk.* ortak duvar.

par.ve.nu (par'vınu) *i.* sonradan görme kimse, yeni zengin olmuş kimse, hacı ağa.

par.vis (par'vîs) *i.* katedral veya kilise önündeki avlu; kilise önünde bulunan sütunlar veya kemer altı.

pas (pa) *i., Fr.* dansta adım veya figür; dans; ileri geçme hakkı.

pas.chal (päs'kıl) *s.* Musevilerin Fısıh bayramına ait; paskalyaya ait.

pa.sha, pa.cha (pışa', pa'şı) *i.* paşa. **pashalik, pashalic** *i.* paşalık.

pasque.flow.er (päsk'flauwır) *i.* rüzgâr çiçeği, *bot.* Anemone pulsatilla.

pas.quin.ade (päskwineyd') *i., f.* herkesin görebileceği bir yere yapıştırılmış hakaretli hicviye; *f.* hakkında hakaretli hiciv yazmak.

pass (päs) *i.* geçiş, geçme; paso, şebeke; sınavda geçme; boğaz, geçit, dar yol; *ask.* hatlardan geçme izni; hal, durum; meç hamlesi; hokkabazların kaybetme oyunu; top oyunlarında topu elden ele geçirme, pas. **free pass** ücretsiz giriş sağlayan paso. **bring to pass** sonuçlandırmak. **come to pass** olmak, meydana gelmek. **hold the pass** geçidi tutmak. **make a pass** vurmaya çalışmak; *argo* çalım atmak.

pass (päs) *f.* üstünden, içinden veya yanından geçmek; geçirmek; gezdirmek, dolaştırmak; geçirmek (zaman); söz vermek; *huk.* hüküm vermek, intikal etmek, karar vermek; beyan etmek, söylemek (fikir); ileri gitmek, aşmak; boşaltmak, tahliye etmek; kabul ve tasdik etmek veya ettirmek; sınavda geçmek; ihmal etmek; *spor* pas vermek; paslaşmak; geçmek, mürur etmek (zaman); halden hale girmek; vaki olmak; elden ele dolaşmak, tedavül etmek; sürmek (para); kabul olunmak; başarmak, muvaffak olmak; bitmek, sona ermek; engelle karşılaşmamak; boşaltmak, akıtmak; *briç* "pas" demek; sırasını atlatmak; hamle yapmak (eskrimde); devretmek. **pass a dividend** kâr hisselerini ödememek. **pass away** ölmek; sona ermek. **pass beyond** geçmek, üstün olmak. **pass by** yanından geçmek, geçip gitmek. **pass for** diye geçinmek. **pass muster** yoklamayı atlatmak; yeterli olmak, geçmek. **pass off** sona ermek; geçirmek, sürmek (sahte para); geçmek; ... diye geçinmek, kendini ... diye satmak. **pass on** gecikmeyip gitmek; ileri gitmek; ölmek; geçirmek, başkasına vermek. **pass out** dışarı çıkmak; *k.dili* bayılmak, kendinden geçmek. **pass over** atlayıp geçmek, üstünden geçmek; öbür tarafa geçmek; ihmal etmek, görmemek; göz yummak. **pass the buck** sorumluluğu başkasının üzerine atmak. **pass the hat** yardım topla-

mak. **pass the time of day** selâmlaşmak. **pass through** içinden geçmek; nüfuz etmek. **pass up** *k.dili* yararlanmamak, istifade etmemek, fırsatı kaçırmak. **pass upon** karar vermek.

pass. *kıs.* passive.

pass.a.ble (päs'ıbıl) *s.* geçirilebilir, geçer; kabul edilir, geçerli, muteber; fena olmayan; içinden geçilebilir. **passably** *z.* geçerli olarak.

pas.sa.ca.glia (päsıkäl'yı) *i.* eski bir İspanyol dansı; bu dansın müziği.

pas.sage (päs'ic) *i.* geçme, gitme; yol, tarik; boğaz, geçit; pasaj; yolculuk, seyahat; geçiş hakkı, müruriye; koridor, dehliz; bent, parça, paragraf, fıkra; bir tasarının kabul edilip yürürlüğe girmesi; bağırsakların işlemesi. **passage money** navlun, yol parası. **passage-way** *i.* pasaj, geçit. **a stormy passage** fırtınalı deniz yolculuğu. **bird of passage** göçmen kuş; göçebe kimse.

pass.book (päs'buk) *i.* hesap cüzdanı.

pas.sé (päsey') *s.* geçmiş, eski; geçkin, modası geçmiş.

passe.men.terie (päsmen'tri) *i.* sırma, dantela, boncuk gibi elbise süsü.

pas.sen.ger (päs'ıncır) *i.* yolcu, seyyah, gezmen. **passenger-mile** *i.* yolcu başına bir mil hesabı ile yapılan mesafe ölçüsü. **passenger pigeon** nesli tükenmiş bir yaban güvercini.

passe par.tout (päs partu') *Fr.* bantla çerçevelenmiş camlı resim; bir binadaki bütün kilitleri açan anahtar, ana anahtar.

pas.ser-by (päsırbay') *i.* (*çoğ.* **passers-by**) yoldan gelip geçen kimse.

pas.ser.ine (päs'ırin) *i., s., zool.* tüneyen ötücü kuş; serçegillerden herhangi bir kuş; *s.* tüneyen ötücü kuşlar takımına ait; serçe gibi.

pass-fail (päs'feyl') *s.* ancak "geçti" ve "geçmedi" diye değerlendirme yapan karne sistemi.

pas.si.ble (päs'ıbıl) *s.* hassas, duygulu, kolay müteessir olur. **passibil'ity** *i.* hassasiyet.

pas.sim (päs'im) *z.* (kitapta) çeşitli yerlerde.

pass.ing (päs'ing) *s., i.* geçen, geçici; çabuk geçen (zaman); rasgele olan; *i.* gitme, göçme, ölme; geçit; intikal. **passing grade** geçer not. **passing tone** *müz.* ahenkli olmayıp iki nota arasında geçiş olan nota. **in passing** geçerken; tesadüfen.

pas.sion (päş'ın) *i.* kuvvetli his, hırs; tutku, ihtiras, aşk; hiddet, öfke; ıstırap, elem; özlem, iştiyak; aşırı heves; delilik; *b.h.* Hazreti İsa'nın çarmıha gerilmesinde çektiği ıstırap. **passion flower** çarkıfelek çiçeği, *bot.* Passiflora. **Passion Music** Hazreti İsa'nın çarmıha gerilmesini canlandıran müzik parçası. **Passion Play** Hazreti İsa'nın çarmıha gerilmesini canlandıran piyes. **Passion Sunday** paskalyadan iki hafta önceki pazar günü. **Passion Week** paskalyadan bir önceki hafta. **passioned** *s.* hırslı, hiddetli. **passionless** *s.* soğukkanlı, hislerine hâkim, heyecansız.

pas.sion.ate (päş'ınît) *s.* aşırı tutkuları olan; çabuk öfkelenen, hiddetli; heyecanlı, hararetli, ateşli, şiddetli; şiddetle âşık. **passionately** *z.* tutkuyla; hararetle, ateşli olarak. **passionateness** *i.* ihtiraslı oluş, ateşli oluş.

pas.sive (päs'îv) *s., i.* pasif, eylemsiz, faaliyeti olmayan, dış etkiler karşısında hareketsiz kalan; *gram.* edilgen, meful, meçhul; *ikt.* faizsiz; dayanıklı, uysal; *tıb.* atıl; *i., gram.* edilgen fiil. **passive commerce** *tic.* ihraç mallarını yabancı gemilerle nakletmek suretiyle yapılan ticaret. **passive obedience** inanç veya prensiplere aykırı olsa da tam itaat. **passive resistance** pasif mukavemet, eylemsiz direniş. **passively** *z.* pasif olarak. **passiveness** *i.* pasif oluş. **passiv'ity** *i.* dış etkiler karşısında hareketsizlik; boyun eğme; dirençsizlik.

pass.key (pas'ki) *i.* kapı anahtarı; bir binanın bütün kapılarını açan anahtar, ana anahtar.

Pass.o.ver (päs'ovır) *i.* Musevilerin Fısıh bayramı; Fısıh bayramında kurban olarak kesilen kuzu.

pass.port (päs'pôrt) *i.* pasaport; bir memleketin karasularına girmek veya çıkmak için bir gemiye verilen izin kâğıdı; giriş vesilesi.

pass.word (pas'wırd) *i.* parola.

past (päst) *s., i., z., edat* geçmiş, geçen, olmuş, sabık; *i.* geçmiş zaman, eski zaman; bir kimsenin geçmişi; fiilin geçmiş zaman kipi; *z.* geçecek şekilde; *edat* -den daha ötede veya öteye; ötesinde. **past master** mason locasının eski reisi; usta adam, mesleğini iyi bilen kimse. **ten past three** üçü on geçe. **He is past hope.** Ümitsiz durumda.

pas.ta (pas'tı) *i.* makarna.

paste (peyst) *i., f.* kola; hamur; macun; lapa; çömlekçi çamuru; elmas taklidi cam; *f.* kola ile yapıştırmak; üstüne yapıştırmak; *argo* yumruk atmak.

paste.board (peyst'bôrd) *i., s.* mukavva; hamur tahtası; *argo* kartvizit, iskambil kâğıdı; *s.* mukavvadan yapılmış; dayanıksız.

pas.tel (pästel') *i.* pastel kalemi; pastel ile yapılmış resim; fantezi hikâye, zarif ve hayal mahsulü yazı; pastel renk.

pas.tern (päs'tırn) *i.* atın ayağına bukağı takılan yer, bukağılık.

pas.teur.ism (päs'tırîzım) *i.* özellikle kuduz hastalığını Pasteur'un keşfettiği usule göre bir seri iğneyle tedavi.

pas.teur.i.za.tion (päsçırızey'şın) *i.* pastörize etme.

pas.teur.ize (päs'çırayz) *f.* pastörize etmek. **pasteurizer** *i.* pastörize makinası.

pas.tiche (pästiş') *i.* muhtelif eserleri taklit edip hicvederek yapılan müzik parçası veya resim.

pas.til, pas.tille (pästil') *i., tıb.* pastil; bir çeşit şekerleme.

pas.time (päs'taym) *i.* eğlence.

pas.tor (päs'tır) *i.* papaz. **pastorate** *i.* papazlık.

pas.tor.al (päs'tırıl) *s., i.* çobanlara ve kırlara ait; papazlığa ait; *i.* köy veya çobanların hayatını tasvir eden şiir veya resim, pastoral şiir ve resim.

pas.to.ra.le (pästıra'li, pas-, pästıräl') *i.* köy hayatını tasvir eden şarkı, parça veya piyes.

pas.tra.mi (pıstra'mi) *i.* sığır pastırması.

pas.try (peys'tri) *i.* hamur işi, pasta. **pastry cook** hamur işi aşçısı.

pas.ture (päs'çır) *i., f.* çayır, otlak, mera; *f.* çayırda otlamak veya otlatmak. **pasturage** *i.* otlak. **put out to pasture** emekliye ayırmak.

past.y (peys'ti) *s.* hamur gibi, macun kıvamında; solgun. **pasty-faced** *s.* uçuk benizli.

past.y (peys'ti, *İng.* päs'ti) *i.* etli börek.

pat (pät) *f.* (-ted, -ting) *i.* el ile veya yassı bir şey ile hafifçe vurmak; ayağı hafif hafif yere vurmak; hafif adımlarla koşmak; *i.* fiske, hafif vuruş; yalın ayağın çıkardığı ses; ufak kalıp (tereyağı). **pat on the back** tebrik etmek.

pat (pät) *s., z.* tamamen uygun; basmakalıp; yeterli; *z.* değişmez bir şekilde; kusursuz olarak. **patly** z. uygun olarak; basmakalıp bir şekilde. **patness** i. vaktinde oluş, uygunluk.

pa.ta.gi.um (pıtey'ciyım) i. (çoğ. -gi.a) zool. yarasa veya uçan sincabın kanat zarı; kuş kanadının zarı.

patch (päç) i., f. yama; parça; eski zamanda kadınların süs olarak yüzlerine yapıştırdıkları ufak siyah ipek parçası; yapıştırma ben, leke; arazi parçası; f. yamalamak, yama vurmak; uzlaşmak. **patch cord** bağlama teli. **patch panel** bak. **patchboard. patch together, patch up** acele ve kabaca düzeltmek, hale yola koymak, tamir etmek. **patched-up** s. derme çatma; uzlaşmalı.

patch.board (päç'bôrd) i., kompütör bağlama panosu.

patch.work (päç'wırk) i. kumaş artıklarından dikilmiş yorgan; uydurma iş; yama işi.

patch.y (päç'i) s. yamalı; derme çatma yapılmış; huysuz; bozuk düzen, karman çorman.

patd. kıs. **patented.**

pate (peyt) i., alay baş, kafa; beyin, akıl.

pâ.té (patey') i., Fr. börek, talaş kebabı gibi içinde tavuk veya et bulunan börek. **pâté de foie gras** (patey' dı fwa gra') kaz ciğeri ezmesi, pate.

pa.tel.la (pıtel'ı) i., anat. diz kapağı; eski Roma'da ufak sahan veya herhangi bir yayvan kap.

pa.ten.cy (peyt'ınsi) i. aşikârlık; tıb. açıklık, büyümüşlük.

pat.ent (pät'ınt, İng. peyt'ınt) s. patenti olan, patent hakkından yararlanan; imtiyazlı. **patent leather** rugan (deri). **patent medicine** müstahzar, hazır ilâç; kocakarı ilâcı. **patently** z. açıkça, aşikâr olarak.

pa.tent (peyt'ınt) s. herkes tarafından anlaşılabilir, herkese açık, aşikâr; tıb. açık.

pat.ent (pät'ınt, İng. peyt'ınt) i., f. patent, imtiyaz, ihtira beratı; imtiyazlı ihtira; arazi için verilen imtiyaz; imtiyazlı arazi; f. patent almak; imtiyazla temin etmek, imtiyazını vermek veya almak. **patent rights** patent hakkı.

pa.ter (pey'tır) i., İng., k.dili peder, baba.

pa.ter.fa.mil.i.as (peytırfımîl'iyıs) i. evin erkeği, aile reisi.

pa.ter.nal (pıtır'nıl) s. babaya ait, babaya mahsus, babaya yakışır; baba tarafından olan; babadan kalma. **paternally** z. babaca, baba gibi, pederane.

pa.ter.nal.ism (pıtır'nılîzım) i. (bir memleket, iş yeri, toplumu) pederane bir şekilde idare etme.

pa.ter.ni.ty (pıtır'nıti) i. babalık sıfatı, bir çocuğun babası olma; baba tarafı; kaynak; yazı sahibi.

pa.ter.nos.ter (peytırnas'tır) i., Lat. Hazreti İsa'nın öğrettiği "Rabbin duası"; tespih; tılsım olarak okunan herhangi bir dua.

path (päth) i. yol, yaya yolu, patika, tarik; bir konuda takip edilen yol, hayat yolu. **the beaten path** herkesin geçtiği yol, işlek yol.

path. kıs. **pathological, pathology.**

pa.thet.ic (pıthet'îk) s. acıklı, dokunaklı, etkileyici, tesirli, heyecan verici. **pathetically** z. dokunaklı veya etkileyici bir surette; heyecanlandırarak.

path.find.er (päth'fayndır) i. yol açan kimse, kâşif.

path.o.gen (päth'ıcın) i., tıb. hastalığa sebebiyet veren mikrop veya virüs.

pa.thol.o.gy (pıthal'ıci) i. patoloji, hastalıklar bilimi; bir hastalığın seyri. **pathologist** i. patolog, hastalıklar bilimi uzmanı. **pathological** s. patolojik. **pathologically** z. patolojik olarak.

pa.thos (pey'thas) i. merhamet ve sempati gibi his uyandırma gücü veya yeteneği.

path.way (päth'wey) i. yayalara mahsus yol, patika.

pa.tience (pey'şıns) i. sabır, tahammül, sebat, dayanma; informal dişini sıkma; İng. tek kişi tarafından oynanan bir iskambil oyunu. **patience dock** labada, bot. Rumex patientia.

pa.tient (pey'şınt) s., i. sabırlı, dayanıklı, mütehammil; azimli, sebatkâr; i. tedavi altında bulunan hasta. **patiently** z. sabırla, tahammülle.

pat.i.na (pät'ını) i. (çoğ. -nae) tunç veya bakır eşya üzerinde hâsıl olan yeşil küf; zamanla ve kullanma dolayısıyle görünüşü güzelleşen herhangi bir yüzey.

pa.ti.o (pät'iyo) i. evlerde üstü açık iç veya yan avlu, teras, veranda.

pat.ois (pät'wa) i. bir bölgeye mahsus ağız; bozuk dil.

pa.tri.arch (pey'triyark) i. bir aile veya kabilenin ilk atası, cet, ata; yaşlı ve hürmete lâyık adam; *b.h.* patrik. **patriar'chal** *s.* patriğe ait; hürmete lâyık. **patriarchate** *i.* patriklik; ataerki, pederşahîlik.

pa.tri.cian (pıtrîş'ın) *s., i.* asılzadelere ait; *i.* asılzade, eski Roma'da soylular sınıfına mensup kişi.

pat.ri.cide (pät'rısayd) *i.* babayı öldürme; baba katili.

pat.ri.mo.ny (pät'rımoni) *i.* babadan intikal eden miras; kilise vakfı. **patrimo'nial** *s.* bu yolla intikal eden miras kabilinden.

pa.tri.ot (pey'triyıt, -at) *i.* vatanperver kimse, yurtsever kimse. **patriot'ic** *s.* yurtsever, vatanperver. **patriot'ically** *z.* vatanperverâne. **patriotism** *i.* vatanperverlik, yurt sevgisi.

pa.tris.tic, -i.cal (pıtrîs'tîk, -îkıl) *s.* eski kilise ileri gelenlerine veya onların yazdıklarına ait.

pa.trol (pıtrol') *i., f.* (-led, -ling) karakol, askerî devriye; ileri karakol, keşif kolu; devriye gezme; *f.* devriye gezmek. **patrolman** *i.* polis, devriye polis. **patrol wagon** tutukluları karakola götürmeye mahsus polis arabası.

pa.tron (pey'trın) *i.* hami, veli; patron, efendi; daimî müşteri; sanatkâr himaye eden kimse. **patron saint** bir kimse veya meslek veya kurumu himaye ettiği farzolunan aziz, koruyucu melek olduğu kabul edilen aziz. **patronage** *i.* hamilik, himaye, koruma, yardım; birisini göreve atama hakkı; müşteriler, müşteri oluş; hor görme. **patronize** *f.* himaye etmek, korumak; büyüklük taslamak, hor görmek; müşterisi olmak.

pat.ro.nym.ic (pätrınîm'îk) *s., i.* baba veya soy ismine ait; *i.* şahıs isminden yapılan soyadı: **Peterson.**

pat.sy (pät'si) *i., argo* avanak kimse; kadınsı erkek.

pat.ten (pät'ın) *i.* nalın, takunya.

pat.ter (pät'ır) *f., i.* çabuk çabuk konuşmak; mırıldar gibi söylemek; *i.* bir komedyen veya sihirbazın kullandığı konuşma tarzı; çok çabuk söylenen şarkı.

pat.ter (pät'ır) *f., i.* yağmur gibi pıtır pıtır ses çıkarmak, pıtırdamak; kısa ve süratli adımlarla yürümek; *i.* pıtırtı, ses.

pat.tern (pät'ırn) *i., f.* örnek, numune, model, misal; kalıpla basılarak çıkarılan veya kalıp şeklinde olan model; şekillerin düzeni; şab-

lon; *A.B.D.* bir elbiselik kumaş; kurşun saçmasının hedef üzerinde bıraktığı izler; *f.* bir örneği kopya etmek, modeline göre yapmak; şekillerle süslemek.

pat.ty (pät'i) *i.* yassı köfte; küçük börek. **patty-cake** *i.* bebeklerin el çırpma oyunu. **pattypan** *i.* birkaç bölümü olan küçük börek tepsisi. **patty shell** içi sonradan doldurulacak pişmiş hamur veya tart.

pat.u.lous (päç'ûlıs) *s.* açık, yayılmış; *bot.* yaygın.

pau.ci.ty (pô'sıti) *i.* azlık, nadir oluş, kıtlık, yetersizlik.

pau.low.ni.a (pôlo'niyı) *i.* mor çiçekli bir süs ağacı, *bot.* Paulownia.

paunch (pônç) *i.* karın, karın nahiyesi; göbek; iri karın; geviş getiren hayvanların işkembesi. **paunch mat** *den.* seren veya armayı aşınmadan koruyan alavere paleti.

pau.per (pô'pır) *i.* fakir kimse, yoksul kimse; hükümetin beslediği fakir kimse. **pauperism** *i.* fakirlik, yoksulluk. **pauperiza'tion** *i.* fakirleştirip sadakaya muhtaç hale getirme. **pauperize** *f.* sadakaya muhtaç hale getirmek.

pause (pôz) *i., f.* durma; sekte, durgu; *gram.* durma işareti, nokta; fasıla, aralık; *müz.* bir noktanın üzerine veya altına konan uzatma işareti; *f.* kısa bir zaman için durmak, duraklamak, olduğu yerde kalmak; tereddüt etmek, duraksamak.

pav.an(e) (pıvän' -van') *i.* 16. yüzyılda revaçta olan bir dans; bu dansın müziği.

pave (peyv) *f.* asfalt veya taş ile döşemek; düzeltmek. **pave the way for** herhangi bir şey için hazırlık yapmak.

pa.vé (pavey') *i., Fr.* kaldırım; kıymetli taşları yüzük üzerine yan yana kakma.

pave.ment (peyv'mınt) *i.* yolu kaplayan sunî yüzey veya maddeler, asfalt, beton, taş, çakıl; bu maddelerle döşenmiş yol.

pa.vil.ion (pıvil'yın) *i., f.* büyük çadır; çadır gibi şey; bir park veya bahçede bulunan kulübe, pavyon; köşk; hastanelerde asıl binadan ayrı pavyon; kulak kepçesi; kıymetli taşın alt kısmı; *f.* çadır veya pavyonda barındırmak; çadır gibi örtmek.

pav.ing (pey'vîng) *i.* yol döşeme; yol döşemede gerekli olan maddeler. **paving stone** kaldırım taşı.

pav.ior, *İng.* **-iour** (peyv'yır) *i.* kaldırımcı.

pav.o.nine (päv'ınayn) *s.* tavus kuşuna ait, tavus kuşuna benzer; tavus kuşu kuyruğunu andıran.

paw (pô) *i.* hayvan pençesi; *k.dili* el, özellikle kaba el.

paw (pô) *f.* pençe atmak; kabaca ellemek; ön ayak ile yeri eşelemek.

pawl (pôl) *i., f.* kastanyola, ırgat kastanyolası; *f.* kastanyola ile sıkıştırmak.

pawn (pôn) *i., satranç* piyon, piyade, paytak; bir işe alet edilen fakat önemsenmeyen kimse.

pawn (pôn) *i.* rehin, rehine; rehine koyma. **in pawn** rehinde. **pawn broker** rehinle ödünç para veren kimse, tefeci. **pawn shop** tefeci dükkânı. **pawn ticket** rehin senedi veya makbuzu.

pawn (pôn) *f.* rehine koymak; malını veya canını tehlikeye atmak.

paw.nee (pôni') *i., huk.* rehinle ödünç para veren kimse.

pawn.er (pô'nır) *i.* mülkünü rehin eden kimse.

paw.paw *bak.* **papaw.**

pax (päks) *i.* barış. **Pax vobiscum.** Selâmünaleyküm.

pay (pey) *i.* ödeme, tediye, verme; ödenen şey, ücret, maaş; bedel, karşılık; ceza veya mükâfat. **pay dirt** işletme zahmetine değer miktarda maden ihtiva eden toprak; herhangi kârlı bir şey. **pay office** vezne dairesi. **pay phone** umumî telefon. **be in the pay of** hizmetinde olmak, emrinde çalışmak. **hit** *veya* **strike pay dirt** başarılı olmak.

pay (pey) *f.* **(paid)** ödemek, tediye etmek; karşılığını vermek; kârlı olmak, yararlı olmak; etmek. **pay as you go** vakti geldiğinde derhal ödemek. **pay a visit** ziyaret etmek. **pay in** para yatırmak. **pay off** maaş vermek; öç almak, acısını çıkarmak; *A.B.D., k.dili* işe yaramak; *A.B.D., argo* rüşvet vermek. **pay one's respects** saygılarını sunmak. **pay one's way** masraflarını ödemek, borca girmemek. **pay out** ödemek; *den.* laçka etmek; kalama etmek (halat, zincir). **pay the piper** masrafı yüklenmek. **pay through the nose** fazlasıyla ödemek, burnundan fitil fitil gelmek. **pay up** borcunu ödemek.

pay (pey) *f., den.* kaynamış katranla kalafat etmek.

pay.a.ble (pey'ıbıl) *s.* ödenebilir; ödenmesi gereken, verilecek; kârlı, kâr sağlayan. **payable at sight** görüldüğünde tediye olunur. **payable on demand** ibrazında tediye olunur. **payable to bearer** hamiline tediye olunur. **payable to order** emre tediye olunur.

pay.day (pey'dey) *i.* tediye günü, maaş veya ücretin verildiği gün.

pay.ee (peyi') *i.* kendisine borç ödenen kimse, alacaklı kimse.

pay.load (pey'lod) *i.* bir taşıtın taşıdığı gelir getiren yük, bir roketin taşıdığı yük.

pay.mas.ter (pey'mästır) *i.* maaş kâtibi; veznedar.

pay.ment (pey'mınt) *i.* ödeme, tediye; ücret, maaş; taksit.

pay.nim (pey'nîm) *i., eski* kâfir veya putperest kimse; Hıristiyan olmayan kimse.

pay.off (pey'ôf) *i.* ücret ödeme; *k.dili* ödül veya ceza; *k.dili* sonuç, netice, bir meselenin sonu; çıkış noktası; *A.B.D., argo* rüşvet.

pay.o.la (peyo'lı) *i., A.B.D., argo* rüşvet.

pay.roll (pey'rol) *i.* maaş veya ücret bordrosu; maaşların toplamı.

paz.zaz (pızäz') *i., argo* canlılık, cazibe.

Pb *kıs.* **lead.**

p.c. *kıs.* **percent, petty cash, post card.**

pd. *kıs.* **paid.**

pea (pi) *i.* (*çoğ.* **peas, pease**) bezelye, *bot.* Pisum sativum; bezelye türünden herhangi bir sebzenin içi, nohut, börülce; bezelye içi şeklinde herhangi bir şey. **pea green** bezelye yeşili, açık yeşil. **pea soup** bezelye çorbası; koyu sis. **as like as two peas** tıpkı birbirine benzer, bir elmanın iki yarısı. **black-eyed pea, cowpea** *i.* börülce, *bot.* Vigna sinensis. **everlasting pea** kedi çanağı, *bot.* Lathyrus latifolius. **green pea** bezelye. **sweet pea** ıtırşahi, *bot.* Lathyrus odoratus.

peace (pis) *i.* huzur, sükûn, rahat; barış, hazar, sulh, selâmet; asayiş; sükûnet; barış anlaşması; barışma, uzlaşma; iç huzuru. **Peace be with you.** Selâmünaleyküm. **peace offering** barış ve uzlaşma gayesiyle verilen hediye. **peace pipe** dostluk ve barış çubuğu (Kızılderililerde). **at peace** barış halinde; huzur içinde, rahata kavuşmuş.

hold one's peace susmak, bir şey söyleme-mek. **justice of the peace** sulh hâkimi. **keep the peace** sulhu korumak. **make peace with** bir kimse ile barışmak.

peace.a.ble (pi'sıbıl) s. sulh taraftarı, barış-sever; sakin. **peaceableness** i. barışseverlik. **peaceably** z. sulh ile, sükûnetle.

Peace Corps Barış Gönüllüleri.

peace.ful (pis'fıl) s. rahat, asude, sakin; mü-lâyim, yumuşak başlı, uysal. **peacefully** z. sükûnetle, uysallıkla. **peacefulness** i. sükûnet, uysallık.

peace.keep.er (pis'kip'ır) i. arabulucu kimse veya grup.

peace.keep.ing (pis'kipîng) i. ateşkesten sonra tarafların antlaşma koşullarına uymasını sağ-lama.

peace.mak.er (pis'meykır) i. barıştırıcı kimse, uzlaştırıcı kimse.

peace.time (pis'taym) i. hazar, barış, sulh dönemi.

peach (piç) i. şeftali; şeftali ağacı; şeftali rengi; argo çok güzel şey veya kimse, özellikle güzel kadın. **peach blossom** şeftali ba-harı; açık pembe renk. **peach blow** açık pembe porselen cilâsı. **peach tree** şeftali ağacı, bot. Prunus persica.

peach (piç) f., argo ihbar etmek, ele vermek, haber vermek.

peach.y (pi'çi) s. şeftali gibi; eski, argo mü-kemmel, âlâ.

pea.cock (pi'kak) i., f. tavus, zool. Pavo cris-tatus; f. kurum satmak, slang kasılmak. **pea-cock blue** tavusun boynunda olduğu gibi çok parlak mavi renk.

pea.fowl (pi'faul) i. tavus.

pea.hen (pi'hen) i. dişi tavus.

pea jacket göğsü çift düğmeli kalın yünden kısa gemici ceketi.

peak (pik) i. sivri tepe, dağ zirvesi, zirve; can alacak nokta, en mühim nokta, en başarılı zaman; den. gizin cundası, yelkenin çördek yakası; den. demirin tırnak ucu. **peak load** elek. en fazla tahmil miktarı. **peaky** s. sivri tepeli.

peak (pik) f. eriyip zayıflamak.

peak (pik) f., den. sırığın ucunu serene yak-laşacak vaziyette dik durdurmak.

peak.ed (pi'kîd, pikt) s. zayıf düşmüş, bitkin halde. **peakedness** i. bitkinlik, zafiyet.

peal (pil) i., f. birkaç çanın bir arada veya bir-biri arkasından çalınması; birkaç çandan ibaret takım; yüksek ve devamlı ses; top veya gök gürlemesi gibi ses; f. ses vermek, (çan) çalınmak.

pea.nut (pi'nʌt) i. Amerikan fıstığı, yerfıs-tığı, bot. Arachis hypogaea; k.dili önemsiz kimse; çoğ., A.B.D., argo önemsiz miktarda para. **peanut brittle** yerfıstığından yapılan sert bir şekerleme. **peanut butter** çekilmiş fıstıktan yapılmış tuzlu ezme. **peanut gallery** k.dili sinemada en arka balkon. **peanut oil** yerfıstığından çıkarılan yağ.

pear (per) i. armut; armut ağacı, bot. Pyrus communis. **wild pear** ahlat.

pearl (pırl) i. inci; inci gibi şey; inci rengi; sedef; matb. beş puntoluk harf. **pearl barley** ka-buğu soyulmuş ve yuvarlak hale getirilmiş arpa. **pearl diver, pearler** i. inci avcısı. **pearl-fish** incibalığı, zool. Alburnus lucidus. **pearl fishery** inci avcılığı; inci avlanan yer. **pearl gray** inci rengi, mavimtırak açık gri. **pearl oyster** inci istiridyesi. **pearlweed, pearlwort** i. mercan otu, bot. Sagina pro-cumbens. **pearly** s. inci gibi; incilerle süs-lenmiş. **pearly gates** cennet kapısı.

pearl (pırl) f. incilerle süslemek; inciye ben-zetmek; inci avlamak. **pearlash** i. kalya taşı.

pearl.ite (pır'layt) i., mad. bir nevi sert kar-bonlu pik demir.

peas.ant (pez'ınt) i. köylü, rençper; k.dili bu-dala kimse. **peasantry** i. köylüler, köylü takımı.

pease (piz) i., çoğ. bezelye. **peasecod** i. be-zelye kabuğu.

pea.shoot.er (pi'şutır) i. üflenince bezelye atan oyuncak boru.

peat (pit) i. çürümüş bitkilerden elde edilen yakacak, yer kömürü, turba. **peat bog** tur-balık. **peat moss** turba hâsıl eden yosun. **peaty** s. turbalı.

pea.vey (pi'vi) i. ormancılıkta kütük çevirmek için kullanılan ucu demir çengelli sopa.

peb.ble (peb'ıl) i., f. çakıl taşı, ufak yuvarlak taş; gözlük camı yapımında kullanılan bir çeşit necaftaşı; pürtüklü deri; f. deriyi pür-tüklü hale getirmek. **pebbled** s. çakıl dö-şeli. **pebbly** s. çakıllı; üstü pürtüklü.

pe.can (pikan', pi'kän) *i.* Güney A.B.D.'ye mahsus ve cevize benzer bir ağaç, *bot.* Carya illinoensis; bu ağacın meyvası.

pec.ca.ble (pek'ıbıl) *s.* günah işleyebilir. **peccant** *s.* günahkâr; kabahatli, suçlu; fasit; *tıb.* hastalık getiren.

pec.ca.dil.lo (pekıdîl'o) *i.* hafif suç, kabahat.

pec.ca.ry (pek'ıri) *i.* Güney Amerika'ya mahsus ve domuza benzer bir hayvan.

pêche mel.ba (peş mel'bı) peşmelba, şurup ve şeftalili dondurma.

peck (pek) *i.* kilenin dörtte biri miktarında bir hacim ölçü birimi, 0,009 metre küp; kayda değer miktar, büyük bir miktar.

peck (pek) *f., i.* gagalamak; gaga ile vurarak delik açmak; gaga ile toplamak; sivri uçlu bir şey ile çabuk çabuk vurmak; *i.* gagalama; sivri uçlu bir şey ile vuruş. **peck at** kuş gibi az yemek. **pecking order** üstün asta hükmettiği ast-üst düzeni.

pec.ten (pek'tın) *i.* (*çoğ.* **pec.ti.nes**) *zool.* ibik; kuşların ve sürüngenlerin gözlerinde bulunan renkli perde.

pec.tin (pek'tin) *i., kim.* bazı ham meyvalarda bulunan jelatinli bir madde, pektin.

pec.to.ral (pek'tırıl) *s., i.* göğüs boşluğuna ait; göğüse veya akciğer hastalıklarına ait (ilâç); göğüs üzerinde taşınan, boyuna asılan (süs); göğüsten veya gönülden gelen.

pec.u.late (pek'yıleyt) *f.* iç etmek, zimmetine geçirmek. **pecula'tion** *i.* zimmetine geçirme.

pe.cul.iar (pikyul'yır) *s., i.* mahsus, hususî; acayip, garip, tuhaf, alışılmamış; *i.* acayip insan, garip huy ve davranışları olan kişi. **peculiarness** *i.* acayiplik, tuhaflık.

pe.cu.li.ar.i.ty (pîkyuliyer'ıti) *i.* hususiyet, özellik; acayiplik.

pe.cul.iar.ly (pîkyul'yırli) *z.* özel olarak, bilhassa; alışılmışın dışında.

pe.cu.li.um (pîkyu'liyım) *i.* özel mülk; *Roma huk.* aile reisi tarafından kendisine tabi olanlara verilen mülk, efendinin kölesine bağışladığı mülk.

pe.cu.ni.ar.y (pîkyu'niyeri) *s.* paradan ibaret, parayla ilgili, maddî; karşılığı para cezası olan. **pecuniar'ily** *z.* paraca, para yönünden.

ped.a.gog(ue) (ped'ıgag) *i.* pedagog, terbiyeci; dar görüşlü öğretmen.

ped.a.gog.ic(al) (pedıgac'ik, -ıl) *s.* çocuk terbiyesi ile ilgili, pedagojik; kurumlu. **peda-**

gogically *z.* pedagojik olarak.

ped.a.go.gy (ped'ıgaci) *i.* pedagoji, eğitim bilimi, çocuk terbiyesi. **pedagogics** *i.* pedagoji ilmi.

ped.al (ped'ıl) *i., f.* (**-ed, -ing** *veya* **-led, -ling**) *s.* pedal, ayakla işletilen manivela; bisiklet pedalı; org veya piyano pedalı; *f.* ayakla işletmek (bisiklet, makina); *s.* ayağa ait, ayak ve benzeriyle ilgili. **pedal notes** *müz.* sürekli olarak kalın perdede çalınan notalar. **pedal-pushers** *i., çoğ.* balıkçı pantolon.

ped.ant (ped'ınt) *i.* bilgiçlik taslayan kimse; lüzumsuz teferruat üzerinde ısrarla duran ilim adamı. **pedan'tic** *s.* bilgiçlik taslayan. **pedan'tically** *z.* bilgiçlik taslayarak. **ped'antry** *i.* bilgiçlik taslama.

ped.ate (ped'eyt) *s.* ayağı olan, ayaklı; *bot.* ayaksı, pedat.

ped.dle (ped'ıl) *f.* seyyar satıcılık yapmak; önemsiz şeylerle meşgul olmak; bir yerden bir yere dolaşarak satmak, azar azar satmak. **peddling** *s.* önemsiz, ehemmiyetsiz, çok az miktarda. **Peddle your papers.** *A.B.D.,* argo Defol buradan! Çek arabanı!

ped.dler, *İng.* **ped.lar** (ped'lır) *i.* seyyar satıcı, gezici esnaf, çerçi.

ped.er.ast (ped'ıräst) *i.* kulampara, oğlancı, ibne, homoseksüel (erkek). **pederasty** *i.* kulamparalık, ibnelik.

ped.es.tal (ped'istıl) *i., f.* heykel veya sütun tabanı, kaide; esas, temel; *f.* sütun üstüne koymak. **set on a pedestal** idealize etmek, yüksek paye vermek.

pe.des.tri.an (pıdes'triyın) *i., s.* yaya, yayan giden kimse; *s.* yürümeye ait, yaya yürüyen, piyade; ağır, sıkıcı; adi. **pedestrianism** *i.* ağır ve adi yazı üslûbu.

pe.di.at.ric (pidiyät'rik) *s., tıb.* çocuk bakımına veya tedavisine ait. **pediatrics** *i., tıb.* çocuk bakımı veya tedavisi ilmi.

pe.di.a.tri.cian (pidiyıtrîş'ın) *i.* çocuk doktoru, çocuk hastalıkları mütehassısı.

ped.i.cel (ped'ısıl) *i., bot.* çiçek sapı, pediçel.

ped.i.cle (ped'îkıl) *i., anat.* büyük bir cismi destekleyen ufak sap gibi uzuv.

pe.dic.u.lar (pıdîk'yılır) *s.* bite ait. **pediculosis** (pıdîkyılo'sîs) *i.* bitlenme.

ped.i.cure (ped'îkyûr) *i., f.* pedikür, ayak ve tırnaklarının bakımı; ayak ve hastalıklarının tedavisi; pedikürcü; *f.* ayak hastalıklarını tedavi etmek.

ped.i.gree (ped'ıgri) *i.* şecere, nesep, asıl, soy; nesep şeceresi. **pedigreed** *s.* soyu belli, nesebi sahih.

ped.i.ment (ped'ımınt) *i.* bina cephelerindeki üçgen şeklinde kısım, alınlık; kapı üstündeki üçgen şeklinde süs.

ped.lar *bak.* **peddler.**

pe.dol.o.gy (pidal'ıci) *i.* çocuk bilimi, çocukbilim, pedoloji.

pe.dol.o.gy (pidal'ıci) *i.* toprak ilmi.

pe.dom.e.ter (pidam'ıtır) *i.* adımları sayarak mesafe ölçen alet, pedometre.

pe.dun.cle (pidʌng'kıl) *i., bot.* çiçek sapı, pedünkül; *zool.* destek sapı veya buna benzer uzuv; *anat.* beyin sapı. **peduncular** *s.* çiçek veya meyva sapına ait. **pedunculate** *s.* çiçek veya meyva sapı olan; böyle sap üzerinde duran.

pee (pi) *i., f., k.dili* çiş, idrar; *f.* işemek.

peek (pik) *f., i.* gözetlemek, gizlice bakmak; *i.* gözetleme, göz atma.

peek.a.boo (pi'kıbu) *i.* çocuklara "ce" yapılan oyun.

peel (pil) *i.* fırıncı küreği; *den.* kürek palası.

peel (pil) *i.* İngiltere ile İskoçya arasındaki sınırda bulunan kare şeklinde eski kule.

peel (pil) *f., i.* kabuğunu soymak; derisini yüzmek; kabuğu veya derisi soyulmak (güneş yanığından); *k.dili* soyunmak; *i.* meyva veya sebze kabuğu. **peel one's eyes peeled** tetikte olmak. **peel off** askerî uçuşlarda gruptan ayrılıp inişe geçmek. **peeling** *i.* soyulmuş kabuk.

peel.er (pi'lır) *i., İng., argo* polis.

peen (pin) *i.* çekiç başının aksi ucu.

peep (pip) *f., i.* civciv veya fare gibi "cik cik" diye ses çıkarmak; ince ve cırtlak sesle konuşmak; *i.* civciv sesi.

peep (pip) *f., i.* kapı aralığından gizlice bakmak, gözetlemek, *slang* dikizlemek, röntgencilik etmek; açılmak (çiçek); *i.* kaçamak bakış; bir yarık veya delikten gözetleme. **peephole** *i.* gözetleme deliği. **peeping Tom** röntgenci. **peep of day** gün ağarması. **peep show** büyüteçle küçük bir delikten seyredilen resimler. **peep sight** tüfekte delikli arpacık.

peep.er (pi'pır) *i.* civciv gibi öten hayvan; bir çeşit kurbağa.

peep.er (pi'pır) *i.* gizlice gözetleyen kimse; *argo* göz.

peer (pîr) *i.* akran, küfüv, emsal; kanun önünde aynı haklara sahip olan kimse; İngiliz asılzadesi.

peer (pîr) *f.*, **into** *ile* gözetlemek, tecessüsle bakmak; bir delikten bakmak veya çıkmak; **out** *ile* aralıktan bakmak, çıkmak.

peer.age (pîr'îc) *i., İng.* asılzadelik; asılzadeler sınıfı; asılzadelerin nesep kitabı.

peer.less (pîr'lis) *s.* emsalsiz, eşsiz. **peerlessly** *z.* emsalsizce. **peerlessness** *i.* emsalsiz oluş.

peeve (piv) *f., i., k.dili* sinirlendirmek, hırçınlaştırmak; sinirlenmek, huysuzlaşmak; *i.* yakınma. **peeved** *s.* -e küskün.

pee.vish (pi'vîş) *s.* titiz, huysuz, ters, aksi, hırçın. **peevishly** *z.* huysuzca, hırçınlıkla. **peevishness** *i.* huysuzluk, aksilik, hırçınlık.

pee.wee (pi'wi) *s., i.* çok ufak; *i.* ufak boylu kimse, ufak şey.

peg (peg) *i.* tahta çivi; askı, kanca; *mec.* sebep, vesile, bahane; *İng.* sodalı viski veya konyak; derece, mertebe; *müz.* yaylı çalgılarda akort anahtarı. **peg leg** *k.dili* tahta bacak; tahta bacaklı adam. **peg-top** *s.* paçası dar olan. **peg top** topaç. **clothes-peg** *i., İng.* elbise askısı; çamaşır mandalı. **a round peg in a square hole** bulunduğu yere yakışmayan kimse. **take one down a peg** bir kimseyi küçük düşürmek.

peg (peg) *f.* (**-ged, -ging**) tahta çivi ile mıhlamak, yerine mıhlamak; çiviler çakarak yerini işaret etmek; alıp satmak suretiyle fiyatlarda istikrar sağlamak; *k.dili* atmak. **peg away (at)** istikrarlı bir şekilde çalışmak.

Peg.a.sus (peg'ısıs) *i., mit.* kanatlı at; ilham perisi; *astr.* kuzey takımyıldızlarından biri, Pegasus.

peg.board (peg'bôrd) *i.* delikli askı tahtası; delikli tahta üzerinde tahta çubuklarla oynanan oyun.

pei.gnoir (peynwar') *i.* sabahlık.

pe.jo.ra.tive (pi'cıreytîv, pîcôr'ıtîv) *s., i.* küçük düşürücü, alçaltıcı; yermeli; *i.* alçaltıcı kelime. **pejora'tion** *i.* kötüleşme; *dilb.* bir kelimenin anlamının kötüleşmesi.

Pe.king (pi'king') *i.* Pekin.

Pe.kin(g).ese (pikıniz') *s., i.* Pekinli; *i.* Pekin köpeği; Pekinli kimse.

pe.koe (pi'ko) *i.* yüksek kaliteli siyah çay. orange 'pekoe çay fidanının tepedeki en küçük yapraklarından meydana gelen üstün kaliteli siyah Hint ve Seylan çayı.

pel.age (pel'ic) *i.* memeli hayvanların kürkü.

pe.lag.ic (pıläc'ik) *s.* engin denizlere ait, açık denizlerde yaşayan.

pel.ar.go.ni.um (pelargo'niyım) *i.* sardunya.

Pe.las.gi.an, Pe.las.gic (pıläz'cayın, -cik) *s.* tarihten önceki devirlerde Doğu Akdeniz, Ege Denizi ve Yunanistan'da yaşamış olan Pelasgi kabilesine ait.

Pe.lée, Mount (pıley') Kuzey Martinique'de faal bir yanardağ.

pel.er.ine (pelirin') *i.* pelerin.

pelf (pelf) *i.* para, servet, vurgunla kazanılan servet.

pel.i.can (pel'ikın) *i.* kaşıkçıkuşu, pelikan, *zool.* Pelecanus onocrotalus. Dalmatian pelican tepeli pelikan, *zool.* Pelecanus crispus.

pe.lisse (pılis') *i.* içine veya kenarlarına kürk geçirilmiş manto; kadın pelerini.

pel.la.gra (pıley'grı, -läg'rı) *i., tıb.* vitaminsizlikten ileri gelen bir hastalık, pelagra. pellagrous *s.* pelagra hastalığına tutulmuş.

pel.let (pel'it) *i., f.* küçük topak; taş gülle; ufak kurşun, saçma; *f.* topak haline getirmek.

pel.li.cle (pel'ikıl) *i.* ince zar; *kim.* sıvıların yüzeyinde bulunan zar gibi ince tabaka.

pel.li.to.ry (pel'ıtôri) *i.* yapışkanotu, *bot.* Parietaria officinalis.

pell-mell, pell.mell (pel'mel') *z., s., i.* karmakarışık, allak bullak, altüst, paldır küldür, acele ile; *s.* karmakarışık; *i.* karmakarışlık.

pel.lu.cid (pılu'sid) *s.* yarı şeffaf, ışık geçiren; anlaşılması kolay, açık.

Pel.o.pon.ne.sus (pelıpıni'sıs) *i.* Mora Yarımadası. Peloponnesian *s.* Moralı, Mora'ya ait.

pelt (pelt) *i.* post, hayvan derisi; deriden yapılmış giysi; insan derisi.

pelt (pelt) *f., i.* taşlamak; atmak; topa tutmak; koşmak, seğirtmek; *i.* dövme, topa tutma; şiddetli darbe; sürat, hız.

pel.tate (pel'teyt) *s., bot.* sapına alt yüzünün ortasından bağlı (yaprak), kalkanımsı.

pelt.ry (pel'tri) *i.* hayvan deri veya postları.

pel.vis (pel'vîs) *i., anat.* kalça kemiği arasındaki boşluk, havsala, pelvis, leğen; *anat., zool.* leğen kuşağı kemikleri. pelvic arch *veya* girdle *anat., zool.* leğen kuşağı kemikleri. pelvic cavity alt karın, havsala, pelvis.

pem.mi.can (pem'ıkın) *i., A.B.D., Kan.* kurutulmuş ve dövülmüş ete eritilmiş yağ ve kurutulmuş meyva katarak yapılan bir çeşit pastırma.

pem.phi.gus (pem'fıgıs) *i., tıb.* cilt üzerinde kabarcıklı sivilceler çıkmasına sebep olan tehlikeli bir hastalık.

pen (pen) *i., f.* (pent *veya* penned, -ning) ağıl, kümes ve kafes gibi evcil hayvanların barındırıldığı yer; *argo* tevkifhane; *ask.* denizaltıların tamirine mahsus dok; *f.* kapatmak, hapsetmek; ağıla koymak.

pen (pen) *i., f.* (-ned, -ning) mürekkepli kalem, yazı kalemi; tüy kalem; yazıda üslûp; yazar, muharrir; yazı yazma sanatı, edebiyat; (kuşlarda) kanat veya kuyruk tüyü; dişi kuğu; *f.* mürekkepli kalemle yazmak; yazıya geçirmek, kâğıda dökmek. pen-and -ink *i., s.* kalem ve mürekkep; *s.* mürekkepli kalemle yazılmış veya çizilmiş. penholder *i.* kalem sapı; kalem koyacağı. pen name takma ad, müstear isim. pen point kalem ucu. pen portrait yazı ile tarif. fountain pen dolmakalem, stilo.

pe.nal (pi'nıl) *s.* cezaya ait, ceza kabilinden. penal code ceza kanunları. penal colony mahkûmların gönderildiği sürgün yeri. penal servitude ağır hapis cezası. penally *z.* ceza olarak, ceza kabilinden.

pe.nal.ize (pi'nılayz) *f.* cezalandırmak.

pen.al.ty (pen'ılti) *i.* ceza; para cezası; *spor* penaltı.

pen.ance (pen'ıns) *i., f.* bir günah işlemiş olmaktan dolayı hissedilen pişmanlığı belirten davranış; *kil.* itiraftan sonra günaha kefaret olsun diye papaz tarafından verilen ceza; *f.* bu suretle ceza vermek. do penance kefaret olarak ceza çekmek.

pe.na.tes, Pe.na.tes (pıney'tiz) *i., çoğ.* eski Roma'da aile ve ev mabutları.

pence (pens) *bak.* penny.

pen.chant (pen'çınt) *i.* eğilim, meyil, temayül; şiddetli arzu.

pen.cil (pen'sıl) *i., f.* **(-led, -ling)** kurşunkalem; küçük resim fırçası; renkli kalem; taş kalem; makyaj kalemi; *fiz.* ışın demeti; *edeb.* kalem; *f.* kurşunkalem ile yazmak veya çizmek; renkli kurşunkalem ile boyamak. **pencil sharpener** kalemtıraş. **indelible pencil** sabit kalem.

pend (pend) *f.* askıda olmak, muallâkta olmak (karar).

pen.dant (pen'dınt) *i.* asılı şey; pandantif, boyuna takılan zincirin ucundaki sallantılı süs; sallantılı küpenin ucundaki süs; avize; saat mahfazasının halkası; eş veya benzer olan şey.

pen.dent (pen'dınt) *s.* asılı, sarkık, sarkan, muallâk; askıda olan, muallâktaki, karar verilmemiş; *gram.* tamamlanmamış (cümle). **pendency** *i.* sarkıklık, asılı olma. **pendently** *z.* asılı halde.

pen.den.te li.te (penden'ti lay'ti) *huk.* davası görülürken.

pen.den.tive (penden'tiv) *i., mim.* bingi.

pend.ing (pen'ding) *s., edat* henüz bir karara bağlanmamış, askıda olan, muallâkta olan; asılı, sarkan; *edat* esnasında, müddetince, vuku buluncaya kadar, beklerken.

pen.drag.on (pendräg'ın) *i.* (eski İngiltere'de) hükümdar veya başbuğ.

pen.du.lous (pen'cûlıs) *s.* sarkan, asılı, sallanan; muallâkta olan.

pen.du.lum (pen'cûlım) *i.* rakkas, sarkaç, saat rakkası; sürekli olarak değişen şey. **compensation pendulum** ısı değişmesinden etkilenmeden belirli bir uzunluğu koruyan rakkas. **torsion pendulum** yay ile hareket eden daire şeklinde rakkas. **pendulum of popularity** kamuoyunun aksi yönlerde değişmesi.

pe.ne.plain (pi'nıpleyn) *i., jeol.* peneplen.

pen.e.tra.ble (pen'ıtrıbıl) *s.* delinebilir, nüfuz edilebilir; anlaşılır; tesir edilebilir. **penetrabil'ity** *i.* nüfuz imkânı; delinme kabiliyeti.

pen.e.tra.li.a (penıtrey'lıyı) *i., çoğ., Lat.* herhangi bir yer veya şeyin en iç kısımları.

pen.e.trate (pen'ıtreyt) *f.* girmek, içine işlemek; nüfuz etmek, tesir etmek, etkilemek; delip geçmek; anlamak, idrak etmek.

pen.e.trat.ing (pen'ıtreyting) *s.* içine işleyen; nüfuz edici, delip geçen; zeki, anlayışlı; etkili, tesirli; keskin. **penetratingly** *z.* içine

işler durumda, nüfuz edici şekilde, etkileyici bir surette.

pen.e.tra.tion (penıtrey'şın) *i.* içine işleme, nüfuz etme, girme; etki, tesir; feraset, zekâ, anlayış.

pen.e.tra.tive (pen'ıtreytiv) *s.* delici, nüfuz edici; keskin.

pen.guin (pen'gwin) *i.* penguen.

pen.i.cil.lin (penısil'in) *i.* penisilin.

pen.in.su.la (pınîn'sılı, -sıy-) *i.* yarımada. **peninsular** *s.* yarımadaya ait. **Peninsular Campaign** Gelibolu muharebesi.

pe.nis (pi'nîs) *i.* (çoğ. **-nis.es, -nes**) erkeklik uzvu, tenasül aleti, kamış, penis, *slang* yarak.

pen.i.tent (pen'ıtınt) *s., i.* pişman, tövbekâr, nedamet getiren; *i.* pişman olan kimse, tövbekâr kimse; *kil.* papaz tarafından kararlaştırılan cezayı çeken kimse. **penitence** *i.* nedamet, pişmanlık. **penitently** *z.* pişmanlıkla.

pen.i.ten.tial (penıten'şıl) *s.* pişmanlıkla ilgili, nedamete ait.

pen.i.ten.tia.ry (penıten'şıri) *i., s.* hapishane, cezaevi; *s.* pişmanlığa ait; ağır suçla ilgili.

pen.knife (pen'nayf) *i.* (çoğ. **-knives**) çakı.

pen.man (pen'mın) *i.* (çoğ. **-men**) yazar, muharrir; hattat.

pen.man.ship (pen'mınşîp) *i.* yazı yazma sanatı; el yazısı, hattatlık.

pen.na (pen'ı) *i.* (çoğ. **pen.nae**) kuşun şeklini belirleyen tüylerden herhangi biri.

pen.nant (pen'ınt) *i., den.* flandra, flama, dar ve uzun bayrak; süs için kullanılan ufak bayrak; *müz.* çengel.

pen.nate (pen'eyt) *s.* kanatlı; tüylü; *bot., bak.* **pinnate.**

pen.ni.less (pen'ilis) *s.* parasız, meteliksiz, cebi delik.

pen.non (pen'ın) *i.* üç köşeli uzun bayrak; bayrak, sancak; *den.* flandra, flama; kanat.

pen.ny (pen'i) *i.* (çoğ., *A.B.D.* **pen.nies,** *İng.* **pence**) İngiltere'ye mahsus ufak bakır para, peni, sterlinin yüzde biri; Amerika'da bir sent; az miktarda para; para. **penny pincher** cimri kimse. **penny post** eskiden İngiltere içinde bir penilik pul ile giden posta. **penny-wise and pound-foolish** ufak şeylerde tutumlu olup büyük şeylerde müsrif olan (kimse). **A penny for your thoughts.** Ne düşünüyorsunuz? **Peter's pence** Katolikler tarafından Papa için verilen para. **a pretty penny** *k.dili* epeyce para, külliyetli miktarda para. **ten-penny nail** 7,5 cm. uzunluğunda iri çivi. **turn an honest penny** dürüstçe ve alın teri ile para kazanmak. **turn up like a bad penny** kalp para gibi dönüp dolaşıp sahibine dönmek.

pen.ny-a-lin.er (pen'iyılay'nır) *i.* satır başına bir peni ücret alan yazar, kalitesiz yazar.

pen.ny.roy.al (peniroy'ıl) *i.* yarpuz, habak, yaban fesleğeni, filiskin, *bot.* Mentha pulegium.

pen.ny.weight (pen'iweyt) *i., kıs.* **dwt.** yirmi dört buğday ağırlığında eczacı tartısı (1,56 gram).

pen.ny.worth (pen'iwırth) *i.* bir peni karşılığında satın alınabilen şey.

pe.nol.o.gy (pinal'ıci) *i.* suçlunun cezalandırılması ilmi; hapishane yönetimi bilimi. **penologist** *i.* ceza uzmanı.

pen-pal (pen'päl) *i.* birbirlerini tanımadan mektuplaşanlardan her biri, mektup arkadaşı.

pen.sile (pen'sil) *s.* havada asılı; asılı yuva yapan (kuş).

pen.sion (pen'şın) *i., f.* emekli aylığı; *f.* emekli maaşı vermek, aylık bağlamak. **pension off** emekli aylığı bağlayıp işten çıkarmak.

pen.sion (pen'şın) *i.* pansiyon; yatılı okul; pansiyon ücreti.

pen.sion.ar.y (pen'şıneri) *s., i.* emekli aylığı alan, mütekait; *i.* uşak; ücretle çalışan kimse.

pen.sion.er (pen'şınır) *i.* emekli aylığı alan kimse, mütekait kimse; darülacezede yaşayan kimse; yatılı okul öğrencisi.

pen.sive (pen'siv) *s.* dalgın, endişeli, düşünceli, kara kara düşünen. **pensively** *z.* dalgın dalgın, kara kara düşünerek. **pensiveness** *i.* dalgınlık, düşünceli hal.

pen.stock (pen'stak) *i.* su değirmenine su akıtan oluk; suyun yolunu değiştirmeye mahsus kapı.

pent (pent) *bak.* **pen**; *s.* kapatılmış. **pent up** bir yere kapatılmış, hapsedilmiş; kapanık; dışarı vurmayan.

pen.ta.cle (pen'tıkıl) *i.* tılsım olarak kullanılan beş köşeli yıldız.

pen.tad (pen'täd) *i.* beş sayısı; beşli küme; beş kişilik grup; beş senelik süre; *kim.* beş değerli eleman.

pen.ta.gon (pen'tıgan) *i., geom.* beşgen, beş köşeli şekil. **the Pentagon** A.B.D. Millî Savunma Bakanlığı binası; A.B.D.'nin askerî liderliği. **pentagonal** (pentäg'ınıl) *s.* beş köşeli.

pen.ta.gram (pen'tıgräm) *i.* beş köşeli yıldız.

pen.ta.he.dron (pentıhi'drın) *i.* beş yüzlü şekil.

pen.tam.e.ter (pentäm'ıtır) *i., şiir* beş tefileli mısra.

pen.tane (pen'teyn) *i., kim.* petrolde bulunan uçucu bir gaz.

pen.ta.stich (pen'tıstik) *i.* beş mısralı şiir, beşli, muhammes.

pen.ta.style (pen'tıstayl) *s., i., mim.* önü beş sütunlu (bina).

Pen.ta.teuch (pen'tıtuk) *i.* Kitabı Mukaddeste Eski Ahdin ilk beş kitabı.

pen.tath.lon (pentäth'lın) *i., spor* pentatlon.

Pen.te.cost (pen'tıkôst) *i.* Şavuot, Tevrat'ın verildiği gün, Musevilerin Haftalar Bayramı; Hıristiyanların paskalyadan elli gün sonraki Hamsin yortusu. **Pentecos'tal** *s.* bu yortuya ait; çok duygusal ayinleri ve tutucu dinî akideleri olan Hıristiyan mezheplerine ait.

pent.house (pent'haus) *i.* çatı katı, çekme kat; sundurma, önü açık ve bir tarafı duvara yapışık meyilli çatı.

pe.nult (pi'nʌlt) *i.* kelimenin sondan bir evvelki hecesi.

pe.nul.ti.mate (pînʌl'tımît) *s., i.* sondan bir evvelki; *i.* kelimenin sondan bir evvelki hecesi.

pe.num.bra (pînʌm'brı) *i., astr.* güneş veya ay tutulmasının başında veya sonunda görülen hafif gölge; yarı gölge; yarı aydınlık yarı karanlık.

pe.nu.ri.ous (pınûr'iyıs) *s.* hasis, cimri, pinti, tamahkâr; az, kıt; fakir. **penuriously** *z.* cimrilikle, tamahkârca. **penuriousness** *i.* hasislik, pintilik.

pen.u.ry (pen'yıri) *i.* aşırı fakirlik, yoksulluk, ihtiyaç, sıkıntı; yeterli olmayış, kifayetsizlik.

pe.on (pi'yın) *i.* Latin Amerika'da amele, gündelikçi; Hindistan'da piyade neferi; el ulağı; yerli asker; *eski* efendisine olan borcunu ödeyinceye kadar ona esir gibi hizmet eden kimse.

pe.on.age (pi'yınîc) *i.* kulluk, kölelik, borcunu ödemek için esir gibi çalışma.

pe.o.ny (pi'yıni) *i.* şakayık, *bot.* Paeonia officinalis. **garden peony** ayı gülü, *bot.* Padus officinalis. **wild peony** yer şakayığı, *bot.* Paeonia officinalis.

peo.ple (pi'pıl) *i., f.* ahali, halk; ulus, millet, kavim; ırk; tebaa; taraftarlar; aile, bir kimsenin yakınları; insanlar, beşer; *çoğ.* uluslar, milletler, kavimler; *f.* insanla doldurmak. **good people, little people** İrlanda'da cinler. **people's front** *bak.* **popular front.**

pep (pep) *i., f.* kuvvet, enerji; çeviklik, azim, şevk; *f.,* **up** *ile* hareketlendirmek. **pep pill** amfetaminli hap. **pep talk** *k.dili* moral verici kısa konuşma.

pep.per (pep'ır) *i., f.* biber, *bot.* Capsicum; karabiber, *bot.* Piper nigrum; biber fidanı; kırmızıbiber; *f.* üzerine biber ekmek, biberlemek, biber gibi ekmek; üzerine kurşun veya taş yağdırmak; (bir yazı veya konuşmayı) çekici duruma sokmak. **pepper-and -salt** *s.* tuz biber rengindeki, siyah ve beyaz benekli. **pepper mill** biberi çekmek için kullanılan el değirmeni. **pepper pot** biberlik; biberli türlü yemeği. **black pepper** karabiber. **cherry pepper** mercan biberi, *bot.* Capsicum cerasiforme. **green pepper** yeşil biber, dolma biberi. **red pepper, cayenne pepper** kırmızıbiber, Arnavut biberi, *bot.* Capsicum annuum. **water pepper** su biberi, *bot.* Polygonum hydropiper.

pep.per.box (pep'ırbaks) *i.* tepesi delikli biberlik; çabuk öfkelenen kimse.

pep.per.corn (pep'ırkôrn) *i.* çekilmemiş biber, dövülmemiş biber, tane biber; önemsiz kimse veya şey. **peppercorn rent** *huk., eski* yalnız itibarî mahiyeti olan kira bedeli.

pep.per.grass (pep'ırgräs) *i.* tere, acı tere otu.

pep.per.mint (pep'ırmînt) *i., s.* nane, *bot.* Mentha piperita; naneşekeri; naneruhu; *s.* naneli.

pep.per.y (pep'ırı) *s.* biberli; sert, keskin; titiz, sert huylu, geçimsiz.

pep.py (pep'i) *s., k.dili* canlı, enerjik, şevkli.

pep.sin (pep'sîn) *i.* mide usaresinin hazmı kolaylaştıran bir maddesi, pepsin.

pep.tic (pep'tîk) *s., i.* hazmı kolaylaştıran, hâzım, sindirici, hazımla ilgili; *i.* hazmı kolaylaştırıcı madde.

pep.tone (pep'ton) *i.* pepsinin tesiri ile hazımdan hâsıl olan bir madde. **peptonize** *f.* pepsin tesiri ile hazmı kolaylaştırmak.

per (pır) *edat* vasıtasıyle, eliyle; tarafından. **per annum** (an'ım) senelik, her sene. **per capita** (käp'ıtı) nüfus başına; eşitlik üzere. **per contra** (kan'trı) diğer taraftan. **per diem** (di'yım) günlük geçim masrafı; her gün, günde; hakkıhuzur. **per se** (sey') kendiliğinden, haddi zatında.

per- *önek* içinden; tamamen; dışarı; çok.

Pe.ra (pe'rı) *i.* Beyoğlu.

per.ad.ven.ture (pırädven'çır) *z., i., eski* belki, olabilir, şayet, kazara; muhtemelen; *i.* şüphe; belirsizlik; tahmin, ihtimal.

per.am.bu.late (pıräm'byıleyt) *f.* şurasını burasını gezmek, dolaşmak; etrafını gezmek; gözden geçirmek, teftiş etmek. **perambula'tion** *i.* gezme, dolaşma. **perambulator** *i., İng.* çocuk arabası.

per.cale (pırkeyl') *i.* ince ve sık dokunmuş pamuklu bez.

per.ceive (pırsiv') *f.* anlamak, idrak etmek, farkına varmak, sezmek, görmek. **perceivably** *z.* gözle görülecek şekilde, hissedilecek derecede.

per.cent (pırsent') *z., s., i.* yüzde.

per.cent.age (pırsen'tîc) *i.* yüzde, yüzdelik, yüzde hesabına göre oran; kısım, nispet; *k.dili* kâr.

per.cen.tile (pırsen'tayl) *i.* frekans toplamlarının her yüzde birine tekabül eden "x" kıymeti.

per.cept (pır'sept) *i., psik.* anlayış, idrak; idrak yolu ile hissedilen şey, algı.

per.cep.ti.ble (pırsep'tıbıl) *s.* anlaşılabilir, idrak edilebilir, algılanabilir, duyulur, farkına varılır. **perceptibil'ity** *i.* duyulabilme, görülebilme; duyuş, seziş. **perceptibly** *z.* gözle görülecek şekilde, hissedilecek derecede.

per.cep.tion (pırsep'şın) *i.* idrak, algı; anlama kabiliyeti, anlayış, seziş; *huk.* kira tahsili.

per.cep.tive (pırsep'tiv) *z.* anlama kabiliyeti olan, idrak kabilinden. **perceptively** *z.* idrak ederek. **perceptiv'ity** *i.* idrak kabiliyeti, anlayış.

per.cep.tual (pırsep'çuwıl) *i.* idrakle ilgili.

perch (pırç) *i.* tatlı su levreği. **European perch** kalinos, *zool.* Perca fluviatilis.

perch (pırç) *i.* tünek; oturulacak herhangi bir yüksek yer; beş metrelik uzunluk ölçüsü; atlı arabanın ön ve arka dingillerini birbirine bağlayan orta kol.

perch (pırç) *f.* kuş gibi konmak, tünemek, tüneklemek.

per.chance (pırçäns') *z.* belki, şayet, ihtimal ki, muhtemelen.

Per.che.ron (pır'çıran) *i.* Fransa'dan gelme kuvvetli ve iri yapılı bir at.

per.cip.i.ent (pırsîp'iyınt) *s., i.* anlayışlı, idraki keskin; *i.* anlayışlı kimse, idraki kuvvetli kimse. **percipience** *i.* idrak, anlayış, seziş.

per.co.late (pır'kıleyt) *f.* süzmek, filtreden geçirmek; süzülmek, sızmak. **percola'tion** *i.* süzme, süzülme, filtreden geçirme veya geçme. **per'colator** *i.* süzgeçli kahve ibriği; süzen herhangi bir şey.

per.cuss (pırkʌs') *f.* kuvvetli ve çabuk vurmak; *tıb.* muayene gayesiyle parmaklarla veya bir aletle hafif hafif vurmak.

per.cus.sion (pırkʌş'ın) *i.* vurma, çarpma; tüfek kapsülünü vurma; *tıb.* perküsyon, parmakları birbirine vurarak organların durumunu muayene usulü; *müz.* piyano veya davul gibi bir çalgıya vurarak ses çıkarma. **percussion cap** tüfek kapsülü. **percussion instrument** vurularak çalınan müzik aleti. **percussive** *s.* vuruş kabilinden.

per.di.tion (pırdîş'ın) *i.* helâk, mahvolma, harap olma; ruhun mahvolması, cehennem azabı.

per.du (pırdu') *s.* saklı, gizli, gözle görülmez.

per.du.ra.ble (pırdûr'ıbıl) *s.* dayanıklı; sürekli, daimî, baki, ebedî, ölmez.

père (per) *i., Fr.* baba, peder.

per.e.gri.nate (per'ıgrîneyt) *f.* yolculuk etmek, seyahat etmek; katetmek, aşmak. **peregrina'tion** *i.* yolculuk, seyahat.

per.e.grine (per'ıgrîn) *s., i.* ecnebi, yabancı; *i.* doğan. **peregrine falcon** *bak.* falcon.

per.emp.to.ry (pıremp'tıri, per'ımptôri) *s.* katî, kesin, müspet, mutlak; inatçı; otoriter, diktatörce, mütehakkim; münakaşa kaldırmaz. **peremptory writ** *huk.* celpname. **peremptorily** *z.* kesin olarak, münakaşaya yer bırakmayacak şekilde; diktatörlükle.

per.en.ni.al (pıren'iyıl) *s., i.* bütün yıl boyunca devam eden; müddetli; uzun süren, daimî; *bot.* iki yıldan fazla yaşayan; *i., bot.* çok senelik bitki. **perennially** *z.* uzun bir süre devam ederek, yıllarca.

perf. *kıs.* **perfect.**

per.fect (pır'fikt) *s., i.* tam, mükemmel; kusursuz; iyice öğrenilmiş (ders); *bot.* olgun; aynı çiçekte hem erkeklik hem dişilik uzvu olan, tam; *k.dili* pek çok, müthiş; *gram.* geçmiş; *i., gram.* geçmiş zamanlı fiil; geçmiş zaman. **perfect circle** tam daire. **perfect nonsense** saçma şey. **perfect pitch** *bak.* **absolute pitch. perfectly** *z.* tamamen; mükemmel olarak. **perfectness** *i.* mükemmellik, kusursuzluk.

per.fect (pırfekt') *f.* tamamlamak, bitirmek, ikmal etmek; tekâmül ettirmek. **perfectibil'ity** *i.* kemale erme kabiliyeti. **perfectible** *s.* tamamlanabilir; tekâmül ettirilebilir. **perfective** *s.* mükemmelleştirici; tamamlayıcı. **perfectively** *z.* tamamlayıcı olarak; mükemmelleştirici surette.

per.fec.tion (pırfek'şın) *i.* kemal, mükemmellik, tekâmül; bitirme, ikmal, tamamlama; kusursuz kimse veya şey; kusursuzluk.

per.fec.tion.ism (pırfek'şınîzım) *i., fels.* günahsız hayatın kabil olduğunu kabul eden kuram; hayatın en yüksek gayesinin ahlâkî kemale erişmek olduğunu kabul eden kuram. **perfectionist** *i.* bu nazariyeler taraftarı; her şeyin mükemmel olmasını aşırı derecede isteyen kimse.

per.fer.vid (pırfır'vîd) *s.* hararetli, ateşli, şevkli, gayretli.

per.fid.i.ous (pırfîd'iyıs) *s.* hain, sadakatsiz. **perfidiously** *z.* haince, sadakatsizce. **perfidiousness** *i.* hıyanet, sadakatsizlik.

per.fi.dy (pır'fıdi) *i.* hıyanet, hainlik; vefasızlık, sadakatsizlik.

per.fo.li.ate (pırfo'liyît) *s., bot.* sapı sarmalayarak büyüyen.

per.fo.rate (pır'fıreyt) *f.* delmek, bir baştan öbür başa delmek; sıra sıra delikler açmak (pulda olduğu gibi); içine işlemek, nüfuz etmek. **perfora'tion** *i.* delme, delik. **per'forator** *i.* delme makinası, delgi, zımba.

per.force (pırfôrs') *z.* çaresiz; zorunlu, mecburî, zarurî.

per.form (pırfôrm') *f.* yapmak, icra etmek; yerine getirmek, icabını yapmak (görev); ifa etmek; sahnede oynamak, rolünü yapmak; canlandırmak; ses veya çalgı ile müzik yapmak; çalmak.

per.form.ance (pırfôr'mıns) *i.* gösteri, temsil; eğlence programı; iş, fiil, amel; eser; *huk.* ifa, icra, yerine getirme, yapma, çalışma, işleme. **benefit performance** yardım için yapılan gösteri veya temsil. **first performance** gala. **put up a good performance** başarmak.

per.form.er (pırfôr'mır) *i.* artist, oyuncu; sahneye çıkan kimse, icracı; yerine getiren kimse.

per.fume (pır'fyum) *i.* parfüm, esans; güzel koku, rayiha, ıtır.

per.fum.er.y (pırfyu'mıri) *i.* parfümeri; parfüm, koku; ıtriyat; mağazada parfümeri kısmı.

per.func.to.ry (pırfʌngk'tıri) *s.* düşünülmeden ve mekanik olarak yapılan; dikkatsiz, baştan savma; sıkıcı, formalite icabı. **perfunctorily** *z.* formalite icabı olarak; dikkatsizce, baştan savma. **perfunctoriness** *i.* formalite icabı yapma; dikkatsizlik, kayıtsızlık.

per.fuse (pırfyuz') *f.* serpmek; sıvamak, üzerine sürmek; üzerine dökmek.

Per.ga.mum, -mus (pır'gımım, -mıs) *i.* Bergama'nın eski ismi.

per.go.la (pır'gılı) *i.* pergola, üstü gül veya sarmaşık ile kaplı kameriye.

per.haps (pırhäps') *z.* belki, muhtemelen.

pe.ri (pîr'i) *i.* peri.

peri- *önek* etrafında, ötesinde, ilerisinde.

per.i.anth (per'iyänth) *i., bot.* çiçek örtüsü.

per.i.car.di.al, -di.ac (perıkar'diyıl, -diyäk) *s.* perikardiyal, kalp dış zarına ait.

per.i.car.di.tis (perıkarday'tîs) *i., tıb.* kalp dış zarının iltihaplanması, perikard iltihabı.

per.i.car.di.um (perıkar'diyım) *i., anat.* kalp dış zarı, perikard, yürek perdesi, dış yürek zarı.

per.i.carp (per'ıkarp) *i., bot.* meyva örtüsü, perikarp.

per.i.chon.dri.um (perıkan'driyım) *i., anat.* kıkırdak zarı.

pe.ric.o.pe (pırik'ıpi) *i.* kutsal yazıların küçük bir pasajı.

per.i.cra.ni.um (perıkrey'niyım) *i., anat.* kafatasının dış zarı.

per.i.dot (per'ıdat) *i.* perido.

per.i.gee (per'ıci) *i., astr.* ay yörüngesinin yeryüzüne en yakın olan noktası, hadid noktası.

per.i.he.li.on (perıhi'liyın) *i., astr.* bir gezegen veya kuyruklu yıldız yörüngesinin güneşe en yakın olan noktası, hadid noktası.

per.il (per'ıl) *i., f.* (-ed, -ing *veya* -led, -ling) tehlike, tehlikeye maruz kalış; *f.* tehlikeye atmak. **at one's peril** mesuliyeti altında.

per.il.ous (per'ılıs) *s.* tehlikeli, korkulu. **perilously** *z.* tehlikeli bir şekilde, korkulacak surette. **perilousness** *i.* tehlike, korku.

pe.rim.e.ter (pırîm'ıtır) *i., geom.* iki boyutlu bir cismin çevresi veya çevre uzunluğu; *tıb.* görüş sahasını ölçme aleti. **perimetric(al)** (perımet'rîk, -rîkıl) *s.* iki boyutlu bir cismin çevresine veya çevre uzunluğuna ait.

per.i.ne.um (perıni'yım) *i.* (*çoğ.* -ne.a) tenasül uzuvları ile makat arasındaki kısım, apış arası, perine.

per.i.neu.ri.tis (perınûray'tîs) *i., tıb.* perinevr iltihabı.

per.i.neu.ri.um (perınûr'iyım) *i., anat.* sinir dokusunu çevreleyen zar, perinevr.

pe.ri.od (pîr'iyıd) *i.* devir, tam bir devir, bir devrin müddeti; devre; belirli bir sürenin sonu; bir gezegenin güneş etrafındaki devir süresi; *jeol.* devir, çağ; *kon. san.* tam cümle; nokta; *fizyol.* âdet, aybaşı, hayız.

pe.ri.od.ic (pîriyad'îk) *s.* bir devre ait veya mahsus; belirli aralıklarla vuku bulan; peryodik; *kon. san.* tam bir cümle ile ifade edilen. **periodic table** *kim.* periyotlar tablosu. **periodicity** (pîriyıdis'ıti) *i.* belirli aralıklarla vuku bulma.

pe.ri.od.i.cal (pîriyad'îkıl) *i., s.* dergi, mecmua; *s.* belli zamanlarda çıkan. **periodically** *z.* belirli fasılalarla, muayyen zamanlarda.

per.i.o.don.tics (periyıdan'tîks) *i.* diş kemik ve etlerinin hastalıklarını inceleyen diş bilimi dalı.

per.i.os.te.um (periyas'tiyım) *i.* (*çoğ.* -te.a) *anat.* kemik dış zarı, periyost, simhak. **periostitis** (periyıstay'tîs) *i., tıb.* kemik dış zarı iltihabı.

per.i.pa.tet.ic (perıpıtet'îk) *s., i.* gezginci, bir yerden bir yere yaya dolaşan; *b.h.* Aristo felsefesine ait; *i.* Aristo felsefesi taraftarı kimse; gezginci adam.

pe.riph.er.al (pırîf'ırıl) *s., i.* dış yüzeye veya kenara ait; *anat.* periferik, çevresel; *i.* kompütörde bilginin verildiği veya alındığı kısım.

pe.riph.er.y (pırîf'ıri) *i.* dış sınır çizgisi veya düzeyi; bir cismin dışyüzü; *geom.* bir şeklin çevresi.

pe.riph.ra.sis (pırîf'rısîs) *i.* (*çoğ.* -ra.ses) *kon. san.* dolambaçlı ve uzun sözlerle ifade, dolaylı anlatım. **periphrastic** (perifräs'tik) *s.* dolambaçlı olarak ifade edilmiş.

per.i.scope (per'ıskop) *i.* periskop.

per.ish (per'îş) *f.* ölmek; mahvolmak, yok olmak, telef olmak, zail olmak.

per.ish.a.ble (per'îşıbıl) *s., i.* mahvolabilir; kolay bozulur, dayanıksız; ölümlü, fani; *i., çoğ.* çabuk veya kolay bozulabilen gıda maddeleri.

per.i.sperm (per'ıspırm) *i., bot.* dış besidoku, perisperm.

per.i.stal.sis (perıstôl'sîs) *i.* (*çoğ.* -ses) *fizyol.* mide ve bağırsakların sindirim esnasında yaptığı sığamsal devinim, peristalsis.

per.i.stal.tic (perıstôl'tik) *s., fizyol.* solucan halkalarının hareketine benzeyen ve içindeki maddeleri aşağı doğru iten mide ve bağırsak hareketlerine ait, sığamsal, peristaltik.

per.i.style (per'ıstayl) *i., mim.* bina veya iç avluyu çevreleyen sıra sütunlar; sütunlarla çevrelenmiş yer.

per.i.to.ne.um (perıtıni'yım) *i.* (*çoğ.* -ne.a) *anat.* karınzarı, periton. **peritoneal** *s.* peritona ait.

per.i.to.ni.tis (perıtınay'tis) *i., tıb.* karınzarı iltihabı, peritonit.

per.i.wig (per'ıwig) *i.* peruka, takma saç.

per.i.win.kle (per'ıwingkıl) *i.* Cezayir menekşesi, *bot.* Vinca rosea.

per.i.win.kle (per'ıwingkıl) *i.* bir cins ufak deniz salyangozu, *zool.* Littorina.

per.jure (pır'cır) *f.* yalan yere yemin ettirmek. **perjure oneself** yalan yere yemin etmek. **perjured** *s.* yalan yere yemin etmekten suçlu; yalan, yalan şahadete dayanan.

per.ju.ry (pır'cıri) *i.* yalan yere yemin; yeminli yalan; *huk.* şahit sıfatıyle yalan yere yemin etme.

perk (pırk) *İng., bak.* **perquisite.**

perk (pırk) *f., s.* başını dik tutmak; *s.* neşeli, şen; hoppa. **perk up** şen görünmek; canlı durmak, neşelenmek, gönlü açılmak; neşelendirmek.

perk (pırk) *f., k.dili* kahveyi filtreden geçirmek.

perk.y (pır'ki) *s.* hoppa, havaî, canlı, kendinden emin. **perkily** *z.* havaî bir tavırla, hoppaca; canlı olarak. **perkiness** *i.* havaîlik, hoppalık; canlılık.

per.ma.frost (pır'mıfrôst) *i.* arktik bölgesinde devamlı don altında kalan toprak alt tabakası.

per.ma.nent (pır'mınınt) *s.* sürekli, daimî, aynı halde veya vasıfta kalan. **permanent press** ütü istemez. **permanent wave** permanant, bozulmayan ondüle. **permanence, -cy** *i.* süreklilik, devam, sebat, istikrar. **permanently** *z.* sürekli olarak, daima, her zaman için.

per.man.ga.nate (pırmäng'gıneyt) *i., kim.* permanganat.

per.me.a.ble (pır'miyıbıl) *s.* nüfuz edilebilen, geçirgen. **permeabil'ity** *i.* nüfuz edilme kabiliyeti, nüfuziyet, geçirgenlik.

per.me.ate (pır'miyeyt) *f.* mesamatını doldurup geçmek, nüfuz etmek, içinden geçmek; içine geçip yayılmak. **permea'tion** *i.* nüfuz etme, içinden geçme; içine geçip yayılma.

per mill binde nispeti.

per.mis.si.ble (pırmîs'ıbıl) *s.* caiz, müsaade edilebilir, hoş görülebilir. **permissibly** *z.* hoş görülebilecek şekilde, müsaade edilir surette.

per.mis.sion (pırmîş'ın) *i.* izin, müsaade, ruhsat, icazet.

per.mis.sive (pırmîs'îv) *s.* izin veren, müsaade eden; ihtiyarî, seçimli, keyfî; fazla sıkı olmayan, serbest bırakan.

per.mit (pırmît') *f.* (-ted, -ting) izin vermek, müsaade etmek, ruhsat vermek; fırsat vermek, imkân vermek, bırakmak; kabul etmek; razı olmak.

per.mit (pır'mît) *i.* permi, izin tezkeresi, ruhsatname, icazet. **residence permit** ikamet tezkeresi.

per.mu.ta.tion (pırmyutey'şın) *i.* değişim, becayiş, mübadele, tebeddül, değiş tokuş; *mat.* bir seride yapılabilen sıra değişiklikleri.

per.mute (pırmyut') *f.* değiş tokuş etmek, mübadele etmek, sırasını değiştirmek. **permutable** *s.* değiştirilebilir. **permutably** *z.* değiştirilebilecek şekilde.

per.ni.cious (pırnîş'ıs) *s.* zararlı, tehlikeli; kötü; öldürücü, mahvedici, habis, kinci. **pernicious anemia** *tıb.* anemi pernisyöz, sonucu genellikle kötü olan ağır bir çeşit kansızlık. **perniciously** *z.* zarar verici surette, tehlikeli olarak, öldürücü durumda. **perniciousness** *i.* tehlike, zarar; kötülük; öldürücü oluş.

per.o.rate (per'ıreyt) *f.* sıkıcı konuşma yap-
mak, nutuk söylemek; konuşmayı resmî bir
şekilde sona erdirmek. **perora'tion** *i.* sıkıcı
hitabe; konuşmanın özeti ve sonu.

per.ox.ide (pırak'sayd) *i., kim.* .peroksit; ok-
sijenli su. **peroxide blonde** saçlarının ren-
gini peroksit ile açmış sarışın kadın.

per.pend (pırpend') *f., eski* etraflıca düşünmek,
zihinde tartmak, mülâhaza etmek.

per.pend (pır'pınd) *i.* duvarın iki yanından
görünen taş.

per.pen.dic.u.lar (pırpındik'yılır) *s., i.* dikey,
şakuli, düşey, amudî; *mim.* amudî tezyinat
tarzına ait; dik, doğru; *i.* dikey çizgi, şakuli
hat; şakul ipi, dikey doğrultusunu gösteren
alet; dik duruş. **perpendicular'ity** *i.* dikey
oluş, şakuliyet; amudiyet. **perpendicu-
larly** *z.* dikey olarak.

per.pe.trate (pır'pıtreyt) *f.* (fena bir şey) yap-
mak, icra etmek, işlemek. **perpetra'tion**
i. yapma, (suç) işleme, irtikâp. **perpetrator**
i. fail, (suç) işleyen kimse.

per.pet.u.al (pırpeç'uwıl) *s.* daimî, sürekli,
fasılasız, aralıksız; ebedî, baki; müebbet;
bot. yediveren. **perpetual motion** daimî
hareket. **perpetually** *z.* daima, sürekli olarak.

per.pet.u.ate (perpeç'uweyt) *f.* ebedîleştir-
mek, daimî hale getirmek, devam ettirmek,
idame etmek. **perpetua'tion** *i.* idame; *huk.*
tespit.

per.pe.tu.i.ty (pırpıtu'wıti) *i.* ebediyet, sonsuz
zaman, devam, beka; karar; devam eden
şey; daimî irat. **in perpetuity** ebediyen,
her zaman için, daimî olarak.

per.plex (pırpleks') *f.* zihnini karıştırmak, şa-
şırtmak, allak bullak etmek, hayrete düşür-
mek; karıştırmak, muğlak bir hale getirmek.

per.plexed (pırplekst') *s.* zihni karışmış, şa-
şırmış; karışık.

per.plex.ing (pırplek'sîng) *s.* şaşırtıcı, zihni
karıştırıcı. **perplexingly** *z.* şaşırtıcı bir şe-
kilde.

per.plex.i.ty (pırplek'sıti) *i.* şaşkınlık, karışık-
lık; zihni karıştıran şey.

per.qui.site (pır'kwızît) *i.* maaştan ayrı gelir;
muntazaman verilen bahşiş; bir kimsenin
hakkı olan imtiyaz.

per.ron (per'ın) *i., mim.* binanın önünde veya
bahçede bulunan merdivenli sahanlık, çıkma
merdiven, binek merdiveni.

per.ry (per'i) *i.* armut şarabı.

pers. *kıs.* **person, personal.**

perse (pırs) *s., i.* koyu grimsi mavi; *i.* bu renk
veya bu renk kumaş.

per.se.cute (pır'sıkyut) *f.* zulmetmek, eza et-
mek, gadretmek; baskı yapmak, tazyik et-
mek, sıkıştırmak; bir fikre veya dine olan
inancından dolayı eza etmek veya öldürmek.
persecu'tion *i.* zulüm, zulmetme.

Per.se.id (pır'siyîd) *i., astr.* her sene 10 ağustosa
doğru görülen kayan yıldızlardan biri.

per.se.ver.ance (pırsıvir'ıns) *i.* sebat, azim,
taannüt; ısrar.

per.sev.er.a.tion (pırsevırey'şın) *i., psik.* bir
düşünce veya harekete fazlasıyla saplanıp
kalma.

per.se.vere (pırsıvir') *f.* sebat etmek, azimle
devam etmek, ısrar etmek. **persevering**
s. sebat eden. **perseveringly** *z.* sebatla,
azimle.

Per.sia (pır'jı) *i.* İran'ın eski ismi.

Per.sian (pır'jın) *s., i.* İran'a ait, İranlı; *i.* İranlı,
Acem; İran dili, Farsça, Farisi. **Persian car-
pet** İran halısı. **Persian cat** Ankara kedisi.
Persian Gulf Basra körfezi, İran körfezi.
Persian lamb iyi cins astragan kürk. **Per-
sian lilac** mor leylâk, *bot.* Syringa persica.
Persian morocco İran sahtiyanı.

per.si.flage (pır'sıflaj) *i.* yazı ve konuşmada
lâubalilik, önemsemeyiş.

per.sim.mon (pırsîm'ın) *i.* hurma, Trabzon
hurması, Japon inciri, *bot.* Diospyros.

per.sist (pırsîst', -zîst') *f.* kalmak, daim olmak;
ısrar etmek, üstelemek, üzerinde durmak,
inat etmek, sebat etmek. **persistence** *i.* se-
bat, ısrar, inat, devam etme. **persistent**
s. ısrar eden, inatçı; devamlı. **persistently**
z. ısrarla, üzerinde durarak, inatla; devamlı
olarak.

per.snick.e.ty (pırsnîk'ıti) *s., k.dili* titiz, meraklı,
kılı kırk yaran; aşırı dikkat ve ihtimam isteyen.

per.son (pır'sın) *i.* şahıs, kimse, adam, kişi,
fert; şahsiyet, sıfat; *huk.* kanunî hakları ve
vecibeleri olan şahıs veya grup; *gram.* şahıs.
first person *gram.* birinci şahıs. **in person**
şahsen, bizzat.

per.so.na (pırso'nı) *i.* piyes veya romanda kişi;
psik. etrafa karşı takınılan tavır. **persona
grata** *Lat.* makbul şahsiyet, saygıdeğer

kişi. **persona non grata** *Lat.* istenmeyen kişi.

per.son.a.ble (pır'sınıbıl) *s.* hoş görünen, cana yakın.

per.son.age (pır'sınîc) *i.* şahsiyet, önemli kişi, mühim şahsiyet; sahnede canlandırılan şahsiyet.

per.son.al (pır'sınıl) *s., i.* şahsa ait, şahsî, zatî, özel, hususî, zata mahsus; *huk.* şahsî eşyaya ait, menkul eşya ile ilgili; *gram.* üç şahıstan birine ait; *i.* gazetede belirli bir şahıs hakkında çıkmış olan yazı; *huk.* şahsî eşya. **personal appearance** bir filim artistinin sinema veya tiyatroya şahsen gelmesi; kıyafet, sima, dış görünüş. **personal effects** özel eşya. **personal identity** *fels.* şahsiyetin istikrarı. **personal pronoun** *gram.* şahıs zamiri. **personal property** şahsî menkul eşya. **personal remarks** başkası hakkında kötü şahsî sözler.

per.son.al.i.ty (pırsınäl'ıti) *i.* kişilik, şahsiyet, ferdiyet; şahıs, zat; *gen. çoğ.* hakaret niteliğinde söz.

per.son.al.ize (pır'sınılayz) *f.* şahsına mal etmek; şahıslandırmak, kişilik kazandırmak.

per.son.al.ly (pır'sınıli) *z.* şahsen, bizzat; kendine gelince.

per.son.al.ty (pır'sınılti) *i., huk.* şahsî mal; menkul mal.

per.son.ate (pır'sıneyt) *s., bot.* maskeli, personat.

per.son.ate (pır'sıneyt) *f., tiyatro* bir karakteri canlandırmak; *huk.* aldatmak amacıyle kendini başka bir şahsiyet olarak göstermek; bir diğerinin hüviyetini benimsemek. **persona'tion** *i.* başka bir kimsenin hüviyetini benimseme.

per.son.i.fy (pırsan'ıfay) *f.* canlandırmak, şahıslandırmak, şahsiyet vermek; tecessüm ettirmek, cisimlendirmek. **personifica'tion** *i.* şahıslandırma, canlandırma; cisimlendirme.

per.son.nel (pırsınel') *i.* personel, bir müessesenin bütün memurları, müstahdemler.

per.spec.tive (pırspek'tîv) *i., s.* perspektif; görüş açısı; *s.* perspektife göre resimlendirilmiş. **perspective view** mesafelere oranla görünüş, perspektif manzara.

per.spi.ca.cious (pırspıkey'şıs) *s.* keskin zekâlı, anlayışlı. **perspicaciously** *z.* keskin zekâ ile, anlayışla.

per.spi.cac.i.ty (pırspıkäs'ıti) *i.* keskin zekâ, anlayış; nüfuz edebilme yeteneği.

per.spic.u.ous (pırspîk'yuwıs) *s.* açık, vazıh. **perspicu'ity** *i.* açıklık, vuzuh.

per.spi.ra.tion (pırspırey'şın) *i.* ter; terleme.

per.spire (pırspayr') *f.* terlemek, ter dökmek.

per.suade (pırsweyd') *f.* ikna etmek, inandırmak; gönlünü yapmak, razı etmek; kandırmak. **persuadable** *s.* kandırılabilir, ikna edilebilir.

per.suad.er (pırsweyd'ır) *i.* inandırıcı veya ikna edici kimse; *A.B.D., argo* tabanca.

per.sua.si.ble (pırswey'sıbıl) *s.* ikna edilmesi mümkün; kandırılır.

per.sua.sion (pırswey'jın) *i.* inandırma, ikna etme; kandırma veya ikna etme kabiliyeti; kanaat, inanç, itikat; mezhep, din, akide.

per.sua.sive (pırswey'sîv) *s., i.* kandırıcı, ikna edici. **persuasively** *z.* ikna edici şekilde. **persuasiveness** *i.* ikna edebilme gücü.

pert (pırt) *s.* arsız, şımarık, küstah, yılışık. **pertly** *z.* arsızca, küstahça. **pertness** *i.* arsızlık, küstahlık.

per.tain (pırteyn') *f., to ile* mahsus olmak, ait olmak; ilgili olmak, alâkalı olmak, raci olmak; uygun olmak, ·münasip olmak.

per.ti.na.cious (pırtıney'şıs) *s.* sebatkâr, azimli, inatçı, ısrar eden. **pertinaciously** *z.* ısrarla, azimle, inatla.

per.tin.ac.i.ty (pırtınäs'ıti) *i.* azim, sebat, inatçılık.

per.ti.nent (pır'tınınt) *s.* alâkalı, ilgili; uygun, muvafık. **pertinence, -cy** *i.* ilgi, münasebet; uygun olma. **pertinently** *z.* alâkalı olarak, ilgili olarak; uygun olarak.

per.turb (pırtırb') *f.* zihnini karıştırmak, altüst etmek, rahatsız etmek. **perturbable** *s.* rahatsız edilebilir, altüst edilebilir.

per.tur.ba.tion (pırtırbey'şın) *i.* rahatsızlık, huzursuzluk, ıstırap; karışıklık; heyecan; *astr.* bir gökcisminin hareketinde başka bir gökcisminin etkisi ile meydana gelen düzensizlik.

per.tus.sis (pırtʌs'îs) *i., tıb.* boğmaca.

Peru (pıru') *i.* Peru.

pe.ruke (pıruk') *i.* özellikle 17. ve 18. yüzyıllarda erkeklerin giydikleri peruka, takma saç.

pe.rus.al (pıru'zıl) *i.* dikkatle okuma, mütalaa.

pe.ruse (pıruz') *f.* dikkatle okumak, mütalaa etmek, incelemek.

Pe.ru.vi.an (pıru'viyın) *s., i.* Perulu, Peru'ya

özgü; *i.* Perulu. **Peruvian bark** kınakına kabuğu.

per.vade (pırveyd') *f.* istilâ etmek, kaplamak, yayılmak.

per.va.sive (pırvey'siv) *s.* yayılmış, kaplayan, şümullü. **pervasively** *z.* yayılarak, kaplayarak, şümullü olarak.

per.verse (pırvırs') *s.* ters; aksi; yoldan çıkmış, ahlâksız, sapık, huysuz, kötü huylu. **perversely** *z.* aksilikle; ahlâksızca. **perverseness, perversity** *i.* sapıklık, ahlâksızlık; yoldan çıkma; aksilik.

per.ver.sion (pırvır'jın) *i.* sapıklık, cinsel sapıklık; ifsat etme, ayartma; dalâlet; ters anlam verme.

per.vert (*f.* pırvırt'; *i.* pır'vırt) *f., i.* saptırmak, ifsat etmek, ayartmak, dalâlete sürüklemek; alçaltmak; ters anlam vermek, yanlış izah etmek; *i.* cinsî sapık kimse. **perversive** *s.* yanıltıcı.

per.vert.ed (pırvır'tid) *s.* sapık; sapkın, doğru yoldan çıkmış, kötü.

per.vi.ous (pır'viyıs) *s.* geçiş imkânı veren, nüfuz edilebilir. **perviousness** *i.* geçiş imkânı verme, nüfuz edilebilme.

Pe.sach (pe'sah) *i.* Fısıh.

pe.se.ta (pısey'tı) *i.* İspanya'da para birimi, peseta; bir İspanyol parası.

pes.ky (pes'ki) *s., A.B.D., k.dili* sıkıntı veren, sinir bozucu.

pe.so (pey'so) *i.* İspanyolca konuşan bazı memleketlerin para birimi, pesa.

pes.sa.ry (pes'ıri) *i., tıb.* rahim ağzına konan lastik halka.

pes.si.mism (pes'ımizım) *i.* bedbinlik, kötümserlik, karamsarlık; *fels.* dünyanın esasında fena olduğunu kabul eden kuram.

pes.si.mist (pes'ımist) *i.* bedbin kimse, kötümser kimse, her şeyin karanlık tarafını gören kimse.

pes.si.mis.tic (pesımîs'tik) *s.* bedbin, kötümser, karamsar. **pessimistically** *z.* bedbince, karamsarlıkla.

pest (pest) *i.* baş belâsı; sıkıcı şey veya kimse; zararlı şey veya kimse; veba, taun. **pesthouse** *i.* bulaşıcı hastalıklara ve özellikle vebaya mahsus eskiden kullanılan hastane. **pesticide** *i.* böcek zehiri.

pes.ter (pes'tır) *f.* sıkmak, sinirlendirmek, sıkıntı vermek, baş ağrıtmak, usandırmak, taciz etmek.

pest.hole (pest'hol) *i.* pis ve mikroplu yer, hastalık bulaştıran yer.

pes.tif.er.ous (pestif'ırıs) *s., k.dili* baş belâsı, başkalarına sıkıntı veren; bulaşıcı, hastalık nakleden; ahlâksızlık yayan, toplumu ifsat eden. **pestiferously** *z.* ahlâksızlık yayarak; baş belâsı olarak.

pes.ti.lence (pes'tılıns) *i.* salgın ve çok tehlikeli hastalık; veba, taun; zararlı veya tehlikeli şey.

pes.ti.lent (pes'tılınt) *s.* bulaşıcı hastalık getiren; tehlikeli, öldürücü; ahlâka zararlı; *k.dili* sıkıcı. **pestilen'tial** *s.* veba getiren, veba nev'inden; ahlâk bozucu; sıkıcı.

pes.tle (pes'ıl) *i., f.* havaneli, havan tokmağı; *f.* tokmak veya havaneliyle dövmek.

pet (pet) *i., s., f.* (**-ted, -ting**) evde beslenen ve çok sevilen hayvan; sevilen kimse veya şey; *s.* evcil; gözde, en çok sevilen; *f.* sevmek, okşamak. **pet aversion, pet hate** en çok nefret edilen şey veya kimse. **teacher's pet** öğretmenin gözdesi.

pet (pet) *i.* öfke, kızgınlık, sinirlenme. **in a pet** kızgın.

pet.al (pet'ıl) *i., bot.* taç yaprağı, çiçek yaprağı, petal. **petaled** *s.* taç yaprakları olan. **petaloid** *s.* taç yaprağına benzer.

pe.tard (pîtard') *i., ask.* eskiden kapı veya duvar yıkmak için kullanılan barut kutusu; bir çeşit fişek. **hoist with** *veya* **by one's own petard** kazdığı kuyuya kendi düşmüş.

pet.cock (pet'kak) *i.* ufak valf.

pe.ter (pi'tır) *f., k.dili,* **out** *ile* tavsamak, hızı azalmak; tükenmek.

pet.i.ole (pet'iyol) *i., bot.* yaprak sapı, petiol. **petiolar** *s., bot.* yaprak sapına ait. **petiolate** *s.* saplı, sapı olan.

pe.tit (pet'i) *s.* küçük, ufak. **petit jury** bir davada son kararı veren on iki kişilik jüri heyeti. **petit mal** *tıb.* sara hastalığının hafif şekli. **petit point** etamin veya kanaviçe üzerine yapılan kanaviçe işi.

pe.tite (pıtit') *s.* ufak, ince, narin.

pe.ti.tion (pıtiş'ın) *i., f.* rica, istirham; temenni, dilek, niyaz, dua; arzuhal, istida, dilekçe; *f.* rica etmek, istirham etmek; talepte bulunmak; dilemek, niyaz etmek; dilekçe ver-

mek. **petition in bankruptcy** borçlu veya
alacaklı tarafından yapılan iflas talebi.

pe.ti.ti.o prin.cip.i.i (pıtîş'iyo prînsip'iyay)
Lat., man. tartışma konusu olan bir meselenin
hiç bir delile dayanmadan doğru olduğunu
iddia etme.

pet.rel (pet'rıl) *i., zool.* yelkovankuşuna benzer
herhangi bir deniz kuşu.

pet.ri.fac.tion (petrıfäk'şın) *i.* taş kesilme,
taşlaşma; taş kesilmiş şey, fosil. **petrifactive**
s. taş haline getiren.

pet.ri.fy (pet'rıfay) *f.* taş haline getirmek; aşırı
derecede hayrete düşürmek, aklını başından
almak, sersemleştirmek; taşlaşmak.

pet.ro.chem.is.try (petrokem'istri) *i.* pet-
rokimya.

pet.ro.glyph (pet'rıglif) *i.* tarihöncesinde ya-
pılmış taş resim.

pet.ro.graph (pet'rıgräf) *i.* kayaya oyulmuş re-
sim veya yazı.

pe.trog.ra.phy (pıtrag'rıfi) *i.* kayaları sınıf-
landırma.

pet.rol (pet'rıl) *i., İng.* benzin; *eski* petrol.

pet.ro.la.tum (petrıley'tım) *i., ecza.* saf vazelin.

pe.tro.le.um (pıtro'liyım) *i.* petrol. **crude
petroleum** ham petrol.

pe.trol.o.gy (pıtral'ıci) *i.* kaya ilmi.

pet.rous (pet'rıs) *s.* kayaya benzer; kaya gibi,
taş gibi.

pet.ti.coat (pet'ikot) *i.* iç etekliği, jüpon; etek-
liğe benzer şey; *şaka* kadın; *elek.* fincan,
cam izolatör. **petticoat government** ka-
dın hâkimiyeti.

pet.ti.fog (pet'ifag) *f.* (**-ged, -ging**) tefer-
ruata boğulmak; hukukî işlerde hile yap-
mak; ufak tefek hukukî işlere bakmak.

pet.ti.fog.ger (pet'ifagır) *i.* aşağı sınıf avu-
kat; madrabaz dava vekili; iş simsarı; aşırı
derecede teferruatla uğraşan kimse.

pet.tish (pet'îş) *s.* alıngan, hırçın, huysuz.
pettishly *z.* alınganlıkla, huysuzlukla. **pet-
tishness** *i.* alınganlık, huysuzluk, hırçınlık.

pet.ti.toes (pet'itoz) *i., çoğ.* domuz paçası;
çocuğun ayak parmakları.

pet.to (pet'o) *i.* göğüs, bağır. **in petto** ken-
dine; saklı.

pet.ty (pet'i) *s.* önemsiz, ehemmiyetsiz, adi,
olağan, ufak tefek; ikinci derecedeki; pireyi
deve yapan. **petty cash** küçük kasa; ufak
kasa defteri. **petty jury** *bak.* **petit jury.**

petty larceny çok değerli olmayan bir şey
çalma. **petty officer** *den.* assubay, erbaş.

pettily *z.* önemsiz olarak; habbeyi kubbe
yaparak. **pettiness** *i.* küçük şeylerle uğ-
raşma; aşağılık.

pet.u.lant (peç'ûlınt) *s.* huysuz, ters, titiz,
alıngan, sinirli. **petulance, -cy** *i.* terslik,
huysuzluk. **petulantly** *z.* huysuzca, titiz-
likle, alınganlıkla.

pe.tu.ni.a (pıtu'niyı) *i.* petunya, boruçiçeği.

pe.tun.tse, -tze (petûn'tse) *i.* Çinlilerin por-
selen yapmakta kullandıkları feldispat.

pew (pyu) *i.* kiliselerde oturacak sıra.

pew (pyu) *ünlem* Öf! Püf!

pe.wee, pee.wee (pi'wi) *i., zool.* bir çeşit
sinekyutan.

pe.wit (pi'wit, pyu'wit) *i.* kızkuşu, *zool.* Vanel-
lus cristatus; kara başlı martı; sinekyutan.

pew.ter (pyu'tır) *i.* kurşun ve kalay alaşımı;
bu alaşımdan yapılan kap.

pe.yo.te (peyo'ti) *i., İsp., bot.* içinde narkotik
madde bulunan bir cins kaktüs.

pf. *kıs.* pfennig.

Pfc *kıs., ask.* **Private, first class.**

Pfen.nig (pfen'îh) *i.* fenik, Alman markının
yüzde biri.

*p*H *kim.* pH.

pha.e.ton (fey'ıtın, *İng.* fey'tın) *i.* fayton, pay-
ton, üstü açık atlı binek arabası.

-phage *sonek,* **phago-** *önek* yiyici, yiyen, obur.

phag.o.cyte (fäg'ısayt) *i., tıb.* yutarhücre,
fagosit. **phagocyto'sis** *i.* fagositlerin mik-
ropları yok etmesi.

pha.lan.ger (fılän'cır) *i., zool.* kuskusgiller-
den Avustralya'ya mahsus bir çeşit ufak
keseli hayvan.

pha.lan.ges (fılän'ciz) *çoğ., bak.* **phalanx.**

pha.lanx (fey'längks, *İng.* fäl'ängks) *i.* (*çoğ.*
-es, pha.lan.ges) eski Yunanistan'da sık
saflarla yürüyen mızraklı ve kalkanlı asker
alayı; elbirliği ve azimle çalışan örgüt; *anat.*
parmak kemiği.

phal.a.rope (fäl'ırop) *i.* deniz çulluğuna ben-
zer bir kuş, *zool.* Phalaropus lobatus.

phal.lic (fäl'ik) *s.* erkeklik uzvuna ait.

phal.lism (fäl'îzım) *i.* penisle sembolize edilen
doğanın verimliliğine tapınma.

phal.lus (fäl'ıs) *i.* bazı dinlerde erkek tenasül
uzvunun timsali; *biyol.* erkeklik uzvu, kamış,
penis; bızır; embriyonda cinsiyet yapısı.

-phane *sonek* benzer, görünüşünde.

phanero- *önek* görünen.

phan.er.o.gam (fän'ırıgäm) *i., bot.* çiçekli bitkilerden her biri, fanerogam. **phanerog'a- mous** *s.* fanerogama ait.

phan.tasm (fän'täzım) *i.* fantezi, hayal; kuruntu; hayalet, tayf.

phan.tas.ma.go.ri.a (fäntäzmıgôr'iyı) *i.* rüyada olduğu gibi bir seri tutarsız hayal; bir projektörle duvara yansıtılan ve ani olarak büyüyüp küçülen şekiller; hayalet.

phan.ta.sy *bak.* **fantasy.**

phan.tom (fän'tım) *i., s.* aslı olmayan bir şeyin görünmesi, hayal, aldanış; görümsü, hayalet, tayf; görünüş, şekil; *s.* hayalet gibi.

Phar.aoh (fer'o) *i.* firavun.

Phar.a.on.ic (feriyan'îk) *s.* firavunlara ait veya benzer.

phar.i.sa.ic, -i.cal (ferisey'îk, -îkıl) *s.* Ferisîlere ait; ikiyüzlü, mürai. **Pharisaic Judaism** Musevî dini. **pharisaically** *z.* ikiyüzlülükle, mürailikle. **Pharisaism** *i.* Ferisîlere mahsus tavır ve davranış; *k.h.* ikiyüzlülük, müirailik.

Phar.i.see (fer'ısi) *i.* eski Musevîlerde dinî bir tarikata mensup kimse, Ferisî; *k.dili* kendini beğenmiş mürai kimse, ikiyüzlü kimse.

pharm. *kıs.* **pharmaceutics, pharmacy.**

phar.ma.ceu.tic, -i.cal (farmısu'tik, -îkıl) *s.* eczacılığa ait; ilâç kullanımına ait. **pharmaceutic chemistry** farmasötik kimya. **pharmaceutically** *z.* eczacılık usullerine göre. **pharmaceutics** *i.* eczacılık.

phar.ma.cist (far'mısîst) *i.* eczacı.

phar.ma.col.o.gy (farmıkal'ıci) *i.* farmakoloji, eczacılık ilmi. **pharmacologist** *i.* farmakolog, eczacılık uzmanı.

phar.ma.co.poe.ia (farmıkıpi'yı) *i.* ilâçların bileşimini ve hazırlanma usullerini anlatan kitap; bir eczanede bulunan ilâçların toplamı.

phar.ma.cy (far'mısi) *i.* eczacılık; eczane.

pha.ros (fer'as, fa'rôs) *i.* fener, fener kulesi; *b.h.* İskenderiye'ye yakın Faros adasında eski zamanlarda bulunan fener kulesi.

pha.ryn.ge.al (fırîn'ciyıl) *s., anat.* gırtlağa ait.

phar.yn.gi.tis (ferincay'tis) *i., tıb.* farenjit, gırtlak iltihabı.

pha.ryn.go.scope (fırîng'gıskop) *i.* gırtlak muayenesine mahsus alet.

phar.yn.got.o.my (ferîng.gat'ımı) *i., tıb.* gırtlağı yarma ameliyatı.

phar.ynx (fer'îngks) *i., anat.* farinks, yutak.

phase (feyz) *i., f.* safha, görünüş; *astr.* ay veya diğer bir gezegenin değişik görünümlerinden her biri, faz; *fiz., zool., kim.* faz, safha; *f., A.B.D.* herhangi bir şeyi safhaları ile hazırlamak veya sunmak. **phase down** yavaş yavaş azaltmak. **phase in** yavaş yavaş kullanmaya başlamak. **phase out** safha safha bitirmek. **phase meter** iki ayrı elektrik akımı arasındaki faz farkını ölçmeye mahsus alet.

Ph.D. *kıs.* **Doctor of Philosophy** doktorluk payesi.

pheas.ant (fez'ınt) *i.* sülün, *zool.* Phasianus colchicus. **peacock pheasant** yaban tavusu, *zool.* Polyplectron napoleonis.

phe.nix *bak.* **phoenix.**

phe.no.bar.bi.tal (finobar'bıtal) *i., kim.* uykusuzluk ve asabiyet hallerinde kullanılan bir uyku ilâcı.

phe.nol (fi'nol, -nal) *i., kim.* fenol.

phe.nol.o.gy (fînal'ıci) *i., biyol.* kuşların göçmesi ve ağaçların tomurcuklanması gibi olaylar üzerindeki iklimsel etkilerden bahseden bilim dalı.

phe.nom.e.nal (finam'ınıl) *s.* doğal olaylarla ilgili veya bu olaylar kabilinden; olağanüstü, harikulade, hayret verici. **phenomenalism** *i., fels.* olaycılık. **phenomenally** *z.* harikulade bir şekilde.

phe.nom.e.nol.o.gy (finamınal'ıci) *i.* doğal olayları inceleme ilmi.

phe.nom.e.non (finam'ınan) *i.* (*çoğ.* -na) görüngü ve olay, fenomen; olağanüstü şey, harika.

phew (fyu) *ünlem* Öf! (sabırsızlık veya tiksinme belirtir).

phi.al (fay'ıl) *bak.* **vial.**

phi.lan.der (filän'dır) *f.* kur yapmak, flört etmek, kadın peşinde koşmak. **philanderer** *i.* kur yapan adam, kadın peşinden koşan adam.

phil.an.throp.ic, -i.cal (filınthrap'îk, -îkıl) *s.* hemcinsine karşı şefkat gösteren, iyiliksever; insan sevgisine ait. **philanthropically** *z.* hayırseverlikle, hayır işleri için.

phi.lan.thro.pist (filän'thrıpist) *i.* hemcinsine şefkat gösteren kimse, hayır sahibi; insanları seven kimse.

phi.lan.thro.py (filän'thrıpi) *i.* insanseverlik, hayırseverlik.

phi.lat.e.ly (filät'ıli) *i.* pul koleksiyonculuğu, posta pullarını toplama merakı. **philatelist** *i.* pul meraklısı.

-phile *sonek* seven, meraklısı, destekleyen: **bibliophile** kitap seven kimse.

phil.har.mon.ic (filharman'ik) *s.* filarmonik, müzik seven. **philharmonic orchestra** filarmoni orkestrası.

phi.lip.pic (filip'ik) *i.* bir kimseyi tenkit niteliğinde olan sert nutuk.

Phil.ip.pine Islands (fil'ıpin) Filipin Adaları.

Phil.ip.pop.o.lis (filipap'ılıs) *i.* Filibe'nin eski ismi.

Phi.lis.tine (filis'tin) *i., s.* Filistinli; estetik anlayış ve zevkten yoksun kimse; *s.* Filistinlilere ait; kültürsüz, inceliği olmayan.

Phil.lips screw (fil'ips) *mak.* başı "x" şeklinde oluklu vida. **Phillips screwdriver** yıldız tornavida.

phi.lol.o.gy (filal'ıci) *i.* filoloji; dilbilim; klasik ilim. **philologist** *i.* dil bilgini, filoloji uzmanı, dilci.

phil.o.log.ic(al) (filılac'ik, -kıl) *s.* filoloji ile ilgili.

phil.o.mel (fil'ımel) *i., şiir* bülbül.

Phil.o.me.la (filımi'lı) *i., mit.* düşmandan kurtulsun diye bülbül şekline sokulmuş bir prenses.

phil.o.pe.na (filıpi'nı) *i.* içi çift çıkan yemiş üzerine oynanan bir çeşit lâdes oyunu; lâdes oyununu kazanana verilen hediye.

phil.o.pro.gen.i.tive.ness (filıprocen'ıtivnis) *i.* çocuk sevgisi.

phi.los.o.pher (filas'ıfır) *i.* filozof; hayatını felsefe ve mantık üzerine düzenleyen kimse; güçlükler karşısında filozof gibi kendine hâkim olabilen kimse. **philosopher's stone** simyada iksir, başka madenleri altına çevirdiği farzolunan tılsımlı taş.

phil.o.soph.ic, -i.cal (filısaf'ik, -ikıl) *s.* felsefeye ait; felsefi, filozofça; akıllıca, sakin, düşünceli. **philosophically** *z.* filozofça, düşünerek. **take (it) philosophically** umursamamak.

phi.los.o.phize (filas'ıfayz) *f.* filozofça konuşmak veya düşünmek; felsefeyle meşgul olmak.

phi.los.o.phy (filas'ıfi) *i.* felsefe; pratik zekâ; ağır başlılık. **moral philosophy** ahlâk ilmi. **natural philosophy** *eski* biyoloji, tabiat bilgisi.

phil.ter, phil.tre (fil'tır) *i., f.* aşk iksiri, karşısındakinde aşk uyandırmak gayesiyle içirilen tılsımlı içki; *f.* aşk iksiri içirmek.

phle.bi.tis (flibay'tis) *i., tıb.* filebit, flebit.

phle.bot.o.my (flibat'ımi) *i., tıb.* damardan kan alma. **phlebotomist** *i.* kan alma mütehassısı. **phlebotomize** *f.* kan almak.

phlegm (flem) *i.* balgam; soğukkanlılık; kayıtsızlık, kaygısızlık.

phleg.mat.ic, -i.cal (flegmät'ik, -ikıl) *s.* soğukkanlı, ağır tabiatlı, sakin, kendine hâkim. **phlegmatically** *z.* soğukkanlılıkla.

phlo.em (flo'wem) *i., bot.* damar dokularının kalburlu borular kısmı.

phlo.gis.ton (flocis'tın) *i.* simyacıların yanma olayının esası olarak kabul ettikleri uçucu madde. **phlogistic** *s.* bu madde ile ilgili.

phlox (flaks) *i.* Kuzey Amerika'da bahçelerde yetişen bir çiçek, *bot.* Phlox.

pho.bi.a (fo'biyı) *i.* fobi, fobya, korku, belli bir şey veya duruma karşı duyulan aşırı korku.

-phobia *sonek* aşırı derecede korku veya nefret.

phoe.be (fi'bi) *i.* bir çeşit sinekyutan, *zool.* Sayornis phoebe.

Phoe.bus (fi'bıs) *i., mit.* güneş tanrısı Apollo; *şiir* güneş.

Phoe.ni.cia (fını'şı) *i., tar.* Fenike. **Phoenician** *s., i.* Fenikeli, Fenike'ye ait; *i.* Fenike dili; Fenikeli kimse.

phoe.nix (fi'niks) *i.* anka, ölümsüzlük sembolü olarak kabul edilen ve Arabistan çöllerinde yaşadığı farzedilen çok güzel bir kuş.

phon. *kıs.* phonetics.

pho.nate (fo'neyt) *f.* seslendirmek. **phona'tion** *i.* seslenim.

phone (fon) *i., f., k.dili* telefon; *f.* telefon etmek.

phone (fon) *i., dilb.* ses.

pho.neme (fo'nim) *i.* fonem.

pho.ne.mics (fını'miks) *i.* fonem bilimi; fonem sistemi.

pho.net.ic (fınet'ik) *s.* fonetik, sesçil. **phonetic alphabet** fonetik alfabe. **phonetic spelling** fonetik imlâ. **phonetically** *z.* fonetik olarak. **phonetics** *i.* sesbilim, fonetik.

phon.ic (fan'ik) *s.* sese ait, sesli. **phonics** *i.* okuma öğretirken kullanılan fonetik kuralları; akustik ilmi.

pho.no.gram (fo'nıgräm) *i.* fonogram, bir hece veya sesi gösteren işaret.

pho.no.graph (fo'nıgräf) *i.* pikap, fonograf. **phonograph'ic** *s.* fonografa ait veya fonograf ile yapılan. **phonograph'ically** *z.* fonografik olarak.

pho.nog.ra.phy (fonag'rıfi) *i.* steno; pikap yapımı.

pho.nol.o.gy (fonal'ıci) *i.* fonoloji.

pho.no.scope (fo'nıskop) *i.* ses dalgalarını gözle görülen şekiller halinde kaydeden alet.

pho.ny (fo'ni) *s., i., A.B.D., argo* sahte, düzme, kalp; *i.* sahte şey; kendine sahte sıfat veren kimse.

phos.phate (fas'feyt) *i., kim.* fosforik asit tuzu, fosfat; fosfatlı sunî gübre; asit fosforikle yapılan şurup.

phos.phene (fas'fin) *i., fizyol.* kapalı göze tazyik sonucunda meydana gelen ışıklı hayal.

phos.phine (fas'fin) *i., kim.* hidrojen ile fosfor karışımından meydana gelen sarmısak kokulu ve çok zehirli bir bileşim.

phos.phor (fas'fır) *i.* fosforlu madde.

phos.phor.esce (fasfıres') *f.* karanlıkta fosfor gibi ışıldamak. **phosphorescence** *i.* ısı vermeden fosfor gibi karanlıkta ışıldama. **phosphorescent** *s.* fosfor gibi ışıldayan.

phos.pho.rous (fas'fırıs) *s., kim.* fosforlu.

phos.pho.rus (fas'fırıs) *i.* fosfor.

phot. *kıs.* **photograph, photography.**

pho.to (fo'to) *i., k.dili* fotoğraf. **photo finish** fotofiniş.

pho.to.bi.ot.ic (fotobayat'îk) *s.* yalnız ışıkta yaşayan.

pho.to.cell (fo'tosel) *i.* fotosel.

pho.to.chem.i.cal (fotokem'îkıl) *s.* ışığın kimyasal etkilerine ait.

pho.to.chem.is.try (fotokem'îstri) *i.* fotokimya.

pho.to.com.pos.er (fotokımpo'zır) *i., matb.* filim ile dizme aleti.

pho.to.com.po.si.tion (fo'tokampızîş'ın) *i., matb.* ışık dalgalarının tesiri ile fazla elektrik akımı geçirme özelliği.

pho.to.cop.y (fo'tokapi) *i.* ışık ile kopya, fotokopi. **photocopier** *i.* fotokopi makinası.

pho.to.dy.nam.ics (fotodaynäm'îks) *i.* ışınların bitkilerin hareketi ile olan ilgisini tetkik eden ilim dalı.

pho.to.e.lec.tric (fotowilek'trîk) *s.* ışınlar ile elektriğin ortak etkilerine veya birinin diğerini hâsıl etme gücüne ait, fotoelektrik. **photoelectric cell** fotosel.

pho.to.e.lec.tro.type (fotowilek'trıtayp) *i.* fotoğrafçılık işlemi ile yapılan klişe; bu klişeden çıkarılan resim.

pho.to.en.grav.ing (fotowîngrey'vîng) *i.* fotoğraf vasıtasıyle klişe çıkarma işi; böyle bir klişeden yapılan resim.

pho.to.flood (fo'toflʌd) *i.* fazla ışık veren lamba.

photog. *kıs.* **photograph, photographic, photography.**

pho.to.gen.ic (fotocen'îk) *s., biyol.* ışık husule getiren veya saçan; fotojenik, fotoğrafta güzel çıkan. **photogenically** *z.* fotojenik olarak.

pho.to.graph (fo'tıgräf) *i., f.* fotoğraf; *f.* fotoğraf çekmek. **color photograph** renkli fotoğraf. **instantaneous photograph** enstantane. **photograph'ic** *s.* fotoğrafla ilgili. **photograph'ically** *z.* fotoğrafla; fotoğrafta olduğu gibi.

pho.tog.ra.pher (fıtag'rıfır) *i.* fotoğrafçı.

pho.tog.ra.phy (fıtag'rıfi) *i.* fotoğrafçılık.

pho.to.gra.vure (fotogrıvyür') *i.* fotogravür, fotoğrafla klişe yapma işi; fotogravürle çıkarılan klişe.

pho.to.he.li.o.graph (fotohi'liygräf) *i.* güneşin fotoğraflarını çekmeye mahsus teleskop.

pho.to.jour.nal.ism (fotocır'nılizım) *i.* gazetede çok fotoğraf kullanma.

pho.tom.e.ter (fotam'ıtır) *i.* ışıkölçer, fotometre. **photometry** *i.* ışınların kuvvetini ölçme; bununla uğraşan optik dalı.

pho.to.met.ric(al) (fotımet'rîk, -ıl) *s.* ışıkölçerle ilgili.

pho.to.mi.cro.graph (fotomay'krıgräf) *i.* mikroskop ile büyütülmüş şeylerin fotoğrafı.

pho.ton (fo'tan) *i., fiz.* foton, ışık enerji birimi.

pho.to-off.set (fo'to.ôf'set) *i.* foto ofset.

pho.to.pho.bi.a (fotıfo'biyı) *i.* ışıktan korkma, ışık fobisi.

pho.to.play (fo'topley) *i.* filme alınan sahne oyunu.

pho.to.re.cep.tor (fotorisep'tır) *i.* ışığa hassas olan alıcı sinir.

pho.to.sen.si.tive (fotosen'sıtîv) *s.* ışığa hassas.

pho.to.sphere (fo'tısfîr) *i.* fotosfer, ışıkküre.

pho.to.stat (fo'tıstät) *i.* fotostat, negatife lüzum kalmadan doğrudan doğruya fotoğraf çeken makina; böyle çekilen fotoğraf. **photostat'ic** *s.* fotostatik.

pho.to.syn.the.sis (fotosin'thısîs) *i., biyokim.* karbon özümlemesi, fotosentez.

pho.to.tax.is (fototäk'sîs) *i., biyol.* organizmanın ışığa karşı hareketi.

pho.to.te.leg.ra.phy (fototıleg'rıfi) *i.* telle resim gönderme usulü.

pho.to.tel.e.scope (fototel'ıskop) *i.* gökcisimlerinin fotoğrafını çekebilen teleskop.

pho.to.ther.a.py (fotother'ıpi) *i., tıb.* ışın tedavisi.

pho.to.tran.sis.tor (fototränzîs'tır) *i.* aldığı ışına göre elektrik akımı ileten transistor.

pho.to.trop.ic (fotıtrap'îk) *s.* ışık tesiriyle yön değiştiren.

pho.tot.ro.pism (fotat'rıpîzım) *i., biyol.* ışıkgöçüm.

pho.to.type (fo'tıtayp) *i.* fotoğraftan yapılan klişe; böyle klişeden basılan resim.

pho.to.ty.pog.ra.phy (fototaypag'rıfi) *i.* klişe kullanarak tipo dizgisine uygun yapılan herhangi bir baskı işlemi.

phrase (freyz) *i., f.* ibare; deyim, tabir; *müz.* cümle; seri halinde dans figürü; *f.* uygun cümle veya kelimelerle ifade etmek; *müz.* bir parçayı cümlelemek. **phrase book** hazır cümle kitabı. **phrasemonger** *i.* süslü cümleler kullanan kimse. **prepositional phrase** edat ile başlayan ibare.

phra.se.ol.o.gy (freyziyal'ıcı) *i.* cümle tertibi usulü, ifade tarzı, şive; terim veya deyim kitabı.

phra.se.o.log.i.cal (freyziyılac'îkıl) *s.* ifade tarzına ait.

phras.ing (frey'zîng) *i.* deyim kurma tarzı; *müz.* cümleleyiş.

phra.try (frey'tri) *i., sosyol.* aşiret, boy, uruk.

phre.at.ic (friyät'îk) *s.* yeraltı suyu ile ilgili.

phre.net.ic *bak.* **frenetic.**

phren.ic (fren'îk) *s.* zihne ait; *anat.* diyaframa ait, frenik. **phrenic muscle** *anat.* diyafram kası.

phre.ni.tis (frînay'tîs) *i., tıb.* beyin humması; menenjit; diyafram iltihabı.

phre.nol.o.gy (frînal'ıcı) *i.* frenoloji.

Phryg.i.a (frîc'ıyı) *i., tar.* Frikya, Kütahya ve Afyonkarahisar yöresinin eski ismi. **Phrygian** *s., i.* Frikya'ya ait; *i.* Frikyalı; Frikya dili.

phthis.ic (tîz'îk) *i., s., tıb.* verem; devamlı zayıflama; nefes darlığı, astım; *s.* veremli; astımlı.

phthi.sis (thay'sîs) *i., tıb.* verem.

phy.col.o.gy (faykal'ıcı) *i.* botaniğin deniz yosunlarını inceleyen dalı.

phy.lac.ter.y (fîläk'tıri) *i.* Musevilikte Kitabı Mukaddes'ten kısa bir parça taşıyan deri kutu; muska, hamail, tılsım.

phy.let.ic (faylet'îk) *s., biyol.* filuma ait; ırka özgü.

phyl.lome (fil'om) *i., bot.* yaprak veya yapraksı şey.

phyl.lo.pod (fil'ıpad) *i., zool.* yaprak ayaklı.

phyl.lo.tax.is, phyl.lo.tax.y (fîlıtäk'sîs, -täk'si) *i., bot.* yaprak dizilişi.

phyl.lox.e.ra (fîlıksîr'ı, fîlak'sırı) *i.* flokseride familyasından üzüm kütüklerini tahrip eden pek küçük bir böcek, bir çeşit fidan biti.

phy.log.e.ny (faylac'ıni) *i., biyol.* bitki veya hayvan tipinin gelişim tarihi.

phy.lum (fay'lım) *i.* (*çoğ.* -la) *biyol.* kol, filum.

phys. *kıs.* **physical, physician, physics.**

phys.ic (fîz'îk) *i., f.* (**-ked, -king**) tıp ilmi, hekimlik; dahilden verilen ilâç; müshil; *f.* dahilî ilâç vermek; müshil içirmek; amel vermek.

phys.i.cal (fîz'îkıl) *s.* maddî, maddeye ait; cismanî, bedensel; fiziksel, fizikî, tabiat ilmine ait. **physical education** bedeneğitimi. **physical examination** sıhhî muayene. **physical geography** fizikî coğrafya. **physical sciences** tabiî ilimler. **a physical impossibility** fiziksel imkânsızlık. **physical therapy** fizik tedavisi. **physically** *z.* bedenen, vücutça.

phy.si.cian (fîzîş'ın) *i.* doktor, hekim.

phys.i.cist (fîz'ısîst) *i.* fizikçi.

phys.ics (fîz'îks) *i.* fizik.

phys.i.og.no.my (fîziyag'nımi) *i.* fizyonomi; dış görünüş. **physiognom'ical** *s.* simaya veya görünüşe ait.

phys.i.og.ra.phy (fîziyag'rıfi) *i.* doğayı tanımlama; fizikî coğrafya.

phys.i.ol.o.gy (fîziyal'ıcı) *i.* fizyoloji. **physiologist** *i.* fizyolog.

phys.i.o.log.ic, -i.cal (fîziyılac'îk, -îkıl) *s.* fizyolojik, diriksel. **physiologically** *z.* fizyoloji kaidelerine göre, fizyolojik bakımdan.

phys.i.o.ther.a.py (fîziyother'ıpi) *i.* fizik tedavisi.

phy.sique (fizik') *i.* bünye, vücut, beden yapısı.

phy.to.gen.e.sis (faytocen'ısîs) *i.* bitkilerin başlangıç ve gelişimi ile uğraşan ilim.

phy.tog.ra.phy (faytag'rıfi) *i.* bitkileri tanımlama ve sınıflandırma.

phy.tol.o.gy (faytal'ıci) *i., eski* botanik, bitkibilimi.

phy.to.pa.thol.o.gy (faytopıthal'ıci) *i.* bitki patolojisi.

P.I. *kıs.* **Philippine Islands.**

pi (pay) *i.* Yunan alfabesinin on altıncı harfi; *mat.* pi.

pi, pie (pay) *i., f.* birbirine karışmış matbaa harfi; *f.* harfleri birbirine karıştırmak.

pi.ac.u.lar (payäk'yılır) *s.* kefaret eden; kefarete muhtaç, günahkâr; suçlu.

pi.a ma.ter (pay'ı mey'tır) *anat.* beyin zarlarından biri.

pi.a.nis.si.mo (piyınîs'îmo) *s., z., müz.* çok hafif (sesle), *kıs.* **pp.**

pi.an.ist (piyän'îst, pi'yınîst) *i.* piyanist.

pi.an.o (piyän'o) *i.* piyano. **piano stool** vida ile alçalıp yükseltilebilen piyano taburesi. **grand piano** kuyruklu piyano. **upright piano** düz piyano, dik piyano.

pi.an.o (piya'no) *s., z., müz.* hafif (sesle), *kıs.* **p.**

pi.an.o.for.te (piyänıfôr'te) *i.* piyano.

pi.as.ter, -tre (piyäs'tır) *i.* kuruş; bazı memleketlerde esas para biriminin yüzde biri.

pi.az.za (piyäz'ı, pyat'tsa) *i.* bilhassa İtalyan şehirlerinde meydan, piyasa yeri; üstü kapalı direkler altı; *A.B.D.* ev balkonu, veranda.

pi.ca (pay'kı) *i.* on iki puntoluk matbaa harfi.

pi.ca (pay'kı) *i., tıb.* tebeşir ve çamur gibi yenmez şeylere karşı duyulan anormal iştah.

pic.a.dor (pîk'ıdôr, pikadhôr') *i., İsp.* boğa güreşlerinde boğayı kargı ile kışkırtan atlı.

pic.a.resque (pikıresk') *s., edeb.* külhanbeyler veya sabıkalılar arasında geçen.

pic.a.roon (pikırun') *i.* korsan.

pic.a.yune (pikiyun') *i., s., A.B.D.* önemsiz kimse veya şey; *s.* önemsiz, küçük, değersiz, hakir. **not worth a picayune** beş para etmez, hiç bir değeri olmayan.

pic.a.yun.ish (pîkiyu'nîş) *s.* önemsiz, değersiz.

pic.ca.lil.li (pîk'ılili) *i.* baharatlı karışık turşu.

pic.co.lo (pîk'ılo) *i., müz.* pikolo, tiz sesli küçük flüt.

pick (pîk) *i.* kazma; kürdan; mızrap; seçme hakkı veya fırsatı; elle toplanan meyva miktarı; ucu sivri bir şey ile dürtme.

pick (pîk) *f.* seçmek; delmek, delik açmak; kazmak; yolmak, koparıp toplamak; çıkartmak; azar azar yemek; aşırmak, çalmak; anahtarsız açmak (kilit); gagalamak; *müz.* telli çalgıları parmaklarla çalmak. **pick a fight** kavga etmek. **pick and choose** istediği gibi seçmek. **pick at** ile oynamak; iştahsızca yemek; *A.B.D., k.dili* dır dır etmek. **pick off** koparmak; birer birer vurup düşürmek (tabanca ile). **pick on** seçmek; *k.dili* durmadan kusur bulup azarlamak, dır dır etmek. **pick one's way** engelleri yenerek kendine yol açmak. **pick out** seçmek, ayırmak; *müz.* ağır ağır nota çıkarmaya çalışmak. **pick over** ayıklamak. **pick to pieces** çekiştirmek; çürütmek (sav). **pick up** kaldırmak, toplamak; devşirmek; rasgele bulmak; pratik olarak öğrenmek, kulaktan öğrenmek (dil); almak; toplanmak; *k.dili* iyileşmek; ilerlemek, gelişmek; hızlanmak. **a bone to pick** paylaşılacak koz.

pick.a.back (pîk'ıbäk) *z.* omuzda, sırtta.

pick.a.nin.ny (pîk'ınîni) *i., aşağ.* zenci çocuk.

pick.ax (pîk'äks) *i.* kazma.

picked-o.ver (pîkt'o'vır) *s.* elde kalan, elenmiş.

pick.er (pîk'ır) *i.* toplayıcı şey veya kimse; pamuk atma makinası; herhangi bir deliği temizlemeye mahsus alet.

pick.er.el (pîk'ırıl) *i.* Kuzey Amerika'ya mahsus bir tür turnabalığı, *zool.* Esox lucius.

pick.et (pîk'ît) *i., f.* kazık; *ask.* ileri karakol, posta; inzibat postası; grev gözcüsü; *f.* kazıklarla etrafını çevirmek, kazık dikerek çit yapmak; hayvanı iple kazığa bağlamak; nöbetçi veya karakol koymak; karakol vazifesini yapmak; grev gözcülüğü yapmak. **picket fence** kazıklardan yapılmış çit. **picket line** grev gözcülerinin meydana getirdiği hat. **picket rope** hayvanı kazığa bağlayacak ip.

pick.ing (pîk'îng) *i.* toplama; toplanılan şey; *çoğ.* toplanılacak artıklar; aşırma; aşırılan şey. **slim pickings** *k.dili* kıtlık, darlık, imkânsızlık.

pic.kle (pîk'ıl) *i., f.* salatalık turşusu; salamura; *k.dili* sıkıntılı veya güç durum, varta; madeni eşyayı temizlemeye mahsus asitli karışım; *İng., k.dili* afacan çocuk; *f.* turşusunu kurmak, salamura yapmak; asitle temizlemek. **pickled** *s.* turşusu kurulmuş;

rengi ağartılmış (tahta); *argo* sarhoş, *slang* turşu.

pick.lock (pik'lak) *i.* anahtarsız kilit açan kimse; hırsız; maymuncuk, tavşan anahtarı.

pick-me-up (pik'miyʌp) *i., k.dili* canlandırıcı içki.

pick.pock.et (pik'pakit) *i.* yankesici.

pick.up (pik'ʌp) *i.* hız alma, hızlanma; pikap kolu; radyoda mikrofon tertibatı; alıcı veya kaydedici cihaz; *oto.* pikap; *k.dili* gelişme, ilerleme; oyunda top yere dokunduktan sonra tutma veya vurma; *k.dili* canlandırıcı şey; *argo, slang* avlanacak keklik, kaldırma.

pic.nic (pik'nik) *i., f.* (**-nicked, -nick.ing**) piknik; kolay veya hoşa giden iş; *f.* pikniğe gitmek, piknik yapmak.

pi.cot (pi'ko) *i.* piko.

pic.o.tee (pikıti') *i.* ebrulu karanfil, *bot.* Dianthus caryophyllus.

pic.ric acid (pik'rik) *kim.* pikrik asit.

pic.to.graph (pik'tıgräf) *i.* harf yerine resim kullanılan yazı, resimyazı.

pic.to.ri.al (piktôr'iyıl) *s., i.* resimlere ait; resimli; resim gibi, resim şeklinde ifade edilmiş; grafik halinde; *i.* resimli dergi. **pictorially** *z.* resimlerle; resim gibi.

pic.ture (pik'çır) *i., f.* resim, tasvir, suret, timsal; tanımlama, tarif; filim; görüntü; *f.* tanımlamak, tarif veya tasvir etmek, resmetmek; canlandırmak, tasavvur etmek, hayal etmek. **picture book** resim kitabı, resimli kitap. **picture frame** resim çerçevesi. **picture gallery** resim galerisi. **picture postcard** kartpostal. **picture tube** kineskop. **picture window** manzara seyredebilmek için büyük pencere. **come into the picture** ortaya çıkmak. **draw a picture** resim çizmek; göz önüne sermek. **moving pictures** sinema. **the pictures** *İng.* sinema. **the picture of health** sıhhat numunesi.

pic.tur.esque (pikçıresk') *s.* pitoresk, resim konusu olmaya elverişli, renkli, etkili; güzel; canlı, kuvvetli (ifade). **picturesquely** *z.* pitoresk bir şekilde. **picturesqueness** *i.* pitoresk oluş; güzellik, canlılık.

pid.dle (pid'ıl) *f.* hafife almak, etkisiz bir şekilde yapmak; su dökmek, işemek. **piddle around** boşuna uğraşmak. **piddling** *s.* önemsiz, ehemmiyetsiz, küçük, bayağı.

pidg.in (pic'ın) *i.* milletlerarası yardımcı dil

olarak kullanılan karışık dil. **Pidgin English** Uzak Doğu'da kullanılan İngilizceden bozma karışık dil.

pie (pay) *i.* saksağan.

pie (pay) *i., ahçı.* tart; *argo* kolay şey; *argo* rüşvet. **as easy as pie** çok kolay. **pie plant** *A.B.D., leh.* ravent.

piece (pis) *i.* parça, kısım, bölüm; dama taşı; *satranç* piyadeden yüksek taş; tüfek, top; *müz.* parça; piyes; resim; numune, örnek; madenî para. **piece goods** *tic.* metreyle satılan kumaş. **piece of eight** İspanyol doları, sekiz riyal'den ibaret dolar. **give one a piece of one's mind** paylamak, azarlamak. **break to pieces** parça parça etmek; parçalanmak. **by the piece** parça başına. **go to pieces** parçalanmak; *k.dili* (kendini) dağıtmak. **of a piece with** aynı, tıpkısı, benzer. **speak one's piece** kendi fikrini belirtmek.

piece (pis) *f.* parça eklemek, parça vurmak, yamamak, parçalarını bir araya getirerek tamir etmek; birleşmek. **piece on** eklemek, ilâve etmek. **piece out** parça ilâve ederek tamamlamak. **piece together** parçaları bir araya getirmek.

piece.meal (pis'mil) *z., s.* parça parça, yavaş yavaş; *s.* parçalardan yapılmış.

piece.work (pis'wırk) *i.* parça başı iş.

pied (payd) *s.* benekli, alaca. **Pied Piper** Fareli Köyün Kavalcısı. **pied wagtail** ak kuyruksallayan, *zool.* Motacilla alba.

pied.mont (pid'mant) *s., coğr.* dağ eteğindeki.

pier (pîr) *i.* iskele, rıhtım; kemer veya köprü payandası; iki pencere veya kapı arasında bulunan duvar.

pierce (pîrs) *f.* delmek, içine işlemek, delip geçmek, delik açmak; nüfuz etmek; sırrını anlamak, içyüzüne vâkıf olmak; etkilemek, tesir etmek; bıçaklamak.

Pi.e.ri.an (payir'iyın) *s.* Müzlerin oturduğu farzedilen Pieria ülkesine ait; şiir veya edebiyatla ilgili.

pi.e.tism (pay'ıtîzim) *i.* dindarlık, kuvvetli inanç; softalık, aşırı dindarlık. **pietist** *i.* aşırı dindar kimse, softa. **piestis'tic(al)** *s.* dindarca, sofuca.

pi.e.ty (pay'ıti) *i.* Allaha karşı hürmet; kendini Allaha adama; dindarlık; takva; ana babaya hürmet; dindarca davranış.

piezo- *önek* basınç.

pi.e.zo.e.lec.tric.i.ty (payizowîlektrîs'ıti) *i*. pizoelektrik.

pi.e.zom.e.ter (payızam'ıtır) *i*. basıölçer.

pif.fle (pif'ıl) *f*., *i*., *k.dili* saçmalamak, boş laf etmek; *i*. saçma söz, herze.

pig (pîg) *i*., *f*. **(-ged, -ging)** domuz; domuz yavrusu; domuz eti; domuz gibi adam; *mad*. pik, pik demiri; *A.B.D., argo* polis memuru; *A.B.D., argo* düşük kadın; *f*. yavrulamak (domuz). **pig iron** pik demiri. **pig it** domuz gibi yaşamak. **pig Latin** uydurma bir dil (birinci ses kelimenin sonuna getirilir ve **ay** ilâve edilir: **igpay atinlay). buy a pig in a poke** malı görmeden satın almak; körükörüne alışveriş etmek. **guinea pig** *bak*. **guinea. roast pig** domuz kızartması.

pig.eon (pîc'ın) *i*. güvercin, *zool*. Columbidae; kumru; *argo* kolay aldanan kimse. **carrier pigeon, homing pigeon** posta güvercini. **clay pigeon** kurşun hedefi olarak makina ile fırlatılan tabak.

pig.eon-breast.ed (pîc'ınbres'tîd) *s*. göğüs tahtası dar ve çıkıntılı olan.

pig.eon.heart.ed (pîc'ınhartîd) *s*. korkak, ödlek.

pig.eon.hole (pîc'ınhol) *i*., *f*. güvercin yuvası; yazı masasında kâğıt gözü; *f*. yazı masasının kâğıt gözüne yerleştirmek; tasnif etmek, sıralamak; bir yana atmak, hasıraltı etmek.

pig.eon-liv.ered (pîc'ınlîv'ırd) *s*. korkak.

pig.eon-toed (pîc'ıntôd') *s*. ayak parmakları veya ayakları içe dönük.

pig.ger.y (pîg'ıri) *i*. domuz ahırı, domuz ağılı.

pig.gin (pîg'în) *i*. çamçak, tahta maşrapa.

pig.gish (pîg'îş) *s*. domuz gibi; obur; pis; bencil. **piggishly** *z*. domuzcasına, domuz gibi. **piggishness** *i*. domuz gibi oluş; domuzluk etme.

pig.gy (pîg'i) *i*. küçük domuz; obur kimse; haris kimse. **piggy bank** domuz şeklinde kumbara.

pig.gy.back (pîg'ibäk) *z*. sırtta.

pig.gy.back.ing (pîg'ibäkîng) *i*., *A.B.D.* açık yük vagonuyle yüklü kamyon nakletme.

pig.head.ed (pîg'hedîd) *s*. inatçı, ters.

pig.ment (pîg'mınt) *i*. renk maddesi, boya maddesi; toz boya; *biyol*. hayvan veya bitki dokularına renk veren madde, pigman. **pigmentary** *s*. renk maddesine ait; pigmanlı. **pigmenta'tion** *i*. boyadan meydana gelen renklilik; *biyol*. hücrelerin renkli madde hâsıl etmesi.

pig.my *bak*. **pygmy**.

Pig.my *bak*. **Pygmy**.

pig.nut (pîg'nʌt) *i*. Amerika'ya mahsus bir çeşit ufak ceviz; bir çeşit yer fıstığı.

pig.pen (pîg'pen) *i*. domuz ağılı.

pig.skin (pîg'skîn) *i*. domuz derisi; *A.B.D., k.dili* Amerikan futbol topu.

pig.sty (pîg'stay) *i*. domuz ağılı; domuz ağılına benzer pis ev.

pig.tail (pîg'teyl) *i*. başın arkasından sarkan saç örgüsü.

pig.weed (pîg'wid) *i*. kazayağı, *bot*. Chenopodium.

pi.ka (pay'kı) *i*. ıslıklı tavşan, *zool*. Ochotonus.

pike (payk) *i*., *f*. kargı, mızrak; kazma; sivri uç; ana yol, asfalt; paralı ana yol; *f*. kargı ile delmek veya öldürmek.

pike (payk) *i*. turnabalığı, *zool*. Esox lucius.

pike.man (payk'mın) *i*. kargılı asker.

pik.er (pay'kır) *i*., *A.B.D., argo* ihtiyatla oynayan kumarbaz; herhangi bir işte ucuza kaçan kimse.

pike.staff (payk'stäf) *i*. tahta kargı sapı; ucu demirli baston. **plain as a pikestaff** apaçık, meydanda, aşikâr.

pi.laf (pîlaf') *i*. pilav.

pi.lar (pay'lır) *s*. saçlı, saçlara ait.

pi.las.ter (pîläs'tır) *i*., *mim*. gömme ayak, plastro; duvara yapışık sütun. **pilastered** *s*. böyle sütunları olan.

pil.chard (pîl'çırd) *i*. sardalya.

pile (payl) *i*., *f*. temel veya iskele yapımında kullanılan büyük kazık; *f*. kazık kakmak; kazıklara dayamak. **pile driver** kazık varyosu, şahmerdan.

pile (payl) *i*., *f*. yığın, küme; *k.dili* büyük meblâğ; çok büyük bina; ölü yakmaya mahsus odun yığını; *fiz*. atom reaktörü; *argo* servet, dünyalık; *f*. yığmak, kümelemek. **pile in** doluşmak. **pile off, pile out** inmek, hep birlikte inmek. **pile on** üşüşmek; tepeleme doldurmak. **pile up** yığmak, biriktirmek; yığılmak, birikmek; *k.dili* kazada çarpıp ezmek.

pile (payl) *i*. tüy, kuş tüyü; hav.

pi.le.at.ed (pay'liyeytîd) *s*., *bot*., *zool*. tepeli.

piles (paylz) *i*., *çoğ*., *tıb*. basur memesi, hemoroid.

pi.le.um (pay'liyim) *i.* (*çoğ.* -le.a) *biyol.* kuş başının üst kısmı.

pi.le.us (pay'liyis) *i.* (*çoğ.* -le.i) *bot.* mantarın şemsiye şeklindeki başı.

pile.wort (payl'wırt) *i.* basurotu, *bot.* Ranunculus ficaria. **great pilewort** sıracaotu, *bot.* Scrophularia.

pil.fer (pîl'fır) *f.* çalmak, aşırmak, *slang* yürütmek. **pilferage** *i.* çalma; çalınan şeyler.

pil.grim (pîl'grîm) *i.* hacı, kutsal bir yeri ziyaret eden kimse; yolcu, seyyah; *b.h.*, *çoğ.* 1620 yılında "Mayflower" gemisi ile Amerika'ya göç eden İngilizler. **pilgrimage** *i.* hac; kutsal bir yeri ziyaret; uzun ve çetin bir yolculuk.

pi.lif.er.ous (paylif'ırıs) *s.* tüylü, havlı.

pil.ing (pay'ling) *i.* temel kazıkları; kazık çakma.

pill (pil) *i.*, *f.* hap; hazım ve tahammülü güç bir şey; *argo* çekilmez kimse. **the pill** doğum kontrol hapı. **a bitter pill** yenilir yutulur olmayan bir şey, kabulü güç iş.

pil.lage (pîl'ic) *i.*, *f.* yağma, çapulculuk, talan; çapul malı, ganimet; *f.* talan etmek, yağma etmek, soymak, ganimet olarak almak.

pil.lar (pîl'ır) *i.*, *f.* direk, sütun; dikme, dikmeye benzer şey; *f.* sütunlarla tutmak veya süslemek. **pillar box** *İng.* posta kutusu. **Pillars of Hercules** Cebelitarık boğazının iki tarafındaki yüksek kayalıklar. **a pillar of society** topluma dayanak olan kimse, nüfuzlu kimse. **from pillar to post** bir güçlükten diğer bir güçlüğe; kapı kapı (dolaşma).

pill.box (pîl'baks) *i.* hap kutusu; *ask.* küçük istihkâm.

pil.lion (pîl'yın) *i.* at binicisinin arkasında ikinci bir biniciye mahsus yastık; motosikletlerde buna benzer yer.

pil.lo.ry (pîl'ıri) *i.*, *f.* eskiden kullanılan ve boyun ve kolları geçirmeye mahsus delikleri olan suçluları teşhir aleti; *f.* bu alete bağlayarak teşhir etmek; teşhir etmek, elâlemin maskarası etmek.

pil.low (pîl'o) *i.*, *f.* yastık; yastık gibi herhangi bir şey; *den.* cıvadra ıskaçası; *f.* yastığa yatırmak; altına yastık koymak. **pillow block** *mak.* şaft kovanı. **pillow lace** kopanaki. **pillowy** *s.* yastık gibi.

pil.low.case (pîl'okeys) *i.* yastık yüzü.

pi.lose (pay'los) **pi.lous**, **pi.le.ous** *s.* kıllı, tüylü. **pilosity** (paylas'ıti) *i.* tüylülük.

pi.lot (pay'lıt) *i.*, *f.*, *den.* kılavuz; dümenci; pilot; rehber; *A.B.D.* lokomotif mahmuzu; *f.* kılavuzluk etmek, rehber olmak, yol göstermek; (uçak) kullanmak. **pilot engine** kılavuz lokomotif. **pilot fish** Malta palamudu, *zool.* Naucrates ductor. **pilot light** şofbende devamlı olarak yanan küçük alev; kontrol lambası. **drop the pilot** kılavuzu salıvermek. **pilotage** *i.* kılavuzluk; kılavuz ücreti.

pi.lot.house (pay'lıt.haus) *i.* kaptan köşkü.

pi.lous (pay'lıs) *bak.* **pilose**.

pil.ule (pîl'yul) *i.* hap, ufak hap.

pi.men.to (pîmen'to) *i.* yenibahar, *bot.* Pimenta officinalis; tatlı taze kırmızı biber, *bot.* Capsicum annuum.

pimp (pîmp) *i.*, *f.* pezevenk, muhabbet tellâlı, kadın simsarı; *f.* pezevenklik etmek.

pim.per.nel (pîm'pırnel) *i.* farekulağı, *bot.* Anagallis.

pim.ple (pîm'pıl) *i.*, *tıb.* sivilce. **pimpled, pimply** *s.* sivilceli.

pin (pîn) *i.*, *f.* (-ned, -ning) toplu iğne; askı çivisi; mil; broş, iğne; kuka, lobut; kenetleyici veya bağlayıcı şey; oklava; değersiz şey; *çoğ.*, *k.dili* bacaklar; *müz.* telli çalgılarda akort anahtarı; *f.* toplu iğne ile tutturmak; iliştirmek, tutturmak, tespit etmek; elini kolunu bağlamak, hareket serbestisini sınırlamak; kapmak; *A.B.D.*, *argo* nişanlanmaya söz vermek. **pin down** mecbur etmek; teferruatını araştırmak. **pin money** harçlık; bir erkeğin karısına verdiği cep harçlığı. **pin on** mesul tutmak. **pin one's faith on** birisine veya bir şeye çok güvenmek. **pin up** yere düşmesin diye toplu iğne ile tutturmak. **belaying pin** *den.* armadura çeliği. **pins and needles** karıncalanma, uyuşma. **on pins and needles** huzursuz, endişeli, diken üstünde.

pi.ña (pi'nya) *i.*, *İsp.* ananas; ananas şurubu. **piña cloth** ananas yaprağının liflerinden dokunan ince kumaş.

pi.na.ceous (payney'şıs) *s.*, *bot.* çamgillere ait.

pin.a.fore (pîn'ıfôr) *i.* çocuk önlüğü, göğüslük.

pi.nas.ter (paynäs'tır) *i.*, *bot.* bir cins fıstık çamı.

pin.ball (pîn'bôl) *i.* bir çeşit kumar otomatı.

pince-nez (päns'ney) *i.*, *Fr.* kıskaç gözlük, kelebek gözlük.

pin.cers (pîn'sırz) *i.*, *çoğ.* kerpeten; *zool.* kıskaç; *ask.* kıskaç hareketi.

pinch (pînç) *f.* çimdiklemek, kıstırmak; sıkıştırıp acıtmak, ıstırap vermek, ağrı vermek, acıtmak; açlık veya ıstırap ile zayıflatmak; *argo* çalmak, aşırmak; *argo* tutuklamak, ele geçirmek; *den.* rüzgâra karşı gitmek; vurmak, sıkmak; cimrilik etmek.

pinch (pînç) *i.* çimdik; tutam; kısma, kısılma; sıkıntı, ihtiyaç, zaruret, darlık; *argo* hırsızlık; *argo* tevkif. **a pinch of salt** bir tutam tuz. **in** *veya* **at a pinch** ihtiyaç karşısında, icabında. **take it with a pinch of salt** ihtiyatla dinlemek.

pinch.beck (pînç'bek) *i.*, *s.* altın taklidi olarak kullanılan bakır ve çinko alaşımı; taklit şey; *s.* taklit, adi.

pinch.cock (pînç'kak) *i.* lastik boruya sıkıştırılarak sıvının akmasına engel olan kıskaç, pens.

pinch.ers (pîn'çırz) *i.*, *çoğ.* kerpeten; *zool.* kıskaç.

pinch-hit (pînç'hit) *f.*, *beysbol* sırası olan oyuncu yerine vuruş yapmak; başkasının görevini yapmak. **pinch-hitter** *i.* acil durumda başkasının görevini yapan kimse.

pin.cush.ion (pîn'kûşın) *i.* iğnedenlik, iğne yastığı.

pine (payn) *i.* çam, *bot.* Pinus; çam ağacı; fıstık çamı, *bot.* Pinus pinea. **pine barren** çamlık kumsal. **pine cone** çam kozalağı. **pine needle** çam iğnesi. **pine tar** çam katranı. **Aleppo pine** Halep çamı, *bot.* Pinus halepensis. **ground pine** *bak.* **ground.** **Scotch pine** sarıçam, *bot.* Pinus sylvestris. **stone pine** fıstık çamı, *bot.* Pinus pinêa. **wild pine** katran çamı, *bot.* Pinus rigida.

pine (payn) *f.*, **away** *ile* üzülmek, bitkin bir hale gelmek, zayıflamak, bitmek; **for** *ile* özlemek; hasret çekmek.

pin.e.al (pîn'iyıl) *s.* kozalaksı. **pineal gland** *anat.* beyin epifizi.

pine.ap.ple (payn'äpıl) *i.* ananas, *bot.* Ananas comosus.

pin.feath.er (pîn'fedhır) *i.* yeni yeni biten kuş tüyü.

ping (pîng) *i.* kurşunun havada çıkardığı ses, buna benzer herhangi bir ses.

ping-pong (pîng'pang') *i.* pingpong, masa tenisi.

pin.guid (pîng'gwîd) *s.* yağlı, kaygan.

pin.head (pîn'hed) *i.* topluiğne başı; ufak ve önemsiz şey; *argo* aptal kimse.

pin.hole (pîn'hol) *i.* iğne ile açılmış delik, ufak delik.

pin.ion (pîn'yın) *i.*, *f.*, *zool.* kanat; iri kanat tüyü; kanat tüyleri; kanadın kuşun gövdesinden en uzak olan mafsalı; *f.* kuşun uçmasını engellemek için kanadının ucunu kesmek; bir kimsenin elini kolunu bağlamak; bağlamak.

pin.ion (pîn'yın) *i.*, *mak.* büyük dişli çarka uyan küçük dişli çark.

pink (pîngk) *i.*, *s.* pembe renk; karanfil, *bot.* Dianthus; en üst derece; *İng.* tilki avcılarının giydikleri kırmızı ceket; *İng.* tilki avcısı; *k.dili*, *aşağ.* solcu; *s.* pembe. **in the pink of condition** sıhhatça en iyi durumda. **pink tea** *A.B.D.*, *k.dili* kabul günü. **pinkish** *s.* pembemsi, pembemtırak. **pinkness** *i.* pembelik.

pink (pîngk) *f.* bıçaklamak; ufak delikler açmak; kenarını kertikli kesmek; *İng.* süslemek, tezyin etmek. **pinking shears** sürfle makası.

pink.eye (pîngk'ay) *i.*, *tıb.* bulaşıcı konjüktivit.

pink.ie, pink.y (pîngk'i) *i.*, *A.B.D.*, *k.dili* serçe parmağı.

pink.o (pîngk'o) *i.*, *A.B.D.*, *argo*, *aşağ.* solcu.

pin.na (pîn'ı) *i.*, *bot.* bileşik yaprağın bir yapracığı, yapracık; kulak kepçesi; *zool.* kanat, balık kanadı; pines, *zool.* Pinna nobilis.

pin.nace (pîn'îs) *i.*, *den.* büyük filika.

pin.na.cle (pîn'ıkıl) *i.*, *f.*, *mim.* bina ve duvar üzerine süs için yapılan sivri tepeli kule; doruk, tepe, zirve; en yüksek nokta veya devir; *f.* sivri tepeli kule yapmak; en yüksek noktaya ulaştırmak.

pin.nate, pin.nat.ed (pîn'eyt, -îd) *s.*, *bot.* sapının iki tarafında tüy gibi yaprakları olan, tüysü.

pin.nat.i.fid (pînät'ıfîd) *s.*, *bot.* yarıkları orta damara yakın gelen (yaprak).

pin.nule (pîn'yul) *i.*, *bot.* bileşik yaprakların tekrar tekrar bölünmesinden meydana gelen yapracık; *zool.* küçük kanat gibi organ veya kısım.

pi.ñon (pîn'yın) *i.* A.B.D.'de yetişen bodur

ve meyvaları yenir çam ağacı, *bot.* Pinus edulis; fıstık çamı, *bot.* Pinus pinea.

pin.point (pîn'poynt) *i., f.* iğne ucu; ufak şey; *f.* kesin olarak yerini belirtmek.

pin.prick (pîn'prik) *i.* iğne batması; sinirlendirici ufak şey.

pint (paynt) *i.* yarım litrelik sıvı ölçü birimi, bir galonun sekizde biri, *A.B.D.* 0,473 litre, *İng.* 0,550 litre.

pin.tail (pîn'teyl) *i.* kılkuyruk, *zool.* Anas acuta.

pin.tle (pîn'tıl) *i.* mil, eksen; dümenin erkek iğneciği.

pin.to (pîn'to) *i., A.B.D.* benekli ufak cins at; bir cins benekli fasulye.

pin.up (pîn'ʌp) *s., i.* duvara asılabilen; *A.B.D.,* *argo* cazibeli; *i.* duvara asılan seksi kadın resmi.

pin.wheel (pîn'hwil) *i.* çarkıfelek; fırıldak.

pin.worm (pîn'wırm) *i.* küçük bir çeşit bağırsak solucanı, sivrikuyruk, askarit.

pin.y (pay'ni) *s.* çamlık; çam kokulu.

pi.o.neer (payınîr') *i., f.* yol açmak için önden giden kimse, öncü; *ask.* istihkâm taburunda er; *f.* yol açmak, öncülük etmek; akıncı ruhu ile işe girişmek.

pi.ous (pay'ıs) *s.* Allaha saygı gösteren; dindar, takva ehli; dindarlık perdesi altında yapılmış. **piously** *z.* takva ile, dindarca. **piousness** *i.* takva, dindarlık.

pip (pîp) *i., bayt.* tavuklarda görülen dilaltı hastalığı, kurbağacık.

pip (pîp) *i.* zar veya domino üzerindeki nokta; radyoda saati bildiren hafif vuruşlardan biri; bir salkım çiçeğin tomurcuklarından her biri; bazı çiçeklerin kökü; teğmenlere takılan yıldız işareti.

pip (pîp) *i.* elma ve portakal gibi meyvaların çekirdeği; *argo* olağanüstü şey; harika kimse.

pip (pîp) *f.* (-ped, -ping) yumurtadan çıkmak için kabuğunu delmek; civciv gibi "cik cik" diye ses çıkarmak.

pip (pîp) *f.* (-ped, -ping) *İng., argo* yenmek; sınavda kalmak; hafifçe değip geçmek, sıyırmak (kurşun); öldürmek; ölmek. **pip out** ölmek, son nefesini teslim etmek.

pipe (payp) *i.* boru; kaval, düdük; org borusu; pipo, çubuk; bir çubukluk tütün; *den.* silistre, silistre ile verilen kumanda; nefes borusu; 550 litrelik şarap fıçısı; *çoğ., müz.* gayda. **pipe clay** lüleci çamuru, kil. **pipe dream**

boş emel, hulya. **pipe organ** borulu org. **pipe stem** pipo sapı. **Put that in your pipe and smoke it.** *argo* İster inan ister inanma iş böyle.

pipe (payp) *f.* düdük çalmak; düdük çalarak kumanda vermek; borularla teçhiz etmek; elbiseyi şeritle süslemek; *den.* silistre ile çağırmak. **Pipe down!** *argo* Sus! Kes sesini! **pipe up** *k.dili* söz söylemek.

pipe.fish (payp'fîş) *i.* yılan iğnesi, *zool.* Syngnathus ophidion.

pipe.fit.ting (payp'fîtîng) *i.* boru donanımı.

pipe.line (payp'layn) *i.* petrolü uzun mesafelerden nakleden boru, petrol hattı; gizli bilgi iletme vasıtası.

pip.er (pay'pır) *i.* gayda çalan kimse; kavalcı; güvercin yavrusu; soluğan at. **Pay the piper and call the tune.** Parayı veren düdüğü çalar.

pi.pette (paypet', pî-) *i.* pipet.

pip.ing (pay'pîng) *s., i.* kaval çalan; ıslık çalan (rüzgâr), düdük gibi ses çıkaran, tiz, kulak tırmalayıcı; *i.* kaval çalma; kaval ile çalınan hava; borular; şerit, harç, sutaşı; pasta üzerine krema ile yapılan şerit şeklinde süs; kulak tırmalayıcı ses. **piping hot** çok sıcak; buram buram.

pip.it (pîp'ît) *i.* incirkuşu, *zool.* Anthus. **red-throated pipit** kızıl gerdanlı incirkuşu, *zool.* Anthus cervinus. **tawny pipit** kır incirkuşu, *zool.* Anthus campestris.

pip.kin (pîp'kîn) *i.* küçük toprak kap, güveç; çamçak.

pip.pin (pîp'în) *i.* lezzetli birkaç çeşit elma; çekirdek; *argo* harika kimse veya şey.

pip-squeak (pîp'skwik) *i.* kısa boylu insan; değersiz kimse.

pi.quant (pi'kınt) *s.* mayhoş; etkileyici, cazip, tesirli, merak uyandırıcı. **piquancy** *i.* cazibe; mayhoşluk.

pique (pik) *i., f.* incinme, kırılma, darılma; *f.* hatırını kırmak, incitmek, darıltmak; tahrik etmek, kışkırtmak. **pique oneself** övünmek, kendini bir şey zannetmek.

pi.qué (pîkey') *i.* pike (kumaş).

pi.quet (piket') *i., Fr.* bir çeşit kâğıt oyunu, piket.

Pi.rae.us (payri'yıs) *i.* Pire limanı.

pi.ra.nha (pîra'nyı) *i.* piraya, *zool.* Pygocentrus piraya.

pi.rate (pay'rit) *i., f.* korsan; korsan gemisi; *f.* korsanlık etmek; başkasının eserini izin almadan yayımlamak. **piracy** *i.* korsanlık; izinsiz olarak yayımlama, intikal.

pi.rogue (pi'rog) *i.* ağaç kütüğünden oyulmuş kayık.

pir.ou.ette (pìruwet') *i., f.* tek ayak üzerinde veya parmak uçlarında dönüş yapma; *f.* ayak parmakları üzerinde dönüş yapmak.

pis.ca.ry (pìs'kıri) *i., huk.* başkasının karasularında balık tutma hakkı; balık avlama yeri.

pis.ca.to.ri.al, pis.ca.to.ry (pìskıtôr'iyıl, pìs'kıtôri) *s.* balıklara veya balıkçılığa ait; balıkçılıkla geçinen.

Pis.ces (pìs'iz, pay'siz) *i., çoğ., astrol.* Balık burcu; *zool.* balıklar.

pis.ci.cul.ture (pìs'ikʌlçır) *i.* balık üretimi.

pis.cine (pìs'ayn) *s.* balık gibi; balığa ait.

pis.civ.o.rous (pìsiv'ırıs) *s., zool.* balık yiyen, balıkla beslenen.

pish (piş) *ünlem* Öf! Püf! (iğrenme belirtir).

Pi.sid.i.a (pìsid'iyı) *i.* Burdur yöresinin eski ismi.

pi.si.form (pay'sıfôrm) *s.* bezelye şeklindeki.

pis.mire (pìs'mayr) *i., eski, leh.* karınca.

piss (pìs) *f., i., kaba* su dökmek, işemek; *i.* idrar, çiş, sidik. **pissed off** *kaba* kızgın.

pis.ta.chi.o (pìsta'şiyo, pìstäş'iyo) *i.* şamfıstığı, Antep fıstığı; şamfıstığı ağacı; şamfıstığı yeşili.

pis.til (pìs'til) *i., bot.* pistil, dişi organ, boyuncuk ve stigmadan ibaret dişi çiçek organı. **pistillate** *s., bot.* dişi organı olan.

pis.tol (pìs'tıl) *i., f.* (-led, -ling) pistol, tabanca, revolver, piştov; *f.* tabanca ile vurmak. **pistol grip** tüfeklerde tabanca kabzasına benzer yer. **pistol shot** tabanca ateşi; tabanca menzili. **pistol-whip** *f.* tabanca namlusu ile vurmak.

pis.ton (pìs'tın) *i., mak.* piston; *müz.* nefesli çalgılarda piston. **piston crown** *mak.* piston başı. **piston ring** piston yayı. **piston rod** piston kolu.

pit (pìt) *i.* çukur; hendek şeklinde tuzak; cehennem; horoz dövüştürülen yer; *anat.* koltuk altı gibi çukur yer, koltuk altı; çiçek bozuğu gibi ciltte kalan küçük çukur; düz bir satıh üzerindeki girinti veya çukur; *İng.* tiyatroda parter ile orkestra arasındaki yerler; *A.B.D.* borsada bölüm. **pit viper** çıngıraklıyılan. **clay pit** kil yatağı. **gravel pit** çakıl taşı yatağı.

pit (pìt) *i.* şeftali gibi etli meyvaların çekirdeği.

pit (pìt) *f.* (-ted, -ting) çukura yerleştirmek; çukurlaştırmak; ufak çukurlarla doldurmak; dövüş meydanına çıkarmak (horoz); birbirine karşı kışkırtmak; çekirdeklerini çıkarmak; *tıb.* geçici olarak çukurlaşmak. **pit one against another** birbiriyle mücadeleye sokmak, kapıştırmak.

pit.a.pat, pit.ty-pat (pìt'ıpät) *z., i., f.* birbirini takip eden vuruşlarla; *i.* hafif hafif çarpma; *f.* hafif hafif çarpmak.

pitch (pìç) *i., f.* zift, kara sakız; bazı ağaçlardan çıkan çamsakızına benzer bir madde; *f.* ziftlemek, ziftle kaplamak. **pitch pine** çıra; çıralı çam. **as black as pitch** simsiyah, zift gibi.

pitch (pìç) *f.* atmak, fırlatmak; kurmak (çadır); *müz.* tam perdesini vermek; düşmek, birdenbire düşmek; *den.* baş kıç vurmak (gemi); *beysbol* atıcı vazifesini görmek; karar vermek; sendelemek; aşağıya meyletmek. **pitch in** *k.dili* beraber çalışmak; girişmek. **pitch into** üstüne saldırmak, atılmak. **pitch on** rasgele seçmek. **pitch woo** *argo* sevişmek. **pitched battle** meydan savaşı.

pitch (pìç) *i.* alçalma veya yükselme açısı; en üst veya alt derece; (vida) adım; atım, atış; atılan şey; *den.* geminin baş kıç vurması; meyil, eğim; *müz.* perde; işportacının tezgâh yeri; *A.B.D., k.dili* satış taktiği. **pitch accent** *dilb.* ses tonu ile vurgulama. **pitch pipe** *müz.* ses perdesini gösteren düdük, akort düdüğü. **absolute pitch** *müz.* bir sesi tam istenilen perdede söyleme veya kulaktan anlama kabiliyeti. **sales pitch** malı methederek yapılan satış reklamı. **standard pitch** *müz., A.B.D.* A perdesi için saniyede 440 çevrim.

pitch-and-toss (pìç'ıntôs) *i.* yazı tura atma oyunu.

pitch-black (pìç'bläk') *s.* simsiyah.

pitch.blende (pìç'blend) *i.* uranyum ve radyumlu maden cevheri.

pitch-dark (pìç'dark') *s.* zifiri karanlık.

pitch.er (pìç'ır) *i., A.B.D.* testi, sürahi, ibrik; maşrapa; *bot.* ibrik şeklinde yaprak. **pitcher plant** *bot.* yaprakları ibrik şeklinde olan bitki. **Little pitchers have big ears.** Çocukların kulağı delik olur.

pitch.er (piç'ır) *i., beysbol* topu atan oyuncu; bir cins golf sopası. **pitcher's mound** *beysbol* atıcının durduğu tümsek yer.

pitch.fork (piç'fôrk) *i., f.* saman tırmığı; *f.* saman tırmığı ile savurmak.

pitch.man (piç'mın) *i., argo* seyyar satıcı, işportacı.

pitch.stone (piç'ston) *i.* gevrek ve camsı volkanik kaya.

pitch.y (piç'i) *s.* zift gibi; karanlık, kasvetli, kara. **pitchiness** *i.* ziftli oluş; karanlık.

pit.e.ous (pit'iyıs) *s.* merhamet uyandıran, acınacak halde olan, hazin.

pit.fall (pit'fôl) *i.* gizli tehlike veya güçlük; tuzak.

pith (pith) *i., f.* yumuşak ve süngerimsi doku; *bot.* birtakım ağaçlarda gövde veya dalın içindeki yumuşak öz; *zool.* kuş tüyünün yumuşak özü; kemik iliği; öz, cevher, kuvvet, ruh; *f.* hayvanı omuriliğini kesmek suretiyle öldürmek; omuriliği veya beyni tahrip etmek; bitkinin sapından yumuşak özü çıkarmak. **pith helmet** mantara benzer maddeden yapılmış güneş şapkası, kolonyel şapka.

Pith.e.can.thro.pus (pithıkän'thrıpıs) *i.* evrim teorisinde insanla maymun arasında olduğu farzolunan insan.

pith.y (pith'i) *s.* özlü, özü çok; kuvvetli, etkileyici, tesirli, az ve öz. **pithily** *z.* kuvvetle, etkileyici olarak. **pithiness** *i.* kuvvet, etkileyici oluş, tesir.

pit.i.a.ble (pit'iyıbıl) *s.* acınacak halde olan, merhamet uyandıran, acıklı. **pitiably** *z.* acınacak halde.

pit.i.ful (pit'ifıl) *s.* merhamet uyandıran, acınacak halde olan; değersiz, aşağılık. **pitifully** *z.* merhamet uyandırarak. **pitifulness** *i.* acınacak hal.

pit.i.less (pit'ilis) *s.* merhametsiz, taş yürekli, kalpsiz. **pitilessly** *z.* merhametsizce. **pitilessness** *i.* merhametsizlik.

pit.man (pit'mın) *i.* maden ocağı işçisi; krank mili.

pi.ton (pitan') *i.* dağcılıkta kullanılan madeni mıh, piton.

pit.tance (pit'ıns) *i.* az miktarda gelir.

pit.ter-pat.ter (pit'ırpät'ır) *i.* hızlı ve hafif patırtı.

pi.tu.i.tar.y (pitu'wıteri) *s., tıb.* balgam salgılayan; *biyol.* sümüksü. **pituitary gland, pituitary body** hipofiz guddesi. **pituitous** *s.* balgama ait.

pit.y (pit'i) *i., f.* acıma, merhamet, şefkat; acınacak şey; *f.* acımak, merhamet etmek. **feel pity for** acımak. **for pity's sake** Allah aşkına. **out of pity** merhameten, acıyarak. **take pity on** merhamete gelmek. **What a pity!** Ne yazık! Vah vah!

piv.ot (piv'ıt) *i., f.* mil, eksen, mihver; *f.* mil üzerine yerleştirmek; mil veya eksen üzerinde dönmek. **pivotal** *s.* mil kabilinden, mile ait; asıl, esas.

pix (piks) *i., çoğ., A.B.D., argo* sinema; resimler.

pix.i.la.ted (pik'sıleytid) *s., k.dili* kaçık, çatlak, delidolu; *argo* sarhoş.

pix.y, pix.ie (pik'si) *i.* peri.

piz.za (pit'sı) *i.* pizza.

piz.zi.ca.to (pitsıka'to) *i., s., z., müz.* tellerin parmak çekişleriyle seslendirilmesi, pizzikato; *s.* pizzikato usulünde çalınan; *z.* pizzikato usulünde.

PK *kıs.* psychokinesis.

pk. *kıs.* **pack, park, peak, peck.**

pkg. *kıs.* **package(s).**

pl. *kıs.* **place, plate, plural.**

pla.ca.ble (pley'kıbıl, pläk'ı-) *s.* kolay yatışır, kolay affeder; teskin edilmesi mümkün.

plac.ard (pläk'ard) *i., f.* yafta, afiş, levha, ilân levhası; *f.* afişlerle ilân etmek; üzerine yafta yapıştırmak.

pla.cate (pley'keyt, pläk'eyt, pläk'ıt) *f.* teskin etmek, yatıştırmak. **placative, placatory** *s.* yatıştırıcı.

place (pleys) *i.* yer, mevki, mahal, mekân, mevzi; küçük sokak veya meydan; semt, şehir, kasaba; ev; *mat.* hane; mevki, memuriyet, görev, vazife. **place card** davetlilerin sofradaki yerlerini gösteren kart. **place in the sun** iyi durum. **place kick** *spor* saha üzerine konulmuş olan topa vuruş. **give place to** öncelik tanımak; yer vermek. **go places** *argo* başarıya ulaşmak. **high places** yüksek mertebeler; eski zamanda ibadet etmeye mahsus tepeler. **hold a place** yeri olmak, bir mevkii tutmak, bir yer işgal etmek. **in place** yerinde. **in place of** yerine. **in the second place** ikinci olarak, ondan sonra,

out of place yersiz, münasebeti olmayan.
take place vaki olmak, meydana gelmek.
place (pleys) *f.* koymak, bir yere koymak, yer-
leştirmek; bir memuriyete veya işe koymak;
vermek, yatırmak (para); atamak, tayin et-
mek; çıkarmak, tanımak; koşuda ikinci gel-
mek; *spor* birinci, ikinci veya üçüncü gel-
mek; derece almak; bırakmak; sınıflandır-
mak. **place a bet** bahse girmek. **place an
order** sipariş vermek, ısmarlamak.

pla.ce.bo (plısi'bo) *i.* (*çoğ.* **-bos, -boes**)
hastaya ilâç diye verilen tesirsiz madde.
place.ment (pleys'mınt) *i.* koyma, yerleştirme.
pla.cen.ta (plısen'tı) *i., anat.* meşime, son,
plasenta; *zool.* etene; *bot.* bitki tohumunu
etrafındaki zarfa bağlayan kısım. **placental**
s. plasentaya ait.
plac.er (pley'sır) *i.* derece veya yer alan şey
veya kimse.
plac.er (pläs'ır) *i.* nehir sularının getirdiği al-
tınla karışık aluvyon. **placer mining** böyle
birikintiden altın ayırma işlemi.
pla.cet (pley'sît) *i., Lat.* kabul, tasvip, ten-
sip; olumlu oy.
plac.id (pläs'îd) *s.* sakin, yumuşak, uysal, ha-
lim selim. **placidity** (plısîd'ıti) *i.* sükûnet,
yumuşak başlılık, huzur. **placidly** *z.* sükû-
netle, uysallıkla.
plack.et (pläk'ît) *i.* giyside fermuar yeri; eteklik
cebi.
plac.oid (pläk'oyd) *s., zool.* tabak şeklindeki;
köpekbalığı gibi tabak şeklinde pulları olan.
pla.gia.rize (pley'cırayz) *f.* bir başkasının
eserini kendisininmiş gibi yayımlamak, intihal
etmek. **plagiarism** *i.* intihal; intihal edilmiş
eser. **plagiarist** *i.* intihal eden kimse. **pla-
giary** *i.* başkasının eserini kendisine mal et-
me, intihal.
plague (pleyg) *i., f.* belâ, musibet; taun, veba;
k.dili baş belâsı, dert; *f.* uğraşmak, rahatsız
etmek; eziyet vermek, başına belâ kesilmek;
belâsını vermek. **Plague take it! Plague
on it!** Allah belâsını versin! **black plague**
kara veba. **white plague** verem.
pla.guy (pley'gi) *s., k.dili* sıkıcı, baş belâsı olan.
plaice (pleys) *i.* pisibalığı, *zool.* Pleuronectes
platessa.
plaid (pläd) *s., i.* ekose; *i.* ekose kumaş; ekose
desen; İskoçya dağlılarının kullandıkları ekose
şal.

plain (pleyn) *s., z., i.* düz; sade, şatafatsız, süssüz,
basit; açık, vazıh; dobra dobra söylenmiş;
alelade; baharatsız, sade (yiyecek); *z.* sa-
dece; *i.* ova, düzlük. **plain dealing** dürüst-
lük; doğru iş. **plain living** basit yaşayış.
plain sailing *k.dili* güç tarafı olmayan iş.
plain text çözülmüş şifre. **in plain words**
açıkça, vuzuhla; sadelikle, süssüz olarak.
plainness *i.* düzlük; sadelik, süssüzlük;
açıklık, vuzuh.
plain.clothes man (pleyn'kloz) sivil polis;
detektif.
plain.song (pleyn'sông) *i., müz.* eski bir tarz
kilise müziği.
plain-spo.ken (pleyn'spo'kın) *s.* açık sözlü.
plaint (pleynt) *i.* şikâyet, yakınma; feryat, figan.
plain.tiff (pleyn'tif) *i., huk.* davacı.
plain.tive (pleyn'tiv) *s.* yakınan, sızlanan, ke-
derli. **plaintively** *z.* sızlanarak.
plait (plät, pleyt) *i., f.* örgü; kıvrım, pli, kırma;
f. örmek; kıvrım yapmak.
plan (plän) *i., f.* (**-ned, -ning**) plan; kroki,
taslak; tertip, niyet, maksat, fikir; yol, usul,
tarz; *f.* planını çizmek; plan kurmak, tasar-
lamak; tertiplemek, düzenlemek; düşünmek,
niyetlenmek. **working plan** ilk tasarı, ge-
çici plan. **planner** *i.* plan yapan kimse.
pla.nar (pley'nır) *s.* düzeysel.
pla.nar.i.an (plıner'iyın) *i., zool.* planarya.
plane *i.,* **plane tree** (pleyn) çınar, *bot.* Pla-
tanus.
plane (pleyn) *i., f.* rende, marangoz rendesi,
planya; bir çeşit mala; *f.* düzeltmek, rende-
lemek; üstünü temizlemek; *den.* suyun yü-
zünde uçar gibi gitmek.
plane (pleyn) *i., geom.* düzlem, müstevi; dü-
zey; safha, derece; tayyare, uçak. **inclined
plane** *geom.* eğik düzlem. **on the same
plane** aynı düzeyde, müsavi, aynı derecede.
plane (pleyn) *s.* tamamıyle düz, dümdüz; müs-
tevi, düzlem; yassı. **plane angle** *geom.*
düzlem açı, basit açı. **plane figure** *geom.*
düzlem şekil. **plane geometry** düzlem
geometri. **plane table** plançete.
plan.er (pley'nır) *i., bak.* planing machine.
plan.et (plän'ît) *i.* gezegen, seyyare.
plan.e.tar.i.um (plänîter'iyım) *i.* yıldızları ve
güneş sistemini hareket halinde canlandıran
cihaz; bu cihazın içinde bulunduğu bina.

plan.e.tar.y (plän'ıteri) *s.* gezegenlerle ilgili, gezegen gibi; seyyar, gezginci; dünyasal. **planetary gear** *mak.* büyük bir dişli çarkın içinde dönen küçük dişli.

plan.et.fall (plän'itfôl) *i.* bir gezegene iniş.

plan.e.toid (plän'ıtoyd) *i., astr.* küçük gezegen, asteroid, planetoid.

plan.gent (plän'cınt) *s.* dalga gibi çarpan veya döven, yankılanan; gürültülü.

pla.nim.e.ter (plınîm'ıtır) *i.* planimetre, düz bir alanın yüzölçümünü ölçen alet. **planimetry** *i.* yüzölçümü ölçme usulü.

plan.ing machine (pley'nîng) planya makinası, planya tezgâhı. **planing mill** kereste rendeleme fabrikası.

plan.i.sphere (plän'ısfir) *i.* düzlemküre.

plank(plängk) *i.* kalın tahta, döşemelik tahta; dayanak, destek; parti programında madde. **walk the plank** geminin yan tarafından uzanan kalasın üzerinden suya düşüp boğulmak.

plank(plängk) *f.* kalas döşemek, tahta kaplamak; kızartıp veya haşlayıp servis yapmak; *k.dili* fırlatmak. **plank down, plank out** hemen ödemek.

plank.ton (plängk'tın) *i.* plankton.

pla.no.con.cave (pleynokan'keyv) *s.* bir yüzü düz öbür yüzü içbükey olan.

pla.no.con.vex (pleynokan'veks) *s.* bir yüzü düz öbür yüzü dışbükey olan.

plant (plänt) *i.* bitki, ot; fabrika, atelye; bir kurumun malı olan bina veya arazi; demirbaş; teçhizat; *argo* hile, oyun, tuzak; şakşakçı; seyircilerin arasında oturup rol yapan oyuncu; hikâyede sonradan etkisini gösteren belirsiz bir kısım. **plant louse** yaprak biti; bitkilere musallat olan bit, *zool.* Chermus. **sensitive plant** küseğen, küstümotu, *bot.* Mimosa pudica.

plant (plänt) *f.* dikmek, ekmek; kurmak, tesis etmek; tohumlarını atmak (fikir); denize balık tohumu ekmek; bahçe yapmak; mevzilendirmek; iskân etmek, yerleştirmek; *argo* aşketmek, indirmek, yapıştırmak (tokat); yutturmak. **plant oneself** dikilmek. **plant out** fideleri saksı veya limonluktan çıkararak toprağa dikmek.

plan.tain (plän'tîn) *i.* bir çeşit muz, *bot.* Musa paradisiaca; bunun pişirilerek yenen meyvası.

plan.ta.tion (pläntey'şın) *i.* koru, fidanlık; büyük çiftlik, geniş tarla, ekim alanı; istiridye yatağı; ekim.

plant.er (plän'tır) *i.* ekici, ziraatçı; tohum serpme makinası; büyük çiftlik sahibi; sömürge kurucusu.

plan.ti.grade (plän'tıgreyd) *s., i., zool.* insan ve ayı gibi bütün tabanına basarak yürüyen; *i.* tabanına ağırlık vererek yürüyen hayvan.

plaque (pläk) *i.* süs tabağı; madenî levha veya rozet.

plash (pläş) *i.* su birikintisi.

plash (pläş) *f., i.* su sıçratmak; *i.* su sıçratma; yağmurun şiddetli yağması.

plash (pläş) *f.* çalıları büküp örerek çit yapmak.

-plasm *sonek, biyol.* plazma.

plas.ma (pläz'mı) *i.* plazma; protoplazma; *min.* bir çeşit yeşil çakmaktaşı. **plasmic, plasmat'ic** *s.* plazma veya protoplazma ile ilgili.

plas.mo.di.um (pläzmo'diyım) *i.* (çoğ. **-di.a**) *biyol.* birkaç amipten oluşmuş mikrop, plazmodyum; sıtma asalağı, *zool.* Plasmodium.

plas.mol.y.sis (pläzmal'ısîs) *i., bot.* plazma bozulumu.

-plast *sonek* canlı hücre.

plas.ter (pläs'tır) *i.* sıva; alçı; *tıb.* yakı. **plaster cast** *tıb.* alçı. **plaster of Paris** alçı. **court plaster** yapıştırıcı bant. **mustard plaster** hardal yakısı. **porous plaster** yakı.

plas.ter (pläs'tır) *f.* sıvamak, sıva vurmak; yakı yapıştırmak; yapıştırmak; *argo* tokatlamak, yumruklamak.

plas.ter.board (pläs'tırbôrd) *i.* yapıda sıva yerine kullanılan sunî tahta.

plas.tered (pläs'tırd) *s., argo* sarhoş, küfelik.

plas.tic (pläs'tik) *s., i.* plastik; naylon; şekil verilebilen; yoğrulabilen; *i.* plastik. **plastic arts** plastik sanatlar. **plastic surgery** plastik ameliyat. **plastic'ity** *i.* istenilen şekle konulabilme, yoğrulabilme.

plas.tron (pläs'trın) *i.* ortaçağa mahsus madenî göğüslük; eskrim göğüslüğü; kadın elbisesinin göğüs süsü; kolalı frenkgömleğinin göğüs kısmı; *zool.* kaplumbağa kabuğunun göğüs kısmı.

plat (plät) *i., f.* (**-ted, -ting**) *eski* küçük toprak parçası, arsa; plan, çap; *f., eski* şehir planı çizmek.

plat (plät) *i.*, *f.* saç örgüsü; *f.* saç örmek.

plate (pleyt) *i.* tabak; sahan; bir tabak dolusu şey; madenî levha; altın veya gümüş sofra takımı; kupa, şilt; maden baskı kalıbı; *dişçi.* damak, takma diş, protez; *mim.* duvar tabanlığı; zırh levhası; böyle levhalardan yapılmış zırh; cam negatif; fotoğraf klişesi; *beysbol* kale işareti olan levha. **plate glass** dökme cam. **gold plate** altın kaplı madenî eşya. **plateful** *i.* bir tabak dolusu.

plate (pleyt) *f.* madenle kaplamak; zırh levhalarla kaplamak; *matb.* galvano klişe yapmak; baskı ile cilâlamak (kâğıt).

pla.teau (pläto') *i.* (*çoğ.* **-teaus, -teaux**) plato, yüksek düzlük, yayla; *psik.* bir kimsenin öğrenim süresi içinde hiç ilerleme kaydetmediği dönem; birkaç katlı sini takımı.

plat.ed (pley'tîd) *s.* kaplanmış; iki yüzü değişik dokunmuş.

plate.let (pleyt'lît) *i.* pıhtılaşmaya yardımcı olan kan elemanı, trombosit.

plat.en (plät'ın) *i.* matbaa makinasının baskı yapan levhası; daktilo makinasının silindiri.

plat.er (pley'tır) *i.* kaplamacı; maden levhaları yapan veya kaplayan işçi; *spor* ikinci sınıf yarış atı.

plat.form (plät'fôrm) *i.* platform, yüksekçe yer, kürsü; peron; tramvay sahanlığı; bir siyasî partinin resmen kabul ettiği prensipler, parti programı; plan, tasarı. **platform car** açık yük vagonu.

plat.ing (pley'tîng) *i.* madenî levha kaplama, kaplamacılık.

plat.i.no.type (plât'ınotayp) *i.* ışığın platin tuzları üzerindeki etkisi ile çekilen fotoğraf; böyle fotoğraf çekme işlemi.

plat.i.num (plat'ınım) *i.*, *kim.* platin. **platinum black** *kim.* platinden çıkarılan siyah bir toz. **platinum blond** platine veya beyaza yakın sarı saçlı (kimse). **platinum metals** tabiî ve kimyasal özellikleri platine benzeyen birkaç maden.

plat.i.tude (plät'ıtud) *i.* soğuk laf, yavan söz; adilik, bayağılık, tatsızlık. **platitu'dinize** *f.* tatsız laflar söylemek. **platitu'dinous** *s.* soğuk laftan ibaret.

Pla.to (pley'to) *i.* Eflatun, Plato.

Pla.ton.ic (plıtan'îk) *s.* Eflatun veya felsefesine ait, Platonik. **platonic love** saf aşk, manevî aşk, platonik sevgi. **platonic relationship** samimî arkadaşlık, içli dışlı olma.

Pla.to.nism (pley'tınîzım) *i.* Eflatun'un felsefesi, Eflatunculuk; Eflatun'dan kalma deyim. **Platonist** *i.* Eflatun felsefesi taraftarı. **Platonize** *f.* Eflatun felsefesini taklit etmek; bu felsefeye uydurmak; idealleştirmek.

pla.toon (plıtun') *i.* askerî müfreze; takım.

plat.ter (plät'ır) *i.*, *A.B.D.* düz ve büyük tabak; *k.dili* plak.

plat.y.pus (plät'ıpıs) *i.* Avustralya'ya mahsus bir hayvan, ornitorenk, *zool.* Ornithorhynchus anatinus.

plat.yr.rhine (plät'ırayn) *s.* delikleri birbirinden uzak ve geniş burunlu.

plau.dit (plô'dît) *i.* alkış, takdir. **plauditory** *s.* alkış veya takdir anlamına gelen.

plau.si.ble (plô'zıbıl) *s.* aklın kabul edebileceği, havsalaya sığan; makul, görünüşte makul veya haklı olan; itimat uyandıran; olasılı. **plausibil'ity** *i.* makul olma; olasılık. **plausibly** *z.* akla sığacak şekilde, makul olarak.

play (pley) *f.* oynamak; eğlenmek; hareket etmek, sallanmak, kımıldanmak; çalgı çalmak; rol yapmak, temsil etmek, canlandırmak; kumar oynamak; su fışkırmak (fıskıye); hortumla fışkırtmak; ateş etmek (top); hareket ettirmek, gezdirmek; oyuna iştirak etmek. **play at** katılmak; yapar gibi görünmek. **play ball** oyuna başlamak; işbirliği etmek. **play down** önemsememek. **play both ends against the middle** kendi çıkarı için başkalarını birbirine düşürmek. **play fair** hilesiz oynamak, doğru oynamak. **play false** hilekârlık etmek. **play fast and loose** kaygısızca hareket etmek. **play havoc** mahvetmek. **play high** büyük kumar oynamak; *briç* karşısındakine kaybettirmek için yüksek değerli bir kart oynamak. **play house** evcilik oynamak. **play into the hands of** çıkar sağlayacak şekilde davranmak. **play off** berabere kalan bir oyunu sonradan tamamlamak. **play on** durmadan çalmak, çalmakta devam etmek. **play on** *veya* **upon** faydalanmak, istismar etmek. **play politics** siyasî çıkarlarına göre davranmak. **play possum** ölü veya uyuyor gibi davranmak. **play second fiddle** ikinci derecede rol oynamak. **play the field** birden fazla kimseyle aynı zamanda flört etmek. **play the fool** ahmakça davranmak. **play the game** dürüstçe hareket etmek. **play the man** erkekçe davranmak, mertçe hareket etmek. **play the market** spekülasyon yapmak. **play up** belirtmek, tebarüz ettirmek, üzerinde durmak. **play up to** yaltaklanmak. **play with** ile oynamak, kandırmak. **play with oneself** istimna etmek, kendi kendini tatmin etmek. **played out** bitkin bir hale gelmiş; işi bitmiş.

play (pley) *i.* oyun, eğlence; sahne oyunu, piyes; şaka, latife; fiil, hareket; oynama, faaliyet; davranış; işleme; ilgi; hareket serbestliği. **a play on words** kelime oyunu. **at play** oynamakta, oyunda. **child's play** çocuk oyunu; çok kolay iş. **come into play** meydana çıkmak, kullanılmaya başlamak, etkili olmak. **fair play** oyunun hakçası, doğru oyun. **foul play** hileli oyun; alçakçasına iş, suikast. **in play** oyunda (top); şaka olarak. **make a play for** *k.dili* kazanmaya çalışmak; ayartmaya çalışmak. **out of play** oyun dışı bırakılmış.

play.a.ble (pley'ıbıl) *s.* oynanabilir; çalınabilir.

play.back (pley'bäk) *i.* banda aldıktan sonra sesi tekrarlama.

play.bill (pley'bil) *i.* tiyatro afişi; oyun programı.

play.boy (pley'boy) *i.* ciddî bir işi olmayan ve zevk peşinde koşan erkek; mirasyedi erkek.

play-by-play (pley'baypley') *s.* dakikası dakikasına veren.

play.er (pley'ır) *i.* oyuncu; aktör; çalgı çalan kimse, çalgıcı; eğlence ile vakit geçiren kimse; kumarbaz; *İng., spor* profesyonel oyuncu; müzik aletini çalmak için kullanılan otomatik cihaz. **player piano** otomatik tertibatı bulunan piyano.

play.fel.low (pley'felo) *i.* oyun arkadaşı.

play.ful (pley'fıl) *s.* oynamayı seven; şen, şakacı, latifeci. **playfully** *z.* şenlikle; şaka olarak. **playfulness** *i.* şen oluş, oyunculuk; şakacılık.

play.go.er (pley'gowır) *i.* tiyatro meraklısı.

play.ground (pley'graund) *i.* oyun sahası.

play.house (pley'haus) *i.* tiyatro; çocukların içinde oynadıkları küçük ev.

play.ing card (pley'îng) oyun kâğıdı, iskambil kâğıdı.

play.let (pley'lît) *i.* küçük piyes.

play.mate (pley'meyt) *i.* oyun arkadaşı.

play.off (pley'ôf) *i., spor* rövanş maçı.

play.pen (pley'pen) *i.* küçük çocuklar için etrafı parmaklıklı oyun yeri, park.

play.thing (pley'thîng) *i.* oyuncak.

play.time (pley'taym) *i.* oyun zamanı, tatil saati.

play.wright (pley'rayt) *i.* piyes yazarı.

pla.za (pla'zı, pläz'ı) *i.* meydan, çarşı yeri.

plea (pli) *i.* yalvarma, rica; *huk.* dava; müdafaa; itiraz; mazeret, özür. **court of common pleas** medenî hukuk mahkemesi. **special plea** asıl davadaki maddelere ilâveten ortaya atılan yeni şikâyet maddesi.

pleach (pliç) *f.* (asma) birbiri arasından geçirerek örmek.

plead (plid) *f.* (**pleaded** *veya* **pled**) yalvarmak, rica etmek, istirham etmek; *huk.* dava açmak; suçlamak veya savunmak; iddia etmek; mazeret göstermek. **plead guilty** *huk.* suçu kabul etmek. **plead not guilty** *huk.* suçu reddetmek. **pleadable** *s.* davada cevap veya özür olarak gösterilebilir. **pleader** *i.* avukat, dava vekili. **pleading** *i.* dava açma; layiha hazırlama usulü. **special pleading** *bak.* **special**. **pleadingly** *z.* yalvararak. **pleadings** *i., çoğ., huk.* layihalar.

pleas.ant (plez'ınt) *s.* hoş, güzel, latif, gökçe, tatlı, memnuniyet verici. **pleasantly** *z.* hoşa gider bir şekilde. **pleasantness** *i.* memnuniyet verici oluş, hoşa gitme.

pleas.an.try (plez'ıntri) *i.* şaka, şakacılık; neşe, hoşbeş.

please (pliz) *f.* sevindirmek, hoşnut etmek, memnun etmek; hoşuna gitmek; memnun edici olmak; istemek. **Please give me the salt. Please pass the salt.** (Lütfen) tuzu verir misiniz? **please oneself** canının istediği gibi hareket etmek, hoşuna gideni yapmak. **please the eye** göze hoş görünmek, gözü okşamak. **as you please** nasıl isterseniz. **be pleased with** -den memnun olmak. **if you please** lütfen, rica ederim; isterseniz. **when you please** ne zaman isterseniz.

pleas.ing (pli'zîng) *s.* hoş, sevimli, hoşa giden, memnuniyet verici. **pleasingly** *z.* hoşa gidecek surette, memnun edici şekilde, hoş.

pleas.ur.a.ble (plej'ırıbıl) *s.* hoşa giden, zevk veren; tatmin edici. **pleasurably** *z.* hoşça, zevk verecek şekilde; tatmin edici bir şekilde.

pleas.ure (plej'ır) *i., f.* zevk, sefa, haz, lezzet, sevinç, keyif, memnuniyet; emir, irade; *f., eski* zevk vermek; zevk almak. **at pleasure** isteğe göre. **do (one) the pleasure of** lütfunda bulunmak. **It is a pleasure.** Benim için bir zevktir. **take pleasure in** -den zevk almak. **What is your pleasure?** Ne arzu edersiniz?

pleat (plit) *i., f.* pli, plise; *f.* pli yapmak. **plea'ter** *i.* pli yapan şey veya kimse.

pleb (pleb) *i., tar.* eski Roma'da avamdan biri, plep.

plebe (plib) *i., A.B.D.* askerî akademide birinci sınıf öğrencisi.

ple.be.ian (plibi'yın) *s., i.* adi, bayağı, avama ait; pleplere ait; *i.* aşağı tabakadan adam.

pleb.i.scite (pleb'ısayt, -sît) *i.* plebisit, bir mesele hakkında bütün halkın oy kullanması.

plebs (plebz) *i.* eski Roma'da avam tabakası; avam, halk.

plec.trum (plek'trım) *i., müz.* mızrap, çalgıç.

pled (pled) *bak.* **plead.**

pledge (plec) *i.* söz, yemin, ant; rehin; taahhüt; şerefine içme; gizli bir örgüte girmeye yeminli kimse. **hold in pledge** rehin olarak tutmak. **put in pledge** rehine koymak. **take the pledge** yemin etmek, söz vermek (özellikle içki içmeme hususunda).

pledge (plec) *f.* rehine koymak; taahhüt etmek, kefalet etmek; ciddî olarak söz vermek veya verdirmek; şerefine içmek. **pledger** *i.* yeminli kimse.

pledg.et (plec'it) *i., tıb.* yara tiftiği veya sargısı.

Plei.a.des (pli'yıdiz) *i., çoğ.* Süreyya burcu, Ülker; yedi ünlü kişiden meydana gelen grup.

Pleis.to.cene (plays'tısin) *s., i., jeol.* pleistosene ait; *i.* pleistosen.

ple.na.ry (pli'nıri, plen'-) *s.* tam, bütün, tümel, küllî; mutlak; bütün üyelerin hazır bulunduğu (toplantı, kurul).

ple.ni.lu.nar (plinilu'nır) *s.* ayın bedir haline ait, dolunaya ait.

plen.i.po.ten.ti.ar.y (plenipıten'şiyıri, -şıri) *s., i.* tam yetkisi olan; *i.* tam yetkili elçi. **minister plenipotentiary and ambassador extraordinary** tam yetkili fevkalade elçi.

ple.ni.tude (plen'ıtud) *i.* dolu oluş, bolluk, mebzuliyet.

plen.te.ous (plen'tiyıs) *s.* çok, bol, bereketli. **plenteous in mercy** yarlığaması bol.

plen.ti.ful (plen'tifıl) *s.* çok, bol, mebzul, bereketli, mahsuldar, verimli. **plentifully** *z.* bol bol, mebzulen. **plentifulness** *i.* bolluk, bereket, verimlilik.

plen.ty (plen'ti) *i., s., z.* bolluk, mebzuliyet; *s., k.dili* pek çok, bereketli; *z., k.dili* bol bol, yetecek kadar, kâfi miktarda.

ple.num (pli'nım) *i.* (*çoğ.* -nums, -na) *Lat.* doluluk; bir madde ile dolu yer; içinde atmosferden daha yüksek basınçlı hava bulunan herhangi bir şey; üyelerin hepsinin hazır bulunduğu toplantı; birleşik oturum (meclislerde).

ple.o.nasm (pli'yınäzım) *i.* gereksiz söz, laf kalabalığı, kelime fazlalığı, haşiv, şişirme.

ple.o.nas.tic (pliyınäs'tîk) *s.* gereksiz sözlerle ilgili. **pleonastically** *z.* gereksiz sözlerle ifade ederek, lüzumundan fazla şey söyleyerek.

ple.si.o.sau.rus (plisiyısôr'ıs) *i., paleont.* boynu uzun, başı küçük ve dört ayağı küreğe benzeyen bir çeşit sürüngen.

pleth.o.ra (pleth'ırı) *i.* dolgunluk, fazlalık; *tıb.* pletor, kan fazlalığı, kan toplanması. **plethoric** *s.* pletorik, kan toplanması kabilinden.

pleu.ra (plûr'ı) *i.* (*çoğ.* -rae) *anat.* plevra, akciğer zarı, göğüs zarı. **pleural** *s.* göğüs zarına ait, plevral.

pleu.ri.sy (plûr'ısi) *i., tıb.* göğüs zarı iltihabı, zatülcenp. **pleurit'ic(al)** *s.* zatülcenp hastalığına ait veya bu hastalığa tutulmuş.

pleu.ro.pneu.mo.ni.a (plûrorumo'niyı) *i., tıb.* zatülcenp ile beraber zatürree hastalığı bulunması.

plex.i.glass (pleks'îgläs) *i., tic. mark.* cama benzer bir plastik çeşidi.

plex.im.e.ter (pleksîm'ıtır) *i., tıb.* pleksimetre, göğüs muayenesinde hastanın göğsüne konulup üzerine hafif hafif vurulan ufak levha.

plex.or (plek'sır) *i., tıb.* perküsyon çekici.

plex.us (plek'sıs) *i.* (*çoğ.* **plex.us, plex.us.es**) *anat.* örgü, pleksus, sinir ağı; ağ, şebeke. **solar plexus** *bak.* **solar.**

pli.a.ble (play'ıbıl) *s.* katlanabilir, eğilip bükülebilir; esnek; yumuşak, mülâyim, kolay kandırılabilir, uysal. **pliabil'ity, pliableness** *i.* esneklik, eğilip bükülme kabiliyeti; uysallık. **pliably** *z.* yumuşak başlılıkla.

pli.ant (play'ınt) *s.* esnek, eğilip bükülebilir; yumuşak, uysal, söz dinler. **pliancy** *i.* esneklik, eğilip bükülebilme.

pli.ca (play'kı) *i.* (*çoğ.* -cae) *anat., zool.* deri katmeri, büklüm; *tıb.* saçları hasır haline getiren bir deri hastalığı, plika. **plicate** *s.* yelpaze gibi katlanmış; *anat.* büklümlü. **plica'tion** *i.* kat, katmer; katlama.

pli.ers (play'ırz) *i., çoğ.* kerpeten.

plight (playt) *i.* kötü durum.

plight (playt) *f.* teminat vermek, söz vermek. **plight one's troth** evlenme sözü vermek.

Plim.soll *i.,* **Plimsoll mark** (plîm'sıl) *den.* geminin kenarındaki su çizgisi.

plinth (plînth) *i., mim.* duvar eteklığı, etek tahtası, etek silmesi; duvar çıkıntısı; (sütun veya heykel için) kaide.

Pli.o.cene (play'ısin) *i., s., jeol.* pliyosen; *s.* pliyosen devrine ait.

plod (plad) *f.* (-ded, -ding) *i.* ağır ağır ve zorla yürümek; isteksizce çalışmak, esir gibi çalışmak; *i.* zahmetli yürüyüş veya iş; zahmetle atılan ağır adımların sesi. **plodder** *i.* zahmetli bir işi sonuna kadar sebatla yürüten kimse. **ploddingly** *z.* ağır ağır ve sebatla.

plop (plap) *f.* (-ped, -ping) *i., z.* "plof" diye ses çıkararak düşmek; *i.* taş gibi bir cismin suya düşerken çıkardığı ses; *z.* "plof" diye ses çıkararak.

plo.sion (plo'jın) *i., dilb.* "b" ve "p" seslerinde küçük patlama.

plo.sive (plo'sîv) *i., s., dilb.* patlama yapan ses; *s.* bu seslere ait.

plot (plat) *i.* arsa, parsel; romanın konusu; fesat, entrika, suikast, gizli plan. **plotless** *s.* plansız (yazı veya hikâye).

plot (plat) *f.* (-ted, -ting) plan veya haritasını çıkarmak; plan veya harita üzerinde işaretlerle göstermek (nota); aradaki noktaları birleştirerek çizgi çizmek; entrika çevirmek, kötü niyetlerle plan yapmak. **plotting paper** kareli kâğıt. **plotter** *i.* plan yapan kimse; entrikacı.

plough *bak.* **plow.**

Plov.div (plôv'dif) *i.* Filibe şehri.

plov.er (plʌv'ır) *i.* yağmurkuşu, *zool.* Charadrius. **dotterel plover** kalinis, *zool.* Eudromias morinellus.

plow, *İng.* **plough** (plau) *i., f.* saban; sabana benzer herhangi bir alet; lokomotifin önünde kar süpüren alet; atlarla çekilen kar süpürgesi; *f.* saban ile toprağı işlemek, saban sürmek; gemi gibi yarıp geçmek; yol açıp arasından geçmek; *İng., argo* sınavda çakmak, kalmak. **plow back** tekrar yatırmak (para). **plow into** *k.dili* hızla çarpmak; girişmek. **plow the sands** boşuna uğraşmak. **plow through a book** bir kitabı güçlükle okuyup bitirmek. **plow under** *A.B.D.* saban ile kazıp gömmek.

plow.boy (plau'boy) *i.* çiftçi yamağı; köylü çocuk.

plow.man (plau'mın) *i.* saban süren kimse; köylü, rençper.

plow.share (plau'şer) *i.* saban demiri, saban kulağı.

plow.shoe (plau'şu) *i.* icabında saban demirinin toprağa batmasına engel olan ağaç ayak.

plow.staff (plau'stäf) *i.* sabanın sapı.

ploy (ploy) *i.* desise, manevra, hile.

pluck (plʌk) *f.* koparmak (çiçek, meyva), yolmak; çekmek, asılmak, zorlamak; tüylerini yolmak; *argo* yağma etmek, soyup soğana çevirmek; parmakla veya mızrapla çalmak (telli saz); aldatıp soymak; *İng., argo* imtihanda çevirmek veya reddetmek. **pluck off** koparmak. **pluck out** çıkarmak. **pluck up** söküp çıkarmak, kökünden sökmek; cesaret vermek.

pluck (plʌk) *i.* yiğitlik, cesaret, yüreklilik; koparma, yolma; çekme; sakatat.

pluck.y (plʌk'i) *s.* cesur, yiğit, yürekli.

plug (plʌg) *i.* tapa, tıkaç, tampon; *elek.* fiş; *k.dili* yararsız şey; *oto.* buji; yangın musluğu; tütün parçası; *argo* övme; *argo* vuruş, vurma; *argo* yumruk, dayak; *jeol.* volkan ağzını kapatan sert kaya; *k.dili* yıpranmış veya soysuz at; *argo* piston; durmadan tekrarlanan reklâm. **plug box** maden ocağında su boşaltmaya mahsus boru. **plug hat** *eski, argo* silindir şapka.

plug (plʌg) *f.* (-ged, -ging) tıkamak, tıkaç ile kapamak; *argo* tabanca veya yumruk ile vurmak; *k.dili* dikkat ve sebatla çalışmak; durmadan reklâmını yapmak. **plug for** *argo* için uğraşmak. **plug in** fişi prize sokmak; ilgilenmek.

plug-ug.ly (plʌg'ʌgli) *i., A.B.D., argo* gangster.

plum (plʌm) *i.* erik; erik ağacı; bonbon, şekerleme; çeşitli tonlarda mor renk; arzulanacak şey. **plum pudding** üzüm ve baharatlı Noel yortusu pudingi.

plum.age (plu'mîc) *i.* kuşun bütün tüyleri; süslü elbise, süs.

plumb (plʌm) *i., s., z.* şakul, iskandil kurşunu; dikey duruş; *s.* dikey, şakulî, amudî; *k.dili* tam; *z.* dosdoğru, dimdik; *k.dili* tamamen, mutlak surette. **plumb line** şakul sicimi, şakul, çekül. **out of plumb** dikey olmayan, eğrice.

plumb (plʌm) *f.* iskandil etmek, şakule vurmak, şakullemek; doğrultmak, düzeltmek; ölçmek, tartmak; en alt seviyesine erişmek; kurşunla kaplamak.

plum.ba.go (plʌmbey'go) *i.* kalem kurşunu; dişotu, *bot.* Plumbago europaea. **plumbaginous** (plʌmbäc'ınıs) *s.* grafite benzer; grafitli.

plumb.er (plʌm'ır) *i.* su borusu tamircisi veya tesisatçısı. **plumber's helper** musluk pompası.

plum.bif.er.ous (plʌmbîf'ırıs) *s.* kurşun hâsıl eden, kurşunlu.

plumb.ing (plʌm'îng) *i.* bir binadaki boru tesisatı; kurşun ve lehim işleri; su tesisatını yapma; boru tesisatçılığı.

plume (plum) *i., f.* tüy, kuş tüyü; iri ve gösterişli tüy, tüy sorguç; mükâfat, şeref madalyası, nişan; bazı fidan tohumlarını havaya saçan tüy gibi kısım, sorguç; *f.* tüylerle süslemek; tüylerini düzeltmek (kuş); böbürlenmek, kendini beğenmek, övünmek. **plumeless** *s.* tüysüz, sorguçsuz. **plumelet** *i.* tüycük, ufak tüy. **plumose, plumous** *s.* tüylü, tüye benzer. **plumosity** (plumas'ıti) *i.* tüylülük.

plum.met (plʌm'ît) *i., f.* şakul kurşunu, iskandil kurşunu, çekül; yük, ağırlık, sıkıcı şey, sıkıntı; *f.* dikine düşmek.

plump (plʌmp) *s., f.* dolgun, tombul, tıknaz, şişmanca; *informal* balık etinde; *f.* şişmanlatmak, şişmanlamak. **plumpness** *i.* dolgunluk, tombulluk.

plump (plʌmp) *f., i., z.* "pat" diye oturmak; birdenbire düşürmek; birdenbire ortaya atmak (laf); her bakımdan yardım etmek; *i.* birdenbire düşüş veya dalış; düşme sesi; *z.* birdenbire düşerek; açıkça, kabaca; baş aşağı.

plu.mule (plu'myul) *i.* tohumda gövde ve genç yaprakların taslağı, tümürcük; kuşun ince tüyleri.

plum.y (plu'mi) *s.* tüy gibi, tüylü, tüylerle süslenmiş.

plun.der (plʌn'dır) *f., i.* yağma etmek, talan etmek, soymak, zorla almak; *i.* yağma, talan, yağmacılık, çapulculuk; *A.B.D., k.dili* özel eşya, mal.

plunge (plʌnc) *f., i.* suya daldırmak; zorla suya batırmak; saplamak, sokmak; dalmak, içine atılmak; ileriye atılmak; *k.dili* büyük para koyarak kumar oynamak; *i.* dalış, suya atılış; yüzüş; dalma havuzu; *k.dili* tehlikeli teşebbüs, büyük kumar; kendini verme, atılma. **plunge bath** dalma havuzu. **take the plunge** tehlikeye veya ilerisi belli olmayan bir işe atılmak. **plunger** *i.* dalıcı; dalgıç; basma tulumba silindiri; *k.dili* kumarbaz kimse; ticarette büyük rizikolar altına girmeyi seven kimse; musluk pompası.

plunk (plʌngk) *f., i., z., k.dili* mızrapla ses çıkarmak; birden düşmek; *i.* ağır darbe; *z.* tam isabetle.

plu.per.fect (plu'pırfekt) *s., i., gram.* belirli bir geçmişteki olaydan daha önce olmuş olayın hikâyesi, (*kıs.* plup.).

plu.ral (plûr'ıl) *s., i.* birden fazla; *i., gram.* çoğul, cemi. **plural marriage** birden fazla karısı olma. **plural vote** bir kimsenin birden fazla oy kullanma hakkı. **plurally** *z.* birden fazla olarak.

plu.ral.ism (plûr'ılîzım) *i.* çoğul olma hali; değişik milletlerden meydana gelen toplum; *fels.* çokçuluk. **pluralist** *i., fels.* çokçu. **pluralis'tic** *s.* değişik milletlerden olan; bütünlük gerektirmeyen.

plu.ral.i.ty (plûräl'ıti) *i.* adaylar arasında en fazla oy alma; birden fazla oluş; çokluk, ekseriyet; *A.B.D.* bir seçimi kazanan kimsenin ikinci gelen şahıstan fazla olarak aldığı oy sayısı.

plur.alize (plûr'ılayz) *f.* çoğul şeklini kullanmak, çoğul yapmak.

plus (plʌs) *edat, s., i.* ilâvesiyle, fazlasıyle; ayrıca; *s.* fazla, ilâve olan; *k.dili* -den öte olan; sıfırdan yukarı, pozitif; pozitif cereyanlı; *i.* artı işareti (+), artı; pozitif miktar; fazlalık. **plus fours** golf pantolonu. **plus number** sıfırdan yukarı sayı. **plus sign** artı işareti

(+). **Two plus three is five.** İki ile üç beş eder.

plush (plʌş) *i., s.* uzun tüylü kadife, pelüş; bu kumaştan yapılan pantolon; *s.* pelüşten yapılmış; *argo* lüks. **plushy** *s.* tüylü kadife gibi; *argo* lüks.

Plu.to (plu'to) *i., mit.* ölüler diyarının ilâhı; *astr.* Plüton.

plu.toc.ra.cy (plutak'rısı) *i.* zenginler hâkimiyeti, plütokrasi; servet sahipleri sınıfı, zengin takımı. **plu'tocrat** *i.* servetinden dolayı fazla nüfuzu olan kimse, plütokrat.

Plu.to.ni.an (pluto'niyın) *s.* ölüler diyarına ait; cehennemî.

plu.ton.ic (plutan'îk) *s., jeol.* ısı etkisiyle oluşmuş (taş).

plu.to.ni.um (pluto'niyım) *i.; kim.* plutonyum.

plu.vi.al (plu'viyıl) *s.* yağmurla ilgili, yağmurlu; *jeol.* yağmurun etkisiyle meydana gelmiş. **pluvious** *s.* yağmurla ilgili, yağmurlu.

plu.vi.om.e.ter (pluviyam'ıtır) *i.* plüviyometre, yağmurölçer.

ply (play) *i., f.* kat, katmer; meyil, eğilim, temayül; *f.* eğmek.

ply (play) *f.* işletmek, kullanmak; etmek, yapmak, bir faaliyeti devam ettirmek; birbirini takip eden hamlelerle yormak ve bunaltmak; taciz etmek, sıkıştırmak, (sual yağmuruna) tutmak; çalışmak; hedefe doğru ilerlemek; düzenli seferler yapmak, gidip gelmek; *den.* rüzgâra karşı gitmek, orsaya seyretmek. **ply someone with liquor** bir kimseye durmadan içki içirmek. **plying between New York and London** New York ile Londra arasında işleyen (gemi veya uçak).

ply.wood (play'wûd) *i.* kontrplak.

P.M. *kıs.* **postmaster, post mortem, after noon.**

pneu.ma (nu'mı) *i.* ruh, can.

pneu.mat.ic (numät'îk) *s.* hava veya diğer gazlarla ilgili; hava basıncı ile işleyen; içinde sıkıştırılmış hava bulunan; şişirilmiş lastik tekerlekleri olan; manevî, ruhsal. **pneumatic tire** şişirilmiş otomobil lastiği. **pneumatic tube** hava basıncı ile öteberi nakleden boru. **pneumatically** *z.* hava basıncı ile.

pneu.mat.ic (numät'îk) *i.* şişirilmiş otomobil lastiği.

pneu.mat.ics (numät'îks) *i.* hava ve diğer gazların mekanik özelliklerinden bahseden ilim dalı.

pneu.mo.coc.cus (numıkak'ıs) *i., tıb.* pnömokok.

pneu.mo.gas.tric (numogäs'trîk) *s.* akciğerlere ve mideye ait.

pneu.mo.nia (numon'yı) *i., tıb.* zatürree, akciğer iltihabı. **double pneumonia** iki taraflı zatürree.

pneu.mo.tho.rax (numothôr'äks) *i., tıb.* plevra boşluğunda gaz toplanması; ciğer söndürme, hava verme.

Pnom-Penh (nam'pen') *i.* Pnôm-Penh, Kamboçya'nın başkenti.

P.O., p.o. *kıs.* **Post Office, postal order.**

poach (poç) *f.* yumurtayı kırıp kaynar su veya süt içinde pişirmek. **poached egg** sıcak suya kırılıp pişirilmiş yumurta.

poach (poç) *f.* yasak olan bölgede avlanmak; balık veya hayvan avlamak için yasak olan bölgeye girmek; bata çıka yürümek, ağır ağır ve ayaklarını sürüyerek yürümek; cıvık cıvık olmak (toprak). **poachy** *s.* çamurlu, batak.

poach.er (po'çır) *i.* yasak bölgede avlanan kimse; yasak yere giren kimse.

po.chard (po'çırd) *i.* akgözlü ördek, pasbaş, *zool.* Aythya.

pock (pak) *i.* çiçek hastalığının kabarcığı.

pock.et (pak'ît) *i.* cep; para, maddî imkân; çukur, gedik; bilardo masasının dört köşesindeki çukurcuklardan her biri; içinde maden cevheri bulunan ufak kovuk; *hav.* hava boşluğu; semt. **pocket battleship** cep zırhlısı. **pocket money** cep harçlığı. **in one's pocket** nüfuzu altında; içli dışlı olan.

pock.et (pak'ît) *f.* cebe yerleştirmek, cebe koymak; cebine atmak, *slang* iç etmek; gizlemek, saklamak, bastırmak.

pock.et.book (pak'îtbûk) *i.* cüzdan; ufak boy kitap, cep kitabı; cep defteri.

pock.et.knife (pak'îtnayf) *i.* çakı.

pock.mark (pak'mark) *i.* çiçekbozuğu leke. **pockmarked** *s.* çiçekbozuğu, çopur.

pock.y (pak'i) *s.* çiçekbozuğu, çopur.

po.co a po.co (po'ko a po'ko) *İt., müz.* yavaş yavaş, azar azar.

pod (pad) *i., f.* **(-ded, -ding)** *bot.* bakla ve bezelyenin tohum zarfı; *hav.* uçak kanadı altında yakıt, tüfek ve makina yerleştirmek için bulunan çıkıntılı bölme; *f.* tohum zarfı husule getirmek; bezelye kabuklarını soymak.

pod (pad) *i., mak.* burgu oluğu.

pod (pad) *i.* hayvan sürüsü (özellikle fok, balina ve deniz aygırı).

po.dag.ra (podäg'rı, pad'ıgrı) *i., tıb.* ayakta görülen gut hastalığı, nıkris illeti. **podagric(al)** *s.* gut hastalığı ile ilgili.

po.des.ta (podes'tı) *i.* ortaçağda İtalyan şehirlerinde vali veya hâkim.

podg.y (pa'ci) *s.* şişman ve kısa boylu, bodur. **podginess** *i.* şişmanlık.

po.di.a.try (pıday'ıtri) *i., tıb.* ayak hastalıkları bilgi ve tedavisi, podiyatri.

po.di.um (po'diyım) *i.* (*çoğ.* -di.a) konuşmacının veya orkestra şefinin üzerinde durduğu yüksekçe platform, podyum.

Po.dunk (po'dʌngk) *i.* geri kalmış herhangi bir küçük kasaba.

po.em (po'wım) *i.* şiir, koşuk, manzume, şairane ifade. **prose poem** mensur şiir, biçim, yapı veya duyusal içeriği bakımından şiire benzeyen düzyazı.

po.e.sy (po'wızi) *i.* şiir sanatı, şairlik; şiirler.

po.et (po'wît) *i.* şair, ozan; şairane fikir ve hayal yaratma gücüne sahip olan kimse. **poetess** *i.* kadın şair. **poet laureate** İngiltere'de kral tarafından sarayın resmî şairi tayin olunan kimse.

poet. *kıs.* **poetic, poetry.**

po.et.as.ter (po'wîtästır) *i.* kalitesiz şair.

po.et.ic, -i.cal (powet'îk, -îkıl) *s.* şiir veya şairliğe ait; koşuk dilinde, şiir niteliğinde, manzum; şiir gibi en ince duyguları ifade eden, şairane. **poetic justice** kaderin tecelli ettirdiği adalet. **poetic license** yazıda kurallara veya gerçeğe aykırı olduğu halde güzelliği veya tanımlayıcı niteliği yüzünden geçerli sayılan deyim. **poetically** *z.* şairane; koşuk kurallarına uygun olarak. **poetics** *i.* koşuk kural ve usulü; bundan bahseden kitap; vezin tekniği.

po.et.ize (po'wîtayz) *f.* şiir yazmak, şiir söylemek; şiirle ifade etmek.

po.et.ry (po'wîtri) *i.* şiir, koşuk, nazım; şiir sanatı; şiirler, manzumeler; şiir gibi herhangi bir şey veya his.

po.go stick (po'go) tabanı yaylı olup ayakları koymak için iki çıkıntısı bulunan ve bir kim-

senin üstüne çıkarak birkaç zıplamayla yürüyebileceği sırık.

po.grom (po'grım) *i.* planlanmış katliam, kıyım (özellikle Yahudilere karşı).

poign.ant (poyn'yınt, poy'nınt) *s.* acı, keskin; şiddetli, tesirli, müessir, ıstıraplı, dokunaklı; kuvvetli, delip geçen. **poignancy** *i.* keskinlik, lezzet veren acılık; ıstırap. **poignantly** *z.* etkileyici olarak, dokunaklı bir şekilde, ıstırapla.

poin.set.ti.a (poynset'iyı) *i.* sıcak memleketlere mahsus ve çiçeklerinin altında iri kırmızı yaprakları olan bir bitki, *bot.* Euphorbia heterophylla.

point (poynt) *i.* sivri uç, burun; denize uzanan burun; nokta; sivri uçlu şey; noktalama işareti; fonetik alfabedeki işaret; gaye, maksat, hedef, bir sözün altında yatan maksat; belirli yer, özel bir durum; buhranlı an; bir şeyin tam zamanı; kaneviçe (nakış); derece (ısı); bazı oyunlarda sayı, puvan; *den.* pusula taksimatından biri, kerte; *mat.* tam sayı ile kesiri ayırmak için aralarına konan nokta [Türkiye'de bunun yerine virgül kullanılır: **four point six** (4.6): dört virgül altı (4,6)]; *matb.* punto; borsalarda esas tutulan birim, puvan; ferma (köpek). **point of honor** şeref meselesi. **point of intersection** *geom.* kesişme noktası. **point of no return** dönüşü olmayan nokta. **point of order** içtüzüğe uygunluk konusu. **point of view** görüş noktası. **at that point** tam o zaman. **at the point of death** ölüm halinde. **beside the point** konu dışında. **boiling point** kaynama noktası. **carry one's point** gayesine ulaşmak, istediğini elde etmek. **come to the point** sadede gelmek. **critical point** nazik nokta, buhranlı nokta, tehlikeli hal veya devre. **freezing point** donma derecesi, donma noktası. **his strong point** onun kuvvetli tarafı. **in point** isabetli, yerinde. **in point of** bakımından. **in point of fact** hakikaten. **make a point of** bilhassa itina etmek, özenmek. **melting point** erime noktası. **on the point of going** gitmek üzere. **Possession is nine points of the law.** *huk.* Zilyetlik mülkiyet hakkının en büyük delilidir. **stretch a point** müsamaha etmek, göz yummak. **to the point** tam yerinde, isabetli.

point (poynt) *f.* işaret etmek, göstermek; yöneltmek; hedefe nişan almak; duvar taşları arasını çimento veya harç ile doldurmak; ucunu sivriltmek; hareketsiz durup avın yerini göstermek (av köpeği), ferma etmek. **point at** parmakla işaret etmek; tüfeğin namlusunu hedefe çevirmek. **point a gun** tüfekle nişan almak. **point a moral** ahlâk dersi çıkarmak. **point off** büyük rakamları virgüllerle hanelere ayırmak. **point out** belirtmek. **point to** yönelmek. **point up** *A.B.D.* etkisini artırmak. **point system** *matb.* punto sistemi; körler için çıkıntılı noktaları olan alfabe sistemi; okullarda kredi sistemi.

point.blank (poyntblängk') *i., s., z.* doğrudan doğruya hedefe yapılan atış; *s.* yatay olarak atılan; doğrudan doğruya atılabilecek kadar yakın; açık, aşikâr, dolaysız; *z.* doğrudan doğruya; yakından; açık olarak.

point.ed (poyn'tid) *s.* sivri uçlu; keskin, nüfuz edici, tesirli; özel anlam ifade eden, manalı. **pointedly** *z.* manalı olarak, belirli bir şahsı veya şeyi hedef alarak.

point.er (poyn'tır) *i.* işaret eden kimse veya şey; işaret değneği, işaret parmağı; kısa tüylü bir çeşit av köpeği, zağar.

Point.ers (poyn'tırz) *i.* Büyükayı takımyıldızındaki işaret yıldızları.

point.less (poynt'lis) *s.* ucu olmayan, uçsuz, ucu kör; manasız, etkisiz; gayesiz, maksatsız; sayı kaydedilmeyen, puvansız (oyun). **pointlessly** *z.* anlamsızca, manasız olarak. **pointlessness** *i.* anlamsızlık, manasızlık.

poise (poyz) *f., i.* denge sağlamak, muvazene temin etmek; hazır tutmak; dik tutmak, kaldırmak; dengeli olmak; asılı olmak, sarkmak; havada tutmak, havada duraksamak; *i.* denge, muvazene; istikrar; havada asılı kalma; temkin; sükûn, huzur, kendine hâkim olma.

poi.son (poy'zın) *i., f.* zehir, ağı, sem; *f.* içine zehir katmak, zehirlemek; zehir içirmek; bozmak, ifsat etmek. **poison gas** zehirli gaz. **poison hemlock** büyük baldıran, *bot.* Conium maculatum. **poison ivy** Amerika'ya mahsus ve dokununca vücudu zehirleyen bir çeşit sarmaşık. **poison-pen** *s.* bir başkasının ismini lekelemek veya mutluluğunu bozmak için, genellikle imzasız olarak gönderilen (mektup). **poison sumac** *A.B.D.* zehirli somak, *bot.* Rhus vernix. **deadly poison** öl-

dürücü zehir, keskin zehir. **hate like poison** şiddetle nefret etmek. **slow poison** ağır tesir eden zehir. **poisoner** *i.* zehirleyici şey veya kimse.

poi.son.ous (poy'zınıs) *s.* zehirli. **poisonously** *z.* zehir tesiriyle, zehirli olarak.

poke (pok) *i.* torba, kese. **buy a pig in a poke** bir şeyi görmeden satın almak.

poke (pok) *i.* itme, dürtme; dirsek vurma; ağır ağır hareket eden kimse; *k.dili* tekme; hayvanların çitlerden geçememeleri için boyunlarına veya boynuzlarına geçirilen takım.

poke (pok) *f.* dürtmek, saplamak, dirsek vurmak; uzatmak, sokmak; dolaşıp bir şey araştırmak; karıştırmak; aylak aylak dolaşmak; ağır davranmak. **poke fun at** (bir kimse ile) alay etmek. **poke one in the ribs** bir kimsenin böğrünü dürtüklemek. **poke one's nose into something** bir işe burnunu sokmak.

pok.er (po'kır) *i.* ölçer; dimdik veya kazık gibi duran kimse.

po.ker (po'kır) *i.* poker oyunu. **poker-faced** *s., k.dili* tamamen ifadesiz (yüz).

pok.y (po'ki) *s., k.dili* durgun, cansız; pejmürde, kılıksız; çok ağır ve sıkıntı verici, bunaltıcı.

pok.y (po'ki) *i., argo* hapishane, kodes.

po.lac.ca, po.la.cre (polâk'ı, polâk'ır) *i.* Akdeniz'e mahsus üç direkli yelkenli, polaka.

Po.land (po'lınd) *i.* Polonya, Lehistan.

po.lar (po'lır) *s.* kutba ait, kutbî, kutupta veya civarında bulunan; Kutupyıldızına benzer, yol gösteren, rehber; iki mıknatıs kutbuna ait veya benzer; tamamen birbirine zıt. **polar bear** beyaz kutup ayısı. **polar distance** kutuptan ölçülen mesafe, kutbî mesafe. **polar lights** kutup ışınları.

po.lar.im.e.ter (polirîm'ıtır) *i., fiz.* bir ışığın polarma oranını ölçen alet, polarölçer.

Po.lar.is (poler'îs) *i.* Kutupyıldızı.

po.lar.i.scope (poler'ıskop) *i.* maddelerin özelliklerini polarılmış ışıkta incelemeye mahsus alet.

po.lar.i.ty (poler'ıti) *i.* kutbiyet; bir mıknatısın kutupları gibi çekme veya itme özelliklerine sahip olma; birbirine taban tabana zıt iki ayrı eğilimin etkisiyle hareket etme hali.

po.lar.ize (po'lırayz) *f.* bir ışının titreşimlerini belirli bir yöne çevirmek, polarmak; özel bir anlam veya yön vermek. **polarized light** polarılmış ışık. **polariza'tion** *i.* polarma.

pol.der (pol'dır) *i.* Hollanda'da deniz seviyesinden aşağıda bulunan ve denizden setlerle ayrılarak kurutulmuş olan tarla.

pole (pol) *i., f.* sırık, direk, kazık; beş metre boyunda bir uzunluk; bu uzunluğu ölçme aleti; olta kamışı; seren direği; *f.* sırıkla sandalı yürütmek; sırıklamak, sırıklarla donatmak; sırıkla desteklemek. **pole bean** sırık fasulyesi. **pole horse** araba okuna bağlı atlardan biri. **pole vault** sırıkla yüksek atlama.

pole (pol) *i.* kutup; mıknatıs kutbu; birbirine zıt iki kuvvetten biri; *mat.* iki vektörün kesiştiği sıfır noktası. **celestial pole** kuzey kutbu. **positive pole** müspet kutup. **south pole** güney kutbu. **terrestrial pole** arz kutbu. **be poles apart** birbirine zıt olmak.

Pole (pol) *i.* Leh, Polonyalı.

pole.ax (pol'äks) *i., ask.* uzun saplı balta, teber.

pole.cat (pol'kät) *i.* kokarca, Amerika sansarı, kır sansarı, *zool.* Mustela putorius.

po.lem.ic (polem'ik) *s., i.* münakaşaya ait, tartışmalı, münakaşalı, ihtilaflı, münazaalı; *i.* polemiğe giren kimse, münakaşacı, münakaşayı seven kimse; tartışma, münakaşa. **polemics** *i.* münakaşa sanatı, polemik. **polemical** *s.* tartışmalı, münakaşalı. **polemically** *z.* tartışma şeklinde, münakaşa tarzında.

pole.star (pol'star) *i.* Kutupyıldızı; yönetici unsur.

po.lice (pılis') *i.* (*çoğ.* **po.lice**) *f.* polis idaresi, inzibat kuvveti, emniyet âmirliği dairesi; zabıta, polisler; *ask.* inzibat memurları; *ask.* garnizonun temizlik durumu; *f.* polis vasıtasıyle düzen ve asayişi sağlamak; polis tayin etmek; *ask.* garnizonu temiz tutmak; idare etmek. **police commissioner** polis komiseri. **police court** polis mahkemesi. **police dog** Alman köpeği. **police squad** polis müfrezesi. **police state** totaliter idare altında olan devlet. **police station** karakol. **harbor police** sahil muhafaza polisi. **motor police** motosikletli polis. **mounted police** atlı polis.

po.lice.man (pılis'mın) *i.* polis, zabıta memuru.

pol.i.clin.ic (paliklin'ik) *i., tıb.* poliklinik.

pol.i.cy (pal'ısi) *i.* siyaset, politika, idare, tedbir; takip edilen yol veya yön, hareket hattı.

domestic policy iç politika, dahilî siyaset. **foreign policy** dış politika, haricî siyaset. **public policy** kamu yararını gözeten politika.

pol.i.cy (pal'ısi) *i.* sigorta mukavelenamesi, poliçe; piyangoda kazanan numaralar üzerine oynanan kumar. **policy shop** piyango biletleri üzerine kumar oynanan yer. **endowment policy** belirli bir sürenin bitiminde belirli bir meblağın ödenmesini icap ettiren hayat sigortası poliçesi. **floating policy** *den. sig.* dalgalı sigorta poliçesi. **life insurance policy** hayat sigortası poliçesi.

pol.i.cy.hol.der (pal'ısiholdır) *i.* poliçe hamili.

pol.i.o.my.e.li.tis, po.li.o (paliyomayılay'tis, po'liyo) *i., tıb.* omurilikteki gri maddenin iltihabı; çocuk felci.

pol.ish (pal'iş) *f., i.* cilâlamak, parlatmak, cilâ vermek; inceleştirmek, terbiye etmek, süslemek; cilâlanmak, parlamak; daha iyi duruma sokmak; *i.* cilâ, perdah; cilâlama; incelik, zarafet, nezaket, terbiye. **polish off** işini bitirmek; (bir rakibi yenip) başından defetmek. **polish up** iyice parlatmak, iyice cilâ vermek; daha iyi duruma getirmek.

Po.lish (po'liş) *s., i.* Leh, Polonya'ya veya Polonya halkına ait; *i.* Polonya dili, Lehçe.

polit. *kıs.* political, politics.

po.lite (pılayt') *s.* nazik, terbiyeli, kibar; yüksek seviyede. **politely** *z.* nezaketle, nazikâne. **politeness** *i.* nezaket, incelik, kibarlık.

pol.i.tic (pal'ıtik) *s., i.* maharetli; siyasî, politik; tedbirli, ihtiyatlı, basiretli; kurnaz; iyi düşünülmüş.

po.lit.i.cal (pılit'ikıl) *s.* devlete veya hükümete ait; siyasî, siyasete ait, siyasal; siyasî bir partiye ait. **political agent** siyasî delege. **political economy** iktisat ilmi. **political geography** siyasî coğrafya. **political science** idarî ilimler, siyasal bilgiler. **politically** *z.* siyaset bakımından.

pol.i.ti.cian (pılitiş'ın) *i.* siyasetçi, politikacı, siyaset uzmanı; devlet adamı; kendi yararına politika ile meşgul olan kimse.

pol.i.tics (pal'ıtiks) *i.* politika, siyaset; parti entrikaları, siyasî desiseler; siyasî partilerin idaresi, politikacılık.

pol.i.ty (pal'ıti) *i.* hükümet şekli, idare şekli; devlet, hükümet.

pol.ka (pol'kı) *i.* polka dansı; polka müziği. **polka dot** puanlı, benekli (kumaş).

poll (pol) *i.* seçimde oylar; oy sayısı; gayri resmî anket; *eski* baş, kafa, kelle. **poll tax** oy kullanabilmek için ödenen bir vergi; şahıs başına ödenen bir vergi. **the polls** seçim; seçim sandığı, gayri resmî anketler.

poll (pol) *f.* oyları toplamak, rey almak; (seçim listesine) kaydetmek; oy vermek; anket yapmak; (saç veya boynuz) kesmek.

pol.lack, pol.lock (pal'ık) *i.* bir çeşit balık, *zool.* Pollachius virens.

pol.lard (pal'ırd) *i., f.* boynuzları dökülmüş veya kesilmiş hayvan; boynuzsuz soydan öküz veya koyun; budanmış ağaç; *f.* budamak, boynuzlarını kesmek.

polled (pold) *s.* boynuzu, saçı veya başı kesilmiş, kel.

pol.len (pal'ın) *i.* çiçeklerin üremesini temin eden toz, çiçek tozu.

pol.li.nate (pal'ıneyt) *f., bot.* tozaklamak. **pollina'tion** *i.* tozaklama.

pol.li.wog (pal'iwag) *i.* kurbağa yavrusu, iribaş.

pol.lock *bak.* **pallack.**

poll.ster (pol'stır) *i.* anket yapan kimse.

pol.lut.ant (pılu'tınt) *i.* kirleten şey, havayı veya suyu kirleten kimyasal madde.

pol.lute (pılut') *f.* kirletmek, pisletmek, murdar hale getirmek, telvis etmek; ırzına geçmek, iffetini bozmak. **pollution** *i.* pisletme; murdarlık.

Pol.ly.an.na (paliyän'ı) *i.* Polyanna, dünyayı hep güllük gülistanlık gören kız (E.H. Porter'ın aynı isimli romanının kahramanı).

po.lo (po'lo) *i.* polo, çevgen. **polo pony** bu oyunda kullanılan bodur cins at. **polo shirt** kalın tişört. **water polo** yüzerken oynanan bir çeşit top oyunu.

po.lo.naise (polıneyz') *i., müz.* Polonya asıllı ağır ve ritmik bir dans, polonez; bu dansın müziği; bulüzü ve eteği birbirine bitişik olan ve eskiden giyilen kadın elbisesi.

po.lo.ni.um (pılo'niyım) *i., kim.* radyoaktif bir eleman, polonyum.

pol.ter.geist (pol'tırgayst) *i.* öcü, umacı, gürültülü hortlak.

pol.troon (paltrun') *i.* korkak adam, alçak adam, namert kimse. **poltroonery** *i.* korkaklık, alçaklık, namertlik.

poly- *önek* çok.

pol.y.an.dry (paliyän'dri) *i.* birden fazla kocası olma sistemi, çok kocalılık; *bot.* ercikkerin çok ve serbest olması, poliandri. **polyandrous** *i.* çok kocalılık sistemine ait.

pol.y.an.thus (paliyän'thıs) *i.* bir çeşit çuha çiçeği, *bot.* Primula polyantha.

pol.y.chrome (pal'ikrom) *s., i.* çok renkli; çok renklerle resimlendirilmiş veya boyanmış; değişik renklerle basılmış (kitap); *i.* çok renkli sanat eseri. **polychromat'ic** *s.* çok renkli.

pol.y.clin.ic (paliklin'ik) *i., tıb.* poliklinik, her türlü hastalığın tedavi edildiği genel hastane veya klinik.

pol.y.es.ter (paliyes'tır) *i.* polyester.

po.lyg.a.my (pılig'ımi) *i.* poligami, aynı zamanda birden fazla karısı olma sistemi veya geleneği, çok karılılık. **polygamist** *i.* birden fazla karısı olan adam. **polygamous** *s.* birden fazla karısı olan; *zool.* birden fazla eşi olan; *bot.* aynı bitkide erdişi çiçeklerin dışında hem erkek hem de dişi çiçekleri bulunan, poligam.

pol.y.glot (pal'iglat) *s., i.* birçok dil bilen; birçok dilde yazılmış olan; birçok dili içine alan; *i.* birçok dil bilen kimse; birkaç dilde basılmış kitap; birkaç dilin birbirine karışmış hali, karmakarışık dil. **polyglottism** *i.* birçok dil bilme; birkaç dili birbirine karıştırma.

pol.y.gon (pal'igan) *i., geom.* dörtten fazla açısı olan düz şekil, poligon, çokgen; top ve tüfek atış tecrübesi yapılan meydan, atış yeri, poligon; çok köşeli cisim.

po.lyg.o.nal (pılig'ınıl) *s.* çok köşeli, çokgen.

po.lyg.o.num (pılig'ınım) *i.* çoban değneği.

pol.y.graph (pal'igräf) *i.* teksir makinası; nabız kaydeden cihaz, yalan ortaya çıkarmak amacıyle kullanılan aygıt; verimli yazar.

po.lyg.y.ny (pılic'ıni) *i.* aynı zamanda birden fazla karısı olma sistemi veya geleneği. **polygynous** *s.* birden fazla karısı olan.

pol.y.he.dron (palihi'drın) *i., geom.* çok yüzü olan mücessem şekil. **polyhedral** *s.* çok yüzlü, çok düzlemli.

pol.y.mer (pal'ımır) *i., kim.* elemanlarının ağırlık oranları bir olup da molekül ağırlıkları farklı olan bileşimlerden her biri, polimer. **polymer'ic** *s.* bu çeşit bileşimlerle ilgili; polimerik. **polym'erize** *i.* polimer halinde birleştirmek veya birleşmek. **polymeriza'-tion** *i.* polimerizasyon.

pol.y.morph (pal'imôrf) *i., biyol.* çok şekilli veya değişik safhalı organizma veya böyle bir organizmanın şekillerinden biri; *kim.* birkaç şekilde kristalleşebilen madde veya bu şekillerden biri.

pol.y.mor.phous, pol.y.mor.phic (palimôr'fıs, -fik) *s.* değişik şekilleri olabilen veya değişik safhalardan geçen. **polymorphism** *i.* değişik şekilleri olma; değişik safhalardan geçme.

Pol.y.ne.sia (pal'ini'jı) *i.* Polinezya, Güney Pasifik'te bulunan adalar kümesi. **Polynesian** *s., i.* bu adalara mahsus (dil veya şahıs).

pol.y.no.mi.al (palino'miyıl) *i., s., mat.* birden fazla terimi olan (ifade); polinom; *biyol.* ikiden fazla kelimeden meydana gelen hayvan veya bitki ismi.

pol.y.nu.cle.ar (palinu'kliyır) *s.* birden fazla çekirdeği olan, polinükleer.

pol.yp (pal'ip) *i.* polip; *tıb.* ahtapot, polip.

pol.y.pet.al.ous (palipet'ılıs) *s., bot.* çok taç yaprağı olan (çiçek), polipetal.

pol.y.phase (pal'ifeyz) *s., elek.* çok fazlı.

pol.y.phone (pal'ifon) *i.* çeşitli sesleri gösteren harf veya işaret.

pol.y.phon.ic (palifan'ik) *s.* çok sesli, polifonik.

po.lyph.o.ny (pılif'ıni) *i., müz.* birbirine uygun muhtelif nağmelerin bir arada söylenmesi veya çalınması ile meydana getirilen ahenkli musiki parçası, polifoni; aynı harf veya işaretlerle birden fazla ses ifade etme.

pol.y.po.dy (pal'ipodi) *i.* bespaye, *bot.* Polypodium vulgare.

pol.y.pus (pal'ıpıs) *(çoğ. -pi)* bak. **polyp.**

pol.y.sac.cha.ride (palisäk'ırayd) *i.* yüksek molekül ağırlığı olan karbonhidrat, nişasta.

pol.y.syl.la.ble (palisîl'ıbıl) *i.* üçten fazla hecesi olan kelime.

pol.y.syl.lab.ic (palisiläb'ik) *s.* çok heceli.

pol.y.tech.nic (palitek'nîk) *s., i.* bir çok sanat veya fene ait; *i.* bir çok sanat veya feni öğreten okul.

pol.y.the.ism (pal'ithiyızım) *i.* çoktanrıcılık; birden fazla tanrıya inanma. **polytheist** *i.* birden fazla tanrıya inanan kimse.

pol.y.to.nal (palito'nıl) *s., müz.* çoktonlu, politonal.

pol.y.to.nal.ity (palitonäl'iti) *i., müz.* birkaç perdeyi birden kullanma tekniği.

pol.y.ton.ic (palitan'ik) *s.* birçok perdeleri olan.

pol.y.un.sat.u.rat.ed (paliyʌnsäç'ıreytid) *s.* (yemek yağlarından) damar sertliğine karşı koruyucu tipte olan.

pol.y.u.ri.a (paliyû'riyı) *i., tıb.* idrar çokluğu.

pom.ace (pʌm'is) *i.* elma püresi veya posası; herhangi bir şeyin ezmesi veya posası.

po.ma.ceous (pomey'şıs) *s.* elmaya mahsus, elmadan ibaret.

po.made (pomeyd', -mad') *i., f.* briyantin, merhem; *f.* merhem sürmek.

po.man.der (po'mändır) *i.* eskiden hastalığa karşı kullanılan baharatlı top; karanfil içine batırılmış elma veya portakal.

pome (pom) *i.* elma, armut veya ayva tipinde meyva.

pome.gran.ate (pam'gränit) *i.* nar, *bot.* Punica granatum.

pom.e.lo (pam'ılo) *i.* greypfrut.

Pom.e.ra.ni.an (pamırey'niyın) *s., i.* Prusya eyaletlerinden Pomeranya'ya ait; *i.* Pomeranya halkından biri; Pomeranya köpeği.

po.mif.er.ous (pamif'ırıs) *s.* elma veya armut cinsinden meyva veren.

pom.mel (pʌm'ıl) *i., f.* (-ed, -ing veya -led, -ling) kılıç veya kamçının topuz gibi kalın olan başı; eyer kaşı; *f.* dövmek, yumruklamak.

po.mol.o.gy (pomal'ıci) *i.* meyva yetiştirme bilgisi veya sanatı. **pomolog'ical** *s.* meyva yetiştirme ilmine ait. **pomol'ogist** *i.* meyva yetiştiren kimse.

pomp (pamp) *i.* tantana, debdebe, ihtişam, azamet; *eski* geçit töreni.

pom.pa.dour (pam'pıdôr) *i.* erkeklerde saçları arkaya doğru tarama usulü; kadınlarda öndeki saçların altına ilâve bir kısımla kabartıldığı saç şekli; pembe veya kırmızı rengin bir tonu.

Pom.pe.ii (pampey') *i.* İtalya'da eski Pompei şehri. **Pompeian** *s., i.* Pompei şehrine ait; *i.* bu şehir halkından biri.

pom-pom (pam'pam) *i., İng.* otomatik uçaksavar top.

pom.pon (pan'pan) *i.* ponpon, yün veya tüyden yapılmış top şeklindeki süs.

pom.pos.i.ty (pampas'ıti) *i.* tantana, debdebe; azametli tavır.

pom.pous (pam'pıs) *s.* azametli, gururlu; süslü; saltanatlı, tantanalı, debdebeli. **pompousness** *i.* tantana, debdebe; azametli tavırlar, azamet, ihtişam. **pompously** *z.* gururla.

pon.cho (pan'ço) *i.* Güney Amerika'da giyilen baştan geçme kepenek, pançо; buna benzer yağmurluk.

pond (pand) *i.* ufak göl, havuz; şaka okyanus. **pondlet** *i.* havuzcuk. **pond life** gölde yaşayan hayvancıklar. **pond lily** nilüfer çiçeği, göl süseni. **pondweed** *i.* su otu.

pon.der (pan'dır) *f.* zihninde tartmak, düşünmek, düşünüp taşınmak.

pon.der.ous (pan'dırıs) *s.* çok ağır; kütle halinde, masif; cansız, can sıkıcı; zihin yorucu. **ponderos'ity, ponderousness** *i.* ağırlık, sıklet. **ponderously** *z.* cansız, sıkıcı bir şekilde; ağır ağır.

pone (pon) *i.* A.B.D.'nin güney eyaletlerine mahsus mısır ekmeği.

pon.gee (panci') *i.* Çin ipeği, ham ipekten dokunmuş kumaş.

pon.iard (pan'yırd) *i., f.* kama, hançer; *f.* hançerle yaralamak, hançerlemek.

pons a.si.no.rum (pônz' äsînôr'ım) *Lat.* eşeklerin köprüsü; *geom.* Öklid'in ikizkenar üçgenin tabanındaki iki açının birbirine eşit olduğunu kabul eden teoremi; acemilere uygulanan test.

Pon.tic (pan'tik) *bak.* **Pontus.**

pon.ti.fex, çoğ. pon.tif.i.ces (pan'tıfeks, pantif'ısız) *i.* eski Roma'da başkâhin.

pon.tiff (pan'tif) *i.* piskopos, özellikle papa.

pon.tif.i.cal (pantif'îkıl) *s., i.* Papaya ait; papalık makamı veya yetkisi olan; gururlu; *i., çoğ.* piskoposun veya papanın resmî esvabı. **pontificate** *i., f.* piskoposun ve özellikle papanın makamı veya yetkisi veya hizmet süresi; *f.* itiraz kabul etmez şekilde konuşmak; salâhiyet taslamak; piskopos veya papa sıfatıyle ayin icra etmek.

pon.to.nier (pantınîr') *i., ask.* dubalı köprüler yapan istihkâmcı.

pon.toon (pantun') *i.* duba, tombaz. **pontoon bridge** dubalar üstüne kurulan köprü.

Pon.tus (pan'tıs) *i.* Pontus, Kuzeybatı Anadolu'da tarihî bir devlet. **Pontic** *s.* Pontus devletine ait.

Pon.tus Eux.in.us (yuksay'nıs) *eski* Karadeniz.

po.ny (po'ni) *i., f.* bodur cins at, midilli; *k.dili* likör kadehi veya bir kadeh dolusu; *İng., argo* yirmi beş İngiliz lirası; *A.B.D., argo* Latince veya Yunanca ders kitabı tercümesi; açıklayıcı yardımcı kitap; *f.* yardımcı kitap kullanmak. **pony express** A.B.D.'nin batısında demiryolu yapılmadan evvel kullanılan süratli atlı posta sistemi. **pony up** *A.B.D., argo* para vermek.

pooch (puç) *i., argo* it.

pood (pud) *i.* 16,4 kiloluk bir Rus ağırlık ölçüsü.

poo.dle (pu'dıl) *i.* uzun ve kıvırcık tüylü fino köpeği, kaniş.

pooh (pu) *ünlem* Öf! (sabırsızlık veya küçümseme belirtir).

pooh-pooh (pupu') *f.* küçümsemek, alaya almak.

pool (pul) *i.* küçük göl; havuz; su birikintisi; herhangi bir sıvı birikintisi; bir nehrin derin ve durgun kısmı.

pool (pul) *i., f.* bahis tutuşmada veya kumarda ortaya konulan para; on beş bilye ile oynanan bir çeşit bilardo; *tic.* rekabete meydan vermemek için mal fiyatlarını kontrol altında tutan tüccarlar birliği; çalışma grubu, ekip; *f.* ticaret birliği kurmak amacıyle para koymak; ortaklaşa toplamak. **pool table** bilardo masası.

pool.room (pul'rum) *i.* bilardo salonu.

poop (pup) *i., f., den.* pupa, geminin kıçı; zarta; *f.* gemi kıçından içeriye dalga girmek; zarta çekmek.

poop (pup) *f., A.B.D., argo* yormak, takatini kesmek. **pooped** *s., A.B.D.* bitkin, bitap, takati kesilmiş.

poor (pûr) *s., i.* fakir, yoksul, muhtaç; zayıf; kıt, az; kuru, kuvvetsiz; sıhhati bozuk; zavallı; biçare; fena, adi, bayağı; rahatsız (gece); *i., the ile* fakir fukara. **poor box** sadaka kutusu. **poor farm** fakirlere iş bulunan ve bakılan kurum. **Poor fellow!** Vah zavallı! Vah biçare! **poor house** seyircisi az. **poor laws** fakirleri koruma kanunları. **poor rate** *İng.* halktan toplanan fakirlere yardım vergisi. **poor white** *aşağ.* aşağı tabakadan beyaz bir kimse.

poor.house (pûr'haus) *i.* darülaceze, düşkünler evi.

poor.ly (pûr'li) *z., s.* kötü bir şekilde, başarısızlıkla; kusurlu olarak; *s., k.dili* hasta, rahatsız.

poor.ness (pûr'nìs) *i.* fakirlik, yoksulluk, züğürtlük.

poor-spir.it.ed (pûr'spîr'itìd) *s.* korkak, ödlek, yüreksiz.

pop (pap) *i.* patlama sesi; tüfek sesi; gazoz.

pop (pap) *f.* (**-ped, -ping**) pat diye ses çıkarmak; patlamak; çabucak sokuvermek; patlatmak (mısır); ateş etmek. **pop in** uğramak. **pop off** *k.dili* birden gitmek, ölüvermek. **pop out** ağızdan kaçmak; fırlamak. **pop the question** *k.dili* evlenme teklif etmek.

pop (pap) *i.* hafif klasik veya popüler müzik konseri.

pop (pap) *i., argo* baba.

pop.corn (pap'kôrn) *i.* patlamış mısır, cin mısırı.

pope (pop) *i., b.h.* papa; Ortodoks papazı. **pope's nose** *k.dili* kuş kıçı, tavuğun gerisi. **popedom** *i.* papalık.

pop.er.y (po'pırı) *i., aşağ.* papalık sistemi; Katolik kilisesinin usul ve ayinleri.

pop.eyed (pap'ayd) *s.* patlak gözlü.

pop.gun (pap'gʌn) *i.* oyuncak tüfek, mantarlı tüfek, patlangaç.

pop.in.jay (pap'incey) *i.* züppe kimse; papağan şeklinde ok hedefi.

pop.ish (po'pîş) *s., aşağ.* Katolik kiliselerine ait.

pop.lar (pap'lır) *i.* kavak, *bot.* Populus. **black poplar, Lombardy poplar** kara kavak, *bot.* Populus nigra. **trembling poplar** titrek kavak, *bot.* Populus tremula. **white poplar** akçakavak, akkavak, *bot.* Populus alba.

pop.lin (pap'lin) *i.* poplin.

pop.o.ver (pap'ovır) *i.* pek hafif yumurtalı ekmek.

pop.per (pap'ır) *i.* patlangaç; mısır patlatmak için kullanılan kalbur.

pop.pet (pap'ît) *i., İng.* minyon kimse. **poppet valve** buharlı makinalarda kullanılan bir cins valf.

pop.ple (pap'ıl) *f., i.* dalgalanmak; çağlamak; *i.* dalgalanma; çağlama.

pop.py (pap'i) *i.* gelincikgillerden herhangi bir bitki, *bot.* Papaver; afyon; kızıl renk. **opium poppy** haşhaş, *bot.* Papaver somniferum. **corn poppy, field poppy, red poppy** gelincik, *bot.* Papaver rhoeas. **poppy seed** haşhaş tohumu.

pop.py.cock (pap'ikak) *i., k.dili* saçma.

pop.py.head (pap'ihed) *i.* haşhaş tohumu, haşhaş başı; *mim.* süslü başlık.

pop.u.lace (pap'yılìs) *i.* halk, avam.

pop.u.lar (pap'yılır) *s.* herkes tarafından sevilen, popüler, revaçta olan; avama mahsus, halka ait; herkesçe anlaşılabilir; halkın kesesine elverişli, ucuz. **popular election** herkesin oyunu kullanabildiği seçim. **popular front** *pol.* faşizm ve gericiliğe karşı gelen ve gösterilerde bulunan solcu koalisyonu. **popularity** (papyıler'ıti) *i.* herkes tarafından sevilme, popüler olma, rağbette olma. **popularly** *z.* herkes tarafından sevilerek; halka hitap eder şekilde.

pop.u.lar.ize (pap'yılırayz) *f.* halkın rağbet edeceği şekle sokmak; halka hitap etmek; herkesin anlayacağı şekle sokmak. **popularization** *i.* halkın benimseyeceği şekle sokma.

pop.u.late (pap'yıleyt) *f.* nüfuslandırmak, şeneltmek, meskûn hale getirmek; bayındırlaştırmak.

pop.u.la.tion (papyıley'şın) *i.* nüfus, şenlik; ahali, sekene; iskân. **exchange of populations** ahali mübadelesi.

pop.u.lous (pap'yılıs) *s.* yoğun nüfuslu, meskûn, ahalisi çok. **populousness** *i.* nüfus kalabalığı.

por.bea.gle (pôr'bigıl) *i.* dik burunlu harharyas, *zool.* Lamna nasus.

porce.lain (pôrs'lîn, pôr'sılîn) *s.* porselen (eşya).

porch (pôrç) *i.* kapı önlerinde bulunan sundurma; *A.B.D.* veranda.

por.cine (pôr'sayn, -sîn) *s.* domuza ait, domuza benzer, domuzumsu.

por.cu.pine (pôr'kıpayn) *i.* oklukirpi, *zool.* Hystrix cristatus. **porcupine beater** dişleri veya sivri uçları olan bir makina. **porcupine fish** kirpi balığı, *zool.* Diodon hystrix.

pore (pôr) *i.* gözenek, mesame; herhangi bir katı cismin üzerindeki deliklerden her biri.

pore (pôr) *f.* dikkatle bakmak, gözünü dikmek; **on, over, upon** *ile* derin derin düşünmek, mütalâa etmek, zihninde tartmak; üzerinde durmak; kendini vererek okumak veya çalışmak. **pore one's eyes out** çok okuyarak gözleri yormak, göz nuru dökmek.

por.gy (pôr'gi) *i.* sinarit, *zool.* Pargus pargus.

pork (pôrk) *i.* domuz eti; *A.B.D., argo* devlet işlerinde pek dürüst olmayan gayelere kullanılmak üzere ayrılan para. **pork barrel** *A.B.D., argo* bir milletvekilinin kendi seçim bölgesi için ayırttığı para. **pork sausage** domuz sosisi. **pork tapeworm** domuz tenyası, *zool.* Taenia solium. **porker** *i.* besili domuz.

pork.pie (pôrk'pay) *i.* etli börek; basık tepeli şapka.

por.nog.ra.phy (pôrnag'rıfi) *i.* pornografi. **pornographic** (pôrnıgräf'ik) *s.* müstehcen, açık saçık.

po.rous (pôr'ıs) *s.* gözenekli; suyu dışarı sızdıran, içinden hava veya su geçebilen. **porosity** (pôras'ıti) *i.* gözenekli oluş. **porously** *z.* gözenekle.

por.phy.ry (pôr'fıri) *i.* somaki, porfir. **porphyrit'ic** *s.* somaki; *min.* billûrlu.

por.poise (pôr'pıs) *i.* yunusbalığı, *zool.* Phocaena phocaena; domuzbalığı, *zool.* Phocaena communis.

por.ridge (pôr'ic) *i., İng.* su veya sütle pişirilmiş lapa.

por.rin.ger (pôr'incır) *i.* çorba veya lapa kâsesi.

port (pôrt) *i.* liman; liman şehri. **port authority** liman otoritesi, liman idaresi. **port of call** *den.* uğranılacak liman. **port of entry** ithalât limanı, gümrük dairesi olan liman. **free port** serbest liman, açık liman. **home port** demirleme limanı.

port (pôrt) *i., den.* gemi lombarı; lombar kapağı; *mak.* buhar, gaz veya su yolu (bilhassa valf içinde). **port lid** lombar ağzı, lombar kapağı.

port (pôrt) *i., f., ask.* tüfek veya başka bir silâhın omuzdaki duruşu; duruş; *f.* tüfeği namlusu sol omuza doğru olmak üzere eğri vaziyette tutmak.

port (pôrt) *i., f., den.* geminin sol veya iskele tarafı; *f.* dümeni iskeleye kırmak; iskeleye dönmek (gemi). **Helm to port.** Dümeni iskeleye kır. **on the port bow** pruvanın solunda (gemi).

port (pôrt) *i.* porto şarabı, genellikle koyu kırmızı renkte olan tatlı şarap.

port.a.ble (pôr'tıbıl) *s., i.* taşınabilir, nakli mümkün, portatif; *i.* taşınabilir şey, portatif eşya. **portabil'ity** *i.* taşınabilme, nakledilebilme.

por.tage (pôr'tic) *i., f., A.B.D., Kan.* taşıma, nakletme; karadan kayık nakliyatı; nakliyat yolu; nakliye, hamaliye, hamallık; *f.* kayık nakletmek.

por.tal (pôr'tıl) *i.* kapı, süslü ve büyük kapı; medhal, girilecek yer. **portal-to-portal pay** (maden ocağı veya fabrikada) işçinin işyerinde harcadığı zamana göre ödenen para.

por.tal (pôr'tıl) *s., tıb.* kapıya ait (karaciğerdeki); *tıb.* bağırsaklardan karaciğere kan nakleden büyük damara ait. **portal vein** *tıb.* kapı toplardamarı.

por.ta.men.to (pôrtımen'to) *i., İt., müz.* portamento, ses kaydırması.

por.ta.tive (pôr'tıtiv) *s.* portatif, taşınabilen, nakledilebilen.

Port-au-Prince (pôrt'oprins) *i.* Port-au-Prince, Haiti'nin başkenti.

port.cul.lis (pôrtkʌl'îs) *i.* bir kale veya müstahkem yere girilmesini önlemek için indirilen demir parmaklık.

Porte (pôrt) *i., the ile, veya the Sublime Porte** Babıâli, Osmanlı Devleti.

porte-co.chère (pôrt'koşer') *i.* konaklarda arabanın girip çıktığı büyük kapı; konak kapısı önünde bulunan arabaya binilip inilen bitişik ve üstü kapalı yer.

porte-mon.naie (pôrt'mʌni) *i., Fr.* ufak para çantası, para cüzdanı.

por.tend (pôrtend') *f.* önceden belirtmek veya haber vermek (özellikle kötü olayı).

por.tent (pôr'tent) *i.* kısa zamanda meydana gelecek bir olayın habercisi veya delili; harika, acibe. **porten'tous** *s.* meşum, uğursuz; hayret verici, harikulade.

por.ter (pôr'tır) *i.* kapıcı; *A.B.D.* yataklı vagonlarda hizmet eden görevli.

por.ter (pôr'tır) *i.* hamal; siyah bira. **porterage** *i.* hamallık; hamal parası.

por.ter.house steak (pôr'tırhaus) bir çeşit kalın ve yumuşak biftek.

port.fo.li.o (pôrtfo'liyo) *i.* evrak çantası; makam, mevki, vazife; bir kimseye özgü tahvillerin tümü.

port.hole (pôrt'hol) *i., den.* lombar; kale mazgalı.

por.ti.co (pôr'tiko) *i.* büyük bir binanın kapısı önündeki direkler altı, revak.

por.tière (pôrtyer') *i.* kapı yerine kullanılan perde.

por.tion (pôr'şın) *i., f.* kısım, parça, cüz; porsiyon, bir tabak yemek; pay, hisse; kısmet, kader, nasip; drahoma, çeyiz; *f.* hisselere ayırmak, taksim etmek; parsellemek; miras bırakmak; kızına drahoma vermek. **legal portion** *huk.* mahfuz hisse.

Port Louis Port Louis, Mauritius adasının başkenti.

port.ly (pôrt'li) *s.* iri yapılı, cüsseli, şişman; heybetli, gösterişli. **portliness** *i.* cüsseli oluş; heybetli oluş.

port.man.teau (pôrtmän'to) *i.* (*çoğ.* -eaus, -eaux) *İng.* bavul.

Port-of-Spain *i.* Port of Spain, Trinidad ve Tobago kolonisinin başkenti.

Por.to-No.vo (pôr'tono'vo) *i.* Porto Novo.

por.trait (pôr'trit) *i.* resim, tasvir, portre; kelimelerle çizilen portre. **portrait gallery** resim sergisi. **portrait painter** portre ressamı. **portrait bust, portrait statue** portre heykel. **pen portrait** yazı ile yapılan tasvir.

por.trait.ist (pôr'treytîst) *i.* portreci, portre ressamı.

por.trai.ture (pôr'triçır) *i.* resim, tasvir, portre; resim sanatı; tarif, tanımlama, tavsif.

por.tray (pôrtrey') *f.* resmetmek, resmini yapmak; tarif etmek, tanımlamak, tasvir etmek. **portrayal** *i.* resmetme, tanımlama, tarif etme.

Por.tu.gal (pôr'çıgıl) *i.* Portekiz.

Por.tu.guese (pôr'çıgiz) *s., i.* Portekiz'le ilgili; *i.* Portekizce; Portekizli; Portekizliler. **Portuguese man-of-war** denizanası, *zool.* Physalia.

por.tu.lac.a (pôrçıläk'ı) *i.* semizotu, *bot.* Portulaca sativa.

pos. *kıs.* **positive, possessive.**

pose (poz) *f., i.* vaziyet almak; vaziyet takınmak; gibi görünmek; belirli bir vaziyette dikmek, vaziyet vermek; arzetmek; soru halinde ortaya atmak; *i.* vaziyet, poz, duruş; takınılan tavır.

pose (poz) *f.* şaşırtmak, hayrete düşürmek, susturmak.

pos.er (po'zır) *i.* poz veren kimse.

pos.er (po'zır) *i.* şaşırtıcı soru veya mesele.

po.seur (pozör') *i.* yapmacık tavırlar takınan kimse, *slang* numaracı.

posh (paş) *s., İng., k.dili* lüks, modaya uygun.

pos.it (paz'ît) *f.* tespit etmek; önermek, varsaymak, öne sürmek.

po.si.tion (pızîş'ın) *i., f.* yer, mevki, mahal, mevzi; yerleştirme, koyma; fikir, meram, iddia; sosyal pozisyon, içtimaî mevki; mevki, iş, görev, vazife, memuriyet; duruş; vaziyet, durum; *f.*

yerleştirmek; yerini bulmak. **position paper** belli bir sorun üzerinde bir grubun tezini sunan yazı. **a man in my position** benim durumumda veya mevkiimde olan bir adam. **in a false position** sahte bir vaziyette. **in position** tam yerinde. **in a position to do something** bir şeyler yapma yetki ve durumunda. **out of position** yerinden çıkmış.

pos.i.tive (paz'ıtîv) *s., i.* kesin, katî, mutlak; olumlu, müspet; gerçek, hakikî; esaslı; şüphesiz, muhakkak; sarih, açık, vâzıh; gerekli; emin; *mat.* sıfırdan büyük, pozitif; *elek.* müspet, pozitif, çekici; *kim.* kalevî; *foto.* müspet, pozitif; *gram.* müspet, olumlu; *tıb.* bir madde, durum veya hastalığın varolduğunu gösteren; *i.* müspet derece, sarih sıfat; ışıkları ve gölgeleri tabiî halde gösteren fotoğraf; müspet elektrik akımı; kesin şey, katî şey. **positive assertion** kesin ifade. **positive electricity** pozitif elektrik akımı. **positive proof** kesin delil. **positive sign** toplam işareti, artı, zait, (+). **a positive nuisance** tam belâ. **positively** *z.* muhakkak; katiyetle, kesin olarak. **positiveness** *i.* katiyet, kesinlik.

pos.i.tiv.ism (paz'ıtivizım) *i., fels.* pozitivizm, olguculuk, müspetçilik, Auguste Comte felsefesi. **positivist** *i.* bu felsefe taraftarı, müspetçi, pozitivist. **positivis'tic** *s.* pozitivizm taraftarı olan.

pos.i.tron (paz'ıtran) *i., fiz.* pozitron.

poss. *kıs.* **possession, possessive, possible, possibly.**

pos.se (pas'i) *i.* heyet, takım; polis müfrezesi. **posse comitatus** ihtilâl zamanında polis müdürünün yardıma çağırdığı halk. **in posse** *huk.* mümkün, kuvvede.

pos.sess (pızes') *f.* sahip olmak, malik olmak, mutasarrıfı olmak; hükmetmek. **possessed** *s.* sahipli; soğukkanlı; mecnun; çılgın; azimkâr. **possessed with** niyetli, azimkâr; mecnun.

pos.ses.sion (pızeş'ın) *i.* malik olma, iyelik, sahip olma, zilyetlik; *çoğ.* servet, mal, mülk; cin çarpması, cinnet, delilik; kendine hâkim olma; müstemleke, sömürge. **Possession is nine points of the law.** *bak.* **point. give possession** vermek, teslim etmek, istilâ ettirmek. **in possession** elde etmiş, elinde, tasarrufunda. **take possession** zaptetmek, almak.

pos.ses.sive (pızes'iv) *s., i.* malik olan; tahakküm edici; *gram.* iyelik belirten, mülkiyet ifade eden; *i.* -in hali. **possessive case** -in hali. **possessive relation** isimle tamlama, izafet. **possessively** *z.* tahakküm ederek, sahip çıkarak. **possessiveness** *i.* tahakküm etme, sahip çıkma.

pos.ses.sor (pızes'ır) *i.* mal sahibi; *huk.* zilyet, malik sıfatıyle tasarruf eden kimse. **possessory** *s.* zilyete veya zilyetliğe ait.

pos.set (pas'it) *i.* şarap veya bira ile kestirilmiş baharatlı sıcak süt.

pos.si.bil.i.ty (pasıbil'ıti) *i.* imkân, olanak; gerçekleşmesi mümkün olan olay.

pos.si.ble (pas'ıbıl) *s., i.* mümkün, imkân dahilinde, muhtemel, kabil, akla sığar; *i.* mümkün olan şey, imkân. **possibly** *z.* belki, ihtimal, mümkündür ki.

pos.sum (pas'ım) *i., k.dili, bak.* **opossum. play possum** ölü taklidi yapmak.

post (post) *i., f.* kazık, destek; *f.* yapıştırmak (ilân); afişlerle ilân etmek; kusurlarını açığa vurmak; adını listeye koymak; *den.* (geminin) geciktiğini veya battığını ilân etmek.

post (post) *i., f.* memuriyet, mahal, bir memurun tayin edildiği yer, hizmet; ordugâh, kışla, askerî menzil; kol, karakol, devriye; polis noktası; yabancıların kurdukları alış veriş yeri; *A.B.D.* savaşa katılmış kimselerin kurdukları dernek; *f.* koymak, yerleştirmek; vazifelendirmek.

post (post) *i., f., z., İng.* posta; *İng.* posta servisi, posta kutusu, postane; atlı postacı, posta tatarı; atlı postacının at değiştirdiği yer, menzil; *f., İng.* postaya vermek, posta ile göndermek; bilgi vermek, bildirmek; hesapları yevmiye defterinden ana deftere nakletmek; posta atlarıyle seyahat etmek; süratle yolculuk etmek, acele gitmek; *z.* posta atlarıyle; süratle, çabuk olarak. **post card** kartpostal, posta kartı. **post chaise** posta arabası. **post exchange** *A.B.D.* ordu kooperatifi, Orko. **post office** postane, *abbr.* PTT. **post road** posta yolu. **a heavy post** mektupla dolu posta. **morning post** sabah postası. **by return post** ilk posta ile, acele.

post- *önek, Lat.* sonra.

post.age (pos'tic) *i.* posta ücreti. **postage due** eksik ödenmiş posta ücreti; taksalı. **postage**

due stamp taksa pulu. **postage meter** posta metresi. **postage stamp** posta pulu.

post.al (pos'tıl) *s.* posta ile ilgili. **postal clerk** postane memuru. **postal convention** milletlerarası posta anlaşması. **postal money order, postal order** posta havalesi. **postal savings bank** posta idaresine bağlı banka, tasarruf sandığı. **postal union** milletlerarası posta birliği.

post.date (post'deyt) *f.* üzerine ileri bir tarih atmak.

post.di.lu.vi.an (postdilu'viyın) *s., i.* Tufandan sonra yaşayan (canlı).

post.er (pos'tır) *i.* yafta, afiş; yaftacı, yafta yapıştıran kimse; menzillerden at alarak seyahat eden kimse.

poste res.tante (post restant') *Fr.* postrestant.

pos.te.ri.or (pastir'iyır) *s., i.* sonra gelen, sonraki; gerideki; *anat.* kıça yakın; *i., çoğ.* insan kıçı, kaba etler. **posterior chamber** *anat.* ardoda. **posteriorly** *z.* sonradan gelerek.

pos.ter.i.ty (paster'iti) *i.* zürriyet; gelecek nesiller, halefler.

pos.tern (pas'tırn) *i., s.* arka kapı; yan kapı; ufak kapı; *s.* arkadaki; yandaki.

post.ex.il.ic (postegzil'ik) *s.* Babil sürgününden sonraki Yahudi tarihi ile ilgili.

post.fix (*i.* post'fiks; *f.* postfiks') *i., f.* sonek; *f.* kelime sonuna ek ilâve etmek.

post.free (post'fri) *s.* posta ücretine tabi olmayan; *İng.* posta ücreti ödenmiş.

post.gla.cial (postgley'şıl) *s., jeol.* buzul devrinden sonra.

post.grad.u.ate (postgräc'uwit) *s., i.* üniversiteden mezun olduktan sonraki tahsile ait; *i.* doktora talebesi, üniversiteden mezun talebe.

post.haste (post'heyst') *s., z., i.* büyük bir süratle, çok acele, ivedilikle; *i.* sürat.

post.hu.mous (pas'çûmıs) *s.* babasının ölümünden sonra doğmuş; yazarın ölümünden sonra yayınlanmış; bir kimsenin ölümünden sonra vaki olan. **posthumously** *z.* ölümden sonra (özellikle yazarın).

pos.tiche (pôstiş') *s., i.* bitiminden sonra eklenmiş; sunî, yapmacık; *i.* taklit, yapmacık.

pos.til.ion (postil'yın) *i.* soldaki beygire binerek araba ve özellikle posta arabasına sürücülük eden kimse.

post.im.pres.sion.ism (postimpreş'ınizım) *i., güz. san.* özellikle yirminci yüzyılın başlarında

Fransız sanatkârlarınca rağbet gören ve kübizm ile fütürizmi içine alan resim ekolü.

post.li.min.i.um (postlimin'iyım) *i.* harp esirlerinin ve ganimet olarak alınmış malların harpten sonra evvelki yerlerine veya hukukî sahiplerine iadesi kanunu, postlimini. **postliminiary, postliminious** *s.* bu kanunla ilgili.

post.lude (post'lud) *i., müz.* kilise ayini sonunda özellikle orgla çalınan parça.

post.man (post'mın) *i.* postacı, posta müvezzii.

post.mark (post'mark) *i.* posta damgası.

post.mas.ter (post'mästır) *i.* postane müdürü.

post.me.rid.ian (postmırid'iyın) *s.* öğleden sonraya ait.

post.mis.tress (post'mîstrıs) *i.* postane müdiresi.

post-mor.tem (postmôr'tım) *s., i.* öldükten sonra; *i.* otopsi.

post.na.tal (postney'tıl) *s.* doğumdan sonra.

post.paid (post'peyd') *s., z.* posta ücreti ödenmiş (olarak).

post.pone (postpon') *f.* ertelemek, tehir etmek, geri bırakmak; ikinci planda bırakmak. **postponement** *i.* erteleme, tehir, geri bırakma.

post.po.si.tion (postpıziş'ın) *i.* sonrasına koyma veya konma; bir kelime sonuna ilâve edilen kelime veya ek.

post.pran.di.al (postprän'diyıl) *s.* yemek sonrası.

post.script (post'skript) *i.* not, dipnot, hamiş, haşiye, derkenar; *kıs.* **p.s.**

pos.tu.lant (pas'çılınt) *i.* talip olan kimse; bir şey üzerinde hak iddia eden kimse; namzet, özellikle papazlığa namzet kimse.

pos.tu.late (pas'çılit) *i., fels.* önerme, kaziye, ispatına lüzum görülmeden kabul edilen mesele; kabulü zaruri olan esas, her şeyden evvel lâzım olan şart.

pos.tu.late (pas'çıleyt) *f.* talep etmek, istemek, dilemek; ispatsız olarak ifade etmek, kaziye diye kabul etmek; var saymak.

pos.ture (pas'çır) *i., f.* duruş, poz, vaziyet; hal, işlerin gidişi; zihnî vaziyet, tefekkür hali; *f.* sunî vaziyet vermek veya almak.

po.sy (po'zi) *i.* çiçek, çiçek demeti.

pot (pat) *i.* kap, maden veya topraktan yapılmış yuvarlak kap, kavanoz; kadeh; bir kap dolusu; ıstakoz tutmaya mahsus sepet; baca başlığı; kumarda bir oyunda ortaya konan paranın

toplamı; *k.dili* büyük miktarda para; *jeol.* akıntının nehir dibinde açtığı yuvarlak çukur, bu çukurda bulunan çakıl; *argo* haşiş; *bak.* **potentiometer. pot bottle** takriben yarım litrelik şişe. **pot cheese** süzme peynir. **pot hat** melon şapka. **pot liquor** yemek suyu. **pot roast** ağır ateşte pişmiş et, kapama. **pot shot** sadece çantayı doldurmak maksadıyle avlama; kısa mesafeden silah atma; rasgele vuruş. **chamber pot** lâzımlık. **chimney pot** baca başlığı, ocak külâhı. **go to pot** bozulmak, mahvolmak. **lobster pot** ıstakoz sepeti.

pot (pat) *f.* (**-ted, -ting**) yağ ve baharatla kavanoza basmak; kavanozda muhafaza etmek; saksıya dikmek; yemek için avlamak, tüfekle rasgele vurmak; bilardoda çukura düşürmek; *k.dili* kapıp cebe indirmek.

po.ta.ble (po'tıbıl) *s., i.* içilebilir; *i., çoğ.* meşrubat, içecek.

po.tage (potaj') *i., Fr.* koyu çorba.

pot.ash (pat'äş) *i.* potas, kalya taşı, potasyum hidrat.

po.tas.si.um (pıtäs'iyım) *i., kim.* potasyum.

po.ta.tion (potey'şın) *i.* içme; içki; içki âlemi.

po.ta.to (pıtey'to) *i.* (*çoğ.* **-toes**) patates, *bot.* Solanum tuberosum. **potato bug, potato beetle** patatese zararı dokunan böcek, patates böceği. **potato chip** çips. **potato race** patates yarışı. **potato rot** daha toprakta iken patatesi çürüten hastalık. **small potatoes** adi ve önemsiz şey veya kimse. **sweet potato** bir çeşit tatlı patates, *bot.* Ipomoea batatas, Hatay patatesi.

pot.bel.ly (pat'beli) *i.* göbek, büyük ve şiş karın; şişkin karınlı adam, göbekli kimse; kenarları şişkin soba. **potbellied** *s.* göbekli.

pot.boil.er (pat'boylır) *i., k.dili* yalnız geçim parası kazanmak maksadıyle yazılan kitap veya meydana getirilen sanat eseri.

pot.boy (pat'boy) *i., İng.* lokantada bulaşıkçı.

po.ten.cy (po'tınsi) *i.* kuvvet, kudret, güç; yetki, salâhiyet; etki, tesir; nüfuz; potansiyel; erkeğin cinsel iktidarı.

po.tent (po'tınt) *s.* kuvvetli, güçlü, kudretli; etkili, tesirli, nüfuzlu; yetkili, salâhiyetli; cinsi iktidarı olan (erkek). **potently** *z.* etkileyici surette; kuvvetle, tesirli olarak.

po.ten.tate (pot'ınteyt) *i.* hükümdar, kral; büyük yetki ve otorite sahibi.

po.ten.tial (pıten'şıl) *s., i.* kuvvetli olan; muhtemel; *fiz.* gizil, potansiyel; *i.* mümkün olan şey, imkân, ihtimal; güç, iktidar; *gram.* yeterlik fiili; *elek.* potansiyel, gerilim. **potential energy** gizilgüç, potansiyel enerji. **potential mood** *gram.* yeterlik kipi. **reach its highest potential** mümkün olan en yüksek kudretine erişmek. **potential'ity** *i.* mümkün olan hal veya keyfiyet, imkân. **potentially** *z.* kuvvede olarak, imkân dahilinde.

po.ten.ti.om.e.ter, pot (pıtenşiyam'ıtır, pat) *i., elek.* üç bağlantılı reosta; voltölçer.

poth.er (padh'ır) *i., f.* boğucu toz veya duman bulutu; telâş, gürültü, karışıklık, şamata; *f.* başını ağrıtmak, üzmek, sinirlendirmek; gürültü etmek.

pot.herb (pat'ırb) *i.* yemeğe tat veren maydanoz gibi yeşillik.

pot.hole (pat'hol) *i.* (yolda) derin çukur; kayalarda su ve çakılların açtığı çukur.

pot.hook (pat'hûk) *i.* tencereyi ateş üzerine asmaya mahsus S şeklindeki çengel; özellikle el yazısı öğrenenlerin S şeklindeki çizgileri.

po.tion (po'şın) *i.* ilâç dozu, bir defada verilen ilâç veya zehir; iksir.

pot.latch (pat'lâç) *i.* (Kuzey Pasifik sahilinde oturan Kızılderililerde) hediye; kış festivali; misafirlere hediye dağıtılan ve eşyanın tahrip olunduğu tören; *k.dili* parti, eğlence.

pot.luck (pot'lʌk) *i.* hazır bulunan yemek, "Allah ne verdiyse". **take potluck** bulunan yemeği yemek.

pot.pour.ri (patpûr'i, popuri') *i., Fr.* odaya güzel koku vermek için kavanoz içinde biriktirilen gül yaprakları ve baharat; *müz.* potpuri; edebî seçmeler, müntahabat, seçmeler.

pot.sherd (pat'şırd) *i.* kırık çömlek parçası.

pot.tage (pat'ic) *i.* türlü yemeği; sebze çorbası.

pot.ted (pat'id) *s.* saksıya konmuş; çömlekte pişmiş; *argo* küfelik olmuş.

pot.ter (pat'ır) *i.* çömlekçi. **potter's field** fakirler için ayrılmış mezar. **potter's wheel** çömlekçi çarkı.

pot.ter (pat'ır) *bak.* **putter.**

pot.ter.y (pat'ıri) *i.* çömlek işi, çanak çömlek; çömlek imalâthanesi; çömlekçilik.

pot.tle (pat'ıl) *i.* 1,9 litrelik sıvı ölçüsü; bu miktar sıvıyı içine alan kap; içki; *İng.* küçük kap veya sepet.

Pott's disease (pats) *tıb.* Pott hastalığı, omurga kemiğinin çürümesi.

pot.ty (pat'i) *s., İng., k.dili* göze çarpmayan; hafif içkili; solak.

pot.ty (pat'i) *i.* çocuk lâzımlığı; lâzımlıklı iskemle.

pouch (pauç) *i.* kese, torba; küçük para kesesi; hartuç kesesi; posta torbası; göz altlarında meydana gelen torba gibi şişkinlik; *tıb.* içinde sıvı toplanmış ur, kese; *zool.* bazı hayvanların yavrularını veya yiyeceklerini taşıdıkları cep.

pouch (pauç) *f.* torbaya koymak, cebe indirmek; yutmak; torba veya kese husule getirmek.

poult (polt) *i.* palaz.

poul.ter.er (pol'tırır) *i.* tavukçu.

poul.tice (pol'tîs) *i., f.* yara lapası; *f.* yaraya veya cerahatli yere lapa koymak.

poul.try (pol'tri) *i.* kümes hayvanları. **poultry farm** tavuk çiftliği. **poultry house** kümes. **poultry yard** tavuklara mahsus avlu.

pounce (pauns) *i., f.* yırtıcı kuş pençesi; saldırma, atılma, hamle; *f.* üzerine atılıp avlamak (av). **pounce at, pounce on** birden üstüne atılmak, hamle etmek; anî olarak gelmek.

pounce (pauns) *i., f.* mürekkep kurutacak toz; kabartmalı bir düzeyin modelini çıkartmak için üzerine serpilen toz; *f.* toz serperek kurutmak veya cilâlamak.

poun.cet box (paun'sit) kapağı delikli bir cins parfüm kutusu.

pound (paund) *i.* libre, değişik zamanlarda ayrı yerlerde değişebilen ağırlık ölçüsü, 454 gram; İngiliz lirası; Türkiye ve Mısır gibi birkaç memleketin lirası. **avoirdupois pound (16 ounces)** 454 gram. **apothecaries' pound, troy pound (12 ounces)** 373 gram.

pound (paund) *i., f.* başıboş veya sahipsiz hayvanların muhafaza edildiği belediyeye ait yer; hayvanların muhafaza edildiği veya tuzağa düşürüldüğü yer; *f.* ağıla kapamak; tuzağa düşürmek.

pound (paund) *i., f.* ağır darbe, vuruş, hamle; vurulan yer, darbe izi; *f.* vurmak, dövmek, ezmek; yumruklamak; havanda dövmek; dalgaya çarpmak (gemi); hızla çarpmak veya atmak (yürek); ağır adımlarla yürümek; güçlükle yürümek.

pound.age (paun'dîc) *i.* sterlin başına alınan komisyon.

pound.age (paun'dîc) *i.* sahipsiz hayvanların belediyece korunduğu yerden çıkarılma ücreti.

pound.al (paun'dıl) *i., f.* bir librelik bir cismi saniyede bir ayak süratle hareket ettiren kuvvet ölçü birimi, 13.850 din.

pound.cake (paund'keyk) *i.* kek.

pound.er (paun'dır) *i.* bir libre ağırlığında olan herhangi bir şey; *bileşik kelimelerde* birkaç libre ağırlığı ile ilgisi olan şey: **twelve -pounder** on iki librelik mermi atan top.

pound.er (paun'dır) *i.* darbe vuran şey veya kimse.

pound.fool.ish (paund'fu'liş) *s.* para harcamasını bilmeyen.

pour (pôr) *f., i.* dökmek, akıtmak, boşaltmak; bardaktan boşanırcasına yağmak; dökülmek, akmak; çay servisi yapmak; *i.* dökülen miktar; akma, yağma; şiddetli yağmur. **It never rains but it pours.** Hepsi bir arada gelir (bazen iyilikler bazen de aksilikler). **pour cold water on** pişmiş aşa soğuk su katmak. **pour oil on troubled waters** heyecanı yatıştırmak.

pout (paut) *i.* yayın tipinden bir çeşit balık, *zool.* Gadus luscus.

pout (paut) *f., i.* surat asmak, somurtmak; dudaklarını sarkıtmak; yüzünü ekşitmek; *i.* somurtma, surat asma, küs olma.

pout.er (pau'tır) *i.* somurtkan kimse; kursağını şişirme kabiliyeti olan bir güvercin.

pov.er.ty (pav'ırti) *i.* yoksulluk, fakirlik, parasızlık, zaruret, ihtiyaç; yetersizlik, kifayetsizlik, eksiklik. **poverty line** fakirlik ile orta hallilik arasındaki gelir sınırı. **poverty-stricken** *s.* çok fakir, muhtaç, zarurete düşmüş, yoksul.

POW *kıs.* **Prisoner of War.**

pow.der (pau'dır) *i., f.* toz, pudra; barut; *f.* üzerine toz ekmek; dövüp toz haline getirmek; toz haline gelmek; pudra kullanmak; *eski* (atı) hızla koşturmak. **powdered milk** süt tozu. **powdered sugar** pudraşeker. **powder flask, powder horn** barutluk, barut mahfazası. **powder magazine** baruthane. **powder mill** barut fabrikası. **powder puff** pudra ponponu. **powder room** bayanlara mahsus tuvalet. **take a powder** *argo* toz olmak, tüymek. **powdery** *s.* tozlu, toz gibi, toz halinde.

pow.er (pau'wır) *i.* yetenek, kabiliyet; iktidar, kuvvet, kudret, güç; hüküm; etki, tesir, hâkimiyet, nüfuz, yetki, salâhiyet; *fiz.* erk, erke; devlet, hükümet; *huk.* bir başkası adına herhangi bir işi yapma yetkisi, vekâlet, vekâletname; melâike; *mat.* üs, bir sayının kendisiyle çarpılmasıyle meydana gelen sayı; makinanın işleme kabiliyeti, güç, takat; merceğin büyütme yeteneği, kuvvet. **power boat** motorla işleyen vapur veya gemi. **power lathe** torna makinası. **power of attorney** vekâletname. **power of life and death** idam etme veya af yetkisi. **power over a person** bir kimseye hükmünü geçirebilme kuvveti. **power plant** elektrik santralı. **power point** *İng.* duvar fişi. **power politics** kuvvet politikası. **power structure** yetkili ve kuvvetli olan grup. **power tool** motorlu aygıt. **come into power** iş başına geçmek; iktidar mevkiine geçmek. **electric power** elektrik kuvveti. **party in power** iktidar partisi. **raise to the tenth power** *mat.* onuncu üse çıkarmak. **the powers that be** başta olanlar, yetkili şahıslar. **water power** su kuvveti. **It is beyond my power.** Elimde değil. **More power to him.** Allah gücünü artırsın. Tebrikler!

pow.er.ful (pau'wırfıl) *s.* kuvvetli, kudretli; yetki veya nüfuzu olan; keskin, sert, etkili, tesirli; *k.dili* çok miktarda. **powerfully** *z.* kudretle, kuvvetle. **powerfulness** *i.* kudretlilik, kuvvet.

pow.er.house (pau'wırhaus) *i.* elektrik santralı; *argo* olağanüstü enerjiye sahip kimse veya şey.

pow.er.less (pau'wırlis) *s.* kuvvetsiz, kudretsiz, elinden hiç bir şey gelmeyen. **powerlessly** *z.* kuvvetsizce, eli kolu bağlı olarak. **powerlessness** *i.* kuvvetsizlik, eli kolu bağlı olma.

pow.wow (pau'wau) *i., f., A.B.D., k.dili* toplantı; Kızılderililerle yapılan toplantı; *f.* toplantıda tartışmak.

pox (paks) *i., tıb.* çiçek gibi kabarcıklar meydana getiren hastalık; frengi.

poz.zuo.la.na (patswıla'nı) *i.* İtalya'nın volkanik topraklarında bulunan ve çimento yapımında kullanılan kırmızı toprak, puzolan.

pp. *kıs.* pages, pianissimo.

p.p. *kıs.* past participle, postpaid.

p.p.c. *kıs.* pour prendre congé veda etmek için.

ppm *kıs.* parts per million.

pr. *kıs.* pair, present, price.

P.R. *kıs.* Puerto Rico.

PR *kıs.* public relations.

prac.ti.ca.ble (präk'tikıbıl) *s.* yapılabilir, icrası mümkün; kullanışlı, elverişli. **practicabil'ity** *i.* kullanışlılık, pratiklik. **practicably** *z.* pratik surette, kullanışlı olarak.

prac.ti.cal (präk'tikıl) *s.* pratik, amelî; işe gelir, kullanışlı, elverişli, uygulanabilir; tecrübeli; işlek; fiilî. **practical joke** eşek şakası. **practical nurse** pratikten yetişme hemşire. **practically** *z.* hakikaten, gerçekten; hemen hemen, yaklaşık olarak, takriben; faydalı surette, pratik olarak.

prac.ti.cal.i.ty (präktikäl'ıti) *i.* uygulanabilme, tatbik imkânı, elverişli olma; pratik iş.

prac.tice, *İng.* prac.tise (präk'tîs) *i.* tatbikat, uygulama; pratik; egzersiz, idman; alışkanlık, itiyat, âdet; *huk.* dava açma usulü; sanat icrası; iş, müşteri çokluğu; *çoğ.* desise, hile, oyun. **Practice makes perfect.** Egzersiz veya idman yaparak ilerleme kaydedilir. Meşk kemale erdirir. **Doctor Brown has a large practice.** Doktor Brown'ın çok hastası var. **in practice** uygulamada, icraatta, tatbik mevkiinde. **make a practice of doing something** bir şeyi âdet edinmek. **out of practice** melekesi körlenmiş, çoktan bırakmış. **put into practice** tatbik mevkiine koymak, uygulamasını yapmak. **sharp practices** hileli işler, dalavere. **target practice** atış talimi. **the regular practice** âdet, alışkanlık, itiyat.

prac.tice, *İng.* prac.tise (präk'tîs) *f.* fiilen icra etmek, yapmak; çalışmak; uygulamak, tatbik etmek; bir meslekte çalışmak; pratik yapmak, egzersiz yapmak, talim etmek; kendini alıştırmak. **Practice what you preach.** Davranışlarınız sözlerinize uysun. Verdiğiniz telkini kendiniz tutun. **practiced** *s.* tecrübeli; alışık, talimli; idmanla elde edilmiş.

prac.ti.tion.er (präktiş'ınır) *i.* pratisyen.

prae.mu.ni.re (primyunay'ri) *i., İng., eski*

memleket dışında olan mahkemeye müracaat etme suçu.

prae.no.men (prino'mın) *i.* isim; eski Roma'da isim.

prae.tor (pri'tır) *i.* eski Roma'da hâkim.

Prae.to.ri.an (prîtôr'iyın) *s., i.* imparatorun özel muhafızlarına özgü; *i.* imparatorun muhafızlarından biri. **Praetorian Guard** eski Roma'da imparatorun muhafız kıtası; iktidarda bulunanların koruyucuları.

prag.mat.ic (prägmät'îk) *s.* sebep ile sonuç arasındaki bağlantıyı araştıran çalışma ile ilgili; *fels.* pragmatizme ait; pratik. **pragmatic sanction** hükümdar fermanı.

prag.mat.i.cal (prägmät'îkıl) *s.* pragmatik; pratik, amelî; günlük işlerle ilgilenen. **pragmatically** *z.* pragmatik olarak; amelî olarak pratik olarak.

prag.ma.tism (präg'mıtîzım) *i., fels.* pragmatizm, pragmacılık; pragmatik oluş. **pragmatist** *i.* pragmacı, pragmatist.

Prague (prag) *i.* Prag.

prai.rie (prer'i) *i., A.B.D., Kan.* büyük çayırlık, ağaçsız geniş kır. **prairie chicken** *A.B.D.* çayır tavuğu, *zool.* Tympanuchus. **prairie dog** *A.B.D.* çayır köpeği, *zool.* Cynomys ludovicianus. **prairie schooner** *A.B.D.* eski zamanda kırları geçmeye mahsus üstü kaput bezi ile örtülü atlı araba.

praise (preyz) *f., i.* övmek, methetmek, sena etmek; hamdetmek, şükretmek; *i.* övgü, sena, medih, sitayiş; hamt, şükür.

praise.wor.thy (preyz'wırdhi) *s.* övülmeye değer, takdire lâyık. **praiseworthily** *z.* övülmeye lâyık bir şekilde, methe lâyık surette. **praiseworthiness** *i.* methe lâyık olma, değerlilik.

pra.line (pra'lin) *i.* cevizli şekerleme, pralin.

pram (präm) *i., İng., k.dili, bak.* perambulator.

pram (präm) *i., den.* düz tabanlı bir çeşit sandal.

prance (präns) *f., i.* at gibi zıplayarak oynamak; zıplayarak oynayan ata binmek; caka satmak, gösterişli şekilde yürümek; atı zıplatıp oynatmak; *i.* zıplayıp oynama· caka satma.

prank (prängk) *i., f.* kaba şaka; oyun; *f.* oyun oynamak.

prank (prängk) *f.* çok süslemek, donatmak; gösteriş yapmak, caka satmak.

prat (prät) *i., argo* kıç.

prate (preyt) *f., i.* gevezelik etmek, fazla konuşmak, boş laf etmek; *i.* gevezelik, boş laf.

prat.fall (prät'fôl) *i., A.B.D., argo* kıçüstü düşme.

prat.in.cole (prät'ingkol) *i.* bataklık kırlangıcı, *zool.* Glareola pratincola.

pra.tique (prätik') *i., Fr., den.* pratika, karantinadan geçen gemiye verilen limana giriş izni.

prat.tle (prät'ıl) *f., i.* çocukça ve safça konuşmak; gevezelik etmek; *i.* çocukça laf; boş lakırdı.

prawn (prôn) *i.* küçük karides, deniz tekesi, *zool.* Palaemon serratus.

prax.is (präk'sîs) *i.* fiilen icra, uygulama, tatbikat.

pray (prey) *f.* dua etmek, niyaz etmek; yalvarmak, istirham etmek; ibadet etmek, namaz kılmak. pray'er *i.* dua eden kimse.

prayer (prer) *i.* dua, niyaz; temenni, rica; ibadet, namaz; dua edilen şey; *huk.* dilekçe, istida. prayer beads tespih. prayer book dua kitabı. prayer meeting dua meclisi. prayer rug seccade. prayer wheel (Tibet Budistlerine mahsus) dua yazılı kâğıtların sarıldığı dönen silindir.

prayer.ful (prer'fıl) *s.* ibadetkâr, zahit; dualı. prayerfully *z.* dua ile. prayerfulness *i.* ibadetkârlık.

pre- *önek* önce, evvel, ön.

preach (priç) *f.* va'zetmek; telkin etmek; nasihat etmek, öğüt vermek. preach against aleyhinde va'zetmek.

preach.er (pri'çır) *i.* vaiz. preaching *i.* vaız, va'zetme; öğüt. preach'ment *i.* vaız; va'zetme; can sıkıcı nasihat, uzun ve sıkıcı sözler.

preach.y (pri'çi) *s.* fazla nasihatli.

pre-ad.o.les.cence (priyädiles'ıns) *i.* ergenlik çağı öncesi, 9-12 yaşlar arası.

pre.am.ble (pri'yämbıl) *i.* başlangıç, mukaddeme, önsöz.

pre.am.pli.fi.er (priyäm'plıfayır) *i., radyo* ön-amplifikatör.

pre.ar.range (priyıreync') *f.* önceden düzenlemek, tertip etmek. prearrangement *i.* önceden alınan tertibat.

preb.end (preb'ınd) *i., İng.* katedralin papaza bağladığı tahsisat; bu tahsisatı temin eden vakıf; katedralden tahsisat alan papaz. preb.endary *i.* katedralden tahsisat alan papaz.

Pre-Cam.bri.an (prikäm'briyın) *s., jeol.* kambriyum öncesine ait.

pre.can.cel (prikän'sıl) *f.* pulları postalamadan önce damgalamak.

pre.car.i.ous (priker'iyıs) *s.* güvenilmez, istikrarsız, esassız, asılsız; kararsız, şüpheli; nazik, tehlikeli, rizikolu; *eski* başkasının keyfine tabi. precariously *z.* tehlikeli bir şekilde; istikrarsızca. precariousness *i.* tehlikeli hal, riziko.

prec.a.to.ry (prek'ıtôri) *s.* niyaz kabilinden, yalvarma niteliğindeki.

pre.cau.tion (prikô'şın) *i.* ihtiyat, basiret, önceden alınan tedbir. precautionary *s.* ihtiyat kabilinden. precautious *s.* tedbirli, ihtiyatlı; ihtiyat kabilinden.

pre.cede (prîsid') *f.* önde olmak, önce gelmek, takaddüm etmek; önünden yürümek; önce vaki olmak.

pre.ce.dence (pres'ıdıns, prîsid'ıns) *i.* önce gelme; üstünlük; önce vaki olma, takaddüm. take precedence takaddüm etmek, başta gelmek. order of precedence kıdem sırası.

prec.e.dent (prîsid'ınt) *s.* önceki.

prec.e.dent (pres'ıdınt) *i.* emsal, numune, örnek; evvelce vaki olmuş ve tekrar vuku bulması hak veya âdet olan şey; teamül, yapılageliş.

pre.ced.ing (prîsi'dîng) *s.* takip edilen, önde bulunan. the preceding bundan evvelki, yukarıda gösterilen.

pre.cen.tor (prisen'tır) *i.* kilisede müziği idare eden kimse.

pre.cept (pri'sept) *i.* emir, hüküm; ahlâkî kural; yönerge, talimat; *huk.* mahkeme emri. pre.cep'tive *s.* nasihat kabilinden, ihtar yollu.

pre.cep.tor (prisep'tır) *i.* öğretmen, hoca; okul müdürü. preceptor'ial *s.* öğretmenle ilgili. preceptorship *i.* öğretmenlik, hocalık. pre.ceptress *i.* kadın öğretmen; okul müdiresi.

pre.ces.sion (prişeş'ın) *i.* önce geliş, takaddüm; *astr.* presesyon. precession of the equinoxes *astr.* gün-tün eşitliği zamanının gerilemesi, presesyon.

pre.cinct (pri'sîngkt) *i.* mıntıka, bölge, yöre, havali; çevre; *A.B.D.* seçim bölgesi.

pre.ci.os.i.ty (preşiyas'ıti) *i.* aşırı titizlik.

pre.ci.ous (preş'ıs) *s., z., i.* kıymetli, değerli; çok pahalı; ender; aziz, çok sevilen; aşırı itinalı, fazla nazik, müşkülpesent; *k.dili* rezil; *z., k.dili* çok, ziyadesiyle; *i.* sevgili. **precious little** çok az. **precious metals** altın ve gümüş gibi kıymetli madenler. **precious stone** kıymetli taş, mücevher. **preciously** *z.* değerli surette; fazla titizlikle. **preciousness** *i.* pahalılık; değer, kıymet; aşırı incelik.

prec.i.pice (pres'ipîs) *i.* uçurum; sarp kayalık.

pre.cip.i.tance, -cy (prisip'ıtıns, -si) *i.* acele, telâş; acelecilik. **precipitant** *s., i.* acele giden; acele yapılmış; *i.* kimyasal veya mekanik çökelme yapan bir madde.

pre.cip.i.tate (prisip'ıteyt, -tît) *i., s.* tortu, çöküntü, rüsup; *s.* aceleci; baş aşağı düşen veya akan; düşüncesiz; acele ile yapılmış; birdenbire gelen veya olan, ani. **precipitately** *z.* acele ile, telâşla. **precipitateness** *i.* acelecilik.

pre.cip.i.tate (prisip'ıteyt) *f.* zamanından önce meydana getirmek; yüksek bir yerden aşağı atmak; acele ettirmek, hızlandırmak; *kim.* tortusunu ayırmak, teressüp ettirmek, çökeltmek; *meteor.* (yağmur veya kar şeklinde) yere düşmek, yağmak; *fiz.* buharı teksif etmek; yüksek yerden aşağı düşmek veya atılmak; körü körüne acele etmek; *kim.* çökelmek, çökmek. **precipitable** *s.* dibine çökebilir. **precipita'tion** *i., meteor.* kar veya yağmurun yere düşmesi, düşen kar veya yağmur miktarı, yağış; tortunun dibe çökmesi, çökelme; baş aşağı gidiş veya düşüş; acelecilik, telâş.

pre.cip.i.tous (prisip'ıtıs) *s.* dik, sarp; uçurum gibi, uçurumlardan ibaret; atılgan, aceleci. **precipitously** *z.* baş aşağı olarak; aceleyle, telâşla. **precipitousness** *i.* baş aşağı oluş; telâş, acele.

pré.cis (prey'si) *i.* özet, öz, hulâsa.

pre.cise (prisays') *s.* tam, tamam, katî, kesin, sahih, çok dikkatli, dakik; kural dışına çıkmayan; kusursuz; kesinlik ve açıklıkla ifade edilmiş. **precisely** *z.* dikkatle, kesinlikle; tamamen; muhakkak. **preciseness** *i.* katiyet, kesinlik; dakiklik.

pre.ci.sion (prisij'ın) *i., s.* dikkat, katîlik, kesinlik; sıhhat; dakiklik; doğruluk, sarahat, vuzuh; *s.* dakik. **precision bombing** tam isabetli bombardıman.

pre.clin.i.cal (priklin'îkıl) *s., tıb.* klinik devresinden evvel.

pre.clude (priklud') *f.* bir önceki hareketten dolayı imkânsız hale getirmek, engel olmak, mâni olmak; dışarıda bırakmak.

pre.co.cious (priko'şıs) *s.* vaktinden evvel gelişmiş, erken inkişaf etmiş. **precociously** *z.* erken gelişerek. **precociousness, precocity** (prikas'ıti) *i.* erken gelişme.

pre.cog.ni.tion (prikagniş'ın) *i.* önceden bilme veya haberi olma; *İskoç., huk.* ilk soruşturma.

pre.con.ceive (prikınsiv') *f.* önceden düşünüp hakkında fikir edinmek; peşin hüküm vermek. **preconcep'tion** *i.* önceden anlama; tarafgirlik; peşin hüküm verme; önyargı, peşin hüküm; yanlış fikir.

pre.con.cert (prikınsırt') *f.* önceden kararlaştırmak. **preconcertedly** *z.* önceden kararlaştırılmış bir şekilde.

pre.con.di.tion (prikındiş'ın) *i., f.* peşin şart; *f.* önceden hazırlamak.

pre.cook (prikûk') *f.* önceden pişirmek.

pre.cur.sor (prikır'sır) *i.* haberci, müjdeci, muştucu. **precursory** *s.* önceden haber veren; ön, ilk.

pre.da.cious (prîdey'şıs) *s.* yırtıcı, av ile geçinen; yırtıcı hayvanlara ait.

pre.date (prideyt') *f.* erken tarih atmak; daha önce gelmek.

pre.da.tion (prîdey'şın) *i.* saldırıp parçalama, yırtıcılık.

pred.a.tor (pred'ître) *i.* yırtıcı kimse veya hayvan; yağma eden kimse.

pred.a.to.ry (pred'ıtôri) *s.* yağmacılık veya soygunculukla geçinen; yırtıcı, avlanarak yaşayan.

pre.de.cease (pridîsis') *f.* (birinden) önce ölmek.

pred.e.ces.sor (pred'ısesır) *i.* birinden önce gelen kimse, öncel, selef; ata, cet.

pre.des.ig.nate (pridez'îgneyt) *f.* önceden tayin etmek.

pre.des.ti.nar.i.an (pridestıner'iyın) *s., i.* kadere mahsus; kadere inanan; *i.* kadercilik yanlısı. **predestinarianism** *i.* kadercilik.

pre.des.ti.nate (prides'tıneyt) *f., s.* önceden mukadder kılmak, önceden nasip etmek; *s.* kısmet olan.

pre.des.ti.na.tion (pridestıney'şın) *i.* takdir, kader, kaza, nasip, kısmet; takdiri ilâhî.

pre.des.tine (prides'tîn) *f., bak.* **predestinate.**

pre.de.ter.mine (priditîr'mîn) *f.* önceden tayin veya takdir etmek; önceden kararlaştırmak. **predeterminate** *s.* önceden tayin olunmuş. **predetermina'tion** *i.* önceden tayin veya takdir.

pred.i.ca.ble (pred'îkıbıl) *s., i.* iddia edilebilir, önermede hüküm ve isnadı mümkün, yüklemleşir; *i.* iddiası mümkün olan herhangi bir şey. **predicabil'ity** *i.* isnat imkânı.

pre.dic.a.ment (pridîk'ımınt) *i.* kötü hal, belâ; hal, halet, durum, vaziyet; *man.* cins, kategori.

pred.i.cate (pred'îkit) *i., s., gram., man.* yüklem, haber; bir önermede kabul veya reddedilmiş nokta; *s.* yüklemle ilgili.

pred.i.cate (pred'îkeyt) *f.* doğrulamak, teyit etmek; belirtmek, ifade etmek, göstermek; dayanmak. **predicate on** dayandırmak, isnat etmek. **predica'tion** *i.* hüküm, isnat.

pred.i.ca.tive (pred'îkıtiv) *s.* tasdik edici, doğrulayıcı. **predicatively** *z., gram.* yüklem olarak.

pred.i.ca.to.ry (pred'îkıtôri) *s.* vaız niteliğindeki.

pre.dict (pridîkt') *f.* bir şeyin vukuunu önceden haber vermek, kehanette bulunmak. **prediction** *i.* kehanet, önceden haber verme.

pre.di.gest (pridîcest') *f.* önceden hazmetmek, gıdayı suni hazma tabi tutmak. **predigestion** *i.* suni hazım.

pre.di.lec.tion (pridılek'şın, predı-) *i.* taraftar olma, tarafını tutma, tercih.

pre.dis.pose (pridîspoz') *f.* önceden hazırlamak, peşinen taraftar olmak; anık kılmak. **predisposi'tion** *i.* meyil, eğilim, istidat, kabiliyet.

pre.dom.i.nant (pridam'ınınt) *s.* üstün, hâkim, faik, galip. **predominance, -cy** *i.* üstünlük, galebe, faikıyet. **predominantly** *z.* üstün gelerek, hâkim olarak.

pre.dom.i.nate (pridam'ıneyt) *f.* üstün olmak, faik olmak, galip gelmek; hâkim olmak. **predominatingly** *z.* galip gelerek; en fazla, başlıca, daha çok.

pre.em.i.nent (priyem'ınınt) *s.* üstün, mümtaz, seçkin, faik. **preeminence** *i.* üstünlük. **preeminently** *z.* en uygun olarak; en üstün şekilde.

pre.empt (priyempt') *f.* önceden ayırmak; herkesten önce satın almak; herkesten önce satın alma hakkına sahip olmak. **preemption** *i.* herkesten önce satın alma hakkı. **preemp-**

tive *s.* önceden satın almaya hakkı olan; *ask.* kendi memleketini korumak için önce davranan. **preemptive strike** öbür tarafın muhtemel saldırısına karşı önceden saldırma.

preen (prin) *f.* gaga ile düzeltmek (tüy); saç düzeltmek; kendini tebrik etmek, kendi ile övünmek.

pre.ex.ist (priyigzîst') *f.* bir zaman veya olaydan önce mevcut olmak.

pref. *kıs.* **preface, prefix.**

pre.fab (pri'fäb') *i.* prefabrike yapı.

pre.fab.ri.cate (prifäb'rıkeyt) *f.* önceden hazırlamak, önceden imal etmek; bir binanın kurulmasını kolaylaştırmak için aksamını önceden hazırlamak.

pref.ace (pref'îs) *i., f.* önsöz, mukaddeme, başlangıç; *f.* önsöz ile başlamak; kitabın önsözünü yazmak; önsöz yerine geçmek.

pref.a.to.ry (pref'ıtôri) *s.* önsöz niteliğindeki, mukaddeme kabilinden.

pre.fect (pri'fekt) *i.* eski Roma'da vali, yüksek rütbede memur; baş memur, reis; Paris polis şefi; özel okullarda bazı sorumlulukları olan öğrenci.

pre.fec.ture (pri'fekçır) *i.* bir vali veya yüksek rütbeli memurun sorumlu olduğu bölge, makam, hizmet süresi.

pre.fer (prifır') *f.* (-red, -ring) yeğlemek, tercih etmek; daha çok beğenmek; *huk.* daha ziyade hak vermek; sunmak, arzetmek, takdim etmek; *eski* terfi ettirmek. **prefer charges** davacı olmak. **preferred stock** (prifırd') *tic.* imtiyazlı hisse.

pref.er.a.ble (pref'ırıbıl) *s.* tercih olunur, daha iyi. **preferably** *z.* tercihen.

pref.er.ence (pref'ırıns) *i.* tercih; tercih hakkı veya yetkisi; rüçhan; tercih olunan herhangi bir şey; *huk.* tediye hususunda öncelik. **give preference to** tercih etmek. **have preference over** tercih hakkına sahip olmak. **right of preference** *huk.* rüçhan hakkı.

pref.er.en.tial (prefiren'şıl) *s.* tercih hakkı olan; tercihli; tercih eden veya edilen. **preferential tariff** gümrükte rüçhanlı tarife, asgarî tarife.

pref.er.ment (prifır'mınt) *i.* terfi, yükselme.

pre.fig.ure (prifîg'yır) *f.* önceden canlandırmak; önceden düşünüp hayal etmek. **prefigura'tion** *i.* önceden canlandırma. **prefigurative** *z.* ilerde vaki olacak bir olayı temsil eden.

pre.fix (prifiks') *f.* (kelime başına) önek koymak.

pre.fix (pri'fiks) *i.* önek, kelimenin başına ilâve olunan ek; bir ismin önüne konan unvan.

preg.gers (preg'ırz) *s., İng., argo* hamile.

preg.na.ble (preg'nıbıl) *s.* fethedilebilir, zaptedilebilir; hücum edilebilir.

preg.nant (preg'nınt) *s.* gebe, hamile; fikirlerle dolu, semereli; manalı, dolgun. **pregnancy** *i.* gebelik. **extrauterine pregnancy** karın gebeliği. **tubular pregnancy** dış gebelik. **pregnantly** *z.* gebe olarak; fikirle dolu bir şekilde, manalı olarak.

pre.hen.sile (prihen'sil) *s.* (maymun kuyruğu gibi) sarılma ve kavrama hassası olan.

pre.hen.sion (prihen'şın) *i.* tutma, yakalama; anlayış, kavrayış.

pre.his.tor.ic (prihistôr'ik) *s.* tarihöncesi, tarihten önceki.

pre.his.to.ry (prihis'tıri) *i.* tarihöncesi.

pre.ig.ni.tion (priyignîş'ın) *i.* motorda erken ateşleme.

pre.judge (pricʌc') *f.* önceden hüküm vermek, bir davayı ayrıntılarıyle dinlemeden hüküm vermek.

prej.u.dice (prec'ûdîs) *i., f.* önyargı, peşin hüküm; tarafgirlik; haksız hüküm veya işten gelen zarar; garaz; *f.* birine tesir ederek haksız hüküm verdirmek; haksız hüküm veya iş ile zarara uğratmak. **prejudice against** -e karşı haksız önyargı. **prejudice in favor of** lehine önyargı. **without prejudice** önyargısız; *huk.* haklarına dokunmaksızın. **prejudiced** *s.* tarafgir.

prej.u.di.cial (precûdîş'ıl) *s.* önyargılı; zararlı, muzır. **prejudicially** *z.* önyargıyla; zararlı surette. **prejudicialness** *i.* tarafgirlik; muzır olma, zarar.

prel.ate (prel'ît) *i.* yüksek rütbeli din adamı, piskopos. **prelacy** *i.* piskoposluk.

pre.lect (prilekt') *f.* konferans vermek, ders vermek.

pre.li.ba.tion (prilaybey'şın) *i.* önceden tatma.

pre.lim.i.nar.y (prilîm'ıneri) *s., i.* başlangıç olan, hazırlayıcı, ilk, ön; *i., çoğ.* başlangıç, ön hazırlık; eleme maçı; üniversitede ön sınav, yeterlik sınavı.

prel.ude (prel'yud, pri'lud) *i., f.* başlangıç, giriş; *müz.* peşrev, fasıl başlangıcı, prelüd; *f.* bir başlangıçla açmak.

pre.lu.sive, -so.ry (prîlu'sîv, -sıri) *s.* başlangıç olan. **prelusively** *z.* başlangıç olarak.

pre.ma.ture (primıçûr', İng. premıtyûr') *s.* vaktinden evvel olan veya gelişen; mevsimsiz; erken doğan. **prematurely** *z.* vaktinden evvel, mevsimsiz olarak, erken. **prematurity** *i.* vaktinden evvel gelişme, mevsimsizlik.

pre-med, pre.med.i.cal (pri'med, primed'ikıl) *s.* tıp öğrenimine hazırlayıcı, tıp öğrenimi öncesi (kurslar veya öğrenci).

pre.med.i.tate (primed'ıteyt) *f.* önceden düşünmek, tasarlamak, amaçlamak. **premeditated** *s.* tasarlanmış, kasıtlı. **premedita'tion** *i.* tasarlama, kasıt; önceden düşünme.

pre.mi.er (pri'mıyır, İng. prem'yır) *s., i.* birinci, ilk; baş, asıl; *i.* başbakan. **premiership** *i.* başbakanlık.

pre.miere (prîmîr') *i.* bir piyesin ilk defa olarak oynanması, gala; *tiyatro* baş kadın oyuncu.

pre.mil.len.ni.al (primilen'iyıl) *s.* kıyametten evvel gelecek bin seneden önce. **premillennialism** *i.* Hazreti İsa'nın kıyametten önceki bin seneden evvel geleceği öğretisi. **premillenialist, premillenarian** (primilıner'iyın) *i.* bu inanca bağlı kimse.

prem.ise, prem.iss (prem'îs) *i., man.* tasımda birleşerek bir sonuç meydana getiren her iki önermeden biri, öncül, terim; *huk.* bir feragatname veya vasiyette söz konusu olan ana madde; *çoğ.* bina ve müştemilâtı. **in these premises** bu duruma göre, bu şartlar altında. **major premise** *man.* büyük terim. **minor premise** *man.* küçük terim. **on the premises** bina müştemilâtı içinde.

pre.mise (prem'îs, prîmayz') *f.* tanıtma veya açıklama yoluyle önceden belirtmek; bir önerme veya tartışmanın nedeni olarak ileri sürmek.

pre.mi.um (pri'mıyım) *i.* prim; (satışta) hediye; sigorta ücreti; bir şeye itibarî değerinden fazla olarak verilen fiyat; hisse senetleri veya paranın mübadele farkı; değer; yarışmada verilen ödül. **at a premium** fazla fiyatla, itibarî değeri üstünde; çok rağbette, çok aranılan.

pre.mo.lar (primo'lır) *s., i.* köpekdişlerinin hemen yanındaki iki azıdişine ait; *i.* bu iki azıdişinden biri, küçük azıdişi.

pre.mo.ni.tion (priminîş'ın) *i.* önsezi; uyarma.

pre.na.tal (prineyt'ıl) *s.* doğumdan önceye ait.

pre.no.men *bak.* praenomen.

pre.oc.cu.pan.cy (priyak'yıpınsi) *i.* bir mülkü başkasından evvel işgal etme.

pre.oc.cu.pa.tion (priyakyıpey'şın) *i.* zihin meşguliyeti.

pre.oc.cu.py (priyak'yıpay) *f.* başkasından evvel ele geçirmek; işgal etmek; zihnini işgal etmek. be preoccupied zihni meşgul olmak.

pre.or.dain (priyôrdeyn') *f.* önceden buyurmak veya karar vermek, önceden nasip etmek.

pre.or.di.na.tion (priyôrdıney'şın) *i.* önceden takdir.

prep. *kıs.* preparatory, preposition.

prep (prep) *s., k.dili* hazırlayıcı.

pre.pack.age (pripäk'ic) *f.* önceden tartıp paketlemek.

prep.a.ra.tion (prepırey'şın) *i.* hazırlama; hazırlık; hazırlanan şey; hazır ilâç.

pre.par.a.tive (priper'ıtiv) *s., i.* hazırlayıcı; *i.* hazırlık, hazırlama.

pre.par.a.to.ry (priper'ıtôri) *s.* hazırlayıcı, hazırlık niteliğindeki. preparatory school üniversiteye hazırlayan özel okul. preparatory to sending it gönderilmesi için hazırlık olarak.

pre.pare (priper') *f.* hazırlamak; düzenlemek; donatmak; pişirmek; yapmak; hazırlanmak, hazır olmak.

pre.par.ed.ness (priper'idnis, -perd'-) *i.* hazırlık, hazır olma; gerektiğinde savaşa hazır bulunma.

pre.pay (pripey') *f.* (-paid) parasını önceden vermek, peşin ödemek. prepayable *s.* peşin ödenir. prepayment *i.* peşin ödeme.

pre.pense (pripens') *s., huk.* önceden düşünülmüş, tasarlanmış, kasıtlı. malice prepense kastî kötülük.

pre.pon.der.ate (pripan'dıreyt) *f.* ağır çekmek; baskın gelmek, ağır basmak, galip gelmek; hâkim olmak. preponderance, -cy *i.* çoğunluk, üstünlük. preponderant *s.* ağır basan, baskın gelen, hâkim, galip. preponderantly *z.* üstün şekilde, çoğunlukla.

prep.o.si.tion (prepızış'ın) *i.* edat. prepositional *s.* edat kabilinden.

pre.pos.i.tive (pripaz'ıtiv) *s., i., gram.* nitelenen kelime önüne eklenmiş (kelime).

pre.pos.sess (pripızes') *f.* meşgul etmek, zihnini işgal etmek; lehinde fikir hâsıl ettirmek. prepossession *i.* tarafgirlik; zihin meşguliyeti.

pre.pos.sess.ing (pripızes'ing) *s.* cazibeli, alıcı. prepossessingly *z.* cazibeyle.

pre.pos.ter.ous (pripas'tırıs) *s.* akıl almaz, inanılmaz, mantığa aykırı, abes. preposterously *z.* mantıksızca.

pre.po.tent (pripo'tınt) *s.* çok güçlü, nüfuzlu; *biyol.* dölüne daha fazla özellikler geçirme yeteneği olan. prepotency *i.* nüfuzluluk; *biyol.* dölüne kendi özelliğini geçirme yeteneği.

pre.puce (pri'pyus) *i., anat.* sünnet derisi, gulfe. prepu'tial *s.* gulfeye ait.

Pre-Raph.a.el.ite (priräf'iyılayt) *i.* Rafael öncesi sanat görüşünü izleyen ressam.

pre.req.ui.site (prirek'wızit) *s., i.* önceden gerekli olan (şey).

pre.rog.a.tive (prirag'ıtiv) *i., s., huk.* öncelik hakkı, ayrıcalık, yetki, hak; *s.* ayrıcalı.

pres.age (*i.* pres'ic; *f.* priseyc') *i., f.* geleceği bildiren belirti; önsezi; *f.* olacağı önceden söylemek veya göstermek; kehanet etmek.

pres.by.o.pi.a (prezbiyo'pıyı, pres-) *i., tıb.* yaşlılık sonucu olarak yakını görme özelliğinin zayıflaması, presbitlik. presbyopic (prezbiyap'ik) *s.* presbit.

pres.by.ter (prez'bıtır, pres'-) *i.* kilise ileri gelenlerinden biri; papaz; Presbiteryen kiliselerinde yönetim kurulu üyesi. presbyterial *s.* yönetim kuruluna ait.

pres.by.te.ri.an (prezbıtır'iyın, pres-) *s., i.* ihtiyarlar meclisince yönetilen kilise sistemine ait; *i., b.h.* bu sistemle yönetilen kilisenin üyesi.

pres.by.ter.y (prez'bıteri, pres'-) *i.* kilisede yalnız papazların girebildiği perdeli veya kapalı kısım; Presbiteryen kiliselerinde yönetim kurulu.

pre.school (pri'skul') *s.* okul öncesi.

pre.sci.ence (pri'şiyıns, preş'i-) *i.* önceden bilme.

pre.sci.ent (pri'şiyınt) *s.* önceden bilen.

pre.scind (prisind') *f.* ayrı olarak düşünmek; yerini değiştirmek, ortadan kaldırmak. prescind from (bir şeyden) dikkatini çevirmek.

pre.scribe (priskrayb') *f.* nizam koymak; emretmek; *tıb.* salık vermek, vermek (ilâç); *huk.* zaman aşımına dayanarak hükümsüz kılmak; zaman aşımına tabi olmak; zaman aşımı ile hak kazanmak.

pre.script (pri'skrîpt) *i.* kanun, emir, yönerge, hüküm.

pre.script (priskrîpt') *s.* yetkiyle kararlaştırılmış.

pre.scrip.tion (priskrîp'şın) *i.* emir, talimat; *tıb.* reçete; *huk.* zaman aşımına dayanan hak; devam eden âdet.

pre.scrip.tive (priskrîp'tîv) *s.* sıkı kurallar koyan; âdet hükmüne geçmiş, yapılagelen; *huk.* zaman aşımıyle kazanılmış.

pres.ence (prez'ıns) *i.* huzur, hazır bulunma, varlık; duruş; hayal, görüntü. **presence of mind** serinkanlılık, soğukkanlılık. **in the presence of a large company** büyük bir topluluk önünde. **saving your presence** *eski* hâşa huzurdan, sözüm yabana, sözüm meclisten dışarı, affedersiniz. **Your presence is requested.** Hazır bulunmanız rica olunur.

pres.ent (prez'ınt) *s.* şimdiki; hazır, mevcut; *gram.* şimdiki zamanı gösteren. **in the present case** bu durumda; *gram.* şimdiki zaman kipinde. **the present writer** bu yazıyı yazan, imza sahibi. **the present worth of** şimdiki değeri.

pres.ent (prez'ınt) *i.* şimdiki zaman; şimdiki durum; *gram.* hal kipi, şimdiki zaman kipi. **at present** şimdiki halde, şimdiki durumda. **for the present** şimdilik, şu anda.

pres.ent (prez'ınt) *i.* hediye, bahşiş, armağan.

pre.sent (prizent') *f.* takdim etmek, sunmak, arz etmek; tanıştırmak; huzura çıkarmak; göstermek; bir memuriyet için ismini arz etmek; nişan almak (tüfek). **present a person with a thing, present a thing to a person** birisine bir şey sunmak. **present an appearance** görünmek; hazır bulunmak. **present arms** *ask.* silâhı önde tutarak selâm vaziyetinde durmak. **present oneself** meydana çıkmak, görünmek. **present some difficulty** güçlük çıkarmak.

pre.sent.a.ble (prizen'tıbıl) *s.* takdim olunabilir, sunulabilir; düzgün görünüşlü.

pres.en.ta.tion (prezıntey'şın, pri-) *i.* sunma, takdim; gösterme; huzura çıkma; verilme; sunulma; tiyatro oyunu; *psik.* kavrama gücü; *tıb.* doğumda ceninin duruş şekli. **presentation copy** hediyelik nüsha.

pre.sen.ta.tive (prizen'tıtîv) *s., psik.* akıl ile kavranır; hemen kavrayan veya hisseden.

pres.ent-day (prez'ıntdey') *s.* şimdiki, günümüzün.

pres.en.tee (prezınti') *i.* görev veya ödenek alan kimse.

pre.sen.ti.ment (prizen'tımınt) *i.* önsezi.

pre.sen.tive (prizen'tîv) *s.* bir fikir veya kavramı akla getiren.

pres.ent.ly (prez'ıntli) *z.* birazdan; şimdi, şimdilik; *eski veya leh.* derhal, hemen.

pre.sent.ment (prizent'mınt) *i.* sunma, takdim; göz önüne koyma, sergileme; betimleme, resim; *huk.* büyük jüri raporu; *tic.* senet gösterme.

pres.er.va.tion (prezırvey'şın) *i.* saklama, saklanma; muhafaza, koruma.

pre.ser.va.tive (prizır'vıtîv) *s., i.* saklayan, koruyan; *i.* koruyucu şey, bozulmayı önleyici kimyasal madde.

pre.serve (prizırv') *i., gen. çoğ.* reçel, şekerleme; av hayvanları için ayrılmış koru.

pre.serve (prizırv') *f.* korumak, esirgemek, vikaye etmek; saklamak; reçelini yapmak; konservesini yapmak; çürümesini veya bozulmasını önlemek, sağlam tutmak, dayandırmak. **preservable** *s.* korunabilir, saklanabilir; konservesi yapılabilir. **well preserved** dinç, genç kalmış.

pre-shrunk (pri'şrʌngk') *s.* dokuma sırasında çektirilmiş (kumaş).

pre.side (prizayd') *f.* başkanlık etmek; nezaret etmek.

pres.i.den.cy (prez'ıdınsi) *i.* başkanlık, reislik; başkanlık süresi; *b.h.* eskiden Hindistan'da en büyük üç eyaletten biri (Madras, Bombay ve Bengal).

pres.i.dent (prez'ıdınt) *i.* başkan; baş, reis; şef, amir.

pres.i.den.tial (prezıden'şıl) *s.* başkanlığa ait.

pre.sid.i.al, pre.sid.i.ar.y (prîsîd'iyıl, -iyeri) *s.* garnizona ait, garnizonu olan.

pre.sid.i.o (prîsîd'iyo) *i.* garnizonlu küçük kale.

pre.sid.i.um (prîsîd'iyım) *i.* Rusya'da hükümet yönetim kurulu.

press (pres) *i.* basın, basılmış şeyler ve özellikle gazeteler; basın mensupları; gazete yazısı; matbaa makinası; matbaa, basımevi; baskı tezgâhı; pres, cendere, mengene; sıkıştırma; kalabalık, yığışma; sıkışma, acele, baskı, iş çokluğu; baskı sanatı; elbise dolabı; (giyside) ütü. **press agent** (sanatçının) basın sözcüsü. **press association** basın kurumu. **press box** herhangi bir yerde basın mensuplarına ayrılan yer. **press clipping** *gazet.* kupür. **press conference** basın toplantısı. **press gallery** basın locası. **press of canvas** yelkenin rüzgârın elverdiği kadar açılması. **press proof** *matb.* son prova, makina provası. **press release** basın bildirisi. **freedom of the press** basın özgürlüğü. **go to press** matbaaya verilmek, basılmak. **hat press** şapka kalıbı. **hay press** ot presesi. **in press** basılmakta. **off the press** baskıdan çıkmış. **oil press** yağhane. **the press of modern life** zamanın gerektirdikleri. **the yellow press** günlük olayları abartmalı ve hissî bir dille yayımlayan gazeteler.

press (pres) *f.* basmak; sıkmak, sıkıştırmak; sıkıp suyunu veya yağını almak, özsuyunu almak; sıkıştırmak, baskı yapmak, zorlamak, üstüne düşmek, ısrar etmek; sıkıca sarılmak; zorlamak; hızlı sürmek, çok koşturmak; ütülemek; kitle halinde ilerlemek. **press forward** hızla ilerlemek. **Don't press your luck.** Şansına güvenme. **Time is pressing.** Vakit dar.

press (pres) *f., i.* zorla hizmete almak; bahriye hizmetine zorlamak; *i.* askerliğe, özellikle bahriyeye zorla alma. **press gang** bahriyeye zorla asker toplama bölüğü.

pressed (prest) *bak.* press; *s.* sıkışmış; bastırılmış. **pressed brick** fırına sürülmeden önce kalıba konulmuş tuğla. **be pressed for time** vakti olmamak, acele işi olmak.

presser foot dikiş makinasında ayak.

press.ing (pres'îng) *s.* acele, evgin; sıkı. **pressingly** *z.* sıkıştırarak, acele ile.

press.man (pres'mın) *i.* basımcı; *İng.* gazeteci, muhabir; ütücü.

press.mark (pres'mark) *i.* kütüphanelerde kitabın hangi rafa ait olduğunu belirtmek üzere kitap içine konulan işaret.

press.room (pres'rum) *i.* basım odası.

pres.sure (preş'ır) *i.* baskı, tazyik, basınç; hücum; basınç kuvveti. **pressure cabin** *hav.* tazyikli kabin. **pressure cooker** düdüklü tencere. **pressure gauge** basıölçer, manometre. **pressure group** hükümete tesir etmeye çalışan nüfuzlu grup; kendi çıkarı için meclise veya umuma baskı yapan grup. **pressure point** *tıb.* deride basınca karşı hassas olan nokta. **atmospheric pressure** hava basıncı. **blood pressure** tansiyon. **bring pressure to bear** zorla yaptırmaya çalışmak, sıkıştırmak. **financial pressure** para sıkıntısı. **high pressure** yüksek basınç. **hydrostatic pressure** sıvı maddelerin basınç kuvveti. **low pressure** alçak basınç. **standard pressure** standart basınç. **work at high pressure** son süratle çalışmak. **work under pressure** baskı veya zor altında çalışmak.

pres.sur.ize (preş'ırayz) *f.* tazyik altında tutmak; *hav.* yüksek uçuşlarda uçağın içindeki havayı yeterli basınçta tutmak.

press.work (pres'wırk) *i.* matbaa işi, basım işi; basılmış şeyler.

pres.ti.dig.i.ta.tor (prestidic'ıteytır) *i.* hokkabaz, el çabukluğu ile hüner gösteren kimse. **prestidigita'tion** *i.* hokkabazlık.

pres.tige (prestij') *i.* prestij, itibar, nüfuz, tesir, ün, şöhret. **prestigious** *s.* prestijli, tanınan.

pres.tis.si.mo (prestis'imo) *z., s., İt., müz.* çok hızlı.

pres.to (pres'to) *z., İt., müz.* presto.

pre.sume (prizum') *f.* farzetmek, tahmin etmek; ihtimal vermek; haddini aşmak, cüret etmek, cesaret etmek. **presume on** istismar etmek. **presumably** *z.* tahminen, galiba.

pre.sump.tion (prizʌmp'şın) *i.* haddini bilmeyiş, haddini aşma, cüret, küstahlık; zan, farz, tahmin; *huk.* bilinen gerçeklere dayanarak çıkarılan sonuç, ipucu.

pre.sump.tive (prizʌmp'tîv) *s.* muhtemel; zan ve karşılaştırmaya dayanan. **presumptive evidence** durum ve şartlardan çıkarılan kanıt. **heir presumptive** *bak.* heir.

pre.sump.tu.ous (prizʌmp'çuwıs) *s.* küstah, mağrur, kibirli. **presumptuously** *z.* küstahça. **presumptuousness** *i.* küstahlık.

pre.sup.pose (prisıpoz') *f.* önceden farzetmek; gerekmek.

pre.sup.po.si.tion (prisʌpızîş'ın) *i.* önceden farzedilen şey.

pre.tend (pritend') *f.* yapar gibi görünmek, yalandan yapmak, taslamak; taklit etmek, benzetmek; **to** *ile* iddiada bulunmak. **pretend illness** yalandan hasta olmak, sayrımsamak. **pretend to be a scholar** bilginlik taslamak. **pretend to the throne** tahtta hak iddia etmek.

pre.tend.er (priten'dır) *i.* hakkı olmadan bir şeyi isteyen kimse, özellikle krallık tahtında hak iddia eden kimse.

pre.tense, *İng.* **pre.tence** (pri'tens, prîtens') *i.* hile, bahane, hileli söz. **false pretenses** sahte görünüş, sahte tavır. **make a pretense of** yapar gibi görünmek, yalandan yapmak. **on the slightest pretense** en ufak bahane ile.

pre.ten.sion (priten'şın) *i.* iddia, hak iddiası, istek; haksız istek veya iddia; gösteriş.

pre.ten.tious (priten'şıs) *s.* gösterişçi, kurumlu. **pretentiously** *z.* gösterişle. **pretentiousness** *i.* gösterişçilik.

preter-, praeter- *önek* -den öte, ötesinde.

pre.ter.hu.man (pritırhyu'mın) *s.* insanüstü.

pret.er.it (pret'ırit) *s., i., gram.* geçmiş zamanı gösteren; *i.* geçmiş zaman kipi.

pre.ter.mit (pritırmit') *f.* **(-ted, -ting)** vaz geçmek; ihmal etmek; göz önünde tutmamak. **pretermission** *i.* ihmal; vaz geçme.

pre.ter.nat.u.ral (pritırnäç'ırıl) *s.* olağandışı; doğaüstü.

pre.text (pri'tekst) *i.* bahane, sözde sebep.

pre.tor *bak.* **praetor.**

Pre.to.ri.a (prîtôr'iyı) *i.* Pretoria.

pret.ti.fy (prît'ifay) *f.* güzelleştirmek, gereğinden fazla süslemek.

pret.ty (prît'i) *s., z.* güzel, hoş, sevimli, latif; iyi, âlâ; *k.dili* epey büyük; *z.* oldukça, epeyce, hayli. **pretty difficult** hayli güç. **pretty much the same** hemen hemen aynı, yine öyle. **pretty well suited** iyi uymuş. **a pretty mess** berbat iş. **cost a pretty penny** cok pahalı olmak. **sitting pretty** *k.dili* cebi dolu.

pret.zel (pret'sıl) *i.* üstü tuzlanmış bir çeşit gevrek halka.

pre.vail (priveyl') *f.* yenmek, galip olmak; hâkim olmak; yürürlükte olmak; yaygın olmak, âdet olmak; başarmak, etkili olmak. **prevail on** razı etmek, ikna etmek, gönlünü yapmak. **prevail over, prevail against** galip gelmek.

pre.vail.ing (privey'lîng) *s.* galip gelen, hâkim olan, üstün gelen; en sık esen (rüzgâr); geçerlikte olan, yaygın. **prevailingly** *z.* galip gelerek; en çok, genellikle.

prev.a.lence (prev'ılıns) *i.* hüküm sürme, hâkim olma; yaygınlık.

prev.a.lent (prev'ılınt) *s.* olagelen, hüküm sü-

ren, etkili, yaygın, âdet hükmünde olan. **prevalently** *z.* genellikle; hâkim olarak.

pre.var.i.cate (priver'ıkeyt) *f.* yalan söylemek; kaçamaklı cevap vermek, kaçamaklı sözle aldatmak. **prevarica'tion** *i.* yalan. **prevaricator** *i.* yalancı kimse.

pre.ve.nance (prevınans') *i., Fr.* başkalarının ihtiyaçlarını evvelden düşünme.

pre.ven.ient (privin'yınt) *s.* önünden giden, önce gelen; koruyucu. **prevenience** *i.* önce gelme, önceden yapma.

pre.vent (privent') *f.* önlemek, engellemek, durdurmak, önünü almak. **preventable** *s.* önlenebilir, önüne geçilebilir, durdurulur. **prevention** *i.* önleme, engelleme.

pre.ven.tive (priven'tiv) *s., i.* önleyici, engelleyici; *i.* önleyici şey; önleyici tedbir. **preventive detention** *A.B.D.* suçluların, yeni suç işlememesi için, yargılanıncaya kadar hapse atılması. **preventive measures** önleyici tedbirler. **preventive war** önleme savaşı. **preventively** *z.* önleyici surette.

pre.ven.to.ri.um (privıntôr'iyım) *i.* prevantoryum.

pre.view (pri'vyu) *i., sin.* gelecek programdan gösterilen parçalar.

pre.vi.ous (pri'viyıs) *s.* evvel, evvelki, eski, sabık; *k.dili* vaktinden evvel olan. **previous to this** bundan evvel. **move the previous question** mecliste görüşmeyi kısa kesmek için meselenin oya konup konmaması konusunda oya baş vurmak. **previously** *z.* önceden, evvelce.

pre.vi.sion (privij'ın) *i.* basiret, sağduyu; önceden görme, önsezi.

pre.war (pri'wôr') *s.* savaş öncesine ait.

prex.y (prek'si) *i., argo* başkan; rektör.

prey (prey) *i., f.* av; *f.* av ile beslenmek. **prey on** avlamak; sıkmak, sıkıntı vermek. **bird of prey** yırtıcı kuş.

pri.a.pism (pray'ıpîzım) *i., tıb.* tenasül uzvunun cinsel zevk bulunmaksızın dik durması.

price (prays) *i., f.* paha, fiyat; değer, kıymet; rüşvet; mükâfat; *f.* fiyat koymak, paha biçmek; *k.dili* fiyatını sormak. **price ceiling** azamî fiyat, tavan fiyatı. **price cutting** fiyat kırma. **price fixing** asgarî veya azamî fiyat koyma, narh. **price list** fiyat listesi, tarife. **price range** fiyat dağılımı. **price rigging** kanundışı ve gizli olarak asgarî fiyat üzerinde anlaşma. **price tag** fiyat etiketi; fiyat. **price war** rekabet için maliyetin altında satış. **at any price** her ne pahasına olursa olsun. **beyond price** paha biçilmez; rüşvet almaz. **cost price** maliyet fiyatı. **current price** cari fiyat, piyasa fiyatı. **high price** yüksek fiyat. **low price** düşük fiyat. **normal price** normal fiyat. **reduced price** indirimli fiyat. **price out of the market** yüksek fiyat konulduğu için satamamak. **set a price on one's head** bir kimsenin ölüsünü veya dirisini teslim edene para mükâfatı vaat etmek. **without price** paha biçilmez.

price.less (prays'lis) s. değer biçilmez, çok kıymetli; *k.dili* çok komik, gülünç.

prick (prik) i. iğneleme, iğnelenme; sivri uçlu alet; diken; *A.B.D.*, *argo* penis; diken batması gibi ağrı; iğne delmesi, diken batması; *eski* üvendire. **prick of conscience** vicdan azabı.

prick (prik) f. hafifçe delmek, iğne veya diken sokmak; mahmuzla dürtmek; vicdan azabı vermek; batma acısı duymak. **prick out a pattern** iğne batırarak el işi modeli yapmak. **prick the bubble** önemli sanılan birinin foyasını meydana çıkarmak; bir ümidi boşa çıkarmak. **prick up one's (its) ears** kulak kabartmak; (hayvan) kulaklarını dikmek.

prick.er (prik'ır) i. dürten veya iğne gibi batan şey; diken.

prick.et (prik'it) i. iki yaşında erkek geyik; şamdan iğnesi.

prick.le (prik'ıl) i., f. karıncalanma; diken, sivri uç; f. hafifçe batırmak, diken sokmak; iğnelenmek, karıncalanmak.

prick.ly (prik'li) s. dikenli; karıncalanan, iğne gibi batan. **prickly ash** dikenli dişbudağa benzeyen bir ağaç, *bot.* Xanthoxylum americanum. **prickly heat** isilik. **prickly pear** hintinciri, frenkinciri, firavuninciri, *bot.* Opuntia ficus india. **prickliness** i. dikenlilik; küseğenlik.

pride (prayd) i., f. gurur, kibirlilik, kibir, azamet, övünme, iftihar; iftihar edilecek şey; *eski* görkem, saltanat, debdebe; aslan sürüsü; f. tüylerini kabartmak (kuş). **pride oneself on something** bir şey ile övünmek. **pride of place** en yüksek mevki. **false**

pride boş gurur. **humble one's pride** birinin kibrini kırmak. **take pride in** (bir şey) ile iftihar etmek.

priest (prist) i. papaz, rahip, karabaş. **parish priest** mahalle papazı.

priest.craft (prist'kräft) i., *aşağ.* papazlık sanatı.

priest.ess (pris'tis) i. tapınakta dinsel törenleri yürüten kadın.

priest.hood (pris'hûd) i. papazlık; papazlar.

priest.ly (prist'li) s. papaz gibi; papaza yakışır, papaza ait.

prig (prig) f. (-ged, -ging) i., *İng.*, *argo* çalmak, aşırmak, yürütmek; i. hırsız.

prig (prig) i. biçimci ve tutucu ukalâ. **priggish** s. ukalâ. **priggishly** z. titizlikle. **priggishness** i. kibirlilik.

prig.gism (prig'izım) i. kendini beğenmişlik, ukalâlık.

prim (prim) s., f. (-med, -ming) fazla resmî, çok ciddî, usule fazla meraklı; f. çok resmî davranmak, ciddî tavır takınmak. **primly** z. fazla resmî olarak. **primness** i. fazla ciddiyet.

pri.ma.cy (pray'mısi) i. önce gelme, ileri gelme; baş papazlık; papalık.

pri.ma don.na (pri'mı dan'ı) primadonna; *k.dili* sinirli ve kibirli kimse.

pri.ma fa.ci.e (pray'mı fey'şiyi) *Lat.* dış görünüşe göre, yüzünden, ilk bakışta. **prima facie evidence** *huk.* karşıtı ispatlanıncaya kadar geçerli olan delil.

pri.mage (pray'mic) i. gemiye yükletilen mallara iyi bakılsın diye eskiden gemicilere ve süvariye verilen para; kaptan aidatı.

pri.mal (pray'mıl) s. esasî, aslî; baş, başlıca.

pri.ma.ry (pray'meri, -mıri) s., i. asıl, ana, aslî, birinci, esasî; başlıca, ileri gelen; ilkel, ilksel, iptidaî; i. birinci sırada olan şey; *A.B.D.* parti adaylarının seçimi. **primary coil** transformatörde ana sargı. **primary school** ilkokul. **primar'ily** z. evvela; aslında.

pri.mate (pray'mit) i. baş piskopos; *zool.* primat.

prime (praym) i. hayatın olgunluk devri; bir şeyin en mükemmel olduğu devir; başlangıç; seçkin şey; *mat.* asal sayı; dakika için kullanılan (') işareti. **the prime of life** hayatın en dinç ve güzel devresi.

prime (praym) s. baş; birinci; ilk; asıl, aslî; *mat.* asal (sayı). **prime cost** asıl fiyat, maliyet. **prime meridian** baş meridyen. **prime**

minister başbakan. **prime mover** ana kuvvet. **prime number** asal sayı.

prime (praym) *f.* kullanıma hazırlamak; top veya tüfeğe ağızotu koymak; (boya) astar vurmak; talimat vermek, ne söyleyeceğini öğretmek (şahit); içki içirip sarhoş etmek. **prime the pump** tulumbanın silindirine su döküp işlemeye hazırlamak; ticareti hızlandırmak için para sarfetmek (devletçe).

prim.er (pray'mır) *i.* tüfeğin ağızotu, falya barutu.

prim.er (prîm'ır) *i.* okuma kitabı; herhangi bir konu hakkında kısa ilk kitap. **great primer** *matb.* on sekiz puntoluk harf. **long primer** *matb.* on puntoluk harf.

pri.me.val (praymi'vıl) *s.* ilksel, ilkel.

prim.ing (pray'mîng) *i.* işlemeye hazırlama (tulumba); yemleme, ağızotu, falya barutu; astar boya.

pri.mip.a.rous (praymîp'ırıs) *s.* ilk defa çocuk doğuran; ilk doğuma ait. **primipara** *i., tıb.* ilk defa doğuran kadın, yalnız bir çocuk doğurmuş olan kadın.

prim.i.tive (prîm'ıtîv) *s., i.* ilk, aslî, eski, evvelki; iptidaî, ilkel, ilksel; basit, kaba, eski usul; *gram.* kurala bağlı olmayan, türetilmemiş; *i.* kurala bağlı olmayıp işitilerek öğrenilen kelime; *mat.* bir denklemin basit ve esas şekli; ilkel sanata benzer resim yapan ressam veya yaptığı resim; ilkel insan. **primitively** *z.* ilkelce. **primitiveness** *i.* ilkellik.

prim.i.tiv.ism (prîm'ıtîvîzım) *i.* ilkelcilik. **primitivist** *i.* ilkelcilik yanlısı.

pri.mo.gen.i.tor (praymıcen'ıtır) *i.* ilk cet, ata.

pri.mo.gen.i.ture (praymıcen'ıçır) *i.* ilk evlât olma; *huk.* büyük evlât hakkı.

pri.mor.di.al (praymôr'diyıl) *s., i.* başlangıçta mevcut olan, ilk; esasî; *biyol.* bir fert veya uzvun ilk büyüme devresinde görülen; *i.* temel ilke.

primp (prîmp) *f.* itina ile giyinip makyaj yapmak.

prim.rose (prîm'roz) *i., s.* çuhaçiçeği, *bot.* Primula veris; *s.* çuhaçiçeğine ait; çiçekli; çiçeği çok; açık sarı. **the primrose path** zevk ve sefa yolu.

pri.mum mo.bi.le (pray'mım mo'bîli) ana kuvvet, hareketin ilk kaynağı; doğudan batıya doğru yirmi dört saatte dönerek gökcisim-lerini taşıyan hayali gök küresi.

pri.mus in.ter pa.res (pray'mıs în'tır per'iz) *Lat.* eşleri arasında birinci olan kimse.

prin. *kıs.* principal, principle.

prince (prîns) *i.* prens; kral, hükümdar, emir; soylu kimse; bir meslekte başta gelen kimse. **Prince Albert** redingot. **prince consort** hükümdar kraliçenin kocası olan prens. **Prince of Darkness** şeytan, iblis. **Prince of Peace** Hazreti İsa. **Prince of Wales** İngiltere veliahtı, Gal prensi. **prince regent** vekil prens. **princedom** *i.* prenslik. **princelet, princeling** *i.* küçük prens, genç prens.

prince.ly (prîns'li) *s.* prense ait; prense yakışır, asil, soylu; hatırı sayılır, cömert. **princeliness** *i.* prens gibi olma, prens tavrı; soyluluk; cömertlik.

prin.cess (prîn'sîs) *i.* prenses.

prin.cesse (prînses') *s.* prenses biçimi (elbise).

prin.ci.pal (prîn'sıpıl) *s., i.* baş, ana, başlıca, büyük, asıl, en mühim; *i.* başkan, şef, patron; yönetici; müdür, okul müdürü; vekil tutan kimse, müvekkil; asıl mesul kimse; sermaye, anamal, ana akçe, ana para; düelloda karşılaşan taraflardan biri. **principal parts** *gram.* İngilizce fiillerin çekim şekilleri. **principally** *z.* genellikle; çoğunlukla, ekseriyetle. **principalship** *i.* müdürlük.

prin.ci.pal.i.ty (prînsîpäl'ıti) *i.* prenslik.

prin.ci.ple (prîn'sıpıl) *i.* prensip, ilke; dürüstlük, ahlâk; öz; köken, temel neden; kural. **active principle** müessir madde. **refuse on principle** prensibine uygun olmadığından reddetmek. **principled** *s.* prensip sahibi olan.

prink (prîngk) *f.* gösteriş için süslenmek.

print (prînt) *i.* bası, tabı; basma, matbua; taşbasması resim; basılı resim; gazete, dergi; iz; basma işi kumaş; basma kalıbı; *foto.* negatiften yapılmış resim; gazete kâğıdı, üçüncü hamur kâğıt. **in print** basılmış, satılmakta. **out of print** baskısı tükenmiş. **rush into print** yayımlamakta acele etmek.

print (prînt) *f.* basmak; yayımlamak; küçük harflerle yazmak, matbaa harfleriyle yazmak; klişeden basılmış resim çıkarmak; *foto.* negatiften resim çıkarmak; matbaacılık yapmak.

print.er (prîn'tır) *i.* basımcı, matbaacı; telgraf alıcısı; kompütörde istenilen bilgiyi kâğıda geçiren aygıt. **printer's devil** matbaacı çırağı. **printer's ink** baskı mürekkebi. **printer's mark** kitap üstüne basılan basımevinin damgası.

print.ing (prîn'tîng) *i.* basma, tabetme; baskıcılık; baskı sayısı; matbaa harfleriyle yazılmış yazı. **printing machine** *İng.* elektrikli matbaa makinası. **printing press** matbaa makinası.

print-out (prînt'aut) *i.* kompütör ve başka makinalardan çıkan yazılı bilgi.

pri.or (pray'ır) *i.* manastırda baş rahip. **priorate, priorship** *i.* manastır baş rahibinin rütbe veya makamı. **prioress** *i.* kadın manastırı baş rahibesi.

pri.or (pray'ır) *s.* evvel, evvelki, sabık. **prior to his death** ölümünden evvel.

pri.or.i.ty (prayôr'ıtî) *i.* zaman veya rütbe bakımından önce gelme, kıdemlilik; üstünlük hakkı. **give priority to** öncelik tanımak. **in order of priorities** önem sırasına göre.

pri.or.y (pray'ıri) *i.* manastır.

prism (prîz'ım) *i., geom.* biçme, prizma; prizma şeklinde şeffaf cisim. **right prism** *geom.* dik biçme.

pris.mat.ic, -i.cal (prîzmät'îk, -îkıl) *s.* prizma şeklindeki, biçmesel, prizmatik; şeffaf prizmadan oluşan (renk). **prismatically** *z.* prizma şeklinde olarak.

pris.on (prîz'ın) *i., f.* hapishane, cezaevi; tevkifhane; *f.* hapsetmek. **prison breaker** hapishane kaçağı. **put in prison** hapsetmek.

pris.on.er (prîz'ınır) *i.* tutuklu kimse; esir. **prisoner of war** savaş esiri. **prisoner's base** köşe kapmaca oyunu. **political prisoner** siyasî tutuklu.

pris.sy (prîs'i) *s., k.dili* kadın gibi; fazla titiz.

pris.tine (prîs'tin, -tîn, *İng.* -tayn) *s.* eski zamana ait, asıl, eski; bozulmamış.

prith.ee (prîdh'i) *ünlem, eski* lütfen, rica ederim.

prit.tle-prat.tle (prît'ılprät'ıl) *i.* kuru laf, boş lakırdı.

pri.va.cy (pray'vısi) *i.* özellik; gizlilik; kişisel dokunulmazlık. **in absolute privacy** tamamen mahrem olarak, sır olarak.

pri.vate (pray'vît) *s., i.* özel, hususî, kişisel; gizli, mahrem; gayri resmî; *i., ask.* nefer, er, asker; *çoğ.* edep yerleri. **in private** mahrem olarak, özel bir şekilde. **privateness** *i.* mahremlik, özellik, gizlilik. **private car**

özel araba. **private detective** özel detektif. **private enterprise** özel girişim, özel sektör. **private life** özel hayat. **private ownership** özel iyelik. **private property** özel mülk, özelge. **private school** özel okul.

pri.va.teer (prayvıtîr') *i.* hükümet izniyle savaşan korsan gemisi. **privateering** *i.* hükümet izniyle korsanlık yapma.

pri.va.tion (prayvey'şın) *i.* yoksunluk, mahrumiyet, ihtiyaç, sıkıntı.

priv.a.tive (prîv'ıtîv) *s., i.* mahrum edici, yok eden; olumsuz, menfi; *i.* olumsuzluk belirten ek veya kelime.

priv.et (prîv'ît) *i.* kurtbağrı, kurt baharı, *bot.* Ligustrum vulgare.

priv.i.lege (prîv'ılîc) *i., f.* ayrıcalık, imtiyaz; özel izin, müsaade, ruhsat; görev dolayısıyle muafiyet; hak; *f.* imtiyaz vermek; muaf tutmak. **privileged** *s.* imtiyazlı; müşerref.

priv.i.ly (prîv'vılı) *z.* gizlice; özel olarak.

priv.i.ty (prîv'ıtı) *i.* gizli bilgi; *huk.* ortak çıkarlara dayanan ilişki.

priv.y (prîv'i) *s., i.* sır ortağı olan; özel, kişisel; *i., huk.* ortak; ayrı kulübede tuvalet, ayakyolu. **privy council** özel meclis; *b.h.* İngiltere'de devlet danışma meclisi. **privy purse** *İng.* hükümdarın şahsına mahsus para dairesi. **privy seal** *İng.* ikinci derecede önemli olan evraka basılan kral mührü, küçük ferman mührü. **Lord Privy Seal** *İng.* ferman mührü emini.

prix fixe (pri fiks') *Fr.* kesin fiyat; fiks menü.

prize (prayz) *i., f., s.* ödül; çok istenilen şey; *f.* çok değer vermek; paha biçmek, kıymet takdir etmek; *s.* ödül olarak verilen; ödül kazanan; mükemmel. **prize fight** mükâfatlı boks.

prize (prayz) *f., i.* ganimet almak; zaptetmek; manivela ile kaldırmak veya açmak; *i.* ganimet (gemi). **prize court** savaş ganimetleri mahkemesi.

pro- *önek* önünde; önce vaki olan; ileri; lehinde, hesabına, için; yerine; nispetle.

pro (pro) *edat, z., i., Lat.* için; *z.* lehinde; için; *i., gen. çoğ.* lehte olanlar. **pros and cons** lehte veya aleyhte olan öneriler.

pro (pro) *i., k.dili* profesyonel atlet; profesyonel kimse.

prob. *kıs.* **probable, probably, problem.**

prob.a.bil.ism (prab'ıbılîzım) *i., fels.* olasıcılık, probabilizm.

prob.a.bil.i.ty (prabıbîl'ıti) *i.* olasılık, ihtimal; muhtemel şey. **in all probability** her ihtimale göre. **What are the probabilities?** Tahminler nedir?

prob.a.ble (prab'ıbıl) *s.* olasılı, muhtemel. **It is more than probable ...** Büyük bir ihtimalle... **probably** *z.* belki de, galiba.

pro.bang (pro'bäng) *i., tıb.* boğaza kaçan bir şeyi çıkarmaya mahsus cerrah mili.

pro.bate (pro'beyt) *s., i., f.* onaylama yetkisine ait; *i.* vasiyetnamenin resmen onaylanması; *f.* vasiyetnameyi resmen onaylatmak. **probate court** veraset mahkemesi. **probate duty** bir nevi veraset vergisi.

pro.ba.tion (probey'şın) *i., huk.* hafif bir suçtan dolayı gözaltına alınma; (memuru) deneme süresi; gözaltı; kanıtlama; *huk.* vasiyetnamenin onaylanması. **probation officer** hafif suçluyu gözaltında bulunduran memur. **probational, probationary** *s.* deneme ile ilgili.

pro.ba.tion.er (probey'şınır) *i.* gözaltında olan hafif suçlu; deneme devresinde olan kimse.

pro.ba.tive, pro.ba.to.ry (pro'bıtîv, pro'bıtôri) *s.* denemeye ait.

probe (prob) *f., i.* araştırmak, incelemek; sonda ile yoklamak, sondaj yapmak; *i.* cerrah mili, sonda; *A.B.D.* araştırma; insansız uzay roketi.

pro.bi.ty (pro'bıti) *i.* doğruluk, dürüstlük.

prob.lem (prab'lım) *i., s.* sorun, mesele; *mat.* problem; *s.* problemli. **problem child** problem çocuk. **problem play** bir sorunu işleyen oyun, tezli piyes.

prob.lem.at.ic, -i.cal (prablımät'îk, -îkıl) *s.* şüpheli.

pro bo.no pub.li.co (pro bo'no pʌb'liko) *Lat.* halkın yararına.

pro.bos.cid.i.an (probısîd'iyın) *s., zool.* hortumlu-memelilere ait; hayvan hortumuna ait; hortumlu.

pro.bos.cis (probas'îs) *i., zool.* hortum, fil hortumu; böceklerde hortum; *şaka* burun.

proc. *kıs.* procedure, proceedings, process.

pro.caine (prokeyn') *i., ecza.* prokain.

pro.cam.bi.um (prokäm'biyım) *i., bot.* bitkinin damar ve kambiyum dokularını teşkil eden gelişmemiş filiz kökü.

pro.ce.dure (prısi'cır) *i.* işlem, muamele; *huk.* davaya bakma usulü; iş görme usulü. **procedural** *s., huk.* dava usulüne ait.

pro.ceed (prısid') *f.* ileri gitmek, ilerlemek; yol tutmak, usul takip etmek; **from** *ile* çıkmak, meydana gelmek, baş göstermek, türemek; *huk.* dava etmek, dava açmak.

pro.ceed.ing (prısi'ding) *i.* muamele; *huk.* dava muameleleri, yargılama usulleri; *çoğ.* tutanak; ilerleme, ileri gitme. **legal proceedings** dava muameleleri. **summary proceedings** kendi yetkisi dahilinde derhal verilen ceza.

pro.ceeds (pro'sidz) *i., çoğ.* hâsılat, kazanç, gelir.

proc.ess (pras'es, *İng.* pro'ses) *i., s., f.* yöntem, metot, yol, usul; süreç, vetire; işlem; ilerleme; *huk.* belge; celpname, çağırı kâğıdı; dava muamelesi; *biyol.* yumru; *s.* özel işleme tabi tutulmuş; *f.* muamelesini yapmak; özel işleme tabi tutmak; *huk.* tebliğ etmek; dava açmak. **chemical process** kimyasal işlem. **legal process** tebligat belgesi. **process server** mahkeme tebligatını sahibine ileten kimse. **in process of construction** inşa halinde, yapılmakta. **in the process of time** zamanla, zaman geçtikçe.

pro.ces.sion (prıseş'ın) *i., f.* alay; oluş, meydana çıkma, baş gösterme; *f.* alay ile yürümek.

pro.ces.sion.al (prıseş'ınıl) *s., i.* alay çeşidinden; *i.* dinsel tören esnasında okunan ilâhi.

pro.claim (prokleym') *f.* ilân etmek; beyan etmek; ilân ederek kanunen yasaklamak; ifşa etmek, açığa vurmak.

proc.la.ma.tion (praklımey'şın) *i.* ilân; beyanname, bildiri.

pro.clit.ic (proklit'îk) *s., i.* vurgu bakımından sonradan gelen kelimeye bağlı (sözcük).

pro.cliv.i.ty (prokliv'ıti) *i.* eğilim, meyil.

pro.con.sul (prokan'sıl) *i.* eski Roma'da konsül vazifesini yapan memur, prokonsül; umumî vali; *b.h., paleont.* insan ve maymunların atası sayılan miyosen devri primatı. **proconsular** *s.* prokonsüle ait. **proconsulate, proconsulship** *i.* prokonsüllük.

pro.cras.ti.nate (prokräs'tıneyt) *f.* sürüncemede bırakmak, ağırdan almak, geciktirmek; ertelemek, tehir etmek. **procrastina'tion** *i.* sürüncemede bırakma; erteleme. **procrastinator** *i.* işini tehir eden kimse.

pro.cre.ate (pro'kriyeyt) *f.* döllemek; hâsıl etmek, doğurmak, yaratmak. **procreant** *s.* meydana getiren, verimli. **procreative** *s.* dölleyici; doğurgan. **procrea'tion** *i.* dölleme; doğurma, meydana getirme.

Pro.crus.te.an (prokrʌs'tiyın) *s.* zulüm ve cebirle yola getiren.

Pro.crus.tes (prokrʌs'tiz) *i., Yu. mit.* boylarını yatağına uydurmak için misafirlerinin kol ve bacaklarını çekip uzatan veya kırıp kısaltan efsanevî dev.

proc.tor (prak'tır) *i., f., huk.* bir çeşit dava vekili; üniversitede disiplini sağlayan memur; *f.* (sınavda, sınıfta) disiplini sağlamak.

pro.cum.bent (prokʌm'bınt) *s., bot.* sürüngen (sap); yüzükoyun.

pro.cur.a.ble (prokyûr'ıbıl) *s.* bulunur, tedarik olunur, elde edilir.

pro.cur.ance (prokyûr'ıns) *i.* tedarik, elde etme.

proc.u.ra.tion (prakyırey'şın) *i.* tedarik, elde etme; *huk.* vekillik, vekâlet; vekâletname; pezevenklik.

proc.u.ra.tor (prak'yıreytır) *i.* eski Roma'da maliye memuru; *huk.* vekil.

pro.cure (prokyûr') *f.* tedarik etmek, elde etmek, edinmek, kazanmak; istihsal etmek; ettirmek, yaptırmak; pezevenklik etmek. **procurement** *i.* tedarik; istihsal.

pro.cur.er (prokyûr'ır) *i.* tedarik eden kimse; muhabbet tellâlı, pezevenk. **procuress** *i.* pezevenk kadın.

Pro.cy.on (pro'siyan) *i., astr.* Prosyon, Küçük-köpek takımıyıldızında en büyük yıldız.

prod (prad) *f.* (**-ded, -ding**) *i.* dürtmek; üvendire ile dürtmek; tahrik etmek, kışkırtmak; *i.* üvendire ile dürtme; hatırlatıcı şey.

prod.i.gal (prad'ıgıl) *s., i.* müsrif, savurgan, tutumsuz; çok bol; *i.* müsrif kimse. **prodigal son** hayatı ciddiye almayan kimse, mirasyedi kimse. **prodigally** *z.* müsrifçe; cömertçe.

prod.i.gal.i.ty (pradıgäl'ıti) *i.* israf; bolluk; eli açıklık, aşırı cömertlik.

pro.dig.ious (prıdîc'ıs) *s.* çok büyük, iri, kocaman; şaşılacak, müthiş. **prodigiously** *z.* çok büyük olarak; müthiş surette. **prodigiousness** *i.* büyüklük, irilik; harikuladelik.

prod.i.gy (prad'ıci) *i.* dâhi; mucize, harika; olağanüstü şey.

pro.drome (pro'drom) *i., tıb.* hastalığın ilk belirtisi, prodrom.

prod.ro.mal (prad'rımıl) *s., tıb.* ilk belirtiye ait.

pro.duce (prıdus') *f.* meydana getirmek; vermek, mahsul vermek; göstermek, meydana koymak, ortaya çıkarmak; doğurmak; yapmak, üretmek, imal etmek; uzatmak; sonuç çıkarmak; sahneye koymak.

pro.duce (prad'us, pro'dus) *i.* mahsul, ürün, hâsılat; zerzevat, sebze.

pro.duc.er (prıdu'sır) *i.* müstahsil, üretici, fabrikatör; hâsıl eden kimse, meydana getiren kimse; *sin.* yapımcı, prodüktör; karbon monoksit gazının istihsal olunduğu ocak. **producer goods** hammadde, üretim maddeleri.

prod.uct (prad'ıkt) *i.* ürün, mahsul, hâsılat; sonuç, netice; *mat.* çarpım.

pro.duc.tion (prıdʌk'şın) *i.* imal, üretim, istihsal; ürün; eser; sahneye koyma; uzantı (çizgi); *huk.* ibraz.

pro.duc.tive (prıdʌk'tîv) *s.* verimli, bereketli, mümbit; yaratıcı. **productive of** meydana getirici. **productively** *z.* verimli surette.

pro.duc.tiv.i.ty (prodʌktîv'ıti) *i.* verimlilik.

pro.em (pro'wım) *i.* mukaddeme, önsöz, giriş, başlangıç; şiir mukaddemesi. **proemial** (prowi'miyıl) *s.* başlangıca ait.

prof (praf) *i., k.dili* profesör.

prof. *kıs.* **professor.**

prof.a.na.tion (prafıney'şın) *i.* hürmetsizce kullanma, kutsiyetini bozma.

pro.fane (prıfeyn') *f., s.* bulaştırmak, pisletmek, kirletmek; hürmetsizce kullanmak; kötüye kullanmak, suiistimal etmek; *s.* kâfir, zındık; adi, bayağı; mukaddes olmayan, cismanî, dinî işlerden ayrı olan; küfür kabilinden. **profanely** *z.* hürmetsizce. **profaneness** *i.* kutsal olmayan şey; küfür.

pro.fan.i.ty (prıfän'ıti) *i.* sözle hürmetsizlik, ağız bozukluğu, küfür.

pro.fess (prıfes') *f.* itiraf etmek, açıkça söylemek; iddia etmek, savlamak, taslamak; (inancını) ikrar etmek.

pro.fessed (prıfest') *s.* iddia edilen, savlanan; açıklanmış, alenen itiraf edilmiş; sözde.

pro.fess.ed.ly (prıfes'îdli) *z.* iddiaya göre; sözde.

pro.fes.sion (prıfeş'ın) *i.* diploma gerektiren meslek; meslek, sanat, iş kolu; iddia; itiraf; söz; inancın açıklanması.

pro.fes.sion.al (prıfeş'ınıl) *s., i.* mesleğe ait, meslekî; ustalıklı; meslek sahibi olan; profesyonel; *i.* profesyonel kimse. **profession-**

ally *z.* meslek bakımından, meslekçe, iş için; ustalıkla.

pro.fes.sion.al.ism (prıfeş'ınılîzım) *i.* profesyonellik.

pro.fes.sor (prıfes'ır) *i.* ordinaryüs profesör; sözlerle açıklayan veya iddia eden kimse. **professorship** *i.* ordinaryüs profesörlük; profesörlük.

pro.fes.so.ri.al (prafısôr'iyıl) *s.* profesöre ait. **professorially** *z.* profesörce.

prof.fer (praf'ır) *f., i.* arzetmek, teklif etmek, önermek; *i.* teklif, önerme.

pro.fi.cien.cy (prıfiş'ınsi) *i.* ehliyet, maharet, beceriklilik, ustalık.

pro.fi.cient (prıfiş'ınt) *s., i.* ehliyetli, mahir, usta; *i.* uzman, mütehassıs. **proficiently** *z.* maharetle, ustalıkla.

pro.file (pro'fayl, *İng.* pro'fil) *i., f.* yüzün yandan görünüşü, profil; yüzün yandan çekilen resmi; kısa biyografi, karakter portresi; *mim.* bir binanın dikey görünüşünün mimarî ayrıntılarını gösteren şekil; grafik, çizge; *f.* profilini yapmak.

prof.it (praf'ît) *i.* kâr, kazanç; menfaat, fayda, yarar. **profit motive** kâr güdüsü. **profit sharing** kârı bölüştürme. **profit and loss account** kâr ve zarar hesabı. **gross profit** brüt kâr. **net profit** net kâr. **paper profits** muhtemel kâr.

prof.it (praf'ît) *f.* kâr getirmek, kazanç getirmek; kazanmak, istifade etmek; faydası olmak, işe yaramak.

prof.it.a.ble (praf'îtıbıl) *s.* kârlı, kazançlı, faydalı. **profitabil'ity** *i.* kazançlılık, fayda. **profitably** *z.* kazançla, menfaatle, kârlı olarak.

prof.i.teer (prafîtîr') *f., i.* hal ve keyfiyetlerden yararlanarak haddinden fazla para kazanmak; *i.* vurguncu kimse, fırsatçı kimse. **profiteering** *i.* vurgunculuk.

prof.it.less (praf'îtlîs) *s.* kârsız; faydasız.

prof.li.gate (praf'lıgît, -geyt) *s., i.* uçarı, haylaz; günahkâr; edepsiz; *i.* müsrif kimse, hovarda. **profligacy** *i.* ahlâksızlık; günahkârlık; utanmazlık; hovardalık. **profligately** *z.* hovardaca, haylazca.

pro for.ma (pro fôr'mı) *Lat.* âdet yerini bulsun diye. **pro forma invoice** *tic.* proforma.

pro.found (prıfaund', pro-) *s., i.* çok derin; çok malumatlı; engin; çok büyük; *i.* derinlik, abis; derya, umman. **profoundly** *z.* de-

rinden; esaslı olarak, tamamen. **profound-ness** *i.* derinlik.

pro.fun.di.ty (prıfʌn'dıti) *i.* derinlik, şümul, genişlik.

pro.fuse (prıfyus', pro-) *s.* çok, bol; müsrif; cömert; verimli. **profusely** *z.* bol bol. **profuseness, profusion** *i.* bolluk; müsriflik.

prog (prag) *f.* (-ged, -ging) *i., leh.* aşırmak maksadıyle araştırmak; *i.* özellikle dilencilik veya hırsızlıkla ele geçen yiyecek.

pro.gen.i.tor (procen'ıtır) *i.* cet, ata, dede.

prog.e.ny (prac'ıni) *i.* soy, nesil, torunlar.

pro.ges.ter.one (proces'tıron) *i., biyol.* yumurtalıkta bulunan ve gebeliğe tesiri olan bir hormon, projesteron.

pro.glot.tid, -tis (proglat'îd, proglat'îs) *i., zool.* bağırsak kurdunun parçalarından biri.

prog.na.thous (prag'nıthıs) *s., anat., zool.* sivri çeneli.

prog.no.sis (pragno'sîs) *i.* (*çoğ.* -ses) *tıb.* bir hastalığın müddeti hakkında hekim tahmini, prognoz; tahmin, kıyas.

prog.nos.tic (pragnas'tîk) *s., i., tıb.* prognozla ilgili; neticeyi önceden gösteren, kılavuzluk eden; *i.* alâmet, belirti; kehanet; *tıb.* prognoz için hüküm verdirecek belirti.

prog.nos.ti.cate (pragnas'tıkeyt) *f.* ileride meydana geleceğini söylemek; belirtisi olmak; belirtisinden anlayıp söylemek, ilerisini tahmin etmek. **prognostica'tion** *i.* kehanet, önceden tahmin; belirti. **prognosticator** *i.* kehanet eden kimse.

pro.gram, *İng.* pro.gramme (pro'gräm) *i., f.* (-med, -ming) program; (elektronik hesap makinaları) çalışma yönergesi, düzen; *f.* programlamak, program yapmak; düzenlemek. **program music** olaylar sırasına veya bir sahne serisine göre düzenlenmiş müzik.

prog.ress (prag'res, *İng.* pro'gres) *i.* ilerleme, ileri gidiş, yükselme, gelişme.

prog.ress (prıgres') *f.* ilerlemek, ileri gitmek, gelişmek; devam etmek.

pro.gres.sion (prıgreş'ın) *i.* ileri gidiş, devam; *mat.* dizi. **arithmetical progression** aritmetik dizi. **geometrical progression** geometrik dizi. **progressional** *s.* ilerlemeye ait.

pro.gres.sive (prıgres'îv) *s., i.* terakki eden, ileri giden, ilerleyen; ilerlemekte olan; tedricî; terakkiye müsait; ilerici; genişleyen, yavaş yavaş artan; *i.* siyasette terakki taraftarı, erkinci. **progressively** *z.* ilerledikçe, devamlı olarak. **progressiveness** *i.* ilericilik.

pro.hib.it (prohib'it) *f.* yasak etmek, engel olmak, resmen menetmek; mâni olmak.

pro.hi.bi.tion (prowıbîş'ın) *i.* yasak; yasak emri; içki yasağı. **prohibitionist** *i.* içki yasağı taraftarı.

pro.hib.i.tive, pro.hib.i.to.ry (prohib'ıtîv, -tôri) *s.* yasaklayıcı; engelleyici. **prohibitive price** satışa mâni olacak kadar yüksek fiyat, aşırı fiyat. **prohibitively** *z.* yasak edilecek derecede; engelleyecek şekilde. **prohibitiveness** *s.* yasaklayıcılık; engelleyici oluş.

pro.ject (prıcekt') *f.* ileriye doğru atmak; sondurmak, çıkıntılı yapmak; atmak, fırlatmak; plan kurmak, tasarlamak, düşünmek, tasavvur etmek; (film, resim) perdede göstermek; *mat.* bir düzlem üzerinde simetrik bir şekil vücuda getirmek için belirli bir şeklin her noktasından düz hatlar çizmek; çıkıntı teşkil etmek, fırlak olmak; *psik.* kendi fikir veya güdüsünü başkasına yüklemek; uzaktan duyulabilecek şekilde konuşmak.

proj.ect (prac'ekt) *i.* plan, proje, tasarı.

pro.jec.tile (prıcek'tıl, *İng.* -tayl) *s., i.* fırlatıcı; atmayla meydana gelen; *i.* mermi, top güllesi, tabanca kurşunu, fırlatılan taş veya mermi.

pro.jec.tion (prıcek'şın) *i.* fırlatma, atma, atış; çıkıntı, sondurma, fırlak yer; proje, tasarı, oranlama; projeksiyon, izdüşüm; *sin.* gösterim. **projection booth** gösterim odacığı. **map projection** harita çizme usulü, haritada kullanılan izdüşüm sistemi, projeksiyon. **Mercator's projection** Merkator projeksiyonu.

pro.jec.tive (prıcek'tîv) *s.* izdüşüm kabilinden ve bundan meydana gelen, izdüşel.

pro.jec.tor (prıcek'tır) *i.* projektör, sinema makinası; bir şeyi zihninde kuran kimse, proje düzenleyen kimse, plan yapan kimse; fener kulesinde kullanılan ışık aynası.

pro.lapse (prolǎps') *f., i., tıb.* yerinden oynamak, sarkmak, düşmek; *i.* düşme, inme, sarkma.

pro.lap.sus (prolǎp'sıs) *i., tıb.* yerinden düşme, sarkma.

pro.late (pro'leyt) *s., geom.* iki ucu kabarık (sferoid), yumurta şeklindeki; uzanmış, uzatılmış.

pro.leg (pro'leg) *i., zool.* bazı böcek larvalarının karın civarında bulunan ayağa benzer çıkıntılardan biri.

pro.le.gom.e.non (prolıgam'ınan) *i.* (*çoğ.* -na) *gen. çoğ.* başlangıç, önsöz, prolog, kitaplarda uzun giriş. **prolegomenous** *s.* önsöz kabilinden.

pro.lep.sis (prolep'sîs) *i.* önceden belirtme; muhtemel itirazları önceden sezerek cevaplandırma.

pro.le.tar.i.an (prolıter'iyın) *s., i.* ücretle çalışan sınıftan; *i.* proleter, emekçi.

pro.le.tar.i.at (prolıter'iyıt) *i.* avam; işçi sınıfı, proletarya.

pro.lif.er.ous (prolif'ırıs) *s.* üretken; *bot.* tomurcuklar verme suretiyle çoğalan. **proliferate** *f.* çoğalmak, üremek; *bot.* tomurcuk vererek çabuk çoğalmak.

pro.lif.ic (prolif'ik) *s.* doğurgan; mahsuldar, bereketli; verimli, semereli. **prolifically** *z.* verimli olarak, bereketli surette.

pro.lix (pro'liks) *s.* uzun, ayrıntılı; yorucu, baş ağrıtıcı, sıkıcı. **prolix'ity, prolixness** *i.* söz uzunluğu. **prolixly** *z.* uzun uzadıya, ayrıntılı olarak.

pro.loc.u.tor (prolak'yıtır) *i.* taraftarlık eden kimse; bazı meclislerin reisi.

pro.logue (pro'lôg) *i., f.* başlangıç, giriş, önsöz; prolog, piyes girişi; *f.* önsöz olarak söylemek.

pro.long (prılông') *f.* uzatmak, sürdürmek. **prolongation** (prolông.gey'şın) *i.* uzatma, sürdürme.

pro.lu.sion (prolu'jın) *i.* önsöz olarak yazılmış yazı.

prom (pram) *i., A.B.D., k.dili* üniversite balosu.

prom.e.nade (pramıneyd', -nad') *i., f.* gezme, gezinti; gezme yeri, mesire; büyük balo; *f.* gezinmek; birini gösteriş için gezdirmek. **promenade concert** halkın gezinmesine müsaade edilen konser. **promenade deck** gezinti güvertesi, üst güverte.

Pro.me.the.an (prımî'thiyın) *s., Yu. mit.* gökten ateşi çalıp insana veren Prometheus'a ait veya ona benzer; özgürlük, yaratıcılık ve yiğitlikle ilgili.

prom.i.nent (pram'ınınt) *s,* meşhur, mühim; göze çarpan; çıkıntılı, ileriye fırlamış. **prominence** *i.* şöhret, ehemmiyet; göze çarpan şey; burun, dil, çıkıntı, tümsek; *astr.* güneş üzerindeki ateş parçalarından biri.

prominently z. göze çarpacak surette; e-hemmiyetle.

pro.mis.cu.i.ty (pramískyu'wıti) i. karmakarışıklık; rasgele cinsî münasebet.

pro.mis.cu.ous (prımís'kyuwıs) s. karışık, karmakarışık; farksız; herkes ile yapılan; *k.dili* rasgele; rasgele cinsel ilişkide bulunan. **promiscuously** z. ayrımsız olarak.

prom.ise (pram'îs) i. söz, vaat, taahhüt, vaat edilen şey; ümit verici şey. **breach of promise** cayma, sözünden dönme; özellikle evlenme vaadini tutmayış. **express promise** kesin söz. **implied promise** ima edilen vaat, zımnî vaat. **keep a promise** sözünü tutmak.

prom.ise (pram'îs) f. söz vermek, vaat etmek; göstermek; ümit vermek, taahhüt etmek, temin etmek. **Promised Land** Filistin; vaat edilmiş toprak; cennet, saadet yeri. **It promises to be a fine day.** Hava iyi olacağa benziyor.

prom.is.ee (pramîsi') i., *huk.* kendisine bir şey vaat edilen kimse.

prom.is.ing (pram'îsîng) s. ümit verici; kendisinden çok şey umulur, istikbali parlak. **promisingly** z. ümit verici bir surette.

prom.is.or (pram'îsôr) i., *huk.* vaatte bulunan kimse, taahhüt altına giren kimse.

prom.is.so.ry (pram'ısôri) s. verilen sözü içine alan; *sig.* kontrat imzalandıktan sonra yapılacak şeyler hakkındaki (taahhüt). **promissory note** *huk.* bono.

prom.on.to.ry (pram'ıntôri) i., *çoğ.* dağlık burun.

pro.mote (prımot') f. ilerletmek, kıymetini artırmak; geçirmek; rütbesini yükseltmek, terfi ettirmek, terakki ettirmek; tutunmasını sağlamaya çalışmak.

pro.mot.er (prımo'tır) i. destekleyen kimse; teşebbüs sahibi, kurucu; tutunmasını sağlamaya çalışan kimse.

pro.mo.tion (prımo'şın) i. terfi, yükselme veya yükseltme; geçme; tesis; satış artışını sağlayan unsurlar.

pro.mo.tive (prımo'tîv) s. desteklemeye vesile olan.

prompt (prampt) s., i. çabuk, acele, hemen olan, hazır; *i., tic.* vade; sahnede oyuncuya hatırlatılan söz. **prompt note** vadeli senet. **promp'titude, prompt'ness** i. çabukluk; tam vaktinde gelme veya yapma; dakikası da-

kikasına yapma. **prompt'ly** z. derhal, çabucak, bir an evvel.

prompt (prampt) f. harekete getirmek, teşvik etmek, kışkırtmak; hatırlatmak, suflörlük etmek. **prompt'book** i. suflörün defteri. **promp'ter** i. suflör.

pro.mul.gate (promʌl'geyt, pram'ılgeyt) f. resmen ilân etmek, neşretmek, duyurmak, bildirmek; *huk.* yürürlüğe koymak (kanun). **promulgator** i. neşreden kimse, ilân eden kimse. **promulga'tion** i. resmen yürürlüğe koyma; duyuru.

pron. *kıs.* pronoun, pronunciation.

pro.nate (pro'neyt) f., *biyol.* elleri veya ön ayakları avuç içi veya tabanı yere doğru çevrilmiş vaziyette tutmak veya o vaziyete getirmek, içe dönmek veya döndürmek. **pro.na'tion** i. elleri bu vaziyete getirme. **pro.na'tor** i., *anat.* pronator.

prone (pron) s. yüzükoyun yatmış; başını ileriye doğru aşağı eğmiş; mütevazı; eğik; kabiliyetli, eğilimli, mütemayil. **prone'ness** i. temayül; eğilme; yüzükoyun yatma.

prong (prông) i., f. çatalın sivri uçlarından biri; sivri uçlu alet; sivri uç; boynuz çatalı; f. çatal ile delmek, çatal saplamak.

prong.buck, prong.horn (prông'bʌk, prông'hôrn) i. Güney Amerika'ya mahsus çatal boynuzlu bir geyik, *zool.* Antilocapra americana.

pro.nom.i.nal (pronam'ınıl) s., *gram.* zamir kabilinden, zamire ait. **pronominally** z., *gram.* zamire ait olarak.

pro.noun (pro'naun) i., *adıl,* zamir. **demonstrative pronoun** işaret zamiri. **indefinite pronoun** belirsizlik zamiri. **interrogative pronoun** soru zamiri. **personal pronoun** şahıs zamiri. **possessive pronoun** iyelik zamiri. **reflexive pronoun** dönüşlü zamir. **relative pronoun** ilgi zamiri.

pro.nounce (prınauns') f. telaffuz etmek, söylemek; beyan etmek, resmen bildirmek, kararı bildirmek; (nutuk) vermek. **pronounceable** s. telaffuzu mümkün. **pronouncement** i. resmen bildirme; bildiri.

pro.nounced (prınaunst') s. belli, belirgin, bariz, aşikâr; katî, kesin. **pronouncedly** (pronaun'sîdli) z. belirgin bir şekilde.

pron.to (pran'to) z., *A.B.D., k.dili* hemen, derhal, çabuk.

pro.nun.ci.a.men.to (prınʌn'siyımen'to) *i.* hükümet beyannamesi.

pro.nun.ci.a.tion (prınʌnsiyey'şın) *i.* telaffuz, söyleniş, söyleyiş.

proof (pruf) *i., s.* ispat, delil, kanıt, tanıt; imtihan, tecrübe, deneme; *matb.* prova; ayar; alkol derecesi; *mat.* sağlama; *s.* dirençli, kuvvetli, dayanıklı; geçirmez; miyar olarak kullanılan; belirli ayarda olan. **artist's proof** basma resmin ilk provası. **proof positive** katî delil. **proof sheet** matbaa provası. **burden of proof** *huk.* tartışılan şeyi ispat etme zorunluğu. **He was proof against bribery.** Rüşvete boyun eğmedi.

-proof *sonek* geçirmez.

proof.read (pruf'rid) *f.* provaları düzeltmek, tashih yapmak.

proof.read.er (pruf'ridır) *i.* matbaa provasını düzelten kimse, düzeltmen.

prop (prap) *f.* (-ped, -ping) *i.* destek yapmak, desteklemek, sırık ile tutmak; himaye etmek, tutmak; dayamak; *i.* destek, dayak, ayak, payanda; çamaşır sırığı; hami olan kimse, yardımcı kimse, destekleyici şey veya kimse.

prop (prap) *i.* sahne donatımı.

prop (prap) *i., k.dili* uçak pervanesi.

pro.pae.deu.tic (propıdu'tik) *s., i.* hazırlık dersi ile ilgili; yeni bir ilme başlangıç olan; *i.* ilk ders, hazırlık dersi. **propaedeutics** *i.* herhangi bir ilimde ilk çalışma, başlangıç.

prop.a.gan.da (prapıgän'dı) *i.* propaganda; herhangi bir prensibi yaymaya çalışan teşkilât. **propagandist** *i.* bir prensibi yaymaya çalışan kimse, propagandacı. **propagandize** *f.* propaganda yapmak.

prop.a.gate (prap'ıgeyt) *f.* çiftleştirmek; üretmek, çoğaltmak, husule getirmek; yaymak, neşretmek, dağıtmak; nakletmek; geçirmek; sirayet ettirmek, bulaştırmak; kalıtım yoluyle geçirmek; yavrulamak, türemek, çoğalmak. **propaga'tion** *i.* yavrulama, üreme; neşir; yayma. **propagative** *s.* çiftleştirici; neşredici.

pro.pane (pro'peyn) *i., kim.* propan.

pro pa.tri.a (pro pey'triyı) *Lat.* vatan aşkına, vatan uğruna.

pro.pel (prıpel') *f.* (-led, -ling) ileriye doğru sürmek; itmek, sevketmek.

pro.pel.lant (prıpel'ınt) *i.* ileriye sevkedici şey; kurşunu veya uzay gemisini ileri süren kuvvet.

pro.pel.lent (prıpel'ınt) *i., s.* ileriye sevkedici şey; *s.* itilebilen; yürütücü, sevkedici.

pro.pel.ler (prıpel'ır) *i.* ileriye yürüten şey; vapur veya uçak pervanesi.

pro.pen.si.ty (prıpen'sıti) *i.* eğiklik, eğilim; *eski* arzu, istek.

prop.er (prap'ır) *s.* münasip, lâyık, yakışır, uygun; has, hususî, kendine mahsus, zati; doğru, gerçek, tam; hürmete lâyık; asıl (yer); *eski* güzel, fevkalade. **proper fraction** tam kesir. **proper name** özel isim. **the proper time** uygun zaman. **properly** *z.* uygun şekilde; hakkıyle, haklı olarak; doğru olarak.

prop.er.ty (prap'ırti) *i.* mülkiyet; mal, mülk, emlâk, arazi; hususiyet, özellik; mahiyet, tabiat; sahne donatımı. **property man** sahne eşyalarını temin eden kimse. **property qualification** bir kimseye oy hakkı sağlayan mülk sahipliği. **property tax** emlâk vergisi.

proph.e.cy (praf'ısi) *i.* kehanet; keramet; ilham; tahmin.

proph.e.sy (praf'ısay) *f.* kehanette bulunmak, keramet göstermek, önceden haber vermek, gaipten haber vermek; peygamberlik etmek, kehanette bulunmak; tahminde bulunmak.

proph.et (praf'ît) *i.* peygamber, nebi, resul; bilhassa Allah için söz söyleyen kimse, kâhin, kehanet sahibi. **prophetess** *i.* kadın peygamber, nebiye.

pro.phet.ic (prıfet'îk) *s.* kehanette bulunmayla ilgili; gelecek için isabetli (tahmin); peygambere veya kehanete ait; peygamberlik kabilinden; kehaneti olan. **prophetically** *z.* isabetli olarak; kehanetle.

pro.phy.lac.tic (profıläk'tik) *s., i., tıb.* hastalıktan koruyan; *i.* koruyucu ilâç; prezervatif.

pro.phy.lax.is (profıläk'sîs) *i., tıb.* hastalıktan koruma veya korunma usulü.

pro.pin.qui.ty (proping'kwıti) *i.* yakınlık, hısımlık, akrabalık.

pro.pi.ti.ate (propîş'iyeyt) *f.* teskin etmek, yatıştırmak; teveccühünü kazanmak; tövbe etmek. **propitiable** *s.* yatıştırılabilir, teskini kabil; teveccühü kazanılabilir. **propitiative** *s.* yatıştırıcı; tövbe eden.

pro.pi.ti.a.tion (propîşiyey'şın) *i.* öfkesini yatıştırıp teveccühünü kazanma; tövbe etme.

pro.pi.tious (propîş'ıs) *s.* uygun, elverişli, ümitli; merhametli, cömert, lütufkâr. **pro-**

pitiously *z.* uygun bir şekilde. **propitiousness** *i.* lütufkârlık; ümit vericilik.

prop.jet (prap'cet) *i.* jetli pervane düzeni; bu düzenle çalışan uçak.

prop.o.lis (prap'ılis) *i.* arıların kovanlarını sıvadıkları bir reçine, arı reçinesi, kara mum.

pro.po.nent (prıpo'nınt) *i., s.* öneren kimse, teklif eden kimse; taraftar kimse; *s.* savunan; taraftar.

Pro.pon.tis (prıpan'tis) *i.* Marmara Denizinin eski ismi.

pro.por.tion (prıpôr'şın) *i., f.* oran, nispet; *çoğ.* bir cismin genişlik, uzunluk ve derinliği, ebat, boyutlar; hisse, pay; uygunluk; *mat.* iki çift nicelik arasındaki nispet eşitliği, orantı; orantı kuralı; *f.* orantı kurmak; birbirine uyumlu kılmak. **proportion of births to population** nüfusa göre doğum nispeti. **a large proportion of the profits** kârın önemli miktarı. **in proportion to** nispetle, nazaran. **all out of proportion** tamamen nispetsiz.

pro.por.tion.al (prıpôr'şınıl) *s., i.* orantılı; *i.* bir başkasıyle orantılı olan nicelik veya sayı. **proportional representation** *pol.* nispî temsil. **proportionally** *z.* nispeten.

pro.por.tion.ate (prıpôr'şınit) *s.* orantılı. **proportionateness** *i.* orantılılık.

pro.po.sal (prıpo'zıl) *i.* teklif; teklif etme; evlenme teklifi.

pro.pose (prıpoz') *f.* teklif etmek, arzetmek; kurmak, niyet etmek; evlenme teklif etmek.

prop.o.si.tion (prapıziş'ın) *i., f.* teklif etme; teklif; *k.dili* teşebbüs; bir meseleyi arzetme; *k.dili* uygunsuz teklif; *mat.* mesele, nazarî dava; *man.* önerme, kaziye; *f., k.dili* uygunsuz bir teklifte bulunmak. **propositional** *s.* teklif kabilinden, teklife ait.

pro.pound (prıpaund') *f.* ileri sürmek, teklif etmek, arzetmek; söylemek, meydana koymak.

pro.pri.e.tar.y (prıpray'ıteri) *s., i.* birinin mülkü olan, hususi; mal sahipliğine ait; müseccel; *i.* mal sahibi; mal sahipleri, hissedarlar. **proprietary medicine** tescilli ilâç.

pro.pri.e.tor (prıpray'ıtır) *i.* mal sahibi, mülk sahibi, mutasarrıf. **proprietorship** *i.* mal sahipliği. **proprietress** *i.* mal sahibi kadın.

pro.pri.e.ty (prıpray'ıti) *i.* uygunluk, münasebet; edep, yol yöntem, adap; âdetlere uyma.

breach of propriety âdetlere aykırı hareket. **the proprieties** töre.

prop.to.sis (prapto'sis) *i., tıb.* bir organın öne veya aşağı doğru düşüklüğü.

pro.pul.sion (prıpʌl'şın) *i.* ileri sürme veya sürülme, sevk, tahrik; itici kuvvet; *tıb.* öne doğru eğilerek yürüme. **propulsive** *s.* tahrik edici; itici.

prop.y.lae.um (prapıli'yım) *i. (çoğ. -lae.a)* saray veya tapınak girişi olan bina.

prop.y.lon (prap'ılan) *i.* eski Mısır'da tapınak avlusuna açılan büyük kapı.

pro ra.ta (pro rey'tı, rät'ı) *Lat.* nispet üzere.

pro.rate (proreyt', pro'reyt) *f.* eşit olarak bölüp dağıtmak.

pro.rogue (prorog') *f.* kralın emriyle parlamentoyu tatil etmek.

pro.sa.ic, -i.cal (prozey'îk, -îkıl) *s.* sıkıcı; adi; bayağı; şiir güzelliğinden mahrum, şairane olmayan; nesir kurallarına uygun, düzyazı kabilinden. **prosaically** *z.* sönük bir şekilde, alelade olarak. **prosaicness** *i.* adilik; düzyazı kurallarına uygunluk.

pro.sce.ni.um (prosi'niyım) *i. (çoğ. -ni.a)* tiyatro perde önü. **proscenium arch** *tiyatro* perde yerindeki kemer.

pro.scribe (proskrayb') *f.* yasak etmek, memnu kılmak; medeni haklarını elinden almak; mahkûm etmek. **proscriptive** (proskrip'tiv) *s.* yasaklayıcı.

pro.scrip.tion (proskrip'şın) *i.* yasak etme veya edilme.

prose (proz) *i., f., s.* düzyazı, nesir; sıkıcı söz veya yazı; *f.* nesir yazmak; can sıkıcı şekilde konuşmak veya yazmak; *s.* nesir şeklinde yazılmış; can sıkıcı, alelade.

pros.e.cute (pras'ıkyut) *f.* bitirmeye çalışmak, ilerletmek, ileri götürmek; *huk.* aleyhine dava açmak, kanuni yollarla elde etmeye çalışmak, kanuni takipte bulunmak. **prosecuting attorney** savcı, müddeiumumî.

pros.e.cu.tion (prasıkyu'şın) *i.* takibat; bitirmeye çalışma, ileri götürme; *huk.* dava; davacı.

pros.e.cu.tor (pras'ıkyutır) *i.* davacı; savcı. **public prosecutor** savcı, müddeiumumî.

pros.e.lyte (pras'ılayt) *i., f.* din değiştiren kimse; *f.* dininden çevirmek. **proselytism** (pras'ılıtizım) *i.* başkalarını kendi dinine sokmaya

çalışma; mühtedilik. **proselytize** (pras'ılı-
tayz) *f.* kendi dinine çevirmek.

pro.sit (pro'sit, -zît), **prost** (prost) *ünlem*
Sıhhate! Afiyete! Şerefe!

pros.o.dy (pras'ıdi) *i., gram.* vezin tekniği, pro-
sodi, şiir yazma kuralları, aruz. **prosodic(al)**
(prosad'îk, -ıl) *s.* vezin tekniğine ait. **pros-
odist** *i.* bu tekniği bilen kimse.

pros.pect (pras'pekt) *i., f.* beklenen şey, ümit;
bekleme, gözleme; bakış; manzara, görünüş;
ihtimal; maden damarına ait belirti; muhtemel
müşteri; *f.* maden araştırmak. **in prospect**
beklenen; ümitle beklenen. **prospector** *i.*
maden ocağı arayan kimse.

pro.spec.tive (prıspek'tiv) *s.* beklenen, ümit
edilen; gelecekte olan, müstakbel; muhtemel.
prospectively *z.* ileride, istikbalde.

pro.spec.tus (prıspek'tıs) *i.* detaylı proje; ya-
yımlanacak kitabı ayrıntılı olarak tarif eden
broşür, prospektüs.

pros.per (pras'pır) *f.* muvaffak olmak, başarılı
olmak; muvaffak kılmak; gelişmek, büyümek,
zenginleşmek, iyileşmek.

pros.per.i.ty (prasper'ıti) *i.* muvaffakıyet, ba-
şarı; saadet, refah, ikbal.

pros.per.ous (pras'pırıs) *s.* işi yolunda; muvaf-
fakıyetli, başarılı; refah içinde; müsait, uy-
gun; elverişli; şanslı, talihli. **prosperously** *z.*
refahla, ikbal ve saadetle.

pros.tate (pras'teyt) *s., i., anat.* prostata ait; *i.*
prostat, erkeklerde mesanenin boğazına yakın
gudde, kestanecik. **prostate gland** prostat.

pros.the.sis (pras'thısîs) *i., tıb.* sakat bir yere
sunî uzuv ilâvesi, protez. **prosthetic**
(prasthet'îk) *s.* protez kabilinden.

pros.ti.tute (pras'tıtut) *i., f.* fahişe, orospu; *f.*
fahişeliğe sevketmek; kötü maksatla kullan-
mak. **prostitu'tion** *i.* fahişelik, fuhuş; kötü
maksada veya işe kullanma.

pros.trate (pras'treyt) *s., f.* yüzükoyun yatmış,
yere uzanmış; birinin ayağına kapanmış, in-
safına kalmış; halsiz kalmış, takati kesilmiş;
bot. yerde uzanan; *f.* yere sermek, yere yık-
mak; halsiz bırakmak, bitkin hale koymak.
prostrate oneself secde etmek. **prostrate
oneself before** ayağına kapanmak. **pros-
tra'tion** *i.* bir şeyi veya kimseyi yere serme;
secde; yere atılma, yere kapanma; takatsizlik;
dermansızlık, aşırı yorgunluk; bezginlik.

pros.y (pro'zi) *s.* düzyazı gibi, nesre ait, nesir
kabilinden; can sıkıcı, ağır. **prosily** *z.* can
sıkıcı surette. **prosiness** *i.* aleladelik.

pro.tag.o.nist (protäg'ınîst) *i.* bir piyes veya
hikâyede baş rolü oynayan kimse; kahraman;
önayak olan kimse.

pro.ta.mine (pro'tımîn, -min) *i., biyokim.* pro-
tamin.

prot.a.sis (prat'ısîs) *i.* (çoğ. -ses) *gram.* şart
cümlesinin şart kısmı; klasik tiyatroda piyesin
konusunu anlatan önsöz.

pro.te.an (pro'tiyın) *s.* dönek tabiatlı, her kalıba
giren, çok yönlü.

pro.tect (prıtekt') *f.* korumak, muhafaza etmek,
saklamak, himaye etmek; *ikt.* yabancı mallara
yüksek gümrük koymak suretiyle yerli malları
korumak. **protecting** *s.* koruyan, himaye
eden.

pro.tec.tion (prıtek'şın) *i.* koruma, muhafaza,
himaye; sığınacak yer, korunacak yer, ba-
rınak; serbest seyahat vesikası; *ikt.* itha-
lât üzerine gümrük koyarak yerli malları
koruma; *A.B.D., argo* rüşvetle elde edilen
güvenlik. **protectionism** *i.* yüksek gümrük
koymak suretiyle yerli sanayii koruma siya-
seti. **protectionist** *i.* bu siyaset taraftarı.

pro.tec.tive (prıtek'tiv) *s.* koruyucu, hima-
ye edici; savunucu. **protectively** *z.* himaye
edercesine. **protectiveness** *i.* himayecilik,
himaye temayülü.

pro.tec.tor (prıtek'tır) *i.* hami olan kimse,
koruyucu kimse; kral vekili. **protectorship**
i. hamilik; kral vekilliği. **protectress** *i.* hami
kadın.

pro.tec.tor.ate (prıtek'tırît) *i.* hamilik; bir
hükümetin daha kuvvetli bir hükümet ta-
rafından kontrol ve idaresi; başka devletin
idaresinde bulunan devlet.

pro.té.gé, pro.té.gée (pro'tıjey) *i.* birinin
himayesi altında olan kimse.

pro.te.in (pro'tiyîn, pro'tin) *i.* protein.

pro tem, pro tem.po.re (pro tem, tem'pıri) *z.,
Lat.* geçici olarak, muvakkaten, şimdiki za-
man için.

pro.te.ol.y.sis (protiyal'ısîs) *i., biyokim.* ha-
zım sırasında proteinlerin parçalanması.

pro.te.ose (pro'tiyos) *i., biyokim.* hazım usa-
resinin tesiriyle proteinden meydana gelen
bileşimlerden biri.

Prot.er.o.zo.ic (pratırızo'wik) *i.* birinci zamanın ikinci dizgesi, hayatın ilk belirdiği zaman.

pro.test (prıtest') *f.* protesto etmek; itiraz etmek; temin etmek, ciddî olarak taahhüt etmek, kuvvetle iddia etmek.

pro.test (pro'test) *i.* protesto; itiraz, itiraz beyannamesi; *den. sig.* bir kazadan sonra gemi limana gelince bu kazadan hiç kimsenin mesul olmadığına dair kaptan tarafından verilen resmî takrir, prova di fortuna; bir vergiyi istemeyerek ödediğine dair mükellefin itirazı. **pay under protest** itiraz ederek ödemek.

prot.es.tant (prat'istınt) *i., s.* itiraz eden kimse; *b.h.* Protestan; *s.* itiraz eden; *b.h.* Protestanlara ait. **Protestantism** *i.* Protestanlık, Protestan mezhebi.

prot.es.ta.tion (pratistey'şın) *i.* protesto etme, itiraz; temin, teyit, doğrulama, taahhüt; itirazname.

Pro.te.us (pro'tiyıs, -tyus) *i., mit.* istediği şekle girebilen eski bir deniz tanrısı; değişken adam, dönek tabiatlı kimse; *k.h., tıb.* şekil değiştiren bir cins bakteri.

pro.tha.la.mi.um, -mi.on (prothıley'miyım, -miyan) *i.* nikâh şerefine yazılmış şiir, evliliği kutlayan şarkı.

proth.e.sis (prath'ısîs) *i., dilb.* öntüreme, kelimenin başına bir ses veya hece ilâvesi; Ortodoks kilisesinde Aşai Rabbaniyi hazırlama.

pro.thon.o.tar.y (prothan'ıteri) *i.* baş kâtip; İstanbul Rum patriğinin baş kâtibi.

pro.tho.rax (prothôr'äks) *i.* (*çoğ.* -rax.es, -ra.ces) *zool.* böceklerde göğsün ön kısmı.

pro.throm.bin (prothram'bin) *i., biyokim.* kanda bulunan ve kanın pıhtılaşmasında etken olan madde.

pro.tist (pro'tîst) *i., biyol.* tek hücreli hayvan veya bitki. **protis'tan** *i., s.* tek hücreli hayvan veya bitki; *s.* böyle hayvan veya bitkiye ait. **protis'tic** *s.* tek hücreli hayvan veya bitki ile ilgili.

proto-, prot- *önek* birinci, ilk, baş.

pro.to.col (pro'tıkôl) *i., f.* diplomatik işlerde kullanılan resmî usuller, teşrifat, protokol; zabıt varakası, tutanak, protokol; bir anlaşmaya ilâve edilen madde; *f.* protokol yapmak.

pro.to.mor.phic (protomôr'fîk) *s., biyol.* ilkel bir yapısı veya karakteri olan. **pro'tomorph** *i.* en ilkel veya en basit biçim veya yapı.

pro.ton (pro'tan) *i.* proton.

pro.ton.o.tar.y (protan'ıteri) *bak.* **prothonotary**.

pro.to.plasm (pro'tıpläzım) *i.* protoplazma.

pro.to.plast (pro'tıpläst) *i.* yaratılan ilk şey; asal hücre.

pro.to.type (pro'tıtayp) *i.* asıl nüsha, esas model, ilk örnek, prototip, orijinal. **prototypal** *s.* ilk örnekle ilgili.

pro.tox.ide (protak'sayd, -sîd) *i., kim.* protoksit, herhangi bir seride en az oksijeni olan oksit.

pro.to.zo.an (protizo'wın) *s., i.* tek hücrelilere ait; *i.* tek hücreli hayvan.

pro.tract (proträkt') *f.* uzatmak; küçük ölçekle kopyasını veya planını yapmak; *anat., zool.* öne doğru çıkmak, dışarıya uzatmak. **protraction** *i.* uzatma; ölçekle çizme.

pro.trac.tor (proträk'tır) *i.* iletki; *anat.* uzatıcı kas.

pro.trude (protrud') *f.* çıkıntı yapmak, çıkarmak, pırtlamak, dışarı çıkmak, çıkıntı meydana getirmek.

pro.tru.sile (protru'sîl) *s.* çıkarılabilir, uzatılabilir, pırtlak.

pro.tru.sion (protru'jın) *i.* çıkarma veya çıkarılma; dışarı sürülen şey, çıkıntı.

pro.tru.sive (protru'sîv) *s.* dışarıya çıkan veya çıkmış olan.

pro.tu.ber.ant (protu'bırınt) *s.* şiş, tümsek, dışarı fırlamış, yumru gibi, çıkık. **protuberance, -cy** *i.* tümsek, şiş, yumru, çıkıntı. **protuberantly** *z.* tümsek şeklinde.

pro.tu.ber.ate (protu'bıreyt) *f.* şişmek, dışarı uğramak, yumrulanmak.

proud (praud) *s.* gururlu, mağrur, kibirli, azametli; onurlu, izzetinefsi olan; haysiyetli; **of** *ile* iftihar eden; canlı (at v.b.); görkemli; muhteşem, tantanalı. **proud flesh** *tıb.* yara içinde veya etrafında mantar gibi şişmiş et. **proudhearted** *s.* kibirli. **a proud day for us** bizim için iftihar edilecek bir gün. **do oneself proud** kendisini onurlandıracak derecede başarmak. **I am proud to know him.** Onu tanımakla iftihar ediyorum. **proudly** *z.* gururla, iftiharla.

prov.a.ble (pru'vıbıl) *s.* tanıtlanabilir, ispatı mümkün, ispat edilebilir. **provably** *z.* ispatlanacak şekilde.

prove (pruv) *f.* **(-d, -d** *veya* **prov.en)** tanıtlamak, ispat etmek, doğruluğunu tespit etmek; denemek; tecrübe ile anlatmak; *mat.* sağlamasını yapmak; olmak; çıkmak. **proving ground** tecrübe sahası, deneme alanı.

prov.e.nance (prav'ınıns) *i.* kaynak, köken, asıl, menşe.

Pro.ven.çal (provınsal') *s., i.* Fransa'da Provans vilâyetine ait; *i.* Provanslı kimse; Provans lehçesi.

prov.en.der (prav'ındır) *i.* hayvan yemi.

pro.ve.ni.ence (provi'niyıns) *i.* kaynak, köken, esas, menşe.

prov.erb (prav'ırb) *i.* darbımesel, atasözü; mesel; *çoğ., b.h.* "Süleyman'ın Meşelleri" kitabı.

pro.ver.bi.al (prıvır'biyıl) *s.* darbımesele ait, darbımesel gibi, atasözü kabilinden; herkesçe bilinen, ünlü, meşhur. **proverbially** *z.* herkesçe bilindiği gibi.

pro.vide (prıvayd') *f.* tedarik etmek, sağlamak, bulmak; önceden hazırlamak; vermek, bulup vermek; şart koşmak. **provide against** hazırlıklı bulunmak, ihtiyatlı bulunmak. **provide for** geçimini sağlamak; tedarikli bulunmak.

pro.vid.ed (prıvay'dîd) *bağlaç, baz.* **that** *ile* şu şartla ki, şartıyle, eğer.

prov.i.dence (prav'ıdıns) *i.* Tanrı inayeti, ilâhî takdir; basiret, sağgörü; vaktinde tedbir alma; *b.h.* Allah, Tanrı. **provident** *s.* ihtiyatlı, basiretli, tedbirli. **providently** *z.* ihtiyatla, tedbirli olarak; tam zamanında, tam yerinde.

prov.i.den.tial (pravıden'şıl) *s.* Allahtan, Allahın lütfuna bağlı. **providentially** *z.* Allahtan; talihli olarak, kısmetle.

pro.vid.er (prıvay'dır) *i.* tedarik eden kimse, teçhiz eden kimse. **a good provider** ailesine iyi bakan kimse.

pro.vid.ing (prıvay'dîng) *bağlaç, baz.* **that** *ile* şayet, eğer, şartıyle.

prov.ince (prav'îns) *i.* vilâyet, il, eyalet; eskiden İtalya haricinde olup Roma İmparatorluğuna bağlı eyalet; *çoğ.* taşra; bilgi veya edebiyat alanı; yetki alanı; bir şahsın belirli iş sahası; *ekol.* kendine özgü bitey, di-

rey ve insan tipleri olan dirimsel coğrafya alanı. **within one's province** salâhiyeti dahilinde, yetki alanında.

pro.vin.cial (prıvîn'şıl) *s., i.* eyalete ait; taşraya ait; taşralı, dar düşünceli; köylü gibi; *i.* köylü, taşralı kimse. **provinciality** (prıvînşiyäl'ıti) *i.* taşralılık. **provincially** *z.* taşra zihniyetiyle, dar kafalılıkla.

pro.vin.cial.ism (prıvîn'şılizım) *i.* taşralılık; taşraya özgü âdet veya deyiş özelliği, ağız.

pro.vi.sion (prıvij'ın) *i., f.* tedarik, tedarik olunan şey; hazırlama, hazırlık; koşul, şart; *çoğ.* zahire, erzak; *f.* tedarik etmek, yemek veya gerekli şeyleri sağlamak.

pro.vi.sion.al (prıvij'ınıl) *s.* geçici, muvakkat, eğreti. **provisionally** *z.* geçici olarak; şartlı olarak.

pro.vi.so (prıvay'zo) *i.* **(çoğ. -sos** *veya* **-soes)** *huk.* sözleşmeye konulan kayıt, şart.

pro.vi.so.ry (prıvay'zıri) *s.* şarta bağlı, koşullu; geçici, muvakkat, eğreti.

prov.o.ca.tion (pravıkey'şın) *i.* kışkırtma, tahrik, teşvik; dürtü; gücendirme, öfkelendirme; kızılacak şey, güce gidecek mesele. **do (it) under provocation** kışkırtı tesirinde kalarak yapmak, tahrik sonucu yapmak. **on the slightest provocation** en hafif etkenle.

pro.voc.a.tive (prıvak'ıtîv) *s., i.* tahrik edici, kışkırtıcı, etkileyici; kızdırıcı, sinirlendirici; çekici, cazip; *i.* tahrik edici kimse veya şey. **provocatively** *z.* tahrik edici şekilde, kışkırtarak.

pro.voke (prıvok') *f.* kızdırmak, sinirlendirmek, öfkelendirmek; harekete geçirmek; dürtmek, teşvik etmek, tahrik etmek; sebep olmak. **be provoked (at)** kızmak; küsmek. **provoking** *s.* asaba dokunan. **provokingly** *z.* kızdıracak şekilde.

prov.ost (prav'ıst) *i.* resmî amir; bazı üniversitelerde dekan; İskoçya'da belediye başkanı.

prov.ost (pro'vo) *i.* inzibat amiri, adlî subay. **provost guard** askerî polis karakolu. **provost marshal** inzibat amiri, adlî subay. **provost sergeant** inzibat çavuşu.

prow (prau) *i.* geminin başı, pruva; sivri çıkıntı; *şiir* gemi.

prow.ess (prau'wîs) *i.* yiğitlik, cesaret; cesaret isteyen iş.

prowl (praul) *f., i.* sinsi sinsi dolaşmak; fırsat kollayarak gizli gizli gezinmek; *i.* sinsi

sinsi dolaşma. **prowl car** *A.B.D.* polis arabası.

prox.i.mal (prak'sımıl) *s., anat.* yakınsal, uzvun bağlanma noktasına yakın.

prox.i.mate (prak'sımît) *s.* en yakın, hemen yanındaki. **proximately** *z.* yakın olarak, bitişik olarak.

prox.im.i.ty (praksîm'ıti) *i.* yakınlık. **proximity of blood** kan yakınlığı, akrabalık.

prox.i.mo (prak'sımo) *z., eski* gelecek ayda, *kıs.* **prox.**

prox.y (prak'si) *i.* vekil; vekillik, vekâlet; vekâletname.

prude (prud) *i.* aşırı derecede erdemlik taslayan kimse.

pru.dent (prud'ınt) *s.* basiretli, sağgörülü, akıllı, geleceği düşünen; açıkgöz, uyanık; tutumlu, hesabını bilir. **prudence** *i.* basiret, sağgörü, ihtiyat; açıkgözlük; akıl, sağduyu. **prudently** *z.* basiretle, ihtiyatla.

pru.den.tial (pruden'şıl) *i.* basiretli, sağgörülü, sonunu düşünen; akıllı. **prudentially** *z.* basiretle.

prud.er.y (pru'dıri) *i.* iffet taslama, fazla fazilet iddiasında olma.

prud.ish (pru'dîş) *s.* fazla iffet taslayan. **prudishly** *z.* fazla fazilet taslayarak. **prudishness** *i.* iffet taslama, fazla fazilet iddiasında olma.

pru.i.nose (pru'wînos) *s., biyol.* tozumsu salgı ile kaplı.

prune (prun) *i.* kuru erik, çir; kuru erik rengi, koyu mor renk; *argo* budala kimse. **wild prune** dağ eriği.

prune (prun) *f.* budamak; fazla kısımları kesip atmak.

pru.nel.la (prunel'ı) *i.* karamandola.

pru.nelle, pru.nel.lo (prunel', -nel'o) *i.* iyi bir çeşit kuru erik, üryanî; erik likörü.

pru.ri.ent (prûr'iyınt) *s.* şehvet düşkünü; istekli, arzulu. **prurience, pruriency** *i.* şehvet; istek. **pruriently** *z.* şehvetle.

pru.ri.go (prûray'go) *i., tıb.* kaşıntılı bir deri hastalığı. **pruriginous** (prûric'ınıs) *s.* kaşıntı hastalığına ait.

Pru.sa (pru'sa) *i.* Bursa'nın eski adı.

Prus.sia (prʌş'ı) *i.* Prusya.

Prus.sian (prʌş'ın) *s., i.* Prusyalı, Prusya'ya ait; *i.* Prusyalı; Prusya dili. **Prussian blue**

koyu lâcivert renk veya boya. **Prussianize** *f.* Prusyalılaştırmak.

prus.si.ate (prʌs'iyeyt) *i.* asit prusik tuzu. **prussic acid** (prʌs'îk) *kim.* asit prusik.

pry (pray) *f., i.* merakla bakmak, gözetlemek, tecessüs etmek; gizli şeyleri araştırmak; *i.* tecessüs, gözetleme, merakla bakma; mütecessis kimse. **pry'ingly** *z.* casus gibi, tecessüsle.

pry (pray) *i., f., A.B.D.* manivela, kaldıraç; *f.* manivela ile açmak, kımıldatmak veya kaldırmak.

p.s. *kıs.* **postscript.**

Ps. *kıs.* **Psalms.**

P.S. *kıs.* **postscript, public school.**

psalm (sam) *i., f.* mezmur; ilâhi; *çoğ., b.h.* Kitabı Mukaddeste "Mezmurlar" kitabı; *f.* mezmurla sena etmek; makam ile okumak.

psalm.ist (sa'mîst) *i.* mezmur yazarı.

psalm.o.dy (sa'mıdı, säl'-) *i.* mezmur okuma; mezmur koleksiyonu.

Psal.ter (sôl'tır) *i.* "Mezmurlar" kitabı; *k.h.* dinî ayinde okunacak belirli mezmurlar.

psal.te.ri.um (sôltir'iyım) *i.* (*çoğ.* -ri.a) *zool.* geviş getiren hayvanların üçüncü midesi, kırkbayır.

psal.ter.y (sôl'tıri) *i., müz.* santur.

psam.mite (säm'ayt) *i., jeol.* kumtaşı.

pse.phite (si'fayt) *i., jeol.* parça halinde kaya.

pseu.de.pig.ra.pha (sudıpîg'rıfı) *i., çoğ.* sahte veya taklit yazı, özellikle Kitabı Mukaddes yazarları tarafından yazıldığı iddia olunan fakat doğruluğuna inanılmayan yazılar.

pseu.do (su'do) *s.* sahte, yalancı, kalp.

pseudo- *önek* sahte, yalancı.

pseu.do.a.quat.ic (sudowıkwät'îk) *s., bot.* su bitkisi olmayıp sulak veya rutubetli yerlerde biten.

pseu.do.carp (su'dokarp) *i., bot.* yalnız tohum tutan organlardan ibaret olmayan elma gibi meyva.

pseu.do.clas.sic (sudokläs'îk) *s.* sahte klasik, klasik taslağı.

pseu.do.morph (su'domôrf) *i.* aldatıcı veya düzgün olmayan şekil; *min.* başka bir cismin dış niteliklerini taşıyan maden. **pseudomor'phic, -mor'phous** *s.* sahte veya düzgün olmayan şekle ait.

pseu.do.nym (su'dınîm) *i.* takma ad, müstear isim. **pseudonym'ity** *i.* takma isimlilik.

pseu.do.pod (su'dıpad) *i., zool.* yalancı ayak (amiplerde).

pshaw (shô) *ünlem* Öf!

psi.lo.sis (saylo'sîs) *i., tıb.* saçları döken bir çeşit deri hastalığı; *tıb.* sindirim organlarında yaralar meydana getiren tropikal hastalık.

psit.ta.co.sis (sîtıko'sîs) *i., tıb.* psitakoz denilen papağan hastalığı.

pso.as (so'wıs) *i., anat.* belin iki kasından biri.

pso.ra (sor'ı) *bak.* **psoriasis**.

pso.ri.a.sis (sıray'ısîs) *i., tıb.* sedef hastalığı.

psych (sayk) *f., argo* yıldırmak. **psych out** yılmak; yıldırmak. **psych up** heyecanlandırmak.

psych. *kıs.* **psychological, psychology**.

psy.chas.the.ni.a (saykästhi'niyı) *i., psik.* psikasteni, ruh argınlığı.

psy.che (say'ki) *i.* insan ruhu, tin; can; akıl.

psy.che.del.ic (saykıdel'îk) *s., i.* anormal şuur durumları meydana getiren, duyguları zenginleştiren; rengârenk; *i.* duyguları zenginleştirmek için kullanılan uyuşturucu madde.

psy.chi.a.try (saykay'ıtri) *i., tıb.* psikiyatri, ruh hekimliği. **psychiatric** (saykiyät'rîk) *s.* psikiyatrik, ruh hekimliğine ait. **psychi'atrist** *i.* psikiyatr, ruh doktoru.

psy.chic, -chi.cal (say'kik, -kîkıl) *s., i.* insan ruhuna ait, ruhî; zihnî; uzaduyumla ilgili; akli melekelere ait; *i.* aşırı duyu sahibi kimse; ispritizmada medyum. **psychically** *z.* ruhen.

psycho-, psych- *önek* akıl, ruh.

psy.cho (say'ko) *i.* kafadan çatlak kimse.

psy.cho.a.nal.y.sis (saykowınäl'ısîs) *i.* psikanaliz, ruh çözümleme.

psy.cho.an.a.lyze (saykowän'ılayz) *f.* psikanaliz yapmak, ruh çözümlemek. **psychoanalyst** *i.* psikanalist.

psy.cho.dra.ma (say'kodramı) *i.* tedavi için hastanın sıkıntılarını canlı piyes şeklinde temsil etmesi.

psy.cho.dy.nam.ics (saykodaynäm'îks) *i.* zihin faaliyetini inceleyen bilim, psikodinami.

psy.cho.gen.e.sis (saykocen'ısîs) *i.* psikojenez, akıl gelişimi, zihnî gelişim. **psychogenet'ic** *s.* psikojenezle ilgili.

psy.cho.gen.ic (saykocen'ik) *s.* ruhtan çıkan; ruhî etkilerle meydana gelen.

psy.chog.no.sis (saykagno'sîs) *i.* ruhu tetkik ve muayene.

psy.cho.ki.ne.sis (saykokîni'sîs) *i.* zihnin doğrudan doğruya maddeyi etkileme gücü.

psy.cho.log.ic, -i.cal (saykılac'îk, -îkıl) *s.* ruhî, ruha ait; ruhbilimsel, psikolojik. **psychologic moment** en uygun zaman, en olumlu an. **psychologically** *z.* psikolojik bakımdan.

psy.chol.o.gy (saykal'ıci) *i.* ruhbilim, psikoloji. **psychologist** *i.* ruh bilgini, psikolog.

psy.chom.e.try (saykam'ıtri) *i.* psikometri, ruh ölçümü; bir şeye dokunmak veya ona yakın olmakla o şey hakkında bilgi edinme.

psy.cho.neu.ro.sis (saykonûro'sîs) *i.* (*çoğ.* **-ses**) *psik.* sinirce, nevroz.

psy.cho.path (say'kopäth) *i.* ruh hastası, psikopat. **psychopath'ic** *s.* ruhî dengesi bozuk, psikopat.

psy.cho.pa.thol.o.gy (saykopıthal'ıci) *i.* akıl hastalıkları ilmi, psikopatoloji.

psy.chop.a.thy (saykap'ıthi) *i.* ruh hastalığı, psikopati; psikoterapi.

psy.cho.phys.ics (saykofîz'îks) *i.* akıl ile beden arasındaki ilişkileri inceleyen ilim, psikofizik. **psychophysicist** *i.* psikofizik uzmanı.

psy.cho.sis (sayko'sîs) *i.* (*çoğ.* **-ses**) *psik.* akıl hastalığı, psikoz.

psy.cho.so.mat.ic (saykosomät'îk) *s.* akıl ile beden arasındaki ilişkiye ait.

psy.cho.ther.a.peu.tics, psy.cho.ther.a.py (saykotherıpyu'tiks, saykother'ıpi) *i.* ruhi tedavi, psikoterapi.

psy.chot.ic (saykat'îk) *s., i.* psikozlu (kimse).

psy.chrom.e.ter (saykram'ıtır) *i.* nem ölçeği, çiylenme noktası ile bağıl nemi ölçen aygıt.

pt. *kıs.* **part, payment, pint, point, port.**

PTA *kıs.* **Parent-Teacher Association.**

Ptah (pta) *i.* eski Mısır'da baş tanrı.

ptar.mi.gan (tar'mıgın) *i.* ormantavuğugillerden kuzey yarıküreye özgü bir kuş, *zool.* Lagopus. **willow ptarmigan** bataklık tavuğu, *zool.* Lagopus albus.

PT boat *kıs.* **patrol torpedo boat.**

pter.o.dac.tyl (terıdäk'til) *i., paleont.* soyu tükenmiş uçan bir sürüngen.

ptis.an (tiz'ın) *i.* hastalara içirilen arpa suyu veya ıhlamur; üzüm suyu.

p.t.o. *kıs.* **Please turn over.** Lütfen sayfayı çeviriniz.

Ptol.e.ma.ic (talımey'îk) *s.* Batlamyus'a ait. **Ptolemaic system** dünyanın sabit olduğu ve bütün gökcisimlerinin bunun etrafında döndüğü düşüncesine dayanan sistem.

Ptol.e.my (tal'ımi) *i.* Batlamyus (ikinci yüzyılda Mısır'da yaşamış Yunanlı coğrafyacı ve astronom).

pto.maine (to'meyn) *i.*, *biyokim.* bitkisel veya hayvansal proteinden elde edilen azotlu bileşik.

pto.sis (to'sîs) *i.*, *tıb.* gözün üst kapağının sinir felcinden dolayı sarkması; bir organın normal yerinden daha aşağıya düşmesi.

pty.a.lin (tay'ılin) *i.*, *biyokim.* pityalin.

pty.a.lism (tay'ılizım) *i.*, *tıb.* fazla tükürük ifrazı.

pub. *kıs.* public, publication, publisher.

pub (pʌb) *i.*, *İng.*, *k.dili* meyhane, birahane, taverna.

pu.ber.ty (pyu'bırti) *i.* ergenlik çağı, buluğ, erinlik, rüşt. **pubertal** *s.* buluğa ait.

pu.bes.cence (pyubes'ıns) *i.* erginleşme, buluğa erme; *biyol.* hayvan veya bitki üstünde bulunan ufak tüyler. **pubescent** *s.* ergin, erin, buluğa ermiş; *biyol.* tüylü.

pu.bic (pyu'bîk) *s.*, *anat.* kasık kemiğine ait. **pubic arch** iki kasık kemiğinin teşkil ettiği kemer.

pu.bis (pyu'bîs) *i.*, *anat.* kasık kemiği, çatı.

pub.lic (pʌb'lîk) *s.*, *i.* halka ait, umuma ait, umumî, genel; herkese mahsus; açık, alenî; *i.* halk, ahali, umum; seyirciler. **public-address system** hoparlör tertibatı, *kıs.* P.A. **public baths** halk hamamları. **public buildings** halka mahsus binalar. **public credit** umumî itibar. **public debt** devlet borçları. **public domain** kamu arazisi; halkın malı. **public enemy** halk düşmanı. **public highway** umuma açık herhangi bir yol. **public house** han, otel; *İng.* birahane, meyhane. **public land** millî arazi, mirî arazi. **public law** amme hukuku. **public library** genel kitaplık. **public life** sosyal hayat. **public nuisance** kamu için zararlı olan davranış. **public offense** amme suçu. **public opinion** kamuoyu, efkârıumumiye. **public relations** halkla olan ilişkileri kuvvetlendirme çabaları. **public revenues** devlet geliri. **public school** *bak.* school. **public security** umumî emniyet. **public servant** devlet memuru. **public service** amme hizmeti. **public utilities** (elektrik, su gibi) umumî hizmet müessese-

leri. **public works** bayındırlık işleri. **in public** alenen, açıkça, herkesin önünde. **open to the public** umuma açık, herkes girebilir. **publicly** *z.* alenen, âleme karşı; halk tarafından.

pub.li.can (pʌb'lıkın) *i.*, *İng.* meyhaneci, birahaneci; eski Roma'da vergi kesenekçisi.

pub.li.ca.tion (pʌblıkey'şın) *i.* yayımlama, ilân etme; yayım, yayma; yayın, yayımlanmış eser.

pub.li.cist (pʌb'lısîst) *i.* milletler hukuku uzmanı; siyaset yazarı; halkla ilişkiyi düzenleyen kimse.

pub.lic.i.ty (pʌblîs'ıti) *i.* alenîlik, aleniyet, herkes tarafından bilinme; şöhret; ilân etme, reklâm; umuma açık olma; tanıtma.

pub.li.cize (pʌb'lısayz) *f.* reklâmını yapmak; umuma ilân etmek.

pub.lic-spir.it.ed (pʌb'lîkspîr'îtîd) *s.* umumun yararını düşünen, hamiyetli, yardımsever.

pub.lish (pʌb'lîş) *f.* yayımlamak, neşretmek; basıp yaymak, bastırmak; ilân etmek, söylemek, açığa vurmak, ifşa etmek.

pub.lish.er (pʌb'lîşır) *i.* yayınevi; basımcı; yayımcı, naşir.

puce (pyus) *i.* koyu mor renk, koyu kahverengi.

puck (pʌk) *i.* İngiliz folklorunda yaramaz peri.

puck (pʌk) *i.* buz hokeyinde kullanılan lastik disk.

puck.er (pʌk'ır) *f.*, *i.* buruşturmak, kırıştırmak; buruşmak, kırışmak; büzülmek; *i.* buruşukluk, kırışık; *k.dili* şaşkınlık, heyecan, telâş.

puck.ish (pʌk'îş) *s.* yaramaz.

pud.ding (pûd'îng) *i.* muhallebi, puding. **pudding stone** *jeol.* puding, yığışım. **The proof of the pudding is in the eating.** Bir şeyin değeri kullanıldığında anlaşılır.

pud.ding.head, -ed (pûd'înghed, -îd) *s.* ahmak, aptal.

pud.dle (pʌd'ıl) *i.*, *f.* kirli su birikintisi, çamurlu gölcük; gölek, gölet; kumlu harç, sıvacı çamuru; *f.* çiş yapmak.

pud.dle (pʌd'ıl) *f.* dökme demiri ocakta tavlamak; çamurlatmak (su); özlü çamuru su ile yoğurup sıva haline koymak.

pud.dling (pʌd'lîng) *i.* dökme demiri ocakta tavlama; kanalı balçıkla sıvama; balçık.

pu.den.cy (pyu'dınsi) *i.* utangaçlık, sıkılganlık, mahcupluk, tevazu.

pu.den.dum (pyuden'dım) *i.* (*çoğ.* -da) *anat.* ferç; *çoğ.* edep yerleri.

pudg.y (pʌc'i) *s.* tıknaz, bodur, şişman ve kısa.

pu.dic.i.ty (pyudîs'ıti) *i.* iffet, namus, utanç, ar, hayâ.

pueb.lo (pweb'lo) *i.* güneybatı A.B.D.'de kızılderili evi.

pu.er.ile (pyu'rıl, pwer'ıl, -ayl) *s.* çocukça; olgunlaşmamış, zayıf. **pueril'ity, puerileness** *i.* çocukluk; çocukça davranış.

pu.er.per.al (pyuwır'pırıl) *s., tıb.* doğuma ait, doğumdan gelen, doğum sonrası.

Puer.to Ri.co (pwer'to ri'ko) Portoriko.

puff (pʌf) *i.* üfürük, soluk; rüzgâr üflemesi; pufböreği veya kurabiye; pudra ponponu; saç lülesi; elbisenin büzülmüş ve kabarık yeri; yorgan; abartmalı veya şişirilmiş övgü. **puff adder** şişen engerek, *zool.* Bitis arietans. **puff box** pudra kutusu. **puff paste** pufböreği hamuru.

puff (pʌf) *f.* püflemek; püfür püfür esmek; solumak. **puff out, puff up** şişinmek; abartarak övmek; lülelerle süslemek (saç); şişirmek.

puff.ball (pʌf'bôl) *i.* kurtmantarı, *bot.* Lycoperdon pratense.

puff.er (pʌf'ır) *i.* püfleyen şey veya kimse; kirpi balığı, *zool.* Tetraodontus.

puf.fin (pʌf'în) *i.* Kuzey Atlantik'te bulunan kısa boyunlu ve şişkin gagalı martı, *zool.* Fratercula arctica.

puf.fy (pʌf'i) *s.* şişkin, kabarık; tantanalı, görkemli, abartmalı; püfür püfür esen. **puffily** *z.* püfür püfür. **puffiness** *i.* şişkinlik.

pug (pʌg) *i.* buldoğa benzeyen ufak bir cins köpek. **pug nose** ucu kalkık basık burun.

pug (pʌg) *i., f.* (-ged, -ging) tuğlacı çamuru; *f.* tuğla balçığını yoğurmak.

pu.gi.list (pyu'cılîst) *i.* boksör, yumruk oyuncusu. **pugilism** *i.* boksörlük. **pugilis'tic** *s.* boksa ait; kavgacı.

pug.na.cious (pʌgney'şıs) *s.* kavgacı, hırçın. **pugnaciousness** *i.* kavgacılık. **pugnaciously** *z.* hırçınlıkla.

pug.nac.i.ty (pʌgnäs'ıti) *i.* kavgacılık.

puis.ne (pyu'ni) *s., i., huk.* ikinci gelen, küçük; *i.* ikinci hâkim.

pu.is.sant (pyu'wısınt, pyuwîs'ınt, pwîs'ınt) *s.* güçlü, kudretli, kuvvetli, şevketli, azametli. **puissance** *i.* kudret, kuvvet, şevket. **puissantly** *z.* kudretle.

puke (pyuk) *f., i.* kusmak, çıkartmak, istifrağ etmek; kusturmak; *i.* kusma.

puk.ka (pʌk'ı) *s.* iyi malzemeden yapılmış, kaliteli; üstün.

pul.chri.tude (pʌl'krıtud, -tyud) *i.* güzellik, zarafet. **pulchritu'dinous** *s.* güzel, zarif.

pule (pyul) *f.* çocuk gibi ağlamak, ağlamsamak, ağlamsayarak şikâyet etmek. **puling** *s.* mızmız, ağlamsık.

pull (pûl) *f.* çekmek; koparmak; sürüklemek; *leh.* yolmak (tüy); *matb.* (prova) çıkarmak; *argo* (bıçak veya silâh) çekmek; topu eğri meydana getirecek şekilde atmak; (kürek) çekmek; girmek, gelmek; bir yudum içmek, bir nefes çekmek. **pull a long face** surat asmak. **pull a muscle** adaleyi incitmek. **pull apart** çekip ayırmak. **pull away** çekip ayırmak, çekmek; çekilip ayrılmak. **pull down** yıkmak; moralini bozmak, üzmek. **pull for** yardım etmek, desteklemek; *k.dili* bağlılığını bildirmek. **pull in one's horns** daha dikkatli olmak. **pull off** çekip çıkarmak; *argo* başarıyla yapmak, başarmak. **pull oneself together** kendine gelmek, kendine hâkim olmak. **pull one's leg** aldatmak. **pull one's punches** hızla vurur gibi görünmek. **pull one's rank** üstünlüğünü kabul ettirmek. **pull one's weight** gerekli gayreti sarfetmek. **pull out** çekip çıkarmak; ayrılmak. **pull strings** tesir ettirmek, piston kullanmak. **pull through** paçayı kurtarmak. **pull together** işbirliği yapmak; elde bulunanlardan meydana getirmek. **pull to pieces** paramparça etmek. **pull up** ileri gitmek; kökünden çekip çıkarmak; durmak. **pull up stakes** ilgisini kesip gitmek.

pull (pûl) *i.* çekiş, çekme; tutamaç; dayanıklık; kürek çekme; *argo* iltimas, kayırma, piston, arka; *argo* bir içim (puro, pipo); uğraşma, gayret; gerilim; *matb.* prova. **have pull** arkası olmak, mahkemede dayısı bulunmak.

pul.let (pûl'it) *i.* piliç, yarga.

pul.ley (pûl'i) *i., fiz.* makara; *mak.* kasnak.

Pull.man *i.,* **Pullman car** (pûl'mın) *tic. mark.* rahat koltuklu lüks vagon; yataklı vagon.

pull.out (pûl'aut) *i.* çekilme.

pull.o.ver (pûl'ovır) *i.* süveter.

pul.lu.late (pʌl'yıleyt) *f.* üremek; üreyip kaynamak; dallanıp budaklanmak; türemek. **pullula'tion** *i.* üreme.

pul.mo.nar.y (pʌl'mıneri) *s.* akciğere ait, akciğeri etkileyen; akciğeri olan.

pul.mon.ic (pʌlman'ik) *s.* akciğere ait.

pul.mo.tor (pʌl'motır, pûl'-) *i., tic. mark.* akciğere hava verme aleti.

pulp (pʌlp) *i., f.* meyva eti, meyva özü; kâğıt hamuru; su ile karışık maden tozu; *f.* dövüp lapa veya hamur haline koymak; yumuşak ve özlü etini çıkarmak; özlenmek, öz gibi olmak. **pulpous** *s.* etli, özlü, yumuşak.

pul.pit (pûl'pît) *i.* mimber, kürsü; vaizler sınıfı.

pulp.wood (pʌlp'wûd) *i.* kâğıt yapımında kullanılan ağaç.

pulp.y (pʌl'pi) *s.* etli, özlü, yumuşak. **pulpiness** *i.* özlülük, etlilik.

pul.sar (pʌl'sar) *i., astr.* aralıklı ve muntazam radyo dalgaları veren gökcismi.

pul.sate (pʌl'seyt) *f.* nabız gibi atmak, yürek gibi çarpmak. **pulsa'tion** *i.* nabız atışı. **pulsatile, pulsative, pulsatory** *s.* nabız gibi atan.

pulse (pʌls) *i., f.* nabız, nabız atması; çarpıntı; umumî eğilim; *f.* nabız atmak, çarpmak.

pulse (pʌls) *i., bot.* baklagiller.

pul.sim.e.ter (pʌlsîm'ıtır) *i., tıb.* nabız ölçme aleti.

pul.som.e.ter (pʌlsam'ıtır) *i.* buhar kuvvetiyle işleyen tulumba; nabız ölçme aleti.

pul.ver.ize (pʌl'vırayz) *f.* ezmek, ezip toz haline koymak. **pulverizer** *i.* toz haline getiren kimse veya alet. **pulveriza'tion** *i.* ezme, toz haline getirme.

pul.ver.ous (pʌl'vırıs) *s.* tozlu, toz gibi.

pul.ver.u.lent (pʌlver'yılınt) *s.* toz haline konmuş; tozlu. **pulverulence** *i.* tozluluk.

pul.vil.lus (pʌlvil'ıs) *i.* (*çoğ.* -li) *zool.* böcek ayağında ufak yastık gibi çıkıntı.

pul.vi.nate, -nat.ed (pʌ'lvıneyt, -neytid) *s.* yastık şeklindeki.

pul.vi.nus (pʌlvay'nıs) *i.* (*çoğ.* -ni) *bot.* yaprağın sapa bitişik olduğu yerde yastığa benzer şişkinlik.

pu.ma (pyu'mı) *i.* puma, *zool.* Felis concolor.

pum.ice (pʌm'is) *i., f.* süngertaşı; *f.* süngertaşı ile temizlemek veya parlatmak. **pumice soap** süngertaşı tozu ile karışık sabun. **pumice stone** süngertaşı.

pum.mel *bak.* **pommel.**

pump (pʌmp) *i.* tulumba, pompa. **pump handle** pompa kolu.

pump (pʌmp) *f.* tulumba ile çekmek; su çekmek; ağız aramak, ağız yoklamak; birinden para çekmek; içine tulumba ile hava doldurmak; tulumba işletmek; tulumba kolu gibi aşağı yukarı hareket etmek. **pump dry** tulumba ile suyunu çekip kurutmak; birine bütün bildiklerini söyletmek. **pump up** pompa ile şişirmek.

pump (pʌmp) *f.* bağsız ve hafif kadın ayakkabısı.

pum.per.nick.el (pʌm'pırnikıl) *i.* çavdar ekmeği.

pump.kin (pʌmp'kin, pʌng'kin) *i.* Amerika'da yetişen portakal renkli balkabağı, *bot.* Cucurbita pepo, helvacıkabağı.

pump.kin.seed (pʌmp'kinsid) *i.* kabak çekirdeği; Güney Amerika'nın doğusundaki tatlı sularda yaşayan güneş balığı, *zool.* Lepomis gibbosus.

pun (pʌn) *i., f.* (**-ned, -ning**) kelime oyunu, cinas; *f.* kelime oyunu yapmak, nükteli söz söylemek.

punch (pʌnç) *i., f.* zımba, delgi, matkap, ıstampa; *f.* zımbalamak, ıstampa ile basmak; biz ile delmek. **center punch** delik açılacak yerleri işaret eden zımba.

punch (pʌnç) *f., i.* yumruklamak, muşta ile vurmak; *i.* yumruk, muşta; *argo* kuvvet, enerji. **punching bag** boksörlerin antrenman yapması için şişirilmiş torba. **punch line** bir hikâyenin son ve en mühim cümlesi.

punch (pʌnç) *i.* punç, meşrubat. **punch bowl** içinde punç yapılan büyük kap. **punch glass** punç kadehi.

Punch (pʌnç) *i.* İngiliz kukla oyununda karısı ile daima kavga eden Karagöz'e benzer bodur ve kambur adam. **Punch and Judy show** İngiltere'de bir nevi kukla oyunu. **pleased as Punch** çok memnun.

pun.cheon (pʌn'çın) *i.* çatı direği; zımba; mermer kesmeciliğinde kullanılan alet.

pun.cheon (pʌn'çın) *i.* şarap fıçısı; *İng.* 318 litrelik şarap ölçüsü.

Pun.chi.nel.lo (pʌnçinel'o) *i.* palyaço, soytarı; bodur ve şişman kimse.

punc.tate, -tat.ed (pʌngk'teyt, -teytid) *s.* benekli, nokta nokta. **puncta'tion** *i.* beneklilik.

punc.til.i.o (pʌngktil'iyo) *i.* teşrifat ve resmiliğin en ince noktası; titizlik, merasim düşkünlüğü.

punc.til.i.ous (pʌngktil'iyıs) *s.* teşrifat ve resmiyette fazla titiz. **punctiliously** z. dikkatle, titizlikle. **punctiliousness** i. titizlik.

punc.tu.al (pʌngk'çuwıl) s. her şeyi dakikası dakikasına yapan, tam vaktinde olan; bir noktadan ibaret. **punctually** z. tam vaktinde, dakikası dakikasına. **punctual'ity, punctualness** i. dakiklik, bir işi tam vaktinde yapma hususundaki titizlik.

punc.tu.ate (pʌngk'çuweyt) f. noktalamak, cümleleri ayırmak için nokta koymak; üzerinde durmak; nokta gibi arasına girmek (söz).

punc.tu.a.tion (pʌngkçuwey'şın) i., gram. noktalama; noktalama işareti; cümleleri ayırma kuralı. **punctuation marks** noktalama işaretleri.

punc.ture (pʌngk'çır) i., f. delme; iğne deliği gibi ufak delik; patlama (otomobil lastiği); f. delmek, delik açmak; değersizliğini ispat etmek. **We had a puncture.** Lastiğimiz patladı.

pun.dit (pʌn'dit) i. bilgin, âlim, üstat; özellikle Sanskrit dili veya Hindu dini âlimi.

pun.gent (pʌn'cınt) s. kokusu sert, tadı acı, keskin kokulu; acıtan, batan; bot. sivri; sert, haşin, tesirli, acı. **pungency** i. acılık, keskinlik (koku veya tat). **pungently** z. acı acı, keskin olarak.

Pu.nic (pyu'nîk) s., i. Kartacalılara ait, Pön; hain, sadakatsiz; i. Kartaca dili.

pun.ish (pʌn'îş) f. ceza vermek, cezalandırmak; yola getirmek; azarlamak, tekdir etmek; ıstırap çektirmek, eziyet vermek; şiddetle dövmek, hırpalamak (boksta). **punishable** s. cezalandırılır; cezaya lâyık. **punishment** i. ceza, tekdir; k.dili zorluk, cefa, eziyet.

pu.ni.tive (pyu'nıtîv) s. ceza kabilinden; cezayı gerektirici; cezalandırıcı.

Pun.jab (pʌn'cab) i. Hindistan'da Pencap ülkesi. **Punja'bi** i. Pencaplı; Pencap dili.

punk (pʌnk) i., s. çürük tahta; kav; A.B.D., argo değersiz şey, boş laf; argo çeteci, gangster; argo cahil adam, yemlik; s., A.B.D., argo değersiz, kalitesiz; rahatsız.

pun.ka(h) (pʌng'kı) i. Hindistan'a mahsus asma yelpaze.

punk.y (pʌng'ki) i., A.B.D. çok ufak tatarcık.

pun.ster (pʌn'stır) i. kelime oyunu yapan kimse.

punt (pʌnt) i., f. altı düz sandal; f. böyle sandalı sırıkla sürmek.

punt (pʌnt) f., i. Amerikan futbolunda top yere

düşmeden tekme ile çelmek, topu uzağa tekmelemek; i. top yere düşmeden tekme ile çelme.

punt (pʌnt) f. faro denilen iskambil oyunu ile kumar oynamak.

pun.ty (pʌn'ti) i. camcılıkta sıcak cama şekil vermek için kullanılan demir çubuk.

pu.ny (pyu'ni) s. ufak ve zayıf kalmış, çelimsiz, gelişmemiş, zayıf; ehemmiyetsiz, saçma, ufak. **puniness** i. zayıflık, sıskalık.

pup (pʌp) i., f. (-ped, -ping) köpek yavrusu; ayıbalığı yavrusu; köpekbalığı yavrusu; f. yavrulamak (köpek). **pup tent** iki kişilik ufak çadır.

pu.pa (pyu'pı) i. (çoğ. pu.pae) zool. böceğin tırtıl hali ile alacağı son şekil arasındaki devre, pupa; böceğin kelebek olmadan önce koza içindeki hali.

pu.pil (pyu'pıl) i. öğrenci, talebe; huk. vesayet altındaki kız veya oğlan çocuk.

pu.pil (pyu'pıl) i., anat. gözbebeği.

pu.pil.age (pyu'pılîc) i. öğrencilik, talebelik devresi; huk. küçük olma hali, vesayet altında bulunma.

pu.pil.lar.y (pyu'pıleri) s. talebeye ait; vesayet altında bulunan kimseye ait.

pu.pil.lar.y (pyu'pıleri) s., tıb. gözbebeğine ait.

pu.pip.a.rous (pyupîp'ırıs) s., zool. pupa meydana getiren.

pup.pet (pʌp'ît) i. kukla; iplerle oynatılan kukla, maryonet; başkasının elinde oyuncak veya alet olan kimse. **puppet play, puppet show** kukla oyunu. **puppeteer'** i. kuklacı. **puppetry** i. kukla oyunculuğu; manasız gösteriş.

pup.py (pʌp'i) i. köpek ve köpekbalığı yavrusu; hoppa delikanlı, züppe genç. **puppy love** hissî ve çocuksu aşk.

pur.blind (pır'blaynd) s. yarı kör, donuk gören; mankafa, anlayışsız. **purblindness** i. yarım körlük; anlayışsızlık.

pur.chase (pır'çıs) i. satın alma, mübayaa, iştira, alım; satın alınan şey; kaymasın diye sıkı tutma; kaymasın diye bir şeyi sıkı tutmak veya hareket ettirmek için makara gibi alet.

pur.chase (pır'çıs) f. satın almak, mübayaa etmek; gayretle ele geçirmek, kazanmak; manivela ile kaldırmak veya çekmek. **pur·**

chasable s. satın alınır, ele geçer. pur-
chasing power satın alma kuvveti.
pur.dah (pır'dı) i. peçe; kadınların örtünme
usulü, gizlenme.
pure (pyûr) s. saf, safi, som, halis, has, temiz;
kusursuz, lekesiz; nazarî, tatbikatsız; iffetli,
namuslu, masum. pure and simple sade-
ce, yalnız, tek. pure'ly z. sadece, yalnız; ta-
mamen, bütün bütün; masumiyetle, iffetle.
pureness i. safilik, paklık, temizlik.
pure.bred (pyûr'bred) s., i. saf kan.
pu.rée (pyûrey') i., Fr. püre, ezme; koyu pişmiş
et ve sebze çorbası.
pur.fle (pır'fıl) f., i. kenarını süslemek; i. süslü
veya işlemeli kenar. purfling i. süslü kenar.
pur.ga.tion (pırgey'şın) i. temizleme, paklama;
müshil ile bağırsakların temizlenmesi.
pur.ga.tive (pır'gıtîv) s., i. müshil, amel (ilâç).
pur.ga.to.ry (pır'gıtôri) i. Araf, geçici olarak
günah cezası çekilen yer, ıstırap yeri. pur-
gator'ial s. Araf'a ait; temizleyici.
purge (pırc) f., i. temizlemek, paklamak, düzen-
lemek; huk. birini temize çıkarmak; yok et-
mek; ishal vermek, amel vermek; temizlen-
mek; i. temizleme, tasfiye; müshil ilâç.
pu.ri.fi.ca.tion (pyûrîfîkey'şın) i. temizleme;
arıtma, tasfiye.
pu.ri.fy (pyûr'ıfay) f. temizlemek, paklamak,
temiz kılmak; birini temize çıkarmak; sade-
leşmek.
Pu.rim (pyûr'îm) i., İbr. şubat veya marta te-
sadüf eden ve Haman'ın elinden Yahudi
kavminin kurtuluşu hatırasına yapılan Musevî
bayramı.
pu.rine (pyûr'in) i. asit üriğin esas cevheri.
pur.ist (pyûr'îst) i. dil ve üslûpta kesinliğe inanan
veya bunu uygulayan kimse.
pu.ri.tan (pyûr'ıtın) i., s., b.h. İngiltere'de kraliçe
Elizabeth zamanında meydana çıkan ve bil-
hassa ibadette sadelik taraftarı olan mezhebin
bir ferdi, Püriten; s. ahlâk ve din hususunda
çok sofu. puritan'ic(al) s. sofu. puritan'i-
cally z. sofucasına. Puritanism i. sofuluk.
pu.ri.ty (pyûr'ıti) i. temizlik, halislik, haslık,
saflık; temizlenme, paklık; iffet, masumluk;
nezaket; üslûp temizliği.
purl (pırl) i., f. bir çeşit dantela kenarı; dantela
için sırma teli; yün örgüsünde ters iğne;
elbisede kıvrım, pli; f. ters iğne örgü yapmak.
knit one purl one bir düz bir ters örmek.

purl (pırl) f., i. çağıldayarak akmak; kıvrılarak
hareket etmek; i. çağıltı, çağıldama; girdap;
dalgacık.
pur.lieu (pır'lu) i., gen. çoğ. dış mahalleler,
etraf, hudut, civar, varoş.
pur.lin (pır'lîn) i., mim. çatıda sırt kirişi, aşık.
pur.loin (pırloyn') f. çalmak, aşırmak, hırsızlık
etmek.
pur.ple (pır'pıl) i., s., f. erguvani renk, mor renk,
eflatun renk; mora boyanmış bez; bilhassa
Roma imparatorlarının bordo kaftanı; impara-
torun mevki ve yetki işareti; kardinallik; s.
erguvan renkli, erguvanî; krala ait, kral gibi;
f. erguvan rengine boyamak; erguvan ren-
gini almak. purplish, purply s. eflatunî,
erguvan rengine çalan. purple language
küfür. purple passage süslü yazı. born
to the purple asil bir aileden gelen. His
face became purple. Öfkeden mosmor
kesildi.
pur.port (pır'pôrt) i., f. mana, kavram, mefhum,
meal; f. manasında olmak, göstermek, bil-
dirmek.
pur.pose (pır'pıs) i. maksat, meram, murat;
niyet; karar. at cross purposes birbirinin
maksadına aykırı. on purpose mahsus, bile
bile, isteyerek, kasten. serve the purpose işi-
ne gelmek, maksadına hizmet etmek. to good
purpose iyi netice vererek, faydalı surette.
to no purpose hiç netice vermeyerek, fay-
dasızca. to the purpose asıl meseleye deği-
nerek. to what purpose? faydası ne? ne
maksatla? purposeless s. manasız; maksat-
sız. purposely z. kasten, mahsus, bile bile.
pur.pose (pır'pıs) f. niyet etmek, tasarlamak,
kastetmek; istemek, murat etmek.
pur.pose.ful (pır'pısfıl) s. maksatlı; ehemmi-
yetli; manalı. purposefully z. mahsus,
kasten.
pur.pos.ive (pır'pısîv) s. maksatlı, maksatla
yapılmış, kullanışlı. purposively z. maksatlı
olarak. purposiveness i. maksatlı oluş.
pur.pu.ra (pır'pyûrı) i., tıb. damar bozukluğun-
dan ileri gelen ve deride morumsu lekelerle
kendini gösteren hastalık, purpura.
pur.pu.ric (pırpyûr'îk) s., tıb. purpura hasta-
lığına ait; kim. purpurik aside ait.
pur.pu.rin (pır'pyûrîn) i., kim. boya kökünden
yapılan kırmızı bir kimyasal bileşim, pur-
purin.

purr (pır) *f., i.* kedi gibi mırlamak; *i.* kedi mırlaması.

purse (pırs) *i.* kese, para kesesi, para çantası; hazine; yardım için toplanılmış para; torba. **purse-proud** *s.* kesesine mağrur, servetine güvenen. **purse-strings** *i.* kese bağları, kese ağzı kaytanı; para ödeme yeteneği. **a common purse** müşterek kese. **a tight purse** cimri kesesi. **privy purse** hükümdar hazinesi. **public purse** devlet hazinesi. **put up a purse** mükâfat olarak ortaya koymak.

purse (pırs) *f.* büzmek (dudak); keseye koymak.

purs.er (pır'sır) *i.* gemi muhasebecisi veya veznedarı. **pursership** *i.* gemi veznedarlığı.

purs.lane (pırs'leyn) *i.* semizotu, pirpirim, *bot.* Portulaca oleracea.

pur.su.ance (pırsu'wıns) *i.* takip etme; devam, netice; ifa; tatbik. **in pursuance of** ifa ederken. **pursuant** *s., z.* uygun olarak, uyuşmuş; *z.,* **to** *ile* uyuşmuş şekilde. **pursuantly** *z.* uygun surette.

pur.sue (pırsu') *f.* kovalamak, peşine düşmek, takip etmek; bir düziye gitmek; aramak, elde etmeye çalışmak; meşguliyetine devam etmek.

pur.suit (pırsut') *i.* kovalama, takip, arama, peşinden koşma; meşguliyet, iş; elde etmeye uğraşma. **pursuit plane** *ask.* avcı uçağı.

purs.y (pır'si) *s.* şişman; tutuk nefesli, nefes darlığı olan.

pur.te.nance (pır'tınıns) *i., eski* hayvanın başı, paçaları ve içi, sakatat.

pu.ru.lent (pyûr'ılınt) *s., tıb.* cerahatli, irinli. **purulence, -cy** *i.* cerahat toplama. **purulently** *z.* cerahatli halde, cerahat gibi.

pur.vey (pırvey') *f.* tedarik etmek, sağlamak.

pur.vey.ance (pırvey'ıns) *i.* tedarik etme; levazım, zahire.

pur.vey.or (pırvey'ır) *i.* satıcı, tedarik eden kimse.

pur.view (pır'vyu) *i.* meal, mefhum, mana; sadet, konu; *huk.* bir kanunun hüküm kısmı; saha.

pus (pʌs) *i., tıb.* cerahat, irin.

push (pûş) *f.* itmek, dürtmek; sürmek, sevketmek, yürütmek; sıkıştırmak, tazyik etmek; saldırmak, üzerine hücum etmek, arkasını bırakmamak; tos vurmak, boynuz ile vurmak; *k.dili* kanunsuz yoldan uyuşturucu madde satmak. **push about** öteye beriye kakmak; kakışmak. **push away** itip defetmek. **push back** geriye itmek, geriye kakmak. **push down** aşağı sürmek; itip yıkmak. **push forward** ileri sürmek veya itmek. **push in** itip içeri sokmak. **push off** avara etmek. **push on** devam etmek, ileri sürmek. **push out** denize açılmak. **push through** nihayetine kadar götürmek, bitirmek. **push up** yukarı sürmek. **push up daisies** *argo* gebermek. **push one's way** ileri gitmek. **pushed for money** para sıkıntısında. **pushed for time** vakti dar.

push (pûş) *i.* itiş, kakış, dürtüş, sürme; hücum; baş sıkılması, ihtiyaç, sıkıntı; basacak yer, düğme; *argo* ahbaplar takımı, kumpanya. **push button** elektrik düğmesi. **pusher** *i.* iten kimse veya şey; enerjik kimse; uyuşturucu madde satan kimse.

push.ball (pûş'bôl) *i.* iri bir topu iterek oynanan bir oyun.

push.cart (pûş'kart) *i.* el ile itilerek sürülen araba.

push.ing (pûş'îng) *s.* iten; enerjik, girişken; küstah, sataşkan.

push.o.ver (pûş'ovır) *i., argo* kolay aldanır kimse, yemlik; kolay iş.

push.pin (pûş'pîn) *i.* raptiye.

push-up (pûş'ʌp) *i.* yüzükoyun yatarak vücudu esnetme hareketi, şınav.

pu.sil.lan.i.mous (pyusılän'ımıs) *s.* korkak, tabansız, yüreksiz, çekingen. **pusillanimously** *z.* korkakça. **pusillanimity, pusillanimousness** *i.* korkaklık, alçaklık.

puss (pûs) *i., k.dili* kedi; çocuk veya genç kadın (sevgi belirtisi). **puss moth** Avrupa'ya mahsus iri bir pervane. **a sly puss** kurnaz kız.

puss (pûs) *i., argo* yüz, surat.

pus.sy (pûs'i) *i., k.dili* kedi. **pussy willow** ipek gibi püskülleri olan bir söğüt ağacı, *bot.* Salix discolor.

pus.sy (pʌs'i) *s.* cerahat dolu.

pus.sy (pûs'i) *i., kaba* ferç; *kaba* cinsî münasebet.

pus.sy.foot (pûs'ifût) *f., i.* kedi gibi sessizce yürümek; kendi fikrini belirtmemek; *i.* fikrini belirtmeyen kimse.

pus.tu.late (pʌs'çûleyt) *f., s., tıb.* sivilceler hâsıl etmek, kabarcık haline girmek; *s.* sivilce dolu. **pustulant** *i.* sivilceler hâsıl eden bir ilâç. **pustular** *s.* sivilcelerle dolu, sivilce kabilinden. **pustula'tion** *i.* sivilce hâsıl etme, sivilcelenme; sivilce, kabarcık.

pus.tule (pʌs'çul) *i.* sivilce, kabarcık, püstül; *bot.* kabartı, sivilceye benzer benek. **pustulous** *s.* sivilcelerle dolu.

put (pût) *f.* (**put, -ting**) *i., s.* koymak, yerleştirmek; belirli bir şekle sokmak; sokmak; avucu yukarı tutarak atmak (gülle); sevketmek, harekete getirmek, zorlamak; hamletmek, üzerine yüklemek; söylemek, öne sürmek, reye koymak; acele gitmek, koşmak; kelimelerle ifade etmek; *i.* koyma; fırlatma, hamle, saldırış; *s., k.dili* yerleşmiş. **put about** çevirmek, geminin başını çevirmek. **put across** *k.dili* muvaffakıyetle yapmak; kabul ettirmek. **put away** bir tarafa koymak; saklamak; *eski* boşamak. **put back** geri koymak; eski yerine koymak; ilerlemesine mâni olmak; reddetmek; *den.* yoldan geri dönmek. **put by** saklamak, bir tarafa koymak. **put down** aşağı koymak, yere koymak, indirmek; bastırmak, menetmek; yazmak, kaydetmek; *argo* susturmak, ağzını kapamak; *argo* tenkit etmek. **put forth** tomurcuk sürmek; ileri sürmek, beyan etmek; çıkarmak, yayımlamak, neşretmek; meydana koymak; denize açılmak. **put forward** ileri sürmek, meydana sürmek; ileri almak (saat). **put in** içeri koymak, sokmak; arzetmek, göz önünde bulundurmak; *tıb.* yerleştirmek, yerine koymak; *den.* sığınmak; girmek; geçirmek (vakit). **put off** tehir etmek, geciktirmek, başka vakte bırakmak; çıkarmak (giysi); reddedilmek; *den.* açılmak, ayrılmak. **put on** giymek; taklidini yapmak, suretini takınmak; açmak; atfetmek, üzerine yüklemek; toplamak, şişmanlamak; *argo* aldatmak. **put on airs** caka satmak. **put on one's guard** birini ikaz etmek. **put on Othello** "Othello" piyesini sahneye koymak. **put one on to** dikkatini çekmek. **put one's finger on** keşfetmek. **put one's foot in it** pot kırmak, gaf yapmak. **put out** çıkarmak; söndürmek; utandırmak; rahatsız etmek; yanmak (beysbol); bozmak. **put out of the way** öldürmek. **put over** başına amir veya memur olarak tayin etmek; geçirmek; tehir etmek, geri bırakmak; *A.B.D., k.dili* muvaffakıyetle yapmak. **put over on** *k.dili* aldatmak. **put the finger on** (suç-

luyu) ihbar etmek, gammazlık etmek. **put through** bitirmek. **put to bed** yatağına yatırmak; baskı için son hazırlıkları yapmak. **put to death** öldürmek, idam etmek. **put to rights** doğrultmak, düzeltmek, tashih etmek. **put two and two together** imalı konuşmadan sonuç çıkarmak. **put up** yerine koymak; konservesini yapmak; misafir etmek; bina etmek, yapmak. **put up with** tahammül etmek, çekmek. **put up to** teşvik etmek. **put up to one** birine arzetmek; birinin reyine bırakmak. **put upon** rahatsız etmek. **be put to it** zor durumda bulunmak. **stay put** yerinde rahat durmak, yerinden kımıldamamak. **I put it to you.** Sizin arzunuza bırakıyorum. **Put up your hands.** Eller yukarı. Teslim ol. **Put me through (on the telephone).** Bağlayın.

pu.ta.men (pyutey'mîn) *i.* (*çoğ.* **-tam.i.na**) *bot.* şeftali cinsi meyva çekirdeği.

pu.ta.tive (pyu'tıtiv) *s.* farzedilen, varsayılan.

put.down (pût'daun) *i., argo* birisini susturucu veya bastırıcı söz.

put.log (pût'lôg) *i., mim.* iskele kirişi.

put-on (pût'an) *i., argo* aldatma.

pu.tre.fy (pyu'trıfay) *f.* çürümek, bozulmak; kokmak, kokuşmak; kangren olmak; çürütmek, kokutmak. **putrefaction** (pyutrıfäk'şın) *i.* kokma, çürüme. **putrefac'tive** *s.* çürütücü.

pu.tres.cent (pyutres'ınt) *s.* çürümekte olan; çürüklüğe ait. **putrescence** *i.* çürüklük, bozukluk; çürüme halinde olan şey. **putrescible** *s.* çürür, bozulur.

pu.trid (pyu'trîd) *s.* çürük, çürümüş, bozuk, bozulmuş, kokmuş; çürüklüğe alâmet olan. **putrid'ity, putridness** *i.* çürüklük; çürümüş şey.

putsch (pûç) *i.* komplo, anî ayaklanma.

putt (pʌt) *i., f., golf* topu deliğe sokmak için hafif vuruş; *f.* bu suretle topa hafifçe vurmak. **putter** *i.* bu hafif vuruşa mahsus değnek. **putting green** golf deliğinin etrafındaki dümdüz kesilmiş çimenlik.

put.tee, put.ty (pʌt'i) *i.* dolak, tozluk yerine baldıra sarılan ensiz uzun kumaş.

put.ter, pot.ter (pʌt'ır, pat'ır) *f.* ufak tefek işlerle meşgul olmak, oyalanmak, vakit geçirmek.

put.ty (pʌt'i) *i., f.* camcı macunu; macuna benzer madde; sıvacılar tarafından kullanılan ince kireç harç; *f.* macunlamak. **putty -faced** *s.* manasız ve ifadesiz yüzlü. **putty knife** macun sürmek için camcının kullandığı alet.

put-up (pût'ʌp) *s., k.dili* önceden ayarlanmış. **a put-up job** hileli iş, hile.

puz.zle (pʌz'ıl) *i.* bilmece; muamma; şaşkınlık, hayret; anlaşılmaz kimse. **Chinese puzzle** çok dolaşık bilmece veya mesele. **crossword puzzle** bulmaca. **picture puzzle** resim bilmecesi, resim teşkil eden bilmece.

puz.zle (pʌz'ıl) *f.* şaşırtmak, hayret vermek, muamma gibi tesir etmek; şaşırmak, hayrete düşmek. **puzzle over** çok düşünmek, zihnini yormak. **puzzle out** muamma veya bilmeceyi halletmek. **be puzzled** şaşırmak, afallamak. **puzzler** *i.* muamma, müşkül mesele.

puz.zle.ment (pʌz'ılmınt) *i.* anlaşılmaz hal; şaşkınlık; şaşırtıcı şey.

puz.zling (pʌz'ling) *s.* şaşırtıcı; üzücü.

pyc.nom.e.ter (piknam'ıtır) *i., fiz.* yoğunluğu ölçmek için kullanılan ve bazen termometreli cam kap.

py.e.li.tis (payılay'tîs) *i., tıb.* piyelit.

py.e.lo.gram, -graph (pay'ılogräm, -gräf) *i.* belirli bir mahlulü şırınga ettikten sonra böbrek ve idrar kanalının röntgenle alınan resmi. **pyelography** *i.* böyle resim alma.

py.e.mi.a (payi'mıyı) *i., tıb.* vücutta birçok çıban meydana getiren kan zehirlenmesi. **pyemic** *s.* böyle zehirlenme kabilinden.

pyg.my, pig.my (pig'mi) *s., i.* cüce.

Pyg.my, Pig.my (pig'mi) *i.* çok kısa boylu Orta Afrika zencisi.

py.ja.mas *bak.* **pajamas.**

py.lon (pay'lan) *i.* Mısır'da eski tapınak kapısı; havaalanında büyük işaret kulesi; çelik telgraf direği, pilon.

py.lo.rec.to.my (paylırek'tımi) *i., tıb.* mide kapısını kesme ameliyatı.

py.lo.rus (paylôr'ıs, pî-) *i., anat.* mide kapısı, pilor. **pyloric** *s.* mide kapısına ait, pilorik.

py.o.gen.ic (payocen'ik) *s., tıb.* cerahat hâsıl eden; cerahat teşekkülüne ait.

Pyong.yang (pyông'yang') *i.* Pyöngyang, Kuzey Kore'nin başkenti.

py.or.rhe.a, py.or.rhoe.a (payırı'yı) *i., tıb.* bir nevi dişeti hastalığı, piyore, diş etinden irin akması.

py.o.sis (payo'sîs) *i., tıb.* cerahat oluşumu.

py.ra.can.tha (payrıkän'thı) *i.* kuş alıcı, *bot.* Pyracantha.

pyr.a.mid (pîr'ımîd) *i.* ehram, piramit; piramit şeklinde şey veya yığın; *geom.* piramit. **pyramidal** *s.* piramit şeklinde. **pyramidally** *z.* piramit şeklinde olarak; son derece.

pyr.a.mid.ic, -i.cal (pîrımîd'îk, -îkıl) *s.* piramit şeklinde, piramit gibi.

py.rar.gy.rite (payrar'cırayt) *i., min.* siyahımsı veya koyu kırmızı renkte gümüş antimon sülfürü.

pyre (payr) *i.* ölüleri yakmaya mahsus odun yığını; yanacak şey yığını.

Pyr.e.nees (pîr'ıniz) *i.* Pireneler. **Pyrene'an** *s.* Pirene'li.

py.reth.rum (payreth'rım) *i.* pirekapan, *bot.* Pyrethrum.

py.ret.ic (payret'ik) *s., i., tıb.* hummaya ait, humma ilâcına ait; *i.* humma ilâcı.

pyr.e.tol.o.gy (pîrıtal'ıci, payrı-) *i., tıb.* humma ilmi, piretoloji, ateşli hastalıkları inceleyen tıp dalı.

Py.rex (pay'reks) *i., tic. mark.* ateşe dayanıklı cam.

py.rex.i.a (payrek'sıyı) *i., tıb.* humma, yüksek ateş. **pyrexial** *s.* humma cinsinden, hummalı, hararetli.

pyr.he.li.om.e.ter (payrhiliyam'ıtır) *i.* güneş ısısını ölçme aleti.

pyr.i.dine (pîr'ıdin, -dîn) *i., kim.* katrandan elde edilen antiseptik bir madde.

pyr.i.form (pîr'ıfôrm) *s.* armut şeklinde.

py.rite (pay'rayt) *i., min.* pirit, ottaş.

py.ri.tes (payray'tiz) *i., çoğ., min.* kükürtlü birkaç çeşit maden. **pyritic(al)** *s.* bu madenlere ait veya bunlara benzer.

pyro- *önek* ateş veya sıcaklığa ait.

py.ro.chem.i.cal (payrıkem'ikıl) *s.* yüksek ısıyla meydana gelen kimyasal değişikliklere ait.

py.ro.clas.tic (payrıkläs'tik) *s., jeol.* volkanik hareketler tesiriyle parçalanmış.

py.ro.crys.tal.line (payrıkris'tılin, -layn, pîrı-) *s., jeol.* erimiş magmadan kristalleşmiş.

py.ro.e.lec.tric (payrowilek'trik) *s., i.* ısı elektriğine ait; *i.* ısı elektriği.

py.ro.e.lec.tric.i.ty (payrowilektrîs'ıti) *i.* bazı kristallerin ısınmasıyle meydana gelen elek-

triklenme, sıcakla üreyen elektrik, piroelektrik-
lilik.

py.ro.gal.late (payrıgäl'eyt) *i., kim.* pirogalol
tuzu veya ruhu.

py.ro.gen.ic, py.rog.e.nous (payrıcen'ik, -rac'-
ınıs) *s.* ateşten oluşan; *tıb.* ateş husule ge-
tiren.

py.rog.nos.tics (payrıgnas'tiks) *i., çoğ., min.*
bir madenin erime kabiliyeti veya alevinin
rengi gibi ateş tesiriyle meydana çıkan husu-
siyetleri.

py.rog.ra.phy (payrag'rıfi, pî-) *i.* akkor halinde
bir aletle tahta üzerine şekiller çizme sanatı.
py'rograph *i.* bu suretle yapılan şekil veya
tasvir. **pyrograph'ic** *s.* bu sanata ait.

py.rol.at.ry (payral'ıtri) *i.* ateşe tapma, ateş-
perestlik.

py.ro.lig.ne.ous, -lig.nic (payrolig'niyıs, -nîk,
pî-) *s.* ateş ısısı ile odundan çıkarılan. **pyro-
ligneous acid** kahverengine çalan ve sirke
asidi ihtiva eden kırmızı asit.

py.rol.o.gy (payral'ıci, pî-) *i.* kuyumcu lam-
bası ile madenleri inceleme sanatı; ateş
veya ısı ilmi. **pyrologist** *i.* madenleri sı-
caklıkla inceleyen uzman.

py.ro.lu.site (payrılu'sayt, payral'yısayt) *i.,
min.* camcılıkta kullanılan manganez dioksid.

py.rol.y.sis (payral'ısîs) *i., kim.* sıcak tesiriyle
erime.

py.ro.mag.net.ic (payromägnet'ik) *s., fiz.* sı-
caklık ve mıknatısın birleşik tesirinden mey-
dana gelen veya bu tesire ait.

py.ro.man.cy (pay'rımänsi) *i.* ateşe bakma
suretiyle falcılık. **pyromantic** *s.* bu çeşit
falcılığa ait.

py.ro.ma.ni.a (payrımey'niyı) *i.* kasten yan-
gın çıkarma deliliği, piromani. **pyromaniac**
i. piroman.

py.rom.e.ter (payram'ıtır) *i.* yüksek sıcaklık
derecelerini ölçme aleti, pirometre; ısı te-
siriyle cisimlerde vücuda gelen genişlemeyi
ölçme aleti. **pyrometric(al)** *s.* sıcaklık
derecelerini ölçmeye ait.

py.ro.mor.phite (payrımôr'fayt, pîrı-) *i., min.*
kristal veya katı cisimlerde bulunan yeşil,
kahverengi veya sarı kurşun, piromorfit.

py.rope (pay'rop) *i., min.* bir nevi grena taşı.

py.roph.o.rus (payraf'ırıs) *i.* (*çoğ.* -ri) ha-
vayla temas edince kendiliğinden ateş alan
bir madde veya terkip; ateş böceğinden daha

parlak ışık veren Amerika'ya mahsus bir
böcek.

py.ro.pho.tom.e.ter (payrofotam'ıtır, pîro-)
i., fiz. ışınları camdan geçirme suretiyle yük-
sek sıcaklık derecelerini ölçen bir çeşit pi-
rometre.

py.ro.phyl.lite (payrıfil'ayt) *i., min.* pirofilit,
taş kalem yapmak için kullanılan genellikle
beyaz veya yeşil renkte alüminyum silikat.

py.ro.sis (payro'sîs) *i., tıb.* mide ekşimesinden
dolayı boğazda duyulan yanma hissi.

py.ro.stat (pay'rıstät) *i.* pirostat, yüksek ısı
için termostat.

py.ro.sul.fate (payrısʌl'feyt) *i., kim.* pirosulfat.

py.ro.tech.nic, -ni.cal (payrıtek'nîk, -nîkıl) *s.*
fişeklere veya fişekçiliğe ait. **pyrotechnics**
i. fişekçilik; fişek eğlenceleri; ortalığı bir-
birine katan hareket. **pyrotechnist** *i.* eğ-
lence fişekleri yapan usta. **py'rotechny**
i. mihanikî işlerde ateş kullanma sanatı; fişek
yapma sanatı.

py.ro.tox.in (payrıtak'sîn) *i., biyokim.* vü-
cutta ateş yapan mikrop zehiri.

py.rox.ene (pay'raksin) *i., min.* piroksen.

py.rox.e.nite (payrak'sınayt) *i., jeol.* aslında
piroksenden oluşmuş kaya.

py.rox.y.lin(e) (payrak'sîlin) *i.* selüloz nitrat-
lardan bileşmiş bir karışım, pamuk barutu.

Pyr.rhic (pîr'ik) *s.* Epir kralı Pyrrhus'a ait. **Pyr-
rhic victory** büyük kayıplarla kazanılan
başarı.

Pyr.rho.nism (pîr'ınîzım) *i.* milâttan dört yüzyıl
evvel Yunan filozofu Pyrrho'nun yaydığı
şüphecilik felsefesi; aşırı septizizm. **Pyrrho-
nist** *i.* Pyrrho septisizmi taraftarı.

pyr.rho.tite, -tine (pîr'ıtayt, -tayn) *i., min.*
pirotit, bronz renginde parlak bir maden.

pyr.role (pîrol', pîr'ol) *i., kim.* kloroform gibi
kokusu olan renksiz bir madde, pirol.

Py.thag.o.re.an (pîthägırı'yın) *s., i.* milâttan
altı yüzyıl evvel yaşamış Yunan filozofu
Pitagor'a ait; *i.* Pitagor (Fisagor) taraftarı
kimse. **Pythagoreanism** *i.* Pitagor tara-
fından öğretilen ruh göçü felsefesi.

Pyth.i.a (pîth'iyı) *i.* Delfi tapınağındaki Apol-
lon rahibesi.

Pyth.i.ad (pîth'iyäd) *i.* eski Yunanistan'da
dört yılda bir yapılan spor oyunları arasın-
daki müddet.

Pyth.i.an (pîth'iyın) *s., i.* Delfi tapınağının

ilâhı Apollon'a ait; dört senede bir Delfi'de yapılan spor oyunlarına ait; *i.* Delfi tapınağındaki Apollon rahibesi.

py.tho.gen.ic (paythıcen'ik) *s.* pislikten veya çürümüş şeylerden meydana gelen.

Py.thon (pay'thın) *i.* Delfi civarında Apollon tarafından öldürülmüş olan çok büyük bir yılan; *k.h.* piton, *zool.* Python.

py.tho.ness (pay'thınîs) *i.* gaipten haber veren falcı kadın.

py.thon.ic (paythan'ik, pî-) *s.* kehanet kabilinden; kehanette bulunmaya yeltenen; yılana ait.

py.u.ri.a (pay.yûr'iyı) *i., tıb.* idrara cerahat karış-

ması hastalığı.

pyx (pîks) *i., f.* Katolik kilisesinde mukaddes ekmeği saklamaya mahsus kutu; İngiltere darphanesinde miyar sikke muhafazasına mahsus sandık; *f.* sikkelerin ayarını kontrol etmek.

pyx.id.i.um (pîksîd'iyım) *i., bot.* olgunlaşınca üst tarafı kapak gibi açılan tohum zarfı, piksit.

pyx.ie (pîk'si) *i., bot.* Amerika'ya mahsus ve yıldız şeklinde çiçek veren bir çalı.

pyx.is (pîk'sîs) *i.* (*çoğ.* **pyx.i.des**) eski Yunanistan ve Roma'da kullanılan genellikle kapalı ve silindir şeklinde vazo; kutu, mücevherat kutusu; *bot.* piksit.

Q

Q, q (kyu) *i.* İngiliz alfabesinin on yedinci harfi; "k" sesi.

Q. *kıs.* **quarto, queen, question.**

q. *kıs.* **quart, quarter, quarterly, query, question.**

Qa.tar (ka'tar) *i.* Katar.

Q.E.D. *kıs.* **quod erat demonstrandum** ispatı gereken şey.

QM *kıs.* **quartermaster.**

q.s. *kıs.* **quantum sufficit** gerektiği kadar (reçetelerde kullanılır).

qt. *kıs.* **quantity, quart.**

q.t. *argo, kıs.* **quiet. on the q.t.** gizlice.

qu. *kıs.* **quart, queen, query, question.**

qua (kwey, kwa) *z.* sıfatıyle, niteliğinde, mahiyetinde.

quack (kwäk) *f., i.* ördek gibi bağırmak, ördek sesi çıkarmak; bağırarak manasızca konuşmak; *i.* ördek sesi, vak vak.

quack (kwäk) *i., s., f.* şarlatan hekim, sahte doktor; şarlatan kimse; *s.* şarlatan; *f.* şarlatanlık etmek. **quack doctor** şarlatan hekim. **quack'ery** *i.* şarlatanlık. **quack'ish** *s.* şarlatanca.

quack grass ayrık otu, *bot.* Agropyron repens.

quad. *kıs.* **quadrangle, quadrat, quadruplet.**

quad (kwad) *i., matb.* katrat; *k.dili* üniversite veya hapishane avlusu; *İng., argo* kodes, hapishane.

quad.ra.ge.nar.i.an (kwadrıcıner'iyın) *s., i.* kırk yaşında (kimse), kırk ile elli yaşları arasında (kimse).

quad.ran.gle (kwad'räng.gıl) *i., geom.* dörtgen; avlu. **quadrang'ular** *s.* dört kenarlı.

quad.rant (kwad'rınt) *i., mat.* çeyrek daire; yükseklik ölçme aleti. **quadran'tal** *s.* çeyrek daireye ait.

quad.rat (kwad'rıt) *i., matb.* katrat; *ekol.* deneme için ayrılmış arazi parçası.

quad.rate (kwad'reyt) *s., i., f.* dört köşeli, murabba; *i., anat.* dördül kemik; *astr.* gökcisimlerinin dördün halindeki görünüşü; dördül şekil, kare; *f.,* **with** *ile* uymak; uydurmak.

quad.rat.ic (kwadrät'ik) *s.* dörtgen gibi; *mat.* ikinci dereceden. **quadratics** *i.* ikinci derece denklemlerden bahseden cebir dalı.

quad.ra.ture (kwad'rıçır) *i.* kare yapma; *mat.* alan hesabı; *astr.* dördün.

quad.ren.ni.al (kwadren'iyıl) *s.* dört senede bir olan; dört sene süren. **quadrennially** *z.* dört senede bir. **quadrennium** *i.* dört senelik süre.

quad.ri.ceps (kwad'rısэps) *i., anat.* dörtbaşlı kas.

quad.ri.fid (kwad'rıfîd) *s., bot.* dört parçalı (çiçek yaprağı).

quad.ri.ga (kwadray'gı) *i.* (*çoğ.* **-gae**) eski

Roma'da yan yana koşulmuş dört atlı ve çift tekerli araba.

quad.ri.lat.er.al (kwadrılät'ırıl) *s., i.* dört kenarlı; *i.* dörtgen, dörtkenar; *ask.* dört köşesi kaleli alan.

quad.ri.lin.gual (kwadrıling'gwıl) *s.* dört dilden, dört dil konuşan.

quad.ri.lit.er.al (kwadrılit'ırıl) *s., i.* dört harften ibaret (kelime).

quad.rille (kwıdril') *i.* sekiz kişilik bir dans, kadril; kadril havası; kırk kâğıt ve dört kişi ile oynanan eski bir iskambil oyunu.

quad.ril.lion (kwadril'yın) *i., A.B.D.* katrilyon, 15 sıfırlı rakam; *İng.* 24 sıfırlı rakam.

quad.ri.no.mi.al (kwadrıno'miyıl) *s., i., mat.* dört terimli (rakam).

quad.ri.par.tite (kwadrıpar'tayt) *s.* dört kısımlı, dört taraflı.

quad.ri.phon.ic (kwadrıfan'ik) *s.* dört sesli (hoparlör sistemi).

quad.ri.syl.la.ble (kwadrısil'ıbıl) *i.* dört heceli kelime.

quad.ri.va.lent (kwadrıvey'lınt) *s., kim.* dört değerli.

quad.riv.i.al (kwadriv'iyıl) *s.* dört yönlü, dört yollu.

quad.riv.i.um (kwadriv'iyım) *i.* ortaçağda dört yüksek ilim (geometri, astronomi, matematik ve müzik).

quad.roon (kwadrun') *i.* büyükanne ve büyükbabalarından biri zenci diğer üçü beyaz olan kimse.

quad.ru.ma.nous (kwadru'mınıs) *s.* dört ayağı el şeklinde olan; dört elli.

quad.ru.ped (kwad'rûped) *s., i.* dört ayaklı (hayvan). **quadrupedal** (kwadru'pıdıl, kwadrûped'ıl) *s.* dört ayaklı.

quad.ru.ple (kwad'rûpıl, kwadru'pıl) *s., i., f.* dört kat; *i.* bir şeyin dört misli; *f.* dörtle çarpmak, dört misli çoğaltmak veya büyütmek.

quad.ru.plet (kwad'rûplît, kwadru'plit) *i.* dörtlü, dörtlü grup; dördüzlerden biri.

quad.ru.plex (kwad'rûpleks) *s., i.* dört katlı; çift yönlü telgraf sistemine ait; *i.* çift yönlü telgraf sisteminde gönderici alet.

quad.ru.pli.cate (kwadru'plıkeyt) *f., s., i.* dörtle çarpmak, dört misli artırmak; *s.* dört kat, dört misli; *mat.* dördüncü kuvvete yükselmiş; *i.* dört benzer şeyden biri.

quaes.tor (kwes'tır) *i.* eski Roma'da idam cezası verme yetkisi olan hâkim; defterdar. **quaestorship** *i.* defterdarlık.

quaff (kwäf) *f., i.* içmek, kana kana içmek; *i.* içim.

quag (kwäg) *i.* bataklık, batak.

quag.ga (kwäg'ı) *i.* eskiden Güney Afrika'da bulunan ve zebraya benzer soyu tükenmiş bir yaban eşeği.

quag.gy (kwäg'i) *s.* bataklık gibi, basınca çöken, gevşek ve yumuşak.

quag.mire (kwäg'mayr) *i.* batak, bataklık; zor durum.

qua.hog (kwô'hôg, kwıhôg') *i.* yenilir bir deniz tarağı, *zool.* Venus mercenaria.

quail (kweyl) *i.* bıldırcın, *zool.* Coturnix coturnix.

quail (kweyl) *f.* yılmak, sinmek, ürkmek, cesaretini kaybetmek.

quaint (kweynt) *s.* antika, yabansı, acayip, tuhaf, garip ve hoş. **quaintly** *z.* garipçe, acayip bir şekilde. **quaintness** *i.* antikalık, tuhaflık, acayip hoşluk.

quake (kweyk) *f., i.* titremek; sallanmak; *i.* titreme, titreyiş, ürperme; sallantı; zelzele.

Quak.er (kwey'kır) *i.* Kuveykır, Kardeş. **Quaker meeting** Kuveykırlara ait sessiz toplantı; *şaka* sessiz geçen herhangi bir toplantı. **Quakerism** *i.* Kuveykır mezhebi. **Quakerly** *s.* Kuveykır gibi, Kuveykır'a benzer.

qual.i.fi.a.ble (kwal'ıfayıbıl) *i.* düzeltilebilir, değiştirilebilir; ehliyet kespedebilir.

qual.i.fi.ca.tion (kwalıfıkey'şın) *i.* ehliyet, liyakat, vasıf, meziyet; şart; kayıtlama, tadil, kısıtlama. **He has all the qualifications.** Bütün niteliklere sahiptir. **It requires qualification.** Kısmen doğrudur. **with many qualifications** birçok meziyetlerle; birçok şartlarla, çok tereddütle.

qual.i.fied (kwal'ıfayd) *s.* ehliyetli; şartlı, kısıtlı, sınırlı.

qual.i.fy (kwal'ıfay) *f.* hak kazanmak, ehliyet kazanmak; ehliyet vermek; kısıtlamak, sınırlandırmak; değerlendirmek; nitelendirmek; hafifletmek; *gram.* nitelemek.

qual.i.ta.tive (kwal'ıteytîv) *s.* niteliğe ait, niteleyici, nitel. **qualitative adjective** niteleme sıfatı. **qualitative analysis** *kim.* nitel çözümleme, kalitatif analiz. **qualitatively** *z.* nitelik bakımından, nitel olarak.

qual.i.ty (kwal'ıti) *i., s.* nitelik, vasıf, keyfiyet; hususiyet, özellik, mahiyet; üstünlük; nevi, çeşit, sınıf; meziyet, artam; *man.* bir önermenin olumlu veya olumsuz hali; *s.* kaliteli; yüksek sosyeteye mensup. **average quality** orta nitelik. **high quality** yüksek kalite. **one's good qualities** bir kimsenin iyi hususiyetleri. **people of quality** *eski* yüksek sınıftan halk. **poor quality** düşük kalite. **quality control** kalite kontrolu.

qualm (kwam) *i.* ansızın gelen gönül bulantısı; şüphe, karamsarlık, umutsuzluk; vicdan azabı, pişmanlık. **qualms of conscience** vicdan azabı, bulunç ezinci.

qualm.ish (kwa'mîş) *s.* mide bulandırıcı; gönlü bulanır. **qualmishly** *z.* gönül bulandıracak surette. **qualmishness** *i.* gönül bulantısı.

quan.da.ry (kwan'dırı, kwan'dri) *i.* şüphe, tereddüt, hayret, şaşkınlık.

quan.ta (kwan'tı) *çoğ., bak.* **quantum.**

quan.tic (kwan'tik) *i., mat.* iki veya daha fazla birinci dereceden homogen değişkenlerden meydana gelmiş işlem.

quan.ti.fy (kwan'tıfay) *f.* miktarını belirtmek, ölçmek; *man.* bir önermenin niceliğini açıklamak.

quan.ti.ta.tive (kwan'tıteytîv) *s.* niceliğe bağlı olan, nicel. **quantitative analysis** *kim.* niceliğin tahlili, nicel çözümleme, kantitatif analiz. **quantitatively** *z.* nicelik bakımından, nicel olarak.

quan.ti.ty (kwan'tıti) *i.* nicelik; miktar; bir hecenin uzunluğu; *mat.* nicelik; *müz.* notanın uzunluğu; herhangi bir adet ifade eden işaret; mantıkî nicelik; *çoğ.* büyük miktar, bolluk, çokluk. **a negligible quantity** ehemmiyetsiz miktar. **He buys in large quantities.** Külliyetli miktarda satın alır.

quan.tize (kwan'tayz) *f.* mümkün olan niceliklerini bulmak; bir niceliğin katsayıları olarak göstermek.

quan.tum (kwan'tım) *i.* (*çoğ.* **-ta**) miktar, meblâğ; belirli miktar, pay, hisse; *fiz.* en ufak enerji birimi. **quantum leap** önemli bir atılım. **quantum theory** *fiz.* kuantum teorisi.

quar.an.tine (kwôr'ıntin) *i., f.* karantina; *f.* karantinaya koymak, ayırmak. **quarantine flag** karantina bayrağı, bulaşıcı hastalık işareti olan sarı bayrak. **quarantine period**

karantina müddeti. **quarantine regulations** karantina nizamları.

quark (kwark) *i., fiz.* maddenin esası olduğu farzedilen ve kısmen elektrik yüklü olan üç çeşit zerrecikten herhangi biri.

quar.rel (kwôr'ıl) *i.* kavga, çekişme, bozuşma. **pick a quarrel** kavga çıkarmak. **take up a quarrel** kavgaya iştirak etmek.

quar.rel (kwôr'ıl) *f.* (**-ed, -ing** *veya* **-led, -ling**) kavga etmek, çekişmek, bozuşmak; kusur bulmak; ağız kavgası etmek.

quar.rel (kwôr'ıl) *i., tar.* eskiden tatar yayı ile atılan ucu dört köşeli ağır ve kısa ok; taşçı kalemi.

quar.rel.some (kwôr'ılsım) *s.* kavgacı, ters, huysuz. **quarrelsomely** *z.* kavga etmeye meyilli olarak, kavgacı tavırla. **quarrelsomeness** *i.* kavgacılık, kavgacı tabiat.

quar.ry (kwôr'i) *i., f.* şahin veya atmaca ile tutulan av; av, şikâr; kovalanan herhangi bir kimse veya şey.

quar.ry (kwôr'i) *i., f.* taş ocağı; *f.* taş ocağından kazıp çıkarmak; taş ocağı açmak. **quarrier** *i.* taş ocağı işçisi.

quar.ry (kwôr'i) *i.* baklava şeklinde pencere camı.

quart (kwôrt) *i.* bir litreye yakın hacim ölçüsü, galonun dörtte biri, kuart. **liquid quart** *A.B.D.* 0,946 litre; *İng.* 1,136 litre. **dry quart** *A.B.D.* 1,101 litre.

quart (kwôrt) *i.* eskrimde bir vaziyet; piket oyununda dört kâğıtlık mütevali takım.

quar.tan (kwôr'tın) *s., i.* dört günde bir olan; dördüncüye ait; *i., tıb.* dört günde bir tutan sıtma gibi bir nöbet.

quar.ter (kwôr'tır) *i., s.* dörtte bir kısım, çeyrek; 25 sentlik sikke; senenin dörtte biri; üç aylık müddet; öğretim yılının dörtte biri; dördün, ay devri müddetinin dörtte biri; *den.* gemi bordasının kıça doğru her iki tarafı; kasabın kestiği hayvanın bir tarafının yarısı (omuz veya but); havali, semt, etraf, taraf, mahalle, civar; *den.* harp veya talim zamanında tayfaya ayrılan yer; harpte esir edilen düşmanın ölümden affı, aman; *s.* dörtte bir, dörtte bire ait. **quarters** *i.* kışla, askerî daire, ordugâh; konak yeri, geçici mesken. **quarter day** üç ayda bir gelen hesap ödeme günü. **quarter deck** kıç güvertesi, subaylara mahsus güverte. **quar-**

ter horse *A.B.D.* sığırtmaçların kullandıkları bir cins at. **quarter miler** çeyrek millik koşularda koşucu. **quarter note** *müz.* dörtlük. **quarter section** Amerika'da bir mil kare arazinin dörtte biri. **quarter sessions** üç ayda bir açılan sulh mahkemesi. **quarter wind** *den.* kıçın yan tarafından esen rüzgâr. **at close quarters** çok yakın, hemen hemen yan yana. **come to close quarters** göğüs göğüse dövüşmek, cenkleşmek. **divide into quarters** dört kısma ayırmak. **fore quarter** omuz (et). **give no quarter** aman vermemek. **hind quarter** but (et). **no quarter** amansız. **on the quarter** *den.* kıç omuzluğunda veya omuzluğundan.

quar.ter (kwôr'tır) *f.* dört eşit kısma ayırmak, dörde bölmek; askeri kışlaya yerleştirmek; oturtmak, yerleştirmek; her tarafa koşup aramak (av köpeği).

quar.ter.age (kwôr'tırîc) *i.* üç ayda bir verilen ücret veya ödeme; kışla, karargâh; mesken bulma ücreti.

quar.ter.back (kwôr'tırbäk) *i.* Amerikan futbolunda oyunu idare eden oyuncu.

quar.ter-fi.nal (kwôrtırfay'nıl) *i.* çeyrek final.

quar.ter-hour (kwôr'tıraur') *i.* çeyrek saat, saat başından bir çeyrek evvel veya sonra.

quar.ter.ing (kwôr'tırîng) *s., den.* kıç omuzluğuna doğru esen, kıçlık.

quar.ter.ly (kwôr'tırli) *s., i., z.* üç ayda bir verilen veya olan; *i.* üç ayda bir yayımlanan mecmua; *z.* üç ayda bir.

quar.ter.mas.ter (kwôr'tırmästır) *i., ask.* iaşe subayı; *den.* serdümen, vardiya çavuşu.

quar.tern (kwôr'tırn) *i.* bir ölçünün dörtte biri; *İng.* dört librelik (1,8 kg.) ekmek.

quar.ter.ni.on (kwôrtır'niyın) *i., matb.* dört yapraklı ve on altı sayfalı forma.

quar.ter-phase (kwôr'tırfeyz) *s.* çift fazlı (cereyan), birbirinden 90 derece farklı (iki cereyan).

quar.ter.saw (kwôr'tırsô) *f.* (bir kütüğü) uzunlamasına dörde biçmek.

quar.ter.staff (kwôr'tırstäf) *i.* eskiden silâh olarak kullanılan bir kadem boyunda sopa.

quar.tet(te) (kwôrtet') *i., müz.* dört ses veya dört çalgıya mahsus müzik parçası; böyle çalgı çalan veya şarkı söyleyen dört kişi, dörtlü; dört kişiden ibaret takım. **double quartet** sekiz kişilik takım. **male quartet** dört erkekle kurulan okuyucu takımı. **mixed quartet** iki erkek ile iki kadından kurulan okuyucu takımı. **string quartet** dört kişilik telli saz takımı.

quar.tile (kwôr'tayl, -tîl) *i.* kartil.

quar.to (kwôr'to) *s., i.* (*kıs.* **4to** veya **4°**) tabakayı dört yaprağa bölen; *i.* tabakaların dört yaprağa yani sekiz sayfaya bölünmesinden meydana gelen kitap.

quartz (kwôrts) *i.* kuvars, türlü silislerin genel adı. **quartz crystal** kuvars kristali, elektronik cihazlarda kullanılan kuvars. **quartz.if'erous** *s.* bileşiminde kuvars bulunan. **quartz'ite** *i.* kuvarsit.

qua.sar (kwey'zar) *i., astr.* çok uzakta olan ve çok kuvvetli radyo dalgaları gönderen gökcismi.

quash (kwaş) *f., huk.* iptal etmek, feshetmek, kaldırmak, bozmak; ezmek, bastırmak, mahvetmek.

qua.si (kwa'zi, kwey'zay) *z., s.* güya, sanki; *s.* gibi, yarım. **quasi-contract** *i.* sözleşme olmadan varmış gibi kanunun koyduğu mecburiyet.

quasi- *önek* benzeri.

quas.si.a (kwaş'ıyı, kwaş'ı) *i.* acıağaç, kavasya, *bot.* Quassia amara; *ecza.* bu ağaçtan yapılan acı bir ilâç.

qua.ter.na.ry (kwıtır'nıri) *s., i.* dördüncü; dörtlü, dörtten ibaret; *b.h., jeol.* en son zamana ait; *i.* dörtlü takım; *b.h.* en son jeolojik zaman.

qua.ter.ni.on (kwıtır'niyın) *i.* dört şey veya kişiden ibaret takım.

quat.rain (kwat'reyn) *i.* dört mısralı şiir, rubaî, dörtlük.

quat.re.foil (kät'ırfoyl) *i.* mimarî süsleme sanatında dört yapraktan ibaret şekil.

quat.tro.cen.to (kwatroçen'to) *i., s.* on beşinci yüzyıl (özellikle o devrin İtalyan sanat ve edebiyatı).

qua.ver (kwey'vır) *f., i.* titremek, titrek sesle şarkı söylemek; *i.* titreme; ses titremesi; *İng., müz.* sekizlik.

quay (ki) *i.* rıhtım, iskele. **quay'age** *i.* iskele ücreti, rıhtım parası; rıhtımlar.

quean (kwin) *i.* sürtük kadın, adi ve terbiyesiz kadın, orospu; *İskoç.* genç kız.

quea.sy (kwi'zi) *s.* midesi bulanmış; bulandırıcı; midesi kolayca bulanan; titiz, müş-

külpesent, kılı kırk yarar; nazik, tehlikeli.
queasiness *i.* mide bulanması.
queen (kwin) *i., f.* kraliçe; arı beyi (ana arı); *satranç* vezir, ferz; *briç* kız; *A.B.D., argo* ibne; *f.* kraliçe yapmak. **Queen Anne's lace** yabanî havuç, *bot.* Daucus carota. **queen bee** arı beyi. **queen cell** üreme için arıların arı beyine kovanda yaptıkları hususî yer. **queen city** bir memleketin en büyük veya en meşhur şehri. **queen consort** hükümdarın karısı olan kraliçe. **queen dowager** eski hükümdarın dul karısı. **queen mother** kral anası. **queen post** damın ana direklerinden her biri. **queen regent** tahtta bulunan kraliçe. **queenlike** *s.* kraliçe gibi. **queenly** *s.* kraliçeye yakışır.

queer (kwîr) *s., f.* acayip, tuhaf, garip, yadırganan; şüpheli, muammalı; *argo* kalp, sahte; *argo* homoseksüel; *f., argo* bozmak, tesirini bozmak. **queer'ish** *s.* acayipçe. **queer'ly** *z.* tuhaf şekilde. **queer'ness** *i.* tuhaf hallilik, acayiplik.

quell (kwel) *f.* bastırmak, ezmek, boyun eğdirmek, mağlûp etmek; yatıştırmak, yumuşatmak.

quench (kwenç) *f.* söndürmek, bastırmak; tatmin etmek, hararetini gidermek, kandırmak (susuzluk); su ile soğutmak; sönmek; yatışmak. **quench'able** *s.* söndürülür, bastırılır. **quench'less** *s.* sönmez, söndürülmesi güç; tatmin edilmez, kandırılamaz.

que.nelle (kınel') *i., ahçı.* bir çeşit tavuk veya dana köftesi.

quer.ce.tin (kwır'sıtîn) *i., kim.* siyah meşenin kabuğundan alınan sarı bir boya tozu.

quer.cine (kwır'sîn) *s.* meşeye ait, meşeyle ilgili.

quer.cit.ron (kwır'sîtran) *i.* Birleşik Amerika'ya mahsus bir çeşit siyah meşenin iç kabuğu; bu kabuktan çıkarılan sarı boya ve tanen.

que.rist (kwîr'îst) *i.* sual soran kimse; soruşturucu kimse.

quern (kwırn) *i.* el değirmeni.

quer.u.lous (kwer'ılıs) *s.* şikâyetçi, titiz, bir şeyi beğenmez, ters huylu, söylenen. **querulously** *z.* şikâyet edercesine. **querulousness** *i.* şikâyetçilik, söylenme huyu.

que.ry (kwîr'i) *i., f.* sual, sorgu; şüphe; soru işareti; *f.* sormak; sorguya çekmek; doğruluğundan şüphe etmek; soru işareti koymak.

quest (kwest) *i., f.* macera; arama, araştırma; tahkik, soruşturma, tetkik; *f.* araştırmak; havlayarak av izini aramak (köpek).

ques.tion (kwes'çın) *i.* soru, sual; mesele, bahis; şüphe; sorgu, muhakeme, istintak; sorulan şey; teklif, önerme; mevzu, madde; sorma. **question mark** soru işareti. **a general question** *huk.* bir şahide bütün bildiklerini söylemesini emreden sual. **a leading question** verilecek cevabı belirleyen soru. **an open question** hallolunmamış mesele, sürüncemede kalmış mesele. **a question of privilege** imtiyazlarını kullanma meselesi. **a question of time** zaman meselesi. **beside the question** konudan dışarı. **beyond** *veya* **past question** şüphesiz, şüphe kaldırmaz. **call in question** teslim ve kabul etmemek, itirazda bulunmak. **It is a question of fact.** Bir hakikat meselesidir. **out of the question** imkânsız, olamaz. **pop the question** *argo* evlenme teklif etmek. **put a question** bir meseleyi oya koymak; bir sual sormak. **rhetorical question** cevabı beklenmeyen sual. **speak to the question** asıl meseleden bahsetmek. **the point in question** bahis mevzuu olan mesele. **the previous question** *bak.* previous. **without question** şüphesiz, muhakkak. **questionless** *s., z.* şüphesiz; sualsiz.

ques.tion (kwes'çın) *f.* sual sormak, sorguya çekmek; şüphe etmek; karşı gelmek, inkâr etmek. **questioningly** *z.* sorgu yolu ile.

ques.tion.a.ble (kwes'çınıbıl) *s.* şüpheli, şüphe götürür; katî olmayan; kararlaştırması zor. **questionableness** *i.* şüpheli hal. **questionably** *z.* şüpheli surette.

ques.tion.naire, ques.tion.ar.y (kwesçıner', kwes'çıneri) *i.* anket; form, belge.

ques.tor *bak.* quaestor.

quet.zal (ketsal') *i.* uzun ve göz alıcı renkte tüyleri olan Orta Amerika'ya mahsus bir kuş, *zool.* Pharomacrus mocinno.

queue (kyu) *i., f.* başın arka tarafından sarkan saç örgüsü; sıra bekleyen insan veya araba dizisi, kuyruk; *f., İng.* kuyruğa girmek; dizilip sıra beklemek. **queue up** kuyruğa girmek.

quib.ble (kwib'ıl) *i., f.* savma cevap; iki manalı söz, kaçamaklı söz; *f.* kaçamaklı cevap vermek; önemsiz mesele üzerinde durmak; tartışma konusu yapmak.

quick (kwik) *s., i., z.* çabuk, seri, hızlı, tez, sü- ratli; keskin, anlayışlı; işlek, faal; tez elden; titiz, çabuk kızan; gebe, hamile; *eski* hayatta, canlı, diri; *i.* tırnak altındaki hassas et; his; *z.* çabucak, süratle, hemen. **quick returns** çabuk gelen kazanç. **as quick as I can** elimden geldiği kadar çabuk. **to the quick** çok hassas ete kadar, en hassas noktaya kadar. **the quick and the dead** diriler ve ölüler. **quickly** *z.* çabuk, acele. **quickness** *i.* çabukluk, sürat.

quick.en (kwik'ın) *f.* canlandırmak, diriltmek; tembih etmek, uyandırmak; hızlandırmak, çabuklaştırmak; neşelendirmek, heveslendirmek, şevke getirmek; canlanmak, dirilmek, zindeleşmek; rahimde hayat belirtisi göstermek; hızlanmak.

quick-fir.ing (kwik'fayr'ing) *s.* seri ateşli (top).

quick-freeze (kwik'friz') *f.* şiddetli soğukta çabuk dondurmak.

quick.lime (kwik'laym) *i.* sönmemiş kireç.

quick.sand (kwik'sänd) *i.* bataklık kumu.

quick.set (kwik'set) *i.* köklü bitkilerden veya çalılardan oluşmuş çit.

quick-sight.ed (kwik'saytid) *s.* keskin nazarlı, keskin gözlü.

quick.sil.ver (kwik'silvır) *i.* civa; sır.

quick.step (kwik'step) *i.* hızlı askerî yürüyüş; hareketli dans.

quick-tem.pered (kwik'tempırd) *s.* çabuk kızar.

quick-wit.ted (kwik'wit'id) *s.* zeki, çabuk anlar, çabuk cevap verir.

quid (kwid) *i., İng., argo* bir sterlin.

quid (kwid) *i.* ağızda çiğnenen tütün parçası.

quid (kwid) *i., Lat.* bir şey. **quid pro quo** başka bir şeyin yerini tutan şey, karşılık, bedel. **tertium quid** üçüncü gelen şey, iki zıt şeyin arasına giren üçüncü şey.

quid.di.ty (kwid'ıti) *i.* mahiyet, nitelik, öz; ehemmiyetsiz şey, gereksiz itiraz.

quid.nunc (kwid'nʌngk) *i., Lat.* her şeyi bilme merakında olan kimse.

quién sa.be (kyen sa'vey) *İsp.* Kim bilir?

qui.es.cent (kwayes'ınt) *s.* istirahatte, hareketsiz, sakin; uyuşuk. **quiescence** *i.* sükûnet, sükûn, istirahat. **quiescently** *z.* yavaşça, sükûnetle.

qui.et (kway'ıt) *s.* sessiz, sakin; hareketsiz, rahat, asude; nazik, yumuşak huylu, tatlı, uslu; gösterişsiz, yumuşak. **quietly** *z.* yavaşça, sessizce, hareketsizce. **quietness** *i.* sessizlik, sükût, telâşsızlık, sükûnet, rahat, asayiş.

qui.et (kway'ıt) *f.* susturmak; kandırmak, yatıştırmak. **quiet down** susmak, yatışmak, sakinleşmek.

qui.et (kway'ıt) *i.* rahat, huzur, asayiş, sessizlik, sükût, hareketsizlik.

qui.et.ism (kway'ıtizım) *i.* akıl ve iradenin dünyevî olaylara tamamen ilgisiz kalarak yalnız Tanrı düşüncesine daldığı dinsel bir mistisizm şekli; gönül ve fikir rahatlığı. **quietist** *i.* bu felsefe taraftarı kimse. **quietistic** *s.* bu felsefeye göre.

qui.e.tude (kway'ıtud) *i.* gönül rahatlığı, sükûnet.

qui.e.tus (kwayi'tıs) *i.* susturma, bastırma; öldürücü darbe; hesabın ödenip kapanması. **give one his quietus** birini kovup susturmak veya öldürmek.

quill (kwil) *i.* iri ve sert tüy; içi boş olan tüy sapı; içi boş sap veya buna benzer şey; tüy kalem; kirpi dikeni; *müz.* çalgıcının mızrabı; kamıştan yapılmış çalgı borusu; makara. **quill driver** yazar. **quill feather** iri ve sert tüy. **quill pen** tüy kalem.

quill (kwil) *f.* fitilli dikmek; makaraya sarmak.

quilt (kwilt) *i., f.* yorgan; yorgan gibi pamuklu veya yünlü örtü; *f.* içine pamuk doldurup yorgan yapmak; yorgan gibi dikmek. **quilting** *i.* yorgan yapma; yorgancı işi; yorganlık malzeme.

qui.na.ry (kway'nıri) *s., i.* beşli (takım).

quince (kwins) *i.* ayva, ayva ağacı, *bot.* Cydonia oblonga.

quin.cunx (kwin'kʌngks) *i.* bir kare içinde her köşede ve ortada birer olmak üzere beş şeyin düzenlenmesi.

quin.de.cen.ni.al (kwindisen'iyıl) *s., i.* on beş yıla veya on beşinci yıldönümüne ait; *i.* on beşinci yıldönümü.

qui.nine (kway'nayn, *İng.* kwinin') *i.* kinin.

quin.qua.ge.nar.i.an (kwinkwıcıner'iyın) *s., i.* elli yaşında, elli yaşlarında olan (kimse).

quin.quen.ni.al (kwinkwen'iyıl) *s., i.* beş senede bir; beş sene süren; *i.* beş sene süren veya beş senede bir olan şey.

quin.sy (kwin'zi) *i., tıb.* anjin, bademcik iltihabı.

quint (kwînt) *i.* bazı iskambil oyunlarında aynı türden beş kağıdın üst üste bir oyuncuya gelmesi; *müz.* beş nokta aralığı; *k.dili* beşizlerden biri.

quin.tal (kwîn'tıl) *i.* yüzlük ağırlık ölçüsü; 100 kiloluk ağırlık.

quin.tan (kwîn'tın) *s., i.* beşinci; *tıb.* beş günde bir olan; *i., tıb.* beş günde bir tutan nöbet.

quin.tes.sence (kwîntes'ıns) *i.* öz, hulâsa, herhangi bir maddenin özü. **quintessen'tial** *s.* özlü.

quin.tet(te) (kwîntet') *i., müz.* kuintet; beş kişilik grup veya takım.

quin.til.lion (kwîntil'yın) *i., A.B.D.* 18 sıfırlı rakam; *İng.* 30 sıfırlı rakam.

quin.tu.ple (kwîn'tûpıl, kwîntu'pıl) *s., f.* beş kat, beş misli; *f.* beş misli yapmak veya olmak, beş misli artırmak veya artmak. **quintuplet** *i.* beş şeyden meydana gelen takım; beşiz.

quip (kwip) *i.* alaylı şaka, hazır cevap, nükteli söz; garip hareket; acayip şey.

qui.pu (ki'pu, kwîp'u) *i.* eskiden Peru yerlileri tarafından bir yere haber gönderilirken habercinin ayrıntıları unutmaması için eline verilen yer yer düğümlenmiş renkli ipler.

quire (kwayr) *i.* 24 tabakalık kâğıt destesi; iç içe katlanmış kâğıt tabakası. **in quires** ciltlenmemiş, forma halinde.

Quir.i.nal (kwîr'ınıl) *i.* Roma şehrinin yedi tepesinden biri; bu tepe üzerinde yapılmış kral sarayı; İtalya'da krallık yönetimi.

quirk (kwırk) *i.* acayiplik; tuhaf hareket; alaylı hareket; kaçamak cevap; yazı süsü; *mim.* kabartmalı süslemede aralık veya girinti. **quirky** *s.* hareketli; oyuncaklı; dolambaçlı.

quirt (kwırt) *i.* kısa at kamçısı.

quis.ling (kwîz'lîng) *i.* istilâcıların aleti olarak memleketini yöneten vatan haini.

quit (kwît) *f.* (**-ted, -ting**) *s., i.* bırakmak, geçmek, vaz geçmek; kesilmek, durmak, dinmek; gitmek; terketmek; *k.dili* işten ayrılmak; ödemek; *s.* kurtulmuş, serbest; arı; *i.* bırakma, terketme. **be quits** *k.dili* hesaplaşmış olmak. **cry quits** yeter artık demek. **double or quits** kumarda kaybedilmiş paranın ya da iki mislinin ödenmesini yahut da borcun affını amaçlayan son şans oyunu. **notice to quit** kiracıya verilen boşaltma bildirisi.

quitch grass (kwîç) ayrık otu, *bot.* Agropyron repens.

quit.claim (kwît'kleym) *i., f.* özellikle gayri menkul mülkün talep ve dava haklarından tamamen vaz geçme; ibraname; *f.* haklarından vaz geçmek.

quite (kwayt) *z.* tamamen, bütün bütün, her yönüyle, gerçekten, hakikaten; *k.dili* epey. **quite a bit, quite a lot** epeyce; pek çok defa. **quite a man** harika adam. **quite a view** şahane manzara.

Qui.to (ki'to) *i.* Quito, Ekvador'un başkenti.

quit.rent (kwît'rent) *i.* eski derebeylik sisteminde bir mülkün kirasını ödeyerek başka her türlü görevden bağışık olma.

quit.tance (kwît'ıns) *i.* affolunma, borçtan veya yükümden kurtuluş, temize çıkma; aklama belgesi, ibraname, alındı, makbuz; bedel, ücret.

quit.ter (kwît'ır) *i.* işi tamamen terkeden kimse, işten çekilen kimse; sözünden dönen kimse.

quit.tor (kwît'ır) *i.* at toynağındaki irinli yara.

quiv.er (kwîv'ır) *i.* ok kılıfı, sadak; okluk; bir kılıf içindeki oklar.

quiv.er (kwîv'ır) *f., i.* titremek, titreşmek; *i.* titreme.

qui vive (ki viv') Kim o gelen? Kimdir o? (nöbetçi sorusu). **on the qui vive** uyanık, kulağı kirişte.

quix.ot.ic, -i.cal (kwîksat'îk, -îkıl) *s.* donkişotvari, saçma şekilde romantik. **quixotically** *z.* donkişotçasına. **quixotism** *i.* donkişotluk.

quiz (kwîz) *i., f.* (**-zed, -zing**) küçük imtihan; sorgu; alay, eğlence; acayip kimse; çok soru soran kimse; eşek şakası; *f.* sorguya çekmek; imtihan etmek; *İng.* alay etmek. **quiz program** radyoda bilgi yarışması. **quizzing glass** tek camlı gözlük, monokl.

quiz.zi.cal (kwîz'îkıl) *s.* tuhaf, garip, gülünç; şakacı, takılan. **quizzically** *z.* şaka olarak, takılarak.

quod (kwad) *i., İng., argo* hapishane.

quod e.rat de.mon.stran.dum (kwad er'ät demınsträn'dım) *Lat.,* bak. **Q.E.D.**

quod vi.de (kwad vay'di) *Lat.,* bak. **q.v.**

quoin (koyn, kwoyn) *i., f.* duvarın dış köşesi; köşeye mahsus taş veya tuğla parçası; *matb.* harfleri çerçeve içinde tutmaya mahsus takoz; *f.* harfleri çerçeve içinde takoz ile tutturmak; özel taşlarla duvar köşesi yapmak.

quoit (kwoyt, *İng.* koyt) *i., f.* oyunda atılan yassı demir halka; *çoğ.* halka oyunu; *f.* yassı demir halka atar gibi atmak.

quon.dam (kwan'dım) *s.* sabık.

Quon.set hut (kwan'sît) (çelik) baraka.

quo.rum (kwôr'ım) *i.* bir meclis veya kurulda işin yürütülebilmesi için bulunması gereken üyelerin sayısı, nisap, yetersayı; seçkin kimselerden meydana gelmiş kurul.

quo.ta (kwo'tı) *i.* hisse, pay; belirli sayı veya miktar, kontenjan, kota.

quot.a.ble (kwo'tıbıl) *s.* aktarma yolu ile söylenebilir, aktarılabilir. **quotabil'ity** *i.* aktarmaya uygun olma. **quotably** *z.* aktarılacak surette.

quo.ta.tion (kwotey'şın) *i.* aktarma, aktararak söyleme; aktarılan söz; *tic.* piyasa, cari fiyat. **quotation marks** tırnak işareti, "..."

closing quotation kapanış borsa fiyatı.

quote (kwot) *f., i.* aktarmak, aktarma yolu ile söylemek, birinin sözünü tekrarlamak; *tic.* (fiyat) söylemek; piyasa fiyatını söylemek; *matb.* tırnak içine almak; *i., k.dili* aktarılmış söz; tırnak işareti.

quoth (kwoth) *f., eski* dedim, dedi (Bu fiilin başka kipi yoktur. Özne daima fiilden sonra gelir: **quoth I, quoth he**).

quo.tid.i.an (kwotayd'iyın) *s., i.* her günkü, her gün olan; *i.* her gün olan şey; her gün tutan sıtma nöbeti.

quo.tient (kwo'şınt) *i., mat.* bölüm; bir niceliğin diğerinde kaç kere olduğunu belirten sayı.

quo war.ran.to (kwo wôrän'to) *Lat.* Ne hak ile? Hangi yetkiyle?

q.v. *kıs.* **quod vide** müracaat, buna bakınız, b., bk.

R

R, r (ar) *i.* İngiliz alfabesinin on sekizinci harfi. **the three R's** okuma, yazma ve aritmetik (**reading, 'riting and 'rithmetic**).

r *kıs.* **roentgen(s), ruble, rupee.**

r. *kıs.* **radius, rare, received, recipe, residence, retired, right-hand page, rises, rod, rubber.**

R *kıs.* **radius, ratio, rupee.**

R. *kıs.* **Rabbi, radical, railroad, Réaumur, Republican, Rex, right** (tiyatroda), **River, Road, Royal.**

Ra (ra) *i.* eski Mısır'da güneş tanrısı.

Ra.bat (rabat') *i.* Rabat, Fas'ın başkenti.

rab.bet (räb'ît) *i., f.* yiv, oluk; yivli tahtalarla birbirine bindirilen yer; *f.* yiv açmak; yivli tahtaları birbirine bindirmek. **rabbet plane** oluk rendesi.

rab.bi (räb'ay) *i.* haham, Musevî din lideri. **Grand Rabbi** hahambaşı. **rabbinate** *i.* hahamlık, hahamhane. **Rabbin'ic** *i.* ortaçağ başlarında hahamların kullandığı İbranî dili.

rabbin'ical *s.* hahamlara veya öğrettikleri şeylere ait.

rab.bit (räb'ît) *i., f.* tavşan, *zool.* Lepus cuniculus; adatavşanı, *zool.* Oryctolagus cuniculus; *f.* tavşan avlamak. **rabbit hutch, rabbit warren** evcil tavşan üretmeye mahsus kafes veya yer. **rabbit punch** enseye indirilen el darbesi. **rabbity** *s.* tavşana benzer; tavşanlarla dolu.

rab.ble (räb'ıl) *i., f.* düzensiz kalabalık, halk yığını; **the** *ile* ayaktakımı; *f.* kitle halinde saldırmak.

rab.ble (räb'ıl) *i., f.* ocak gelberisi; *f.* erimiş madeni gelberi ile karıştırmak.

rab.id (räb'îd) *s.* kudurmuş, çok kızmış; mutaassıp; *tıb., bayt.* kuduz, kuduz hastalığına ait. **rabidly** *z.* aşırı derecede; deli gibi.

ra.bies (rey'biz, rey'bîyiz) *i.* kuduz hastalığı.

rac.coon (räkun') *i.* tilkiden büyücek, ayıya benzer ve kuyruğu alaca halkalı olup ağaçta yaşayan bir Kuzey Amerika hayvanı, *zool.* Procyon lotor.

race (reys) *i., f.* yarış, koşu; koşuş, seğirtme; yaşam süresi; akıntı, cereyan; suyun bentten değirmene aktığı oluk veya geçit; bu oluktan hızla akan su; hareket eden bir makina parçası yatağı, yuva; *f.* koşmak, seğirtmek; yarış etmek; fazla hızlı işlemek (makina); hızlı akmak. **rac'er** *i.* koşucu; yarış atı; yarış için yapılmış yat veya otomobil; Amerika'ya mahsus kara yılan.

race (reys) *i.* ırk, soy; döl, nesil; familya; özel tat, çeşni (şarap). **race riot** ırk ayrımından meydana gelen çatışma. **race suicide** bir kavmin kendi nüfus sayısını olduğu gibi koruyamaması.

race (reys) *i.* kök, zencefil kökü, kök zencefil. **race ginger** kök zencefil.

race.a.bout (reys'ıbaut) *i.* kısa cıvadralı yarış şalopası; yarış otomobiline benzer bir çeşit küçük araba.

race.course (reys'kôrs) *i.* koşu meydanı.

race.horse (reys'hôrs) *i.* koşu atı.

ra.ceme (reysim', rısım') *i., bot.* çiçek salkımı, salkım durumu.

rac.e.mose (räs'ımos) *s.* salkıma benzer, salkımlar halinde yetişen.

race.track (reys'träk) *i.* koşuculara mahsus yol, koşu yolu.

race.way (reys'wey) *i.* değirmen arkı.

ra.chis, rha.chis (rey'kis) *i.* belkemiği; *bot.* rakis, bir yaprağın veya bir durumun ekseni, salkımın ana sapı; *zool.* tüy sapı.

ra.chi.tis (rıkay'tîs) *i., tıb.* raşitizm. **rachitic** *s.* raşitizm türünden.

ra.cial (rey'şıl) *s.* ırka mahsus, ırksal. **racially** *z.* ırk bakımından, ırkça.

ra.cial.ism (rey'şılizım) *i.* ırkçılık.

ra.cism (rey'sizım) *i.* ırkçılık. **racist** *i.* ırkçı.

rack (räk) *i., f.* ahırda ot yemliği; parmaklıklı raf (özellikle tren veya vapurda); arabaya yerleştirilen ve kuru ot taşımaya mahsus kafes; bedeni germek suretiyle işkence yapılan alet veya tertibat; işkence sebebi; işkence, azap; dişli çubuk; *f.* germek; gerip işkence etmek; fazla yükseltmek (fiyat veya kira); fiyat yükseltmek suretiyle sıkıntıya sokmak. **rack and pinion** dişli kol ve fener dişli. **rack block** *den.* içinden halat geçer delikleri olan tahta. **rack one's brains** çok

düşünmek, kafa patlatmak. **on the rack** çok ıstıraplı.

rack (räk) *i.* yıkım, harabiyet. **rack and ruin** yıkım, harabiyet. **go to rack and ruin** harabeye dönmek, mahvolmak.

rack (räk) *f.* tortudan bira veya şarap çıkarmak.

rack (räk) *i.* koyun ve dana etinin gerdan ve belkemiği kısmı.

rack (räk) *i., f.* uçan hafif bulut; fırtına izi; *f.* rüzgârın önünde uçmak (bulut).

rack (räk) *i., f.* atın rahvan yürüyüşü; *f.* rahvan gitmek.

rack.et, rac.quet (räk'ît) *i.* raket; Kuzey Amerika'da kullanılan tabanı ağ örgülü kar kundurası; *çoğ.* dört duvara karşı sektirilerek oynanılan tenise benzer bir top oyunu.

rack.et (räk'ît) *i.* gürültü, patırtı, şamata, velvele; karışıklık; *k.dili* haraççılık, para sızdırma düzeni; *argo* meslek, iş. **rackety** *s.* gürültücü, şamatacı.

rack.et.eer (räkitîr') *i.* şantaj yapan kimse; kanuna aykırı yollarla başkalarından para koparan kimse, haraççı.

rack-rent (räk'rent) *i., f.* fazla yüksek kira bedeli; *f.* yüksek kira almak.

rac.on.teur (räkantır') *i.* iyi hikâye anlatan kimse.

rac.quet *bak.* racket.

rac.y (rey'si) *s.* kendine has tadı olan (şarap); canlı, zinde; açık saçık.

ra.dar (rey'dar) *i.* aksettirdiği radyo ışınlarıyle bir cismin yerini ve şeklini tespit eden aygıt, radyolokasyon.

rad.dle (räd'ıl) *f.* örmek.

ra.di.al (rey'diyıl) *s.* yayılan ışınlar şeklinde; merkezden çevreye doğru düzenlenmiş; yarıçapa ait; *anat.* kolun dal kemiğine ait, radyal.

ra.di.an (rey'diyın) *i., mat.* parçası olduğu dairenin yarıçap uzunluğuna eşit yay.

ra.di.ance, ra.di.an.cy (rey'diyıns, rey'diyınsi) *i.* parlaklık, aydınlık, şaşaa.

ra.di.ant (rey'diyınt) *s.* ışın yayan, parlak, şaşaalı; neşe saçan; *fiz.* ısı yayan. **radiantly** *z.* hararetle, şevkle.

ra.di.ate (rey'diyeyt) *f.* ışın yaymak; ışın halinde yayılmak; bir merkezden etrafa dağıtıp yaymak; radyoaktif ışınlar yaymak. **ra.di.a'tion** *i.* bir merkezden yayılarak dağılma, ışık veya sıcaklık verme, yayılma. **radiation**

sickness radyoaktif ışınların etkisiyle meydana gelen hastalık.

ra.di.a.tor (rey'diyeytır) *i.* kalorifer, radyatör; *fiz.* ışık veya sıcaklık yayan şey; *oto.* radyatör.

rad.i.cal (räd'ikıl) *s., i.* köke veya asla ait, temel; kökten, temelden, esaslı, köklü; *bot.* kökten çıkan, tabandan çıkan; *mat.* bir sayı veya niceliğin köküne ait, köksel; Radikal Partiye ait; *i.* kök, asıl; *gram.* türetilmiş olmayan kelime, kök; Radikal Partiden bir kimse; *kim.* basit cisim, temel madde; *mat.* kök, kök işareti. **radically** *z.* kökünden, temelinden. **radicalness** *i.* aşırılık, ifrat, radikallik.

rad.i.cal.ism (räd'ikılizım) *i.* köktencilik, radikalizm; radikallerin ilkeleri.

rad.i.cle (räd'ikıl) *i., bot.* kökcük; *anat.* sinir kökü.

ra.di.o (rey'diyo) *i., f., s.* radyo; telsiz telgraf veya telefon; telsiz telgraf veya telefonla gelen haber; radyo alıcı veya vericisi; *f.* radyo ile yayımlamak; telsiz telgrafla haberleşmek; *s.* radyoya veya telsiz telgrafa ait; radyoda kullanılan. **radio astronomy** radyo astronomi. **radio beacon** radyo işaret vericisi. **radio compass** yön belirten radyo alıcısı. **radio fix** (uçak, gemi) radyo sinyalleri ile saptanan yer. **radio frequency** radyo frekansı, yüksek frekans. **radio pill** *tıb.* vücuda yerleştirilen minyatür radyo vericisi. **radio spectrum** radyo tayfı. **radio star** kuvvetli radyo sinyalleri veren yıldız. **radio station** radyo istasyonu. **radio telescope** *astr.* radyo teleskopu. **radio transmitter** radyo vericisi. **radio tube** radyo lambası. **radio wave** radyo dalgası.

radio- *önek* radyo veya radyum kuvvetiyle yayılan.

ra.di.o.ac.tive (reydiyowäk'tîv) *s.* radyoaktif. **radioactive series** radyoaktif dağılma dizisi. **radioactiv'ity** *i., fiz.* radyoaktivite, radyoetkinliği.

ra.di.o.car.bon (reydiyokar'bın) *i.* radyoaktif karbon izotopu.

ra.di.o.chem.is.try (reydiyokem'îstri) *i.* kimyanın radyoaktif unsurları inceleyen dalı.

ra.di.o.dat.ing (rey'diyodey'ting) *i.* karbon tarihlendirmesi.

ra.di.o.gram (rey'diyogräm) *i.* radyogram.

ra.di.o.graph (rey'dıyogräf) *i.* radyografi.

ra.di.o.i.so.tope (reydiyoway'sıtop) *i.* radyoizotop.

ra.di.o.lar.i.an (reydiyoler'iyın) *i., zool.* ışınlılardan bir hayvan.

ra.di.o.lo.ca.tion (reydiyolokey'şın) *i.* radar ile bulma.

ra.di.ol.o.gy (reydiyal'ıcı) *i.* radyoloji.

ra.di.o.lu.mi.nes.cent (reydiyolumınes'ınt) *s.* röntgen etkisiyle ışık saçan.

ra.di.om.e.ter (reydiyam'ıtır) *i.* ışınların kuvvetini ölçmeye yarayan alet.

ra.di.o.phone (rey'diyofon) *i.* radyotelefon, telsiz telefon.

ra.di.os.co.py (reydiyas'kıpi) *i.* radyoskopi.

ra.di.o.tel.e.gram (reydiyotel'ıgräm) *i.* radyotelgraf, telsiz telgraf.

ra.di.o.tel.e.phone (reydiyotel'ıfon) *i.* radyotelefon, telsiz telefon.

ra.di.o.ther.a.py (rey'diyother'ıpi) *i., tıb.* radyoterapi, röntgen ile tedavi.

rad.ish (räd'îş) *i.* turp, *bot.* Raphanus sativus.

ra.di.um (rey'diyım) *i., kim.* radyum. **radium paint** radyumlu boya. **radium therapy** *bak.* radiotherapy.

ra.di.us (rey'diyıs) *i.* (*çoğ.* **ra.di.i, ra.di.us.es**) yarıçap; *anat.* radyus, önkol kemiği, döner kemik, dal kemik; yarıçap ile ölçülen daire ölçümü. **radius vector** sabit bir noktadan hareket eden bir cisme olan uzaklık; *astr.* güneş ile bir gezegen arasındaki değişen uzaklık.

ra.dix (rey'dîks) *i.* (*çoğ.* **rad.i.ces, ra.dix.es**) *mat.* bir sayı sisteminde temel olarak kullanılan rakam; *bot.* bitki kökü; kök kelime.

ra.dome (rey'dom) *i.* radar tertibatı üzerindeki kubbe.

ra.don (rey'dan) *i.* radon.

rad.u.la (räc'ûlı) *i., zool.* dişli dil.

R.A.F. *kıs.* **Royal Air Force.**

raff (räf) *i.* ayaktakımı.

raf.fi.a (räf'ıyı) *i.* Madagaskar hurması, *bot.* Raphia pedunculata; rafya.

raf.fle (räf'ıl) *i., f.* bir çeşit eşya piyangosu; *f., gen.* **off** *ile* piyango çekmek; piyangoya koymak.

raft (räft) *i., f.* sal; *f.* sal yapmak; sal ile taşımak; sal kullanmak.

raft (räft) *i., k.dili* yığın, büyük miktar. **a raft of** çok, pek çok.

raft.er (räf'tır) *i.* çatı kirişi, kiriş.

rafts.man (räfts'mın) *i.* salcı.

rag (räg) *i.* paçavra, çaput, eski bez parçası; *gen. çoğ.* yırtık pırtık giysi; *şaka* giysi; paçavra gibi önemsiz şey. **rag baby, rag doll** kumaştan yapılmış kukla. **ragman** *i.* eskici. **rag paper** paçavradan yapılmış kâğıt. **rag rug** pala. **glad rags** *argo* süslü elbise. **in rags** paçavralar içinde, yırtık pırtık.

rag (räg) *i., f.* **(-ged, -ging)** *İng.* bir çeşit kefeki taşı; çatı kaplaması olarak kullanılan ince tabakalı bir çeşit siyah taş; *f.* çeşitli büyüklükte kırmak (maden filizi); kabaca yontmak.

rag (räg) *f.* **(-ged, -ging)** *i., argo* kızdırmak, takılmak; azarlamak, paylamak; *İng.* kaba şaka yapmak; yaygara etmek, şamata çıkarmak; *i.* gürültü, şamata; kaba şaka.

rag.a.muf.fin (räg'ımʌfîn) *i.* üstü başı perişan çocuk.

rage (reyc) *i., f.* şiddetli öfke, gazap, hiddet, köpürme; coşku, heyecan; moda, çok rağbet gören şey; *f.* çok öfkelenmek, hiddetlenmek, köpürmek, tepesi atmak, çok şiddetle meydana gelmek.

rag.ged (räg'îd) *s.* pürüzlü, karışık, düzensiz; eski püskü, yırtık, pejmürde; iplikleri akmış; pejmürde kılıklı. **raggedly** *z.* yırtık pırtık. **raggedness** *i.* pejmürdelik.

rag.lan (räg'lın) *i.* reglan kollu palto.

rag.out (rägu') *i., f.* sebzeli yahni; *f.* sebzeli yahni pişirmek.

rag.pick.er (räg'pîkır) *i.* paçavracı.

rag.tag (räg'täg) *i.* ayaktakımı. **ragtag and bobtail** ayaktakımı.

rag.time (räg'taym) *i.* cazda olduğu gibi kesik tempo; kesik tempolu müzik parçası.

Ra.gu.sa (ragu'sa) *i.* Dubrovnik şehrinin İtalyanca adı.

rag.weed (räg'wid) *i.* saman nezlesine sebep olan yaygın bir ot, *bot.* Ambrosia.

rag.wort (räg'wırt) *i.* kanaryaotu, *bot.* Senecio.

rah (ra) *ünlem* Yaşa!

raid (reyd) *i., f.* akın, yağma, çapul, hücum; polis ve gümrük memurları baskını; *f.* akın etmek, baskın yapmak. **raider** *i.* akıncı, baskıncı; eskiden ticaret gemilerine hücum için kullanılan silâhlı ticaret gemisi.

rail (reyl) *i., f.* tırabzan, merdiven parmaklığı; demiryolu, ray; *f.* parmaklıkıa çevirmek, tırabzan koymak; demiryolu ile taşımak.

rail (reyl) *i.* su tavuğu. **water rail** su yelvesi, *zool.* Rallus aquaticus.

rail (reyl) *f.* sövüp saymak. **rail at, rail against** dil uzatmak, sözle sataşmak, sövüp saymak; dırlanmak.

rail.head (reyl'hed) *i.* tren garı; yapılmakta olan demiryolu hattının döşendiği en son nokta.

rail.ing (rey'lîng) *i.* parmaklık; parmaklık gereçleri.

rail.ler.y (rey'lıri) *i.* şaka yollu alay; şakacılık, takılma.

rail.road, rail.way (reyl'rod, reyl'wey) *i., f.* demiryolu; *f.* demiryolu ile taşımak; *A.B.D., k.dili* ivedilikle geçirmek (mecliste tasarı). **narrow-gauge railroad** dekovil hattı.

rai.ment (rey'mınt) *i., eski* elbise, giysi, üst baş.

rain (reyn) *i., f.* yağmur; *çoğ.* tropikal ülkelerde yağmur mevsimi; *f.* yağmak, yağmur yağmak; yağmur gibi boşanmak; yağmur gibi yağdırmak. **rain area, rain belt** yağmur bölgesi. **rain barrel** yağmur fıçısı. **rain check** ertelenmiş maç için seyirciye verilen yeni bilet; *argo* davete gidemeyen misafiri başka gün için davet etme. **rain forest** cengel. **rain gauge** yağmur ölçeği. **rain cats and dogs** pek şiddetli yağmak.

rain.bow (reyn'bo) *i.* gökkuşağı, yağmurkuşağı, ebemkuşağı, eleğimsağma, alkım. **rainbow chaser** hayal peşinde koşan kimse. **rainbow trout** çelikbaş alabalık, *zool.* Salma irideus.

rain.coat (reyn'kot) *i.* yağmurluk.

rain.drop (reyn'drap) *i.* yağmur damlası.

rain.fall (reyn'fôl) *i.* yağış miktarı; sağanak.

rain.tight (reyn'tayt) *s.* yağmur geçmez.

rain.wa.ter (reyn'wôtır) *i.* yağmur suyu.

rain.y (rey'ni) *s.* yağmurlu. **rainy day** darda kalınan zaman, sıkıntılı zaman. **raininess** *i.* yağmur çokluğu.

raise (reyz) *f.* kaldırmak, yükseltmek; ayağa kaldırmak; öldükten sonra tekrar diriltmek; bina etmek, inşa etmek; toplamak (para); besleyip üretmek, yetiştirmek, büyütmek; çıkarmak, meydana getirmek; uyandırmak, harekete getirmek; ses yükseltmek; canlandırmak, şevk vermek; çoğaltmak, artırmak; kabartmak, mayasını getirmek; kaldırmak (kuşatma); *den.* ufukta karayı görmek; dikmek; yığmak, yığın etmek. **raise an objection** itiraz etmek. **raise Cain, raise hell, raise the devil** *k.dili* karışıklık çıkarmak, velveleye vermek, yaygarayı basmak; paylamak. **raise the dead** kıyameti koparmak. **raise the roof** çok gürültü yapmak.

raised (reyzd) *s.* kabartma; *ahçı.* mayalanmış.

rai.sin (rey'zın) *i.* kuru üzüm.

rai.son d'ê.tre (rezôn' de'tr) *Fr.* var olma nedeni.

ra.jah (ra'cı) *i.* raca.

rake (reyk) *f., i.* tarak, tırmık; *f.* taraklamak, tırmıklamak; ince ince araştırmak, taramak; *ask.* ateşle taramak. **rake over the coals** şiddetle azarlamak. **rake in money** kolayca para kazanmak. **rake up** toplamak, bir araya getirmek. **rake up the past** eski defterleri karıştırmak.

rake (reyk) *i.* sefih adam, ahlâksız kimse.

rake (reyk) *f., i., den.* yan yatmak, meyletmek; *i.* bir direğin veya dikili şeyin meyli; yan koyma (şapka).

rake.off (reyk'ôf) *i., A.B.D., argo* kârdan hisse, komisyon; rüşvet; haraç.

rak.i, rak.ee (räk'i, ra'ki) *i.* rakı.

rak.ish (rey'kiş) *s., den.* direkleri hafifçe arkaya yatık; yan, yampiri, çarpık; gösterişli. **rakishly** *z.* yana eğilmiş olarak.

rak.ish (rey'kiş) *s.* ahlâksız, sefih, sefih görünüşlü.

râle (ral) *i., tıb.* normal solunumla birlikte duyulan ve hastalık belirtisi olan hırıltı, ral.

ral.len.tan.do (rälıntän'do) *s., z., müz.* derece derece ağırlaşan; *z.* yavaşlayarak.

ral.li.form (räl'ıfôrm) *s., zool.* su tavuğuna benzer.

ral.line (räl'ayn, räl'în) *s., zool.* su tavuğuna özgü.

ral.ly (räl'i) *f., i.* canlandırmak; düzene girmek, toparlanmak; yükselmek; iyileşmeye yüz tutmak; *i.* toplama, toplanma; ralli; *A.B.D.* heyecan uyandırmak amacıyla toplanma.

ral.ly (räl'i) *f.* şakalaşmak, takılmak.

ram (räm) *i., f.* (**-med, -ming**) koç; şahmerdan; *den.* zırhlı mahmuzu, toz sereni; *mak.* yükseğe su çıkarmaya mahsus su mengenesi; *astr.* Koç takımyıldızı; *f.* çok kuvvetle vurmak, mahmuz ile vurmak (gemi); şahmerdan ile vurarak yerleştirmek. **ram down one's throat** istemediği bir şeyi zorla dinletmek.

Ram.a.dan, Ram.a.zan (rämıdan', rämızan') *i.* Ramazan.

ram.ble (räm'bıl) *f., i.* enine boyuna dolaşıp gezmek, avare dolaşmak; konuyu dağıtmak; enine boyuna yayılıp büyümek (bitki); *i.* gezinme, gezinti; dolambaçlı yol. **rambler** *i.* dolaşıp gezen kimse; *bot.* sarmaşık gülü.

ram.bling (räm'bling) *s.* avare dolaşan; çeşitli yönlerde düzensizce yayılan; konudan konuya atlayan.

ram.bunc.tious (rämbʌnk'şıs) *s., k.dili* neşeli, gürültülü; deliduman, delişmen.

ram.e.kin, ram.e.quin (räm'ıkin) *i.* ekmek kırıntılarına yumurta ile peynir katılarak fırında pişirilen bir börek çeşidi; kalıp.

ram.i.fi.ca.tion (rämıfıkey'şın) *i., bot.* dallanma; *bot.* ufak dal; kol, şube, dal; sonuç; çapanoğlu, çaparız.

ram.i.form (räm'ıfôrm) *s.* dal şeklindeki, dal gibi; dallı.

ram.i.fy (räm'ıfay) *f.* dal dal olmak, çatallaşmak, kollara ayrılmak; dallanıp budaklanmak; kollara ayırmak.

ram.jet engine (räm'cet) dinamik tazyikli jet motoru.

ra.mose (rey'mos, rımos') *s.* dallı, dallanmış.

ra.mous (rey'mıs) *s.* dal gibi, dala ait; dallanmış.

ramp (rämp) *i.* meyilli yüzey veya yol, rampa.

ramp (rämp) *f., i.* şahlanmak, şaha kalkmak; saldırmak; *i.* şahlanma.

ram.page (*f.* rämpeyc'; *i.* räm'peyc) *f., i.* öfkelenmek, köpürmek; saldırmak; *i.* saldırı; şiddetli öfke.

ram.pa.geous (rämpey'cıs) *s.* saldırgan, öfkeli, kızgın.

ram.pan.cy (räm'pınsi) *i.* şaha kalkma, şahlanma; ifrat, haddi aşma.

ram.pant (räm'pınt) *s.* sınır tanımayan, başıboş; yaygın; şahlanmış, şaha kalkmış.

ram.part (räm'part, räm'pırt) *i., f.* kale duvarı, sur, siper, istihkâm; *f.* sur ile çevirmek.

ram.pi.on (räm'piyın) *i.* bir tür çançiçeği, *bot.* Campanula rapunculus.

ram.rod (räm'rad) *i.* tüfek harbisi; top tomarı; çubuk.

ram.shack.lé (räm'şäkıl) s. pek viran, harap, yıkık.

ram.u.lose (räm'yılos) s., bot. birçok ufak dalları olan.

ra.mus (rey'mıs) i. (çoğ. -mi) dal, dalsı kısım; çıkıntı.

ran (rän) bak. run.

ranch (ränç) i., f. büyük çiftlik, hayvan çiftliği; büyük çiftliğin binaları; f. çiftlikte yaşamak; çiftlik işletmek. ranch house çiftlik evi; çatı kenarı çıkıntılı tek katlı ev. ranchman, rancher i. kovboy; çiftlik sahibi.

ran.che.ro (ränçer'o) i., Güneybatı A.B.D. kovboy, sığır çobanı; rençper; çiftlik sahibi.

ran.cho (rän'ço) i., Güneybatı A.B.D. çoban kulübesi, kulübe; büyük çiftlik.

ran.cid (rän'sîd) s. ekşimiş, kokmuş, küflü (yağ). rancid'ity, rancidness i. ekşilik, küflülük. rancidly z. ekşice.

ran.cor, İng. -cour (räng'kır) i. şiddetli kin, hınç. rancorous s. kinci.

ran.dom (rän'dım) i., s. rasgele oluş; s. tesadüfî, rasgele. at random rasgele, tesadüfen. random sample istatistik bir bütünü temsil edecek şekilde seçilmiş örnek grup. random shot rasgele ateş. randomize f., istatistik rasgele dağıtmak.

range (reync) f. dizmek, sıralamak; sınıflandırmak; tanzim etmek, tertip etmek, düzeltmek; dolaşmak, gezinmek; otlatmak, meraya salmak; menzilini bulmak (top); ayarlamak, kurmak (teleskop); uzanmak, yayılmak; dağılmak; (bir yerde) yetişmek, olmak, bulunmak. range far geniş kapsamlı olmak. The samples range from bad to excellent. Örnekler kötü ile mükemmel arasında değişiyor. ran'gy s. uzun mesafeye gidebilir; uzun bacaklı; geniş kapsamlı; dağ silsilesi gibi.

range (reync) i. alan, saha; A.B.D. mera, otlak; biyol. direy veya bitey alanı; yayılma alanı; müz. genişlik; sıra, dizi, silsile; uçak menzili; menzil, erim; uzaklık; poligon, atış yeri; fırınlı ocak; istatistik dağılım. range finder telemetre. range lights den. çifte silyon fenerleri, sıra fenerler. range rider atlı bekçi, koru veya çiftlik bekçisi, kovboy. out of range menzil dışında. mountain range dağ silsilesi. within range menzil dahilinde. ranger i. korucu; otlaktaki davar.

Ran.goon (räng.gun') i. Rangun, Burma'nın başkenti.

ra.ni (ra'ni) i. racanın karısı.

rank (rängk) i. sıra, dizi, saf; asker safı; çoğ. ordu, neferler, erler; rütbe, derece, sınıf, paye, mertebe, aşama; yüksek rütbe; dama haneleri sırası. pull rank A.B.D., argo mevkiini istismar etmek. take rank with aynı seviyede olmak. rank and file fertler; herhangi bir teşkilâtın yönetilen üyeleri.

rank (rängk) f. sıraya dizmek, tertip etmek, tasnif etmek; daha yüksek rütbede olmak; rütbesi olmak, rütbeye göre gelmek; tasnif olunmak; dahil olmak, sayılmak. rank above daha yüksek rütbede olmak. rank next to rütbe veya mevkice ikinci gelmek. rank'ing s. kıdemli.

rank (rängk) s. uzun veya sık büyümüş (bitki); ağır kokulu, keskin; (fena anlamda) daniska, tam; bitek; huk. haksız.

ran.kle (räng'kıl) f. dert olmak, acısı unutulmamak; cerahat toplamak, iltihaplanmak.

ran.sack (rän'säk) f. iyice araştırmak, yoklamak; yağma etmek, soymak.

ran.som (rän'sım) i., f. fidye, fidye ile serbest bırakılma; f. fidye ile kurtarmak; fidye alarak serbest bırakmak.

rant (ränt) f., i. ağız kalabalığı etmek, yüksekten atmak, büyük söz söylemek, atıp tutmak; i. ağız kalabalığı, abartmalı söz. rant and rave atıp tutmak.

ra.nun.cu.lus (rınʌng'kyılıs) i. düğünçiçeği, turnaayağı, bot. Ranunculus.

rap (räp) i., f. (-ped, -ping) darbe, vuruş; çalma, çalış; argo suçluluk; f. vurmak, çalmak, çarpmak. beat the rap argo cezadan kurtulmak; beraet etmek. take the rap argo suçu üstüne almak.

rap (räp) i. yarım penilik eski İrlanda parası; bir nebze. I don't give a rap. Hiç de umurumda değil.

ra.pa.cious (rıpey'şıs) s. yırtıcı; haris, açgözlü, doymak bilmez; zorba. rapaciously z. zorbalıkla; açgözlülükle. rapacity (rıpäs'ıti), rapaciousness i. açgözlülük, zorbalık.

rape (reyp) f., i. tecavüz etmek (kadına); yağma etmek; eski zorla alıp götürmek; i. zorla ırza tecavüz; eski zorla alıp götürme.

rape (reyp) i. kolza, bot. Brassica napus. rape cake kolza küspesi. rape oil kolza yağı.

rape (reyp) *i.* üzüm posası.

rape.seed (reyp'sid) *i.* kolza tohumu; kolza, *bot.* Brassica napus.

rap.id (räp'id) *s., i.* pek çabuk, hızlı, tez, süratli; çabuk yapılmış; *i., gen. çoğ.* ivinti yeri. **rapidity** (rıpid'ıti), **rapidness** *i.* sürat, hız. **rapidly** *z.* süratle, hızla.

rap.id-fire (räp'id.fayr') *s.* süratle ateş eden.

ra.pi.er (rey'piyır) *i.* dar ve uzun kılıç, meç. **rapier thrust** meçle vuruş; iğneli söz.

rap.ine (räp'in) *i.* yağmacılık, soygunculuk, çapulculuk.

rap.ist (rey'pîst) *i.* (kadına) tecavüz eden adam.

rap.pa.ree (räpırî') *i.* 17. yüzyılda İrlandalı gerillacı; *nad.* haydut, korsan.

rap.pee (räpî') *i.* kuvvetli bir çeşit enfiye, burunotu.

rap.pel (räpel') *f., i.* dağcılıkta doruktan ip sallandırarak inmek; *i.* iple iniş.

rap.per (räp'ır) *i.* çalan veya vuran kimse veya şey; kapı tokmağı.

rap.port (rıpôr') *i.* dostça münasebet, dostça ilişki, ahenk, uyum. **en rapport** (an rapôr) *Fr.* birbiriyle anlaşmış, uyum halinde.

rap.proche.ment (räprôşman') *i., Fr.* uzlaşma.

rap.scal.lion (räpskäl'yın) *i.* haylaz kimse, çapkın kimse, serseri kimse.

rapt (räpt) *s.* kendinden geçmiş, vecit halinde; çok dalmış, kendini vermiş.

rap.to.ri.al (räptôr'iyıl) *s.* yırtıcı.

rap.ture (räp'çır) *i.* kendinden geçme, vecit hali, vecde dalma; aşırı sevinç. **rapturous** *s.* vecit halinde, kendinden geçmiş. **rapturously** *z.* kendinden geçerek.

ra.ra a.vis (rer'ı ey'vîs) *Lat.* nadir bulunur şey; harikulade kimse.

rare (rer) *s.* nadir, az bulunur, nadide, değerli; yoğun olmayan (hava). **rare-earth metal** nadir toprak elementi. **rarely** *z.* nadiren, seyrek olarak. **rareness** *i.* nadirlik.

rare (rer) *s.* çiğ, az pişmiş, iyi pişmemiş.

rare.bit (rer'bît) *i.* kızartılmış ekmeğe sürülen eritilmiş peynir, *bak.* **Welsh rabbit.**

rar.ee show (rer'i) kutu içinde mercek ile gösterilen resimler; sokakta gösterilen oyun.

rar.e.fac.tion (rerıfäk'şın) *i.* basıncını azaltma (hava, gaz).

rar.e.fy (rer'ıfay) *f.* yoğunluğunu azaltmak; seyrekleştirmek, seyrekleşmek; inceltmek; kalitesini yükseltmek; tasfiye etmek, arıtmak.

rarefi'able *s.* basıncı azaltılabilir; inceltilebilir. **rarefica'tion** *i.* basıncını azaltma (hava, gaz).

rar.i.ty (rer'ıti) *i.* nadirlik, seyreklik, nedret; nadir şey.

R.A.S. *kıs.* **Royal Asiatic Society, Royal Astronomical Society.**

ras.cal (räs'kıl) *i.* alçak adam, çapkın adam, yaramaz kimse. **rascality** (räskäl'ıti) *i.* alçaklık, çapkınlık.

rase *bak.* **raze.**

rash (räş) *i., tıb.* vücutta meydana gelen kızıllık veya lekeler, isilik.

rash (räş) *s.* fazla aceleci, atılgan, sabırsız, telâşçı, düşüncesiz, cüretkâr, gözüpek. **rashly** *z.* cüretle, düşünmeden. **rashness** *i.* acelecilik, cüret; cüretli ve düşüncesiz iş.

rash.er (räş'ır) *i.* ince kesilmiş jambon veya beykın dilimi.

ra.so.ri.al (rısôr'iyıl) *s.* toprağı eşeleyerek yem bulan.

rasp (räsp) *f., i.* törpülemek, rendelemek; törpü gibi ses çıkarmak; *i.* kaba törpü, raspa; törpü sesi; törpüleme.

rasp.ber.ry (räz'beri) *i.* ağaççileği, ahududu, *bot.* Rubus idaeus.

rasp.ber.ry, razz.ber.ry (räz'beri) *i., argo* yuha, yuha çekme, yuhalama. **give (someone) the raspberry** yuha çekmek.

rasp.ing (räs'pîng) *s.* gıcırtılı, hışırtılı; çatlak sesli.

rat (rät) *i., f.* (**-ted, -ting**) iri fare, sıçan, keme, *zool.* Mus; *argo* oyunbozan, mızıkçı kimse; kadınların saçını kabarık göstermek için kullanılan ufak ilâve parça; *f.* fare tutmak; **on** *ile, argo* gammazlamak; *argo* oyunbozanlık etmek. **Norway rat** göçmen keme, *zool.* Rattus norvegicus. **water rat** misk faresi, *zool.* Ondatra zibethica. **like a drowned rat** sırsıklam. **rat race** *argo* keşmekeş, hercümerç, koşuşturma, hengâme. **smell a rat** kuşkulanmak, hile sezmek. **ratter** *i.* sıçan tutan kedi veya köpek; *argo* hain kimse.

rat.a.ble (rey'tıbıl) *s., İng.* vergilendirilebilir; nispi; kıymet biçilir. **ratably** *z.* kıymete göre; kıymeti nispetinde.

rat.a.fi.a, rat.a.fee (rätıfi'yı, rätıfî') *i.* bademli likör; bademli tatlı bisküvi.

rat.a.plan (rätıplän') *i.* tekrarlanan vurma sesi.

rat-a-tat-tat, rat-a-tat (rät'ıtät.tät', rät'ıtät) *i.* sürekli kapı çalınma sesi, davul sesi.

rat.bite fever, rat.bite disease (rät'bayt) *tıb.* fare ısırmasından ileri gelen bulaşıcı bir hastalık.

ratch.et (räç'it), **ratch** (räç) *i.* dişli çark mandalı, kastanyola. **ratchet wheel** mandallı çark.

rate (reyt) *i., f.* oran, nispet; kıymet, bedel, fiyat, paha; sınıf, çeşit, nevi; mülk vergisi oranı; *İng.* mülk vergisi; *f.* kıymet biçmek, fiyat takdir etmek; hesap etmek; saymak; sınıflandırmak; değerlendirmek; nakliye fiyatını tespit etmek; *k.dili* hak etmek; değerli olmak, itibarda olmak. **rate of exchange** kambiyo sürümdeğeri. **rate of interest** faiz oranı. **at any rate** her nasılsa, her halde. **at the rate of** hesabıyle, nispetinde.

rate (reyt) *f.* azarlamak, haşlamak.

Rat.haus (rat'haus) *i., Al.* hükümet konağı; belediye binası.

rath.er (rädh'ır, ra'dhır) *z.* -den ise, tercihan, -e kalırsa; -den ziyade; daha doğrusu; oldukça; tersine, aksine; *İng.* Öyle, yal **I had rather go.** Gitmeyi tercih ederim. Bana kalırsa gideceğim. **I had rather not do it.** Yapmasam daha iyi.

rat.i.fy (rät'ıfay) *f.* tasdik etmek, onaylamak. **ratifica'tion** *i.* onaylama, onama.

rat.ing (rey'ting) *i.* tasnif, sınıflama; takdir; tahmin; küçük subay veya er.

rat.ing (rey'ting) *i.* azarlama, tekdir.

ra.tio (rey'şo, rey'şiyo) *i.* nispet, oran.

ra.ti.oc.i.nate (räşiyas'ıneyt) *f.* muhakeme etmek, etraflıca düşünmek, aklen tartmak. **ratiocina'tion** *i.* aklen tartma, muhakeme.

ra.tion (räş'ın, rey'şın) *i., f.* pay, hisse; vesika ile verilen miktar; tayın, er azığı; *f.* tayın vermek; vesika ile dağıtmak; tayın miktarını tespit etmek.

ra.tion.al (räş'ınıl) *s.* akıl sahibi, akıllı, makul, mantıklı; ussal; *mat.* rasyonel. **rational'ity, rationalness** *i.* mantıklılık, ussallık. **rationally** *z.* makul olarak, mantıkla.

ra.tion.ale (räşınäl', räşına'li) *i.* mantık, temel.

ra.tion.al.ism (räş'ınılizım) *i.* usçuluk, akılcılık, rasyonalizm. **rationalist** *i.* usçu, akılcı, rasyonalist. **rationalis'tic** *s.* usçuluk felsefesine göre.

ra.tion.al.ize, *İng.* **-ise** (räş'ınılayz) *f.* bahane bulmak; mantığa göre açıklamak; mantıklı kılmak; *İng.* modernleştirmek; *mat.* rasyonel sayıya çevirmek. **rationaliza'tion** *i.* bahane; modernleşme; *mat.* rasyonelleştirme.

ra.tite (rät'ayt) *s., i., zool.* uçma olanağı olmayan cinsten (kuş).

rat.line (rät'lin) *i., den.* ıskalarya, çarmıh basamağı.

ra.toon, rat.toon (rätun') *i., f.* budanmış bitki kökünden süren filiz; *f.* filiz sürmek.

rats.bane (räts'beyn) *i.* sıçanotu, arsenik.

rat.tail (rät'teyl) *s.* sıçan kuyruğu gibi.

rat.tan (rätän') *i.* benekli hintkamışı, *bot.* Calamus rotang.

rat.tle (rät'ıl) *f., i.* takırdamak, tıkırdamak; takırdatmak; *k.dili* aklını karıştırmak; *i.* takırtı; boş laf, gevezelik; zırıltı; çocuk çıngırağı; çıngıraklıyılanın çıngırağı; can çekişme hırıltısı. **rattle off** ezbere söylemek. **rattle on** boş laf etmek, çok konuşmak, saçmalamak.

rat.tle.box (rät'ılbaks) *i.* baklagillerden kurumuş tohumları çıngırak sesi çıkaran bir bitki, *bot.* Crotalaria.

rat.tle.brain, rat.tle.head (rät'ılbreyn, -hed) *i.* çalçene kimse, geveze kimse.

rat.tle.snake, rat.tler (rät'ılsneyk, rät'lır) *i.* çıngıraklıyılan, *zool.* Crotalus.

rat.tle.trap (rät'ılträp) *i.* kırık dökük şey, eski araba.

rat.tling (rät'ling) *s.* tıkırdayan; *k.dili* canlı; çok.

rat.tly (rät'li) *s.* takırdayan, tıkırtılı.

rat.toon *bak.* **ratoon.**

rat.trap (rät'träp) *i.* fare kapanı; çok müşkül durum.

rat.ty (rät'i) *s.* sıçan gibi; sıçanı çok; *argo* uygunsuz, kılıksız.

rau.cous (rô'kıs) *s.* boğuk, kısık; velveleli, gürültülü, kaba.

rav.age (räv'ic) *f., i.* tahrip etmek, harap etmek; *i.* harap etme; harabiyet.

rave (reyv) *f., i., s.* çıldırmak, çılgınca bağırıp çağırmak, hezeyan etmek; *i.* çılgınca bağırma; çılgınlık; *s.* şevklendirici.

rave (reyv) *i.* fazla yük kaldırabilmesi için at arabasının yanlarına ilâve edilen parmaklık.

rav.el (räv'ıl) *f.* (**-ed, -ing** *veya* **-led, -ling**) *i.* bükülmüş şeyi açmak; ipliklerini ayırmak;

gen. **out** *ile* halletmek, çözmek; *i.* kaçmış ilmik, atmış iplik.

rav.el.ing, -ling (räv'ılîng) *i.* sökülmüş iplik, kaçık.

rav.el.ment (räv'ılmınt) *i.* kaçmış ilmik, kaçık; dolaşıklık, karışıklık.

ra.ven (rey'vın) *i., s.* kuzgun, *zool.* Corvus corax; *s.* kuzgunî, simsiyah.

rav.en (räv'ın) *f.* aç kurt gibi yemek; yağma etmek.

rav.en.ing (räv'ınîng) *s., i.* açgözlü; yırtıcı, canavarca; çıldırmış, kudurmuş; *i.* açgözlülük; av.

rav.en.ous (räv'ınıs) *s.* çok aç; yırtıcı hale gelmiş. **ravenously** *z.* aç kurt gibi. **ravenousness** *i.* canavarca iştah.

rav.in (räv'ın) *i., f.* yağma; yırtıcılık; av, şikâr; *f.* canavar gibi yemek; yağma etmek.

ra.vine (rıvin') *i.* koyak, dar ve derin dere.

rav.ing (rey'ving) *s., i.* çılgın, gözü dönmüş, kudurmuş; *i.* deli saçması, saçma söz. **stark raving mad** kudurmuş, delirmiş. **ravingly** *z.* çılgınca, kudurmuşcasına.

ra.vio.li (ravyo'li, raviyo'li, räviyo'li) *i.* İtalyan usulü mantı.

rav.ish (räv'îş) *f.* esritmek, çok sevindirmek; ırzına tecavüz etmek; *eski* zorla kapıp götürmek, gasp etmek. **ravishment** *i.* esrime, kendinden geçme; ırza tecavüz; *eski* zorla kapıp götürme.

rav.ish.ing (räv'îşing) *s.* esritici, çok sevindirici, kendinden geçiren, büyüleyici. **ravishingly** *z.* büyüleyici şekilde.

raw (rô) *s., i.* çiğ, pişmemiş; ham, işlenmemiş, terbiye edilmemiş, bükülmemiş, tasfiye olunmamış; olgunlaşmamış; derisi sıyrılmış; soğuk; taze, yeni; acemi, tecrübesiz; *i.,* **the** *ile* sıyrık. **in the raw** doğal halde, işlenmemiş; *A.B.D., k.dili* çıplak. **raw deal** *argo* haksız muamele. **raw material** hammadde. **raw silk** ham ipek. **raw spirits** saf ispirto. **raw'ish** *s.* hamca; oldukça çiğ. **rawness** *i.* çiğlik; hamlık; sıyrık.

Ra.wal.pin.di (rawılpîn'di, rôlpîn'di) *i.* Ravalpindi.

raw.boned (rô'bond') *s.* kemikleri çıkık, çok zayıf.

raw.hide (rô'hayd) *i.* tabaklanmamış deri, ham deri; ham deriden yapılmış kamçı.

ray (rey) *i., f.* ışın, şua; *geom.* ışın; *bot.* papatya gibi çiçeğin dış petallerinden her biri; *zool.* balık kanadı kılçığı, deniz yıldızı veya beşparmak denilen hayvanın parmaklarından her biri; *f.* ışın saçmak. **a ray of hope** ümit ışığı. **rayless** *s.* ışınsız, şuasız.

ray (rey) *i.* tırpana, *zool.* Raia batis; vatoz, kedibalığı, *zool.* Raia clavata. **electric ray** uyuşturanbalığı, torpilbalığı, *zool.* Torpedo torpedo. **sting ray** bir tür dikenli uyuşturanbalığı, *zool.* Dasyatis pastinaca.

ra.yah (ra'yı) *i.* reaya.

ray.on (rey'an) *i.* sunî ipekli kumaş.

raze, rase (reyz) *f.* yıkıp yerle bir etmek, tahrip etmek.

ra.zee (reyzi') *i., f., den.* üst güvertesi çıkarılmış gemi; *f.* üst güvertesini çıkarmak.

ra.zor (rey'zır) *i., f.* ustura; tıraş makinası; *f.* ustura ile kesmek veya tıraş etmek. **razor blade** ustura ağzı; jilet, tıraş bıçağı. **razor clam, razor shell** denizçakısı, ustura midyesi, *zool.* Solen. **razor strop, razor strap** ustura kayışı. **safety razor** tıraş makinası.

ra.zor.back (rey'zırbäk) *i.* çatalkuyruklu balina, *zool.* Balaenoptera; sırtı dar ve keskin bir domuz; dar sırtlı tepe.

ra.zor.bill (rey'zırbîl) *i.* usturagagalı alk, *zool.* Alka torda.

ra.zor.edge (rey'zırec) *i.* keskin bıçak ağzı, keskin uç; sivri dağ yamacı; zor durum.

razz (räz) *i., f., A.B.D., argo* alay; yuha; *f.* alay etmek, takılmak, kızdırmak; yuhalamak.

raz.zle-daz.zle (räz'ıldäzıl) *i., A.B.D., argo* şaşırtıcı hareket.

R.C. *kıs.* **Red Cross, Roman Catholic.**

R.C.A. *kıs.* **Reformed Church in America, Radio Corporation of America.**

rcd. *kıs.* **received.**

rd. *kıs.* **road, rod(s), round.**

R.D. *kıs.* **Rural Delivery.**

R.E. *kıs.* **Reformed Episcopal, Right Excellent, Royal Engineers.**

re (ri) *edat* dair, hakkında, -e ait, meselesinde.

re (rey) *i., müz.* gamda ikinci nota, re.

re- *önek* geri, geriye doğru: **recall, retrace;** tekrar, yeniden: **readdress, rearm, restate.**

re.ab.sorb (rîyıbsôrb') *f.* tekrar emmek veya içine çekmek.

reach (riç) *f.* uzatmak; elini uzatıp almak veya alarak vermek; uzanmak; erişmek; yetiş-

mek, varmak, ulaşmak, vâsıl olmak; gel-
mek; *den.* rüzgâr yönünde seyretmek. **reach
ahead** ileriye uzanmak. **reach down** elini
aşağıya uzatmak. **reach for** almak üzere
uzanmak.

reach (riç) *i.* uzatma; uzanma; yetişme; erişme;
erim, menzil; etki alanı, alan, görüş sahası;
düz uzam; *den.* volta seyrinde zikzaklardan
biri. **beyond reach, out of reach** erişil-
mez, yetişilmez. **within reach** erişilebilir.

re.act (riyäkt') *f.* tepki göstermek, tepkimek;
tersine hareket etmek; *fiz.* tepmek, geri vur-
mak; *kim.* reaksiyona girmek.

re.ac.tion (riyäk'şın) *i.* tepki; karşı koyma,
tepkime; mukabele, karşılık, aksi tesir; irtica;
biyol. tepke; *psik.* tepki; *kim.* reaksiyon;
tıb. ilâcın hasta üzerinde aksi tesiri, reak-
siyon. **reactionary** *s., i.* gerici, mürteci
(kimse). **reactionist** *i.* gerici kimse.

re.ac.ti.vate (riyäk'tıveyt) *f.* tekrar yürürlüğe
koymak, tekrar çalıştırmak.

re.ac.tive (riyäk'tiv) *s.* tepkisel; aksi tesir yara-
tan.

re.ac.tiv.i.ty (riyäktiv'ıti) *i.* tepki gösterme; *kim.*
reaksiyona girme kabiliyeti.

read (rid) *f.* (**read**) (red) *i.* okumak, kıraat
etmek; anlamak, yorumlamak, tefsir etmek;
çıkarmak, mana vermek; göstermek, kaydet-
mek; (metinde) yazılı olmak; okuyup öğ-
renmek; okunmak; *i., k.dili* okuma; okuma
süresi. **read between the lines** kapalı an-
lamını keşfetmek. **read out** üyeliğini kaldır-
mak. **read over** baştan başa okumak; tekrar
okumak. **read (someone) to sleep** kitap
okuyarak uyutmak.

read (red) *s.* okumuş, bilgili. **well read** çok
okumuş, çok bilgili.

read.a.ble (ri'dıbıl) *s.* okunaklı; okumaya de-
ğer, ilginç. **readabil'ity** *i.* okunaklılık; oku-
maya değer olma.

read.er (ri'dır) *i.* okuyucu, okur; yayımlanacak
eserleri eleştiren kimse; düzeltmen; okuma
kitabı; *İng.* okutman.

read.ing (ri'ding) *i., s.* okuma; okunma; okunuş;
edebi araştırma, çalışma; mana; okunacak
metin; göstergenin kaydettiği ölçüm; metin;
yorum; *s.* okumaya elverişli. **reading desk**
kitap sehpası; kürsü. **reading lamp** masa
lambası. **reading room** okuma salonu.

re.ad.just (riyıcʌst') *f.* tekrar düzeltmek, yeniden

düzenlemek, yeniden ayarlamak; yeniden
alışmak.

re.ad.just.ment (riyıcʌst'mınt) *i.* yeni şartlara
alışma; alıştırma; yeniden düzenleme.

re.ad.mit (riyıdmit') *f.* tekrar (üyeliğe, öğrenci-
liğe) kabul etmek.

read.y (red'i) *s., i., f.* hazır, anık, amade; yete-
nekli, istekli; çabuk kavrayan; *i.* hazır olma;
gezleme durumu; *f.* hazırlamak. **ready mon-
ey** hazır para, nakit. **a ready pen** iyi yazı
yazma kabiliyeti. **make ready for** (bir şey
için) hazırlamak. **readily** *z.* seve seve, gö-
nüllü olarak. **readiness** *i.* hazır olma; anıklık;
gönüllülük.

read.y-made (redimeyd') *s.* hazır.

read.y-mix (red'imiks) *s., A.B.D.* sulandırılarak
kullanılmaya hazır.

read.y-to-wear (reditıwer') *i., s.* konfeksiyon.

re.af.firm (riyıfırm') *f.* tekrar teyit etmek, tekrar
doğrulamak.

re.a.gent (riyey'cınt) *i., kim.* miyar, belirteç.

re.al (ri'yıl) *i.* eski İspanyol parası.

real (ril, ri'yıl) *s., z.* gerçek, hakikî; asıl; samimî;
huk. gayri menkule ilişkin; *z.* gerçekten çok.
real estate *huk.* gayri menkul mal, mülk.
real image gerçek görüntü. **real number**
mat. gerçek sayı. **real property** *huk.* mülk.
the real thing esaslı şey, âlâ şey, fevkalade
şey. **real wages** satınalma gücüne göre
hesaplanmış maaş. **realness** *i.* gerçeklik, ha-
kikîlik.

re.al.gar (riyäl'gır) *i., min.* kırmızı zırnık.

re.al.ism (ri'yılizım) *i.* gerçekçilik, realizm.

re.a.list (ri'yılist) *i.* gerçekçi kimse, realist.

re.al.is.tic (riyılis'tik) *s.* gerçekçi, gerçeğe uy-
gun. **realistically** *z.* gerçeğe uygun olarak.

re.al.i.ty (riyäl'ıti) *i.* hakikat, gerçeklik; gerçek,
realite.

re.al.i.za.tion (riyılizey'şın, riyılayzey'şın) *i.* fark
etme; fark edilme; tahakkuk, gerçekleşme;
gerçekleştirme; kavrama, idrak, tasavvur; pa-
raya çevirme.

re.al.ize, *İng.* **-ise** (ri'yılayz) *f.* anlamak, tasavvur
etmek; idrak etmek; gerçekleştirmek; tahak-
kuk ettirmek; para getirmek; paraya çevirmek.
realizable *s.* gerçekleştirilebilir.

re.al-life (ri'yıl.layf') *s., A.B.D., k.dili* gerçek
hayata dayanan.

real.ly (ri'yıli, ri'li) *z.* gerçekten.

realm (relm) *i.* ülke; krallık; memleket; diyar; *zool.* bölge. **the realm of fancy** hayal âlemi.

Re.al.po.li.tik (reyal'politik') *i.*, *Al.* kuvvete dayanan politika.

Re.al.tor (ri'yıltır, ri'yıltôr) *i.*, *A.B.D.*, *tic. mark.* emlâkçi.

re.al.ty (ri'yılti) *i.*, *A.B.D.*, *huk.* gayri menkul mal.

ream (rim) *i.* 480 veya 500 tabakalık kâğıt topu; *çoğ.*, *k.dili* çok miktar.

ream (rim) *f.* (delik) genişletmek; *den.* kalafat için aralık yerlerini temizlemek. **reamer** *i.* bıcırgan, rayma; limon sıkacağı, limonluk.

re.an.i.mate (riyän'ımeyt) *f.* yeniden canlandırmak.

reap (rip) *f.* biçmek, orak ile biçmek, hasat etmek; mahsul toplamak; semeresini almak. **reaping hook** orak. **reaping machine** orak makinası, biçerdöğer.

reap.er (ri'pır) *i.* orakçı, biçici; biçerdöğer.

rear (rîr) *i.*, *s.* geri, arka; *ask.* artçı, dümdar; *s.* arkadaki, en geri. **rear admiral** *den.* tuğamiral. **rear guard** dümdar kolu, artçı. **rear line** en geri asker safı. **rearmost** *s.* en geri, en sonraki. **rear sight** (tüfekte) arpacık. **rear view mirror** (arabada) dikiz aynası. **rearward** *z.*, *s.* geriye doğru; *s.* arkadaki.

rear (rîr) *f.* kaldırmak, yükseltmek, dikmek; inşa etmek, bina etmek; yetiştirmek, besleyip büyütmek; yükselmek. **rear up** şahlanmak.

re.arm (riyarm') *f.* yeniden silâhlandırmak; modern silâhlarla donatmak veya donanmak. **rearmament** *i.* yeniden silâhlandırma; silâhları modernleştirme.

re.ar.range (riyıreync') *f.* yeniden düzenlemek, yeniden tanzim etmek. **rearrangement** *i.* yeni düzen.

rea.son (ri'zın) *i.* sebep, neden, illet; delil, tanıt; akıl, fikir, idrak, anlayış, aklıselim; mantık; hak, insaf, adalet. **bring to reason** aklını başına getirmek. **by reason of** nedeniyle, sebebiyle. **in all reason** mantıkî olarak, hakkıyle düşünülürse. **It stands to reason.** Galiba öyledir. **with reason** haklı olarak.

rea.son (ri'zın) *f.* usa vurmak, uslamlamak, muhakeme etmek; sonuç çıkarmak, anlamak; münakaşa etmek, müzakere etmek. **reason out** sonucunu bulmak. **reason with** ikna etmek, inandırmak.

rea.son.a.ble (ri'zınıbıl) *s.* makul, mantıklı, akla uygun; uygun. **reasonableness** *i.* uygunluk. **reasonably** *z.* makul surette; oldukça.

rea.soned (ri'zınd) *s.* akla dayanan, düşünüp kararlaştırılmış.

rea.son.ing (ri'zınîng) *i.* muhakeme, uslamlama, usa vurma. **deductive reasoning** tümdengelim uslamlaması, tümdengelimli usa vurma. **inductive reasoning** tümevarım uslamlaması, tümevarımlı usa vurma.

re.as.sure (riyışûr') *f.* güvenini tazelemek, tekrar temin etmek; *bak.* reinsure. **reassurance** *i.* temin edilme.

Ré.au.mur (reyımyûr') *i.* 1730'da reomürü icat eden Fransız. **Réaumur thermometer** reomür.

reave (riv) *f.* (reaved veya reft) *eski* zorla elinden almak, zaptetmek; yağma etmek; yırtmak.

re.bate (ri'beyt) *f.*, *i.* iskonto etmek, indirim yapmak, tenzilât yapmak, bir kısmını geri vermek; *i.* indirim, tenzilât, iskonto, geri verilen kısım.

re.bate (ri'beyt, räb'it) *bak.* rabbet.

re.bec (ri'bek) *i.* rebap.

reb.el (reb'ıl) *s.*, *i.* isyankâr, zorba, serkeş; *i.* asi, şaki.

re.bel (ribel') *f.* (-led, -ling) isyan etmek, ayaklanmak, karşı gelmek; zorbalık etmek, serkeşlik etmek.

re.bel.lion (ribel'yın) *i.* isyan, ayaklanma.

re.bel.lious (ribel'yıs) *s.* asi, serkeş, isyankâr. **rebelliously** *z.* asice, isyan ederek, isyankâr şekilde, serkeşçe. **rebelliousness** *i.* asilik, isyankârlık, serkeşlik.

re.birth (ribırth') *i.* yeniden doğma, tekrar dünyaya gelme; yeniden uyanış, uyanma, canlanma, intibah, rönesans.

reb.o.ant (reb'owınt) *s.* şiddetle yankılanan (ses).

re.born (ribôrn') *s.* yeniden doğmuş.

re.bound (ribaund') *f.* çarpıp geri sıçramak, geri tepmek; yansımak, yankılamak (ses).

re.bound (ri'baund) *i.* esneklik; geri tepme; yankı; *k.dili* hayal kırıklığından sonraki tepki.

re.broad.cast (ribrôd'käst) *s.*, *i.*, *f.* (rebroadcast veya -ed) tekrarlanan (radyo veya televizyon programı); *f.* tekrarlamak; tekrar yayımlamak; naklen yayımlamak.

re.buff (ribʌf') *i., f.* ret; azarlama, ters cevap; geri püskürtme; *f.* reddetmek; ters cevap vermek, azarlamak; geri püskürtmek.

re.buke (ribyuk') *f., i.* azarlamak, paylamak, tekdir etmek; *i.* azar, paylama.

re.bus (ri'bıs) *i.* sorulan kelime veya cümlenin kısımlarını ayrı ayrı resimlerle göstererek oynanan bir çeşit bilmece (*msl.* bir dal ile bir kavuk resmi dalkavuk diye okunacak).

re.but (ribʌt') *f.* (-ted, -ting) çürütmek; *huk.* delillerle reddetmek. **rebuttal** *i.* delillerle çürütme ve reddetme. **rebutter** *i., huk.* bir davada davacı tarafından verilen ikinci cevap; delille reddeden kimse.

rec. *kıs.* receipt, record, recorder.

re.cal.ci.trate (rikäl'sıtreyt) *f.* inat etmek, karşı gelmek, boyun eğmemek. **recalcitrance, recalcitra'tion** *i.* inatçılık, serkeşlik. **recalcitrant** *s., i.* inatçı, serkeş (kimse).

re.call (rikôl') *f., i.* geri çağırmak; hatırlamak, anımsamak; lağvetmek, feshetmek, geri almak; *i.* geri çağırma; anımsama; geri gelme işareti veya emri; *pol.* bir yöneticinin halkoyu ile azledilmesi.

re.cant (rikänt') *f.* sözünü geri almak, vaz geçmek, caymak. **recanta'tion** *i.* sözünü geri alma, dönme, cayma, vaz geçme.

re.cap (ri'käp) *f., i.* lastik kaplamak; *i.* kaplanmış lastik.

re.cap (ri'käp) *f., i., k.dili* özetlemek; *i.* özet.

re.ca.pit.u.late (rikıpiç'ûleyt) *f.* özetlemek. **recapitula'tion** *i.* özet. **recapitulatory** *s.* özetleyici.

re.cap.ture (rikäp'çır) *i., f.* tekrar zaptetme; *f.* zaptedilmiş şeyi geri almak; hatırlamak.

re.cast (rikäst') *f.* yeniden dökmek; yeniden düzenlemek; yeniden hesaplamak. **re'cast** *i.* yeni şekil, yeni hesap.

recd. *kıs.* received.

re.cede (rîsid') *f.* çekilmek, geri çekilmek; uzaklaşmak; vaz geçmek, sözünden dönmek.

re.ceipt (risit') *i., f.* reçete; makbuz, alındı; *çoğ.* hasılât; alma; *f.* makbuz vermek, ödendiğine dair imza koymak.

re.ceiv.a.ble (risi'vıbıl) *s., i.* alınacak, alınması mümkün; tahsil olunacak; *i.* matlup, alacak.

re.ceive (risiv') *f.* almak; kabul etmek; haber almak; anlamak, kavramak; taşımak, kaldırmak; uğramak, maruz kalmak. **receiving line** teşrifatçılar.

re.ceiv.er (risi'vır) *i.* alan veya kabul eden kimse; tahsildar; *huk.* davalı malları idareyle görevli kimse; çalıntı malı alan kimse; *kim.* distilasyonda toplama kabı; *fiz.* hava boşaltma tulumbasının cam kavanozu; ahize, alıcı, almaç. **receivership** *i.* davalı malların idaresi.

re.cen.sion (risen'şın) *i.* eski bir eserin çeşitli nüshalarına bakılarak tespit edilen en uygun metin.

re.cen.cy (ri'sınsi) *i.* yenilik, yeni vuku bulma.

re.cent (ri'sınt) *s.* yeni, yeni olmuş, yakında olmuş; *b.h., jeol.* dördüncü zamana ait. **recently** *z.* geçenlerde, son zamanlarda. **recentness** *i.* yeni vuku bulma.

re.cept (ri'sept) *i., psik.* birbiriyle ilgili görüntülerin tekrarlanmasıyle zihinde meydana gelen imge.

re.cep.ta.cle (risep'tıkıl) *i.* kap, zarf; depo, havuz; hazne; *bot.* çiçek tablası.

re.cep.tion (risep'şın) *i.* alma, alınma; kabul, kabul etme; misafir kabulü, kabul merasimi, resepsiyon; radyoda ses alma. **reception room** bekleme odası.

re.cep.tion.ist (risep'şınist) *i.* resepsiyon memuru.

re.cep.tive (risep'tiv) *s.* alır, kabul eder. **receptively** *z.* kabul edercesine. **receptiveness, receptiv'ity** *i.* alma eğilimi; *psik.* alırlık.

re.cep.tor (risep'tır) *i., anat.* alıcı sinir, reseptör.

re.cess (ri'ses) *i.* tatil vakti, paydos, teneffüs, ara.

re.cess (rises') *i., f.* girinti, oyuk, *gen. çoğ.* gizli yer, iç taraf; *f.* girinti yapmak, oymak; ara vermek.

re.ces.sion (riseş'ın) *i.* geri çekilme; *ikt.* düşüş (fiyat); iktisadî durgunluk.

re.ces.sion.al (riseş'ınıl) *s., i.* geri çekilmeye ait; *i.* papaz ve koro heyeti kiliseden çıkarken okunan ilâhi.

re.ces.sive (rises'iv) *s., i.* geri çekilme eğiliminde olan; *biyol.* dominant olmayan (vasıf), resesif; *i.* diğeri tarafından bastırılan özellik.

re.cher.ché (rışerşey') *s., Fr.* dikkatle seçilmiş; az bulunur, nadir, çok zarif; yapmacık tavırlı.

re.cid.i.vism (rısîd'ıvizım) *i.* sabıkalı kimsenin yeniden suç işleme eğilimi. **recidivist** *i.* ikinci defa mahkûm olmuş kimse, sabıkalı kimse. **recidivous** *s.* çok sabıkalı.

rec.i.pe (res'ıpi) *i.* yemek tarifi; reçete, tertip; çare, çözüm, plan.

re.cip.i.ent (risîp'iyınt) *s., i.* verilen şeyi alan (kimse), alıcı.

re.cip.ro.cal (risip'rıkıl) *s., i.* karşılıklı, mütekabil, iki taraflı; birbirinin yerine geçen; *gram.* ortak; *i.* karşılıklı şey; *mat.* evrik değer. **reciprocal insurance** karşılıklı sigorta. **reciprocal'ity** *i.* karşıtlık. **reciprocally** *z.* karşıt olarak.

re.cip.ro.cate (risip'rıkeyt) *f.* karşılıklı hareket etmek, karşılığını yapmak, misli ile karşılık vermek; birbirinin yerine geçmek, mütekabil olmak. **reciproca'tion** *i.* karşılık, tekabül.

rec.i.proc.i.ty (resıpras'ıti) *i.* iki devlet arasında yapılan anlaşma, ticarî mübadele usulü; karşılıklı münasebet.

re.ci.sion (risîj'ın) *i.* iptal.

re.cit.al (risayt'ıl) *i.* ezberden okuma; ifade, anlatış, beyan; hikâye; resital.

rec.i.ta.tion (resıtey'şın) *i.* ezberden okuma; ezberden okunacak parça; ders anlatma.

rec.i.ta.tive (res'ıteytîv) *s.* ezber şeklinde, hikâye söyler gibi.

rec.i.ta.tive (resıtıtiv') *i., müz.* konuşur gibi okunan güfte veya makam, reçitatif.

re.cite (risayt') *f.* ezberden okumak; nakletmek, hikâye etmek, ders anlatmak.

reck (rek) *f., eski* ehemmiyet vermek, önemsemek, dikkat göstermek; ehemmiyeti olmak.

reck.less (rek'lis) *s.* dünyayı umursamayan; kendini tehlikeye atan; dikkatsiz, kayıtsız, pervasız. **recklessly** *z.* pervasızca, hiç bir şey düşünmeden. **recklessness** *i.* pervasızlık, cüretkârlık.

reck.on (rek'ın) *i.* saymak, hesap etmek; tutmak, addetmek; sanmak, farzetmek; hükmünde tutmak; hesaba katmak; sayı saymak; hesap görmek; **on** *ile* itimat etmek, güvenmek; *A.B.D., h.dili* tahmin etmek, zannetmek, düşünmek. **reckon with** -le hesap görmek; hesaba katmak.

reck.on.ing (rek'ınîng) *i.* hesap, sayma; hesap görme, borç ödeme. **day of reckoning** hesaplaşma günü; kıyamet günü. **dead reckoning** *den.* parakete hesabı. **out in one's reckoning** hesabında yanılmış.

re.claim (rikleym') *f., i.* geri istemek veya çağırmak; ziraate elverişli hale koymak; (vahşî hayvanı) ehlileştirmek; (azgın kimseyi) ıslah etmek; iadesini talep etmek; yeniden talep etmek; *i.* geri çağırma. **beyond reclaim** ıslah olmaz, adam olmaz. **reclaimant** *i., huk.* şikâyetçi, iddiacı. **reclamation** (reklımey'şın) *i.* geri isteme, iadesini isteme, itiraz; ıslah; ziraate elverişli hale koyma.

ré.clame (reklam') *i., Fr.* toplumun gözünde olmaya çalışma.

re.cline (riklayn') *f.* boylu boyuna uzanmak; arkaya dayanmak, uzanmak, yaslanmak.

re.cluse (riklus', rek'lus) *s., i.* münzevi, dünya işlerinden kendini çeken; *i.* münzevi kimse, dünyadan çekilmiş kimse.

re.clu.sion (riklu'jın) *i.* inziva, münzevilik, dünyadan çekilme. **reclusive** *s.* inziva kabilinden.

rec.og.ni.tion (rekıgnîş'ın) *i.* tanıma, tanınma; itiraf, tasdik, kabul.

re.cog.ni.zance (rîkag'nızıns, rîkan'ızıns) *i., huk.* taahhütname; kefalet; tanıma. **recognizant** *s.* tanıyan, bilen.

rec.og.nize (rek'ıgnayz) *f.* tanımak, kabul etmek, teslim ve itiraf etmek, itibar etmek; birine söz hakkı vermek; tanımak, bilmek; selâm vermek; takdir etmek. **recogniz'able** *s.* tanınabilir.

re.coil (*f.* rikoyl'; *i.* ri'koyl, rikoyl') *f., i.* geri çekilmek; irkilmek; seğirdim yapmak, geri tepmek; geri gelmek; *i.* geri tepme, seğirdim, aksiseğirdim, geri çekilme. **recoilless** *s.* seğirdimsiz (top).

re-col.lect (rikılekt') *f.* yeniden toplamak, yeniden yığmak; kendini toplamak.

rec.ol.lect (rekılekt') *f.* hatırlamak. **recollection** *i.* hatıra; hatırlama; hatırlanan şey.

rec.om.mend (rekımend') *f.* emanet etmek, havale etmek, tavsiye etmek, sağlık vermek, beğendirmek; temiz iş kâğıdı vermek. **recommendable** *s.* tavsiye olunur.

rec.om.men.da.tion (rekımendey'şın) *i.* tavsiye, övme, tavsiyename, bonservis.

rec.om.mend.a.to.ry (rekımen'dıtôri) *s.* tavsiye kabilinden.

re.com.mit (rikımît') *f.* (-ted, -ting) tekrar tetkik etmek üzere heyete havale etmek. **recommitment, recommittal** *i.* heyete tekrar havale etme.

rec.om.pense (rek'ımpens) *f., i.* karşılığını vermek, mükâfatlandırmak; acısını unutturmak, cezasını vermek, lâyığını vermek; *i.* karşılık, mükâfat; ceza.

rec.on.cil.a.ble (rek'ınsaylıbıl) *s.* barıştırılmaları mümkün, telif edilir, uzlaştırılabilir. **reconcilabil'ity, reconcil'ableness** *i.* barışma imkânı. **reconcilably** *z.* uzlaştırıcı surette.

rec.on.cile (rek'ınsayl) *f.* barıştırmak, aralarını bulmak; razı etmek; uzlaştırmak, telif etmek. **reconcile the accounts** hesapları mutabık kılmak. **reconcilement** *i.* uzlaşma.

rec.on.cil.i.a.tion (rekınsîliyey'şın) *i.* barışma, uzlaşma; telif; barışıklık, barış.

rec.on.cil.i.a.to.ry (rekınsîl'iyıtôri) *s.* uzlaşma kabilinden.

rec.on.dite, re.con.dite (rek'ındayt, rikan'dayt) *s.* derin (ilim); muğlak, kapalı, müphem, gizli, belirsiz. **reconditely** *z.* derin bilgi ile. **reconditeness** *i.* derinlik, derin mana; muğlaklık.

re.con.di.tion (rikındîş'ın) *f.* tamir edip yenilemek; ıslah etmek.

re.con.nais.sance, re.con.nois.sance (rikan'ısıns, -sans) *i.* özellikle savaş zamanında düşman mevzilerini keşif için tetkikat yapma. **reconnaissance in force** araştırma maksadı ile büyük kuvvetle hücum.

re.con.noi.ter, *İng.* -tre (rikınoy'tır, rek-) *f., i.* araştırma yapmak, incelemek, tetkikte bulunmak; *i.* araştırma, inceleme, tetkik.

re.con.sid.er (rikınsîd'ır) *f.* tekrar tetkik etmek, hakkında tekrar düşünmek; kabul edilmiş "bir meseleyi yeniden reye koymak. **reconsidera'tion** *i.* tekrar tetkik.

re.con.sti.tute (rikan'stıtut) *f.* yeniden tertip etmek, tekrar kurmak. **reconstituted milk** içine su karıştırılmış süt tozu.

re.con.struct (rikınstrʌkt') *f.* tekrar inşa etmek, yeniden yapmak veya tertip etmek; kalıntılarından eski halini anlamak; geçmiş bir olayın ayrıntılarına inerek parça parça incelemek.

re.con.struc.tion (rikınstrʌk'şın) *i.* tekrar inşa; yeniden yapılan şey; savaştan sonra kalkınma.

re.con.vert (rikınvırt') *f.* eski haline dönüştürmek.

re.cord (rikôrd') *f.* yazmak, kaydetmek; def-

tere kaydetmek; banda almak, plağa almak; kaydını yapmak; tescil etmek. **recording angel** insanın emellerini kaydeden melek.

rec.ord (rek'ırd) *i., s.* kayıt, vesika; sicil, defter; *çoğ.* arşiv; tasdikli suret; zabıt varakası, fezleke; gramofon plağı; *huk.* sicil, dosya; rekor; *s.* rekor kıran, rekor yapan, en yüksek, en çok. **beat** *veya* **break the record** rekoru kırmak. **court of record** sicilleri resmen geçerli sayılan mahkeme. **of record** sicilde kaydı olan. **off the record** mahrem, gizli; açıklanmamak şartıyle. **on record** kaydedilen, kaydı olan. **record-breaking** *s.* rekor kıran. **record changer** otomatik pikap. **record player** fonograf, pikap. **record prices** en yüksek fiyatlar.

re.cord.er (rikôr'dır) *i.* kaydedici kimse; hâkim; kayıt aleti; teyp; *müz.* bir çeşit zurna veya flavta, çığırtma. **recordership** *i.* kaydedicilik.

re.cord.ing (rikôr'dîng) *i.* plak; bant.

re.count (rikaunt') *f.* nakletmek, hikâye etmek.

re-count (rikaunt') *f., i.* tekrar saymak, yeniden hesap etmek; *i.* yeniden sayma.

re.coup (rikup') *f., i.* telâfi etmek; zarar ödemek; *huk.* elde tutmak; *i.* telâfi; elde tutma. **recoup oneself** zarar veya masrafı telâfi etmek. **recoupment** *i.* telâfi, tazminat.

re.course (ri'kôrs, rıkôrs') *i.* yardım dileme, müracaat; müracaat edilecek yer veya kimse. **have recourse to** baş vurmak, müracaat etmek, yardım veya öğüt dilemek. **right of recourse** *huk.* kefilden parayı alabilme hakkı. **without recourse** başka taahhüt altına girmeden.

re.cov.er (rikʌv'ır) *f.* tekrar ele geçirmek, geri almak, bir daha bulmak veya kazanmak; geri getirmek; *huk.* mahkeme marifeti ile ödetmek veya tazmin ettirmek, almak, tahsil etmek; telâfi etmek; kurtarmak; işe yaramayacak madenden kıymetli maden çıkarmak; iyileşmek, kendine gelmek. **recover damages** tazminat almak. **recover lost time** kaybolan vakti telâfi etmek. **recover one's voice** sesi tekrar tabileşmek. **recoverable** *s.* telâfi edilir, tekrar kazanılır; tahsili caiz.

re-cov.er (rikʌv'ır) *f.* yeniden döşemek; tekrar kapatmak; döşemesini yenilemek.

re.cov.er.y (rikʌv'ırı) *i.* tekrar ele geçirme; geri alma; iyileşme, kendine gelme; kürek

çekerken tabiî vaziyete dönme; eskrimde
hücumdan sonra savunma vaziyetine geçme.
rec.re.ant (rek'riyınt) *s., i.* hain, alçak; korkak,
cebin; *i.* ödlek kimse; hain kimse; kaçak;
dinini bırakan kimse.
rec.re.ate (rek'riyeyt) *f.* canlandırmak, din-
lendirmek, eğlendirmek, hayat vermek; eğ-
lenmek.
re-cre.ate (rikriyeyt') *f.* yeniden yaratmak,
ihya etmek. **re-crea'tion** *i.* yeniden ya-
ratma, ihya; yeniden yaratılmış şey.
rec.re.a.tion (rekriyey'şın) *i.* eğlence. **rec-
reational** *z.* eğlence kabilinden.
rec.re.ment (rek'rımınt) *i.* posa, süprüntü;
tıb. ifraz edilip tekrar vücuda alınan madde.
re.crim.i.nate (rikrîm'ıneyt) *f.* şikâyete karşı
şikâyet veya iftiraya karşı iftirada bulunmak.
recrimina'tion *i.* karşılıklı şikâyet. **recrim-
inative, recriminatory** *s.* karşılıklı şikâ-
yet kabilinden.
re.cru.desce (rikrudes') *f.* nüksetmek (has-
talık). **recrudescent** *s.* tekrar vaki olan,
nükseden. **recrudescence** *i.* nüksetme, ye-
niden gelme.
re.cruit (rikrut') *f.* ordu veya donanma için
nefer kaydetmek, acemi asker toplamak;
ikmal etmek, eksiğini doldurmak; sıhhati
iyileşmek, düzelmek. **recruitment** *i.* acemi
asker kaydetme.
re.cruit (rikrut') *i.* acemi asker; kura neferi;
yeni gelen üye.
rec.tal (rek'tıl) *s., anat.* rektuma ait.
rec.tan.gle (rek'täng.gıl) *i., geom.* dik dört-
gen. **rectan'gular** *s.* dik açıları olan, dik
dörtgen şeklinde.
rec.ti.fy (rek'tıfay) *f.* tashih etmek, düzeltmek,
ıslah etmek; tasfiye etmek, taktir etmek;
doğru hale koymak; *elek.* dalgalı akımı doğ-
ru akıma çevirmek. **rectifi'able** *s.* tashihi
mümkün, düzeltilir. **rectifica'tion** *i.* tashih,
ıslah, düzeltme; tasfiye. **rectifier** *i., elek.*
doğrultmaç.
rec.ti.lin.e.al, rec.ti.lin.e.ar (rektılin'iyıl, -ıyır)
s. bir istikamette bulunan veya giden; hat-
ları veya kenarları doğru olan; *geom.* doğ-
rulu, doğruşal.
rec.ti.tude (rek'tıtud) *i.* dürüstlük; ˙doğruluk.
rec.to (rek'to) *i.* sağ taraftaki sayfa.
rec.tor (rek'tır) *i.* mıntıka papazı, kilise pa-
pazı; bir okul veya üniversitenin başkanı,

rektör. **rectorate, rectorship** *i.* papaz
veya reisin rütbesi veya görev süresi; rek-
törlük. **rector'ial** *s.* reisliğe veya papazlığa
ait.
rec.to.ry (rek'tıri) *i.* mıntıka papazı evi.
rec.tum (rek'tım) *i., anat.* bağırsağın makada
bitişik düz parçası, kalınbağırsağın son
kısmı, rektum.
rec.tus (rek'tıs) *i.* (*çoğ.* -ti) *anat.* düz kas.
re.cum.bent (rikʌm'bınt) *s.* boylu boyunca
uzanmış, arkaya dayanmış. **recumbency**
i. uzanış, dayanış. **recumbently** *z.* uzanarak.
re.cu.per.ate (riku'pıreyt) *f.* sıhhat veya kuv-
vetini tekrar kazandırmak veya kazanmak;
zararını telâfi etmek. **recupera'tion** *i.* ne-
kahet. **recuperative** *s.* nekahet kabilinden.
re.cur (rikır') *f.* tekrar olmak, tekrarlamak (olay,
hastalık); tekrar hatırlanmak, yeniden bahis
konusu olmak. **recurrence** *i.* tekrar vaki
olma, tekerrür etme.
re.cur.rent (rikır'ınt) *s.* tekrar vuku bulan;
anat. dönüp aksi yöne giden. **recurrent
fever** *tıb.* tekrar tekrar gelen nöbet.
re.curve (rikırv') *f.* geriye veya aşağı doğru
eğmek. **recurvate, recurved** *s.* aşağı veya
dışarıya eğilmiş.
rec.u.sant (rek'yızınt, rikyu'zınt) *s., i., İng.*
tar. resmî kiliseye gitmeyi reddeden (kimse);
i. resmî kilise kanunlarına karşı gelen kimse.
recusancy *i.* boyun eğmeme.
re.cy.cle (risay'kıl) *f.* (kullanılmış maddeleri)
yeniden işleyip kullanışlı hale getirmek.
red (red) *s.* (**-der, -dest**) *i.* kırmızı, kızıl, al;
komünist olan; *i.* kırmızı renk, kırmızı boya;
kırmızı giyimli kimse; kırmızı renkli şey; *gen.*
b.h. anarşist; komünist. **red admiral** kır-
mızı renkli güzel bir kelebek. **Red Army**
Sovyetler Birliği ordusu. **red bandfish**
flandrabalığı, *zool.* Cepola rubescens. **red
blindness** kırmızı renk körlüğü. **red cedar**
bir cins kırmızı ardıç. **red cent** *A.B.D.*
peni; az para. **Red China** *k.dili* Kızıl Çin.
red corpuscle alyuvar. **Red Crescent**
Kızılay. **red cross** İngiliz bayrağındaki
kırmızı haç; *b.h.* Kızılhaç. **red deer** kırmızı
bir geyik, *zool.* Cervus elaphus. **red drum**
deniz güzeli; *zool.* Sciaenops ocellata. **Red
Ensign** Kanada bayrağı. **red fir** odunu kır-
mızı bir cins çam, *bot.* Abies magnifica.
red fire kırmızı ışık vererek yanan madde.

red flag kızıl bayrak; isyan bayrağı; tehlike işareti. **red gum** bir çeşit dişeti iltihabı. **red hat** Katolik kardinal şapkası. **red heat** tav. **red herring** ilgiyi tehlikeli bir konudan başka yöne çekmek için öne sürülen mevzu. **red lead** sülüğen. **red-letter day** büyük yortu günü; bir insanın hayatındaki en mühim gün. **red light** (trafikte) kırmızı ışık. **red-light district** fahişeler mahallesi. **red man** kızılderili. **red osier** sürgünleri sepet yapımında kullanılan bir söğüt, *bot.* Salix purpurea. **red pepper** kırmızı biber. **Red Sea** Kızıldeniz. **red shift** *astr.* uzaklaşan bir cisim tayfının kırmızıya dönüşmesi. **red tape** kırtasiyecilik. **in the red** zarar etmiş, zimmet tarafında kırmızı rakamları olan. **not worth a red cent** beş para etmez, değersiz; hiç meteliği yok. **see red** son derece öfkelenmek, gözlerini kan bürümek, adam öldürecek kadar kızmak. **redness** *i.* kırmızılık.

re.dact (ridäkt') *f.* yazı haline koymak; tashih edip basılmak için hazırlamak. **redaction** *i.* düzeltilmiş ve düzenlenmiş nüsha; yeni bası. **redactor** *i.* bir metni değiştiren kimse.

re.dan (ridän') *i.* dış açı teşkil eden iki istihkâm siperi.

red.bait.ing (red'beyting) *i.* ispatsız olarak komünistlikle suçlama.

red.blood.ed (red'blʌd'id) *s.* mert, erkekçe.

red.breast (red'brest) *i.* kızılgerdan, nar bülbülü; kızıl göğüslü kuş.

red.bud (red'bʌd) *i.* erguvan, boynuz ağacı, *bot.* Cercis siliquastrum.

red.bug (red'bʌg) *bak.* **chigoe.**

red.cap (red'käp) *i., A.B.D.* kırmızı kasketli bagaj hamalı.

red.coat (red'kot) *i.* eski İngiliz askeri.

redd (red) *f., leh.*, up *ile* düzenlemek; boşaltmak; arabuluculuk yapmak.

red.den (red'ın) *f.* kırmızılaştırmak, kırmızılaşmak.

red.dish (red'iş) *s.* kırmızımsı, kırmızımtırak. **reddishness** *i.* kırmızımsılık.

red.dle (red'ıl) *i.* koyunları işaretlemek için kırmızı boya.

rede (rid) *f., i., eski, leh.* öğüt vermek, nasihat etmek; izah etmek, anlatmak; *i.* öğüt, nasihat; plan, tertip; masal, hikâye; tefsir.

re.deem (ridim') *f.* bedelini verip geri almak, rehinden kurtarmak; fidye vererek kurtarmak; borçtan kurtarmak; vaadini yerine getirmek; kefaret etmek. **one redeeming feature** bir iyi tarafı. **redeemable** *s.* paraya çevrilir (senet); fidye vererek kurtulması mümkün, bedeli verilip geri alınır; ıslah olunur. **redeemer** *i.* kurtarıcı kimse.

re.demp.tion (ridemp'şın) *i.* kurtarma, kurtarılma, halâs; rehinden kurtarma; kefaret; paraya çevrilme. **beyond redemption, past redemption** kurtarılamaz. **redemptive** *s.* kurtarıcı, kurtaran.

red.eye (red'ay) *i., A.B.D., k.dili, d.y.* kırmızı ışık; *A.B.D., argo* kalitesiz viski; *Kanada, argo* birayla domates suyu karışımı.

red.hand.ed (red'hän'did) *s.* suçüstü.

red.head (red'hed) *i.* kızıl saçlı kimse; *A.B.D.* kırmızı başlı bir cins ördek. **red-headed woodpecker** kırmızı başlı ağaçkakan.

red.hot (red'hat') *s.* tavlı; ateşten kıpkırmızı kesilmiş; yepyeni (haber); kızgın, heyecanlı; müfrit.

red.in.gote (red'ing.got) *i.* redingot.

red.in.te.grate (rîdin'tıgreyt) *f.* yeniden iyi hale koymak, yenilemek. **redintegra'tion** *i.* yenileme; *fels.* tümceleme.

re.di.rect (ridirekt') *f.* yeniden salık vermek; (mektuba) düzeltilmiş adresi yazıp yollamak.

re.dis.count (ridîs'kaunt) *i., f.* reeskont; *f.* reeskont etmek.

re.dis.trict (ridîs'trîkt) *f.* seçim bölgelerini yeniden sınırlandırmak.

red.i.vi.vus (redıvay'vıs) *s.* canlandırılmış, hayat verilmiş.

red.neck (red'nek) *i., A.B.D.* Güney'de zenci aleyhtarı olan fakir ve cahil çiftçi.

red.o.lent (red'ılınt) *s., gen. of veya with ile* güzel kokulu; keskin koku yayan; hatırlatıcı. **redolence, redolency** *i.* güzel koku, keskin koku. **redolently** *z.* güzel kokulu.

re.doub.le (ridʌb'ıl) *f.* iki misline çıkarmak; tekrarlamak; yansılamak; iki misli olmak; tekrarlanmak, aksetmek. **redouble one's efforts** daha fazla gayret sarfetmek.

re.doubt (ridaut') *i.* tabya, palanka.

re.doubt.a.ble (ridau'tıbıl) *s.* korkunç, heybetli; *gen. alay* yiğit, cesur; hürmete lâyık.

re.doubt.ed (ridau'tid) *s.* korkunç, korkulur; hürmet edilen, belli, şöhretli.

re.dound (ridaund') *f., i.* neticelenmek; gerektirmek, vesile olmak; *i.* netice.

red.poll (red'pol) *i.* (kızıl başlı) ispinoz kuşu, *zool.* Acanthis.

re.draft (ri'dräft) *i., f.* ikinci müsvedde; *tic.* protesto edilen bir senedin masraflarla beraber ikinci şekli; *f.* ikinci müsveddeyi yazmak.

re.dress (ridres') *f., i.* doğrultmak, tashih etmek, düzeltmek; hakkını yerine getirmek; tamir etmek; *i.* kusuru tashih etme; tamir, ıslah. **redressal** *i.* kusuru tashih, ıslah. **redressable** *s.* ıslah olunur.

red.skin (red'skin) *i.* kızılderili.

red.start (red'start) *i.* kızılkuyruk, *zool.* Phoenicurus phoenicurus; Amerika'ya mahsus bir çeşit sinekyutan kuşu, *zool.* Setophaga ruticella.

re.duce (ridus') *f.* azaltmak, indirmek, kırmak, küçültmek; şiddetini azaltmak; *tıb.* organları. normal yerine getirmek; tertip etmek, tanzim etmek; tahvil etmek, çevirmek; getirmek, bir hale sokmak; *İskoç., huk.* kanunî şekilde iptal etmek; *kim.* redüklemek; *foto.* zayıflatmak; fethetmek; perhiz yolu ile zayıflamak. **reducible** *s.* indirilir, azaltılır.

re.duc.ti.o ad ab.sur.dum (ridʌk'şiyo äd äbsır'dım) *Lat.* bir şeyin mantıksızlığını ispat; aksinin yalan olduğunu ispat suretiyle bir fikrin doğruluğunu gösterme.

re.duc.tion (ridʌk'şın) *i.* azaltma, eksiltme, küçültme; azaltılmış şey; *tıb.* organı normal yerine getirme; perhizle zayıflama.

re.dun.dance (ridʌn'dıns) *i.* fazlalık; ağdalı ifade; fazla şey; *İng.* işten çıkarılma; işsizlik oranı.

re.dun.dan.cy (ridʌn'dınsi) *i.* fazlalık; ağdalı ifade; bir metin içindeki tekrar oranı.

re.dun.dant (ridʌn'dınt) *s.* gerekenden fazla olan; fazla sözle ifade edilmiş, ağdalı; *İng.* işinden çıkarılan. **redundantly** *z.* gerekenden fazla olarak; ağdalı olarak.

re.du.pli.cate (*f.* ridu'plıkeyt; *s.* -kit) *f., s.* tekrarlamak; iki kat etmek; *gram.* kip teşkili için bir harf veya heceyi tekrarlamak; *s.* tekrarlanmış, iki kat, iki misli, katmerli.

re.du.pli.ca.tion (riduplıkey'şın) *i.* iki kat etme veya olma, iki misline çıkarma veya çıkma, tekerrür; *gram.* bir hece veya harfi tekrarlama.

red.ware (red'wer) *i.* bir çeşit yosun, *bot.* Laminaria digitata.

red.wing (red'wîng) *i.* pas rengi ardıçkuşu; Amerika'ya mahsus kırmızı kanatlı bir çeşit karatavuk.

red.wood (red'wûd) *i.* kırmızı kereste veren bir çeşit ağaç; Kaliforniya'ya mahsus ve dünyanın en yüksek ağacı olan bir cins servi ağacı.

red-yel.low (red'yel'o) *i.* portakal rengi.

re-ech.o (riyek'o) *f., i.* tekrar aksetmek, yankılamak, aksettirmek; *i.* tekrarlanan yankı.

reed (rid) *i., f.* kamış, *bot.* Trichoon phragmites; saz, *bot.* Phragmites; kamış düdük; kaval, ney; *müz.* klarnet gibi çalgıların ağzında bulunan ve sesi çıkaran ince maden veya kamış parçası; bez tezgâhında gücü; *f.* kamış veya kuru otla kaplamak veya süslemek. **reed organ** basınçlı havayla titreşen kamışlar yoluyle ses çıkaran bir müzik aleti. **reed pipe** içinde ses çıkaran ince maden parçası olan org borusu; kamış düdük. **reed stop** böyle boruları kontrol eden jüdorg. **reed warbler** bir çeşit küçük ötleğen, *zool.* Acrocephalus scirpaceus. **a broken reed** güvenilmez kimse veya şey. **reed'y** *s.* kamış dolu; kamış gibi; kamış düdük gibi ses çıkaran.

reed.buck (rid'bʌk) *i.* Afrika'da bulunan bir cins antilop, *zool.* Redunca arundineum.

reed.ing (ri'dîng) *i., mim.* yuvarlak silme.

reed.ling (rid'ling) *i.* bir cins baştankara, *zool.* Panurus biarmicus.

reed-mace (rid'meys) *i.* su kamışı, *bot.* Typha latifolia.

re-ed.u.cate (riyec'ûkeyt) *f.* yeniden eğitmek; eğiterek ıslah etmek.

reef (rif) *i., f., den.* yelkenin bir kat camadanı; yelkeni camadan ile küçültme; *f.* camadanını bağlamak; cıvadıra bastonunu mayna etmek. **reef knot** camadan bağı. **reef point** camadan halatı.

reef (rif) *i.* resif, döküntü, kayalık, deniz yüzeyi ile beraber veya yüzeyin hemen altında bulunan kayalar. **reef'y** *s.* döküntülü, kayalık.

reef.er (ri'fır) *i., den.* camadancı; çift sıra düğmeli kalın ceket.

reef.er (ri'fır) *i., A.B.D., argo* esrarlı sigara.

reek (rik) *f., i.* buhar veya buğu yaymak; fena koku yaymak; *i.* fena koku; *İskoç.* duman, buhar.

reel (ril) *i., f.* çıkrık iği, makara; (sinema) filim makarası; (teyp) bant makarası; olta çubuğunun alt ucuna konulan makara; makara üstüne sarılmış iplik veya tel; *f.* makaraya sarmak. **reel in** olta çubuğu makarası üzerine ipi sarmak. **reel off** *k.dili* pürüzsüzce anlatmak (hikâye). **reel out** olta çubuğu makarasından ipi koyvermek. **reel -to-reel** *s.* iki makaralı (teyp).

reel (ril) *f., i.* dönmek, çabuk dönmek; sersemlemek, başı dönmek; bozguna uğramak; sarhoş gibi sendeleyerek yürümek, salınmak; *i.* sendeleyerek yürüme, başı dönme.

reel (ril) *i.* oynak bir İskoç dansı; bu dansın müziği. **Virginia reel** Amerika'ya mahsus meşhur bir dans.

re-e.lect (riyilekt') *f., pol.* tekrar seçmek. **re -election** *i.* tekrar seçilme.

re-en.force *bak.* reinforce.

re.en.ter (riyen'tır) *f.* tekrar girmek; yeniden kaydetmek veya ettirmek; bir oyma işinin çizgilerini derinleştirmek. **re-entrance** *i.* tekrar giriş; yeniden kayıt.

re.en.trant (riyen'trınt) *s., i.* girintili (açı).

re.en.try (riyen'tri) *i.* yeniden girme; *huk.* (mülke) tekrar sahip çıkma; uzaydan atmosfere dönme.

re.e.val.u.ate (ri.ivâl'yuweyt) *f.* yeniden değerlendirmek; yeniden göz önüne almak.

reeve (riv) *i., tar.* İngiltere kasabalarında yüksek memur; Kanada'da köy veya şehir meclisi reisi.

reeve (riv) *f.* (**reeved** veya **rove**) *den.* bir halatın ucunu bir delikten veya makaradan geçirmek.

reeve (riv) *i.* dişi dövüşken kuş, *zool.* Philomachus pugnax.

re.ex.am.ine (riyigzäm'în) *f.* tekrar sorguya çekmek. **re-examina'tion** *i.* tekrar edilen sınav; yeniden değerlendirme.

re.ex.port (riyeks'pôrt) *f., i.* tekrar ihraç etmek; *i.* tekrar ihraç edilen mal; tekrar ihraç. **reexporta'tion** *i.* ithal edilen malın yeniden ihracı.

ref. *kıs.* referee, reference.

re.fec.tion (rifek'şın) *i.* hafif kahvaltı.

re.fec.to.ry (rifek'tıri) *i.* manastır yemekhanesi; üniversite yemekhanesi.

re.fer (rifır') *f.* vermek, isnat etmek, hamletmek; göndermek, havale etmek, müracaat etmek; işaret etmek, ima etmek; bakmak, danışmak, sormak. **referable** *s.* havale edilir.

ref.er.ee (refıri') *i., f.* hakem; tartışmalı bir meseleyi hal için kendisine müracaat edilen kimse, bilirkişi, eksper; *f.* hakemlik yapmak.

ref.er.ence (ref'ırıns, ref'rıns) *i., f.* havale etme veya olunma; münasebet, ilgi; kinaye, ima, telmih; müracaat; müracaat kitabı veya yeri; tavsiye eden kimse; tavsiyename, ehliyetname, referans; *f.* bir kitabın içine müracaat yerlerini işaret etmek. **reference library** araştırma için kullanılan fakat dışarı kitap çıkarılamayan kütüphane. **reference mark** müracaat işareti. **cross reference** aynı kitapta başka yere müracaat. **with reference to** -e gelince, münasebetiyle. **without reference to** hesaba almayarak.

ref.er.en.dum (refıren'dım) *i.* referandum.

ref.er.ent (ref'ırınt) *i.* kastedilen nesne veya kavram, bir söz veya sembol ile ima edilen şey.

re.fill (*f.* rifil'; *i.* ri'fil) *f., i.* tekrar doldurmak; *i.* herhangi bir kabın içindeki biten maddenin yerine konan yedek takım.

re.fine (rifayn') *f.* tasfiye etmek, saf hale koymak; inceleştirmek, tasfiye yolu ile izale etmek; safileşmek, tasfiye olunmak, temizlenmek; incelmek, zarifleşmek.

re.fined (rifaynd') *s.* ince, kibar, zarif; safi, has; dakik, tam.

re.fine.ment (rifayn'mınt) *i.* saflık, halislik, tasfiye; incelik, kemal, kibarlık; zariflik, nezaket.

re.fin.er.y (rifay'nıri) *i.* rafineri, tasfiyehane, şeker fabrikası; kalhane, kal ocağı.

re.fit (rifit') *f., i.* tekrar kullanılacak hale koymak, tamir edip yenilemek, düzeltmek; tekrar kullanılacak hale gelmek; *i.* tamir, ıslah, yeniden donatma.

re.flect (riflekt') *f.* aksetmek, yansımak; ayna gibi hayalini göstermek; netice olarak vermek; düşünmek, tefekkür etmek. **reflect on** kusurunu göstermek.

re.flec.tance (riflek'tıns), **reflectiv'ity** *i., fiz.* bir yüzeye çarpan ışıkla yansıyan ışık arasındaki oran.

re.flect.ing (riflek'tĭng) s. akseden; derin düşünen. **reflecting circle** astr. oktant cinsinden tam daire bir alet. **reflecting telescope** aynalı teleskop.

re.flec.tion, İng. re.flex.ion (riflek'şın) i. çarpıp geriye veya başka yöne sekme; aksetme, yansıma, refleksiyon; aksettirilen şey, akis; üstüne atma, iftira, ayıplama, kınama; düşünme, tefekkür; fikir, düşünce.

re.flec.tive (riflek'tĭv) s. aksettiren, aksedici; aksettirilmiş; düşünceli, mütefekkir; düşünce mahsulü. **reflectively** z. aksederek; derin düşünerek. **reflectiveness** i. derin düşünme; aksetme niteliği.

re.flec.tiv.i.ty (riflektĭv'ıti) bak. **reflectance**.

re.flec.tor (riflek'tır) i. ayna, yansıtaç, reflektör; aynalı teleskop; ses aksettiren cihaz.

re.flex (ri'fleks) s., i. geri çevrilmiş, ters, yansıyan; fizyol. elinde olmayarak vukua gelen; i. akis, yansımış şekil; fizyol. gayri ihtiyarî vukua gelen hareket, refleks, tepke, yansı. **reflex action** gayri ihtiyarî hareket, refleks. **reflex center** gayri ihtiyarî hareketleri idare eden ve beyinde bulunan merkez, refleks merkezi.

re.flex (rifleks') f. geriye çekmek veya bükmek; yansıtmak.

re.flex.i.ble (riflek'sîbıl) s. yansıyabilir, aksettirilebilir. **reflexibil'ity** i. yansıma niteliği.

re.flex.ive (riflek'sîv) s., i., gram. dönüşlü; i. dönüşlü fiil.

ref.lu.ent (ref'luwınt) s. dönüp geri akan.

re.flux (ri'flʌks) i. geriye akış, cezir haline geliş.

re.for.est (rifôr'îst) f. kesilmiş ormanda yeniden ağaç dikmek. **reforesta'tion** i. yeniden orman yetiştirme.

re.form (rifôrm') f., i. ıslah etmek, reform yapmak; yenileyip daha iyi hale koymak; ıslah olmak; nefsini ıslah etmek; i. ıslah, reform; nefsini ıslah. **Reform Judaism** A.B.D.'de reformcu Musevîlik.

re-form (riform') f. yeniden teşkil etmek, yeni şekle koymak, düzene koymak.

Re.formed (rifôrmd') s. Kalvin öğretisini benimseyen Protestan kiliseleriyle ilgili.

ref.or.ma.tion (refırmey'şın) i. nefis ıslahı, daha iyi vaziyete koyma veya girme; ahlâkın düzelmesi; b.h. 16. yüzyılda Protestan kiliselerinin tesisi ile neticelenen dinsel devrim.

re.form.a.to.ry (rifôr'mıtôri) s., i. ıslahât gerektiren; i. reşit olmayan sanıklara mahsus hapishane, ıslahevi. **reform'ative** s. ıslahat husule getiren.

re.fract (rifräkt') f. ışınları kırmak. **refracting angle** kırılma açısı. **refracting telescope** mercekli teleskop.

re.frac.tion (rifräk'şın) i. kırılma.

re.frac.tive (rifräk'tĭv) s. kırılan. **refractive index** kırılma oranı.

re.frac.tor (rifräk'tır) i. mercekli teleskop.

re.frac.to.ry (rifräk'tıri) s. inatçı, itaatsiz; kolay işlenemez, erimez. **refractorily** z. inatla. **refractoriness** i. inatçılık.

re.frain (rifreyn') i. şarkı nakaratı, nakarat nağmesi.

re.frain (rifreyn') f., from ile kendini zaptedip çekmek, bir şey yapmaktan çekinmek, kendini tutmak, sakınmak.

re.fran.gi.ble (rifrän'cıbıl) s. kırılabilir. **refrangibil'ity, refrangibleness** i. kırılma kabiliyeti.

re.fresh (rifreş') f. tazelemek, yeniden canlandırmak, hayat vermek; dinlendirmek, serinletmek; kuvvetlendirmek (hatırayı). **refresh oneself** canlanmak; dinlenmek, tazelik kazanmak, serinlemek. **refreshingly** z. canlandırıcı surette.

re.fresh.er (rifreş'ır) s., i. tazeleyici; i. tazeleyen veya ihya eden şey; k.dili içki; huk. tehir edilen veya fazlasıyle uzayan celse için avukata verilen ek ücret. **refresher course** eski bilgileri hatırlayıp yenilikleri öğrenmek için yapılan çalışma.

re.fresh.ing (rifreş'îng) s. canlandırıcı, hayat verici.

re.fresh.ment (rifreş'mınt) i. taze hayat verme; canlandırma, canlanma; canlandırıcı veya dinlendirici şey; çoğ. yiyecek içecek şeyler.

re.frig.er.ant (rifrîc'ırınt) s., i. serinlik verici, soğutkan (ilâç veya içki); soğutucu veya dondurucu (kimyasal madde).

re.frig.er.ate (rifrîc'ıreyt) f. soğutmak, buzdolabı içinde dondurmak veya donmak. **refrigera'tion** i. soğutma, serin tutma, dondurma. **refrigerative** s. soğutucu, dondurucu.

re.frig.er.a.tor (rifrîc'ıreytır) i. buzdolabı, soğutucu. **refrigerator car** frigorifik vagon.

reft (reft) bak. **reave**.

re.fu.el (rifyu′wıl) *f.* yakıt ikmal etmek.

ref.uge (ref′yuc) *i.* sığınacak yer, sığınak; barınak.

ref.u.gee (ref′yûci, refyûci′) *i.* mülteci, diğer bir memlekete kaçıp sığınan kimse, sığınık.

re.ful.gent (rifʌl′cınt) *s.* parlak, şaşaalı, muhteşem, revnaklı. **refulgence, refulgency** *i.* parlaklık, revnak, şaşaa. **refulgently** *z.* parlayarak, ihtişamla.

re.fund (*f.* rifʌnd′; *i.* ri′fʌnd) *f.*, *i.* alınmış parayı geri vermek, ödemek; tekrar para vermek; *i.* ödeme, ödenen meblâğ.

re.fus.al (rifyu′zıl) *i.* ret, kabul etmeyiş veya olunmayış, imtina; ret cevabı; kabul veya reddetme hakkı. **refusal of payment** parayı ödememe.

re.fuse (rifyuz′) *f.* kabul etmemek, reddetmek, vermemek, razı olmamak; istememek, vaz geçmek; hendek veya çitten atlamayı istememek (at). **refusable** *s.* reddolunur.

ref.use (ref′yus) *i.*, *s.* süprüntü; *s.* değersiz diye istenmeyen.

re-fuse (ri′fyuz′) *f.* yeniden fitil yerleştirmek.

re.fute (rifyut′) *f.* yalanlamak, delillerle çürütmek. **refutable** *s.* çürütülebilir. **refutation** (refyutey′şın) *i.* çürütme, yalanlama, tekzip.

reg. *kıs.* **regent, region, register, regular.**

re.gain (rigeyn′) *f.* tekrar ele geçirmek, yeniden kazanmak; tekrar vâsıl olmak.

re.gal (ri′gıl) *s.* krala ait, krala yakışır, şahane; muhteşem, mükellef. **regally** *z.* kral gibi, şahane olarak.

re.gale (rigeyl′) *f.*, *i.* mükellef ziyafetle ağırlamak, muhteşem ziyafet çekmek; canlandırmak, dinlendirmek; hoş vakit geçirtmek, eğlendirmek; ziyafette bulunmak; *i.* mükellef ziyafet; nefis yemek. **regalement** *i.* ziyafet, eğlence.

re.ga.li.a (rigey′liyı) *i.* kral tacı ve süsü; bir rütbe veya teşkilâta mahsus alâmet veya remiz; gösterişli kıyafet.

re.gal.i.ty (rigäl′ıti) *i.* krallık, hükümdarlık, saltanat; kral hükümdarlığı veya ülkesi.

re.gard (rigard′) *f.* dikkatle bakmak, dikkat etmek; itibar etmek, saymak; hürmet etmek, riayet etmek; addetmek, kabul etmek; dinlemek, dikkatli bakmak, dikkat etmek. **as regards** hakkında, hususunda.

re.gard (rigard′) *i.* bakış, nazar; hürmet, saygı,

riayet; itibar, sayma; mülâhaza, fikir. **Give my regards.** Selâm söyleyin. **in regard to, with regard to** nazaran, -e gelince, hususunda. **out of regard to** hatırı için, -e riayeten. **without regard to** bakmadan, ehemmiyet vermeden.

re.gard.ful (rigard′fıl) *s.* düşünüp hatırlayan, iltifat eden.

re.gard.ing (rigar′ding) *edat* hakkında, hususunda.

re.gard.less (rigard′lis) *s.* bakmayarak, ehemmiyet vermeden, önemsemeden. **regardless of** ne olursa olsun. **regardlessly** *z.* ehemmiyet vermeyerek, dikkatsizce.

re.gat.ta (rigät′ı, riga′tı) *i.*, *İt.* sandal veya yelkenli gemi yarışı veya yarışları.

re.gen.cy (ri′cınsi) *i.* hükümdarlık, krallık, saltanat; vekillik, kral naipliği; vekiller heyeti; vekillik müddeti.

re.gen.er.ate (*s.* ricen′ırit; *f.* ricen′ıreyt) *s.*, *f.* ahlâk ve hareketleri ıslah olmuş; yeniden doğmuş; *f.* yeniden teşkil etmek, tamamen ıslah etmek; yeni hayata kavuşturmak; hidayete erdirmek, ihya etmek; tamir ve ıslah etmek, yenilemek; manen yeniden doğmak; düzelmek, iyileşmek. **regenera′tion** *i.* yeniden teşekkül, yeniden doğma, hidayete erme. **regenerative** *s.* ıslah edici, taze hayat ·verici.

re.gen.er.a.tor (ricen′ıreytır) *i.* yeniden ihya eden kimse veya şey; kullanılmış gazın ısısından faydalanarak bazı ocaklarda içeriye verilen hava veya gazı ısıtmaya yarayan aygıt.

re.gent (ri′cınt) *s.*, *i.* vekillik eden; *i.* saltanat vekili; kral naibi; bazı üniversitelerde idare heyeti üyesi. **regentship** *i.* vekillik sıfatı.

reg.i.cide (rec′ısayd) *i.* hükümdarını kasten öldüren kimse, hükümdar katili veya katli. **regici′dal** *s.* hükümdar katli nev′inden.

ré.gie (reji′) *i.*, *Fr.* inhisar, tekel, inhisar idaresi; reji.

re.gime (rijim′) *i.*, *Fr.* rejim, idare, usul, sistem, nizam.

reg.i.men (rec′ımın) *i.* idare; *tıb.* perhiz, rejim; *gram.* bir kelimenin kendisiyle ilgili başka bir kelimeyi biçimsel yönden etkilemesi.

reg.i.ment (rec′ımınt) *i.*, *f.* alay; *f.* alay teşkil etmek; tasnif etmek; sistematik şekle koymak.

reg.i.men.tal (recımen'tıl) s. alaya ait. regimentals i., çoğ. askerî üniforma.

reg.i.men.ta.tion (recımentey'şın) i. hepsini aynı şekle koyma; tasnif etme, sistematik şekle koyma; murakabeye tabi kılma.

re.gion (ri'cın) i. diyar; ülke, memleket; mıntıka, bölge, havali, etraf; hava veya deniz tabakası; anat. bedenin belirli bir kısmı, nahiye.

re.gion.al (ri'cınıl) s. bölgesel, mıntıkaya ait veya mahsus. regionally z. bölgeye göre, mıntıka mıntıka.

re.gion.al.ism (ri'cınılizım) i. her teşekkülün kendi kendini idare etmesi; eyaletlere bölme taraftarlığı.

reg.is.ter (rec'îstır) i. defter, kütük, resmî kayıtlar defteri; sicil; kayıt, sicile geçirme; sesin veya çalgının yükseldiği derece; müz. kalın ve ince olmak üzere ses perdelerinden biri; odayı ısıtma veya soğutmada kullanılan alet, regülatör; kaydeden alet. register of births doğum kütüğü. register office sicil dairesi.

reg.is.ter (rec'îstır) f. kaydetmek, deftere geçirmek, tescil etmek; göstermek (hareket derecesi); basılmış sayfaları veya renkleri birbirine uydurmak; taahhütlü olarak göndermek; kaydolunmak, ismini sicile geçirmek; birbirine uygun gelmek; k.dili tesir etmek, sezilmek, anlaşılmak (söz, mana).

reg.is.tered (rec'îstırd) s. kaydedilmiş, kayıtlı, müseccel. registered letter taahhütlü mektup. registered nurse A.B.D. kayıtlı hemşire. registered tonnage ton olarak bir geminin yük veya yolcu taşıma istiabı, safi tonaj.

reg.is.trar (rec'îstrar) i. (üniversitede) kayıt memuru, sicil memuru, sicil kâtibi.

reg.is.tra.tion (recîstrey'şın) i. kayıt, tescil.

reg.is.try (rec'îstri) i. kayıt, tescil; defterhane, sicil dairesi.

re.gi.us professor (ri'ciyıs) İng. krallık tarafından tesis olunan kürsüye tayin olunan profesör.

reg.nal (reg'nıl) s. saltanata veya krala ait. regnal day kralın tahta çıkmasının yıldönümü.

reg.nant (reg'nınt) s. saltanat süren, hükmeden, tahtta olan; iktidarda olan.

re.gorge (rigôrc') f. istifrağ etmek, kusmak, geri çıkarmak.

re.grate (rigreyt') f. pazarda veya panayırda tekrar kâr ile satmak için satın almak; böyle satın alınan şeyleri satmak. regrater i. ara komisyoncusu; pazarcı, kabzımal.

re.gress (ri'gres) i. geri dönme, geri çekilme, ricat.

re.gress (rigres') f. geri çekilmek, ricat etmek. regression i. ricat, geri çekilme. regressive s. geriye doğru, gerileyen.

re.gret (rigret') f., i. teessüf etmek, müteessif olmak, kederlenmek; pişman olmak, hasretini çekmek; i. esef, keder; pişmanlık; eks. çoğ. itizar, esef. send one's regrets davete gidemiyeceğini bildiren mesaj yollamak. regretful s. esef ve kederle dolu, kederli. regretfully z. esefle, acınarak, teessüfle. regrettable s. esefe lâyık.

reg.u.lar (reg'yılır) s., i. muntazam, nizamlı; kurallı, usule uygun, kaideye muvafık; mat. kenar ve açıları birbirine eşit; bot. muntazam; ask. nizamî (asker); i. Katolik manastır sistemine mensup rahip, Katolik papazı; nizamî asker; A.B.D. siyasî partiye sadık olan üye. regular'ity i. intizam, nizam. reg'ularly z. muntazaman, düzenli olarak.

reg.u.lar.ize (reg'yılırayz) f. intizama koymak, düzenlemek, usulüne uydurmak. regulariza'tion i. tanzim etme.

reg.u.late (reg'yıleyt) f. nizama sokmak, tanzim etmek, düzenlemek, yoluna koymak, uydurmak; ayar etmek. regula'tion i. nizam, tanzim, düzen; kanun, talimat, astüzük; çoğ. tüzük, yönetmelik. regulative s. tanzim edici. regulator i. düzenleyici şey veya kimse; saat rakkası; fiz. düzengeç, ayarlayıcı alet, regülatör.

reg.u.lus (reg'yılıs) i. (çoğ. reg.u.li) yarı tasfiye edilmiş maden.

Reg.u.lus (reg'yılıs) i. Arslankalbi yıldızı.

re.gur.gi.tate (rigûr'cıteyt) f. kusturmak, geri çıkarttırmak; istifrağ etmek. regurgita'tion i. kusturma.

re.ha.bil.i.tate (rîhıbil'ıteyt) f. tamir etmek, onarmak; yeniden ehliyetini vermek; namus veya itibarını iade etmek, eski haklarını iade etmek. rehabilita'tion i. eski itibara iade, eski hale gelme.

re.hash (rihäş') *f., i.* eski bir meseleyi yeniden tartışmak; *i.* eski bir meseleyi yeni isimle meydana çıkarma.

re.hearse (rihırs') *f.* bir piyesi prova etmek; alıştırmak (aktör); nakletmek, hikâye etmek; ezberden okumak, inşat etmek; tekrarlamak. **rehearsal** *i.* piyes veya musikî provası.

Reich (raykh) *i.* Almanya veya Alman hükümeti. **First Reich** 9. yüzyılda kurulup 1806 da yıkılan Kutsal Roma-Germen İmparatorluğu. **Second Reich** 1871-1933 arasındaki Almanya İmparatorluğu (1871-1919) veya Weimar Cumhuriyeti (1919-1933) veya her iki hükümet. **Third Reich** Adolf Hitler yönetimindeki Nazi Almanyası (1933-1945). **Reichsbank** *i.* eski Alman Devlet Bankası. **reichsmark** *i.* eski mark. **Reichstag** *i.* eski Alman Millet Meclisi.

re.i.fy (ri'yıfay) *f.* maddeleştirmek, somutlaştırmak.

reign (reyn) *i., f.* saltanat, hükümet; hükümet müddeti; devir, asır; *f.* saltanat sürmek, hükümdarlık etmek; hâkim olmak, hüküm sürmek.

re.im.burse (riyimbırs') *f.* sarfolunmuş parayı tediye etmek, parasını geri vermek. **reimbursement** *i.* ödeme, masrafını iade.

rein (reyn) *i., f., eks. çoğ.* dizgin, yular; idare vasıtaları; *f.* dizgin ile idare etmek, dizginini çekmek; idare etmek. **rein in, rein up** dizginini çekip durdurmak. **give rein to** dizginini salıvermek, başıboş bırakmak. **reinless** *s.* dizginsiz, başıboş.

re.in.car.nate (riyinkar'neyt) *f.* tekrar bedenli olmak, yeni bedene girmek; yeni bedene sokmak (ruh).

re.in.car.na.tion (riyinkarney'şın) *i.* ruhun bir bedenden diğerine geçmesi, ruh sıçraması.

rein.deer (reyn'dir) *i., tek., çoğ.* ren (geyik), kuzey geyiği, *zool.* Rangifer tarandus. **reindeer moss** renlikeni, *bot.* Cladonia rangiferina.

re.in.force, re.en.force (riyinfôrs') *f., i.* yeni kuvvet vermek, takviye etmek, imdat götürmek; fazla asker veya kuvvet göndererek takviye etmek; *i.* kuvvetlendirici şey. **reinforcement** *i.* takviye; takviye için gönderilen asker. **reinforced concrete** betonarme.

reins (reynz) *i., çoğ., eski* böbrekler, böğürler, bel.

re.in.state (riyinsteyt') *f.* eski mevkiine veya haline iade etmek. **reinstatement** *i.* eski mevkiine dönme.

re.in.sure (riyinşûr') *f.* reasürans etmek; tekrar sigorta etmek. **reinsurance** *i.* reasürans.

re.in.vest (riyinvest') *f.* (parayı, geliri) yeniden yatırmak.

re.is.sue (riyiş'u) *f., i.* tekrar çıkarmak, tekrar neşretmek; *i.* yeni baskı.

re.it.er.ate (riyit'ıreyt) *f.* tekrarlamak. **reiterative** *s., i.* tekrarlanan; *i.* az bir değişiklikle tekrarlanan kelime veya hece (bom-boş gibi).

re.ject (ricekt') *f.* kabul etmemek, reddetmek; seçip defetmek, bir tarafa atıvermek. **rejection** *i.* reddetme, reddedilme. **rejection slip** editörden yazara gönderilen "kullanamayız" pusulası.

re.joice (ricoys') *f.* sevinmek, memnun olmak, hoşlanmak, hazzetmek; sevinç göstermek; sevindirmek, memnun etmek. **rejoicingly** *z.* sevinerek, sevinçle.

re.joic.ing (ricoy'sîng) *i.* sevinç, sevinme; sevinç ifadesi, şenlik.

re.join (ricoyn') *f.* tekrar kavuşturmak, yeniden birleştirmek; tekrar kavuşmak.

re.join (ricoyn') *f.* cevap vermek, mukabelede bulunmak; *huk.* cevaba cevap vermek.

re.join.der (ricoyn'dır) *i., huk.* cevap; cevabın cevabı.

re.ju.ve.nate (ricu'vıneyt) *f.* tekrar gençleştirmek; canlandırmak, ihya etmek. **rejuvena'tion** *i.* yeniden gençleştirme, ihya. **rejuvenescence** *i.* yeniden gençleştirme; *biyol.* bazı alglerde olduğu gibi protoplazmanın hücre cidarını delip çıkması ve yeni cidarlar teşkil etmesi.

re.lapse (riläps') *f., i.* yeniden nüksetmek, tekrar fenalaşmak; tekrar kötü yola sapmak, yeniden dalâlete veya günaha sapmak; *i.* nüksetme, yeniden hastalanma; tekerrür, kötü hale dönme. **relapsing fever** *tıb.* Borelia grubuna ait şiddetli ve bulaşıcı bir humma.

re.late (rileyt') *f.* anlatmak, söylemek, nakletmek, hikâye etmek; bağlantı kurmak, münasebet tesis etmek; münasebeti olmak; ilgili olmak, bağlı olmak.

re.lat.ed (riley'tîd) *s.* anlatılmış, hikâye edilmiş; alâkası olan, akraba olan.

re.la.tion (riley'şın) *i.* münasebet, ilişki, alâka, bağıntı; nispet; akrabalık, hısımlık; akraba, hısım; anlatma, nakletme, nakil. **relations** *i., çoğ.* ilişki, geçim; akrabalar, çevre. **relationship** *i.* akrabalık, hısımlık; ilişki.

rel.a.tive (rel'ıtîv) *s., i.* nispî, izafî, göreli, bağıntılı; bağlı, ilişkin, dair; başkasına nispetle vaki olan, mensup; *gram.* nispî; *i.* akraba, hısım. **relatively** *z.* nispeten. **relativeness** *i.* nispet, münasebet.

rel.a.tiv.i.ty (relıtîv'ıti) *i.* ilişkinlik, mensubiyet; izafet; nispîlik; relativizm, bağıntıcılık, görecilik. **theory of relativity** *fiz.* Einstein tarafından bulunan izafet teorisi.

re.la.tor (riley'tır) *i.* hikâye eden kimse, anlatan kimse; *huk.* ele veren kimse, muhbir.

re.lax (riläks') *f.* gevşetmek, biraz salıvermek; zayıflatmak, yumuşatmak, hafifletmek; gevşemek, yumuşamak; dinlenmek, istirahat etmek, eğlenmek. **relaxa'tion** *i.* dinlenme, gevşeyip istirahat etme.

re.lay (riley', ri'ley) *i., f.* yedek hayvan veya insan veya şey; elektrik düzenleyicisi; *f.* nakletmek; yedek değiştirmek suretiyle bir yerden diğer yere göndermek. **re'lay race** yedek değiştirme suretiyle yapılan koşu, bayrak yarışı.

re-lay (ri'ley') *f.* (re-laid) yeniden sermek veya döşemek.

re.lease (rilis') *f., huk.* tahliye etmek, terk ve feragat etmek; temize çıkarmak, borcunu affetmek; azat etmek, serbest bırakmak; kurtarmak. **releasement** *i.* tahliye, azat etme, bırakma.

re.lease (rilis') *i.* kurtarma; salıverme, terk ve feragat; *mak.* salıverme tertibatı; makinadan buharı salıverme. **release from arrest** *huk.* haczin kaldırılması, tahliye.

rel.e.gate (rel'ıgeyt) *f.* göndermek, sürgüne göndermek, sürmek, muayyen bir sınıfa veya sıraya indirmek; tayin etmek; havale etmek. **relega'tion** *i.* sürgün; muayyen sınıfa indirme, havale.

re.lent (rilent') *f.* yumuşamak; acıyıp merhamet göstermek.

re.lent.less (rilent'lis) *s.* yumuşamak bilmez, şefkatsiz, amansız. **relentlessly** *z.* mer-

hametsizce. **relentlessness** *i.* merhametsizlik, insafsızlık.

rel.e.vant (rel'ıvınt) *s.* uygun, münasebeti olan, alâkalı, ilgili. **relevance, relevancy** *i.* münasebet, ilgi, alâka, uygunluk.

re.li.a.ble (rilay'ıbıl) *s.* güvenilir, itimat edilir, muteber, emniyetli. **reliability, reliableness** *i.* itimada lâyık olma. **reliably** *z.* güvenilir surette.

re.li.ance (rilay'ıns) *i.* güvenme, itimat, emniyet; tevekkül, istinat; istinat edilecek şey. **reliant** *s.* güvenen, itimat eden.

rel.ic (rel'îk) *i.* kalıntı, bakıye; yadigâr, hatıra; mukaddes emanet; *çoğ.* bir azizin cesedi veya cesedinin bir kısmı veya eşyası.

rel.ict (rel'îkt) *i.* cinsi tükenmekte olan bir hayvan veya bitki türü.

re.lief (rilif') *i.* iç rahatlaması, ferahlama; kurtarma; yardım, bağış; imdat; çare, ilâç, derde derman; teselli; nöbetten çıkma, birisinin nöbet veya vazifesinin başkası tarafından alınması; nöbeti devralan kimse; *heyk.* kabartma, rölyef; *güz. san.* tecessüm ettirilmiş gibi görünen resim; arazinin gösterdiği kabarıklık, rölöve. **relief map** yükseklikleri gösterir harita. **bring into relief** açığa çıkarmak. **high relief** yüksek kabartma. **low relief** az mücessem kabartma.

re.lieve (riliv') *f.* gönlünü ferahlatmak, sıkıntısını hafifletmek veya defetmek; kurtarmak, yardım etmek; nöbetini devralmak, yerine nöbete girmek; renk katarak güzellik vermek; hakkını vermek. **relieve oneself** dışarı çıkmak. **relievable** *s.* yardım edilir, hafifletilir.

re.lie.vo (rili'vo) *i., İt.* kabartma.

re.li.gion (rilic'ın) *i.* din, iman; diyanet, din duygusu, dindarlık. **religionism** *i.* taassup; dindarlık taslama. **religionist** *i.* mutaassıp kimse.

re.lig.i.os.i.ty (rilîciyas'ıti) *i.* dindarlık taslama, sofuluk.

re.lig.ious (rilîc'ıs) *s., i.* dindar; dinî, dinsel, dine ait; dinî bir tarikata mensup; mezhebe ait; sofu, mutaassıp; çok dikkatli, sadakatli; *i.* rahip, rahibe. **religiously** *z.* dindarane, dinî vazife imiş gibi. **religiousness** *i.* dindarlık.

re.lin.quish (rilîng'kwîş) *f.* bırakmak, terketmek, -den vazgeçmek, -den elini çekmek;

feragat etmek, davasından vazgeçmek. **re-
linquishment** *i.* terk, feragat.

rel.i.quar.y (rel'ıkweri) *i.* azizlerden kalma ke-
mik gibi kalıntı ve andaçların saklandığı
mahfaza.

re.liq.ui.ae (rîlik'wîyi) *i., çoğ., Lat.* fosil, taşıl,
bot. eski devirlere ait kalıntı; *ark.* tarihten
evvelki zamandan kalma taş aletler.

rel.ish (rel'îş) *i., f.* güzel tat, lezzet; çeşni, koku;
merak, meyil; salça veya hardal gibi lezzet
veren şey; *f.* lezzet vermek; lezzetinden hoş-
lanmak, beğenmek, tadını iyi bulmak; lezzeti
olmak, tatmin etmek, zevk vermek.

re.luc.tant (rilʌk'tınt) *s.* istenmeden yapılan,
gönülsüz, isteksiz, zorla yapılan. **reluc-
tance, reluctancy** *i.* istemeyiş, gönül-
süzlük, rızasızlık. **reluctantly** *z.* isteme-
yerek, gönülsüzlükle.

re.luc.tiv.i.ty (relıktîv'ıti) *i., fiz.* elektrik cere-
yanına veya mıknatıslanmaya karşı direnç de-
recesi.

re.lume (rilum') *f.* tekrar aydınlatmak.

re.ly (rîlay') *f., on ile* güvenmek, itimat etmek.

re.main (rimeyn') *f.* kalmak, durmak; baki kal-
mak; geri kalmak, gitmemek; değişmeyip ol-
duğu gibi kalmak, mevcut kalmak, zail olma-
mak; fazla kalmak, elde kalmak. **remains** *i.,
çoğ.* bakaya, kalıntılar; ceset, cenaze; bir
kimsenin ölümünden sonra basılan eserleri.

re.main.der (rimeyn'dır) *i., f.* bakıye, kalıntı,
artan şey; *mat.* artan; *f.* (kitap, kumaş)
değerini kaybetmiş diye ucuza satmak.

re.make (rimeyk') *f.* **(remade)** yeniden yap-
mak.

re.mand (rimänd') *f., i.* geri göndermek, iade
etmek; bir mahpusun sorgusunu tamamla-
madan başka soruşturma yapılmak üzere ken-
disini hapishaneye iade etmek; *i.* geri gön-
derme, bir mahpusu hapishaneye iade etme.

re.mark (rimark') *f., i.* söylemek, demek; dikkat
edip görmek; *i.* işaret; söz; dikkat etme,
görme, mülâhaza; mütalâa.

re.mark.a.ble (rimar'kıbıl) *s.* dikkate değer;
tuhaf, garip; olağanüstü, harikulade. **remark-
ableness** *i.* fevkalâdelik. **remarkably** *z.* dik-
kate lâyık derecede, çok.

re.mar.ry (rimer'i) *f.* boşandıktan veya dul kal-
dıktan sonra yeniden evlenmek.

re.me.di.a.ble (rîmi'dîyıbıl) *s.* çaresi bulunur.
remediably *z.* çaresi bulunur surette.

re.me.di.al (rîmi'diyıl) *s.* çare kabilinden, çare
bulan.

rem.e.di.less (rem'ıdilîs) *s.* çaresiz, ilâçsız.
remedilessness *i.* çaresizlik.

rem.e.dy (rem'ıdi) *i., f.* çare; ilâç, deva; *huk.*
hakkın yerine getirilmesi için kanunun gös-
terdiği yol; *f.* çaresini bulmak, icabına bak-
mak, düzeltmek.

re.mem.ber (rimem'bır) *f.* hatırlamak, hatırda
tutmak, unutmamak, hatıra getirmek, anmak,
yad etmek. **Remember me to him.** Benden
selâm söyleyin. **remembrance** *i.* hatırlama,
hatıra, zihin; hatırlama süresi; *eks. çoğ.* andaç;
selâm. **remembrancer** *i.* hatırlatıcı şey veya
kimse; *b.h.* İngiltere'de yüksek bir hazine
memuru.

re.mex (ri'meks) *i.* (*çoğ.* **rem.i.ges**) (rem'ıciz)
kuş kanadı tüyü.

re.mind (rimaynd') *f.* hatırlatmak, hatırına ge-
tirmek. **reminder** *i.* hatırlatma; hatırlatan şey
veya kimse. **remindful** *s.* unutmayan, hatır-
layan; hatırlatıcı.

rem.i.nisce (reminîs') *f., A.B.D.* hatırlamak, ha-
tıralarını tekrarlamak.

rem.i.nis.cence (reminîs'ıns) *i.* hatırlama, ha-
tırda tutma, anımsama; hatırlanan şey, yadi-
gâr; *eks. çoğ.* hatıralar, hatırat. **reminiscent**
s. hatırlayan; hatırlatan; hatıra kabilinden.

re.mise (rimayz') *i., f., huk.* feragat, vaz geçme;
f. vaz geçip teslim etmek, feragat etmek.

re.miss (rimîs') *s.* ihmalci; dikkatsiz, gafil; ağır,
tembel. **remissly** *z.* ihmal ederek, dikkatsiz-
likle. **remissness** *i.* ihmal, kusur.

remis.si.ble (rimîs'ıbıl) *s.* affı mümkün, affolu-
nur. **remissibility** *i.* af imkânı.

re.mis.sion (rimîş'ın) *i.* af; vaz geçme, feragat;
eksiltme, hafifletme, teskin.

re.mit (rimit') *f.* affetmek, bağışlamak; vaz geç-
mek (cezadan); *huk.* (davayı üst mahkeme-
den alt mahkemeye) iade etmek; havale
etmek, para havalesi göndermek; şiddeti ek-
silmek, teskin olunmak, sükûn bulmak. **re-
mitment** *i.* af. **remittal** *i.* bağışlama, vaz
geçme. **remittance** *i.* para havalesi, havale
ile para gönderme. **remittent** *s., tıb.* artıp
eksilen, azalıp çoğalan (humma). **remitter**
i. affeden veya bağışlayan kimse; *huk.* birini
mevkiine iade eden mahkeme kararı.

rem.nant (rem'nınt) *i.* bakıye, artık, fazla mik-
tar; parça, kumaş parçası.

re.mod.el (rimad'ıl) *f.* şeklini değiştirmek, yeniden tanzim etmek (ev, apartman).

re.mon.strance (riman'strıns) *i.* sitem, serzeniş, paylama, protesto.

re.mon.strant (riman'strınt) *s., i.* sitemli, protesto eden; *i.* şikâyet eden kimse, protesto eden kimse.

re.mon.strate (riman'streyt) *f.* paylamak, serzeniş etmek, azarlamak, ihtar etmek; şikâyet etmek, protesto etmek. **remonstra'tion** *i.* protesto. **remonstrative** *s.* protesto kabilinden. **remonstrator** *i.* şikâyetçi kimse, protesto eden kimse.

rem.o.ra (rem'ırı) *i.* başındaki emici bir uzuv vasıtasıyle daha büyük balıklara yapışan bir çeşit balık, *zool.* Echeneis; mani, geciktirme.

re.morse (rimôrs') *i.* vicdan azabı, pişmanlık, nedamet.

re.morse.ful (rimôrs'fıl) *s.* yeis derecesinde pişman olan. **remorsefully** *z.* nedametle, vicdan azabı çekerek. **remorsefulness** *i.* nedamet, vicdan azabı halinde olma.

re.morse.less (rimôrs'lis) *s.* nedamet bilmez, merhametsiz, amansız. **remorselessly** *z.* insafsızca, acımayarak. **remorselessness** *i.* insafsızlık.

re.mote (rimot') *s.* uzak, ırak; yabancı, ecnebi; ayrı; pek az. **remote control** uzaktan idare (cihazı). **remotely** *z.* uzaktan. **remoteness** *i.* uzaklık.

re.mo.tion (rimo'şın) *i.* uzaklaştırma; yerinden çıkarma; izale, giderme, yok etme.

re.mount (rimaunt') *f., i.* tekrar ata binmek; tekrar mukavvaya yapıştırmak; *i.* sakat veya kaybolan atın yerine alınan binek atı.

re.mov.a.ble (rimuv'ıbıl) *s.* uzaklaştırılabilir, kaldırılır, azlolunur. **removabil'ity, removableness** *i.* uzaklaştırılabilme.

re.mov.al (rimuv'ıl) *i.* kaldırılma, kaldırma, yerini değiştirme, nakil; yol verme, işinden çıkarma; ihraç.

re.move (rimuv') *f., i.* kaldırmak, defetmek, ortadan kaldırmak, uzaklaştırmak; öldürmek; başka yere nakletmek, yerini değiştirmek; azletmek; kesmek; izale etmek; gitmek, ev değiştirmek, başka eve nakletmek; *i.* uzaklaştırma; yer değiştirme; derece, fark derecesi.

re.moved (rimuvd') *s.* uzak, ayrı, alâkası olmayan. **a first cousin twice removed** kuzenin torunu.

re.mu.ner.ate (rimyu'nıreyt) *f.* hakkını vermek, mükâfatını vermek, emeğinin karşılığını vermek. **remunerable** *s.* emeğinin karşılığının ödenmesi mümkün. **remunera'tion** *i.* karşılık, mükâfat, bahşiş, ücret, hak.

re.mu.ner.a.tive (rimyu'nırıtîv) *s.* kârlı, kazançlı. **remuneratively** *z.* kazançlı olarak. **remunerativeness** *i.* kazanç temin etme.

ren.ais.sance (ren'ısans, -zans, rîney'sıns) *i.* yenilenme, yeniden doğma; uyanma, intibah, canlanma; *b.h.* 14 ile 16'ncı yüzyıllar arasında Avrupa'da ilim ve sanat yeniliği, Rönesans; Rönesans üslûbu.

re.nal (ri'nıl) *s.* böbreklere ait; böbrekte bulunan.

re.nas.cent (rinäs'ınt) *s.* yeniden meydana gelmeye başlayan; yeniden doğan. **renascence** *i.* yeniden doğma veya hâsıl olma.

ren.coun.ter (renkaun'tır) *f., i., eski* rast gelmek, karşılaşmak (düşman); *i.* beklenmedik karşılaşma; çarpışma, düello; tartışma, müsabaka; rastlama.

rend (rend) *f.* **(rent)** yırtmak, yarmak, çekip koparmak; yırtılmak, parçalanmak, yarılmak.

ren.der (ren'dır) *f., i.* karşılık olarak vermek; iade etmek, geri vermek; vermek; teslim etmek; göstermek (hesap); icra etmek; etmek, kılmak, -laştırmak, -landırmak; tercüme etmek, çevirmek; anlatmak, tabir etmek; eritmek (yağ); *i.* iade, tediye, ödeme; sıva.

ren.dez.vous (ran'deyvu) *i., f., Fr.* buluşma, buluşma yeri, randevu; *f.* sözleşip buluşmak.

ren.di.tion (rendiş'ın) *i.* tercüme, tefsir; ifade etme, rol yapma; teslim.

ren.e.gade (ren'ıgeyd) *i., s.* dininden dönmüş kimse; firari; *s.* dininden dönen; kaçan, firar eden; hain.

re.nege (rinig') *f.* iskambilde oyun kuralına aykırı hareket etmek; sözünü geri almak.

re.new (rinu') *f.* yenilemek, yenileştirmek; yeni hayat vermek; tekrar başlamak, yeniden başlamak; tekrar etmek; tazelemek, canlandırmak, gençleştirmek; tamir etmek; eksiğini tamamlamak; müddeti uzatmak; yenilenmek; yeniden başlamak. **renewable** *s.* yenilenir.

re.new.al (rinu'wıl) *i.* yenileme, tamir, tekerrür; abonenin yenilenmesi.

ren.i.form (ren'ıfôrm, rin'ıfôrm) *s., bot.* böbrek şeklinde (yaprak).

re.ni.tent (ren'ıtınt, rinay'tınt) *s.* kuvvete karşı direnen; inatçı; elastikî dirençli.

ren.net (ren'ît) *i.* buzağının işkembesinden yapılan peynir mayası.

re.nounce (rinauns') *f., i.* vazgeçmek, reddetmek, feragat etmek, terketmek, alâkasını kesmek; *iskambil* aynı renkten kâğıdı olmadığından başka renk kâğıt oynamak.

ren.o.vate (ren'ıveyt) *f.* yenileştirmek, tazelemek, tazeleştirmek. **renova'tion** *i.* yenileme.

re.nown (rinaun') *i.* şöhret, ün, nam, şan.

re.nowned (rinaund') *s.* meşhur, şöhretli, namlı.

rent (rent) *i.* yırtık, yarık, gedik; ara açılması, dargınlık.

rent (rent) *i., f.* kira; *f.* kira ile vermek; kiralamak; kira ile tutmak. **rent charge** kira üzerinden alınan vergi. **rent-free** *s.* kirasız, bedava. **rent roll** kiraya verilen mülklerin listesi. **rent service** kira yerine yapılan hizmet. **rental** *i.* kira bedeli.

rent (rent) *bak.* **rend.**

rente (rant) *i., Fr.* gelir, irat; *çoğ.* devlet tahvilâtı.

ren.tier (rantyey') *i., Fr.* irat sahibi.

re.nun.ci.ation (rînʌnsiyey'şın) *i.* terk ve feragat etme, vazgeçme, alâkasını kesme, feragat. **renunciatory** *s.* feragat kabilinden.

re.oc.cu.py (riyak'yûpay) *f.* yeniden işgal etmek.

re.o.pen (riyo'pın) *f.* yeniden açmak, tekrar başlamak.

re.or.der (riyôr'dır) *f.* yeniden sipariş etmek; yeniden tanzim etmek.

re.or.gan.ize (riyôr'gınayz) *f.* yeniden teşkil etmek, düzenlemek; ıslah etmek. **reorganiza'tion** *i.* yeniden teşkil veya teşekkül; ıslah.

rep(p) (rep) *i.* kabartma çizgili yün veya iplik veya karışık kumaş.

rep. *kıs.* **report, representative.**

Rep. *kıs.* **Republic, Republican.**

rep (rep) *i., argo* şöhret, nam.

re.pair (rîper') *f., i.* tamir etmek, onarmak; zararını telâfi etmek, tazmin etmek; *i.* tamir, onarma; tazmin; *çoğ.* tamirat, onarım; iyileştirme, şifa verme. **repairman** *i.* tamirci. **repair ship** tamirat gemisi. **repair shop** tamirci dükkânı. **in good repair** iyi halde, tamirli. **in bad repair** fena halde, tamirsiz.

re.pair (rîper') *f.* gitmek, çekilmek.

rep.a.ra.ble (rep'ırıbıl) *s.* tamiri mümkün.

rep.a.ra.tion (repırey'şın) *i., eks. çoğ.* tazminat; tamirat, onarım. **reparative** (rîper'ıtîv) *s.* tamirat veya tazminat kabilinden.

rep.ar.tee (repırti') *i.* hazırcevap sözlerle dolu konuşma.

re.par.ti.tion (riparti'şın) *i.* bölme, bölüm; yeniden bölme.

re.past (ripast') *i.* yemek, taam; öğün.

re.pa.tri.ate (ripey'triyeyt) *f., i.* tekrar memleketine iade etmek; kendi memleketinin vatandaşlığına tekrar girmek; *i.* tekrar memleketine iade olunan kimse. **repatria'tion** *i.* kendi memleketine iade, kendi vatanına dönme.

re.pay (ripey') *f.* (**repaid**) geri vermek, ödemek; karşılığını yapmak veya ödemek; karşılığını vermek. **repayable** *s.* geri dönmesi mümkün, karşılığı yapılır. **repayment** *i.* yeniden tediye.

re.peal (ripil') *f., i.* kaldırmak (kanun), feshetmek, iptal etmek; *i.* fesih, iptal. **repealable** *s.* feshedilir, lağvı mümkün.

re.peat (ripit') *f., i.* tekrarlamak, tekrar yapmak, tekrar etmek; tekrar söylemek, bir daha söylemek; ezberden söylemek; *A.B.D.* aynı seçimde birden fazla oy kullanmak; *i.* tekrarlama, tekerrür; *müz.* nakarat; nakarat işareti. **repeating circle** *astr.* oktant nev'inden tam daire. **repeating decimal** *mat.* tekrarlanan kesir. **repeating method** aynı aletle birkaç açıyı birden ölçme usulü. **repeating rifle** mükerrer ateşli tüfek. **repeating watch** düğmesine basılınca çalarak saati belirten cep saati. **repeatedly** *z.* tekrar tekrar, mükerreren.

re.peat.er (rîpi'tır) *i.* tekrarlayan şey veya kimse; düğmesine basılınca çalarak saati belirten cep saati; mükerrer ateşli silâh; *A.B.D.* sabıkalı kimse, suçlu kimse, birkaç kere hapse girmiş kimse; elektromanyetik işaretleri otomatik olarak tekrar gönderen bir alet; *A.B.D.* aynı seçimde birden fazla oy kullanan veya buna teşebbüs eden kimse.

re.pel (ripel') *f.* defetmek, geriye atmak; püskürtmek; bağdaşmamak, uyuşmamak; reddetmek; nefret uyandırmak. **repellent** *s., i.* defedici, uzaklaştırıcı; *i.* haşaratı defedici ilâç; bir çeşit sugeçmez kumaş.

re.pent (ripent') *f.* pişman olmak, nadim olmak, tövbe etmek, istiğfar etmek. **repentance** *i.*

pişmanlık, nedamet, tövbe. **repentant** s. pişman, nadim, tövbekâr.

re.pent (ri'pınt) s., bot., zool. yerde yatan; zool. sürünen, sürüngen.

re.peo.ple (ripi'pıl) f. yeniden iskân ettirmek; türü azalmış canlıları türetmek.

re.per.cus.sion (ripırkʌş'ın) i. geri tepme, seğirdim; yansılama, akis. **repercussive** s. geri tepip aksetmekten ibaret.

rep.er.toire (rep'ırtwar) i. repertuvar.

rep.er.to.ry (rep'ırtôri) i. hazırlanmış piyesler listesi; depo. **repertory theater** repertuvarındaki piyesleri, her biri birkaç hafta olmak üzere, oynayan tiyatro topluluğu.

rep.e.tend (rep'ıtend) i., mat. zincirleme kesrin tekrar edilen kısmı.

rep.e.ti.tion (repıtîş'ın) i. tekerrür, tekrar yapma veya söyleme; ezberden okuma veya okunma. **repetitious** s. tekrarlayan, mükerrer, özellikle gereksiz tekrarlar yapan. **repetitive** (rıpet'ıtîv) s. tekrarlamalı.

re.phrase (rifreyz') f. başka bir şekilde ifade etmek.

re.pine (ripayn') f. halinden şikâyet etmek, canı sıkılmak, üzülmek.

re.place (ripleys') f. tekrar yerine koymak, yerine geçmek; bir şeyin yerine başka şey koymak veya bulmak; iade etmek, ödemek. **replacement** i. yerine koyma; bir şeyin yerine geçen veya konulan şey; bir başkasının yerine geçen kimse.

re.plen.ish (riplen'îş) f. tekrar doldurmak; tamamen doldurmak; türü azalmış canlıları türetmek. **replenishment** i. tekrar dolma veya doldurma; dolduran şey.

re.plete (riplit') s. dolu, tamamıyle dolmuş. **repletion** i. dolgunluk; tıb. kan dolgunluğu.

re.plev.in (riplev'în) i., huk. gaspolunmuş eşyanın geri alınması için açılan dava; bu suretle geri alma emri; kefalet.

re.plev.y (riplev'i) f. gaspolunmuş eşyayı kurtarmak. **repleviable** s. geri alınabilir, kurtarılabilir.

rep.li.ca (rep'lıkı) i. ikinci nüsha, kopya, bilhassa eser sahibi tarafından yapılan kopya.

rep.li.cate, rep.li.cat.ed (rep'lıkît, -keytîd) s. tersine katlanmış; katlanmış.

rep.li.cate (rep'lıkeyt) f. katlamak; kopya etmek; cevap vermek; türemek; hücre bölünmesiyle çoğalmak.

rep.li.ca.tion (replıkey'şın) i. savunanın cevabına davacı tarafından verilen cevap; aksiseda, yankı.

re.ply (riplay') f., i. cevap vermek; mukabele etmek; i. cevap, karşılık, mukabele.

re.port (ripôrt') f., i. söylemek, anlatmak, nakletmek; rapor vermek veya yazmak; resmen malumat vermek veya yazmak; haber yaymak; haber vermek, şikâyet etmek; kendi hakkında malumat vermek; i. rivayet, şöhret, şayia, söylenti; rapor, takrir, malumat; top sesi, patlama sesi. **report card** A.B.D. öğrencinin not karnesi. **reportable** s. hakkında rapor veya malumat verilebilir. **reportedly** z. rivayete göre.

re.port.er (ripôr'tır) i. gazete muhabiri; muhbir.

rep.or.to.ri.al (repırtôr'iyıl) s. muhbirlik kabilinden; röportaj kabilinden.

re.pose (ripoz') f., i. yatırmak; yatmak, dinlenmek, istirahat etmek; dayanmak, güvenmek; i. rahat, istirahat, dinlenme; emniyet, güven, sükûn; ahenk. **reposeful** s. dinlendirici.

re.pos.it (ripaz'ît) f. teslim etmek, bırakmak, depo etmek, yığmak. **repository** i. hazine, mahzen, ambar; sırdaş.

repp (rep) i. verevine dokunmuş kumaş.

rep.re.hend (reprihend') f. azarlamak, serzeniş etmek, tekdir etmek, şiddetle eleştirmek, kabahatli bulmak, suçlamak.

rep.re.hen.si.ble (reprihen'sıbıl) s. tekdire lâyık, takbih edilir. **reprehensibly** z. tekdir edercesine.

rep.re.hen.sion (reprihen'şın) i. azar, paylama, serzeniş, tekdir.

rep.re.hen.sive (reprihen'sîv) s. tekdir kabilinden.

rep.re.sent (reprizent') f. göstermek, tasvir etmek, resmetmek; anlatmak, söylemek, ifade etmek; taslamak, gibi göstermek; temsil etmek, simgelemek; rolünü yapmak; tarif etmek, açıklamak; yerine geçmek; numunesi olmak. **representable** s. temsil edilir.

rep.re.sen.ta.tion (reprizentey'şın) i. temsil etme veya edilme; simgeleyen şey, resim, suret; temsil, tiyatro oyunu, piyes; rol; başkalarını temsil etme hakkı; ifade, takrir; önerme; milletvekili seçim sistemi; vekiller heyeti.

rep.re.sen.ta.tive (reprizen'tıtîv) *s., i.* bir grup veya sınıfı temsil eden, numune olan; vekâlet nev'inden; taklit ve benzeme kabilinden; *i.* vekil, başkasını temsil eden kimse; mümessil; milletvekili, mebus, saylav. **representative arts** resim veya heykeltıraşlık gibi temsilî sanatlar. **House of Representatives** *A.B.D.* Temsilciler Meclisi.

re.press (ripres') *f.* baskı altında tutmak, bastırmak; uzaklaştırmak, menetmek; tutmak. **repressible** *s.* bastırılır, menolunur.

re.pres.sion (ripreş'ın) *i.* baskı altında tutma, bastırma, hapsetme, tutma, baskı; üzücü ve bastırılmış anı ve isteklerin bilinçdışına itilmesi.

re.pres.sive (ripres'îv) *s.* bastırıcı, engelleyici; sıkıcı. **repressively** *z.* engelleyerek.

re.prieve (ripriv') *f., i.* (istenilmeyen bir şeyi) tehir etmek; sonraya bırakmak, tecil etmek; idam gibi cezayı tehir etmek; *i.* muvakkaten kurtarış; bir cezayı geçici olarak erteleme, cezanın tecili.

rep.ri.mand (rep'rımänd) *i., f.* azar, paylama, tekdir; *f.* azarlamak, tekdir etmek.

re.print (*f.* riprint'; *i.* ri'prînt) *f., i.* tekrar basmak; *i.* yeni baskı.

re.pris.al (ripray'zıl) *i.* misilleme, misli ile mukabele, aynen karşılığını yapma.

re.prise (riprayz') *i., İng.* kira gelirinden kanunî indirim ve ödemeler; *müz.* tekrarlama, nakarat.

re.proach (riproç') *f., i.* iftira etmek, sitem etmek, serzeniş etmek; ayıplamak, kınamak, şerefsizlik veya leke getirmek; *i.* ayıp, ar, rezalet; ayıplama, kınama; azar, serzeniş, sitem; leke, yüz karası olan kimse. **reproachable** *s.* ayıplanır, serzenişe lâyık.

re.proach.ful (riproç'fıl) *s.* sitem dolu; azarlama kabilinden. **reproachfully** *z.* sitemli olarak. **reproachfulness** *i.* sitemlilik.

rep.ro.bate (rep'rıbeyt) *s., i., f.* tövbesiz, günahkâr, sefil, melun; *i.* kötü yola sapmış kimse, ahlâkı bozuk kimse; *f.* ebedî ceza vermek (günahkâra); uygun görmemek, tensip etmemek; lânetlemek. **reproba'tion** *i.* lânetleme; tensip etmeme; melunluk.

re.proc.ess (ripras'es) *f.* tekrar işlemek. **reprocessed wool** kullanılmamış fakat bir defa örülüp sökülerek tekrar örülmüş yün.

re.pro.duce (riprıdus') *f.* kopya etmek, suret çıkarmak; tekrar meydana getirmek; yeniden hâsıl etmek; tekrar çıkarıp göstermek; *biyol.* doğurmak, yavrulamak, çoğalmak, üremek; aynını yetiştirmek, türetmek; tekrarlamak, yeniden temsil etmek; hatırlamak.

re.pro.duc.tion (riprıdʌk'şın) *i.* üreme; tekrar hâsıl etme veya husule gelme; hayvan veya bitkilerin üremesi. **reproductive** *s.* yeniden hâsıl eden veya olan; zürriyet hâsıl etme kabilinden. **reproductive organs** üreme organları.

re.proof (ripruf') *i.* azar, tekdir, paylama, sitem.

re.prove (ripruv') *f.* azarlamak, tekdir etmek, paylamak, serzeniş etmek, sitem etmek.

rep.tile (rep'til, -tayl) *i., s.* sürüngen, yerde sürünen hayvan (yılan ve kertenkele gibi); alçak kimse; *s.* sürünen, yerde sürünen; sürüngenlere benzeyen veya onlarla ilgili; alçak, sefil, süflî. **reptil'ian** *i., s.* sürüngen.

re.pub.lic (ripʌb'lik) *i.* cumhuriyet; cumhuriyet hükümeti. **republican** *s., i.* cumhuriyete ait; *i.* cumhuriyetçi; *b.h., A.B.D.* Cumhuriyet Partisi üyesi. **republicanism** *i.* cumhuriyetçilik.

re.pub.lish (ripʌb'lîş) *f.* tekrar neşretmek; tekrar yürürlüğe koymak (iptal edilmiş kanun veya vasiyetname).

re.pu.di.ate (ripyu'diyeyt) *f.* reddetmek, tanımamak; ödememek, kabul etmemek. **repudia'tion)** *i.* reddetme, tanımayış.

re.pug.nant (ripʌg'nınt) *s.* iğrenç, tiksindirici, çirkin; zıt, muhalif, karşıt. **repugnance, repugnancy** *i.* nefret, tiksinme, iğrenme; zıtlık, muhaliflik.

re.pulse (ripʌls') *f., i.* hücum edeni geri püskürtmek, defetmek, tardetmek, kovmak; *i.* hücumu bozguna uğratma, hezimet, kovma. **repulsion** *i.* ret, kabul etmeme; itme, geri itme; defetme, defolunma; *fiz.* iteleme.

re.pul.sive (ripʌl'sîv) *s.* iğrenç, tiksindirici; soğuk, yavan; uzaklaştırıcı. **repulsively** *z.* iğrenç surette. **repulsiveness** *i.* iğrençlik.

rep.u.ta.ble (rep'yıtıbıl) *s.* itibara lâyık, muhterem, saygıdeğer.

rep.u.ta.tion (repyıtey'şın) *i.* ad, şöhret, ün, itibar, şeref.

re.pute (ripyut') *f., i.* saymak, kabul etmek; *i.* ad, şan, şöhret, itibar.

re.put.ed (rîpyu'tîd) s. namlı, şöhretli; sayılan, farzolunan. reputedly z. rivayete göre.

re.quest (rikwest') i., f. rica, dilek, niyaz, temenni, istirham; revaç, talep; istenilen şey; f. rica etmek, yalvarmak, niyaz etmek, istirham etmek, dilemek. a request for help yardım dileme. by request rica üzerine. grant a request bir ricayı kabul etmek. in great request çok aranır, çok revaçta. on request istenildiği zaman.

re.qui.em (ri'kwiyım, rek'-) i. Katoliklerde ölülerin ruhu için dua; müz. bu duaya mahsus ilâhi; bir ölünün hatırasına yapılan merasim.

re.qui.es.cat in pa.ce (rekwiyes'kät în pey'si) Lat. Huzur içinde yatsın. Allah rahmet eylesin. (kıs. R.I.P.).

re.quire (rikwayr') f. muhtaç olmak, ihtiyaç göstermek, gerekli bulmak; istemek, talep etmek. requirement i. gerek, icap, ihtiyaç.

req.ui.site (rek'wızît) s., i. lâzım, gerekli, zarurî, elzem (şey).

req.ui.si.tion (rekwızîş'ın) i., f. talep, isteme, resmî emir; f. talep etmek, istemek, resmen istemek; mükellefiyete tabi tutmak.

re.quit.al (rikwayt'ıl) i. karşılığını verme, mukabele, karşılık, lâyığını verme.

re.quite (rikwayt') f. karşılığını yapmak veya vermek; mükâfat veya ceza vermek; telâfi etmek, acısını çıkarmak.

rere.dos (rîr'das) i., İng. kilisedeki altar masası arkasındaki perde.

re.run (ri'rʌn) f., i. tekrar çalıştırmak, tekrar göstermek; tekrar veya ikinci defa koşmak; i. ikinci defa gösterilen filim veya piyes.

res (riz, reys) i., tek., çoğ., Lat. şey, belirli bir şey, mesele, konu. res judicata Lat., huk. mahkemece karar verilmiş mesele.

re.scind (risînd') f. lağvetmek, feshetmek, iptal etmek, kaldırmak.

re.scis.sion (risîj'ın) i. ilga, fesih, kaldırma.

re.script (ri'skrîpt) i. emir, tebliğ.

res.cue (res'kyu) f., i. kurtarmak, imdadına yetişip kurtarmak; i. kurtuluş; kurtarış, imdadına yetişme.

re.search (rısırç', ri'sırç) i., f. dikkatle arama, derin araştırma, inceden inceye tetkik; tetkik neticesinde çıkarılan eser; f. dikkatle araştırmak, ince tetkikat yapmak.

re.sect (risekt') f., tıb. yarıp parçasını çıkar-

mak. resection i., tıb. yarıp bir uzvun parçasını çıkarma.

re.se.da (rîsi'dı) i. muhabbetçiçeği, bot. Reseda odorata.

re.sem.ble (rizem'bıl) f. benzemek, müşabih olmak, andırmak. resemblance i. benzeyiş, müşabehet.

re.sent (rizent') f. bir şeyden dolayı kızmak, gücenmek, bir şeye içerlemek.

re.sent.ful (rizent'fıl) s. bir şeye kızmış, gücenik. resentfully z. içerleyerek.

re.sent.ment (rizent'mınt) i. kızma, gücenme, darılma, içerleme.

re.ser.pine (rısır'pin, res'ırpin) i., ecza. rezerpin.

res.er.va.tion (rezırvey'şın) i. yer ayırtma, ayırtılmış yer; açığa vurmama, fikrinin hepsini söylememe; hıfız, muhafaza, bilhassa şahsı için saklama; şüphe; şart, ihtiraz kaydı; A.B.D. bilhassa kızılderililer için ayrılmış arazi parçası.

re.serve (rizırv') f. ihtiyaten saklamak, ilerisi için saklamak; hakkını muhafaza etmek.

re.serve (rizırv') i. ihtiyat olarak saklanan şey; çekinip sıkılma ve açılamama; ilgisizlik, kayıtsızlık; ağız sıkılığı; ask., çoğ. yedek askerler; çoğ. yedek kuvvet; ihtiyat akçesi; orman olarak ayrılan arazi. reserve air biyol. ciğerde daima bulunan hava kalıntısı. reserve fund ihtiyat akçesi. reserve officer yedek subay, ihtiyat zabiti. in reserve ihtiyat olarak saklanılmış. without reserve çekinmeyerek; şartsız.

re.served (rizırvd') s. başka zaman veya muayyen bir kimse için saklanılmış; çekingen; ağzı sıkı; vakur.

res.er.voir (rez'ırvwôr) i., f. su haznesi, su deposu, sarnıç, bent; hazne; havza; depoda saklanan ihtiyat eşya; f. hazne veya depoda saklamak.

re.side (rizayd') f. oturmak, ikamet etmek, sakin olmak, mukim olmak.

res.i.dence (rez'ıdıns) i. oturma, ikamet; ev, mesken, hane, ikametgâh; yer; ikamet müddeti. declaration of residence ikamet beyannamesi. residence permit ikamet tezkeresi.

res.i.den.cy (rez'ıdınsi) i. bir sömürgede veya himaye altında bulunan bir memlekette hami devlet mümessilinin ikametgâhı; doktorluk ihtisas devresi.

res.i.dent (rez'ıdınt) *s.*, *i.* oturan, sakin, mukim; yerleşmiş; aslında bulunan; gelip geçici olmayan (kuş); *i.* bir yerde oturan kimse, yerli; bir sömürgede veya himaye altında bulunan bir memlekette hami devlet mümessili. **res.i.den.tial** (rezıden'şıl) *s.* ikamete yarar, içinde oturulur, ikamete mahsus. **residential quarter** bir şehirde ikametgâhların çok olduğu semt.

res.i.den.ti.ar.y (rezıden'şiyeri) *s.*, *i.* oturan, mukim (kimse), sakin.

re.sid.u.al (rizic'uwıl) *s.*, *i.* fazla ve artakalan, artık; *i.* artık, artan şey; *mat.* iki hesap sonucu arasındaki fark; gözlem ve hesap sonuçları arasındaki fark; *A.B.D.* tekrar kullanılan bir filim veya plak için ödenen para.

re.sid.u.ar.y (rizîc'uweri) *s.* fazla ve artakalan, artık. **residuary clause** *huk.* bir vasiyetnamede malın taksiminden sonra geriye kalan kısmın tahsisi hakkındaki hüküm. **residuary estate** mal bölümünden sonra açıkta kalan mülk. **residuary legatee** malın taksiminden sonra kalan servetin vârisi.

res.i.due (re'zıdu) *i.* kalan şey, artık, fazla şey; *huk.* ölmüş kimsenin bütün borçları ve vasiyetleri ödendikten sonra geriye kalan tereke.

re.sid.u.um (rizic'uwım) *i.* (*çoğ.* -u.a) artan şey; kimyasal bir işlemden artakalan madde, tortu; ölmüş bir kimsenin borç ve masrafları ödendikten sonra geriye kalan mal veya para.

re.sign (rizayn') *f.* istifa etmek, çekilmek; vaz geçmek, terketmek, el çekmek; bırakmak, teslim etmek, iade etmek; istifa edip bırakmak, feragat etmek.

res.ig.na.tion (rezîgney'şın) *i.* istifa, çekilme; istifa mektubu; teslim, tevdi; uysallık, teslimiyet, tevekkül.

re.signed (rizaynd') *s.* baş eğmiş, uysal, teslimiyet göstermiş. **resignedly** (rizay'nidli) *z.* baş eğerek, uysallıkla, teslimiyetle. **re.signedness** (rizay'nidnîs) *i.* teslimiyet, uysallık.

re.sil.i.ence, re.sil.i.ency (rızil'yıns, rızil'yınsi) *i.* geri fırlama, seğirdim yapma, esneklik; çabuk iyileşme kabiliyeti.

re.sil.i.ent (rızil'yınt) *s.* geriye fırlayan, ·seğirdim yapan; uzanıp kısalan, elastikî, esnek; çabuk iyileşir (bünye).

res.in (rez'în) *i.* sakız, çam sakızı, reçine. **res-**

inif'erous *s.* sakız hâsıl eden, sakız verir. **resinol** *i.* renksiz reçineli alkol; cilt kaşınmasına karşı kullanılan sarı bir yağ. **resinous** *s.* sakız nevinden, sakızlı, sakızdan çıkan. **resiny** *s.* sakızlı, sakız gibi.

re.sist (rizist') *f.*, *i.* karşı durmak, mukavemet etmek; dayanmak, tahammül etmek; *i.* bir yüzeyi paslanma veya çürümeden korumak için sürülen bir madde; kumaş boyacılarının kullandığı tutkal gibi ve kimyasal tesire karşı gelen madde.

re.sist.ance (rizis'tıns) *i.* mukavemet, direnme; karşı gelme; mukavemet eden kuvvet; *elek.* mukavemet, direnç, rezistans. **resistance box** *elek.* rezistans kutusu. **resistance coil** *elek.* rezistans bobini. **passive resistance** pasif direniş.

re.sist.ant (rizis'tınt) *s.*, *i.* karşı gelen, direnen, mukavemet eden (şey veya kimse).

re.sist.i.ble (rizîs'tıbıl) *s.* karşı konulabilir, dayanılabilir, mukavemet edilebilir. **resistibil'ity** *i.* mukavemet kuvveti, dayanma imkânı.

re.sis.tive (rizis'tiv) *s.* mukavemet eden, mukavemet kabilinden, dirençli. **resistiv'ity** *i.* mukavemet kuvveti, *fiz.* özdirenç.

re.sist.less (rizist'lîs) *s.* dayanılmaz, karşı durulmaz.

res.o.lu.ble (rizal'yıbıl, rez'ılibıl) *s.* erir, eritilebilir; çözülebilir.

re.sole (ri'sol') *f.* pençe vurmak.

res.o.lute (rez'ılut) *s.* azimkâr, kararlı, sebat ve metanet sahibi, kuvvetli; yiğit, cesur. **resolutely** *z.* azimle, kararlı olarak, sebat ve metanetle. **resoluteness** *i.* azimkârlık, azim, kararlılık, metanet; yüreklilik; cesaret.

res.o.lu.tion (rezılu'şın) *i.* çözme; ayrışma; *müz.* çözüm; çözülüm; sebat, metanet, azim, karar; teklif, önerge, önerme, resmî karar; cesaret, mertlik.

re.solve (rizalv') *f.*, *i.* karar vermek, tasarlamak; karar vermesine sebep olmak; parçalara ayırıp incelemek; çözmek; halletmek, açıklamak; oy ile kararlaştırmak; iyi yönde değiştirmek; *müz.* çözmek; *tıb.* eritmek; *i.* karar, niyet, tasarlama. **resolve on** karara varmak. **resolve one's doubts** şüphelerini yok etmek. **resolvable** *s.* halledilebilir, çözümlenebilir.

re.solved (rizalvd') *s.* azimli, kararlı; karar vermiş veya verilmiş.

re.solv.ent (rizal'vınt) s., i. bir şeyi öğelerine ayırma gücü olan; i. eritici madde; tıb. bir şişi gidermeye yarayan hazır ilâç.

res.o.nance (rez'ınıns) i. sesi aksettirme, yankılama; sesi uzatıp şiddetlendirme özelliği, tınlama. resonance box keman gövdesi gibi sesi şiddetlendiren kutu. resonant s. sesi aksettiren, yankılayan; tannan.

res.o.nate (rez'ıneyt) f. çınlamak, yankılamak.

res.o.na.tor (rez'ıneytır) i. sesi aksettirici alet veya cisim; elektrik akımını yankılayan cihaz.

re.sorb (risôrb') f. tekrar emmek.

res.or.cin, res.or.cin.ol (rizôr'sîn, rizôr'sînol, rizôr'sînal) i., kim. reçineden alınıp boya veya ilâç imalinde kullanılan billûrsu bir bileşim.

re.sorp.tion (risôrp'şın) i. emme, emilme.

re.sort (rizôrt') f. gitmek, sık sık gitmek; to ile baş vurmak, müracaat etmek, başka çare kalmayınca kullanmak.

re.sort (rizôrt') i. sık sık gidilen yer, ahalinin toplandığı yer, gezinti ve dinlenme yeri; mesire; çare, merci, baş vuracak yer, sığınacak yer; yardımına baş vurulan kimse; sık sık gitme. last resort son merci; son çare. summer resort sayfiye, yazlık, yazın gidilen yer.

re.sound (rizaund') f. çınlamak, ses vermek, sesle dolmak, yankılamak; yayılmak, yaygın olmak.

re.source (risôrs', ri'sôrs) i. kaynak; çare; dayanak; çoğ. araçlar, olanaklar, mali vasıtalar; halletme yeteneği. inner resources manevî kuvvet. natural resources doğal kaynaklar.

re.source.ful (risôrs'fıl) s. becerikli.

resp. kıs. respective, respectively, respondent.

re.spect (rispekt') i. münasebet, yön, husus; hürmet, saygı, itibar, hatır sayma; uyma; çoğ. hürmetler, selâmlar, saygılar. pay one's respects saygılarını sunmak. with respect to, in respect to göre, konusunda, -e gelince.

re.spect (rispekt') f. hürmet etmek, hürmete lâyık saymak; saygı göstermek; ilgisi olmak. respecter of persons kişilere rütbesine göre değer veren kimse.

re.spect.a.bil.i.ty (rispektıbîl'ıti) i. hürmete lâyık olma, itibar, saygınlık.

re.spect.a.ble (rispek'tıbıl) s. hürmete lâyık; namuslu; hatırı sayılır, epeyce, hayli; ahlâk

veya davranışları iyi; dış görünüşü iyi. respectably z. hürmete lâyık şekilde, namusu ile.

re.spect.ful (rispekt'fıl) s. hürmet gösteren, saygılı, hürmetkâr. respectfulness i. hürmetkârlık.

re.spec.tive (rispek'tiv) s. her biri kendisinin olan, ayrı ayrı. They went to their respective homes. Her biri kendi evine gitti. respectively z. zikredildikleri sıra ile, birisi birine ve diğeri ötekine ait olmak üzere.

re.spir.a.ble (rispayr'ıbıl) s. teneffüs edilebilir. respirabil'ity i. teneffüs edilebilme.

res.pi.ra.tion (respirey'şın) i. teneffüs, nefes alma, solunum; nefes, soluk.

res.pi.ra.tor (res'pıreytır) i. teneffüs olunan havayı ısıtmak veya temizlemek için ağız veya buruna geçirilen alet, respiratör.

re.spir.a.to.ry (rispayr'ıtôri, res'pırıtôri) s. solunumla ilgili, solunumda kullanılan, solunumun sebep olduğu. respiratory system solunum sistemi.

re.spire (rispayr') f. teneffüs etmek, nefes almak, soluk almak; dinlenip tekrar kuvvet ve cesaret bulmak.

res.pi.rom.e.ter (respiram'ıtır) i. solunumu ölçen alet; tazyikli oksijen vasıtasıyle dalgıca temiz hava veren alet, respirometre.

res.pite (res'pit) i., f. mühlet, tehir, geçici olarak erteleme; huk. idam hükmünün infazını geçici olarak erteleme; dinlenme vakti, tatil, paydos; alacaklının borçluya tanıdığı zaman; f. mühlet vermek, tehir etmek, ertelemek.

re.splen.dent (risplen'dınt) s. parlak, şaşaalı, göz alıcı. resplendence, resplendency i. parlaklık, şaşaa.

re.spond (rispand') f. cevap vermek; karşılık vermek. respondence, respondency i. cevap verme, karşılık verme. respondent s., i. cevap veren, karşılık veren; i. cevap veren kimse; huk. savunan kimse (bilhassa boşanma davalarında).

re.spond (rispand') i. Kitabı Mukaddes okunduktan sonra cevap yerine söylenilen sözler; mim. bir kemerin ağırlığını karşılamak amacı ile duvar içine konan yarım direk veya sütun.

re.sponse (rispans') i. cevap; yanıtlama; tepki; papazın okuduğu şeye cevap olarak ahali veya okuyucuların terennüm ettiği veya söylediği parça.

re.spon.si.bil.i.ty (rispansıbîl'ıti) *i.* mesuliyet, sorum, sorumluluk.

re.spon.si.ble (rispan'sıbıl) *s.* mesul, sorumlu; sağduyulu; itimada lâyık; borcunu ödeyebilecek durumda olan; mesuliyetli. **They are responsible to me for the results.** Sonuçlardan onlar bana karşı mesuldur. **responsibly** *z.* itimada lâyık olarak.

re.spon.sive (rispan'siv) *s.* cevap vermeye hazır, hevesli; uyumlu; cevap kabilinden, mukabele gibi. **responsively** *z.* hevesli olarak. **responsiveness** *i.* heveslilik.

rest (rest) *i.* rahat, istirahat, dinlenme, yatma; oturma; sükûn, hareketsizlik; uyku; asayiş, ruh sükûnu; durak, dinlenme yeri; ölüm; *müz.* fasıla, durak işareti, es; dayanak, dayanacak şey, mesnet. **rest cure, rest treatment** *tıb.* dinlenme usulü ile tedavi. **rest day** dinlenme günü (özellikle pazar günü). **rest room** tuvalet. **at rest** hareketsiz; rahatta; ölmüş. **go to rest** dinlenmek, yatmak. **lay to rest** gömmek, defnetmek. **whole rest** *müz.* dörtlük es.

rest (rest) *f.* dinlenmek, nefes almak; rahat etmek, istirahat etmek; yatmak, oturmak; uyumak; ölmek; dayanmak, dayalı olmak; *huk.* bir davada taraflardan birinin davaya ait bütün delilleri anlattığını bildirmek; güvenmek, itimat etmek; kalmak; dinlendirmek, rahat ettirmek; dayamak, yaslamak; koymak. **His eyes rested on it.** Gözleri ona dikildi. **rest'ing-place** *i.* konak yeri; mezar.

rest (rest) *i.,* **the** *ile* kalan miktar, kalanlar, geri kalan kısım. **all the rest** kalanların hepsi. **as for the rest** kalanına gelince.

res.tau.rant (res'tırınt) *i.* lokanta.

res.tau.ra.teur (restırıtûr') *i.* lokantacı.

rest.ful (rest'fıl) *s.* rahat verici, dinlendirici; rahat, sakin. **restfully** *z.* rahat rahat, sükûnetle. **restfulness** *i.* rahat, sükûn.

rest.har.row (rest'häro) *i.* kayışkıran, sabankıran, *bot.* Ononis hircina.

rest.house (rest'haus) *i.* dinlenme evi, konak yeri.

res.ti.tu.ti.o in in.te.grum (restityu'şiyo in in'tegrım) *Lat., huk.* eski halin iadesi, eski hale getirme.

res.ti.tu.tion (restıtu'şın) *i.* bir şeyi sahibine iade etme; zararı ödeme; onarma.

res.tive (res'tiv) *s.* inatçı; sabırsızlanan, rahat durmaz. **restively** *z.* sabırsızlanarak. **restiveness** *i.* sabırsızlık.

rest.less (rest'lis) *s.* hiç durmayan, dinmeyen, hiç rahat durmaz; uyuyamaz, uykusuz; rahatsız; vesveseli; değişiklik isteyen, hareketsiz kalamayan. **restlessly** *z.* rahat durmadan. **restlessness** *i.* hareketsiz kalamama.

res.to.ra.tion (restırey'şın) *i.* onarma ve düzeltme; restore etme; yenileme, eski haline getirme, eski mevkiini iade etme; iyileşme; bir şeyi sahibine iade etme; bir şeyin asıl şeklini gösteren model. **the Restoration** İngiltere'de Restorasyon devri; 18. Lui devrinde Borbonların tekrar iktidarı ele geçirmeleri.

re.sto.ra.tive (rîstôr'ıtiv) *s., i.* onaran ve düzelten, iyi hale koyan; *i.* ayıltıcı ilâç.

re.store (ristôr') *f.* iade etmek; geri vermek; eski haline koymak, onarmak, restore etmek, yenilemek; iyileştirmek, sıhhatini iade etmek, sağaltmak; eski mevkiini iade etmek; bozulmuş yerini onarmak (resim); zararı ödemek. **restorable** *s.* yeniden sağlanabilir; onarılabilir; iade edilir.

re.strain (ristreyn') *f.* tutmak, geri tutmak, zaptetmek, yasaklamak, sınırlamak. **restrainable** *s.* zaptedilebilir.

re.straint (ristreynt') *i.* menetme; tahdit, sınırlılık; tutukluluk; kendini tutma; sıkılma, çekinme. **restraint of trade** ticareti kısıtlama veya narh koyma.

re.strict (ristrikt') *f.* kısıtlamak, bağlamak, sınırlamak; elini bağlamak; tahdit etmek, hasretmek. **restrictive** *s.* kısıtlayıcı, bağlayıcı, sınırlayıcı.

re.stric.tion (ristrik'şın) *i.* sınırlayan kural, şart, hudut, sınırlama, kısıtlama, tahdit.

re.sult (rizʌlt') *f., i.,* sık sık **in** *ile* çıkmak, meydana gelmek, varmak; sonuçlanmak; *i.* netice, sonuç, son, akıbet, semere, mahsul.

re.sul.tant (rizʌl'tınt) *s., i.* meydana gelen, neticesi olan; *i.* sonuç; *fiz.* iki ayrı kuvvetin bileşkesi.

re.sume (rizum') *f.* eski halini almak; yeniden başlamak veya devam etmek; geri almak; yeniden kullanmaya başlamak.

ré.su.mé (rezûmey') *i.* hulâsa, özet.

re.sump.tion (rizʌmp'şın) *i.* yeniden başlama veya devam etme; geri alma.

re.surge (rısırc') *f.* tekrar çıkmak, tekrar baş göstermek; yeniden dirilmek. **resurgence** *i.* yeniden dirilme. **resurgent** *s.* yeniden dirilen.

res.ur.rect (rezırekt') *f.* yeniden diriltmek; yeniden canlandırmak; mezardan çıkarmak; unutulmuş veya kaybolmuş şeyi yeniden meydana çıkarmak.

res.ur.rec.tion (rezırek'şın) *i.* kıyamet, yeniden dirilme veya diriltme; yeni hayat bulma, canlanma.

re.sus.ci.tate (rısʌs'ıteyt) *f.* ölüyü diriltmek, ölü gibi olanı ayıltmak; batmış ve unutulmuş şeyi tekrar meydana çıkarmak. **resuscita'tion** *i.* canlandırma, canlandırılma, diriltme. **resuscitative** *s.* diriltici, canlandırıcı.

ret (ret) *f.* **(-ted, -ting)** ıslatıp yumuşatmak (keten veya yün).

re.tail (*i., s.* ri'teyl; *f.* riteyl') *i., s., f.* perakende satış; *s.* perakende; *f.* perakende olarak satmak; ayrıntılarıyle anlatmak; tekrar anlatmak.

re.tain (riteyn') *f.* alıkoymak, tutmak, elinde bulundurmak; ücretle tutmak (avukat, uzman); akılda tutmak, unutmamak. **retainable** *s.* elde tutulabilir. **retaining wall** istinat duvarı.

re.tain.er (ritey'nır) *i.* hizmetli; alıkoyan kimse; *huk.* avukat tutarken yapılan anlaşma; vekâlet ücreti; *tar.* tımar ve zeamet sahiplerinin buyruğunda bulunup bazı hizmetlerle yükümlü kimse.

re.tal.i.ate (rital'iyeyt) *f.* dengiyle karşılamak, misillemek; intikam almak. **retalia'tion** *i.* misilleme, kısas, aynen karşılığını yapma. **retaliative, retaliatory** *s.* misilleme kabilinden.

re.tard (ritard') *f., i.* geciktirmek; tehir etmek, geriye bırakmak; gecikmek; *i.* tehir; gecikme, geciktirme. **retarda'tion** *i.* tehir, geciktirme; geciktiren şey; gecikme süresi. **retardative** *s.* geciktirici.

retch (reç) *f., i.* kusmaya çalışmak, öğürmek; *i.* öğürme, kusma.

re.te (ri'ti) *i.* (*çoğ.* **re.ti.a**) *anat.* şebeke, ağ (sinir).

re.tell (ritel') *f.* **(retold)** tekrar anlatmak; yeniden saymak.

re.ten.tion (riten'şın) *i.* alıkoyma, hatırlama yeteneği, zihinde tutma; *tıb.* idrar tutulması.

re.ten.tive (riten'tiv) *s.* alıkoyan, tutan; hatırda iyi tutan. **retentively** *z.* iyice hatırda tutarak. **retentiveness** *i.* iyice hatırda tutma. **retentiv'ity** *i.* tutma kabiliyeti; *fiz.* mıknatısiyeti tutma kabiliyeti.

ret.i.cence, ret.i.cen.cy (ret'ısıns, -si) *i.* ağız sıkılığı, sır saklama, sükût etme, susma.

ret.i.cent (ret'ısınt) *s.* sır saklayan, ketum, çok konuşmaz, suskun.

ret.i.cle (ret'ikıl) *i.* dürbünün göz merceğine yerleştirilen çizgi veya telden ibaret ağ.

re.tic.u.lar (ritik'yılır) *s.* ağ şeklinde, ağ gibi, karışık, dolaşık.

re.tic.u.late (ritik'yıleyt) *f., s.* ağ şekline koymak; şebeke gibi göstermek veya yapmak; *s.* ağ gibi, şebekeli; *bot.* ağsı, retikülat. **reticula'tion** *i.* şebekeleşme, ağ gibi olma.

ret.i.cule (ret'ıkyul) *i.* kadına mahsus ufak el çantası.

re.tic.u.lum (ritik'yılım) *i.* ağ, şebeke; *anat.* ağcık, ağ, retikül; *zool.* gevişgetiren hayvanların ikinci midesi, börkenek.

re.ti.form (ret'ıfôrm) *s.* ağ gibi, ağ şeklinde.

ret.i.na (ret'ını) *i., anat.* ağtabaka, retina. **detached retina** kopuk ağtabaka.

ret.i.nue (ret'ınu) *i.* yüksek mevki sahibi birinin refakatinde bulunan heyet, maiyet.

re.tire (ritayr') *f.* çekilmek, bir köşeye çekilmek, kendi odasına çekilmek; yatmaya gitmek; emekliye ayrılmak; geri çekmek (askeri); tedavülden çıkararak karşılığını ödemek (bono); gümrükten çekmek (malını); emekliye ayırarak hizmetten el çektirmek; *beysbol* vurucuyu oyun dışı etmek, çeliciyi yandırmak.

re.tired (ritayrd') *s.* münzevi; tekaüt, emekli. **retired list** emekliler listesi.

re.tire.ment (ritayr'mınt) *i.* işten çekilme, tekaütlük, emeklilik; inziva yeri, inziva.

re.tir.ing (ritayr'îng) *s.* utangaç, sıkılgan, çekingen.

re.tor.sion *bak.* **retortion.**

re.tort (ritôrt') *f., i.* isnada veya siteme karşı isnat veya sitemle cevap vermek; sert cevap vermek; karşılık vermek; *i.* karşılık, cevap; kötü sözü sahibine iade etme, mukabele. **the retort courteous** nezaketle verilen aksi cevap.

re.tort (ritôrt') *i., f., kim.* imbik; *f.* imbikte ısıtarak damıtmak.

re.tor.tion (ritôr'şın) *i.* arkaya doğru bükme veya eğme; *huk.* aynı ile mukabele, misilleme.

re.touch (ritʌç') *f., i.* düzeltmek, yeniden tashih etmek; yeniden gözden geçirmek; *foto.* rötuş etmek; *i.* rötuş edilen şey.

re.trace (ritreys') *f.* bir çizginin üstünü tekrar çizmek; izini takip ederek geriye veya kaynağına gitmek. **retraceable** *s.* izi takip olunabilir, izlenebilir.

re.tract (riträkt') *f.* geri çekmek; sözünü geri almak. **retractable** *s.* geri alınabilir. **retracta'tion** *i.* sözünü geri alma; cayma, sözünden dönme. **retraction** *i.* geri çekme veya çekilme; sözünü geri alma. **retractile** *s.* geriye veya içeriye çekilebilir. **retractive** *s.* geri çekici; sözünü geri alma kabilinden.

re.tread (*f.* ritred'; *i.* ri'tred) *f., i.* lastik kaplamak; *i.* kaplanmış lastik; *argo* mesleğini değiştiren kimse.

re.treat (ritrit') *f., i.* çekilmek, geri çekilmek; düşman önünden çekilmek, geri kaçmak; geriye kaçırmak, geriye çekmek; *i.* geriye çekme veya çekilme, geriye kaçma; geri çekilme işareti; inziva köşesi, çekilecek yer, sığınak; tımarhane; şifa yurdu; köy evi, tenha yer; sohbet için bir kenara çekiliş. **a retreating chin** basık çene. **beat a retreat** geri çekilmek, kaçmak. **in full retreat** tam çekilme halinde.

re.trench (ritrenç') *f.* azaltmak, kısmak, indirmek; gidermek, kaldırmak. **retrenchment** *i.* tasarruf, idare; kale veya metrisin iç tarafında yapılan hendek veya metris.

ret.ri.bu.tion (retrıbyu'şın) *i.* karşılıkta bulunma; mükâfat veya ceza verme; günah cezası. **retrib'utive, retrib'utory** *s.* ödül veya ceza verme eğiliminde, ödül veya ceza kabilinden.

re.triev.a.ble (ritriv'ıbıl) *s.* tekrar ele geçirilebilir, tekrar yerine getirilebilir, kazanılabilir, düzeltilebilir.

re.trieve (ritriv') *f., i.* tekrar ele geçirmek; tekrar kazanmak veya düzeltmek; tazmin etmek, çaresini bulmak; bulup getirmek (köpeğin yaralı veya ölü avı bulması gibi); *i.* tekrar ele geçirme; düzeltme; tazmin; avı bulup getirme. **retriever** *i.* vurulmuş avı bulup

getirmek için özel olarak terbiye edilmiş köpek.

ret.ro.act (retrowäkt') *f.* tepki yapmak; *huk.* evvelce olanları da kapsamak.

ret.ro.ac.tion (retrowäk'şın) *i.* tepki, reaksiyon; *huk.* evvelce olanları kapsama.

ret.ro.ac.tive (retrowäk'tîv) *s.* evvelce olanı kapsayan (kanun). **retroactively** *z.* evveliyatı kapsayarak.

ret.ro.cede (retrosid') *f.* iade etmek, geri vermek; geri çekilmek.

ret.ro.ces.sion (retroseş'ın) *i.* geri dönme, geri çekilme; geri verme, iade, ilk sahibine verme; gerileme. **retrocessive** *s.* geri verme kabilinden.

ret.ro.flex, ret.ro.flexed (ret'rıfleks, ret'rıflekst) *s.* geriye bükük. **retroflex'ion** *i.* geriye dönme veya kıvrılma; *anat.* rahmin ters dönmesi.

ret.ro.grade (ret'rıgreyd) *s., f.* geriye doğru giden, gerileyen; karşıt; yozlaşan; *astr.* hareket etmeyen yıldızlara göre doğudan batıya doğru gider gibi görünen; *f.* geriye gitmek; yozlaşmak; *astr.* doğudan batıya doğru gerileme devimi.

ret.ro.gress (ret'rıgres) *f.* gerilemek, geriye gitmek; bozulmak, yozlaşmak. **retrogres'sion** *i.* geri gitme, gerileme; bozulma, yozlaşma. **retrogres'sive** *s.* gerileyici; yozlaşan. **retrogres'sively** *z.* geri giderek, gerileyerek; bozularak, yozlaşarak.

ret.ro.rock.et (retrorak'it) *i.* uzay gemisi veya roketin hızını kesen yardımcı roket.

re.trorse (ritrôrs') *s.* geriye doğru eğik, arkaya doğru bükülmüş, geriye dönük. **retrorsely** *z.* geriye yönelerek.

ret.ro.spect (ret'rıspekt) *i., f.* geçmiş şeyleri düşünme; geçmişe bakış; *f.* geçmiş şeyleri hatırlamak, geçmişi düşünmek. **retrospec'tion** *i.* geçmiş şeyleri hatırlama, geçmişi düşünme.

ret.ro.spec.tive (retrıspek'tîv) *s.* geçmişi hatırlayan; geçmişi ele alan; geriye dönük; *huk.* önceyi kapsayan, makabline şamil. **retrospectively** *z.* geçmişi hatırlayarak; *huk.* makabline şamil olarak.

ret.rous.sé (retrusey') *s.* ucu yukarıya doğru kalkık (burun).

ret.ro.ver.sion (retrıvır'jın) *i.* geriye çevirme veya çevrilme; geriye bakış.

re.try (ritray') *f.* yeniden yargılamak.

re.turn (ritırn') *f.* geri dönmek, geri gelmek, geri gitmek, avdet etmek; eski sahibine dönmek; yanıtlamak, cevap vermek; mukabele etmek; geri getirmek; geri göndermek, iade etmek; ödemek; (kâr) sağlamak, getirmek; *tenis* iade etmek (topu); resmen ilân etmek veya bildirmek. **return thanks** teşekkürlerini bildirmek; şükretmek. **return to dust** ölmek, toprak olmak. **returnable** *s., i.* iade edilebilir; *i.* depozitli şey (şişe).

re.turn (ritırn') *i.* dönüş, geri dönüş, geri geliş, geri gidiş, avdet; geri getirme; geri gönderme, iade; eski haline dönüş; tekrar tutma, nüksetme; tekrar olma; kâr, kazanç, hasılât, faiz; resmî rapor; *çoğ.* istatistik cetveli. **return address** gönderenin adresi. **return game, return match** revanş maçı. **return ticket** *İng.* gidiş dönüş bileti; *A.B.D.* dönüş bileti. **by return mail,** *İng.* **by return of post** ilk posta ile (cevap), hemen, akabinde. **in return for** karşılık olarak.

re.tuse (ritus') *s., bot.* çökük, tepesi yuvarlak ve hafif girintili (yaprak).

re.un.ion (riyun'yın) *i.* tekrar kavuşma, yine birleşme; yeniden bir araya gelme.

Rev. *kıs.* **Revelation, Reverend.**

rev. *kıs.* **revenue, revised.**

rev (rev) *i., f.* **(revved, -ving)** *i.* bir dönüş, çevrim, devir (motor); *f.*, **up** *ile* hızını değiştirmek (motor).

re.val.ue (rivâl'yu) *f.* yeniden değerlendirmek. **revalua'tion** *i.* yeniden değerlendirme.

re.vamp (rivämp') *f.* tamir etmek, yenileştirmek; ayakkabının yüzünü değiştirmek.

re.veal (rivil') *f.* ifşa etmek, açıklamak, açığa vurmak; göstermek; ilham yoluyle bildirmek. **revealment** *i.* açıklama.

re.veal (rivil') *i., mim.* pencere veya kapı çerçevesinden duvarın kenarına kadar olan kısım, açıt yanağı.

rev.eil.le (rev'ili) *i., ask.* kalk borusu.

rev.el (rev'ıl) *f., i.* cümbüş etmek, eğlenip oynamak; *i.* cümbüş, eğlence, şenlik. **reveller** *i.* cümbüş eden kimse.

rev.e.la.tion (revıley'şın) *i.* gizli şeyi gösterme veya söyleme; gizli şeyin meydana konması; ifşa, açığa vurma, keşif; *ilâh.* Allah tarafından verilen ilham, vahiy; *b.h.* Kitabı Mukaddes'in son cüz'ü, Vahiy Kitabı.

rev.el.ry (rev'ılri) *i.* şenlik, neşeli ve gürültülü toplantı, eğlenti.

rev.e.nant (rev'ınınt) *i.* geri dönen kimse veya şey; hayalet.

re.venge (rivenc') *f.* öç almak, intikam almak, hıncını çıkarmak.

re.venge (rivenc') *i.* öç, intikam; kin, intikam arzusu; öç alma fırsatı. **revengeful** *s.* intikam alıcı, kinci.

rev.e.nue (rev'ınu) *i.* gelir, irat, varidat; bir hükümetin yıllık geliri; varidat dairesi. **revenue cutter** gümrük kaçakçılığına engel olmak için kullanılan silâhlı deniz motoru; gümrük muhafaza gemisi. **revenue office** maliye tahsil şubesi. **revenue stamp** damga pulu. **public revenue** devlet geliri.

re.ver.ber.ate (rivır'bıreyt) *f.* aksettirmek, aksolunmak, yankılamak, yankılanmak, geri vurmak, geri tepmek, yansımak. **reverbera'tion** *i.* yankılama, yansıma; yankı, yansı, akis. **reverberator** *i.* aksettirici alet; yansıtaç, yansı lambası.

re.ver.ber.a.to.ry (rivır'bırıtôri, rivır'bırıtori) *s.* yankı meydana getiren; yansımalı. **reverberatory furnace** uzun alevli fırın, yansımalı fırın.

re.vere (rivîr') *f.* hürmet etmek, saymak, saygı göstermek.

rev.er.ence (rev'ırıns) *i., f.* hürmet, ihtiram, saygı, ululama; huşu; *f.* hürmet etmek, saygı göstermek, ulu tutmak, yüceltmek, huşu göstermek. **your Reverence** saygıdeğer efendim (papaz veya vaizlere hitapta kullanılır).

rev.er.end (rev'ırınd) *s.* hürmete lâyık, saygıdeğer, sayın, muhterem (papaz veya vaizlerin lakabı olarak kullanılır; *kıs.* **Rev.**).

rev.er.ent, rev.er.en.tial (rev'ırınt, revıren'şıl) *s.* hürmetkâr, saygılı, riayetkâr, hürmet gösteren, hürmetten ileri gelen. **reverently, reverentially** *z.* saygı ile, huşu ile, ihtiramla.

rev.er.ie (rev'ıri) *i.* dalgınlık, derin düşünüş; hayal.

re.vers (rivîr') *i.* devrik yaka gibi astarını gösterecek şekilde katlanmış elbise kısmı.

re.vers.al (rivır'sıl) *i.* tersine çevirme; *huk.* kararın bozulması.

re.verse (rivırs') *s.* aksi, arka, ters, tersine dönmüş; terslik yapan. **reverse curve** "S" şeklinde demiryolu hattı dönemeci. **reverse frame** *den.* ters posta. **reverse side** ters taraf. **reverse turn** ters tarafa dönüş. **re-**

versely z. tersine, aksi olarak, bilâkis; diğer taraftan.

re.verse (rivırs') f. ters çevirmek, tersine çevirmek; yerlerini değiştirmek; iptal etmek, feshetmek; tersine hareket ettirmek; tersine dönmek; geri vitese almak.

re.verse (rivırs') i. ters taraf, arka taraf; ters, aksi, zıt olan şey; durumun kötüleşmesi, aksilik, felâket; mak. geri çevirme, tornistan; geri vites.

re.vers.i.ble (rivır'sıbıl) s. tersine çevrilebilir. reversibil'ity, reversibleness i. tersine çevrilebilme. reversibly z. tersine çevrilerek.

re.ver.sion (rivır'jın) i. eski haline veya inancına dönme; ters yöne dönme; biyol. iki veya daha fazla kuşak boyunca görülmemiş olan ilkel özelliklerin yeniden belirmesi; huk. tekrar intikal; bir mülkün bir veya birkaç kişinin kullanımına geçtikten sonra başka belirli bir kimseye kalması. reversional, reversionary s. tekrar intikaline ait.

re.vert (rivırt') f., i. geri gitmek, dönmek; tekrar intikal etmek, ait olmak; i. geri dönen kimse, özellikle eski dinine dönen kimse.

re.vest (rivest') f. eski mevkiini iade etmek; eski sahibine dönmek.

re.vet (rivet') f. (-ted, -ting) toprak kaymasına engel olmak için meyilli duvar çekmek, kaplama duvarı yapmak. revetment i. istihkâmların dış kaplaması.

re.view (rivyu') i. yeniden gözden geçirme, bir daha inceleme; yeniden yoklama, resmî teftiş; eleştiri, tenkit; edebiyat ve fikir mecmuası; huk. bir davanın temyiz mahkemesince yeniden incelenmesi. court of review yargıtay, temyiz mahkemesi. pass in review geçit töreni yapmak. subject to review ileride değiştirme şartıyla.

re.view (rivyu') f. yeniden incelemek, bir daha dikkatle muayene etmek; eleştiri yazmak; (askerî kuvvetleri) teftiş etmek; huk. (mahkeme kararını) yeniden incelemek; tekrar gözden geçirmek.

re.view.er (rivyu'wır) i. eleştirmen, tenkit yazarı.

re.vile (rivayl') f. sövmek, yermek, küfür savurmak.

re.vise (rivayz') f., i. tekrar gözden geçirip düzeltmek; İng. tekrarlamak (ders); değiştirmek; i. düzeltme, yeniden gözden geçirme; matb. ikinci prova.

re.vi.sion (rivij'ın) i. düzeltme, tashih; düzeltilmiş baskı. revisionist i. değişiklik taraftarı (öğreti veya siyaset konusunda).

re.vi.sory (rivay'zıri) s. tashih edici, düzeltici.

re.vi.val (rivay'vıl) i. yeniden canlanma, taze hayat bulma; ayılma, kendine gelme; yeniniden revaç bulma; uyanma, uyanış; yeniden uyanan merak; dinî inançları kuvvetlendirici toplantılar serisi. revivalism i. inançları canlandırmak üzere yapılan heyecanlı dinsel toplantıların tuttuğu yol. revivalist i. halkı dinî uyanışa teşvik eden vaiz.

re.vive (rivayv') f. yeniden canlanmak, taze hayat bulmak; eski halini bulmak; canlandırmak, taze hayat vermek, ihya etmek; eski kuvvetini yerine getirmek; tekrar rağbet kazandırmak; tazelemek, yeni alâka uyandırmak.

re.viv.i.fy (riviv'ıfay) f. yeni hayat vermek, yeniden canlandırmak. revivifica'tion i. diriltme, canlandırma.

rev.o.ca.ble rev.ok.a.ble (rev'ıkıbıl, rivo'kıbıl) s. geri alınabilir; feshedilebilir.

rev.o.ca.tion (revıkey'şın) i. müsaade veya imtiyazın geri alınması; fesih, hükümsüz kılma, iptal.

rev.o.ca.to.ry (rev'ıkıtôri) s. fesih veya iptal kabilinden.

re.voke (rivok') f., i. geri almak, hükümsüz kılmak, feshetmek, iptal etmek; sözünü geri almak; iskambil kurallara aykırı olarak aynı renkten kâğıt oynamamak; i., iskambil aynı renkten kâğıt oynamayış.

re.volt (rivolt') f., i. isyan etmek, ayaklanmak; karşı gelmek; at veya against ile tiksinmek; i. isyan, ayaklanma; şiddetli anlaşmazlık halinde olma.

re.volt.ing (rivol'ting) s. tiksindirici, iğrenç, korkunç. revoltingly z. tiksindirici surette.

rev.o.lute (rev'ılut) s., bot. geriye veya aşağıya doğru kıvrılmış (yaprak kenarları).

rev.o.lu.tion (revılu'şın) i. dönme, devir; bir cismin bir merkez etrafında dönmesi; bir gezegenin güneş etrafında dönmesi; devir süresi, devre; inkılâp, devrim, fikir devrimi, hal ve kıyafetlerin değişmesi; devlet yönetiminin tamamen değiştirilmesi; ihtilâl, isyan. revolutionism i. devrim taraftarlığı. revolutionist i. devrimci, inkılâpçı. revolutionize f. tamamen değiştirmek.

rev.o.lu.tion.ar.y (revılu'şıneri) *s., i.* devrim
kabilinden, inkılâpçı, devrimci; ihtilâlci; *i.*
devrimci veya inkılâpçı kimse; ihtilâlci kimse.

re.volve (rivalv') *f.* döndürmek, çevirmek; dev-
rettirmek; dönmek, devretmek; bir devre
içinde dönmek; mütalaa etmek, düşünmek.

re.volv.er (rival'vır) *i.* tabanca, mükerrer ateşli
tabanca, altıpatlar, revolver.

re.volv.ing (rivalv'îng) *s.* döner, devir yapan.
revolving door döner kapı. **revolving
fund** döner sermaye, işleyen para; daima
ödünç verilip iade edilen para. **revolving
light** döner fener.

re.vue (rivyu') *i.* çeşitli dans ve oyunlardan
meydana gelen sahne gösterisi, revü.

re.vul.sion (rivʌl'şın) *i.* duygularda anî ve
kuvvetli değişiklik; şiddetli çekilme.

re.ward (riwôrd') *f., i.* mükâfatlandırmak, mü-
kâfatını vermek, ödül vermek; karşılığını
vermek; gönül okşamak; taltif etmek; *i.*
mükâfat, ödül, karşılık; ücret, bahşiş. **re-
wardable** *s.* mükâfatlandırılabilir.

re.wire (riwayr') *f.* yeniden tel döşemek.

re.word (riwırd') *f.* tekrarlamak; yeni keli-
melerle söylemek.

rex (reks) *i., Lat.* kral, hükümdar.

Rey.kja.vik (rey'kyıvik) *i.* Reykjavik, İzlan-
da'nın başkenti.

Reyn.ard (ren'ırd, rey'nırd) *i.* eski bir hayvan
hikâyesinde tilkinin adı; *k.h.* tilki.

R.F.D. *kıs.* **Rural Free Delivery.**

rha.chis *bak.* rachis.

rhap.so.dize (räp'sıdayz) *f.* şiir inşat etmek;
bir şeyden fazla heyecanla bahsetmek. **rhap-
sodist** *i.* şiir inşat eden kimse, bir şeyden
fazla şairane şekilde bahseden kimse.

rhap.so.dy (räp'sıdi) *i.* rapsodi; muhtelif par-
çalardan düzenlenmiş eser; heyecanlı ve duy-
gusal konuşma. **rhapsodical** (räpsad'îkıl) *s.*
heyecanlı. **rhapsod'ically** *z.* heyecanla.

rhe.a (ri'yı) *i.* Güney Amerika'ya mahsus üç
parmaklı devekuşu, *zool.* Rhea americana;
b.h. Satürn gezegeninin beşinci uydusu.

rhe.mat.ic (rimät'îk) *s.* fiilden türetilmiş (ke-
lime); kelime yapımına ait.

Rhen.ish (ren'iş) *s., i.* Ren ırmağına veya çev-
resine ait; *i.* Ren şarabı.

rhe.ol.o.gy (riyal'ıci) *i.* maddenin sıvı halindeki
özelliklerini inceleyen ilim dalı.

rhe.o.stat (ri'yıstät) *i., elek.* direnç aygıtı,

reosta.

rhe.o.tax.is (riyıtäk'sîs) *i.* su akımının etkisine
tepki olarak bir organizmanın hareketi.

rhe.ot.ro.pism (riyat'rıpîzım) *i.* su akımının
etkisiyle bir organizmanın büyümesi veya
yaptığı tepki.

rhe.sus (ri'sıs) *i.* Hindistan'a mahsus kısa
kuyruklu bir çeşit maymun, *zool.* Macaca
mulatta. **Rhesus factor** *bak.* **Rh factor.**

rhet.o.ric (ret'ırik) *i.* belâgat ilmi, konuşma
sanatı.

rhe.tor.i.cal (ritôr'îkıl) *s.* güzel söz söylemeye
ait; güzel söz söyleme sanatına ait. **rhe-
torical question** cevabı beklenilmeyen
ve etkili olsun diye kullanılan soru. **rhe-
torically** *z.* belâgat ilmine göre, belâgatli
olarak.

rhet.o.ri.cian (retıriş'ın) *i.* belâgat ilmi âlimi
veya hocası; güzel konuşma ustası, hatip;
belâgatli hatip veya yazar.

rheum (rum) *i., eski* nezle. **rheum'y** *s.* nezle
kabilinden, nezleli.

rheu.mat.ic (rumät'îk) *s., i.* romatizmayla ilgili,
romatizmalı; *i.* romatizmalı kimse. **rheu-
matic fever** ateşli romatizma.

rheu.ma.tism (ru'mıtîzım) *i.* romatizma, yel.

rheu.ma.toid, rheu.ma.toid.al (ru'mıtoyd, ru-
mıtoyd'ıl) *s., tıb.* romatizmaya benzer, ro-
matizma kabilinden; romatizmalı. **rheuma-
toid arthritis** romatizmal arterit.

Rh factor (ar eyç) *biyol.* çoğu insanların
kanında bulunan pıhtılaştırıcı bir madde.
Rh negative içinde bu madde bulunmayan.
Rh positive içinde bu madde bulunan.

rhi.nal (ray'nıl) *s., anat.* buruna ait; genizden
veya burundan gelen.

Rhine (rayn) *i.* Ren nehri. **Rhine wine** Ren
şarabı.

Rhine.land (rayn'länd) *i.* Ren nehrinin ba-
tısındaki Alman toprakları; Renanya eyaleti.

rhine.stone (rayn'ston) *i.* sunî elmas, elmas
taklidi madde.

rhi.ni.tis (raynay'tis) *i., tıb.* burun iltihabı,
iç burun zarının iltihabı, burun nezlesi.

rhi.no (ray'no) *i., k.dili* gergedan; *argo* para.

rhino- *önek* burun.

rhi.noc.er.os (raynas'ırıs) *i.* gergedan, *zool.*
Rhinoceros unicornis. **rhinocer'ial, rhi-
nocerot'ic** *s.* gergedana ait.

rhi.no.plas.ty (ray'noplästi) *i., tıb.* estetik burun ameliyatı. **rhinoplas'tic** *s.* bu ameliyata ait.

rhi.no.scope (ray'nıskop) *i., tıb.* burnun içini muayeneye mahsus ayna.

rhi.zome (ray'zom) *i., bot.* rizom, yeraltı gövdesi, kök gövde.

rhi.zo.pod (ray'zıpad) *i., zool.* kökbacaklı.

Rhodes (rodz) *i.* Rodos adası.

Rho.de.sia (rodi'jı) *i.* Rodezya.

rho.di.um (ro'diyım) *i., kim.* rodyum.

rho.do.den.dron (rodıden'drın) *i.* rododendron, açalyaya benzer bir bitki.

rhomb, rhom.bus (ram, ramb, ram'bıs) *i.* eşkenar dörtgen. **rhombic** *s.* eşkenar dörtgen şeklinde.

rhom.boid (ram'boyd) *s., i.* karşılıklı kenar ve açıları eşit olup dik açısı bulunmayan paralelkenar. **rhomboi'dal** *s.* böyle bir paralelkenar biçiminde.

rhon.chus (rang'kıs) *i., tıb.* soluk alırken çıkan hırıltılı ses.

rhu.barb (ru'barb) *i.* ravent, *bot.* Rheum officinale; *ecza.* ravent kökünden yapılan bir müshil veya kuvvet ilâcı; *argo* kavga, meydan kavgası. **rhubarby** *s.* raventli, ravende benzer. **garden rhubarb** papaz ravendi, *bot.* Rheum rhaponticum. **wild rhubarb** keçikulağı.

rhumb (rʌm) *i., den.* kerte, pusulanın 32 kısmından her biri; bütün meridyenleri aynı açıda kateden hat.

rhyme, rime (raym) *i., f.* kafiye, uyak; şiir; *f.* kafiyeli şiir yazmak. **without rhyme or reason** mantıksız olarak, hiç mantığa dayanmadan. **nursery rhymes** küçük çocuklara mahsus şiirler.

rhythm (rîdh'ım) *i.* vezin; ahenkli üslûp; şiir ve müzikte ahenk, ritim, düzün, düzenlilik; ahenkli hareket; ahenk, uyum. **rhythmical** *s.* mevzun, ahenkli, uyumlu, düzünlü, ritmik. **rhythmically** *z.* ahenkli olarak.

RI *kıs.* Rhode Island.

ri.ant (ray'ınt) *s.* gülen, neşeli; güler yüzlü.

rib (rib) *i., f.* (**-bed, -bing**) kaburga kemiği; etin kaburgadan olan kısmı, pirzola; *bot.* yaprak damarı; *den.* posta, ıskarmoz, kaburga; *şaka* zevce; *argo* şaka; *f.* çubuklarla desteklemek, lata ile kuvvetlendirmek; *den.* ıskarmoz koymak; *argo* alay etmek.

rib.ald (rîb'ıld) *i., s., nad.* ağzı bozuk adam; *s.* ağzı bozuk, küfürbaz, bayağı. **ribaldry** *i.* kaba dil.

rib.bing (rîb'îng) *i.* kaburgalar; *den.* ıskarmozlar.

rib.bon, *eski* **rib.and** (rib'ın, rib'ınd) *i.* kurdele; şerit; yazı makinasının şeridi; *çoğ., k.dili* araba atının dizgini; şövalyelik nişanı olan kurdele parçası. **blue ribbon** *bak.* **blue**. **torn to ribbons** lime lime olmuş. **ribbon fish** kâğıtbalığı, *zool.* Trachypterus.

ri.bo.fla.vin (ray'bofleyvîn) *i., biyol., kim.* B_2 vitamini.

rice (rays) *i.* pirinç, *bot.* Oryza sativa; çeltik; **(rice cooked with oil)** pilav. **rice flour** pirinç unu. **rice milk** sütlaç. **rice paper** pirinç kâğıdı, çeltik sapından yapılmış kâğıt. **rice pudding** bir çeşit sütlaç.

rice (rays) *f.* patates veya diğer sebzeleri ince deliklerden tazyikle geçirip ufaltmak. **ricer** *i.* patates ve diğer sebzeleri deliklerinden geçirerek ezmeye yarayan mutfak aleti.

rich (rîç) *s.* zengin, servet sahibi; mümbit, bitek, verimli, bereketli; bol, çok; mükellef; lezzetli, yağlı, ağır; parlak (renk); gür, dolgun (ses); tuhaf, hoş, nükteli. **the rich** zenginler, servet sahipleri. **riches** *i.* zenginlik, para, servet, mal. **richly** *z.* zengince; bol bol; fazlasıyle; ağır bir şekilde. **rich'ness** *i.* zenginlik; yağlılık.

rick (rîk) *i., f.* saman veya kuru ot yığını, özellikle üstü örtülü büyük yığın; *f.* kuru ot yığmak.

rick.ets (rîk'îts) *i., tıb.* raşitizm.

rick.et.y (rîk'ıti) *s.* raşitizm hastalığına tutulmuş, raşitik; sarsak, düşecek gibi.

rick.rack (rîk'räk) *i.* süs olarak kullanılan ve zikzak şeklinde yapılmış yassı şerit, bir çeşit sutaşı.

rick.sha, rick.shaw (rîk'şô) *bak.* **jinriksha**.

ric.o.chet (rîkışey') *i., f.* taş parçasının su yüzünde sekerek gitmesi; top güllesinin sekerek gitmesi için kullanılan ateşleme metodu; *f.* sekerek gitmek.

ric.tus (rîk'tıs) *i.* kuş gagasının açılma genişliği; ağız açıklığı.

rid (rîd) *f., gen. of ile* kurtarmak; *eski* defetmek, gidermek. **be rid of, get rid of** başından defedip kurtulmak. **rid'dance** *i.* kurtuluş, kurtulma. **good riddance** belâdan iyi kurtulma.

rid.dle (rîd'ıl) *i., f.* muamma, bilmece; *f.* bilmece çözmek; bilmece ile söylemek.

rid.dle (rîd'ıl) *i., f.* kalbur; *f.* kalburla elemek; kalbur gibi delik deşik etmek.

ride (rayd) *f.* (**rode, ridden**) *i.* at veya başka hayvana binmek, arabaya binmek, araba ile gitmek; su üstünde gitmek, yüzmek (gemi); binilmesi rahat olmak; binip kullanmak veya sürmek; zorla yönetmek, hüküm sürmek; binip gitmek; bindirmek; *i.* binme, biniş; atla gezme; atla gezinti yeri veya yolu. **ride a wave** dalga ile sürüklenmek. **ride for a fall** hayal kırıklığına doğru gitmek, felâkete sürüklenmek. **He is riding high.** Bütün işleri yolunda. **rid'able** *s.* binilebilir.

rid.er (ray'dır) *i.* binici, süvari; ilâve, ek, özellikle kanun tasarısı eki.

ridge (rîc) *i., f.* sırt, bayır; dağ sırası; kabartma çizgi; çatı sırtı; *f.* sırt haline koymak. **ridge beam** çatı direği. **ridge'pole** *i.* çatının yatay direği. **ridge tile** çatı sırtına mahsus kiremit. **ridge'way** *i.* bayır sırtı boyunca giden yol. **ridg'y** *s.* sırtlı, sırt gibi; kabartma çizgileri olan.

rid.i.cule (rîd'ıkyul) *i., f.* eğlenme, istihza, alay; alay konusu; *f.* istihza etmek, alay etmek, gülmek, eğlenmek.

ri.dic.u.lous (rıdîk'yılıs) *s.* gülünecek, gülünç; maskaralık nev'inden; tuhaf, saçma. **ridiculously** *z.* maskaraca, gülünç surette. **ridiculousness** *i.* tuhaflık, gülünçlük.

rid.ing (ray'dîng) *i., s.* biniş; binicilik; *s.* binek; yolculuk veya binicilikte kullanılan. **riding habit** kadın için binici elbisesi. **riding hood** kadın biniciye mahsus başlık. **riding master** binicilik hocası. **riding school** binicilik okulu. **riding whip** süvari kamçısı.

rid.ing (ray'dîng) *i., İng.* kaza, ilçe; *Kanada* bir mebusun temsil ettiği seçim bölgesi.

ri.fa.ci.men.to (rifaçimen'to) *i.* (*çoğ.* -**ti**) yeniden yazma veya düzenleme (eser); adaptasyon.

rife (rayf) *s.* mebzul, bol; olagelen, geçer, hüküm süren. **rife with** dolu.

riff (rîf) *i., müz.* cazda kısa tema.

rif.fle (rîf'ıl) *i., f., A.B.D.* akıntıya mâni olan su altındaki kumluk veya kaya; engelin etkisiyle sığlaşan ve karışık durum alan akıntı; iskambil kâğıt karıştırma; *f., iskambil* kâğıt karıştırmak; sayfa karıştırmak.

rif.fle (rîf'ıl) *i.* altınla karışık kumu ayıran ızgara.

riff.raff (rîf'räf) *i.* ayaktakımı; kötü ve bayağı şeyler, döküntü, süprüntü.

ri.fle (ray'fıl) *f.* soymak, soyup soğana çevirmek; yağma etmek, talan etmek.

ri.fle (ray'fıl) *f.* top veya tüfek namlusu içine yiv açmak. **rifled** *s.* namlusu yivli.

ri.fle (ray'fıl) *i.* yivli silâh, namlusu yivli tüfek; *çoğ.* şişhaneli askerler, tüfekli erler. **rifle corps** piyade alayı. **rifleman** *i.* şişhane neferi, tüfekli er. **rifle pit** piyade siperi. **rifle range** poligon.

rift (rîft) *i., f.* yarık, gedik, çatlak; ara açılması; *f.* yarmak, çatlatmak, gedik açmak.

rig (rîg) *f., i.* donatmak, giydirmek; teçhiz etmek; *den.* donatmak (gemi); *i.* donanım, arma; takım; at ile beraber araba takımı; kıyafet, kılık. **rig the market** piyasayı tedirgin etmek.

Ri.ga (ri'gı) *i.* Riga, Letonya'nın başşehri.

rig.a.doon (rîgıdun') *i.* iki kişi ile oynanan oynak bir dans; bu dansın havası.

Ri.gel (ray'gıl) *i., astr.* Orion burcunda bulunan parlak yıldız.

rig.ger (rîg'ır) *i.* armador; vinççi; makara ve benzeri teçhizat kullanmakta usta kimse.

rig.ging (rîg'îng) *i.* geminin arması, donanım.

right (rayt) *s., z., i., f.* doğru, düz; doğrulu, dik; haklı, âdil, insaflı; uygun, münasip; doğru, gerçek, gerçeğe uygun, dürüst; iyi, sağlam; sağ (taraf); *z.* doğru, adaletli olarak, adalete uygun şekilde; dosdoğru; doğruca; pek, çok; *i.* hak; adalete uygunluk; hakikat; doğruluk, dürüstlük; sağ taraf; yetki; *pol.* sağ kanat; *f.* hakkını yerine getirmek; doğrultmak; tashih etmek, düzeltmek; doğrulmak. **Right!** Haklısınız! Doğrudur. **right along** boyuna, bütün vakit. **right angle** dik açı. **right away** hemen, derhal. **right ascension** *astr.* bir yıldızın ilkbahar gün-tün eşitlik noktasından doğuya doğru açısal uzaklığı, matla-i üstüval. **right cylinder** *mat.* dik silindir. **Right face!** *ask.* Sağa dön! **right of action** dava hakkı. **right of assembly** toplanma hakkı. **right of asylum** iltica hakkı. **right off** hemen, derhal. **right of search** *huk.* arama hakkı. **right of way** *huk.* geçiş hakkı; önden geçme hakkı; demiryolunun geçtiği arazi; kabloların döşendiği arazi parçası; yol geçen arazi parçası. **Right on.** *argo* Tam isabet. Devam et. **right-to-work law** *A.B.D.* sendika dışı işçi çalıştırma hakkı veren kanun. **right triangle** *geom.* dik üçgen. **right whale** balina, *zool.* Balaena mysticetus. **right wing** sağ kanat, sağcılar. **a legal right** kanunî hak. **by right of** hak veya yetkisiyle. **by right** hakkı olarak, hakka bakılırsa. **Declaration of Human Rights** İnsan Hakları Beyannamesi. **have a good right** çok hakkı olmak, tamamıyle haklı olmak. **on the right side** doğru tarafta, doğru yüzünde. **women's rights** kadın hakları.

right.a.bout (rayt'ıbaut) *i.* karşı taraf; karşı tarafa dönüş.

right.eous (ray'çıs) *s.* dürüst, erdemli, doğru; âdil, adalete uygun olan. **righteously** *z.* doğrulukla. **righteousness** *i.* doğruluk, dürüstlük.

right.ful (rayt'fıl) *s.* haklı; hak sahibi; dürüst. **rightfully** *z.* haklı olarak. **rightfulness** *i.* haklı olma.

right-hand (rayt.händ') *s.* sağdaki; sağ tarafa ait, sağa dönen; güvenilen. **right-hand man** en çok güvenilen kimse, sağ kol (özellikle iş sahasında).

right-hand.ed (rayt.hän'did) *s.* sağ elini kullanan; sağ elle yapılan; soldan sağa dönen.

right.ist (ray'tist) *s., i., pol.* sağcı (kimse).

right.ly (rayt'li) *z.* haklı olarak, doğru olarak.

right.mind.ed (raytmayn'did) *s.* doğru düşünüşlü, sağduyu sahibi.

right.ness (rayt'nis) *i.* doğruluk, adalete uygunluk.

right.o (ray'to) *ünlem, İng., k.dili* Tamam! Peki! Aferin!

right.ward (rayt'wırd) *z.* sağa doğru.

rig.id (rîc'id) *s.* eğilmez, bükülmez, katı, dimdik; sert, şiddetli. **rigidly** *z.* kımıldamayarak, dimdik. **rigidness, rigid'ity** *i.* sertlik, diklik; kımıldayamamazlık.

rig.ma.role (rîg'mırol) *i.* saçma konuşma; kırtasiyecilik.

rig.or (rîg'ır) *i.* sertlik, katılık; insafsızlık; eğilmezlik, bükülmezlik; şiddet; ihtimam, dikkat; *tıb.* titreme, ürperme; *bot.* rigor, dış etkilere karşı tepkisiz kalma. **rigor mortis** ölümden sonra vücudun katılaşması.

rig.or.ism (rîg'ırizım) *i.* aşırı sıkılık, sertlik.

rig.or.ous (rîg'ırıs) *s.* şiddetli, sert; ihtimamlı. **rigorously** *z.* insafsızca; tamamı tamamına; dakik olarak. **rigorousness** *i.* sertlik, insafsızlık; dakiklik, ihtimam.

Rigs.dag (riks'dag) *i.* Danimarka Parlamentosu.

Rig-Ve.da (rîgvey'dı, rîgvi'dı) *i.* eski Hindu din kitapları, *bak.* **Veda.**

Ri.je.ka (riye'ka) *i.* Rijeka.

Riks.dag (riks'dag) *i.* İsveç Parlamentosu.

rile (rayl) *f., k.dili* sinirlendirmek, kızdırmak; *A.B.D.* bulandırmak.

ri.lie.vo (rilyey'vo) *i.* (*çoğ.* **-vi**) *güz. san.* yüzey üzerinde kabartma şekil; resimde cisimlendirilmiş gibi görülen kısım.

rill (rîl) *i.* küçük dere.

rim (rîm) *i., f.* (**-med, -ming**) kenar; tekerlek ispiti, jant; *f.* kenar çevirmek, kenar yapmak. **rim-fire** *s.* kenarından ateş alan (fişek). **rim'mer** *i.* kenar süslemeye mahsus alet.

rime *bak.* **rhyme.**

rime (raym) *i., f.* kırağı; *f.* kırağı bağlamak, kırağı düşmek; kırağı ile örtmek. **rim'y** *s.* kırağılı, kırağı gibi.

ri.mose, ri.mous (ray'mos, ray'mıs) *s.* yarıklarla dolu; *bot., zool.* ağaç kabuğu gibi çatlaklı. **rimos'ity** *i.* ağaç kabuğu gibi yarık veya çatlaklık.

rind (raynd) *i., f.* kabuk; meyva veya peynir kabuğu; *f.* kabuğunu soymak.

rin.der.pest (rîn'dırpest) *i., bayt.* sığır vebası.

rin.for.zan.do (rinfôrtsan'do) *z., müz.* kuvvetlenerek, artarak, (*kıs.* **rf.**).

ring (rîng) *f., i.* etrafına halka çekmek, etrafını kuşatmak, çember içine almak; halka veya yüzük takmak; halka şeklinde soymak (ağaç kabuğu); halka meydana getirmek; helezonlar halinde yükselmek; halka şekline girmek; *i.* halka, daire; yüzük; çember; güreş meydanı; sirk, ring; ticaret veya siyasette nüfuzunu kendi çıkarlarına kullanma şebeke; *kim.* atomlardan meydana gelen halka. **ring fence** geniş bir yerin etrafını çeviren çit. **ring finger** yüzük parmağı. **run rings around one** çok üstün gelmek, çok geride bırakmak.

ring (rîng) *f.* (**rang, rung**) *i.* çalınmak, ses vermek; çınlamak; zili çalmak; çalkanmak (şöhret ile); tesir etmek (söz); çalmak; çınlatmak; çan ile ilân etmek; ses çıkarmak; *i.*

çan sesi; çınlama sesi; ahenk; akis. **ring down** *tiyatro* perdeyi indir işareti vermek; bir şeye son vermek. **ring in** çan sesiyle getirmek. **ring off** telefonu kapamak. **ring out** çan sesiyle göndermek; hızlı hızlı çalmak. **ring true** doğru gibi gelmek (söz). **ring up** birine telefon etmek. **ring for a servant** hizmetçiyi çağırmak. **ring the changes on** aynı şeyi tekrar tekrar söylemek.

ring-billed (rîng'bîld) *s.* gagasında renkli halkası olan (kuş).

ring.bolt (rîng'bolt) *i.* halkalı cıvata, mapa.

ring.bone (rîng'bon) *i.* atta topuk nasırı.

ring.dove (rîng'dʌv) *i.* boynu halkalı güvercin, tahtalı güvercin, *zool.* Streptopelia risoria.

rin.gent (rîn'cınt) *s.* ağzı açık; *bot.* iç yaprakları ayrık.

ring.er (rîng'ır) *i.* halka oyununda kazığa geçen halka; bir şeyin etrafını halka gibi saran şey.

ring.er (rîng'ır) *i.* çan çalan kimse veya cihaz; *argo* hakkı olmadan hile ile yarış veya oyuna giren kimse veya at; *argo* tam benzer.

ring.lead.er (rîng'lîdır) *i.* idareci, tertipçi, elebaşı.

ring.let (rîng'lît) *i.* saç lülesi; ufak halka.

ring.mas.ter (rîng'mästır) *i.* sirkte gösteriyi sunan kimse.

ring.neck (rîng'nek) *i.* boynu renkli halkalı bir yılan veya ördek türü.

ring.side (rîng'sayd) *s., i.* ringe veya sirk sahnesine yakın (yer).

ring-streaked (rîng'strîkt) *s.* tüyleri renk renk halkalı olan, çizgili.

ring-tailed (rîng'teyld) *s.* karışık renkli kuyruklu.

ring.worm (rîng'wırm) *i., tıb.* mantar hastalığı.

rink (rîngk) *i.* bazı oyunlara mahsus buz sahası; bina içinde patinaj alanı; tekerlekli patenle kayma yeri.

rinse (rîns) *f., i.* çalkamak, hafifçe yıkamak; yıkayarak sabununu gidermek, durulamak; *i.* çalkama; saç boyası.

rins.ing (rîn'sîng) *i.* çalkalama; *gen. çoğ.* içinde herhangi bir şeyin çalkanmış olduğu su.

ri.ot (ray'ıt) *i., f.* gürültü, patırtı, velvele, şamata, hengâme; kargaşalık; baş kaldırma, isyan, ayaklanma; cümbüş, eğlenti; *f.* gürültü etmek; ayaklanmak, isyan etmek. **Riot Act** eskiden İngiltere'de on iki veya daha fazla kimse isyan çıkarmak maksadıyle toplanıp da dağılma emrine uymayınca onları suçlu tutan kanun; *k.h.* şiddetli azar. **read the riot act** azarlamak. **riot gun** nöbetçilikte veya ayaklananlara karşı kullanılan kısa namlulu tüfek. **riot squad** toplum polisi ekibi. **run riot** *fig.* gemi azıya almak; dal budak salıp her yeri sarmak (bitki).

ri.ot.ous (ray'ıtıs) *s.* ayaklanmayla ilgili; gürültülü. **riotously** *z.* gürültü ile. **riotousness** *i.* kargaşalık.

rip (rîp) *f.* (**-ped, -ping**) *i.* yarmak, kesmek; çekip dikişlerini sökmek; keresteyi boyuna kesmek; yarılmak; dikişleri açılmak; hızla ilerlemek veya koşmak; *i.* yarık, yırtık; dikiş söküğü; değersiz şey; girdap, anafor. **rip cord** paraşüt açan kollu ip; balonu çabuk indirmek için gaz torbasını azıcık açmaya mahsus ip. **rip off** *argo* çalmak; dolap çevirmek. **rip open** yarıp açmak. **rip out** birdenbire küfür savurmak. **ripped** *s.* yırtık; *argo* sarhoş; şaşkın.

rip (rîp) *i.* ters akıntıların birleşmesinden meydana gelen dalgalı su.

R.I.P. *kıs.* **requiescat in pace** Huzur içinde yatsın. Allah rahmet eylesin.

ri.par.i.an (rîper'iyın, rayper'iyın) *s., i.* nehir kenarlarında bulunan; su kenarında büyüyen; *i.* nehir kenarında oturan kimse.

ripe (rayp) *s.* olmuş, olgun, olgunlaşmış, yetişmiş, kemale ermiş; olgunluk derecesine varmış; ihtiyarca, yaşlıca; eski ve lezzetli, tam vakti gelmiş; hazır. **ripe'ly** *z.* olgunlukla; uygun surette, tamamen. **ripe'ness** *i.* olgunluk.

rip.en (ray'pın) *f.* olgunlaştırmak, olmak, olgunlaşmak, kemale erdirmek veya ermek.

rip.off (rîp'ôf) *i., argo* hile, desise.

ri.poste (rîpost') *i., f.* karşılık, hamle; çabuk ve zekice verilen cevap; *f.* çabuk karşı hamle yapmak; çabuk ve zekice cevap vermek.

rip.per (rîp'ır) *i.* kesici şey veya kimse, yarıcı şey veya kimse; dikiş sökmeye mahsus alet; *İng., argo* çok hoşa giden şey; çok mükemmel adam.

rip.ping (rîp'îng) *s.* boydan boya kesen, yaran; *İng., argo* çok güzel, mükemmel, âlâ. **a ripping good time** çok güzel vakit.

rip.ple (rîp'ıl) *i., f.* keten tarağı, keten tohumunu ayırmaya mahsus tarak; *f.* keten tohumunu ayırmak.

rip.ple (rîp'ıl) *i., f.* ufacık dalga, dalgacık; su yüzünün dalgalanması; *f.* ufak dalgalar meydana getirmek; dalgalanmak; dalgacıklar gibi ses çıkarmak. **a ripple of conversation** dalga gibi yükselip alçalan konuşma sesi. **ripple mark** kaya veya kum üzerinde su veya rüzgârın bıraktığı iz. **ripplet** *i.* dalgacık. **ripply** *s.* dalgacık gibi.

rip.proof (rîp'pruf) *s.* yırtılmaz, dikişleri sökülmez.

rip.rap (rîp'räp) *i.* temel için kullanılan taş parçaları.

rip-roar.ing (rîp'rôrîng) *s., A.B.D., argo* neşeli, canlı; gürültülü.

rip.roar.i.ous (riprôr'iyıs) *s., A.B.D., argo* çok neşeli, gürültülü.

rip.saw (rîp'sô) *i.* bıçkı testeresi, tahtayı uzunluğuna kesmeye yarayan testere.

rip.snort.er (rîpsnôr'tır) *i., eski, argo* fazla gürültülü kimse veya şey; olağanüstü kimse veya şey; kasırga.

rip.tide (rîp'tayd) *i.* karışık akıntılı olduğu için yüzmeye uygun olmayan sular.

Rip.u.ar.i.an (rîpyuwer'iyın) *s.* dördüncü yüzyılda Ren nehri sahillerinde ve Köln civarında yerleşmiş olan Franklara ait.

Rip van Win.kle (rîp vän wîng'kıl) yirmi yıl uyuduktan sonra uyanıp tamamen değişmiş bir dünya gören adam (Washington Irving'in bir eserinin kahramanı); çok eski kafalı adam.

rise (rayz) *f.* **(rose, risen)** çıkmak, yukarı çıkmak; yükselmek; kalkmak, ayağa kalkmak; meydana çıkmak, zuhur etmek; kabarmak, şişmek; toplantı bitince kalkmak; doğmak (güneş, ay); çıkmak, gözükmek; başlamak; peyda olmak, hâsıl olmak; artmak, çoğalmak; ilerlemek, zenginleşmek; ayaklanmak, isyan etmek; açılmak, ferahlamak, iyileşmek; revaç bulmak; pahası artmak; dirilmek; ölüm yatağından kalkmak. **rise to the occasion** fırsattan istifade etmek.

rise (rayz) *i.* doğuş, yükseliş; bayır, tümsek; artış, yükseliş; sesin tizleşmesi; sesin yükselip artması; su yüzeyine çıkış (balık); zuhur, meydana çıkış; *İng.* (maaşta) zam. **give rise to** sebep olmak, davet etmek. **on the rise**

artmakta, yükselmekte. **get a rise out of one** şaka ile birisinin zayıf noktasına temas ederek heyecanlandırmak.

ris.er (ray'zır) *i.* yataktan kalkan kimse; merdiven basamağının dik olan kısmı; sahneye konabilen basamaklı platform.

ris.i.ble (rîz'ıbıl) *s.* gülme tabiatı olan; gülme eğiliminde olan; güldürücü, gülmeye ait; **risibil'ity** *i.* gülme temayülü. **risibly** *z.* güldürecek surette.

ris.ing (ray'zîng) *s., i.* kalkan, çıkan, yükselen, ilerleyen; büyüyen, yetişen; *i.* yükseliş, ilerleyiş; isyan, ayaklanma.

risk (rîsk) *i., f.* tehlike; risk, riziko, hasar tehlikesi; sigorta edilen kimse veya şey; *f.* tehlikeye koymak; göze almak. **at your risk** ziyan olduğu takdirde sizin hesabınıza, tehlike mesuliyeti size ait olmak üzere. **risk'y** *s.* tehlikeli, rizikolu.

ri.sot.to (rîsôt'to) *i.* İtalyan usulü peynirli veya etli pirinç çorbası.

ris.qué (rîskey') *s.* edebe aykırı, açık saçık, uygunsuz.

ris.sole (rîs'ol) *i.* bir çeşit et veya balık böreği.

ris.so.lé (rîsôley') *s., Fr.* yağda pişirilip kahverengi olmuş.

ri.sus (ray'sıs) *i.* sırıtma, sırıtış.

rit., ritard. *kıs.* ritardando.

ri.tar.dan.do (ritardan'do) *z., müz.* gecikerek.

rite (rayt) *i.* ayin, dinsel tören.

rit.u.al (rîç'uwıl) *s., i.* ayine ait, ayin kabilinden, dinsel törene ait; âdet edinilmiş; *i.* dinî ayin ve merasim; ayin kitabı; âdet, alışkı. **ritualism** *i.* ayine göre ibadet usulü. **ritualist** *i.* ayine göre ibadet etme taraftarı. **ritually** *z.* ayinle; âdetlere göre.

rit.u.al.is.tic (rîçuwılîs'tik) *s.* ayinden ibaret; ayine göre; yapılan âdet kabilinden.

ri.val (ray'vıl) *i., s., f.* rakip; *s.* rekabet eden; *f.* rakip olmak, rekabet etmek, geçmek için rekabet etmek. **rivalry** *i.* rekabet.

rive (rayv) *f.* **(rived veya riven)** yarmak, yarık açmak; yarılmak.

riv.er (rîv'ır) *i.* ırmak, nehir. **riverbank** *i.* ırmak kenarı. **river bed** ırmak yatağı. **river god** ırmak tanrısı. **river horse** suaygırı. **river man** ırmak üstünde çalışan adam. **river rat** ırmak kenarında hırsızlık eden haydut, nehir haydutu. **river road** ırmak boyunca giden yol. **riverside** *i.* ırmak kenarı.

riv.et (rîv'ît) *i., f.* perçin çivisi, perçin; *f.* perçinlemek. **rivet one's eyes on** perçinlenmiş gibi gözlerini bir noktaya dikmek. **riveter** *i.* perçinci. **riveting machine** perçin makinası. **riveted** *s.* perçinli; mıhlanmış, donup kalmış.

Riv.i.er.a (rîviyer'ı) *i.* Marsilya ile Cenova arasında plajlarıyle meşhur sahil.

ri.viére (rivyer') *i., Fr.* çoğunlukla bir diziden fazla elmas gerdanlık.

riv.u.let (rîv'yılît) *i.* ufak su, dere.

rix-dol.lar (rîks'dalır) *i.* eskiden Almanya, Felemenk veya İskandinavya'ya mahsus yaklaşık olarak bir dolar değerinde gümüş para.

R.N. *kıs.* **Royal Navy, registered nurse.**

roach (roç) *i.* sazan familyasından bir çeşit tatlı su balığı; kızılkanat, *zool.* Rutilus rutilus; kızılgöz, çamça balığı, *zool.* Leuciscus rutilus.

roach (roç) *i.* hamamböceği, *zool.* Blatta orientalis.

road (rod) *i., sık sık çoğ.* dış liman, demirleyecek yer.

road (rod) *i.* yol; demiryolu. **road cart** iki tekerlekli binek arabası. **road hog** bütün yolu işgal eden şoför veya arabacı. **road machine** yolu düzeltme makinası. **road metal** *İng.* yol yapmaya mahsus kırık taş. **Out of the road!** Yoldan çekil! Destur! **take to the road** yola düşmek; serseri olmak.

road.bed (rod'bed) *i.* yol temeli veya yatağı.

road.block (rod'blak) *i.* mânia, yolu kapayan engel.

road.house (rod'haus) *i.* şehir dışında yol kenarındaki lokanta veya gece kulübü.

road.mas.ter (rod'mästır) *i.* demiryolu kıta müdürü.

road.side (rod'sayd') *i.* yol kenarı.

road.stead (rod'sted) *i.* dış liman, demirleyecek yer.

road.ster (rod'stır) *i.* iki kişilik hafif otomobil; binek atı; bisiklet.

road.way (rod'wey) *i.* yolun vasıtalar geçen kısmı.

road.work (rod'wırk) *i.* idman olarak koşma.

roam (rom) *f., i.* dolaşmak, gezmek; avare dolaşmak; *i.* dolaşma, gezme.

roan (ron) *s., i.* demir kırı donlu, mercan kırı donlu; sahtiyandan yapılmış; *i.* demir kırı donu; demir kırı at; sahtiyan, güderi.

roar (rôr) *f., i.* gümbürdemek; kükremek (arslan); heybetli ses çıkarmak; bağırmak, gürültü etmek; kahkaha ile gülmek; gürültü ile nefes almak (at); *i.* kükreme, gürleme; heybetli ses; kahkaha.

roar.ing (rôr'îng) *i., s.* gürleme; kükreme; kişneme; hırıltılı soluma meydana getiren at hastalığı; *s.* gürleyen, kükreyen. **roaring applause** ortalığı çınlatıcı alkış.

roast (rost) *f., i., s.* fırında kızartmak, kebap etmek; (kahve) kavurmak; *k.dili* takılmak, alay etmek; *k.dili* azarlamak, haşlamak; tavlamak; *i.* et kızartması; *s.* kızarmış, kızartılmış.

roast.er (ros'tır) *i.* kızartan şey veya kimse; kızartma tavası; büyük boy tavuk.

rob (rab) *f.* soymak; başkasının para veya eşyasını alıp soymak; yağma etmek, talan etmek; mahrum etmek; hırsızlık etmek, adam soymak. **rob Peter to pay Paul** birine olan borcu ödemek için başkasının hakkını yemek.

rob.ber (rab'ır) *i.* hırsız, haydut, şaki, yol kesen kimse. **robbery** *i.* hırsızlık, adam soyma.

robe (rob) *i., f.* cüppe, kisve, uzun elbise, biniş; resmî elbise, kaftan; kürk atkı; *f.* kaftan giydirmek veya giymek. **robes of state** resmî ve uzun hükümdar kıyafeti.

rob.in (rab'în) *i.* Amerika'ya mahsus kızıl göğüslü bir ardıçkuşu; *İng.* kızıl gerdan, narbülbülü, *zool.* Erithacus rubecula. **Robin Goodfellow** *İng. mit.* yaramaz peri. **robin's -egg blue** ardıçkuşu yumurtasının rengi olan yeşilimsi açık mavi. **Robin Hood** İngiliz efsanelerinde çok yiğit ve cömert tabiatlı eşkiya. **robin redbreast** kızıl göğüslü ardıçkuşu; kızıl gerdan.

ro.ble (ro'bley) *i.* Kaliforniya'ya mahsus bir çeşit beyaz meşe ağacı, *bot.* Quercus lobata.

rob.o.rant (rab'ırınt) *s., i., tıb.* kuvvetlendirici; *i.* kuvvet ilâcı.

ro.bot (ro'bıt, ro'bat) *i.* insan gibi çalışan makina, robot; her türlü emirleri makina gibi yerine getiren vicdansız ve duygusuz kimse. **robot bomb** kendi kuvvetiyle uçan bomba.

ro.bust (robʌst') *s.* sağlam, gürbüz, güçlü, kuvvetli, dinç; kaba. **robustly** *z.* kuvvetle. **robustness** *i.* kuvvet, zindelik.

ro.bus.tious (robʌs'çıs) *s.*, *gen.* *şaka* kaba kuvvetli, kaba, sağlam.

roc (rak) *i.* anka kuşu.

roc.am.bole (rak'ımbol) *i.* bir çeşit pırasa, *bot.* Allium scorodoprasum.

'roch.et (raç'it) *i.* piskoposlara mahsus beyaz cüppe.

rock (rak) *i.* kaya; kaya parçası; kaya gibi kuvvetli şey; *A.B.D.*, *argo* büyük mücevher, elmas; *İng.* akide şekeri; felâkete sebep olan şey. **the Rock** Cebelitarık dağı ve kalesi. **rock bass** Amerika'ya mahsus bir çeşit tatlı su balığı. **rock bottom** kaya tabakası; en aşağı (fiyat). **rock-bound** *s.* etrafı kayalık; ulaşılmaz, erişilmez. **rock candy** akide şekeri. **rock crystal** neceftaşı. **rock garden** kayalık yerde bulunan bahçe; dağ çiçekleri yetiştirmek için özel olarak yapılan kayalık bahçe. **rock ruby** lâl taşı. **rock salt** kayatuzu. **rockwork** *i.* kaya parçaları ile yapılan duvar veya kaya bahçe süsü. **living rock** arz kabuğundaki taşküreden ayrılmamış kaya kitlesi. **on the rocks** kayaya çarpmış, harap olmuş; iflâs etmiş; buzlu fakat soda veya su katılmamış (viski).

rock (rak) *f.*, *i.* sallamak; beşik sallamak, sallayarak uyutmak; sallanmak, olduğu yerde sallanmak; *i.* sallama, sallanma. **rock-and-roll** *i.* çok ritmik bir pop müziği. **rocking chair** sallancaklı sandalye. **rocking horse** salıncaklı oyuncak at. **rock the boat** velveleye vermek.

rock.er (rak'ır) *i.* beşik veya salıncaklı sandalye altındaki kavisli ağaç, ayak; beşik sallayan kimse. **off one's rocker** *argo* çatlak, dengesiz, deli.

rock.er.y (rak'ıri) *i.* kayalık bahçe, taş yığınından yapılmış çiçeklik.

rock.et (rak'it) *i.*, *f.* havai fişek, roket; *f.* roket atmak; havaya doğru dik uçmak; hızlı ve dikine uçmak. **rocket bomb** tepkili bomba.

rock.et (rak'it) *i.* roka, *bot.* Eruca sativa.

rock.fish (rak'fiş) *i.* bir çeşit kayabalığı.

rock.ribbed (rak'ribd) *s.* kayadan kenarları olan; çok inatçı.

rock.rose (rak'roz) *i.* laden; keçisakalı, *bot.* Cistus creticus.

rock.y (rak'i) *s.* kayalık, kaya dolu; kaya gibi; hissiz, duygusuz, katı, katı kalpli. **Rocky Mountains, Rockies** Kayalık Dağları. **rock-iness** *i.* kayalıklı olma.

rock.y (rak'i) *s.* sallanmaya eğinik, sallanan, titrek; kararsız; *k.dili* zayıf, halsiz.

ro.co.co (rıko'ko, rokiko') *i.*, *s.* mimaride rokoko tarzı, çok süslü mimarî tarzı; *s.* rokoko tarzına ait; çok süslü, fazla gösterişli.

rod (rad) *i.* çubuk, değnek; asa; falaka değneği; ceza; kudret, güç; beş metrelik uzunluk ölçüsü. **connecting rod** *oto.* piston kolu.

rode (rod) *bak.* **ride.**

ro.dent (rod'ınt) *s.*, *i.* kemirici, kemirgen (hayvan).

ro.de.o (ro'diyo, rodey'o) *i.* seyirciler önünde kovboyların kendi hünerlerini gösterdikleri eğlenti; hayvanları küme halinde toplama veya sürme.

rod.o.mon.tade (radımanteyd') *i.*, *s.*, *f.* kuru laf, boş yere övünme, büyük söz; *s.*, *nad.* övüngen, kuru lafçı; *f.* büyük söylemek, övünmek, atmak.

roe (ro) *i.* karaca, *zool.* Capreolus capreolus; *bak.* **deer.** **roebuck** *i.* erkek karaca.

roe (ro) *i.* balık yumurtası.

Roent.gen rays (rʌnt'gın, rent'gın) röntgen ışınları.

ro.ga.tion (rogey'şın) *i.* eski Roma'da vali tarafından halkın onaylamasına sunulan kanun tasarısı; *kil.* yakarış, yalvarma.

rog.er (rac'ır) *ünlem*, *k.dili* Evet! Peki!

rogue (rog) *i.*, *f.* derbeder kimse, çapkın veya sefil kimse; hırsız, dolandırıcı, hilekâr kimse; yaramaz kimse, külhani; azgın fil; dilenci; *f.* serserilik etmek; hilekârlık etmek, aldatmak. **rogue elephant** başıboş kalmış azgın fil. **rogues' gallery** sabıkalıların resimlerini kapsayan koleksiyon. **ro'guery** *i.* derbederlik, çapkınlık; dilencilik; hırsızlık, hile, dolandırıcılık; yaramazlık.

ro.guish (ro'giş) *s.* çapkın, derbeder; yaramaz.

roil (royl) *f.* bulandırmak; sinirlendirmek, öfkelendirmek. **roil'y** *s.* bulanık, çamurlu.

roist.er (roys'tır) *f.* cümbüş etmek, gürültü etmek. **roisterer** *i.* cümbüşçü.

Ro.land (ro'lınd) *i.* İmparator Şarlman'ın efsanevî yeğeni ve en yiğit şövalyelerinden biri.

role (rol) *i.* rol.

roll (rol) *i.* yuvarlanış, yuvarlayış, tekerleme; devirme, devrilme; silindir, yuvak, merdane; tomar şeklinde şey; liste, defter, sicil, kayıt; top, rulo; bir çeşit küçük ekmek; gümbürtü, gök gürlemesi; kabarıklık; bükülüp tomar haline konabilen tuvalet takımı çantası; geminin sallaması, yalpa; *argo* para tomarı, para; *hav.* tono; yere indikten sonra uçağın pistte bir müddet gitmesi. **roll call** yoklama. **roll -top desk** çubuklardan yapılmış kapağı kıvrılarak açılıp kapanan yazı masası, Amerikan yazıhanesi.

roll (rol) *f.* yuvarlamak; çevirmek, devirmek; top etmek, sarmak; kalın sesle söylemek; açmak, oklava ile açmak; haddeden geçirmek; hızlı hızlı davul çalmak; "r" harfini şiddetle söylemek; yuvarlanmak, tekerlenmek, yuvarlanıp gitmek, tekerlek üstünde gitmek; dönmek, dolaşmak, deveran etmek; inişli yokuşlu uzanıp gitmek; dalgalanmak; top olmak, sarılmak; gürlemek; oklava ile açılmak; geçip gitmek (zaman). **rolled oats** yulaf ezmesi.

roll.er (ro'lır) *i.* yuvarlanan şey; kumaşın sarıldığı makara, silindir; ufak tekerlek; özellikle fırtınadan sonra sahile çarpan büyük dalga; *tıb.* sargı. **European roller** mavi kuzgun, *zool.* Coracias garrulus. **roller bearing** *mak.* makaralı yatak. **roller-skating** *i.* tekerlekli patenle kayma. **roller towel** uçları birbirine dikili ve bir makaraya asılarak kullanılan havlu.

rol.lick (ral'ik) *f., i.* eğlenerek gitmek, neşe ile ilerlemek veya gitmek; *i.* neşe, keyif, eğlence.

roll.ing (ro'ling) *i., s.* yuvarlanma, yuvarlanış; *s.* yuvarlanan, inişli yokuşlu; dalgalı; sallanan; devrik (yaka); gürleyen. **rolling mill** hadde fabrikası, hadde. **rolling pin** oklava. **rolling press** ütü makinası. **rolling stock** lokomotif ve vagonlar.

ro.ly-po.ly (ro'lipo'li) *s.* tıknaz, bodur.

Rom. *kıs.* Roman.

Ro.ma.ic (romey'ik) *s., i.* şimdiki Yunanistan'a veya Yunan diline ait; *i.* Yunanca, Rumca.

Ro.man (ro'mın) *s., i.* Roma'ya veya Romalılara ait; Roma mimarisine ait; *gen. k.h.* Latin harflerine ait; *i.* Romalı; *gen. k.h.* Latin harfleri; *çoğ.* Kitabı Mukaddeste Resul Pavlus'un Romalılara yazılmış mektubu. **Roman candle** havan maytabı. **Roman Catholic** Katolik. **Roman cement** rutubete çok dayanıklı bir çeşit çimento. **Roman Emperor** Roma İmparatoru. **Roman letters** Latin harfleri. **Roman nose** eski Romalılara mahsus hafif gaga burun. **Roman numerals** Romen rakamları. **Romanism** *i.* Katolik mezhebinin usul ve inançları. **Romanist** *i.* Katolik. **Romanize** *f.* Katolikleştirmek.

ro.man à clef (rôman a kle') *Fr.* gerçek kişi veya yerlerin uydurma isimlerle gösterildiği roman.

ro.mance (romäns') *i., f.* aşk macerası; romantik aşk; romantiklik; çekicilik, cazibe; maceraperestlik; aşk destanı; macera romanı; ortaçağla ilgili şövalyelik efsanesi; martaval; *müz.* romans; *f.* macera romanı yazmak; romantik hikâye söylemek veya yazmak; hayalî düşünceleri olmak, romantik davranmak; *k.dili* sevişmek. **romancer** *i.* macera romanı yazarı; yalancı kimse.

Ro.mance (romäns') *s.* Latince kökenli (İtalyanca, İspanyolca, Fransızca gibi).

Ro.man.esque (rominesk') *s., i.* ortaçağ Roman mimarî üslûbuna ait, Roman; *i.* Roman mimarî tarzı.

ro.man.tic (romän'tik) *s., i.* bir aşk ilişkisiyle ilgili; romantik; romana benzer, hayalî. **romantically** *z.* romantik olarak. **romanticism** *i.* romantizm. **romanticist** *i.* romantik kimse.

Rom.a.ny (ram'ıni, ro'mıni) *i., s.* Çingene; Çingene dili; *s.* Çingenelere ait; Çingeneceye ait.

Rome (rom) *i.* Roma.

Rom.ish (ro'miş) *s., aşağ.* Katolik.

romp (ramp) *f., i.* sıçrayıp oynamak; kolayca kazanmak; *i.* sıçrayıp oynayan kız çocuk; hoyratça ve gürültülü oyun; *k.dili* kolayca kazanılan şey.

romp.ers (ram'pırs) *i.* çocuk tulumu.

ron.deau (ran'do) *i.* (*çoğ.* **-deaux**) on üç mısradan ibaret olan ve birinci mısraı en sonda tekrarlanan şiir.

ron.del (ran'dıl) *i.* on dört mısralı ve iki kafiyeli şiir.

ron.do (ran'do) *i., müz.* rondo.

ron.dure (ran'cır) *i., şiir* yuvarlaklık.

rood (rud) *i.* haç; eski dönüm, yeni dönümün

onda biri; beş buçuk metreden yedi buçuk metreye kadar değişen bir uzunluk ölçüsü.

roof (ruf, rûf) *i., f.* dam, çatı; dama benzer şey; *f.* çatı ile örtmek, üstünü kapamak. **roof garden** dam üstü bahçesi. **roof'ing** *i.* çatı yapma; çatı malzemesi.

rook (rûk) *i., f.* ekinkargası, *zool.* Corvus frugilegus; hilekâr adam; *f.* hile ile kapmak; aldatmak. **rook'y** *s.* karga gibi.

rook (rûk) *i.* satrançta kale.

rook.er.y (rûk'ıri) *i.* karga ve diğer kuşların üredeği yer; ayıbalıklarının meskeni; çok sefil insanların oturduğu kalabalık ev.

rook.ie (rûk'i) *i., argo* acemi asker; yeni polis; acemi oyuncu.

room (rum, rûm) *i., f.* oda; yer, meydan; *f.* oturmak. **room'mate** *i., A.B.D.* oda arkadaşı. **make room for** birisi için yer açmak. **There is no room for doubt.** Şüpheye mahal yok. **take up a lot of room** çok yer tutmak. **room'er** *i.* pansiyoner. **room'ful** *i.* oda dolusu.

room.y (ru'mi) *s.* geniş. **roominess** *i.* genişlik.

roost (rust) *i., f.* tünek; kuşların gecelediği yer; *f.* tünemek. **rule the roost** *k.dili* baş olmak, hâkim olmak.

roost.er (rus'tır) *i.* horoz.

root (rut, rût) *i.* kök; kaynak, temel; kelime kökü; *mat.* kök. **root and branch** tamamıyle, kökten, toptan, hepsi. **root beer** bazı köklerden yapılan içecek. **root borer** kökleri kemiren bir böcek. **root gall** parazitlerin köklerde meydana getirdeği şişlik. **root leaf** kök filizi. **cube root** küp kök, üçüncü kuvvetten kök. **pluck up by the root** kökünden sökmek. **square root** kare kök, ikinci kuvvetten kök. **take root** kök salmak; tutunmak. **root'less** *s.* köksüz; asılsız. **root'let** *i.* kökçük, ince kök teli. **root'y** *s.* köklü, kök gibi, kök dolu.

root (rut) *f.* kökleştirmek, tutturmak; kökleşmek, tutmak. **root for** *k.dili* desteklemek. **root out, root up** kökünden sökmek.

root.stalk (rut'stôk) *bak.* **rhizome.**

root.stock (rut'stak) *i.* kök, asıl kaynak; *bot., bak.* **rhizome.**

rope (rop) *i., f.* ip, halat; idam; ip gibi dizilmiş şey; nemli veya yapışkan lif veya iplik; *A.B.D.* kement; *f.* iple bağlamak; *A.B.D.* kementle

tutmak; ip haline gelmek. **rope in** *k.dili* kandırmak. **rope off** ip çevirerek sınırlamak. **rope yarn** halat ipi. **be at the end of one's rope** çaresiz kalmak. **give one rope** serbest bırakmak, kendi haline bırakmak. **know the ropes** *k.dili* bir işi iyi bilmek.

rope.danc.er (rop'dän'sır) *i.* ip cambazı.

rope.mak.er (rop'mey'kır) *i.* ipçi, halatçı.

rope.walk (rop'wôk) *i.* halat bükme yeri.

rop.y (ro'pi) *s.* tel tel olup kopmayan; ip gibi, sicim gibi. **ropiness** *i.* tel tel olup kopmayış; ipe benzer hal.

Roque.fort cheese (rok'fırt, rôk'fôr) Rokfor peyniri.

ro.quet (rokey') *f., i.* kroke oyununda kendi topunu başka topa vurdurmak; *i.* topu topa vurdurma.

ror.qual (rôr'kwıl) *i.* çatalkuyruklu balina.

Ror.schach test (rôr'şak) *psik.* Rorşah testi.

ro.sa.ceous (rozey'şıs) *s.* gülgillerden; gülsü, gül gibi.

ro.sa.ry (ro'zıri) *i.* tespih ile okunan dualar; tespih; başa takılan çelenk; *edeb.* güldeste; gül bahçesi.

rose (roz) *i.* gül, *bot.* Rosa; gül rengi; açık pembe; rozet; hortum süzgeci. **rose acacia** gülibrişim, *bot.* Robinia hispida. **rose cold, rose fever** *tıb.* gülün sebep olduğu saman nezlesi. **rose diamond** gül biçiminde kesilmiş elmas, Felemenk elması, roza. **rose geranium** gül kokulu sardunya, *bot.* Pelargonium capitatum. **rose jam** gül reçeli. **rose mallow** gülhatmi, *bot.* Althaea rosea. **rose quartz** kızıl kuvars. **rose vinegar** gül sirkesi. **rose water** gülsuyu. **rose window** tekerlek şeklinde ve renkli camlarla süslü pencere. **attar of roses** gülyağı. **brier rose** yaban gülü. **cabbage rose** Van gülü. **damask rose** mor gül, Şam gülü. **monthly rose** yedivern gülü. **musk rose** misk gülü. **tea rose** çay gülü. **under the rose** gizlice, el altından.

ro.se.ate (ro'ziyit, -yeyt) *s.* kırmızı, gül renkli; gül dolu; güle benzer.

rose.bay (roz'bey) *i.* zakkum, ağıağacı.

rose.bud (roz'bʌd) *i.* gül koncası.

rose.bush (roz'bûş) *i.* gül ağacı.

rose.col.ored (roz'kʌlırd) *s.* gül renkli. **see the world through rose-colored glasses** dünyayı toz pembe görmek.

rose.mar.y (roz'meri) *i.* biberiye, *bot.* Rosmarinus officinalis.

ro.se.o.la (rozi'yılı) *i.*, *tıb.* çocuklarda bir cilt hastalığı, rozeol.

Ro.set.ta (rozet'ı) *i.* Mısır'da Reşit şehri. **Rosetta stone** 1799'da Reşit civarında bulunan ve üstünde Yunanca ve hiyeroglif yazıları olan bazalt tablet.

ro.sette (rozet') *i.* gül şeklinde rozet.

rose.wood (roz'wûd) *i.* tropikal bir ağacın koyu kırmızı ve güzel kokulu odunu.

Rosh Ha.sha.na (raş hışa'nı) Musevi takviminde yılbaşı (eylül veya ekim).

Ro.si.cru.cian (rozıkru'şın) *i.* doğaüstü felsefesini insan ilişkilerine uygulama yolunda kurulan milletlerarası bir derneğin üyesi.

ros.in (raz'in) *i.*, *f.* çamsakızı, reçine; *f.* üstüne çamsakızı sürmek. **rosiny** *s.* çamsakızına benzer; reçineli.

Ros.i.nan.te (razınän'ti) *i.* Donkişot'un ihtiyar atı; *k.h.* hurda beygir.

ros.ter (ras'tır) *i.*, *ask.* subayların nöbet sıralarını gösterir liste veya defter; isim listesi.

ros.tra (ras'trı) *çoğ.*, *bak.* **rostrum.**

ros.tral (ras'trıl) *s.* geminin kıvrık pruvasına ait; hatiplik kürsüsüne ait.

ros.trum (ras'trım) *i.* (*çoğ.* **ros.tra, ros.trums**) hatiplik kürsüsü, platform; eski Roma'da kıvrık veya gaga gibi pruva; *zool.*, *bot.* gaga şeklindeki uzuv, rostrum. **rostriform** *s.* kıvrık veya gaga şeklindeki.

ros.y (ro'zi) *s.* gül gibi; gül renkli, kırmızı; güllü, güllerle süslü; ümit verici; şen. **rosiness** *i.* gül renklilik.

rot (rat) *i.* çürüme, bozulma; çürük; bitkileri çürüten bir hastalık, küf; koyunlarda parazitlerden ileri gelen çürüme hastalığı.

rot (rat) *f.* çürümek, bozulmak; çürütmek, bozulmasına sebep olmak.

ro.ta (ro'tı) *i.*, *İng.* vazife nöbeti; nöbet listesi; *b.h.* Papalık makamında yüksek dini mahkeme.

Ro.tar.i.an (roter'iyın) *i.* Rotary kulüp üyesi.

ro.ta.ry (ro'tıri) *s.*, *i.* çark gibi dönen, ekseni üzerinde dönen, dönel; *i.*, *çoğ.* devir makinası. **Rotary Club** 1905'te Chicago'da kurulan milletlerarası sosyal bir dernek. **rotary engine** dönel devimli motor. **rotary harrow** döner tapan. **rotary press** rotatif.

ro.tate (ro'teyt) *f.*, *s.* dönmek, eksen üzerinde dönmek; vardiya değiştirerek çalışmak; döndürmek, devrettirmek; sıra ile çalıştırmak; sıra ile farklı ekinler yetiştirmek; *s.*, *bot.* tekerlek şeklindeki, rotat. **rotative, rotatory** *s.* çark gibi dönen, dönel; çark şeklindeki.

ro.ta.tion (rotey'şın) *i.* çark gibi dönme, eksen üzerinde devretme, deveran; sıra ile farklı ekinler ekme; devir sıra ile gelme.

ro.ta.tor (ro'teytır) *i.* dönen şey; (*çoğ.* **-es**) (rotıtôr'iz) *anat.* bir uzvu döndüren kas.

ROTC, R.O.T.C. *kıs.* **Reserve Officers' Training Corps** *A.B.D.* yüksek okullarda subay kursu.

rote (rot) *i.* belirli iş sırası, alışılmış hareket, âdet. **by rote** mekanik olarak, düşünmeden, ezberden.

ro.te.none (ro'tınon) *i.* bitki köklerinden elde edilip böcek ilâçlarında kullanılan etkili bir bileşim.

rot.gut (rat'gʌt) *i.*, *A.B.D.* düşük kalite viski.

ro.ti.fer (ro'tıfır) *i.* ağzının etrafındaki hareketli kirpiklerle suyu içeri çeken çok hücreli ve mikroskobik bir su hayvancığı, rotator.

ro.tis.se.rie (rotis'ıri) *i.* döner şişi; pişmiş yemek dükkânı; müşterilerin seçtikleri yemeği pişirip veren lokanta.

rot.l (rat'ıl) *i.* (*çoğ.* **ar.tal**) Arap memleketlerinde ağırlık ölçü birimi (500 gr. ile iki kilo arasında değişir).

ro.to.gra.vure (rotıgrıvyûr') *i.*, *matb.* tifdruk.

ro.tor (ro'tır) *i.* rotor, döneç; helikopter pervanesi; gemide yelken hizmetini gören ve yerinde dönen dikili silindir.

rot.ten (rat'ın) *s.* çürük, bozuk, çürümüş; ahlâkça bozuk; *k.dili* berbat, çok kötü. **rottenly** *z.* çok kötü. **rottenness** *i.* çürüklük; kötülük.

rot.ten.stone (rat'ınston) *i.* ponza, süngertaşı.

rot.ter (rat'ır) *i.*, *İng.*, *argo* haylaz kimse, kötücül kimse, alçak kimse.

ro.tund (rotʌnd') *s.* yuvarlak, toparlak; dolgun ve kuvvetli (ses). **rotundity, rotundness** *i.* yuvarlaklık, toparlaklık; dolgunluk (ses).

ro.tun.da (rotʌn'dı) *i.* daire şeklinde kubbeli bina veya oda.

ro.tu.rier (rotüryey') *i.*, *Fr.* avamdan biri, köylü.

rou.ble *bak.* **ruble.**

rou.é (ruwey') *i.*, *Fr.* çapkın adam, ahlâk düşkünü kimse.

rouge (ruj) *i.*, *f.* allık; ruj; perdah tozu; *f.* allık sürmek. **rouge et noir** (ruj'ey nwar') kırmızı ve siyah damalı bir masa üstünde oynanan bir iskambil oyunu.

rough (rʌf) *f.* pürüzlendirmek; *spor* itip kakmak. **rough in, rough out** kabataslak yapmak. **rough it** rahatına fazla düşkün olmamak, sıkıntılara katlanmak; çok basit bir şekilde yaşamak veya seyahat etmek. **rough up** itip kakmak, dövmek.

rough (rʌf) *z.* kabaca. **play rough** itişip kakışmak.

rough (rʌf) *s., i.* pürüzlü, düzgün olmayan; tüylü; taşlık; inişli yokuşlu; kaba, zahmetli, sert; fırtınalı; hoyrat; kabataslak; yaklaşık; *i.* kaba ve terbiyesiz adam; pürüzlü şey; *golf* düz olmayan saha. **rough breathing** Yunancada "h" sesi. **rough draft** ilk müsvedde, taslak. **rough guess** kaba tahmin. **rough weather** sert hava. **in the rough** kaba halde, işlenmemiş durumda. **a diamond in the rough** eğitilmemiş değerli adam. **roughly** *z.* kabaca; aşağı yukarı, yaklaşık olarak. **rough'ness** *i.* kabalık; sertlik.

rough.age (rʌf'ic) *i.* kaba madde; çok selülozlu yiyecek maddesi.

rough-and-read.y (rʌf'ınred'i) *s.* kaba fakat gayretli ve elinden iş gelir.

rough-and-tum.ble (rʌf'ıntʌm'bıl) *s.; i.* intizamsız ve kuralsız (durum).

rough.cast (rʌf'käst) *i., f.* taslak; kaba sıva; *f.* taslağını yapmak; kaba sıva ile sıvamak.

rough.dry (rʌfdray') *f.* (çamaşırları) sadece kurutup ütülememek.

rough.en (rʌf'ın) *f.* pürüzlendirmek, pürüzlenmek; kabartmak, kabarmak.

rough.hew (rʌfhyu') *f.* keresteyi veya taşı kabaca yontmak.

rough.house (rʌf'haus) *i., f., argo* gürültü patırtı; *f.* gürültü patırtı çıkarmak.

rough.rid.er (rʌf'raydır) *i.* at terbiye eden kimse; azgın ata binebilen kimse; kovboy.

rough.shod (rʌf'şad) *s.* kayarlı, nallarında buz mıhları olan. **ride roughshod over** başkasının hakkını yemek.

rou.lade (rulad') *i., müz.* nağmeleme; içine dolma içi doldurulup pişirilen ince et dilimi.

rou.leau (rulo')*i.* (*çoğ.* -leaux, -leaus) *Fr.* fişek (para).

rou.lette (rulet') *i.* rulet; kakmacılıkta noktalı çizgi yapmak veya kâğıt üzerinde delikler açmak için kullanılan dişli ufak tekerlek.

round (raund) *s.* yuvarlak, değirmi; top, toparlak, küresel; silindir şeklinde; yuvarlak (hesap); çok, hayli; çabuk, atik, süratli; dolgun; açık, çekinmesiz; tam. **round clam** yenilir bir deniz tarağı, *zool.* Venus mercenaria. **round dance** vals gibi dönerek yapılan dans. **round number** yuvarlak sayı. **round robin** grup arasında sıra ile yazılan mektup zinciri. **round table conference** yuvarlak masa toplantısı. **round trip** gidiş dönüş; *tur.* **a round oath** okkalı küfür. **round'ly** *z.* yuvarlakça; açıkça, çekinmeyerek, dobra dobra. **round'ness** *i.* yuvarlaklık.

round (raund) *i.* yuvarlak şey, daire; dönerek yapılan dans; devir, posta, sefer; sıra; birbirini takip eden birkaç sesle okunan şarkı, kanon; atış; birkaç top ve tüfeğin birer defa ateş etmesi; boksta ravnt. **round of applause**. alkış tufanı. **a round of drinks on me** herkese benden birer bardak içki. **go the round** ağızdan ağza dolaşmak. **in the round** *güz. san.* müstakil (kabartma gibi bir zemine yapışık olmayan heykel). **make the round of** sıra ile dolaşmak.

round (raund) *z., edat* etrafa, etrafında; devrederek, dönüp dolaşarak; civarında; *edat* çevresine, etrafına, etrafında; her yönden; ileri geri.

round (raund) *f.* yuvarlaklaştırmak, değirmi hale koymak; doldurmak; etrafını dolaşmak, dolaşıp geçmek; dudakları büzerek telaffuz etmek; yuvarlaklaşmak; toplamak, şişmanlamak; dönmek, dolaşmak; durduğu yerde dönmek. **round off** yuvarlak yapmak; tamamlamak. **round out** tamamlamak, bitirmek; doldurmak.

round.a.bout (raund'ıbaut) *s., i.* dolambaçlı, dolaşık; dolaylı; yeterli, geniş kapsamlı; çevreleyen; *i.* ceket; *İng.* atlıkarınca, dönme dolap; *İng.* tek yönlü yuvarlak kavşak.

roun.del (raun'dıl) *i., şiir* dokuz mısralı ve iki nakaratlı şiir; yuvarlak girinti veya pencere.

roun.de.lay (raun'diley) *i.* nakaratlı kısa ve basit şarkı; daire halinde yapılan dans.

round.er (raun'dır) *i.* yuvarlaklaştırıcı alet; *A.B.D., argo* külhanbeyi, sabıkalı adam, tembel ve ayyaş kimse. **rounders** *i., İng.* beysbola benzer bir oyun.

Round-head (raund'hed) *i.* İngiltere iç savaşında cumhuriyetçi.

round.house (raund'haus) *i.* lokomotiflere mahsus yuvarlak bina; *den.* kıç güvertesinde kamara.

round.ish (raun'diş) *s.* yuvarlakça, değirmice.

round-shoul.dered (raund'şoldırd) *s.* omuzları ve sırtı yuvarlakça olan.

rounds.man (raundz'mın) *i.* teftiş polisi.

round-the-clock (raund'dhıklak') *s.* gece gündüz, devamlı.

round.up (raund'ʌp) *i., A.B.D.* davarı bir araya toplama; *k.dili* toparlama.

round.worm (raund'wırm) *i., tıb.* yuvarlak kurt, *zool.* Ascaris lumbricoides.

roup (rup) *i.* bir çeşit tavuk nezlesi. **roup'y** *s.* nezleli; *İskoç.* kısık sesli.

rouse (rauz) *f., i.* uyandırmak, kaldırmak; canlandırmak, gayrete veya harekete getirmek, tahrik etmek; (av hayvanını) kışkırtmak; telâşlandırmak, telâşa düşürmek; *i.* uyandırma, kaldırma, canlandırma, harekete getirme. **rous'ing** *s.* uyandırıcı, heyecan verici; canlı, faal; *k.dili* büyük, yaman, hayret verici.

roust.a.bout (raus'tıbaut) *i.* rıhtım veya gemi işçisi; ufak tefek işlerle geçinen adam, yanaşma.

rout (raut) *i., f.* bozgun; düzensiz kalabalık, halk yığını, ayaktakımı; *huk.* birkaç kişinin ayaklanma niyetiyle bir araya toplanarak huzuru bozması; *f.* bozguna uğratmak.

rout (raut) *f.* burnu ile yeri eşmek (domuz); kökünden söküp çıkarmak. **rout out** eşelemek, kurcalamak, açığa çıkarmak; gizlendiği yerden çıkarmak, zorla çıkarmak.

route (rut, raut) *i., f.* yol, tarik, rota; *f.* belirli bir yolla göndermek. **en route** (an rut') yolda. **go the route** sonuna kadar devam etmek. **mail route** posta yolu; postacının gittiği yol.

rout.er (rau'tır) *i.* freze.

rou.tine (rutin') *i., s.* şartların gerektirdiği alışılmış iş veya hareket yöntemi; iş programı; *s.* alışılmış.

rove (rov) *f., i.* avare dolaşmak; *i.* avare dolaşma. **rov'ing** *s.* gezici, dolaşan.

rove (rov) *i., f.* yarı bükülmüş iplik; *f.* göz veya delikten geçirmek; taramak; ipliği çekip hafifçe bükmek. **rov'ing** *i.* ipliği çekip hafifçe bükme; yarı bükülmüş iplik.

rove beetle kalkık kuyruk, *zool.* Ocypus olens.

rov.er (ro'vır) *i.* serseri kimse; korsan.

row (ro) *i.* sıra, saf, dizi; sıra evler; sıra evleri olan sokak. **hard row to hoe** zor iş.

row (ro) *f., i.* kürek çekmek, kürek kullanmak; kürek çekerek götürmek, kürekle yürütmek; *i.* kürek çekme; kayıkla dolaşma, sandal gezintisi. **row against the tide** akıntıya karşı kürek çekmek, güçlüklere karşı uğraşmak.

row (rau) *i., f.* kavga, patırtı, kargaşa; *f.* kavga çıkarmak; kavgaya karışmak.

row.an (ro'wın) *i.* üvez, *bot.* Sorbus aucuparia.

row.boat (ro'bot) *i., A.B.D.* kayık, sandal.

row.dy (rau'di) *i., s.* külhanbeyi, karışıklık çıkarmaya meyilli kimse; *s.* külhanbeyi gibi. **rowdiness, rowdyism** *i.* külhanbeylik. **rowdyish** *s.* külhanbeyce.

row.el (rau'wıl) *i., f.* mahmuz; *f.* mahmuzlamak.

row.en (rau'wın) *i.* ikinci defa biten ot; ikinci mahsul; netice, sonuç.

row.lock (ro'lak) *i., İng.* ıskarmoz, yarım ay ıskarmoz.

roy.al (roy'ıl) *s., i.* krala ait, krala yakışır; kral himayesinde; şahane, muhteşem, saltanatlı; muazzam, çok büyük; *i.* büyük tabaka kâğıt; *den.* kontra babafingo. **royal mast** *den.* kontra babafingo direği. **Royal Navy** İngiltere deniz kuvvetleri. **royally** *z.* görkemle.

roy.al.ist (roy'ılist) *i.* kralcı. **royalism** *i.* kralcılık. **royalist, royalis'tic** *s.* kralcı.

roy.al.ty (roy'ılti) *i.* krallık, hükümdarlık; kral ailesinden kimseler; saltanat; mülk sahibine verilen işletme payı; bir kitabın yayımlanmasından sonra yazarına verilen pay; hak sahibine verilen pay.

r.p.m., rpm *kıs.* revolutions per minute dakikada devir.

r.p.s., rps *kıs.* revolutions per second saniyede devir.

R.R. *kıs.* Railroad, Right Reverend.

R.S.V.P. *kıs.* Répondez s'il vous plait. Lütfen cevap veriniz.

Rt. Hon. *kıs.* Right Honorable.

Rt. Rev. *kıs.* Right Reverend.

rub (rʌb) *f.* (-bed, -bing) ovmak, ovalamak; sürtmek; sürtünerek tahriş etmek; sürtüşmek; ovup cilâlamak; sürmek; sürtünmek. **rub away** aşındırmak, yemek; aşınmak.

rub down masaj yapmak. **rub in** ovarak yedirmek (yağ). **rub it in** *argo* yüzüne vurmak. **rub off, rub out.** ʂilip çıkarmak; sürtünmeyle çıkmak, dökülmek. **rub out** *argo* öldürmek. **rub one the wrong way** *argo* birini kızdırmak, sinirlendirmek, tepesini attırmak. **rub shoulders with** bir arada bulunmak.

rub (rʌb) *i.* sürtme, sürtünme; ovma, ovalama; güçlük, engel; sinirlendirici şey; pürüz.

rub-a-dub (rʌb'ıdʌb) *i.* davul sesi; buna benzer gürültü.

Ru.bâi.yât (rubayat', rubiyat') *i.* rubai, dörtlük. **The Rubâiyât** Ömer Hayyam'ın bir şiiri ve onun Fitzgerald tarafından yapılmış İngilizce çevirisi.

ru.basse (rubäs', rubas') *i.* süs taşı olarak kullanılan parlak kırmızı bir kuvars.

ru.ba.to (ruba'to) *s., i., müz.* bir notanın başka bir nota yerine uzatıldığını gösteren; *i.* bu şekilde uzatma.

rub.ber (rʌb'ır) *i., f.* kauçuk, lastik; silgi; lastik (ayakkabı); ovan kimse veya alet; masajcı; natır, tellâk; *f.* lastik kaplamak. **rubber boot** şoson, lastik çizme. **rubber cement** kauçuktan yapılan yapıştırıcı. **rubber check** *A.B.D., argo* karşılıksız banka çeki. **rubber cloth** muşamba. **rubber plant** kauçuk ağacı veya kauçuk veren bitki; kauçuk, *bot.* Ficus elastica. **rubber stamp** lastik mühür, ıstampa; şahsiyetsiz kimse. **India rubber** kauçuk.

rub.ber (rʌb'ır) *i., iskambil* bir tarafın üç oyundan ikisini kazandığı parti; berabere kalınca kazananı tayin için oynanılan oyun.

rub.ber.ize (rʌb'ırayz) *f.* lastik kaplamak; kumaşı sugeçirmez hale koymak.

rub.ber.neck (rʌb'ırnek) *i., f., A.B.D., argo* herkese veya herşeye dönüp bakan kimse, meraklı kimse, mütecessis adam; *f.* tecessüsle bakmak.

rub.ber-stamp (rʌbırstämp') *f., k.dili* düşünmeden onaylamak.

rub.bish (rʌb'iş) *i.* çerçöp, süprüntü, döküntü; saçma.

rub.ble (rʌb'ıl) *i.* moloz taşı; moloz, yapı döküntüsü. **rubbly** *s.* moloz gibi.

rube (rub) *i., argo* çiftçi, köylü, taşralı.

ru.be.fa.cient (rubıfey'şınt) *s., i.* kızartıcı, deriyi kızartan; *i., tıb.* deriyi kabartmadan kı-

zartan ilâç. **rubefaction** (rubıfäk'şın) *i.* kızartma, kırmızılaştırma.

ru.bel.la (rubel'ı) *i., tıb.* kızamıkçık.

ru.be.o.la (rubi'yılı) *i., tıb.* kızamık; kızamıkçık.

ru.bes.cence (rubes'ıns) *i.* kırmızılık, kızartı. **rubescent** *s.* kızartıcı; kızarmaya yüz tutmuş.

Ru.bi.con (ru'bikan) *i.* eski İtalya'yı Galya'dan ayıran ırmak. **cross the Rubicon** dönülmeyecek bir karar vermek.

ru.bi.cund (ru'bıkınd) *s.* kırmızı, al; çabuk kızaran (yüz). **rubicun'dity** *i.* kırmızılık.

ru.bid.i.um (rubîd'iyım) *i., kim.* rubidyum.

ru.big.i.nous (rubîc'ınıs) *s.* pas renkli, kahverengimsi kırmızı.

ru.bi.go (rubay'go) *i.* kırmızı perdah tozu.

ru.bi.ous (ru'biyıs) *s.* kırmızı, yakut renkli, lâl.

ru.ble, rou.ble (ru'bıl) *i.* ruble.

ru.bric (ru'brik) *i.* eski kitaplarda kırmızı harflerle basılan kısım, ayırıcı niteliği olan kırmızı harfler; kanun tasarısı başlığı; dua kitabında veya herhangi bir dinî kitapta bölüm başı; bölüm başlığı; bölüm; kırmızı renk. **rubricate** *f.* kırmızı renkle yazmak; bölümlemek, belirli kısımlara yazmak.

ru.by (ru'bi) *i., s.* yakut, lâl; saatlerde kullanılan ufak yakut parçası; yakut rengi, lâl; kırmızı şarap; *İng.* 5 1/2 puntolu harf; *s.* yakuta benzer, kırmızı, lâl, al. **ruby glass** koyu kırmızı cam.

ruche (ruş) *i.* elbise süsü için kullanılan kırmalı dantela. **ruch'ing** *i.* kırmalı dantela.

ruck (rʌk) *i.* kalabalık, halk yığını, izdiham.

ruck (rʌk) *f., i.* buruşturmak, kırıştırmak, örselemek; buruşmak, örselenmek; *i.* buruşukluk, kırışık.

ruck.sack (rʌk'säk, rûk'säk) *i.* sırt çantası.

ruck.us (rʌk'ıs) *i., A.B.D., argo* karışıklık, kargaşa.

ruc.tion (rʌk'şın) *i., k.dili* ayaklanma, kargaşa, karışıklık.

rudd (rʌd) *i.* kızılkanat, *zool.* Scardinius erythrophthalmus.

rud.der (rʌd ır) *i.* dümen, dümen bedeni. **rudder bar** *hav.* dümen pedalı.

rud.der.post, rud.der.stock (rʌd'ırpost, -stak) *i.* dümen anası.

rud.dle (rʌd'ıl) *i., f.* aşıboyası; *f.* kırmızıya boyamak.

rud.dy (rʌd'i) *s.* kırmızı, al; sıhhatli ve pembe

yüzlü; *İng., argo* kahrolası. **ruddiness** *i.* kırmızılık.

rude (rud) *s.* kaba; sert, şiddetli; terbiyesiz, edepsiz; kaba saba, yontulmamış, inceliksiz; acemi, ustalıksız; gürbüz, kuvvetli; vahşî. **rude'ly** *z.* kabaca; sertçe. **rude'ness** *i.* kabalık.

ru.di.ment (ru'dımınt) *i.* ilke, ilk adım; gelişmemiş şey; *biyol.* eski görevini kaybederek gelişmeyen uzuv (apandis gibi). **rudimen'tal, rudimen'tary** *s.* temel; gelişmemiş, eksik.

rue (ru) *i.* sedefotu, *bot.* Ruta graveolens. **African rue** üzerlik, *bot.* Peganum harmala.

rue (ru) *f., i.* pişman olmak; esef etmek; *i.* pişmanlık; esef.

rue.ful (ru'fıl) *s.* pişman; acıklı, esef olunacak. **ruefully** *z.* pişmanlıkla. **ruefulness** *i.* pişmanlık.

ru.fes.cent (rufes'ınt) *s.* kırmızımtırak, kırmızımsı.

ruff (rʌf) *i.* 16. yüzyılda kolalı ve kırmalı yuvarlak yaka.

ruff, *dişil* reeve (rʌf, riv) *i.* dövüşken kuş, *zool.* Philomachus pugnax.

ruff (rʌf) *i.* pilatika, *zool.* Acerina cernua.

ruff (rʌf) *i., f.* iskambilde kozla alma; *f.* kozla almak.

ruf.fi.an (rʌf'iyın, rʌf'yın) *i., s.* vicdansız ve alçak kimse; *s.* zalim, gaddar, canavarca, habis. **ruffianly** *s.* gaddarca, habisçe.

ruf.fle (rʌf'ıl) *f., i.* buruşturmak; kabartmak; karıştırmak; kırma yapmak, büzmek; (tüylerini) kabartmak; rahatını bozmak, rahatsız etmek; *i.* kırma, fırfır, farbala; zihni karışma; patırtı, gürültü, kargaşa. **ruffler** *i.* dikiş makinalarında kırma yapan ek alet.

ruf.fle (rʌf'ıl) *i.* devamlı davul sesi.

ru.fous (ru'fıs) *s.* kırmızımsı kahverengi, pas renkli; sarımsı kıımızı.

rug (rʌg) *i.* halı; kilim; keçe; örtü. **Oriental rug** Şark halısı. **Persian rug** Acem halısı.

ru.gate (ru'geyt, ru'git), **ru.gose** (ru'gos), **ru.gous** (ru'gıs) *s.* buruşuk, kırışık.

Rug.by (rʌg'bi) *i.* Londra'ya yakın büyük bir erkek okulu; *k.h.* bu okulda icat olunan bir çeşit futbol; *Kanada* Amerikan futbolu.

rug.ged (rʌg'id) *s.* arızalı, pürüzlü, engebeli; düzensiz; bakımsız, karmakarışık; sert, haşin; kaba, terbiyesiz; kulak tırmalayıcı; sıhhatli,

kuvvetli, zinde; dayanıklı, sağlam, cefakâr; fırtınalı, sert.

ru.gose *bak.* rugate.

ru.gos.i.ty (rugas'ıti) *i.* buruşukluk.

ru.in (ru'win) *i., f.* harap olma, harabiyet, yıkılma; tahrip; harabe, virane; perişanlık; helâk, çökme; iflâs; *f.* harap etmek, viran etmek; mahvetmek, perişan etmek, altüst etmek; ihlâl etmek, bozmak; iflâs ettirmek, batırmak; iğfal etmek. **be the ruin of** birinin mahvına sebep olmak. **in ruins** harap, viran, yıkkın.

ru.in.ate (ru'wineyt) *f., s., nad.* harap etmek, mahvetmek, yok etmek; *s.* harap, viran. **ruina'tion** *i.* mahvetmek; harabiyet, yıkılma; yıkıcı şey.

ru.in.ous (ru'winıs) *s.* harap edici, yıkıcı, tahripkâr; yıkık, yıkkın, harap, perişan, viran. **ruinously** *z.* yıkıcı bir şekilde, mahvedercesine.

rule (rul) *i.* yönetim; hüküm, kanun; âdet; kaide, nizam, kural; alışılmış durum; yol, usul; tüzük; çizgilik, cetvel, cetvel tahtası; *matb.* ince çizgi. **as a rule** çoğunlukla, genellikle. **by rule** kurala göre; kanunen. **rule of three** *mat.* üçlü kurallı. **rule of thumb** yaklaşık hesap, göz kararı, oranlama, pratik iş görme usulü.

rule (rul) *f.* yönetmek, hüküm sürmek, idare etmek; hükmetmek; baskın çıkmak, fazla etkisi olmak; tahakküm etmek; buyurmak; hâkim olmak, dizginlemek; çizmek, cetvelle çizmek.

rul.er (ru'lır) *i.* yönetici, hükümdar, amir; cetvel tahtası, çizgilik, cetvel.

rul.ing (ru'ling) *i.* yönetim, hükümdarlık; yargı, hüküm, hukukî karar; cetvelle çizgi çizme; cetvelle çizilmiş çizgi.

rum (rʌm) *i.* rom; içki.

rum (rʌm) *s., İng., argo* tuhaf, acayip, antika.

Rum (rum) *i.* Rum.

Ru.ma.ni.a (rumey'niyı) *i.* Romanya. **Rumanian** *i., s.* Romanyalı, Romen; Romence; *s.* Romen.

rum.ba (rʌm'bı) *i.* rumba.

rum.ble (rʌm'bıl) *f., i.* gürlemek, gümbürdemek; gurlamak, guruldamak; (taşı) yuvarlanan fıçıya koyup parlatmak; *i.* gümbürtü, gürültü, gürleme; guruldama, gurultu; paytonun arkasındaki oturma yeri, bagaj yeri; şaft üzerinde

yuvarlanan fıçı; *A.B.D.*, *argo* dalaş, maraza.
rumble seat otomobilin arka tarafında açılır kapanır oturacak yer. **rumblingly** *z.* gürleyerek, gümbürtüyle; gurultuyla.
ru.men (ru'men) *i.* (*çoğ.* **ru.mi.na**) *zool.* işkembe; gevişgetirenlerin çiğnediği şey.
ru.mi.nant (ru'mınınt) *s., i.* geviş getiren; gevişgetirenlere özgü; düşünceli; *i.* geviş getiren hayvan.
ru.mi.nate (ru'mıneyt) *f.* geviş getirmek; düşünceye dalmak. **rumina'tion** *i.* geviş getirme; derin düşünme. **ruminative** *s.* derin düşünceye dalmış.
rum.mage (rʌm'ic) *f., i.* altüst edip aramak; dikkatle araştırmak; *i.* araştırma, altüst ederek arama. **rummage out** araştırarak bulmak. **rummage sale** yoksulların yararına ufak tefek eşya satışı; elde kalan malların satışı.
rum.mer (rʌm'ır) *i.* büyücek içki bardağı.
rum.my (rʌm'i) *i.* bir çeşit iskambil oyunu.
ru.mor (ru'mır) *i., f.* şayia, havadis, söylenti; dedikodu; *f.* yaymak, dile vermek, dedikodu çıkarmak.
rump (rʌmp) *i.* hayvan kıçı, but; bakıye, geri kalan parça. **rump roast** *kasap.* but. **rump session** bir toplantının dağılmasından sonra çoğunluğun olmadığı gayri resmi devamı.
rum.ple (rʌm'pıl) *f., i.* buruşturmak; örselemek; karmakarışık etmek; *i.* buruşmuş şey; kırışık, buruşukluk.
rum.pus (rʌm'pıs) *i., k.dili* gürültü, şamata; kavga, çekişme. **rumpus room** evde oyun salonu.
rum.run.ner (rʌm'rʌnır) *i.* içki kaçakçısı.
run (rʌn) *f.* (**ran, run, run'ning**) koşmak, seğirtmek; çabuk gitmek, çabuk yürümek; kaçmak, firar etmek; gidivermek; işlemek, çalışmak; işletmek; çalıştırmak; sürmek, kullanmak; yarışmak; yarıştırmak; adaylığını koymak; geçmek; uzanmak, gitmek; akmak, dökülmek; dökmek, akıtmak; yayılmak; kaçmak (çorap); irin akıtmak; vurmak (renk); etkin olmak, görülegelmek; anlatılmak; göç etmek (balık); meyletmek, yönelmek; devam etmek; oynanmak (piyes); geçirmek; (arabayla) taşımak, nakletmek, götürmek; (kaçak mal) kaçırmak; idare etmek, yönetmek; seri halinde yayımlamak; hep bir arada bankadan para istemek; (oyunda) sayı yapmak. **run about** koşuşturmak, öteye beriye koş-

mak. **run a blockade** ablukayı yarmak. **run a boundary** sınırı geçmek. **run across** tesadüf etmek, rast gelmek. **run against** çatmak, uğramak; çarpmak. **run aground** karaya oturmak. **run amuck** *bak.* **amuck**. **run a risk** riske girmek. **run a temperature** ateşi çıkmak. **run away** kaçmak, firar etmek. **run away with** alıp kaçmak; kolay kazanmak. **run counter to** aksine gitmek. **run down** yermek, kötülemek, aleyhinde söylemek; arkasından koşup yakalamak; kurulmadığı için durmak (saat); yavaşlayıp dinmek (konuşma). **run for one's life** kaçıp kurtulmak. **run hard** hızlı koşmak. **run in** *matb.* birleştirmek, bitiştirmek; yakalayıp hapse atmak. **run into** tesadüf etmek, rast gelmek; çarpmak. **run into debt** borca girmek. **run off** kaçmak; kaçırtmak; *matb.* basmak; beraberliği çözmek (yarış, oyun). **run on** devam etmek, ilerlemek; devamlı konuşmak. **run on the rocks** kayalara oturmak (gemi); iflâs etmek, batmak. **run out** dışarı koşmak; akmak; bitmek, tükenmek; dışarı atmak, kovmak. **run over** ziyarete gitmek; ezmek, çiğnemek; üstünden geçmek, tekrarlamak; göz gezdirmek, gözden geçirmek; taşmak. **run riot** bolca yetişmek; coşmak; ayaklanmak. **run short of** (malzemesi) tükenmek, kıtlaşmak. **run the gantlet** *bak.* **gantlet**. **run through** israf etmek; saplamak; içinden geçirmek; çabucak gözden geçirmek. **run to earth** deliğine kadar kovalamak (av). **run to seed** tohuma kaçmak. **run true to form** kendisinden beklenildiği gibi davranmak. **run up** (borç) birikmek; artırmak; inşa edivermek; (bayrak) çekmek. **run upon** rastlamak, tesadüf etmek. **run wild** başıboş kalmak; yabanileşmek. **They ran out of money.** Parasız kaldılar. **We are running out of time.** Zamanımız daraldı.
run (rʌn) *i.* koşuş; koşu; koşma, seğirtme; koşulan veya gidilen mesafe; kısa gezi; tutulan yol; serbest giriş veya kullanım hakkı; seri, tekrar; oynama süresi, gösterim süresi; gidişat, eğilim; işleme süresi; parti, bir seferlik verim; uzantı; kaçık (çorap); akış; çay, dere; sürü halinde göç; (bir hayvanın) yaşadığı yer; kümes bahçesi; kayma yokuşu; bankadan toplu talep; hücum; *müz.* nağ-

meleme, sesgeçidi; *beysbol* tur, sayı; maden damarı; hedefe yaklaşma. **a run of luck** şans zinciri. **the general run** çoğunluk, büyük kısım. **a run for one's money** şiddetli rekabetle karşılaşma; semere. **have the run of** girme izni olmak. **in the long run** zamanla, en sonunda. **on the run** acele; kaçmakta; geri çekilmekte; koşarken.

run.a.bout (rʌn'ıbaut) *i.* küçük ve üstü açık otomobil; üstü açık talika; küçük motorbot.

run.a.way (rʌn'ıwey) *i., s.* kaçak, kaçkın, firarî.

run.ci.ble spoon (rʌn'sıbıl) birinin kenarı keskin olan üç dişli çatal.

run.dle (rʌn'dıl) *i.* portatif merdiven basamağı, merdiven değneği; mihver üstünde tekerlek gibi dönen şey.

run-down (rʌn'daun) *s.* köhne, harap; yorgun, hastalıklı, zayıf.

run.down (rʌn'daun) *i.* özet, hulâsa.

rune (run) *i.* eski Germenlerin kullandıkları alfabenin bir harfi; *çoğ.* bu harflerle yazılan eski İskandinav şiirleri. **ru'nic** *s.* bu harflerle yazılmış.

rung (rʌng) *i.* portatif merdiven basamağı; iskemlenin basamak değneği; tekerlek parmağı.

rung (rʌng) *f., bak.* **ring.**

run.let (rʌn'lit) *i.* çay, dere.

run.nel (rʌn'ıl) *i.* küçük ırmak, çay.

run.ner (rʌn'ır) *i.* koşan kimse, koşucu; kaçak, kaçkın; makinist; kızak ayağı; çığırtkan, kâhya, simsar; ray; yerde kökler salarak uzanan bitki veya bu bitkinin sapı; yol halısı; uzunca ve ensiz masa örtüsü.

run.ner-up (rʌnırʌp') *i.* ikinciliği kazanan yarışmacı veya aday.

run.ning (rʌn'ing) *i., s.* koşuş; koşma; akıntı; akıntı miktarı; *s.* koşan; koşuya ait; sarılgan, sürüngen (bitki); sürekli, devamlı, aralıksız; akan; kolay geçen; üst üste; art arda; işleyen; bitişik (elyazısı); sıvı; *tıb.* akıntılı, sızıntılı; düz; cari, geçer; tekrarlanmış; koşarak yapılan; sefere ait. **running account** cari hesap; anında verilen haber. **running board** araba boyunca uzanan basamak. **running fight** kovalamaca sırasındaki mücadele ve dövüş. **running fire** sürekli ateş. **running gear** arabanın alt düzeni. **running glance** göz atma. **running hand** bitiştirilmiş harflerle yazılmış elyazısı. **running knot** kement

düğümü. **running light** seyir feneri. **running mate** aynı takımda yarışan at; aynı partiden seçime katılan aday. **running title** tekrarlanan sayfa başlığı. **be in the running** kazanma şansı olmak. **be out of the running** kazanma şansı olmamak.

run.off (rʌn'ôf) *i.* beraberliği çözücü yarış; yağmurun emilmeyerek toprak üstünde kalan kısmı.

run-of-the-mill (rʌnıvdhımil') *s.* olağan, bayağı, alelade, sıradan.

run-on (rʌn'an) *s., i.* devam eden, mısra sonunda cümlesi bitmeyen; *i.* eklenmiş kısım.

run-o.ver (rʌn'ovır) *s., i.* aşınmış, yenik (topuk); *i., matb.* fazla kısım.

runt (rʌnt) *i.* çelimsiz hayvan; *aşağ.* bücür kimse, beberuhi. **runt'y** *s.* çelimsiz, bücür.

run.way (rʌn'wey) *i.* pist; ırmak yatağı.

ru.pee (rupi') *i.* rupi.

rup.ture (rʌp'çır) *i., f.* kopma, kırılma; milletler veya bireyler arasındaki uyumun bozulması; *tıb.* fıtık, debelik; *f.* koparmak, kırmak; kopmak, kırılmak; ilişkisini kesmek; fıtık olmak.

ru.ral (rûr'ıl) *s.* kırsal, köye ait; köy hayatına ait; çiftçilikle ilgili, tarımsal, ziraî. **ruralist** *i.* köy veya kır hayatı yaşayan kimse; kır hayatını tavsiye eden kimse.

ru.ral.ize (rûr'ılayz) *f.* köylüleştirmek; köyde yaşamak.

ruse (ruz) *i.* hile, düzen, desise.

rush (rʌş) *i.* saz, hasırotu, kofa, *bot.* Juncus; saz sapı; önemsiz şey, ıvır zıvır, fasa fiso. **rush'y** *s.* sazlık.

rush (rʌş) *f.* koşmak, hızla yürümek, acele etmek; saldırmak; hızla akmak; düşüncesizce hamle yapmak; koşturmak, acele ettirmek; geriye atmak, püskürtmek; Amerikan futbolunda topu koltuğuna alıp koşmak; *A.B.D.* üyeliğini göz önünde bulundurmak. **rush a bill through** bir kanun tasarısını acele ile meclisten geçirmek. **rush into print** kitap yayımlamaya veya gazeteye yazı koymaya acele etmek. **rush out of the room** odadan fırlayıp çıkmak. **refuse to be rushed** kendi ağır temposundan vazgeçmemek.

rush (rʌş) *i.* koşma, acele etme; hücum, hamle, hız; hızlı hareket; üşüşme. **rush hour** işin veya trafiğin en sıkışık olduğu zaman. **rush order** acele sipariş. **in a rush** meşgul.

rush.light (rʌş'layt) *i.*, **rush candle** saz mumu.

rusk (rʌsk) *i.* gevrek, peksimet; kızarmış ekmek parçaları.

Russ (rʌs) *i., s.* Rus; Rusça.

rus.set (rʌs'it) *s., i.* koyu kırmızı; kuru yaprak renginde; *i.* koyu kırmızı veya kuru yaprak rengi; bu renk kumaş veya giysi. **russet apple** kış elması. **russety** *s.* koyu kırmızı renkli.

Rus.sia (rʌş'ı) *i.* Rusya.

Rus.sian (rʌş'ın) *s., i.* Rus, Rusya'ya veya Rus diline ait; *i.* Rus; Rusça. **Russian dressing** turşulu ve baharatlı mayonez. **Russian leather** Rus meşini, sahtiyan.

rust (rʌst) *i., f.* pas; *bot.* pas hastalığı, bitkilerde mantar hastalığı; zehirli mantar; *f.* paslanmak; tembelleşmek.

rus.tic (rʌs'tik) *s., i.* köye veya kıra ait; köylü; kaba, yontulmamış; kıra uygun, sade, basit; *i.* köyde yaşayan kimse; basit ve kaba kimse. **rustically** *z.* köylü gibi; kabaca.

rus.ti.cate (rʌs'tıkeyt) *f.* bir süre köyde yaşamak; ceza olarak köye veya kıra göndermek; *İng.* (üniversiteden) geçici olarak uzaklaştırma cezası vermek; kaba işçilikle inşa etmek. **rustica'tion** *i.* bir süre köyde oturma; *İng.* üniversiteden geçici olarak uzaklaştırılma.

rus.tic.i.ty (rʌstîs'ıti) *i.* köylülük, köylü hayatı; kabalık, cahillik.

rus.tle (rʌs'ıl) *f., i.* hışırdamak; hışırdatmak; *k.dili* faaliyet göstermek, gayretle çalışmak; *A.B.D., k.dili* davar çalmak; *i.* hışırtı sesi. **rustler** *i., A.B.D., k.dili* davar veya at hırsızı.

rust.y (rʌs'ti) *s.* paslı, paslanmış; ham, tembelleşmiş. **rustily** *z.* paslanmış halde, paslı olarak. **rustiness** *i.* paslılık.

rut (rʌt) *i., f.* tekerlek izi, oluk; alışkı, değişmez program; *f.* tekerleklerle iz yapmak. **get in a rut** değişmez alışkıya bağlanmak.

rut (rʌt) *i., f.* geyik ve benzeri hayvanın kızışması; kösnüme; *f.* kızışıp çiftleşmek. **ruttish** *s.* kızışmaya meyilli. **ruttishness** *i.* kızgınlık.

ru.ta.ba.ga (rutıbey'gı) *i.* bir çeşit şalgam, *bot.* Brassica napobrassica.

ruth (ruth) *i., eski* merhamet, acıma, şefkat; üzülme, acınma, yerinme, pişman olma.

ruth.ful (ruth'fıl) *s., eski* merhametli; kederli, üzüntülü; acınacak halde olan. **ruthfully** *z.* acınarak, kederle.

ruth.less (ruth'lis) *s.* merhametsiz, insafsız. **ruthlessly** *z.* insafsızca. **ruthlessness** *i.* insafsızlık.

rut.ty (rʌt'i) *s.* derin tekerlek izleriyle dolu.

Rwan.da (rwan'da, ruwan'da) *i.* Ruanda.

rye (ray) *i.* çavdar, *bot.* Secale cereale; çavdar viskisi. **rye bread** çavdar ekmeği. **rye grass** delice otu, *bot.* Lolium temulentum; çayır otu. **rye whisky** çavdar viskisi.

rynd (rînd, raynd) *i.* üst değirmen taşını tutan demir parçası.

ry.ot (ray'ıt) *i.* Hint çiftçisi, Hint rençperi.

S

S, s (es) *i.* İngiliz alfabesinin on dokuzuncu harfi; S şeklinde boru, viraj; *kim.* kükürtün simgesi.

S. *kıs.* Saint, Saturday, September, South, Sunday.

-s, -es *sonek* çoğul eki: **cat, cats; glass, glasses.**

-'s *kıs.* is: **She's pretty.** has: **He's fled.** us: **Let's eat.**

-'s, -s' *sonek* iyelik eki: **the child's book, the** foxes' tails, the boys' clubs, James's book *veya* James' book.

S.A. *kıs.* South Africa.

Sa.ba.ism (sey'bıyîzım) *i.* yıldızlara tapınma.

Sab.a.oth (säb'ıyath, sıbey'oth) *i., çoğ.* ordular, askerler.

Sab.ba.tar.i.an (säbıter'iyın) *i.* cumartesi veya pazar gününü kutsal kabul eden kimse.

Sab.bath (säb'ıth) *i.* sebt günü; Musevilerce cumartesileri, Hıristiyanlarca pazarları uy-

gulanan kutsal dinlenme günü; dinlenme günü veya zamanı. **Sabbath-day's journey** on beş dakikalık yol; kısa yolculuk.
sab.bat.i.cal (sıbät'îkıl) *s.* sebt gününe ait; tatile ait. **sabbatical** *i.*, **sabbatical year** üniversite öğretim üyelerinin çoğunlukla yedi senede bir yaptıkları ücretli izin yılı.
Sa.be.an (sıbi'yın) *s.*, *i.*, *tar.* Seba ülkesi ile ilgili; *i.* Seba ülkesinden olan kimse; Seba dili.
sa.ber, *İng.* **sa.bre** (sey'bır) *i.* süvari kılıcı. **saber rattling** savaş tehditi. **saber-toothed tiger** bugün yalnız fosil halinde bulunan ve uzun azı dişleri olan kaplan.
sa.ble (sey'bıl) *i.*, *s.* samur, *zool.* Martes zibellina; samur kürkü veya derisi; samur rengi; siyah renk, matem rengi; *çoğ.*, *şiir* matem elbiseleri; *s.* siyah.
sa.bot (säb'o) *i.*, *Fr.* tahta pabuç.
sab.o.tage (säb'ıtaj) *i.*, *f.*, *Fr.* sabotaj, baltalama; *f.* sabotaj yapmak.
sab.o.teur (säbıtır') *i.* sabotajcı.
sab.ra (sa'brı) *i.* İsrail yerlisi.
sa.bre.tache (sey'bırtäş) *i.*, *ask.* süvari subayı çantası.
sab.u.lous (säb'yılıs) *s.* kumlu.
sac (säk) *i.*, *biyol.* kese.
sac.cate (säk'eyt, -ît) *s.*, *biyol.* torba veya kese şeklinde.
sac.char.ic (sıker'îk) *s.*, *kim.* sakarine ait.
sac.cha.ride (säk'ırayd, -rîd) *i.*, *kim.* sakarit.
sac.cha.rim.e.ter (sakırîm'ıtır) *i.* bir karışım içindeki şeker oranını ölçmeye mahsus alet.
sac.cha.rin (säk'ırîn) *i.* sakarin.
sac.cha.rine (säk'ırîn -rayn) *s.* tatlı; fazla şekerli; şeker niteliğinde; içinde şeker bulunan.
sac.cha.rose (säk'ıros) *i.* sakaroz.
sac.cule (säk'yul) *i.*, *anat.* kesecik.
sac.cu.lus (säk'yılıs) (*çoğ.* -li) *bak.* **saccule.**
sac.er.do.tal (säsırdot'ıl) *s.* papaza veya papazlığa ait. **sacerdotalism** *i.* papazlık sistemi; bu sistem taraftarlığı.
sa.chem (sey'çım) *i.* bazı Amerika kızılderili kabilelerinde reis; parti şefi.
sa.chet (säşey') *i.*, *Fr.* lavanta torbası.
sack (säk) *i.*, *f.* torba, çuval; bir çuval dolusu; bedene tam oturmayan kadın veya çocuk ceketi; *argo* işten atılma, kovulma; *f.* çuvala koymak; *argo* kovmak, defetmek, işten atmak. **be left holding the sack** *k.dili* kötü sonuçla başbaşa bırakılmak, belâya çatmak.

get the sack *argo* işten kovulmak. **give the sack** *argo* işten atmak, *informal* pabucunu eline vermek. **hit the sack, sack out** *A.B.D.*, *argo* yatmak. **sackful** *i.* bir çuval dolusu.
sack (säk) *f.*, *i.* yağmalamak, *informal* soyup soğana çevirmek; *i.* yağma.
sack (säk) *i.* Güney Avrupa'ya mahsus beyaz şarap.
sack.but (säk'bʌt) *i.* eski bir çeşit sürgülü trombon.
sack.cloth (säk'klôth) *i.* çuval bezi, çul. **in sackcloth and ashes** çula sarılmış ve kül içinde (pişmanlık veya yas alâmeti).
sack.ing (säk'îng) *i.* çul, çuval bezi.
sacque (säk) *i.* bol dikilmiş kadın veya çocuk ceketi.
sa.cral (sey'krıl) *s.*, *i.*, *anat.* kuyruksokumu kemiğine ait, sakruma ait, sakral; *i.* kuyruksokumu kemiği.
sa.cral (sey'krıl) *s.* kutsal şeylere ait.
sac.ra.ment (säk'rımınt) *i.* Hazreti İsa tarafından tesis edilen dinî ayinlerden biri. **sacramental** (säkrımen'tıl) *s.* bu ayinlerle ilgili. **sacramentally** *z.* kutsal ayin kabilinden. **sacramentary** *i.* Katolik kilisesi ayinleri kitabı.
sa.crar.i.um (sıkrer'iyım) *i.* eski Roma'da mabet; kilisenin mihrap yeri; dinî törenlerde kullanılan yıkama leğeni.
sa.cred (sey'krîd) *s.* kutsal, mukaddes; dinî; dine ait; mübarek, aziz, muazzez; saygıdeğer, hürmete şayan. **sacred cow** *k.dili* başkalarının inançlarına göre küçümsenmesi caiz olmayan şey veya kimse. **sacred to the memory of** anısına ithafen, ruhuna fatiha. **sacredly** *z.* kutsal olarak. **sacredness** *i.* kutsiyet.
sac.ri.fice (säk'rıfays) *i.*, *f.* kurban; fedakârlık; zarar; feda etme, kurban etme; *f.* kurban etmek, kurban olarak kesmek; feda etmek; zararına satmak, gözden çıkarmak. **sacrifice hit** *beysbol* takım arkadaşları ilerlesin diye atılan topa kendisinin yakalanacağı şekilde vurmak. **sacrificial** (säkrıfîş'ıl) *s.* kurban kabilinden.
sac.ri.lege (säk'rılîc) *i.* kutsal bir şeye karşı hürmetsizlik.
sac.ri.le.gious (säkrılîc'ıs) *s.* kutsal bir şeye hürmetsizlik kabilinden. **sacrilegiously** *z.*

kutsal şeylere hürmetsizlik ederek. **sacri-**
legiousness *i.* kutsal şeylere hürmetsizlik.
sac.ris.tan (säk'rîstın) *i.* kilisede hizmet eden
kimse.
sac.ris.ty (säk'rîsti) *i.* kiliseye ait eşyanın mu-
hafaza edildiği yer.
sacro- *önek, tıb.* kuyruksokumu kemiği ile
ilgili.
sac.ro.il.i.ac (säkrowil'iyäk) *s.* kalçada iki
kemiğin bitiştiği yere ait.
sac.ro.sanct (säk'rosängkt) *s.* çok kutsal;
dokunulmaz.
sa.crum (sey'krım) *i., anat.* kuyruksokumu
kemiği, sakrum, sağrı kemiği.
sad (säd) *s.* kederli, üzgün, mahzun, gamlı;
hazin, acınacak, esef edilecek; keder verici,
kasvetli; bedbaht; hayırsız, yetersiz; çok
kötü. **sad sack** *A.B.D., argo* miskin. **sadly**
z. kederle, hüzünle. **sadness** *i.* keder, hüzün,
üzüntü.
sad.den (säd'ın) *f.* kederlendirmek, keyfini
kaçırmak, neşesini kaçırmak; kederlenmek,
neşesi kaçmak.
sad.dle (säd'ıl) *i., f.* eyer, semer; sele, bisiklette
oturacak yer; sırtın alt kısmındaki et (koyun);
coğr. bel, semer, boyun; semere benzer
şey; *f.* semer vurmak, eyerlemek; yüklemek.
saddle a person with a task birine zor
bir iş yüklemek. **saddle horse** binek atı.
saddle soap semer gibi deri eşyayı temiz-
lemek ve korumak için kullanılan sabun.
sad.dle.back (säd'ılbäk) *i.* sırtı çukur olan
herhangi bir şey; sırtında semere benzer
çizgileri olan kuş veya kelebek.
sad.dle.bag (säd'ılbäg) *i.* hurç, heybe.
sad.dle.bow (säd'ılbo) *i.* eyer kaşı.
sad.dle.cloth (säd'ılklôth) *i.* haşa, eyer al-
tına konan keçe.
sad.dler (säd'lır) *i.* saraç.
sad.dler.y (säd'lıri) *i.* saraçlık; saraciye; saraç-
hane.
sad.dle.tree (säd'ıltri) *i.* eyer kaltağı.
Sad.du.cee (säc'ûsi, säd'yûsi) *i.* eski Muse-
vilikte ahret ve ölümsüzlüğü yadsıyıp öz-
dekçiliğe yönelen kimse, Sadukî. **Saddu-**
cean *s.* Sadukilere ait.
sa.dhu (sa'du) *i.* Hintli fakir.
sad.i.ron (säd'ayırn) *i.* iki ucu sivri ve sapı
çıkarılabilen eski bir çeşit ütü.
sad.ism (sey'dîzım, säd'îzım) *i.* sadizm. **sadist**

i. sadist kimse. **sadistic** (sıdîs'tîk) *s.* sadist.
sadistically (sıdîs'tîkli) *z.* sadistçe.
sa.fa.ri (sıfa'ri) *i.* (bilhassa Afrika'da) safari,
av partisi.
safe (seyf) *s., i.* emniyette, emin ellerde, selâ-
mette, salim; kurtulmuş; emin, sağlam; em-
niyetli, mahfuz; korkusuz; güvenilir; teh-
likesiz; *beysbol* oyundışı edilmeden kaleye
yetişmiş olan; *i.* kasa; teldolap. **safe and**
sound sağ salim, sapasağlam. **a safe bet** el-
de bir. **safe deposit** kıymetli eşya saklamaya
mahsus emniyetli yer. **safe-deposit box**
bankada özel müşteri kasası. **be on the safe**
side sonuçtan emin olmak, ihtiyatlı dav-
ranmak. **safely** *z.* emniyetle, emin olarak.
safeness *i.* emniyet.
safe-con.duct (seyf'kan'dʌkt) *i.* özellikle düş-
man memleketinde seyahat edenlere ve-
rilen seyahat tezkeresi veya himaye belgesi.
safe.crack.er (seyf'kräkır) *i.* kasa hırsızı.
safe.guard (seyf'gard) *i., f.* koruma, himaye;
koruyucu şey; ihtiyat tedbiri; muhafız; *f.*
muhafaza etmek, korumak.
safe.keep.ing (seyfki'pîng) *i.* saklama, himaye,
saklanma.
safe.light (seyf'layt) *i.* karanlık odada kul-
lanılan koyu kırmızı ışık.
safe.ty (seyf'ti) *i., s.* emniyet, güven, asayiş,
selâmet, korkusuzluk; *s.* emniyeti sağlayan.
safety belt emniyet kemeri. **safety catch**
kabza emniyet mandalı. **safety glass** da-
ğılmaz cam. **safety lamp** madenci lambası.
safety lock emniyet kilidi. **safety match**
kibrit, özel bir yere sürtülmedikçe yanmayan
kibrit. **safety pin** çengelli iğne. **safety**
razor traş makinası. **safety valve** emniyet
valfı, emniyet supabı.
saf.flow.er (säf'lauwır) *i.* aspur, yalancı saf-
ran, papağanyemi, *bot.* Carthamus tinc-
torius; bu çiçeklerin tohumundan yapılan
bir ilâç.
saf.fron (säf'rın) *i., s.* safran, *bot.* Crocus sati-
vus; bu çiçeğin boya maddesi veya ilâç
olarak kullanılan tohumları; *s.* safran renkli,
koyu portakal renkli. **mountain saffron**
mahmurçiçeği, itboğan, *bot.* Colchicum.
sag (säg) *f.* (-ged, -ging) *i.* eğilmek, bükülmek,
çökmek, bel vermek; sarkmak; yavaş yavaş
düşmek (kıymet); *den.* rüzgâr altına sürük-
lenmek; *i.* çöküntü, eğilme, bel verme; sarkma.

sa.ga (sa'gı) *i.* eski İskandinav hikâye veya masalı; destan.

sa.ga.cious (sıgey'şıs) *s.* arif, akıllı, zeki, ferasetli, sezgin, anlayışlı. **sagaciousness** *i.* akıllılık, zekâ, ariflik, bilgelik. **sagaciously** *z.* ariflikle, akıllıca.

sa.gac.i.ty (sıgäs'ıti) *i.* ariflik, akıllılık, zekâ.

sag.a.more (säg'ımôr) *i.* bazı kızılderili kabilelerinde reis.

sage (seyc) *i.* adaçayı. **garden sage** adaçayı, *bot.* Salvia officinalis. **scarlet sage** ateş çiçeği. **wood sage, wild sage** yabanî adaçayı, *bot.* Salvia sylvestris.

sage (seyc) *s., i.* hikmet sahibi, ağırbaşlı; akıllı; *i.* bilge, hikmet sahibi kimse; yaşını başını almış akıllı adam, filozof. **sagely** *z.* bilgece, hakimane, dirayetle. **sageness** *i.* bilgelik, hikmet sahibi oluş, dirayetlilik.

sage.brush (seyc'brʌş) *i.* A.B.D.'ne mahsus bir çeşit kokulu çalı, *bot.* Artemisia.

sag.gar (säg'ır) *i., f.* seramikte kullanılan ateşe dayanıklı toprak veya bu topraktan yapılan kap; *f.* böyle bir kapta ısıtmak.

sag.it.tal (säc'ıtıl) *s.* oka benzer, ok şeklinde, oka ait; *anat.* sagital, oksal, sehmî.

Sag.it.ta.ri.us (säc'ıter'iyıs) *i., astr.* Nişancı takımyıldızı; Yay burcu.

sag.it.tate (säc'ıteyt) *s., bot., zool.* ok başı şeklinde, temren biçiminde.

sa.go (sey'go) *i.* sagu.

Sa.har.a (sıher'ı) *i.* Büyük Sahra.

sa.hib (sa'yib) *i., ge . b.h.* Hindistan'da Avrupalılara verilen ünvan; efendi.

said (sed) *bak.* **say.**

Sai.gon (saygan') *i.* Saygon.

sail (seyl) *i., f.* yelken; yelkene benzer herhangi bir şey; yel değirmeni yelpazesi; yelkenli gemi; *topluluk ismi* yelkenli gemiler; deniz yolculuğu; *f.* gemi ile yola çıkmak; yelkenle seyretmek; gemi ile gitmek; gemi gibi su üstünde yüzmek; havada uçmak; gemi kullanmak; havada uçurmak. **sail close to the wind** *den.* orsasına seyretmek. **sail into** büyük bir şevkle girişmek; *k.dili* fena halde azarlamak, *informal* haşlamak. **sail under false colors** olduğundan başka türlü görünmek. **fore-and-aft sail** yan yelkeni. **make sail** fazla yelken açmak; sefere çıkmak. **set sail** yelken açıp kalkmak. **shorten sail** bazı yelkenleri indirmek.

square sail dört köşe seren yelkeni. **strike sail** yelkenleri mayna etmek. **under sail** yelkenleri fora edilmiş olarak, seyir halinde.

sail.boat (seyl'bot) *i.* yelkenli gemi.

sail.cloth (seyl'klôth) *i.* yelken bezi.

sail.er (sey'lır) *i.* yelkenli gemi. **a fast sailer** süratli yelken gemisi. **a good sailer** fazla sallamayan gemi. **a heavy sailer** çok sarsan gemi.

sail.fish (seyl'fiş) *i.* kılıç balığına benzer ve sırtında büyük kanadı olan balık.

sail.ing (sey'lîng) *i.* gemi ile yolculuk; gemicilik; *den.* kalkış saati. **sailing boat** yelkenli gemi. **sailing orders** sefer talimatı.

sail.mak.er (seyl'mey'kır) *i.* yelkenci.

sail.or (sey'lır) *i.* gemici; düz tepeli ve dar kenarlı hasır şapka. **a bad sailor** deniz tutan kimse. **sailorly** *s.* gemici gibi, gemiciye yakışır.

sain.foin (seyn'foyn) *i.* evliyaotu, eşekotu, *bot.* Onobrychis viciaefolia.

saint (seynt) *s., i., f.* (*kıs.* St., S.) aziz, mukaddes, kutsal, mübarek; *i.* evliya, aziz, eren; *f.* azizler mertebesine çıkarmak. **St. Andrew's cross** X şeklinde haç. **St. Bernard dog** senbernar köpeği. **St. Elmo's fire** *bak.* **corposant. St. John's bread** keçiboynuzu. **St. Nicholas, Santa Claus** Noel baba. **St. Patrick's Day** İrlanda'da resmî yortu günü, 17 Mart. **Saint's day** bir azizin yortusu. **St. Valentine's Day** 14 Şubat; *bak.* **valentine. St. Vitus's dance** *tıb.* kore. **All Saints' Day** kasım ayının ilk gününe tesadüf eden Bütün Azizler yortusu. **saintlike** *s.* evliya gibi, azizlere yaraşan; çok mübarek, çok sabırlı.

saint.ed (seyn'tid) *s.* merhum, ölmüş; azizler mertebesine girmiş; mukaddes.

saint.hood (seynt'hûd) *i.* kutsîlik, evliyalık; azizler, evliyalar.

saint.ly (seynt'li) *s.* evliya gibi, azizlere yakışır; çok mübarek, çok iyi.

sake (seyk) *i.* hatır, uğur. **for heaven's sake** Allah aşkına. **for my sake** hatırım için. **for the sake of argument** farzedelim ki. **for the sake of clarity** anlaşılsın diye. **for the sake of peace** barış uğruna.

sa.ke (sa'ki) *i.* Japonya'da pirinçten yapılan bir çeşit içki.

sal (säl) *i., kim.* tuz.

sa.laam (sılam') *i., f.* selâm, temenna; *f.* selâmlamak, selâm vermek, temenna etmek.

sal.a.ble, sale.a.ble (sey'lıbıl) *s.* satılabilir, satılma imkânı olan. **salabil'ity, salableness** *i.* satılabilme, satılma imkânı.

sa.la.cious (sıley'şıs) *s.* şehvanî, şehvetli; müstehcen. **salaciously** *z.* şehvetli olarak, şehvetle. **salaciousness, salacity** (sıläs'ıti) *i.* şehvetlilik, şehvet; müstehcenlik.

sal.ad (säl'ıd) *i.* salata. **salad days** gençlik çağı, acemilik. **salad dressing** mayonez; salata sosu.

sal.a.man.der (säl'ımändır) *i.* semender, *zool.* Salamandra maculosa; ateşte yanmayan efsanevî bir hayvan; sıcağa karşı dayanıklı kimse. **salamandrine** *s.* sıcağa dayanıklı; semendere ait.

sa.la.mi (sıla'mi) *i.* salam.

sal ammoniac nışadır.

sal.a.ry (säl'ırı) *i., f.* maaş, aylık, ücret; *f.* maaş vermek, ücret vermek, aylık bağlamak. **salaried** *s.* aylıklı, maaşlı, ücretli.

sale (seyl) *i.* satış, satım, satma; satılış; talep, revaç; alışveriş; mezat. **sales clerk** satış memuru, tezgâhtar. **sales resistance** alıcının isteksizliği. **for sale, on sale** satılık. **put up for sale** satılığa çıkarmak.

sale.a.ble *bak.* salable.

sal.ep (säl'ep) *i.* salep.

sal.e.ra.tus (sılırey'tıs) *i.* sodyum bikarbonat.

sales.man (seylz'mın) *i.* satıcı, satış memuru.

sales.man.ship (seylz'mınşîp) *i.* satıcılık, satma kabiliyeti.

sales.room (seylz'rum) *i.* satış yeri.

sales.wom.an (seylz'wûmın) *i.* satıcı kadın.

sal.i.cin (säl'ısîn) *i., kim.* söğüt ve kavak ağaçlarının kabuk ve yapraklarından çıkarılan ve ilâç olarak kullanılan bir tuz.

Sal.ic Law (säl'îk) bazı Germen kabilelerinin beşinci yüzyılda düzenlenen kanunnamesi; eskiden Fransa'da kadınların tahta geçmelerini yasaklayan kanun.

sal.i.cyl.ate (säl'ısîleyt, sılîs'ıleyt) *i., ecza.* salisilat. **salicyl'ic** *s.* salisilat kabilinden. **salicylic acid** salisilat asidi.

sa.li.ence, sa.li.en.cy (sey'lıyıns, -si) *i.* dikkati çekme; çıkıntı, çıkıntılı şey.

sa.li.ent (sey'lıyınt) *s., i.* göze çarpan, dikkati çeken; çıkıntılı, çıkık, fırlak; *i., ask.* kalede dış açı. **saliently** *z.* göze çarparak.

sa.lif.er.ous (sılîf'ırıs) *s.* tuz hâsıl eden; tuz ihtiva eden, tuzlu.

sa.li.na (sılay'nı) *i.* tuzlu bataklık; tuzla, tuz ocağı, tuz madeni; tuzlu pınar.

sa.line (sey'lin, sey'layn) *s., i.* bir çeşit maden tuzu ile dolu; tuzlu; tuz gibi; tuz hassası olan; *i., tıb.* birkaç çeşit maden tuzu.

sa.lin.i.ty (sılîn'ıti) *i.* tuzluluk, tuzluluk miktarı.

sa.li.va (sılay'vı) *i.* salya, tükürük. **salivary** (säl'ıveri) *s.* tükürük hâsıl eden, salyaya ait. **salivate** (säl'ıveyt) *f.* salya akıtmak; *tıb.* çok tükürük çıkarmak. **salivation** (sälıvey'şın) *i.* tükürük çıkarma.

sal.low (säl'o) *i.* keçi söğüt ağacı; *bot.* Salix caprea; sepetlik söğüt ağacı veya bu ağacın bir dalı.

sal.low (säl'o) *s.* benzi sararmış, soluk yüzlü, solgun.

sal.ly (säl'i) *i., f.* kuşatma esnasında askerin hücuma geçmesi; anî hareket veya hamle; gezinti; espri, nükteli söz; *f.* dışarı fırlamak; hücuma geçmek; toplu halde geziye çıkmak. **sally port** *ask.* çıkış kapısı.

sal.ly lunn (säl'i lʌn) küçük tatlı ekmek.

sal.ma.gun.di (sälmıgʌn'di) *i.* soğuk et ve ançüez beraberinde yumurta ve soğan ile yapılmış bir yemek; herhangi bir karışım.

salm.on (säm'ın) *i.* som balığı, *zool.* Salmo salar; buna benzer alabalık; sarımsı pembe renk. **salmon trout** kırmızı etli alabalık.

sal.mo.nel.la (sälmınel'ı) *i.* zehirlenmeye sebep olan bir mikrop.

sa.lon (sälan') *i.* salon, misafir odası; sergi salonu.

Sa.lo.ni.ka (sälôni'ka) *i.* Selanik.

sa.loon (sılun') *i., A.B.D.* meyhane; *İng.* bar; büyük salon; galeri; gemi salonu; lokanta. **saloon deck** gemi salonunun bulunduğu güverte. **saloonkeeper** *i.* meyhaneci.

sal.pin.gi.tis (sälpîncay'tıs) *i., tıb.* soluk borusu veya dölyolu iltihabı.

sal.pinx (säl'pîngks) *i.* (*çoğ.* **sal.pin.ges**) *anat.* boru, nefir.

sal.si.fy (säl'sıfay, -fi) *i.* tekesakalı, *bot.* Tragopogon.

salt (sôlt) *i., s., f.* tuz, sodyum klorürü, maden tuzu; bir asit ile bir bazdan meydana gelen tuz; *çoğ.* müshil tuzu; tuzluk; lezzet, tat; nükte, hoş söz; *k.dili, informal* deniz kurdu;

s. tuzlu; f. tuzlamak, tuz katmak, tuzda muhafaza etmek. **salt a mine** bir maden kuyusunu olduğundan kıymetli göstermek için içine altın tozu karıştırmak. **salt away** veya **down** tuzlayarak muhafaza etmek; argo biriktirmek, istif etmek (para). **salt beef** tuzlanmış sığır eti. **salt fish** tuzlu balık. **salt lick** yabanî hayvanların tuz buldukları yer. **salt of the earth** iyi kalpli kimse. **salt rheum** tıb. tuzlubalgam. **salt well** tuzlu su kuyusu. **Attic salt** ince espri. **eat a person's salt** bir kimsenin misafiri olmak, sofrasına oturmak. **Epsom salts** İngiliz tuzu. **not worth his salt** masrafını karşılamaz, beş para etmez. **rock salt** kaya tuzu. **sea salt** denizden çıkarılan tuz. **smelling salts** baygınlık hallerinde koklatılan amonyak ruhu. **table salt** sofra tuzu. **with a grain of salt** ihtiyat kaydıyle, şüphe ile. **salt'less** s. tuzsuz, tatsız. **salt'ness** i. tuzluluk.

sal.ta.tion (sältey'şın) i. hoplama, sıçrama, zıplama; vurma, çarpma. **saltatory** (säl'tıtôri) s. sıçramaya benzer; sıçrama kabiliyeti olan.

salt.box (sôlt'baks) i., A.B.D. dik çatılı ufak ev.

salt.cel.lar (sôlt'selır) i. tuzluk.

salt.ern (sôl'tırn) i. tuzla.

sal.ti.grade (säl'tıgreyd) s., zool. sıçrayarak yürüyen (hayvan).

salt.ish (sôl'tiş) s. tuzluca. **saltishness** i. tuzluluk.

salt.pan (sôlt'pän) i. tuzla havuzu; tuz ayırma kabı.

salt.pe.ter, İng. **-pe.tre** (sôltpi'tır) i. güherçile.

salt-ris.ing (sôlt'rayzing) i. patates mayasından yapılmış ekmek.

salt-wa.ter (sôlt'wôtır) s. deniz suyuna ait, tuzlu suda yaşayan.

salt.works (sôlt'wırks) i. tuzla, tuz fabrikası.

salt.wort (sôlt'wırt) i. üşnan, çorak, dikenli çöven, bot. Salsola kali.

salt.y (sôl'ti) s. tuzlu; denizi hatırlatan; keskin.

sa.lu.bri.ous (sılu'briyıs) s. sıhhatli, sıhhate yarar, sıhhî. **salubriously** z. sıhhate yarar surette. **salubriousness, salubrity** i. sıhhatlilik, sıhhî oluş.

sal.u.tar.y (säl'yıteri) s. sıhhate yarayan, sıhhî, faydalı, hayırlı, yararlı. **salutarily** z. sıhhate

yararlı olarak, faydalı olarak. **salutariness** i. sıhhîlik, faydalılık.

sal.u.ta.tion (sälyıtey'şın) i. selâm; selâm verme, hatır sorma. **salutatory** (sılu'tıtôri) s. selâm niteliğinde, selâm veren. **salutatorian** (sılu'tıtôriyın) i. diploma töreninde halka hoş geldiniz anlamında söz söyleyen öğrenci.

sa.lute (sılut') f., i. selâm vermek, selâmlamak, aşinalık etmek; selâm göndermek; selâm çakmak; top atışı veya bayraklarla selâmlamak; i. selâmlama, selâm verme; selâm; selâm çakma, selâm duruşu, selâm merasimi. **fire a salute** top atışıyle selâmlamak. **give a salute** selâm vermek. **return a salute** selâmını almak, selâma karşılık vermek. **take the salute** ask. selâm almak, selâm durmak.

sal.va.ble (säl'vıbıl) s. kurtarılabilir.

sal.vage (säl'vic) i., f. kurtarılan mal; deniz kazasından veya yangından kurtarılan mal; deniz kazasından veya yangından kurtarma ücreti; sigortalı eşyanın yangından kurtulması veya bunların satışıyle temin edilen gelir; f. (eşya) kurtarmak. **salvageable** s. kazadan kurtarılabilir.

sal.var.san (säl'vırsän) i., tic. mark. özellikle frengi için yakın zamana kadar kullanılan arsenikli bir ilâç, salvarsan.

sal.va.tion (sälvey'şın) i. kurtarış, kurtarma; kurtuluş, halâs, necat; ilâh. mağfiret, gufran, yarlıgama. **Salvation Army** İng., A.B.D. fakirler için para toplayan bir Protestan grubu.

salve (säv, sav) i., f. merhem; dinlendirici herhangi bir şey; övme, methiye; f. merhem sürmek; acısını dindirmek, teskin etmek, iyi etmek.

salve (sälv) f. denizden veya yangından kurtarmak.

sal.ver (säl'vır) i. tepsi.

sal.vi.a (säl'viyı) i. ateş çiçeği.

sal.vo (säl'vo) i. yaylım ateşi, topçu bombardımanı; selâm topu; alkış tufanı.

sal.vo (säl'vo) i. bahane.

sal vo.lat.i.le (säl volät'ıli) amonyum karbonat.

sal.vor (säl'vır) i. kurtarma işlemine katılan kimse; kurtarma gemisi.

Sa.mar.i.a (sımer'iyı) i. eski Filistin'de bir şehir, Samiriye. **Samaritan** (sımer'ıtın) s., i. Samiriye ile ilgili; i. Samiriyeli; Samiriye dili. **a**

good Samaritan merhametli kimse, özellikle hastalara yardım eden kimse.

Sam.ar.kand (sämırkänd') *i.* Semerkant şehri.

sam.ba (säm'bı) *i.* bir çeşit Brezilya dansı, samba.

sam.bu.ca (sämbyu'kı) *i., müz.* üçgen şeklinde eski bir telli çalgı.

same (seym) *s.* aynı, tıpkısı; eşit; adı geçen, mezkûr. **all the same** bununla beraber, mamafih. **just the same** buna rağmen, mamafih; aynı şekilde; eskisi gibi. **much the same** hemen hemen aynı, yaklaşık olarak. **same here** ben de. **sameness** *i.* aynılık; monotonluk, tekdüzelik; benzerlik.

Sam Hill (säm' hîl') *A.B.D., argo* cehennem. **What the Sam Hill is he doing here?** Hay Allah, burada işi ne yahu?

Sa.mi.an (sey'miyın) *s., i.* Sisam adasına ait; *i.* Sisamlı. **Samian earth** Sisam adasında bulunan ve eskiden ilâç olarak kullanılan balçık. **Samian ware** bu balçıktan yapılan kaplar.

sam.iel (säm'yel) *i.* samyeli.

sam.i.sen (säm'îsen) *i., müz.* üç telli Japon çalgısı.

sa.mite (sey'mayt, säm'ayt) *i.* altın veya gümüşle dokunmuş ipekli kumaş.

Sa.mos (sey'mas) *i.* Sisam adası.

Sam.o.thrace (säm'ıthreys) *i.* Semadirek adası.

sam.o.var (säm'ıvar) *i.* semaver.

samp (sämp) *i.* iri taneli öğütülmüş mısır unu.

sam.pan (säm'pän) *i.* Çin nehirlerinde kullanılan dibi düz kayık.

sam.phire (säm'fayır) *i.* deniz rezenesi, *bot.* Crithmum maritimum.

sam.ple (säm'pıl) *i., f.* örnek, numune, model, mostra; *f.* örnek olarak denemek. **sampler** *i.* el işi örneği; örnekleri tecrübe eden kimse.

sam.pling (säm'plîng) *i.* seçme.

Sam.son (säm'sın) *i.* Samson.

sam.u.rai (säm'ûray) *i.* (*çoğ.* **sam.u.rai, sam.u.rais**) eski Japon derebeylik sisteminde ikinci derecede asılzade.

san.a.tive, san.a.to.ry (sän'ıtîv, -tôri) *s.* şifa verici, iyi eden; sıhhî; yararlı.

san.a.to.ri.um (sänıtôr'iyım) *i.* (*çoğ.* **-ri.a, -ri.ums**) havası ve suyu sağlığa yararlı olan yer; sanatoryum.

san.be.ni.to (sänbıni'to) *i.* ortaçağda nadim olmuş günahkârlara kilise tarafından giydirilen sarı veya siyah renkte gömlek; Engizisyon devrinde yakılarak öldürülme cezasına çarptırılmış kimselere giydirilen siyah gömlek.

sanc.ti.fied (sängk'tıfayd) *s.* kutsal; günahtan temizlenmiş.

sanc.ti.fy (sängk'tıfay) *f.* kutsallaştırmak, takdis etmek, kutsal bir işe tahsis etmek, günahlardan temizlemek; kutsiyet hâsıl ettirmek. **sanctifica'tion** *i.* takdis; resmen ibadete tahsis.

sanc.ti.mo.ni.ous (sängktımo'niyıs) *s.* kutsiyet taslayan, sofu, mutaassıp. **sanctimoniously** *z.* dindarlık taslayarak. **sanctimoniousness, sanc'timony** *i.* dindarlık taslama.

sanc.tion (sängk'şın) *i., f.* tasdik, teyit; müeyyide; kanuna itaatsizlik cezası; *gen. çoğ.* milletlerarası bir kanunu çiğneyen devlete karşı diğer birkaç devletin birleşerek aldıkları zorlatıcı tedbir; *f.* tasdik etmek, teyit etmek, tasvip etmek.

sanc.ti.ty (sängk'tıti) *i.* kutsal olma, mukaddeslik.

sanc.tu.ar.y (sängk'çuweri) *i.* mabet, ibadethane; kutsal yer; melce, sığınak. **right of sanctuary** iltica hakkı; masuniyet. **take sanctuary** iltica etmek, sığınmak. **wild life sanctuary** yabani hayvanların korunduğu yer.

sanc.tum (sängk'tım) *i.* (*çoğ.* **-tums, -ta**) kutsal yer, girilmesi yasak özel oda.

sanc.tum sanc.to.rum (sängk'tım sängktôr'ım) *Lat.* en mukaddes yer; inziva yeri, hususî hücre; harim.

sand (sänd) *i., f.* kum; kum saatindeki kum; *çoğ.* kumluk, kumsal; *çoğ.* ömrün dakikaları; *argo* cesaret, yiğitlik; *f.* üstüne kum serpmek; içine kum katmak; *sık sık* **up** *ile* kum dolmak (liman). **sand flea** kumluk yerlerde bulunan pire. **sand fly** tatarcık, *zool.* Phlebotamus. **sand-fly fever** tatarcık humması. **sand grouse** bağırtlak, *zool.* Pteroclus. **sand martin** kum kırlangıcı, *zool.* Riparia riparia. **sand smelt** gümüş balığı, platerina, *zool.* Atherina presbyter.

san.dal (sän'dıl) *i.* çarık, sandal, mest; ayakkabı üzerine giyilen kısa şoson; sandal bağı veya şeridi. **sandal(l)ed** *s.* çarık giymiş, çarıklı.

san.dal, san.dal.wood (sän'dıl, sän'dılwûd) *i.* sandal, sandal ağacı tahtası. **red sandalwood tree** kırmızı sandal ağacı, *bot.* Pterocarpus santalinus. **white sandalwood** san-dal, *bot.* Santalum album.

san.da.rac (sän'dıräk) *i.* sandarak ağacı; dağ ardıcı, *bot.* Callitris quadrivalvis; bu ağacın buhur ve cilâ olarak kullanılan reçinesi.

sand.bag (sänd'bäg) *i., f.* siperlik kum torbası; *f.* kum torbası ile etrafını çevirmek; kum torbası ile bir kimsenin kafasına vurmak.

sand.bar (sänd'bar) *i.* sığlık.

sand.blast (sänd'bläst) *f.* kum püskürterek temizlemek.

sand.box (sänd'baks) *i.* demiryolu veya tramvay raylarına serpilen kumu taşımaya mahsus sandık; kum bahçesi.

san.der.ling (sän'dırlîng) *i.* deniz çulluğu, *zool.* Crocethia alba.

sand.hog (sänd'hôg) *i.* tazyikli hava içinde çalışan işçi.

sand-lot (sänd'lat) *s., A.B.D.* boş arsada oynanan (top oyunu).

sand.man (sänd'män) *i.* çocukların gözlerine kum serpmekle uykularını getirdiği farzolunan peri.

sand.pa.per (sänd'peypır) *i., f.* zımpara kâğıdı; *f.* zımparalamak.

sand.pi.per (sänd'paypır) *i.* beyaz karınlı yeşilbacak, *zool.* Tringa hypoleuca.

sand.stone (sänd'ston) *i.* kumtaşı, kefeki taşı.

sand.storm (sänd'stôrm) *i.* kum fırtınası.

sand.wich (sänd'wiç) *i., f.* sandviç; *f.* sandviç yapmak; iki şey veya madde arasına sıkıştırmak. **sandwich man** *k.dili* önünde ve arkasında ilân levhaları asılı olan adam.

sand.y (sän'di) *s.* kumlu, kuma benzer; kumsal; kum rengi (saç). **sandiness** *i.* kumlu olma.

sane (seyn) *s.* aklı başında, akıllı, kafası sağlam; muhakemesi işleyen, makul. **sane'ly** *z.* akıllıca, makul olarak. **sane'ness** *i.* akıllılık.

San.for.ize (sän'fırayz) *f., tic. mark.* keten veya pamuklu kumaşları çekmesini önlemek üzere özel bir işleme tabi tutmak.

sang (säng) *bak.* **sing.**

san.ga.ree (säng.gırî') *i.* şekerli su ile şaraptan yapılan bir içki.

sang-froid (sangfrwa') *i.* soğukkanlılık, itidal, kendine hâkim olma.

sangui- *önek* kan.

san.guif.er.ous (säng.gwif'ırıs) *s.* kan nakleden.

san.gui.fi.ca.tion (sang.gwifikey'şın) *i.* kan oluşumu.

san.gui.nar.y (säng'gwıneri) *s.* kandan ibaret; kanlı; kana susamış, kan dökücü, hunhar. **sanguinarily** *z.* kanlı olarak; kana susamış surette.

san.guine (sang'gwin) *s.* ümitli; emin; neşeli; gayretli; kan gibi kırmızı, kan renginde; kanı çok. **sanguinely** *z.* ümitle. **sanguineness** *i.* ümitlilik.

san.guin.e.ous (säng.gwin'iyıs) *s.* kanla dolu; kana ait, kanlı; kan renginde, kıpkırmızı; emin, ümitli.

San.he.drin, -drim (sän'hidrîn, -drîm) *i.* eskiden Musevilerin millet meclisi.

sa.ni.es (sey'niyiz) *i.* sulu kanlı ve pis kokulu cerahat. **sanious** (sey'niyıs) *s.* böyle cerahate ait.

san.i.tar.i.an (sänıter'iyın) *s., i.* sağlığa veya sağlık kurallarına ait; *i.* sağlık uzmanı.

san.i.tar.i.um (sänıter'iyım) *bak.* **sanatorium.**

san.i.tar.y (sän'ıteri) *s.* sağlıkla ilgili, sıhhî. **sanitary napkin** kadınların âdet zamanında kullandıkları ve hazırlanmış olarak eczanede satılan pamuk. **sanitary regulations** sağlık kuralları.

san.i.ta.tion (sänıtey'şın) *i.* sıhhî şartları geliştirme, hıfzıssıhha; sağlık teşkilâtı; halk sağlığını koruma tedbirleri.

san.i.tize (sän'ıtayz) *f.* sıhhî hale getirmek, sterilize etmek.

san.i.ty (sän'ıti) *i.* akıllılık, aklı başında olma, makul düşünüş.

san.jak (san'cak) *i.* sancak.

sank (sängk) *bak.* **sink.**

sans (sänz) *edat* -siz.

sans-cu.lotte (sänzkyulat') *i.* büyük Fransız ihtilâlinde cumhuriyetçi; aşırı ihtilâlci. **sans -culottism** *i.* aşırı ihtilâlcilik.

san.se.vi.e.ri.a (sän'sıvîyir'iyı) *i.* sanseverya, paşa kılıcı, *bot.* Sansevieria.

San.skrit, San.scrit (sän'skrit) *i., s.* Sanskrit; *s.* bu dile ait.

sans ser.if (sänz ser'if) *matb.* düz harfler.

San Ste.fa.no (sän ste'fano) Yeşilköy'ün eski ismi.

San.ta Claus (sän'tı klôz) Noel baba.

San.ti.a.go (santiya'go) *i.* Santiyago.

san.ton.i.ca (säntan'ıkı) *i.* ak pelin, *bot.* Artemisia maritima; ak pelin çiçeklerinden yapılan bir ilâç.

san.to.nin(e) (sän'tınîn) *i.*, *ecza.* santonin.

sap (säp) *i.* bitki özü; hayat verici öz; ağacın özlü veya canlı kısmı; *argo* aptal kimse, avanak kimse. **cellulary sap** hücre özsuyu. **crude sap** ham besisuyu. **raw sap** ham usare. **sap green** yeşil zeytin renginde boya.

sap (säp) *f.* (**-ped, -ping**) *i.* takatini kesmek, tüketmek, bitirmek, mahrum etmek; *ask.* temelini kazıp yıkmak, altına sıçanyolu kazarak yıkmak, sıçanyolu ile ilerlemek; *i.* istihkâm hendeği.

sa.pan.wood (sıpän'wûd) *i.* kırmızı veya sarı boya veren bir ağaç.

sap.head (säp'hed) *i.*, *argo* mankafa kimse.

sap.id (säp'id) *s.* lezzetli, çeşnili. **sapid'ity, sapidness** *i.* lezzet, tat.

sa.pi.ent (sey'piyınt) *s.* akıllı, dirayetli (bazen istihza yollu kullanılır). **sapience, -cy** *i.* akıl, dirayet. **sapiently** *z.* akıllıca, dirayetle.

sa.pi.en.tial (seypiyen'şıl) *s.* akıllı. **sapientially** *z.* akıllıca.

sap.ling (säp'ling) *f.* fidan, körpe ağaç; delikanlı, genç çocuk; bir yaşında av köpeği.

sap.o.na.ceous (säpıney'şıs) *s.* sabun gibi, sabunlu.

sa.pon.i.fy (sıpan'ıfay) *f.* sabun haline getirmek; bir esteri asit ve alkole ayrıştırmak. **saponifica'tion** *i.* sabunlaştırma.

sa.por, *İng.* **sa.pour** (sey'pır) *i.* tat, lezzet. **saporous** *s.* tadı olan.

sap.per (säp'ır) *i.*, *ask.* sıçanyolu kazan lâğımcı, kazmacı, istihkâm neferi.

Sap.phic (säf'ik) *s.*, *i.* Midillili ünlü şair Safo'ya ait; *i.* bu tarzda yazılmış şiir. **Sapphic vice** sevicilik.

sap.phire (säf'ayr) *i.*, *s.* gökyakut, safir, safir rengi, parlak mavi renk; *s.* gökyakuta benzer, parlak mavi renkte.

sap.phi.rine (säf'ırin) *s.* gökyakuta benzer.

sap.py (säp'i) *s.* özlü; canlı; *argo* ahmak, budala; toy, acemi. **sappiness** *i.* canlılık, hayatiyet; özlü oluş, toyluk.

sapro-, sapr- *önek* çürük, çürümüş.

sap.ro.gen.ic, sa.prog.e.nous (säprıcen'ik, sıprac'ınıs) *s.* çürüten; çürümüş maddede yetişen.

sap.ro.phyte (säp'rıfayt) *i.*, *biyol.* çürümüş organik maddelerle beslenen bitkisel orga-

nizma. **saprophytic** (säprıfit'ık) *s.* çürümüş organik maddelerle beslenen.

sap.sa.go (säpsey'go) *i.* bir çeşit yeşilimsi katı İsviçre peyniri.

sap.suck.er (säp'sʌkır) *i.* Amerika'da bulunan Sphyrapicrus cinsinden ağaçkakan kuşu.

sap.wood (säp'wûd) *i.* ağacın özlü ve canlı kısmı.

sar.a.band (sar'ıbänd) *i.* Araplardan alınmış ağır adımlarla yapılan bir İspanyol dansı, sarabant.

Sar.a.cen (ser'ısın) *i.* Suriye ve Arabistan çöl kabilelerinin bir ferdi; Haçlı Seferleri zamanında Müslüman veya Arap kimse; Haçlı Seferi düşmanı. **Saracen'ic(al)** *s.* Araplara veya Müslümanlara ait.

Sa.ra.je.vo (sara'yevô) *i.* Saraybosna.

sa.ra.pe (sırap'i) *i.* Meksika modası pelerin.

sar.casm (sar'käzım) *i.* iğneleyici ve küçümseyici söz, acı söz, istihza.

sar.cas.tic, -i.cal (sarkäs'tik, -ikıl) *s.* iğneleyici, müstehzi, alaylı, küçümseyici. **sarcastically** *z.* istihza ile; alay ederek.

sarce.net, sarse.net (sars'nit) *i.* astarlık olarak kullanılan ince canfes.

sarco-, sarc- *önek* et.

sar.co.carp (sar'kokarp) *i.*, *bot.* çekirdekli meyvaların etli kısmı; herhàngi bir etli meyva.

sar.co.cele (sar'kosil) *i.*, *tıb.* hayalarda meydana gelen iltihapsız şişlik.

sar.co.lem.ma (sarkolem'ı) *i.* kas zarı.

sar.co.ma (sarko'mı) *i.* (*çoğ.* **-ma.ta**) *tıb.* ur, mafsal dokularında görülen habis tümör.

sar.coph.a.gus (sarkaf'ıgıs) *i.* (*çoğ.* **-gi**) lahit.

sar.cous (sar'kıs) *s.*, *anat.* ete veya adaleye ait.

sard (sard) *i.* koyu kırmızı renkte bir cins kuvars.

sar.dine (sardin') *i.* sardalye, ateşbalığı, *zool.* Sardina pilchardus. **packed like sardines** sardalye gibi istif edilmiş.

Sar.din.i.a (sardin'iyı) *i.* Sardinya adası.

Sar.din.i.an (sardin'iyın) *s.*, *i.* Sardinyalı.

Sar.dis (sar'dîs) *i.* Manisa civarında bulunan Sart şehri.

sar.don.ic (sardan'ik) *s.* alaycı, hakaret dolu, acı, kötü (gülüş).

sar.do.nyx (sar'dıniks) *i.* bir çeşit tabakalı akik taşı, alt tabakası kırmızı Süleymani taş.

Sar.gas.so Sea (sargäs'o) Atlas Okyanusunun yüzeyi çok yosunlu olan kısmı.

sa.ri (sa'ri) *i.* Hintli ve Pakistanlı kadınların giydikleri kıyafet, sari.

Sar.ma.tian, Sar.mat.ic (sarmey'şın, -mät'ik) *s., i.* evvelce Sarmatia ismiyle tanınan Güney Rusyaya ait; *şiir* Polonyaya ait; *i.* bu bölgelerin halkından biri.

sar.men.tum (sarmen'tım) *i.* (*çoğ.* **-ta**) çilek türünde bitkilerin yerde uzanan filizi, kol. **sarmentose** *s.* yerde sürünen filizler veren.

sa.rong (sırang') *i.* Malaya adalarında erkek ve kadınların giydiği eteklik ve kumaşı.

Sa.ron.ic Gulf (sıran'ik) Egin körfezi.

sar.sa.pa.ril.la (säspıril'ı) *i.* ilâç saparnası; saparna; bu bitkinin ilâç veya baharat yapımında kullanılan kökü. **wild sarsaparilla** yaban saparnası.

sar.sar (sar'sır) *i.* sarsar.

sarse.net *bak.* **sarcenet.**

sar.to.ri.al (sartôr'iyıl) *s.* terzi veya terziliğe ait; *anat.* dizin bükülmesini sağlayan but adalesine ait, terzi kasına ait.

sar.to.ri.us (sartôr'iyıs) *i., anat.* dizin bükülmesini sağlayan ve bedenin en uzun adalesi olan but adalesi, terzi kası.

sash (säş) *i.* kuşak.

sash (säş) *i., f.* pencere çerçevesi; *f.* pencere çerçevesi takmak.

sa.shay (säşey') *f., k.dili* kayarak dans figürü yapmak; sallanarak yürümek.

sass (säs) *i., f., k.dili* küstahlık; *f.* küstahca hitap etmek, dil uzatmak.

sas.sa.fras (säs'ıfräs) *i.* Amerika'da yetişen ufak bir ağaç, *bot.* Sassafras albidum; bu ağacın kökünden çıkarılıp ilâç yapımında veya yemeklerde kullanılan bir yağ.

Sas.sa.ni.an, Sas.sa.nid (säsey'niyın, säs'ınid) *i., s.* Sasani.

sas.sy (säs'i) *s.* arsız, küstah, haddini bilmez.

Sat. *kıs.* **Saturday.**

sat (sät) *bak.* **sit.**

Sa.tan (sey'tın) *i.* Şeytan, İblis; kötü adam. **satanic(al)** (seytän'ik, -ikıl) *s.* şeytanca, iblise benzer. **satanically** *z.* şeytan gibi, şeytanlıkla.

satch.el (säç'ıl) *i.* el çantası.

sate (seyt) *f.* doyurmak; tıka basa yedirmek.

sa.teen (sätin') *i.* saten taklidi pamuklu kumaş.

sat.el.lite (sät'ılayt) *i.* uydu, peyk, satelit, bir gezegenin uydusu; büyük bir kimsenin peşinde dolaşan kimse, bende, uşak.

sa.ti.a.ble (sey'şiyıbıl, sey'şıbıl) *s.* doyurulabilir. **satiabil'ity, satiableness** *i.* doyurulabilme. **satiably** *z.* doyacak şekilde.

sa.ti.ate (sey'şiyeyt) *f., s.* doyurmak; *s.* doymuş, tıka basa doymuş, tok. **satia'tion** *i.* doyma.

sa.ti.e.ty (sıtay'ıti) *i.* doymuşluk, tokluk.

sat.in (sät'ın) *i., s.* saten, atlas; *s.* sateni andıran; parlak, mücellâ, yumuşak. **satin finish** gümüş kaplara tel fırça ile yapılan cilâ. **satin paper** parlak yazı veya duvar kâğıdı. **satin stitch** nakışta sarma işi. **satin stone** bir çeşit cilâlı alçıtaşı. **satiny** *s.* saten gibi parlak.

sat.i.net(te) (sätınet') *i.* ince saten veya saten taklidi kumaş; pamuk arışlı ve yün atkılı kumaş.

sat.in.wood (sät'ınwûd) *i.* Hint ağacı; mobilya yapımında kullanılan sertçe bir çeşit sarı Hint ağacı.

sat.ire (sät'ayr) *i.* hiciv, taşlama, yergi, yerme; hiciv söyleme.

sa.tir.ic, -i.cal (sıtir'ik, -ikıl) *s.* hiciv niteliğinde. **satirically** *z.* hicivle ifade ederek, taşlama yaparak. **satiricalness** *i.* hiciv özelliği.

sat.i.rist (sät'ırist) *i.* taşlama yazarı, hicivci.

sat.i.rize (sät'ırayz) *f.* hicvetmek.

sat.is.fac.tion (sätisfäk'şın) *i.* memnuniyet, hoşnutluk, kanaat; tarziye, tatmin, tazmin; hoşnut etme, memnun etme; *huk.* tediye, ifa.

sat.is.fac.to.ry (sätisfäk'tırı) *s.* memnuniyet verici, hoşnut edici; kâfi, tatmin edici. **satisfactorily** *z.* memnun edici surette. **satisfactoriness** *i.* yeterlik, kifayet, memnuniyet verici hal.

sat.is.fy (sät'isfay) *f.* memnun etmek, razı etmek, hoşnut etmek; tatmin etmek, ikna etmek; doyurmak; kâfi gelmek; sağlamak, yetmek, uymak, tamamlamak; parasını vermek, ödemek; tarziye vermek; tazmin etmek; şartlarını yerine getirmek. **satisfying** *s.* tatmin edici, doyurucu. **satisfyingly** *z.* tatmin ederek.

sa.trap (sey'träp, sät'räp) *i.* eski İranda vali, satrap; ufak prens. **satrapy** *i.* eski İran'da eyalet.

sat.u.ra.ble (säç'ırıbıl) *s.* işba haline getirilebilir, doyurulabilir.

sat.u.rate (säç'ıreyt) *f.* emdirmek, doyurmak; *kim.* herhangi bir cisme başka bir cismi katarak fazlasını alamayacak derecede doldurmak, işba etmek. **saturant** *i., s.* emici veya massedici şey; *s., fiz.* doyuran. **saturated** *s.* doymuş. **satura'tion** *i.* doyma.

Sat.ur.day (sät'ırdi) *i.* cumartesi.

Sat.urn (sät'ırn) *i., Rom. mit.* Satürn, ziraat tanrısı; *astr.* Zühal, Satürn. **Satur'nian** *s.* bu tanrıya veya gezegene ait.

Sat.ur.na.li.a (sätırney'liyı) *i. (çoğ. veya tek.)* Satürn bayramı; aşırı derecede eğlence ve sefahat bayramı.

sat.ur.nine (sät'ırnayn) *s.* sıkıcı, kasvetli; asık yüzlü, abus çehreli; *eski, kim.* kurşuna ait; *tıb.* kurşundan oluşan.

Sat.ya.gra.ha (sʌt'yıgrʌhı) *i.* Gandhi'nin uyguladığı pasif direniş programı.

sat.yr (sät'ır, sey'tır) *i., mit.* yarısı insan yarısı keçi şeklinde şehvetli bir yarıtanrı; şehvet kurbanı olan kimse; bir çeşit kurşuni ve kahverengi kelebek. **satyr'ic(al)** *s.* yarısı insan yarısı keçi şeklinde olan tanrılarla ilgili.

sat.y.ri.a.sis (sätıray'ısis) *i., tıb.* erkeklerde görülen zaptedilmez marazi şehvet.

sauce (sôs) *i., f.* salça, sos, terbiye; haşlanmış meyva sosu; *k.dili* terbiyesizce söylenmiş söz, küstahça lakırdı; *f.* salça ilâve etmek, terbiye etmek, lezzet vermek; *k.dili* terbiyesizlik etmek, küstahlık etmek. **What's sauce for the goose is sauce for the gander.** Birine yakışan diğerine de yakışır.

sauce.box (sôs' baks) *i., k.dili* büyüklerine karşı saygısızlıkta bulunan çocuk; terbiyesiz kimse.

sauce.pan (sôs'pän) *i.* uzun saplı tencere.

sau.cer (sô'sır) *i.* çay bardağının tabağı, fincan tabağı.

sau.cy (sô'si) *s.* arsız, sulu, sırnaşık, saygısız, küstah; dokunaklı; eğlenceli. **saucily** *z.* arsızca, saygısızca. **sauciness** *i.* arsızlık, sululuk; saygısızlık, küstahlık.

Sa.u.di A.ra.bi.a (sau'di) Saudi Arabistan.

sauer.kraut (saur'kraut) *i.* tuzlama lahana.

sau.na (sau'nı) *i.* sauna, Fin hamamı.

saun.ter (sôn'tır) *f., i.* avare avare dolaşmak, başıboş gezinmek; *i.* ağır ağır ve maksatsız yapılan yürüyüş.

sau.rel (sôr'ıl) *i.* karagöz istavrit balığı, *zool.* Trachurus mediterraneus.

sau.ri.an (sôr'iyın) *s., i., zool.* kertenkele veya timsah cinsinden (hayvan).

sau.ry (sôr'i) *i.* zargana balığı, *zool.* Scomberesox saurus.

sau.sage (sô'sic) *i.* sucuk, sosis. **sausage balloon** sucuk şeklinde balon.

sau.té (sotey') *s., Fr.* tavada hafif kızartılmış, sote.

sav.age (säv'ic) *s., i., f.* vahşi, yabani, medeniyet görmemiş; canavar ruhlu, yırtıcı, zalim; *i.* medeniyet görmemiş kimse; vahşi adam; zalim ve canavar ruhlu kimse; *f.* vahşice saldırmak. **savagely** *z.* vahşicesine. **savageness** *i.* yabanilik, vahşet. **savagery, savagism** *i.* yabanilik, vahşet; vahşiler.

sa.van.na(h) (sıvän'ı) *i.* savana.

sa.vant (sıvant', säv'ınt) *i.* âlim, bilgin, hakim.

save (seyv) *f.* kurtarmak; korumak, saklamak, muhafaza etmek; *ilâh.* günahtan kurtarıp bağışlamak; idare etmek, artırmak, biriktirmek, tasarruf etmek; kaybetmemek; para biriktirmek veya saklamak. **save face** ayıbı yüzüne vurmamak. **He walks home to save carfare.** Yol parası harcamamak için eve yürür. **Turn on the lights to save your eyes.** Gözlerinizi yormamak için ışığı açın.

save (seyv) *bağlaç, edat* maada, -den başka, gayri, yalnız.

sav.in(e) (säv'in) *i.* karaardıç, *bot.* Juniperus sabina.

sav.ing (sey'ving) *s., i.* kurtarıcı; idareci; koruyan, muhafaza eden; kayıtlayıcı; *i.* tasarruf, iktisat; *çoğ.* biriktirilmiş para. **savings account** tasarruf hesabı. **savings bank** tasarruf bankası veya sandığı. **savingly** *z.* tasarruf ederek; kurtuluşunu sağlayarak.

sav.ing (sey'ving) *edat, bağlaç* maada, -den başka. **saving your presence** hâşa huzurdan, sözüm yabana, sözüm meclisten dışarı.

sav.ior, *İng.* **sav.iour** (seyv'yır) *i.* kurtarıcı, halâskâr; *b.h.* Hz. İsa.

sa.voir-faire (sävwarfer') *i., Fr.* beceriklilik.

sa.vor, *İng.* **sa.vour** (sey'vır) *i., f.* tat, lezzet, çeşni; koku, rayiha; hassa; *f., of ile* tadı olmak, lezzeti olmak; çeşni vermek; lezzet vermek; kokusu olmak; zevk almak, tadına varmak. **savorless** *s.* tatsız.

sa.vor.y, *İng.* **sa.vour.y** (sey'vıri) *s., i.* lezzetli, iştah açıcı; hoş kokulu, rayihalı; baharatlı; uygun; *i., İng.* yemeğin başında veya sonunda yenen sıcak bir yemek. **savorily** *z.* iştah açacak şekilde. **savoriness** *i.* lezzetlilik.

sa.vor.y (sey'vıri) *i.* kekiğe benzer bir çeşit baharat.

sa.voy (sıvoy') *i.* bir çeşit kıvırcık kış lahanası.

Sa.voy.ard (sıvoy'ırd, *Fr.* savwayar') *i.* Savoylu kimse; **Gilbert and Sullivan** operalarının oyuncusu veya meraklısı.

sav.vy (säv'i) *i., argo* kavrayış, idrak; *f.* kavramak, anlamak, idrak etmek.

saw (sô) *i., f.* (-ed, sawn) bıçkı, testere; bıçkı makinası; *f.* bıçkı ile biçmek, testere ile kesmek; bıçkı ile biçer gibi hareketler yapmak. **saw pit** bıçkı hendeği. **circular saw** yuvarlak testere. **crosscut saw** enine kesen bıçkı.

saw (sô) *i.* atasözü, darbımesel.

saw (sô) *bak.* **see.**

saw.bones (sô'bonz) *i., argo* cerrah, *slang* kasap.

saw.dust (sô'dʌst) *i.* bıçkı tozu, testere talaşı.

saw.fish (sô'fiş) *i.* testerebalığı, *zool.* Pristis pectinatus.

saw.fly (sô'flay) *i.* testere sineği.

saw.horse (sô'hôrs) *i.* testere tezgâhı.

saw.mill (sô'mil) *i.* bıçkıhane.

saw-toothed (sô'tûtht) *s.* testere gibi dişli.

saw.yer (sô'yır) *i.* bıçkıcı.

sax (säks) *i.* arduvaz kaplamasında kullanılan çekiç.

sax (säks) *i., k.dili* saksofon.

sax.horn (säks'hôrn) *i., müz.* bir çeşit anahtarlı ve nefesli çalgı aleti.

sax.i.frage (säk'sıfric) *i.* taşkıran çiçeği, *bot.* Saxifraga.

Sax.on (säk'sın) *i., s.* Sakson ırkından olan kimse; Sakson dili; *s.* Saksonlara veya Saksonya'ya ait. **Saxony** *i.* Saksonya.

sax.o.phone (säk'sıfon) *i., müz.* saksofon.

sax.tu.ba (säks'tubı) *i., müz.* bir çeşit nefesli büyük çalgı aleti.

say (sey) *f.* (**said**) *i., z., ünlem* demek, söylemek; tekrarlamak, ezbere söylemek; *i.* denilen şey, söz; söz sırası; *z.* hemen hemen, aşağı yukarı; mesela; *ünlem, A.B.D., k.dili* Hey, bana bak! **to say nothing of** göz önüne almadan. **say one's say** söyleyeceğini söylemek. **Say uncle.** Teslim ol. **He had, say, a thousand dollars.** Diyelim ki bin doları vardı. **I dare say** belki, diyebilirim ki. **I say** *İng., k.dili* Bana bak! **not to say** hem de... **that is to say** yani, demek ki.

What do you have to say for yourself? Söyleyeceğinizi söyleyin. Kendinizi savunun.

say.ing (sey'ing) *i.* söz, lakırdı, darbımesel, tabir.

say-so (sey'so) *i., k.dili* keyfi karar, dayanıksız hüküm; karar verme hakkı.

Sb. *kıs., kim.* antimon.

Sc. *kıs.* Scotch.

SC *kıs.* South Carolina.

sc. *kıs.* scene, science, scruple, sculpsit.

s.c. *kıs.* small capitals.

scab (skäb) *i., f.* (-bed, -bing) yara kabuğu; koyun uyuzu; bitki yapraklarına musallat olan bir hastalık; *k.dili* greve katılmayan veya grevcilerin yerine çalışan işçi; *argo* habis herif; *f.* kabuk bağlamak (yara), kabuklanmak; *k.dili* grevcilerin yerine çalışmak.

scab.bard (skäb'ırd) *i.* kılıç kını.

scab.by (skäb'i) *s.* yara gibi kabuk kabuk olan; uyuzlu (koyun). **scabbiness** *i.* kabukluluk; uyuz.

sca.bi.es (skey'biyiz) *i., tıb.* uyuz illeti. **scabious** *s.* uyuzlu, kaşıntılı; *bot.* uyuz otu tipinde.

sca.bi.ous, sca.bi.o.sa (skey'biyıs, -yosı) *i.* uyuz otu, *bot.* Scabiosa arvensis. **field scabious** misk çiçeği, *bot.* Knautia arvensis.

sca.brous (skäb'rıs) *s.* kabuk bağlamış, pul pul; pürtüklü, sert; düğümlü, çapraşık, idare edilmesi güç; açık saçık. **scabrously** *z.* pürtüklü olarak; çapraşık olarak. **scabrousness** *i.* pürtüklülük; çapraşıklık; açık saçıklık.

scad (skäd) *i.* istavrit balığı, *zool.* Trachurus trachurus.

scads (skädz) *i., çoğ., k.dili* büyük miktar.

scaf.fold (skäf'ıld) *i., f.* yapı iskelesi; darağacı platformu; *f.* yapı iskelesi kurmak. **scaffolding** *i.* yapı iskelesine mahsus kereste; yapı iskelesi.

scagl.io.la (skälyo'lı) *i.* alçıdan yapılmış mermer taklidi.

scal.age (skey'lic) *i.* çekme payı.

sca.lar (skey'lır) *s., i., mat.* rakamlarla ifade edilebilen, yönsüz (nicelik).

scal.a.wag (skäl'ıwäg) *i., k.dili* haylaz kimse, ciğeri beş para etmez adam.

scald (skôld) *f., i.* haşlamak, kaynar su veya buhardan geçirmek; bir sıvıyı kaynama derecesinin hemen altına getirmek; üzerine kaynar su dökerek temizlemek; *i.* haşlama, haşlayıp yakma; kaynar sudan ileri gelen yanık veya yara.

scald *bak.* **skald.**

scale (skeyl) *i., f.* balık pulu; balık puluna benzer kabuk; herhangi bir şeyin pul gibi kabaran parçası; *bot.* pul; kazanda tutan kefeki taşı; *f.* pullarını kazıyıp çıkarmak; pul pul olmak; pul pul kabuk bağlamak; su yüzünde sektirmek (taş); ince tabakalar halinde soyulmak. **scale insect** tanemsiler familyasından fidan özünü emen bir cins çok küçük böcek.

scale (skeyl) *i., f.* terazi gözü, kefe; *çoğ.* terazi; *İng., b.h., şiir* Terazi burcu; *f.* tartmak, teraziye vurmak. **a pair of scales** bir terazi. **Both your lives are in the scales.** Her ikinizin hayatı da tartışılıyor. **The boxer scaled in at 87 kilos.** Boksör 87 kilo geldi. **turn the scales** sonuca bağlamak, durumu değiştirmek.

scale (skeyl) *i., f.* derece; mikyas; cetvel; *müz.* ıskala, gam; derece, taksimat; *f.* tırmanmak; hesaplamak, tartmak; ayarlamak; **down** *ile* küçültmek. **decimal scale** ondalık hesap cetveli. **diatonic scale** *müz.* diatonik ıskala. **major scale** *müz.* majör gamı. **minor scale** *müz.* minör gamı. **on a vast scale** büyük mikyasta, geniş ölçüde. **scale of I to 5000:** 1'e 5000 mikyası. **scaling ladder** hücum merdiveni, istihkâmlı mevkilere girmeye mahsus merdiven. **scal'able** *s.* tırmanılabilir.

scale.board (skeyl'bôrd) *i.* çok ince tahta parçası.

sca.lene (skey'lin), **sca.le.nous** (skeyli'nıs) *s., i., geom.* kenarları birbirine eşit olmayan (üçgen). **scalene muscle, scalenus** *i., anat.* skalen kası, kaburgaları kaldıran kas.

scall (skôl) *i.* deri üzerinde hâsıl olan kepek. **dry scall** uyuz. **moist scall** egzama.

scal.la.wag *bak.* **scalawag.**

scal.lion (skäl'yın) *i.* yeşil soğan; pırasa.

scal.lop, scol.lop (skäl'ıp, skal'ıp) *i., f.* tarak, *zool.* Pecten; tarak kabuğu şeklindeki tabak veya tava; tarak kabuğu şeklinde işlenmiş oya; *f.* tarak kabuğu şeklinde kesmek veya yapmak; tencerede yemeğin üstüne ekmek kırıntıları serpip sos katarak fırında pişirmek.

scalp (skälp) *i., f.* kafatasını kaplayan deri; zafer alâmeti; *k.dili* alelacele yapılan alım satımlarda elde edilen kâr; *f.* başın derisini yüzmek; *k.dili* karaborsa sinema ve tiyatro bileti satmak; *k.dili* kâr amacı ile malı çabuk elden çıkarmak; *k.dili* tamamen yenmek. **scalp lock** kızılderililerin tıraşlı başlarının tepesinde bıraktıkları kâkül, tepe kâkülü.

scal.pel (skäl'pıl) *i., tıb.* ufak ve düz bıçak.

scal.y (skey'li) *s.* pul pul, pullarla kaplı; kabuğa benzer; kabukları pul pul soyulan; *argo* adi, alçak; hırpani. **scaliness** *i.* pul pul oluş.

Sca.man.der (skımän'dır) *i.* Eskimenderes nehri.

scam.mo.ny (skäm'ıni) *i.* mahmude otu, bingöz otu, *bot.* Convolvulus scammonia; bu otun müshil olarak kullanılan zamkı, mahmude kökü.

scamp (skämp) *i.* haylaz kimse, yaramaz kimse, çapkın kimse.

scamp (skämp) *f.* acele veya dikkatsizce yapmak.

scam.per (skäm'pır) *i., f.* acele gitmek, koşmak, seğirtmek, kaçmak; *i.* acele kaçış.

scan (skän) *f.* (**-ned, -ning**) inceden inceye tetkik etmek; alelacele gözden geçirmek; vezne göre okumak, vezin tahlili yapmak; televizyonda bir resmin bütün noktalarından sıra ile geçmek; şiirin kurallarına uymak.

scan.dal (skän'dıl) *i.* skandal, rezalet, ayıp, kepazelik; kovculuk; iftira, dedikodu; rezil kimse; kepaze şey; yüzkarası. **scandalize** *f.* rezalet çıkararak bir kimseyi mahcup edip şaşırtmak.

scan.dal.ous (skän'dılıs) *s.* rezalet kabilinden, rezilâne, kepazece, iftira kabilinden, lekeleyici. **scandalously** *z.* rezilcesine. **scandalousness** *i.* rezalet, kepazelik.

scan.dent (skän'dınt) *s.* tırmanıp yükselen (sarmaşık).

Scan.di.na.vi.a (skändıney'viyı) *i.* İskandinavya. **Scandinavian** *s., i.* İskandinavyalı; İskandinavya'ya ait; *i.* İskandinav dili.

scan.di.um (skän'diyım) *i., kim.* skandiyum.

scan.sion (skän'şın) *i.* vezin tahlili, vezin bulma.

scant (skänt) *s., f.* az, kıt, dar; kifayetsiz, yetersiz; sınırlı, tahdit edilmiş; *f.* tahdit etmek, sınırlamak, kısmak. **scant'ly** *z.* yetersizce. **scant'ness** *i.* yetersizlik.

scant.ies (skän'tiz) *i.* bayan külotu.

scant.ling (skänt'ling) *i.* eşantiyon; kereste kalınlığı; ince.uzun kereste parçası; numune, az bir miktar.

scant.y (skän'ti) *s.* çok az, kıt; dar, eksik; sınırlanmış. **scantily** *z.* kıt olarak, eksik olarak. **scantiness** *i.* anca yeterlik; kıtlık, eksiklik.

scape (skeyp) *eski., bak.* **escape.**

scape (skeyp) *i., bot.* yapraksız çiçek sapı; *zool.* tüy sapı; *zool.* duyarga.

scape.goat (skeyp'got) *i.* başkalarının cezasını ve sorumluluğunu yüklenen kimse; eski Musevilerin günahlarını çöle götürmek üzere başıboş bırakılan keçi.

scape.grace (skeyp'greys) *i.* haylaz ve yaramaz kimse.

scap.u.la (skäp'yılı) *i.* (*çoğ.* **-lae**) *anat.* kürek kemiği, skapula. **scapular** *s.* kürek kemiğine ait.

scap.u.lar, -lar.y (skäp'yılır, -leri) *i., kil.* bazı tarikat keşişlerinin giydiği kolsuz gömlek; bazı tarikat mensuplarının giydiği uzun hamail; *çoğ.* kuşların omuzunda biten tüy.

scar (skar) *i., f.* (**-red, -ring**) yara izi; geçmişin bıraktığı kötü etki; *bot.* dökülmüş yaprağın dal üzerindeki izi; *f.* yara izi bırakmak.

scar (skar) *i.* çıplak kaya.

scar.ab (sker'ıb) *i.* eski Mısırlıların kutsal saydıkları bokböceği, *zool.* Scarabaeus sacer; bokböceği şeklinde ve uğurlu sayılan küçük taş.

scar.a.bae.us (skerıbi'yıs) (*çoğ.* **-es, -bae.i**) *bak.* **scarab.**

scar.a.mouch (sker'ımauç, -muş) *i.* eski İtalyan komedisinde soytarı; korkak soytarı.

scarce (skers) *s., z.* nadir, seyrek, az; eksik, kıt; güçbelâ, zoraki, yok gibi; *z.* hemen hemen hiç. **make oneself scarce** *k.dili* ortadan kaybolmak. **scarce'ly** *z.* ancak, güçbelâ, zorla, güçlükle. **scarce'ness, scar'.city** *i.* kıtlık, nadir oluş.

scare (sker) *f., i.* korkutmak, ürkütmek; *i.* ani korku, panik, sebepsiz korku. **scare away** *veya* **off** korkutup kaçırmak. **scare up** *k.dili* arayıp meydana çıkarmak.

scare.crow (sker'kro) *i.* bostan korkuluğu; hırpani kılıklı kimse.

scare.head (sker'hed) *i., k.dili* büyük harf manşet.

scare.mon.ger (sker'mʌng.gır) *i.* korkulu söylentiler yayan kimse.

scarf (skarf) *i.* (*çoğ.* **-s, scarves**) *f.* eşarp, enli ve uzun omuz atkısı; enli boyunbağı; *f.* eşarp örtmek; boyunbağı takmak, omuz atkısı koymak.

scarf (skarf) *f., i.* iki kerestenin ucunu birbirine geçirerek eklemek; *i.* geçme ek yeri, oyuk yer, yuva.

scarf.skin (skarf'skin) *i.* üstderi, epiderm.

scar.i.fy (sker'ıfay) *f.* deriyi kazıyıp kanatmak; (toprağı) taramak; incitmek, gücendirmek. **scarifica'tion** *i.* tarama.

scar.la.ti.na (skarlıti'nı) *i., tıb.* kızıl.

scar.let (skar'lit) *i., s.* al renk, kırmızı renk; al renkli kumaş veya elbise; *s.* al renkli; iffetsiz. **scarlet fever** kızıl (hastalık). **scarlet letter** eskiden zina yapan bir kadının göğsünde taşımaya mecbur olduğu kızıl renkte A harfi. **scarlet tanager** Amerika'ya mahsus ve erkeğinin sırtı kızıl ve kanatları siyah olan bir kuş, *zool.* Piranga olivacea.

scarp (skarp) *i., f.* uçurum; *f.* dikine kesmek.

scar.y (sker'i) *s.* korku veren; korkak, çekingen.

scat (skät) *f.* (**-ted, -ting**) *k.dili* çekilmek, gitmek. **Scat!** (özellikle kedilere) Pist!

scat (skät) *i., argo* caz müziğinde anlamsız hecelerle şarkı söyleme.

scathe (skeydh) *f., i.* incitmek, zarar vermek, bozmak; yakarak tahrip etmek; kavurmak, yüzünü yakmak; *i.* zarar, ziyan, hasar; felâket.

scath.ing (skey'dhing) *s.* sert, kırıcı, inciten; yakıcı. **scathingly** *z.* acı acı, sertlikle, esirgemeden.

sca.tol.o.gy (skıtal'ıci) *i.* gübre tetkik ilmi; müstehcen yazılar. **scatological** (skätılac'ikıl) *s.* müstehcen, açık saçık.

scat.ter (skät'ır) *f.* dağıtmak, saçmak; yaymak, serpmek; dağılmak; dağılıp gözden kaybolmak; yayılmak. **scatterbrain** *i.* dağınık fikirli kimse. **scatter rug** ufak halı, seccade.

scat.ter.ing (skät'ırîng) *i., s.* az miktar; serpinti; dağılış, saçılma; *s.* serpilmiş.

scaup (skôp) *i.* deniz ördeği. **greater scaup** karabaş patka, *zool.* Aythya marila.

scav.enge (skäv'inc) *f.* çöpçülük etmek; temizlemek; *mak.* silindirden eksoz boşaltmak; çöplükten işe yarar şey aramak.

scav.en.ger (skäv'incır) *i.* leş yiyen hayvan; çöpleri karıştırarak faydalı şeyleri arayan kimse; *İng.* çöpçü.

sce.nar.i.o (siner'iyo) *i.* bir tiyatro eserinin konusunun ana hatları, senaryo.

sce.nar.ist (siner'ist) *i.* senaryo yazarı.

scend (send) *f., i., den.* yükselmek; *i.* yükseliş (geminin pruvası veya kıçı).

scene (sin) *i.* manzara; sahne; sahne dekoru, mizansen; bir olayın geçtiği yer ve şartlar; perde; hikâyede olayların geçtiği yer. **scene painter** sahne dekoru ressamı. **scene'-shifter** *i.* sahne dekorunu değiştiren kimse. **behind the scenes** perde arkasında; gizlice. **Don't make a scene.** Hadise çıkarma. **make the scene** *A.B.D., argo* bir yerde bulunmak. **put on a scene** olay çıkarmak, *informal* kıyameti koparmak. **quit the scene** sahneden veya olay yerinden çekilmek.

scen.er.y (si'nırı) *i.* manzara; sahne dekorları.

sce.nic (si'nik) *s.* manzara kabilinden; sahneye ait; pitoresk.

sce.nog.ra.phy (sinag'rıfi) *i.* perspektif kullanma sanatı.

scent (sent) *f., i.* kokusunu almak, sezmek; güzel koku saçmak; koku ile doldurmak; koklayarak izini aramak; *i.* koku, rayiha; güzel koku, esans; iz kokusu; koklama duyusu.

scep.ter, *İng.* **-tre** (sep'tır) *i., f.* asa, kral asası; kral hâkimiyeti, saltanat; *f.* hâkimiyet vermek. **sceptered** *s.* hükümet asası elinde olan.

scep.tic *bak.* **skeptic.**

Scha.den.freu.de (şa'dınfroydı) *i., Al.* başkasının üzüntüsüne sevinme, Oh! deme.

sched.ule (skec'ul, *İng.* şed'yul) *i., f.* liste; tarife; program; *f.* program yapmak; tarifeye geçirmek; programa koymak.

Sche.her.e.za.de (şıherıza'dı, -zad') *i.* Şehrazat.

sche.ma (ski'mı) *i.* (*çoğ.* **-ma.ta**) plan, tasarı, şema. **schemat'ic** *s.* şematik, şema halinde. **schematically** *z.* şematik olarak.

sche.ma.tize (ski'mıtayz) *f.* sistemli bir şekilde düzenlemek.

scheme (skim) *i., f.* tasavvur olunan düzen, plan, proje; sınıflandırma cetveli; tertip, entrika, dolap; *f.* tertip etmek, tasavvur edip kurmak; plan yapmak; dolap çevirmek, entrika çevirmek. **schemer** *i.* plan yapan kimse; dolap çeviren kimse, düzenbaz veya hilekâr kimse.

scher.zan.do (skertsan'do) *s., z., müz.* oynak; *z.* oynak bir şekilde.

scher.zo (sker'tso) *i.* (*çoğ.* **-zos, -zi**) *İt., müz.* sonat veya senfonide hafif ve canlı kısım, skerzo.

schil.ling (şil'ing) *i.* Avusturya para birimi, şilin.

schism (siz'ım, skiz'ım) *i.* hizip, bölüntü; hizipleşme; bölünme, ayrılma (bilhassa dinde). **schis.mat.ic, -i.cal** (sizmät'ik, -ikıl) *s., i.* ayrılık yaratan, dinde mezhep ayrılığı husule getiren; *i.* hizipçi. **schismatically** *z.* bölünme yaratarak, hizip kabilinden. **schismaticalness** *i.* hizipçilik.

schist (şist) *i., jeol.* şist, tabaka halinde kaya. **schist'ose, -ous** *s.* tabaka halinde ayrılabilen (kaya).

schizo-, schiz- *önek* yarma, ikiye ayırma.

schiz.o.carp (skiz'ıkarp) *i., bot.* olgunlaşınca tek tohumlu karpellere ayrılan bileşik kuru meyva, skizokarp.

schiz.o.gen.e.sis (skizocen'ısis) *i., bot.* ortasından bölünme suretiyle üreme.

schiz.oid (skit'soyd, skiz'oyd) *s., i., tıb.* şizofreni hastalığına ait veya ona benzer; şizofreniye eğilimli; *i.* şizofren.

schiz.o.my.cet.es (skizomaysit'iz) *i., çoğ., bot.* bölünen mantarlar, bakteriler, mikroplar.

schiz.o.my.co.sis (skizomayko'sis) *i., tıb.* bakterili hastalık.

schiz.o.phre.ni.a (skitsofri'niyı, skizo-) *i., psik.* şizofreni. **schizophrene** *i.* şizofren. **schizophrenic** (skitsofren'ik) *s.* şizofreni ile ilgili.

Schiz.o.phy.ta (skiz'ıfaytı) *i., bot.* bölünenler, bölüngenler. **schizophytic** (skizıfit'ik) *s.* bölünenlere ait, bölünenlerden.

schiz.o.thy.mi.a (skitsothay'miyı) *i., psik.* insanı normalin dışına çıkarmayan hafif bir şizofreni şekli. **schizothymic** *s.* bu durumla ilgili.

schle.miel (şlımil') *i., argo* enayi kimse, kolay kandırılabilen kimse.

schlep (şlep) *i., argo* ahmak kimse.

schlepp (şlep) *f., argo* çekmek; *slang* aşırmak.

schlie.ren (şli'rın) *i., çoğ., jeol.* volkanik kayalarda görülen asıl kayadan ayrı bir madenden oluşmuş lekeler veya ufak parçalar. **schlieric** *s.* böyle parçalara ait.

schlock (şlak) *s., A.B.D., argo* değersiz, adi, zevksiz.

schmaltz (şmalts) *i., argo* aşırı duygusallık.
schmaltz'y *s.* aşırı duygusal; dokunaklı.
schmo, schmoe (şmo) *i., A.B.D., argo* saf
kimse; sevilmeyen kimse.
schmuck (şmʌk) *i., A.B.D., argo* saf kimse.
schnap.per (şnäp'ır, snäp'ır) *i.* Avustralya'ya
ve Yeni Zelanda'ya mahsus bir çeşit balık.
schnapps (şnäps, şnaps) *i.* Hollanda ve Al-
manya'ya mahsus alkollü sert içki.
schnau.zer (şnau'zır) *i.* Almanya'ya mahsus
bir çeşit teriyer köpeği.
schnor.rer (şnôr'ır) *i., argo* dilenci; dilenci
tipinde olan kimse.
schnoz.zle (şnaz'ıl) *i., argo* burun.
schol.ar (skal'ır) *i.* âlim, bilgin; edebî ilim-
lerde araştırma yapan kimse.
schol.ar.ly (skal'ırli) *s.* ilmî, âlime yakışır, âlim-
ce. **scholarliness** *i.* bilimsel nitelik.
schol.ar.ship (skal'ırşip) *i.* âlimlik, ilim, irfan;
burs.
scho.las.tic (skıläs'tik) *s., i.* okul veya öğren-
ciye ait; ortaçağda yüksek felsefe veya din
mekteplerine ait; iskolastik; âlimane; kuru,
cansız; *i.* ortaçağda âlim adam; felsefe veya
din konularında ilmî metotlarla çalışan kim-
se. **scholastically** *z.* iskolastik olarak, is-
kolastik usulde. **scholasticism** *i., gen. b.h.*
iskolastik felsefe.
scho.li.ast (sko'liyäst) *i.* eskiden haşiye veya
şerh yazan kimse. **scholias'tic** *s.* haşiye
veya şerh kabilinden.
scho.li.um (sko'liyım) *i.* (*çoğ.* -li.a) haşiye,
şerh, çıkma.
school (skul) *i., f.* okul, mektep; öğrenim dev-
resi; *güz. san.* bir üstadın öncüsü olduğu
tarz veya üslûp, ekol; herhangi bir şeyin
öğrenildiği yer; okul binası; *f.* okula gönder-
mek; ders vermek, öğretmek, okutmak; ter-
biye etmek, alıştırmak. **school age** okul
çağı. **school board** okul yönetim kurulu.
school ship okul gemisi. **school year** ders
yılı. **boarding school** yatılı okul, leyli mek-
tep. **business school** ticaret okulu. **day
school** gündüzlü okul, nehari mektep. **free
school** parasız okul, meccani mektep. **grad-
uate school** üniversite diploması alın-
dıktan sonra devam edilen fakülte. **gram-
mar school** ilkokul; *İng.* ortaokul, lise.
high school lise. **keep a school** bir okulu
yönetmek. **night school** akşam okulu;

gece bölümü. **old school** eski terbiye. **pa-
rochial school** bir kilisenin özel okulu. **pri-
vate school** özel okul. **public school** *İng.*
özel okul; *A.B.D.* parasız resmî okul. **reform
school** ıslahevi. **trade school** meslek okulu.
vacation school yaz okulu. **School keeps
today.** Bugün okul var.
school (skul) *i., f.* balık sürüsü; *f.* sürü ha-
linde yüzmek (balık).
school.book (skul'bûk) *i.* ders kitabı.
school.boy (skul'boy) *i.* erkek öğrenci.
school.fel.low (skul'felo) *i.* okul arkadaşı.
school.girl (skul'gırl) *i.* kız öğrenci.
school.house (skul'haus) *i.* okul binası.
school.ing (sku'ling) *i.* eğitim ve terbiye.
school.man (skul'mın) *i.* ortaçağda bilgin;
iskolastik görüşlü veya eğilimli kimse.
school.marm, school.ma'am (skul'marm,
-mäm) *i.* sıkı disiplinli kadın öğretmen.
school.mas.ter (skul'mästır) *i.* erkek öğretmen.
school.mate (skul'meyt) *i.* okul arkadaşı.
school.mis.tress (skul'mistris) *i.* kadın öğret-
men.
school.room (skul'rum) *i.* sınıf, dershane.
school.teach.er (skul'tiçır) *i.* öğretmen.
school.time (skul'taym) *i.* okul zamanı.
school.work (skul'wırk) *i.* okul ödevi.
school.yard (skul'yard) *i.* okulda oyun sahası.
schoon.er (sku'nır) *i.* iki veya üç direkli ve
yelkenleri yandan olan gemi, uskuna; bü-
yük bira bardağı.
schot.tische (şat'iş) *i., müz.* polkaya benzer
bir dans; bu dansın müziği.
schtick *bak.* **shtick.**
schuss (şûs) *f., i.* kayak ile hızla aşağıya kay-
mak; *i.* hızla kaymaya elverişli düz ve dik
yokuş.
schwa (şwa) *i., dilb.* vurgusuz hecelerde gö-
rülen zayıf ve nötr bir ses.
sci.ae.noid (sayi'noyd) *s., i.* gölgebalığıgiller
familyasına ait; *i.* bu familyadan herhangi
bir balık; sarıağız, *zool.* Sciaena aquila.
sci.am.a.chy (sayäm'ıki) *i.* bir gölge veya
hayal mahsulü bir düşmanla savaş; boş
mücadele.
sci.at.ic (sayät'ik) *s.* kalçaya ait, kalçada olan;
siyatik sinirine ait. **sciatic nerve** siyatik
siniri.
sci.at.i.ca (sayät'ıkı) *i., tıb.* siyatik.

sci.ence (say'ıns) *i.* fen, ilim, bilim, bilgi; ilmin herhangi bir dalı; hüner, maharet, marifet. **science fiction** bilim-kurgu, düşbilimsel roman ve hikâyeler, bilimötesi romanlar.

sci.en.tial (sayen'şıl) *s.* bilgi sahibi, bilgili, muktedir; ilme ait.

sci.en.tif.ic (sayıntif'ik) *s.* ilme ait; bilimsel, fennî; fen kurallarına uygun; fen bilgisi olan; kesin, doğru. **scientific method** bilimsel yöntem. **scientifically** *z.* fence, ilmî surette, ilmî olarak.

sci.en.tist (say'ıntist) *i.* fen adamı, fen uzmanı; *b.h.* "Christian Science" kilisesinin inancını benimseyen kimse.

scil.i.cet (sîl'ıset) *z.* (*kıs.* scil., sc., ss.) yani, demek ki.

scim.i.tar, -i.ter, -e.tar (sîm'ıtır) *i.* enli kılıç, pala.

scin.coid (sîng'koyd) *s., zool.* kertenkele familyasından skinkgillere ait.

scin.til.la (sîntîl'ı) *i.* çakım, kıvılcım; zerre. **There's not a scintilla of truth in it.** Gerçek payı yok. Tamamen yalandır.

scin.til.late (sîn'tıleyt) *f.* kıvılcımlar saçmak, parıldamak, ışıldamak, yıldız gibi pırıldamak; canlı bir şekilde konuşmak. **scintilla'tion** *i.* kıvılcımlar saçma, parıldama, ışıldama. **scintillation counter** radyoaktif cisim parıltılarını tespit eden alet.

sci.o.lism (say'ılizım) *i.* sathî bilgi; şarlatanlık, bilgiçlik taslama. **sciolist** *i.* bilgisi çok sathî olan kimse.

sci.om.a.chy *bak.* sciamachy.

sci.on (say'ın) *i.* oğul, çocuk, evlât; *çoğ.* ahfat; aşılanacak veya daldırılacak filiz, ağaç piçi.

sci.re fa.ci.as (say'ri fey'şiyıs) *Lat., huk.* bir hükmün veya ruhsatnamenin iptal talebi üzerine mahkemenin ilgili şahsın bilgisine baş vurmak için gönderdiği celpname.

scir.rhus (skîr'ıs, sîr'ıs) *i., tıb.* kanser cinsinden katı bir ur. **scirrhosity** (skiras'ıti) *i., tıb.* bir çeşit sert ur. **scirrhous, scirrhoid** *s., tıb.* sert ur gibi.

scis.sile (sîs'îl) *s.* kesilebilir, kolay bölünebilir.

scis.sion (sij'ın, sîş'ın) *i.* kesme, kesilme, bölme, bölünme.

scis.sor (sîz'ır) *f.* makasla kesmek.

scis.sors (sîz'ırz) *i., tek.* makas; güreşte ayakla köstek. **scissors kick** makaslama (yüzüş). **a pair of scissors** makas.

scis.sor.tail (sîz'ırteyl) *i.* Amerika'ya mahsus ve kuyruğu makas şeklinde olan bir cins sinekyutan.

scis.sure (sîj'ır, sîş'ır) *i.* yarık.

sci.u.rine (say'yûrayn, -rîn) *s.* kemirgenler familyasına ait.

sci.u.roid (sayûr'oyd) *s.* sincaba benzer; *bot.* sincap kuyruğuna benzer, püsküllü.

sclaff (skläf) *i., f.* hafif vuruş veya vuruş sesi; terlik; *f., golf* topa vurmadan önce yere vurmak.

scle.ra (sklîr'ı) *i., anat.* göz akı, sklera.

scle.ren.chy.ma (sklîreng'kımı) *i., bot.* sertdoku.

scle.ren.chym.a.tous (sklîrengkîm'ıtıs) *s.* sertdokulu.

scle.rite (sklîr'ayt) *i., zool.* eklembacaklılarda kitin veya kireçten oluşmuş sert kabuk parçası. **scleritic** (sklîrît'ik) *s.* kitin veya kireçten meydana gelmiş.

scle.ri.tis (sklîray'tîs) *i., tıb.* göz akı iltihabı, sklerit.

sclero- *önek* katı, sert.

scle.ro.der.ma (sklîrodır'mı) *i., tıb.* yaşlı kimselerde görülen deri sertleşmesi.

scle.roid (sklîr'oyd) *s., biyol.* katı, sert, sertdokulu.

scle.ro.ma (sklîro'mı) *i., (çoğ. -ma.ta) tıb.* sertleşmiş doku.

scle.rom.e.ter (sklîram'ıtır) *i.* taş veya madenlerin katılık derecesini ölçen alet.

scle.rosed (sklîrost') *s., tıb.* anormal derecede katılaşmış, sertleşmiş.

scle.ro.sis (sklîro'sîs) *i. (çoğ. -ses) tıb.* doku sertleşmesi, skleroz; *bot.* doku veya hücre cidarı sertleşmesi.

scle.rot.ic (sklîrat'ik) *s., i., anat.* göz akına ait; *tıb.* doku sertleşmesi olan, dokusu katılaşmış; *i.* göz akı, sklera.

scle.ro.ti.tis (sklîrotay'tîs) *bak.* scleritis.

scle.ro.ti.um (sklîro'şiyım) *i. (çoğ. -ti.a) bot.* gerçek mantarlarda yedek gıda ile dolu katılaşmış emeç. **sclerotial** *s.* bu emeçle ilgili.

scle.rot.o.my (sklîrat'ımi) *i., tıb.* göz akını yarma ameliyatı.

scle.rous (sklîr'ıs) *s.* katı, sert, katılaşmış, sertleşmiş; kemikli.

scoff (skôf, skaf) *f., i.* tahkir etmek, alay etmek, eğlenmek; *i.* hakaret, istihza, alay; küçümseme; alay konusu şey veya kimse. **scoff at** alay etmek, *informal* dudak bükmek.

scoff.law (skôf'lô) *i.* kanunlara kulak asmayan kimse.

scold (skold) *f., i.* azarlamak, tekdir etmek, paylamak, *slang* haşlamak; *i.* herkesi azarlayan şirret kadın.

scol.e.cite (skal'ısayt, sko'lı-) *i., mad.* kalsiyum ve alüminyumlu bir hidrosilikat.

sco.lex (sko'leks) *i.* (*çoğ.* sco.le.ces, scol.i.ces) *zool.* bağırsak şeridinin başı.

sco.li.o.sis (skoliyo'sîs) *i., tıb.* belkemiğinin normal dışı yan kıvrımı.

scol.o.pen.drid (skalıpen'drîd) *i., zool.* kırkayak familyasından bir hayvan. scolopendrine *s.* kırkayağa ait.

scom.broid (skam'broyd) *i., s.* uskumrugillerden bir balık; *s.* uskumrugillere ait.

sconce (skans) *i.* küçük toprak siper; sığınak.

sconce (skans) *i.* duvarda şamdan desteği.

sconce (skans) *i., k.dili* baş, kafa.

sconce (skans) *i., İng.* üniversite öğrencilerine verilen ceza.

scone (skon, skan) *i.* bir çeşit küçük ekmek; *İskoç.* yulaf ezmesinden yapılan gözleme.

scoop (skup) *i., f.* büyük kepçe; *tıb.* kaşık şeklinde cerrah aleti; çukur; kepçe ile alma; *k.dili* vurgun; *gazet.* atlatma; *f.* kepçe ile çıkarmak; *k.dili* toplayıp yığmak; içini boşaltmak; içini oymak; *gazet.* atlatmak; kapmak. scoop net nehir dibini taramaya mahsus ağ. at one scoop bir vuruşta, bir darbede.

scoot (skut) *f., k.dili* birden kaçmak veya koşmak.

scoot.er (sku'tır) *i.* trotinet; küçük motosiklet; dibi düz ve tabanına iki demir ray takılı kuvvetli buz kayığı.

scop (skap) *i., tar.* âşık, ozan, şair.

scope (skop) *i.* saha, faaliyet alanı; fırsat, vesile; genişlik, vüsat; *k.dili* teleskop, mikroskop.

-scope *sonek* gözlem aygıtı.

sco.pol.a.mine (skopal'ımin) *i., ecza.* skopolamin.

scop.u.late (skap'yılît) *s., zool.* süpürge şeklindeki.

-scopy *sonek* gözlem, müşahede, bakış.

scor.bu.tic, -ti.cal (skôrbyu'tîk, -tîkıl) *s., tıb.* iskorbüt hastalığı ile ilgili.

scorch (skôrç) *f., i.* kavurmak, ateşe tutmak, hafifçe yakıp sızlatmak; acı tenkitlerle incitmek; yanmak, kavrulmak; *k.dili* otomobil veya bisikletle hızlı gitmek; *i.* hafif yanık;

yanık izi. scorched earth policy düşmanın yararlanmasını önlemek için bütün mahsulü ve ziraat araçlarını imha etme politikası. scorch'er *i.* yakan şey veya kimse; *k.dili* acı söz veya tenkit; *k.dili* otomobil veya bisikletle çok hızlı giden kimse. scorch'ing *s.* yakıcı, kavurucu, çok sıcak.

score (skôr) *i., f.* oyunda her iki tarafın kaydettiği sayı veya puan; sayı yapma; ; sebep; çizgi, işaret; çetele kertiği; çetele kertiği ile tutulan hesap; hınç; *müz.* bütün çalgıların ve bütün seslerin notalarını ayrı ayrı gösteren müzik parçası, partitur; yirmi sayısı; *çoğ.* çok miktar; *f.* çentmek, kertik açmak; çetele tutmak; puan kazanmak, sayı kazanmak; değerlendirmek; *müz.* partitur yazmak, bir çalgı için düzenleme veya uyarlama yapmak; *k.dili* şiddetle eleştirmek; puan saymak; başarı kazanmak; *argo, slang* tadına bakmak; *argo* esrar satın almayı başarmak. score out üstünü karalamak. scores of people çok sayıda insan, birçok insan. scores of years senelerdir, senelerce. know the score *k.dili* işi çakmak. on that score o sebepten; o konuda. pay off old scores eski hesapları temizlemek, hesaplaşmak; eski hıncın acısını çıkarmak. What's the score? Kaça kaç? Durum nedir?

sco.ri.a (skôr'ıyı) *i.* (*çoğ.* -ae) maden cürufu, dışık. scoriaceous (skôriyey'şıs) *s.* maden cürufu cinsinden.

sco.ri.fy (skôr'ıfay) *f.* (madeni) eritip cürufunu çıkarmak.

scorn (skôrn) *i., f.* tepeden bakma, istihfaf, küçük görme, tahkir; hakir şey; *f.* küçümsemek, tahkir etmek, istihfaf etmek.

scorn.ful (skôrn'fîl) *s.* hakaret dolu, tahkir eden, ağır. scornfully *z.* istihfafla, tepeden bakarak. scornfulness *i.* küçümseme, istihfaf.

scor.pae.noid (skôrpi'noyd) *s., zool.* iskorpit balığı familyasından.

Scor.pi.o (skôr'piyo) *i.* Akrep takımyıldızı; Akrep burcu.

scor.pi.oid (skôr'piyoyd) *s., zool.* akrep gibi; akrep takımına ait; akrep kuyruğunun ucu gibi kıvrık.

scor.pi.on (skôr'piyın) *i.* akrep, *zool.* Scorpio; *eski* ucuna demir parçaları takılı kamçı. scorpion fish iskorpit, *zool.* Scorpaena.

Scot (skat) *i.* İskoçyalı.

scot (skat) *i.* eski İngiltere kanununda vergi veya para cezası. **scot and lot** *eski* belediye vergisi. **pay scot and lot** tamamen ödemek.

Scotch (skaç) *s., i.* İskoçya'ya veya İskoç diline ait; *i.* İskoçya halkı; İskoçya halk lehçesi; İskoç viskisi; (İskoçyalı ve İskoç lehçesi için **Scots** veya **Scottish** tercih edilir). **Scotch terrier** İskoç teriyer köpeği.

scotch (skaç) *f., i.* hafifçe yaralamak, tırmıklamak; son vermek; *i.* hafif yara veya tırmık izi, çentik.

scotch (skaç) *i., f.* tekerlek altına konulan takoz; *f.* takozla durdurmak.

Scotch tape selofan, zamklı selüloit şeridi.

sco.ter (sko'tır) *i.* kara ördek, *zool.* Melanitta nigra.

scot-free (skat'fri') *s.* sağ salim, incinmeden; vergiden muaf.

sco.ti.a (sko'şiyı) *i., mim.* bir çeşit tiriz, boyunsak, ters deveboynu.

Scot.land (skat'lınd) *i.* İskoçya. **Scotland Yard** Londra Emniyet Müdürlüğü.

sco.to.ma (skıto'mı) *i.* (*çoğ.* -ma.ta) *tıb.* kör nokta, ağtabakada hiç bir şey görmeyen nokta.

Scots (skats) *i., s.* İskoç dili; *s.* İskoçya'ya veya İskoç diline ait.

Scots.man (skats'mın) *i.* (*çoğ.* -men) İskoçyalı.

Scot.ti.cism (skat'ısîzim) *i.* İskoçya'ya mahsus deyim, terim veya telaffuz özelliği.

Scot.tish (skat'iş) *s., i.* İskoçyalı; *i.* İskoçya dili.

scoun.drel (skaun'drıl) *i., s.* alçak, adi ve habis kimse, hain kimse, *vulg.* dürzü; *s.* alçak, adi. **scoundrelly** *s.* alçak, adi.

scour (skaur) *f., i.* ovalayarak temizlemek; kum veya fırça ile parlatmak; bol su ile temizlemek; süpürüp götürmek; müshil vermek; *i.* ovarak temizleme; akan suyun aşındırarak düzlettiği yer; *çoğ.* hayvanlarda ishal ve dizanteri.

scour (skaur) *f.* koşmak, seğirtmek; acele geçmek; arayarak dolaşmak, taramak.

scourge (skırc) *f., i.* kamçılamak; şiddetle cezalandırmak; *i.* kırbaç, kamçı; ceza vasıtası; afet, musibet, felâket.

scour.ings (skaur'ingz) *i., çoğ.* ovalayarak çıkarılan kir.

scout (skaut) *i., f.* izci, gözcü, keşif kolu; casus (asker, gemi veya uçak); keşif, gözcülük; *kriket* açık saha oyuncusu; izci çocuk; *f.* keşif yapmak, keşfe çıkmak; dolaşıp keşfetmek. **scout around** arayıp taramak. **scout plane** keşif uçağı. **boy scout** erkek izci. **girl scout** kız izci. **on the scout** keşif görevi yapmakta, keşfe çıkmış.

scout (skaut) *f.* küçümseyerek reddetmek, alay etmek. **scout at** küçümsemek, hakir görmek, alaya almak, istihza etmek.

scout.craft (skaut'kräft) *i.* izcilik.

scout.ing (skaut'ing) *i.* izcilik.

scout.mas.ter (skaut'mästır) *i.* izcibaşı, oymak beyi.

scow (skau) *i.* duba.

scowl (skaul) *f., i.* kaşlarını çatıp bakmak; *i.* tehdit ederek bakma, tehditkâr bakış. **scowl-ingly** *z.* kaş çatarak; tehdit ederek.

scrab.ble (skräb'ıl) *f., i.* tırmalamak, tırmalanmak; düzensiz bir şeyler yazmak, karalamak; **up** *ile* acele ile toplamak; *i.* tırmıklama, tırmalama; acele toplama; karalama; üzerinde harfler basılı küçük ve yassı tahta karelerle oynanan kelime bulmacası; seyrek çalılık.

scrag (skräg) *i., f.* (-ged, -ging) çok zayıf ve kuru kemikli kimse; koyun etinin yavan gerdan tarafı; *argo* insan boynu; *f., k.dili* boğazını sıkmak; boğarak öldürmek; asarak öldürmek.

scrag.gly (skräg'li) *s.* düzensiz, intizamsız; çarpık çurpuk.

scrag.gy (skräg'i) *s.* uçları dik (kaya); kuru, kemikli, çok zayıf.

scram (skräm) *f.* (-med, -ming) A.B.D., *argo* sıvışmak, tüymek. **Scram!** Defol!

scram.ble (skräm'bıl) *f., i.* tırmalamak; kapışmak; (çırpılmış yumurtayı) yağda pişirmek; karıştırmak; itişip kakışmak; *ask.* düşman uçaklarının yolunu kesmek için acele havalanmak; *radyo* konuşmayı gizli tutmak için sinyali değiştirmek; *i.* kapış, kapma; tırmanarak gitme; çarçabuk yapılan şey; çok acele etme. **scrambled eggs** çırpılıp yağda pişirilmiş yumurta. **scram-bler** *i.* telefon veya radyo sinyalini gizli tutan araç.

scran.nel (skrän'ıl) *s., eski* ince, zayıf; ahenksiz, cızırtılı.

scrap (skräp) *i., f.* (**-ped, -ping**) *s.* ufak parça; artık, kırıntı; müsveddelik kâğıt; parça; *çoğ.* yağ eritilince geriye kalan kıkırdak; *çoğ.* hayvanlara verilen artık et; maden kırpıntısı; *f.* parçalamak, kırıntı haline getirmek, ufalamak; değersiz diye bir yana atmak, ıskarta etmek; *s.* artık. **scrap heap** kırpıntı yığını, hurda yığını. **scrap iron** hurda demir. **scraps of news** derme çatma haberler. **a scrap of evidence** çok ufak bir delil.

scrap.book (skräp'bûk) *i.* gazete kupürleri veya resim yapıştırmaya mahsus defter.

scrape (skreyp) *f., i.* kazımak, kazıyarak temizlemek; sıyırtmak; kazıyıp toplamak; sürterek gıcırdatmak; selâm verirken ayağını sürterek geri çekmek; çok tutumlu olmak; *i.* kazıma veya sürtme sesi; kazıma, sürtme; varta, çıkmaz. **scrape acquaintance** tanışmaya gayret etmek. **scrape along** az para ile geçinmek. **scrape away, scrape off** kazıyarak silmek. **scrape through** güçbelâ atlatmak. **scrape up** zorla toplamak. **get into a scrape** belâya çatmak. **get out of a scrape** belâdan kurtulmak, yakayı kurtarmak. **We're in a pretty scrape.** Ayıkla şimdi pirincin taşını.

scrap.er (skrey'pır) *i.* kazıma aleti; greyder.

scrap.ing (skrey'ping) *i.* kazıma; kazıma sesi; *gen. çoğ.* kazıntılar.

scrap.ple (skräp'ıl) *i., A.B.D.* kaynatılmış mısır unu ve et parçaları kızartması.

scrap.py (skräp'i) *s.* kırıntı veya parçalardan ibaret. **scrappily** *z.* parça halinde, parça parça. **scrappiness** *i.* parça halinde olma.

scrap.py (skräp'i) *s.* kavgacı. **scrappiness** *i.* kavgacılık.

scratch (skräç) *f., i., s.* tırmalamak; keskin bir şeyle kazıyarak yüzeyini bozmak; kaşımak, tahriş etmek; *k.dili* acele ile kötü bir şekilde yazmak veya çizmek; karalamak; çizmek, silmek, bozmak; yarış listesinden çıkarmak; eşelemek; kaşınmak; cızırdamak; zahmetle para biriktirmek; *i.* tırmık, tırnak izi; hafif yara; karalama; cızırdama, gıcırdama; başlama çizgisi; cesaret ölçüsü, yiğitlik denemesi; *s.* tesadüfî, rasgele; handikapsız. **scratch one's back** yağcılık etmek. **scratch out** üstünü çizmek, karalamak; oymak, içini

kazımak. **scratch paper** müsvedde kâğıdı. **scratch sheet** *A.B.D., argo* atların yarış şeceresi. **scratch test** *tıb.* cilt üzerinde alerji testi. **scratch the surface** ilk adımı atmak. **start from scratch** hiçten başlamak, sıfırdan başlamak. **old scratch** şeytan. **up to scratch** *k.dili* iyi durumda.

scratch.y (skräç'i) *s.* gıcırtılı, cızırtılı; tırmıklı; kaşıntılı, kaşıntı veren; karalanmış; düzensiz, intizamsız. **scratchily** *z.* kaşıntı vererek; cızırtı ile. **scratchiness** *i.* kaşıntı verme; cızırtılı oluş.

scrawl (skrôl) *f., i.* kötü bir şekilde veya acele ile yazmak, karalamak; *i.* karalanmış yazı, acemice ve karışık yazı.

scraw.ny (skrô'ni) *s.* zayıf ve kuru, kemikleri çıkmış.

screak (skrik) *f., i.* ince bir ses çıkarmak, gıcırdamak; *i.* gıcırtı, gıcırtı sesi.

scream (skrim) *f., i.* bağırmak, feryat etmek, acı acı haykırmak, çığlık atmak; *i.* bağırma, bağırış, feryat, çığlık; *A.B.D., argo* matrak kimse veya şey.

scream.er (skri'mır) *i.* bağıran kimse, çığlık atan kimse; Güney Amerika'ya mahsus çığlık gibi ses çıkaran bir kuş; *A.B.D., argo* manşet; *A.B.D., argo* çok gülünç veya heyecanlı bir durum; *İng., argo* ünlem işareti.

scream.ing (skri'ming) *s.* haykıran, bağıran, çığlık atan; göze çarpan, frapan (renk); kahkahalarla güldüren. **screamingly** *z.* çok gülünç bir şekilde.

scree (skri) *i.* dağ eteğindeki taş yığını.

screach (skriç) *f., i.* çok acı ve ince bir çığlık atmak; *i.* acı ve ince çığlık; keskin gıcırtı. **screech owl** cüce baykuş, *zool.* Otus scops. **screech'y** *s.* ince ve keskin sesli; gıcırtılı.

screed (skrid) *i., f.* bıktırıcı tenkit; uzun söz veya yazı; sıva mastar altlığı; *f.* yırtmak.

screen (skrin) *i., f.* perde, kafes; paravana, ocak siperi; bölme, tahta perde; *ask.* düşmana karşı siper vazifesi gören bölük; sinema perdesi; sinema; kalbur, elek; *f.* önüne perde çekmek, muhafaza etmek, korumak; gizlemek, saklamak; elemek, kalburdan geçirmek; (imtihanla) elemek; perdeye aksettirmek (filim). **screen'ings** *i., çoğ.* kalbur üstünde kalan artık.

screen.play (skrin'pley) *i., sin.* senaryo.

screw (skru) *i., f.* vida; uskur, gemi pervanesi; vidanın dönmesi; dönüş, çevriliş; basınç, tazyik; *İng.*, *argo* maaş; *İng.* işe yaramayan at; başkasından para sızdıran adam; *argo* hapishane gardiyanı; *İng.*, *argo* küçük tütün paketi; *f.* vidayı çevirmek; burmak, vida haline koymak; vidalamak; vida ile tutturmak; vida gibi sıkıştırmak; aldatmak, dolandırmak, sızdırmak (para); *argo* cinsel ilişkide bulunmak, ile yatmak; vida gibi dönmek; burulmak, dönmek; buruşturmak. **screw bolt** vidalı cıvata. **screw down** vida ile sıkıştırmak, vidalamak; çok düşük fiyat vermek. **screw gear** helezonî dişli. **screw hook** vidalı kanca. **screw jack** makinalı kriko. **screw nut** cıvata somunu. **screw on** vidalamak. **screw plate** vida paftası, malapafta. **screw up** sıkıştırıp düzeltmek; *argo* bozmak. **screw up courage** cesaretini toplamak. **have a screw loose** *argo*, *slang* bir tahtası eksik olmak, deli olmak. **put the screws on** *argo* (bir kimseyi) sıkıştırmak.

screw.ball (skru'bôl) *i., s., A.B.D., argo* serseri kimse, acayip kimse; havada kavis yapan top; *s.* saçma.

screw.driv.er (skru'drayvır) *i.* tornavida; portakal suyu ve votka kokteyli.

screwed (skrud) *s.* vida ile sıkıştırılmış; yivli; eğri büğrü; *İng.*, *argo* sarhoş.

screw.y (skru'wi) *s., argo* kafadan çatlak, deli; tuhaf, acayip; karışık; şüphe uyandıran.

scrib.ble (skrîb'ıl) *f., i.* acele ile ve dikkatsizce yazmak; karalamak; *i.* acele ile yazılmış yazı; anlamsız yazı ve çizgiler.

scrib.bler (skrîb'lır) *i.* çalakalem yazı yazan kimse; ikinci sınıf yazar.

scribe (skrayb) *i., f.* yazıcı, yazman, kâtip; eski Musevilerde fakih; *f.* yazmak; kitabe yazmak; hat çizen aletle çizmek.

scrib.er (skray'bır) *i.* işaret koymak için şiş veya tığ.

scrim (skrîm) *i.* açık renk ve ince dokunmuş bir cins perdelik kumaş; *tiyatro* özel etkiler yaratmada kullanılan saydam kumaş.

scrim.mage, scrum.mage (skrîm'ıc, skrʌm'îc) *i., f.* çarpışma; futbol topunu ilerletmek için hücum, saldırış; *f., spor* hücum etmek.

scrimp (skrîmp) *f.* fazla veya dar kesmek; aşırı tutumlu olmak, cimrilik etmek.

scrimp.y (skrîm'pi) *s.* çok kıt, eksik; cimri. **scrimpily** *z.* çok kıt olarak; cimrice. **scrimpiness** *i.* kıtlık, eksiklik; cimrilik.

scrim.shaw (skrîm'shô) *i., f.* fildişi oyma işi; *f.* bu işi hünerle yapmak.

scrip (skrîp) *i.* para kesesi.

scrip (skrîp) *i.* isim listesi; not, pusula; muvakkat senet; *A.B.D.* eskiden kullanılan ufak kâğıt para.

script (skrîpt) *i.* el yazısı; *matb.* el yazısı gibi basma harf; konuşmacının elindeki notlar; *huk.* senet, hüccet; alfabe, yazı düzeni.

scrip.to.ri.um (skrîptôr'iyım) *i.* (*çoğ.* -s, -ri.a) manastırlarda hattatlara mahsus oda.

Scrip.tur.al (skrîp'çırıl) *s.* Kitabı Mukaddese ait veya onda bulunan; Kitabı Mukaddese göre.

Scrip.ture (skrîp'çır) *i.* Kitabı Mukaddes; *k.h.* kutsal yazı; *eski* yazı, yazılmış şey, *kıs.* **Script.**

scriv.en.er (skrîv'ınır) *i., eski* mukavelenameleri yazan kimse, arzuhalci; noter.

scro.bic.u.late (skrobîk'yılıt) *s., bot., zool.* çukurları olan.

scrod (skrad) *i.* yavru morina.

scrof.u.la (skraf'yılı) *i., tıb.* sıraca illeti.

scrof.u.lous (skraf'yılıs) *s., tıb.* sıracalı; sıraca illetine ait; kötü ahlâklı.

scroll (skrol) *i., f.* tomar; parşömen tomarı; liste, tarife; taslak; tomar şeklinde süs; kemanın kıvrık ucu; *f.* tomara kaydetmek; tomar şeklinde sarmak; tomar şeklinde süslerle tezyin etmek; tomar gibi sarılmak. **scroll saw** şerit testere; makinalı oyma testeresi. **scroll'work** *i.* tomar şeklinde süs, şerit testere ile yapılmış süs.

scroop (skrup) *f., i.* gıcırdamak; *i.* gıcırtı.

scroph.u.lar.i.a.ceous (skrafyıleriyey'şıs) *s., bot.* sıracaotu familyasına ait.

scro.tum (skro'tım) *i.* (*çoğ.* -ta) *anat.* torba derisi, skrotum.

scrouge (skruc) *f., k.dili veya leh.* sıkıştırmak; kalabalık etmek.

scrounge (skraunc) *f., argo* çalmak, *slang* aşırmak, yürütmek; *slang* otlamak, otlakçılık etmek. **scroung'er** *i., slang* otlakçı kimse.

scrub (skrʌb) *i.* çalılık, fundalık, maki; bodur ağaçlı orman; kısa kıllı fırça; bodur insan veya hayvan ve bitki; *spor* birinci takıma alınmayan oyuncu. **scrub oak** yermeşesi, kurtluca, *bot.* Teucritum. **scrub team**

ikinci takım; ikinci derecede oyuncuların oynatıldığı takım.

scrub (skrʌb) *f., i.* ovalamak, fırçalamak, yıkamak; *A.B.D., argo* iptal etmek; *i.* ovalama, fırçalama, temizleme. **scrub brush** tahta fırçası.

scrub.ber (skrʌb'ır) *i.* fırçalayıcı; gaz temizleyici.

scrub.by (skrʌb'i) *s.* fırça gibi sert; bodur, çelimsiz.

scruff (skrʌf) *i.* ense.

scrum.mage (skrʌm'ic) *İng., bak.* **scrimmage.**

scrump.tious (skrʌmp'şıs) *s., k.dili* çok güzel, harikulade, şahane, enfes.

scrunch (skrʌnç) *f., i.* çatırtı ile ezmek, çatırdatmak; *i.* ezme, eziş.

scru.ple (skru'pıl) *i., f.* vicdanı elvermeme; tereddüt; 1,296 gramlık eczacı tartısı; az miktar; *f.* vicdanı elvermemek; tereddüt etmek. **have scruples about a thing** vicdanî sebeple çekinmek.

scru.pu.lous (skru'pyılıs) *s.* vicdanının sesini dinleyen; dakik, titiz. **scrupulosity** (skrupyılas'ıti), **scrupulousness** *i.* vicdanlılık; dakiklik, titizlik. **scrupulously** *z.* vicdanla; titizlikle.

scru.ti.nize (skru'tınayz) *f.* dikkatle bakmak, iyice incelemek, ince eleyip sık dokumak.

scru.ti.ny (skru'tıni) *i.* dikkatle bakma, inceleme, araştırma, tahkik, tetkik; seçim kontrolü.

scu.ba (sku'bı) *i.* suciğeri, skuba.

scud (skʌd) *f., i.* hızla kaçmak veya hareket etmek; *den.* rüzgârın önüne düşüp seyretmek; *i.* hızla uçma veya gitme; *den.* rüzgâr önünde hızla seyretme; çok hızlı ilerleyen alçak bulutlar veya deniz köpüğü; *İng., argo* hızlı koşucu.

scuff (skʌf) *f., i.* ayağı sürüyerek yürümek; sürüyerek aşındırmak; *i.* ayağı sürüme; hışırtı; arkası açık ve topuksuz terlik, şıpıdık.

scuf.fle (skʌf'ıl) *f., i.* itişmek, çekişmek; *i.* itişme, çekişme.

scull (skʌl) *i., f.* küçük sandal; kıçtan kullanılan tek kürek, boyna küreği; kısa kürek; *f.* boyna etmek.

scul.ler.y (skʌl'ıri) *i.* mutfak yanındaki bulaşık yıkanan ve kap kacak konulan oda.

scul.lion (skʌl'yın) *i., eski* bulaşıkçı; sefil kimse, adi kimse.

scul.pin (skʌl'pîn) *i.* Amerika'da bulunan geniş ağızlı, büyük ve dikenli kafası olan, iskorpit gibi bir balık.

sculp.sit (skʌlp'sît)*Lat.* heykelde, imzanın yanında "yapan" anlamındaki kelime, *kıs.* **sc., sculp.**

sculp.tor (skʌlp'tır) *i.* heykeltıraş. **sculptress** *i.* kadın heykeltıraş.

sculp.ture (skʌlp'çır) *i., f.* heykel, heykeller; heykelcilik, heykeltıraşlık; oyma, oyma işi; *f.* oymak, kalemle hakketmek; su kuvvetiyle şeklini değiştirmek.

sculp.tur.esque (skʌlpçıresk') *s.* heykel gibi.

scum (skʌm) *i., f.* kaynamakta veya mayalanmakta olan su yüzünde biriken tabaka, köpük; maden cürufu; pislik; *f.* köpüğünü almak; köpük bağlamak. **scum of the earth** baş belâsı, ayaktakımı. **scum'my** *s.* köpüklü; kir bağlamış; alçak, iğrenç.

scum.ble (skʌm'bıl) *f., i., güz. san.* üzerine donuk bir boya tabakası vurarak çizgileri yumuşatmak; *i.* donuk renkte bir tabaka sürme; donuk renk.

scup.per (skʌp'ır) *i., den., f.* frengi deliği, geminin güvertesinden suyun denize akmasına mahsus delik; *f., İng., argo* katliam yapmak.

scurf (skırf) *i.* baş kepeği, konak; artık pis şey; kabuk. **scurf'iness** *i.* kabuk bağlamış olma, kepeklilik. **scurf'y** *s.* kepekli, kabuklu.

scur.ri.lous (skır'ılıs) *s.* kaba, küfürlü; ağzı bozuk, küfürbaz. **scurril'ity, scurrilousness** *i.* ağız bozukluğu, küfürbazlık. **scurrilously** *z.* küfürle; açık saçık bir şekilde.

scur.ry (skır'i) *f., i.* telâş etmek, kaçarcasına koşmak; *i.* acele etme; kısa at yarışı.

S-curve (es'kırv) *i.* "s" şeklindeki eğri.

scur.vy (skır'vi) *s., i.* adi, alçak, iğrenç; *i., tıb.* iskorbüt illeti. **scurviness** *i.* adilik, alçaklık.

scut (skʌt) *i.* tavşan veya karacanın kısacık kuyruğu.

scu.tage (skyu'tîc) *i., huk.* derebeylik devrinde şövalyelerden askerlik hizmeti yerine alınan vergi.

Scu.ta.ri, Sku.ta.ri (sku'tari) *i.* Üsküdar; İşkodra.

scu.tate (skyu'teyt) *s., bot.* kalkansı, peltat; *zool.* iri pullu.

scutch (skʌç) *f., i.* sopayla vurarak temizlemek (keten); ditmek, atmak, döverek kabartmak (pamuk veya ipek); *i.* keten ipliğini dövmeye mahsus sopa.

scutch.eon (skʌç'ın) *bak.* **escutcheon.**

scute (skyut) *i., zool.* timsah veya kaplumbağanın sert sırt kabuğu, iri pul.

scu.tel.late (skyutel'it, skyu'tıleyt) *s., zool.* sert pulları olan, kalkan şeklinde. **scutella'tion** *i.* kuş ayağındaki gibi sert pullar veya bunların düzeni.

scu.tel.lum (skyutel'ım) *i.* (*çoğ.* -tel.la) *zool., bot.* kalkan şeklinde pul veya uzuv.

scu.ti.form (skyu'tıfôrm) *s.* kalkan şeklinde.

scut.tle (skʌt'ıl) *i.* soba yanına konulan madenî kömür kovası.

scut.tle (skʌt'ıl) *f., i.* hızla koşmak, seğirtmek; *i.* seğirtme, acele gitme.

scut.tle (skʌt'ıl) *i., f.* kapaklı ufak delik; *den.* lomboz, ambar kapağı; deniz musluğu; *f.* deniz musluğunu açıp gemiyi batırmak.

scut.tle.butt (skʌt'ılbʌt) *i., den.* su mancanası; *argo* şayia, söylenti, dedikodu.

scu.tum (skyu'tım) *i.* (*çoğ.* -ta) *zool.* sert sırt kabuğu, kemik gibi sert pul; eski Roma'da uzun kalkan.

Scyl.la (sil'ı) *i., mit.* İtalyan sahilinde ve **Charybdis** girdabı karşısında tehlikeli bir kaya, *bak.* **Charybdis;** altı başlı olduğu farzolunan deniz canavarı. **between Scylla and Charybdis** iki ateş arasında.

scy.phus (say'fıs) *i.* (*çoğ.* -phi) eski Yunan'da kullanılan iki kulplu su bardağı.

scythe (saydh) *i., f.* tırpan; *f.* tırpanla biçmek.

Scyth.i.an (sith'iyın) *i., s.* İskit; *s.* İskitya'ya veya İskit diline özgü.

SD *kıs.* **South Dakota.**

S.E. *kıs.* **southeast.**

sea (si) *i.* deniz; derya, umman, okyanus; dalga; deniz gibi geniş olan herhangi bir şey. **sea anchor** deniz demiri. **sea anemone** deniz şakayığı, *zool.* Actiniaria. **sea bream** izmarit, *zool.* Smaris alcedo; istrongilos; çipura. **sea breeze** denizden esen rüzgâr, imbat, meltem. **sea captain** kaptan, süvari. **sea chest** gemici sandığı. **sea cock** *den.* deniz musluğu. **sea cow** denizayısı, denizperisi, *zool.* Trichechus manatus. **sea cucumbers** denizhıyarları, *zool.* Holothu-riae. **sea dog** fok, ayıbalığı; kurt denizci.

sea elephant en iri cins ayıbalığı, deniz fili. **sea eryngo** keçisakalı, *bot.* Eryngium maritimum. **sea fight** deniz savaşı. **sea foam** denizköpüğü, lületaşı. **sea food** deniz ürünü. **sea front** sahil. **sea green** mavimsi yeşil, camgöbeği. **sea gull** martı. **sea horse** denizaygırı, *zool.* Hippocampus. **sea kale** deniz lahanası. **sea lawyer** *k.dili* safsatacı ve daima kusur bulan gemici. **sea legs** fırtınalı havalarda güvertede dolaşabilme kabiliyeti. **sea lettuce** denizmarulu, *bot.* Ulva lactuca. **sea level** deniz seviyesi. **sea lilies** denizlâleleri, *bot.* Crinoidea. **sea lion** Büyük Okyanus'a mahsus iri ayıbalığı. **sea mew** martı. **sea mile** deniz mili. **sea monster** deniz canavarı. **sea moss** deniz yosunu; yosuna benzer deniz hayvanı; yeşil rengin birkaç tonu. **sea nettle** denizısırganı. **sea onion** adasoğanı, *bot.* Urginea maritima. **sea ooze** okyanus dibinde bulunan kemiksi çökelti. **sea power** donanması güçlü devlet. **sea purse** köpekbalığı yumurtasının sert kabuğu. **sea robin** kırlangıç balığı, *zool.* Trigla. **sea room** deniz sahası, manevra sahası. **sea rover** korsan veya korsan gemisi. **sea salt** deniz tuzu. **sea serpent** deniz yılanı, efsanevî bir deniz ejderhası. **sea urchin** denizkestanesi. **sea wall** deniz sularının basmasına engel olan duvar veya set. **a heavy sea** kaba dalga, fırtınalı deniz. **arm of the sea** körfez. **a sea of faces** insan kalabalığı. **at sea** denizde; şaşkına dönmüş. **by sea and land** hem denizden hem karadan. **follow the sea** gemici olmak. **go to sea** denizci olmak; deniz yolculuğuna çıkmak. **half seas over** sarhoş. **inland sea** iç deniz. **on the high seas** açık denizlerde, enginlerde. **put to sea** denize açılmak (gemi).

sea.board (si'bôrd) *i., s.* sahil, kıyı, yalı boyu; *s.* kıyıya yakın.

sea.coast (si'kost) *i.* deniz kıyısı, sahil.

sea.far.er (si'ferır) *i.* gemici.

sea.far.ing (si'fering) *s., i.* denizcilikle uğraşan; deniz yoluyle seyahat eden; *i.* deniz yolculuğu; denizcilik.

sea.fowl (si'faul) *i.* deniz kuşu.

sea.girt (si'gırt) *s.* etrafı denizle kuşatılmış.

sea-god (si'gad) *i.* deniz tanrısı, Neptün.

sea.go.ing (si'gowing) s. açık denize çıkmaya elverişli (gemi).

seal (sil) i., f. ayıbalığı, fok, zool. Phoca; fok kürkü; f. ayıbalığı avlamak.

seal (sil) i., f. mühür, damga; teminat, taahhüt; mühürlü mum veya kurşun parçası; f. mühürlemek, mühür veya damga basmak, tasdik işaretini koymak; onaylamak, tasdik etmek; kapamak, yarıklarını doldurmak. seal one's fate yazgısını önceden tayin etmek. sealed orders denize çıktıktan sonra açılmak üzere kaptana verilen kapalı zarf içindeki emir. seal ring mühür yüzüğü. sealing wax mühür mumu, kırmızı balmumu. Great Seal resmî devlet mühürü. under seal mühürlenmiş, mühürlü. under the seal of secrecy gizli tutmak kaydıyle.

seam (sim) i., f. dikiş yeri, dikiş; tıb. dikiş; derz; iki tahtanın yan yana birleştiği çizgi, bağlantı yeri; den. armuz; jeol. ince maden damarı; yara izi, kırışık; f. dikmek, birbirine dikmek; üzerine yara izi veya çizgi yapmak; ters ilmekle örgü örmek; çatlamak.

sea.man (si'mın) i. denizci, gemici; deniz eri.

sea.man.ship (si'mınşip) i. gemicilik.

sea.mark (si'mark) i. gemicilere yol göstermeye yarayan işaret.

seam.stress (sim'stris) i. kadın terzi.

seam.y (si'mi) s. dikişli; çirkin görünüşlü, biçimsiz. the seamy side of life hayatın güçlüklerle dolu tarafı.

sé.ance (sey'ans) i. toplantı, oturum, seans; ruh çağırma seansı.

sea.plane (si'pleyn) i. deniz uçağı.

sea.port (si'pôrt) i. liman.

sear (sir) s., f. kurumuş (yeşillik), kuruyup sararmış; f. çok kurutup yakmak; kızgın tavada çevirmek; yakmak, dağlamak; hissini iptal etmek, körletmek.

sear (sîr) i. tüfek veya tabanca horozunun emniyet tetiği.

search (sırç) f., i. araştırmak, aramak; yoklamak, bakmak; dikkatle tetkik ve teftiş etmek, aletle içini muayene etmek; i. arama, araştırma; yoklama, bakma, muayene; teftiş, soruşturma; gemide araştırma yapma. search out araştırıp öğrenmek. search warrant huk. arama emri. in search of aramaya, peşinde. right of search huk. arama hakkı.

search.ing (sır'çing) s. araştırıcı, inceden inceye araştıran; nüfuz eden; keskin. searchingly z. arayarak.

search.light (sırç'layt) i. ışıldak, projektör.

sea.scape (si'skeyp) i. deniz manzarası.

sea.shell (si'şel) i. deniz kabuğu.

sea.sick.ness (si'siknis) i. deniz tutması.

sea.side, sea.shore (si'sayd, si'şôr) i., s. sahil.

sea.son (si'zın) i., f. mevsim; süre, müddet, vakit, zaman; uygun zaman; baharat; f. alıştırmak; alışmak; iyice kurutmak; iyice kurumak; lezzet vermek için baharat katmak; keskinliğini veya sertliğini yumuşatmak. hunting season avlanmanın kısıtlanmadığı müddet. in good season tam zamanında. in season kullanılabilir; bulunur; vaktinde, uygun zamanda; huk. avlanılabilir; çiftleşebilir. in season and out of season daimî, her zaman, vakitli vakitsiz. season ticket abonman kartı veya bileti.

sea.son.a.ble (si'zınıbıl) s. mevsime göre olan, tam vaktinde olan; tam yerinde veya zamanında yapılan. seasonableness i. mevsimine göre olma, mevsiminde olma. seasonably z. mevsimine göre, mevsiminde, zamanında.

sea.son.al (si'zınıl) s. bir mevsime mahsus, mevsimlik.

sea.son.ing (si'zınîng) i. yemeklere lezzet veren baharat; kullanışa uygun hale getirme.

seat (sit) i., f. oturulacak yer, iskemle, sandalye; insan kıçı; yer, mahal, mevki, kürsü; merkez, konut; meclis veya borsada üyelik hakkı; oturuş; mak. yatak; f. oturtmak, yerleştirmek, yerleşmek; oturacak yer temin etmek; oturacak yerini yenilemek. seat of a disease hastalık yeri veya merkezi. keep one's seat oturduğu yerden kalkmamak; millet meclisinde yerini muhafaza etmek. lose one's seat yerini kaybetmek. take a seat oturmak. Be seated. Oturunuz. The hall will seat fifty people. Salon elli kişiliktir.

sea.ward (si'wırd) i., s., z. deniz yönü; s. denize doğru giden; denizden esen; z. denize doğru.

sea.way (si'wey) i. deniz yolu; kaba dalgalı deniz.

sea.weed (si'wid) *i.* deniz yosunu, su yosunu.

sea.wor.thy (si'wırdhi) *s.* denize karşı dayanıklı, denize açılabilir.

se.ba.ceous (sîbey'şıs) *s.*, *tıb.* et yağı gibi, yağa ait; yağ salgılayan. **sebaceous gland** *anat.* saç köklerinin altında bulunan ve yağ ifraz eden gudde, yağ bezi.

sec. *kıs.* **secant, second, secretary, section. Just a sec.** *k.dili* Bir saniye!

sec (sek) *s.*, *Fr.* sek (şarap).

SEC *kıs.*, *A.B.D.* **Securities and Exchange Commission** tahvil borsasını teftiş eden resmî daire.

se.cant (si'kınt, -känt) *s.*, *i.* kateden, kesen; *i.*, *geom.* sekant.

sec.co (sek'ko) *s.*, *i.*, *İt.* kuru; *i.* sıva kuruduktan sonra üzerine yapılan duvar resmi.

se.cede (sisid') *f.* çekilmek, ayrılmak (özellikle siyasî veya dinî bir örgütten).

se.cern (sîsırn') *f.* ayırt etmek, tefrik etmek; *tıb.* ifraz etmek.

se.cern.ent (sîsır'nınt) *i.* ifraz edici gudde veya ilâç.

se.ces.sion (sîseş'ın) *i.* ayrılma, uzaklaşma; *b.h.*, *A.B.D.* 1860-61'de Güney Eyaletlerinin Birlikten ayrılması. **secessionist** *i.* ayrılma taraftarı.

se.clude (siklud') *f.* bir yere kapatıp dışarı salıvermemek, tecrit etmek, ayırmak.

se.clud.ed (siklu'dîd) *s.* ayrılmış; kapalı; bir kenara çekilmiş; ırak; mahfuz, saklı, korunmuş.

se.clu.sion (siklu'jın) *i.* inziva, köşeye çekilme; tenhalık.

se.clu.sive (siklu'siv) *s.* yalnızlık eğiliminde olan.

sec.ond (sek'ınd) *i.* saniye.

sec.ond (sek'ınd) *s.*, *i.*, *f.* ikinci, sanî; bir daha; ikinci derecede, aşağı; *müz.* ikinci; *i.* ikinci gelen kimse veya şey; düelloda şahit veya yardımcı; *oto.* ikinci vites; *çoğ.* ikinci derecede mal, tapon mal; *müz.* yan yana olan iki nota arasındaki fasıla; şarkıda ikinci ses; bir teklifi destekleme; *f.* yardım etmek, iletmek, teşvik etmek; parlamentoda bir teklife katıldığını ilân etmek. **second best** ikinci en iyi. **second childhood** bunaklık. **second class** ikinci sınıf veya derece. **second fiddle** ikinci kemanın çaldığı parça; ikinci derecede olma. **second hand** saat

kadranında saniyeleri gösteren ibre. **second lieutenant** *ask.* teğmen. **second mile** kendine düşenin ötesinde bağışta bulunma. **second nature** kökleşmiş huylar. **second sight** önsezi. **second thoughts** sonradan akla gelen düşünceler. **second wind** yeniden kazanılan güç veya enerji. **second, secondly** *z.* ikinci olarak, saniyen.

sec.on.dar.y (sek'ınderi) *s.*, *i.* ikincil, tali, ikinci derecede olan, ikinci gelen; sonraki; *min.* evvelce teşekkül etmiş kaya içinde toplanan taş veya maden kabilinden; *elek.* tali (cereyan); *i.* murahhas, delege; yardımcı, muavin; kuş kanadının ikinci mafsalındaki tüy; *astr.* tali yıldız. **secondary accent** uzun bir kelimede ikinci derecedeki vurgu. **secondary battery** *elek.* akümülatör. **secondary consideration** ikinci derecede önemi olan mesele. **secondary education** ortaöğretim. **secondary rays** röntgen ışınları etkisiyle meydana gelen ışınlar. **secondary road** tali yol. **secondary rocks** başka kayalardan veya taş ve madenlerden oluşan kaya veya taş. **secondary school** orta ve lise seviyesinde okul. **secondarily** *z.* ikinci derecede, ikinci olarak. **secondariness** *i.* ikinci derecede olma.

sec.ond-guess (sek'ındges') *f.* sonradan fikir yürütmek, iş işten geçtikten sonra düşüncesini söylemek.

sec.ond.hand (sek'ındhänd') *s.* kullanılmış, elden düşme; dolaylı.

se.con.do (sikan'do) *i.*, *müz.* sekondo, ikinci.

sec.ond-rate (sek'ındreyt') *s.* ikinci derecede; ikinci sınıf.

sec.ond-string (sek'ındstrîng') *s.*, *A.B.D.*, *k.dili* ikinci sınıf (oyuncu).

se.cre.cy (si'krısi) *i.* sır saklama, sır tutma; ketumluk, gizlilik.

se.cret (si'krît) *s.*, *i.* gizli, saklı, hafi, mektum; esrarlı; mahrem; *i.* sır, gizli şey; anlaşılmaz şey, muamma. **secret police** gizli polis teşkilâtı. **secret service** hafiye teşkilâtı. **secret society** gizli cemiyet. **an open secret** herkesçe bilinen sır. **in on the secret** sırra vâkıf. **keep a secret** sır saklamak. **secretly** *z.* gizlice, el altından. **secretness** *i.* gizlilik.

sec.re.tar.i.al (sekrıter'iyıl) *s.* sekreterliğe ait.

sec.re.tar.i.at (sekrıter'iyît) *i.* müdüriyet, müdüriyet personeli.

sec.re.tar.y (sek'rıteri) *i.* sekreter, özel kâtibe, kâtip, yazman; bakan; bir çeşit yazıhane (*kıs.* **sec., secy, sec'y**). **secretary bird** Güney Afrika'ya mahsus yılan avlayan bir kuş. **Secretary of State** A.B.D.'nde Dışişleri Bakanı. **secretary-treasurer** *i.* hem sekreter hem veznedar olan şahıs. **honorary secretary** fahrî vekil veya kâtip. **private secretary** özel sekreter.

se.crete (sîkrit') *f.* gizlemek, saklamak; *biyol.* salgılamak, ifraz etmek.

se.cre.tin (sîkri'tin) *i., tıb.* onikiparmak bağırsağında bulunan bir hormon, sekretin.

se.cre.tion (sîkri'şın) *i., biyol.* salgılama, salgı, ifrazat; gizleme, sır saklama, ketumiyet.

se.cre.tive (sîkri'tiv) *s.* sır saklayan, sıkı ağızlı, ketum; *tıb.* salgılayan. **secretively** *z.* gizliliğe meylederek. **secretiveness** *i.* gizlilik, gizliliğe meyletme.

se.cre.to.ry (sîkri'tıri) *s., tıb.* vücutta sıvı madde hâsıl eden, ifrazî.

sect (sekt) *i.* fırka, mezhep; aynı meslek taraftarı kimseler.

sec.tar.i.an (sekter'iyın) *s., i.* mezhep veya fırkaya ait; *i.* bir mezhep veya fırkanın bağnaz üyesi. **sectarianism** *i.* fırka veya mezhep usulü veya aşırı taraftarlığı.

sec.ta.ry (sek'tıri) *i.* mezhep taraftarı; Anglikan kilisesine bağlı olmayan kimse.

sec.tile (sek'tîl) *s.* bıçakla kesilebilir.

sec.tion (sek'şın) *i., f.* kesme, kesiş; kesilme, inkıta; kıta, parça, bölük, fasıl, kısım, bölge; A.B.D.'nde hükümetin malı olan 1 mil^2 büyüklüğünde toprak parçası; yataklı vagonda kompartıman; *geom.* kesit; bir şeyin mikroskopla muayene edilen ince dilimi, kesit; *f.* kısımlara ayırmak veya bölmek, kısım kısım kesmek.

sec.tion.al (sek'şınıl) *s.* bir bölüme ait; bir bölgeye ait. **sectionalism** *i.* bölgecilik.

sec.tion.al.ize (sek'şınılayz) *f.* bölgelere ayırmak; bölmek.

sec.tor (sek'tır) *i., geom.* daire dilimi, daire kesmesi, sektör; açılır kapanır bir rasat aleti; *ask.* mıntıka.

sec.u.lar (sek'yılır) *s., i.* dünyevî, cismanî; layik, dinî olmayan, ruhanî olmayan; manastır sistemine bağlı olmayan; yüz yılda

bir vaki olan, asırlık; asırlarca süren; *i.* mahalle papazı. **secularly** *z.* layikçe.

sec.u.lar.ism (sek'yılırîzım) *i.* cismanîlik, dinî mahiyeti olmayan işlerle meşguliyet; layiklik. **secular'ity** *i.* cismanîlik, dünyevîlik.

sec.u.lar.ize (sek'yılırayz) *f.* layikleştirmek, dünyevîleştirmek. **seculariza'tion** *i.* manastır sisteminden kurtarma; vakfı mülke çevirme; dinî tesirden uzaklaştırma, layikleştirme, layikleştirilme.

se.cund (si'kʌnd) *s., bot., zool.* bir taraflı, tek yanlı.

sec.un.dine (sek'ındayn) *i., bot.* örtü (tohum taslağında), integüment; *çoğ., tıb.* meşime, son.

se.cure (sîkyûr') *s., f.* emin, korkusuz, tehlikeden uzak; kaygısız, şüphesiz; emniyetli, muhafazalı; *f.* korumak, emniyet altına almak; tehlikeden masun kılmak; sağlamlaştırmak, bağlamak; iyice kapamak; ele geçirmek, bulmak. **securely** *z.* emniyetle; sımsıkı. **secureness** *i.* sağlamlık, emniyetlilik.

se.cur.i.ty (sîkyûr'ıti) *i.* emniyet, güvenlik; korkusuzluk; kefalet, teminat; rehin, emanet, depozito; kefil; emniyet tedbirleri; *çoğ.* tahviller, senetler. **Security Council** Güvenlik Konseyi. **security risk** A.B.D. devlet memuriyetinde veya millî güvenliği ilgilendiren bir işte çalışması uygun görülmeyen şüpheli şahıs.

se.dan (sîdän') *i.* iki veya dört kapılı olup, ön ve arka koltukları bulunan kapalı otomobil; sedye. **sedan chair** tahtırevan.

se.date (sîdeyt') *s.* temkinli, vakarlı, sakin, ağır başlı; uslu, akıllı. **sedately** *z.* vakarla, ağır başlılıkla, sükûnetle. **sedateness** *i.* vakar, ağır başlılık, sükûnet.

se.da.tion (sîdey'şın) *i.* (ilâçla) teskin etme, yatıştırma.

sed.a.tive (sed'ıtiv) *s., i.* teskin edici, müsekkin, yatıştırıcı; *i., tıb.* yatıştırıcı herhangi bir şey.

sed.en.tar.y (sed'ınteri) *s.* dışarı çıkmayan, daima oturarak vakit geçiren; seyyar olmayan, sabit; bir yerde yerleşmiş olan, yerleşik, sakin; *zool.* bir yere yapışık. **sedentarily** *z.* yerleşik olarak. **sedentariness** *i.* yerleşik oluş.

sedge (sec) *i.* ayak otu, *bot.* Carex romans. **sweet sedge** eyir otu, *bot.* Acorus calamus. **sedgy** *s.* ayak otuyla dolu.

se.di.le (siday'li) *i.* (*çoğ.* **se.dil.i.a**) kilisede papazlara mahsus iskemle.

sed.i.ment (sed'ımınt) *i.* tortu, posa, telve, çökel; *jeol.* su dibinde biriken şey, çöküntü. **sedimentary** (sedımen'tıri) *s.* çökmüş çamur ve posa nev'inden, tortulu. **sedimenta'tion** *i.* posa veya tortu birikmesi, çökelme.

se.di.tion (sîdîş'ın) *i.* fesat, fitne; kargaşalık; isyana teşvik.

se.di.tious (sîdîş'ıs) *s.* fitneci, arabozucu, müfsit, fitne çıkaran; ayaklandıran. **seditiously** *z.* müfsitçe; ayaklandıracak şekilde. **seditiousness** *i.* fitnecilik; hıyanet eğilimi.

se.duce (sîdus') *f.* ayartmak, azdırmak, ifsat etmek, baştan çıkarmak; namusuna leke sürmek, iğfal etmek. **seducement** *i.* iğfal, ifsat, ayartma, baştan çıkarma. **seducer** *i.* ayartan adam, iğfal eden adam. **seducible** *s.* baştan çıkarılabilir, azdırılabilir, iğfal edilebilir.

se.duc.tion (sîdʌk'şın) *i.* iğfal, ifsat, ayartma, baştan çıkarma, namusuna leke sürme; baştan çıkarıcı şey.

se.duc.tive (sîdʌk'tîv) *s.* ayartıcı, çekici. **seductively** *z.* ayartarak. **seductiveness** *i.* ayartma, baştan çıkarma.

se.duc.tress (sîdʌk'trîs) *i.* ayartıcı kadın.

sed.u.lous (sec'ûlıs) *s.* gayretli, sebatlı, vazifeşinas. **sedulously** *z.* sebatla, azimle. **sedulousness** *i.* sebat, azim, vazifeşinaslık.

se.dum (si'dım) *i.* damkoruğu, kayakoruğu, *bot.* Sedum.

see (si) *f.* (**saw, seen**) görmek; anlamak, farkına varmak; bakmak, dikkat etmek; görüşmek, kabul etmek; tecrübesi olmak, tecrübe ile öğrenmek; geçirmek. **see about** icabına bakmak, bir yolunu bulmaya çalışmak. **see a thing through** bir işi başarmak, tuttuğunu koparmak. **see daylight** güç bir durumdan kurtulmayı sağlayacak ilk çareyi görmek. **see double** şeşi beş görmek, biri iki görmek. **see eye to eye** aynı fikirde olmak, her hususta anlaşmak. **see into** nüfuz etmek, kavramak. **see in the New Year** yeni yılı karşılamak. **see life** tecrübelerle hayatı anlamak. **see one off** geçirmek, yolcu etmek, uğurlamak. **see one out** birini

kapıya kadar geçirmek. **see one's way** çaresini bulmak. **see one through** birine sıkıntısını atlatana kadar yardım etmek. **see red** çok öfkelenmek, gözünü kan bürümek. **see service** hizmet görmek. **see something out** bir şeyi sonuna getirmek, bitirmek. **see stars** başına vurulma sonucunda gözünün önünde yıldızlar uçuşmak. **see the doctor** doktora görünmek. **see the light** bir şeyin aslını anlamak. **see through one** bir kimsenin zihninden geçenleri keşfetmek. **see to it** icabına bakmak. **See ya!** *argo* Bay-bay! **See you later.** Şimdilik Allaha ısmarladık. Görüşürüz. **As far as I can see...** Bana kalırsa... **It has seen better days.** Artık eskidi. **Let me see.** Bakayım. Dur bakalım. Düşüneyim. **This much food will see us through this journey.** Bu kadar yemek bu seyahati çıkarır. **You see...** yani, işte; Gördün mü?

see (si) *i.* piskoposluk. **Holy See** Papalık.

seed (sid) *i., s., f.* tohum; çekirdek; asıl, kaynak, mebde, menşe; zürriyet, evlât; meni; ersuyu, sperma; istiridye tarlasına yerleştirilmeye elverişli istiridye yavruları; *s.* tohumluk; *f.* tohum ekmek; tohumu veya çekirdeği çıkarmak; tohum vermek, tohumunu dökmek. **seed cake** susamlı veya çöreotlu çörek. **seed corn** tohumluk mısır. **seed leaf** tohumdan ilk çıkan yaprak. **seed oyster** istiridye yavrusu. **seed pearl** ufak inci. **seed plot** bahçede tohumluk tarh, fidelik. **seed vessel** tohum kapçığı. **yellow seed** yaban teresi, horozcuk, *bot.* Lepidium campestre. **go to seed** tohuma kaçmak; kuvvetten düşmek, zayıflayıp bunamak. **raise up seed** zürriyet hâsıl etmek. **seed down** çimen tohumu ekmek.

seed.bed (sid'bed) *i.* fidelik.

seed.less (sid'lîs) *s.* çekirdeksiz.

seed.ling (sid'lîng) *i.* fide.

seeds.man (sidz'mın) *i.* (*çoğ.* **-men**) tohumcu, tohum satıcısı.

seed.time (sid'taym) *i.* ekin vakti.

seed.y (si'di) *s.* içine tohum katılmış; tohuma kaçmış; kılıksız; keyifsiz. **seedily** *z.* tohuma kaçmış bir şekilde. **seediness** *i.* tohuma kaçma.

see.ing that (si'yîng) mademki, madem.

seek (sik) *f.* (sought) aramak, araştırmak; çabalamak. **seek out** arayıp bulmak.

seek.er (si'kır) *i.* arayan kimse; sonda.

seem (sim) *f.* görünmek, gözükmek; gibi gelmek. **I can't seem to solve this problem.** Bu meseleyi çözebileceğimi zannetmiyorum. **I seem to hear...** işitir gibi oluyorum. **it seems as if** *veya* **as though** sanki, galiba, imiş gibi. **it seems best** en iyisi. **It seems that he is well.** İyi gibi görünüyor. **It would seem...** gibi görünüyor.

seem.ing (si'mîng) *s., i.* görünüşte; *i.* dış görünüş, aldatıcı görünüş. **seemingly** *z.* görünüşte, zâhiren, güya.

seem.ly (sim'li) *s., z.* yakışık alır, münasip, uygun; *z.* yakışık alır bir surette. **seemliness** *i.* uygunluk, münasip oluş, yakışık alma.

seen (sin) *f., bak.* **see.**

seep (sip) *f., i.* sızmak; *i.* sızıntı yeri, kaynak. **seep'age** *i.* sızıntı.

seer (si'yır) *i.* gören kimse; gaipten haber veren kimse, peygamber, kâhin.

seer.suck.er (sîr'sʌkır) *i.* gofre kumaş, çizgili ve üstü pürtüklü ince dokuma.

see.saw (si'sô) *i., s., f.* tahterevalli; ileri geri hareket; iniş çıkış; *s.* aşağı yukarı (hareket); *f.* aşağı yukarı sallanmak, çöğünmek.

seethe (sidh) *f.* haşlamak, kaynatmak; sıvıya batırmak; hırslanmak. **a seeth'ing crowd** karınca gibi kaynaşan bir kalabalık.

seg.ment (seg'mınt) *i., f.* kesilmiş parça, parça, bölüm, kısım, dilim; *geom.* daire kesmesi, kesme, kürenin kesilmiş kısmı; *zool.* bölüt; *f.* kısımlara ayırmak. **segment of a circle** *geom.* kesme, daire kesmesi. **segmen'tal, segmentary** *s.* kısma ait. **segmenta'tion** *i.* bölme veya bölünme; *biyol.* bir hücrenin birçok hücrelere bölünmesi.

se.gno (sey'nyo) *i., müz.* işaret, tekrar işareti.

seg.re.gate (f. seg'rıgeyt; s. seg'rıgît) *f., s.* ayırmak, tefrik etmek, ayırıp bir araya toplamak; *s.* ayrılmış. **segrega'tion** *i.* fark gözetme, ayrı tutma, ayrım, tefrik. **segrega'tionist** *i.* ırk ayrımı taraftarı.

sei.cen.to (seyçen'to) *i., güz. san.* İtalya'da on yedinci yüzyıl.

seiche (seyş) *i.* bir gölde su seviyesinin ritmik bir şekilde değişmesi.

Seid.litz powder (sed'lits) *ecza.* sedliç tuzu.

seign.ior, sei.gneur (sin'yır, sinyır') *i.* senyör; derebeyi, efendi. **seign'iorage** *i.* eskiden krallar tarafından alınan sikke vergisi. **seigniorial** (sinyôr'iyıl) *s.* derebeyine ait. **seigniory** *i.* derebeylik, beylik; derebeyi malikânesi.

seine (seyn) *i., f.* büyük balık ağı, serpme (ağ); *f.* serpme ile balık avlamak.

Seine (seyn) *i.* Sen nehri.

seise (siz) *f., huk.* müsadere etmek, haczetmek, el koymak, *bak.* **seize.**

seism (say'zım) *i.* yersarsıntısı, zelzele, deprem.

seis.mic, seis.mal, seis.mi.cal, seis.mat.i.cal (sayz'mik, -mıl, -mîkıl, sayzmät'ıkıl) *s.* yersarsıntısına ait, zelzeleden ileri gelen, depremsel. **seismic sea wave** zelzeleden meydana gelen met dalgası.

seis.mism (sayz'mîzım) *i.* yersarsıntısı olayları.

seis.mo.graph (sayz'mıgräf) *i.* sismograf, depremyazar.

seis.mol.o.gy (sayzmal'ıci) *i.* sismoloji, yersarsıntıları ilmi.

seis.mom.e.ter (sayzmam'ıtır) *i.* sismometre, yersarsıntılarının süre, şiddet ve yönünü kaydeden alet.

seis.mo.scope (sayz'mıskop) *i.* sismografın basit şekli.

seize (siz) *f.* tutmak, yakalamak; zaptetmek, müsadere etmek, gaspetmek; kavramak, iyice anlamak; *den.* sicim sarıp bağlamak; takılmak, dönememek.

sei.zin (si'zin) *i., huk.* temellük, mülk edinme, tasarruf.

sei.zure (si'jır) *i.* yakalama, zapt, haciz, müsadere, el koyma; nöbet.

se.lam.lik (silam'lik) *i.* selâmlık.

sel.dom (sel'dım) *z.* nadiren, pek az, seyrek.

se.lect (silekt') *s., f.* seçme, seçilmiş, seçkin, mümtaz, güzide, üstün; seçmesini bilen, titiz, ince eleyip sık dokuyan; *f.* seçmek, ayırmak, intihap etmek. **selectness** *i.* seçkinlik.

se.lec.tee (silekti') *i., A.B.D.* askere çağrılan kimse.

se.lec.tion (silek'şın) *i.* ayırma, ayrılma, seçme, seçilme; seçme şeyler; *biyol.* sağlam veya kuvvetlileri yaşatıp zayıfları imha eden tabiat kanunu.

se.lec.tive (silek'tiv) *s.* ayıran, seçici; telsiz telgrafta birkaç haberi bir arada gönderme sistemine ait. **selective service** *A.B.D.* kura ile askerlik.

se.lect.man (silekt'mın) *i.* A.B.D.'nin bazı eyaletlerinde belediye meclisi üyesi.

se.lec.tor (silek'tır) *i.* seçen aygıt veya kimse; *mak.* idare kolu.

sel.e.nite (sel'ınayt) *i.* şeffaf alçıtaşı, selenit.

se.le.ni.um (sîli'niyım) *i.* selen.

sel.e.nog.ra.phy (selınag'rıfi) *i.* ay yüzeyinin tarif ve resimlendirilmesi, ay haritacılığı.

sel.e.nol.o.gy (selınal'ıci) *i.* astronomide ay bilgisi. **selenologist** *i.* bu ilmin uzmanı.

Se.leu.cia (sîlu'şı) *i.* Silifke.

self (self) *i.* (*çoğ.* **selves**) *s.* kişi, öz, zat, şahıs; kendi, nefis, şahsî menfaat; özellik, hususiyet, şahsiyet; *s.* zatî, şahsî; aynı.

self- *önek* kendi, kendinden, kendini; öz, özün; otomatik.

self-a.buse (self'ıbyus') *i.* kendini aşağılama; suiistimal; istimna.

self-act.ing (self'äk'tîng) *s.* kendi kendine işleyen, otomatik.

self-ad.dressed (self'ıdrest') *s.* gönderenin adına.

self-ap.point.ed (self'ıpoyn'tıd) *s.* kendi kendini tayin etmiş; kâhyalık eden.

self-as.ser.tive (self'ısır'tîv) *s.* kendi fikrinde ısrar eden, kendini empoze eden, kendini zorla kabul ettiren.

self-as.sured (self'ışûrd') *s.* kendine güvenen.

self-cen.tered, *İng.* **-cen.tred** (self'sen'tırd) *s.* hep kendini düşünen, benci, benlikçi.

self-com.mand (self'kımänd') *i.* kendine hâkim olma.

self-con.ceit (self'kınsit') *i.* kendini beğenmişlik.

self-con.fi.dence (self'kan'fıdıns) *i.* kendine güven.

self-con.scious (self'kan'şıs) *s.* utangaç, sıkılgan; kendi halini çok düşünen.

self-con.tained (self'kınteynd') *s.* düşüncelerini başkasına söylemeyen, ağzı sıkı; kendine hâkim olan; kendi kendine yeten; gerekli kısımları kapsayan.

self-con.tra.dic.tion (self'kantrıdîk'şın) *i.* kendisiyle çatışma.

self-con.trol (self'kıntrol') *i.* kendine hâkim olma.

self-de.fense, *İng.* **-de.fence** (self'dîfens') *i.,* *huk.* nefis müdafaası, meşru müdafaa.

self-de.ni.al (self'dînay'ıl) *i.* feragat, kendini tutma.

self-de.ter.mi.na.tion (self'dîtırmıney'şın) *i.* elindelik, hür irade; kamunun kendi geleceğini saptaması.

self-dis.trust (self'dîstrʌst') *i.* kendine güvensizlik.

self-ed.u.cat.ed (self'ec'ûkeytîd) *s.* kendi kendini yetiştirmiş.

self-ef.face.ment (self'îfeys'mınt) *i.* kendini geri planda tutma.

self-em.ployed (self'imployd') *s.* serbest çalışan.

self-es.teem (self'ıstim') *i.* öz saygısı, izzetinefis, onur, haysiyet; hodpesentlik, kendini beğenme, gurur.

self-ev.i.dent (self'ev'ıdınt) *s.* aşikâr, açık, belli, ortada olan, meydanda olan.

self-ex.am.i.na.tion (self'igzämıney'şın) *i.* kendi kendini inceleme.

self-ex.ist.ence (self'igzîs'tıns) *i.* özdenlik.

self-gov.ern.ment (self'gʌv'ırnmınt) *i.* özerklik, muhtariyet.

self-help (self'help') *i.* kendi kendine yetme, başkasına muhtaç olmadan kendi başına yapabilme.

self.hood (self'hûd) *i.* kişilik, şahsiyet.

self-i.den.ti.ty (self'ayden'tıti) *i.* kendine benzeme; kendini tanıma.

self-im.por.tance (self'impôr'tıns) *i.* kendine fazla önem verme, kendini fazla yüksek görme.

self-in.duc.tion (self'îndʌkşın) *i., fiz.* özindükleme.

self-in.dul.gence (self'îndʌl'cıns) *i.* kendi isteklerine düşkünlük.

self-in.ter.est (self'in'tırîst, -in'trîst) *i.* kişisel çıkar, hodbinlik, bencillik.

self.ish (sel'fîş) *s.* egoist, bencil, hodbin. **self-ishly** *z.* bencilce, egoistçe. **selfishness** *i.* egoistlik, bencillik, hodkâmlık.

self-knowl.edge (self'nal'ic) *i.* kendini tanıma.

self.less (self'lîs) *s.* özgecil, özgeci, diğerkâm.

self-load.ing (self'lo'dîng) *s.* yarı otomatik (tabanca).

self-love (self'lʌv') *i.* kendini beğenme; kendi çıkarını düşünme.

self-made (self'meyd') *s.* kendini yetiştirmiş, kendi kendine adam olmuş.

self-mas.ter.y (self'mäs'tıri) *i.* kendini tutma, kendine hâkim olma.

self-pit.y (self'pît'i) *i.* kendini zavallı hissetme, kendi kendine acıma.

self-por.trait (self'pôr'trît) *i.* bir ressamın çizdiği kendi portresi.

self-pos.ses.sion (self'pızeş'ın) *i.* vakar, kendine hâkim olma.

self-pres.er.va.tion (self'prezırvey'şın) *i.* nefsini koruma.

self-re.gard (self'rîgard') *i.* kendini önemseme, öz saygısı.

self-re.li.ance (self'rilay'ıns) *i.* kendine güven.

self-re.nun.ci.a.tion (self'rinʌsiyey'şın) *i.* feragat, kendini feda etme.

self-re.proach (self'riproç') *i.* kendi kendini kınama veya cezalandırma.

self-re.spect (self'rispekt') *i.* öz saygısı, nefsine hürmet, izzetinefis.

self-right.eous (self'ray'çıs) *s.* kendini üstün gören.

self-ris.ing (self'ray'zîng) *s.* kendi kabaran.

self-rule (self'rul') *i.* özerklik, otonomi.

self-sac.ri.fice (self'säk'rıfays) *i.* fedakârlık.

self.same (self'seym') *s.* tıpkı, aynı.

self-sat.is.fied (self'sät'îsfayd) *s.* kendi halinden memnun.

self-seek.ing (self'si'kîng) *s.* yalnız kendi çıkarını gözeten.

self-ser.vice (self'sır'vîs) *s.* selfservis.

self-start.er (self'star'tır) *i.*, *oto.* marş.

self-styled (self'stayld') *s.* kendi kendini nitelendiren.

self-suf.fi.cient (self'sıfîş'ınt) *s.* kendine güvenen; kendi kendine yeten, başkasına muhtaç olmayan.

self-sup.port (self'sıpôrt') *i.* kendini geçindirme.

self-sus.tain.ing (self'sısteyn'ing) *s.* kendi kendini geçindiren.

self-taught (self'tôt') *s.* kendi kendini eğitmiş.

self-will (self'wîl') *i.* inatçılık, benlikçilik.

self-wind.ing (self'wayn'dîng) *s.* otomatik olarak kurulan (saat).

Sel.juk (selcuk') *i.*, *s.* Selçuk.

sell (sel) *f.* (sold) *i.* satmak; satışıyle meşgul olmak; satışını artırmak; *k.dili* beğendirmek; *argo* aldatmak, kazıklamak; satılmak; satışta rağbet görmek; beğenilmek; *i.* hile, aldatma, oyun. sell like wildfire çok satılmak,

kapışılmak. sell off her şeyi satıp bitirmek, tasfiye etmek, elden çıkarmak. sell out hissesini satmak, bütün malını satmak; *argo* şahsî çıkar için ele vermek, satmak. sell short henüz elde olmayan malı ileride teslim etmek üzere satmak; itimatsızlık göstermek; desteklemek. sell up *İng.* borçlunun malını satıp parasını almak.

sell.er (sel'ır) *i.* bayi, satıcı; satılabilecek bir şey. best seller en çok satılan (kitap).

sell.out (sel'aut) *i.* elden çıkarma, elde bulunanı satma; *k.dili* kapalı gişe; *argo* gizli bir anlaşma yoluyle ihanet.

Selt.zer *i.*, Seltzer water (selt'sır) maden sodası.

sel.vage, sel.vedge (sel'vîc) *i.* kumaş kenarı.

selves (selvz) *bak.* self.

Sem. *kıs.* Semitic, Seminary.

se.man.tics (sîmän'tîks) *i.*, *dilb.* anlambilim, semantik. semantic *s.* anlamsal.

sem.a.phore (sem'ıfôr) *i.*, *f.* semafor; *f.* semaforla konuşmak.

se.ma.si.ol.o.gy (sîmeysiyal'ıci) *i.* işaretlerle anlamları arasındaki ilişki ilmi.

se.mat.ic (sîmät'îk) *s.* işaret eden; *biyol.* tehlikeyi belirten (zehirli veya tehlikeli hayvanların renkleri gibi).

sem.bla.ble (sem'blıbıl) *s.*, *i.* benzer, müşabih; görünüşte olan; *i.* başkasına benzeyen şey, eş.

sem.blance (sem'blıns) *i.* suret, şekil; benzerlik, müşabehet; görünüş.

se.mei.ol.o.gy *bak.* semiology.

se.mei.ot.ic, -i.cal *bak.* semiotic.

se.men (si'mın) *i.* meni, sperma, ersuyu.

se.me.ster (sîmes'tır) *i.* üniversitede ders yılının yarısı, sömestr.

semi- *önek* kısmen, yarı, yarım; iki defa olan.

sem.i.an.nu.al (semi.än'yuwıl) *s.*, *i.* altı aylık, altı ayda bir olan; *i.* altı ayda bir çıkan yayın.

sem.i.breve (sem'ibriv) *i.*, *müz.*, *İng.* tam nota, dörtlük nota, yuvarlak nota.

sem.i.cen.ten.ni.al (semisenten'iyıl) *s.*, *i.* elli yıla ait, elli senede bir olan; *i.* ellinci yıldönümü.

sem.i.cir.cle (sem'isırkıl) *i.* yarım daire.

sem.i.civ.i.lized (semisiv'ılayzd) *s.* yarı uygar.

sem.i.co.lon (sem'ikolın) *i.* noktalı virgül.

sem.i.con.duc.tor (semikındʌk'tır) *i., fiz.* yarı iletici.

sem.i.con.scious (semikan'şıs) *s.* yarı uyanık, yarı bilinçli.

sem.i.de.tached (semidîtäçt') *s.* ortak duvarlı.

sem.i.di.am.e.ter (semidayäm'ıtır) *i.* yarıçap.

sem.i.di.ur.nal (semidayır'nıl) *s.* yarım günlük.

sem.i.dome (sem'idom) *i.* yarım kubbe.

sem.i.fi.nal (semifay'nıl) *i., s.* finalden önceki yarış; *s.* finalden önceki. **semifinalist** *i.* finalden önceki yarışta oynayan kimse.

sem.i.flu.id (semiflu'wid) *s., i.* yarı sıvı.

sem.i.for.mal (semifôr'mıl) *s.* yarı resmî.

sem.i.lu.nar (semilu'nır) *s.* yarımay şeklindeki.

sem.i.nal (sem'ınıl) *s.* meni kabilinden, spermalı, tohum cinsinden; yeni ufuklar açan; gelişmemiş.

sem.i.nar (sem'ınar) *i.* seminer.

sem.i.nar.y (sem'ıneri) *i.* ilâhiyat fakültesi; genç kızlar için genel kültür veren yüksek okul. **seminar'ian** *i.* böyle bir okulda tahsil gören veya görmüş kimse.

sem.i.na.tion (semıney'şın) *i.* tohumlama, ekme; üreme.

sem.i.nif.er.ous (semınîf'ırıs) *s.* tohum veya ersuyu hâsıl eden.

sem.i.of.fi.cial (semi.ıfîş'ıl) *s.* yarı resmî.

se.mi.ol.o.gy (simiyal'ıci) *i.* işaretler ilmi; işaretlerle konuşulan dil; *tıb.* araz ilmi.

sem.i.o.paque (semi.opeyk') *s.* yarı donuk.

se.mi.ot.ic (simiyat'îk) *s.* işaretlere veya işaretler ilminé ait; hastalık ârazına ait.

sem.i.pre.cious (semipreş'ıs) *s.* ikinci derecede kıymetli (taş).

sem.i.pri.vate (semipray'vît) *s.* yarı özel. **semiprivate room** hastanede iki, üç veya dört yataklı oda.

sem.i.pro.fes.sion.al (semiprıfeş'ınıl) *s.* yarı profesyonel.

sem.i.qua.ver (sem'ikweyvır) *i., İng., müz.* on altılık nota, iki çengelli nota.

sem.i.skilled (semiskild') *s.* az maharetli.

Sem.ite (sem'ayt) *i.* Samî ırkından kimse.

Se.mit.ic (sımît'îk) *s.* Samî; Samî dillerine ait. **Semitics** *i.* Samî kavimlerinin tarih, dil ve edebiyatını inceleyen ilim. **Semitic languages** Samî dilleri.

Sem.i.tism (sem'ıtizım) *i.* Samî dili veya âdetleri; Yahudi taraftarlığı.

sem.i.tone (sem'iton) *i., müz.* yarımton.

sem.i.trail.er (semitrey'lır) *i.* yalnız arka tekerlekleri olan römork.

sem.i.week.ly (semiwik'li) *s., i.* haftada iki defa çıkan (yayın).

sem.o.li.na (semıli'nı) *i.* irmik.

sem.per fi.de.lis (sem'pır fidi'lîs, fidey'lîs) *Lat.* daima sadık.

sem.per pa.ra.tus (sem'pır pırey'tıs) *Lat.* daima hazır.

sem.pi.ter.nal (sempıtır'nıl) *s.* ebedî, baki, daimî. **sempiternity** *i.* ebediyet, sonsuzluk.

semp.stress (semp'strîs, sem'-) *bak.* **seamstress**.

sen. *kıs.* **senate, senator, senior.**

sen.ate (sen'ît) *i.* senato.

sen.a.tor (sen'ıtır) *i.* senatör.

sen.a.to.ri.al (senıtôr'iyıl) *s.* senatoya ait; senatörce; senatörlerden oluşan.

sen.a.tor.ship (sen'ıtırşip) *i.* senatörlük.

send (send) *f.* (**sent**) göndermek, yollamak; fırlatmak, atmak; sağlamak, bahşetmek; *A.B.D., argo* sevinçten coşturmak. **send about one's business** yol vermek, kovmak. **send away** kovmak, uzaklaştırmak. **send back** geri göndermek, iade etmek. **send down** *İng.* üniversiteden ihraç etmek. **send for** aratmak, çağırtmak; biriyle ısmarlamak. **send forth** yaymak, neşretmek, çıkartmak. **send in** içeri göndermek; sunmak, arzetmek, takdim etmek. **send off** yollamak; uğurlamak, yolcu etmek. **send out** göndermek, dışarı göndermek; dağıtmak, neşretmek. **send packing** pılı pırtıyı toplatıp kovmak. **send up** *k.dili* hapis cezası vermek. **send word** haber göndermek. **The telegram sent the household into a dither.** Telgraf evdekileri şaşkına çevirdi. **send'er** *i.* gönderici.

send (send) *f., i.* dalga kuvvetiyle hareket etmek; *i.* dalga kuvveti, dalga itilimi.

sen.dal (sen'dıl) *i.* ortaçağda kullanılan ince bir ipekli kumaş.

send.off (send'ôf) *i.* yollayış; başlatma; teşvik; veda yemeği.

sen.e.ga snakeroot (sen'ıgı) sütotu, *bot.* Polygala; sütotunun öksürük söktürücü kurutulmuş kökü.

Sen.e.gal (sen'ıgäl) *i.* Senegal.

se.nes.cence (sînes'ıns) *i.* yaşlılık, ihtiyarlık.
senescent *s.* yaşlanan, ihtiyarlayan.

sen.e.schal (sen'ışıl) *i.* ortaçağda derebeyi kethüdası veya teşrifatçısı.

se.nile (si'nayl) *s.* ihtiyarlığa mahsus; bunak.
senility (sînil'ıti) *i.* ihtiyarlık, yaşlılıktan ileri gelen zafiyet, bunaklık.

sen.ior (sin'yır) *s., i.* yaşça büyük (baba ile oğul aynı ismi taşıdıkları zaman babanın ismine eklenir, *kıs.* Sen. *veya* Sr.); kıdemli; *i.* yaşça daha büyük adam, kıdemli kimse; son sınıf öğrencisi. senior citizen *A.B.D.,* Kanada yaşlı kimse. senior high school *A.B.D.* on, on bir ve on ikinci sınıfların karşılığı olan okul, lise. seniority (sinyôr'ıti) *i.* yaşça büyüklük, kıdemlilik; kıdem.

sen.na (sen'ı) *i.* sinameki, *bot.* Cassia; sinamekinin iç sürdürücü olarak kullanılan yaprakları.

sen.na (sen'ı) *i.* çok ince dokunmuş ufak Acem halısı.

sen.net (sen'it) *i., tiyatro* eskiden oyuncuların sahneye giriş veya çıkışlarını belirten boru sesi.

sen.night (sen'ayt) *i., eski* bir haftalık süre.

sen.nit (sen'it) *i., den.* tirnele.

se.nor (seynyôr') *i.* (*çoğ.* se.no.res) *İsp.* bay.

se.no.ra (seynyo'ra) *i., İsp.* bayan (evli kadın).

se.no.ri.ta (seynyori'ta) *i., İsp.* bayan (kız).

sen.sate (sen'seyt) *s.* beş duyu ile algılanan.

sen.sa.tion (sensey'şın) *i.* duyu, duygu, his, seziş; duyarlık; hayret verici şey, heyecan uyandıran olay, sansasyon.

sen.sa.tion.al (sensey'şınıl) *s.* duygusal, hissî; heyecanlı, merak uyandırıcı, sansasyonel.

sen.sa.tion.al.ism (sensey'şınılizım) *i., fels.* duyumculuk; heyecan uyandırıcı yöntemlere baş vurma, sansasyonalizm; iyiliği duygulara bağlı olarak değerlendirme kuramı.
sensationalist *i.* sansasyonalist.

sense (sens) *i., f.* duyu, his; *gen. çoğ.* akıl, dirayet, zekâ, muhakeme; şuur; fikir, karar, düşünce; anlam, mana, meal, mefhum; *f.* idrak etmek, sezmek; *k.dili* anlamak. sense impression duyunun dimağa yaptığı etki, sezgi. sense organ duyu organı. sense perception duyum. bring one to his senses bir kimsenin aklını başına getirmek. common sense aklıselim, sağduyu. in a

sense bir anlamda, yani. in one sense bir anlamda, bir taraftan. keen sense keskin duyu. make sense anlamı olmak; makul olmak. make sense out of mana çıkarmak. out of his senses aklı başından gitmiş, çıldırmış. sixth sense altıncı his. take the sense of a meeting bir toplantıya hâkim olan genel fikri anlamak, nabız yoklamak. the five senses beş duyu.

sense.less (sens'lis) *s.* duygusuz, hissiz, donuk; akılsız; saçma, anlamsız, manasız; baygın.
senselessly *z.* manasızca, anlamsız olarak.
senselessness *i.* şuursuzluk; saçmalık.

sen.si.bil.i.ty (sensıbil'ıti) *i.* hassasiyet, duyarlık, seziş inceliği; *çoğ.* aşırı hassasiyet; anlayış.

sen.si.ble (sen'sıbıl) *s.* makul, akla uygun; hissedilir, sezilir, farkına varılır; hisseden; hassas, duygulu, etkilenebilir, ince sezişli; anlayışlı, akıllı. sensibleness *i.* makul oluş.
sensibly *z.* makul bir şekilde, hissedilir şekilde.

sen.si.tive (sen'sıtiv) *s.* hassas, duygulu, duyar, duygun; içli, alıngan; duygusal; *kim.* çabuk müteessir olan; *bot.* dokunulunca çabuk solan veya bozulan, duyulu. sensitive plant küstümotu, *bot.* Mimosa pudica. sensitively *i.* hassasiyetle. sensitiveness, sensitiv'ity *i.* duyarlık, hassasiyet, hassaslık.

sen.si.tize (sen'sıtayz) *f., foto.* (kâğıt, filim) hassas hale getirmek; *tıb.* hassas duruma getirmek.

sen.si.tom.e.ter (sensitam'ıtır) *i., foto.* filim veya levhanın hassaslık derecesini ölçme aleti.

sen.sor (sen'sır) *i., s.* alıcı alet; *s.* sezici, alıcı.

sen.so.ri.um (sensôr'iyım) *i.* (*çoğ.* -ri.a) *anat.* sinir sistemi.

sen.so.ry, sen.so.ri.al (sen'sırı, sensôr'iyıl) *s.* duyumsal, duyusal.

sen.su.al (sen'şuwıl) *s.* şehvanî, şehvete ait; tensel, duyusal; duyumculukla ilgili. sensually *z.* şehvani bir şekilde.

sen.su.al.ism (sen'şuwılizım) *i.* şehvet düşkünlüğü; *fels.* duyumculuk; güzellik kavramında baş rolü duyuların oynadığını kabul eden kavram.

sen.su.al.i.ty (senşuwäl'ıti) *i.* duyarlık; şehvet, kösnü.

sen.su.al.ize, *İng.* **-ise** (sen'şuwılayz) *f.* şehvanileştirmek.

sen.su.ous (sen'şuwıs) *s.* hislere hitap eden, duyumsal, hislere ait, hissî. **sensuously** *z.* hislere hitap ederek. **sensuousness** *i.* duygusallık.

sent (sent) *bak.* **send.**

sen.tence (sen'tıns) *i., f.* cümle, tümce; *huk.* ilâm, karar, hüküm; *f.* mahkûm etmek, hakkında hüküm vermek. **complex sentence** girişik cümle. **compound sentence** bileşik cümle. **simple sentence** yalın cümle.

sen.ten.tious (senten'şıs) *s.* anlam ifade eden, manalı, vecize kabilinden, anlamlı sözlerle dolu; tumturaklı, ağır (ifade, ibare). **sententiously** *z.* vecize kabilinden. **sententiousness** *i.* vecizeli oluş.

sen.ti.ence (sen'şiyıns) *i.* sezgililik; duygululuk; bilinçlilik; sezgi, sezi.

sen.ti.ent (senşi'yınt) *s., i.* sezgili; duygulu, duygun; *i.* duygulu kimse; akıl. **sentiently** *z.* duyarak, hissederek.

sen.ti.ment (sen'tımınt) *i.* his, duygu, seziş; his inceliği, aşırı hassasiyet; *gen. çoğ.* fikir, düşünce; mütalaa.

sen.ti.men.tal (sentımen'tıl) *s.* hissî, hislerin etkisiyle yapılan; hassas, duygusal, içli. **sentimentalism** *i.* aşırı duygusallık. **sentimentalist** *i.* hislerine fazla kapılan kimse. **sentimentally** *z.* hissî bir şekilde.

sen.ti.men.tal.i.ty (sentımentäl'ıti) *i.* aşırı duygusallık.

sen.ti.men.tal.ize, *İng.* **-ise** (sentımen'tılayz) *f.* aşırı hassasiyet göstermek.

sen.ti.nel (sen'tınıl) *i., f.* nöbetçi, gözcü; *f.* gözetlemek, nöbet beklemek; nöbetçi koymak.

sen.try (sen'tri) *i.* nöbetçi, nöbetçi asker. **sentry box** nöbetçi kulübesi.

se.pal (si'pıl) *i., bot.* çanak yaprağı, sepal.

sep.a.ra.ble (sep'ırıbıl, sep'rıbıl) *s.* ayrılabilir, tefrik edilebilir. **separabil'ity, separableness** *i.* birbirinden ayrılabilme. **separably** *z.* ayrılır surette, tefrik edilebilir şekilde.

sep.a.rate (*f.* sep'ıreyt; *s.* sep'ırit) *f., s.* ayırmak, tefrik etmek; bölmek; arasında bulunmak; aradaki bağlantıyı kesmek; ayrılmak, tefrik olunmak; ayrı bir cisim teşkil etmek; *s.* ayrı, ayrılmış, müstakil. **be separated** *huk.* ayrı yaşamak, ayrılmak. **separately** *z.* ayrı ay

rı, başka başka, bağlantısız olarak. **separateness** *i.* ayrılık. **separation** (sepırey'şın) *i.* ayrılık, ayrılma, ayırma; *huk.* ayrı yaşama. **separatist** *i.* asıl kiliseden veya siyasî partiden ayrılma taraftarı, bağımsızlık yanlısı. **separator** *i.* ayırıcı, ayırma cihazı; krema makinası.

Se.phar.dim (sifar'dîm) *i., çoğ.* İspanyol Musevileri.

se.pi.a (si'piyı) *i.* sepya; mürekkepbalığı.

se.poy (si'poy) *i.* Hintli asker, İngiliz ordusuna mensup Hintli asker.

sep.sis (sep'sîs) *i., tıb.* kana mikrop ve toksin karışması, septisemi.

sept (sept) *i.* uruk, kabile (özellikle eski İrlanda'da); *sosyol.* boy.

sept- *önek, Lat.* yedi, yedinci.

sep.ta (sep'tı) *bak.* **septum.**

sep.tate (sep'teyt) *s.* bölmeli, bölme ile bölünmüş.

Sep.tem.ber (septem'bır) *i.* eylül.

Sep.tem.brist (septem'brîst) *i.* Paris'te 2-6 eylül 1792 katliamına katılan kimse.

sep.te.nar.y (sep'tıneri) *s., i.* yediden ibaret, yedi sayısına ait, yedi yılda bir olan veya görülen, yedi yıl süren; *i.* yedi sayısı; yedi kişi veya şey.

sep.ten.ni.al (septen'iyıl) *s.* yedi yıl süren, yedi yılda bir olan veya görülen. **septennially** *z.* yedi yılda bir.

Sep.ten.tri.o (septen'triyo) *i., astr.* Büyükayı. **septentrional** (-triyınıl) *s.* kuzeysel, yıldızdan gelen.

sep.tet(te) (septet') *i.* yedili grup veya takım; *müz.* yedi sesle söylenen veya yedi çalgı ile çalınan parça. ·

sep.tic (sep'tik) *s., i., tıb.* mikrop veya toksinden hâsıl olan; bulaşık, mikroplu; *i.* kan zehirlenmesi meydana getiren madde. **septic tank** fosseptik.

sep.ti.c(a)e.mi.a (septisi'miyı) *i., tıb.* kan zehirlenmesi, septisemi.

sep.ti.ci.dal (septısayd'ıl) *s., bot.* ek yerlerinden bölünen veya ayrılan, zardan ayrılan.

sep.til.lion (septil'yın) *i.* Amerikan ve Fransız usulüne göre 24 sıfırlı sayı; İngiliz usulüne göre 42 sıfırlı sayı.

sep.tu.a.ge.nar.i.an (sepçuwıciner'iyın, septu-) *i.* yetmişle yetmiş dokuz yaşları arasında kimse.

Sep.tu.a.gint (sep'çuwıcînt, sep'tu-) *i.* Eski Ahit kitabının M.Ö. 270'de başlanılan Yunanca tercümesi.

sep.tum (sep'tım) *i.* (*çoğ.* -ta) *biyol.* bölüm, septum.

sep.tu.ple (sep'tûpıl) *s., f.* yedi kat; *f.* yediyle çarpmak.

sep.ul.cher, İng. -chre (sep'ılkır) *i., f.* gömüt, sin, mezar, kabir; *f.* gömmek, defnetmek. **sepulchral** (sîpʌl'krıl) *s.* mezara ait; kasvetli; mezardan geliyor gibi (ses).

sep.ul.ture (sep'ılçır) *i.* gömme, defin; *eski* kabir.

seq. *kıs.* **sequel;** sonra gelen, arkası, müteakıp.

se.qua.cious (sikwey'şıs) *s.* başkasına tabi olma eğiliminde olan; tutarlı, uygun.

se.quel (si'kwıl) *i.* devam; son, sonuç, netice.

se.que.la (sikwi'lı) *i.* (*çoğ.* -lae) *Lat., tıb.* bir hastalığı izleyen anormal durum.

se.quence (si'kwıns) *i.* ardışıklık; ardıllık, birbirini izleme; sıra, düzen; seri; sonuç, etki; *müz.* ardıllık, artardalık.

se.quent (si'kwınt) *s., i.* ardışık, ardıl, birbirini izleyen; *i.* sonuç, netice, etki. **sequen'tial** *s.* seri meydana getiren; ardışık. **sequentially** *z.* sonucu olarak, neticesinde.

se.ques.ter (sikwes'tır) *f.* ayırmak, tecrit etmek; *huk.* haczetmek, el koymak, müsadere etmek. **sequester oneself** tenha bir yere çekilmek. **sequestrate** *f.* el koymak; kamulaştırmak. **sequestra'tion** *i.* zapt, müsadere, el koyma; inziva, köşeye çekilme.

se.ques.trum (sikwes'trım) *i.* (*çoğ.* -tra) *tıb.* nekroza uğramış kemik.

se.quin (si'kwîn) *i.* eski Venedik Cumhuriyetinin altın sikkesi; pul, payet.

se.quoi.a (sikwôy'ı) *i.* sekoya, *bot.* Sequoia.

se.ra.glio (sirâl'yo) *i.* saray; harem dairesi. **the Seraglio** Topkapı Sarayı.

se.ra.i (sera'yi) *i.* kervansaray; saray.

ser.aph (ser'ıf) *i.* (*çoğ.* -phim) en yüksek melekler sınıfından biri. **seraphic(al)** (sîrâf'îk, -ıl) *s.* meleğe ait, melek gibi, çok güzel. **seraph'ically** *z.* melek gibi.

Serb (sırb) *i., s.* Sırp, Sırplı; Sırp dili; *s.* Sırp.

Ser.bi.a (sır'biyı) *i.* Sırbistan. **Serbian** *s., i.* Sırbistan'a ait; *i.* Sırplı; Sırpça.

sere *bak.* **sear.**

se.rein (sıran') *i., meteor.* tropikal bölgede gü-

neş batmasından hemen sonra bulutsuz gökten yağan çisenti.

ser.e.nade (sırıneyd') *i., f., müz.* serenat; serenat müziği; *f.* serenat çalmak veya söylemek.

ser.en.dip.i.ty (sırındip'ıti) *i.* beklenmedik şeyler bulma şansı.

se.rene (sîrin') *s.* berrak, açık, sakin; yüce, âli. **His Serene Highness** Zati Samileri (Avrupa'da prensler için kullanılan bir unvan). **serenely** *z.* sakince, sükûnetle. **sereneness, serenity** (sîren'ıti) *i.* sükûnet, huzur; durgunluk, berraklık.

serf (sırf) *i.* toprağa bağlı köle, serf. **serf'age, serf'dom** *i.* serflik, kölelik.

serge (sırc) *i.* serj, yünlü kumaş; şayak.

ser.geant, İng. **ser.jeant** (sar'cınt) *i., ask.* çavuş; komiser muavini; *İng., eski* yüksek davavekili. **sergeant at arms** parlamentoda güvenlik görevlisi. **sergeant major** başçavuş.

se.ri.al (sîr'iyıl) *s., i.* seri halinde olan; tefrika halinde yayımlanan, devamı olan; *i.* tefrika. **serial number** seri numarası. **serially** *z.* tefrika halinde. **serialize** *f.* tefrika halinde yayımlamak.

se.ri.a.tim (sîriyey'tîm) *z.* birer birer, sıra ile, seri halinde.

se.ri.ceous (sîrîş'ıs) *s.* ipek gibi, atlas gibi; *bot.* ülgerli.

ser.i.cul.ture (sîr'ıkʌlçır) *i.* ipekböcekçiliği, ipekçilik. **sericul'turist** *i.* ipekböceği yetiştiricisi.

se.ri.e.ma (seriyi'mı, -yey'mı) *i.* Brezilya ve Paraguay'a özgü kariyama denilen kuş, *zool.* Cariama cristata.

se.ries (sîr'iz) *i., tek ve çoğ.* sıra, silsile, seri, dizi. **in series** sıra halinde, arka arkaya. **series winding** *elek.* seri sargısı, dizi sargısı.

ser.if, cer.iph (ser'if) *i., matb.* harfin altında veya üstünde bulunan ince çizgilerden biri.

ser.i.graph (ser'ıgräf) *i.* dokuma veya kâğıt ve derinin kuvvet ve esnekliğini ölçen aygıt.

ser.in (ser'în) *i.* kanarya, *zool.* Serinus canarius.

se.rin.ga (sîring'gı) *i.* Brezilya'da yetişen kauçuk ağacı.

se.ri.o.com.ic (sîriyokam'îk) *s.* hem ciddî hem de gülünçlü.

se.ri.ous (sîr'ıyıs) s. ağır, temkinli, aklı başında, vakarlı, ciddî, ağırbaşlı; gerçek, hakikî; önemli; tehlikeli, vahim. **seriously** z. cidden, ciddî olarak. **seriousness** i. ciddiyet.

ser.jeant bak. sergeant.

ser.mon (sır'mın) i. vaız, dinsel öğüt, hutbe; nasihat, ihtar. **sermonette** i. kısa vaız. **sermon'ic** s. va'za uygun, vaız kabilinden. **sermonize** f. uzun uzadıya nasihat vermek.

sero- önek seromla ilgili.

se.rol.o.gy (sîral'ıci) i. serom ve tesirlerinden bahseden ilim.

se.rous (sîr'ıs) s. seroma ait, seroma benzer, serom meydana getiren. **serous membrane** yürek zarı, karınzarı.

sèr.pent (sır'pınt) i. yılan; iblis; yılan gibi hain adam; eskiden kullanılan yılankavî bir nefesli çalgı.

ser.pen.tine (sır'pıntin, -tayn) s., i. yılankavi, yılan gibi kıvrılan; i. yılantaşı.

ser.pi.go (sırpay'go) i., tıb. vücuda yayılan herhangi bir cilt hastalığı. **serpiginous** (sırpîc'ınıs) s., tıb. cilt hastalığı olan, yayılan.

ser.rate, ser.rat.ed (ser'eyt, -îd) s. testere dişli (yaprak), serrat. **serra'tion, serrature** i. testere gibi dişli oluş, testere dişi.

ser.ried (ser'îd) s. sıkı sıra halinde.

ser.ru.late, -lat.ed (ser'ılît, -leytîd) s. pek ince testere dişli.

se.rum (sîr'ım) i. (çoğ. -s, -ra) serom.

ser.val (sır'vıl) i. Afrika'ya özgü siyah benekli ve uzun bacaklı yaban kedisi, zool. Felis serval.

ser.vant (sır'vınt) i. hizmetçi, uşak; köle, kul; besleme, yanaşma. **servant boy** uşak. **servant girl** hizmetçi kız. **fellow servant** kapı yoldaşı. **public servant** memur, devlet memuru. **your humble servant, your obedient servant** bendeniz, kulunuz.

serve (sırv) f., i. hizmet etmek, hizmetini görmek, hizmetkârı olmak; yardım etmek; kulluk etmek; tapmak; emrini yerine getirmek; müşteriye bakmak; servis yapmak; işe yaramak, işine gelmek, işini görmek; uygun olmak; yetişmek, elvermek, kâfi gelmek; doldurup ateşlemek (top); tebliğ etmek; müddetini tamamlamak; (hapis cezası) çekmek; (erkek hayvan) çiftleşmek; spor servis atmak; i., tenis oyun başlangıcında topa

vurma. **serve a summons** celpnameyi eline vermek. **It serves him right!** Oh olsun! Yapmayaydı. Önceden düşüneydi. Söz dinleseydi. Ettiğini buldu. **serve notice** hizmetinden çıkacağını bildirmek. **serve out** dağıtmak, taksim etmek. **serve time** hapis cezasını çekmek. **serve up** sofraya koymak (yemek), servis yapmak.

serv.er (sır'vır) i. hizmetçi; servis atan oyuncu; tepsi.

Ser.vi.a (sır'viyı) bak. Serbia.

ser.vice (sır'vîs) i. hizmet, görev; iş; merasim, tören, ayin, ibadet; askerlik; yarar, fayda, yardım; çay takımı; huk. tebliğ; memuriyet, resmî iş; spor servis. **service book** dua kitabı. **service cap** asker veya subay kasketi. **service court** spor servis atılırken topun içine düşmesi gereken alan. **service line** spor servis çizgisi. **service station** benzin istasyonu. **service stripe** bir asker veya memurun hizmet süresini gösteren kol şeridi, kolçak. **service tree** üvez, bot. Sorbus domestica. **service uniform** askerî elbise, üniforma. **active service** askerlik hizmeti. **at your service** emrinize amade. **be of service** yardımı dokunmak, yardım etmek. **civil service** devlet memurluğu. **diplomatic service** dışişleri teşkilâtı. **jury service** jüride çalışma görevi. **on active service** ask. fiilî görevde. **public service** kamu hizmeti. **secret service** gizli polis teşkilâtı. **see service** hizmet görmek. **take service with** hizmetine girmek.

ser.vice (sır'vîs) f. bakımını sağlamak, onarmak; teçhizatını tamamlamak; yardım etmek; (erkek hayvan) çiftleşmek.

ser.vice.a.ble (sır'visıbıl) s. işe yarar, elverişli, kullanışlı, faydalı, yararlı, lüzumlu; hizmete alışkın, dayanıklı. **serviceableness** i. fayda, yarar, kullanışlılık. **serviceably** z. faydalı bir surette.

ser.vice.man (sır'vismän) i. asker; tamirci.

ser.vi.ette (sırviyet') i., İng. sofra peçetesi.

ser.vile (sır'vayl, -vîl) s. alçak, gurursuz, hakir, aşağılık; köleye veya hizmetçiye ait; köleye yakışır, köle olarak kullanılan. **servilely** z. köle gibi. **servileness, servility** (sırvîl'ıti) i. gurursuzluk.

ser.vi.tor (sır'vıtır) i. hizmetçi, uşak.

ser.vi.tude (sır'vıtud) *i.* kulluk, kölelik; ceza olarak verilen iş mahkûmiyeti; *huk.* irtifak hakkı.

ses.a.me (ses'ımi) *i.* susam, *bot.* Sesamum indicum. **sesame oil** susam yağı, tahin.

ses.a.moid (ses'ımoyd) *s., i., anat.* susam şeklindeki, susamsı; *i.* susamsı kemik.

sesqui- *önek* bir buçuk.

ses.qui.cen.ten.ni.al (seskwîsenten'iyıl) *s., i.* yüz ellinci seneye ait; *i.* yüz ellinci yıldönümü.

ses.qui.pe.da.li.an (seskwîpîdey'liyın) *s., i.* uzun kelimeler kullanmaya meraklı (kimse).

ses.sile (ses'îl) *s., bot.* sapsız yaprak gibi doğrudan doğruya yapışık olan, sesil; *zool.* yerleşmiş.

ses.sion (seş'ın) *i.* toplantı süresi; celse, oturum; toplantı; bazı kiliselerde idare heyeti.

ses.terce (ses'tırs) *i.* bir çeyrek dinar kıymetinde eski bir Roma sikkesi.

ses.ter.ti.um (sestır'şiyım) *i.* (*çoğ.* **-ti.a**) eski bir Roma parası.

ses.tet (sestet') *i.* sonenin son altı mısraı; *müz., bak.* **sextet**.

ses.ti.na (sesti'nı) *i.* bir çeşit gazel.

set (set) *f.* (**set, -ting**) koymak, yerleştirmek; batmak, kaybolmak; kuluçkaya yatırmak, kuluçka makinasına koymak; pekiştirmek; dondurmak, katılaştırmak; kurmak, ayarlamak; hazırlamak; doğrultmak, kırık veya çıkığını yerine oturtmak; yön vermek; kakma işi yapmak; bahse girişmek; (saç) sarmak, mizanpli yapmak; *müz.* bestelemek; tayin etmek; donatmak, tanzim etmek; bulup yerini göstermek (av köpeği); *matb.* dizmek, tertip etmek; dikmek (fidan); pekişmek, katılaşmak, donmak; yönelmek. **set about** başlamak, girişmek, koyulmak, teşebbüs etmek. **set afloat** yüzdürmek. **set against** mukayese etmek, tartmak; kışkırtmak, aleyhine çevirmek. **set apart** bir kenara ayırmak, ayrı koymak; ayırmak, tahsis etmek. **set a price on someone's head** aranılan bir kimsenin kellesine fiyat biçmek. **set aside** bir tarafa koymak; lağvetmek, feshetmek, iptal etmek; kenara bırakmak. **set at ease** yatıştırmak, teskin etmek, rahatlatmak, sıkıntısını gidermek. **set at large** serbest bırakmak. **set at naught** hiçe saymak. **set at work** işe başlatmak. **set back** geri bırakmak, geri almak, iler-

lemesini engellemek. **set back on one's heels** şaşkına çevirmek. **set before** önüne koymak, göstermek, anlatmak, arzetmek. **set bread** hamura maya katmak ve dinlendirmek. **set by** bir kenara koymak, ilerisi için saklamak. **set by the ears** boğuşmak. **set down** indirmek, yere koymak; yazmak, kaydetmek; alçaltmak, kibrini kırmak. **set eyes on** görmek; göz koymak. **set fire to** tutuşturmak, ateşe vermek. **set foot in** (bir yere) ayak basmak. **set forth** zikretmek, beyan etmek, meydana koymak, ileri sürmek; yola koyulmak. **set forward** ileri koymak, ilerletmek. **set free** serbest bırakmak, salıvermek. **set in** başlamak; sahile doğru esmek, sahile doğru ilerlemek (met). **set in order** sıraya koymak, düzeltmek. **set loose** başıboş bırakmak, serbest bırakmak, salıvermek. **set off** ayrı koymak; etkilemek; yola çıkmak; fitillemek; göstermek; belirginleştirmek, süslemek. **set on** saldırtmak, kışkırtmak; üzerine koymak. **set on edge** kamaştırmak (diş); sinirlendirmek. **set on end** dikmek, dikine koymak. **set on fire** tutuşturmak, ateşe vermek. **set on foot** başlatmak. **set one's cap for** *k.dili* kancasını takmak, birinin peşini bırakmamak (evlenmek maksadıyle). **set one's heart on** ele geçirmeye veya yapmaya azmetmek. **set out** yola çıkmak, koyulmak, başlamak; sınırlarını belirtmek; yaymak, göz önüne sermek; resmetmek; daldırmak (fidan). **set out for** yola çıkmak. **set out on** başlamak. **set out to** -e kalkışmak, -e koyulmak. **set over** mesuliyeti yüklemek. **set right** düzeltmek, tashih etmek. **set sail** yelken açmak, denize açılmak (gemi). **set store by** çok kıymetli saymak. **set the fashion** moda çıkarmak, örnek olmak. **set the pace** yarışta nasıl koşulacağını göstermek. **set the teeth** çaprazlamak (testere). **set the watch** nöbet dağıtmak. **Set them up!** İçkiler benden! **set to** girişmek, başlamak. **set to music** bestelemek. **set to rights** düzeltmek, tashih etmek. **set up** havaya dikmek; açmak; kurmak, tesis etmek; işe başlatmak; yükseltmek (ses); ileri sürmek; mevkiini yükseltmek; harflerini dizmek; dik durdurmak; kendine getirmek; gerip tam yerine getirmek (yelken). **set up a loud noise** yaygarayı basmak. **set up housekeeping** ev açmak. **set upon** üzerine saldırmak veya saldırtmak.

set (set) *i.* duruş, oturuş; batma, batış, gurup; akıntı veya rüzgârın yönü; fide; testere dişlerinin çaprazlanması; meyil, eğilim, temayül; mizanpli; *tenis* set; *briç* yenilgi. **set square** gönye. **a dead set** engel, mâni; av köpeğinin avı göstermesi.

set (set) *i.* takım, grup, klik; seri; *tiyatro* dekor, stüdyo düzlüğü; *sin.* set; televizyon veya radyo alıcısı; *mat.* dizi. **a set of teeth** diş takımı. **dinner set** sofra takımı. **the fast set** hızlı yaşayanlar grubu.

set (set) *s.* belirli, muayyen; ayarlanmış; âdetlere uygun; yerleşmiş; aynı, basmakalıp; verilmiş; değişmez; hazır; düzenli, muntazam.

se.ta (si'tı) *i.* (*çoğ.* **se.tae**) *biyol.* domuz kılına benzer sert uzantı; ince diken.

se.ta.ceous (sitey'şıs) *s.* sert kıllı; domuz kılı gibi.

set.back (set'bäk) *i.* aksilik, işin ters gitmesi; ters akıntı; *mim.* yüksek binalarda üst katların alt katlara nazaran daha geriden inşa edilmesi.

se.tif.er.ous (sitif'ırıs) *s.* sert kıllı.

se.ti.form (si'tıfôrm) *s.* domuz kıllı şeklinde.

set.off (set'ôf) *i.* karşılık, mukabil; *huk.* borca mukabil sayılan borç; *mim.* çıkıntı.

se.ton (si'tın) *i.*, *tıb.* kıl fitili, bundan çıkan cerahat.

set.tee (seti', set.ti') *i.* kanepe.

set.ter (set'ır) *i.* dizici; seter (av köpeği).

set.ting (set'îng) *i.* kakılmış şey, mücevher yuvası; bir defada kuluçkaya konulan yumurtalar; *tiyatro* dekor; konunun geçtiği yer ve zaman, ortam; batma, gurup; bir kişilik yemek takımı; beste.

set.tle (set'ıl) *f., i.* yerleştirmek, yerleşmek; düzeltmek; sakinleştirmek; dibe çökmek, posasını çöktürmek; durulmak; *k.dili* hesaplaşmak; karara varmak; ödemek, hesabı kapatmak; iskân ve imar etmek; bir karara bağlamak, halletmek; konmak (kuş); oturmak (temel); katileştirmek. **settle accounts** hesaplaşmak, hıncını almak. **settle down** yerleşmek, oturmak. **settle in** yerleşmek; (kış) bastırmak. **settle on** karar vermek; *huk.* (irat, nafaka) bağlamak. **settle one's hash** *k.dili* hakkından gelmek, göstermek, pes dedirtmek. **settle the**

stomach karın ağrısını geçirmek. **settle up** hesap görmek. **That settles it!** Tamam işte! **settled** *s.* yerleşik; sabit; halledilmiş.

set.tle.ment (set'ılmınt) *i.* yerleşme, oturma; kararlaştırma; halletme; hesap görme; duvarın veya toprak setin biraz çöküp oturması; yeni sömürge; yeni iskân edilmiş yer; ev, mesken; *huk.* irat bağlama. **settlement house** şehrin fakir semtlerinde kurulan yardım yurdu.

set.tler (set'lır) *i.* yeni bir yere yerleşen göçmen.

set.tling (set'lîng) *i.* yerleşme; halletme; *çoğ.* tortu, posa.

set-to (set'tu) *i.* çarpışma, tokuşma.

set.up (set'ʌp) *i.*, *A.B.D.*, *k.dili* durum, vaziyet; *A.B.D.*, *argo* kolaylıkla kazanılacak şekilde planlanmış maç; *A.B.D.*, *k.dili* içkiye katılan buz ve soda; *A.B.D.*, *k.dili* lokantada sofra takımı; fiziksel yapı; duruş.

sev.en (sev'ın) *s., i.* yedi; *i.* yedi sayısı veya rakamı (7, VII); yedili iskambil kâğıdı. **sevenfold** *i., z.* yedi kat, yedi misli. **seven wonders of the world** dünyanın yedi harikası.

sev.en.teen (sev'ıntin') *s., i.* on yedi. **seventeen-year locust** krizalit devresini on yedi senede toprak altında tamamlayan bir cins çekirge. **seventeenth** *s.* on yedinci; on yedide bir.

sev.enth (sev'ınth) *s., i.* yedinci; yedide bir; *i.* yedide bir kısım; yedinci şey; *müz.* yedili. **seventh day** yedinci gün, cumartesi günü. **seventh heaven** büyük mutluluk; göğün yedinci tabakası, yedinci gök.

sev.en.ty (sev'ınti) *s., i.* yetmiş (sayısı). **seventieth** *s.* yetmişinci; yetmişte bir.

sev.er (sev'ır) *f.* ayırmak, bölmek, tefrik etmek; koparmak; ayrılmak. **severable** *s.* ayrılabilir; kesilebilir.

sev.er.al (sev'ırıl) *s.* birkaç, çeşitli, muhtelif; ayrı, başka, münferit, tek; *huk.* özlük, şahsî. **severally** *z.* birer birer, ayrı ayrı, tek tek.

sev.er.al.ty (sev'ırılti) *i., huk.* ayrılık, müstakil olma; ferdi mülkiyet. **in severalty** *huk.* ferdi olarak (mülkiyet).

sev.er.ance (sev'ırıns) *i.* ayırma, ayrılma, alâkayı kesme. **severance pay** işten ayrılma tazminatı.

se.vere (sivîr') *s.* sert, şiddetli, haşin; fazla ciddî; kasvetli. **severely** *z.* şiddetle. **severeness, severity** (siver'ıti) *i.* şiddet, sertlik.

Sè.vres *i.*, Sèvres ware (se'vr) Sevr şehrinde yapılan porselen. Sèvres blue bu porselenin mavi rengi.

sew (so) *f.* (sewed *veya* sewn) dikmek, dikiş dikmek. sew on üzerine dikmek, dikerek iliştirmek. sew up dikip kapamak; *k.dili* başarmak, halletmek.

sew.age (su'wic) *i.* lağım pisliği. sewage disposal lağım pisliğini yok etme veya kullanılır hale koyma sistemi, lağım boşaltma usulü.

sew.er (so'wır) *i.* dikici.

sew.er (su'wır) *i.* lağım. sewer system kanalizasyon.

sew.er.age (su'wıric) *i.* kanalizasyon; lağım pisliği.

sew.ing (so'wîng) *i.* dikiş, dikilecek veya dikilmiş şey. sewing circle bir araya gelerek yardım için dikiş diken kadınlar. sewing machine dikiş makinası. sewing silk ibrişim. sewing woman dikişçi kadın.

sewn (son) *bak.* sew.

sex (seks) *i.* seks, eşey, cinslik, cinsiyet. sex appeal cinsî cazibe, seksapel. sexless *s.* eşeysiz, cinsliksiz, cinsiyetsiz.

sex- *önek* altı.

sex.a.ge.nar.i.an (seksıcıner'iyın) *s.*, *i.* altmışa ait; *i.* altmış ile yetmiş yaşları arasındaki kimse, altmışlık kimse.

sex.ag.e.nar.y (seksäc'ıneri) *s.*, *i.* altmış, altmışar; altmış yaşındaki; *i.* altmışlık kimse.

sex.a.ges.i.mal (seksıces'ımıl) *s.* altmış sayısına ait.

sex.cen.te.nar.y (seks.sen'tıneri) *s.*, *i.* altı yüz; *i.* altı yüz yıllık devre; altı yüzüncü yıldönümü.

sex.en.ni.al (seksen'iyıl) *s.*, *i.* altı senede bir olan; altı sene süren; *i.* altı senede bir yapılan şey. sexennially *z.* altı senede bir.

sex.ol.o.gy (seksal'ıci) *i.* seksoloji, cinslikbilim.

sex.tan (seks'tın) *s.*, *i.*, *tıb.* altı günde bir gelen (nöbet).

sex.tant (seks'tınt) *i.* sekstant, gemicilikte bir gökcisminin yüksekliğini ölçen alet.

sex.tet(te) (sekstet') *i.*, *müz.* altı sesle söylenen veya altı çalgı ile çalınan parça; altılı koro veya orkestra; altılı takım.

sex.tile (seks'til) *s.*, *i.* iki gezegen arasındaki altmış derecelik mesafeye ait; *i.*, *astr.* birinden altmış derecelik mesafe ile ayrılmış iki gökcismi.

sex.til.lion (sekstil'yın) *i.* Amerikan ve Fransız usulüne göre 21 sıfırlı sayı; İngiliz usulüne göre 36 sıfırlı sayı.

sex.to.dec.i.mo (sekstodes'ımo) *s.*, *i.* on altı yapraklı kâğıt tabakası; *i.* ortalama 10x15 cm. ebadında olan kitap, *kıs.* 16 mo. *veya* 16˚.

sex.ton (seks'tın) *i.* zangoç; küçük ölü hayvanları gömen bir cins böcek, *zool.* Necrophorus.

sex.tu.ple (seks'tûpıl) *s.*, *f.* altı kat, altı misli; *f.* altı ile çarpmak.

sex.tu.plet (seks'tûplit, sekstu'plit) *i.* bir batında doğan altı çocuktan biri; altılı takım.

sex.u.al (sek'şuwıl) *s.* cinsiyete ait, cinsî, seksüel; *biyol.* cinsiyeti olan. sexual intercourse cinsel ilişki. sexual organs tenasül uzuvları. sexuality (sekşuwäl'ıti) *i.* cinsiyet; seks kuvvetine sahip olma. sexually *z.* cinsel bakımdan.

sex.y (sek'si) *s.*, *k.dili* seksi, cinsel arzu uyandıran.

sf, sfz *kıs.* sforzando.

sfor.zan.do (sfôrtsan'do) *z.*, *İt.*, *müz.* vurguyla.

s.g. *kıs.* specific gravity.

sgd. *kıs.* signed.

Sgt. *kıs.* Sergeant.

sh. *kıs.* share, shilling.

shab.by (şäb'i) *s.* kılıksız, pejmürde, eski püskü; kötü, haksız. shabbily *z.* kılıksızca, pejmürde bir halde; haksızca; cimrice. shabbiness *i.* kılıksızlık; haksızlık.

shack (şäk) *i.*, *A.B.D.*, *k.dili* derme çatma kulübe. shack up *argo* gecelemek; bir yaşamak.

shack.le (şäk'ıl) *i.*, *f.* pranga, zincir; engel, mâni; kelepçe, bağlama demiri; *f.* zincirle bağlamak, prangaya vurmak; engel olmak, elini kolunu bağlamak.

shad (şäd) *i.* tirsi balığı, *zool.* Alosa.

shad.dock (şäd'ık) *i.* kızmemesi, altıntop, greypfrut, bir çeşit ağaçkavunu, şatok; *bot.* Citrus grandis.

shade (şeyd) *i.*, *f.* gölge; karanlık, gölgelik yer; siper, perde; ölünün ruhu, tayf, hayalet; renk tonu; derece, gömlek; ayırtı, nüans; *f.* gölgelemek, üzerine gölge düşürmek; saklamak, gizlemek, örtmek; muhafaza etmek; karartmak; resme gölge vermek; rengi derece derece açılmak veya koyulaşmak. **shade off** fiyatını biraz kırmak; hafif bir değişiklikle bir renk veya anlamdan bir diğerine geçmek. **a shade better** biraz daha iyi, bir gömlek daha iyi. **all shades of thought** bütün farklı fikirler. **the shades** ölüler diyarı. **shad'ing** *i.* gölgelik; resimde gölgeler yapma; ayırtı.

sha.doof (şaduf') *i.* su kaldıracı.

shad.ow (şäd'o) *i., f.* gölge, karanlık; resmin gölgeli yeri; yansı, akis; hayal, şekil; birinin peşinden ayrılmayan kimse, kuyruk; gözcü, dedektif; eser, iz; tayf, hayalet; *f.* gölgelemek, gölge düşürmek; karartmak; gölgesi gibi peşinden ayrılmayarak gizlice gözetlemek. **shadow forth** ima etmek, dokundurmak. **without a shadow of doubt** en ufak bir şüphe olmadan. **worn to a shadow** çok zayıflamış, çirozlaşmış, bir deri bir kemik kalmış. **shadowy** *s.* gölgeli, karanlık; gölge gibi.

shad.ow.box (şäd'obaks) *f.* hayali bir rakip ile idman yapmak.

shad.y (şey'di) *s.* gölgeli; *k.dili* şüpheli, kötü; gizli, saklı. **shady dealings** gizli ilişkiler, entrika, dolap. **shadily** *z.* gölgeli olarak; *k.dili* şüpheli olarak; gizli olarak. **shadiness** *i.* gölgeli oluş; *k.dili* şüphelilik.

shaft (şäft) *i., f.* (ok, mızrak) ince sap; ok gibi şey; *mak.* mil, şaft; sütun gövdesi; dikili taş; maden kuyusu; aydınlık, hava bacası; araba oku; *A.B.D., argo* penis, erkeklik uzvu; *f., A.B.D., argo* aldatmak. **shaft bearing** şaft yatağı. **elevator shaft** asansör boşluğu. **get the shaft** *A.B.D., argo* aldanmak, *slang* kazığı yemek. **main shaft** ana şaft, kamalı mil. **shaft'ed** *s.* saplı, kollu; oklu; milli. **shaft'ing** *i., mak.* şaft tertibatı.

shag (şäg) *i., f.* kaba saç veya tüy; ot kümesi; kaba tüylü kumaş veya bu kumaşın tüyü; ince kıyılmış sert tütün; *f.* kaba tüylü ve kıllı hale getirmek; karmakarışık halde kabarmak (saç); *beysbol* topları havada yakalamak.

shag.gy (şäg'i) *s.* pösteki gibi kaba tüylü; taranmamış, yontulmamış. **shaggy-dog story** kelime oyununa dayanan uzun ve soğuk fıkra. **shagginess** *i.* tüyleri uzun ve kabarık olma.

sha.green (şıgrin') *i.* telatin denilen sahtiyan, sağrı derisi.

shah (şa) *i.* şah.

shake (şeyk) *f.* (**shook, shaken**) sarsmak, çalkamak, titretmek, silkmek, sallamak; metanetini bozmak; sallanmak, sarsılmak; titremek; *müz.* ihtizaz etmek, titreşim halinde olmak; *argo* atlatmak, başından defetmek. **Shake a leg.** Tez oluver. **shake down** sarsarak düşürmek, silkmek; oturtmak, yerleştirmek; *argo* para sızdırmak. **shake hands** el sıkışmak, tokalaşmak. **shake one's head** kabul etmemeyi veya beğenmemeyi belirtmek. **shake off** silkip atmak, silkinmek. **shake out** silkmek, silkelemek. **shake up** çalkamak, silkelemek, sarsmak.

shake (şeyk) *i.* sarsıntı, sarsma; titreme, ihtizaz; sallanış; silkiş; sesin titremesi; kerestenin yarık veya çatlağı; yersarsıntısı, zelzele. **get a fair shake** *A.B.D., argo* hakkı tanınmak. **milk shake** çikolata veya şurupla çalkanmış süt veya dondurma. **no great shakes** *k.dili* fevkalade olmayan, adi, sıradan. **the shakes** *k.dili* sıtma nöbeti.

shake.down (şeyk'daun) *i., s.* yer yatağı; *A.B.D., argo* haraca bağlama; *s.* alıştırma amacıyla yapılan.

Shak.er (şey'kır) *i.* Amerika'da bulunan bir Protestan mezhebi; *k.h.* sallanan şey; karıştırıcı; kalbur; tuzluk, biberlik.

shake.up (şeyk'ʌp) *i.* yeniden düzenleme, yeni personel atama.

shak.o (şäk'o) *i.* sorguçlu asker şapkası.

shak.y (şey'ki) *s.* zayıf, keyifsiz; titrek, sarsak; sarsıntılı. **shakiness** *i.* sarsaklık, titreklik; sarsıntılı olma.

shale (şeyl) *i.* tortulu şist. **shale oil** şistten elde edilen petrol. **shal'y** *s.* şist gibi; şistli.

shall (şäl) *f.* (**should**) *gelecek zaman kipini teşkil eden yardımcı fiil*, -ecek. *kararlılık*: **I pledge my life that they shall be free.** Hür bırakılacaklarına hayatım üzerine ant içerim. *söz verme*: **You shall have what you need.** Ne gerekirse vereceğim. *emir*: **You shall not kill.** Öldürmeyeceksin. *kaçınılmazlık*: **Whatever shall be...** Kısmet neyse...

shal.loon (şälun') *i.* astarlık ince yünlü kumaş.

shal.lop (şäl'ıp) *i.* kayık, sandal, şalopa.

shal.lot (şılat') *i.* bir çeşit yabani sarmısak veya ufak soğan.

shal.low (şäl'o) *s., i., f.* sığ; sathî, yüzeysel; *i.* sığ yer, kumsal; *f.* sığlaştırmak. **shallow breathing** soluma.

shalt (şält) *eski,* **thou** *ile* -eceksin; *bak.* **shall.**

sham (şäm) *i., s., f.* taklit, yapmacık, yalan, hile; *s.* taklit, yalan, yapmacık; *f.* hile yapmak, yapmacık yapmak, taklit etmek. **sham sleep** yalandan uyumak, uyur görünmek.

sha.man (şa'mın, şey'-) *i.* Şaman. **Shamanism** *i.* Şamanizm.

sham.ble (şäm'bıl) *f., i.* ayaklarını sürüyerek yürümek; *i.* ayaklarını sürüyerek yürüme.

sham.bles (şäm'bılz) *i.* salhane, mezbaha; karışık ve harap yer. **in a shambles** altüst, karmakarışık.

shame (şeym) *i., f.* utanç, ar, hayâ, hicap; ayıp, utanacak şey, rezalet, münasebetsiz şey, yakışık almayan şey; *f.* utandırmak, mahcup etmek; gölgede bırakmak. **Shame on you!** Ayıp! Utan! Yazıklar olsun! **For shame!** Ayıp! **It is a shame to laugh at her.** Onunla alay etmek ayıptır. **put to shame** utandırmak, rezil etmek.

shame.faced (şeym'feyst) *s.* utangaç, mahcup, çekingen. **shamefac'edly** *z.* mahcup olarak.

shame.ful (şeym'fıl) *s.* ayıp, utanç verici, çirkin, yüzkarası. **shamefully** *z.* utanılacak şekilde; çirkince. **shamefulness** *i.* utandırıcı hal.

shame.less (şeym'lis) *s.* utanmaz, arsız, hayâsız. **shamelessly** *z.* utanmadan, arsızca. **shamelessness** *i.* arsızlık, utanmazlık.

sham.my, sham.ois (şäm'i) *bak.* **chamois.**

sham.poo (şämpu') *f., i.* başı sabunlayıp yıkamak; *i.* başı ovalayıp yıkama, şampuanlama; şampuan.

sham.rock (şäm'rak) *i.* yonca (İrlanda'nın ulusal sembolü).

sham.us (şam'ıs) *i., A.B.D., argo* polis; özel detektif.

shan.dy.gaff (şän'digäf) *i.* içine zencefilli gazoz karıştırılmış hafif bira.

Shang.hai (şäng'hay) *i., f.* Şanghay; *f., k.h.* bir kimseyi sersemletip veya sarhoş edip kaçırarak gemide çalışmaya zorlamak; hile veya zorla çalıştırmak.

Shan.gri-la (şäng.grila') *i.* hayaller ülkesi.

shank (şängk) *i.* baldır, incik; *den.* demirin gövdesi; bir aletin orta yeri; düğme altındaki madenî halka; çiçek sapı. **go shanks' mare** yürüyerek gitmek.

shan't (şänt) *kıs.* **shall not.**

shan.tung (şän'tʌng) *i.* şantug.

shan.ty (şän'ti) *i.* kulübe.

shan.ty.man (şän'timın) *i.* kulübede yaşayan kimse; keresteci.

shan.ty.town (şän'titaun) *i.* gecekondu bölgesi.

shape (şeyp) *i., f.* biçim, şekil, suret; hal, durum; heyet, endam; hayal, tayf, hayalet; kalıp; *f.* biçimlendirmek, şekillendirmek; ayarlamak, düzenlemek, tanzim etmek, tertip etmek; yaratmak, vücuda getirmek; yön vermek. **shape up** *k.dili* iyi gitmek, yolunda gitmek; şekle girmek. **take shape** şekil almak.

shaped (şeypt) *s.* şekilli, biçimli; endamlı.

shape.less (şeyp'lis) *s.* şekilsiz, biçimsiz. **shapelessly** *z.* şekilsizce. **shapelessness** *i.* şekilsizlik.

shape.ly (şeyp'li) *s.* yakışıklı, biçimli, endamlı.

shape-up (şeyp'ʌp) *i.* çalışacak işçileri seçme.

shard (şard), **sherd** (şırd) *i.* kırık çömlek parçası; böcek kanadı zarfı.

share (şer) *i.* saban demiri.

share (şer) *i., f.* pay, hisse, parça; hisse senedi; *f.* taksim etmek, hisselere ayırmak; bölüşmek, paylaşmak; iştirak etmek; hissesi olmak; hisse veya payına düşeni almak. **share and share alike** eşit paylarla. **go shares** paylaşmak. **preferred shares** imtiyazlı hisseler.

share.crop.per (şer'krapır) *i.* toprak kirasını ürünle ödeyen çiftçi, ortakçı.

share.hold.er (şer'holdır) *i.* hissedar.

shark (şark) *i., f.* köpekbalığı, *zool.* Mustelus vulgaris; camgöz, *zool.* Galeus canis; dolandırıcı; *argo* usta kimse; *f.* dolandırıcılıkla geçinmek. **angel shark** kelerbalığı, *zool.* Squatina squatina. **blue shark** pamukbalığı, *zool.* Carchariaş glaucus. **great white shark** canavar balığı, *zool.* Carcharodon carcharias. **thresher shark** sapanbalığı, *zool.* Alopias vulpinus.

shark.skin (şark'skin) *i.* köpekbalığı derisi; düz ve parlak yüzlü bir cins rayon kumaş.

sharp (şarp) *s., i., z.* keskin, sivri; zeki, açıkgöz; istekli; çok dikkatli; pürüzsüz, temiz; acı; ekşi; sert, haşin, hiddetli, şiddetli; *müz.* diyez, çok tiz (ses); cimri, hesabî; dokunaklı, etkili, tesirli; *A.B.D.*, *argo* kıyak, mükemmel; *i.* diyez nota, diyez işareti; uzun dikiş iğnesi; *k.dili* dolandırıcı; *z.* şiddetle, keskin olarak; dakik olarak, zamanında. **sharp practice** dalavereli iş. **at four o'clock sharp** saat tam dörtte. **look sharp** dikkat etmek, gözünü dört açmak. **sharp'ly** *z.* şiddetle, sertçe; keskince. **sharp'- ness** *i.* keskinlik; sertlik; zeki oluş.

sharp (şarp) *f.*, *müz.* notayı tizleştirmek, tiz sesle söylemek.

sharp-edged (şarp'ecd') *s.* keskin ağızlı, keskin.

sharp.en (şar'pın) *f.* bilemek, keskinletmek, açmak, sivriltmek, inceltmek; sertleştirmek; ekşileştirmek; acılaştırmak; şiddetlendirmek, kuvvetlendirmek. **sharpener** *i.* bileyici; kalemtıraş.

sharp.er (şar'pır) *i.* dolandırıcı, dalavereci.

sharp-eyed (şarp'ayd') *s.* keskin görüşlü; tetik.

sharp.ie (şar'pi) *i.* şarpi, sivri burunlu dibi düz yelkenli.

sharp-point.ed (şarp'poyn'tid) *s.* sivri uçlu.

sharp-set (şarp'set) *s.* çapraz; sert; çok aç.

sharp.shoot.er (şarp'şutır) *i.* keskin nişancı.

sharp-sight.ed (şarp'say'tid) *s.* keskin görüşlü.

sharp-tongued (şarp'tʌngd') *s.* iğneleyici.

sharp.wit.ted (şarp'wit'id) *s.* zeki, şeytan gibi.

shat.ter (şät'ır) *f.* kırmak, paramparça etmek, darmadağın etmek, tahrip etmek; dengesini kaybettirmek; parçalanmak, kırılmak, darmadağın olmak; bozmak.

shat.ter.proof glass (şät'ırpruf) dağılmaz cam.

shave (şeyv) *f.* (**shaved, shaven**) *i.* tıraş etmek, kazımak; sıyırıp geçmek, sürtünür gibi geçmek; rendelemek; tıraş olmak; *i.* tıraş; ince dilim; rende, rende gibi alet. **a close shave** kıl payı kurtuluş; sinekkaydı tıraş.

shav.er (şey'vır) *i.* tıraş eden kimse; *k.dili* genç erkek çocuk.

shave.tail (şeyv'teyl) *i.*, *A.B.D.*, *argo* yeni subay olmuş kimse; acemi kimse; azgın katır.

shav.ings (şey'vingz) *i.*, *çoğ.* talaş.

shaw (şô) *i.*, *İng.* çalılık; *çoğ.* pancar gibi sebzenin yaprakları.

shawl (şôl) *i.* şal, omuz atkısı.

shawm (şôm) *i.* eski bir nefesli çalgı.

shay (şey) *i.*, *leh.* hafif gezinti arabası, brıçka.

she (şi) *zam.*, *i.*, *s.*, *dişil* o; *i.* kadın, dişi; *s.* dişi. **she bear** dişi ayı.

shea (şi) *i.* Batı Afrika'da yetişen ve tohumundan yağ çıkarılan bir ağaç. **shea butter** bu ağacın tohumundan çıkarılan yağ.

sheaf (şif) *i.* (*çoğ.* **sheaves**) *f.* bağlam, demet, deste; *f.* demetlemek.

shear (şîr) *f.* (**sheared** *veya* **shorn**) *i.* makasla kesmek; kırpmak, kırkmak; biçmek; kesip koparmak; mahrum etmek; *i.* makaslama, biçme. **shear stress** makaslama gerilmesi.

shear.ling (şîr'ling) *i.* ikinci kez kırkılan yapağı; yapağısı ilk kez kırkılan koyun.

shears (şîrz) *i.*, *çoğ.* makas; makarayı tutan vincin iki kolu.

shear.wa.ter (şîr'wôtır) *i.* yelkovan, *zool.* Puffinus puffinus.

sheat.fish (şit'fiş) *i.* atbalığı, *zool.* Siluris glanis.

sheath (şith) *i.* kılıf, kın; *biyol.* mahfaza, zarf; düz ve dar elbise. **sheath knife** kınlı büyük bıçak, kama.

sheathe (şidh) *f.* kınına veya kılıfına koymak; kın tedarik etmek; içine doğru çekmek; bakır levha ile kaplamak (gemi teknesi). **sheathe the sword** kılıcı kınına sokmak, barış yapmak.

sheath.ing (şi'dhing) *i.* kılıfına sokma; kılıf; kaplama; kaplamalık malzeme.

sheave (şiv) *i.*, *mak.* makara dili, makara içinde kenarı oluklu çark; disk.

sheave (şiv) *f.* demetlemek.

sheaves (şivz) *bak.* **sheaf**.

she.bang (şibäng') *i.*, *A.B.D.*, *argo* şey, mesele. **the whole shebang** hepsi, tümü, bütünü.

she.been (şibin') *i.*, *İrl.* izinsiz içki satan yer.

shed (şed) *f.* (**shed, shed.ding**) dökmek, akıtmak, saçmak, dağıtmak; içine geçirmemek (su); atlatmak. **shed blood** kan dökmek. **shed tears** ağlamak, gözyaşı dökmek.

shed (şed) *i.* sundurma; baraka; hangar; argaç aralığı; döküntü.

she'd (şid) *kıs.* **she had, she would.**

shed.der (şed'ır) *i.* döken kimse veya hayvan.

she-dev.il (şi'devil) *i.* şirret kadın; dişi şeytan.

sheen (şin) *i.*, *s.*, *f.* pırıltı, parlaklık, revnak; parlak giysi; *s.* parlayan; *f.* parlamak. **sheen'y** *s.* parlak.

sheep (şip) *i.*, *tek. veya çoğ.* koyun; bön kimse; koyun derisi. **sheep dog** çoban köpeği. **sheep's eyes** ürkek fakat arzulu bakış. **sheep ranch, sheep run** *Avustralya*, **sheepwalk** *i.*, *İng.* koyun çiftliği.

sheep.cote, sheep.fold (şip'kot, şip'fold) *i.* ağıl.

sheep.herd.er (şip'hırdır) *i.* koyun çobanı.

sheep.ish (şi'piş) *s.* koyun gibi; utangaç, sıkılgan, mahcup; şaşkın, sersem. sheepishly *z.* utanarak, mahcubane. sheepishness *i.* mahcubiyet, sıkılganlık.

sheep.shank (şip'şängk) *i.* margarita bağı.

sheeps.head (şips'hed) *i.* dişleri koyun dişine benzer birkaç deniz balığından biri.

sheep.shear.ing (şip'şîring) *i.* kırkım. sheep-shearer *i.* koyun kırkıcısı.

sheep.skin (şip'skin) *i.* pösteki, koyun postu; üniversite diploması.

sheer (şîr) *s., z.* çok ince ve şeffaf (kumaş); halis, saf, sırf; dimdik; *z.* tamamıyle, büsbütün; dimdik olarak. sheer determination sırf irade. sheer drop diklemesine inen yamaç. sheer folly tam delilik. sheer nonsense bütün bütün saçma.

sheer (şîr) *f., i., den.* rotayı şaşırmak, sapmak, yolundan ayrılmak; *i., den.* borda veya güverte kavsi, tek demirde geminin yatma vaziyeti; yoldan sapma. sheer off *den.* sapmak, yön değiştirmek, alargaya çıkmak.

sheet (şit) *i., f.* çarşaf; levha; tabaka, yaprak; gazete; *den.* iskota halatı, yelken iskotası; *den., çoğ.* sandalın iki ucundaki boş kısımlar; *f., den.* yelkenin iskotasını çekmek veya takmak. sheet anchor *den.* ocaklık demiri; büyük kurtuluş ümidi. sheet iron saç. sheet lightning her tarafa ışık saçan ve gürültüsü duyulmayan şimşek. sheet music ciltlenmemiş notalar. three sheets in the wind *argo* kör kütük sarhoş, fitil gibi.

sheet.ing (şi'ting) *i.* çarşaflık bez.

sheik(h) (şik, *İng.* şeyk) *i.* şeyh, kabile reisi. sheikdom *i.* şeyhlik.

shek.el (şek'ıl) *i.* miskal, İbranilerde bir ağırlık birimi; altın veya gümüş sikke; *çoğ., argo* para, servet.

She.ki.nah (şikay'nı) *i.* Allahın tecellisi.

shel.drake (şel'dreyk) *i.* hanımördeği, suna, kuşaklı ördek, *zool.* Tadorna tadorna; testeregagalı ördek, *zool.* Mergus merganser.

shelf (şelf) *i.* (*çoğ.* shelves) raf; *coğr.* şelf; denizde sığlık; *mad.* kaya tabakası. on the shelf yedeğe çekilmiş, rafa kaldırılmış. shelf'y *s.* raflarla dolu; sığlık.

shell (şel) *i.* kabuk; bağa; istiridye kabuğu; bina iskeleti; ince uzun yarış sandalı, kik; mermi kovanı; açık bej rengi. shell game aldatıcı üç kabuk oyunu; üçkâğıtçılık. shell hole merminin patlama sonucu toprakta açtığı çukur. shell ice altından su çekilmiş olan buz tabakası. shell shock *tıb.* savaştan ileri gelen ruhsal çöküntü. sea shell deniz kabuğu. She retired into her shell. Kabuğuna çekildi.

shell (şel) *f.* kabuğunu soymak, kabuğunu çıkarmak, koçanından ayıklamak (mısır tanelerini), buğdayı başağından ayırmak; bombardıman etmek, gülle yağdırmak. shell out *argo* (para) vermek.

she'll (şil) *kıs.* she will.

shel.lac (şıläk') *i., f.* gomalaka; *f.* gomalaka ile cilâlamak veya kaplamak; *argo* dövmek, yenmek.

shel.lack.ing (şıläk'ing) *i., A.B.D., argo* galibiyet, üstün gelme, hakkından gelme.

shell.bark (şel'bark) *i.* kabuğu çok sert bir cins ceviz ağacı.

shell.fire (şel'fayr) *i.* mermi ateşi.

shell.fish (şel'fiş) *i.* kabuklu hayvan; kabuklular, *zool.* Mollusca.

shell.proof (şel'pruf) *s.* kurşun işlemez.

shel.ter (şel'tır) *i., f.* sığınak, barınak, korunak, melce; sığınma, emniyette bulunma; muhafazalı yer, siper; muhafaza, koruma, korunma; koruyan kimse; *f.* korumak; sığınmak. shelterless *s.* açık, korunmasız, barınılmaz, muhafazasız.

shelt.y, shelt.ie (şel'ti) *i., İskoç., bak.* Shetland pony.

shelve (şelv) *f.* meyletmek, şevli olmak.

shelve (şelv) *f.* içine raflar yapmak; rafa koymak; tehir etmek, bir kenara atmak, rafa kaldırmak; emekliye ayırmak.

shelv.ing (şel'ving) *i.* raflar; rafa kaldırıp unutma; tehir etme; raf malzemesi.

she.nan.i.gans (şinän'ıgınz) *i., k.dili* kurnazlık, açıkgözlük; *k.dili* maskaralık, saçmalık.

she.ol (şi'yol) *i.* ölüler diyarı; cehennem.

shep.herd (şep'ırd) *i., f.* çoban; önder, kılavuz; *f.* çobanlık etmek, sürüyü gütmek. shepherd dog çoban köpeği. shepherdess *i.* kadın çoban.

shep.herd's-purse (şep'ırdz.pırs') *i.* çoban-
çantası, *bot.* Capsella bursa-pastoris.

shep.herd's-nee.dle (şep'ırdz.nid'ıl) *i.* çoban-
tarağı, *bot.* Scandix pecten-veneris.

Sher.a.ton (şer'ıtın) *s.* on sekizinci yüzyılda
Thomas Sheraton tarafından icat edilen
zarif ve hafif mobilya stili ile ilgili.

sher.bet (şır'bit) *i., İng.* şerbet; *A.B.D.* mey-
valı dondurma.

sherd *bak.* shard.

she.rif (şerif') *i.* şerif.

sher.iff (şer'if) *i.* kasabada polis şefi.

sher.lock (şır'lak) *i., argo* detektif.

sher.ry (şer'i) *i.* beyaz İspanyol şarabı.

she's (şiz) *kıs.* she is, she has.

Shet.land Islands (şet'lınd) Şetland ada-
ları. Shetland pony midilli. Shetland
wool Şetland yünü.

shew (şo) *İng., bak.* show.

shew.bread (şo'bred) *i.* mayasız ekmek, ha-
mursuz.

she-wolf (şi'wûlf) *i.* dişi kurt.

Shi.ah (şi'yı) *bak.* Shiite.

shib.bo.leth (şib'ıleth) *i.* parola; belirli bir
zümrenin benimsediği âdet; ağız, argo.

shied (şayd) *bak.* shy.

shield (şild) *i., f.* kalkan, siper; koruyucu şey;
hami; himaye, savunma, müdafaa; *ask.*
top kalkanı; maden ocaklarında toprağın
düşmesini engelleyici duvar; *hane.* kalkan;
f. korumak, muhafaza etmek; siper olmak,
örtmek.

shield.ing (şil'dîng) *i.* koruyucu kılıf.

shift (şift) *f.* yer değiştirmek; değiştirmek, de-
ğişmek; vites değiştirmek; uydurmak, idare
etmek. shift for oneself kendini geçin-
dirmek. shift the helm dümen kırmak,
dümeni karşı tarafa basmak.

shift (şift) *i.* değişme; değişilen şey; tedbir,
son çare; hile; çuval elbise; vardiya, nöbet;
oto. şanjman.

shift.less (şift'lis) *s.* uyuşuk, miskin, sümsük,
sünepe, uyuntu.

shif.ty (şif'ti) *s.* hilekâr, aldatıcı. shiftily *z.*
hilekârlıkla. shiftiness *i.* hilekârlık, aldat-
maca.

Shi.ite, Shi.ah (şi'yayt, şi'yı) *i.* Şii. Shiism
i. Şiilik.

shi.kar (şikar') *i., f.* avlanma, av, şikâr; *f.* av-
lamak. shika'ri, shika'ree *i.* avcı.

shill (şil) *i., argo* sokak satıcısının veya kumar-
bazın müşteri çekmek için yanında bulun-
durduğu işlerini kızıştıran kimse, yem.

shil.la.lah, shil.le.lagh (şiley'lı, -li) *i., İrl.*
sopa, değnek.

shil.ling (şil'ing) *i.* şilin, eski İngiliz gümüş parası.

shil.ly-shal.ly (şil'işäli) *i., f., s., z.* tereddüt,
ne yapacağını bilmeyiş; boş şeylerle uğ-
raşma; *f.* tereddüt etmek, ne yapacağını bil-
memek; boş şeylerle uğraşmak; *s.* müte-
reddit, kararsız; *z.* kararsızca.

shi.ly *bak.* shy, shyly.

shim (şîm) *i., f.* (-med, -ming) boş yerleri
doldurmak için konulan parça, dolgu, takoz,
kıskı; *f.* parça koyarak doldurmak veya sıkış-
tırmak.

shim.mer (şim'ır) *f., i.* donuk bir halde tit-
remek (ışık); *i.* titrek ışık. shimmery *s.* titrek.

shim.my (şim'i) *i., f., k.dili* kombinezon; tit-
reyerek yapılan bir dans; fazla titreme; *f.*
çok titremek (otomobil tekerleği).

shin (şin) *i., f.* (-ned, -ning) baldırın ön kısmı,
incik; *f., gen.* up *ile* kol ve bacaklarla tır-
manmak.

shin.bone (şin'bon) *i.* incik kemiği, *anat.* tibia.

shin.dig (şin'dig) *i., A.B.D., argo* danslı eğ-
lenti.

shin.dy (şin'di) *i., argo* kavga, gürültü, arbede;
argo danslı eğlenti.

shine (şayn) *f.* (shone, *eski* shined) *i.* par-
lamak, ışık saçmak, parlak olmak; üstün ol-
mak, mümtaz olmak, seçkin bir şahsiyet ol-
mak; çevresine renk katmak; parlatmak,
cilâlamak; *i.* parlaklık, renk, canlılık, revnak;
cilâ; *colloq.* ısınma; *A.B.D., k.dili* oyun,
düzen, hile. shine up cilâlamak. shine up
to *k.dili* memnun etmeye çalışmak, gözüne
girmeye çalışmak, *slang* yağ çekmek. put
a good shine on iyice cilâlamak veya par-
latmak. rain or shine hava iyi de kötü de
olsa. take a shine to one *A.B.D., k.dili*
bir kimseden çok hoşlanmak, kanı kayna-
mak, ısınmak.

shin.er (şay'nır) *i.* parlayan veya parlatan şey;
çil para; *argo* morarmış göz; parlak ufak
balık.

shin.gle (şing'gıl) *i., f.* çatı kaplamaya mahsus
ince tahta, tahta kiremit, tahta pul, padavra;
k.dili avukat veya doktor tabelası; alagarson
saç; *f.* ince tahtalarla kaplamak (çatı); (saçı)

kısa kesmek. **hang out one's shingle** *k.dili*
yazıhane açmak (avukat); muayenehane
açmak.

shin.gle (şîng'gıl) *i.* irî ve yuvarlak çakıl; ça-
kıllı sahil. **shingly** *s.* çakıllı.

shin.gles (şîng'gılz) *i., çoğ., tıb.* zona, belin
etrafını kabarcıklarla kuşatan bir sinir hastalığı.

shin.ing (şay'nîng) *s.* parlak, ışıltılı, parıltılı;
fevkalade, üstün. **shiningly** *z.* ışıldayarak,
parıldayarak.

shin.ny (şîn'i) *i.* bir çeşit hokey.

shin.ny (şîn'i) *f., A.B.D., k.dili* tırmanmak.

shin.plas.ter (şîn'plästır) *i., A.B.D.* marka,
pul; plaster, bant.

Shin.to (şîn'to) *i.* Şinto dini, Japonların ulu-
sal dini. **Shintoism** *i.* Şinto dini. **Shintoist**
i. Şinto dinine inanan kimse.

shin.y (şay'ni) *s.* parlak; açık, berrak.

ship (şîp) *i., f.* (**-ped, -ping**) gemi, vapur;
den. üç direkli ve her direkte seren ile yan
yelkenleri olan gemi; uçak; *f.* gemiye yük-
lemek; göndermek, nakletmek; gemi hiz-
metine almak; kürek veya dümeni yerine
takmak; gemi hizmetine yazılmak; gemiye
binmek. **ship a sea** dalga yemek (gemi).
ship broker gemi simsarı; deniz sigortası
acentesi. **ship chandler** gemi levazımı sa-
tan kimse. **ship's papers** gemi vesikaları.
on board ship gemide. **take ship** gemiye
binmek.

-ship *sonek* -lik: **friendship.**

ship.board (şîp'bôrd) *i., den.* gemi bordası.
on shipboard gemide.

ship.boy (şîp'boy) *i.* gemici çocuk, miço.

ship.build.ing (şîp'bîldîng) *i.* gemi yapımı,
gemi inşaatı.

ship.load (şîp'lod) *i.* gemi yükü.

ship.mas.ter (şîp'mästır) *i.* süvari, kaptan.

ship.mate (şîp'meyt) *i.* gemi arkadaşı.

ship.ment (şîp'mınt) *i.* gemiye yükleme, tah-
mil; yük.

ship.own.er (şîp'onır) *i.* gemi sahibi.

ship.per (şîp'ır) *i.* nakliyeci.

ship.ping (şîp'îng) *i.* gemiler; bir memlekete
veya limana ait bütün gemiler; tonaj; gemi
ile taşıma, nakletme. **shipping bill** mani-
festo. **shipping company** nakliye şirketi.
shipping room işyerinde paketleme ve
sevkıyat dairesi.

ship.shape (şîp'şeyp) *s., z.* gemiye yakışır

surette düzenlenmiş; tertipli, düzenli; *z.*
muntazaman.

ship.wreck (şîp'rek) *i., f.* deniz kazası, geminin
kazaya uğraması; gemi enkazı; harap olma,
perişanlık; *f.* gemiyi parçalamak; kazaya
uğramak, kaza geçirmek; harap etmek, mah-
vetmek, bitirmek.

ship.wright (şîp'rayt) *i.* tersane işçisi.

ship.yard (şîp'yard) *i.* tersane, dok.

shire (şayr) *i.* İngiltere'de eyalet, sancak, liva,
kontluk.

shirk (şırk) *f., i.* hile ile işin içinden sıyrılmak,
atlatmak, görevden kaçınmak; *i.* atlatan kim-
se, vazifesini yapmayan kimse.

shirr (şır) *i., f.* büzme, büzgü; lastikli şerit; *f.*
büzmek; *ahçı.* ufalanmış ekmek ile yağda
pişirmek.

shirt (şırt) *i.* gömlek. **shirt front** gömleğin
önü. **shirt sleeve** gömlek kolu. **dress
shirt** smokin gömleği. **in his shirt sleeves**
ceketsiz. **keep one's shirt on** *argo* sinir-
lerine hâkim olmak, soğukkanlılığını mu-
hafaza etmek. **lose one's shirt** *argo* mete-
liksiz kalmak. **shirting** *i.* gömleklik bez veya
kumaş.

shirt.tail (şırt'teyl) *i.* gömlek eteği. **shirttail
relative** dış kapının mandalı.

shirt.waist (şırt'weyst) *i.* kollu kadın bluzu,
şömizye bluz.

shish ke.bab (şîş'kıbab) şiş kebap.

shit (şît) *i., ünlem, kaba* bok; *ünlem* Hay Allah!
Kahrolası!

shiv (şîv) *i., argo* sustalı.

shiv.a.ree (şîvıri') *i., A.B.D.* teneke gürültü-
leriyle yapılan alaylı serenat.

shive (şayv) *i., İng.* tapa; dilim.

shive (şayv) *i.* kıymık.

shiv.er (şîv'ır) *f., i.* titremek; *i.* titreme. **It gives
me the shivers.** Tüylerimi ürpertiyor. **shiv-
ery** *s.* titrek; tüyler ürpertici.

shiv.er (şîv'ır) *i., f., gen. çoğ.* pare, parça, kıy-
mık; *f.* parçalanmak; paramparça olmak.

shoal (şol) *s., i., f.* sığ, kumsal; *i.* sığlık yer;
resif; *f.* sığlaşmak; sığlaştırmak. **shoal'iness**
i. sığlık. **shoal'y** *s.* sığlık.

shoal (şol) *i., f.* büyük balık sürüsü; büyük
kalabalık; *f.* sürüler teşkil etmek (balık).

shoat, shote (şot) *i.* domuz yavrusu.

shock (şak) *f., i.* sarsmak; şiddetle çarpmak;
nefret veya korku vermek; iğrendirmek, mü-

teessir etmek; elektrik akımına çarptırmak;
i. sadme, darbe, vuruş; sarsma, sarsıntı; *tıb.*
şok; inme; elektrik çarpması; şiddetli et-
ki. **shock absorbeı** *mak., oto.* amortisör,
tampon. **shock therapy** *tıb.* şok tedavisi.
shock troops hücum taburu. **shock wave**
fiz. vuruş dalgası. **be shocked** şaşakalmak,
donakalmak; utanmak; aşırı derecede üzül-
mek, çok acımak.

shock (şak) *i., f.* başak demetleri kümesi, do-
kurcun; *f.* başak demetlerini küme haline
getirmek.

shock (şak) *i.* taranmamış kabarık saç, kıtık gibi
saç. **shock'headed** *s.* sık ve kabarık saçlı,
saçları fırça gibi.

shock.er (şak'ır) *i.* sarsan şey; *İng., k.dili* he-
yecanlı roman.

shock.ing (şak'îng) *s.* şaşırtıcı, şok tesiri yapan,
tiksindirici; *k.dili* çok kötü. **shockingly** *z.*
şok tesiri yaparak, şaşkına çevirerek.

shod (şad) *bak.* **shoe.**

shod.dy (şad'i) *i., s.* kumaş tiftiği, paçavralardan
yapılmış yün; kibarlık taslayan kimse; görü-
nüşte iyi olan kalitesiz şey, taklit; bayağılık,
pespayelik; çerçöp, artık, süprüntü; *s.* eski
yünden yapılmış; taklit, adi, bayağı.

shoe (şu) *i., f.* **(shod, shoe.ing)** ayakkabı,
kundura, pabuç; nal; lenger pabucu; tekerlek
pabucu; otomobilin dış lastiği; frenin teker-
leğe bastığı yer; *f.* ayakkabı giydirmek; nal-
lamak, nal çakmak; altına pabuç gibi şey koy-
mak. **shoe button** ayakkabı düğmesi. **shoe
leather** kunduralık kösele. **be in anoth-
er's shoes** başkasının yerinde olmak.
where the shoe pinches insanın dertli
olduğu husus, hassas nokta; asıl dert. **shoe'-
less** *s.* yalınayak.

shoe.black (şu'bläk) *i.* kundura boyacısı.

shoe.horn (şu'hôrn) *i.* çekecek, kerata.

shoe.lace (şu'leys) *i.* ayakkabı bağı.

shoe.mak.er (şu'meykır) *i.* kunduracı.

shoe.string (şu'strîng) *i.* ayakkabı bağı. **on
a shoestring** az parayla.

shoe.tree (şu'tri) *i.* ayakkabı kalıbı.

sho.gun (şo'gʌn, -gun) *i.* 1868'den evvel Ja-
ponya'da başkumandan. **shogunate** *i.* baş-
kumandanlık.

shone (şon) *bak.* **shine.**

shoo (şu) *ünlem, f.* Haydi! Defol! Kışt! Hoşt!;

f. kovmak. **shoo-in** *i., A.B.D., k.dili* kolay
kazanılan seçim veya yarış; kazanacağı ön-
ceden belli olan kimse.

shoo.fly (şu'flay) *i., A.B.D.* ayak sürterek ya-
pılan dans; bir çeşit tart.

shook (şûk) *bak.* **shake.**

shook (şûk) *i., f.* fıçı veya sandık yapmak için
hazırlanmış malzeme; başak demetleri kü-
mesi; *f.* fıçılık tahtaları demet haline getir-
mek.

shoot (şut) *f.* **(shot, shoot.ing)** *i.* atmak, fır-
latmak; ateş etmek; *gen.* **out** *ile* (filiz) sür-
mek; silâhla öldürmek veya yaralamak, vur-
mak; (sekstantla) ölçmek; akıntı ile geçmek;
üzerinden hızla geçmek; fotoğraf çekmek;
içine başka renk karıştırmak; tüfek kullan-
mak; çıkmak, fışkırmak; fırlamak, atılmak;
zonklamak; *i.* atış; av partisi; filiz, sürgün;
geyik boynuzunun filizi; futbolda şüt. **shoot
at** nişan alıp ateş etmek; *k.dili* çabalamak.
shoot down silâhla vurup düşürmek. **shoot
off** atmak, silâh atmak. **shoot off one's
mouth** *argo* ağzına geleni söylemek. **shoot
one's bolt** *k.dili* elinden geleni yapmak. **shoot
over** her yeri dolaşıp avlamak. **shoot
straight** tam isabet kaydetmek; *k.dili* dürüst
davranmak. **shoot the works** *k.dili* bütün
sermayeyi yatırmak, bütün gücünü harca-
mak. **shoot to pieces** dağıtmak, mahvet-
mek. **shoot up** hızla büyümek; yukarıya
fırlamak; ateş altına almak; *A.B.D.* (kov-
boy filmlerinde) rasgele ateş etmek.

shoot.er (şut'ır) *i.* vurucu, nişancı, atıcı.

shoot.ing box (şu'tîng) avcı kulübesi.

shooting iron *A.B.D., argo* silâh.

shooting star göktaşı.

shop (şap) *i., f.* **(-ped, -ping)** dükkân, mağaza;
atelye; fabrika, imalâthane, iş; *f.* çarşıya git-
mek, alışverişe çıkmak; **for** *ile* aramak; *İng.,
argo* suç ortaklarını ele vermek. **shop around**
alışveriş için fikir edinmek. **shop steward**
işçi temsilcisi. **shop talk** iş konuşması. **set
up shop** dükkân açmak, yeni bir iş kurmak.
talk shop iş konusunda konuşmak.

shop.board (şap'bôrd) *i.* iş tezgâhı.

shop.girl (şap'gırl) *i.* tezgâhtar kız.

shop.keep.er (şap'kipır) *i.* dükkâncı.

shop.lift.er (şap'liftır) *i.* dükkân hırsızı.

shop.man (şap'mın) *i.* tezgâhtar; dükkâncı.

shoppe (şap) *i.* dükkân.

shop.ping (şap'îng) *i.* çarşıya çıkma, alışveriş etme. **shopping center** alışveriş merkezi, büyük çarşı. **shopping district** çarşı. **shopping list** alışveriş listesi.

shop.walk.er (şap'wôkır) *i., İng.* mağazalarda çalışanlara ve alıcılara yardım eden görevli.

shop.worn (şap'wôrn) *s.* satılmadan eskiyen (mal).

sho.ran (şôr'än) *i.* uçak ve gemilerde kullanılan bir nevi radar.

shore (şôr) *i.* sahil, kıyı. **shore dinner** deniz mahsullerinden ibaret yemek. **in shore** kıyıya yakın. **off shore** kıyıdan biraz uzak, açıkta. **on shore** karada. **shoreless** *s.* sahili olmayan, kıyısız; hudutsuz.

shore (şôr) *i., f.* dayanak, destek, payanda; *f.,* **up** *ile* payanda ile desteklemek. **shoring** *i.* destekleme; payandalar.

shore.line (şôr'layn') *i.* sahil hattı.

shorn (şôrn) *bak.* **shear.**

short (şôrt) *s., z., i.* kısa; kısa boylu; bodur; ters ve kısa (cevap); eksik, nakıs, dar, ihtiyacı karşılamayan; satılırken elde bulunmayan (mal); gevrek, çabuk kırılan; çok yağlı; *z.* birdenbire; elde bulunmayan malı satmak üzere; tersçe; eksik; *i.* kısa şey; eksiklik; uzun sözün kısası; *elek.* kontak; kısa reklam ve miki filmi; *çoğ.* kırıntı, düşük kaliteli mal; *çoğ.* kısa pantolon, şort; *dilb.* kısa hece. **short and sweet** kısa ve yerinde. **short circuit** *elek.* kısa devre; *tıb.* bağırsağın bir parçasını keserek kısaltma ameliyatı. **short commons** gıda eksikliği. **short cut** kestirme yol. **short of** -dan başka. **short order** çabuk ve kolay hazırlanabilen yemek. **short sale** *tic.* açıktan satış. **short story** kısa hikâye. **short wave** kısa dalga. **at short notice** hazırlanmak için az zaman bırakan (emir). **be short of** eksik olmak, yetersiz olmak, yetmemek, az kalmak. **come short** eksik gelmek, yetişmemek; erişememek. **cut short** birden kesmek, kısa kesmek (söz veya yazı). **fall short** erişememek, ulaşamamak, yetmemek. **for short** kısaca. **in short** kısaca; muhtasar olarak; kısacası, velhasıl. **in short order** hemen, derhal. **make short work of** hakkından gelmek. **run short** malzemesi tükenmek; kâfi gelmemek, kıtlaşmak. **the long and the short of it** uzun sözün kısası, hulâsa. **shortly** *z.* yakında; kısaca; kabaca,

terslikle. **shortness** *i.* kısalık; noksanlık; yetmeyiş.

short.age (şôr'tîc) *i.* eksiklik, açık.

short.bread (şôrt'bred) *i.* şekerli galeta.

short.breathed (şôrt'brethd) *s.* nefes darlığı olan, tıknefes.

short.cake (şôrt'keyk) *i.* üstüne ezilmiş meyva konulan gevrek kek.

short.change (şôrt'çeync) *f., k.dili* eksik para vermek.

short-cir.cuit (şortsır'kît) *f.* kısa devre yapmak.

short.com.ing (şôrt'kamîng) *i.* kusur, ihmal.

short-cut (şôrt'kʌt) *f.* kestirmeden gitmek.

short.en (şôr'tın) *f.* kısaltmak, kısalmak; yağ katarak gevrekleştirmek.

short.en.ing (şôr'tınîng) *i.* yağ; kısaltma, kısalma, ihtisar.

short.hand (şôrt'händ) *i.* stenografi, steno.

short-hand.ed (şôrt'hän'dîd) *s.* yardımcısı az.

short.horn (şôrt'hôrn) *i.* kısa boynuzlu iri bir cins sığır.

short-lived (şôrt'layvd', -lîvd') *s.* kısa ömürlü, ömürsüz; az zaman süren.

short.sight.ed (şôrt'say'tîd) *s.* miyop; ileriyi göremeyen, basiretsiz.

short-spo.ken (şôrt'spo'kın) *s.* sert, nezaketsiz.

short.stop (şôrt'stap) *i., beysbol* ikinci ile üçüncü minder arasında oynayan oyuncu.

short-tem.pered (şôrt'tempırd) *s.* çabuk kızan, öfkeli.

short-term (şôrt'tırm) *s.* kısa vadeli.

short-wind.ed (şôrt'wîn'dîd) *s.* nefes darlığı olan, tıknefes.

shot (şat) *i., f.* (**-ted, -ting**) içinde patlayıcı madde olmayan top güllesi; tüfek saçması; atış; kurşun menzili; erim, atım; nişancı; top veya tüfek atma; *spor* gülle; *spor* bilyeye vuruş; *k.dili* teşebbüs; tahmin; şans; *tıb.* şırınga, iğne, aşı; miktar; *k.dili* bir kadeh içki; filimde tek hareket; fotoğraf; *f.* gülle veya saçma ile doldurmak. **shot metal** saçma imalinde kullanılan madde. **shot tower** saçma imal olunan kule. **a long shot** güç bir işe teşebbüs etme. **a shot in the arm** heveslendirme, canlandırma. **a shot in the locker** yedek. **big shot** *k.dili* önemli kimse. **like a shot** ok gibi, birdenbire, hızla. **not by a long shot** hiç, katiyen. **parting shot** ayrılırken söylenen çileden çıkartıcı söz. **take a shot in the dark** kafadan atmak.

shot (şat) *s.* yanardöner, şanjan (kumaş); *argo* kafası dumanlı; *k.dili* mahvolmuş; kullanılmaz hale gelmiş. **shot to pieces** tamamen bozulmuş, darmadağın olmuş.

shot.gun (şat'gʌn) *i., s.* av tüfeği, av çiftesi; *s.* zorla yapılan; gelişigüzel.

shot-put (şat'pût) *i., spor* gülle atışı.

shot.ten (şat'ın) *s.* yumurtlamış (ringa balığı).

should (şûd) *f., bak.* **shall;** *a)* gereklilik: **You should visit your sick friend.** Hasta arkadaşını ziyaret etmen gerekir. *b) şarta bağlılık:* **If he should come...** Eğer gelirse... *c) şaşkınlık:* **Who should drop in but...** Kim geldi bil bakalım... başka kim olabilir? *d) ümit:* **I should be back by noon.** Öğlene kadar dönebileceğimi ümit ederim. *e)* A.B.D., *k.dili, istihza:* (olumlu cümle içinde olumsuz anlam belirtir) **He got a heavy fine, but with his money he should worry.** Ağır para cezasına çarptırıldı, ama ona vız gelir.

shoul.der (şol'dır) *i., f.* omuz; destek olan şey; omuza benzer çıkıntı; kürek eti; dağ yamacı; sırt; *ask.* tabya siperinin koltuğu; banket; *f.* omuzlamak, omuz vurmak; sırtına almak; sorumluluğu yüklenmek. **Shoulder arms!** Silâh omuza! **shoulder belt** omuz kayışı, hamail. **shoulder blade** kürek kemiği. **shoulder strap** apolet, omuz nişanı. **shoulder to shoulder** omuz omuza, birlikte, elbirliğiyle. **broad shoulders** geniş omuzlar; sorumluluğu yüklenme hassası. **cry on one's shoulder** merhamet dilenmek, sığınmak. **put one's shoulder to the wheel** büyük gayret sarfetmek, gayret sarfederek yardım etmek. **soft shoulders** düşük banket. **square shoulders** kalkık omuzlar. **straight from the shoulder** açıkça, dobra dobra. **turn** *veya* **give a cold shoulder to** soğuk davranmak, yüz vermemek.

should.n't (şûd'ınt) *kıs.* **should not.**

shouldst (şûdst) *eski, bak.* **should.**

shout (şaut) *f., i.* bağırmak, çağırmak; haykırmak, yaygara koparmak; *i.* bağırma, feryat, çığlık, velvele. **shout at** bir kimsenin yüzüne karşı bağırmak; bağırarak konuşmak. **shout down** bağırarak bir kimsenin sesini bastırmak. **shout out** yüksek sesle bağırmak.

shove (şʌv) *f., i.* itmek, dürtmek, sürmek; *i.* itiş, dürtüş. **shove off** gemiden veya kıyıdan itilerek açılmak; *k.dili* gitmek.

shov.el (şʌv'ıl) *i., f.* (**-ed, -ing** *veya* **-led, -ling**) kürek; kürek dolusu; *f.* kürekle atmak; kürekle boşaltıp temizlemek; kürekle atar gibi atmak. **shovel in food** atıştırmak, *k.dili* hapır hupur yemek, silip süpürmek. **shovelnosed** *s.* kürek burunlu (balık). **shovelful** *i.* kürek dolusu.

shov.el.er (şʌv'ılır) *i.* kaşıkçı ördeği, *zool.* Spatula clypeata.

show, *eski veya İng.* **shew** (şo) *f.* (**showed, shown**) *i.* göstermek, arzetmek, göz önüne koymak; ihsan etmek; izhar etmek, meydana çıkarmak; içeriye götürmek; anlatmak, ispat etmek; söylemek; öğretmek; görünmek, gözükmek, kendini göstermek; yarışmaya katılmak; yarışta üçüncü gelmek; *i.* gösteriş, görünüş, temaşa; temsil, sergi; gösteri, nümayiş; taklit; saltanat, debdebe, azamet; yarışta üçüncü yer; belirti; *k.dili* fırsat, şans. **show bill** büyük harflerle yazılmış duvar afişi. **show biz** A.B.D., *argo* tiyatroculuk. **show forth** açıklamak, izah etmek, beyan etmek. **show of hands** onaylayan ellerin havaya kalkması. **show off** gösteriş yapmak; göstermek. **show one's hand** kozunu meydana koymak; *iskambil* elini açmak. **show one the door** bir kimseye kapıyı göstermek, kapı dışarı etmek, kovmak. **show room** sergi salonu. **show the teeth** dişlerini göstermek; şiddetle karşı koymak. **show up** beklenilen yere gelmek, gözükmek, meydana çıkmak. **show window** vitrin, dükkân camekânı. **for show** gösteriş olsun diye.

show.boat (şo'bot) *i.* içinde temsil verilen vapur.

show.case (şo'keys) *i.* vitrin, dükkân camekânı.

show.down (şo'daun) . *i.* iskambilde eldeki bütün kâğıtları açma; kati bir sonuca varan planların açığa çıkarılması.

show.er (şau'wır) *i., f.* sağanak, sağanağa benzer herhangi bir şey; duş; bol verilen şey; A.B.D. geline veya bebeğe hediyelerin verildiği parti; *f.* yağdırmak, sağanak halinde yağdırmak veya yağmak. **shower bath** duş. **heavy shower** sağanak. **light (slight) shower** hafif yağmur. **take a shower** duş almak. **showery** *s.* yağmurlu.

show.ing (şo'wîng) *i.* gösteriş, göz önüne serme.

show.man (şo'mın) *i.* seyircinin ilgisini çekmek için sahnede gösteri yapan kimse; eğlence yeri sahibi veya müdürü.

show.man.ship (şo'mınşîp) *i.* teşhir sanatı.

shown (şon) *bak.* show.

show.off (şo'wôf) *i., k.dili* gösteriş yapma; gösteriş yapan kimse.

show.piece (şo'pis) *i.* göstermeye değer bir şey.

show.y (şo'wi) *s.* gösterişli. showily *z.* gösteriş olsun diye. showiness *i.* gösterişlilik.

shrank (şrängk) *bak.* shrink.

shrap.nel (şräp'nıl) *i., ask.* şarapnel.

shred (şred) *i., f.* (-ded, -ding) ince şeritler halinde kesilmiş veya yırtılmış parça; parça; *f.* parçalamak, ufak parçalara ayırmak, kıymak.

shrew (şru) *i.* soreks, *zool.* Soricidae; şirret kadın, ters huylu kadın. shrewmouse *i.* (*çoğ.* -mice) soreks. water shrew su soreksi, *zool.* Neomys fodiens.

shrewd (şrud) *s.* akıllı, anlayışlı, dirayetli; kurnaz, açıkgöz; zeki, keskin. shrewdly *z.* kurnazca. shrewdness *i.* kurnazlık, açıkgözlük.

shrew.ish (şru'wîş) *s.* ters huylu, aksi, her zaman kusur bulan. shrewishly *z.* terslikle, aksilik ederek. shrewishness *i.* terslik, aksi huylu oluş.

shriek (şrik) *f., i.* çığlık atmak, haykırmak, feryat etmek; *i.* feryat, çığlık, haykırma.

shriev.al.ty (şri'vılti) *i.* zabıta şefinin görevi veya hizmet süresi, *bak.* sheriff.

shrift (şrift) *i.* papaza günahını çıkarttırma; günahların itirafı ve affı. short shrift itiraf veya tövbe için bir kimseye tanınan çok kısa süreli fırsat.

shrike (şrayk) *i.* örümcekkuşu, *zool.* Lanius. masked shrike maskeli örümcekkuşu, *zool.* Lanius nubicus. red-backed shrike kırmızı sırtlı örümcekkuşu, *zool.* Lanius collurio. woodchat shrike kızıl başlı örümcekkuşu, *zool.* Lanius senator.

shrill (şril) *s., f.* pek ince ve tiz (ses), tiz sesli; keskin, acı; *f.* acı ve tiz sesle bağırmak. shrilly *z.* keskin bir sesle, acı bir sesle. shrillness *i.* acı ve tiz sesli oluş.

shrimp (şrîmp) *i., f.* karides, deniz tekesi, *zool.* Crago vulgaris; *argo* kısa boylu veya çelimsiz kimse; *f.* karides tutmak.

shrine (şrayn) *i., f.* azizlerden kalma kemik gibi bakıyelerin muhafaza olunduğu ufak sandık; bir azizin kabri, türbe; tahsis ve takdis olunmuş yer; *f., nad.* kutsal bir yere koymak, mukaddes tutmak.

shrink (şrîngk) *f.* (shrank *veya* shrunk, shrunk *veya* shrunken) *f.* çekmek, küçülmek; fire vermek, kuruma veya dökülme yüzünden eksilmek; çekinmek, ürkmek, itiraz etmek; çektirmek, büzmek; *i.* çekilme, büzülme; çekinme, ürkme; *A.B.D., argo* psikiyatr. shrink'age *i.* çekme payı; fire. shrink'ingly *z.* çekinerek, korkarak.

shrive (şrayv) *f.* (-d *veya* shrove, shriven) günahını çıkarmak, itirafını dinleyip affetmek; itiraf edip günahlarını affettirmek.

shriv.el (şriv'ıl) *f.* (-ed *veya* -led, -ing *veya* ling) kuruyarak çekilip büzülmek ve buruşmak.

shroud (şraud) *i., f.* kefen; örtü; *den., gen. çoğ.* çarmıklar; *f.* kefenlemek, kefene sarmak; örtmek, gizlemek.

shrove (şrov) *bak.* shrive.

Shrove.tide (şrov'tayd) *i.* Hıristiyanlarda büyük perhizden evvel gelen bir iki günlük günah çıkarma devresi. Shrove Tuesday büyük perhizin arife günü.

shrub (şrʌb) *i.* çalı, bodur ağaç, funda.

shrub (şrʌb) *i.* şurup, şarap; meyva likörü.

shrub.ber.y (şrʌb'ıri) *i.* çalılık, fundalık.

shrub.by (şrʌb'i) *s.* çalı gibi; çalılık. shrubbiness *i.* çalı gibi olma; çalılarla kaplı olma.

shrug (şrʌg) *f.* (-ged, -ging) *i.* omuz silkmek; *i.* omuz silkme.

shrunk, shrunk.en (şrʌngk, şrʌngk'ın) *s., bak.* shrink.

shtick (ştik) *i., A.B.D., argo* uydurma, gösteriş, dalavere.

shuck (şʌk) *i., f.* zarf, kabuk, kılıf, özellikle ceviz veya mısır kabuğu; *A.B.D.* istiridye veya midye kabuğu; *f.* kabuklarını çıkarmak; soymak.

shuck.ing (şʌk'îng) *i., A.B.D., k.dili* kabuk soyma; mısır kabuğu soyma sırasında yapılan eğlence.

shucks (şʌks) *i., ünlem* değersiz şey; *ünlem* Öf! Allah Allah!

shud.der (şʌd'ır) *f., i.* tüyleri ürpermek, titremek (soğuk veya korkudan); *i.* korkudan tüylerin diken diken olması; titreme. I shudder to think of it. Onu düşünmek bile tüylerimi ürpertiyor. **shudderingly** *z.* tüyleri ürpererek; titreyerek.

shuf.fle (şʌf'ıl) *f., i.* karıştırmak, değiştirmek; karmakarışık edip ortadan yok etmek; sürümek (ayak); itip ileri atılmak; iskambil kâğıtlarını karıştırmak; sözü değiştirmek; güçlükle ve acemice ilerlemek; ayakları sürüyerek yürümek; *i.* karıştırma, hile; ayak sürüyerek yürüme; bir ayağı sürüyerek yapılan dans figürü. **shuffle off** üstünden atmak (sorumluluk), aldırmamak. **shuffle up** alelacele toplayıp ortadan kaldırmak. **double shuffle** bir ayağı iki defa sürüyerek yapılan dans figürü.

shuf.fle.board (şʌf'ılbôrd) *i.* tahta diskleri itip belirli bir boşluğa düşürmek suretiyle oynanılan bir çeşit salon veya güverte oyunu.

shun (şʌn) *f.* (**-ned, -ning**) sakınmak, bir kimseden kaçınmak.

shunt (şʌnt) *f., i.* bir yana döndürmek, yolunu değiştirmek; yan yola geçirmek (katar veya vagon); *elek.* cereyanın bir kısmını diğer bir telden geçirmek; bir yana dönmek, yan yola sapmak; başından atmak; *i.* bir yana dönüş; *d.y.* yan hat, yan yol; *elek.* cereyanı ayıran tel, paralel devre, tali direnç. **shunt circuit** paralel devre.

shush (şʌş) *f., i.* susmak; susturmak; *i.* sus sesi.

shut (şʌt) *f.* (**shut, -ting**) kapamak, kapatmak; yasaklamak, menetmek; yolunu kesmek; kapanmak. **shut down** işi tatil etmek, kapamak veya kapanmak (işyeri); bir şeyi indirerek kapamak. **shut in** kapamak, engel olmak, mâni olmak; basmak (karanlık). **shut off** akıntısını kesmek (gaz); durdurmak, kapamak; dışta bırakmak. **Shut my mouth!** Hayret! **shut one's eyes to** göz yummak, müsamaha etmek. **shut one's mouth** ağzını kapatmak. **shut out** gözükmesini engellemek; dışarıda bırakmak; oyunda rakibe hiç sayı vermemek. **shut up** kapamak; susturmak, ağzını kapatmak; susmak; hapise atmak. **Shut your face!** *argo* Sus be!

shut (şʌt) *s., i.* kapalı, kapanmış; *i.* kapama; kapama vakti; madenlerin kaynayıp birleştiği yer, kaynak yeri.

shut.down (şʌt'daun) *i.* fabrikada işi tatil etme.

shut.eye (şʌt'ay) *i., argo* uyku.

shut-in (şʌt'in) *s., i.* eve kapanmış hasta veya yaşlı (kimse).

shut.off (şʌt'ôf) *i.* durdurma.

shut.out (şʌt'aut) *i.* taraflardan birinin hiç sayı kaydetmediği top oyunu; lokavt.

shut.ter (şʌt'ır) *i., f.* kepenk, pencere kanadı, pancur, pencere kafesi; *foto.* objektif kapağı; *f.* kepenk takmak, pancurla örtmek.

shut.ter.bug (şʌt'ırbʌg) *i., A.B.D., argo* fotoğraf meraklısı.

shut.tle (şʌt'ıl) *i., f.* mekik; karşılıklı yolcu veya yük taşıma servisi; *f.* mekik dokumak; mekik gibi işlemek. **shuttle race** mekik yarışı. **shuttlewise** *z.* mekik gibi, öteye beriye.

shut.tle.cock (şʌt'ılkak) *i.* raketle havada uçurulan ucu tüylü mantardan yapılmış top; bu topla oynanan oyun.

shy (şay) *s.* korkak, ürkek, çekingen; utangaç, mahcup; **of** *ile* tedbirli, ihtiyatlı, dikkatli; az ürün veren (ağaç); *k.dili*, **on** *ile* eksik, noksan, az. **shy'ly** *z.* çekingenlikle, çekinerek. **shy'ness** *i.* çekingenlik; mahcubiyet.

shy (şay) *f., i.* ürkmek (at), ürkerek zıplamak; *i.* ürkme. **shy away** *veya* **shy off** çekinmek, tereddüt etmek.

shy (şay) *f., i.* yandan fırlatmak, atmak; *i.* atış, fırlatış; *k.dili* alay, küçümseme, istihza; deneme, tecrübe.

Shy.lock (şay'lak) *i.* Shakespeare'in "Venedik Taciri" adlı piyesindeki kinci Musevi tefeci; *argo* insafsız alacaklı veya tefeci.

shy.ster (şays'tır) *i., argo* hileli iş yürüten kimse, bilhassa avukat.

S.I. *kıs.* **Sandwich Islands, Staten Island.**

si (si) *i., müz.* si notası, gamın yedinci notası (bu notaya **ti** de denilir).

si.al.o.gogue (sayäl'ıgag) *i., tıb.* salya akıtıcı ilâç veya madde.

Si.a.mese (sayımiz') *s., i.* (*çoğ.* **Siamese**) Siyamlı; Siyam diline ait; *i.* Siyam halkı veya dili. **Siamese cat** Siyam kedisi. **Siamese twins** yapışık doğan ikizler.

Si.be.ri.a (saybir'iyı) *i.* Sibirya.

sib.i.lant (sib'ılınt) *s., i.* ıslıklı, ıslık gibi ses çıkaran; *i.* ıslığa benzer ses veren harf (s, z, ş, j gibi). **sibila'tion** *i.* ıslık sesi; ıslık çalar gibi söyleme.

sib.ling (sib'ling) *i.* kardeş.

sib.yl (sib'ıl) *i.* eski zamanda kadın kâhin, falcı kadın. **sibylline** *s.* kâhineye ait; kehanet veya fala ait; saklı, gizli. **Sibylline Books** eski Roma tarihinde meşhur olan kehanet kitapları.

sic (sîk) *z.* böyle (aktarılan parçadan sonra "aynen alınmıştır" anlamında kullanılır). **sic passim** her yerde böyle. **Sic semper tyrannis.** Gaddarlara her vakit böyle yapılsın. **Sic transit gloria mundi.** Dünya izzet ve şerefi böyle fanidir.

sic.ca.tive (sîk'ıtîv) *s., i.* kurutucu; *i.* kurutucu madde.

Sic.i.ly (sîs'ıli) *i.* Sicilya. **Sicil'ian** *s., i.* Sicilyalı.

sick (sîk) *s.* hasta, keyifsiz; bulantılı, midesi bulanan; bezgin; hasret çeken, özleyen; **of** *ile* tiksinmiş, usanmış, bıkmış; bozuk; hastalıklı, mariz; hastaya mahsus; meşum, iğrenç. **sick headache** *tıb.* mide bulantısı ile gelen şiddetli baş ağrısı; yarım baş ağrısı. **sick joke** iğrenç ve ürpertici şaka. **sick leave** hastalık izni, tebdili hava.

sick, sic (sîk) *f.* saldırmak (köpek); *gen.* **on** *ile* saldırtmak, kışkırtmak (köpek). **Sick 'em!** Fırla, haydi!

sick-a.bed (sîk'ıbed') *i.* yatalak hasta.

sick.bay (sîk'bey) *i., den.* gemi reviri.

sick.bed (sîk'bed) *i.* hasta yatağı.

sick.en (sîk'ın) *f.* hastalanmak; hasta etmek, bıktırıp vaz geçirmek, tiksindirmek.

sick.en.ing (sîk'ınîng) *s.* hastalık getiren; tiksindirici, iğrenç; kusturucu. **sickeningly** *z.* tiksindirici surette.

sick.ish (sîk'îş) *s.* hasta gibi, rahatsız; rahatsız edici, gönül bulandırıcı. **sickishly** *z.* bulantı hissederek. **sickishness** *i.* bulantı hissetme, hastalanır gibi olma.

sick.le (sîk'ıl) *i., f.* orak; *f.* orakla biçmek.

sick.ly (sîk'li) *s.* hastaca, daima keyifsiz, hastalıklı, hasta mizaçlı; hastalık getiren; gönül bulandırıcı; marazî, tiksindirici, hasta yüzlü. **sickliness** *i.* hastalıklı hal.

sick.ness (sîk'nîs) *i.* hastalık; mide bulantısı, kusma.

sick.room (sîk'rum) *i.* hasta odası.

side (sayd) *i., s.* yan; taraf; kenar; cihet; etek (dağ); taraftarlar, fırka; *den.* kenar, yan, yan taraf; *İng., argo* yüksekten atıp tutma; bilardoda bilyeye vurmak suretiyle hâsıl olan dönerek gitme kuvveti; *s.* yan, yanda veya yandan olan; ikincil, ikinci derecede olan. **side arms** kılıç veya tabanca gibi yana takılan silâhlar. **side by side** yan yana. **side effect** yan tesir. **side show** asıl temsil veya programa ilâve olarak gösterilen oyun. **side street** yan sokak, tali yol. **side stroke** *spor* yan kulaç. **side table** servis masası. **on the side** *argo* fazladan, ayrıca, bundan başka. **split one's sides** gülmekten katılmak. **take sides** taraf tutmak.

side (sayd) *f., gen.* **with** *ile* taraf tutmak, desteklemek.

side.board (sayd'bôrd) *i.* büfe, kontrbüfe (yemek odasında).

side.burns (sayd'bırnz) *i., çoğ., A.B.D.* favori (saçlarda).

side.car (sayd'kar) *i.* motosikletin yolcu taşıyacak yeri, sepet; bir çeşit kokteyl.

sid.ed (say'dîd) *s.* cepheli, taraflı, çevrili.

side.kick (sayd'kîk) *i., A.B.D., argo* arkadaş.

side.light (sayd'layt) *i.* meseleyi dolaylı olarak aydınlatan şey; *den.* borda feneri.

side.line (sayd'layn) *i., f.* asıl mesleğinden ayrı meşguliyet sahası; tali hat; sporda kenar çizgisi; sorumlu olmayan bir kimsenin görüşü; *f.* oyun dışı edilmek.

side.ling (sayd'lîng) *s., z.* yana yatmış, eğri; *z.* yana yatmış şekilde.

side.long (sayd'lông) *z., s.* yan, yandan; *s.* meyilli.

si.de.re.al (sîdir'iyıl, say-) *s.* yıldızlara ait; yıldızların hareketlerine göre hesaplanmış (gün). **sidereal clock** yıldızların hareketine göre işleyen saat. **sidereal day** bir yıldızın meridyen dairesinden ayrılıp tekrar varması arasındaki müddet. **sidereal time** yıldızların hareketlerine göre hesap edilen zaman. **sidereal year** güneşin sabit bir yıldızdan iki kere geçtiği yıl.

sid.er.ite (sîd'ırayt) *i., min.* siderit.

sidero- önek demir, çelik; yıldız.

sid.er.o.lite (sîd'ırılayt) *i.* içinde demir bulunan göktaşı.

side.sad.dle (sayd'sädıl) *i.* kadınlara mahsus ve yan binilen eyer.

side.slip (sayd'slîp) *f.* (**-ped, -ping**) *i.* yan kaymak; *hav.* yan inişi yapmak; *i.* yana kayma; yan iniş; ağaç filizi.

sides.man (saydz'mın) *i.* Anglikan kilisesinde mütevelli muavini.

side.split.ting (sayd'splîtîng) *s.* candan, içten; kahkaha yaratan.

side.step (sayd'step) f. kenara çekilmek; yan çizmek, sorumluluktan kaçınmak; bertaraf etmek; uzatmak, sallantıda bırakmak.

side.swipe (sayd'swayp) i., f. yan tarafa indirilen şiddetli darbe; f. yandan çarpmak.

side.track (sayd'träk) i., f. yan hat; f. yan hatta geçirmek; bir kimsenin işini veya planını geriye bıraktırmak.

side.walk (sayd'wôk) i. yaya kaldırımı.

side.ward (sayd'wırd) s., z. yana doğru olan; z. yandan; yana doğru.

side.wash (sayd'wâş) i. uçağın yan tarafından esen hava cereyanı.

side.ways, side.wise (sayd'weyz, sayd'wayz) s., z. yan; z. yandan, yan taraftan.

side-wheel.er (sayd'hwilır) i. yandan çarklı vapur.

sid.ing (say'dîng) i. yan hat, demiryolunda ana hattan ayrılan şube hattı.

si.dle (sayd'ıl) f. yan yan gitmek. sidle up to one birine sokulmak.

Si.don (sayd'ın) i. Lübnan'da Sayda şehri.

siè.cle (sye'kıl) i., Fr. asır, yüzyıl.

siege (sic) i., f. kuşatma, muhasara; ısrarla ele geçirmeye uğraşma; eski ikamet yeri; eski rütbe, mertebe; uzun hastalık devresi; f., nad. kuşatmak, muhasara etmek. state of siege kuşatma durumu.

si.en.na (siyen'ı) i. boz renkli toprak boya. burnt sienna kırmızıya çalan kahverengi.

si.er.ra (siyer'ı) i. zirveleri çok olan dağ silsilesi; bir çeşit palamut.

Si.er.ra Le.o.ne (siyer'ı liyo'ni) Sierra Leone.

si.es.ta (siyes'tı) i. öğle uykusu, öğle istirahati.

sieve (sîv) i., f. kalbur, kevgir, elek; boşboğaz kimse; f. kalburdan geçirmek, elemek.

sift (sîft) f. kalburdan geçirmek, elemek; incelemek, soruşturmak; ayırmak. sift out kalburdan geçirip ayırmak. sift'ings i., çoğ. kalbur içinde kalan çerçöp.

sig. kıs. signature, signor.

sigh (say) f., i. iç çekmek, ah etmek; uğuldamak; for ile hasret çekmek; ah çeker gibi ses çıkarmak; i. iç çekme, ah etme.

sight (sayt) i. görme; gözlem, müşahede; muayene; görüş kuvveti; görülen şey, manzara; görülecek şey; göz erimi; inceleme fırsatı; fikir; nişangâh; leh. çok miktar; k.dili çirkin bir şey. sight draft ibrazında tediye olu-

nacak poliçe. sight unseen görmeden (satın almak). a sight for sore eyes bir içim su; hoş bir rastlantı. at sight ibrazında, gösterilince. catch sight of görüvermek, gözüne ilişmek. find favor in someone's sight birinin gözüne girmek. in sight göz önünde, görünürde, gözle görülür, yakın. know by sight yüzünden tanımak, göz aşinalığı olmak. not by a long sight hiç, asla. on sight görülünce, görüldüğü anda. out of sight gözden uzak; k.dili son derece yüksek, fahiş (fiyat). Out of sight, out of mind. Gözden ırak olan gönülden de ırak olur. take a sight yerini belli etmek. You are a sight for sore eyes. Yüzünüzü gören cennetlik olur.

sight (sayt) f. görmek; bakıp keşfetmek; nişan almak; nişangâhını ayarlamak; gözlemek; belirli bir yere dikkatle bakmak.

sight.less (sayt'lis) s. kör, âmâ, görmez; görünmez. sightlessly z. görmeden, kör olarak. sightlessness i. körlük.

sight.ly (sayt'li) s. güzel, hoş; güzel manzara arz eden, göze hitap eden. sightliness i. güzellik; göze hitap etme.

sight-read.ing (sayt'rîdîng) i. hazırlıksız okuma veya çalma.

sight-see.ing (sayt'siyîng) i. gezme; ilginç yerleri ziyaret etme.

sig.il (sîc'il) i. mühür.

sig.ma (sîg'mı) i. Yunan alfabesinin "s" sesi veren on sekizinci harfi, sigma; mat. sigma işareti.

sig.mate (sîg'meyt) s. sigma şeklindeki.

sig.moid (sîg'moyd) s., anat. "s" harfi şeklindeki, sigmoit, sigmamsı. sigmoid artery anat. kalınbağırsağa kan getiren damarın bir kolu. sigmoid flexure anat. makattan kalınbağırsağa çıkan "s" şeklindeki kısım, sigmoit kolon, kalça leğen kolonu.

sign (sayn) i. işaret, alâmet, nişan, belirti, iz, remiz; tabela, levha; astr. on iki burçtan biri; tıb. âraz. sign language sağır ve dilsizlerin işaretlerle konuştukları dil. sign manual el yazısı imza (bilhassa hükümdarın). sign painter tabela ressamı. I had a sign. İçime doğdu.

sign (sayn) f. imzalamak; işaretlerle ifade etmek; işaret etmek; imza ile kontrata bağlamak; away, off veya over ile resmen başkasına devretmek. **sign off** *k.dili* radyo yayınına son vermek. **sign on** askerliğe kaydolunmak. **sign out** ayrıldığını imza ile belli etmek; kütüphaneden kitap alındığını imza ile belirtmek. **sign up** kaydetmek, kaydolmak.

sig.nal (sîg′nıl) *s.* dikkate şayan, belli, açık, vazıh, aşikâr, dikkati çeken, işaret veren. **signally** *z.* dikkate şayan derecede.

sig.nal (sîg′nıl) *i., f.* (**-ed, -ing** veya **-led, -ling**) işaret; belirten herhangi bir şey; işaretle verilen emir; parola; saik; *f.* işaret vermek; işaretlerle bildirmek. **signal box** *d.y.* içinde işaret cihazı bulunan kulübe. **Signal Corps** *ask.* işaret alayı. **storm signal** fırtına çıkacağını bildiren işaret.

sig.nal.ize (sîg′nılayz) *f.* mümtaz hale getirmek, şöhret kazandırmak; dikkatle göstermek.

sig.nal.man (sîg′nılmın) *i.* işaret memuru, işaretçi.

sig.nal.ment (sîg′nılmınt) *i.* bir suçlunun parmak izlerinin ve diğer özelliklerinin kaydı.

sig.na.to.ry (sîg′nıtôri) *s., i.* imza eden; *i.* imza sahibi; kayıt veya imza eden kimse, özellikle anlaşma veya mukavele imza eden kimse.

sig.na.ture (sîg′nıçır) *i.* imza; *müz.* işaret, nota imi; *matb.* kitap formasının ilk sayfasına konulan işaret; forma; *ecza.* reçetede ilâcın kullanılış şeklini belirten kısım.

sign.board (sayn′bôrd) *i.* tabela, yafta, afiş.

sig.net (sîg′nît) *i.* mühür, özellikle hükümdarın şahsî mührü. **signet ring** mühür yüzüğü.

sig.nif.i.cance, -can.cy (sîgnîf′ıkıns, -kınsi) *i.* manalı olma; anlam, mana; önem, ehemmiyet.

sig.nif.i.cant (sîgnîf′ıkınt) *s.* manidar, anlam taşıyan, manalı; önemli, mühim. **significantly** *z.* manalı bir şekilde.

sig.ni.fi.ca.tion (sîgnîfıkey′şın) *i.* anlam, mana, meal.

sig.nif.i.ca.tive (sîgnîf′ıkeytîv, -kıtîv) *s.* anlamlı, manalı, bir kavram belirten. **significatively** *z.* bir mana ifade ederek. **significativeness** *i.* bir anlam veya kavram belirtme. **significatory** *s.* manalı.

sig.ni.fy (sîg′nıfay) *f.* işaretle anlatmak, belirtmek, ifade etmek; delâlet etmek; anlam vermek; anlamı olmak.

si.gnor (sin′yôr) *i.* efendi, bay, İtalyan asılzadelerine verilen unvan.

si.gno.ra (sinyo′ra) *i., İt.* bayan, hanım (evli).

si.gno.re (sinyo′rey) *i., İt.* bey, bay.

si.gno.ri.na (sinyori′na) *i., İt.* genç kızlara verilen unvan, matmazel.

si.gno.ri.no (sinyori′no) *i., İt.* küçük bey.

sign.post (sayn′post) *i.* işaret direği, işaret gönderi; kılavuz.

Sikh (sik) *i., s.* Hindistan mezheplerinden birinin üyesi, Sih; *s.* bu mezhepten olan.

Sik.kim (sîk′kîm) *i.* Sikkim.

si.lage (say′lîc) *i.* siloda muhafaza olunan hayvan yemi, yeşillik.

si.lence (say′lıns) *i., f.* sessizlik, sükût; zikretmeyiş, bahsetmeyiş; ketumiyet, sır saklama; sükûnet, huzur; *müz.* es; *f.* susturmak, sesini kestirmek, sükût ettirmek; *ask.* bastırmak, ateş kesmeye mecbur etmek; yatıştırmak. **Silence gives consent.** Sükût ikrardan gelir.

si.lenc.er (say′lınsır) *i.* susturucu adam veya şey; ses kesici araç, amortisör; *İng.* susturucu.

si.lent (say′lınt) *s.* sessiz, sakin; suskun; söylenmeyen. **silent letter** okunmayan harf. **silent partner** işlerin yürütülmesine karışmayan ortak. **silent system** mahpusların birbiri ile konuşmalarını yasak eden sistem. **silently** *z.* sessizce. **silentness** *i.* sessizlik.

si.len.ti.ar.y (saylen′şiyeri) *i.* sükût ve düzeni korumakla görevli kimse, mübaşir; Roma İmparatorluğunda devlet sırlarını saklamaya ant içmiş memur veya müşavir.

Si.le.nus (sayli′nıs) *i., Yu. mit.* Baküs′ün üvey babası; ihtiyar sarhoş; *k.h.* yarısı insan yarısı keçi şeklinde olan tanrı, satir.

Si.le.sia (sîli′şı) *i.* Silezya; *k.h.* aslında Silezya′da dokunmuş pamuklu astarlık kumaş.

si.lex (say′leks) *i.* silis; sıcağa dayanan cam.

sil.hou.ette (sîluwet′) *i., f.* gölge resim, siluet; *f.* gölge şeklinde resim yapmak, siluet çizmek.

sil.i.ca (sîl′ıkı) *i.* silis. **silicate** *i., kim.* asit silisit tuzu veya esteri. **siliceous** (sîlîş′ıs), **silicic** (sîlîs′îk) *s.* silisli.

si.lic.i.fy (sîlîs′ıfay) *f.* taşlaştırarak çakmaktaşı haline getirmek.

sil.i.cle (sîl′ıkıl) *i., bot.* kısa ve enli bir meyva tipi, silikül. **silic′ulose** *s., bot.* silikül meyvalı.

sil.i.con (sîl′ıkın) *i., kim.* silisyum.

sil.i.co.sis (silîko'sîs) *i., tıb.* kuvars tozunun ciğerlere girmesinden ötürü taş kesicilerde görülen akciğer hastalığı.

si.lique (sîlik') *i., bot.* uzun ve dar bir meyva tipi, hardalsı meyva.

silk (sîlk) *i.* ipek; ipekli kumaş; ipeğe benzer örümcek ağı teli; ipeğe benzer mısır püskülü. **silk cocoon** ipek kozası. **silk hat** silindir şapka. **silk mill** ipek imalâthanesi veya tezgâhı. **silk vine** ipek fidanı, *bot.* Periploca graeca. **artificial silk** sunî ipek. **raw silk** ham ipek. **spun silk** ibrişim.

silk.en (sîl'kın) *s.* ipek gibi, ipekli; parlak ve yumuşacık; nazik; ipekler giymiş, lüks.

silk-screen process (sîlk'skrin) ipek kumaşla yapılan bir çeşit basma tarzı.

silk-stock.ing (sîlk'stak'îng) *s., i.* ipek çorap giymiş; ağır giyinmiş, aristokratça, kibar, lüks; *i.* zengin kimse.

silk.worm (sîlk'wırm) *i.* ipekböceği.

silk.y (sîl'ki) *i.* ipek gibi, ipekli; *bot.* atlas gibi (yaprak); davranışlarda riyakârlık gösteren.

sill (sîl) *i.* eşik, kapı veya pencere eşiği, denizlik.

sil.la.bub (sîl'ıbʌb) *i.* şarap ve sütle karıştırılmış bir çeşit yemek.

sil.ler (sîl'ır) *i., s., İskoç.* para; *s.* gümüş.

sil.ly (sîl'i) *s.* sersem, şaşkın, budala, akılsız; divane, ahmak; ahmakça, gülünç; sersemlik kabilinden; budalaca, saçma. **sillily** *z.* ahmakça. **silliness** *i.* ahmaklık; saçmalık.

si.lo (say'lo) *i., f.* silo; *f.* siloya doldurmak.

silt (sîlt) *i., f.* suyun getirip biriktirdiği kum veya çamur, mil; *f., up ile* böyle kum ve çamurla doldurmak veya dolmak.

Si.lu.ri.an (sîlûr'iyın, say-) *s., i., jeol.* Silüryen; *i.* Silür.

si.lu.rid (sîlûr'îd) *i., s.* yayınbalığıgillerden bir balık; *s.* bu balıklara ait.

sil.van *bak.* **sylvan.**

sil.ver (sîl'vır) *i., s.* gümüş; gümüş para; gümüş eşya; gümüş kaplama eşya; gümüşe benzer şey; gümüş rengi; *s.* gümüşten yapılmış; gümüşe benzer, gümüş gibi, beyaz ve parlak; berrak (ses). **silver anniversary** yirmibeşinci evlenme yıldönümü. **silver fir** beyaz çam ağacı, gümüş köknar. **silver gray** gümüş rengi. **silver-haired** *s.* ak saçlı. **silver plate** gümüş kaplama. **silver poplar** akkavak ağacı. **silver-tongued** *s.* belâgatli. **be born with a silver spoon**

in one's mouth zengin bir ailede doğmuş olmak.

sil.ver (sîl'vır) *f.* gümüş kaplamak; gümüşlü civa ile sırlamak (ayna); gümüş gibi parlatmak; *foto.* gümüş nitratla kaplamak; gümüş gibi beyaz ve parlak olmak.

sil.ver.fish (sîl'vırfîş) *i.* beyaz mercanbalığı; gümüşbalığı; gümüş renkli birkaç çeşit balık; kitaplara zarar veren küçük ve parlak bir böcek.

sil.ver.smith (sîl'vırsmîth) *i.* gümüş üzerine çalışan kuyumcu.

sil.ver.ware (sîl'vırwer) *i.* gümüş eşya; gümüş sofra takımı; kaşık ve çatal takımı.

sil.ver.weed (sîl'vırwid) *i.* beşparmakotu, *bot.* Potentilla anserina.

sil.ver.y (sîl'vıri) *s.* gümüşe benzer, gümüş gibi; berrak. **silveriness** *i.* gümüş gibi oluş; berraklık.

sil.vi.cul.ture (sîl'vîkʌlçır) *i.* ağaçlandırma, ormancılık.

sim.i.an (sîm'iyın) *s., i.* maymuna benzer; *i.* maymun, özellikle insana benzeyen maymun.

sim.i.lar (sîm'ılır) *s., i.* benzer, müşabih, birbirine yakın; *geom.* şekilde aynı olan; *i.* benzeyen şey. **similarity** (sîmıler'ıti) *i.* benzeyiş, benzerlik. **similarly** *z.* bunun gibi, aynı, aynı şekilde.

sim.i.le (sîm'ıli) *i., kon. san.* teşbih, temsil.

si.mil.i.tude (sîmîl'ıtud) *i.* benzerlik, müşabehet; teşbih, mesel, suret.

sim.mer (sîm'ır) *f., i.* ateşte ağır ağır kaynamak; kaynar hale gelmek; hafif heyecan içinde bulunmak; kaynama derecesinin birkaç derece altında pişirmek; *i.* öfke veya coşkunluktan patlar hale gelme; hiddeti zapt etme hali. **simmer down** *k.dili* yavaş yavaş hafiflemek, yatışmak; ağır ağır kaynayarak azalmak.

sim.nel (sîm'nıl) *i., İng.* bayram pastası.

si.mo.le.on (sîmo'liyın) *i., A.B.D., argo* bir dolar.

si.mo.ni.ac (sîmo'niyäk) *i.* papazlık gibi kutsal değerleri satan veya satın alan adam. **simoniacal** (sîmınay'ıkıl) *s.* böyle iğrenç bir alım satım kabilinden veya buna ait.

si.mon-pure (say'mınpyûr') *s.* halis, saf; gerçek; alnı açık yüzü ak, lekesiz.

sim.o.ny (say'mıni, sîm'-) *i.* papazlık rütbesi veya makamı alım satımı; kutsal tutulan şeylerden kâr çıkarma.

si.moom, si.moon (sîmum', -mun') *i.* samyeli.

sim.pat.i.co (sîmpät'îko) *s., A.B.D., k.dili* çekici, sempatik.

sim.per (sîm'pır) *f., i.* aptal aptal sırıtmak, *colloq.* pişmiş kelle gibi sırıtmak; *i.* aptalca sırıtma. **simperingly** *z.* aptalca sırıtarak.

sim.ple (sîm'pıl) *s., i.* basit, bileşik olmayan; sade, süssüz; *bot.* yalın (yaprak); *zool.* münferit, tek; adi, bayağı; kolay; saf, halis; tabiî, sunî olmayan, yapmacıksız; budala, alık, ahmak; ahmakça; önemsiz, ehemmiyetsiz; kolay anlaşılır; ancak yeterli; *i.* basit şey; ilâç yapılan ot; budala kimse. **simple fraction** bayağı kesir. **simple fracture** basit kırık. **simple -hearted** *s.* saf yürekli, temiz kalpli. **simple interest** basit faiz. **simple machine** basit makina. **simple-minded** *s.* cahil; basit; kendi halinde; aklı noksan; aptal. **Simple Simon** saf ve aptal kimse. **simpleness** *i.* sadelik, basitlik; saflık; bönlük.

sim.ple.ton (sîm'pıltın) *i.* ahmak veya budala kimse.

sim.plex (sîm'pleks) *s.* basit; bir seferde tek haber gönderilebilen telgraf sistemine ait.

sim.plic.i.ty (sîmplîs'ıti) *i.* basitlik, sadelik; kolaylık; budalalık, saflık; samimiyet.

sim.pli.fi.ca.tion (sîmplîfikey'şın) *i.* sadeleştirme, basitleştirme; basitleşme.

sim.pli.fy (sîm'plıfay) *f.* basitleştirmek, sadeleştirmek, kolaylaştırmak.

sim.ply (sîm'pli) *z.* ancak, sadece; basit olarak; budalaca; *k.dili* tamamen.

sim.u.la.crum (sîmyıley'krım) *i.* (*çoğ.* -cra) suret, hayal; hafif benzeyiş, taklit.

sim.u.late (sîm'yıleyt) *f.* taklit etmek, taklidini yapmak. **simula'tion** *i.* taklit.

si.mul.ta.ne.ous (saymıltey'niyıs, sîmıl-) *s.* aynı zamanda vaki olan, eşzamanlı. **simultaneously** *z.* aynı zamanda, birlikte, bir arada. **simultaneousness** *i.* aynı zamanda vaki olma, eşzamanlılık.

sin (sîn) *i.* günah; suç; günah işleme; kusur. **sin offering** günahların affedilmesi için sunulan şey. **besetting sin** insanların daima işlemeye meyilli oldukları günah. **deadly sin** büyük günah, affolunmaz günah. **live in sin** nikâhsız olarak karı koca hayatı yaşamak. **original sin** Hıristiyanlarca insanların doğuştan işlemeye meyilli oldukları günah. **venial sin** hafif günah, affolunur günah.

sin (sîn) *f.* (-ned, -ning) günah işlemek, günaha girmek, günahkâr olmak; suç işlemek.

Si.nai (say'nay, -niyay) *i.* Sina yarımadası.

Si.nai, Mount Sina dağı, Turu Sina. **Sinaitic** (sayniyît'îk) *s.* Sina dağına ait, Sina dağında verilen.

sin.a.pism (sîn'ıpîzım) *i., tıb.* hardal yakısı.

since (sîns) *z., edat, bağlaç* o zamandan beri; ondan sonra; sonradan; çok evvel, çoktan beri; *edat* -den beri, olalı, edeli; -den sonra; *bağlaç* -den beri; -dan dolayı; çünkü, mademki.

sin.cere (sînsîr') *s.* içten, samimî, sadık, gerçek, hakikî; sahte olmayan. **sincereness, sincerity** (sînser'ıti) *i.* içtenlik, samimiyet, hulûs, hüsnüniyet.

sin.cere.ly (sînsîr'li) *z.* içtenlikle, samimiyetle. **Yours sincerely.** Saygılarımla.

sin.ci.put (sîn'sîpʌt) *i., anat.* önkafa; kafatasının üst kısmı, tepe.

Sind.bad (sînd'bäd) *i.* Sinbad.

sine (sayn) *i., mat.* sinüs.

si.ne (say'ni) *edat, Lat.* -siz. **sine die** gün kararlaştırmadan (meclisin dağılması münasebetiyle kullanılan tabir). **sine qua non** mutlaka aranılan (şart).

si.ne.cure (say'nıkyûr, sîn'ı-) *i.* ağır çalışma gerektirmeyen memuriyet; arpalık. **sinecurist** *i.* böyle bir işte çalışan memur.

sin.ew (sîn'yu) *i., f.* veter, kiriş; *gen. çoğ.* kuvvet, enerji; kuvvet ve kudret verici şey; *f.* kirişle kuvvetlendirmek. **the sinews of war** harp için gerekli olan para ve sair levazım.

sin.ew.y (sîn'yuwi) *s.* veter gibi; kuvvetli, adaleli; dinç.

sin.fo.ni.a (sînfo'nıyı) *i.* Barok devrinde yazılmış küçük senfoni; senfoni.

sin.ful (sîn'fıl) *s.* günahkâr, günah kabilinden; ahlâk dışı; habis, şerir. **sinfully** *z.* günahkârca, günah işleyerek, haince. **sinfulness** *i.* günahkârlık, günah, hainlik.

sing (sîng) *f.* (sang, sung) *i.* şarkı söylemek, terennüm etmek; çağlamak; ıslık gibi ses çıkarmak, uğuldamak (rüzgâr); çınlamak (kulak); şiir okumak; ötmek, şakımak; *argo* suçu açığa vurmak; *i., k.dili* şarkı söyleme; terennüm, özellikle birçok kimsenin bir arada şarkı söylemesi; kurşun vızıltısı. **sing one's praises** birini hararetle methetmek. **sing** out bağırmak, seslenmek. **sing'able** s. şarkı gibi söylenebilir, terennüm edilebilir.

Sin.ga.pore (sîng'ıpôr) i. Singapur.

singe (sînc) f. (**singe.ing**) i. azıcık yakmak, ütülemek, alazlamak, hafifçe yakmak; i. hafif yanık.

sing.er (sîng'ır) i. şarkı söyleyen kimse, şarkıcı; muganni, hanende; ozan, şair, âşık; ötücü kuş.

Sin.gha.lese (sîng.gıliz', -lis') s., i. Seylan'a ait; i. Seylanlı; Seylan dili.

sin.gle (sîng'gıl) s., i. tek, bir, yalnız, ayrı, münferit; bekâr, evlenmemiş; özel, hususî, tek kişilik; iki tarafta yalnız birer rakip bulunan (oyun); sağlam; sade, basit, saf; bir kat, yalın kat; çiçekleri yalın kat olan; i. bir, tek; gen. çoğ. teniste tekler, single; golfta iki oyuncu ile oynanan oyun; beysbolda vurucuyu birinci kaleye ulaştıran vuruş; krikette bir sayı kazandıran vuruş; tek kişilik oda. **single barrel** tek namlulu (tüfek). **single entry** tic. basit defter tutma usulü, ana deftere bir kere kaydetme; bir kerelik giriş. **single file** birbiri arkasına dizilen sıra; tek sıra. **single tax** tic. tek dereceli vergi. **single-track** s. tek hatlı, tek yönlü; tek açıdan değerlendiren.

sin.gle (sîng'gıl) f., gen. **out** ile seçmek, ayırmak; birer birer almak; beysbol vurucuyu birinci kaleye ulaştıran vuruşu vurmak.

sin.gle-act.ing (sîng'gıläk'tîng) s. tek yönde çalışan.

sin.gle-breast.ed (sîng'gılbres'tîd) s. tek sıra düğmeli (ceket).

sin.gle-hand.ed (sîng'gılhän'dîd) s. tek kişi ile işletilen; tek el ile çalışan.

sin.gle-heart.ed (sîng'gılhar'tîd) s. temiz kalpli, sadık.

sin.gle-mind.ed (sîng'gılmayn'dîd) s. tek amaçlı; sade; samimî; hilesiz.

sin.gle.ness (sîng'gılnîs) i. birlik, yalnızlık; bekârlık; samimiyet, dürüstlük, sadakat.

sin.gle.stick (sîng'gılstik) i. eskrim değneği; değneklerle oynanılan eskrim; kısa kalın sopa.

sin.gle.ton (sîng'gıltın) i., iskambil bazı oyunların başlangıcında oyuncunun elinde bulunan bir renkten tek kâğıt; tek bir şey.

sin.gly (sîng'gli) z. yalnız, tek başına.

sing.song (sîng'sông) i., s. aynı tempoda ve cansız bir makamla okuma; s. aynı tempoda ve cansız.

sin.gu.lar (sîng'gyılır) s., i. yalnız, tek, ayrı, münferit; eşsiz, müstesna; gram. tekil, müfret; bambaşka, görülmemiş, tuhaf, garip; i., gram. tekil kelime; tek şey. **singularity** (sîngyıler'ıti) i. tuhaflık, garabet; özellik, hususiyet, dikkati çeken şey. **singularly** z. müstesna olarak, fevkalade bir şekilde.

sin.gu.lar.ize (sîng'gyılırayz) f. özelliğini belirtmek.

Sin.i.cism (sîn'ısîzım) i. Çinlilere özgü âdet.

sin.is.ter (sîn'îstır) s. uğursuz, meşum; netameli; bozuk, kötü, fesat; kötülük saçan; nad. sol; hane. kalkanın solundaki. **a sinister design** kötü fikir, meşum plan.

sin.is.tral (sîn'îstrıl) s. sola ait, sola meyilli; solak. **sinistrally** z. sola doğru, sola meylederek.

sink (sîngk) f. (**sank, sunk** veya **sunken**) batmak, garkolmak; yıkılmak, halsizlikten düşmek; irtifa kaybetmek, düşmek; dalmak, derinliğine gitmek; ağır ağır inmek; girmek; etkilemek, tesir etmek, içine işleyip girmek; çukurlaşmak; yavaş yavaş ölmek; gurup etmek; batırmak, daldırmak; indirmek; gururunu kırmak; azaltmak, eksiltmek; para yatırmak; kazıp açmak. **sinking fund** itfa sermayesi, amortisman sandığı.

sink (sîngk) i. lavabo; geriz, lağım; jeol. çukur, havza; batakhane.

sink.er (sîngk'ır) i. olta veya ağ kurşunu.

sink.hole (sîngk'hol) i. kaya veya kayalık arazide bulunan ve içindeki suyun sızmasıyle kuruyan çukur.

sin.less (sîn'lis) s. günahsız, suçsuz, masum. **sinlessly** z. günah işlemeden, suçsuz olarak. **sinlessness** i. günahsızlık, suçsuzluk.

sin.ner (sîn'ır) i. günahkâr kimse.

Sin.o.logue (sîn'ılôg, say'nı-) i. Sinolog, Çin dili ve kültürü uzmanı. **Sinol'ogy** i. Çin dili ve kültürü ilmi, Sinoloji.

sin.ter (sîn'tır) i., f. memba etrafında biriken kireçli veya silisli tortu; ısı ve basınçla yapıştırılmış maden parçaları; f. maden tozu veya parçalarını yarı yarıya eriterek yapıştırmak; böyle yapıştırılmak.

sin.u.ate (sîn'yuwit) s. yılankavî, zikzak, dalgalı; bot. körfezli, sinuat (yaprak).

sin.u.os.i.ty (sìnyuwas'ıtì) *i.* yılankavilik, yılankavî dönemeç, dolambaç.

sin.u.ous (sin'yuwıs) *s.* yılankavî, dalgalı, dolambaçlı; *bot.* körfezli, sinuat. **sinuously** *z.* yılankavî bir şekilde. **sinuousness** *i.* yılankavilik, dolambaçlık.

si.nus (say'nıs) *i.* boşluk, kovuk; *anat.* sinüs; *anat.* beyinde kara kan kanalı; *tıb.* içinde cerahat toplanan boşluk. **sinusitis** (saynısay'tìs) *i., tıb.* sinüs iltihabı, sinüzit.

si.nu.soid (say'nyusoyd) *i.* sinüsoit.

sip (sìp) *f.* **(-ped, -ping)** *i.* yudum yudum içmek, yudumlamak; *i.* yudum yudum içme; yudum.

si.phon (say'fın) *i., f.* sifon; *zool.* sifonluların içine su çektiği veya dışarıya su verdiği boru şeklinde organ; *f.* sifon ile su çekmek, sifondan geçirmek veya geçmek. **siphonage** *i.* sifonun işlemesi.

sip.per (sìp'ır) *i.* yudumlayan kimse veya şey; cam veya plastikten yapılmış eğri kamış.

sip.pet (sìp'ìt) *i.* süte veya et suyuna batırılmış ekmek parçası, tirit; garnitür için kullanılan kızarmış ufak ekmek parçası.

sir (sır) *i.* efendim, beyefendi; *b.h.* bir asalet unvanı, sör.

sir.dar (sırdar') *i.* serdar, başkan, kumandan; Mısır'da ordu başkumandanı.

sire (sayr) *i., f.* baba, ata; efendimiz (eskiden herhangi büyük bir kimseye şimdi ise yalnız hükümdarlara hitaben kullanılan bir tabir); memelilerde baba hayvan; *f.* baba olmak (özellikle atlarda).

si.ren (say'rın) *i., Yu. mit.* güzel şarkı söyleyerek denizcileri aldatan deniz perisi; çok cazip ve tehlikeli kadın; siren, canavar düdüğü; bir çeşit su kertenkelesi; denizkızı.

si.re.ni.an (sayrì'niyın) *s., i.* ot yiyen memeli deniz hayvanları takımına ait. *i.* deniz-kızı -semendergillerden bir hayvan.

Sir.i.us (sìr'iyıs) *i., astr.* Siryüs, Şuarayı Yemanî yıldızı, Büyükköpek (Kelbülekber) takımyıldızında en parlak yıldız, Akyıldız.

sir.loin (sır'loyn) *i.* sığır filetosu.

si.roc.co (sìrak'o) *i.* İtalya ve İspanya'ya doğru güneyden esen sıcak bir rüzgâr, siroko.

sir.rah (sìr'ı) *i., eski* herif.

sir.up *bak.* **syrup.**

si.sal (say'sıl, sìs'ıl) *i.* sisal keneviri, dayanıklı bir çeşit kenevir.

sis.kin (sìs'kìn) *i.* karabaşlı iskete, *zool.* Carduelis spinus.

sis.sy (sìs'i) *i., A.B.D., k.dili* korkak ve kız gibi oğlan, hanım evlâdı. **sissified** *s.* kız gibi.

sis.ter (sìs'tır) *i., s.* kızkardeş, hemşire, bacı, abla, kardeş (kız); aynı cinsten olan kimse veya şey; rahibe; *s.* hemcins; kızkardeş gibi. **sister-in-law** *i.* görümce, yenge, baldız. **elder sister** abla. **half sister** üvey kızkardeş. **lay sister** rahibe namzedi. **sisterly** *s.* kızkardeş gibi, kızkardeşe yakışır.

sis.ter.hood (sìs'tırhûd) *i.* kızkardeşlik, kızkardeşlik görevi; rahibeler birliği.

Sis.tine (sìs'tin) *s.* papa Sixtus'a ait. **Sistine Chapel** Vatikan'da bulunan Sistine kilisesi. **Sistine Madonna** Rafael'in meşhur Hazreti Meryem tablosu.

sis.trum (sìs'trım) *i.* (*çoğ.* **-trums, -tra**) eskiden Mısır'da ibadet esnasında kullanılan ve ortasından geçirilmiş madeni çubuklar sarsılınca ses çıkaran saplı kasnak şeklinde bir çalgı.

sit (sìt) *f.* **(sat, -ting)** oturmak, çömelmek; tünemek; kuluçkaya yatmak; filanca tarafta bulunmak; toplantıda üye sıfatı ile oturmak; toplantı yapmak, toplanmak; ressam veya heykeltıraşa modellik etmek; resim çektirmek için poz vermek; binip oturmak (ata); oturtmak. **sit at one's feet** talebesi olmak. **sit by** ilgilenmemek. **sit down** oturmak. **sit in on** misafir sıfatıyle toplantıya katılmak. **sit on** toplantıda ele almak; *k.dili* susturmak, ağzını kapatmak. **sit on the fence** tarafsız kalmak. **sit on the lid** meseleyi örtbas etmeye çalışmak. **sit on the throne** hükümdarlık tahtına oturmak; kral olmak. **sit out** sonuna kadar oturmak; baloda bir dans esnasında oturmak. **sit over** *argo* sıkışıp başkasına da yer vermek. **sit pretty** *A.B.D., argo* kârlı durumda bulunmak. **sit tight** *k.dili* sonuç elde edilinceye kadar harekete geçmemek. **sit up** dik oturmak; yolunu beklemek; ilgi göstermek. **The wind sits in the east.** Rüzgâr doğudan esiyor.

sit-down strike (sìt'daun) oturma grevi.

site (sayt) *i.* yer, mevki, mahal, mevzi.

sith (sìth) *z., bağlaç, edat, eski* -den beri.

sit-in (sìt'ìn) *i.* medenî hakları elde etmek için oturma gösterisi.

sito- *önek* yemek.

si.tol.o.gy (saytal'ıci) *i.* yemek bilgisi; pehriz ihtisası.

sit.ter (sît'ır) *i.* oturan kimse. **baby sitter** ana babası evde yokken çocuğun yanında oturan ücretli bakıcı.

sit.ting (sît'îng) *i., s.* celse, oturum; kuluçkalık yumurta sayısı; kuluçka müddeti; *s.* oturmaya mahsus. **sitting duck** *k.dili* kolay vurulan hedef. **sitting room** salon, oturma odası.

sit.u.ate (sîç'uweyt) *f.* yerleştirmek, yerini tayin etmek. **situated** *s.* kâin, vaki, mukim, bulunan.

sit.u.a.tion (sîçuwey'şın) *i.* yer, mevki, mahal; hal; vaziyet, durum; görev, vazife, memuriyet.

sitz bath (sîts) oturularak yıkanılan küvet.

Si.va, Shi.va (si'vı, şi'-) *i.* Hindu dininde en büyük üç tanrıdan biri.

six (sîks) *s., i.* altı; *i.* altı rakamı veya sayısı (6, VI); tavlada şeş. **sixfold** *s., z.* altı kat, altı misli. **six-footer** *i.* altı ayak boyunda kimse, uzun boylu kimse. **six of one, half a dozen of another** ya bu, ya öbürü. **at sixes and sevens** tam bir düzensizlik içinde, keşmekeş halinde. **double sixes** düşeş.

six.pence (sîks'pıns) *i.* altı peni; altı penilik para.

six-shoot.er (sîks'şu'tır) *i., k.dili* altı atar, altıpatlar.

six.teen (sîkstin') *s., i.* on altı; *i.* on altı sayısı veya rakamı. **sixteenth** *s., i.* on altıncı; on altıda bir. **sixteenth note** *müz.* on altılık nota, iki çengelli nota. **sixteenth rest** *müz.* on altılık es. **sweet sixteen** genç kızın en şirin ve tatlı yaşı.

sixth (sîksth) *s., i.* altıncı; altıda bir; *i.* bir şeyin altıda bir oranındaki kısmı; *müz.* altı nota yukarı veya aşağıda bulunan nota; altı notalık ara; gamda la notası. **Sixth day** cuma. **sixth sense** altıncı his. **sixth'ly** *z.* altıncı olarak.

six.ty (sîks'ti) *s., i.* altmış; *i.* altmış sayısı veya rakamı. **like sixty** *argo* çok hızlı. **the sixties** 1960 ile 1969 arasındaki yıllar; 60-69 arası yaş. **sixtieth** *s., i.* altmışıncı (şey); altmışta bir (kısım).

siz.a.ble (say'zıbıl) *s.* büyücek, oldukça iri, hacimli.

size (sayz) *i., f.* büyüklük, hacim, cesamet; beden (elbise), numara (ayakkabı); *k.dili* hal, durum; *f.* istenilen ebatta kesip biçmek; büyüklüklerine göre ayırmak; büyüklüğünü tahmin etmek. **size up** *A.B.D., k.dili* karşısındakini tartmak, hakkında hüküm vermek, fikir yürütmek. **a size too big** bir numara büyük. **just my size** tam benim ölçüme göre, tam benim bedenim, istediğim büyüklükte.

size (sayz) *i., f.* ahar; haşıl; *f.* aharlamak (kâğıt); haşıllamak (kumaş); (badanadan önce) tutkallamak. **sized** *s.* çirişli (kumaş).

size.a.ble *bak.* sizable.

siz.ing (say'zîng) *i.* ahar (kâğıt); haşıl (kumaş), helme.

siz.y (say'zi) *s.* yapışkan, helmeli.

siz.zle (sîz'ıl) *f., i.* cızırdamak; sıcaktan bunalmak; *i.* cızırdama.

siz.zler (sîz'lır) *i., k.dili* çok sıcak bir şey.

S.J. *kıs.* Society of Jesus.

skald, scald (skôld, skald) *i.* bir nevi eski İskandinav halk ozanı.

skate (skeyt) *i.* tırpana, rina, vatoz, *zool.* Raja batis; folya balığı. **skatefish** kırk ambar, *zool.* Raja batis. **gray skate** tırpana, *zool.* Raja batis.

skate (skeyt) *i., f.* paten; *f.* patinaj yapmak, patenle kaymak. **skate on thin ice** tehlikeli bir işe girişmek. **skating rink** sunî patinaj sahası. **figure skating** buz üzerinde şekil çizerek patinaj yapma. **roller skate** tekerlekli paten.

skat.er (skey'tır) *i.* patinaj yapan kimse.

ske.dad.dle (skîdäd'ıl) *f., i., k.dili* kaçmak; *i.* kaçış.

skee *bak.* ski.

skeet (skit) *i.* havaya fırlatılan yapma kuşlara nişan alma.

skeg (skeg) *i., den.* omurganın bodoslamaya bağlanan ucu.

skein (skeyn) *i.* çile.

skel.e.tal (skel'ıtıl) *s.* iskelete ait, iskelet gibi.

skel.e.ton (skel'ıtın) *i., s.* iskelet; çok zayıf kimse, insan kurusu, kadit; bina çatısı, kafes; ana hatlar, taslak; *s.* iskelete benzer, iskelet kabilinden; bir deri bir kemik. **skeleton at the feast** keyif kaçıran herhangi bir şey. **skeleton crew** çekirdek tayfa, asgarî kadro. **skeleton in the closet** utanç veren sır.

skeleton key maymuncuk, her kilidi açan anahtar. **skeleton type** çizgileri ince bir çeşit matbaa harfi. **family skeleton** bir ailenin saklamak istediği utanç veya üzüntü veren sır, aile sırrı.

skel.e.ton.ize (skel'ıtınayz) *f.* iskeletini hazırlamak, tasarlamak, iskelet haline koymak; sayıca azaltmak, asgarî miktara indirmek.

skep.tic, scep.tic (skep'tik) *i.* şüpheci kimse, septik kimse; Hıristiyanlıktan şüphe eden veya inanmayan kimse. **skeptical** *s.* şüphe edici, şüpheci, septik. **skeptically** *z.* inanmayarak, şüphe ile. **skepticism** *i., fels.* septisizm, şüphecilik.

sketch (skeç) *i., f.* taslak; kabataslak resim; kısa tarif, kroki; kısa hikâye veya müzikli gösteri, skeç; *k.dili* şakacı kimse; *f.* taslak yapmak; kabataslak resmini yapmak; kısaca tarif etmek.

sketch.book (skeç'bûk) *i.* resim müsvedde defteri; taslaklar kitabı; kısa hikâyeler kitabı.

sketch.y (skeç'i) *s.* taslak kabilinden; derinliği olmayan, yarım yamalak, kusurlu, noksan, eksik. **sketchily** *z.* taslak olarak; yarım yamalak bir şekilde, eksik olarak. **sketchiness** *i.* taslak halinde olma; kusurluluk; noksanlık.

skew (skyu) *s., i., f.* eğri, çarpık; birbirine paralel olmayan; *i.* eğrilik, çarpıklık; bükülme; *f.* eğri yoldan gitmek; yan bakmak; eğriltmek, çarpıtmak; başka anlam vermek.

skew.bald (skyu'bôld) *i.* beyaz renkli benekleri olan hayvan.

skew.er (skyu'wır) *i., f.* kebap şişi; şişe benzer herhangi bir şey; *şaka* kılıç; *f.* kebap şişine geçirmek; şişe dizmek; şişlemek.

ski (ski) *i.* (*çoğ.* **ski, skis**) *f.* kayak, ski; *f.* kayak kaymak, ski yapmak. **ski jump** kayakçının yaptığı sıçrama veya atlama. **ski lift** kayakçıları tepeye çıkaran teleferik. **skier** *i.* kayakçı. **skiing** *i.* kayak yapma, kayakçılık.

ski.a.gram, ski.a.graph (skay'ıgräm, -gräf) *i.* röntgen ışınları ile çekilen fotoğraf.

ski.a.scope (skay'ıskop) *i., tıb.* gözbebeği üzerindeki gölge ve ışıkları muayene ederek gözün durumunu anlamakta kullanılan cihaz.

skid (skid) *i., f.* (**-ded, -ding**) kayma; yana kayma; kızak, kaydırma kütüğü; tekerlek altına konan takoz; *den.* maliborda tahtası; *den.* filika sehpası, kalastra; *f.* yana doğru kaymak, yana savrulmak; tekerlek altına takoz koymak. **skid chain** tekerlek zinciri. **skid**

row *A.B.D., argo* ucuz meyhanelerin ve kalitesiz otellerin bulunduğu ve evsiz barksız takımının barındığı mahalle. **on the skids** *A.B.D., argo* sönmeye yüz tutmuş, itibardan düşmekte, gerileme halinde.

skid.doo (skidu') *ünlem, argo* Defol!

skid.way (skid'wey) *i.* kütüklerin yığıldığı yer.

skiff (skif) *i., den.* hafif yelkenli filika, hafif sandal, kik.

skill (skil) *i.* hüner, marifet, maharet, ustalık.

skilled (skild) *s.* mahir, usta, tecrübeli; maharet gerektiren. **skilled trades** maharet gerektiren meslekler.

skil.let (skil'it) *i.* tava.

skill.ful, İng. skil.ful (skil'fıl) *s.* hünerli, marifetli, becerikli, mahir, usta. **skillfully** *z.* maharetle, ustalıkla. **skillfulness** *i.* maharet, ustalık.

skim (skim) *f.* (**-med, -ming**) *s., i.* köpüğünü almak; kaymağını almak; sıyırıp geçmek; gözden geçirmek; suyun yüzünde sektirmek (taş); köpük bağlamak, kaymak tutmak; suyun yüzünde sekmek; *s.* kaymağı alınmış (süt); *i.* köpüğünü alma; köpüğü alınmış süt; ince tabaka. **skim milk, skimmed milk** kaymağı alınmış süt. **skim'mings** *i., çoğ.* bir sıvının üstünden alınan köpük veya kaymak.

skim.mer (skim'ır) *i.* köpük alacak alet, kevgir; deniz kıyılarında yaşayan kırlangıç benzeri bir kuş.

skimp (skimp) *f., s.* cimrice beslemek veya vermek; baştan savma yapmak; cimrilik etmek, hasisçe davranmak; aşırı derecede tutumlu olmak; *s.* kıt, az. **skimp'ily** *z.* aşırı derecede tutumlu olarak. **skimp'y** *s.* kıt, az; yarım yamalak, eksik.

skin (skin) *i.* deri, cilt; tulum; post; kabuk; *den.* geminin dış kaplaması; hilekâr kişi; *argo* cimri kimse. **skin diving** aletli dalış. **skin game** hileli kumar oyunu. **skin grafting** deri aşısı. **by the skin of one's teeth** kıtı kıtına, ancak, güçbelâ. **dark skin** esmer cilt. **fair skin** beyaz cilt. **get under one's skin** bir kimsenin sinirine dokunmak. **jump out of one's skin** korkudan sıçramak; aşırı derecede coşmak. **only skin and bones** bir deri bir kemik, iskelet gibi, kadidi çıkmış. **save one's skin** paçayı kurtarmak, postu kurtarmak. **under the skin** aslında, temelde. **wet**

to the skin sırsıklam, iliklerine kadar su geçmiş.

skin (skin) *f.* **(-ned -ning)** derisini soymak, derisini yüzmek, sıyırmak; kabuğunu soymak; deri ile kaplamak; deri ile örtülmek; *argo* para yolmak, soyup soğana çevirmek. **skin the cat** *spor* elleriyle demir çubuğa asılı iken ayakları ve bütün vücudu kolları arasından geçirerek dönmek; işi becermek. **skin down** ellerle tutunarak inmek. **skin one alive** insafsızca parasını yolmak; azarlamak. **skin out** -den kaçıvermek. **skin through** *k.dili* zar zor geçmek. **skin up** yalnızca ellerle tırmanmak. **Keep your eyes skinned.** *k.dili* Dikkat et! Ayağını denk al!

skin.bound disease (skin'baund) yeni doğan çocuklarda görülen dokuların sertleşmesi hastalığı.

skin-deep (skin'dip') *s.* deriden öteye gitmemiş; sathî, yüzeysel.

skin.flint (skin'flint) *i.* cimri kimse.

skink (skingk) *i.* skink, pullu-sürüngenlerden biri; bir cins kertenkele, *zool.* Scincus officinalis.

skin.ny (skin'i) *s.* sıska, çok zayıf, bir deri bir kemik. **skinniness** *i.* aşırı zayıflık, sıskalık.

skin.tight (skin'tayt) *s.* deri gibi vücuda yapışan (elbise).

skip (skip) *f.* **(-ped, -ping)** *i.* sıçramak, sekmek; *gen.* **over** *ile* atlamak, sıçrayarak geçmek; suyun yüzünde sekmek (taş); *i.* atlayıp sıçrama; atlama; görmeden veya okumadan geçme. **skip rope** atlama ipi. **skippingly** *z.* seke seke, sıçrayarak.

skip.jack (skip'cäk) *i.* suyun yüzünde sıçrayan herhangi bir cins balık.

skip.per (skip'ır) *i.* ufak gemi kaptanı, süvari.

skip.per (skip'ır) *i.* seken şey veya kimse; sekerek yürüyen bir çeşit böcek.

skip.pet (skip'it) *i.* mühür mahfazası.

skirl (skırl, skîrl) *f., i., İskoç.* gayda gibi ses çıkarmak; haykırmak, haykırtmak; *i.* çığlık, haykırış; gayda sesi.

skir.mish (skır'miş) *i., f., ask.* hafif çarpışma, müfreze muharebesi; çekişme, hafif kavga; *f.* çatışmak; çekişmek. **skirmish drill** *ask.* çarpışma talimi. **skirmish line** seyrek asker saffı. **skirmisher** *i., ask.* avcı.

skir.ret (skir'it) *i.* yabani şeker havucu, *bot.* Sium sisarum.

skirt (skırt) *i., f.* etek; eteklik; semerin sarkık yan tarafı; kenar; *argo* kız; *f.* eteklik ile örtmek; kenarında olmak, kenar olmak; kenarından geçip gitmek, kenarda oturmak; baştan savmak, kaytarmak. **skirt dance** geniş ve uzun eteklikle edilen dans. **skirting board** *İng.* süpürgelik (duvar kenarlarında). **the skirts of the city** şehrin etekleri.

skirt.board (skırt'bôrd) *i.* kenar tahtası.

skit (skit) *i.* hicivli kısa oyun veya yazı; şaka, latife.

skit.ter (skit'ır) *f.* hafifçe kayarak veya aceleyle gitmek, suyun yüzünde kayarak gitmek; kaydırmak.

skit.tish (skit'iş) *s.* ürkek (at); utangaç; oynak, hafif; aldatıcı, hilekâr. **skittishly** *z.* ürkekçe. **skittishness** *i.* ürkeklik.

skit.tles (skit'ılz) *i., çoğ.* dokuz kuka oyunu. **Life is not all beer and skittles.** Hayat hep eğlenceden ibaret değildir.

skive (skayv) *f.* ince tabakalar halinde yarmak (kösele).

skiv.er (skay'vır) *i.* bir cins ince kösele; köseleyi tabaka tabaka kesmeye mahsus bıçak; köseleyi böyle kesen kimse.

skiv.vy (skiv'i) *i., A.B.D., argo* erkek fanilası.

skoal (skol) *ünlem* Sıhhatinize!

Skop.lje (skôp'lye) *i.* Üsküp.

sku.a (skyu'wı) *i.* bir çeşit iri martı.

skul.dug.ger.y (skʌldʌg'ıri) *i., A.B.D.* dalavere, hilekârlık.

skulk (skʌlk) *f., i.* sıvışıp gizlenmek; kaytarmak, atlatmak; *i.* gizlenen kimse.

skull (skʌl) *i.* kafatası; kafa, beyin. **skull and crossbones** ölüm sembolü olarak kafa kemiği altına çaprazlama konulmuş kol veya bacak kemikleri.

skull.cap (skʌl'käp) *i.* takke.

skunk (skʌngk) *i., f.* kokarca, Kuzey Amerika'da bulunan sansargillerden bir hayvan, *zool.* Mephitis mephitis; kokarca kürkü; *k.dili* pis herif; *f., argo* tamamen yenmek. **skunk cabbage** yılanyastığıgillerden pis kokulu bir bitki, *bot.* Symplocarpus foetidus.

Sku.ta.ri *bak.* Scutari.

sky (skay) *i., f.* **(skied** *veya* **skyed, sky.ing)** gökyüzü, gök, sema, asuman; hava; *f., k.dili* topu havaya vurmak, yukarıya fırlatmak; duvarın üst tarafına asmak (resim). **sky blue**

gök mavisi. **sky pilot** *argo* orduda papaz veya rahip. **out of a clear sky** birdenbire, tepeden inme. **praise to the skies** göklere çıkarmak, aşırı derecede övmek. **under the open sky** açık havada, gök kubbe altında.

sky.div.ing (skay'dayvîng) *i.* paraşütü açmadan önce gösteri yapma.

Skye terrier (skay) İskoçya'ya mahsus kısa bacaklı ve uzun tüylü bir çeşit teriyer.

sky-high (skay'hay) *s., z.* göklere erişecek kadar yüksek.

sky.lark (skay'lark) *i., f.* tarlakuşu, toygar, *zool.* Alauda arvensis; *f.* gürültü ederek eğlenmek.

sky.light (skay'layt) *i.* dam penceresi, kaporta.

sky.line (skay'layn) *i.* ufuk çizgisi; siluet.

sky.rock.et (skay'rakıt) *i., f.* hava fişeği; *f.* birden yükselmek, hızla artmak.

sky.sail (skay'sıl, -seyl) *i., den.* aşağıdan yedinci yelken, kontra yelkeni.

sky.scape (skay'skeyp) *i.* göğün bir kısmını gösteren resim.

sky.scrap.er (skay'skreypır) *i.* gökdelen.

sky.ward(s) (skay'wırd, -z) *z.* göğe doğru.

sky.way (skay'wey) *i.* hava yolu; asma yol.

sky.writ.ing (skay'raytîng) *i.* uçak ile havada yazılan yazı.

slab (släb) *i., f.* **(-bed, -bing)** kalın dilim; kerestenin dış parçası; *f.* kütükten tahta biçmek.

slab.ber *bak.* **slobber.**

slack (släk) *s., z., i.* gevşek; sarkık; ağır, yavaş; dikkatsiz; kesat; sıkı olmayan; zayıf; *z.* gevşekçe; oldukça ağır; *i.* halatın gevşek kısmı veya sarkık ucu, halatın boşu; iş olmayan devre; durgun su; fazlalık. **slack water** durgun su. **keep a slack hand** dikkatsizce veya beceriksizce iş görmek. **slackly** *z.* gevşekçe. **slackness** *i.* gevşeklik.

slack, slack.en (släk, släk'ın) *f.* gevşemek; hafiflemek, şiddetini kaybetmek, durgunlaşmak, durulmak; söndürmek (kireç). **slack off** yavaş yavaş gevşemek, durulmak. **slack up** hızını kesmek.

slack-baked (släk'beykt) *s.* tam pişmemiş.

slacks (släks) *i.* pantolon.

slag (släg) *i., f.* **(-ged, -ging)** cüruf, dışık, mucur; lavlarla karışık cüruf; *f.* cüruf haline gelmek. **slaggy** *s.* cüruflu.

slain (sleyn) *bak.* **slay.**

slake (sleyk) *f.* gidermek (susuzluk); yatıştırmak,

dindirmek; söndürmek (kireç). **slaked lime** sönmüş kireç.

sla.lom (sla'lım, sley'-) *i.* küçük bayraklarla işaretlenmiş dönemeçli bir inişte yapılan kayak yarışı, slalom.

slam (släm) *f.* **(-med, -ming)** *i.* çarpıp kapamak, vurmak, çarpmak (kapı); hız ve gürültü ile vurmak veya yere çalmak; *argo* sövmek, *slang* kalaylamak; *i.* çarpma, hızla kapama; şiddetle kapı kapama gürültüsü; briçte her eli kazanma; *argo* hakaret. **slam down** gürültü ile yere çarpmak. **slam on the brake** birden frene basmak. **slam the door in one's face** kapıyı yüzüne kapamak, görüşmeyi reddetmek, küstahlık ederek yanaşmamak. **slam to** çarpıp kapamak, vurmak (kapı). **grand slam** briçte her eli kazanma, büyük silem. **little slam** briçte bir tanesinden başka her eli alma, küçük silem.

slam-bang (släm'bäng) *z., f.* gürültü ile; düşüncesizce; *f.* gürültü ve şiddetle ilerlemek.

slan.der (slän'dır) *i., f.* sözle iftira, bühtan; *f.* iftira etmek, bühtan etmek.

slan.der.ous (slän'dırıs) *s.* iftira niteliğinde; iftira kabilinden havadis yayan. **slanderously** *z.* iftira ederek. **slanderousness** *i.* iftiracılık.

slang (släng) *i., f.* külhanbeyi dili, argo; argo deyim; *f.* argo konuşmak; *İng.* azarlamak.

slang.y (släng'i) *s.* argo kabilinden, argo deyimler kullanan. **slangily** *z.* argo ile, argo kullanarak. **slanginess** *i.* çok argo kullanma.

slant (slänt) *f., i., s.* yana yatmak, meyilli olmak; kendi görüşüne göre anlatmak, gerçeği çarpıtmak; *i.* eğim, meyilli düzey; alay, istihza; gerçekten ayrılma; cihet, tutum, görüş noktası; yan bakış; *s.* meyilli, eğri. **slantingly, slantwise** *z.* meyilli olarak, verevine.

slap (släp) *f.* **(slapped, slapping)** *i., z.* hafifçe vurmak, tokat atmak; hakaret etmek; gelişigüzel koymak; *i.* tokat, şamar, hafif sille; hakaret; *z.* ansızın, birdenbire, *informal* şıp diye, pattadak; *k.dili* dosdoğru. **slap in the face** hakaret. **slap on** yürürlüğe koymak; (cezaya) çarptırmak. **slap on the wrist** azarlamak.

slap.dash (släp'däş') *s., i., z.* aceleci, savruk; *i.* baştan savma iş veya davranış; *z.* dikkatsizce, acele.

slap.hap.py (släp'häpi) *s., argo* yarı baygın, şaşkın; sersem.

slap.jack (släp'cäk) *i., A.B.D., ahçı.* gözleme; çocuk iskambil oyunu.

slap.stick (släp'stik) *i., s.* güldürü; *s.* gürültülü, şakacı.

slash (släş) *f., i.* kamçılamak; yarmak, uzun bir yara açar gibi kesmek; azarlamak; (ormanı) harap etmek; fiyatta büyük indirim yapmak; kılıç ile rasgele şiddetle vurmak; *i.* uzun kesik veya yara; yırtmaç; kamçı vuruşu; ormanda harap edilmiş alan; *matb.* eğri çizgi (/).

slash.ing (släş'ing) *i., s.* uzun kesik veya yara; kesik veya yara açma; *s.* kuvvetli, şiddetli, amansız; *k.dili* çok büyük, çok güzel. **slashingly** *z.* şiddetle, amansız bir şekilde.

slat (slät) *i.* tiriz, lata.

slat (slät) *f., İng., leh.* fırlatmak; çarpmak; *den.* çalkanmak.

slate (sleyt) *i., s., f.* kayağantaş, kara kayağan, arduvaz, taş tahta; koyu maviye çalar kurşun rengi; *A.B.D.* adaylar listesi; *s.* kayağantaştan yapılmış; kayağantaş rengindeki, barudi; *f.* taş tahta ile kaplamak; *A.B.D.* belli bir gaye ile planlamak. **slate pencil** taş kalem. **clean slate** temiz mazi. **slat'ing** *i.* arduvaz yerleştirme işlemi; arduvaz. **slat'y** *s.* taş tahtaya benzer; kurşun rengindeki.

slate (sleyt) *f.* kınamak, tenkit etmek; azarlamak; *İng.* cezalandırmak.

slath.er (slädh'ır) *f., i., k.dili, leh.* bol bol sarfetmek, har vurup harman savurmak; *i., çoğ.* çok miktar.

slat.tern (slät'ırn) *i., s.* pasaklı kadın; *s.* pasaklı, şapşal. **slatternly** *s.* pasaklı. **slatternliness** *i.* pasaklılık.

slaugh.ter (slô'tır) *i., f.* hayvan kesme; katil; katliam, kan dökme; *f.* kesmek, boğazlamak, kılıçtan geçirmek.

slaugh.ter.house (slô'tırhaus) *i.* salhane, mezbaha.

slaugh.ter.ous (slô'tırıs) *s.* kan dökme kabilinden, katil, öldürücü.

Slav (slav, släv) *i.* İslav ırkından kimse. **Slav'ic** *s., i.* İslavlara ait; *i.* İslav dili. **Slav'ism** *i.* İslavlık. **Slavophile** (slav'ıfayl) *i.* İslav taraftarı olan ve onları benimseyen kimse. **Slavophobe** (slav'ıfob) *i.* İslavlardan korkan adam.

slave (sleyv) *i., f.* köle, esir, kul, bende, cariye, halayık; köle gibi çalışan kimse; *f.* köle gibi çalışmak; esir etmek, köle yapmak. **slave**

away at dinlenmeden çalışmak. **slave driver** köle gibi adam çalıştıran kimse. **slave labor** esir işi; zoraki yaptırılan iş. **slave ship** esir gemisi. **slave trade** esir ticareti. **a slave to tobacco** tütün kölesi.

slave.hold.er (sleyv'holdır) *i.* köleleri olan kimse.

slav.er (sley'vır) *i.* esir gemisi; esir taciri.

slav.er (släv'ır) *f., i.* salya akıtmak; salya bulaştırmak; *i.* salya.

slav.er.y (sley'vıri, sleyv'ri) *i.* kölelik, esirlik, esaret, bendelik, halayıklık; çok ağır iş; kölelik sistemi.

slav.ey (sley'vi, släv'i) *i., İng., k.dili* orta hizmetçisi.

Slav.ic (sla'vik) *bak.* Slav.

slav.ish (sley'viş) *s.* köle gibi, köleye yakışır; esir huylu. **slavish imitation** körü körüne taklit etme. **slavishly** *z.* kölece.

Sla.von.ic (slıvan'ik) *s.* İslav memleketlerine veya halkına ait; İslav dillerine ait.

slaw (slô) *i.* lahana salatası.

slay (sley) *f.* **(slew, slain)** öldürmek, kesmek, katletmek, kılıçtan geçirmek.

sleave (sliv) *f., i.* açmak, ayırmak; *i.* karıştırılmış bir şey.

slea.zy (sli'zi, sley'-) *s.* gevşek, dayanıksız; adi; bakımsız. **sleaziness** *i.* gevşeklik, dayanıksızlık.

sled (sled) *i., f.* **(-ded, -ding)** kızak; *f.* kızakla taşımak veya yolculuk etmek.

sled.ding (sled'ing) *i.* kaypaklık, kızağın kaymasına elverişli olma; nakliyat işlerinde kızak kullanma. **hard veya rough sledding** müşkül durum, güçlükler.

sledge (slec) *i., f.* özellikle yük taşımaya mahsus büyük kızak; *f.* kızakla yolculuk etmek veya taşımak. **sledg'ing** *i.* kızak kullanma.

sledge (slec) *i., f.* ağır çekiç, varyos; *f.* varyosla vurmak. **sledge-hammer** *i.* varyos, balyoz.

sleek (slik) *s., f.* perdahlı, düzgün, kaygan, ipek gibi parlak; kaypak tavırlı; besili; *f.* düzgün ve parlak hale getirmek; yatıştırmak. **sleek'ly** *z.* kaypak bir tavırla. **sleek'ness** *i.* kaypaklık, parlaklık.

sleep (slip) *i.* uyku. **beauty sleep** ilk uyku, gece yarısından evvelki uyku; güzellik uykusu. **broken sleep** devamlı olmayan uyku, kesik kesik uyuma. **go to sleep** uyumak, uykuya dalmak; (ayak, el) uyuşmak, karıncalanmak. **last sleep** ölüm, son uyku. **put to sleep** yatırmak; hayvanın canını yakmadan öldürmek. **talk in one's sleep** uykuda sayıklamak. **walk in one's sleep** uykuda gezmek. **the sleep of the just** vicdan rahatlığından ileri gelen deliksiz uyku.

sleep (slip) *f.* **(slept)** uyumak; uyuşuk bir halde olmak; hareketsiz durumda olmak. **sleep away** *veya* **off** uyuyarak geçirmek. **sleep in** (hizmetçi) evde yatmak; geç vakte kadar uyumak. **sleep like a log** *veya* **top** ölü gibi uyumak. **sleep on** istihareye yatmak, bir mesele üzerinde düşünmek için bir gün ertelemek. **sleep the clock round** on iki saat aralıksız uyumak. **sleep with** cinsî ilişkide bulunmak.

sleep.er (sli'pır) *i.* uyuyan kimse; kış uykusuna yatan hayvan; yataklı vagon; demiryolu traversi; *A.B.D., argo* beklenmedik bir başarı kazanan filim veya kitap.

sleep.ing (sli'ping) *i., s.* uyku hali; *s.* uyuyan, uykudaki; uyku için kullanılan. **sleeping bag** uyku tulumu. **Sleeping Beauty** Uyuyan Güzel. **sleeping car** yataklı vagon. **sleeping partner** *İng.* işin idaresine karışmayan ortak. **sleeping pill** uyku hapı. **sleeping sickness** uyku hastalığı.

sleep.less (slip'lis) *s.* uykusuz. **sleeplessly** *z.* uykusuz olarak. **sleeplessness** *i.* uykusuzluk.

sleep.walk (slip'wôk) *f.* uykuda gezmek. **sleepwalking** *i.* uyurgezerlik.

sleep.walk.er (slip'wôkır) *i.* uyurgezer kimse.

sleep.y (sli'pi) *s.* uykusu gelmiş, uykulu; mahmur; uyuşuk, tembel; uyuklatıcı. **sleepy little town** gürültüsüz ve sakin kasaba. **sleepily** *z.* gözlerinden uyku akarak, mahmur halde. **sleepiness** *i.* uykulu olma hali.

sleep.y.head (sli'pihed) *i.* uykucu kimse, ayakta uyuyan kimse.

sleet (slit) *i., f.* sulusepken kar, yağmurla karışık kar; *f.* sulusepken yağmak. **sleet'y** *s.* sulusepken olan, sulusepken gibi.

sleeve (sliv) *i., f.* elbise kolu; *mak.* gömlek, kol tertibatı; *f.* kol takmak. **have a card up one's sleeve** icabında kullanılmak üzere gizli veya bir kenarda hazır kozu olmak. **roll up one's sleeves** kollarını sıvamak; bir işe girişmek. **wear one's heart on one's sleeve** *bak.* **heart. sleeved** *s.* kollu. **sleeve'less** *s.* kolsuz.

sleigh (sley) *i.* özellikle yolcu taşımaya mahsus büyük kızak. **sleigh bell** kızağa veya onu çeken ata takılan çıngırak. **sleigh'ing** *i.* kızakla gezme; kızakla gezmeye elverişli karlı zemin.

sleight (slayt) *i.* el çabukluğu; hüner. **sleight of hand** el çabukluğu.

slen.der (slen'dır) *s.* ince, ince uzun; zayıf, kuvvetsiz, narin; az, yetersiz, ancak yetişecek kadar. **slenderly** *z.* ince uzun olarak; kuvvetsizce. **slenderness** *i.* kuvvetsizlik, incelik.

slen.der.ize (slen'dırayz) *f.* incelmek, inceltmek.

slept (slept) *bak.* **sleep.**

sleuth (sluth) *i., f.* av köpeği; *A.B.D., k.dili* polis hafiyesi; *f.* avlamak; dedektif rolü oynamak.

slew (slu) *bak.* **slay.**

slew, slue (slu) *f., i.* çevirmek, vira etmek, dönmek; *i.* çevirme, vira etme.

slew, slue (slu) *i., A.B.D., k.dili* bir sürü, çok miktar. **a slew of** çok miktarda.

slice (slays) *i., f.* dilim; balıkçılık ve matbaacılıkta kullanılan bir çeşit enli bıçak; golfta topa meyilli vuruşla topun gidişine kıvrıntılı yön verme; *f.* bir dilim kesmek; dilimlemek, doğramak; golfta topa bu şekilde vurmak. **slic'er** *i.* dilim kesici alet; gemi tahtalarını yerlerinden çıkarmaya mahsus alet.

slick (slik) *s., i., z., f.* düz, parlak ve kaygan; yüze gülen; *k.dili* kurnaz; hilekâr; yağlı (saç); gürbüz, sıhhatli; *argo* hoş; *i.* su yüzünde bulunan yağ tabakası; *A.B.D., çoğ.* kuşe kâğıt üzerine basılmış dergiler; *z., argo* maharetle, ustalıkla, kurnazcasına; *f.* kayganlaştırmak; *k.dili, gen.* **up** *ile* düzeltip süslemek.

slick.en.sides (slik'ınsaydz) *i.* sürtünme sonucu meydana gelen çizilmiş parlak taş yüzeyleri.

slick.er (slik'ır) *i., A.B.D.* muşamba yağmurluk; *k.dili* kurnaz ve hilekâr kimse. **city slicker** taşra halkını aldatan düzenbaz kimse.

slide (slayd) *f.* **(slid, slidden)** kaymak; hissettirmeden geçmek; kayıp gitmek (gemi); sessizce ortadan kaybolmak, savuşmak; kaydırmak, kaydırarak yürütmek. **slide in** *veya* **into** kolaylıkla ve çabucak girivermek; sokuvermek. **sliding door** sürme kapı. **let slide** ihmal etmek; kendi haline bırakmak.

slide (slayd) *i.* kayma; kaydırak; üstünden kayılarak gidilen yer; heyelân, toprak kayması; projeksiyon makinalarında kullanılan resimli cam, diyapozitif, slayt; lam; *müz.* kaydırma, glissando; herhangi bir aletin kayıcı kısmı. **slide bar** kapı sürmesi, sürgü; kılavuz ray. **slide projector** projeksiyon makinası. **slide rule** sürgülü hesap cetveli. **slide valve** sürgü valfı.

slid.ing scale (slayd'îng) değişebilen değerlendirme oranı.

slight (slayt) *s.* önemsiz; cüzî; ince, zayıf; aklı veya ahlâkı zayıf olan. **slight'ly** *z.* az. **slight'ness** *i.* önemsizlik.

slight (slayt) *f., i.* önemsememek; yüz vermemek; görmezlikten gelmek; küçümsemek; dikkatsizce yapmak; *i.* yüz vermeyiş, riayetsizlik, tepeden bakma. **slight'ing** *s.* küçümseyici. **slight'ingly** *z.* önem vermeyerek.

slily *bak.* **slyly.**

slim (slîm) *s.* (-mer, -mest) ince, uzun yapılı; zayıf; yetersiz; cüzî. **slim'ly** *z.* ince olarak. **slim'ness** *i.* incelik.

slim (slîm) *f.* (-med, -ming) incelmek, inceltmek. **slim down** kilo vermek, incelmek.

slime (slaym) *i., f.* yapışkan ve nemli herhangi bir madde; balçık; salgı; salyangoz sümüğü; *f.* yapışkan ve ince çamurla kaplamak veya sıvamak; yapışkanlığını temizlemek (balık).

slim.sy (slîm'zi) *s., A.B.D., k.dili* dayanıksız; entipüften.

slim.y (slay'mi) *s.* yapışkan, nemli bir maddeyle kaplanmış; sümüksü; pis. **sliminess** *i.* yapışkanlık, kayganlık.

sling (slîng) *i., f.* **(slung)** sapan; askı; bir şeyi kaldırmak veya asmak için kullanılan kayış; *den.* izbiro; *f.* sapanla atmak, fırlatmak; askıya koymak; askı ile kaldırıp çekmek; askı ile asmak; uzun adımlarla yaylanarak yürümek.

sling (slîng) *i., A.B.D.* cin katarak su ve limonla yapılan buzlu bir içki.

sling.shot (slîng'şat) *i.* sapan.

slink (slîngk) *f.* **(slunk)** sıvışmak.

slink (slîngk) *f., i., s.* yavrusunu düşürmek (hayvan), vakti gelmeden yavrulamak; *i.* vakitsiz doğmuş hayvan yavrusu, bilhassa buzağı; *s.* gelişmeden doğmuş.

slink.y (slîngk'i) *s.* gizli kapaklı iş gören, el altından iş yürüten; *argo* sinsi; vücuda yapışan.

slip (slip) *f.* **(slipped, -ping)** kaymak; eli veya ayağı kaymak; kaydırmak, geçirmek; serbest bırakmak, serbest kalmak; yanılmak, hataya düşmek; kaçmak, kaçırmak; çıkmak (kol, bacak); gizlice vermek; erken doğurmak (hayvan). **slip away** sıvışmak; hissettirmeden çıkıp gitmek; ölmek. **slip by** akıp gitmek (zaman). **slip in** kayıp içine düşmek; girivermek. **slip off** sıvışmak; çıkarmak, üstünden atmak (elbise); hissettirmeden gitmek, sıvışıp gitmek. **slip on** giyivermek, üstüne geçirmek. **slip one over on** *k.dili* aldatmak. **slip out** savuşuvermek; ağzından kaçmak. **slip the cable** *den.* lengeri kaldıramayıp gomenasını salıvermek. **slip up** yanılmak, sürçmek. **It slipped my mind.** Aklımdan çıktı. Unuttum. **let slip** kaçırmak, salıvermek.

slip (slîp) *i.* kayma, kayış, ayak kayması; yanlışlık, hata, sürçme; *jeol.* heyelân, kayşa; kadın iç gömleği, kombinezon; yastık yüzü; *A.B.D.* iki iskele arasındaki dar yer; üzerinden geminin karaya çekildiği kızak; iskele palamar yeri; *kriket* kalenin arkasındaki yer; köpek tasması. **slip of the tongue** dil sürçmesi. **give someone the slip** bir kimseden sıvışmak, atlatmak.

slip (slip) *i., f.* daldırılmak için koparılan dal; ince ve uzunca kâğıt parçası; çok zayıf ve uzun boylu çocuk; *f.* daldırmak için dal koparmak.

slip (slîp) *i.* seramik yapımında kullanılan ince ve sulu kil.

slip.cov.er (slîp'kʌvır) *i.* koltuk veya kanepe kılıfı.

slip.knot (slîp'nat) *i.* ilmik, bağlandığı yerde aşağı yukarı inip çıkan düğüm, eğreti düğüm.

slip-on (slîp'an) *s., i.* kolaylıkla giyilip çıkarılan (elbise).

slip.o.ver (slîp'ovır) *s., i.* baştan giyilen (kazak).

slip.page (slîp'ic) *i.* kayış mesafesi; hakikî ile farzedilen hız arasındaki kayma neticesi meydana gelen fark.

slip.per (slîp'ır) *i.* terlik, pantufla. **slippered** *s.* terlik giymiş, terlikli.

slip.per.wort (slîp'ırwırt) *i.* çanta çiçeği, *bot.* Calceolaria integrifolia.

slip.per.y (slîp'ıri) *s.* kaypak, kaygan, kayağan; hilekâr, güvenilmez; ele geçmez, yakalanmaz,

slipperily z. kaygan olarak; güvenilmez şekilde. **slipperiness** i. kayganlık; güvenilmezlik.

slippery elm yumuşak iç kabuğu ilâç olarak kullanılan ve Amerika'da yetişen bir çeşit karaağaç, bot. Ulmus fulva.

slip.py (slip'i) s. kaypak; kaygan.

slip.sheet (slip'şit) i., matb. mürekkebin yayılmasını önlemek için araya konan boş sayfa.

slip.shod (slip'şad) s. dikkatsizce yapılmış; hareketlerinde ve giyiminde dikkatsiz, pasaklı, şapşal.

slip.slop (slip'slap) i., k.dili sulu tatsız yemek; dil hatası.

slip.sole (slip'sol) i. ince iç tabanı.

slip.stick (slip'stik) i., A.B.D., argo sürgülü hesap cetveli.

slip-stream (slip'strim) i., hav. pervane arkasındaki hava cereyanı.

slip-up (slip'ʌp) i., k.dili hata, yanlış, sürçme.

slip.way (slip'wey) i., gen. çoğ. gemi yapı kızağı.

slit (slit) f. (**slit, -ting**) i., s. düz ve uzun yarık açmak; ince ve uzun yarmak, uzunluğuna kesmek; i. düz ve uzun yarık; dar ve uzun delik; yarık; s. ince ve dar, kısık (göz).

slith.er (slidh'ır) f. kaymak, kayar gibi yürümek veya gitmek; kaydırmak.

sliv.er (sliv'ır) i., f. kesilmiş veya yırtılmış ince uzun parça; kıymık; ince dilim; yün bükmesi; f. ince uzun parçalara kesmek veya ayırmak; kıymık saçmak.

slob (slab) i., k.dili aptal veya kılıksız kimse; İrl. çamur. **slob ice** Kan. yığın halinde yüzen buz parçaları.

slob.ber, slab.ber (slab'ır, släb'ır) f., i. ağzından salya akıtmak, üzerine salya akıtıp bulaştırmak; salya akmak, salya gibi akmak; abartmalı söz söylemek; i. salya; bir ağız dolusu abartmalı hissî laf. **slobbery** s. ıslak, nemli; ağzından salya akıtan.

sloe (slo) i. çakaleriği, dağ eriği, güvem, bot. Prunus spinosa.

sloe-eyed (slo'wayd) s. kömür rengi gözleri olan; çekik gözlü.

slog (slag) f. (**slogged, -ging**) i. şiddetle ve rasgele vurmak (bilhassa boksta); ağır ağır ve zahmetle yürümek veya çalışmak; i. şiddetli vuruş; ağır ve zor yürüyüş; uzun gayret.

slo.gan (slo'gın) i. slogan, şiar, parola; harp nidası.

sloop (slup) i. navi, şalopa, tek direkli yelken gemisi. **sloop of war** eskiden brik armalı küçük savaş gemisi. **sloop-rigged** s. yan yelkeni ve floku olan (gemi).

slop (slap) i., f. (**slopped, -ping**) sulu çamur, yarı erimiş kar; yere dökülmüş sulu madde; sulu hayvan yemi; çoğ. adi veya fena cins yemek; çoğ. bulaşık suyu; f. dökülmek, sıçramak; sulu çamurda yürümek; dökmek, sıçratmak; A.B.D. hayvana sulu yem vermek. **slop pail** çöp kovası. **slop over** taşmak; taşkınlık yapmak.

slope (slop) i., f. meyilli yüzey veya hat; bayır, yokuş; f. meyletmek, meyilli olmak veya kılmak. **slope angle** meyil açısı. **slop'ing** s. meyleden. **slop'ingly** z. meyilli olarak.

slop.py (slap'i) s. zifoslu, çamurlu, sulu; kirli su ile lekelenmiş veya ıslatılmış; şapşal, çapaçul, dökük saçık; dikkatsiz, dikkatsizce yapılmış; k.dili fazla hissî. **sloppily** z. şapşalca. **sloppiness** i. şapşallık, dökük saçıklık.

slosh (slaş) f., i. suda veya çamurda çırpınıp etrafa sıçratmak; suya sokup çalkalamak; i. çamurlu kar. **slosh'y** s. çamurlu.

slot (slat) i., f. (**-ted, -ting**) dar ve uzun yiv veya açıklık; delik; k.dili yer, mevki; f. dar ve uzun yiv veya delik açmak; yivine veya yerine oturtmak. **slot machine** içine para konulan otomatik büfe veya oyun makinası.

slot (slat) i. geyik izi.

sloth (sloth, slôth, slath) i. tembellik; Amerika'ya mahsus yakalı tembel hayvan, zool. Bradypus.

sloth.ful (slôth'fıl) s. tembel. **slothfully** z. tembelce. **slothfulness** i. tembellik.

slouch (slauç) f., i. dikkatsizce gevşek oturmak; serserice yürümek; oturduğu yere yayılmak; i. başın sarkması; ağır hareket eden ve beceriksiz kimse; şapkanın sarkık kenarı. **slouch hat** kenarı aşağı doğru kıvrılmış şapka. **He's no slouch at baseball.** k.dili İyi bir beysbol oyuncusudur. **slouch'iness** i. dikkatsizlik; şapşallık. **slouch'ingly, slouch'ily** z. gevşek gevşek. **slouch'y** s. sarkık, şapşal.

slough (slau) *i.* içinde su biriken durgun bataklık, gölcük; ahlâk bozukluğu. **slough'y** *s.* çamurlu, bataklı.

slough (slu) *i.* derin çamurlu yer. **slough of despond** çaresizlik, karamsarlık.

slough (slʌf) *i., f.* düşürülen yara kabuğu; canlı dokudan ayrılan veya atılan ölü doku; yılanın değişip atılan derisi, yılan gömleği; *f.* atılmak (ölü doku), çıkarılıp atılmak; kabuk olarak dökülmek; deri değişmek (yılan). **slough off, slough away** dökmek (kabuk), soymak (deri); bertaraf etmek, savmak. **slough'y** *s.* kabuklu, kabuk dolu.

Slo.vak (slo'väk) *i.* Slovakyalı, Slovak; Slovak dili. **Slovak'ia** *i.* Slovakya. **Slovak'ian** *s., i.* Slovakyalı; *i.* Slovakça.

slov.en (slʌv'ın) *i.* giyim ve davranışında dikkatsiz kimse, şapşal kimse. **slovenly** *s., z.* intizamsız, şapşal, gevşek; *z.* düzensiz olarak. **slovenliness** *i.* şapşallık.

Slo.vene (slo'vin) *i., s.* Slovenyalı; *s.* Slovenya'ya veya Slovenyalılara ait.

Slo.ve.ni.a (slovi'niyı) *i.* Slovenya, Yugoslavya'nın bir eyaleti. **Slovenian** *s., i.* Slovenyalı.

slow (slo) *s., z., f.* yavaş, ağır, bati; ağır yürür, yavaş gider; geri kalmış; güç anlayan; can sıkıcı, bıktırıcı; hızlı koşmaya elverişli olmayan (koşu yolu); *z.* yavaş yavaş, ağır ağır; *f., sık sık* up *veya* down *ile* hızını eksiltmek, yavaşlatmak; ağırlaşmak, yavaşlamak, gecikmek. **slow match** ağır yanar fitil. **slow motion** yavaşlatılmış hareket. **slow oven** ağır ateşle yanan fırın. **slow'ly** *z.* yavaş yavaş, ağır ağır. **slow'ness** *i.* yavaşlık.

slow.down (slo'daun) *i.* yavaşlama (bilhassa işçi-işveren münasebetlerinde işi mahsustan yavaşlatma).

slow.poke (slo'pok) *i., k.dili* işi ağırdan alan kimse.

slow.wit.ted (slo'wit'ıd) *s.* güç anlayan.

slow.worm (slo'wırm) *i.* köryılan.

sloyd (sloyd) *i.* basit tahta eşyalar yapma usulü.

slub (slʌb) *i., f.* (**-bed, -bing**) eğirmek için hazırlık olarak azıcık bükülen yün veya pamuk; pamuk ipliğinde kalın yer; *f.* çekip azıcık bükmek.

slub.ber (slʌ'bır) *f.* dikkatsizce yapmak; çamurda yürümek.

sludge (slʌc) *i.* sulu çamur; su yüzündeki buz parçaları; çöp; lağım deliği çamuru. **sludg'y** *s.* çamurlu.

slue (slu) *f.* eksen etrafında döner gibi dolaşmak; yanlamasına hareket etmek.

slue *i.,* bak. **slew.**

slug (slʌg) *i.* sümüklüböcek, *zool.* Limax.

slug (slʌg) *i.* eskiden tüfeğe doldurulan kesme kurşun; anterlin; linotip makinasının döktüğü bir satır yazı; jeton; sahte jeton.

slug (slʌg) *i., f., k.dili* yumruk, muşta; bir yudum saf viski; *çoğ., Kan.* öğretmenin dayak atması; *f.* yumruk veya sopa ile vurmak.

slug.a.bed (slʌg'ıbed) *i.* tembellikten geç kalkan kimse.

slug.gard (slʌg'ırd) *s., i.* mıymıntı, tembel, miskin (kimse). **sluggardliness** *i.* miskinlik, mıymıntılık. **sluggardly** *s.* tembel.

slug.ger (slʌg'ır) *i.* yumrukla vuran kimse.

slug.gish (slʌg'iş) *s.* ağır, bati; ağır yürür veya hareket eder; tembel tabiatlı; hareketsiz. **sluggishly** *z.* ağır ağır. **sluggishness** *i.* ağırlık; tembellik.

sluice (slus) *i., f.* savak; savaktan akan su; bir yerden bir yere ağaç kütüğü nakletmek veya altın madenini yıkayıp ayırmak için yapılan kanal; *f.* savak vasıtasıyle sulamak; bol su ile ıslatmak; savak yoluyle sevketmek (kütük). **sluice gate** savak kapağı. **sluice valve** savak valfı. **sluice'way** *i.* savak yatağı.

slum (slʌm) *i., f.* (**-med, -ming**) *gen. çoğ.* şehrin yoksul semti; gecekondu bölgesi, kenar mahalle; ayaktakımının yaşadığı semt; *f.* (meraktan veya vakit geçirmek için) bu semtlerde gezmek. **slum clearance** böyle semtleri ortadan kaldırıp yeniden inşa etme. **slum'lord** *i., A.B.D.* kiracısını istismar eden gecekondu ağası. **slum'my** *s.* bu semtlere benzer, dar ve pis.

slum.ber (slʌm'bır) *f., i.* uyumak, uyuklamak; uyuşuk ve hareketsiz halde olmak; pineklemek; *i.* uyku, uyuma, uyuklama, pinekleme. **slumber away** uyuyarak vakit kaybetmek.

slum.ber.land (slʌm'bırländ) *i.* uykuda hayal edilen yer.

slum.ber.ous (slʌm'bırıs) *s.* uyku getiren; uykulu, uykusu gelmiş; uykuya ait.

slum.gul.lion (slʌmgʌl'yın) *i., A.B.D., argo* çok sulu türlü; *İng., argo* tatsız içecek; hademe; balık artığı; *mad.* savak yatağındaki kırmızımsı ve çamurlu çökelti.

slump (slʌmp) *i., f.* çökme; fiyatların birden düşmesi; iş durgunluğu; toprak kayması; kendini bırakmış bir şekilde oturma veya yürüme; *f.* birden düşmek veya batmak, çöküp düşmek; yığılmak; kaymak (toprak).

slung (slʌng) *bak.* **sling.**

slunk (slʌngk) *bak.* **slink.**

slur (slır) *f.* (**-red, -ring**) *i.* küçük düşürecek söz söylemek, önemsememek; hızlıca ve hafifçe geçmek; gizlemek; sözü ağzında gevelemek; *müz.* iki perdeli notaları kaydırır gibi çalmak veya söylemek; kirletmek, lekelemek; *i.* iftira kabilinden zem, yerme; *müz.* ses kaydırması, ses kaydırma işareti; bulanıklık.

slurp (slırp) *f., argo* höpürdetmek.

slur.ry (slır'i) *i., f.* (**-ried, -ry.ing**) sulu çimento, kömür çamuru; *f.* sulu çimento yapmak.

slush (slʌş) *i.* sulu çamur; yarı erimiş kar; *den.* yağlı yemek artıkları; makina yağlamasında kullanılan yağlı karışım; beyaz kurşunla kireç karışımı makina boyası; abartmalı hissî söz veya yazı; *f.* yağlı maddeyle kaplamak, yağlı maddeyi sürmek; beyaz kurşunla kireç karışımı boya ile boyamak. **slush fund** *A.B.D.* rüşvet vermek üzere toplanan para; eskiden gemicilerin çöpleri satarak elde ettikleri para. **slush up** çimento veya harçla doldurmak; (güvertenin) üstüne su atıp yıkamak. **slush'y** *s.* yarı erimiş, karlı, çamurlu.

slut (slʌt) *i.* pasaklı ve pis kadın; sürtük kadın; dişi köpek. **slut'tish** *s.* pasaklı. **slut'tishly** *z.* sürtük bir halde. **slut'tishness** *i.* sürtüklük.

sly (slay) *s.* (**slyer, slyest** *veya* **slier, sliest**) kurnaz, şeytan; şakacı; yaramaz; marifetli. **sly'boots** *i., şaka* kurnaz ve şakacı kimse. **on the sly** gizli gizli; sezdirmeden. **sly'ly** *z.* kurnazca. **sly'ness** *i.* kurnazlık.

smack (smäk) *i., f.* şapırtı; tokat, şamar; tokat sesi, sesli şamar; *f.* şapırtı ile öpmek veya tatmak; tokat atmak.

smack (smäk) *i., f.* hafif koku veya lezzet; *f., gen.* **of** *ile* hafif çeşnisi veya kokusu olmak; imada bulunmak.

smack (smäk) *i.* yelkenli büyük balıkçı kayığı, alamana.

smack (smäk) *i., A.B.D., argo* eroin.

smack-dab (smäk'däb') *z., A.B.D., argo* dosdoğru, isabet ederek.

smack.ing (smäk'îng) *s.* canlı, çevik.

small (smôl) *s., i., z.* ufak, ufacık, küçük, mini mini; önemsiz; ahlâkça zayıf olan, alçak, soysuz; ince, hafif; kuvvetsiz; adi; az, cüzî; *i.* ufak şey; az miktar; bir şeyin ince yeri; *z.* hafif hafif, yavaşça; önemsizce. **small arms** tabanca gibi ufak silâhlar, el silâhları. **small beer** hafif bira; *İng.* ehemmiyetsiz iş veya kimse. **small change** bozuk para. **small craft** küçük gemiler. **small fry** ufak balıklar; önemsiz kimse veya şeyler; küçük çocuklar. **small hours** gece yarısından sonraki saatler. **small letter** küçük harf. **small of the back** sırtın en dar kısmı. **small potatoes** *A.B.D., argo* önemsiz kimse veya şey. **small talk** önemsiz sohbet. **small time** *A.B.D., argo* önemsiz, ikinci derecede. **feel small** mahcup olmak. **in a small way** gösterişsiz şekilde; azıcık. **in small numbers** azar azar. **small'ish** *s.* ufakça. **small'ness** *i.* ufaklık.

small.age (smô'lîc) *i.* yabanî kereviz, *bot.* Apium graveolens.

small.clothes (smôl'klodhz) *i.* potur, kısa diz pantolonu.

small-mind.ed (smôl'mayn'dîd) *s.* önemsiz şeylere kafası işleyen; düşüncesi kıt.

small.pox (smôl'paks) *i., tıb.* çiçek hastalığı.

small-scale (smôl'skeyl) *s.* küçük ölçekli.

smalt (smôlt) *i.* kobalt ile boyanmış camın tozundan yapılan koyu mavi boya.

smart (smart) *f., i.* acımak, acıtmak; pişman olmak; belâsını çekmek, canı yanmak; *i.* acı, elem, keder; *leh.* miktar. **smart money** tazminat; yaralanan asker veya işçilere tazminat olarak verilen para.

smart (smart) *s.* açıkgöz; akıllı, usta, kabiliyetli; acıtan, acı veren; keskin, şiddetli; kuvvetli; gösterişli, süslü; şık. **smart aleck** (äl'îk) *k.dili* ukalâ dümbeleği. **smart set** şık insanlar. **smart'ly** *z.* şık olarak; ustalıkla. **smart'ness** *i.* şıklık; ustalık; açıkgözlülük.

smart.en (smar'tın) *f.* temiz ve taze hale koymak; giydirip süslemek.

smart.weed (smart'wid) *i.* su biberi, *bot.* Polygonum.

smash (smäş) *f., i.* ezmek, parça parça etmek; kırıp parçalamak; mahvetmek; teniste yukarıdan topu şiddetle vurmak, smaş yapmak; parça parça olmak, ezilmek; çarpmak; iflâs etmek; *i.* paramparça olma, ezilme; mahvolma; *k.dili* birdenbire iflâs etme; buzlu konyak; *k.dili* başarı. **smash hit** *k.dili* filim veya piyesin tutulması. **go to smash** *k.dili* mahvolmak, iflâs etmek.

smash.ing (smäş'îng) *s., k.dili* çok güzel, cazip.

smash.up (smäş'ʌp) *i., k.dili* şiddetli çarpışma.

smat.ter (smät'ır) *f., i., gen.* of *ile* sathî olmak; *i.* sathî olma. **smattering** *i.* sathî bilgi, yüzeyde kalan bilgi.

smear (smîr) *f., i.* sürmek; yapışkan veya yağlı bir şeyle sıvamak; lekelemek; *A.B.D., argo* tamamen yenmek; *i.* leke; iftira. **smear'y** *s.* yağlı, yapışkan; lekeli.

smell (smel) *f.* (**-ed** *veya* **smelt**) *i.* koklamak, kokusunu almak; sezmek; kokmak; fena kokmak; koku saçmak; *i.* koklama; koku, rayiha; ima; hava. **smell about** araştırmak. **smell a rat** şüphelenmek, bir hile olduğunu sezmek. **smell of** ima etmek. **smell out** kokusunu alarak izini bulmak. **smell up** kokutmak. **smelling salts** amonyak ruhu. **smeller** *i.* koklayan kimse; *argo* burun. **smell'y** *s.* kokulu; pis kokulu, kokmuş.

smelt (smelt) *bak.* **smell.**

smelt (smelt) *i.* çamuka (balık). **sand smelt** aterina, *zool.* Atherina presbyter.

smelt (smelt) *f.* madeni tasfiye için eritmek, kaletmek. **smelt'er** *i.* kalcı, maden tasfiyecisi; tasfiye fırını, tasfiyehane.

smidg.en (smîc'ın) *i., A.B.D., k.dili* bir parça, bir nebze.

smi.lax (smay'läks) *i.* saparna, *bot.* Smilax.

smile (smayl) *f., i.* gülümsemek, tebessüm etmek; **upon** *ile* uygun düşürmek, tasvip etmek, onamak; gülmek; gülümseyerek ifade etmek; *i.* gülümseme, tebessüm; lütuf; neşe. **smil'ingly** *z.* gülümseyerek. **smil'ingness** *i.* tebessüm, gülümseyiş.

smirch (smırç) *f., i.* bulaştırmak, kirletmek, leke sürmek; lekelemek; *i.* leke, ayıp.

smirk (smırk) *f., i.* yılışık yılışık sırıtmak; zorla gülümsemek; *i.* sırıtış, yapmacık tebessüm.

smite (smayt) *f.* (**smote, smitten**) vurmak, kuvvetle vurmak, darbe indirmek, çarpmak; şamar atmak; vurup öldürmek; belâ kesilmek; kuvvetle etkilemek; rahatsız etmek, pişman etmek. **smite off** bir darbede kesmek. **smite out** bir darbede ortadan kaldırmak.

smith (smîth) *i.* demirci. **smith'y** *i.* demirhane; nalbanthane.

smith.er.eens, smith.ers (smîdhırinz', smîdh'-ırz) *i., çoğ., k.dili* parçalar. **smash into smithereens** paramparça etmek.

smit.ten (smît'ın) *bak.* **smite;** *s.* çarpılmış; rahatsız; âşık, vurgun.

smock (smak) *i., f.* gömlek; iş kıyafeti; *f.* iş gömleği giydirmek; elbisede bal peteği şeklinde büzgü yapmak. **smock frock** iş kıyafeti, iş gömleği.

smock.ing (smak'îng) *i.* bal peteği şeklinde iğne işi.

smog (smag) *i.* dumanlı sis. **smog'bound** *s.* dumanlı sis ile kaplanmış.

smoke (smok) *i., f.* duman; tütün; *k.dili* sigara; boş laf; *f.* tütmek, duman çıkarmak; sigara içmek; tütün içmek; öfkelenmek; duman gibi toz çıkarmak; tütsülemek. **smoke bomb** sis bombası. **smoke out** gizlenmiş bir adam veya işi meydana çıkarmak, gün ışığına çıkarmak. **smoke screen** deniz savaşlarında kullanılan duman perdesi. **smoke up** dumanla doldurmak. **go up in smoke** yanıp bitmek, duman haline gelmek; *k.dili* tepesi atmak. **have a smoke** sigara içmek. **like smoke** süratle, çabuk ve kolay. **No smoking.** Sigara içilmez. **smoke'less** *s.* dumansız, duman çıkarmayan.

smoke-dry (smok'dray) *f.* tütsü ile kurutmak.

smoke.house (smok'haus) *i.* et veya balık ve derinin tütsü ile kurutulduğu yer.

smoke-in (smok'în') *i.* haşişin içilmesini destekleyen ve bunu yasaklayıcı kanunları protesto eden açık gösteri.

smoke.jack (smok'cäk) *i.* kebap şişini çevirmek için baca içine yapılan tertibat.

smoke.pot (smok'pat) *i.* küçük buhar kazanı.

smok.er (smo'kır) *i.* tütün içen kimse; tütün içenlere mahsus vagon veya kompartıman; sigara içip sohbet edilen toplantı. **smoker's heart** *tıb.* çok sigara içenlerin kalbine arız olan hastalık. **smoker's throat** *tıb.* çok sigara içenlerin boğazına arız olan hastalık.

smoke.shade (smok'şeyd') *i.* havada görülebilen pislik.

smoke.stack (smok'stäk) *i.* vapur bacası; uzun fabrika bacası.

smoke tree sarı ağaç, *bot.* Continus coggygria.

smok.ing car (smo'kîng) sigara içenlere mahsus vagon.

smoking jacket ev kıyafeti olarak giyilen rahat ve bol ceket.

smok.y (smo'ki) *s.* dumanlı, tüten, dumanı çok; duman renginde olan, koyu füme. **smokily** *z.* tüterek, dumanlı olarak. **smokiness** *i.* dumanlılık.

smol.der (smol'dır) *f., i.* için için yanmak; içten içe devam etmek, içlenmek (kin); *i.* boğucu kesif duman.

smooch (smuç) *f., i., A.B.D., argo* öpüşmek; *i.* öpücük, buse.

smooth (smudh) *s.* düz, pürtüksüz, müstevi, pürüzsüz, düzgün; perdahlı; engelsiz; kolay; hoş, yumuşak, mülâyim; sakin, telâşsız; akıcı, kaygan; yağcılık eden; tüysüz, kılsız; tatlı, sert olmayan (içki); sürtünmeyen; aşınmış. **smooth breathing** eski Yunancada başında bir sesli harf olan kelimenin telaffuzuna "h" harfi ile başlanmaması. **smoothly** *z.* pürüzsüzce. **smoothness** *i.* pürüzsüzlük, düzlük.

smooth (smudh) *f., i.* düzeltmek, düzleştirmek; kolaylaştırmak; tatlılaştırmak (ses); yatıştırmak, teskin etmek; tesviye etmek, düzlemek; kolaylaşmak; *i.* düzeltme, düzleştirme; düz şey veya yer. **smooth away** kurtulmak (üzüntüden). **smooth down** yatıştırmak. **smooth one's ruffled feathers** sinirini yatıştırmak. **smooth over** yumuşatmak, olduğundan daha iyi göstermek.

smooth.bore (smudh'bôr) *s.* namlusu yivsiz, kaval (tüfek veya top).

smooth-chinned (smudh'çînd) *s.* sakalsız.

smooth.en (smu'dhin) *f.* düzeltmek; yatıştırmak.

smooth-faced (smudh'feyst) *s.* sakalsız; güler yüzlü; mürai, ikiyüzlü.

smooth.ie (smu'dhi) *i., A.B.D., k.dili* kandırıcı ve tatlı dilli kimse.

smooth-tongued (smudh'tʌngd) *s.* nabza göre şerbet veren, riyakâr.

smör.gas.bord (smôr'gısbôrd) *i.* İskandinav usulü soğuk büfe; İskandinav usulü ordövr.

smote (smot) *bak.* **smite.**

smoth.er (smʌdh'ır) *i., f.* boğucu madde; bozulma hali; baskı altında kalma; *f.* boğmak, dumana veya toza boğmak; bastırmak; zaptetmek; gizli tutmak; yemeğin üstü başka bir şeyle kaplanmış olarak pişirmek; boğulmak, nefes alamamak; örtülüp çıkamamak; bastırılmak; zaptolunmak; salıverilmemek. **smothery** *s.* boğucu.

smudge (smʌc) *i., f.* is veya toz lekesi; boğucu duman; dumanıyle sivrisinek veya ayazı gidermek için yakılan ateş; *f.* is ile kirletmek; isli dumanla tütsülemek.

smudg.y (smʌc'i) *s.* isli, lekeli. **smudgily** *z.* isli veya lekeli olarak. **smudginess** *i.* isli veya lekeli oluş.

smug (smʌg) *s.* (-ger, -gest) kendini beğenmiş; şıklık meraklısı, şık görünmeye çalışan; temiz kılıklı.

smug.gle (smʌg'ıl) *f.* kaçakçılık yapmak, gümrükten kaçırmak. **smuggler** *i.* gümrük kaçakçısı. **smuggling** *i.* gümrük kaçakçılığı.

smut (smʌt) *i., f.* (-ted, -ting) kurum, is; yakası açılmadık söz, pis laf, müstehcen söz; *bot.* buğday başaklarına arız olan mantar nev'inden bir hastalık; *f.* is veya kurum ile lekelemek veya kirletmek; kirlenmek; lekelemek, iftira etmek.

smut.ty (smʌt'i) *s.* isli, kirli; mantar hastalığına tutulmuş; pis laf kabilinden, açık saçık. **smuttily** *z.* isli olarak; açık saçık söz söyleyerek. **smuttiness** *i.* kirlilik, isli oluş, açık saçık sözler söyleme.

Smyr.na (smır'ni) *i.* İzmir.

snack (snäk) *i., f.* kısım, hisse; pay; lokma, bir iki lokmalık yemek; *f.*, **on** *ile* yemekler arası atıştırmak. **snack bar** alaminüt yemeklerin yendiği lokanta.

snaf.fle (snäf'ıl) *i., f.* bir çeşit hafif gem; *f.* ağzına gem vurmak; *İng., argo* çalmak.

sna.fu (snä'fu, snäfu') *s., f., i., argo* karmakarışık; *f.* karıştırmak; *i.* karışık iş, dolambaçlı iş.

snag (snäg) *i., f.* (-ged, -ging) kırık dal; budak; uzun diş; kırık diş; su dibinde bulunan ve kayıklar için tehlikeli olan kök veya dal; gizli engel, mânia; geyik boynuzunun dalı; *f.* nehir dibindeki köklere çarpmak (gemi); çengel ile kapmak, kancaya takıp yırtmak; nehir dibini kök veya dallardan temizlemek; *k.dili* engel olmak. **snag'gy** *s.* budaklı, çıkıntılı.

snail (sneyl) *i.* salyangoz, sümüklüböcek, *zool.* Helix; tembel ve uyuşuk kimse. **snail-paced** *s.* çok yavaş yürüyen. **climbing snail flower** salyangoz, *bot.* Phaseolus caracalla.

snake (sneyk) *i., f.* yılan; sinsi ve hain kimse; boru temizlemek için bükülebilen tel; *f.* yılan gibi sessizce ve sinsi sinsi ilerlemek; *A.B.D., argo* çekip dışarı çıkarmak, sıyırmak. **snake charmer** yılan oynatan hokkabaz. **snake**

dance Amerika kızılderililerinin yılanlarla
yaptıkları dinî bir dans; yılankavî yürüyüşle
yapılan dans. **snake fence** dolambaçlı çit.
snake in the grass gizli tehlike veya düş-
man. **grass snake, ringed snake** kara yılan,
zool. Tropidonotus natrix. **hooded snake**
gözlüklü yılan. **see snakes** aşırı sarhoşluk
sonucunda yılanlar görüyor gibi olmak. **water
snake** ok yılanı, *zool.* Cerastes hasselquistii.
snak'y *s.* yılanlarla dolu; yılan gibi; kurnaz,
hain.

snake.bird (sneyk'bırd) *i.* kaz karabatağı, *zool.*
Anhinga rufa.

snake.bite (sneyk'bayt) *i.* yılan ısırması.

snake-bry.o.ny (sneyk'bray'ıni) *i.* şeytan şal-
gamı, *bot.* Bryonia diocia.

snake.root (sneyk'rut) *i.* yılan sokmasında ilâç
olarak kullanılan bîrkaç cins kök veya ot;
loğusa otu, *bot.* Aristolochia; kurtluca.

snake.weed (sneyk'wid) *i.* yılan kökü, kurt-
pençesi, *bot.* Polygonum bistorta.

snap (snäp) *f.* **(-ped, -ping)** *i., s., z.* şakırdat-
mak; çatırtı ile kopmak veya koparmak; çat
sesiyle kapanmak veya kapatmak; dişleriyle
kapma sesi çıkarmak; kıvılcım saçmak (göz);
birdenbire harekete geçmek; enstantane fo-
toğraf ·çekmek; *i.* kapma; kopma; kopma
sesi; hafif çarpma veya vurma sesi; çıtçıt;
k.dili kolay ve hoş iş; kuvvet, enerji; soğuk
dalgası; zencefilli bisküvi; enstantane fotoğ-
raf; *s.* acele ve düşünmeden yapılan; kolay;
çat diye ses çıkararak birden kapanan; *z.*
çabuk olarak, çat sesiyle. **snap at** kırıcı ko-
nuşmak; kapmak. **snap off one's head**
kırıcı konuşmak. **snap one's fingers at**
boş vermek, umursamamak. **snap out of it**
k.dili kendine gelmek. **not a snap** katiyen,
hiç. **soft snap** basit iş, yağlı iş.

snap-brim hat (snäp'brîm) ön kenarı aşağı
veya yukarı bükülebilen şapka.

snap.drag.on (snäp'drägın) *i.* aslanağzı, *bot.*
Antirrhinum. **lesser snapdragon** danaburnu,
bot. Antirrhinum orontium.

snap.per (snäp'ır) *i.* çat diye ses çıkaran şey;
büyük kaplumbağa; levreğe benzer bir ba-
lık, *zool.* Lutianus.

snap.pish (snäp'iş) *s.* aksiliği tutmuş, babası
üstünde olan, huysuz. **snappishly** *z.* aksilik
ederek. **snappishness** *i.* huysuzluk, aksilik.

snap.py (snäp'i) *s., k.dili* canlı, hararetli; ters,
huysuz. **Make it snappy!** Çabuk ol!

snap.shot (snäp'şat) *i.* enstantane fotoğraf.

snare (sner) *i., f.* tuzak, kapan; güçlük veya
felâket getiren şey; zırıltılı ses çıkarmak için
trampete gerilen kiriş; *f.* tuzağa düşürmek.
snare drum trampet.

snarl (snarl) *f., i.* köpek gibi hırlamak; ters veya
kaba konuşmak; *i.* hırlama, köpek hırlaması;
ters laf. **snarl'y** *s.* hırlamaya hazır, huysuz,
ters.

snarl (snarl) *f., i.* dolaştırmak, dolaşmak, çap-
raşık bir hal almak; karmakarışık hale getir-
mek; *i.* dolaşma; çapraşık düğüm. **snarl'y** *s.*
dolaşık, düğümlü.

snarl-up (snarl'ʌp') *i.* trafiğin tıkanması, karı-
şıklık.

snatch (snäç) *f., i.* kapmak, kabaca yakalamak;
argo kaçırmak; *i.* kapış, kapmaya çalışma;
ufak şey veya parça; kısa müddet; *argo*
kaçırma. **snatch at** kapmaya çalışmak.
snatch block *den.* bir yanı menteşeli ma-
kara tertibatı, ayak, kilitli bastika. **snatch'y**
s. arasıra vaki olan, düzensiz, intizamsız.

sneak (snik) *f., i.* sürünerek yavaşça ve gizlice
savuşmak veya sokulmak; sinsice hareket
etmek; *i.* korkak ve alçak adam, sinsi kimse;
gizlice savuşma veya sokulma. **sneak boat**
avcıların kullandığı dibi düz ufak kayık.
sneak off sıvışmak, savuşmak. **sneak thief**
açık pencere veya kapıdan giren hırsız.
sneak'y *s.* sinsi, gizli.

sneak.er, sneak (sni'kır, snik) *i.* sinsice ha-
reket eden kimse; *çoğ., A.B.D., k.dili* altı
lastik tenis pabucu.

sneak.ing (sni'kîng) *s.* korkak, alçak, cebin,
sinsi; gizli ve çekingen; açığa vurulmamış.

sneer (snîr) *f., i.* hakaretle dudak bükmek; kü-
çümsemek, istihza etmek, alay etmek; *i.* is-
tihza; hakaret. **sneer'ingly** *z.* alay ederek,
küçümseyerek.

sneeze (sniz) *f., i.* aksırmak; hapşırmak; *i.* ak-
sırma. **sneeze at** hakir görmek, küçümsemek.
not to be sneezed at *k.dili* işe yarar, yaba-
na atılmaz.

snell (snel) *i.* balık oltasına bağlanan naylon
ip.

snick (snîk) *f., i.* çentmek; *kriket* topa hafifçe
vurup yönünü değiştirmek; *i.* çentik; hafif
vuruş.

snick.er, snig.ger (snik'ır, snig'ır) *f., i.* gülmekten kendini alamamak, hafifçe ve alaylı olarak gülmek; *i.* zor zapt edilen gülümseme.

snick.er.snee (snik'ırsni) *i.* büyük bıçak.

snide (snayd) *s.* kötü niyetle söylenmiş (söz).

sniff (snif) *f., i.* havayı koklamak; istihza ile burun bükmek; koklamak, kokusunu almak, sezmek; *i.* havayı koklama; burun bükme.

snif.fle (snif'ıl) *f., i.* burnunu çekmek; *i.* burun çekme. **the sniffles** *k.dili* hafif nezle.

sniff.y (snif'i) *s., k.dili* kibirli, etrafındakileri küçük gören.

snif.ter (snif'tır) *i.* yuvarlak likör kadehi; *argo* bir içim, bir yudum.

snig.ger (snig'ır) *bak.* **snicker.**

snig.gle (snig'ıl) *f., İng.* yılan balığı yuvasına olta atarak avlamak; tuzak kurmak, tuzağa düşürmek.

snip (snip) *f.* (-ped, -ping) *i.* makasla kesmek, çırpmak; *i.* çırpma, makasla çırpılmış parça; ufak veya önemsiz parça; *A.B.D., k.dili* önemsiz şey veya kimse. **snips** *i.* maden levha kesmeye mahsus ufak makas.

snipe (snayp) *i., f.* çulluk; su çulluğu, yelve, bekasin, bataklık çulluğu, *zool.* Gallinago gallinago; *f.* bu kuşları avlamak. **snip'er** *i.* pusuya yatarak ateş eden kimse.

snipe (snayp) *f., i.* pusuya yatarak düşman askerini tüfekle vurmak; karşılıklı kaba söz söylemek; *A.B.D., argo* sigara izmariti aramak; *i.* tüfekle vurma; hakaret etme. **snipe hunt** kendisinin yalnız bırakıldığından habersiz olarak avını bekleyen kişiye oynanan oyun.

snip.pet (snip'it) *i.* ufak parça.

snip.py (snip'i) *s., k.dili* ters ve kısa; kibirli, kurumlu; parça halinde olan.

snitch (sniç) *f., argo* aşırmak, çalmak, yürütmek; gammazlamak, ihbar etmek, başkasının sırrını açıklamak.

sniv.el (sniv'ıl) *f., i.* burnu akmak; burun çekerek ağlamak; ağlar gibi konuşmak; ağlamsamak, yalancıktan ağlamak; *i.* sümük; burun çekerek ağlama.

snob (snab) *i.* snop veya züppe kimse. **snob'bery** *i.* züppelik.

snob.bish (snab'iş) *s.* kibarlık taslayan, züppe tavırlı, snop. **snobbishly** *z.* züppecesine. **snobbishness** *i.* züppelik.

snood (snud) *i., f.* saç filesi; *f.* saça file geçirmek.

snook (snuk) *i.* küçümseyici hareket. **cock a snook** nanik yapmak.

snoop (snup) *f., i., k.dili* üstüne vazife olmayan işlere burnunu sokmak; *i.* burnunu sokan kimse. **snoop'y** *s., k.dili* üstüne vazife olmayan işlere burnunu sokan.

snoot (snut) *i., k.dili* burun; yüz, surat. **snoot'y** *s., A.B.D., k.dili* züppe, kendini beğenmiş.

snooze (snuz) *f., i., k.dili* kestirmek, şekerleme yapmak; *i.* kısa uyku, şekerleme.

snore (snôr) *f., i.* horlamak; *i.* horultu, horlama.

snor.kel (snôr'kıl) *i.* şnorkel.

snort (snôrt) *f., i.* at gibi horuldamak; *k.dili* kahkahalarla gülmek; *argo* koklayarak esrar çekmek; *i.* öfke belirten ses; atın horuldaması; kahkaha; *argo* bir yudum içki. **snort'er** *i.* horuldayan kimse; şiddetli fırtına; gürültülü patırtılı iş.

snot (snat) *i., kaba* sümük; *argo* alçak herif. **snot'ty** *s., argo* kibirli, küstah; alçak, ciğeri beş para etmez; *kaba* sümüklü.

snout (snaut) *i.* hayvanın uzun burnu; böceklerde hortum; su borusunun ağızlığı; *aşağ., şaka* insan burnu.

snow (sno) *i., f.* kar; kar gibi şey; kar yağışı; *argo* beyaz zehir, eroin; televizyon ekranında kar fırtınası gibi görünen beyaz lekeler; *f.* kar yağmak; karla kaplamak; *A.B.D., argo* kuşur veya bilgisizliğini örtmek için abartmalı konuşmak. **snow blindness** kar körlüğü. **snow bunting** ispinoz; karkuşu, *zool.* Plectrophenax nivalis. **snow job** *argo* kandırıcı ve samimî olmayan konuşma. **snow line** dağda daimi kar sınırı. **Snow White** Pamuk Prenses. **snow under** karla kaplamak. **be snowed in** kardan mahsur kalmak. **be snowed under** iş çokluğundan kurtulamamak; çok farkla kaybetmek. **It is snowing.** Kar yağıyor.

snow.ball (sno'bôl) *i., f.* kar topu; kartopu, *bot.* Viburnum; *f.* kar topuna tutmak; artmak, çığ gibi büyümek.

snow.ber.ry (sno'beri) *i.* inciçiçeği.

snow.bird (sno'bırd) *i.* ispinoz; *argo* eroin veya kokain tiryakisi.

snow.bound (sno'baund) *s.* kardan mahsur kalmış.

snow.drift (sno'drift) *i.* kar yığıntısı.

snow.drop (sno'drap) *i.* kardelen, *bot.* Galanthus nivalis.

snow.fall (sno'fôl) *i.* bir defada yağan kar miktarı.

snow.flake (sno'fleyk) *i.* kar tanesi.

snow.man (sno'män) *i.* kardan adam.

snow.mo.bile (sno'mobil) *i.* kar arabası, motorlu kızak.

snow.plow (sno'plau) *i.* kar temizleme makinası.

snow.shed (sno'şed) *i.* demiryolunu çığdan korumak için yapılan siper.

snow.shoe (sno'şu) *i., f.* kar ayakkabısı; *f.* kar ayakkabısı ile karda yürümek.

snow.slide (sno'slayd) *i.* çığ.

snow.storm (sno'stôrm) *i.* kar fırtınası, tipi.

snow.suit (sno'sut) *i.* kar kıyafeti.

snow-white (sno'hwayt') *s.* kar gibi, bembeyaz.

snow.worm (sno'wırm) *i.* kar kurdu.

snow.y (sno'wi) *s.* karlı; kar gibi, beyaz. **snow.ily** *z.* karlı olarak. **snowiness** *i.* karlı oluş; beyazlık.

snub (snʌb) *f.* (-bed, -bing) *i.* hiçe saymak, hakir görmek, küçümsemek; *den.* halat veya zincirle geminin yolunu kesip durdurmak; *den.* kastanyolaya vurarak zincirin akmasını durdurmak; *i.* hiçe sayma, hakir görme; *den.* birden durdurma (halat).

snub (snʌb) *s.* küçük ve kalkık (burun). **snub -nosed** *s.* küçük ve kalkık burunlu.

snuff (snʌf) *f., i.* buruna çekmek; koklayarak anlamak; koklayarak muayene etmek; *i.* buruna çekme.

snuff (snʌf) *i., f.* burunotu, enfiye; *f.* enfiye çekmek. **up to snuff** *k.dili* umulduğu kadar; kurnaz, kolay aldanmaz, açıkgöz.

snuff (snʌf) *f., i.* mum fitilinin yanık ucunu kesmek; *i.* mum fitilinin yanık ucu. **snuff out** mum makası ile söndürmek; öldürmek. **snuf'-fers** *i.* mum makası.

snuff.box (snʌf'baks) *i.* enfiye kutusu.

snuf.fle (snʌf'ıl) *f., i.* burnunu çekmek; sesli nefes almak; burnu tıkanmış gibi konuşmak; *i.* burnunu çekme; sesli nefes alma; burnundan konuşma. **the snuffles** *k.dili* nezle.

snuff.y (snʌf'i) *s.* enfiye gibi; enfiye çeken; pis kokan; huysuz, ters. **snuffiness** *i.* pis kokma; huysuzluk, terslik.

snug (snʌg) *s.* (-ger, -gest) *f.* çok rahat ve sıcacık; üste oturan (giysi); sıkı (geçme); *f.* rahat etmek; kapalı yere sığınmak. **snug down** *den.* fırtınaya karşı yelkenlide tedbir almak. **snug'ly** *z.* rahatça; sıkıca. **snug'ness** *i.* rahatlık; sıkılık.

snug.ger.y (snʌg'ıri) *i.* rahat yer.

snug.gle (snʌg'ıl) *f.* rahat etmek için bir yere sokulup sarınmak; sarınıp yatmak.

so (so) *z., bağlaç, ünlem, s.* böyle, şöyle, öyle, bu suretle; bu kadar; şu kadar; bu veya şu sebepten; bu cihetle, bu münasebetle; pekâlâ, pek iyi; kadar, sanki; çok; pek çok; *bağlaç* şartı ile; müddetçe; bunun için; ve; *ünlem* Ya! demek ki; yeter, kâfi; Öyle mi? Tamam! *s.* doğru. **so far** şimdiye kadar. **So long!** *k.dili* Hoşça kalın! **so to speak** sözde, güya, sözün gelişi. **so that** ta ki; şöyle ki. **So what?** Ne fark eder? N'olucak yani! **and so** bunun gibi, böylece; neticede. **and so on** ve saire, ve diğerleri. **an hour or so** bir saat kadar. **He said so.** Öyle dedi. **He was born blind and remained so all his life.** Kör olarak, doğdu ve hayat boyu öyle kaldı. **It's not so.** Yalandır. **just so** yerli yerinde. **Let it be so.** Öyle olsun.

so (so) *müz., bak.* **sol.**

So. *kıs.* south.

soak (sok) *f., i.* iyice ıslatmak, sırılsıklam etmek; suda bırakıp ıslatmak; **up** *veya* **in** *ile* emmek veya içine çekmek; içine girmek; **up** *ile, colloq.* (bir bilimi) yutmak; ıslanmak; içine geçmek; *k.dili* (fazla içki) içmek; *A.B.D., argo* kazıklamak; *A.B.D., argo* yumruklamak; *i.* ıslanma, ıslatma; içinde bir şey ıslatılan sıvı; *argo* ayyaş kimse. **soak'ing** *s.* ıslatan, ıslatıcı.

soak.age (so'kîc) *i.* ıslatma, ıslanma; ıslatılan şeyin çektiği sıvı miktarı.

soak.er (so'kır) *i.* ıslatan şey; ıslatıcı yağmur.

soak.ers (so'kırz) *i.* yünden yapılmış ve ıslaklığı çeken kısa bebek pantolonu.

so-and-so (sı'wınso) *i.* filanca; (kaba söz yerine kullanılan söz) bilmem ne.

soap (sop) *i., f.* sabun; *A.B.D., argo* rüşvet; *f.* sabunlamak, sabun sürmek. **soap bubble** sabun köpüğü; süs. **soap dish** sabunluk. **soap opera** *A.B.D., k.dili* radyo veya televizyonda yayınlanan bir seri melodram. **no soap** *A.B.D., argo* imkânsız, katiyen;

boş, verimsiz, faydasız. **soft soap** arapsabunu; *k.dili* yağcılık.

soap.box (sop'baks) *i.* sabun sandığı; sokakta nutuk çekenlerin üstüne çıktığı sandık. **soapbox derby** *A.B.D.* çocukların kendi yaptıkları arabalarla yokuş aşağı yarışı. **soapboxer** *i.*, *k.dili* sokakta nutuk çeken kimse.

soap.stone (sop'ston) *i.* sabuntaşı.

soap.suds (sop'sʌdz) *i.*, *çoğ.* sabun köpüğü.

soap.wort, soap.root (sop'wırt, -rut) *i.* çöven, helvacıkökü, sabunotu, *bot.* Saponaria officinalis.

soap.y (so'pi) *s.* sabunlu, sabun gibi; *argo* el etek öpen, yüzsuyu döken, yağcı; aşırı duygusal. **soapily** *z.* sabunlu olarak; yüzsuyu dökerek. **soapiness** *i.* sabunlu oluş.

soar (sôr) *f., i.* süzülerek yükselmek, süzülerek uçmak; hareket etmeden aynı seviyede uçmak; artmak, yükselmek; yücelmek; *i.* süzülerek yükselme veya uçuş.

sob (sab) *f.* (**-bed, -bing**) *i.* içini çekerek ağlamak, hıçkırarak ağlamak, hüngür hüngür ağlamak; hıçkırır gibi ses çıkarmak; *i.* ağlama hıçkırığı. **sob sister** *A.B.D.*, *argo* çok içli makaleler yazan kadın gazeteci. **sob story** *argo* göz yaşı döktüren kişisel hikâye.

so.ber (so'bır) *s., f.* kendine hâkim, ölçülü, dengeli, ılımlı, temkinli, makul; ciddî, ağır başlı; içki etkisinde olmayan; gösterişsiz; *f.* dizginlemek; ayılmak, ayıltmak. **sober down** ciddîleşmek, ciddîleştirmek; uslanmak, uslandırmak, aklını başına getirmek. **sober-minded** *s.* aklı başında, ölçülü, temkinli. **sober up** *veya* **off** ayılmak, aklı başına gelmek. **a sober estimate** makul ve üzerinde düşünülmüş hesap. **soberly** *z.* ölçülü, ılımlılıkla. **soberness** *i.* ağır başlılık; ayıklık.

so.ber.sides (so'bırsaydz) *i.*, *k.dili* yüzü gülmeyen kimse, fazla ağır başlı kimse.

so.bri.e.ty (sobray'ıti) *i.* itidal, ılımlılık, ağır başlılık, temkin; imsak.

so.bri.quet, sou.bri.quet (so'brikey) *i.* lakap.

soc.age (sak'îc) *i.* ortaçağda belirli bir meblâğ veya hizmete bedel olarak bir mülkü tasarruf hakkı.

so-called (so'kôld') *s.* güya, sözde.

soc.cer (sak'ır) *i.* futbol, ayaktopu.

so.cia.ble (so'şıbıl) *s.* girgin, arkadaş canlısı; tatlı, nazik, tatlı dilli; hoş sohbet. **sociabil'ity, sociableness** *i.* hoş sohbetlik; toplum hayatından hoşlanma. **sociably** *z.* candan.

so.cial (so'şıl) *s., i.* toplumsal, içtimaî, sosyal; toplumda yeri olan, cemiyete ait; *bot., zool.* kütle halinde büyüyen veya yaşayan; sosyetik; *i.* sohbetli toplantı, sohbet meclisi. **Social Democrat** sosyal demokrat parti üyesi. **social insurance** sosyal sigorta. **social intercourse** sosyal ilişki. **social register** sosyeteye mensup kimselerin isimleri yazılı liste. **social science** sosyal bilim. **social security** sosyal sigorta. **social service** sosyal hizmet. **social work** sosyal görev. **sociality** (soşiyäl'ıti) *i.* tatlı huyluluk, hoş sohbetlik; girginlik. **socially** *z.* sosyal olarak, toplumsal bakımdan.

so.cial.ism (so'şılîzım) *i.* sosyalizm, toplumculuk.

so.cial.ist (so'şılîst) *i.*, *s.* sosyalist, toplumcu; *s.* sosyalizme ait. **socialis'tic** *s.* sosyalizme ait, toplumcu. **socialis'tically** *z.* sosyalizme meyilli olarak.

so.cial.ize, İng. -ise (so'şılayz) *f.* kamulaştırmak, topluma mal etmek; sosyalleştirmek; toplum kurallarına uydurmak. **socializa'tion** *i.* sosyalleştirme, sosyalizasyon; kamulaştırma.

so.ci.e.ty (sısay'ıti) *i.* toplum, cemiyet; sosyete; halk, millet, kavim; arkadaşlık, dostluk; şirket, kurum, dernek; topluluk. **society life** sosyete hayatı. **avoid the society of** arkadaşlığından kaçınmak. **leader of society** toplum hayatında lider. **polite society** sosyete.

so.ci.o.log.ic, -i.cal (sosiyılac'îk, -îkıl) *s.* sosyolojiye ait. **sociologically** *z.* sosyoloji yönünden.

so.ci.ol.o.gist (sosiyal'ıcîst) *i.* sosyolog, toplumbilimci.

so.ci.ol.o.gy (sosiyal'ıci) *i.* sosyoloji, toplumbilim.

so.ci.us (soşiyıs) *i.* (*çoğ.* **so.ci.i**) arkadaş; meslektaş, koldaş.

sock (sak) *i.* kısa çorap, şoset.

sock (sak) *f., i., argo* yumruklamak; sille atmak; *i., argo* yumruk, darbe, sille. **sock away** *argo* (para) saklamak. **socked in** hava muhalefetinden dolayı kapalı (havaalanı). **Sock it to him.** *argo* Haydi bastır.

sock.et (sak'ît) *i., f.* içine bir şey geçirilen delik veya oyuk; duy; duy priz; priz; yuva; *f.* yuva veya oyuk açmak. **socket wrench** yuvalı anahtar. **light socket** lamba duyu. **wall socket** duvar prizi.

so.cle (so'kıl) *i., mim.* direk veya duvar kaidesi, taban, destek.

So.crat.ic, -i.cal (sokrat'îk, -îkıl) *s.* Sokrat'a ait; Sokrat'ın felsefesine ait. **Socratic method** Sokrat usulüne göre sorulara cevap vermek suretiyle karşılıklı konuşma tarzı.

sod (sad) *i., f.* **(-ded, -ding)** çim; çimen parçası; *f.* çimen parçaları ile kaplamak. **under the sod** mezarda. **the Old Sod** İrlanda.

so.da (so'dı) *i.* soda; karbonat, sodyum bikarbonat; çamaşır sodası; sodyum hidroksit; gazoz; maden sodası; dondurmalı ve sodalı bir içecek. **soda ash** karbonat, nötür sodyum karbonat. **soda cracker** tuzlu bisküvi. **soda fountain** büfe, hafif yemekler veren lokanta. **soda water** gazoz; maden sodası. **washing soda** çamaşır sodası.

so.dal.i.ty (sodäl'ıtı) *i.* arkadaşlık; cemiyet; *Kat.* hayır cemiyeti.

sod.den (sad'ın) *s., f.* iyice ıslanmış, sırılsıklam; hamur gibi (ekmek); anlamsız, donuk; ayyaş suratlı; *f.* iyice ıslatmak veya ıslanmak; donuklaştırmak.

so.di.um (so'diyım) *i., kim.* sodyum. **sodium bicarbonate** karbonat, sodyum bikarbonat. **sodium carbonate** adi soda. **sodium hydroxide** sodyum hidroksit. **sodium nitrate** Şili güherçilesi, sodyum nitrat. **sodium silicate** cam suyu.

Sod.om (sad'ım) *i.* Tevrat'ın ilk kitabında bahsedilen kötülüğü ile meşhur Sodom şehri. **Sodomite** *i.* Sodomlu; *k.h.* homoseksüel erkek, ibne, kulampara. **sodomit'ic(al)** *s.* homoseksüelliğe ait. **sodomy** *i.* cinsel sapıklık, livata; homoseksüellik, kulamparacılık, oğlancılık.

so.ev.er (sowev'ır) *z.* herhangi, her ne, her.

so.fa (so'fı) *i.* sedir, kanepe.

sof.fit (saf'it) *i., mim.* kemer, balkon veya merdivenin alt yüzü; taban.

So.fi.a (so'fiyı) *i.* Sofya.

soft (sôft) *s., i., z.* yumuşak; mülâyim, tatlı, nazik, uysal, latif; sakin, asude; yufka yürekli; zayıf, ince, narin, dayanıksız; hafif; *ask.* koru-

masız; *kim.* bakterilerle ayrışabilen; *İng., leh.* nemli, ılık (hava); *i.* yun uşak şey; yumuş aklık; *k.dili* ahmak kimse; *z.* yavaşça; **soft art** süreksiz sanat. **soft coal** adi madenkömürü. **soft drink** alkolsüz içki, içecek. **soft drug** alışkanlık kazandırmayan ilâç. **soft goods** dokuma, mensucat. **soft landing** yumuşak iniş. **soft palate** *anat.* yumuşak damak. **soft pedal** piyanonun sesini yumuşatmak için kullanılan pedal. **soft sell** *A.B.D., k.dili* baskı yapmadan ikna etme. **soft soap** arapsabunu, yumuşak sabun; *k.dili* yağcılık, dalkavukluk. **soft water** tatlı su, içinde maden tuzu bulunmayan su. **soft'ish** *s.* yumuşakça. **soft'ly** *z.* yavaş yavaş; tatlılıkla. **soft'ness** *i.* yumuşaklık. **soft'y** *i.* aşırı duygusal kimse; hanım evlâdı.

sof.ta (saf'tı) *i., T.* softa.

soft.ball (sôft'bôl) *i.* bir çeşit beysbol; bu oyunda kullanılan top.

soft-boiled (sôft'boyld') *s.* az pişmiş, rafadan (yumurta).

sof.ten (sôf'ın) *f.* yumuşatmak, mülâyimleştirmek, gevşetmek; teskin etmek, yatıştırmak; yumuşamak, mülâyimleşmek; yatışmak. **softening of the brain** *tıb.* beyin zarının yumuşaması, *colloq.* beyin sulanması.

soft.heart.ed (sôft'har'tid) *s.* yumuşak kalpli, yufka yürekli, merhametli.

soft-shelled (sôft'şeld) *s.* yumuşak kabuklu (yengeç, kaplumbağa); ılımlı.

soft-soap (sôft'sop) *f., k.dili* yağlamak, ayartmak.

soft-spo.ken (sôft'spo'kın) *s.* tatlı dilli.

soft-toned (sôft'tond) *s.* tatlı sesli (çalgı).

soft-voiced (sôft'voyst) *s.* tatlı sesli.

soft.ware (sôft'wer) *i.* kompütöre verilen plan, program ve belletmeler.

soft.wood (sôft'wûd) *i.* çam; tahtası yumuşak olan ağaç.

sog.gy (sag'i) *s.* iyice ıslanmış, sırsıklam; ağır. **sogginess** *i.* sırsıklam bir halde olma.

soi-di.sant (swadizan') *s., Fr.* sözde.

soi.gné (swanyey') *s., Fr.* bakımlı, iyi giyinmiş, *colloq.* iki dirhem bir çekirdek.

soil (soyl) *i.* toprak; ülke; gelişme ortamı, yuva. **alluvial soil** aluvyonlu toprak. **one's native soil** ana vatan. **poor soil** verimsiz toprak. **rich soil** verimli toprak.

soil (soyl) *f., i.* kirletmek, lekelemek; namusuna leke sürmek; kirlenmek, lekelenmek; *i.* leke, kir; çirkef, pislik, çöp; gübre.

soil (soyl) *f.* hayvanları taze otla beslemek, semirtmek.

soil.age (soy'lîc) *i.* yeşillik, yeşil ot (yem olarak).

soi.ree (swarey') *i.* suvare, gece toplantısı.

so.ja (so'cı, so'yı) *i.* soya fasulyesi.

so.journ (so'cırn) *f., i.* kalmak, geçici olarak kalmak, misafir olmak; *i.* konukluk, misafir olarak kalma. sojourner *i.* misafir, konuk.

sol (sol) *i., müz.* sol noktası, gamda beşinci nota.

Sol (sal) *i.* güneş; eski Romalıların güneş tanrısı.

sol (sal, sol) *i., kim.* koloidal eriyik, koloit.

so.la (so'lı) *bak.* solus.

sol.ace (sal'îs) *i., f.* teselli, teselli sebebi; *f.* teselli etmek, kederini hafifletmek.

so.lan (so'lın) *i.* sümsük kuşu, *zool.* Sulidae.

so.lar (so'lır) *s.* güneşle ilgili; güneşe göre hesaplanan; güneş etkisiyle meydana gelen, şemsî. solar eclipse güneştutulması, güntutulması, küsuf. solar month ay. solar plexus *anat.* güneş sinirağı; *k.dili* karın boşluğu. solar spectrum güneş tayfı. solar spots güneşin üzerinde görülen lekeler. solar system *astr.* güneş sistemi. solar wind güneşten çıkan yüklü zerrelerin cereyanı. solar year şemsî yıl, güneş yılı.

so.lar.i.um (soler'iyım) *i.* güneş banyosu yapılan etrafı camla çevrili yer, solaryum.

so.lar.ize (so'lırayz) *f.* güneş ışığına maruz bırakmak; *foto.* klişeyi güneş ışığına fazla maruz bırakarak bozmak. solarization (solırızey'şın) *i.* güneş ışınlarının etkisi; *foto.* klişeyi güneşe fazla maruz bırakarak bozma.

so.la.ti.um (sıley'şiyım) *i.* (*çoğ.* -ti.a) tazminat.

sold (sold) *bak.* sell.

sol.der (sad'ır) *i., f.* lehim; yapıştırıcı madde; *f.* lehimlemek; yapıştırmak. soldering iron havya.

sol.dier (sol'cır) *i., f.* asker, nefer, er; karınca yuvasının bekçiliğini yapan iri karınca; *f.* askerlik yapmak; *k.dili* işten kaçınmak, çalışır görünmek, kaytarmak. soldier of fortune bir çıkar veya macera için askerlik yapan kimse. an old soldier eski asker; tec-

rübeli ve bilgili adam. every inch a soldier sapına kadar asker. tin soldier oyuncak asker. soldierlike *s.* askere yakışır, askerce. soldierly *s.* asker gibi, askercesine.

sol.dier.y (sol'cıri) *i.* askerler, asker sınıfı; askerlik.

sol.do (sal'do) *i.* (*çoğ.* -di) eski bir İtalyan parası.

sole (sol) *i., f.* taban, ayak veya ayakkabı tabanı; *f.* ayakkabıya pençe vurmak. sole leather taban köselesi.

sole (sol) *i.* dilbalığı, *zool.* Solea vulgaris.

sole (sol) *s.* tek, yalnız, biricik, yegâne, başlı başına; *huk.* evlenmemiş, bekâr. sole'ly *z.* yalnız, ancak, sadece.

sol.e.cism (sal'ısizım) *i.* dilbilgisi kurallarının dışına çıkma; deyim hatası; aykırı tutum veya davranış.

sol.emn (sal'ım) *s.* ağır başlı, vakur; heybetli; ciddî; kutsal veya aziz tutulan; dinsel, dinî törenle yerine getirilen; resmî, kanuna uygun. solemnly *z.* ciddiyet ve vakarla.

so.lem.ni.ty (sılem'nıti) *i.* ağır başlılık, vakar; ciddiyet; kutlama töreni; dinî tören; heybet; heybet verici şey; *huk.* resmiyet.

sol.em.nize, *İng.* -nise (sal'ımnayz) *f.* resmen icra etmek; resmî ayin yapmak. solemniza'tion *i.* resmen icra.

so.le.noid (so'lınoyd) *i., elek.* solenoit, sarmal bobin.

sole.plate (sol'pleyt) *i., mak.* taban levhası.

sol-fa (sol'fa) *f., i.* gam notalarını sesle vermek; *i.* notaların isimleri.

sol.fa.ta.ra (solfata'ra) *i., jeol.* kükürt benzeri gazlar yayan volkan ağzı; püskürme.

sol.feg.gio (solfec'o) *i.* (*çoğ.* -gi) *müz.* solfej.

so.lic.it (sılis'it) *f.* rica etmek, rica ederek istemek, rica ederek davet etmek; yalvarmak, kışkırtmak, tahrik etmek, teşvik etmek. solicita'tion *i.* isteme, talep, rica; davet, tahrik.

so.lic.i.tor (sılis'ıtır) *i.* rica eden kimse, aracı; devlet dairesinde hukuk müşaviri; *İng.* davavekili. Solicitor General başsavcı, müddeiumumî.

so.lic.it.ous (sılis'ıtıs) *s.* meraklı, endişeli, vesveseli; istekli, arzulu. solicitously *z.* merakla, endişe ile. solicitousness *i.* meraklılık, endişelilik.

so.lic.i.tude (sılîs'ıtud) *i.* merak, kuruntu, vesvese; arzu, iştiyak; endişe konusu olan şey, dert.

sol.id (sal'îd) *s.*, *i.* katı; sağlam; som; pek, sıkı, yoğun; kesiksiz; bütün, tam; gerçek; birleşik; üç boyutlu; güvenilir, devamlı, kesintisiz, fasılasız; *i.* katı madde; üç boyutluluk. **solid comfort** ciddî ve sürekli rahat. **solid food** katı yiyecek. **solid geometry** uzay geometri. **solid measure** katı cisimlere mahsus ölçü birimi, oylum ölçüleri. **a solid hour** tam bir saat. **a solid man** sağlam adam. **be solid for** ittifakla bir kimsenin tarafını tutmak. **solid'ity** *i.* katılık; metanet, kuvvet, sağlamlık. **solidly** *z.* oy birliğiyle, ittifakla; sağlam. **solidness** *i.* katılık; sağlamlık.

sol.i.dar.i.ty (salıder'ıti) *i.* dayanışma, tesanüt, birlik.

so.lid.i.fi.ca.tion (sılîdıfıkey'şın) *i.* katılaştırma; mücessem şekil verme.

so.lid.i.fy (sılîd'ıfay) *f.* katılaştırmak, katılaşmak; tahkim etmek, kuvvetlendirmek.

sol.id-state (sal'îdsteyt') *s.* transistorlu; radyo tüpü olmayan. **solid-state physics** katı maddelerle uğraşan fizik dalı.

sol.i.dus (sal'ıdıs) *i.* (*çoğ.* **-di**) *Lat.* Bizans İmparatorluğunda altın sikke; taksim işareti.

sol.i.fid.i.an (salîfîd'iyın) *s.*, *i.*, *ilâh.* halâs için yalnız imanın kâfi olduğuna inanan (kimse).

so.lil.o.quy (sılîl'ıkwi) *i.* kendi kendine konuşma. **soliloquize** *f.* kendi kendine konuşmak.

sol.ip.sism (sal'îpsîzım) *i.*, *fels.* tekbencilik, solipsizm. **solipsist** *i.* tekbenci kimse.

sol.i.taire (sal'ıter) *i.* tek taş mücevher; tek başına oynanılan kâğıt oyunu.

sol.i.tar.y (sal'ıteri) *s.*, *i.* yalnız, münferit; ıssız, tenha; kasvetli; tek, bir; tek başına; *i.* münzevi kimse. **solitary confinement** hücre hapsi.

sol.i.tude (sal'ıtud) *i.* yalnızlık, tek başına olma; ıssız yer, tenha yer.

sol.ler.et (salıret') *i.* ortaçağda zırhı tamamlayan esnek çelik ayakkabı.

sol.mi.za.tion (sal'mızeyşın) *i.*, *müz.* solfej, solfej yapma.

so.lo (so'lo) *i.* (*çoğ.* **-s**, **-li**) *s.*, *f.* solo; iskambilde iki veya üç ortağa karşı tek başına oynanan oyun; *s.*, *müz.* tek ses veya çalgı için, solo; *f.* tek başına uçak kullanmak (ilk olarak). **soloist** *i.* solist.

Sol.o.mon (sal'ımın) *i.* Hazreti Süleyman. **solomonic** (salıman'îk) *s.* Hazreti Süleyman gibi dirayetli, hikmet sahibi.

Sol.o.mon's-seal (sal'ımınzsil') *i.* mührü Süleyman, *bot.* Polygonatum.

So.lon (so'lın) *i.*, *Yu. tar.* Atinalı kanun koyucusu Solon; dirayetle, kanun yapan kimse.

sol.stice (sal'stîs) *i.*, *astr.* gündönümü, gün durumu. **summer solstice** yaz gündönümü. **winter solstice** kış gündönümü. **solsti'tial** *s.* gündönümüne ait.

sol.u.ble (sal'yıbıl) *s.* eritilebilir, halledilebilir; çözülebilir, halli mümkün. **solubil'ity**, **solubleness** *i.* erime kabiliyeti.

so.lus, *dişil* **so.la** (so'lıs, so'lı) *s.*, *Lat.* yalnız (özellikle sahnede yalnız bulunan oyuncu).

sol.ute (sal'yut) *i.*, *kim.* erir madde.

so.lu.tion (sılu'şın) *i.* eriyik; erime, hal; mahlul; çare, çözüm; izah, halletme; *tıb.* bir hastalığın kriz devresi veya nihayeti; *huk.* borcun tesviyesi; *mat.* çözüm.

solve (salv) *f.* halletmek, çözmek, cevabını bulmak; *huk.* tesviye etmek. **solvabil'ity** *i.* çözülebilirlik. **solv'able** *s.* hallolunur, çözülür; erir.

sol.vent (sal'vınt) *s.*, *i.* bütün borçlarını ödemeye muktedir; eritici; çözücü; *i.* çözümleyici şey; eritici sıvı. **solvency** *i.* bütün borçlarını ödeme iktidarı.

so.ma (so'mı) *i.* (*çoğ.* **-ma.ta**) gövde, soma.

So.ma.li.a (soma'lyı) *i.* Somali.

so.mat.ic (somät'îk) *s.*, *biyol.* gövdesel.

somato- *önek* gövde.

so.ma.tol.o.gy (somıtal'ıci) *i.* somatoloji, insan vücudunu inceleyen ilim dalı; antropolojinin insanın fizik yapısı ile ilgilenen dalı. **somatologic(al)** (somıtola'cîk, -ıl) *s.* somatoloji ile ilgili.

som.ber (sam'bır) *s.* koyu, karanlık, loş; kasvetli, can sıkıcı, sıkıntılı. **somberly** *z.* loşça; kasvetle. **somberness** *i.* loşluk, kasvetlilik.

som.bre.ro (sambrer'o) *i.* geniş kenarlı şapka, sombrero.

-some *sonek* -ci, -ce: **quarrelsome**.

-some *sonek* cisim: **chromosome**.

some (sʌm) *s.*, *z.*, *zam.* bazı; bir; birtakım; birkaç, biraz, bir miktar; bir hayli, epeyce; *A.B.D.*, *k.dili* hatırı sayılır; *z.* yaklaşık olarak, takriben; *zam.* bazı.

some.bod.y (sʌm'bıdi) *zam., i.* biri, birisi, bir kimse; *i.* hatırı sayılır kimse, büyük şahsiyet.

some.day (sʌm'dey) *z., A.B.D., k.dili* bir gün.

some.how (sʌm'hau) *z.* bir yolunu bulup, her nasılsa. **somehow or other** her nasıl olursa olsun.

some.one (sʌm'wʌn) *zam., i.* birisi; *i.* bir kimse.

some.place (sʌm'pleys) *z., k.dili* bir yere, bir yerde.

som.er.sault, som.er.set (sʌm'ırsôlt, -set) *i., f.* taklak, perende; *f.* taklak atmak, perende atmak.

some.thing (sʌm'thîng) *i.* bir şey; bir parça şey; olağanüstü bir şey; falan.

some.time (sʌm'taym) *s., z.* eski, sabık; *z.* bir zaman, ilerde, evvelce.

some.times (sʌm'taymz) *z.* bazen, ara sıra.

some.way (sʌm'wey) *z.* bir yolunu bulup.

some.what (sʌm'hwıt) *z., i.* biraz, bir dereceye kadar; *i.* bir parça, bir şey; önemli kimse veya şey.

some.where (sʌm'hwer) *z., i.* bir yere, bir yerde; *i.* bir yer.

some.wise (sʌm'wayz) *z.* bir yönde. **in somewise** bir noktada.

som.nam.bu.lism (samnäm'byılizım) *i.* uyurgezerlik. **somnambulate** *f.* uykuda gezmek. **somnambula'tion** *i.* uykuda gezme. **somnambulist** *i.* uyurgezer kimse. **somnambulis'tic** *s.* uykuda gezer gibi.

som.nif.er.ous, som.nif.ic (samnîf'ırıs, samnîf'îk) *s.* uyku getirici, uyutucu; uyuşturucu.

som.nil.o.quy (samnîl'ıkwi) *i.* sayıklama, uykuda konuşma; sayıklanan sözler.

som.no.lence, -cy (sam'nılıns, -si) *i.* uyku basması, uykulu hal, ağırlık.

som.no.lent (sam'nılınt) *s.* uykusu gelmiş, uyku basmış; uyku getiren. **somnolently** *z.* uyku getirecek şekilde.

son (sʌn) *i.* oğul, erkek evlât, çocuk, evlât; *b.h.* Hazreti İsa. **son of a bitch,** *kıs.* **s.o.b.** *kaba* it oğlu it, kancık, piç oğlu piç. **son of a gun** it kırıntısı; Hay Allah!

so.nant (so'nınt) *s., i.* ses veren, sesli; *i., dilb.* ünlü.

so.nar (so'nar) *i.* deniz radarı, sonar.

so.na.ta (sına'ta) *i., müz.* sonat.

so.na.ti.na (sanıti'nı) *i., müz.* sonatçık, sonatin.

song (sông) *i.* şarkı, yır, türkü, ır, nağme; lirik şiir; şiir, destan; *fig.* nakarat; cüzî şey, ucuz fiyat. **song and dance** *tiyatro* şarkılı kısa oyun; *A.B.D., k.dili* uydurma mazeret veya bahane; *A.B.D., k.dili* saçma, boş laf. **Song of Solomon** *veya* **Song of Songs** Eski Ahitte bir kitabın ismi, Neşideler Neşidesi. **song sparrow** ötücü bir cins serçe, *zool.* Melospiza melodia. **for a song** çok ucuza, yok pahasına.

song.bird (sông'bırd) *i.* ötücü kuş.

song.book (sông'bûk) *i.* şarkı kitabı.

song.ster (sông'stır) *i.* şarkıcı, okuyucu, hanende; ötücü kuş; şair; halk şarkıları kitabı. **songstress** *i.* şarkıcı kadın.

son.ic (san'îk) *s.* sesle ilgili; hızı sese yaklaşan. **sonic barrier** ses duvarı. **sonic boom** ses duvarını aşan bir uçağın sebep olduğu patlama sesi.

so.nif.er.ous (sonîf'ırıs) *s.* ses çıkaran, sesli.

son-in-law (sʌn'înlô) *i.* damat.

son.net (san'ît) *i., f., edeb.* sone; *f.* sone şeklinde şiir yazmak. **sonneteer** (sanıtîr') *i., f.* sone yazan şair; *f.* sone yazmak.

son.ny (sʌn'i) *i., k.dili* oğlum, evlâdım, yavrum.

so.nom.e.ter (sonam'ıtır) *i.* ses ölçen cihaz, sonometre.

so.no.rant (sınôr'ınt) *i., dilb.* selenli ses.

so.no.r.i.ty (sınôr'ıti) *i.* seslilik; ses dolgunluğu veya yüksekliği.

so.no.rous (sınôr'ıs, san'ırıs) *s.* sesli, ses veren, sedalı; yüksek ses çıkaran; tınlayan, yankılı; etkili, üstün (ses, dil veya terim). **sonorousness** *i.* dolgun seslilik. **sonorously** *z.* dolgun sesle.

son.ship (sʌn'şîp) *i.* oğulluk sıfatı.

soon (sun) *z.* hemen, şimdi, derhal, çok geçmeden; çabuk, süratle; kolayca, kolaylıkla; tercihen. **sooner or later** er geç. **as soon as** derhal, hemen. **I would as soon go as not.** Bana göre gitmekle gitmemek birdir. Gitsem de bir, gitmesem de. **no sooner than** olur olmaz.

soon.er (su'nır) *i., A.B.D., argo* vaktinden önce davranıp en gözde hazine arsasına ucuza konan kimse.

soot (sût, sut) *i., f.* is, kurum; *f.* ise bulaştırmak.

sooth (suth) *i., s., eski* gerçek, hakikat, doğruluk; *s.* gerçek, doğru; yatıştırıcı; pürüzsüz. **in sooth** hakikatte, gerçekte..

soothe (sudh) *f.* yatıştırmak, teskin etmek, yumuşatmak; rahat ettirmek, mülâyimleştirmek, hafifleştirmek. **sooth'ing** *s.* yatıştırıcı. **soothingly** *z.* yatıştırıcı bir şekilde.

sooth.fast (suth'fast) *s., eski* gerçek, hakikî; hakikatli, sadık.

sooth.say (suth'sey) *f.* (**-said, -saying**) gaipten haber vermek, geleceği söylemek. **soothsaying** *i.* kehanet, falcılık. **sooth.say.er** (suth'seyır) *i.* kâhin, gaipten haber veren kimse.

soot.y (sût'i) *s.* isli, kurumlu. **sootiness** *i.* islilik.

sop (sap) *i., f.* (**-ped, -ping**) sıvıda yumuşatılmış şey; tirit; yatıştırıcı şey; sus payı, susmalık; *f.* sıvıya batırmak, banmak; iyice ıslatmak; ıslanmak, içine geçmek (yağmur). **sop up** emmek.

sop. *kıs.* **soprano.**

soph.ism (saf'ızım) *i.* sofizm, bilgicilik, safsata.

Soph.ist (saf'îst) *i.* sofist; *k.h.* safsatacı kimse, yalan sözlerle başkalarını ikna etmeye çalışan kimse.

soph.is.ter (saf'ıstır) *i.* sofist; *İng.* bazı üniversitelerde ikinci veya üçüncü sınıf öğrencisi.

so.phis.tic, -ti.cal (sıfîs'tîk, -tîkıl) *s., i.* sofistçe, safsata kabilinden; *i.* sofistlerin sanat veya yöntemleri. **sophistically** *z.* sofistçe davranışlarla. **sophisticalness** *i.* sofistlik taslama.

so.phis.ti.cate (sıfîs'tıkeyt) *f.* masumluğunu kaybettirmek; tecrübelendirmek; *nad.* hile ve safsata karıştırmak; aydınlatmak; hile ve safsata öğreterek ahlâkını bozmak. **sophisticated** *s.* bilgiç olan, kültürlü, görmüş geçirmiş; incelikli; bilmiş; karmaşık; ileri, teferruatlı (teçhizat); ukalâ, çokbilmiş; yapmacık, sunî. **sophistica'tion** *i.* incelikli düşünce veya davranışlar; karmaşıklık; çokbilmişlik.

soph.is.try (saf'îstri) *i.* safsata, yanıltmaca; sofistlik.

Soph.o.cles (saf'ıkliz) *i.* Sofokles.

soph.o.more (saf'ımôr, saf'môr) *i., A.B.D.* lise ve üniversitede ikinci sınıf talebesi. **soph-omor'ic(al)** *s.* ikinci sınıf talebesine ait; bilgiçlik taslayan; pişmemiş, toy; üslûp ve davranışlarında aşırılığa kaçan.

So.phy (so'fi) *i.* eskiden İran hükümdarı.

so.po.rif.er.ous (sopırif'ırıs) *s.* uyku getiren, uyutucu. **soporiferousness** *i.* uyku getirici durum.

so.po.rif.ic (sopırif'îk) *s., i.* uyku getiren, uyutucu (ilâç).

sop.py (sap'i) *s.* tirit gibi; sırsıklam, çok ıslanmış; yağmurlu; *İng., argo* aşırı duygusal.

so.pra.ni.no (saprıni'no) *i.* sopranodan daha tiz sesli alet.

so.pran.o (sıprän'o) *i.* (*çoğ.* **-s, -ni**) *s., müz.* soprano; *s.* sopranoya ait.

sorb (sôrb) *i.* üvez, *bot.* Pirus sorbus.

sor.be.fa.cient (sôrbıfey'şınt) *s.* emdirici.

sor.cer.er (sôr'sırır) *i.* büyücü, sihirbaz. **sorceress** *i.* büyücü kadın. **sorcery** *i.* büyü, sihir; büyücülük.

sor.did (sôr'dîd) *s.* kirli, pis; alçak, sefil; çıkarcı, paragöz; *zool.* çamur renkli. **sordidly** *z.* alçakça, sefilâne; hasisçe. **sordidness** *i.* pislik, alçaklık, sefillik; hasislik, pintilik.

sor.dine (sôr'din) *i., müz.* çalgının sesini kısmaya mahsus cihaz, sordin.

sore (sôr) *s., i., z.* dokununca acıyan; çok hassas; kederli, müteessir, mustarip; *k.dili* kızgın, sinirli; şiddetli, aşırı, âcil; sinirlendirici, çıldırtıcı; *i.* yara; acıyan yer; acı veren şey; *z., eski* şiddetle, fena surette. **sore spot, sore subject** nazik konu. **sore throat** boğaz ağrısı. **You're a sight for sore eyes!** Gözümüzü gönlümüzü açtınız. **sore'ly** *z.* fena surette; çok, pek çok, şiddetle. **sore'ness** *i.* acılık.

sore.head (sôr'hed) *i., A.B.D., argo* yenilgiyi hazmedemeyen kimse, kinci kimse.

sor.ghum (sôr'gım) *i.* süpürgedarısı, *bot.* Sorghum.

so.ri.tes (sôray'tis) *i., man.* zincirleme kıyas.

so.ror.i.ty (sırôr'ıti) *i.* özellikle üniversitelerde kızlar birliği.

so.ro.sis (sıro'sîs) *i., bot.* dut veya ananas gibi birçok çiçeklerden hâsıl olan bileşik meyva.

sor.rel (sôr'ıl) *i.* kuzukulağı, *bot.* Rumex acetosa. **sheep sorrel** küçük kuzukulağı, *bot.* Rumex acetosella.

sor.rel (sôr'ıl) *i.* kırmızımsı kahverengi, kızıl doru, kula (at donu); üç yaşında erkek geyik.

sor.row (sar'o) *i., f.* keder, elem, esef, hüzün, gam, üzüntü; nedamet, pişmanlık; dert, keder verici şey; *f.* kederlenmek, esef etmek; ıstırap çekmek; matem tutmak.

sor.row.ful (sar'ıfıl) *s.* kederli, elemli, hazin, keder verici. **sorrowfully** *z.* hazin bir şekilde, elemle. **sorrowfulness** *i.* hüzün, keder, elem.

sor.ry (sar'i) *s.* üzgün, kederli, hüzünlü, gamlı; üzücü, elemli; kasvetli; pişman; acı, müteessif. **He made a sorry spectacle of himself.** Kendi kendini rezil etti. **I feel sorry for her.** Ona acıyorum. **I'm sorry, but I can't come.** Özür dilerim, gelemem. **She was sorry she hadn't done her lessons.** Derslerini yapmadığına pişman oldu. **sorrily** *z.* hüzünle. **sorriness** *i.* hüzün, üzgünlük, kederlilik.

sort (sôrt) *i.* çeşit, tür, nevi; usul, yol, tarz; soy, tabiat. **sort of** *k.dili* oldukça. **after a sort** bir dereceye kadar. **in some sort** bir derecede. **of sorts** sıradan. **out of sorts** *k.dili* rahatsız, keyifsiz; gücenik, dargın, küskün.

sort (sôrt) *f.* ayırmak, ayıklamak, sınıflandırmak; birlik olmak. **sort'able** *s.* sınıflandırılabilir.

sor.tie (sôr'ti) *i., ask.* yarma hareketi, huruç.

sor.ti.lege (sôr'tılıc) *i.* kur'a ile fala bakma, falcılık.

so.rus (sôr'ıs) *i.* (*çoğ.* -ri) *bot.* eğrelti otu yaprakları arkasındaki tohum kümesi.

SOS (es'o'es') SOS (eskiden tehlike halinde özellikle gemiler tarafından telsizle verilen imdat sinyali).

so-so (so'so) *s., z.* vasat, sıradan, ne iyi ne kötü; *z.* şöyle böyle, orta karar.

sos.te.nu.to (sostenu'to) *i., müz.* uzatarak çalma veya söyleme tarzı.

sot (sat) *i.* bekri kimse, ayyaş kimse.

sot (sat) *s., leh.* inatçı, direngen.

so.te.ri.ol.o.gy (sıtıriyal'ıci) *i., ilâh.* Hazreti İsa'ya itikat ederek kurtulma doktrini. **soteriolog'ic(al)** *s.* bu doktrine ait.

So.thic, So.thi.ac (so'thik, so'thiyäk) *s., astr.* Büyükköpek yıldızına ait. **Sothic year** eski Mısır hesabına göre 365 gün 6 saatlik güneş yılı.

sot.tish (sat'iş) *s.* sarhoş, küfelik; ayyaş; alık, salak. **sottishly** *z.* ayyaşça. **sottishness** *i.* ayyaşlık.

sot.to vo.ce (sat'o vo'çi) alçak sesle, kendi kendine.

sou (su) *i.* eski bir ufak Fransız parası. **I don't have a sou.** Beş param yok.

sou.brette (subret') *i., Fr.* operet ve güldürülerde oynak hizmetçi kız rolündeki oyuncu, subret; hoppa genç kadın.

sou.chong (su'çang') *i.* siyah Çin çayı.

souf.flé (sufley') *s., i.* içi boş, şişirilerek pişirilmiş; *i., ahçı.* sufle.

souf.fle (su'fıl) *i., tıb.* vücudun bazı organlarında aletle işitilen hırıltı.

sough (sʌf, sau) *i., f.* uğultu; *f.* uğuldamak.

sought (sôt) *bak.* **seek.**

soul (sol) *i.* ruh, can; zenci müziğinin uyandırdığı heyecan veya his; *fels.* tin; hissiyat, maneviyat; öz, nüve; kök, temel; canlılık; şahıs, kişi, kimse. **soul brother** *A.B.D.* zenci soydaş. **soul food** *A.B.D.* Güneyli zencilere özgü yemek.

soul.ful (sol'fıl) *s.* duygulu, hisli, anlamlı, manalı. **soulfully** *z.* duygulu bir şekilde. **soulfulness** *i.* duygululuk, hislilik.

soul.less (sol'lis) *s.* ruhsuz, hissiz, duygusuz, cansız.

soul-search.ing (sol'sırçing) *i.* kendi kendini inceleme, kendine eğilme.

sound (saund) *s., z.* sağlam, kusursuz; sıhhatli, salim, esen; emin, emniyetli; doğru, sahih; iyi, tam; mükemmel; derin (uyku); geçerli, kanunî, sağlam; *z.* derin derin. **soundly** *z.* derin derin (uyku); mükemmelen; tamamen. **sound'ness** *z.* sağlamlık, sıhhat; doğruluk, geçerlik.

sound (saund) *i., f.* ses, seda, avaz; ima, anlam, mesaj; gürültü, şamata; ses erimi; *f.* ses çıkarmak, ses vermek; yüksek sesle ilân etmek; gibi görünmek; çalınmak, ötmek; ses çıkarttırmak, çalmak, öttürmek; açıkça övmek, herkesin içinde methetmek; *tıb.* ses çıkarttırarak muayene etmek. **sound and light** açık havada tarihî konulu gösteri. **sound barrier** ses duvarı. **sound effects** *tiyatro, radyo* efekt, konuşma seslerinin dışındaki sesler. **sound film** sesli sinema filmi. **sound off** *colloq.* kükremek. **sound track** sinema filminde ses yolu. **sound wave** ses dalgası. **within sound** ses işitilebilecek mesafede. **sound'less** *s.* sessiz, sedasız.

sound (saund) *f., i.* iskandil etmek, derinliğini yoklamak; bir kimsenin fikrini anlamaya çalışmak; *tıb.* sonda ile muayene etmek; çok derine dalmak; *i.* mil, sonda.

sound (saund) *i.* geniş boğaz; solungaç.

sound.board (saund'bôrd) *i.*, sounding board keman gövdesi gibi sesi aksettirme vasıtası; ses yansıtıcısı; tasarlanan şeyin etkisini ölçmek için denenen kimse.

sound.er (saun'dır) *i.* ses veren cihaz; telgraf alıcısı; iskandil; mil, sonda.

sound.ing (saun'dîng) *i.* iskandil etme, derinliğini yoklama, sondaj; *çoğ.* iskandil edilen suyun derinliği. sounding line iskandil ipi veya teli.

sound.proof (saund'pruf) *s., f.* ses geçirmez, ses vermez; *f.* ses geçirmez hale koymak.

soup (sup) *i.* çorba; et suyu; *kim.* temel elemanların karışımı; *foto.* banyo eczası; *argo* yoğun sis; *A.B.D.*, *argo* nitrogliserin. soup kitchen fakirlere parasız çorba dağıtılan mutfak, imaret. soup ticket parasız çorba almak için vesika. soup up *A.B.D.*, *argo* (otomobil motorunu) güçlendirmek. from soup to nuts mükellef, iğneden ipliğe. in the soup *argo* başı dertte, sıkıntıya düşmüş. pea soup bezelye çorbası; koyu sis. soup'y *s.* çorba gibi sulu; duygusal.

soup.çon (supsôn') *i.*, *Fr.* bir nebze, bir tadımlık.

sour (saur) *s., f., i.* ekşi; ters, huysuz, hırçın, titiz; *eski* tatsız; asitli (toprak); acı, acıklı; *f.* ekşitmek, ekşimek; kesilmek, bozulmak; *i.* ekşi şey; ekşi içki; asit mahlulü ile yıkama. sour cherry vişne. sour cream ekşi krema, smetana. sour grapes ulaşılamayan şeye pis deme (Kedi ulaşamadığı ciğere pis der). go sour ekşimek; değerini kaybetmek, kötüye gitmek, bozulmak. sour'ish *s.* ekşice, mayhoş. sour'ly *z.* tersçe. sour'ness *i.* ekşilik; terslik.

source (sôrs) *i.* kaynak, menşe, köken; pınar, pınar başı, kaynak, memba; asıl, sebep, esas.

sour.dine (sûrdin') *bak.* sordine.

sour.dough (saur'do) *i.* maya olarak kullanılan ekşi hamur; *argo* Alaska'da altın arayıcısı.

sour.puss (saur'pûs) *i.*, *argo* mızmız kimse.

souse (saus) *i., f.* salamura; salamura turşusu; salamuraya bastırma; *argo* ayyaş kimse; *f.* tuzlamak, salamuraya bastırmak; sulu bir şeye batırıp çıkarmak, ıslatmak; *argo* kafayı çekmek, sarhoş olmak.

souse (saus) *eski*, *f., i., z.* üstüne çullanmak; atmaca gibi üstüne atılmak; *i.* çullanma,

üstüne atılma; *z.* baş aşağı hızla inerek, pike yaparak, dalarak.

sou.tache (sutaş') *i.*, *Fr.* sutaşı, suyolu, harç, işlemeli kenar şeridi.

sou.tane (sutan') *i.* papaz cüppesi.

south (sauth) *i., s., z., f.* güney, cenup, kıble yönü; güney memleketi; *b.h.*, the *ile A.B.D.'*-nin güneydoğu eyaletleri; *s.* güneysel, cenubî, güneyden gelen; *z.* güneye doğru; güneyde; *f.* güneye yönelmek, güney tarafına dönmek. south by east kıble kerte keşişleme. south by west kıble kerte lodos. due south tam güneye doğru.

South Africa, Republic of Güney Afrika Cumhuriyeti.

South America Güney Amerika.

south.bound (sauth'baund') *s.* güneye yönelen.

South China Sea Güney Çin Denizi.

south.east (sauthist') *i., s., z.* güneydoğu, keşişleme; *z.* keşişlemeye doğru. southeasterly *z., s.* keşişlemeye doğru; keşişlemeden (esen). southeastern *s.* keşişleme yönünde olan.

south.east.er (sauthis'tır) *i.*, *den.* keşişleme rüzgârı veya fırtınası.

south.east.ward(ly) (sauthist'wırd, -wırdli) *z.* keşişleme yönünde.

south.er (sau'dhır) *i.* güney fırtınası.

south.er.ly (sʌdh'ırli) *s., z.* güneye doğru olan; *z.* kıble tarafından veya kıbleye doğru.

south.ern (sʌdh'ırn) *s.* güneysel, cenubî, güneyden gelen veya güneye ait. southern lights güney yarımkürede geceleri gökyüzünde görülen renkli ışıklar.

south.ern.er (sʌdh'ırnır) *i.* Güneyli; A.B.D.'nin güneydoğu eyaletlerinden olan kimse.

south.ern.most (sʌdh'ırnmost) *s.* en güneyde olan.

south.ern.wood (sʌdh'ırnwûd) *i.* kara pelin, *bot.* Artemisia abrotanum; kâfurîye, *bot.* Artemisia arborea.

south.ing (sau'dhîng) *i.* güneye doğru mesafe.

South Island Güney Adası.

south.land (sauth'länd) *i.* güney bölgesi.

south.paw (sauth'pô) *i., s., k.dili* solak oyuncu; *s.* solak.

south.ron (sʌdh'rın) *s., i.*, *İskoç.* güneyli; *i., b.h.* Güneyli, İngiliz.

South Sea Islands Okyanusya.

South Seas Güney Pasifik Okyanusu.

south-south.east (sauth'sauthist') *i., s., z.* güney güneydoğu.

south-south.west (sauth'sauthwest') *i., s., z.* güney güneybatı.

South Vietnam Güney Vietnam.

south.wards (sauth'wırdz) *z.* güneye doğru.

south.west (sauthwest') *i., s., z.* güneybatı, lodos yönü; *s.* lodosa doğru; lodostan esen; *z.* lodostan veya lodosa doğru. southwester *i.* şiddetli lodos rüzgârı; geniş kenarlı gemici şapkası. southwesterly *s.* lodostan veya lodosa doğru. southwestern *s.* lodos tarafında olan. southwestward(ly) *z.* lodosa doğru veya karşı.

South-West Africa Güney-batı Afrika, Namibia.

South Yemen Güney Yemen.

sou.ve.nir (suvınîr') *i.* yadigâr, hatıra, andaç.

sou.west.er (sau'westır) *bak.* southwester.

sov.er.eign (sav'rın, sʌv'-) *s., i.* âlâ, en yüksek; şahane; mutlak, bağımsız, müstakil; hükümdarca; çok tesirli (ilâç); *i.* hükümdar, kral, imparator; altın İngiliz lirası. sovereignly *z.* mutlak surette; hâkimane.

sov.er.eign.ty (sav'rınti, sʌv'-) *i.* egemenlik, hâkimiyet, hükümranlık.

so.vi.et (so'viyet, -ıt, soviyet') *i., s.* meclis, idare meclisi; Sovyet Rusya'da idare meclisi, Sovyet; *s., b.h.* Sovyet Sosyalist Cumhuriyetleri Birliğine ait. Soviet Russia Sovyet Rusya. Soviet Union Sovyetler Birliği.

sow (sau) *i.* dişi domuz; *mad.* erimiş maden oluğu; bu olukta yapılan maden külçesi. sow thistle eşek marulu, *bot.* Sonchus oleraceus.

sow (so) *f.* (-ed, -ed *veya* sown) tohum ekmek, tohum saçmak; yaymak, saçmak, neşretmek. sow one's wild oats gençlikte çılgınlıklar yapmak, başında kavak yelleri esmek.

sow.bread (sau'bred) *i.* tavşankulağı, siklamen, buhurumeryem, *bot.* Cyclamen europaeum.

sox (saks) *i., çoğ.* şosetler.

soy (soy) *i.* soya; bu fasulyeden yapılan sos.

soy.bean, soya-bean (soy'bin, soy'ı-) *i.* soya, *bot.* Glycine max.

sp. *kıs.* special, species, spelling.

Sp. *kıs.* Spain, Spaniard.

spa (spa) *i.* maden suyu kaynağı, ılıca, kaplıca.

space (speys) *i.* yer, alan, meydan; mesafe, aralık, fasıla; müddet; feza, uzay; *matb.* espas, iki kelime arasını açmak için kullanılan maden parçası; *müz.* ara; *mat.* uzam, vüsat. space bar (daktiloda) aralık tuşu, espas tuşu, atlama tuşu. space heater *A.B.D.* soba. space platform, space station sunî uydu. space probe uzaydan bilgi gönderen uydu.

space (speys) *f.* aralık koymak, fasıla bırakmak; aralıklara bölmek.

space.borne (speys'born') *z.* uzay yoluyle taşınan.

spaced-out (speysd'aut) *s., argo* uyuşturucu madde tesirinde olan.

space.port (speys'pôrt) *i.* roket alanı.

space.ship (speys'şip) *i.* uzay gemisi.

space-time (speys'taym') *i.* yer-zaman ilintisi, dört boyutlu sürekli dizi.

spac.ing (spey'sing) *i.* aralıklarla düzenleme; espas, aralık.

spa.cious (spey'şıs) *s.* geniş, vâsi, engin, açık, mesafeli; bol, ferah. spaciously *z.* geniş bir şekilde, mesafe bırakarak. spaciousness *i.* genişlik, açıklık, vüsat.

spack.le (späk'ıl) *i.* çatlakları doldurmada kullanılan alçı.

spade (speyd) *i., f.* bahçıvan beli; ayıbalığını parçalamak için kullanılan büyük bıçak; *ask.* top arabasının arka tarafında bulunan ve top atılınca geri tepmesine mâni olan kazma şeklindeki demir, mahmuz; *f.* bellemek, bel ile kazmak. call a spade a spade açıkça söylemek, isim vererek söylemek.

spade (speyd) *i.* iskambilde maça.

spade.work (speyd'wırk) *i.* bel işi; hazırlık işi.

spa.di.ceous (speydiş'ıs) *s., bot.* çomakdurumu kabilinden; parlak kahverengi.

spa.dix (spey'diks) *i.* (çoğ. -di.ces) *bot.* çomak (çiçekdurumu).

spa.ghet.ti (spıget'i) *i.* ince makarna, spageti; *radyo* tel izolasyonu olarak kullanılan ince plastik boru.

spa.hi, spa.hee (spa'hi) *i., T.* sipahi.

Spain (speyn) *i.* İspanya.

spake (speyk) *eski, bak.* speak.

spall (spôl) *i., f.* ufak taş parçası; kıymık; *f.* parçalamak, kıymak; parçalanmak.

spal.peen, (spälpin', späl'pin) *i., İrl.* çapkın delikanlı.

span (spän) *i., f.* (-ned, -ning) karış; an, kısa süre; süre; kemer veya köprünün ayakları arasındaki açıklık; *f.* karışlamak, karış ile ölçmek; bir yandan bir yana uzanmak.

span (spän) *i., f., den.* halat, zincir; çifte koşulmuş at veya öküz; *f.* bağlamak, bukağılamak.

span.drel (spän'drıl) *i., mim.* üçgen şeklinde kemer üstü dolgusu; posta pulu köşesindeki üçgen süs.

spang (späng) *z., A.B.D., k.dili* dosdoğru, tam üstüne, tam hedefine.

span.gle (späng'gıl) *i., f.* pul, payet, madenî pul; *f.* pullarla süslemek (elbise); madenî pul gibi pırıldamak.

Span.iard (spän'yırd) *i.* İspanyol.

span.iel (spän'yıl) *i.* uzun tüylü ve uzun sarkık kulaklı köpek, spanyel; yaltaklanan kimse.

Span.ish (spän'iş) *s., i.* İspanyol, İspanya'ya veya İspanyolca'ya ait; *i.* İspanyolca. **the Spanish** İspanya halkı. **Spanish brown** topraktan yapılan kahverengi bir boya. **Spanish chestnut** kestane. **Spanish fly** İspanya sineği, *zool.* Lytta vesicatoria; kuduzböceği, *zool.* Cantharis. **Spanish Main** eskiden Orinoko ırmağından Panama diline kadar olan Güney Amerika sahili; şimdi Karayipler Denizinin güneyi veya bütünü.

spank (spängk) *f., i.* kıçına şaplak atmak, dövmek; çabuk gitmek, hızla gitmek; *i.* şaplak (bilhassa kıça).

spank.er (spängk'ır) *i.* şaplak atan kimse; iriyarı kimse veya şey; *den.* randa yelkeni. **spanker boom** *den.* randanın bombası veya sereni.

spank.ing (spängk'ing) *s., z., i.* çabuk koşan; kuvvetli, şiddetli (rüzgâr); *İng., k.dili* iriyarı; *z.* âlâ; iri, çok; *i.* (çocuğun kıçına) şaplak atma. **brand spanking new** gıcır gıcır, yepyeni.

span.ner (spän'ır) *i.* karışla ölçen kimse veya alet; *İng.* vida somunu anahtarı, İngiliz anahtarı.

span-new (spän'nu') *s., leh.* yepyeni, gıcır gıcır.

span.roof (spän'ruf) *i.* balık sırtı dam, adi çatı.

spans.ule (spän'sıl) *i.* değişik kalınlıkta tabakalarla kaplı ilâç tanecikleri bulunan kapsül.

spar (spar) *i., f.* (-red, -ring) *den.* ağaç, çubuk, seren, direk; uçak kanadı ana kirişi; *f.* seren veya direk takmak. **spar deck** kontra güverte.

spar (spar) *i., min.* ispat.

spar (spar) *f.* (-red, -ring) *i.* boks yapmak; ağız kavgası etmek, atışmak, dalaşmak; horoz gibi dövüşmek; *i.* boks maçı. **spar'-ring partner** boksta idman arkadaşı.

spar.a.ble (sper'ıbıl) *i.* kundura veya çizme ökçesine çakılan ufak başsız çivi.

spare (sper) *s., i.* yedek, ihtiyat; az, kıt, dar, kısa, eksik; cimri, eli sıkı; sıska, arık, zayıf; fazla, artan, serbest; *i.* yedek parça; **bowling** oyununda iki top atışı ile kukaların hepsini düşürme. **spare cash** ihtiyat akçesi. **spare parts** yedek parçalar. **spare time** boş vakit. **spare'ly** *z.* sıskaca; az olarak. **spare'ness** *i.* zayıflık; azlık.

spare (sper) *f.* kıymamak, canını bağışlamak, öldürmemek; kurtarmak; idareli kullanmak; idare yoluna gitmek; esirgemek; vermek; onsuz olmak veya yapmak, onsuz işini çevirmek.

spare.rib (sper'rib) *i.* az etli domuz pirzolası.

sparge (sparc) *f., i.* dağıtmak, serpmek; *i.* serpme. **sparg'er** *i.* biracılıkta kullanılan serpme aleti.

spar.ing (sper'ing) *s.* idareli, tedbirli; merhametli, vicdanlı. **sparingly** *z.* tedbirli olarak. **sparingness** *i.* tedbir, ihtiyat, idare.

spark (spark) *i., f.* kıvılcım, çakım, çakın, şerare; elektrik kıvılcımı; elmas; belirti; canlılık; *f.* kıvılcım saçmak; harekete geçirmek, teşvik etmek, kışkırtmak. **spark arrester** kıvılcım kafesi; elektrik kıvılcımlarını önleyen cihaz. **spark coil** *elek.* endüksiyon bobini, kıvılcım bobini. **spark gap** *oto.* buji tırnak aralığı. **spark plug** *ôto.* buji.

spark (spark) *i., f.* yakışıklı delikanlı; civelek kız; (erkek) sevgili; sinirli kimse; *f.* flört etmek. **spark'ish** *s.* hoppa, havalı, civelek; gösterişli, iyi giyimli.

spar.kle (spar'kıl) *f., i.* kıvılcımlar saçmak; pırıldamak; köpürmek, köpük köpük olmak (şarap); *i.* kıvılcım; pırıltı; şaşaa. **sparkler**

i. pırıldayan şey; maytap; pırıldayan mücevher; şahsiyeti ve canlılığıyle göze batan kimse, parlak şahsiyet.

spar.kling (spar'kling) *s.* parlayan, pırıldayan; canlı; köpüklü. **sparklingly** *z.* pırıldayarak. **sparklingness** *i.* parlaklık.

spark.plug (spark'plʌg) *f.* kışkırtmak; canlandırmak, harekete geçirmek.

sparks (sparks) *i.* vapurda radyo teknisyeni.

spar.row (sper'o) *i.* serçe, *zool.* Passer domesticus; serçeye benzer kuş. **sparrow hawk** atmaca, *zool.* Accipiter nisus. **English sparrow, house sparrow** serçe, *zool.* Passer domesticus. **rock sparrow** kayalık serçesi, *zool.* Petronia petronia. **Spanish sparrow** bataklık serçesi, *zool.* Passer hispaniolensis.

spar.row.grass (sper'ogräs) *i., leh.* kuşkonmaz.

spar.ry (spar'i) *s., min.* ispatik, ispatlı.

sparse (spars) *s.* seyrek, dağınık, sık olmayan. **sparse'ly** *z.* seyrek seyrek. **sparse'ness** *i.* seyreklik. **spar'sity** *i.* seyreklik, kıtlık.

Spar.tan (spar'tın) *i., s.* Spartalı; *s.* Spartalı gibi, güçlüklere dayanan, yılmaz.

spasm (späz'ım) *i., tıb.* spazm, sinir kasılması, ıspazmos; birden gelip geçen heyecan veya gayret.

spas.mod.ic (späzmad'ik) *s., tıb.* ıspazmoz kabilinden; ara sıra ve birdenbire vaki olan, birden gelip geçen. **spasmodical** *s.* spazmodik; birdenbire gelip geçen. **spasmodically** *z.* spazmodik olarak; birdenbire gelip geçerek.

spas.tic (späs'tik) *s., i., tıb.* ıspazmozlu; *i.* ıspazmozlu felci olan kimse.

spat (spät) *i., f.* (**-ted, -ting**) şamar, sille; şaplak; ağız dalaşı; yağmur şakırdaması; *f.* sille vurmak; ağız kavgası etmek, atışmak, dalaşmak; şakırdamak (yağmur).

spat (spät) *i., f.* (**-ted, -ting**) istiridye yumurtası; *f.* yumurta dökmek (istiridye).

spat (spät) *i., gen. çoğ.* kısa tozluk, getir.

spat (spät) *f., bak.* **spit.**

spate, spait (speyt) *i., İng.* sel; şiddetli sağanak; denizde görülen su hortumu. **spate of words** ansızın içini dökme, konuşarak boşanma.

spathe (speydh) *i., bot.* yen, spat, brakte, bürgü.

spath.ic, spath.ose (späth'ik, -os) *s., min.* ispat taşına benzer, ispatik.

spa.tial (spey'şıl) *z.* uzamsal; uzaysal.

spat.ter (spät'ır) *f., i.* serpmek, sıçratmak; çamurlamak; iftira etmek, şerefini lekelemek, çamur atmak; *i.* serpme, sıçratma; pıtırtı; çamur lekesi, zifos.

spat.ter.dash (spät'ırdäş) *i., gen. çoğ.* çamura karşı giyilen uzun tozluk, çamurluk.

spat.ter.dock (spät'ırdak) *i.* sarı nilüfer, *bot.* Nymphaea advena.

spat.u.la (späç'ûlı) *i.* mablak, spatüla; *tıb.* dilbasan.

spat.u.late (späç'ûlit, -leyt) *s.* spatüla şeklindeki, kaşık biçimindeki.

spav.in (späv'in) *i., bayt.* at ayağının oynak yerinin şişmesi. **spavined** *s.* oynak yeri şişmiş (at ayağı).

spawn (spôn) *f., i.* yumurta dökmek (balık); meydana getirmek, çıkarmak; *i.* balık yumurtası; hayvan yavrusu; hasılât, sonuç; istiridye yumurtası; ufak balık; *bot.* mantar tohumu.

spay (spey) *f.* dişi hayvanı kısır etmek.

S.P.C.A. *kıs.* **Society for the Prevention of Cruelty to Animals** Hayvanları Koruma Cemiyeti.

speak (spik) *f.* (**spoke,** *eski* **spake; spoken**) konuşmak, söz söylemek, konuşma yapmak, nutuk söylemek; bahsetmek, bahsini etmek; belirtmek, ifade etmek; ses vermek, çalmak; işaretle konuşmak (gemiler arası). **Speak!** Haydi, havla (köpeğe). **speak by the book** resmi ve talimat gereğince konuşmak, ezbere konuşmak. **speak down to** küçük düşürücü tavırla konuşmak. **speak fair** *eski* dostça konuşmak; yaklaşıp laf açmak. **speak for** lehinde söylemek, başkasının yerine söz söylemek; istemek. **speak ill of** aleyhinde söylemek, iftira etmek. **speak of** zikretmek, bahsetmek. **speak out** açıkça söylemek; yüksek sesle söylemek. **speak to the point** konuya bağlı kalmak; yerinde söz söylemek. **speak up** çekinmeden açıkça söylemek. **so to speak** tabir caizse. **to speak of** bahsetmeye değer, önemli, ehemmiyetli. **speak'able** *s.* söylenilebilir, denilebilir, ağza alınabilir.

speak.eas.y (spik'izi) *i., argo* gizli içki satılan yer.

speak.er (spi'kır) *i.* konuşan veya söyleyen

kimse; spiker; sözcü, hatip; konuşmacı; meclis başkanı. **speakership** *i.* meclis başkanlığı.

speak.ing (spi'kîng) *s., i.* hitabetme kabiliyeti olan; söz söyleyen; konuşacak gibi, canlı; *i.* konuşma, söyleme; ezberden nutuk söyleme; hitap. **speaking acquaintance** uzaktan aşinalık; tanıdık. **speaking likeness** aşırı benzeyiş, tıpkısı olma. **speaking tube** odalar veya katlar arasında konuşmaya mahsus boru; *den.* kumanda borusu. **be on speaking terms** selâm vermekten ileri gitmeyen aşinalığı olmak. **The brothers were not on speaking terms.** Kardeşler selâmlaşmıyorlardı bile.

spear (spîr) *i., f.* kargı, mızrak; zıpkın; mızrakçı, mızraklı adam; ot filizi; *f.* mızrak veya zıpkınla vurmak; filiz sürmek; fışkırıp uzamak. **spear gun** sualtı tüfeği.

spear.fish (spîr'fîş) *i.* kılıçbalığına benzer birkaç tür balık, *zool.* Tetrapturus.

spear.head (spîr'hed) *i., f.* mızrak ucu; hücuma geçiş; hücuma geçen asker, öncü; *f.* öncülük etmek.

spear.man (spîr'mın) *i.* mızraklı adam, mızrakçı.

spear.mint (spîr'mînt) *i.* bahçe nanesi, *bot.* Mentha spicata.

spear.wort (spîr'wırt) *i.* düğünçiçeği.

spe.cial (speş'ıl) *s., i.* özel, hususî, has, mahsus; bir cinse mahsus; yegâne; ekstra (gazete); *i.* herhangi özel bir şey; özellik. **special agent** özel ajan. **special case** özel durum. **special delivery** *A.B.D.* ekspres mektup; özel ulak. **special edition** özel baskı. **special pleading** *huk.* karşı tarafın iddialarını reddetmeden kanunî itirazlarda bulunma; bir konunun yalnızca olumlu yönlerini sunma. **special student** özel bir program takip eden öğrenci. **specially** *z.* özellikle, bilhassa.

spe.cial.ist (speş'ılîst) *i.* mütehassıs, uzman. **specialism** *i.* ihtisas, uzmanlık.

spe.ci.al.i.ty (speşiyâl'ıti) *i.* özellik, hususiyet; *çoğ.* ayrıntılar, teferruat; spesyalite; ihtisas, uzmanlık; *huk.* mühürlü sözleşme.

spe.cial.ize (speş'ılayz) *f.* tek bir konu üzerinde durmak; *biyol.* özel bir gaye ile geliştirmek; özel bir amaca kullanmak; ayrıntılara girmek; özellik kazanmak; ihtisas ka-

zanmak, mütehassıs olmak. **specialization** (speşılızey'şın) *i.* ihtisas, uzmanlık.

spe.cial.ty (speş'ılti) *i.* özellik, hususiyet; spesyalite; ihtisas, uzmanlık; *huk.* mühürlü sözleşme. **specialty of the house** lokantanın spesyalitesi.

spe.cie (spi'şi) *i.* madenî para, sikke. **specie payment** madenî para ile ödeme. **in specie** madenî para ile; *huk.* aynıyle (iade).

spe.cies (spi'şiz) *i., tek. ve çoğ., biyol.* tür; türlü, çeşit; *Kat.* dış görünüm; hayal, şekil, görünüş. **the species** insan.

spec.i.fi.a.ble (spes'ıfayıbıl) *s.* tayin edilebilir, kesin olarak beyan edilmesi mümkün.

spe.cif.ic (spîsîf'îk) *s., i.* özgü, kendine has; özgül; spesifik, özel, hususî, belirli, muayyen; kesin, katî, sarih; *tıb.* iyileştirici, tedavi edici (ilâç); *tıb.* belirli bir mikroptan husule gelen; uzunluk, ağırlık ve miktara göre alınan gümrük vergisine ait; *i.* özel bir gaye uğruna kullanılan şey; *tıb.* belirli bir hastalık tedavisinde kullanılan ilâç; *gen. çoğ., A.B.D., k.dili* özellikler. **specific difference** *biyol.* tür farkı. **specific gravity** özgül ağırlık. **specific heat** spesifik ısı. **specifically** *z.* özellikle, hususî olarak, bilhassa.

spec.i.fi.ca.tion (spesıfıkey'şın) *i.* tayin, belirtme; belirli bir türden olma; ayrıntılarıyle tanımlama; muayyen bir madde veya keyfiyeti belirtme; bir icadın tarifnamesi; *huk.* beyanname; şartname, şartlaşma. **specifications** *i.* teferruat, ayrıntılar, şartlar.

spec.i.fy (spes'ıfay) *f.* tayin etmek, kesinlikle belirtmek; listeye özel bir madde halinde koymak.

spec.i.men (spes'ımın) *i.* örnek, numune, model, misal; *k.dili* antika kimse, alışılmamış huyları veya özellikleri olan kimse.

spe.cious (spi'şıs) *s.* sahte, aldatıcı; dış görünüş itibariyle aldatıcı; samimî olmayan. **speciously** *z.* dış görünüşüyle aldatarak. **speciousness** *i.* dış görünüşün aldatıcı olması.

speck (spek) *i., f.* nokta, benek, ufak leke; ufak parça, zerre; *f.* nokta nokta lekelemek.

speck.le (spek'ıl) *i., f.* ufak benek veya leke; *f.* beneklemek. **speckled** *z.* benekli, çilli, karyağdı.

specs (speks) *i., çoğ., k.dili* gözlük; şartlar.

spec.ta.cle (spek'tıkıl) *i.* görülecek şey; dehşetli manzara; acayip davranış; *çoğ.* gözlük. **spectacled** *s.* gözlüklü.

spec.tac.u.lar (spektäk'yılır) *s., i.* görülmeye değer, harikulade; *i.* hayret verici manzara. **spectacularly** *z.* harikulade bir şekilde.

spec.ta.tor (spek'teytır, spektey'tır) *i.* seyreden kimse, seyirci. **spectator sport** *A.B.D.* gösteri mahiyetindeki spor faaliyeti.

spec.ter, İng. spec.tre (spek'tır) *i.* hayal, hayalet, hortlak, tayf.

spec.tra (spek'trı) *bak.* **spectrum**.

spec.tral (spek'trıl) *s.* hayalet kabilinden; hayal gücüne dayanan, hayali; *fiz.* tayfi, ışın dağılımına ait. **spectral analysis** tayf analizlenmesi.

spec.tro.gram (spek'trıgräm) *i., fiz.* spektrogram.

spec.tro.graph (spek'trıgräf) *i., fiz.* spektrograf; spektrografla alınan fotoğraf.

spec.tro.he.li.o.graph (spektrohi'liyıgräf) *i.* güneşin fotoğrafını çekmeye mahsus makina.

spec.trom.e.ter (spektram'ıtır) *i., fiz.* spektrometre. **spectrometry** *i.* spektrometre ile tayfı ölçme.

spec.tro.pho.tom.e.ter (spektrofotam'ıtır) *i., fiz.* spektrofotometre. **spectrophotometry** *i.* renklerin bu aletle karşılaştırılması.

spec.tro.scope (spek'trıskop) *i.* spektroskop. **spectroscopic** (spektrıskap'ik) *s.* spektroskopa ait; ışınların tahlili metoduna ait. **spectroscopy** (spektras'kıpi) *i.* ışınların tahlili bahsi; spektroskop kullanma metodu.

spec.trum (spek'trım) *i.* (*çoğ.* **-tra**) tayf. **spectrum analysis** tayf analizlenmesi. **solar spectrum** güneş tayfı.

spec.u.la (spek'yılı) *bak.* **speculum**.

spec.u.lar (spek'yılır) *s.* ayna gibi, aynaya ait; *tıb.* speküloma ait.

spec.u.late (spek'yıleyt) *f.* düşünmek, mütalaa etmek, zihninde tartmak; *tic.* spekülasyon yapmak.

spec.u.la.tion (speykıley'şın) *i.* zihnen tartıp tahlil etme, fikren mütalaa, üzerinde düşünme; kurgu; spekülasyon; oyuncuların birbirinden koz satın aldıkları bir tür iskambil oyunu.

spec.u.la.tive (spek'yıleytiv, -lıtiv) *s.* düşünüp tasavvur eden; mali spekülasyonla ilgili; tehlikeli, rizikolu. **speculatively** *z.* zihninde tartarak. **speculativeness** *i.* zihinde tartma. **speculator** *i.* spekülatör, vurguncu.

spec.u.la.to.ry (spek'yılıtôri) *s., tic.* spekülasyon niteliğindeki; derin düşünme mahiyetindeki.

spec.u.lum (spek'yılım) *i.* (*çoğ.* **-s, -la**) *tıb.* bedenin iç taraflarını muayene maksadıyle bir deliği genişletmek veya açık tutmak için kullanılan aynalı veya aynasız aletlerden biri, spekülom; madenî ayna; teleskop aynası; *zool.* bazı kuş kanatlarında bulunan renkli lekeler. **speculum metal** ayna yapmaya mahsus bakır ile teneke karışımı.

sped (sped) *f., bak.* **speed**.

speech (spiç) *i.* konuşma yeteneği, söyleme yetisi, natıka; konuşma, söz söyleme, tekellüm; söz; dil, lisan; hitabe, söylev, nutuk. **speech clinic** konuşma bozukluklarının düzeltildiği klinik. **speech disorder** konuşma bozukluğu. **speech organ** konuşma organı. **speech pattern** konuşma düzeni; konuşma şekli, ifade tarzı. **figure of speech** mecaz. **free speech** konuşma özgürlüğü. **parts of speech** *gram.* sözbölükleri.

speech.i.fy (spi'çıfay) *f.* nutuk paralamak; fazla konuşmak, kafa şişirmek. **speechifica'tion** *i.* nutuk paralama. **speechifier** *i.* yersiz nutuk paralayan kimse.

speech.less (spiç'lis) *s.* dilsiz, konuşamayan, dili tutulmuş; sessiz, suskun; kelimelerle ifade edilemeyen. **speechlessly** *z.* dili tutulmuş gibi. **speechlessness** *i.* sessizlik, suskunluk.

speech.mak.er (spiç'meykır) *i.* konuşma yapan kimse, konuşmacı, hatip.

speech.writ.er (spiç'raytır) *i.* başkası için nutuk metni yazan kimse.

speed (spid) *i., f.* (**-ed** *veya* **sped**) *s.* hız, sürat, ivinti, çabukluk, çabuk gitme; *eski* uğur, başarı, muvaffakiyet; *argo* amfetamin; *f.* çabuk gitmek, süratle gitmek, koşmak, acele etmek; *eski* muvaffak etmek; *eski* uğurlu kılmak, uğur getirmek; uğurlamak, geçirmek; acele ettirmek, hız vermek; *mak.* belirli bir hıza ayarlamak; *s.* sürat belirten; hızlı. **speed counter** sürat ölçme aleti, hız sayacı. **speed lathe** hızlı torna. **speed limit** azamî sürat. **speed the parting guest** misafiri geçirmek, uğurlamak. **speed trap** fazla sürat yapanlara polis tuzağı. **speed**

up hızlandırmak, hızını artırmak, sürat ver-
mek. **at full speed** son süratle; *den.* tam
yol alarak. **at half speed** yarım süratle;
den. yarım yol alarak. **with all speed** bü-
tün hızı ile.

speed.boat (spid'bot) *i.* sürat motoru.

speed.er (spi'dır) *i.* trafik kanununa aykırı
sürat yapan şoför.

speed.om.e.ter (spîdam'ıtır) *i.* hızölçer, spi-
dometre.

speed-read.ing (spid'rid'îng) *i.* süratli okuma.

speed.way (spid'wey) *i.* sürat yolu, hızyolu.

speed.well (spid'wel) *i.* yavşanotu, veroni-
ka, *bot.* Veronica officinalis.

speed.y (spi'di) *s.* süratli, hızlı, çabuk. **speedily**
z. acele ile, süratle, hızla. **speediness** *i.* hız-
lılık, sürat.

speer (spîr) *f., İskoç.* sormak.

speiss (spays) *i.* arsenikli ham maden.

spe.le.an (spîli'yın) *s.* mağaralara ait; mağa-
rada yaşayan veya bulunan.

spe.le.ol.o.gy (spiliyal'ıci) *i.* mağaralar ilmi;
mağara keşfetme sporu.

spell (spel) *f.* **(-ed** *veya* **spelt)** hecelemek,
imlâsını harf harf söylemek; söylemek, be-
lirtmek, ifade etmek. **spell out** heceleyerek
yahut güçlükle okumak, sökmek; harflerle
kelime meydana getirmek; ayrıntılarıyle açık-
lamak.

spell (spel) *i., f.* büyü, afsun, sihir; *f.* büyülemek.
cast a spell on büyülemek, kuvvetle etki-
lemek.

spell (spel) *i., f.* nöbet, nöbet vakti, iş nöbeti;
k.dili süre, müddet; *k.dili* kısa mesafe; *Avus-
tralya* tatil zamanı; nöbet değiştirme; *A.B.D.,
k.dili* kriz, nöbet; *f.* nöbet değiştirerek serbest
bırakmak.

spell.bind (spel'baynd) *f.* büyü ile bağlamak,
teshir etmek. **spellbound** *s.* büyülenmiş.

spell.er (spel'ır) *i.* heceleyen kimse; imlâ kitabı.

spell.ing (spel'îng) *i.* imlâ, yazılış, yazım; he-
celeme, imlâsını söyleme. **spelling bee,
spelling match** imlâ yarışması. **spelling
book** imlâ kılavuzu. **spelling reform** imlâ
reformu.

spelt (spelt) *i.* kaplıca buğday, *bot.* Triticum
sativum spelta; kızıl buğday, kılçıksız buğ-
day, *bot.* Triticum spelta.

spelt (spelt) *f., bak.* **spell.**

spel.ter (spel'tır) *i., tic.* tutya, çinko.

spe.lunk.ing (spilʌng'kîng) *i.* mağaraları keş-
fetme. **spelunker** *i.* mağara keşfeden kimse.

spence (spens) *i., İng., leh.* kiler; oturma odası.

spen.cer (spen'sır) *i.* kısa ceket.

spen.cer (spen'sır) *i., den.* en arkadaki yedek
yan yelkeni.

Spen.ce.ri.an (spensîr'iyın) *s.* İngiliz filozofu
Herbert Spencer'ın kitaplarına veya felse-
fesine ait; Amerikalı P.R. Spencer tarzında
güzel ve okunaklı el yazısına ait.

spend (spend) *f.* **(spent)** harcamak, sarfet-
mek; bol bol vermek; israf etmek, har vurup
harman savurmak; kuvvetini azaltmak; ge-
çirmek (zaman). **spend'ing money** har-
canacak para, harçlık.

spend.thrift (spend'thrift) *s., i.* müsrif, miras-
yedi (kimse).

spense *bak.* **spence.**

Spen.se.ri.an (spensîr'iyın) *s.* İngiliz şairi
Edmund Spenser'a ait. **Spenserian stanza**
"Faerie Queen" şiirinde kullanılan nazım
şekli.

spent (spent) *s.* harcanmış, sarfedilmiş; kuv-
vetten düşmüş, bitap, argın; etkisini kay-
betmiş, tesirsiz hale gelmiş.

sperm (spırm) *i., biyol.* meni, sperma, atmık,
bel suyu. **spermat'ic** *s.* meni kabilinden.

sperm (spırm) *i.* ispermeçet. **sperm** *i.,* **sperm
oil** ispermeçet yağı. **sperm whale** isper-
meçet balinası, kadırgabalığı.

sper.ma.ce.ti (spırmısi'ti, -set'i) *i.* ispermeçet.

sper.ma.ry (spır'mıri) *i.* taşak, husye.

sper.mat.ic (spırmät'îk) *s., biyol.* spermaya
ait, spermatik. **spermatic cord** sperma
kordonu.

spermato- *önek* tohum, sperma.

sper.ma.to.cele (spır'mıtısil) *i.* haya şişmesi.

sper.ma.to.gen.e.sis (spırmıtıcen'ısîs) *i., biyol.*
spermatozoon teşekkülü.

sper.ma.to.phy.ta (spırmıtıfay'tı) *i., çoğ.* to-
humlu bitkiler.

sper.ma.to.zo.on (spırmıtızo'wan) *i. (çoğ.
-zo.a)* sperma hayvancığı.

spermo-, sperm- *önek* tohum, sperma.

spew (spyu) *f.* kusmak, istifrağ etmek.

sphac.e.late (sfäs'ıleyt) *f.* çürümek, kangren-
leşmek.

sphag.num (sfäg'nım) *i.* (*çoğ.* **-na**) bataklıkta yetişen ve ambalaj işinde kullanılan bir çeşit yosun, sfagnum.

spheno-, sphen- *önek* kama şeklinde, çivi şeklinde; *tıb.* ense kemiğine ait.

sphe.no.gram (sfi'nıgräm) *i.* çivi yazısının harflerini teşkil eden çivi şeklindeki işaretlerden her biri.

sphe.noid (sfi'noyd) *s., i.* kama şeklindeki; *anat.* ense kemiğine ait, sfenoid; *i.* ense kemiği.

spher.al (sfir'ıl) *s.* küresel; simetrik; ahenkli.

sphere (sfîr) *i., f.* küre; gök, sema; dünya; saha, alan; sınıf, derece; *f.* küreler arasına koymak; küre şeklini vermek.

spher.i.cal (sfir'îkıl, sfer'-) *s.* küre şeklindeki, küresel, kürevi; küreye ait; gökcisimlerine ait. **spherically** *z.* küre şeklinde. **sphericity** (sfîris'ıti), **sphericalness** *i.* küre şeklinde olma.

spher.ics (sfîr'îks, sfer'-) *i.* küresel geometri; havada elektriksel olaylar.

sphe.roid (sfîr'oyd) *i., geom.* küremsi cisim, yuvar. **spheroi'dal** *s.* küremsi, sferoidal.

sphe.rom.e.ter (sfîram'ıtır) *i., fiz.* sferometre, küresel düzeylerin kıvrıntılarını ölçmeye mahsus alet.

spher.ule (sfîr'ul, sfer'-) *i.* kürecik.

spher.u.lite (sfîr'ûlayt, sfer'-) *i., jeol.* bazı kayalarda bulunan küre şeklindeki billûrsu cisim. **spherulitic** (sfîrûlit'îk) *s.* bu cisimle ilgili.

sphinc.ter (sfîngk'tır) *i.* büzgen kas, sfinkter.

sphinx (sfîngks) *i.* isfenks, sfenks; anlaşılması güç ve konuşmayan kimse. **sphinx moth** bir çeşit pervane. **the Sphinx** Mısır'da Gizeh şehrinde bulunan büyük isfenks.

sphra.gis.tics (sfrıcîs'tîks) *i.* damga veya mühürler bilgisi.

sphygmo- *önek, tıb.* nabız.

sphyg.mo.graph (sfîg'mıgräf) *i.* nabızölçer.

sphyg.mus (sfîg'mıs) *i., biyol.* nabız, nabız atması.

spi.ca (spay'kı) *i.* başak; *tıb.* "8" şeklinde bir sargı tipi.

Spica Virginis *astr.* Başakçı yıldızı.

spi.cate (spay'keyt) *s., bot., zool.* başaklı, sivri uçlu.

spic.ca.to (spik.ka'to) *i., s., z., müz.* virtüöz stakkatosunun tarzı, sıçratım tarzı; *s.* pikeli; *z.* virtüöz stakkatosuyle.

spice (spays) *i., f.* bahar, baharat; baharat gibi güzel kokan şey; lezzet veren şey; tat, çeşni; *f.* baharat katmak, çeşni vermek; cazipleştirmek. **spic'ery** *i.* baharat; baharatlı oluş.

spick-and-span (spîk'ınspän') *s.* yepyeni, tertemiz, gıcır gıcır.

spic.ule (spîk'yul), **spic.u.la** (spîk'yılı) *i.* çok ince veya iğne gibi şey; *zool.* iğne, spikül. **spicular, spiculiform** *s.* iğne şeklindeki.

spic.y (spay'si) *s.* baharatlı, bahar gibi güzel kokulu; tadı tuzu yerinde olan, çeşnili; hoş, zevkli; açık saçık (hikâye); cazip, çekici. **spicily** *z.* baharatla. **spiciness** *i.* baharatlı oluş.

spi.der (spay'dır) *i., f.* örümcek; *leh.* dökme demir tava; *f.* kırılmadan tuzla buz olmak (cam). **spider crab** uzun ve ince bacaklı bir cins yengeç, *zool.* Libinia. **spider monkey** örümcek maymunu, *zool.* Ateles. **spider web** örümcek ağı. **water spider** su örümceği, *zool.* Argyoneta aquatica. **spidery** *s.* çok ince; örümcek gibi; zarif; örümcekli.

spie.gel.ei.sen (spi'gılayzın) *i.* manganezli dökme demir.

spiel (spil, şpil) *i., f., A.B.D.,* argo ikna edici konuşma; *f.* konuşmak, söylemek.

spif.fy (spif'i) *s., argo* güzel, şık.

spig.ot (spîg'ıt, spîk'ıt) *i.* musluk; fıçı tapası; tahta musluk tıkacı.

spike (spayk) *i., f.* ekser, enser, büyük çivi; uzun ve ucu sivri şey; kabara; ince ve yüksek topuk; yavru geyiğin boynuzu; uskumru yavrusu; *f.* enserle tutturmak; *k.dili* (içeceğe) içki katmak; *ask.* topu körletmek için falya deliğine çivi vurmak; çivi ile delmek veya incitmek; engellemek. **spike one's guns** bir kimsenin kötü niyetine engel olmak. **spik'y** *s.* sivri uçlu; çivili.

spike (spayk) *i.* başak; *bot.* başakçık.

spike.let (spayk'lit) *i., bot.* başakçık.

spike.nard (spayk'nırd, -nard) *i.* sümbül yağı; Hint sümbülü, *bot.* Nardostachys jatamansi.

spile (spayl) *i., f.* fıçı musluğu, tahta tıkaç; akçaağaçtan öz çekmek için kullanılan boru; kazık; *f.* tapa ile tıkamak; kazık çakmak; (fıçıya) musluk takmak.

spil.i.kin *bak.* spillikin.

spil.ing (spay'ling) *i.* tahta tıkaçlar.

spill (spil) *f.* (-ed *veya* spilt) *i.* dökmek, saç-
mak; düşürmek; düşmek; *den.* yelkeni bo-
şaltmak; *i.* dökme; düşüş, düşme, yuvar-
lanma (at veya arabadan); dökülen şey;
denize dökülen petrol. **spill the beans**
k.dili ağzından baklayı çıkarmak.

spill (spil) *i.* lamba yakmaya mahsus kâğıt
veya tahta parçası; tahta tıkaç, fıçı musluğu.

spill.age (spil'îc) *i.* dökülmüş şey, döküntü.

spil.li.kin (spil'ikîn) *i.* mikado oyunu.

spill.o.ver (spil'ovır) *i.* taşmış şey; dağılma.

spill.way (spil'wey) *i.* taşma savağı.

spilt (spilt) *f., bak.* spill.

spilth (spilth) *i.* dökülen şey; artık, fazlalık,
döküntü.

spin (spin) *f.* (spun, *eski* span; -ning) eğir-
mek, bükmek; (ağ) örmek; çevirmek, dön-
dürmek; dönmek; fırıldak gibi dönmek;
tornalamak; fırlatmak; *hav.* dikine düşmek.
spin a yarn masal okumak, martaval atmak,
maval okumak. **spin out** uzatmak, uzun
uzadıya söylemek. **spun glass** cam elyafı.
send one spinning bir yumrukta olduğu
yerde fırıldak gibi döndürmek. **His head
is spinning.** Başı dönüyor.

spin (spîn) *i.* fırıl fırıl dönme; *k.dili* gezme; *hav.*
diklemesine düşüş.

spin.ach (spin'îç, -îc) *i.* ıspanak, *bot.* Spinacia
oleracia; *k.dili* süs. **spina'ceous** *s.* ıspanak-
gillerden.

spi.nal (spay'nıl) *s.* belkemiğine ait, omurga ke-
miğinde bulunan. **spinal anesthesia** omur-
iliğe iğne ile yapılan anestezi. **spinal column**
anat. belkemiği, omurga. **spinal cord** *anat.*
omurilik, murdarilik. **spinal curvature** *tıb.*
belkemiğinin eğriliği, kamburluk.

spin.dle (spîn'dıl) *i., f.* eğirmen, kirmen, iğ; iğ
mihveri, mil, dingil; sığlık veya kayalıkları
belirten fener direği; takriben 13.800 met-
relik iplik uzunluk ölçüsü; *f.* boy atmak, uza-
mak; delmek, geçirmek (fiş). **spindle file**
puantir, fişnot. **spindle tree** iğağacı, *bot.*
Euonymus europaeus. **spindle whorl** iğe
ağırlık veren halka. **spindling, spindly** *s.*
aşırı derecede boy atan, fazla serpilen; ley-
lek bacaklı.

spin.dle-leg.ged (spîn'dıl.legîd), **spin.dle
-shanked** (spîn'dıl.şängkt) *s.* leylek bacaklı,
ince ve uzun bacaklı.

spin.dle.wort (spîn'dılwırt) *i.* beyaz kurtluca,
bot. Atractylis gummifera.

spin.drier (spîn'dray'ır) *i.* santrifüjlü çamaşır
kurutma makinası.

spin.drift, spoon.drift (spîn'drift, spun'-)
i. rüzgârın denizden getirdiği hafif su ser-
pintisi.

spine (spayn) *i.* omurga, belkemiği; belkemi-
ğine benzer şey; diken; kılçık; kitap sırtı.

spi.nel (spinel', spîn'ıl) *i.* bir çeşit kaba lâl.

spine.less (spayn'lîs) *s.* omurgasız, belke-
miği olmayan; dikensiz; cesaretsiz, yüreksiz.
spinelessly *z.* korka korka. **spinelessness**
i. korkaklık.

spi.nes.cent (spaynes'ınt) *s., bot., zool.* di-
kenli.

spin.et (spîn'ît) *i., müz.* eski usul telli ve klav-
yeli bir alet, epinet; küçük piyano.

spi.nif.er.ous (spaynif'ırıs) *s.* dikenli veya
diken üreten.

spin.na.ker (spîn'ıkır) *i.* üç köşe büyük yarış
yelkeni.

spin.ner (spîn'ır) *i.* eğiren veya büken kimse;
iğ, eğirme veya bükme makinası; olta ucuna
takılan kaşık.

spin.ner.et (spîn'ıret) *i.* örümcek ve ipekbö-
ceğinin iplik salan uzvundaki memeciklerden
her biri.

spin.ney (spîn'i) *i., İng.* çalılık, koru.

spin.ning (spîn'îng) *i., s.* eğirme, bükme; *s.*
eğiren. **spinning frame** eğirme tezgâhı.
spinning jenny iplik eğirme makinası, çık-
rık makinası. **spinning wheel** çıkrık.

spin-off (spîn'ôf) *i.* yan ürün.

spi.nose, spi.nous (spay'nos, spay'nıs) *s.* di-
kenli, diken gibi. **spinos'ity** *i.* dikenlilik.

spin.ster (spîn'stır) *i.* kalık, evde kalmış kız,
yaşı geçmiş kız.

spin.thar.i.scope (spînther'ıskop) *i., fiz.* spin-
tariskop, alfa ışınları göstericisi.

spi.nule (spay'nyul, spîn'yul) *i., bot., zool.*
dikencik, iğnecik. **spinulose** *s.* dikenli,
iğneli.

spin.y (spay'ni) *s.* dikenli, iğneli; güçlüklerle
dolu, şaşırtıcı.

spir.a.cle (spîr'ıkıl, spay'rıkıl) *i., zool.* nefes
alıp verme deliği.

spi.rae.a (spay'rıyı) *i.* çayırmelikesi, erkeç-
sakalı, *bot.* Spiraea.

spi.ral (spay'rıl) *s., i., f.* **(-ed, -ing** *veya* **-led, -ling)** helezoni, helisel, sarmal; *i.* helis, helezon; *tıb.* spiral; *f.* helezon teşkil etmek. **spiral galaxy, spiral nebula** sarmal bulutsu. **spirally** *z.* helezoni olarak, helezon şekli alarak.

spi.rant (spay'rınt) *s., i., dilb.* sürtme sesi çıkaran (harf).

spire (spayr) *i., f.* ince uzun ot sapı; kulenin sivri tepesi; *f.* uzun ve ince sap sürmek; sivri kule gibi yükselmek.

spire (spayr) *i.* helezon, helis; helezoni kabuğun sivri ucu.

spir.it (spîr'ît) *i., s.* ruh, can, insan ruhu; *fels.* tin; tayf, hayalet; peri, cin; önder, örnek kimse; heves, canlılık; hava; huy, tabiat, meşrep; mana, öz, meram; *s.* hayalete ait; ruhlara inanmayla ilgili; ispirto ile çalışan. **spirit lamp** ispirtoluk, kamineto. **spirit level** düzeç, kabarcıklı düzeç, düzeldek, tesviyeruhu, su terazisi. **spirit rapping** ispritizmada ruhların masaya hafif hafif vurmaları. **spirit writing** ruhların yazdığına inanılan yazı. **familiar spirit** bir insana hizmet eden peri. **spiritless** *s.* cansız, ruhsuz, hevessiz.

spir.it (spîr'ît) *f.* canlandırmak, kuvvet ve cesaret vermek. **spirit away, spirit off** gizlice göndermek veya götürmek.

spir.it.ed (spîr'îtîd) *s.* canlı, şevkli, ateşli, cesaretli. **spiritedly** *z.* canlı olarak, şevkle. **spiritedness** *i.* canlılık, şevk.

spir.it.ism (spîr'îtîzım) *i.* ispritizma. **spiritist** *i.* ispritizmaya inanan veya onunla meşgul olan kimse.

spi.ri.to.so (spîrîto'so) *z., s., İt., müz.* canlılıkla; *s.* canlı.

spir.its (spîr'îts) *i.* sert içki; ruh; keyif; damıtılmış öz; ispirtolu eriyik. **spirits of ammonia** nışadırruhu. **in high spirits** keyfi yerinde. **in low spirits** keyifsiz. **methylated spirits** mavi ispirto, metilik alkol.

spir.i.tu.al (spîr'îçuwıl) *s., i.* ruhsal, ruhanî, manevi, tinsel, bâtıni; Allah tarafından ilham edilmiş; kutsi, ruhanî, kiliseye veya kutsal şeylere ait; *i.* Amerika zencilerine özgü ilâhi. **spiritually** *z.* manen, ruhanî olarak. **spiritualness** *i.* manevilik, ruhanîlik.

spir.i.tu.al.ism (spîr'îçuwılîzım) *i.* ispritizma.

spiritualist *i.* ispritizmaya inanan kimse. **spiritualis'tic** *s.* ispritizma ile ilgili.

spir.i.tu.al.i.ty (spîrîçuwäl'ıtı) *i.* ruhanîlik, manevîlik; kiliseye veya papaza ait şey.

spir.i.tu.al.ize, *İng.* **-ise** (spîr'îçuwılayz) *f.* ruhanîleştirmek, manevî veya ruhani bir nitelik veya anlam vermek.

spir.i.tu.el, *dişil* **-elle** (spîrîçuwel') *s., Fr.* zeki, canlı, espri yapma yeteneği olan, nüktedan.

spir.i.tu.ous (spîr'îçuwıs) *s.* alkollü, ispirtolu.

spir.i.tus (spîr'îtıs) *i., Lat.* ruh, can; nefes. **spiritus asper** *Yu. gram.* kelime başındaki "h" sesi; bunu belirten işaret('). **spiritus lenis** *Yu. gram.* sesli harflerle başlayan kelimelerin başında "h" sesinin bulunmaması; bunu ifade eden işaret (').

spiro- *önek* halka, kangal.

spiro- *önek, tıb.* nefes, soluk.

spi.ro.chete (spay'rıkit) *i., tıb.* spiril, burgu biçimindeki mikrop.

spi.ro.graph (spay'rıgräf) *i.* solunum hareketlerini kaydeden alet, nefes resmi çizicisi.

spi.ro.gy.ra (spayrıcay'rı) *i., bot.* spirojirler, kavuşur suyosunları.

spi.roid (spay'royd) *s.* helezon gibi, vidaya benzer.

spi.rom.e.ter (spayram'ıtır) *i.* nefesölçer, spirometre.

spirt (spırt) *bak.* **spurt.**

spis.si.tude (spîs'îtud) *i., eski* koyuluk (sıvı).

spit (spît) *i., f.* **(-ted, -ting)** şiş; *coğr.* dil; *f.* şiş saplamak; meç saplamak.

spit (spît) *f.* **(spit** *veya* **spat, -ting)** *i.* tükürmek; çiselemek, serpelemek, atıştırmak, serpiştirmek; tükürük gibi saçmak; tükürük saçar gibi ses çıkarmak; *i.* tükürük; bazı böceklerin salyası; çisenti, serpinti. **spit and polish** *k.dili* aşırı intizam. **spit it out** söylemek, açığa vurmak. **spit upon** yüzüne tükürmek, ağır şekilde hakaret etmek. **the spit and image of, spitting image** *k.dili* tıpkısı, *colloq.* hık demiş burnundan düşmüş. **Here's spit in your eye!** Sıhhatinize!

spit.ball (spît'bôl) *i.* çiğnenip top haline getirilen kâğıt; *beysbol* bir çeşit top atışı.

spitch.cock (spîç'kak) *i., f.* ortasından yarılıp ızgarada pişirilmiş yılanbalığı; *f.* balık veya kuşu ortadan bölüp ızgarada pişirmek.

spite (spayt) *i., f.* garez, kin; üzüntü; *f.* kindarlık etmek, inadına yapmak, kahretmek. **to spite his face** nispet vermek için. **in spite of** rağmen; inadına, hiçe sayarak, kale almayarak. **out of spite** inadına, kötülüğünden. **spite fence** hiç bir işe yaramayan, inat için yapılmış duvar.

spite.ful (spayt'fıl) *s.* garezkâr, kinci, hain, nispet veren. **spitefully** *z.* haince. **spitefulness** *i.* garezkârlık.

spit.fire (spit'fayr) *i., k.dili* çabuk öfkelenen kimse.

spit.tle (spit'ıl) *i.* tükürük, salya.

spit.toon (spitun') *i.* tükürük hokkası.

spitz (spits) *i.* Pomeranya köpeği.

spiv (spiv) *i., İng.* adi hırsız; *İng., argo* düzenbaz kimse, tavcı, dolandırıcı.

splanch.nic (splängk'nik) *s.* iç organlara ait.

splanchno- *önek* iç organ, bağır.

splash (spläş) *f., i.* (üstüne) çamur veya su sıçratmak; etrafa sıçratarak suya dalmak veya çarpmak; *i.* sıçratılmış çamur veya su, zifos; leke; su sıçratma sesi; *k.dili* heyecan. **make a splash** *k.dili* dikkati çekmek, bakışları üzerine toplamak; heyecan uyandırmak. **splash'y** *s.* ıslak, çamurlu; lekeli; *k.dili* dikkati çeken, gösterişli.

splash.board (spläş'bôrd) *i.* siper, çamurluk.

splash.down (spläş'daun) *i.* uzay gemisinin denize inmesi.

splat.ter (splät'ır) *f.* su veya çamur sıçratmak; sıçramak.

splay (spley) *f., i., s.* dışa doğru meyletmek, meyil yapmak; yayılmak; meyilli olmak; atın omuzunu yerinden çıkarmak; *i.* yayvanlık; *mim.* (çerçevede) meyilli kısım, pah, şataf; *s.* geniş ve yayvan; pahlı; kaba; acayip; eğri büğrü.

splay.foot (spley'fût) *i.* enli ve yayvan ayak, taraklı ayak.

splay.mouth (spley'mauth) *i.* büyük ve biçimsiz ağız, yayvan ağız.

spleen (splin) *i., biyol.* dalak; terslik, huysuzluk; garaz, kin; *eski* melankoli. **spleen'y** *s.* ters, huysuz, titiz.

spleen.ful (splin'fıl) *s.* ters, huysuz.

splen.dent (splen'dınt) *s.* parlak, ışıklı; şaşaalı, gösterişli.

splen.did (splen'did) *s.* şahane, fevkalade, mükemmel, âlâ; muhteşem, görkemli, deb-

debeli; parlak. **splendidly** *z.* fevkalade bir şekilde.

splen.dif.er.ous (splendif'ırıs) *s., k.dili* şaşaalı, gösterişli, göz kamaştıran.

splen.dor, *İng.* -dour (splen'dır) *i.* parlaklık, şaşaa, nur; ihtişam, saltanat, debdebe, tantana.

sple.net.ic (splinet'ik) *s., i.* dalağa ait; ters huylu, aksi, titiz; *i.* titiz veya ters huylu kimse. **splenetical** *s.* dalakla ilgili; aksi, huysuz, ters. **splenetically** *z.* dalakla ilgili olarak; aksilik ederek, huysuzlanarak.

splen.ic (splen'ik, spli'nik) *s.* dalağa ait.

sple.ni.tis (splinay'tis) *i., tıb.* dalak iltihabı.

sple.ni.us (spli'niyıs) *i.* (çoğ. -ni.i) *anat.* somun kas, splenyus.

splice (splays) *f., i.* büküp lehimleyerek birleştirmek (tel); örerek birbirine tutturmak (halat); yapıştırarak eklemek (bant, filim); birbirine geçirip çivilemek (tahta); *argo* evlenmek, evlendirmek; *i.* ek yeri, bağlantı yeri; ekleme.

spline (splayn) *i.* kama, dil.

splint (splint) *i., f.* kıymık; *tıb.* kırık kemik sarmaya mahsus ince tahta, süyek, cebire; at ayağında çıkan nasır; sepetçilikte kullanılan ince kamış parçası; *f.* ince tahtalarla sarmak (kırık kemik), cebireye almak.

splin.ter (splin'tır) *f., i.* yarıp parçalamak; yarılıp parçalanmak; *i.* kıymık, ince ve ufak tahta parçası. **splinter group** hizip, böluntü. **splintery** *s.* kıymık gibi; kıymıklı.

splin.ter.proof (splin'tırpruf) *s.* patlayan mermi parçalarının geçmesini engelleyen; çatlamaz, dağılmaz.

split (split) *f.* (**split, -ting**) yarmak, ortasından ayırmak, çatlatmak; hiziplere ayırmak; dağıtmak; bölmek; paylaşmak, bölüşmek. **split hairs** kılı kırk yarmak. **split one's sides** gülmekten kasıkları çatlamak, kahkahadan yerlere yatmak. **split off** yarılmak, parçalanmak; bölünmek; ayrılmak; kopmak. **split the difference** ortalama bir rakamda anlaşmak. **split up** bölüştürmek; ayrılmak, bozuşmak.

split (split) *i., s.* yarık, çatlak; bozuşma, ayrılık; bölünme; kıymık, ufak parça; sepetçilikte kullanılan ağaç tiriz; küçük şişe (içki); muzla yapılmış dondurmalı tatlı; bir bacağı öne öbürünü arkaya uzatarak yapılan akrobasi hareketi; *s.* ayrılmış; kırık, çatlak, yarık. **split level house** odaları değişik seviyelerde olan ev. **split peas** kırık bezelye. **split personality** *psik.* bölünmüş şahsiyet; şizofrenik kişi. **split pulley** birbirinden ayrılabilen iki parçadan ibaret makara. **split second** an, lahza.

split.ting (splît'îng) *s.* keskin, şiddetli. **splitting headache** şiddetli baş ağrısı.

splotch (splaç) *i., f.* leke, benek; *f.* lekelemek, bulaştırmak.

splurge (splırc) *i., f., k.dili* gösteriş yapma; savurganlık; *f.* gösteriş yapmak; müsrifçe para harcamak, har vurup harman savurmak.

splut.ter (splʌt'ır) *f., i.* cızırdamak; şaşkınlıktan karmakarışık şeyler söylemek; *i.* cızırtı; ipe sapa gelmez lakırdı, boş laf.

spode (spod) *i.* iyi cins İngiliz porseleni.

spoil (spoyl) *i., gen. çoğ.* yağma, çapul; *çoğ., A.B.D., pol.* yeni seçilenlerin eline geçen nüfuz kullanma fırsatı. **spoils system** *A.B.D.* seçimi kazanan parti üyelerine memuriyet verme sistemi.

spoil (spoyl) *f.* (**-ed** *veya* **spoilt**) bozmak, yıkmak; azdırmak; şımartmak; ahlâkını bozmak; bozulmak, çürümek; azmak. **spoil a joke** şakanın tadını kaçırmak. **a spoiled child** şımarık çocuk. **be spoiling for** kaşınmak, istemek, aramak. **He is spoiling for a fight.** Dövüşmek için kaşınıyor.

spoil.sport (spoyl'spôrt) *i.* başkasının zevklerini bozan kimse.

spoke (spok) *i., f.* tekerlek parmağı; seyyar merdiven çubuğu; *den.* dümen dolabı parmaklığı; yokuş aşağı duran atlı araba tekerleğinin dönmesine engel olmak için parmaklığın arasına konulan sırık; *f.* tekerleğe parmak takmak; sırık koymak. **put a spoke in one's wheel** bir kimsenin çanına ot tıkamak.

spoke (spok) *bak.* **speak**.

spo.ken (spo'kın) *bak.* **speak**; *s.* sözlü, konuşulan.

spoke.shave (spok'şeyv) *i.* parmaklık rendesi.

spokes.man (spoks'mın) *i.* (*çoğ.* **-men**) sözcü.

spo.li.a.tion (spoliyey'şın) *i.* soygun, yağma; çapul, talan; *huk.* bir vesikayı tahrif veya imha; *huk.* kaçakçılık şüphesiyle takip edilmekte olan bir gemideki belgelerin önceden imhası.

spo.li.a.tive (spo'liyeytiv) *s.* çapulculuğa veya çapula ait; *tıb.* kan miktarını eksiltmeye yarayan.

spon.da.ic, -i.cal (spandey'îk, -îkıl) *s.* iki uzun heceli vezin tefilesi gibi veya bundan ibaret.

spon.dee (span'di) *i.* iki uzun heceli vezin tefilesi.

spondylo- *önek, anat.* omur, fıkra.

sponge (spʌnc) *i., f.* sünger; sünger gibi emici şey; *k.dili* asalak, tufeylî, parazit; mayalanmış ve dinlenmeye bırakılmış hamur; platin gibi bazı madenlerin sünger hali; *tıb.* tampon; topun içini temizlemeye mahsus uzun saplı yuvarlak fırça, uskunca fırçası; *f.* süngerle silmek veya suyunu almak; sünger toplamak. **sponge on** *k.dili* parasını yemek, (başkasının) kesesinden geçinmek, *slang* otlamak, otlakçılık etmek. **sponge bath** ıslak süngerle silinerek yapılan banyo. **sponge cake** pandispanya. **throw up the sponge** *k.dili* mücadeleden vaz geçmek, yenilgiyi kabul etmek. **spong'er** *i.* asalak, *slang* otlakçı.

spong.y (spʌn'ci) *s.* sünger gibi; emici; ıslak ve yumuşak. **sponginess** *i.* sünger gibi oluş.

spon.sion (span'şın) *i., huk.* kefalet.

spon.son (span'sın) *i., den.* bargarisa, çıkma.

spon.sor (span'sır) *i., f.* kefil; vaftiz babası veya anası, manevi baba veya ana; bir radyo veya televizyon programının masraflarını karşılayıp reklâm yapan firma; *f.* kefil olmak; desteklemek; himaye etmek. **sponsorship** *i.* kefalet, kefillik; himaye, destek.

spon.ta.ne.ous (spantey'niyıs) *s.* kendi kendine olan, kendiliğinden vücuda gelen veya yapılan; insan gayreti olmadan meydana gelen; ihtiyari. **spontaneous combustion** içten yanma, kendiliğinden yanma. **spontaneously** *z.* kendiliğinden. **spontaneousness, spontaneity** (spantını'yıti) *i.* kendiliğinden olma.

spoof (spuf) *f., i., k.dili* şaka yapmak, muziplik etmek; *i.* şaka, muziplik.

spook (spuk) *i., f., k.dili* hayalet, tayf; *A.B.D., argo* casus; *A.B.D., argo, aşağ.* zenci; *f.* hayalet halinde görünmek; korkutmak; zıvanadan çıkarmak. **spook'ish, spook'y** *s., k.dili* hayalet gibi; tekinsiz.

spool (spul) *i., f.* makara; makara şeklindeki şey; *f.* makaraya sarmak.

spoon (spun) *i., f.* kaşık; kaşık şeklindeki şey; golfta topu vurup havalandırmaya mahsus bir çeşit değnek; *f.* kaşıkla almak; kaşık ile balık tutmak; kroket veya golfta topu vurup havalandırmak; *k.dili* oynaşmak, sevişmek. **born with a silver spoon in one's mouth** zengin aile çocuğu olarak doğmuş.

spoon.bill (spun'bîl) *i.* kaşıkçı balıkçıl, spatül kuşu, *zool.* Platalea; kaşıkçın, *zool.* Spatula clypeata.

spoon.bread (spun'bred) *i.* mısır unu ve yumurta ile yapılan yumuşak ekmek.

spoon.drift (spun'drîft) *bak.* **spindrift.**

spoon.er.ism (spu'nırizım) *i.* ses veya heceleri konuşurken yanlışlıkla karıştırma: "our dear old queen" yerine "our queer old dean".

spoon-fed (spun'fed) *s.* ağzına beslenmiş; nazlı büyümüş.

spoon.ful (spun'fûl) *i.* kaşık dolusu.

spoon.wort (spun'wırt) *i.* kaşıkotu, *bot.* Cochlearia officinalis.

spoon.y (spu'ni) *s., k.dili* sersem, aklı başından gitmiş; sevgilisine aşırı derecede düşkün. **spoonily** *z.* budalaca. **spooniness** *i.* aşırı düşkünlük, aklı başından gitme.

spoor (spûr) *i., f.* vahşi hayvan izi; *f.* (hayvan) izlemek.

Spor.a.des (spôr'ıdiz) *i.* Ege Denizi adaları.

spo.rad.ic (spôräd'îk) *s.* ara sıra olan; seyrek; münferit, dağınık, ayrı. **sporadically** *z.* ara sıra, zaman zaman.

spo.ran.gi.um (spôrän'ciyım) *i.* (*çoğ.* -gi.a) *bot.* tohum kabı, spor kesesi, ovogon dağarcığı.

spore (spôr) *i., bot., zool.* spor.

sporo- *önek* tohum.

spo.ro.gen.e.sis (spôricen'ısîs) *i., biyol.* sporla üreme, spor husule gelmesi. **sporogenous** (spôrac'ınıs) *s.* sporla üreyen.

spor.ran (spar'ın) *i.* İskoçyalıların kullandığı kürk kaplı para kesesi.

sport (spôrt) *i., f., s.* eğlence, oyun, spor; neşe; alay, istihza; eğlence konusu, alay mevzuu; oyuncak; *k.dili* kumarbaz kimse; gösteriş meraklısı kimse; *biyol.* değşinme, değşinme gösteren hayvan veya bitki; *f.* oynamak, eğlenmek; alay etmek, takılmak, şaka etmek; *k.dili* gösteriş yapmak; *s.* spor. **poor sport** mızıkçı. **sports car** spor araba. **sport one's oak** *İng., argo* rahatsız edilmemek için kapıyı kapamak. **sport shirt** spor gömlek. **for sport, in sport** şaka olsun diye. **make sport of** alay etmek, eğlenmek.

sport.ing (spôr'tîng) *s.* spor ile ilgili; oyun kurallarına uyan, sportmen; kumarbaz. **sporting chance** *k.dili* kazanma ihtimali ağır basan şans. **sporting house** genelev.

spor.tive (spôr'tîv) *s.* sporcu, sportmen; oyun oynamayı seven; oyun veya şaka kabilinden. **sportively** *z.* sportmence; neşeyle. **sportiveness** *i.* sportmenlik; neşelilik.

sports.man (spôrts'mın) *i.* (*çoğ.* -men) sporcu; avcı; profesyonel kumarbaz; sportmen. **sportsmanlike** *s.* sporcuya yakışır, sportmence; namuslu. **sportsmanship** *i.* sporculuk, sportmenlik.

sports.wear (spôrts'wer) *i.* spor giysi.

sport.y (spôr'ti) *s., k.dili* sporcu; hovarda, neşeli, canlı; gösterişli.

spor.ule (spôr'yul) *i., biyol.* küçük spor.

spot (spat) *i., s.* yer, mevki, mahal; benek, nokta, leke; ayıp, leke; gölgebalığı, sarıağız, deniz güzeli, *zool.* Sciaena; projektör ışığı; kısa reklâm; *İng.* bir miktar (içecek); *argo* güç durum; *s.* yerinde olan; peşin; ara sıra, rasgele. **spot ball** siyah benekli beyaz bilye. **spot cash** peşin para. **spot check** ara sıra teftiş etme. **spot weld** elektrikle yapılan nokta kaynağı. **hit the high spots** *k.dili* yalnız en önemli noktalara değinmek. **hit the spot** *argo* tam yerinde olmak. **in a spot** utandırıcı veya müşkül bir durumda. **in spots** ara sıra. **on the spot** hemen, derhal; hemen oracıkta, olay yerinde, vaka mahallinde; sorumlu; tehlikede; *argo* ölüm tehlikesinde. **put on the spot** hesap vermeye davet etmek; hesaplaşmaya çağırmak. **soft spot** zaaf, sevgi; zayıf nokta. **ten spot** onluk kâğıt para. **ten spot of hearts** iskambil kupanın onlusu. **touch a sore spot** en hassas noktaya dokunmak. **X marks the spot.** X olay yerini gösteriyor.

spot (spat) *f.* (-ted, -ting) beneklemek, lekelemek, benek benek etmek; kirletmek; şerefini lekelemek; bulmak; tanımak; nişan almak; yer yer dağıtmak; yerleştirmek; atamak; lekelenmek, benek benek olmak.

spot.less (spat'lîs) *s.* lekesiz, tertemiz, pırıl pırıl; kusursuz. **spotlessly** *z.* lekesiz, tertemiz olarak, kusursuz bir şekilde. **spot-lessness** *i.* kusursuzluk, pirüpak oluş.

spot.light (spat'layt) *i.*, *f.* projektör ışığı; yaygınlık; *f.* ışığa tutmak; üzerine dikkat çekmek.

spot.ted (spat'íd) *s.* noktalı, benekli, lekeli; düzensiz, intizamsız. **spotted crake** bataklık tavuğu, *zool.* Porzana porzana. **spotted fever** *tıb.* lekeli humma, tifüs. **spotted sandpiper** kum çulluğu, düdükçin, *zool.* Actitis macularia.

spot.ter (spat'ır) *i.*, *A.B.D.*, *k.dili* detektif; mağaza hırsızlarına karşı özel detektif; düşman uçaklarına karşı gözcü; kuru temizleyici dükkânında lekeci.

spot.ty (spat'i) *s.* benekli, lekeli, noktalı; hep bir kalitede olmayan. **spottiness** *i.* lekelilik, beneklilik; düzensizlik.

spot.weld (spat'weld) *f.*, *i.* nokta kaynağı yapmak; *i.* nokta kaynağı.

spous.al (spau'zıl) *i.*, *gen. çoğ.*, *s.* evlenme, nikâh; *s.* nikâha ait.

spouse (spauz, spaus) *i.* eş, koca veya karı, zevç veya zevce.

spout (spaut) *f.*, *i.* fışkırtmak, kuvvetle dışarıya atmak; heyecanla okumak; fışkırmak, feveran etmek; *k.dili* nutuk atar gibi konuşmak; *İng.*, *argo* rehine koymak; *i.* içinden sıvı akan ağız veya uç, musluk, meme, emzik; fışkırma; kasırganın denizden kaldırdığı su sütunu; *İng.*, *argo* rehinci dükkânı. **up the spout** *argo* harap olmuş, mahvolmuş.

spout.er (spaut'ır) *i.* fışkıran petrol kuyusu; su fışkırtan balina; balina avlama gemisi; lügat paralayıcı kimse.

sprag (spräg) *i.* fren takozu.

sprain (spreyn) *f.*, *i.* burkmak, burkulmak; *i.* mafsalın burkularak incinmesi, burkulma. **sprain fracture** burkulma sonucunda bir kemik parçasıyle beraber veterin kemikten kopması.

sprang (spräng) *f.*, *bak.* **spring.**

sprat (sprät) *i.* çaçabalığı, *zool.* Clupea sprattus.

sprawl (sprôl) *f.*, *i.* yayılıp yatmak, sere serpe uzanmak; yatarken kol ve bacakları yaymak; dağınık olmak, yayılmış olmak (fidan); *i.* yayılıp yatma, sere serpe uzanma.

spray (sprey) *i.* yapraklı ve çiçekli ufak dal, bahar dalı; bu şekilde yapılan süs.

spray (sprey) *i.*, *f.* püskürtülen ilâç; serpinti, püskürtülen sıvı; püskürgeç, vaporizatör; *f.* püskürtmek; üstüne sıvı püskürtmek veya serpmek. **spray gun** püskürtme tabancası. **spray'paint** *f.* boya püskürtmek.

spread (spred) *f.* **(spread)** yaymak, sermek, açmak; alabildiğine açmak; dağıtmak, saçmak, neşretmek; sirayet ettirmek, bulaştırmak; ayırmak; üzerine sermek, kaplamak; sürmek; kurmak (sofra); teferruatıyle meydana koymak veya kaydetmek; uzatmak; yayılmak, serilmek; dağılmak, saçılmak, neşrolunmak; yayılmak, şayi olmak; sirayet etmek, bulaşmak; birbirinden ayrılmak. **spread oneself** iyi tesir bırakmaya çalışmak. **spread oneself thin** kudretinden fazla iş yüklenmek.

spread (spred) *i.* yayılma; saha, vüsat; örtü (sofra veya yatak için); *k.dili* ziyafet; ekmek üzerine sürülen yiyecek; gazetede aynı konuyu ele alan karşılıklı iki sayfa.

spread-ea.gle (spred'igıl) *s.* kolları ve ayakları gerilmiş vaziyetteki; *A.B.D.*, *k.dili* aşırı vatanperver, gösterişçi.

spread.er (spred'ır) *i.* yayan veya süren şey veya kimse; iki telin birbirine dokunmaması için aralarına konan tahta; tarlaya gübre serpen makina.

spree (spri) *i.* cümbüş, âlem, eğlenti; içki âlemi. **go on a spree** âlem yapmak. **shopping spree** eldeki bütün parayı alışverişe yatırma.

sprig (sprig) *i.*, *f.* **(-ged, -ging)** ince dal, filiz; delikanlı, genç; başsız çivi; *f.* ince dallarla süslemek; budamak; içine başsız çivi çakarak sağlamlaştırmak. **sprig'gy** *s.* ince dallarla dolu.

spright.ly (sprayt'li) *s.* canlı, şen, neşeli, şetaretli. **sprightliness** *i.* canlılık, neşe.

spring (spring) *f.* **(sprang veya sprung; sprung)** yay gibi fırlamak; ileri atılmak, sıçramak; eğilmek, bükülmek, çarpılmak; çıkmak, sürmek; gelmek; neşet etmek, hâsıl olmak, zuhur etmek; sürpriz yapmak, birden yapmak; *şiir* şafak sökmek, başlamak (gün); yükselmek; *mim.* kemer halinde çıkmak; yayı boşalmak; fırlatmak, zembereğine dokunup salıvermek; birdenbire meydana çıkarmak; zorlayıp sakatlamak, çatlatmak; patlatmak; büküp yerine yerleştirmek; üstünden atlamak; *argo* kefaletle veya kaçırarak hapisten çıkarmak; (av kuşunu) ürkütüp kaçırmak. **spring a leak** su sızdırmaya başlamak; su etmeye başlamak (gemi). **spring at** üzerine saldırmak, sıçramak. **spring back** geriye tepmek veya sıçramak. **spring forth** sürüp meydana çıkmak; ileriye atılmak. **spring in** içeri atılmak. **spring out** dışarı fırlamak. **spring upon** üstüne atılmak.

spring (spring) *i.* yay, zemberek; yaylanma; atlama, fırlama veya sıçrama gücü veya yeteneği; geri tepme; atılış, fırlayış, sıçrayış, hamle; ilkbahar, bahar; başlangıç; kaynak, menşe; memba, kaynak, pınar; *den.* seren veya kerestenin çatlağı veya eğrilmesi. **spring balance** yaylı terazi veya kantar. **spring chicken** piliç; *k.dili* taze, *slang* piliç. **spring fever** ilkbahar yorgunluğu. **spring mattress** yaylı yatak. **spring tide** ayda iki defa meydana gelen yüksek met; duygu veya etkinin en kuvvetli olduğu zaman. **spring water** memba suyu. **spring'like** *s.* bahar gibi; yay gibi.

spring.board (spring'bôrd) *i.* tramplen; başlangıç noktası.

spring.bok, -buck (spring'bak, -bʌk) *i.* Güney Afrika'da bulunan bir cins ceylan, *zool.* Antidorcas marsupialis.

springe (sprinc) *i.* ilmekli tuzak, kuş kapancası.

spring.er (spring'ır) *i.* sıçrayan şey veya kimse; *mim.* kemer kıvrıntısının başladığı yer ve burada bulunan taş; bir çeşit av köpeği; bir çeşit geyik; piliç.

spring.head (spring'hed) *i.* pınar başı, memba, kaynak.

spring.house (spring'haus) *i.* pınar üzerine yapılan ve buzdolabı niyetine kullanılan ufak bina.

spring.tide, spring.time (spring'tayd, -taym) *i.* ilkbahar, bahar mevsimi.

spring.y (spring'i) *s.* yaylı, yay gibi; pınarları çok. **springiness** *i.* yaylılık; pınar çokluğu.

sprin.kle (spring'kıl) *f., i.* serpmek; ekmek, saçmak; çiselemek; *i.* serpinti; çisenti. **sprinkler** *i.* serpme makinası. **sprinkler system** serpici, tavandaki delikli borularla su püskürterek yangın söndüren otomatik düzen, yağmur sistemi. **sprinkling** *i.* serpinti; bir tutam; bir yerde tek tük bulunan şeyler.

sprint (sprint) *f., i.* tabana kuvvet koşmak; *i.* en büyük hızla yapılan kısa mesafeli koşu. **sprint'er** *i.* kısa mesafe koşucusu.

sprit (sprit) *i., den.* direkten yelkenin dış kenarı tepesine doğru uzatılan ufak seren, açavele gönder. **sprit'sail** *i.* açavele gönderli yelken.

sprite (sprayt) *i.* cin, peri; hayalet, tayf.

sprock.et (sprak'it) *i.* bir çark üzerinde zincir halkalarının geçtiği dişlerden her biri, zincir dişlisi. **sprocket wheel** zincir donatmaya mahsus dişli çark, zincir dişlisi.

sprout (spraut) *f., i.* sürmek, filiz vermek; filiz sürdürmek; *i.* yeni sürmüş dal veya sürgün, filiz.

spruce (sprus) *i.* ladin, *bot.* Pinus picea.

spruce (sprus) *s., f.* şık, giyimine titiz, *colloq.* iki dirhem bir çekirdek; müşkülpesent, titiz, meraklı; *f., gen.* **up** ile zarif ve şık giyinmek; düzenlemek, çekidüzen vermek. **spruce'ly** *z.* şık. **spruce'ness** *i.* şıklık, zarafet.

sprue (spru) *i., tıb.* psiloz, bağırsaklarda müzmin amel hâsıl eden tropikal bir hastalık.

sprue (spru) *i.* döküm deliği, kalıba erimiş maden akıtmaya mahsus delik; cüruf.

sprung (sprʌng) *f., bak.* **spring.**

spry (spray) *s.* **(spryer, spryest** *veya* **sprier, spriest)** dinç, canlı, hareketli, faal, çevik.

spud (spʌd) *i., f.* **(-ded, -ding)** çapa, tirpidin, tirpit, bahçe malası; *k.dili* patates; kalın ve kısa şey; *f.* çapa ile yeri kazmak veya otları sökmek, çapalamak.

spue *bak* **spew.**

spume (spyum) *i., f.* köpük; *f.* köpürmek. **spumes'cence** *i.* köpüklü olma. **spumes'cent, spu'mous, spum'y** *s.* köpük gibi, köpüklü.

spun (spʌn) *f., bak.* **spin.**

spunk (spʌngk) *i.* kav, mantar kavı; kıvılcım, alev; kibrit; *k.dili* azim, kuvvet, metanet, cesaret; öfke, hiddet. **spunk'y** *s.* cüretli; öfkeli.

spur (spır) *i., f.* **(-red, -ring)** mahmuz; saik, tahrik vasıtası, kışkırtıcı herhangi bir şey; mahmuza benzer sivri odun parçası; bazı çiçeklerde bulunan boru şeklinde çıkıntı; horoz mahmuzu; duvarı destekleyen çıkıntılı kısım; payanda, destek; ovaya uzanan dağ burnu; demiryolunun kısa şube hattı; *f.* mahmuzlamak; kışkırtmak, tahrik etmek, sevketmek; üstüne mahmuz çivileri koymak; hayvana mahmuz vurup gitmek; mahmuzla kesmek. **spur gear, spur wheel** düz dişli çark, alın dişlisi. **on the spur of the moment** irticalen, anında, evvelden hazırlık yapmadan. **set spurs to** mahmuzlamak. **win one's spurs** ilk şöhreti sağlamak. **spur'ry** *s.* mahmuzlu.

spur.gall (spır'gôl) *i.* mahmuz yarası.

spurge (spırc) *i.* sütleğen, *bot.* Euphorbia. **spurge laurel** defneye benzer bir bitki, *bot.* Daphne laureola. **spurge olive** dulaptalotu, *bot.* Daphne mezereum. **sun spurge** sarı sütleğen, *bot.* Euphorbia helioscopia. **tree spurge** ağaç sütleğeni.

spur.heeled (spır'hild) *s., zool.* ayağının arka parmağı mahmuzlu (kuş).

spu.ri.ous (spyûr'iyıs) *s.* sahte, taklit, yapma, düzme; *biyol.* sathî, asıl olmayan, benzer; kanun dışı (çocuk). **spuriously** *z.* taklit ederek. **spuriousness** *i.* benzeri olma, taklidi olma.

spurn (spırn) *f., i.* tekme atıp defetmek, tekme ile kovmak; hakaretle reddetmek; *i.* hakaret edici davranış; nefretle reddetme.

spur.ri.er (spır'iyır) *i.* mahmuzcu.

spur.ry, spur.rey (spır'i) *i.* karanfil familyasından herhangi bir ot.

spurt, spirt (spırt) *f., i.* fışkırmak, fışkırtmak; *i.* fışkırma.

spurt (spırt) *f., i.* anî hamle yapmak, davranmak; *i.* anî hamle; kısa müddet için faaliyet artışı.

sput.nik (spʌt'nîk, spût'-) *i.* Rusların uzaya gönderdiği ilk uydunun ismi, sputnik.

sput.ter (spʌt'ır) *f., i.* tükürük saçmak; tükürük saçarak konuşmak; süratle ve anlaşılmaz bir şekilde konuşmak; *i.* tükürük saçma; dili dolaşarak laf söyleme; kuru gürültü.

spu.tum (spyu'tım) *i.* (*çoğ.* **-ta**) salya, tükürük.

spy (spay) *i., f.* casus, hafiye, ajan; casusluk etme, gözetleme; *f.* casusluk etmek, gözetlemek; uzakta veya gizli olan bir şeyi görmek, keşfetmek. **spy out** el altından anlamaya çalışmak.

spy.glass (spay'gläs) *i.* küçük dürbün.

sq. *kıs.* sequence, square.

sqq. *kıs.* the following ones.

squab (skwab) *i., s.* güvercin yavrusu; bodur kimse; minder; sedir; *s.* bodur; kuluçkadan yeni çıkmış. **squab'bish, squab'by** *s.* bodur.

squab.ble (skwab'ıl) *f., i.* kavga etmek, hadise çıkarmak; *matb.* bozmak, dağıtmak (hurufat); *i.* kavga, arbede, dırıltı, hırgür. **squabbler** *i.* kavgacı.

squad (skwad) *i.* takım, ekip, küçük grup; birkaç erden meydana gelen asker grubu, müfreze. **squad car** telsizli polis devriye arabası. **football squad** futbol takımı.

squad.ron (skwad'rın) *i., f.* süvari bölüğü; ufak donanma, filo; hava filosu; *f.* bölük bölük tanzim etmek; filo teşkil etmek.

squal.id (skwal'id) *s.* kirli, pis, murdar, bakımsız, sefil. **squalid'ity, squalidness** *i.* sefillik. **squalidly** *z.* sefalet içinde.

squall (skwôl) *i., f.* bora, kasırga, anî ve şiddetli fırtına; *k.dili* karışıklık; *f.* fırtına çıkmak. **squall line** *meteor.* soğuk dalgasının önünde ilerleyen kasırga hattı. **squall'y** *s.* fırtınalı, boralı.

squall (skwôl) *f., i.* hırçın bir çocuk gibi bağırmak, yaygara koparmak; *i.* yaygara, vaveylâ.

squal.or (skwal'ır) *i.* bakımsızlık, pislik, miskinlik, sefalet.

squa.ma (skwey'mı) *i.* (*çoğ.* **-mae**) *biyol.* pul, pul gibi şey. **squamose** (skwey'mos), **squamous** (skwey'mıs) *s.* üstü pul pul olan.

squan.der (skwan'dır) *f., i.* israf etmek, boş yere harcamak, *colloq.* çarçur etmek; *i.* israf, boş yere harcama.

square (skwer) *i.* kare, dördül; gönye, T cetveli, iletki; şehir içindeki meydan veya küçük park; etrafı dört sokakla sınırlanmış arsa, ada; iki sokak arasında mesafe; (dama tahtasında) hane; *mat.* bir sayının ikinci kuvveti, kare; *argo* yeniliklerden habersiz ve bunlara uymayan kimse, burjuva. **Back to square one.** Bütün gayret boşa gitti. Yeniden başlanmalı. **magic square** bir kare içine yazılan ve boyuna, enine veya çaprazvari toplanınca hep aynı yekûnu tutan sayılar. **on the square** dikey vaziyette; *k.dili* doğru, dürüst, itimat edilir. **out of square** düzensiz, nizamsız.

square (skwer) *f.* dört köşeli hale getirmek; doğrultmak, doğru tutmak (bilhassa omuzları); uydurmak; uygun kılmak; ödeşmek, hesabını temizlemek; *mat.* ikinci kuvvete çıkarmak, karesini almak; *argo* rüşvet ile ağzını kapatmak. **square away** hazırlamak. **square off** muşta kavgası için vaziyet almak, boks için hazırlanmak. **square the circle** verilen daireye eşit kare çizmek; imkânsız görünen bir işe teşebbüs etmek. **square up** tamamlamak. **square with** uygun gelmek, mutabık düşmek.

square (skwer) *s., z.* kare, dört köşeli, dik açılı; omuzları enli; doğru, âdil, insaflı; namuslu; tam, kesirsiz; tam, açık; *argo* modadan habersiz, gençlik fikirlerine karşı koyan, eski kafalı; *z., k.dili* doğru, dosdoğru; tam yerinde, isabetli. **square dance** dört çiftin karşı karşıya yaptıkları bir çeşit oyun. **square deal** dürüst ve insaflı pazarlık veya muamele. **square foot** ayak kare, 0,093 m². **square knot** camadan bağı. **square meal** doyurucu yemek. **square measure** yüzey ölçü birimi. **square meter** metre kare. **square mile** mil kare, 2,59 km². **square piano** adi piyano, düz piyano. **square-rigged** *s., den.* dört köşe seren yelkenleri olan, kabasorto. **square root** *mat.* kare kök, cezir. **square sail** dört köşe seren yelkeni. **square shooter** *k.dili* dürüst insan. **square-toed** *s.* küt burunlu (ayakkabı); eski âdetlere veya modaya düşkün. **get square with** hakkından gelmek. **square'ly** *z.* kare şeklinde; dürüstçe. **square'ness** *i.* kare oluş. **squar'ish** *s.* karemsi.

squar.rose (skwer'os, skwaros') *s., bot., zool.* sert pullu, sıkı ve sert.

squash (skwaş) *f., i.* ezip pelte yapmak, ezmek; yürürken suya veya çamura basar gibi ses çıkarmak; bastırmak; sıkıştırmak; *i.* ağır ve yumuşak bir şeyin düşmesi; pelte, pelte gibi ezilmiş şey; bina içinde raketle oynanılan bir çeşit top oyunu; "şap" sesi; vıcık vıcık olma sesi; *İng.* meyva suyu ile yapılan içecek. **squash'y** *s.* pelte gibi, ezilmiş.

squash (skwaş) *i.* kabak. **winter squash** helvacıkabağı, balkabağı, *bot.* Cucurbita maxima.

squat (skwat) *f.* (-ted, -ting) *s., i.* çömelmek; çökmek; izinsiz olarak bir yere yerleşmek, gecekondu yaparak yerleşmek; çömeltmek; *s.* bodur; çömelmiş; *i.* çömelme; izinsiz yerleşme. **squat'ty** *s.* bodur; kısa ve kalın.

squat.ter (skwat'ır) *i.* bir mülkü işgal eden kimse; gecekondu yapan kimse.

squaw (skwô) *i.* Kuzey Amerika kızılderilisi kadın; *argo* kız, kadın. **squaw man** kızılderili bir kadınla evlenip onun kabilesinde yaşayan beyaz erkek.

squawk (skwôk) *f., i.* acı acı bağırmak, viyaklamak; *k.dili* şikâyet etmek; *i.* acı ve ince ses; *k.dili* şikâyet.

squawk.box (skwôk'baks) *i.* elektrikle çalışan çağırma hoparlörü.

squawk.er (skwôk'ır) *i.* şikâyetçi; hoparlör.

squeak (skwik) *f., i.* ciyak ciyak bağırmak; cırlamak; gıcırdamak (kapı, menteşe veya ayakkabı); *argo* sırrı açıklayarak ihanet etmek; cırlatmak; gıcırdatmak; *i.* ciyak ciyak bağırma; cırlama; gıcırdama. **squeak through** zar zor başarabilmek. **narrow squeak** *k.dili* tehlikeyi güçbelâ atlatma, *colloq.* paçayı sıyırma.

squeak.y (skwi'ki) *s.* cızırtılı, gıcırtılı. **squeak.ily** *z.* gıcırdayarak. **squeakiness** *i.* gıcırdama.

squeal (skwil) *f., i.* domuz gibi ses çıkarmak; cıyaklamak, haykırmak, bağrışmak; cırtlak veya cızırtılı ses çıkarmak; *argo* suç ortaklarını ele vermek, ihanet etmek; mırıldanmak, söylenmek; *i.* domuz sesi; cıyaklama; haykırış, bağrışma. **squeal'er** *i.* böyle ses çıkaran kimse; güvercin yavrusu; ihbarcı.

squeam.ish (skwi'mîş) *s.* iğrenen, çabuk tiksinen; titiz, iffet taslayan; midesi çabuk bulanan. **squeamishly** *z.* iğrençlikle. **squeamishness** *i.* iğrençlik, tiksinti.

squee.gee (skwi'ci) *i., f.* ıslak tahta döşeme veya pencereyi silmek için kullanılan kenarı lastikli alet; fotoğrafları kurutmak için kullanılan lastik silindir; *f.* lastik süpürge ile fazla suyunu akıtarak kurulamak.

squeeze (skwiz) *f., i.* sıkmak, ezmek; sıkıştırıp tıkmak; kısmak; sıkıştırıp sızdırmak (para); sıkıştırmak; yaş kâğıtla kalıbını çıkarmak; *i.* sıkma, sıkıştırma; yaş kâğıtla çıkarılan kalıp. **in a squeeze** zor durumda. **squeeze bottle** sıkıştırılınca içindekiler boşalan plastik şişe. **squeeze into** sıkışmak, sıkışıp arasına girmek. **squeeze out** vicdansızca mahvına sebep olmak. **squeeze play** karşı tarafı zor duruma düşürme, sıkıştırma. **squeeze through** sıkışıp arasından geçmek.

squelch (skwelç) *f., i.* susturmak, bastırmak, tesirsiz hale getirmek; *k.dili* anî cevaplarla susturmak; çamurda yürürken ayak sesi çıkarmak; *i.* susturucu cı vap; çamurda ayak sesi.

squib (skwib) *i., f.* **(-bed, -bing)** fişek, maytap; dinamite konulan emniyet fitili; hiciv; *f.* fişek atmak; hiciv söylemek veya yazmak.

squid (skwid) *i.* ufak cins mürekkepbalığı, supya; kalamar, *zool.* Loligo vulgaris.

squig.gle (skwig'ıl) *i., k.dili* okunması mümkün olmayan kısa elyazısı ibare, anlamsız çizgi. **squiggly** *s.* eğri büğrü, kargacık burgacık.

squill (skwil) *i.* adasoğanı, *bot.* Scilla maritima; yaban soğanı; yıldız sümbülü.

squinch (skwinç) *i., mim.* köşe kemeri.

squint (skwint) *f., i., s.* gözlerini kısarak bakmak, gözlerini yarı kapamak; yan bakmak; şaşı olmak; **toward** *ile* meyletmek, eğiliminde olmak; *i.* şaşılık; gözlerini kısma; dolaylı eğilim; *s.* şaşı.

squint-eyed (skwint'ayd) *s.* şaşı gözlü; yan bakan; taraf tutan.

squire (skwayr) *i., f.* şövalye silâhtarı; İngiltere'de şövalyelikten bir derece aşağı rütbe; İngiltere'de köy eşrafından olan kimse; Amerika'da avukatlık veya yargıçlık eski unvanı; büyük bir adamın uşağı; kavalye; *f.* refakat etmek. **squire'ling** *i.* küçük bey.

squirm (skwırm) *f., i.* kıvranmak; kıpır kıpır kıpırdanmak; *i.* kıvranış.

squir.rel (skwır'ıl, *İng.* skwir'ıl) *i.* sincap. **European squirrel** sincap, *zool.* Sciurus vulgaris. **flying squirrel** uçan sincap. **squirrely** *s., A.B.D., argo* kafadan çatlak.

squirt (skwırt) *f., i.* fışkırtmak, fışkırmak; *i.* fışkırma veya fışkırtma; şırınga; fıskıye; fıskıyeden fışkıran su; *k.dili* kendini beğenmiş çocuk veya genç. **squirt gun** oyuncak su tabancası; püskürtme şırıngası.

squirt.ing cucumber (skwırt'ing) acıdülek, eşekhıyarı, *bot.* Ecballium elaterium.

Sr. *kıs.* senior, sir, sister.

S.S. *kıs.* steamship.

S.S.E. *kıs.* south-southeast.

SST *kıs.* supersonic transport.

S.S.W. *kıs.* south-southwest.

St. *kıs.* saint, statute, strait, street.

st. *kıs.* stanza, stet, stitch.

stab (stäb) *f.* **(-bed, -bing)** *i.* sivri bir aletle yaralamak; bıçak veya hançer saplamak, bıçaklamak, hançerlemek; içine girmek; delmek; *i.* süngüleme; süngü yarası; söz ile yaralama, kalbini kırma. **stab in the back** arkadan vurmak. **make a stab at** teşebbüste bulunmak, denemek.

sta.bile (stey'bil) *s., i.* sabit, durağan; dengeli; *tıb.* sıcaklığa dayanır; *i.* modern heykeltıraşlıkta sabit eser.

sta.bil.i.ty (stıbil'ıti) *i.* olduğu yerde sağlam durma; muhkem olma; sağlamlık; katılık; karar, sebat, temkin; *mak.* muvazene, denge.

sta.bi.li.za.tion (steybılızey'şın) *i.* sabit kılma veya olma, saptama, tespit etme; istikrar; *hav.* dengesini sağlama; *mak.* dengeleme.

sta.bi.lize (stey'bılayz) *f.* saptamak, tespit etmek, muhkem hale getirmek; istikrar kazandırmak; *hav.* dengesini sağlamak; *mak.* dengelemek. **stabilizer** *i.* stabilizatör, denge sağlayan kimse veya şey; *hav.* uçağın dengesini sağlayan cihaz; dengeleyici, pekiştirici.

sta.ble (stey'bıl) *s.* sabit, bozulmaz, kararlı, kımıldanmaz, sarsılmaz, devrilmez, yıkılmaz; baki, daimî, ölümsüz, zeval bulmaz; azimli, sebatlı. **stable equilibrium** sabit dengeli olma, muvazene. **stableness** *i.* sabitlik, sarsılmazlık. **stably** *z.* sabit olarak, bir kararda.

sta.ble (stey'bıl) *i., f.* ahır; özel bir ahırın atları ve uşakları; *A.B.D.* çalışma grubu, ekip; *f.* ahıra bağlamak, ahırda oturmak veya yatmak.

sta.ble.boy (stey'bılboy) *i.* seyis yamağı, ahırda hizmet eden uşak.

sta.bling (stey'bling) *i.* ahır ve ahır malzemesi.

stac.ca.to (stıka'to) *z., s., müz.* her ses ayrı ve kısa olarak, stakato; *s.* kesik ve kuvvetli.

stack (stäk) *i., f.* büyük yığın; saman veya ot kümesi, tınaz, istif; muntazam yığın; baca; kitap rafları (özellikle büyük kütüphanelerde); *k.dili* bolluk; *f.* yığmak, istif etmek. **have the cards stacked against one** güç bir durumda olmak, engeller karşısında olmak. **stack the cards** hile ile kartları düzenlemek.

stad.hold.er, stadt.hold.er (städ'holdır, stät'-) *i.* Hollanda'da genel vali.

sta.di.a (stey'diyı) *i.* arazi ölçmesinde geçici topoğrafya istasyonu; ölçme çubuğu.

sta.di.um (stey'diyım) *i.* (*çoğ.* **-di.a**) eski Yunan stadyumu; stadyum; 185 metrelik eski uzunluk ölçüsü; inkişaf derecesi; *tıb.* hastalığın devresi.

staff (stäf) *i., mim.* muvakkat binalar için taş yerine kullanılan ve alçıdan yapılan harç.

staff (stäf) *i.* (*çoğ.* **staffs, staves**) değnek, sopa, çomak, asa; direk, gönder; uzun sap; bir idarenin bütün memurları, personel; *ask.* kurmay subayları; *müz.* notaların yazıldığı beş çizgili porte. **staff notation** *müz.* portede kullanılan işaretler sistemi. **staff officer** erkânı harp zabiti, kurmay subayı.

stag (stäg) *i., s.* erkek geyik; iğdiş edilmiş domuz; bir ziyafet veya toplantıda kadın arkadaşı olmayan erkek; erkekler için toplantı; *s.* yalnız erkeklere mahsus. **stag beetle** boynuzlu bir böcek, *zool.* Lucanus cervus. **stag line** dansta damı olmayan erkekler grubu. **stag party** yalnız erkeklere mahsus eğlence. **go stag** karşı cinsten refaket eden olmadan toplantıya gitmek.

stage (steyc) *i.* sahne; tiyatro, sahne hayatı, tiyatroculuk; meydan; yolculuğun bir kısmı, bir günlük mesafe; merhale, menzil; safha; mertebe, devre; suyun yükseliş derecesi; bir binanın yatay kesiti, kat; mikroskopta bakılacak cismin konulduğu raf; uzay roketinin basamaklı çalışan itme takımlarından her biri; yapı iskelesi; posta arabası. **stage business** *tiyatro* oyuncuların konuşma dışındaki jest ve mimikleri. **stage design** sahne dekorasyonu. **stage director** sahne müdürü. **stage door** aktörlere ve sahne görevlilerine mahsus tiyatro kapısı. **stage fright** seyirciler görünce oyuncularda bazen görülen korku. **stage manager** sahne amiri. **stage whisper** sahnede aktörün kolayca işitilen fısıltısı. **by easy stages** derece derece, azar azar. **critical stage** nazik veya tehlikeli safha, buhranlı devre. **go on the stage** tiyatroya girmek, sahne hayatına atılmak. **larval stage** böceklerin lârva haline geldikleri devre. **quit the stage** sahneden çekilmek.

stage (steyc) *f.* sahneye koymak; temsil etmek; yürütmek, idare etmek.

stage.coach (steyc'koç) *i.* posta arabası, menzil arabası.

stage.craft (steyc'kräft) *i.* piyes yazma veya sahneye koyma sanatı.

stage.hand (steyc'händ) *i.* sahne görevlisi.

stag.er (stey'cır) *i.* çok tecrübeli kimse.

stage.struck (steyc'strʌk) *s.* aktörlük hevesine tamamen kapılmış.

stage.y *bak.* **stagy.**

stag.gard, -gart (stäg'ırd, -ırt) *i.* dört yaşında erkek geyik.

stag.ger (stäg'ır) *f., i.* sendelemek, sersemleyip düşecek gibi olmak; tereddüt etmek; şaşırtmak, hayrete düşürmek, sersem etmek; karışık düzenlemek; ayrı saatlere bölüştürmek; kanatları karşı karşıya gelmeyecek şekilde tertip etmek; *i.* sendeleme; sersemleşme; *çoğ.* hayvanlara mahsus damla illeti. **staggeringly** *z.* sendeleyerek; şaşırtıcı derecede.

stag.hound (stäg'haund) *i.* geyik avında kullanılan iri av köpeği.

stag.ing (stey'cing) *i.* bina iskelesi; menzil arabasıyle yolculuk; sahneye koyma.

stag.nan.cy (stäg'nınsi) *i.* durgunluk; atalet, işlemezlik.

stag.nant (stäg'nınt) *s.* durgun, hareketsiz, bayatlamış, bozulmuş (su); atıl, kesat, rakit.

stag.nate (stäg'neyt) *f.* durgun olmak, durgunlaşmak, durgunluk sebebinden bozulmak (su); atıl veya hareketsiz olmak; bitki gibi yaşamak. **stagna'tion** *i.* durgunluk.

stag.y, stage.y (stey'ci) *s.* sahneye yakışır, aktörce. **stagily** *z.* sahneye yakışır şekilde. **staginess** *i.* sahneye yakışır tarz.

staid (steyd) *s.* temkinli, ağırbaşlı, vakarlı; sabit.

stain (steyn) *f., i.* lekelemek; tahtaya renk vermek; leke sürmek (şeref, isim); lekelenmek; boyanmak; *i.* leke; boya, vernik; benek. **stained glass** renkli cam.

stain.less (steyn'lis) *s.* lekesiz, pak, temiz, kusursuz. **stainless steel** paslanmaz çelik.

stair (ster) *i.* basamak; kademe; *çoğ.* merdiven. **stair carpet** merdiven halısı. **stair rod** merdiven halısı çubuğu. **a flight of stairs** bir kat merdiven. **back stairs** arka merdiven.

stair.case (ster'keys) *i.* binanın merdiven kısmı, merdiven.

stair.head (ster'hed) *i.* merdiven başı, sahanlık.

stair.way (ster'wey) *i.* merdiven.

stair.well (ster'wel) *i.* merdiven boşluğu.

stake (steyk) *i., f.* kazık; kazığa bağlayıp yakarak öldürme; kumarda ortaya konan para;

sık sık çoğ. yarışmada ödül; şansa bağlı olan şey; *f.* kazığa bağlamak, kazıklarla sınırlamak; kazıklarla pekiştirmek; *k.dili* kumarda para koymak; tehlikeye atmak. **stake a claim** sahip çıkmak. **stake boat** kayık yarışında menzil işareti olarak bir yere bağlanan sandal. **stake horse** müşterek bahis tutulan yarışlarda koşturulan cins at. **stake out, stake off** kazıklarla işaret etmek veya bölmek; hudutlarını göstermek. **be at stake** tehlikede bulunmak, şansa bağlı olmak. **bring to the stake** yakarak idam etmek. **high stakes** ortaya atılan büyük miktar. **perish at the stake** yakılarak idam olunmak. **pull up stakes** işini bitirip başka yere taşınmak. **We have a stake in the outcome.** Ucu bize dokunur.

stake.hold.er (steyk'holdır) *i.* bir bahis için ortaya konan parayı muhafaza eden kimse.

sta.lac.tite (stıläk'tayt, stäl'ıktayt) *i.* istalaktit, sarkıt. **stalactic(al), stalactit'ic(al)** *s.* sarkıtlarla ilgili veya onlara benzer. **stalactiform** *s.* istalaktit şeklindeki.

sta.lag (stäl'äg) *i.* Alman savaş esirleri kampı.

sta.lag.mite (stıläg'mayt, stäl'ıgmayt) *i.* istalagmit, dikit. **stalagmit'ic(al)** *s.* dikitlerle ilgili; dikitlere benzer.

stale (steyl) *s., f.* bayat, durmuş, eski; adi; yıpranmış, bitkin (fazla spor yapanlar için kullanılır); *f.* bayatlatmak, tazeliğini gidermek; bayağılaştırmak. **stale'ness** *i.* bayatlık.

stale (steyl) *f., i.* kaşanmak, işemek (at veya sığır); *i.* at veya sığır sidiği veya kaşanması.

stale.mate (steyl'meyt) *i., f.* satranç oyununda şahın kiş denmemiş fakat nereye oynarsa kiş denecek vaziyette olması, pata; iki taraftan her biri kımıldanamaz halde olma; faaliyetsizlik; *f.* satrançta şah demeden hareket edemez hale getirmek; kımıldanamaz hale koymak.

stalk (stôk) *i.* sap, bitki sapı.

stalk (stôk) *f., i.* sezdirmeden ava yaklaşmak; azametle yürümek; *i.* azametli yürüyüş; sezdirmeden ava yaklaşma.

stalk.ing-horse (stô'kinghôrs) *i.* arkasında avcının siper aldığı at veya at şeklinde şey; arkasında gizlenilen şey, maske.

stall (stôl) *i.* ahır; ahırda tek at için yapılmış bölme; küçük dükkân; *hav.* hız kaybedip bocalama; *oto.* motorun durması; orkestra üyelerinin veya kilise korosunun oturduğu kısmen kapalı yer; araba park edecek yer; yaralı parmak sargısı; *k.dili* oyun, düzen.

stall (stôl) *f.* ahırda kalmak; ahıra kapayıp beslemek; istemeyerek stop etmek, yük fazlalığından stop etmek (motor); *hav.* hızını kaybedip düşmek üzere olmak; çamur veya kara saplanıp durmak; durdurmak; *k.dili* soruşturmadan kaçınmak; tehir etmek, vakit kazanmaya çalışmak.

stall-feed (stôl'fid) *f.* ahırda semirtmek.

stal.lion (stäl'yın) *i.* damızlık at, aygır.

stal.wart (stôl'wırt) *s., i.* bünyesi kuvvetli, iri yapılı; cesur, yürekli, yiğit; *i.* cesur ve kuvvetli adam; sadık parti üyesi.

Stam.b(o)ul (stambul') *i.* İstanbul; eski İstanbul.

sta.men (stey'mın) *i.* çiçeklerde erkeklik uzvu, ercik, stamen. **stamened** *s.* stameni olan. **staminif'erous** *s.* stamenler hâsıl eden.

stam.i.na (stäm'ını) *i.* dayanıklılık, tahammül, kuvvet.

stam.i.nal (stäm'ınıl) *s.* kuvvet veya dayanıklılığa ait; *bot.* stamene ait veya stamenlerden ibaret.

stam.i.nate (stäm'ınît, -neyt) *s., bot.* ercikli, stamenli, bilhassa dişilik uzvu olmayıp yalnız erkeklik uzvu olan.

stam.mel (stäm'ıl) *s., i.* koyu kırmızı (renk).

stam.mer (stäm'ır) *f., i.* pepelemek, kekelemek; *i.* kekemelik. **stammerer** *i.* kekeme kimse, pepe kimse. **stammeringly** *z.* kekeleyerek.

stamp (stämp) *f., i.* ayağını yere vurmak; basmak; damga vurmak, üzerine damga basmak, damgalamak; üzerine silinmez izler bırakmak; yerleşmek; kalıpla vurup kesmek; ezmek; sikke darbetmek; imza ile tespit etmek; pul yapıştırmak; *i.* ıstampa; damgalama; damga; pul, posta pulu; ayağını yere vurma; kalıp; maden filizini ezmeye mahsus tokmak; alâmet, marka; cins, soy, çeşit. **stamp mill** maden filizi kırma makinası. **stamp out** üstüne basıp söndürmek; bastırmak, ezip yok etmek; kalıp ile kesmek; ayak patırtısı ile çıkmak. **stamp pad** ıstampa. **stamp tax** pul vergisi. **stamping ground** bir kimsenin sık sık gittiği yer.

stam.pede (stämpid') *i., f.* atların veya sığırların korkarak dağılıp kaçmaları; coşkun toplu koşuş; panik yaratma; ayaklanma; *f.* topluca koşuşmak, kaçışmak, paniğe kapılmak, belirli bir hedefe hücum etmek; kaçıştırmak, korkutup koşturmak.

stamp.er (stäm'pır) *i.* damgalayan kimse veya alet; postanede mektuplara damga vuran memur; ıstampa, zımba, damga; tokmak.

stance (stäns) *i.* duruş; tutum; golfta topu çelerken bacakların aldığı vaziyet.

stanch (stänç), **staunch** (stônç) *f., s.* (kanı) durdurmak, akmasını önlemek; *s., bak.* **staunch.**

stan.chion (stän'şın) *i., f.* direk, destek, ayak, dayak, payanda; ahırdaki hayvanları muhafaza için hayvanların boyunlarının iki tarafına konulan direk; *den.* puntal; *f.* hayvanların boyunlarının iki yanına direk koyarak çıkmalarına engel olmak.

stand (ständ) *f.* (**stood**) ayakta durmak, kaim olmak; durmak, ayakta kalmak; kalmak, baki kalmak; sebat etmek, tahammül etmek, çekmek, dayanmak; sabit olmak; inat etmek, ayak diremek; olmak, bulunmak; durmak; uymak, uygun gelmek; *İng.* aday olmak; *den.* gitmek, yol tutmak, doğrulmak; belirli bir ölçü uzunluğunda olmak; kalkmak, dikilmek; muteber kalmak; durdurmak, dikmek; yön göstermek; *k.dili* ziyafet masraflarını ödemek. **stand a chance** ihtimali olmak. **stand aside** bir kenara çekilmek. **stand back** geriye çekilmek. **stand by** hazır beklemek; yakınında durmak; arka çıkmak, desteklemek; (sözüne) sadık kalmak; karışmamak, lâkayt kalmak, yardım etmemek; *den.* hazır olmak, alesta durmak. **stand clear** emniyette bulunmak. **stand down** mahkemede şahitlik ettikten sonra çekilmek. **stand firm** sabit durmak. **stand for** tarafını tutmak; yerine geçmek, temsil etmek; tahammül etmek, müsamaha etmek. **stand in awe of** korkmak; bir kimseye karşı korkuyla karışık saygı duymak. **stand in for** vekâleten vazifesini görmek. **stand in with** araları iyi olmak. **stand off** uzak durmak; razı olmamak. **stand on** -de temel tutmak; üzerinde ısrar etmek; *den.* yoluna devam etmek. **stand one's ground** davasından vaz geçmemek, sebat etmek. **stand on one's own two feet** yardım beklemeden kendi işlerini idare etmek. **stand out** ileriye fır

lamış olmak; göze çarpmak; karşı durmakta inat etmek. **stand over** dikkatle izlemek; tehir edilmek. **stand pat** değişikliğe karşı olmak, politika değiştirmemek. **stand still** hareketsiz durmak, kımıldamamak. **stand to** sebat etmek. **stand together** uymak, uygun olmak. **stand to reason** makul olmak, akla yatmak. **stand treat** başkalarına ikram etmek. **stand trial** muhakeme edilmek, yargılanmak. **stand up** ayakta durmak, ayağa kalkmak; (kullanılışında) dayanmak; doğru çıkmak; *k.dili* randevuya gelmeyerek (birini) boşa bekletmek. **stand up for** bir kimsenin tarafını tutmak, taraftarı olmak. **stand up to** cesaretle karşılamak. **stand up with** nikâh merasiminde (gelin veya damada) refakat etmek. **Where does he stand on civil rights?** Medenî haklara karşı tutumu ne?

stand (ständ) *i.* duruş; durak, durulacak yer; durum; saksı koymaya mahsus sehpa veya ayaklık; portmanto; satış tezgâhı veya masası, işporta; satıcının durduğu yer; tribün; mahkemede şahit yeri; bir kimsenin bulunduğu yer; işlemez durum, çıkmaz; turnedeki tiyatro ekibinin kısa bir zaman kaldığı şehir; ormanda yetişen ağaçlar; belirli bir tarlada bulunan ekin; *İskoç.* takım. **be at a stand** duraklamak. **take a stand** fikrini açığa vurmak; taraf tutmak. **take the stand** davada şahitlik yapmak.

stan.dard (stän'dırd) *i.* sancak, bayrak, alem; sembol; ileri gelen bir şahsı temsil eden sancak; miyar, ölçü birimi, standart; ayar; para mikyası (altın veya gümüş); ayak, payanda, direk, destek; ağır eşya. **standard of living** hayat standardı. **royal standard** kraliyet sancağı. **up to standard** belirli bir standarda göre, kabul edilen şartlara göre.

stan.dard (stän'dırd) *s.* standart olarak kabul edilmiş; herkesçe itibar edilen; umumca kabul edilen (dil usulü). **standard candle** ayar mumu, ölçü olarak kabul edilen ve ayar edilen bir mumun saçtığı ışık. **standard deviation** istatistikte ortalama ile bunu teşkil eden rakamların fark ölçüsü. **standard English** edebî veya kültürel ve sosyal bakımdan kabul edilmiş olup aydın sınıf tarafından kullanılan İngilizce. **standard gauge** demiryolu rayları aralığı için Avrupa ve A.B.D.'nde kabul edilen standart ölçü: 1,435 m. **standard lamp** ışık ölçüsünde standart olarak kullanılan lamba. **standard pitch** *müz.* A.B.D.'nde standart ton ayarı ("la" 440 frekansında). **standard time** bir memleket veya bölge için kabul edilmiş saat ayarı.

stan.dard-bear.er (stän'dırdber'ır) *i.* bayraktar, alemdar.

stan.dard.ize (stän'dırdayz) *f.* belirli bir ölçüye uydurmak, standardize etmek, ayarlamak, normalleştirmek. **standardiza'tion** *i.* ayarlama, normalleştirme.

stand.by (ständ'bay) *i.* (*çoğ.* -bys) yedekte bulunan kimse veya tertibat.

stand.ee (ständi') *i.* (tiyatro veya trende) yer kalmadığı için ayakta kalan kimse.

stand.fast (ständ'fäst) *i.* sabit görüş; kımıldamayan şey.

stand-in (ständ'în) *i.* nüfuz, *slang* piston; dublör.

stand.ing (stän'ding) *s., i., z.* ayakta duran; işlemez halde, muattal; devam eden, baki, daimî; sabit; *i.* durma, ayakta durma; duracak yer, durak; mevki, şöhret, itibar, derece, mertebe; devam, süreklilik, eskilik; *z.* anî bir duruşla. **standing army** daima silâh altında bulunan ordu. **standing committee** daimî encümen. **standing jump** durduğu yerden atlama. **standing order** daima geçerli olan sipariş. **standing orders** iç tüzük, dahilî nizamname. **standing rigging** *den.* ana arma, geminin asıl ana halatları. **standing room** ayakta duracak yer, tiyatroda iskemleler dolduktan sonra kalan yer. **standing water** su birikintisi, akmayan su. **standing wave** sürekli dalga, birbirine ters iki dalganın meydana getirdiği sabit dalga. **of high standing** itibarı yüksek; yüksek seviyede. **of long standing** çoktan beri devam etmekte veya geçerli olan. **of no standing** itibarsız, önemsiz, ehemmiyetsiz.

stand.ish (stän'diş) *i.* hokka, kalem mahfazası.

stand.off (ständ'ôf) *i., k.dili* oyunda beraberlik; mukabil kuvvet, tesirsiz bırakma; ilgisizlik, soğukluk; sonraya bırakma, tehir.

stand.off.ish (ständôf'iş) *s.* ilgisiz, soğuk.

stand.out (ständ'aut) *i.* üstünlük ve kıymeti ile göze çarpan şey veya kimse; *k.dili* eski

görüşünü muhafaza edip umumun kararına iştirak etmemekte ısrar eden kimse.

stand.pat (ständ'pät) *s.* tutucu, değişikliğe karşı koyan. **standpatter** *i.* tutucu kimse.

stand.pipe (ständ'payp) *i.* dikme boru; yangın musluğu.

stand.point (ständ'poynt) *i.* görüş noktası, bakım. **from the standpoint of** bakımından, görüşüyle.

stand.still (ständ'stil) *i.* durma, işlemez hal, tevakkuf; tatil, paydos, işin durması. **be at a standstill** durgun halde olmak; inkıtaa uğramak, kesilmek.

stand.up (ständ'ʌp) *s.* dik; ayakta durarak yapılan.

stan.hope (stän'hop) *i.* tek kişilik dört tekerlekli açık at arabası.

stank (stänk) *bak.* stink.

stan.na.ry (stän'ırı) *i., s.* kalay madeni, kalay madeni eritme ocağı; kalay maden havzası; *s.* kalay madenine ait.

stan.nic (stän'ik) *s.* kalay cinsinden, kalaya ait. **stannic acid** stanat asidi, kalay asidi. **stannif'erous** *s.* tabiî olarak içinde kalay bulunan.

stan.num (stän'ım) *i.* kalay.

St. An.tho.ny's fire (seynt än'thınız) *tıb.* yılancık.

stan.za (stän'zı) *i.* şiir kıtası.

sta.pes (stey'piz) *i., anat.* üzengikemiği.

staph (stäf) *i., k.dili, bak.* **staphylococcus.**

staph.y.lo.coc.cus (stäfılokak'ıs) *i.* iltihap hâsıl eden bir çeşit mikrop, stafilokok basili.

sta.ple (stey'pıl) *i., s., f.* bir yerin ürettiği başlıca mahsul; esaslı yemek maddelerinden biri; hammadde; elyaf; unsur; içerik, muhteva; satış yeri; ambar; *s.* devamlı üretilen veya satılan; ana, esas; piyasayı tutmuş, yerleşmiş; *f.* (yün elyafı) uzunluğuna göre tasnif etmek. **stapler** *i.* yün tasnifçisi; yün ve elyaf satıcısı.

sta.ple (stey'pıl) *i., f.* tel, tel raptiye; iki başlı çivi; *f.* zımbalamak, telle raptetmek. **stapler** *i.* zımba.

star (star) *i.* yıldız; yıldız şekli; yıldız işareti; *tiyatro, sin.* yıldız; mümtaz şahsiyet, sporda mükemmel oyuncu; talih. **star apple** meyvası elmaya benzer ve Antiller'de yetişen bir ağaç, *bot.* Chrysophyllum cainito. **Star Chamber** eskiden İngiltere'de hudutsuz yetki sahibi olan ve 1641'de lağvolunan mahkeme; gizlice ve istediği gibi hareket eden herhangi bir mahkeme. **star drift** küme halindeki yıldız gruplarının müşterek hareketi. **star grass** nergis zambağına benzer ufak bir ot, *bot.* Hypoxis. **star of David** Süleyman'ın mührü. **Star and Bars** Amerikan İç Harbinde Güneyli hükümetin bayrağı. **Stars and Stripes** A.B.D.'nin bayrağı. **star sapphire** yıldız görüntüsü veren yakut. **star shell** işaret fişeği, aydınlatma mermisi. **Star-Spangled Banner** A.B.D.'nin bayrağı; A.B.D.'nin millî marşı. **have stars in one's eyes** gözleri parıldamak. **make one see stars** *k.dili* gözünde şimşekler çaktırmak. **north star** Kutupyıldızı, kuzey yıldızı, demirkazık. **shooting star** kayan yıldız, haceri semavî, göktaşı. **thank one's lucky stars** Allaha şükretmek.

star (star) *f.* (-red, -ring) yıldızlarla süslemek; yıldız koyarak işaret etmek; yıldız yapmak; başrolde oynamak; başrolde göstermek.

star (star) *s.* ünlü, meşhur, en iyi olan; yıldıza ait; yıldızla işaretli.

star.board (star'bırd) *i., s.* geminin sancak tarafı, sancak; *s.* buna ait.

starch (starç) *i., f.* nişasta, ket; kola; resmiyet; *A.B.D.* canlılık, dinçlik; *f.* kolalamak. **starch-iness** *i.* sertlik, bol kolalılık; resmiyet. **starch'y** *s.* nişastalı; kolalı; resmiyete meyilli, soğuk.

star-crossed (star'krôst) *s.* bedbaht, şanssız, yıldızı sönük.

star.dom (star'dım) *i., sin., tiyatro* yıldızlık.

stare (ster) *f., i.* gözünü dikip bakmak, uzun uzun bakmak; dik durmak (saç); *i.* uzun ve küstahca bakış; bakışların bir noktaya takılıp kalması. **stare at** dik dik bakmak. **stare down** yüzüne dik dik bakıp şaşırtmak veya utandırmak. **stare one in the face** önünde olmak; yakında gelmesi kesin olmak (istenilmeyen durum).

star.fish (star'fiş) *i.* beşparmak, denizyıldızı.

star.gaze (star'geyz) *f.* yıldızlara bakmak, yıldızları tetkik etmek; hayallere dalmak. **star-gazer** *i.* yıldızlara bakan kimse; dalgın kimse.

star.gaz.er (star'geyzır) *i.* tepegöz, kurbağa (balık), *zool.* Uranoscopus scaber.

star.gaz.ing (star'geyzîng) *i.* müneccim gibi yıldızlara bakma; dalgınlık.

stark (stark) *s., z.* süssüz, sade; bütün bütün, tam; katı; kaskatı kesilmiş (ölü gibi); şiddetli, fırtınalı; suratsız, sert; anadan doğma; *z.* tamamen. **stark naked** anadan doğma, çırılçıplak, üryan. **stark raving mad** çılgın, tam deli.

star.less (star'lîs) *s.* yıldızsız, kapalı.

star.let (star'lît) *i.* küçük yıldız; *A.B.D., k.dili* genç yıldız adayı.

star.light (star'layt) *i.* yıldız ışığı.

star.ling (star'lîng) *i.* sığırcık kuşu, çekirge-kuşu, *zool.* Sturnus vulgaris.

star.ling (star'lîng) *i.* köprü ayağının etrafına kakılan kazıklar.

starred (stard) *s.* yıldızlarla donanmış; herhangi bir şeyin yıldızı olarak gösterilmiş; yıldız işaretli; burçların etkisinde olan.

star.ry (star'i) *s.* yıldızlı, yıldız gibi. **starry-eyed** *s.* hayranlıkla bakan.

start (start) *f.* başlamak, harekete geçmek, yola çıkmak; harekete geçirmek, başlatmak, yola koymak; kalkmak; ürküp sıçramak; irkilmek, fırlamak; dışarı uğramak; gevşemek, gevşetmek; çatmak; kurmak, tesis etmek; uçurmak (av kuşları). **start in** başlamak, işe koyulmak. **start off, start out** başlamak, yola koyulmak. **start something** zorluk çıkarmak. **start up** çalıştırmak; birden belirmek. **to start with** ilk iş olarak, başlangıçta. **starting point** hareket noktası, başlangıç noktası. **starting post** yarışta başlangıç çizgisini işaret eden direk.

start (start) *i.* başlangıç; yola çıkma, kalkış; gelip geçici gayret; sıçrama, irkilme; öncelik; mühlet; evvelden başlama; başlangıçta bir işe verilen kuvvet ve yardım; geminin tahtalarında çatlaklık.

start (start) *i.* geyik boynuzunun ucu; kuş kuyruğu biçiminde parça.

start.er (star'tır) *i.* başlayan veya başlatan kimse; trende hareket memuru; *oto.* marş; *mak.* harekete geçirme tertibatı; yoğurt mayası.

star.tle (star'tıl) *f.* ürkmek, sıçramak, irkilmek; ürkütüp sıçratmak; korkutup şaşırtmak.

star.tling (start'lîng) *s.* şaşırtıcı, ürkütücü. **startlingly** *z.* ürküterek, şaşırtarak.

star.va.tion (starvey'şın) *i.* açlık, ölüm derecesinde açlık; açlıktan ölme. **starvation wages** geçindirmeyen ücret.

starve (starv) *f.* açlıktan ölmek veya öldürmek; çok açlık çekmek; yoksulluk çekmek, yokluğundan mustarip olmak; açlık çektirerek istenilen duruma getirmek. **be starved for** çok özlemek, hasretini çekmek.

starve.ling (starv'lîng) *i., s.* açlıktan ölüm derecesine gelen çocuk veya hayvan; *s.* aç, aç kalmış, çok yoksul, perişan; yetersiz.

stash (stäş) *f., k.dili* saklamak. **stash away** saklamak.

sta.sis (stey'sîs, stäs'îs) *i., biyol.* vücutta herhangi bir sıvının dolaşımının durdurulması; bağırsak hareketinin yavaşlaması.

stat. *kıs.* immediately, static, stationary, statistics, statute.

state (steyt) *i., s.* hal, vaziyet, durum, keyfiyet; debdebe, tantana, ihtişam; devlet; hükümet; eyalet; memleket; *s.* devlete ait; resmî; siyasî. **state bank** *A.B.D.* bir eyaletin müsaadesi altında çalışan banka; devlet bankası. **state college** eyalet üniversitesi. **state's evidence** *huk.* devlet lehine şahitlik; suçunu ikrar ederek kendi suç arkadaşları aleyhine şahadet eden kimse. **turn state's evidence** suçunu ikrar ederek devlet lehine şahitlik etmek. **State House** hükümet binası; meclis binası. **state of siege** örfi idare, sıkıyönetim. **state of war** harp hali. **state owned** devlet malı. **state prison** siyasî mahkûmlara mahsus hapishane; *A.B.D.* bir eyalete mahsus ağır ceza hapishanesi. **state socialism** sosyalizm, devletçilik. **state's rights** eyaletin hakları. **state trooper** *A.B.D.* motorlu araçlarla devriye gezen jandarma. **state university** *A.B.D.* eyalet üniversitesi. **Department of State** *A.B.D.* Dışişleri Bakanlığı. **in state** resmî olarak, debdebe ve ihtişamla. **lie in state** teşhir edilmek üzere açık tabut içinde yatmak (büyük bir zatın cenazesi). **the States** *k.dili* Amerika Birleşik Devletleri (A.B.D. haricinde kullanılır).

state (steyt) *f.* ifade etmek, belirtmek, beyan etmek; tayin etmek, saptamak, tespit etmek.

state.craft (steyt'kräft) *i.* devlet idaresi, devletçilik.

stat.ed (stey'tîd) *s.* belirli, muayyen, düzenli, muntazam; ifade edilmiş, beyan edilmiş; kaydedilmiş.

State.hood (steyt'hûd) *i., A.B.D.* eyalet olma durumu.

state.less (steyt'lîs) *s.* haymatlos, vatansız.

state.ly (steyt'li) *s.* haşmetli, azametli; heybetli, gösterişli. **stateliness** *i.* haşmetli olma.

state.ment (steyt'mınt) *i.* ifade; takrir, ifade olunan şey, beyanat, demeç; rapor; hesap raporu.

sta.ter (stey'tır) *i.* eski Yunan şehirlerinde bir çeşit madenî para.

state.room (steyt'rum) *i.* hususî vapur kamarası; yataklı vagon kompartımanı.

state.side (steyt'sayd) *s., z.* A.B.D.'de olan; *z.* A.B.D.'de veya ona doğru.

states.man (steyts'mın) *i.* (*çoğ.* -men) devlet adamı, devlet işlerinde tecrübeli ve bilgili olan kimse. **statesmanlike, statesmanly** *s.* devlet adamına yakışır, akıllı ve tedbirli. **statesmanship** *i.* hükümet idaresinde hikmet ve cömertlik.

state.wide (steyt'wayd) *s.* bütün eyaleti kapsayan.

stat.ic, stat.i.cal (stät'îk, -kıl) *s., i.* statik, duran cisimlere ait; sakin, dengeli; *fels.* dural; pasif elemanlara ait; *ikt.* varidattan ayrı sermaye ile ilgili olan meselelere ait; *elek.* sürtünmeden hâsıl olan elektriğe ait, statik; *i., radyo* parazit; *k.dili* istenilmeyen itiraz. **statically** *z.* durarak, kımıldanmayarak; durağan cisimlerle ilgili olarak.

stat.ics (stät'îks) *i.* statik ilmi; *sosyol.* toplumsal dengeyi sağlayan kuvvetlerden bahseden ilim dalı.

sta.tion (stey'şın) *i., f.* durak, tevakkuf mahalli; merkez, istasyon, gar; bir kimsenin bulunduğu yer; memuriyet, görev; hizmet, makam, rütbe, hal; yer, mahal, mevki; sosyal durum, derece, vaziyet; ordu veya donanmanın özel bir görevle gönderildiği yer; istasyon (radyo, televizyon), kanal (televizyon); *f.* bir yere tayin etmek veya yerleştirmek. **station break** radyo ve televizyonda istasyon ismi ve yerinin verildiği zaman. **station house** polis karakolu. **station wagon** kaptıkaçtı, pikap (araba). **fire station** itfaiye binası. **lifeboat station** cankurtaran gemi istasyonu. **naval station**

donanma merkezi. **police station** karakol.
railroad station demiryolu istasyonu, gar.

sta.tion.ar.y (stey'şıneri) *s., i.* sabit, durağan; kımıldamaz; muayyen bir kararda kalan, ne ilerlemekte ne de gerilemekte olan; *i.* bir yerde daima kalan kimse veya şey; belirli bir yerde bulunan er. **stationary air** nefes alıp verme sırasında daima akciğerde kalan hava. **stationary engine** sabit makina. **stationary front** iki hava tabakası arasındaki sınır. **stationary population** yerleşik nüfus.

sta.tion.er (stey'şınır) *i.* kırtasiyeci.

sta.tion.er.y (stey'şıneri) *i.* kâğıt veya kalem gibi yazı eşyası, kırtasiye.

sta.tion.mas.ter (stey'şınmästır) *i.* istasyon şefi.

stat.ist (stey'tîst) *i., pol.* devletçilik taraftarı, devletçi; istatistik uzmanı.

sta.tis.tics (stıtîs'tîks) *i.* istatistik, istatistik ilmi. **statistic(al)** *s.* istatistiğe ait. **statistician** (stätîstîş'ın) *i.* istatistik uzmanı.

sta.tor (stey'tır) *i.* elektrik motorunda hareketsiz kısım, duruk, stator.

stat.o.scope (stät'ıskop) *i.* en küçük basınç derecelerini gösteren hassas barometre; *hav.* çok hassas yükseklik ölçeği.

stat.u.ar.y (stäç'uweri) *i., s.* heykel koleksiyonu, heykeller; heykeltıraş; heykeltıraşlık; *s.* heykel veya heykeltıraşlığa ait.

stat.ue (stäç'u) *i.* heykel. **statuette** (stäçuwet') *i.* ufak heykel.

stat.u.esque (stäçuwesk') *s.* heykel gibi heybetli ve vakarlı. **statuesquely** *z.* heybetle. **statuesqueness** *i.* heybetlilik, vakar.

stat.ure (stäç'ır) *i.* boy, kamet, endam, insan veya hayvan boyu. **moral stature** ahlakî fazilet.

sta.tus (stey'tıs, stät'ıs) *i.* hal, durum, vaziyet; medenî hal, toplumsal durum; rol; övünme payı. **status quo** statüko.

stat.u.ta.ble (stäç'ûtıbıl) *s.* kanuna göre ceza verilebilir; kanunda yeri olan, kanuna uygun.

stat.ute (stäç'ut) *i., s.* kanun, yasa, nizam, kural, kaide; emir, hüküm; *s.* kaideye göre; kurallı. **statute law** yazılı kanun. **statute mile** mil. **statute of limitations** zamanaşımı süresini tayin eden kanun.

stat.u.to.ry (stäç'ıtôri) *s.* kanuna uygun, kanunî, kanuna bağlı. **statutory rape** reşit olmayan bir kızla cinsî münasebette bulunma.

staunch (stônç) *s., f.* sadık, güvenilir; sabit, sağlam; kuvvetli; *f., bak.* **stanch. staunch'ly** *z.* sebatla; sadakatla; sağlamca. **staunch'ness** *i.* sebat; sadakat.

stau.ro.scope (stôr'ıskop) *i., fiz.* kristallerde ışık titreşim düzeylerinin ölçülerini tayin eden alet.

stave (steyv) *i.* çomak, değnek; çubuk; fıçı tahtası; portatif merdiven basamağı; *şiir* beyit; *müz.* porte.

stave (steyv) *f.* (-d *veya* stove) (sandalda, fıçıda) tahtayı kırarak delik açmak; kabuğunu kırarak parçalamak; vurarak delik açmak; fıçı tahtalarıyle donatmak; parçalanıp açılmak. **stave off** savmak, uzaklaştırmak; meydana gelmesini önlemek.

staves (steyvz) *i., çoğ., bak.* **staff, stave.**

staves.a.cre (steyvz'eykır) *i.* hekimlikte kullanılan zehirli bir çeşit hezaren, *bot.* Delphinium.

stay (stey) *f.* durmak; kalmak; geçici olarak ikamet etmek; beklemek; durdurmak; alıkoymak, bırakmamak, salıvermemek; yaptırmamak, menetmek, önlemek; doyurmak; ertelemek, tehir etmek; *k.dili* dayanmak, yarışta direnmek. **stay one's hand** engellemek, durdurmak. **stay out** dışarıda kalmak. **stay put** *A.B.D., k.dili* yerinden kımıldanmamak. **stay the night** gecelemek. **staying power** dayanma gücü.

stay (stey) *i.* kalma; durma; ziyaret müddeti; ikamet, oturma; durdurma, tehir, infazı tehir; dayanma, sebat. **stay bolt** germe cıvatası, payanda cıvata, makinanın iki demir parçasını birbirinden ayrı tutan cıvata.

stay (stey) *f., i.* dayamak, tutmak; desteklemek, teselli etmek; *i.* dayanak, destek, payanda; balina. **stays** *i., çoğ., İng.* korsa.

stay (stey) *i., f., den.* istralya; *f.* istralya ile takviye etmek; tiramola etmek, dönmek, orsa alabanda edip dönmek. **in stays** tiramola.

S.T.B. *kıs.* **Bachelor of Sacred Theology** ilâhiyat fakültesi diploması.

STD *kıs., İng.* **Subscriber Trunk Dialing** şehirlerarası direk telefon sistemi.

stead (sted) *i., f.* başkasının yeri, yer; *f., eski* yararlı olmak. **stand in good stead** yararlı olmak, faydalı olmak, yardımı dokunmak. **in his stead** onun yerinde.

stead.fast, sted.fast (sted'fäst) *s.* sabit, değişmez, dönmez, muhkem; metin. **steadfastly** *z.* sebatla. **steadfastness** *i.* sebat.

stead.y (sted'i) *s., i., f., ünlem* sabit, titremez, sallanmaz, değişiklik göstermez, oynamaz; şaşmaz, dönmez, metin; sağlam; ılımlı, ciddî; düzenli, muntazam; sürekli, daimî; *den.* yerinde duran, rüzgârdan sallanmaz; *i., argo* devamlı flört edilen arkadaş; *f.* sabit kılmak, titremesini. veya sallanmasını kesmek; sabit durmak, sallanmamak, kımıldamamak; *ünlem, den.* Viya! Ağır ağır! Oynatma! Sakin ol! **go steady** *k.dili* devamlı olarak aynı kişi ile flört etmek. **steadily** *z.* durmadan, muntazaman. **steadiness** *i.* metanet, sarsılmazlık.

steak (steyk) *i.* külbastı, biftek, kontrfile.

steak.house (steyk'haus) *i.* özellikle ızgara et yenilen lokanta.

steal (stil) *f.* (**stole, stolen**) *i.* çalmak, aşırmak, *slang* yürütmek; çaktırmadan almak; gizlice yapmak; gizlice hareket etmek; gizlice ve yavaş yavaş gitmek; *beysbol* bir kaleden diğerine ustalıkla koşmak; hırsızlık etmek; *i.* çalma, hırsızlık; çalınmış şey; *beysbol* ustalıkla başka bir kaleye ulaşma; *argo* kelepir; hileli alışveriş. **steal a look** çaktırmadan bakmak. **steal a march on one** başkasından evvel bir hedefe gizlice ulaşmak. **steal away** yavaşça savuşmak, çaktırmadan geçmek. **steal one's thunder** başkasına galebe çalmak.

steal.age (sti'lic) *i.* çalma; çalınan maldan ileri gelen zarar.

stealth (stelth) *i.* gizli iş veya teşebbüs; gizlilik. **by stealth** gizlice.

stealth.y (stel'thi) *s.* gizlice yapılan; sinsi. **stealthily** *z.* gizlice, sinsice, hissettirmeden, çaktırmadan. **stealthiness** *i.* gizlilik, sinsilik; gizlice yapma.

steam (stim) *i.* buhar, islim, buğu, istim; *k.dili* kuvvet, şiddet, enerji; *k.dili* hiddet. **steam boiler** buhar kazanı. **steam engine** buhar makinası; lokomotif. **steam hammer** buharlı varyos. **steam heat** buharlı kalorifer sistemi. **steam shovel** istimli ekskavatör. **steam table** lokantada yemekleri sıcak tutan buharlı tezgâh. **steam turbine** buharlı türbin. **at full steam, full steam**

ahead son hızla, büyük bir güçle. **blow off steam, let off steam** islim salıvermek; hiddetlenip içini dökmek. **dry steam** kuru buhar. **get up steam** bir teşebbüs için kuvvetini toplamak. **work off steam** islim salıvermek; birikmiş enerjiyi sarfetmek.

steam (stim) *f.* buhar salıvermek; buğulamak; buharda pişirmek; buğusu çıkmak, dumanı çıkmak, buram buram tütmek, islim halinde çıkmak; vapurla yolculuk yapmak. **steam up** buğulamak; güçlendirmek; coşturmak.

steam.boat (stim'bot) *i.* vapur.

steam.er (sti'mır) *i.* vapur; buharla yemek pişirmeye veya eşya yıkamaya mahsus kap; buğulaması yapılan tarak. **steamer trunk** *den.* ranza altına sığacak büyüklükte eşya sandığı.

steam.fit.ter (stim'fitır) *i.* buhar borucusu.

steam.roll.er (stim'rolır) *i., f., s.* yol işlerinde kullanılan silindir; ezici güç; zor kullanma; *f.* silindir ile düzletmek; basmak, ezmek; zorla elde etmek; *s.* ezici.

steam.ship (stim'şîp) *i.* vapur.

steam.y (sti'mi) *s.* buharlı; buhara benzer; şehvetli. **steaminess** *i.* buharlılık.

ste.ar.ic (stiyär'ik, stir'ik) *s.* stearik. **stearic acid** stearik asit, içyağı asidi.

ste.a.rin(e) (sti'yırin, stir'în) *i., kim.* stearin.

ste.a.tite (sti'yıtayt) *i., mad.* sabuntaşı.

sted.fast *bak.* **steadfast.**

steed (stid) *i., edeb.* at, küheylân.

steel (stil) *i., f., s.* çelik, pulat; çelikten yapılan alet, masat, çelik bileği; çakmak; çelik gibi güç; *f.* çelik kaplamak veya katmak, çelik gibi sertleştirmek; hissizleştirmek, katılaştırmak; *s.* çelikten yapılmış; çelik gibi; azimli; katı, duygusuz. **steel blue** çelik mavisi. **steel engraving** çelik hakkâklığı; hakkedilmiş çelik levha ile basılan resim. **steel wool** bulaşık teli, çelik tel elyafı. **cold steel** kılıç ve süngü gibi silâhlar. **worthy of one's steel** kılıcına lâyık; işinin ehli; zahmetine değer.

steel.work (stil'wırk) *i.* çelik işi; çelik bina iskeleti; *çoğ.* çelik fabrikası.

steel.y (sti'li) *s.* çelikten yapılmış, içinde çelik bulunan; çelik gibi, sert. **steeliness** *i.* sertlik.

steel.yard (stil'yard) *i.* kantar, uzun kollu el kantarı.

steen.bok (steyn'bak, stin'-) *i.* Güney Afrika'ya özgü ufak ceylan.

steep (stip) *s., i.* dik, sarp; *k.dili* fazla, aşırı, yüksek (fiyat); *i.* dik yokuş, uçurum. **steep'ly** *z.* dikine; hızla. **steep'ness** *i.* sarplık, diklik.

steep (stip) *f., i.* suya bastırmak, iyice ıslatmak, karmak; demlendirmek, demlemek; *fig.* doldurmak, içine işletmek; demlenmek; iyice ıslanmak; *i.* demlenme, demlendirme; iyice ıslatma veya ıslanma; içinde bir şey ıslatılan sıvı veya kap. **He is steeped in Near East history.** Yakın Doğu tarihi konusunda çok bilgilidir.

stee.ple (sti'pıl) *i.* kilise kulesi, çan kulesi. **steepled** *s.* çan kuleli; çok kuleli.

stee.ple.chase (sti'pılçeys) *i.* engelli yarış.

stee.ple.jack (sti'pılcäk) *i.* kule veya yüksek baca tamircisi.

steer (stîr) *f.* dümen kullanmak, seyretmek; idare etmek, yönetmek, sevk ve idare etmek; doğrultmak, yön vermek; *den.* dümen dinlemek; sevk ve idare olunmak. **steer clear of** sakınmak, uzak durmak, yanaşmamak. **steering committee** yönetim kurulu. **steering gear** dümen donanımı, dümen dişli mekanizması. **steering wheel** direksiyon; dümen dolabı.

steer (stîr) *i.* iğdiş edilmiş boğa; kasaplık öküz.

steer.age (stîr'ic) *i.* güverte yolcuları için kasara altı, en ucuz tarifeyle yolculuk edenlere mahsus salon ve kamaralar; dümen kullanma.

steer.age.way (stîr'icwey) *i., den.* geminin dümen dinlemesi için gerekli asgarî hız.

steers.man (stîrz'mın) *i.* serdümen, dümenci.

steeve (stiv) *f., i., den.* cıvadrası belirli bir meyilde bulunmak; cıvadraya belirli bir meyil vermek; *i.* cıvadranın meyil açısı.

steeve (stiv) *i., f., den.* ambarda yük yerleştirmeye mahsus dikme, vinç mataforası; *f.* dikme ile yük yerleştirmek.

steg.o.sau.rus (stegısôr'ıs) *i.* Jura devrinde A.B.D.'nin batısında yaşamış dikenli zırhı olan dev kertenkele.

stein (stayn) *i.* büyük bira bardağı.

stein.bok (stayn'bak) *bak.* **steenbok.**

ste.le (sti'li) *i.* dikili taş, taş anıt.

stele (stil) *i., bot.* bitki kök veya sapının iç tarafı, orta silindir, stel.

stel.lar (stel'ır) *s.* yıldızlara ait, yıldız gibi. **stel-**

lar wind yıldızlardan çıkan yüklü zerrelerin cereyanı.

stel.late (stel'it, -eyt) *s.* yıldız şeklindeki, yıldız gibi.

stel.lif.er.ous (stelif'ırıs) *s.* yıldızlarla dolu, yıldızlı.

stel.li.form (stel'ıfôrm) *s.* yıldız şeklindeki, yıldızımsı.

stel.lu.lar (stel'yılır) *s.* yıldızlarla donanmış; küçük yıldız gibi.

stem (stem) *i., f.* sap; ağaç gövdesi, gövde; sap gibi şey, kol; muz hevengi; kadeh ayağı; kol saati kurgusu, aks, direk; silsile; harfin yukarı uzantısı; *dilb.* gövde; *müz.* nota kuyruğu; *f.* saplarını koparmak; sap takmak; çıkmak, -den gelmek. **stem'-winder** *i.* aksla kurulan saat.

stem (stem) *i., f., den.* geminin baş bodoslaması; pruva, baş; *f., den.* baş verip gitmek, göğüs verip ilerlemek; set çekmek, önlemek. **from stem to stern** baştan kıça; baştan aşağı.

stem (stem) *f.* durdurmak; *tıb.* akmasını önlemek.

stench (stenç) *i.* kötü koku, leş kokusu.

sten.cil (sten'sıl) *i., f.* madenî levhadan kesilmiş resim veya marka kalıbı, delikli kalıp; böyle bir kalıpla basılan şekil veya marka; şablon; mumlu kâğıt, stensil; *f.* delikli kalıpla kopye etmek veya işaret etmek.

steno- *önek* dar, ufak.

steno. *kıs.* **stenography.**

sten.o.graph (sten'ıgräf) *i., f.* stenografi; *f.* steno ile yazmak. **stenograph'ic(al)** *s.* stenografiye ait. **stenograph'ically** *z.* steno ile.

ste.nog.ra.pher (stınag'rıfır) *i.* stenograf, steno ile yazan kimse.

ste.nog.ra.phy (stınag'rıfi) *i.* stenografi.

sten.o.phyl.lous (stenofîl'ıs) *s., bot.* dar yapraklı.

ste.no.sis (stîno'sis) *i., tıb.* vücutta herhangi bir kanalın daralması.

sten.o.type (sten'ıtayp) *i.* steno işareti; stenotip.

sten.tor (sten'tôr) *i.* gür sesli adam. **stentor'ian** *s.* çok yüksek, gür.

step (step) *f.* ayak basmak; adım atmak, yürümek, ağır adımlarla yürümek; süratle hareket etmek veya davranmak; bir adımda ulaşmak; *den.* oturtmak, dikmek (direk), yerine yerleştirmek veya oturtmak; adımlarla ölçmek, adımlamak; basamaklar halinde düzenlemek. **step down** inmek; elektrik gücünü azaltmak; istifa etmek. **step in** müdahale etmek, karışmak. **step on** üstüne basmak; bastırmak. **Step on it.** *k.dili* Çabuk davran. **step out** dışarı çıkmak; *k.dili* eğlenceye gitmek. **step up** çıkmak; elektrik gücünü artırmak; kuvvetlendirmek.

step (step) *i.* adım; birkaç adımlık yer, kısa mesafe; basamak; eşik; kademe; hareket, teşebbüs; ilerleme, terakki; derece; yürüyüş tarzı, gidiş tarzı; ayak sesi; ayak izi; *çoğ.* tedbirler; *müz.* portenin bir çizgisi veya aralığı; *den.* ıskaça. **step by step** adım adım, derece derece, tedricen. **in step** ayak uydurarak; uygun; aynı ayarda. **out of step** adımları birbirine uymayan; başkalarına ayak uyduramayan. **take a step** adım atmak, teşebbüs etmek. **take steps** tedbir almak. **watch one's step** dikkat etmek, ayağını denk almak.

step- *önek* üvey.
step.broth.er (step'brʌdhır) *i.* üvey erkek kardeş.
step.child (step'çayld) *i.* üvey çocuk.
step.daugh.ter (step'dôtır) *i.* üvey kız.
step-down (step'daun) *s., i.* azaltan; *i.* azalma, düşme.
step.fa.ther (step'fadhır) *i.* üvey baba.
step-in (step'în) *i.* külot; topuklu süssüz ayakkabı.
step.lad.der (step'lädır) *i.* seyyar merdiven.
step.moth.er (step'mʌdhır) *i.* üvey ana.
steppe (step) *i.* istep, bozkır.
step.ping.stone (step'ingston) *i.* atlangıç, atlama taşı; ilerleme vasıtası, basamak, ilk adım.
step.sis.ter (step'sîstır) *i.* üvey kızkardeş.
step.son (step'sʌn) *i.* üvey oğul.
step-up (step'ʌp) *s., i.* artıran; *i.* artma, yükselme; makina süratini artırma cihazı.

-ster *sonek* -ci, âdet veya meslek sahibi olan: **songster, trickster;** olan: **youngster;** ile ilgili: **roadster.**
ster.co.ra.ceous (stırkırey'şıs) *s.* dışkılı, pislikli, gübreli.
stere (stîr) *i.* ster.
ster.e.o (ster'iyo) *s., i.* stereo (teyp, pikap).

stereo- *önek* katı, üç boyutlu.
ster.e.o.bate (ster'iyıbeyt) *i., mim.* temel. **stereobat'ic** *s.* temele ait.
ster.e.o.chem.is.try (steriyokem'îstri) *i.* atom ve moleküllerin tertibini inceleyen kimya dalı.
ster.e.o.chro.my (ster'iyokromi) *i.* soda silikatlı boya vurma usulü.
ster.e.og.ra.phy (steriyag'rıfi) *i.* stereografi. **stereograph'ic(al)** *s.* stereografik. **stereograph'ically** *z.* stereografik olarak.
ster.e.om.e.ter (steriyam'ıtır) *i.* oylum ölçme aleti. **stereometry** *i.* katı cisimlerin oylumunu ölçme usulü.
ster.e.o.phon.ic (steriyıfan'îk) *s.* iki ayrı sesli, stereofonik.
ster.e.o.scope (ster'iyıskop) *i.* stereoskop. **stereoscop'ic** *s.* stereoskopik.
ster.e.o.type (ster'iyıtayp) *i., f.* sayfa halinde baskı klişesi, stereotip; stereotipi; basmakalıp söz; *f.* stereotip klişesi yapmak; saptamak, tespit etmek, sabit bir şekilde vermek. **stereotypy** *i.* stereotipi.
ster.ile (ster'ıl, *İng.* -ayl) *s.* kısır, ürün vermeyen, verimsiz, semeresiz; *biyol.* tohum veya meyva vermeyen; mikropları olmayan; neticesiz, faydasız. **steril'ity** *i.* kısırlık, ürün vermeyiş, verimsizlik.
ster.il.ize, *İng.* -ise (ster'ılayz) *f.* sterilize etmek, mikroplarını öldürmek; kısırlaştırmak, verimsiz hale getirmek. **steriliza'tion** *i.* kısırlaştırma, sterilizasyon. **sterilizer** *i.* sterilize eden kimse; sterilizatör.

ster.let (stır'lît) *i.* çığa (balık), *zool.* Acipenser ruthenus.
ster.ling (stır'ling) *i., s.* İngiliz parasının resmi ölçüsü; sterlin gümüşü; sterlin; *s.* sterlinle ödenebilen; sterlin gümüşü ile yapılmış; hakikî, değerli, kıymetli. **sterling money** İngiliz parası. **sterling silver** çatal bıçak takımı yapımında kullanılan 0,925 gümüş alaşım; 0,925 ayar gümüş eşya. **of sterling worth** çok kıymetli. **pound sterling** İngiliz lirası, sterlin.
stern (stırn) *s.* sert, müsamahasız, haşin, katı; şiddetli, kuvvetli. **stern'ly** *z.* sert bir şekilde. **stern'ness** *i.* sertlik.
stern (stırn) *i.* gemi veya sandal kıçı; bir şeyin arka kısmı, kıç. **stern chaser** kıç topu. **stern sheets** filika veya kayığın kıçaltı. **by the stern** *den.* kıçı biraz fazla suya batmış, kıç

tarafından. **from stem to stern** *den.* baştan kıça kadar. **stern'most** *s.* en gerideki. **stern'way** *i.* geminin geri geri gitmesi.

ster.nal (stır'nıl) *s.* göğüs kemiğine ait.

sterno- *önek* göğüs, sternum

stern.post (stırn'post) *i.* kıç bodoslaması.

ster.num (stır'nım) *i.* göğüs kemiği.

ster.nu.ta.tion (stırnyıtey'şın) *i.* aksırma. **sternu'tative, sternu'tatory** *s.* aksırtıcı.

stern-wheel.er (stırn'hwilır) *i.* arkadan çarklı nehir gemisi.

ster.oid (ster'oyd) *i., biyokim.* steroit.

ster.tor.ous (stır'tırıs) *s.* horultulu, hırıltılı. **stertorously** *z.* horultuyla, hırıltıyla.

stet (stet) *matb.* Kalsın.

steth.o.scope (steth'ıskop) *i., tıb.* göğüs dinleme cihazı, stetoskop. **stethoscopical** (stethıskap'îkıl) *s.* stetoskopla ilgili. **stethoscopically** *z.* stetoskopik olarak.

Stet.son (stet'sın) *i., tic. mark.* geniş kenarlı fötr şapka.

ste.ve.dore (sti'vıdôr) *i., den.* yükleme veya boşaltma işçisi, istifçi.

stew (stu) *f., i.* hafif ateşte kaynatmak; kaynamak; *k.dili* endişe etmek; *i.* türlü, güveç; *k.dili* kuruntu, endişe, merak. **stew in one's own juice** kendi başına açtığı derde yanmak. **in a stew** telâşla, heyecanla, acele ile.

stew.ard (stu'wırd) *i.* vekilharç, kâhya; ambar memuru, idare memuru; erkek hostes, kamarot, gemi garsonu; işçi temsilcisi.

stew.ard.ess (stu'wırdîs) *i.* kadın kamarot, hostes.

stew.ard.ship (stu'wırdşîp) *i.* vekilharçlık; idare, yönetim.

stewed (stud) *s.* pişirilmiş; *argo* sarhoş, küfelik.

stew.pan (stu'pän) *i.* türlü tenceresi, güveç.

stg. *kıs.* **sterling.**

sthe.ni.a (sthi'niyı) *i., tıb.* olağanüstü canlılık ve faaliyet. **sthenic** (sthen'îk) *s., tıb.* olağanüstü derecede kuvvetli veya faal.

stib.i.um (stîb'iyım) *i., kim.* antimon.

stich (stîk) *i.* mısra.

sti.chom.y.thy (stıkam'ıthi), **stich.o.myth.i.a** (stîkımîth'iyı) *i.* Yunan tiyatro eserlerinde oyuncuların karşılıklı birer mısra söyledikleri diyalog. **stichomyth'ic** *s.* böyle diyalog kabilinden.

stick (stîk) *i.* tahta parçası, değnek, baston, çubuk, sopa, ağaç, sırık, tahta; *matb.* tertip

cetveli, kumpas; *argo* içeceğe katılan alkollü içki; *k.dili* gemi direği; orkestra şefinin değneği; *ask.* zincirleme atılan bombalar; *hav.* manevra kolu, idare kolu. **the sticks** kereste elde edilen orman; *k.dili* taşra. **get on the stick** işe başlamak, işe koyulmak. **hold a stick to** karşılaştırmaya değmek. **walking stick** baston. **wrong end, short end** *veya* **dirty end of the stick** işin kötü tarafı.

stick (stîk) *f.* **(stuck)** saplamak; delmek; koymak; sokmak; çakmak; saplanıp kalmak, hareket edememek, kopmamak; yapıştırmak, yapışmak; bıçaklamak, hançerlemek; batmak (iğne, diken); *k.dili* şaşırtmak; *argo* aldatmak; *argo* mesuliyet yüklemek; *matb.* harfleri dizmek; sadık kalmak. **stick around** civarında dolaşmak, peşinden ayrılmamak; oyalanmak. **stick at** sakınmak; itirazda bulunmak; çekinmek; direnmek. **stick to** yapışmak. **stick by** sadık kalmak; civarında kalmak. **Stick 'em up!** Eller yukarı! **stick in one's craw** hazmedilmesi zor olmak (söz veya durum). **stick it out** dayanmak, sonuna kadar kahrını çekmek. **stick one's neck out** tehlikeyi göze almak. **stick out** dışarı çıkarmak, dışarı çıkmak; aşikâr olmak. **stick together** birbirine yapışmak; dayanışmak, birbirine destek olmak. **stick to one's fingers** (para) deve yapmak. **stick to one's guns** direnmek. **stick to one's knitting** kendi işine bağlı kalmak. **stick to one's ribs** doyurmak. **stick up** *argo* yolunu kesmek, tabanca ile soymak. **stick up for** *k.dili* tarafını tutmak. **stick with it** dayanmak, sonuna kadar sebat etmek. **sticking plaster** plaster. **sticking point** takıntılı yer.

stick.er (stîk'ır) *i.* etiket; yapıştıran kimse; *k.dili* şaşırtıcı şey; diken; yapışkan ot.

stick-in-the-mud (stîk'înthımʌd) *i., k.dili* mıymıntı kimse.

stick.le (stîk'ıl) *f.* pürüz çıkarmak; ince eleyip sık dokumak, titizlenmek; tereddüt etmek, kararsız olmak. **stickler** *i.* bir konuda titizlenen kimse. **a stickler for order** düzen meraklısı.

stick.le.back (stîk'ılbäk) *i.* dikenli balık, *zool.* Gasterostus.

stick.pin (stîk'pin) *i., A.B.D.* kravat iğnesi.

stick-to-it.ive (stiktu'witiv) *s.*, *k.dili* sebatkâr, azimli.

stick.up (stik'ʌp) *i.*, *argo* soygun.

stick.y (stik'i) *s.* yapışkan; sıcak ve nemli; *İng.*, *k.dili* zor, ıstırap veren. stickily *z.* yapışkan bir şekilde. stickiness *i.* yapışkanlık.

stiff (stif) *s.*, *i.* katı, sert, pek; pekişmiş; eğrilmez, bükülmez; dik; koyu, özlü; sıkı; tutulmuş; gergin; zorlanmış; akıcı olmayan; resmî; inatçı; alkolü çok; sarp, çetin; *den.* rüzgâra dayanıklı, sağlam; zor, ağır; değişmeyen; *İskoç.*, *İng.*, *leh.* dinç, kuvvetli; yüksek, pahalı; *i.*, *argo* ceset; *argo* baş belâsı; *argo* herif; *argo* suç ortağı; *argo* kurban; *argo* sahte kâğıt para. keep a stiff upper lip cesaretini kaybetmemek, soğukkanlılığını korumak. stiff'ly *z.* dimdik olarak. stiff'ness *i.* katılık, sertlik.

stiff-backed (stif'bäkt) *s.* inatçı, direngen.

stiff.en (stif'ın) *f.* sertleştirmek, sertleşmek; pekiştirmek, pekişmek.

stiff-necked (stif'nekt') *s.* boynu tutulmuş; inatçı, dik başlı.

sti.fle (stay'fıl) *f.* boğmak; bastırmak, söndürmek; boğulmak, nefesi tıkanmak.

sti.fle (stay'fıl) *i.*, stifle joint at veya köpeğin incik kemiği ile but kemiği arasındaki mafsal.

stig.ma (stig'mı) *i.* (*çoğ.* -ma.ta, -s) leke, ar; dağ, yanık izi; *tıb.* sinir gerginliğinden hâsıl olan kırmızı leke; doğum lekesi; *bot.* stigma, tepecik; *biyol.* soluk deliği, solunum deliği; *çoğ.* İsa'nın çarmıha gerildiği zaman aldığı yaralar.

stig.mat.ic (stigmät'ik) *s.* lekeli, damga kabilinden; şekilleri berrak gösteren mercekle ilgili.

stig.ma.tism (stig'mıtizım) *i.* lekelerden etkilenmiş olma; şekilleri berrak ve doğru gösteren merceklerin durumu.

stig.ma.tize (stig'mıtayz) *f.* rezil etmek; leke sürmek, damgalamak, damga vurmak. stigmatiza'tion *i.* rezil etme; damgalanma; vücutta doğaüstü alâmetler belirmesi.

stile (stayl) *i.* araziyi bölen setin iki tarafında bulunan basamak; turnike; *mim.* kapı veya pencere çerçevesinin iki yanındaki uzun kenar tahtalarından biri.

sti.let.to (stilet'o) *i.*, *f.* ufak hançer; biz; *f.* hançerlemek.

still (stil) *s.*, *i.*, *z.*, *f.*, *bağlaç* sessiz, sakin; hareketsiz, durgun; asude; köpürmez; ölü; *i.*, *şiir* sükût, sessizlik, sükûn; fotoğraf; *z.* hâlâ, daha, yine; bununla beraber, mamafih; daima; *f.* durdurmak, susturmak, teskin etmek, yatıştırmak; sükûn bulmak, yatışmak; *bağlaç* mamafih, buna rağmen. still life *güz. san.* natürmort. still'ness *i.* sessizlik, sükûnet.

still (stil) *i.*, *f.* imbik; rakı fabrikası; *f.* imbikten çekmek, taktir etmek.

still.born (stil'bôrn') *s.* ölü doğmuş.

still-hunt (stil'hʌnt) *i.* sessizce ve gizlenerek avlama; *k.dili* sessizce ve ihtiyatla bir şeyin peşinden gitme.

still.y (*s.* stil'i; *z.* stil'li) *s.*, *z.* sessiz, sakin; *z.* telâş etmeden, ses çıkarmadan.

stilt (stilt) *i.*, *f.* yere basmadan yürümek için kullanılan ortası basamaklı sırık, ayaklık; sütun; uzunbacak, kıyı koşarı, *zool.* Himantopus; *f.* ayaklık üstünde yürümek.

stilt.ed (stil'tid) *s.* tantanalı, debdebeli; çok resmî (tavır); direkler üstüne bina edilmiş. stiltedly *z.* fazla resmiyetle. stiltedness *i.* fazla resmiyet.

Stil.ton cheese (stil'tın) iyi cins İngiliz peyniri.

stim.u.lant (stim'yılınt) *s.*, *i.* uyarıcı, muharrik, canlandırıcı, tahrik ve teşvik edici, uyandırıcı; *i.* uyarıcı veya muharrik şey; *k.dili* alkollü içki.

stim.u.late (stim'yıleyt) *f.* uyarmak, teşvik etmek, tahrik etmek, harekete geçirmek, kamçılamak; tembih etmek; elektrik kuvvetiyle veya alkollü içki ile harekete geçirmek. stimula'tion *i.* uyarım, teşvik, tahrik. stimulative *s.* uyandırıcı, canlandırıcı, muharrik.

stim.u.lus (stim'yılıs) *i.* (*çoğ.* -li) dürtü, uyarıcı şey, saik. stimulus and response uyarım ve tepke.

sti.my, sty.mie (stay'mi) *i.*, *f.* golfta bir topun diğer bir top ile çukur arasında bulunması; *f.* topu vurup diğer bir top ile çukur arasına getirmek; engellemek; şaşırtmak.

sting (sting) *f.* (stung) *i.* arı gibi sokmak; iğne gibi acıtmak, batmak; canını yakmak; tahrik etmek; acımak, acı vermek, sızlamak; *argo* kazıklamak; *i.* arı iğnesi, zehirli iğne; ısırgan tüyü; sokma; diken yarası; batma;

dürtü, saik; iğneli söz; acı, elem, sızı. **I got stung.** *argo* Kazıklandım. **sting'ingly** *z.* ciğerine işleyerek. **sting'less** *s.* dikensiz; iğnesiz; etkisiz.

sting.a.ree (stîng'ırı) *i.*, **sting ray** dikenli-uyuşturanbalığıgillerden herhangi bir balık.

sting.er (stîng'ır) *i.* arı iğnesi; sokan hayvan veya bitki; kırıcı söz veya davranış; *A.B.D.* bir cins kokteyl.

stin.go (stîng'go) *i.*, *İng.*, *argo* kuvvetli bira; zevk, canlılık.

sting.y (stîng'i) *s.*, *k.dili* sokabilen, sokan, batan.

stin.gy (stîn'ci) *s.* hasis, cimri, pinti, tamahkâr; kıt, pek az. **stingily** *z.* hasisçe, cimrice. **stinginess** *i.* hasislik, cimrilik.

stink (stîngk) *f.* **(stank** *veya* **stunk; stunk)** *i.* pis kokmak, kokuşmak, taaffün etmek; *k.dili* kötü olmak, berbat olmak; *i.* pis koku. **stink out** kötü koku ile kaçırmak. **stink up** kokutmak, taaffün ettirmek. **raise a stink** *k.dili* açıkça şikâyet etmek, itiraz etmek; hadise çıkarmak, kıyameti koparmak. **stink'ingly** *z.* pis kokarak.

stink.bug (stîngk'bʌg) *i.* dokununca çok kötü kokan kanatlı bir böcek.

stink.er (stîngk'ır) *i.* pis kokan şey veya kimse; yelkovankuşuna benzeyen ve leş yiyen bir deniz kuşu; *argo* sinir bozucu kimse veya şey.

stink.pot (stîngk'pat) *i.* eskiden savaşlarda kullanılıp boğucu ve pis kokulu bir karışım yayan bir kap; *argo* pis herif, alçak kimse.

stink.stone (stîngk'ston) *i.* kırılınca veya oğuşturulunca pis koku saçan bir çeşit taş.

stink.weed (stîngk'wid) *i.* tatula gibi pis kokulu herhangi bir bitki.

stint (stînt) *f.*, *i.* kayıt koymak, bağlamak, şarta bağlamak; dar tutmak, masrafı kısmak; belirli bir iş yaptırmak; cimrilik etmek; *i.* had, sınır, iş, görev. **stint'edly** *z.* sınırlı olarak, mahdut surette. **stint'ingly** *z.* sınırlayarak, tahdit ederek.

stipe (stayp) *i.* bitkilerin ana sapı; böceklerde sapa benzer uzuv.

sti.pend (stay'pend) *i.* burs; ücret, maaş.

sti.pen.di.ar.y (staypen'diyeri) *s.*, *i.* maaşlı, ücretli; *i.* burslu kimse; *İng.* maaşlı vaiz.

sti.pes (stay'piz) *i.* *(çoğ.* **stip.i.tes)** *zool.* böceklerde sapa benzer uzuv.

stip.ple, stip.pling (stîp'ıl, stîp'lîng) *i.* noktalarla hakketme veya resimlendirme usulü.

stip.ple (stîp'ıl) *f.* noktalarla hakketmek veya resmetmek.

stip.u.late (stîp'yıleyt) *f.* şart koşmak, maddeler halinde belirtmek, kayıt ve şarta bağlamak; söz vermek, garanti etmek, taahhüt etmek; anlaşmak. **stipula'tion** *i.* şart, madde; şart koyma, taahhüt.

stip.ule (stîp'yul) *i.* yaprak sapının dibinde çift olarak bulunan ufacık yaprak.

stir (stır) *f.* **(-red,-ring)** *i.* karıştırmak; harekete geçirmek; yerini değiştirmek; tahrik etmek; canlandırmak; hareketę geçmek, kımıldamak, kalkmak; canlanmak; *i.* karışıklık; gürültü, patırtı; hareket, telâş, kaynaşma, faaliyet. **stir about** dolaşmak. **stir the fire** ateşi karıştırmak. **He is not stirring yet.** Daha kalkmadı. **make a great stir** aşırı heyecan uyandırmak.

stir (stır) *i.*, *argo* hapishane, *slang* kodes. **stir crazy** *argo* hapiste aklını oynatmış.

stir.a.bout (stır'ıbaut) *i.*, *İng.* yulaf veya mısır lapası; kıpırdak kimse.

stirps (stırps) *i.* *(çoğ.* **stir.pes)** sülâle, soy; *huk.* ilk ata. **per stirpes** mirasın eşit olarak gruptaki kimselere paylaştırılması.

stir.ring (stır'îng) *s.* heyecanlandırıcı, harekete geçirici, canlandırıcı; kımıldayan. **stirring times** heyecanlı günler. **stirringly** *z.* heyecan uyandırarak.

stir.rup (stır'ıp, stîr'-) *i.* üzengi; *den.* marsepet ayağı. **stirrup bone** *anat.* üzengikemiği. **stirrup cup** ata bindikten sonra içilen veda kadehi; veda içkisi. **stirrup leather, stirrup strap** üzengi kayışı.

stitch (stîç) *i.*, *f.* dikiş, iğnenin bir kere geçmesi; örgüde ilmik; dikiş çeşidi; *k.dili* elbise, giyecek; *k.dili* en küçük parça, zerre; sırt veya böğüre saplanan şiddetli ve anî sancı; *f.* dikmek, dikiş dikmek. **stitch up** dikerek birbirine iliştirmek. **A stitch in time saves nine.** Tam vaktinde görülen bir iş insanı birçok zahmetten kurtarır. **be in stitches** *k.dili* kahkahalar atmak. **not a dry stitch on** sırsıklam halde, çok ıslanmış. **not a stitch on** çırılçıplak.

stith.y (stîdh'i, stîth'i) *i.* nalbanthane; örs.

sti.ver (stay'vır) *i.* ufak bir Hollanda parası; önemsiz şey.

St. Johns.wort (seynt canz'wırt) binbirdelik otu, sarı kantaron, *bot.* Hypericum colycinum.

sto.a (sto'wı) *i., Yu., mim.* sundurma, revak, saçak.

stoat (stot) *i.* kakım.

sto.chas.tic (stokäs'tik) *s.* tahminî; hedefe ulaşmak için en uygun imkânları seçme işlemine ait.

stock (stak) *i.* stok, depo malları; mevcut mal; satılacak mal; bir çiftlikte bulunan hayvanlar; sermaye hisseleri, hisse senedi; ağaç gövdesi; ırk, silsile, soy, nesep, nesil; dil ailesi; menşe; asıl; çorba için hazırlanan et suyu; hammadde; tüfek veya tabanca kundağı; top arabasının ana dingili; sap, kabza, el; *mak.* yiv kesen aletin kolu; üzerine aşı yapılan dal; aşı budağının alındığı dal; *iskambil* oyunculara dağıtılmayan kâğıtlar; tiyatro trupu ve repertuvarı. **stocks** *i., eski* tomruk (ceza); gemi inşaat kızağı. **stock boy** satılacak malları dükkânda tanzim eden kimse. **stock car** yarış için gerekli değişiklikler yapılmış araba. **stock company** hisse senetleri çıkaran şirket; tiyatro trupu. **stock dove** yabanî güvercin, *zool.* Columba oenas. **stock exchange** borsa. **stock farm** hayvan çiftliği. **stock in trade** dükkândaki mal, sermaye, kuvvetli taraf. **stock market** borsa; hisse senetleri fiyatlarının inip çıkması. **stock taking** malın mevcudunu sayma, mevcudu kontrol. **in stock** mevcut (mal). **on the stocks** (gemi) yapılmakta, inşa halinde. **out of stock** elde kalmamış, mevcudu tükenmiş. **take stock** malın mevcudunu saymak, önceden hesaplamak veya imtihan etmek. **take stock in** *k.dili* ilgilenmek, alâkadar olmak; önem vermek; inanmak.

stock (stak) *f.* stok yapmak, mal yığmak; mal ile doldurmak; filiz sürmek.

stock (stak) *s., z.* alelade; beklenen; stok olarak elde tutulan; her vakit kullanılmaya hazır, elde bulundurulan; *z.* tamamen, kütük gibi (hareketsiz). **stock answer** daima hazır cevap.

stock (stak) *i.* şebboy, *bot.* Matthiola; kırmızı şebboy, *bot.* Matthiola incana.

stock.ade (stakeyd') *i., f., ask.* şarampol, etrafı kazık veya sırıklarla çevrilmiş yer; *f.* şarampolla çevirmek veya muhafaza etmek.

stock.breed.er (stak'bridır) *i.* büyükbaş yetiştiren çiftçi.

stock.bro.ker (stak'brokır) *i.* borsa tellâlı, mubayaacı.

stock.hold.er (stak'holdır) *i.* hissedar.

stock.i.nette (stakinet') *i.* jarse kumaş.

stock.ing (stak'ing) *i.* çorap. **in stocking feet** çorapla.

stock.job.ber (stak'cabır) *i.* borsa tellâlı.

stock.pile (stak'payl) *i., f.* stok edilmiş mal; *f.* mal alıp stok etmek.

stock.room (stak'rum) *i.* ambar, depo.

stock-still (stak'stil) *s.* kımıltısız, tamamıyle hareketsiz.

stock.y (stak'i) *s.* tıknaz, bodur. **stockily** *z.* tıknazca. **stockiness** *i.* tıknazlık, bodurluk.

stock.yard (stak'yard) *i.* satılacak veya kesilecek hayvanların geçici olarak muhafaza edildiği yer.

stodge (stac) *f.* oburcasına yedirmek.

stodg.y (stac'i) *s.* ağır, sönük, cansız, adi; tok; fazla dolu; hazmı güç; kısa, bodur.

sto.gy (sto'gi) *i.* kalın ve kaba kundura veya çizme; düşük kaliteli puro.

sto.ic (stow'ik) *i.* kolay heyecana kapılmayan kimse, sevinç veya kederin kolaylıkla tesir edemediği kimse; *b.h.* stoacı, stoik. **stoicism** *i.* sevinç veya kedere karşı kayıtsızlık; *b.h.* stoik felsefe, stoacılık.

sto.i.cal (stow'ikıl) *s.* sevinç veya kedere karşı kayıtsız, metin, sabırlı; *b.h.* stoacılığa ait. **stoically** *z.* metanetle, heyecana kapılmadan.

stoke (stok) *f.* ateşi karıştırmak, ateşe kömür atmak. **stok'er** *i.* ateşçi; ateşe kömür atan cihaz.

stoke.hole (stok'hol) *i.* külhan ağzı.

STOL *kıs.* **short takeoff and landing** *hav.* kısa mesafede havalanabilen veya iniş yapabilen (uçak).

stole (stol) *i.* uzun cüppe; *kil.* piskoposların ipek atkısı; etol; şal.

stole, sto.len (stol, sto'lın) *bak.* steal.

stol.id (stal'id) *s.* duygusuz, vurdumduymaz; kolay heyecanlanmayan; hislerini belli etmeyen. **stolidly** *z.* vurdumduymazcasına, hislerini belli etmeden. **stolidity** (stilid'iti) **stolidness** *i.* duygusuzluk, vurdumduymazlık, hislere hâkimiyet.

sto.lon (sto'lan) *i., bot.* çilek filizi gibi ucundan kök ve tomurcuk veren filiz, stolon, kol;

zool. bazı aşağı sınıf hayvanlarda filiz gibi uzuv. **stolonif'erous** *s.* çilek gibi filiz süren.

sto.ma (sto'mı) *i.* (*çoğ.* -**ma.ta**) *biyol., bot.* gözenek, ağız, stoma.

stom.ach (stʌm'ık) *i., f.* mide, karın; iştah; istek; *f.* sindirmek, hazmetmek; tahammül etmek, katlanmak, dayanmak. **stomach ache** mide ağrısı. **stomach pump** mide yıkamaya mahsus tulumba. **stomach tooth** alt azıdişi. **stomachful** *i.* karın veya mide dolusu.

stom.ach.er (stʌm'ıkır) *i.* eskiden kadınların giydiği süslü göğüslük.

sto.mach.ic (stomäk'ik) *s., i.* mideye ait; midevî, mideye yarayan; *i.* mideyi kuvvetlendirici ilâç.

sto.mat.ic (stomät'ik) *s.* ağza ait; *bot.* stomalı, ağızlı.

sto.ma.ti.tis (stomıtay'tis) *i., tıb.* ağız iltihabı.

stomato- *önek* ağız.

sto.ma.tol.o.gy (stomıtal'ıci) *i., tıb.* ağız ve ağız hastalıkları ilmi.

sto.ma.tous (sto'mıtıs) *s., bot.* stomalı, ağızlı.

stomp (stamp) *f.* ağırlığını vererek basmak, bastırmak.

stone (ston) *i., s.* taş; taştan yapılmış şey; taşa benzer şey; *tıb.* mesane taşı; *anat.* haya, husye; meyva çekirdeği; *matb.* mürettip masası; *İng.* 14 librelik ağırlık ölçüsü; *s.* taştan yapılmış, kâgir. **Stone Age** taş devri. **stone crusher** taş kırma makinası; taş kıran işçi. **stone fruit** sert çekirdekli meyva. **stone pine** fıstık çamı, *bot.* Pinus pinea. **stone pit, stone quarry** taş ocağı. **stone's throw** bir taş atımı (mesafe). **cast stones at** taşlamak, tenkit etmek. **cast the first stone** kötülemekte önayak olmak. **leave no stone unturned** her çareye baş vurmak. **philosopher's stone** *bak.* **philosopher. rocking stone** ufak bir taş üzerine yerleştirilmiş ve az bir kuvvetle sallanan iri taş. **rolling stone** bir dalda durmayan kimse, bir baltaya sap olmayan kimse.

stone (ston) *f.* taş atmak, taşa tutmak, taşlayarak öldürmek; meyvanın çekirdeğini çıkarmak; taş duvar örmek, taş döşemek; hadım etmek, enemek.

stone-blind (ston'blaynd') *s.* tamamıyle kör.

stone.boat (ston'bot) *i.* taş taşımakta kullanılan tahta kızak.

stone-broke (ston'brok') *s., k.dili* meteliksiz.

stone.chat (ston'çät) *i.* kuyrukkakan, *zool.* Saxicola.

stone.crop (ston'krap) *i.* damkoruğu, kayakoruğu, *bot.* Sedum sempervivum.

stone.cut.ter (ston'kʌtır) *i.* taşçı; taş yontma makinası.

stoned (stond) *s., A.B.D., argo* sarhoş; uyuşturucu madde tesiri altında.

stone-deaf (ston'def') *s.* tamamen sağır.

stone.ma.son (ston'meysın) *i.* taşçı, duvarcı.

stone.mint (ston'mint) *i.* geyikotu, taş nanesi, *bot.* Cunila origanoides.

stone.wall (ston'wôl) *f.* krikette puan kazanmaktansa kaybetmemek için oynamak; *Avustralya* mecliste zorluk çıkararak muhalefet etmek.

stone.ware (ston'wer) *i.* sert bir çeşit çömlek.

stone.work (ston'wırk) *i.* duvarcı işi; *çoğ.* taş kesilen ve yontulan yer.

ston.y (sto'ni) *s.* taşlı, taşı çok; taştan ibaret; taş gibi; sert, eğilmez; taşlaştıran, taş haline getiren; *argo* parasız, meteliksiz. **stonyheart'ed** *s.* taş yürekli, zalim. **stonily** *z.* soğuk soğuk, sertçe. **stoniness** *i.* taşlı gibi oluş, taştan yapılmış olma.

stood (stûd) *bak.* **stand.**

stooge (stuc) *i., k.dili* yardakçı; komedi oyuncusuna seyircilerin arasında laf atıp espri yapmasını sağlayan ikinci plandaki oyuncu.

stook (stuk) *i., f.* başak demetleri; büyük mısır demeti; *f.* demetleri kümelemek.

stool (stul) *i., f.* iskemle, tabure; ayak taburesi; oturak, lâzımlık; dışkı; çığırtkan kuş; *bot.* yeni filiz veren eski kök veya kütük; yeni filiz; *f.* yeni filiz vermek; çığırtkanlık yapmak; dışkı defetmek; *A.B.D., argo* gammazlamak, ihbar etmek. **stool pigeon** çığırtkan güvercin *A.B.D., argo* gammaz kimse. **fall between two stools** iki işi birden yapmaya çalışırken hiç birini başaramamak.

stoop (stup) *f., i.* eğilmek; kamburunu çıkarmak; tenezzül etmek, alçalmak, kendini küçük düşürmek; üstüne atılmak; eğmek; *i.* eğilme; kambur duruş; tenezzül, alçalma; üstüne atılma (kuş).

stoop (stup) *i., A.B.D.* ufak veranda.

stop (stap) *f.* (**-ped, -ping**) durdurmak, alıkoymak, engellemek; mola vermek; durmak; kalmak; stop etmek; fren yapmak; kesmek; tıkamak; kapamak; tıpalamak; yenmek; *müz.* çalgıda ses perdesini değiştirmek için tele veya deliğe basmak; noktalamak. **stop a gap** bir boşluğu doldurmak. **stop dead** birdenbire durmak; birden durdurmak. **stop down** (mercek) perdesini küçültmek. **stop off** geçici olarak durmak, konaklamak, uğramak. **stop order** (tahvil) değeri ancak belli bir seviyeye düştüğünde satma emri. **stop over** *A.B.D., k.dili* yolculuk esnasında mola vermek. **stop payment** belirli bir çekin ödenmemesi için bankaya verilen talimat; çekin tediyesini durdurmak. **stop press** gazete basılırken son dakikada ilâve edilen parça. **stop short** birdenbire durmak. **stop the mouth** susturmak, sözü ağzına tıkamak. **stop the show** *tiyatro* dikkat çeken bir hareketle oyunu durdurmak. **stop up** tıkamak.

stop (stap) *i.* durma; duruş; durak yeri; mâni, engel; *müz.* ses perdesini değiştirmek için çalgının tel veya deliğine basma; *müz.* jödorg; *İng.* nokta, noktalama işareti. **put a stop to** durdurmak, kesmek, son vermek.

stop.cock (stap'kak) *i.* vana, zarp musluğu, valf.

stope (stop) *i., f.* maden tabakalarını birer birer çıkarmak için yapılan kazı; *f.* böyle kazı yapmak.

stop.gap (stap'gäp) *i.* geçici tedbir veya vasıta.

stop.light (stap'layt) *i.* trafik lambasının kırmızı ışığı; *oto.* stop lambası.

stop-loss (stap'lôs) *s.* fiyat düşüşü sonucu daha fazla kaybı önlemek amacıyle yapılan.

stop-mo.tion photography (stap'moşın) (bir çiçeğin açılmasını bile gösterebilen) aralıklarla filme alma yöntemi.

stop.o.ver (stap'ovır) *i.* mola, konaklama.

stop.page (stap'ic) *i.* tıkama; durdurma, kesme; maaşa haciz koyma; stopaj.

stop.per (stap'ır) *i., f.* tapa, tıkaç; durduran kimse veya şey; *f.* tapa ile tıkamak.

stop.ple (stap'ıl) *i., f.* tıkaç, tapa; *f.* tapa ile tıkamak.

stop-press (stap'pres) *s.* baskı durduğu sırada gazeteye eklenen; zamana uygun.

stop.watch (stap'waç) *i.* saniye ölçer saat, duraklı saat.

stor.age (stôr'ic) *i.* depoya koyma veya doldurma; depolama; ardiyede muhafaza etme; depo; ardiye ücreti; kompütörde bilgi saklama kısmı. **storage battery** akümülatör.

sto.rax (stôr'äks) *i.* buhur, günlük; günlük ağacı, *bot.* Styrax ecza. aselbent.

store (stôr) *i., f., A.B.D.* mağaza, dükkân; biriktirilmiş şey, stok; hazne, ambar; *çoğ.* levazım, kumanya; bolluk; *f.* saklamak; biriktirmek; levazımını tedarik etmek. `store away` biriktirip saklamak. **store up** biriktirmek, yığmak; depo etmek, ambara koymak. **store teeth** *argo* eğreti dişler, takma dişler. **A surprise is in store for you.** Sizi bir sürpriz bekliyor. **in store** elde, mevcut; ilerisi için saklanmış. **set great store by** çok kıymet vermek.

store.house (stôr'haus) *i.* ambar, ardiye, depo, mahzen.

store.keep.er (stôr'kipır) *i.* dükkâncı, mağazacı; ambar memuru.

store.room (stôr'rum) *i.* ambar; sandık odası.

sto.rey *İng., bak.* **story.**

sto.ried (stôr'id) *s.* hikâye edilmiş, tarihte mühim yeri olan, destan konusu olmuş; tarihî tablolarla süslenmiş.

sto.ried, *İng.* **sto.reyed** (stôr'id) *s.* katlı.

sto.ri.ette (stôriyet') *i.* küçük hikâye.

stork (stôrk) *i.* leylek, *zool.* Ciconia ciconia. **black stork** kara leylek, *zool.* Ciconia nigra.

stork's-bill (stôrks'bil) *i.* turnagagası, *bot.* Geranium robertianum.

storm (stôrm) *i., f.* fırtına, bora; şiddetli öfke veya heyecan; *ask.* müstahkem bir yere hücum; (alkış) tufan; *f.* fırtına patlamak, bora çıkmak; fırtınalı geçmek; hiddetten köpürmek; *ask.* müstahkem yere hücum etmek. **storm and stress** buhran devresi, *bak.* **Sturm und Drang. storm center** *meteor.* kasırga merkezi. **storm cloud** fırtına bulutu. **storm door** kış veya fırtınaya karşı yapılan ilâve dış kapı. **storm flag** *meteor.* fırtına bayrağı. **storm glass** eski tip barometre. **storm petrel** *bak.* **stormy petrel. storm sail** fırtına yelkeni. **storm signal** fırtına alâmeti. **storm window** kış mevsiminde pencereye ilâve olunan dış kanat.

storm-beat.en (stôrm'bitın) *s.* fırtınaya tutulmuş, fırtına yemiş.

storm.bound (stôrm'baund) s. fırtınadan gecikmiş; fırtınadan mahsur.

storm.proof (stôrm'pruf) s. fırtınaya karşı dayanıklı.

storm.y (stôr'mi) s. fırtınalı, bozuk. stormily z. fırtınalı bir şekilde; hiddetle. storminess i. fırtınalılık. stormy petrel fırtına martısı; yelkovankuşu, zool. Hydrobates pelagicus; dert getiren kimse; asi.

Stor.thing, Stor.ting (stôr'ting) i. Norveç parlamentosu.

sto.ry (stôr'i) i., f. hikâye, öykü; tarih; rivayet, anlatılan şey; makale; masal, efsane, destan; kısa roman; roman taslağı; k.dili yalan, martaval; f. hikâye anlatmak; tarihî tablolarla süslemek. story hour masal saati. story writer romancı, hikâyeci.

sto.ry, İng. sto.rey (stôr'i) i. bina katı; bir katta bulunan odalar.

sto.ry.book (stôr'ibûk) i. hikâye kitabı.

sto.ry.tell.er (stôr'itelır) i. hikâye anlatan kimse, masalcı; k.dili yalancı kimse.

stoup (stup) i. maşrapa, tas; Katolik kiliselerinde kapıya yakın olan ve içinde su bulunan kurna.

stout (staut) s., i. kalın; kuvvetli, sağlam; iri, şişman, enine boyuna; yiğit, cesur; i. iriyarı kimse; kuvvetli siyah bira, sert bira. stout'-hearted s. cesur, yiğit, yürekli. stout'ly z. kuvvetle; cesaretle. stout'ness i. şişmanlık; cesaret, yüreklilik.

stove (stov) i. soba; fırın, ocak.

stove (stov) bak. stave. stove-in s. zorla kırılıp delinmiş.

stove.pipe (stov'payp) i. soba borusu. stovepipe hat A.B.D., k.dili silindir şapka.

stow (sto) f. istif etmek, üst üste yerleştirmek; saklamak; den. sarmak (yelkeni); argo durdurmak; dinmek. stow away saklamak; kaçak seyahat etmek için vapur veya uçak içinde saklanmak; ambara yerleştirmek.

stow.age (sto'wîc) i. istif etme; istif yeri; istif harcı; istif olunan şey.

stow.a.way (sto'wıwey) i. biletsiz kaçak gemi yolcusu.

stra.bis.mus (strıbîz'mıs) i., tıb. şaşılık. stra-bismal, strabismic(al) s. şaşı.

stra.bot.o.my (strıbat'ımi) i., tıb. şaşılığı düzeltmek için yapılan ameliyat.

strad.dle (sträd'ıl) f., i. bacaklarını açıp durmak veya yürümek, apışıp durmak; bacaklarını ayırıp oturmak; k.dili taraf tutmamak; apışarak bir şeyin üstünde durmak veya oturmak; iki tarafı birden idare etmek; ask. hedefin hem önüne hem arkasına vurmak; i. apışma; apışık vaziyette bacaklar arasındaki mesafe. straddle a question münakaşada iki tarafı birden tutmak.

Strad.i.var.i.us (strädîver'iyıs) i. Stradivarius keman.

strafe (streyf, straf) f., i. uçaktan makinalı tüfekle ateş açmak; hücum etmek; bombardıman etmek; argo cezalandırmak; i. bombardıman.

strag.gle (sträg'ıl) f. yoldan sapmak; sürü veya bölükten ayrılıp dağınık gitmek; dağınık olmak. straggler i. arkada kalan kimse. straggly s. dağınık.

straight (streyt) s., i., z. doğru, müstakim, düz; namuslu, dürüst; k.dili güvenilir, emin; düzenli, muntazam, tertipli; şaşmaz, fark gözetmez; halis, saf (içki); k.dili sapık olmayan; müz. içten geldiği gibi söylenmiş, irticalen söylenmiş; i. doğru çizgi, düz hat; the ile koşuda son dönemeçle hedef arasındaki mesafe; pokerde beş kâğıtlı bir seri; z. dosdoğru, sapmaksızın, yanılmadan; namuslu bir şekilde. straight and narrow doğru ve dürüst. straight from the shoulder hiç kaçınılmadan. straight man A.B.D., k.dili sahnede komedyenle çalışan ciddi görünüşlü oyuncu. straight role fazla özelliği olmayan basit rol. straight ticket A.B.D. hep bir partinin adaylarına verilen oy. straight face anlamsız surat. go straight ıslah olmak. out of straight eğri. stand up straight dik durmak. straight'ly z. açıkça, dobra dobra. straight'ness i. doğruluk.

straight.a.way (streyt'ıwey) s., i., z. dosdoğru; i. dönemeçsiz koşu yolu; z. hemen, derhal.

straight.edge (streyt'ec) i. cetvel tahtası, cetvel.

straight.en (streyt'ın) f. doğrultmak, düzeltmek, tesviye etmek; doğrulmak, düzelmek. straighten out düzeltmek, doğrusunu açıklamak veya öğrenmek. straighten up düzeltmek, toplamak; dik durmak; dürüst yola dönmek, ıslah olmak.

straight.for.ward (streytfôr'wırd) *s.* doğru sözlü, dobra dobra söyleyen, dürüst, açık sözlü. **straightforwardly** *z.* açıkça, dürüst bir şekilde, dobra dobra. **straightforwardness** *i.* dürüstlük; açıklık.

straight-out (streyt'aut) *s., k.dili* açık sözlü, çekinmesiz; gerçek, hakikî; sözünün eri.

straight.way (streyt'wey) *z.* derhal, hemen.

strain (streyn) *f., i.* fazla gayret etmek; fazla germek, zorlamak, zorlayarak incitmek; burkmak, burkulmak; süzgeçten geçirmek, süzmek; zorlayarak eğmek veya şeklini bozmak; kendini zorlamak, çok uğraşmak; bağrına basmak; kucaklamak; *i.* germe, gerilme, zora gelme; aşırı zihnî veya duygusal gerginlik; burkulup incinme; *mak.* şeklen bozulma. **strain after an effect** iyi tesir bırakmak için kendini lüzumundan fazla yormak. **strain a point** özel muamele yapmak. **strain at** çok uğraşmak; vicdanen çekinmek. **strain the meaning** kendi çıkarına göre yorumlamak.

strain (streyn) *i.* nesil, soy, silsile, aile; hayvanlarda soy; *bahç.* ıslah edilmiş bitki cinsi; ırk veya millet özelliği; eser, iz; cüzî şey; ifade, tarz, usul; mizaç; nağme, makam; şiir parçası, şarkı.

strain.er (strey'nır) *i.* süzgeç; geren kimse; gerici alet.

strait (streyt) *i., s.* dar yer, geçit, boğaz; *s., eski* dar. **straits** *i., çoğ.* boğaz; zor durum. **the Straits** İstanbul ve Çanakkale Boğazları.

strait.en (streyt'ın) *f.* daraltmak; sıkıntıya düşürmek. **in straitened circumstances** çok muhtaç vaziyette, büyük darlık içinde, fakir.

strait jacket deli gömleği.

strait-laced (streyt'leyst) *s.* ahlâk ve davranış konusunda tutucu.

strake (streyk) *i., den.* bir sıra borda kaplaması; tekerlek çemberi.

stra.min.e.ous (strımîn'iyıs) *s.* saman gibi, samana benzer, saman renkli.

stra.mo.ni.um, stram.o.ny (strımo'niyım, sträm'ıni) *i.* tatula, *bot.* Datura stramonium; tatula yapraklarından yapılan müsekkin ilâç.

strand (stränd) *i., f.* kenar, kıyı, sahil, yalı, yalı boyu; *f.* karaya oturmak; karaya oturtmak; zor durumda kalmak. **be stranded** karaya oturtulmak; yolda kalmak, vasıtasız kalmak; parasız kalmak.

strand (stränd) *i., f.* halatın bir kolu; iplik teli; *f.* halatın bir kolunu koparmak; telleri birleştirerek iplik yapmak.

strange (streync) *s., z.* görülmemiş, ilk defa görülen; başka yerden gelmiş; yeni, alışılmamış; tuhaf, garip, acayip; yabancı; utangaç, çekingen; acemi, alışık olmayan, tecrübesiz; *z.* acayip bir şekilde. **strange looking** tuhaf görünüşlü. **strange'ly** *z.* tuhaf, garip bir şekilde, şaşılacak derecede. **strange'ness** *i.* tuhaflık, acayiplik; yabancılık.

stran.ger (streyn'cır) *i.* yabancı; dışarıdan gelen kimse; tanınmamış kimse; bir işin yabancısı veya acemisi; *huk.* hakkı olmadan bir işe karışan kimse.

stran.gle (sträng'gıl) *f.* boğmak, boğazlamak, boğazını sıkarak öldürmek; bastırmak; boğulmak. **strangle hold** güreşte boğma vaziyeti; boğucu hâkimiyet.

stran.gu.late (sträng'gıyleyt) *f.* boğmak; *tıb.* düğümlemek (bağırsak), sıkıştırmak (damar). **strangulated hernia** boğulmuş fıtık. **strangula'tion** *i.* boğma, boğulma; düğümlenme.

stran.gu.ry (sträng'gyırı) *i., tıb.* idrar zorluğu; *bot.* fidanı çok sıkı bağlamaktan ileri gelen normal üstü şişkinlik veya hastalık.

strap (sträp) *i., f.* (**-ped, -ping**) kayış; şerit, atkı, bant; dar ve uzun kumaş parçası; berber kayışı, ustura kayışı; (otobüs veya trende) tutunma kayışı; *f.* kayış veya çemberle tutturmak, çemberlemek; kayışla dövmek; sıkıntıya sokmak; kayışla bilemek. **strap'hanger** *i.* otobüste kayışa tutunup ayakta duran yolcu. **strap iron** çember demiri. **strapped** *s.* çemberli; meteliksiz. **strap'ping** *i.* kayışla dövme; çember.

strap.pa.do (strıpey'do, strıpa'do) *i., f.* işkence olarak bileklerinden iple yukarıya çekip tekrar bırakıvererek düşürme cezası; *f.* bu şekilde cezalandırmak.

strap.ping (sträp'îng) *s., k.dili* uzun boylu, iriyarı.

stra.ta (strey'tı, strät'ı) *bak.* **stratum.**

strat.a.gem (strät'ıcım) *i.* harp hilesi; hile, tuzak, oyun, manevra.

stra.te.gic (strıti'cîk) *s.* stratejik; harp bilgisine uygun; şartlara uygun, elverişli, ümit verici.

stra.te.gi.cal, strat.e.get.ic (strıti'cîkıl, strätıcet'îk) *bak.* **strategic.**

stra.te.gi.cal.ly (strıti'cîkıli) *z.* stratejik olarak, strateji bakımından.

stra.te.gics (strıti'ciks) *i.* strateji ilmi, harp ilmi.

strat.e.gy (strät'ıci) *i.* strateji, harp idare bilgisi. **strategist** *i.* strateji uzmanı.

strath (sträth) *i., İskoç.* geniş vadi, içinden nehir geçen vadi.

strath.spey (sträth'spey) *i.* İskoç dansı.

stra.tic.u.late (strätik'yılît) *s., jeol.* ince tabakalardan meydana gelen.

strat.i.form (strät'ıfôrm) *s., jeol.* tabaka şeklindeki.

strat.i.fy (strät'ıfay) *f., jeol.* tabakalar halinde tertip etmek. **stratifica'tion** *i.* kat kat veya tabaka tabaka oluşum.

stra.tig.ra.phy (strıtig'rıfi) *i.* yerkabuğu katmanlarının düzeni; yerbilimin katmanları inceleyen kolu, stratigrafi. **stratigraph'ical** *s.* stratigrafik.

stra.toc.ra.cy (strıtak'rısi) *i.* askerî hükümet.

stra.to.cu.mu.lus (streytokyu'myılıs) *i.* (*çoğ.* -li) stratokumulus.

strat.o.pause (strät'ıpôz) *i.* stratosfer ile mesosfer arasındaki geçiş bölgesi.

strat.o.sphere (strät'ısfîr, strey'tısfîr) *i.* stratosfer.

stra.tum (strey'tım, strät'ım) *i.* (*çoğ.* -s, -ta) kat, tabaka, katman; *jeol.* yeryüzü tabakası; *biyol.* doku tabakası; tabaka, sınıf.

strat.us (strey'tıs, strät'ıs) *i.* (*çoğ.* -ti) katmanbulut, stratus.

straw (strô) *i.* saman; tahılların kuru sapı; zerre, çok ufak şey. **straw boss** *A.B.D., k.dili* işçi başı, kalfa. **straw color** saman rengi. **straw hat** hasır şapka. **straw-hat circuit** sayfiyede yazlık tiyatro. **straw man** hasırdan adam; kukla; hayalî düşman, kendi tarafını desteklemek için düşman olarak gösterilen kimse veya devlet; yalancı şahit. **straw vote** nabız yoklama oyu. **clutch at a straw** ümitsizlik içinde her çareye baş vurmak. **drinking straw** kamış. **straw in the wind** ilk belirti. **the straw that broke the camel's back** bardağı taşıran son damla. **That's the last straw!** Yeter artık! **straw'y** *s.* saman gibi, samanlı.

straw.ber.ry (strô'beri) *i.* çilek; çilek bitkisi, *bot.* Fragaria; çilek rengi. **strawberry blond** açık kızıl saçlı kimse. **strawberry mark** doğuştan vücutta bulunan kırmızı leke. **strawberry tree** kocayemiş, *bot.* Arbutus unedo. **crushed strawberry** bir çeşit donuk kızıl renk.

straw.board (strô'bôrd) *i.* samandan karton.

stray (strey) *f., i., s.* sürüden ayrılıp yoldan çıkmak; doğru yoldan ayrılmak; yanlış yola sapmak, dalâlete düşmek; *i.* sürüden ayrılmış hayvan; başıboş ve aylak kimse; evden kaçmış çocuk; *çoğ., radyo* yıldırımdan meydana gelen parazitler; *s.* başıboş; doğru yoldan sapmış; tesadüfe bağlı. **stray bullet** serseri kurşun.

streak (strik) *i., f.* yol, çizgi; bir madeni ovalayarak elde edilen tozun rengi; damar, eser, nişan; süre, müddet; *f.* çizgilemek, yol yol yapmak; hızla geçmek, hızla gitmek; çırılçıplak soyunarak herkesin önünde hızla koşup kaybolmak. **like a streak** *k.dili* çok çabuk, son süratle. **lucky streak, streak of luck** kısa süren şanslılık devresi. **a streak of stubbornness** damar. **streak'y** *s.* çubuklu, yollu, çizgili.

stream (strim) *i., f.* akarsu, dere, çay, ırmak; akıntı; akım, cereyan; gidiş; *f.* akmak, sel gibi akmak; akar gibi girmek veya geçmek; dalgalanmak (bayrak); uzanmak; akıtmak. **stream of abuse** küfür yağmuru. **stream of cars** araba seli. **stream of consciousness** bilinç akımı. **stream tin** akarsu kenarındaki toprakta bulunan kalay filizi. **against the stream** akıntıya karşı. **down the stream** akıntı yönünde. **on stream** tam üretimde (petrol rafinerisi). **go with the stream, drift with the stream** ayak uydurmak. **stream'let** *i.* derecik, küçük ırmak. **stream'y** *s.* akarsuları çok; dere gibi.

stream.er (stri'mır) *i.* ince uzun bayrak, flama; flandra; serpantin; göğe doğru yükselen ışık sütunu; gazete manşeti.

stream.line (strim'layn) *f., i., s.* akış çizgisi biçimi vermek; kolay ve elverişli duruma getirmek; *i.* muntazam akıntı; su veya hava direncini azaltmak için hızlı giden bir şeye verilen şekil; *s., bak.* **streamlined.**

stream.lined (strim'laynd) *s.* akış çizgisi biçimli; modern; elverişli.

street (strit) *i.* sokak, cadde, yol; *k.dili* mahalle halkı. **street Arab** serseri çocuk, kimsesiz sokak çocuğu. **street directory** şehir rehberi. **street door** sokak kapısı. **street fight** arbede. **street people** hippiler. **street sprinkler** arozöz, sulamaç. **street sweeper** sokakları süpüren kimse veya makina.

street.car (strit'kar) *i.* tramvay.

street.walk.er (strit'wôkır) *i.* fahişe, orospu, sokak kadını.

strength (strengkth) *i.* kuvvet, güç, takat; sertlik, keskinlik; mukavemet gücü, dayanıklılık; şiddet; tesir derecesi; askerî kuvvet; kuvvet kaynağı; metanet, manevî güç. **on the strength of** -e güvenerek.

strength.en (strengk'thın) *f.* takviye etmek, desteklemek; kuvvet vermek, kuvvetlendirmek; kuvvetini artırmak.

stren.u.ous (stren'yuwıs) *s.* gayretli, faal, hararetli; gayret veya enerji isteyen, güç, ağır. **strenuously** *z.* çok emek sarfederek, yoğun faaliyetle. **strenuousness** *i.* yorucu faaliyet.

streph.o.sym.bo.li.a (strefosîmbo'liyı) *i.* ters görünme (aynada olduğu gibi).

strep.to.coc.cus (streptıkak'ıs) *i.* (*çoğ.* -coc.-ci) streptokok basili.

strep.to.my.cin (streptomay'sîn) *i.* streptomisin.

stress (stres) *i., f.* şiddet, zor; itina, ağırlık, önem, ehemmiyet; *mak.* iç mukavemet; basınç, tazyik; tahammül; gerginlik; *dilb.* vurgu, kuvvet; *f.* baskı yapmak, tazyik etmek; önem vermek, önemle üstünde durmak; vurgulamak. **stress accent** vurgulama.

stretch (streç) *f., i., s.* uzatmak; sermek, germek, yaymak; çekip uzatmak; abartmak, mübalâğa etmek, büyütmek; yere sermek; gerinmek; gerilmek, yayılmak, serilmek; açılmak; uzamak; *i.* germe, geriliş; gerginlik; geniş yer; sıra ile uzanan şey; uzam; aralıksız süre; dönemeçli koşu yolunun düz kısmı; *argo* hapis süresi; *s.* gerilebilen. **stretch the truth** gerçeği abartmak. **a stretch of open country** geniş düz arazi. **by a stretch of imagination** hayal kuvvetini kullanarak. **home stretch** koşu yolunun son düz kısmı. **ten hours at a stretch** on saat hiç durmadan. **stretch'y** *s.* gerilir, uzar, esnek, elastikî.

stretch.er (streç'ır) *i.* geren şey veya kimse; duvar boyunca enine konulan taş veya tuğla; hatıl; iki çatı direğini bağlayan direk; hasta veya ölü taşımaya mahsus teskere, sedye. **stretcher-bearer** *i.* sedye taşıyan hastabakıcı.

stretch-out (streç'aut) *i.* işçilerden aynı ücretle fazla iş talep etme; işçilerin maksatlı olarak işi yavaşlatmaları.

stretch.pants (streç'pänts) *i., A.B.D.* vücudu saran elastikî kayak pantolonu.

stret.to (stret'to) *i., müz.* hızı gitgide artan kısım.

strew (stru) *f.* (strewed; strewed *veya* strewn) saçmak, yaymak; yayarak kaplamak; dağıtmak, neşretmek; dağılmak, saçılmak.

stri.a (stray'ı) *i.* (*çoğ.* stri.ae) ince çizgi; ufak oyuk; paralel birkaç çizgiden her biri. **striate(d)** *s.* çizgili. **stria'tion** *i.* paralel küçük çizgilerin düzeni.

strick.en (strik'ın) *bak.* strike; *s., A.B.D.* hastalanmış; yaralı, yaralanmış; felâkete uğramış; içindekiler kabın ağız seviyesine indirilmiş.

strick.le (strik'ıl) *i.* dolu zahire ölçüsünü düz silmeye mahsus tahta; orak bilemeye mahsus alet.

strict (strikt) *s.* sıkı; dikkatli, çok titiz; harfi harfine tanımlanmış, tam; şiddetli, sert; sofu, mutaassıp. **strict'ly** *z.* tam manasıyle. **strict'ness** *i.* sıkılık, sertlik, sıkı disiplin.

stric.ture (strîk'çır) *i.* kınama, takbih, zem; yerme, tenkit; sınırlama; *tıb.* kanal daralması.

stride (strayd) *f.* (strode, stridden) *i.* uzun adımlarla yürümek, geniş adımlarla gezinmek; üzerine binmek; *i.* uzun adımlarla yürüme; uzun adım. **hit one's stride** normal seyrini veya hızını bulmak. **make rapid strides** hızla ilerlemek; büyük terakki göstermek. **take in one's stride** temposunu bozmadan bir engeli atlamak; umumî gidişini değiştirmeden hayatın güçlüklerini yenmek, telâşa kapılmadan işini yürütmek.

stri.dent (strayd'ınt) *s.* gıcırtılı, tiz, keskin sesli. **stridently** *z.* tiz bir sesle.

stri.dor (stray'dır) *i.* gıcırtı; *tıb.* hırıltı.

strid.u.late (strîc'ûleyt) *f.* cırlamak. **stridula'tion** *i.* tiz ses, cırıltı.

strid.u.lous (strîc'ûlıs) *s.* cırlak, cırtlak.

strife (strayf) *i.* didişme, mücadele, çekişme, münazaa.

strig.il (strîc'ıl) *i.* eski Roma ve Yunan'da uzun saplı hamam kaşağısı; eski Roma binalarında süs için yapılan bir çeşit oyuk.

stri.gose (stray'gos, strîgos') *s., bot.* sert kıllı; *zool.* ince çizgili.

strike (strayk) *f.* (struck; struck *veya nad.,* *A.B.D.* stricken) vurmak, çarpmak, darbe indirmek; yumruk atmak; çakmak; çatmak; basmak, darbetmek; çalmak (saat); gelmek, bulmak, ulaşmak; dolu zahire ölçüsünü bir tahta parçasıyle silip düzeltmek; akdetmek, kararlaştırmak; zihninde yer etmek, etkilemek, dikkatini çekmek; *den.* indirmek, mayna etmek (bayrak), arya sancak etmek; poz almak; ilerlemek; birdenbire bulmak; grev yapmak; kök sürmek, tutmak (bitki). strike camp çadırı bozmak. strike down darbeyle yere yıkmak; âciz bırakmak. strike dumb şaşırtmak. strike hands pazarlık şartlarını kabul ederek el sıkışmak. strike home etkilemek, tesirli olmak. strike it rich *k.dili* beklenmedik bir gelire erişmek. strike off *veya* from çıkarmak, ayırmak, kesmek. strike out karalayarak çıkarmak; işe koyulmak; *beysbol* üç kere topa vuramayınca oyun harici olmak. strike the set sahne donatımını boşaltmak. strike up çalmaya başlamak. strike up a friendship dostluk kurmak. It strikes me... Bana öyle geliyor ki...

strike (strayk) *i.* vurma, çarpma; grev; umulmadık bir yerde zengin maden filizi bulma; dolu kilenin üstünü silip düzeltecek alet; üstünlük, mükemmellik; doluluk; *jeol.* bir tabakanın yatay yönü; bir defada darbedilen sikke miktarı; *k.dili* anî başarı, büyük vurgun; bowling oyununda ilk vuruşta bütün kukaları devirme; *beysbol* topa vuramayış; çarpma (balık). strike'breaker *i.* grev bozguncusu. strike three *beysbol* üçüncü vuramayış; başarısızlık. general strike genel grev. on strike grev halinde. sympathy strike sempati grevi.

strik.er (stray'kır) *i.* vurucu, vuran kimse; grevci; A.B.D. donanmasında çırak.

strik.ing (stray'kîng) *s.* dikkati çeken, göze çarpan. strikingly *z.* dikkat çekecek surette.

Strine (strayn) *i., argo* Avustralya İngilizcesi.

string (strîng) *i.* ip, sicim, kaytan, kordon, şerit; şart; tahdit; boncuk dizisi; dizi, seri; *A.B.D., k.dili* yarış atı grubu; kiriş, tel, saz teli; lif; *çoğ.* yaylı sazlar. string bag file. string band yaylı sazlar orkestrası. string bean çalı fasulyesi; *k.dili* uzun ve sıska kimse, sırık gibi kimse. string quartet yaylı sazlar kuarteti. string tie dar kravat. have two strings to one's bow yedek plan bulundurmak. on a string sermayesiz olarak; baskı veya kontrol altında. on the string peşinde. pull strings başkalarının faaliyetini gizlice idare etmek; başkalarına gizlice tesir etmek; piston kullanmak.

string (strîng) *f.* (strung) tel takmak; akort etmek; germek; ipliğe dizmek, ipe geçirmek; kılçıklarını çıkarmak (taze fasulye); iple bağlamak veya asmak; tel tel olmak; sıra veya dizi halinde gitmek. string along aldatmak; ayak uydurmak. string along with *k.dili* beraberinde gitmek, peşine takılmak. string up *A.B.D., k.dili* ipe çekmek, asmak. stringed *s.* iplikli, telli. stringed instruments yaylı sazlar.

strin.gent (strin'cınt) *s.* zorlu, yeğin; zor şartlarda engellenmiş; sıkı, dar; parasızlık çeken; ikna edici, kandırıcı. stringency *i.* sıkılık; para darlığı. stringently *z.* para darlığıyle; sıkıca.

string.er (strîng'ır) *i.* kirişçi; yatay kiriş; *k.dili* belirli bir takımdan olan kimse.

string.y (strîng'i) *s.* tel gibi; tel tel olan; lifli, iplik iplik; kılçıklı.

strip (strîp) *f.* (-ped, -ping) *i.* soymak, elbisesini çıkarmak; derisini veya kabuğunu soymak; vidanın dişlerini çıkarmak; ineğin sütünü son damlasına kadar sağmak; tütün yaprağının orta damarını çıkarmak; soyunmak; soyulmak. strip mining madenin üstünü kazarak kömür çıkarma metodu. strip off elinden almak; mahrum etmek; soymak.

strip (strîp) *i., f.* uzun ve dar parça; sırım; şerit; dar arazi; resimli hikâye serisi; *f.* şeritler halinde kesmek.

stripe (strayp) *i., f.* çubuk, yol, çizgi; çizgili kumaş; *çoğ.* tutuklu kıyafeti; başka renkten takılan ensiz ve uzun parça; biçim, tip; cins, renk; *f.* yol yol etmek, çizgilerle süslemek. striped *s.* çizgili, yollu. of the same stripe aynı cinsten.

stripe (strayp) *i.* kamçının darbe yeri, bere; kamçı vuruşu.

strip.ling (strip'ling) *i.* delikanlı, genç adam, çocuk.

strip.per (strip'ır) *i.* soyma makinası; soyan kimse; *A.B.D., argo* striptiz artisti.

strip.tease (strip'tiz) *i.* striptiz.

strive (strayv) *f.* (**strove, striven**) çalışmak, çabalamak, gayret etmek; çekişmek; uğraşmak.

strobe (strob) *bak.* **stroboscope. strobe light** *foto., k.dili* elektronik flaş; hızla tekrarlanan elektronik flaş.

stro.bi.la (strobay'lı) *i.* (*çoğ.* **-lae**) *zool.* bazı denizanalarının bölünerek ürediği safha.

strob.ile (strab'il) *i.* çam kozalağı. **strobil'- iform** *s.* kozalak şeklindeki.

strob.o.scope (strab'ıskop, stro'bıskop) *i.* bir kimsenin veya bir şeyin hareketlerini incelemek için kullanılan aralıklı ışık veren alet.

strode (strod) *bak.* **stride.**

stroke (strok) *i., f.* vuruş, darbe; vuruş tesiri; darbe tesiri yapan şey; inme; anî bir gayretle yapılan şey; vuruş sesi; çarpma; kürek çekme tarzı; hamlacı; bölme işareti; kalem vuruşu; okşama; *psik.* manevî okşama; yüzme çeşidi; *f.* okşamak; kürekçilere hareket işareti vermek; vurmak. **strokesman** *i.,* **stroke oar** hamlacı. **strok'ingly** *z.* okşayarak.

stroll (strol) *f., i.* gezinmek, ağır ağır dolaşmak; *i.* gezme, dolaşma. **stroll'er** *i.* gezinen kimse; gezici aktör; portatif bebek arabası.

stro.ma (stro'mı) *i.* (*çoğ.* **-ma.ta**) *anat.* stroma, temel doku.

Strom.bo.li (strôm'boli) *i.* Stromboli.

strong (strông) *s.* kuvvetli, zorlu, güçlü; metin, sağlam, berk, dayanıklı; sert, keskin; ağır; şiddetli; gayretli; temeli sağlam, esaslı; *gram.* mastarın sesli harfinin değişmesi ile geçmiş zamanlarını teşkil eden (fiil) (**break, broke, broken** gibi). **strong cheese** ağır kokulu peynir. **strong constitution** sağlam bünye. **strong drink** sert içki. **strong language** sert ve ağır sözler; küfür. **strong market** müsait piyasa. **strong meat** kabul edilmesi zor olan mesele. **an army ten thousand strong** on bin kişilik bir ordu. **strong'ly** *z.* kuvvetle, kuvvetli bir şekilde.

strong-arm (strông'arm) *f., s., k.dili* zor kullanmak; *s.* zor kullanan.

strong.box (strông'baks) *i.* kasa.

strong.hold (strông'hold) *i.* müstahkem yer, kale; iyi muhafaza edilmiş mevki.

strong.man (strông'män) *i.* diktatör; diktatör gibi adam; adaleli adam.

strong-mind.ed (strông'mayn'did) *s.* bildiğinden şaşmaz, düşüncesinde kararlı, iradesi kuvvetli.

strong.room (strông'rum) *i.* hazine odası.

strong-willed (strông'wild') *s.* kuvvetli iradeli; inatçı.

stron.ti.um (stran'şiyım, -tiyım) *i., kim.* stronsiyum. **strontium 90** atom bombalarının saçtığı uzun tesirli ve zehirli bir radyoaktif madde.

strop (strap) *i., f.* (**-ped, -ping**) ustura kayışı, berber kayışı; *f.* usturayı kayışa sürterek bilemek, kılağılamak.

stro.phe (stro'fi) *i.* eski Yunan'da koro üyelerinin sağdan sola doğru hareket ederken okudukları şiir parçası; şiir kıtası, bent; beyit.

strove (strov) *bak.* **strive.**

struck (strʌk) *bak.* **strike;** *s.* grevde. **struck measure** silme ölçü.

struc.tur.al (strʌk'çırıl) *s.* bina veya yapıya ait; yapısal; inşaata ait; *jeol.* yapısal. **structural botany** yapısal bitkibilimi. **structural linguistics** yapısal dilbilim. **structural steel** yapı demiri, inşaat çeliği. **structurally** *z.* yapı bakımından.

struc.ture (strʌk'çır) *i., f.* yapı, bina; inşaat, yapılış; bünye; *f.* bütünüyle planlamak; bir bütün olarak düşünmek. **structured** *s.* planlanmış, idare altındaki.

stru.del (strud'ıl) *i.* meyvalı turta.

strug.gle (strʌg'ıl) *f., i.* çabalamak, uğraşmak, mücadele etmek; canını dişine takarak çalışmak, can havliyle çabalamak; *i.* çabalama, uğraşma; mücadele, çaba, uğraş.

strum (strʌm) *f.* (**-med, -ming**) *i.* yaylı sazı tıngırdatmak; *i.* yaylı sazı tıngırdatma; tellere vurarak çalma.

stru.ma (stru'mı) *i.* (*çoğ.* **-mae**) *tıb.* sıraca illeti; *tıb.* guatr, guşa; *bot.* yastık biçimindeki şişkinlik. **strumous** *s., tıb.* sıraca veya guatr nev'inden.

strum.pet (strʌm'pît) *i.* fahişe, orospu.

strung (strʌng) *f., bak.* **string.**

strut (str∧t) *f.* (**-ted, -ting**) *i.* caka satarak yürümek, çalım yaparak gezinmek; desteklemek; *i.* azametli yürüyüş, çalım, fiyaka, kasılma; *mim.* göğüsleme; payanda.

stru.thi.ous (stru'thiyıs) *s.* devekuşuna benzer, devekuşuna ait, devekuşu familyasından.

strych.nine (strik'nîn, -nin, -nayn) *i., kim.* striknin, kargabüken özü.

stub (st∧b) *i., f.* (**-bed, -bing**) kesilmiş ağaç gövdesi, kütük; mum dibi; sigara izmariti; kurşun kalemin kullanıldıktan sonra kalan parçası; *A.B.D.* dîp koçanı; küt uçlu şey; *f.* kökünden sökmek; kökünü çıkarmak; (ayağı) taşa çarpmak. **stub'by** *s.* güdük; küt; kısa ve sert kıllı; kısa ve kalın; tıknaz, bodur; ağaç kütükleri çok.

stub.bed (st∧b'îd, st∧bd) *s.* dip parçası olarak kalmış; köke benzer; kütükleri çok; kısa ve küt.

stub.ble (st∧b'ıl) *i.* ekin dibi, anız; anızlık; uzamış tıraş. **stubbly** *s.* tıraşsız sakal gibi.

stub.born (st∧b'ırn) *s.* inatçı, direngen, serkeş, dik başlı; sebatkâr, azimli; sert, çetin, müşkül. **stubbornly** *z.* inatla, ayak direyerek. **stubbornness** *i.* inatçılık.

stuc.co (st∧k'o) *i.* (*çoğ.* **-coes, -s**) *f.* kum ve kireç ile çimento karışımı dış duvar sıvası; *f.* bu karışımla sıvamak.

stuck (st∧k) *bak.* **stick**; *s.* saplanmış; sıkışmış; takılmış; yapışmış. **stuck on** *k.dili* âşık, tutkun, vurgun. **get stuck** saplanmak; yolda kalmak; batmak.

stuck-up (st∧k'∧p') *s., k.dili* burnu havada olan, kendini beğenmiş.

stud (st∧d) *i., f.* (**-ded, -ding**) iri başlı çivi; zincir baklasının lokması; gömleğin eğreti düğmesi; bağdadî duvarı tutan direk; *f.* iri başlı çiviler çakmak; düğme ile süslemek. **stud bolt** saplama cıvata, çekme cıvatası. **stud'work** *i.* iri başlı çivilerle süslü iş. **stud'-ding** *i.* duvar direkleri; odanın yüksekliği.

stud (st∧d) *i., s.* at ahırı, tavla; damızlık atların beslendiği yer; aygır; damızlık erkek hayvan; *s.* damızlık.

stud.book (st∧d'bûk) *i.* safkan atların şecere defteri.

stud.ding.sail (st∧n'sıl, st∧d'îngseyl) *i., den.* cunda yelkeni.

stu.dent (stud'ınt) *i.* öğrenci, talebe; uzman. **student body** bir okul veya üniversite öğrencilerinin tümü. **student lamp** değişik yönlere çevrilebilen masa lambası. **student nurse** hemşirelik öğrencisi. **student teacher** stajiyer öğretmen. **studentship** öğrencilik; *İng.* burs.

stud.farm (st∧d'farm) *i.* hara.

stud.horse (st∧d'hôrs) *i.* aygır.

stud.ied (st∧d'id) *s.* iyi mütalaa olunmuş, düşünerek yapılmış, mahsus yapılmış; maksatlı. **studiedly** *z.* maksatla, mahsus.

stu.di.o (stu'diyo) *i.* stüdyo. **studio couch** yatak olabilen sedir, açılır kapanır kanepe.

stu.di.ous (stu'diyıs) *s.* çalışkan, ödevcil, gayretli, okumayı sever; dikkatli, hevesli. **studiously** *z.* çalışarak, gayretle, dikkatle. **studiousness** *i.* çalışkanlık, gayret, dikkat.

stud.y (st∧d'i) *i.* çalışma, okuma, irdeleme, mütalaa; inceleme, araştırma, tetkik; gayret, çalışkanlık; düşünme, tefekkür; dalgınlık; araştırma konusu veya sahası; kalem tecrübesi, alıştırma, taslak; *müz.* etüt; yazıhane; çalışma odası; *k.dili* rol ezberleyen kimse. **study group** araştırma grubu. **study hall** mütalaa salonu; çalışma saati. **His face was a study.** Yüzü görülecek bir haldeydi. **in a brown study** başka şeylere dikkat etmeyecek derecede düşünceye dalmış. **make a study of** öğrenmeye veya anlamaya çalışmak.

stud.y (st∧d'i) *f.* okumak, irdelemek, çalışmak, mütalaa etmek; düşünmek; incelemek, araştırmak, tetkik etmek; gayret etmek; tahsil etmek. **study up on** için ders çalışmak.

stuff (st∧f) *i., f.* madde; asıl, esas; *k.dili* eşya, ev eşyası; boş laf, saçma; kumaş; ilâç; *k.dili* şey, zımbırtı, zırıltı; *argo* hüner; *argo* görev; *argo* para; *f.* tıka basa doldurmak; doldurmak; dolma yapmak; tıkamak; tıkıştırmak; çok laf ile kafa şişirmek; (seçim sandığını) sahte oylarla doldurmak; dolgunluk vermek; çok yedirmek; tıka basa yemek, tıkınmak. **stuff and nonsense** baştan aşağı saçma; incir çekirdeğini doldurmayacak şey. **Stuff it!** *argo* Kes be! **stuffed shirt** *k.dili* resmiyete önem veren kibirli kimse. **household stuff** ev eşyası. **That's the stuff!** Bravo! Aferin! **stuff'ing** *i.* doldurma, dolgu; vatka; fodra; dolmalık iç, dolma içi.

stuff.y (st∧f'i) *s.* havasız, havası bozuk, kapalı; tıkalı (burun); *k.dili* kibirli; soğuk, ağır.

stul.ti.fy (stʌl'tıfay) *f.* aptallaştırmak, aptal gibi göstermek; ket vurmak. **stultifica'tion** *i.* aptallaştırma; ket vurma.

stum (stʌm) *i., f.* (-med, -ming) üzüm suyu, şıra; *f.* içine şıra katarak şarabı tazelemek.

stum.ble (stʌm'bıl) *f., i.* düşecek gibi olmak, sürçmek, tökezlemek, kösteklenmek, sendelemek; sendeleyerek yürümek; dili sürçmek; günaha girmek; hataya düşmek; *i.* sürçme, tökezleme, kösteklenme; yanlışlık, hata, yanılgı. **stumble across, stumble on, stumble upon** rast gelmek, rastlamak, tesadüf etmek. **stumble along** sendeleyerek yürümek. **stumbling block** engel, mâni, ket, aksa, çaparız. **stumblingly** *z.* sendeleyerek, düşe kalka.

stum.ble.bum (stʌm'bılbʌm) *i., A.B.D., argo* şaşkın budala, şaşkoloz kimse.

stump (stʌmp) *i., f.* çotuk, kütük; kesilen uzvun geri kalan parçası, kök; *çoğ., k.dili* bacaklar; *kriket* üç hedef sopasından her biri; karakalem resimde kullanılan meşin kalem; siyasî hatiplere mahsus platform; *k.dili* meydan okuma; *f.* kesip kökünü bırakmak; bir şeye çarpmak; *k.dili* meydan okumak; *k.dili* şaşırtmak; bir yerden bir yere dolaşarak siyasî nutuklar vermek; *kriket* hedefi vurarak birini oyun dışı etmek; topallayarak yürümek. **be up a stump** âciz olmak; şaşkın bir halde olmak; şaşırıp kalmak, *fig.* apışıp kalmak. **take the stump** başkası hesabına nutuklar söylemek. **stir one's stumps** şaka yürümek, kımıldanmak.

stump.age (stʌm'pic) *i.* kerestelik ağaçlar; ağaçları kesme hakkı.

stump.y (stʌm'pi) *s.* kütüklerle dolu; kısa, bodur, tıknaz. **stumpiness** *i.* bodurluk.

stun (stʌn) *f.* (-ned, -ning) *i.* sersemletmek; şaşırtmak, afallatmak; şaşkına çevirmek; *i.* sersemletici darbe; şok; sersemleme, afallama. **stun'ner** *i.* sersemletici şey veya kimse; *k.dili* akıllara durgunluk veren kimse veya şey, fevkalade kimse.

stung (stʌng) *bak.* sting.

stunk (stʌngk) *bak.* stink.

stun.ning (stʌn'ing) *s.* hayret verici, çok güzel, fevkalade, müstesna; sersemletici. **stunningly** *z.* insanın aklını başından alacak surette.

stun.sail (stʌn'sıl) *i., den.* cunda yelkeni.

stunt (stʌnt) *f., i.* büyümesini önlemek, bodur bırakmak; *i.* büyümede duraklama; bodur hayvan veya bitki.

stunt (stʌnt) *i., f., A.B.D., k.dili* hüner gösterisi; maharetli iş; *f.* hüner gösterisi yapmak. **stunt flier** hüner gösterisi yapan pilot. **stunt man** tehlikeli sahnelerde oynayan dublör.

stupe (stup) *i., tıb.* yaraya konulan ilâçlı sıcak bez.

stupe (stup) *i., argo* budala kimse.

stu.pe.fa.cient, stu.pe.fac.tive (stupıfey'şınt, stupıfäk'tîv) *s., i.* sersemletici, uyuşturucu; *i.* uyuşturucu ilâç.

stu.pe.fac.tion (stupıfäk'şın) *i.* sersemlik; hayret, şaşkınlık; duyumsuzluk.

stu.pe.fy (stu'pıfay) *f.* hissizleştirmek, uyuşturmak; sersemletmek, şaşırtmak.

stu.pen.dous (stupen'dıs) *s.* etkileyici, tesirli, harikulade; heybetli, cüsseli, iri yapılı. **stupendously** *z.* harikulade bir şekilde.

stu.pid (stu'pid) *s.* akılsız, ahmak, budala, anlayışsız; saçma, değersiz. **stupidly** *z.* budalaca, ahmakça. **stupid'ity** *i.* budalalık, ahmaklık.

stu.por (stu'pır) *i.* uyuşukluk, baygınlık.

stur.dy (stır'di) *s.* kuvvetli, dayanıklı, metanetli, sağlam bünyeli; sebatlı, azimli. **sturdily** *z.* kuvvetle, dayanacak şekilde. **sturdiness** *i.* kuvvetlilik; sebat; gürbüzlük.

stur.dy (stır'di) *i.* koyunlara mahsus sersemlik illeti.

stur.geon (stır'cın) *i.* mersin balığı, *zool.* Acipenser sturio. **rock sturgeon** kara mersin, *zool.* Acipenser fulvescens. **white sturgeon** mersin morinası, *zool.* Acipenser transmontanus.

Sturm und Drang (ştûrm ûnt drangk') *Al.* buhran devresi (on sekizinci yüzyılın ikinci yarısında Alman edebiyatında romantizm).

stut.ter (stʌt'ır) *f., i.* pepelemek, kekelemek; *i.* kekemelik, kekeleme.

St. Vi.tus's dance (seynt vay'tısîz) *tıb.* kore hastalığı.

sty (stay) *i., f.* domuz ahırı, domuz ağılı; çok pis oda veya ev; *f.* domuz ahırına kapamak.

sty, stye (stay) *i., tıb.* arpacık, itdirseği.

styg.i.an (stîc'iyın) *s.* cehennemdeki Styx ırmağına ait; cehennemî; ölüm gibi; kasvetli, karanlık.

style (stayl) *i., f.* tarz, üslûp, usul; tip, stil; moda; tavır; mil, kalem, güneş saatinin mili; *matb.* tertip usulü; unvan; takvim usulü; *bot.* çiçeğin dişilik uzvunun sapı, boyuncuk, stil; *f.* demek, isimlendirmek, lakap takmak; *matb.* tutarlı kılmak; model çizmek, yaratmak. **style book** imlâ ve tertip usullerini gösteren kitap. **in style** moda olan, modaya uygun. **old style (Julian calendar), new style (Gregorian calendar)** *bak.* **calendar. out of style** modası geçmiş, demode olmuş.

sty.let (stay'lit) *i.* küçük hançer; cerrah mili; *zool.* kıla benzer ince uzuv.

sty.li.form (stay'lıfôrm) *s.* mil şeklindeki.

styl.ish (stay'liş) *s.* modaya uygun, şık. **stylishly** *z.* modaya uygun olarak. **stylishness** *i.* modaya uygunluk.

styl.ist (stay'list) *i.* üslûpçu; kitabın üslûp ve tertibiyle meşgul kimse; modacı, desinatör. **stylis'tic** *s.* üslûba ait, üslûpla ilgili.

sty.lite (stay'layt) *i.* ortaçağda sütun tepesinde yaşayan münzevi kimse.

styl.ize, *İng.* **-ise** (stay'layz) *f.* üslûp kazandırmak, bir üslûba uydurmak; stilize etmek; gelenek haline getirmek. **stylized** *s.* geleneğe uygun; suni, tabiata uymayan, stilize.

sty.lo.bate (stay'lıbeyt) *i., mim.* sıra halindeki sütunların ortak tabanı, ortak sütun oturmalığı, ortak seki.

sty.lo.graph (stay'lıgräf) *i.* dolmakalem, stilo. **stylograph'ic** *s.* sivri uçlu aletle yazılmış. **stylog'raphy** *i.* sivri uçlu aletle yazı yazma usulü.

sty.loid (stay'loyd) *s.* mil şeklindeki, milsi, stiloid. **styloid process** milsi çıkıntı, stiloid çıkıntı.

sty.lus (stay'lıs) *i.* (*çoğ.* **-lus.es, -li**) sivri uçlu yazma veya işaretleme aleti; pikap iğnesi; plak yapımında sesi kaydeden iğne.

sty.mie *bak.* **stimy.**

styp.tic (stip'tik) *s., i.* damarları büzücü (ilâç); kan durdurucu (ilâç). **styptic pencil** şap.

sty.rax (stay'räks) *i.* aselbent, *bot.* Styrax.

Sty.ro.foam (stay'rıfom) *i., tic. mark.* plastik mantar, suni köpük.

Styx (stiks) *i., Yu. mit.* ölüler diyarını kuşatan nehir. **cross the Styx** ölmek.

su.a.ble (su'wıbıl) *s., huk.* aleyhinde dava açılabilir. **suabil'ity** *i.* aleyhinde dava açma imkânı.

sua.sion (swey'jın) *i., eski* ikna etme, gönlünü yapma, razı etme.

suave (swav, sweyv) *s.* hoş tavırlı, tatlı dilli. **suave'ly** *z.* tatlı dille. **suav'ity** *i.* tatlı dillilik.

sub (sʌb) *i., k.dili* sub- ile başlayan bazı kelimelerin kısası: **subaltern, submarine, subordinate, subscription, substitute** gibi.

sub- *önek* as-, ast-; alt, aşağı; ikincil; yan; hemen hemen.

sub.ac.id (sʌbäs'îd) *s.* ekşice, mayhoş; sertçe.

sub.a.gent (sʌbey'cınt) *i.* acente yardımcısı; ikinci mümessil.

sub.al.pine (sʌbäl'payn, -pîn) *s.* Alp dağları eteklerindeki; *bot.* orta yükseklikteki dağlarda yetişen.

sub.al.tern (sʌbôl'tırn) *s., i.* ast, alt; *i., İng., ask.* assubay; ast.

sub.al.tern (sʌb'ıltırn) *i., man.* ikincil önerme.

sub.al.ter.nate (sʌbôl'tırnît) *s.* birbiri arkasından gelen, ardıl, ardışık. **subalterna'tion** *i.* birbiri arkasından gelme.

sub.a.que.ous (sʌbey'kwiyıs) *s.* su altında bulunan; su altında oluşan; su altında kullanılan.

sub.arc.tic (sʌbark'tîk, -ar'tîk) *s.* yarı arktik, kutup dairesine oldukça yakın.

sub.as.sem.bly (sʌb'ısembli) *i.* montaja hazır çok parçalı kısım.

sub.a.tom.ic (sʌbıtam'îk) *s.* atomdan küçük, atom içindeki.

sub.au.di.tion (sʌbôdîş'ın) *i.* ifade olunmayan şeyi anlama veya anlatma; ima yoluyla anlaşılan veya anlatılan şey.

sub.au.ric.u.lar (sʌbôrîk'yılır) *s.* kulak altındaki.

sub.base (sʌb'beys) *i., mim.* alt temel.

sub.base.ment (sʌb'beys'mınt) *i.* alt bodrum.

sub.cal.i.ber (sʌbkäl'ıbır) *s.* topun çapından daha küçük (mermi).

sub.car.ti.lag.i.nous (sʌbkartıläc'ınıs) *s., anat.* kıkırdak altındaki; kıkırdağımsı.

sub.ce.les.tial (sʌbsîles'çıl) *s., i.* göklerin altında, dünyasal; *i.* dünyada yaşayan yaratık.

sub.cel.lar (sʌb'selır) *i.* alt bodrum.

sub.class (sʌb'kläs) *i., biyol.* altsınıf.

sub.cla.vi.an (sʌbkley'viyın) *s., i., anat.* köprücük altındaki; köprücük sinirine ait; *i.* köprücük sinir veya damarı.

sub.com.mit.tee (sʌb'kımîti) *i.* alt komisyon.

sub.con.scious (sʌbkan'şıs) s., i. bilincaltında olan, şuur altındaki; i. bilincaltı. subconsciously z. şuur altında; bilinçsizce, şuursuzca, kendinden geçerek. subconsciousness i. bilincaltı. .

sub.con.ti.nent (sʌbkan'tınınt) i. bir kıtanın parçası olmakla beraber coğrafî bağımsızlığı olan bölge. the Subcontinent Hindistan.

sub.con.tract (i. sʌbkan'träkt; f. sʌbkınträkt') i., f. alt sözleşme, yan mukavele; f. yan mukavele yapmak. subcontractor i. taşeron, ikinci üstenci.

sub.crit.i.cal (sʌbkrît'îkıl) s., fiz. kızışma altı.

sub.cul.ture (sʌbkʌl'çır) i., biyol. bir başka besi yerinden nakledilmiş kültür; sosyol. toplum içinde davranışlarıyle farklı bir unsur meydana getiren grup.

sub.cu.ta.ne.ous (sʌbkyutey'niyıs) s. deri altındaki; deri altına zerkolunan.

sub.di.vide (sʌbdivayd') f. tekrar bölmek; parsellemek. subdivision (sʌbdivîj'ın) i. parsellenmiş arazi; alt bölüm.

sub.dom.i.nant (sʌbdam'ınınt) i., müz. ana notanın üstündeki dördüncü veya altındaki beşinci nota.

sub.due (sʌbdu') f. zorla itaat ettirmek, boyun eğdirmek; baskı altında tutmak; hafifletmek, yumuşatmak; toprağı tarıma elverişli kılmak. subdu'al i. boyun eğme, razı olma.

su.be.re.ous, su.ber.ic, su.ber.ose (sûbîr'iyıs, sûber'îk, su'bıros) s. şişe mantarı gibi, mantara benzer, mantarımsı.

sub.fam.i.ly (sʌbfäm'ıli) i., biyol. altfamilya.

sub.floor, sub.floor.ing (sʌb'flôr, -îng) i. (ev yapımında) tabanın alt ve kaba tahta döşemesi.

sub.fusc (sʌbfʌsk') s. koyu, esmer.

sub.ge.nus (sʌbci'nıs) i. (çoğ. -gen.e.ra) biyol. altcins.

sub.gla.cial (sʌbgley'şıl) s. buzulun altında bulunan veya oluşan.

sub.group (sʌb'grup) i. bir grubun bölümü, ikinci derecede grup; biyol. alttakım.

sub.head (sʌb'hed) i. ikinci derecede yazı başlığı; bölüm başlığı; ikinci müdür.

sub.hu.man (sʌbhyu'mın) s. insandan aşağı, insanlık aşamasına ulaşamayan.

sub.in.dex (sʌbîn'deks) i. (çoğ. -di.ces) mat. satır altına yazılan rakam.

sub.ir.ri.gate (sʌbîr'ıgeyt) f. yeraltı borularıyle sulamak. subirriga'tion i. toprağın altını sulama.

su.bi.to (su'bito) z., müz. birden, derhal, anî; çabuk.

subj. kıs. subject, subjectively, subjunctive.

sub.ja.cent (subcey'sınt) s. altındaki; alttaki.

sub.ject (sʌb'cîkt) i. uyruk, tebaa; kul, bende; maruz olan kimse, hedef; denek; konu; ders, ders konusu; neden; dürtü; gram. özne; müz. esas perde, esas makam; fels. özne. subject matter konu, mevzu.

sub.ject (sʌb'cîkt) s. buyruk altındaki. subject to idaresi altında, tasarrufunda; bağlı, tabi; -e maruz, tesiri altında.

sub.ject (sıbcekt') f. hükmü altına almak, itaat ettirmek, boyun eğdirmek, arz etmek, sunmak. subject to maruz kılmak, tesiri altında bırakmak; mahkûm etmek, .mecbur tutmak; tabi kılmak. .

sub.jec.tion (sıbcek'şın) i. hüküm altına alma; tabi olma, itaat, boyun eğme.

sub.jec.tive (sıbcek'tîv) s. öznel; zatî, kişisel, şahsî; dahilî; hayalî; gram. nominatif, öznel. subjectively z. öznel olarak. subjectiveness, subjectiv'ity i. öznellik.

sub.jec.tiv.ism (sıbcek'tîvîzım) i. öznelcilik.

sub.join (sʌbcoyn') f. ilâve etmek, eklemek. subjoinder i. ilâve, ek.

sub.ju.gate (sʌb'cûgeyt) f. boyun eğdirmek, tabi kılmak, itaat ettirmek; zaptetmek, fethetmek; maruz bırakmak. subjuga'tion i. boyun eğdirme.

sub.junc.tive (sıbcʌngk'tîv) s., i., gram. şart (kipi).

sub.lease (sʌb'lis) i. kiracının bir başkasını kiracı olarak alması; kiracının malın bir kısmını kiraya vermesi.

sub.lease (sʌblis') f. kiracının kiracısı olmak; kiraya vermek (asıl kiracı tarafından).

sub.let (sʌblet', sʌb'let) f. (-let, -ting) başkasına kiraya vermek (asıl kiracı tarafından); devretmek.

sub.li.mate (sʌb'lımeyt) f., kim. süblimleşmek, süblimleştirmek; arıtmak, tasfiye etmek; psik. bilincaltına itilmiş yasak güdüleri toplumca kabul edilir şekle yöneltmek, yüceltmek. sublima'tion i. süblimleşme; arıtma; yüceltme, yükseltme.

sub.li.mate (sʌb'lımeyt) *s., i.* arınmış, tasfiye edilmiş; yükseltilmiş; yüceltilmiş; *i., kim.* süblime, aksülümen. **corrosive sublimate** süblime, biklorit.

sub.lime (sıblaym') *s.* yüce, ulu, asil; heybetli; son derece güzel, âlâ. **Sublime Porte** Babıâli. **sublimely** *z.* son derece; asilâne.

sub.lime (sıblaym') *f.* yükseltmek, yüceltmek, ulvileştirmek; *kim.* süblimleşmek, süblimleştirmek; arıtmak, arınmak.

sub.lim.i.nal (sʌblîm'ınıl) *s., psik.* bilincaltıyle algılanan.

sub.lin.gual (sʌblîng'gwıl) *s., anat.* dil altında olan. **sublingual gland** dilaltı bezi.

sub.lit.to.ral (sʌblît'ırıl) *s.* sahile yakın; inme çizgisi ile 40 metre derinlik arasındaki sulara ait.

sub.lu.nar, sub.lun.ar.y (sʌblu'nır, sʌb'lûneri) *s.* ayın altında olan, bu dünyada bulunan, dünyasal, arza ait.

sub.ma.chine gun (sʌbmışin') hafif makinalı tüfek.

sub.mar.gi.nal (sʌbmar'cınıl) *s.* sınır veya kenar çizgisi altındaki işlenmeye değmez (toprak); *biyol.* sınır veya kenara yakın.

sub.ma.rine (*s.* sʌbmırin'; *i.* sʌb'mırin) *s., i.* denizaltı; denizaltında yetişen; *i.* denizaltı (gemi). **submarine chaser** denizaltı avcı botu. **submarine mine** denizaltı mayını.

sub.max.il.la (sʌbmäksîl'ı) *i.* (*çoğ.* -lae) *anat., zool.* alt çene veya alt çene kemiği. **submaxillary** (sʌbmäk'sıleri) *s.* alt çeneye veya alt çene kemiğine ait; alt çenedeki tükürük bezlerine ait.

sub.me.di.ant (sʌbmi'diyınt) *i., müz.* gamda altıncı nota.

sub.merge (sıbmırc') *f.* batırmak, daldırmak; su ile kaplamak; örtmek; batmak. **submergence** *i.* batma, dalma, su altında kalma.

sub.merse (sıbmırs') *f.* suya batırmak; su ile kaplamak. **submersible** *s.* su altında kalabilir. **submersion** (sıbmır'şın) *i.* su altında bırakma, batırma, batma.

sub.mi.cro.scop.ic (sʌbmaykrıskap'îk) *s.* mikroskopla görülemeyecek kadar küçük.

sub.min.i.a.ture (sʌbmîn'iyıçûr) *s.* küçültülmüş bir şeyden daha ufak.

sub.mis.sion (sıbmîş'ın) *i.* teslim olma, boyun eğme, itaat; tevazu, alçak gönüllülük, uysallık; sunuş.

sub.mis.sive (sıbmîs'îv) *s.* itaatkâr, uysal, boyun eğen. **submissively** *z.* boyun eğerek, uysallıkla. **submissiveness** *i.* boyun eğme, itaat etme.

sub.mit (sıbmît') *f.* (-ted, -ting) teslim etmek, iradesine bırakmak; reyine veya onamasına sunmak; arz etmek, ileri sürmek, teklif etmek, söylemek, beyan etmek; teslim olmak, boyun eğmek; itaat etmek. **submittal** *i.* teslim olma, boyun eğme; sunuş.

sub.mon.tane (sʌbman'teyn) *s.* dağ eteğindeki.

sub.mul.ti.ple (sʌbmʌl'tıpıl) *i.* tam bölen.

sub.nor.mal (sʌbnôr'mıl) *s., i.* normalden aşağı; *i.* zekâsı normalin altındaki kimse.

sub.o.ce.an.ic (sʌboşiyän'îk) *s., jeol.* okyanus dibindeki.

sub.or.bi.tal (sʌbôr'bîtıl) *s.* dünya çevresinde tam bir devir yapmayan (uydu, roket); *anat.* göz çukuru altındaki.

sub.or.der (sʌb'ôrdır) *i., biyol.* alttakım.

sub.or.di.nate (sıbôr'dınît) *s., i.* aşağı, alt, küçük, ikincil; tabi; *gram.* bağlı; *i.* ast; ikinci derecede memur. **subordinate clause** *gram.* bağımlı cümlecik.

sub.or.di.nate (sıbôr'dıneyt) *f.* ikinci dereceye koymak; birinin emri altına koymak; tabi kılmak. **subordina'tion** *i.* ikinci derecede veya planda olma; itaat, boyun eğme.

sub.orn (sıbôrn') *f.* aklını çelmek, kışkırtmak, ifsat etmek, ayartmak; *huk.* yalan yere yemin etmeye teşvik etmek. **suborna'tion** (sʌbôrney'şın) *i.* yalancı tanıklığa teşvik.

sub.ox.ide (sʌbak'sayd) *i., kim.* içinde en az miktarda oksijen bulunan bir elemanın oksidi.

sub.plot (sʌb'plat) *i.* piyes veya romanda ikinci derecedeki olaylar zinciri.

sub.poe.na, sub.pe.na (sıpi'nı, sıbpi'nı) *i., f.* mahkemeye davet; *f.* mahkemeye davet etmek.

sub.re.gion (sʌb'rıcın) *i.* bir bölgenin bölümü.

sub.rep.tion (sıbrep'şın) *i.* kasıtlı yanıltıcı ifade; *huk.* hakikati gizleyerek bir ayrıcalık veya mülk elde etme.

sub.ro.gate (sʌb'rogeyt) *f.* başkasının (bilhassa alacaklının) yerine geçirmek. **subroga'tion** *i.* bir kimsenin yerine geçirme veya geçme; *huk.* alacaklıya olan borcu ödeyerek borçlunun alacaklısı yerine geçme, halefiyet.

sub ro.sa (sʌb ro'zı) *Lat.* el altından, gizli olarak, mahrem olarak.

sub.scap.u.lar (sʌbskäp'yılır) s., anat. kürek kemiği altındaki.

sub.scribe (sıbskrayb') f. bir yazının altına yazmak, imzalamak, altına ismini yazmak; imzalayarak onaylamak; teberru etmek; taahhüt etmek; abone olmak. subscribe to abone olmak; imzalayarak onaylamak.

sub.script (sʌb'skrîpt) i. satırın altına yazılmış harf veya rakam.

sub.scrip.tion (sıbskrip'şın) i. imza, imza etme; kabul etme; abone; abone ücreti; iştirak taahhüdü. take up a subscription yardım parası toplamak.

sub.se.quence, -cy (sʌb'sıkwıns, -si) i. arkası gelme, sonradan gelme.

sub.se.quent (sʌb'sıkwınt) s. sonra gelen, sonraki; sonuç olarak izleyen. subsequently z. sonradan.

sub.serve (sıbsırv') f. yaramak, işe yaramak, hizmet etmek; ilerlemesinde yardımcı olmak.

sub.ser.vi.ence, -cy (sıbsır'viyıns, -si) i. boyun eğme, köle gibi itaat veya hizmet; yaranma.

sub.ser.vi.ent (sıbsır'viyınt) s. boyun eğen, köle gibi itaat veya hizmet eden. subserviently z. boyun eğerek.

sub.side (sıbsayd') f. sakinleşmek, yatışmak; çökelmek; inmek; dibe çökmek, çökmek.

sub.sid.ence (sıbsayd'ıns, sʌb'sıdıns) i. yatışma; çökme, çökelme.

sub.sid.i.ar.y (sıbsîd'iyeri) s., i. yardımcı; ek; bağlı, tabi (şirket); i. yardımcı, muavin; şube, bayi, tabi şirket; müz. ikinci tema. subsidiary company tabi şirket, yan kurulu ş.

sub.si.dize, İng. -dise (sʌb'sıdayz) f. para vermek, açığını dışarıdan gelen yardım ile kapatmak; rüşvet vermek.

sub.si.dy (sʌb'sıdi) i. kamu yararına olan bir teşebbüse hükümetçe verilen para yardımı; İng. tar. Parlamento tarafından krala verilen tahsisat; iane, para yardımı.

sub.sist (sıbsîst') f. geçinmek; mevcut olmak, var olmak; yaşamak. subsist in kapsamak, ibaret olmak.

sub.sis.tence (sıbsîs'tıns) i. geçinme; geçinecek şey, nafaka; varlık, vücut, mevcudiyet. subsistent s. var olan, mevcut.

sub.soil (sʌb'soyl) i. toprakaltı.

sub.so.lar (sʌbso'lır) s. güneşin tam altındaki; tropikal; dünyasal.

sub.son.ic (sʌbsan'ik) s. işitilemeyecek kadar az titreşimli ses dalgalarına ait; ses hızından daha az süratle giden.

sub.spe.cies (sʌb'spişiz, -siz) i., biyol. altcins.

sub.stance (sʌb'stıns) i. madde, özdek, cisim; töz, cevher; esas; hulâsa, öz; kuvvet, sağlamlık; servet, varlık, zenginlik. in substance esasında; özet olarak.

sub.stan.dard (sʌbstän'dırd) s. belirli seviyeden aşağı.

sub.stan.tial (sıbstän'şıl) s., i. metin, dayanıklı; değerli, kıymetli; önemli, ehemmiyetli; zengin, varlıklı; özlü, cisimsel; hakikî; i. gerçek. substantially z. esasen, aslında. substantiality (sıbstänşiyäl'ıti), substantialness i. gerçek varlık, hakikî mevcudiyet; sağlamlık; gerçek değer; yücelik, muazzamlık.

sub.stan.tial.ism (sıbstän'şılîzım) i., fels. özdekçilik. substantialist i. özdekçi.

sub.stan.ti.ate (sıbstän'şiyeyt) f. gerçeklemek, kanıtlamak; gerçekleşmek; gerçekleştirmek, tahakkuk ettirmek. substantia'tion i. gerçekleme.

sub.stan.tive (sʌb'stıntiv) s., i. mevcudiyet ifade eden; bağımsız, müstakil; dayanıklı; sabit, devamlı; tözel; i., gram. isim.

sub.sta.tion (sʌb'steyşın) i. şube.

sub.stit.u.ent (sıbstîç'uwınt) i., kim. asıl bileşimde bulunan atomun yerini alan başka atom.

sub.sti.tute (sʌb'stıtut) i., f. bedel; vekil; f. vekil tayin etmek; bedel olarak koymak; vekâlet etmek; yerine geçmek.

sub.sti.tu.tion (sʌbstitu'şın) i. başka bir şeyin yerine kullanma; bir başkasının yerine koyma, bir başkasının yerini alma. sub'stitutive, substitu'tional, substitu'tionary s. vekâlet kabilinden.

sub.strate (sʌb'streyt) i. alt tabaka; biyokim. mayadan etkilenmiş madde.

sub.stra.to.sphere (sʌbsträt'ısfîr) i. stratosfer altı atmosfer tabakası.

sub.stra.tum (sʌbstrey'tım, -strät'ım) i. (çoğ. -s, -ta) temel; alt tabaka; fels. dayanak, asıl sebep.

sub.struc.tion (sʌbstrʌk'şın) i. temel. substructure i. temel, toprak altı yapı.

sub.sume (sıbsum') f. sınıflandırmak; kapsamak, içine almak, ihtiva etmek (sınıf).

subsumption (sıbsʌmp'şın) *i.* kapsama; kapsam.

sub.tan.gent (sʌb'täncınt) *i., mat.* teğet altı.

sub.tem.per.ate (sʌbtem'pırît) *s.* ılıman iklim kuşağının nispeten daha soğuk bölgelerine özgü.

sub.ten.ant (sʌb'tenınt) *i.* kiracının kiracısı. **subtenancy** *i.* kiracının bir diğerine kiralaması.

sub.tend (sʌbtend') *f., geom.* karşısında bulunarak iki ucunu birbirine raptetmek (kavis veteri); *bot.* taşımak (tomurcuk).

subter- *önek* altında.

sub.ter.fuge (sʌb'tırfyuc) *i.* kaçamak, bahane.

sub.ter.ra.ne.an, -ne.ous (sʌbtırey'niyın, -niyıs) *s.* yeraltı; gizli, saklı.

sub.tile (sʌt'ıl, sʌb'tîl) *s.* ince, narin; keskin; yaygın; kurnaz; ince.

sub.til.ize (sʌt'layz, sʌb'tılayz) *f.* inceltmek, incelik vermek; ince farklarını gözetmek.

sub.ti.tle (sʌb'tayt'ıl) *i.* ikincil başlık; *sin.* altyazı.

sub.tle (sʌt'ıl) *s.* kurnaz, hilekâr; ince; mahir, usta; gizli. **subtly** *z.* incelikle; mahirâne, ustaca; kurnazca.

sub.tle.ty (sʌt'ılti) *i.* incelik; kurnazlık; şeytanlık, hilekârlık; zekâ, cin fikirlilik.

sub.tract (sıbträkt') *f.* çıkarmak, hesaptan düşmek. **subtrac'tion** *i.* çıkarma. **subrac'tive** *s.* eksiltici; *mat.* eksi işareti olan.

sub.tra.hend (sʌb'trıhend) *i., mat.* çıkan, bir sayıdan çıkarılacak sayı.

sub.treas.ur.er (sʌbtrej'ırır) *i.* veznedar yardımcısı. **subtreasury** *i.* veznedarlık şubesi.

sub.trop.ic, -i.cal (sʌbtrap'îk, -îkıl) *s.* astropikal. **subtropics** *i., çoğ.* astropika.

su.bu.late (su'byıleyt, -lît) *s., biyol.* biz şeklindeki, sivri uçlu.

sub.urb (sʌb'ırb) *i.* varoş, dış mahalle; *çoğ.* şehir civarı, banliyö. **suburban** (sıbır'bın) *s.* varoşta olan, kenar mahallede oturan; banliyöye ait. **suburban train** banliyö treni.

sub.ur.ban.ite (sıbır'bınayt) *i.* dış mahallede oturan kimse.

sub.ur.bi.a (sıbır'biyı) *i.* dış mahallede oturanların toplum hayatı.

sub.vene (sıbvin') *f.* desteklemek, yardımına yetişmek; araya girmek.

sub.ven.tion (sıbven'şın) *i.* imdadına yetişme, yardım; devletten alınan tahsisat.

sub.ver.sion (sıbvır'şın, -jın) *i.* yıkma, devirme, altüst etme, tahrip; harap olma; yıkılma, devrilme; ifsat, bozulma. **subversive** *s.* tahrip edici, yıkıcı, altüst eden.

sub.vert (sıbvırt') *f.* altüst etmek, harap etmek; devirmek, yıkmak; bozmak; ifsat etmek.

sub.way (sʌb'wey) *i., A.B.D.* metro; tünel.

suc.ce.da.ne.um (sʌksîdey'niyım) *i.* (*çoğ.* -s, -ne.a) vekil; bedel.

suc.ceed (sıksid') *f.* başarmak, muvaffak olmak, becermek; izlemek, takip etmek; halefi olmak; halef selef olmak, yerine geçmek veya oturmak; vâris olmak; tahta vâris olmak.

suc.cès d'es.time (sükse' destim') *Fr.* halk tarafından tutulmayıp kritiklerce övülen başarı.

suc.cess (sıkses') *i.* başarı, muvaffakiyet; başarılı şey veya kimse.

suc.cess.ful (sıkses'fıl) *s.* başarılı, muvaffakıyetli. **successfully** *z.* başarıyla, muvaffakıyetle. **successfulness** *i.* başarılılık.

suc.ces.sion (sıkseş'ın) *i.* ardıllık; silsile, dizi, sıra; birbiri arkasından gelen şeyler; vekâlet, yerine geçme; yerine geçme hakkı; döl döş.

suc.ces.sive (sıkses'îv) *s.* ardıl, birbirini izleyen, müteakıp, silsile halindeki. **successively** *z.* sıra ile, birbiri arkasından.

suc.ces.sor (sıkses'ır) *i.* halef, ardıl, vâris.

suc.cinct (sıksîngkt', sısîngkt') *s.* az ve öz, muhtasar, kısa; *biyol.* ipek iplik ile çevrilip tutulmuş. **succinctly** *z.* kısaca. **succinctness** *i.* az ve öz olma.

suc.cin.ic acid (sıksîn'îk) *kim.* kehribar asidi, suksin asidi.

suc.cor, *İng.* **suc.cour** (sʌk'ır) *f., i.* yardım etmek, imdadına yetişmek, sıkıntıdan kurtarmak; *i.* yardım, imdat; imdada yetişen kimse.

suc.co.ry (sʌk'ıri) *i.* hindiba, *bot.* Cichorium intybus.

suc.co.tash (sʌk'ıtäş) *i.* fasulye ve mısır haşlaması.

Suc.coth *bak.* Sukkoth.

suc.cu.bus (sʌk'yıbıs) *i.* (*çoğ.* -bi, -bus.es) ifrit, şeytan; *mit.* geceleyin kadın şeklinde erkeklerin rüyasına girip onlarla cinsel münasebette bulunan dişi şeytan.

suc.cu.lent (sʌk'yılınt) *s.* özlü; *bot.* etlenmiş, körpe ve sulu; dolgun, yararlı fikirlerle dolu.

succulence, -cy *i.* körpe ve sulu olma, özlülük. **succulently** *z.* sulu sulu.

suc.cumb (sıkʌm') *f.* yenilmek, mağlup olmak, dayanamamak; ölmek.

suc.cuss (sıkʌs') *f.* şiddetle sarsmak; *tıb.* göğsünde su olup olmadığını anlamak için sarsmak. **succussion** (sıkʌş'ın), **succussation** (sʌkısey'şın) *i., tıb.* sarsma.

such (sʌç) *s.* bunun gibi, böyle, şöyle, öyle. **such and such** filan. **such a one** filan kimse; öyle biri ki. **such as** gibi, meselâ, örneğin. **such as it is** her nasılsa, kötü veya değersiz olmakla beraber. **as such** böyle olmak sıfatıyle, bu sıfatla, haddi zatında; sadece.

such.like (sʌç'layk) *s., zam.* benzeri, bunun gibi; *zam.* böylesi.

suck (sʌk) *f., i.* emmek, massetmek; içine çekmek, soğurmak; sorumak; içmek, çekmek, almak; emer gibi içine çekmek; *argo* yetmemek, eksik gelmek; *i.* emme, emiş, mas; emilen şey; yudum, içim; ana sütü; anafor. **give suck** emzirmek.

suck.er (sʌk'ır) *i., f.* emen şey veya kimse; meme emen çocuk veya hayvan; sazana benzer tatlı su balığı; *zool.* emici uzuv; tulumba pistonu; emici boru; kökten ayrılarak kendi başına büyüyen fidan, piç; *A.B.D., argo* enayi kimse; emilerek yenen çubuklu şeker; *f.* piçleri budamak; kökün yanından filiz sürmek.

suck.le (sʌk'ıl) *f.* emzirmek, meme vermek; meme emmek. **suckling** *i.* memede olan çocuk veya hayvan.

Su.cre (su'krey) *i.* Sucre, Bolivya'nın başkenti.

su.crose (su'kros) *i., kim.* sakaroz.

suc.tion (sʌk'şın) *i.* emme. **suction pump** adi tulumba, emme basma tulumba. **suction stroke** emme devresi.

suc.to.ri.al (sʌktôr'iyıl) *s., zool.* emerek beslenen veya yapışan, emici veya yapışıcı uzvu olan.

Su.dan (sudän') *i.* Sudan. **Sudanese'** *s., i.* Sudanlı.

su.dar.i.um (suder'iyım) *i. (çoğ. -dar.i.a)* ter silmeye mahsus mendil; efsaneye göre çarmıha gerilmeye götürülürken Hazreti İsa'nın terini sildiği ve üzerinde yüzünün resmi kalan mendil.

su.da.to.ri.um (sudıtôr'iyım) *i. (çoğ. -i.a)* hamamlarda terleme odası.

su.da.to.ry (su'dıtôri) *s., i.* terleyen; terletici, ter döktürücü; *i.* sıcak hamam veya banyo; terletici madde.

sudd (sʌd) *i.* Nil'de trafiğe engel olan su üstünde yüzen bitkiler.

sud.den (sʌd'ın) *s.* apansız, birdenbire çıkan, ani. **sudden death** ani ölüm; *spor* beraberlik durumunu çözmek için neticeyi bir puana bağlama; neticeyi bir yazı-tura atışıyle halletme. **all of a sudden** ansızın, birdenbire, aniden. **suddenly** *z.* birdenbire, ansızın. **suddenness** *i.* birdenbire vaki olma.

su.dor (su'dôr) *i.* ter. **sudorif'erous** *s., tıb.* terleten, terletici; ter sızdıran.

su.dor.if.ic (sudırif'ik) *s., i., tıb.* terletici (ilâç).

suds (sʌdz) *i., çoğ.* köpüklü sabun suyu, sabunlu su; köpük; *argo* bira. **suds'y** *s.* köpüklü.

sue (su) *f., huk.* dava açmak; talep etmek, istemek; yalvarmak, rica etmek.

suede (sweyd) *i.* süet, podüsüet.

su.et (su'wit) *i.* sığır veya koyun içyağı. **suety** *s.* içyağı karışık, içyağına benzer.

Su.ez (suwez', su'wez) *i.* Süveyş. **Suez Canal** Süveyş Kanalı.

suf.fer (sʌf'ır) *f.* ıstırap çekmek; tutulmuş olmak, müptelâ olmak; cezasını çekmek; idam olunmak; cefa çekmek; *eski* katlanmak, tahammül etmek; müsaade etmek, izin vermek, bırakmak. **sufferer** *i.* ıstırap çeken kimse.

suf.fer.a.ble (sʌf'ırıbıl) *s.* çekilebilir, dayanılabilir, tahammül edilebilir. **sufferably** *z.* tahammül edilebilir şekilde.

suf.fer.ance (sʌf'ırıns) *i.* göz yumma, müsamaha; tahammül, dayanma, sabır. **on sufferance** zarar vermemek şartıyle.

suf.fer.ing (sʌf'ırîng, sʌf'rîng) *i., s.* ıstırap, elem, acı, keder; *s.* ıstırap çeken; mazlum.

suf.fice (sıfays') *f.* kâfi gelmek, yetişmek, elvermek, yetmek. **suffice it to say** şu kadarını söylemek yeter ki.

suf.fi.cien.cy (sıfîş'ınsi) *i.* yeterlilik, kifayet, elverişlilik.

suf.fi.cient (sıfîş'ınt) *s.* kâfi, yeterli; elverişli, uygun, münasip. **sufficiently** *z.* kâfi derecede.

suf.fix (sʌf'iks) *i., gram.* sonek, sontakı.

suf.fix (sʌf'iks, sıfîks') *f.* bir kelimenin sonuna ek koymak.

suf.fo.cate (sʌfʹıkeyt) *f.* boğmak, nefesini kesmek; bastırarak söndürmek; boğulmak, nefes alamamak. **suffocating** *s.* bunaltıcı, boğucu. **suffoca'tion** *i.* boğulma, bunalma.

suf.fra.gan (sʌfʹrıgın) *s., i.* yardımcı (piskopos).

suf.frage (sʌfʹric) *i.* oy kullanma hakkı; oy kullanma; tasvip, tasdik, onay.

suf.fra.geţţe (sʌfrıcetʹ) *i.* kadınların oy kullanma hakkını savunan kadın.

suf.fra.gist (sʌfʹrıcist) *i.* oy kullanma hakkı taraftarı.

suf.fu.mi.gate (sıfyuʹmıgeyt) *f.* aşağıdan tütsülemek. **suffumiga'tion** *i.* alttan tütsüleme.

suf.fuse (sıfyuzʹ) *f.* etrafa yayılmak, kaplamak; boya vermek, renk vermek. **suffu'sion** *i.* yayılma; kızartı.

Su.fi (suʹfi) *i.* sofi, gizemci, mutasavvıf.

Su.fism (suʹfizım) *i.* İslâm gizemciliği, tasavvuf.

sug.ar (şûgʹır) *i., f.* şeker; tatlı söz, kompliman; *argo* şekerim; *f.* şeker katmak; tatlı sözlerle yumuşatmak veya hafifletmek; *A.B.D.* akçaağaçtan şeker çıkarmak; şekerlenmek. **sugar beet** şeker pancarı, *bot.* Beta saccharifera. **sugar bowl** şekerlik, şeker kâsesi. **sugar candy** akide şekeri. **sugar cane** şekerkamışı, *bot.* Saccharum officinarum. **sugar daddy** *A.B.D.*, *argo* arkadaşlık ettiği genç kıza hediyeler yağdıran yaşlı ve zengin adam. **sugar diabetes** *tıb.* diyabet, şeker hastalığı. **sugar loaf** kelle şekeri; konik tepe. **sugar maple, sugar tree** özünden şeker çıkarılan isfendan, akçaağaç, *bot.* Acer saccharum. **sugaring off** isfendan özünü kaynatarak bir cins pekmez yapma; bu işin yapılması için tertiplenen ziyafet. **burnt sugar** yakılmış şeker. **castor sugar** *İng.* tozşeker. **lump sugar** kesmeşeker.

sug.ar-coat (şugʹırkot) *f.* şekerle kaplamak; ballandırmak.

sug.ar-cured (şugʹırkyûrd) *s.* şekerle konserve edilmiş (domuz eti).

sug.ar.plum (şûgʹırplʌm) *i.* şekerleme, bonbon; rüşvet.

sug.ar.y (şûgʹırı) *s.* şekerli, şekere benzer, şeker gibi; fazla nazik. **sugariness** *i.* şekerlilik; şekerlenmiş olma.

sug.gest (sıgcestʹ, sıcestʹ) *f.* öne sürmek, ileri sürmek; hatıra getirmek; ima ve ihtar suretiyle bildirmek veya söylemek; telkin etmek; fikir vermek, teklif etmek, ortaya atmak; imada bulunmak, fikir beyan etmek.

sug.gest.i.ble (sıgcesʹtıbıl, sıcesʹ-) *s.* teklif edilebilir; kolaylıkla tesir altında kalan. **suggestibil'ity** *i.* kolaylıkla tesir altında kalma.

sug.ges.tion (sıgcesʹçın, sıcesʹ-) *i.* ima, ihtar, fikir verme, teklif; ima ve ihtar olunan şey; telkin. **suggestion box** şikâyet kutusu.

sug.ges.tive (sıgcesʹtiv, sıcesʹ-) *s.* manalı, imalı; müstehcen. **suggestively** *z.* imalı bir şekilde. **suggestiveness** *i.* manalılık.

su.i.ci.dal (suwısaydʹıl) *s.* intihar kabilinden; yok edici. **suicidally** *z.* intihar etmeye meyilli olarak.

su.i.cide (suʹwısayd) *i., f.* kendini öldürme, intihar; kendi emel veya gayelerini yıkma; intihar eden kimse; *f., k.dili* intihar etmek. **suicide seat** otomobilde şoförün yanındaki yer.

su.i gen.e.ris (suʹway cenʹırîs) *Lat.* emsalsiz, eşsiz, yegâne, tek.

su.i ju.ris (suʹway cûrʹîs) *Lat., huk.* tam ehliyetli ve reşit.

su.int (suʹwint, swint) *i.* lanolin.

suit (sut) *i., f.* takım elbise, tayyör, kostüm; mayo; dava, hukuk davası; iskambilde takım; kur; *f.* uydurmak; uygun gelmek; işini görmek, memnun etmek, hoşuna gitmek; uymak, olmak; birinin işine gelmek. **follow suit** iskambilde takıma uymak. **pay suit** kur yapmak. **press one's suit** sevgisini belirtmek.

suit.a.ble (suʹtıbıl) *s.* uygun, münasip, yerinde. **suitabil'ity, suitableness** *i.* uygunluk. **suitably** *z.* uygun bir şekilde, yerinde.

suit.case (sutʹkeys) *i.* valiz, bavul.

suite (swit) *i.* takım; daire; oda takımı; maiyet; *müz.* süit.

suit.ing (suʹting) *i.* takım elbiselik veya tayyörlük kumaş.

suit.or (suʹtır) *i.* âşık, bir kıza talip erkek; *huk.* davacı.

su.ki.ya.ki (sukiyaʹki, ski-) *i.* Japonya'da sofrada pişirilen bir çeşit türlü.

Suk.koth (sûkʹoth) *i.* Musevî dininde Çardaklar Bayramı.

sul.cate (sʌlʹkeyt) *s., biyol.* dar ve derin olukları olan, yivli. **sulca'tion** *i.* olukluluk; oluk.

sul.cus (sʌlʹkıs) *i.* (*çoğ.* **-ci**) *anat.* oluk.

Su.lei.man the Magnificent (süleymanʹ) Kanunî Sultan Süleyman.

sulfa-, sulpha- *önek, kim.* kükürt, kükürtlü.

sul.fa drug (sʌl'fı) *kim.* sülfa ilâcı.

sul.fate (sʌl'feyt) *i., kim.* sülfat.

sul.fide (sʌl'fayd) *i., kim.* sülfid.

sul.fite (sʌl'fayt) *i., kim.* sülfit.

sul.fur, sul.phur (sʌl'fır) *i.* kükürt, *kıs.* **S;** lahana kelebeğine benzer sarı bir kelebek. **flowers of sulfur** kükürtçiçeği.

sul.fur-bot.tom (sʌl'fırbatım) *i.* gök balina, *zool.* Sibbaldius musculus.

sul.fu.re.ous (sʌlfyûr'iyıs) *s.* kükürtlü, kükürt gibi. **sulfureously** *z.* kükürtlü olarak.

sul.fu.ret (*f.* sıl'fyıret; *i.* sul'fyırît) *f.* **(-ed, -ing; -ted, -ting)** *i.* kükürtle karıştırmak, içine kükürt katmak; *i.* sülfid. **sulfuretted hydrogen** kükürtlü hidrojen.

sul.fu.ric (sʌlfyûr'îk) *s., kim.* kükürtlü. **sulfuric acid** sülfürik asit, zaçyağı, karaboya.

sul.fur.ize (sʌl'fyırayz) *f.* kükürt katmak, kükürtlemek.

sul.fur.ous (sʌl'fırıs, sʌlfyûr'ıs) *s.* kükürtlü, kükürtten elde edilmiş; ateşli, hararetli, cehennemsi.

sul.fur.y (sʌl'fıri) *s.* kükürte benzer, kükürt kokulu.

sulk (sʌlk) *f., i.* somurtmak, surat asmak, küsmek; *i., gen. çoğ.* somurtma; küskünlük; somurtkanlık.

sulk.y (sʌl'ki) *s.* küsmüş, aksiliği tutmuş, asık yüzlü, suratlı; kasvetli. **sulkily** *z.* asık suratla. **sulkiness** *i.* asık suratlılık.

sulk.y (sʌl'ki) *i.* tek kişilik iki tekerlekli ve tek atlı hafif araba. **sulky plow** oturacak yeri ve tekerlekleri olan pulluk.

sul.lage (sʌl'ic) *i.* suyun bıraktığı çamur, mil; kir, pislik; cüruf.

sul.len (sʌl'ın) *s.* somurtkan, asık yüzlü, suratlı; ters, huysuz, melankolik, yüzü gülmez; kasvetli; için için kaynayan. **sullenly** *z.* somurtarak, asık yüzle. **sullenness** *i.* somurtkanlık, asık yüzlülük; kasvet.

sul.ly (sʌl'i) *f., i.* kirletmek, lekelemek; kirlenmek, lekelenmek; *i.* kir, leke.

sulpha- *bak.* **sulfa.**

sul.phur *bak.* **sulfur.**

sul.tan (sʌl'tın) *i.* sultan, padişah; Türkiye asıllı ayakları tüylü ve beyaz tepeli bir çeşit paçalı tavuk. **sultanate** (sʌl'tıneyt) *i.* sultanlık, padişahlık.

sul.tan.a (sʌltän'ı, -ta'nı) *i.* hanım sultan, sultan karısı, kızı veya kız kardeşi, valide sultan; sarayda cariye; İzmir'in çekirdeksiz kuru üzümü, sultani. **sultaness** (sʌl'tınîs) *i.* sultan karısı veya validesi.

sul.try (sʌl'tri) *s.* sıcak, boğucu, bunaltıcı, rutubetli, durgun; tutkulu, ihtiraslı. **sultriness** *i.* sıcak ve rutubetli oluş; ihtiras.

sum (sʌm) *i., f.* **(-med, -ming)** toplam, yekûn, mecmu, tutar, meblâğ; problem; en fazla miktar; doruk; özet, hulâsa, öz; *f.* toplamak, yekûn çıkarmak. **sum up** özetlemek, hulâsa etmek; hüküm vermek. **a good round sum** büyük bir meblâğ. **a lump sum** toptan para. **a sum of money** bir miktar para. **good at sums** iyi hesap bilir, hesabı kuvvetli. **in sum** uzun sözün kısası, kısacası, velhasıl. **the sum and substance of it** hulâsa edersek, kısacası.

su.mac(h) (su'mäk, şu'-) *i.* sumak, somak, *bot.* Rhus coriaria; kurutulmuş sumak yaprağı tozu.

Su.ma.tra (suma'trı) *i.* Sumatra.

Su.me.ri.an (sumîr'iyın) *s., i.* Sümer; Sümerce.

sum.ma cum lau.de (sʌm'ı kʌm lô'di) *Lat.* iftihar derecesi ile verilen (diploma).

sum.mand (sʌm'änd) *i.* toplanılan rakamlardan her biri.

sum.ma.rize, İng. -rise (sʌm'ırayz) *f.* özetlemek, hulâsa etmek.

sum.ma.ry (sʌm'ıri) *s., i.* özlü, kısa; acele, derhal yapılan; *i.* özet, hulâsa. **summary proceeding** acele muhakeme usulü. **summarily** (sʌm'ırîli, sımer'ıli) *z.* resmî muameleyi beklemeden; süratle.

sum.ma.tion (sʌmey'şın) *i.* toplama; özet, hulâsa.

sum.mer (sʌm'ır) *i., f., s.* yaz, yaz mevsimi; *f.* yazı geçirmek; yaz esnasında bakmak veya beslemek; *s.* yazlık. **summer school** yaz okulu. **summer squash** kabak. **summer theater** *A.B.D.* yazın sayfiyede oynayan tiyatro. **summer time** yaz saati. **Indian summer** pastırma yazı. **summery** *s.* yaza mahsus, yaz gibi.

sum.mer, sum.mer.tree (sʌm'ır, -tri) *i., mim.* tabanın ana kirişi.

sum.mer.house (sʌm'ırhaus) *i.* kameriye, çardak.

sum.mer.sault *bak.* **somersault.**

sum.mer.time (sʌm'ırtaym) *i.* yaz.

sum.mit (sʌm'ît) *i.* tepe, doruk, zirve, evç, en yüksek nokta veya derece. **summit meeting** zirve konferansı.

sum.mon (sʌm'ın) *f.* çağırmak, çağırtmak, emirle davet etmek, celp etmek; düşmanı teslim olmaya davet etmek. **summon up** toplamak (kuvvet); teşvik etmek.

sum.mons (sʌm'ınz) *i.* (*çoğ.* -es) resmî emirle davet, celp etme, çağırtma; çağrı, davetiye, mahkeme celpnamesi; *ask.* teslim çağrısı.

sum.mum bo.num (sʌm'ım bo'nım) *Lat.* en iyi.

sump (sʌmp) *i.* maden ocağının dibinde su birikintisine mahsus kuyu; lağım çukuru; bir kazıya başlamadan evvel tecrübe veya yoklama kabilinden kazılan tünel; *oto.* yağ karteri.

sump.ter (sʌmp'tır) *i.* yük beygiri.

sump.tu.ar.y (sʌmp'çuweri) *s.* sarfiyata ait, masraflarla ilgili, masrafları sınırlayan. **sumptuary law** masrafları sınırlayan kanun; din veya ahlâka dayanarak özel hayatı düzenleyen kanun.

sump.tu.ous (sʌmp'çuwıs) *s.* masraflı, tutumsuz; muhteşem, tantanalı, zengin. **sumptuously** *z.* muhteşem bir şekilde.

sun (sʌn) *i., f.* (-ned, -ning) güneş; güneş ışığı; güneşli yer; gün, gündoğumu; *şiir* yıl, sene; şaşaalı şey; peykleri olan yıldız; *f.* güneşlendirmek; güneşlenmek. **sun bath** güneş banyosu. **sun compass** kutuplarda kullanılan ve güneş ışınlarıyle işleyen pusula. **sun dance** yaz başında güneşe tapma dansı. **sun deck** güneş banyosu yapmaya elverişli güverte veya balkon. **sun disk** güneş kursu. **sun god** güneş tanrısı. **sun lamp** morötesi ışınları veren elektrik lambası; *sin.* çok kuvvetli lamba. **sun parlor** cam duvarlı ve güneşli oda. **sun roof** güneş banyosu yapmaya elverişli dam; arabanın güneşli havalarda açılabilir üst kısmı. **sun tan** güneşte bronzlaşma. **sun tans** *ask.* yazlık hâkî üniforma. **sun worshiper** güneşe tapan kimse. **a place in the sun** uluslararası politikada söz sahibi olma; tanınma. **under the sun** dünyada, yeryüzünde.

sun-bathe (sʌn'beydh) *f.* güneş banyosu yapmak

sun.beam (sʌn'bim) *i.* güneş ışını.

sun.bon.net (sʌn'banit) *i.* güneş şapkası.

sun.bow (sʌn'bo) *i.* su serpintisi içinde görülen gökkuşağı.

sun.burn (sʌn'bırn) *i., f.* güneş yanığı; *f.* güneşten yanmak.

sun.burst (sʌn'bırst) *i.* genellikle bulutlar arasından yayılan şiddetli güneş ışığı; güneş şeklindeki mücevherat.

sun-cured (sʌn'kyûrd) *s.* güneşte kurutulup konserve yapılmış (et).

sun.dae (sʌn'di, -dey) *i.* üstü ceviz, meyva ve ağdalı şurup ile kaplanmış dondurma, peşmelba.

Sun.day (sʌn'di, -dey) *i.* pazar günü. **Sunday school** kilisede pazar günü din dersleri verilen okul. **a month of Sundays** *k.dili* uzun müddet. **Sunday-go-to-meeting** *s., k.dili* en iyi, bayramlık.

sun.der (sʌn'dır) *f., i.* ayırmak, koparmak, ayrı bırakmak, bölmek; kopmak, ayrılmak; *i.* ayırma; kopma. **cut in sunder, cut asunder** parçalara ayırmak.

sun.dew (sʌn'du) *i.* güneş gülü, *bot.* Drosera.

sun.di.al (sʌn'dayıl) *i.* güneş saati.

sun.dog (sʌn'dôg) *i.* yalancı güneş, güneşin hayali.

sun.down (sʌn'daun) *i.* güneş batması, gurup, akşam; geniş kenarlı kadın şapkası.

sun.down.er (sʌn'daunır) *i., k.dili* serseri kimse; Avustralya'da dilenci serseri; *argo* çok sıkı disiplinli gemi süvarisi.

sun.dried (sʌn'drayd) *s.* güneşte kurutulmuş.

sun.dries (sʌn'driz) *i., çoğ.* ufak tefek şeyler.

sun.drops (sʌn'draps) *i.* (*çoğ.* -drops) akşam çuhaçiçeği, *bot.* Oenothera.

sun-dry (sʌn'dray) *f.* güneşte kurutmak.

sun.dry (sʌn'dri) *s.* çeşitli, ufak tefek, türlü türlü; bazı, birtakım.

sun-fast (sʌn'fäst) *s.* güneşte solmayan.

sun.fish (sʌn'fîş) *i.* (*çoğ.* -fish, -fishes) aybalığı, pervanebalığı, *zool.* Mola mola; güneş balığı.

sun.flow.er (sʌn'flauwır) *i.* ayçiçeği, günçiçeği, günebakan, *bot.* Helianthus annuus.

sung (sʌng) *bak.* sing.

sun.glass (sʌn'gläs) *i.* büyüteç, pertavsız.

sun.glass.es (sʌn'gläsiz) *i., çoğ.* güneş gözlüğü.

sun.glow (sʌn'glo) *i.* tan, fecir; güneşin ısıtıcı ışığı.

sunk (sʌngk) *f., bak.* **sink. sunk fence** hendek içinde saklı bahçe duvarı.

sunk.en (sʌng'kın) *s.* su içine gömülmüş; bir yüzey altında olan; etrafından daha alçak seviyede olan; çökmüş.

sun.less (sʌn'lîs) *s.* güneş görmeyen, güneş almayan; kasvetli.

sun.light (sʌn'layt) *i.* güneş ışığı.

sun.lit (sʌn'lit) *s.* güneşli.

sunn *i.*, **sunn hemp** (sʌn) bir cins kenevir, *bot.* Crotalaria juncea.

Sun.na, Sun.nah (sûn'ı) *i.* sünnet, farz.

Sun.ni (sûn'i) *i.* Sünnîlik.

Sun.nite (sûn'ayt) *i.* Sünnî.

sun.ny (sʌn'i) *s.* güneşli; güneş gibi; neşeli. **sunny side** güneşli taraf; (bir işte) iyi cihet, ümit verici yön. **sunny side up** çevrilmeden pişirilen (tavada yumurta).

sun-proof (sʌn'pruf) *s.* güneş geçirmez.

sun.rise (sʌn'rayz) *i.* gündoğumu, güneş doğuşu; sabah.

sun.room (sʌn'rum) *i.* bol pencereli ve güneşli oda.

sun.scald (sʌn'skôld) *i.* bitkilerde görülen fazla güneşten ileri gelen hastalık.

sun.scorch (sʌn'skôrç) *i.* bitkilerin fazla güneşten kavrulması.

sun.set (sʌn'set) *i.* günbatımı, güneş batması, gurup; akşam; günbatımında gök renkleri; çöküş devri, gerileme devri.

sun.shade (sʌn'şeyd) *i.* güneş siperliği, güneşlik; güneş şemsiyesi; tente.

sun.shine (sʌn'şayn) *i.* güneş ışığı; güneş; güneşin ısıtıcı ışığı; neşelilik.

sun.spot (sʌn'spat) *i.* güneş lekesi.

sun.stone (sʌn'ston) *i.* yıldıztaşı.

sun.stroke (sʌn'strok) *i.* güneş çarpması.

sun.up (sʌn'ʌp) *i., A.B.D.* gündoğumu.

sun.ward (sʌn'wırd) *z., s.* güneşe doğru (olan). **sunwards** *z.* güneşe doğru.

sun.wise (sʌn'wayz) *z.* güneşin hareket ettiği yönde.

su.o ju.re (suw'o cur'i) *Lat.* kendi salâhiyetiyle.

Su.o.mi (suwo'mi) *i.* Finlandiya.

sup (sʌp) *f.* (**-ped, -ping**) *i.* yudum yudum içmek, yudumlamak; *i.* yudum.

sup (sʌp) *f.* (**-ped, -ping**) akşam yemeğini yemek.

sup. *kıs.* **above, superior, supplement.**

su.per (su'pır) *i., argo* tiyatroda önemsiz rollere çıkan oyuncu.

su.per (su'pır) *i., s.* üstün kalite, ekstra cins; mücellithanede kullanılan pamuk takviye bezi; *tic.* âlâ derece, âlâ derecede olan şey; *s., argo* üstün.

super- *önek* üstün, üzerinde, fevkinde, fazlasıyle.

su.per.a.ble (su'pırıbıl) *s.* yenilmesi mümkün, galebe çalınabilir, hakkından gelinebilir, çaresi bulunabilir, atlatılabilir. **superably** *z.* hakkından gelinebilecek şekilde.

su.per.a.bound (supırıbaund') *f.* fazlasıyle bulunmak, pek çok miktarda bulunmak.

su.per.a.bun.dance (supırıbʌn'dıns) *i.* aşırı bolluk.

su.per.a.bun.dant (supırıbʌn'dınt) *s.* pek çok, mebzul, bol, taşkın. **superabundantly** *z.* pek bolca.

su.per.add (supırräd') *f.* daha da ilâve etmek, yeniden katmak.

su.per.an.nu.ate (supırän'yuweyt) *f.* yaşlılık veya yetersizlik sebebiyle işten çıkarmak, emekliye ayırmak; geçersiz diye çıkarmak. **superannuated** *s.* emekli; eskimiş; kullanılmaz hale gelmiş; modası geçmiş. **superannua'tion** *i.* emeklilik; emekli maaşı.

su.perb (sûpırb', sı-) *s.* muhteşem, görkemli; âlâ, nefis, enfes; zengin, zarif. **superbly** *z.* muhteşem bir şekilde; tam.

su.per.car.go (su'pırkargo) *i.* şilepte mal sahibi tarafından tayin olunan satış memuru.

su.per.car.ri.er (su'pırkeriyır) *i.* çok büyük uçak gemisi.

su.per.charge (*f.* supırçarc'; *i.* su'pırçarc) *f., i.* kompresörle güçlendirmek; fazla yüklemek; *i.* fazla yük.

su.per.charg.er (su'pırçarcır) *i.* kompresör.

su.per.cil.i.ar.y (supırsil'iyeri) *s.* kaşa ait; kaşın üstündeki.

su.per.cil.i.ous (supırsil'iyıs) *s.* mağrur, kibirli. **superciliously** *z.* kibirle. **superciliousness** *i.* kibir, gurur.

su.per.con.duc.tive (supırkındʌk'tîv) *s., fiz.* aşırı soğukken elektrik akımını dirençsiz olarak geçirebilen.

su.per.cool (supırkul') *f.* (bir sıvıyı) donma derecesinin altında dondurmadan soğutmak.

su.per.du.per (su'pırdu'pır) *s., argo* âlâ, en iyi, *slang* kıyak.

su.per.e.go (supıri'go) *i.*, *psik.* süper ego.

su.per.em.i.nent (supırem'ınınt) *s.* çok üstün. supereminence *i.* aşırı üstünlük. supereminently *z.* büyük üstünlükle.

su.per.er.o.gate (supırer'ıgeyt) *f.* görevinden fazla iş görmek. supereroga'tion *i.* vazife dışında iş yapma, fuzulî iş görme. supererogatory (supırrag'ıtôri) *s.* asıl görevden fazla veya ayrı; lüzumsuz, fuzulî.

su.per.fam.i.ly (supırfäm'ıli) *i.*, *biyol.* üstfamilya.

su.per.fe.ta.tion (supırfitey'şın) *i.* gebe hayvanın doğurmadan evvel bir daha gebe kalması.

su.per.fi.cial (supırfîş'ıl) *s.* yüzeyde kalan, satha yakın veya satıhta olan; sathî, yüzeysel, üstünkörü, yarımyamalak. superficiality (supırfîşiyäl'ıti), superficialness *i.* yüzeyde kalış, sathîlik. superficially *z.* görünüşte, üstünkörü bir şekilde.

su.per.fi.ci.es (supırfîş'iyiz) *i.* satıh, yüzey.

su.per.fine (supırfayn') *s.* son derece güzel; pek ince, çok zarif.

su.per.flu.id (supırfluw'îd) *i.*, *fiz.* mutlak sıfırın bir derece üstündeki sıvı hali.

su.per.flu.ous (sûpır'fluwıs) *s.* fazla, lüzumsuz, gereksiz. superflu'ity, superfluousness *i.* fazlalık, aşırı bolluk. superfluously *z.* çok fazla.

su.per.fuse (supırfyuz') *f.* bir şeyin üzerine dökmek; dökülmek.

su.per.heat (supırhit') *f.* fazla ısıtmak; ısıtıp sabit olmayan bir hale getirmek.

su.per.heav.y (su'pırhevi) *s.*, *i.* üstün ağırlıklı (eleman).

su.per.high frequency (su'pırhay') 3.000 ile 30.000 arasındaki megasikl şeridi.

su.per.high.way (supırhay'wey) *i.* otoban, sürat yolu.

su.per.hu.man (supır.hyu'mın) *s.* insanüstü.

su.per.im.pose (supırîmpoz') *f.* bir şeyin üzerine koymak; bir şeye ilâve etmek. superimposi'tion *i.* bir şeyin üzerine koyma veya ilâve etme.

su.per.im.preg.na.tion (supırîmpregney'şın) *bak.* superfetation.

su.per.in.cum.bent (supırînkʌm'bınt) *s.* başka bir şeyin üzerine dayanan.

su.per.in.duce (supırîndus') *f.* başka bir şeye ilâveten meydana getirmek, ek olarak katmak.

su.per.in.tend (supırîntend', suprıntend') *f.* bakmak, nezaret etmek, yönetmek, idare etmek, kontrol etmek. superintendence *i.* bakma, yönetme, yönetim. superintendency *i.* müdürlük, yöneticilik; yönetim.

su.per.in.ten.dent (supırînten'dınt, suprınten'dınt) *i.*, *s.* yönetici, müdür, şef, idare memuru; *s.* yönetimsel; yöneten.

su.pe.ri.or (sıpîr'iyır, sû-) *s.*, *i.* daha yüksek, âlâ, üstün, faik; olağanüstü; to *ile* fevkinde, daha üstün; üstünlük taslayan; *bot.* üst tarafında bulunan, üst; *i.* üstün derecede olan kimse; manastırda başrahip; *matb.* satırdan yukarı basılmış rakam veya harf. superior court A.B.D. temyiz mahkemesi. superiority (sıpîriyôr'ıti) *i.* üstünlük.

su.per.ja.cent (supırcey'sınt) *s.* üstte olan, kaplayan, örten.

su.per.la.tive (sıpır'lıtîv, sû-) *s.*, *i.* en yüksek; mükemmel, eşsiz, üstün; *gram.* enüstün; fazla; *i.* en yüksek derece veya miktar; *gram.* enüstünlük. talk in superlatives abartmak, mübalâğa etmek. superlatively *z.* en üstün derecede. superlativeness *i.* fevkaladelik, üstünlük.

su.per.man (su'pırmän) *i.* üstün insan.

su.per.mar.ket (su'pırmarkît) *i.* süper market, büyük mağaza.

su.per.nal (sûpır'nıl) *s.* göksel, semavî; ilâhî; yüksek.

su.per.na.tant (supırney'tınt) *s.* suyun üstünde yüzen.

su.per.na.tion.al (supırnäş'ınıl) *s.* bütün insanlığı kapsayan, milletlerüstü.

su.per.nat.u.ral (supırnäç'ırıl) *s.* doğaüstü, tabiatüstü; harikulade, mucize kabilinden. supernaturalism *i.* doğaüstü olma; doğaüstü güce inanma. supernaturally *z.* doğaüstü kuvvetlere dayanarak.

su.per.nor.mal (supırnôr'mıl) *s.* normalüstü.

su.per.nu.mer.ar.y (supırnu'mıreri) *s.*, *i.* fazla, zait; lüzumundan fazla; *i.* gerekli sayıdan fazla olan kimse; *tiyatro* önemsiz rollere çıkan oyuncu.

su.per.phos.phate (supırfas'feyt) *i.* süperfosfat gübre.

su.per.pose (supırpoz') *f.* üstüne koymak; *geom.* üst üste gelecek şekilde koymak. superposi'tion *i.* üstüne koyma.

su.per.pow.er (supırpau'wır) *i.* süper devlet; geniş kapsamlı elektrik şebekesi.

su.per.sat.u.rat.ed (supırsäç'ûreytîd) *s.* fazla doymuş.

su.per.scribe (supırskrayb') *f.* üstüne yazmak; zarf üstüne adres yazmak. **su'perscript** *s., i.* üste yazılan; *i.* satırın üstüne yazılan küçük harf veya rakam; *mat.* satır yukarısına yazılı kuvvet veya türev gösteren işaret. **super-scrip'tion** *i.* bir şeyin üstündeki yazı; serlevha, başlık; kitabe; üstüne yazma; *ecza.* reçetenin başındaki "alınız" yazılı kısım.

su.per.sede (supırsid') *f.* yerine geçmek, yerini almak; yerine başkasını koymak; yerine başka bir şey koyarak iptal etmek.

su.per.se.de.as (supırsi'diyıs) *i., huk.* aşağı bir mahkeme kararının icrasını durduran yüksek mahkeme emri.

su.per.sen.si.ble (supırsen'sıbıl), **su.per.sen.-su.al** (supırsen'şuwıl) *s.* duygusal.

su.per.son.ic (supırsan'îk) *s.* süpersonik, sesten hızlı. **supersonics** *i.* süpersonik ilmi, sesten hızlı olguları inceleyen bilim dalı. **supersonic transport** süpersonik araç.

su.per.space (su'pırspeys) *i.* bütün üç boyutlu yerlerinin nokta olduğu ileri sürülen matematiksel uzam.

su.per.star (su'pırstar) *i.* çok güçlü radyo dalgaları gönderen gökcismi; as, mesleğinde üstün olan kimse.

su.per.state (su'pırsteyt) *i.* birkaç bağımlı memleketi idare eden memleket.

su.per.sti.tion (supırstîş'ın) *i.* batıl itikat, hurafe, boş inan.

su.per.sti.tious (supırstîş'ıs) *s.* batıl itikat kabilinden; batıl itikatlı, boş şeylere inanan. **superstitiously** *z.* batıl inançlara saplanarak. **superstitiousness** *i.* batıl inançlılık.

su.per.stra.tum (supırstrey'tım) *i.* üst tabaka.

su.per.struct (supırstrʌkt') *f.* bir şeyin üzerine bina etmek.

su.per.struc.ture (su'pırstrʌkçır) *i.* temel üzerine kurulan bina, ilâve kat; zemin katı üzerinde bulunan binanın tümü; üst yapı; üst kademe; ilişkiler; demiryolunun taş zemini üstünde bulunan travers veya ray; *den.* palavra üstündeki yapı kısımları.

su.per.tax (su'pırtäks) *i.* munzam vergi.

su.per.vene (supırvin') *f.* takip etmek, izlemek, arkasından gelmek; sonra meydana gelmek.

su.per.vise (su'pırvayz) *f.* denetlemek, teftiş etmek, nezaret etmek; idare etmek, bakmak. **supervi'sion** *i.* denetleme, nezaret, murakabe; idare. **supervisor** *i.* müfettiş, denetçi. **supervi'sory** *s.* denetçiye özgü; denetimsel; denetleyici, teftiş edici.

su.pi.nate (su'pıneyt) *f., anat.* el ayasını yukarıya döndürmek. **supina'tion** *i.* el ayasını yukarıya döndürme. **supinator** *i., anat.* supinator, el bileğini dışarıya döndürücü adale.

su.pine (supayn') *s.* sırt üstü yatmış; yatay durumdaki, meyilli; kaygısız; miskin, enerjik olmayan. **supinely** *z.* kaygısızca; miskinlikle. **supineness** *i.* kaygısızlık; miskinlik.

su.pine (su'payn) *i.* Latince'de -i veya -den halindeki isim-fiil.

supp. *kıs.* supplement.

sup.per (sʌp'ır) *i.* akşam yemeği; yemekli gece toplantısı.

sup.plant (sıplänt') *f.* ayağını kaydırıp yerine geçmek, yerini kapmak.

sup.ple (sʌp'ıl) *s., f.* yumuşak, kolayca eğilip bükülebilir, elastikî, esnek; uysal, yatkın, başkalarının suyuna giden; *f.* yumuşatmak. **suppleness** *i.* esneklik, elastikiyet.

sup.ple.ment (*i.* sʌp'lımınt; *f.* sʌp'lıment) *i., f.* ilâve, ek; zeyil; *mat.* bütünler açı; *f.* ilâve etmek, eklemek; doldurmak. **supplemen'tal, supplemen'tary** *s.* ilâve olan, bütünleyici; *mat.* bütünleyen, tamamlayan. **supplemen-ta'tion** *i.* ekleme, ek, ilâve, zeyil.

sup.pli.ance (sʌp'liyıns) *i.* rica, niyaz, yalvarış.

sup.pli.ant, sup.pli.cant (sʌp'liyınt, sʌp'lıkınt) *s., i.* rica ve niyaz eden, yalvaran (kimse).

sup.pli.cate (sʌp'lıkeyt) *f.* rica ve niyaz etmek, yalvarmak; dua ederek yakarmak. **supplicatingly** *z.* yalvararak. **supplica'tion** *i.* yalvarış, yakarış; niyaz. **supplicatory** (sʌp'lıkıtôri) *s.* yalvarış kabilinden; niyaz eden.

sup.pli.er (sıplay'ır) *i.* sağlayan kimse; ihtiyacı karşılayan şey; tedarik eden firma.

sup.ply (sıplay') *f., i.* sağlamak, tedarik etmek, temin etmek; ihtiyacı karşılamak; tatmin etmek; telâfi etmek, yerini doldurmak; bir makamı işgal etmek; *i.* tedarik, teçhiz; mevcut; *gen. çoğ.* erzak, gereç, levazım, malzeme; vekil. **cut off the supplies** gerekli ihtiyaç maddelerini kesmek. **in short supply** kıt, yetersiz. **law of supply and demand** arz ve talep kanunu.

sup.ply (sʌp'li) *z.* esnek olarak, kendini duruma uydurarak.

sup.port (sıpôrt') *f., i.* desteklemek; tahammül etmek, götürmek, dayanmak, tutmak, kaldırmak, çekmek; kuvvet vermek, cesaret telkin etmek; beslemek, geçindirmek; masrafını vermek; devam ettirmek; ispat etmek, teyit etmek; savunmak, müdafaa etmek; yardım etmek, tutmak, iltizam etmek; tutmak, düşürmemek; sabretmek, katlanmak; *tiyatro* yardımcı rolde oynamak; *i.* destekleme, tutma, düşmesine engel olma; destek olan kimse veya şey; destek, dayanak, mesnet, yatak; geçim.

sup.port.a.ble (sıpôr'tıbıl) *s.* çekilir, tahammül edilebilir; ispat edilebilir.

sup.port.er (sıpôr'tır) *i.* taraftar; yardımcı; jartiyer; askı; bileklik.

sup.por.tive (sıpôr'tîv) *s.* destekleyici; yardımcı; ispat etme hususunda faydalı. **supportive therapy** *psik.* hastaya problemlerinde yardımcı olarak yapılan psikoterapi; *tıb.* hastanın genel sıhhî durumunu kuvvetlendirerek hastalık bulgularının ortadan kaldırıldığı tedavi usulü.

sup.pos.a.ble (sıpo'zıbıl) *s.* tasavvuru mümkün.

sup.pose (sıpoz') *f.* zannetmek, farzetmek; doğru olduğunu kabul etmek; tasavvur etmek, düşünmek; tahmin etmek. **Suppose he doesn't come.** Farzedelim ki gelmedi. Ya gelmezse? **Suppose we change the subject.** Konuyu değiştirsek nasıl olur? **He is supposed to be rich.** Zengin olduğu zannediliyor. **He is supposed to come.** Gelmesi lâzım. **I suppose so.** Herhalde. **The ship is supposed to arrive today.** Geminin bugün gelmesi bekleniyor. **Where's that road supposed to go?** Acaba o yol nereye çıkar? **You're not supposed to do that!** Bunu yapmamalısınız. **supposed** *s.* sözde, (yanlışlıkla) kabul edilen, farzedilen. **supposedly** (sıpo'zidli) *z.* farzolunduğu gibi, güya.

sup.po.si.tion (sʌpızîş'ın) *i.* zan, tahmin, kıyas; varsayım, ipotez, faraziye. **suppositional** *s.* tahmin kabilinden, farazî. **suppos'itive** *s.* tahminî, farazî.

sup.pos.i.ti.tious (sıpazıtîş'ıs) *s.* değiştirilmiş, sahte; tahmin kabilinden; varsayılı, ipotetik, farazî.

sup.pos.i.to.ry (sıpaz'ıtôri) *i., tıb.* supozituvar, fitil.

sup.press (sıpres') *f.* bastırmak, sindirmek; önlemek, menetmek; zaptetmek; örtbas etmek, saklamak; gizli tutmak; durdurmak, kesmek. **suppres'sion** *i.* baskı; zaptetme, tutma; bastırma, sindirme. **suppres'sive** *s.* zaptetmeyen, tutan; bastıran, sindirici.

sup.pu.rate (sʌp'yıreyt) *f.* cerahat toplamak; işlemek (yara). **suppura'tion** *i.* cerahat, irin. **suppurative** *s.* cerahat hâsıl edici.

supra- *önek* fevkinde, üstünde, ötesinde, önünde, dışında, -den ziyade, maada.

su.pra.cre.ta.ceous (suprıkrîtey'şıs) *s., jeol.* tebeşir tabakalarının üstünde olan.

su.pra.lim.i.nal (suprılîm'ınıl) *s.* şuur eşiğini aşmış, bilinç ötesi.

su.pra.max.il.lar.y (suprımäk'sıleri) *s., anat.* üst çeneye ait.

su.pra.mo.lec.u.lar (suprımılek'yılır) *s.* çok moleküllü; molekülden daha karmaşık.

su.pra.mun.dane (suprımʌn'deyn) *s.* dünyadan üstün, semavî.

su.pra.na.tion.al (suprınäş'ınıl) *s.* bir veya birden fazla milletin siyasî imkânlarıyle sınırlanmamış olan.

su.pra.or.bi.tal (suprı.ôr'bîtıl) *s., anat.* göz deliğinin üstünde olan.

su.pra.pro.test (suprıpro'test) *i., tic. huk.* borçlunun senedi protesto etmesinden sonra kefilin ödemeyi kabul etmesi.

su.pra.re.nal (suprırî'nıl) *s., anat.* böbreküstü.

su.pra.tem.po.ral (suprıtem'pırıl) *s., zool.* şakak üstü (kemiği).

su.prem.a.cy (sıprem'ısi) *i.* üstünlük, yücelik, ululuk; herkesten üstün olma, büyüklük.

su.preme (sıprim', sû-) *s.* en yüksek, ulu, yüce; hâkim; en yüksek mertebede; en yüksek derecede, en mükemmel; son. **Supreme Being** Hak Taâlâ, Allah. **Supreme Court** Anayasa Mahkemesi. **supreme good** en büyük iyilik, en yüksek hayır gayesi. **Supreme Soviet** en üst Sovyet. **supreme test** en büyük imtihan, deneme. **make the supreme sacrifice** canını feda etmek. **supremely** *z.* fevkalade, en mükemmel surette.

supt. *kıs.* superintendent.

sur- *önek* üstünde, ötesinde.

su.ra, su.rah (sûr'ı) *i.* Kuran suresi.

su.rah (sûr'ı) *i.* bir cins yumuşak ipekli kumaş.

su.ral (sûr'ıl) *s., anat.* baldıra ait.

sur.base (sır'beys) *i., mim.* temel üzerine yapılan pervaz. surbase'ment *i.* üzerinde böyle pervaz bulunma.

sur.cease (sırsis', sır'sis) *i., f., eski* bitme, ardı arkası kesilme; *f.* bitmek, ardı arkası kesilmek; nefes almak, ara vermek.

sur.charge (*f.* sırçarc'; *i.* sır'çarc) *f., i.* taşıyabileceğinden fazla yüklemek, fazla doldurmak; fazla fiyat istemek; bir krediyi deftere kaydetmemek; posta pulunun üzerine yeni fiyat bastırmak; *i.* fazla ağır yük; *d.y.* fazla navlun alma; krediyi deftere kaydetmeyiş; posta pulları üzerine bastırılan yeni fiyat, sürşarj; yeni fiyatlı posta pulu, sürşarj.

sur.cin.gle (sır'sîng.gıl) *i., f.* palan kolanı; *kil.* papaz cüppesinin kuşağı, zünnar; *f.* kolan veya kuşakla bağlamak.

sur.coat (sır'kot) *i.* cüppe; ortaçağda zırh üstüne giyilen cüppe.

surd (sırd) *s., i., mat.* asam, $\sqrt{2}$ gibi tam miktarı ifade edilemeyen (kemiyet); *dilb.* f, p, s, k gibi sessiz (harf).

sure (şûr) *s., z., ünlem* muhakkak, şüphesiz; olumlu, müspet; kesin, katî; emin, sağlam, güvenilir; sabit, metin; *nad.* sıkı, sıkı bağlayan; *z., k.dili* şüphesiz; *ünlem* tabiî, elbette. sure enough muhakkak, sahiden. be sure dikkat etmek. for sure elbette, muhakkak, katî olarak. make sure temin etmek; tahkik etmek, soruşturmak; işin aslını anlamak. to be sure elbette, muhakkak. sure'ness *i.* katiyet, kesinlik; emin olma.

sure-e.nough (şûrînʌf') *s., z., A.B.D., k.dili* hakikî; *z.* muhakkak.

sure-fire (şûr'fayr') *s., k.dili* başaracağı şüphe götürmeyen.

sure-foot.ed (şûr'fût'îd) *s.* ayağını sıkı basan, düşmez, kaymaz.

sure.ly (şûr'li) *z.* elbette, muhakkak; emniyette olarak; tehlikesizce.

sure.ty (şûr'ti, şûr'ıti) *i.* kefil, rehine; teminat, emniyet. stand surety kefil olmak. surety-ship *i.* kefalet.

surf (sırf) *i., f.* kıyıda kırılan köpüklü dalgalar, çatlayan dalgalar; *f., spor* dalgalar üstünde tahta ile kıyıya doğru kaymak.

sur.face (sır'fîs) *i., f., s.* yüz, düzey, satıh, dış, zâhir, dış taraf, dış görünüş; *mat.* yüzey;

f. bir şeyle kaplamak; düz yapmak; cilâlamak; üstündeki toprağı kaldırıp maden ocağı işletmek; su dibinden yüzeye çıkmak; *s.* yüzeysel; görünüşteki. surface current düzey akıntısı. surface impressions dış izlenimler, sathî intibalar. surface mail adi posta. surface noise gramofon plağında sürtünme ve tozdan ileri gelen parazit veya cızırtı. surface plate *mak.* ayar olarak kullanılan düz çelik parça. surface tension *fiz.* üst yüzey gerilimi. surface water toprağın üstünden akan yağmur suyu. on the surface yüzeyde; görünüşte.

sur.face-ac.tive (sır'fis.äk'tiv) *s., kim.* bir sıvının yüz gerilmesini azaltan.

sur.fac.tant (sırfäk'tınt) *i., kim.* bir sıvının yüz gerilmesini azaltan madde.

surf.board (sırf'bôrd) *i.* surfing denilen sporda kullanılan uzun tahta.

surf.boat (sırf'bot) *i.* dalgaları aşabilmeye elverişli kayık.

surf.cast.ing (sırf'kästîng) *i.* sahilden dalgaların arasına olta atarak balık avlama.

sur.feit (sır'fît) *i., f.* yiyip içmede aşırılık; çatlayacak derecede yemek yeme hastalığı; tokluk; aşırı derecede yemek yemekten ileri gelen bulantı, bıkkınlık; *f.* çatlayacak derecede yedirmek veya yemek.

surf.er (sırf'ır) *i.* dalgalar üzerinde surfing yapan sporcu.

surf.ing, surf.rid.ing (sırf'îng, sırf'raydîng) *i.* dalgalar üzerinde tahta ile kayarak yapılan bir cins su kayağı.

surge (sırc) *f., i.* kabarıp yuvarlanmak; dalgalanmak; *elek.* kabarmak, taşmak; *den.* birden kayıvermek; *den.* çok baş kıç vurmak (demirli gemi); akın etmek; birden kabarıvermek; *i.* büyük dalga; büyük dalga gibi sürükleme; elektrik akım veya gücünün süratle artması veya yükselip düşmesi; *den.* ırgatın daralan kısmı.

sur.geon (sır'cın) *i.* cerrah, operatör. Surgeon General *A.B.D.* Umumî Sağlık Servisinde baş doktor. surgeoncy *i.* cerrahlık.

sur.ger.y (sır'cıri) *i.* operatörlük, cerrahlık, cerrahlık ilmi; ameliyathane; *İng.* muayenehane.

sur.gi.cal (sır'cîkıl) *s.* cerraha veya cerrahlığa ait, cerrahî; cerrahlıkta kullanılan veya yapılan. surgical operation ameliyat. surgical

ward hariciye koğuşu. **surgically** z. ameliyat suretiyle, cerrahî müdahale ile.

su.ri.cate (sûr'ıkeyt) *i.* gelinciğe benzer ve Güney Afrika'da yaşayan bir cins hayvan, *zool.* Suricata suricata.

Su.ri.nam (sûrınam') *i.* Surinam.

sur.ly (sır'li) *s.* ters, haşin, aksi, kaba, asık yüzlü. **surlily** z. kabaca, terslikle. **surliness** *i.* terslik, aksilik, kabalık.

sur.mise (*i.* sır'mayz; *f.* sırmayz') *i., f.* zan, kanaat, şüphe; *f.* sanmak, zannetmek, tahmin etmek; ipucu çıkarmak.

sur.mount (sırmaunt') *f.* üstün gelmek, baskın çıkmak, galebe çalmak, hakkından gelmek.

sur.mul.let (sırmʌl'it) *i.* barbunya balığı, tekir balığı, *zool.* Mullus barbatus.

sur.name (sır'neym) *i., f.* soyadı, aile ismi; lakap; *f.* soyadı koymak; soyadı ile tanınmak.

sur.pass (sırpäs') *f.* geçmek, baskın çıkmak, üstün olmak, faik olmak. **surpassing** *s., z.* en üstün olan, âlâ; *z., şiir* fevkalade. **surpassingly** z. hepsinden üstün surette, fevkalade.

sur.plice (sır'plîs) *i.* papaz ve koro mensuplarının giydiği beyaz keten cüppe.

sur.plus (sır'plʌs) *i., s.* artan miktar, herhangi bir şeyin fazlası; ihtiyat akçesi; şirketin bütün masraflar ve tediyatından sonra elinde kalan para; *s.* fazla, artık, baki. **surplusage** *i.* fazla olan meblâğ; *huk.* aşan şey, mübalağa.

sur.pris.al (sırpray'zıl) *i.* sürpriz, hayret verici şey.

sur.prise (sırprayz') *i., f.* sürpriz; birden karşısına çıkış; hayret, beklenilmedik şey, şaşkınlık, ansızın vaki olan şey, hayret verici şey; *f.* hayrete düşürmek, şaşırtmak; birden karşısına çıkarmak; beklenilmedik bir anda yakalamak. **surprise package** içinden umulmadık bir şey çıkan paket. **surprise party** sürpriz partisi. **surprise visit** habersiz ziyaret. **be surprised by one** birisi tarafından gafil avlanmak, bir kimsenin hazırladığı bir sürprizle karşılaşmak. **take by surprise** gafil avlamak; şaşırtmak, hayret ettirmek. **They surprised me into telling my secret.** Beni üç kâğıda alıp sırrımı öğrendiler. **I'm surprised at you.** Yaptığın harekete şaştım.

sur.pris.ing (sırpray'zîng) *s.* hayret verici, şaşırtıcı. **surprisingly** z. hayret uyandıracak şekilde.

sur.re.al.ism (sırı'yılîzım) *i., fels.* sürrealizm, gerçeküstücülük. **surrealist** *i., s.* sürrealist, gerçeküstücü (kimse).

sur.re.but.tal (sırrîbʌt'ıl) *i., huk.* davacının iddiasını ispatlayan delil.

sur.re.join.der (sırrîcoyn'dır) *i., huk.* davalının ikinci cevabına karşı davacının cevabı.

sur.ren.der (sıren'dır) *f., i.* teslim etmek veya olmak, haklarından feragat etmek; kendini bırakmak, ümidini kesmek; herhangi bir duygu ve fikrin esiri olmak; *i.* teslim, feragat. **surrender value** sigorta poliçesi iptal edildiği takdirde poliçe sahibine verilecek para miktarı. **unconditional surrender** kayıtsız şartsız teslim.

sur.rep.ti.tious (sıreptîş'ıs) *s.* gizli, el altından, hile kabilinden; sahtekârca; gizlice yapılmış. **surreptitiously** z. gizlice, al altından, hileli olarak.

sur.rey (sır'i) *i., A.B.D., eski* dört tekerlekli ve iki sıralı hafif gezinti arabası.

sur.ro.gate (sır'ıgeyt) *i., f.* naip, vekil; yerine geçen kimse veya şey; özellikle evlenme izinnamelerini veren memur; *huk.* vasiyetname şartlarını yerine getirmeye memur kimse; *f.* vekil tayin etmek.

sur.round (sıraund') *f.* kuşatmak, ihata etmek, çevirmek, etrafını sarmak; *ask.* muhasara etmek, çember içine almak. **surroundings** *i., çoğ.* çevre, muhit, çevredeki bütün şeyler, etraf.

sur.sum cor.da (sır'sım kôr'dı) *Lat.* teşvik edici seslenİş.

sur.tax (sır'taks) *i., f.* ek vergi; *f.* ek vergi koymak.

sur.veil.lance (sırvey'lîns, sırveyl'yîns) *i.* nezaret, gözetme, gözaltında tutma; teftiş. **under surveillance** gözaltında, nezaret altında. **surveillant** *i.* nezaretçi; göz hapsinde tutan kimse; nöbetçi öğretmen.

sur.vey (sırvey') *f.* bakmak, dikkatle her şeye göz gezdirmek, muayene etmek; yoklamak, yoklama yapmak; düşünmek, mülâhaza etmek, mütalaa etmek; teftiş etmek; haritasını çıkarmak, mesaha etmek. **surveyor** *i.* mesahacı, mesaha memuru; gümrük müfettişi.

sur.vey (sır'vey, sırvey') *i.* mesaha, yüzölçümü; teftiş, tetkik, yoklama, muayene; mülâhaza, mütalaa; harita veya plan yapma.

sur.vey.ing (survey'îng) *i.* mesaha ilmi, yer ölçmesi; mesaha etme. **aerial surveying** havadan mesaha etme, uçakla harita çıkarma. **hydrographic surveying** bir bölgenin idrografik haritasını çıkarma. **photographic surveying** fotoğraf çekmek suretiyle mesaha etme. **surveyor's level** ölçü terazisi.

sur.viv.al (sırvay'vıl) *i.* kalım, beka; başkasının ölümünden sonra hayatta kalma, diğerlerinden fazla yaşama; bir tehlikeyi atlatıp yaşama; modası geçmiş bir inanç veya geleneğin baki kalması. **survival kit** havacılara verilen, mecburî iniş veya uçak kazasından sonra gerekli ihtiyaç maddelerini temin edecek çanta. **survival of the fittest** *zool., bot.* en güçlü olanın yaşamakta devam etme prensibi.

sur.vive (sırvayv') *f.* baki kalmak, başkasından fazla yaşamak, daha uzun ömrü olmak.

sur.vi.vor (sırvay'vır) *i.* bir kazadan sağ olarak kurtulan kimse; başkasının ölümünden sonra sağ kalan kimse, en son olarak hayatta kalan kimse veya şey. **survivorship** *i.* sağ kalma; *huk.* ölenlerin mal hissesini alma hakkı.

sus.cep.ti.ble (sısep'tıbıl) *s.* çabuk müteessir olan, hassas; alıngan; kolay aşık olan, şıpsevdi. **susceptibil'ity, susceptibleness** *i.* hassasiyet, alınganlık. **susceptibly** *z.* hissedilir derecede.

sus.cep.tive (sısep'tîv) *s.* çabuk müteessir olan, hassas.

sus.pect (sıspekt') *f.* şüphelenmek, kuşkulanmak, hakkında şüpheye düşmek; hakkında kötü düşünmek.

sus.pect (sʌs'pekt) *s., i.* şüpheli, zan altında bulunan; *i.* sanık, maznun.

sus.pend (sıspend') *f.* geçici olarak durdurmak veya iptal etmek; tatil etmek; ertelemek, tehir etmek; muallâkta bırakmak; makamından geçici olarak mahrum etmek; asmak; okuldan geçici olarak tart etmek. **suspend payment** tediyatı durdurmak. **suspended animation** geçici olarak canlılığını kaybetme.

sus.pend.er (sıspen'dır) *i., çoğ., A.B.D.* pantolon askısı; *İng.* çorap jartiyeri.

sus.pense (sıspens') *i.* askıda kalış, ümitle korku karışık bir his; muallâkıyet; şüpheli durumda kalma, kesilme, inkıta. **suspense account** muallâk hesap.

sus.pen.sion (sıspen'şın) *i.* asma, asılma, talik edilme; geçici tatil; ödemeleri geçici olarak durdurma; *kim.* sıvı içinde erimeden durma, süspansiyon; mıknatıs iğnesini muallâkta tutan tertibat; *müz.* asış, duraklatış. **suspension bridge** asma köprü.

sus.pen.sive (sıspen'sîv) *s.* tereddüt kabilinden; geçici olarak tatil veya erteleme kabilinden. **suspensively** *z.* geçici olarak tatil ederek veya erteleyerek.

sus.pen.sor, -so.ry (sıspen'sır, -sıri) *i.* kasık bağı, suspensuar. **suspensory ligament** *anat.* asıcı bağ.

sus.pi.cion (sıspîş'ın) *i.* şüphe, kuşku, vehim; ima, iz; *k.dili* gayet az miktar. **above suspicion** her türlü şüphenin dışında, şüphe uyandırmayan, çok dürüst.

sus.pi.cious (sıspîş'ıs) *s.* şüpheli, şüphe eden, vesveseci; suizan uyandıran, şüphe edilir; şüphelenen. **I am suspicious of him.** Ondan şüpheleniyorum. **suspiciously** *z.* şüphe uyandıracak şekilde, muhtemelen. **suspiciousness** *i.* şüpheli oluş.

sus.pire (sıspayr') *f., şiir* içini çekmek, ah çekmek. **suspiration** (sʌspırey'şın) *i., şiir* iç çekme, ah çekme.

sus.tain (sısteyn') *f.* tutmak, düşmesine engel olmak, destek olmak; tahammül etmek, dayanmak, taşımak; çekmek; teselli etmek; muhafaza etmek; tedarik etmek; besleyip kuvvet vermek; doğruluğunu teslim etmek; ispat etmek, iddia etmek. **sustain a defeat** yenilmek. **sustain a note** *müz.* bir notayı uzatmak. **sustain an objection** bir itirazı kabul etmek. **sustaining pedal** notayı uzatan pedal. **sustaining program** radyo veya televizyonda masrafları istasyon tarafından karşılanan ara programı. **sustaining wall** istinat duvarı, set. **sustained** *s.* devamlı.

sus.te.nance (sʌs'tınıns) *i.* yaşatma, devam ettirme; gıda, yiyecek, maişet, geçim.

sus.ten.tac.u.lum (sʌstentäk'yılım) *i., anat.* destek bağı.

sus.ten.ta.tion (sʌs'tentey'şın) *i.* besleme, tutma, kuvvet verme; maişet, geçim, nafaka; koruyan şey.

sus.ten.tion (sısten'şın) *i.* besleme, tutma, kuvvet verme; para yardımı.

su.sur.ra.tion (susırey'şın) *i.* fısıltı, hışırtı.

sut.ler (sʌt'lır) *i.* orduya gıda maddeleri satan seyyar satıcı.

su.tra (su'trı) *i.*, *Sanskrit* vecize, vecizeler.

sut.tee (sʌti', sʌt'i) *i.* eski bir Hint geleneğine göre bir kadının kocasının naaşı ile beraber yakılması; bu geleneğe göre yakılan kadın.

su.ture (su'çır) *i.*, *f.* dikiş; dikiş yeri; *tıb.* yara kenarlarının dikiş ile birleştirilmesi; bu kenarları birleştiren dikiş; kafatası kemiklerinin dikişe benzeyen ek yerleri; *bot.* sutur, dikiş yeri; *f.* dikişle birleştirmek.

su.ze.rain (su'zırîn, -reyn) *i.* hükümdar; başka memleket üzerinde hüküm süren devlet. **suzerainty** *i.* hükümdarlık.

svelte (svelt) *s.* ince yapılı, kıvrak.

s.v.p. *kıs.* **s'il vous plait** lütfen.

S.W. *kıs.* **southwest.**

swab (swab) *i.*, *f.* **(-bed, -bing)** tahta bezi; ilâç veya yağ sürmeye veya yara temizlemeye mahsus sünger parçası; tüfek namlusunu temizlemeye mahsus harbinin ucundaki paçavra parçası; *argo* herif; *f.* tahta bezi ile silmek. **swab the decks** *den.* güverteyi ucu paçavralı tahta parçası ile temizlemek. **swabber** *i.* tahta bezi ile yeri silen kimse; elinden ancak adi işler gelen kimse.

Swa.bi.an (swey'biyın) *s.*, *i.* Almanya'nın güneybatısında bulunan Suabia eyaletine ait veya orada oturan; *i.* Suabialı.

swad.dle (swad'ıl) *f.*, *i.* kundağa sarmak (çocuk); *i.* kundak. **swaddling band** kundak bağı. **swaddling clothes** kundak takımı, kundak; bebeklik çağı.

swag (swäg) *i.*, *argo* yağma, çapul. **swag'-man** *i.* Avustralya'da sırtında bohçasıyle dolaşan rençper.

swage (sweyc) *i.*, *f.* madenî eşyaya çekiçle vurarak biçim vermekte kullanılan kalıp; *f.* böyle bir kalıpla şekil vermek.

swag.ger (swäg'ır) *f.*, *i.*, *s.* kasılarak yürümek; kabadayılık etmek, *slang* afi kesmek, atmak; *i.* kabadayılık, kabadayıca hareket; *s.* şık, modaya uygun. **swagger around** kasılarak yürümek. **swagger stick** subayın süs için taşıdığı kamçı. **swaggerer** *i.* kabadayı.

Swa.hi.li (swahi'li) *i.* Afrika'nın doğusunda konuşulan beynelmilel bir dil, Savahili, Savahilice.

swail, İng. swale (sweyl) *i.* bataklık; *leh.* gölgelik.

swain (sweyn) *i.*, *şiir* genç köylü, aşık.

swal.low (swal'o) *f.*, *i.* yutmak; içine çekmek, emmek; *k.dili* herhangi bir sözün gerçek olup olmadığını araştırmadan kabul etmek; geri almak (söylediği sözü); tahammül etmek, yutup oturmak, sineye çekmek; *i.* yutma, yudum; *den.* makara yivi. **swallow a camel** yutulmaz bir şeyi yutmak, zorla hazmetmek. **swallow it hook, line and sinker** *bak.* **hook. swallow it whole** aslını araştırmadan olduğu gibi kabul etmek. **swallow the anchor** *den.* emekli olmak. **swallow up** bütün bütün yutmak.

swal.low (swal'o) *i.* kırlangıç, *zool.* Hirundo. **bank swallow** kum kırlangıcı, *zool.* Riparia riparia. **barn swallow** kır kırlangıcı, *zool.* Hirundo rustica. **chimney swallow** bacalarda yuva yapan kırlangıç. **red rumped swallow** kızıl kırlangıç, *zool.* Hirundo daurica.

swal.low.tail (swal'oteyl) *i.* çatal kuyruk; kanatları çatal kuyruğa benzer birkaç çeşit kelebek.

swal.low-tailed coat (swal'oteyld) frak.

swal.low.wort (swal'owırt) *i.* kırlangıç otu, *bot.* Cynanchum vincetoxicum.

swam (swäm) *bak.* **swim.**

swa.mi (swa'mi) *i.* Hindu dininde hoca.

swamp (swamp) *i.*, *f.* batak, bataklık; *f.* bataklığa batırmak; içine su doldurup batırmak, içine dalga girip batırmak; yağdırmak; batağa saplanmak veya batmak; müşkül vaziyette bırakmak; içine su dolup batmak; silip süpürmek. **swamp boat** az su çeken uçak pervaneli dibi düz sandal. **swamp fever** sıtma. **swamped with work** işi başından aşmış. **swamp'y** *s.* bataklık.

swamp.er (swam'pır) *i.* bataklıkta çalışan kimse.

swamp.land (swamp'länd) *i.* bataklık arazi; bataklıklar arasındaki verimli tarla.

swan (swan) *i.* kuğu, *zool.* Cygnus; tatlı sesli şarkıcı veya şair. **swan dive** başı geriye kolları suya doğru uzatarak yapılan dalış. **swan's down** kuğunun ufak ve yumuşak tüyü.

swan maiden efsanelerde istediği zaman kuğu şekline girebilen güzel kız. **swan song** efsaneye göre kuğunun ölmeden evvelki son ve güzel ötüşü; bir şairin son eseri; son gösteriş, son söz. **mute swan** kuğu, *zool.* Cygnus olor.

swan (swan) *f., A.B.D., leh.* yemin etmek. **I swan!** Çok şaştım! Aman Allahım!

swank (swängk) *i., f., argo* gösteriş, caka; *f.* caka satmak, gösteriş yapmak.

swan-up.ping (swan'ʌpîng) *i., İng.* Thames nehri üzerindeki kuğuların senede bir yapılan markalama işlemi.

swap, swop (swap) *f.* (**-ped, -ping**) *i., k.dili* değiş tokuş etmek; *i.* değiş tokuş, trampa.

swa.raj (swırac') *i.* Hindistan'da ulusal egemenlik.

sward (swôrd) *i., f.* çimen, çim, çimenlik; *f.* çimenle kaplamak veya kaplanmak.

swarm (swôrm) *i., f.* arı veya böcek oğlu; hareket halindeki böcek sürüsü; küme, sürü, yığın; *f.* ana kovanından ayrılıp başka yere gitmek, oğul vermek; sürü halinde toplanmak; kaynaşmak.

swarm (swôrm) *f.* ip veya ağaca tırmanmak.

swart (swôrt) *s., şiir* esmer.

swarth.y (swôr'dhi) *s.* esmer, siyah; güneşten yanmış. **swarthiness** *i.* esmerlik, karalık, güneş yanığı.

swash (swaş) *i., f.* çalkantı, çalkantı sesi; dar gelgit yatağı; *f.* çalkantı sesi ile kıyıyı yalamak; caka satmak.

swash.buck.ler (swaş'bʌklır) *i.* övüngen kimse; kabadayı.

swas.ti.ka, -ti.ca (swas'tîkı) *i.* gamalı haç, Nazilerin sembolü olan işaret.

swat (swat) *f.* (**-ted, -ting**) yassı bir şey ile vurmak, ezmek.

swatch (swaç) *i.* örnek kumaş parçası.

swath (swath) *i.* orakla biçilip bir yana bırakılmış buğday veya ot; biçerdöğer veya orakla bir defada biçilen yer. **cut a wide swath** gösteriş yapmak.

swathe (sweydh) *f., i.* sargı ile sarmak; çevrelemek; *i.* sargı.

swat.ter (swat'ır) *i.* vuran kimse veya şey; sineklik.

sway (swey) *f., i.* sallamak; eğmek, meylettirmek; etkilemek, tesir etmek; idare etmek; istediği tarafa yöneltmek; *den.* bedenin ağır-

lığını vererek hisa etmek; eğilmek, meyletmek; taraftar olmak; dönüp gitmek; iki yana veya ileri geri sallanmak; hâkim olmak, hükmetmek; *i.* hüküm, idare, emir; dalgalanma, sallanma; etki, tesir; ağırlık. **sway -backed** *s.* çökük sırtlı (at).

Swa.zi.land (swa'ziländ) *i.* Swaziland.

swear (swer) *f.* (**swore, sworn**) yeminle tasdik etmek; yemin ettirmek; yeminle vaat etmek; yemin etmek, ant içmek; *huk.* yeminle ifade vermek; küfretmek, sövmek, sövüp saymak. **swear at** bir kimseye küfretmek. **swear by** bir şey üzerine yemin etmek; tam manasıyle güvenmek (bir kimseye veya şeye). **swear in** yeminle işe başlatmak. **swear off** *k.dili* bir şeyden vaz geçeceğine dair yemin etmek. **swear out a warrant** yeminle bir kimsenin suçunu tasdik ederek tevkif emri çıkarttırmak. **swear word** küfür.

sweat (swet) *i., f.* ter; terletici iş; herhangi bir cisimden ifraz olunan ter gibi sıvı; *f.* terlemek, ter dökmek; ter gibi madde ihraz etmek; mayalamak (tütün yaprağı); *k.dili* ağır iş görmek; terletmek; ter ile ıslatmak; ısıtarak halletmek; eritip arasına akıtmak (kalay); *k.dili* çok az para karşılığında fazla çalıştırmak; *argo* merak etmek; *argo* suçluyu konuşturmak için işkence yapmak. **sweat blood** sıkı çalışmak, ter dökmek. **sweat gland** ter bezi. **sweat out** *A.B.D., argo* endişeyle beklemek. **sweat shirt** eşofman. **in a sweat** *k.dili* endişe içinde; *k.dili* acele ile. **No sweat.** *A.B.D., argo* Dert değil.

sweat.box (swet'baks) *i.* deri buğu dolabı.

sweat.er (swet'ır) *i.* kazak, hırka, süeter, pulover; terleyen kimse veya şey; işçilerini çok çalıştıran ve az ücret ödeyen patron; terletici ilâç. **sweater girl** *k.dili* vücut hatlarını belli edecek derecede dar kazak giyen kız.

sweat.shop (swet'şap) *i.* sıhhate zararlı şartlar altında az ücretle işçi çalıştıran iş yeri.

sweat.y (swet'i) *s.* terli, terlemiş, ter gibi; terletici, ağır, güç. **sweatiness** *i.* terlilik.

Swede (swid) *i.* İsveçli; *k.h., İng.* İsveç'te yetişen bir cins şalgam.

Swe.den (swid'ın) *i.* İsveç.

Swe.den.bor.gi.an (swidınbôr'ciyın) *s., i.* 1688-1772'de yaşamış olan İsveçli mistik filozof ve dini yazar Emanuel Swedenborg'un doktrinini kabul eden (kimse).

Swed.ish (swi'diş) *s., i.* İsveç'e ait, İsveçli; İsveç diliyle ilgili; *i.* İsveç dili, İsveççe. **Swedish massage** *tıb.* İsveç beden hareketleri ile birlikte yapılan masaj.

sweep (swip) *f.* (**swept**) süpürmek, süpürge ile temizlemek, toplamak veya götürmek, süpürüp götürmek; sürüklenmek, sürüklemek; yayılmak; süpürge gibi sürümek; süpürge sürter gibi sürtmek; her tarafına dikkatle bakmak; taramak; salınarak hızla geçmek; azametle yürüyüp geçmek; süpürür gibi üzerinden geçmek; silip süpürmek; *i.* süpürme, temizleme; dikkatle her tarafını gözden geçirme; süpürmeye benzer hareket; dönemeç; büyük kürek, boyna küreği; baca temizleyicisi; parayı silip süpürme; büyük başarı; alan, saha; meyil; kuyu çıkrığı; *çoğ.* kuyumcu işi kırpıntısı. **sweep all before one** tamamen başarmak. **sweep along** süpürüp getirmek; azametle yürüyüp geçmek. **sweep away** süpürüp temizlemek. **sweep down** yukarıdan aşağıya doğru süpürmek. **sweep off** bir şeyin üstünden süpürmek. **sweep one off one's feet** üstüne fazla düşmek. **sweep out of the room** odadan azametle çıkmak. **sweep out the room** odayı baştan aşağı süpürmek. **sweep past** süratle veya azametle geçmek. **sweep the ground** yerleri süpürmek (etek). **sweep the seas of one's enemies** düşmanlarından paçayı kurtarmak. **sweep up the room** odayı süpürüp temizlemek. A **wave of protest swept the opposition party into power.** Direnme hareketi muhalefet partisini iktidara getirdi. **chimney sweep** baca temizleyicisi. **Everything she had saved was swept away overnight.** Bir gece içinde her şeyini kaybetti. **Fire swept the business district.** Yangın iş yerlerini mahvetti. **He swept the books off the desk.** Sıradaki kitapları fırlattı. **make a clean sweep of** bütün bütün temizlemek. **The bandits swept down on the village.** Eşkiyalar köyü yağma etti. **The horses swept around the corner.** Atlar köşeyi hızla döndü. **The tornado swept over the city.** Kasırga şehri altüst etti.

sweep.er (swip'ır) *i.* çöpçü, sokak süpürücüsü.

sweep.ing (swi'ping) *s.* büyük bir alanı kapsayan, şümullü; genel, umumî. **sweeping statement** geniş ve genel kapsamı olan ifade. **sweepings** *i., çoğ.* süprüntü.

sweep.stakes (swip'steyks) *i.* piyango ve at yarışlarında kazanınca verilen büyük meblâğ.

sweet (swit) *s., i., z.* tatlı, şekerli; taze; hoş, latif, güzel; sevimli, şirin; mülâyim, nazik, yumuşak; *mak.* sessiz, gürültüsüz; verimli, mümbit (toprak); sert olmayan (şarap); *i.* tatlı şey, tatlı; *çoğ.* bonbon, şekerleme; güzel ve hoş kokulu şey; sevgili, maşuk; *z., şiir* tatlılıkla. **sweet' alyssum** deliotu. **sweet basil** fesleğen, *bot.* Ocimum basilicum. **sweet corn** tatlı mısır, *bot.* Zea saccarata, Zea rugosa. **sweet flag** azakyeri, *bot.* Acorus calamus. **sweet gum** anberi sail ağacı, akan anber ağacı. **sweet marjoram** mercanköşk, sıçankulağı. **sweet pea** kokulu bezelye çiçeği, ıtırşahi çiçeği. **sweet potato** tatlı patates, *bot.* Ipomoea batatas; *A.B.D., k.dili* okarina. **sweet tooth** *k.dili* tatlı şeylere olan düşkünlük. **sweet voice** hoş ve tatlı ses. **sweet water** tatlı su. **sweet william** hüsnüyusuf çiçeği, *bot.* Dianthus barbatus. **be sweet on one** *k.dili* bir kimseyi sevmek.

sweet.bread (swit'bred) *i.* dana veya kuzu uykuluğu.

sweet.bri.er (swit'brayır) *i.* yabanî gül, *bot.* Rosa eglanteria.

sweet.en (swit'ın) *f.* tatlılaştırmak, tadını artırmak, hoş bir hale getirmek; *k.dili* daha cazip bir hale getirmek; tatlı olmak. **sweetener, sweetening** *i.* şekerli olmayan tatlılaştırıcı madde.

sweet.heart (swit'hart) *i.* sevgili.

sweet.ie (swi'ti) *i., k.dili* sevgili; sevgilim, canım; *İng.* şeker.

sweet.ing (swi'ting) *i.* bir nevi tatlı elma.

sweet.ly (swit'li) *z.* tatlı tatlı, sevimli bir şekilde.

sweet.meat (swit'mit) *i.* şekerleme.

sweet.ness (swit'nîs) *i.* hoşluk, tatlılık, sevimlilik.

sweet-scent.ed (swit'sentid) *s.* güzel kokulu.

sweet.sop (swit'sap) *i.* kaymak ağacı, *bot.* Annona squamosa; bu ağacın meyvası.

sweet-tem.pered (swit'tempırd) *s.* iyi huylu.

swell (swel) *f.* (-**ed**; -**ed** *veya* **swollen**)

i., s. şişmek, kabarmak; büyümek, yükselmek, artmak, çoğalmak; göğsü kabarmak, iftihar etmek; *k.dili* kurulmak, çalım satmak; büyütmek, şişirmek, kabartmak, artırmak, çoğaltmak; *müz.* crescendo ve takiben diminuendo yapmak; *i.* kabarış; dalga, ölü deniz; tümsek yer; *müz.* crescendo ve takiben diminuendo; orgda perdelerin yükselmesini kontrol eden cihaz; *argo* züppe; *s., k.dili* şık, modaya uygun; *argo* güzel. **swell out** dışa doğru şişmek. **swell pedal** orgda boru mahfazasını açıp kapayan pedal. **swell up** şişmek, kabarmak. **swell with pride** iftiharla göğsü kabarmak, koltukları kabarmak. **the swell of the ground** tümsek, tatlı meyil. **He has a swelled head.** Kibirli bir kimsedir. **swell'ing** *i.* şiş, şişlik, şişmiş yer.

swell.fish (swel'fiş) *i.* kirpi balığı, *zool.* Tetraodon spadiceus; balon balığı.

swel.ter (swel'tır) *f., i.* ter dökmek; sıcaktan bayılacak hale gelmek; *i., k.dili* hararet basması; sıcaklık duyma. **sweltering** *s.* boğucu sıcak.

swept (swept) *bak.* **sweep.**

swept.back (swept'bäk) *s.* uçları arkaya doğru çekilmiş (uçak kanadı).

swept.wing (swept'wing) *i.* ucu arkaya doğru çekilmiş kanat.

swerve (swırv) *f., i.* doğru yoldan sapmak, inhiraf etmek; yoldan çıkmak, sapmak; direksiyonu kırmak; doğru yoldan saptırmak; *i.* doğru yoldan sapma, inhiraf.

swift (swift) *s., z.* çabuk, hızlı, süratli; çabuk gelen; ayağına tez, çevik; çabuk geçen, kısa süren, ömürsüz; *z., şiir* çabucak, süratle. **swift-footed** *s.* hızlı koşan, ayağına tez. **swift-handed** *s.* eline ayağına çabuk. **swift-winged** *s.* hızlı uçan. **swift'ly** *z.* süratle, hızla; çeviklikle. **swift'ness** *i.* sürat; çeviklik, el çabukluğu.

swift (swift) *i.* kırlangıca benzer bir kuş, kılıç kırlangıcı, *zool.* Apus apus; çok süratli hareket eden bir çeşit kertenkele; iplik sarma silindiri. **white-bellied swift** yelyutan, ak-karınlı sağan, *zool.* Apus melba.

swig (swig) *f. (-ged, -ging) i., k.dili* içmek, kafayı çekmek; bir yudumda dikmek; *i.* bir içim, yudum; içme, *slang* kafayı çekme.

swill (swil) *f., i.* çok içmek, arzu ile içmek; *i.* domuz yemi; sulu yem, yal; çerçöp; *argo* bir yudumda içilen içki.

swim (swim) *f. (swam, swum, -ming) i.* yüzmek; batmamak, su yüzünde durmak; *gen.* in *ile* taşmak, dolmak; boğulmak, içine batmak; yüzdürmek; yüzerek geçmek; *i.* yüzme; yüzme hareketi. **swim against the stream** olaylara karşı koymak. **swim bladder** balıkta hava kesesi. **in the swim** aşina, haberdar. **swim'mer** *i.* yüzücü, yüzgeç.

swim (swim) *i., f. (swam, swum, -ming)* baş dönmesi, baygınlık; *f.* başı dönmek, sersemlemek, bayılmak. **My head is swimming.** Başım dönüyor.

swim.mer.et (swim'ıret) *i.* kabukluların karnı altında bulunan yüzgeç ayak.

swim.ming (swim'ing) *i., s.* yüzme; baş dönmesi; *s.* dönen (baş); yüzen, yüzmeye ait veya uygun; sulu, yaşlı (göz). **swimming hole** *A.B.D.* derede yüzmeye elverişli derin kısım. **swimming pool** *A.B.D.*, **swimming bath** *İng.* yüzme havuzu. **swimmingly** *z.* kolaylıkla, süratle, başarıyla.

swim.suit (swim'sut) *i.* mayo.

swin.dle (swin'dıl) *f., i.* dolandırmak, dolandırıcılık etmek; *i.* dolandırıcılık, dolandırma. **swindler** *i.* dolandırıcı.

swine (swayn) *i., tek. ve çoğ.* domuz; hınzır, *argo, slang* herifçioğlu, moloz, kereste, hıyar. **swine'herd** *i.* domuz çobanı. **swine'pox** *i.* domuzlarda bulaşıcı bir çeşit suçiçeği.

swing (swing) *f. (swung) i.* sallanmak, salıncakta sallanmak; eksen veya reze üzerinde dönmek; salınarak ilerlemek (asker yürüyüşü); *k.dili* asılmak, darağacına asılmak; sık sık up *ile* sallandırmak, asmak; salıncakta sallamak; *k.dili* idare etmek, işletmek; becermek; *argo* eşlerini paylaşmak (çiftler); *i.* sallanış, sallandırma; rakkasın sallama mesafesi; şiirde hareket veya canlılık; hareket serbestisi; hareket sahası; devre; salıncak; salıncak gibi olan şey; vakitle dönen değişim; bir çeşit dans, sving. **swing back** eski yerine dönmek. **swing bridge** bir eksen üzerinde açılıp kapanabilen köprü. **swing door, swinging door** iki tarafa açılır kapanır kapı. **swing music** sving müziği. **swing plow** tekerleksiz saban. **swing shift** *A.B.D.* fabrikada gece vardiyası (saat 16'dan gece yarısına kadar).

goes with a swing salınarak gider, tempoya uyarak yürür. **He shall swing for it.** Bu işin sonunda darağacına gidecek. **in full swing** tam faaliyette, en canlı ve hareketli durumunda. **The door swings to.** Kapı kendiliğinden kapanır. **swingingly** z. sallanarak.

swing.back (swîng'bäk) i. fotoğraf makinasının arkasında bulunan çeşitli açılara göre düzenleme cihazı.

swinge (swînc) f., eski dövmek, kamçılamak.

swing.er (swîng'ır) i. sallanan şey veya kimse; argo çılgınca hayatın tadını çıkarmaya uğraşan kimse; argo eşini paylaşan çiftten biri.

swing.ing (swîng'îng) s., argo canlı, çekici; paylaşan.

swin.gle (swîng'gıl) i., f. keten tokmağı; f. tokmakla dövmek (keten).

swin.gle.tree (swîng'gıltri) i. araba falakası.

swing.tail (swîng'teyl) s. yükletmek için arka kısmı bir yana açılan (uçak).

swing.wing (swîng'wîng) s. hızlı gitmek için kanatları kısmen kapanabilen (uçak).

swin.ish (sway'nîş) s. domuz gibi; hayvan gibi, kaba. **swinishly** z. hayvanca. **swinishness** i. hayvanlık, kabalık.

swipe (swayp) f., i., k.dili kuvvetli bir darbe indirmek, kolunun bütün hızıyle vurmak; slang aşırmak, yürütmek; çalmak; i. tulumba kolu; kuvvetli darbe.

swipes (swayps) i., İng., argo kalitesiz bira; bira.

swi.ple (swîp'ıl) i. keten tokmağı; hububatı harman yerinde dövmek için kullanılan uzun değneğin ucuna bağlı kısa değnek.

swirl (swırl) f., i. girdap gibi dönmek veya döndürmek; i. girdap gibi dönme; girdap.

swish (swîş) f., i., s. havada hareket ederken ıslık gibi ses çıkarmak; hışırdamak (ipekli kumaş); i. hışırtı, fışırtı; argo homoseksüel kimse; s., İng., argo cazip.

Swiss (swîs) s., i. İsviçreli, İsviçre'ye mahsus; i., tek ve çoğ. İsviçreli kimse, İsviçre halkı. **Swiss chard** pazı. **Swiss cheese** İsviçre'de yapılan iri delikli sarı bir peynir, gravyer. **Swiss steak** domates ve soğan sosuyla yenen İsviçre usulü biftek.

Swit. kıs. Switzerland.

switch (swîç) i., f. ince ağaç dalı, çubuk; inek kuyruğunun ucu; ilâve saç, postiş; demiryolu makası; elek. devre anahtarı, anahtar; şalter; f. çubukla vurmak, dövmek; sallamak (kamçı); d.y. makastan geçirmek; elektrik düğmesini çevirmek; değiş tokuş etmek. **switch over** çevirmek. **switch signal** demiryolu makasının açık veya kapalı olduğunu gösteren işaret cihazı. **switched on** argo narkotik ilâç tesirinde olan.

switch.back (swîç'bäk) i. viraj, dönemeç.

switch.blade (swîç'bleyd) i. sustalı bıçak.

switch.board (swîç'bôrd) i. telefon santralı; anahtar tablosu.

switch.man (swîç'mın) i. demiryolu makasçısı.

Swit.zer.land (swît'sırlınd) i. İsviçre.

swiv.el (swiv'ıl) i., f. (-ed, -ing veya -led, -ling) bir tarafı mil üzerinde dönen çifte halka; den. fırdöndü; f. mil veya mihver üzerinde döndürmek veya dönmek. **swivel block** den. milli makara. **swivel chair** vidalı döner iskemle. **swivel gun** mil üzerinde dönen top.

swiv.et (swiv'ît) i., argo telâş, heyecan.

swiz.zle (swîz'ıl) i. romla yapılan bir içki. **swizzle stick** içki karıştırmak için kullanılan çubuk.

swob bak. swab.

swol.len (swo'lın) bak. swell; s. şişmiş.

swoon (swun) f., i. bayılmak, üzerine baygınlık gelmek; i. bayılma, baygınlık.

swoop (swup) f., i. kapmak için üştüne çullanmak (çaylak); i. üstüne çullanma; anî saldırış. **swoop up** kapmak. **with one fell swoop** bir hamlede, bir çırpıda.

swop bak. swap.

sword (sôrd) i. kılıç, pala; yetki, salâhiyet, kudret, hükümdarlık, askerî kuvvet, silâh gücü; savaş, tahribat; kılıçtan geçirme. **sword bayonet** kılıç şeklinde süngü. **sword bearer** silâhtar. **sword belt** kılıç kayışı. **sword blade** kılıç namlusu. **sword dance** kılıç dansı. **sword grass** sivri veya dişli yaprakları olan birkaç çeşit ot. **sword lily** glayol. **sword of Damocles** Demokles'in kılıcı, her an mevcut olan tehlike. **at sword's points** her an çatışmaya hazır, kanlı bıçaklı. **cross swords** birbirine savaş ilân etmek, mücadeleye girişmek. **draw swords** harbe girişmek. **dress sword** resmî elbise üzerine takılan kılıç. **put to the sword** kılıçtan

geçirmek, kılıçla öldürmek. **small sword**
eskrimde kullanılan ince ve küçük kılıç, meç.
sword'ed s. kılıçlı, kılıç kuşanmış. **sword'-**
like s. kılıç şeklindeki, kılıç gibi.

sword.craft (sôrd'kräft) i. kılıç kullanma hüneri.

sword.fish (sôrd'fîş) i. kılıçbalığı, zool. Xiphias
gladius.

sword.play (sôrd'pley) i. eskrim, kılıç oyunu.

swords.man (sôrdz'mın) i. kılıç kullanmakta
usta olan kimse. **swordsmanship** i. kılıç
kullanmada ustalık.

sword.tail (sôrd'teyl) i. kılıçkuyruk, zool. Xiphophorus.

swore (swôr) bak. **swear.**

sworn (swôrn) bak. **swear. sworn brother**
bir kimseyle kardeş olmaya yemin etmiş
kimse, kan kardeşi. **sworn enemy** ezelî
düşman, can düşmanı.

swot (swat) f. (**-ted, -ting**) i., İng., argo çok
çalışmak (özellikle ders), slang hafızlamak,
ineklemek; i. çok çalışan talebe, slang inek;
çok çalışma.

swounds (zwaundz) ünlem, eski, kıs. **God's**
wounds Vay canına !

swum (swʌm) bak. **swim.**

swung (swʌng) bak. **swing.**

syb.a.rite (sib'ırayt) i. lüks ve zevk düşkünü
kimse. **sybaritic(al)** (sibırit'îkıl) s. lüks ve
zevk düşkünlüğüne ait.

syc.a.mine (sîk'ımîn) i. kara dut ağacı.

syc.a.more (sîk'ımôr) i. firavuninciri; A.B.D.
çınar. **sycamore fig** firavuninciri, bot. Ficus
sycomorus.

syce (says) i. seyis.

sy.cee (saysî') i., **sycee silver** Çin'de para
yerine tartı ile verilen halis gümüş külçe.

sy.co.ni.um (sayko'niyım) i. (çoğ. **-ni.a**) incir
cinsinden meyva, sikonya.

syc.o.phant (sîk'ıfınt) i. dalkavuk, parazit, tufeylî, slang otlakçı. **sycophancy** i. dalkavukluk, parazitlik, tufeylilik. **sycophan'tic(al)**
s. dalkavukluk kabilinden.

sy.co.sis (sayko'sîs) i., tıb. saç veya kıl folikülle-
rinde görülen bulaşıcı olmayan bir hastalık.

sy.e.nite (say'ınayt) i. kırmızı Mısır mermeri,
siyenit.

syl- önek ile.

syl.la.bar.y (sîl'ıberi) i. Japonca, Akadca gibi
dillerde birer hece belirten işaretlerin listesi.

syl.lab.ic, -i.cal (sîläb'îk, -îkıl) s. heceye veya
hecelere ait; hecelerden ibaret; hece vezniyle
yazılmış (şiir). **syllabically** z. hece hece;
heceleri ayırarak.

syl.lab.i.cate, syl.lab.i.fy, syl.la.bize (sîläb'-
ıkeyt, -ıfay, sîl'ıbayz) f. hecelemek, hecelere
ayırmak. **syllabica'tion, syllabifica'tion** i.
hece meydana getirme; hecelere ayırma.

syl.la.ble (sîl'ıbıl) i., f. hece; en ufak ayrıntı;
f. hecelere ayırmak, telaffuz etmek.

syl.la.bub bak. **sillabub.**

syl.la.bus (sîl'ıbıs) i. (çoğ. **-buses, -bi**) bir ki-
tap veya dersin özeti.

syl.lep.sis (sîlep'sîs) i., gram. beklenmedik bir
anda anlamı değişen mecaz.

syl.lo.gism (sîl'ıcîzım) i., man. tasım, kıyas.
syllogis'tic(al) s. tasımsal, kıyasla ilgili. **syl-**
logis'tically z. tasım yoluyle, kıyasla.

syl.lo.gize (sîl'ıcayz) f. tasım yoluyle bilinen-
den bilinmeyeni çıkarmak; kıyasla muhakeme
etmek.

sylph (sîlf) i. havada yaşadığı farzolunan peri;
ince ve zarif kadın. **sylph'id** i. küçük hava
perisi. **sylph'like** s. hava perisine benzer;
zarif, ince.

syl.van, sil.van (sîl'vın) s., i., şiir ormana ait;
ormanlık, ağaçlık; ormanlara ait, ormanda
yaşayan veya bulunan; i. ormanda yaşayan
insan veya hayvan; orman perisi veya ilâhı.

syl.vat.ic (sîlvät'îk) s. ormanlarda bulunan;
orman böcekleri tarafından yayılan (has-
talık).

sym- önek ile (**b, m, p** harflerinden önce kul-
lanılır).

sym.bi.ont (sîm'bayant, -bi-) i., biyol. sem-
biyoz tarzında yaşayan canlı, ortak yaşar.

sym.bi.o.sis (sîmbayo'sîs, sîmbi-) i., biyol.
birbirinden farklı canlıların ortak yaşayışı,
ortakyaşama, sembiyoz.

sym.bol (sîm'bıl) i. sembol, simge, remiz, tim-
sal, alâmet, belirti, işaret, nişan. **symbol'-**
ic(al) s. sembolik, simgesel, remzî, remiz
kabilinden. **symbol'ically** z. sembolik ola-
rak. **symbolism** i. simgecilik, sembolizm.

sym.bol.ize (sîm'bılayz) f. sembolü olmak;
simgelerle ifade etmek; mecazî yönden kul-
lanmak.

sym.met.ric, -ri.cal (sîmet'rîk, -rîkıl) s. ba-
kışık, simetrik, mütenazır; muntazam, mü-

tenasip; *bot.* simetrik, bakışık; *mat.* aynı sayıyla bölünebilir. **symmetrically** *z.* bakışık olarak.

sym.me.trize (sîm'ıtrayz) *f.* bakışım sağlamak, simetrik hale getirmek, mütenasip kılmak, mütenazır kılmak.

sym.me.try (sîm'ıtri) *i.* bakışım, simetri, tenasüp ve intizam, tenazur, ahenk.

sym.pa.thet.ic, -i.cal (sîmpıthet'îk, -îkıl) *s.* karşısındakinin hislerine katılan; sevgi ve acıma belirten; uygun, ahenkli; *anat.* sempatik. **sympathetic heart** başkasının duygularından veya halinden anlayan kimse. **sympathetic ink** yazarken görünmeyip ateşe gösterilince meydana çıkan yazı mürekkebi. **sympathetic nerve** sempatik sinir. **sympathetic pain** başkasının kederinden dolayı duyulan acı. **sympathetic sound** bir sesin etkisiyle titreşen bir cismin çıkardığı seda. **sympathetically** *z.* sempati ile, karşısındakinin hislerine katılarak.

sym.pa.thize (sîm'pıthayz) *f.* başkalarının hislerine katılmak, halden anlamak; yakınlık duymak; aynı şeyi hissetmek; başsağlığı dilemek.

sym.pa.thy (sîm'pıthi) *i.* karşısındaki ile aynı şeyi hissetme, halden anlama, duygudaşlık, sempati, şefkat; his veya yaradılış uygunluğu; *tıb.* uzuvların birbirine olan tesiri; tesir; cisimlerde birbiri ile birleşme veya birbirini etkileme eğilimi. **sympathy strike** sempati grevi. **be in sympathy with** aynı düşüncede olmak, katılmak. **I have no sympathy for you.** Sana acımam. **The price of petroleum has risen in Turkey in sympathy with rising costs around the world.** Türkiye'de petrol fiyatlarındaki artış dünya piyasasının etkisinde kalmıştır.

sym.phon.ic (sîmfan'îk) *s., müz.* senfoniye ait, senfonik, senfoni tarzındaki; ses uyumuna ait; aynı sesi veren. **symphonic poem** *müz.* senfonik şiir.

sym.pho.ny (sîm'fıni) *i., müz.* senfoni; senfoni orkestrası; seslerin uyumu; renk uyumu. **sympho'nious** *s.* uyumlu, ahenkli. **symphonize** *f.* ahenkli olmak, uygun gelmek.

sym.phy.sis (sîm'fısîs) *i. (çoğ. -ses) biyol.* bitişme, kaynaşma, irtifak (kemik); sabit mafsal.

sym.po.si.ac (sîmpo'ziyäk) *s., i., eski* ziyafete ait; *i.* ziyafet; sofra başı sohbeti.

sym.po.si.arch (sîmpo'ziyark) *i.* sofra veya ziyafette başkanlık eden kimse; ziyafette konuşma yapıp şerefe kadeh kaldıran kimse.

sym.po.si.um (sîmpo'ziyım) *i. (çoğ. -si.a)* sempozyum, şölen; belirli bir konunun tartışıldığı bilimsel toplantı; aynı konuda yazılmış bilimsel makale veya denemeler serisi.

symp.tom (sîm'tım) *i.* alâmet, emare; *tıb.* belirti, araz.

symp.to.mat.ic, -i.cal (sîmptımät'îk, -îkıl) *s.* araz olan, alâmet olan; araza göre (tedavi). **symptomatically** *z.* araz kabilinden. **symptomatol'ogy** *i., tıb.* araz bahsi.

syn. *kıs.* synonym.

syn- *önek* ile, ile beraber, aynı zamanda.

syn.a.gogue (sîn'ıgôg) *i.* sinagog, havra.

syn.apse (sînäps') *i., biyol.* iki nevronun birleştiği yer.

syn.ap.sis (sînäp'sîs) *i., biyol.* kromozomların birleşmesi; *bak.* **synapse.**

syn.ar.thro.sis (sînarthro'sîs) *i. (çoğ. -ses) anat.* kemiklerin sabit bir şekilde birleşmesi.

syn.carp (sîn'karp) *i., bot.* ayrı ayrı ufacık meyvalardan meydana gelen bileşik meyva (incir, böğürtlen gibi).

syn.chro (sîng'kro) *i.* bileşik bir düzeni uzaktan ayarlamaya yarayan elektronik tertibat.

syn.chro.mesh (sing'krımeş) *i.* dişlilerin sessizce ve kolay birleşmesini sağlayan tertibatlı vites.

syn.chron.ic (sîngkran'îk) *s.* eşzamanlı. **synchronic linguistics** bir dilin belli bir zamandaki durumunu araştıran dilbilim kolu.

syn.chro.nism (sing'krınîzım) *i.* aynı zamana tesadüf etme, eşzamanlılık, tarih sırasına göre düzenleme; değişik zamanlardaki olayların aynı resimde gösterilmesi.

syn.chro.nize, *İng.* **-nise** (sing'krınayz) *f.* aynı zamanda vaki olmak, birlikte hareket etmek ve işlemek; ayarlarını birbirine uydurmak (saatler); aynı tarihe tesadüf ettirmek. **synchronized shifting** *bak.* **synchromesh.**

syn.chro.nous (sing'krınıs) *s.* aynı zamanda vaki olan; aynı gidişle işleyen; *fiz.* aynı frekansta olan; dünya ile aynı yörüngede hareket eden (sunî peyk). **synchronous**

motor değişik akımın frekansına göre hızını ayarlayan motor.

syn.chro.tron (sing'krıtran) *i., fiz.* sinkrotron.

syn.clas.tic (sinkläs'tik) *s.* eğrisi ya hep içbükey ya da hep dışbükey olan.

syn.cline (sing'klayn) *i., jeol.* taş tabakalarının "v" şeklinde olduğu yer.

syn.co.pate (sing'kıpeyt) *f., dilb.* kelimeyi ortasından kısaltmak; *müz.* sinkop yapmak. **syncopa'tion** *i., müz.* sinkop; *dilb.* ortadan kısaltma.

syn.co.pe (sing'kıpi) *i., dilb.* kelimenin ortasında bir sesin kaybolması; *tıb.* beyne kan gitmemesinden ileri gelen baygınlık.

syn.cre.tism (sing'krıtizım) *i.* birbirinden farklı prensip veya partilerin birleştirilmesi; *dilb.* birbirinden farklı iki kipin zamanla aynı şekli alması.

syn.cre.tize, İng. -tise (sing'krıtayz) *f.* (farklı düşünceleri) birbirine uydurmaya çalışmak. **syncretist** *i.* iki tarafı birleştirmeye çalışan kimse.

syn.dac.tyl (sindäk'til) *s., anat.* parmaklarının arası perdeli olan.

syndesmo- *önek, anat.* bağ, bağ zarına ait.

syn.des.mo.sis (sindesmo'sis) *i., anat.* kemiklerin bağ dokusu ile birbirine bağlanması.

syn.det.ic (sindet'ik) *s.* bağlayıcı.

syn.dic (sin'dik) *i.* hükümet memuru; mutemet; vekil savunucu.

syn.di.cal.ism (sin'dikılizm) *i.* özellikle genel greve giderek üretim vasıtalarını işçi örgütlerine devretmeye çalışan siyasî hareket. **syndical** *s.* bu hareketle ilgili.

syn.di.cate (*i.* sin'dıkit; *f.* sin'dıkeyt) *i., f.* sendika; yazıları gazetelere satan ajan; *f.* (bir yazı veya seriyi) toptan gazete veya mecmualara satmak; sendika teşkil etmek; sendika vasıtasıyle idare etmek.

syn.di.ca.tion (sindıkey'şın) *i.* bir yazı veya seriyi gazete veya mecmualara satma; sendikacılık.

syn.drome (sin'drom) *i., tıb.* hastalık belirtilerinin bütünü.

syne (sayn) *z., edat, bağlaç, İskoç.* -den beri.

sy.nec.do.che (sinek'dıki) *i., kon. san.* bir kavramı daha dar veya daha geniş anlamda başka bir kavramla ifade etme usulü (*msl.* Türk ordusu yerine Mehmetçik, vişne şurubu yerine vişne demek gibi).

syn.er.e.sis (siner'ısis) *i., gram.* ulama; *tıb.* pıhtılaşma.

syn.er.ga.my (siner'gımi) *i.* grup evliliği.

syn.er.get.ic (sinircet'ik) *s.* beraber çalışan; işbirliği yapan, birbirine kuvvet veren.

syn.er.gism (sin'ırcizım) *i., tıb.* iki ilâcın birlikte daha kuvvetle tesir etmesi.

syn.er.gis.tic (sinırcîs'tik) *s.* birlikte çalışan.

syn.er.gy (sin'ırci) *i.* birlikte çalışma, birbirini kuvvetlendirme.

syn.e.sis (sin'ısis) *i., gram.* manayı daha iyi ifade ettiği için uygun görülen gramer hatası.

syn.es.the.sia (sinîsthi'jiyı) *i., biyol.* sinestezi, duyum ikiliği, bir duyguyu başka bir duygu ile karıştırma.

syn.ga.my (sing'gımı) *i., biyol.* erkek ve dişi hücrelerin birleşmesi.

syn.gen.e.sis (sincen'ısis) *i., biyol.* üreme.

syn.i.ze.sis (sinızi'sîs) *i.* iki seslinin telaffuzundaki birleşme (*msl.* "saat"); *tıb.* gözbebeği küçülmesi.

syn.od (sin'ıd) *i.* kilise meclisi; birkaç kilisenin birleşik kurulu; meclis, toplantı. **Holy Synod** Ortodoks kiliselerinin en yüksek ruhanî meclisi. **synodal, synod'ic(al)** *s.* kilise meclisine ait.

syn.o.nym (sin'ınîm) *i.* eşanlam, anlamdaş kelime. **synonym'ic** *s.* anlamdaş, eşanlamlı.

sy.non.y.mous (sinan'ımıs) *s.* ortak anlamı olan, eşanlamlı, müteradif, anlamdaş. **synonymously** *z.* anlamdaş olarak.

sy.non.y.my (sinan'ımi) *i.* anlamdaşlık; bir araya getirilmiş eşanlamlı kelimeler; eşanlamlı kelimeleri inceleme.

sy.nop.sis (sinap'sîs) *i.* (*çoğ.* **-ses**) özet, hulâsa, icmal.

sy.nop.tic, -ti.cal (sinap'tik, -tikıl) *s.* özet halinde olan; bir konuyu aynı yönden ele alan. **Synoptics** *i., çoğ.* Matta, Markos ve Luka İncilleri. **synoptically** *z.* özet halinde.

sy.no.vi.a (sino'viyı) *i., anat.* mafsallarda bulunan albüminli sıvı. **synovial** *s.* bu sıvıyla ilgili.

syn.tac.tic, -ti.cal (sintäk'tik, -tikıl) *s., gram.* sözdizimi kurallarına ait. **syntactically** *z.* sözdizimi yönünden.

syn.tax (sin'täks) *i., gram.* sözdizimi, sentaks, nahiv; sentaks kuralları.

syn.the.sis (sin'thısîs) *i.* (*çoğ.* **-ses**) terkip, bireşim, sentez; kimyasal bileşim; ayrı ayrı fikirleri birleştirip bir bütün meydana getirme, sentez. **synthesist** *i.* sentez yapan kimse.

syn.the.size, *İng.* **-sise** (sîn'thısayz) *f.* sentezle birleştirmek; sentez usulü ile husule getirmek.

syn.thet.ic, -i.cal (sînthet'îk, -îkıl) *s.* sentetik; sunî; *dilb.* çekimli, yanaşık.

syn.to.nize (sîn'tınayz) *f., elek.* (frekans bakımından) birbirine uydurma. **syntony** *i., elek.* (iki tertibat) birbirine uyma; seselim.

sy.pher (say'fır) *f.* yivli tahtaları kenar kenara bindirip düz bir yüzey meydana getirmek.

syph.i.lis (sîf'ılîs) *i., tıb.* frengi, sifilis. **syphilit'ic** *s.* frengili.

sy.phon *bak.* siphon.

Syr.i.a (sîr'iyı) *i.* Suriye. **Syrian** *s., i.* Suriyeli; Suriye ortodoks kilisesine üye (kimse); Yakubîler kilisesine üye (kimse).

Syr.i.ac (sîr'iyäk) *s., i.* Süryanice ile ilgili; *i.* Süryanice; Süryanî.

sy.rin.ga (sîrîng'gı) *i.* ful, ağaç fulü, *bot.* Philadelphus cotonarius.

syr.inge (sîr'înc, sîrînc') *i., f.* şırınga; *f.* şırınga etmek, şırınga ile yıkamak. **fountain syringe** lastik torba veya şişesi olan şırınga. **hypodermic syringe** iğneli şırınga, enjeksiyon şırıngası.

syr.inx (sîr'îngks) *i.* (çoğ. **sy.rin.ges**) *müz.* bir çeşit basit flüt; kuşların ses organı; *anat.* östaki borusu; *ark.* Mısır mezarlarında kaya içinden açılmış geçit. **syrin'geal** *s.* östaki borusu ile ilgili; kuşların ötme borusuna ait.

syr.up (sîr'ıp) *i.* şekerli sos. **syrupy** *s.* ağdalı; soslu.

sys.sar.co.sis (sîsarko'sîs) *i., anat.* iki kemiğin kaslarla birleşmesi.

sys.tal.tic (sîstäl'tîk) *s., biyol.* devamlı büzülüp açılan.

sys.tem (sîs'tım) *i.* usul, düzen, nizam, kural, kaide, yol, sistem; intizam; âlem, evren, bütün kâinat; *fels.* dizge; uzuv; kibernetik. **system of philosophy** felsefe sistemi. **system of pulleys** makara takımı. **mountain system** sıradağlar, birkaç dağ silsilesinden ibaret takım. **the system** toplum düzeni. **beat the system** düzeni kendi çıkarına kullanmak. **systems analysis** yönetim sisteminin verimini artırmak için yapılan analiz.

sys.tem.at.ic, -i.cal (sîstımät'îk, -îkıl) *s.* usul ve kaideye göre veya uygun; usulüne göre iş gören, sistematik. **systematic liar** daima yalan söyleyen kimse. **systematic worker** düzenli çalışan kimse. **systematically** *z.* sistemli olarak.

sys.tem.a.tize, *İng.* **-tise** (sîs'tımıtayz) *f.* düzen vermek, usul veya kurallara uydurmak, sistematik hale koymak, sistemleştirmek. **systematiza'tion** *i.* düzene sokma, sistemleştirme.

sys.tem.ic (sîstem'îk) *s.* bütün sisteme tesir eden; *tıb.* bütün vücuda tesir eden.

sys.to.le (sîs'tılî) *i., biyol.* yürekle damarların kasılması; *gram.* uzun bir heceyi kısaltma.

syz.y.gy (sîz'ıcî) *i., gen. çoğ., astr.* ay veya bir gezegen yörüngesinin güneşe en yakın veya en uzak olan noktası.

T

T, t (ti) *i.* İngiliz alfabesinin yirminci harfi; bu harfin sesi; T şeklinde şey. **to a T** aynen, tıpatıp.

T. *kıs.* **tablespoon, territory, Testament, Tuesday, Turkish.**

t. *kıs.* **teaspoon, temperature, tenor, tense, territory, time, ton, town, transitive.**

tab (täb) *i., f.* brit, askı, elbisede bağlanacak uç; klapa; kayış, şerit, kaytan; kundura bağı ucundaki madenî parça; etiket, yafta; ufak çıkıntı; *hav.* kanatçık pancuru; *k.dili* hesap; *f.* işaret etmek. **ear tabs** şapka kulaklıkları. **keep tab, keep tabs on** takip etmek, kontrol etmek; hesap tutmak. **pick up the tab** *k.dili* parayı çekmek, ödemek.

tab.ard (täb'ırd) *i.* geniş kollu veya kolsuz kısa

palto; eskiden şövalyelerin zırh üzerine giydikleri armalı cüppe.

tab.a.ret (täb'ırît) *i.* satenden çizgileri olan mobilyalık ipekli bir kumaş.

Ta.bas.co sauce (tıbäs'ko) *tic. mark.* Arnavut biberi çok bir çeşit salça.

tab.by (täb'i) *i., s., f.* sokak kedisi, ev kedisi, tekir kedi; *k.dili* dedikoducu kocamış kız; bir çeşit tafta; *s.* benekli, çizgili; tekir; *f.* ipekli kumaşa benekli veya çizgili şekil vermek.

ta.ber *bak.* tabor.

tab.er.nac.le (täb'ırnäkıl) *i., f.* çadır, hayme; mesken; taşınabilen tapınak; tapınak; *den.* indirilen direğin ıskaçası; *f.* barınmak, barındırmak. **tabernac'ular** *s.* çadıra benzer. **Feast of the Tabernacles** kamış bayramı, gül bayramı.

ta.bes (tey'biz) *i., tıb.* müzmin hastalıklarda gittikçe zayıflama; frenginin son safhasında vücut hareketlerindeki intizamsızlık. **tabes dorsalis** (dôrsey'lîs) omuriliğin zayıflaması. **tabetic** (tıbet'ik) *s.* bu hastalığa ait.

ta.bes.cent (tıbes'ınt) *s.* solan, eriyip zayıflayan.

tab.la.ture (täb'lıçır) *i., güz. san.* resim; *müz.* tablatura; *anat.* kafatası kemik tabakalarından biri.

ta.ble (tey'bıl) *i., f.* masa; sofra, sofraya konan yemek; sofraya oturanların hepsi; düz tepe; özet, hulâsa; tablo, cetvel, çizelge; tablet, yazılı taş; *f.* masaya koymak; tehir etmek; *nad.* listeye geçirmek; *İng.* (tasarıyı) müzakereye sunmak. **table linen** sofra örtüsü ile peçete takımı. **table talk** sofra sohbeti. **table tennis** masa tenisi, pingpong. **table wine** yemekte içilen şarap. **table of contents** içindekiler (kitapta). **table of errors** yanlış doğru cetveli. **at table** sofrada. **clear the table** sofrayı toplamak. **lay** *veya* **set the table** sofrayı kurmak. **lay on the table** masaya koymak; (tasarıyı) tehir etmek. **turn the tables on one** durumu aleyhine çevirmek. **under the table** gizli; küfelik.

tab.leau (täb'lo, täblo') *i.* (çoğ. -s, -leaux) resim. **tableau vivant** tablo, canlı tablo.

ta.ble.cloth (tey'bılklôth) *i.* sofra bezi, sofra örtüsü.

tab.le d'hôte (tab'ıl dot') *Fr.* tabldot.

ta.ble.land (tey'bıl.länd) *i.* plato, yayla.

ta.ble.spoon (tey'bılspun) *i.* servis kaşığı; yemek kaşığı, çorba kaşığı; yarım **ounce**'lık miktar.

tab.let (täb'lit) *i.* yazı kâğıdı destesi, bloknot; tablet, levha, kitabe, yazıt; yassı hap, tablet, komprime, sıkıt; parça, kalıp.

ta.ble.ware (tey'bılwer) *i.* sofra takımı (çatal, bıçak, kaşık).

ta.ble-wa.ter (tey'bılwôtır) *i., İng.* maden suyu.

tab.loid (täb'loyd) *i., s.* ufak resimli gazete; *b.h.* yassı hap, tablet; *s.* sıkıştırılmış; az ve öz; duygusal.

ta.boo, ta.bu (tıbu') *i., s., f.* tabu olan şey; *s.* tabu, yasak, dokunulmaz, memnu; *f.* yasak etmek.

ta.bor, ta.ber, ta.bour (tey'bır) *i., f.* dümbelek; zilli tef; *f.* dümbelek çalmak.

tab.o.ret, tab.ou.ret (täb'ırît) *i.* ufak dümbelek; arkasız iskemle, tabure; elişi için kasnak.

tab.o.rine, tab.ou.rine (täb'ırin) *i.* dümbelek.

ta.bu *bak.* taboo.

tab.u.lar (täb'yılır) *s.* masa şeklindeki, masa gibi düz; cetvel şeklindeki; cetvele göre hesap olunmuş. **tabularly** *z.* masa şeklinde.

tab.u.la ra.sa (täb'yûlı rey'sı) *Lat.* üzerine hiç yazı yazılmamış levha; yeni doğan çocuğun hiç bir eser taşımayan beyni.

tab.u.late (täb'yıleyt) *f., s.* cetvel haline koymak; *s.* üstü düz; tabaka halindeki. **tabula'tion** *i.* cetvel haline koyma. **tabulator** *i.* cetvel haline koyan kimse veya alet; cetvelleyici, tabulatör.

tac.a.ma.hac, tac.a.ma.hac.a (täk'ımıhäk, -häk'ı) *i.* Kuzey Amerika'da bazı ağaçlardan çıkarılan reçineli madde (ilâç veya tütsü olarak kullanılır).

ta.cet (tey'set) *Lat., müz.* susacak.

ta.chom.e.ter (tıkam'ıtır) *i.* takometre.

tach.y.car.di.a (täkikar'dıyı) *i., tıb.* kalp çarpıntısı, taşikardi.

ta.chyg.ra.phy (tıkîg'rıfi) *i.* eski Yunan ve Roma stenografisi; steno. **tachygraph'ic** *s.* steno ile ilgili. **tachygrapher** *i.* stenograf.

tach.y.lyte (täk'ılayt) *i.* cama benzeyen ve asitle ayrışan bir çeşit bazalt.

ta.chym.e.ter (tıkîm'ıtır) *i.* takimetre.

tac.it (täs'ît) *s.* hal ile ifade olunan, sözsüz ifade olunan, zımnî; kontratsız yapılan. **tac-**

itly *z.* zımnen, söylenmeden anlaşılan.

tacitness *i.* söylenmeden anlaşılma.

tac.i.turn (täs'ıtırn) *s.* konuşmaz, sessiz, suskun. **tacitur'nity** *i.* sessizlik, suskunluk. **taciturnly** *z.* sükûtla, suskunlukla.

tack (täk) *i., f.* ufak çivi, pünez; *den.* kuntra; karula yakası; bir geminin yelkenlerinin vaziyetine göre gittiği yol; yelkenli geminin rüzgâr sebebiyle yol değiştirmesi; *den.* gidiş, yol; tedbir; teyel; *f.* çivi ile iliştirmek veya pekiştirmek; iliştirmek; *den.* orsa etmek. **tack on** *den.* gemiyi çevirmek; ilâve etmek. **get down to brass tacks** asıl konuya dönmek. **port tack** *den.* kuntralar iskeleden seyir. **starboard tack** kuntralar sancaktan seyir.

tack (täk) *i., den.* yiyecek, gıda.

tack.le (täk'ıl) *i., f.* palanga, takım; tutma, zaptetme; Amerikan futbolunda belirli yerde oynayan iki oyuncudan her biri; *den.* halat takımı; *f.* tutmak, zaptetmek; Amerikan futbolunda topu taşıyan hasmı tutup durdurmak; başarmak; uğraşmak, çaresine bakmak, hakkından gelmek. **tackling** *i.* halat takımı.

tack.y (täk'i) *s.* yapışkan (boya, zamk).

tack.y (täk'i) *s., A.B.D., k.dili* dökük (saç); yırtık pırtık, pejmürde.

tac.ma.hack (täk'mıhäk) *bak.* **tacamahac.**

tact (täkt) *i.* incelik, zarafet; nezaket; dokunma duyusu; vakit ve halin icabına göre hareket.

tact.ful (täkt'fıl) *s.* incelikli, anlayışlı, ince, nazik, zarif. **tactfully** *z.* zarifçe. **tactfulness** *i.* incelik, zarafet.

tac.ti.cal (täk'tikıl) *s.* tabiyeye ait; tedbirli, tedbir ve intizama ait. **tactically** *z.* tabiye bakımından.

tac.tics (täk'tiks) *i., ask.* muharebe usulü, tabiye; bir usul dairesinde hareket, manevra. **tactician** (täktiş'ın) *i.* tabiyeci.

tac.tile (täk'til, *İng.* -tayl) *s.* dokunma duyusuna ait; dokunulur, el ile tutulur. **tactil'ity** *i.* el ile tutulabilme, dokunulma.

tact.less (täkt'lis) *s.* nezaketsiz, inceliksiz, patavatsız, kaba. **tactlessly** *z.* nezaketsizce. **tactlessness** *i.* kabalık, nezaketsizlik.

tac.tu.al (täk'çuwıl) *s.* dokunma hissine veya uzuvlarına ait. **tactually** *z.* dokunarak.

tad (täd) *i., A.B.D., k.dili* küçük çocuk.

tad.pole (täd'pol) *i., zool.* iribaş, tetari.

tael (teyl) *i.* Çin'de 28-70 gramlık tartı; bu ağırlıktaki Çin gümüş parası.

tae.ni.a (ti'niyı) *i. (çoğ.* -ni.ae) kadınların baş sargısı, file; *mim.* Dorik tarzı binalarda çatı frizini altındaki taş tabandan ayıran pervaz; *zool.* şerit, tenya, bağırsak kurdu, solucan; *anat.* beyinde şerit şeklinde sinir cümlesi, tenya.

tae.ni.a.cide *bak.* **teniacide.**

tae.ni.a.fuge *bak.* **teniafuge.**

taf.fe.ta (täf'ıtı) *i.* tafta.

taff.rail (täf'reyl) *i., den.* kıç küpeştesi, morfidar.

taf.fy, tof.fee (täf'i, tôf'i) *i.* kaynamış şekerle tereyağından yapılan şekerleme, karamela; *k.dili* kompliman, dalkavukluk.

tag (täg) *i., f.* (-ged, -ging) ufak sarkık uç; yafta, pusula, fiş, etiket; elbisenin yırtık parçası; piyes veya kitapta gereksiz ilâve; şeridi kuvvetlendirmek için ucuna takılan maden parçası; meşhur söz; köpeğe takılan künye; püskül, saçak; rozet; saç perçemi; artık; ceza kâğıdı; *f.* üzerine etiket iliştirmek; peşi sıra gitmek. **tag after, tag along** peşini bırakmamak. **tag day** hayır işi için rozet takılan gün. **tag end** sarkık uç; bir şeyin son ve adi kısmı; artık. **tag line** şüpheli noktayı açığa kavuşturan veya dramatik etki yaratmak için yapılan açıklama; fazla tekrardan dolayı kişinin özelliği olan söz; slogan. **rag, tag, and bobtail** ayaktakımı.

tag (täg) *i., f.* (-ged, -ging) çocukların "elim sende" oyunu; *f.* bu oyunda birinin arkasından koşup dokunmak; seçmek.

tag.ger (täg'ır) *i.* etiket yapıştıran kimse; *çoğ.* ince teneke levha.

tail (teyl) *i., s., f.* kuyruk; eskiden paşalık alâmeti olan at kuyruğu; tuğ; kuyruğa benzer şey; ceket ucu veya kuyruğu; arka, nihayet; *çoğ., k.dili* parada resimsiz taraf, yazı; saç örgüsü; uçağın kuyruğu; *çoğ., k.dili* frak; *k.dili* iz; *k.dili* kıç, popo; sayfa altındaki boşluk; *s.* son; arka; takibeden; peşinden gelen; *f.* kuyruk takmak veya yapmak; kuyruğunu kesmek veya koparmak; ucuna takılmak; *mim.* ucunu duvara yerleştirmek; *den.* kıç taraftan dönmek; kıç taraftan karaya oturmak; *k.dili* gizlice takip etmek; peşinden gitmek. **tail**

away geride kalmak, geride kalarak dağılmak. **tail behind** arkasından gitmek. **tail end** kıç, arka; son. **tail off** yavaş yavaş bitmek, azalmak. **tail wind** arkadan rüzgâr. **turn tail** tehlikeden kaçmak. **with his tail between his legs** süklüm püklüm, korkmuş olarak. **I can't make head or tail of it.** İçinden çıkamıyorum. Hiç anlayamıyorum.

tail (teyl) *i., s., huk.* şarta bağlı tasarruf, meşrut vakıf; *s., huk.* mahdut, meşrut, koşullu.

tail.gate, tail.board (teyl'geyt, teyl'bôrd) *i.* yük arabasının arkasındaki menteşeli veya sürme kapak, arka kapak.

tail.gate (teyl'geyt) *f., A.B.D., argo* öndeki arabanın dibinden gitmek.

tail.ing (tey'ling) *i., mim.* yarısı dışarıda yarısı içeride bulunan taş veya tuğlanın duvar içindeki kısmı; *çoğ.* posa, tortu; maden filizi ayrıldıktan sonra kalan kir; harmandan kalan saman.

tail.light (teyl'layt) *i.* arka lamba.

tai.lor (tey'lır) *i., f.* terzi; *f.* terzilik yapmak; uydurmak. **tailor's tack** bol teyel. **tailor's twist** terzilerin kullandıkları sağlam ibrişim. **merchant tailor** tüccar terzi.

tai.lor.bird (tey'lırbırd) *i.* terzi kuşu.

tai.lor-made (tey'lırmeyd) *s.* terzi elinden çıkmış, iyi dikilmiş.

tail.piece (teyl'pis) *i.* arkaya ilâve edilen parça; kitabın sonuna gelen resim veya süslü şekil; kemanın kuyruk tarafında tellerin bağlandığı ağaç parçası.

tail.race (teyl'reys) *i.* suyu değirmen çarkından alıp götüren kanal; ark, azmak.

tail.spin (teyl'spin) *i., hav.* kuyruk çevrintisi; *k.dili* ruhi bunalım. **go into a tailspin** ruhî bunalım geçirmek.

taint (teynt) *i., f.* leke, nokta, iz, nişan; ayıp, kusur; sirayet, bulaşma; *f.* lekelemek; bozmak; zehirlemek; bulaştırmak; pis kokutmak; ahlâkını bozmak; bozulmak.

Tai.pei, Tai.peh (tay'pey') *i.* Taype, Formoza'nın başkenti.

Tai.ping (tay'ping') *i.* 1850-1864 Çin isyanına katılan kimse.

Tai.wan (tay'wan') *i.* Tayvan, Formoza.

Taj Ma.hal (taj' mıhal') Tac Mahal.

take (teyk) *f.* **(took, taken)** almak; götürmek; kapmak; yakalamak, gaspetmek; tuzağa düşürmek; kazanmak; seçmek; satın almak; kiralamak; olmak; abone olmak; çıkarmak; uğramak; karşılamak; farz etmek, saymak; anlamak, kavramak; yapmak; faydalanmak; ile gitmek; duymak, hissetmek; tutmak; dayanmak; *argo* aldatmak, kandırmak; kenetlenmek; *sin.* çevirmek. **take aback** şaşırtmak. **take a beating** dayak yemek; bozguna uğramak. **take about** gezdirmek. **take a bow** tebrikleri kabul etmek. **take a breath** nefes almak, dinlenmek. **take account of** hesaba almak veya katmak. **take a chair** oturmak. **take a course** ders almak; *den.* belirli bir yönde gitmek. **take a dare** meydan okumaya aldırış etmemek; meydan okuyana karşı koymak. **take advantage of** faydalanmak, istifade etmek; istismar etmek. **take affront** alınmak, darılmak. **take after** benzemek; yolunu tutmak, izinde yürümek. **take aim** nişan almak. **take a joke** şakadan anlamak; şakaya gelmek. **take alarm** korkmak. **take along** beraber götürmek. **take amiss** yanlış anlamak; darılmak. **take an examination** sınava girmek. **take apart** ayırmak, koparmak; soruşturmak. **take a picture** resim çekmek. **take a powder** *argo* toz olmak, tüymek. **take arms** silâha sarılmak. **take a shot** nişan almak; resim çekmek. **take at one's word** sözüne inanmak. **take away** alıp götürmek. **take back** geri almak. **take care** dikkat etmek, ihtiyatlı davranmak. **take care of** bakmak; rüşvet alarak halletmek; *argo* öldürmek. **take caution against** bir şeye karşı tedbir almak. **take charge** idaresini üzerine almak. **take counsel** danışmak; ölçünmek. **take cover** sığınmak. **take dictation** dikte almak. **take down** indirmek; sökmek, parçalara ayırmak; kibrini kırmak, alçaltmak; yazmak, kaydetmek; dikte almak. **take effect** yürürlüğe girmek, muteber olmak; tesir etmek. **take fire** tutuşmak, ateş almak, alevlenmek. **take for** diye almak, sanmak, zannetmek. **take French leave** izinsiz savuşmak. **take from** almak; çıkarmak. **take from the table** ertelenmiş bir tasarıyı yeniden ele almak. **take heart** yüreklenmek, cesaret almak, kuvvet almak. **take heed** kulak asmak, dinlemek, önem vermek. **take hold** tutmak, ele geçirmek, işi yürütmek. **take in** almak, içeriye almak; daraltmak; yelken sarmak; kapsamak; anlamak; *k.dili*

talent

aldatmak, yutturmak; *A.B.D.*, *k.dili* gezmek, görmek. **take in hand** avucunun içine almak, idaresini ele almak. **take into account** hesaba katmak. **take into one's head** tutturmak. **take in tow** yedeğe almak; yol göstermek. **take in vain** küfür etmek. **take issue with** aksi tarafı tutmak. **take it** anlamak; katlanmak, dayanmak. **take it easy** işin kolayına bakmak, aldırmamak. **Take it easy!** Sakin ol! **take it hard** çok etkilenmek. **take it on the chin** yenilmek; dayanmak. **Take it or leave it.** İster al, ister alma. **take it out in** para yerine kabul etmek (mal). **take it out on** *A.B.D.*, *k.dili* öfkesini birisinden çıkarmak, çatmak, hırsını çıkarmak. **take kindly to** hoşlanmak, hoşuna gitmek. **take leave** ayrılmak, gitmek. **take lying down** katlanmak, hazmetmek. **take measures** tedbir almak. **Take my word for it.** Bana inanınız. Sizi temin ederim. **take notice of** dikkat etmek, farkına varmak, ehemmiyet vermek. **take oath** yemin etmek, ant içmek. **take occasion** fırsattan faydalanmak. **take off** çıkarmak; kopya etmek; indirmek; ölümüne sebep olmak; *k.dili* taklit etmek; (uçak) havalanmak; *A.B.D.*, *k.dili* kalkmak. **take office** göreve başlamak. **take on** ele almak; üstüne almak; vazife vermek; işe almak; *k.dili* sızlanmak. **take one's fancy** hoşuna gitmek. **take one's life in one's hands** kellesini koltuğuna almak. **take out** çıkarmak; çıkartmak; götürmek, eşlik etmek. **take over** teslim almak; idareyi elinde tutmak. **take pains with** çok uğraşmak, didinmek. **take part** katılmak, iştirak etmek. **take place** vaki olmak, vuku bulmak. **take potluck** Allah ne verdiyse beraber yemek. **take possession** kullanmak, sahip çıkmak. **take pride** gurur duymak. **take root** kökleşmek, tutmak. **take shape** şekil almak, teşekkül etmek. **take sick** hastalanmak. **take sides** taraf tutmak. **take steps** tedbir almak. **take stock** depo mevcudunu saymak, malın mevcudunu hesap etmek; hesaplamak. **take the chair** başkan olmak. **take the field** bir sahaya atılmak; savaşa başlamak. **take the stage** dikkati üzerine çekmek. **take the veil** rahibe olmak. **take the wind out of one's sails** *k.dili* öfkesini yatıştırmak, yelkenleri suya indirmek. **take time** vakit almak, vakit is-

temek. **take to** çare olarak kullanmak; alışmak; hoşlanmak. **take to heart** etkilenmek. **take to one's heels** tabanları kaldırmak, kaçmak. **take to task** azarlamak, paylamak. **take up** yukarı çekmek, kaldırmak; tutmak; üzerine almak, karışmak; poliçeyi ödemek; almak; kısaltmak; başlamak; ele almak; kabul etmek. **take up arms** silâha sarılmak. **take up the gauntlet** meydan okumasını kabul etmek. **take up with** *k.dili* arkadaşlık kurmak. **take walks** dolaşmak, gezmek, yürüyüşe çıkmak. **take water** su almak (gemi). **Take your time.** Acele etmeyin. **be taken with** çok hoşuna gitmek. **He has been taken from us.** Onu ölüm bizden ayırdı. **I have taken your time.** Vaktinizi aldım. Sizi meşgul ettim.

take (teyk) *i.* alma, alış; tutma, tutuş; *sin.* çekim; bir seferlik av miktarı; *A.B.D.*, *k.dili* hasılât; (çalınan) parti; *İng.* kiralanmış arazi; (aşı) tutma; kavrama.

take.down (teyk'daun) *s., i.* sökülür takılır, portatif; *i.* portatif alet; *A.B.D.*, *k.dili* gururunu kırma.

take-home pay (teyk'hom) *A.B.D.* net maaş.

take.off (teyk'ôf) *i.* havalanma; taklit; karikatür; *spor* atlamaya başlanılan yer.

take.o.ver (teyk'ovır) *i.* ele geçirme.

take.up (teyk'ʌp) *i.* ip germe aleti.

tak.ing (tey'kîng) *i., s.* alma, alış; *s.* cazip, sevimli; sâri, bulaşıcı. **the takings** ele geçen para. **takingly** *z.* alıcı tavırla; hoşa gidecek surette.

ta.lar.i.a (tıler'iyı) *i., çoğ., mit.* ayak bileğine bağlı küçük kanatlar veya kanatlı sandallar.

talc (tälk) *i.* talk.

talc.ose, talc.ous (täl'kos, täl'kıs) *s.* talklı.

tal.cum powder (täl'kım) talk pudrası.

tale (teyl) *i.* hikâye, masal; dedikodu; yalan; *eski* sayı, toplam. **tell tales** dedikodu çıkarmak.

tale.bear.er (teyl'berır) *i.* dedikoducu kimse.

tal.ent (täl'ınt) *i.* kabiliyet, yetenek, hüner; Allah vergisi; yetenekli kimseler; eski İbrani veya Yunan altın veya gümüş parası; tartı. **a talent for music** müzik kabiliyeti. **talent scout** *sin.* yıldız adayı seçen kimse. **local talent** bir mahallin yerlilerinden olan kabiliyetli kimseler. **talented** *s.* kabiliyetli, hünerli.

ta.les (tey'liz) *i.* (*çoğ.* ta.les) *huk.* yedek jüri üyeleri; yedek jüri üyelerine yazılan celpname.
talesman (teylz'mın) *i., huk.* yedek jüri üyesi.
tale.tel.ler (teyl'telır) *i.* m`asalcı; yalancı kimse; jurnalcı kimse.
tal.i.on (täl'iyın) *i., huk.* kısas.
tal.i.ped (täl'ıped) *i., s.* yumru ayaklı kimse; *s.* yumru ayaklı.
tal.i.pes (täl'ıpiz) *i., tıb.* yumru ayak.
tal.i.pot (täl'ıpat) *i.* yelpaze şeklinde iri yapraklı bir çeşit hurma ağacı, *bot.* Corypha umbraculifera.
tal.is.man (täl'ısmın) *i.* (*çoğ.* -mans) tılsım.
talisman'ic(al) *s.* tılsımlı.
talk (tôk) *f., i.* konuşmak, söylemek; lakırdı etmek, laf etmek; müzakere etmek; görüşmek; *A.B.D., k.dili* gammazlamak; *k.dili* hükmü geçmek; *i.* konuşma; laf, lakırdı, söz; söz konusu; boş laf; müzakere, görüşme; ağız, argo. talk about, talk of hakkında konuşmak, bahsetmek. talk around meselenin aslına temas etmeden müzakere etmek. talk at boşuna konuşmak. talk away durmadan konuşmak, konuşarak vakit geçirmek. talk back karşılık vermek. talk big *argo* övünmek. talk down daha fazla veya daha yüksek sesle konuşarak susturmak; *hav.* konuşma yoluyla kör iniş yaptırmak. talk down to hor görmek. talk nonsense boş laf etmek, saçmalamak. talk one into ikna etmek. talk one's head off kafasını şişirmek, bıktırıncaya kadar söylemek, dır dır etmek. talk one's way into dil dökerek yolunu yapmak. talk out bütün ayrıntılarıyla görüşmek; konuşulacak şeyleri tüketmek. talk over bir mesele hakkında konuşmak. talk sense makul konuşmak. talk shop sohbet esnasında iş konularına dönmek. talk through etraflıca konuşmak. talk through one's hat *argo* atmak, kafadan atmak. talk up methetmek, bir meseleyi kabul ettirmek için överek bahsetmek. be talked out söyleyecek sözü kalmamak. have a talk konuşmak. small talk hoşbeş, sohbet, yarenlik. tall talk inanılmayacak hikâye veya masal. the talk of the town herkesin konuştuğu mesele, dillerde dolaşan söz.
talk.a.tive (tô'kıtîv) *s.* konuşkan. talkativeness *i.* konuşkanlık.

talk.ing (tô'king) *s., i.* konuşan, konuşabilen; konuşkan; *i.* konuşma. talking machine *eski* gramofon. talking point üstünde durulacak nokta.
talk.ing-to (tô'kingtu) *i., k.dili* azarlama, paylama.
talk.y (tô'ki) *s.* konuşkan; geveze, çenesi düşük; palavrası bol.
tall (tôl) *s.* uzun boylu, uzun; yüksek; *k.dili* mübalağalı, abartmalı; *k.dili* büyük. tallness *i.* uzun boyluluk; yükseklik.
tal.lage (täl'îc) *i.* eski İngiltere'de bir çeşit vergi.
tall.boy (tôl'boy) *i., İng.* şifoniyer, konsol; baca külâhı.
tal.lith (täl'îth, ta'lîs) *i.* Musevilerin bilhassa ibadet zamanında kullandıkları atkı.
tal.low (täl'o) *i., f.* donyağı; mum yağı; *f.* mum yağı ile yağlamak. tallowy *s.* yağlı; mum yağına benzer.
tal.ly (täl'i) *i., f.* çetele; çetele ile hesap tutma; çentik, kertik; seri numarası, seri işareti; etiket; *f.* çeteleye yazmak veya işaret etmek; uydurmak; uymak; sayım yapmak.
tal.ly.ho (täliho') *ünlem, f.* Haydi! Yallah! (köpekleri ileri sürmek için avcının seslenmesi); *f.* "Yallah!" diyerek köpekleri koşturmak.
Tal.mud (täl'mʌd, tal'mûd) *i.* Musevilerin Talmud denilen kanun ve tefsir kitabı. Talmud'ic(al) *s.* Talmud kitabına ait. Talmudist *i.* Talmud âlimi.
tal.on (täl'ın) *i.* pençe; kilit anahtar yatağı.
ta.luk (taluk') *i.* Hindistan'da yerli kesimcinin vergi topladığı bölge; Hindistan'da malikâne. talukdar *i.* yerli kesimci.
ta.lus (tey'lıs) *i., anat.* aşık kemiği; *jeol.* tepe veya uçurum dibinde biriken kaya parçaları; meyil.
tam.a.ble *bak.* tameable.
ta.ma.le (tıma'li) *i.* mısır ile kıyma ve kırmızı biberle yapılan Meksika yemeği.
ta.man.dua (tımän'dwı) *i.* karıncayiyengillerden tamandua, *zool.* Tamandua tetradactyla.
tam.a.rack (täm'ıräk) *i.* Amerika'ya mahsus bir çeşit çam, lariks, *bot.* Larix laricina.
tam.a.rin (täm'ırîn) *i.* ipek maymun, *zool.* Leontocebus rosalia.
tam.a.rind (täm'ırînd) *i.* demirhindi, *bot.* Tamarindus indica; demirhindinin meyvası.
tam.a.risk (täm'ırîsk) *i.* ılgın, *bot.* Tamari×

tam.bour (täm'bûr) *i.*, *f.* trampet, ufak davul; kasnak; kasnak işi; *f.* kasnağa gerip işlemek.

tam.bour.ine (tämbırin') *i.* tef.

tame (teym) *s.*, *f.* evcilleştirilmiş, ehlîleştirilmiş, alıştırılmış; uysal, munis, yumuşak huylu; zararsız; tatsız, yavan, manasız; *f.* ehlîleştirmek, evcilleştirmek; uysallaştırmak, uslandırmak; yumuşatmak, hafifleştirmek. **tame'ly** *z.* uysalca. **tame'ness** *i.* evçillik; uysallık.

tame.a.ble (tey'mıbıl) *s.* evcilleştirilebilir, ehlîleştirilebilir. **tameabil'ity** *i.* ehlîleşme kabiliyeti.

tam.er (tey'mır) *i.* terbiyeci.

Tam.er.lane (täm'ırleyn) *i.* Timur.

tam.is, tam.my (täm'îs, tä'mi) *i.* süzgeç yapımında kullanılan bir çeşit kumaş; kumaştan süzgeç.

tam-o'-shan.ter (täm'ışän'tır) *i.* tepesi geniş ve püsküllü İskoç beresi.

tamp (tämp) *f.* bastırıp sıkıştırmak.

tam.per (täm'pır) *f.*, **with** *ile* birinin işine karışmak; dokunmak; değiştirip bozmak, oynamak; kurcalamak; hile karıştırmak.

tamp.er (täm'pır) *i.* hafifçe vurarak bastıran kimse veya alet, sıkmaç.

tam.pi.on (täm'piyın) *i.* top ağzı tapası.

tam.pon (täm'pan) *i.*, *f.*, *tıb.* tampon; *f.* tampon ile tıkamak.

tam-tam (tʌm'tʌm) *i.* tamtam.

tan (tän) *f.* (**-ned, -ning**) *i.*, *s.* tabaklamak, debagat etmek; güneşe göstererek karartmak; *k.dili* kamçılamak, dayak atmak; güneşte yanıp esmerleşmek; *i.* sarımsı kahverengi; güneşte yanmış ten rengi; tanen, mazı tozu; *s.* açık kahverengi; sepicilikte kullanılan. **tan pit, tan vat** debbağhane kuyusu. **tan yard** *i.* debbağhane, tabakhane.

tan. *kıs.* **tangent.**

tan.a.ger (tän'ıcır) *i.* ispinoza benzer parlak tüylü ve Amerika'ya mahsus bir çeşit kuş.

tan.bark (tän'bark) *i.* meşe kabuğu.

tan.dem (tän'dım) *z.*, *i.*, *s.* birbiri ardına koşulmuş halde; *i.* birbiri ardına koşulmuş atlar; iki kişilik bisiklet; *s.* birbiri arkasına dizilmiş.

tang (täng) *i.* bıçağın sapa giren kuyruğu, berazban, pırazvana.

tang (täng) *i.* acı tat veya koku, keskin çeşni.

tang (täng) *i.* bir çeşit su yosunu.

tang (täng) *f.*, *i.* madenî ses çıkarmak, tangırdamak; *i.* madenî ses, tangırtı.

Tan.gan.yi.ka (tängınyi'kı) *i.* Tanganika.

tan.gent (tän'cınt) *s.*, *i.* dokunan; *geom.* teğet kabilinden; *i.*, *geom.* teğet; tanjant. **go off at a tangent** birden konu değiştirmek. **tangency** *i.* teğet geçme; konuya bağlı kalma.

tan.gen.tial (täncen'şıl) *s.* teğet halindeki; yüzeysel. **tangentially** *z.* yüzeysel olarak.

tan.ger.ine (täncırin') *i.* mandalina, *bot.* Citrus reticulata.

tan.gi.ble (tän'cıbıl) *s.* dokunulur, tutulur; anlaşılır, akla yakın, kavranabilir; gerçek; maddî; duyulur, hissedilir. **tangible assets** maddi kıymetler. **tangibles** *i.* mal, mülk, servet. **tangibil'ity, tangibleness** *i.* tutulabilme. **tangibly** *z.* gerçek olarak; dokunulur halde.

Tan.gier (täncîr') *i.* Fas'ta Tanca şehri.

tan.gle (täng'gıl) *f.*, *i.* dolaştırmak, karıştırmak, karmakarışık etmek, arap saçına çevirmek; başına iş açmak; karışık vaziyete düşmek; girişmek; tartışmak; *i.* karmakarışık şey, düğüm olmuş şey; karışıklık, muğlaklık; deniz dibindeki hayvanları tarayarak yakalama aleti. **a tangle of weeds** sarmaşık örgüsü, sarmaşık ağı.

tan.gle (täng'gıl) *i.* yenilebilen bir çeşit su yosunu, *bot.* Laminaria saccharina.

tan.go (täng'go) *i.* tango.

tan.gram (tän'grım) *i.* bir kare teşkil etmek üzere kesilmiş yedi parçadan ibaret bir Çin bulmacası.

tang.y (täng'i) *s.* hasiyetli, keskin.

tan.ist (tän'îst) *i.*, *tar.* Kelt kabile reisinin hayattayken seçilen veliahtı. **tanistry** *i.* Keltlerde cülus kanunu.

tank (tängk) *i.*, *f.* sarnıç, su deposu; depo, tank; havuz, gölcük; *ask.* tank; *f.* sarnıca koymak. **tank town** *A.B.D.*, *k.dili* eskiden trenlerin su aldığı ara istasyon. **tank up** *k.dili* istimini almak; yakıt almak.

tank.age (tängk'îc) *i.* havuz veya depoya doldurma; havuz doldurma ücreti; havuz veya depo istiap hacmi; mezbaha artıkları.

tank.ard (tängk'ırd) *i.* kapaklı büyük içki maşrapası.

tank.er (tängk'ır) *i.* tanker.

tan.ner (tän'ır) *i.* debbağ, tabak, sepici; *İng.*, *argo* altı penilik para. **tannery** *i.* debbağhane, tabakhane.

tan.nic (tän'ik) *s.* tanenli.

tan.nin (tän'in) *i.* tanen, mazı tozu.

tan.ning (tän'ing) *i.* sepileme, tabaklama, debagat; güneşte esmerleşme.

tan.sy (tän'zi) *i.* solucan otu, *bot.* Tanacetum vulgare.

tan.ta.lize, *İng.* **-lise** (tän'tılayz) *f.* boşuna ümit vermek, hayal kırıklığına uğratmak, bir şeyi gösterip vermemek, *colloq.* kuyruk sallamak. **tantaliza'tion** *i.* boşuna ümit verme, kuyruk sallama. **tantalizingly** *z.* hayal kırıklığına uğratarak.

tan.ta.lum (tän'tılım) *i., kim.* tantal.

Tan.ta.lus (tän'tılıs) *i., Yu. mit.* kral Tantalus.

tan.ta.mount (tän'tımaunt) *s.,* **to** *ile* eşit, müsavi, aynı.

tan.ta.ra (täntıra') *i.* boru sesi.

tan.tiv.y (täntiv'i) *i., s., z.* av narası; *s.* acele, hızlı; *z.* hızla, acele ile; dörtnala.

tan.to (tan'to) *z., İt., müz.* o kadar.

tan.trum (tän'trım) *i.* huysuzluk nöbeti, aksilik, terslik. **fly into a tantrum** hiddetten ter ter tepinmek.

Tan.za.ni.a (tänzıni'yı) *i.* Tanzanya.

Tao.ism (dau'wizım, tau'-) *i.* Taoizm, Tao mezhebi. **Taoist** *s., i.* Taoist.

tap (täp) *i., f.* **(-ped, -ping)** musluk; tıkaç; fıçı tapası; fıçıdan alınmış içki; *İng., k.dili* meyhane; kılavuz, burgu; elektrik bağlantısı; *f.* delip sıvıyı akıtmak; kaçak veya gizli bağlantı kurmak; kılavuzla vida yuvası açmak; bağlantı kurmak, bağlamak; *argo* sızdırmak. **on tap** fıçıdan alınıp satılmaya hazır; *k.dili* hazır.

tap (täp) *f., i.* hafifçe vurmak; tıkırdatmak; pençe vurmak (ayakkabı); *i.* hafif vuruş; tıkırtı, tıpırtı; pençe; ayakkabı demiri. **tap on the shoulder** seçmek; omuzuna hafifçe vurmak. **tap dance** ayak uçlarını veya topukları yere vurarak yapılan bir dans.

tape (teyp) *i., f.* bant, şerit, kordele; metre şeridi; *f.* şeritle bağlamak; şeritle ölçmek; banda almak. **tape deck, tape player** amplifikatörü olmayan teyp. **tape recorder** teyp. **tapeline** *i.,* **tape measure** metre şeridi, mezura, mezür. **red tape** kırtasiyecilik, lü-

zumsuz resmî muamele. **have something taped** sardırmak; içyüzünü bilmek; banda almak.

ta.per (tey'pır) *i., s., f.* çok ince mum; gittikçe incelen şey; *s.* gittikçe incelen; *f.* gittikçe incelmek veya inceltmek, sivrilmek, sivriltmek; azalmak, eksilmek. **tapering** *s.* gittikçe incelen.

tap.es.try (täp'istri) *i.* goblen, resim dokumalı duvar örtüsü. **tapestried** *s.* goblenle kaplı.

tape.worm (teyp'wırm) *i.* bağırsak kurdu, şerit, tenya, *zool.* Taenia.

tap.i.o.ca (täpiyo'kı) *i.* tapyoka.

ta.pir (tey'pır) *i.* tapir, *zool.* Tapiridae.

tap.is (täp'i, täp'is) *i.* goblen örtü. **on the tapis** müzakere halinde.

tap.per (täp'ır) *i.* hafifçe vuran kimse veya şey; maniple.

tap.pet (täp'it) *i., mak.* kol, manivela.

tap.ping (täp'ing) *i.* hafifçe vurma; musluktan alınan şey.

tap.room (täp'rum) *i.* meyhane, bar.

tap.root (täp'rut) *i.* bitkinin toprağa inen ana kökü.

taps (täps) *i., çoğ., ask.* yat borusu.

tap.ster (täp'stır) *i.* meyhane tezgâhtarı, barmen.

tar (tar) *i., f.* **(-red, -ring)** katran; *f.* katranlamak, katran sürmek. **tar and feather** ceza olarak üzerine katran sürüp tüy yapıştırmak. **tar-water** *i.* katranlı su. **tarred with the same brush** aynı fikir veya huyları olan, aynı maldan, al birini vur ötekine.

tar (tar) *i., k.dili* gemici.

tar.a.did.dle (ter'ıdîdıl) *i., k.dili* yalan.

tar.an.tel.la (terıntel'ı) *i.* Napoli'ye mahsus oynak bir dans; bu dansın havası.

tar.ant.ism (ter'ıntizım) *i., tıb.* dans ve müzik manisi husule getiren sinir hastalığı.

ta.ran.tu.la (tırän'çûlı) *i.* rüteylâ, bir çeşit büyük örümcek, *zool.* Lycosa tarentula.

ta.rax.a.cum (tıräk'sıkım) *i., ecza.* hindiba kökü.

tar.board (tar'bôrd) *i.* hamuruna katran karıştırılan bir çeşit sağlam mukavva.

tar.boosh (tarbuş') *i., Ar.* fes.

tar.brush (tar'brʌş) *i.* katran fırçası.

tar.di.grade (tar'dıgreyd) *s., i.* yavaş yürüyen; *i.* suda veya yosunda bulunan mikroskopik hayvan, tardigrad.

tar.do (tar'do) *s., z., İt., müz.* yavaş.

tar.dy (tar'di) *s.* yavaş hareket eden; geç kalan veya gelen, geciken. **tardily** *z.* gecikerek. **tardiness** *i.* gecikme.

tare (ter) *i.* delice, *bot.* Lolium temulentum; burçak cinsinden bir ot, *bot.* Vicia sativa.

tare (ter) *i., f.* dara; *f.* darasını düşmek.

tar.get (tar'gît) *i.* hedef; nişangâh; tenkide hedef olan kimse; demiryolu makası üzerinde hattın açık veya kapalı olduğunu gösteren işaret; yuvarlak kalkan. **on target** hedefe yöneltilmiş. **target date** hedef edinilen tarih.

Tar.gum (tar'gʌm) *i.* eskiden Musevilerin kullandığı Aramî diline tercüme olunan Tevrat kısımlarından biri.

tar.iff (ter'îf) *i., f.* ithalât veya ihracat üzerine hükümetin koyduğu vergi; tarife; *f.* gümrük tarifesi yapmak; vergi koymak. **preferential tariff** dost memleketlere uygulanan indirimli gümrük tarifesi.

tar.la.tan (tar'lıtın) *i.* ince ve şeffaf muslin, tarlatan.

tar.mac (tar'mäk) *i., İng.* asfalt yol; *hav.* asfalt iniş meydanı.

tarn (tarn) *i.* dağda bulunan ufak göl.

tar.na.tion (tarney'şın) *i., ünlem, A.B.D., leh.* lânet.

tar.nish (tar'nîş) *f., i.* kirletmek, lekelemek; lekelenmek; donuklaştırmak, karartmak; kararmak, donuklaşmak; *i.* leke, kir; kararma, donuklaşma.

ta.ro (ta'ro) *i.* kulkas, *bot.* Colocasia esculenta; kulkas kökü.

tar.ot (ter'o, ter'ıt) *i.* eski zaman iskambil kâğıdı.

tarp (tarp) *i., k.dili* katranlı muşamba tente.

tar.pa.per (tar'peypır) *i.* katranlı kâğıt.

tar.pau.lin (tarpô'lîn) *i.* katranlı veya boyalı muşamba; katranlı muşambadan yapılmış şapka veya ceket; gemici.

tar.pon (tar'pan) *i.* Meksika körfezinde bulunan iri bir av balığı.

tar.ra.did.dle *bak.* **taradiddle.**

tar.ra.gon (ter'ıgan) *i.* tarhun, *bot.* Artemisia dracunculus.

tar.ry (tar'i) *s.* katran kaplı, katrana benzer, katranlı.

tar.ry (ter'i) *f., i.* oyalamak; geç kalmak, gecikmek; kalmak, durmak; *i.* bekleme, durma.

tar.sal (tar'sıl) *s.* ayak bileğine ait.

tar.si.er (tar'siyır) *i.* cadı maki, *zool.* Tarsius spectrum.

tar.sus (tar'sıs) *i.* (*çoğ.* **-si**) ayak bileği.

tart (tart) *s.* ekşi, mayhoş; ters, keskin, acı. **tart'ly** *z.* terslikle; ekşice. **tart'ness** *i.* ekşilik; keskinlik.

tart (tart) *i.* turta; *argo* fahişe, sokak kadını.

tar.tan (tar'tın) *i., s.* kareli ve yünlü İskoç kumaşı; *s.* bu kumaştan yapılan.

tar.tan (tar'tın) *i.* latin yelkeni olan tek direkli ve Akdeniz'e mahsus bir gemi.

tar.tar (tar'tır) *i.* şarap tortusu; kefeki, pesek. **tartaric acid** (tartar'îk) asit tartarik, tartar asidi.

Tar.tar (tar'tır) *i.* Tatar; düzenbaz kimse, çetin ceviz.

tar.tar.ous (tar'tırıs) *s.* şarap tortusuna ait; şarap tortusu cinsinden; kefeki kabilinden.

Tar.ta.rus (tar'tırıs) *i., Yu. mit.* ölüler diyarı "Hades"ten aşağıda bulunan derin uçurum.

Tar.ta.ry, Ta.ta.ry (tar'tıri, ta'tıri) *i.* Tataristan.

tart.ish (tart'îş) *s.* ekşice; tersçe.

tar.trate (tar'treyt) *i., kim.* tartar asidinin tuzu.

Tar.tuf(f)e (tartûf') *i.* Moliere'in bir piyesinde ikiyüzlü papaz; dindarlık taslayan kimse.

tar.zan (tar'zın, -zän) *i.* tarzan.

ta.sim.e.ter (tısîm'ıtır) *i.* ısı değişikliklerini ölçmeye mahsus elektrikli cihaz, tasimetre. **tasimetry** *i.* tasimetre ile ölçme.

task (täsk) *i., f.* iş, görev, vazife; ödev; hizmet; külfet; *f.* iş vermek, görevlendirmek; külfet yüklemek; itham etmek, suçlamak. **task force** geçici işbirliği. **take one to task** azarlamak, paylamak.

task.mas.ter (täsk'mästır) *i.* başkasına iş yükleyen kimse, angaryacı.

task.work (täsk'wırk) *i.* götürü iş; külfetli iş.

tas.sel (täs'ıl) *i., f.* püskül; *f.* püsküllerle süslemek; püskül vermek, püskül haline gelmek.

taste (teyst) *f.* tatmak, tadına bakmak, çeşnisine bakmak; denemek; tadı olmak. **taste blood** galip gelmekten büyük bir zevk almak. **taste of** tatmak, görmek.

taste (teyst) *i.* lezzet, tat, çeşni; tat alma duyusu; uyum; üslûp; az miktarda şey; yudumluk, tadımlık miktar; tatma. **a taste for** hoşlanma, hazzetme, beğeni, zevk. **in good taste** uygun. **in bad taste** uygunsuz. **leave a**

bad taste kötü etki bırakmak. out of taste zevksiz. to one's taste zevkine uygun. taste bud *anat.* papilla.

taste.ful (teyst'fıl) *s.* uyumlu, zarif. **tastefully** *z.* zevkle. **tastefulness** *i.* zevk; zevklilik.

taste.less (teyst'lis) *s.* tatsız, yavan; zevksiz; uygunsuz. **tastelessly** *z.* tatsızca. **tastelessness** *i.* tatsızlık; uygunsuzluk.

tast.er (teys'tır) *i.* çeşnici; şarap tatmaya mahsus ufak bardak.

tast.y (teys'ti) *s.* tatlı, lezzetli, çeşnili, zevkli, zevke uygun.

tat (tät) *f.* (-ted, -ting) mekik oyası yapmak. **tat'ting** *i.* mekik oyası.

Ta.tar, Tar.tar (ta'tır, tar'tır) *i.* Tatar.

tat.ter (tät'ır) *i., f.* çaput, paçavra; *çoğ.* yıpranmış giysi; *f.* parçalayıp paçavra haline koymak; parçalanmak.

tat.ter.de.mal.ion (tätırdîmeyl'yın) *i.* üstü başı perişan kimse, pejmürde kimse.

tat.tle (tät'ıl) *f., i.* fitlemek, yerip çekiştirmek, gammazlamak; gevezelik etmek, boşboğazlık etmek, sırrı ifşa etmek; *i.* boşboğazlık, dedikodu; bebeğin gevelediği sözler. **tattler** *i.* fitneci kimse, gammaz kimse, boşboğaz kimse, zevzek kimse, dedikoducu kimse; çullukgillerden Amerika'ya özgü bir kuş.

tat.tle.tale (tät'ılteyl) *i., s.* fitneci kimse; *s.* açığa vuran. **tattletale gray** gri beyaz, azmış (çamaşır).

tat.too (tätu') *i., ask.* koğuş borusu veya trampeti. **beat a tattoo** trampet çalmak, parmaklarla masayı tıkırdatmak.

tat.too (tätu') *f., i.* vücuda dövme yapmak; *i.* dövme.

tau (tau) *i.* Yunan alfabesinde t harfi.

taught (tôt) *bak.* **teach.**

taunt (tônt) *f., i.* alay etmek, sataşmak; azarlamak; *i.* alay; iğneli söz; meydan okuma. **taunt'ingly** *z.* alayla; sataşarak.

taupe (top) *i.* köstebek; köstebek derisi rengi, kahverengimsi gri renk.

tau.rine (tôr'in) *s.* boğaya ait; *astr.* Boğa burcuna ait.

Tau.rus (tôr'ıs) *i., astr.* Boğa takımyıldızı; Boğa burcu, Sevir; Toros Dağları.

taut (tôt) *s.* sıkı, gergin; düzenli, tertipli. **haul taut** *den.* aganta etmek. **taut'ly** *z.* gergince. **taut'ness** *i.* gerginlik.

taut.en (tôt'ın) *f.* sıkılaştırmak, gerginleştirmek; *den.* aganta etmek.

tauto- *önek* aynı; tekrar.

tau.tol.o.gy (tôtal'ıci) *i.* gereksizce tekrarlanan ifade; lüzumsuz söz tekrarı. **tautological** (tôtılac'îkıl) *s.* lüzumsuz yere tekrarlayan.

tav.ern (täv'ırn) *i.* taverna, meyhane; han.

taw (tô) *i.* bilye oyunu; bilye; bu oyun için başlangıç çizgisi.

taw (tô) *f.* tanen yerine şap ve tuz kullanmak suretiyle kösele yapmak; *İng. leh.* dövmek.

taw.dry (tô'dri) *s.* ucuz ve cafcaflı, bayağı, zevksiz.

taw.ny (tô'ni) *s.* esmer, koyu kumral, sarımsı kahverengi.

tax (täks) *i., f.* vergi, resim; külfet, yük; *f.* vergi koymak, vergi yüklemek; mahkeme masrafını tayin etmek; isnat etmek, yüklemek; külfet olmak, yormak, tüketmek. **tax certificate** icra yoluyla alınan mülkün vergi borcunun ödendiğini belirten vesika. **tax list** vergi listesi. **tax one's belief** inancını sarsmak. **tax shelter** gelir vergisi indirimi için baş vurulan çare. **tax one's patience** sabrını tüketmek. **income tax** gelir vergisi. **indirect tax, hidden tax** dolaylı vergi.

tax.a.ble (täks'ıbıl) *s.* vergiye tabi. **taxabil'ity** *i.* vergiye tabi tutma veya olma. **taxably** *z.* vergiye tabi olarak.

tax.a.tion (täksey'şın) *i.* vergilendirme; vergi; mahkeme masrafı.

tax-de.duct.i.ble (täks'dîdʌk'tıbıl) *s.* vergiden düşülebilen.

tax.eme (täks'im) *i., dilb.* en ufak gramer bölümü.

tax-free (täks'fri') *s.* vergiden muaf.

tax.gath.er.er (täks'gädhırır) *i., tax collector* vergici.

tax.i (täk'si) *i., f.* taksi; *f.* taksi ile gitmek; *hav.* taksilemek. **taxi dancer** *A.B.D.* beraber dansetmek için ücretle tutulan kız.

tax.i.cab (täk'sikäb) *i.* taksi.

tax.i.der.my (täk'sıdırmi) *i.* hayvan postunu doldurma sanatı. **taxider'mic** *s.* hayvan postunu doldurmayla ilgili. **taxidermist** *i.* hayvan postunu dolduran sanatçı.

tax.i.me.ter (täk'sîmitır) *i.* taksi saati, taksimetre.

tax.is (täk'sîs) *i., tıb.* yerinden oynamış veya çıkmış bir uzvu el ile tekrar yerine koyma; refleks, yansı, tepke.

tax.on.o.my (täksan'ımi) *i.* sınıflandırma ilmi.

tax.pay.er (täks'peyır) *i.* vergi veren kimse, vergi mükellefi.

taz.za (tat'tsa) *i., İt.* çok süslü ayaklı vazo veya kadeh.

T.B., tb. *kıs.* **tuberculosis.**

tea (ti) *i., f.* çay fidanı, *bot.* Thea sinensis; kuru çay yaprağı; çay; demli içecek; çay ziyafeti; *İng.* akşam kahvaltısı; *f.* çay içmek; çay vermek. **tea bag** çay yapmak için içinde çay yaprakları bulunan kâğıt torba. **tea ball** içine çay yaprakları konulup kaynar suya batırılan delikli yuvarlak top. **tea caddy** çay kutusu. **tea ceremony** Japonlara özgü resmî çay servisi. **tea chest** içi kurşun kaplı çay sandığı. **tea cosy** çaydanlık külâhı, çaydanlık örtüsü. **tea dealer** çay tüccarı. **tea drinker** çay tiryakisi. **tea party** çay ziyafeti, çay daveti. **tea rose** çay gibi kokan gül, çay gülü. **tea service** çay takımı. **tea urn** semaver. **tea wagon** tekerlekli servis masası.

teach (tiç) *f.* **(taught)** öğretmek, eğitmek, yetiştirmek; göstermek; ders vermek, hocalık etmek.

teach.a.ble (ti'çıbıl) *s.* öğrenmeye hevesli, öğrenme kabiliyeti olan; uysal. **teachabil'ity, teachableness** *i.* öğrenme kabiliyeti.

teach.er (ti'çır) *i.* öğretmen, hoca. **teacher bird** çömlekçi kuşu, *zool.* Furnarius. **teachers college** A.B.D. eğitim fakültesi. **teacher's pet** öğretmenin gözde talebesi.

teach.ing (ti'çîng) *i.* öğretme, öğretim; öğretilen şey, telkin, talim. **teaching machine** öğretici makina.

tea.cup (ti'kʌp) *i.* çay fincanı. **teacupful** *i.* bir çay fincanı dolusu.

tea.house (ti'haus) *i.* çay evi.

teak (tik) *i.* gemi inşaatında kullanılan tik ağacı kerestesi. **teak tree** tik ağacı, *bot.* Tectona grandis.

tea.ket.tle (ti'ketıl) *i.* çay ibriği, çaydanlık.

teal (til) *i.* çamurcun, *zool.* Anas crecca.

team (tim) *i., f.* çift hayvan takımı, arabaya koşulmuş bir veya birkaç at; oyuncu takımı, ekip; *leh.* ördek sürüsü; *f.* takım atları sürmek; takım kurmak; grup meydana getirmek, takıma girmek.

team.ster (tim'stır) *i.* yük arabacısı; kamyon şöförü.

team.work (tim'wırk) *i.* takım halinde çalışma, işbirliğiyle yapılan grup çalışması.

tea.pot (ti'pat) *i.* çay demliği.

tear (ter) *f.* **(tore, torn)** *i.* yırtmak; yarmak; koparmak; çok hırpalamak; kopmak; yırtılmak, yarılmak; çılgın gibi koşmak; *i.* yırtık, yırtık şey; *argo* cümbüş, çılgınca eğlence; çılgınca hareket. **tear down** *k.dili* yıkmak, kötülemek. **tear into** *k.dili* saldırmak. **tear one's hair** saçını başını yolmak. **tear sheet** bir mecmua veya kitaptan seçilip kesilen sayfa. **tear up** harap etmek, *colloq.* köstebek yuvasına çevirmek; yırtmak. **wear and tear** yıpranmış olma.

tear (tîr) *i.* gözyaşı; gözyaşına benzer şey; damla; *çoğ.* keder. **tear bomb** göz yaşartıcı bomba. **tear gas** göz yaşartıcı gaz. **in tears** ağlamakta. **weep bitter tears** acı acı ağlamak. **tear'y** *s.* gözyaşları ile ıslanan, gözyaşları ile dolu.

tear.drop (tîr'drap) *i., s.* gözyaşı damlası; *s.* damla şeklinde.

tear.jerk.er (tîr'cırkır) *i., A.B.D., a go* aşırı derecede kederli hikâye veya filim.

tear.ful (tîr'fıl) *s.* gözyaşı dolu, ağlayan. **tearfully** *z.* ağlayarak. **tearfulness** *i.* gözyaşı ile dolu olma.

tear.ing (ter'îng) *s., k.dili* çılgınca; *İng.* korkunç, kocaman.

tear.less (tîr'lıs) *s.* gözyaşı kesilmiş, gözleri kurumuş, gözyaşsız. **tearlessly** *z.* ağlamadan, gözyaşı dökmeden. **tearlessness** *i.* ağlamayış.

tease (tiz) *f., i.* kızdırmak, eziyet etmek, rahat vermemek, tedirgin etmek; durmadan rica etmek; takılmak; önce yüz verip sonra sırt çevirmek; ditmek, yün taramak, didiklemek; mıncıklamak; (saç) kabartmak; mikroskopla muayene için liflere ayırmak; *i.* takılmayı seven kimse; takılma; canını sıkma; önce yüz verip sonra sırt çeviren genç kız.

tea.sel, tea.zel (ti'zıl) *i., f.* tarakotu; kumaş tüyünü kabartmak için kullanılan kuru devedikeni başı, kumaş tüyünü kabartma aleti; *f.* kumaş tüyünü kabartmak. **fuller's teasel** fes tarağı, *bot.* Dipsacus fullonum.

teas.er (ti'zır) *i.* takılmayı seven kimse; bulmaca; yün tüyünü kabartma makinası; gelecek programı gösteren filim; iştah açıcı şey; sahne perdesinin arkasında asılı bulunan ve tavanın görülmesini önleyen kısa perde.

tea.spoon (ti'spun) *i.* çay kaşığı. **teaspoonful** *i.* çay kaşığı dolusu.

teat (tit, tît) *i.* meme, emcik.

tech. *kıs.* technical, technology.

tech.nic (tek'nîk) *i.* yöntem; teknik, bir sanatı icra usulü veya hüneri.

tech.ni.cal (tek'nîkıl) *s.* sanata ait; ilmî, fennî, meslekî, teknik; resmî, resmiyete uyan; kanuna göre, kurallara göre. **technically** *z.* teknik bakımından; resmî yönden.

tech.ni.cal.i.ty (teknîkäl'ıti) *i.* ilmî nitelik; ilmî veya fennî terimlerin kullanılması; fen veya sanayi ile ilgili ayrıntılar; incelik, ayrıntı.

tech.ni.cian (teknîş'ın) *i.* ilim veya fen veya sanat uzmanı, teknisyen, teknikçi.

tech.nique (teknik') *i.* teknik, yordam.

tech.noc.ra.cy (teknak'rısı) *i.* uzmanların yönetimi altında hükümeti idare etme teorisi.

tech.nol.o.gy (teknal'ıci) *i.* sınaî işler ilmi; sanat veya meslek terimleri; teknoloji. **institute of technology** teknik üniversite. **technological** (teknılac'îkıl) *s.* teknolojiye ait. **technologist** *i.* teknoloji uzmanı.

tec.ton.ic (tektan'îk) *s.* inşaat veya yapıya ait; tektonik ile ilgili. **tectonics** *i.* mimarlık, yapı sanatı, inşaat sanatı, tektonik.

ted (ted) *f.* (**-ded, -ding**) yeni biçilmiş otu kurutmak için altüst edip yaymak. **ted'der** *i.* yaş otu altüst eden kimse veya makina.

ted.dy bear (ted'i) tüylü oyuncak ayı.

Te De.um (ti di'yım) *Lat.* Hıristiyanlarda eski bir şükran ilâhisi; Hamt olsun; bu ilâhinin müziği; bu ilâhi ile yapılan dinsel tören.

te.di.ous (ti'diyıs) *s.* sıkıcı, yorucu, can sıkan; usandırıcı. **tediously** *z.* sıkıcı bir · şekilde. **tediousness** *i.* sıkıcılık.

te.di.um (ti'diyım) *i.* can sıkıntısı, bezginlik.

tee (ti) *i.* T harfi; T şeklinde şey; T şeklinde boru. **tee shirt** *bak.* **T-shirt.**

tee (ti) *i., f.* bazı oyunlarda hedef; *golf* her deliğe gidecek topa ilk vuruşun yapıldığı belirli yer; vurulmak üzere topu üzerine koydukları küçük kum yığını veya tahta çubuk; *f.* golf topunu kum yığını üstüne koymak.

tee off *golf* topu kum yığınının üstünden vurarak oyuna başlamak. **teed off** kızgın, sinirlenmiş. **to a tee** tamam, tam.

teem (tim) *f.* çok olmak; kaynamak; verimli olmak; dolu olmak; doğurmak, mahsul vermek. **teem'ing** *s.* bol bol, çok; bereketli, verimli.

teem (tim) *f.* çok yağmak (yağmur).

teen-age (tin'eyc) *s.* on üç ile on dokuz yaşlar arasındaki devreye ait. **teen-ager** *i.* on üç ile on dokuz yaşlar arasındaki kimse.

teens (tinz) *i., çoğ.* on üç ile on dokuz arasındaki yaşlar. **in her teens** bu yaşta (kız).

tee.ny (ti'ni) *s., k.dili* ufak, ufacık.

teen.y.bop.per (ti'nibapır) *i., argo* on üç ile on dokuz yaşlar arasındaki hippi kız.

tee.ny-wee.ny (ti'ni.wi'ni) *s.* ufacık, minnacık.

tee.ter (ti'tır) *f., i.* sendeleyerek yürümek; düşmek üzere olmak, sallanmak; kararsız olmak.

tee.ter-tot.ter (ti'tırtatır) *i.* tahterevalli.

teeth (tith) *bak.* **tooth.**

teethe (tidh) *f.* diş çıkarmak. **teeth'ing** *i.* çocuğun diş çıkarması veya diş çıkarma zamanı. **teething ring** bebeklerin dişlerini kaşıması için plastik halka.

tee.to.tal (tito'tıl) *s.* alkollü içki içmemeye ait; yeşilaycı; tamamen, bütün. **teetotaller** *i.* ağzına içki almayan kimse. **teetotalism** *i.* içki içmeme prensibi. **teetotally** *z., k.dili* tamamen, bütün bütün.

tee.to.tum (tito'tım) *i.* kumar kabilinden topaç çevirme oyunu; el ile çevrilen topaç.

teg (teg) *i., İng.* bir yaşındaki koyun.

teg.men (teg'mın) *i.* (*çoğ.* **teg.mi.na**) *anat.* örtü, tegmentum, zar. **tegmen'tal** *s.* örtü kabilinden.

Te.gu.cî.gal.pa (teygusigal'pa) *i.* Tegucigalpa, Honduras'ın başkenti.

teg.u.lar (teg'yılır) *s.* tuğla gibi, tuğlaya ait; tuğla biçiminde düzenlenmiş.

teg.u.ment (teg'yımınt) *i.* zar, deri, kabuk. **tegumen'tal** *s.* zar kabilinden.

te-hee (tihi') *i., f., ünlem* kıkır kıkır gülme; *f.* kıkır kıkır gülmek; *ünlem* bu gülüşü belirleyen söz; *slang* Ayvayı yedin mi?

Te.he.ran, Te.hran (tehıran', -rän') *i.* Tahran, İran'ın başkenti.

tek.non.y.my (teknan'ımi) *i.* anneye veya babaya çocuğun ismini verme usulü.

tek.tite (tek'tayt) *i., jeol.* Avustralya ve diğer bazı yerlerde bulunan ve atmosferin dışında oluştuğuna inanılan cam gibi yuvarlak cisimler.

tel. *kıs.* telegram, **telegraph, telephone.**

te.la (ti'lı) *i., anat.* beyin zarı, zar.

tel.a.mon (tel'ıman) *i.* (*çoğ.* -**mo.nes**) *mim.* erkek heykeli şeklinde taş sütun.

tel.e.cast (tel'ıkäst) *f.* (-**cast** *veya* -**ed**) *i.* televizyonla yaymak; *i.* televizyon yayını.

tel.e.com.mu.ni.ca.tion (telekımyu'nıkeyşın) *i.* telekomünikasyon.

tel.e.gram (tel'ıgräm) *i.* telgraf, telgrafla gönderilen haber.

tel.e.graph (tel'ıgräf) *i., f.* telgraf makinası; telgraf sistemi, telgraf; *f.* telgraf çekmek. **telegraph board** at yarışı meydanında yüksek bir yere konulup at ve binicilerin isimlerini gösteren levha. **telegraph cable** telgraf kablosu. **telegraph key** telgraf anahtarı, telgrafla haber gönderme aleti. **wireless telegraph** telsiz telgraf.

te.leg.ra.pher, -phist (tıleg'rıfır, -fîst) *i.* telgrafçı.

tel.e.graph.ic, -i.cal (telıgräf'ik, -ıkıl) *s.* telgrafla ilgili veya telgraf makinalarına ait; çok kısa. **telegraphically** *z.* telgrafla.

te.leg.ra.phy (tıleg'rıfi) *i.* telgraf sistemi veya kullanma usulü.

tel.e.ki.ne.sis (telıkîni'sîs) *i.* telekinezi, uza-devim.

tel.e.lec.tric (telilek'trîk) *s.* uzak mesafelere elektrikle tesir eden.

tel.e.mark (tel'ımark) *i.* kayakta dönmek veya çabucak durabilmek için ağırlığı öndeki kayağa verip ucunu içe doğru çevirerek yapılan dönüş.

tel.e.me.chan.ics (telımıkän'îks) *i.* bir makina veya aleti radyo vasıtasıyle uzaktan idare etme usulü.

te.lem.e.ter (tılem'ıtır) *i.* telemetre.

tel.e.mo.tor (tel'ımotır) *i., den.* kaptan köprüsündeki dümen dolabı ile dümen arasındaki donanım.

tel.e.ol.o.gy (teliyal'ıci, tili-) *i.* kozmolojinin son gayeler üzerinde çalışmalarını yürüten dalı; tabiatta hâkim olan yaratıcı düzeni inceleyen bir evrenbilim dalı; tabiatta belirli bir düzen bulunduğunu iddia eden öğreti.

teleolog'ical *s.* tabiattaki düzene ait; ereksel.

te.lep.a.thy (tılep'ıthi) *i.* telepati, uzaduyum. **telepath'ic** *s.* telepatiye ait. **telepath'ically** *z.* telepati ile. **telepathist** *i.* telepatiye inanan kimse; telepati kabiliyeti olan kimse.

tel.e.phone (tel'ıfon) *i., f.* telefon; *f.* telefon etmek, telefonla konuşmak. **telephone central, telephone exchange** telefon merkezi, santral. **on the telephone** telefonda, telefonla.

tel.e.phon.ic (telıfan'îk) *s.* uzağa ses götüren; telefona ait. **telephonically** *z.* telefon ile.

te.leph.o.ny (tılef'ıni) *i.* sesi uzağa nakletme ilmi, telefon kurma veya işletme bilgisi.

tel.e.pho.to (telıfo'to) *i.*, **telephoto lens** dürbün gibi fotoğrafı büyüten mercek.

tel.e.pho.to.graph (telıfo'tıgräf) *i.* uzak mesafeden çekilen fotoğraf. **telephotograph'ic** *s.* bu usule ait. **telephotog'raphy** *i.* telefotografi.

tel.e.scope (tel'ıskop) *i., f.* dürbün, teleskop; *f.* teleskop ayar kısımları gibi birbirine geçirmek; iç içe geçmek; kısaltmak; birbirinin içine girmek. **reflecting telescope** aynalı dürbün. **refracting telescope** iki ucunda merceği olan teleskop. **telescopy** (tıles'kıpı) *i.* dürbün kullanma usulü.

tel.e.scop.ic, -i.cal (telıskap'îk, -ıkıl) *s.* yalnız teleskopla görülebilen; teleskopa ait; uzağı gören; iç içe girmek suretiyle uzayıp kısalan. **telescopic boiler** iç içe kayar kısımları olan makina kazanı. **telescopic chimney** iç içe kayar kısımları olan vapur bacası. **telescopic stars** yalnız teleskopla görülebilen yıldızlar. **telescopically** *z.* teleskopla.

tel.es.the.sia (telîsthi'jı, -jıyı) *i., psik.* uzaktan hissedilen tesir.

tel.e.type (tel'ıtayp) *i.* tel ile bağlanan otomatik yazı makina sistemi.

tel.e.view (tel'ıvyu) *f.* televizyona bakmak, televizyonda görmek.

tel.e.vise (tel'ıvayz) *f.* televizyonla yaymak.

tel.e.vi.sion (tel'ıvîjın) *i.* televizyon, uzagörüm.

tel.ford (tel'fırd) *s.* kırık taşla çakıl ve kumdan yapılmış (yol).

tel.ic (tel'îk, ti'lîk) *s.* amaçlı, gayeli.

tell (tel) *f.* (**told**) söylemek, nakletmek, hikâye etmek, anlatmak; ifade etmek, beyan etmek, tebliğ etmek, bildirmek; saymak, birer birer saymak; emretmek; keşfetmek, ifşa etmek, yaymak; temin etmek; itiraf etmek; tesiri olmak, tesir etmek; haber vermek, haber yaymak, şikâyet etmek. **tell a story** masal anlatmak. **tell a story, tell a lie** yalan söylemek, masal okumak. **tell fortunes** fal açmak. **tell it like it is** *A.B.D., argo* olduğu gibi anlatmak; gerçeği anlatmak. **tell off** sayıp ayırmak; *k.dili* yüzüne vurmak, şiddetle azarlamak. **tell on** yormak, bıkkınlık vermek; *k.dili* birini ele vermek, gammazlamak. **tell tales** masal uydurmak; sır söylemek, gammazlık etmek. **tell things apart** birbirinden ayırt etmek, ayırmak. **tell time** saatin kaç olduğunu anlayabilmek; zamanı göstermek. **Every blow tells.** Her darbenin tesiri var. **all told** bütünüyle, hepsi beraber.

tell (tel) *i., ark.* höyük.

tell.er (tel'ır) *i.* anlatan kimse; veznedar, kasa memuru; sayıcı, bir mecliste oyları sayan kimse. **tellership** *i.* veznedarlık.

tell.ing (tel'îng) *s.* tesirli, etkili. **tellingly** *z.* etkili bir şekilde, tesirli olarak.

tell.tale (tel'teyl) *i., s.* başkalarının sırlarını orada burada anlatan kimse, dedikoducu kimse; dümenin durumunu gösteren alet; org körüğünün dolu veya boş olduğunu gösteren cihaz; memurların işe gelip gitme saatini kaydeden saat; tren makinistine bir köprünün yaklaştığını ihtar için hatların üstünde asılı bulunan ip parçaları; *s.* dedikoducu, sır söyleyen; özel veya gizli bir şeyi meydana vuran.

tel.lu.ri.an (telûr'iyın) *s., i.* arza ait, dünyaya ait; *i.* dünyadaki varlık; dünyanın hem güneş hem de kendi ekseni etrafındaki hareketlerini temsil eden model.

tel.lu.ri.um (telûr'iyım) *i.* tellür.

tel.ly (tel'i) *i., İng., k.dili* televizyon.

tel.o.dy.nam.ic (telıdaynäm'îk, -di-) *s.* bir kuvveti uzak bir mesafeye iletmeyle ilgili veya bu işte kullanılan.

tel.pher (tel'fır) *i.* teleferik. **telpherage** *i.* teleferikle eşya nakletme sistemi.

tel.son (tel'sın) *i., zool.* eklembacaklılarda karnın en son oynak kısmı.

Tel.star (tel'star) *i.* Telstar, yayın için kullanılan sunî peyk.

tem.blor (temblôr') *i., A.B.D.* yer sarsıntısı, deprem.

tem.e.rar.i.ous (temırer'iyıs) *s.* delicesine cesur, lüzumsuz derecede cesur, cüretkâr, atılgan. **temerariously** *z.* cesurca.

te.mer.i.ty (tımer'ıti) *i.* delice cesaret, aşırı cüret.

temp. *kıs.* in the time of, **temperance, temperature, temporary.**

tem.per (tem'pır) *f.* yumuşatmak, hafifletmek; ölçülü hale getirmek, tadil etmek, ıslah etmek; kıvama getirmek; su karıştırıp yoğurmak (balçık); çeliğe su vermek, çeliği kızdırıp hemen soğutarak sertleştirmek, tav vermek, tavlamak; *müz.* çalgıyı gam dizisine göre akort etmek. **temper justice with mercy** adalete merhamet katmak.

tem.per (tem'pır) *i.* terslik, huysuzluk; mizaç, huy, tabiat; kıvam, karar, terkip; tav, bir maddenin sertlik derecesi; bir şeyin aslını değiştirmek için karıştırılan şey. **lose one's temper** hiddetlenmek.

tem.per.a (tem'pırı) *i.* suluboya.

tem.per.a.ment (tem'pırımınt, -prı-) *i.* tabiat, yaratılış, mizaç, meşrep, huy; ölçülülük, muvazene, kıvam; *müz.* akort.

tem.per.a.men.tal (tempırımen'tıl, -prı-) *s.* mizaca veya tabiata ait; değişken mizaçlı; huysuz, sinirli; azimsiz. **temperamentally** *z.* azimsizce.

tem.per.ance (tem'pırıns) *i.* ılımlılık, ölçülülük; içkiden kaçınma; *eski* kendine hâkim olma, sükûnet. **temperance drink** alkolsüz içecek. **temperance hotel** *eski* içki bulundurmayan otel. **temperance movement** içki aleyhinde hareket. **temperance society** içkiyle mücadele derneği.

tem.per.ate (tem'pırit) *s.* mutedil, ılımlı; ılıman, ılık, sarhoş edici maddelere düşkün olmayan; perhiz yapan. **Temperate Zone** *coğr.* ılıman bölge, dönenceler ile kutuplar arasındaki mıntıka. **temperately** *z.* ılımlı olarak. **temperateness** *i.* ılımlı olma.

tem.per.a.ture (tem'pırıçır, -prı-) *i.* ısı derecesi; sıcaklık, sühunet; *tıb.* insan vücudunun ısı derecesi; ateş, ısı, hararet. **temperature curve** belirli bir süre içindeki ısı değişikliğini gösteren eğri. **critical temperature** kritik sıcaklık. **normal temperature** normal vücut ısısı. **take one's tem-**

perature termometre ile birinin ısı derecesini ölçmek, birinin ateşine bakmak.

tem.pered (tem'pırd) s. huylu, mizaçlı; ahenkli; karışımla değiştirilmiş; tavlanmış, (çeliğe) su verilmiş.

tem.pest (tem'pîst) i. fırtına, bora, özellikle şiddetli rüzgâr fırtınası. **tempest-beaten** s. fırtınaya tutulmuş, fırtına yemiş. **tempest in a teapot** ufak bir meseleyi büyütme, pireyi deve yapma. **tempest-tossed** s. fırtına ile öteye beriye atılmış.

tem.pes.tu.ous (tempes'çuwıs) s. fırtınalı; çalkantılı; şiddetli, dehşetli. **tempestuously** z. şiddetle. **tempestuousness** i. fırtınalı olma.

tem.plar (tem'plır) i., İng. Londra'da **Inner** veya **Middle Temple**'da oturan hukuk talebesi. **Knights Templars** on ikinci asırda Kudüs'te kurulan şövalyeler birliği.

tem.plate, tem.plet (tem'plît) i. kalıp, şablon, mastar, model; silme kalıbı, kemer kalıbı; den. ana kalıp; takoz; gabari.

tem.ple (tem'pıl) i. şakak.

tem.ple (tem'pıl) i. mabet, tapınak, ibadethane; eski Kudüs'te Yahudi tapınağı; Mormonların ayinlerine mahsus kilise. **templed** s. tapınak veya kiliseleri olan; tapınak içinde muhafaza edilen.

tem.ple (tem'pıl) i. kumaşı tezgâhta gergin tutmaya mahsus ağaç parçası.

tem.plet bak. **template**.

tem.po (tem'po) i. (çoğ. -s, -pi) müz. tempo; tarz, gidiş, yol.

tem.po.ral (tem'pırıl) s., i. zamana ait; dünyevî, bu dünyaya ait; geçici, şimdiki zamana ait; cismanî, ruhanî olmayan; layik; gram. zaman belirten; i., gen. çoğ dünyevî şeyler. **temporal affairs** layik meseleler. **temporal conjunction** gram. zaman belirten bağlaç. **temporal power** layik idare veya hâkimiyet, dünyevî kudret. **temporally** z. dünyevî olarak.

tem.po.ral (tem'pırıl) s. şakağa ait. **temporal bone** şakak kemiği.

tem.po.ral.i.ty (tempırâl'ıti) i. muvakkatlik, geçicilik; gen. çoğ. kilise gibi dinsel bir kuruluşa ait emlâk ve gelir.

tem.po.ra mu.tan.tur (tem'pırı myutän'tır) Lat. Zaman değişti.

tem.po.ra.ry (tem'pıreri) s. muvakkat, geçici. **temporary possession** geçici tasarruf veya mülk. **temporar'ily** z. muvakkaten, geçici olarak. **temporar'iness** i. geçicilik, muvakkatlik.

tem.po.rize (tem'pırayz) f. zamana uymak; başkalarının fikrine uymak, ayak uydurmak; savsaklamak, ihmal etmek; uzlaşmak. **temporiza'tion** i. zamana uyma, başkalarına ayak uydurma. **temporizer** i. zamana uyan kimse. **temporizingly** z. zamana ayak uydurarak.

tempt (tempt) f. baştan çıkarmak, ayartmak; kandırmak; çekici olmak; teşvik etmek; öfkelendirmek, kızdırmak; eski denemek. **tempt fate** kadere meydan okumak. **tempt to** (şeytan) dürtmek.

temp.ta.tion (temptey'şın) i. günaha teşvik etme veya olunma; günaha teşvik edici şey veya kimse; yolu şaşırtma.

tempt.er (temp'tır) i. teşvik eden adam, baştan çıkaran adam; ayartan adam; b.h. şeytan. **temptress** i. baştan çıkaran kadın.

tempt.ing (temp'tîng) s. akıl çelici, cezbedici, çekici. **temptingly** z. çekici bir şekilde, davet edici görünüşte. **temptingness** i. cazibe, çekicilik.

tem.pus fu.git (tem'pıs fyu'cît) Lat. Zaman (kuş gibi) uçar.

ten (ten) s., i. on; i. on rakamı veya sayısı, 10, X; onlu veya onluk bir şey. **Ten Commandments** Hazreti Musa'ya Allah tarafından verilen on emir. **count in tens** onar onar saymak. **I'll lay you ten to one on that.** Bu işte bire karşı on ile bahse girerim. **take ten** kısa müddet içinde dinlenmek.

ten.a.ble (ten'ıbıl) s. makul; inanılabilen; elde tutulabilir; bahiste ispatı mümkün olan; savunması kolay. **tenableness, tenabil'ity** i. makul olma. **tenably** z. makulce.

ten.ace (ten'eys) i. iskambil oyununda aynı renkten yüksek sayılı iki kâğıt.

te.na.cious (tîney'şıs) s. tutar, bırakmaz, vaz geçmez; unutmaz; kopmaz; kuvvetli; yapışkan, özlü; inatçı, direngen. **tenaciously** z. bırakmayarak, azimle. **tenaciousness** i. vaz geçmeme, direnme.

te.nac.i.ty (tînäs'ıti) i. yapışkanlık; direnme, vaz geçmeme; fiz. sağlamlık, sıkılık.

te.nac.u.lum (tinäk'yılım) *i., tıb.* ameliyat sırasında atardamarı tutmak için kullanılan kancalı alet.

te.nail(le) (teney*l*') *i.* kalenin iki tabyası arasında bulunan hendek dışındaki siper.

ten.an.cy (ten'ınsi) *i.* kullanım, kiracılık; kira ile tutulmuş mülk; kira süresi.

ten.ant (ten'ınt) *i., f., huk.* kullanım hakkı olan kimse, mutasarrıf, mülk sahibi; kiracı; sakin, (bir yerde) oturan kimse; *f.* kira ile tutmak; içinde oturmak. **tenant farmer** kira ile çiftlik işleten çiftçi, kiracı çiftçi. **tenant right** kiracının kira bedelini ödediği müddetçe kullanma hakkı. **tenantry** *i.* kiracılık; bir mülkün bütün kiracıları.

tench (tenç) *i.* kilizbalığı, *zool.* Tinca tinca.

tend (tend) *f.* hazır bulunmak; *den.* halatın dolaşmasını önlemek için gözetlemek. **tend on** *veya* **upon** hizmet etmek. **tend to** *k.dili* bakmak, dikkat etmek.

tend (tend) *f., gen.* to *veya* **toward** *ile* meyilli olmak; vesile olmak; yönelmek. **red tending to purple** mora çalan kırmızı.

ten.den.cy (ten'dınsi) *i.* meyil, istidat, eğilim, şev; *psik.* yönseme.

ten.den.tious (tenden'şıs) *s.* taraf tutan; şevli, meyilli.

tend.er (ten'dır) *i., den.* yardımcı gemi; gemiye ait olup yolcuları sahile getirip götüren kayık; lokomotife bağlı kömür ve su taşıyan vagon, tender; bakan veya hizmet eden kimse.

ten.der (ten'dır) *f., i.* arz ve teklif etmek, sunmak; *huk.* kira veya borç vermeyi teklif etmek; *i., huk.* borç karşılığında para teklifi; teklif olunan şey. **tender one's resignation** istifasını vermek. **tender one's services** hizmet teklif etmek. **legal tender** geçerli para.

ten.der (ten'dır) *s.* nazik, kolay üzülür, kolay incinir; ufak şeyden etkilenir; zayıf, olgunlaşmamış; müşfik, merhametli, şefkatli; dokunaklı, hassas; ince, narin, cılız; sevgi dolu, seven; dikkatli, incitmekten çekinir; körpe, gevrek, yumuşak. **tenderly** *z.* şefkatle. **tenderness** *i.* şefkat, yumuşak yüreklilik.

ten.der.foot (ten'dırfût) *i.* (çoğ. **-foots, -feet**) Batı Amerika'nın çetin şartlarına henüz alışmamış kimse, güçlüklere alışkın olmayan kimse; başlangıç sınıfındaki erkek izci.

ten.der.heart.ed (ten'dırhar'tid) *s.* müşfik, yufka yürekli, şefkatli.

ten.der.ize (ten'dırayz) *f.* yumuşatmak (et). **tenderizer** *i.* eti yumuşatıcı bir madde.

ten.der.ling (ten'dırling) *i.* nazik büyümüş kimse; yeni çıkmış geyik boynuzu.

ten.der.loin (ten'dırloyn) *i.* sığır veya domuz filetosu. **tenderloin district** cinayet ve ırza geçme gibi suçların işlendiği ve polise rüşvet vererek kolaylıkla örtbas edildiği bölge.

ten.der-mouthed (ten'dırmaudhd) *s.* ağzı geme alışmamış (hayvan).

ten.di.nous (ten'dınıs) *s.* tendon cinsinden, kirişsi, veterî; veter dolu.

ten.don (ten'dın) *i., anat.* veter, kiriş, sinir, kasların kemiklere yapışmasını sağlayan yapılar, tendon. **tendon reflex** veter üzerine vurulunca kasın mukabil hareketi.

ten.dril (ten'dril) *i.* asma veya sarmaşık filizi, bıyık.

Ten.e.brae (ten'ıbri) *i.* paskalyadan evvelki haftanın son üç gününde okunan dualar.

ten.e.brif.ic (tenıbrif'ik) *s.* karanlık eden, karartan, kasvet veren.

ten.e.brous (ten'ıbrıs) *s.* karanlık, kara, koyu; kasvetli. **tenebros'ity, tenebrousness** *i.* karanlık, kasvet.

Ten.e.dos (ten'ıdas) *i.* Bozcaada.

ten.e.ment (ten'ımınt) *i.* özellikle ucuz ve adi apartman; *huk.* mülk olabilen herhangi bir şey; ev, kiralık ev; kiralık apartman; konut, mesken, ikametgâh. **tenement district** adi ve ucuz apartmanların bulunduğu semt. **tenement house** kalabalık ailelerin oturduğu ucuz apartman. **tenemen'tal** *s.* kiralık eve veya kiracılara ait.

te.nes.mus (tines'mıs, -nez'-) *i., tıb.* idrar veya aptes bozma zorluğu.

ten.et (ten'it, *İng.* ti'nît) *i.* inan, doktrin, akide, öğreti, prensip, ilke, görüş.

ten.fold (ten'fold) *s., z.* on kat, on misli.

ten-gal.lon hat (ten'gäl'ın) *A.B.D.* kovboy şapkası.

te.ni.a *bak.* taenia.

te.ni.a.cide (ti'niyısayd) *i.* tenya öldüren ilâç.

te.ni.a.fuge (ti'niyıfyuc) *i.* tenyanın dışarı atılmasını sağlayan ilâç.

te.ni.a.sis (tinay'ısis) *i.* vücutta tenya bulunmasının belirtileri.

ten.nis (ten′îs) *i.* tenis. **tennis arm, tennis elbow** çok tenis oynamaktan ileri gelen kol ağrısı. **tennis ball** tenis topu. **tennis court** tenis sahası, tenis kortu.

ten.on (ten′ın) *i., f.* doğramacılıkta erkek geçme parçası, oğlan; *f.* erkek geçme parçasını kesmek; böyle parça ile birleştirmek. **tenon auger** erkek geçme parçasını kesme aleti. **tenon saw** zıvana testeresi.

ten.o.ni.tis (tenınay′tis) *i., tıb.* veter iltihabı.

ten.or (ten′ır) *i., s.* belirli meslek veya yön veya istidat, cereyan, gidiş, akış; tabiat, mizaç, mahiyet; *huk.* asıl suret veya kopya, aslının aynı olan nüsha; *müz.* tenor; tenor sesi veya çalgı; *s.* tenor sesine ait; bu sesle şarkı söyleyen.

ten.pence (ten′pıns) *i., İng.* on penilik para.

ten.pen.ny nail (ten′peni) on beşinci yüzyılda yüz tanesi on peniye satılan çivi; 7,5 santimetrelik çivi.

ten.pins (ten′pînz) *i.* on kuka ile oynanılan oyun, on kuka oyunu, kiy oyunu.

tense (tens) *i., gram.* fiil zamanı, zaman. **sequence of tenses** *gram.* cümlede zaman uyumu.

tense (tens) *s., f.* gergin, gerilmiş; sinirli; nazik, kopacak gibi; *f.* germek, gerginleşmek. **tense′ly** *z.* gerginlikle. **tense′ness, ten′sity** *i.* gerginlik.

ten.si.ble (ten′sıbıl) *s.* gerilebilir. **tensibil′ity** *i.* gerilme kabiliyeti.

ten.sile (ten′sil, *İng.* ten′sayl) *s.* gerilir, gerilebilir; gerilmeye ait. **tensile strength** gerilme direnci. **tensile stress** gerilme zoru. **tensile test** germe deneyi. **tensil′ity** *i.* gerginlik.

ten.sion (ten′şın) *i.* germe, gerilme, gerilim; gerginlik; zihin yorgunluğu; *mak.* germe veya gerilme kuvveti; germe cihazı; *elek.* gerilim, elektromotor kuvvet, voltaj.

ten.sor (ten′sır, -sôr) *i., anat.* bir organı geren kas; *mat.* üçten fazla elemana dayanarak tanımlanabilen vektör niceliği.

tent (tent) *i., f.* çadır, otağ, oba; *f.* çadır kurup oturmak. **tent bed** çadır gibi tavanı olan yatak. **tent caterpillar** ağaçlar üzerinde çadır şeklinde yuva yapan tırtıl. **tent fly** çadırın bezden yapılmış kapısı. **tent peg** çadır kazığı. **bell tent** ortası direkli konik çadır. **pup tent** tek kişilik dam biçiminde çadır.

tent (tent) *i., f., tıb.* yara fitili; cerrah mili; *f.* cerrah mili ile yoklamak; fitil ile yarayı işletmek.

tent (tent) *i.* bir çeşit siyah İspanya şarabı.

ten.ta.cle (ten′tıkıl) *i., zool.* mürekkepbalığında olduğu gibi ince ve uzun dokunma veya kavrama uzvu; *bot.* bazı yapraklarda bulunan ince kıl gibi hassas lif, dokunaç. **tentac′ular** *s.* kavrama uzvu gibi; dokunaçla ilgili.

ten.tac.u.lif.er.a (tentäkyılif′ırı) *i., çoğ.* kavrayıcı kıl gibi uzuvları olan hayvancıklar sınıfı.

ten.ta.tive (ten′tıtîv) *s., i.* deneme kabilinden, tecrübe olarak yapılan; *i.* tecrübe, deneme. **tentatively** *z.* muvakkaten, tecrübe kabilinden.

ten.ter (ten′tır) *i., f.* kumaşı gerip kurutmaya mahsus kancalı çerçeve; *f.* kancalı çerçeveye germek.

tent.er (ten′tır) *i., İng.* fabrikada makinalara bakan kimse.

ten.ter.hook (ten′tırhûk) *i.* kumaşı çerçeveye germeye mahsus kancalardan biri. **on tenterhooks** endişe içinde, sabırsızlıkla bekleyen.

tenth (tenth) *s., i.* onuncu; onda bir; *i.* onda bir kısım; onuncu gelen şey; ondalık; *müz.* on notalık mesafe. **tenth′ly** *z.* onuncu olarak.

ten.u.is (ten′yuwîs) *i.* süreksiz ünsüzlerden biri (k, p, t).

ten.u.ous (ten′yuwıs) *s.* ince, narın; ince uzun; seyrek, hafif; yerleşmemiş, yüzeyde kalan. **tenu′ity** *i.* incelik; seyreklik. **tenuously** *z.* seyrek seyrek, hafifçe. **tenuousness** *i.* seyreklik, hafiflik.

ten.ure (ten′yır) *i.* işinde kalabilme hakkı; memuriyet veya kullanım süresi; imtiyaz, ayrıcalık.

te.nu.to (tenu′to) *z., s., müz.* sürdürerek (söylenen), *kıs.* **ten.**

te.o.cal.li (tıyıkäl′i) *i.* eski Meksikalılara özgü ve kesik piramit şeklinde tapınak.

te.pee (ti′pi) *i.* Amerika kızılderililerine mahsus konik çadır.

tep.e.fy (tep′ıfay) *f.* ılık yapmak; ılıklaşmak, ılımak.

teph.rite (tef′rayt) *i., jeol.* bir çeşit gri volkanik kaya.

tep.id (tep'id) *s.* ılık, sıcakça. **tepid'ity, tepidness** *i.* ılıklık. **tepidly** *z.* ılık olarak.

tep.i.dar.i.um (tepıder'iyım) *i.* eski Roma hamamlarında orta derecede ısıtılmış soğukluk yeri.

te.qui.la (tıki'lı) *i.* Meksika'da içilen bir kaktüs likörü.

ter.a.phim (ter'ıfim) *i., çoğ.* eski Musevilerde falcılıkta kullanılan ev mabutları.

terato- *önek* ucube, acayip ve tabiatüstü şey.

ter.a.tol.o.gy (terıtal'ıci) *i., tıb., biyol.* teşekküldeki biçimsizlik ve anormallikleri inceleyen biyoloji ve tıp dalı. **teratologist** *i.* bu ilmin uzmanı.

ter.cel (tır'sıl) *i.* erkek alaca doğan.

ter.cen.te.nar.y (tırsen'tıneri, -ten'ırı) *s., i.* üç yüzyıla ait; *i.* üç yüzüncü yıldönümü.

ter.cet (tır'sit, tırset') *i., müz., şiir* üç mısralı kıta.

ter.e.binth (ter'ıbinth) *i.* sakız ağacı, yabanî fıstık ağacı, *bot.* Pistacia terebinthus. **terebin'thic, terebin'thine** *s.* sakız ağacına ait veya bu familyadan olan; teçementi yağına ait.

te.re.do (tırı'do) *i.* gemi kerestesini delen kurt, gemi kurdu.

ter.gal (tır'gıl) *s., zool.* eklembacaklı hayvanların sırt veya arka kısmıyle ilgili veya oraya ait.

ter.gem.i.nate (tırcem'ınit) *s., bot.* üç çift yaprakçıkla çatallaşan yaprak.

ter.gi.ver.sate (tır'cîvırseyt) *f.* kaçamaklı söz söylemek; din veya parti değiştirmek. **tergiversa'tion** *i.* değişkenlik, döneklik.

ter.gum (tır'gım) *i., zool.* eklembacaklıların sırt veya arka kısmı.

term (tırm) *i.* bilim ve sanat kavramlarından birini anlatan kelime, terim; söz; *çoğ., huk.* mukavele şartları; şart; *çoğ.* iki şahıs veya iki şey arasındaki ilişkiler; *mat.* eksi veya artı işaretleri ile birleşmiş bir ifadenin kısımlarından biri; bir kesrin pay veya paydası, terim; *geom.* had, terim; bir önermede konu ile yüklemden her biri, terim; müddet, süre, vade; mahkemenin açık olduğu süre; öğretim yılının ayrıldığı sömestr; iki dönemden her biri; dönem; *tıb.* doğum zamanı. **term insurance** belirli bir süre sonunda biten hayat sigortası. **term of office** hizmet veya memuriyet süresi. **term of three years**

üç yıllık süre. **term paper** öğretim yılının bir dönemi süresinde yazılması gereken tez. **terms of the letter** mektubun içindekiler. **according to the terms of the treaty** anlaşma şartları gereğince. **at term** belli bir zaman sonunda. **be on speaking terms with** konuşma durumunda olmak. **bring to terms** kabul ettirmek, razı etmek. **come to term** çocuğu doğum zamanına kadar taşımak. **come to terms** uzlaşmak, anlaşmak, anlaşmaya varmak. **during term time** ders devresinde, sömestrde. **in plain terms** açıkça, basit sözlerle. **in terms of** tabirince, ilgili olarak, dayanarak. **make terms** uyuşmak, uzlaşmak. **on easy terms** kolay bir şekilde; taksitle; uygun şartlarla. **set a term to** müddet tayin etmek. **term'less** *s.* süresiz, sınırsız.

term (tırm) *f.* isim vermek, adlandırmak, demek.

ter.ma.gant (tır'mıgınt) *s., i.* yaygaracı ve şirret (kadın), cadaloz (kadın). **termagancy** *i.* şirretlik.

ter.mi.na.ble (tır'mınıbıl) *s.* sınırlanabilir, vadesi tayin edilir. **terminabil'ity, terminableness** *i.* vadeye tabi olma.

ter.mi.nal (tır'mınıl) *s., i.* uçta veya sonda olan veya bunlara ait; *bot.* dal veya sapın ucunda bulunan; demiryolunun başına ait; belirli zamanlarda meydana gelen; ölümle sonuçlanan; *i.* uç, nihayet, bağlantı; terminal; *elek.* kutup, terminal; demiryolu başı ile ona bağlı makas ile istasyon ve depolar; *mim.* tırabzan başında bulunan süs; kompütöre bağlı yazı makinası ve benzeri. **terminal illness** ölümle sonuçlanan hastalık. **terminal leave** terhisten evvel verilen son izin. **terminally** *z.* ölümcül derecede.

ter.mi.nate (tır'mıneyt) *f., s.* bitirmek, son vermek; sınırlamak, hudut koymak; bitmek, sona gelmek; *s.* sınırlanmış, mahdut; sona eren.

ter.mi.na.tion (tırmıney'şın) *i.* tahdit, sınır; nihayet, son, bitirme, bitim; sonuç, netice; *gram.* sonek, çekim eki. **terminational** *s.* sona ait; bitiren; *gram.* soneki olan.

ter.mi.na.tive (tır'mıneytîv) *s.* bitiren, son veren; kesin, nihaî. **terminatively** *z.* son vererek.

ter.mi.na.tor (tır'mıneytır) *i.* sınırlayan veya tahdit eden şey; bitiren şey; *astr.* ay veya gezegenin aydınlık ve karanlık kısımlarını ayıran sınır.

ter.min.ism (tır'mînîzm) *i.*, *fels.* soyut kavramların gerçek bir varlığı olmadığını ileri süren öğreti.

ter.mi.nol.o.gy (tırmınal'ıcı) *i.* teknik terimler; terminoloji.

ter.mi.nus (tır'mınıs) *i.* (*çoğ.* -ni) hudut, sınır, son, nihayet; gaye, maksat; demiryolu başı; demiryolu başının bulunduğu istasyon veya şehir; son durak; sınır işareti; *b.h.* eski Romalıların sınırlarla ilgili tanrısı. **terminus ad quem** *Lat.* bitim noktası; *huk.* bitim günü. **terminus a quo** *Lat.* başlangıç noktası; *huk.* başlangıç günü.

ter.mite (tır'mayt) *i.* beyaz karınca, kanatlı karınca, divik.

term.or (tır'mır) *i.*, *huk.* bir mülkü belirli bir süre şartıyle kullanan kimse.

tern (tırn) *i.* deniz kırlangıcı, balıkçın, *zool.* Sterna hirundo.

tern (tırn) *i.* üç rakamdan meydana gelen takım; üç numaranın birleşmesi neticesinde kazanılan piyango ikramiyesi.

ter.na.ry (tır'nıri) *s.*, *i.* üçlü, üçten meydana gelen; üçer üçer giden; *kim.* üç unsur veya atomdan oluşmuş; *mat.* tabanı üç olan (rakam sistemi); üç madenden oluşmuş (alaşım); *i.* bir arada alınan üç şey, üçlü grup.

ter.nate (tır'neyt) *s.* üçten meydana gelen; üçer üçer düzenlenmiş; *bot.* yaprakları üç kısımdan meydana gelen; yaprakları üçer üçer olan.

terne (tırn) *f.* kalay ve kurşun alaşımı ile kaplamak. **terne'plate** *i.* kalay ve kurşun alaşımı ile kaplı demir veya çelik levha.

Terp.sich.o.re (tırpsîk'ıri) *i.*, *mit.* dans perisi. **terpsichore'an** *s.* dansla ilgili.

ter.ra (ter'ı) *i.*, *Lat.* toprak; yerküre, arz küresi.

ter.race (ter'is) *i.*, *f.* satıhtan yüksek yer, set; bayır üstünde sıra evler veya sokak; İspanyol veya Şark evlerine özgü düz ve yassı dam, teras, taraça; *f.* set yapmak, bir bayır boyunca sıra sıra setler yapmak. **roof terrace** evin çatısı üstündeki taraça.

ter.ra cot.ta (kat'ı) fırında pişirilmiş tuğla veya çömlek; tuğla rengi.

ter.ra fir.ma (fır'mı) kara, yeryüzünün kara kısmı, toprak.

ter.rain (tereyn', ter'eyn) *i.* savaş alanı veya savunmaya uygun yer; arazi, yer, arsa; özel bir maksada hizmet eden arazi.

ter.ra in.cog.ni.ta (inkag'nıtı) bilinmeyen yer, iç tarafları henüz keşfedilmemiş kıta.

ter.ra.pin (ter'ıpin) *i.* Kuzey Amerika'ya mahsus yenilebilen bir çeşit su kaplumbağası.

ter.ra.qui.ous (terey'kwiyıs) *s.* su ve karadan ibaret.

ter.rar.i.um (terer'iyım) *i.* kara hayvanlarını hayvanat bahçesinde yetiştirmek için onların doğal hayat şartlarına göre hazırlanmış suni yer.

ter.raz.zo (terrat'so) *i.* çimento mozaiki.

ter.rene (terin') *s.*, *i.*, *eski* dünyevî; *i.*, *eski* yer, arz.

terre.plein (ter'pleyn) *i.* istihkâmda topların konulduğu üst zemin; yerden yüksek düz zemin.

ter.res.tri.al (tıres'triyıl) *s.*, *i.* dünya veya karayla ilgili veya onlara ait; karadan meydana gelen; arza ait, dünyevî; karada yaşayan; karasal; *i.* dünyada var olan şey. **terrestrial telescope** görüntüyü düz gösteren teleskop. **terrestrially** *z.* dünyevî şekilde; karasal olarak.

ter.ret (ter'ît) *i.* at koşumunda dizginlerin geçirildiği halkaların biri; köpek tasmasındaki halka.

ter.ri.ble (ter'ıbıl) *s.* korkunç, korkulacak, dehşetli; *k.dili* aşırı, çok, pek. **terribly** *z.* müthiş bir şekilde; aşırı derecede, çok.

ter.ric.o.lous (terik'ılıs) *s.*, *zool.*, *bot.* yerde veya yer içinde yaşayan.

ter.ri.er (ter'iyır) *i.* teriyer.

ter.ri.er (ter'iyır) *i.*, *huk.* belirli bir semtte fert veya şirketlerin emlâk sicili.

ter.rif.ic (tırîf'îk) *s.* korkunç, dehşetli, dehşet verici; *k.dili* fevkalade, çok güzel. **terrifically** *z.* dehşetli surette; çok.

ter.ri.fy (ter'ıfay) *f.* çok korkutmak, dehşete düşürmek.

ter.rig.e.nous (terîc'ınıs) *s.* yerde doğmuş, topraktan çıkmış veya meydana gelmiş; *jeol.* karadan gelen toprak ile denizin dibinde oluşan veya buna ait.

ter.rine (terin') *i.* reçel ile dolu olarak satılan toprak kavanoz; bir çeşit sebzeli yahni.

ter.ri.to.ri.al (terıtôr'iyıl) *s.* karaya veya araziye ait; belirli bir bölgeye ait; Birleşik Amerika'da devlet teşkilâtına girmemiş bölgelere ait; bölgesel savunma için hazırlanmış askerî kuvvetlerle ilgili. **territorial acquisitions** ilhak olunmuş topraklar. **territorial army** ana vatan ordusu. **territorial jurisdiction** devletin kendi ülkesi ve ahalisi üzerindeki hakları. **territorial waters** kara suları.

ter.ri.to.ry (ter'ıtôri) *i.* toprak, arazi, memleket; bir devlete ait ülke; başka devletin hükmü altında bulunan memleket; *b.h.* eskiden Birleşik Amerika'da henüz devlet teşkilâtına girmemiş ancak merkezî hükümet tarafından atanan bir vali idaresindeki bölge.

ter.ror (ter'ır) *i.* dehşet; korkunç şey; dehşet saçan şey veya kimse; *k.dili* haşarı çocuk. **terror-struck, terror-stricken** *s.* dehşete düşmüş. **the Reign of Terror** Fransız İhtilâlinde en kanlı devre.

ter.ror.ist (ter'ırîst) *i.* tedhişçi, herkese dehşet salan kimse; Fransız İhtilâli sırasında tedhiş mahkemesi taraftarı; çarlık Rusya'sında tedhişçi. **terrorism** *i.* tedhişçilik, yıldırma siyaseti. **terrorize** *f.* tedhiş etmek, yıldırmak.

ter.ry (ter'i) *i.* havlu dokusunda kesilmemiş düğüm; düğümleri kesilmemiş havlı kumaş. **terry cloth** havlu kumaş.

terse (tırs) *s.* kısa ve özlü (söz), veciz. **terse'ly** *z.* kısa ve öz olarak. **terse'ness** *i.* kısa oluş.

ter.tian (tır'şın) *s., i., tıb.* günaşırı olan; *i., tıb.* günaşırı tutan nöbet. **tertian ague, tertian fever** günaşırı tutan sıtma nöbeti.

ter.ti.ar.y (tır'şiyeri, -şiri) *s., i.* üçüncü, üçüncü dereceye ait; *b.h., jeol.* üçüncü zamana ait; *i., b.h., jeol.* memeli hayvanların meydana geldiği devre, arzın üçüncü zamanı; *kil.* manastır sisteminde layik işlerle meşgul üçüncü sınıfa mensup kimse; *zool.* kuş kanadının üçüncü sırasındaki uçuş tüylerinden biri.

ter.ti.um quid (tır'şiyım kwîd) *Lat.* ikisi ortası.

ter.za ri.ma (ter'tsa ri'ma) terzarima.

tes.sel.late (tes'ıleyt) *f.* mozaik taş veya parçalarla donatmak, farklı renkten parçalar tanzim etmek. **tessella'tion** *i.* mozaik işi.

tes.ser.a (tes'ırı) *i.* (*çoğ.* -ser.ae) mozaikçilikte kullanılan dört köşe küçük mermer veya cam; eski Romalıların kullandıkları oyun zarı.

tes.ser.act (tes'ıräkt) *i., mat.* dört boyutlu küp.

test (test) *i., f.* imtihan, tecrübe, muayene; ölçü ayar; *fiz., kim.* deney, tecrübe; maden arıtmada kullanılan pota; *kim.* çözümleme, tahlil; tahlil için kullanılan ecza; *f.* tasfiye etmek; mihenge vurmak; imtihan etmek, tecrübe veya muayene etmek; denemek; prova etmek; çözümlemek, tahlil etmek. **test case** deney olarak yapılan dava. **test paper** kimyasal maddelerin tesiriyle rengi değişen kâğıt, turnusol kâğıdı; deney kâğıdı, reaktif kâğıt; okul imtihan kâğıdı. **test pilot** deney pilotu. **test tube** kimyasal deneylerde kullanılan bir ucu kapalı cam tüp, deney borusu. **a test for iron** bir maddede demir aramak için yapılan tahlil. **intelligence test** zekâ testi. **put to the test** imtihan veya tecrübe etmek. **test'able** *s.* imtihan edilebilir, tecrübeye gelir; *huk.* vasiyet edilebilen.

test (test) *i., zool.* deniz kestanesi gibi hayvanların sert kabuğu.

Test. *kıs.* Testament.

tes.ta.ceous (testey'şıs) *s.* istiridye veya midye gibi kabuğu olan; *biyol.* kırmızımsı kahverengi. **testaceans** *i., çoğ.* kabuklular.

tes.ta.cy (tes'tısi) *i., huk.* vasiyetname bırakmış olma.

tes.ta.ment (tes'tımınt) *i., huk.* vasiyetname; *K.M.* ahit. **New Testament** Yeni Ahit. **Old Testament** Eski Ahit. **testamen'tary** *s.* vasiyet kabilinden; vasiyetnamede bulunan.

tes.tate (tes'teyt) *s.* öldüğü zaman vasiyetnamesi bulunmuş. **testa'tor** *i.* vasiyetname sahibi, kalıt bırakan kimse. **testa'trix** *i.* vasiyetname yapan kadın.

tes.ter (tes'tır) *i.* yatak veya türbe tentesi.

tes.ti.cle (tes'tîkıl) *i., anat.* erbezi, testis, husye, haya, taşak.

tes.tic.u.late (testik'yılît, -leyt) *s.* testis şeklindeki, yumurta şeklindeki.

tes.ti.fy (tes'tıfay) *f.* şahadet etmek; delil olmak, ispat etmek, kanıtlamak; açığa vurmak.

tes.ti.mo.ni.al (testimo'niyıl) *i., s.* şahadetname, belge; tavsiye mektubu, bonservis; takdirname; onaylama; *s.* belgeleyen; takdirlerini bildiren. **testimonial dinner** veda yemeği.

tes.ti.mo.ny (tes'tımoni) *i.* şahadet, şahitlik; kanıt; leh veya aleyhte tanıtlama.

tes.tis (tes'tis) *i.* (*çoğ.* **tes.tes**) *anat.* erbezi, testis, husye, taşak, haya.

tes.ton, tes.toon (tes'tın, testun') *i.* on altıncı vüzyılda kullanılan bir Fransız gümüş parası; aynı yüzyılın İngiliz şilini.

tes.tos.ter.one (testos'tıron) *i., biyokim.* testosteron, erkeklik hormonlarından biri.

tes.tu.do (testo'du) *i.* (*çoğ.* **-di.nes**) Romalıların kuşatma harekâtında kullandığı dam gibi siper; askerlerin yanaşık nizamda hücum ederken başları üzerinde tuttukları kalkanlardan meydana gelen siper.

tes.ty (tes'ti) *s.* ters, hırçın, sinirli, alıngan, huysuz. **testily** *z.* hırçınlıkla. **testiness** *i.* terslik, hırçınlık.

te.tan.ic (titän'ik) *s., tıb.* tetanosa ait, tetanos kabilinden, tetanos meydana getiren.

tet.a.nus (tet'ınıs) *i., tıb.* tetanos, kazıklıhumma. **tetaniza'tion** *i.* tetanosdan meydana gelen kas kasılması. **tetanize** *f., biyol.* az aralıklarla kasılmaya sebep olmak.

tet.a.ny (tet'ıni) *i., tıb.* aralıklı kas kasılması.

tetch.y (teç'i) *s.* fazla alıngan, hırçın.

tête-à-tête (teyt'ıteyt') *z., s., i.* baş başa, iki kişi arasında; *s.* gizli, özel; *i.* iki kişi arasında özel görüşme.

tête-de-pont (tetdıpôn') *i.* (*çoğ.* **têtes-de -pont**) *Fr., ask.* köprübaşı.

teth.er (tedh'ır) *i., f.* hayvanı bağlama ipi; bağlayıcı şey; sınır; *f.* iple belirli bir yere bağlamak. **be at the end of one's tether** kuvvet veya sabrının son haddinde olmak.

teth.er.ball (tedh'ırbôl) *i.* bir direğin ucuna uzun bir iple bağlı top ile oynanan oyun.

tetra- *önek* dört; dört kat.

tet.ra.chord (tet'rıkôrd) *i., müz.* dört notadan ibaret yarım oktavlık akort.

tet.rad (tet'räd) *i.* dörtlü; dört şeyden ibaret koleksiyon; *kim.* dört değerli atom veya kök.

tet.ra.gon (tet'rıgan) *i., geom.* dörtgen, dörtkenar. **tetragonal** (teträg'ınıl) *s.* dört açılı.

tet.ra.gram (tet'rıgräm) *i.* dört harfli kelime.

tet.ra.he.dron (tetrıhi'drın) *i., geom.* dört tane üçgen yüzü olan cisim. **tetrahedral** *s.* dört satıhlı, dört yüzlü.

te.tral.o.gy (tetral'ıci) *i.* dram dörtlüsü.

te.tram.er.ous (teträm'ırıs) *s.* dört kısımlı.

te.tram.e.ter (teträm'ıtır) *i.* birer hecesi vurgulu olan dört hece grubundan meydana gelen mısra.

tet.ra.pet.al.ous (tetrıpet'ılıs) *s., bot.* dört taçyapraklı.

te.trap.o.dy (teträp'ıdi) *i., şiir* birer hecesi vurgulu olan dört hece grubu.

tet.rarch (tet'rark, ti'-) *i.* bir eyaletin dörtte birini yöneten vali; bağımlı yönetici. **tetrarchate, -chy** *i.* böyle valilik veya krallık.

tet.ra.stich (tet'rıstik) *i.* dört mısralı kıta veya şiir.

tet.ra.style (tet'rıstayl) *i., s., mim.* önü dört direkli bina; *s.* dört direkli.

tet.ra.syl.la.ble (tetrısil'ıbıl) *i.* dört heceli kelime.

tet.ter (tet'ır) *i.* mayasıl ve uçuk gibi kabarcıklı bir cilt hastalığı.

Teu.ton (tut'ın) *i.* eski Germen kabilelerinden birinin ferdi; Alman veya İskandinavyalı veya Felemenkli kimse. **Teuton'ic** *s.* bu milletlere veya dillerine ait. **Teutonism** *i.* Germen ırkının üstünlüğüne inanma; Germen kültürü. **Teutonize** *f.* Germenleşmek, Germenleştirmek.

tex.as (tek'sıs) *i., A.B.D.* nehir gemisinin kaptan köşkü.

text (tekst) *i.* metin, parça; bahis konusu, konu; asıl kitap veya yazı. **text hand** büyücek ve düzgün el yazısı. **text writer** ders kitabı yazarı. **corrupt text** değiştirilmiş metin. **stick to one's text** metne bağlı kalmak.

text.book (tekst'bûk) *i.* ders kitabı.

tex.tile (teks'til, -tayl) *s., i.* dokuma, tekstil; dokuma işlerine ait; *i.* dokuma kumaş, mensucat; dokunacak iplik veya madde.

tex.tu.al (teks'çuwıl) *s.* metne ait; kelimesi kelimesine. **textually** *z.* metinle ilgili olarak.

tex.ture (teks'çır) *i.* dokum, dokunuş; kumaş; teşekkül, bünye, yapı. **textural** *s.* bir maddenin dokumuna ait.

tex.tured (teks'çırd) *s.* belirli bir yapısı veya bünyesi olan.

tex.tus (teks'tıs) *i., Lat.* metin; *anat.* doku, nesiç. **textus receptus** (rısep'tıs) eski bir kitabın geçerli sayılan metni.

T-group (ti'grup) *i.* insanlar arasındaki ilişkiyi düzeltmeye uğraşan eğitici grup.

Th. *kıs.* **Thursday.**

-th *sonek* -lık, -lik (sıfattan isim yapan takı: **warmth**).

-th *sonek* -inci (sıra sayılarını teşkil eden ek: **tenth, twentieth**).

Thai (tay) *i.* Tayland halkı; Tay dili.

Thai.land (tay'länd) *i.* Tayland.

thal.a.mus (thäl'ımıs) *i.* (*çoğ.* -mi) *anat.* göz sinirinin beyindeki başı, talamus; *bot.* talam, çiçek tablası.

tha.las.sic (thıläs'ik) *s.* denizel; okyanusa ait.

thal.i.do.mide (thılid'ımayd) *i., tic. mark.* thalidomide.

thal.li.um (thäl'iyım) *i.* talyum.

thal.lo.phyte (thäl'ıfayt) *i., bot.* tallıbitki.

thal.lus (thäl'ıs) *i.* (*çoğ.* -li, -lus.es) *bot.* tal.

Thames (temz) *i.* Thames nehri.

than (dhän, dhın) *bağlaç* -dan, -e göre (karşılaştırmada kullanılır); hariç, başka. **easier said than done** söylemesi yapmaktan daha kolay. **He could hardly have behaved otherwise than he did.** Başka türlü davranamazdı. **more than one** birden çok. **no other than you** senden başka hiç kimse. **We had no sooner left the house than the phone began ringing.** Evden çıkar çıkmaz telefon çalmaya başladı.

than.age (they'nic) *i., İng. tar.* baron veya asılzadenin bölgesi, baronluk.

thanato- *önek* ölüm. **thanatophobia** ölüm fobisi.

than.a.top.sis (thänıtap'sîs) *i.* ölüm üzerine düşünceler.

thane (theyn) *i., İng. tar.* krala refakat veya hizmet eden asılzade; İskoçya'da baron unvanı ile kral hizmetine giren kabile reisi.

thank (thängk) *f.* teşekkür etmek; mesul tutmak. **Thank goodness, Thank God.** Allaha şükür. Çok şükür. Hamdolsun. **Thank you.** Teşekkür ederim. **He has only his forgetfulness to thank for the loss.** Kaybının sebebi kendi unutkanlığı. **I'll thank you to mind your own business.** Kendi işinle ilgilen.

thank.ful (thängk'fıl) *s.* müteşekkir, minnettar, memnun. **thankfully** *s.* minnetle, şükranla. **thankfulness** *i.* minnet, şükran.

thank.less (thängk'lis) *s.* şükran bilmez, iyilikten anlamaz, nankör; şükrana değmez; kıymeti bilinmemiş; boşuna, neticesiz, faydasız. **thanklessly** *z.* minnettarlık göster-

meyerek, nankörce. **thanklessness** *i.* nankörlük.

thanks (thängks) *i., çoğ.* teşekkür, teşekkürler. **thanks to** sayesinde. **heartfelt thanks** içten teşekkürler. **That's no thanks to me.** Bir şey yapmadım.

thanks.giv.ing (thängksgîv'îng) *i.* teşekkür, minnet; şükran duası, şükür; alenen Allaha şükretme; *b.h.* Amerika'da şükran günü, hindi bayramı.

thank.wor.thy (thängk'wırdhi) *s.* teşekküre lâyık.

thank-you-ma'am (thängk'yumäm') *i.* yol üzerinde tümsek.

Tha.sos (they'sas) *i.* Taşoz adası.

that (dhät, dhıt) *zam., s., z.* (*çoğ.* those) o, şu; *s.* o, adı geçen, mezkûr; *z.* öyle, o kadar. **that is, that is to say** yani. **That's that.** İşte o kadar. Başka söz istemez. **that way** ondan dolayı; o durum: **Mary and John are that way about each other.** Mary ile John birbirlerine abayı yakmışlar. **all that** o kadar. **at that** artık, bu durumda. **for all that** buna rağmen. **so that** ki, diye.

that (dhät, dhıt) *bağlaç* ki, diye. **in that** mademki. **O that...** Keşke...

thatch (thäç) *i., f.* dam örtüsü olarak kullanılan saz veya saman; yaprakları dam örtüsü olarak kullanılan birkaç çeşit hurma ağacı; *f.* saz veya yapraklarla dam kaplamak. **thatching** *i.* damı sazla kaplama; bu iş için kullanılan malzeme.

thau.ma.turge (thô'mıtırc) *i.* mucize yaratan kimse; sihirbaz, büyücü. **thaumaturgic(al)** *s.* mucize yaratan; büyüye ait. **thaumatur'gics** *i.* mucizeli işler; el çabukluğu, hokkabazlık. **thaumaturgy** *i.* mucize kabilinden işler; sihirbazlık.

thaw (thô) *f., i.* erimek, buzları çözülmek; erime derecesine gelmek (hava); ısınmak, samimileşmek; eritmek; *i.* erime, çözülme; havanın buzları eritecek derecede ısınması; samimileşme; ısınma.

the (dhi, dhı, dhi) (*eski* ye) *s., z.* bir, o (tarif edatı, harfi tarif, belirtme sıfatı); *z.* ne kadar, o kadar (mukayese sıfatlarından evvel). **The more I see him the better I like him.** Onu her gördüğümde daha çok seviyorum.

the.an.throp.ic (thiyınthrap'ik) *s.* hem Allaha·hem insana ait, hem ilâhî hem insanî.

the.ar.chy (thi'yarki) *i.* Allahın veya bir ilâhın saltanatı; ilâhlar grubu.

the.a.ter, *İng.* **-tre** (thi'yıtır) *i.* tiyatro; tiyatro binası; amfiteatr, amfi; olay yeri, alan, meydan, sahne.

the.a.ter.go.er (thi'yıtırgowır) *i.* tiyatro meraklısı.

the.a.ter-in-the-round (thi'yıtırîndhıraund) *i.* ortası arena şeklindeki tribünlü tiyatro.

the.at.ri.cal (thiyät'rîkıl) *s., i.* tiyatroya ait, temsilî, gösteriş kabilinden, yapmacık, sahte; *i., çoğ.* amatörler tarafından oynanılan piyesler. **theatrical make-up** sahne makyajı. **theatricalism** *i.* gösteriş için fazla heyecanlı davranma. **theatrically** *z.* sahnede imiş gibi.

the.at.rics (thiyät'rîks) *i.* piyesi sahneye koyma; dramatik etki yapma sanatı; sahte heyecan gösterisi.

the.ca (thi'kı) *i.* (çoğ. **-cae**) *biyol., bot.* kılıf, mahfaza.

thé dan.sant (tey' dansan') (çoğ. **thés dansants**) *Fr.* danslı çay.

thee (dhi) *zam., eski* (**thou** zamirinin -i hali) seni, sana; sen.

theft (theft) *i.* hırsızlık, çalma. **petty theft** adi hırsızlık.

the.in, the.ine (thi'yîn, thi'yyin) *i.* tein, kafein.

their (dher) *zam.* onların.

theirs (dherz) *zam.* onlarınki. **of theirs** onların, onlara ait.

the.ism (thi'yîzım) *i.* Allaha veya ilâhlara itikat; Allaha inanma; tektanrıcılık. **theist** *s., i.* Allaha inanan, tektanrıcı (kimse). **theis'tic(al)** *s.* Allaha iman kabilinden.

the.ism (thi'yîzım, ti-) *i., tıb.* çay iptilâsından hâsıl olan hastalık.

them (dhem, dhım) *zam.* onları, onlara.

the.mat.ic (thimät'ik) *s.* bir konuya ait; *dilb.* köke ait; *müz.* esas makama ait.

theme (thim) *i.* mevzu, konu, madde, tem, tema; öğrenciye verilen yazı ödevi; *dilb.* kök, gövde; *müz.* tema; *tar.* Bizans imparatorluğunda idarî bölge. **theme song** bir dans orkestrasının kendisini belirtmek için kullandığı müzik parçası.

them.selves (dhemselvz', dhım-) *zam.* kendileri, kendilerini, kendilerine, kendilerinde.

then (dhen) *z., s., i.* o zaman, o vakit; ondan sonra, derken; başka zaman, sonra; ayrıca; şu halde, öyle ise; netice olarak; bunun için; *s.* o zaman vaki olan; *i.* o zaman. **then and there** hemen, derhal. **And if the bed should catch fire, what then?** Yatak ateş alsa, ne olur sonra? **and then some** küsur. **by then** o zamana kadar. **now and then** bazen, ara sıra, arada bir. **since then** o zamandan beri. **the then president** o zamanın başkanı.

the.nar (thi'nar) *i., anat.* avuç, aya; ayanın başparmak hizasındaki kabartısı, tenar.

thence (dhens) *z.* oradan, o yerden; o vakitten; o sebepten. **thenceforth', thenceforward** *z.* o vakitten beri.

theo- *önek* Allah, ilâh.

the.o.cen.tric (thiyısen'trik) *s.* Allahı her şeyin merkezi olarak tanıyan.

the.oc.ra.cy (thiyak'rısı) *i.* teokrasi, dincierki; Allah namına papazlar idaresi; böyle idare olunan memleket. **the'ocrat** *i.* böyle bir idarenin reisi; Allahın verdiği şeriata göre işleri idare eden kimse. **theocrat'ic(al)** *s.* teokratik.

the.od.i.cy (thiyad'ısı) *i.* en yüksek iyiliğin meydana gelebilmesi için fenalığın gerekli olduğunu iddia ederek Allahın tedbirlerini haklı çıkaran felsefe.

the.od.o.lite (thiyad'ılayt) *i.* teodolit, yatay ve düzey açıları ölçmeye mahsus yer ölçümü aleti.

the.og.o.ny (thiyag'ını) *i.* ilâhların soylarını yazan kitap.

theol. *kıs.* **theological, theology.**

the.o.lo.gi.an (thiyılo'ciyın, -cın) *i.* ilâhiyat âlimi, ilâhiyatçı.

the.o.log.ic, -i.cal (thiyılac'ik, -îkıl) *s.* ilâhiyata ait. **theologically** *z.* ilâhiyat bakımından, tanrıbilimle ilgili olarak.

the.ol.o.gy (thiyal'ıcı) *i.* ilâhiyat, tanrıbilim, teoloji. **theologist** *i.* ilâhiyat âlimi, ilâhiyatçı. **theologize,** *İng.* **-gise** *f.* tanrıbilime uydurmak, tanrıbilimsel kuramlar meydana getirmek.

the.om.a.chy (thiyam'ıki) *i.* ilâhlar arasında veya ilâhlara karşı savaş.

the.op.a.thy (thiyap'ıthi) *i.* vecit hali, kendinden geçme, dalınç, mistik coşkunluk.

theopathet'ic, theopath'ic *s.* vecit halinde olan.

the.oph.a.ny (thiyaf'ıni) *i.* Allahın veya bir ilâhın tecellisi veya görünmesi.

the.or.bo (thiyôr'bo) *i., müz.* eskiden kullanılan ve uda benzer çifte saplı çalgı.

the.o.rem (thi'yırım, thîr'ım) *i.* teorem, dava. **theoremat'ic** *s.* teorem kabilinden.

the.o.ret.ic, -i.cal (thiyıret'îk, -îkıl) *s.* nazariyeye ait, nazarî, kuramsal. **theoretically** *z.* kuramsal olarak. **theoretics** *i.* bir ilmin nazarî kısmı, nazariyat.

the.o.rist (thi'yırîst) *i.* nazariyeci, kuramcı.

the.o.rize, İng. -rise (thi'yırayz) *f.* teori kurmak, nazariye yürütmek. **theoriza'tion** *i.* teori yapma. **theorizer** *i.* nazariye yürüten kimse.

the.o.ry (thi'yıri, thîr'i) *i.* nazariye, teori, kuram.

the.os.o.phy (thiyas'ıfi) *i.* teosofi, bireyle Allah veya melekler arasında doğrudan bağlantı kurmayı amaçlayan dinî sistem; Budist ve Brahman sistemine benzer yeni bir din ve felsefe sistemi. **theosophist** *i.* bu felsefe taraftarı. **theosoph'ical** *s.* bu felsefeye dayanan.

ther.a.peu.tic, -i.cal (therıpyu'tîk, -îkıl) *s.* tedavi edici, şifa verici. **therapeutics** *i.* terapi ilmi.

ther.a.py (ther'ıpi) *i.* tedavi, terapi.

there (dher) *z., i., ünlem* orada; oraya; o noktada, o derecede; o hususta; *i.* o yer; *ünlem* İşte! Al sana! Gördün mü? (Bu kelime **be** fiilinden önce gelince varlık belirtir ve özne fiilden sonra gelir: **There is still time.** Vakit var daha. **There is a burglar downtairs.** Aşağıda hırsız var. **There is no reason.** Sebep yok. **Is there anybody at home?** Evde kimse var mı?). **There, there, don't cry.** Haydi, haydi, ağlama. **There you are!** Demedim mi! Buyurun! **all there** *k.dili* uyanık, çevik. **Are you there?** Orada mısınız? **have been there** haberdar. **in there** mücadele halinde. **not all there** *k.dili* kaçık. **So there!** İşte o kadar! **You have me there.** İşte bunu bilmem. **You there, pay attention.** Hey, önüne bak, dikkat et.

there.a.bout, there.a.bouts (dher'ıbaut, -s) *z.* o civarda, oralarda, o sularda. **there or thereabouts** orada veya o civarda.

there.af.ter (dheräf'tır) *z.* sonra; ondan sonra.

there.at (dherät') *z.* orada; o sebepten; o zaman.

there.by (dherbay') *z.* onunla, o münasebetle, o suretle, ona uyarak.

there.for (dher'fôr') *z.* onun için, ona.

there.fore (dher'fôr) *z., bağlaç* bu yüzden, bundan dolayı, onun için.

there.from (dherfrʌm') *z.* ondan, oradan.

there.in (dherîn') *z.* o zaman içinde, orada, onda, o hususta.

there.in.af.ter (dherînäf'tır) *z.* takip eden kısımda.

there.in.to (dherîntu') *z.* onun içine.

there.of (dherʌv') *z.* ondan; bu sebepten, bundan dolayı.

there.on (dheran') *z.* onun üzerine.

there.to (dhertu') *z.* ona, o yere, o şeye; ilâveten.

there.to.fore (dhertıfôr') *z.* o vakte kadar, o zamandan evvel.

there.un.der (dherʌn'dır) *z.* onun altına, onun altında.

there.up.on (dherıpan') *z.* onun üzerine, onun üzerinde; hemen, derhal.

there.with (dherwith') *z.* onunla; aynı zamanda.

there.with.al (dherwîdhôl') *z.* bununla beraber, aynı zamanda.

the.ri.ac, the.ri.a.ca (thîr'iyäk, thîray'ıkı) *i., eski, tıb.* panzehir, tiryak, hayvan ısırmasına karşı ilâç; macun, şeker pekmezi. **theri'acal** *s.* panzehir kabilinden.

the.ri.an.throp.ic (thîriyänthrap'îk) *s.* kısmen hayvan ve kısmen insan şeklinde olan; böyle ilâhları olan dinlere ait. **therian'thropism** *i.* insan ve hayvan karışımı şekillerle belirme.

therm (thırm) *i.* (bir ısı birimi) 100.000 BTU; kalori.

ther.mae (thır'mi) *i., çoğ.* ılıcalar, kaplıcalar.

ther.mal (thır'mıl) *s., i.* sıcağa ait; termal, kaplıca kabilinden; *i.* yükselen sıcak hava kitlesi. **thermal radiation** ısı ışınları. **thermal spring** kaplıca, ılıca.

Ther.mi.dor (thırmıdôr') *i.* ilk Fransız Cumhuriyet takvimine göre on birinci ay (19 temmuz - 17 ağustos).

therm.i.on (thırm'ayın, thır'miyın) *i.* ısı ışınları saçan bir cismin yaydığı iyon, termiyon. **thermion'ic** *s.* bu iyonlara ait, termiyonik. **thermionic current** bu iyonların yayılmasından hâsıl olan elektrik akımı, termiyon akımı.

ther.mite (thır'mayt) *i.* kaynakçılıkta kullanılan alüminyum ile demir oksit karışımı, termit.

thermo- *önek* ısı.

ther.mo.chem.is.try (thırmokem'istri) *i.* termokimya.

ther.mo.coup.le (thır'mıkʌpıl) *i.* (ısıyla işleyen) sıcaklık pili.

ther.mo.dy.nam.ics (thırmodaynäm'iks) *i.*, *çoğ.* termodinamik.

ther.mo.e.lec.tric.i.ty (thırmo.ilektris'ıti) *i.* termoelektrik, ısı elektriği.

ther.mom.e.ter (thırmam'ıtır) *i.* termometre, sıcakölçer.

ther.mo.met.ric, -ri.cal (thırmomet'rik, -rikıl) *s.* termometreye ait. **thermometrically** *z.* termometre ile, termometreye göre.

ther.mo.nu.cle.ar (thırmonu'kliyır) *s.* termonükleer.

ther.mo.pile (thır'mopayl) *i.* termopil.

ther.mo.plas.tic (thırmopläs'tik) *s.*, *i.* ısı ile yumuşayan (madde).

ther.mos bottle, ther.mos flask (thır'mıs) termos.

ther.mo.scope (thır'mıskop) *i.* ısı değişikliklerini gösteren alet.

ther.mo.set.ting (thırmoset'ing) *s.* ısı ile sertleşen.

ther.mo.sphere (thır'mosfir) *i.* ısıküre.

ther.mo.stat (thır'mıstät) *i.* termostat.

ther.mo.stat.ics (thırmostät'iks) *i.* sıcaklığı bir düzeyde tutma ilmi.

ther.mo.ther.a.py (thırmother'ıpi) *i.*, *tıb.* ısıyla tedavi.

the.roid (thîr'oyd) *s.* hayvana benzer.

ther.sit.i.cal (thırsit'ikıl) *s.* yüksek sesli ve küfürlü.

the.sau.rus (thısôr'ıs) *i.* (*çoğ.* -ri) kavramlar dizini; hazine, ambar.

these (dhiz) *s.*, *zam.* (*tek.* this) bunlar.

the.sis (thi'sis) *i.* (*çoğ.* the.ses) sav, dava, kaziye, iddia, önerme; tez, inceleme, araştırma; *man.* tez, sav; *müz.*, *şiir* mısraın vurgulu kısmı.

Thes.pi.an (thes'piyın) *s.*, *i.* drama ait, tiyatroya ait; *i.* aktör, aktris, oyuncu.

Thes.sa.lo.ni.ke (thesalôni'ki) *i.* Selanik.

Thes.sa.ly (thes'ıli) *i.* Tesalya.

the.ta (they'tı, thi'tı) *i.* Yunan alfabesinin sekizinci harfi; *mat.* değeri bilinmeyen bir açı işareti.

the.ur.gy (thi'yırci) *i.* mucize; sihir, büyü; büyücülük. **theur'gic** *s.* büyücülük kabilinden.

thew (thyu) *i.* adale, kas; *çoğ.* adalî kuvvet, kuvvet.

they (dhey) *zam.* onlar. **They say it's going to rain.** Yağacak diyorlar.

thick (thik) *s.*, *i.*, *z.* kalın; kalınlığındaki; sık, çok; koyu; kesif; ahmak, kalın kafalı; dil tutulur gibi telaffuz olunan, anlaşılmaz; boğuk, kısık; *k.dili* sıkı, samimî; *İng.*, *k.dili* aşırı; *i.* kalınlık; bir şeyin en yoğun yeri veya zamanı; *z.* kalınca; sık; koyu bir halde. **thick as thieves** aralarından su sızmaz. **Blows came thick and fast.** Yumruklar birbiri ardı sıra indi. **He felt it was a bit thick to be fired.** Haksız yere kovulduğunu düşündü. **in the thick of the fight** mücadelenin en şiddetli yerinde. **lay it on thick** *k.dili* abartmak, mübalâğa etmek; dalkavukluk etmek. **through thick and thin** her güçlüğe katlanarak, yılmadan. **thick'ish** *s.* kalınca, koyuca. **thick'ly** *z.* kalın olarak. **thick'ness** *i.* kalınlık; sıklık.

thick.en (thik'ın) *f.* kalınlaştırmak, koyulaştırmak; bulandırmak; sıklaştırmak; şiddetlendirmek; kalınlaşmak, koyulaşmak; bulanıklaşmak; sıklaşmak; çoğalmak; yoğunlaşmak; yoğunlaştırmak. **thickening** *i.* kalınlaştırma, kalınlaşma; koyulaştırma, koyulaşma; koyulaştırıcı şey; kalınlaşmış yer veya kısım.

thick.et (thik'it) *i.* sık çalılık veya ağaçlık.

thick.head.ed (thik'hedid) *s.* kalın kafalı.

thick-set (thik'set') *s.* tıknaz; sık dikilmiş (bitkiler).

thick-skinned (thik'skind') *s.* vurdumduymaz, duygusuz, yüzü pek.

thief (thif) *i.* (*çoğ.* **thieves**) hırsız.

thieve (thiv) *f.* hırsızlık etmek, çalmak. **thiev'ery** *i.* hırsızlık.

thiev.ish (thi'viş) *s.* hırsızlığa alışmış; hırsız gibi, hırsızlık kabilinden. **thievishly** *z.* hırsızca. **thievishness** *i.* hırsızlık alışkanlığı.

thigh (thay) *i.* uyluk, but. **thigh'bone** *i.* uyluk kemiği, kalça kemiği.

thill (thîl) *i.* araba oku.

thim.ble (thîm'bıl) *i.* yüksük, dikiş yüksüğü; *mak.* yüksük şeklinde boru parçası; *den.* radansa. thimbleful *i.* yüksük kadar (miktar), az şey.

thim.ble.ber.ry (thîm'bılberi) *i.* bir çeşit ağaççileği, *bot.* Rubus odoratus.

thim.ble.rig (thîm'bılrîg) *i.* bir nohut ve üç yüksükle yapılan üçkâğıtçılık.

thin (thîn) *s.* (-ner, -nest) ince; seyrek; hafif, sulu; soluk, cansız; zayıf; cılız, çelimsiz, kuvvetsiz; eksik, yetersiz. disappear into thin air yok olmak; toz olmak. out of thin air hiç yoktan, havadan. My patience has worn thin. Sabrım tükendi. His anger was thinly disguised. Kızgınlığını açığa vuruyordu. thin'ly *z.* seyrekçe, zayıf olarak. thin'ness *i.* incelik; zayıflık.

thin (thîn) *f.* (-ned, -ning) inceltmek, incelmek; seyrekleştirmek, seyrelmek; zayıflatmak, zayıflamak.

thine (dhayn) *zam., eski* senin, seninki.

thing (thîng) *i.* şey, nesne; mevcudiyet; cansız şey veya madde; mahlûk; *çoğ.* pılı pırtı, eşya; *çoğ.* giyecekler. do one's thing *argo* kendi istediğini yapmak. first thing hemen, derhal. make a good thing of *k.dili* istifade etmek, kâr etmek. see things hulyaları olmak. sure thing güvenilecek şey; tabiî. the thing moda, önemli şey veya fikir. He knows a thing or two. Bir iki şey biliyor. Well, of all things! Hoppalaa! They call their government, of all things, a democracy! Devlet idarelerine her şeye rağmen demokrasi diyorlar!

thing.um.a.bob, thing.um.a.jig (thîng'ımıbab, thîng'ımıcîg) *i., k.dili* şey, zımbırtı, zırıltı.

think (thîngk) *f.* (thought, *leh.* thunk) düşünmek, tefekkür etmek, mütalaa etmek; düşünüp taşınmak, ölçünmek, teemmül etmek; zannetmek, sanmak; kurmak, niyet etmek, tasarlamak; tasavvur ·etmek, farz etmek; hatırlamak, hatıra getirmek; addetmek; bir fikirde olmak. think aloud düşündüğünü söylemek. think better of fikrini değiştirmek, vaz geçmek; daha iyi saymak, hakkındaki kanaati düzelmek. think fit (proper, right) uygun görmek. think much of çok sevmek. think nothing of önem vermemek; kolay görmek. think of hatırlamak; düşünmek, hayal etmek; saymak. think out düşünüp çıkarmak, düşünüp netice çıkarmak. think over bir şey üzerinde düşünmek; çok sevmek. think through düşünüp netice çıkarmak. think twice iyi düşünmek. think up düşünüp bulmak. To think that man should go to the moon! İnsanoğlunun aya gideceği kimin aklına gelirdi? Well, think of that! Hayret! Kimin aklına gelirdi? What am I thinking of? Ne kafa! Ne aptallık! While I'm thinking of it... Aklımdayken... think'able *s.* düşünülebilir, akla gelebilen. think'ing *s., i.* düşünen; *i.* düşünme; fikir.

think.er (thîngk'ır) *i.* düşünen kimse, mütefekkir.

think-tank (thîngk'tängk) *i.* beyin takımı, uzman danışmanlar grubu.

thin.ner (thîn'ır) *i.* inceltici şey veya kimse; tiner.

thin-skinned (thîn'skînd') *s.* hassas, yufka yürekli, duygulu, ince hisli.

thio- *önek, kim.* kükürtlü.

third (thırd) *s., i., z.* üçüncü; *i.* üçte bir; *müz.* üçlü; *çoğ., huk.* dul kadına kocasından kalan üçte bir miras; *mak.* üçüncü vites; *z.* üçüncü olarak. third class üçüncü sınıf; üçüncü mevki; adi, aşağılık. third class mail *A.B.D.* postada açık gönderilen matbua. third degree *k.dili* karakolda sorgu sırasında yapılan işkence. third party *huk.* üçüncü şahıs. third person *gram.* üçüncü şahıs. third'ly *z.* üçüncü olarak.

third-rate (thırd'reyt') *s.* üçüncü sınıf, adi.

Third World süper devletlerle siyasal ilişkisi gelişmemiş ülkeler, Üçüncü Dünya.

thirst (thırst) *i., f.* susuzluk; iştiyak, teşnelik; *f.* susamak, susuz olmak, susuzluk çekmek; hasret çekmek, özlemek.

thirst.y (thırs'ti) *s.* susuz, susamış, teşne; kurak; çok istekli. thirstily *i.* kana kana, iştiyakla. thirstiness *i.* susuzluk.

thir.teen (thır'tin') *s., i.* on üç; *i.* on üç sayısı. thirteenth *s., i.* on üçüncü; *i.* on üçte bir.

thir.ty (thır'ti) *s., i.* otuz; *i.* otuz rakamı, XXX. thirtieth *s., i.* otuzuncu; *i.* otuzda bir.

this (dhîs) *zam.* (*çoğ.* these), *s., z.* bu, şu; *z.* bu kadar, böyle. this and that ıvır zıvır; abur cubur. this'away *z., leh.* böyle, şöyle. It was like this. Böyleydi. Şöyle oldu.

It was Susan this and Susan that. Su-
zan aşağı, Suzan yukarı.

this.tle (this'ıl) *i.* devedikeni, *bot.* Cirsium;
kenger, *bot.* Cynara cardunculus. **blessed
thistle** kolgan, peygamber dikeni, *bot.*
Carduus benedictus. **globe thistle** kirpidi-
keni. **milk thistle** boğa dikeni, *bot.* Sily-
bum marianum. **sow thistle** eşek marulu,
bot. Sonchus oleraceus. **Spanish thistle**
kolgan, *bot.* Carduus acarna. **spotted gold-
en thistle**, **yellow thistle** sarı diken,
bot. Scolymus maculatus. **thistledown** *i.*
diken pamuğu. **thistly** *s.* dikenli.

.thith.er (thidh'ır, dhidh'ır) *z.* oraya; o yöne.
thitherto *z.* o zamana kadar. **thither-
ward** *z.* oraya doğru, o yönde.

tho *bak.* **though.**

thole, thole.pin (thol, thol'pîn) *i.* kürek ıskar-
mozu.

Tho.mism (to'mizım, tho'-) *i.* Thomas Aquinas
ve taraftarlarının dogmatik felsefesi. **Tho-
mist** *s.* bu felsefeye ait.

thong (thông, thang) *i., f.* sırım, ince kösele
şerit; *f.* sırımla bağlamak; sırım takmak.

Thor (thôr, tôr) *i.* eski İskandinavyalıların yıl-
dırım ve savaş tanrısı.

tho.rax (thôr'äks) *i., anat.* göğüs, toraks; *zool.*
toraks. **thoracic** (thôräs'îk) *s.* göğüste
olan, göğüse ait.

tho.ri.um (thôr'iyım) *i.* toryum.

thorn (thôrn) *i.* diken; üzüntü, cefa; dikeni
çok bitki; eski İngilizce'de th sesini göste-
ren harfin adı. **thorn apple** alıç, *bot.* Cra-
taegus azarolus; tatula, *bot.* Datura stra-
monium. **thorn in the flesh** baş belâsı.
thorn'y *s.* dikenli; belâlı, cefalı, sıkıntılı.

thorn.back (thôrn'bäk) *i.* vatoz, kedıbalığı,
zool. Raia clavata.

thor.ough (thır'o', thır'ı) *s.* tam, mükemmel;
çok dikkatli; baştan başa. **thoroughly** *z.*
tamamen, adamakıllı. **thoroughness** *i.* ku-
sursuzluk; dikkatlilik.

thor.ough.bred (thır'obred) *s., i.* saf kan;
soylu; tam; *i.* saf kan hayvan; *b.h.* bir cins
at; *k.dili* kültürlü kimse.

thor.ough.fare (thır'ofer) *i.* cadde, yol, geçit.
No thoroughfare. Yol yok.

thor.ough.go.ing (thır'ogo'wing) *s.* tam, da-
niska; çok dikkatli.

thor.ough.paced (thır'opeyst) *s.* her çeşit
yürüyüşe alışkın (at); her şeye gelir, tam,
mükemmel.

those (dhoz) *bak.* **that.**

thou (dhau) *zam.*, eski (-in hali **thy, thine;**
-i hali **thee;** *çoğ.* **ye, your, yours, you**)
sen.

though, tho (dho) *bağlaç, z.* her ne kadar,
ise de, velev, gerçi; yine, olsa da; *z.* bununla
beraber, olduğu halde. **as though** sanki,
güya, -miş gibi.

thought (thôt) *i.* düşünce, fikir, tasavvur, mü-
talaa; düşünme, düşünüp taşınma; endişe;
görüş, kanaat; düşünme kuvveti; ümit; *nad.*
bir parça. **a happy thought** mutluluk ve-
ren düşünce. **on second thought** daha
iyi düşününce. **take thought** düşünmek,
tartmak.

thought.ful (thôt'fıl) *s.* düşünceli; dikkatli;
başkasını düşünür, saygılı, nazik. **thought-
fully** *z.* düşünceye dalarak; nazikçe, in-
celikle. **thoughtfulness** *i.* düşüncelilik;
nezaket.

thought.less (thôt'lis) *s.* düşüncesiz, say-
gısız, dikkatsiz, pervasız; ahmak, avanak.
thoughtlessly *z.* düşüncesizce. **thought-
lessness** *i.* düşüncesizlik.

thought-out (thôt'aut) *s.* düşünüp taşınılmış,
tasarlanmış.

thou.sand (thau'zınd) *s., i.* bin; *i.* bin rakamı;
çok büyük sayı. **thousandfold** *i., s.* bin kat,
bin misli. **thousandth** *s.* bininci; binde bir.

Thrace, Thra.cia (threys, threy'şı) *i.* Trakya.
Thracian *i., s.* Trak; Trakyalı; *s.* Trakya'ya
özgü.

thrall (thrôl) *i.* esir, köle; kölelik, esaret.
thrall'dom *i.* esaret, kölelik.

thrash (thräş) *f.* dövmek, dayak atmak; kam-
çılamak, kırbaçlamak; harman dövmek; *den.*
fırtınalı rüzgârda denize karşı seyretmek.
thrash out tartışarak halletmek. **thrash
over** tekrar tekrar tartışmak.

thrash.er (thräş'ır) *i.* harman döven kimse;
harman dövme makinası.

thrash.er (thräş'ır) *i.* ardıçkuşuna benzeyen
ve Amerika'ya özgü bir tür ötücü kuş.

thrash.ing (thräş'îng) *i.* dayak; mağlubiyet.
thrashing-floor *i.* harman yeri. **thrash-
ing machine** harman dövme makinası.

thra.son.i.cal (threysan'îkıl) *s.* övüngen, büyüklük taslayan.

thread (thred) *i., f.* iplik, tire; tel, lif; ince çizgi; yiv; sıra, silsile; düşünüş tarzı; *f.* iplik geçirmek; ipliğe dizmek; yol bulup geçmek; *mak.* vidaya yiv açmak, diş kesmek; kaşıktan iplik gibi akmak (kaynamış şurup). **thread of life** hayat bağı. **His life hangs by a thread.** Hayatı pamuk ipliğine bağlı. **the thread of the argument** fikir silsilesi. **thread'y** *s.* iplik gibi; tel tel.

thread.bare (thred'ber) *s.* havı dökülmüş, yıpranmış, pek eski; adi.

thread.fin (thred'fîn) *i.* berberbalığı, *zool.* Serranus anthias.

thread.worm (thred'wırm) *i.* bağırsak solucanı, askarit.

threat (thret) *i.*, tehdit, korkutma, gözdağı; tehlike.

threat.en (thret'ın) *f.* tehdit etmek, gözdağı vermek, korkutmak, korku vermek; kötü bir şeye alâmet olmak; yıldırmak. **It is threatening snow.** Kar yağacağa benziyor. **threateningly** *z.* tehdit ederek.

three (thri) *s., i.* üç; *i.* üç rakamı. **three-color process** üç renkli resim basma usulü. **three-point landing** *hav.* başarılı bir iniş; başarılı sonuç. **three-ring circus** üç sahneli sirk; şaşırtıcı durum. **three R's** okuma, yazma ve matematik dersleri. **rule of three** basit orantı.

three-cor.nered (thri'kôr'nırd) *s.* üç köşeli.

three-D, three-di.men.sion.al (thri'di', thri'dimen'şınıl) *s.* üç boyutlu.

three-deck.er (thri'dek'ır) *i., den.* üç güvertesinde topu olan zırhlı gemi; üç katlı bina; üç katlı sandviç.

three.pence (thrîp'ıns, thrʌp'ıns) *i., İng.* üç peni.

three-phase (thri'feyz') *s., elek.* trifaz.

three-ply (thri'play') *s.* üç katmerli.

three.score (thri'skôr') *s., i.* altmış.

three.some (thri'sım) *i., s.* üçlü.

three.way (thri'wey') *s.* üç yollu; üç kola ayrılan.

threm.ma.tol.o.gy (thremmtal'ıci) *i., biyol.* ehli hayvan veya fidan üretme ilmi.

thren.o.dy, thren.ode (thren'ıdi, thren'od) *i.* mersiye, ağıt.

thresh (threş) *f.* harman dövmek. **thresh'ing floor** harman yeri. **thresh'er** *i.* harman dövme makinası; sapanbalığı, *zool.* Alopias vulpes.

thresh.old (threş'old, -hold, -ıld) *i.* kapı eşiği, eşik; girecek yer; başlangıç; *psik.* şuur eşiği.

threw (thru) *bak.* **throw.**

thrice (thrays) *z.* üç kere, üç defa; tekrar tekrar.

thrift (thrift) *i.* idare, tasarruf, tutum, ekonomi; gürlük, kuvvetli büyüme (bitki), verimlilik; kuduzotu, deliotu, *bot.* Armeria.

thrift.less (thrift'lîs) *s.* idaresiz, tutumsuz, müsrif. **thriftlessly** *z.* tutumsuzca. **thriftlessness** *i.* tutumsuzluk.

thrift.y (thrif'ti) *s.* idareli, tutumlu; verimli, gür, kuvvetli büyüyen. **thriftily** *z.* idareyle. **thriftiness** *i.* idarelilik.

thrill (thrîl) *f., i.* heyecan vermek, heyecanlandırmak, tesir etmek; müteessir olmak; heyecan veya teessürle titremek; *i.* heyecan, halecan; lerze, titreme; *tıb.* titreşim. **thrill'ingly** *z.* heyecanla.

thrill.er (thrîl'ır) *i., k.dili* heyecanlı piyes veya kitap.

thrips (thrîps) *i.* fidanları yiyen ufak böcek, ekin biti, *zool.* Thysanoptera.

thrive (thrayv) *f.* (-d, -d; *veya* throve, thriven) işi iyi gitmek, muvaffak olmak; kuvvet bularak büyümek; zenginleşmek, refah bulmak; mamur olmak, bayındır olmak. **thriv'ingly** *z.* başarıyla.

thro (thru) *bak.* **through.**

throat (throt) *i.* boğaz, gırtlak; dar geçit. **cut one's own throat** *k.dili* kendi kendine zarar vermek, bindiği dalı kesmek. **have a lump in one's throat** boğazı tıkanmak; yüreğinin yağı erimek. **have a sore throat** boğazı ağrımak. **jump down one's throat** *k.dili* boğazına sarılmak; haşlamak. **ram something down one's throat** *k.dili* zorla kabul ettirmek, birinin gırtlağına basmak. **stick in one's throat** söylenmesi güç olmak, dili varmamak. **throat'y** *s.* gırtlaktan çıkan (ses).

throb (thrab) *f.* (-bed, -bing) *i.* vurmak, çarpmak, atmak (nabız, kalp); zonklamak; titreşmek; *i.* nabız vurması, kalp çarpması; çarpıntı; titreşme. **throb'bingly** *z.* titreşerek; zonklayarak.

throe (thro) *i.* şiddetli ağrı, sancı; elem, dert, sızı, ıstırap; *çoğ.* doğum veya ölüm sancısı; *çoğ.* çabalama. **be in the throes of death** can çekişmek.

throm.bo.sis (thrambo'sîs) *i., tıb.* damarda veya kalpte kanın pıhtılaşması, tromboz.

throm.bus (thram'bıs) *i.* (*çoğ.* -bi) *tıb.* kan damarını tıkayan pıhtı.

throne (thron) *i., f.* taht; hâkimiyet, saltanat; tahtta oturan kimse, kral, hükümdar; *argo* alafranga tuvalette oturacak yer; *f.* tahta çıkmak, cülus etmek.

throng (thrông) *i., f.* kalabalık, izdiham, yığılışma; *f.* toplanmak, üşüşmek, kalabalık etmek.

thros.tle (thras'ıl) *i.* güzel sesli ardıçkuşu, *zool.* Turdus ericetorum.

throt.tle (thrat'ıl) *i., f.* kısma valfı, kelebek; *f.* boğmak, boğazını sıkmak; bastırmak; *mak.* kısmak. **throttle valve** istim kısma valfı; *oto.* kelebek.

through, thro, thru (thru) *edat, z., s.* içinden, bir yandan öbür yana, bir başından öbür başına; başından sonuna kadar; vasıtası ile; -den, -den geçerek; her bir tarafından, her tarafına; her yerine, her yerinde; -den dolayı; yüzünden; sayesinde; *z.* yandan yana; baştan başa; başından sonuna kadar; sonuna kadar; tamamen; *s.* engelsiz (yol), sonuna kadar giden; aktarmasız (tren), ekspres. **through and through** baştan başa, bütün bütün, tamamen. **through passage, through ticket** yolculuğun sonuna kadar geçen bilet. **through retort** *mad.* her iki ucu açılan imbik. **all through the night** bütün gece boyunca. **be through with** bitirmiş olmak; alâkayı tamamen kesmiş olmak. **carry through** başarmak. **fall through** boşa gitmek, muvaffak olmamak. **get through** bitirmek; atlatmak; geçirmek. **go through** gözden geçirmek; dibine darı ekmek; dayanmak, sürmek, geçmek; olmak. **go through with** yapmak. **I am all through.** İşimin hepsini bitirdim. **He went through a red light.** Kırmızı ışığa rağmen geçti. **He is speaking through an interpreter.** Tercüman vasıtasıyle konuşuyor. **He learned English through listening to the radio.** İngilizceyi radyo dinleyerek öğrendi. **They are relat-**

ed **through their grandfather.** Büyükbabaları tarafından akrabadırlar. **They kept the window shut through fear of catching cold.** Nezle olma korkusuyle pencereyi kapalı tuttular. **The examiner put him through his paces.** Mümeyyiz onu adamakıllı sıygaya çekti. **I've been through hell getting here.** Gelene kadar cehennem azabı çektim. **He went through his fortune in a year.** Bir senede bütün servetini tüketti. **We were determined to see it through whatever the cost.** Ne pahasına olursa olsun yapmaya kararlıydık. **He is through with school.** Okulu bıraktı. **It was all through him that we got into trouble.** Onun yüzünden başımız derde girdi. **I got this job through my uncle.** Bu işe amcam sayesinde girdim. **We tried all day to get through on the phone to Ankara.** Bütün gün Ankara'ya telefon etmeye uğraştık. **It is illegal to send firearms through the mail.** Postayla silâh göndermek yasaktır. **I'm through with you.** İllallah senden!

through.out (thruwaut') *edat, z.* baştan başa, her yerinde, her hususta; *z.* baştan başa.

through.way, thru.way (thru'wey) *i., A.B.D.* hız yolu.

throve (throv) *bak.* **thrive**.

throw (thro) *f.* (**threw, thrown**) *i.* atmak, fırlatmak; ipeği büküp ibrişim yapmak; düşürmek; giyivermek, arkasına alıvermek; (hayvan) yavrulamak; (zar) atmak; *mak.* kolu çevirerek açmak veya kapamak (makas); (güreşte) yere atmak, düşürmek; (çömlek) şekillendirmek; *argo* (parti) vermek, (ziyafet) çekmek; etkilenmesine sebep olmak; anîden yönünü değiştirmek; oy vermek; *i.* atış, atma; tehlikeye atılma; atkı; atım; *mak.* makas kòlunun açılıp kapandığı mesafe. **throw a game** oyunda şike yapmak. **throw a kiss** el ile öpücük göndermek. **throw a sop to** önüne kemik atmak. **throw away** atmak; vaz geçmek; kaçırmak; ziyan etmek. **throw away a line** *tiyatro* duyulmayacak bir söz söylemek. **throw back** ilerlemesini engellemek; atavizme dönmek. **throw cold water on** ümidini kırmak. **throw dust in one's eyes** aldatmak, gözünü görmez hale koymak.

throw in birbirine geçirmek; ilâve etmek, caba olarak ilâve etmek. throw in one's lot with kaderleri bir olmak. throw in one's teeth meydan okumak, hakaret etmek. throw in the towel argo yenilgiyi kabullenmek. throw light on ışık tutmak, aydınlatmak. throw mud at çamur atmak. throw off üstünden atmak; -den kurtulmak; saçmak, yaymak; çabucak yapıvermek; karıştırmak, yanlış yola yöneltmek; tavla oyununda pul almak. throw one's weight around kuvvetini hissettirmek. throw oneself at one birinin dostluğunu veya teveccühünü kazanmaya çalışmak. throw oneself into tamamen iştirak etmek. throw oneself on güvenmek; za'fından faydalanmak. throw open açmak; bütün engelleri ortadan kaldırmak. throw out dışarı atmak; işinden atmak; laf atmak; ışık yaymak; altüst etmek. throw over vaz geçmek, terketmek; devretmek. throw overboard atmak, başından atmak, terketmek. throw rug ufak halı parçası. throw stones at (a person) (birine) taş atmak, laf atmak. throw the book argo en ağır cezaya çarptırmak; paylamak. throw the lock sürgülemek. throw together yapıvermek; bir araya getirmek. throw up yukarı atmak; kusmak; vaz geçmek; acele bina etmek, acele yığmak. throw up a job işten ayrılmak, işi bırakmak. throw up a window pencere açmak. throw up one's dinner (veya cookies) istifrağ etmek, kusmak. throw up one's hands yenilgiyi kabullenmek, pes etmek. throw up the sponge boksta yenildiğini kabul etmek, pes demek. a stone's throw bir taş atımı. The unannounced quiz threw me. Habersiz yapılan imtihanda çuvalladım. The snake throws its skin. Yılan deri değiştirir. She threw prudence to the wind and married the gypsy. Kısmetini tepti ve çingeneyle evlendi. The spoiled brat threw a tantrum. Haylaz velet öfkeyle tepindi.

throw.a.way (throw'ıwey) i. el ilânı. throw-away line tiyatro duyulmayacak bir sırada söylenen söz.

throw.back (thro'bäk) i. atavizm, atacılık; geri atış, daha eski bir safhaya geri atma.

throw.ster (thro'stır) i. ibrişim büken kimse; zar ile oynayan adam, kumarcı.

thru bak. through.

thrum (thrʌm) i., f. (-med, -ming) iplik saçağı; bez kesildikten sonra tezgâhta kalan iplik uçları; f. saçak yapmak veya takmak.

thrum (thrʌm) f. (-med, -ming) i. (çalgı) tıngırdatmak; patırdatmak, el ile patırtı yapmak; monoton bir söylenişle tekrarlamak; i. çalgı tıngırtısı.

thrush (thrʌş) i. ardıçkuşu, zool. Turdus pilaris.

thrush (thrʌş) i., tıb. pamukçuk.

thrust (thrʌst) f. (thrust) i. itmek, dürtmek, zorla kakarak sürmek; süngülemek, saplamak; lafı kesmek; i. dürtme, itme; hamle; bıçak sokma, süngüleme; mim. kemer veya kubbenin duvar üzerine tazyiki; mak. itme kuvveti. thrust at someone kılıçla hamlede bulunmak. thrust away itip defetmek. thrust fault jeol. fayların birbiri üzerine binmesi. thrust forward ilerletmek. thrust of his remarks sözlerinin etkisi. thrust out a hand el uzatmak. thrust through bir yandan sokup öbür yandan çıkarmak, süngülemek. thrust up bir şeyi yukarı sürmek. thrust upon zorlamak, tazyik etmek. a home thrust tam yerine isabet eden vuruş. a shrewd thrust kurnazca bir saldırış.

thrust.er (thrʌs'tır) i. uzay gemisini yöneten idare roketi.

thud (thʌd) i., f. (-ded, -ding) ağır düşme sesi; gümbürtü; güm diye ses çıkaran vuruş; f. güm diye ses çıkarmak.

thug (thʌg) i. katil, şaki, eşkıya; eskiden Hindistan'da adam öldürüp soyarak geçinen bir mezhep. thug'gee i. eşkıyalık. thug'gery i. eşkıyalık, adam öldürme.

Thu.le (thu'li) i. eski coğrafî bilgilere göre dünyanın en kuzeyinde bulunan meçhul bir yer. Ultima Thule Lat. en uzak kuzey memleketi.

thumb (thʌm) i., f. başparmak; eldiven başparmağı; f. kitap yapraklarını başparmakla tuta tuta eskitmek ve kirletmek. thumb a ride otostop yapmak. thumb index sözlük ve fihrist kenarında harflere göre kesilen parmak yeri. thumb mark başparmakla kirlenmiş yer, parmak izi. thumb one's nose nanik yapmak. thumbs down *k.dili* başparmaklar aşağı (ret işareti). **thumbs up** *k.dili* başparmaklar yukarı (kabul işareti). **all thumbs** *k.dili* beceriksiz. **under the thumb of** tesiri altında, elinde.

thumb.nail (thʌm'neyl) *i., s.* başparmak tırnağı; tırnak kadar şey; *s.* başparmak tırnağı kadar; kısa.

thumb.piece (thʌm'pis) *i.* başparmağın dokunacağı veya kullanacağı parça.

thumb.print (thʌm'prînt) *i., f.* parmak izi; *f.* parmak izi almak.

thumb.screw (thʌm'skru) *i., f.* parmakla döndürülen vida; kelebek başlı cıvata; başparmağı sıkan eski bir işkence aleti; *f.* bu aletle işkence yapmak.

thumb.stall (thʌm'stôl) *i.* başparmak mahfazası; yelkenci yüksüğü.

thumb.tack (thʌm'täk) *i.* raptiye.

thump (thʌmp) *f., i.* güm güm vurmak; dövmek, muşta vurmak; gümbürdemek, hızlı hızlı çarpmak (yürek); *i.* muşta vuruşu; ağır düşüş; ağır düşme sesi. **thump'er** *i.* vurucu. **thump'ing** *s.* vuran; *k.dili* iri, kocaman.

thun.der (thʌn'dır) *i., f.* gök gürlemesi; *f.* gümbürdemek, gürlemek; ağır söz veya tehdit savurmak; şiddetle söylemek, ateş püskürmek. **steal one's thunder** başkasının fikrini kendi fikri diye satmak. **Who in thunder are you?** Kim oluyorsun sen?

thun.der.a.tion (thʌndırey'şın) *ünlem* Allah kahretsin.

thun.der.bolt (thʌn'dırbolt) *i.* yıldırım; şaşırtıcı şey; yıldırım gibi hareket eden kimse veya şey.

thun.der.clap (thʌn'dırkläp) *i.* gök gürlemesi.

thun.der.cloud (thʌn'dırklaud) *i.* fırtına bulutu; asık surat.

thun.der.head (thʌn'dırhed) *i.* fırtınaya alâmet olan bulut yığını.

thun.der.ing (thʌn'dıring) *s.* gürleyen; uğultulu; *k.dili* çok büyük, daniska. **thunderingly** *z.* gürleyerek.

thun.der.ous (thʌn'dırıs) *s.* gök gürlemesi hâsıl eden, gök gürlemesi gibi ses çıkaran. **thunderous applause** alkış tufanı. **thunderously** *z.* gök gürlemesi gibi.

thun.der.show.er, thun.der.storm (thʌn'dırşauwır, -stôrm) *i.* şimşekli yıldırımlı fırtına.

thun.der.struck (thʌn'dırstrʌk) *s.* yıldırım

çarpmış, yıldırım vurmuş; büyük hayrete düşmüş.

thunk (thʌngk) *f., leh., bak.* **think.**

thu.ri.ble (thûr'ıbıl) *i., kil.* buhurdan.

Thurs.day (thırz'di, -dey) *i.* perşembe.

thus (dhʌs) *z.* böylece, bu suretle, bu veçhile, bunun için, nitekim. **thus and so** böyle böyle, filan filan. **thus far** buraya kadar, bu dereceye kadar. **thus'ly** *z.* böylece.

thwack (thwäk) *f., i.* pat küt vurmak; *i.* pat küt vurma.

thwart (thwôrt) *s., z., i., f.* çapraz; *i.* filika oturaklarından biri, kürekçinin oturduğu tahta; *f.* karşı gelmek, muhalefet etmek; işini bozmak, engel olmak.

thy (dhay) *s., eski* senin.

thy.ine wood (thay'in) Fas'a mahsus santarak ağacının güzel kokulu kerestesi.

thy.la.cine (thay'lısayn, -sîn) *i.* keseli kurt, *zool.* Thylacinus cynocephalus.

thyme (taym) *i.* kekik. **garden thyme** kekik, *bot.* Thymus vulgaris. **wild thyme** yabanî kekik, *bot.* Thymus serpyllum.

thy.mus (thay'mıs) *i., anat.* timüs, özden.

thy.roid (thay'royd) *i., s.* tiroid, kalkanbezi; *s.* kalkansı; *anat.* kalkansı, tiroid. **thyroid cartilage** kalkansı kıkırdak. **thyroid gland** tiroid, kalkanbezi.

thy.roid.ec.to.my (thayroydek'tımi) *i.* tiroidi çıkarma ameliyatı.

thyr.sus (thır'sıs) *i.* (*çoğ.* **-si**) Baküs'e tapanların raks ederken taşıdıkları sarmaşıklı değnek; salkım biçiminde çiçek.

thy.self (dhayself') *zam., eski* sen kendin, bizzat kendin.

ti (ti) *i., müz.* si notası.

ti.ar.a (tayer'ı, tiyar'ı) *i.* papanın üç katlı tacı; taç gibi baş süsü; eski İranlıların kullandığı sarık.

Ti.bet (tibet') *i.* Tibet. **Tibettan** *s., i.* Tibetli; *i.* Tibet dili.

tib.i.a (tib'iyı) *i.* (*çoğ.* **-s, -ae**) *anat.* kaval kemiği, incik kemiği; hayvanın kaval kemiğinden yapılan eski bir çeşit flüt. **tibial** *s.* kaval kemiğine ait.

tic (tik) *i.* tik. **tic douloureux** (duluru') *tıb.* yüz nevraljisi.

tick (tik) *f., i.* tıklamak, tıkırdamak; *İng.* çetele çekmek, işaretlerle hesap tutmak; tıkırında götürmek; *i.* tıkırtı, saat tıklaması; dikkat işareti. **tick off** tık tık vurarak saymak; işaretleyerek saymak; *İng., argo* azarlamak.

tick (tîk) *i.* sakırga, kene. **tick fever** kenelerin naklettiği ateşli hastalık. **camel tick** deve kenesi, *zool.* Trichodectes cameli. **dog tick** köpek kenesi, *zool.* Haematopinus piliferus. **sheep tick** koyun kenesi, *zool.* Trichodectes ovis.

tick (tik) *i.* kılıf, minder veya yastık kılıfı.

tick (tik) *i., İng., k.dili* kredi, itibar; borç, veresiye alışveriş. **buy on tick** veresiye almak.

tick.bean (tîk'bin) *i.* Mısır baklası, ufak bakla.

tick.er (tik'ır) *i.* tıkırdayan şey; *argo* saat; *argo* kalp; özellikle borsa fiyatlarını şeride kaydeden cihaz. **ticker tape** bu cihazın üzerine fiyatları kaydettiği kâğıt şerit.

tick.et (tik'ît) *i., f.* bilet; etiket; *A.B.D.* bir partinin seçim namzetleri listesi; *k.dili* trafik suçunu cezalandırmak için verilen karakol davetiyesi; ehliyet, ehliyet kâğıdı; *f.* etiket yapıştırmak, markasını koymak; bilet vermek. **ticket agent** bilet satan memur. **ticket of leave** *İng., eski* tahliye izni. **ticket punch** bilet zımbası. **lottery ticket** piyango bileti. **pawn ticket** rehin makbuzu. **return ticket** *İng.* gidiş dönüş bileti; *A.B.D.* dönüş bileti. **round trip ticket** *A.B.D.* gidiş dönüş bileti. **season ticket** bütün mevsim için geçerli bilet. **just the ticket** *argo* tam iş, tam adamı.

tick.ing (tik'ing) *i.* minder veya tente için kullanılan sıkı dokunmuş kumaş.

tick.le (tîk'ıl) *f., i.* gıcıklamak, gıdıklamak; *k.dili* eğlendirmek, memnun etmek; hafif hafif dokunmak; gıdıklanmak; *i.* gıdıklama, gıdıklanma. **tickle one's fancy** hoşuna gitmek. **tickle the palm of** rüşvet vermek. **tickle grass** çayırgüzeli, *bot.* Eragrostis major.

tick.ler (tîk'lır) *i.* gıdıklayan kimse veya şey; muhtıra defteri, borç ve vadeleri gösteren defter.

tick.lish (tik'liş) *s.* çok gıdıklanır; nazik, korkulur, tehlikeli. **ticklishly** *s.* nazikçe. **ticklishness** *i.* gıdıklanma; naziklik.

tick.tack (tik'täk) *i.* tiktak sesi, saat tıkırtısı; şaka yapmak için tıkırtı çıkaran bir alet.

tick.tack.toe (tiktäkto') *i.* kâğıt üzerinde oynanan üç taş oyununa benzer bir oyun.

tid.al (tayd'ıl) *s.* met ve cezre ait; gelgit kabilinden; gelgite bağlı. **tidal basin** gelgit havzası. **tidal clock** gelgit zaman ve durumunu gösteren saat. **tidal river** gelgit etkisi çok içerilere kadar ulaşan ırmak. **tidal wave** denizaltı yer sarsıntısından ileri gelen büyük dalga; halk hislerinde galeyan veya heyecan.

tid.bit (tîd'bît) *i.* çok iyi ve lezzetli parça; cazip ve ilginç ufak şey.

tid.dle.dy.winks (tîd'ıldiwîngks) *i.* parmak kuvvetiyle disk fırlatma oyunu. **play tiddledywinks** *k.dili* oyalanmak.

tide (tayd) *i., f.* gelgit; met ve cezir, meddücezir; akıntı; zaman, vakit; mevsim, saat; akış, cereyan, istikamet, temayül; *f.* gelgit gibi yükselip alçalmak; akıntı ile gitmek; gelgit yardımı ile limana girmek veya çıkmak. **tide gate** havuzun gelgit kapısı; gelgit akıntısının kuvvetli olduğu yer. **tide lock** gelgit etkisi altında olan limandaki gemi havuzunu inmeden koruyan kapı. **tide over** geçici olarak yardım etmek. **The tide has turned.** Artık işler yoluna girdi. **Time and tide wait for no man.** Fırsat elden gidince bir daha bulunmaz. **We have enough oil to tide us through the winter.** Kışı çıkaracak kadar yakıtımız var. **The tide is coming in.** Deniz yükseliyor. **The tide is going out.** Deniz alçalıyor.

tide.land (tayd'länd) *i.* gelgit sınırları arasındaki arazi.

tide.rip (tayd'rîp) *i.* su çevrisi, burgaç, anafor, eğrim, çevrinti.

tide.wa.ter (tayd'wôtır) *i.* gelgit etkisi altında kalan su; deniz kenarı.

tide.way (tayd'wey) *i.* gelgitin girdiği kanal.

ti.dings (tay'dîngz) *i., çoğ.* haber, havadis.

ti.dy (tay'di) *s., i., f.* üstü başı temiz; temiz giyimli; muntazam, düzenli, tertipli; *k.dili* oldukça, epey; *i.* sandalye arkasına konan dantela örtü; *f., up ile* düzeltmek, temizleyip nizama koymak. **tidily** *z.* düzenle. **tidiness** *i.* düzen, tertip.

tie (tay) *f.* (-d, tying) bağlamak, raptetmek; düğümlemek; birleştirmek, bitiştirmek; *k.dili* izdivaçla bağlamak, evlendirmek; *müz.* bağlamak; berabere kalmak. **tie a can to** *argo* kovmak. **tie by the leg** engel olmak. **tie down** kayıt altına almak, bağlamak. **tie**

in with *k.dili* ile ilişkisi olmak. **tie into** hızla sarılmak; *argo* haşlamak; tutmak. **tie one on** *argo* sarhoş olmak. **tie one's tongue** susmak, susturmak. **tie the knot** evlenmek, evlendirmek. **tie to** himayesine sığınmak. **tie up** bağlamak; bağlayıp kapamak; meşgul olmak; bağlantılı olmak; bitirmek, sonuçlandırmak. **I'd like to help you, but my hands are tied.** Yardım etmeyi arzu ederdim, fakat elimde değil.

tie (tay) *i.* bağ, düğüm; fiyonga; kravat, boyunbağı; rabıta, bağlantı, kayıt; berabere kalma; bir binanın kısımlarını tutan lata veya demir kuşak; demiryolu traversi; *müz.* bağlı nota işareti; *çoğ.* bağlı alçak ayakkabı. **tie beam** duvar latası. **tie clasp, tie clip** kravat iğnesi. **tie plate** demiryolunda ray ile travers arasında bağ levhası. **blood ties** akrabalık, kan bağı.

tie-and-die, tie-die (tay'ınday', tay'day) *i.* kumaşı düğüm atarak boyama işlemi.

tie.back (tay'bäk) *i.* perdeyi bir yanda tutan şerit.

tie-in (tay'în) *i.* bağlantı. **tie-in sale** bir şey satın alabilmek için başka bir şeyi de alma şartı.

tier (tîr) *i.* sıra, kat; amfide yükselen sıra.

tierce (tîrs) *i.* 42 galonluk fıçı; *kil.* sabahın üçüncü saati, sabah duası saati; üçlü takım; eskrimde bir vaziyet.

Tier.ra del Fue.go (tyer'a del fwey'go) Ateş arazisi, Güney Amerika'nın en güney ucundaki takımadalar.

tie-up (tay'ʌp) *i.* gecikme, güçlük; *k.dili* bağlantı, ilgi.

tiff (tif) *i., f.* gücenme, hafif çekişme; *f.* gücenmek, kızmak.

tif.fa.ny (tif'ıni) *i.* çok ince muslin kumaş; yanardönerlik.

tif.fin (tif'ın) *i., İng.* kahvaltı, ikindi kahvaltısı.

ti.gel.la (tıce'lı) *i., bot.* sapçık.

ti.ger (tay'gır) *i.* kaplan, *zool.* Panthera tigris; kana susamış adam, zalim adam. **tiger cat** kaplan gibi derisi yollu yaban kedisi; tekir kedi. **tiger lily** siyah benekli portakal rengi zambak, pars zambağı. **tiger moth** bir çeşit benekli pervane. **tigerish** *s.* kaplan gibi, vahşî, yırtıcı.

tight (tayt) *s., z.* sıkı, gergin; akmaz, sızmaz, su geçmez; dar; sıkışık; *k.dili* eli sıkı, cimri;

k.dili müşkül, zor; zorluk çeken; tıkanmış; ucu ucuna; sıkı gerilmiş (ip); kesat; *argo* sarhoş; tedariki güç; kısaltılmış (üslûp); *z.* sımsıkı. **tight'ly** *z.* sıkıca. **tight'ness** *i.* sıkılık.

tight.en (tayt'ın) *f.* sıkıştırmak; sıkışmak; gerginleşmek. **tighten one's belt** kemeri sıkmak.

tight.fist.ed (tayt'fis'tid) *s.* eli sıkı, cimri.

tight.laced (tayt'leyst') *s.* sofu.

tight.lipped (tayt'lipt') *s.* ağzı sıkı, sır söylemez.

tight.rope (tayt'rop) *i.* cambazlara mahsus sıkı gerilmiş ip.

tights (tayts) *i., çoğ.* cambaz ve balerinlere mahsus sıkı giysi; külotlu çorap.

tight.wad (tayt'wad) *i., A.B.D., argo* cimri kimse.

ti.gress (tay'grîs) *i.* dişi kaplan; zalim kadın.

Ti.gris (tay'grîs) *i.* Dicle.

tike *bak.* **tyke**.

til.bur.y (tîl'beri) *i.* iki kişilik ve iki tekerlekli hafif araba.

til.de (tîl'dı, -di) *i.* İspanyol alfabesinde ny diye telaffuz edildiği zaman n harfi üzerine konulan işaret.

tile (tayl) *i., f.* kiremit; yassı tuğla; duvar çinisi; çatı üzerine kiremit yerine konan demir veya taş parçası; *k.dili* silindir şapka; *f.* kiremit kaplamak; mason locasında kapıcılık etmek; birisine sır saklayacağına dair yemin ettirmek; gizli tutmak.

til.er (tay'lır) *i.* kiremitçi; mason locasında kapıcı.

til.ing (tay'ling) *i.* çatıyı kaplayan kiremitler.

till (tîl) *f.* çift sürmek, toprağı işlemek. **till'able** *s.* ziraate elverişli. **till'age** *i.* çift sürme, ziraat, çiftçilik.

till (tîl) *edat, bağlaç* -e kadar, -e gelinceye kadar, zamana kadar. **till now** şimdiye kadar. **till the end of time** ebediyen. **till then** o vakte kadar. **till I come** ben gelinceye kadar.

till (tîl) *i.* para çekmecesi, kasa (dükkânda).

till (tîl) *i., jeol.* buzulların taşıyıp yığdığı çakıl veya kum ile karışık balçık.

till.er (tîl'ır) *i.* toprağı işleyen kimse veya alet.

till.er (tîl'ır) *i.* dümen yekesi.

till.er (tîl'ır) *i., f.* kök filiz; sürgün; fidan; *f.* kökten filiz sürmek.

tilt (tîlt) *f., i.* eğilmek, bir yana yatmak; eğmek; at üzerinde mızrakla hamle etmek; arkaya yatırmak veya eğmek; saldırmak için mızrağı doğrultmak; fabrika çekici ile dövmek; *i.* meyil, eğiklik; tilt oyununda hile; hile ikazı; atta mızraklı hamle oyunu; atışma; tahterevalli; fabrika çekici. **tilt at** saldırmak, kavga etmek; itiraz etmek. **tilt at windmills** hayalî düşmanlara saldırmak. **tilt hammer** şahmerdan. **tilt over** devirmek. **tilt up** kalkmak, kaldırmak. **full tilt** son süratle, bütün hızı ile. **run full tilt into someone** son hızla çarpmak.

tilt (tîlt) *i.* araba veya kayık tentesi.

tilth (tîlth) *i.* toprağı işleme, ziraat, çiftçilik, tarım; işlenmiş toprak.

tilt.yard (tîlt'yard) *i.* mızraklı hamle oyun meydanı.

tim.bal (tîm'bıl) *i.* dümbelek; *zool.* çekirge karnının alt tarafında bulunup kanadı dokundukça ses çıkaran zar.

tim.bale (tîm'bıl) *i.* yumurtaya bulanıp kalıba dökülmüş karışık yemek; davul şeklinde bir çeşit börek.

tim.ber (tîm'bır) *i., ünlem* kereste; kereste ormanı; işlenmiş iri kereste parçası; madde, malzeme; yetenek; *den.* gemi kaburgası, gemi postası; *ünlem* Dikkat, düşüyor! (kesilen ağaç). **timber line** orman sınırı. **timber wolf** Amerika'ya mahsus bozkurt, *zool.* Canis lupus. **timber yard** *İng.* kereste deposu. **timbered** *s.* üzerinde kerestelik ağaç bulunan, ağaçlık; ahşap. **timbering** *i.* kereste.

tim.ber.land (tîm'bırländ) *i.* ormanlık arazi.

tim.bre (tîm'bır, täm-) *i., müz.* ses rengi.

tim.brel (tîm'brıl) *i.* eskiden kullanılan zilli tef.

time (taym) *i.* vakit, zaman; süre, müddet; devir, devre; mühlet, vade; saat, dakika; *mat.* kere, defa; kat, misil; müziğin temposu; doğurma vakti; ölüm vakti, ecel. **time after time, time and again** tekrar tekrar. **time and a half** bir buçuk misli ücret. **time and motion study** zaman bakımından verimi artırmak için yapılan gözlem. **time ball** tam öğle saatini göstermek için bir çubuğun tepesinden dibine düşürülüveren top. **time bargain** *İng., tic.* vadeli alış-veriş. **time bomb** saatli bomba. **time clock** memurların geliş ve gidişlerini kaydeden saat. **time constant** *elek.* cereyanın başlangıcından en yüksek derecesine kadar olan devre, zaman sabitesi. **time deposit** vadeli hesap. **time exposure** *foto.* uzun pozlu resim. **time fuse** patlayıcı maddeyi belirli bir müddetten sonra patlatan fitil. **from time immemorial** ezelden beri. **time lag** ara. **time limit** belirli müddet. **time lock** saati gelmeden açılmayan kilit. **time of day** günün belirli saati. **time of peace** barış zamanı. **time out of mind** hatırlanamayacak kadar eski, çok eskiden. **time signature** *müz.* zaman işareti. **time study** zaman bakımından verimi artırmayı güden inceleme. **time zone** arz derecesine göre resmî saatin aynı olduğu mıntıka. **ahead of time** vaktinden önce. **at the same time** mamafih, bununla beraber, aynı zamanda. **at times** zaman zaman, ara sıra. **behind time** geç, tehirli. **behind the times** eski, zamanı geçmiş. **doing time** hapishanede. **Father Time** zamanın somut sembolü. **for the time being** şimdilik. **from time to time** ara sıra, zaman zaman. **gain time** zaman kazanmak; ileri gitmek (saat). **good times** iyi günler, refahlı zamanlar. **hard times** kötü günler, güç zamanlar. **have a good time** hoş vakit geçirmek. **have the time of one's life** fevkalade bir vakit geçirmek. **in good time** tam zamanında, çabuk. **in no time** bir an evvel. **in record time** rekor sayılan müddette. **in the nick of time** ucu ucuna. **in time** vaktinde, vakitli; nihayet; uygun tempoda. **keep time** tempo tutmak. **lose time** vakit kaybetmek; geri kalmak (saat). **make time** geç kalınan zamanı kapatmak; belirli vakte yetiştirmek. **make time with** isteğini kabul ettirmeye çalışmak. **on time** tam zamanında. **out of time** temposuz, tempoya aykırı. **pass the time of day** vakit geçirmek. **seven at a time** yedişer yedişer; kerede yedi tane. **take one's time with** bir işi itinayla yapmak. **tell the time** saatin kaç olduğunu söylemek. **tell time** saati okuyabilmek. **this time tomorrow** yarın bu saatte. **Time is up.** Vakit bitti. **Time will tell.** Zaman gösterir. **It's about time!** Ar-

tık zamanı! **What a time I've had of it!**
Neler çektim. **What time is it?** Saat kaç?

time (taym) *f.* ayarlamak; uydurmak; saat tutmak; tempo tutmak.

time.card (taym'kard) *i.* kartela, bir müessesede çalışanların geliş ve gidiş saatlerinin kaydolunduğu kart.

time-con.sum.ing (taym'kınsuming) *s.* vakit alan.

time-hon.ored (taym'anırd) *s.* eski zamandan beri icra olunan, eskiliğinden dolayı muteber.

time.keep.er (taym'kipır) *i.* zaman göstergesi; saat tutan kimse.

time.less (taym'lis) *s.* nihayetsiz, sonsuz, ebedi; belirli zamanı olmayan.

time.ly (taym'li) *s., z.* yerinde olan, uygun; vakitli; *z.* erken; vaktinde, münasip vakitte. **timeliness** *i.* vakitlilik.

time-out (taym'aut') *i., spor* oyunda kısa ara.

time.piece (taym'pis) *i.* saat, kronometre.

times (taymz) *i., edat* günler, zaman; *edat* kere.

time.sav.er (taym'seyvır) *i.* vakit kazandıran usul, zaman kazandıran aygıt.

time.serv.er (taym'sırvır) *i.* zamana uyan kimse, zamanın adamı.

time.ta.ble (taym'teybıl) *i.* tren veya vapur tarifesi.

time-test.ed (taym'tes'tid) *s.* zamanla iyiliğini ispat etmiş.

time.work (taym'wırk) *i.* gündelik iş, saatle çalışma.

time.worn (taym'wôrn) *s.* eskimiş, bayatlamış.

tim.id (tîm'íd) *s.* korkak, ürkek; mahcup, utangaç, çekingen. **timid'ity, timidness** *i.* utangaçlık. **timidly** *z.* ürkerek, utanarak.

tim.ing (tay'mîng) *i.* ayarlama. **timing gears** motorun içinde valf ayarını temin eden iki dişli.

ti.moc.ra.cy (taymak'rısi) *i.* Eflatun'un fikrine göre şeref ve azametin hâkim prensip olduğu devlet; Aristo'ya göre şeref rütbelerinin servet derecelerine göre verildiği devlet idaresi.

tim.or.ous (tîm'ırıs) *s.* ürkek, korkak; ürkeklik ifade eden. **timorously** *z.* korkakça. **timorousness** *i.* ürkeklik.

tim.o.thy (tîm'ıthi) *i.* bir çeşit çayır otu, *bot.* Phleum pratense.

tim.pa.ni (tîm'pıni) *i., çoğ.* timballer, timpani.

tin (tîn) *i., f.* (-ned, -ning) *s.* kalay; teneke; *İng.* teneke kutu; *argo* para, *slang* mangır, mangiz; *f.* kalaylamak; teneke kaplamak; teneke kutulara doldurmak; *s.* tenekeden yapılmış. **tin god** tanrı gibi ululanan değersiz kimse. **tin hat** askerlere mahsus çelik başlık. **tin lizzie** *A.B.D., argo* T model Ford otomobil. **tin-pan alley** şarkıcı ve şarkı bestecileri ile yayıncıları; bunların oturduğu semt. **tin plate** teneke kaplı çelik, saç.

tin.a.mou (tîn'ımu) *i.* bıldırcın veya kekliğe benzer ve Güney Amerika'ya mahsus bir çeşit av kuşu.

tin.cal (tîng'kıl, -kal, -kôl) *i.* tasfiye edilmemiş boraks.

tinct (tîngkt) *f.* hafif renk vermek.

tinc.to.ri.al (tîngktôr'iyıl) *s.* renk veya boyaya ait; renk veren.

tinc.ture (tîngk'çır) *i., f.* hafif renk; *ecza.* mahlul, ruh, ispirto eriyiği; başka şeye katılmış cüzî şey; *f.* hafif renk vermek; içine katmak; hafifçe etkilenmek.

tin.der (tîn'dır) *i.* kav, kuru ve yanıcı şey.

tin.der.box (tîn'dırbaks) *i.* kav çakmak kutusu; kav gibi çok çabuk yanan şey.

tine (tayn) *i.* çatal dişi; geyik boynuzunun çatalı. **tined** *s.* çatallı, dişli.

tin.e.a (tîn'iyı) *i., tıb.* kellik gibi deri hastalığı.

tin.foil (tîn'foyl) *i.* kalay yaprağı, ince levha kalay, stanyol.

ting (tîng) *i., f.* çınlama sesi; *f.* çınlamak. **ting-a-ling** *i.* ufak zil sesi.

tinge (tinc) *f., i.* hafifçe boyamak, renk vermek; içine başka şey karıştırmak; *i.* hafif renk; cüzî şey.

tin.gle (tîng'gıl) *f., i.* (tokat, uyuşukluk veya soğuktan) yanıp acımak, sızlamak; *i.* yanıp acıma, sızlama; karıncalanma.

tink.er (tîngk'ır) *i., f.* seyyar tenekeci veya lehimci; tamirci; tamircilik; bir çeşit uskumru; *f.* teneke kapları tamir etmek; kabaca tamir etmek; tamircilik yapmak. **He doesn't give a tinker's dam veya damn.** Aldırış etmez. **It's not worth a tinker's damn.** Beş para etmez.

tin.kle (tîng'kıl) *f., i.* çınlamak, çıngırdamak, çıngırdatmak; *ç.dili* işemek; *i.* çıngırtı.

tin.ner (tîn'ır) *i.* tenekeci; teneke madencisi; kalaycı.

tin.ni.tus (tînay'tıs) *i., tıb.* kulak çınlaması.

tin.ny (tîn'i) *s.* teneke gibi, teneke sesli; teneke tadı veren; kalaylı.

tin.sel (tîn'sıl) *i., s., f.* (**-ed, -ing** *veya* **-led, -ling**) gelin teli; gösterişli ve cicili bicili şey; ipekli veya gümüş telli kumaş; *s.* gelin teline benzer; cicili bicili; *f.* gelin teli ile süslemek; cicili bicili yapmak.

tin.smith (tîn'smîth) *i.* tenekeci.

tint (tînt) *i., f.* hafif renk; renk çeşidi; *matb.* zemin rengi; *f.* hafif renk vermek, hafif boyamak. **It was red tinted with purple.** Eflatuna çalan kırmızıydı.

tin.tin.nab.u.lum (tîntînäb'yılım) *i.* (*çoğ.* **-la**) çıngırak, çıngırdak. **tintinnabulary** *s.* çıngırağa ait; çıngırak sesli. **tintinnabula'tion** *i.* çıngırdama; çan çalınması.

tin.type (tîn'tayp) *bak.* **ferrotype.**

tin.ware (tîn'wer) *i.* teneke kaplar.

ti.ny (tay'ni) *s.* minicik, ufacık, küçücük, ufak tefek.

-tion *sonek* -meklik, -maklık (Latince köklü fiilden isim yapmada kullanılan bir ek: **separation**).

tip (tîp) *i., f.* (**-ped, -ping**) uç, burun; tepe, doruk; *f.* uç yapmak, burun şekli vermek; ucunu kapamak, ucuna bir şey takmak. **tip to tip** uç uca. **on the tip of my tongue** dilimin ucunda.

tip (tîp) *f.* (**-ped, -ping**) *i.* bir yana yatırmak veya eğmek; şapkayla selâm vermek; hafifçe vurmak; bir yana yatmak veya eğilmek; *i.* meyil; hafif vuruş; *İng.* çöplük. **tip over** devirmek, devrilmek. **tip the scales** ağırlığında olmak; etkilemek.

tip (tîp) *i., f.* (**-ped, -ping**) sadaka, bahşiş; ima; tavsiye; *f.* bahşiş vermek. **tip off** *k.dili* sır vermek; tavsiye etmek. **tip'ping** *i.* bahşiş verme usulü.

tip (tîp) *f.* (**-ped, -ping**) *i.* hafif hafif vurmak, tıkırdatmak; *i.* hafif vuruş, tıkırdatma.

tip.cart (tîp'kart) *i.* yük taşıyıp boşaltmaya mahsus at arabası.

tip.cat (tîp'kät) *i.* çelik çomak oyunu.

tip.off (tîp'ôf) *i., k.dili* ima, ihtar.

tip.pet (tîp'ît) *i.* boyun atkısı.

tip.ple (tîp'ıl) *f., i.* içki içmeyi âdet haline getirmek; *i.* içki. **tippler** *i.* akşamcı.

tip.staff (tîp'stäf) *i.* (*çoğ.* **-staves**) maden başlıklı asa; (*çoğ.* **-staffs**) bu asayı taşıyan memur, kavas, mübaşir.

tip.ster (tîp'stır) *i., k.dili* yarışlarda önceden gizli bilgi veren kimse.

tip.sy (tîp'si) *s.* sarhoş, çakırkeyif; çarpık. **tipsily** *z.* sarhoşça; eğri bir şekilde. **tipsiness** *i.* sarhoşluk; eğrilik.

tip.toe (tîp'to) *i., f., s.* ayak parmağının ucu; *f.* ayak parmağının ucuna basarak yürümek; sessizce yürümek; *s.* ayak ucunda yürüyen veya danseden; meraklı.

tip.top (tîp'tap) *i., s.* en yüksek derece; bir şeyin tam tepesi; *k.dili* en iyi kalite; *s.* en âlâ.

ti.rade (tay'reyd) *i.* tirad; azarlama kabilinden uzun sert söz; *müz.* sere.

ti.rail.leur (tîrılır', tirayör') *i., ask.* avcı neferi, nişancı.

Ti.ra.na (tira'na) *i.* Tiran, Arnavutluk'un başkenti.

tire (tayr) *f., i.* yorulmak; bitkin olmak; usanmak, bıkmak; yormak; usandırmak, bıktırmak; *i.* yorgunluk, bitkinlik. **tire of** bıkmak, usanmak. **tire out** yormak.

tire, *İng.* tyre (tayr) *i.* lastik, tekerlek çemberi veya lastiği. **radial tire** radyal lastik.

tired (tayrd) *s.* yorgun, bitkin, bitap; usanmış, bıkmış. **tired of waiting** beklemekten usanmış. **tired'ness** *i.* yorgunluk.

tire.less (tayr'lîs) *s.* yorulmaz, çok faal. **tirelessly** *z.* yorulmadan. **tirelessness** *i.* yorulmama.

tire.some (tayr'sım) *s.* yorucu, sıkıcı. **tiresomely** *z.* yorucu surette. **tiresomeness** *i.* yoruculuk.

ti.ro *bak.* **tyro.**

'tis (tîz) *kıs.* **it is.**

ti.sane (tîzän', tizan') *i.* çay, ıhlamur.

tis.sue (tîş'u) *i., f.* kumaş, ince tül kumaş; kâğıt mendil; dokunmuş şey; seri, silsile; *biyol.* doku, nesiç; ince kâğıt; *f.* dokumak. **tissue culture** *biyol.* hayvan veya bitki dokularının organizma dışındaki bir ortam içinde yaşatılması veya yetiştirilmesi, doku kültürü. **tissue paper** ince kâğıt, ipek kâğıt. **support tissue** *biyol.* destek doku.

tit (tît) *i.* baştankara, *zool.* Parus major.

tit (tît) *i.* vuruş; yumruk. **tit for tat** yumruğa yumruk, misli ile mukabele, kısasa kısas.

tit (tît) *i.* meme başı.

Ti.tan (tayt'ın) *i., Yu. mit.* Titan; muazzam kuvvet veya kabiliyeti olan kimse; Satürn gezegeninin en büyük uydusu. **titan'ic** s. muazzam, beşerden üstün.

ti.ta.ni.um (taytey'niyım) i., kim. titan.

tit.bit (tit'bit) i., İng. âlâ lokma, çok iyi ve lezzetli parça.

tithe (taydh) i., f. ondalık, öşür; onda bir; ufak kısım; aşar vergisi; f. gelirin onda birini kiliseye vermek; aşar vergisini vermek; onda bir nispetinde vergi koymak. **tithe-free** s. aşardan muaf. **tithe'payer** i. aşar vergisi veya ondalık veren kimse. **tith'ing** i. aşar vergisi koyma veya verme.

ti.tian (tiş'ın) i. kızıl saç rengi; kızıl saçlı kız.

tit.il.late (tit'ıleyt) f. gıcıklamak, gıdıklamak; hisleri okşamak. **titilla'tion** i. gıdıklama, gıdıklanma; geçici tatlı his.

tit.i.vate (tit'ıveyt) f., k.dili şıklaştırmak, süslemek; süslenmek.

ti.tle (tayt'ıl) i., f. başlık, serlevha, kitap başlığı; lakap, unvan, isim; rütbe ismi; huk. tasarruf hakkı, istihkak; huk. tasarruf senedi, tapu; f. lakap veya unvan vermek; kitaba ad koymak. **title deed** tapu senedi, tasarruf belgiti. **title page** baş sayfa, başlık sayfası. **title role** piyese adını veren karakter. **a just title** haklı tasarruf; alma veya malik olma hakkı. **titled** s. asalet unvanı olan isimlendirilmiş.

ti.tle.hold.er (tayt'ılholdır) i. unvan sahibi, şampiyonluk unvanına sahip kimse.

tit.mouse (tit'maus) i. (çoğ. -mice) baştankara, zool. Parus major. **bearded titmouse** bıyıklı baştankara, zool. Panurus biarmicus. **blue titmouse** mavi baştankara, fanta, zool. Parus caeruleus. **coal titmouse** iskete, çam baştankarası, zool. Parus ater. **long tailed titmouse** uzun kuyruklu baştankara, zool. Aegithalos caudatus. **marsh titmouse** bataklık baştankarası, zool. Parus palustris. **penduline titmouse** çulhakuşu, zool. Parus pendulinus.

ti.trate (tay'treyt, tit'reyt) f., kim. titre etmek. **titra'tion** i. titre, titrasyon.

tit.ter (tit'ır) f., i. kıkır kıkır gülmek, kıkırdamak; i. kıkır kıkır gülüş.

tit.tle (tit'ıl) i. harf üzerine konulan işaret, nokta; zerre, en ufak şey.

tit.tle-tat.tle (tit'ıl.tät'ıl) i., f. dedikodu; dedikoducu veya geveze kimse; f. dedikodu yapmak.

tit.tup (tit'ıp) f. (-ped, -ping) i. canlılıkla hareket etmek, kıvrak olmak; i. kıvraklık, canlılık.

tit.u.ba.tion (tiçûbey'şın, tityı-) i., tıb. omurilik hastalıklarından meydana gelen dengesizlik ve sendeleme.

tit.u.lar (tiç'ûlır, tit'yı-) s., i. lakaba ait; unvandan dolayı olan; yalnız unvandan ibaret; unvan veren; i. görev veya sorumluluğu olmayıp yalnız unvanı olan kimse; fiilî varlığı kalmamış bir piskoposluğun unvanını alıp merkezde kalan piskopos. **titulary** s. unvandan ibaret, unvana ait. **titularly** s. yalnız unvandan ibaret şekilde.

tiz.zy (tiz'i) i., argo heyecan. **all in a tizzy** çok heyecanlı.

tme.sis (tmi'sîs, mi'sîs) i. araya kelime karışmasıyle bileşik kelimenin kısımlara ayrılması (msl. **whatsoever place** yerine **what place soever**).

TN kıs. Tennessee.

TNT, T.N.T. (ti'yenti'), **trinitrotoluene** i. renksiz ve patlayıcı bir madde.

to (tu) edat -e; -e doğru, yönüne doğru, tarafına; ile; -e kadar, -e değin, derecesine kadar; -e dair; -e nazaran, -e nispetle; -e göre; hakkında, için; -mak, -mek (mastar edatı).

to (tu) z. -e doğru; asıl vaziyete doğru. **to and fro** öteye beriye, öne ve arkaya. **come to** kendine gelmek. **shut the door to** kapıyı iyice kapamak. **The ship heaved to.** Gemi rüzgârı başa alıp durdu. **They gladly fell to.** Memnuniyetle işe başladılar.

toad (tod) i. kara kurbağa, zool. Bufo bufo; iğrenç kimse.

toad.eat.er (tod'itır) i. dalkavuk.

toad.flax (tod'fläks) i. nevruz otu, bot. Linaria vulgaris.

toad.stool (tod'stul) i. şapkalı mantar; k.dili zehirli mantar.

toad.y (to'di) i., f. dalkavuk; f. dalkavukluk etmek, yaltaklanmak. **toadyism** i. dalkavukluk.

toast (tost) i., f. kızartılmış ekmek (dilimi); f. ekmek kızartmak; ateşe tutup iyice ısıtmak; kızarmak (ekmek); çok ısınmak, yanmak. **toast'ing fork** ekmek kızartmaya mahsus uzun çatal.

toast (tost) i., f. sıhhatine içme; sıhhatine veya

şerefine içerken kadeh tokuşturma; sıhhatine içilen kimse; *f.* sıhhatine içmek.

toast.er (tos'tır) *i.* tost makinası.

toast.mas.ter (tost'mästır) *i.* ziyafette şerefe içilmesini teklif eden · kimse, ziyafet reisi.

to.bac.co (tıbäk'o) *i.* tütün; tömbeki. **tobacco box** tütün kutusu. **tobacco heart** *tıb.* çok tütün içmekten ileri gelen kalp hastalığı. **tobacco pipe** pipo, tütün çubuğu. **tobacco pouch** tütün torbası.

to.bac.co.nist (tıbäk'ınîst) *i., İng.* tütüncü, tütün satıcısı.

to.bog.gan (tıbag'ın) *i., f.* ayaksız ve ucu kalkık alçak kızak; *f.* böyle kızakla kaymak veya gitmek. **toboggan slide** böyle kızakların kayması için yapılmış ve çoğunlukla setlerle çevrilmiş dönüşlü yokuş.

to.by (to'bi) *i.* üç köşeli şapka giyen ihtiyar adam şeklinde yapılmış bira bardağı; *A.B.D.* bir çeşit ince uzun puro.

toc.ca.ta (tıka'tı, tôkka'ta) *i., müz.* tokkata.

to.coph.er.ol (tokaf'ırol) *i.* E vitamini.

toc.sin (tak'sîn) *i.* tehlike işaretini bildiren zil, alarm zili; tehlike işareti.

tod (tad) *i.* çalı, sarmaşık çalısı; 13 kiloluk eski yün tartısı.

to.day (tıdey') *z., i.* bugün; bu günlerde, şimdi; *i.* bugün, şimdiki zaman.

tod.dle (tad'ıl) *f., i.* çocuk gibi sendeleyerek yürümek; gitmek; *i.* çocuk gibi sendeleyerek yürüme. **toddler** *i.* yeni yürümeye başlayan çocuk.

tod.dy (tad'i) *i.* sıcak su ve şekerle karıştırılmış bir içki; Hindistan'da bazı hurma ağaçlarından çıkarılan tatlı bir şıra.

to-do (tıdu') *i., k.dili* heyecanlı faaliyet, telâş, gürültü, patırtı.

to.dy (to'di) *i.* Antil adalarına mahsus ve böcek yiyen bir çeşit küçük kuş, *zool.* Todus.

toe (to) *i., f.* ayak parmağı; ayak ucu; kundura burnu; *f.* ayak parmakları ile vurmak; çiviyi meyilli çakmak. **toe dance** ayak ucunda dans. **toe in** paytak yürümek. **toe out** ayak uçlarını dışa doğru çevirerek yürümek. **toe the mark** koşuda başlangıç çizgisinin üzerinde hazır vaziyette durmak; vazifesini yapmaya hazır bulunmak; kurallara uymak. **be on one's toes** tetikte olmak. **tread on someone's toes** kırmak, incitmek (hisleri). **turn up one's toes** nalları dikmek, ölmek.

toe.hold (to'hold) *i.* güreşte hasmının ayağını bükme, topuk elleme; ancak basacak yer; başlangıç.

toe.nail (to'neyl) *i.* ayak tırnağı.

toff (taf, tôf) *i., İng., argo* kibar adam.

tof.fee (tôf'i, taf'i) *bak.* **taffy.**

tog (tag) *i., f.* (**-ged, -ging**) *k.dili* palto; *çoğ.* elbise; *f., out veya up ile* en iyi elbisesini giymek.

to.ga (to'gı) *i.* eski Roma'da hür erkek vatandaşların özellikle resmî yerlere giderken sarındıkları uzun ve dikişsiz beyaz çarşaf, toga. **togaed, togated** *s.* toga giymiş, togalı; azametli.

to.geth.er (tûgedh'ır, tı-) *z., s.* beraber, birlikte, hep bir yerde, bir arada; aralıksız, fasılasız; *s., A.B.D., argo* sakin, kendine hâkim, kendine güvenen. **get it all together** *argo* sakinleşmek; olumlu davranışı olmak, kendine güvenmek. **together with** ile beraber. **togetherness** *i.* beraber oluş, birbirine yakın oluş; birbirine tutkunluk.

tog.ger.y (tag'ıri) *i., k.dili* giyim eşyası ve bunların satıldığı mağaza.

tog.gle (tag'ıl) *i., f., den.* kasa çeliği; *f.* kasa çeliği ile bağlamak. **toggle harpoon, toggle iron** zıpkının ucuna takılan ve zıpkının çekilmesine engel olan demir kanca; *mak.* mafsallı kol, mafsallı manivela. **toggle joint** *mak.* menteşeli dirsek.

To.go (to'go) *i.* Togo.

toil (toyl) *f., i.* çalışmak, yorulmak, didinmek, zahmet çekmek; zorlukla ilerlemek; *i.* zahmet, meşakkat, yorgunluk; zahmetli iş; uğraş.

toil, toils (toyl, toylz) *i.* tuzak, ağ. **taken in the toils** tuzağa düşmüş, yakalanmış.

toile (twal) *i.* tuval.

toi.let (toy'lît) *i., A.B.D.* tuvalet odası, apteshane; tuvalet; tuvalet masası; giyinip kuşanma, süslenme. **toilet paper** tuvalet kâğıdı. **toilet powder** yüz pudrası. **toilet room** banyo ve tuvalet odası. **toilet table** tuvalet masası. **toilet water** tuvalet suyu.

toi.let.ry (toy'lîtri) *i.* sabun ve tarak gibi tuvalet eşyası.

toi.lette (toy'let, twalet') *i.* kendine çeki düzen verme; giyim tarzı; elbise.

toil.some (toyl'sım) *s.* zahmetli, meşakkatli, emek isteyen, yorucu. **toilsomely** *z.* zahmetle.

toke (tok) *i.*, *A.B.D.*, *argo* nefes, *slang* fırt (sigara, haşiş).

to.ken (to'kın) *i.*, *f.* belirti, nişan, işaret; hatıra, yadigâr, andaç; hususiyet, özellik; jeton; *f.* göstermek, işaret etmek; sembolü olmak. **token money** itibarî para, para yerine geçen sikke veya kâğıt. **by the same token** aynı sebeple. **in token of** belirtisi olarak.

to.ken.ism (to'kınîzım) *i.* ancak sembolik olarak bir reformu yerine getirme.

To.ky.o (to'kiyo) *i.* Tokyo.

to.la (to'la) *i.* Hindistan'da 11,5 gramlık bir ağırlık birimi.

told (told) *bak.* **tell.**

tol.er.a.ble (tal'ırıbıl) *s.* dayanılabilir, çekilebilir, tahammülü mümkün, katlanılabilir; orta, ne iyi ne kötü, iyice; *k.dili* sıhhati oldukça iyi. **tolerableness** *i.* tahammül imkânı. **tolerably** *z.* oldukça, iyice.

tol.er.ance (tal'ırıns) *i.* müsamaha, müsaade, hoşgörü, hoş görme, tahammül; *mak.* tolerans, müsaade edilen hata veya fark derecesi; sikkelerde muteber tutulan ayardan farklı olmasına müsaade edilen ağırlık derecesi.

tol.er.ant (tal'ırınt) *s.* müsamahakâr, tahammüllü, hoşgörücü, sabırlı. **tolerantly** *z.* hoş görerek.

tol.er.ate (tal'ıreyt) *f.* tahammül etmek, menetmemek, müsamaha etmek, hoş görmek, yapılmasına müsaade etmek, katlanmak; *tıb.* bir ilâç veya sarsıntının tesirine dayanmak.

tol.er.a.tion (talırey'şın) *i.* müsaade, müsamaha, hoşgörü; tahammül, sabır; yapılmasına müsaade etme; dinî işlerde fikir farkını hoş görme.

toll (tol) *i.* resim; köprü veya yol parası, geçiş vergisi; geçiş resmi; duhuliye resmi; giriş vergisi, oktruva; geçiş parası alma hakkı; değirmen payı veya hakkı; şehirlerarası telefon ücreti; zorla alma. **death toll** ölü sayısı. **toll bridge** geçiş ücreti alınan köprü. **toll call** şehirlerarası telefon konuşması. **toll collector** köprü geçiş ücretini toplayan kimse. **toll line** şehirlerarası telefon hattı. **toll road** geçiş ücreti alınan yol. **The**

fire took a heavy toll. Yangın çok sayıda can ve mal kaybına sebep oldu. **The three recent deaths in his family took a heavy toll on him.** Ailesindeki üç ölüm ona darbe gibi indi.

toll (tol) *f.*, *i.* çanı ağır ağır çalmak; (saat) çalmak; çan çalarak çağırmak; avı cezbedecek hareketler yapmak; cenaze çanı çalınmak; *i.* ağır çan sesi.

toll.gate (tol'geyt) *i.* geçiş ücretinin ödendiği köprü veya yol girişi.

toll.house (tol'haus) *i.* geçiş ücreti toplayan memurun kulübesi. **tollhouse cookie** içinde ufak çikolata parçaları bulunan fındıklı çörek.

Tol.tec (tal'tek, tol'-) *i.* Orta Meksika'da Azteklerden evvel yaşayan pek medenî bir kavim. **Toltecan** *s.* bu kavme ait.

tol.u.ene (tal'yuwin) *i.* bir çeşit balsamdan çıkarılan ve ilâç veya boya imalâtında kullanılan benzin gibi bir sıvı.

tom (tam) *i.* çeşitli hayvanların erkeği; *b.h.* Thomas adının kısası. **tom turkey** baba hindi. **Tom, Dick and Harry** herkes, avam sınıfı.

tom.a.hawk (tam'ıhôk) *i.*, *f.* Kuzey Amerika kızılderililerinin bir çeşit savaş baltası; *f.* bu balta ile vurup öldürmek. **bury the tomahawk** savaştan vaz geçmek, barış yapmak.

to.man (toman') *i.* toman (İran parası).

to.ma.to (tımey'to, -ma'-) *i.* (*çoğ.* **-es**) domates; domates fidanı; *A.B.D.*, *argo* kız.

tomb (tum) *i.* mezar, kabir, gömüt, sin; türbe.

tom.bac (tam'bäk) *i.* tombak, bakır ve çinko alaşımı.

tom.bo.la (tam'bılı) *i.* tombala oyunu.

tom.boy (tam'boy) *i.* oğlan gibi kız, erkek tavırlı kız.

tomb.stone (tum'ston) *i.* mezar taşı.

tom.cat (tam'kät) *i.* erkek kedi.

Tom Col.lins (tam kal'înz) cin ve soda karışımı bir içki.

tome (tom) *i.* cilt; büyük kitap.

to.men.tose (tımen'tos, to'-), **to.men.tous** (tımen'tıs) *s.* üzeri pamuk gibi tüylü, yünlü.

tom.fool (tam'ful') *i.*, *k.dili* çok ahmak adam.

tom.fool.ery (tam'fu'lıri) *i.* ahmaklık; saçmalık.

tom.my (tam'i) *i.* İngiliz ordusunda er; *İng.*, *k.dili* bir somun veya parça ekmek; bir işçiye ücret yerine verilen eşya; ücret yerine eşya alma.

tom.my.rot (tam'irat) *i., k.dili* saçma.

to.mog.ra.phy (tomag'rıfi) *i.* vücudun röntgen ışınlarıyle çekilmiş belli bir kesitinin resmi.

to.mor.row (tımôr'o, -mar'o) *z., i.* yarın.

tom.pi.on *bak.* tampion.

Tom Thumb Parmak çocuk; cüce.

tom.tit (tam'tit) *i.* baştankaraya benzer ufak kuş.

tom-tom (tam'tam) *i.* tamtam.

-tomy *sonek* kesme.

ton (tʌn) *i.* ton, A.B.D., *Kanada* 2000 libre (909 kilo); *İng.* 2240 libre (1018 kilo); 1000 kiloluk ağırlık; *den.* gemi ambarında 2,83 metre küplük yer; bir ton suya eşit olan gemi istiap ölçüsü. **long ton** büyük ton, 2240 libre. **short ton** küçük ton, 2000 libre.

ton (tôn) *i., Fr.* moda.

to.nal (to'nıl) *s.* ses perdesine ait. **tonally** *z.* ses perdesine dikkat ederek.

to.nal.i.ty (tonäl'ıti) *i., müz.* tonalite, tonculuk, bir bestenin ton özelliği; resimde renk uygunluğu.

tone (ton) *i.* nitelik, perde ve süresi itibariyle ses; müzik sesi; *müz.* aralık; ses rengi; ton, perde; *tıb.* vücudun veya uzvun sıhhatli hali, beden kuvveti; fikir hali; nitelik; *güz. san.* renk tonu; tarz, tavır, hal. **tone color** *müz.* ses rengi. **tone poem** *müz.* senfonik şiir. **half tone, semitone** *i.* yarım perde. **whole tone** tam perde. **toneless** *s.* perdesiz; bıkkınlık ifade eden.

tone (ton) *f., foto.* kimyasal banyo ile rengini değiştirmek; renk almak; rengi uygun düşmek. **tone down** mülâyimleştirmek, yumuşatmak; donuklaştırmak, parlaklığını azaltmak. **tone up** kuvvetlendirmek.

tone-deaf (ton'def) *s.* perde farkını işitemeyen.

tong (tông, tang) *i.* eskiden Amerika Birleşik Devletlerinde faaliyet gösteren gizli Çin örgütü; A.B.D. aile.

Ton.ga Islands (tang'gı) Tonga adaları.

tongs (tôngz, tangz) *i., çoğ.* maşa. **a pair of tongs** maşa.

tongue (tʌng) *i.* dil; lisan; dil şeklinde şey; söz, konuşma; konuşma tarzı; konuşulan dil; araba oku; broş iğnesi; denize uzanan sivri burun, dil. **a sharp tongue** sert söz söyleme eğilimi. **find one's tongue** ye-

niden konuşabilmek, konuşmaya başlamak. **gift of tongues** dinî bir toplantıda bilinmeyen kelimelerle konuşma. **give tongue** havlamak (av köpeği). **have one's tongue in one's cheek** birini memnun etmek için düşündüğünden başka türlü ağız kullanmak, şaka yollu konuşmak. **hold one's tongue** susmak, dilini tutmak. **put out one's tongue** dilini çıkarmak. **smoked tongue** tütsü ile kurutulmuş dil, füme dil. **wag one's tongue** gevezelik etmek, boşboğazlık etmek.

tongue (tʌng) *f., müz.* dil vuruşu yapmak; tahtalara geçme kenar yapmak; *k.dili* konuşmak.

tongue-and-groove joint (tʌng'ıngruv') lamba ve zıvana.

tongue-lash.ing (tʌng'läşîng) *i., k.dili* azarlama, haşlama.

tongue-tied (tʌng'tayd) *s.* dili tutulmuş.

tongue twister tekerleme, ses oyunu.

ton.ic (tan'îk) *i., s.* kuvvet ilâcı, tonik; *müz.* ana nota, baş nota; *dilb.* vurgulu ses; içilecek soda; *s.* ses veya ses perdelerine ait; *dilb.* vurgulu; kuvvet verici; vücudu kuvvetlendirici; resimde gölge ve ışık veya renk etkisine ait. **tonic accent** kelime telaffuzunda vurgu; perde değişmesinden meydana gelen aksan. **tonic sol-fa** do re mi v.b. kelimelerle yazılan ses perdesi sistemi.

to.nic.i.ty (tonîs'ıti) *i.* sıhhat, zindelik, esneklik (kas).

to.night (tınayt') *i., z.* içinde bulunulan gece; içinde bulunulan günün gecesi; *z.* bu gece, bu akşam.

ton.ka bean (tang'kı) tohumları tütüne karıştırılan ve Güney Amerika'ya mahsus bir ağacın meyvası.

ton-mile (tʌn'mayl) *i.* ton-mil.

ton.nage (tʌn'îc) *i.* ton olarak bir geminin taşıma kabiliyeti, istiap haddi, tonaj, tonilato; gemideki yükün ağırlığı; bir memleketin bütün gemilerinin tonajı.

ton.neau (tʌno') *i.* eski bir otomobilin oturacak yerlerini de kapsayan arka kısmı.

to.nom.e.ter (tonam'ıtır) *i.* ses perdesini ölçme aleti; diyapazon, akort verme aleti; gözün tansiyonunu ölçme aleti.

ton.sil (tan'sıl) *i., anat.* bademcik. **tonsillar** *s.* bademciğe ait, bademcikle ilgili. **tonsillec'tomy, tonsillot'omy** *i., tıb.* badem-

cik ameliyatı. **tonsillitis** (tansılay'tîs) *i.,*
tıb. bademcik iltihabı.

ton.so.ri.al (tansôr'iyıl) *s.* berbere ve ber-
berliğe ait.

ton.sure (tan'şır) *i., f.* Katolik papazlarının
tıraş olunan tepe kısmı; başın tepesini tıraş
etme; *f.* Katolik papazının tepesini tıraş etmek.

ton.tine (tan'tin) *i.* bir çeşit ortaklaşa hayat
sigortası sistemi, tontin.

to.nus (to'nıs) *i., tıb.* devamlı kas kasılması;
biyol. bir uyarıya cevap olarak kasların ka-
sılma yeteneği.

too (tu) *z.* fazla, lüzumundan fazla, hadden
ziyade; de, dahi, ilâveten, ek olarak, hem
de. **Too bad!** Vah vah! **I am too going.**
Ne yaparsan yap, gideceğim. **This has
gone too far.** Bu mesele sıktı artık.

took (tûk) *bak.* **take.**

tool (tul) *i., f.* alet, el aleti, kalem; *çoğ.* takım,
avadanlık; herhangi bir işi görmek için ge-
rekli olan vasıta; herkesin oyuncağı olan
kimse; *argo* penis; *f.* aletle şekil vermek veya
yapmak; kalıp gibi aletle süslemek; *argo*
arabaya binip sürmek. **tool box** takım ku-
tusu. **tool'ing** *i.* çizgili olarak taş yontma;
sıcak kalıpla kitap kapağına süs yapma.

toon (tun) *i.* Batı Hint adalarına mahsus ve
kırmızı olan kerestesi mobilya için kulla-
nılan bir ağaç.

toot (tut) *f., i.* boru çalmak, boru gibi ses çı-
karmak; *i.* boru sesi; düdük sesi; *argo* içki
âlemi.

tooth (tuth) *i.* (*çoğ.* **teeth**) *f.* diş; diş gibi
çıkıntı, diş şeklinde şey; diş gibi kesen şey;
belirli bir yemeğe olan aşırı düşkünlük; *çoğ.*
keskin ve içine işleyen şey; *f.* diş diş etmek,
kenarına diş yapmak. **armed to the teeth**
baştan tırnağa kadar silâhlı. **a bone in his
teeth** gemi giderken önünde meydana ge-
len su fışkırması. **by the skin of one's
teeth** ancak, güçbelâ. **cast it in his teeth**
yüzüne vurmak, yüzüne karşı söylemek.
cut a tooth diş çıkarmak. **fight tooth
and nail** çok şiddetli dövüşmek. **get one's
teeth into** kendini vermek (işine). **in the
teeth of** karşı karşıya. **show one's teeth**
tehdit etmek. **It set my teeth on edge.**
Dişlerimi kamaştırdı. **They put teeth in
that law.** Koydukları madde ile kuralın

etkisini artırdılar. **toothed** *s.* dişli. **tooth'y**
s. dişlek.

tooth.ache (tuth'eyk) *i.* diş ağrısı.

tooth.brush (tuth'brʌş) *i.* diş fırçası. **tooth-
brush tree** misvak ağacı, *bot.* Salvadora
persica.

tooth.paste (tuth'peyst) *i.* diş macunu.

tooth.pick (tuth'pîk) *i.* kürdan, diş karıştırıcı.

tooth.pow.der (tuth'paudır) *i.* diş tozu.

tooth.some (tuth'sım) *s.* lezzetli, tadı güzel,
iştah açıcı; hoş. **toothsomely** *z.* lezzetle;
hoşça. **toothsomeness** *i.* lezzetlilik; hoşluk.

tooth.wort (tuth'wırt) *i.* dişotugillerden her-
hangi bitki, *bot.* Dentaria; gizli otu, *bot.*
Lathraea.

too.tle (tut'ıl) *f.* nefesli sazlarda yavaş ve de-
vamlı ses çıkarmak.

toots (tûts) *i., A.B.D., argo* kız; *gen. ünlemle
kullanılır:* **Hi, toots!** N'aber kız?

toot.sy, toot.sy-woot.sy (tût'si, -wût'si) *i.,*
argo (çocuk, kadın) ayak.

top (tap) *i., s.* üst, tepe; zirve, doruk; baş; başın
tepesinde bulunan saç tutamı; *çoğ.* bitki-
nin toprak üstünde kalan kısmı; en yüksek
derece, en yüce yer; *den.* çanaklık; *spor*
topun tepesine vuruş; *s.* en yüksek; âlâ,
birinci derecedeki, birinci sınıf. **top boot**
uzun potin. **top hat** silindir şapka. **top'-
less** *s.* üstü olmayan; belden yukarısı çıp-
lak. **top'most** *s.* en üstteki. **at the top
of his lungs** bar bar, avazı çıktığı kadar.
blow one's top *argo* tepesi atmak; çıl-
dırmak. **go over the top** siperden çıkıp
saldırmak; beklenilenden daha çoğunu elde
etmek. **off one's top** kafadan çatlak, kaçık.
on top zirvede; başta, en güçlü; başarılı.
on top of en tepede; üstünde; ilâveten,
ek olarak; az kalsın, nerdeyse. **on top of
that** hem de, üstelik. **one thing on top
of another** üst üste, birbiri üstüne. **over
the top** fazladan. **I'm on top of the world.**
Dünyalar benim oldu.

top (tap) *f.* (**-ped, -ping**) tepesini kesmek;
üstünü kapamak, kapak koymak; kapak
yerine geçmek; tepesine çıkmak; tepeye
varmak, üstünden geçmek; geçmek, üstün
gelmek; üstesinden gelmek; *kim.* damıtarak
en uçucu kısmını ayırmak; *spor* topun tepe-
sine vurmak. **top off** bitirmek, sona erdirmek;

tepeleme doldurmak. **Can you top this?**
Bundan daha iyisini uydurabilir misiniz?
top (tap) *i.* topaç. **sleep like a top** külçe gibi
uyumak.

to.paz (to'päz) *i.* topaz; bir çeşit sarı safir.

to.paz.o.lite (topäz'ılayt) *i.* sarı veya zeytin
renginde grena.

top.coat (tap'kot) *i.* palto.

top-drawer (tap'drôr') *s.*, *k.dili* iyi cins, üstün.

top-dress.ing (tap'dresing) *i.* serpme gübre.

tope (top) *i.* ufak kubbeli Buda tapınağı.

tope (top) *i.* camgöz, *zool.* Galeus canis.

tope (top) *f.* çok içki içmek, ayyaş olmak. **top'er**
i. ayyaş kimse, bekri kimse.

to.pec.to.my (topek'tımi) *i.* beyindeki ön
lobun kısmen çıkarılması.

top.flight (tap'flayt) *s.* en iyi kalite, üstün.

top.gal.lant (tıgäl'ınt, tapgäl'ınt) *i.*, *den.* ba-
bafingo.

top-heav.y (tap'hevi) *s.* havaleli, üst tarafı
çok yüklü.

To.phet (to'fet) *i.* Kudüs şehri yakınlarındaki
Hinnom deresinde eskiden çocukların kur-
ban edildiği bir yer; cehennem.

to.phus (to'fıs) *i.* (*çoğ.* **to.phi**) *tıb.* gut has-
talığında mafsallarda kireç toplanması.

to.pi.ar.y (to'piyeri) *s.*, *i.*, *bahç.* süslü şekilde
budanmış; *i.* süslü şekilde budama sanatı;
böyle düzenlenmiş bahçe.

top.ic (tap'ik) *i.* konu, mevzu.

top.i.cal (tap'ikıl) *s.* konuya ait; tartışmalı; yö-
resel, mahallî, mevzii; güncel, günün mese-
lelerine değinen; *tıb.* lokal. **topical col-
oring** kumaş basması, bez üstüne yapılan
renkli basma. **topical song** güncel konulu
şarkı. **topically** *z.* tartışmalı olarak; yöre-
sel olarak.

top.knot (tap'nat) *i.* kuş sorgucu, tepe, ibik;
saç topuzu; kordele ve tüy gibi saç süsü.

top.mast (tap'mıst) *i.*, *den.* gabya çubuğu.

top.notch (tap'naç) *s.* en iyi kalite, üstün.

to.pog.ra.phy (tıpag'rıfi) *i.* topografya. **topog-
rapher** *i.* topografya uzmanı. **topog-
raphic(al)** (tapıgräf'ik, -ıl) *s.* topograf-
yaya ait, topografik.

to.pol.o.gy (tıpal'ıci) *i.*, *mat.* geometrik şe-
killerin veya üç boyutlu cisimlerin bazı du-
rumlarda değişmeyen özelliklerini inceleyen
matematik dalı.

top.o.nym (tap'ınîm) *i.* yer ismi; bulunduğu

yerden dolayı verilen isim. **topon'ymy** *i.*
yer adları bilgisi.

top.per (tap'ır) *i.* bir şeyin tepesini kesen kimse
veya alet; kaban; *argo* üstün kimse; *argo*
kaliteli şey; *argo* silindir şapka.

top.ping (tap'ing) *s.*, *i.* üstün, âlâ; *İng.*, *k.dili*
zinde, çok sıhhatli; çok iyi; *i.* tepesini kes-
me; tepe; sos.

top.ple (tap'ıl) *f.* devirmek; devrilmek, düşe-
cek gibi yana yatmak; itip yuvarlamak, dü-
şürmek. **topple over** düşmek.

tops (taps) *s.*, *argo* en iyi, birinci sınıf.

top.sail (tap'sıl) *i.* gabya yelkeni.

top-se.cret (tap'si'krît) *s.*, *A.B.D.*, *ask.* çok gizli.

top.side (tap'sayd) *i.*, *den.*, *gen.* *çoğ.* gemi-
nin su hattından yukarı olan dış yanı, borda.

top.soil (tap'soyl) *i.* toprağın üst tabakası,
humus.

top.sy-tur.vy (tap'si.tır'vi) *z.*, *s.*, *i.* altüst, baş
aşağı, karmakarışık; *i.* baş aşağı vaziyette
olma; karışıklık.

toque (tok) *i.* başa sıkıca oturan kenarsız bir
kadın şapkası.

tor (tôr) *i.* kayalık yüksek tepe, kayalık burun.

To.rah (tôr'ı) *i.* Tevrat, Eski Ahdin ilk beş ki-
tabı; Musa şeriatı; *k.h.* Musevi edebiyatında
kanun.

torc, torque (tôrk) *i.* burma madenden ger-
danlık.

torch (tôrç) *i.* meşale; asetilen lambası; *İng.*
cep feneri; *argo* yangın çıkarma delisi. **torch
race** eski Yunanlılarda koşucuların elde
tuttukları meşaleleri birbirine vererek yap-
tıkları menzil yarışı. **torch singer** melan-
kolik aşk şarkıları söyleyen kimse. **torch
song** melankolik bir aşk şarkısı. **carry a
torch for** *argo* karşılık görmeksizin sevmek.
hand on the torch ilim ışığını devam ettir-
mek.

torch.bear.er (tôrç'berır) *i.* meşale taşıyan
kimse; bilgi veya doğruluk yayan kimse.

torch.light (tôrç'layt) *i.* meşale ışığı.

tor.chon lace (tôr'şan, tôrşôn') keten ipliğiyle
işlenen bir çeşit dayanıklı dantela.

tore (tôr) *bak.* **tear.**

tore (tôr) *i.*, *mim.* tam kaval (yarım daire pro-
filinde yuvarlak silme kısmı).

tor.e.a.dor (tôr'ıyıdôr, *Sp.* tor'eyadhor) *i.* boğa
güreşçisi, toreador. **toreador pants** ba-
lıkçı pantolonu.

to.reu.tic (tıru'tik) *s.* maden oymacılığına ait. **toreutics** *i.* maden oymacılığı.

to.ri.i (tôr'îyi) *i.* Japonya'da Şinto tapınağının ulu ve süslü "tore" kapısı.

tor.ment (tôr'ment) *i.* işkence, eziyet, ezinç, eza, elem, azap, cefa; cehennem.

tor.ment (tôrment') *f.* işkence etmek, eziyet etmek, eza vermek, azap çektirmek; canını sıkmak, başını ağrıtmak; kızdırmak. **tormentingly** *z.* işkence edercesine. **tormentor** *i.* eziyetçi kimse; işkence aleti; sahne içindeki yan perde.

tor.men.til (tôr'mentil) *i.* beşparmakotu, *bot.* Potentilla reptans.

torn (tôrn) *f., bak.* **tear.**

tor.na.do (tôrney'do) *i.* (*çoğ.* -does, -dos) kasırga; hortum; şiddetli fırtına.

tor.ose (tôr'os), **tor.ous** (tôr'ıs) *s., bot.* yumrulu; *zool.* şişkin, çıkıntılı, boğumlu.

tor.pe.do (tôrpi'do) *i.* (*çoğ.* -does, -dos) *f.* torpil; demiryolu üzerine konulup işaret olarak tekerlekler altında patlatılan fişek; eğlence için taş üzerine atılıp patlatılan fişek; uyuşturanbalığı, torpilbalığı, *zool.* Raia toppedo; *f.* torpillemek, torpil ile harap etmek veya batırmak. **torpedo boat** torpido, torpidobot. **torpedo-boat destroyer** muhrip. **torpedo net** torpil ağı. **torpedo station** torpido üssü. **torpedo tube** torpil atmaya mahsus kovan.

tor.pid (tôr'pîd) *s.* uyuşmuş, uyuşuk; cansız gibi; durgun; duygusuz; faaliyetsiz. **torpidity** (tôrpîd'ıti), **torpidness** *i.* uyuşukluk, hareketsizlik, cansızlık. **torpidly** *z.* uyuşukça; hareketsizce.

tor.por (tôr'pır) *i.* uyuşukluk, cansızlık, hareketsizlik; sersemlik. **torporif'ic** *s.* uyuşukluk getirici, uyuşturucu.

tor.quate (tôr'kwit) *s., zool.* boynu halkalı.

torque (tôrk) *i., mak.* devir meydana getiren kuvvet, dönme momenti; bazı sıvı ve bilûrlardan geçme sonucunda polarılmış ışık düzleminde meydana gelen dönel etki; *bak.* **torc.**

tor.re.fy, tor.ri.fy (tôr'ıfay, tar'ı-) *f.* kavurmak, yakmak; *mad. tas.* yüksek ısıyla gazlarını defetmek için kurutmak; *ecza.* kurutup gevrekleştirmek. **torrefac'tion** *i.* kavurma.

tor.rent (tôr'ınt) *i.* sel, çok hızlı akıntı; sel gibi akan veya zorlu şey.

tor.ren.tial (tôren'şıl) *s.* sel gibi; selden meydana gelen; şiddetli, kızışık. **torrentially** *z.* sel gibi.

Tor.ri.cel.li.an (tôrisel'iyın) *s.* barometrenin ana ilkesini keşfeden İtalyan fizik bilgini Toricelli'ye ait veya onunla ilgili. **Torricellian tube** barometrenin cam tübü. **Torricellian vacuum** barometre cıvası üzerindeki hava boşluğu.

tor.rid (tôr'îd) *s.* güneşten kavrulan; çok sıcak, kızgın, ateş gibi yakıcı. **Torrid Zone** Sıcak Kuşak. **torrid'ity** *i.* sıcaklık, yakıcılık.

tor.sion (tôr'şın) *i.* burma, bükme, kıvırma; burulma, bükülme, kıvrılma; *mak.* burulmuş tel veya çubuğun eski haline dönmesini gerektiren kuvvet. **torsion balance** burulmalı terazi. **torsion meter** burma ölçeği. **torsion scale** tel veya maden çubuklarının burulması ile işleyen terazi. **torsional** *s.* burulma kabilinden, bükülmeye ait. **torsionally** *z.* burarak.

torsk (tôrsk) *i.* mezgitgillerden herhangi bir balık, *zool.* Gadidae.

tor.so (tôr'so) *i.* insan gövdesi; heykel gövdesi; güdük şey.

tort (tôrt) *i., huk.* haksız muamele, haksız fiil. **tort-feasor** (tôrt'fizır) *i., huk.* haksız fiil işleyen kimse.

torte (tôrt) *i., ahçı.* turta.

tor.ti.col.lis (tôrtıkal'îs) *i., tıb.* kasılma sonucu boynun çarpılması, boyun tutulması.

tor.tile (tôr'til) *s.* bükülmüş, çöreklenmiş.

tor.til.la (tôrti'ya) *i., Meksika* bir çeşit pizza, lahmacun.

tor.tious (tôr'şıs) *s., huk.* haksız fiil kabilinden.

tor.toise (tôr'tıs) *i.* kaplumbağa, tosbağa, *zool.* Testudo. **tortoise shell** bağa.

tor.toise-shell (tôr'tıs.şel) *i.* çilli evcil kedi, üç renkli dişi kedi.

tor.tu.ous (tôr'çuwıs) *s.* eğri büğrü, dolambaçlı, büküle kıvrıla uzayan; hileli. **tortuosity** (tôrçuwas'ıti) *i.* eğri büğrülük, yılankavilik. **tortuously** *z.* eğri büğrü bir şekilde.

tor.ture (tôr'çır) *i., f.* işkence, eza, eziyet, azap, elem; *f.* işkence etmek, eziyet etmek, azap vermek; biçimini bozmak, anlamını değiştirmek.

to.rus (tôr'ıs) *i.* (*çoğ.* **to.ri**) *mim.* tam kaval; *anat.* kasta veya kemikte yuvarlak çıkıntı, yumru, kabartı; *bot.* çiçek tablası.

To.ry (tôr'i) *i., s., İng.* tutucu parti üyesi; *s., k.h.* tutucu. **Toryism** *i.* tutuculuk.

tosh (taş) *i., İng., k.dili* saçma.

toss (tôs) *f., i.* atmak; havaya fırlatmak; (başı) arkaya doğru silkmek; öteye beriye çarpmak; çalkalamak, çalkandırmak; çalkanmak; bir yandan öbür yana atılmak; silkinmek, sarsılmak; karıştırmak; tartışmak; yazı tura için parayı havaya atmak; *i.* fırlatma, atma; atılma; (başı) arkaya silkme; yazı tura için para atma; bahis. **tossed salad** hafifçe altüst edilmiş salata. **toss down** içivermek, yuvarlamak. **toss off** bir yudumda içmek, yuvarlamak; yapıvermek. **toss up** yazı tura için para atmak; hazırlayıvermek. **win the toss** yazı turada kazanmak. **I tossed and turned all night.** Bütün gece kıpır kıpır döndüm.

toss.up (tôs'ʌp) *i.* yazı tura için para atma; düşeş, şans işi.

tot (tat) *i.* ufak çocuk, yeni yürüyen çocuk; azıcık içki.

tot (tat) *f.* (**-ted, -ting**) *gen.* **up** *ile* toplamak.

to.tal (tot'ıl) *s., i., f.* (**-ed, -ing** *veya* **-led, -ling**) bütün, tam, tamam; top yekûn; *i.* toplam, yekûn, tutar; top, hepsi; *f.* toplamak, yekûnunu bulmak; tutmak, etmek; *argo* tamamen harap etmek. **total abstinence** alkolden kaçınma, Yeşilaycılık. **total eclipse** güneşin tam tutulması. **total loss** tam zarar. **total war** top yekûn savaş. **totality** (totäl'iti) *i.* bütünlük, tümlük; *astr.* ay veya gün tutulmasının tam olduğu süre. **totally** *z.* tamamen, bütün bütün.

to.tal.i.tar.i.an (totäliter'iyin) *s., i.* totaliter, bütüncül; *i.* totaliter yönetim yanlısı. **totalitarianism** *i.* totalitercilik.

to.tal.ize (tot'ılayz) *f.* toplamak. **totaliza'tion** *i.* toplama. **totalizer, totalizator** *i.* at yarışlarında müşterek bahisleri kaydedip toplayan hesap makinası.

tote (tot) *f., i., A.B.D., k.dili* taşımak; *i.* taşıma; yük. **tote bag** kadınların büyük el çantası.

to.tem (to'tım) *i.* ongun, totem; totem heykeli. **totem pole** totem heykeli. **totemism** *i.* ongunculuk, totemizm. **totemist** *i.* onguncu, toteme inanan kimse; totem uzmanı.

toth.er, t'oth.er (tʌdh'ır) *zam., k.dili* öbürü.

tot.ter (tat'ır) *f.* sendelemek, yalpalamak, sallanmak. **totteringly** *z.* sendeleyerek. **tottery** *s.* sarsak; sallantıda olan.

tou.can (tukän', tukan') *i.* tukan, *zool.* Rhamphastidae.

touch (tʌç) *f.* dokunmak, ellemek, el sürmek; temas etmek, değmek; bitişik olmak; erişmek; yaklaşmak; tesir etmek; düzeltmek; mütehassıs olmak; *argo* para koparmak; *İng., argo* aldatmak; sözünü etmek, bahsetmek; yemek; *müz.* çalmak; *mat.* teğet geçmek, değmek. **touch at** uğramak. **touch bottom** dibe değmek; (fiyat) çok düşmek; (ümit) suya düşmek. **touch down** inmek. **touch off** patlatmak, ateşlemek. **touch on** (konuya) dokunmak, değinmek. **touch one to the quick** ciğerine işlemek, yüreğine tesir etmek. **touch the heart of** yüreğini yumuşatmak, etkilemek. **touch up** retuş yapmak. **touch wood** nazar değmesin diye tahtaya vurmak. **He touched his hat.** Şapkasına dokunarak selâm verdi. **I don't dare touch wine.** Şaraba el süremem. **touch'able** *s.* dokunulur, el sürülebilir.

touch (tʌç) *i.* dokunma, dokunuş, temas, değme; bitişik olma; dokunum, dokunma duyusu; hisleri uyandırma kuvveti; koku, çeşni; iz; üslûp; *argo* kendisinden kolayca para koparılan kimse; *argo* para isteme; *müz.* tuşlayış, dokunuş; tuşların direnci; *spor* taç. **touch and go** tehlikeli durum; (konuya) şöyle bir dokunma. **touch football** özel teçhizatsız oynanan bir çeşit Amerikan futbolu. **touch needle** ayar iğnesi; mihenk veya altın ayar iğnesi. **a soft touch** kendisinden kolayca para koparılan kimse. **finishing touches** tamamlayıcı düzeltmeler, son retuşlar. **keep in touch with** temasta bulunmak, alâkayı devam ettirmek. **the royal touch** sıraca hastalığının ilâcı farz edilen kralın el dokunuşu. **I felt a touch of rheumatism this morning.** Bu sabah romatizma beni şöyle bir yokladı. **The writer has a light touch.** Yazarın hoş bir üslûbu var.

touch-and-go (tʌç'ıngo') *s.* tehlikeli, nazik; baştan savma, gelişigüzel, yüzeysel.

touch.down (tʌç'daun') *i.* Amerikan futbolunda gol.

tou.ché (tuşey') *ünlem* (eksrimde) Tuş! Dokundun! Tam yerinde!

touch.hole (tʌç'hol) *i.* eski toplarda falya deliği.

touch.ing (tʌç'îng) *s., edat* dokunaklı, içe dokunur, etkili; *edat* -e dayanarak, -e bağlı olarak. **touchingly** *z.* dokunaklı bir şekilde.

touch-me-not (tʌç'minat) *i.* kınaçiçeği, *bot.* Impatiens.

touch.stone (tʌç'ston) *i.* denektaşı, mihenk taşı.

touch-type (tʌç'tayp) *f.* bakmadan daktilo kullanmak.

touch.wood (tʌç'wûd) *i.* ağaç kavı, kav.

touch.y (tʌç'i) *s.* alıngan, çabuk darılır; titiz, huysuz; çabuk tutuşan. **touchily** *z.* alınganca. **touchiness** *i.* alınganlık; titizlik.

tough (tʌf) *s., i.* kopmaz, kırılmaz; sert, pek dayanıklı; kart; güç, zor, çetin; kuvvetli, eğilmez; direşken; belâlı; *i.* külhanbeyi. **tough spot** çıkmaz. **That's tough. Tough luck.** Geçmiş olsun. Vah, vah! Pek yazık. **He had the toughest beat in the city.** Şehrin en olaylı devriyesi onun üzerindeydi. **tough'ish** *s.* epeyce dayanıklı; pişkince; kartça; güççe. **tough'ly** *z.* güçlükle. **tough'ness** *i.* dayanıklılık; güçlük.

tough.en (tʌf'ın) *f.* katılaşmak, katılaştırmak; güçlüklere alıştırmak.

tough.ie (tʌf'i) *i., k.dili* külhanbeyi; çıkmaz durum, açmaz.

tough-mind.ed (tʌf'mayndîd) *s.* katı, yeğin; çetin; çakırpençe.

tou.pee (tupey', -pi') *i.* eğreti tepe saçı, ufak peruka.

tour (tûr) *i., f.* devir; gezi, tur, seyahat; dünya seyahati, uzun yolculuk; turne; nöbet; *f.* seyahat etmek, tur yapmak, gezintiye çıkmak; turneye çıkmak. **tour of duty** tayin edilen bir yerde çalışma süresi. **tour the Continent** Avrupa'yı dolaşmak. **the grand tour** tahsilin tam olması için aristokrat çocuklarının Avrupa'yı dolaşması. **touring car** büyük açık otomobil.

tou.ra.co (tûr'ıko) *i.* Afrika muzculu, *zool.* Turacus fischeri.

tour.bil.lion (tûrbil'yın) *i.* helezonî şekilde havaya yükselen fişek; kasırga.

tour de force (tur dı fôrs') *Fr.* üstün kudret veya hüner gösterisi.

tour.ism (tûr'îzım) *i.* turizm; zevk için yapılan geziler.

tour.ist (tûr'îst) *i.* turist. **tourist agency** seyahat acentesi. **tourist class** bazı vapurlarda ikinci ve üçüncü mevkiler arasında yolcu mevkii, turistik mevki.

tour.ma.line (tûr'mılin, -lin) *i.* kıymetli taş gibi kullanılan ve birçok renkleri bulunan şeffaf bir taş.

tour.na.ment (tır'nımınt, tûr'-) *i.* yarışma, turnuva; ortaçağda mızrak oyunu; turnuva oyunları.

tour.ney (tır'ni, tûr'-) *i., f.* turnuva; *f.* turnuvaya katılmak; mızrak oyununa katılmak.

tour.ni.quet (tûr'nıket, -key, tır'-) *i.* kan akıntısını durdurmak için kola veya bacağa sarılan sıkı sargı.

tou.sle (tau'zıl) *f.* arap saçına çevirmek, bozmak, karıştırmak, karmakarışık etmek.

tous-les-mois (tuleymwa') *i., Fr.* tespihçiçeğinin nişastalı yumru kökü.

tout (taut) *f., i., k.dili* müşteri aramak, simsarlık etmek; oy toplamak; yarış taliminde atları gizlice gözetlemek; bahis tutan kimseye atlar hakkında önceden bilgi vermek; *i.* yarış taliminde atları gözetleyip bahisçilere önceden bilgi veren kimse; simsar.

tout de suite (tutswit') *Fr.* derhal, hemen.

tout en.semble (tutansan'bl) *Fr.* genel etki.

to.va.risch (tava'rîş) *i., Ru.* yoldaş.

tow (to) *f., i.* yedeğe alıp çekmek; çekmek; *i.* yedekte çekme veya çekilme; yedekte çekilen duba; çekme halatı. **have in tow** yedekte bulundurmak; peşine takıp gezdirmek. **take in tow** yedeğe almak, yedekte çekmek; himaye altına almak. **tow'age** *i.* yedekte çekme; yedek ücreti.

tow (to) *i.* kıtık.

to.ward (tôrd) *s.* yumuşak başlı, uysal; yaklaşan. **toward'ly** *s., eski* uslu, uysal; uygun.

to.ward(s) (tôrd, tıwôrd'; tôrdz) *edat* -e doğru, doğrultusunda, tarafına doğru; -e yakın, -e karşı; için. **towards evening** akşama doğru, akşam üzeri.

tow.boat (to'bot) *i.* römorkör.

tow.el (taul, tau'wıl) *i., f.* havlu, silecek, peşkir; *f.* havlu ile kurulamak veya kurulanmak. **Turkish towel** kaliteli havlu. **towel(l)ing** *i.* havluluk bez. **throw in the towel** *k.dili* pes demek.

tow.er (tau'wır) *i., f.* kule, burç; kale, hisar; *f.* başkalarından yüksek olmak; dikine havalanmak (kuş). **tower over** bir diğerinden daha yüksek olmak. **a tower of strength** insana manevi kuvvet veren kimse. **the Tower** Londra'nın eski kalesi. **water tower** yüksek su deposu.

tow.er.ing (tau'wîrîng) *s.* yüksek, kule gibi; çok şiddetli, şiddeti artan. **towering rage** dehşetli öfke.

tow.head (to'hed) *i.* sırma saçlı kimse.

tow.line, tow.rope (to'layn, to'rop) *i.* çekme halatı.

town (taun) *i.* kasaba; şehir; şehir halkı; şehrin iş merkezi. **town and gown** tüccarlar ile üniversite. **town clerk** kasaba sicil memuru. **town council** belediye meclisi. **town crier** şehir tellâlı. **town hall** belediye binası. **town house** şehirdeki ev; *İng.* belediye dairesi. **town meeting** kasabada oy kullanma hakkı olan herkesin katıldığı toplantı. **town talk** şehir dedikodusu veya söylenti konusu, şehir havadisi. **go to town** şehre inmek; *argo* harıl harıl yapmak. **on the town** vakıftan yardım görmekte; *argo* çakırkeyf, âlemde. **paint the town red** *argo* çok gürültülü eğlenti yapmak.

town.ship (taun'şîp) *i.* kasaba ile yöresi ve bağlantıları, kaza, ilçe.

towns.man (taunz'mın) *i.* şehirli, hemşeri.

towns.people (taunz'pipıl) *i.* şehir halkı.

tow.path (to'päth) *i.* kanal kenarında gemiyi çeken beygirlere mahsus yedek yol.

tox.e.mi.a (taksi'miyı) *i.* kan zehirlenmesi.

tox.ic (tak'sîk) *s.* zehir nev'inden, zehirden meydana gelmiş, zehirli. **toxicant** *s., i.* zehirli, zehirleyici, zehir meydana getiren; *i.* zehirli madde. **toxica'tion** *i.* zehirleme, zehirlenme.

tox.i.col.o.gy (taksıkal'ıci) *i.* zehirbilim, zehirler bilgisi, toksikoloji. **toxicolog'ical** *s.* zehirbilimsel. **toxicologist** *i.* zehirbilim uzmanı.

tox.in, -ine (tak'sîn, -sin) *i.* toksin.

toy (toy) *i., f., s.* oyuncak; oyuncak gibi ufak şey, önemsiz şey; *f.* eğlenmek, oynamak; *s.* oyuncak gibi, küçük, ufak. **toy shop** oyuncakçı dükkânı.

tr. *kıs.* **trace, translated, translator, treasurer, trust.**

tra.be.ate, -at.ed (trey'biyeyt, -eytid) *s., mim.* sütun pervazlı, saçaklıklı.

tra.bec.u.la (tribek'yılı) *i.* (*çoğ.* -lae) *anat.* bağ. **trabecular, trabeculate** *s.* bağ gibi.

trace (treys) *i., f.* iz, eser, nişan; azıcık şey, zerre, az miktar; işaret; kalıntı; ormanda patika; hafif çizgi; *f.* izlemek; izini araştırıp bulmak; ayrıntıları ile tanımlayarak aslını göstermek; çizmek; dikkatle çizmek veya yazmak; şeffaf kâğıt üzerinden kopya etmek; oymak, hakketmek; geçmek. **trace back** aslını arayıp bulmak. **trace out** krokisini yapmak, planını çizmek. **trace over** şeffaf kâğıt üzerinden kopya etmek. **traces of pain** ağrı belirtileri, hafif ağrılar. **He traces his family back to the fifteenth century.** Soyu on beşinci yüzyıla kadar uzanıyor. **No trace remains.** Hiç bir iz kalmadı. **trace'able** *s.* izlenebilir, izi bulunabilir.

trace (treys) *i.* arabanın koşum kayışı; *mak.* hareket aktarmak için iki parçayı birleştirip işleten çubuk. **kick over the traces** gemi azıya almak.

trac.er (trey'sır) *i.* izleyen şey veya kimse; kopya çıkaran alet; kayıp şeyleri soruşturma belgesi; terzi ruleti; *tıb.* hastalığın yerini saptamak için vücuda zerkedilen radyoaktif izotop. **tracer bullet** giderken havada iz bırakan kurşun.

trac.er.y (trey'sıri) *i.* oyma taşta yapraksı süs.

tra.che.a (trey'kıyı) *i.* (*çoğ.* -ae) *anat.* nefes borusu, soluk borusu; *bot.* yapraklarda bulunan ufak damar, trake. **tracheal** *s.* soluk borusuna veya damara ait. **tracheotomy** (treykiyat'ımi) *i., tıb.* soluk borusunu açma ameliyatı.

tra.che.i.tis (treykiyay'tîs) *i., tıb.* soluk borusu iltihabı.

tra.cho.ma (trıko'mı) *i., tıb.* trahom. **trachomatous** (trıkam'ıtıs) *s.* trahomlu.

tra.chyte (trey'kayt, träk'ayt) *i., jeol.* trakit.

trac.ing (trey'sîng) *i.* kopya etme; kopya; iz, yol. **tracing paper** aydinger kâğıdı, ince kopya kâğıdı.

track (träk) *i., f.* iz, eser, nişan; ayak veya tekerlek izi; yol; koşu yolu; *spor* atletizm, koşma, atlama ve atma; ray; dizi, seri; *f.* izlemek, takip etmek; izini aramak; geçmek; iz bırakmak veya yapmak; iki tekerlek arasında uzanmak (mesafe). **track down** izleyerek bulmak.

track man *spor* koşucu, atlet. **track meet** *spor* atletizm karşılaşması. **track shoe** kabaralı ayakkabı. **across the tracks** kenar mahallede. **double track** çift hatlı (demiryolu). **in one's tracks** olduğu yerde. **jump the track** raydan çıkmak; yoldan sapmak, geçmek, atlamak. **keep track of** dikkatle izlemek; ilişkiyi devam ettirmek. **lose track of** bağlantıyı kaybetmek, izini yitirmek. **make tracks** acele gitmek. **off the track** hattan çıkmış; konudan ayrılmış. **on the track** konuyla ilgili. **on the right track** doğru yolda. **in his tracks** peşinde, izinde. **single track** tek hatlı, tek yönlü. **single-track mind** aymazlık, gözü bağlılık. **the beaten track** çok geçilmiş yol, işlek yol. **The children tracked snow into the house.** Çocuklar ayakkabılaryle karı içeriye taşıdılar. **track'er** *i.* izleyen kimse.

track.age (träk'ic) *i.* demiryolu rayları; başka kumpanyanın demiryolunu kullanma hakkı; bu hakkı kullanmak için verilen para.

track.less (träk'lis) *s.* izsiz, iz kalmayan; yolsuz; raysız giden. **tracklessly** *z.* izsiz, iz bırakmadan. **tracklessness** *i.* izsizlik.

track.man (träk'mın) *i., d.y.* hat bekçisi.

tract (träkt) *i.* dinsel veya törel risale; broşür.

tract (träkt) *i.* saha, alan, arazi parçası, toprak; *anat.* nahiye, bölge. **digestive tract** sindirim sistemi.

tract.a.ble (träk'tıbıl) *s.* söz dinler, yumuşak başlı, uysal; kolay işlenir, şekle girer. **tractabil'ity, tractableness** *i.* yumuşaklık, uysallık. **tractably** *z.* uysallıkla.

trac.tate (träk'teyt) *i.* risale, broşür.

trac.tile (träk'til) *s.* çekilip uzar, çekilebilir.

trac.tion (träk'şın) *i.* çekme, çekilme; *fiz.* çekiş gücü. **traction engine** yük çekme lokomotifi veya traktörü. **traction wheel** lokomotiften kuvvet alan tekerlek. **in traction** *tıb.* askıda. **tractional** *s.* çekme kuvvetine ait. **tractive** *s.* çekici.

trac.tor (träk'tır) *i.* traktör; kamyonun şoför mahalli.

trade (treyd) *i., f.* alışveriş; ticaret; iş, sanat, meşguliyet; esnaf; pazarlık; değiş tokuş, takas, trampa; müşteriler; *f.* alışveriş etmek; ticaret yapmak; iş yapmak. **trade agreement** ticari anlaşma. **trade discount** toptancı indirimi. **trade in** eskisini yenisine fiyat farkıyle değiştirmek. **trade journal** mesleki mecmua. **trade mark** alâmeti farika, ticari marka. **trade name** ticari isim, ticaret unvanı. **trade off** değiş tokuş ederek elden çıkarmak. **trade on** -den faydalanmak. **trade route** ticaret yolu. **trade school** meslek okulu, sanat okulu. **trade secret** mesleki sır. **trade union** sendika. **trade wind** alize.

trade-last (treyd'läst) *i.* iltifat. **I have a trade-last for you.** Siz benim hakkımda duyduğunuz bir iltifatı söylerseniz, ben de size hakkınızda duyduğum iltifatı söylerim.

trad.er (trey'dır) *i.* tüccar, tacir; ticaret gemisi.

trades.folk (treydz'fok) *i.* esnaf takımı.

trades.man (treydz'mın) *i.* dükkâncı, esnaf adam.

trad.ing (trey'ding) *i.* alışveriş; değiş tokuş. **trading post** uygurlaşmamış yerlerde değiş tokuş için kurulmuş dükkân. **trading stamp** kâr pulu, pay kuponu.

tra.di.tion (trıdiş'ın) *i.* anane, gelenek, görenek, âdetler; sünnet; hadis.

tra.di.tion.al (trıdiş'ınıl) *s.* geleneksel, ananevî. **traditionalism** *i.* ananeye bağlılık, gelenekçilik. **traditionally** *z.* geleneksel olarak, geleneklere göre. **traditionalist** *i.* ananeye bağlı kimse, gelenekçi.

tra.duce (trıdus') *f.* iftira etmek, karalamak, çamur atmak.

traf.fic (träf'ik) *i.* gidişgeliş, trafik, seyrüsefer; alışveriş, ticaret, trampa, değiş tokuş; yük miktarı; yolcu adedi; iş, muamele. **drug traffic** uyuşturucu madde ticareti. **traffic circle** *A.B.D.* gidişgelişin tek yönde olduğu daire şeklindeki kavşak. **traffic cop** *k.dili* trafik polisi. **traffic divider** refüj. **traffic island** ada. **traffic jam** trafik tıkanıklığı. **traffic light** trafik ışığı, trafik lambası. **traffic manager** trafik memuru. **Let us charge what the traffic will bear.** Satılabilecek en yüksek fiyatı koyalım.

traf.fic (träf'ik) *f.* (**-ficked, -fick.ing**) yolculuk yapmak. **traffic in** değiş tokuş etmek; karanlık işlerle uğraşmak. **traffic with** ile ilişkide bulunmak.

traf.fick.er (träf'ikır) *i.* kaçakçı; karanlık işlerle uğraşan kimse.

trag.a.canth (träg'ıkänth) *i.* kitre; geven, *bot.* Astragalus; zamk ağacı, kitre ağacı,

tra.ge.di.an (trıci'diyın) *i.* trajedi yazarı veya aktörü. **tragedienne'** *i.* trajedi aktrisi.

trag.e.dy (träc'ıdi) *i.* facia, trajedi; felâket, korkunç olay.

trag.ic, -i.cal (träc'ik, -ikıl) *s.* facia kabilinden, facialı; trajik; korkunç, müthiş, feci, hüzünlü, acıklı. **tragic drama** trajedi. **tragically** *z.* faciayla, trajik bir şekilde, feci surette. **tragicalness** *i.* facialılık, acıklı durum.

trag.i.com.e.dy (träcikam'ıdi) *i.* hem trajedi hem komedi yönü olan piyes. **tragicomical** *s.* hem ağlatıcı hem güldürücü.

trag.o.pan (träg'ıpän) *i.* Asya'ya mahsus boynuz şeklinde uzantıları olan bir çeşit sülün, *zool.* Tragopan.

trail (treyl) *f., i.* sürüklemek, arkası sıra yerde sürüklemek; izlemek; geriden izlemek, geri kalmak; ayakla çiğneyerek yol yapmak; sürünmek; sürüklenmek; iz bırakmak, peşinde bırakmak; bitki gibi yerde uzamak; izleyerek avlamak; *i.* iz; peşten sürüklenen şey, kuyruk; (bir) sürü, (bir) yığın; top arabasının kundak kuyruğu; patika, keçiyolu. **trail one's coat** başına belâ aramak, kaşınmak, aramak. **trail rope** çekme halatı. **hit the trail** yola koyulmak. **She left a trail of broken hearts.** Ardında bir yığın kırık kalp bıraktı.

trail.blaz.er (treyl'bleyzır) *i.* yol açan kimse; öncü.

trail.er (trey'lır) *i.* yerde sürüklenen şey veya kimse; sürüngen sap, yerde uzanan fidan; diğer bir arabanın çektiği araba; römork; otomobilin çektiği ve içinde ev tertibatı olan araba; *sin.* gelecek programa ait film parçası, fragman. **trailer court** ev römorku park yeri.

trail.ing arbutus (trey'ling) fundagillerden pembe çiçekli her dem taze bir bitki, *bot.* Epigaea repens.

train (treyn) *i., f.* tren, katar; saf; refakatçiler, maiyet; yerde sürünen uzun etek; silsile, takım, sıra, düzenli durum; sıra halinde barut; hayvanı tuzağa çekmek için sıralanmış yem; *f.* alıştırmak, öğretmek, talim ettirmek; ehlileştirmek; dalları kazık veya duvara bağlayıp istenilen biçime getirmek (ağaç veya fidan); nişan almak (top); talim etmek; idare etmek; pehriz ile yarışa hazırlanmak; talim görmek. **train dispatcher** tren hareket me-

muru. **train down** zayıflama rejimi yapmak. **train oil** balinadan alınan yağ. **train shed** vagonların muhafaza edildiği depo. **train up** yetiştirmek, terbiye etmek. **trained eye** alışkın göz. **trained nurse** diplomalı hastabakıcı, hemşire. **half trained** yarı eğitilmiş. **over trained** lüzumundan fazla ve zararlı olacak derecede eğitilmiş. **train'able** *s.* talim olunabilir, eğitilebilir, alıştırılabilir, terbiyesi mümkün.

train.band (treyn'bänd) *i., ask.* eskiden İngiltere'de bir çeşit talimli redif alayı.

train.er (trey'nır) *i.* talimci, terbiye edici, antrenör; top nişancısı; talim uçağı.

train.ing (trey'ning) *i.* talim, terbiye, tahsil; antrenman. **training camp** askerî veya spor talim kampı. **training seat** çocuk için eğitici oturak. **training ship** okul gemisi. **go into training** antrenman yapmak.

train-mile (treyn'mayl) *i.* demiryolu seferlerinin hesap birimi olan tren mili.

traipse (treyps) *f., k.dili* dolaşmak, başıboş gezmek.

trait (treyt, *İng.* trey) *i.* hususiyet, özellik; *nad.* dokunma.

trai.tor (trey'tır) *i.* hain kimse, vatan haini. **traitress** *i.* hain kadın.

trai.tor.ous (trey'tırıs) *s.* haince, hıyanet kabilinden. **traitorously** *z.* hainlikle. **traitorousness** *i.* hainlik.

tra.jec.to.ry (trıcek'tıri) *i.* mermi yolu; *geom.* eğri, münhani; *astr.* yörünge.

tram (träm) *i., İng., f.* (-med, -ming) tramvay; maden ocaklarında raylar üzerinde işleyen sandık şeklinde araba; *f.* böyle arabada taşımak.

tram (träm) *i.* ibrişim, bükme ipek.

tram (träm) *i., f.* (-med, -ming) *mak.* başka şeylere nispetle doğru ayarlanmış olma (**in tram, out of tram** olarak kullanılır); *f.* doğru ayarlamak.

tram.car (träm'kar) *i., İng.* tramvay.

tram.line (träm'layn) *i., İng.* tramvay hattı.

tram.mel (träm'ıl) *i., f.* (-ed, -ing *veya* -led, -ling) *gen. çoğ.* mânia, engel; balık tutmak için ağ; ata rahvan yürümesini öğretmek için kullanılan bukağı; ocakta tencere askısı; *mak.* kollu pergel, elipsograf; *f.* engel olmak; tuzağa düşürmek.

tra.mon.tane (tırman'teyn, träm'ınteyn) *s.*, *i.* dağların ötesindeki; (İtalya'ya göre) Alplerin ötesindeki; yabancı; *i.* dağların ve bilhassa Alplerin ötesinde oturan kimse; yabancı kimse.

tramp (trämp) *f.*, *i.* serserice dolaşmak; ağır adımlarla yürümek; yaya olarak yolculuk etmek, taban tepmek; çiğnemek, ayak altında çiğnemek; *i.* derbeder ve serseri kimse; avare gezme; ağır adım ve sesi; uzun yaya gezintisi; *den.* tarifesiz işleyen yük vapuru. **tramp on (upon, under foot)** üstüne basıp geçmek; kötü veya insafsızca muamele etmek. **on the tramp** yerden yere dolaşmakta, serserilik etmekte.

tram.ple (träm'pıl) *f.*, *i.* ayak altında çiğnemek, ayak altına almak; *i.* ayakla çiğneme; ayakla çiğneme sesi.

tram.po.line (träm'pılin, trämpilin') *i.* tramplen.

tram.road (tram'rod) *i.* maden ocaklarında oluklu veya raylı hat.

tram.way (träm'wey) *i.*, *İng.* tramvay, tramvay hattı; maden ocaklarında hat.

trance (träns) *i.*, *f.* dalınç, esrime, vecit hali, istiğrak; kendinden geçme; ruhun yücelmesi; *f.* vecit haline koymak; teshir etmek, büyülemek.

tran.quil (träng'kwil) *s.* sakin, rahat, asude; durgun, sessiz; gönlü rahat. **tranquil'lity** *i.* sükûn. **tranquilly** *z.* sükûnetle. **tranquilness** *i.* sükûnet.

tran.quil.ize, *İng.* **tran.quil.lise** (träng'kwılayz) *f.* sakinleştirmek, sakinleşmek, yatıştırmak, yatışmak. **tranquiliza'tion** *i.* teskin etme.

tran.quil.iz.er (träng'kwılayzır) *i.* müsekkin, yatıştırıcı şey; teskin edici ilâç.

trans- *önek* ötesinde, aşırı, karşı tarafta, öbür tarafında; arasından; içinden; tamamen, bütün bütün; çaprazvari.

trans. *kıs.* transaction, transitive, translator.

trans.act (tränsäkt', tränz-) *f.* yapıp bitirmek, görmek (iş), muamele görmek.

trans.ac.tion (tränsäk'şın, tränz-) *i.* iş görme; iş, muamele; *çoğ.* bir kurumun bütün muamelelerini gösteren basılı rapor veya kayıtlar. **transactional** *s.* karşılığında cevap gerektiren. **transactional analysis** insanlararası ilişkilerin analizi.

trans.al.pine (tränsäl'pin, -payn, tränz-) *s.*, *i.* Alplerin ötesinde (kuzeyinde) yaşayan veya bulunan (kimse veya şey).

trans.at.lan.tic (tränsıtlän'tik, tränz-) *s.* Atlantik okyanusunun ötesindeki; Atlantik aşırı; Atlantik okyanusunu geçen.

Trans.cau.ca.sia (tränskôkey'jı, -şı) *i.* Kafkasların güneyinde Azerbeycan, Gürcistan ve Ermenistan'ı içine alan bölge.

trans.cei.ver (tränsi'vır) *i.* alıcı verici radyo.

tran.scend (tränsend') *f.* üstüne çıkmak, faik olmak; geçmek, aşmak; üstün gelmek. **transcendence, -cy** *i.* üstünlük, üstün gelme.

tran.scen.dent (tränsen'dınt) *s.* üstün, faik; âlâ; insan aklından üstün. **transcendently** *z.* üstün olarak. **transcendentness** *i.* üstünlük, faiklik.

tran.scen.den.tal (tränsenden'tıl) *s.* üstün, faik; *fels.* deneyüstü, tecrübeden üstün olan; fizikötesi, doğaüstü. **transcendental number** esas cebir işlemleriyle temin edilemeyen sayı (örneğin "π"). **transcendentalism** *i.* beşer tecrübesi fevkındeki insan bilgisi esaslarını tespit eden prensip, transendentalizm. **transcendentalist** *i.* bu felsefenin taraftarı.

tran.con.ti.nen.tal (tränskantinen'tıl) *s.* kıtayı kateden; kıtanın öte tarafındaki.

tran.scribe (tränskrayb') *f.* kopya etmek, suret çıkarmak; *müz.* uyarlamak.

tran.script (trän'skript) *i.* ikinci nüsha, suret, kopya; bir öğrenim süresinde okunan derslerden alınan notların resmî sureti. **transcrip'tion** *i.* kopyasını çıkarma; transkripsiyon; *müz.* uyarlayış.

trans.cur.rent (tränskır'ınt) *s.* çaprazvari uzanan.

trans.duc.er (tränsdu'sır, tränz-) *i.* enerjiyi bir sistemden başka bir sisteme nakleden cihaz, iletme sistemi.

tran.sect (tränsekt') *f.* çaprazvari kesmek. **transec'tion** *i.* kesit.

tran.sept (trän'sept) *i.*, *mim.* planı haç şeklinde olan kilisenin iki kanadı.

trans.fer (tränsfır', träns'-) *f.* **(-red, -ring)** nakletmek, geçirmek; devretmek, başkasına bırakmak; baskı ile kopya etmek; aktarma yapmak. **transferable** *s.* nakli mümkün, devredilebilir, havale edilebilir. **transfer-**

ence *i.* nakletme, naklolunma. **trans-feror** *i.*, *huk.* devreden kimse.

trans.fer (träns'fır) *i.* nakil, havale, transfer, geçirme; devir, feragat; naklolunan veya geçirilen şey; çıkartma; telgraf havalesi; aktarma bileti.

trans.fer.ence (tränsfır'ıns) *i.*, *psik.* hislerin psikolojik olarak bir başkasına yönelmesi.

trans.fig.ure (tränsfig'yır) *f.* şeklini değiştirmek; yüceltmek. **transfigura'tion** *i.* suret veya şekil değişmesi; *b.h.* dağda Hazreti İsa'nın suretinin değişmesi, tecelli.

trans.fi.nite (tränsfay'nayt) *s.*, *i.*, *mat.* sınırüstü (sayı).

trans.fix (tränsfiks') *f.* mıhlamak; sivri uçla delmek; kazıklamak, kazığa oturtmak; hayretten dondurmak.

trans.form (tränsfôrm') *f.* biçimini değiştirmek, dönüştürmek, tahvil etmek, nev'ini değiştirmek; başka kalıba sokmak; *mat.* dönüştürmek.

trans.for.ma.tion (tränsfırmey'şın) *i.* şekil değişmesi, dönüşüm, dönüştürüm; kadın perukası; *gram.* dönüşme.

trans.form.er (tränsfôr'mır) *i.* şekil değiştirici; *elek.* transformatör, trafo.

trans.form.ism (tränsfôr'mîzım) *i.*, *biyol.* dönüşümcülük, şekildeğişimcilik.

trans.fuse (tränsfyuz') *f.* sıvıyı bir kaptan başka bir kaba boşaltmak, sıvıyı aktarmak. **trans-fu'sion** *i.* aktarma. **blood transfusion** kan nakli.

trans.gress (tränsgres', tränz-) *f.* bozmak, ihlâl etmek, çiğnemek, aksine hareket etmek; kanuna itaatsizlik etmek; günah işlemek; hududunu aşmak, haddi aşmak. **trans-gres'sor** *i.* günahkâr kimse, tecavüz eden kimse.

trans.gres.sion (tränsgreş'ın, tränz-) *i.* tecavüz, haddi aşma; ihlâl; günah, suç. **trans-gressional** *s.* günah ve hata kabilinden.

tran.ship *bak.* **transship.**

trans.hu.mance (träns.hyu'mıns) *i.* iyi otlak için sürülerin mevsim göçü.

tran.sience, -sien.cy (trän'şıns, -şınsi) *i.* geçici hal, geçicilik.

tran.sient (trän'şınt) *s.*, *i.* geçici, süreksiz; fani, kalımsız; çabuk geçen; *i.* yalnız kısa zaman kalan misafir; *radyo* geçici dalga

veya cereyan. **transiently** *z.* geçici olarak, **transientness** *i.* geçicilik; fanilik.

tran.sil.i.ent (tränsîl'iyınt) *s.* bir şeyden öbürüne atlayan; anî hareketlerle sıçrayan.

trans.il.lu.mi.nate (tränsîlu'mıneyt, tränz-) *f.*, *tıb.* arkasından ışık vererek aydınlatmak.

tran.sis.tor (tränzîs'tır, -sîs'-) *i.*, *elek.* transistor. **transistorize** *f.* transistorla teçhiz etmek.

tran.sit (trän'sît, -zît) *i.*, *f.* geçme, mürur; geçiş; transit; *astr.* gökcisminin teleskop sahasından geçmesi; *astr.* ufak bir gökcisminin büyük bir gökcismi ile dünyanın arasından geçmesi; yatay ve düşey açıları ölçmeye mahsus yüzölçümü aleti; *f.* geçmek, transit geçmek; teleskop sahasından geçirmek veya geçmek. **transit circle, transit instrument** bir gökcisminin meridyenden geçişini izleyen rasat aleti, meridyen aleti. **transit compass** yatay açı ölçmeye mahsus yüzölçümü aleti. **transit duty** transit gümrük resmi. **transit lounge** (havaalanında) transit salonu. **in transit** transit olarak.

tran.si.tion (tränzîş'ın) *i.* geçiş, intikal; geçiş yeri veya müddeti; bağlantı; *müz.* eksen değişimi. **transition period, transition stage** geçiş devresi, intikal devresi.

tran.si.tion.al (tränzîş'ınıl) *s.* geçişe veya değişmeye ait. **transitionally** *z.* değişim müddetince.

tran.si.tive (trän'sıtîv) *s.*, *i.* geçme veya geçirme kabiliyeti olan; *gram.* nesneli, geçişli; *i.* geçişli fiil. **transitively** *z.* geçişli olarak.

tran.si.to.ry (trän'sıtôri) *s.* geçici, süreksiz; fani, kalımsız. **transitorily** *z.* geçici olarak. **transitoriness** *i.* geçicilik; fanilik.

Trans-Jor.dan (tränscôr'dın, tränz-) *i.* eski Ürdün (devleti).

trans.late (tränsleyt', tränz-, träns'leyt, tränz'-) *f.* çevirmek, tercüme etmek; nakletmek; bir insanı ölmeden göğe nakletmek; dönüştürmek, değiştirmek, tahvil etmek; tercümanlık yapmak; tercüme edilmek; telgrafı alarak tekrar başka yere aynen göndermek (otomatik cihaz). **translatable** *s.* tercümesi mümkün, çevrilebilir; dönüştürülebilir.

trans.la.tion (tränsley'şın, tränz-) *i.* çeviri, tercüme; yerden yere nakil; tahvil, tebdil.

trans.la.tor (tränsley'tır, tränz'leytır) *i*. tercüman, çevirmen, mütercim; telgrafı gönderen otomatik cihaz.

trans.lit.er.ate (tränslit'ıreyt, tränz-) *f*. başka dilin alfabesiyle yazmak. translitera'tion *i*. transkripsiyon.

trans.lu.cent (tränslu'sınt, tränz-) *s*. yarı şeffaf. translucency *i*. yarı şeffaflık. translucently *z*. yarı şeffaf bir şekilde.

trans.lu.nar (tränslu'nır, tränz-) *s*. ayın ötesindeki.

trans.ma.rine (tränsmırin', tränz'-) *s*. denizaşırı.

trans.mi.grate (tränsmay'greyt, tränz-) *f*. bir memleketten başka bir memlekete göç etmek, hicret etmek; tenasüh etmek, sıçramak, göçmek (ruh).

trans.mi.gra.tion (tränsmaygrey'şın, -mı-, tränz-) *i*. hicret; ruh göçü, ruh sıçraması. transmigration of a soul tenasüh, ruh göçü.

trans.mis.si.ble (tränsmîs'ıbıl, tränz-) *s*. geçirilmesi mümkün. transmissibil'ity *i*. geçirme imkânı.

trans.mis.sion (tränsmîş'ın, tränz-) *i*. geçirme, nakil, intikal, gönderme, iletme, taşıma; *mak*. transmisyon, vites. transmission dynamometer bir makina veya cihazdan geçirilen kuvveti ölçme aleti. automatic transmission otomatik vites. transmissive *s*. naklolunur; nakleder, iletken.

trans.mit (tränsmît', tränz-) *f*. (-ted, -ting) geçirmek; göndermek, nakletmek; geçmesine müsaade etmek. transmitter *i*. radyo veya televizyon verici istasyonu; nakledici cihaz; geçiren kimse; iletken şey.

trans.mog.ri.fy (tränsmag'rıfay, tränz-) *f*. şeklini değiştirmek, acayip şekle sokmak.

trans.mon.tane (tränsman'teyn, tränz-, -manteyn') *s*. dağ(lar)ın ötesindeki; Alplerin kuzeyindeki; Alplerin güneyindeki.

trans.mut.a.ble (tränsmyut'ıbıl, tränz-) *s*. cismen değiştirilmesi mümkün. transmutabil'ity *i*. değişme kabiliyeti, cismen değiştirilme imkânı.

trans.mu.ta.tion (tränsmyutey'şın, tränz-) *i*. tahavvül, değiştirilme.

trans.mute (tränsmyut', tränz-) *f*. aslını veya şeklini değiştirmek.

trans.o.ce.an.ic (tränsoşiyän'ik, tränz-) *s*. okyanusun ötesinde bulunan, okyanus aşırı,

transokyanus, okyanus ötesi; okyanuslar arası.

tran.som (trän'sım) *i*. vasistas; pencereyi yatay olarak bölen kiriş; çapraz kiriş; *den*. kıç yatırması.

tran.son.ic (tränsan'ik) *s*., *fiz*. ses altından ses üstüne geçerken oluşan durumlarla ilgili. transonic barrier *bak*. sonic barrier.

Trans.ox.i.an.a (tränsaksiyän'ı) *i*., *eski* Amu Derya ötesi, Semerkant bölgesi.

trans.par.en.cy (tränsper'ınsi) *i*. şeffaflık; şeffaf şey; ışığa tutulunca görülebilen cam üzerine yapılmış resim; slayt.

trans.par.ent (tränsper'ınt) *s*. şeffaf, berrak, saydam, cam gibi; açık, vazıh, aşikâr. transparently *z*. şeffaf olarak. transparentness, transparence *i*. şeffaflık, açıklık.

trans.pierce (tränspîrs') *f*. sivri aletle delmek, delip geçmek.

trans.pi.ra.tion (tränspırey'şın) *i*. terleme.

trans.pire (tränspayr') *f*. vaki olmak, olmak; beden veya bitki gözeneklerinden dışarı çıkmak; terlemek; nefes vermek; meydana çıkmak, şüyu bulmak, duyulmak, sızmak.

trans.plant (träns'plänt) *f*., *i*. bir yerden çıkarıp başka yere dikmek (fidan); başka yere yerleştirmek; *tıb*. aşılama için doku eklemek; *i*. nakletme; başka yere yerleştirilen şey; başka yere yerleştirme. heart transplant kalp nakli. transplanta'tion *i*. doku nakli.

trans.pon.der (tränspan'dır) *i*., *elek*. radyo sinyaline cevap veren radyo vericisi.

trans.pon.tine (tränspan'tin, -tayn) *s*. köprü ötesinde; Londra'da Thames nehrinin güney tarafında.

trans.port (tränspôrt') *f*. yerden yere götürmek, taşımak, nakletmek; kendinden geçirmek, çıldırtmak; sürgüne göndermek, nefyetmek. transportable *s*. nakli mümkün; taşınabilir.

trans.port (träns'pôrt) *i*. askerî vasıta; kendinden geçme, zevk ve heyecandan çılgın hale gelme; nakil, münakalât, taşınma, yerden yere götürme; sürgün olmuş kimse. Ministry of Transport Ulaştırma Bakanlığı.

trans.por.ta.tion (tränspırtey'şın) *i*. nakil, yerden yere taşıma, münakalât, ulaştırma; nakil vasıtası; nakil vasıtası bileti; taşıt ücreti; sürgünlük cezası.

trans.pose (tränspoz') *f*. ters çevirip yerini değiştirmek; sırasını değiştirmek, takdim ve tehir etmek; *mat.* işaretini değiştirerek denklemin bir tarafından öbür tarafına geçirmek; *müz.* aktarmak, perdesini değiştirmek. **transpos'able** *s.* yeri değiştirilebilir, aktarılabilir.

trans.po.si.tion (tränspızîş'ın) *i.* yerini değiştirme; takdim ve tehir; *mat.* işaretini değiştirerek denklemin bir tarafından öbür tarafına geçirme; *tıb.* bir uzvun olağandışı bir yerde bulunması; *tıb.* bir doku parçasını yerinden tamamen ayırmadan kesip başka bir yere yapıştırma ameliyatı; *müz.* aktarma.

trans.ship (tränsşîp') *f.* (-ped, -ping) aktarma yapmak. **transshipment** *i.* aktarma.

Trans-Si.ber.i.an Railroad (tränsaybîr'iyın) Sibirya'yı kateden demiryolu.

tran.sub.stan.ti.ate (tränsıbstän'şiyeyt) *f.* başka bir cisme değiştirmek; Hazreti İsa'nın et ve kanına değiştirmek (Aşai Rabbanî'de kullanılan ekmek ve şarabı). **transubstantia'tion** *i.* Katolik ve Ortodoks kiliselerinin inanışına göre Aşai Rabbanî ayininde kullanılan ekmek ve şarabın Hazreti İsa'nın et ve kanına değiştirilmesi.

tran.sude (tränsud') *f.* sızmak, ter gibi deriden sızmak. **transuda'tion** *i.* sızma, sızıntı.

trans.u.ra.ni.an (tränsyûrey'niyın, tränz-) *s.* uranyumdan daha ağır olan.

Trans.vaal (tränsval') *i.* Transval.

trans.ver.sal (tränsvır'sıl, tränz-) *s., i.* yandan yana geçen, karşıdan karşıya, enine; *i., geom.* bir takım hatları kateden doğru hat.

trans.verse (tränsvırs', tränz-) *s., i.* karşıdan karşıya, enine, çaprazvari; *i.* çapraz şey; *mat.* hiperbolde enine mihver. **transverse ligament** *anat.* çaprazvari bağ. **transversely** *z.* çapraz olarak.

trans.ves.tite (tränsves'tayt) *i.* kadınımsı giyinmekten zevk alan erkek.

trap (träp) *i., f.* (-ped, -ping) tuzak, kapan, kapanca; hile, desise; koku veya gaz çıkmasın diye borudaki S şeklinde kıvrım; iki tekerlekli tek atlı hafif araba; *argo* ağız; *çoğ.* dans orkestrasında vurma çalgılar; *f.* tuzağa düşürmek; kapanca ile tutmak; engel olmak; tuzak hazırlamak; apteshane küngüne kapak koymak. **trap door** tavanda veya yerde bulunan kapak şeklinde kapı. **set a trap for** tuzak kurmak. **trap-door spider** toprakta açılır kapanır kapaklı yuvası olan örümcek.

trap'shooting *i.* kuş gibi havaya fırlatılan şeyi havada vurma talimi.

trap (träp) *i.* bir çeşit volkanik kara taş. **trappean** (träp'iyın, trıpi'yın) *s.* volkanik kara taş benzeri.

trap (träp) *f.* (-ped, -ping) *i.* süslemek, atlara süslü takım koymak; *i., çoğ., k.dili* eşya, pılı pırtı.

tra.peze (trıpiz', trä-) *i.* trapez, jimnastik trapezi. **trape'ziform** *s.* trapez şeklinde.

tra.pe.zi.um (trıpi'ziyım) *i., geom.* yamuk.

trap.e.zoid (träp'ızoyd) *i., geom.* ikizkenar yamuk (Bazen **trapezium** ve **trapezoid** kelimeleri ters anlamda kullanılır). **trapezoi'dal** *s.* ikizkenar yamuk şeklinde.

trap.per (träp'ır) *i.* tuzakçı, kürklü hayvanları tuzakla tutmayı meslek edinen avcı.

trap.pings (träp'îngz) *i., çoğ.* süslü koşum takımı; süs, tezyinat.

Trap.pist (träp'îst) *i.* çok sıkı kuralları olan ve konuşmayı bile meneden Katolik manastırda rahip.

trash (träş) *i., f.* çerçöp, süprüntü; çalı çırpı; çöplük; değersiz bayağı adam; avam, ayaktakımı; değersiz şey; artık; saçma; özü çıkarılmış şeker kamışı; *f.* çerçöpünü temizlemek; çalısını çırpısını ayırmak, budamak; lüzumsuz diye atmak, *argo* yıkmak, tahrip etmek.

trash.y (träş'i) *s.* süprüntü gibi, adi, değersiz. **trashiness** *i.* çerçöp.

trass (träs) *i.* hidrolik çimento yapımında kullanılan bir çeşit volkanik süngertaşı.

trau.ma (trô'mı, trau'-) *i.* (çoğ. -ma.ta) *tıb.* yara, incinme, travma; *psik.* sarsıntı. **traumat'ic** *s., tıb.* yaraya ait, yaradan ileri gelen; sarsıntı doğuran.

trav.ail (träv'eyl, trıveyl') *f., i.* ağrı çekmek, doğum ağrısı çekmek; zahmet ve meşakkat çekmek; *i.* doğum ağrısı; zahmet ve meşakkat, şiddetli ağrı.

trav.el (träv'ıl) *f.* (-ed, -ing veya -led, -ling) *i.* yolculuk etmek, seyahat etmek, gezip dolaşmak, yol gitmek; geçmek; *mak.* hareket etmek, gidip gelmek (mil); *A.B.D., k.dili* hızlı gitmek; *i.* seyahat etme; *çoğ.* yolculuk; *çoğ.* seyahatname; hareket; *mak.* muntazam hareket; milin hareket mesafesi. **travel agency** seyahat acentesi. **traveling salesman** seyahat eden satış elemanı.

trav.el(l)ed (träv'ıld) *s.* çok seyahat etmiş; seyahati dolayısıyle tecrübe edinmiş; işlek (yol).

trav.el.(l)er (träv'ılır, träv'lır) *i.* yolcu, seyyah, gezmen; *İng.* satış elemanı; *den.* halat üzerinde hareket eden demir halka; üzerinde halkaların hareket ettiği halat veya çubuk. **traveler's check** seyahat çeki. **commercial traveller** *İng.* satış elemanı.

trav.e.log(ue) (träv'ılôg) *i.* bir seyahat hakkında konferans veya filim.

trav.erse (träv'ırs) *s., i., f.* aykırı, çapraz; *i.* kateden kısım; çapraz kısım; travers; *mim.* galeri; bölen şey, engel; çapraz çizgi; karşıdan karşıya geçme; geçiş yolu; makina kısmının yana doğru hareket sahası; *huk.* resmî red; geminin volta seyri; kestirme mesafe; kayanın yüzeyinden enlemesine geçiş; *f.* bir yandan öbür yana geçirmek veya geçmek; öne arkaya hareket etmek; mil etrafında dönmek; dikkatle incelemek; karşı gelmek; sağa sola çevirmek; *huk.* iddiayı reddetmek; dönmek. **traverse board** *den.* geminin rotasını göstermek için kullanılan delikli tahta, rota bildiricisi. **traverse circle** *ask.* topun vaziyetini değiştirirken top tekerleklerinin üzerinde işlediği demir daire. **traverse sailing** *den.* volta seyri. **traverse survey** poligon usulü ölçme. **traverse table** *den.* volta cetveli; yüzölçümü işlerinde kullanılan bir çeşit cetvel; *d.y.* lokomotifi bir hattan paralel başka bir hatta yanlamasına nakleden sürgü.

trav.er.tin(e) (träv'ırtin, -tin, -tayn) *i.* travertin, ırmaklardaki kireçli su birikintisinden hâsıl olan açık sarı renkli sünger gibi kaya, bir çeşit kireç taşı, pamuktaş.

trav.es.ty (träv'îsti) *f., i.* gülünç etmek maksadı ile taklit etmek; hicvetmek; *i.* gülünç surette taklit veya tebdil, alay, hiciv, karikatür. **travesty of justice** adaleti küçültücü olay, adlî haksızlık, adaletsizlik.

trawl (trôl) *f., i.* tarak ağı ile balık tutmak; torba şeklinde ağ ile deniz dibini taramak; *i.* kayık arkasından çekilen çok çengelli olta; deniz dibini taramaya mahsus torba şeklinde ağ. **trawl'er** *i.* torba şeklinde ağ ile balık tutmak için kullanılan gemi; bu şekilde balık tutan balıkçı.

tray (trey) *i.* tepsi, sini; tabla; sandık bölmesi.

treach.er.ous (treç'ırıs) *s.* hain, haince; güvenilmez, emniyet olunamaz; arkadan vuran; korkulur, tehlikeli. **treacherously** *z.* haince davranarak. **treacherousness** *i.* hainlik.

treach.er.y (treç'ıri) *i.* vefasızlık, hainlik, ihanet.

trea.cle (tri'kıl) *i., İng.* şeker pekmezi; *eski* tiryak, panzehir.

tread (tred) *f.* **(trod, trodden)** *i.* ayak basmak; yürümek; ayak altında çiğnemek, ayakla ezmek; dans figürü yapmak; çiftleşmek (erkek kuş); *i.* ayak basışı; yürüyüş; merdiven basamağının döşeme tahtası; tekerleğin veya ayakkabının yere temas eden kısmı, lastik tırtılı; yumurtada iç göbek. **tread down** ayak altında çiğnemek. **tread on** üstüne basmak, çiğnemek. **tread on air** sevinçten kendini havada uçar gibi hissetmek. **tread on eggs** ziyadesiyle ölçülü davranmak. **tread on one's toes** birinin hislerini incitmek; başkasının hakkına tecavüz etmek. **tread out** ayakla ezip özünü çıkarmak. **tread the boards, tread the stage** aktörlük yapmak, piyeste oynamak. **tread under foot** ayak altında çiğnemek. **tread on one's heels** peşine düşmek, yakından takip etmek. **tread water** el ve ayakların hafif hareketleriyle su içinde dik durmak.

trea.dle (tred'ıl) *i., f.* pedal, ayaklık, basarık; *f.* basarık ile makina işletmek.

tread.mill (tred'mîl) *i.* ayak değirmeni; sıkıcı ve monoton iş.

tread.wheel (tred'hwil) *i.* ayak değirmeninde ayakla döndürülen tekerlek.

trea.son (tri'zın) *i.* hıyanet, hainlik; devlete karşı hainlik. **high treason** hükümdara karşı hıyanet.

trea.son.a.ble (tri'zınıbıl) *s.* devlete hıyanet kabilinden. **treasonableness** *i.* hıyanet. **treasonably** *z.* haince.

treas.ure (trej'ır) *i., f.* hazine, para hazinesi; biriktirilmiş şey; değerli şey; *f.* hazine yığmak, para biriktirmek; çok kıymetli tutmak. **treasure city** hazinenin bulunduğu şehir; erzak depoları ve mağazalar şehri. **treasure house** hazine dairesi. **treasure hunt** saklanmış bir şeyi bulma oyunu. **treasure up** aklında tutmak.

treas.ur.er (trej'ırır) *i.* haznedar, veznedar, kesedar. **treasurership** *i.* haznedarlık, veznedarlık.

trea.sure-trove (trej'ırtrov) *i.* meydana çıkarılan sahipsiz define.

treas.ur.y (trej'ıri) *i.* hazine; maliye dairesi; , maliye vekâleti; bilgi hazinesi (kitap); büyük antoloji. **treasury bill** kısa vadeli hazine bonosu. **treasury note** *A.B.D.* hazinenin çıkardığı kâğıt para. **treasury stock** bir kumpanyanın kendi kasasında kalan hisse senetleri. **treasury warrant** maliye senedi.

treat (trit) *f., i.* davranmak, muamele etmek; kimyevî bir tesire maruz bırakmak; tahlil etmek; tedavi etmek; konu etmek; işlemden geçirmek; ikram etmek; anlaşma koşullarını görüşmek; *i.* zevk, zevk veren şey; ikram. **treat of** bahsetmek. **treat something as a joke** işi şakaya vurmak. **treat something seriously** işi ciddiye almak. **treat with** müzakereye girişmek; birine ikram etmek. **I treated myself to a new dress.** Paraya kıyıp kendime yeni bir elbise aldım.

trea.tise (tri'tîs) *i.* bilimsel inceleme, tez.

treat.ment (trit'mınt) *i.* muamele, davranış, birine yapılan muamele; tedavi; ele alış tarzı.

trea.ty (tri'ti) *i.* antlaşma, muahede. **treaty port** özel bir antlaşma şartı ile eskiden ecnebilere açık olan liman. **treaty terms** antlaşma şartları.

Treb.i.zond (treb'izand) *i.* Trabzon.

tre.ble (treb'ıl) *s., i., f.* üç misli, üç kat; *müz.* tiz; en tiz sese ait; *i., müz.* soprano ses; soprano sesli çalgı veya kimse; *f.* üç kat etmek, üç misli artırmak. **treble clef** *müz.* sol anahtarı. **trebly** *z.* üç misli.

treb.u.chet, treb.uck.et (treb'yûşet, -ʌkît) *i.* mancınık; hassas terazi.

tre.cen.to (treyçen'to) *i.* on dördüncü yüzyıl (İtalyan sanat veya edebiyatı bakımından).

tree (tri) *i., f.* ağaç; *eski* darağacı, çarmıh; *f.* ağaca çıkarmak; *k.dili* çıkmaza sokmak; korkudan ağaca sığınmaya mecbur etmek. **tree creeper** orman tırmaşık kuşu, *zool.* Certhia. **tree fern** ağaç gibi büyüyen eğreltiotu. **tree frog, tree toad** ağaç kurbağası. **tree medick** arı otu, *bot.* Medicago arborea. **tree moss** ağaç yosunu. **tree of life** ömür ağacı, Tuba ağacı. **tree pipit** incirkuşu, incir delen, *zool.* Anthus trivialis. **tree surgery** hasta ağaçların kısmen kesilip temizlenmesi. **family tree** aile şeceresi. **up a tree** çıkmaza girmiş, şaşkın halde.

tree.nail (tri'neyl, trʌn'ıl) *i.* ağaç çivi, kavela.

tre.foil (tri'foyl) *i.* yonca; *mim.* binalarda yonca şeklinde süs. **bird's-foot trefoil** gazel boynuzu, *bot.* Lotus corniculatus; söküotu, *bot.* Ornithopus. **lesser yellow trefoil** ufak yonca, *bot.* Trifolium procumbens. **marsh trefoil** su yoncası, *bot.* Menyanthes trifoliata. **moon trefoil** arı otu. **white trefoil** üçleme yonca, *bot.* Trifolium repens.

tre.ha.la (triha'lı) *i.* bazı böcek kozalarında bulunan şekerli ifrazat.

trek (trek) *f.* (-ked, -king) *i.* yük arabası çekmek; Güney Afrika'da öküz arabası ile göç etmek, hicret etmek; güçlükle gitmek; *i.* öküz arabası ile hicret veya seyahat; bir günlük menzil.

trel.lis (trel'îs) *i., f.* bahçede veya evin dış tarafında bulunan kafes işi; *f.* kafes işi yapmak; dallarını kafese sarmak.

trem.ble (trem'bıl) *f., i.* titremek; ürpermek; *i.* titreme; ürperme. **tremble for** üzerine titremek, endişede olmak. **tremblingly** *z.* titreyerek.

tre.men.dous (trimen'dıs) *s.* heybetli; çok büyük, kocaman, gayet iri; *k.dili* çok iyi, şahane. **tremendously** *z.* çok. **tremendousness** *i.* heybetli oluş.

trem.o.lo (trem'ılo) *i., müz.* ses veya çalgıda titreklik, çırpıntı; orgda titrek ses çıkaran jödorg.

trem.or (trem'ır, tri'mır) *i.* titreme; ürperme; sarsıntı.

trem.u.lant, -lent (trem'yılınt) *s.* titrek, titreyen.

trem.u.lous (trem'yılıs) *s.* titrek, ihtizazlı; ürkek, korkak. **tremulously** *z.* titreyerek. **tremulousness** *i.* titreklik.

trench (trenç) *f., i.* içine veya etrafına hendek veya siper kazmak; kirizma yapmak; siper kazmak; tecavüz etmek; *i.* çukur, hendek; siper. **trench coat** trençkot. **trench foot** soğuktan ve rutubetten hâsıl olup kangrene yol açan ayak rahatsızlığı. **trench mouth** *tıb.* toprak basilinden meydana gelen ağız hastalığı. **trench on** tecavüz etmek; yakın gelmek. **trench warfare** siper harbi.

trench.ant (tren'çınt) *s.* keskin; acı, şiddetli, ezici, tesirli, kuvvetli. **trenchancy** *i.* keskinlik; tesirli olma. **trenchantly** *z.* keskin olarak; tesirli bir şekilde.

trench.er (tren'çır) *i.* eskiden sofrada kullanılan tahta tabak.

trench.er.man (tren'çırmın) *i.* iştahı yerinde kimse.

trend (trend) *f., i.* yönelmek, meyletmek, temayül etmek; *i.* temayül, meyil, eğilim; yön. **trend'y** *s.* en son modayı izleyen.

tre.pan (tripän') *i., f.* (**-ned, -ning**) *tıb.* kafatasını delmeye mahsus yuvarlak cerrah testeresi; kuyu delme burgusu; *f.* cerrah testeresi ile kafatasını delmek; *mak.* burgu ile delik açmak.

tre.pang (tripäng') *i., zool.* bir çeşit denizhıyarı.

tre.phine (trifayn', -fin') *i., f., tıb.* yuvarlak cerrah testeresi; *f.* bu testere ile delmek.

trep.i.da.tion (trɛpıdey'şın) *i.* titreme; ürperme; korku, dehşet.

tres.pass (tres'pıs, -päs) *f., i.* tecavüz etmek; başkasının mülküne haksız olarak ayak basmak, hududu geçmek; ihlâl etmek, bozmak; günah işlemek; *i.* başkasının hakkına tecavüz; kanuna karşı gelme; günah, suç. **No trespassing.** Geçilmez. Girilmez.

tress (tres) *i.* saç lülesi, belik, bukle; uzun saç; saça benzer örgü. **tressed** *s.* örgülü, lüle lüle.

tres.tle (tres'ıl) *i.* masa ayaklığı, sehpa; sehpa köprü. **trestle table** sehpa üzerine kurulmuş masa. **treştlework** *i.* sehpa (köprü), iskele işi.

trey (trey) *i.* iskambil veya zar üçlüsü.

tri- *önek* üç, üç misli.

tri.a.ble (tray'ıbıl) *s.* tecrübe olunur, denenmesi mümkün; davası görülebilen.

tri.ad (tray'äd) *i.* üçlü takım; *müz.* bilhassa birinci ile üçüncü ve beşinci notalardan ibaret üçlük akort, triade; *kim.* üç değerli atom.

tri.al (tray'ıl) *i., huk.* davanın görülmesi, muhakeme, duruşma, yargılama; tecrübe, deneme, bakma, imtihan; tecrübe olunma, denenme; imtihan kabilinden olan felâket veya keder. **trial and error** çeşitli yolları deneme; deneyerek. **trial balance** muhasebede zimmet ve matlup yekûnlarının mukayesesi, mizan. **trial balloon** halkın tepkisini öğ-

renmek için bir plan hakkında verilen ön haber. **trial by jury** jüri heyeti tarafından muhakeme olunma. **trial jury** bir davada son kararı veren on iki kişilik jüri heyeti. **trial trip** yelkenli gemi veya vapurun tecrübe seferi; tecrübe, deneme. **be on trial** yargılanmak, muhakemesi olmak; tecrübe edilmek, denenmek. **He is a trial to his mother.** Annesi için bir baş belâsıdır.

tri.an.gle (tray'äng.gıl) *i.* üç köşeli şekil, üçgen; gönye; üçlü grup; *müz.* üçköşe, triangel. **the eternal triangle** rakip aşk.

tri.an.gu.lar (trayäng'gyılır) *s.* üç köşeli, üçgen şeklindeki. **triangular'ity** *i.* üçlülük. **triangularly** *z.* üç köşeli olarak.

tri.an.gu.late (trayäng'gyıleyt) *s., f.* üçgenlerle bölünmüş; üçgen; *f.* üçgen yapmak; üçgenlere bölmek; nirengi yapmak.

tri.an.gu.la.tion (trayäng.gyıley'şın) *i.* nirengi.

Tri.as.sic (trayäs'îk) *s., i., jeol.* Jura devrinden evvel gelen Trias devrine ait; *i.* Triasik devir.

tri.at.ic stay (trayät'îk) *den.* direk kulumbirleri arasındaki ıstralya, karanfil.

tri.bal (tray'bıl) *s.* kabileye ait. **tribalism** *i.* kabile kültürü ve ilişkileri. **tribally** *z.* kabile şeklinde.

tri.ba.sic (traybey'sîk) *s., kim.* üç bazlı.

tribe (trayb) *i.* kabile, aşiret, oymak, soy, uruk; aynı sınıftan veya aynı sanattan kimseler, grup; *biyol.* takım, familya; dişi hayvandan gelen zürriyet. **tribes'man** *i.* kabileye mensup fert.

tri.bol.o.gy (traybal'ıci) *i.* teknolojide cisimlerin sürtünmelerini inceleyen dal.

tri.brach (tray'bräk, trîb'räk) *i., şiir* üç kısa heceli vezin parçası.

trib.u.la.tion (trîbyıley'şın) *i.* mihnet, musibet; dert, keder, büyük sıkıntı.

tri.bu.nal (trîbyu'nıl, tray-) *i.* mahkeme; hâkim kürsüsü.

trib.une (trîb'yun, İng. tray'byun) *i.* Roma tarihinde soylulara karşı halkın seçtiği ve halkı koruyan sulh hâkimi; halkı savunan kimse. **tribunate, tribuneship** *i.* halkı savunan memur makamı. **tribuni'cial, -tial** *s.* bu makama ait.

trib.une (trîb'yun) *i.* kürsü, platform, tribün.

trib.u.tar.y (trîb'yıteri) *s., i.* vergi veren; tabi olan, bağımlı; vergiye ait, haraç olarak verilen; yardımcı; bir ırmağa karışan (ayak);

i. haraca tabi hükümdar veya hükümet; ırmak ayağı; göle dökülen ırmak.

trib.ute (trîb'yut) *i.* övme, sitayiş, takdir; hediye; haraç, vergi, baç; haraç verme mecburiyeti.

trice (trays) *f., gen.* **up** *ile* kaldırıp bağlamak; hisa etmek.

trice (trays) *i.* lahza, an. **in a trice** bir lahzada, çabucak.

tri.ceps (tray'seps) *i.* üç başlı kas.

tri.chi.a.sis (trikay'ısis) *i., tıb.* kirpiklerin içe doğru dönmesi; idrarda ipliksi elyaf görülmesi, trikiyazis.

tri.chi.na (trikay'nı) *i.* (*çoğ.* **-nae**) *tıb.* trişin. **trichinosis** (trikıno'sîs) *i., tıb.* trişinoz. **trichinous** (trîk'ınıs) *s.* trişinli; trişinozlu.

tricho- *önek* saç, kıl.

trich.ome (trîk'om, tray'kom) *i.* bitki kabuğunun iç zarından çıkan şey (kıl).

tri.cho.sis (trîko'sîs) *i., tıb.* saç hastalığı.

tri.chot.o.my (traykat'ımi) *i.* üç kısma bölünme; insan tabiatının beden, ruh ve can olarak üç kısma ayrılması. **trichotomous** *s.* üç kısma ayrılmış.

tri.chrome, tri.chro.mic, tri.chro.mat.ic (tray'krom, traykro'mîk, traykromät'îk) *s.* üç renkten ibaret, üç renkli.

trick (trîk) *i., f.* hile, oyun, desise, dolap, şeytanlık; marifet, ustalık; hokkabazlık, el çabukluğu; âdet; garip taraf; huy, hususiyet; *briç* bir devirde oynanılan kâğıtlar; *den.* nöbet; *f.* aldatmak, hile yapmak. **trick out** *veya* **up** süslemek. **bag of tricks** bir sürü yalan ve düzen; eldeki imkânlar. **play a trick on** oyun oynamak, azizlik etmek. **That'll do the trick.** O işimizi görür. **That child knows a trick or two.** O çocuk ne kurnazdır! **That cat has been up to her old tricks.** O kedi yine marifetini göstermiş. **trick'ery** *i.* hile, hilekârlık.

trick.ish (trîk'îş) *s.* hile kabilinden, hilekâr; hüner isteyen. **trickishly** *z.* hile ile. **trickishness** *i.* hile, hilekârlık.

trick.le (trîk'ıl) *f., i.* damla damla akmak veya akıtmak; azar azar gelmek; *i.* damlama; damla damla akan şey.

trick.ster (trîk'stır) *i.* hilekâr veya düzenbaz kimse.

trick.track (trîk'träk) *i.* tavla oyunu.

trick.y (trîk'i) *s.* hileli; ustalık isteyen; becerikli, usta, hünerli. **trickily** *z.* hile ile. **trickiness** *i.* hile; hüner.

tri.clin.ic (trayklin'îk) *s., fiz.* üç ekseni dik olmayan açılarla kesişen (kristal).

tri.clin.i.um (trayklin'iyım) *i.* Romalıların yemek yerken üzerine uzandıkları ve ortadaki masanın üç yanını çevreleyen sedir.

tri.col.or (tray'kʌlır) *i.* üç renkli bayrak; *b.h.* Fransız bayrağı. **tricolored** *s.* üç renkli.

tri.corn (tray'kôrn) *i.* eskiden giyilen üç kenarı kalkık şapka.

tri.cot (tri'ko, triko') *i.* triko.

tri.cus.pid (traykʌs'pid) *s.* üç çatallı (azı dişleri veya kalp kapağı gibi). **tricuspid valve** *anat.* üçlü kapacık, triküspid.

tri.cy.cle (tray'sikıl) *i., f.* üç tekerlekli velespit; *f.* üç tekerlekli velespite binmek.

tri.dac.tyl (traydäk'til) *s.* üç parmaklı.

tri.dent (tray'dınt) *i., s.* üç dişli gladyatör mızrağı; üçlü çatalı olan balık zıpkını; Neptün'ün sembolü; *s.* üç çatallı mızrak gibi, üç çatallı.

tri.den.tate (trayden'teyt) *s.* üç dişli, üç çıkıntısı veya ucu olan.

tri.di.men.sion.al (traydîmen'şınıl) *s.* üç boyutlu.

tri.e.cious *bak.* **trioecious.**

tried (trayd) *bak.* **try**; *s.* güvenilir, güvene lâyık; saf, arıtılmış.

tri.en.ni.al (trayen'iyıl) *s., i.* üç senede bir olan, üç sene süren; *i.* üç senede bir olan veya üç sene süren şey; üçüncü yıldönümü. **triennially** *z.* üç senede bir.

tri.er (tray'ır) *i.* tecrübe eden kimse; yargılayan kimse.

tri.fa.cial (trayfey'şıl) *s., i., anat., zool.* beyinden çıkan beşinci çift sinirlere ait, trigeminusa ait; *i.* üçüz sinir, trigeminus.

tri.fid (tray'fid) *s.* üçlü çatal; üçe bölünmüş.

tri.fle (tray'fıl) *i., s., f.* önemsiz şey; az miktar, cüzi şey; ucuz ve adi süs eşyası; pandispanya ve meyvalardan yapılan bir çeşit tatlı; kalay ve kurşun alaşımı; *f.* oynamak; boşuna harcamak; boş şeyler konuşmak; oyalamak, oyalanmak; şaka yapmak. **trifle with** önem vermemek. **a trifle** biraz. **He is not a man to trifle with.** O hafiften alınacak bir kimse değildir. **Don't trifle with your health.** Sıhhatinizle oynamayın.

tri.fling (tray'fling) *s.* ehemmiyetsiz, ufak, cüzi, az; sathî; her şeyi ehemmiyetsiz gibi karşılayan; değersiz; işe yaramaz. **triflingness** *i.* ehemmiyetsizlik. **triflingly** *z.* önemsiz olarak.

tri.fo.cal (trayfo'kıl) *s.* (yakın, orta ve uzak mesafeler için) üç ayrı kısmı olan (gözlük). **trifocals** *i.* üç kısımlı gözlük.

tri.fo.li.ate (trayfo'liyit, -eyt) *s., bot.* üç yapraklı, yaprak gibi üç kısmı olan; üç yaprakçığı olan (yaprak); *mim.* üç yapraklı.

tri.fo.li.o.late (trayfo'liyıleyt) *s., bot.* üç yaprakçığı olan (yaprak).

tri.fo.li.um (trayfo'liyım) *i., bot.* yonca, tirfil.

tri.fo.ri.um (trayfôr'iyım) *i.* (*çoğ.* -ri.a) *mim.* büyük kiliselerin yan galerilerinden biri.

tri.form(ed) (tray'fôrm, -d) *s.* üç kısımlı, üç şekli olan; üç şekilden ibaret.

tri.fur.cate, -cat.ed (trayfır'keyt, -îd) *s.* üçlü çatal, üç kısma ayrılmış.

trig. *kıs.* trigonometry.

trig (trig) *s., f.* (-ged, -ging) şık, temiz giyimli; sağlam, dayanıklı, sıkı; güvenilir; canlı, cıvıl cıvıl; *f.*, **out** *veya* **up** *ile* şıklaştırmak, güzelleştirmek.

trig (trig) *i., f.* (-ged, -ging) takoz, köstek; *f.* altına takoz koyarak hareketine mâni olmak; frenlemek.

tri.gem.i.nal (traycem'ınıl) *s., i.* üçlü; *anat.*, *zool.* trigeminusa ait; *i.* trigeminus.

trig.ger (trig'ır) *i., f.* tüfek tetiği; *mak.* zembereği serbest bırakmaya mahsus cihaz; dürtü; *f.* başlatmak. **trigger man** *A.B.D.*, *argo* cinayet işlemeyi üzerine alan gangster. **quick on the trigger** eli tetikte; hazırcevap, kafası çabuk 'işler.

trig.ger.fish (trig'ırfiş) *i.* çotira, *zool.* Balistes capriscus.

trig.ger-hap.py (trig'ırhäpi) *s., A.B.D., argo* önemsiz sebeplerle silâh kullanan.

tri.glyph (tray'glif) *i.* Yunan mimarisinde Dorik frizlerde fasıla ile sıralanan düşey üç yivli taş levha, triglif. **triglyph'ic(al)** *s.* böyle levhaya ait.

tri.gon (tray'gan) *i.* Zodyak'ın dörtte biri; üç köşeli bir çeşit çenk.

trig.o.nal (trig'ınıl) *s.* üç köşeli; kristalde üç katmerli simetriye ait.

trig.o.nom.e.try (trigınam'ıtri) *i.* trigonometri.

trigonomet'ric(al) *s.* trigonometriye ait. **trigonomet'rically** *z.* trigonometrik olarak.

tri.graph (tray'gräf) *i.* tek ses çıkaran üç harf.

tri.he.dral (trayhi'drıl) *s.* üç yüzlü, üç yanlı, tek noktada birleşen üç yüzlü (cisim). **trihedron** *i., geom.* bir noktada birleşen üç düzlemden husule gelen şekil.

tri.ju.gate, -gous (tray'cûgeyt, traycu'geyt, tray'cûgıs) *s., bot.* üç çift yaprakçığı olan.

tri.lat.er.al (traylät'ırıl) *s.* üç yanlı, üç kenarlı, üç yönlü.

tri.lin.e.ar (traylin'iyır) *s.* üç hattan ibaret, üç hatta ait.

tri.lin.gual (trayling'gwıl) *s.* üç dilde ifade olunan; üç dil konuşan, üç dilli.

tri.lit.er.al (traylit'ırıl) *s., i.* üç harften ibaret (kelime).

trill (trîl) *f., i.* sesi titremek veya titretmek; titrek ses ile söylemek veya terennüm etmek; *i.* sesin titremesi; *müz.* titrek ses; "r" sesinin titretilerek söylenmesi.

tril.lion (trîl'yın) *i.* İngiliz sistemine göre 18 sıfırlı, Amerikan ve Fransız sistemine göre 12 sıfırlı rakam, trilyon.

tril.li.um (trîl'iyım) *i.* bir çiçek etrafında üç yaprağı olan fidan, trilyum.

tri.lo.bate (traylo'beyt, tray'lıbeyt) *s.* üç loplu, üç kısımlı.

tri.lo.bite (tray'lıbayt) *i.* bedeninde üç bölme bulunan ve şimdi soyları tükenmiş olan deniz böcekleri takımından bir hayvan.

tri.loc.u.lar (traylak'yılır) *s.* üç gözlü, üç hücreli.

tril.o.gy (trîl'ıci) *i.* üçlü eser, triloji.

trim (trîm) *s.* (-mer, -mest), *f.* (-med, -ming), *i.* temiz ve yakışıklı, biçimli, şık; *f.* budamak, kırkmak, kesip düzeltmek; süslemek; 'temizleyip nizama koymak; *den.* yükü düzgün istif ederek gemiyi denk etmek; yelkenleri rüzgâra göre düzeltmek; *hav.* ayar etmek; *k.dili* yenmek, bozmak; aldatmak; azarlamak; *den.* denk olmak; iki parti arasında her ikisine de taraftar görünmek; *i.* nizam, intizam; hal, vaziyet; süs; artık; *den.* geminin dengi; kıyafet, kılık; *mim.* binanın iç tarafında bulunan süve gibi hafif tahtalar. **trim by the bow** *den.* gemiyi başı kıçından daha fazla suya batacak şekilde denkleştirmek. **trim one's sails** ayağını denk almak. **in good trim** iyi halde veya vaziyette; denk, oranlı (gemi). **out of trim**

fena vaziyette; idmansız; dengi bozuk (gemi, uçak). **trim'ly** z. biçimli olarak. **trim'ness** i. biçimli oluş.

trim.er.ous (trim'ırıs) s. birbirine benzer üç kısmı olan; bot. üç kısımlı (çiçek); biyol. üç eklemli.

tri.mes.ter (traymes'tır) i. üç aylık müddet.

trim.e.ter (trim'ıtır) s., i. üç cüz (tef'ile)den ibaret (mısra).

trim.mer (trim'ır) i. süsleyen kimse, düzenleyici kimse; yağcı, dalkavuk; bir çeşit yapı kirişi.

trim.ming (trim'îng) i. süsleme; süsleyici şey; garnitür; çoğ. kırpıntı; k.dili mağlubiyet, dayak.

tri.month.ly (traymʌnth'li) z., s. üç ayda bir (olan).

tri.mor.phism (traymôr'fizim) i., biyol. aynı türde üç şeklin bulunması. **trimorphic, trimorphous** s. üç şekilli.

trine (trayn) s., i. üç kat, üçlü, üç kere yapılan; i. üçlü takım; b.h. teslis.

Trin.i.dad and To.ba.go (trin'ıdäd; tobey'go) Trinidad ve Tobago.

Trin.i.tar.i.an (trinıter'iyın) s., i. teslis prensibine ait; i. teslis prensibine inanan kimse. **Trinitarianism** i. teslis prensibini kabul eden mezhep.

tri.ni.tro.tol.u.ene, tri.ni.tro.tol.u.ol (traynaytrotal'yuwin, -yuwol) i. nitrat ile tolüenden mürekkep kuvvetli bir patlayıcı madde, kıs. **TNT.**

trin.i.ty (trin'ıti) i. üçlü, üçlü birlik; b.h., ilâh. teslis; teslisi temsil eden simge.

trin.ket (tring'kit) i. yüzük veya düğme gibi ufak süs; kıymetsiz şey, oyuncak, biblo.

tri.no.dal (trayno'dıl) s., bot. üç düğüm veya eklemi olan.

tri.no.mi.al (trayno'miyıl) s., i., mat. üç terimli; biyol. üç kelimeli ismi olan; i., mat. + veya — işaretiyle birleşmiş üç terimli ifade; biyol. üç kelimeli isim.

tri.o (tri'yo) i. üçlü takım; müz. üçlü, triyo.

tri.oe.cious, tri.e.cious (trayi'şıs) s., bot. aynı türün değişik bitkilerinde erkek ile dişi ve hünsa çiçekleri olan.

tri.o.let (tray'ılit) i. bir çeşit sekiz mısralı şiir kıtası.

tri.ox.ide (trayak'sayd, -sid) i., kim. içinde üç oksijen atomu bulunan oksit.

trip (trîp) f. (**-ped, -ping**) sürçmek, çelmek, çelme takmak; hafif hafif veya sekerek yürümek, sekmek, sıçramak, seğirtmek; yanılmak, hata yapmak; mak. açılmak, çözülmek, boşalmak, engeli kaldırıp serbest bırakmak, harekete geçirmek; nad. yolculuk etmek; hatasını ortaya çıkarmak; eski havada gezer gibi dans etmek; den. dipten ayırmak (lenger); argo uyuşturucu madde tesirinde olmak. **trip up** çelme takmak; yalanını yakalamak. **trip the light fantastic** dans etmek.

trip (trîp) i. kısa seyahat veya yolculuk; tur; sürçme, çelme, ayak takılması; seğirtme; mak. kastanyola, durdurucu tertibat; hata, yanlış; argo uyuşturucu madde kullanma ve bunun tesiri. **trip hammer** otomatik demir çekici. **round trip** gidiş dönüş. **take a trip** seyahat etmek; argo uyuşturucu madde kullanmak.

tri.par.tite (traypar'tayt) s. üç kısma ayrılmış; üç kısımdan veya kopyadan ibaret; üç taraf arasında yapılmış. **triparti'tion** i. üç parçaya bölünme.

tripe (trayp) i. işkembe; k.dili saçma, manasız veya değersiz şey.

tri.pet.al.ous (traypet'ılıs) s., bot. çiçeği üç yapraklı.

tri.phase (tray'feyz) s., elek. üç fazlı.

triph.thong (trîf'thông, trîp'-) i. bir hecede birleşmiş üç ünlü. **triphthon'gal** s. bir ses çıkaran birleşik üç ünlü kabilinden.

tri.pin.nate (traypin'eyt) s., bot. üç dereceli tüysü.

tri.plane (tray'pleyn) i. üst üste üç kanatlı uçak.

trip.le (trîp'ıl) s., f., i. üç kat, üç misli, üçlü; f. üç misli yapmak veya olmak; i., beysbol üç kalelik bir top vuruşu. **Triple Alliance** Üçler ittifakı. **triple-expansion engine** üç genişlemeli makina. **triple measure, triple time** müz. üç vurgulu tempo. **triple threat** A.B.D., k.dili üç sahada hünerli kimse.

trip.let (trîp'lît) i. üç şeyden ibaret takım; şiir üç mısralı kafiyeli şiir parçası; müz. triolet, üçlem; üçüzlerden biri.

tri.plex (tray'pleks, trîp'leks) s., i. üç kısımdan mürekkep, üç kat; i. üç daireli ev.

trip.li.cate (trîp'lıkit) s., i. üç kat, üç misli; üç kopyadan ibaret; i. üçlü kopya; aynı cinsten üç şey. **in triplicate** üç kopya olarak.

trip.li.cate (trip'lıkeyt) *f.* üç kat etmek; üç kopyasını çıkarmak. **triplica'tion** *i.* üç kat etme veya olma.

tri.plic.i.ty (triplis'ıti) *i.* üç kat veya üç misli olma; üçlü takım.

tri.pod (tray'pad) *i.* üç ayaklı sehpa; fotoğraf sehpası. **tripodal** (trip'ıdıl) *s.* sehpaya benzer.

Trip.o.li (trip'ıli) *i.* Trablusgarp; Trablusşam; *k.h.* Trablus taşı, cilâ için kullanılan alçıtaşı.

Trip.o.li.ta.ni.a (tripılitey'niyı) *i.* Trablusgarp ülkesi.

tri.pos (tray'pas) *i.* Cambridge Üniversitesinde şeref payesi imtihanı.

trip.per (trip'ır) *i.* seyahat eden kimse; *İng., k.dili* turist; *mak.* kastanyola.

trip.ping (trip'ing) *s., i.* çevik, kıvrak; hafif adımlarla yürüyen; *i.* hafif ve çevik adımlarla yürüme; hafif bir dans. **trippingly** *z.* sekerek.

trip.tane (trip'teyn) *i., kim.* triptan.

trip.tych (trip'tik) *i.* üç kanatlı resim; üç kere katlanan yazı levhası.

tri.quet.rous (traykwet'rıs, -kwi'trıs) *s.* üç taraflı, üç köşeli.

tri.reme (tray'rim) *i.* üç sıra kürekleri olan eski savaş gemisi, kadırga.

tri.sect (traysekt') *f.* üç kısma bölmek; *geom.* üç eşit kısma ayırmak. **trisec'tion** *i., geom.* üç eşit kısma ayırma.

tri.se.ri.al (traysir'iyıl) *s.* üç sıra olarak tertip edilmiş.

tris.mus (triz'mıs, tris'-) *i., tıb.* çene kilitlenmesi. **trismic** *s.* çene kilitlenmesi ile ilgili.

tri.sper.mous (trayspır'mıs) *s., bot.* üç tohumlu.

triste (trist) *s., Fr.* kederli, acıklı.

tris.tesse (tristes') *i., Fr.* keder.

trist.ful (trist'fıl) *s., eski* kederli, üzüntülü. **tristfully** *z.* kederle.

tris.ti.chous (tris'tıkıs) *s.* üç satırlı.

tri.sty.lous (traystay'lıs) *s., bot.* üç stilli.

tri.syl.la.ble (traysil'ıbıl) *i.* üç heceli kelime. **trisyllab'ic** *s.* üç heceden ibaret.

trite (trayt) *s.* herkesçe bilinen, basmakalıp, malum; adi; bayatlamış, eskimiş. **trite'ly** *z.* adi bir şekilde. **trite'ness** *i.* adilik.

tri.the.ism (tray'thiyizım) *i.* üç uknumun üç ayrı tanrı olduğuna dair itikat. **tritheist** *i.* böyle bir inancı olan kimse. **tritheis'tic(al)** *s.* bu itikat kabilinden.

Tri.ton (tray'tın) *i., Yu. mit.* yarısı adam yarısı balık olan deniz mabudu; *k.h., zool.* boru şeklinde bir çeşit deniz salyangozu veya bunun kabuğu.

trit.u.rate (triç'ıreyt) *f., i.* ezip toz etmek, öğütmek; dövmek; *i.* ezilip toz haline getirilmiş madde. **triturable** *s.* ezilip toz haline getirilir. **tritura'tion** *i.* ince öğütme, toz halinde ezme; toz haline getirilmiş madde.

tri.umph (tray'ımf) *i., f.* zafer alayı; zafer, başarı, muvaffakıyet, galebe; zafer sevinci; *f.* zafer kazanmak, muzaffer olmak, galip gelmek, yenmek; iftihar etmek, övünmek; zafer merasimi yapmak.

tri.um.phal (trayʌm'fıl) *s.* zafere ait, zafer kabilinden. **triumphal arch** zafer takı. **triumphal column** zafer abidesi, zafer sütunu.

tri.um.phant (trayʌm'fınt) *s.* muzaffer, galip; iftihar eden; zaferli; övünen. **triumphantly** *z.* muzafferane.

tri.um.vir (trayʌm'vır) *i. (çoğ. -virs, -viri)* en yüksek hükümet mevkiini eşit olarak elde tutan üç devlet başkanından biri. **triumvirate** *i.* üç kişinin bir arada devlet başkanı olması, triumvirlik; üçler grubu.

tri.une (tray'yun) *s., ilâh.* birde üç olan (teslis için). **triu'nity** *i.* birde üç olma.

tri.va.lent (trayvey'lınt) *s., kim.* üç değerli.

triv.et (triv'it) *i.* sofrada sıcak tabak altına konulan ayaklı madenî tepsi, nihale; ayaklı destek.

triv.i.a (triv'iyı) *i., çoğ.* değersiz şeyler.

triv.i.al (triv'iyıl) *s.* saçma, abes; cüzî, önemsiz, ehemmiyetsiz. **trivial'ity, trivialness** *i.* saçmalık, ehemmiyetsizlik. **trivially** *z.* önemsiz olarak.

triv.i.um (triv'iyım) *i.* ortaçağ üniversitelerinde ilk dört seneyi teşkil eden dilbilgisi ile belâgat ve mantık.

tri.week.ly (traywik'li) *z., s.* üç haftada bir veya haftada üç kere (olan veya çıkan).

-trix *sonek (-or ekiyle biten bazı isimlerin dişil şekli:* aviatrix, executrix).

tro.car, tro.char (tro'kar) *i., tıb.* vücudun su toplamış yerinden sıvıyı çekmeye mahsus cerrah aleti, trokar.

tro.cha.ic (trokey'ik) *s., i.* biri uzun ve biri kısa iki heceli şiir vezni çeşidinden; *i.* böyle vezin veya mısra.

tro.chal (tro'kıl) *s.* tekerleğe benzer.

tro.chan.ter (trokän'tır) *i., anat.* uyluk kemiğinin kalçada olan yumru başı, trokanter, trohanter; *zool.* böcek bacağının ikinci mafsalı.

tro.char *bak.* **trocar.**

tro.che (tro'ki) *i.* yuvarlak ve yassı hap.

tro.chee (tro'ki) *i., şiir* biri uzun ve biri kısa iki heceli vezin.

troch.i.lus (trak'ılıs) *i.* (*çoğ.* -li) bir çeşit yağmurkuşu; bir çeşit ötleğen.

troch.le.a (trak'liyı) *i., anat.* makara, troklea. **troclear** *s.* troklea ile ilgili.

tro.choid (tro'koyd) *i., geom.* tekerlenme eğrisi, yuvarlanma eğrisi; *anat.* döner eklem. **tro.choi'dal** *s.* tekerlek gibi. **trochoi'dally** *z.* tekerlek gibi dönerek.

trod, trod.den (trad, trad'ın) *bak.* **tread.**

trog.lo.dyte (trag'lıdayt) *i.* mağarada oturan kimse; köşeye çekilmiş veya münzevi kimse; *zool.* insana benzer maymun.

troi.ka (troy'kı) *i.* Rusya'da kullanılan yan yana koşulmuş üç atlı kızak veya araba; üçlü yönetim.

Tro.jan (tro'cın) *s., i.* Truva şehrine veya ahalisine ait; *i.* Truvalı. **Trojan horse** Truva atı. **Trojan War** Truva savaşı. **like a Trojan** çok çalışkan; yiğit ve cesur.

troll (trol) *f., i.* su içinde olta sürükleyerek balık tutmak; birbirini takip eden birkaç sesle şarkı söylemek; yüksek sesle veya serbestçe şarkı okumak; döndürmek; *i.* bir işi tekrar tekrar yapma; birbirini takip eden seslerle söylenen şarkı, nakarat, tekrar; olta iğnesine yakın takılıp fırıldak gibi dönen yem.

troll (trol) *i.* mağaralarda veya tepelerde bulunduğu farzolunan dev veya cüce.

trol.ley (tral'i) *i.* tramvay, tramvay arabası; tramvay arabasına elektrik cereyanı veren kol; yük boşaltmak için gövdesi kaldırılıp indirilen araba; asma yük arabası. **trolley bus** troleybüs. **trolley car** tramvay arabası. **trolley-man** *i.* vatman veya tramvay biletçisi. **trolley pole** arş. **off its trolley** arştan çıkmış, boynuzları çıkmış. **off his trolley** *k.dili* kafadan çatlak.

trol.lop (tral'ıp) *i.* pasaklı kadın; fahişe, orospu.

trom.bone (trambon', tram'bon) *i., müz.* trombon.

trom.mel (tram'ıl) *i., mad.* silindir şeklinde döner kalbur.

trompe (tramp) *i., mad.* demirci ocağına hava cereyanı veren bir cihaz.

trompe l'oeil (trônp lö'y) *Fr., güz. san.* göz aldatıcı olduğu kadar hakikate uyan yağlıboya resim.

troop (trup) *i., f.* küme, sürü; bölük, tabur, alay; cemaat, güruh; *gen. çoğ.* asker; süvari bölüğü; *f.* sürü halinde toplanmak; ileri yürüyüşü yapmak; küme veya sürü halinde toplamak. **troop away** yürüyüş yapmak, ilerlemek, gitmek. **troop carrier** asker taşıyıcı uçak veya zırhlı araba. **troop off** gitmek, gidivermek. **troop the colors** İngiltere'de asker safları önünde bayrak ile bando geçirme merasimi yapmak.

troop.er (tru'pır) *i.* süvari askeri veya atı; asker gemisi; atlı polis; il jandarması. **swear like a trooper** çok ağır sözlerle sövüp saymak, ağzını bozmak.

troop.ship (trup'şîp) *i.* asker gemisi.

tro.pae.o.lum (tropi'yılım) *i., bot.* bir çeşit Latin çiçeği.

trope (trop) *i., kon. san.* mecaz, kinaye; metne ilâve.

troph.ic (traf'îk) *s., biyol.* besinsel.

tropho- *önek* beslenmeye ait.

tro.phy (tro'fi) *i.* hatıra, andaç, yadigâr, bergüzar; kupa; ganimet; *mim.* bir silâh takımını gösteren bina süsü.

trop.ic (trap'îk) *i., s., coğr.* dönence, tropika; *çoğ.* tropikal kuşak; *s.* tropikal. **Tropic of Cancer** Yengeç dönencesi. **Tropic of Capricorn** Oğlak dönencesi. **tropical** *s.* tropikal; mecazî, kinaye kabilinden.

tro.pism (tro'pîzım) *i., biyol.* doğrulum.

tro.pol.o.gy (tropal'ıci) *i.* konuşma veya yazıda mecaz kullanma; bunun üzerine yazılmış risale.

trop.o.sphere (trap'ısfîr) *i.* troposfer.

trot (trat) *f.* (-ted, -ting) *i.* tırıs gitmek; koşmak; hızlı yürümek; *i.* tırıs; hızlı gidiş, koşuş; *k.dili* yabancı dil derslerinde gizli olarak kullanılan tercüme kitabı; *çoğ., k.dili* ishal. **trot out** *k.dili* göze girmek için bir şey göstermek. **trot'ter** *i.* tırıs giden koşu atı; *k.dili* paça.

troth (trôth, troth) *i.* sadakat, bağlılık; hakikat, doğruluk; nişanlanma. **plight one's troth** sadakat yemini etmek (bilhassa nişanlıya).

trou.ba.dour (tru'bıdôr) *i.* Fransa ve İtalya'da on bir ile on üçüncü yüzyıllar arasında saz şairi, âşık, ozan.

troub.le (trʌb'ıl) *f.* rahatsız etmek, tedirgin etmek, zahmet vermek, canını sıkmak; karıştırmak, altüst etmek, bulandırmak; sıkmak; başını ağrıtmak, eziyet vermek; zahmet etmek; üstünde durmak, dikkat etmek; üzülmek, telâşlanmak. **Don't trouble yourself.** Zahmete girmeyin. **feel** *veya* **be troubled** üzülmek, merak etmek. **Her deafness troubles her.** Sağırlığı canını sıkıyor. **May I trouble you for the salt?** Tuzu verebilir misiniz? **Sorry to trouble you.** Size zahmet verdiğim için özür dilerim. Size zahmet oldu. **The principal can't be troubled with all the petty problems.** Müdür ufak tefek meselelerle meşgul olamaz.

troub.le (trʌb'ıl) *i.* zahmet, sıkıntı, üzgü, üzüntü, ıstırap, dert, keder, belâ; sıkıntılı şey, mesele; rahatsızlık, hastalık. **ask for trouble** belâ aramak, belâ satın almak. **digestive troubles** sindirim bozukluğu, hazımsızlık. **get into trouble** belâya çatmak, başı belâya girmek. **in trouble** başı belâda; *k.dili* evlenmeden gebe kalmış. **take trouble** zahmete katlanmak, zahmet etmek; dikkat etmek. **Trouble in the neighboring country closed the border.** Komşu memlekette çıkan karışıklık sınırın kapanmasına sebep oldu. **trouble spot** sıkıntı veren yer, sık sık arızalanan kısım. **What's the trouble?** Ne var? Derdin ne? Mesele nedir?

troub.led (trʌb'ıld) *s.* tedirgin, üzgün; meraklı. **troubled waters** bulanık sular; düzensizlik, sıkıntı.

trouble.mak.er (trʌb'ılmeykır) *i.* mesele çıkaran kimse; baş belâsı.

troub.le.shoot.er (trʌb'ılşutır) *i.* aksaklıkları saptayıp çözümleyen kimse.

troub.le.some (trʌb'ılsım) *s.* zahmetli, sıkıntılı, üzgülü, belâlı, üzüntülü; baş belâsı, musibet, rahat vermez. **troublesomely** *z.* zahmetli olarak. **troublesomeness** *i.* zahmetlilik.

troub.lous (trʌb'lıs) *s.* karışık, güç, sıkıntılı.

trou-de-loup (trudılu') *i.* (*çoğ.* **trous-**) *ask.* atlı askerlere karşı savunma aracı olarak kullanılan ve ortasına sivri kazık çakılı konik çukur.

trough (trôf) *i.* tekne, yalak; oluk; iki dalga arasındaki çukur; uçurum. **low pressure trough** alçak basınçlı dar ve uzun hava sahası.

trounce (trauns) *f.* dövmek, dayak atmak, cezalandırmak; *k.dili* yenilgiye uğratmak.

troupe (trup) *i.* trup. **trou'per** *i.* trup üyesi; tecrübeli oyuncu.

trou.sers, trow.sers (trau'zırz) *i., çoğ.* pantolon. **pair of trousers** pantolon.

trous.seau (tru'so, truso') *i.* gelin eşyası, çeyiz, cihaz.

trout (traut) *i.* alabalık, *zool.* Salmo. **brook trout** dere alabalığı, *zool.* Salmo fontinalis. **lake trout** göl alası, *zool.* Salvelinus namaycush, *zool.* Salmo lacustris. **sea trout** deniz alası, *zool.* Salmo trutta.

trou.vère, -veur (truver', truvır') *i.* ortaçağda Fransa'da epik şair.

trove (trov) *i.* define, hazine.

tro.ver (tro'vır) *i., huk.* zaptolunan bir malı geri almak için açılan dava, istirdat davası.

trow (tro) *f., eski* zannetmek, sanmak; düşünmek; inanmak.

trow.el (trau'wıl) *i., f.* (**-ed, -ing** *veya* **-led, -ling**) mala, sürgü; fidanları sökmeye veya dikmeye mahsus el küreği; *f.* mala ile sıvamak, malalamak.

Troy (troy) *i.* Truva.

troy (troy) *i.* kuyumcuların kullandığı tartı sistemi. **troy weight** kuyumcu tartısı.

tru.an.cy (tru'wınsi) *i.* okul kaçkınlığı, dersi asma.

tru.ant (tru'wınt) *i., s., f.* okul kaçağı; *s.* kaçak, firarî; aylak; *f.* okul veya vazifeden kaçmak, asmak. **truant officer** A.B.D. okul kaçakları ile meşgul olan memur.

truce (trus) *i.* ateşkes, mütareke, anlaşma; ara, fasıla.

truck (trʌk) *i., f.* kamyon, yük arabası; domuz arabası; iki tekerlekli el arabası; ağır yük vagonu; *İng.* tablalı yük vagonu; tekerlekli çerçeve; *f.* el arabası veya kamyon ile yük taşımak; kamyon kullanmak; A.B.D., *argo* yürümek, gitmek.

truck (trʌk) *f., i.* mübadele etmek, değiş tokuş etmek, trampa etmek, takas etmek; *i.* mübadele, değiş tokuş, takas, trampa; *k.dili* süprüntü, pılı pırtı; önemsiz şeyler; A.B.D. bostanda yetiştirilen sebze ve meyva; *k.dili* ilişki. **truck farm** bostan. **truck farming** bostancılık.

truck.age (trʌk'ic) *i.* yük nakletme bedeli; el arabası veya kamyon ile yük taşıma.

truck.ing (trʌk'ing) *i.* yük arabacılığı; değiş tokuş; bostancılık.

truck.le (trʌk'ıl) *f., i.,* **to** *ile* kendini alçaltıp tabi olmak, yaltaklanmak; *i.* ufak tekerlek; *leh.* açılır kapanır karyolanın altına itilen tekerlekli yatak.

truck.man (trʌk'mın) *i.* yük arabacısı, kamyoncu.

truc.u.lent (trʌk'yılınt) *s.* vahşi, haşin ve merhametsiz, gaddar, zalim; insafsız, yıkıcı. **truc-ulence, -cy** *i.* vahşilik, haşinlik. **truculently** *z.* gaddarca.

trudge (trʌc) *f., i.* zahmetle yürümek, yorgunlukla yürümek; *i.* zahmetli yürüyüş.

trudg.en (trʌc'ın) *i.,* **trudgen stroke** kulaçlama yüzüş.

true (tru) *s., z.. f.* hakikî, sahi, gerçek, doğru; halis, katkısız, som, safi; sadık, samimî, içten; tam, aynı; asıl; meşru; *z.* doğru olarak, hakikaten, gerçekten; doğru; *f.* doğrultmak, düzeltmek, tam şeklini vermek. **true bill** muhakeme lüzumu kararı. **true-false test** "doğru" veya "yanlış" diye cevaplandırılan test. **true horizon** deniz yüzeyi ile paralel olan hakikî ufuk. **come true** doğru çıkmak, gerçekleşmek. **in true** doğru işleyen, merkeze uygun.

true.blue (tru'blu') *i.* sadakat belirtisi sayılan mavi renk.

true-blue (tru'blu') *s.* pek sadık, sözünün eri.

true.born (tru'bôrn) *s.* doğuştan, hakikî.

true.heart.ed (tru'hartid) *s.* sadık, hakikatli.

true.love (tru'lʌv) *i.* sevgili.

truf.fle (trʌf'ıl, tru'fıl) *i.* domalan, yermantarı, *bot.* Tuper; domuz ağırşağı.

tru.ism (tru'wizım) *i.* herkesçe bilinen hakikat, bellilik, apaçıklık, doğruluğu kabul edilmiş önerme.

trull (trʌl) *i., eski* pasaklı kadın; fahişe, orospu.

tru.ly (tru'li) *z.* hakikaten, gerçekten, doğrulukla, sadakatle, samimiyetle; tamamen, doğru olarak; kanunen.

trump (trʌmp) *i., f.* koz; *k.dili* iyi adam; *f.* koz oynamak; koz oynayarak almak. **trump card** koz. **trump up** uydurmak, icat etmek. **play one's trump card** kozunu oynamak.

trump (trʌmp) *i., şiir* boru (çalgı); boru sesi.

trump.er.y (trʌm'pıri) *i.* gösterişli fakat değersiz şey, kıymetsiz süs; saçma; hile.

trum.pet (trʌm'pit) *i., f., müz.* boru, çalgı borusu; borazan; boru sesi; *f.* boru çalarak ilân etmek; ilân etmek, yaymak; boru gibi ses çıkarmak. **trumpet call** boru sesi ile çağırma. **trumpet creeper** borulu hanımmeli, *bot.* Campsis radicans. **a flourish of trumpets** boru sesleri. **blow one's own trumpet** kendi borusunu çalmak, kendi kendinin reklamını yapmak, övünmek. **ear trumpet** kulak borusu. **speaking trumpet** ağız borusu, megafon.

trum.pet.er (trʌm'pitır) *i.* boru çalan kimse, borazan; ilân eden kimse, tellâl. **trumpeter swan** borazan kuşu, *zool.* Psophidae.

trun.cate (trʌng'keyt) *f., s.* ucunu veya tepesini kesmek; *s.* tepesi kesik; *bot.* tepesi kesik gibi (yaprak), güdük. **truncated** *s.* kesik, yassı. **truncated pyramid** kesik piramit. **trunca'tion** *i.* ucunu veya tepesini kesme; kesik şey.

trun.cheon (trʌn'çın) *i., f.* kısa ve kalın sopa, çomak, matrak; asa; *İng.* cop; *f.* sopa ile dövmek, coplamak.

trun.dle (trʌn'dıl) *i., f.* ufak tekerlek; tekerlek sesi; *f.* domuz arabası ile taşımak; yuvarlamak (çember). **trundle bed** açılır kapanır karyolanın altına itilebilen tekerlekli yatak.

trunk (trʌngk) *i., s.* gövde, beden; sandık; otomobil bagajı; ana hat; *zool.* hortum; madenî veya ağaç oluk veya künk; *den.* yolcu kamarasının güverteden yüksek kısmı, mezarna; *çoğ.* erkek mayosu; *mim.* sütun bedeni; *s.* demiryolu veya telgraf ana hattına ait. **trunk call** şehirlerarası telefon. **trunk engine** pistonu boru şeklinde olan istim makinası. **trunk hose** eski zamanlarda giyilen bir çeşit şalvar. **trunk line** demiryolu veya telgraf ana hattı. **trunk nail** iri ve süslü başlı çivi. **trunk road** ana yol. **trunk room** sandık odası.

trun.nion (trʌn'yın) *i.* top muylusu.

truss (trʌs) *i., f.* fıtık bağı, kasık bağı; kiriş, destek, makas, dayak, üçgenlerden oluşan takviye iskeleti; kuru ot veya saman demeti; bağlam, demet; *den.* büyük serenin orta yerini direğe bağlayan demir çember;

f. tavuğu pişirmeden önce kanadını kırıp bağlamak; destek koymak; sıkıca bağlamak. **truss bridge** makas kirişleriyle desteklenen köprü. **truss up** bağlamak, iple bağlamak. **truss'ing** *i.* üçgenli takviye sistemi.

trust (trʌst) *i.*, *f.* itimat, güven, emniyet; tevekkül; ümit; güvenilen şahıs veya şey; emanet; kredi; mutemetlik; tröst; *f.* güvenmek, itimat etmek, emniyet etmek; güvenerek vermek, teslim etmek, emanet etmek; inanmak; tevekkül etmek; kredi vermek. **trust company** tröst şirketi. **trust deed** *huk.* vekâletname. **trust fund** tesis parası, vakıf para. **Trust Territory** Birleşmiş Milletler adına büyük bir memleket tarafından idare edilen bölge, manda altındaki bölge. **in trust** himayesinde, gözetiminde. **on trust** güvenle, emniyetle. **trust in** güvenmek. **trust to** -e dayanmak; itimat etmek; emanet etmek. **trust with** emanet etmek, teslim etmek. **trust'ingly** *z.* itimatla, güvenerek. **trust'less** *s.* güvenilmez, yalan. **We'll see you soon, we trust.** İnşallah yakında görüşürüz.

trust.bust.er (trʌst'bʌstır) *i.*, *A.B.D.*, *k.dili* tröstü bozmaya çalışan kimse.

trus.tee (trʌsti') *i.*, *f.* vekil, mutemet, yediemin, mütevelli; *f.* mutemede mal teslim etmek. **trusteeship** *i.* vekillik; Birleşmiş Milletler adına bir bölgenin idaresi.

trust.ful (trʌst'fıl) *s.* güvenen, itimat kabilinden, çabuk inanılır. **trustfully** *z.* güvenle. **trustfulness** *i.* güvençlilik.

trust.wor.thy (trʌst'wırdhi) *s.* itimada lâyık, güvenilir. **trustworthiness** *i.* güvenilirlik.

trust.y (trʌs'ti) *s.*, *i.* güvenilir, sadık, emin; *i.* güvenilir kimse; güven uyandırdığından dolayı kendisine bazı özel haklar tanınan mahpus. **trustily** *z.* güvenilir surette. **trustiness** *i.* güvenilir hal.

truth (truth) *i.* hakikat, gerçeklik, gerçek, doğruluk, sıhhat; hak; sadakat, içten bağlılık, samimiyet, vefa; aslına uygunluk, hakikilik; dürüstlük. **gospel truth** ınutlak hakikat. **in truth** hakikaten, gerçekten. **of a truth** gerçekten, filvaki.

truth.ful (truth'fıl) *s.* doğru sözlü, doğru, samimî; gerçek. **truthfully** *z.* doğru olarak; hakikaten, gerçekten. **truthfulness** *i.* doğruluk, gerçeklik.

truth.less (truth'lis) *s.* gerçeksiz, hakikatsiz; yalancı.

try (tray) *f.*, *i.* uğraşmak, çalışmak; teşebbüs etmek, kalkışmak; denemek, tecrübe etmek, imtihan etmek, sınamak; araştırmak, teftiş etmek, tetkik etmek, tahkik etmek; *huk.* yargılamak, muhakeme etmek, davasını görmek; yormak; eritmek (yağ); arıtmak, tasfiye etmek; *i.* çalışma, uğraşma; deneme, tecrübe. **try for** elde etmeye çalışmak. **try on** prova etmek, giyip denemek. **try out** birisinin kabiliyetini denemek. **try square** ayarlı gönye. **Just try and catch me!** *k.dili* Haydi, yakala bakalım! **try conclusions with** ile boy ölçüşmek. **try one's hand at** denemek, el atmak. **Try, try again.** Sebat et.

try.ing (tray'îng) *s.* yorucu, sabır tüketici, sinirlendirici, sıkıcı.

try.out (tray'aut') *i.* kabiliyet denemesi, deneme.

tryp.a.no.some (trip'ınısom, tripän'ı-) *i.*, *zool.* tripanazoma.

try.sail (tray'sıl) *i.*, *den.* yan yelken.

tryst (trist, trayst) *i.* buluşma sözü, randevu; buluşma yeri.

tsar *bak.* **czar.**

tset.se fly (tset'si) çeçe, *zool.* Glossina morsitans, Glossina palpalis.

T-shirt (ti'şırt) *i.* tişört.

tsu.na.mi (tsuna'mi) *i.* denizaltı yer sarsıntısından ileri gelen büyük dalga.

tub (tʌb) *i.*, *f.* (**-bed, -bing**) yarım fıçı, tekne, yayık; bir yayığın alabildiği miktar; banyo küveti; *k.dili* tekne; *f.* fıçı içine dikmek veya koymak; teknede yıkamak. **tub'bable** *s.* yıkanabilir. **tub'ful** *i.* tekne dolusu.

tu.ba (tu'bı) *i.* büyük ve kalın sesli bir çalgı borusu, tuba.

tu.bal (tu'bıl) *s.* boruya ait; *anat.* dölyatağı borusuna ait. **tubal pregnancy** dış gebelik.

tub.by (tʌb'i) *s.* fıçı gibi; şişman ve bodur, bıdık; çınlamasız, boğuk.

tube (tub) *i.*, *f.* boru, tüp; *bot.* çiçeğin boru gibi olan kısmı; boru şeklinde şey; yeraltı demiryolu veya tüneli; *argo* televizyon; *f.* boru koymak, boru döşemek; boru içine koymak. **bronchial tubes** bronşlar. **pneumatic tube** tazyikli hava ile içinden mektup gönderilen boru. **tube pan** içi borulu pasta tenceresi.

tube.less (tub'lis) *s.* iç lastiği olmayan.

tu.ber (tu'bır) *i.* yumru kök; *anat.* ufak ur.

tu.ber.cle (tu'bırkıl) *i.* tümsecik, tüberkül; *bot.* küçük yumru, yumrucuk; *tıb.* ufak ur, kabarcık, şiş. **tuber'cular** *s.* yumrulu; tüberkülozlu, tüberküloza özgü. **tuber'cu-lous** *s.* verem kabilinden, tüberkülozlu. **tuber'culate(d)** *s.* urlu, yumrulu. **tu.ber.cu.lin(e)** (tubır'kyılin) *i.* tüberkülin. **tu.ber.cu.lo.sis** (tubırkyılo'sis) *i.* tüberküloz, verem, *colloq.* ince hastalık.

tube.rose (tub'roz, tu'bıros) *i.* sümbülteber, *bot.* Polianthes tuberosa.

tu.ber.ous, tu.ber.ose (tu'bırıs) *s.* kabarcık veya urlarla kaplı; *anat.* tümsekli; *bot.* yumrulu. **tuberosity** (tubıras'ıti) *i.* urluluk; kabarcık, ur, yumru; *anat.* sinir veya ekle-min kemiğe bağlandığı yerde bulunan kemik çıkıntısı, pürtük.

tub.ing (tu'bîng) *i.* boru takımı, borular; boru yapmaya mahsus madde; boru şeklinde dokunmuş kumaş; tüp veya boru yapma.

tu.bu.lar (tu'byılır) *s.* boru şeklindeki; borulu; boru sesi gibi. **tubulous** *s.* boru şeklindeki; borulu.

tu.bule (tu'byul) *i.* ufak tüp.

tuck (tʌk) *f., i.* içine tıkmak, içine sokmak, altına kıvırmak; kat kat edip küçültmek (kumaş); sıkıştırıvermek, tıkmak; üstünü örtüp etrafını tıkmak; kat yapmak; *i.* elbise kırması; geminin kıç kuruzu; *İng., argo* yemek. **tuck away veya in** *İng., k.dili* iştahla yemek, tıka basa doldurmak. **tuck oneself in bed** yatağa girip yorganın kenarını şiltenin altına sıkış-tırmak. **tucker** *i.* tıkan veya sıkıştıran şey veya kimse; plise makinası; eski zaman ka-dınlarının giydiği dantel veya muslin yelek; omuz atkısı, şal.

tuck.er (tʌk'ır) *f., k.dili* yormak. **tucker out** yormak, bezdirmek, bıktırmak.

tuck.shop (tʌk'şap) *i., İng.* şekerci dükkânı, pastane.

-tude, sonek -lik (Latince sıfatlardan isim ya-pımında kullanılır: **fortitude, latitude**).

Tu.dor (tu'dır) *i., s.* Tudor, İngiltere'de 1485-1603 senelerinde saltanat süren hanedan; *s.* Tudor hanedanına ait. **Tudor flower** İn-giliz gotik sanatında kullanılan üç yapraklı

çiçek. **Tudor style** Tudor üslûbu, İngiliz Rönesans üslûbu.

Tues.day (tuz'di, -dey, tyuz'-) *i.* salı, *kıs.* **Tues.**

tu.fa (tu'fı) *i.* süngertaşı; ırmak veya kay-naklarda oluşan bir çeşit kireçtaşı. **tufa-ceous** (tufey'şıs) *s.* süngertaşı veya kireçtaşı kabilinden.

tuff (tʌf) *i.* süngertaşı.

tuft (tʌft) *i., f.* küme, öbek, top; tepe, sorguç; püskül; *f.* kümelemek, demet demet yap-mak; püskül ile süslemek. **tuft'ed** *s.* kümeli; tepeli. **tuft'y** *s.* perçem gibi püskül püskül veya küme küme olan, öbek öbek.

tug (tʌg) *f.* (**-ged, -ging**) *i.* kuvvetle çekmek; çekmek, çekelemek; *i.* kuvvetli çekiş, bü-yük gayret; römorkör; koşum kayışı. **tug'-boat** *i.* römorkör. **tug of war** halat çekme oyunu; şiddetli rekabet.

tu.i.tion (tuwiş'ın) *i.* okul taksiti; öğretim.

tu.la.re.mi.a (tulıri'mıyı) *i., tıb.* kemirgen-lerden insanlara geçen ateşli bir hastalık, tularemi.

tu.lip (tu'lîp) *i.* lâle, lâle fidanı. **tulip root** bazı tahılların sapına arız olan bir hastalık. **tulip tree** ağaç lâlesi, *bot.* Liriodendron tulipifera; lâle ağacı. **white tulip** tülbent lâlesi, *bot.* Tulipa stellata.

tu.lip.o.ma.nia (tulipımey'niyı) *i.* lâle yetiş-tirmeye aşırı merak.

tulle (tul) *i.* tül, ipek bürümcük.

tum.ble (tʌm'bıl) *f., i.* düşmek, yıkılmak, dev-rilmek; yuvarlanmak; acele ve dikkatsizce yürümek; takla atmak; karıştırmak, altüst etmek; örselemek; yıkmak, devirmek, yu-varlamak, düşürmek; cilâ makinasında yu-varlayıp temizlemek; *i.* düşüş, yuvarlanma; taklak; *A.B.D., k.dili* fırsat. **tumble in** yu-varlanır gibi girmek, cumburlop düşmek, içine düşmek; yatağa girmek. **tumble out of bed** yataktan fırlamak. **tumble to** *k.dili* anlamak. **tumble up** çabucak güverteye çıkmak. **all in a tumble** tamamen altüst.

tum.ble.bug (tʌm'bılbʌg) *i.* bokböceği.

tum.ble-down (tʌm'bıldaun) *s.* yıkılacak gibi, yıkılmak üzere, yarı yıkık.

tum.bler (tʌm'blır) *i.* su bardağı; taklakçı gü-vercin, uçarken takla atan güvercin; emniyet kilidinde hareketli kısım; tabancada tetik ile hareket ettirilen bir kısım; hacıyatmaz.

tum.ble.weed (tʌm'bılwid) *i.* horozibiği, yabani kadife çiçeği, *bot.* Amaranthus.

tum.bling (tʌm'blîng) *i.* cambazlık; taklak; güvercinin uçarken taklak atması. **tumbling barrel, tumbling box** parlatmaya mahsus döner varil.

tum.brel, tum.bril (tʌm'brîl) *i.* çiftçi arabası, kağnı; Fransız ihtilâli zamanında suçluları idam yerine götürmek için kullanılan araba; eskiden suya batırmak maksadı ile üstüne suçlu kadınları bağladıkları tekerlekli iskemle.

tu.me.fy (tu'mıfay) *f.* şişmek, şişirmek; kabarmak, kabartmak. **tumefa'cient** *s., tıb.* şişiren, şişlik meydana getiren. **tumefac'tion** *i.* kabartı, şiş; şişme, kabarma, şişirme.

tu.mid (tu'mîd) *s.* şişmiş, şişkin, kabarmış; çıkıntılı; mübalâğalı, tantanalı, debdebeli.

tu.mor, *İng.* **tu.mour** (tu'mır) *i.* şiş, yumru, ur, tümör; *eski* mübalâğa.

tu.mult (tu'mʌlt) *i.* gürültü, karışıklık, kargaşalık, kargaşa; heyecan. **tumultuary** (tumʌl'çuweri) *s.* gürültülü, patırtılı, kargaşalı.

tu.mul.tu.ous (tumʌl'çuwıs) *s.* düzensiz; gürültülü, patırtılı, kargaşalı. **tumultuously** *z.* düzensizce. **tumultuousness** *i.* kargaşalık.

tu.mu.lus (tu'myılıs) *i.* (*çoğ.* -li) höyük; çoğunlukla mezar üzerindeki toprak yığını. **tumular** *s.* yığın şeklinde. **tumulous, tumulose** *s.* tepeleri çok.

tun (tʌn) *i., f.* (-ned, -ning) büyük fıçı; takriben 950 litrelik sıvı ölçüsü; biracıların mayalama teknesi; *f.* fıçılamak, büyük fıçıya doldurmak.

tu.na (tu'nı) *i.* tonbalığı, orkinos, istavrit azmanı, *zool.* Thunnus.

tun.a.ble (tu'nıbıl) *s.* akört edilebilir, ayarlanabilir, düzeltilebilir.

tun.dra (tʌn'drı) *i.* tundura.

tune (tun, tyun) *i., f.* beste, hava, nağme; ahenk, düzen; akort; hal, mizaç; *f.* akort etmek, ahenk vermek; ahenkle çalmak; düzen vermek; ahenkli olmak, sesi uymak. **tune down** sesi bastırmak. **tune in** belirli bir istasyonu açmak. **tune out** istasyonu düzeltmek. **tune up** çalgıları akort etmek; ayarlamak. **change one's tune** ağız değiştirmek. **in tune** akortlu. **out of tune** akortsuz; ahenksiz, düzensiz. **to the tune of** bestesiyle; meblâğına kadar.

tune.ful (tun'fıl) *s.* ahenkli, hoş sesli, nağmeli. **tunefully** *z.* ahenkle. **tunefulness** *i.* hoş seslilik.

tune.less (tun'lîs) *s.* ahenksiz, nağmesiz, makamsız; sessiz, müziksiz.

tun.er (tu'nır) *i.* akortçu; amplifikatör ve hoparlörü olmayan radyo; ayarlayıcı alet.

tune-up (tun'ʌp) *i.* ayarlama.

tung oil (tʌng) tung yağı, boyalarda kullanılan bir çeşit yağ.

tung.sten (tʌng'stın) *i.* tungsten, volfram. **tungsten lamp** teli tungstenden olan ampul. **tungstic** *s.* tungstenli.

Tun.gus, Tun.guz (tûngûz') *i.* Doğu Sibirya'da yaşayan Moğol ırkından biri, Tunguz.

tu.nic (tu'nîk) *i.* eski Yunan ve Romalıların kollu veya kolsuz ve dizlere kadar inen gömlek veya entarisi; tünik; *ask.* günlük asker ceketi; *zool.* gömlek, kılıf, zar; *anat.* tabaka, kılıf. **tunicate(d)** *s.* zarlı, tabakalı.

tu.ni.cle (tu'nîkıl) *i.* ince entari; bazı papazların iç entarisi; *biyol.* zar.

tun.ing (tu'nîng) *i.* akort. **tuning fork** diyapazon. **tuning hammer, tuning key** piyano akort aleti. **tuning peg, tuning pin** akort anahtarı.

Tu.nis (tu'nîs) *i.* Tunus şehri.

Tu.ni.sia (tunîş'ı) *i.* Tunus ülkesi.

tun.nage *bak.* tonnage.

tun.nel (tʌn'ıl) *i., f.* (-ed, -ing *veya* -led, -ling) tünel, yeraltı yolu; yeraltı maden ocağının yatay yolu; *f.* tünel açmak; yeraltında yol veya geçit açmak. **tunnel diode** *elek.* transistör gibi amplifikatör. **tunnel disease** *bak.* **bends.**

tun.ny (tʌn'i) *i.* orkinos, tonbalığı, *zool.* Thunnus. **pickled tunny** lakerda. **short-finned tunny** palamut, torik, altıparmak, *zool.* Pelamys sarda.

tup (tʌp) *i., f.* (-ped, -ping) koç, erkek koyun; balyozun kazık başını döven yüzü, şahmerdan; *f.* çiftleşmek (koç); tos vurmak.

tup.pence (tʌp'ıns) *i., İng., k.dili* iki penilik sikke; hiç, beş para.

tuque (tuk) *i.* Kanada'ya mahsus bir çeşit örme kukulete.

tu quo.que (tu kwo'kwi) *Lat.* sen de (hasmı aynı suç ile itham etmek için kullanılır).

Tu.ra.ni.an (tûrey'niyın) *s.* Turanlı. **Turanianism** *i.* Turancılık, Panturanizm.

tur.ban (tır'bın) *i.* sarık; sarığa benzer kadın başlığı, turban. **turbaned** *s.* sarıklı.

tur.ba.ry (tır'bıri) *i., İng. huk.* başkasının arazisinden kesek veya turba çıkarma hakkı; kesek veya turba çıkarılan yer, turbalık.

tur.bid (tır'bîd) *s.* bulanık, çamurlu; yoğun; karışık, düzensiz. **turbid'ity, turbidness** *i.* bulanıklık; yoğunluk; karışıklık. **turbidly** *z.* bulanıkça.

tur.bi.nal (tır'bınıl) *s., i., anat., zool.* sarmal şekilde kıvrılmış, türbinal; *i., bak.* **turbinated bone**.

tur.bi.nate, -nat.ed (tır'bınît, -neyt, -îd) *s.* kıvrımlı, türbinal; *bot.* konik şekilde sarmal; *zool.* konik. **turbinated bone** insan burnundaki koni şeklinde üç kemikten biri. **turbina'tion** *i.* kıvrımlılık.

tur.bine (tır'bîn, -bayn) *i.* türbin.

tur.bit (tır'bît) *i.* kısa gagalı ve göğsü kabarık tüylü evcil bir güvercin.

turbo- *önek* türbin ile çalışan, türbinli.

tur.bo.gen.er.a.tor (tırbocen'ıreytır) *i.* türbinli jeneratör.

tur.bo.jet (tır'bocet) *i.* türbinli jet motoruyle işleyen uçak.

tur.bo.prop (tır'boprap) *i.* türbinli pervanesi olan uçak.

tur.bot (tır'bıt) *i.* kalkan, *zool.* Pselta maximus.

tur.bo.train (tır'botreyn) *i.* türbinle çalışıp fazla hız yapan tren.

tur.bu.lent (tır'byılınt) *s.* çalkantılı, dalgalı; kavgacı, şamatacı; karışıklık çıkaran. **turbulence, -cy** *i.* şiddetli çalkantı; çalkantılı hava; karışıklık, kargaşalık. **turbulently** *z.* çalkantılı bir şekilde; kargaşayla.

Tur.co (tır'ko) *i.* Cezayir'de eski Fransız ordusunda piyade eri.

Turco-, Turko- *önek* Türk.

Tur.co.man *bak.* **Turkoman**.

turd (tırd) *i.* kaka, bok; *A.B.D., argo* hergele, herifçioğlu.

tur.di.form (tır'dıfôrm) *s.* ardıçkuşu şeklinde.

tur.dine (tır'dîn, -dayn) *s., zool.* karatavukgillerden.

tur.een (turin') *i.* büyük çorba kâsesi.

turf (tırf) *i., f.* çimen, çim; turba, kesek, yer tezeği; *A.B.D., argo* bir çetenin sahip çıktığı şehrin bir bölümü; *f.* kesekle veya çimle kaplamak, çimlendirmek. **the turf** at yarışçılığı; at yarışı meydanı, hipodrom. **turf'iness** *i.*

kesekle kaplı toprak; keseğe benzer şey. **turf'man** *i.* at yarışı meraklısı. **turf'y** *s.* kesekle kaplı, çimli, çime benzer, at yarışına ait.

tur.gent (tır'cınt) *s., eski* şişkin. **turges'cence, -cy** *i.* şiş, şişlik; abartma. **turges'cent** *s.* şişecek gibi.

tur.gid (tır'cîd) *s.* şişmiş, şişkin, şiş; abartmalı, şişirilmiş, tumturaklı. **turgid'ity** *i.* şişkinlik.

tur.gor (tır'gır) *i.* şişkinlik; *biyol.* turgor.

Tu.rin (tûr'în) *i.* Torino.

Turk (tırk) *i.* Türk. **Turk'ism** *i.* Türkçülük; Türklere özgü deyiş veya âdet.

Tur.ke.stan (tırkıstän') *i.* Türkistan.

Tur.key (tır'ki) *i.* Türkiye. **Turkey red** kırmızı kökboyası. **Turkey stone** firuze; bileğitaşı.

tur.key (tır'ki) *i.* hindi, *zool.* Meleagris gallopavo; *A.B.D., argo* başarısız piyes. **turkey buzzard** hindi akbabası. **turkey cock** erkek hindi, baba hindi. **turkey hen** dişi hindi. **turkey trot** bir çeşit caz dansı. **talk turkey** dobra dobra konuşmak, yüzüne karşı söylemek.

Tur.ki (tûr'ki) *s., i.* Türk dilleri ailesine ait; bu dili konuşanlarla ilgili; *i.* Türk dilleri ailesi; bu dili konuşan kimse.

Turk.ic (tır'kîk) *i., s.* Türkçe, Türk dilleri ailesi; *s.* Türkçe.

Turk.ish (tır'kîş) *i., s.* Türkçe; *s.* Türk; Türkçe. **Turkish bath** alaturka hamam. **Turkish carpet** Türk halısı. **Turkish delight** lokum, lâtilokum. **Turkish pound** Türk lirası. **Turkish tobacco** Türk tütünü. **Turkish towel** havlu.

Turko- *bak.* **Turco-**.

Tur.ko.man, Tur.co.man, Turk.man (tır'kımın, tırk'mın) *i.* Türkmen.

Turk's-cap lily (tırks'käp) kırmızı zambak.

Turk's-head (tırks'hed) *i.* Türk cevizi denilen düğüm.

tur.ma.line *bak.* **tourmaline**.

tur.mer.ic (tır'mırik) *i.* zerdeçal, *bot.* Curcuma longa. **turmeric paper** *kim.* zerdeçal kâğıdı, alkalik maddeleri muayene etmeye mahsus kâğıt.

tur.moil (tır'moyl) *i.* gürültü, karışıklık, dağdağa; telâş.

turn (tırn) *f.* döndürmek, çevirmek; devrettirmek, altüst etmek; torna tezgâhında biçim vermek; tersyüz etmek; burkmak; biçimini değiştirmek, bozmak, tahvil etmek, değiştirmek; kıvırmak; körletmek; uygulamak, faydalanmak; etmek, yapmak; doğrultmak, tevcih etmek, yöneltmek; havale etmek, teslim etmek, nakletmek; ekşitmek; tercüme etmek, başka dile çevirmek; bulandırmak; geri çevirmek; dönmek, devretmek, deveran etmek; yönelmek; geçmek; dönüşmek; kesilmek, olmak; bulanmak, sersemlemek; geçmek, doldurmak; sapmak, eğilmek; döneklik etmek; bozulmak, ekşimek; *den.* tiramola etmek. **turn about** öbür tarafa dönmek; evirip çevirmek. **turn a deaf ear to** işitmezlikten gelmek, kulak asmamak. **turn adrift** başıboş bırakmak. **turn against** aleyhine dönmek, aleyhine döndürmek. **turn a hair** kılını kıpırdatmak, aldırış etmek. **turn a hand** işe koyulmak, girişmek. **turn an honest penny** namusu ile ekmeğini kazanmak. **turn a neat phrase** hoş bir üslûpla yazmak. **turn aside** bir yana dönmek; saptırmak, vaz geçirmek. **turn away** başka tarafa yöneltmek; kovmak; dönüp gitmek, sapmak; vaz geçmek. **turn back** geri çevirmek; geri dönmek. **turn color** renk değiştirmek. **turn down** kıvırmak, bükmek; reddetmek, geri çevirmek; yüzünü aşağı çevirmek (iskambil kâğıtları); kısmak. **turn in** içine kıvırmak, içeriye doğru çevirmek; teslim etmek; yatmak. **turn inside out** içini dışına çevirmek, tersyüz etmek. **turn into** olmak, kesilmek, dönmek. **turn loose** salıvermek, serbest bırakmak. **turn off** kapamak; kesmek; lafa boğmak, sözü çevirip cevapsız bırakmak; sapmak; *İng.* yol vermek; *argo* ilgisini kaybetmek. **turn on** açmak; çevirmek; *argo* heyecanlandırmak, esritmek; *argo* esrar kullanmak; bağlı olmak, bakmak; düşman olmak. **turn one's back on** sırt çevirmek. **turn on one's heels** dönüp gitmek. **turn out** tersyüz etmek; dışarı atmak, kovmak; otlatmak için dışarıya çıkarmak (hayvan); dışına dönmek; yapmak, imal etmek, meydana getirmek; söndürmek; katılmak; *k.dili* yataktan kalkmak; olmak, çıkmak. **turn over** çevirmek, devirmek; havale etmek, teslim etmek; devretmek; zihninde evirip çevirmek; altüst olmak, devrilmek, dönmek; alıp satmak (mal). **turn over a new leaf** yeni bir ha-

yata başlamak. **turn round** çevirmek, çevrilmek, dönmek. **turn tail** kaçmak, tüymek, toz olmak. **turn the corner** köşeyi dönmek; krizi geçirmek, tehlikeyi atlatmak. **turn the tables on one** tersine çevirmek; altüst etmek. **turn the trick** işi halletmek. **turn thumbs down on** reddetmek. **turn to** müracaat etmek, baş vurmak, yardımını istemek; işe koyulmak; (belirli bir sayfayı) açmak. **turn traitor** hain olmak, hainlik etmek. **turn turtle** *den.* alabora olmak, altüst olmak, ters dönmek. **turn up** yukarı çevirmek, çevirip kaldırmak; açmak, çevirmek; yüzünü yukarı çevirmek; ortaya çıkmak; gelmek, bulunmak. **turn upside down** altüst etmek veya olmak; devrilmek.

turn (tırn) *i.* dönüş, devir, deveran; sapış, yön değiştirme, yönelme, istikameti çevirme; sapak, dönemeç; viraj; oyun sırası; korkutma, ödünü koparma; gezme, dolaşma; gidip gelme; muamele; sıra, nöbet; kabiliyet, yetenek, istidat; biçim; yön; tarz, nevi; *k.dili* sarsıntı, şok; kısa piyes; büklüm, kıvrım; dönüm; iş fırsatı; *müz.* grupetto, grupçuk, kümecik, işleme. **turn about, turn and turn about** nöbetle, sıra ile. **turn bench** torna. **turn of phrase** üslûp. **turn of the screw** bir amaç uğruna baskı kullanma. **at every turn** her defasında, istisnasız. **by turns** nöbetleşe. **done to a turn** tam kararında pişmiş. **in turn** sıra ile, nöbetle. **out of turn** sıra beklemeden, sıra dışından. **take turns** nöbetleşmek, sıra ile yapmak. **take a sudden turn** birden fenaya veya iyiye dönüvermek (hastalık). **It's your turn.** Sıra sizde. **This will serve my turn.** Bu benim işimi görür.

turn.a.bout (tırn'ıbaut) *i.* atlıkarınca; aksi yöne veya fikre dönüş.

turn.buck.le (tırn'bʌkıl) *i., den.* liftin uskuru, germe donanımı.

turn.coat (tırn'kot) *i.* dönek adam, prensip değiştiren kimse.

turn.cock (tırn'kak) *i.* musluk.

turn.down (tırn'daun) *s.* devrik (yaka).

turn.er (tır'nır) *i.* çeviren kimse, döndüren veya dönen şey; tornacı; bedeneğitimi uzmanı.

turn.er.y (tır'nıri) *i.* tornacılık; tornacı işi; tornacı dükkânı.

turn.hall (tırn'hôl) *i.* jimnastikhane.

turn.ing (tır'ning) *i.* dönüş, dönme; yoldan sapma veya çıkma; dönemeç, dönüş yeri. **turning point** dönüm noktası.

tur.nip (tır'nip) *i.* şalgam, *bot.* Brassica rapa.

turn.key (tırn'ki) *i., s.* zindancı, gardiyan; *s.* anahtar teslim usulüyle yapılan. **turn-key job** tamamlayıp teslim etmek üzere kontrat yapılan iş.

turn.knob (tırn'nab) *i.* döner düğme.

turn.out (tırn'aut) *i.* katılanlar, toplantı mevcudu; istasyonlarda yan hat; mahsul, ürün, verim; trafikte sapma; *İng.* grev; sapak; malzeme; at ve koşum takımları ile beraber araba.

turn.o.ver (tırn'ovır) *i.* devrilme; sermaye tedavülü, devir; sermaye ve bununla kazanılan meblâğ; meyvalı turta.

turn.pike (tırn'payk) *i.* geçiş parası alınan yol.

turn.spit (tırn'spit) *i.* kebapçı, döner çeviren kimse; eskiden ayak değirmenini çevirmekte kullanılan köpek.

turn.stile (tırn'stayl) *i.* turnike.

turn.table (tırn'teybıl) *i.* pikapta plağın altındaki döner tabla; demiryollarında vagonları bir hattan diğerine geçiren veya lokomotifin yönünü değiştiren döner platform, döner levha.

turn.up (tırn'ʌp) *s., i.* katlı; *i.* katlı kısım; *iskambil* yüzü çevrik kâğıt; şans.

turn.ver.ein (tûrn'ferayn, tırn'vırayn) *i.* jimnastik kulübü.

tur.pen.tine (tır'pıntayn) *i.* neftyağı, terebentin. **turpentine tree** katran ağacı, *bot.* Pistacia terebinthus.

tur.peth (tır'pîth) *i.* türbit kökü, müshil olarak kullanılan bir kök; müshil olarak kullanılan alkalik civa sulfat tuzu.

tur.pi.tude (tır'pıtud) *i.* alçaklık, ahlâksızlık, kötücülük.

tur.quoise (tır'koyz, -kwoyz) *i.* firuze, türkuvaz.

tur.ret (tır'ît) *i., mim.* ufak kule; *ask.* döner taret. **turret deck** *den.* taret güvertesi. **turret gun** taret topu. **turret lathe** torna tezgâhı. **turreted** *s.* kule biçimindeki; kuleli, taretli.

tur.ric.u.late (tırik'yılit, -leyt) *s.* ufak kuleli, ufak kuleye benzer.

tur.tle (tır'tıl) *i.* kaplumbağa, *zool.* Testudo. **turtle neck** balıkçı yaka. **green turtle** eti lezzetli ve iri yeşil bir deniz kaplumbağası.

tur.tle.back (tır'tılbâk) *i., turtle deck* balık sırtı güverte.

tur.tle.dove (tır'tıldʌv) *i.* üveyik, *zool.* Streptopelia turtur; yusufcuk, *zool.* Turtur auritus; kumru, *zool.* Turtur communis.

Tus.ca.ny (tʌs'kıni) *i.* Toskana. **Tuscan** *s., i.* Toskana'ya ait; *i.* Toskana lehçesi; Toskanalı.

tush (tʌş) *ünlem* Sus! Vaz geç!

tush, tusk (tʌş, tʌsk) *i., f.* fildişi; denizaygırı veya yaban domuzunun uzun azı dişi; uzun sivri diş; *f.* azı dişi ile eşmek; uzun sivri dişle delmek veya kesmek. **tusked, tusk'y** *s.* uzun ve sivri dişleri olan.

tusk.er (tʌs'kır) *i.* uzun ve sivri dişli fil veya yaban domuzu.

tus.sis (tʌs'îs) *i., tıb.* öksürük.

tus.sive (tʌs'îv) *s., tıb.* öksürüğe ait, öksürükten ileri gelen.

tus.sle (tʌs'ıl) *i., f.* güreşme; itişme, itişip kakışma; uğraşma, mücadele; *f.* mücadele etmek, uğraşmak.

tus.sock (tʌs'ık) *i.* ot öbeği, çalı kümesi; *top.* **tussock grass** sazlık yerlerde demetler halinde büyüyen herhangi bir ot. **tussock moth** sürfesi uzun tüylü bir çeşit pervane. **tussocky** *s.* top top.

tut (tʌt) *ünlem* Sus! Adam sen de! **Tut, tut!** Vah, vah!

tu.te.lage (tu'tılîc) *i.* vasilik, vesayet; vasi idaresi altında olma; eğitim.

tu.te.lar.y (tu'tıleri) *s.* vasi olan, himaye eden; vasiye ait.

tu.tor (tu'tır) *i., f.* hususî öğretmen; *İng.* öğretmen; *huk.* veli, vasi; *f.* özel ders vermek; hususî hocalık etmek; hususî hocadan ders almak. **tutorage** *i.* hususî hocalık. **tuto'rial** *s.* her öğrenciyle bir öğretmenin meşgul olduğu ders sistemine ait. **tutorship** *i.* hususi hocalık; vesayet.

tut.san (tʌt'sın) *i.* koyun kıran, *bot.* Hypericum androsaemum.

tut.ti (tu'ti) *s., İt., müz.* hep beraber (çalgıcı ve okuyuculara talimat).

tut.ti-frut.ti (tu'tifru'ti) *i.* karışık meyvalı şekerleme veya dondurma.

tut.ty (tʌt'i) *i.* bir çeşit çinko oksit.

tu.tu (tütü') *i.* balerinlerin giydiği çok kısa ve kat kat kabarık eteklik.

tu-whit tu-whoo (tûhwit' tûhwu') baykuş ötüşü.

tux.e.do (tʌksi'do) *i.* smokin.

tu.yère (twiyer', twir) *i.* maden eritme ocağına hava veren boru.

TV (ti'vi) *i.* televizyon.

twad.dle (twad'ıl) *f., i.* boş laf etmek, saçmalamak; *i.* boş laf, saçma; geveze adam.

twain (tweyn) *s., i., eski* iki; *i.* iki kimse veya şey; (su derinliği) iki kulaç, on͵iki kadem, üç buçuk metre.

twang (twäng) *f., i.* yay kirişi gibi ses çıkarmak, tıngırdamak; genizden konuşmak veya ses çıkarmak; *i.* yay kirişinin sesi, tıngırtı; genizden çıkan ses.

twan.gle (twäng'gıl) *f., i.* tıngırdamak, tıngırdatmak; *i.* tıngırtı.

twan.kay (twäng'key) *i.* Çin'den gelen bir çeşit yeşil çay.

'twas (twʌz) *kıs., eski* it was.

tway.blade (twey'bleyd) *i.* orkide familyasından yerde büyüyen bir bitki.

tweak (twik) *f., i.* çimdikleyip çekmek; *i.* çimdik.

tweed (twid) *i.* yüzü kabarık olarak dokunmuş yünlü kumaş, tüvit.

twee.dle (twid'ıl) *f., i.* gelişigüzel şarkı söylemek veya ıslık çalmak; çalmak (çalgı); *i.* kemanınkini andıran ses. **tweedledum and tweedledee** birbirine tıpatıp benzeyen iki şey.

'tween (twin) *kıs.* **between.**

tweet (twit) *i., f.* kuş yavrusunun cıvıltısı; *f.* böyle ses çıkarmak.

tweet.er (twi'tır) *i.* tiz sesler için küçük hoparlör.

tweeze (twiz) *f., k.dili* cımbızla almak.

tweez.ers (twi'zırz) *i., çoğ.* cımbız; cerrah aletleri takımı.

twelfth (twelfth) *s., i.* on ikinci; on ikide bir. **Twelfth-night** *i.* Noelden on iki gün sonraki gece (beş ocak gecesi).

twelve (twelv) *s., i.* on iki. **Twelve Apostles** Hazreti İsa'nın havarisi olan on iki resul.

twelve.fold (twelv'fold) *s.* on iki kat.

twelve.mo (twelv'mo) *i., s., bak.* **duodecimo.**

twelve.month (twelv'mʌnth) *i.* yıl, sene.

twelve-tone (twelv'ton) *s., müz.* on ikili, kromatik, makamı olmayan.

twen.ti.eth (twen'tiyith) *s., i.* yirminci; yirmide bir.

twen.ty (twen'ti) *s., i.* yirmi.

twerp (twırp) *i., argo* herif; ulan; velet.

twi- *önek* iki, çift, iki kere.

twi.bil(l) (tway'bil) *i.* çifte ağızlı savaş baltası; demirin bir ucu keser ve öbür ucu balta şeklinde bir çeşit kazma.

twice (tways) *z.* iki kere, iki defa. **twice-told** *s.* iki defa söylenmiş, çok söylenmiş; eskimiş, köhne.

twid.dle (twid'ıl) *f., i.* döndürerek oynatmak: önemsiz şeylerle meşgul olmak; *i.* hafifçe döndürme. **twiddle one's thumbs** parmaklarıyle oynamak.

twig (twig) *i.* ince dal, sürgün, çubuk. **twig'gy** *s.* ince dala benzer veya buna ait; ince dalları çok.

twig (twig) *f.* **(-ged, -ging)** *İng., argo* anlamak, kavramak; incelemek, iyice bakmak.

twi.light (tway'layt) *i.* alaca karanlık; başarının sönmesi; *mec.* yarı buçuk veya az bilgi. **Twilight of the Gods** *İskandinav mit.* tanrılarla devlerin birbirlerini mahvettikleri savaş. **twilight sleep** doğum ağrılarını azaltmada kullanılan hafif anestezi.

twill (twil) *i., f.* kabarık ve çapraz dokunmuş kumaş; *f.* böyle kumaş dokumak.

'twill (twil) *kıs., eski* it will.

twin (twin) *s., i., f.* **(-ned, -ning)** ikiz; çift; *f.* ikiz doğurmak; ikiz olarak doğmak; ikiz gibi kılmak. **twin'born** *s.* ikiz olarak doğmuş. **Siamese twins** birbirine yapışık olarak doğmuş ikiz kardeşler. **the Twins** İkizler burcu.

twine (twayn) *i., f.* sicim; sarma; sarılış; ipliğin karışıp dolaşması; *f.* bükmek, sarmak; sarılmak, çöreklenmek.

twinge (twinc) *f., i.* birdenbire sancı vermek, ıstırap vermek, birdenbire sancılanmak; *i.* birden gelen şiddetli sancı; azap, üzüntü.

twin.kle (twing'kıl) *f., i.* göz kırpıştırmak; pırıldamak; çabuk çabuk görünüp kaybolmak; bidüziye yanıp sönmek; *i.* göz kırpıştırma; pırıldama, pırıltı; bir göz açıp kapama müddeti.

twin.kling (twing'kling) *i.* göz kırpıştırma; pırıltı, pırıldama; bir an. **in the twinkling of an eye** göz açıp kapayıncaya kadar.

twin.ning (twin'ing) *i.* ikiz doğurma; iki şey veya kimsenin birleşmesi; iki kristalin birleşmesi.

twin-screw (twin'skru') *s.*, *den.* çifte uskurlu;
iki ağızlı vida.

twirl (twırl) *f.*, *i.* dönmek; fırıldatmak; çevir-
mek; burmak; *i.* çevriliş, dönüş, kıvrılış; kıv-
rım, büklüm.

twist (twist) *f.*, *i.* bükmek; sarmak; burmak;
burkmak; ters anlam vermek; bükülmek;
sarılmak; burulmak; şaşırtmak; helezonî dön-
dürmek; kıvrımlar meydana getirmek; do-
lambaçlı yönde çevirmek; bozmak; *i.* bü-
külme; sarılma; burma; burkulma; ibrişim;
burmalı ekmek; bükme, bükülmüş şey; dü-
ğüm; dönme; dönüş; topun havada dönerek
gitmesi; kötülüğe meyil; bükme kuvveti;
twist dansı; değişiklik. **twist around
one's finger** parmağının ucunda oynat-
mak. **twist off** büküp koparmak. **twist
one's arm** zorlamak, mecbur etmek. **twist
one's words** birinin sözlerine yanlış an-
lam vermek. **twist the lion's tail** dama-
rına basmak (İngiliz halkını sinirlendirmek
için). **twist up** büküp bırakmak. **a twist
of the wrist** hüner, ustalık. **twist'ed** *s.*
bükülmüş; şaşırtılmış, sapkın. **twist'er** *i.*
büken şey veya kimse; yuvarlanarak giden
top; kasırga, hortum.

twit (twit) *f.* (-ted, -ting) *i.* azarlamak, ku-
surunu yüzüne vurmak; takılmak, kızdır-
mak; *i.* takılma.

twitch (twiç) *f.*, *i.* birdenbire kapıp çekmek;
seğirmek; *i.* çekip koparma, kapıp çekme;
bir kasın gayri ihtiyarî oynaması, seğirme.

twit.ter (twit'ır) *f.*, *i.* cıvıldamak; kıs kıs gül-
mek; yüreği çarpmak, heyecanlanmak; cı-
vıldar gibi söylemek; *i.* cıvıltı; heyecan.

'twixt (twikst) *edat*, *şiir* arasında.

two (tu) *s.*, *i.* iki, çift. **two bits** *A.B.D.* yirmibeş
sent. **two cent's worth** *A.B.D.*, *argo* fikrini
anlatma sırası. **two-chamber system** çift
meclis sistemi. **two part** iki kısımlı. **by twos**
ikişer ikişer. **in two** iki kısma (kesmek). **put
two and two together** düşünerek bir
sonuç çıkarmak. **I'll come in a minute or
two.** Bir iki dakikaya kadar geleceğim.

two-bit (tu'bit') *s.*, *A.B.D.*, *k.dili* beş paralık.

two.by.four (tu'bıfôr') *s.*, *i.* 5 x 10 cm. büyük-
lüğünde; *i.* bu büyüklükte kiriş tahtası.

two-cy.cle (tu'saykıl) *s.* iki zamanlı.

two-edged (tu'ecd') *s.* iki ağızlı, iki yüzü keskin,
iki anlamlı, iki tesirli.

two-faced (tu'feyst') *s.* ikiyüzlü; sahtekâr.

two.fer (tu'fır) *i.*, *A.B.D.*, *argo* tek fiyatına sa-
tılan iki parça eşya.

two-fist.ed (tu'fis'tid) *s.*, *A.B.D.*, *k.dili* kuvvetli
ve saldırgan.

two-fold (tu'fold) *s.*, *z.*, *i.* iki kat, iki misli.

two.hand.ed (tu'hän'did) *s.* iki elli; iki el ile
kullanılır.

two-head.ed (tu'hed'id) *s.* çifte başlı.

two-legged (tu'legd') *s.* iki ayaklı.

two-mas.ter (tu'mäs'tır) *i.* iki direkli gemi veya
şilep.

two.pence (tʌp'ıns) *i.*, *İng.* iki penilik İngiliz
parası; az miktar; önemsiz şey.

two.pen.ny (tʌp'ıni) *s.*, *İng.* iki peni kıymetinde,
adi, değersiz.

two-phase (tu'feyz') *s.*, *elek.* çift fazlı.

two-ply (tu'play') *s.* iki katlı (ip), iki katmerli.

two-point (tu'poynt') *s.* iki noktası olan, iki
noktadan bahseden.

two-sid.ed (tu'say'did) *s.* iki taraflı, iki yanlı;
ikiyüzlü.

two.some (tu'sım) *s.*, *i.* iki kişi ile yapılan,
çift, iki kişilik (dans veya oyun).

two-spot (tu'spat) *i.*, *iskambil* iki; *A.B.D.*, *argo*
önemsiz kimse; *A.B.D.*, *argo* iki dolarlık kâğıt
para.

two-step (tu'step) *i.* bir çeşit dans; bu dansın
müziği.

two-way (tu'wey') *s.* iki taraflı, iki kollu, iki
yollu.

-ty *sonek* -lik, -lık.

TX *kıs.* **Texas.**

Ty.burn (tay'bırn) *i.* eskiden Londra'da bir
idam meydanı.

ty.coon (taykun') *i.*, *A.B.D.*, *k.dili* çok zengin
ve nüfuzlu iş adamı; eskiden yabancıların
Japon ordusu kumandanlarına verdiği ad.

ty.ing (tay'ing) *bak.* **tie.**

tyke, tike (tayk) *i.* adi köpek, sokak köpeği;
k.dili, *şaka* haylaz çocuk; kaba herif.

tym.pan (tim'pın) *i.*, *mim.* alın; *matb.* baskı
makinasının silindirine ve basılacak kâğıdın
altına gelmek üzere sarılan fazla kâğıt.

tym.pan.ic (timpän'ik) *s.* davula benzer; *anat.*
kulak davuluna (timpana) ait. **tympanic
bone** timpan kemiği. **tympanic membrane**
timpan zarı.

tym.pa.ni.tes (timpınay'tiz) *i.*, *tıb.* karında gaz-
dan ileri gelen şişkinlik.

tym.pa.ni.tis (tìmpınay'tîs) *i.*, *tıb.* timpan zarı iltihabı.

tym.pa.num (tìm'pınım) *i.* (*çoğ.* **-na**) *anat.* kulak davulu, timpan, orta kulak; *mim.* kapı veya pencere alnı; *elek.* telefon cihazındaki madenî zar.

tym.pa.ny (tìm'pıni) *i.*, *tıb.* mide şişkinliği; şişkinlik, kabarıklık; kibir, gurur.

typ. *kıs.* typographer, typographical, typography.

type (tayp) *i.*, *f.* çeşit, cins, kategori; tip; remiz, kinaye, ima; nümune, örnek; en âlâ cinsten numune, ideal örnek; *matb.* basma harf veya harfler, hurufat; *f.* kopyasını veya nümunesini çıkarmak; daktiloda yazı yazmak; önceden göstermek veya haber vermek; belirli bir kategoriye ayırmak. **type bar** linotip makinasının döktüğü bir satırlık harf. **type high** matbaa harfi yüksekliğinde. **type metal** matbaa harfi dökmeye mahsus maden malitası, harf metali. **type species** *biyol.* örnek cins. **type specimen** *biyol.* örnek nümune. **boldfaced type** siyah harf, kalın matbaa harfi. **Gothic type** gotik matbaa harfi. **italic type** italik matbaa harfi. **Roman type** adi matbaa harfi, beyaz harf.

type.script (tayp'skrìpt) *i.* daktilo ile yazılmış yazı.

type.set.ter (tayp'setır) *i.* mürettip, dizmen. **typesetting machine** matbaa harfi dizme makinası.

type.write (tayp'rayt) *f.* daktiloda yazı yazmak.

type.writ.er (tayp'raytır) *i.* yazı makinası, daktilo.

type.writ.ing (tayp'rayting) *i.* daktiloda yazı yazma, daktilografi; daktilo yazısı.

typh.li.tis (tiflay'tîs) *i.*, *tıb.* körbağırsak iltihabı. **typhlitic** (tiflit'îc) *s.* bu iltihapla ilgili.

typhlo- *önek* körlük; *anat.* körbağırsak.

ty.phoid (tay'foyd) *i.*, *s.* tifo; *s.* tifoya benzeyen. **typhoid bacillus** tifo mikrobu. **typhoid fever** tifo.

ty.phoon (tay'fun) *i.* şiddetli kasırga.

ty.phus (tay'fıs) *i.*, *tıb.* tifüs.

typ.i.cal (tîp'ıkıl) *s.* alâmet kabilinden, simge cinsinden; tipik. **typically** *z.* tipik olarak; tipik derecede; umumiyetle.

typ.i.fy (tîp'ıfay) *f.* simge veya ima veya misal ile göstermek; simgesi veya misali olmak, cinsinden olmak.

typ.ist (tay'pîst) *i.* daktiloda yazı yazan kimse.

ty.po (tay'po) *i.*, *k.dili* daktilo hatası, baskı hatası.

ty.pog.ra.phy (taypag'rıfi) *i.* basılacak bir şeyin tanzimi; basılmış bir şeyin umumî görünüşü; matbaacılık, basma sanatı, tipografya. **typographer** *i.* matbaacı; matbaa işlerini tanzim ve tertip eden kimse. **typograph'ic(al)** *s.* matbaacılığa ait. **typographical error** tipo, baskı hatası, dizgi hatası. **typograph'ically** *z.* matbaacılık bakımından.

ty.ran.nic, -ni.cal (tirän'ik, -nîkıl, tay-) *s.* zalim, zalimane, gaddar, gaddarca, müstebit. **tyrannically** *z.* zalimce.

ty.ran.ni.cide (tirän'ısayd, tay-) *i.* zalimi öldürme; zalimi öldüren kimse.

tyr.an.nize (tîr'ınayz) *f.*, *gen.* **over** *ile* zalimlik etmek, zulüm etmek, eza etmek, kasıp kavurmak.

ty.ran.no.saur (tirän ısôr', tay-) *i.* çok iri etçil ve 12 metre boyunda bir dinosor.

tyr.an.nous (tîr'ınıs) *s.* zalimane, zulüm kabilinden. **tyrannously** *z.* zalimce.

tyr.an.ny (tîr'ıni) *i.* zulüm, gaddarlık, istibdat; zalimin hâkimiyeti; müstebit hükûmet; böyle hükûmet devresi.

ty.rant (tay'rınt) *i.* zalim, cebbar, zorba, gaddar, kırıcı, yıkıcı; tiran, müstebit hükümdar.

tyre *bak.* tire.

Tyre (tayr) *i.* Lübnan'da Sur şehri. **Tyrian** (tîr'iyın) *s.*, *i.* eski Sur şehrine ait; koyu mor renkte olan; *i.* eski Sur şehri ahalisinden biri. **Tyrian dye, Tyrian purple** iskerletten çıkarılan koyu mor boya.

ty.ro, ti.ro (tay'ro) *i.* acemi kimse, çırak, yeni başlayan kimse.

Ty.rol (tirol', tîr'ol, tay'rol) *i.* Avusturya'da Tirol.

Tyr.o.lese (tìroliz', -lis') *s.*, *i.* Tirol eyaletine veya ahalisine ait; *i.* Tirol ahalisi veya bunlardan biri.

Ty.ro.lienne (tirolyen') *i.* Tirol köylülerine mahsus bir dans; bu dansın müziği.

tzar, tzar.e.vitch, tza.ri.na *bak.* Czar.

tzet.ze *bak.* tsetse.

Tzi.gane, Tzi.gan.y (tsigan', tsig'ıni) *s.*, *i.* Macar Çingenelerine veya müziğine ait; *i.* Macar Çingenesi.

U

U,u (yu) *i.* İngiliz alfabesinin yirmi birinci harfi; U şeklinde şey.

U *kıs.* uranium.

U. *kıs.* uncle, university, upper.

UAR *kıs.* United Arab Republic.

u.biq.ui.tous (yubîk'wıtıs) *s.* aynı zamanda her yerde mevcut, hazır ve nazır. **ubiquitously** *z.* her zaman bulunarak. **ubiquitousness** *i.* her yerde hazır olma veya bulunma.

u.biq.ui.ty (yubîk'wıti) *i.* aynı zamanda her yerde veya bir çok yerlerde mevcut olma; başı ve sonu olmadan mevcut olma.

u.bi su.pra (yu'bay su'prı) *Lat.* yukarıda adı geçen sayfa veya yerde.

u-boat (yu'bot) *i.* Alman denizaltısı.

u-bolt (yu'bolt) *i.* "u" şeklinde her iki ucu yivli cıvata.

u.c. *kıs.*, *matb.* upper case; *müz.* soft pedal.

ud.der (ʌd'ır) *i.* inek memesi, yelin.

UDI *kıs.* Unilateral Declaration of Independence.

u.dom.e.ter (yudam'ıtır) *i.* yağmur miktarını ölçme aleti.

UFO belirlenemeyen uçan nesne.

U.gan.da (yugän'dı, ugan'da) *i.* Uganda.

ugh (ʌh, ʌg) *ünlem* Of! Öf! (nefret veya tiksinme belirtir).

ug.li.fy (ʌg'lıfay) *f.* çirkinleştirmek.

ug.ly (ʌg'li) *s.* çirkin; iğrenç; korkunç; *k.dili* ters, huysuz; nahoş; fırtınalı. **ugliness** *i.* çirkin veya iğrenç olma. **ugly duckling** küçüklüğünde çirkin olan fakat sonra gelişip güzelleşen kimse.

U.gri.an (u'griyın, yu'griyın) *i.*, *s.* Macaristan ve batı Sibirya'da bulunan Fin-ugur kavimlerine mensup bir fert; *s.* bu kavimlerin dil, tarih, veya kültürüne ait.

U.gric (u'grîk, yu'grîk) *s.*, *i.* Ural-Altayca.

UHF *kıs.* Ultrahigh-frequency.

uh.lan (u'lan, yu'lın) *i.* bir çeşit süvari askeri.

Ui.gur (wi'gûr) *i.* Uygur kavminden biri; Uygurca.

uit.land.er (ayt'ländır, oyt'ländır) *i.* (Güney Afrika Cumhuriyeti) ecnebi, yabancı.

U.K. *kıs.* United Kingdom.

u.kase (yu'keys, yukeyz') *i.* eski Rusya'da hükümet tarafından yayınlanan emir veya ferman; herhangi bir emir.

U.kraine (yukreyn') *i.* Ukrayna.

U.krain.i.an (yukrey'niyın) *s.*, *i.* Ukraynalı, Ukraynaca, Rutenca.

u.ku.le.le (yukıley'li) *i.* Hawaii adalarına ait telli kitara.

U.lan Ba.tor (u'lan ba'tôr) Ulan-Bator (Urga), Moğolistan'ın başkenti.

ul.cer (ʌl'sır) *i.* ülser, çıban, yara, karha; ahlâki bozukluk.

ul.cer.ate (ʌl'sıreyt) *f.* ülser olmak, kendi kendine yara olmak; ülsere sebep olmak. **ulcera'tion** *i.* ülserleşme; ülser. **ulcerative** *s.* ülsere ait.

ul.cer.ous (ʌl'sırıs) *s.* ülserli, ülser kabilinden, ülserleşmiş. **ulcerously** *z.* ülserli olarak. **ulcerousness** *i.* ülser olma.

-ule *sonek* -cik.

u.le.ma (ulıma') *i.* ulema.

-ulent *sonek* ile dolu.

ul.lage (ʌl'ic) *i.* fıçıdaki boş kalan kısım; çuvaldan zayolan kısım (un), fire.

ul.ma.ceous (ʌlmey'şıs) *s.*, *bot.* karaağaçgillere ait.

ul.na (ʌl'nı) (*çoğ.* ul.nae) *anat.* bilekten dirseğe kadar uzanan iki kemiğin kalını, dirsek kemiği, ulna; hayvanların ön ayaklarındaki aynı kemik. **ulnar** *s.* bu kemiğe ait, ulnar.

Ul.ster (ʌl'stır) *i.* Ulster; *k.h.* uzun ve bol palto.

ult. *kıs.* ultimately, ultimo.

ul.te.ri.or (ʌltir'iyır) *s.* sonraki; açığa vurulmamış, itiraf edilmemiş, gizli; uzakta, öte yanda.

ul.ti.ma (ʌl'tımı) *i.* kelimenin son hecesi.

ul.ti.mate (ʌl'tımît) *s.*, *i.* son, nihaî, en son, en uzak; esas, cüzlere ayrılmayan, çözümlenemez; müfrit, aşırı; en büyük, en yüksek (kuvvet); *i.* sonuç. **ultimate reality** son gerçek. **ultimate weapon** herkesi öldürecek olan silâh. **ultimately** *z.* eninde sonunda, nihayette.

ul.ti.ma.tum (ʌltımey'tım) *i. (çoğ.* -ta, -s) ültimatom.

ul.ti.mo (ʌl'timo) *z., eski* geçen ayda.

ul.ti.mo.gen.i.ture (ʌltımocen'ıçır) *i.* en küçük oğlu vâris olarak kabul eden sistem.

ultra- *önek* fazla, aşırı, ifrat derecede; öbür tarafta; -in ötesinde.

ul.tra (ʌl'trı) *s., i.* aşırı, hadden ziyade, müfrit; üstün; *i.* iş ve düşünüşünde aşırılığa kaçan kimse, müfrit kimse.

ul.tra.cen.tri.fuge (ʌltrısen'trıfyuc) *i., f.* çok yüksek süratle çalışan santrifüj makinası; *f.* böyle bir makinanın tesiri altında bırakmak.

ul.tra.con.ser.va.tive (ʌltrıkınsır'vıtîv) *s.* aşırı derecede muhafazakâr.

ul.tra.fil.ter (ʌl'trıfiltır) *i.* çok ince filtre.

ul.tra.high frequency (ʌl'trıhay') *radyo* 300 ile 3000 megasikl arasında frekans, *kıs.* **uhf.**

ul.tra.ism (ʌl'trı.îzım) *i.* ifrat taraftarlarının prensipleri. **ultraist** *i.* müfrit.

ul.tra.ma.rine (ʌl'trımırin') *i., s.* lâcivert, lâcivert boya; *s.* denizaşırı.

ul.tra.mi.crom.e.ter (ʌltrımaykram'ıtır) *i.* çok hassas bir mikrometre.

ul.tra.mi.cro.scope (ultrımay'krıskop) *i.* çok ufak cisimleri yandan verilen ışık vasıtasıyle görülür hale getiren mikroskop, ültramikroskop. **ultramicroscopic** *s.* mikroskopla görülemeyen; ültramikroskopa ait.

ul.tra.mod.ern (ʌl'trımad'ırn) *s.* fazla modern, ültramodern.

ul.tra.mon.tane (ʌltrıman'teyn) *s., i.* dağların ötesinde; Alp dağlarının güneyinde bulunan; *i.* Papanın mutlak yetkisi olmasına taraftar kimse. **Ultramontanism** *i.* Papanın mutlak hakimiyetini fazlasıyle isteyen zümrenin sistemi.

ul.tra.mun.dane (ʌltrımʌn'deyn) *s.* kâinatın veya şimdiki hayatın ötesinde.

ul.tra.red (ʌltrıred') *s.* kızılötesi, enfraruj.

ul.tra.son.ic (ʌltrısan'ik) *s.* duyulamayacak kadar yüksek perde (ses), yüksek frekanslı (titreşim, ses).

ul.tra.vi.o.let (ʌltrıvay'ılit) *s.* ültraviyole, morötesi.

ul.tra vi.res (ʌl'trı vay'riz) *Lat.* kudret veya yetkinin ötesinde; *k.dili* yasak.

ul.u.lant (yul'yılınt, ʌl'-) *s.* uluyan; feryat eden.

ul.u.late (yul'yıleyt, ʌl'-) *f.* ulumak; ötmek (baykuş); feryat etmek. **ulula'tion** *i.* uluma.

um.bel (ʌm'bıl) *i., bot.* sayvan şeklinde çiçek biçimi, şemsiye durumu, umbel. **umbellated** *s.* sayvan biçiminde. **umbellet** *i., bot.* umbelcik. **umbellif'erous** *s.* sayvan biçiminde çiçekleri olan; maydanozgillere ait.

um.ber (ʌm'bır) *i., s., f.* kırmızı veya koyu kahverengi manganezli aşıboyası, ombra; *s.* bu boyaya ait; *f.* ombra ile boyamak veya koyulaştırmak.

um.bil.i.cal (ʌmbil'îkıl) *s.* göbeğe ait; göbeğe yakın. **umbilical cord** göbek kordonu; bir insanı veya cihazı uzay gemisine veya başka bir şeye bağlayan kablo.

um.bil.i.cate (ʌmbil'ıkit) *s.* göbek şeklinde. **umbilica'tion** *i.* göbeğe benzer çukur.

um.bil.i.cus (ʌmbil'ıkıs) *i., anat.* göbek. **umbiliform** *s.* göbek şeklinde.

um.bo (ʌm'bo) *i. (çoğ.* **um.bo.nes**) kalkan üstündeki kabartma, kalkan ortasında bulunan yumru.

um.bra (ʌm'brı) *i. (çoğ.* **um.brae**) gölge; *astr.* tam gölge; kötek, minakop, *zool.* Umbrina cirrhosa.

um.brage (ʌm'brîc) *i.* gücenme, alınma; gölge yapan şey (ağaç). **give umbrage** gücendirmek. **take umbrage** gücenmek, hatırı kalmak.

um.bra.geous (ʌmbrey'cıs) *s.* gölgelik, gölgeli; alıngan, kuşkulu, şüpheli.

um.brel.la (ʌmbrel'ı) *i., s.* şemsiye; denizanasının şemsiye şeklinde yüzme uzvu; *s.* şümullü, bütünü kapsayan. **umbrella stand** şemsiye konulacak yer, şemsiyelik.

um.brette (ʌmbret') *i.* leylek ve balıkçıla benzer Afrika'ya mahsus bir kuş.

um.brif.er.ous (ʌmbrîf'ırıs) *s.* gölge yapan, gölgeli.

u.mi.ak (u'miyäk) *i., A.B.D., Kanada* deri ile kaplı bir çeşit Eskimo kayığı.

um.laut (ûm'laut) *i., f.* bazı kelimelerin kip yapımında görülen ünlü değişikliği; bilhassa Almancada üzeri çift noktalı ä veya ö veya ü harfi veya bunların temsil ettiği ses; bu harflerin üstüne konulan çift nokta; *f.* kelimenin sesli harfini değiştirmek; a veya o veya u üstüne çift nokta koymak.

um.pire (ʌm'payr) *i., f.* hakem; *f.* hakemlik yapmak.

UN *kıs.* United Nations.

un- *önek* -sız, bilâ, gayri.

un.a.ble (ʌney'bıl) *s.* yapamaz, -mez, iktidarsız, âciz; beceriksiz.

un.a.bridged (ʌnıbrîcd') *s.* kısaltılmamış, orijinal, aslı gibi, tam.

un.ac.cept.a.ble (ʌnıksep'tıbıl) *s.* kabul edilemez.

un.ac.com.mo.dat.ed (ʌnıkam'ıdeytîd) *s.* intibak etmemiş; tertibatsız.

un.ac.com.mo.dat.ing (ʌnıkam'ıdeytîng) *s.* kendi rahatını feda edemeyen.

un.ac.com.pa.nied (ʌnıkʌm'pınid) *s.* yanında kimse olmayan; *müz.* refakatsiz.

un.ac.com.plished (ʌnıkam'plîşt) *s.* hünersiz; başarılmamış; yapılmamış, tamamlanmamış.

un.ac.count.a.ble (ʌnıkaun'tıbıl) *s.* anlatılmaz, anlaşılmaz; mesuliyetsiz, sorumsuz, hesabı verilmeyen; olağanüstü.

un.ac.cus.tomed (ʌnıkʌs'tımd) *s.* mutat olmayan, alışılmamış; alışmamış; fazla tanınmayan.

un.ac.knowl.edged (ʌnıknal'îcd) *s.* kabul edilmemiş, onaylanmamış, cevaplandırılmamış.

un.ad.just.ed (ʌnıcʌst'îd) *s.* düzeltilmemiş, ayar edilmemiş.

un.a.dorned (ʌnıdôrnd') *s.* süslenmemiş, donatılmamış; asıl; çıplak.

un.a.dul.ter.at.ed (ʌnıdʌl'tıreytîd) *s.* karıştırılmamış, safiyeti bozulmamış.

un.ad.vised (ʌnıdvayzd') *s.* nasihat almamış (kimse); tedbirsiz, düşüncesiz (hareket). **unadvisedly** (ʌnıdvay'zîdli) *z.* tedbirsizce; nasihat almadan.

un.af.fect.ed (ʌnıfek'tîd) *s.* sahte tavırlı olmayan, tabiî, samimî; etkilenmemiş, değişmemiş.

un.aid.ed (ʌneyd'îd) *s.* yardım edilmemiş, yardım görmemiş.

un.al.loyed (ʌnıloyd') *s.* saf, karıştırılmamış.

un.al.ter.a.ble (ʌnôl'tırıbıl) *s.* değiştirilmesi imkânsız, sabit.

un-A.mer.i.can (ʌnımer'ıkın) *s., aşağ.* Amerikanvari olmayan; Amerikan ideal ve prensiplerine uymayan.

u.na.nim.i.ty (yunınîm'ıti) *i.* ittifak, oy birliği.

u.nan.i.mous (yunän'ımıs) *s.* aynı fikirde; uyuşmuş olan, bağlaşık. **unanimously** *z.* tam ittifakla.

un.an.swer.a.ble (ʌnän'sırıbıl) *s.* cevaplandırılamaz.

un.ap.peal.a.ble (ʌnıpi'lıbıl) *s.* müracaat edilemez; *huk.* temyiz edilemez.

un.ap.peal.ing (ʌnıpi'lîng) *s.* zevksiz, cazip olmayan, nahoş.

un.ap.proach.a.ble (ʌnıpro'çıbıl) *s.* arkadaşlık edilmesi zor olan; ulaşılmaz; yaklaşılmaz; mukayese edilemeyecek kadar üstün.

un.apt (ʌnäpt') *s.* uygunsuz; muhtemel olmayan; zeki olmayan. **unaptly** *z.* uygunsuzca. **unaptness** *i.* uygunsuzluk.

un.arm (ʌnarm') *f.* silâhtan tecrit etmek. **unarmed** *s.* silâhsız; koruyucu tabakası olmayan.

un.a.shamed (ʌnışeymd') *s.* utanmayan, mahcup olmayan.

un.asked (ʌnäskt') *s., z.* sorulmamış; davetsiz; *z.* sorulmadan.

un.as.pi.rat.ed (ʌnäs'pıreytîd) *s.* telaffuzda "h" sesi olmayan.

un.as.sail.a.ble (ʌnıseyl'ıbıl) *s.* doğruluğundan şüphe edilemez, çürütülemez, muhakkak; zaptedilemez.

un.as.sign.a.ble (ʌnısayn'ıbıl) *s.* tayini mümkün olmayan.

un.as.sist.ed (ʌnısîs'tîd) *s., z.* yardımcısız; *z.* yardım görmeden.

un.as.sum.ing (ʌnısu'mîng) *s.* mütevazı, gösrişsiz.

un.at.tached (ʌnıtäçt') *s.* bağlı olmayan; eşi veya nişanlısı olmayan, bekâr; orduda alay veya bölüğe bağlı olmayan.

un.at.tain.a.ble (ʌnıtey'nıbıl) *s.* elde edilemez, ulaşılamaz.

un.at.tend.ed (ʌnıten'dîd) *s.* bakılmamış, yapılmamış (iş); ihmal edilmiş; yalnız, refiksiz.

un.at.trac.tive (ʌnıträk'tîv) *s.* çekici olmayan, gösterişsiz.

un.au.thor.ized (ʌnô'thırayzd) *s.* yetkisiz; resmî olmayan.

un.a.vail.a.ble (ʌnıvey'lıbıl) *s.* mevcut olmayan.

un.a.vail.ing (ʌnıvey'lîng) *s.* boşuna, nafile; başarısız; tesirsiz, faydasız.

u.na vo.ce (yu'nı vo'si) *Lat.* oy birliğiyle.

un.a.void.a.ble (ʌnıvoy'dıbıl) *s.* kaçınılmaz, bertaraf edilmez; iptali kabil olmayan.

un.a.ware (ʌnıwer') *s.* farkında olmayan, habersiz; önemsemeyen.

un.a.wares (ʌnıwerz') *z.* hazırlıksız olarak, evvelden düşünmeden; beklenmedik bir anda, gafil avlayarak.

un.backed (ʌnbäkt') s. üzerine binilmemiş (tay), alıştırılmamış; arkasız; desteği olmayan; üzerine bahse girilmemiş.

un.baked (ʌnbeykt') s. pişmemiş, çiğ; toy, olgunlaşmamış.

un.bal.ance (ʌnbäl'ıns) f. dengesini bozmak.

un.bal.anced (ʌnbäl'ınst) s. muvazenesiz, bozuk dengeli, dengesiz; birbirini tutmayan (hesaplar); aklî dengesi bozuk.

un.bal.last.ed (ʌnbäl'ıstîd) s., den. safrasız; denkleşmemiş, ayarsız.

un.bar (ʌnbar') f. sürgüsünü açmak; kilidini açmak.

un.bat.ed (ʌnbey'tîd) s., eski azalmamış, kesilmemiş; ucu körlenmemiş (kılıç).

un.bear.a.ble (ʌnber'ıbıl) s. çekilmez, dayanılmaz.

un.beat.en (ʌnbi'tın) s. mağlup olmamış, yenilmemiş; ayak basılmamış; dövülmemiş.

un.be.com.ing (ʌnbîkʌm'îng) s. yakışıksız, yakışmaz; uygunsuz, münasebetsiz. **unbecomingly** z. uygunsuz bir şekilde.

un.be.friend.ed (ʌnbifrend'îd) s. kimseden arkadaşlık görmeyen.

un.be.known, un.be.knownst (ʌnbînon', ʌnbînonst') s., to ile fark edilmeden; habersizce. **do something unbeknown to someone** bir işi başka birinin haberi olmadan yapmak. **Unbeknownst to us, they had already bought the house.** Bizim haberimiz olmadan evi almışlar bile.

un.be.lief (ʌnbîlif') i. imansızlık, inançsızlık; inanmayış.

un.be.liev.a.ble (ʌnbîli'vıbıl) s. inanılmaz, akla sığmayan.

un.be.liev.er (ʌnbîli'vır) i. inanmayan kimse; imansız, kâfir, gâvur.

un.be.liev.ing (ʌnbîli'vîng) s. inanmayan, şüpheci; iman etmeyen, imansız.

un.belt (ʌnbelt') f. kuşağını çıkarmak; kemeri açarak çıkarmak (kılıç).

un.bend (ʌnbend') f. eğri olan şeyi düzeltmek; gevşemek, yumuşamak; dinlenmek.

un.bend.ing (ʌnben'dîng) s. kararından dönmez, boyun eğmez; kararlı, sabit, azimli.

un.bi.ased, un.bi.assed (ʌnbay'ıst) s. taraf tutmayan, tarafsız.

un.bid.den (ʌnbîd'ın) i. davet olunmamış, davetsiz; kendiliğinden gelen (fikir).

un.bind (ʌnbaynd') f. (-bound) bağını çözmek; çözmek; gevşetmek.

un.bit.ted (ʌnbît'îd) s. gemsiz, yularsız; idaresiz.

un.blam.a.ble (ʌnbley'mıbıl) s. suçlanamaz.

un.bleached (ʌnbliçt') s. ağartılmamış. **unbleached muslin** Amerikan bezi.

un.blem.ished (ʌnblem'îşt) s. lekesiz, kusursuz.

un.blessed, un.blest (ʌnblest') s. takdis edilmemiş; kutsal olmayan; dinî nimetten mahrum; şanssız.

un.blush.ing (ʌnblʌş'îng) s. kızarmak bilmez, utanmaz. **unblushingly** z. utanmadan.

un.bod.ied (ʌnbad'îd) s. cismanî olmayan; bedenden ayrılmış.

un.bolt (ʌnbolt') f. sürmesini açmak, kilidini açmak.

un.boned (ʌnbond') s. kemiksiz.

un.born (ʌnbôrn') s. doğmamış, henüz dünyaya gelmemiş; müstakbel, gelecek.

un.bos.om (ʌnbûz'ım) f. ifşa etmek, açığa vurmak, itiraf etmek, içini boşaltmak.

un.bound (ʌnbaund') s. ciltsiz (kitap); kısıtlayıcı bağlardan kurtulmuş.

un.bound.ed (ʌnbaun'dîd) s. hudutsuz, sınırsız, nihayetsiz; kontrolsuz.

un.bowed (ʌnbaud') s. eğilmemiş, baş eğmemiş, boyun eğmemiş.

un.brace (ʌnbreys') f. bağlarını çıkarmak; çözmek; gevşetmek; zayıflatmak.

un.braid (ʌnbreyd') f. örgüsünü açmak.

un.breathed (ʌnbridhd') s. teneffüs edilmemiş (hava); başkasına söylenmemiş.

un.bred (ʌnbred') s. iyi yetiştirilmemiş, terbiyesiz, terbiye görmemiş.

un.bri.dled (ʌnbrayd'ıld) s. gem vurulmamış (at); azgın; küstah.

un.bro.ken (ʌnbro'kın) s. kırılmamış, bütün; bozulmamış; devamlı; yarıda kesilmemiş; terbiye edilmemiş, alıştırılmamış (at).

un.buck.le (ʌnbʌk'ıl) f. tokasını çözmek.

un.build (ʌnbîld') f. (-built) yıkmak, tahrip etmek; yerle bir etmek. **unbuilt** s. inşa edilmemiş.

un.bur.den (ʌnbır'dın) f. yükten kurtarmak; derdini dökmek.

un.bur.ied (ʌnber'id) s. gömülmemiş.

un.burnt (ʌnbırnt') s. yanmamış.

un.busi.ness.like (ʌnbîz'nîslayk) *s.* iş düzenine aykırı.

un.but.ton (ʌnbʌt'ın) *f.* düğmelerini çözmek.

un.cage (ʌnkeyc') *f.* kafesten çıkarmak, serbest bırakmak.

un.called-for (ʌnkôld'fôr) *s.* lüzumsuz, istenilmeyen; münasebetsiz; çirkin.

un.can.ny (ʌnkän'i) *s.* acayip; esrarengiz, sebebi anlaşılamayan; tekin olmayan. **uncannily** *z.* esrarengiz bir şekilde. **uncanniness** *i.* acayiplik; esrarengizlik.

un.cap (ʌnkäp') *f.* (-ped, -ping) şapkasını çıkarmak; kapağını açmak.

un.cared-for (ʌnkerd'fôr) *s.* ihmal edilmiş, bakımsız; düzensiz.

un.car.pe.ted (ʌnkar'pîtîd) *s.* halı ile döşenmemiş, çıplak.

un.caused (ʌnkôzd') *s.* yaratılmamış, kendiliğinden vücuda gelmiş.

un.ceas.ing (ʌnsi'sîng) *s.* devamlı, aralıksız, fasılasız; sonsuz, ebedî.

un.cer.e.mo.ni.ous (ʌnserımo'niyıs) *s.* nezaketsizce yapılan; lâubali; gayri resmî. **unceremoniously** *z.* gayri resmî olarak, teklifsizce.

un.cer.tain (ʌnsır'tın) *s.* tahmin olunamaz, şüpheli; güvenilemez, iyice tarif olunmamış; kararsız; değişken, dönek, keyfine tabi. **uncertainly** *z.* tereddütle; kararsızca. **uncertainty** *i.* şüphe, tereddüt, kesin olmayış; kesinsizlik.

un.chain (ʌnçeyn') *f.* serbest bırakmak, bağlarını çözmek.

un.change.a.ble (ʌnçeyn'cıbıl) *s.* değişmez. **unchangeably** *z.* değişmez surette, kesin olarak.

un.charged (ʌnçarcd') *s.* borçlandırılmamış; *elek.* şarj edilmemiş.

un.char.i.ta.ble (ʌnçer'ıtıbıl) *s.* merhametsiz, katı kalpli; affetmeyen; kusur bulan. **uncharitableness** *i.* affetmezlik. **uncharitably** *z.* sevgisizlikle, merhametsiz olarak.

un.char.tered (ʌnçar'tırd) *s.* haritası yapılmamış; meçhul, bilinmeyen.

un.chaste (ʌnçeyst') *s.* iffetsiz, nezih olmayan. **unchastely** *z.* iffetsiz bir şekilde. **unchastity** (ʌnçäs'tıti) *i.* iffetsizlik, zina.

un.checked (ʌnçekt') *s.* kontrol edilmemiş; serbest, kontrolsuz.

un.chris.tian (ʌnkrîs'çın) *s.* Hıristiyan olmayan; Hıristiyanlığa aykırı, Hıristiyana yakışmaz; merhametsiz; nazik olmayan, kaba.

un.church (ʌnçırç') *f.* kiliseden tardetmek, aforoz etmek, kiliseden mahrum etmek.

un.cial (ʌn'şıl, -şiyıl) *i., s.* 400-800 yılları arasında kullanılan yuvarlak majüskül Latin veya Yunan harfi; *s.* bu harf şeklinde.

un.ci.form (ʌn'sıfôrm) *s., i.* çengel şeklinde, çengelli; *i., anat.* el bileği kemikleri arasındaki çengel kemik. **unciform process** *anat.* çengelsi çıkıntı.

un.ci.na.ri.a.sis (ʌnsînıray'ısîs) *i.* bağırsaklarda kancalı kurt hastalığı.

un.ci.nate, un.ci.nal (ʌn'sınît, -neyt; -nıl) *s., biyol.* çengelli, ucu çengel gibi eğik.

un.cir.cum.cised (ʌnsır'kımsayzd) *s.* sünnetsiz; Musevi olmayan; putperest.

un.civ.il (ʌnsiv'ıl) *s.* kaba tavırlı, nezaketsiz. **uncivilly** *z.* nezaketsizce.

un.civ.i.lized (ʌnsiv'ılayzd) *s.* medeniyetsiz, insan girmemiş; vahşi. **The children think it's uncivilized to get up early.** Erken kalkmak çocukların işine gelmez.

un.clad (ʌnkläd') *s.* elbisesiz, çıplak.

un.claimed (ʌnkleymd') *s.* sahibi çıkmamış.

un.clasp (ʌnkläsp') *f.* bırakmak (sıkılan eli); açmak (toka).

un.cle (ʌng'kıl) *i.* amca, dayı, enişte; yaşlı adam; *argo* tefeci. **Uncle Sam** A.B.D.'nin sembolik ismi. **Uncle Tom** *A.B.D., argo* beyazlara dalkavukluk eden zenci. **Say Uncle!** Teslim ol! **talk to one like a Dutch uncle** birini dostça fakat şiddetle azarlamak.

un.clean (ʌnklin') *s.* kirli, pis, murdar; ahlâksız; günahkâr. **uncleanly** *z.* pis durumda. **uncleanness** *i.* pislik, murdarlık.

un.clean.ly (ʌnklen'li) *s.* pis, kirli, murdar; iffetsiz. **uncleanliness** *i.* murdarlık.

un.clear (ʌnklir') *s.* bulanık; zor anlaşılır; karışık.

un.clench, un.clinch (ʌnklenç', ʌnklînç') *f.* açmak veya açtırmak (sıkılmış eli).

un.cloak (ʌnklok') *f.* örtüsünü kaldırmak; meydana çıkarmak, açığa vurmak, ortaya dökmek.

un.clog (ʌnklag') *f.* (tıkanmış boruyu) açmak.

un.close (ʌnkloz') *f.* açmak, kapalı durumdan çıkarmak; açılmak.

un.clothe (ʌnklodh') *f.* elbiselerini çıkarmak, soymak. **unclothed** *s.* çıplak.

un.co (ʌng'ko) s., z., i., İskoç. ve İng. leh. dikkate değer, fevkalade; tuhaf, garip; yabancı, meçhul; z. fevkalade olarak; son derecede; i. tuhaf şey; yabancı; çoğ. havadis, haberler.

un.cocked (ʌnkakt') s. tüfek horozu ateşe hazır durumda olmayan.

un.coil (ʌnkoyl') f. kangalını açmak, çözmek; den. (halatın) rodasını açmak; çözülmek, açılmak.

un.col.lect.ed (ʌnkılek'tid) s. toplanmamış; kendine hâkim olmayan.

un.col.ored (ʌnkʌl'ırd) s. boyasız; tarafsız, renksiz.

un.com.fort.a.ble (ʌnkʌm'fırtıbıl, ʌnkʌmf'tıbıl) s. rahatsız; rahatsız edici, nahoş.

un.com.mit.ted (ʌnkımit'id) s. taahhüt altına girmemiş; bağımsız; fikrini söylememiş.

un.com.mon (ʌnkam'ın) s. nadir, seyrek; olağanüstü, fevkalade; müstesna. uncommonly z. nadiren; olağanüstü olarak.

un.com.mu.ni.ca.tive (ʌnkımyu'nıkıtîv) s. ketum, ağzı sıkı, az konuşan.

un.com.plain.ing (ʌnkımpleyn'îng) s. şikâyet etmeyen, sabırlı.

un.com.pro.mis.ing (ʌnkam'prımayzîng) s. fikir veya prensiplerinden vaz geçmez; eğilmez; uzlaşmaz, uyuşmaz; sözünden dönmez. uncompromisingly z. kesin olarak; yılmayarak; uzlaşmadan.

un.con.cealed (ʌnkınsild') s. açıkta olan, gizlenmemiş.

un.con.cern (ʌnkınsırn') i. alâkasızlık, ilgisizlik, kayıtsızlık, duygusuzluk; telâşsızlık.

un.con.cerned (ʌnkınsırnd') s. alâkasız, ilgisiz, kayıtsız, duygusuz. unconcern'edly z. ilgisizce. unconcern'edness i. ilgisizlik.

un.con.densed (ʌnkındenst') s. yoğunlaşmamış; kısaltılmamış.

un.con.di.tion.al (ʌnkındiş'ınıl) s. kayıtsız şartsız. unconditionally z. kayıtsız şartsız olarak.

un.con.di.tioned (ʌnkındiş'ınd) s. şarta bağlı olmayan, kayıtsız şartsız; fels. mutlak; psik. doğuştan olan, sonradan kazanılmamış, doğal.

un.con.fessed (ʌnkınfest') s. itiraf edilmemiş, açığa vurulmamış.

un.con.fined (ʌnkınfaynd') s. kuşatılmamış.

un.con.firmed (ʌnkınfırmd') s. doğrulanmamış.

un.con.form.a.ble (ʌnkınfôr'mıbıl) s. uyuşmayan, birbirine uymaz, tutarsız.

un.con.form.i.ty (ʌnkınfôr'mıti) i. mutabakatsızlık, uyuşmazlık, tutarsızlık.

un.con.gen.ial (ʌnkıncin'yıl) s. uyuşamayan; sıkıcı, tatsız.

un.con.nect.ed (ʌnkınek'tid) s. birbirine bağlı olmayan, ayrı, rabıtasız.

un.con.quer.a.ble (ʌnkang'kırıbıl) s. fethedilemez.

un.con.scion.a.ble (ʌnkan'şınıbıl) s. mantıksız; vicdansız; insafsız; prensip sahibi olmayan. unconscionably z. vicdansızca.

un.con.scious (ʌnkan'şıs) s., i. şuursuz, bilinçsiz; baygın; i., psikiy., the ile bilinçaltı. unconsciously z. bilinçsiz olarak, şuursuzca, farkında olmadan, bilmeden. unconsciousness i. bilinçsizlik, farkında olmayış.

un.con.sti.tu.tion.al (ʌnkanstitu'şınıl) s. anayasaya aykırı. unconstitutional'ity i. anayasaya aykırılık.

un.con.strained (ʌnkınstreynd') s. zorlanmamış, serbest.

un.con.sumed (ʌnkınsumd') s. tüketilmemiş, kullanılmamış.

un.con.tra.dict.ed (ʌnkantrıdik'tid) s. yalanlanmamış.

un.con.trolled (ʌnkıntrold') s. idaresiz.

un.con.tro.vert.ed (ʌnkan'trıvırtid) s. tekzip edilmemiş.

un.con.ven.tion.al (ʌnkınven'şınıl) s. göreneklere uymayan.

un.con.vert.ed (ʌnkınvır'tid) s. değiştirilmemiş, çevrilmemiş.

un.cork (ʌnkôrk') f. tapasını çıkarmak.

un.cor.rect.ed (ʌnkırek'tid) s. düzeltilmemiş.

un.cor.rob.o.rat.ed (ʌnkırab'ıreytid) s. doğruluğu ispatlanmamış.

un.count.ed (ʌnkaun'tid) s. sayılmamış; sayıya gelmez, hesapsız.

un.cou.ple (ʌnkʌp'ıl) f. ayırmak; bağlantıyı çözmek.

un.cour.te.ous (ʌnkır'tiyıs) s. nezaketsiz, kibar olmayan.

un.couth (ʌnkuth') s. kaba, inceliksiz; tuhaf; eski görülmemiş. uncouthly z. kabaca. uncouthness i. kabalık.

un.cov.e.nant.ed (ʌnkʌv'ınıntid) s. taahhüt edilmemiş; bir ahde girmemiş.

un.cov.er (ʌnkʌv'ır) f. örtüsünü kaldırmak, aç-
mak; örtüsünü açarak göz önüne sermek;
açığa çıkarmak; hürmetle şapkasını çıkarmak.
uncovered s. açık; karşılamayan.

un.cre.at.ed (ʌnkriyey'tid) s. yaratılmamış.

un.crit.i.cal (ʌnkrit'ikıl) s. eleştirmeyen, tenkit
etmeyen, değerlendirici olmayan.

un.crown (ʌnkraun') f. taçtan mahrum etmek,
tahttan indirmek. uncrowned s. taç giy-
memiş; resmî sıfatı olmayan.

unc.tion (ʌngk'şın) i. aşırı tatlı dillilik; yağ
sürme; yağ sürerek takdis etme; bedene sü-
rülen yağ; teskin edici ilâç veya madde.
extreme unction Katoliklerde ölmek üzere
olan kimsenin bedenine mukaddes yağ sürme
ayini.

unc.tu.ous (ʌngk'çuwıs) s. aşırı tatlı dilli;
yağlı; yağ gibi kaypak olan; şekil verilebilen,
yoğrulabilen. unctuously z. tatlı dille konu-
şarak.

un.cul.ti.vat.ed (ʌnkʌl'tıveytid) s. işlenmemiş
(toprak).

un.cut (ʌnkʌt') s. kesilmemiş; sayfa kenarları
açılmamış (kitap).

un.dam.aged (ʌndäm'icd) s. zarar görmemiş.

un.damped (ʌndämpt') s., elek., fiz. sindiril-
memiş; kırılmamış, gücenmemiş.

un.dat.ed (ʌndey'tid) s. tarihsiz.

un.daunt.ed (ʌndôn'tid) s. çok cesur, yılmaz.
undauntedly z. korkusuzca. undaunted-
ness i. cesurluk.

un.dec.a.gon (ʌndek'ıgan) i., geom. on bir
açılı ve on bir kenarlı şekil.

un.de.ceive (ʌndîsiv') f. aldanmış halden veya
hatadan kurtarmak, gözünü açmak. unde-
ceived s. aldatılmamış.

un.de.cid.ed (ʌndîsay'did) s. karar verilmemiş,
sallantıda olan, muallâk; karar vermemiş, te-
reddüt içinde olan.

un.de.ci.pher.a.ble (ʌndîsay'fırıbıl) s. okuna-
mayan, çözülemeyen, şifre edilemeyen.

un.decked (ʌndekt') s. süssüz, sade; güvertesi
olmayan.

un.dec.lared (ʌndiklerd') s. açığa vurulmamış.

un.de.fend.ed (ʌndifen'did) s. korunmamış.

un.de.filed (ʌndifayld') s. iffeti bozulmamış,
lekelenmemiş.

un.de.fined (ʌndifaynd') s. tarif edilmemiş;
bellisiz.

un.de.mon.stra.tive (ʌndîman'strıtiv) s. hisle-
rini kolay belli etmeyen, çekingen.

un.de.ni.a.ble (ʌndinay'ıbıl) s. inkâr olunmaz;
söz kaldırmaz derecede iyi. undeniably z.
inkâr edilmez surette.

un.der (ʌn'dır) edat, z., s. altına, altında; -dan
aşağı, -dan eksik; aşağısına, aşağısında; hi-
mayesinde; hükmünde, emrinde, kumandası
altında; yetkisinde; z. arasına, altına; aşağıda,
aşağı mevki veya halde; daha az; s. alt;
az; bastırılmış. under canvas yelkenleri
açık. under cultivation işlenmiş (toprak).
under oath yeminli. under one's hat
gizli. under penalty of the law cezaya
çarptırılabilir. under sail yelkenle çalışan;
harekete geçmiş (gemi). under the circum-
stances öyle ise, o halde, bu şartlar altında.
two acres under corn mısır ekilmiş sekiz
dönümlük arazi.

under- önek altında, altındaki; yetersiz, eksik;
aşağısında; ikinci, muavin, yardımcı.

un.der.a.chiev.er (ʌndırıçı'vır) i. yaşından veya
seviyesinden beklenenden azını becerebilen
kimse.

un.der.age (ʌndıreyc') s. belirli yaşa gelmemiş;
olgunlaşmamış.

un.der.arm (ʌn'dırarm) i., s. koltuk altı; s.
koltuk altında olan. underarm pitch yerden
atış.

un.der.bel.ly (ʌn'dırbeli) i. karnın alt kısmı;
hücum veya zarara açık.

un.der.bid (ʌndırbid') f. (-bid, -ding) öne
sürülen fiyattan daha aşağı fiyat teklif etmek;
briç eldeki değeri söylememek. underbid-
der i. aşağı fiyat teklif eden kimse.

un.der.bred (ʌndırbred') s. iyi terbiye görmemiş,
terbiyesi kıt; saf kan olmayan, cins olmayan.

un.der.brush (ʌn'dırbrʌş) i. orman veya ko-
ruda büyük ağaçların altında bulunan çalılık.

un.der.buy (ʌndırbay') f. (-bought) düşük
fiyata satın almak.

un.der.car.riage (ʌndırker'ic) i. yapıyı tutan
iskelet; hav. iniş takımı.

un.der.charge (f. ʌndırçarc'; i. ʌn'dırçarc) f.,
i. hakkından az ücret istemek; yeteri kadar
patlayıcı madde koymamak; i. hakkından az
ücret.

un.der.class.man (ʌndırkläs'mın) i., A.B.D. üni-
versitede birinci veya ikinci sınıfta okuyan
öğrenci.

un.der.clothes (ʌn'dırkloz, -klodhz) *i.*, *çoğ.* iç çamaşırlar.

un.der.coat (ʌn'dırkot) *i.* astar, astar boyası, taban boya; iç ceketi.

un.der.cov.er (ʌndırkʌv'ır) *s.* gizli, casus gibi. **under cover** gizlice.

un.der.cur.rent (ʌn'dırkırınt) *i.* alt cereyan veya akıntı; gizli cereyan.

un.der.cut (*f.* ʌndırkʌt'; *i.* ʌn'dırkʌt) *f.* (**-cut**, **-cutting**) *i.* altını oymak; fiyat kırmak; otoritesini baltalamak; *i.* alttan kesme; sığır filetosu; alttan kesilmiş kısım.

un.der.de.vel.op (ʌndırdivel'ıp) *f.*, *foto.* eksik develope etmek; güdük yıkamak.

un.der.de.vel.oped (ʌndırdivel'ıpt) *s.* az gelişmiş; geri kalmış.

un.der.do (ʌndırdu') *f.* (**-did**, **-done**) baştan savma yapmak; gerektiğinden az pişirmek.

un.der.dog (ʌn'dırdôg) *i.* mücadeleyi kaybedecek durumda olan kimse; haksızlığa maruz kalan kimse.

un.der.done (ʌn'dırdʌn') *s.* yeterli derecede yapılmamış; yeterli derecede pişirilmemiş.

un.der.drive (ʌn'dırdrayv) *i.*, *mak.* çevirme milini motordan daha yavaş döndüren dişli takımı.

un.der.em.ployed (ʌndırımployd') *s.* istediği şekilde iş bulamayan, kâfi derecede çalıştırılmayan.

un.der.es.ti.mate (*f.* ʌndıres'tımeyt; *i.* ʌndıres'-tımît) *f.*, *i.* değerinin altında paha biçmek; *i.* değerinin altında paha biçme.

un.der.ex.pose (ʌndırîkspoz') *f.* fotoğrafı karanlık çıkarmak; güdük ışığa tutmak. **underexposure** *i.* fotoğrafı karanlık çıkarma.

un.der.foot (ʌndırfût') *z.* ayaklar altında; yolda.

un.der.gar.ment (ʌn'dırgarmınt) *i.* iç çamaşırı.

un.der.gird (ʌndırgırd') *f.* (**-girt** *veya* **-gird.ed**) alttan desteklemek.

un.der.glaze (ʌn'dırgleyz) *s.* çinicilikte sırlanmadan önce çizilmiş (desen) veya konulmuş (boya).

un.der.go (ʌndırgo') *f.* (**-went**, **-gone**) çekmek, katlanmak; olmak; geçirmek; uğramak; müptelâ olmak.

un.der.grad.u.ate (ʌndırgräc'uwit) *i.*, *s.* üniversite öğrencisi; *s.* üniversite öğrencisine ait.

un.der.ground (*z.* ʌn'dırgraund'; *s.*, *i.* ʌn'dırgraund) *z.*, *s.*, *i.* yeraltında; gizli olarak; *s.* yeraltında olan; gizli; *i.* yeraltı; yeraltı geçidi;

gen. *İng.* yeraltı treni, metro; hükümet veya işgal kuvvetlerine karşı faaliyette bulunan gizli teşkilât; yeraltı örgütü.

un.der.growth (ʌn'dırgroth) *i.* ağaçların altındaki çalılar; bir postun kısa tüyleri.

un.der.hand (ʌn'dırhänd) *z.*, *s.* el altından, gizlice, sinsi şekilde, hile ile, alçakça; *beysbol*, *kriket* omuzdan aşağı bir hareketle atılan. **underhanded** *s.* el altından, hile ile, alçakça.

un.der.lay (*f.* ʌndırley'; *i.* ʌn'dırley) *f.* (**-laid**), *i.* altına yerleştirmek; dibini kaplamak; *matb.* altına destek koymak; desteklemek; *i.*, *matb.* destekleyici kâğıt.

un.der.lie (ʌndırlay') *f.* (**-lay**, **-lain**, **-lying**) altında olmak; temelini teşkil etmek; daha evvel mevcut olmak.

un.der.line (ʌn'dırlayn) *f.* altını çizmek; önemini belirtmek.

un.der.ling (ʌn'dırling) *i.* ast, madun, mevkice daha aşağı kimse.

un.der.mine (ʌndırmayn') *f.* altını kazmak, altına lâğım kazmak; el altından mahvına çalışmak; ayağını kaydırmak, düşürmek; zayıflatmak.

un.der.most (ʌn'dırmost) *s.*, *z.* en alttaki.

un.der.neath (ʌndırnith') *z.*, *edat*, *s.* altına, altında; *s.* alt.

un.der.nour.ished (ʌndırnır'îşt) *s.* iyi beslenmemiş.

un.der.pants (ʌn'dırpänts) *i.*, *çoğ.* *A.B.D.* don, külot.

un.der.pass (ʌn'dırpäs) *i.*, *A.B.D.* demiryolu altından geçen yol, alt geçit.

un.der.pay (ʌndırpey') *f.* hak ettiği maaştan az vermek. **underpaid** *s.* hakkından az para alan.

un.der.pin (ʌndırpîn') *f.* alttan takmak veya desteklemek, altına destek koymak. **underpinnings** *i.*, *çoğ.* duvar temeli; *k.dili* ayaklar.

un.der.play (ʌndırpley') *f.* incelikle oynamak; bir rolü eksik oynamak; ehemmiyet vermemek.

un.der.priv.i.leged (ʌndırpriv'ılıcd) *s.* başkalarına sağlanan imkânları olmayan. **the underprivileged** imkânları kıt olanlar.

un.der.pro.duc.tion (ʌndırprıdʌk'şın) *i.* üretimin normalden veya gereğinden az olması.

un.der.rate (ʌndır.reyt') *f.* hakkı olan kıymeti vermemek.

un.der.score (ʌndırskôr') *f.*, *i.* (önemini belirt-
mek için) altına çizgi çizmek; üstünde durmak;
i. bir kelimenin altına çizilmiş çizgi.

un.der.sea (ʌn'dırsi) *s.*, *z.* denizaltında olan,
denizaltı; denizaltında kullanılmaya elverişli;
z. denizaltında.

un.der.sec.re.tar.y (ʌn'dırsek'rıteri) *i.* bakan
muavini, bakan müşaviri, müsteşar.

un.der.sell (ʌndırsel') *f.* (-sold) fiyat kırarak
satmak.

un.der.shirt (ʌn'dırşırt) *i.* iç gömleği, fanila.

un.der.shoot (ʌn'dırşut) *f.* (-shot) hedefe
isabet ettirememek, hedefe erişememek; uça-
ğı normal inişinden önce piste temas ettirerek
tekrar havalandırmak.

un.der.shot (ʌn'dırşat) *s.* alt dişleri çıkıntılı
olan; suyu altından akarak işletilen (su
dolabı).

un.der.side (ʌn'dırsayd) *i.* alt taraf.

un.der.signed (ʌn'dırsaynd') *s.* altında imza
bulunan. **the undersigned** imza sahibi,
imza sahipleri.

un.der.sized (ʌndırsayzd') *s.* normalden daha
küçük, cılız.

un.der.skirt (ʌn'dırskırt) *i.* iç etekliği; astar
veya duble.

un.der.slung (ʌn'dırslʌng') *s.* dingile alttan
bağlı (şasi makasları).

un.der.song (ʌn'dırsông) *i.* bir şarkı ile söy-
lenen ikinci derecedeki nağme; gizli mana.

un.der.stand (ʌndırständ') *f.* (-stood) anla-
mak; kestirmek; öğrenmek; kavramak, bilmek;
haberdar olmak; mana vermek; şart kabul et-
mek; farz etmek; tahmin etmek; anlayışlı
olmak; hemfikir olmak, hisleri paylaşmak.
It is understood that... Koşulan şartlara
göre... **give one to understand** ima etmek.
understand each other birbirini anlamak;
danışıklı döğüşte bulunmak.

un.der.stand.a.ble (ʌndırständ'ıbıl) *s.* anlaşılır,
anlaşılması mümkün, kavranılır. **understand-
ably** *z.* anlaşılır şekilde; mazereti kabul edilir
şekilde.

un.der.stand.ing (ʌndırstän'dîng) *i.*, *s.* anlayış,
kavrayış; kafa, zekâ; fikir; söz kesme; an-
laşma; anlaşmazlığın halledilmesi; *s.* akıllı,
anlayışlı. **understandingly** *z.* anlayışla.

un.der.state (ʌndırsteyt') *f.* olduğundan eksik
veya hafif göstermek. **understatement** *i.*
bir şeyi olduğundan hafif gösteren ifade.

un.der.stood (ʌndırstûd') *s.* farz edilmiş; söy-
lenmeden anlaşılan.

un.der.stud.y (ʌn'dırstʌdi) *i.*, *f.* başka aktörün
rolünü almaya hazır olan aktör, yardımcı
aktör; *f.* başka aktörün yerini alabilmek için
onun rolünü ezberlemek.

un.der.take (ʌndırteyk') *f.* (-took, -taken)
üzerine almak, yüklenmek, deruhde etmek;
taahhüt etmek.

un.der.tak.er (ʌndırtey'kır, ʌn'dırteykır) *i.* mü-
teahhit, üstenci; bir işe girişen kimse.

un.der.tak.er (ʌn'dırteykır) *i.* cenaze işleri gö-
revlisi, ölü kaldırıcısı.

un.der.tak.ing (ʌndırtey'kîng) *i.* el atma, gi-
rişme; girişilen iş; cenaze işi; taahhüt, te-
şebbüs, üzerine alma, deruhde etme; vaat,
garanti.

un.der.tax (ʌndırtäks') *f.* hakkından az vergi
almak.

un.der.tone (ʌn'dırton) *i.* alçak ses tonu,
fısıltı; donuk veya mat renk; ima edilen fikir.

un.der.tow (ʌn'dırto) *i.* deniz yüzündeki akın-
tıya ters giden dip akıntısı, anafor.

un.der.val.ue (ʌndırväl'yu) *f.* değerinden aşağı
değer vermek; hafifsemek. **undervalua'tion**
i. değerinden az gösterme.

un.der.vest (ʌn'dırvest) *i.*, *İng.* fanila.

un.der.wa.ter (ʌn'dırwô'tır) *s.*, *i.*, *z.* su altında
olan veya kullanılan; geminin su hattından
aşağıda olan; *i.* su seviyesinin altında olan
kısım; *z.* suyun altında.

un.der.way (ʌndırwey') *z.* yolunda, yoluna
girmiş, başlanmış.

un.der.wear (ʌn'dırwer) *i.* iç çamaşırı.

un.der.weight (ʌn'dırweyt) *s.*, *i.* normalden az
ağırlığı olan; zayıf; *i.* normalden az olan
ağırlık.

un.der.whelm (ʌndırhwelm') *f.* ilgi uyandıra-
mamak, etkileyememek.

un.der.wood (ʌn'dırwûd) *i.* büyük orman
ağaçları altında büyüyen ufak ağaç veya
çalılar.

un.der.world (ʌn'dırwırld) *i.* ölüler diyarı;
toplumun suçlular tabakası, kanunsuzlar
âlemi; arz küresinin öbür tarafı.

un.der.write (ʌn'dır.rayt) *f.* (-wrote, -writ-
ten) imza etmek; sigorta etmek; bir teşeb-
büsün masrafını ödemeyi taahhüt etmek;
sağlama bağlamak. **underwriter** *i.* sigortacı.

un.de.served (ʌn'dizırvd) *s.* hak edilmemiş.

un.de.signed (ʌndizaynd') *s.* kasıtsız; saf.

un.de.sign.ing (ʌndizay'nîng) *s.* planı veya gizli maksadı olmayan, samimî; basit.

un.de.sir.a.ble (ʌndizayr'ıbıl) *s., i.* istenilmeyen; sakıncalı; *i.* istenilmeyen kişi.

un.de.sired (ʌndizayrd') *s.* arzu edilmeyen.

un.de.tect.ed (ʌnditek'tîd) *s.* fark edilmemiş.

un.de.ter.mined (ʌndıtır'mînd) *s.* kararsız; müphem.

un.de.terred (ʌndıtırd') *s.* azimli; önlenemez.

un.de.vel.oped (ʌndîvel'ıpt) *s.* gelişmemiş; *foto.* banyo edilmemiş.

un.de.vi.a.ting (ʌndi'viyeytîng) *s.* yolunu şaşmayan.

un.dies (ʌn'diz) *i., çoğ., k.dili* iç çamaşırı.

un.dine (ʌndin') *i.* bir çeşit su perisi.

un.di.gest.ed (ʌndîcest'îd) *s.* hazmedilmemiş.

un.dig.ni.fied (ʌndîg'nıfayd) *s.* vakur olmayan.

un.di.min.ished (ʌndîmin'îşt) *s.* eksilmemiş.

un.dip.lo.mat.ic (ʌndîplımä'tîk) *s.* diplomatik olmayan.

un.di.rect.ed (ʌndîrek'tîd) *s.* idare altında olmayan; adressiz.

un.dis.cerned (ʌndîsırnd') *s.* ayırt edilmemiş.

un.dis.cip.lined (ʌndîs'ıplînd) *s.* disiplin görmemiş, terbiye edilmemiş.

un.dis.closed (ʌndîsklozd') *s.* açığa vurulmamış, ifşa edilmemiş.

un.dis.cour.aged (ʌndîskır'îcd) *s.* hayal kırıklığına uğramamış, cesareti kırılmamış.

un.dis.cov.er.a.ble (ʌndîskʌv'ırıbıl) *s.* keşfedilmesi imkânsız.

un.dis.guised (ʌndîsgayzd') *s.* gizlenmemiş.

un.dis.mayed (ʌndîsmeyd') *s.* dehşete düşmemiş.

un.dis.put.ed (ʌndîspyut'îd) *s.* karşı gelinmeyen.

un.dis.turbed (ʌndîstırbd') *s.* rahatsız edilmemiş.

un.di.vid.ed (ʌndîvayd'îd) *s.* bölünmemiş.

un.do (ʌndu') *f.* (-did, -done) bozmak, iptal etmek; çözmek, açmak, sökmek; mahvetmek. **undo the harm that has been done** yapılan zararı telâfi etmek. **What's done can't be undone.** Olan oldu. **leave nothing undone** yapılmamış hiç bir şey bırakmamak.

un.do.ing (ʌndu'wîng) *i.* feshetme; mahvetme, perişan etme; mahvolma sebebi.

un.done (ʌndʌn') *s.* yapılmamış, ihmal edilmiş; açılmış, bağı çözülmüş; mahvolmuş, perişan.

un.doub.le (ʌndʌb'ıl) *f.* kıvrımlarını açmak, açarak tek kat yapmak.

un.doubt.ed (ʌndau'tîd) *s.* kesin, şüphesiz. **undoubtedly** *z.* şüphesiz olarak.

un.dreamed-of (ʌndrimd'ʌv) *s.* akla ve hayale gelmeyen.

un.dress (ʌndres') *f., s., i.* elbiselerini çıkarmak, soymak; bağlarını çıkarmak, bağlarını açmak (yara); soyunmak; *s.* resmî olmayan; *i.* sivil elbise, iş elbisesi; çıplaklık.

un.dressed (ʌndrest') *s.* çıplak; işlenmemiş (tahta, deri); sosu veya terbiyesi olmayan (yemek).

un.due (ʌndu') *s.* aşırı; kanunsuz; uygunsuz; yakışmaz; lüzumsuz, manasız, yersiz; münasebetsiz; vadesi gelmemiş.

un.du.lant (ʌn'dyılınt) *s.* dalgalı, titrek. **undulant fever** *tıb.* Malta humması.

un.du.late (ʌn'dyıleyt) *f., s.* dalgalandırmak; dalgalanmak, dalga dalga olmak; *s.* dalgalı.

un.du.la.tion (ʌndyıley'şın) *i.* dalgalanma; dalga şekli; dalga; *müz.* titreşim, titreme.

un.du.ly (ʌndu'li) *z.* aşırı derecede; boş yere, lüzumsuz olarak; haksız olarak.

un.du.ti.ful (ʌndu'tîfıl) *s.* mesuliyet hissi olmayan, vazifeşinas olmayan.

un.dy.ing (ʌnday'îng) *s.* ölmez, ölümsüz, sonsuz, nihayetsiz, ebedi.

un.earned (ʌnırnd') *s.* çalışarak kazanılmamış; hak edilmemiş. **unearned increment** *huk.* kendi emeği ile kazanılmamış kıymet artışı.

un.earth (ʌnırth') *f.* yeri eşip çıkarmak; kazı ile meydana çıkarmak; meydana çıkarmak, keşfetmek.

un.earth.ly (ʌnırth'li) *s.* dünyaya ait olmayan, dünyevî olmayan; korkunç, müthiş; doğaüstü; *k.dili* uygunsuz.

un.eas.y (ʌni'zi) *s.* huzursuz, rahatsız, üzgün; gergin, tutuk; endişe eden. **uneasily** *z.* rahatsızmış gibi. **uneasiness** *i.* huzursuzluk, rahatsızlık; kuşku.

un.ed.u.cat.ed (ʌnec'ukeytîd) *s.* okumamış, tahsil görmemiş.

un.e.mo.tion.al (ʌnimo'şınıl) *s.* duygusuz, hissiz.

un.em.ploy.a.ble (ʌnımploy'ıbıl) *s.* çalıştırılması için gerekli vasıfları olmayan.

un.em.ployed (ʌnımployd') s., i. işsiz; yeterince kullanılmayan; i. işsiz kimse; the ile işsizler. unemployment i. işsizlik.

un.end.ing (ʌnend'îng) s. bitmeyen; zamansız.

un.en.dur.a.ble (ʌnîndûr'ıbıl) s. dayanılmaz, çekilmez.

un-Eng.lish (ʌnîng'glîş) s. İngiliz'e yakışmaz veya benzemez.

un.en.joy.a.ble (ʌnîncoy'ıbıl) s. hoş olmayan, zevk vermeyen.

un.en.vi.a.ble (ʌnen'viyıbıl) s. kıskançlık yaratacak derecede cazip olmayan.

un.e.qual (ʌni'kwıl) s. eşitsiz, eşit olmayan; düzensiz; to ile yetersiz; haksız, adalete aykırı; birbirinden farklı, aynı vasıfta olmayan.

un.e.qual(l)ed (ʌni'kwıld) s. dengi bulunmayan, eşsiz, eşi bulunmaz; üstün.

un.e.quiv.o.cal (ʌnikwiv'ıkıl) s. şüphesi olmayan; tek manalı; sarih. unequivocally z. su götürmez bir şekilde.

un.err.ing (ʌnır'îng, ʌner'îng) s. yanılmaz, emin; kesin, doğru, tam isabetli. unerringly z. emin olarak.

UNESCO (yunes'ko) kıs. The United Nations Educational, Scientific and Cultural Organization.

un.es.sen.tial (ʌnisen'şıl) s., i. esas olmayan; gerekli olmayan, önemsiz; i. önemsiz şey.

un.e.ven (ʌni'vın) s. düz olmayan, pürüzlü; eşit olmayan, gayri muntazam; tek, iki ile tam olarak bölünemeyen (sayı). unevenly z. düz veya eşit olmayarak. unevenness i. düz olmayış; eşit olmayış.

un.e.vent.ful (ʌnivent'fıl) s. hadisesiz, olaysız; sessiz. uneventfully z. hadise olmadan.

un.ex.am.ined (ʌnîgzäm'înd) s. tetkik edilmemiş; eleştirilmemiş.

un.ex.am.pled (ʌnîgzäm'pıld) s. misli görülmemiş, benzeri olmayan, eşsiz.

un.ex.cep.tion.a.ble (ʌniksep'şınıbıl) s. itirazı mümkün olmayan, itiraz edilmeyen; kusursuz. unexceptionably z. kusursuzca.

un.ex.cep.tion.al (ʌniksep'şınıl) s. adi, bayağı; istisna kabul etmez.

un.ex.pect.ed (ʌnikspek'tîd) s. beklenilmedik. unexpectedly z. beklenilmeden, ani olarak, ansızın. unexpectedness i. ansızın olma.

un.ex.pen.ded (ʌnikspend'îd) s. kullanılmamış.

un.ex.pired (ʌnikspayrd') s. günü geçmemiş, vadesi gelmemiş, müddeti tamamlanmamış.

un.ex.plained (ʌnikspleynd') s. açıklanmamış.

un.ex.plo.ded (ʌniksplo'dîd) s. patlamamış.

un.ex.plored (ʌniksplôrd') s. keşfedilmemiş, araştırılmamış.

un.ex.pressed (ʌniksprest') s. izah edilmemiş.

un.ex.pres.sive (ʌnikspres'îv) s. duygusunu ifade etmeyen; ifadesiz, manasız.

un.fad.ing (ʌnfeyd'îng) s. solmayan.

un.fail.ing (ʌnfey'lîng) s. gevşemeyen, yorulmaz, zayıflamayan; yanılmaz, şaşmaz, güvenilir; sadakatli; tükenmez, nihayetsiz. unfailingly z. daima, muhakkak.

un.fair (ʌnfer') s. haksız, adaletsiz; hileli. unfairly z. adalete aykırı olarak, haksızca. unfairness i. haksızlık.

un.faith.ful (ʌnfeyth'fıl) s. sadakatsiz, hakikatsiz; güvenilmez; yanlış; eski inançsız. unfaithfulness i. sadakatsizlik. unfaithfully z. sadakatsiz bir şekilde.

un.fa.mil.iar (ʌnfımîl'yır) s. alışılmamış, mutat olmayan; yabancı, iyi bilinmeyen, aşina olmayan. unfamiliarity (ʌnfımîliyer'ıti) i. alışkın olmayış; bilinenlerden olmayış.

un.fash.ion.a.ble (ʌnfäş'ınıbıl) s. modaya uymayan.

un.fast.en (ʌnfäs'ın) f. çözmek, gevşetmek, açmak; çözülmek, gevşemek.

un.fa.thered (ʌnfa'dhırd) s. babasız, piç; belgelenmemiş.

un.fath.om.a.ble (ʌnfädh'ımıbıl) s. derinliklerine varılamaz, anlaşılmaz, kavranılamaz.

un.fa.vor.a.ble, İng. un.fa.vour.a.ble (ʌnfey'vırıbıl) s. hayırlı olmayan; müsait olmayan; elverişsiz; mahzurlu, zararlı; aksi, ters. unfavorableness i. elverişsizlik. unfavorably z. zararlı bir şekilde.

un.fed (ʌnfed') s. yemek verilmemiş.

un.feel.ing (ʌnfil'îng) s. hissiz, duygusuz; zalim, katı kalpli. unfeelingly z. acıma göstermeden.

un.feigned (ʌnfeynd') s. yapmacıksız, samimî; hakikî. unfeign'edly z. samimiyetle.

un.fer.men.ted (ʌnfırmen'tîd) s. mayalandırılmamış, ekşimemiş.

un.fet.ter (ʌnfet'ır) f. kısıtlayıcı bağlardan kurtarmak.

un.fil.i.al (ʌnfîl'iyıl) s. evlâda yakışmaz.

un.fin.ished (ʌnfin'îşt) *s.* bitmemiş, tamamlanmamış; son duruma gelmemiş.

un.fit (ʌnfit') *s., f.* (-ted, -ting) uygunsuz; uymaz; intibak etmez; ehliyetsiz; *f.* ehliyetsizleştirmek, kuvvetten düşürmek, zayıflatmak. **unfit for service** iş görecek halde olmayan.

un.fix (ʌnfiks') *f.* sökmek, çözmek; kararsız kılmak.

un.flag.ging (ʌnfläg'îng) *s.* yorulmaz.

un.flap.pa.ble (ʌnfläp'ıbıl) *s.* temkinli; soğukkanlı; şaşmaz.

un.fledged (ʌnflecd') *s.* tüyleri bitmemiş; gelişmemiş, toy.

un.flesh.ly (ʌnfleş'li) *s.* cismanî olmayan, tinsel, ruhanî.

un.flinch.ing (ʌnflîn'çîng) *s.* çekinmeyen; boyun eğmez, gözü yılmaz. **unflinchingly** *z.* gözü yılmadan.

un.fold (ʌnfold') *f.* kıvrımlarını açmak, yaymak; göz önüne sermek, izah etmek, açıklamak, ayrıntıları ile bildirmek; gelişmek; açılmak.

un.fore.seen (ʌnfôrsin') *s.* beklenmedik, umulmadık.

un.for.get.ta.ble (ʌnfırget'ıbıl) *s.* unutulmaz. **unforgettably** *z.* unutulmayacak bir şekilde.

un.for.giv.en (ʌnfırgiv'ın) *s.* affedilmemiş.

un.for.got.ten (ʌnfırgat'ın) *s.* unutulmamış.

un.formed (ʌnfôrmd') *s.* şekilsiz, biçimsiz; yaratılmamış.

un.for.tu.nate (ʌnfôr'çınît) *s., i.* talihsiz, bahtsız, bedbaht, biçare, kimsesiz; başarısız; *i.* şanssız kimse. **unfortunately** *z.* yazık ki, maalesef.

un.found.ed (ʌnfaun'dîd) *s.* temelsiz, asılsız, esassız, boş.

un.fre.quent.ed (ʌnfrikwen'tid, ʌnfri'kwentid) *s.* çok ziyaret edilmeyen; insan ayağı basmamış.

un.friend.ed (ʌnfren'dîd) *s.* dostsuz, kimsesiz.

un.friend.ly (ʌnfrend'li) *s., z.* arkadaşlığa yakışmayan, dosta yakışmayan, dostça olmayan, samimiyetsiz, nahoş; *z.* soğuk bir tavırla. **unfriendliness** *i.* nahoş muamele veya tavır.

un.frock (ʌnfrak') *f.* papaz rütbesinden mahrum etmek; elbisesini çıkarmak.

un.fruit.ful (ʌnfrut'fıl) *s.* mahsulsüz, verimsiz; dölsüz, kısır. **unfruitfully** *z.* iyi netice vermeden.

un.ful.filled (ʌnfûlfild') *s.* ihtiyacı karşılanmamış; yerine getirilmemiş.

un.furl (ʌnfırl') *f.* (yelken, bayrak gibi sarılmış olan bir şeyi) açmak.

un.fur.nished (ʌnfır'nışt) *s.* mobilyasız, döşenmemiş.

un.gain.ly (ʌn.geyn'ly) *s., z.* kaba, biçimsiz, hantal, lenduha gibi; çirkin; *z.* kaba bir şekilde.

un.gen.er.ous (ʌncen'ırıs) *s.* cömert olmayan, cimri; sert; âlicenap olmayan. **ungenerously** *z.* cömertlik göstermeyerek, cimrice.

un.gen.tle.man.ly (ʌncen'tılmınli) *s.* nezaketsiz.

un.gird (ʌn.gırd') *f.* kuşağını gevşetmek, çözmek.

un.girt (ʌn.gırt') *s.* kuşağı çözülmüş veya gevşemiş; gevşek.

un.glazed (ʌn.gleyzd') *s.* perdah vurulmamış.

un.glue (ʌn.glu') *f.* açmak (zamkla yapıştırılmış şeyi). **come unglued** açılmak (zamkla yapıştırılmış şey); *argo* bozulmak (iş).

un.god.ly (ʌn.gad'li) *s.* Allaha karşı itaatsiz, dinsiz; kötü, günahkâr; *k.dili* pek uygunsuz, pek fena; pek çok. **ungodliness** *i.* dinsizlik, günahkârlık.

un.got.ten (ʌn.gat'ın) *s.* kazanılmamış, ele geçirilmemiş.

un.gov.ern.a.ble (ʌn.gʌv'ırnıbıl) *s.* idare edilemez, yönetilemez, serkeş.

un.grace.ful (ʌn.greys'fıl) *s.* zarif olmayan, inceliksiz; kaba, beceriksiz. **ungracefully** *z.* zarafet göstermeden.

un.gra.cious (ʌn.grey'şıs) *s.* nazik olmayan, sevimsiz; nahoş; kaba, nezaketsiz. **ungraciously** *z.* inceliksiz olarak.

un.gram.mat.i.cal (ʌn.grımät'îkıl) *s.* dilbilgisi kurallarına uygun olmayan.

un.grate.ful (ʌn.greyt'fıl) *s.* nankör, iyilik bilmez; nahoş, tatsız. **ungratefully** *z.* nankörce. **ungratefulness** *i.* nankörlük.

un.grudg.ing (ʌn.grʌc'îng) *s.* isteyerek yapan; istekli; seve seve yapan. **ungrudgingly** *z.* seve seve.

un.gual (ʌn.g'gwıl) *s.* toynak, pençe veya tırnağa ait veya buna benzer.

un.guard.ed (ʌngar'dîd) *s.* muhafazasız, koruyucusuz; tedbirsiz, ihtiyatsız, gafil.

un.guent (ʌng'gwınt) *i.* merhem, vücuda sürülecek yağ.

un.guic.u.late (ʌng.gwîk'yılît) *s., i.* tırnaklı; *i.* tırnaklı hayvan.

un.guis (ʌng'gwîs) i. (çoğ. un.gues) tırnak; pençe, toynak; bot. petalin tırnağa benzer kaidesi.

un.gu.la (ʌng'gyılı) i. (çoğ. un.gu.lae) tırnak, toynak, pençe; geom. kesik koni veya silindir; toynakları olan memeli hayvan.

un.gu.lar (ʌng'gyılır) s. toynak veya tırnağa benzer.

un.gu.late (ʌng'gyılit) s., i. inek veya at gibi toynaklı; i. toynaklılar familyasından bir hayvan.

un.hair (ʌnher') f. kıllarını çıkarmak; işlemek (kösele).

un.hal.lowed (ʌnhäl'od) s. takdis olunmamış, kutsal olmayan; kutsallığı bozulmuş.

un.hand (ʌnhänd') f. bırakmak, koyvermek.

un.hand.some (ʌnhän'sım) s. güzel olmayan, çirkin, yakışıksız; cimri.

un.hand.y (ʌnhän'di) s. kullanışsız, elverişsiz; acemi, eli işe yakışmaz. unhandily z. elverişsiz bir şekilde.

un.hap.py (ʌnhäp'i) s. mutsuz, üzüntülü, kederli; talihsiz, şanssız; uğursuz, meşum; münasebetsiz, beceriksiz.

un.har.ness (ʌnhar'nîs) f. (beygirden) koşum takımını çıkarmak.

un.health.ful (ʌnhelth'fıl) s. sıhhate yaramaz, zararlı; sıhhatsiz.

un.health.y (ʌnhel'thi) s. sıhhatsiz, sıhhati bozuk; sıhhate zararlı, fena; ahlâka zararlı olan; ahlâkı bozan. unhealthily z. sıhhate zarar verecek bir şekilde. unhealthiness i. sıhhatsizlik.

un.heard (ʌnhırd') s. işitilmemiş; duyulmayan; duyulmadık. unheard-of s. misli görülmemiş, işitilmemiş.

un.heed.ing (ʌnhid'îng) s. dikkat etmeyen, aldırış etmeyen.

un.hes.i.tat.ing (ʌnhez'ıteytîng) s. tereddüt etmeyen.

un.hinge (ʌnhînc') f. menteşelerden çıkarmak; yerinden oynatmak; kararsızlığa düşürmek; oynatmak (akıl).

un.hitch (ʌnhîç') f. çözmek; yerinden çıkarmak; yuları çözmek.

un.holy (ʌnholi') s. kutsal olmayan; küfür kabilinden, kötü; saf olmayan; k.dili korkunç, berbat. unholiness i. günah.

un.ho.nored (ʌnan'ırd) s. şereflendirilmemiş; yerine getirilmemiş.

un.hook (ʌnhûk') f. çengelden çıkarmak; çengelini çıkarmak; çengelden çıkmak.

un.hoped-for (ʌnhopt'fôr) s. ümit edilmedik, beklenilmedik.

un.horse (ʌnhôrs') f. attan düşürmek; atını almak; düşürmek, yerinden çıkarmak.

un.hur.ried (ʌnhır'id) s. sükûnetle yapılan, acelesiz, telâşsız.

un.hurt (ʌnhırt') s. zarar görmemiş, acımamış.

un.husk (ʌnhʌsk') f. kabuklarını çıkarmak; teşhir etmek.

uni- önek bir, tek; bir kere.

U.ni.at, U.ni.ate (yu'niyät, yu'niyît) i. Papa'nın yetkisini tanımakla beraber kendi ayin ve âdetlerini muhafaza eden doğu kiliseleri üyesi.

u.ni.ax.i.al (yu'niyäksiyıl) s. tek eksenli.

u.ni.cam.er.al (yunıkäm'ırıl) s. tek meclisi olan (parlamento).

UNICEF (yu'nısef) kıs. United Nations Children's Fund.

u.ni.corn (yu'nıkôrn) i. tek boynuzlu at şeklinde hayalî bir hayvan.

u.ni.cy.cle (yu'nısaykıl) i. tek tekerlekli sirk aracı.

u.ni.di.rec.tion.al (yu'nıdîrek'şınıl) s. tek yönlü.

u.ni.fi.ca.tion (yunıfıkey'şın) i. birleşme, birleştirme.

u.ni.fied (yu'nıfayd) s. birleştirilmiş, birleşmiş.

u.ni.fo.liate (yunıfo'liyît, yunıfo'liyeyt) s., bot. tek yapraklı.

u.ni.form (yu'nıfôrm) s., i., f. değişmez şekilli, aynı şekilde olan, hepsi bir şekilde; muntazam; yeknesak; bir kararda, benzer, aynı tarzda; i. üniforma, resmî elbise, asker elbisesi; f. üniforma giydirmek; birbirine benzer bir şekle sokmak. out of uniform üniforması eksik. military uniform asker elbisesi. naval uniform bahriye elbisesi. uniformly z. daima aynı tarzda. uniformness i. aynılık, tam benzerlik.

u.ni.form.i.ty (yunıfôr'mıti) i. aynılık, tam benzerlik; nizam; tekdüzelik.

u.ni.fy (yu'nıfay) f. birleştirmek.

u.ni.lat.er.al (yunılät'ırıl) s. bir taraflı, tek yanlı; yalnız bir tarafa tesir eden, bir tarafla ilgili olan; huk. yalnız bir tarafa sorumluluk yükleten veya imtiyaz veren.

u.ni.lit.er.al (yunılît'ırıl) s. tek harften ibaret.

un.im.ag.i.na.tive (ʌnîmäc'ınıtîv) s. yaratma kabiliyeti olmayan.

un.im.paired (ʌnîmperd') s. zarar görmemiş.

un.im.peach.a.ble (ʌnîmpi'çıbıl) s. mahkemece itham edilemez; kusursuz, suçsuz, aleyhinde diyecek olmayan. unimpeachably z. şüphe götürmez derecede.

un.im.ped.ed (ʌnîmpid'îd) s. engellenmemiş.

un.im.por.tant (ʌnîmpôr'tınt) s. önemsiz. unimportance i. önemsizlik.

un.im.proved (ʌnîmpruvd') s. ıslah olmamış; işlenmemiş; sürülmemiş (toprak); iyileşmemiş. unimproved road toprak yol.

un.in.formed (ʌnînfôrmd') s. haberdar edilmemiş.

un.in.hab.it.ed (ʌnînhäb'îtîd) s. ikamet edilmemiş, oturulmamış; ıssız, boş, tenha.

un.in.jured (ʌnîn'cırd) s. yaralanmamış, incilmemiş; zarar görmemiş.

un.in.spired (ʌnînspayrd') s. sönük, çekici olmayan; ilham olmamış, esinlenmemiş.

un.in.struc.ted (ʌnînstrʌk'tîd) s. talimat verilmemiş.

un.in.sured (ʌnînşûrd') s. sigortasız.

un.in.tel.li.gent (ʌnîntel'ıcınt) s. akılsız, zekâsız.

un.in.tel.li.gi.ble (ʌnîntel'ıcıbıl) s. anlaşılmaz.

un.in.ten.ti∂n.al (ʌnînten'şınıl) s. istemeyerek yapılan. unintentionally z. istemeyerek.

un.in.ter.est.ed (ʌnîn'tırîstîd) s. alâkadar olmayan, ilgisiz, aldırışsız, lâkayt. uninterestedly z. ilgisizce. uninterestedness i. ilgisizlik.

un.in.ter.est.ing (ʌnîn'tırîstîng) s. çekici olmayan.

un.in.ter.rup.ted (ʌnîntırʌp'tîd) s. kesilmemiş, aralıksız.

un.in.vit.ed (ʌnînvay'tîd) s. davet edilmemiş.

un.ion (yun'yın) i. birleşme, bağlaşma; birlik; sendika; bir bayrağın köşesinde bulunan birliğe mensubiyet belirtisi. union card sendika kartı. union down imdat isteme belirtisi olan baş aşağı edilmiş bayrak. Union Jack İngiliz bayrağı. union label sendika üyeleri tarafından yapıldığını gösteren giyim eşyası etiketi. union shop yalnız işçi sendikası üyelerine veya belirli bir zaman içinde sendikaya üye olmayı taahhüt edenlere iş veren sınaî bir kuruluş. union suit birbirine bitişik gömlek ve külottan ibaret iç çamaşır. trade union sendika.

Un.ion (yun'yın) s., i. Amerikan İç savaşı zamanında Kuzey hükümetine bağlı olan; i., the ile Amerika Birleşik Devletleri; eski Güney Afrika Birliği.

un.ion.ism (yun'yınîzım) i. sendikacılık; bir birliğe bağlı olma.

un.ion.ist (yun'yınîst) i. birlik tarafları; sendika tarafları, sendikacı.

un.ion.ize (yun'yınayz) f. birlik haline getirmek; sendikalaştırmak.

Union of Soviet Socialist Republics Sovyetler Birliği, Sovyet Sosyalist Cumhuriyetler Birliği.

u.ni.pa.rous (yunip'ırıs) s., zool. tek doğuran.

u.ni.po.lar (yunipo'lır) s. tek kutuplu.

u.ni.que (yunik') s. tek, yegâne, bir tane, eşsiz, emsalsiz; nadir. uniquely z. eşsiz derecede. uniqueness i. eşsizlik.

u.ni.sex (yu'niseks) s., i. her iki cinse uygun, cins farkı gözetmeyen; i. cins farkı gözetmeme.

u.ni.sex.u.al (yunîseks'şuwıl) s. tek cins.

u.ni.son (yu'nısın) i., s. birlik, ahenk, uygunluk; müz. aynı perdeden olma. act in unison hep beraber hareket etmek. in unison beraber, birlikte, bir ağızdan. unisonal, unisonant, unisonous s. aynı perdeden; birlikte.

u.nit (yu'nît) i. bir, vâhit, birim, ünite; fert, tek, bir tane; belirli bir miktar; kurala göre düzenlenmiş birim; puvan (üniversitede). unit of measurement ölçü birimi. heating unit ısıtma tertibatı.

u.ni.tar.i.an (yunîter'iyın) i., s. teslis doktrinini kabul etmeyen kimse; b.h. teslis doktrinine karşı gelen inanca dayanan bir Hıristiyan mezhebi üyesi; s., b.h. bu Hıristiyan mezhebine ait; birimsel.

u.ni.ta.ry (yu'nıteri) s. üniteye ait, birimsel; bütün, bölünmez, tek.

u.nite (yunayt') f. birleştirmek, ittifak ettirmek, raptetmek, bağlamak; birleşmek, birlikte iş görmek; bitişmek; nikâhlanmak.

u.nit.ed (yunay'tîd) s. birleşmiş, birleşik; ittifak halinde; ahenkli. United Arab Republic Birleşik Arap Cumhuriyeti (Mısır'ın resmî adı). United Kingdom Britanya Krallığı. United Nations Birleşmiş Milletler. United States of America Amerika Birleşik Devletleri. unitedly z. ittifakla, elbirliğiyle.

u.ni.tive (yu'nıtîv) s. birleştirici.

u.ni.ty (yu'nıti) i. birlik, ittihat, ittifak, vahdet; birleşme; mat. bir, teklik.

univ. kıs. universal, universally, university.

u.ni.va.lent (yunıvey'lınt) s., kim. tek değerli, tek valanslı.

u.ni.valve (yu'nıvälv) i., s. tek kabuklu deniz böceği; böyle böceğin kabuğu; s. tek valflı.

u.ni.ver.sal (yunıvır'sıl) s., i. evrensel, kâinatı içine alan, dünya çapında, her yanı kaplayan, küllî, umumî; man. tümel; mak. üniversal; i. umumî önerme; evrensel düşünce veya kaide; kardan kavraması. universal applause umumî takdir, umumî alkış. universal coupling, universal joint mak. üniversal kavrama, kardan kavraması. universal language evrensel dil. universal proposition man. bütün bir kategoriyi kapsayan olumlu veya olumsuz önerme. universal suffrage umumî rey hakkı. universal wrench İngiliz anahtarı. universality (yunıvırsäl'ıti) i. umumiyet, külliyet, dünyayı kapsama. universalize f. umumîleştirmek, tamim etmek. universally z. her zaman ve her yerde.

U.ni.ver.sa.list (yunıvır'sılîst) i. nihayette herkesin ilâhi affa uğrayacağına inanan kimse veya mezhep. Universalism i. bu yolda inanç.

u.ni.verse (yu'nıvırs) i. evren, kâinat, âlem, cihan.

u.ni.ver.si.ty (yunıvır'sıti) i. üniversite; İng. k.dili üniversite spor takımı.

u.niv.o.cal (yuniv'ıkıl) s., i. tek anlamlı (kelime).

un.just (ʌncʌst') s. haksız, adaletsiz. unjustly z. haksız olarak. unjustness i. haksızlık.

un.jus.ti.fi.a.ble (ʌncʌstıfay'ıbıl) s. gereksiz, yersiz.

un.kempt (ʌnkempt') s. taranmamış, dağınık; inceliksiz.

un.ken.nel (ʌnken'ıl) f. kulübesinden çıkarmak veya çıkmak (köpek); keşfetmek, meydana çıkarmak.

un.kind (ʌnkaynd') s. şefkatsiz, hatır kıran; zalim, sert. unkindly z. sertçe, şefkatsizce. unkindness i. şefkatsizlik.

un.knit (ʌn.nît') f. (-ted, -ting) sökmek (örgü), çözmek.

un.know.a.ble (ʌn.no'wıbıl) s. bilinemeyen,

bilinemeyen; anlaşılması imkânsız. the Unknowable fels. bilinmeyen gerçek.

un.know.ing (ʌn.no'wîng) s. habersiz. unknowingly z. bilmeyerek, farkında olmadan.

un.known (ʌn.non') s., i. bilinmeyen, meçhul, yabancı; i. meçhul kimse, yabancı. Unknown Soldier Meçhul Asker.

un.la.bored (ʌnley'bırd) s. rahat, kolay; tabii; işlenmemiş, çalışılmamış.

un.lace (ʌnleys') f. bağını gevşetmek, çözmek, açmak.

un.lade (ʌnleyd') f. yükünü boşaltmak (gemi).

un.la.dy.like (ʌnley'dilayk) s. hanıma yakışmayan.

un.lash (ʌnläş') f. bağını çözmek.

un.latch (ʌnläç') f. mandalını açmak, açmak.

un.law.ful (ʌnlô'fıl) s. gayri meşru, gayri kanuni, kanunsuz. unlawfully z. kanunsuzca. unlawfulness i. kanunsuzluk.

un.lay (ʌnley') f. (-laid) den. iplerini ayırmak (halat), örgüsünü açmak.

un.lead.ed (ʌnled'îd) s. kurşunsuz; kurşunları çıkmış; matb. satır araları anterlinsiz.

un.learn (ʌnlırn') f. (-learned veya -learnt) öğrendiğini unutmak; aksini öğrenmek.

un.learn.ed (ʌnlır'nîd, ʌnlırnd') s. okuma yazma bilmeyen, tahsilsiz, cahil; bilgisiz; çalışarak öğrenilmeyen.

un.leash (ʌnlîş') f. serbest bırakmak.

un.leav.ened (ʌnlev'ınd) s. mayasız (hamur, ekmek). unleavened bread hamursuz.

un.less (ʌnles') bağlaç meğerki, -medikçe.

un.let.tered (ʌnlet'ırd) s. okuma yazması olmayan, okumamış.

un.li.censed (ʌnlay'sınst) s. ehliyetsiz.

un.like (ʌnlayk') s., edat birbirine benzemeyen, farklı; edat benzemeyen, -den farklı. unlikeness i. benzemeyiş.

un.like.ly (ʌnlayk'li) s. olasısız, muhtemel olmayan; başaracağı tahmin edilmeyen. unlikelihood, unlikeliness i. olasısızlık.

un.lim.ber (ʌnlîm'bır) f. top arabasının koşum parçasını çıkararak hazırlamak; işe hazırlanmak.

un.lim.it.ed (ʌnlîm'ıtîd) s. sınırsız, sonsuz, sayısız; kısıtsız, bağlı olmayan, kayıtsız, şartsız.

un.link (ʌnlîngk') f. halkalarını çözmek veya ayırmak.

un.list.ed (ʌnlis'tîd) s. listeye girmemiş; rehberde olmayan (telefon numarası); borsada muamele listesine girmemiş.

un.live (ʌnliv') i. geçmişi unutacak şekilde yaşamak.

un.load (ʌnlod') f. yükünü boşaltmak; yükünü kaldırmak; boşaltmak (silâh); derdini dökmek, açılmak; eldeki malı satarak elden çıkarmak.

un.lock (ʌnlak') i. kilidi açmak; (kapı) açmak; çözmek; meydana çıkarmak.

un.looked-for (ʌnlûkt'fôr) s. beklenmedik.

un.loose (ʌnlus') f. çözmek; serbest bırakmak.

un.loos.en (ʌnlu'sın) f. çözmek; gevşetmek; serbest bırakmak.

un.love.ly (ʌnlʌv'li) s. sevimsiz; nahoş. unloveliness i. sevimsizlik.

un.luck.y (ʌnlʌk'i) s. talihsiz, bahtsız, şanssız; uğursuz, meşum. unluckily z. şanssızlık eseri. unluckiness i. şanssızlık.

un.make (ʌnmeyk') f. (-made) bozmak; eski haline getirmek; değiştirmek; parçalamak, harap etmek.

un.man (ʌnmän') f. (-ned, -ning) insanlıktan çıkarmak; kuvvetten mahrum etmek; erkeklikten çıkarmak, hadım etmek; adamsız bırakmak.

un.man.age.a.ble (ʌnmän'îcıbıl) s. idaresi güç, idare edilemez.

un.man.ly (ʌnmän'li) s. erkeğe yaraşmaz, erkekçe olmayan. unmanliness i. erkeğe yakışmaz hal.

un.manned (ʌnmänd') s. mürettebatsız; insansız; insansız çalışan; hadım edilmiş, enenmiş.

un.man.ner.ly (ʌnmän'ırli) s., z. nezaketsiz, saygısız, kaba; z. nezaketsizce. unmannerliness i. saygısızlık.

un.marked (ʌnmarkt') s. işaretsiz; çizgisiz; dikkat edilmemiş; not verilmemiş (imtihan kâğıtları).

un.mar.ried (ʌnmer'id) s. evli olmayan, evlenmemiş.

un.mask (ʌnmäsk') f. maskesini çıkartmak; açmak, meydana çıkarmak, maskesini kaldırmak.

un.mean.ing (ʌnmi'nîng) s. anlamsız, manasız; ifadesiz; boş.

un.meant (ʌnment') s. istenmeden yapılmış, kasıtsız.

un.meet (ʌnmit') s. uygunsuz, yakışıksız.

un.melt.ed (ʌnmelt'ıd) s. eritilmemiş.

un.men.tion.a.ble (ʌnmen'şınıbıl) s., i. ağıza alınmaz, sözü edilmez; i., çoğ. iç çamaşırları.

un.mer.ci.ful (ʌnmır'sıful) s. merhametsiz, insaniyetsiz, zalim. unmercifully z. merhametsizce.

un.mer.it.ed (ʌnmer'îtıd) s. haksız.

un.mew (ʌnmyu') f. serbest bırakmak.

un.mind.ful (ʌnmaynd'fıl) s. dikkatsiz, düşüncesiz. unmindful of düşünmeyerek, göz önüne almayarak.

un.mis.tak.a.ble (ʌnmîstey'kıbıl) s. yanlış anlaşılmaz, açık. unmistakably z. şüphe götürmez bir şekilde.

un.mit.i.ga.ted (ʌnmît'ıgeytîd) s. tam, daniska; dinmeyen.

un.mixed (ʌnmîkst') s. karışmamış, karıştırılmamış, saf.

un.mod.u.la.ted (ʌnmac'ûleytîd) s., radyo modüle edilmemiş; makamsız.

un.mo.lest.ed (ʌnmıles'tîd) s. rahatsız edilmemiş.

un.moor (ʌnmur') f., den. (çift demirde) demirin birini vira etmek; rıhtımdan fora etmek.

un.mor.al (ʌnmôr'ıl) s. ahlâkî kavramları olmayan; ahlâkla ilgisiz. unmorality i. ahlâkî kavramlardan yoksunluk. unmorally z. ahlâkî kavramlardan yoksunca.

un.mor.tise (ʌnmôr'tîs) f. ayırmak, çözmek; zıvanasından çıkarmak.

un.mount.ed (ʌnmaun'tîd) s. atsız, ata binmemiş; çerçevelenmemiş; oturtulmamış; monte edilmemiş, takılmamış.

un.muf.fle (ʌnmʌf'ıl) f. açmak; susturucuyu çıkarmak.

un.muz.zle (ʌnmʌz'ıl) f. burunsalığını çıkarmak.

un.nail (ʌn'neyl) f. çivilerini sökmek.

un.named (ʌn.neymd') s. isimsiz; adı geçmeyen, bahsedilmeyen.

un.nat.u.ral (ʌn.näç'ırıl) s. tabiata aykırı, gayri tabiî, sunî; tuhaf, garip, anormal. unnaturally z. garip bir şekilde. unnaturalness i. anormallik, tuhaflık.

un.nec.es.sa.ry (ʌn.nes'ıseri) s. lüzumsuz; faydasız, gereksiz. unnecessarily z. gereksiz olarak.

un.need.ed (ʌn.nid'îd) s. gereksiz.

un.nerve (ʌn.nırv') f. cesaretini kırmak, güvenini sarsmak.

un.num.bered (ʌn.nʌm'bırd) *s.* sayılmamış; sayısız; numarasız.

un.ob.jec.tion.a.ble (ʌnıbcek'şınıbıl) *s.* bir şey denilemez.

un.o.blig.ing (ʌnıblay'cîng) *s.* yararsız, faydasız; aldırışsız, ilgisiz.

un.ob.struct.ed (ʌnıbstrʌk'tıd) *s.* engellenmemiş; açık, tam; tıkanmamış.

un.ob.tain.a.ble (ʌnıbteyn'ıbıl) *s.* elde edilemez, bulunamaz.

un.oc.cu.pied (ʌnak'yıpayd) *s.* boş, işgal edilmemiş; işsiz, boşta gezen.

un.of.fi.cial (ʌnıflş'ıl) *s.* gayri resmî.

un.o.pened (ʌno'pınd) *s.* açılmamış.

un.op.posed (ʌnıpozd') *s.* karşı gelinmemiş; rakipsiz.

un.or.gan.ized, *İng.* **-ised** (ʌnôr'gınayzd) *s.* teşkilâtsız, organize edilmemiş, düzenlenmemiş; inorganik; sendikalaşmamış.

un.or.tho.dox (ʌnôr'thıdaks) *s.* Ortodoks olmayan; geleneklere karşı, âdetlere aykırı.

un.os.ten.ta.tious (ʌnastıntey'şıs) *s.* gösterişsiz, dikkati çekmeyen.

un.pack (ʌnpäk') *f.* açmak (bavul), açıp boşaltmak.

un.paid (ʌnpeyd') *s.* ödenmemiş; alacaklı (işçi); ücretsiz.

un.pal.at.a.ble (ʌnpäl'ıtıbıl) *s.* ağıza zor alınır; nahoş.

un.par.al.leled (ʌnper'ıleld) *s.* eşsiz, emsalsiz, benzeri olmayan.

un.par.don.a.ble (ʌnpar'dınıbıl) *s.* affedilemez.

un.par.lia.men.ta.ry (ʌnparlımen'tıri) *s.* parlamento usullerine aykırı.

un.pa.tri.ot.ic (ʌnpeytriyat'îk) *s.* vatanperver olmayan.

un.paved (ʌnpeyvd') *s.* asfalt olmayan.

un.peg (ʌnpeg') *f.* **(-ged, -ging)** çivisini sökmek; askısını çıkarmak; çivisini çıkararak açmak.

un.peo.ple (ʌnpi'pıl) *f.* nüfusunu azaltmak.

un.per.ceived (ʌnpırsivd') *s.* idrak edilmemiş.

un.per.fo.ra.ted (ʌnpır'fıreytîd) *s.* delinmemiş.

un.per.son (ʌn'pırsın) *i.* gözden düşmüş kimse.

un.pile (ʌnpayl') *f.* yığınından ayırmak veya ayrılmak.

un.pin (ʌnpîn') *f.* **(-ned, -ning)** topluiğnelerini çıkarmak; açmak, çözmek.

un.pit.y.ing (ʌnpit'iyîng) *s.* acımasız, amansız.

un.pleas.ant (ʌnplez'ınt) *s.* nahoş, hoşa gitmeyen, tatsız. **unpleasantly** *z.* nahoşça. **unpleasantness** *i.* nahoşluk, tatsızlık.

un.plumbed (ʌnplʌmd') *s.* derinliği ölçülmemiş; su boruları tesisatı olmayan.

un.pol.ished (ʌnpal'îşt) *s.* parlatılmamış.

un.polled (ʌnpold') *s.* seçmen olarak kaydedilmemiş; ankete katılmamış.

un.pop.u.lar (ʌnpap'yılır) *s.* rağbet görmeyen, benimsenmeyen, tutulmayan; gözden düşmüş. **unpopular'ity** *i.* gözden düşmüş olma; rağbet görmeme.

un.prac.ticed (ʌnpräk'tîst) *s.* acemi; kullanılmayan, geçersiz, yürürlükte olmayan; denenmemiş.

un.prec.e.dent.ed (ʌnpres'ıdentîd) *s.* öncelsiz; benzeri görülmemiş, yeni.

un.prej.u.diced (ʌnprec'ûdîst) *s.* önyargısız, tarafsız; *huk.* haklarına dokunmayan.

un.pre.med.i.tat.ed (ʌnprimed'ıteytîd) *s.* kasıtsız; önceden tasarlanmamış.

un.pre.pared (ʌnpriperd') *s.* hazırlıksız; ihtiyatsız.

un.priced (ʌnprayst') *s.* fiyatı belirsiz; paha biçilmez.

un.prin.ci.pled (ʌnprîn'sıpıld) *s.* karaktersiz, prensipsiz, ahlâksız.

un.print.a.ble (ʌnprîn'tıbıl) *s.* basılmaya uygun olmayan.

un.pro.duc.tive (ʌnprıdʌk'tîv) *s.* verimsiz, kısır.

un.pro.fes.sion.al (ʌnprıfeş'ınıl) *s.* meslek standartlarına aykırı.

un.prof.it.a.ble (ʌnpraf'îtıbıl) *s.* kârsız, verimsiz; boş, nafile.

un.prom.is.ing (ʌnpram'îsîng) *s.* ümit vermeyen, ümitsiz.

un.pro.nounce.a.ble (ʌnprınaun'sıbıl) *s.* telaffuz edilemeyen; ağıza alınmaz.

un.pro.vided (ʌnprıvay'dîd) *s.*, **with** *ile* -den yoksun. **unprovided for** ihtiyacı karşılanmamış.

un.pro.voked (ʌnprıvokt') *s.* kışkırtılmamış.

un.pub.lished (ʌnpʌb'lîşt) *s.* basılmamış, yayımlanmamış.

un.pun.ished (ʌnpʌn'îşt) *s.* cezalandırılmamış.

un.qual.i.fied (ʌnkwal'ıfayd) *s.* ehliyetsiz, uygun nitelikleri olmayan; şarta bağlı olmayan; tam, kesin. **unqualifiedly** *z.* şartsız olarak.

un.quench.a.ble (ʌnkwenç'ıbıl) *s.* söndürülmez, bastırılamaz.

un.ques.tion.a.ble (ʌnkwes'çınıbıl) *s.* münakaşa kaldırmaz; şüphe götürmez, muhakkak. **unquestionably** *z.* şüphesiz olarak.

un.ques.tioned (ʌnkwes'çınd) *s.* muhakkak, şüphesiz; soruşturulmamış, sorgusuz.

un.qui.et (ʌnkway'ıt) *s.* rahatsız, huzursuz; huzursuzluk yaratan.

un.quote (ʌnkwot') *f.* aktarılan parçanın sonuna tırnak işareti koymak, tırnak işaretini kapamak. **quote unquote** onun sözleriyle.

un.rav.el (ʌnräv'ıl) *f.* (-ed, -ing *veya* -led, -ling) çözmek, açmak, sökmek; sökülmek, çözülmek.

un.read (ʌnred') *s.* cahil; okunmamış.

un.read.a.ble (ʌnri'dıbıl) *s.* okunmaz, okunaksız, sökülmez, anlaşılmaz, okunması güç.

un.read.y (ʌnred'i) *s.* hazır olmayan; tetik olmayan, ağır kanlı.

un.real (ʌnril', ʌnri'yıl) *s.* hakikî olmayan, gerçeksiz, hayalî. **unreally** *z.* hayalî olarak.

un.re.al.i.ty (ʌnriyäl'ıti) *i.* hakikatsizlik, gerçeksizlik; düşsüllük.

un.rea.son (ʌnri'zın) *i.* mantıksızlık; manasızlık, saçmalık.

un.rea.son.a.ble (ʌnri'zınıbıl) *s.* mantıksız, muhakemesiz; makul olmayan; aşırı, müfrit. **unreasonableness** *i.* mantıksızlık; makul olmayış. **unreasonably** *z.* mantıksızca.

un.rea.soned (ʌnri'zınd) *s.* mantıksız; akla dayanmayan.

un.rea.son.ing (ʌnri'zınîng) *s.* mantıkla hareket etmeyen, mantıksız. **unreasoningly** *z.* mantıksız olarak.

un.rec.on.ciled (ʌnrek'ınsayld) *s.* kabullenmemiş; uzlaşmamış.

un.re.con.struct.ed (ʌnrikınstrʌk'tîd) *s.* yeniden bina edilmemiş; yeni şartlara göre yeni fikirler edinmemiş (kimse).

un.re.cord.ed (ʌnrikôr'dîd) *s.* kaydedilmemiş, banda alınmamış.

un.re.cov.er.a.ble (ʌnrikʌv'ırıbıl) ˉ *s.* tedavisi güç; geri getirilemez, telâfi edilemez.

un.reel (ʌnril') *f.* (makaraya sarılı şeyi) çözmek.

un.reeve (ʌnriv') *f., den.* halatın bir ucunu delikten veya makaradan çıkarmak.

un.re.fined (ʌnrifaynd') *s.* ham, tasfiye edilmemiş; inceliksiz.

un.re.flect.ing (ʌnriflek'tîng) *s.* yansımasız, aksetmeyen; derin düşünmeyen. **unre-flectingly** *z.* derin düşünmeyerek; aksetmeyerek.

un.re.flec.tive (ʌnriflek'tiv) *s.* kendini düşünceye vermeyen; düşünce mahsulü olmayan. **unreflectively** *z.* düşünmeden.

un.re.formed (ʌnrifôrmd') *s.* düzeltilmemiş; yola gelmemiş, ıslah olmamış.

un.re.gen.er.ate, -at.ed (ʌnricen'ırît, -eytid) *s.* ıslah olmamış; ahlâkla bağdaşmayan; tövbekâr olmayan. **unregenerately** *z.* ahlâkla bağdaşmaz bir şekilde.

un.re.lent.ing (ʌnrilen'tîng) *s.* merhametsiz, amansız, sert; gevşemeyen. **unrelentingly** *z.* durmadan; merhametsizce.

un.re.li.a.ble (ʌnrilay'ıbıl) *s.* güvenilmez, inanılmaz. **unreliability** *i.* güvenilmezlik. **unreliably** *z.* güvenilmez surette.

un.re.lieved (ʌnrilivd') *s.* ferahlamamış; tekdüzen.

un.re.lig.ious (ʌnrilîc'ıs) *s.* dinsiz; layık.

un.re.mit.ting (ʌnrimît'îng) *s.* bağışlamaz, vaz geçmez; direşken; sükûn bulmaz; sürekli, aralıksız. **unremittingly** *z.* devamlı, mütemadiyen, aralıksız.

un.re.pent.ing (ʌnripent'îng) *s.* tövbe etmeyen.

un.re.port.ed (ʌnripor'tid) *s.* söylenmemiş, anlatılmamış; bildirilmemiş, beyan edilmemiş.

un.re.quit.ed (ʌnrîkway'tîd) *s.* karşılık görmeyen, karşılıksız.

un.re.served (ʌnrîzırvd') *s.* sınırlanmamış; açık sözlü, samimî, çekinmesiz; şartsız. **un.re.serv.ed.ly** (ʌnrîzır'vidli) *z.* çekinmeden, açıkça; şartsız olarak. **unreservedness** *i.* çekinmeyiş.

un.re.spon.sive (ʌnrîspan'sîv) *s.* tepki göstermeyen; ihtiyacı karşılamayan.

un.rest (ʌnrest') *i.* asayişsizlik, huzursuzluk, kargaşa; rahatsızlık.

un.re.strained (ʌnrîstreynd') *s.* zaptedilmemiş, denetsiz, frenlenmemiş, serbest; idaresiz.

un.re.strict.ed (ʌnristrîk'tîd) *s.* sınırsız, kısıtsız.

un.re.ward.ed (ʌnrîwôr'dîd) *s.* mükâfatlandırılmamış.

un.rid.dle (ʌnrid'ıl) *f.* halletmek, çözmek (bilmece).

un.rig (ʌnrig') *f.* (-ged, -ging) *den.* donamını çıkarmak.

un.right.eous (ʌnray'çıs) *s.* doğru olmayan, dürüst olmayan; günahkâr, kötü; haksız, adaletsiz. **unrighteously** *z.* günahkârca.

unrighteousness *i.* dürüst olmayış; günâhkârlık.

un.rip (ʌnrip') *f.* (-ped, -ping) dikişlerini sökmek; yırtıp ayırmak.

un.ripe (ʌnrayp') *s.* ham, olgunlaşmamış; vaktinden evvel yetişmiş, erken gelişmiş. unripeness *i.* hamlık.

un.ri.valed, *İng.* un.ri.valled (ʌnray'vıld) *s.* rakipsiz; eşsiz.

un.robe (ʌnrob') *f.* elbisesini çıkarmak, soymak; soyunmak.

un.roll (ʌnrol') *f.* (tomar) açmak; göz önüne sermek, teşhir etmek; açılmak.

un.roof (ʌnruf') *f.* çatısını açmak, üstünü açmak.

un.root (ʌnrut') *f.* kökünden sökmek veya kazımak.

UNRRA (ʌn'ra) *kıs.* United Nations Relief and Rehabilitation Administration.

un.ruf.fled (ʌnrʌf'ıld) *s.* heyecansız, telâşsız, sakin.

un.ru.ly (ʌnru'li) *s.* kanuna boyun eğmeyen; idare olunmaz, zaptedilmez; asi, itaatsiz; azılı. unruliness *i.* kanuna boyun eğmeme; azılılık.

UNRWA *kıs.* United Nations Relief and Works Agency for Palestine Refugees in the Near East Yakın Doğudaki Filistinli göçmenler için Birleşmiş Milletler yardım teşkilâtı.

un.sad.dle (ʌnsäd'ıl) *f.* eyerini çıkarmak; eyerden düşürmek, attan düşürmek.

un.safe (ʌnseyf') *s.* emniyetsiz, tehlikeli, güvenilmez.

un.said (ʌnsed') *s.* söylenmemiş, bahsedilmemiş.

un.sal.a.ble (ʌnsey'lıbıl) *s.* satılamaz.

un.sanc.ti.fied (ʌnsängk'tıfayd) *s.* kutsallaştırılmamış.

un.sat.is.fac.to.ry (ʌnsätîsfäk'tıri) *s.* memnuniyet vermeyen; yetersiz, tatmin etmeyen. unsatisfactorily *z.* makbule geçmeyerek, yetersizce.

un.sat.u.rat.ed (ʌnsäç'ıreytid) *s., kim.* doymamış.

un.sa.vor.y (ʌnsey'vıri) *s.* tatsız, lezzetsiz, yavan; nahoş, çirkin, kötü.

un.say (ʌnsey') *f.* (-said) sözünü geri almak.

un.scathed (ʌnskeydhd') *s.* yaralanmamış, yarasız.

un.sci.en.tif.ic (ʌnsayıntif'îk) *s.* bilimsel olmayan, bilime aykırı.

un.scram.ble (ʌnskräm'bıl) *f., k.dili* karmakarışık halden çıkarmak, düzene sokmak.

un.screw (ʌnskru') *f.* vidalarını çıkarmak, gevşetmek.

un.scrip.tur.al (ʌnskrip'çırıl) *s.* Kitabı Mukaddes'e aykırı.

un.scru.pu.lous (ʌnskru'pyılıs) *s.* vicdansız; töresiz; prensipsiz.

un.seal (ʌnsil') *f.* mührünü bozmak veya çıkarmak; açmak.

un.seam (ʌnsim') *f.* dikişlerini sökmek, dikişlerini sökerek parçalara ayırmak.

un.search.a.ble (ʌnsır'çıbıl) *s.* anlaşılmaz, idrak edilmez, keşfolunmaz; gizli.

un.sea.son.a.ble (ʌnsi'zınıbıl) *s.* mevsimsiz, zamansız, vakitsiz. unseasonableness *i.* mevsimsizlik. unseasonably *z.* mevsimsizce.

un.sea.soned (ʌnsi'zınd) *s.* baharatsız; olgunlaşmamış; yaş (tahta).

un.seat (ʌnsit') *f.* mevkiinden atmak, azletmek, görevden almak; attan düşürmek.

un.sea.wor.thy (ʌnsi'wırdhi) *s.* denize çıkmaya elverişsiz.

un.seem.ly (ʌnsim'li) *s.* yakışıksız, uygunsuz, çirkin. unseemliness *i.* uygunsuzluk.

un.seen (ʌnsin') *s.* keşfedilmemiş, göze görünmeyen.

un.self.ish (ʌnsel'fiş) *s.* cömert, kendi çıkarını düşünmeyen.

un.ser.vice.a.ble (ʌnsır'vîsibıl) *s.* işe yaramaz, yararsız.

un.set.tle (ʌnset'ıl) *f.* yerinden çıkarmak; tedirgin etmek; düzenini bozmak; yerinden çıkmak; tedirgin olmak.

un.set.tled (ʌnset'ıld) *s.* kararsız, kararlaştırılmamış; henüz yerleşilmemiş; belirsiz; değişken (hava); yerleşmemiş, göçebe; ödenmemiş, kapanmamış.

un.sew (ʌnso') *f.* (-ed, -sewn) dikilmiş şeyi sökmek, dikişini sökmek.

un.sex (ʌnseks') *f.* cinsiyetinden yoksun kılmak; kadınlıktan çıkarmak.

un.shack.le (ʌnşäk'ıl) *f.* zincirlerini çıkarmak.

un.shak.a.ble (ʌnşeyk'ıbıl) *s.* kolay korkmaz, kolay değişmez, sabit, sarsılmaz, sağlam.

un.shak.en (ʌnşeyk'ın) *s.* sarsılmamış; sabit.

un.shaped, un.shap.en (∧nşeypt', ∧nşey'pın) s. iyi şekil verilmemiş, biçimsiz, şekilsiz.

un.shat.tered (∧nşät'îrd) s. ufak parçalara ayrılmamış, parçalanmamış.

un.sheathe (∧nşidh') f. kınından çıkarmak.

un.ship (∧nşip') f. (-ped, -ping) gemiden çıkarmak; den. yerinden çıkarmak, fora etmek (kürek).

un.shorn (∧nşôrn') s. saçı kesilmemiş.

un.shrink.ing (∧nşring'king) s. çekmeyen; çekinmesiz.

un.sight.ly (∧nsayt'li) s. göze hoş görünmeyen, çirkin görünümlü. unsightliness i. çirkinlik.

un.skilled (∧nskîld') s. maharetsiz, hünersiz; maharet gerektirmeyen. unskilled labor kaba iş; kaba iş yapanlar.

un.skill.ful, İng. un.skil.ful (∧nskîl'fıl) s. maharetsiz, hünersiz, beceriksiz, ustalıksız, ihtisassız, tecrübesiz, acemi. unskillfully z. hünersizce, beceriksizce, acemice. unskillfulness i. beceriksizlik.

un.slaked lime (∧nsleykt') sönmemiş kireç.

un.sling (∧nslîng') f. (-slung) askıdan indirmek, asılı olduğu yerden almak (tüfek); den. izbirosunu çıkarmak.

un.snap (∧nsnäp') f. (-ped, -ping) yayına basarak gevşetmek; açmak (çıtçıt).

un.snarl (∧nsnarl') f. dolaşık şeyi açmak, çözmek.

un.so.cia.ble (∧nso'şıbıl) s. konuşmayan, sohbetten hoşlanmayan, merdümgiriz, çekilgen, yalnızlığı seven, kaçınık. unsociabil'ity, unsociableness i. çekilgenlik. unsociably z. çekilgence; sohbetten kaçınarak.

un.so.cial (∧nso'şıl) s. sohbetten hoşlanmayan; merdümgiriz, toplumdan hoşlanmayan; topluma karşı.

un.soiled (∧nsoyld') s. kirlenmemiş.

un.sold (∧nsold') s. satılmamış.

un.sol.der (∧nsad'ır) f. lehimini çıkarmak; eritmek, ayırmak.

un.so.lic.it.ed (∧nsılîs'îtid) s. istenilmemiş, talep edilmemiş.

un.so.phis.ti.cat.ed (∧nsıfis'tıkeytid) s. hile bilmez, tecrübesiz, sade, saf, masum; halis, hakikî, katkısız. unsophistica'tion i. saflık.

un.sound (∧nsaund') s. sağlam olmayan, sıhhatsiz; gerçeksiz, geçersiz; derme çatma, çürük; derin olmayan, hafif (uyku). un-

soundly z. çürük bir şekilde. unsoundness i. çürüklük.

un.spar.ing (∧nsper'ing) s. esirgemeyen; bol, çok; affetmeyen, acımasız, merhametsiz. unsparingly z. esirgemeden.

un.speak.a.ble (∧nspi'kıbıl) s. ifade edilemez, söylenemez, tarifsiz; ağıza alınmaz; berbat. unspeakably z. ifade edilemeyecek şekilde; çok fena.

un.spe.cial.ized, İng. -ised (∧nspeş'ılayzd) s. ihtisas görmemiş, uzmanlaşmamış; belirli bir işlevi olmayan, değişik işlere yarayan.

un.sphere (∧nsfîr') f. yerinden ayırmak.

un.spoiled (∧nspoyld') s. bozulmamış.

un.spo.ken (∧nspo'kın) s. açığa vurulmamış.

un.sports.man.like (∧nspôrts'mınlayk) s. sportmence olmayan, sporcuya yaraşmayan.

un.spot.ted (∧nspat'id) s. lekesiz, beneksiz; temiz, pak, arı.

un.sta.ble (∧nstey'bıl) s. sabit veya sağlam olmayan; kararsız, hercaî, yeltek, gelgeç, dönek, kaypak; kim. çabuk eriyen veya değişen; değişken. unstableness, unstabil'ity i. sabitsizlik; kararsızlık, döneklik; değişkenlik. unstably z. kararsızca; sabit olmayarak.

un.stead.y (∧nsted'i) s. sabit olmayan, sallanan; titrek; düzensiz; değişken, kararsız, güvenilmez. unsteadily z. sallanarak, düşecek gibi; kararsız. unsteadiness i. kararsızlık; sabit olmayış.

un.steel (∧nstil') f. silâhları bıraktırmak; yumuşatmak.

un.step (∧nstep') f. (-ped, -ping) den. yerinden çıkarmak (gemi direği).

un.stick (∧nstîk') f. (-stuck) koparmak, açmak (yapışmış şeyi). come unstuck kopmak, çıkmak, açılmak; argo boşa çıkmak.

un.stint.ing.ly (∧nstîn'tîngli) z. esirgemeden.

un.stop (∧nstap') f. (-ped, -ping) tıkaç veya kapağını çıkarmak; açmak, engelleri kaldırmak. unstopped s., dilb. duraksız (ünsüz).

un.strap (∧nsträp') f. (-ped, -ping) kayışını çıkarmak veya gevşetmek.

un.string (∧nstrîng') f. (-strung) tellerini çıkarmak; gevşetmek; zayıflatmak, (sinir) bozmak. unstrung s. gevşetilmiş, gevşek; sinirleri bozuk, sinirli. ·

un.stud.ied (ʌnstʌd'id) *s.* çalışma sonucu öğrenilmemiş; tabiî; çalışılmamış, hazırlıksız, plansız.

un.sub.stan.tial (ʌnsıbstän'şıl) *s.* cisimsiz, katı olmayan; asılsız; hakikatte olmayan, hayalî. **unsubstantiality** (ʌnsıbstänşiyäl'ıti) *i.* cisimsizlik. **unsubstantially** *z.* cisimsiz olarak.

un.suc.cess.ful (ʌnsıkses'fıl) *s.* başarısız.

un.suit.a.ble (ʌnsu'tıbıl) *s.* uygunsuz, yakışıksız. **unsuitabil'ity, unsuitableness** *i.* uygunsuzluk, yakışık almama. **unsuitably** *z.* uygunsuzca.

un.sung (ʌnsʌng') *s.* tanınmamış, ünsüz, duyulmamış; söylenmemiş.

un.sup.port.ed (ʌnsıpôr'tid) *s.* desteksiz.

un.sur.passed (ʌnsırpäst') *s.* geçilemez, üstün, eşsiz.

un.sus.pect.ed (ʌnsıspek'tid) *s.* şüphelenilmeyen, şüphe altında olmayan; önceden akla gelmeyen.

un.sus.pect.ing (ʌnsıspek'ting) *s.* masum, saf, güvenilebilen.

un.swathe (ʌnsweydh') *f.* bağını çözmek, bandajını çıkarmak.

un.swear (ʌnswer') *f.* **(-swore, -sworn)** sözünü geri almak, yemininden dönmek.

un.swerv.ing (ʌnswır'ving) *s.* sapmaz; değişmez.

un.sys.tem.at.ic (ʌnsîstımät'ik) *s.* sistemsiz.

un.talked-of (ʌntôkt'ʌv) *s.* bahsedilmeyen, adı geçmeyen.

un.tam.a.ble (ʌntey'mıbıl) *s.* evcilleştirilemez.

un.tan.gle (ʌntäng'gıl) *f.* karışık şeyi açmak, çözmek.

un.tar.nished (ʌntar'nişt) *s.* lekelenmemiş, kararmamış.

un.taught (ʌntôt') *s.* cahil, tahsil görmemiş; doğal, öğrenilmeden bilinen.

un.tast.ed (ʌnteys'tid) *s.* tadılmamış.

un.teach (ʌntiç') *f.* **(-taught)** bildiğini unutturmak; aksini öğretmek.

un.ten.a.ble (ʌnten'ıbıl) *s.* müdafaası imkânsız, savunulamaz.

un.test.ed (ʌntes'tid) *s.* denenmemiş.

un.thank.ful (ʌnthängk'fıl) *s.* nankör, şükran bilmeyen; hoş karşılanmayan, istenmeyen. **unthankfully** *z.* nankörce.

un.think (ʌnthingk') *f.* **(-thought)** zihninden çıkarmak; fikrini değiştirmek. **unthinkable** *s.* düşünülemez, imkânsız.

un.think.ing (ʌnthingk'ing) *s.* düşüncesiz, saygısız; düşünce kabiliyeti olmayan. **unthinkingly** *z.* düşünmeden.

un.thought-of (ʌnthôt'ʌv) *s.* düşünülmemiş, hatıra gelmemiş.

un.thread (ʌnthred') *f.* ipliğini çıkarmak; yolunu bulmak.

un.thrift.y (ʌnthrîf'ti) *s.* savurgan, müsrif.

un.throne (ʌnthron') *f.* tahttan indirmek, hal'etmek.

un.ti.dy (ʌntay'di) *s.* düzensiz, tertipsiz, dağınık. **untidily** *z.* düzensizce. **untidiness** *i.* tertipsizlik, düzensizlik.

un.tie (ʌntay') *f.* çözmek, açmak; halletmek; çözülmek.

un.til (ʌntil') *edat, bağlaç* -e kadar, -e değin, -e dek.

un.time.ly (ʌntaym'li) *s., z.* zamansız, vakitsiz, mevsimsiz; vaktinden evvel yetişmiş; erken gelen; *z.* mevsimsizce, uygunsuz zamanda.

un.tir.ing (ʌntay'ring) *s.* yorulmak bilmez.

un.ti.tled (ʌntayt'ıld) *s.* unvansız; unvan hakkı olmayan; isimsiz.

un.to (ʌn'tu) *edat, eski* -e, -e kadar.

un.told (ʌntold') *s.* anlatılamaz, tarifsiz; tahmin edilemez, hesapsız, sayısız; anlatılmamış.

un.touch.a.bil.i.ty (ʌntʌçıbil'ıti) *i.* dokunulamama, paryalık.

un.touch.a.ble (ʌntʌç'ıbıl) *s., i.* ulaşılamaz, erişilmez; dokunulmaz; dokunulması yasak; *i.* parya.

un.to.ward (ʌntôrd') *s.* aksi, ters; huysuz; uygunsuz, münasebetsiz.

un.trans.lat.a.ble (ʌntränsley'tıbıl) *s.* tercüme edilemez, çevrilemez.

un.trav.eled (ʌnträv'ıld) *s.* kullanılmayan (yol); dünyayı görmemiş; dar görüşlü.

un.tread (ʌntred') *f.* **(-trod, -trod.den)** iz sürerek geriye gitmek.

un.tried (ʌntrayd') *s.* tecrübe edilmemiş, denenmemiş; muhakeme edilmemiş, yargılanmamış.

un.troub.led (ʌntrʌb'ıld) *s.* sıkıntısız; durgun.

un.true (ʌntru') *s.* yalan, sahte; eğri; sadakatsiz, hakikatsiz. **untruly** *z.* doğru olmayarak.

un.truss (ʌntrʌs') *f.* bağını çözmek.

un.trust.wor.thy (ʌntrʌst'wırdhi) *s.* güvenil-
mez, itimada lâyık olmayan.

un.truth (ʌntruth') *i.* yalan; gerçeksizlik.

un.truth.ful (ʌntruth'fıl) *s.* yalan, uydurma;
yalancı. **untruthfully** *z.* yalanla. **untruth-
fulness** *i.* gerçeksizlik.

un.tuck (ʌntʌk') *f.* büzgüsünü açmak, kırmalarını
düzeltmek; altından çıkarmak.

un.tu.tored (ʌntu'tırd) *s.* öğretilmemiş, öğ-
renim görmemiş; saf, basit.

un.twine (ʌntwayn') *f.* (dolaşık veya sarılmış —
şeyi) açmak; çözülmek, açılmak.

un.twist (ʌntwîst') *f.* bükümünü açmak, ayırıp
açmak.

un.used (ʌnyuzd') *s.* kullanılmamış. **unused
to** (ʌnyust') -e alışık olmayan.

un.u.su.al (ʌnyu'juwıl) *s.* görülmedik, nadir,
seyrek, müstesna, olağandışı. **unusually**
z. nadiren, seyrekçe. **unusualness** *i.* na-
dirlik, fevkaladelik.

un.ut.ter.a.ble (ʌnʌt'ırıbıl) *s.* tarifsiz, söylen-
mez, ifade edilemez, anlatılmaz, ağıza alın-
maz. **unutterably** *z.* anlatılamayacak de-
recede.

un.var.nished (ʌnvar'nîşt) *s.* cilâsız; süssüz.

un.veil (ʌnveyl') *f.* peçesini açmak; göz önüne
koymak, açmak; kendini meydana koymak.

un.voiced (ʌnvoyst') *s.* ifade edilmemiş; *dilb.*
ünsüz, sessiz.

un.want.ed (ʌnwʌn'tîd) *s.* istenilmeyen.

un.war.like (ʌnwôr'layk) *s.* barışçı.

un.war.rant.a.ble (ʌnwôr'ıntıbıl) *s.* maze-
retsiz; savunulamaz; affedilemez.

un.war.rant.ed (ʌnwôr'ıntîd) *s.* haksız, ma-
zeretsiz.

un.war.y (ʌnwer'i) *s.* uyanık olmayan, gafil,
dikkatsiz, tedbirsiz. **unwarily** *z.* tedbirsizce.
unwariness *i.* gaflet, tedbirsizlik, dikkat-
sizlik.

un.wa.ver.ing (ʌnwey'vırîng) *s.* değişmez.

un.wea.ried (ʌnwîr'id) *s.* yorulmak bilmez,
yorulmaz, bıkmaz, usanmaz.

un.weave (ʌnwiv') *f.* (-wove, -woven) (do-
kunmuş veya işlenmiş şeyi) sökmek.

un.wel.come (ʌnwel'kım) *s.* nahoş, tatsız,
hoş karşılanmayan, istenilmeyen.

un.well (ʌnwel') *s.* iyi olmayan, rahatsız, hasta.

un.wept (ʌnwept') *s.* (ölümüne) ağlanma-
yan.

un.whole.some (ʌnhol'sım) *s.* sağlam olma-
yan, sakat, sıhhatsiz; bozuk; zararlı.

un.wield.y (ʌnwil'di) *s.* hantal, lenduha gibi,
kaba, heyulâ gibi, idaresi güç. **unwieldiness**
i. hantallık.

un.willed (ʌnwîld') *s.* irade dışı, kendiliğin-
den gelen; istek dışı.

un.will.ing (ʌnwil'îng) *s.* isteksiz; gönülsüz,
zoraki yapılan veya söylenen. **unwillingly**
z. istemeyerek. **unwillingness** *i.* isteksizlik.

un.winc.ing (ʌnwin'sing) *s.* korkusuz. **un-
wincingly** *z.* göz kırpmadan, ürkmeden.

un.wind (ʌnwaynd') *f.* (-wound) sarılmış
şeyi çözmek, açmak; düzeltmek; gevşetmek,
rahatlatmak; gevşemek, açılmak, rahatlamak.

un.wise (ʌnwayz') *s.* akılsız; makul olmayan.
unwisely *z.* akılsızca.

un.wish (ʌnwiş') *f.* dileğinden vaz geçmek;
olmamasını dilemek.

un.wished-for (ʌnwîşt'fôr) *s.* arzu edilmemiş.

un.wit.nessed (ʌnwit'nîst) *s.* tanıksız, şahitsiz.

un.wit.ting (ʌnwit'îng) *s.* farkında olmayan;
kasıtsız. **unwittingly** *z.* istemeyerek, bilme-
yerek, farkında olmadan.

un.wont.ed (ʌnwʌn'tîd, ʌnwan'tid) *s.* âdet
dışı, alışılmamış, nadir. **unwontedly** *z.*
alışılmamış şekilde.

un.work.a.ble (ʌnwır'kıbıl) *s.* kullanışsız.

un.world.ly (ʌnwırld'li) *s.* dünyevî olmayan,
tinsel, ruhanî. **unworldliness** *i.* dünyevî
olmayış.

un.wor.thy (ʌnwır'dhi) *s.* değmez; değimsiz,
lâyık olmayan, uygun olmayan; uygunsuz.
unworthiness *i.* lâyık olmama.

un.wound (ʌnwaund') *bak.* unwind; *s.* çözük.

un.wrap (ʌnräp') *f.* (-ped, -ping) çözmek,
açmak; çözülmek, açılmak.

un.wreathe (ʌnridh') *f.* bükülmüş şeyi açmak;
çelengi çıkarmak.

un.wrin.kle (ʌnrîng'kıl) *f.* kırışıklarını gidermek.

un.writ.ten (ʌnrît'ın) *s.* yazılmamış, kitaba
geçmemiş; ananevî, geleneksel; yazısız, boş.
unwritten law örf ve âdet hukuku.

un.yeaned (ʌnyind') *s.* doğmamış (koyun,
keçi).

un.yield.ing (ʌnyil'dîng) *s.* sert; boyun eğ-
mez, direngen; yol vermez.

un.yoke (ʌnyok') *f.* boyunduruğunu çıkarmak;
boyunduruktan kurtarmak veya kurtulmak;
ayırmak.

un.zip (ʌnzip') f. fermuarı açmak.

up (ʌp) z., s., edat, i. yukarıya, yukarıda; yükseğe; *müz*. tize doğru; ileriye; -e kadar; öne, ileri; tamamen (*Konuşma dilinde çoğunlukla anlamı değiştirmeden fiillere eklenir.*); *s*. yükselmiş; kalkmış; kaldırılmış; yüksek, kabarık; ilerlemiş; hazır; *edat* yukarıya, yukarıda; ileride; içeriye; *i*. yükselme. **be up** kalkmak, kalkmış olmak; *İng*. oturuma son vermek. **be up against** *k.dili* karşılaşmak, karşı karşıya gelmek. **be up against it** *k.dili* müşkül durumda bulunmak, çatmak. **be up all night** sabahlamak. **be up and doing** iş başında olmak, faaliyette olmak. **be up for** hazır bulunmak, meydanda olmak. **be on the up and up** *k.dili* hilesiz olmak; *k.dili* yükselmekte olmak. **be up in** *veya* **on** *k.dili* hazır olmak; bilgili olmak; haberdar olmak. **be up to** kabiliyetli olmak; farkında olmak; yapmakta olmak; alâkası olmak; karışmış bulunmak; mesuliyetli olmak. **up and about** *veya* **around** *k.dili* hastalıktan kurtulmuş, ayağa kalkmış, sıhhatte. **up and down** beş aşağı beş yukarı; (kumaşın) dokunuş yönü; baştan aşağı, tepeden tırnağa. **up a tree** müşkül durumda. **ups and downs** hayattaki iniş çıkışlar, iyi ve kötü günler. **up the wind** *den*. rüzgâra karşı. **up to date** şimdiye kadar; çağa uygun, güne uygun, modern. **up to the mark** en ince noktasına kadar. **fifteen up** *tenis* on beş on beş berabere. **one up on** bir sayı önde. **It is all up with him.** Onun için artık her şey bitmiştir. Mahvoldu! Hapı yuttu! Yandı! **What's he up to?** Ne dolaplar çeviriyor? Ne halt ediyor? **What's up?** Ne var? N'oluyor? **It's up to you.** Size bağlıdır. Siz bilirsiniz. **I'm not up to it.** Gücüm yetmez. **His temper was up.** Çok öfkelendi. **The time is up.** Süre doldu. Vakit tamam. **Something's up.** Bir şeyler dönüyor. **He is up for mayor.** Belediye başkanlığına adaydır. **He is up for murder.** Cinayet suçundan yargılanıyor.

up (ʌp) f. (upped, upping) yükseltmek; *k.dili* -vermek. **The girl up and slapped him.** Kız onu tokatlayıverdi.

up- *önek* yukarıya; ayağa; tamamen.

up-and-com.ing (ʌpınkʌm'ing) *s*. açıkgöz, girişken; ümit verici.

up-and-down (ʌp'ındaun') *s*. dalgalı, alçalıp yükselen.

U.pan.i.shad (upän'ışäd) *i*. Upanişad, eski Hint din kitaplarından biri.

u.pas (yu'pıs) *i*. Cava adasında bulunan özsuyu zehirli bir ağaç; bu ağacın özsuyu; zehirli şey.

up.beat (ʌp'bit) *i., s., müz*. vurgusuz tempo; *s., argo* canlı, neşeli, iyimser.

up-bow (ʌp'bo) *i., müz*. keman yayının ileri sürülmesi.

up.braid (ʌpbreyd') *f*. azarlamak, yüzüne vurmak. **upbraidingly** *z*. azarlayarak.

up.bring.ing (ʌp'bringing) *i*. terbiye, yetişme.

up.build (ʌpbild') *f*. (-built) bina etmek, inşa etmek.

up.cast (ʌp'käst) *s., i*. yukarıya çevrilmiş veya atılmış; *i*. yukarıya çevirme veya çevrilme, yukarıya atma veya atılma; yukarıya çevrilmiş veya atılmış şey; *mad*. hava bacası.

up.coun.try (*s., i.* ʌp'kʌntri; *z.* ʌp'kʌn'tri) *s., i., z., k.dili* sahilden uzak, iç taraftaki; *i*. memleketin iç kısmı, taşra; *z*. iç kesimlere doğru.

up.date (ʌpdeyt') *f*. günümüze uygun şekle sokmak, güncelleştirmek; düzeltme ve eklemeler yapmak.

up.draft, *İng*. up.draught (ʌp'dräft) *i*. yukarı çekiş, havanın yukarıya yükselmesi.

up.end (ʌpend') *f*. dikine çevirmek; (kadeh) dikmek; baş aşağı etmek; boca etmek.

up.grade (*i.* ʌp'greyd; *f.* ʌpgreyd'; *z.* ʌp'greyd') *i., f., z*. yokuş; *f*. kalitesini yükseltmek; rütbesini yükseltmek; *z*. yokuş yukarı. **on the upgrade** iyileşmekte; artmakta.

up.growth (ʌp'groth) *i*. büyüme, gelişme; büyüyen şey.

up.heave (ʌphiv') *f*. zorla yukarı kaldırmak. **upheaval** *i*. yukarı kaldırma; karışıklık, ayaklanma; *jeol*. yeryüzü kabuğunun kabarması.

up.hill (ʌp'hil') *z., s*. yokuş yukarı; *s*. yukarıya giden; güç, çetin, müşkül.

up.hold (ʌphold') *f*. (-held) yukarı kaldırmak; tutmak, tarafını tutmak, desteklemek; onaylamak, tasdik etmek.

up.hol.ster (ʌphol'stır) *f*. döşemek; donatmak. **upholsterer** *i*. döşemeci. **upholstery** *i*. döşemecilik; döşemelik eşya.

u.phroe, eu.phroe (yu'fro) *i., den*. ip germe tokası.

up.keep (ʌp'kip) *i.* bakım, muhafaza; bakım masrafı, idame masrafı.

up.land (ʌp'lınd) *i., s.* yüksek arazi, yayla; *s.* yüksek.

up.lift (ʌp'lift) *i.* arazi çıkıntısı; *jeol.* yeryüzü kabuğunun kabarması; yüceltme, manevi yükseliş; iyileştirme.

up.lift (ʌplift') *f.* yükseltmek, yukarı kaldırmak; yüceltmek.

up.most (ʌp'most) *s.* en yukarı, en yukarıki, en üst.

up.on (ıpan') *edat* üstüne, üzerine, üstünde, üzerinde; -e, -de, ile; vukuunda, hususunda; şartıyle, göre; takdirde. **tier upon** 'er tabaka tabaka, sıra sıra. **upon my word** vallahi, alimallah; Hay Allah!

up.per (ʌp'ır) *s., i.* üstteki, üst kattaki; yukarıki, yukarıdaki; üst; *i.* saya, ayakkabı yüzü; *çoğ.* kumaş tozluk; *k.dili* yataklı vagonun üst kat yatağı. **upper berth** üst yatak (tren veya vapurda). **upper case** *matb.* majüskül harflerin bulunduğu üst kasa; majüskül harf, büyük harf. **upper class** zenginler sınıfı; sosyal veya ekonomik üstünlüğü olan sınıf. **upper crust** *k.dili* zenginler tabakası, üst tabaka. **upper deck** üst güverte. **upper works** geminin yüklü olduğu zaman su seviyesinden yukarıda kalan kısmı. **get the upper hand** galip gelmek, üstün çıkmak. **on one's uppers** *k.dili* çaresiz, meteliksiz, parasız.

up.per-brack.et (ʌp'ırbräk'it) *s.* yüksek seviyeli, yüksek.

up.per.class.man (ʌpırkläs'mın) *i.* lise veya üniversitede üçüncü veya dördüncü sınıf öğrencisi.

up.per.cut (ʌp'ırkʌt) *i.* boksta aşağıdan yukarıya doğru vuruş.

up.per.most (ʌp'ırmost) *s.* en üst, en yukarıdaki; akla ilk gelen.

Upper Vol.ta (val'tı) Yukarı Volta.

up.pish (ʌp'iş) *s., k.dili* kibirli; kendini beğenmiş. **uppishly** *z.* kibirle. **uppishness** *i.* kibirlilik.

up.raise (ʌpreyz') *f.* yukarı kaldırmak.

up.right (ʌp'rayt) *s., z., i.* doğru, dikey, dik; dürüst, doğru; *z.* doğru, dikine, dikey olarak; *i.* direk; dimdik duran şey; dik piyano, düz piyano; *futbol* kale. **uprightly** *z.* dürüstçe.

up.rise (ʌprayz') *f.* (**-rose, -risen**) kalkmak; kabarmak, yükselmek; ayaklanmak. **uprising** *i.* kalkma; ayaklanma, isyan.

up.riv.er (ʌp'riv'ır) *s., z., i.* ırmağın yukarısındaki; *z.* nehir yukarı, ırmağın yukarı kısmına doğru; *i.* ırmağın yukarı kısmı.

up.roar (ʌp'rôr) *i.* gürültü, velvele, şamata.

up.roar.i.ous (ʌprôr'iyıs) *s.* gürültülü, velveleli; kahkahadan kırıp geçiren. **uproariously** *z.* gürültüyle; çok gülünç bir şekilde. **uproariousness** *i.* gürültü.

up.root (ʌprut') *f.* kökünden sökmek, kökünden söküp çıkarmak; yok etmek.

up.set (ʌpset') *f.* (**-set, -ting**) devirmek; altüst etmek; keyfini bozmak; bozguna uğratmak, beklenmedik anda yenmek; sinirlendirmek; midesini bozmak; *mak.* demir parçasını kızdırıp çekiçle ucuna vurarak kısaltmak ve kalınlaştırmak, dövmek, şişirmek; devrilmek; altüst olmak; hükümsüz kılmak. **upsetting machine** dövme makinası.

up.set (*s.* ʌpset'; *i.* ʌp'set) *s., i.* devrilmiş; düzeni bozulmuş, altüst olmuş; üzüntülü, sinirli; dikine çevrilmiş; *i.* devrilme; altüst olma; *k.dili* sürprizli yenilgi, bozgun; bozulma. **upset price** müzayedede satıcının koyduğu asgarî fiyat.

up.shot (ʌp'şat) *i.* netice, sonuç, nihayet.

up.side (ʌp'sayd) *i.* üst taraf.

up.side-down (ʌp'sayd.daun') *s., z.* tepetaklak olmuş; altüst; *z.* tepetaklak.

up.si.lon (yup'sılan) *i.* Yunan alfabesinin yirminci harfi.

up.stage (ʌp'steyc') *s., z., f.* sahnenin arka kısmındaki; *z.* sahnenin arka kısmında, sahnenin arka kısmına doğru; *f.* seyircilere arkasını döndürmek (bir aktörün diğerini); dikkati kendine çekerek başkasının rolünü çalmak; *k.dili* kibirli davranmak.

up.stairs (ʌp'sterz) *z., s., i.* yukarıya, yukarıda; *s.* yukarıdaki, üst kata ait; *i.* üst kat.

up.stand.ing (ʌpstän'ding) *s.* doğru, dürüst; dik.

up.start (ʌp'start) *i., s.* birden zengin olan kimse; *s.* türedi, sonradan görme, zıpçıktı.

up.state (ʌp'steyt') *s., i., z., A.B.D.* (*gen.* New York şehri ile ilgili) merkez dışındaki kuzey; *i.* taşra; *z.* merkezden uzak.

up.stream (ʌp'strim') *z., s.* akıntıya karşı; ırmağın yukarı kısmına doğru; *s.* ırmağın yukarısındaki.

up.stroke (ʌp'strok) *i.* yazıda yukarıya doğru kuyruk çekme; *mak.* yukarı doğru vuruş.

up.surge (*f.* ʌpsırc'; *i.* ʌp'sırc) *f., i.* kabarmak; *i.* kabarma, yükselme; dalga.

up.sweep (ʌp'swip) *i.* tepe topuzu. **upswept** *s.* tepede toplanmış (saç).

up.swing (ʌp'swing) *i.* yukarıya sallanış; ilerleme, yükselme.

up.take (ʌp'teyk) *i.* kaldırma, yükseltme; kazandan bacaya giden boru; *mad.* hava bacası. **quick on the uptake** *k.dili* hazırcevap, kavrayışlı, uyanık.

up.throw (ʌp'thro) *i., jeol.* yer kabarması, yer yükselmesi; yukarıya atılış.

up.thrust (ʌp'thrʌst) *i., jeol.* yeryüzü kabuğunun kabarması.

up.tight (ʌp'tayt') *s., A.B.D., argo* sıkıntılı, sinirli, hırslı, tutaraklı; telâşlı; biçimci, tutucu.

up-to-date (ʌp'tıdeyt') *s.* çağcıl, zamana uygun, güncel, asrî, modern.

up.town (ʌp'taun') *z., s., i.* şehir merkezinin dışında; *s.* şehir merkezinin dışındaki; *i.* şehir merkezinin dışı.

up.trend (ʌp'trend) *i.* ilerleme, yükseliş.

up.turn (ʌptırn') *f.* yukarıya çevirmek veya çevrilmek.

up.turn (ʌp'tırn) *i.* yukarıya dönme; iyileşme.

up.ward, up.wards (ʌp'wırd, ʌp'wırdz) *z.* yukarı doğru, yukarı. **upwards of** -den daha fazla, -den yukarı, -in üstünde; yaklaşık olarak.

up.ward (ʌp'wırd) *s.* yukarıya doğru giden; yukarıya dönük.

u.rae.mi.a (yuri'miyı) *bak.* **uremia**.

u.rae.us (yûri'yıs) *i.* Mısır tanrı ve krallarının sembolü olan kutsal engerek.

U.ral (yur'ıl) *i.* Ural.

U.ral-Al.ta.ic (yûr'ılâltey'ik) *s., i.* Ural-Altay dağlarına ait; Ural-Altay dillerine ait; Turanlı; *i.* Ural-Altay dil ailesi.

U.ra.ni.a (yûrey'niyı) *i.* astronomi müzü; Afrodit'in bir ismi.

u.ra.nite (yûr'ınayt) *i., min.* uranit, uranyum fosfatlarından bileşik bir mineral. **uranitic** (yûrınît'ik) *s.* uranite ait.

u.ra.ni.um (yûrey'niyım) *i., kim.* uranyum.

u.ra.nog.ra.phy (yûrınag'rıfi) *i.* gökcisimlerini tarif ilmi; gök haritası.

u.ra.nol.o.gy (yûrınal'ıci) *i.* gök ve gökcisimleri ilmi; bu ilim hakkında eser.

U.ra.nus (yûr'ınıs, yûrey'nıs) *i., astr.* Uranus; *Yu. mit.* göğü temsil eden tanrı Uranus.

u.rate (yûr'eyt) *i., kim.* ürat, ürik asidin tuzu.

ur.ban (ır'bın) *s.* şehre ait, şehirde bulunan. **urban renewal** şehri yeniden oturulabilir şekle koyma planı.

ur.bane (ırbeyn') *s.* nazik, terbiyeli, kibar tavırlı; medenî.

ur.ban.i.ty (ırbän'ıti) *i.* nezaket, naziklik, kibarlık, çelebilik.

ur.ban.ize (ır'bınayz) *f.* şehirleştirmek.

ur.ce.o.late (ır'siyılît) *s.* testi şeklindeki.

ur.chin (ır'çin) *i.* haşarı çocuk, afacan çocuk; denizkestanesi.

Ur.du (ûr'du) *i.* Urduca, Urdu dili.

u.re.a (yûri'yı) *i., biyokim.* üre.

u.re.mi.a (yûri'miyı) *i., tıb.* üremi. **uremic** *s.* üremili.

u.re.ter (yûri'tır) *i.* sidik yolu, idrar yolu, siyek, uretra. **urethral** *s.* idrar yoluna ait, uretral. **urethrot'omy** *i.* idrar yolunu açma ameliyatı.

u.re.thra (yûri'thrı) *i., anat.* idrar yolu, siyek.

u.re.thri.tis (yûrıthray'tis) *i., tıb.* idrar yolu iltihabı.

u.re.thro.scope (yûri'thrıskop) *i.* idrar yolunun içini gösteren alet. **urethroscopy** (yûrıthras'kıpi) *i.* bu aletle idrar yolunun içini muayene etme.

u.ret.ic (yûret'ik) *s.* idrara ait.

urge (ırc) *f., i.* sevketmek, ileri sürmek; dürtmek; sıkıştırmak; ısrar etmek; ısrarla anlatmak; kışkırtmak; zorlamak; *i.* dürtü, itici kuvvet; zorlama; kışkırtma.

ur.gen.cy (ır'cınsi) *i.* acele; ısrar; sıkıştırma; zorunluluk, kaçınılmazlık.

ur.gent (ır'cınt) *s.* âcil, acele olan; zorunlu, kaçınılmaz; ısrar eden; çok sıkıştıran. **urgently** *z.* önemle; acele ile.

u.ric (yûr'ik) *s.* idrara ait; idrardan alınan. **uric acid** asit ürik.

u.ri.nal (yûr'ınıl) *i.* idrar kabı, ördek; helâ, ayak yolu, klozet, pota.

u.ri.nal.y.sis (yûrınäl'ısîs) *i., tıb.* idrar tahlili.

u.ri.nar.y (yûr'ıneri) *s., i.* idrara ait; *i.* idrar kabı, ördek. **urinary bladder** *anat.* sidik

ιorbası. **urinary disease** sidik yolu hastalığı. **urinary organs** idrar çıkaran uzuvlar.
u.ri.nate (yûr'ıneyt) *f.* idrar çıkarmak, işemek, küçük aptes yapmak. **urina'tion** *i.* işeme.
u.rine (yûr'in) *i.* idrar, sidik.
urino- *önek* idrar.
u.ri.no.gen.i.tal (yûrınocen'ıtıl) *s., anat., zool.* idrar yolları veya tenasül uzuvlarına ait.
u.ri.nous, u.ri.nose (yûr'ınıs, -nos) *s.* idrara ait, idrar cinsinden.
Ur.mi.a (ûr'miyı) *i.* Urmiye gölü.
urn (ırn) *i.* ayaklı kavanoz veya vazo; kap; ceset külü koyacağı; semaver.
uro- *önek* idrar.
u.ro.gen.i.tal (yûrocen'ıtıl) *bak.* urinogenital.
u.rol.o.gy (yûral'ıci) *i., tıb.* üroloji.
ur.sa (ır'sı) *i., Lat.* dişi ayı. **Ursa Major** *astr.* Büyükayı. **Ursa Minor** *astr.* Küçükayı.
ur.sine (ır'sayn) *s.* ayı cinsinden, ayı gibi.
Ur.spra.che (ûr'şprakı) *i., Al., dilb.* varsayılan en eski Hint-Avrupa dili.
Ur-text (ûr'tekst) *i., Al.* asıl metin.
ur.ti.ca.ceous (ırtıkey'şıs) *s., bot.* ısırgangillerden.
ur.ti.car.i.a (ırtıker'iyı) *i., tıb.* ürtiker, kurdeşen.
ur.ti.cate (ır'tıkeyt) *f.* (diken gibi) batmak, acıtmak; acımak.
U.ru.guay (yûr'ıgwey, u'rugway) *i.* Uruguay.
u.rus (yûr'ıs) *i.* nesli tükenmiş bir çeşit Avrupa yaban sığırı, *zool.* Bos primigenius.
us (ʌs) *zam.* bize, bizi.
US *kıs.* **United States, American.**
USA *kıs.* **United States of America, United States Army.**
us.a.ble (yu'zıbıl) *s.* kullanılır, elverişli. **usableness** *i.* kullanışlılık.
USAF *kıs.* **United States Air Force.**
us.age (yu'sîc) *i.* kullanış, kullanma; muamele; örf ve âdet, âdet, usul. **correct usage** doğru kullanış, yerinde kullanma. **customary usage** âdet. **hard usage, rough usage** aralıksız kullanma, kötü kullanış. **contrary to the best usage** en uygun kullanıma aykırı.
us.ance (yu'zıns) *i.* yabancı tahvillerin ödenme vadesi; yabancı yerlere çekilen poliçelerin tedavül müddeti.
USCG *kıs.* **United States Coast Guard.**
use (*f.* yuz) *i.* yus) *f., i.* kullanmak; davranmak; alışmak; *i.* kullanma; kullanılır durumda

olma; amaç; âdet; *huk.* kullanma, intifa hakkı. **have no use for** gereksememek; *k.dili* aşağı görmek. **have the use of** kullanma hakkı olmak. **make use of** kullanmak. **out of use** geçersiz, kullanılmayan. **use bad language** küfür etmek. **use up** tüketmek, harcamak.
used (yuzd) *s.* kullanılmış, eski. **used to** (yust tu) alışmış, alışık; (yust'ı) eskiden... idi; *leh.* eskiden olduğu kadar. **He used to come at eight.** Eskiden saat sekizde gelirdi. **be used up** çok yorulmak, bitkin hale gelmek; tükenmek.
use.ful (yus'fıl) *s.* faydalı. **usefully** *z.* faydalı olarak. **usefulness** *i.* fayda, kullanışlılık.
use.less (yus'lis) *s.* faydasız, yararsız, boş, nafile, abes. **uselessly** *z.* faydasızca. **uselessness** *i.* faydasızlık.
ush.er (ʌş'ır) *i., f.* teşrifatçı; kilise veya tiyatroda yer gösteren kimse; *İng.* yardımcı öğretmen; *f.* içeri getirmek; yerini göstermek; öncü olmak.
USIA *kıs.* **United States Information Agency.**
USMC *kıs.* **United States Marine Corps.**
USN *kıs.* **United States Navy.**
USO *kıs.* **United Service Organizations.**
USP *kıs.* **United States Pharmacopoeia.**
us.que.baugh, us.que (ʌs'kwıbô, ʌs'kwı) *i.* bir cins İrlanda veya İskoç viskisi.
USSR *kıs.* **Union of Soviet Socialist Republics** SSCB.
us.tu.late (ʌs'çûlit, -leyt) *s.* yanık, yanık renkli.
ustula'tion *i.* yanma; *ecza.* nemli maddeleri kurutma.
u.su.al (yu'juwıl) *s.* mutat, alışılmış, olağan, her zamanki. **as usual** âdet üzere, her zamanki gibi. **It is usual to do so.** Böyle yapmak âdettir. **usually** *z.* ekseriyetle, çok kere, çoğunlukla.
u.su.fruct (yu'zyûfrʌkt) *i., huk.* intifa hakkı, yararlanma hakkı.
u.su.fruc.tu.ar.y (yuzyûfrʌk'çuweri) *s., i., huk.* intifa hakkına ait; *i.* intifa hakkı olan kimse. **usufructuary lease** hasılât icarı. **usufructuary tenancy** yarıcılık sözleşmesi.
u.su.rer (yu'jırır) *i.* tefeci, murabahacı.
u.su.ri.ous (yujûr'iyıs) *s.* tefecilik kabilinden, aşırı faizi olan. **usurious interest** aşırı faiz. **usuriously** *z.* yüksek faizle. **usuriousness** *i.* tefecilik.

u.surp (yuzırp′, yusırp′) *f.* gasbetmek, zorla almak, el koymak. **usurpa′tion** *i.* gasıp, zor ve hile ile tahta oturma. **usurper** *i.* gasbeden kimse.

u.su.ry (yu′jıri) *i.* aşırı faiz; tefecilik, murabaha.

UT *kıs.* **Utah.**

ut (ut) *i., müz.* do notası, Guido′nun gam sisteminde ilk nota.

u.ten.sil (yuten′sıl) *i.* kap; alet.

u.ter.ine (yu′tırin) *s.* rahme ait, rahimde bulunan; anası bir babası ayrı.

u.ter.o.ges.ta.tion (yu′tırocestey′şın) *i.* gebelik müddetince çocuğun rahimde büyümesi.

u.ter.us (yu′tırıs) *i.* rahim, dölyatağı.

u.til.i.tar.i.an (yutil′ıter′iyın) *s., i.* faydacıl; *i.* faydacıl kimse.

u.til.i.tar.i.an.ism (yutil′ıter′iyınizım) *i., fels.* faydacılık.

u.til.i.ty (yutil′ıti) *i.* fayda, yarar, menfaat, yararlık; kamu hizmeti; kamu hizmet şirketi; *çoğ.* kamu hizmet şirketi hisseleri; *fels.* faydacılıkta çoğunluğun mutluluk ve çıkarı. **public utilities** kamu hizmet kurumları. **utility man** *tiyatro* ufak rollere çıkan kimse; *beysbol* yedek oyuncu. **utility pole** elektrik direği. **utility room** ambar, kalorifer dairesi, çamaşır odası, sandık odası.

u.til.ize, *İng.* **u.til.ise** (yu′tılayz) *f.* faydalı kılmak; kullanmak; yararlanmak, istifade etmek. **utilizable** *s.* kullanılır, yararlanılabilir. **utiliza′tion** *i.* kullanım.

ut in.fra (ʌt in′frı) *Lat.* aşağıda gösterildiği gibi.

u.ti pos.si.de.tis (yutay pasıdi′tis) *Lat.* savaş sonunda başka bir antlaşma olmadığı takdirde işgal edilen toprakların elde tutulmasını öngören prensip.

ut.most (ʌt′most) *s., i.* en uzak, en son; azami, en büyük, en yüksek, en fazla; *i.* son derece, azami derece.

u.to.pi.a (yuto′piyı) *i.* ideal yer veya hal; ütopya.

u.to.pi.an (yuto′piyın) *s., i.* ülküsel, mükemmel, ideal, hayalî, ütopik; *i.* ütopyacı kimse. **utopianism** *i.* ütopyacılık.

u.tri.cle (yu′trikıl) *i., anat.* içkulakta bir boşluk, kırbacık; *bot.* torbacık. **utric′ular** *s.* ufak torbaya benzer.

ut su.pra (ʌt su′prı) *Lat.* yukarıda gösterildiği gibi.

ut.ter (ʌt′ır) *s.* bütün bütün, tam, mutlak; son derece; kesin, son, nihaî. **utterly** *z.* tamamen, bütün bütün. **uttermost** *s., i.* azami (derece).

ut.ter (ʌt′ır) *f.* (ağızdan) çıkarmak; söylemek, beyan etmek; *huk.* piyasaya sürmek (sahte şey). **utterable** *s.* ağıza alınır, söylenilir.

ut.ter.ance (ʌt′ırıns) *i.* söyleme, telaffuz; ifade; *dilb.* söz; *huk.* piyasaya sürme.

U-turn (yu′tırn) *i.* geriye dönüş.

u.ve.a (yu′viyı) *i., anat.* damar tabakası, gözbebeğinin renkli iç zarı.

u.vu.la (yu′vyılı) *i.* (*çoğ.* -lae) *anat.* küçük dil, dilcik. **uvular** *s.* küçük dile ait.

ux. *kıs.* **wife.**

ux.o.ri.al (ʌksôr′iyıl) *s.* evli hanıma yakışır.

ux.o.ri.cide (ʌksôr′ısayd) *i.* karısını öldürme.

ux.o.ri.ous (ʌksôr′iyıs) *s.* karısına aşırı derecede düşkün. **uxoriously** *z.* karısına düşkün olarak. **uxoriousness** *i.* karısına aşırı düşkünlük.

Uz.bek (ûz′bek) *i.* Özbek; Özbekçe.

Uz.bek.i.stan (ûzbekistän′) *i.* Özbekistan.

V

V, v (vi) *i.* İngiliz alfabesinin yirmi ikinci harfi; V şeklinde şey; Latin sistemine göre beş rakamı.

V *kıs.* **vanadium, velocity, volt.**

v. *kıs.* **verb, versus, vide, volt, volume, von.**

V-2 (vi′tu′) roket bombası.

V-8 (vi′yeyt′) *oto.* V şeklinde sekiz silindirli motor.

v.a. *kıs.* **active verb.**

VA *kıs.* **Virginia.**

va.can.cy (vey′kınsi) *i.* boşluk; boş yer, aralık, fasıla.

va.cant (vey'kınt) *s.* boş, münhal, açık; işsiz; bön bakışlı; *huk.* terkedilmiş, sahipsiz; vârissiz. **vacant lot** *A.B.D.* şehirde boş arsa. **vacantly** *z.* ifadesizce, boş boş.

va.cate (vey'keyt) *f.* terketmek, bırakmak, boşaltmak; feshetmek, lâğvetmek.

va.ca.tion (veykey'şın) *i.* tatil; *huk.* adlî tatil. **vacation school** yaz tatilinde öğrenim yapan okul. **summer vacation** yaz tatili. **vacationist** *i.* tatile çıkan kimse, turist, gezgin kimse. **vacation land** tatil yeri.

vac.ci.nal (väk'sınıl) *s., tıb.* aşıya veya aşılamaya ait.

vac.ci.nate (väk'sıneyt) *f.* aşılamak; çiçek aşısı yapmak.

vac.ci.na.tion (väksıney'şın) *i.* aşı; çiçek aşısı yapma; aşılama.

vac.cine (väk'sin, väksin') *i., s.* aşı maddesi, aşı; *s.* aşıya ait; ineğe ait; inekten elde edilen. **vaccinator** *i., tıb.* aşıcı; aşı aleti.

vac.cin.i.a (väksin'iyı) *i., bayt.* ineklerde çiçek hastalığı.

vac.il.late (väs'ıleyt) *f.* iki yana sallanmak, sendelemek; tereddüt etmek, kararsız olmak. **vacilla'tion** *i.* tereddüt; sendeleme. **vacillating** *s.* tereddüt eden, kararsız.

va.cu.i.ty (väkyu'wıti) *i.* boşluk, boş yer; aptallık; işsizlik, tembellik; hiçlik; budalaca konuşma.

vac.u.o.lat.ed (väk'yuwıleytid) *s., biyol.* boşluklu. **vacuola'tion** *i., biyol.* boşluk meydana gelmesi.

vac.u.ole (väk'yuwol) *i.* hücre içinde bulunan boşluk.

vac.u.ous (väk'yuwıs) *s.* boş; aptal; işsiz; manasız. **vacuousness** *i.* boşluk; işsizlik; aptallık.

vac.u.um (väk'yuwım, väk'yum) *i. (çoğ. -s, vac.u.a) s., f.* boşluk, vakum; elektrik süpürgesi; *s.* boşlukla ilgili; *f.* elektrik süpürgesi kullanmak. **vacuum bottle** termos. **vacuum brake** vakum freni. **vacuum cleaner** elektrik süpürgesi. **vacuum-packed** *s.* içindeki hava boşaltılıp kapatılmış (teneke kutu). **vacuum pump** boşluk pompası, boşaltaç. **vacuum tube** *elek.* radyo lambası.

va.de me.cum (vey'di mi'kım) *Lat.* her zaman yanında taşınan şey.

va.dose (vey'dos) *s.* yeraltında su tabakasının üstünde bulunan su hattı ile ilgili.

vae vic.tis (vi vik'tıs) *Lat.* Vay yenilenin haline.

vag.a.bond (väg'ıband) *s., i.* serseri, avare, derbeder (kimse). **vagabondage** *i.* serserilik.

va.gar.y (vıger'i, vey'gırı) *i.* aşırı merak; kapris; sapıklık.

va.gi.na (vıjay'nı) *i. (çoğ. -s, -nae) anat., zool.* dölyolu, vajina, mehbil, hazne; *bot.* kılıf. **vaginal** *s.* dölyoluna ait; kılıfa ait.

vag.i.nec.to.my (väcınek'tımi) *i., tıb.* dölyolunun çıkarılması.

vag.i.ni.tis (väcınay'tis) *i., tıb.* dölyolu iltihabı.

va.grant (vey'grınt) *s., i.* serseri, derbeder, dağınık; *i.* serseri veya dilenci kimse; göçebe kimse. **vagrancy** *i.* serserilik.

vague (veyg) *s.* müphem, bellisiz, bulanık, şüpheli, karanlıkça, muğlak. **vague'ly** *z.* müphem şekilde, belli belirsiz. **vague'ness** *i.* müphemlik, belirsizlik, muğlaklık.

va.gus (vey'gıs) *i. (çoğ.* **va.gi**) *anat.* onuncu kafa siniri, akciğer-mide siniri.

vail (veyl) *f., eski* hürmetle çıkarmak (şapka).

vail (veyl) *i., f., eski* çıkar; bahşiş; *f., eski* işe yaramak, faydası olmak.

vain (veyn) *s.* kibirli, gururlu, kendini beğenmiş, mağrur; gösterişçi; boş, beyhude, nafile; kıymetsiz, verimsiz, değersiz; hükümsüz, faydasız, manasız. **a vain hope** boş ümit. **in vain** boş yere, beyhude yere; hürmetsizce. **vain'ly** *z.* boşuna, boş yere. **vain'ness** *i.* kibirlilik, gurur.

vain.glo.ri.ous (veynglôr'iyıs) *s.* mağrur, gururlu. **vaingloriously** *z.* mağrurca, gururla. **vaingloriousness** *i.* kibirlilik.

vain.glo.ry (veynglôr'i) *i.* aşırı derecede kendini beğenmişlik, boş gurur.

val.ance (väl'ıns) *i.* saçak, farbala; sayvan. **valanced** *s.* saçaklı, perdeli.

vale (veyl) *i., şiir* vadi, dere.

va.le (vey'li) *ünlem, Lat.* Uğurlar olsun! Güle güle! Sağlıcakla kalın!

val.e.dic.tion (välıdik'şın) *i.* veda.

val.e.dic.to.ri.an (välıdiktôr'iyın) *i.* Amerikan lise ve üniversitelerinde diploma töreninde veda konuşması yapan son sınıf birincisi.

val.e.dic.to.ry (välıdik'tırı) *s., i.* veda kabilinden; *i.* diploma törenindeki veda söylevi.

va.lence, -cy (vey'lıns, -si) *i., kim.* valans, değerlik.

Va.len.ci.ennes (vılensiyenz') *i.* Fransa'da Valenciennes şehrinde yapılan bir çeşit ince dantel.

val.en.tine (väl'ıntayn) *i.* on dört şubata rastlayan St. Valentine gününde seçilen sevgili; bu günde gönderilen aşk belirtisi kart.

va.le.ri.an (vılir'iyın) *i.* kediotu, *bot.* Valeriana officinalis; kediotu kökünden çıkarılan ecza.

val.et (vàl'ey, väl'it, vali') *i., f.* uşak, erkek oda hizmetçisi; *f.* oda hizmetçiliği etmek. valet de chambre (vali'dışan'br) *Fr.* erkek oda hizmetçisi.

val.e.tu.di.nar.i.an (välıtudıner'iyın) *s., i.* sıhhatsiz, devamlı hasta, müzmin hasta, zayıf mizaçlı (kimse); sağlığına aşırı düşkün (kimse), sıhhatine meraklı (kimse).

val.gus (väl'gıs) *s., i., tıb.* çarpık bacaklı; *i.* bacak çarpıklığı.

Val.hal.la (välhäl'ı) *i., İskandinav mit.* ölen kahramanların ruhlarının sonsuz mutluluk içinde yaşadığı tanrı Odin'in sarayı.

val.iant (väl'yınt) *s.* yiğit, cesur, yürekli, kuvvetli; kahramanca. valiancy, valiantness *i.* kahramanlık, yiğitlik. valiantly *z.* kahramanca, yiğitçe.

val.id (väl'id) *s.* muteber, geçerli; doğru, sağlam; *huk.* meşru, kanunî. validly *z.* muteber olarak, meriyette, meşru olarak.

val.i.date (väl'ıdeyt) *f.* muteber kılmak, geçerli hale koymak; tasdik etmek, onaylamak. valida'tion *i.* onaylama.

val.id.i.ty (vılid'ıti), val.id.ness (väl'idnis) *i.* meriyet, geçerlik, muteberlik; yürürlük; sağlamlık, doğruluk.

va.lise (vılis') *i.* küçük el bavulu, valiz.

val.kyr.ie (välkir'i, väl'kîri) *i., İskandinav mit.* savaş alanında ölen kahramanları seçip ruhlarını Valhalla'ya götüren kızlardan biri.

val.la.tion (vıley'şın) *i.* sur; kale siperi; sur yapımı.

val.lec.u.la (vılek'yılı) *i.* (*çoğ.* -lae) *anat., bot.* çukurcuk. vallecular, valleculate *s.* çukurcuğa ait.

val.ley (väl'i) *i.* dere, koyak, vadi; *mim.* çatı oluğu.

Va.lo.na (valô'na) *i.* Arnavutluk'ta Avlonya şehri.

va.lo.ni.a (vılo'niyı) *i.* meşe palamudu, sepicilikte kullanılan palamut. valonia oak pelit ağacı, *bot.* Quercus macrolepis.

val.or, *İng.* val.our (väl'ır) *i.* yiğitlik, cesaret, mertlik, bahadırlık, kahramanlık.

val.or.i.za.tion (välırızey'şın) *i.* hükümetçe fiyat tespiti.

val.or.ize, *İng.* -ise (väl'ırayz) *f.* hükümetçe fiyat tespit etmek.

val.or.ous (väl'ırıs) *s.* yiğit, cesur. valorously *z.* yiğitçe. valorousness *i.* yiğitlik.

valse (vals) *i., müz.* vals.

val.u.a.ble (väl'yuwıbıl, väl'yıbıl) *s., i.* kıymetli, değerli; aziz; pahalı; *i., gen. çoğ.* kıymetli şey, mücevherat.

val.u.ate (väl'yuweyt) *f.* kıymet biçmek.

val.u.a.tion (välyuwey'şın) *i.* değer biçme; kıymet, biçilmiş değer.

val.ue (väl'yu) *i., f.* kıymet, değer; itibar, önem, ehemmiyet; gerçek değer, hakikî kıymet; kesin anlam; *müz.* değer; resimde renk tonu, rengin açıklık veya koyuluğu; para eden şey, mal; *f.* değerini ölçmek; itibar etmek, muteber tutmak, saymak, takdir etmek; kadrini bilmek; paha biçmek, kıymet takdir etmek. approximate value yaklaşık değer. at value piyasa fiyatına göre değerlendirilmiş. insurable value sigorta değeri. market value piyasa fiyatı, piyasa rayici. nominal value itibarî kıymet. value-added-tax *i.* ek değer vergisi. value judgment önyargı; değerine göre kıymet verme. The value of the dollar has gone up this month. Doların değeri bu ay yükseldi. This dress is a good value for its price. Bu elbise fiyatına göre kalitelidir. valuer *i.* bilirkişi, değer biçen kimse. valueless *s.* kıymetsiz, değersiz, beş para etmez.

val.ued (väl'yud) *s.* değerlendirilmiş, belirli bir kıymeti olan.

val.vate (väl'veyt) *s.* valflı, valf gibi, valf şeklindeki; *bot.* kenarları birbirine bitişik.

valve (välv) *i.* valf, supap, ventil; *zool.* midyede kabuğun bir kanadı, kabuk; *bot.* çenet; kapı, kapı kanadı; *anat.* kapacık; *İng.* radyo lambası. valve chest valf mahfazası. valve gear buhar makinasının valflarını işleten cihaz. valve-in-head engine valfları silindir üstünde olan motor. inlet valve *mak.* emme supapı, giriş supapı. valved *s.* valflı. **val'vular** *s.* valfa ait, valf gibi; *anat.* kalp kapacığına ait.

val.vu.li.tis (välvyılay'tis) *i., tıb.* kalp kapacığı iltihabı.

va.moose, va.mose (vämus', -mos') *f., ünlem, A.B.D., argo* defolmak; *ünlem* Çek arabanı! Toz ol! Defol!

vamp (vämp) *i., f.* saya, kundura veya çizme yüzü; yamalık; *müz.* basit ve notasız eşlik; *f.* kunduraya yüz takmak; yamalamak; *müz.* eşlik etmek.

vamp (vämp) *i., f., A.B.D., k.dili* maceraperest kadın, erkek peşinde koşan kadın, vamp; *f., k.dili* (erkeği) ayartmak.

vam.pire (väm'payr) *i.* vampir, hortlak; kan emici bir çeşit büyük yarasa. **vampire bat** vampir, *zool.* Desmodus. **vampir'ic** *s.* vampir cinsinden; kan emici. **vam'pirism** *i.* vampire inanma; kan emicilik; cadılık.

van (vän) *i.* ileri kollar, ordu veya donanmanın keşif kolu; öncüler.

van (vän) *i., f.* üstü kapalı yük arabası; *İng.* furgon; *f.* yük arabası veya vagon ile taşımak.

va.na.di.um (vıney'diyım) ⁓*i.* vanadyum. **vanadium steel** vanadyum ile kuvvetlendirilmiş çelik.

van.dal (vän'dıl) *i., s.* vandal; *s.* vahşi, yıkıcı. **vandalism** *i.* vandalizm.

Van.dyke (vändayk') *i., s.* Felemenk'li ressam Van Dyck'ın eseri; Van Dyck'ın resimlerinde görülen modaya göre yaka veya pelerin veya sakal; *s.* Van Dyck tarzına ait. **Vandyke beard** keçisakal. **Vandyke brown** koyu kahverengi.

vane (veyn) *i.* rüzgâr yönünü gösteren şey, fırıldak, yelkovan; yeldeğirmeni kanadı; pervane kanadı; fırdöndü; tüy bayrağı; *den.* pinel. **weather vane** yelkovan, rüzgâr fırıldağı. **vaned** *s.* pervaneli; fırdöndülü.

vang (väng) *i., den.* gizin ablisi, iskota halatı.

van.guard (vän'gard) *i., ask.* ileri kol, öncü kolu.

va.nil.la (vınil'ı) *i.* vanilya, *bot.* Vanilla planifolia; bu fidanın yemişleri; vanilya ruhu.

va.nil.lin (vınil'în) *i.* sentetik vanilya; vanilyadan çıkarılan bir esans.

van.ish (vän'îş) *f., i.* kaybolmak, gözden kaybolmak, yok olmak; uçmak; zail olmak; *mat.* sıfıra eşitlemek; *i., dilb.* diftongun daha zayıf telaffuz olunan ikinci kısmı. **vanishing**

cream az yağlı krem. **vanishing fraction** sıfıra eşit olan kesir. **vanishing point** birleşme noktası, intiha noktası.

van.i.ty (vän'ıti) *i.* kibirlilik, kendini beğenmişlik, fazla gurur; gösteriş, caka; boş şey, abes şey, beyhudelik. **vanity case** makyaj çantası. **Vanity Fair** gösteriş dünyası; moda ve eğlence dünyası. **vanity publisher** yazarın bütün masrafları karşılaması kaydıyle kitap yayımlayan yayınevi.

van.quish (väng'kwiş) *f.* yenmek, altetmek, mağlup etmek, hakkından gelmek.

van.tage (vän'tîc) *i.* üstünlük; *tenis* düsten sonra gelen puvan, avantaj. **vantage ground** üstünlük sağlayan alan. **coign of vantage** iş veya gözleme elverişli yer veya saha.

vap.id (väp'îd, vey'pîd) *s.* tatsız, lezzetsiz, yavan; bön; cansız. **vapidity** (vıpîd'ıti), **vapidness** *i.* cansızlık; bönlük.

va.por, *İng.* va.pour (vey'pır) *i., f.* buhar, buğu, duman; gaz haline gelmiş madde; geçici şey; uçucu şey; *çoğ., eski* karasevda; *f.* buhar çıkarmak; buharlaşmak, buhar olup uçmak; övünmek. **vapor lock** buhar ile tıkama. **vapor pressure** *fiz.* buhar basıncı. **vapor trail** yüksekte uçan uçağın bıraktığı beyaz buhar şeridi. **vaporous, vapory** *s.* buharlı, dumanlı; hayalperest; boş, esassız.

va.por.ing (vey'pıring) *s., i.* cakalı, övüngen; *i.* caka satma.

va.por.ize (vey'pırayz) *f.* buharlaştırmak, buharlaşmak. **vaporiza'tion** *i.* buharlaşma, buharlaştırma.

va.por.i.zer (vey'pırayzır) *i.* püskürgeç, vaporizatör.

va.que.ro (vake'ro) *i.* çoban, sığırtmaç, kovboy.

var. *kıs.* **variant, variation, variety.**

Va.ran.gi.an (vırän'ciyın) *i.* dokuzuncu yüzyılda Rusya'da bir hükümdarlık kuran İskandinav denizcilerinden biri; on bir ile on ikinci yüzyıllarda Rus veya İskandinavya'lı Bizans saray muhafızı.

vari- *önek* değişik, çeşitli.

var.i.a.ble (ver'iyıbıl) *s., i.* değişir, değişken; kararsız, sebatsız; *biyol.* değişken; *i.* değişen şey; *mat.* değişken nicelik; *astr.* değişken yıldız; *çoğ.* okyanusta rüzgârların hafif ve sakin olduğu ekvatora yakın kısımlar. **variabil'ity, variableness** *i.* değişkenlik. **variably** *z.* değişkence; kararsızcasına.

var.i.ance (ver'iyıns) *i.* değişme, değişiklik; uyuşmazlık; çelişki, ihtilâf, ayrılık. **at variance with** çelişkili, tutarsız, aykırı.

var.i.ant (ver'iyınt) *s., i.* farklı, değişik; dönek; değişken; *i.* başka şekil; varyant; değişen şey.

var.i.ate (ver'iyit, ver'iyeyt) *i.* değişken şey.

var.i.a.tion (veriyey'şın) *i.* değişme, dönme, dönüşme; değişme miktarı, değişme derecesi; *gram.* çekim, tasrif; *müz.* çeşitleme, varyasyon; gökcisminin ortalama yörünge veya devrinin değişmesi; *biyol.* değişme. **variation compass** ibrenin en ufak değişikliklerini gösteren pusula. **periodic variation** düzenli aralarla meydana gelen değişiklik.

var.i.cel.la (verisel'ı) *i., tıb.* suçiçeği.

var.i.co.cele (ver'ıkosil) *i., tıb.* hayâ torbası damarlarında tümör.

var.i.cose (ver'ıkos) *s., tıb.* genişlemiş, varisli (damar).

var.i.co.sis (verıko'sîs) *i., tıb.* varis.

var.ied (ver'id) *s.* çeşitli, türlü; değişik.

var.i.e.gate (ver'iyıgeyt) *f.* renk renk yapmak, renklendirmek; değişiklik katmak, çeşitlemek. **variegated** *s.* renk renk, alaca; çeşitli. **variega'tion** *i.* renklilik; çeşitlilik.

va.ri.e.tal (vıray'ıtıl) *s.* çeşitlere ait.

va.ri.e.ty (vıray'ıti) *i.* değişiklik, farklılık; karışım; *biyol.* çeşit; cins, nevi, tür. **variety meat** sakatat; salam, sosis, sucuk. **variety show** varyete. **variety store** *A.B.D.* tuhafiye dükkânı.

var.i.form (ver'ıfôrm) *s.* farklı şekilleri olan, biçim biçim.

va.ri.o.la (vıray'ılı) *i., tıb.* çiçek hastalığı. **variolous** *s.* çiçek hastalığı kabilinden; çiçek bozuğu, çopur.

var.i.o.lite (ver'iyılayt) *i., jeol.* beyaz lekeli bir çeşit volkanik kaya. **variolit'ic** *s.* bu kayaya ait; benekli.

var.i.o.loid (ver'iyıloyd) *s., i.* çiçek hastalığına benzer; *i.* hafif bir çeşit çiçek hastalığı.

var.i.om.e.ter (veriyam'ıtır) *i., elek.* varyometre.

var.i.o.rum (veriyôr'ım) *s., i.* değişik nüshalardan derlenmiş (eser). **variorum edition** değişik nüshalardaki farkları dipnotta veren baskı.

var.i.ous (ver'iyıs) *s.* farklı, muhtelif, ayrı, çeşitli, birkaç; değişik; *nad.* kararsız, sebatsız.

variously *z.* farklı olarak. **variousness** *i.* farklılık, çeşitlilik.

var.ix (ver'iks) *i.* (*çoğ.* **var.i.ces**) *tıb.* varis.

var.let (var'lit) *i., eski* iç oğlanı, şövalye uşağı; alçak adam.

var.mint (var'mınt) *i., leh.* zararlı böcek, zararlı küçük hayvan; sefil adam.

var.nish (var'nîş) *i., f.* vernik, cilâ; yapmacık, yapma kibarlık; *f.* cilâlamak, verniklemek; görünüşte süslemek, içyüzünü gizlemek.

var.si.ty (var'sıti) *i.* birinci gelen okul takımı; *İng.* üniversite.

var.us (ver'ıs) *i., tıb.* kemik veya eklemin kusurlu teşekkülü.

varve (varv) *i., jeol.* iklimsel birikimlerin oluşturduğu katman, tabaka.

var.y (ver'i) *f.* değişmek; değiştirmek; başkalaştırmak; *müz.* çeşitlemek; almaşık olmak, keşikleşmek; *biyol.* değişime uğramak. **vary from** -den ayrılmak, -den sapmak.

vas (väs) *i.* (*çoğ.* **va.sa**) *biyol.* damar, kanal. **vas deferans** *anat.* meni kanalı.

vas.cu.lar (väs'kyılır) *s., biyol.* damar cinsinden; damarlı, damarları çok. **vascular'ity** *i.* damar damar olma, damarlılık.

vase (veys, veyz, vaz) *i.* vazo.

va.sec.to.my (vısek'tımi) *i., tıb.* meni kanalı ameliyatı.

Vas.e.line (väs'ılin) *i., tic. mark.* vazelin.

vaso- *önek, fizyol.* damar, kanal.

vas.o.con.stric.tor (väsokınstrik'tır) *i., fizyol.* damardaraltan ilâç veya sinir.

vas.o.di.la.tor (väsodayley'tır) *i., fizyol.* damargenişleten ilâç veya sinir.

vas.o.mo.tor (väsomo'tır) *s., fizyol.* kan damarlarını büzücü veya genişletici.

vas.sal (väs'ıl) *i., s.* vasal, biat eden kimse; tebaa; kul, hizmetli, köle; *s.* köle gibi. **vassalage** *i.* vasallık; derebeylik sistemi; kölelik; tımar, zeamet; vasallar.

vast (väst) *s.* geniş, engin, vâsi; çok büyük; çok, külliyetli. **vas'titude, vast'ness** *i.* genişlik; büyüklük; çokluk. **vast'ly** *z.* çok. **vast'y** *s., şiir* büyük, geniş, engin.

VAT *kıs., İng.* **value-added-tax.**

vat (vät) *i., f.* tekne, fıçı; gerdel; boya fıçısı; sarnıç; *f.* tekneye koymak; teknede ıslatmak.

vat.ic (vät'ik) *s.* kehanet kabilinden.

Vat.i.can (vät'ıkın) *i.* Vatikan; papalık. **Vatican City** Vatikan.

vat.i.cide (vät'ısayd) *i.* peygamber katili; peygamber öldürme.

va.tic.i.nate (vıtis'ıneyt) *f.* kehanette bulunmak. **vaticinal** *s.* kehanet kabilinden. **vaticina'tion** *i.* kehanet.

vaude.ville (vod'vil) *i.* vodvil; yergili balad.

vault (vôlt) *i.*, *f.* tonoz, çatı kemeri, kemer; gök, sema; mahzen; kasa; yeraltında kemerli kabir; *f.* kemer yapmak, üstüne kemer çevirmek. **bank vault** banka kasası. **vault'-ing** *i.* tonozlu yapı, kemerli yapı; kemer yapma sanatı.

vault (vôlt) *i.*, *f.* atlama, ‡atlayış; sırıkla yüksek atlama; atın sıçraması; *f.* atlamak, sıçramak. **vault'ing horse** sporda kullanılan kasa, kuzu.

vaunt (vônt) *f.*, *i.* övünmek; övmek; *i.* övünme. **vaunt'ingly** *z.* övünerek.

vav.a.sor (väv'ısôr) *i.* tımarcı.

vb. *kıs.* **verb.**

V.C. *kıs.* **Vice Chairman, Vice Consul, Victoria Cross, Viet Cong.**

Vd. *kıs.* **vanadium.**

VD *kıs.* **venereal disease.**

veal (vil) *i.* dana eti, buzağı eti, süt danası eti.

vec.tor (vek'tır) *i.*, *mat.* vektör; *biyol.* taşıyıcı.

Ve.da (vey'dı, vi'dı) *i.* Hindu dininin en eski kutsal kitapları, Veda. **Ve'dic** *s.* bu kitaplara ait.

Ve.dan.ta (vidan'tı, vidän'tı) *i.* Hindu kutsal kitaplarına dayanan panteist bir felsefe sistemi.

V-E Day (vi'i') 8 mayıs, İkinci Dünya Savaşında Birleşik Milletlerin Avrupa'da zafer günü.

ve.dette (videt') *i.*, *ask.* keşif kolu önündeki atlı nöbetçi; *den.* gözetleme gemisi.

veer (vir) *f.*, *den.* yön değiştirmek; saat yelkovanı doğrultusunda yön değiştirmek; dönmek; değişmek; çevirmek, döndürmek. **veer round** *den.* dönüp aksi yöne gitmek.

veer (vir) *f.*, *den.* laçka etmek. **veer away** halatı laçka etmek. **veer and haul** laçka ve vira etmek.

veer.y (vir'i) *i.* Birleşik Amerika'nın doğusuna mahsus bir ardıçkuşu.

Ve.ga (vi'gı, vey'gı) *i.*, *astr.* Vega.

veg.e.ta.ble (vec'ıtıbıl, vec'tıbıl) *i.*, *s.* sebze, zerzevat, göveri, yeşillik; bitki, nebat; *s.* bitkilere ait, bitkilerden alınmış; bitkisel; sönük. **vegetable black** boya olarak kullanılan bitkisel yağ isi. **vegetable butter** margarin, bitkisel yağ. **vegetable dye** bitkisel boya. **vegetable garden** bostan, sebze bahçesi. **vegetable kingdom** bitkiler âlemi. **vegetable marrow** kabak, sakızkabağı. **vegetable oil** bitkisel yağ. **vegetable oyster** tekesakalı, iskorçina, *bot.* Tragopogon. **vegetable silk** Brezilya'ya mahsus bir ağaçtan alınan ve yastık doldurmak için kullanılan pamuk gibi madde. **vegetable sponge** lif. **vegetable wax** bitkisel mum.

veg.e.tal (vec'ıtıl) *s.*, *biyol.* bitkisel.

veg.e.tar.i.an (veciter'iyın) *i.*, *s.* etyemez kimse, otobur; *s.* etyemez; yalnız sebzeden ibaret. **vegetarianism** *i.* etyemezlik.

veg.e.tate (vec'ıteyt) *f.* bitki gibi büyümek; bitki gibi yaşamak, kuru ve anlamsız hayat yaşamak; *tıb.* fazla büyümek, bitmek (ur). **vegetative** *s.* bitki gibi biten; bitkisel; bitek; bitkihin üremeyle ilgisi olmayan kısımlarına ait; bitki gibi yaşayan; *fizyol.* otonom.

veg.e.ta.tion (vecitey'şın) *i.* bitki gibi büyüme; bitkiler; *tıb.* ur, tümör.

ve.he.ment (vi'yımınt, vi'hımınt) *s.* şiddetli, hiddetli; ateşli. **vehemence, -cy** *i.* hiddet, şiddet, ateşlilik. **vehemently** *z.* şiddetle, hiddetle.

ve.hi.cle (vi'yıkıl) *i.* vasıta, araç, taşıt; *ecza.* vasıta, vehikül. **vehicular** (vihik'yılır) *s.* taşıtlara ait; taşıt olarak kullanılan; vasıta olan.

veil (veyl) *i.*, *f.* peçe, yaşmak, perde; tül, duvak; bahane, maske; cenin zarı; *f.* peçe ile örtmek; üstünü kapamak, gizlemek. **beyond the veil** öbür dünyada. **take the veil** rahibe olup manastıra girmek. **veil'ing** *i.* peçelik ince kumaş.

vein (veyn) *i.*, *f.*, *anat.* damar, verid, ven, toplardamar; ebru; huy, mizaç; oluk, oyuk; *f.* damar teşkil etmek; damarlarla kaplamak; ebrulamak. **vein'ing** *i.* damar ağı. **vein'y** *s.* çok damarlı, damar damar; ebrulu.

vein.stone (veyn'ston) *i.*, *jeol.* gang.

ve.la.men (vıley'mın) *i.* (*çoğ.* **ve.lam.i.na**) *anat.* zar; *bot.* yılanyastığı veya salep kökü üstündeki süngersi zar.

ve.lar (vi'lır) *s.* yumuşak damağa ait; *dilb.* damaksıl.

veldt (velt) *i.* Güney Afrika'da bozkır.

vel.i.ta.tion (velıtey'şın) *i.* kavga, çatışma; münakaşa, hafif çatışma.

ve.li.tes (vi'lıtiz) *i., çoğ., Rom. tar.* hafif piyade.

vel.le.i.ty (veliy'ıti) *i.* hafif heves, hafif arzu.

vel.li.cate (vel'ıkeyt) *f.* seğirmek; seğirtmek.

vel.lum (vel'ım) *i.* parşömen, tirşe; parşömene yazılı belge; tirşe taklidi kâğıt. **vellum cloth** tirşe taklidi bez. **vellum paper** tirşe taklidi kâğıt.

ve.lo.ce (veylo'çey) *z., İt., müz.* çabuk tempo ile, hızlı.

ve.loc.i.pede (vılas'ıpid) *i.* velespit, üç tekerlekli çocuk bisikleti.

ve.loc.i.ty (vılas'ıti) *i.* sürat, hız; hız derecesi.

ve.lo.drome (vel'ıdrome) *i.* içinde motosiklet veya bisiklet yarış pisti olan bina.

ve.lours (vılûr') *i.* kadife kilidi.

ve.lum (vi'lım) *i.* (çoğ. **vel.la**) *biyol.* ince zar; *anat.* yumuşak damak, damak eteği.

ve.lure (vılûr') *i., f.* kadife, velur; kadifeye benzer kumaş; kadife fırça; *f.* kadife fırça ile fırçalamak.

ve.lu.ti.nous (vılû'tınıs) *s., bot.* ülgerli.

vel.ver.et (velvıret') *i.* arka yüzü pamuklu kadife.

vel.vet (vel'vît) *i., s.* kadife; yeni büyüyen boynuzu örten kadifemsi deri; kadifemsi şey; *argo* cabadan kazanç; *s.* kadife gibi; yumuşak. **velvet grass** kadifeotu, *bot.* Holcus lanatus. **velvety** *s.* kadife gibi; yumuşak.

vel.vet.een (velvıtin') *i.* pamuklu kadife.

Ven. *kıs.* **Venerable.**

ve.nal (vi'nıl) *s.* satın alınır, rüşvetle kandırılır, para ile elde edilir; onurunu satmaya hazır. **venal'ity** *i.* nüfuz ve yetkisini satma, rüşvet yeme. **venally** *z.* rüşvet yiyerek.

ve.nat.ic, -i.cal (vınät'îk, -îkıl) *s., eski* ava ait, avla ilgili, avda kullanılan.

ve.na.tion (viney'şın) *i.* yaprak veya böcek kanadında damar düzeni.

vend (vend) *f.* satmak; ilân etmek; satıcılık yapmak; satılmak. **vend'er, vend'or** *i.* satıcı, işportacı, çerçi. **vendible** *s.* satılabilir. **vend'ing machine** (madenî para ile çalıştırılan) satıcı makina. **vendi'tion** *i.* satış.

ven.dace (ven'dıs, -deys) *i.* İngiltere ve İskoçya göllerinde bulunan alabalık cinsinden lezzetli bir balık.

ven.dee (vendi') *i., huk.* alıcı.

ven.det.ta (vendet'ı) *i.* kan davası, kan gütme.

ve.neer (vınîr') *f., i.* kaplamak, kaplama yapmak; *fig.* cilâlamak, yaldızlamak; *i.* kaplama tahtası; gösteriş, yapma tavır, yaldız, cilâ. **veneering** *i.* kaplama.

ven.er.a.ble (ven'ırıbıl) *s.* muhterem, saygıdeğer; kutsal, huşu uyandıran. **venerably** *z.* saygı uyandıracak şekilde.

ven.er.ate (ven'ıreyt) *f.* çok muhterem tutmak, hürmet etmek, saygı göstermek, ululamak. **venera'tion** *i.* hürmet, saygı.

ve.ne.re.al (vınîr'iyıl) *s.* cinsel ilişkiye ait; *tıb.* cinsel ilişkiden meydana gelen, zührevî. **venereal disease** zührevî hastalık.

ven.er.y (ven'ıri) *i., eski* aşırı cinsel ilişki.

ven.er.y (ven'ıri) *i., eski* avcılık.

ven.e.sec.tion (venısek'şın) *i., tıb.* toplardamardan kan alma.

Ve.ne.tian (vını'şın) *s., i.* Venedik'e ait; *i.* Venedikli. **Venetian blind** jaluzi. **Venetian glass** Venedik kristali. **Venetian pearl** camdan yapılmış taklit inci. **Venetian window** orta kısmı enli ve diğer iki yanı ensiz üç bölümlü pencere.

Ven.e.zue.la (venızwey'lı) *i.* Venezuela.

ven.geance (ven'cıns) *i.* intikam, öç; öç alma. **with a vengeance** büyük bir şiddetle; son derecede, ziyadesiyle, alabildiğine.

venge.ful (venc'fıl) *s.* öç alıcı, intikam alıcı, hınçlı, kinci. **vengefully** *z.* kinle, hınçla. **vengefulness** *i.* kinlilik, hınçlılık.

ve.ni.al (vi'niyıl, vin'yıl) *s., ilâh.* affolunur, kolayca affedilebilir, affı mümkün. **veniality** (viniyäl'ıti), **venialness** *i.* af imkânı. **venially** *z.* affedilebilecek şekilde.

Ven.ice (ven'îs) *i.* Venedik.

ve.ni.re (vînay'ri) *i., huk.* davetiye.

ven.i.son (ven'ızın, -ısın, İng. ven'zın) *i.* geyik eti, karaca eti.

ve.ni, vi.di, vi.ci (wey'ni, wi'di, wi'ki) *Lat.* geldim, gördüm, yendim.

ven.om (ven'ım) *i.* yılan veya akrep zehiri, ağı; kötülük, garez, kin, düşmanlık, diş bileme.

ven.om.ous (ven'ımıs) *s.* zehirli; zehirleyici; düşman, kin dolu, diş bileyen. **venomously** *z.* zehirli bir şekilde. **venomousness** *i.* zehirlilik; kinlilik.

ve.nos.i.ty (vînas'ıti) *i., fizyol.* damarlılık; toplardamarlarda kirli kan bolluğu.

ve.nous (vi'nıs) *s.* toplardamara ait; kirli kana ait; *bot., zool.* damarlı.

vent (vent) *i., f.* delik; menfez, ağız, açma; nefeslik; *zool.* hayvan kıçı; *ask.* top falyası; mahreç, çıkak, çıkıt; yarık; *f.* dışarı salıvermek; ifade etmek, göstermek, belirtmek. **give vent to** açığa vurmak. **He vented his fury on the dog.** Öfkesini köpekten çıkardı.

vent.age (ven'tic) *i.* küçük delik.

ven.ter (ven'tır) *i.* karın, batın; çıkıntı; *huk.* rahim, ana rahmi.

ven.ti.duct (ven'tıdʌkt) *i.* hava borusu.

ven.ti.late (ven'tıleyt) *f.* hava vermek, havalandırmak; açığa vurmak, ilân etmek. **ventilating fan** vantilatör, fırıldaklı yelpaze. **ventila'tion** *i.* havalandırma. **ventilator** *i.* havalandırma düzeni, vantilatör.

ven.tral (ven'trıl) *s., i.* karna ait, karında olan; *anat.* vücudun aşağı veya ön kısmına doğru; vücudun ön veya aşağı kısmındaki; *bot.* çiçeğin iç tarafına ait; *i., zool.* karın yüzgeci. **ventrally** *z.* karın tarafından, karna doğru.

ven.tri.cle (ven'trıkıl) *i., anat.* beden veya organda boşluk; karıncık. **ventric'ular** *s.* karıncıkla ilgili, karıncığa ait.

ven.tri.cose (ven'trıkos) *s.* göbekli; ortada veya yanda şişkin.

ven.tril.o.quism (ventril'ıkwizim) *i.* vantrlogluk. **ventriloquist** *i.* vantrlog.

ventro- *önek* karın.

ven.ture (ven'çır) *i., f.* risk, riziko; şans işi, tehlikeli iş, cüret; *f.* bahta bırakmak; cesaret edip girişmek; cüret etmek; tehlikeli işe atılmak, riske girmek. **at a venture** rasgele. **May I venture a suggestion?** Bir teklifte bulunabilir miyim?

ven.ture.some (ven'çırsım) *s.* cüretli, atak, atılgan; riskli. **venturesomely** *z.* cesaretle. **venturesomeness** *i.* yiğitlik; maceraperestlik.

ven.tur.ous (ven'çırıs) *s.* gözüpek, atılgan, cesur, cüretli; riskli, tehlikeli. **venturously** *z.* atılganca, cesaretle. **venturousness** *i.* pervasızlık, cesurluk.

ven.ue (ven'yu) *i., huk.* mahkeme yeri; olay yeri, cinayet mahalli; yetki dairesi.

Ve.nus (vi'nıs) *i.* aşk tanrıçası Venüs; *astr.* Zühre, Venüs, Çulpan, Çobanyıldızı. **Venus's flytrap** sinekkapan, *bot.* Dionaea mus-

cipula. **Venus's looking glass** ayna otu, *bot.* Specularia.

ve.ra.cious (virey'şıs) *s.* doğru sözlü; gerçeğe sadık; hakiki, doğru. **veraciously** *z.* doğrulukla. **veraciousness** *i.* doğruluk.

ve.rac.i.ty (vıräs'ıti) *i.* hakikat, gerçek; dürüstlük, doğruluk; gerçeklik.

ve.ran.da (vırän'dı) *i.* veranda, taraça.

ver.a.trine (ver'ıtrin) *i., kim.* veratrin.

verb (vırb) *i., gram.* fiil. **active verb** etken fiil. **auxiliary verb** yardımcı fiil. **complex verb** katışık fiil. **compound verb** bileşik fiil. **impersonal verb** şahıssız fiil. **intransitive verb** geçişsiz fiil. **neuter verb**· geçişsiz fiil. **passive verb** edilgen fiil. **reciprocal verb** işteşlik fiili. **reflexive verb** dönüşlü fiil. **transitive verb** geçişli fiil.

ver.bal (vır'bıl) *s.* söze ait; sözlü, şifahî; kelimesi kelimesine, aynen, harfiyen; *gram.* fiile ait, fiil kabilinden. **verbal contract** sözlü anlaşma, şifahî kontrat. **verbal distinction** kelime farkı. **verbal note** *pol.* şifahî takrir, nota. **verbal noun** mastar ismi, isim-fiil. **verbal translation** harfi harfine tercüme; sözlü· çeviri. **verbally** *z.* ağızdan, şifahen.

ver.bal.ism (vır'bılizım) *i.* söz; anlatım; boş laf; laf kalabalığı. **verbalist** *i.* kelimelere önem veren kimse; laf ebesi.

ver.bal.ize (vır'bılayz) *f.* sözle ifade etmek; açıklamak; fiil şekline koymak.

ver.ba.tim (vırbey'tim, -tım) *z., s.* kelimesi kelimesine, aynen, harfi harfine; *s.* kelimesi kelimesine yapılmış, tam.

ver.ba.tim et lit.e.rat.im (vırbey'tim et litirey'tim) *Lat.* tam, harfi harfine, kelimesi kelimesine.

ver.be.na (vırbi'nı) *i.* mineçiçeği, *bot.* Verbena.

ver.bi.age (vır'biyic) *i.* laf kalabalığı; şişirme.

ver.big.er.ate (vırbic'ıreyt) *f., psik.* arka arkaya manasız kelimeler sıralamak, kelime salatası yapmak.

ver.bose (vırbos') *s.* gereksiz sözlerle dolu. **verbosely** *z.* şişirerek. **verboseness, verbosity** (vırbas'ıti) *i.* söz çokluğu, laf kalabalığı.

ver.bo.ten (ferbot'ın) *s., Al.* yasak.

ver.bum sat sa.pi.en.ti est (vır'bım sät seypiyen'tay est') *Lat.* Akıllıya bir söz yeter. Arife tarife gerekmez. *kıs.* **verbum sap.**

ver.dant (vır'dınt) s. yeşil, taze; yeşillikli; toy, pişmemiş. verdancy i. yeşillik, tazelik. verdantly z. yeşil bir halde.

verd an.tique (vırd antik') yeşil somaki.

ver.der.er (vır'dırır) i. eski İngiltere'de kraliyet orman memuru.

ver.dict (vır'dikt) i., huk. jüri heyeti kararı; hüküm, karar, ilâm.

ver.di.gris (vır'dıgris, -gris) i. jengâr, zencar, bakır pası.

ver.di.ter (vır'dıtır) i. bakırdan elde edilen mavi veya yeşil boya.

ver.dure (vır'cır) i. yeşillik; bitki yeşilliği; çimen. verdurous s. yeşil çimen kaplı.

Ver.ein (ferayn') i., Al. cemiyet, birlik, dernek.

verge (vırc) i., f. sınır, hudut, had, kenar; eşik; halka, daire; değnek, asa; f. yönelmek; on ile yaklaşmak, -e doğru gitmek; meyletmek; sınırlamak. on the verge of eşiğinde, üzere.

verg.er (vır'cır) i. kilisede piskoposa hizmet eden kimse; İng. zangoç.

Ver.gil (vır'cil) i. Vergilius.

ve.rid.i.cal (vırid'ikıl) s. doğru sözlü, gerçeğe sadık.

ver.i.fi.ca.tion (verıfıkey'şın) i. gerçekleme; doğrulama; huk. soruşturma, tahkik.

ver.i.fy (ver'ıfay) f. gerçeklemek, doğrulamak, tasdik etmek; doğruluğunu ispat etmek; huk. tahkik etmek, tetkik etmek. verifiable s. gerçekliği ispat edilebilir; tahkiki mümkün.

ver.i.ly (ver'ıli) z., eski gerçekte, hakikaten, sahiden, doğrusu, filvaki.

ver.i.sim.i.lar (verisim'ılır) s. hakikat gibi görünen; muhtemel; umulur, beklenir. verisimilarly z. muhtemelen.

ver.i.si.mil.i.tude (verısimil'ıtud) i. gerçeğe benzeyiş; ihtimal.

ver.ism (ver'izım) i. sanat veya edebiyatta gerçekçilik.

ver.i.ta.ble (ver'ıtıbıl) s. gerçek, hakiki. veritableness i. gerçeklik, hakikat. veritably z. gerçekte.

ver.i.tas (ver'ıtäs) i., Lat. hakikat, gerçek.

ver.i.ty (ver'ıti) i. doğruluk, gerçeklik; hakikat, gerçek.

ver.juice (vır'cus) i. koruk suyu; ham meyva suyu; ekşilik, mayhoşluk.

ver.meil (vır'mil) i., s., şiir parlak kırmızı; yaldız; lâl, yakut; s. parlak kırmızı, lâl.

vermi- önek kurt, solucan.

ver.mi.cel.li (vırmısel'i) i. tel şehriye.

ver.mi.cide (vır'mısayd) i. solucan ilâcı. vermici'dal s. solucan düşürücü.

ver.mic.u.lar (vırmik'yılır) s. solucana benzer, kurt şeklindeki; solucan hareketi gibi. vermiculate(d) s. solucana benzer; kurt yemiş gibi delik deşik; kurt yeniği şeklinde süsü olan; solucan gibi sürünen veya hareket eden; solucanlı, kurtlu. vermicula'tion i. solucan gibi sürünme; kurt yeniği şeklinde süs.

ver.mi.form (vır'mıfôrm) s. solucan şeklindeki, kurda benzer. vermiform appendix anat. apandis. vermiform process anat. apandis; anat. beyinciğin bir kısmı.

ver.mi.fuge (vır'mıfyuc) i., tıb. solucan ilâcı.

ver.mil.ion (vırmil'yın) i., s., f. al renk, parlak kırmızı; zincifre, sülüğen; s. al; f. zincifre veya sülüğen sürmek.

ver.min (vır'min) i. (çoğ. ver.min) zararlı ve iğrenç küçük hayvan; haşarat; iğrenç mahluk; ayaktakımı; muzır adam, mikrop.

ver.min.ous (vır'mınıs) s. haşaratlı; haşarat kabilinden.

ver.miv.o.rous (vırmiv'ırıs) s. solucanla beslenen, kurt yiyen.

ver.mouth (vır'muth) i. vermut.

ver.nac.u.lar (vırnäk'yılır) s., i. ana diline ait; yerli konuşma dilindeki; bölgesel; argoyla ilgili; yaygın; i. anadili; konuşulan dil, günlük dil; lehçe; deyim, argo; yaygın isim. vernacularism i. lehçe deyimi; şive; konuşulan dili kullanma. vernacularize f. yerlileştirmek. vernacularly z. anadilinde; konuşma dilinde.

ver.nal (vır'nıl) s. ilkbahara ait, ilkbaharda olan; gençliğe ait. vernal equinox ilkbahar noktası (21 Mart). vernal grass otlar arasında biten güzel kokulu bir ot, bot. Anthoxanthum odoratum. vernally z. ilkbahar gibi.

ver.na.tion (vırney'şın) i., bot. tomurcuk içinde yaprakların dizilişi.

ver.ni.er (vır'niyır) i. verniye.

ve.ron.i.ca (vıran'ikı) i. yavşanotu, veronika, bot. Veronica arvensis.

ver.ru.ca (veru'kı) i. (çoğ. -cae) tıb. siğil; biyol. siğil gibi çıkıntı.

ver.ru.cose (ver'ıkos) s. siğilli; siğil gibi; nasırlı.

Ver.sailles (versay') i. Versay.

ver.sant (vır'sınt) *i.* bayır.

ver.sa.tile (vır'sıtil) *s.* çok yönlü, çeşitli yetenekleri olan; şahbaz, çevik ve becerikli, eli her işe yatkın; *biyol.* kolay yönelebilen. **versatil'ity, versatileness** *i.* beceriklilik; çok yönlülük.

verse (vırs) *i.* mısra; şiir; koşuk, nazım; beyit, kıta; ayet.

versed (vırst) *s.*, **in** *ile* tecrübeli, bilgili; hünerli, marifetli, usta.

ver.si.cle (vır'sikıl) *i.* ayet; bent, parça.

ver.si.col.or, *İng.* **-our** (vır'sikʌlır) *s.* çok renkli, rengârenk; yanardöner, şanjan.

ver.sic.u.lar (vırsik'yılır) *s.* ayetlere ait.

ver.si.fy (vır'sıfay) *f.*, *i.* şiir haline koymak; şiir ile ifade etmek; şiir yazmak. **versifica'tion** *i.* şiir yazma sanatı.

ver.sion (vır'jın, -şın) *i.* belirli bir görüşe dayanan açıklama veya tanımlama; çeviri; uyarlama, adaptasyon.

vers li.bre (ver li'br) *Fr.* serbest nazım.

ver.so (vır'so) *i.*, *matb.* soldaki sayfa.

verst (vırst) *i.* 1,07 kilometrelik Rus uzunluk ölçüsü.

ver.sus (vır'sıs) *edat* karşı, aleyhinde, *kıs.* **v.** *veya* **vs.**

vert (vırt) *i.*, *İng. huk.* ormanda yeşil yapraklı her şey; ormanda odun kesme hakkı; *hane.* yeşil renk.

ver.te.bra (vır'tıbrı) *i.* (*çoğ.* **-brae, -bras**) *anat.* omur, vertebra, fıkra. **vertebral** *s.* omurga kemiklerine ait, vertebral; omurga kemikleri olan, omurlu. **vertebral column** belkemiği, omurga.

ver.te.brate (vır'tıbreyt) *s.*, *i.* belkemiği olan, omurgalı; *i.* omurgalı hayvan. **vertebrated** *s.* omurgalı, belkemikli. **vertebra'tion** *i.* omurların yapısı; belkemiğinin omurlara bölünmesi.

ver.tex (vır'teks) *i.* (*çoğ.* **-tex.es, -ti.ces**) zirve, doruk, tepe; *anat.* başın tepesi; *astr.* başucu.

ver.ti.cal (vır'tikıl) *s.*, *i.* düşey, dikey; tam tepede olan; *bot.* dikey; *i.* dikey çizgi, dikey düzlem; dikey kiriş. **vertical circle** *astr.* ufuk düzlemine dikey olan büyük daire. **verticality** (vırtıkäl'ıtı), **verticalness** *i.* dikeylik. **vertically** *z.* dikey olarak.

ver.ti.cil (vır'tısil) *i.*, *biyol.* yaprak veya dokunaç halkası; halkavi diziliş.

ver.tic.il.late (vırtis'ılit, -leyt) *s.* halka şeklindeki.

ver.tig.i.nous (vırtic'ınıs) *s.* baş dönmesi olan; sersemletici, baş döndürücü; terelelli. **vertiginously** *z.* baş döndürücü bir şekilde.

ver.ti.go (*çoğ.* **ver.ti.goes, ver.tig.i.nes**) (vır'tıgo, vır'tıgoz, vırtic'ınız) *i.*, *tıb.* baş dönmesi.

ver.vain (vır'veyn) *i.* mineçiçeği, güvercinotu, *bot.* Verbena officinalis.

verve (vırv) *i.* şevk, gayret, enerji, heves.

ver.vet (vır'vit) *i.* grimsi yeşil renkli ve siyah benekli Güney Afrika maymunu.

ver.y (ver'i) *s.*, *z.* tam, hakikî, ta kendisi; mutlak, katî; hususî, belirli; aynı, tıpkısı; bile, hatta; *z.* pek, çok, ziyadesiyle. **He is the veriest idiot who ever lived.** Şimdiye kadar yaşamış aptalların daniskasıdır. **Marriage is the very thing for you.** Evlilik senin için biçilmiş kaftandır. **She wept for very joy.** Sırf sevinçten ağladı. **The very idea!** Daha neler! **very high frequency** *radyo* 30-300 megasikl. **very low frequency** *radyo* 10-30 kilosikl.

Very light işaret fişeği.

ve.si.ca (vîsay'kı) *i.* (*çoğ.* **-cae**) *anat.* torba; sidik torbası, mesane. **vesical** *s.* mesaneye ait.

ves.i.cate (ves'ikeyt) *f.*, *tıb.* kabarcık meydana getirmek. **vesicant** (ves'ikınt), **vesicatory** (ves'ikıtôri) *s.*, *tıb.* deriyi kabartan, kabarcık yapan (yakı). **vesica'tion** *i.* kabarcık meydana getirme.

ves.i.cle (ves'ikıl) *i.* kabarcık, kese, kist; *jeol.* kaya veya taşta ufak yuvarlak boşluk. **vesicular** (vısik'yılır) *s.* kabarcık şeklindeki; kese gibi.

ve.sic.u.late (*f.* vısik'yıleyt; *s.* vısik'yılit, -leyt) *f.*, *s.* kabarcıklarla kaplamak veya dolmak; *s.* kabarcıklı; keseli. **vesicula'tion** *i.* kabarcıklarla kaplanma.

ves.per (ves'pır) *i.*, *s.* akşam duası veya ilâhisi; akşam duası çanı; *b.h.* akşam yıldızı, Venüs, Çulpan; *s.* akşama veya akşam duasına ait. **vespers** *i.* akşam duaları.

ves.per.tine (ves'pırtin, -tayn) *s.* akşama ait, akşamleyin yapılan; *bot.* akşamları açan; *zool.* gece uçan.

ves.pi.ar.y (ves'piyeri) *i.* yabanarısı yuvası; yabanarısı kolonisi.

ves.pid (ves′pid) *s.* yabanarısına ait, eşekarısına özgü.

ves.sel (ves′ıl) *i.* kap, tas, tekne; tekne, gemi; *anat.* damar, kanal; alet. **blood vessel** kan damarı.

vest (vest) *i., f.* yelek; *f., gen.* **with** *veya* **in** *ile* yetki vermek; hak vermek; (cüppe) giydirmek. **vested interest** kazanılmış hak; çıkar; alâkadar menfaat; *çoğ.* çıkar çevreleri.

Ves.ta (ves′tı) *i., Rom. mit.* ocak tanrıçası.

ves.tal (ves′tıl) *s., i.* ocak tanrıçasına ait; bu tanrıçanın rahibelerine ait; iffetli; *i.* ocak tanrıçasının kâhinesi; erdemli kadın; rahibe.

ves.ti.ar.y (ves′tiyeri) *s.* elbiseye ait.

ves.ti.bule (ves′tıbyul) *i., f.* giriş, antre; trende vagonlar arasındaki kapalı geçit; *anat.* kanal; dehliz; *f.* antre veya dehliz yapmak; vagonları kapalı geçitlerle birleştirmek. **vestibuled** *s.* kapalı geçitleri olan.

ves.tige (ves′tic) *i.* eser, iz; *biyol.* zamanla küçülmüş ve görevini yitirmiş olan. **vestigial** (vestic′iyıl) *s.* iz bırakmış; artakalan.

vest.ment (vest′mınt) *i.* giysi, resmi elbise; cüppe.

ves.try (ves′tri) *i.* giyinme odası; bazı kiliselerde yönetim kurulu. **vestryman** *i.* kilise yönetim kurulu üyesi.

ves.ture (ves′çır) *i., f., eski* kıyafet, kılık, üst baş; elbise; örtü; *f., eski* giydirmek, örtmek.

Ve.su.vi.us (vısu′viyıs) *i.* Vezüv.

vet. *kıs.* **veteran, veterinary medicine.**

vet (vet) *i., f.* veteriner, baytar; *f.* tedavi etmek, baytarlık etmek; *İng.* dikkatle incelemek.

vetch (veç) *i.* baklagillerden herhangi bir bitki, *bot.* Vicia; burçak, cılban, *bot.* Lathyrus. **bitter vetch** kara burçak, *bot.* Vicia ervilia.

vetch.ling (veç′ling) *i.* baklagillerden ve burçak cinsinden herhangi bir bitki.

vet.er.an (vet′ırın) *s., i.* kıdemli, tecrübeli; *i.* kıdemli asker; emekli asker.

vet.er.i.nar.y (vet′ırıneri, vet′rı-) *s., i.* baytarlığa ait; *i.* baytar, veteriner. **veterinar′ian** *i., A.B.D.* baytar, veteriner.

vet.i.ver (vet′ıvır) *i.* Kâbe samanı, *bot.* Andropogon.

ve.to (vi′to) *i.* (*çoğ.* **-toes**) *f.* veto; yasak; *f.* veto etmek, reddetmek. **veto power** reddetme yetkisi, veto hakkı.

vex (veks) *f.* canını sıkmak, sinirlendirmek, kızdırmak, taciz etmek; darıltmak; tartışmak.

vex.a.tion (veksey′şın) *i.* sinirlenme, kızma; kızacak şey, sinirlenecek şey, üzüntü, sıkıntı.

vex.a.tious (veksey′şıs) *s.* sinirlendirici, can sıkıcı, üzücü, gücendirici. **vexatiously** *z.* sinirlendirerek. **vexatiousness** *i.* sinirlendiricilik.

vexed (vekst) *s.* üzgün, sinirli, canı sıkkın. **vexedly** (vek′sidli) *z.* üzgün bir halde. **vex′edness** *i.* üzgünlük, sinirlilik.

vex.il.lar.y (vek′sıleri) *i.* bayraktar, sancaktar.

vex.il.late (vek′sılit, -leyt) *s.* bayrağı olan.

vex.il.lum (veksil′ım) *i.* (*çoğ.* **-la**) bayrak, sancak; sancak bölüğü; *bot.* kelebek şeklindeki çiçeğin büyük üst yaprakçığı, bayrak; tüy bayrağı.

VFW *kıs.* **Veterans of Foreign Wars.**

VHF *kıs.* **very high frequency.**

VI *kıs.* **Virgin Islands.**

vi.a (vay′ı, viy′ı) *edat, i.* yolu ile, -dan geçerek; *i.* yol; *tıb.* mecra, yol, kanal.

vi.a.ble (vay′ıbıl) *s.* yaşayabilecek, yaşayabilir; tutarlı, uygun, geçerli. **viabil′ity** *i.* yaşama kabiliyeti.

vi.a.duct (vay′ıdʌkt) *i.* sıra kemerli köprü, viyadük.

vi.al (vay′ıl) *i.* ufak şişe.

vi.and (vay′ınd) *i.* yiyecek maddesi; *çoğ.* yemek.

vi.at.ic (vayät′ik) *s.* yolculuğa ait, yolculukla ilgili.

vi.at.i.cum (vayät′ıkım) *i.* (*çoğ.* **-cums, -ca**) ölüm halindeki kimseye verilen Aşai Rabbani; kumanya, azık.

vi.a.tor (vayey′tır) *i.* (*çoğ.* **vi.a.to.res**) (vayıtôr′iz) yolcu.

vi.brac.u.lum (vaybräk′yılım) *i.* (*çoğ.* **-la**) *zool.* yosunsu hayvanların uzun ve kamçı şeklindeki korunma organı.

vi.brant (vay′brınt) *s.* titrek, titreşimli; canlı, enerjik; ateşli, coşkun; gür, dolgun, yankılı (ses); çarpıcı. **vibrancy** *i.* titreklik; coşkunluk; gürlük. **vibrantly** *z.* titreşimle; canlılıkla; coşkunca.

vi.bra.phone (vay′brıfon) *i.* elektrikle işleyen kapacıklar yoluyle titreşimli ses çıkaran bir çeşit ksilofon.

vi.brate (vay′breyt) *f.* titremek; sallanmak, salınmak; duraksamak, tereddüt etmek; titretmek, sallandırmak. **vibratile** (vay′brıtil) *s.* titrek, titreyen.

vi.bra.tion (vaybrey'şın) *i.* titreme, sallanma; titreşim; sallanış; salınım.

vi.bra.to (vibra'to) *i., müz.* vibrato.

vi.bra.tor (vay'breytır) *i.* titreten şey; elektrik zilinin dili; osilatör; titreşimli masaj aleti.

vi.bra.to.ry (vay'brıtôri) *s.* titretici; titreşim özelliği olan.

vi.bris.sa (vaybris'ı) *i.* (*çoğ.* -sae) burun kılı; *zool.* bıyık.

vi.bur.num (vaybır'nım) *i.* kartopu, *bot.* Viburnum.

vic.ar (vîk'ır) *i.* papa veya piskopos vekili; kilise papazı. **vicar general** piskopos yardımcısı. **vicarate, vicarship** *i.* papa veya piskopos vekilliği; papazlık. **vicarial** (vayker'iyıl) *s.* papaz veya piskopos vekiline ait; vekâlet kabilinden.

vic.ar.age (vîk'ırîc) *i.* papazın görevi veya evi.

vi.car.i.ate (vayker'iyît) *i.* papa veya piskopos vekilliği; vekilin yetki veya görevi.

vi.car.i.ous (vayker'iyıs) *s.* başkasının yerine yapılmış; vekâleten yapılan; başkasının yaşantısına katıldığını hayal ederek duyulan; *tıb.* vücudun umulmadık yerinde meydana gelen. **vicariously** *z.* başkası hesabına, vekâleten.

vice (vays) *i.* ayıp, kusur, leke; kötü alışkanlık, kötü huy; (at) kötü oyun. **vice squad** fuhuş ve kumar kontrolü ile görevli polis ekibi.

vice (vays) *s., i.* muavin, yardımcı, ikinci; *i.* vekil, muavin. **vice admiral** koramiral. **vice chairman** meclis başkanı yardımcısı. **vice chancellor** başhâkim yardımcısı; rektör yardımcısı. **vice consul** viskonsül, konsolos vekili. **vice president** ikinci başkan, başkan yardımcısı. **vice regent** kral naibi vekili.

vice (vay'si) *edat* yerine.

vice *bak.* vise.

vice.ge.rent (vayscir'ınt) *i., s.* vekil; *s.* vekâlet eden. **vicegerency** *i.* vekâlet, vekillik.

vi.cen.ni.al (vaysen'iyıl) *s.* yirmi yıl süren; yirmi senede bir olan.

vice.re.gal (vaysri'gıl) *s.* genel valiye ait. **vice-regally** *z.* genel vali sıfatıyle.

vice.roy (vays'roy) *i.* genel vali; eskiden Hindistan'da İngiltere kralını temsil eden vekil; Kuzey Amerika'ya özgü bir çeşit kelebek. **viceroy'alty, viceroyship** *i.* genel valilik.

vi.ce ver.sa (vay'sı vır'sı, vays') *z.* tersine, karşılıklı olarak. **call black white and vice versa** siyaha beyaz ve beyaza siyah demek.

Vi.chy water (vîş'i) Vichy madensuyu; madensuyu.

vic.i.nage (vîs'ınîc) *i.* çevre, yöre, havali; komşuluk.

vic.i.nal (vîs'ınıl) *s.* komşu; benzer. **vicinal road** mahalli yol.

vi.cin.i.ty (vîsîn'ıti) *i.* yakınlık; komşuluk; çevre, civar, semt.

vi.cious (vîş'ıs) *s.* kötü, bedhah, kötücül; şiddetli, sert; kusurlu, bozuk; kirli; hırçın, huysuz (hayvan). **vicious circle** kısır döngü, fasit daire. **viciously** *z.* kötü maksatla; şiddetle; hırçınlıkla. **viciousness** *i.* kötü maksat.

vi.cis.si.tude (vîsîs'ıtud) *i.* değişme, değişiklik; *çoğ.* olaylar. **vicissitu'dinary, vicissitu'dinous** *s.* değişikliklere maruz.

vic.tim (vîk'tîm) *i.* kurban; mağdur kimse.

vic.tim.ize (vîk'tîmayz) *f.* hile ile soymak, aldatmak. **victimiza'tion** *i.* aldatma.

vic.tor (vîk'tır) *s., i.* fatih, galip (kimse).

vic.to.ri.a (vîktôr'ıyı) *i.* dört tekerlekli ve körüklü gezinti arabası; Güney Amerika'ya mahsus iri bir nilüfer. **Victoria Cross** İngiltere hükümetinin asker veya bahriyelilere verdiği en yüksek kahramanlık nişanı, *kıs.* **V.C.**

Vic.to.ri.an (vîktôr'iyın) *s., i.* muhafazakâr; Kraliçe Viktorya zamanına ait (kimse). **Victorianism** *i.* tavır ve harekette tutuculuk.

vic.to.ri.ous (vîktôr'iyıs) *s.* galip, muzaffer. **victoriously** *z.* zaferle.

vic.to.ry (vîk'tıri) *i.* zafer, yengi, utku, muzafferiyet, galebe; başarı.

Vic.tro.la (vîktro'lı) *i., tic. mark.* bir çeşit gramofon, Viktrola.

vict.ual (vît'ıl) *i., f.* (-ed, -ing *veya* -led, -ling) yiyecek; *gen. çoğ.* yemek; *f.* yiyecek tedarik etmek; *nad.* yemek yemek. **victual(l)er** *i.* erzak veren kimse; lokantacı; erzak gemisi.

vi.cu.ña, vi.cu.gna (vîkun'yı) *i.* vikunya, *bot.* Lama vicugna.

vi.de (vay'di) bakın, *kıs.* **v.** *veya* **vid.** **vide ante** *Lat.* öncekine bakın. **vide infra** *Lat.* aşağıya bakın, *kıs.* **v.i.** **vide post** *Lat.* aşağıya bakın. **vide supra** *Lat.* yukarıya bakın. **vide ut supra** *Lat.* yukarıda yazılı olana bakın.

vi.de.li.cet (vîdel'ısît) *z.* yani, demek oluyor ki, *kıs.* **viz.**

vid.e.o (vîd'iyo) *s.* televizyonla resim nakline ait. **video tape** görüntü ve ses kaydeden televizyon bandı.

vie (vay) *f.* (**vied, vying**) **with** *veya* **for** *ile* yarışmak, çatışmak, rekabet etmek.

Vi.en.na (viyen'ı) *i.* Viyana.

Vi.en.nese (viyiniz') *s., i.* Viyanalı.

Vien.tiane (vyantyan') *i.* Vyentyan, Laos'un başkenti.

vi et ar.mis (vay et ar'mîs) *Lat.* zorla, cebren, silâh kuvvetiyle.

Vi.et.nam, Vi.et-Nam (viyetnam') *i.* Vietnam. **Vietnamese'** *i., s.* Vietnamlı; Vietnam dili; *s.* Vietnamlı; Vietnam diline ait.

view (vyu) *i., f.* bakış, nazar, bakma; görüş; göz ayrımı; görüş alanı; manzara, görünüm; maksat, emel, meram; *f.* görmek, bakmak; yoklamak, muayene etmek, tetkik etmek; mütalaa etmek, düşünmek. **view finder** *foto.* vizör. **bird's eye view** kuşbakışı. **in full view** tam göz önünde. **in view of** karşısında; sergide. **point of view** görüş noktası, bakış açısı. **with a view to** maksadı ile, amacıyle; ümidiyle. **view'less** *s.* manzarasız; fikirsiz; gözükmez.

view.point (vyu'poynt) *i.* görüş noktası, bakış açısı.

vi.ges.i.mal (vayces'ımıl) *s.* yirminci; yirmilerle devam eden.

vig.il (vîc'ıl) *i.* uyanıklık; gece nöbet tutma; yortu arifesi; *çoğ.* akşam ve gece ibadetleri.

vig.i.lance (vîc'ılıns) *i.* uyanıklık, uyumayış; tetikte olma, dikkat, ihtiyat. **vigilance committee** *A.B.D.* asayişi temin amacıyle kurulan kanundışı örgüt.

vig.i.lant (vîc'ılınt) *s.* uyanık, tetikte olan, ihtiyatlı. **vigilantly** *z.* ihtiyatla, tetikte.

vig.i.lan.te (vîcılän'ti) *i., A.B.D.* kanunî yetkisi olmadan kendi fikrine göre zorla düzen sağlamaya uğraşan kimse.

vi.gnette (vînyet') *i., f.* nükteli kısa hikâye; asma dalı şeklinde süs; kitabın başlık sayfasına veya bölüm başlarına konulan ufak süs, nakış; *f.* süslemek, süs çizmek; kısa hikâye yazmak.

vig.or, İng. vig.our (vîg'ır) *i.* kuvvet, dinçlik, gayret, enerji.

vi.go.ro.so (vigoro'so) *s., İt., müz.* canlı.

vig.or.ous (vîg'ırıs) *s.* kuvvetli, etkin, dinç, gayretli. **vigorously** *z.* gayretle, gayretli bir şekilde. **vigorousness** *i.* gayretlilik, dinçlik.

vi.king (vay'king) *i.* ortaçağda İskandinav savaşçısı; korsan.

vi.la.yet (vilayet') *i.* vilâyet.

vile (vayl) *s.* aşağı, aşağılık, değersiz; alçak, rezil, habis, şeni, pespaye; kötü, iğrenç, nefrete lâyık, çirkin, pis. **vile'ly** *z.* alçakça, adice, çirkin bir şekilde. **vile'ness** *i.* alçaklık, adilik, iğrençlik.

vil.i.fy (vîl'ıfay) *f.* alçaltmak, kötülemek, yermek; iftira etmek; aleyhinde bulunmak. **vilification** (vîlıfıkey'şın) *i.* iftira, yerme, zem.

vil.i.pend (vîl'ıpend) *f.* hakir görmek; iftira etmek.

vil.la (vîl'ı) *i.* yazlık köşk, gösterişli yazlık ev, villa. **villadom** *i., İng.* villalar; banliyöde oturan halk.

vil.lage (vîl'ic) *i.* köy; köy halkı. **villager** *i.* köylü.

vil.lain (vîl'ın) *i.* hain veya cani kimse; edebî eserde kötü adam; çapkın adam; problem yaratan durum. **villainy** *i.* alçaklık, habislik, hainlik.

vil.lain.ous (vîl'ınıs) *s.* habislik kabilinden, alçak, çok çirkin, bozuk, kötü, murdar. **villainously** *z.* habisçe, alçakçasına. **villainousness** *i.* habislik, alçaklık.

vil.la.nelle (vîlınel') *i.* Fransız edebiyatında on dokuz beyit ve iki kafiyeden kurulu şiir şekli.

vil.lein (vîl'ın) *i.* ortaçağda derebeyi idaresindeki köylü. **villeinage** *i.* köylünün kendi malını derebeyinin tayin ettiği şartlar altında işletmesi.

vil.lus (vîl'ıs) *i. (çoğ. vil.li) anat.* bağırsak içindeki kılsı çıkıntı; *bot.* ülger, sebze veya meyva tüyü. **villous** *s.* kılsı çıkıntılı; ince tüylü, ülgerli.

vim (vîm) *i.* kuvvet, gayret; enerji.

vim.i.nal (vîm'ınıl) *s., nad.* ince dallara ait, ince dal meydana getiren.

vi.na.ceous (vayney'şıs) *s.* şarap veya üzüme ait; şaraba benzer; şarap rengindeki.

vin.ai.grette (vînigret') *i.* nışadırruhu koymaya mahsus kapağı delikli şişe, koklama şişesi.

vin.cu.lum (vîngk'yılım) *i. (çoğ. -la)* bağlayan şey, bağ, rabıta; *mat.* terimleri birbirine bağlamak için kere yerine kullanılan tepe çizgisi.

vin.di.ca.ble (vîn'dıkıbıl) *s.* hakkı korunabilir; doğruluğu ispat edilir, ithamdan kurtarılabilir.

vin.di.cate (vîn'dıkeyt) *f.* hakkını korumak, fiilen korumak; tarafını tutup haklı ve suçsuz olduğunu iddia ve ispat etmek; *eski* öç almak.

vindica'tion *i.* koruma, teyit etme, doğrulama, şüpheden kurtarma. **vindicatory** s. tarafını tutup koruma kabilinden; öç alan.

vin.dic.tive (vîndik'tîv) s. kinci, intikam kabilinden, intikam almaya meyilli; öç alan. **vindictively** z. kinle, kinli bir halde. **vindictiveness** i. kincilik.

vine (vayn) i. asma, bağ kütüğü; sarılgan bitki. **vine borer** bağ kütüğünü kemirip delen bir çeşit böcek. **vine-clad** s. asmalarla kaplı. **vin'y** s. bağları veya asmaları çok; asmaya ait veya buna benzer.

vine-dress.er (vayn'dresır) i. bağcı.

vin.e.gar (vîn'ıgır) i. sirke; ekşi olma; kuvvet. **vinegar eel** sirkede bulunan çok ufak kurt, zool. Anguillula aceti. **vinegary** s. sirke gibi; ekşi; suratsız, çehresi asık.

vine.land (vayn'lınd) i. asma yetiştirmeye mahsus arazi.

vin.er.y (vay'nıri) i. asma limonluğu.

vine.stock (vayn'stak) i. üzüm kütüğü, asma kütüğü.

vine.yard (vîn'yırd) i. bağ, üzüm bağı; faaliyet alanı.

vingt-et-un (vänteyön') i., Fr. iskambilde yirmibir oyunu.

vini- önek şarap, üzüm.

vin.i.cul.ture (vîn'ıkʌlçır) i. şarapçılık için üzüm yetiştirme.

vin.i.fi.ca.tor (vîn'ıfıkeytır) i. maya halindeki şaraptan çıkan alkollü buharı toplayan cihaz, şarap kondansatörü.

vi.nom.e.ter (vinam'ıtır) i. şaraptaki alkolün miktarını ölçen alet.

vin or.di.naire (vän ordiner') Fr. sofra şarabı.

vi.nous (vay'nıs) s. şaraba ait, şarap gibi; şarap hassası olan. **vinosity** (vaynas'ıti) i. şarap gibi olma; şarap tiryakiliği.

vin.tage (vîn'tîc) i., s. bağ bozumu; bir mevsimin bağ mahsulü; bir mevsimde çıkarılan şarap; s. iyi mevsimden (şarap); kaliteli; eski, iyi, seçkin; modası geçmiş. **vintage year** kaliteli şarabın elde edildiği yıl; başarılı sene. **vintager** i. üzüm toplayan kimse.

vint.ner (vînt'nır) i. şarap tüccarı.

vi.nyl (vay'nıl) i. vinil.

vi.ol (vay'ıl) i., müz. eski zamanlarda keman cinsinden dört farklı boyda ve altı veya yedi telli saz, viyol.

vi.o.la (viyo'lı) i., müz. viyola. **viola da gamba** altı telli eski usul viyolonsel, diz viyolası.

vi.o.la.ble (vay'ılıbıl) s. bozulması mümkün; tecavüz edilebilir.

vi.o.la.ceous (vayıley'şıs) s. menekşe renginde; bot. menekşe familyasından.

vi.o.late (vay'ıleyt) f. bozmak, ihlâl etmek, kanuna aykırı hareket etmek; tecavüz etmek; kutsallığını bozmak, hürmetsizlik etmek; ırzına tecavüz etmek. **viola'tion** i. ihlâl; tecavüz. **traffic violation** trafik düzenini bozma suçu. **violator** i. tecavüz eden kimse.

vi.o.lence (vay'ılıns) i. zor, cebir, şiddet; tecavüz, zorlama; zorbalık; bozma; ırza tecavüz. **do violence to** zorlamak, tahrif etmek. **resort to violence** şiddete başvurmak, cebre müracaat etmek.

vi.o.lent (vay'ılınt) s. sert, şiddetli, zorlu, cebirli, kuvvetli; göz alan (renk); zorla yapılan; fena. **violent death** kaza sonucu ölüm, cebren ölüm. **violently** z. şiddetle, vahşice.

vi.o.les.cent (vayıles'ınt) s. morumsu, mora çalan.

vi.o.let (vay'ılit) i., s. menekşe, bot. Viola odorata; menekşe rengi; mor boya; s. menekşe renginde. **violet rays** mor ışınlar, gökkuşağındaki en kısa ışınlar. **shrinking violet** utangaç kimse.

vi.o.lin (vayılin') i. keman; kemancı. **violinist** i. kemancı, viyolonist.

vi.o.list (viyol'îst) i. viyola çalan kimse.

vi.o.lon.cel.lo (viyılınçel'o, vay'-) i., müz. viyolonsel. **violoncellist** i. viyolonsel çalan kimse.

vio.lo.ne (vyolo'ney) i., müz., eski en pes sesli büyük keman.

VIP kıs. **very important person.**

vi.per (vay'pır) i. engerek yılanı, zehirli yılan; sağır yılan, zool. Vipera berus; yılan gibi hain kimse; argo esrar içen kimse. **viperine** s. engerek cinsinden, engereğe benzer. **viperish** s. engerek gibi zehirli. **viperous** s. engerek gibi, zehirli, hain.

vi.ra.go (vira'go, -rey'go) i. (çoğ. -goes, -gos) şirret kadın, kavgacı kadın, cadaloz kadın.

vi.ral (vay'rıl) s. virüsten meydana gelmiş, virüse ait.

vir.e.lay (vîr'ıley) i. eski bir çeşit Fransız nazım şekli.

vir.e.o (vîr'iyo) i. Amerika'ya mahsus güzel sesli ve böcek yiyen bir çeşit ufak kuş.

vi.res.cence (vayres'ens) *i.* yeşillik; *bot.* anormal yeşil renk. **virescent** *s.* yeşilleşen; yeşilimsi.

vir.gate (vır'git, -geyt) *i.* değişebilir ölçüde eski bir İngiliz arazi ölçüsü.

vir.gate (vır'git, -geyt) *s., bot.* çubuk şeklinde ince ve uzun.

vir.gin (vır'cîn) *i., s.* kız, bakire; *b.h.* Hazreti Meryem; *b.h., astr.* Sünbüle burcu; *s.* bakireye yakışır, kız gibi, afif; kullanılmamış, dokunulmamış, temiz; tabiî; el değmemiş, bakir. **virgin forest** bakir orman. **Virgin Queen** İngiltere kraliçesi I. Elizabeth. **virgin soil** işlenmemiş toprak.

vir.gin.al (vır'cînıl) *s.* bakireye yakışır, kıza ait.

vir.gin.al (vır'cînıl) *i., müz.* virginal, on altıncı ve on yedinci yüzyıllara ait ve çembaloya benzer ayaksız çalgı.

Vir.gin.ia (vırcîn'yı) *i.* Amerika Birleşik Devletlerindeki eyaletlerden biri. **Virginia creeper** frenk asması, *bot.* Parthenocissus quinquefolia. **Virginia reel** bir Amerikan halk dansı.

vir.gin.i.ty (vırcîn'ıtı) *i.* kızlık, bakirelik, iffetlilik.

vir.gin's-bow.er (vır'cînzbau'wır) *i.* orman asması, *bot.* Clematis virginiana.

Vir.go (vır'go) *i., astr.* Sünbüle burcu ve takımyıldızı.

vir.gule (vır'gyul) *i., matb.* eğri çizgi (/).

vir.i.des.cent (vırıdes'ınt) *s.* yeşilimsi. **viridescence** *i.* hafif yeşillik.

vi.rid.i.ty (vırîd'ıtı) *i.* yeşillik, tazelik.

vir.ile (vîr'ıl) *s.* erkeğe ait; erkekçe, yiğit, güçlü. **viril'ity** *i.* erkeklik; mertlik.

vir.il.ism (vîr'ılîzım) *i., tıb.* kadında erkeklik özelliklerinin görünmesi.

vi.rol.o.gy (vıral'ıci) *i.* virüslerle uğraşan tıb dalı.

vir.tu (vırtu') *i.* nadirlik ve güzellik; ince sanat eserleri; güzel sanatlar sevgisi. **articles of virtu** güzel sanat eserleri.

vir.tu.al (vır'çuwıl) *s.* gerçek kuvveti olan; gerçek olmayan; fiili; kuvvet veren; kuvvette olup eyleme geçmemiş, zımnî. **a virtual promise** ima edilen vaat. **the virtual ruler** kuvvetine dayanarak hüküm süren kimse. **virtually** *z.* gerçekte; hemen hemen; fiilen.

vir.tue (vır'çu) *i.* hassa, hasiyet; fazilet, iyi ahlâk, doğruluk, meziyet; iffet; ismet; kuvvet, tesir. **by virtue of** yetkisiyle, -den dolayı, nedeniyle, binaen. **make a virtue of ne-**cessity lâzım olan şeyi seve seve yapmak, gerekli olan şeyden fazilet çıkarmak. **virtueless** *s.* hasiyetsiz, tesirsiz, meziyetleri olmayan.

vir.tu.o.so (vırçuwo'so) *i.* (*çoğ.* -sos, -si) virtüöz, hüner sahibi kimse; güzel sanatlar meraklısı kimse. **virtuosity** *i.* virtüözlük, hüner; güzel sanatlara karşı kabiliyet.

vir.tu.ous (vır'çuwıs) *s.* erdem sahibi; doğru ve dürüst; iffetli. **virtuously** *z.* erdemli bir şekilde. **virtuousness** *i.* erdemlilik.

vir.u.lent (vîr'yılınt) *s.* çok zehirli, çok tehlikeli, öldürücü; çok kötücül; kin hissini kötülükle belirten. **virulence, -cy** *i.* çok zehirlilik, tehlikelilik; aşırı sertlik; şiddetli düşmanlık; şiddetli kin. **virulently** *z.* zehirli olarak; kinle, düşmanca.

vi.rus (vay'rıs) *i.* virüs; hastalıktan ileri gelen zehir; aşı için kullanılan zehirli madde; ahlâkî veya manevî zehir.

vis (vis) *i.* (*çoğ.* **vi.res**) *Lat.* kuvvet, kudret.

vi.sa (vi'zı) *i., f.* (-saed, -sa.ing) vize, tasdik imzası; *f.* vize etmek, tasdik etmek.

vis.age (viz'ic) *i.* yüz, surat, çehre, sima; görünüş. **visaged** *s.* yüzlü, çehreli; görünüşlü.

vis-à-vis (vizıvi') *z., i.* (*çoğ.* **vis-à-vis**) *edat* karşı karşıya; *i.* karşı karşıya oturan veya duran kimse; aynı görevde bulunan memur; karşılıklı oturulur bir çeşit çift sandalye; *edat* hususunda.

vis.ca.cha (viska'çı) *i.* Güney Amerika'ya mahsus iri bir sıçan.

vis.ce.ra (vis'ırı) *i., çoğ.* insan veya hayvanın iç uzuvları, ahşa, bağırlar. **visceral** *s.* iç uzuvlara ait. **viscerate** *f.* bağırsaklarını çıkartmak.

vis.cid (vis'îd) *s.* yapışkan, tutkal gibi. **viscid'ity** *i.* yapışkanlık.

vis.cose (vîs'kos) *i.* selülozu alkali ve su ile karıştırarak yapılan ve suni ipek için kullanılan yapışkan bir madde.

vis.co.sim.e.ter (vîskısîm'ıtır) *i.* sıvıların yapışkanlığını ölçmeye yarayan alet.

vis.cos.i.ty (viskas'ıtı) *i.* yapışkanlık, lüzucet.

vis.count (vay'kaunt) *i.* vikont. **viscountess** *i.* vikontes.

vis.cous (vis'kıs) *s.* yapışkan, tutkal gibi, lüzuci, cıvık. **viscously** *z.* yapış yapış. **viscousness** *i.* yapışkanlık.

vise, *İng.* **vice** (vays) *i., f.* mengene; *f.* mengene ile sıkıştırmak.

vi.sé (vi'zey, vizey') *bak.* **visa.**

Vish.nu (viş'nu) *i.* Hintlilerin üç büyük ilâh-larından ikincisi.

vis.i.ble (viz'ıbıl) *s.* görülür, görünür; açık, belli. **visibil'ity** *i.* görünebilme; görme im-kânı, görünürlük, görüş. **visibly** *z.* görüne-bilir halde.

Vis.i.goth (viz'ıgoth) *i.* Vizigot.

vi.sion (vij'ın) *i., f.* görüş; görme kuvveti; görme; önsezi; hayal, imgelem; kuruntu, ev-ham, kuruntuya dayanan şey; *f.* hayal gibi görmek. **visional** *s.* hayalî.

vi.sion.ar.y (vij'ıneri) *s., i.* hayalî, hayal kabi-linden, merak ve kuruntu cinsinden; meraklı, kuruntulu; önseziye ait; düşsel; *i.* hayale kapılan kimse, hayalperest kimse. **visionari-ness** *i.* kuruntululuk, meraklılık.

vis.it (viz'it) *f., i.* ziyaret etmek, yoklamak, görüşmeye gitmek; resmî ziyarette bulunmak; hastayı muayene için gitmek (doktor); özel bir maksatla gelmek; musallat olmak, çek-tirmek; *i.* ziyaret, görüşmeye gitme; doktorun hastaya gitmesi, vizite; *k.dili* sohbet; teftiş turnesi. **visit with** ahbapça konuşmak. **right of visit** gemiyi muayene veya yoklama hakkı. **visitable** *s.* muayeneye ve yoklamaya tâbi; ziyaret edilebilir.

vis.i.tant (viz'ıtınt) *s., i.* ziyaret eden; *i.* ziya-retçi; göçmen.

vis.i.ta.tion (vizıtey'şın) *i.* ziyaret, ziyaret etme; resmî kontrol; musallat olma. **visitatorial** (vizıtıtôr'iyıl) *s.* teftişe ait.

vis.i.ting (viz'iting) *s.* ziyaret eden. **visiting book** yapılmış veya yapılacak ziyaretlerin yazıldığı defter. **visiting card** kartvizit. **visi-ting day** kabul günü. **visiting fireman** *A.B.D., k.dili* resmî ziyarette bulunan kimse. **visiting nurse** gezer hastabakıcı. **visiting professor** ders veren ziyaretçi profesör.

vis.i.tor (viz'ıtır) *i.* misafir, ziyaretçi; müfettiş; turist.

vi.sor (vay'zır, viz'ır) *i.* miğferin açılıp kapanan ön parçası; güneşlik, siper.

vis.ta (vis'tı) *i.* manzara; yaygın görünüş; hayal edilen şeyler silsilesi.

Vis.tu.la (vis'çulı) *i.* Polonya'da Vistül nehri.

vis.u.al (vij'uwıl) *s.* görme duyusuna ait, optik, görülebilir, görülmesi mümkün. **visual aid** öğretimde görme yoluyle bilgi vermek için kullanılan sinema gibi araç. **visual angle** görüş açısı. **visual education** görerek eği-tim. **visual field** görüş sahası. **visual nerve** gözden beyne giden sinir. **visually** *z.* gö-rülür şekilde, görerek.

vis.u.al.ize (vij'uwılayz) *f.* gözünde canlan-dırmak, tahayyül etmek. **visualiza'tion** *i.* gözünde canlandırma.

vi.tal (vay'tıl) *s., i.* hayata ait, hayatî; hayat değerinde, hayat için gerekli, hayatı devam ettirici; yaşayan, canlı, hayatı olan, dirimsel; hayat merkezine ait; önemli, ehemmiyetli, esaslı, çok lüzumlu; *i., çoğ.* kalp veya beyin gibi hayat için esas olan organlar; herhangi bir şey için en mühim ve esaslı şeyler. **vital force, vital principle** hayat enerjisi. **vital functions** kan dolaşımı veya sindirim sis-temi gibi hayat için gerekli doğal faaliyetler. **vital statistics** doğum ve ölüm istatistik-leri. **vitally** *z.* esaslı surette; hayatî olarak.

vi.tal.ism (vay'tılizım) *i., fels., biyol.* dirimsel-cilik.

vi.tal.i.ty (vaytäl'ıti) *i.* hayat, dirilik, can, ruh; canlılık; dayanma kuvveti.

vi.tal.ize (vay'tılayz) *f.* hayat vermek, canlan-dırmak, diriltmek, kuvvet vermek. **vitaliza'-tion** *i.* canlandırma, hayat verme.

vi.ta.min (vay'tımin) *i.* vitamin.

vi.ta.scope (vay'tıskop) *i.* eski biçim sinema makinası.

vi.tel.lin (vitel'in, vaytel'în) *i., biyokim.* yu-murta sarısında bulunan bir protein.

vi.tel.lus (vitel'ıs, vay-) *i.* yumurta sarısı. **vitelline** *s.* yumurta sarısına ait; sönük sarı.

vi.ti.ate (viş'iyeyt) *f.* bozmak; tesirini bozmak, ihlâl etmek, iptal etmek; hükümsüz kılmak. **vitiated** *s.* bozulmuş; lekelenmiş; bulaştırıl-mış. **vitia'tion** *i.* bozma.

vit.i.cul.ture (vit'ıkʌlçır, vay'tı-) *i.* bağcılık, bağ yetiştirme. **viticultural** *s.* bağcılığa ait. **viticulturalist** *i.* bağcı.

vit.re.ous (vit'riyıs) *s.* cam kabilinden, camlı; camdan yapılmış veya alınmış; cama benzer; cam şeklinde; *anat.* camsı. **vitreous body, vitreous humor** *anat.* gözün retina ile çev-rili olan boşluğunu dolduran pelte koyulu-ğundaki saydam ve renksiz sıvı, camsı cisim. **vitreous electricity** camı ipekle ovmak suretiyle elde edilen elektrik, cam elektriği, pozitif (statik) elektrik. **vitreousness** *i.* camlı olma, cama benzer olma. **vitrescence** (vitres'ıns) *i.* cam haline gelme özelliği. **vitrescent** *s.* cam haline girebilen.

vit.ri.form (vit'rıfôrm) *s.* cam gibi, cam şeklinde.

vit.ri.fy (vit'rıfay) *f.* cam haline koymak veya girmek. **vitrifica'tion** *i.* camlaştırma.

vit.ri.ol (vit'riyol) *i., kim.* sülfürik asit, zaç yağı, karaboya; herhangi bir maden sülfatı; iğneleyici söz veya yazı; yakıcı şey. **blue vitriol** göztaşı. **vitriolic** (vitriyal'îk) *s.* zaç yağına ait; acı, yakıcı; iğneleyici; öfkeli (söz).

vit.ri.ol.ize (vit'riyılayz) *f.* vitriyol haline koymak; zaç yağı ile yakmak.

vit.ta (vit'ı) *i.* (*çoğ.* -tae) saç şeridi, file; *bot.* bazı meyvalarda bulunan yağ mahfazası; *zool.* renkli çizgi. **vittate** (vit'eyt) *s.* yağ mahfazaları olan; boyuna çizgili.

vit.tles (vit'ıls) *i., k.dili veya leh.* yiyecek, erzak.

vi.tu.per.ate (vaytu'pıreyt) *f.* sövüp saymak, şiddetle azarlamak. **vitupera'tion** *i.* sövüp sayma, hakaret etme.

vi.tu.per.a.tive (vaytu'pırıtîv) *s.* sövüp sayan, azarlayıcı, ağzı bozuk, küfürbaz. **vituperatively** *s.* sövüp sayan bir şekilde.

vi.va (vi'va) *ünlem* Yaşa! Çok yaşa!

vi.va.ce (viva'çey) *s., z., müz.* canlı, kıvrak.

vi.va.cious (vivey'şıs, vay-) *s.* canlı, hayat dolu, neşeli, şen. **vivaciously** *z.* canlı ve neşeli bir şekilde. **vivaciousness, vivacity** (vîväs'ıtı) *i.* canlılık, neşelilik, şakraklık.

vi.van.dière (vivandyer') *i.* eskiden Fransa'da savaş alanında askerlere yiyecek ve içki sağlayan kadın.

vi.var.i.um (vayver'iyım) *i.* hayvan veya bitkilerin yetiştirildiği park veya akvaryum gibi yer.

vi.va vo.ce (vay'vı vo'si) *Lat.* şifahen, sözle, sözlü olarak.

vive (viv) *ünlem, Fr.* Yaşasın!

viv.id (vîv'îd) *s.* çok parlak, canlı, berrak; hayat dolu; kuvvetli. **vividly** *z.* çok canlı bir şekilde. **vividness** *i.* parlaklık, canlılık.

viv.i.fy (vîv'ıfay) *f.* canlandırmak; daha canlı yapmak. **vivifica'tion** *i.* canlandırma.

vi.vip.a.rous (vayvîp'ırıs) *s.* doğurucu, vivipar. **viviparousness** *i.* yavru doğurma kabiliyeti veya hali; yavru doğurma. **viviparously** *z.* doğurucu olarak.

viv.i.sec.tion (vîvısek'şın) *i.* fennî amaçlarla diri hayvan üzerinde yapılan açımlama. **vivisectionist** *i.* böyle teşrih yapan kimse.

vix.en (vîk'sın) *i.* dişi tilki; şirret kadın, huysuz kadın, cırlak kadın. **vixenish, vixenly** *s.* dişi tilki gibi; hırçın tabiatlı.

viz. *kıs.* videlicet.

vi.zier (vîzîr', vîz'yır) *i.* vezir. **Grand Vizier** sadrazam. **vizierate, viziership** *i.* vezirlik, sadrazamlık. **vizierial** *s.* vezire ait, sadrazam tarafından verilen.

vi.zor *bak.* visor.

V-J day (vi'cey') 2 eylül, İkinci Dünya Savaşında Birleşmiş Milletlerin Japonya'da zafer günü.

V-neck (vi'nek) *i.* V şeklindeki yaka.

vo.ca.ble (vo'kıbıl) *i., s.* kelime, söz; *s.* konuşulabilen.

vo.cab.u.lar.y (vokäb'yıleri) *i.* ek sözlük, lügatçe; kelime bilgisi; bir dilde bulunan bütün kelimeler; *güz. san.* ifadeyi meydana getiren bütün.

vo.cal (vo'kıl) *s., i.* insan sesine ait, ses gibi, sesle söylenen; sesli, sesli harf gibi veya ona ait; dokunaklı; *i.* insan veya hayvan sesi; vokal; sesli harf. **vocal cords** *anat.* ses kirişleri, ses şeritleri. **vocal music** söz müziği. **vocally** *z.* sesli olarak. **vocalic harmony** *gram.* ses uyumu.

vo.cal.ist (vo'kılîst) *i.* şarkıcı, okuyucu.

vo.cal.ize (vo'kılayz) *f.* sesli kılmak, seslendirmek; sesli harf haline koymak, sesli harf yerine kullanmak; noktalamak (harf); *müz.* vokallemek, ağızlamak. **vocaliza'tion** *i.* seslendirme; *müz.* vokaliz, ağızlama, seslev.

vo.ca.tion (vokey'şın) *i.* meslek, sanat, iş; memuriyet, hizmet; çağırma, davet. **vocational** *s.* meslek veya vazife kabilinden. **vocational guidance** okullarda öğrencilere meslek seçiminde yardımcı olmak için yapılan sistemli test ve görüşmeler. **vocational school** meslek okulu.

voc.a.tive (vak'ıtîv) *s., i.* çağırmayla ilgili; *gram.* bir ismin hitap hali veya buna ait; *i.* çağrı, nida.

vo.ci.fer.ate (vosif'ıreyt) *f.* bağırmak, çağırmak, nida etmek.

vo.cif.er.ous (vosif'ırıs) *s.* gürültülü, bağırma kabilinden, şamatalı. **vociferously** *z.* gürültülü bir şekilde. **vociferousness** *i.* gürültü.

vod.ka (vad'kı) *i.* votka.

vogue (vog) *i.* moda; rağbet, itibar. **in vogue** moda halinde, itibarda.

voice (voys) *i., f.* ses, seda, söz; fikir; sözcü; *gram.* fiilin edilgen ve etken olma hali, çatı; *f.* söylemek, ifade etmek; ilân etmek; *müz.* akort etmek. **active voice** etken çatı. **give voice to** ifade etmek. **have a voice in** söz hakkı olmak. **in voice** şarkı söylemeye uygun durumda. **passive voice** edilgen çatı. **with one voice** hep bir ağızdan.

voiced (voyst) *s.* sesli; sesle ifade edilmiş; akortlu.

voice.ful (voys'fıl) *s.* sesli; yüksek sesi olan.

voice.less (voys'lis) *s.* sessiz; söz hakkı olmayan; dilsiz.

void (voyd) *s., i., f.* hükümsüz; boş, hali, ıssız; manasız; faydasız, kullanılmayan, hayırsız; *i.* boşluk; vakum; boş yer; *f.* hükümsüz kılmak; iptal etmek; boşaltmak, bırakmak, çıkmak, terketmek; tahliye etmek; ihraç etmek; defetmek. **void of** -sız, olmayan. **void'able** *s.* iptali mümkün; boşaltılabilir.

void.ance (voyd'ıns) *i.* tahliye, boşaltma.

void.ed (voy'did) *s.* boşaltılmış; hükümsüz kılınmış.

voile (voyl) *i.* vual, ince pamuklu veya yünlü kumaş.

voir dire (vwar dir') *Fr., huk.* şahidin kendi yetkisi dahilinde gerçeği söyleyeceğine dair ettiği yemin.

vol. *kıs.* volcano, volume, volunteer.

vo.lant (vo'lınt) *s.* uçan, uçabilen; atik, çevik.

Vo.la.pük (volipük') *i.* 1879'da Alman Johann Schleyer tarafından icat olunan milletler arası uydurma dil.

vo.lar (vo'lır) *s., anat.* avuca veya ayak tabanına ait.

vol.a.tile (val'ıtıl) *s.* buhar olabilen, buharlaşabilen, uçar, gaz haline gelir; havaî, hafifmeşrep; dönek; çabuk alevlenir; kısa süreli, geçici; devamsız. **volatileness, volatility** (volıtîl'ıti) *i.* buharlaşabilme.

vol.a.til.ize (val'ıtılayz) *f., i.* uçucu gaz haline koymak veya girmek, buhar olmak. **volatilizable** *s.* buhara dönüşmesi mümkün. **vol-atiliza'tion** *i.* buharlaşma.

vol-au-vent (vôlovan') *i.* bir çeşit talaş böreği.

vol.can.ic (valkän'ik) *s.* yanardağ kabilinden, yanardağ gibi; yanardağ içinden çıkmış; volkan gibi; patlayan. **volcanic ash** yanardağ

külü. **volcanic bomb** yanardağ patlamasında dışarıya fırlayan yuvarlak lav parçası. **volcanic cone** yanardağ lavlarından meydana gelen konik yığın. **volcanic glass** lavların çabuk soğumasından meydana gelen cam gibi volkanik kaya. **volcanic rocks** yanardağın püskürttüğü kayalar.

vol.can.ism (val'kınizim) *i.* yanardağlar veya bunların faaliyetleriyle ilgili durum veya olaylar.

vol.can.ize (val'kınayz) *f.* yanardağ ısısının etkisine maruz bırakmak.

vol.ca.no (valkey'no) *i.* yanardağ, volkan. **volcanist** *i.* yanardağ uzmanı.

vol.can.ol.o.gy (valkınal'ıci) *i.* volkanik olaylardan bahseden ilim. **volcanological** (valkınılac'ikıl) *s.* bu ilme ait. **volcanologist** *i.* bu ilmin uzmanı.

vole (vol) *i.* tarla faresi, kır sıçanı. **field vole** kır sıçanı, *zool.* Microtus arvalis. **short-tailed vole** tarla sıçanı, *zool.* Microtus agrestis. **water vole** su sıçanı.

vole (vol) *i., f.* bazı iskambil oyunlarında bütün kâğıtları kazanma; *f.* bir oyunda bütün partiyi kazanmak.

vol.er.y (val'ıri) *i.* büyük kuş kafesi.

Vol.ga River (val'gı) Volga nehri.

vol.i.tant (val'ıtınt) *s.* uçucu, uçabilen.

vol.i.ta.tion (valıtey'şın) *i.* uçuş; uçma kabiliyeti.

vo.li.tion (voliş'ın) *i.* irade, irade kuvveti. **volitive** *s.* iradeye ait, irade kabilinden; irade veya arzu ifade eden.

Volks.lied (fôlks'lit) *i.* (*çoğ.* -lied.er) *Al.* halk türküsü.

vol.ley (val'i) *i., f.* yaylım ateş; küfür savurma; *tenis* topun yere değmeden geri vurulması, vole; *f.* yaylım ateş etmek; birçok şeyi hep birden atmak; *tenis* topu yere değmeden vurup geri çevirmek, vole vurmak.

vol.ley.ball (val'ibôl) *i.* voleybol.

vol.plane (val'pleyn) *f.* motoru kapatıp uçağı planör gibi kullanmak.

volt (volt) *i.* volt. **volt ampere** voltamper. **voltmeter** *i.* voltmetre, voltölçer.

volt (volt) *i.* atın bir merkez etrafında yan yan yürüyerek dolaşması; eskrimde vuruştan sakınmak için yapılan anî sıçrama.

vol.ta (val'tı) *i.* (*çoğ.* -te) *İt., müz.* defa, kere, devir.

volt.age (vol'tîc) *i.* voltaj, gerilim.

vol.ta.ic (valtey'îk) *s.* kimyasal kuvvetle meydana gelen elektriğe ait, galvanik. **voltaic battery, voltaic pile** kimyasal elektrik meydana getiren batarya, galvanik pil. **voltaic induction** elektrikleme.

volt.am.me.ter (volt'äm'mitır) *i.* vatmetre, vatları ölçme aleti; volt veya amperi ölçebilen alet.

volte-face (valtfas') *i., Fr.* cephe değiştirme, geriye dönme, politika değiştirme.

vol.u.ble (val'yıbıl) *s.* konuşkan, söz akıcılığı olan; çenebaz; yuvarlanan; *bot.* sarılan. **volubility** *i.* çok ve çabuk konuşma, cerbeze. **volubly** *z.* akıcı olarak.

vol.ume (val'yum, -yım) *i.* kitap cildi; bir cilt kitap; hacim, oylum; miktar; *müz.* sesin azlığı veya çokluğu. **an odd volume** tek cilt. **It speaks volumes.** Çok manalıdır. Kitaplar doldurur.

vo.lu.me.ter (vılu'mıtır) *i., fiz.* gaz veya sıvı veya katı cisimlerin hacmini ölçme aleti.

vol.u.met.ric (valyımet'rik) *s., kim.* maddelerin hacimlerini karşılaştırarak ölçmeye ait. **volumetrically** *z.* hacimleri ölçerek. **volumetry** (vılu'mıtri) *i.* hacim ölçme.

vo.lu.mi.nous (vılu'mınıs) *s.* hacimli, pek büyük; çok cilt doldurur; çok katlı; çok kitap yazan, verimli, doğurgan. **voluminously** *z.* verimli bir şekilde. **voluminousness** *i.* doğurganlık, verimlilik.

vol.un.tar.y (val'ınteri) *s., i.* ihtiyarî, isteyerek, istemli, gönül rızası ile, gönüllü, fahrî, gönülden kopan; iradeye bağlı; kendi isteğiyle hareket eden, irade sahibi; hür, serbest; *i.* ihtiyarî hareket; *müz.* kilisede ayin başlamadan önce veya bittikten sonra org solosu. **voluntarily** *z.* ihtiyarî olarak, gönüllü olarak.

vol.un.tar.y.ism (val'ınteriyîzım) *i.* din ve eğitim kurumlarının yardımlarla desteklenmesi ilkesi; gönüllü iş veya para ile idare edilen sistem.

vol.un.teer (valıntîr') *i., s., f.* kendi isteği ile bir vazifeye giren kimse, gönüllü; gönüllü asker; *huk.* kendisine karşılıksız olarak mal verilen kimse; ekilmeden büyüyen bitki; *s.* gönüllülerden ibaret, gönüllü; kendiliğinden büyüyen; *f.* kendi isteği ile bir şeyi teklif etmek veya vermek; gönüllü olmak.

vo.lup.tu.ar.y (vılʌp'çuweri) *s., i.* şehvet veya zevk düşkünlüğüne ait; *i.* şehvetperest kimse.

vo.lup.tu.ous (vılʌp'çuwıs) *s.* şehvetli; sefahate düşkün; duysal, hissî; zevki seven, zevke düşkün, tenperver. **voluptuously** *z.* şehvetli bir şekilde. **voluptuousness** *i.* şehvete düşkünlük.

vo.lute (vılut') *i., s., mim.* kıvrım, sarmal bir şekilde kıvrılan süs; *zool.* sarmal tek kabuklu deniz böceği kabuğunun bir kıvrımı; *zool.* sarmal kabuklu bir çeşit deniz böceği; *s.* sarmal, helezonî, kıvrık. **volution** *i.* helezonun her bir kıvrımı.

vo.mer (vo'mır) *i., anat.* sapan kemiği.

vom.i.ca (vam'îkı) *i.* (*çoğ.* -cae) *tıb.* organ içindeki cerahat; akciğerde cerahat kesesi; kusar şekilde cerahat çıkarma.

vom.it (vam'ît) *f., i.* kusmak, istifrağ etmek; ağzından fışkırtmak (yanardağ); *i.* kusma; kusturucu ilâç.

vom.i.to.ry (vam'ıtori) *s., i.* kusturucu; *i.* kusturucu ilâç; eski Roma'da amfiteatr giriş veya çıkış koridoru. **vomitive** *s.* kusturucu.

vom.i.tu.ri.tion (vamıçurîş'ın) *i., tıb.* öğürme, öğürerek kusma.

von (fôn) *edat, Al.* -li (soyadlarda kullanılır).

voo.doo (vu'du) *i., s., f.* zencilere has bir çeşit büyü; zenci büyücü; *s.* zenci büyücülüğüne ait; *f.* büyü yapmak. **voodooism** *i.* zenci büyücülüğü.

vo.ra.cious (vôrey'şıs) *s.* doymaz, doymak bilmez, obur. **voraciously** *z.* oburcasına. **voraciousness, voracity** (vôräs'ıti) *i.* oburluk.

-vorous *sonek* yiyen, ile beslenen.

vor.tex (vôr'teks) *i.* (*çoğ.* -tex.es *veya* -ti.ces) girdap, özellikle girdabın ortası; kasırga. **vortical** *s.* girdap gibi dönen.

vor.ti.cel.la (vortisel'ı) *i., çoğ., zool.* çan hayvanı.

vor.tig.i.nous (vôrtîc'ınıs) *s.* girdap gibi dönen.

vo.ta.ry (vo'tıri) *i.* kendini bir şeye adamış kimse. **votaress** *i.* bir şeye kendini adamış kadın.

vote (vot) *i., f.* rey, oy; oy hakkı; oyu belirten vasıta; oy toplama suretiyle ifade olunan şey; alınan oyların toplamı; *f.* oy vermek; oyla seçmek; oy verir gibi ifade etmek. **vote down** yenilgiye uğratmak. **vote in** kazanmasına sebep olmak. **vot'er** *i.* seçmen, oy veren veya oy verme hakkı olan kimse. **voting machine** oyları kaydeden makina,

vo.tive (vo'tîv) *s.* adak olarak verilen. **votively** *z.* adak kabilinden.

vouch (vauç) *f.* yemin ile kefil olmak; yeminle temin etmek. **vouch for** doğrulamak, teyit etmek.

vouch.er (vau'çır) *i.* kefil; senet, tanıt, vesika, makbuz, belgit.

vouch.safe (vauçseyf') *f.* lütfetmek, ihsan etmek.

vous.soir (vuswar') *i., mim.* kemer taşı, kemeri meydana getiren kama şeklindeki taşlardan her biri.

vow (vau) *i., f.* ant, yemin; adak; *f.* yemin etmek, ant içmek; ahdetmek; adamak; vakfetmek. **take vows** rahibe olmak. **marriage vows** evlilik sözü.

vow.el (vau'wıl) *i., s.* sesli harf; *s.* sesli harf kabilinden. **vowel harmony** ses uyumu. **vowel point** hareke, Arapça veya İbranice hareke veya nokta. **close vowel** *dilb.* dar sesli.

vow.el.ize (vau'wılayz) *f.* harekelerini koymak, noktalamak.

vox (vaks) *i.* (çoğ. **vo.ces**) insan sesi. **vox populi** halkın sesi.

voy.age (voy'îc) *i., f.* yolculuk; deniz yolculuğu, seyahat; *f.* yolculuk etmek. **on the voyage out** gemiyle dışarı gidişte. **on the voyage home** memlekete dönüşte.

vo.ya.geur (vwayajör') *i., Kanada* kürk ticaretinde nehirlerde sandal işleten gemici.

V.P. *kıs.* **Vice President.**

vrai.sem.blance (vresanblans') *i., Fr.* gerçeğe benzeyiş, görünüşte doğruluk.

V-shaped (vi'şeypt') *s.* V şeklinde.

VT *kıs.* **Vermont.**

VTOL *kıs.* **vertical takeoff and landing** şakulî kalkış ve iniş yapan.

Vul.can (vʌl'kın) *i.* Romalıların ateş tanrısı, tanrıça Venüs'ün çirkin ve topal kocası, Vulkan. **Vulcan powder** kayaları parçalamak için kullanılan bir çeşit dinamit. **Vulcan'ian** *s.* tanrı Vulkan'a ait; *k.h.* yanardağa ait.

vul.can.ite (vʌl'kınayt) *i.* ebonit.

vul.can.ize (vʌl'kınayz) *f.* kükürtle sertleştirmek (kauçuk), ebonitleştirmek. **vulcaniza'tion** *i.* ebonitleştirme, vulkanizasyon.

Vulg. *kıs.* **Vulgate.**

vulg. *kıs.* **vulgar.**

vul.gar (vʌl'gır) *s.* kaba, terbiyesiz; aşağılık; bayağı, umumî, adi, umuma mahsus; pespaye; halka ait (dil). **vulgar fraction** bayağı kesir. **vulgar superstitions** halka mahsus batıl itikatlar. **the vulgar herd** halk sürüsü, avam; ayak takımı. **vulgarly** *z.* kabaca, terbiyesizce.

vul.gar.ism (vʌl'gırîzım) *i.* kabalık, bayağılık, adilik; halk deyimi, argo.

vul.gar.i.ty (vʌlger'ıti), **vul.gar.ness** (vʌl'gırnıs) *i.* kabalık, terbiyesizlik.

vul.gar.ize (vʌl'gırayz) *f.* adileştirmek, herkesin anlayacağı hale koymak, umumîleştirmek. **vulgariza'tion** *i.* adileştirme.

Vul.gate (vʌl'geyt) *i., s.* Kutsal Kitabın dördüncü yüzyıl sonunda Hieronymus tarafından yapılan Latince tercümesi, Vulgata; *s.* bu tercümeye ait.

vul.gate (vʌl'geyt) *s., i.* adi; *i.* günlük konuşma.

vul.ner.a.ble (vʌl'nırıbıl) *s.* yaralanması mümkün; zedelenir, incinebilir. **vulnerabil'ity** *i.* yaralanma olanağı. **vulnerably** *z.* yaralanacak halde.

vul.ner.ar.y (vʌl'nıreri) *s., i., nad.* yarayı iyi eden (ilâç).

vul.pine (vʌl'pîn, -payn) *s.* tilki ile ilgili veya tilkiye ait; tilkiye benzer, tilkilik kabilinden, kurnazca.

vul.ture (vʌl'çır) *i.* akbaba; haris kimse. **bearded vulture** uşak kapan, ötleği, *zool.* Gypaetus barbatus. **black vulture** rahip akbaba, *zool.* Aegypius monachus. **griffon vulture** kızıl akbaba, *zool.* Gyps fulvus. **vulturine** *s.* akbaba familyasından, akbabaya benzer.

vul.va (vʌl'vı) *i.* (çoğ. **-vae**) *anat.* kadın tenasül uzvunun dış kısmı; ferç, vulva. **vulvar** *s.* ferce ait.

vv *kıs.* **verses, lst and 2nd violins.**

vy.ing (vay'îng) *s.* rekabet eden; çatışan.

W

W, w (dʌb'ılyu) *i.* İngiliz alfabesinin yirmi üçüncü harfi; *kim.* tungsten, volfram; *fiz.* erke; vat.

W. *kıs.* Wales, Wednesday, Welsh, West, Western, Work.

w. *kıs.* week, west, weight, wide, width, wife, with, word, wrong.

WA *kıs.* Washington (eyaleti).

WAAC *kıs.* Women's Army Auxiliary Corps.

WAAF *kıs., İng.* Women's Auxiliary Air Force.

WAAS *kıs., İng.* Women's Auxiliary Army Service.

wab.ble (wab'ıl) *bak.* wobble.

WAC (wäk) *i.* WAAC'de çalışan kadın.

wack.e (wäk'ı) *i.* yapısı ince ve yumuşak bir çeşit bazalt.

wack.y (wäk'i) *s., argo* mantıksız; sapık, kaçık; tuhaf; manyak. **wackily** *z.* mantıksızca. **wackiness** *i.* kaçıklık.

wad (wad) *i., f.* (**-ded, -ding**) tutam, tomar; tıkaç, tampon; tüfek sıkısı; topak; *k.dili* büyük miktar, çok para; *f.* tıkaç koymak; tomar şekline getirmek. **a wad of gum** pabuç kadar çiklet. **bet one's wad** *k.dili* eldeki bütün parayı bahse yatırmak. **shoot one's wad** *k.dili* bütün parayı har vurup harman savurmak.

wad.ding (wad'îng) *i.* tıkaç, tampon; vatka.

wad.dle (wad'ıl) *f., i.* badi badi yürümek, paytak paytak yürümek; *i.* badi badi yürüyüş. **waddly** *s.* paytak.

wade (weyd) *f.* sığ suda oynamak; sığ su veya çamur içinde yürümek. **wade into** *k.dili* şiddetle girişmek. **wade through** (sığ su veya çamur) içinden geçmek; ağır ağır ve güçlükle ilerlemek; zorla tamamlamak. **wad'-ing** *i.* suda yürüme. **wading boots** kalçaya kadar çıkan uzun çizme.

wad.er (wey'dır) *i.* sığ su veya çamur içinde yürüyen kimse; uzunbacaklılardan herhangi bir kuş.

wa.di, wa.dy (wa'di) *i.* vadi, dere.

WAF (waf) *i., İng.* WAAF'te çalışan kadın.

wa.fer (wey'fır) *i., f.* çok ince bisküvit; yufka; kâğıt helvası; üzerinde çok kısımlı elektronik devre bulunan silikon parçası; Katoliklerin Aşai Rabbani ayininde kullandıkları mayasız ince ekmek; eskiden mektupları mühürlemede kullanılan yuvarlak etiket; *f.* etiket ile mühürlemek veya yapıştırmak.

waf.fle (waf'ıl) *i.* kalıpla yapılan bir çeşit gözleme. **waffle iron** ızgara şeklinde gözleme kalıbı.

waf.fle (waf'ıl) *f., argo* anlamsız konuşmak; kararsız olmak.

waft (wäft, waft) *f., i.* yavaş yavaş götürmek, sürüklemek (rüzgâr veya dalgalarla); *i.* hafif ses veya koku; sürüyüp götürme; hafif esinti.

waft (wäft, waft) *i., f., den.* rüzgâr yönünü belirten flama; *f., eski* el sallayarak işaret vermek.

wag (wäg) *f.* (**-ged, -ging**) *i.* sallamak; çenesi ötmek; hareket etmek; *İng., argo* okuldan kaçmak; *i.* sallama. **set tongues wagging** dile düşürmek. **The tail wags the dog.** Dünya tersine dönüyor. **The world wags on and we wag with it.** Dünya ile birlikte yuvarlanıp gidiyoruz.

wag (wäg) *i.* şakacı kimse, latifeci kimse. **waggery** (wäg'ıri) *i.* şaka, latife; mizah.

wage (weyc) *i.* ücret, maaş. **wages** *i.* ücret; karşılık. **wage earner, wageworker** *i.* işçi, ücretli işçi. **living wage** geçimi temin edecek maaş. **wage scale** barem. **The wages of sin is death.** Günahın kefareti ölümdür.

wage (weyc) *f.* (mücadele, münakaşa, savaş) devam etmek, sürdürmek.

wa.ger (wey'cır) *i., f.* bahis, bahis tutuşma; *f.* bahis tutuşmak.

wag.gish (wäg'îş) *i.* şaka kabilinden, şakacı.

wag.gle (wäg'ıl) *f., i.* sallanmak; sallamak; sarsılmak; *i.* sallayış, sallanış. **waggly** *s.* sallanan.

wag.on, *İng.* wag.gon (wäg'ın) *i.* dört tekerlekli yük arabası; dört tekerlekli açık oyuncak araba; *k.dili* tevkif edilenleri taşımaya mahsus polis arabası; tekerlekli servis masası; *İng.* yük vagonu, katar; *argo* zırhlı savaş gemisi. **on the wagon** *k.dili* içkiyi bırakmış durumda. **fix someone's wagon** *A.B.D.,* *argo* mahvetmek; hakkından gelmek.

wag.on.age (wäg'ınîc) *i.* taşıma ücreti.

Wag.on.er (wäg'ınır) *i.* Büyükayı; Arabacı takımyıldızı.

wag.on.er (wäg'ınır) *i.* arabacı.

wa.gon-lit (vagônli') *i., Fr.* vagonli, yataklı vagon.

wag.on.load (wäg'ınlod) *i.* bir araba dolusu.

wag.tail (wäg'teyl) *i.* kuyruksallayan, *zool.* Motacilla.

Wa.ha.bi, Wah.ha.bi (waha'bi) *i.* Vahabi. **Wahabiism** *i.* Vahabilik.

waif (weyf) *i.* kimsesiz çocuk; bulunmuş ve sahibi bellisiz şey; hırsızın kaçarken düşürdüğü çalıntı eşya.

wail (weyl) *f., i.* feryat etmek, figan etmek; hayıflanmak; yas tutmak; *i.* figan. **Wailing Wall** Kudüs'te ağlama duvarı.

wain (weyn) *i.* tarlada kullanılan yük arabası. **the Wain** *İng.* Büyükayı.

wain.scot (weyn'skıt) *i., f.* **(-ed, -ing** *veya* **-ted, -ting)** tahta kaplama, lambri; *İng.* doğramacılıkta kullanılan en iyi cins meşe; *f.* lambri kaplamak.

wain.scot.ing (weyn'skıtîng) *i.* kaplamalık tahta; kaplama.

wain.wright (weyn'rayt) *i.* yük arabası yapıcısı.

waist (weyst) *i.* bel; herhangi bir şeyin orta kısmındaki girinti; kadın elbisesinin üst kısmı; bulüz; geminin orta kısmı, bel.

waist.band (weyst'bänd) *i.* elbisenin beli.

waist.cloth (weyst'klôth) *i.* kuşak, peştamal.

waist.coat (weyst'kot, wes'kît) *i., İng.* yelek.

waist-high (weyst'hay) *s.* bele kadar çıkan, yarı beline kadar; adi, bayağı.

waist.line (weyst'layn) *i.* bel yeri.

wait (weyt) *f.* beklemek; hazır olmak; bekletilmek, durmak; *k.dili* ertelemek, bekletmek. **wait for** beklemek. **wait on** hizmetçilik yapmak, servis yapmak; ziyaretine gitmek; bağlı olmak; *leh.* beklemek. **wait on one hand and foot** birinin etrafında dört dönmek. **wait at table** servis yapmak. **wait up for one** birini beklemek için yatmamak. **wait tables** garsonluk yapmak. **Wait a minute!**

Bir dakika! **in waiting** refakat eden, nedimelik yapan. **keep one waiting** birini bekletmek. **waiting list** bekleyenler listesi, yedek liste. **waiting room** bekleme odası. **Don't wait supper for me.** Yemek için benim gelmemi bekleme. **Wait your turn.** Sıranı bekle. **Everything comes to him who waits.** Sabreden derviş muradına ermiş.

wait (weyt) *i.* bekleme, bekleme süresi; gecikme; ara; pusu; *İng.* Noel'de sokaklarda çalıp söyleyen müzisyen grubu üyesi. **lie in wait** pusuya yatmak.

wait-a-bit (weyt'ıbît) *i.* çengelli dikenleri olan herhangi bir bitki.

wait.er (wey'tır) *i.* garson; bekleyen kimse; tepsi. **waitress** *i.* kadın garson.

waive (weyv) *f.* iddiadan vaz geçmek, feragat etmek, sarfınazar etmek; ertelemek, tehir etmek; *huk.* hakkından vaz geçmek.

waiv.er (wey'vır) *i., huk.* hakkından vaz geçme, feragat.

wake (weyk) *f.* **(-d** *veya* **woke, woken)** uyanmak; uyanık kalmak; canlanmak; yeni hayat bulmak; uyandırmak; ikaz etmek; canlandırmak, ihya etmek; *leh.* ölünün başında beklemek, sabahlamak.

wake (weyk) *i.* geceleri ölüyü bekleme; ölüyü beklerken verilen ziyafet; dinî merasim için sabahlama.

wake (weyk) *i.* dümen suyu, geminin izi. **in the wake of** yakından izleyen; (bir şeyin) sonucu olarak; peşinden.

wake.ful (weyk'fîl) *s.* uyanık, tetikte olan; uykusuz. **wakefully** *z.* uyanık olarak. **wakefulness** *i.* uyanıklık.

wak.en (wey'kın) *f.* uyandırmak; ikaz etmek; harekete getirmek; uyanmak.

wake-rob.in (weyk'rabîn) *i.* danaayağı, *bot.* Arum maculatum.

Wa.la.chi.a *bak.* **Wallachia.**

wald.grave (wôld'greyv) *i.* eski bir Alman asalet unvanı.

Wal.dorf salad (wôl'dôrf) elma, ceviz, kereviz ve yeşil salata ile yapılan mayonezli salata.

wale (weyl) *i., f.* kamçı izi, dayak beresi; kumaş üstünde kabarık çizgi; *f.* kamçı ile iz bırakmak; çizgili kumaş dokumak.

Wales (weylz) *i.* Gal eyaleti, Galler ülkesi. **Prince of Wales** Büyük Britanya veliahtı.

Wal.hal.la *bak.* **Valhalla.**

walk (wôk) *f., i.* yürümek, yürüyerek gitmek, yaya gitmek; davranmak, hareket etmek; yürütmek, yavaş gezdirmek; beraberinde yürüyüşe çıkmak; öldükten sonra hayalet olarak dünyaya gelmek; adımlamak, adımla ölçmek; ağır bir yükü köşeleri üzerinde yürüterek taşımak; *i.* gezme, yürüme; yürüyüş; tavır, hareket, gidiş; hayat sahası; yürüyecek yer, kaldırım, yol, yaya yolu; otlak; *beysbol* topa vurmadan birinci kaleye ilerleyebilme hakkı. **walk away from** rahatlıkla kazanmak; kazadan ucuz kurtulmak. **walk away with** ön plana geçmek. **walk in** içeri girmek. **Walk in.** İçeri buyurun. **walk of life** hayat yolu, meslek. **walk off** ansızın terk etmek; yürüyerek zayıflamak veya ayılmak. **walk off with** kazanmak; yürütmek, çalmak. **walk out** *k.dili* grev yapmak. **walk out on** terk etmek. **walk out with** refakat etmek. **walk over** kolay yenmek; baskın çıkmak. **walk the floor** adımlamak. **walk the streets** sokakta sürtmek; sokak sokak dolaşmak. **walk the wards** viziteye çıkmak. **walk through** *tiyatro* ilk provaları yapmak. **go at a walk** yavaş yavaş yürümek. **take a walk** gezmeye gitmek; sıvışmak. **win in a walk** kolayca kazanmak.

walk.ie-talk.ie, walk.y-talk.y (wô'kitô'ki) *i.* telsiz telefon.

walk.ing (wô'king) *i.* gezme, yürüme. **walking beam** makinada kuvvet nakleden ve muntazam rakkas hareketiyle işleyen kol. **walking delegate** sendika temsilcisi. **walking dictionary** her kelimenin anlamını söylemeye hazır olan kimse, canlı sözlük. **walking legs** yürüyebilme gücü. **walking papers** *k.dili* işten kovulma kâğıdı. **walking race** yürüme yarışı. **walking stick** baston; asa; sopa çekirgesi gibi bir böcek, *zool.* Phasmidae.

walk-on (wôk'an) *i.* önemsiz rol.

walk.out (wôk'aut) *i., k.dili* işçi grevi.

walk-o.ver (wôk'ovır) *i.* kolay kazanılan at yarışı.

walk.up (wôk'ʌp) *i., k.dili* asansörsüz bina.

walk.way (wôk'wey) *i.* geçit, kaldırım, patika.

wal.kyr.ie *bak.* **valkyrie.**

wall (wôl) *i., f.* duvar; *çoğ.* kale bedeni; sur; *f.* etrafına duvar çekmek. **wall creeper** duvar tırmaşık kuşu, *zool.* Tichodroma muraria. **wall pepper** damkoruğu, *bot.* Sedum

acre. **wall plate** duvar latası; *mak.* bağlantı levhası. **wall plug** *elek.* duvar prizi. **wall sided** *den.* yanları duvar gibi dik. **Wall Street** New York hisse senedi piyasasının merkezi olan sokak. **wall tent** yanları dik çadır. **the Wall** Doğu ve Batı Berlin'i ayıran duvar. **The walls have ears.** Yerin kulağı var. **drive** *veya* **push to the wall** duvara kıstırmak, sıkıştırmak. **go to the wall** iflâs etmek. **hit one's head against a stone wall** başı belâya girmek, çıkmaza girmek.

wal.la.by (wal'ıbi) *i.* Avustralya'ya özgü ufak kanguru, vallabi.

Wal.la.chi.a (waley'kiyı) *i.* Eflâk eyaleti. **Wallachian** *i.* Ulah, Eflâklı.

wall.board (wal'bôrd) *i.* duvar kaplaması.

wal.let (wal'it) *i.* cüzdan, para cüzdanı; sırt çantası.

wall.eye (wôl'ay) *i.* akçıl gözbebeği; tirsi gibi akçıl gözlü balık. **walleyed** *s.* akçıl gözbebekli; gözbebeği ıraksak, şaşı; *argo* sarhoş.

wall.flow.er (wôl'flauwır) *i.* bahçe şebboyu, *bot.* Matthiole; sarı şebboy, *bot.* Cheiranthus cheiri; *k.dili* partide dans edecek kimsesi olmadığı için duvara yakın kalan kadın.

Wal.loon (walun') *i.* Valon; Valon dili, Valonca.

wal.lop (wal'ıp) *f., i., k.dili* dayak atmak, dövmek, pataklamak; *i., k.dili* dayak. **walloping** *s., i., k.dili* çok büyük (miktar). **pack a wallop** çok etkili olmak.

wal.low (wal'o) *f., i.* çamur içinde yuvarlanmak, ağnamak; kendini sefahate vermek; sallanmadan dolayı zor ilerlemek; *i.* çamurda yuvarlanma; hayvanın yuvarlandığı çamurlu yer.

wall.pa.per (wôl'peypır) *i.* duvar kâğıdı.

wall-to-wall (wôl'tıwôl) *s.* duvardan duvara; uçtan uca.

wal.nut (wôl'nʌt) *i.* ceviz; ceviz ağacı, *bot.* Juglans; cevizin kerestesi; ceviz rengi. **black walnut** kara ceviz, *bot.* Juglans nigra. **English walnut** adi ceviz, *bot.* Juglans regia.

Wal.pur.gis Night (valpûr'gis) bir mayıstan önceki gece (Alman folklorunda büyücü karılarının toplandıkları gece).

wal.rus (wôl'rıs) *i., s.* mors, *zool.* Odobenus rosmarus; *s.* morsa özgü.

waltz (wôlts) *i., f.* vals; vals havası; *argo* kolay başarılan iş; *f.* vals yapmak. **waltz through** kolayca başarmak.

wam.pum (wam'pım) *i.* Amerika kızılderilileri-nin para veya süs olarak kullandıkları bon-cuklar; *k.dili* para, mangır.

wan (wan) *s.* solgun, soluk, benzi sararmış; hastalık veya üzüntü gösteren, bitik.

wand (wand) *i.* değnek, çubuk; asa.

wan.der (wan'dır) *f., i.* dolaşmak, gezinmek; yolu şaşırarak dolanıp durmak; yoldan çık-mak; konudan ayrılmak; sayıklamak, abuk sabuk konuşmak; içinde dolaşmak; *i.* do-laşma, gezinme. **wanderer** *i.* gayesizce do-laşan kimse.

wan.der.ing (wan'dırîng) *s.* dolaşan, gezen, gezginci.

wandering Jew telgrafçiçeği, *bot.* Tradescantia fluminensis.

wan.der.lust (wan'dırlʌst) *i.* seyahat tutkusu.

wan.der.oo (wandıru') *i.* Seylan adasına özgü bir maymun, langur, *zool.* Presbytis cephalop-terus; aslan-kuyruklu maymun, *zool.* Macaca silenus.

wane (weyn) *f., i.* azalmak, küçülmek; solmak; batmak, zayıflamak; *i.* azalış; solma; zeval; ayın on beşinden sonra ayın küçülmesi. **on the wane** azalmakta.

wan.gle (wäng'gıl) *f., k.dili* sızdırmak, hileyle koparmak; hileye baş vurmak; tesir ederek elde etmek; dolaylı yoldan sağlamak.

wan.i.gan (wan'ıgın) *i., A.B.D., Kanada* ağaç kütüklerini kesme yerinde gereçlerin saklan-dığı dolap; kulübe.

Wan.kel engine (wäng'kıl) yeni bir çeşit ufak ve hafif iç yakımlı makina.

want (wʌnt, wônt) *i.* yokluk, adem; eksiklik; noksan; lüzum, ihtiyaç; gerek, hacet; sıkıntı, zaruret, yoksulluk, fakirlik; istek, arzu. **want ad** *k.dili, gazet.* küçük ilân. **be in want** muhtaç olmak. **for want of** bulunmadığın-dan.

want (wʌnt, wônt) *f.* istemek, arzu etmek; eksiği olmak; aramak; *İng.* muhtaç olmak, gerektirmek; yoksul olmak. **want for** muh-taç olmak, ihtiyacını hissetmek. **want to** *k.dili* gerekmek. **Call it what you want.** Ne derseniz deyin. **The dog wants out.** Köpek dışarı çıkmak istiyor. **He is wanting in politeness.** İncelikten yoksun. **You want to see a dentist today.** Dişçiye bugün gitmelisiniz.

want.ed (wʌn'tid) *s.* istenen, aranan.

want.ing (wʌn'tîng) *s., edat* eksik, noksan; *edat* -siz, eksik, az. **wanting in** noksan, eksik. **be wanting in common sense** sağduyudan yoksun olmak. **be found want-ing** kusurlu bulunmak.

wan.ton (wan'tın) *s., i., f.* zevk veya sefahat düşkünü; şehvet düşkünü; avare dolaşan; sebepsiz; kötü niyetli; ahlâksız, ahlâksızlık düşkünü; aklına eseni yapan, önünü arkasını düşünmeyen; *i.* şehvet düşkünü kimse; ah-lâksız kimse; kayıt altına girmeyen kimse; *f.* kendini ahlâksızlığa vermek; çok gelişmek. **wantonly** *z.* şehvetle; sebepsiz yere. **wan-tonness** *i.* şehvet.

wap.en.take (wap'ınteyk) *i., İng.* eskiden bazı yerlerde kontluk bölgesinin bir bölümü.

wap.i.ti (wap'ıti) *i.* Kuzey Amerika'ya özgü iri geyik, *zool.* Cervus canadensis.

war (wôr) *i., s.* savaş, harp, muharebe; müca-dele; strateji; *s.* savaşa özgü, savaşta kulla-nılan, savaş sonucu oluşan. **war cloud** savaş bulutu, savaşa alâmet olan şey. **war correspondent** savaş muhabiri. **war crime** savaş suçu. **war criminal** savaş suçlusu. **war cry** savaş narası. **war dance** savaşa hazırlık dansı; zafer dansı. **War Department** *A.B.D.* Milli Savunma Bakanlığı. **war game** savaş tatbikatı. **war god** savaş tanrısı. **war horse** savaş atı; tecrübeli asker, kurt poli-tikacı; bayat eser. **war loan** harp istikrazı. **war of nerves** sinir harbi. **war paint** vahşilerin savaş alâmeti olarak yüz veya vücutlarına sürdükleri boya; *k.dili* en iyi el-bise veya süs; makyaj malzemesi. **war whoop** kızılderililerin savaş narası. **be at war** savaş halinde olmak. **declare war on** birine savaş ilân etmek. **wage war with** biri ile savaş halinde olmak.

war (wôr) *f.* (-red, -ring) savaşmak, harp etmek, muharebe etmek, cenk etmek; düş-manlık etmek, düşman olmak.

war.ble (wôr'bıl) *f., i.* kuş gibi ötmek, şakımak; çağıldamak; terennüm etmek; titrek ses çı-karmak; *i.* kuş gibi ötüş, şakıma; tatlı ses; nağme, makam; sığırsineği sürfesinin hayvan-ların sırtında meydana getirdiği çıban. **war-ble fly** sığırsineği, *zool.* Hypodermatidae.

war.bler (wôr'blır) *i.* kuş gibi öten kimse; tatlı sesli kimse; ötleğengillerden bir kuş; Ameri-ka'ya özgü sinek yiyen bir kuş, *zool.* Parulidae.

barred warbler çizgili ötleğen, *zool.* Sylvia nisoria. garden warbler bahçe ötleğeni, *zool.* Sylvia borin. masked warbler maskeli ötleğen, *zool.* Sylvia rupelli. reed warbler çil ardıcı, *zool.* Acrocephalus arundinaceus. spectacled warbler gözlüklü çalıbülbülü, *zool.* Sylvia conspicillata. whitethroat warbler çalıbülbülü, *zool.* Sylvia communis.

ward (wôrd) *i., f.* koğuş; bölge, mıntıka; *huk.* vesayet altında bulunan çocuk; vesayet, koruma; kilit dili; *f.* emniyetli yerde korumak. ward off savuşturmak, geçiştirmek, geri çevirmek. ward heeler *A.B.D., argo* semtin oylarını kazanmaya çalışan kimse.

-ward, -wards *sonek* -e doğru, yönünde.

war.den (wôr'dın) *i.* bekçi, muhafız; *A.B.D.* hapishane müdürü; *İng.* kolej müdürü; kilise bina veya emlâkini muhafaza eden memur.

war.den (wôr'dın) *i.* kompostoluk bir çeşit armut.

ward.er (wôr'dır) *i.* bekçi, muhafız; hükümdar asası; *İng.* hapishane müdürü.

ward.robe (wôrd'rob) *i.* bir kimsenin tüm giysileri, giyecekler; gardırop, giysi dolabı; tiyatro kostümleri.

ward.room (wôrd'rum) *i.* savaş gemisinde oyun salonu ve yemekhane.

-wards *bak.* -ward.

ward.ship (wôrd'şîp) *i.* muhafızlık; vasilik, vesayet.

ware (wer) *i.* takım (eşya); *çoğ.* emtia, satılacak mallar; çanak çömlek, seramik eşya.

ware (wer) *f., eski* dikkat etmek.

ware.house (wer'haus) *i.* eşya deposu; ambar; antrepo; toptan satış yeri; mağaza. warehouseman *i.* eşya deposu sahibi veya işçisi.

ware.room (wer'rum) *i.* depo, imalât yerinde satış bölümü.

war.fare (wôr'fer) *i.* harp, savaşma, savaş; mücadele.

war.head (wôr'hed) *i.* merminin patlayıcı madde taşıyan kısmı.

war.like (wôr'layk) *s.* cenkçi, dövüşken, kavgacı; savaşa ait; askerî; savaşla tehdit eden.

war.lock (wôr'lak) *i.* sihirbaz, büyücü, cinci; falcı.

war.lord (wôr'lôrd) *i.* militarizm uğruna diktatörce davranan yönetici; mahallî diktatör (özellikle Uzak Doğuda).

warm (wôrm) *s.* ılık, hafif sıcak; ısıtan, sıcak tutan; hararetli; canlı; gayretli, şevkli; heyecanlı, çabuk heyecanlanan; sıcakkanlı; sıkıcı; *güz. san.* sıcak (renk); yeni, taze; saklanan şeye veya gerçeğe yaklaşmış durumda olan. warm front *meteor.* sıcak hava kitlesi. a warm climate ılıman iklim. a warm welcome hararetli kabul, sıcak bir karşılama. make it warm for someone anasından emdiğini burnundan getirmek. warm'ly *z.* samimiyetle, hararetle; şevkle. warm'ness *i.* sıcaklık, ılıklık.

warm (wôrm) *f.* ısıtmak, kızdırmak; ısınmak, kızmak; teşvik etmek, teşvik olunmak. warm to *veya* toward şevkle sarılmak. warm up ısınmak; ısıtmak; yarışmadan önce hafif idman yapmak; motoru ısıtmak için çalıştırmak; konser veya temsilden önce son bir hazırlık yapmak. warming pan yatağı ısıtmaya mahsus saplı ve kapaklı madenî kap.

warm-blood.ed (wôrm'blʌd'îd) *s., zool.* sıcakkanlı; enerjik; tutkulu.

warm.heart.ed (wôrm'har'tîd) *s.* yüreği sıcak, sevgi dolu; samimî, cana yakın.

war.mon.ger (wôr'mʌng.gır) *i.* savaşa kışkırtan kimse.

warmth (wôrmth) *i.* sıcaklık, ılıklık; hararet, ateşlilik, coşkunluk; samimiyet.

warm.up (wôrm'ʌp) *i., k.dili* ısınma; son hazırlık.

warn (wôrn) *f.* ikaz etmek, uyarmak, tehlikeyi haber vermek; önceden haber vermek; *huk.* ihbar etmek, ihtar etmek; öğütlemek, tavsiye etmek.

warn.ing (wôr'nîng) *i., s.* ihtar, uyarma, ikaz; ihbar; *s.* uyarıcı; ihbar eden. a week's warning bir haftalık vade. be a warning to someone birisine ibret olmak. give warning uyarmak, ikaz etmek, tehlikeyi haber vermek. take warning nasihat kabul etmek, ibret almak. warning bell işaret zili; hazırlık zili. warningly *z.* ikaz edercesine.

warp (wôrp) *f.* eğrilmek; eğrilip çarpılmasına sebep olmak; doğru yoldan sapmak veya saptırmak; *den.* bir yere bağlanmış palamarı çekerek yürütmek; *hav.* yesarilenmek. warped *s.* eğrilmiş; sapık, sapkın.

warp (wôrp) *i.* eğrilik, çarpıklık; dokumacılıkta çözgü, arış; *den.* palamar, levalık yoma.

war.path (wôr'päth) *i.* kızılderililerin savaşa gitmesi. **on the warpath** kavgaya hazır; parlamaya hazır.

war.rant (wôr'ınt) *i., huk.* tevkif müzekkeresi; arama tezkeresi; kefalet, teminat, garanti; ruhsat, yetki, salâhiyet; makbuz; *ask.* tayin emri. **warrant for one's arrest** tevkif müzekkeresi. **warrant officer** gedikli erbaş.

war.rant (wôr'ınt) *f.* temin etmek; teminat vermek, garanti etmek; korkusuzca beyan etmek; salâhiyet vermek; memur etmek; izin vermek, ruhsat vermek; kefil olmak; hak kazandırmak; her zararını tazmin edeceğine taahhüt etmek. **No excuse can warrant this misbehavior.** Hiçbir özür bu kötü davranışı mazur gösteremez. Bu kötü davranışa göz yumulamaz. **I warrant you...** Sizi temin ederim ki... **warrantable** *s.* caiz; garanti edilir. **warrantably** *z.* caiz sayılacak şekilde.

war.ran.ty (wôr'ınti) *i., huk.* kefalet, kefaletname; garanti; yetki, salâhiyet, hak.

war.ren (wôr'ın) *i.* tavşanın çok olduğu yer; ufak av hayvanları üretim sahası; ırmakta balık üretim sahası; kalabalık mahalle; *İng.* parmaklıklı yerde yabanıl hayvan üretme imtiyazı; ağıl.

war.ri.or (wôr'iyır) *i.* savaşçı, cenkçi, muharip; cenk eri, asker.

War.saw (wôr'sô) *i.* Varşova.

war.ship (wôr'şîp) *i.* savaş gemisi.

wart (wôrt) *i.* siğil. **warts and all** olduğu gibi, bütün ayrıntılarıyle, güzel olmayan taraflarını saklamadan. **wart hog** Afrika yaban domuzu, *zool.* Phacochoerus aethiopicus. **wart'y** *s.* siğilli, üstü siğil dolu; siğil gibi.

war.time (wôr'taym) *i., s.* savaş zamanı; *s.* savaştan doğan; savaş sırasında olan.

wart.weed (wôrt'wid) *i.* sarı sütleğen, *bot.* Euphorbia helioscopia.

war.worn (wôr'wôrn) *s.* savaştan yıpranmış, savaş yorgunu.

war.y (wer'i) *s.* ihtiyatlı, uyanık, açıkgöz. **be wary of** ...den sakınmak; dikkat etmek. **warily** *z.* uyanık olarak. **wariness** *i.* uyanıklık.

was (wʌz, waz, wız) *bak.* **be.**

wash (wôş, waş) *f.* yıkamak, ıslatmak; su ile silmek; yıkanmak, banyo yapmak; ince boya tabakası ile kaplamak, yaldızlamak; temizlemek; *min.* toprağı yıkayarak altın filizini ayırmak; yıkanmaya dayanmak (kumaş); hafif hafif çarpmak (dalga); aşınmak. **wash away** su ile sürüklemek veya sürüklenmek. **wash boiler** çamaşır kazanı. **wash down** yıkayıp temizlemek (güverte); su ile yutmayı kolaylaştırmak. **wash off** yıkayıp temizlemek. **wash one's hands of a matter** bir işten bıkıp elini çekmek. **wash out** içini yıkamak; yormak, bitirmek; feshetmek; vaz geçmek; ihtiyacı karşılayamamak; yağmur nedeniyle iptal etmek. **wash up** yıkanmak; *İng., k.dili* bulaşık yıkamak. **be washed up** *k.dili* silinmek, yıldızı sönmek. **wash'able** *s.* yıkanabilir.

wash (wôş, waş) *i., s.* yıkama, yıkanma; çamaşır; deniz veya nehir suyunun çalkanmasından hâsıl olan ses; dalga sesi, kürek palası veya gemi çarkının meydana getirdiği su akıntısı; dalgaların sahile attığı süprüntü; sulu mutfak artığı; ağıza güzel koku vermek için kullanılan sıvı; losyon; tuvalet suyu; *güz. san.* ince suluboya tabakası; kuru vadi; toprak aşınması; ince tabaka kaplama; *s.* yıkanabilir. **This tray has a gold wash.** Bu tepsi altın suyuna batırılmış.

wash-and-wear (wôş'ınwer) *s.* ütü istemez ve yıkanabilir.

wash.ba.sin (wôş'beysın), **wash.bowl** (wôş'bol) *i.* lavabo.

wash.board (wôş'bôrd) *i.* üstünde çamaşır yıkanan oluklu tahta; *den.* dalga girmesin diye kapının önüne veya güverteye konulan siper; girintili çıkıntılı yol.

wash.cloth (wôş'klôth) *i.* sabun bezi.

wash.day (wôş'dey) *i.* çamaşır günü.

washed-out (wôşt'aut') *s.* solmuş, solgun, soluk; *k.dili* çok yorgun, bitkin; batkın, müflis.

washed-up (wôşt'ʌp) *s., argo* yıldızı sönmüş, bitmiş; *k.dili* bitkin düşmüş.

wash.er (wôş'ır, waş'ır) *i.* yıkayan şey veya kimse; *mak.* pul, rondela; çamaşır makinası; gaz yıkama cihazı.

wash.er.wom.an (wôş'ırwûmın) *i.* çamaşırcı kadın.

wash.ing (wôş'ing) *i.* yıkama, yıkanma; çamaşır; ince madeni kaplama. **washing machine** çamaşır makinası. **washing soda** çamaşır sodası.

Wash.ing.ton (wôş'ingtın) *i.* Washington.

wash.out (wôş'aut) *i.* sel basması ile meydana gelen çukur; sel sularının sürüklemesi; *argo* başarısızlık; yıkama.

wash.rag (wôş'räg) *i.* sabun bezi.

wash.room (wôş'rum) *i.* tuvalet.

wash.stand (wôş'ständ) *i.* lavabo.

wash.tub (wôş'tʌb) *i.* çamaşır teknesi, leğen.

wash.y (wô'şi) *s.* sulu, kuvvetsiz, çorba gibi, hafif.

was.n't (wʌz'ınt) *kıs.* was not.

wasp (wasp) *i.* yabanarısı, *zool.* Vespa; sarı arı. **wasp waist** sıkma bel.

WASP, Wasp (wasp) *i.*, *A.B.D.*, *aşağ.*, *argo* beyaz Protestan Amerikalı.

wasp.ish (was'piş) *s.* huysuz; ince belli.

wasp.y (was'pi) *s.* hırçın.

was.sail (was'ıl, waseyl') *i.*, *f.* şerefe içme; içki âlemi; işret için içilen baharlı içki; eski bir selâmlama; *f.* işret etmek, içki âlemi yapmak; birinin şerefine içmek.

Was.ser.mann test (was'ırmın) *tıb.* frengi teşhis testi.

wast (wʌst, wıst) *eski* -idin.

wast.age (weys'tîc) *i.* sarfiyat; lüzumsuz sarfiyat, israf.

waste (weyst) *s.*, *i.* atılmış, kullanılmaz; bedenden çıkarılmış, ifraz edilmiş; boş, hali, terkedilmiş; çorak; viran, harap; artık, yeterinden fazla; *i.* israf, telef, çarçur, heder, savurma; iyi kullanmama, değenlendirmeme; boş arazi; metruk arazi; beyaban; ıssız yer; yıkım, harabiyet; kullanılmadan boşa giden şey, fire; çöp, artık. **waste pipe** kullanılmış veya fazla suyu boşaltma borusu. **waste steam** fazla buhar, çürük buhar. **go to waste** ziyan olmak, heder olmak, boşa gitmek. **lay waste** harap etmek, viraneye çevirmek.

waste (weyst) *f.* harap etmek, viraneye çevirmek; aşındırmak, kullanıp yıpratmak; harcamak, boşuna sarfetmek, israf etmek; kaybetmek; *argo* öldürmek; aşınmak; heba olmak; aşırı derecede kilo vermek. **waste away** zayıflaya zayıflaya eriyip gitmek; ağır ağır azalmak veya telef olmak. **wast'ing** *s.* zayıflatıcı, çöktürücü; harap eden.

waste.bas.ket (weyst'bäskit) *i.* çöp sepeti.

waste.ful (weyst'fıl) *s.* harap eden; müsrif, savurgan, boş yere ziyan eden. **wastefully**

z. israf ederek. **wastefulness** *i.* israf, ziyankârlık.

waste.land (weyst'länd) *i.* çorak toprak, metruk arazi, beyaban.

waste.pa.per (weyst'peypır) *i.* atılacak kâğıt, çöp kâğıt.

wast.er (weys'tır) *i.* israfçı.

waste.weir (weyst'wir) *i.*, *İng.* artık su savağı.

wast.rel (weys'trıl) *i.* müsrif kimse; bir işe yaramaz kimse; avare kimse.

watch (waç) *i.* cep veya kol saati; bekçilik, gözetleme; uyanıklık; nöbetçilik, nöbet tutma; nöbetçi, bekçi; devriye; nöbet yeri veya süresi; eskiden gecenin bir kısmı; *den.* nöbet, posta, vardiya; *den.* aynı vardiyada nöbet tutan tayfalar. **watch band** kol saati kayışı. **watch chain** saat kösteği. **watch fire** bekçi veya nöbetçinin yaktığı ateş; işaret ateşi. **watch glass** kol saati camı; laboratuvarda kullanılan saat camı biçimindeki cam kap. **watch guard** saat kösteği kaytanı. **watch night** yılbaşı gecesi yapılan dinsel tören. **watch pocket** saat cebi. **be on the watch** tetikte olmak, kulak kesilmek; nöbette olmak. **first watch** gecenin ilk nöbeti. **larboard watch** geminin iskele tarafına tayin olunan gece nöbetçisi grubu. **officer of the watch** nöbetçi subayı. **set the watch** saatı ayar etmek; bekçi koymak.

watch (waç) *f.* bakmak, dikkat etmek; beklemek, gözlemek; fırsat kollamak; tetikte olmak; gözkulak olmak; bekçilik etmek, nöbet beklemek, nöbetçi olmak; gözetmek; gözetlemek, seyretmek; sabahlamak. **watch for** beklemek, yolunu gözlemek. **watch out** dikkat etmek. **watch over** korumak, bakmak. **Watch out! Watch it!** Dikkat et! **Watch your step!** Bastığın yere bak. Önüne bak. Sakın ha! Dikkat et! Aman yavaş!

watch.case (waç'keys) *i.* saat kapağı veya mahfazası.

watch.dog (waç'dôg) *i.* bekçi köpeği; kanunsuz veya umuma zararlı hareketlere karşı tetikte olan kimse veya makam.

watch.ful (waç'fıl) *s.* tetik, uyanık. **watchfully** *z.* tetikte, uyanık olarak. **watchfulness** *i.* uyanık oluş.

watch.mak.er (waç'meykır) *i.* saatçı.

watch.man (waç'mın) *i.* bekçi.

watch.tow.er (waç'tauwır) *i.* nöbetçi kulesi, bekçi kulesi.

watch.word (waç'wırd) *i.* parola; düstur.

wa.ter (wô'tır) *i.* su; deniz, göl, nehir; su birikintisi; gölek, gölcük, gölet; elmasın parlaklık ve şeffaflığı; hare, kumaşın şanjanı; mükemmellik, kalite; karşılığı olmadan ilâve olunan sermaye; *çoğ.* kara suları; *çoğ.* sular. **water ballet** su balesi. **water bearer** sucu, saka; *b.h., astr.* Kova Burcu; Saka takımıyıldızı. **water bed** yatak olarak kullanılan içi su dolu büyük plastik torba. **water beetle, water bug** su böceği, su sineği, *zool.* Hydrophilus. **water blister** içi suyla dolu kabarcık. **water boy** işçilere veya sporculara su getiren kimse. **water buffalo** manda, *zool.* Bubalus bubalus. **water cart** su arabası. **water chestnut** su kestanesi, göl kestanesi, *bot.* Trapa natans. **water closet** tuvalet, apteshane, *kıs.* **W.C. water color** suluboya; suluboya resim. **water cooler** su soğutacak kap veya tertibat. **water cure** *tıb.* su ile tedavi; *k.dili* fazla su içirerek yapılan işkence. **water flea** su piresi; subiti, *zool.* Daphnia. **water gap** iki dağ arasındaki derin dere, koyak, geçit. **water gas** hidrojenle karbon monoksitten meydana gelen bir çeşit havagazı. **water gate** set, kapak. **water gauge** istim kazanındaki suyun yüksekliğini ölçme aleti, su seviyesi göstericisi. **water germander** sunanesi, sarmısak otu, *bot.* Teucrium scordium. **water glass** su bardağı; kazandaki suyu ölçme aleti; sodyum silikat; su saatı. **water hammer** borularda su gürültüsü. **water hazard** golf oyununda su mâniası. **water hemlock** sığır baldıranı, *bot.* Cicuta virosa. **water hen** su tavuğu. **water hole** hayvanların su içtiği ufak pınar veya gölcük. **water jacket** moturu soğutmak için silindirlerin etrafındaki su gömleği. **water jump** at yarışlarında su mâniası. **water level** su seviyesi. **water lily** nilüfer, *bot.* Nymphaea. **water line** *den.* su hattı. **water main** yeraltı su borusu. **water meter** su saatı. **water mill** su değirmeni. **water moccasin** Kuzey Amerika'da bulunan kanca-dişli engerek. **water**

nymph su perisi. **water on the brain** beyinde su toplanması. **water polo** su polosu. **water rat** misk sıçanı, su sıçanı, *zool.* Ondatra zibethica; limanlarda hırsızlık eden serseri. **water rights** su kullanma hakkı. **water snake** su yılanı, *zool.* Natrix. **water softener** suyun kirecini ayırarak yumuşatan kimyasal madde veya tertibat. **water spaniel** su spanyeli. **water supply** su rezervi; su kaynakları; su sağlama. **water system** bütün kollarıyle bir ırmak; su kaynakları; su sağlama. **water table** *mim.* bina yüzündeki alt saçak, yağmur etekliği; *jeol.* su tabakası, su tabakası seviyesi. **water tower** su kulesi. **water wheel** sudolabı; çark. **water wings** yüzme öğrenenler için bir çift sugeçirmez şişirilmiş torba. **water witch** yeraltı sularının yerini bulabildiğini iddia eden kimse. **above water** kaygısız, sıkıntısız. **be in hot water** başı dertte olmak, güç durumda olmak. **be under water** su altında kalmak. **go water** *ç.dili* su dökmek, işemek. **head of water** kaynak yeri, su başı; su rezervi; sarnıç, baraj; su gücü. **high water** met, kabarma; sel; *k.dili* boy atan çocuğa pantolonunun kısa gelmesi, **in deep water** başı dertte, müşkül durumda. **in smooth water** meselesiz, yolunda. **low water** cezir, inme; suların çekilmiş hali. **low water mark** tam cezri veya suyun fazla çekildiğini belirten işaret. **make water** su dökmek, işemek. **of the first water** en iyi cinsten. **on the water** denizde. **soft water** tatlı su, kireçsiz su. **spring water** pınar suyu. **take the water** (belirli bir membadan) su içmek. **the waters** meşime, son, etene, döleşi. **throw cold water on** hevesini kaçırmak, soğutmak. **watered silk** hareli veya dalgalı ipekli kumaş. **He worked hard to keep his head above water.** Geçinebilmek için çok çalıştı. **Sam is a villain of the purest water.** Sam hainlerin danıskasıdır. **They spend money like water.** Su gibi para harcarlar.

wa.ter (wô'tır) *f.* sulamak; suvarmak, su vermek; harelemek (ipek); su katmak, sulandırmak; sulanmak; su içmek (hayvan), suvarılmak; karşılığı olmadan hisse senetlerini çoğaltmak. **water down** sulandırmak; hafifletmek, yumuşatmak. **The smell of fresh**

bread makes my mouth water. Taze ekmek kokusu ağzımı sulandırır.

wa.ter.borne (wô'tırbôrn') s. yüzen; su yoluyle taşınan; su yoluyle bulaşan.

wa.ter.buck (wô'tırbʌk) i. Orta Afrika'da bulunan iri bir cins antilop.

wa.ter.course (wô'tırkôrs) i. su yolu, kanal; dere, su.

wa.ter.craft (wô'tırkräft) i. denizcilik veya su sporlarında maharet; gemi, kayık; deniz taşıtları.

wa.ter.cress (wô'tırkres) i. suteresi, bot. Nasturtium officinale.

wa.ter.fall (wô'tırfôl) i. çağlayan, çavlan, şelâle.

wa.ter.fowl (wô'tırfaul) i. su kuşu, su kuşları.

wa.ter.front (wô'tırfrʌnt) i. sahilde arsa; şehrin liman bölgesi.

wa.ter.ing (wô'tıring) i., s. sulama; suvarma; hareleme; s. sulayan, sulayıcı; sahildeki; kaplıcaya yakın. watering place içmeler, maden suları bulunan yer; plaj; kaplıca. watering pot bahçe sulama kovası, süzgeçli kova. watering trough yalak.

wa.ter.logged (wô'tırlôgd) s. içi su dolmuş. Wa.ter.loo (wô'tırlu) i. Waterloo savaşı; kesin yenilgi.

wa.ter.man (wô'tırmın) i. kayıkçı.

wa.ter.mark (wô'tırmark) i., f. karada suyun yükseldiği dereceyi gösteren çizgi veya işaret; filigran; f. filigran basmak.

wa.ter.mel.on (wô'tırmelın) i. karpuz, bot. Citrullus vulgaris.

wa.ter.pow.er (wô'tırpauwır) i. su gücü.

wa.ter.proof (wô'tırpruf) s., i., f. sugeçirmez; i. yağmurluk, empermeabl; f. sugeçirmez hale koymak.

wa.ter.re.pel.lent (wô'tır.rıpel'ınt) s. su çekmez.

wa.ter.shed (wô'tırşed) i. iki nehir havzası arasındaki set; su bölümü çizgisi; boşaltma havzası; sınır.

wa.ter.side (wô'tırsayd) i., s. sahil, kıyı, yalı; s. sahilde yaşayan; su kenarında biten; sahile özgü; sahilde çalışan.

wa.ter.ski (wô'tırski) f., i. su kayağı yapmak; i. su kayağı.

wa.ter.soaked (wô'tırsokt) s. ıslak, sırsıklam.

wa.ter.sol.u.ble (wô'tırsalyıbıl) s. suda eriyebilen.

wa.ter.spout (wô'tırspaut) i. denizden veya gölden kasırga kuvvetiyle hortum halinde yukarı çekilen su, deniz hortumu; oluk.

wa.ter.tight (wô'tırtayt) s. sugeçirmez, akmaz, sızmaz; çok sıkı; göz açtırmayan.

wa.ter.way (wô'tırwey) i. su yolu; gemi güvertesinde biriken suyu akıtmaya mahsus açık oluk.

wa.ter.works (wô'tırwırks) i., çoğ. su dağıtım tertibatı; su oyunları; argo gözyaşı; argo yağmur.

wa.ter.worn (wô'tırwôrn) s. sudan aşınmış, suda eskimiş.

wa.ter.y (wô'tıri) s.' sulu, suya ait; sulak, suyu bol; su gibi, suya benzer; tatsız, lezzetsiz; zayıf, sudan.

watt (wat) i. vat. watt-hour i. vat saat. watt'-meter i. vatmetre, vat ölçeği. wat'tage i. vat ile ifade edilen elektrik gücü miktarı.

wat.tle (wat'ıl) i., f. dal veya çubuklardan örülmüş yapı; çubuk, saz, kamış, dal; hayvanlarda sarkık gerdan; f. ince çubuklarla çit örmek; ince çubukları hasır gibi örmek.

waul, wawl (wôl) f. kedi gibi miyavlamak.

wave (weyv) f. dalgalanmak; sallanmak; sallamak; dalgalandırmak, dalga dalga etmek; ondüle yapmak; harelemek; elle işaret etmek. wave farewell el veya mendil sallayarak veda etmek. wave on el işaretiyle ileri gitmesini belirtmek.

wave (weyv) i. dalga; dalgalanma; el işareti; el sallama; hare, kumaş dalgası; dalga gibi kabaran şey; sıcak veya soğuk dalgası. wave band radyo dalga. wave front fiz. dalga sınırı. wave set mizamplide kullanılan fiksatif. wave theory fiz. dalga teorisi; dilb. dillerin dalgalar halinde yayıldığı kuramı. wave train bir noktadan çıkan dalgalar dizisi. wave worn dalgalardan aşınmış. cold wave soğuk dalgası. heat wave sıcak dalgası. long wave uzun dalga. make waves A.B.D. düzeni bozmak, karışıklık yaratmak. medium wave orta dalga. short wave kısa dalga. wav'y s. dalgalı, dalga dalga.

wave.length (weyv'length) i. dalga uzunluğu, dalga boyu.

wave.off (weyv'ôf) i., hav. iniş izni vermeme.

wa.ver (wey'vır) f., i. sallanmak; titremek; sendelemek; tereddüt etmek, duraksamak, ka-

rarsız olmak; *i.* sallanma; tereddüt, karar-
sızlık. **waveringly** *z.* tereddüt ederek, ka-
rarsızlık içinde.

WAVES (weyvz) *i.* A.B.D. donanmasında
kadın görevliler.

wawl *bak.* **waul.**

wax (wäks) *i., f.* mum, balmumu; balmumuna
benzer herhangi bir madde; parafin; kırmızı
balmumu; kulak kiri; *bot.* bitkilerin ifraz
ettiği balmumuna benzer madde; kundu-
racı zifti veya mumu; cilâ; *f.* üstüne balmumu
sürmek, mumlamak; cilâlamak. **wax bean**
sarı kabuklu fasulye, *bot.* Phaseolus vul-
garis. **wax candle** mum. **wax end, waxed
end** mumlanmış veya ziftli ayakkabıcı si-
cimi. **wax flower, wax plant** balmumu
çiçeği, *bot.* Hoya carnosa. **wax myrtle**
mum ağacı, *bot.* Myrica cerifera. **wax palm**
mum hurma ağacı, *bot.* Ceroxylon andicola.
wax paper yağlı kâğıt. **wax'en** *s.* mum
gibi; mumdan yapılmış; soluk, saz benizli.
wax'y *s.* mumlu, muma benzer; yapışkan;
yumuşak ve şekillendirilebilir.

wax (wäks) *f.* artmak, yükselmek, büyümek;
olmak. **wax beautiful** güzelleşmek. **wax
eloquent** belâgatli konuşmak. **wax strong**
kuvvetlenmek. **The moon waxed and
the moon waned.** Günler geçti.

wax (wäks) *f., k.dili* plak yapmak, plak dol-
durmak.

wax (wäks) *i., İng., k.dili* öfke nöbeti. **wax'y**
s. öfkeli.

wax.wing (wäks'wîng) *i.* ipek-kuyruk kuşu,
zool. Bombycilla garrula.

wax.work (wäks'wırk) *i.* balmumu işi; bal-
mumundan yapılmış insan heykeli; *çoğ.*
balmumundan yapılmış insan heykelleri mü-
zesi.

way (wey) *i.* yol, tarik; yön, yan, taraf, cihet;
yer; mesafe; usul, tarz; husus; âdet, itiyat,
huy; hal, durum, halet; gidiş, ilerleme, ileri
gitme; çare, vasıta; *huk.* irtifak hakkı, ge-
çit hakkı; *çoğ.* gemi kızağı. **ways and
means** malî tedbirler, para temini, tahsisat
bulma yolları. **way back** *k.dili* çok eskiden,
uzun zaman önce. **way in** giriş, girilecek
yol. **way station** *d.y.* ara istasyon. **way
train** her istasyona uğrayan tren, posta
treni. **across the way** yolun öte tarafında,
karşı tarafta. **a good way** hayli mesafe;

iyi bir usul. **all the way** mümkün olduğu
kadar; başından beri. **a long way off** çok
uzakta. **be in the way** engel olmak, ayak
altında olmak. **by the way** sırası gelmişken,
aklıma gelmişken. **by way of** yolu ile, -den.
come one's way başına gelmek. **go all
the way** son haddine varmak; her naneyi
yemek. **go one's way** kendi yoluna git-
mek, bildiğini okumak. **go out of one's
way** zahmete katlanmak. **go the way of**
gibi gitmek. **have a way with one** ikna
edici kabiliyeti olmak. **in a small way** küçük
mikyasta, ufak ölçüde. **in a bad way** kötü
bir durumda; tehlikede; çok hasta. **in a way**
bir bakıma. **make one's way** ileri gitmek,
başarmak, muvaffak olmak. **on the way**
yol üstünde, yolunda, yolda. **out of the
way** sapa, yol üstü olmayan; alışılmışın dı-
şında, yolsuz, uygunsuz, münasebetsiz; zah-
mette; yerinde olmayan, kayıp; ortadan,
aradan; yoldan. **pay one's way** kendi mas-
raflarını kendi ödemek. **the right way** doğru
yol. **under way** hareket halinde, ilerlemekte,
devam etmekte. **Have it your way.** Nasıl
istersen öyle yap. **Let's get this out of
the way.** Bunu ortadan kaldıralım. **No
way.** A.B.D., *argo* Çaresiz. İmkân yok.

way.bill (wey'bîl) *i.* manifesto, yolcu mani-
festosu, nakliye senedi, *kıs.* **w.b.**

way.far.er (wey'ferır) *i.* yolcu, yaya yolcu.

way.far.ing (wey'ferîng) *s., i.* yolculuk eden;
i. yolculuk.

way.lay (wey'ley) *f.* yolunu kesmek; pusuya
yatmak.

way-out (wey'aut') *s., A.B.D., argo* yepyeni,
özgün, ileri.

-ways *sonek* yönünde, -e doğru.

way.side (wey'sayd) *i., s.* yol kenarı; *s.*
yol kenarındaki. **go by the wayside** daha
önemli bir şeyden dolayı rafa kaldırılmak.

way.ward (wey'wırd) *s.* ters, dik başlı, inatçı,
aksi; düzensiz, intizamsız, darmadağınık.
waywardly *z.* inatçılıkla, dik başlılıkla; dü-
zensiz bir şekilde. **waywardness** *i.* inatçılık,
dik başlılık; düzensizlik.

w.c. *kıs.* **water closet, without charge.**

W.C.T.U *kıs.* **Women's Christian Temper-
ance Union** Yeşilay derneğinin *A.B.D.*'deki
karşılığı.

we (wi) *zam.* biz, *bak.* **I.**

weak (wik) s. zayıf, kuvvetsiz, mecalsiz, takatsız; hafif, dayanıksız; metanetsiz; sebatsız; akılsız, şaşkın; eksik; hükümsüz; *foto.* silik çıkmış; *dilb.* vurgusuz; düşük. **weak sister** *k.dili* dayanıksız ve zayıf kimse. **weakly** s., z. hasta, hastalıklı; z. zaaf ile; zayıf surette. **weak'ness** i. zaaf, zafiyet, iradesizlik; kusur; zaaf duyulan şey.

weak.en (wi'kın) f. zayıf düşürmek; zayıflatmak, zayıflamak; takatini kesmek, takati kesilmek; hafifletmek, hafiflemek; direnci azalmak.

weak.fish (wik'fiş) i. gölgebalığıgillerden bir çeşit balık, *zool.* Cynoscion.

weak.heart.ed (wik'hartid) s. yüreksiz, korkak.

weak-kneed (wik'nid) s. dizleri zayıf; zayıf karakterli; yüreksiz.

weak.ling (wik'ling) i., s. cılız kimse veya hayvan; s. cılız, güçsüz.

weak-mind.ed (wik'mayn'did) s. iradesiz; aklı zayıf.

weal (wil) i., *eski* refah, gönenç, saadet, sağlık. **for the public weal** umumun refahı için; kamu yararına. **in weal or in woe** iyi veya kötü günlerde.

weald (wild) i., *İng.* ormanlık; kır.

wealth (welth) i. zenginlik, servet, varlık, para, mal; bolluk.

wealth.y (wel'thi) s. zengin, servet sahibi, varlıklı; bol. **wealthiness** i. zenginlik. **wealthily** z. varlıklı olarak.

wean (win) f. sütten kesmek, memeden kesmek; soğutmak, vaz geçirmek. **wean'ling** i. sütten yeni kesilmiş yavru.

weap.on (wep'ın) i. silâh. **weaponry** i. silâhlar.

wear (wer) f. (**wore, worn**) giymek; göstermek; taşımak; kullanmak; eskitmek, aşındırmak, yıpratmak, yemek; yormak; dayanmak; eskimek, aşınmak, yıpranmak; tükenmek. **wear away** aşındırmak; biteviye geçmek; tükenmek. **wear badly** dayanıksız olmak, az dayanmak. **wear down** azar azar kuvvetini tüketmek, yavaş yavaş yıpratmak veya yıpranmak; aşındırmak. **wear off** yavaş yavaş yok olmak. **wear on** yavaş ilerlemek; can sıkmak. **wear out** bütün bütün eskimek veya eskitmek; aşınmak; yormak, tüketmek. **wear the trousers** reislik etmek. **wear well** iyi dayanmak; iyi uymak; uygun gelmek; süregelmek. **wear'able**

s. giyilebilir. **wearing apparel** elbise, giysiler. **He wears his age well.** Yaşını göstermiyor.

wear (wer) i. dayanıklılık, dayanma; aşınma, yıpranma, eskime; giysi, elbise. **the worse for wear** eskimiş, çok kullanıldığı belli. **wear and tear** normal halde aşınıp eskime.

wear.ing (wer'ing) s. yıpratıcı; yorucu; giyilmeye elverişli.

wea.ri.some (wir'isım) s. sıkıcı, yorucu, bıktırıcı, usandırıcı.

wea.ry (wir'i) s., f. yorgun, usanmış, bıkkın, bezgin; yorucu, yoran, usandırıcı, sıkıcı; yorgunluk belirten; f. yormak, yorulmak; usanmak, usandırmak; bezmek, bezdirmek. **wearily** z. canından bezmiş bir halde; yorgunlukla. **weariness** i. bezginlik, yorgunluk, usanç.

wea.sand (wi'zınd) i., *eski* gırtlak, nefes borusu.

wea.sel (wi'zıl) i., f. sansargillerden herhangi bir hayvan, *zool.* Mustela, sansar, gelincik, kakım, samur; sinsi kimse, çakal; f., *A.B.D.*, *k.dili* kaçamaklı konuşmak. **weasel out of** -den sıyrılmak. **weasel-faced** s. sansar yüzlü. **weasel word** kaçamaklı söz, bir sözün anlamını şüpheye düşüren kelime.

weath.er (wedh'ır) i., s. hava, hava durumu; kötü hava, fırtına; ortam, şart, durum; s., *den.* rüzgâr üstü tarafındaki. **weather bureau** meteoroloji bürosu. **weather eye** hava değişikliğini çabuk sezme kabiliyeti. **keep one's weather eye open** *k.dili* gözkulak olmak. **weather map** hava haritası, meteoroloji haritası. **weather ship** okyanus meteoroloji istasyonu. **weather signal** hava durumunu bildiren işaret. **weather station** meteoroloji istasyonu. **weather vane** fırıldak, rüzgârgülü. **make heavy weather** yalpa vurmak, yalpalamak; zorluk çıkarmak. **under the weather** *k.dili* keyifsiz, hasta, rahatsız; kafası dumanlı.

weath.er (wedh'ır) f. havaya göstermek; hava tesiriyle değişmek; atlatmak, savuşturmak, geçiştirmek; (çatıya) meyil vermek; *den.* rüzgâr istikametinden geçmek; hava tesirlerine karşı dayanmak. **weathering** i. hava etkisiyle meydana gelen değişiklik.

weath.er.beat.en (wedh'ırbitın) s. her türlü kötü hava şartlarına maruz kalmış, fırtına yemiş; fırtınanın yıprattığı, yanık (yüz).

weath.er.board (wedh'ırbôrd) *i., f.* bindirme, siper tahtası; *f.* bindirme tahtalarla kaplamak.

weath.er-bound (wedh'ırbaund) *s.* kötü hava şartlarından dolayı limanda mahsur kalmış (gemi).

weath.er.cock (wedh'ırkak) *i.* fırıldak, rüzgârgülü; dönek kimse.

weath.ered (wedh'ırd) *s.* (hava, güneş, rüzgâr veya yağmur etkisiyle) yıpranmış. **weathered in** *A.B.D.* hava muhalefeti yüzünden kapalı (havaalanı).

weath.er.glass (wedh'ırgläs) *i.* barometre.

weath.er.man (wedh'ırmän) *i.* (*çoğ.* **-men**) *k.dili* meteoroloji uzmanı; hava durumunu okuyan spiker.

weath.er.proof (wedh'ırpruf) *s.* her türlü hava şartlarına karşı dayanıklı, havadan bozulmaz, rüzgâr geçirmez.

weather strip, weather stripping pencere keçesi, tecrit şeridi.

weath.er-strip (wedh'ırstrip) *f.* tecrit şeridi yapıştırmak.

weath.er-wise (wedh'ırwayz) *s.* havadan anlar; kamuoyunu sezen.

weath.er.worn (wedh'ırwôrn) *s.* hava etkisiyle bozulmuş veya aşınmış.

weave (wiv) *f.* (**wove, woven**) *i.* dokumak; örmek; kurmak, yapmak, icat etmek; zikzak yapmak; *i.* dokuma; örme.

· **weav.er** (wi'vır) *i.* dokumacı, çulha. **weaver's hitch** *den.* yoma bağı.

weav.er.bird (wi'vırbırd) *i.* dokumacı kuşu, *zool.* Ploceidae.

web (web) *i., f.* (**-bed, -bing**) ağ; örümcek ağı; ağ gibi karışık şey veya tertip; dokuma, dokunmuş kumaş; *mak.* örs boğazı, ray boğazı, bağlantı levhası; örgü; *anat., zool.* zar, perde; tüy bayrağı; tomar; *f.* etrafına ağ örmek; ağ gibi sarmak. **web-fingered** *s.* el parmaklarının arası perdeli. **web-toed** *s.* ayak parmaklarının arası perdeli, perde ayaklı. **web press** tomar kâğıt ile çalışan baskı makinası. **web'bing** *i.* kalın dokuma kayış.

we'd (wid) *kıs.* **we had, we would.**

Wed. *kıs.* **Wednesday.**

wed (wed) *f.* (**-ded; -ded** *veya* **wed; -ding**) nikâh ile almak veya varmak; ile evlenmek; bağlanmak; evlenmek, kocaya varmak, dünya evine girmek.

wed.ded (wed'id) *s.* evli, evlenmiş; evliliğe özgü. **wedded to** bağlı, kendini adamış.

wed.ding (wed'îng) *i.* nikâh, evlenme merasimi, düğün; evlilik yıldönümü. **wedding cake** düğün pastası. **wedding ring** nikâh yüzüğü. **golden wedding** evliliğin ellinci yıldönümü. **silver wedding** evliliğin yirmi beşinci yıldönümü.

wedge (wec) *i., f.* kıskı, kama, çivi, takoz; kıskı şeklinde şey; üçgen şeklinde ilerleyen küme; çivi yazısında çivi şeklindeki işaret; *f.* kıskı ile kesmek veya ayırmak; kıskı sokmak; kıskı sokup sıkıştırmak; sıkışmak, takılmak; sıkıştırmak. **wedg'y** *s.* kıskı gibi.

wedg.ie (wec'i) *i., k.dili* topuk girintisi olmayan ve tabanı topuğa doğru yükselen kadın ayakkabısı.

Wedg.wood ware (wec'wûd) renkli zemin üzerine beyaz süsü olan bir çeşit İngiliz çömleği.

wed.lock (wed'lak) *i.* nikâh, evlilik, izdivaç. **in wedlock** evlilik sırasında. **out of wedlock** evlilik dışı.

Wednes.day (wenz'di, wenz'dey) *i.* çarşamba.

wee (wi) *s.* (**we.er, we.est**) ufacık, küçücük, minimini, minnacık, minicik; az. **wee folk** periler, cinler, cüceler, ifritler, iyi saatte olsunlar. **wee hours** geceyarısından sonraki zaman, sabahın erken saatleri.

weed (wid) *i., f.* yabanî ot, zararlı ot; değersiz hayvan; ıskarta şey; ot tabakası; *argo* haşiş; *f.* yararsız otları çıkarıp temizlemek; zararlı şeyleri defetmek. **weed out** çıkarmak. **the weed** *k.dili* tütün, sigara. **poke weed** şekerciboyası, *bot.* Phytolacca.

weed (wid) *i.* matem kolçağı; şapkada matem şeridi; *çoğ.* dul kadınların giydiği matem elbisesi.

weed.y (wi'di) *s.* yabanî otları bol; *k.dili* çiroz gibi, kara kuru, ıskarta.

week (wik) *i.* hafta. **week in week out** haftalarca. **weeks ago** haftalarca önce. **a full week** tam bir hafta; olaylarla dolu bir hafta. **by the week** hafta hesabına göre. **for weeks** haftalarca.

week.day (wik'dey) *i.* hafta arasındaki gün, iş günü.

week.end (wik'end) *i.* hafta sonu.

week.ly (wik'li) *s., z., i.* haftalık; *z.* haftada bir, her hafta; *i.* haftalık yayın.

ween (win) *f., eski* zannetmek, sanmak.

ween.ie (wi'ni) *i., A.B.D., k.dili* sosis.

wee.ny (wi'ni) *s.* ufacık, minicik, küçücük.

weep (wip) *f.* **(wept)** *i.* ağlamak, göz yaşı dökmek; sızmak, damlamak; *i.* ağlama; ağlama nöbeti.

weep.er (wi'pır) *i.* ağıtçı; şapkadan sarkan matem kurdelesi; daldan sarkan yosun; duvarda damlama deliği, akak; *çoğ., k.dili* pırasa bıyık.

weep.ing (wi'pîng) *s.* ağlayan, gözleri yaşlı; ince ve sarkık dallı. **weeping willow** salkımsöğüt, *bot.* Salix babylonica.

wee.ver (wi'vır) *i.* çarpanbalığıgillerden herhangi bir balık. **greater weever** trakunya, çarpanbalığı; *zool.* Trachinus draco. **lesser weever** varsam, *zool.* Trachinus vipera.

wee.vil (wi'vıl) *i.* buğday biti; pamuk kurdu; bitki kurtlarından birkaç cins. **weevily, weevilly** *s.* kurtlanmış, kurtlu.

weft (weft) *i.* kumaşın atkısı, argaç; örülmüş şey.

weigh (wey) *f.* tartmak; tetkik etmek, düşünmek, ölçünmek, aklında tartmak; ağırlığında olmak; itibar edilmek. **weigh anchor** *den.* demir almak, vira etmek. **weigh down** yüklemek, yük altına koymak; omuzlarını çökertmek; ağırlık koyup bastırmak; bel vermek; kederlenmek. **weigh in** uçağa binmeden önce bagajı tarttırmak; at yarışı sonunda tartılmak (cokey); boks maçından evvel tartılmak. **weigh out** tartıp ayırmak, ölçüye göre hazırlamak; at yarışından önce tartılmak (cokey). **weigh one's words** sözlerini tartarak konuşmak. **weighing machine** kantar, baskül. **weigh'able** *s.* tartılabilir, tartıya gelir.

weigh (wey) *i.* yol. **under weigh** harekette, yolda.

weight (weyt) *i., f.* ağırlık, sıklet; tartı, vezin; yük, sıkıntı; tesir, itibar, nüfuz, önem, ehemmiyet; dirhem; ağır cisim; *istatistik* bağıl değer; gerilme gücü; *f.* yüklemek, ağırlık vermek; katmak. **weight lifter** halterci. **by weight** tartı ile. **carry weight** itibarlı olmak, önem taşımak. **dead weight** ağırlık, ezici yük; boş ağırlığı, ölü yük, tam yük;

geminin darası. **men of weight** nüfuzlu adamlar, kodamanlar. **throw one's weight around** nüfuzunu kullanarak istediğinde ısrar etmek, ağırlığını koymak. **weight'less** *s.* ağırlıksız.

weight.lift.ing (weyt'lifting) *i.* haltercilik.

weight.watch.er (weyt'waçır) *i.* rejimle kilosunu ayarlayan kimse.

weight.y (wey'ti) *s.* ağır, gülle gibi; yüklü; sıkıntılı; önemli, ehemmiyetli, hatırı sayılır, itibarlı, nüfuzlu. **weightily** *z.* ağır olarak; kuvvetle; tesir ederek. **weightiness** *i.* ağırlık; tesirli oluş.

weir (wîr) *i.* büğet, bağlağı, set; çit dalyanı.

weird (wîrd) *s., i.* tekinsiz; esrarengiz, garip, acayip; sihirbazlıkla ilgili; kadere ait; *i., İskoç.* büyü; kader. **the Weird Sisters** kader tanrıçaları. **weird'ly** *z.* tekinsizce. **weird'ness** *i.* tekinsizlik.

weird.ie, weird.y (wîr'di), weir.do (wîr'do) *i., A.B.D., argo* garip kimse; acayip şey, tuhaf olay.

Weis.mann.ism (vays'manizım) *i.* kazanılmış özelliklerin kalıtımsal olmadığını ileri süren evrimcilik.

Welch (welç, welş) *bak.* **Welsh.**

wel.come (wel'kım) *f., i., s., ünlem* iyi karşılamak, memnuniyetle karşılamak, hoş karşılamak; nezaket göstermek, samimiyet göstermek; *i.* samimî karşılama, hoş karşılama; nezaket gösterme; *s.* hoş karşılanan, iyi karşılanan; sevindirici, hoşa giden, rahatlatıcı, makbule geçen; *ünlem* Hoş geldiniz! Safa geldiniz! Buyurun! **give one a cold welcome** soğuk karşılamak. **give one a warm welcome** hararetle karşılamak; pişman ettirmek. **He is welcome to come and go at his pleasure.** İstediği zaman gelip gidebilir. **overstay** *veya* **wear out one's welcome** fazla kalıp tadını kaçırmak, ziyaret edip bıktırmak. **roll out the welcome mat** ağırlamak. **welcome home** ağırlama. **You're welcome.** Bir şey değil. Rica ederim. Estağfurullah. **You're welcome to it.** Buyurunuz. **You're welcome to try.** Bir deneyin isterseniz. Tecrübesi parasız. **welcomely** *z.* hoşça, memnuniyetle, samimiyetle. **welcomeness** *i.* hüsnükabul, hoş karşılama, makbule geçme.

weld (weld) *i.* küçük muhabbetçiçeği, *bot.* Reseda luteola; küçük muhabbetçiçeğinden çıkarılan sarı boya.

weld (weld) *f., i.* kızdırıp kaynak yapmak, kaynatmak; kaynamak; sıkıca birleştirmek; kaynak almak, kaynayabilmek; *i.* kaynak yeri; kaynak yaparak birleştirme. **weld'able** *s.* kaynakla eklenebilir, kaynağa gelir, kaynar. **weld'er** *i.* kaynakçı.

wel.fare (wel'fer) *i.* iyi hal, iyilik; sıhhat, afiyet, refah; yoksullara yardım. **on welfare** ihtiyaç dolayısıyle resmî kuruluştan yardım alan. **welfare mother** bakacak kimsesi olmayan küçük çocuklu kadın. **welfare state** yurttaşların bireysel ve toplumsal gereksinmelerini sağlamayı amaçlayan devlet veya politika. **welfare work** resmî veya özel yardım çalışmaları. **welfare worker** sosyal yardım uzmanı.

wel.kin (wel'kin) *i., eski* gök kubbe, sema, asuman. **make the welkin ring** *şiir* gökleri çınlatmak.

well (wel) *i., f.* kuyu, çeşme, memba, kaynak; pınar; hokka; sahanlık, merdiven veya asansör boşluğu; *f.* kaynamak, yerden fışkırmak. **well up** yükselmek. **well sweep** kaldıraç.

well (wel) *z., s.* **(bet.ter, best)** iyi, güzel, hoş, âlâ, iyice; hakkıyle, lâyıkıyle; çok, pek; tamamen, hayli, oldukça; *s.* iyi, güzel; sıhhatça iyi, sıhhatli; kârlı, elverişli. **Well begun is half done.** İyi başlayan iş yarı yarıya bitmiştir. **well on in life** yaşı hayli ilerlemiş. **well past forty** kırkını hayli geçmiş. **well up on the list** listenin başlarında. **all very well** uygun, yerinde. **as well** de, da, dahi, bile. **as well as** olduğu kadar, ile beraber, -e ilâveten. **I wish him well.** İyiliğini temenni ederim. Allah muvaffakiyetler versin. **It is all very well but...** İyi, hoş ama... **well and good** kabul, tamam, peki. **You may well say that.** Bunu söylemekte haklısınız. **Well done!** Aferin! Bravo! **We might as well stop.** Dursak iyi olur. Bıraksak iyi olur.

well (wel) *ünlem* Pekâlâ! Ya! Hayret! Olur şey değil! Sahi! Eh! Haydi! **Well, to be sure...** Eh olabilir. **Well, well!** Vah vah! Aman efendim! Hayret! **Well, as I was saying...** Ha! Diyordum ki...

we'll (wil) *kıs.* **we will, we shall.**

well-aimed (wel'eymd') *s.* doğru nişan alınmış, doğru atılmış; iyi maksat ile yapılmış.

well-ap.point.ed (wel'ıpoyn'tid) *s.* mükemmel teçhizatlı.

well-au.then.ti.cat.ed (wel'ôthen'tikeytid) *s.* doğrulanmış, ispat edilmiş.

well-be.haved (wel'bîheyvd') *s.* terbiyeli.

well-be.ing (wel'bi'ying) *i.* refah, iyilik, saadet.

well-bred (wel'bred') *s.* terbiyeli, kibar; soylu.

well-done (wel'dʌn') *s.* başarılı, iyi yapılmış; iyi pişmiş.

well-fa.vored (wel'fey'vırd) *s.* güzel, güzel görünüşlü.

well-heeled (wel'hild') *s., argo* zengin, para babası.

well.hole (wel'hol) *i.* merdiven için bırakılan boşluk; kuyu.

Wel.ling.ton (wel'îngtın) *i.* Wellington, Yeni Zeland'ın başkenti; *çoğ.* çizme.

well-known (wel'non') *s.* meşhur, ünlü.

well-man.nered (wel'män'ırd) *s.* terbiyeli.

well-mean.ing (wel'mi'nîng) *s.* iyi niyetli.

well-nigh (wel'nay') *z.* hemen hemen, takriben.

well.off (wel'ôf') *s.* hali vakti yerinde olan, mutlu.

well-read (wel'red') *s.* çok okumuş.

well-round.ed (wel'raun'did) *s.* geniş kapsamlı, çok yönlü; dolgun, tombul.

well-said (wel'sed') *s.* yerinde söylenmiş.

well-spo.ken (wel'spo'kın) *s.* yerinde söylenmiş; hoş sohbet, sohbeti tatlı.

well.spring (wel'spring) *i.* kaynak.

well-timed (wel'taymd') *s.* vakti iyi ayarlanmış, zamanlı.

well-thought-of (wel'thôt'ʌv) *s.* saygın, itibarlı, makbul.

well-to-do (wel'tıdu') *s.* zengin, hali vakti yerinde olan.

well-wish.er (wel'wîşır) *i.* başkasının iyiliğini isteyen kimse.

well-worn (wel'wôrn') *s.* iyice eskimiş, çok giyilmiş; bayatlamış; lâyık, hak edilmiş, değimli.

Wels.bach burner (welz'bäk) gömlekli lamba.

Welsh (welş, welç) *s., i.* Gal eyaletine ait; Gallilere özgü; *i.* Gal dili. **the Welsh** Gal halkı. **Welsh'man** *i.* Gal'li kimse. **Welsh rabbit,**

Welsh rarebit kızarmış ekmeğe sürülen birada eritilmiş peynir.

welsh (welş, welç) *f.*, *argo* borcunu ödememek, dolandırmak; sözünü tutmamak, vaat ettiği işten caymak. **welsh on one** *argo* atlatmak, sözünü tutmamak.

welt (welt) *i.*, *f.* elbisede kenar şeridi; kösele şerit; süsleyici bant; çıta; değnek veya kamçı izi; böyle iz bırakan vuruş; *f.* şerit koymak; *k.dili* vurup iz bırakmak.

Welt.an.schau.ung (velt'anşauwûng) *i.*, *Al.* dünya görüşü.

wel.ter (wel'tır) *f.*, *i.* ağnamak, yatıp yuvarlanmak; dalga gibi kabarıp yuvarlanmak; *i.* yuvarlanma; karışıklık, kargaşa.

wel.ter.weight (wel'tırweyt) *i.* altmış iki ile altmış yedi kilo arasında boksör.

Welt.po.li.tik (velt'politik') *i.*, *Al.* bir devletin dünya siyaseti; milletlerarası politika.

Welt.schmerz (velt'şmerts) *i.*, *Al.* dünyanın içinde bulunduğu durumdan dolayı meydana gelen kötümserlik veya umutsuzluk.

wen (wen) *i.*, *tıb.* özellikle başta çıkan yağ kisti.

wen (wen) *i.* eski İngilizcede (w) sesi için kullanılan harf.

wench (wenç) *i.*, *f.* kız, eksik etek; *eski* hizmetçi kız; *eski* fahişe, orospu; *f.*, *eski* fahişe ile münasebette bulunmak, zamparalık etmek.

wend (wend) *f.*, *şiir* yola koyulmak; katetmek, yol gitmek.

Wend (wend) *i.* Doğu Almanya'daki İslav kavminden biri. **Wend'ic, Wend'ish** *s.*, *i.* bu kavme ait; *i.* bu kavmin dili.

went (went) *bak.* **go.**

wept (wept) *bak.* **weep.**

were (wır) *bak.* **be.**

we're (wir) *kıs.* **we are.**

were.n't (wır'ınt, wırnt) *kıs.* **were not.**

were.wolf (wir'wûlf) *i.* (*çoğ.* **-wolves**) *Al. mit.* kurt şekline girmiş insan; kurt şekline girebilen kimse.

wer.geld, were.gild (wır'geld, wır'gîld) *i.* Anglosaksonlarda diyet.

wert (wırt) *bak.* **be.**

west (west) *i.*, *s.* batı, garp; *s.* batıdaki, batı; batıya doğru olan; batıdan gelen (rüzgâr); çöken; *z.* batıya doğru. **the West** Batı, Asya'nın batısındaki ülkeler; *A.B.D.* Mississippi

ırmağının batısındaki eyaletler. **west by north** batı kerte karayel. **west by south** batı kerte lodos. **west longitude** Greenwich boylamından batıya doğru mesafe. **west northwest** batı karayel. **west southwest** batı lodos. **westward(s)** *z.* batıya doğru. **go west** batıya doğru gitmek; ölmek.

west.bound (west'baund') *s.* batıya doğru giden.

west.er (wes'tır) *f.*, *i.* batıya yönelmek; *i.* batı rüzgârı veya fırtınası.

west.er.ing (wes'tıring) *s.* batıya doğru yönelen.

west.er.ly (wes'tırli) *z.*, *s.* batıdan; batıya doğru; *s.* batıya bakan; batıdan esen (rüzgâr).

west.ern (wes'tırn) *s.*, *i.* batı, batısal; batıya ait; batıdan esen; *i.* batılı; kovboy romanı veya filmi. **Western Church** Batı Roma İmparatorluğundaki kilise, Katolik kilisesi. **westerner** *i.* batılı. **westernize** *f.* batılılaştırmak. **westernmost** *s.* en batıdaki.

West Indies Batı Hint adaları.

west.ing (wes'tîng) *i.*, *den.* batıya doğru katedilen mesafe; batıya yönelme.

West.ing.house brake (wes'tînghaus) tazyikli hava ile işleyen kuvvetli fren.

West.min.ster (west'mînstır) *i.* Londra'nın bir ilçesi. **Westminster Abbey** Londra'da Gotik tarzda yapılmış meşhur kilise.

wet (wet) *s.* (**-ter, -test**), *f.* (**-ted, -ting**), *i.* yaş, ıslak; yağmurlu; *kim.* su veya başka sıvı ile yapılan; *k.dili* içki yasağı olmayan (yer); kurumamış; *f.* ıslatmak; ıslanmak; işemek; *i.* yaşlık, nem, rutubet; su; yağmur; yağmurlu hava; *A.B.D.* içki yasağı aleyhtarı. **all wet** *argo* martaval; martavalcı. **wet blanket** *k.dili* neşeyi kaçıran şey; şevki kıran kimse. **wet-bulb thermometer** üstü ıslak bulundurulan termometre. **wet day** yağmurlu gün. **wet goods** fıçı veya şişelerde bulunan sıvı maddeler; *k.dili* alkollü içkiler. **wet nurse** sütnine. **wet rot** nemle oluşan çürüme. **wet suit** ıslak dalış elbisesi. **wet to the skin** iliklerine kadar ıslanmış. **wet'tish** *s.* yaşça, ıslakça, nemli. **wet'ness** *i.* ıslaklık, nem, rutubet.

wet.back (wet'bäk) *i.*, *A.B.D.*, *k.dili* Meksikalı kaçak tarla işçisi.

wet-nurse (wet'nırs) *f.* bebeğe meme vermek; itina ile bakmak.

wet.ting (wet'îng) *i.* ıslanma, ıslatma; ıslatan şey. **wetting agent** *kim.* sıvıya ilâve edilen ıslatıcı madde.

weth.er (wedh'ır) *i.* iğdiş koç.

we've (wiv) *kıs.* **we have.**

w.f., wf *kıs.* **wrong font** yanlış hurufat.

wha (hwa) *zam., İskoç.* kim.

whack (hwäk) *f., i., k.dili* küt diye vurmak, hızla vurmak; fırlatmak; çarpmak; dövmek; *i., k.dili* pat, küt, vuruş sesi; *argo* hisse, pay. **whack off** bıçakla kafasını uçurmak. **whack up** hisselere bölmek, paylaşmak; derme çatma kurmak. **have a whack at** *argo* sıra ile denemek. **out of whack** *k.dili* işlemez vaziyette; ayarı bozuk.

whack.ing (hwäk'îng) *s., z., İng., k.dili* kocaman, heyulâ gibi; *z.* çok.

whale (hweyl) *i., f.* balina, *zool.* Cetacea; *k.dili* çok iyi şey, çok büyük şey; *f.* balina avlamak. **a whale of a** hayli, pek çok, oldukça. **whale fishery** balina avcılığı; balina avlanan yer. **whale oil** balina yağı. **whal'er** *i.* balina avcısı; balina avlama gemisi. **whal'ing** *i., s.* balina avı; *s., argo* kocaman.

whale (hweyl) *f., k.dili* dövmek, dayak atmak, kamçılamak, kırbaçlamak. **whal'ing** *i.* dayak.

whale.back (hweyl'bäk) *i.* güvertesi balina sırtı biçimindeki vapur.

whale.boat (hweyl'bot) *i.* cankurtaran sandalı, filika.

whale.bone (hweyl'bon) *i.* balina çubuğu, korseye konulan balina, balık dişi.

wham (hwäm) *i., f.* vuruş, vuruş sesi; *f.* küt diye vurmak, çarpmak.

wham.my (hwäm'i) *i., A.B.D., argo* nazar, göz (değme).

whang (hwäng) *f., i.* şaplak vurmak, dövmek; *i.* şaplak.

whang (hwäng) *i., f.* sırım; *İskoç.* büyük dilim; *f.* kırbaçlamak; *İskoç.* fırlatmak; *İskoç.* dilimlemek.

whap, whap.per, whap.ping (hwäp, hwäp'ır, hwäp'îng) *bak.* **whop.**

wharf (hwôrf) *i.* (*çoğ.* **wharves**) *f.* rıhtım, iskele, büyük yük iskelesi; *f.* iskele veya rıhtım yapmak; rıhtıma getirmek veya çıkarmak. **wharf rat** bir çeşit büyük fare; *A.B.D., argo* rıhtımda dolaşan serseri veya hırsız.

wharf.age (hwôr'fic) *i.* iskelenin yük boşaltma veya depolama için kullanılması; iskele ücreti.

wharf.in.ger (hwôr'fîncır) *i.* iskele muhafaza memuru, rıhtım müdürü.

what (hwʌt, hwat) *zam., s.,* *ünlem* ne; ne kadar; bir şey; (*Bazen İngilizcede* **what** *kelimesi ile başlayan cümlecikler Türkçe cümlede fiil içinde belirlenir:* **What you are doing is correct.** Yaptığınız doğrudur. **He has no income but what he earns.** Kazandığından başka geliri yoktur.); *s.* ne, hangi; *ünlem* Ne? Vay! **What good is it?** Neye yarar? Faydası ne? **what's what** *k.dili* işin mahiyeti, gerçek durum. **What's what?** **What's cooking?** *k.dili* N'aber? Ne var ne yok? **and what not** ve saire. **and what have you** ve saire. **what if...** ya... ise. **what with** hesaba kattıktan sonra, düşünerek, -den dolayı. **what for** niçin; *argo* azarlama; *leh.* ne biçim. **what about** unutmayalım; ne haber. **What of it?** Ne fark eder? Vız gelir? Bana ne. **What the devil! What the hell.** Allah cezanı versin. Kahrolası. **whatchamacallit** *k.dili* şey, zırıltı, zımbırtı. **no matter what** ne olursa olsun. **what it takes** ne gerekirse. **What's with him?** *argo* Nesi var? **(Do you) know what?** Haberin var mı? Biliyor musun? **What's it to you?** Sana ne? **I don't know but what it will work.** Başarılı olacağını tahmin ediyorum.

what.ev.er (hwʌtev'ır) *zam., s.* bütünü, hepsi; *k.dili* ne; *s.* hangi, ne; her hangi, hiç.

what.not (hwʌt'nat) *i.* biblo rafı.

what.so.ev.er (hwʌtsowev'ır) *s., zam.* ne, hangi; *zam.* bütünü, hepsi.

wheal (hwil) *i.* sivilce, kabarcık; vücutta meydana gelen kırmızılık veya kabartı.

wheat (hwit) *i.* buğday; buğday fidanı. **wheat beetle** buğday biti. **wheat belt** buğday yetiştiren mıntıka. **wheat rust** buğdaypası. **wheat'en** *s.* buğdaydan yapılmış, buğdaya ait.

wheat.ear (hwit'îr) *i.* kuyrukkakan, *zool.* Oenanthe oenanthe.

whee.dle (hwi'dıl) *f.* yaltaklanarak veya tatlı sözlerle yalvarmak; kandırıp elinden almak; yaltaklanmak, tatlılıkla kandırmak.

wheel (hwil) *i.* tekerlek; çark, dolap; *den.* dümen dolabı; eskiden kullanılan işkence çarkı;

k.dili bisiklet; çarkıfelek; deveran, dönme; *argo* kodaman; *çoğ.* yürüten unsur; *çoğ.*, *argo* vasıta, araba. **wheel and axle** mil teker. **wheel animalcule** *bak.* **rotifer.** **wheel horse** birbiri ardınca koşulmuş atlardan tekerleğe yakın olanı; en ağır işi yapan ve kolay kolay yorulmayan adam. **balance wheel** nâzım çark; olayları soğukkanlılıkla karşılayan kimse. **fifth wheel** yedek tekerlek; yedekte bulunan kimse veya şey; *k.dili* kendini fazlalık olarak gören kimse. **mill wheel** değirmen çarkı. **paddle wheel** vapurun yan çarkı. **at the wheel** direksiyonda; yönetiminde. **wheels within wheels** birbirine karşılıklı etkide bulunan olaylar. **There are wheels within wheels.** İşin içinde iş var. **The wheels of social progress turn slowly.** Toplumdaki ilerleme ağır işler.

wheel (hwil) *f.* tekerlekler üzerinde taşımak; döndürmek; çark gibi çevirmek; el arabası ile götürmek; çark veya tekerlek gibi yuvarlanmak; dönmek; sürmek; sürülmek; yuvarlanıp gitmek. **wheel about** yönünü değiştirmek. **wheeled** *s.* tekerlekli.

wheel.bar.row (hwil'bero) *i.* tekerlekli el arabası.

wheel.chair (hwil'çer) *i.* tekerlekli sandalye.

wheel.er-deal.er (hwi'lırdi'lır) *i.*, *A.B.D.*, *k.dili* şüpheli işlerle uğraşan kimse, kurnaz kimse.

wheel.house (hwil'haus) *i.* gemide dümen köşkü.

wheel.race (hwil'reys) *i.* değirmen dolabının bulunduğu su mecrası.

wheel.wright (hwil'rayt) *i.* tekerlekçi, tekerlek yapan veya tamir eden kimse.

wheeze (hwiz) *f.*, *i.* hırıltıyla solumak; *i.* hırıltılı ses; *k.dili* bayat fıkra. **wheez'y** *s.* hırıltılı.

whelk (hwelk) *i.* bir çeşit deniz salyangozu, *zool.* Buccinum undatum.

whelk (hwelk) *i.* sivilce, kabarcık.

whelm (hwelm) *f.* su basmak; bastırmak, boğmak, mağlup etmek.

whelp (hwelp) *i.*, *f.* köpek veya yırtıcı hayvan yavrusu; enik, encik; it; it herif; *f.* eniklemek, enciklemek.

when (hwen) *z.*, *i.*, *bağlaç* ne zaman, ne vakit; *i.* vakit, zaman; *bağlaç* ta ki, -e kadar; olur olmaz; halde, sırasında; -iken; göz önüne alarak. **when he comes** geleceği zaman, o gelince, geldiğinde. **When shall I come?** Ne

zaman geleyim? **Come when you please.** Ne zaman istersen gel. **He walks when he could ride.** Araba ile gidebileceği halde yayan gider. **I'll come when I'm finished.** İşim bitince gelirim. **Say when.** Pes de! Kâfi gelince söyle. **I knew him when.** Eskiden beri onu tanırım. **since when** o zamandan beri, ne zamandan beri. **until when** o zamana kadar, ne zamana kadar. **whenev'er, whensoev'er** *z.*, *bağlaç* her ne zaman.

whence (hwens) *z.*, *bağlaç*, *eski* nereden, hangi yerden; nereli; *bağlaç* -den, -dan; yere; sebepten.

where (hwer) *z.*, *zam.*, *bağlaç* nere, nerede, nereye; -da; *zam.* yer; *bağlaç* (olduğu) yer; (bulunduğu) durum. **where it's at** *A.B.D.*, *argo* müdavimi olunan yer.

where.a.bouts (hwer'ıbauts) *z.*, *i.* nerelerde; *i.* olduğu yer veya semt.

where.as (hwerâz') *bağlaç* oysa, halbuki; mademki; şartlara göre, dayanarak.

where.at (hwerät') *z.*, *bağlaç* neye; *bağlaç* onun üzerine, -den dolayı, dolayısıyle.

where.by (hwerbay') *z.* vasıtasıyle.

where.fore (hwer'fôr) *z.*, *bağlaç* niçin, neden, ne sebepten; *bağlaç* bu sebepten, bundan dolayı, binaenaleyh.

where.in (hwerin') *z.* neyin içine, neyin içinde; hangi yönden, ne hususta; içinde, içine.

where.in.to (hwerîntu') *z.* içine; neyin içine.

where.of (hwerʌv') *z.* -den. **the person whereof I spoke** bahsettiğim kimse.

where.on (hweran') *z.* üstünde; bunun üzerine.

where.so.ev.er (hwersowev'ır) *z.*, *bağlaç* her nereye, her nerede.

where.to (hwertu') *z.*, *bağlaç* neye; *bağlaç* neye, ne için.

where.up.on (hwerıpan') *z.*, *bağlaç* bunun üzerine, ve bundan dolayı, üstünde.

wher.ev.er (hwerev'ır) *z.*, *bağlaç* her nereye, her nerede.

where.with (hwerwith') *z.*, *bağlaç*, *zam.*, *i.*, *eski* ne ile; nasıl; *bağlaç* ile; *zam.*, *i.* imkânlar, gereçler. **the clue wherewith the riddle was solved** bilmeceyi çözümleyen ipucu.

where.with.al (hwer'widhôl) *i.* gereçler, araçlar; para.

wher.ry (hwer'i) *i., f.* hafif ve süratli kayık; *f.* bu kayıkla taşımak.

whet (hwet) *f.* (**-ted, -ting**) *i.* bilemek; tahrik etmek, kışkırtmak; açmak (iştah); *i.* bileme, bilenme; iştah açan şey. **whet'stone** *i.* bileğitaşı.

wheth.er (hwedh'ır) *bağlaç* olup olmadığını; olursa; -ise de. **I do not know whether he will be here.** Burada olup olmayacağını bilmiyorum. **whether we live or die** kalsak da ölsek de. **whether or not** olsa da olmasa da. **It is hard to decide whether to go or not.** Gidip gitmemeye karar vermek zor.

whew (hwu, hwyu) *ünlem* Vay! A! Aman! Hay Allah! Uf be!

whey (hwey) *i.* kesilmiş sütün suyu. **whey'-faced** *s.* benzi uçuk, rengi atmış, saz benizli.

which (hwiç) *zam., s.* hangi, hangisi, hangisini; olan, bulunan. **which see** bakınız. **Choose that which is good.** İyisini seç. **This is the book of which I spoke.** Bahsettiğim kitap bu. **Which is right?** Hangisi doğrudur (iki şıktan)? **Which cake do you want?** Hangi pastayı istersin?

which.ev.er (hwiçev'ır) *zam., s.* biri veya diğeri; *s.* hangisi olursa.

whid.ah bird, whid.ah finch (hwid'ı) Afrika dokumacıkuşu.

whiff (hwif) *i., f.* esinti; koku getiren esinti; bir nefesle ağızdan çıkarılan duman, çubuğun bir nefesi; *f.* tütün dumanını ağızdan çıkarmak. **take a whiff** bir nefes çekmek, koklamak.

whif.fet (hwif'it) *i., k.dili* önemsiz kimse; ufak huysuz köpek.

whif.fle (hwif'ıl) *f.* hafif hafif esmek; tereddüt etmek.

whif.fle.tree (hwif'ıltri) *bak.* **whippletree.**

Whig (hwig) *i.* Amerikan bağımsızlık savaşı taraftarı; 1834-1855 tarihlerindeki bir Amerikan siyasî parti üyesi; İngiltere'de on sekizinci yüzyılda kurulan ve şimdi Liberal Parti olan siyasî parti üyesi.

while (hwayl) *i., f.* vakit, zaman, süre, müddet; kısa süre; *f.,* **away** *ile* (vakit) geçirmek. **between whiles** zaman zaman, bazen, ara sıra. **be worth while** zahmetine değmek, değmek. **the while** o esnada, aynı zamanda.

while, *eski* **whiles** (hwayl, hwaylz) *bağlaç* -iken, süresince, müddetince; olduğu halde, olmakla beraber.

whi.lom (hway'lım) *z., s., eski* vaktiyle, evvelce, önceleri; *s.* sabık, eski.

whilst (hwaylst) *bağlaç, İng.* -iken.

whim (hwim) *i.* saçma arzu, kapris; madenlerde kullanılan atlı vinç, bocurgat.

whim.brel (hwim'brıl) *i.* yağmur kervan çulluğu, *zool.* Numenius phaeopus.

whim.per (hwim'pır) *f., i.* inlemek, sızlanmak, ağlamsamak, mırıldanmak; *i.* inleme, sızlanma.

whim.si.cal (hwim'zikıl) *s.* acayip fikirli; havaî; kaprisli, saçma, tuhaf, acayip; mizahî. **whimsical'ity** *i.* mizah. **whimsically** *z.* acayipçe; kaprisle; mizahî olarak.

whim.sy (hwim'zi) *i.* saçma arzu, kapris; mizah.

whin (hwin) *i.* katırtırnağına benzer bir bitki, *bot.* Ulex europaeus.

whin.chat (hwin'çät) *i.* vınlayan kuyrukkakan, *zool.* Saxicola rubetra.

whine (hwayn) *f., i.* ağlamsamak, ağlar gibi yapmak; halinden şikâyet etmek, mırıldanmak, zırıldamak, sızlanmak; *i.* ağlamsama sesi, sızlanış; zırıltı; lüzumsuz yere halinden şikâyet. **whin'ingly** *z.* sızlanarak, ağlamsayarak. **whin'y** *s.* ağlamsık, mızmız.

whin.ny (hwin'i) *f., i.* kişnemek; *i.* kişneme.

whip (hwip) *f.* (**-ped** *veya* **whipt, -ping**) kamçı ile dövmek veya vurmak, kamçılamak; döndürmek (topaç); çırpmak (yumurta); fırlatmak; oltayı tekrar tekrar suyun yüzeyine fırlatmak; paylamak, azarlamak; kamçı gibi vurmak; hızlı hareket etmek; (kumaşı) bastırmak; (ipin ucunu) çözülmemesi için sicimle sarmak; *A.B.D., k.dili* mağlup etmek. **whip in** dağılmasını önlemek. **whip into shape** biçim vermek, düzene sokmak. **whip up** tahrik etmek; *k.dili* çabucak hazırlamak.

whip (hwip) *i.* kamçı, kırbaç; arabacı; avda köpekleri idare eden kimse; parlamentoda parti denetçisi; çırpılmış yumurta ile yapılan yiyecek; değirmen kolu; yumurta teli. **whip hand** kamçı tutan el; üstünlük, üstünlük vasıtası.

whip.cord (hwip'kôrd) *i.* sırım, firavun sicimi; kabarık çizgili bir çeşit kumaş.

whip.lash (hwîp'läş) *i.* kamçı ucu; kamçıyı şaklatırken uç kısmının aldığı şekil; araba çarpışmasında kafanın ileri ve geri sarsılması.

whip.per (hwîp'ır) *i.* kamçılayan kimse veya şey.

whip.per.in (hwîp'ırîn') *i.* avda köpekleri idare eden kimse; parlamentoda parti denetçisi.

whip.per.snap.per (hwîp'ırsnäpır) *i.*, *k.dili* kendini bir şey zanneden delikanlı.

whip.pet (hwîp'ît) *i.* tazı.

whip.ping (hwîp'îng) *i.* kamçılama, kırbaçla dövme; dayak; ipin etrafına sarılan sicim. **whipping boy** başkalarının suçları üzerine yükletilen çocuk. **whipping post** kamçılamak için suçluların bağlandığı direk.

whip.ple.tree (hwîp'ıltri) *i.* araba falakası.

whip.poor.will (hwîp'ırwîl) *i.* çobanaldatana benzer A.B.D.'ye özgü bir gece kuşu.

whip.saw (hwîp'sô) *i.* tomruk testeresi.

whip.stitch (hwîp'stîç) *f.* (kumaşı) bastırmak.

whir, İng. whirr (hwır) *f.* (**-red, -ring**) *i.* vızlamak, vızıldamak, pırlamak; *i.* vızıltı, pırlama sesi; zırıltı; karışıklık.

whirl (hwırl) *f.*, *i.* fırıldanmak, hızla dönmek; hızla gitmek veya gelmek; dönmek; fırıldatmak, hızla çevirmek; *i.* hızla dönüş veya döndürüş; telâş, acele; çevrinti, çevri; hızla dönen şey; koşuşma; günlük olayların birbirini hızla takip etmesi. **whirl'ing dervish** semazen.

whirl.i.gig (hwır'lîgîg) *i.* fırıldak; atlı karınca; fırıldak gibi dönen şey.

whirl.pool (hwırl'pul) *i.* çevrinti, su çevrisi, burgaç, eğrim, girdap.

whirl.wind (hwırl'wind) *i.* kasırga, hortum.

whirl.y.bird (hwır'libırd) *i.*, *k.dili* helikopter.

whirr bak. **whir.**

whish (hwîş) *f.* hışırtıyla hareket etmek.

whisht (hwîşt, *İskoç.* hwʌşt) *f.*, *i.*, *ünlem* susmak; *i.* fısıltı; *ünlem* Sus!

whisk (hwîsk) *i.*, *f.* hızlı ve hafif hareketle süpürme; ufak süpürge veya fırça; *İng.* yumurta teli; *f.* hafif hafif süpürmek; *İng.* yumurta çırpmak; çalkamak; hızla hareket etmek veya fırlatmak, fırlamak. **whisk away** ortadan yok etmek.

whisk.broom (hwîsk'brum) *i.* ufak elbise fırçası.

whisk.er (hwîs'kır) *i.*, *çoğ.* yanak sakalı, yan sakal; *çoğ.*, *k.dili* bıyık; sakal kılı; *çoğ.* kedi bıyığı; *den.*, *gen.* *çoğ.* cıvadranın iki tarafındaki çubuklar. **whiskered** *s.* yan sakallı, sakallı.

whis.key (hwîs'ki) *i.*, *s.* viski; *s.* viskili.

whis.per (hwîs'pır) *f.*, *i.* fısıldamak, fısıltı ile konuşmak; kulağına söylemek; gizli konuşmak; *i.* fısıltı; fısıltı ile söylenen söz; hışırtı; ima. **whisperer** *i.* fısıldayan kimse; dedikoducu veya iftiracı kimse.

whis.per.ing (hwîs'pıring) *i.*, *s.* fısıltı; fısıldama; *s.* fısıldayan. **whispering campaign** bir kişi veya grup aleyhine dedikodu veya iftira yayma. **whispering gallery** fısıltı sesini bir uçtan öbür uca nakleden koridor veya salon.

whist (hwîst) *i.* dört kişi ile oynanan bir iskambil, vist.

whist (hwîst) *ünlem* Sus!

whis.tle (hwîs'ıl) *f.*, *i.* ıslık çalmak; ıslık gibi ötmek; ıslık gibi vızıldayarak geçmek; ıslıkla çağırmak; *i.* ıslık; düdük; ıslık gibi ses. **whistle for** elde edememek. **whistle stop** A.B.D., *k.dili* (demiryolunda) ihtiyarî durak, işaret verildiği zaman trenin durduğu küçük kasaba. **blow the whistle on** A.B.D. itiraz etmek; gammazlık etmek. **wet one's whistle** *k.dili* boğazını ıslatmak, kafayı çekmek, içki içmek. **whistle in the dark** cesaretini korumak. **whistling buoy** dalgaların hareketiyle işleyen ıslık cihazlı şamandıra.

whis.tler (hwîs'lır) *i.* ıslık çalan kimse; ıslıkla şarkı söyleyen kimse; kanatları ile ıslık sesi çıkaran bir çeşit kuş.

whit (hwît) *i.* zerre, nebze. **not a whit** hiç, asla, katiyen.

white (hwayt) *i.* ak renk; beyazlık, aklık; *biyol.* ak; okçulukta hedefin dış halkası; beyaz derili adam; *çoğ.* beyaz giysi; *çoğ.* en iyi kalite un.

white (hwayt) *s.*, *f.* beyaz, ak; renksiz, sararmış, soluk, solgun; lepiska, sarı; gümüşten yapılmış; boş, yazısız, saf, lekesiz; beyazlar giymiş; öfkeden bembeyaz kesilmiş; akkor; *f.* beyazlatmak, ağartmak; badana sürmek. **white out** *matb.* beyaz aralıklar bırakmak. **white ant** beyaz karınca, divik. **white as a sheet** bembeyaz. **white bear** kutup ayısı, *zool.* Thalarctus maritimus. **white birch** huş ağacı, *bot.* Betula pendula. **white book** kitap halinde yayımlanmış resmî hükümet raporu, beyaz kitap. **white clover** beyaz yonca, *bot.* Trifolium repens. **white dwarf** *astr.* beyaz cüce yıldız. **white elephant** beyaz Hindistan fili; fuzulî eşya. **white feather** korkaklık belirtisi. **white flag** beyaz bayrak, teslim bayrağı. **white gas** kurşunsuz saf benzin. **white gold** beyaz altın. **white goods** beyaz çamaşırlar. **white heat** akkor; heyecanın en şiddetli anı. **the White House** Beyaz Saray. **white lead** üstübeç. **white lie** zararsız yalan. **white light** güneş ışığı gibi beyaz ışık. **white magic** iyilik düşüncesiyle yapılan büyü. **white man** beyaz adam. **white man's burden** güya beyaz ırka düşen dünyayı uygarlaştırma görevi. **white meat** beyaz et. **white metal** bir çeşit katışık beyaz maden, yatak madeni, beyaz metal. **white noise** belirli frekansları kapsayan gürültülü ses. **white oak** saplı meşe. **white paper** hükümetin tutumunu belirten resmî broşür. **white pepper** tohumlarının dış zarı çıkarılmış tane biber. **white potato** patates. **white race** beyaz ırk. **white rat** (laboratuvarda kullanılan) beyaz fare. **White Russia** Beyaz Rusya. **white sale** tenzilâtlı çamaşır satışı. **white sauce** *ahçı.* un ile süt ve yağdan yapılan beyaz sos. **white slave traffic** beyaz kadın ticareti. **white slavery** zorla yapılan orospuluk. **white supremacy** beyaz ırkın üstünlüğü öğretisi. **white tie** beyaz papyon kravat; frak veya resmî elbise. **white water** *A.B.D., Kan.* akarsuda ivinti yeri. **bleed white** kanını sömürmek; bütün parasını almak. **white'ness** *i.* beyazlık; saflık, temizlik. **whit'ish** *s.* akça, akçıl, beyazca.

white.bait (hwayt'beyt) *i.* ringa familyasından bir çeşit balık yavrusu.

white.cap (hwayt'käp) *i.* köpüklü dalga.

white-col.lar (hwayt'kal'ır) *s.* efendi sınıfına ait, dairede çalışan.

white.fish (hwayt'fiş) *i.* alabalık.

white-hot (hwayt'hat') *s.* kızgın, akkor; *k.dili* kızgın, öfkeli, ateş püsküren.

white-liv.ered (hwayt'livırd) *s.* benzi uçuk, soluk yüzlü; alçak; korkak, ödlek.

whit.en (hwayt'ın) *f.* beyazlatmak, beyazlanmak, ağartmak, ağarmak.

white.out (hwayt'aut) *i., meteor.* kutup bölgelerinde kar örtüsü ile bulutların birbirine karışmasından doğan beyazlık.

white.smith (hwayt'smith) *i.* tenekeci; kalaycı.

white.thorn (hwayt'thôrn) *i.* alıç, *bot.* Crataegus azarolus.

white.throat (hwayt'throt) *i.* külrengi ötleğen, *zool.* Sylvia communis.

white.wash (hwayt'wôş) *i., f.* badana; cilt kremi; *argo* örtbas etme; *f.* badanalamak; örtbas etmek; *k.dili* oyunda sayı vermeden yenmek.

white.wing (hwayt'wing) *i.* beyaz üniformalı sokak süpürücüsü.

Whi.tey (hway'ti) *i., A.B.D., argo, aşağ.* beyaz adam, siyah ırka baskı yapan kimse.

whith.er (hwidh'ır) *z., bağlaç, eski, şiir* nereye; neye. **whithersoev'er** *z., eski* her nereye.

whit.ing (hway'ting) *i.* arıtılmış tebeşir tozu, ispanya.

whit.ing (hway'ting) *i.* merlanos, *zool.* Merlangus merlangus; mezit, *zool.* Gadus merlangus; barlam, *zool.* Merluccius merluccius.

whit.low (hwit'lo) *i., tıb.* dolama.

Whit.sun (hwit'sın), **Whit.sun.day** (hwit'sʌn'di) *i.* paskalyadan sonraki yedinci pazar.

whit.tle (hwit'ıl) *f.* bıçakla yontmak. **whittle down, whittle away** yontup ufaltmak; azar azar eksiltmek. **whittle off** bıçakla kesmek.

whiz (hwiz) *f.* (-zed, -zing) *i.* vızlamak, vızıldamak, vızıltı etmek; cızırdamak; vızlatmak; cızırdatmak; bir çırpıda tamamlamak; *i.* cızırtı; vızıltı; *argo* çok usta kimse; yıldırım gibi hızlı olma.

whiz.bang (hwiz'bäng) *i., s., argo* ufak ve süratli top mermisi; şenliklerde kullanılan bir çeşit fişek; *s., argo* usta.

who (hu) *zam.* kim. *iyelik hali:* **whose** kimin. *nesnel hali:* **whom** kimi. **There is one man to whom I can trust a fortune.** Paramı güvenerek bırakabileceğim bir adam var. **He is the one from whom you can get the answer.** Cevabı öğrenebileceğiniz kişi odur. **Who's Who** ünlü kişilerin kimliğini açıklayan yıllık ansiklopedi, Kim kimdir. **Who seeks fame seeks sorrow.** Şöhret peşinde koşan belâsını bulur.

WHO *kıs.* **World Health Organization** Dünya Sağlık Teşkilâtı.

whoa (hwo) *ünlem* Çüş! Dur!

who.dun.it (hudʌn'ît) *i., k.dili* detektif romanı.

who.ev.er (hwwev'ır), **who.so.ev.er** (husowev'ır) *zam.* her kim.

whole (hol) *s., i.* tam, bütün, tüm; sağlam, sağ, iyi, sağalmış, iyileşmiş; *i.* tüm, bütün, kül; tam şey; toplam. **whole blood** bütün kan, şişe kanı. **whole hog** *argo* bir şeyin bütünü. **go the whole hog** *argo* bir işi tam yapmak, sonuna kadar uğraşmak. **whole milk** kaymaklı süt. **whole note** *müz.* yuvarlak nota, dörtlük nota. **whole number** tam sayı. **whole tone** *müz.* tam perde. **whole-wheat bread** kepekli buğday ekmeği. **as a whole** umumiyet itibariyle; tamamen. **have a whole lot of fun** çok eğlenceli vakit geçirmek. **on the whole** genellikle. **out of whole cloth** uydurma, temelsiz. **with a whole skin** sapasağlam. **with my whole heart** bütün kalbimle. **whole'ness** *i.* bütünlük.

whole.heart.ed (hol'har'tîd) *s.* samimî, içten, candan; gayretli.

whole.sale (hol'seyl) *s., z., i., f.* toptan yapılan, toptan satılan; *z.* toptan; *i.* toptan satış; *f.* toptan satmak.

whole.some (hol'sım) *s.* sıhhî, sıhhate yararlı, hasiyetli; sıhhatli; tekin. **wholesomely** *z.* sıhhatle; tekince. **wholesomeness** *i.* sıhhatli olma; tekin olma.

who'll (hul) *kıs.* **who will, who shall.**

whol.ly (ho'li, hol'li) *z.* bütün bütün, büsbütün, tamamen; sırf.

whom (hum) *bak.* **who.**

whoop (hup, hwup, hwûp) *f., i.* haykırmak, çığlık atmak, bağırmak; baykuş gibi ötmek; boğmaca öksürüğünde olduğu gibi ses çıkarmak; *i.* çığlık, haykırış, bağırtı; baykuş sesi; boğmaca öksürüğü sesi. **not worth a whoop** *k.dili* beş para etmez. **whoop it up** *argo* ortalığı heyecana boğmak. **whoop up** *argo* coşturmak. **whooping cough** boğmaca öksürüğü.

whoop-de-do (hup'didu) *i., argo* gürültü; tantana, gösteriş; çekişme.

whoop.ee (hwu'pi, hwûp'i) *ünlem, i.* Yaşa! *i.* gürültülü şenlik. **make whoopee** şamata yapmak.

whop (hwap), **whap** (hwäp) *f.* (**-ped, -ping**) *i., k.dili* kuvvetle vurmak; yenmek; düşmek, birden oturuvermek; *i.* vuruş; düşüş.

whop.per (hwap'ır), **whap.per** (hwäp'ır) *i., k.dili* büyük şey; kuyruklu yalan.

whop.ping (hwap'îng) *s., k.dili* çok iri, çok büyük, okkalı.

whore (hôr) *i., f.* fahişe, orospu; *f.* fahişelik etmek. **whor'ish** *s.* fahişe gibi; fuhşa ait.

whore.dom (hôr'dım) *i., eski* orospuluk, fahişelik, fuhuş.

whore.house (hôr'haus) *i.* genelev, umumhane.

whore.mon.ger (hôr'mang.gır) *i.* zampara; kerhaneci; pezevenk.

whorl (hwırl, hwôrl) *i.* halkadizilişli yapraklar; *zool.* helezon şeklindeki kabuğun bir halkası; iğ ucundaki ağırlık, ağırşak; parmak izindeki helezonî kabarıklık. **whorled** *s.* halkadizilişli; helezon şeklindeki.

whor.tle.ber.ry (hwır'tılberi) *i.* çayüzümü, *bot.* Vaccinium myrtillus.

whose (huz) *zam.* kimin; ki onun.

who.so (hu'so) *zam.* her kim.

why (hway) *z., i., ünlem* niçin, niye, neden; *i.* neden, sebep; bilmece; *ünlem* Vay! Baksanıza! Ya!

WI *kıs.* **Wisconsin.**

W.I. *kıs.* **West Indies.**

wick (wîk) *i.* fitil. **wicked** (wîkt) *s.* fitilli. **wicking** (wîk'îng) *i.* fitil maddesi.

wick (wîk) *i.* köy, kasaba.

wick.ed (wîk'îd) *s., i.* günahkâr, kötücül, habis; kötü, hayırsız; adi, bayağı, aşağılık; tehlikeli, fena; şeytansı; *k.dili* çok ustalıklı; *i.*, **the** *ile* kötü kişiler. **wickedly** *z.* günahkârca. **wickedness** *i.* günahkârlık.

wick.er (wîk'ır) *i., s.* sepet örgüsü için saz veya dal; sepet işi; *s.* dallardan örülmüş; sepet örgüsüyle yapılmış. **wickerwork** *i.* sepet işi, sepet örgüsü.

wick.et (wîk'ît) *i.* büyük kapı içinde veya yanındaki ufak kapı; değirmen kanalının kapısı; krikette üç kazıktan ibaret kale; kroke oyununa mahsus tel kavis. **a sticky wicket** *İng.* zor durum. **wicketkeeper** *i.* krikette top hedefinin arkasında duran oyuncu.

wid.der.shins (wîd'ırşînz) *z.* ters yöne; batıdan doğuya; soldan sağa.

wide (wayd) *s., z., i.* geniş, açık, engin, vâsi, ferah; enli; şümullü; uzak; *dilb.* geniş; bol;

z. uzaklara; tamamen, iyice; açıkta, açığa; *i.* krikette hedeften uzaklaşmış top. **wide of the mark** nişandan uzak; çok yanlış; yanılmış. **wide′ly** *z.* genellikle; yaygın olarak. **wide′ness** *i.* genişlik.

wide-an.gle (wayd′äng′gıl) *s.* geniş açılı (mercek).

wide-a.wake (wayd′ıweyk′) *s.* tamamen uyanık; açıkgöz, zeki.

wide.eyed (wayd′ayd) *s.* şaşkın; saf, masum.

wid.en (way′dın) *f.* genişletmek, açmak, bollaştırmak; açılmak, genişlemek, bollaşmak.

wide-o.pen (wayd′o′pın) *s.* ardına kadar açık; *k.dili* kanun bakımından gevşek (şehir).

wide-screen (wayd′skrin′) *s.* enli perdede gösterilen (filim).

wide.spread (wayd′spred′) *s.* yaygın.

wid.ow (wid′o) *i., f.* dul kadın; bazı iskambil oyunlarında kapalı olarak yere konan kâğıtlar; *matb.* sayfa veya kolon başında yarım satır; *f.* dul bırakmak; kıymetli bir şeyden mahrum etmek. **widow′s mite** fakir bir kimsenin yaptığı ufak yardım. **widow′s walk** deniz gören evlerin damına yapılan parmaklıklı balkon. **widower** *i.* dul erkek. **widowhood** *i.* dulluk.

width (width) *i.* en, genişlik, enlilik.

wield (wild) *f.* kullanmak.

wie.ner, wie.nie (wi′nır, wi′ni) *i., A.B.D.* sosis.

Wie.ner schnit.zel (vi′nır şnît′sıl) una bulanıp kızartılmış dana eti, şnitzel.

wife (wayf) *i.* (*çoğ.* **wives**) karı, zevce, eş, hanım, refika. **take to wife** evlenmek. **wife′hood** *i.* zevcelik, karılık. **wife′less** *s.* karısız, karısı olmayan. **wife′ly** *s.* zevceye yakışır.

wig (wîg) *i., f.* (**-ged, -ging**) peruka, takma saç; *f., İng., k.dili* azarlamak, paylamak. **wig out** *A.B.D., argo* esrar etkisinde bulunmak; çok heyecanlı olmak. **wig′ging** *i., İng., k.dili* azar, tekdir.

wig.an (wîg′ın) *i., terz.* tela.

wig.eon *bak.* **widgeon.**

wig.gle (wîg′ıl) *f., i.* kıpır kıpır oynamak, kıpırdaşmak, kımıldamak, yerinde rahat durmamak; *i.* kıpırtı. **get a wiggle on** *argo* acele etmek, sallanmamak, çabuk olmak. **wiggler** *i.* kıpırdak çocuk; sivrisinek larvası veya kurdu.

wight (wayt) *i., eski* insan, yaratık.

wig.wag (wîg′wäg) *f.* (**-ged, -ging**) *i.* işaretle (haber) vermek; *i.* işaret verme; işaretle verilen haber.

wig.wam (wig′wam) *i.* Kuzey Amerika yerlilerinin çadır veya kulübesi; alacık; *A.B.D., k.dili* siyasî toplantılar için kullanılan bina.

wild (wayld) *s., i.* yabanî, yabanıl, vahşî; çılgın, deli gibi; arsız, terbiyesiz; hoyrat; zırzop; savruk; dönek, güvenilmez; hiddetli, azgın; fırtınalı; çok hevesli, meraklı; hükmedilmemiş; serseri (kurşun); bazı iskambil oyunlarında kıymeti sabit olmayan (kart); *i.*, **the** *ile* çorak ve ıssız yer, çöl, kır, cengel. **wild and wooly** *k.dili* vahşî, medenîleşmemiş; gözüpek, atılgan. **wild ass** yaban eşeği. **wild boar** yaban domuzu, *zool.* Sus scrofa. **wild cherry** yabanî kiraz. **wild goose** yaban kazı. **wild-goose chase** ele geçmez bir şeyin peşinden koşma. **wild oats** yaban yulafı. **sow one′s wild oats** gençken fazla serbest bir hayat yaşamak. **wild pitch** *beysbol* topun çok açığa atılması. **wild rice** su pirinci, yabanî pirinç, *bot.* Zizania aquatica. **Wild West** *A.B.D.*′nin eskiden medeniyetin girmediği batı tarafları. **be wild about** *k.dili* çok beğenmek, bayılmak, (bir şey için) deli olmak. **in wild disorder** büyük karışıklık içinde. **It drives me wild.** Beni çıldırtıyor. Beni çileden çıkarıyor. **run wild** başıboş kalmak; yabanîleşmek. **wild′ly** *z.* vahşice, çılgınca. **wild′ness** *i.* vahşîlik, yabanîlik.

wild.cat (wayld′kät) *i., s., f.* yaban kedisi; dağ kedisi, vaşak, *zool.* Lynx; şirret kadın, ters huylu kadın; lokomotif ve tender; rizikolu iş; değeri şüpheli maden ocağı; evvelce verimsiz olan bir sahada bol petrol veren ilk kuyu; *s.* çürük, rizikolu, sağlam olmayan (iş); kanun dışı, kontrolsuz; düzensiz, intizamsız; *f.* petrol olduğu bilinmeyen bir yerde petrol kuyusu aramak. **wildcat strike** sendikanın rızası alınmadan yapılan grev. **wildcatter** *i.* kıymeti şüpheli olan maden ocakları satıcısı; şansa bağlı petrol kuyuları açan kimse; kanun dışı viski yapan kimse.

wilde.beest, wil.de.beest (wayld′bist, wîl′dıbist) *i.* öküz başlı Güney Afrika antilopu, gnu, *zool.* Connochaetes.

wil.der (wîl′dır) *f., şiir* şaşırtmak, şaşmak.

wil.der.ness (wîl′dırnîs) *i.* kır, sahra; el değmemiş bölge; boşluk; şaşırtıcı kalabalık veya yığın.

wild.fire (wald'fayr) *i.* söndürülmesi güç ateş. **spread like wildfire** söndürülmesi imkânsız derecede yayılmak.

wild.flow.er (wayld'flauwır) *i.* kır çiçeği.

wild.fowl (wayld'faul) *i.* av kuşu.

wild.ing (wayl'ding) *i., s.* yabani ağaç veya fidan ve bunların meyvası; *s.* evcilleştirilmemiş.

wild.life (wayld'layf) *i.* yabanıl hayat; yabanıl hayvanlar.

wild.wood (wayld'wûd) *i.* orman.

wile (wayl) *i., f.* oyun, hile, düzen, desise; *f.* hile yapmak, oyun oynamak; cezbetmek.

wil.ful *bak.* **willfull.**

will (wil) *f.* (**would,** *eski* **wilt;** **would.est, wouldst**) *gelecek zaman:* -ecek. *istek, kararlılık:* **I will win this game.** Bu oyunu kazanacağım. *yetenek:* **This flower will grow even in sand.** Bu çiçek kumda bile yetişir. *alışkı:* **They would always visit him on Sunday.** Her pazar onu ziyaret ederlerdi. *olasılık:* **This letter will be for me.** Bu mektup benim galiba.

will (wil) *i.* meram, maksat; murat, arzu, dilek, istek, niyet; irade; vasiyet, vasiyetname. **will power** irade. **against one's will** isteğine karşı. **at will** istediği vakit, canı istediği gibi. **ill will** kin, garez, husumet; kötü niyet. **make one's will** vasiyetnamesini yazmak. **of one's own free will** kendi isteğiyle. **with a will** azim ve istekle.

will (wil) *f.* karar vermek, niyet etmek; arzulamak; kastetmek, amaçlamak; gerçekleşmesini tahayyül etmek; vasiyet etmek, vasiyetle bırakmak.

wil.let (wil'it) *i.* Kuzey Amerika'ya mahsus ve deniz kenarında yaşayan kanatları aklı karalı büyük bir kuş.

will.ful, *İng.* **wil.ful** (wil'fıl) *s.* inatçı, söz dinlemez, direngen; kasıtlı, bilerek yapılan. **willfully** *z.* kasten, mahsus. **willfulness** *i.* inatçılık; kasten yapma.

wil.lies (wil'iz) *i., çoğ., argo,* **the** *ile* sinirlilik, can sıkıntısı.

will.ing (wil'ing) *s.* istekli, hazır; razı; içten; gönüllü, isteyerek yapan. **willingly** *z.* isteyerek, seve seve. **willingness** *i.* isteyerek yapma, gönüllülük.

will-o'-the-wisp (wil'ıdhıwisp) *i., s.* bataklık yakamozu; ılgım; *s.* aldatıcı, yanıltıcı, Zümrüdüanka gibi.

wil.low (wil'o) *i.* söğüt, *bot.* Salix; söğüt odunu veya kerestesi; söğüt ağacından yapılmış kriket veya beysbol sopası. **willow pattern** aslında beyaz Çin porselen tabaklarında kullanılan ve içinde söğüt ağacı bulunan mavi renkte bahçeli köşk resmi. **osier willow, basket willow** sepetçi söğüdü, sorkun, *bot.* Salix viminalis. **red willow** kızılsöğüt, *bot.* Salix rubra. **weeping willow** salkımsöğüt, *bot.* Salix babylonica. **white willow** aksöğüt, *bot.* Salix alba. **willowy** *s.* söğüdü çok; ince ve zarif.

wil.low (wil'o) *i., f.* pamuk veya yün ditme makinası; *f.* bu makina ile yün veya pamuk ditmek.

wil.ly-nil.ly (wil'inil'i) *z.* ister istemez.

wilt (wilt) *f., eski,* **thou** *ile* -eceksin; istiyorsun.

wilt (wilt) *f., i.* soldurmak, solmak; canlılığını yitirmek; isteği veya cesareti kırılmak; *i.* mecalsizlik, argınlık.

wi.ly (way'li) *s.* hilekâr, düzenbaz, oyunbaz, kurnaz. **wiliness** *i.* düzenbazlık.

wim.ble (wim'bıl) *i., f.* matkap, burgu; *f.* burgu ile delmek.

wim.ple (wim'pıl) *i., f.* Katolik rahibelerinin kullandığı uzun baş örtüsü; baş ve boyuna dolanan ipek veya keten atkı; *f.* böyle atkı örtmek; dalgacıklar meydana getirmek.

win (win) *f.* (**won, -ning**) *i.* kazanmak, yenmek, galip gelmek; birinci gelmek; ele geçirmek, temin etmek; gönlünü kazanmak; gayesine erişmek; fethetmek; (maden veya kömür) çıkarmak; *i.* zafer, yengi, başarı; kazanç; birinci gelme. **win by a head** yarışta bir at başı farkı ile kazanmak. **win hands down** kolayca kazanmak. **win one over** kendi fikrini kabul ettirmek. **win one's spurs** kişiliğini kabul ettirmek. **win out** başarmak. **win the day, win the field** savaşı kazanmak, galip gelmek. **win the toss** yazı veya tura atmada kazanmak. **win through** sonuca ulaşmak.

wince (wins) *f., i.* acısı duyulan veya korkulan bir vuruştan ürküp çekinmek; *i.* ürkme, çekinme.

winch (winç) *i., f.* vinç, bocurgat; *f.* vinçle çekmek.

wind (waynd) *f.* **(wound)** *i.* döndürmek; sarmak; çevirmek; kurmak (saat); dolaşmak; geri dönmek; gizli gizli sokulmak; sarılmak; eğrilmek; bükülmek; *i.* dönemeç, yolun döndüğü yer; kurma. **wind down** yavaşlamak; açmak (araba penceresi). **wind its way** dolaşıp gitmek. **wind off** bir çark veya iğden boşaltmak veya diğerine sarmak (iplik). **wind up** toplayıp sarmak; bitirmek, halletmek, sonuçlandırmak; makara veya vinç ile kaldırmak; kapatmak (araba penceresi); *beysbol* topu atmak için kolu yukarı kaldırmak.

wind (wind, *şiir* waynd) *i.* rüzgâr, yel, hava; kasırga, hortum, bora; havanın estiği yön; havanın getirdiği koku, nefes; haber; soluk, nefes; boş laf; *çoğ.* orkestrada nefesli çalgılar; bağırsakta gaz. **in the wind** olmakta, patlamak üzere; kafası dumanlı, sarhoş. **in the wind's eye** tam rüzgâra karşı. **break wind** yellenmek, osurmak. **get wind of** sezmek, haber almak, duymak, ipuçlardan anlamak. **have the wind of** rüzgâr yönünde olmak; kokusunu almak; üstün durumda olmak. **have one's wind up** tetik durmak. **sail close to the wind** hemen hemen rüzgâra karşı gitmek; tehlikeyi göze almak; az parayla geçinmek. **wind gap** dağ silsilesi içinde akarsuyun geçmediği boğaz. **wind gauge** tüfekte rüzgâr ayarı. **wind instrument** nefesli çalgı. **wind rose** rüzgârgülü. **wind scale** rüzgâr cetveli. **wind tunnel** hava deneme tüneli. **an ill wind** felâket, şanssızlık. **fair wind** elverişli rüzgâr. **fling to the winds** saçıp dağıtmak, atmak. **foul wind** aksi rüzgâr, fırtınalı rüzgâr. **go like the wind** rüzgâr gibi hızlı gitmek. **high wind** kuvvetli rüzgâr. **in the teeth of the wind** şiddetli rüzgâra karşı. **into the wind** rüzgâra karşı. **take the wind out of one's sails** yelkenlerini suya indirtmek. **the four winds** dört yönden esen rüzgârlar; dört taraf. **trade winds** alizeler. **It's an ill wind that blows no good.** Her işde bir hayır var. **There is something in the wind.** Ortalıkta bir şeyler dönüyor.

wind.age (wîn'dîc) *i.* hızlı giden bir şeyin meydana getirdiği rüzgâr; rüzgâr etkisiyle yön değişmesi (mermi); tüfek namlusu ile mermi arasındaki çap farkı; *den.* geminin rüzgâra maruz kalan yüzeyi.

wind.bag (wind'bäg) *i., k.dili* dillidüdük, çalçene kimse; çenesi düşük kimse, geveze kimse; körük; *argo* göğüs.

wind-blown (wind'blon) *s.* rüzgâr ile savrulmuş; rüzgâr etkisiyle meyilli büyümüş (ağaç); kâkül şeklindeki.

wind-borne (wind'bôrn) *s.* rüzgârın taşıdığı.

wind.break (wind'breyk) *i.* rüzgârdan koruyan ağaç kümesi veya çalılık, rüzgâr çiti.

wind.break.er (wind'breykır) *i., tic. mark.* rüzgâra karşı koruyan spor ceket.

wind.bro.ken (wind'brokın) *s.* soluğan (at).

wind.burn (wind'bırn) *i.* rüzgârdan meydana gelen deri kızarıklığı, rüzgâr yanığı.

wind.dried (wind'drayd) *s.* rüzgârla kurutulmuş.

wind.ed (wîn'dîd) *s.* soluğu kesilmiş, soluksuz.

wind.er (wayn'dır) *i.* saat kurgusu; sarılgan asma.

wind.fall (wind'fôl) *i.* umulmadık yerden gelen para veya yardım; ağaçtan düşmüş meyva; ağaçları rüzgâr etkisiyle devrilmiş koru.

wind.flow.er (wind'flauwır) *i.* Manisa lâlesi, dağ lâlesi, anemon, *bot.* Anemone.

wind.gall (wind'gôl) *i.* atlarda bilek şişmesi.

wind.ing (wayn'dîng) *i., s.* sarmal sargı; dönemeç; dolambaç; *elek.* bobin, bobin dolamı, dolam; *s.* sarmal; dolambaçlı; sarılgan. **winding sheet** kefen.

wind.jam.mer (wind'cämır) *i., den.* yelkenli gemi; yelkenli tayfası; *argo* geveze kimse, dillidüdük.

wind.lass (wind'lıs) *i., f.* bocurgat, ırgat; *f.* ırgatla çekmek.

wind.less (wind'lis) *s.* durgun, rüzgârsız.

wind.mill (wind'mil) *i.* yeldeğirmeni. **fight windmills** hayalî haksızlıklarla mücadele etmek, donkişotluk yapmak.

win.dow (wîn'do) *i.* pencere; pencere çerçevesi. **window blind** güneşlik. **window box** pencerenin dış tarafına konulup içine çiçek ekilen sandık. **window dressing** vitrin dekorasyonu; gösteriş, göz boyama. **window frame** pencere çerçevesi. **window sash** pencerenin açılır kapanır veya aşağı yukarı sürülür çerçevesi. **window seat** pencere rafı, pencere içinde oturulacak yer. **window sill** pencere eşiği. **bay window** cumba penceresi; *argo* göbek. **dormer window** tavanarası penceresi. **windowed** *s.* pencereli.

win.dow.pane (win'dopeyn) *i.* pencere camı.

win.dow-shop (win'doşap) *f.* vitrin gezmek.

wind.pipe (wind'payp) *i.* nefes borusu.

wind.row (wînd'ro) *i., f.* tarlada sıra sıra yere yatırılmış ekin; rüzgâr sürüklemesiyle meydana gelmiş yaprak sırası; tohum ekmek için açılan saban izi; ağaçları rüzgârda devrilmiş arazi; *f.* tırmıkla dizi haline getirmek.

wind.screen (wînd'skrin) *i., İng., oto.* ön cam.

wind.shield (wind'şild) *i., oto.* ön cam.

wind.sock (wînd'sak) *i., meteor.* rüzgâr hortumu.

Wind.sor (wîn'zır) *i.* İngiltere'de Windsor şehri; Büyük Britanya kral ailesinin soyadı. **Windsor chair** tahta çubuklardan yapılmış bir çeşit rahat sandalye.

wind.storm (wînd'stôrm) *i.* kasırga.

wind.swept (wînd'swept) *s.* rüzgâra açık.

wind-up (waynd'ʌp) *i.* kapanış, bitiş; son kısım; *beysbol* topu atmak için kolu kaldırma.

wind.ward (wînd'wırd) *s., i., z.* rüzgâr üstü tarafındaki; *i.* rüzgâr üstü; *z.* rüzgâr üstünde. **to windward of** -den üstün durumda.

wind.y (wîn'di) *s.* rüzgârlı, rüzgârı çok; rüzgâr gibi, değişken; fırtınalı; hızlı; gaz yapan; havaî; geveze; övüngen. **windiness** *i.* rüzgârlılık; gevezelik.

wine (wayn) *i., f.* şarap; meyva şarabı; *f.* şarap içirmek, şarap içmek. **wine cellar** şarap mahzeni. **wine measure** şarap ölçü sistemi. **wine merchant** şarap tüccarı. **wine stone** şarap fıçısının dibinde kalan asit tartarik, kefeki taşı. **wine vinegar** üzüm sirkesi. **wine and dine** yedirip içirmek, ağırlamak, ikram etmek. **Adam's wine** su.

wine.bib.ber (wayn'bibır) *i.* ayyaş, bekrî kimse.

wine-col.ored (wayn'kʌl'ırd) *s.* kırmızı şarap renkli.

wine.glass (wayn'gläs) *i.* şarap kadehi.

wine.grow.er (wayn'growır) *i.* bağcı.

wine.press (wayn'pres) *i.* üzüm cenderesi.

wine-skin (wayn'skin) *i.* şarap tulumu.

wine.tast.er (wayn'teystır) *i.* şarap eksperi.

wing (wîng) *i., f.* kanat, cenah; kol; uçuş; uçuşan şey; kapı kanadı; açıkta oynayan futbolcu; *mim.* binanın yan çıkıntısı; ek bina; *tiyatro* yan oda; *ask. ve den.* kol; *f.* uçmak, kanatlanmak; kanat takmak; tüy takmak; uçurmak; uçarak götürmek; uçarak geçmek; yan parçalarını koymak; kanadından yaralamak; *k.dili* yaralamak. **wing case** *biyol.* böcek kanadının kabuğu. **wing chair** arkası ve yanları yüksek koltuk. **wing collar** resmî elbiseyle giyilen gömleğin uçları kıvrık yakası. **wing commander** *İng.* hava filosu kumandanı. **wing loading** kanat yükü. **wing nut** kelebekli somun. **clip one's wings** kanatlarını kırpmak; engel olmak. **on the wing** uçmakta; hareket halinde; gitmek üzere. **on the wings of the wind** çok hızlı. **sprout wings** kanatlanmak. **take wing** kanatlanmak, uçup gitmek. **under one's wing** himayesi altında. **win one's wings** *hav.* ehliyet almak. **wing'less** *s.* kanatsız. **wing'let** *i.* kanatçık. **wing'y** *s.* kanatlı; tez, kuş gibi.

wing-foot.ed (wîng'fûtid) *s.* ayakları kanatlı; çabuk koşar; *zool.* ayakları uçmaya yarayan.

wing.spread (wîng'spred) *i.* açık kanatlar arasındaki mesafe.

wink (wînk) *f., i.* göz kırpmak; göz kırparak işaret etmek; pırıldamak; *i.* göz kırpma; göz işareti; bir göz açıp yumma süresi, lahza; pırıltı. **wink at** görmezlikten gelmek. **I can't sleep a wink.** Hiç uyuyamıyorum. **forty winks** *k.dili* şekerleme, kısa uyku, kestirme. **take forty winks** şekerleme yapmak, kestirmek.

wink.er (wîng'kır) *i., argo* kirpik; atlara mahsus meşin göz siperi.

win.kle (wîng'kıl) *i.* bir çeşit deniz salyangozu.

win.ning (wîn'îng) *i., s.* kazanma, galip gelme; *gen. çoğ.* kazanç, kazanılan para; *s.* kazanan, galip; cazip, alıcı, sevimli, hoş. **winning stroke** başarı kazandıran vuruş. **winningly** *z.* cezbederek, cazip bir şekilde.

win.now (wîn'o) *f., i.* buğdayı savurup tanelerini ayırmak; inceleyip ayıklamak; elemek; rüzgâr ile dağıtmak; kanatlarını çırpmak, uçmak; *i.* harman savurma küreği, yaba; harman savurma. **winnowing machine** harman savurma makinası.

win.o (way'no) *i.* (*çoğ.* -noes, -nos) *A.B.D., argo* şarap içen ayyaş.

win.some (wîn'sım) *s.* sevimli, hoş; neşeli, şen; çekici, alımlı. **winsomely** *z.* sevimli şekilde. **winsomeness** *i.* sevimlilik; çekicilik.

win.ter (wîn'tır) *i., f., s.* kış; soğuk hava; tatsız günler; *şiir* ihtiyarlık; *f.* kışı geçirmek, kışlamak; kışlatmak; *s.* kışla ilgili, kışlık. **winter cactus** subayra, *bot.* Epiphyllum grandiflora. **winter cherry** güveyfeneri, *bot.* Physalis alkekengi. **winter quarters** kışlık yer; kışla. **winter season** kış mevsimi. **winter sports** kış sporları. **winter squash** balkabağı, kış kabağı, helvacıkabağı, *bot.* Cucurbita maxima. **winter wheat** sonbaharda ekilip yazın biçilen buğday. **a hard winter** şiddetli kış, karakış. **a mild winter** hafif kış. **an open winter** havaların iyi gittiği kış. **depth of winter** kış ortası, karakış, zemheri.

win.ter.green (wîn'tırgrin) *i.* keklik üzümü, pirola, *bot.* Gaultheria procumbens.

win.ter.killed (wîn'tırkîld) *s.* soğuktan kurumuş.

win.try (wîn'tri), **win.ter.y** (wîn'tıri) *s.* kışa benzer; kışa yakışır; soğuk. **wintrily** *z.* kış gibi. **wintriness** *i.* kışa benzerlik.

win.y (way'ni) *s.* şarap tadındaki, şaraba benzer.

winze (wînz) *i.* maden ocağında iki ana geçit arasındaki meyilli kısa dar geçit.

wipe (wayp) *f., i.* silmek, silip kurutmak; *i.* silme, siliş; temizleme; *argo* vuruş, tokat, dayak; *argo* mendil; *argo* alay, istihza. **wipe away tears** gözyaşlarını silmek. **wipe one's boots on** hor görmek, horlamak. **wipe out, wipe off** silmek, bozmak; yok etmek, temizlemek. **wipe the floor with one** *argo* birini tamamıyle yenmek veya yere sermek. **wipe up** silip temizlemek.

wip.er (way'pır) *i.* silici; silme aleti; silgiç; *elek.* kontak kolu; *mak.* dirsekli makara. **windshield wiper** silgiç; silecek.

wire (wayr) *i., f.* tel; telgraf teli; telgraf; at yarışı hedefi; *f.* tel ile bağlamak; elektrik tesisatı ile donatmak; *k.dili* telgraf göndermek, telgraf çekmek, tellemek; tele geçirmek; tel tuzakla tutmak; kroke oyununda topu telin arkasına getirerek vurulmasına mâni olmak. **wire brush** tel fırça. **wire cutter** tel makası. **wire entanglement** *ask.* dikenli tel mânia. **wire gauze** tel örgü. **wire glass** telli cam. **wire recording** sesi tele alma usulü; tele alınmış ses. **wire rope** tel halat, tel kablo. **wire service** haber ajansı. **barbed wire** dikenli tel. **get in under the wire** son dakikada yetişmek. **pull wires** perde arkasından ipleri çekmek,

slang torpil patlatmak. **send by wire** telgrafla göndermek. **wir'ing** *i.* elektrik teli tertibatı.

wire-danc.er (wayr'dänsır) *i.* ip cambazı.

wire-draw (wayr'drô) *f.* (**-drew, -drawn**) haddeden çekip tel yapmak; çekip uzatmak; münakaşa veya sözü çok uzatmak.

wire-haired terrier (wayr'herd) tel gibi tüyleri olan teriyer.

wire.less (wayr'lis) *s., i., f.* telsiz; *i., İng.* radyo; telsiz telgraf veya telefon; *f., İng.* telsiz telgraf çekmek.

wire.pull.ing (wayr'pûlîng) *i.* perde arkasından ipleri çekme, *slang* torpil patlatma.

wire.tap (wayr'täp) *f., i.* telle gizlice dinlemek; *i.* telle gizlice dinleme.

wire.tap.ping (wayr'täpîng) *i.* telle gizlice dinleme.

wire.works (wayr'wırks) *i.* tel veya tel mamuller fabrikası.

wire.worm (wayr'wırm) *i.* bitkilerin köklerine arız olup sarı tele benzeyen ve güç kopan bir kurt, kök kurdu.

wire-wove (wayr'wov) *s.* kaliteli (yazı kâğıdı).

wir.y (wayr'i) *s.* telden yapılmış; tele benzer; sırım gibi.

wis (wîs) *f., eski* tahmin etmek, zannetmek; düşünmek.

wis.dom (wîz'dım) *i.* akıl, akıllılık; ilim, irfan; bilgelik, hikmet, dirayet; bilgece söz. **wisdom tooth** yirmi yaş dişi, akıl dişi.

wise (wayz) *s.* akıllı, tedbirli; tecrübeli, bilgin olan, ferasetli; bilgece; mahir, usta; *k.dili* haberli; *A.B.D., argo* küstah. **wise guy** *argo* ukalâ, pişkin herif. **Don't get wise!** Haddini bil! **get wise** *argo* haberdar olmak, doğrusunu bilmek. **I'm wise to him.** Onun hikâyesini bilirim. Kurduğu hilelerden haberdarım. **look wise** işten anlar gibi bakmak. **No one will be any the wiser.** Kimsenin ruhu duymaz. **The suspect said nothing, so the police were none the wiser.** Sanık konuşmadığından polisler bir şey öğrenemediler. **wise'ly** *z.* akıllıca.

wise (wayz) *i.* usul, tarz, suret, yol, yöntem. **in any wise** herhangi bir suretle. **in no wise** hiç bir suretle, katiyen, asla. **in some wise** bir dereceye kadar. **on this wise** bu veçhile.

wise (wayz) *f., argo* haberdar etmek, bilgi vermek. **wise up** *argo* aklını başına topla-

mak, hizaya gelmek; akıllanmak. **Wise up!**
Sakın ha! Dikkat et! Gözünü aç!

-wise *sonek* yoluyle; tarzda; -e bağlı olarak.

wise.a.cre (wayz'eykır) *i.* ukalâ; bilgiçlik taslayan kimse.

wise.crack (wayz'kräk) *i., f., argo* nükteli söz, şaka; *f.* nükteli söz söylemek. **wisecracker** *i.* nükteci kimse, şakacı kimse, hazırcevap kimse.

wish (wiş) *f., i.* dilemek, istemek, arzu etmek, rağbet etmek, temenni etmek; *i.* arzu, istek, dilek, emel, temenni; arzu olunan şey. **wishing well** dilek kuyusu. **I wouldn't wish that on anyone.** Kimsenin başına gelmesini istemem.

wish.bone (wiş'bon) *i.* lâdes kemiği.

wish.ful (wiş'fıl) *s.* arzulu, istekli. **wishful thinking** hüsnükuruntu. **wishfully** *z.* arzuyla, hasretle. **wishfulness** *i.* isteklilik; hüsnükuruntu.

wish.y-wash.y (wîş'iwaşi, wişi'wôşi) *s., k.dili* yavan, sulu, hafif; karaktersiz, renksiz.

wisp (wisp) *i., f.* tutam, bir tutam şey; bağlam, deste, ufak demet; huzme; ufak süpürge; bataklık yakamozu; *f.* süpürmek; buruşturmak. **wisp'y** *s.* çok ince, çok hafif, çok zayıf; bir tutam.

wist (wist) *f., bak.* **wit.**

wis.tar.i.a (wister'iyı), **wis.ter.i.a** (wistir'iyı) *i.* salkım, *bot.* Wistaria.

wist.ful (wist'fıl) *s.* arzulu, istekli, özlemli; dalgın. **wistfully** *z.* arzuyla, istekle. **wistfulness** *i.* isteklilik, özlemlilik.

wit (wit) *i.* akıl, fikir, us; anlayış, zekâ; duygu; nükte, zarif söz; nükteci kimse; yaratıcılık. **a nimble wit** keskin zekâ. **at one's wit's end** çözüm yolu bulamayan, tamamen şaşırmış. **drive one out of one's wits** çileden çıkarmak, çıldırtmak. **have veya keep one's wits about one** paniğe kapılmamak, kendine hâkim olmak. **live by one's wits** açıkgözlülükle geçimini sağlamak.

wit (wît) *f.* (**wist, wit.ting**) *eski* (*geniş zaman* **I wot, thou wost, he wot, we, you, they witen**) bilmek, öğrenmek. **to wit** yani, demek ki.

witch (wiç) *i., f.* sihirbaz kadın, büyücü kadın; cadı, acuze, kocakarı; büyüleyici güzellikte kadın; yaramaz kız; *f.* büyülemek, meftun etmek; büyü yapmak. **witch doctor** büyücü

doktor. **witch hazel** Amerika'da yetişen ve güzün sarı çiçekler açan bir çalı, *bot.* Hamamelis virginiana; bu çalının kabuk ve yapraklarından yapılan merhem veya kokulu ispirto. **witch hunt** *k.dili* düzene baş kaldıranları sindirme avı.

witch.craft (wiç'kräft) *i.* büyü, sihir, afsun; büyücülük, bakıcılık.

witch.er.y (wiç'ıri) *i.* sihir, büyü; cazibe.

witch.grass (wiç'gräs) *i.* ayrıkotu, *bot.* Triticum repens.

witch.ing (wiç'îng) *i., s.* sihir, büyü, füsun; büyücülük; *s.* büyüleyici, teshir edici, füsunkâr; büyüye elverişli. **witchingly** *z.* büyüleyici bir şekilde.

wit.e.na.ge.mot (wit'ınıgımot) *i.* Anglosaksonlarda danışma kurulu.

with (with, widh) *edat* ile; -den; -e; -e rağmen; ile beraber, ile birlikte. **with it** *argo* zamane; uyanık, canlı, modern. **Leave the books with my mother.** Kitapları anneme bırak. **I'm with you there!** O konuda seninle aynı fikirdeyim. **With this, she slapped his face.** Hemen ardından yüzüne bir tokat aşketti. **He can swim with the best of them.** Usta yüzücüler kadar iyi yüzebilir. **What's with him?** *k.dili* Nesi var?

with- *önek* karşı; geri.

with.al (widhôl', withôl') *z., eski* bununla beraber, mamafih; ayrıca.

with.draw (wîdhdrô', withdrô') *f.* (**-drew, -drawn**) geri çekmek, geri almak, geri çağırmak; banka hesabından çekmek; çekilmek. **withdrawing room** içerideki oda. **withdrawal, withdrawment** *i.* çekilme; geri alma; davadan vaz geçme. **withdrawn** *s.* çekilmiş; içine kapanık, çekingen.

withe (waydh, with, widh) *i., f.* söğüt çubuğu, saz; söğüt çubuğundan yapılmış bağ; *f.* sazla bağlamak.

with.er (widh'ır) *f.* solmak, kurumak; sararıp solmak; çürümek, zeval bulmak, bozulmak; kurutmak, soldurmak; çürütmek, bozmak; utandırmak, susturmak. **withering** *s.* solan; utandıran.

with.ers (widh'ırz) *i.* atın iki kürek kemiği arasındaki yer.

with.er.shins (widh'ırşinz) *bak.* **widdershins.**

with.hold (with.hold') *f.* (-held, -holding) elinde tutmak, kendine saklamak, bırakmamak; kısıtlamak; vermemek.

with.in (widhin') *z., edat, i.* içeride, içeriden; dahilen, derunen; zihnen; yürekten; evde; içinde, dahilinde; *edat* zarfında, içinde; dairesi içinde, sınırları içinde; *i.* iç. **His heart sank within him.** Bütün ümitleri kırıldı. **He lives within his income.** Gelirine uygun bir şekilde yaşar. **The car skidded to within a meter of the baby before it stopped.** Araba kayarak bebeğe bir metre kala durabildi.

with-it (widh'it) *s., argo, bak.* with it.

with.out (widhaut') *edat, z., i.* -sız, -meyerek, -meden, -meksizin, hariç; dışında; *z.* dışarıda; *i.* dış. **without fear** korkusuz. **without taxes** vergiler hariç. **without thinking** düşünmeden, gayri ihtiyarî. **do without, go without** -sız olmak; yetinmek. **times without number** defalarca.

with.stand (withständ') *f.* (-stood, -standing) dayanmak, mukavemet etmek, karşı koymak.

with.y (widh'i, with'i) *i., s.* söğüt dalı; saz; *s.* sazdan yapılmış; dayanıklı ve esnek.

wit.less (wit'lis) *s.* akılsız, zekâsız, kafasız. **witlessly** *z.* akılsızca, kafasızca. **witlessness** *i.* akılsızlık, kafasızlık.

wit.ling (wit'ling) *i.* ukalâ.

wit.ness (wit'nis) *i., f.* şahit, tanık; şahadet, şahitlik, tanıklık; delil, burhan, hüccet, tanıt; *f.* şahadet etmek, tanıklık etmek; görmek, gözü ile görmek, müşahade etmek, şahit olmak. **witness box, witness stand** tanık kürsüsü. **Witness my hand and seal.** İmzam ve mührüm buna şahittir (*senet sonuna yazılır*). **bear witness** tanıklık etmek, şahadet etmek. **call to witness** şahit tutmak, şahadete davet etmek.

wit.ted (wit'id) *s.* anlayışlı, zeki.

wit.ti.cism (wit'ısîzım) *i.* nükteli söz, şaka, espri.

wit.ting (wit'ing) *s.* bilerek yapılmış, kasıtlı, maksatlı. **wittingly** *z.* bilerek, bile bile, kasten.

wit.ty (wit'i) *s.* zarif, nükteli, esprili, hazırcevap; zeki. **wittily** *z.* zekice; hazırcevaplıkla. **wittiness** *i.* zekâ, espri kabiliyeti, hazırcevaplık.

wive (wayv) *f., eski* evlenmek, karı almak; kadınla evlendirmek.

wi.vern, wy.vern (way'vırn) *i., hane.* iki ayaklı ve kuyruğu dikenli olan kanatlı ejderha.

wives (wayvz) *bak.* wife.

wiz (wiz) *i., argo* usta kimse; şahane şey.

wiz.ard (wiz'ırd) *i., s.* büyücü, sihirbaz; *k.dili* usta kimse; *s.* sihirli, büyülü; cazip, büyüleyici. **wizardry** *i.* büyücülük, sihirbazlık.

wiz.ened, wiz.en (wiz'ınd, wiz'ın) *s.* pörsümüş, pörsük, kart.

wk. *kıs.* week, work.

Wm. *kıs.* William.

wmk. *kıs.* watermark.

WNW *kıs.* west-northwest.

woad (wod) *i.* çivitotu, *bot.* Isatis tinctoria; çivitotundan elde edilen mavi boya. **woad'ed** *s.* mavi boyalı.

wob.ble (wab'ıl) *f., i.* iki yana sallanmak, yalpa vurmak, yalpalamak, dingildemek, sendelemek; titremek; tereddüt etmek, kararsız olmak, bocalamak; *i.* sallanma, yalpalama; bocalama. **wobbly** *s.* sallanan.

wob.bly (wab'li) *i., A.B.D., argo* Dünya İşçiler Birliği üyesi; *kıs.* I.W.W.

Wo.den, Wo.dan (wo'dın) *i.* eski İskandinavların baş tanrısı.

woe (wo) *i., ünlem* keder, elem, acı, teessür, üzüntü; felâket; *ünlem* Vah vah! Eyvah! Yazıklar olsun! **O, woe is me!** Vah bana! Vah başıma gelenlere! Eyvahlar olsun! **Woe to the enemy!** Lânet olsun düşmana! **woebegone, wobegone** (wo'bigôn) *s.* gamlı, kederli, yaslı.

woe.ful, wo.ful (wo'fıl) *s.* keder verici; kederli, hüzünlü, acıklı. **woefully** *z.* kederle, hüzünle. **woefulness** *i.* hüzün, keder, ıstırap.

woke (wok) *bak.* wake.

wold (wold) *i.* yayla, bozkır.

wolf (wûlf) *i.* (*çoğ.* wolves) *f.* kurt, *zool.* Canis lupus; yırtıcı ve vahşi adam; *biyol.* kurt, kurtçuk; *müz.* sazlarda kusurlu titreşimden meydana gelen akortsuzluk; *argo* zampara, kurt; *f., k.dili* kurt gibi yemek; bir hamlede yiyip yutmak. **wolf dog** kurt avında kullanılan av köpeği; kurt köpeği. **wolf in sheep's clothing** koyun postuna bürünmüş kurt. **cry wolf** yalan yere tehlike işareti vermek. **keep the wolf from the door** kıtlığı önlemek.

wolf.hound (wûlf'haund) *i.* kurt köpeği.

wolf.ish (wûlf'îş) *s.* kurt gibi, vahşî, yırtıcı;
k.dili aç kurt gibi.

wolf.ram (wûl'frım) *i., kim.* tungsten, volfram.

wolf.ram.ite (wûl'frımayt) *i., kim.* volframit.

wolf's-bane (wûlfs'beyn) *i.* boğanotu, *bot.*
Aconitum; kaplanboğan, *bot.* Aconitum na-
pellus; öküzgözü, *bot.* Arnica montana.

wol.ver.ene, -ine (wûlvırin') *i.* sansargil-
lerden Kuzey Amerika'ya özgü bir hayvan,
zool. Gulo luscus.

wolves (wûlvz) *bak.* wolf.

wom.an (wûm'ın) *i.* (*çoğ.* wom.en) kadın;
kadın cinsi; kadınlık; metres; *k.dili* eş, karı.
the little woman *A.B.D., k.dili* kadın, karı,
eş. woman hater kadın düşmanı. woman
suffrage kadınların oy kullanma hakkı.

wom.an.hood (wûm'ınhûd) *i.* kadınlık; ka-
dınlar.

wom.an.ish (wûm'ınîş) *s.* kadın gibi; kadınsı,
kadın tavırlı. womanishly *z.* kadınca ta-
vırlar takınarak. womanishness *i.* kadınlık.

wom.an.ize (wûm'ınayz) *f.* kadınlaştırmak,
kadınsı hale getirmek; *k.dili* zamparalık et-
mek, kadınlarla düşüp kalkmak.

wom.an.kind (wûm'ınkaynd) *i.* kadınlar.

wom.an.ly (wûm'ınli) *s.* kadın gibi; kadına
yakışır. womanliness *i.* kadına yakışma.

womb (wum) *i.* rahim, dölyatağı; menşe.

wom.bat (wam'bät) *i.* vombat, Avustralya'ya
özgü keseli bir hayvan, *zool.* Wombatidae.

wom.en (wim'in) *bak.* woman.

won (wʌn) *bak.* win.

won.der (wʌn'dır) *i., f., s.* tansık, harika, mu-
cize; acibe; keramet; şaşkınlık, hayret; *f.*
şaşmak, hayret etmek; hayran olmak; tereddüt
etmek; merak etmek; düşünmek, ölçünmek;
s. mucize kabilinden. wonder at şaşmak.
wonder if merak etmek. do wonders
mucizeler yaratmak. for a wonder hayret.
I wonder. Acaba. nine days' wonder
gelip geçici heyecan. No wonder! Tabii!

won.der.ful (wʌn'dırfıl) *s.* hayret verici, ha-
rikalade, fevkalade; şaşılacak, garip; *k.dili*
şahane. wonderfully *z.* fevkalade olarak;
şaşılacak bir şekilde. wonderfulness *i.* şa-
şılacak hal; fevkaladelik.

won.der.land (wʌn'dırländ) *i.* harikalar diyarı.

won.der.ment (wʌn'dırmınt) *i.* hayret, şaş-
kınlık; harika, harikalade şey.

won.der-struck (wʌn'dırstrʌk) *s.* hayretler
içinde kalmış; hayran.

won.der-work.er (wʌn'dırwırkır) *i.* harikalar
yaratan kimse.

won.drous (wʌn'drıs) *s., z.* şaşılacak, acayip,
harikulade; *z.* şaşılacak şekilde. wondrously
z. harikulade bir şekilde. wondrousness
i. harikuladelik.

won.ky (wang'ki) *s., İng., argo* halsiz, bitkin.

wont (wʌnt, wont) *s., i., f.* (wont; wont
veya wont.ed) alışmış, alışkanlık haline
getirmiş, itiyat edinmiş; *i.* âdet, alışkanlık,
itiyat; *f.* alışmak.

won't (wont) *kıs.* will not.

wont.ed (wʌn'tid, won'tid) *s.* alışılmış, mutat,
her zamanki. wontedly *z.* mutat şekilde.
wontedness *i.* mutat oluş.

woo (wu) *f.* kur yapmak; kazanmaya çalışmak;
korte etmek.

wood (wûd) *i., s., f.* tahta, kereste, ağaç; odun;
orman, koru; *s.* tahta, ahşap; *f.* ağaçlandır-
mak, orman haline getirmek; odun tedarik
etmek. woods *i., çoğ.* orman, koru. wood
alcohol odun ispirtosu, metanol, metil is-
pirtosu. wood coal odun kömürü, mangal
kömürü; linyit. wood engraving tahta oy-
macılığı; tahta kalıptan basılan resim, gravür.
wood lot koru, ağaçlık. wood mouse
orman sıçanı, *zool.* Mus sylvaticus. wood
nymph orman perisi. wood pigeon tahtalı,
tahta güvercini, *zool.* Columba fasciata.
wood pulp kâğıt hamuru. wood pussy
k.dili kokarca. wood rat orman faresi, *zool.*
Neotoma. wood thrush ökse ardıcı, *zool.*
Turdus viscivorus; ardıçkuşugillerden Ku-
zey Amerika'ya özgü bir kuş, *zool.* Hylocichla
mustelina. wood tick orman kenesi.

wood-ap.ple (wûd'äpıl) *i.* filelması, *bot.* Fe-
ronia elephantum.

wood.bin (wûd'bîn) *i.* odunluk.

wood.bine (wûd'bayn) *i.* hanımeli, *bot.* Loni-
cera periclymenum; frenk asması, *bot.* Par-
thenocissus quinquefolia.

wood.block (wûd'blak) *i.* tahta basma kalıbı;
tahta kalıp ile basılmış desen veya resim.

wood.bor.er (wûd'bôrır) *i.* ağaç kurdu.

wood.carv.ing (wûd'karvîng) *i.* oymacılık;
tahtada oyma işi.

wood.chuck (wûd'çʌk) *i.* Kuzey Amerika'ya özgü bir çeşit dağ sıçanı, *zool.* Marmota monax.

wood.cock (wûd'kak) *i.* çulluk, *zool.* Scolopax rusticola.

wood.craft (wûd'kräft) *i.* ormancılık, orman bilgisi; avcılık; oymacılık.

wood.cut (wûd'kʌt) *bak.* **woodblock.**

wood.cut.ter (wûd'kʌtır) *i.* baltacı, odun kesicisi, odun yarıcısı.

wood.ed (wûd'id) *s.* ağaçlı; odunlu.

wood.en (wûd'ın) *s.* tahtadan yapılmış, tahta, ağaç, ahşap; odun gibi, kalın kafalı; cansız, ruhsuz, etkisiz. **wooden horse** Truva atı, tahta at. **wooden Indian** tahtadan oyulmuş kızılderili heykeli; odun gibi adam. **woodenware** *i.* tahtadan yapılmış sofra takımı.

wood.house (wûd'haus) *i.* odunluk.

wood.land (wûd'lınd) *i., s.* ormanlık, ağaçlı arazi; *s.* ormanlık; ormanda yaşayan.

wood.lark (wûd'lark) *i.* ağaççıl tarlakuşu, *zool.* Lullula arborea.

wood.man (wûd'mın) *i.* (*çoğ.* -men) baltacı; orman adamı; ormancı.

wood.note (wûd'not) *i.* güzel ötüş.

wood.peck.er (wûd'pekır) *i.* ağaçkakan, *zool.* Picidae. **green woodpecker** yeşil ağaçkakan, *zool.* Picus viridis. **lesser spotted woodpecker** küçük ağaçkakan, *zool.* Dendrocopus.

wood.pile (wûd'payl) *i.* odun istifi.

wood.print (wûd'print) *bak.* **woodblock.**

wood.ruff (wûd'rʌf) *i.* ince otu, yapışkanotuna benzer bir bitki, bel'umotu, *bot.* Asperula.

wood.shed (wûd'şed) *i.* odunluk.

woods.man (wûdz'mın) *i.* keresteci, oduncu; korucu, ormancı; ormanda yaşayan kimse.

woods.y (wûd'zi) *s.* ormanla ilgili, orman havası veren.

wood.turn.ing (wûd'tırnîng) *i.* ağaç tornacılığı. **woodturner** *i.* ağaç tornacısı.

wood.winds (wûd'wîndz) *i., çoğ., müz.* tahtadan yapılmış nefesli sazlar, tahtalar.

wood.work (wûd'wırk) *i.* bina içindeki ahşap kısımlar; dülgerlik; tahta işi.

wood.y (wûd'i) *s.* ormanlık, ağaçlık, ormanı çok; ağaç veya odun cinsinden, oduna benzer.

woo.er (wu'wır) *i.* flört eden kimse, âşık.

woof (wuf) *i.* atkı, argaç; dokum, dokunuş.

woof (wûf) *i.* havlama sesi.

woof.er (wûf'ır) *i.* alçak titreşimli ses hoparlörü.

wool (wûl) *i.* yün, yapağı; yün gibi yumuşak ve tüylü şey; kıvırcık ve kısa saç. **wool comber** yün tarayıcısı. **all wool and a yard wide** halis, saf, katışıksız. **dyed in the wool** dokunmadan önce boyanmış; sabit fikirli, önyargılı. **glass wool** cam elyaflı. **pull the wool over one's eyes** *k.dili* aldatmak, *colloq.* gözünü boyamak. **virgin wool** ilk kez dokunmuş yün.

wool-clip (wûl'klip) *i.* bir koyundan bir sene içinde kesilen yapağı miktarı.

wool-dyed (wûl'dayd) *s.* dokunmadan önce boyanmış.

wool.en, wool.len (wûl'ın) *s., i.* yünden yapılmış, yünlü, yün; *i.* yünlü; *çoğ.* yünlüler.

wool.fell (wûl'fel) *i.* post.

wool.gath.er.ing (wûl'gädhîrîng) *i.* aklı başka yerde olma, hayal kurma, dalgınlık, dalgacılık. **woolgatherer** *i.* dalgın kimse.

wool.grow.er (wûl'growır) *i.* yünü için koyun besleyen kimse.

wool.ly, wool.y (wûl'i) *s., i.* yünlü, yün gibi; yumuşak; bulanık, karışık, dağınık; flu, net olmayan; yoz; *i.* yünlü iç çamaşır; yünlü. **woolliness** *i.* yün gibi oluş.

wool.pack (wûl'päk) *i.* yün balyası; yün balyası bağı; bulut yığını.

wool.sack (wûl'säk) *i.* yün çuvalı; *İng.* Lortlar Kamarası başkanının meclisteki yün minderi. **be raised to the woolsack** *İng.* Lortlar Kamarası başkanı ve adalet bakanı olmak.

wool.sta.pler (wûl'steyplır) *i.* yün tüccarı; yün çeşitlerini ayırıp tasnif eden kimse.

wooz.y (wu'zi) *s., argo* şaşkın, sersem, sarhoş.

wop (wap) *i., argo, aşağ.* İtalyan.

Worces.ter.shire sauce (wûs'tırşîr) karışık baharatlı et sosu.

word (wırd) *i., f.* söz; sözcük, kelime; lafız; lakırdı, laf; vaat, söz; haber, malumat; parola; emir, işaret, kumanda; *gen. çoğ.* konuşma; *çoğ.* ağız kavgası, münakaşa; kelâm; *f.* sözle ifade etmek, söylemek, ifade etmek. **word blindness** okuma yitimi, aleksi. **word for word** kelimesi kelimesine. **word game** kelime oyunu. **word of honor** namus sözü. **word order** sözdizimi. **word painter** belâgatlı yazar. **word picture** iyi açıklanmış tanım. **word play** kelime oyunu, cinas.

word square soldan sağa ve yukarıdan aşağıya aynı kelimeler okunabilen kare. **Words fail me.** Sözle tarif edemem. Söyleyecek söz bulamıyorum. **words of one syllable** basit sözler; açık sözler. **a good word** övgü, tavsiye, medih; iyi haber. **a household word** günlük kelime. **be as good as one's word** sözünün eri olmak. **break one's word** sözünü tutmamak. **by word of mouth** ağızdan, sözlü olarak, şifahen. **eat one's words** sözünü geri almak, tükürdüğünü yalamak. **fair words** tatlı sözler. **have a word with** ile konuşmak, ile görüşmek. **have the last word** sözü geçmek; son sözü kendisi söylemek. **high words** öfkeli sözler. **in a word** bir kelimeyle, uzun lafın kısası. **in so many words** açıkça, kesin olarak. **keep one's word** sözünü tutmak. **man of his word** sözünün eri. **My word!** Eyvah! **mince words** kaçamaklı konuşmak, dolambaçlı konuşmak. **of few words** suskun. **take him at his word** sözüne inanmak. **take the words out of one's mouth** karşısındakinin ağzından sözü kapmak, lep demeden leblebiyi anlamak. **the Word** Kitabı Mukaddes. **upon my word** vallahi, billahi. **vain words** boş laf. **word'less** s. kelimesiz; sessiz.

word.age (wır'dic) i. kelime sayısı, kelimelerin toplamı.

word.book (wırd'bûk) i. lügatçe, lügat, sözlük; libretto, betikçe.

word.ing (wır'ding) i. yazılış tarzı, üslûp.

word.y (wır'di) s. kelimesi çok; kelimelerden ibaret. **wordily** z. çok kelime ile. **wordiness** i. çok kelimelilik.

wore (wôr) bak. **wear.**

work (wırk) i. iş, çalışma; meşguliyet; görev, vazife; emek; eser, kitap; el işi; çalışma yeri; çoğ. fabrika, tesis; çoğ. mekanizma; çoğ., argo tüm; sirke köpüğü; çoğ. sevap kazanılacak iş. **work force** bir yerde çalışan işçilerin tümü. **work stoppage** işi durdurma, grev. **all in the day's work** normal, mutat, tabii. **at work** iş başında, işte; çalışırken. **get to work** işe koyulmak. **give someone the works** argo birini öldürmek veya hırpalamak; birine sert davranmak, aman vermemek. **hard work** ağır iş, zor iş. **have one's work cut out for one** yapacağı iş belli

olmak, çok işi olmak. **in the works** yapılmakta, bakılmakta, planda. **make short work of** kısa kesmek, çabuk bitirmek. **out of work** işsiz, boşta. **shoot the works** argo son gayretini sarfetmek; kalan son para ile bahse girişmek. **the whole works** hepsi.

work (wırk) f. çalışmak, iş yapmak; emek sarf etmek, uğraşmak, meşgul olmak; vazifeli olmak, memuriyeti olmak; işlemek; işletmek; yürümek; başarılı olmak, iyi netice vermek; etkilemek, tesir etmek; oynamak; mayalanmak; çalıştırmak; çözmek, halletmek; k.dili aldatmak; k.dili isteklerine alet etmek, kullanmak. **work at** çalışmak, çabalamak. **work away on** aralıksız çalışmak. **work by rule** kurallara kelimesi kelimesine uyarak ağır çalışmak. **work even** düz örmek. **work in** sokuşturmak, araya sıkıştırmak. **work into** zorlamak, sokmak, koymak. **work loose** laçka olmak, gevşemek. **work off** gidermek, üstesinden gelmek. **work on** tesir etmek, etkilemeye çalışmak; üstünde çalışmak. **work one's way** güçlükle ilerlemek. **work one's way through school** kendi çabasıyla okumak. **work out** yerinden oynamak, çıkmak; başarılı olmak; sonuçlanmak, neticelenmek; çözmek, halletmek, yol bulmak, çözüm yolu bulmak; olmak; bitmek, bitirmek (maden damarı); çalışarak ödemek (borç); idman yapmak. **work over** bir daha yapmak; üstünden geçmek; değişiklik yapmak; A.B.D., argo hırpalamak. **work up** bürümek; heyecanlandırmak, kamçılamak, kurmak; düzenlemek, tanzim etmek, yapmak, geliştirmek. **work up to** -e hazırlanmak; -i amaçlamak; -e varmak. **work upon** tesir etmek. **be worked up about something** bir mesele için heyecanlanmak veya hiddetlenmek. **It won't work.** Olmaz. Yürümez.

-work sonek ... işi, -den yapılmış.

work.a.ble (wır'kıbıl) s. işletilebilir; işlenebilir; uygulanabilir, pratik, elverişli. **workabil'ity, workableness** i. uygulanabilme.

work.a.day (wırk'ıdey) s. adi, alelade, sıradan, bayağı, günlük.

work.bag (wırk'bäg) i. elişi torbası.

work.bench (wırk'benç) i. tezgâh.

work.book (wırk'bûk) i. alıştırma kitabı, egzersiz kitabı; çalışma kayıt defteri; çalışma rehberi.

work.box (wırk'baks) *i.* dikiş kutusu; alet kutusu.

work.day (wırk'dey) *i.*, *s.* iş günü, adi gün; *s.* adi güne ait.

work.er (wır'kır) *i.* işçi, çalışan kimse; amele; *zool.* işçi sınıfından böcek.

work.fel.low (wırk'felo) *i.* iş arkadaşı, koldaş.

work.folk (wırk'fok) *i.*, *çoğ.* işçiler, ameleler.

work.horse (wırk'hôrs) *i.* beygir; çok çalışan kimse.

work.house (wırk'haus) *i.*, *İng.* darülaceze; *A.B.D.* ıslahevi.

work.ing (wır'king) *s.*, *i.* çalışan; çalışmaya ait, işe ait; işe gelir; çalışır vaziyetteki; mayalanan, köpüren; seyiren; *i.* çalışma; *çoğ.* maden ocağında kazı yapılan yerler. **working capital** döner sermaye; net cari aktif. **working class** işçi sınıfı. **working conditions** çalışma şartları. **working day** iş günü, çalışma günü. **working drawing** mühendislikte çalışmalara kolaylık olmak üzere çizilmiş kısmî bina veya makina planı. **working hours** iş saatleri. **working papers** reşit olmayan kimseye verilen çalışma izni belgeleri. **working substance, working fluid** *mak.* islim gibi makina çalıştıran sıvı. **working surface** çalışma yüzeyi.

work.ing.man (wır'kingmän) *i.* işçi.

work.load (wırk'lod) *i.* adam başına düşen iş.

work.man (wırk'mın) *i.* (*çoğ.* -men) işçi. **workmanlike** *s.* ustaya yakışır; usta elinden çıkmış. **workmanship** *i.* zanaat; usta işi; ustalık. **workmen's compensation** işçi tazminatı; işçi sigortası.

work.out (wırk'aut) *i.*, *k.dili* idman, antrenman; deneme çalışması; kabiliyet testi.

work.peo.ple (wırk'pipıl) *i.*, *çoğ.* işçiler.

work.room (wırk'rum) *i.* çalışma odası.

work.sheet (wırk'şit) *i.* müsvedde, karalama kâğıdı; çalışma programı veya saatlerinin kaydedildiği kâğıt.

work.shop (wırk'şap) *i.* atelye, işlik, çalışma odası; seminer.

work.ta.ble (wırk'teybıl) *i.* çekmeceli çalışma masası.

work.week (wırk'wik) *i.* haftalık çalışma saati.

world (wırld) *i.* dünya, cihan, âlem; evren; kâinat; arz, yer, yeryüzü; insanlar; ömür, hayat; ölümlü dünya; dünya nimetleri; toplum; hayat. **World Court** Milletlerarası Mahkeme. **World Series** *beysbol* şampiyonluk karşılaşmaları. **world soul, world spirit** âlemin ruhu sayılan Cenabı Hak. **world's fair** uluslararası fuar. **world to come** öbür dünya, ahret. **World War** Dünya Savaşı, Cihan Harbi. **world without end** ebediyen, sonsuzluğa dek. **a man of the world** hayat adamı, görmüş geçirmiş adam, pişkin adam. **a world of** pek çok, dünya kadar. **as the world goes** dünyanın gidişine göre. **be on top of the world** *k.dili* mutlu olmak, sevinçten uçmak. **bring into the world** doğurmak, dünyaya getirmek. **for all the world** bütün dünyayı verecek olsalar; her ne pahasına olursa olsun; tıpatıp; tamamen. **He is not long for this world.** Fazla yaşamaz. **in the world** yahu, Allah aşkına; dünyada. **I would give the world to know...** öğrenmek için her şeyi feda ederdim. **out of this world** *k.dili* harikulade, fevkalade, şahane. **the New World** Yeni Dünya, Amerika. **the Old World** Eski Dünya; *A.B.D.* Avrupa. **the way of the world** dünya hali, dünyanın gidişi. **the world of letters** edebiyat dünyası. **the world and his wife** herkes, bütün dünya. **What in the world is he doing?** Ne yapıyor Allah aşkına?

world.ling (wırld'ling) *i.* dünyaperest kimse.

world.ly (wırld'li) *s.* dünyevi, cismani. **worldly-minded** *s.* dünyaperest, cismanî, maddeci, özdekçi. **worldly-wise** *s.* pişkin. **worldliness** *i.* dünyaperestlik, dünyevilik, maddecilik.

world-shak.ing (wırld'şeyking) *s.* çok mühim, bütün dünyayı sarsan.

world-wea.ry (wırld'wiri) *s.* dünyadan bezmiş.

world-wide (wırld'wayd) *s.* cihanşümul, evrensel, dünyaya yaygın.

worm (wırm) *i.* kurt, solucan, askarit; aşağılık kimse, pısırık kimse; *anat.* apandis; vidanın helezonî kısmı; helezon dişlisi, sarmal sonsuz vida; helezonî boru; *çoğ.* bağırsak solucanı hastalığı. **worm eel** mırmır balığı, *zool.* Echelus myrus. **worm fence** yılankavî çit. **worm gear** sonsuz vida dişlisi. **worm wheel** sonsuz vida çarkı. **The worm will turn.** Fazla üstüne varılınca en pısırık kimse bile ifrit kesilir.

worm (wırm) *f.* kurt düşürmek; *den.* halatın üzerine sicim sarmak; köpeğin dili altındaki siniri kesmek. **worm in** *veya* **into** kurnazlıkla girmek, sokulmak. **worm it out of one** karşısındakinin ağzından ustalıkla laf almak. **worm one's way through the crowd** kalabalık arasından kendine yol açarak geçmek.

worm-eat.en (wırm'itın) *s.* kurt yemiş; eskimiş; modası geçmiş.

worm.hole (wırm'hol) *i.* solucan deliği, kurt deliği.

worm.seed (wırm'sid) *i.* kazayağı, *bot.* Chenopodium ambrosioides.

worm.wood (wırm'wûd) *i.* pelin, *bot.* Artemisia; acı veren şey.

worm.y (wır'mi) *s.* kurtlanmış, kurtlu; zelil, alçak. **worminess** *i.* kurtluluk.

worn (wôrn) *bak.* **wear;** *s.* yıpranmış, zedelenmiş, aşınmış; çok giyilmiş; bitkin.

worn.out (wôrn'aut) *s.* yıpranmış, aşınmış, eskimiş; işi bitmiş, kullanılmaz hale gelmiş; bitkin.

wor.ry (wır'i) *f., i.* üzülmek, sıkılmak, endişe etmek, merak etmek, zihninde kurmak, tasalanmak, kaygılanmak; eziyet etmek, rahatsız etmek, üzmek, canını sıkmak; ısırıp sarsmak (köpek); *i.* üzüntü, endişe, merak, tasa, kaygı; ıstırap; can sıkıntısı. **worry along** engellere rağmen bir yolunu bulup ilerlemek. **worry beads** tespih. **worriment** *i., k.dili* üzüntü, endişe; can sıkıntısı. **worrying, worrisome** *s.* üzücü, endişelendirici; can sıkıcı.

worse (wırs) *s., z., i.* daha fena, daha kötü, beter; daha hasta; *z.* daha fena bir şekilde; *i.* daha fena şey, beteri; kötü durum. **He got worse.** Hastalığı ağırlaştı. **It got worse and worse.** Gittikçe daha kötü bir hal aldı. **It will be the worse for him.** Kendisi için kötü olacak. Kendi bilir.

wors.en (wır'sın) *f.* kötüleştirmek; kötüleşmek, fenalaşmak.

wor.ship (wır'şip) *i., f.* (**-ed, -ing,** *veya* **-ped, -ping**) ibadet, tapınma, perestiş; aşırı sevgi veya hürmet, tapma; *f.* tapınmak, ibadet etmek, perestiş etmek; aşırı derecede sevmek veya hürmet etmek, tapmak. **your worship** zatıaliniz. **worshiper** *i.* ibadet eden kimse, tapan kimse.

wor.ship.ful (wır'şipfıl) *s.* huşu uyandıran; *İng.* saygıdeğer, muhterem. **worshipfully** *z.* tapınırcasına. **worshipfulness** *i.* hürmet, saygı, ihtiram.

worst (wırst) *s., z., i., f.* en fenası, en kötüsü; *z.* en fena surette, en kötü şekilde; *i.* en kötü şey, en fena durum; *f.* yenmek, mağlup etmek, üstün gelmek. **in the worst way** *argo* pek çok, fena halde, adamakıllı. **at worst** en kötü ihtimale göre. **if worst comes to worst** durum en kötü şekle girerse. **get the worst of it** yenilmek, mağlup olmak.

wor.sted (wûs'tid, wır'stid) *i.* bükme yün, yün ipliği; bükme yünden dokunmuş kumaş.

wort (wırt) *i.* bitki, nebat, sebze, ot; bira imalinde kullanılan arpa mayası.

worth (wırth) *i., edat* değer, kıymet; servet; bedel, -lik; *edat* değerinde; lâyık, değer; sahibi, -lik. **three liras' worth of candy** üç liralık şeker. **It's worth a thousand dollars.** Bin dolar değerindedir. **It's worth seeing.** Görmeye değer. **for all it is worth** son haddine kadar. **for all one is worth** olanca gücüyle. **for what it's worth** ne olursa olsun. **It's not worth a cent.** Beş para etmez.

worth.less (wırth'lis) *s.* değersiz, işe yaramaz, *colloq.* ciğeri beş para etmez. **worthlessly** *z.* değersizce. **worthlessness** *i.* değersizlik.

worth.while (wırth'hwayl') *s.* değerli, faydalı, dişe dokunur, zahmetine değer.

wor.thy (wır'dhi) *s., i.* değerli; lâyık, reva, müstahak; değimli, uygun, yaraşıklı, yakışır, yaraşır; saygıdeğer; *i.* değerli kimse; *çoğ.* kodamanlar. **worthily** *z.* yakışacak şekilde, uygunca. **worthiness** *i.* değerlilik, liyakat.

wot (wat) *f., bak.* **wit.**

would (wûd) *f., bak.* **will;** *eski* arzulamak, istemek; *yardımcı fiil:* a) *istek:* **He would like to go.** Gitmek istiyor. b) *şart:* **He would help if he were here.** Burada olsaydı yardım ederdi. c) *gelecek zaman:* **He kept looking for the medicine that would cure him.** Kendisini iyi edecek ilâcı arayıp durdu. d) *kararlılık:* **He would not go.** Gitmemekte kararlıydı. e) *olasılık:* **Letting him come would cause serious trouble.** Gelmesine izin vermek önemli olaylara sebep olurdu. f) *tercih:* **We would rather you saved your money.** Paranı sarfetmemeni tavsiye ederiz. g) *dilek:* **What would you like**

me to do? Ne yapmamı arzu edersiniz?
h) *alışkanlık:* **We would swim every day
that summer.** O yaz her gün yüzerdik.

would-be (wûd'bi) *s.* sözde.

wound (waund) *f., bak.* **wind.**

wound (wund) *i., f.* yara, bere, gönül yarası;
f. yaralamak, yara yapmak; incitmek, kalbini
kırmak. **the wounded** yaralılar.

wove, wo.ven (wov, wo'vın) *bak.* **weave.**

wow (wau) *ünlem, i., f., k.dili* Oh! Hayret! *i.,
argo* hayret uyandıran kimse veya şey, çok
makbul şey; *f., argo* şaşırtmak, hayrete dü-
şürmek, hayran etmek.

wrack (räk) *i., f.* enkaz, gemi enkazı; dalgaların
sahile attığı yosunlar; *f.* yıkılmak, enkaz haline
gelmek; yıkmak, enkaz haline getirmek. **go
to wrack and ruin** bakımsızlık ve ihmalden
harap olmak.

wraith (reyth) *i.* rüyada veya hayalde görülünce
sahibinin ölümüne işaret olduğu farzedilen
hayalet, tayf.

wran.gle (räng'gıl) *f., i.* kavga etmek, çekişmek;
münakaşa etmek, ağız dalaşı yapmak; *A.B.D.*
sığırtmaçlık yapmak, hayvanları bir araya top-
lamak; *i.* kavga, çekişme; münakaşa. **wran-
gler** *i.* kavgacı, münazaacı; sığırtmaç.

wrap (räp) *f.* **(wrapped** *veya* **wrapt, wrap-
ping)** sarmak, sarmalamak; bürümek; bük-
mek, katlamak; paket yapmak. **wrap up**
sarmak, paket yapmak; sarmalamak; sarıp
saklamak; *argo* bitirmek. **Well, that about
wraps it up.** Eh, işimiz bitti artık. **wrapped
up in** -e sarılmış, -e bürünmüş; -e kendini
vermiş, -e dalmış, -e kendini kaptırmış, -e
dört kolla sarılmış.

wrap (räp) *i.* giysi; palto; atkı; sargı; *çoğ.* dış
giysiler. **keep it under wraps** gizli tutmak.

wrap.a.round (räp'ıraund) *s.* önden açık (giysi);
saran; kapsayan.

wrap.per *i.* paket sargısı; kitap kabı, kitap
ceketi; sabahlık; saran şey veya kimse; puro-
nun en üst yaprağı.

wrap.ping (räp'îng) *i.* paket kâğıdı; ambalaj
ipi; sargı; kapak.

wrap-up (räp'Ap) *i., k.dili* radyoda haberlerin
son özeti.

wrasse (räs) *i.* lapina, *zool.* Labridae. **ballan
wrasse** kikla, *zool.* Labrus bergylta. **striped
wrasse** ördekbalığı, *zool.* Labrus mixtus.

wrath (räth, rath, rôth) *i.* öfke, gazap, hiddet.

wrath.ful (räth'fıl) *s.* öfkeli, hiddetli, gazaba
gelmiş, küplere binmiş. **wrathfully** *z.* öf-
keyle, hiddetle.

wrath.y (räth'i) *s., k.dili* öfkeli, hiddetli.

wreak (rik) *f.* yapmak. **wreak vengeance**
hınç çıkarmak, öç almak. **wreak damage**
hasar yapmak.

wreath (rith) *i.* çelenk.

wreathe (ridh) *f.* çelenk yapmak; kaplamak;
çelenk gibi olmak, çelenk halini almak.
wreathed in smiles tebessümle kaplı.

wreck (rek) *i., f.* harabe, virane; harap olmuş
kimse; kazazede gemi, gemi enkazı; dalga-
ların kıyıya attığı enkaz ve mallar; geminin
kazaya uğraması; harabiyet, haraplık; *f.* ge-
miyi karaya oturtmak veya kazaya uğratmak;
harap etmek; enkaz haline getirmek; kazaya
uğramak, kazazede olmak; yıkmak. **wrecking
crew** enkaz temizleme ekibi; kurtarma ekibi.

wreck.age (rek'îc) *i.* enkaz, yıkıntı.

wreck.er (rek'ır) *i.* harap eden kimse, harabi-
yete sebep olan şey; *oto.* kurtarıcı, tamir
arabası; vinçli pikap; enkaz temizleyen kimse
veya araç; yıkıcı, enkaz çıkarıcı, enkaz ame-
lesi; enkaz toplama gemisi.

wren (ren) *i.* çitkuşu, çalıkuşu, *zool.* Trog-
lodytes troglodytes.

wrench (renç) *i., f.* vida somunu anahtarı;
İngiliz anahtarı; burkutma, burkutuş, bur-
kulma, bükülme, burma, bükme; ayrılış acısı;
f. zorla çevirip burmak; burkutarak koparmak;
burkutmak; kasten ters anlam vermek. **He
wrenched his ankle.** Ayağını burktu.

Wrens (renz) *i., çoğ., İng., k.dili* bahriye'nin
hanım yardımcılar teşkilâtı.

wrest (rest) *f., i.* zorla çevirerek söküp almak;
kasten ters mana vermek; aslından uzak bir
anlam vermek; zorla elde etmek; *i.* çevirerek
söküp alma; piyano veya harp gibi çalgıları
akort etme anahtarı. **wrest pin** akort ayar
mandalı.

wres.tle (res'ıl) *f., i.* güreşmek, güreş etmek;
uğraşmak, çabalamak; dağlamak için hayvanı
yere yatırmak; *i.* güreş, mücadele. **wrestler**
i. pehlivan; hayvanlara dağ vuran kimse.
wrestling *i.* güreşme, güreş.

wretch (reç) *i.* sefil kimse, biçare kimse, zavallı
kimse; alçak adam, habis kimse.

wretch.ed (reç'îd) *s.* kötü haldeki, perişan,
sefil; bitkin, üzgün, bezgin; kötülük getiren,

sefalet getiren, acıklı; menfur, kötü; alçakça, adice. **wretchedly** z. pejmürde olarak, perişan halde, sefil halde; kötü. **wretchedness** i. perişanlık, sefalet; bezginlik.

wrig.gle (rig'ıl) f., i. kıvranmak, sallanmak; solucan gibi kıvrılmak; sıyrılıp çıkmak; hissettirmeden iş becermek; i. bir yandan bir yana sallanma, yalpalama, çalkanma.

wrig.gler (rig'lır) i. kıvranan kimse veya şey; sivrisinek sürfesi.

wright (rayt) i. işçi, sanatçı, yapıcı.

wring (ring) f. (**wrung**) i. burup sıkmak; burmak, bükmek; ellerini oğuşturmak; zorla söküp çıkarmak veya almak; çarpıtmak; çok üzmek, incitmek, canını acıtmak; zora getirmek, sıkıştırmak; i. buruş, sıkma.

wring.er (ring'ır) i. büken kimse veya şey; çamaşır mengenesi.

wring.ing-wet (ring'ing.wet') s. sırılsıklam, çok yaş.

wrin.kle (ring'kıl) i., f. buruşuk, cilt kırışığı; k.dili metot, teknik; f. buruşturmak; buruşmak, kırışmak. **new wrinkle** yeni uygulanan yöntem. **wrinkly** s. buruşuk, kırışık.

wrist (rist) i. bilek; mak. krank pini. **wrist bone** bilek kemiği. **wrist joint** bilek. **wrist watch** kol saati.

wrist.band (rist'bänd) i. kol ağzı, yen (gömlekte).

wrist.let (rist'lit) i. kumaş bilezik, eğreti yen; argo kelepçe.

wrist.lock (rist'lak) i. güreşte kolun bilekten bükülerek tesirsiz hale getirildiği hareket.

writ (rit) i., huk. irade, ferman, ilâm; davetiye; yazı. **Holy Writ** Kitabı Mukaddes. **judicial writ** mahkeme emri.

write (rayt) f., i. (**wrote, writ.ten** eski **writ**) yazı yazmak; telif etmek, kaleme almak; ifade etmek; kaydetmek; kayda geçmek; kâtiplik etmek. **write down** yazmak, kaydetmek, yazı ile yermek. **nothing to write home about** bahsetmeye değmez. **write in** bir metne ilâve yapmak; oy pusulasına bir adayın adını yazmak. **write-in vote** adayların isimlerini yazarak kullanılan oy toplamı. **write off** hesabı kapatmak; kıymetini sıfıra indirmek; kolayca yazmak; zarara geçmek. **write one's own ticket** isteğine göre yolunu çizmek. **write out** yazıya dökmek; tam yazmak. **write up** hikâyesini yazmak; hesabı

şimdiki tarihe kadar kaydetmek; değerini yüksek göstermek. **writ large** iri harflerle yazılmış; açıkça belirtilmiş, apaçık. **written law** kayda geçmiş kanun, müseccel kanun.

write-off (rayt'ôf) i. zarar olarak kabul edilen miktar; iptal etme, çıkarma.

writ.er (ray'tır) i. yazar, müellif, muharrir, hattat. **writer's cramp** çok yazı yazmaktan ileri gelen el veya kol tutulması, kramp.

write-up (rayt'ʌp) i., k.dili makale; bir müessese hakkında yazılan övücü yazı; A.B.D. bir firmanın mal ve mülkünü kanunsuz olarak olduğundan yüksek gösterme.

writhe (raydh) f., i. kıvırmak; kıvranmak, kıvrandırmak; debelenmek; i. kıvrılma; kıvranma.

writ.ing (ray'ting) i. yazı, el yazısı; yazı yazma, yazılma; yazarlık; yazılı kâğıt veya kitap; telif; tahrir; gen. çoğ. eser, kitap; kitabe. **the writing on the wall** tehlike belirtisi; başarısızlık işareti. **writing pad** bloknot; sumen. **writing paper** yazı kâğıdı.

writ.ten (rit'ın) bak. **write**.

wrong (rông) s., z., i., f. yanlış; haksız; ters; uygunsuz; usule uygun olmayan; bozuk; makbul olmayan; istenilmeyen; ahlâksız; z. yanlış şekilde, yanlış olarak, fena surette; i. günah; hata, kusur; yalan; haksızlık, gadir, zulüm; zarar; sapıklık, yanlış yol; f. hakkını yemek veya iptal etmek; zarar vermek, gadretmek, zulmetmek, haksızlık etmek; yanlış şekilde göstermek; lekelemek. **wrong font** matb. yanlış takımdan harf. **wrong side out** tersi yüzüne dönmüş. **go wrong** yanılmak, sapmak. **say the wrong thing** pot kırmak. **I don't see anything wrong with it.** Onda hiç bir acayiplik görmüyorum. Bunda hiç bir sakınca görmüyorum. **What's wrong with him?** Nesi var? **The party started on the wrong foot.** Toplantı aksiliklerle başladı. **He is on the wrong side of sixty.** Altmışını geçkindir. **The water went down the wrong way.** Su genzine kaçtı. **Don't get me wrong.** Beni yanlış anlama. **There's something wrong with him.** Onda bir acayiplik var. **He was born on the wrong side of the blanket.** O piç olarak doğdu. **wrong'ly** z. yanlış bir şekilde.

wrong.do.er (rông'duwır) i. haksızlık yapan kimse, zalim veya günahkâr kimse.

wrong.ful (rông'fıl) *s.* haksız, insafsız. **wrong-fully** *z.* haksız bir şekilde. **wrongfulness** *i.* haksızlık.

wrong-head.ed (rông'hedîd) *s.* ters, inatçı.

wrote (rot) *bak.* **write.**

wroth (rôth) *s., eski* öfkeli, hiddetli.

wrought (rôt) *f., s., eski, bak.* **work**; *s.* iş-lenmiş; çekiçle dövülüp şeklini bulmuş; ince-likle işlenmiş. **wrought iron** dövme demir. **wrought up** heyecanlı, sinirli, gergin.

wrung (rʌng) *bak.* **wring.**

wry (ray) *s.* (**wri.er** *veya* **wry.er, wri.est** *veya* **wry.est**) eğri, çarpık; sapık; yanlış, hatalı; acı, iğneleyici, istihza belirten. **wry face** eğri surat, ekşi yüz. **wry necked** eğri bo-yunlu; boyun tutukluğu olan. **wry'ness** *i.* yüz ekşiliği.

wry.neck (ray'nek) *i., tıb.* boyun tutukluğu; dönerboyun, *zool.* Jynx torquilla.

WSW *kıs.* west-southwest.

wt. *kıs.* weight.

wuth.er.ing (wʌdh'ıring) *s., İskoç.* uğuldayan, uğultulu.

WV *kıs.* West Virginia.

WY *kıs.* Wyoming.

Wy.an.dotte (way'ındat) *i.* Amerika'da bulunan bir cins tavuk.

wych-elm (wiç'elm) *i.* dağ karaağacı, *bot.* Ulmus glabra.

wye (way) *i.* Y harfi, Y şeklindeki şey; *d.y.* makas.

wy.vern (way'vırn) *bak.* **wivern.**

X

X, x (eks) *i.* İngiliz alfabesinin yirmi dördüncü harfi (ks, gz, z seslerini verir); Romen sis-temine göre 10 rakamı; cebirde bilinmeyen (x) işareti; absis; kesin olmayan sonuç; X şeklindeki şey; yazı yazmasını bilmeyenin imzası; öpücük işareti; yanlış işareti. **King's X! Pes! Benden paso!**

X *kıs.* Christ, Christian.

xan.thin (zän'thin) *i., biyokim.* çiçeklerde bu-lunan sarı renk maddesi.

xan.thine (zän'thin) *i., biyokim.* buharlaşınca sarı leke bırakan nitrojenli beyaz bir karışım.

Xan.thip.pe (zäntip'i) *i.* Sokrat'ın karısının ismi; hırçın ve şirret kadın.

xan.thi.um (zän'thiyım) *i.* pıtrak, *bot.* Xanthium.

xantho- *önek* sarı.

xan.tho.chroid (zän'thıkroyd) *s., i., antro.* sa-rışın; *i.* sarışın kimse.

xan.tho.ma (zäntho'mı) *i., tıb.* deride sarı le-keler hâsıl eden hastalık.

xan.tho.phyll (zän'thıfîl) *i., biyokim.* bitkilerde bulunan sarı renk maddesi.

xan.thous (zän'thıs) *s.* sarı; sarı ırka ait.

xe.bec (zi'bek) *i.* Akdeniz'e mahsus üç direkli yelkenli.

xe.ni.a (zi'niyı) *i., bot.* tohumda erkek bitki poleninden gelen dominant vasıfların görün-mesi.

xeno- *önek* yabancı.

xe.nog.a.my (zinag'ımi) *i., biyol.* ayrı cinslerden olan organizmaları çiftleştirme. **xenogamous** *s.* ayrı cinslerden olan organizmaların çiftleş-tirilmesinden meydana gelmiş.

xen.o.gen.e.sis (zenıcen'ısîs) *i., biyol.* cansız-dan doğma; neslinden tamamen farklı olduğu düşünülen üreme.

xe.non (zi'nan) *i., kim.* ksenon.

xen.o.pho.bi.a (zenıfo'biyı) *i.* yabancı düşman-lığı veya korkusu.

xero- *önek* kuru.

xe.ro.der.ma (zirodır'mı) *i., tıb.* deriyi kurutup kabuklaştıran bir hastalık.

xe.rog.ra.phy (zirag'rıfi) *i.* elektrostatik usulle kopya etme.

xe.roph.i.lous (zirâf'ılıs) *s., biyol.* kurak yerlerde yaşayan.

xe.ro.sis (ziro'sîs) *i., tıb.* olağanüstü kuruluk (deri, göz).

Xer.ox (zir'aks) *i., f., tic. mark.* elektrostatik usulle kopya çıkaran makina; bu makina ile çıkarılan kopya; *f.* bu makina ile kopya çıkarmak.

xi (zay, say, ksi) *i.* Yunan alfabesinin on dördüncü harfi, x harfi.

xiph.i.ster.num (zifıstır'nım) *i.* (*çoğ.* **-na**) *anat.* göğüs kemiğinin arka kısmı.

xiph.oid (zif'oyd) *s., i.* kılıç şeklindeki, hançersi; *i.* göğüs kemiğinin arka kısmı.

Xmas *kıs.* **Christmas.**

Xn *kıs.* **Christian.**

Xnty., Xty. *kıs.* **Christianity.**

XP *kıs.* **chi, rho** (Yunanca Hristos kelimesinin ilk iki harfi).

X-ray (eks'rey) *i., f.* röntgen ışını, X ışını; röntgen filmi; *f.* röntgen ışınlarıyle muayene veya tedavi etmek.

xy.lem (zay'lım) *i., bot.* odunsu doku.

xylo- *önek* tahta, odun.

xy.lo.graph (zay'lıgräf) *i.* tahta resim kalıbı.

xylography (zaylag'rıfi) *i.* tahta kalıptan resim basma sanatı; tahta üzerinde kalıpla renkli resim yapma sanatı.

xy.loph.a.gous (zaylaf'ıgıs) *s.* tahtayı kemiren.

xy.lo.phone (zay'lıfon) *i., müz.* ksilofon.

xyst, xys.tus (zîst, zîs'tıs) *i.* eski Yunanistan'da bedeneğitimi çalışmalarına mahsus uzun ve üstü kapalı taraça.

xys.ter (zîs'tır) *i.* kemiklerin üstünü kazımaya mahsus cerrah aleti.

Y

Y, y (way) *i.* İngiliz alfabesinin yirmi beşinci harfi; Y şeklinde şey; cebirde bilinmeyen (y) işareti; ordinat; *kim.* itriyumun simgesi.

y. *kıs.* **yard, year, yellow, yen.**

Y. *kıs.* **Young Men's (Women's) Christian Association.**

-y *sonek* olan, -li; gösteren; ufak.

yacht (yat) *i., f.* yat, gezinti gemisi; *f.* yat ile gezintiye çıkmak veya yarış etmek. **yacht club** yat kulübü. **yacht race** yat yarışı. **yacht'ing** *i.* yatçılık, yat kullanma.

yachts.man (yats'mın) *i.* (*çoğ.* **-men**) yat sahibi veya yat kullanan kimse. **yachtsmanship** *i.* yatçılık.

yack.e.ty-yak (yäk'ıtiyäk') *i., f.* (**-ked, -king**) *argo* gevezelik, boş laf; *f.* gevezelik etmek.

yah (ya, ye) *ünlem, k.dili* evet.

ya.hoo (ya'hu) *i.* hayvan gibi insan; insan azmanı.

Yah.weh (ya'we) *i., İbr.* Yehova.

yak (yäk) *i.* Tibet yöresine özgü uzun tüylü sığır, yak, *zool.* Bos grunniens.

yak (yäk) *f.* (**-ked, -king**) *A.B.D., argo* gevezelik etmek, durmadan ve düşünmeden konuşmak; kahkaha ile gülmek, saçma sapan şeylere gülmek.

Yale lock (yeyl) Yale kilidi.

yam (yäm) *i.* Hint yerelması, *bot.* Dioscorea; *İskoç.* patates; *A.B.D.* tatlı patates.

ya.men (ya'mın) *i.* eski Çin'de yüksek memura mahsus daire veya lojman, eski Çin'de hükümet dairesi.

yam.mer (yäm'ır) *f., i., k.dili* şikâyet etmek, ağlamsamak, sızlanmak, dırlanmak; bağırmak, yaygara etmek; *i.* yaygara.

yang (yäng) *i.* Çin felsefesine göre hayatın aslını oluşturan eril eleman.

Yang.tze (yäng'tsi) *i.* Çin'de Yang-Çe nehri.

Ya.ni.na (ya'nina) *i.* Yanya şehri.

yank (yängk) *i., f.* birden ve kuvvetle çekiş; *f.* hızla ve birden çekmek. **yank out** birden zorla çıkartmak.

Yank, Yan.kee (yängk, yäng'ki) *i., s.* Birleşik Amerika'nın özellikle kuzey doğu eyaletleri ahalisinden biri; Kuzey Amerikalılara verilen bir lakap; *s.* Amerika'ya ait, Amerikan.

Ya.oun.de (yawundey') *i.* Yaunde, Kamerun'un başkenti.

yap (yäp) *i., f.* havlama; *argo* ağız; gevezelik; *f.* kesik kesik ve yüksek sesle havlamak; *argo* fazla konuşmak, gevezelik etmek.

Yar.bor.ough (yar'bıro) *i., briç* dokuzludan yüksek kâğıt olmayan el.

yard (yard) *i.* yarda, 0,9144 metrelik İngiliz ölçüsü, *kıs.* **yd., y. yard goods** yarda ile satılan kumaş. **yard measure** bir yardalık ölçü. **cubic yard** yarda küp, 0,7645 m³. **square yard** yarda kare, 0,8361 m². **the hundred-yard dash** yüz yardalık yarış.

yard (yard) *i., den,* seren. **royal yard** kuntra babafingo sereni. **topsail yard** gabya yelkeninin sereni.   \

yard (yard) *i., f.* avlu; odun deposu gibi üstü açık iş yeri; istasyon çevresinde tren manevra yeri; kışın ormanda geyiklerin toplandığı yer; *f.* avluya koymak; ağıla gütmek.

yard.age (yar'dîc) *i.* yarda ölçüsüyle uzunluk; davarın demiryolu istasyonunda bekletilme ücreti.

yard.arm (yard'arm) *i., den.* serenin ucu, seren cundası.

yard.bird (yard'bırd) *i., ask., argo* acemi nefer; temizlik işine tayin edilmiş asker; cezalı olarak izinsiz asker.

yard.man (yard'mın) *i., den.* serenlerde çalışan tayfa; *d.y.* manevra sahasında çalışan işçi.

yard.mas.ter (yard'mästır) *i., d.y.* manevra sahası müdürü.

yard.stick (yard'stik) *i.* bir yardalık ölçü çubuğu; mukayese standardı, kıstas, denektaşı.

yare (yer) *s., eski* çabuk, tez; tetik; iyi idare edilir (dümen).

yar.mul.ke (ya'mılkı) *i.* havralarda giyilen bere, bir nevi takke.

yarn (yarn) *i., f.* pamuk veya yün ipliği, bükülmüş iplik; *k.dili* hikâye, masal, bilhassa gemici masalı; *f., k.dili·* masal anlatmak.

yarn-dyed (yarn'dayd) *s.* boyanmış yün ipliğinden dokunmuş.

yar.row (yer'o) *i.* civanperçemi, *bot.* Achillea millefolium.

yash.mak (yaşmak') *i.* yaşmak.

yat.a.gan, yat.a.ghan (yät'ıgän) *i.* yatağan, saldırma.

yaw (yô) *f., i.* (gemi) sağa sola sapmak, yalpa vurmak, rotadan çıkmak, lase yapmak; dümeni kötü kullanıp gemiyi sağa sola saptırmak; *i.* rotadan çıkış; sapma açısı.

yawl (yôl) *i., den.* küçük gemi filikası, **dört** veya altı kürekli filika; yole, başı kıçı bir olan yelkenli; fazla olarak kıçtaki küçük direkte yelkeni olan gemi.

yawn (yôn) *f., i.* esnemek; açık ve dipsiz gibi görünmek (uçurum); esneyerek söylemek; *i.* esneyiş, esneme. **yawn'ing gulf** derin ve dibi görünmez uçurum. **yawn'ingly** *z.* esneyerek.

yawp (yôp) *f., i.* havlamak; *k.dili* esnemek; *İng., k.dili* yaygara etmek; *i.* havlama; yaygara; *İskoç.* kuş çığlığı.

yaws (yôs) *i., tıb.* verem dutu.

yay (yey) *s., z., A.B.D., leh.* bu kadar.

y-clept, y-cleped (îklept') *bak.* **clepe;** *s., eski* adlı, isminde, denilen.

yd. *kıs.* **yard.**

ye (yi) *zam., eski* siz, sizler.

ye (dhi) *bak.* **the.**

yea (yey) *z., eski, i.* evet; bundan başka, ayrıca, ilâveten; *i.* olumlu cevap veya oy; olumlu oy veren kimse.

yeah (ye, ye'ı) *z., k.dili* evet.

yean (yin) *f.* kuzulamak; oğlak doğurmak. **yean'ling** *i.* kuzu; oğlak.

year (yir) *i.* sene, yıl; bir gezegenin güneş etrafında döndüğü müddet; *çoğ.* yaş, ihtiyarlık; *çoğ.* zaman. **year after year** her sene. **a year and a day** *huk.* bir sene bir gün. **year by year** seneden seneye. **year in year out** seneden seneye; daima, her zaman. **year of grace** miladî sene. **year of the Hegira** hicrî sene. **astronomical year, solar year** güneş yılı, dünyanın güneş etrafında döndüğü müddet (365 gün, 5 saat, 48 dakika, 45,5 saniye). **calendar year, civil year** 1 ocakta başlayan resmî sene. **fiscal year** malî sene. **leap year** artıkyıl. **light year** ışık yılı. **lunar year** kamer yılı. **school year** öğretim yılı, ders yılı. **sabattical year** *bak.* **sabattical.**

year.book (yir'bûk) *i.* yıllık, salname.

year.ling (yir'ling) *s., i.* bir yaşındaki, bir yıllık; *i.* bir yaşında hayvan yavrusu.

year.long (yir'lông') *s.* sene boyunca devam eden.

year.ly (yir'li) *s., z.* yılda bir olan, senelik, yıllık; bir yıl süren; *z.* yılda bir.

yearn (yırn) *f.* hislenmek; müteessir olmak; sempati duymak, sevgi beslemek. **yearn for** arzulamak, çok istemek, özlemek.

yearn.ing (yır'nîng) *i.* arzu, hasret, özlem. **yearningly** *z.* özlem çekerek.

year-round (yir'raund') *s.* bütün yıl boyunca.

yeast (yist) *i.* maya, bira mayası; coşkunluk, heyecan; köpük. **yeast cake** kuru maya somunu. **yeast'y** *s.* mayalı, mayaya benzer; köpüklü; ehemmiyetsiz, boş, manasız.

yegg (yeg) *i.*, *argo* hırsız, kasa hırsızı.

yell (yel) *f.*, *i.* acı acı bağırmak, feryat etmek, haykırmak, çığlık atmak; tempo ile bağırarak taraf tutmak; *i.* bağırma, haykırış, çığlık, feryat; tempo ile alkış ve bağırış.

yel.low (yel'o) *s.*, *i.*, *f.* sarı, sarı renkli; rengi sararmış; *k.dili* korkak, alçak, namussuz; heyecan yaratan (gazete); kıskanç; *i.* sarı renk, sarı boya; yumurta sarısı; *çoğ.*, *tıb.* sarılık; *çoğ.*, *eski* kıskançlık, haset; *f.* sarartmak, sararmak. **yellow atrophy** *tıb.* karaciğeri sarartan tehlikeli bir hastalık. **yellow dog** it, aşağılık kimse. **yellow-dog contract** kontrat süresince sendika ile ilişkisi olmayacağına söz verme. **yellow fever** sarı humma. **yellow jack** karantina alâmeti olan sarı bayrak; *tıb.* sarı humma. **yellow jacket** yaban arısı. **yellow journalism** aşağı cinsten gazetecilik, yaygaracı gazetecilik. **yellow metal** %60'ı bakır ve %40'ı çinko olan bir çeşit pirinç; altın. **yellow peril** sarı ırkın dünyayı istilâ edeceği farz olunan tehlike. **yellow pine** kısa yapraklı çam ağacı. **yellow poplar** Amerikan lâleağacı, *bot.* Liriodendron tulipifera. **yellow race** sarı ırk, Mongoloit ırkı. **Yellow River** Hoang-Ho nehri. **yellow streak** korkaklık eğilimi. **yellow wagtail** sarı kuyruksallayan, *zool.* Motacilla flava. **yellowish** *s.* sarıca, sarımtırak, sarımsı. **yellowness** *i.* sarılık.

yel.low-bel.lied (yel'obelid) *s.*, *argo* ödlek, korkak; sarı göğüslü (kuş).

yel.low.bird (yel'obırd) *i.* bir çeşit sarı kuş.

yel.low.ham.mer (yel'ohämır) *i.* sarıcık, *zool.* Oriolus; sarı kiraz kuşu, *zool.* Emberiza citrinella.

yelp (yelp) *f.*, *i.* kesik kesik ve acı acı havlamak; *i.* kesik kesik havlayış.

Yem.en (yem'ın) *i.* Yemen.

yen (yen) *i.* (*çoğ.* **yen**) yen, Japon parası.

yen (yen) *i.*, *f.*, *k.dili* derin arzu, hasret, özlem, sevda, iştiyak; *f.* hasret çekmek.

Ye.ni.sei (yînyîsey') *i.* Yenisey nehri.

yeo.man (yo'mın) *i.* (*çoğ.* **yeo.men**) *s.* savaş gemisinde kâtiplik eden küçük rütbeli subay; *eski* köy ağası, toprak sahibi; küçük çiftçi; *s.* bahriye subayı ile ilgili; sadakat ve büyük gayret gösteren. **yeoman service** sadakatli hizmet. **yeomanly** *s.* sadakatle yapılan büyük hizmete ait; cesur.

yeo.man.ry (yo'mınri) *i.* köy ağaları, küçük toprak sahipleri; *İng.*, *eski* çiftçilerden meydana gelen gönüllü süvari alayı.

yer.ba (yer'bı) *i.* Paraguay çayı.

yes (yes) *z.*, *i.* (*çoğ.* **-es**, **-ses**) evet, hay hay; hatta, bile; *i.* olumlu cevap, evet cevabı veya sözü. **yes man** *k.dili* kavuk sallayan kimse, evet efendimci.

ye.shi.va (yışi'vı) *i.* Musevî din okulu.

yester- *önek* dünkü, geçen.

yes.ter.day (yes'tırdi, -dey) *i.*, *z.* dün.

yes.ter.eve.ning (yes'tırivnîng) *i.* dün akşam.

yes.ter.morn.ing (yes'tırmôrning) *i.* dün sabah.

yes.ter.night (yes'tırnayt) *i.*, *eski* dün gece.

yes.ter.week (yes'tırwik) *i.* geçen hafta.

yes.ter.year (yes'tıryîr) *i.* geçen sene; eski zaman.

yet (yet) *z.*, *bağlaç* henüz, daha, şimdiye kadar; hâlâ; bir kat daha; yine, nihayet; bile; *bağlaç* amma, ancak, lâkin; ve yine; gerçi; ise de, bununla beraber. **as yet** şimdiye kadar. **just yet** hemen, derhal. **not as yet** henüz değil.

ye.ti (ye'ti) *i.* Tibet'te yaşadığı farz olunan korkunç kar adamı.

yew (yu) *i.* porsukağacı, *bot.* Taxus bacata.

Yez.i.di (yez'idi) *i.* Yezidî.

Yid.dish (yîd'îş) *i.*, *s.* İbranîce ile karışık bir Alman lehçesi, Eskenazi dili; *s.* Eskenazi diline ait.

yield (yild) *f.*, *i.* vermek, ödemek; hâsıl etmek, mahsul vermek; teslim etmek; kabul etmek; teslim olmak; hürmeten kabul etmek; dayanamayıp baş eğmek; bel vermek, çökmek; yol vermek; *i.* ürün, mahsul, rekolte, mahsul miktarı, hasılât; *ask.* atom bombasının kiloton ile belirtilen patlama kuvveti.

yin (yîn) *i.* Çin felsefesine göre hayatın aslını oluşturan dişil eleman.

yip (yîp) *f.*, *i.* havlamak; *i.* havlama.

yip (yîp), **yip.pie** (yîp'i) *i.*, *k.dili* solcu hippi.

yipe (yayp) *ünlem* Ay! Of!

Y.M.C.A. *kıs.* **Young Men's Christian Association.**

Y.M.H.A. *kıs.* **Young Men's Hebrew Association.**

yo.del, yo.dle (yo'dıl) *f., i.* Tirol ve İsviçre dağlıları tarzında pesten tize ve tizden pese anî atlayışlarla geçerek türkü çağırmak; *i.* böyle çağrılan türkü.

yo.ga (yo'gı) *i.* Yoga.

yogh (yokh) *i.* orta İngilizcede y, w, v, gh seslerini belirtmek için kullanılan harf.

yo.gi (yo'gi) *i.* Yoga felsefesine kendini vermiş kimse, yogi.

yo.gurt (yo'gûrt, yo'ğurt) *i.* yoğurt.

yoicks (yoyks) *ünlem* Haydi! (eskiden İngiltere'de tilki avında köpekleri ileri sürmek için kullanılırdı).

yoke (yok) *i., f.* boyunduruk; sakaların omuz sırığı; bağ, esaret; yeke; çatal; nikâh rabıtası gibi bağ; hizmet, kulluk; boyunduruğa koşulmuş çift hayvan; *f.* boyunduruğa koşmak; boyunduruk vurmak; evlendirmek; bağlamak, esir etmek; bağlanmak, birlikte çalışmak. **yoke of oxen** bir çift öküz. **yoke of a rudder** dümenin boyunduruk yekesi. **throw off the yoke** kölelikten kurtulmak. **under the yoke** boyunduruk altında, esarette.

yoke.fel.low, yoke.mate (yok'felo, yok'meyt) *i.* koldaş, iş veya hayat arkadaşı.

yo.kel (yo'kıl) *i.* köylü, çiftçi yamağı; hödük.

yolk (yok, yolk) *i.* yumurta sarısı; yapağı yağı. **yolk'y** *s.* yumurta sarısı gibi; yapağı yağına ait.

Yom Kip.pur (yam kîp'ır, yom kîpûr') Musevîlikte Kefaret Günü.

yon (yan) *s., z., şiir* ötedeki, oradaki; *z.* ötede, orada.

yon.der (yan'dır) *s., z.* ötedeki; *z.* orada, ötede.

yoo-hoo (yu'hu) *ünlem* Hey, buraya bak!

yore (yôr) *i.* geçmiş zamanlar. **of yore** eski zamanlarda olan. **in days of yore** vaktiyle, eskiden, bir varmış bir yokmuş.

York.shire pudding (yôrk'şîr) rosto ile beraber pişen bir çeşit hamur işi.

you (yu) *zam.* siz, sizler, sen; sizi, seni; size, sana. **What's it to you?** Sana ne? **The meeting discussed the uses of trinitrotoluene — TNT to you.** Toplantı trinitrotolüenin yani sizin anlayacağınız dinamitin kullanılışını tartıştı. **I'm not John,**

to you I'm Mr. Smith. Bana John değil, Mr. Smith deyin.

you-all (yu'wôl, yôl) *zam., A.B.D., leh.* siz, sizler, hepiniz.

you'd *kıs.* **you had, you would.**

you'll *kıs.* **you will.**

young (yʌng) *s., i.* genç, küçük; yeni, taze; körpe; çocuk olan, yavru; *i.* yavru, yavrular. **young blood** gençlik. **Young Turks** *tar.* Jön Türkler. **with young** gebe. **young'ish** *s.* genççe.

young.ling (yʌng'lîng) *s., i.* genç; *i.* genç çocuk; yavru; taze fidan; acemi kimse.

young.ster (yʌng'stır) *i.* çocuk; delikanlı; yavru.

youn.ker (yʌng'kır) *i.* genç, küçük bey; şövalye; *eski* genç çocuk.

your (yûr) *zam., s.* senin, sizin, *kıs.* **yr.**

yours (yûrz) *zam.* seninki, sizinki. **yours respectfully, yours sincerely, yours truly** hürmetle, sevgiyle, saygılarımla. **yours truly** *k.dili* ben.

your.self (yûrself') *zam.* (*çoğ.* **-selves**) kendiniz, kendin; kendi kendinize. **You yourself told me.** Bana siz kendiniz söylediniz. **Do it yourself.** Bu işi kendiniz yapınız. **Do it by yourself.** Kendi başınıza yapınız. **Be yourself.** Tabiî olunuz. **Behave yourself. Pull yourself together.** Kendine gel. **Did you hurt yourself?** Canınızı mı acıttınız?

youth (yuth) *i.* (*çoğ.* **youths**) delikanlı, genç, genç adam.

youth (yuth) *i.* gençlik; gençler. **the flower of youth** gençliğin baharı. **youth hostel** genç turistler için ucuz otel.

youth.ful (yuth'fıl) *s.* genç, taze; dinç, kuvvetli; gençliğe yakışır.

you've (yuv) *kıs.* **you have.**

yowl (yaul) *i., f.* uluma, uluyuş; *f.* ulumak.

yo.yo (yo'yo) *i., s., f.* yoyo; ahmak kimse; *s.* değişen, değişken; *f.* değişmek, değişken olmak.

yr. *kıs.* **year, your.**

yrs. *kıs.* **years, yours.**

yt.tri.um (ît'riyım) *i., kim.* itriyum. **yttria** *i., kim.* itriyum oksidi.

yuc.ca (yʌk'ı) *i.* avizeağacı, *bot.* Yucca gloriosa.

Yu.go.sla.vi.a (yugosla'viyı) *i.* Yugoslavya. **Yugoslav** *i., s.* Yugoslav.

yuk (yʌk) *i.*, *f.* (**-ked, -king**) *A.B.D.*, *argo* kaba
gülüş; *f.* kabaca gülmek.
Yule (yul) *i.* Noel, Noel mevsimi. **yule log**
Noel gecesi merasimle ocağa atılan iri kütük.
Yule.tide (yul'tayd) *i.* Noel mevsimi.
yum.my (yʌm'i) *s.*, *argo* lezzetli, tatlı.

yurt (yırt) *i.* yurt, keçe çadır; yurda benzer yu-
varlak bina.
Y.W.C.A. *kıs.* Young Women's Christian
Association.
Y.W.H.A. *kıs.* Young Women's Hebrew
Association.

Z

Z, z (zi, *İng.* zed) *i.* İngiliz alfabesinin yirmi altıncı
harfi; cebirde bilinmeyen (z) işareti; açı-
ortay; Z şeklinde şey; *fiz.* atom sayısı.
Z. *kıs.* zone.
zaf.fer, zaf.fre (zäf'ır) *i.* cam ve çini işine
mavi renk vermek için kullanılan ham kobalt
oksidi.
Za.i.re (za.ire) *i.* Zaire.
Zam.bi.a (zäm'biyı) *i.* Zambia.
Zan.te (zan'ti) *i.* Zanta adası.
za.ny (zey'ni) *i.*, *s.* soytarı, palyaço, maskara;
aptal kimse; *s.* tuhaf, gülünç.
Zan.zi.bar (zänzıbar') *i.* Zengibar.
zap (zäp) *f.* (**-ped, -ping**) *i.*, *ünlem*, *A.B.D.*,
argo vurmak; yenmek; yüzlemek; gidivermek;
i. güç, enerji; yüzleşme; *ünlem* Bom!
Za.ra.thus.tra (zarathus'tra, zärıthust'rı) *bak.*
Zoroaster.
za.re.ba (zırı'bı) *i.* etrafı dikenli çitle çevrilmiş
yer, şarampol.
zarf (zarf) *i.* kahve fincanı zarfı.
za.stru.ga (zıstru'gı) *i.* (*çoğ.* **-gi**) Rusya ova-
larında rüzgârın kar üstünde meydana ge-
tirdiği paralel çizgiler.
zax (zäks) *i.*, *leh.* kayağantaş kesmeye mahsus
balta.
zeal (zil) *i.* heves, istek, şevk, gayret; hararet;
coşkunluk.
zeal.ot (zel'ıt) *i.* gayretli kimse; aşırı partizan
kimse; *b.h.* Roma hâkimiyetine karşı ayak-
lanmış Musevi partizan. **zealotry** *i.* parti-
zanlık.
zeal.ous (zel'ıs) *s.* gayretli, hararetli, şevkli.
zealously *z.* gayretle, şevkle. **zealousness**
i. gayret, şevk.

ze.bra (zi'brı) *i.* zebra, *zool.* Equus burchelli.
ze.bu (zi'byu) *i.* hörgüçlü Hint sığırı, zebu, *zool.*
Bos indicus.
zed (zed) *i.*, *İng.* Z harfi.
zed.o.ar.y (zed'oweri) *i.* kâfur kokulu ve zen-
cefil cinsinden uyuşukluğu giderici bir kök,
cedvar, *bot.* Curcuma zedoaria.
zee (zi, zey) *i.* deniz (Felemenk dilinde).
zee (zi) *i.* Z harfi, Z şekli.
Zeit.geist (tsayt'gayst) *i.*, *Al.* zamanın ruhu.
ze.min.dar (zımindar') *i.* Hindistan'da büyük
arazi sahibi.
zemst.vo (zem'stvo) *i.* eski Rusya'da vilâyet
meclisi.
Zem.zem (zem'zem) *i.* Mekke'de Zemzem ku-
yusu; zemzem suyu.
ze.na.na (zına'nı) *i.* Hindistan'da harem dairesi.
Zen, Zen Buddhism (zen) dünyevi etkiler-
den sıyrılarak aydınlığa kavuşmayı amaç-
layan bir çeşit Budizm.
Zend (zend) *i.* Zerdüştlerin kutsal kitaplarının
Pehlevî dilinde tercüme ve açıklaması; eski
İran'ın Zendi dili.
Zend-A.ves.ta (zend'ıvestı) *i.* Zerdüştlerin
kutsal kitapları.
ze.nith (zi'nith) *i.*, *astr.* başucu, semtürreis;
en yüksek nokta, zirve, doruk. **zenith dis-
tance** başucu uzaklığı. **zenith telescope**
başucu teleskopu. **at its zenith** en yüksek
derecesinde, zirvesinde.
zeph.yr (zef'ır) *i.* batıdan esen hafif ve ılık
rüzgâr, esinti, meltem, nesim; zefir (kumaş).
Zeph.y.rus (zef'ırıs) *i.*, *Yu. mit.* batı rüzgârı
tanrısı.
zep.pe.lin (zep'ılin) *i.*, *hav.* zeplin.

ze.ro (zîr'o) *i., f.* sıfır; hiç; hiç kabilinden şey; bir ölçek üzerinde başlangıç noktası; en aşağı nokta; hiçlik; *f.* aynı zamana rastlatmak için ayarlamak. **zero in on** belirli bir hedefe ayarlamak; bütün gayretini tek noktaya toplamak. **zero dimensional** *mat.* uzunluğu ve eni olmayan, bir nokta gibi. **zero hour** *ask.* savaşta saldırı saati; *k.dili* kritik an. **zero potential** dünya yüzeyindeki elektrik gerilimi, sıfır farkı.

zest (zest) *i.* tat, lezzet, çeşni veren şey; zevk, hoşlanma, haz. **zest'ful** *s.* zevkli; lezzetli; heyecanlı.

ze.ta (zey'tı, zi'tı) *i.* Yunan alfabesinde Z harfi.

zeug.ma (zug'mı) *i., gram.* yalnız bir ismin anlamıyle ilgisi olan bir fiilin iki isimle kullanılması: **to wage war and peace.**

Zeus (zus) *i., Yu. mit.* Zeus, Jüpiter.

zib.et (zîb'ît) *i.* Asya misk kedisi, *zool.* Viverra zibetha.

zig.gu.rat (zîg'ûrät) *i.* zigurat.

zig.zag (zîg'zäg) *s., i., z., f.* yılankavî, zikzak, dolambaçlı, eğri büğrü; *i.* zikzak yol; böyle yolun bir dönemeci; *z.* zikzak olarak; *f.* zikzak yapmak.

zinc (zîngk) *i., f.* çinko, tutya; *f.* çinko kaplamak, galvanizlemek. **zinc oxide** çinko oksit; çinko oksit merhemi. **zinc plate** çinko levha. **zinc sheet** çinko saç, çinko levha. **zinc sulphate** çinko sulfatı, ak zaç. **zinc white** çinko oksit boyası. **zincif'erous** *s.* çinko hâsıl eden, içinde çinko bulunan. **zinc'ous** *s., kim.* çinkoya ait, içinde çinko bulunan.

zing (zîng) *i., f., k.dili* vızıltı; enerji, canlılık; *f.* vızıldamak.

zin.ga.ro (tsing'garo) *i., İt.* Çingene.

zin.gi.ber.a.ceous (zîncıbırey'şıs) *s., bot.* zencefilgillerden.

zin.ni.a (zîn'iyı) *i.* zinya çiçeği, *bot.* Zinnia.

Zi.on (zay'ın) *i.* Sion dağı; İsrail kavmi; Hıristiyan kilisesi; göksel Kudüs; gök, cennet. **Zionward** *z.* Sion'a doğru; cennete doğru.

Zi.on.ist (zay'ınîst) *i.* siyonist. **Zionism** *i.* siyonizm.

zip (zîp) *i., f.* (**-ped, -ping**) vızıltı; *k.dili* gayret, enerji; *f.* fermuarı kapatmak; vızıldayarak geçmek (kurşun); hızlı gitmek; *k.dili* enerjik olmak. **ZIP Code** A.B.D.'de posta mıntıkası numarası. **zip gun** *A.B.D.* yapılışı basit fakat sahici tabanca.

zip.per (zîp'ır) *i.* fermuar.

zip.py (zîp'i) *s., k.dili* atik, hareketli, enerjik.

zir.con (zır'kan) *i., min.* zirkon.

zir.co.ni.a (zırko'niyı) *i.* zirkondan alınan beyaz toz.

zir.co.ni.um (zırko'niyım) *i.* zirkonyum.

zith.er (zith'ır) *i.* otuz veya kırk telli kanuna benzer bir çalgı.

zlo.ty (zlô'ti) *i.* (*çoğ.* **zlotys, zloty**) Polonya'nın para birimi.

zo.di.ac (zo'diyäk) *i., astr.* zodyak; burçlar kuşağı; burçlar kuşağının alâmeti olan şekil. **signs of the zodiac** on iki burç.

zo.di.a.cal (zoday'ıkıl) *s.* zodyaka ait. **zodiacal light** burçlar ışığı.

Zoll.ver.ein (tsôl'ferayn, zol'vırayn) *i.* eski Alman devletleri arasında bir gümrük birleşmesi; *k.h.* herhangi bir gümrük birleşmesi.

zom.bie (zam'bi) *i.* Batı Afrika'da yılan ilâh; büyü ile hareket edebilen ölü; hayalet; alkollü bir içki.

zone (zon) *i., f.* kuşak; yöre, bölge, mıntıka, daire; *f.* çevirmek, sarmak, kuşatmak; bölgelere ayırmak. **zo'nal** *s.* kuşağa benzer, kuşağa ait. **zon'ing** *i.* bölgelere ayırma. **zone system, zoning system** tren veya vapur yolculuklarında bölgelere göre bilet verme sistemi. **zoning plan** imar planı.

zoo (zu) *i.* hayvanat bahçesi.

zoo- *önek* hayvan, hayvanlarla ilgili.

zo.o.chem.is.try (zowıkem'îstri) *i.* hayvan dokularının kimyasal bileşiminden bahseden kimya dalı.

zo.o.ge.og.ra.phy (zowıciyag'rıfi) *i.* hayvanların yeryüzü üzerindeki dağılışını inceleyen ilim.

zo.og.ra.phy (zowag'rıfi) *i.* tanıtımsal zooloji, zoografi. **zoographer** *i.* zoografi âlimi. **zoographical** *s.* zoografik.

zo.oid (zo'woyd) *i., s., biyol.* zooit; *s.* hayvansı.

zo.o.log.i.cal (zowılac'îkıl) *s.* zoolojik. **zoological garden** hayvanat bahçesi. **zoologically** *z.* zoolojik olarak.

zo.ol.o.gy (zowal'ıci) *i.* hayvanlar bilimi, zooloji. **zoologist** *i.* zoolog.

zoom (zum) *f., i.* vınlamak; bir dalıştan sonra uçağı birdenbire dikine yükseltmek; dikine yükselmek; *foto.* mesafeyi ayarlamak; *i.* ani yükseliş; mesafeyi ayarlama. **zoom lens** *foto.* mesafeyi ayarlayan mercek.

zo.om.e.try (zowam'ıtri) *i., zool.* hayvanların vücut kısımlarını ölçerek büyüklüklerini tespit etme.

zo.o.mor.phism (zowımôr'fizim) *i.* bir insan veya ilâhın hayvan biçiminde gösterilmesi; sanatta hayvanların resmedilmesi.

zo.o.phyte (zo'wıfayt) *i., zool.* bitkimsi hayvan. zoophytic (zowıfit'ik) *s.* bitkimsi hayvan gibi.

zo.o.sperm (zo'wıspırm) *i.* sperma hayvancığı.

zo.o.spore (zo'wıspôr) *i., biyol.* zoospor.

zo.ot.o.my (zowat'ımi) *i.* hayvanları otopsi ilmi ve ameliyesi, karşılaştırmalı anatomi.

zor.il (zôr'il) *i.* çizgili zorilla, *zool.* Ictonyx capensis.

Zo.ro.as.ter, Za.ra.thus.tra (zorowäs'tır, zarathus'tra) *i.* Zerdüşt.

Zo.ro.as.tri.an, Za.ra.thus.tri.an (zorowäs'triyın, zarathus'triyın) *i., s.* Zerdüşt kimse; *s.* Zerdüştî.

Zo.ro.as.tri.an.ism (zorowäs'triyınîzım) *i.* Zerdüştlük.

zos.ter (zas'tır) *i.* eski Yunanistan'da özellikle erkeklerin taktığı kemer veya kuşak; *tıb.* zona.

Zou.ave (zuwav', swav) *i.* Fransız ordusunda hafif piyade askeri. Zouave jacket işlemeli kısa yelek.

zounds (zaundz, zundz) *ünlem, eski* Aman yarabbi! Olur şey değil!

zuc.chet.to (tsukket'to) *i.* Katolik rahiplerinin giydiği takke.

zuc.chi.ni (zûki'ni) *i.* bir çeşit dolmalık kabak, *bot.* Cucurbita pepo.

Zu.lu (zu'lu) *i. (çoğ.* Zu.lu, Zu.lus) *s.* Afrika'da bir kabile, Zulu; Zulu dili; *s.* bu kabileye ait.

zum Bei.spiel (tsûm bay'şpil) *Al.* örneğin, meselâ, yani.

Zu.rich (zûr'ik) *i.* Zürih.

Zuy.der Zee (zay'dır zi) Zuider-Zee, Ijssel denizi.

zwie.back (zway'bäk) *i.* önce pişirilip sonra dilim dilim kızartılan bir çeşit peksimet.

Zwing.li.an (zwîng'liyın) *s.* 16'ncı yüzyılda yaşamış olan İsviçreli Protestan lideri Zwingli'nin öğretilerine ait. Zwinglianism *i.* Zwingli'nin öğretilerine göre Protestanlık.

zygo- *önek* boyunduruk; çift.

zy.go.dac.tyl (zaygodäk'til) *s., i.* ayak parmakları çift çift olan; *i.* böyle parmakları olan kuş.

zy.go.ma (zaygo'mı) *i. (çoğ.* -ma.ta) *anat.* elmacık kemiği.

zy.go.mat.ic (zaygomät'ik) *s.* elmacık kemiğine ait. zygomatic arch elmacık kavsi. zygomatic bone elmacık kemiği.

zy.go.mor.phic, -phous (zaygomôr'fik, -fıs) *s., biyol.* birbirine benzer yarımlara bölünebilen. zygomorphism *i.* birbirine benzer yarımlara bölünebilme.

zy.go.sis (zaygo'sis) *i., biyol.* birleşme, döllenme.

zy.go.spore (zay'gospôr) *i., bot.* iki gametten teşekkül eden tohum.

zy.gote (zay'got, zig'ot) *i., biyol.* zigot, iki gametin birleşmesiyle meydana gelen hücre.

zyme (zaym) *i.* mayalandırıcı madde; *tıb.* bulaşıcı hastalık meydana getiren maya, virüs.

zy.mol.y.sis (zaymal'ısîs) *i.* mayalanma.

zy.mo.sis (zaymo'sis) *i.* mayalanma, fermentasyon; *tıb.* eskiden bulaşıcı hastalık meydana getirdiği farz olunan mayalanma işlemi.

zy.mot.ic (zaymat'ik) *s.* mayalamaya ait, mayalanmadan ileri gelen; *tıb.* bulaşıcı hastalığa ait.

zy.mur.gy (zay'mîrci) *i.* kimyanın fermentasyon dalı.

zy.thum (zay'thım) *i.* eski Mısırlılara mahsus ve arpa suyundan yapılmış bira, boza.

zzz (zz) *ünlem* Horrr!